Informació gra

nom, verb

- la **categoria gramati**
llista d'abreviature
Si una paraula angl
categoria gramatic
al principi de l'ent
El símbol ▶ assen
secció de cada cat

/ *n* ~ **(to sth)** antídot (contra alguna cosa)

- la **construcció gramatical** de la paraula i/o la seva traducció.

fungus /'fʌŋgəs/ *n* (*pl* **fungi** /-giː, -gaɪ/) fong, bolet

- els **plurals irregulars** o difícils de deduir dels noms

advice /əd'vaɪs/ *n* [*incomptable*] consell(s): *a piece of advice* un consell

- els **noms incomptables**

write /raɪt/ *vt, vi* (*pt* **wrote** /rəʊt/ *pp* **written** /'rɪtn/) escriure

- les **formes verbals irregulars**

sporty /'spɔːti/ *adj* (**sportier**, **-iest**) (*col·loq*) **1** (*esp GB*) esportista **2** (*roba, cotxe*) esportiu

- els **comparatius i superlatius** dels adjectius

arm /ɑːm/ *nom, verb*
▶ *n* **1** braç: *I've broken my arm.* M'he trencat el braç.

- les **notes gramaticals**

En anglès les parts del cos normalment van precedides d'un adjectiu possessiu (*my, your, her,* etc.).

Notes culturals i de vocabulari

gap year *n* any sabàtic (*abans de començar la universitat*)

Les **notes culturals** t'explicaran aspectes interessants i pràctics sobre els costums britànics i americans.

Molts joves a la Gran Bretanya s'agafen un any lliure entre l'institut i la universitat per viatjar o guanyar diners.

àrbitre, **-a** *nm-nf* **1** (*Esport*) referee, umpire

Les **notes de vocabulari** t'ajudaran a triar la paraula adequada i a utilitzar-la correctament.

La traducció depèn de l'esport. En la majoria de casos (futbol, bàsquet, etc.), es diu **referee**, però en alguns esports (p. ex. tennis, beisbol) es fa servir **umpire**.

Remissions

cat /kæt/ *n* **1** gat: *cat food* menjar per a gats ➲ *Vegeu nota a* GAT **2** felí: *big cat* felí salvatge **LOC** *Vegeu* LET

Les **remissions** a notes explicatives, a locucions o a altres paraules relacionades t'aportaran més informació.

Diccionari

Oxford Pocket Català

per a estudiants d'anglès

català — anglès | anglès — català

OXFORD
UNIVERSITY PRESS

OXFORD
UNIVERSITY PRESS

Great Clarendon Street, Oxford OX2 6DP

Oxford University Press is a department of the University of Oxford.
It furthers the University's objective of excellence in research, scholarship, and education by publishing worldwide in

Oxford New York

Auckland Cape Town Dar es Salaam Hong Kong Karachi
Kuala Lumpur Madrid Melbourne Mexico City Nairobi
New Delhi Shanghai Taipei Toronto

With offices in

Argentina Austria Brazil Chile Czech Republic France Greece
Guatemala Hungary Italy Japan Poland Portugal Singapore
South Korea Switzerland Thailand Turkey Ukraine Vietnam

OXFORD and OXFORD ENGLISH are registered trade marks of Oxford University Press in the UK and in certain other countries

First published 1997
Third edition 2007
2011 2010 2009 2008 2007
6 5 4 3 2 1

ISBN-13: 978 0 19 431727 6 (BOOK)
ISBN-13: 978 0 19 431729 0 (BOOK/CD PACK)
ISBN-13: 978 0 19 431728 3 (CD-ROM)

Typeset by Oxord University Press

Printed in Italy by «La Tipografica Varese S.p.A.» Varese

ACKNOWLEDGEMENTS

Third edition edited by: Núria Martí Girbau and Judith Willis

We would like to thank the following for their permission to reproduce photographs: BananaStock p352 (girl's face); Corbis p356 (4, 5); Corel pp347 (1–4, 6–8, 11), 348 (1, 3), 353 (11), 354 (3, 5, 8, 10, 11, 13, 14), 356 (1, 2, 6, 7), 358 (1–10), 360 (2–4, 6–13), 361 (1, 2, 4–7, 10, 15, 17), 362 (1–7, 10–13), 363 (1–12), 364 (1–11), 365 (1–12), 366 (1–14), 367 (1–9), 368 (1–12); Digital Vision pp347 (5, 9); 354 (4); Getty Images p359 (14); Hemera Technologies Inc. pp353 (9, 10), 354 (15), 357 (9), 362 (8, 9); Ingram p355 (6); Photodisc pp347 (10), 350 (1–11) 353 (1–8, 12–16), 354 (1, 2, 6, 7, 9, 12), 360 (5), 361 (3, 8, 9, 11–14); Punchstock pp351 (2–6, 8), 370 (7, 11); RubberBall p352 (main two pictures); Stockbyte pp353 (17–22), 360 (1)

Illustrations: Julian Baker, Martin Cox, David Eaton, Margaret Heath, Karen Hiscock, Phil Longford, Nigel Paige, Martin Shovel, Paul Thomas, Harry Venning, Michael Woods, Hardlines

Índex

Interior coberta anterior Com s'utilitza l'*Oxford Pocket*
iv–v Test sobre el diccionari
vi–vii La pronunciació
viii Abreviatures i símbols

1–312 **Diccionari Català–Anglès**

313 **Diccionari en imatges i mapes**

Diccionari temàtic en imatges

313 Transport
314 Houses
315 Buildings
316 Shops
317 Jobs
318 The body and face
319 Clothes
320 Leisure
321 Classroom
322–325 Sport
326 Food
327 Meals
328 Fruit
329 Vegetables
330 Birds
331 Flowers
332 Animals
335 Reptiles and fish
336 Weather and seasons

Mapes

337 The European Union
338–339 The British Isles
340–341 The United States of American and Canada
342–344 Geographical names

345–370 **Secció de referència**

346–362 Guia de gramàtica
363–370 Pàgines d'estudi

371–756 **Diccionari Anglès–Català**

757–761 Expressions numèriques
Interiorcoberta posterior Verbs irregulars

Test sobre el diccionari

Perquè vegis com el *Diccionari Oxford Pocket Català* et pot ajudar a aprendre anglès, et proposem un petit test que pots respondre consultant el diccionari. Les paraules marcades en blau t'indiquen l'entrada o la secció on trobaràs la resposta.

Català – Anglès

Sovint les paraules tenen més d'una traducció. L'*Oxford Pocket* et dóna un sinònim o una altra pista entre parèntesis per ajudar–te a trobar la traducció adequada.

1 Com diries en anglès "Aquesta tarda he **quedat** amb els amics"?

2 I "La seva mare **guanya** molts diners"?

També és important saber triar la traducció apropiada segons si el context és formal o informal. Com traduiries les frases següents?

3 (*a un amic*) Vaig a **saludar** en Miquel.

4 (*en un caixer automàtic*) **Introdueixi** la seva targeta.

A més, et donem informació sobre com s'utilitzen les paraules en anglès, sobretot quan s'usen de manera diferent que en català. Corregeix les frases següents:

5 I have a lot of thirst. (**set**)

6 She gave me a good advice. (**consell**)

Perquè t'expressis bé en anglès, és important que sàpigues quina preposició segueix al verb. Això ho indiquem al costat de la traducció. Completa aquestes frases:

7 Ens vam **disfressar** de pirata.
We dressed up ______ pirates

8 Que puc **parlar** amb la Marta?
Can I speak ________ Marta?

També aprendràs a utilitzar expressions típiques angleses.

9 Com es diu "Fins **aviat**!" en anglès?

10 Hi ha tres maneres de dir "de **res**" en anglès. Quines són?

Les il·lustracions i les pàgines en color t'ajudaran a entendre les diferències entre expressions i paraules angleses que són molt semblants i a aprendre paraules d'una mateixa categoria.

11 En anglès hi ha dues maneres de dir **entre**. Quines són i quina diferència hi ha?

12 Vés a les pàgines en color, a la secció de **Sport**, i esbrina com es diuen **submarinisme**, **esquí aquàtic** i **surf de vela** en anglès.

En el centre del diccionari, hi trobaràs la guia de gramàtica on podràs refrescar els teus coneixements de gramàtica. Veritable o fals?

13 *Will és* un **verb modal**.

14 El **possessiu anglès 's** es fa servir habitualment referit a coses.

També hi trobaràs les pàgines d'estudi, on t'oferim informació addicional sobre l'anglès.

15 La paraula anglesa **carpet** és un **fals amic** perquè no significa carpeta. Què significa en realitat?

16 Si algú et posa "c u l8tr" en un missatge de text, què vol dir? (Vegeu la secció sobre **Els missatges de text**.)

Anglès – Català

El *Diccionari Oxford Pocket Català* t'ajudarà a ampliar el teu vocabulari. Hi trobaràs les paraules més utilitzades pels anglesos, incloses les més actuals.

1 Si et posen un 10 en un examen, com et sentiries: **knackered**, **gutted** o **chuffed**?

2 Quina d'aquestes paraules fa referència a menjar: **cockroach**, **banger** o **nap**?

També hi podràs buscar expressions corrents i *phrasal verbs*.

3 Si algú et diu: 'I lost my **temper** yesterday', li recomanaries que anés a objectes perduts?

4 Què tenen en comú aquestes expressions: give sb a **ring**, hold the **line**, **put** sb through i **hang** up?

Entendre la cultura de cada país ajuda a aprendre'n la llengua. Per això, en aquest diccionari et mostrem alguns elements importants de la cultura anglesa i americana.

5 Què són els **bank holidays**? En quin dia de la setmana solen caure?

6 Què es menja per **Thanksgiving** als Estats Units?

I també t'indiquem quan una paraula s'usa només als Estats Units o a la Gran Bretanya.

7 Si algú diu 'My niece has **bangs**', la persona que parla és anglesa o americana?

8 La tele, on l'anomenen 'the **box**'?

L'*Oxford Pocket* també t'ajudarà amb la gramàtica i l'ortografia angleses. Hi podràs comprovar com s'escriu una paraula i quines són les formes irregulars del plural, del participi passat, etc.

9 Quin és el plural de **mouse** i **butterfly**?

10 Quina és la forma en *ing* (gerundi) del verb **chat**?

També trobaràs informació que t'ajudarà a entendre la gramàtica de les paraules i com s'usen. Veritable o fals?

11 **Asleep** no es fa servir davant d'un nom.

12 **Bubblegum** és comptable.

A més, t'indiquem la pronunciació de les paraules angleses i a peu de pàgina t'oferim els símbols fonètics de guia. Recorda que pots sentir la pronunciació de les paraules angleses al CD-ROM.

13 Fixa't en la pronunciació de **I'll**, **aisle** i **isle**. Què notes?

14 Quines lletres no es pronuncien a les paraules **know**, **palm** i **wrist**?

15 Imagina't que vols donar aquesta adreça d'**email** a una amiga anglesa: **pau@vol.cat**. Com la llegiries?

Respostes

Català–Anglès 1. I've arranged to meet my friends this afternoon. 2. Her [o his] mother earns a lot of money. 3. I'm going to say hello to Miquel. 4. Insert your card. 5 I'm very thirsty. 6. She gave me some good advice [o a piece of good advice]. 7. as 8. to 9. See you soon! 10. You're welcome, not at all o don't mention it. 11. Between i among. Between és entre dos elements i among entre més de dos. 12. Scuba-diving, waterskiing i windsurfing. 13. veritable 14. fals 15. moqueta/catifa 16. See you later

Anglès–Català 1. chuffed 2. banger 3. no 4. Totes tenen a veure amb el telèfon. 5. Dies festius. Solen caure en dilluns. 6. Gall dindi rostit i pastís de carabassa. 7. Americana 8. A la Gran Bretanya 9. mice i butterflies 10. chatting 11. veritable 12. fals 13. Totes es pronuncien igual. 14. K, L i W 15. Pau at vol dot cat

La pronunciació

Símbols fonètics

Vocals i diftongs

iː	**see** /siː/	ɜː	**fur** /fɜː(r)/
i	**happy** /ˈhæpi/	ə	**ago** /əˈɡəʊ/
ɪ	**sit** /sɪt/	eɪ	**pay** /peɪ/
e	**ten** /ten/	aɪ	**five** /faɪv/
æ	**hat** /hæt/	əʊ	**go** /ɡəʊ/
ɑː	**father** /ˈfɑːðə(r)/	aʊ	**now** /naʊ/
ɒ	**got** /ɡɒt/	ɔɪ	**join** /dʒɔɪn/
ɔː	**saw** /sɔː/	ɪə	**near** /nɪə(r)/
ʊ	**put** /pʊt/	eə	**hair** /heə(r)/
uː	**too** /tuː/	ʊə	**pure** /pjʊə(r)/
ʌ	**cup** /kʌp/	ɒ̃	**avant-garde** /ˌævɒ̃ ˈɡɑːd/
u	**situation** /ˌsɪtʃuˈeɪʃn/		

Consonants

p	**pen** /pen/	s	**so** /səʊ/
b	**bad** /bæd/	z	**zoo** /zuː/
t	**tea** /tiː/	ʃ	**she** /ʃiː/
d	**did** /dɪd/	ʒ	**vision** /ˈvɪʒn/
k	**cat** /kæt/	h	**how** /haʊ/
ɡ	**got** /ɡɒt/	m	**man** /mæn/
tʃ	**chin** /tʃɪn/	n	**no** /nəʊ/
dʒ	**June** /dʒuːn/	ŋ	**sing** /sɪŋ/
f	**fall** /fɔːl/	l	**leg** /leg/
v	**van** /væn/	r	**red** /red/
ð	**then** /ðen/	w	**woman** /ˈwʊmən/
θ	**thin** /θɪn/	j	**yes** /jes/

Hi ha paraules que tenen més d'una pronunciació possible. A l'***Oxford Pocket*** hi trobaràs les més habituals, ordenades segons la freqüència d'ús.

either /ˈaɪðə(r), ˈiːðə(r)/

Si la pronunciació de la paraula és molt diferent en anglès americà, t'ho indiquem mitjançant l'abreviatura *USA*.

address /əˈdres; *USA* ˈædres/

/ˈ/ indica l'accent principal del mot:

money /ˈmʌni/ té l'accent a la primera síl·laba

lagoon /ləˈɡuːn/ s'accentua a la segona síl·laba

/ˌ/ assenyala l'accent secundari del mot:

pronunciation /prəˌnʌnsiˈeɪʃn/ té l'accent secundari a la síl·laba /ˌnʌn/ i l'accent principal a la síl·laba /ˈeɪ/

(r) En l'anglès parlat no es pronuncia la r final, si no és que la paraula següent comença en vocal.

La r no es pronuncia a la frase *His car broke down*, però sí a *His car is brand new.* Com indiquem aquest comportament variable? Afegim una r entre parèntesis en la transcripció fonètica.

car /kɑː(r)/

En anglès americà la **r** sempre es pronuncia.

Formes tòniques i àtones

Algunes paraules d'ús freqüent (**an**, **as**, **from**, **that**, **of**, etc.) tenen dues pronunciacions possibles, una de tònica i una altra d'àtona. De totes dues, la forma àtona és la més freqüent.

Observeu, per exemple, el cas de la preposició **from** /frəm, frɒm/, que normalment es pronuncia /frəm/, com a la frase

He comes from Greece.

Ara bé, si apareix al final de l'oració, o volem donar-hi un èmfasi especial, farem la pronunciació tònica /frɒm/, com en el cas de

The ˌpresent's not ˈfrom John, it's ˈfor him.

Paraules derivades

Moltes vegades, la pronunciació d'un mot derivat és la suma de la pronunciació dels seus elements. En aquests casos no en donem la transcripció fonètica perquè es pot predir.

slowly	**= slow + ly**
/ˈsləʊli/	/sləʊ + li/
astonishingly	**= astonish + ing + ly**
/əˈstɒnɪʃɪŋli/	/əˈstɒnɪʃ + ɪŋ + li/

Però de vegades l'accent de la paraula canvia quan hi afegim les desinències, i en aquests casos sí que n'indiquem la pronunciació.

photograph	/ˈfəʊtəgrɑːf; *USA* -græf/
photographer	/fəˈtɒgrəfə(r)/
photographic	/ˌfəʊtəˈgræfɪk/
photography	/fəˈtɒgrəfi/

En el cas dels derivats acabats en **-tion**, la norma segons la qual l'accent cau sobre la penúltima síl·laba es compleix de forma regular i, per tant, no n'assenyalem la pronunciació.

alter	/ˈɔːltə(r)/
alteration	/ˌɔːltəˈreɪʃn/
celebrate	/ˈselɪbreɪt/
celebration	/ˌselɪˈbreɪʃn/

Altres terminacions

-able	/əbl/	laughable
-ably	/əbli/	arguably
-ally	/əli/	formally
-ance	/əns/	assistance
-ant	/ənt/	disinfectant
-bly	/bli/	sensibly
-cy	/si/	efficiency
-en	/ən/	woollen
-ence	/əns/	competence
-ent	/ənt/	adolescent
-er	/ə(r)/	attacker
-ful	/fəl/	successful
-fully	/fəli/	beautifully
-hood	/hʊd/	brotherhood
-ing	/ɪŋ/	thrilling
-ish	/ɪʃ/	feverish
-ist	/ɪst/	socialist
-ive	/ɪv/	suggestive
-ize	/ɑɪz/	revoluutionize
-izer	/ɑɪzə(r)/	liquidizer
-less	/ləs/	harmless
-ly	/li/	boldly
-ment	/mənt/	astonishment
-ness	/nəs/	weakness
-or	/ə(r)/	narrator
-ous	/əs/	dangerous
-ship	/ʃɪp/	craftsmanship
-tion	/ʃən/	liberation
-y	/i/	silky

Abreviatures i símbols

abrev	abreviatura
adj	adjectiu
adv	adverbi
Aeronàut	Aeronàutica
Agric	Agricultura
Anat	Anatomia
Arquit	Arquitectura
art	article
art pers	article personal
Astrol	Astrologia
Astron	Astronomia
Biol	Biologia
Bot	Botànica
Can	anglès canadenc
col·loq	col·loquial
com	Comerç
comp	comparatiu
conj	conjunció
Econ	Economia
Educ	Educació
Electròn	Electrònica
esp	especialment
fem	femení
fig	en sentit figurat
Fil	Filosofia
Fin	Finances
Fís	Física
Fot	Fotografia
GB	anglès britànic
gen	generalment
Geog	Geografia
Geol	Geologia
Geom	Geometria
Gram	Gramàtica
Hist	Història
hum	terme humorístic
Informàt	Informàtica
+ ing	seguit de verb en forma *-ing*
interj	interjecció
Irl	anglès d'Irlanda
iròn	terme irònic
Ling	Lingüística
lit	en sentit literal
Liter	Literatura
masc	masculí
Mat	Matemàtiques
Mec	Mecànica
Med	Medicina
Meteor	Meteorologia
Mil	Ciències Militars
Mús	Música
n	nom
n atrib	nom en aposició (davant d'un altre nom)
nf	nom femení
nm	nom masculí
nmf	nom masculí i femení
nm-nf	nom que té diferents desinències per al masculí i per al femení
n pr	nom propi
Nàut	Nàutica
neg	negatiu
Ornit	Ornitologia
pej	pejoratiu
Period	Periodisme
pl	plural
Pol	Política
pp	participi passat
pref	prefix
prep	preposició
pron	pronom
pt	passat
Quím	Química
Relig	Religió
sb	somebody
sing	singular
Sociol	Sociologia
sth	something
super	superlatiu
tb	també
Teat	Teatre
Tec	Tecnologia
TV	Televisió
USA	anglès americà
v	verb
v aux	verb auxiliar
v copul	verb copulatiu
v imp	verb impersonal
v modal	verb modal
v pl	amb el verb en plural
v sing	amb el verb en singular
v sing o pl	amb el verb en singular o plural
vi	verb intransitiu
vp	verb pronominal
vt	verb transitiu
Zool	Zoologia
LOC	locucions i expressions
PHRV	secció de *phrasal* verbs
®	marca registrada
▶	canvi de categoria gramatical
ⓘ	assenyala una nota curta
⊃	remet a d'altres entrades relacionades

A a

a *prep*

• **posició 1** in: *L'ampolla és a la nevera.* The bottle is in the fridge. ◇ *Viuen a Vic.* They live in Vic. ◇ *Jugaven al carrer.* They were playing in the street. **2** (*sobre*) on: *T'he deixat diners a la taula.* I've left you some money on the table. ◇ *El quadre és a la paret del fons.* The picture is on the wall at the back. **3** (*punt de referència*) at

> Quan ens referim a un lloc i no el considerem una àrea, sinó un punt de referència, utilitzem **at**: *Espera'm a la cantonada.* Wait for me at the corner. ◇ *Ens trobarem a l'estació.* We'll meet at the station. ◇ *Va tenir lloc a l'Ajuntament.* It took place at the Town Hall. També utilitzem **at** per a referir-nos a edificis on la gent treballa, estudia o es diverteix: *Són a l'escola.* They're at school. ◇ *Els meus pares són al teatre.* My parents are at the theatre. ◇ *Treballo al supermercat.* I work at the supermarket. ◇ *S'està moltes hores a casa.* He spends a lot of time at home.

• **direcció 1** to: *Van a Reus.* They are going to Reus. ◇ *Te'n vas a casa?* Are you going home? ◇ *Vam baixar al soterrani/al poble.* We went down to the basement/village. ◇ *Vam sortir a fora/al carrer.* We went out/into the street. **2** (*a dintre*) into: *Van entrar a la cuina.* They came into the kitchen.

• **distància**: *a deu quilòmetres d'aquí* ten kilometres from here

• **temps 1** (*hora, edats*) at: *a les dotze* at twelve o'clock ◇ *a (l'edat de) seixanta anys* at (the age of) sixty **2** (*part del dia*): *al matí/a la tarda/al vespre* in the morning/afternoon/evening ◇ *al migdia* at lunchtime ◇ *a la nit* at night ◇ *demà al matí/a la nit* tomorrow morning/night **3** (*mesos, segles, estacions*) in: *Aquest any fem les vacances al juliol.* We're taking our holidays in July this year. ◇ *al segle XII* in the twelfth century ◇ *a l'estiu* in (the) summer **4** (*distribució*): *Té classe d'anglès tres cops a la setmana.* She has English three times a week.

• **finalitat** to: *Van entrar a dir adéu.* They came in to say goodbye. ◇ *Van venir a visitar-me.* They came to visit me. ◇ *Vaig anar a parlar amb el professor.* I went to speak to the teacher.

• **manera**: *anar a peu* to go on foot ◇ *Fes-ho a la teva manera.* Do it your way.

• **complement directe (pronom fort)**: *Em mirava a mi.* He was looking at me. ◇ *Es van insultar l'un a l'altre.* They insulted each other.

• **complement indirecte 1** to: *Dóna-ho a la teva germana.* Give it to your sister. **2** (*per a*) for: *Vaig comprar una bicicleta a la meva filla.* I bought a bicycle for my daughter. **3** (*de*) from: *Ho vaig comprar a un amic meu.* I bought it from a friend of mine.

• **altres construccions 1** (*velocitat*) at: *Anaven a 60 quilòmetres per hora.* They were going at 60 kilometres an hour. **2** (*tarifa*) a, per (*més formal*): *cinc lliures a la setmana* five pounds a week **3** (*preu*): *Van a 6 euros el quilo.* They cost 6 euros a kilo. **4** (*Esport*): *Van guanyar tres a zero.* They won three nil. ◇ *Van empatar a dos.* They drew two all. **5** (*en ordres*): *A treballar!* Let's do some work!

abadia *nf* abbey [*pl* abbeys]

abaixar *vt* **1** (*posar més avall*) to bring *sth* down: *Abaixa-ho una mica més.* Bring it down a bit. **2** (*cap*) to bow **3** (*vista, veu*) to lower **4** (*volum*) to turn *sth* down **5** (*preu*) to bring *sth* down, to lower (*més formal*)

abandonar ▶ *vt* **1** to abandon: *~ una criatura/un animal* to abandon a child/an animal ◇ *~ un projecte* to abandon a project **2** (*lloc*) to leave: *~ la sala* to leave the room **3** (*fig*) to desert: *Els meus amics no m'abandonarien mai.* My friends would never desert me. ▶ *vi* (*Esport*) to withdraw: *El corredor va ~ a l'última volta.* The athlete withdrew on the final lap.

abandonat, -ada *adj* **1** abandoned: *un cotxe ~* an abandoned car **2** (*edifici*) derelict *Vegeu tb* ABANDONAR

abans *adv* **1** (*prèviament*) before: *Ja ho havíem discutit ~.* We had discussed it before. ◇ *~ que se m'oblidi...* Before I forget... ➲ *Vegeu nota a* AGO **2** (*més d'hora*) earlier: *Els dilluns tanquem ~.* We close earlier on Mondays. LOC **abans de** before *sth/doing sth*: *~ d'anar a dormir* before going to bed ◇ *~ de Nadal* before Christmas ◆ **abans de/que res 1** (*indicant ordre*) first of all: *Abans que res beuré un vas d'aigua.* First of all I'm going to have a glass of water. **2** (*indicant preferència*) above all: *Treballa de periodista però se sent, ~ que res, poeta.* She works as a journalist, but she sees herself as a poet above all. ◆ **abans de tot** first of all ◆ **abans d'hora** early ◆ **d'abans** previous: *en la feina d'abans* in my previous job *Vegeu tb* CRIST

abans-d'ahir *adv* the day before yesterday: *~ a la nit* the night before last

A

abarrotar *vt* to fill *sth* to overflowing: *El públic abarrotava la sala.* The audience filled the hall to overflowing.

abarrotat, -ada *adj* packed: *una sala abarrotada de gent* a room packed with people *Vegeu tb* ABARROTAR

abast *nm* **1** reach: *fora del teu ~* out of (your) reach **2** (*arma, emissora, telescopi*) range: *missils d'abast mitjà* medium-range missiles LOC **a l'abast de la mà** within reach ◆ **donar l'abast** to cope, to manage (*to do sth*): *No dono l'abast amb tota aquesta feina.* I can't cope with all this work. ◇ *No dono l'abast a fer tantes coses.* I can't manage to do everything.

abatible *adj* **1** (*seient*) reclining: *seients ~s* reclining seats **2** (*plegable*) folding

abdicar *vt, vi* ~ **(en/en favor de)** to abdicate (in favour of *sb*): *Eduard VIII va ~ (la corona) en el seu germà.* Edward the Eighth abdicated in favour of his brother.

abdomen *nm* abdomen

abdominal ▶ *adj* abdominal
▶ **abdominals** *nm* **1** (*músculs*) stomach/abdominal muscles **2** (*exercicis*) sit-ups: *fer ~s* to do sit-ups

abecedari *nm* alphabet

abella *nf* bee LOC **abella obrera** worker bee ◆ **abella reina** queen bee

abisme *nm* **1** (*Geog*) abyss **2** ~ **entre...** (*diferència*) gulf between...: *el gran ~ entre rics i pobres* the wide gulf between rich and poor

abocador *nm* tip

abocament *nm* dumping

abocar ▶ *vt* **1** (*servir*) to pour *sth* (*into sth*): *Aboca la llet en una altra tassa.* Pour the milk into another cup. **2** (*vessar*) to spill: *Em va ~ un plat de sopa per sobre.* He spilt a bowl of soup all over me. **3** (*buidar*) to empty *sth* (out): *Va ~ la capsa de joguines.* She emptied out the box of toys. **4** (*residus*) to dump ▶ **abocar-se** *vp* **abocar-se (a) 1** (*a una finestra*) to lean out (of *sth*): *abocar-se a la finestra* to lean out of the window **2** (*fig*) to do anything for *sb*: *S'aboca als seus néts.* She will do anything for her grandchildren.

abolició *nf* abolition: *l'abolició de l'esclavitud* the abolition of slavery ◇ *l'abolició del deute extern* the cancellation of foreign debt

abolir *vt* to abolish

abonament *nm* **1** (*transport, piscina, espectacle*) season ticket: *comprar un ~* to take out a season ticket **2** (*cupó*) voucher

abonyegadura *nf* dent

abonyegar *vt* to dent: *M'has abonyegat el cotxe.* You've dented my car.

abordar *vt* (*vaixell*) to board

abordatge *nm* (*vaixell*) boarding

aborigen *nmf* native

abraçada *nf* hug, embrace (*més formal*) LOC **una (bona/forta) abraçada** love/lots of love: *Fes una ~ als teus pares de part meva.* Give my love to your parents. ◇ *Una forta ~.* Lots of love.

abraçar *vt* to hug, to embrace (*més formal*): *Va ~ els fills.* She hugged her children. ◇ *Abraça'm.* Give me a hug.

abrasiu, -iva *adj, nm* abrasive

abreujament *nm* shortening

abreujar *vt* (*paraula*) to abbreviate

abreviatura *nf* abbreviation (*of/for sth*)

abric *nm* coat: *Posa't l'abric.* Put your coat on. LOC **a l'abric de** sheltered from *sth*: *a l'abric de la pluja* sheltered from the rain ◆ **d'abric** warm: *roba d'abric* warm clothes

abrigar ▶ *vt* **1** (*escalfar*) to keep *sb* warm: *Aquesta bufanda t'abrigarà.* This scarf will keep you warm. **2** (*embolcallar*) to wrap *sb* up: *Abriga bé la criatura.* Wrap the baby up warmly. ▶ *vi* to be warm: *Aquesta jaqueta abriga molt.* This jacket is very warm. ▶ **abrigar-se** *vp* to wrap up: *Abriga't bé, que a fora fa fred.* Wrap up warm — it's cold outside.

abrigat, -ada *adj* **1** (*lloc*) sheltered **2** (*persona*): *ben ~* warmly dressed ◇ *Vas massa ~.* You're wearing too many clothes. *Vegeu tb* ABRIGAR

abril *nm* April (*abrev* Apr.) ➲ *Vegeu exemples a* GENER

abrillantar *vt* to polish

abrupte, -a *adj* (*terreny*) rugged

absència *nf* absence

absent ▶ *adj* **1** (*no present*) absent (*from...*): *Estava ~ de la reunió.* He was absent from the meeting. **2** (*distret*): *Avui sembles ~.* You seem to be in a world of your own.
▶ *nmf* absentee

absentar-se *vp* ~ **(de) 1** (*sortir*) to go out (of...): *Va ~ només un moment.* He only went out (of the room) for a moment. **2** (*estar de viatge*) to be away (from...) **3** (*no anar*) to stay off: *~ de l'escola* to stay off school

absentisme *nm* LOC **absentisme escolar** truancy ◆ **absentisme laboral** absenteeism

absis *nm* apse

absoldre *vt* **1** (*Dret*) to acquit *sb* (*of sth*): *Van ~ l'acusat.* The defendant was acquitted. **2** (*Relig*) to absolve *sb* (*from/of sth*)

absolució *nf* **1** (*Dret*) acquittal **2** (*Relig*) absolution

absolut, **~a** *adj* absolute: *obtenir la majoria absoluta* to obtain an absolute majority LOC **en absolut** (not) at all: *—Et fa res? —En ~.* 'Do you mind?' 'Not at all.' ◇ *res en ~* nothing at all

absolutament *adv* absolutely

absorbent *adj* **1** (*material*) absorbent **2** (*feina, llibre*) absorbing

absorbir *vt* **1** to absorb: *~ un líquid/una olor* to absorb a liquid/smell **2** (*temps*) to take up *sb's time*: *La feina l'absorbeix massa.* Her work takes up too much of her time.

absort, **~a** *adj* **1** (*abstret*) lost in thought **2 ~ (en)** (*concentrat*) engrossed (in *sth*): *Estava absorta en la lectura del llibre.* She was deeply engrossed in her book.

abstenció *nf* abstention

abstenir-se *vp* **~ (de)** to abstain (from *sth* / *doing sth*): *~ de beure/fumar* to abstain from drinking/smoking ◇ *El diputat es va abstenir.* The MP abstained.

abstinència *nf* abstinence LOC *Vegeu* SÍNDROME

abstracte, **-a** *adj* abstract

abstret, **~a** *adj* lost in thought

absurd, **~a** *adj* absurd

abundant *adj* abundant

abús *nm* abuse: *un ~ de poder* an abuse of power ◇ *patir abusos* to suffer abuse LOC **abús de beure, fumar, etc.** excessive drinking, smoking, etc. ◆ **abús de confiança** breach of trust ◆ **abús de drogues** drug abuse

abusar *vi* **~ (de)** to abuse *sb/sth* [*vt*]: *No abusis de la seva bona fe.* Don't abuse his trust. ❶ A més d'*abusar*, la paraula anglesa **abuse** significa *maltractar* i *insultar*. LOC **abusar de beure, fumar, etc.** to drink, smoke, etc. too much

acaballes *nf* LOC **estar a les acaballes** to be ending

acabar ▶ *vt, vi* **~ (de)** (*terminar*) to finish (*sth/doing sth*): *Encara no he acabat l'article.* I haven't finished the article yet. ◇ *Haig d'acabar de rentar el cotxe.* I must finish washing the car. ◇ *He acabat de fer els deures.* I've finished doing my homework. ▶ *vi* **1 ~ (en)** (*tenir fi*) to end (in *sth*): *La funció acaba a les tres.* The show ends at three o'clock. ◇ *Les festes acaben dilluns que ve.* The festival ends next Monday. ◇ *Acaba en punta.* It ends in a point. ◇ *La manifestació va ~ en tragèdia.* The demonstration ended in tragedy. ◇ *En què acaba, en "a" o en "e"?* What does it end in? An 'a' or an 'e'? **2 ~ fent alguna cosa** to end up doing sth: *Vam ~ rient.* We ended up laughing. **3 ~ (com/igual que...)** (*a la vida*) to end up (like *sb/sth*): *~ sense un ral* to end up penniless ◇ *Acabaràs igual que el teu pare.* You'll end up (just) like your father. **4 ~ de fer alguna cosa** to have just done sth: *Acabo de veure'l.* I've just seen him. ▶ **acabar-se** *vp* **1** (*no quedar-ne*) to run out (of *sth*): *S'ha acabat el sucre.* The sugar's run out. ◇ *Se'ns ha acabat el cafè.* We've run out of coffee. **2** (*arribar a la fi*) to be over: *La festa s'ha acabat.* The party's over. **3** (*menjar, beguda*) to finish *sth* off: *S'han acabat l'ampolla de vi.* They finished off the wine. LOC **acabar a pinyes** to come to blows ◆ **acabar malament**: *Això acabarà malament.* No good can come of this. ◇ *Aquest xicot acabarà malament.* That boy will come to no good. ◆ **no acabar de creure, entendre, etc. alguna cosa**: *No s'ho acabava de creure.* He just couldn't believe it. ◇ *Hi ha una cosa que no acabo d'entendre.* There's something I can't understand. ◆ **per acabar-ho d'adobar** to make matters worse ◆ **s'ha acabat!** that's it! *Vegeu tb* BRÒQUIL

acabat, **-ada** *adj* **1** (*que acaba en*) ending in *sth*: *una paraula acabada en "d"* a word ending in 'd' **2 ~ de + inf**: *~ de crear* recently formed ◇ *pa ~ de fer* freshly baked bread LOC **acabat de néixer** newborn: *un nen ~ de néixer* a newborn baby ◆ **acabat de pintar** (*en un cartell*) wet paint *Vegeu tb* ACABAR

acadèmia *nf* **1** (*escola*) school: *~ d'idiomes* language school **2** academy [*pl* academies]: *~ militar* military academy

acadèmic, **~a** *adj* academic: *curs/expedient ~* academic year/record

acampada *nf* camping LOC **anar d'acampada** to go camping

acampanat, **-ada** *adj* flared: *pantalons ~s* flared trousers

acampar *vi* to camp

acaparar *vt* to hoard, to hog (*col·loq*) LOC **acaparar l'atenció** to be the centre of attention

acariciar *vt* **1** (*persona*) to caress **2** (*animal*) to stroke

acatar *vt* (*lleis, ordres*) to obey

accedir *vi* **~ a 1** to have access *to sth*: *~ a Internet/una biblioteca* to have access to the Internet/a library **2** (*estudis, etc.*) to be admitted (to *sth*): *~ al segon cicle de la llicenciatura de Biologia.* to be admitted to the second cycle of a biology degree. **3** (*estar d'acord*) to agree (to *sth/to do sth*): *Hem accedit a tot el que ens han demanat.* We've agreed to everything they asked for.

acceleració *nf* acceleration

A

accelerador *nm* accelerator

accelerar *vt, vi* to accelerate: *Accelera, que es cala el motor.* Accelerate or you'll stall. LOC **accelerar el pas** to walk faster

accent *nm* accent: ~ *agut/greu* acute/grave accent ◇ *amb ~ a l'última síl·laba* with an accent on the last syllable ◇ *parlar amb (un) ~ estranger* to speak with a foreign accent

accentuar ▶ *vt* **1** (*remarcar, agreujar*) to accentuate **2** (*ortografia*) to put an accent on *sth*: *Accentua les paraules següents.* Put the accents on the following words. ▶ **accentuar-se** *vp* (*portar accent*) to have an accent: *S'accentua a la segona síl·laba.* The accent is on the second syllable.

accepció *nf* meaning

acceptable *adj* acceptable (*to sb*)

acceptar *vt* **1** to accept: *Accepta aquest detall, si us plau.* Please accept this small gift. ◇ *Acceptaràs la seva oferta?* Are you going to accept their offer? **2** (*estar d'acord*) to agree *to do sth*: *Va ~ d'anar-se'n.* He agreed to leave.

accés *nm* **1** ~ **(a)** access (to *sb/sth*): *tenir ~ a Internet* to have access to the Internet ◇ *~ a la cambra cuirassada* access to the strongroom ◇ *la porta d'accés a la cuina* the door into the kitchen **2** ~ **(a)** (*ingrés, via d'entrada*) entrance (to *sth*): *~ a la universitat* university entrance ◇ *Hi ha quatre accessos al palau.* There are four entrances to the palace. **3** ~ **de** (*Med*) fit: *Té accessos de tos.* He has coughing fits.

accessible *adj* accessible (*to sb*)

accessori, -òria *adj, nm* accessory [*pl* accessories]

accident *nm* **1** accident: ~ *de trànsit* traffic accident ◇ *tenir un ~* to have an accident **2** (*Geog*) (geographical) feature LOC **accident d'avió/de cotxe** plane/car crash ◆ **per accident** by accident

accidental *adj* accidental: *mort ~* accidental death

accidentat, -ada ▶ *adj* **1** (*terreny*) rugged **2** (*difícil*) difficult: *un viatge ~* a difficult journey ▶ *nm-nf* casualty [*pl* casualties]

acció *nf* **1** action: *entrar en ~* to go into action ◇ *~ criminal/legal* criminal/legal action **2** (*obra*) deed (*formal*): *una bona/mala ~* a good/bad deed **3** (*Fin*) share

accionista *nmf* shareholder

acer *nm* steel: *~ inoxidable* stainless steel

acereria *nf* steelworks

ací *adv* here: *Vine ~.* Come here. LOC **d'ací d'allà** all over the place (*col·loq*): *T'he estat buscant d'ací d'allà.* I've been looking for you all over (the place). ◇ *He anat tot el dia d'ací d'allà.* I've been rushing around all day. ◆ **d'ací i d'allà** from here, there and everywhere

àcid, ~a ▶ *adj* (*gust*) sharp, acid (*més formal*) ▶ *nm* acid LOC *Vegeu* PLUJA

acidesa *nf* acidity LOC **acidesa d'estómac** heartburn

aclamar *vt* to acclaim

aclaparador, ~a *adj* overwhelming: *guanyar per una majoria aclaparadora* to win by an overwhelming majority

aclaparar *vt* (*exigències, problemes*) to overwhelm

aclarir ▶ *vt* **1** (*explicar*) to clarify: *Pots ~ aquest punt?* Can you clarify this point? **2** (*dubte, malentès, misteri*) to clear *sth* up: *~ un assassinat* to clear up a murder **3** (*color*) to lighten ▶ **aclarir-se** *vp* (*cel*) to clear up

aclimatar-se *vp* ~ **(a)** to acclimatize (yourself) (to *sth*): *Li ha costat ~.* She's found it hard to acclimatize. ◇ *Necessites un parell de dies per a aclimatar-te a la diferència horària.* You need a couple of days to acclimatize yourself to the time difference.

acne *nf* acne

acollida *nf* **1** (*persona*) welcome **2** (*idea, projecte*) reception: *tenir una bona/mala ~* to be well received LOC **casa/centre/llar d'acollida** hostel: *una casa d'acollida d'immigrants* an immigrant hostel ◇ *una llar d'acollida de dones* a women's refuge *Vegeu tb* AULA, FAMÍLIA

acollidor, ~a *adj* cosy

acollir *vt* **1** (*convidat, idea, notícia*) to welcome: *Van ~ la proposta amb entusiasme.* They warmly welcomed the proposal. **2** (*refugiat, orfe*) to take *sb* in

acolorir *vt* (*pintar*) to colour *sth* (in)

acomiadament *nm* dismissal

acomiadar ▶ *vt* **1** (*dir adéu*) to see *sb* off: *Vam anar a acomiadar-los a l'estació.* We went to see them off at the station. **2** (*empleat*) to dismiss, to give *sb* the sack (*col·loq*) ▶ **acomiadar-se** *vp* **acomiadar-se (de)** to say goodbye (to *sb/sth*): *Ni tan sols s'han acomiadat (de nosaltres).* They didn't even say goodbye (to us). ◇ *Va acomiadar-se del seu xicot amb un petó.* She kissed her boyfriend goodbye.

acomodador, ~a *nm-nf* **1** (*masc*) usher **2** (*fem*) usherette

acomodar-se *vp* to adapt *to sth*: *~ a les circumstàncies* to adapt to circumstance

acompanyament *nm* accompaniment: *amb ~ de guitarra* with a guitar accompaniment

acompanyar *vt* **1** (*anar amb algú*) to go/come with *sb*: *T'acompanyo fins a la parada de l'au-*

tobús. I'll go with you as far as the bus stop. ◇ *Me'n vaig de passeig. M'acompanyes?* I'm going for a walk. Are you coming (with me)? **2** (*portar a un lloc*) to take: *Els vam ~ a l'estació*. We took them to the station. **3** (*Mús*) to accompany *sb* (*on sth*): *La seva germana l'acompanyava al piano*. His sister accompanied him on the piano. LOC **acompanyar a casa 1** (*a peu*) to walk *sb* home **2** (*amb cotxe*) to give *sb* a lift home ◆ **acompanyar a la porta** to see *sb* out ◆ **l'acompanyo en el sentiment** please accept my condolences

acomplexar ▶ *vt* to give *sb* a complex ▶ **acomplexar-se** *vp* to get a complex

acomplexat, -ada *adj*: *estar ~ per alguna cosa* to have a complex about sth

aconseguir *vt* **1** (*obtenir*) to get: *~ un visat* to get a visa ◇ *Vaig ~ bons resultats*. I got good results. **2 ~ que algú faci alguna cosa** to get sb to do sth: *No aconseguiràs que vinguin*. You won't get them to come. **3** (*assolir*) to achieve: *per ~ els nostres objectius* to achieve our aims **4** (*guanyar*) to win: *~ una medalla* to win a medal **5 + inf** to manage *to do sth*: *Vaig ~ persuadir-los*. I managed to persuade them.

aconsellable *adj* advisable

aconsellar *vt* **1 ~ alguna cosa a algú** to advise *sb to do sth*: *T'aconsello que acceptis aquesta feina*. I advise you to accept this job. ◇ *—Ho compro? —No t'ho aconsello*. 'Shall I buy it?' 'I wouldn't advise you to.' ◇ *T'aconsello la més cara*. I advise you to buy the more expensive one. **2 ~ algú** to give *sb* advice: *Ella et podrà ~ millor*. She'll be able to give you better advice. ◇ *Necessita que l'aconsellin*. He needs advice.

acontentar-se *vp* **~ amb** to be satisfied with *sth*: *S'acontenta amb poca cosa*. He's easily pleased.

acord *nm* **1** (*resolució*) agreement: *arribar a un ~* to reach an agreement **2** (*Mús*) chord LOC **d'acord!** all right!, OK! (*més col·loq*) ◆ **d'acord amb** in accordance with *sth* ◆ **estar d'acord** to agree (*with sb*) (*about/on sth*): *Estic d'acord amb ell en tot*. I agree with him about everything. ◆ **posar-se d'acord** to agree (*to do sth*): *Es van posar d'acord per anar-hi plegats*. They agreed to go together.

acordar *vt* to agree (*to do sth*): *Hem acordat tornar a treballar*. We agreed to return to work.

acordió *nm* accordion

acordonar *vt* (*lloc*) to cordon *sth* off

acorralar *vt* (*persona*) to corner

acostar ▶ *vt* **1** (*aproximar*) to move *sth* closer (*to sb/sth*): *~ la taula a la paret* to move the table closer to the wall **2** (*donar*) to pass: *Acosta'm aquell ganivet*. Pass me that knife. **3** (*amb vehicle*) to give *sb* a lift: *Em van ~ a casa/a l'estació*. They gave me a lift home/to the station. ▶ **acostar-se** *vp* **acostar-se (a)** to get closer (to *sb/sth*), to approach (*sb/sth*) (*més formal*): *S'acosta el meu aniversari*. My birthday is getting closer. ◇ *Acosta't*. Come closer.

acostumar ▶ *vi* **~ a 1** (*en present*) to usually do sth: *Acostumo a sortir de casa cap a les 9*. I usually leave home about 9 o'clock. ➲ *Vegeu nota a* ALWAYS **2** (*en passat*) used to do sth: *Acostumaven a aixecar-se molt d'hora*. They used to get up very early. ➲ *Vegeu nota a* USED TO ▶ **acostumar-se** *vp* **acostumar-se (a)** to get used to *sb/sth/doing sth*: *acostumar-se a la calor* to get used to the heat ◇ *T'hauràs d'acostumar a matinar*. You'll have to get used to getting up early.

acostumat, -ada *adj* LOC **estar acostumat a** to be used to *sb/sth/doing sth*: *Està ~ a aixecar-se d'hora*. He's used to getting up early. *Vegeu tb* ACOSTUMAR

acotar *vt* (*cap*) to bow

acotxar(-se) *vt, vp* to tuck (*sb*) up: *Acotxa-la bé, que farà fred a la matinada*. Tuck her up well, it'll be cold by the morning.

acovardir ▶ *vt* to intimidate ▶ **acovardir-se** *vp* **acovardir-se (davant de/per)** to feel intimidated (by *sb/sth*)

acrobàcia *nf* acrobatics [*pl*]: *Van celebrar les seves acrobàcies amb una ovació*. Her acrobatics were greeted with loud applause. ◇ *fer acrobàcies* to perform acrobatics

acròbata *nmf* acrobat

acta *nf* **1** (*reunió*) minutes [*pl*]: *constar en ~* to appear in the minutes **2** (*exàmens*) list of examination results

acte *nm* **1** (*acció, Teat*) act: *un ~ de violència* an act of violence ◇ *una obra en quatre ~s* a four-act play **2** (*cerimònia*) ceremony [*pl* ceremonies]: *l'acte de cloenda* the closing ceremony LOC **a l'acte** straight away: *Em vaig aixecar a l'acte*. I stood up straight away.

actitud *nf* attitude (*to/towards sb/sth*)

actiu, -iva *adj* active

activar *vt* **1** (*posar en funcionament*) to activate: *~ un mecanisme* to activate a mechanism **2** (*accelerar*) to accelerate

activista *nmf* activist

activitat *nf* activity [*pl* activities]

actor, actriu *nm-nf* actor [*fem* actress] ➲ *Vegeu nota a* ACTRESS LOC **actor/actriu principal** male/female lead

A

actuació *nf* performance

actual *adj* **1** (*d'ara mateix*) current: *l'estat ~ de les obres* the current state of the building work **2** (*d'avui dia*) present-day: *La ciència ~ ha de fer cara a problemes ètics.* Present-day science faces ethical problems. ◇ *en el moment ~* at the present moment

> La paraula anglesa **actual** significa *exacte, vertader*: *What's the actual date of the wedding?* Quina és la data exacta del casament?

actualitat *nf* present situation: *l'actualitat del nostre país* the present situation in our country LOC **d'actualitat** topical: *ésser d'actualitat* to be topical ◇ *temes d'actualitat* topical issues

actualitzar *vt* to update

actualment *adv* (*ara*) at the moment

> La paraula anglesa **actually** significa *en realitat, de fet*: *It was actually quite cheap.* En realitat va ésser bastant barat.

actuar *vi* **1** (*artista*) to perform **2** ~ **com a** to act as *sth*: *~ com a mitjancer* to act as an intermediary

acudir ▶ *vi* to turn up: *~ a la trobada* to turn up for the meeting ▶ **acudir-se** *vp* to occur *to sb*; to think *of sth/doing sth*: *Se m'acaba d'acudir que...* It has just occurred to me that... ◇ *Se t'acut alguna cosa?* Can you think of anything? ◇ *No se'm va ~ cap resposta.* I couldn't think of anything to say. ◇ *A mi mai se m'hauria acudit presentar-me sense avisar.* I'd never have thought of turning up without letting you know.

acudit *nm* **1** (*parlat*) joke: *explicar un ~* to tell a joke **2** (*dibuix*) cartoon

acumulació *nf* build-up, accumulation (*més formal*)

acumular(-se) *vt, vp* to accumulate

acupuntura *nf* acupuncture

acurat, -ada *adj* careful

acusació *nf* accusation: *fer una ~ contra algú* to make an accusation against sb

acusar *vt* **1** to accuse *sb* (*of sth/doing sth*) **2** (*Dret*) to charge *sb* (*with sth/doing sth*): *~ algú d'assassinat* to charge sb with murder

acusat, -ada *nm-nf* accused [*pl* accused]: *els ~s* the accused LOC *Vegeu* BANC

acústic, ~a *adj* acoustic

acústica *nf* (*d'un local*) acoustics [*pl*]: *L'acústica d'aquesta sala no és gaire bona.* The acoustics in this hall aren't very good.

adaptació *nf* adaptation

adaptador *nm* (*aparell*) adaptor

adaptar ▶ *vt* to adapt: *~ una novel·la per al teatre* to adapt a novel for the stage ▶ **adaptar-se** *vp* **1** (*aclimatar-se*) to adapt (*to sth*): *adaptar-se als canvis* to adapt to change **2** (*ajustar-se*) to fit: *No s'adapta bé.* It doesn't fit properly.

addicció *nf* addiction (*to sth*): *~ a l'alcohol* addiction to alcohol

addicional *adj* additional

addicte, -a ▶ *adj* ~ **(a)** addicted (to *sth*) ▶ *nm-nf* addict

adequat, -ada *adj* right: *No és el moment ~.* This isn't the right time. ◇ *No troben la persona adequada per a la feina.* They can't find the right person for the job. ◇ *un vestit ~ per a l'ocasió* a suitable dress for the occasion

adéu *interj* **1** (*comiat*) goodbye, bye (*més col·loq*) **2** (*salutació en passar*) hello LOC **dir/fer adéu amb la mà** to wave goodbye (*to sb/sth*)

adhesiu, -iva ▶ *adj* adhesive ▶ *nm* (*enganxina*) sticker LOC *Vegeu* CINTA

adir-se *vp* to go together; to go *with sth*: *La camisa que portes no s'adiu amb els pantalons.* That shirt you're wearing doesn't go with those trousers.

adjectiu *nm* adjective

adjunt, ~a *adj* **1** (*afegit*) **(a)** (*Informàt*) attached **(b)** (*a una carta*) enclosed **2** (*director, etc.*) deputy [*n*]: *el director ~* the deputy director LOC *Vegeu* FITXER

adjuntar *vt* **1** (*en una carta*) to enclose: *Els adjunto el meu currículum.* Please find enclosed my CV. **2** (*Informàt*) to attach: *~ un arxiu* to attach a file

admetre *vt* **1** (*culpa, error*) to admit: *Admeto que ha estat culpa meva.* I admit (that) it was my fault. **2** (*deixar entrar en un lloc*) to admit *sb/sth* (*to sth*): *M'han admès a l'escola.* I've been admitted to the school. **3** (*acceptar*) to accept: *No admeto excuses.* I won't accept any excuses. LOC **no s'admet(en)...**: *No s'admet l'entrada a menors de 18 anys.* No entrance to under-18s. ◇ *No s'admeten targetes de crèdit.* We don't accept credit cards.

administració *nf* administration: *l'administració de la justícia* the administration of justice LOC **administració de loteria** lottery agency [*pl* agencies] *Vegeu tb* CONSELL

administrador, ~a *nm-nf* administrator

administrar *vt* **1** (*gestionar*) to run, to manage (*més formal*): *~ un negoci* to run a business **2** (*donar*) to administer *sth* (*to sb*): *~ justícia/un medicament* to administer justice/a medicine

administratiu, -iva ▶ *adj* administrative

▶ *nm-nf* administrative assistant

admirable *adj* admirable

admiració *nf* admiration: *sentir ~ per algú* to admire sb **LOC** *Vegeu* SIGNE ➲ *Vegeu pàg 363*

admirador, ~a *nm-nf* admirer

admirar *vt* **1** (*apreciar*) to admire: *~ el paisatge* to admire the scenery **2** (*sorprendre*) to amaze: *M'admira la teva sabiduria.* Your knowledge amazes me.

ADN *nm* DNA

adob *nm* (*fertilitzant*) fertilizer

adobar *vt* **1** (*reparar*) to mend **2** (*mitjons*) to darn **3** (*terra*) to fertilize **4** (*aliments*) (**a**) to season (**b**) (*pernil*) to cure **5** (*pell*) to tan: *~ pells* to tan leather hides **LOC** *Vegeu* ACABAR

adolescència *nf* adolescence

adolescent *nmf* teenager, adolescent (*més formal*)

adolorit, -ida *adj* **1** (*físicament*) sore: *Estic tot ~.* I'm sore all over. **2** (*afligit*) distressed

adonar-se *vp* to realize (*that...*): *Em vaig adonar que no m'estaven escoltant.* I realized (that) they weren't listening.

> **To realize** normalment va seguit d'una frase. Quan *adonar-se* té com a objecte un nom, s'ha de traduir amb una frase en anglès: *M'he adonat del seu valor.* I've realized how valuable it is.

adoptar *vt* to adopt

adoptiu, -iva *adj* **1** adopted: *fill/país ~* adopted child/country **2** (*pares*) adoptive

adorar *vt* to adore

adormir ▶ *vt* (*nen*) to get *sb* off to sleep: *~ un nen gronxant-lo* to rock a baby to get him off to sleep ▶ **adormir-se** *vp* **1** (*agafar el son*) to fall asleep, to get to sleep (*més col·loq*) **2** (*despertar-se tard*) to oversleep: *M'he adormit i he fet tard a la feina.* I overslept and was late for work. **3** (*part del cos*) to go numb, to go to sleep (*col·loq*): *Se m'ha adormit la cama.* My leg's gone to sleep.

adormit, -ida *adj* **1** (*persona*) sleepy **2** (*part del cos*) numb **LOC estar adormit** to be asleep ♦ **quedar-se adormit** to fall asleep ➲ *Vegeu nota a* ASLEEP *Vegeu tb* ADORMIR

adornament *nm* **1** decoration: *~s de Nadal* Christmas decorations **2** (*objecte*) ornament

adornar *vt* to decorate, to adorn (*més formal*)

adquirir *vt* **1** to acquire: *~ riqueses/fama* to acquire wealth/fame **2** (*comprar*) to buy **LOC** *Vegeu* IMPORTÀNCIA

adreça *nf* address **LOC adreça electrònica** email address

adreçar ▶ *vt* **1** (*carta, missatge*) to address *sth to sb/sth* **2** (*campanya, comentari, etc.*) to aim *sth at sb* **3** (*esmenar*) to straighten *sb* out: *Ja t'adreçaré, jo!* I'll straighten you out! ▶ **adreçar-se** *vp* **adreçar-se a 1** (*parlar*) to speak to *sb* **2** (*per carta*) to write to *sb*

adroguer, ~a *nm-nf* grocer

adrogueria *nf* grocer's ➲ *Vegeu nota a* CARNISSERIA

adult, ~a *adj, nm-nf* adult: *les persones adultes* adults

adulteri *nm* adultery

advent *nm* Advent **LOC** *Vegeu* CALENDARI

adverbi *nm* adverb

adversari, -ària *nm-nf* adversary [*pl* adversaries]

advertir *vt* **1** (*avisar*) to warn *sb* (*about/of sth*): *Els vaig ~ del perill.* I warned them about the danger. **2** (*dir*) to tell: *Ja t'ho vaig ~.* I told you so! ◇ *T'adverteixo que a mi m'és igual.* Mind you, it's all the same to me. **3** (*adonar-se*) to notice: *En entrar en l'habitació, vaig ~ que tots els meus amics estaven somrient.* When I walked in the room, I noticed my friends were all smiling.

advocat, -ada *nm-nf* lawyer

> **Lawyer** és un terme general que abraça els diversos tipus d'advocat tant a la Gran Bretanya com als Estats Units.
> A la Gran Bretanya es distingeix entre **barrister**, que pot actuar a tots els tribunals, i **solicitor**, que només pot intervenir en tribunals inferiors i normalment s'encarrega de preparar els documents legals i d'assessorar els clients.
> Als Estats Units es fa servir la paraula **attorney** per a referir-se als diferents tipus d'advocat: **criminal attorney**, **tax attorney**, etc.

LOC advocat defensor defence counsel ♦ **advocat del diable** devil's advocate ♦ **advocat d'ofici** duty solicitor ♦ **fer d'advocat** to practise law

aeri, aèria *adj* **1** air [*n atrib*]: *trànsit ~* air traffic **2** (*vista, fotografia*) aerial **LOC** *Vegeu* COMPANYIA, CORREU, FORÇA, LÍNIA, PONT, VIA

aeròbic *nm* aerobics [*incomptable*]: *fer ~* to do aerobics

aerolínia *nf* airline

aeronau *nf* aircraft [*pl* aircraft]

A

aeroport *nm* airport: *Els anirem a buscar a l'aeroport.* We're going to pick them up at the airport.

aerosol *nm* aerosol

afaitar-se *vp* **1** to shave: *T'has afaitat avui?* Have you had a shave today? ◇ *~ el cap* to shave your head **2** (*barba, bigoti*) to shave *sth* off: *Es va afaitar el bigoti.* He shaved his moustache off. LOC *Vegeu* CREMA, FULLA, MÀQUINA, MAQUINETA

afalagador, ~a *adj* flattering

afalagar *vt* to flatter

afamat, -ada *adj* **1** hungry: *La criatura està afamada.* The baby is hungry. **2** (*famolenc*) starving

afany *nm* (*esforç*) effort

afanyar-se *vp* ~ **a** to hurry *to do sth*: *Em vaig afanyar a donar-li les gràcies.* I hurried to thank him. LOC **afanya't!** hurry up!

afavorir *vt* **1** to favour: *Aquestes mesures ens afavoreixen.* These measures favour us. ◇ *El descompte els va ~.* They benefited from the discount. **2** (*roba, pentinat*) to suit: *El vermell t'afavoreix.* Red suits you.

afeblir(-se) *vt, vp* to weaken

afecció *nf* (*malaltia*) condition: *Va tenir una ~ de cor.* He had a heart condition.

afectar *vt* to affect: *El cop li va ~ l'oïda.* The blow affected his hearing. ◇ *La seva mort em va ~ molt.* I was deeply affected by his death.

afecte *nm* affection: *sentir ~ per algú* to feel affection for sb

afectuós, -osa *adj* ~ **(amb)** affectionate (towards *sb/sth*)

afegir *vt* **1** (*posar de més*) to add: *Afegeix-ho a la llista.* Add it to the list. **2** (*enganxar*) to stick *sth* on: *Haig d'afegir la nansa d'aquesta tassa.* I've got to stick the handle of this cup back on.

afegit, -ida *adj* LOC *Vegeu* IMPOST; *Vegeu tb* AFEGIR

afer *nm* **1** affair: *~s estrangers* foreign affairs **2** (*qüestió*) matter: *un ~ de gran interès* a matter of great interest LOC *Vegeu* MINISTERI, MINISTRE

aferrar-se *vp* ~ **(a)** to cling (to *sb/sth*): *~ a una idea* to cling to an idea

afició *nf* **1** ~ **(a/per)** interest (in *sth*): *Hi ha molta ~ per la música.* There's a lot of interest in music. ◇ *Té una gran ~ als escacs.* He's very interested in chess. **2** (*passatemps*) hobby [*pl* hobbies] LOC **per afició** as a hobby

aficionar-se *vp* ~ **a 1** (*passatemps*) to take *sth* up: *S'ha aficionat als escacs.* She's taken up chess. **2** (*plaers, vicis*) to acquire a taste for *sth*: *~ a la bona vida* to acquire a taste for the good life

aficionat, -ada ▶ *adj* **1** ~ **a** (*entusiasta*) keen on *sth*: *Sóc molt ~ al ciclisme.* I'm very keen on cycling. **2** (*amateur*) amateur: *una companyia d'actors ~s* an amateur theatre company ▶ *nm-nf* **1** (*Esport, música pop*) fan: *un ~ al futbol* a football fan **2** (*cine, música clàssica, teatre*) lover: *un ~ a l'òpera* an opera lover **3** (*amateur*) amateur: *No toquen malament per ser ~s.* They don't play badly for amateurs. *Vegeu tb* AFICIONAR-SE

afiliar-se *vp* ~ **(a)** to join: *Vaig decidir afiliar-me al partit.* I decided to join the party.

afinar *vt* (*instrument musical*) to tune LOC **afinar la punteria** to take better aim

afirmar *vt* to state, to say (*més col·loq*): *Va ~ que estava preocupat.* He said that he was worried.

afirmatiu, -iva *adj* affirmative

afixar *vt* (*cartell, etc.*) to put *sth* up LOC *Vegeu* PROHIBIT

afluent *nm* tributary [*pl* tributaries]

afluixar ▶ *vt* to loosen: *Li vaig ~ la corbata.* I loosened his tie. ▶ **afluixar-se** *vp* **1** to loosen: *Em vaig ~ el cinturó.* I loosened my belt. **2** (*caragol, nus*) to come loose: *El nus s'ha afluixat.* The knot has come loose.

afònic, ~a *adj* LOC **estar afònic** to have lost your voice ◆ **quedar-se afònic** to lose your voice

afores *nm* outskirts: *Viuen als ~ de Terrassa.* They live on the outskirts of Terrassa.

afortunadament *adv* luckily, fortunately (*més formal*)

afortunat, -ada *adj* lucky, fortunate (*més formal*)

africà, -ana *adj, nm-nf* African

Àfrica *nf* Africa

afrontar *vt* to face up to *sth*: *~ la realitat* to face up to reality

afusellar *vt* to shoot

agafador *nm* **1** (*drap*) oven glove **2** (*porta, calaix, etc.*) handle ➲ *Vegeu il·lustració a* HANDLE

agafar ▶ *vt* **1** (*prendre*) to take: *Agafa els llibres que vulguis.* Take as many books as you like. ◇ *He agafat dues entrades.* I've bought two tickets. ◇ *El vaig ~ pel braç.* I took him by the arm. ◇ *Puc ~ el teu cotxe?* Can I take your car? **2** (*aguantar*) to hold: *Agafa bé el paraigua.* Hold the umbrella tight. ◇ *Agafa això perquè no caigui.* Hold this and don't let it fall. **3** (*atrapar*) to catch: *~ una pilota* to catch a ball ◇ *Els van ~ robant.* They were caught stealing. **4** (*transports, malaltia*): *Vaig ~ l'autobús per anar a* *casa.* I caught the bus home. ◇ *He hagut de córrer per ~ l'autobús.* I had to run to catch the bus. ◇ *~ un refredat* to catch a cold ◇ *~ una pulmonia* to catch pneumonia ▶ *vi* (*mal, sensació*) to get *sth* [*vt*]: *Li ha agafat mal de cap/coll.* He got a headache/a sore throat. ◇ *M'està agafant fred/son.* I'm getting cold/sleepy. ▶ **agafar-se** *vp* **1 agafar-se (a)** to hold (on), to hold onto *sb/sth*: *Agafa't de la mà.* Hold my hand. ◇ *Agafa't bé!* Hold on tight! ◇ *Agafa't a mi.* Hold onto me. ◇ *Agafa't a la barana, que podries caure.* Hold onto the railings or you'll fall. **2 agafar-se (amb/a)** to get *sth* caught (in *sth*): *Em vaig ~ el dit amb la porta.* I got my finger caught in the door. ❶ Per a expressions amb **agafar**, vegeu les entrades del nom, adjectiu, etc., p. ex. **agafar una mona** a MONA i **agafar fred** a FRED.

agafat, -ada *adj* LOC **agafats de la mà** holding hands ◆ **agafats pel braç** arm in arm ➲ *Vegeu il·lustració a* ARM *Vegeu tb* BALLAR; *Vegeu tb* AGAFAR

agència *nf* **1** agency [*pl* agencies] **2** (*sucursal*) branch LOC **agència de viatges** travel agent's ◆ **agència immobiliària** estate agent's ➲ *Vegeu nota a* CARNISSERIA

agenda *nf* **1** (*llibreta*) diary [*pl* diaries] **2** (*d'adreces i telèfons*) address book: *M'apuntaré el teu telèfon a l'agenda.* I'll write your phone number down in my address book. LOC **agenda electrònica** personal organizer

agenollar-se *vp* to kneel (down)

agent *nmf* **1** (*representant, espia*) agent: *~ secret* secret agent **2** (*policia*) police officer ➲ *Vegeu nota a* POLICIA

àgil *adj* (*persona*) agile

agilitat *nf* agility

agitar *vt* **1** (*ampolla*) to shake: *Agiteu-la abans d'usar-la.* Shake (well) before using. **2** (*mocador, braços*) to wave **3** (*ales*) to flap

agitat, -ada *adj* **1** (*vida, dia*) hectic **2** (*mar*) rough *Vegeu tb* AGITAR

aglomerar-se *vp* to gather

agnòstic, ~a *adj, nm-nf* agnostic

agonia *nf* agony [*pl* agonies]

agonitzar *vi* to be dying

agosarat, -ada *adj* daring: *un alpinista ~* a daring mountaineer

agost *nm* August (*abrev* Aug.) ➲ *Vegeu exemples a* GENER LOC **fer l'agost/el seu agost** to make a fortune

agraciat, -ada *adj* (*físic*) attractive

agradable *adj* pleasant LOC **agradable a la vista/a l'oïda** pleasing to the eye/ear

agradar *vi* **1** to like *sb/sth/doing sth* [*vt*]: *No m'agrada.* I don't like it. ◇ *Els agrada passejar.* They like walking. ◇ *T'agradaria sortir?* Would you like to go out? ◇ *M'agrada com explica les coses.* I like the way she explains things.

> **Like to do** o **like doing**?
> En el sentit de "gaudir fent alguna cosa", es fa servir **like doing sth**: *T'agrada pintar?* Do you like painting? En el sentit de "preferir fer alguna cosa", es fa servir **like to do sth**: *M'agrada dutxar-me abans d'anar al llit.* I like to have a shower before I go to bed.

2 (*atreure físicament*) to fancy *sb* [*vt*]: *Em sembla que li agrades.* I think he fancies you. **3** (*complaure*) to please *sb* [*vt*]: *Intenta ~ a tothom.* He tries to please everyone. LOC **m'agrada més...** I, you, etc. prefer *sth/doing sth*: *M'agrada més el vestit vermell.* I prefer the red dress.

agraïment *nm* gratitude: *Hauries de mostrar el teu ~.* You should show your gratitude. ◇ *unes paraules d'agraïment* a few words of thanks

agrair *vt* to be grateful *to sb* (for *sth/doing sth*): *Us agraeixo molt la visita.* I'm very grateful to you for coming. ❶ També es pot traduir per **to thank sb (for sth/doing sth)**: Thank you very much for coming.

agraït, -ïda *adj* grateful: *Us estic molt ~.* I am very grateful to you. *Vegeu tb* AGRAIR

agrari, -ària *adj* **1** (*sector, productes*) agricultural: *subvencions agràries* agricultural subsidies **2** (*llei, reforma*) agrarian

agre, -a *adj* sour LOC *Vegeu* CARA

agredir *vt* to attack

agredolç, ~a *adj* **1** (*Cuina*) sweet and sour: *salsa agredolça* sweet and sour sauce **2** (*fig*) bitter-sweet

agregar *vt* to add *sth* (*to sth*)

agressió *nf* aggression [*incomptable*]: *un pacte de no-agressió* a non-aggression pact ◇ *Ha patit moltes agressions.* He's had to put up with a lot of aggression.

agressiu, -iva *adj* aggressive

agressivitat *nf* aggression

agressor, ~a *nm-nf* attacker

agreujar ▶ *vt* to make *sth* worse ▶ **agreujar-se** *vp* to get worse

agrícola *adj* agricultural LOC *Vegeu* EXPLOTACIÓ, FEINA, PRODUCTE

agricultor, ~a *nm-nf* farmer

agricultura *nf* agriculture, farming (*més col·loq*): *~ ecològica* organic farming

A

agrònom, **~a** *adj* agricultural LOC *Vegeu* ENGINYER, PERIT

agroturisme *nm* farm holidays [*pl*]: *fer ~* to go on a farm holiday

agrupació *nf* **1** (*grup*) group: *una ~ parlamentària* a parliamentary group **2** (*associació*) association

agrupar ▶ *vt* to put *sb/sth* in a group ▶ **agrupar-se** *vp* to get into groups: *agrupar-se de dos en dos* to get into pairs

aguait *nm* LOC **estar a l'aguait 1** (*esperar*) to lie in wait (*for sb/sth*): *La policia estava a l'aguait amagada darrere uns arbres.* The police were lying in wait, hidden behind some trees. **2** (*vigilar, estar atent*) to be alert to *sth*: *Cal estar a l'aguait sobre l'estat de la neu.* You need to be alert to the state of the snow. **3** (*estar al dia*) to be up to date: *Està a l'aguait de totes les novetats.* He's up to date with all the latest events.

aguaitar *vt, vi* to lie in wait (*for sb/sth*): *L'enemic aguaitava en la fosca.* The enemy was lying in wait in the dark.

aguantar ▶ *vt* **1** to put up with *sb/sth*: *Hauràs d'aguantar el dolor.* You'll have to put up with the pain.

> Quan la frase és negativa s'utilitza molt **to stand**: *No aguanto aquesta calor.* I can't stand this heat. ◇ *No els aguanto.* I can't stand them. ◇ *No hi ha qui t'aguanti!* You're unbearable!

2 (*pes*) to take: *El pont no va ~ el pes del camió.* The bridge couldn't take the weight of the lorry. **3** (*sostenir*) to hold: *Aguanta bé l'ampolla.* Hold on tight to the bottle. ▶ *vi* **1** (*durar*) to last: *La catifa aguantarà un altre any.* The carpet will last another year. **2** (*esperar*) to hold on: *Aguanta, que ja gairebé hi som.* Hold on, we're nearly there. **3** (*resistir*) to hold: *Aquest prestatge no aguantarà.* This shelf won't hold. ▶ **aguantar-se** *vp* **1** (*contenir-se*) to stop yourself (*from doing sth*): *No em vaig poder ~ i li ho vaig dir.* I couldn't stop myself from telling her. **2** (*conformar-se*) to put up with it: *Si no t'agrada, t'aguantes.* If you don't like it, you'll just have to put up with it. ◇ *Jo també tinc gana, però m'aguanto.* I'm hungry too, but I put up with it. LOC **aguantar l'alè/la respiració** to hold your breath ◆ **aguantar-se dret** to stand (up): *No pot aguantar-se dret.* He can't stand (up).

agudesa *nf* **1** (*humor*) wit [*incomptable*] **2** (*dita*) witty remark: *Ens va fer riure amb les seves agudeses.* She made us laugh with her witty remarks.

àguila *nf* eagle

agulla *nf* **1** needle: *enfilar una ~* to thread a needle ◇ *~ de fer mitja* knitting needle ◇ *agulles de pi* pine needles **2** (*de rellotge*) hand LOC **agulla de cap** pin ◆ **agulla d'estendre** clothes peg ◆ **buscar/cercar una agulla en un paller** to look for a needle in a haystack

agut, **-uda** ▶ *adj* **1** (*dolor, sentits, intel·ligència*) sharp: *un dolor ~* a sharp pain **2** (*malaltia, angle, accent*) acute: *apendicitis aguda* acute appendicitis **3** (*so, veu*) high-pitched **4** (*graciós*) witty: *un comentari ~* a witty remark **5** (*paraula*): *És una paraula aguda.* The accent is on the last syllable.
▶ *nm* **aguts** (*Mús*) treble [*incomptable*]: *No se senten bé els ~s.* You can't hear the treble very well.

ah *interj* **1** (*d'alegria*) ah **2** (*de sorpresa*) oh

ahir *adv* yesterday: *~ al matí/al vespre* yesterday morning/evening ◇ *el diari d'ahir* yesterday's paper LOC **ahir a la nit** last night

ai *interj* **1** (*de dolor*) ow **2** (*d'aflicció*) oh (dear) **3** (*de sorpresa, ensurt*) whoops

aigua *nf* water LOC **aigua amunt/avall** upstream/downstream ◆ **aigua corrent** running water ◆ **aigua de l'aixeta** tap water ◆ **aigua de pluja** rainwater ◆ **aigua dolça/salada** fresh/salt water: *peixos d'aigua dolça* freshwater fish ◆ **aigua mineral amb/sense gas** sparkling/still mineral water ◆ **aigua oxigenada** hydrogen peroxide ◆ **anar-se'n a l'aigua 1** (*negoci*) to go bust **2** (*pla*) to fall through ◆ **estar amb l'aigua fins al coll** to be in deep water *Vegeu tb* ASSEMBLAR-SE, BOSSA, CLAR, GOS, MOLÍ, MOTO, OFEGAR, OU

aiguamoll *nm* marsh

aiguaneu *nf* sleet

aiguardent *nm* ≈ brandy

aiguarràs *nm* white spirit

aiguat *nm* downpour LOC **fer un aiguat** to pour down (with rain)

aigüera *nf* sink

aïllant ▶ *adj* insulating
▶ *nm* insulator LOC *Vegeu* CINTA

aïllar *vt* **1** (*separar*) to isolate *sb/sth* (*from sb/sth*) **2** (*incomunicar*) to cut *sb/sth* off (*from sb/sth*): *Les inundacions van ~ el poble.* The village was cut off by the floods. **3** (*amb material aïllant*) to insulate

aïllat, **-ada** *adj* isolated: *casos ~s* isolated cases *Vegeu tb* AÏLLAR

aire *nm* **1** air: *~ pur* fresh air **2** (*vent*) wind: *Fa molt d'aire* It's very windy. LOC **aire condicionat** air conditioning ◆ **a l'aire lliure** in the open air: *un concert a l'aire lliure* an open-air concert

A

◆ **anar a prendre l'aire** to get a breath of fresh air ◆ **saltar/volar per l'aire** to blow up *Vegeu tb* EXÈRCIT, PISTOLA

airejar ▶ *vt* to air ▶ **airejar-se** *vp* to get some fresh air

aixada *nf* hoe

aixafar *vt* **1** (*per compressió*) to flatten: ~ *l'herba* to flatten the grass **2** (*cosa tova, insecte*) to squash: ~ *un coixí* to squash a cushion **3** (*cosa buida*) to crush: ~ *una capsa/un cotxe* to crush a box/a car **4** (*treure la força*) to take it out of *sb*: *Aquesta grip m'ha deixat aixafat.* This bout of flu has really taken it out of me.

aixecament *nm* LOC *Vegeu* PES

aixecar ▶ *vt* **1** to raise: *Aixeca el braç esquerre.* Raise your left arm. ◇ ~ *la moral/veu* to raise your spirits/voice **2** (*pes, tapa*) to lift *sth* up: *Aixeca aquesta tapa.* Lift up the lid. **3** (*recollir*) to pick *sb/sth* up: *El van ~ entre tots plegats.* They picked him up between them. ▶ **aixecar-se** *vp* **1** (*posar-se dret*) to stand up **2** (*del llit, vent*) to get up: *Acostumo a aixecar-me d'hora.* I usually get up early. **3** (*temps*) to clear up: *A la vora de les cinc, el dia es va ~.* It cleared up at about five. **4 aixecar-se (contra)** to rebel (against *sb/sth*) LOC *Vegeu* PEU, VOL

aixella *nf* armpit

aixeta *nf* tap: *obrir/tancar l'aixeta* to turn the tap on/off LOC *Vegeu* AIGUA, BEURE('S)

així *adv* **1** (*d'aquesta manera, com aquest*) like this: *Aguanta-ho ~.* Hold it like this. **2** (*d'aquella manera, com aquell*) like that: *Vull un cotxe ~.* I want a car like that. ◇ *Amb gent ~ fa de bon treballar.* It's nice working with people like that. ◇ *Jo sóc ~.* That's the way I am. LOC **així, així** so so ◆ **així com** (*també*) as well as ◆ **així de gros, gras, etc.** this big, fat, etc. ◆ **així doncs** so (then): *Així doncs us canvieu de casa, oi?* So then, you're moving, are you? ◆ **així i tot** even so ◆ **així que... 1** (*tan aviat com*) as soon as...: *Així que arribis, me n'aniré.* I'll be off as soon as you arrive. **2** (*de manera que*) so: *Era força complicat, ~ que hi va renunciar.* It was complicated, so he gave up. ◆ **i així successivament** and so on (and so forth) *Vegeu tb* ALGUN

això *pron* this: *Què és ~?* What's this?

> De vegades *això* es tradueix per **that**: *I això és tot per avui.* That's all for today.

➲ *Per a més informació sobre l'ús dels demostratius en anglès, vegeu la pàgina 360.* LOC **això de...**: *Això de fer una rifa, no ho acabo de veure clar.* I'm not too sure about this idea of holding a raffle. ◇ *Espero que ~ del teu pare no sigui res greu.* I hope this business with your father is nothing serious. ◆ **això mateix!** that's right!: *Això mateix, molt bé.* That's right, very good. ◆ **d'això, res de res** no way! ◆ **per això** (*per aquesta raó*) so, therefore (*formal*)

aixoplugar ▶ *vt* to shelter *sb/sth* (*from sth*) ▶ **aixoplugar-se** *vp* to take shelter (*from sth*)

aixovar *nm* trousseau [*pl* trousseaus/ trousseaux]

ajagut, -uda *adj* LOC **estar ajagut 1** (*estirat*) to be lying down **2** (*al llit*) to be in bed *Vegeu tb* AJEURE('S)

ajeure('s) *vt, vp* to lie down: *Es va ajeure uns minuts.* He lay down for a few minutes. ➲ *Vegeu nota a* LIE[1]

ajornar *vt* **1** to put *sth* off, to postpone (*més formal*) **2** (*pagament*) to defer

ajuda *nf* help [*incomptable*]: *Gràcies per la teva ~.* Thanks for your help. ◇ *Necessito ~.* I need some help.

ajudant, ~a *adj, nm-nf* assistant

ajudar *vt, vi* to help: *T'ajudo?* Can I help you? ◇ *El vaig ~ a trobar les claus.* I helped him (to) find his keys. LOC *Vegeu* CAMA

ajuntament *nm* **1** (*corporació*) council [*v sing o pl*] **2** (*edifici*) town hall

ajuntar ▶ *vt* **1** (*posar junts*) to put *sb/sth* together: *Ajuntem les taules?* Shall we put the tables together? **2** (*unir*) to join *sth* (together): *He ajuntat els dos trossos.* I've joined the two pieces (together). **3** (*reunir*) to get *sb/sth* together: *Ajuntarem tota la família.* Let's get the whole family together. ▶ **ajuntar-se** *vp* **1** (*reunir-se*) to meet (up) (*with sb*): *Ens vam ~ tots a la sortida.* We all met up on the way out. **2 ajuntar-se a/amb** to join *sb/sth*: *Ens vam ~ amb l'altra classe.* We joined the other class.

ajupir ▶ *vt* to lower: ~ *el cap* to lower your head ▶ **ajupir-se** *vp* to bend down

ajustable *adj* **1** adjustable: *tirants ~s* adjustable straps **2** (*llençol*) fitted

ajustar ▶ *vt* **1** to make *sth* fit: ~ *la música a la lletra* to make the music fit the words ◇ ~ *un caragol* to tighten a screw **2** (*porta, finestra, etc.*) to half-close ▶ *vi* to fit: *La porta no ajusta bé.* The door doesn't fit properly. ▶ **ajustar-se** *vp* **ajustar-se (a) 1** (*acomodar*) to fit in (with *sth*), to adapt (to *sth*) (*més formal*): *És el que millor s'ajusta a les nostres necessitats.* It's what suits our needs best. **2** (*roba, sabata*) to fit: *La sabata se t'ajusta perfectament al peu.* The shoe fits your foot perfectly.

ajustat, -ada *adj* **1** (*estret*) tight: *un vestit molt ~* a tight-fitting dress **2** (*porta, finestra, etc.*) half-closed *Vegeu tb* AJUSTAR

A

ajut *nm* **1** (*subvenció*) grant **2** (*ajuda*) help

al, als *Vegeu* A

ala ▶ *nf* **1** wing: *les ales d'un avió* the wings of a plane ◇ *l'ala conservadora del partit* the conservative wing of the party **2** (*barret*) brim ▶ *nmf* (*Esport*) winger LOC **ala delta 1** (*aparell*) hang-glider **2** (*esport*) hang-gliding ◆ **ala de pendent 1** (*aparell*) paraglider **2** (*esport*) paragliding: *practicar l'ala de pendent* to go paragliding *Vegeu tb* TOCAT

alabança *nf* praise [*incomptable*]: *Es van desfer en alabances per tu.* They were full of praise for you.

alabar *vt* to praise *sb/sth* (*for sth*): *El van ~ per la seva valentia.* They praised him for his courage.

alarma *nf* alarm: *donar l'alarma* to raise the alarm ◇ *connectar l'alarma* to set the alarm ◇ *Va sonar l'alarma.* The alarm went off. ◇ *Va ser només una falsa ~* It was just a false alarm LOC **alarma antirobatori 1** (*casa*) burglar alarm **2** (*cotxe*) car alarm ◆ **alarma d'incendis** fire alarm

alarmant *adj* alarming

alarmar ▶ *vt* to alarm ▶ **alarmar-se** *vp* **alarmar-se (per)** to be alarmed (at/by *sth*)

alba *nf* dawn: *a l'alba* at dawn LOC *Vegeu* TRENC

àlber *nm* poplar

albercoc *nm* apricot

alberg *nm* **1** (*residència*) hostel: *un ~ de joventut* a youth hostel **2** (*de muntanya*) shelter

albergínia *nf* aubergine

àlbum *nm* album: *un ~ de fotos* a photo album ◇ *el darrer ~ de Madonna* Madonna's latest album

alçada *nf* height LOC *Vegeu* SALT

alcalde, -essa *nm-nf* mayor

alçar ▶ *vt* to raise: *~ el teló/la veu* to raise the curtain/your voice ▶ **alçar-se** *vp* **1** (*llevar-se*) to get up **2** (*posar-se dret*) to stand (up) **3 alçar-se (contra)** to rebel (against *sb/sth*): *Els militars es van ~ contra el govern.* The military rebelled against the government. LOC **alçar la mirada** to look up *Vegeu tb* VOL

alçària *nf* height: *un edifici de 30 metres d'alçària* a building 30 metres tall

alcohol *nm* alcohol LOC **sense alcohol** non-alcoholic *Vegeu tb* CERVESA

alcohòlic, ~a *adj, nm-nf* alcoholic

alcoholisme *nm* alcoholism

Alcorà Koran

aldarull *nm* racket

alè *nm* breath: *Li put l'alè.* He's got bad breath. ◇ *perdre l'alè* to lose your breath LOC **treure l'alè** to take *sb's* breath away: *Hi havia un abisme que treia l'alè.* There was a breathtaking drop. *Vegeu tb* AGUANTAR

alegrar ▶ *vt* **1** (*fer feliç*) to make *sb* happy: *La carta em va ~ molt.* The letter made me very happy. **2** (*animar*) **(a)** (*persona*) to cheer *sb* up: *La nostra visita la va ~ molt.* Our visit really cheered her up. **(b)** (*festa*) to liven *sth* up: *Els mags van ~ la festa.* The magicians livened up the party. **3** (*casa, lloc*) to brighten *sth* up ▶ **alegrar-se** *vp* **1** (*estar content*) **(a) alegrar-se (de/per alguna cosa)** to be pleased (about sth/to do sth): *M'alegro de saber-ho.* I am pleased to hear it. ◇ *Es van ~ amb la notícia.* They were delighted at the news. **(b) alegrar-se per algú** to be delighted for sb: *Me n'alegro per vosaltres.* I'm delighted for you. **2** (*cara, ulls*) to light up: *Se li va ~ la cara.* His face lit up.

alegre *adj* **1** (*feliç*) happy **2** (*de bon humor*) cheerful: *Té un caràcter ~.* He's a cheerful person. **3** (*música, espectacle*) lively **4** (*color, habitació*) bright **5** (*begut*) tipsy

alegria *nf* joy: *cridar/saltar d'alegria* to shout/jump for joy LOC **quina alegria!** great! *Vegeu tb* BOIG, CABRE

alemany, ~a *adj, nm-nf, nm* German: *els ~s* the Germans ◇ *parlar ~* to speak German LOC *Vegeu* PASTOR

Alemanya *nf* Germany

aler, ~a *nm-nf* forward LOC **aler pivot** power forward

alerta ▶ *nf* alert: *en estat d'alerta* on alert ◇ *Van fer el crit d'alerta.* They gave the alert. ▶ *adv* alert (*to sth*)

alertar *vt* to alert *sb* (*to sth*): *Ens van ~ del perill.* They alerted us to the risk.

aleshores *adv* then

aleta *nf* **1** (*peix*) fin **2** (*submarinista, foca*) flipper

alevins *nm* (*Esport*) under-11s

alfabet *nm* alphabet

alfabètic, ~a *adj* alphabetical

alfàbrega *nf* basil

alfals *nm* lucerne

alfil *nm* bishop

alga *nf* **1** (*d'aigua dolça*) weed [*incomptable*]: *La bassa és plena d'algues.* The pond is full of weed. **2** (*marina*) seaweed [*incomptable*] ❶ També existeix la paraula **algae**, però és més científica.

àlgebra *nf* algebra

Algèria *nf* Algeria

algerià, -ana *adj, nm-nf* Algerian

algú *pron* someone/somebody, anyone/anybody: *Et sembla que vindrà ~?* Do you think anyone will come? ℹ La diferència entre **someone** i **anyone** és la mateixa que hi ha entre **some** i **any**. *Vegeu nota a* SOME.

Someone i **anyone** porten el verb en singular, però els pronoms que hi fan referència són formes plurals (**they**, **them** i **their**): *Algú s'ha deixat l'abric.* Someone has left their coat behind.

algun, ~a ▶ *adj* **1** some, any: *T'he comprat ~s llibres perquè t'entretinguis.* I've bought you some books to pass the time. ◇ *Hi ha ~ problema?* Are there any problems? ➲ *Vegeu nota a* SOME **2** (*amb nombre*) several: *~s centenars de persones* several hundred people **3** (*espars*) the occasional: *Hi haurà ~ ruixadet.* There will be the occasional light shower.
▶ *pron*: *Alguns de vosaltres sou molt ràpids.* Some of you are very quick. ◇ *Alguns van protestar.* Some (people) protested. LOC **alguna cosa** something, anything ℹ La diferència entre **something** i **anything** és la mateixa que hi ha entre **some** i **any**. *Vegeu nota a* SOME. ◆ **alguna vegada 1** (*en frases condicionals i interrogatives*) ever: *Hi has estat alguna vegada?* Have you ever been there? **2** (*en el passat*) once: *Alguna vegada m'havien parlat d'ella.* They had once mentioned her to me. ◆ **alguna vegada/algunes vegades** sometimes ◆ **algun dia** some day ◆ **en alguna cosa** in any way: *Si us puc ajudar en alguna cosa...* If I can help you in any way... ◆ **en algun lloc/en alguna banda/part** somewhere, anywhere ℹ La diferència entre **somewhere** i **anywhere** és la mateixa que hi ha entre **some** i **any**. *Vegeu nota a* SOME. ◆ **o alguna cosa així** or something like that

alhora *adv* at the same time

aliança *nf* **1** (*unió*) alliance: *una ~ entre cinc partits* an alliance between five parties **2** (*anell de casament*) wedding ring

aliar-se *vp* ~ **(amb/contra)** to form an alliance (with/against *sb/sth*)

aliat, -ada ▶ *adj* allied
▶ *nm-nf* ally [*pl* allies] *Vegeu tb* ALIAR-SE

alicates *nf* pliers: *Necessito unes ~.* I need a pair of pliers. ➲ *Vegeu nota a* PAIR

aliment *nm* **1** (*menjar*) food [*gen incomptable*]: *~s en conserva* tinned food(s) **2** (*valor nutritiu*): *Les llenties tenen força ~.* Lentils are very nourishing. LOC **aliments integrals** wholefood(s) ◆ **aliments naturals** health food(s)

alimentació *nf* **1** (*acció*) feeding **2** (*dieta*) diet: *una ~ equilibrada* a balanced diet

alimentar ▶ *vt* to feed *sb/sth* (*on/with sth*): *~ els cavalls amb fenc* to feed the horses (on) hay ▶ *vi* to be nourishing: *Alimenta molt.* It's very nourishing. ▶ **alimentar-se** *vp* **alimentar-se de** to live on *sth*

alimentari, -ària *adj* **1** food [*n atrib*]: *productes ~s* foodstuffs ◇ *la indústria alimentària* the food industry ◇ *al·lèrgies alimentàries* food allergies **2** (*hàbits*) eating [*n atrib*]: *hàbits ~s* eating habits ◇ *trastorns ~s* eating disorders

alineació *nf* (*Esport*) line-up

alinear *vt* **1** (*arrenglerar*) to line *sb/sth* up **2** (*Esport*) to field

all *nm* garlic LOC *Vegeu* CABEÇA, GRA

allà *adv* (*lloc*) (over) there: *Deixa-ho ~.* Leave it (over) there. LOC **allà a baix/sota** down there ◆ **allà dalt** up there ◆ **allà dins/fora** in/out there ◆ **(cap) allà a... 1** (*passat*) back in...: *cap ~ als anys 60* back in the 60s **2** (*futur*): *Vindrem (cap) ~ a les 10.* We'll come at about 10. *Vegeu tb* ACÍ, MATEIX

allargar ▶ *vt* **1** to extend: *~ una carretera* to extend a road **2** (*peça de vestir*) to lengthen **3** (*durada*) to prolong: *~ la guerra* to prolong the war **4** (*estirar, braç, mà*) to stretch *sth* out ▶ **allargar-se** *vp* **1** to get longer: *Els dies es van allargant.* The days are getting longer. **2** (*prolongar-se massa*) to drag on: *La reunió es va ~ fins a les dues.* The meeting dragged on till two. **3** (*parlant, explicant*) to go on for too long

allargat, -ada *adj* long *Vegeu tb* ALLARGAR

allau *nf* avalanche

al·legar *vt* **1** to claim: *Al·leguen que hi va haver frau.* They're claiming that it was fraud. **2** (*raons, motius*) to cite: *Va ~ motius personals.* He cited personal reasons.

al·legoria *nf* allegory [*pl* allegories]

al·lèrgia *nf* ~ **(a)** allergy [*pl* allergies] (to *sth*): *Tinc ~ al marisc.* I'm allergic to shellfish. LOC **al·lèrgia al pol·len** hay fever

al·lèrgic, ~a *adj* allergic

alletar *vt* **1** (*persona*) to breastfeed **2** (*animal*) to suckle

alleujar *vt* to relieve: *~ el dolor* to relieve pain ◇ *El massatge em va ~ una mica.* The massage made me feel a bit better.

allí *adv* there: *Hi tinc un amic ~.* I have a friend there. ◇ *a 30 quilòmetres d'allí* 30 kilometres from there ◇ *una noia que passava per ~* a girl who was passing by LOC **allí baix/dalt** down/up there ◆ **allí dins/fora** in/out there ◆ **és allí on...** that's where...: *És ~ on vaig caure.* That's where I fell. *Vegeu tb* MATEIX

A

alliberament *nm* **1** (*país*) liberation **2** (*presos*) release

alliberar *vt* **1** (*país*) to liberate **2** (*presoner*) to free

al·licient *nm* incentive

allioli *nm* garlic mayonnaise

allisar *vt* **1** to smooth **2** (*cabells*) to straighten *sb's hair*

allistar-se *vp* ~ **(a/en)** to enlist (in *sth*)

allò *pron*: *Veus ~ d'allí?* Can you see that thing over there? ◇ *No et pots imaginar com va ser ~.* You can't imagine what it was like. LOC **allò de...** that business of...: *~ del teu germà* that business involving your brother ◆ **allò que...** what...: *Tingues present ~ que ta mare sempre et deia.* Remember what your mother always used to say. ◆ **d'allò més** really: *divertir-se d'allò més* to really enjoy yourself ◇ *intel·ligent d'allò més* really intelligent

allotjament *nm* accommodation LOC **donar/proporcionar allotjament 1** (*cobrant*) to provide *sb* with accommodation **2** (*sense cobrar*) to put *sb* up

allotjar ▶ *vt* **1** to accommodate: *L'hotel pot ~ 200 persones.* The hotel can accommodate 200 people. **2** (*sense cobrar*) to put *sb* up: *Després de l'incendi, ens van ~ en una escola.* After the fire, they put us up in a school. ▶ **allotjar-se** *vp* to stay: *Ens vam ~ en un hotel.* We stayed in a hotel.

al·lucinació *nf* hallucination

al·lucinant *adj* (*sorprenent*) amazing, mind-blowing (*col·loq*)

al·lucinar *vi* **1** (*delirar*) to hallucinate **2** (*sorprendre's*): *Al·lucinàvem amb els seus comentaris.* We were amazed at his remarks.

allunyar ▶ *vt* to move *sb/sth* away (*from sb/sth*): *Hauries d'allunyar-ho de la finestra.* You should move it away from the window. ▶ **allunyar-se** *vp* **1 allunyar-se (de)** (*apartar-se*) to move away (from *sb/sth*): *allunyar-se d'un objectiu* to move away from a goal ◇ *No us allunyeu gaire.* Don't go too far away. **2 allunyar-se de** (*camí*) to leave

almenys *adv* at least

almirall, -essa *nm-nf* admiral

almívar *nm* syrup: *peres en ~* pears in syrup

almoina *nf*: *Demanava ~ pels carrers.* He was begging on the streets. ◇ *Li vam donar una ~.* We gave him some money.

alpí, -ina *adj* (*dels Alps*) Alpine LOC *Vegeu* ESQUÍ

alpinisme *nm* mountaineering: *fer ~* to go mountaineering

alt, ~a ▶ *adj* **1** tall, high

> **Tall** s'aplica a persones, arbres i edificis que solen ésser alts i alhora estrets: *l'edifici més alt del món* the tallest building in the world ◇ *una nena molt alta* a very tall girl. **High** s'utilitza molt sovint amb noms abstractes: *nivells alts de contaminació* high levels of pollution ◇ *tipus alts d'interès* high interest rates, i per a fer referència a l'altitud respecte al nivell del mar: *La Paz és la capital més alta del món.* La Paz is the highest capital in the world.
> Els antònims de **tall** són **short** i **small**, i l'antònim de **high** és **low**. El nom corresponent a totes dues paraules és **height** (= *altura, alçada*).

2 (*cap, funcionari*) high-ranking **3** (*classe social, regió*) upper **4** (*so, veu*) loud: *No posis la música tan alta.* Don't play the music so loud.
▶ *adv* **1** (*volar*) high: *Les àguiles volen molt ~.* Eagles fly very high in the sky. **2** (*parlar, tocar*) loudly
▶ *nm* height: *Fa tres metres d'alt.* It is three metres high. LOC **alta fidelitat** hi-fi ◆ **alta mar** the high sea(s): *El vaixell estava en alta mar.* The ship was on the high seas. ◆ **alts i baixos** ups and downs ◆ **(fins) a altes hores de la nit/matinada** until/in the small hours ◆ **passar per alt** to overlook: *Se'm va passar completament per ~ l'entrenament.* I completely overlooked the training session. *Vegeu tb* BARRET, CAP[1], CLASSE, COLL, LLEGIR, PARLAR, POTÈNCIA

alta *nf* LOC **donar d'alta algú/donar l'alta a algú 1** (*hospital*) to discharge *sb* (from hospital) **2** (*metge de capçalera*) to declare *sb* fit ◆ **donar(-se) d'alta** (*inscriure('s)*) to register

altar *nm* altar

altaveu *nm* **1** (*ràdio, ordinador, etc.*) speaker **2** (*en llocs públics*) loudspeaker: *Ho van anunciar pels ~s.* They announced it over the loudspeakers.

alterar ▶ *vt* to alter ▶ **alterar-se** *vp* **1** (*enfadar-se*) to get angry **2** (*posar-se nerviós*) to get nervous: *No t'alteris!* Keep calm!

altern, ~a *adj* alternate: *a dies ~s* on alternate days

alternar ▶ *vt, vi* to alternate ▶ *vi* (*amb gent*) to socialize

alternatiu, -iva *adj* alternative: *energia/medicina alternativa* alternative energy/medicine

alternativa *nf* alternative: *És la nostra única ~.* We have no alternative.

altiplà *nm* plateau [*pl* plateaux/plateaus]

altitud *nf* height, altitude (*més formal*): *a 3.000 metres d'altitud* at an altitude of 3 000 metres

altiu, **-iva** *adj* conceited

alto *interj* stop! LOC **alto el foc** ceasefire

altrament *adv* otherwise: *Li hauries de dir tu: ~, no s'ho creurà.* You should tell him: otherwise he won't believe it. LOC *Vegeu* DIT

altre, **-a** ▶ *adj* other, another

> **Another** s'usa amb noms en singular i **other** amb noms en plural: *No hi ha cap altre tren fins a les cinc.* There isn't another train until five. ◇ *en una altra ocasió* on another occasion ◇ *Tens altres colors?* Have you got any other colours? **Other** també s'utilitza en expressions com ara: *l'altra nit* the other night ◇ *el meu altre germà* my other brother.

▶ *pron* another (one) [*pl* others]: *un dia o un ~* one day or another ◇ *En tens un ~?* Have you got another (one)? ◇ *No m'agraden aquests. En tens d'altres?* I don't like these ones. Have you got any others? ◇ *Només va venir en Jordi; els ~s es van quedar a casa.* Only Jordi came; the others stayed at home. ℹ *L'altre* i *l'altra* es tradueixen per 'the other one': *On és l'altre?* Where's the other one? LOC **d'altra banda 1** (*en canvi*) on the other hand **2** (*a més*) moreover ◆ **d'altra manera** otherwise ◆ **en un altre lloc/una altra part** somewhere else ◆ **una altra cosa** something else: *Hi havia una altra cosa que et volia dir.* There was something else I wanted to tell you. ◆ **una altra vegada** again: *He suspès una altra vegada.* I've failed again. *Vegeu tb* COSA, DEMÀ, DIA, DIT

altri *pron*: *treballar per a ~* to work for someone else ◇ *treballadors per compte d'altri* employees

altura *nf* height: *caure des d'una ~ de tres metres* to fall from a height of three metres LOC **a l'altura de...**: *una cicatriu a l'altura del colze* a scar near the elbow ◇ *a l'altura dels ulls* at eye level ◇ *A quina ~ del carrer Mallorca és, l'escola?* Whereabouts on Carrer Mallorca is the school? ◆ **altura màxima** (*pont, túnel, etc.*) maximum headroom ◆ **estar a l'altura de les circumstàncies** to rise to the occasion

alumini *nm* aluminium LOC *Vegeu* PAPER

alumnat *nm* students [*pl*]: *L'alumnat ha organitzat una festa de final de curs.* The students have organized an end of year party.

alumne, **-a** *nm-nf* student, pupil

> **Student** és la paraula més general i es refereix a la persona que estudia en una universitat o una escola: *una excursió per als alumnes de segon d'ESO* an outing for Year 9 students. La paraula **pupil** ja gairebé no s'usa per a alumnes d'ensenyament secundari, malgrat que continua fent-se servir per a alumnes d'ensenyament primari. En ensenyament primari i educació infantil també es fa servir molt la paraula **child** [*pl* **children**].

LOC *Vegeu* ASSOCIACIÓ

alvocat *nm* avocado [*pl* avocados]

alzina *nf* holm oak LOC **alzina surera** cork oak

amable *adj* ~ **(amb)** kind (to *sb*): *Han estat molt ~s d'ajudar-me.* It was very kind of them to help me. ◇ *Gràcies, sou molt ~.* Thank you, that's very kind of you. ◇ *Hauries de ser més ~ amb ella.* You should be kinder to her.

amagar ▶ *vt* to hide: *Ho van ~ sota el llit.* They hid it under the bed. ◇ *Amaga el regal, que no el vegi la meva mare.* Hide the present from my mother. ▶ **amagar-se** *vp* **amagar-se (de)** to hide (from *sb/sth*): *De qui us amagueu?* Who are you hiding from? LOC *Vegeu* FET

amagat, **-ada** *adj* **1** hidden **2** (*reclòs*) secluded LOC **d'amagat** in secret ◆ **fer alguna cosa d'amagat d'algú** to do sth behind sb's back *Vegeu tb* GAT; *Vegeu tb* AMAGAR

amagatall *nm* hiding place

amainar *vi* to die down

amanerat, **-ada** *adj* **1** (*afectat*) affected **2** (*efeminat*) effeminate

amanida *nf* salad

amanir *vt* to dress *sth* (*with sth*): *~ una amanida* to dress a salad

amant ▶ *adj* loving: *~ de la música* music-loving
▶ *nmf* lover

amanyagar *vt* **1** (*persona*) to caress **2** (*animal*) to stroke

amarar *vt* (*mullar*) to soak

amarg, **~a** *adj* bitter

amargant *adj* bitter: *un gust ~* a bitter taste

amargar *vt* **1** (*persona*) to make *sb* bitter **2** (*ocasió*) to ruin: *Això ens va ~ les vacances.* That ruined our holiday.

amargat, **-ada** ▶ *adj* bitter: *estar ~ per alguna cosa* to be bitter about sth
▶ *nm-nf* misery [*pl* miseries] (*col·loq*): *Són un parell d'amargats.* They're a couple of miseries. *Vegeu tb* AMARGAR

amarra *nf* (*Nàut*) mooring rope

amarrar *vt* **1** to tie *sb/sth* up: *El van ~ amb cordes.* They tied him up with a rope. **2** (*Nàut*) to moor

amateur *adj, nmf* amateur

A

amazona *nf* (*geneta*) horsewoman [*pl* horsewomen]

amb *prep* **1** with: *Visc ~ els meus pares.* I live with my parents. ◇ *Clava-ho ~ una xinxeta.* Stick it up with a drawing pin. ◇ *Amb què ho neteges?* What do you clean it with? ❶ De vegades *amb* es tradueix per **and**: *pa ~ mantega* bread and butter ◇ *aigua ~ sucre* sugar and water. També es pot traduir per **to**: *Amb qui parles?* Who are you talking to? ◇ *És molt simpàtica ~ tothom.* She is very nice to everybody. **2** (*transport*) by: *Anirem ~ cotxe.* We'll go by car. **3** (*contingut*) of: *una maleta ~ roba* a suitcase (full) of clothes ◇ *una galleda ~ aigua i sabó* a bucket of soapy water

ambaixada *nf* embassy [*pl* embassies]

ambaixador, ~a *nm-nf* ambassador

ambdós, ambdues *adj, pron* both

ambició *nf* ambition

ambicionar *vt* (*desitjar*) to want

ambiciós, -osa *adj* ambitious

ambient *nm* **1** atmosphere: *un ~ contaminat* a polluted atmosphere ◇ *Hi ha un bon ~ al local.* The place has a good atmosphere. ◇ *No hi ha ~ al carrer.* The streets are dead. **2** (*entorn*) environment: *L'ambient familiar ens influeix força.* Our family environment has a big influence on us. LOC **estar en el seu ambient** to be in your element *Vegeu tb* MEDI

ambientació *nf* (*pel·lícula, obra de teatre*) setting

ambientador *nm* air freshener

ambiental *adj* **1** (*del medi ambient*) environmental **2** (*de l'aire*) atmospheric: *condicions ~s* atmospheric conditions LOC *Vegeu* MÚSICA

ambigu, ~a *adj* ambiguous

ambre *nm* amber

ambulància *nf* ambulance

ambulant *adj* travelling: *un circ ~* a travelling circus LOC *Vegeu* VENEDOR

ambulatori *nm* health centre

amè, -ena *adj* **1** (*llibre, pel·lícula*) entertaining: *una novel·la molt amena* a very entertaining novel **2** (*conversa, vetllada, etc.*) pleasant

amén *nm* amen

amenaça *nf* threat

amenaçador, ~a *adj* threatening

amenaçar *vt* to threaten: *Van ~ de portar-los a judici.* They threatened to take them to court. ◇ *L'han amenaçat de mort.* They've threatened to kill him. ◇ *Em va ~ amb un ganivet.* He threatened me with a knife. ◇ *Amenaça tempesta.* There's a storm threatening.

americà, -ana *adj, nm-nf* American LOC *Vegeu* PINYA

Amèrica *nf* America

americana *nf* jacket

ametlla *nf* almond

ametller *nm* almond tree

amfetamina *nf* amphetamine

amfibi, -íbia ▶ *adj* amphibious
▶ *nm* amphibian

amfiteatre *nm* (*romà*) amphitheatre

amfitrió, -ona *nm-nf* **1** (*masc*) host **2** (*fem*) hostess

amic, amiga ▶ *adj* friendly
▶ *nm-nf* friend: *el meu millor ~* my best friend ◇ *un ~ de tota la vida* a very old friend LOC **ésser (molt) amic (d'algú)** to be (good) friends (*with sb*): *Sóc molt amiga de la Marta.* I'm very good friends with Marta. ◇ *És molt ~ meu.* He's a good friend of mine. ◇ *Som molt ~s.* We're good friends. ◆ **fer-se amic d'algú** to make friends with sb: *M'he fet ~ del teu germà.* I've made friends with your brother. ◆ **fer-se amics** to become friends: *Es van fer ~s de seguida.* They became friends straightaway.

amígdala *nf* tonsil: *Em van operar de les amígdales.* I had my tonsils out.

amiguisme *nm* favouritism

amistat *nf* **1** (*relació*) friendship: *trencar una ~* to end a friendship **2 amistats** friends: *Té ~s influents.* He's got friends in high places. LOC **fer amistat** to become friends ◆ **fer amistat amb algú** to make friends with sb

amistós, -osa *adj* friendly LOC *Vegeu* PARTIT

amnèsia *nf* amnesia

amnistia *nf* amnesty [*pl* amnesties]

amo *nm* **1** owner **2** (*bar, pensió*) landlord

amoïnar ▶ *vt* **1** to worry: *M'amoïna que no m'hagi trucat.* I'm worried she hasn't phoned. **2** to annoy: *No amoïnis més les criatures.* Stop annoying the children. ▶ **amoïnar-se** *vp* to worry: *No t'amoïnis!* Don't worry! ◇ *Sempre s'amoïna per tot.* She always worries about everything.

amoníac *nm* ammonia

amor *nm* love: *una cançó/una història d'amor* a love song/story ◇ *l'amor de la meva vida* the love of my life ◇ *Va ésser ~ a primera vista.* It was love at first sight. LOC **amor platònic** platonic love ◆ **amor propi** pride ◆ **fer l'amor (a/amb)** to make love (to/with *sb*) ◆ **per amor a l'art** for the love of it ◆ **per l'amor de Déu!** for God's sake!

A

amorós, -osa *adj* **1** (*relatiu a l'amor*) love [*n atrib*]: *una carta amorosa* a love letter **2** (*afectuós*) loving LOC *Vegeu* DESENGANY

amortidor *nm* shock absorber

amotinar-se *vp* **1** (*presó*) to riot **2** (*Nàut, Mil*) to mutiny (*against sb/sth*)

AMPA *nf* parents' association

amper *nm* amp

ampit *nm* (*finestra*) windowsill

amplada *nf* width LOC **amplada de banda** bandwidth *Vegeu tb* AMPLE

ample, -a ▶ *adj* **1** wide: *un carrer ~* a wide street **2** (*espatlles*) broad: *És força ~ d'espatlles.* He's got broad shoulders. ➲ *Vegeu nota a* BROAD **3** (*roba*) baggy: *un jersei ~* a baggy jumper ◇ *Em va ~ de cintura.* The waist is too big.
▶ *nm* width LOC **anar/estar ample** to have enough room: *Així anirem més ~s.* We'll have more room like this. ◆ **anar/venir ample** (*fig*) to be too much for sb: *El càrrec li anava massa ~.* The job was too much for him. ◆ **fer x metres d'ample/d'amplada** to be x metres wide: *Quant fa d'ample?* How wide is it? ◇ *Fa dos metres d'ample.* It is two metres wide. *Vegeu tb* MÀNIGA

ampli, àmplia *adj* **1** (*gran*) large: *una àmplia majoria* a large majority **2** (*lloc*) spacious: *un pis ~* a spacious flat **3** (*que abasta molt*) wide-ranging: *un informe ~* a wide-ranging report **4** (*gamma, marge*) wide: *una àmplia gamma de productes* a wide range of products **5** (*sentit*) broad: *en el sentit ~ de la paraula* in the broad sense of the word

ampliació *nf* **1** (*nombre, quantitat*) increase: *una ~ de personal* an increase in personnel **2** (*local, negoci, informació*) expansion: *l'ampliació de l'aeroport* the expansion of the airport **3** (*termini, acord*) extension **4** (*Fot, fotocòpia*) enlargement

ampliar *vt* **1** to extend: *~ el local/termini de matrícula* to extend the premises/registration period **2** (*nombre, quantitat*) to increase: *La revista va ~ la seva difusió.* The magazine increased its circulation. **3** (*negoci, imperi*) to expand **4** (*Fot, fotocòpia*) to enlarge

amplificador *nm* amplifier, amp (*col·loq*)

ampolla *nf* bottle LOC **d'ampolla** bottled: *Comprem la llet d'ampolla.* We buy bottled milk. *Vegeu tb* BEURE('S), BUFAR

amputar *vt* to amputate

amulet *nm* lucky charm

amunt ▶ *adv* up: *Pujava escales ~.* They were going up the stairs. ◇ *costa ~* up the hill ◇ *de cintura en ~* from the waist up
▶ **amunt!** *interj* come on! LOC **amunt i avall** up and down: *passejar ~ i avall* to walk up and down ◆ **cap amunt** upwards ◆ **més amunt 1** (*més lluny*) further up: *L'hospital és una mica més ~.* The hospital is a bit further up. **2** (*en sentit vertical*) higher up: *Puja aquest quadre més ~.* Put that picture a bit higher up. **3** (*en un escrit*) above: *Com ja s'ha dit més ~...* As we said above... *Vegeu tb* AIGUA, BOCA, CARRER, COSTA, RIU

amuntegar ▶ *vt* **1** (*fer pila*) to pile *sth* up **2** (*acumular*) to amass: *~ trastos* to amass junk
▶ **amuntegar-se** *vp* **1** to pile up: *Se'm va ~ la feina.* My work piled up. **2** (*encabir-se*) to cram (*into...*): *Es van ~ a dins el cotxe.* They crammed into the car.

anada *nf* **1** (*viatge*) outward journey: *durant l'anada* on the way there **2** (*excursió*) trip LOC **anada i tornada** there and back: *Són tres hores d'anada i tornada.* It's three hours there and back. *Vegeu tb* BITLLET, PARTIT

analfabet, ~a *adj, nm-nf* (person) unable to read or write: *la població analfabeta/els ~s* people unable to read or write ❶ Existeix també l'adjectiu **illiterate**, però pot semblar ofensiu.

analgèsic *nm* painkiller

anàlisi *nf* analysis [*pl* analyses] LOC **anàlisi de sang/d'orina** blood/urine test

analitzar *vt* to analyse

anar ▶ *vi* **1** to go: *Van a Roma.* They're going to Rome. ◇ *~ amb cotxe/tren/avió* to go by car/train/plane ◇ *~ a peu* to go on foot ◇ *Vés a parlar amb el teu pare.* Go and talk to your father. ◇ *Ara/ja hi vaig!* I'm going! ◇ *Com van les coses (amb el teu xicot)?* How are things going (with your boyfriend)? ◇ *Com anem?/Com va això?* How are things (going)? **2** (*funcionar*) to work: *L'ascensor no va (bé).* The lift's not working. **3** (*d'aspecte*): *~ ben/mal vestit* to be well/badly dressed ◇ *Com em va la jaqueta?* How does the jacket look on me? ◇ *~ amb barret* to wear a hat ◇ *~ en pijama/camisa* to be wearing pyjamas/a shirt **4** (*de mida*): *Aquest vestit em va llarg.* This dress is too long for me. ◇ *La faldilla m'anava gran.* The skirt was too big for me. ◇ *Aquesta camisa no em va bé.* This shirt doesn't fit me. **5** (*haver-hi diferència*) to be: *De nou a dotze, en van tres.* Nine from twelve is three. **6** (*preu*): *A quant van els plàtans?* How much are the bananas? **7 ~ a fer alguna cosa** to be just about to do sth: *Anàvem a menjar quan va sonar el telèfon.* We were just about to eat when the phone rang. **8 ~ fent alguna cosa**: *Anava dient-ho pertot.* She was going round saying it everywhere. ◇ *Es va fent gran.* He's

A

getting old. ◇ *Aneu parant la taula.* Start laying the table. **9 + participi** to be: *Anàvem cansats.* We were tired. ◇ *Aneu molt atabalats darrerament.* You've been under a lot of pressure recently. ▶ **anar-se'n** *vp* **1** (*marxar*) to leave: *Demà me'n vaig a València.* I'm leaving for Valencia tomorrow. ◇ *Ja se n'han anat.* They've left already. ◇ *anar-se'n de casa* to leave home **2** (*llum, dolor*) to go: *Se n'ha anat la llum.* The electricity's gone (off). **3** (*líquid, gas*) to leak: *El gas se'n va per aquesta esquerda.* The gas is leaking out through that crack. **4** (*taca*) to come out: *Aquesta taca no se'n va.* This stain won't come out. LOC **anar a la seva** to think only of yourself: *Tu sempre vas a la teva.* You always think only of yourself. ◆ **anar bé 1** (*direcció*): *Anem bé per l'estació?* Is this the way to station? **2** (*roba*) to suit: *Aquest jersei et va molt bé.* That jumper really suits you. ◆ **anar fent/tirant** to be getting on OK: *Anem fent.* We're doing OK. ◆ **anar-hi alguna cosa** to be at stake: *En aquesta operació, hi va el futur de l'empresa.* The whole future of the firm rests on this operation. ◆ **anem!/anem-nos-en!** let's go! ❶ Per a d'altres expressions amb **anar**, vegeu les entrades del nom, adjectiu, etc., p. ex. **anar de càmping** a CÀMPING i **anar empatats** a EMPATAT.

anarquia *nf* anarchy

anarquisme *nm* anarchism

anarquista *adj, nmf* anarchist ➲ *Vegeu nota a* VEGETARIÀ

anatomia *nf* anatomy [*pl* anatomies]

àncora *nf* anchor LOC **llevar/tirar l'àncora** to weigh/drop anchor

andana *nf* platform

ànec, -ega *nm-nf* duck

> **Duck** és el nom genèric. Per referir-nos només al mascle diem **drake**. **Ducklings** són els aneguets.

anècdota *nf* anecdote: *explicar una ~* to tell an anecdote

aneguet *nm* duckling

anell *nm* ring LOC *Vegeu* DIT

anella *nf* **1** (*de cadena, cortina, etc.*) ring: *les anelles olímpiques* the Olympic rings **2** (*de llauna*) ring pull **3 anelles** (*gimnàstica*) rings LOC *Vegeu* CARPETA

anèmia *nf* anaemia

anèmic, ~a *adj* anaemic

anestèsia *nf* anaesthetic: *Em van posar ~ general/local.* They gave me a general/local anaesthetic.

anestesiar *vt* to anaesthetize

anestesista *nmf* anaesthetist

àngel *nm* angel: *~ de la guarda* guardian angel LOC *Vegeu* CABELL

angines *nf* tonsillitis [*incomptable*]

Anglaterra *nf* England

angle *nm* angle: *~ recte/agut/obtús* right/acute/obtuse angle ◇ *Jo veig les coses des d'un altre ~.* I see things from a different angle. LOC **angle mort** (*per a conductor*) blind spot

anglès, -esa ▶ *adj, nm* English: *parlar ~* to speak English
▶ *nm-nf* Englishman/woman [*pl* -men/women]: *els anglesos* the English ➲ *Vegeu nota a* BRITISH LOC *Vegeu* CLAU[2]

anglicà, -ana *adj, nm-nf* Anglican

anglosaxó, -ona ▶ *adj* **1** (*Hist*) Anglo-Saxon **2** (*de parla anglesa*) English-speaking: *la cultura anglosaxona* the culture of the English-speaking world
▶ *nm-nf* **1** (*Hist*) Anglo-Saxon **2** (*de parla anglesa*) English speaker

angoixa *nf* distress, anguish (*formal*): *Va cridar amb ~.* He cried out in distress.

angoixar ▶ *vt* to worry: *M'angoixen els exàmens.* I am worried about my exams. ▶ **angoixar-se** *vp* **angoixar-se (per)** (*neguitejar-se*) to worry (about *sb/sth*): *No t'hauries d'angoixar cada cop que fan tard.* You mustn't worry every time they're late.

anguila *nf* eel

angula *nf* baby eel

angúnia *nf* LOC **fer angúnia** not to be happy doing sth: *Em fa ~ prendre'm aquest medicament.* I'm not happy about taking this medicine. ◆ **passar angúnia** to get worried: *Com que tardaves, ja començàvem a passar ~.* You were so late we were starting to get worried.

anguniós, -osa *adj* anxious: *Vaig esperar ~.* I waited anxiously.

anihilar *vt* to annihilate: *~ l'adversari* to annihilate the enemy

ànim ▶ *nm* spirits [*pl*]
▶ **ànim(s)!** *interj* **1** (*per encoratjar*) come on! **2** (*per alegrar*) cheer up! LOC *Vegeu* ESTAT

ànima *nf* **1** soul: *No hi havia ni una ~.* There wasn't a soul. **2** (*caràcter, ment*) spirit: *una ~ noble* a noble spirit

animació *nf* activity: *Hi havia molta ~ als carrers.* The streets were full of activity. LOC **amb animació** animatedly

animal ▶ *adj, nm* animal: *el regne ~* the animal kingdom ◇ *~ domèstic/salvatge* domestic/wild animal
▶ *adj, nmf (persona)* lunatic: *Condueixes com un ~.* You drive like a lunatic. ◇ *Que n'ets, d'animal!* You're a real brute. LOC **animal de companyia** pet

animalada *nf* stupid thing: *dir animalades* to talk nonsense

animar ▶ *vt* **1** *(persona)* **(a)** *(alegrar)* to cheer *sb* up: *Vaig ~ la meva germana i va deixar de plorar.* I cheered my sister up and she stopped crying. **(b)** *(encoratjar)* **~ algú a fer alguna cosa** to encourage sb to do sth: *Els animo a estudiar.* I'm encouraging them to work hard. **2** *(conversa, reunió)* to liven *sth* up **3** *(donar suport)* to cheer *sb* on: *~ un equip* to cheer a team on
▶ **animar-se** *vp* **1** *(persona)* **(a)** *(alegrar-se)* to cheer up: *Anima't, home!* Cheer up! **(b)** *(decidir-se)* to decide *(to do sth)*: *Potser m'animo a anar-hi.* I may decide to go. **2** *(conversa, reunió)* to liven up

animat, -ada *adj* lively: *una festa/noia molt animada* a very lively party/girl ◇ *un ambient ~* a lively atmosphere ◇ *El malalt estava molt ~.* The patient was in good spirits. LOC *Vegeu* DIBUIX; *Vegeu tb* ANIMAR

anís *nm* **1** *(llavor)* aniseed **2** *(licor)* anisette

anit *adv* **1** *(d'ahir)* last night **2** *(d'avui)* tonight

anivellar *vt* **1** *(superfície, terreny)* to level **2** *(desigualtats)* to even *sth* out

aniversari *nm* **1** *(d'un esdeveniment)* anniversary [*pl* anniversaries]: *el nostre ~ de casament* our wedding anniversary **2** *(d'una persona)* birthday

anomenar *vt* to mention *sb's name*: *sense anomenar-lo* without mentioning his name

anomenat, -ada *adj* so-called: *l'anomenat Tercer Món* the so-called Third World *Vegeu tb* ANOMENAR

anònim, ~a ▶ *adj* anonymous
▶ *nm (carta)* anonymous letter LOC *Vegeu* SOCIETAT

anorac *nm* anorak LOC **anorac de plomes** ski jacket

anorèctic, ~a *adj* anorexic

anorèxia *nf* anorexia

anormal *adj* abnormal: *un comportament ~* abnormal behaviour

anotar *vt* to note *sth* down: *Vaig ~ l'adreça.* I noted down the address.

ànsia *nf* **~ (per/de)** *(desig)* desire (for *sth*/to do *sth*): *~ per fer les coses millor* a desire to improve things ◇ *~ de poder* desire for power LOC **passar ànsia** to get worried: *Quan se'n va a escalar, em fa passar ~.* When he goes climbing, I get really worried.

ansietat *nf* anxiety [*pl* anxieties]

ant *nm* elk

antàrtic, ~a ▶ *adj* Antarctic
▶ *nm* **l'Antàrtic** the Antarctic Ocean LOC *Vegeu* CERCLE

Antàrtida *nf* Antarctica

antecedent *nm* LOC **antecedents (penals)** criminal record [*v sing*]: *No té ~s.* He doesn't have a criminal record.

antelació *nf* LOC **amb antelació** in advance: *amb dos anys d'antelació* two years in advance

antena *nf* **1** *(Ràdio, TV)* aerial **2** *(Zool)* antenna [*pl* antennae] LOC **antena parabòlica** satellite dish ◆ **estar en antena** to be on the air

antepenúltim, ~a *adj, nm-nf* third from last

anteposar *vt* to put *sth* before *sth*: *~ l'obligació a la diversió* to put duty before pleasure

anterior *adj* previous

antiadherent *adj* non-stick

antibales *adj* bulletproof LOC *Vegeu* ARMILLA

antibiòtic *nm* antibiotic

antic, -iga *adj* **1** *(vell)* old: *la part antiga de la ciutat* the old part of the city **2** *(objectes de valor)* antique: *mobles ~s* antique furniture **3** *(Hist)* ancient: *la Grècia antiga* ancient Greece **4** *(ex)* former: *els ~s alumnes* the former pupils ◇ *l'antiga Iugoslàvia* former Yugoslavia LOC *Vegeu* FET

anticipació *nf* LOC **amb anticipació** in advance: *reservar entrades amb ~* to book tickets in advance

anticipar ▶ *vt* **1** *(fer abans d'hora)* to bring *sth* forward: *Vam ~ el casament.* We brought the wedding forward. **2** *(diners)* to advance *sth* (*to sb*): *Em va ~ els diners* He advanced me the money. **3** *(sou, lloguer)* to pay *sth* in advance
▶ **anticipar-se** *vp* **anticipar-se a** to anticipate *sth*: *anticipar-se als esdeveniments* to anticipate events

anticlímax *nm* anticlimax

anticonceptiu, -iva *adj, nm* contraceptive: *els mètodes ~s* contraceptive methods

anticòs *nm* antibody [*pl* antibodies]

antidisturbis *adj*: *la policia ~* the riot squad

antidopatge *adj* LOC **control/prova antidopatge** drug test: *Ha donat positiu a la prova ~.* She tested positive.

antídot *nm* **~ (de/contra)** antidote (to *sth*)

antidroga *adj*: *organitzar una campanya ~* to organize a campaign against drugs

A

antifaç *nm* mask

antigament *adv* in the olden days

antigàs *adj* LOC *Vegeu* MÀSCARA

antiguitat *nf* **1** (*qualitat*) age: *l'antiguitat dels habitatges* the age of the houses **2** (*a la feina*) seniority **3** (*època*) ancient times [*pl*] **4** (*objecte*) antique: *botiga d'antiguitats* antique shop

antílop *nm* antelope

antipatia *nf* dislike: *tenir/sentir ~ per algú* to dislike sb

antipàtic, ~a *adj* unpleasant, nasty (*més col·loq*)

antiquari, -ària *nm-nf* antique dealer: *Ho vaig comprar a ca l'antiquari.* I bought it at the antique shop.

antiquat, -ada *adj* old-fashioned: *Aquesta camisa és antiquada.* This shirt's old-fashioned.

antirobatori *adj* anti-theft: *sistema ~* anti-theft system LOC *Vegeu* ALARMA

antiterrorista *adj* anti-terrorist

antologia *nf* anthology [*pl* anthologies]

antònim, ~a *adj, nm* opposite: *Quin és l'antònim d'alt?* What's the opposite of tall? ◇ *Alt i baix són ~s.* Tall and short are opposites.

antropologia *nf* anthropology

anual *adj* annual

anualment *adv* annually

anul·lació *nf* **1** cancellation: *l'anul·lació del torneig* the cancellation of the tournament **2** (*matrimoni*) annulment

anul·lar *vt* **1** to cancel: *Haurem d'anul·lar el sopar/l'examen.* We'll have to cancel the dinner/exam. **2** (*matrimoni*) to annul **3** (*gol*) to disallow **4** (*votació*) to declare *sth* invalid

anunci *nm* **1** (*premsa, ràdio, televisió*) advertisement, ad (*col·loq*) **2** (*cartell*) poster **3** (*declaració*) announcement LOC **anunci classificat/per paraules** classified advertisement ◆ **anunci lluminós** neon sign *Vegeu tb* PROHIBIT, TAULER

anunciar *vt* **1** (*informar*) to announce: *Van ~ el resultat pels altaveus.* They announced the result over the loudspeakers. **2** (*fer publicitat*) to advertise: *Aquesta marca es fa ~ als diaris.* This brand is advertised in the papers. LOC **anunciar una cosa a so de bombo i platerets** to make a song and dance about sth

anus *nm* anus

anxova *nf* anchovy [*pl* anchovies]

any *nm* year: *(durant) tot l'any* all year (round) ◇ *cada ~* every year ◇ *a l'any 2000* in 2000 ◇ *~ acadèmic/escolar* academic/school year LOC **any bixest/de traspàs** leap year ◆ **any llum** light year ◆ **any nou** New Year ◆ **anys i panys** years ◆ **de dos, etc. anys**: *una dona de trenta ~s* a woman of thirty/a thirty-year-old woman ◇ *A en Pau, de 12 ~s, li agrada el cine.* Pau, aged 12, likes films. ◆ **de l'any de la picor/Mariacastanya** ancient: *Aquestes sabates són de l'any de la picor.* These shoes are ancient. ◆ **els anys 50, 60, etc.** the 50s, 60s, etc. ◆ **fer (els) anys**: *La Maria fa els ~s el febrer.* It's Maria's birthday in February. ◇ *Avui faig 19 ~s.* I'm 19 today. ◆ **l'any que ve** next year ◆ **per molts anys! 1** (*aniversari*) many happy returns! **2** (*felicitats*) congratulations! ◆ **tenir dos, etc. anys** to be two, etc. (years old): *Tinc deu ~s.* I'm ten (years old). ◇ *Quants ~s tens?* How old are you? ➲ *Vegeu nota a* OLD ◆ **treure's anys** to lie about your age ◆ **un any sí, un any no** every other year *Vegeu tb* CAP¹, CORRENT, NIT

apa *interj* **1** (*per animar*) come on!: *Apa, no exageris!* Come on, don't exaggerate! **2** (*emfàtic*) so there!: *Doncs ara no hi vaig, apa!* Well, now I'm not going, so there!

apagada *nf* power cut

apagar ▶ *vt* **1** (*foc, cigarreta*) to put *sth* out **2** (*espelma, llumí*) to blow *sth* out **3** (*llum, aparell*) to switch *sth* off ▶ **apagar-se** *vp* to go out: *S'ha apagat l'espelma.* The candle's gone out.

apagat, -ada *adj* extinct: *un volcà ~* an extinct volcano LOC **estar apagat 1** (*llum, aparell*) to be off **2** (*foc*) to be out *Vegeu tb* APAGAR

apaivagar ▶ *vt* to appease ▶ **apaivagar-se** *vp* to calm down: *quan tothom s'hagi apaivagat* once everybody has calmed down

apallissar *vt* to beat *sb* up

apanyar ▶ *vt* to mend ▶ **apanyar-se** *vp* to manage: *Em vaig ~ com vaig poder.* I managed as best I could. LOC **apanyar-se-les** to get by: *Ja me les apanyaré.* I'll get by.

aparador *nm* **1** (*de botiga*) shop window **2** (*moble*) sideboard LOC **anar a mirar aparadors** to go window-shopping

aparatós, -osa *adj* spectacular

aparcament *nm* **1** (*pàrquing*) car park **2** (*espai*) parking space: *No trobo ~.* I can't find a parking space.

aparcar *vt, vi* to park: *On has aparcat?* Where did you park? LOC **aparcar en doble fila** to double-park

aparèixer ▶ *vi* **1** to appear, to turn up (*més col·loq*): *Finalment va ~.* He finally appeared. ◇ *Vaig perdre les ulleres però van ~ després.* I lost my glasses but they turned up later. **2** (*publicació*) to come out ▶ **aparèixer(-se)** *vi, vp* (*esperit*) to appear: *Se li va ~ un fantasma.* A ghost appeared before her eyes.

aparell *nm* **1** (*màquina*) machine: *Com funciona, aquest ~?* How does this machine work? **2** (*electrodomèstic*) appliance **3** (*ràdio, televisió*) set **4** (*Anat*) system: *l'aparell digestiu* the digestive system **5** (*per a les dents*) brace: *He de portar ~.* I've got to wear a brace. **6** (*Gimnàstica*) apparatus [*incomptable*] LOC **aparell de música** hi-fi (system)

aparellador, ~a *nm-nf* quantity surveyor

aparellar ▶ *vt* **1** (*persones*) to pair *sb* off (*with sb*) **2** (*coses*) to match *sth* (*with sth*): *~ les preguntes amb les respostes* to match the questions with the answers ▶ **aparellar-se** *vp* to pair off (*with sb*)

aparença *nf* appearance LOC *Vegeu* SALVAR

aparent *adj* apparent: *sense un motiu ~* for no apparent reason

aparentar *vt* to look: *Aparenta 50 anys.* He looks about 50.

aparentment *adv* apparently

aparició *nf* **1** appearance **2** (*Relig*) vision **3** (*fantasma*) apparition

apartament *nm* apartment

apartar ▶ *vt* **1** (*obstacle*) to move *sth* (out of the way) **2** (*allunyar*) to separate *sb/sth from sb/sth*: *Els seus pares el van ~ dels amics.* His parents separated him from his friends. ▶ **apartar-se** *vp* **1** (*moure's*) to move (over): *Aparta't, que fas nosa.* Move over, you're in the way. **2 apartar-se (de)** (*allunyar-se*) to move away (from *sb/sth*): *Aparta't del foc que et cremaràs.* Move away from the fire or you'll burn yourself. LOC **apartar els ulls/la mirada** to look away

apartat, -ada ▶ *adj* remote
▶ *nm* (*part d'un text*) section LOC **apartat de correus** post office box (*abrev* PO box) *Vegeu tb* APARTAR

apassionant *adj* exciting

apassionar ▶ *vt* to love *sth/doing sth*: *M'apassiona el jazz.* I love jazz. ▶ **apassionar-se** *vp* **apassionar-se per** to be mad on/about *sb/sth*

apassionat, -ada ▶ *adj* passionate: *un temperament molt ~* a very passionate temperament
▶ *nm-nf* **~ per** lover of *sth*: *els ~s per l'òpera* opera lovers *Vegeu tb* APASSIONAR

àpat *nm* meal

apedregar *vt* to stone

apel·lació *nf* appeal

apel·lar *vi* to appeal: *Han apel·lat a la nostra generositat.* They have appealed to our generosity. ◇ *Van ~ contra la sentència.* They appealed against the sentence.

apendicitis *nf* appendicitis [*incomptable*]: *Té una ~ aguda.* He has acute appendicitis.

apèndix *nm* appendix [*pl* appendices]

aperitiu *nm* **1** (*beguda*) aperitif **2** (*menjar*) appetizer

api *nm* celery

apiadar-se *vp* **~ de** to take pity on *sb*

apicultura *nf* bee-keeping

apilar *vt* to stack

apinyar-se *vp* to crowd (together)

aplanar *vt* to level

aplaudiment *nm* applause [*incomptable*]: *grans ~s* loud applause

aplaudir ▶ *vi* to clap, to applaud (*més formal*): *El públic va ~ al final de l'actuació.* The audience clapped at the end of the performance. ▶ *vt* to applaud: *Van ~ el cantant.* They applauded the singer.

aplec *nm* meeting

aplegapilotes *nmf* ballboy/girl

aplicable *adj* **~ (a)** applicable (to *sb/sth*)

aplicació *nf* application

aplicar ▶ *vt* to apply *sth* (*to sth*): *~ una regla* to apply a rule ◇ *Apliqueu la crema sobre la zona afectada.* Apply the cream to the affected area. ▶ **aplicar-se** *vp* **aplicar-se (a/en)** to apply yourself (to *sth*): *aplicar-se a fer els deures* to apply yourself to doing your homework

aplicat, -ada *adj* **1** (*persona*) hard-working **2** (*ciències*) applied: *lingüística/matemàtica aplicada* applied linguistics/maths *Vegeu tb* APLICAR

apoderar-se *vp* **~ de** to take *sth*: *Es van apoderar de les joies.* They took the jewels.

apologia *nf* **~ de** defence of *sb/sth*

aportació *nf* **~ a/per a** contribution to *sth*

aportar *vt* to contribute: *~ una idea interessant* to contribute an interesting idea

aposta *nf* bet: *fer una ~* to make a bet

apostar *vt, vi* **1** to bet (on *sb/sth*): *~ a les curses de cavalls* to bet on the horses **2 ~ per** (*elegir*) to go for *sth*: *Han apostat per una solució negociada.* They have gone for a negotiated settlement.

apòstol *nm* apostle

apòstrof *nm* apostrophe

apreciar *vt* (*persona*) to be fond of *sb*: *T'aprecien molt.* They're very fond of you.

aprendre ▶ *vt, vi* to learn: *~ francès* to learn French ◇ *Hauries d'aprendre a escoltar els altres.* You should learn to listen to other people. ◇ *Vull ~ a conduir.* I want to learn to

A

drive. ▶ **aprendre's** *vp* to learn: *aprendre's alguna cosa de memòria* to learn sth by heart

aprenent, ~a *nm-nf* apprentice: *~ de perruquer* apprentice hairdresser

aprenentatge *nm* learning: *l'aprenentatge d'un idioma* learning a language ◇ *problemes d'aprenentatge* learning difficulties

aprimar-se *vp* to lose weight: *~ tres quilos* to lose three kilos

aprofitar ▶ *vt* **1** (*usar*) to use: *Vaig ~ la massa que sobrava per fer una pizza.* I used the leftover dough to make a pizza. **2** (*espai, temps, diners*) to make the most of *sth*: *~ bé el temps* to make the most of your time **3** (*recursos naturals*) to exploit: *~ l'energia solar* to exploit solar energy **4** (*oportunitat*) to take advantage of *sth*: *Vaig ~ el viatge per visitar el meu germà.* I took advantage of the journey to visit my brother. ▶ **aprofitar-se** *vp* **aprofitar-se (de)** to take advantage (of *sb/sth*) LOC **aprofitar-ho** to make the most of sth: *Aprofita-ho, que ara no hi ha el director.* Make the most of it, now that the boss isn't here. ◆ **que aprofiti!** enjoy your meal!

aprofitat, -ada *nm-nf* (*interessat*) sponger: *El teu xicot és un ~.* Your boyfriend is a real sponger.

apropar ▶ *vt* to bring *sth* closer (*to sb/sth*) ▶ **apropar-se** *vp* **apropar-se (a)** to get closer (to *sb/sth*), to approach (*sb/sth*) (*més formal*): *S'apropen les vacances.* The holidays are getting closer. ◇ *Apropa't, que no et sento.* Come closer – I can't hear you.

apropiar-se *vp* ~ **de** to take *sth*: *Diuen que no es van apropiar dels diners.* They say they didn't take the money.

apropiat, -ada *adj* appropriate *Vegeu tb* APROPIAR-SE

aprovació *nf* approval

aprovar *vt* **1** (*examen, llei*) to pass: *Vaig ~ a la primera.* I passed first time. ◇ *No he aprovat ni una assignatura.* I haven't passed a single subject. **2** (*acceptar*) to approve of *sth*: *No aprovo la seva conducta.* I don't approve of their behaviour.

aprovat *nm* (*Educ*) pass: *He tret dos ~s.* I got two passes. ➲ *Vegeu nota a* A, A

aproximació *nf* approach

aproximadament *adv* more or less, approximately (*més formal*)

aproximar-se *vp* to get closer (*to sb/sth*), to approach (*més formal*): *S'aproximen els exàmens.* The exams are getting closer.

aproximat, -ada *adj* approximate LOC *Vegeu* CÀLCUL

apte, -a *adj* suitable (*for sth/to do sth*): *No són ~s per a aquesta feina.* They're not suitable for this job.

aptitud *nf* aptitude (*for sth/doing sth*): *prova d'aptitud* aptitude test

apujar ▶ *vt* **1** (*volum, calefacció, llum*) to turn *sth* up **2** (*preus*) to put *sth* up, to raise (*més formal*) ▶ **apujar-se** *vp* **1** (*volum, veu*) to get louder **2** (*preus*) to go up

apunt *nm* note: *prendre ~s* to take notes

apuntar ▶ *vt* **1** (*anotar*) to note *sth* down: *M'apuntaré l'adreça.* I'll note down the address. **2** (*inscriure*) to put *sb's* name down (*for sth*) **3** (*dir en veu baixa*) to whisper: *M'apuntava les respostes.* He whispered the answers to me. **4** (*Teat*) to prompt **5** (*arma*) to aim (*sth*) (*at sb/sth*): *Em va ~ amb una pistola.* He aimed his gun at me. ▶ *vi* **1** (*dents*): *Ja li apunten les dents.* He's starting to teethe. **2** (*alba, dia*) to break ❶ La paraula anglesa **appoint** significa *nomenar*: *They have appointed a new head teacher.* Han nomenat una nova directora de l'escola. ▶ **apuntar-se** *vp* **1** to put your name down (*for sth*), to enrol (*més formal*): *M'he apuntat en un curs de judo.* I've enrolled for judo lessons. **2** (*participar*): *Si aneu a la platja, m'hi apunto.* If you're going to the beach, I'll come too. ◇ *Sempre s'apunta a tot.* She always joins in with everything. LOC **apuntar-se a l'atur** to sign on

apunyalar *vt* to stab

aquarel·la *nf* watercolour LOC *Vegeu* PINTAR

aquari[1] (*tb* **aquàrium**) *nm* aquarium [*pl* aquariums/aquaria]

aquari[2] (*tb* **Aquari**) *nm, nmf* (*Astrologia*) Aquarius ➲ *Vegeu exemples a* AQUARIUS

aquàtic, ~a *adj* **1** (*Biol*) aquatic **2** (*Esport*) water [*n atrib*]: *esports ~s* water sports LOC *Vegeu tb* ESQUÍ, MOTO, PARC

aqüeducte *nm* aqueduct

aquell, ~a ▶ *adj* that [*pl* those] ▶ *pron* **1** (*cosa*) that one [*pl* those (ones)]: *Aquest cotxe és meu i ~ és d'en Pere.* This car's mine and that one is Pere's. ◇ *Prefereixo ~s.* I prefer those (ones). **2** (*persona*): *Aquell d'allà és el meu germà.* That's my brother over there. ◇ *Que els coneixes, ~s?* Do you know those people?

aquest, ~a ▶ *adj* this [*pl* these]: *aquesta nit/setmana* tonight/this week

De vegades *aquest* es tradueix per **that**: *Et queda molt bé aquest barret.* You look very nice in that hat.

➲ *Per a més informació sobre l'ús dels demostratius en anglès, vegeu la pàgina 360.*

▶ *pron* **1** (*cosa*) this one [*pl* these (ones)]: *M'estimo més aquell vestit que no pas ~.* I prefer that suit to this one. ◇ *Prefereixes ~s?* Do you prefer these (ones)? **2** (*persona*): *Qui és ~?* Who's this? ◇ *Aquesta d'aquí és la Marta.* This is Marta here.

aquí *adv* here: *Ja són ~.* They're here. ◇ *És ~ mateix.* It's right here. ◇ *Cap ~ (si us plau).* This way (please). ◇ *Aquí els tens.* Here you are. ◇ *Aquí ho tens.* Here it is. ◇ *Posa't ~!* Stand here! LOC **aquí a baix/sota** down here ◆ **aquí a dalt** up here ◆ **aquí dins/fora** in/out here ◆ **d'aquí a...** (*temps*) from now till...: *D'aquí a Nadal està tot reservat.* It's booked up from now till Christmas. ◆ **d'aquí a dos dies, etc.** in two days, etc.: *Ens mudarem de casa d'aquí a dues setmanes.* We'll be moving house in two weeks. ◆ **fins aquí** (*temps*) so far ◆ **per aquí (al voltant)** round here *Vegeu tb* ENDAVANT, FUGIR, MATEIX

ara ▶ *adv* now: *Què faré ~?* What am I going to do now?

▶ *conj* but: *Volia marxar aviat; ara, si vols, em quedo.* I wanted to leave early but if you want, I'll stay. LOC **ara bé** however ◆ **ara com ara** for the moment: *Ara com ~ no hi ha cap solució.* There's no solution for the moment. ◆ **ara mateix 1** (*en aquest moment*) right now: *Ara mateix no puc.* I can't do it right now. **2** (*de seguida*) right away: *Ara mateix t'ho dono.* I'll give it to you right away. ◆ **ara per ara** right now ◆ **ara vinc!** coming! ◆ **com ara...** such as... ◆ **fins ara** so far ◆ **fins ara!** (*comiat*) see you! ◆ **i ara! 1** (*sorpresa*) good heavens! **2** (*negació*) no way! *Vegeu tb* ENDAVANT, HORA

àrab ▶ *adj* **1** Arab: *el món ~* the Arab world **2** (*Arquit, Liter*) Arabic

▶ *nmf* (*persona*) Arab: *els ~s* the Arabs

▶ *nm* (*llengua*) Arabic

aràbic, -iga *adj* LOC *Vegeu* NOMBRE, NUMERACIÓ

arada *nf* plough

aram *nm* copper

aranja *nf* grapefruit [*pl* grapefruit/grapefruits]

aranya *nf* spider

aranzel *nm* tariff

arbitrar *vt* (*Esport*) to referee, to umpire ➲ *Vegeu nota a* ÀRBITRE

arbitrari, -ària *adj* arbitrary

àrbitre, -a *nm-nf* **1** (*Esport*) referee, umpire

La traducció depèn de l'esport. En la majoria de casos (futbol, bàsquet, etc.), es diu **referee**, però en alguns esports (p. ex. tennis, beisbol) es fa servir **umpire**.

2 (*mediador*) arbitrator LOC **fer d'àrbitre** (*Esport*) to referee, to umpire

arboç *nm* LOC *Vegeu* CIRERA

arbre *nm* tree: *~ fruiter/de Nadal* fruit/Christmas tree LOC **arbre genealògic** family tree

arbreda *nf* grove

arbust *nm* bush

arc *nm* **1** (*Arquit*) arch **2** (*Mat*) arc: *un ~ de 36°* a 36° arc **3** (*Esport, Mús*) bow: *l'arc i les fletxes* bow and arrows LOC **arc de Sant Martí** rainbow: *Mira! Ha sortit l'arc de Sant Martí.* Look! There's a rainbow.

arcada *nf* arch LOC **venir arcades** to retch: *Em venien arcades.* I was retching.

arcaic, ~a *adj* archaic

ardent *adj* LOC *Vegeu* CAPELLA

àrea *nf* area: *l'àrea d'un rectangle* the area of a rectangle LOC **àrea de servei** services [*pl*]: *Hem parat a prendre alguna cosa a l'àrea de servei.* We stopped for a meal at the services.

arena *nf* **1** (*sorra*) sand **2** (*plaça de toros*) ring: *El torero va fer la volta a l'arena.* The bullfighter paraded round the ring. LOC **arenes movedisses** quicksands

areng *nm* herring

arengada *nf* salted sardine

aresta *nf* (*Geom*) edge

argent *nm* LOC *Vegeu* NOCES

argentí, -ina *adj, nm-nf* Argentinian

Argentina *nf* Argentina

argila *nf* clay

argolla *nf* ring: *l'argolla del tovalló* napkin ring

argot *nm* **1** (*llenguatge col·loquial*) slang **2** (*llenguatge professional*) jargon

argúcia *nf* trick: *Van utilitzar tota mena d'argúcies per guanyar.* They used all kinds of tricks to win.

argument *nm* **1** (*raó*) argument: *els ~s a favor i en contra* the arguments for and against **2** (*Cine, Liter*) plot ❶ El sentit més freqüent de la paraula anglesa **argument** és *discussió*: *They had an argument.* Es van barallar.

àrid, ~a *adj* (*terreny, tema*) dry

àries (*tb* **Àries**) *nm, nmf* (*Astrologia*) Aries ➲ *Vegeu exemples a* AQUARIUS

aristocràcia *nf* aristocracy [*v sing o pl*]

aristòcrata *nmf* aristocrat

aritmètica *nf* arithmetic

arma *nf* weapon: *armes nuclears/químiques* nuclear/chemical weapons ◇ *La nostra millor ~ és el silenci.* Our best weapon is silence. ❶ En alguns contextos, es diu **arms**: *un traficant/fabricant d'armes* an arms dealer/manufacturer LOC **arma blanca** knife [*pl* knives] ◆ **arma de dos talls** double-edged sword ◆ **arma de foc** firearm ◆ **arma homicida** murder weapon *Vegeu tb* ESCUT

armada *nf* navy [*v sing o pl*] [*pl* navies]

armadura *nf* armour [*incomptable*]: *una ~* a suit of armour

armament *nm* arms [*pl*]: *el control d'armaments* arms control LOC *Vegeu* CURSA

armar *vt* **1** (*proporcionar armes*) to arm *sb* (*with sth*): *Van ~ els soldats amb fusells.* They armed the soldiers with guns. **2** (*un moble, etc.*) to assemble LOC **armar gresca** to make a racket ◆ **armar-se de coratge** to pluck up courage ◆ **armar-se de paciència** to be patient *Vegeu tb* CIRI, ESCÀNDOL

armari *nm* **1** (*de cuina, etc.*) cupboard **2** (*per a la roba*) wardrobe

armat, -ada *adj* armed LOC *Vegeu* MÀ

armilla *nf* **1** waistcoat **2** (*jersei sense mànigues*) tank top LOC **armilla antibales** bulletproof vest ◆ **armilla salvavides** life jacket

armistici *nm* armistice

arna *nf* moth

arnès *nm* harness

aroma *nf* aroma

aromateràpia *nf* aromatherapy

aromàtic, ~a *adj* aromatic

arpa[1] *nf* (*Mús*) harp

arpa[2] *nf* (*d'un animal*) paw LOC **posar l'arpa damunt** to get your hands on *sb/sth*

arpó *nm* harpoon

arquebisbe *nm* archbishop

arqueòleg, -oga *nm-nf* archaeologist

arqueologia *nf* archaeology

arquet *nm* (*Mús*) bow

arquitecte, -a *nm-nf* architect

arquitectura *nf* architecture

arracada *nf* earring

arraconar *vt* **1** (*cosa*) to discard **2** (*persona*) (**a**) (*acorralar*) to corner (**b**) (*marginar*) to exclude

arrambar ▶ *vt* (*arrimar*) to put *sth against sth*: *Va ~ el llit a la finestra.* He put his bed against the window. ◇ *Arramba la cadira, que no puc passar.* Move the chair to one side. I can't get past. ◇ *Arramba el cotxe a la vorera.* Leave the car parked up close to the pavement. ▶ **arrambar-se** *vp* **arrambar-se (a)** to go/come near: *No t'arrambis a la porta. L'acaben de pintar.* Don't go near that door. It's just been painted.

arran *prep* ~ **(de)** (*al mateix nivell*) on a level with *sth*: *volar ~ de terra* to fly at ground level LOC **arran de** (*com a conseqüència*) as a result of *sth*

arrancar *vt Vegeu* ARRENCAR

arrasar *vt* to destroy: *L'incendi va ~ uns quants edificis.* The fire destroyed several buildings.

arraulir-se *vp* to curl up

arrebossat, -ada *adj* **1** (*cobert amb pa ratllat*) in breadcrumbs: *carn arrebossada* meat in breadcrumbs **2** (*cobert amb farina*) in batter: *peix ~* fish in batter

arrecerar ▶ *vt* to shelter *sb* (*from sth*) ▶ **arrecerar-se** *vp* **arrecerar-se (de)** to shelter (from *sth*): *arrecerar-se del fred* to shelter from the cold

arreglar ▶ *vt* **1** (*reparar*) to mend: *Han vingut a ~ la rentadora.* They came to mend the washing machine. **2** (*fer obres*) to do *sth* up: *Estem arreglant el bany.* We're doing up the bathroom. **3** (*ordenar*) to tidy *sth* (up) **4** (*qüestió, problema*) to sort *sth* out: *No t'amoïnis que ja ho arreglaré.* Don't worry, I'll sort it out. ▶ **arreglar-se** *vp* **1** (*millorar*) to get better, to improve (*més formal*): *Si s'arregla la situació econòmica...* If the economic situation improves... **2** (*sortir bé*) to work out: *Al final tot es va ~.* It all worked out in the end. **3** (*sortir-se'n*) to manage: *No hi ha gaire menjar, però ja ens arreglarem.* There's not much food but we'll manage. **4** (*empolainar-se*) to get ready: *S'està arreglant per anar a la festa.* She's getting ready for the party.

arreglat, -ada *adj* (*ordenat*) tidy *Vegeu tb* ARREGLAR

arrel *nf* root LOC **arrel quadrada/cúbica** square/cube root: *L'arrel quadrada de 49 és 7.* The square root of 49 is 7. ◆ **posar arrels** (*persona*) to put down roots

arrelar(-se) *vi, vp* to take root

arrelat, -ada *adj* deep-rooted: *un costum molt ~* a deep-rooted custom *Vegeu tb* ARRELAR(-SE)

arrencar ▶ *vt* **1** (*extreure*) to pull *sth* out: *~ un clau* to pull a nail out **2** (*planta*) to pull *sth* up: *~ les males herbes* to pull the weeds up **3** (*pàgina*) to tear *sth* out **4** (*treure*) to pull *sth* off: *~ l'etiqueta d'una camisa* to pull the label off a shirt ▶ *vi* **1** ~ **a** (*començar*) to start *doing sth/to do sth*: *Van ~ a córrer.* They started to run. **2** (*motor*) to start

A

arrepapar-se *vp* to settle (down): *Es va arrepapar al sofà.* He settled down on the sofa.

arreplegador *nm* dustpan

arreplegar *vt* **1** (*recollir*) to pick *sth* up **2** (*persones*) to get *sb* together **3** (*malaltia*) to catch: ~ *una pulmonia* to catch pneumonia

arrest *nm* **1** (*detenció*) arrest **2** (*presó*) imprisonment: *10 mesos d'arrest* 10 months' imprisonment

arrestar *vt* **1** (*detenir*) to arrest **2** (*empresonar*) to imprison

arreu ▶ *adv* everywhere
▶ *prep* ~ **de** all over: *Ha voltat ~ del món.* She's been all over the world. LOC **a tot/pertot arreu** everywhere: *Hem mirat a tot ~ i no ho hem trobat.* We've looked everywhere but we couldn't find it.

arri *interj* gee up!

arriar *vt* **1** (*bestiar*) to drive **2** (*vela, etc.*) to lower: ~ *la bandera* to lower the flag

arribada *nf* arrival LOC *Vegeu* LÍNIA

arribar ▶ *vi* **1** to arrive (*at/in...*): *Vam ~ a l'aeroport/l'hospital a les cinc.* We arrived at the airport/hospital at five o'clock. ◇ *Vaig ~ a Anglaterra fa un mes.* I arrived in England a month ago. ➲ *Vegeu nota a* ARRIVE **2** (*atènyer*) to reach: *Hi arribes?* Can you reach? ◇ ~ *a una conclusió* to reach a conclusion **3** (*bastar*) to be enough: *El menjar no arribarà per a tothom.* There won't be enough food for everybody. **4** (*alçada*) to come up *to sth*: *La meva filla ja m'arriba a l'espatlla.* My daughter comes up to my shoulder. **5** ~ **fins a** (*estendre's*) to go as far as...: *La finca arriba fins al riu.* The estate goes as far as the river. **6** (*temps*) to come: ~ *primer/segon* to come first/second ◇ *quan arribi l'estiu* when summer comes ◇ *Ha arribat l'hora de...* The time has come to... ▶ **arribar-se** *vp* to go: *M'arribaré a la farmàcia abans no tanquin.* I'll go to the chemist's before it closes. LOC **arribar a casa** to arrive home, to get home (*més col·loq*) ◆ **arribar a ésser** to become ◆ **arribar a fer alguna cosa** (*aconseguir*) to manage to do sth ◆ **arribar a les mans** to come to blows ◆ **arribar a l'hora/en punt** to be on time ◆ **arribar lluny** to go far ◆ **arribar tard/d'hora** to be late/early ◆ **si ho arribo a saber...!** if only I'd known...!

arriscar ▶ *vt* to risk: ~ *la salut/els diners/la vida* to risk your health/money/life ▶ **arriscar-se** *vp* to take risks/a risk: *Si fos de tu no m'arriscaria.* If I were you, I wouldn't risk it. LOC *Vegeu* PELL

arriscat, -ada *adj* **1** (*perillós*) risky **2** (*audaç*) daring *Vegeu tb* ARRISCAR

arrissar ▶ *vt* to curl ▶ **arrissar-se** *vp* to go curly: *Amb la pluja se m'han arrissat els cabells.* My hair's gone curly in the rain.

arrissat, -ada *adj* curly: *Tinc el cabell ~.* I've got curly hair. *Vegeu tb* ARRISSAR

arrodonir *vt* (*preu, xifra*) to round *sth* up/down

arrogant *adj* arrogant

arromangar(-se) *vt, vp* **1** (*màniga, pantaló*) to roll *sth* up: *Va ~ els pantalons.* He rolled up his trousers. **2** (*faldilla*) to lift

arronsar *vt* LOC **arronsar les espatlles** to shrug (your shoulders)

arròs *nm* rice LOC **arròs amb llet** rice pudding

arrossar *nm* rice field

arrossegar ▶ *vt* **1** (*per terra*) to drag: *No arrossegis els peus.* Don't drag your feet. **2** (*problema, deute, assignatura*): *Encara arrossego el refredat.* I haven't got over my cold yet. ◇ *Encara arrossego la física de primer.* I still haven't passed my first year physics exam. ▶ **arrossegar-se** *vp* to crawl: *arrossegar-se per terra* to crawl along the floor LOC **arrossegar-se als peus (d'algú)** to grovel (to sb)

arrova *nf* (*Informàt*) at

> El símbol @ es llegeix **at**: *pol@pocketweb.cat* es llegeix "pol at pocketweb dot cat" /ˌdɒt 'kæt/.

arrufar *vt* LOC **arrufar el nas/les celles** to frown

arruga *nf* **1** (*pell*) wrinkle **2** (*paper, roba*) crease

arrugar(-se) *vt, vp* **1** (*pell*) to wrinkle **2** (*roba*) to crease: *Aquesta faldilla s'arruga de seguida.* This skirt creases very easily. **3** (*paper*) to crumple *sth* (up): *Doblega-ho bé perquè no s'arrugui.* Fold it properly so that it doesn't get crumpled.

arruïnar ▶ *vt* to ruin: *La tempesta ha arruïnat la collita.* The storm has ruined the crops. ▶ **arruïnar-se** *vp* (*Fin*) to go bankrupt

arsenal *nm* (*armes*) arsenal

arsènic *nm* arsenic

art *nm o nf* art: *una obra d'art* a work of art ◇ *l'art de cuinar* the art of cooking LOC **art dramàtic** drama ◆ **arts gràfiques** graphic arts ◆ **arts marcials** martial arts ◆ **arts plàstiques** plastic arts ◆ **per art d'encantament** as if by magic *Vegeu tb* BELL

artefacte *nm* (*dispositiu*) device: *un ~ explosiu* an explosive device

artell *nm* knuckle

artèria *nf* artery [*pl* arteries]

artesà, -ana *nm-nf* craftsman/woman [*pl* -men/-women]

A

artesania *nf* **1** (*productes*) handicrafts [*pl*]: *l'artesania mexicana* Mexican handicrafts ◊ *una botiga d'artesania* a craft shop **2** (*tècnica*) craftsmanship LOC **d'artesania** handmade

àrtic, ~a ▶ *adj* Arctic
▶ *nm* **l'Àrtic** (*oceà*) the Arctic Ocean LOC *Vegeu* CERCLE

article *nm* article: *un ~ sobre Dalí* an article about Dalí ◊ *l'article definit* the definite article

articulació *nf* **1** (*Anat, Mec*) joint **2** (*pronunciació*) articulation

articulat, -ada *adj* (*vehicle*) articulated

artificial *adj* artificial LOC *Vegeu* FOC, RESPIRACIÓ

artilleria *nf* artillery

artista *nmf* **1** artist **2** (*Cine, Teat*) actor, actress ➲ *Vegeu nota a* ACTRESS

artístic, ~a *adj* artistic

arxipèlag *nm* archipelago [*pl* archipelagos/archipelagoes]

arxiu *nm* **1** (*Informàt, policia*) file: *desar/crear un ~* to save/create a file **2** (*Hist*) archive(s) [*gen pl*]: *un ~ històric* historical archives

arxivador *nm* **1** (*moble*) filing cabinet **2** (*carpeta*) file

arxivar *vt* **1** (*classificar*) to file **2** (*Informàt*) to store: *~ dades* to store data **3** (*afer*) to shelve

as *nm* **1** (*cartes*) ace: *l'as de cors* the ace of hearts ➲ *Vegeu nota a* BARALLA **2** (*persona*): *ésser un as de l'esport* to be an outstanding sportsman ◊ *un as del ciclisme* a top cyclist

ascendent *nm* (*Astrol*) ascendant

ascendir ▶ *vt* to promote *sb* (*to sth*): *El van ~ a capità.* He was promoted to captain. ▶ *vi* **1** (*elevar-se*) to go up, to rise (*més formal*) **2** (*muntanyisme*) to climb (up) *sth* **3** (*treballador*) to be promoted (*to sth*)

ascens *nm* **1** (*temperatura, preus*) rise: *Hi haurà un ~ de la temperatura.* There will be a rise in temperature. **2** (*muntanya*) ascent **3** (*d'un empleat, d'un equip*) promotion

ascensor *nm* lift: *cridar l'ascensor* to call the lift

ase *nm* **1** (*animal*) donkey [*pl* donkeys] **2** (*persona*) idiot LOC **ésser l'ase dels cops** to be a scapegoat ◆ **no dir ni ase ni bèstia** not to say a word *Vegeu tb* TROS

asfalt *nm* tarmac®

asfaltar *vt* to tarmac: *Han asfaltat la carretera.* They've tarmacked the road.

asfíxia *nf* suffocation

asfixiar ▶ *vt* **1** (*amb fum, gas*) to suffocate **2** (*amb un coixí*) to smother ▶ **asfixiar-se** *vp* to suffocate

Àsia *nf* Asia

asiàtic, ~a *adj, nm-nf* Asian ➲ *Vegeu nota a* ASIAN

asil *nm* **1** (*residència*) home **2** (*Pol*) asylum: *buscar ~ polític* to seek political asylum

asma *nf* asthma

asmàtic, ~a *adj, nm-nf* asthmatic

aspa *nf* (*molí*) sail

aspecte *nm* **1** (*aparença*) look: *No puc sortir amb aquest ~.* I can't go out looking like this. **2** (*faceta*) aspect: *l'aspecte jurídic* the legal aspect

aspiració *nf* aspiration

aspiradora *nf* Hoover®, vacuum cleaner (*més formal*): *passar l'aspiradora* to hoover

aspirant *nmf* ~ **(a)** candidate (for *sth*): *els ~s a la plaça* the candidates for the job

aspirar ▶ *vt* **1** (*respirar*) to breathe *sth* in **2** (*màquina*) to suck *sth* up ▶ *vi* ~ **(a)** to aspire (to *sth*): *~ a guanyar un sou decent* to aspire to a decent salary ◊ *~ molt amunt* to aim high

aspirina *nf* aspirin: *prendre's una ~* to take an aspirin

aspre, -a *adj* rough

assabentar ▶ *vt* to tell *sb* (*about sth/that...*) ▶ **assabentar-se** *vp* **assabentar-se (de)** **1** (*descobrir*) to find out (about *sth*) **2** (*notícia*) to hear (about *sth*): *Ja m'he assabentat d'això del teu germà.* I've heard about your brother.

assabentat, -ada *adj* LOC **estar assabentat (de)** to know (about *sth*) *Vegeu tb* ASSABENTAR

assaborir *vt* to savour: *Li agrada ~ el cafè.* He likes to savour his coffee.

assaig *nm* **1** (*experiment*) test: *un tub d'assaig* a test tube **2** (*Mús, Teat*) rehearsal **3** (*Liter*) essay LOC **assaig general** dress rehearsal

assajar ▶ *vt, vi* (*Mús, Teat*) to rehearse ▶ *vt* to test: *Els científics solen ~ noves tècniques.* Scientists usually test new techniques.

assalariat, -ada *nm-nf* wage earner

assalt *nm* ~ **(a)** **1** (*a un establiment*) raid (on *sth*): *un ~ a una joieria* a raid on a jeweller's **2** (*a una persona, Mil*) attack (on *sb*) **3** (*Boxa*) round

assaltador, ~a *nm-nf* **1** (*agressor*) attacker **2** (*lladre*) raider

assaltar *vt* **1** (*establiment*) to raid: *Dos homes van ~ el banc.* Two men raided the bank. **2** (*persona*) to mug: *Ens va ~ un emmascarat.* We were mugged by a masked man. **3** (*Mil*) to attack: *Els terroristes van ~ l'ambaixada.* The terrorists attacked the embassy.

assaonar *vt* to season

assassí, -ina ▶ *nm-nf* murderer ➲ *Vegeu nota a* ASSASSINAR
▶ *adj* (*mirada*) murderous

assassinar *vt* to murder

> També hi ha el verb **to assassinate** i els noms **assassination** (*assassinat*) i **assassin** (*assassí*) però només s'utilitzen fent referència a un personatge important: *Qui va assassinar el ministre?* Who assassinated the minister? ◇ *Va haver-hi un intent d'assassinat contra el president.* There was an assassination attempt on the president. ◇ *un assassí a sou* a hired assassin.

assassinat *nm* murder: *cometre un ~* to commit (a) murder ➲ *Vegeu nota a* ASSASSINAR

assecador *nm* hairdryer

assecadora *nf* tumble-dryer

assecar ▶ *vt, vi* to dry *sth* up ▶ **assecar-se** *vp* to dry up: *L'estany s'havia assecat.* The pond had dried up.

assedegat, -ada *adj* thirsty

assegurança *nf* insurance [*incomptable*]: *fer-se una ~ de vida* to take out life insurance

assegurar ▶ *vt* **1** (*garantir*) to ensure: *~ que tot va bé* to ensure that everything goes well **2** (*afirmar*) to assure: *Assegura que no els va veure.* She assures us she didn't see them. **3** (*amb una companyia d'assegurances*) to insure *sb/sth* (*against sth*): *Vull ~ el cotxe contra incendis i robatoris.* I want to insure my car against fire and theft. ▶ **assegurar-se** *vp* (*comprovar*) to make sure (*of sth/that...*): *Assegura't que has tancat bé les finestres.* Make sure you've closed the windows properly.

assegut, -uda *adj* sitting, seated (*més formal*): *Estaven ~s a la taula.* They were sitting at the table. ◇ *Es van quedar ~s.* They remained seated. *Vegeu tb* ASSEURE

assemblar-se *vp* ~ **(a)** **1** (*físicament*) to look alike, to look like *sb*: *S'assemblen molt.* They look very much alike. ◇ *T'assembles molt a la teva germana.* You look just like your sister. **2** (*en caràcter*) to be alike, to be like *sb*: *No ens avenim perquè ens assemblem molt.* We don't get on because we are so alike. ◇ *En això t'assembles al teu pare.* You're like your father in that. LOC **assemblar-se com dues gotes d'aigua** to be as like as two peas in a pod *Vegeu tb* TEST[1]

assemblea *nf* **1** (*reunió*) meeting **2** (*parlament*) assembly [*pl* assemblies]

assentar-se *vp* LOC **assentar-se bé/malament alguna cosa** **1** (*aliments*) to agree/not to agree with *sb*: *El cafè no se m'assenta bé.* Coffee doesn't agree with me. **2** (*fer bon efecte*) to do *sb* good/no good: *El descans se'm va assentar bé.* The rest did me good. ◆ **assentar-se-li a algú el cap** to settle down

assentir *vi* to agree LOC **assentir amb el cap** to nod

assenyalar *vt* (*mostrar, afirmar*) to point *sth* out: *~ alguna cosa en un mapa* to point sth out on a map ◇ *Va ~ que...* He pointed out that... LOC **assenyalar amb el dit** to point at/to/towards *sb/sth*

assenyat, -ada *adj* sensible

assessor, ~a *nm-nf* adviser

assessorar ▶ *vt* to advise ▶ **assessorar-se** *vp* to take advice (*about/on sth*)

assetjament *nm* harassment: *~ sexual* sexual harassment LOC **assetjament escolar** bullying [*incomptable*]

asseure ▶ *vt* to sit: *Va ~ el nen al cotxet.* He sat the baby in its pram. ▶ **asseure's** *vp* to sit (down): *Asseieu-vos.* Sit down, please. ◇ *Ens vam ~ a terra.* We sat on the floor.

assignar *vt* to assign

assignatura *nf* subject: *He suspès dues assignatures.* I've failed two subjects. ◇ *cinc assignatures obligatòries i dues d'optatives* five compulsory and two optional subjects LOC **assignatura pendent** resit: *Tinc tres assignatures pendents.* I've got to resit three subjects.

assimilar *vt* to assimilate

assistència *nf* **1** (*presència*) attendance **2** (*públic*) turnout: *molta/poca ~* a good/poor turnout **3** (*a malalts*) care: *~ mèdica/sanitària* medical/health care LOC *Vegeu* FALTA

assistent[1] *adj, nmf* ~ **(a)** present [*adj*] (at *sth*): *entre els ~s a la reunió* among those present at the meeting

assistent[2], ~a *nm-nf* LOC **assistent social** social worker

assistir ▶ *vi* ~ **(a)** (*ésser present*) to attend (*sth*): *~ a una classe/una reunió* to attend a lesson/meeting ▶ *vt* (*metge*) to treat: *Quin metge et va ~?* Which doctor treated you? ❶ La paraula anglesa **assist** significa *ajudar* i és força formal.

associació *nf* association LOC **associació de consumidors** consumers' association ◆ **associació de mares i pares d'alumnes** (*abrev* **AMPA**) parents' association

associar ▶ *vt* to associate *sb/sth* (*with sb/sth*): *~ la calor amb les vacances* to associate good weather with the holidays ▶ **associar-se** *vp* to form a partnership (*to do sth*)

assolellat, -ada *adj* sunny

assolir *vt* to achieve

A

assortiment *nm* selection: *Tenen un extens ~ de corbates.* They have a good selection of ties. ◇ *un ~ de galetes* a selection of biscuits

assortit, -ida *adj* **1** (*variat*) assorted: *bombons ~s* assorted chocolates **2** (*proveït*) well stocked: *Aquesta fruiteria està molt ben assortida.* That greengrocer's is very well stocked. ➲ *Vegeu nota a* WELL BEHAVED

assossegar(-se) *vt, vp* to calm *(sb)* down

assossegat, -ada *adj* calm *Vegeu tb* ASSOSSEGAR(-SE)

assumir *vt* **1** (*acceptar*) to come to terms with *sth*: *~ la mort d'un familiar* to come to terms with the death of a relative **2** (*càrrec*) to take *sth* over: *~ la presidència* to take over the presidency

assumpte *nm* **1** (*tema*) matter: *un ~ d'interès general* a matter of general interest **2** (*Pol*) affair

assutzena *nf* lily [*pl* lilies]

ast *nm* spit LOC **a l'ast** spit-roast: *pollastre a l'ast* spit-roast chicken

asta *nf* (*bandera*) flagpole LOC *Vegeu* MIG

asterisc *nm* asterisk

astre *nm* star

astròleg, -oga *nm-nf* astrologer

astrologia *nf* astrology

astronauta *nmf* astronaut

astrònom, ~a *nm-nf* astronomer

astronomia *nf* astronomy

astúcia *nf* **1** (*habilitat*) shrewdness **2** (*malícia*) cunning

astut, ~a *adj* **1** (*hàbil*) shrewd: *un home molt ~* a very shrewd man **2** (*maliciós*) cunning: *Van elaborar un pla ben ~.* They devised a cunning plan.

atabalar ▶ *vt* to make *sb* nervous: *No m'atabalis amb els teus crits.* Stop shouting, you're making me nervous. ▶ *vp* **atabalar-se** to get nervous: *S'atabala quan arriben els exàmens.* He gets very nervous around exam time.

atabalat, -ada *adj* flustered *Vegeu tb* ATABALAR

atac *nm* **1** ~ **(a/contra)** attack (on *sb/sth*): *un ~ de cor* a heart attack **2** (*tos, riure*) fit: *Li va agafar un ~ de tos.* He had a coughing fit. ◇ *un ~ de riure* a fit of laughter LOC **atac de nervis** nervous breakdown

atacar *vt* to attack

atapeir *vt* to squash

atapeït, -ïda *adj* **1** (*molt ple*) very full: *El tren anava molt ~.* The train was very full. **2** (*compacte*) dense **3** (*roba*) densely woven *Vegeu tb* ATAPEIR

atemptar *vi* ~ **contra 1** (*persona*) to make an attempt on *sb's* life: *Van ~ contra el jutge.* They made an attempt on the judge's life. **2** (*edifici, cotxe, etc.*) to attack

atemptat *nm* **1** (*atac*) attack (*on sb/sth*): *un ~ contra una caserna de l'exèrcit* an attack on an army barracks ◇ *Hi va haver molts morts en el darrer ~.* Many people were killed in the latest attack. **2** (*intent d'assassinat*) attempt on *sb's* life: *un ~ contra dos parlamentaris* an attempt on the lives of two MPs

atenció ▶ *nf* attention
▶ **atenció!** *interj* careful!: *Atenció amb els cotxes!* Look out for the cars! LOC **amb atenció** attentively ◆ **fer/parar/posar atenció** to pay attention (*to sb/sth*) ◆ **tenir atencions amb algú** to be considerate to sb *Vegeu tb* ACAPARAR, CRIDAR, HORARI

atendre *vt* **1** (*rebre*) to see: *Han d'atendre molta gent.* They have to see lots of people. **2** (*en una botiga*) to serve: *Que us atenen?* Are you being served?

atenir-se *vp* ~ **a** (*regles, ordres*) to abide by *sth*: *Ens atindrem a les normes.* We'll abide by the rules. LOC **(no) saber a què atenir-se** (not) to know what to expect

atent, ~a *adj* **1** (*parant atenció*) attentive: *Escoltaven ~s.* They listened attentively. **2** (*amable*) kind LOC **estar atent a alguna cosa 1** (*mirar*) to watch out for sth: *estar ~ a l'arribada del tren* to watch out for the train **2** (*parar atenció*) to pay attention to sth

atentament *adv* (*fórmula de comiat*) Yours faithfully, Yours sincerely

> Recordeu que **Yours faithfully** es fa servir quan la carta comença amb una salutació com ara *Dear Sir, Dear Madam*, etc. Si comença amb *Dear Mr Jones, Dear Mrs Smith*, etc., s'ha d'utilitzar **Yours sincerely**.

LOC *Vegeu* SALUDAR

aterrar *vi* to land: *Aterrarem a Gatwick.* We will be landing at Gatwick.

aterratge *nm* landing LOC **aterratge forçós/d'emergència** emergency landing *Vegeu tb* TREN

ateu, -ea *adj, nm-nf* atheist [*n*]: *ésser ~* to be an atheist

atiar *vt* (*foc*) to poke

àtic *nm* **1** (*últim pis*) top-floor flat **2** (*golfes*) attic

atipar ▶ *vt* to feed *sb* up: *La seva mare els atipa.* Their mother really feeds them up. ▶ **atipar-se** *vp* **1** (*menjar molt*) **(a)** to be full (up): *Vaig menjar fins que em vaig ben ~.* I ate till I was full (up). **(b) atipar-se (de)** to stuff yourself (with *sth*): *Ens vam ~ de llagosta.* We stuffed ourselves with lobster. **2 atipar-se (de)** (*cansar-se*) to be fed up (with *sb/sth/doing sth*): *Ja me n'he atipat, de les teves queixes.* I'm fed up with your complaints.

atlàntic, ~a ▶ *adj* Atlantic ▶ *nm* **l'Atlàntic** the Atlantic (Ocean)

atles *nm* atlas

atleta *nmf* athlete

atlètic, ~a *adj* athletic

atletisme *nm* athletics [*incomptable*]

atmosfera *nf* atmosphere: *una ~ carregada/tensa* a stuffy/tense atmosphere

àtom *nm* atom

atòmic, ~a *adj* atomic

atonyinar *vt* to thump

atorgar *vt* to grant *sth* (*to sb*)

atracador, ~a *nm-nf* **1** (*en un banc, una botiga, un tren, etc.*) robber **2** (*al carrer*) mugger

atracament *nm* **1** (*en un banc, una botiga, un tren, etc.*) hold-up: *Van cometre un ~ en una joieria.* They held up a jeweller's shop. **2** (*al carrer*) mugging **LOC** *Vegeu* MÀ

atracar ▶ *vt* **1** (*en un banc, una botiga, un tren, etc.*) to hold *sb/sth* up: *~ una sucursal d'un banc* to hold up a branch of a bank **2** (*al carrer*) to mug: *M'han atracat al metro.* I was mugged on the underground. ▶ *vt, vi* (*vaixell*) to dock

atracció *nf* attraction: *una ~ turística* a tourist attraction ◇ *sentir ~ per algú* to be attracted to sb **LOC** *Vegeu* PARC

atractiu, -iva ▶ *adj* attractive ▶ *nm* **1** (*cosa que atrau*) attraction: *un dels ~s de la ciutat* one of the city's attractions **2** (*interès*) appeal [*incomptable*]: *Té poc ~ per als inversors.* It holds little appeal for investors. **3** (*persona*) charm

atrafegat, -ada *adj* **1** (*persona*) busy **2** (*dia*) hectic

atrapar *vt* to catch: *El van ~ en una mentida.* He was caught lying. ◇ *A veure si m'atrapes!* See if you can catch me!

atreure (*tb* **atraure**) *vt* **1** to attract: *~ els turistes* to attract tourists ◇ *M'atreuen els homes mediterranis.* I'm attracted to Mediterranean men. **2** (*idea*) to appeal to *sb*: *La idea de fer un viatge m'atreu molt.* The idea of going on a trip really appeals to me.

atrevir-se *vp* ~ **(a)** to dare (*do sth*): *No m'atreveixo a demanar-li diners.* I daren't ask him for money. ➲ *Vegeu nota a* DARE[1]

atrevit, -ida *adj* **1** (*agosarat*) daring: *una brusa/decisió atrevida* a daring blouse/decision **2** (*insolent*) cheeky *Vegeu tb* ATREVIR-SE

atribuir ▶ *vt* to attribute sth to sb/sth: *~ un quadre a Miró* to attribute a painting to Miró ▶ **atribuir-se** *vp* (*atemptat*) to claim responsibility *for sth*

atribut *nm* attribute

atropellar *vt* to run *sb* over: *La va ~ un cotxe.* She was run over by a car.

atropellat, -ada *adj* (*per un vehicle*): *Va morir ~.* He was run over and killed. *Vegeu tb* ATROPELLAR

atrotinat, -ada *adj* **1** (*cotxe, màquina*) clapped out **2** (*vestit, sabates*) worn out

ATS *nmf* nurse

atur *nm* unemployment **LOC (estar) a l'atur** (to be) unemployed *Vegeu tb* APUNTAR, COBRAR

atura *nf* **LOC** *Vegeu* GOS

aturar(-se) *vt, vp* to stop: *L'autobús es va aturar en sec.* The bus stopped dead.

aturat, -ada *adj, nm-nf* (*sense feina*) unemployed [*adj*]: *els ~s* the unemployed *Vegeu tb* ATURAR(-SE)

atxim *interj* atishoo!

> La persona que esternuda acostuma a disculpar-se dient **excuse me!** La gent del voltant sol dir **bless you!**, encara que sovint no es diu res.

atzabeja *nf* jet: *negre com l'atzabeja* jet black

atzar *nm* **1** (*casualitat*) chance **2** (*destí*) fate **LOC a l'atzar** at random: *Tria un número a l'atzar.* Choose a number at random. *Vegeu tb* JOC

atzucac *nm* cul-de-sac

au[1] *nf* bird

au[2] *interj* come on!

audaç *adj* bold

audició *nf* **1** (*oïda*) hearing: *perdre l'audició* to lose your hearing **2** (*concert*) concert

audiència *nf* audience: *el programa de més ~* the programme with the largest audience ◇ *l'índex d'audiència* audience share

audiovisual *adj* audio-visual: *materials ~s* audio-visual materials

auditori *nm* **1** (*edifici*) concert hall **2** (*audiència*) audience

augment *nm* rise, increase (*més formal*) (*in sth*): *un ~ de població* an increase in population

augmentar ▶ *vt* **1** to increase: *~ la competitivitat* to increase competition **2** (*lupa, microscopi*) to magnify ▶ *vi* to increase: *La població augmenta.* The population is increasing.

aula *nf* **1** (*d'escola*) classroom **2** (*d'universitat*) lecture room **LOC aula d'acollida** reception class for immigrant children ◆ **aula magna** lecture theatre

auricular *nm* **1** (*telèfon*) receiver **2 auriculars** headphones

aurora *nf* dawn

auster, ~a *adj* austere

austeritat *nf* austerity

australià, -ana *adj, nm-nf* Australian

Austràlia *nf* Australia

Àustria *nf* Austria

austríac, ~a *adj, nm-nf* Austrian: *els ~s* the Austrians

autèntic, ~a *adj* genuine, authentic (*més formal*): *un Miró ~* an authentic Miró

auto *nm* LOC **autos de xoc** dodgems: *pujar als ~s de xoc* to go on the dodgems

autoavaluació *nf* (*Educ*) self-assessment

autobiografia *nf* autobiography [*pl* autobiographies]

autobiogràfic, ~a *adj* autobiographical

autobús *nm* bus: *agafar/perdre l'autobús* to catch/miss the bus LOC *Vegeu* PARADA

autocar *nm* coach

autodefensa *nf* self-defence

autodeterminació *nf* self-determination

autodidacte, -a *adj, nm-nf* self-taught [*adj*]: *ésser un ~* to be self-taught.

autoedició *nf* desktop publishing

autoescola *nf* driving school

autoestima *nf* self-esteem

autoestop *nm* hitchhiking LOC **fer autoestop** to hitchhike

autoestopista *nmf* hitchhiker

autògraf *nm* autograph

automàtic, ~a *adj* automatic LOC *Vegeu* CAIXER, CONTESTADOR, PILOT, PORTER

automòbil *nm* car

automobilisme *nm* motor racing

automobilista *nmf* motorist

autònom, ~a ▶ *adj* **1** (*departament, entitat*) autonomous **2** (*govern, etc.*) regional: *el parlament ~* the regional parliament **3** (*treballador*) self-employed

▶ *adj, nm-nf* (*treballador*) self-employed (worker) LOC *Vegeu* COMUNITAT

autonomia *nf* **1** (*autogovern*) autonomy **2** (*independència*) independence: *l'autonomia del poder judicial* the independence of the judiciary **3** (*territori*) autonomous region

autonòmic, ~a *adj* regional: *les autoritats autonòmiques* the regional authorities LOC *Vegeu* ELECCIÓ

autopista *nf* motorway LOC **autopista de peatge** toll road

autòpsia *nf* post-mortem: *fer una ~* to carry out a post-mortem

autor, ~a *nm-nf* **1** (*escriptor*) author **2** (*Mús*) composer **3** (*crim*) perpetrator

autoretrat *nm* self-portrait

autoritat *nf* authority [*pl* authorities]

autorització *nf* permission

autoritzar *vt* **1** (*permetre*) to authorize: *No han autoritzat la vaga.* They haven't authorized the strike. **2** (*donar dret a algú*) to give *sb* the right (*to do sth*): *El càrrec els autoritza a utilitzar un cotxe oficial.* The job gives them the right to use an official car.

autoservei *nm* **1** (*restaurant*) self-service restaurant **2** (*supermercat*) supermarket LOC **autoservei de bugaderia** launderette ◆ **d'autoservei** self-service: *una gasolinera d'autoservei* a self-service petrol station

autosuficient *adj* self-sufficient

autovia *nf* dual carriageway

auxili *nm* help: *un crit d'auxili* a cry for help LOC *Vegeu* PRIMER

auxiliar ▶ *adj* auxiliary: *un verb ~* an auxiliary verb

▶ *nmf* assistant: *~ administratiu* administrative assistant LOC **auxiliar de vol** flight attendant ◆ **auxiliar tècnic sanitari** (*abrev* **ATS**) nurse

avall *adv* down: *carrer/escales ~* down the street/stairs LOC **cap avall** downwards ◆ **més avall 1** (*més lluny*) further down: *en aquest carrer, més ~* further down this street **2** (*en sentit vertical*) lower down: *Posa el quadre més ~.* Put the picture lower down. **3** (*en un escrit*) below: *Vegeu-ne l'explicació més ~.* See explanation below. *Vegeu tb* AIGUA, AMUNT, BOCA, CAP[1], CARRER, COSTA, RIU

avalot *nm* disturbance

avaluació *nf* (*Educ*) assessment: *~ continuada* continuous assessment

avaluar *vt* to assess

avanç *nm* LOC **avanç informatiu** newsflash

avançada *nf* advance

avançament *nm* **1** (*cotxe*) overtaking [*incomptable*]: *L'han multat per fer un ~ molt perillós.* He's been fined for dangerous overtaking. **2** (*diners*) advance: *He demanat un ~ del sou.* I've asked for an advance of my salary.

avançar ▶ *vt* **1** (*objecte*) to move *sth* forward: *Vaig ~ un peó.* I moved a pawn forward. **2** (*esdeveniment, data*) to bring *sth* forward: *Volen ~ l'examen una setmana.* They want to bring the exam forward a week. **3** (*rellotge*) to put a *watch/clock* forward: *No t'oblidis d'avançar el rellotge una hora.* Don't forget to put your watch forward an hour. **4** (*passar al davant*) to overtake: *El camió em va ~ al revolt.* The lorry overtook me on the bend. ▶ *vi* to do well, to advance (*més formal*): *~ en els estudis* to do well at school ▶ **avançar-se** *vp* **1** (*persona*) to step forward **2** (*rellotge*) to gain **3 avançar-se a algú** (*anticipar-se*): *Anava a respondre jo però, com sempre, ell se'm va ~.* I was about to answer, but, as always, he beat me to it. **4** (*estació, collita*) to be early: *Enguany la primavera s'ha avançat.* Spring is early this year.

avançat, -ada *adj* **1** (*avantatjat*) advanced: *Aquest nen està molt ~ per a la seva edat.* This child is very advanced for his age. ◇ *És una obra molt avançada per a la seva època.* It's a very advanced work for its time. **2** (*que va molt endavant*): *Tinc la tesi molt avançada.* I'm getting on very well with my thesis. **3** (*en comparacions*) ahead: *Anem molt ~s respecte als de l'altra classe.* We're way ahead of the other class. **4** (*rellotge*) fast: *El teu rellotge va cinc minuts ~.* Your watch is five minutes fast. *Vegeu tb* AVANÇAR

avantatge *nm* **1** (*aspecte favorable*) advantage: *Viure al camp té molts ~s.* Living in the country has a lot of advantages. **2** (*Esport*) **(a)** (*de punts, gols, distància, etc.*) lead: *L'Espanyol té un ~ de tres punts.* Espanyol have a three-point lead. **(b)** (*prèvia*) head start: *Li vaig donar un ~ de cinc segons.* I gave him a five-second head start. **LOC portar avantatge a algú** to have an advantage over sb ◆ **portar cinc minuts, metres, etc. d'avantatge a algú** to be five minutes, metres, etc. ahead of sb

avantbraç *nm* forearm

avantguarda *nf* **1** (*Mil*) vanguard **2** (*Art*) avant-garde: *teatre d'avantguarda* avant-garde theatre

avantpassat, -ada *nm-nf* ancestor

avar, ~a ▶ *adj* miserly
▶ *nm-nf* miser

avaria *nf* **1** (*vehicle, mecanisme*) breakdown: *L'avaria del cotxe em costarà un ronyó.* The breakdown's going to cost me an arm and a leg. **2** (*fallada*) fault: *una ~ en la instal·lació elèctrica* a fault in the electrical system

avariar-se *vp* (*Mec*) to break down

avariat, -ada *adj* broken down: *Tenim el rentaplats ~.* Our dishwasher has broken down. ◇ *L'ascensor està ~.* The lift is out of order. *Vegeu tb* AVARIAR-SE

avarícia *nf* greed

avariciós, -osa *adj, nm-nf* greedy [*adj*]: *ésser un ~* to be greedy

AVE *nm* high-speed train

avellana *nf* hazelnut

avellaner *nm* hazel

avenç *nm* advance: *els avenços de la medicina* advances in medicine

avenir-se *vp* ~ **(amb)** to get on (with *sb*): *No m'avinc amb el meu pare.* I don't get on with my father. **LOC no saber-se'n avenir**: *Encara no me'n sé avenir.* I still can't believe it.

aventura *nf* **1** (*peripècia*) adventure: *Vam viure una ~ fascinant.* We had a fascinating adventure. **2** (*amor*) fling **LOC** *Vegeu* ESPORT

aventurer, ~a ▶ *adj* adventurous
▶ *nm-nf* adventurer

avergonyir ▶ *vt* **1** (*humiliar*) to make *sb* feel ashamed: *~ la família* to make your family feel ashamed **2** (*fer sentir vergonya*) to embarrass: *La teva manera de vestir m'avergonyeix.* The way you dress embarrasses me. ▶ **avergonyir-se** *vp* (*penedir-se*) to be/feel ashamed (*of sb/sth*): *M'avergonyeixo d'haver-los mentit.* I'm ashamed that I lied to them. ℹ També es pot dir: I'm ashamed of myself for lying to them.

avesar-se *vp* ~ **(a)** to get into the habit (of *doing sth*): *S'ha avesat a mirar aquesta sèrie de televisió.* She's got into the habit of watching this TV series.

avet *nm* fir (tree)

avi, àvia *nm-nf* **1** (*masc*) grandfather, grandad (*col·loq*) **2** (*fem*) grandmother, granny [*pl* grannies] (*col·loq*) **3 avis** grandparents: *He anat a veure els ~s.* I've been to see my grandparents.

aviació *nf* **1** aviation: *~ civil* civil aviation **2** (*forces aèries*) air force

aviat *adv* **1** (*de seguida*) soon: *Torna ~.* Come back soon. ◇ *al més ~ possible* as soon as possible **2** (*d'hora, de matí*) early: *M'he aixecat molt ~.* I got up very early. **LOC com més aviat millor** the sooner the better ◆ **fins aviat!** see you soon! ◆ **més aviat** rather: *És més ~ lleig, però molt simpàtic.* He's rather ugly, but very nice.

aviciar ▶ *vt* to spoil: *Els seus pares l'avicien massa.* His parents really spoil him. ▶ **aviciar-se** *vp* **aviciar-se (a)** to get hooked (on *sth*)

avinguda *nf* avenue (*abrev* Ave.)

avió *nm* plane, aeroplane (*més formal*) LOC **anar/viatjar en avió** to fly ◆ **avió de reacció** jet ◆ **per avió** (*correu*) airmail *Vegeu tb* ACCIDENT

avioneta *nf* light aircraft [*pl* light aircraft]

avís *nm* **1** notice: *Tancat fins a un altre ~.* Closed until further notice. **2** (*advertència*) warning, tip-off (*més col·loq*)

avisar *vt* **1** (*informar*) to let *sb* know (about *sth*): *Avisa'm quan arribin.* Let me know when they arrive. **2** (*advertir*) to warn: *T'aviso que si no em pagues...* I'm warning you that if you don't pay me... ❶ La paraula anglesa **advise** significa *aconsellar, assessorar*: *I advised her to talk to her parents.* Li vaig aconsellar de parlar amb els pares. LOC **sense avisar**: *Van venir sense ~.* They turned up unexpectedly. ◇ *Se'n va anar de casa sense ~.* He left home without saying anything.

avorriment *nm* boredom: *Menjo per mer ~.* I eat from sheer boredom. ◇ *Quin ~!* How boring! LOC *Vegeu* MORIR(-SE)

avorrir ▶ *vt* **1** (*detestar*) to detest *sth/doing sth* **2** (*cansar*) to bore: *Suposo que no t'estic avorrint.* I hope I'm not boring you. ◇ *Aquest programa m'avorreix.* This programme is boring.
▶ **avorrir-se** *vp* to get bored

avorrit, -ida ▶ *adj* **1** (*que avorreix*) boring: *un llibre ~* a boring book ◇ *No siguis tan ~.* Don't be so boring. **2** (*que sent avorriment*): *Estic ~.* I'm bored ➲ *Vegeu nota a* BORING
▶ *nm-nf* bore: *És una avorrida.* She's a real bore. *Vegeu tb* AVORRIR

avortament *nm* **1** (*espontani*) miscarriage: *tenir un ~* to have a miscarriage **2** (*provocat*) abortion

avortar ▶ *vi* **1** (*espontàniament*) to have a miscarriage **2** (*voluntàriament*) to have an abortion
▶ *vt* (*Informàt*) to abort

avui *adv* today: *Hem d'enllestir-ho ~.* We've got to get it finished today. LOC **avui dia** nowadays ◆ **d'avui**: *la música d'avui* present-day music ◇ *el diari d'avui* today's paper ◇ *Aquest pa no és d'avui.* This bread isn't fresh. ◆ **d'avui endavant** from now on ◆ **d'avui en vuit/quinze** a week/fortnight today

axil·la *nf* armpit

B b

babalà LOC **a la babalà** without thinking: *No parlis a la ~.* Think before you speak.

babau, ~a *adj, nm-nf* fool [*n*]: *No siguis ~!* Don't be a fool!

babord *nm* port: *a ~* to port

baca *nf* roof rack

bacallà *nm* cod [*pl* cod]

bacó *nm* (*cansalada*) bacon

bacteri *nm* bacterium [*pl* bacteria] [*gen pl*]

badada *nf* oversight

badall *nm* yawn

badallar *vi* to yawn

badar *vt* to open LOC *Vegeu* BOCA

badia *nf* bay

badoc, ~a *nm-nf* onlooker

baf *nm* **1** (*vapor*) steam **2** (*alè*) breath

bafarada *nf* (*en un còmic*) speech bubble

bagul *nm* trunk

bah *interj* bah

baia *nf* (*Bot*) berry [*pl* berries]

baieta *nf* cloth: *Passa la ~ per la taula, si us plau.* Can you give the table a wipe?

baix[1] *nm* **1** (*veu*) bass **2 baixos** (*habitatge*) ground-floor flat [*v sing*] **3 baixos** (*roba*) hem [*v sing*]: *Tens els baixos descosits.* Your hem has come undone. **4 baixos** (*cotxe*) underbody [*v sing*] LOC *Vegeu* ALT

baix[2] *adv* **1** (*a poca altura*) low: *Els ocells volen ~.* The birds are flying low. **2** (*posició*) (down) below **3** (*en un edifici*) downstairs: *el veí de ~* the man who lives downstairs ◇ *Hi ha un altre lavabo a ~.* There is another toilet downstairs. **4** (*fluix*) quietly: *Toca més ~.* Play more quietly. LOC **a baix...!** down with...! ◆ **cap a baix** downwards ◆ **el de baix (de tot)** the bottom one *Vegeu tb* ALLÀ, ALLÍ, DALT, PARLAR, PART

baix, ~a *adj* **1** low: *una oficina de sostre ~* an office with a low ceiling ◇ *temperatures baixes* low temperatures ◇ *una sopa baixa en calories* a low-calorie soup ◇ *La tele està massa baixa.* The TV is too low. **2** (*persona*) short **3** (*sabata*) flat **4** (*veu*) quiet: *parlar en veu baixa* to speak quietly/softly **5** (*pobre*) poor: *els barris baixos de la ciutat* the poor areas of the city LOC *Vegeu* CAP[1], CLASSE, COP, LLEGIR, PAÍS

baixa *nf* **1** (*absència autoritzada*) sick leave: *demanar la ~* to go on sick leave ◇ *~ de maternitat* maternity leave **2** (*Mil*) casualty [*pl* casualties] **LOC** **donar-se de baixa** **1** to cancel your membership, subscription, etc. **2** (*Internet*) to unsubscribe

baixada *nf* **1** (*descens*) descent: *durant la ~* during the descent **2** (*pendent*) slope: *La ~ és molt pronunciada.* It is a very steep slope. **3** (*Econ*) fall (*in sth*): *Continua la ~ dels tipus d'interès.* Interest rates continue to fall. **LOC** **fer baixada**: *El carrer fa molta ~.* It's a very steep street.

baixador *nm* (*Ferrocarril*) halt

baixamar *nf* low tide

baixar ▶ *vt* **1** (*portar de dalt a baix*) to take *sth* down: *Hem de ~ aquesta cadira al segon pis?* Do we have to take this chair down to the second floor? **2** (*agafar*) to get *sth* down: *M'ajuda a ~ la maleta?* Could you help me get my suitcase down? **3** (*anar avall*) to go/come down: *~ el pendent* to go down the hill **4** (*Internet*) to download: *~ música d'Internet* to download music from the Internet ▶ *vi* **1** (*anar a baix*) to go/come down: *Pot ~ a recepció, si us plau?* Can you come down to reception, please? **2** ~ **(de)** (**a**) (*automòbil*) to get out (of *sth*): *No baixis mai d'un cotxe en marxa.* Never get out of a moving car. (**b**) (*transport públic, cavall, bici*) to get off (*sth*): *~ d'un autobús* to get off a bus **3** (*temperatura, riu*) to fall: *La temperatura ha baixat.* The temperature has fallen. **4** (*inflor*) to go down **5** (*marea*) to go out **6** (*preus*) to come down: *El pa ha tornat a ~.* (The price of) bread has come down again. **7** (*Esport*) to be relegated: *Han baixat a tercera.* They've been relegated to the third division. **LOC** **baixar-li els fums a algú** to take sb down a peg or two *Vegeu tb* ESCALA

bajanada *nf* silly thing

bala *nf* **1** (*arma*) bullet **2** (*de jugar*) marble: *jugar a bales* to play marbles **LOC** **com una bala** like a shot *Vegeu tb* PROVA

baladre *nm* oleander

balanç *nm* **1** (*Fin*) balance: *~ positiu/negatiu* a positive/negative balance **2** (*nombre de víctimes*) toll

balança ▶ *nf* **1** (*instrument*) scales [*pl*] **2** (*Fin*) balance: *~ de pagaments* balance of payments ▶ *nf, nmf* (*Astrol*) Libra ➲ *Vegeu exemples a* AQUARIUS

balancejar(-se) *vt, vp* **1** to swing **2** (*bressol, balancí*) to rock

balancí *nm* rocking chair

balbucejar ▶ *vt, vi* (*adult*) to stammer: *Va ~ unes quantes paraules.* He stammered a few words. ▶ *vi* (*bebè*) to babble

balcó *nm* balcony [*pl* balconies]: *sortir al ~* to go out onto the balcony

baldat, -ada *adj* (*cansat*) exhausted: *Estic ~ de tant caminar.* I'm exhausted after walking all that way.

balder, ~a *adj* loose-fitting

baldufa *nf* spinning top: *fer ballar una ~* to spin a top

balear *adj* Balearic: *les illes ~s* the Balearic Islands/the Balearics

balena *nf* whale

ball *nm* (*festa, dansa*) dance: *El ~ comença a les dotze.* The dance begins at twelve. **LOC** **ball de disfresses** fancy dress ball ◆ **ball de saló** ballroom dancing *Vegeu tb* PISTA, SALA

ballar ▶ *vt, vi* to dance: *Balles?* Would you like to dance? ◇ *M'agrada molt ~.* I like dancing very much. ◇ *~ un tango* to dance a tango ▶ *vi* **1** (*moure's*) (**a**) to be loose: *Em balla una dent.* I've got a loose tooth. ◇ *Em sembla que hi ha un caragol que balla.* I think there's a screw loose. (**b**) (*moble*) to wobble: *Aquesta taula balla.* This table wobbles. **2** (*anar gran*) to be too big (*for sb*): *Aquesta faldilla em balla.* This skirt's too big for me. **3** (*baldufa*) to spin **LOC** **ballar agafats** to have a slow dance ◆ **fer ballar el cap** to amaze *sb* ◆ **treure a ballar** to ask *sb* to dance

ballarí, -ina *nm-nf* dancer

ballet *nm* ballet

balneari *nm* spa

baló *nm* **1** (*pilota*) ball **2** (*per a cossos gasosos*) bag

bambú *nm* bamboo: *una taula de ~* a bamboo table

banc *nm* **1** (*Fin, Med, etc.*) bank: *~ de sang/dades* blood bank/databank **2** (*seient*) bench **3** (*església*) pew **4** (*peixos*) shoal **LOC** **banc dels acusats** dock: *estar al ~ dels acusats* to be in the dock ◆ **banc de sorra** sandbank

banca *nf* **1** (*bancs*) banks [*pl*]: *la ~ japonesa* Japanese banks **2** (*sector*) banking: *els sectors de ~ i comerç* the banking and business sectors

bancari, -ària *adj* bank [*n atrib*]: *un compte ~* a bank account **LOC** *Vegeu* GIR, TRANSFERÈNCIA

bancarrota *nf* bankruptcy [*pl* bankruptcies] **LOC** **fer bancarrota** to be bankrupt

banda[1] *nf* (*paper, roba, cuir*) strip **LOC** **banda ampla** broadband: *connexió de ~ ampla* broadband connection ◆ **banda sonora** **1** (*pel·lícula*) soundtrack **2** (*carretera*) rumble strip

banda[2] *nf* **1** (*costat*) side: *a ~ i ~* on both sides ◇ *Viu a l'altra ~ del carrer.* He lives on the other side of the street. **2** (*lloc*) place: *Què us sembla si anem a una altra ~?* Shall we go somewhere

B

B

else? ◇ *en alguna* ~ somewhere ◇ *Vés a fer soroll a una altra* ~. Go and make a noise somewhere else. **3** (*direcció*) way: *mirar per totes bandes* to look in all directions LOC **deixar de banda** to leave *sth* aside ◆ **d'una banda... de l'altra...** on the one hand... on the other...: *D'una* ~ *me n'alegro, però de l'altra em fa pena.* On the one hand I'm pleased, but on the other I think it's sad. ◆ **per banda/part de mare/pare** on my, your, etc. mother's/father's side ◆ **per la meva banda** as far as I am, you are, etc. concerned: *Per la nostra* ~ *no hi ha cap problema.* As far as we're concerned there's no problem. *Vegeu tb* ALGUN, ALTRE, BROMA²

banda³ *nf* **1** (*colla*) gang: *una* ~ *mafiosa* a Mafia gang **2** (*grup musical*) band LOC **banda terrorista** terrorist group

bandada *nf* flock

bandarra *nmf* swine

bandera *nf* **1** flag: *Les banderes voleien a mitja asta.* The flags are flying at half mast. **2** (*Mil*) colours [*pl*] LOC **bandera blanca** white flag

banderí *nm* pennant

banderola *nf* weathervane

bandit, -ida *nm-nf* bandit

bàndol *nm* (*Esport, Mil, Pol*) side: *Jugarem en ~s diferents.* We'll be playing on different sides. ◇ *canviar de* ~ to change sides

banquer, ~a *nm-nf* banker

banquet *nm* **1** (*àpat*) banquet, dinner (*més col·loq*): *Van oferir un* ~ *en honor seu.* They held a banquet in his honour. **2** (*en un casament*) reception: *Van fer el* ~ *en un hotel.* They held the reception at a hotel.

banqueta *nf* (*Esport*) bench: *Em van deixar a la* ~. I was left on the bench.

banús *nm* ebony

bany *nm* **1** (*a la banyera*) bath: *Vaig prendre un* ~ *d'escuma.* I had a bubble bath. **2** (*mar, piscina*) swim **3** (*habitació*) bathroom **4 banys** baths: *els ~s romans* the Roman baths LOC **bany maria** bain-marie ❶ Es pronuncia /ˌbæn məˈriː/: *cuinar alguna cosa al* ~ *maria* to cook sth in a bain-marie *Vegeu tb* CAMBRA, GEL, SAL, VESTIT

banya *nf* **1** horn **2** (*cérvol*) antler

banyador *nm* **1** (*d'home*) (swimming) trunks [*pl*]: *Aquest* ~ *t'és petit.* Those trunks are too small for you. ❶ *Un banyador* es diu **a pair of swimming trunks**. **2** (*de dona*) swimming costume

banyar ▶ *vt* **1** to bath **2** (*en metall*) to plate *sth* (*with sth*) **3** (*Cuina*) to coat *sth* (*in/with sth*): ~ *un pastís de xocolata* to coat a cake in chocolate
▶ **banyar-se** *vp* **1** (*a la banyera*) to have a bath **2** (*nedar*) to go for a swim

banyat, -ada *adj* bathed: ~ *de suor* bathed in sweat LOC **banyat d'or/en plata** gold-plated/silver-plated *Vegeu tb* BANYAR

banyera *nf* bath

baptisme *nm* baptism

bar *nm* **1** (*begudes alcohòliques*) pub **2** (*cafeteria*) cafe

baralla *nf* **1** (*batussa*) fight: *ficar-se en una* ~ to get into a fight **2** (*discussió*) row **3** (*cartes*) pack of cards

> Els colls de la baralla espanyola (*oros, copes, espases* i *bastons*) no tenen traducció perquè a la Gran Bretanya s'utilitza la baralla francesa. La baralla francesa consta de 52 cartes dividides en quatre *colls* o **suits**: **hearts** (*cors*), **diamonds** (*diamants*), **clubs** (*trèvols*) i **spades** (*pics*). Cada coll té un **ace** (*as*), **king** (*rei*), **queen** (*dama*), **jack** (*jack/valet*), i nou cartes numerades del 2 al 10. Abans de començar a jugar, es *barreja* (**shuffle**), es *talla* (**cut**) i es *reparteixen* (**deal**) les cartes.

barallar(-se) *vi, vp* **1** (*lluitar*) to fight (*for/against/over sb/sth*): *Els nens es barallaven per les joguines.* The children were fighting over the toys. **2** (*discutir*) to argue (*with sb*) (*about/over sth*): *No us baralleu per això.* Don't argue over something like that. LOC **barallar-se com gat i gos** to fight like cat and dog

barana *nf* **1** (*d'una escala*) banister(s) [*gen pl*]: *baixar per la* ~ to slide down the banisters **2** (*d'un balcó*) railing(s) [*gen pl*]

barat, ~a *adj* cheap: *Aquell és més* ~. That one's cheaper.

barb *nm* (*granet*) blackhead

barba *nf* beard: *deixar-se* ~ to grow a beard ◇ *un home amb* ~ a bearded man LOC **fer-se la barba d'or** to make a fortune ◆ **per barba** each: *En toquen sis per* ~. There are six each.

barbacoa *nf* barbecue: *fer una* ~ to have a barbecue

bàrbar, ~a *adj, nm-nf* (*Hist*) barbarian

barbarisme *nm* barbarism

barbaritat *nf* **1** (*crueltat*) barbarity [*pl* barbarities] **2** (*disbarat*) nonsense [*incomptable*]: *No diguis ~s.* Don't talk nonsense! LOC **quina barbaritat!** good heavens!

barber, ~a *nm-nf* barber

barbeta *nf* chin

barbut, -uda *adj* bearded

barca *nf* (small) boat: *fer un passeig en ~* to go out in a boat ➲ *Vegeu nota a* BOAT LOC **barca de rems** rowing boat

bardissa *nf* hedge

barítone *nm* baritone

barnús *nm* bathrobe

baró, baronessa *nm-nf* baron [*fem* baroness] LOC *Vegeu* SANT

baròmetre *nm* barometer

barra¹ *nf* **1** bar: *una ~ de ferro* an iron bar ◇ *asseguts a la ~* sitting at the bar **2** (*faixa*) stripe: *les quatre barres* the four stripes of the Catalan flag **3** (*signe gràfic*) slash: *~ inclinada* (forward) slash ◇ *~ inversa* backslash LOC **barra de desplaçament** scroll bar ◆ **barra d'eines** (*Informàt*) toolbar ◆ **barra (de pa)** baguette *Vegeu tb* CODI

barra² *nf* cheek: *Quina ~ que tens!* You've got a cheek! ◇ *tenir ~* to have a cheek

barraca *nf* **1** (*casa*) shack **2** (*fira*) stall LOC *Vegeu* BARRI

barranc *nm* ravine LOC *Vegeu* DESCENS

barranquisme *nm* canyoning: *fer ~* to go canyoning

barrar *vt* to block: *~ el pas/una carretera* to block access/a road

barreja *nf* **1** mixture: *una ~ d'oli i vinagre* a mixture of oil and vinegar **2** (*tabac, alcohol, cafè, te*) blend **3** (*racial, social, musical*) mix

barrejar ▶ *vt* **1** to mix: *S'han de ~ bé els ingredients.* Mix the ingredients well. **2** (*desordenar*) to get *sth* mixed up: *No barregis les fotos.* Don't get the photos mixed up. **3** (*cartes*) to shuffle ➲ *Vegeu nota a* BARALLA ▶ **barrejar-se** *vp* **1** (*alternar*) to mix *with sb*: *No vol barrejar-se amb la gent del poble.* He doesn't want to mix with people from the village. **2** (*ficar-se*) to get mixed up (*in sth*): *No vull barrejar-m'hi, en assumptes de família.* I don't want to get mixed up in family affairs.

barrera *nf* **1** barrier: *La ~ estava pujada.* The barrier was up. ◇ *la ~ de la comunicació* the language barrier **2** (*Futbol*) wall

barret *nm* hat LOC **barret de copa (alta)** top hat

barreta *nf* LOC **barreta (de pa)** roll ◆ **barreta energètica** energy bar

barri *nm* **1** area: *Em vaig criar en aquest ~.* I grew up in this area. ◇ *un ~ residencial/obrer* a residential/working-class area **2** (*als afores*) suburb **3** (*zona típica*) quarter: *el ~ gòtic* the Gothic quarter ◇ *el ~ antic* the old town LOC **barri de barraques** shanty town ◆ **de/del barri** local: *un cinema de ~* a local cinema ◇ *el carnisser del ~* the local butcher

barriada *nf* area

barricada *nf* barricade: *construir una ~* to build a barricade

barril *nm* barrel LOC *Vegeu* CERVESA

barrila *nf* celebrations [*pl*] LOC **fer barrila** to be celebrating

barroc, ~a *adj, nm* baroque

barroer, ~a *adj, nm-nf* slapdash [*adj*]: *Ets un ~!* You're very slapdash.

barrot *nm* iron bar

barrut, -uda *adj, nm-nf* cheeky [*adj*]: *Ets un ~!* You've got a cheek!

basa *nf* (*cartes*) trick: *Vaig guanyar tres bases.* I won three tricks.

basar ▶ *vt* to base *sth on sth*: *Han basat la pel·lícula en una novel·la.* They've based the film on a novel. ▶ **basar-se** *vp* **basar-se en 1** (*persona*) to have grounds *for sth/doing sth*: *En què et bases per dir això?* What grounds do you have for saying that? **2** (*teoria, pel·lícula*) to be based on *sth*

basc, ~a *adj, nm-nf, nm* Basque: *el País Basc* the Basque Country ◇ *els ~s* the Basques ◇ *parlar ~* to speak Basque

bàscula *nf* scales [*pl*]: *~ de bany* bathroom scales

base ▶ *nf* **1** base: *un gerro amb poca ~* a vase with a small base ◇ *~ militar* military base **2** (*fonament*) basis [*pl* bases]: *La confiança és la ~ de l'amistat.* Trust is the basis of friendship. ▶ *nmf* (*basquetbol*) point guard LOC **base de dades** database ◆ **base espacial** space station *Vegeu tb* SALARI

bàsic, ~a *adj* basic

bàsicament *adv* basically

bàsquet *nm* basketball: *jugar a ~* to play basketball LOC **fer bàsquet** to score a basket *Vegeu tb* PISTA

bassa *nf* pool LOC **ésser/estar com una bassa d'oli** to be very calm

bassal *nm* **1** (*petit*) puddle **2** (*gran*) pool

bast, ~a *adj* **1** (*persona, teixit, llenguatge*) coarse **2** (*superfície*) rough

bastant ▶ *adj* (*nombre considerable, molt*): *Fa ~ temps que no he anat a veure-la.* It's quite a long time since I last visited her. ◇ *Tinc ~s coses a fer.* I've got quite a lot of things to do. ▶ *adv* **1 amb adjectiu o adverbi** quite: *És ~ intel·ligent.* He's quite intelligent. ◇ *Llegeixen ~ bé per a la seva edat.* They read quite well for their age. ➲ *Vegeu nota a* FAIRLY **2** (*molt*) quite a lot: *Vaig aprendre'n ~ en tres mesos.* I learnt quite a lot in three months.

B

bastida *nf* scaffolding [*incomptable*]: *Hi ha bastides pertot arreu.* There's scaffolding everywhere.

bastó *nm* **1** (*branquilló*) stick **2** (*de caminar*) walking stick **3 bastons** (*cartes*) ➲ *Vegeu nota a* BARALLA LOC **bastó d'esquí** ski pole

bat¹ *nm* bat: ~ *de beisbol* baseball bat

bat² LOC **de bat a bat** wide open: *deixar la porta oberta de ~ a ~* to leave the door wide open

bata *nf* **1** (*de casa*) dressing gown **2** (*d'escola, per a treballar*) overall **3** (*de laboratori*) lab coat **4** (*d'hospital*) white coat

batalla *nf* battle LOC **batalla campal** pitched battle ◆ **de batalla** everyday: *Porto les botes de ~.* I'm wearing my everyday boots. *Vegeu tb* CAMP

batalló *nm* battalion

batec *nm* (*cor*) (heart)beat

batedora *nf* mixer

bategar *vi* to beat

bateig *nm* christening

batejar *vt* **1** (*Relig*) to baptize **2** (*posar nom*) (**a**) (*a una persona*) to christen: *La batejarem amb el nom de Laura.* We're going to christen her Laura. (**b**) (*a una cosa o animal*) to name

bateria ▶ *nf* **1** (*Electròn, Mil*) battery [*pl* batteries]: *S'ha quedat sense ~.* The battery is flat. **2** (*Mús*) drums [*pl*]: *Marc Miralta a la ~.* Marc Miralta on drums.
▶ *nmf* (*músic*) drummer LOC **bateria de cuina** set of saucepans ➲ *Vegeu il·lustració a* POT ◆ **en bateria** at an angle: *aparcar en ~* to park at an angle

batí *nm* dressing gown

batibull *nm* racket

batre *vt* **1** to beat: ~ *ous* to beat eggs ◇ ~ *el contrincant* to beat your opponent **2** (*nata*) to whip **3** (*Agric*) to thresh **4** (*rècord*) to break: ~ *el rècord mundial* to break the world record

batuda *nf* raid: *fer una* ~ to carry out a raid

batussa *nf* (*baralla*) row

batut *nm* (*beguda*) milkshake: *un ~ de xocolata* a chocolate milkshake

batuta *nf* baton

batxillerat *nm*: *Fa primer de ~.* He's in Year 12.

> Els cursos de primer i segon de batxillerat equivalen al que en el sistema anglès es diu **years 12-13**, quan s'estudien els **A levels**.
> *Vegeu tb nota a* A LEVEL

bava *nf* **1** (*de persona*) dribble **2** (*d'animal*) slime LOC **caure-li la bava a algú** to dote *on sb*: *Li cau la ~ pels néts.* She dotes on her grandchildren.

bavejar *vi* to dribble

be *nm* (*animal, carn*) lamb ➲ *Vegeu nota a* CARN

bé¹ *nm* **1** good: *el bé i el mal* good and evil **2** (*Educ*) good: *treure un bé en francès* to get 'good' for French ➲ *Vegeu nota a* A, A **3 béns** possessions LOC **bé immoble** real estate ◆ **béns de consum** consumer goods ◆ **en/a bé de** for the good of *sb/sth*

bé² ▶ *adv* **1** well: *portar-se bé* to behave well ◇ *Avui no em trobo bé.* I don't feel well today. ◇ *—Com està el teu pare? —Molt bé, gràcies.* 'How's your father?' 'Very well, thank you.' ◇ *Parles molt bé el català.* You speak Catalan very well. **2** (*adequat*) fine: *Els va semblar bé.* They thought it was fine. **3** (*correctament*): *Vaig contestar bé la pregunta.* I got the right answer.
▶ *interj* **1** (*d'acord*) OK: *—M'ho deixes? —Bé, però vés amb compte.* 'Can I borrow it?' 'OK, but be careful.' **2** (*doncs*) well ❶ Per a expressions amb **bé** vegeu les entrades de l'adjectiu, verb, etc., p. ex. **venir bé** a VENIR.

bebè *nm* baby [*pl* babies]

bec *nm* beak

beca *nf* **1** (*de l'estat*) grant **2** (*d'entitat privada*) scholarship

becaina *nf* LOC **fer una becaina** to have a nap

beceroles *nf* ABC [*v sing*]

bedoll *nm* birch (tree)

beguda *nf* drink: ~ *no alcohòlica* non-alcoholic drink

begut, -uda *adj* drunk *Vegeu tb* BEURE('S)

beisbol *nm* baseball: *jugar a* ~ to play baseball

beix *adj, nm* beige ➲ *Vegeu exemples a* GROC

beixamel *nf* white sauce

belar *vi* to bleat

belga *adj, nmf* Belgian: *els belgues* the Belgians

Bèlgica *nf* Belgium

bell, ~a *adj* beautiful LOC **belles arts** fine art [*v sing*] ◆ **de bell nou** again ◆ **la Bella Dorment** Sleeping Beauty

bellesa *nf* beauty [*pl* beauties]: *Era una ~.* She was a beauty. ◇ *una dona d'una gran* ~ a very beautiful woman LOC *Vegeu* CONCURS, SALÓ

bèl·lic, ~a *adj* **1** (*actitud*) warlike **2** (*armes, joguines*) war [*n atrib*]: *pel·lícules bèl·liques* war films

bellugar(-se) *vt, vp* to move

bemoll *adj* (*Mús*) flat: *si* ~ B flat

ben *adv* well: *una feina ~ pagada* a well-paid job ◇ *una dona ~ vestida* a well-dressed woman

➲ *Vegeu nota a* WELL BEHAVED LOC **ben bé** (*amb nombres*) at least: *Hi havia ~ bé cinquanta persones.* There were at least fifty people there.

bena *nf* bandage: *Em vaig posar una ~ al dit.* I bandaged (up) my finger.

benedicció *nf* blessing LOC **donar la benedicció** to bless *sb/sth*

benèfic, ~a *adj* charity [*n atrib*]: *obres benèfiques* charity work LOC **institució/organització benèfica** charity [*pl* charities]

beneficència *nf* LOC **fer beneficència** to do good

benefici *nm* **1** (*bé*) benefit **2** (*Com, Fin*) profit: *donar/obtenir ~s* to produce/make a profit LOC **en benefici (de) 1** (*ajut*) in aid of *sb/sth* **2** (*profit*) to the advantage of *sb/sth*: *en ~ teu* to your advantage

beneficiar ▶ *vt* to benefit ▶ **beneficiar-se** *vp* **beneficiar-se (de)** to benefit (from *sth*): *Es van ~ del descompte.* They benefited from the discount.

beneficiós, -osa *adj* beneficial

beneir *vt* to bless LOC **beneir la taula** to say grace

beneit, ~a ▶ *adj* **1** (*babau*) silly, stupid: *El pobre home és una mica ~.* The poor man's a bit stupid. ➲ *Vegeu nota a* XIMPLE **2** (*ingenu*) naive: *Ets ben ~.* You're so naive.
▶ *nm-nf* fool

beneït, -ïda *adj* holy *Vegeu tb* BENEIR

benestant *adj* (*amb diners*) well off

benestar *nm* well-being

bengala *nf* **1** flare **2** (*de mà*) sparkler

benigne, -a *adj* **1** (*Med*) benign **2** (*clima*) mild

benvinguda *nf* welcome: *donar la ~ a algú* to welcome sb

benvingut, -uda *adj* welcome

benvolgut, -uda *adj* (*cartes*) dear

benzina *nf* petrol

benzinera *nf* petrol station

berenador *nm* picnic area

berenar[1] *nm* **1** tea: *Acaba't el ~.* Eat up your tea. ➲ *Vegeu nota a* DINNER **2** (*a l'aire lliure*) picnic: *Van anar a fer un ~ al camp.* They went for a picnic in the country. LOC **berenar sopar** early dinner

berenar[2] *vi* **1** to have tea: *Berenem a les sis.* We have tea at six o'clock. ➲ *Vegeu nota a* DINNER **2** (*a l'aire lliure*) to have a picnic

bermudes *nf* Bermuda shorts

berruga *nf* wart

bes *nm* (*tb* **besada** *nf*) kiss

besar *vt* to kiss

besavi, -àvia *nm-nf* **1** (*masc*) great-grandfather **2** (*fem*) great-grandmother **3 besavis** great-grandparents

bescanvi *nm* LOC **fer bescanvi** to barter

bescanviar *vt* to exchange *sth* (*for sth*): *~ un cupó* to exchange a voucher

besnét, ~a *nm-nf* **1** (*masc*) great-grandson **2** (*fem*) great-granddaughter **3 besnéts** great-grandchildren

bessó, -ona ▶ *adj, nm-nf* twin: *germanes bessones* twin sisters
▶ **bessons** (*tb* **Bessons**) *nm, nmf* (*Astrologia*) Gemini ➲ *Vegeu exemples a* AQUARIUS

bèstia ▶ *nf* **1** (*animal*) beast **2** (*persona*) brute
▶ *adj* stupid: *Que n'ets, de ~!* You're so stupid! LOC **ésser una (mala) bèstia** to be a nasty piece of work *Vegeu tb* ASE

bestial *adj* huge: *Tinc una gana ~.* I'm famished.

bestialitat *nf*: *Van fer moltes ~s.* They did a lot of disgusting things.

bestiar *nm* livestock LOC **bestiar boví** cattle [*pl*] ◆ **bestiar cavallí** horses [*pl*] ◆ **bestiar oví** sheep [*pl*] ◆ **bestiar porcí** pigs [*pl*] *Vegeu tb* CAP[1]

bestiesa *nf* silly thing: *De jove feia moltes bestieses.* I did a lot of silly things when I was young. ◇ *Deixa de fer bestieses!* Stop being silly! ◇ *Això són bestieses!* That's nonsense! LOC **dir bestieses** to talk nonsense: *Diu moltes bestieses.* He talks a lot of nonsense.

besuc *nm* bream [*pl* bream]

betum *nm* (shoe) polish

beure('s) *vt, vi, vp* to drink: *Beu-t'ho tot.* Drink it up. ◇ *Es van beure una ampolla de vi sencera.* They drank a whole bottle of wine. LOC **beure a glops** to sip ◆ **beure a la salut d'algú** to drink to sb's health ◆ **beure amb got** to drink from a glass ◆ **beure a morro (de l'aixeta/de l'ampolla)** to drink straight from the tap/bottle ◆ **beure com un lladre** to drink like a fish ◆ **beure d'un glop** to drink *sth* in one go

bevedor, ~a *nm-nf* heavy drinker

biberó *nm* bottle

bíblia *nf* bible: *la Bíblia* the Bible

bíblic, ~a *adj* biblical

bibliografia *nf* bibliography [*pl* bibliographies]

biblioteca *nf* **1** (*edifici, conjunt de llibres*) library [*pl* libraries] **2** (*moble*) bookcase LOC *Vegeu* RATA

bibliotecari, -ària *nm-nf* librarian

bicarbonat *nm* bicarbonate

bíceps *nm* biceps [*pl* biceps]

B

bici *nf* bike

bicicleta *nf* bicycle, bike (*col·loq*): *anar a fer un tomb amb ~* to go for a bike ride LOC **anar amb bicicleta 1** to ride a bike: *Saps anar amb ~?* Can you ride a bike? **2** (*a algun lloc*) to cycle: *anar amb ~ a la feina* to cycle to work ◆ **bicicleta de competició/cursa** racing bike ◆ **bicicleta estàtica** exercise bike ◆ **bicicleta tot terreny/de muntanya** (*abrev* **BTT**) mountain bike

bidell, ~a *nm-nf* caretaker

bidet *nm* bidet

bidó *nm* drum

bifurcació *nf* junction

biga *nf* **1** (*fusta*) beam **2** (*metall*) girder

bigoti (*tb* **bigotis**) *nm* **1** (*persona*) moustache [*v sing*]: *un home amb ~* a man with a moustache ◇ *El Pare Noel portava uns grans ~s.* Father Christmas had a large moustache. **2** (*gat*) whiskers [*pl*]

bijuteria *nf* costume jewellery

bilingüe *adj* bilingual

bilió *nm* trillion ➲ *Vegeu notes a* BILLION *i* MILLION

bilis *nf* bile

billar *nm* **1** (*joc*) billiards [*incomptable*]: *jugar a ~* to play billiards

> El billar americà, de 16 boles, es diu **pool**. El billar de 22 boles, molt popular a la Gran Bretanya, és l'**snooker**. **Billiards** fa referència a la modalitat que es juga amb només tres boles.

2 (*taula*) billiard table **3 billars** (*local*) billiard hall [*v sing*]

binari, -ària *adj* binary

bingo *nm* **1** (*joc*) bingo: *jugar al ~* to play bingo **2** (*sala*) bingo hall

binocles *nm* binoculars

biodegradable *adj* biodegradable

biodiversitat *nf* biodiversity

biografia *nf* biography [*pl* biographies]

biòleg, -oga *nm-nf* biologist

biologia *nf* biology

biològic, ~a *adj* **1** (*Ciències*) biological **2** (*productes, agricultura*) organic

biotecnologia *nf* biotechnology

biquini *nm* **1** (*peça de vestir*) bikini [*pl* bikinis] **2** (*sandvitx*) toasted ham and cheese sandwich

bis *nm* encore

bisbe *nm* bishop

bisexual *adj, nmf* bisexual

bisó *nm* bison [*pl* bison]

bistec *nm* steak

bisturí *nm* scalpel

bit *nm* bit

bitlla *nf* skittle: *jugar a bitlles* to play skittles LOC *Vegeu* PISTA

bitllet *nm* **1** (*transport, loteria*) ticket: *un ~ d'avió* an airline ticket ◇ *treure un ~* to buy a ticket **2** (*diners*) (bank)note: *~s de 10 euros* 10 euro notes LOC **bitllet d'anada** single (ticket) ◆ **bitllet d'anada i tornada** return (ticket)

bitllo-bitllo *adv* cash: *Vam pagar el cotxe ~.* We paid cash for the car.

bitxo *nm* chilli [*pl* chillies]

bixest *adj* LOC *Vegeu* ANY

blanc, ~a ▶ *adj* white: *peix/vi ~* white fish/wine ➲ *Vegeu exemples a* GROC
▶ *nm-nf* (*persona*) white man/woman [*pl* white men/women]: *els ~s* white people
▶ *nm* **1** (*color*) white **2** (*diana*) target: *fer ~* to hit the target ◇ *ser el ~ d'una campanya periodística* to be the target of a newspaper campaign LOC **blanc com la neu** as white as snow ◆ **blanc de l'ou** egg white ◆ **en blanc** blank: *un xec/una pàgina en ~* a blank cheque/page ◆ **en blanc i negre** black and white: *il·lustracions en ~ i negre* black and white illustrations ◆ **quedar en blanc** to go blank *Vegeu tb* ARMA, BANDERA, NIT, SETMANA, TIR, VOT, XEC

blanca *nf* (*Mús*) minim

Blancaneu *n pr* Snow White

blanquejar *vt* **1** (*amb lleixiu*) to bleach **2** (*emblanquinar*) to whitewash **3** (*diners*) to launder

blasfemar *vi* to blaspheme (*against sb/sth*)

blasfèmia *nf* blasphemy [*incomptable*]: *dir blasfèmies* to blaspheme

blat *nm* wheat LOC **blat de moro 1** (*planta*) maize **2** (*gra*) sweetcorn *Vegeu tb* CRISPETA

blau, blava ▶ *adj, nm* blue ➲ *Vegeu exemples a* GROC
▶ *nm* bruise LOC **blau cel/marí** sky/navy blue *Vegeu tb* PRÍNCEP, ZONA

ble *nm* wick

bleda *nf* (Swiss) chard [*incomptable*]: *bledes amb beixamel* chard in white sauce

bleixar *vi* to pant

blindat, -ada *adj* **1** (*vehicle*) armoured: *un cotxe ~* an armoured car **2** (*porta*) reinforced

bloc *nm* **1** block: *un ~ de marbre* a marble block ◇ *un ~ de pisos* a block of flats **2** (*paper*) pad **3** (*Pol*) bloc **4** (*Informàt*) blog LOC **bloc alt de pisos** tower block ◆ **bloc de notes** notepad

blocar *vt* **1** (*obstruir*) to block **2** (*Futbol*) to stop: *El porter va ~ la pilota.* The goalkeeper stopped the ball. **3** (*Mil*) to blockade

bloqueig *nm* **1** (*Esport*) block **2** (*Mil, Econ*) blockade LOC **bloqueig informatiu** news blackout

bloquejar ▶ *vt* **1** (*obstruir*) to block: *~ el pas/una carretera* to block access/a road ◇ *~ un jugador* to block a player **2** (*Mil*) to blockade ▶ **bloquejar-se** *vp* (*persona*) to freeze: *Es bloqueja quan ha de parlar en públic.* He freezes when he has to speak in public.

bluf *nm* bluff

bo, bona ▶ *adj* **1** good: *És una bona notícia.* That's good news. ◇ *És bo fer exercici.* It is good to take exercise. ◇ *L'escola és bona.* The school is good. ◇ *Això fa molt bona olor!* That smells good! **2** (*amable, menjar*) nice: *Van ésser molt bons amb mi.* They were very nice to me. ◇ *És molt bona persona.* She's very nice ◇ *un gelat molt bo* a very nice ice cream **3** (*sa*) well: *estar bo* to be well
▶ *nm-nf* (*en una pel·lícula*) goody [*pl* goodies]: *Van barallar-se els bons amb els dolents.* There was a fight between the goodies and the baddies. LOC **a les bones**: *T'ho demano a les bones.* I'm asking you nicely. ◆ **fer-la bona** to mess up: *L'has feta bona aquesta vegada!* You've really messed up this time! ❶ Per a d'altres expressions amb **bo**, vegeu les entrades del nom, p. ex. **bon profit!** a PROFIT i **fer bona cara** a CARA.

boa *nf* boa constrictor

bobina *nf* **1** (*fil de cosir*) reel **2** (*Electròn, fil metàl·lic*) coil

boç *nm* muzzle

boca *nf* **1** (*Anat*) mouth: *No parlis amb la ~ plena.* Don't talk with your mouth full. **2** (*entrada*) entrance: *la ~ del metro* the entrance to the underground LOC **boca d'incendi/de reg** hydrant ◆ **boca per amunt/avall** face up/down ◆ **el boca a boca** mouth-to-mouth resuscitation: *Li van fer el ~ a ~.* They gave him mouth-to-mouth resuscitation. ◆ **fer boca** to whet your appetite ◆ **no badar/obrir boca** not to say a word: *No va badar ~ en tot el dia.* He didn't say a word all day. *Vegeu tb* MIG

bocabadat, -ada *adj* speechless

bocamoll, ~a *adj*: *Que n'ets, de ~!* You and your big mouth!

bocaterrós, -osa *adj* face down LOC **de bocaterrosa** face down

bocí *nm* piece LOC **fer bocins 1** to shatter: *Ha fet bocins el mirall.* He shattered the mirror. **2** (*paper, roba*) to tear *sth* to shreds

boda *nf* **bodes** wedding ➲ *Vegeu nota a* CASAMENT

bodega *nf* hold: *a la ~ del vaixell* in the ship's hold

bodi *nm* **1** (*roba interior*) body [*pl* bodies] **2** (*top*) top

bogeria *nf* **1** (*estat*) madness **2** (*disbarat*) crazy thing: *He fet moltes bogeries.* I've done a lot of crazy things. ◇ *Anar-hi sol és una ~.* It's crazy to go alone. ◇ *Quina ~!* That's crazy! LOC **amb bogeria** madly: *La xocolata li agrada amb ~.* She's mad about chocolate.

boia *nf* **1** (*senyal*) buoy **2** (*de pescar*) float

boicot *nm* boycott

boicotejar *vt* to boycott

boig, boja ▶ *adj* mad: *tornar-se ~* to go mad ◇ *Em fa tornar ~.* He drives me mad.
▶ *nm-nf* madman/woman [*pl* -men/-women] LOC **estar boig com una cabra** to be round the bend ◆ **estar boig d'alegria, d'entusiasme, etc.** to be wild with joy, enthusiasm, etc.: *Està boja d'alegria.* She's wild with joy. ◇ *El públic es va tornar ~ d'entusiasme.* The crowd went wild. ◆ **estar boig per algú/alguna cosa** to be crazy about sb/sth: *Està ~ per tu.* He's crazy about you. ◇ *Totes les noies estaven boges per aquell actor.* All the girls were crazy about that actor.

boina *nf* beret

boira *nf* fog: *Hi ha molta ~.* It's very foggy.

boirina *nf* mist

boix *nm* box

bol *nm* bowl

bola *nf* **1** (*esfera*) ball: *una ~ de vidre* a crystal ball **2** (*de gelat*) scoop **3** (*mentida*) lie: *Em va dir una ~ tremenda.* He told me a great big lie. LOC **bola del món** globe ◆ **bola de neu** snowball ◆ **boles de naftalina** mothballs

bolcar ▶ *vt* to knock *sth* over: *Els nois van ~ el contenidor.* The children knocked the wheelie bin over. ▶ **bolcar(-se)** *vi, vp* **1** (*vehicle*) to overturn: *El cotxe va relliscar i va ~.* The car skidded and overturned. **2** (*embarcació*) to capsize

bolet *nm* **1** (*fong*) mushroom **2** (*barret*) bowler hat LOC **bolet verinós** toadstool ◆ **donar un bolet a algú** to smack sb *Vegeu tb* TOCAT

bolígraf *nm* pen ❶ També se'n diu **ballpoint pen** o simplement **ballpoint**.

bòlit *nm* LOC **anar de bòlit** to be in a rush: *Quan tinc exàmens, sempre vaig de ~.* I'm always in a rush when I'm doing exams.

bolquer *nm* **bolquers** nappy [*pl* nappies]: *canviar els ~s a un nen* to change a baby's nappy

bomba *nf* **1** (*Mil*) bomb: *~ atòmica* atomic bomb ◇ *posar una ~* to plant a bomb **2** (*notícia*) bombshell **3** (*Tec*) pump LOC **bomba fètida** stink bomb ◆ **carta/paquet bomba** letter/parcel bomb ◆ **home/dona bomba** suicide bomber *Vegeu tb* COTXE

B

bombardeig *nm* **1** bombing [*gen incomptable*]: *~s massius sobre la ciutat* massive bombing of the city **2** (*amb artilleria*) bombardment

bombardejar *vt* to bomb

bomber, ~a *nm-nf* firefighter

> Malgrat que hi ha les paraules **fireman** i **fire-woman**, s'utilitza més **firefighter**, que es pot aplicar tant a un home com a una dona.

LOC **els bombers** the fire brigade [*v sing o pl*] *Vegeu tb* COS, COTXE, PARC

bombeta *nf* (light) bulb ➲ *Vegeu il·lustració a* LLUM LOC **bombetes de colors** fairy lights

bombo *nm* **1** (*Mús*) bass drum **2** (*loteria*) lottery drum LOC **fer bombo de** to make a fuss about (*sb/sth*) *Vegeu tb* ANUNCIAR

bombó *nm* chocolate: *una capsa de bombons* a box of chocolates

bombolla *nf* bubble LOC **fer bombolles de sabó** to blow bubbles

bombona *nf* cylinder: *~ de butà/oxigen* gas/oxygen cylinder

bon *adj Vegeu* BO

bonàs, -assa ▶ *adj* good-natured
▶ *nm-nf* angel

bonaventura *nf* LOC **dir la bonaventura** to tell *sb's* fortune

bondadós, -osa *adj* ~ **(amb)** kind (to *sb/sth*)

bondat *nf* goodness LOC **fer bondat** to be good ◆ **tenir la bondat de** to be so good as *to do sth*

bonic, ~a *adj* **1** (*agradable*) nice: *una veu bonica* a nice voice ◇ *És ~ veure una família tan unida.* It's nice to see such a close family. **2** (*bell*) pretty: *un poble molt ~* a very pretty village ◇ *una noia bonica* a pretty girl

bonítol *nm* tuna [*pl* tuna/tunas]

bony *nm* **1** (*nyanyo*) bump: *Em va sortir un ~ al cap.* I had a bump on my head. **2** (*abonyegadura*) dent

boom *nm* boom (*in sth*): *el ~ dels telèfons mòbils* the boom in mobile phones

bord *nm* LOC **a bord (de)** on board: *pujar a ~ de l'avió* to get on board the plane

borda *nf* side of the ship

bordar *vi* to bark: *El gos no parava de bordar-nos.* The dog wouldn't stop barking at us.

borinot *nm* bumblebee

borni, bòrnia *adj*: *un mariner ~* a one-eyed sailor ◇ *ésser ~* to be blind in one eye

borrall *nm* LOC **no entendre-hi un borrall/no saber-ne ni un borrall** not to understand/know a word (*of sth*): *No en sé ni un ~, de francès.* I don't know a word of French.

borrasca *nf* storm

borrascós, -osa *adj* stormy

borratxera *nf*: *agafar una ~ (de whisky)* to get drunk (on whisky)

borratxo, -a ▶ *adj* drunk
▶ *nm-nf* drunk, drunkard (*més formal*)

borrissol *nm* fluff

borró *nm* (*borrissol, pols*) fluff

borrós, -osa *adj* **1** (*imprecís*) blurred: *Sense ulleres ho veig tot ~.* Everything is blurred without my glasses. **2** (*escriptura*) illegible

borsa *nf* **1** (*lloc*) stock exchange: *la ~ de Londres* the London Stock Exchange **2** (*sistema*) (stock) market: *jugar a la ~* to play the market LOC **borsa de treball** job vacancies

bosc *nm* wood ➲ *Vegeu nota a* FOREST

bosnià, -ana *adj, nm-nf* Bosnian

bossa *nf* **1** bag: *una ~ de plàstic* a plastic bag ◇ *una ~ d'escombraries* a rubbish bag ◇ *una ~ de caramels* a bag of sweets **2** (*de mà*) handbag **3** (*patates fregides*) packet ➲ *Vegeu il·lustració a* CONTAINER **4** (*concentració*) pocket: *una ~ d'aire* an air pocket LOC **bossa d'aigua calenta** hot-water bottle ◆ **bossa d'esport/de viatge** sports/travel bag ◆ **la bossa o la vida!** your money or your life!

bot[1] *nm* (*pilota, etc.*) bounce LOC **fer bots/un bot** (*pilota, etc.*) to bounce

bot[2] *nm* (*embarcació*) boat LOC **bot salvavides** lifeboat

bota *nf* boot: *botes de futbol* football boots LOC **bota d'aigua** wellington (boot) *Vegeu tb* GAT

bóta *nf* barrel

botànica *nf* botany

botar *vi* to bounce: *Aquesta pilota bota molt.* This ball is very bouncy. LOC **fer botar** to bounce

botella *nf* bottle LOC **de botella** bottled *Vegeu tb* VERD

botí *nm* loot

botifarra *nf* sausage LOC **botifarra negra/de sang** black pudding

botiga *nf* shop: *Tenen una petita ~.* They have a small shop. LOC **botiga de comestibles/queviures** grocer's ➲ *Vegeu nota a* CARNISSERIA

botiguer, ~a *nm-nf* shopkeeper

botó *nm* **1** button: *Se t'ha descordat un ~.* One of your buttons has come undone. ◇ *Fes clic amb el ~ del ratolí.* Click on the mouse button. **2** (*electrodomèstic*) knob: *El ~ vermell és el del volum.* The red knob is the volume control. ➲ *Vegeu il·lustració a* HANDLE **3** (*Bot*) bud LOC **botons de puny** cufflinks

botxí *nm* executioner
botzina *nf* horn: *tocar la ~* to sound your horn
bou *nm* ox [*pl* oxen] LOC **no veure un bou a tres passes** to be blind as a bat *Vegeu tb* CORREGUDA, ULL
boví, -ina *adj* LOC *Vegeu* BESTIAR
boxa *nf* boxing: *fer ~* to box
boxejador, ~a *nm-nf* boxer
boxejar *vi* to box
braç *nm* **1** arm: *M'he trencat el ~.* I've broken my arm. ➲ *Vegeu il·lustració a* ARM **2** (*llum*) bracket **3** (*riu*) branch LOC **amb els braços oberts** with open arms ◆ **braç de gitano** Swiss roll ◆ **posar-se amb els braços oberts** to stretch your arms out to the side ◆ **quedar-se de braços plegats** to do nothing *Vegeu tb* AGAFAT, PLEGAR
braça *nf* **1** (*Nàut*) fathom **2** (*Natació*) breaststroke
braçada *nf* (*Natació*) stroke
braçal *nm* armband
braçalet *nm* bracelet
bracet LOC **de bracet** arm in arm: *Anaven de ~.* They were walking arm in arm. ➲ *Vegeu il·lustració a* ARM
bragueta *nf* flies [*pl*]: *Portes la ~ oberta.* Your flies are undone.
bramar *vi* to bray
bramular *vi* (*bou*) to bellow
branca *nf* branch: *la ~ d'un arbre* the branch of a tree ◇ *una ~ de la filosofia* a branch of philosophy
brasa *nf* ember LOC **a la brasa** grilled: *costelles a la ~* grilled chops
Brasil *nm* Brazil
brasiler, ~a *adj, nm-nf* Brazilian
brau, brava ▶ *adj* (*animal*) fierce
▶ *nm* bull
bravo *interj* bravo
brega *nf* **1** (*enrenou*) fuss: *armar ~* to kick up a fuss **2** (*baralla*) fight: *buscar ~* to be looking for a fight
bresca *nf* honeycomb
bressar *vt* to rock
bressol *nm* **1** (*de nadó*) cot **2** (*fig*) cradle: *el ~ de la civilització* the cradle of civilization LOC *Vegeu* CANÇÓ
bressolar *vt* to rock
brètol, ~a *nm-nf* hooligan
breu *adj* short: *una estada ~* a short stay LOC **en breu** shortly ◆ **ésser breu** (*parlant*) to be brief
bric *nm* carton: *llet en ~* milk in cartons
bricolatge *nm* DIY
brida *nf* bridle
brigada ▶ *nf* **1** (*Mil*) brigade **2** (*policia*) squad: *la ~ antidisturbis/antidroga* the riot/drug squad
▶ *nmf* sergeant major
brillant ▶ *adj* **1** (*llum, color*) bright **2** (*superfície*) shiny **3** (*excel·lent*) brilliant: *una carrera ~* a brilliant career
▶ *nm* diamond
brillantor *nf* gleam
brillar *vi* to shine: *Els seus ulls brillaven d'alegria.* Their eyes shone with joy. ◇ *Com brilla!* Look how shiny it is!
brindar ▶ *vi* ~ **(per)** to drink a toast (to *sb/sth*): *Brindem per la seva felicitat.* Let's drink (a toast) to their happiness. ▶ *vt* (*oferir*) to offer: *~ ajut* to provide help
brindis *nm* toast LOC **fer un brindis** to drink a toast (*to sb/sth*)
brioix *nm* brioche
brisa *nf* breeze
britànic, ~a ▶ *adj* British
▶ *nm-nf* British man/woman [*pl* men/women]: *els ~s* the British ➲ *Vegeu nota a* BRITISH LOC *Vegeu* ILLA
brodar *vt* to embroider
brodat, -ada ▶ *adj*: *L'examen li ha sortit ~.* She did brilliantly well in the exam. *Vegeu tb* BRODAR
▶ *nm* embroidery [*incomptable*]: *un vestit amb ~s a les mànigues* a dress with embroidery on the sleeves
brollar *vi* (*líquid*) to gush (out) (*from sth*)
broma¹ *nf* (*boira*) mist
broma² *nf* joke: *Li van fer moltes bromes.* They played a lot of jokes on him. LOC **broma pesada** practical joke ◆ **bromes a banda** joking apart ◆ **de broma** as a joke: *Ho dic de ~.* I'm only joking. ◆ **estar de broma** to be joking ◆ **fer broma** to joke ◆ **prendre's alguna cosa de broma** to treat sth as a joke
bromista *adj, nmf* joker [*n*]: *És molt ~.* He's a real joker.
bronquitis *nf* bronchitis [*incomptable*]
bronze *nm* bronze
bronzejador *nm* suntan lotion
bronzejar-se *vp* to get a suntan
bronzejat *nm* (sun)tan
broqueta *nf* kebab
bròquil *nm* broccoli [*incomptable*] LOC **s'ha acabat el bròquil!** that's that!

B

brot *nm* shoot LOC **brots de soia** bean sprouts ◆ **no fer brot** to be bone idle ◆ **treure brot** (*flors*) to bud

brotar *vi* to sprout

brotxa *nf* brush: ~ *d'afaitar* shaving brush ➲ *Vegeu il·lustració a* BRUSH

brou *nm* **1** (*per a cuinar*) stock: ~ *de pollastre* chicken stock **2** (*sopa*) broth: *Prefereixo el ~ de verdures.* I'd like the vegetable broth.

bruixa *nf* witch

bruixeria *nf* witchcraft

brúixola *nf* compass

bruixot *nm* **1** (*fetiller*) wizard **2** (*en tribus primitives*) witch doctor

brunzit *nm* (*màquina*) humming [*incomptable*]

brusa *nf* blouse

brusc, ~a *adj* **1** (*sobtat*) sudden **2** (*persona*) abrupt

brut, ~a ▶ *adj* **1** (*mancat de netedat*) dirty: *Tinc les mans brutes.* My hands are dirty. **2** (*groller*) crude **3** (*pes, ingressos*) gross
▶ *adv* dirty: *jugar/parlar* ~ to play/talk dirty LOC **en brut** in rough: *Escriu la redacció primer en ~.* Write the essay in rough first. *Vegeu tb* COVE, DRAP, JOC

brutal *adj* (*violent*) brutal

brutícia *nf* dirt

bub-bub *nm* woof

buc *nm* (*d'un vaixell*) hull

budell *nm* **budells** gut [*v sing*]

budisme *nm* Buddhism

budista *adj, nmf* Buddhist ➲ *Vegeu nota a* VEGETARIÀ

buf *nm* blow

bufa¹ *nf* smack

bufa² *interj* good heavens!

bufada *nf* **1** blow: *Va apagar totes les espelmes d'una ~.* With one blow he blew out all the candles. **2** (*vent*) gust

búfal *nm* buffalo [*pl* buffalo/buffaloes]

bufanda *nf* scarf [*pl* scarves]

bufar ▶ *vt* **1** (*per apagar alguna cosa*) to blow *sth* out: ~ *una espelma* to blow out a candle **2** (*per refredar alguna cosa*) to blow on *sth*: ~ *la sopa* to blow on your soup ▶ *vi* (*persona, vent*) to blow: *Bufa fort!* Blow hard! LOC **ésser bufar i fer ampolles** to be as easy as pie/as easy as falling off a log ◆ **estar algú que bufa** to be furious

bufet *nm* **1** (*moble*) sideboard **2** (*d'advocat*) legal practice LOC **bufet (lliure)** buffet

bufeta *nf* bladder

bufetada *nf* slap (in the face): *Em va donar una ~.* She slapped me (in the face).

bufetejar *vt* to slap

bufó, -ona *adj* pretty: *Quina nena més bufona!* What a pretty baby!

bugada *nf* washing: *fer la ~* to do the washing

bugaderia *nf* laundry [*pl* laundries] LOC *Vegeu* AUTOSERVEI

bugia *nf* (*Mec*) spark plug

buidar *vt* **1** to empty *sth* (out): *Buidem aquesta capsa.* Let's empty (out) that box. **2** (*un lloc*) to clear *sth* (*of sth*): *A veure si buides la teva habitació de trastos.* I want you to clear your room of junk.

buit, buida ▶ *adj* **1** empty: *una capsa/casa buida* an empty box/house **2** (*arbre, paret*) hollow: *Aquesta paret és buida.* This wall is hollow.
▶ *nm* **1** (*Fís, Pol*) vacuum: *un ~ de poder* a power vacuum **2** (*espai*) space: *Hi havia un ~ a la primera fila.* There was a space in the first row. **3** (*espai en blanc*) gap: *Omple els ~s amb preposicions.* Fill in the gaps with prepositions. **4** (*estona lliure*) free time [*incomptable*]: *Dilluns a la tarda tinc un ~.* I've got some free time on Monday afternoon. **5** (*sensació*) void: *La seva mort ha deixat un gran ~ a la meva vida.* Her death has left a great void in my life. LOC **fer el buit a algú** to ignore sb ◆ **tenir un buit a l'estómac** to be starving *Vegeu tb* ENVASAT

buldog *nm* bulldog

búlgar, ~a *adj, nm-nf, nm* Bulgarian

Bulgària *nf* Bulgaria

bulímia *nf* bulimia

bulímic, ~a *adj* bulimic

bull *nm* LOC *Vegeu* FALTAR

bullir *vt, vi* to boil: *La llet ja bull.* The milk is boiling. ◇ *Posa a ~ les patates.* Put the potatoes on to boil. ◇ *Em bull la sang quan me'n recordo.* Just thinking about it makes my blood boil.

bumerang *nm* boomerang

bunyol *nm* **1** (*menjar*) fritter **2** (*nyap*) botch

burgès, -esa *adj, nm-nf* bourgeois ℹ També es pot fer servir l'adjectiu **middle-class**: *És un burgès.* He's middle-class..

burgesia *nf* bourgeoisie, middle class(es) (*més col·loq*)

burilla *nf* cigarette end

burla *nf* LOC **fer burla** to make fun *of sb/sth*: *No paraven de fer-li ~.* They made fun of him all the time.

burlar-se *vp* ~ **de** to make fun of *sb/sth*: *No et burlis de mi.* Don't make fun of me.

burleta *adj* (*expressió, somriure, etc.*) mocking: *un to ~* a mocking tone

burocràcia *nf* **1** (*normes, personal*) bureaucracy **2** (*paperassa*) red tape

burro, -a ▶ *adj* **1** (*estúpid*) stupid **2** (*tossut*) pig-headed
▶ *nm-nf* **1** (*animal*) donkey [*pl* donkeys] **2** (*persona*) idiot: *el ~ del meu cunyat* my idiotic brother-in-law

burxar *vt* **1** (*lit*) to poke **2** (*fig*) to provoke LOC **burxar-se el nas** to pick your nose

bus *nmf* (*submarinista*) diver

busca *nf* (*rellotge*) hand: *la ~ dels minuts/segons* the minute/second hand

buscar ▶ *vt* **1** to look for *sb/sth*: *Busco feina.* I'm looking for work. **2** (*sistemàticament, informació*) to search for *sb/sth*: *Fan servir gossos per a ~ drogues.* They use dogs to search for drugs. ◇ *~ informació a Internet* to search for information on the Internet **3** (*en un llibre, en una llista*) to look *sth* up: *~ una paraula al diccionari* to look a word up in the dictionary **4** (*anar a trobar algú*) **(a)** (*amb cotxe*) to pick *sb* up: *Vam passar a buscar-lo a l'estació.* We picked him up at the station. **(b)** (*a peu*) to meet **5** (*aconseguir i portar*) to get: *Vaig anar a ~ el metge.* I went to get the doctor. ▶ *vi* ~ **(a/per)** to look (in/through *sth*): *Vaig ~ a l'arxivador.* I looked in the filing cabinet. LOC **buscar-se la vida** (*espavilar-se*) to fend for yourself *Vegeu tb* AGULLA

busca-raons *nmf* troublemaker

bussejador, ~a *nm-nf* diver

bussejar *vi* to dive

bust *nm* bust

bústia *nf* **1** (*al carrer*) postbox **2** (*en una casa*) letter box ➲ *Vegeu il·lustració a* LETTER BOX **3** (*Informàt*) mailbox LOC **bústia de veu** voicemail ◆ **tirar a la bústia** to post

butà *nm* gas, butane (*més formal*): *M'he quedat sense ~.* I've run out of gas.

butaca *nf* **1** (*cadira de braços*) armchair **2** (*Cine, Teat*) seat LOC *Vegeu* PATI

butlleta *nf* **1** (*loteria, rifa*) ticket **2** (*travessa*) coupon

butlletí *nm* bulletin: *~ informatiu* news bulletin

butllofa *nf* blister

butxaca *nf* pocket: *És a la ~ del meu abric.* It's in my coat pocket. ◇ *Es va ficar la carta a la ~.* He put the letter into his pocket. LOC **de butxaca** pocket(-sized): *diccionari/guia de ~* pocket dictionary/guide *Vegeu tb* LLIBRE

byte *nm* (*Informàt*) byte

C c

ca *nf*: *Anem a ca la Joana!* Let's go to Joana's! ◇ *cals avis* at our grandparents' ◇ *can Josep* at Josep's ◇ *He d'anar a cal dentista.* I've got to go to the dentist's.

cabal *nm* (*aigua*) flow: *el ~ del riu* the flow of the river LOC *Vegeu* CAIXA

cabalós, -osa *adj* (*riu*) large

cabanya (*tb* **cabana**) *nf* hut

cabàs *nm* basket

cabdell *nm* ball: *un ~ de llana* a ball of wool

cabdill *nm* **1** (*líder*) leader **2** (*cap militar*) commander

cabeça *nf* bulb LOC **cabeça d'alls** garlic bulb

cabell *nm* **1** (*pèl*) hair: *Tinc un ~ a la boca.* I've got a hair in my mouth. **2 els cabells** hair [*incomptable*]: *Té els ~s arrissats/llisos/de punta.* She's got curly/straight/spiky hair. ◇ *Té uns cabells molt bonics.* She has beautiful hair. LOC **cabell d'àngel** candied pumpkin ◆ **deixar-se anar els cabells** to let your hair down *Vegeu tb* CINTA, RECOLLIR, TALLAR, TALLAT

cabellera *nf* hair: *portar la ~ desfeta* to wear your hair loose

caber *vi Vegeu* CABRE

cabestrell *nm* sling: *amb el braç en ~* with your arm in a sling

cabina *nf* **1** (*avió*) cockpit **2** (*vaixell*) cabin **3** (*camió*) cab LOC **cabina electoral** polling booth ◆ **cabina (telefònica/de telèfon)** phone box

cable *nm* cable LOC *Vegeu* TELEVISIÓ

cabra *nf* goat

> **Goat** és el nom genèric. Per a referir-nos només al mascle diem **billy goat**, i a la femella **nanny goat**. Els cabrits es diuen **kids**.

LOC **estar com una cabra** to be crazy *Vegeu tb* BOIG

cabre *vi* ~ **(a/en)** to fit (in/into *sth*): *La roba no em cap a la maleta.* My clothes won't fit in the suitcase. ◇ *Hi cabo?* Is there room for me?

C

LOC **no cabre a la pell (d'alegria/de goig)** to be beside yourself with joy

cabrit *nm* kid ➲ *Vegeu nota a* CABRA

cabuda *nf* room: *El teatre té una ~ de mil persones.* The theatre has room for a thousand people.

cabussar-se *Vegeu* CAPBUSSAR-SE

caca *nf* poo LOC **fer caca** to do a poo

caça[1] *nf* **1** (*cacera*) **(a)** hunting: *la temporada de ~* the hunting season **(b)** (*caça menor*) shooting **2** (*animals*) game: *No he tastat mai la ~.* I've never tried game. LOC **anar a (la) caça de** to be after *sb/sth* ◆ **caça major** big game hunting ◆ **caça menor** shooting *Vegeu tb* FURTIU, TEMPORADA

caça[2] *nm* (*avió*) fighter (plane) LOC **caça bombarder** bomber

caçador, ~a *nm-nf* hunter LOC *Vegeu* FURTIU

caçadora *nf* (*jaqueta*) jacket: *una ~ de pell* a leather jacket

caçar ▶ *vt* **1** to hunt **2** (*capturar*) to catch: *~ papallones* to catch butterflies **3** (*amb escopeta*) to shoot **4** (*aconseguir*) to land: *~ una bona feina* to land a good job ▶ *vi* **1** to hunt **2** (*amb escopeta*) to shoot LOC **anar a caçar** to go hunting/shooting ◆ **caçar la indirecta** to take the hint

cacau *nm* **1** (*planta*) cacao [*pl* cacaos] **2** (*en pols*) cocoa LOC *Vegeu* CREMA

cacauet *nm* peanut

cacera *nf* **1** hunt: *una ~ d'elefants* an elephant hunt **2** (*caça menor*) shoot LOC **anar de cacera 1** to go hunting **2** (*caça menor*) to go shooting

cactus *nm* cactus [*pl* cactuses/cacti]

cada *adj* **1** each: *Van donar un regal a ~ nen.* They gave each child a present. ➲ *Vegeu nota a* EVERY **2** (*amb expressions de temps, amb expressions numèriques*) every: *~ setmana/vegada* every week/time ◇ *~ deu dies* every ten days **3** (*amb valor exclamatiu*): *Dius ~ cosa!* The things you say! LOC **cada cosa al seu temps** all in good time ◆ **cada dos dies, dues setmanes, etc.** every other day, week, etc. ◆ **cada quan?** how often? ◆ **cada un** each (one): *Cada un costava 30 euros.* Each one cost 30 euros. ◇ *Van donar una bossa a ~ un de nosaltres.* They gave each of us a bag./They gave us a bag each. ◆ **cada vegada menys** less and less: *Cada vegada tinc menys diners.* I've got less and less money. ◇ *Ens veiem ~ vegada menys.* We see less and less of each other. ◇ *Cada vegada hi ha menys alumnes.* There are fewer and fewer students. ➲ *Vegeu nota a* MENYS ◆ **cada vegada més** more and more: *Cada vegada hi ha més problemes.* There are more and more problems. ◇ *Cada vegada em sembles més bonica.* You're looking prettier and prettier. ◆ **cada vegada millor/pitjor** better and better/worse and worse ◆ **cada vegada que...** whenever... ◆ **per a cada...** between: *un llibre per a ~ dos/tres alumnes* one book between two/three students *Vegeu tb* DIA

cadascú *pron* everyone: *Cadascú podrà fer el que vulgui.* Everyone can do what they want. ➲ *Vegeu nota a* EVERYONE

cadascun, ~a *adj, pron* each (one): *Cadascuna de nosaltres ha de portar una cosa.* Each (one) of us has to bring something. ◇ *N'hi ha un per a ~.* There's one each.

cadàver *nm* corpse, body [*pl* bodies] (*més col·loq*) LOC *Vegeu* DIPÒSIT

cadell *nm* **1** (*gos*) puppy [*pl* puppies] **2** (*lleó, tigre*) cub

cadena *nf* **1** chain **2** (*Ràdio*) station **3** (*TV*) channel ➲ *Vegeu nota a* TELEVISION LOC **cadena de so** stereo (system) ◆ **cadena perpètua** life imprisonment ◆ **en cadena**: *una reacció en ~* a chain reaction ◇ *explosions en ~* a series of explosions *Vegeu tb* PRODUCCIÓ

cadenat *nm* padlock: *tancat amb ~* padlocked

cadernera *nf* goldfinch

cadet *nmf* cadet

cadira *nf* chair: *assegut en una ~* sitting on a chair LOC **cadira de rodes** wheelchair ◆ **cadira giratòria amb rodes** swivel chair *Vegeu tb* COTXET

caduc, ~a *adj* LOC *Vegeu* FULLA

caducar *vi* **1** (*document, termini*) to expire **2** (*aliment*) to go past its sell-by date: *Aquest iogurt ja ha caducat.* This yogurt is past its sell-by date. **3** (*medicament*) to be out of date: *Quan caduca?* When does it have to be used by?

caducitat *nf* LOC *Vegeu* DATA

cafè *nm* **1** (*beguda*) coffee: *Et ve de gust un ~?* Would you like some/a coffee? **2** (*establiment*) cafe LOC **cafè amb gel** iced coffee ◆ **cafè americà** filter coffee ◆ **cafè exprés** espresso [*pl* espressos] ◆ **cafè instantani** instant coffee ◆ **cafè mòlt/en gra** ground coffee/coffee beans ◆ **cafè sol/amb llet** black/white coffee

cafeïna *nf* caffeine: *sense ~* decaffeinated

cafetar *nm* coffee plantation

cafeter, ~a *adj* coffee [*n atrib*]: *la indústria cafetera* the coffee industry

cafetera *nf* coffee pot LOC **cafetera d'èmbol** cafetière ◆ **cafetera elèctrica** coffee-maker ◆ **cafetera exprés** espresso machine

cafeteria *nf* snack bar

cafre *nmf* (*bàrbar*) monster

cagalló *nm* droppings [*pl*]: *cagallons de be* sheep droppings

caguetes *adj, nmf* (*poruc*) wimp [*n*]: *No siguis ~.* Don't be such a wimp.

caiac *nm* **1** (*embarcació*) kayak **2** (*esport*) kayaking

caiguda *nf* **1** fall: *una ~ de tres metres* a three-metre fall ◇ *la ~ del govern* the fall of the government **2 ~ de** (*descens*) fall in *sth*: *una ~ dels preus* a fall in prices **3** (*cabells*) loss: *prevenir la ~ dels cabells* to prevent hair loss LOC **caiguda lliure** free fall

caigut, -uda ▶ *adj* fallen: *un pi ~* a fallen pine ▶ *nm* (*mort*): *els ~s en la guerra* those who died in the war LOC **caigut dels núvols/del cel** out of the blue *Vegeu tb* CAURE

caiman *nm* alligator

caire *nm* **1** (*vora*) edge: *al ~ de la taula* on the edge of the table **2** (*aspecte*) nature: *El museu fa activitats de ~ lúdic.* The museum organizes recreational activities.

caixa *nf*

- **receptacle 1** box: *una ~ de fruita* a box of fruit ◇ *una ~ de ferro* a metal box ➲ *Vegeu il·lustració a* CONTAINER **2** (*refrescs, etc.*) crate **3** (*vi*) case **4** (*taüt*) coffin
- **en una empresa 1** (*supermercat*) checkout **2** (*altres botigues*) cash desk **3** (*banc*) cashier's desk

LOC **caixa de cabals/forta** safe [*pl* safes] ◆ **caixa de canvis/del canvi** gearbox ◆ **caixa de les eines** toolbox ◆ **caixa d'estalvis** savings bank ◆ **caixa enregistradora** till ◆ **caixa negra** black box ◆ **passar caixa** to cash up

caixer, ~a *nm-nf* cashier LOC **caixer automàtic** cash machine

cal *Vegeu* CA

cala *nf* cove

calabós *nm* **1** (*masmorra*) dungeon **2** (*cel·la*) cell

calaix *nm* drawer

calaixera *nf* chest of drawers [*pl* chests of drawers]

calamar (*tb* **calamars**) *nm* squid [*pl* squid]

calamitat *nf* disaster: *passar ~s* to suffer disaster ◇ *Ets una ~.* You're a disaster.

calar ▶ *vt* **1** (*mullar*) to soak: *La pluja em va ~ del tot.* I was soaked to the skin by the rain. ◇ *M'has ben calat la faldilla!* You've got my skirt soaking wet! **2** (*endevinar les intencions*) to see through *sb/sth*: *El vam ~ de seguida.* We saw through him from the start. ▶ **calar-se** *vp* **1** (*quedar xop*) to get drenched **2** (*motor*) to stall: *S'ha calat el cotxe.* The car stalled./I stalled the car. LOC **calar foc** to set light *to sth*: *Van ~ foc al carbó.* They set light to the coal. ◆ **calar-se foc** to catch fire: *Es va ~ foc a la casa.* The house caught fire.

calavera *nf* (*Anat*) skull

calb, ~a *adj* bald: *tornar-se ~* to go bald

calba *nf* bald patch

calc *nm* **1** (*dibuix*) tracing **2** (*imitació*) imitation

calç *nf* lime

calçada *nf* road

calcar *vt* to trace: *paper de ~* tracing paper

calçar ▶ *vt* **1** (*número*) to take: *Quin número calces?* What size do you take? **2** (*persona*) to put *sb's* shoes on: *Que pots ~ el nen?* Can you put the little boy's shoes on for him? ▶ **calçar-se** *vp* to put your shoes on

calçat *nm* footwear: *la indústria del ~* the footwear industry

calces (*tb* **calcetes**) *nf* knickers ❶ "Unes calces" es diu **a pair of knickers**.: *Tens unes calces netes al calaix.* You've got a clean pair of knickers in the drawer.

calci *nm* calcium

calcomania *nf* transfer

calçot *nm* young onion

calçotets *nm* underpants [*pl*] ❶ "Uns calçotets" es diu **a pair of underpants**. *Vegeu tb nota a* PAIR

càlcul *nm* calculation: *d'acord amb els meus ~s* according to my calculations. ◇ *Haig de fer uns ~s abans de decidir-me.* I have to make some calculations before deciding. LOC **fer un càlcul aproximat** to make a rough estimate *Vegeu tb* FULL

calculadora *nf* calculator

calcular *vt* **1** to work *sth* out, to calculate (*més formal*): *Calcula quant en volem.* Work out/Calculate how much we need. **2** (*suposar*) to reckon: *Calculo que deu haver-hi unes 60 persones.* I reckon there must be around 60 people.

calda *nf* LOC **fer calda** to be hot: *Quina ~ que fa!* It's hot!

caldera *nf* boiler

caldre *vi* to need *sth/to do sth* [*vt*]: *Cal molta imaginació.* A lot of imagination is needed. ◇ *Emporta-t'ho, ja no em cal.* Take it, I don't need it. ◇ *No cal que vinguis, si no et va bé.* You needn't come, if it's inconvenient. ◇ *No va ~ recórrer als bombers.* They didn't have to call the fire brigade. ◇ *Cal fer-ho ara?* Does it have to be done now? LOC **com cal** proper: *una festa com cal* a proper party ◇ *És una noia com cal.* She's very correct. ◆ **no caldria sinó!**; **només**

caldria! I should think so! ◆ **si cal** if necessary: *Vindré demà, si cal.* I'll come tomorrow, if necessary.

C

calefacció *nf* heating: ~ *central* central heating

calefactor *nm* heater

calendari *nm* calendar LOC **calendari d'advent** Advent calendar

calent, **~a** *adj* hot, warm

> **Hot** descriu una temperatura força més alta que **warm**. **Warm** és més aviat *càlid, temperat* i molt sovint té connotacions agradables. Compareu els següents exemples: *No m'ho puc beure, és massa calent.* I can't drink it, it's too hot. ◇ *aigua calenta* hot water ◇ *Tinc les mans calentes.* My hands are warm.

LOC *Vegeu* BOSSA

calentor *nf* heat LOC *Vegeu* ENTRAR

caler *vi Vegeu* CALDRE

calés *nm* money, cash (*més col·loq*) [*v sing*]

calfred *nm* shiver

calibre *nm* calibre: *una pistola del ~ 38* a 38 calibre gun

càlid, **~a** *adj* warm

calidoscopi *nm* kaleidoscope

calitja *nf* haze

caliu *nm* embers [*pl*]

call *nm* (*durícia a la pell*) callus [*pl* calluses]

callar ▶ *vt* to keep quiet about *sth*: *Va ~ la veritat.* He kept quiet about the truth. ▶ *vi* **1** (*no parlar*) to say nothing: *M'estimo més ~.* I'd rather say nothing. **2** (*deixar de parlar o de fer soroll*) to go quiet, to shut up (*col·loq*): *Dóna-li això, a veure si calla.* Give it to him and see if he shuts up. LOC **calla!** be quiet!, shut up! (*col·loq*) ◆ **callar com un mort** to be (as) quiet as a mouse ◆ **fer callar** to shut *sb* up

callat, **-ada** *adj* **1** (*que gairebé no parla*) quiet: *El teu germà és molt ~.* Your brother is very quiet. **2** (*completament en silenci*) silent: *Es va quedar ~.* He remained silent. *Vegeu tb* CALLAR

cal·ligrafia *nf* **1** (*manera d'escriure*) handwriting **2** (*art*) calligraphy

calma *nf* calm: *mantenir la ~* to keep calm LOC **calma!** calm down! ◆ **prendre's alguna cosa amb calma**: *Pren-t'ho amb ~.* Take it easy.

calmant *nm* **1** (*dolor*) painkiller **2** (*nervis*) tranquillizer

calmar ▶ *vt* **1** (*nervis*) to calm **2** (*dolor, fam, set*) to relieve ▶ **calmar-se** *vp* to calm down

calor *nf* heat: *No puc concentrar-me amb aquesta ~.* I can't concentrate in this heat. LOC **fer calor** to be hot: *Fa molta ~.* It's very hot. ◇ *Quina ~ que fa!* It's hot! ◆ **tenir calor** to be/feel hot: *Tinc ~.* I'm hot. *Vegeu tb* ONADA

caloria *nf* calorie: *una dieta baixa en calories* a low-calorie diet ◇ *cremar calories* to burn off calories

calorós, **-osa** *adj* **1** (*de molta calor*) hot: *Va ésser un dia molt ~.* It was a very hot day. **2** (*afectuós, tebi*) warm: *una nit/benvinguda calorosa* a warm night/welcome

calze *nm* **1** (*Relig*) chalice **2** (*copa*) goblet

cama *nf* leg: *trencar-se una ~* to break your leg ◇ *encreuar/estirar les cames* to cross/stretch your legs LOC **amb les cames encreuades** cross-legged ➲ *Vegeu il·lustració a* CROSS-LEGGED ◆ **cames ajudeu-me** as fast as you can

camada *nf* stride

camaleó *nm* chameleon

camamilla *nf* **1** (*planta*) camomile **2** (*infusió*) camomile tea

camarada *nmf* **1** (*Pol*) comrade **2** (*company*) companion

cambra *nf* **1** (*habitació*) room **2** (*Pol, Mús*) chamber: *la ~ legislativa* the legislative chamber ◇ *música de ~* chamber music LOC **cambra de bany** bathroom ◆ **Cambra de Comerç** Chamber of Commerce ◆ **cambra dels mals endreços** boxroom

cambrer, **~a** *nm-nf* **1** (*en un restaurant*) (**a**) (*masc*) waiter (**b**) (*fem*) waitress **2** (*en un bar*) (**a**) (*masc*) barman (**b**) (*fem*) barmaid

camell, **~a** ▶ *nm-nf* (*animal*) camel ▶ *nmf* (*traficant*) (drug) dealer

càmera ▶ *nf* camera: *una ~ digital* a digital camera ▶ *nmf* cameraman/woman [*pl* -men/-women] LOC **a càmera lenta** in slow motion ◆ **càmera de vídeo** camcorder ◆ **càmera fotogràfica** camera ◆ **càmera web** webcam

camerino *nm* dressing room

càmfora *nf* camphor

camí *nm* **1** (*carretera sense asfaltar*) track **2** (*trajecte, ruta*) way: *~ de l'església* on the way to church ◇ *Me la vaig trobar de ~.* I met her on the way. **3** ~ **(a/de)** (*fig*) path (to *sth*): *el ~ de la fama* the path to fame LOC **anar pel bon/mal camí** to be on the right/wrong track ◆ **fer camí** to walk ◆ **posar-se en camí** to set off *Vegeu tb* EMPRENDRE, ENGINYER, MIG, OBRIR

caminada *nf* walk LOC **fer una bona caminada** to go for a long walk

caminar *vi* to walk LOC **anar-hi caminant** to walk: *Se'n va anar a casa caminant.* He walked home.

camió *nm* lorry [*pl* lorries] LOC **camió cisterna** tanker ◆ **camió de les escombraries** dustcart ◆ **camió de les mudances** removal van

camioner, ~a *nm-nf* lorry driver

camioneta *nf* van

camisa *nf* shirt: *una camisa de quadres/ratlles* a check/striped shirt LOC **camisa de dormir** nightdress, nightie (*col·loq*) ◆ **camisa de força** straitjacket ◆ **canviar/mudar de camisa** (*fig*) to be a turncoat *Vegeu tb* MÀNIGA

camp *nm* **1** (*àrea rural*) country: *viure al ~* to live in the country **2** (*paisatge*) countryside: *A l'abril el ~ és preciós.* The countryside looks lovely in April. **3** (*terra de cultiu*) field: *~s d'ordi* barley fields **4** (*àmbit, Fís, Informàt*) field: *~ magnètic* magnetic field ◇ *el ~ de l'enginyeria* the field of engineering **5** (*Esport*) (**a**) (*terreny*) pitch: *un ~ de rugbi/futbol* a rugby/football pitch ◇ *sortir al ~* to come out onto the pitch (**b**) (*estadi*) ground: *el ~ del Barça* Barcelona's ground **6** (*campament*) camp: *~ de concentració/presoners* concentration/prison camp LOC **camps a través** across country: *anar ~s a través* to travel across country ◆ **camp de batalla** battlefield ◆ **camp de golf** golf course ◆ **camp de mines** minefield ◆ **en camp contrari** (*Esport*) away: *jugar en ~ contrari* to play away *Vegeu tb* CASA, FEINA, MIG, PRODUCTE

campament *nm* camp: *anar de ~s* to go camping ◇ *~ d'estiu* summer camp

campana *nf* **1** bell: *Sents les campanes com sonen?* Can you hear the bells ringing? **2** (*extractor*) extractor hood LOC **fer campana** to play truant *Vegeu tb* SORD, VOLTA

campanada *nf* **1** (*campana*): *Van tocar les campanades.* The bells rang out. **2** (*rellotge*) stroke: *les dotze campanades de mitjanit* the twelve strokes of midnight LOC *Vegeu tb* TOCAR

campanar *nm* bell tower

campanya *nf* (*Com, Pol, Mil*) campaign: *~ electoral* election campaign LOC **fer campanya a favor/en contra d'algú/d'alguna cosa** to campaign for/against sb/sth

campar *vi* LOC **campi qui pugui!** every man for himself!

camperol, ~a *adj* country [*n atrib*]

càmping *nm* campsite LOC **anar de càmping** to go camping ◆ **fer càmping** to camp

campió, -ona *nm-nf* champion: *el ~ del món/d'Europa* the world/European champion

campionat *nm* championship(s) [*gen pl*]: *el ~ mundial d'atletisme* the World Athletics Championships

campus *nm* campus [*pl* campuses]

camuflament *nm* camouflage

camuflar *vt* to camouflage

camussa *nf* suede

can *Vegeu* CA

Canadà *nm* Canada

canadenc, ~a *adj, nm-nf* Canadian

canal *nm* **1** (*estret marítim natural, TV*) channel: *el ~ de la Mànega* the Channel ◇ *un ~ de televisió* a TV channel ➲ *Vegeu nota a* TELEVISION **2** (*estret marítim artificial*) canal: *el ~ de Suez* the Suez Canal LOC *Vegeu* ENGINYER

canalitzar *vt* to channel

canalla *nf* kids [*pl*]

canaló *nm* gutter

canari *nm* (*ocell*) canary [*pl* canaries]

cancel·lar *vt* **1** to cancel: *~ un vol/una reunió* to cancel a flight/meeting **2** (*pagar un deute*) to settle

càncer ▶ *nm* cancer [*incomptable*]: *Té un ~ terminal.* He's suffering from terminal cancer.
▶ (*tb* **Càncer**) *nm, nmf* (*Astrologia*) Cancer ➲ *Vegeu exemples a* AQUARIUS

cancerigen, -ígena *adj* carcinogenic

cançó *nf* song: *una ~ d'amor* a love song LOC **cançó de bressol** lullaby [*pl* lullabies]

candela *nf* **1** (*espelma*) candle: *encendre/apagar una ~* to light/put out a candle **2** (*mocs*): *Et cau la ~.* Your nose is running.

candidat, ~a *nm-nf* ~ (**a**) candidate (for *sth*): *el ~ a la presidència del club* the candidate for chair of the club

candidatura *nf* ~ (**a**) candidacy [*pl* candidacies] (for *sth*): *renunciar a una ~* to withdraw your candidacy ◇ *Ha presentat la seva ~ al senat.* He is standing for the senate.

canell *nm* wrist

canellera *nf* (*Esport*) wristband

caneló *nm* **canelons** cannelloni [*incomptable, v sing*]

canera *nf* kennel

cangur ▶ *nm* (*animal*) kangaroo [*pl* kangaroos]
▶ *nmf* (*persona*) babysitter LOC **fer de cangur** to babysit

caní, -ina *adj* canine LOC *Vegeu* GRANJA

caníbal *adj, nmf* cannibal [*n*]: *una tribu ~* a tribe of cannibals

canibalisme *nm* cannibalism

canó *nm* **1** (*peça d'artilleria*) cannon **2** (*d'escopeta, etc.*) barrel: *una escopeta de dos canons* a double-barrelled shotgun

canoa *nf* canoe

C

C

canonada *nf* pipe: *la ~ de desguàs* the drainpipe ◇ *S'ha rebentat una ~.* A pipe has burst.
canonge *nm* canon
canós, **-osa** *adj* grey
cansalada *nf* bacon LOC *Vegeu* SUAR
cansament *nm* tiredness LOC *Vegeu* MORT *pp*
cansar ▶ *vt* **1** (*fatigar*) to tire *sb/sth* (out) **2** (*avorrir, afartar*): *Em cansa haver de repetir les coses.* I get tired of having to repeat things. ▶ *vi* to be tiring: *Aquesta feina cansa molt.* This work is very tiring. ▶ **cansar-se** *vp* **cansar-se (de)** to get tired (of *sb/sth/doing sth*): *Es cansa de seguida.* He gets tired very easily.
cansat, **-ada** *adj* **1** ~ **(de)** (*fatigat*) tired (from *sth/doing sth*): *Estan ~s de tant córrer.* They're tired from all that running. **2** ~ **de** (*tip*) tired of *sb/sth/doing sth*: *Estic ~ de tu!* I'm tired of you! **3** (*que fatiga*) tiring: *Va ésser un viatge ~.* It was a tiring journey. ➲ *Vegeu nota a* BORING LOC *Vegeu* VISTA; *Vegeu tb* CANSAR
cant *nm* **1** (*art*) singing: *estudiar ~* to study singing ◇ *~ flamenc* flamenco singing **2** (*cançó, poema*) song: *un ~ a la bellesa* a song to beauty
cantant *nmf* singer LOC *Vegeu* VEU
cantar ▶ *vt, vi* to sing ▶ *vi* **1** (*grill, ocell petit*) to chirp **2** (*gall*) to crow **3** (*fer pudor*) to stink **4** (*cridar l'atenció*) to look out of place: *Aquest quadre canta al menjador.* This painting looks out of place in the dining room. LOC **cantar les quaranta/les veritats** to tell *sb* a few home truths ◆ **cantar victòria** to celebrate
cantautor, **~a** *nm-nf* singer-songwriter
cantell *nm* edge LOC **de cantell** on its/their side: *posar alguna cosa de ~* to put sth on its side
cantimplora *nf* water bottle
cantina *nf* canteen
càntir *nm* pitcher
cantó *nm* **1** (*cantonada*) corner **2** (*costat*) side
cantonada *nf* corner: *És la casa que fa ~ amb el carrer de Mallorca.* It's the house on the corner of Mallorca Street. ◇ *la botiga de la ~* the corner shop ◇ *És aquí a la ~.* It's on the corner.
cantussejar *vt, vi* to hum
canvi *nm* **1** ~ **(de)** change (in/of *sth*): *un ~ de temperatura* a change in temperature ◇ *Hi ha hagut un ~ de plans.* There has been a change of plan. **2** (*intercanvi*) exchange: *un ~ d'opinions* an exchange of opinions **3** (*diner menut*) change: *Em van tornar el ~ malament.* They gave me the wrong change. ◇ *Té ~ de 100 euros?* Have you got change for 100 euros? **4** (*Fin*) exchange rate LOC **canvi climàtic** climate change ◆ **canvi de guàrdia** changing of the guard ◆ **canvi de marxes** gears ◆ **canvi de sentit** (*trànsit*) U-turn ◆ **canvi radical** (*Pol, etc.*) U-turn ◆ **en canvi 1** (*contràriament*) on the other hand **2** (*en recompensa*) in return: *No van rebre res en ~.* They got nothing in return. *Vegeu tb* CAIXA, PALANCA, TIPUS
canviant *adj* changing
canviar ▶ *vt* **1** to change *sth* (*for sth*): *~ el món/una llei* to change the world/a law ◇ *Penso ~ el cotxe que tinc per un de més gran.* I'm thinking of changing my car for a bigger one. **2** (*diners*) to change *sth* (*into sth*): *~ dòlars en euros* to change dollars into euros **3** (*intercanviar*) to exchange *sth* (*for sth*): *Si no et va bé, ho pots ~.* You can exchange it if it doesn't fit you. ▶ *vi* ~ **(de)** to change: *~ de feina/tren* to change jobs/trains ◇ *Ha canviat molt en els últims anys.* He's changed a lot in the last few years. ◇ *~ de marxa* to change gear ◇ *~ de tema* to change the subject LOC **canviar de casa** to move house ◆ **canviar d'idea/d'opinió** to change your mind *Vegeu tb* CAMISA
canya *nf* **1** (*jonc*) reed **2** (*bambú, sucre*) cane: *~ de sucre* sugar cane **3** (*cervesa*) glass of beer: *M'he pres quatre canyes.* I had four glasses of beer. LOC **canya de pescar** fishing rod
canyella *nf* (*espècia*) cinnamon
caoba *nf* mahogany
caos *nm* chaos [*incomptable*]: *La notícia va causar un ~.* The news caused chaos.
caòtic, **~a** *adj* chaotic
cap[1] ▶ *nm* **1** head: *donar-se un cop al ~* to bang your head ◇ *tenir (un bon) ~/no tenir ~ per a les matemàtiques* to have a good head/to have no head for maths **2** (*seny*) sense: *Que has perdut el ~?* Have you taken leave of your senses? **3** (*extrem*) end **4** (*Geog*) cape: *el ~ de Creus* the Cape of Creus **5** (*corda*) rope
▶ *nmf* **1** (*superior*) boss: *ésser el ~* to be the boss **2** (*d'un col·lectiu*) head: *~ de departament/d'estat* head of department/state **3** (*d'una associació*) leader: *el ~ d'un partit* the party leader **4** (*d'una tribu*) chief
LOC **al cap de 1** (*posició*) at the head of *sth*: *Va seure al ~ de taula.* She sat at the head of the table. **2** (*temps*) later: *al ~ de tres mesos* three months later ◆ **al cap de poc de** shortly after: *al ~ de poc d'anar-te'n* shortly after you left ◆ **al cap i a la fi** after all ◆ **amb el cap cot** downcast ◆ **cap d'any** New Year's Day: *Ens vam trobar la nit de ~ d'any.* We met up on New Year's Eve. ◆ **cap (de bestiar)** farm animal ◆ **cap de família** head of the household ◆ **cap de sèrie** (*Esport*) seed ◆ **cap de setmana** weekend ➲ *Vegeu nota a* WEEKEND: *Només ens veiem els ~s de setmana.* We only see each other at weekends. ◆ **cap**

d'estació station master ◆ **cap d'estudis 1** (*a l'escola*) deputy head **2** (*en una acadèmia*) director of studies ◆ **cap per avall** upside down ➲ *Vegeu il·lustració a* REVÉS ◆ **cap rapat** skinhead ◆ **de cap** head first: *llançar-se de ~ a la piscina* to dive head first into the swimming pool ◆ **de cap a peus** from beginning to end ◆ **escalfar-se el cap/trencar-se el cap** to rack your brains ◆ **ésser un cap de pardals/de trons** to be a scatterbrain ◆ **fer que sí/no amb el cap** to nod/shake your head ◆ **mirar algú de cap a peus** to look sb up and down ◆ **no tenir cap ni peus** to be absurd ◆ **passar pel cap** to cross your mind: *No m'ha passat pel ~ aquesta possibilitat.* That possibility never crossed my mind. ◆ **pel cap alt/baix** at most/least ◆ **per cap** a/per head ◆ **posar-se/ficar-se al cap de fer alguna cosa** to take it into your head to do sth ◆ **tenir el cap a tres quarts de quinze** to have your head in the clouds ◆ **treure el cap** to stick your head out: *Va treure el ~ per la finestra.* He stuck his head out of the window. *Vegeu tb* AGULLA, ASSENTAR-SE, BALLAR, COP, ENTRAR, MAL[1], NIT, OBRIR, PERDRE, PUJAR, RASPALL, RENTAR, RODAR

cap² ▶ *adj* **1** (*negació*) no, any

> S'utilitza **no** quan el verb és en forma afirmativa en anglès: *Encara no ha arribat cap alumne.* No pupils have arrived yet. **Any** s'utilitza quan el verb és en forma negativa: *No he vist cap missatge teu.* I didn't see any messages from you. ◇ *No hi havia cap ampolla a la nevera.* There wasn't a single bottle in the fridge.

2 (*en frases interrogatives o condicionals*) any: *Que tens ~ germà?* Have you got any brothers?
▶ *pron* **1** (*negació*) **(a)** (*entre dues persones o coses*) neither, either

> **Neither** s'utilitza quan el verb és en forma afirmativa en anglès: — *Quin dels dos prefereixes?* — *Cap.* 'Which one do you prefer?' 'Neither (of them).'
> **Either** s'utilitza quan és en forma negativa: *No em vaig barallar amb cap dels dos.* I didn't argue with either of them.

(b) (*entre més de dues persones o coses*) none, any: *Cap dels concursants va encertar.* None of the contestants got the right answer. ◇ *Cap no va arribar a l'hora.* None of them arrived on time. ◇ *N'hi havia tres, pero ara no en queda ~.* There were three, but there aren't any left now. **2** (*en frases interrogatives o condicionals*) any: *Si ~ de vosaltres ho vol, que m'ho digui.* If any of you want it, tell me. **LOC de cap manera** no way! (*col·loq*), certainly not!: *No va voler quedar-se de ~ manera.* He absolutely refused to stay. ◆ **en cap moment** never: *En ~ moment vaig pensar que ho farien.* I never thought they would do it.

cap³ *prep* ~ **(a) 1** (*direcció*) towards: *anar ~ a algú/alguna cosa* to go towards sb/sth ◇ *Ara mateix vaig ~ a casa.* I'm going home now. **2** (*temps*) at about: *Arribaré ~ a les tres.* I'll be there at about three. ◇ *~ al començament de l'estiu* in early summer ➲ *Vegeu nota a* AROUND

capa *nf* **1** layer: *la ~ d'ozó* the ozone layer **2** (*pintura, vernís*) coat **3** (*peça de roba*) **(a)** (*llarga*) cloak **(b)** (*curta*) cape

capaç *adj* ~ **(de)** capable (of *sth/doing sth*): *un equip ~ de guanyar el campionat* a team capable of winning the championship **LOC ésser capaç de 1** (*tenir capacitat*) to be able *to do sth*: *No sé com van ésser capaços de dir-li-ho així.* I don't know how they could tell her like that. ◇ *No sóc ~ d'aprendre-ho.* I just can't learn it. **2** (*ésser possible*) might *do sth*: *És ~ de ploure.* It might rain. ◇ *Després del que m'ha dit, és ~ de venir en qualsevol moment.* After what he said, he might turn up at any minute.

capacitat *nf* ~ **(de/per a) 1** capacity (for *sth*): *una gran ~ de treball* a great capacity for work ◇ *un hotel amb una ~ per a 300 persones* a hotel with capacity for 300 guests **2** (*aptitud*) ability (*to do sth*): *Té ~ per a fer-ho.* She has the ability to do it.

capar *vt* to castrate

caparrut, -uda *adj* stubborn

capatàs, -assa *nm-nf* foreman/woman [*pl* -men/-women]

capbussar-se *vp* (*banyar-se*) to take a dip

capbussó *nm* dip **LOC fer un capbussó** to go for a dip

capçalera *nf* **1** (*diari*) headline **2** (*pàgina, document*) heading **3** (*llit*) headboard **LOC** *Vegeu* METGE

capdamunt *nm* **LOC al capdamunt** on (the) top ◆ **estar-ne fins al capdamunt** to be fed up to the back teeth *with sb/sth*

capdavall *nm* **LOC al capdavall 1** (*al fons*) at the end (*of sth*): *al ~ del carrer* at the end of the street **2** (*a la fi*) finally **3** (*en resum*) in short

capdavant *nm* **LOC al capdavant (de) 1** (*lit*) at the front (*of sth*) **2** (*fig*) in charge (*of sth*): *Ell és al ~ de l'empresa.* He's in charge of the company. *Vegeu tb* SITUAR

capella *nf* chapel **LOC capella ardent** chapel of rest

capellà *nm* **1** priest **2** (*escola, presó, exèrcit*) chaplain **LOC** *Vegeu* COL·LEGI

capgirell *nm* somersault: *fer un ~* to do a somersault

C

C

capgròs *nm* (*Zool*) tadpole

capicua *nm* palindromic number

capità, -ana *nm-nf* captain: *el ~ de l'equip* the team captain

capital ▶ *nf* (*ciutat*) capital
▶ *nm* (*Fin*) capital LOC **capital cultural europea** European Capital of Culture

capitalisme *nm* capitalism

capitalista *adj, nmf* capitalist

capítol *nm* **1** (*llibre*) chapter: *A quin ~ has arribat?* What chapter are you on? **2** (*Ràdio, TV*) episode

capó *nm* **1** (*d'un cotxe*) bonnet **2** (*pollastre*) capon

capoll *nm* **1** (*Bot*) bud **2** (*Zool*) cocoon

caporal *nmf* (*Mil*) corporal: *el ~ Ramos* Corporal Ramos

capot *nm* (*abric*) cape

capricorn (*tb* **Capricorn**) *nm, nmf* Capricorn
➲ *Vegeu exemples a* AQUARIUS

capritx (*tb* **caprici**) *nm* (*desig*) whim: *els capritxos de la moda* the whims of fashion LOC **tenir capritxos** to be capricious

capritxós (*tb* **capriciós**), **-osa** *adj* **1** (*que vol coses*): *Quin nen més ~!* That child's never satisfied! **2** (*que canvia d'idea*) capricious (*formal*): *Té un caràcter ~.* He's always changing his mind. ◇ *un client ~* a fussy customer

capsa *nf* box: *una ~ de mistos* a box of matches ◇ *una ~ de bombons* a box of chocolates ◇ *una ~ de música* a musical box ➲ *Vegeu il·lustració a* CONTAINER

càpsula *nf* capsule

captaire *nmf* beggar

captar ▶ *vi* (*demanar almoina*) to beg ▶ *vt* **1** (*emissió, ona*) to pick *sth* up **2** (*atenció, imatge*) to capture: *La proposta va ~ la nostra atenció.* The proposal captured our attention.

captiu, -iva *adj, nm-nf* captive

captivador, ~a *adj* captivating

captivar *vt* (*atreure*) to captivate

captiveri *nm* captivity

captura *nf* **1** (*fugitiu*) capture **2** (*armes, drogues*) seizure

capturar *vt* **1** (*fugitiu*) to capture **2** (*armes, drogues*) to seize

caputxa *nf* (*tb* **caputxó** *nm*) hood

Caputxeta LOC **la Caputxeta Vermella** Little Red Riding Hood

caputxino *nm* (*cafè*) cappuccino [*pl* cappuccinos]

capvespre *nm* dusk: *al ~* at dusk

caqui[1] *nm* (*fruita*) Sharon fruit

caqui[2] *adj, nm* (*color*) khaki: *uns pantalons ~* a pair of khaki trousers ➲ *Vegeu exemples a* GROC

car, ~a ▶ *adj* expensive
▶ *adv*: *comprar/pagar alguna cosa molt ~* to pay a lot for sth LOC **costar/pagar car** to cost *sb* dear: *Pagaran ~ el seu error.* Their mistake will cost them dear

cara *nf* **1** (*rostre*) face: *Renta't la ~.* Wash your face. **2** (*barra*) nerve: *Quina ~!* What a nerve! **3** (*paper, Geom*) side: *Vaig escriure tres fulls per les dues cares.* I wrote six sides. LOC **cara a cara** face to face: *Va haver-hi un ~ a ~ entre els dos candidats.* There was a face-to-face debate between the two candidates. ◆ **cara o creu** heads or tails ◆ **donar la cara** to face the music ◆ **fer bona/mala cara** (*persona*) to look well/ill ◆ **fer cara a** to face *sth* ◆ **fer cara de...** to look: *Fas ~ de cansat.* You look tired. ◆ **fer cara de fàstic/pomes agres** to make/pull a face: *No facis ~ de fàstic i menja-t'ho.* Don't make a face – just eat it. ◆ **fer la cara nova a algú** to smash sb's face in ◆ **venir de cara** to shine in *sb's* eyes: *La llum em venia de ~.* The light was shining in my eyes. *Vegeu tb* COSTAR

carabassa ▶ *nf* pumpkin
▶ *adj, nm* (*color*) orange ➲ *Vegeu exemples a* GROC
LOC **donar carabassa 1** (*a un pretendent*) to give *sb* the brush-off **2** (*suspendre*) to fail: *M'han donat tres carabasses.* I've failed three subjects. ◆ **sortir carabassa** to be a disappointment

carabassó *nm* **1** (*gros*) marrow **2** (*petit*) courgette

caràcter *nm* **1** (*manera d'ésser*) character: *un defecte del meu ~* a character defect **2** (*índole*) nature: *el ~ temporal d'aquesta mesura* the temporary nature of this measure LOC **tenir bon/mal caràcter** to be good-natured/ill-tempered ◆ **tenir molt/poc caràcter** to be strong-minded/weak-minded

característic, ~a *adj* characteristic

característica *nf* characteristic

caracteritzar ▶ *vt* **1** (*distingir*) to characterize: *el paisatge que caracteritza aquesta zona* the landscape which characterizes this area **2** (*disfressar*) to dress *sb* up *as sb/sth*: *La van caracteritzar de dona gran.* They dressed her up as an old lady. ▶ **caracteritzar-se** *vp* **1 caracteritzar-se per** to be characterized by *sth* **2 caracteritzar-se de** (*disfressar*) to dress up as *sb/sth*

caragol *nm* **1** (*mol·lusc*) (**a**) (*de terra*) snail (**b**) (*de mar*) winkle **2** (*peça de metall*) (**a**) screw: *collar un ~* to put a screw in (**b**) (*per a femella*) bolt LOC *Vegeu* ESCALA

caragolar ▶ *vt* **1** (*enrotllar*) to roll *sth* (up) **2** (*fixar amb caragol*) to screw *sth* down/in/on: ~

l'última peça to screw on the last bit ▶ **caragolar-se** *vp* to curl up LOC **caragolar-se de dolor** to writhe in pain ◆ **caragolar-se de riure** to double up with laughter

caram *interj* **1** (*sorpresa*) goodness me! **2** (*enuig*) for heaven's sake!

caramel *nm* **1** (*llaminadura*) sweet **2** (*sucre cremat*) caramel

caràtula *nf* (*CD, DVD*) sleeve notes [*pl*]

caravana *nf* **1** (*expedició, rulot*) caravan **2** (*trànsit*) tailback

carbassa *nf, adj, nm Vegeu* CARABASSA

carbassó *nm Vegeu* CARABASSÓ

carbó *nm* coal LOC **carbó vegetal** charcoal

carbonet *nm* charcoal

carboni *nm* carbon LOC *Vegeu* DIÒXID, HIDRAT, MONÒXID

carbonitzat, **-ada** *adj* charred

carburant *nm* fuel

carca *adj, nmf* fuddy-duddy [*pl* fuddy-duddies]: *Quins pares més carques que tens!* Your parents are real fuddy-duddies!

carceller, **~a** *nm-nf* jailer

card *nm* thistle

cardíac, **~a** *adj* cardiac: *aturada cardíaca* cardiac arrest

cardinal *adj* cardinal

carena *nf* ridge

careta *nf* mask

cargol *nm Vegeu* CARAGOL

cargolar *vt Vegeu* CARAGOLAR

caricatura *nf* caricature: *fer una ~* to draw a caricature

carícia *nf* caress LOC **fer carícies** to caress

càries *nf* **1** (*malaltia*) tooth decay [*incomptable*]: *per prevenir la ~* to prevent tooth decay **2** (*forat*) cavity, hole (*més col·loq*): *Tinc una ~ al queixal.* I've got a hole in my tooth.

caritat *nf* charity: *viure de la ~* to live on charity LOC *Vegeu* DEMANAR

caritatiu, **-iva** *adj* ~ **(amb)** charitable (to/towards *sb*)

carmanyola *nf* lunch box

carn *nf* **1** (*aliment*) meat: *M'agrada la ~ ben cuita.* I like my meat well done.

> En anglès es fan servir diferents paraules per a referir-se a l'animal i a la carn que se n'obté: del *porc* **(pig)** s'obté **pork**; de la *vaca* **(cow)**, **beef**; del *vedell* **(calf)**, **veal**; del *cérvol* **(deer)**, **venison**; i de l'*ovella* **(sheep)**, **mutton**. N'és una excepció **lamb**, que tant fa referència a l'animal (el *xai*) com a la carn que se n'obté.

2 (*Anat, Relig, fruita*) flesh LOC **carn picada** mince ◆ **en carn viva** raw: *Tens els genolls en ~ viva.* Your knee is rubbed raw. ◆ **ésser carn i ungla** to be inseparable ◆ **ésser de carn i ossos** to be only human *Vegeu tb* GRAELLA

carnada *nf* bait

carnaval *nm* carnival LOC *Vegeu* DIMARTS

carnestoltes *nm* (*carnaval*) carnival LOC *Vegeu* DIMARTS

carnet *nm* card LOC **carnet de conduir** driving licence ◆ **carnet d'estudiant** student card ◆ **carnet d'identitat** identity card ➲ *Vegeu nota a* DNI ◆ **treure's el carnet de conduir** to pass your driving test *Vegeu tb* FOTO

carnisser, **~a** *nm-nf* butcher

carnisseria *nf* **1** (*botiga*) butcher's [*pl* butchers]

> En anglès moltes botigues duen el nom del professional que hi treballa + **'s**, p. ex. **butcher's**, **baker's**, etc. Si volem parlar d'unes quantes carnisseries, solem fer servir la forma **butchers**, com quan parlem d'uns quants carnissers. En alguns casos també es pot dir **butcher's shops**: *Hi ha dues carnisseries en aquest carrer.* There are two butchers/two butcher's shops in this street.

2 (*matança*) massacre

carnívor, **~a** *adj* carnivorous

carpa *nf* (*peix*) carp [*pl* carp]

carpeta *nf* folder LOC **carpeta d'anelles** ring binder

carrabina *nf* (*arma*) carbine

carraca *nf* (*vehicle vell*) old banger

càrrec *nm* **1** (*lloc de treball*) post: *un ~ important* an important post **2** (*Pol*) office: *el ~ d'alcalde* the office of mayor **3 càrrecs** (*Dret*) charges LOC **fer-se càrrec de 1** (*responsabilitzar-se*) to take charge of *sth* **2** (*tenir cura d'algú*) to look after *sb*

càrrega *nf* **1** (*acció*) loading: *~ i descàrrega* loading and unloading **2** (*pes*) load: *~ màxima* maximum load **3** (*mercaderia*) **(a)** (*avió, vaixell*) cargo [*pl* cargoes] **(b)** (*camió*) load **4** (*explosiu, munició, Electròn*) charge: *una ~ elèctrica* an electric charge **5** (*obligació*) burden: *No vull ser una ~ per a ningú.* I don't want to be a burden on anyone.

carregador *nm* (*Electròn*) charger: *un ~ de piles/mòbil* a battery/mobile phone charger

carregament *nm* **1** (*avió, vaixell*) cargo [*pl* cargoes] **2** (*camió*) load

C

carregar ▶ *vt* **1** to load: *Van ~ el vaixell.* They loaded the ship. ◇ *Hem de ~ aquestes caixes al camió.* We have to load these boxes onto the lorry. ◇ *~ una arma* to load a weapon **2** (*ploma, encenedor*) to fill **3** (*pila, bateria, mòbil*) to charge **4** (*portar*) to carry: *Sempre haig de carregar-ho tot, jo.* I always end up carrying everything. **5** (*responsabilitat*) to shoulder **6** (*Informàt*) to upload: *Aquest programa et permet ~ imatges al web.* This program allows you to upload images onto the website. ▶ *vi* **~ (contra)** (*Mil*) to charge (at *sb*)

carregat, -ada *adj* **1 ~ (de/amb)** loaded (with *sth*): *Venien ~s de maletes.* They were loaded down with suitcases. ◇ *una arma carregada* a loaded weapon **2 ~ de** (*responsabilitats, feina*) burdened with *sth*, up to your eyes in *sth* (*col·loq*): *Vaig molt ~ de feina.* I'm up to my eyes in work. **3** (*atmosfera*) stuffy **4** (*beguda*) strong: *un cafè molt ~* a very strong coffee *Vegeu tb* CARREGAR

carregós, -osa *adj* annoying

carrer *nm* **1** street (*abrev* St): *un ~ de vianants* a pedestrian street ◇ *Juguen al ~.* They're playing in the street. ◇ *És al ~ Sors.* It's in Sors Street.

> **Street**, **road** i **avenue** són les paraules que més es fan servir en els noms dels carrers, i a les adreces normalment s'abrevien (**St**, **Rd** i **Ave.**). Quan aquestes paraules van precedides del nom d'un carrer, s'escriuen amb majúscula i quan es diu el número de la casa o l'escala es fa servir la preposició **at**: *Vivim al carrer del Pi, 3.* We live at number 3, Pi Street.

2 (*Esport*) lane: *el corredor del ~ dos* the athlete in lane two LOC **carrer amunt/avall** up/down the street ◆ **carrer gran/major** high street

carrera *nf* **1** (*llicenciatura*) degree: *estudiar/fer la ~ de Medicina* to do a degree in Medicine ◇ *Quina ~ vas fer?* What did you do your degree in? **2** (*professió*) career: *la seva ~ esportiva* her sporting career ◇ *Estic en el punt més dolç de la meva ~.* I'm at the peak of my career. **3** (*cursa*) race **4** (*mitges*) ladder: *Tens una ~ a les mitges.* You've got a ladder in your tights. LOC **fer carrera** (*prosperar*) to do well

carreró *nm* alley [*pl* alleys] LOC **carreró sense sortida** dead end

carret *nm* film: *un ~ de fotos* a film ◇ *S'ha velat tot el ~.* The whole film is blurred.

carreta *nf* cart

carretera *nf* road LOC **carretera comarcal/secundària** minor road ◆ **carretera general/nacional** major road ◆ **per carretera** by road *Vegeu tb* LLUM

carretó *nm* wheelbarrow

carril *nm* **1** (*carretera*) lane: *~ bici/bus* cycle/bus lane **2** (*rail*) rail

carro *nm* **1** (*vehicle*) cart **2** (*supermercat, aeroport*) trolley [*pl* trolleys]: *~ d'anar a plaça/a comprar* shopping trolley **3 el Carro** (*Óssa Major*) the Plough LOC **carro de combat** tank

carrossa *nf* **1** (*de cavalls*) carriage **2** (*en una desfilada*) float

carrosseria *nf* bodywork [*incomptable*]

carruatge *nm* carriage

carta *nf* **1** (*missiva*) letter: *~ certificada/urgent* registered/express letter ◇ *una ~ d'amor* a love letter ◇ *tirar una ~* to post a letter ◇ *Hi ha cartes per a mi?* Are there any letters for me? **2** (*joc*) (playing) card: *jugar a cartes* to play cards ➲ *Vegeu nota a* BARALLA **3** (*menú*) menu **4** (*document*) charter: *la Carta de les Nacions Unides* the United Nations Charter LOC **carta de navegació** chart ◆ **carta de presentació** covering letter ◆ **tirar les cartes** to tell *sb's* fortune *Vegeu tb* BOMBA

cartabó *nm* set square

cartejar-se *vp* **~ (amb)** to write to *sb*

cartell *nm* **1** (*publicitat*) poster: *posar un ~* to put up a poster **2** (*nota*) notice: *Hi havia un ~ a la porta.* There was a notice on the door. LOC **en el cartell** on: *Fa un mes que l'obra és en el ~.* The play has been on for a month. *Vegeu tb* PROHIBIT

cartellera *nf* (*secció de diari*) listings [*pl*]: *~ teatral* theatre listings

carter, ~a *nm-nf* postman/woman [*pl* -men/-women]

cartera *nf* **1** (*moneder*) wallet **2** (*maletí*) briefcase ➲ *Vegeu il·lustració a* BAG **3** (*d'escola*) school bag

carterista *nmf* pickpocket

cartó (*tb* **cartró**) *nm* **1** (*material*) cardboard: *capses de ~* cardboard boxes **2** (*cigarretes*) carton ➲ *Vegeu il·lustració a* CONTAINER

cartolina *nf* card

cartutx *nm* (*projectil, recanvi*) cartridge: *un ~ de tinta (per a la impressora)* a printer ink cartridge

carxofa *nf* artichoke

cas *nm* case: *en qualsevol ~* in any case LOC **el cas és que...** **1** (*el fet és que...*) the fact is (that)...: *El ~ és que no hi puc anar.* The fact is I can't go. **2** (*el que és important*) the main thing is that...: *No importa com, el ~ és que hi vagi.* It doesn't matter how, the main thing is that he goes. ◆ **en cas de** in the event of *sth*: *Trenqueu el vidre en ~ d'incendi.* Break the glass in the event of fire. ◆ **en el millor/pitjor dels casos** at best/worst ◆ **en**

tot cas in any case ◆ **ésser tot un cas** to be a right one ◆ **fer al cas** to be relevant ◆ **fer cas a/de** to take notice of *sb/sth* ◆ **jo en el teu cas** if I were you ◆ **no fos cas que** in case: *no fos ~ que arribessin abans que nosaltres* in case they get there before us ◆ **si de cas/per si de cas...** (just) in case: *Per si de ~ et pregunta...* In case he asks you...

casa *nf* **1** (*habitatge*) (**a**) house (**b**) (*pis*) flat (**c**) (*edifici*) block of flats [*pl* blocks of flats]

A la Gran Bretanya hi ha diferents tipus de casa. Una **detached house** és una casa aïllada, mentre que una **semi-detached house** (que també se'n diu **semi**) està unida a una altra casa per un dels costats. Una **terraced house** forma part d'una filera de cases aparellades. La majoria de la gent viu en cases unifamiliars, excepte a les grans ciutats, on moltes persones viuen en pisos (**flats**). Al camp i als pobles petits es poden trobar **cottages**, que són cases petites, sovint antigues i d'aspecte agradable. Un altre tipus de casa és el **bungalow**, que consta d'una sola planta.

2 (*llar*) home: *No hi ha res com a ~.* There's no place like home. ◇ *sentir-se com a ~* to feel at home **3** (*empresa*) company [*pl* companies]: *una ~ discogràfica* a record company LOC **a casa 1** (*posició*) (at) home: *Em vaig quedar a ~.* I stayed (at) home. ◇ *Que hi ha la teva mare a ~?* Is your mother in? **2** (*destinació*) home: *Me'n vaig a ~.* I'm going home. ◆ **a casa (de) 1** (*posició*) at *sb's* house: *M'estaré a ~ (de) la meva germana.* I'll be at my sister's house. **2** (*destinació*) to *sb's* house ❶ En llenguatge col·loquial s'omet la paraula 'house': *Seré a casa l'Anna.* I'll be at Anna's. ◇ *Aniré a casa dels meus pares.* I'll go to my parents'. ◆ **casa de camp** country house ◆ **casa de cultura** arts centre ◆ **casa de la vila** town hall ◆ **casa de socors** first-aid post ◆ **com una casa** huge: *una mentida com una ~* a huge lie ◆ **d'estar per casa** insignificant ◆ **passar per casa d'algú** to drop in (on sb): *Demà passaré per ~ teva.* I'll drop in tomorrow. *Vegeu tb* ARRIBAR, CANVIAR, FEINA, GENT, MESTRESSA

casal *nm* centre LOC **casal d'avis** day centre ◆ **casal de joves** youth club ◆ **casal d'estiu** summer playscheme

casament *nm* wedding: *aniversari de ~* wedding anniversary ◇ *Demà anem a un ~.* We're going to a wedding tomorrow.

Wedding fa referència a la cerimònia, i **marriage** acostuma a fer referència a la institució del matrimoni. A la Gran Bretanya els casaments es poden celebrar en una *església* (a **church wedding**), en un *jutjat* (a **registry office wedding**) o en un hotel. La *núvia* (**bride**) acostuma a portar *dames d'honor* (**bridesmaids**). No hi ha padrins, però al *nuvi* (**groom**), l'acompanya el **best man** (generalment el seu millor amic) i la núvia normalment entra amb el seu pare. Després de la cerimònia s'ofereix un *banquet* (a **reception**).

casar ▶ *vt* (*capellà, jutge*) to marry: *Els va ~ el capellà del poble.* They were married by the village priest. ▶ *vi* ~ **(amb)** (*quadrar*) to tally (with *sth*): *Els comptes no casaven.* The accounts didn't tally. ▶ **casar-se** *vp* **1** to get married: *Es casen a l'abril.* They're getting married in April. **2 casar-se amb** to marry *sb*: *Es va ~ amb un brasiler.* She married a Brazilian. ❶ També es pot dir **to get married (to sb)**: She got married to a Brazilian. LOC **casar-se per l'església/al jutjat** to get married in church/a registry office ➲ *Vegeu nota a* CASAMENT

casat, -ada ▶ *adj* married: *estar ~ (amb algú)* to be married (to sb)
▶ *nm-nf* married man/woman [*pl* men/women]
Vegeu tb CASAR

casc *nm* **1** (*cap*) helmet: *portar ~* to wear a helmet **2 cascos** (*auriculars*) headphones

cascada *nf* waterfall

cascat, -ada *adj* LOC *Vegeu* VEU

cascavell *nm* bell LOC *Vegeu* SERP

casella *nf* **1** (*escacs, dames*) square **2** (*formulari*) box: *marcar la ~ amb una creu* to put a tick in the box **3** (*cartes, claus*) pigeonhole

caserna *nf* barracks [*v sing o pl*]

caseta *nf* **1** (*fira*) sideshow **2** (*gos*) kennel

casino *nm* **1** (*de joc*) casino [*pl* casinos] **2** (*de socis*) club

casolà, -ana *adj* **1** (*persona*) home-loving **2** (*menjar*) home [*n atrib*]: *cuina casolana* home cooking **3** (*ambient*) homely

caspa *nf* dandruff

casset ▶ *nm* (*aparell*) cassette player
▶ *nf* (*cinta*) cassette

També es pot dir **tape**. **Rewind** és rebobinar, i **fast forward**, passar cap endavant.

cassó *nm* saucepan ➲ *Vegeu il·lustració a* KETTLE

cassola *nf* casserole (dish)

casta *nf* **1** (*animal*) breed **2** (*grup social*) caste

castany, ~a *adj* brown: *ulls ~s* brown eyes ◇ *Té els cabells ~s.* He's got brown hair.

C

castanya *nf* **1** (*fruit*) chestnut **2** (*bufetada*) smack LOC **treure a algú les castanyes del foc** to get sb out of a fix

castanyer *nm* chestnut (tree)

castanyoles *nf* castanets

castell *nm* **1** (*edifici*) castle **2** (*torre humana*) human tower LOC **castell de sorra** sandcastle

castellà, -ana ▶ *adj, nm* Spanish: *parlar ~* to speak Spanish
▶ *nm-nf* Spaniard

castellanoparlant ▶ *adj* Spanish-speaking
▶ *nmf* Spanish speaker

càstig *nm* punishment: *Se'ls haurà de posar un ~.* They'll have to be punished.

castigar *vt* **1** to punish *sb* (*for sth*): *Em van ~ per dir mentides.* I was punished for telling lies. ◇ *Ens van ~ sense pati.* We were kept in at break. **2** (*Esport*) to penalize LOC **castigar algú sense sortir** to ground sb: *Em van ~ dos dies sense sortir.* I was grounded for two days.

castor *nm* beaver

castrar *vt* to castrate

casual *adj* chance: *una trobada ~* a chance meeting ❶ La paraula anglesa **casual** significa *informal, eventual,* etc.: *casual clothes* roba esport. Per a més significats, vegeu l'entrada anglesa **casual**

casualitat *nf* coincidence: *Quina ~!* What a coincidence! ◇ *Va ésser una ~ que tots dos anessin a parar a Vic.* It was a coincidence they both ended up in Vic. LOC **per casualitat** by chance: *Ens vam conèixer per ~.* We met by chance. ◇ *No tens pas el seu telèfon per ~?* You don't happen to have their phone number, do you?

català, -ana *adj, nm-nf, nm* Catalan: *els catalans* the Catalans ◇ *parlar ~* to speak Catalan LOC *Vegeu* PAÍS

catalanisme *nm* Catalan nationalism

catalanista *adj, nmf* Catalan nationalist

catalanoparlant ▶ *adj* Catalan-speaking
▶ *nmf* Catalan speaker

catàleg *nm* catalogue

catalitzador *nm* (*de cotxe*) catalytic converter

Catalunya *nf* Catalonia

cataracta *nf* cataract

catarro *nm* cold

catàstrofe *nf* catastrophe

catecisme *nm* catechism

catedral *nf* cathedral: *la ~ de Tarragona* Tarragona Cathedral

catedràtic, ~a *nm-nf* **1** (*d'universitat*) professor **2** (*d'institut*) head of department: *És el ~ d'anglès.* He's head of English.

categoria *nf* **1** (*secció*) category [*pl* categories]: *Va quedar tercera en ~ femenina.* She came third in the women's category. **2** (*nivell*) level: *un torneig de ~ intermèdia* an intermediate-level tournament **3** (*posició*) status: *la meva ~ professional* my professional status LOC **categoria gramatical** part of speech ◆ **de (primera) categoria** first-rate ◆ **de segona/tercera categoria** second-rate/third-rate

categòric, ~a *adj* categorical

catifa *nf* **1** (*gran*) carpet **2** (*més petita*) rug

catòlic, ~a *adj, nm-nf* Catholic: *una església catòlica* a Catholic church ◇ *ésser ~* to be a Catholic ➲ *Vegeu nota a* VEGETARIÀ

catolicisme *nm* Catholicism

catorze *nm, adj, pron* **1** fourteen **2** (*data*) fourteenth ➲ *Vegeu exemples a* ONZE *i* SIS

cau *nm* **1** den: *~ de lleó* a lion's den ◇ *un ~ de vici* a den of vice **2** (*de conill*) warren **3** (*refugi*) hideout LOC **a cau d'orella** in sb's ear: *Em va dir un secret a ~ d'orella.* She whispered something in my ear.

caure *vi* **1** to fall: *El test va ~ del balcó.* The plant pot fell off the balcony. ◇ *~ en la trampa* to fall into the trap ◇ *El meu aniversari cau en dimarts.* My birthday falls on a Tuesday. ◇ *Queia la nit.* Night was falling. **2** (*estar situat*) to be: *L'escola cau molt a prop de casa.* The school is very near home. ◇ *Per on cau casa seva?* Where do they live? **3** ~ **(en)** (*entendre*) to get *sth* [*vt*]: *Ara hi caic.* Now I get it. **4** ~ **bé, malament, etc., a algú** (*persona*): *Li caus molt bé a la meva mare.* My mother really likes you. ◇ *Em cau fatal.* I can't stand him. ◇ *Com et va ~ la seva germana?* What did you think of his sister? LOC **caure bé/malament** (*roba*) to suit/not to suit *sb*: *Aquest vestit em cau molt malament.* This dress doesn't suit me at all. ◆ **caure-li (a/per terra) alguna cosa a algú** to drop sth: *Em va ~ per terra el gelat.* I dropped my ice cream. ➲ *Vegeu nota a* DROP ❶ Per a d'altres expressions amb **caure**, vegeu les entrades del nom, adjectiu, etc., p. ex. **caure com mosques** a MOSCA i **caure-li la bava a algú** a BAVA.

causa *nf* cause: *la ~ principal del problema* the main cause of the problem ◇ *Ho va deixar tot per la ~.* He left everything for the cause. LOC **a causa de/per causa de** because of *sb/sth*

causar *vt* to cause: *~ la mort/ferides/dany* to cause death/injury/damage

cautela *nf* LOC **amb cautela** cautiously

cautelós, -osa (*tb* **caut, ~a**) *adj* cautious

C

cautxú *nm* rubber

cava *nm* (*xampany*) cava: *El ~ català s'exporta força.* Catalan cava is widely exported. ❶ La gent també sol dir **Spanish sparkling wine** o **Spanish champagne**.

cavalcada *nf* procession: *la ~ de Reis* the Twelfth Night procession

cavalcar *vi* ~ **(en)** to ride (on *sth*): *Anava cavalcant en una egua.* He was riding a mare.

cavall *nm* **1** (*animal, gimnàstica*) horse **2** (*escacs*) knight **3** (*Mec*) horsepower (*abrev* hp): *un motor de dotze ~s* a twelve horsepower engine LOC **a cavall de...** on: *Anava a ~ d'un elefant.* She was riding on an elephant. ◆ **cavall de cursa** racehorse ◆ **cavall marí** sea horse *Vegeu tb* CUA, CURSA, MUNTAR, POTÈNCIA

cavaller *nm* knight

cavalleria *nf* **1** (*animal*) mount **2** (*Mil*) cavalry [*v sing o pl*]

cavallerissa *nf* stable

cavallet *nm* **1** (*Art*) easel **2** (*suport*) trestle **3 cavallets** roundabout [*v sing*]: *pujar als ~s* to climb on the roundabout

cavallí, -ina *adj* LOC *Vegeu* BESTIAR

cavar *vt, vi* to dig

caverna *nf* cavern

caviar *nm* caviar

CD *nm* CD: *un ~ de Macedònia* a Macedònia CD ➲ *Vegeu il·lustració a* ORDINADOR

CD-ROM *nm* CD-ROM: *un programa en ~* a program on CD-ROM ➲ *Vegeu il·lustració a* ORDINADOR

ceba *nf* onion

ceballot *nm* **1** (*natural*) spring onion **2** (*en conserva*) pickled onion

cec, cega ▶ *adj* ~ **(de)** blind (with *sth*): *quedar-se ~* to go blind ◇ *~ d'ira* blind with rage ▶ *nm-nf* blind man/woman [*pl* men/women]: *una col·lecta per als ~s* a collection for the blind

> En un context més formal es prefereix l'expressió **people who are visually impaired**: *És una organització per a cecs.* It's an organization for visually impaired people.

LOC **a cegues 1** (*sense veure-hi*): *Vaig buscar l'interruptor a cegues.* I felt around for the light switch. **2** (*sense saber*): *Va prendre la decisió a cegues.* He decided without knowing much about it. *Vegeu tb* GALLINA

cedir ▶ *vt* (*traspassar*) to hand *sth* over (*to sb*): *~ el poder* to hand over power ◇ *Van ~ l'edifici a l'ajuntament.* They handed over the building to the council. ▶ *vi* **1** (*transigir*) to give in (*to sb/sth*): *És important saber ~ amb discreció.* It's important to know how to give in gracefully. **2** (*intensitat, força*) to ease off: *El vent va ~.* The wind eased off. **3** (*trencar-se*) to give way: *El prestatge va ~ amb el pes dels llibres.* The shelf gave way under the weight of the books. LOC **cedir el pas** to give way: *No vaig veure el (senyal de) cediu el pas.* I didn't see the Give Way sign. ◆ **cedir la paraula** to hand over to *sb*

cedre *nm* cedar

ceguesa *nf* blindness

cel *nm* **1** (*firmament*) sky [*pl* skies] **2** (*Relig*) heaven ➲ *Vegeu nota a* HEAVEN LOC *Vegeu* BLAU, CAIGUT, COBRIR, SETÈ

celebració *nf* (*festa, aniversari*) celebration

celebrar *vt* **1** (*festa*) to celebrate: *~ un aniversari* to celebrate a birthday **2** (*acte*) to hold: *~ una reunió* to hold a meeting

celestial *adj* heavenly

cella *nf* eyebrow LOC *Vegeu* ARRUFAR

cel·la *nf* cell

celler *nm* **1** (*per a emmagatzemar-hi vi*) wine cellar **2** (*empresa*) winery [*pl* wineries]

cel·lofana *nf* Cellophane®: *embolicar alguna cosa amb ~* to wrap sth up in Cellophane

cèl·lula *nf* cell LOC **cèl·lula mare** stem cell

cel·lular *adj* cellular

cel·lulitis *nf* cellulite

celobert *nm* interior patio

cementiri *nm* **1** cemetery [*pl* cemeteries] **2** (*d'església*) graveyard LOC **cementiri de cotxes** breaker's yard ◆ **cementiri nuclear** nuclear waste dump

cendra *nf* ash: *escampar les cendres* to scatter the ashes LOC *Vegeu* DIMECRES

cendrer *nm* ashtray

cens *nm* census [*pl* censuses] LOC **cens electoral** electoral register

censor, ~a *nm-nf* censor

censura *nf* censorship

censurar *vt* **1** (*llibre, pel·lícula*) to censor **2** (*reprovar*) to censure

cent *nm, adj, pron* **1** a/one hundred: *~ seixanta-tres* a hundred and sixty-three ◇ *Avui fa ~ anys.* She's a hundred today. ◇ *Hi havia ~ mil persones.* There were a hundred thousand people.

> *Cent* es tradueix per **one hundred** quan volem donar èmfasi a la quantitat: *He dit cent, no dos-cents.* I said one hundred, not two.

2 (*centèsim*) hundredth: *Sóc el número ~ de la llista.* I'm hundredth on the list. ➲ *Vegeu pàgs*

C

757-761 LOC **(al) cent per cent** a hundred per cent ◆ **cent mil vegades** hundreds of times ◆ **per cent** per cent: *un/el 50 per ~ de la població* 50 per cent of the population ➲ *Vegeu pàgs 757-761 Vegeu tb* TANT *nm*

centau *nm* cent

centena *nf* hundred: *unitats, desenes i centenes* hundreds, tens and units

centenar *nm* (*cent aproximadament*) a hundred or so: *un ~ d'espectadors* a hundred or so spectators LOC **a centenars** in their hundreds ◆ **centenars de...** hundreds of...: *~s de persones* hundreds of people

centenari *nm* centenary [*pl* centenaries]: *el ~ de la seva mort* the centenary of his death ◇ *el sisè ~ del seu naixement* the 600th anniversary of his birth

centèsim, ~a *adj, pron, nm-nf* hundredth: *una centèsima de segon* a hundredth of a second

centígrad, ~a *adj* Celsius (*abrev* C): *cinquanta graus ~s* fifty degrees Celsius

Als Estats Units s'utilitza el sistema **Fahrenheit** per a mesurar la temperatura. A la Gran Bretanya algunes persones també el fan servir: *La temperatura és de 21 graus.* The temperature is seventy degrees Fahrenheit.

cèntim *nm* (*d'euro*) cent: *vuit euros amb deu ~s* eight euros ten cents LOC *Vegeu* CINC

centímetre *nm* centimetre (*abrev* cm): *~ quadrat/cúbic* square/cubic centimetre ➲ *Vegeu pàgs 757-761*

centpeus *nm* centipede

central ▶ *adj* central: *calefacció ~* central heating
▶ *nf* **1** (*energia*) power station: *una ~ nuclear* a nuclear power station **2** (*oficina principal*) head office LOC **central telefònica** telephone exchange

centraleta *nf* switchboard

centrar ▶ *vt* **1** (*col·locar al centre*) to centre: *~ la fotografia en una pàgina* to centre the photo on a page **2** (*atenció, mirada*) to focus *sth on sth*: *Van ~ les crítiques en el govern.* They focused their criticism on the government. **3** (*esforços*) to concentrate (*your efforts*) (*on sth/doing sth*) ▶ *vi* (*Esport*) to cross: *Va ~ de pressa i el seu company d'equip va fer un gol.* He crossed quickly and his teammate scored.

centre *nm* centre: *el ~ de la ciutat* the city centre ◇ *el ~ d'atenció* the centre of attention LOC **anar al centre** to go into town ◆ **centre cívic** community centre ◆ **centre comercial** shopping centre ◆ **centre cultural** arts centre ◆ **centre d'atenció telefònica** call centre ◆ **centre de menors** (*reformatori*) young offenders' institution ◆ **centre escolar/d'ensenyament** school

centreamericà, -ana *adj, nm-nf* Central American

centrecampista *nmf* (*Esport*) midfield player

cèntric, ~a *adj*: *carrers ~s* city-centre streets ◇ *un pis ~* a flat in the centre of town ◇ *És molt ~.* It's very central.

cep *nm* **1** (*vinya*) vine **2** (*trampa*) trap **3** (*de cotxe*) clamp

cera *nf* **1** wax **2** (*orelles*) earwax

ceràmica *nf* pottery

cerca *nf* search: *fer una ~* to search LOC *Vegeu* MOTOR

cercador *nm* (*Informàt*) search engine

cercador, ~a *nm-nf* LOC **cercador de tresors** treasure hunter ◆ **cercador d'or** gold prospector

cercapersones *nm* pager: *localitzar algú pel ~* to page sb

cercar ▶ *vt* **1** to look for *sb/sth*: *Cerco feina.* I'm looking for work. **2** (*sistemàticament*) to search for *sb/sth*: *~ informació a Internet* to search for information on the Internet **3** (*en un llibre, en una llista*) to look *sth* up: *~ una paraula al diccionari* to look a word up in the dictionary **4** (*anar a trobar algú*) **(a)** (*amb cotxe*) to pick *sb* up **(b)** (*a peu*) to meet **5** (*aconseguir i portar*) to get: *Vaig anar a ~ el metge.* I went to get the doctor. ▶ *vi* to look (in/through *sth*): *Vaig ~ a l'arxivador.* I looked in the filing cabinet. LOC *Vegeu* AGULLA

cercavila *nf* procession

cercle *nm* **1** circle: *formar un ~* to form a circle **2** (*associació*) society [*pl* societies] LOC **cercle polar àrtic/antàrtic** Arctic/Antarctic Circle ◆ **cercle viciós** vicious circle

cèrcol *nm* (*gimnàstica, joguina*) hoop

cereal *nm* **1** (*planta, gra*) cereal **2 cereals** cereal [*gen incomptable*]: *Menjo ~s per esmorzar.* I have cereal for breakfast.

cerebral *adj* (*Med*) brain [*n atrib*]: *un tumor ~* a brain tumour LOC *Vegeu* COMMOCIÓ

cerimònia *nf* ceremony [*pl* ceremonies]

cert, ~a *adj* **1** certain: *amb una certa inquietud* with a certain anxiety ◇ *Només hi són a certes hores del dia.* They're only there at certain times of the day. **2** (*vertader*) true: *És ~.* It's true. LOC **del cert** for certain ◆ **en certa manera** to a certain extent ◆ **fins a un cert punt** up to a point ◆ **per cert** by the way

certamen *nm* competition

certesa (*tb* **certitud**) *nf* certainty [*pl* certainties] LOC **tenir la certesa que...** to be certain that...

certificar *vt* **1** (*garantir com a cert*) to certify **2** (*carta, paquet*) to register

certificat, -ada ▶ *adj* **1** (*document*) certified **2** (*carta, correu*) registered: *per correu* ~ by registered post
▶ *nm* certificate: ~ *de defunció* death certificate LOC **certificat escolar** school-leaving certificate *Vegeu tb* CERTIFICAR

cervatell *nm* fawn ➲ *Vegeu nota a* CÉRVOL

cervell *nm* **1** (*Anat*) brain **2** (*persona*) brains [*v sing*]: *el ~ de la banda* the brains behind the gang

cervesa *nf* beer: *Dues cerveses, per favor.* Two beers, please. ◇ *Vam anar a fer una ~.* We went for a beer.

> Quan es demana una cervesa, se'n sol especificar el tipus, p. ex. **lager** (cervesa Pilsen), o **bitter** (la cervesa amarga tradicional). Se'n pot demanar **a pint** o **a half** (una pinta o mitja pinta): *Can I have a half of lager, please?*

LOC **cervesa a pressió/de barril** draught beer ◆ **cervesa negra** stout ◆ **cervesa sense alcohol** alcohol-free beer *Vegeu tb* FÀBRICA, GERRA

cérvol, ~a *nm-nf* deer [*pl* deer]

> La paraula **deer** és el nom genèric, **stag** (o **buck**) es refereix només al cérvol mascle i **doe** només a la femella. **Fawn** és el cervatell.

➲ *Vegeu nota a* CARN

cessar *vi* **1** ~ **(de)** to stop (*doing sth*) **2** ~ **(en)** (*dimitir*) to resign (from *sth*)

christmas *nm* Christmas card

cibercafè *nm* Internet cafe

ciberespai *nm* cyberspace

cicatritzar *vi* to heal

cicatriu *nf* scar: *Em va quedar una ~.* I was left with a scar.

cicle *nm* cycle: *un ~ de quatre anys* a four-year cycle

ciclisme *nm* cycling: *fer ~* to go cycling LOC **ciclisme de muntanya** mountain biking

ciclista *nmf* cyclist LOC *Vegeu* VOLTA

cicló *nm* cyclone

ciclomotor *nm* moped

ciència *nf* **1** science **2 ciències** (*Educ*) science [*incomptable*]: *el meu professor de ciències* my science teacher ◇ *Vaig fer ciències.* I did science. LOC **ciències de la informació** media studies [*incomptable*] ◆ **ciències empresarials** business studies [*incomptable*] ◆ **ciències naturals** natural science [*incomptable*]

ciència-ficció *nf* science fiction

científic, ~a ▶ *adj* scientific
▶ *nm-nf* scientist

cigala *nf* **1** (*insecte*) cicada **2** (*crustaci*) crayfish [*pl* crayfish]

cigar *nm* cigar

cigarreta *nf* (*tb* **cigarret** *nm*) cigarette

cigne *nm* swan

cigonya *nf* stork

cigró *nm* chickpea

cilindre *nm* cylinder

cilíndric, ~a *adj* cylindrical

cim *nm* summit: *arribar al ~* to reach the summit

ciment *nm* cement

cimera *nf* (*reunió*) summit (meeting)

cinc *nm, adj, pron* **1** five **2** (*data*) fifth ➲ *Vegeu exemples a* SIS LOC **fer-ne cinc cèntims, d'alguna cosa**: *Feu-me ~ cèntims del vostre viatge.* Tell me about your trip.

cinc-cents, -centes *nm, adj, pron* five hundred ➲ *Vegeu exemples a* SIS-CENTS

cinema (*tb* **cine**) *nm* **1** (*local*) cinema: *anar al ~* to go to the cinema ◇ *~ multisala* multiplex cinema **2** (*art, pel·lícules*) films [*pl*]: *el ~ italià* Italian films ◇ *M'agrada molt el ~ de terror.* I love horror films. ◇ *fer ~* to make films ◇ *un actor/director de ~* a film actor/director

cinematogràfic, ~a *adj* film [*n atrib*]: *la indústria cinematogràfica* the film industry

cingle *nm* cliff

cínic, ~a ▶ *adj* hypocritical
▶ *nm-nf* hypocrite

cinquanta *nm, adj, pron* **1** fifty **2** (*cinquantè*) fiftieth ➲ *Vegeu exemples a* SEIXANTA

cinquè, -ena ▶ *adj, pron, nm-nf* fifth ➲ *Vegeu exemples a* SISÈ
▶ **cinquena** *nf* (*marxa*) fifth (gear)

cinta *nf* **1** (*casset*) tape: *una ~ verge* a blank tape ➲ *Vegeu nota a* CASSET **2** (*llaç, màquina d'escriure*) ribbon LOC **cinta adhesiva/aïllant** sticky/insulating tape ◆ **cinta de vídeo** videotape ◆ **cinta mètrica** tape measure ◆ **cinta per als cabells** hairband

cintura *nf* waist: *Faig 60 cm de ~.* I've got a 60 cm waist.

cinturó *nm* belt: *ésser ~ negre* to be a black belt LOC **cinturó de ronda** ring road ◆ **cinturó (de seguretat)** seat belt: *cordar-se el ~ de seguretat* to fasten your seat belt

circ *nm* **1** (*espectacle*) circus [*pl* circuses] **2** (*amfiteatre*) amphitheatre

circuit *nm* **1** (*Esport*) track: *El pilot va fer deu voltes al ~.* The driver did ten laps of the track. **2** (*Electròn*) circuit

circulació *nf* **1** circulation: *mala ~ de la sang* poor circulation **2** (*trànsit*) traffic LOC *Vegeu* CODI

circular¹ *adj, nf* circular: *una taula ~* a round table ◇ *trametre una ~* to send out a circular

circular² *vi* **1** to circulate: *La sang circula per les venes.* Blood circulates through the veins. ◇ *fer ~ una carta* to circulate a letter **2** (*cotxe*) to drive: *Circuleu amb precaució.* Drive carefully. **3** (*tren, autobús*) to run **4** (*rumor*) to go round

circumferència *nf* **1** (*cercle*) circle: *El diàmetre divideix una ~ en dues parts iguals.* The diameter divides a circle into two equal halves. ◇ *dues circumferències concèntriques* two concentric circles **2** (*perímetre*) circumference: *La Terra té uns 40.000 quilòmetres de ~.* The earth has a circumference of about 40 000 kilometres.

circumstància *nf* circumstance LOC *Vegeu* ALTURA

circumval·lació *nf* bypass

cirera *nf* cherry [*pl* cherries] LOC **cirera d'arboç** arbutus berry

cirerer *nm* cherry tree

ciri *nm* candle LOC **armar/muntar un ciri** to make a fuss

cirurgia *nf* surgery: *~ estètica/plàstica* cosmetic/plastic surgery

cirurgià, -ana *nm-nf* surgeon

cisell *nm* chisel

cistell *nm* basket: *un ~ amb menjar* a basket of food ➲ *Vegeu il·lustració a* BAG

cistella *nf* basket

cisterna *nf* **1** (*dipòsit*) tank **2** (*bany*) cistern LOC *Vegeu* CAMIÓ

cita *nf* **1** (*parella*) date: *una ~ a cegues* a blind date **2** (*reunió*) meeting: *acordar una ~ amb algú* to arrange to meet sb **3** (*metge, advocat*) appointment

citació *nf* **1** (*Dret*) summons **2** (*frase*) quotation, quote (*més col·loq*)

citar *vt* **1** (*convocar*) to arrange to meet *sb* **2** (*Dret*) to summons **3** (*fer referència*) to quote (from *sb/sth*)

cítrics *nm* citrus fruits

ciutadà, -ana ▶ *adj*: *per raons de seguretat ciutadana* for reasons of public safety ◇ *L'alcalde va demanar la col·laboració ciutadana.* The mayor asked everyone to work together.
▶ *nm-nf* citizen: *ésser ~ de la Unió Europea* to be a citizen of the European Union ◇ *Va donar les gràcies a tots els ciutadans de Sabadell.* He thanked the people of Sabadell.

ciutadania *nf* citizenship

ciutat *nf* town, city [*pl* cities]

> **Town** o **city**?
> **Town** és la paraula general per a referir-nos a una ciutat: *He d'anar a la ciutat a comprar algunes coses.* I've got to go into town and do some shopping.
> **City** es refereix a una ciutat gran i important, com ara, per exemple, Nova York, Barcelona, etc. A la Gran Bretanya **city** també fa referència a una ciutat que té drets especials i que, normalment, té catedral.

LOC **ciutat dormitori** dormitory town ◆ **ciutat natal** home town ◆ **ciutat universitària** university campus

civada *nf* oats [*pl*]

cívic, ~a *adj* public-spirited: *sentit ~* public-spiritedness LOC *Vegeu* CENTRE

civil ▶ *adj* civil: *drets ~s* civil rights
▶ *nmf* civilian LOC *Vegeu* GUÀRDIA, REGISTRE

civilització *nf* civilization

civilitzat, -ada *adj* civilized

civisme *nm* community spirit

clacar *vi* **1** (*ànec*) to quack **2** (*oca*) to honk

clamar ▶ *vt* (*demanar*) to demand ▶ *vi* (*cridar*) to shout

clamor *nm* (*crits*) shouts [*pl*]

clan *nm* clan

clandestí, -ina *adj* clandestine

clapa *nf* **1** (*lleopard*) spot **2** (*petita extensió*) patch: *una ~ de neu* a patch of snow ◇ *una ~ als cabells* a bald patch

clapar *vi* (*dormir*) to crash (out) (*col·loq*)

clapat, -ada *adj* spotted: *blanc ~ de negre* white with black spots

claqué *nm* tap-dancing

clar, ~a ▶ *adj* **1** clear: *un cel ~/una ment clara* a clear sky/mind **2** (*color*) light: *verd ~* light green **3** (*lluminós*) bright **4** (*cabell*) fair **5** (*poc espès*) thin
▶ *nm*: *al ~ de lluna* in the moonlight
▶ *adv* clearly LOC **deixar/posar en clar** to make *sth* clear ◆ **és clar que no** of course not ◆ **és clar (que sí)** of course ◆ **ésser clar** (*ésser de dia*) to be light ◆ **ésser clar com l'aigua** to be crystal clear ◆ **veure-hi clar** to be sure: *No hi veig ~.* I'm not sure.

clara *nf* **1** (*ou*) egg white **2** (*beguda*) shandy [*pl* shandies]

claraboia *nf* skylight

claredat *nf* **1** (*lluminositat*) light **2** (*nitidesa, perspicàcia*) clarity

clarejar *vi* **1** (*aclarir-se*) to clear up **2** (*fer-se clar*) to get light

clarí *nm* bugle

clarinet *nm* clarinet

claror *nf* light: *Aquest pis té molta ~.* This flat gets a lot of light. LOC **fer claror** to give off light: *Aquest fanal no fa gaire ~.* That street lamp doesn't give off much light.

classe *nf* **1** class: *Vam anar a la mateixa ~.* We were in the same class. ◇ *viatjar en primera ~* to travel first class ◇ *la lluita de ~s* the class struggle **2** (*aula*) classroom **3** (*lliçó*) lesson: *~s de conduir* driving lessons ◇ *~ particular* private lesson **4** (*tipus*) kind: *diverses ~s de pa* different kinds of bread LOC **classe alta/baixa/mitjana** upper/lower/middle class(es) [*gen pl*] ◆ **classe obrera** working class ◆ **fer classe** to teach: *Fa ~ en un col·legi privat.* He teaches at a private school. *Vegeu tb* COMPANY

clàssic, ~a ▶ *adj* **1** (*Art, Hist, Mús*) classical **2** (*típic*) classic: *el ~ comentari* the classic remark

▶ *nm* classic

classificació *nf* **1** classification: *la ~ de les plantes* the classification of plants **2** (*Esport*) **(a)** (*acció*): *partit/fase de ~* qualifying match/stage ◇ *la ~ per a la final* qualifying for the final **(b)** (*rànquing*): *El tennista alemany encapçala la ~ mundial.* The German player is number one in the world rankings. ◇ *la ~ general de la lliga* the league table

classificar ▶ *vt* to classify: *~ els llibres per matèries* to classify books according to subject

▶ **classificar-se** *vp* **classificar-se (per a)** to qualify (for *sth*): *classificar-se per a la final* to qualify for the final LOC **classificar-se en segon, tercer, etc. lloc** to come second, third, etc.

classista ▶ *adj* class-conscious

▶ *nmf* snob

clatell *nm* back of the neck

clau¹ *nm* **1** (*de metall*) nail **2** (*Cuina*) clove LOC *Vegeu* SEC

clau² *nf* **1** ~ **(de)** key [*pl* keys] (to *sth*): *On has deixat les ~s del cotxe?* Where did you leave the car keys? ◇ *He perdut la ~ de casa.* I've lost my door key. ◇ *la ~ de l'armari* the key to the wardrobe ◇ *la ~ del seu èxit* the key to their success ◇ *factor/persona ~* key factor/person **2** (*codi*) code **3** (*Mec*) spanner **4** (*Mús*) clef LOC **amb pany i clau/sota clau** under lock and key ◆ **clau anglesa** adjustable spanner ◆ **clau de contacte** ignition key ◆ **clau de pas** (*de l'aigua, del gas*) stopcock ◆ **clau de sol/fa** treble/bass clef ◆ **ésser clau** to be central *to sth*

claudicar *vi* to surrender

clauer *nm* key ring

claustre *nm* **1** (*Arquit*) cloister **2** (*conjunt de professors*) staff [*v sing o pl*] **3** (*reunió de professors*) staff meeting

claustrofòbia *nf* claustrophobia: *tenir ~* to suffer from claustrophobia

claustrofòbic, ~a *adj* claustrophobic

clàusula *nf* clause

clausura *nf* closure LOC **de clausura 1** closing: *acte/discurs de ~* closing ceremony/speech **2** (*monja, convent, etc.*) cloistered

clausurar(-se) *vt, vp* to end

clavar ▶ *vt* **1** (*clau, estaca*) to hammer *sth into sth*: *~ claus a la paret* to hammer nails into the wall **2** (*ganivet, punyal*) to stick *sth into sb/sth*: *Va ~ el ganivet a la taula.* He stuck the knife into the table. **3** (*fixar*) to nail *sth to sth*: *Van ~ el quadre a la paret.* They nailed the picture to the wall. **4** (*dents, queixalada*) to sink *your teeth into sth*: *Va ~ una queixalada a la síndria.* He sank his teeth into the watermelon. **5** (*cobrar massa*) to charge: *M'han clavat un dineral per arreglar el cotxe.* They charged me a fortune for fixing the car. ▶ **clavar-se** *vp*: *M'he clavat una espina al dit.* I've got a thorn in my finger. ◇ *Vés amb compte a no clavar-te l'agulla/les tisores.* Be careful you don't hurt yourself with that pin/the scissors. LOC **clavar els frens** to slam on the brakes ◆ **clavar els ulls/la mirada** to stare *at sb*: *No em clavis la mirada.* Don't stare at me. ◆ **clavar una bufetada, un cop, etc.** to hit *sb/sth* ◆ **clavar un moc 1** (*de paraula*) to put *sb* down **2** (*amb un gest*) to snub *Vegeu tb* LLAUNA, TABARRA

clavat, -ada *adj* ~ **a** (*idèntic*) just like: *Aquest somriure és ~ al de la seva mare.* That smile is just like his mother's. *Vegeu tb* CLAVAR

claveguera *nf* sewer

clavell *nm* carnation

clavícula *nf* collarbone

clàxon *nm* horn: *tocar el ~* to sound the horn

cleca *nf* slap LOC **clavar/donar una cleca** to slap *sb*

clenxa *nf* parting: *un pentinat amb ~ al mig* a hairstyle with a centre parting LOC **fer-se la clenxa** to part your hair

clergat *nm* clergy [*pl*]

C

clic *nm* click LOC **fer (un) clic** to click: *Fes (un) ~ a/sobre la icona.* Click on the icon. ◇ *fer (un) doble ~* to double-click ◇ *fer un ~ amb la llengua* to click your tongue

client, ~a *nm-nf* customer, client: *Sóc ~ de La Caixa.* I'm a customer of La Caixa.

> **Customer** és la persona que compra en una botiga, o que usa els serveis d'un restaurant o un banc. **Client** és la persona que usa els serveis d'un professional com ara un advocat.

clima *nm* **1** climate: *un ~ humit* a damp climate **2** (*ambient*) atmosphere: *un ~ de cordialitat/tensió* a friendly/tense atmosphere

climàtic, ~a *adj* LOC *Vegeu* CANVI

climatitzat, -ada *adj* air-conditioned LOC *Vegeu* PISCINA

clímax *nm* climax

clínic, ~a *adj* clinical LOC *Vegeu* HISTORIAL

clínica *nf* **1** clinic **2** (*dental*) surgery

clip *nm* **1** (*paper*) paper clip **2** (*cabells*) hair clip

clivellar(-se) *vt, vp* **1** to crack **2** (*pell*) to chap

clixé *nm* **1** (*tòpic*) cliché **2** (*Fot*) negative

cloïssa *nf* clam

clon *nm* clone

clonar *vt* to clone

clonatge *nm* (*tb* **clonació** *nf*) cloning: *el ~ humà* human cloning

clònic, ~a ▶ *adj* (*Biol*) cloned: *una ovella clònica* a cloned sheep
▶ *nm* (*Informàt*) clone: *un PC ~* a PC clone

cloquejar *vi* (*gallina*) to cluck

clor *nm* chlorine

clorofil·la *nf* chlorophyll

closca *nf* **1** (*ou, nou, etc.*) shell: *~ d'ou* eggshell ◇ *una ~ de tortuga* a tortoise shell **2** (*cap*) head

clot *nm* **1** hole: *fer/cavar un ~* to dig a hole **2** (*en una carretera*) pothole: *una carretera plena de ~s* a road full of potholes

clotet *nm* (*galta, barbeta*) dimple

club *nm* club: *un ~ de futbol* a football club

coacció *nf* coercion

coaccionar *vt* to coerce *sb* (*into doing sth*)

coàgul *nm* clot: *~ sanguini* blood clot

coagular(-se) *vt, vp* to clot

coala *nm* koala (bear)

coalició *nf* coalition

coartada *nf* alibi [*pl* alibis]: *tenir una bona ~* to have a good alibi

cobdiciós, -osa *adj* greedy

cobejança *nf* **1** (*avarícia*) greed **2** *~* **de** lust for *sth*: *la seva ~ de poder/riqueses* their lust for power/riches

cobejar *vt* (*ambicionar*) to covet

cobert *nm* **1** (*lloc*) shed **2** (*forquilla, cullera i ganivet*) cutlery [*incomptable*]: *Només haig de posar els ~s.* I've just got to put out the cutlery. ◇ *Encara no sap fer servir els ~s.* He hasn't learned how to use a knife and fork yet. **3** (*restaurant*) set price menu LOC **posar-se a cobert** to take cover *from sth* *Vegeu tb* JOC

cobert, ~a *adj* **1** *~* **(de/amb)** covered (in/with *sth*): *~ de taques* covered in stains **2** (*cel, dia*) overcast **3** (*instal·lació*) indoor: *una piscina coberta* an indoor swimming pool *Vegeu tb* COBRIR

coberta *nf* **1** (*Nàut*) deck: *pujar a ~* to go up on deck **2** (*llibre*) cover

cobertura *nf* **1** (*mitjans de comunicació, telefonia*) coverage: *la ~ d'un esdeveniment en la premsa* press coverage of an event ◇ *una xarxa amb ~ nacional* a network with nationwide coverage **2** (*Mil, assegurances, protecció*) cover: *la ~ aèria* air cover LOC **tenir cobertura** (*amb el mòbil*) to get a signal: *No tinc ~.* I can't get a signal.

cobla *nf* sardana band

cobra *nf* cobra

cobrador, ~a *nm-nf* **1** (*deutes, rebuts*) collector **2** (*autobús*) conductor

cobrament *nm* **1** (*factura, lletra*) payment **2** (*lloguer*) collection **3** (*xec*) cashing LOC *Vegeu* TRUCADA, TRUCAR

cobrar *vt* **1** (*demanar un pagament*) to charge (*sb*) (*for sth*): *Quant t'han cobrat pel cafè?* How much did they charge you for the coffee? ◇ *Em cobra, si us plau?* Can I have the bill, please? ◇ *Cobri, si us plau.* Here you are. ◇ *Pot ~ les begudes?* How much are the drinks? **2** (*rebre un salari, un pagament, etc.*) to be paid (for *sth*): *Encara no he cobrat les classes.* I still haven't been paid for the classes. ◇ *El dijous cobrem!* Thursday is pay day! **3** (*xec*) to cash: *~ un xec* to cash a cheque **4** (*obtenir*) to gain: *~ força* to gain momentum LOC **cobrar de més/menys** to overcharge/undercharge ◆ **cobrar l'atur** to be on the dole *Vegeu tb* CONEIXEMENT

cobrellit *nm* bedspread

cobrir ▶ *vt* to cover *sb/sth* (*with sth*): *Han cobert les parets amb propaganda electoral.* They've covered the walls with election posters. ◇ *~ les despeses de viatge* to cover travelling expenses ▶ *vi* (*dins l'aigua*): *No heu d'anar més enllà d'on cobreix.* You mustn't go out of your depth. LOC **cobrir-se el cel/temps** to become overcast

coca *nf* cake
Coca Cola® *nf* Coke®
cocaïna *nf* cocaine
cocció *nf* cooking: *temps de ~* cooking time
coco *nm* coconut
cocodril *nm* crocodile LOC *Vegeu* LLÀGRIMA
cocoter *nm* coconut palm
còctel *nm* **1** (*beguda*) cocktail **2** (*reunió*) cocktail party
codi *nm* code: *~ genètic* genetic code LOC **codi de barres** bar code ◆ **codi de circulació** Highway Code ◆ **codi postal** postcode
codificar *vt* (*Informàt*) to encode
còdol *nm* pebble
codony *nm* quince
codonyat *nm* quince jelly
coeficient *nm* coefficient
coet *nm* rocket LOC *Vegeu* PUJAR
coexistència *nf* coexistence
coexistir *vi* to coexist
cofre *nm* case
cognom *nm* surname ❶ També se'n diu **last name** o **family name**. LOC *Vegeu* NOM
cogombre *nm* cucumber
cogombret *nm* gherkin: *~s en vinagre* pickled gherkins
coherència *nf* **1** (*d'un escrit, discurs*) coherence **2** (*conseqüència*) consistency
coherent *adj* **1** (*congruent*) coherent **2** ~ **(amb)** (*conseqüent*) consistent (with *sth*)
cohesió *nf* cohesion
cohibir ▶ *vt* to inhibit ▶ **cohibir-se** *vp* to feel inhibited
coincidència *nf* coincidence
coincidir *vi* **1** (*estar d'acord*): *Hem coincidit en les respostes de l'examen.* We gave the same answers in the exam. ◇ *Coincidim en tot.* We agree on everything. **2** (*en un lloc*): *Vam ~ en el congrés.* We were both at the conference. **3** (*esdeveniments*) to coincide (*with sth*), to clash (*with sth*) (*més col·loq*): *Espero que no em coincideixi amb els exàmens.* I hope it doesn't clash with my exams.
coïssor *nf* sting
coix, ~a ▶ *adj* **1** (*persona*) with a limp: *ésser ~* to have a limp ◇ *Es va quedar ~ després de l'accident.* The accident left him with a limp. **2** (*animal*) lame: *un cavall ~* a lame horse **3** (*moble*) wobbly
▶ *nm-nf* person with a limp LOC **anar/caminar coix** to limp *Vegeu tb* PEU
coixejar *vi* **1** (*ésser coix*) to limp: *Encara coixejo una mica, però estic millor.* I'm still limping, but I feel better. ◇ *Coixejo del peu dret.* I'm lame in my right foot. **2** (*moble*) to be wobbly LOC **coixejar del mateix peu** to have the same faults (*as sb*)
coixesa *nf* limp: *Gairebé no se li nota la ~.* You can hardly tell he's got a limp.
coixí *nm* **1** (*butaca, sofà*) cushion **2** (*llit*) pillow
coixinera *nf* pillowcase
col *nf* cabbage LOC **col de Brussel·les** Brussels sprout
cola *nf* glue
colador *nm* **1** strainer **2** (*verdures*) colander
colar ▶ *vt* **1** (*llet*) to skim **2** (*verdures, pasta*) to drain **3** (*infusió, cafè*) to strain ▶ **colar-se** *vp* **1** to sneak in: *Vaig veure com es colaven.* I noticed them sneaking in. ◇ *Ens vam ~ a l'autobús sense pagar.* We sneaked onto the bus without paying. **2** (*en una cua*) to push in: *Jo he arribat primer però aquell s'ha colat.* I was here first but he pushed in. LOC *Vegeu* FESTA
còlera *nm* (*malaltia*) cholera
colesterol *nm* cholesterol: *M'ha augmentat el ~.* My cholesterol (level) has gone up.
còlic *nm* colic [*incomptable*]
coliflor *nf* cauliflower
colitis *nf* diarrhoea [*incomptable*]
coll *nm* **1** neck: *No puc torçar el ~.* I can't move my neck. ◇ *el ~ d'una ampolla* the neck of a bottle **2** (*gola*) throat: *Tinc mal de ~.* I've got a sore throat. **3** (*peça de roba*) collar: *el ~ de la camisa* the shirt collar **4** (*cartes*) suit LOC **a coll 1** (*a darrere l'esquena*) on your back **2** (*a sobre les espatlles*) on your shoulders: *portar alguna cosa a ~* to carry sth on your shoulders ◆ **coll alt/girat** polo neck ◆ **coll en punta/V** V-neck ◆ **coll rodó** crew neck ◆ **estar d'alguna cosa fins al coll** to be fed up with sth ◆ **tenir coll avall** to be confident (that…) *Vegeu tb* AIGUA, MAL[1], ROGALL, SOGA
colla *nf* gang: *una ~ de lladres/d'amics* a gang of thieves/friends ◇ *Vindrà tota la ~.* The whole gang will be there.
col·laboració *nf* collaboration: *fer alguna cosa en ~ amb algú* to do sth in collaboration with sb
col·laborador, ~a *nm-nf* collaborator
col·laborar *vi* ~ **(amb) (en)** to collaborate (with *sb*) (on *sth*)
collage *nm* collage: *fer un ~* to make a collage
col·lapsar *vt* to bring *sth* to a standstill: *Les obres col·lapsaran el trànsit.* The roadworks will bring traffic to a standstill.

C

col·lapsat, **-ada** *adj*: *El trànsit està ~.* The traffic is at a standstill. ◇ *Les carreteres van quedar col·lapsades per una nevada.* The roads were brought to a standstill by a heavy fall of snow. *Vegeu tb* COL·LAPSAR

collar[1] *nm* (*gos, gat*) collar LOC **collar ortopèdic** surgical collar

collar[2] *vt* (*caragol*) to tighten

collaret *nm* necklace: *un ~ de maragdes* an emerald necklace

col·lecció *nf* collection

col·leccionar *vt* to collect

col·leccionista *nmf* collector

col·lecta *nf* collection LOC **fer una col·lecta** (*amb fins caritatius*) to collect for charity

col·lectiu, **-iva** *adj, nm* collective

col·lega *nmf* **1** (*company*) colleague: *un ~ meu* a colleague of mine **2** (*amic*) friend, mate (*col·loq*)

col·legi *nm* **1** (*Educ*) school: *Els nens són a ~.* The children are at school. ◇ *anar a ~* to go to school ◇ *Dimecres no hi haurà ~.* There's no school on Wednesday. ➲ *Vegeu nota a* SCHOOL **2** (*associació*) association: *el ~ de periodistes* the press association LOC **col·legi concertat** state-assisted school ◆ **col·legi de capellans/monges** Catholic school ◆ **col·legi electoral** polling station ◆ **col·legi major** hall of residence ◆ **col·legi privat/públic** private/state school

col·legial, **~a** *nm-nf* schoolboy/girl [*pl* schoolchildren]

collibè LOC **a collibè** on your back ◆ **portar a collibè** to give *sb* a piggyback

collir *vt* **1** (*objectes caiguts*) to pick *sth* up: *Cull el mocador.* Pick up your handkerchief. **2** (*fruita, flors*) to pick

col·liri *nm* eye drops [*pl*]

col·lisió *nf* collision (*with sth*): *una ~ frontal* a head-on collision

collita *nf* **1** harvest: *Enguany hi haurà una bona ~.* There's going to be a good harvest this year. **2** (*vi*) vintage: *la ~ del 85* the 1985 vintage LOC **fer la collita** to harvest

col·locar ▶ *vt* **1** to place **2** (*bomba*) to plant **3** (*donar feina*) to find *sb* a job (*with sb*) ▶ **col·locar-se** *vp* **1** (*situar-se*) to stand: *Col·loca't allà.* Stand over there. **2 col·locar-se (de/com a)** to get a job (as *sth*) **3 col·locar-se (amb)** (**a**) (*alcohol*) to get drunk (on *sth*) (**b**) (*drogues*) to get high (on *sth*)

col·locat, **-ada** *adj* LOC **estar col·locat 1** (**a**) (*begut*) to be merry (**b**) (*drogat*) to be high **2** (*tenir feina*) to be employed: *estar ben ~* to have a good job *Vegeu tb* COL·LOCAR

col·loqui *nm* discussion (*about sth*)

col·loquial *adj* colloquial

colom *nm* **1** pigeon: *un ~ missatger* a carrier pigeon **2** (*blanc*) dove: *el ~ de la pau* the dove of peace

colomar *nm* dovecote

colombià, **-ana** *adj, nm-nf* Colombian

Colòmbia *nf* Colombia

colomí *nm* young pigeon

còlon *nm* colon

colònia[1] *nf* (*perfum*) cologne [*incomptable*] ℹ Es pronuncia /kə'ləʊn/: *posar-se ~* to put (some) cologne on

colònia[2] *nf* **1** colony [*pl* colonies]: *una ~ britànica/d'artistes* a British colony/an artists' colony **2** (*grup d'habitatges*) housing estate **3 colònies** (*campament*) camp [*v sing*]: *anar de colònies* to go to summer camp

colonial *adj* colonial

colonització *nf* colonization

colonitzador, **~a** ▶ *adj* colonizing ▶ *nm-nf* settler

colonitzar *vt* to colonize

color *nm* colour

> Quan la paraula *color* apareix seguida del nom d'un color concret, no es tradueix a l'anglès: *Duu un abric de color blau.* She's wearing a blue coat. ◇ *La cortina és de color verd.* The curtain is green.

LOC **de colors** coloured: *llapis de ~s* coloured pencils ◆ **en color**: *una televisió en ~* a colour TV *Vegeu tb* BOMBETA, PEIX, VIDRIERA

coloraina *nf* **coloraines** bright colours [*pl*]: *mitjons de coloraines* brightly-coloured socks

colorant *adj, nm* colouring LOC **sense colorants** no artificial colourings

coloret *nm* blusher: *posar-se una mica de ~* to put on a little blusher

colossal *adj* monumental

columna *nf* column LOC **columna vertebral 1** (*Anat*) spine **2** (*fig*) backbone

colze *nm* elbow LOC *Vegeu* COP, RIURE, XERRAR

colzera *nf* elbow patch

com ▶ *adv* **1** (*manera, segons*) as: *Vaig respondre ~ vaig poder.* I answered as best I could. ◇ *Com et deia...* As I was saying... **2** (*comparació, exemple*) like: *Té un cotxe ~ el nostre.* He's got a car like ours. ◇ *infusions ~ la camamilla i la menta* herbal teas like chamomile and peppermint ◇ *suau ~ la seda* smooth as silk **3** (*interrogació*) how: *Com estàs?* How are you? ◇ *Com es tradueix aquesta paraula?* How do you translate this word? ◇ *No sabem ~ va passar.* We don't know how it happened. **4** (*exclamació*): *Com t'assembles al teu pare!* You're just like your father!

▶ *interj* **1** (*indignació, sorpresa*) what: *Com! Encara no t'has vestit?* What! Aren't you dressed yet? **2** (*quan no s'ha entès alguna cosa*) sorry: *Com? Ho pots repetir?* Sorry? Can you say that again? LOC **com a** as: *Com a amiga, t'ho he de dir.* As a friend, I've got to tell you. ◇ *Me'l vaig emportar ~ a record.* I took it as a souvenir. ◆ **com anem?** how are things? ❶ En llenguatge més col·loquial també podem dir **how's things?** ◆ **com ara...** such as... ◆ **com és?** **1** (*descripció*) what is he, she, it, etc. like?: *Com és la seva germana?* What's his sister like? **2** (*per què?*) how come?: *Com és que no has sortit?* How come you didn't go out? ◇ *— He arribat molt tard aquest matí. — Com és això?* 'I was very late this morning.' 'How come?' ◆ **com he de... ?** how am I, are you, etc. supposed to... ?: *Com ho he de saber, si no m'ho has dit?* How am I supposed to know if you didn't tell me? ◆ **com més aviat millor** the sooner the better ◆ **com més/menys** the more/the less: *Com més hi penso, menys ho entenc.* The more I think about it, the less I understand. ◇ *Com més beu, més fuma.* The more he drinks, the more he smokes. ◆ **com que** (*causa*) as: *Com que vaig arribar d'hora, em vaig fer un cafè.* As I was early, I made myself a coffee. ◆ **com que... ?** (*sorpresa, indignació*): *Com que no ho sabies?* What do you mean, you didn't know? ◆ **com si** as if: *Em tracta ~ si fos la seva filla.* He treats me as if I were his daughter.

> En aquest tipus d'expressions és més correcte dir 'as if I/he/she/it **were**', però avui en la llengua parlada es fa servir molt 'as if I/he/she/it **was**'.

◆ **com sigui** (*a qualsevol preu*) at all costs: *Hem de guanyar ~ sigui.* We must win at all costs.

coma¹ *nm* (*Med*) coma: *estar en ~* to be in a coma

coma² *nf* **1** (*puntuació*) comma ➲ *Vegeu pàg 363* **2** (*Mat*) point: *quaranta ~ cinc (40,5)* forty point five (40.5) ➲ *Vegeu pàgs 757-761* LOC *Vegeu* PUNT

comanda *nf* order: *fer una ~* to place an order

comandament *nm* **1** (*lideratge*) leadership: *tenir dots de ~* to be a born leader **2** (*Mil*) command: *lliurar el ~* to hand over command ◇ *prendre el ~* to take command LOC **comandament a distància** remote control ❶ En llenguatge col·loquial el comandament a distància del televisor també es diu **the remote**. *Vegeu tb* TAULA

comandant, ~a *nm-nf* **1** (*Mil*) major **2** (*d'avió*) captain LOC **comandant en cap** commander-in-chief [*pl* commanders-in-chief]

comando *nm* **1** (*Mil*) commando [*pl* commandos] **2** (*terrorista*) cell

comarca *nf* administrative district ❶ L'equivalent més pròxim és **county** [*pl* **counties**].

comarcal *adj* local LOC *Vegeu* CARRETERA

combat *nm* **1** (*guerra*) combat [*incomptable*]: *soldats morts en ~* soldiers killed in combat ◇ *Hi va haver un ~ ferotge.* There was fierce fighting. **2** (*Boxa*) boxing match LOC **de combat** fighter: *avió/pilot de ~* fighter plane/pilot ◆ **deixar algú fora de combat** to knock sb out ◆ **estar fora de combat** **1** to be out of action **2** (*Boxa*) to be knocked out *Vegeu tb* CARRO

combatent *nmf* combatant

combatre ▶ *vt* to combat: *~ la guerrilla* to combat the guerrillas ▶ *vi* ~ **(contra/per)** to fight (against/for *sb/sth*): *~ contra els rebels* to fight (against) the rebels

combinació *nf* **1** combination: *la ~ d'una caixa forta* the combination of a safe **2** (*transports*): *Tinc molt bona ~ per anar a l'institut.* I'm on a good bus/train route to school. ◇ *Hi ha molt mala ~ per anar a l'hospital des d'aquí.* There's a very poor bus/train service to the hospital from here. **3** (*peça de vestir*) slip

combinar *vt* to combine

combregar *vi* (*Relig*) to take communion

combustible ▶ *adj* combustible
▶ *nm* fuel

combustió *nf* combustion

comèdia *nf* comedy [*pl* comedies] LOC **comèdia musical** musical ◆ **fer comèdia; tenir molta comèdia** to put it on: *No t'ho creguis, fa ~.* Don't take it seriously — he's just putting it on.

comediant, ~a *nm-nf* comedian: *Aquest nen és un ~, en realitat no li passa res.* He's always trying it on — there's actually nothing wrong with him.

començament *nm* start, beginning (*més formal*): *des del ~* from the start/beginning ◇ *al ~* at the start/beginning LOC **a començaments de** at the beginning of: *a ~s d'any* at the beginning of the year ◇ *a ~s de gener* in early January ◆ **ésser al seu començament** to be in its early stages ◆ **tenir un bon/mal començament** to start well/badly

començar *vt, vi* ~ **(a)** to begin, to start (*sth/doing sth/to do sth*): *De sobte va ~ a plorar.* All of a sudden he started to cry. ➲ *Vegeu nota a*

BEGIN LOC **per començar** to start with *Vegeu tb* ZERO

comentar *vt* **1** (*dir*) to say: *Es va limitar a ~ que estava malalt.* He would only say he was sick. **2** (*tema*) to discuss

comentari *nm* comment, remark (*més col·loq*): *fer un ~* to make a remark LOC **comentari de text** textual criticism ◆ **fer comentaris** to comment (*on sth*) ◆ **sense comentaris** no comment

comentarista *nmf* commentator

comerç *nm* **1** (*negoci*) trade, commerce (*més formal*): *~ exterior/interior* foreign/domestic trade **2** (*botiga*) shop: *Tenen un petit ~.* They have a small shop. LOC **comerç just** fair trade: *productes de ~ just* fair-trade products *Vegeu tb* CAMBRA

comercial *adj* commercial LOC *Vegeu* CENTRE, GALERIA

comercialitzar *vt* to market

comerciant, ~a *nm-nf* trader

comerciar *vi* ~ **(amb) 1** (*producte*) to trade (in *sth*): *~ amb armes* to trade in arms **2** (*persona*) to do business (with *sb*)

comesa *nf* **1** (*encàrrec*) assignment **2** (*obligació*) duty [*pl* duties]

comestible ▶ *adj* edible
▶ *nm* **comestibles** food [*incomptable*] LOC *Vegeu* BOTIGA

cometa *nm* comet

cometes *nf* inverted commas ➲ *Vegeu pàg 363* LOC **entre cometes** in inverted commas

cometre *vt* **1** (*delicte*) to commit **2** (*error*) to make

comí *nm* cumin

comiat *nm* **1** goodbye, farewell (*més formal*): *sopar de ~* farewell dinner **2** (*celebració*) leaving party LOC **comiat de solter/soltera** stag/hen night

còmic *nm* (*publicació*) comic

còmic, ~a ▶ *adj* **1** (*divertit*) funny **2** (*de comèdia*) comedy [*n atrib*]: *actor ~* comedy actor
▶ *nm-nf* (*humorista*) comedian LOC *Vegeu* PEL·LÍCULA

comissari, -ària *nm-nf* (*policia*) superintendent

comissaria *nf* police station

comissió *nf* commission: *una ~ del 10%* a 10% commission ◇ *la Comissió Europea* the European Commission LOC **a comissió** on commission

comitè *nm* committee LOC **comitè d'empresa** works committee

commemoració *nf* commemoration

commemorar *vt* to commemorate

commoció *nf* shock LOC **commoció cerebral** concussion

commoure *vt* to move

commovedor, ~a *adj* moving

còmode, -a *adj* **1** (*comfortable*) comfortable: *sentir-se ~* to feel comfortable **2** (*convenient*) convenient: *Seria molt més ~ oblidar aquest assumpte.* It would be much more convenient to forget the whole thing. LOC **posar-se còmode** to make yourself comfortable

comodí *nm* **1** (*cartes*) joker **2** (*Informàt*) wild card

comoditat *nf* **1** (*comfort*) comfort **2** (*conveniència*) convenience: *la ~ de tenir el metro a prop* the convenience of having the underground nearby

compacte, -a *adj* compact LOC *Vegeu* DISC

compadir-se *vp* ~ **de** to feel sorry for *sb*

compaginar *vt* to combine *sth* (*with sth*): *~ la feina amb la família* to combine work with your family life

company, ~a *nm-nf* **1** (*amic*) companion **2** (*en una parella, Tennis*) partner **3** (*a la feina*) colleague LOC **company de classe** classmate ◆ **company d'equip** teammate ◆ **company d'habitació/de casa/de pis** room-mate/housemate/flatmate ◆ **company sentimental** partner

companyia *nf* company [*pl* companies]: *Treballa en una ~ d'assegurances.* He works for an insurance company. LOC **companyia aèria** airline ◆ **fer companyia a algú** to keep sb company *Vegeu tb* ANIMAL

companyonia *nf* comradeship

comparable *adj* ~ **(a/amb)** comparable (to/with *sb/sth*)

comparació *nf* comparison: *Aquesta casa no té ~ amb l'anterior.* There's no comparison between this house and the old one. ◇ *fer una ~ amb alguna cosa* to make a comparison with sth LOC **en comparació de** compared to/with *sb/sth*

comparar *vt* to compare *sb/sth* (*to/with sb/sth*): *No comparis aquesta ciutat amb la meva!* Don't compare this town to mine!

comparèixer *vi* to appear: *~ davant un comitè* to appear before a committee

compartiment *nm* compartment

compartir *vt* to share: *~ pis* to share a flat

compàs *nm* **1** (*Nàut*) compass **2** (*Mat*) compasses [*pl*] **3** (*Mús*) **(a)** (*temps*) time: *el ~ de tres per quatre* three-four time **(b)** (*divisió de pentagrama*) bar: *els primers compassos d'una sim-*

fonia the first bars of a symphony LOC Vegeu MARCAR

compassió *nf* pity, compassion (*més formal*) LOC **tenir compassió d'algú** to take pity on sb

compassiu, -iva *adj* ~ **(amb)** compassionate (towards *sb*)

compatible *adj* compatible (*with sb/sth*)

compatriota *nmf* fellow countryman/woman [*pl* -men/-women]

compenetrar-se *vp* ~ **(amb)** to get on well (with *sb*)

compensació *nf* compensation

compensar ▶ *vt* **1** (*equilibrar*) to make up for *sth*: *per ~ la diferència de preus* to make up for the difference in price **2** (*recompensar*) to repay *sb* (*for sth*): *No sé com compensar-los per tot el que han fet.* I don't know how to repay them for all they've done. ▶ *vi* (*valer la pena*) to be worth it/doing sth: *A la llarga compensa.* It's worth it in the long run. ◇ *No em compensa anar-hi només per mitja hora.* It's not worth going just for half an hour.

competència *nf* **1** (*rivalitat*) competition: *La ~ sempre és bona.* Competition is a good thing. **2** (*eficàcia, habilitat*) competence: *falta de ~* incompetence **3** (*autoritat*) authority LOC **fer la competència** to compete with *sb/sth*

competent *adj* competent: *un professor ~* a competent teacher

competició *nf* competition LOC **de competició** competitive: *esport de ~* competitive sport

competir *vi* to compete: *~ pel títol* to compete for the title ◇ *~ amb empreses estrangeres* to compete with foreign companies

competitiu, -iva *adj* competitive

compilar *vt* to collect

complaure *vt* to please: *És difícil de complau-re'ls.* They're hard to please.

complement *nm* **1** (*suplement*) supplement: *com a ~ de la seva dieta* as a dietary supplement **2** (*accessori*) accessory [*pl* accessories]: *bijuteria i ~s* costume jewellery and accessories **3** (*Gram*) object: *~ directe/indirecte* direct/indirect object

complementari, -ària *adj* **1** (*serveis, aliments, etc.*) complementary **2** (*Educ*) subsidiary: *assignatures complementàries* subsidiary subjects

complet, ~a *adj* **1** (*sencer*) complete: *la col·lecció completa* the complete collection **2** (*ple*) full LOC Vegeu JORNADA, PENSIÓ

completament *adv* completely

completar *vt* to complete

complex, ~a ▶ *adj* complex: *És un problema molt ~.* It's a very complex problem.
▶ *nm* complex: *un ~ d'oficines* an office complex ◇ *tenir ~ de gras* to have a complex about being fat ◇ *tenir ~ de superioritat* to have a superiority complex

C

complicació *nf* complication

complicar ▶ *vt* to complicate ▶ **complicar-se** *vp* to become complicated LOC **complicar-se la vida** to make life difficult for yourself

complicat, -ada *adj* complicated Vegeu tb COMPLICAR

còmplice *nmf* accomplice (*in/to sth*)

compliment *nm* compliment LOC **fer alguna cosa per compliment** to do sth to be polite: *No ho facis per ~.* Don't do it just to be polite. ◆ **sense compliments** without ceremony

complir ▶ *vt* **1** (*promesa, obligació*) to fulfil **2** (*ordre*) to carry *sth* out **3** (*condemna*) to serve ▶ *vi* **1** (*fer el que correspon*) to do your bit: *Jo he complert.* I've done my bit. **2** (*termini*) to expire ▶ **complir-se** *vp* (*esdevenir-se*) to come true: *Els seus somnis es van ~.* His dreams came true.

complot *nm* plot

compondre ▶ *vt* **1** (*formar*) to make *sth* up: *Quatre relats componen el llibre.* The book is made up of four stories. **2** (*Mús, poesia*) to compose ▶ **compondre's** *vp* **compondre's de** to consist of *sth*: *El curs es compon de sis assignatures.* The course consists of six subjects.

component *nm* **1** (*part*) component **2** (*membre*) member: *els ~s de l'orquestra* the members of the orchestra

comportament *nm* behaviour: *El seu ~ va ésser exemplar.* Their behaviour was exemplary.

comportar-se *vp* to behave

composició *nf* composition

compositor, ~a *nm-nf* composer

compost, ~a ▶ *adj* **1** compound: *paraules compostes* compound words **2** ~ **de/per** consisting of *sth*: *un jurat ~ per quatre homes i vuit dones* a jury consisting of four men and eight women
▶ *nm* compound Vegeu tb COMPONDRE

compota *nf* stewed fruit: *~ de poma* stewed apple

compra *nf* purchase: *una bona ~* a good buy

comprador, ~a *nm-nf* buyer

comprar *vt* to buy: *Vull comprar-los un regal.* I want to buy them a present. ◇ *Me'l compres?* Will you buy it for me? ◇ *Li vaig ~ la bicicleta a un amic.* I bought the bike from a friend. LOC **anar a comprar** to do the shopping ◆ **comprar a**

C

terminis to buy *sth* on hire purchase ◆ **sortir a comprar** to go shopping

comprendre *vt* **1** (*entendre*) to understand: *Els meus pares no em comprenen.* My parents don't understand me. ◇ *N'han comprès la importància.* They've understood its importance. ◇ *Com vostè comprendrà...* As you will understand... **2** (*incloure*) to include

comprensió *nf* understanding LOC **tenir/mostrar comprensió** to be understanding (*towards sb*)

comprensiu, -iva *adj* understanding (*towards sb*)

comprès, -esa *adj*: *nens d'edats compreses entre els 11 i els 13 anys* children aged between 11 and 13 ◇ *servei no ~* service not included *Vegeu tb* COMPRENDRE

compresa *nf* (*per a dones*) sanitary towel

comprimit *nm* (*pastilla*) tablet LOC *Vegeu* PISTOLA

compromès, -esa *adj* (*situació*) awkward *Vegeu tb* COMPROMETRE

comprometedor, ~a *adj* compromising

comprometre ▶ *vt* **1** (*posar en un compromís*) to put *sb* in an awkward position, to compromise (*més formal*) **2** (*obligar*) to commit *sb to sth/doing sth*: *Aquest document no et compromet a res.* This document doesn't commit you to anything. ▶ **comprometre's** *vp* **1** (*donar la paraula*) to promise (*to do sth*): *No em comprometo a anar-hi.* I'm not promising I'll go. **2** (*en matrimoni*) to get engaged (*to sb*)

compromís *nm* **1** (*obligació*) commitment: *El matrimoni és un gran ~.* Marriage is a great commitment. **2** (*acord*) agreement **3** (*cita*) engagement: *Em sap greu, tinc un altre ~.* Sorry, I've got a prior engagement. **4** (*matrimonial*) engagement **5** (*dificultat*) awkward situation: *Em poses en un ~.* You're putting me in an awkward position. ❶ La paraula **compromise** no significa compromís, sino *acord*. LOC **per compromís** out of a sense of duty ◆ **sense compromís** without obligation

comprovar *vt* to check

comptabilitat *nf* **1** (*comptes*) accounts [*pl*]: *la ~ d'una empresa* a firm's accounts **2** (*professió*) accountancy LOC **portar la comptabilitat** to do the accounts

comptable ▶ *adj* (*Gram*) countable
▶ *nmf* accountant

comptador *nm* meter: *el ~ de gas* the gas meter

comptagotes *nm* dropper LOC **amb comptagotes** a little bit at a time: *Em va pagant amb ~.* She's paying me a little bit at a time. ◇ *donar informació amb ~* to release a slow trickle of information

comptaquilòmetres *nm* **1** (*distància*) milometer **2** (*velocitat*) speedometer

comptar ▶ *vt, vi* to count: *Va ~ el nombre de passatgers.* He counted the number of passengers. ◇ *Som cinc sense ~ els meus pares.* There are five of us, without counting my parents. ◇ *Compta fins a deu.* Count to ten. ▶ *vi* **1** (*importar*): *La nostra opinió no compta gaire.* Our opinion doesn't count for much. **2 ~ amb/que...** to count on *sb/sth*: *Compto amb ells.* I'm counting on them. ◇ *Compto que no faran tard.* I'm counting on them not being late. LOC **comptar amb els dits** to count on your fingers

comptat, -ada *adj* (very) few: *comptades vegades* on very few occasions LOC **al comptat** cash: *pagar alguna cosa al ~* to pay cash for sth *Vegeu tb* COMPTAR

compte ▶ *nm* **1** (*factura*) bill: *Que em pot portar el ~, si us plau?* Could I have the bill, please? **2** (*operació aritmètica*) sum: *No em surten els ~s.* I can't work this out. **3** (*Com, Fin*) account
▶ **compte!** *interj* **1** look out!: *Compte! Que ve un cotxe.* Look out! There's a car coming. **2 ~ amb**: *Compte amb el gos!* Beware of the dog! ◇ *Compte amb l'escala!* Mind the step! LOC **amb (molt de) compte** (very) carefully ◆ **anar amb compte (amb)** to be careful (with *sb/sth*): *Haurem d'anar amb ~.* We'll have to be careful. ◆ **compte corrent/d'estalvis** current/savings account ◆ **compte de correu electrònic** email account ◆ **compte enrere** countdown ◆ **en compte(s) de** instead of *sb/sth/doing sth* ◆ **fer comptes** to work *sth* out: *Encara no he fet ~s del que ens ha costat el viatge.* I haven't worked out yet what the trip cost. ◆ **més del compte** too much, too many: *He begut més del ~.* I've had too much to drink. ◆ **passar comptes (amb algú)** to sort *sth* out: *Pago jo i després ja passarem ~s.* I'll pay and we'll sort it out between ourselves later on. ◇ *Ja passarem ~s, tu i jo; aquesta sí que no te la passo!* We're going to have to sort this out — you're not getting away with it this time! ◆ **pel meu, etc. compte** for myself, yourself, etc.: *treballar algú pel seu ~* to work for yourself ◆ **prendre/tenir en compte** (*considerar*) to bear *sth* in mind: *Tindré en ~ els teus consells.* I'll bear your advice in mind. ◆ **sortir a compte** to be worth *doing sth* ◆ **sortir de comptes** (*embaràs*) to be due: *Surt de ~s a final de juliol.* She's due at the end of July. *Vegeu tb* PERDRE

comtat *nm* county [*pl* counties]

comte, -essa *nm-nf* **1** (*masc*) count **2** (*fem*) countess

comú, -una *adj* **1** common: *un problema* ~ a common problem ◇ *característiques comunes a un grup* characteristics common to a group **2** (*compartit*) joint: *un esforç* ~ a joint effort LOC **tenir alguna cosa en comú 1** (*gustos*) to share sth **2** (*assemblar-se*) to have sth in common *Vegeu tb* POSADA, SENTIT

comunicació *nf* **1** communication: *la falta de* ~ lack of communication **2** (*telèfon*): *Es va tallar la* ~. We were cut off. LOC **amb bones/males comunicacions**: *Vivim en un barri amb bones/males comunicacions.* We live in an area that is well/poorly served by public transport. *Vegeu tb* MITJÀ *nm*

comunicar ▶ *vt* to communicate *sth* (*to sb*): *Han comunicat les seves sospites a la policia.* They've communicated their suspicions to the police. ▶ *vi* **1** ~ **(amb)** (*posar-se en contacte*) to get in touch (with *sb*): *No puc ~ amb la directora.* I can't get in touch with the head. **2** (*telèfon*) to be engaged: *Comunicava.* It was engaged. ▶ **comunicar(-se)** *vi, vp* **comunicar(-se) (amb)** to communicate (with *sth*): *La meva habitació (es) comunica amb la teva.* My room communicates with yours.

comunicat *nm* announcement

comunicatiu, -iva *adj* communicative

comunió *nf* communion LOC **fer la (primera) comunió** to take (your first) communion

comunisme *nm* communism

comunista *adj, nmf* communist

comunitari, -ària *adj* (*de la Comunitat Europea*) EU: *ciutadans ~s* EU citizens

comunitat *nf* community [*v sing o pl*] [*pl* communities] LOC **comunitat autònoma** autonomous region ♦ **comunitat de veïns** residents' association

con *nm* cone

conca *nf* (*Geog*) basin: *la ~ de l'Ebre* the Ebro basin LOC **conca minera** (*de carbó*) coalfield

còncau, -ava *adj* concave

concebre *vt, vi* to conceive

concedir *vt* **1** to give: *Li van ~ tres anys de vida.* He was given three years to live. **2** (*entrevista*) to grant **3** (*premi, beca*) to award: *Em van ~ una beca.* I was awarded a scholarship. **4** (*reconèixer*) to acknowledge: *Hem de ~ que tenen prou mèrit.* We have to acknowledge that they have some merit.

concentració *nf* **1** (*atenció*): *falta de* ~ lack of concentration **2** (*manifestació*) rally [*pl* rallies]

concentrar ▶ *vt* to concentrate ▶ **concentrar-se** *vp* **concentrar-se (en)** to concentrate (on *sth*): *Concentra't en el que fas.* Concentrate on what you're doing.

concentrat, -ada ▶ *adj* **1** (*persona*): *Estava tan ~ llegint que no t'he sentit entrar.* I was so immersed in the book that I didn't hear you come in. **2** (*substància*) concentrated ▶ *nm* concentrated: ~ *de raïm* grape concentrate *Vegeu tb* CONCENTRAR

concepte *nm* **1** (*idea*) concept **2** (*opinió*) opinion: *No sé si tens un bon ~ de mi.* I don't know if you have a good opinion of me.

concert *nm* **1** (*recital*) concert **2** (*composició musical*) concerto [*pl* concertos]

concertar *vt* (*organitzar*) to arrange: ~ *una cita* to arrange an appointment

concertat, -ada *adj* LOC *Vegeu* COL·LEGI; *Vegeu tb* CONCERTAR

concessionari, -ària *nm-nf* dealer: *un ~ (de) Fiat* a Fiat dealer

concili *nm* council

concís, -isa *adj* concise

conciutadà, -ana *nm-nf* fellow citizen

concloure *vt* **1** (*acabar*) to conclude, to finish (*més col·loq*) **2** (*deduir*) to conclude *sth* (*from sth*): *Van ~ que era innocent.* They concluded that he was innocent.

conclusió *nf* conclusion: *arribar a/treure una* ~ to reach/draw a conclusion

conco *nm* bachelor

concordar *vi* to agree (*with sth*): *La teva resposta no concorda amb la seva.* Your answer doesn't agree with his. ◇ *Tots els metges concorden en el diagnòstic.* All the doctors agree about the diagnosis.

concorregut, -uda *adj* **1** (*ple de gent*) crowded **2** (*popular*) popular

concret, ~a *adj* **1** (*específic*) specific: *les tasques concretes que els pertoquen* the specific tasks they perform ◇ *en aquest cas* ~ in this particular case **2** (*precís*) definite: *una resposta concreta* a definite answer LOC **en concret** to be precise

concretar *vt* to make *sth* clear

concurs *nm* **1** (*joc d'habilitat, Esport*) competition **2** (*Ràdio, TV*) **(a)** (*de preguntes i respostes*) quiz show **(b)** (*de jocs i proves*) game show LOC **concurs de bellesa** beauty contest

concursant *nmf* contestant

concursar *vi* **1** (*en un concurs*) to take part (*in sth*) **2** (*per a una plaça*) to compete

condecoració *nf* medal

condecorar *vt* to award *sb* a medal (*for sth*)

condeixeble, -a *nm-nf* fellow student

condemna *nf* sentence LOC *Vegeu* IMPOSAR

condemnar *vt* **1** (*Dret*) (**a**) (*a una pena*) to sentence *sb* (*to sth*): *~ algú a mort/a tres anys de presó* to sentence sb to death/to three years' imprisonment (**b**) (*per un delicte*) to convict *sb* (*of sth*): *~ algú per conduir borratxo* to convict sb of drink-driving **2** (*desaprovar*) to condemn

condemnat, -ada ▶ *adj* (*predestinat*) doomed (*to sth*)
▶ *nm-nf* (*pres*) convicted prisoner: *un ~ a mort* a condemned man *Vegeu tb* CONDEMNAR

condensar(-se) *vt, vp* to condense

condensat, -ada *adj* LOC *Vegeu* LLET; *Vegeu tb* CONDENSAR(-SE)

condescendent *adj* **1** (*transigent*) tolerant (*of/towards sb*): *Els seus pares són molt ~s amb ell.* His parents are very tolerant (towards him). **2** (*amb aires de superioritat*) condescending: *un somriure ~* a condescending smile

condició *nf* **1** condition: *El gènere va arribar en bones condicions.* The goods arrived in perfect condition. ◇ *Aquesta és la meva única ~.* That is my one condition. ◇ *Ells van posar les condicions.* They laid down the conditions. **2** (*social*) background LOC **sense condicions** unconditional: *una rendició sense condicions* an unconditional surrender ◇ *Va acceptar-ho sense condicions.* He accepted it unconditionally. ◆ **sota/amb la condició de/que...; a condició de/que...** on condition that...: *Ho faré amb la ~ que m'ajudis.* I'll do it on condition that you help me.

condicional *adj, nm* conditional LOC *Vegeu* LLIBERTAT

condicionar *vt* to condition: *L'educació et condiciona.* You are conditioned by your upbringing.

condicionat, -ada *adj* LOC *Vegeu* AIRE; *Vegeu tb* CONDICIONAR

condiment *nm* seasoning [*incomptable*]

condimentar *vt* to season *sth* (*with sth*)

condó *nm* condom

condol *nm* condolences [*pl*]: *El meu ~ més sincer.* My deepest condolences. LOC **donar el condol** to offer *sb* your condolences

conducta *nf* behaviour

conducte *nm* **1** (*tub*) pipe **2** (*Med*) duct

conductor, ~a *nm-nf* driver

> En anglès **conductor** significa *director d'orquestra* o *cobrador (d'autobús)*.

conduir ▶ *vt* **1** (*cotxe, camió*) to drive **2** (*moto*) to ride **3** (*portar*) to lead *sb* (*to sth*): *Les pistes ens van ~ al lladre.* The clues led us to the thief.
▶ *vi* **1** (*vehicle*) to drive: *Estic aprenent a ~.* I'm learning to drive. **2** *~* **a** (*portar*) to lead to *sth*: *Aquest camí condueix a la font.* This path leads to the spring. LOC *Vegeu* CARNET, PERMÍS

conegut, -uda ▶ *adj* (*famós*) well known: *un sociòleg ~* a well-known sociologist
▶ *nm-nf* acquaintance *Vegeu tb* CONÈIXER

coneixement *nm* knowledge [*incomptable*]: *Van posar a prova els seus ~s.* They put their knowledge to the test. LOC **perdre/cobrar el coneixement** to lose/regain consciousness

conèixer *vt* **1** to know: *Els conec de la universitat.* I know them from university. ◇ *Conec molt bé París.* I know Paris very well. ◇ *arribar a ~ algú* to get to know sb **2** (*una persona per primera vegada*) to meet: *Els vaig ~ durant les vacances.* I met them on holiday. **3** (*saber de l'existència*) to know of *sb/sth*: *Coneixes un bon hotel?* Do you know of a good hotel? LOC **conèixer de vista** to know *sb* by sight

confecció *nf* LOC **de confecció** off-the-peg: *un vestit de ~* an off-the-peg dress

confeccionar *vt* to make

conferència *nf* **1** (*xerrada*) lecture **2** (*congrés*) conference **3** (*per telèfon*) long-distance call LOC *Vegeu* PREMSA

conferenciant *nmf* speaker

confessar ▶ *vt, vi* **1** to confess (to *sth/doing sth*): *Haig de ~ que prefereixo el teu.* I must confess I prefer yours. ◇ *~ un crim/assassinat* to confess to a crime/murder ◇ *Van ~ que havien robat el banc.* They confessed they had robbed the bank. **2** (*capellà*) to hear (*sb's*) confession: *El diumenge no confessen.* They don't hear confessions on Sundays. ▶ **confessar-se** *vp* **1** (*declarar-se*): *Es van ~ culpables del crim.* They confessed they had committed the crime. **2** (*Relig*) (**a**) to go to confession (**b**) **confessar-se de** to confess *sth*, to confess (to *doing sth*) LOC **confessar la veritat** to tell the truth

confessió *nf* confession

confessor *nm* confessor

confeti *nm* confetti [*incomptable*]

confiança *nf* **1** *~* **(en)** confidence (in *sb/sth*): *No tenen gaire ~ en aquell noi.* They don't have much confidence in that boy. **2** (*naturalitat, amistat*): *tractar algú amb ~* to treat sb in a friendly way ◇ *T'ho puc dir perquè ens tenim ~.* I can tell you because we're friends. LOC **agafar confiança** to become friends (*with sb*) ◆ **confiança en si mateix** self-confidence: *No tinc ~ en mi mateix.* I lack self-confidence. ◆ **de confiança** trustworthy: *un empleat de ~* a trustworthy employee ◆ **en confiança** in confidence *Vegeu tb* ABÚS, DIGNE

confiar ▶ *vi* ~ **en 1** (*fiar-se*) to trust *sb/sth* [*vt*]: *Confia en mi.* Trust me. ◇ *No confio en els bancs.* I don't trust banks. **2** (*esperar*) to hope: *Confio que no plourà.* I hope it won't rain. ◇ *Confio que arribaran a temps.* I hope they arrive on time. ▶ *vt* to entrust *sb/sth* with *sth*: *Sé que puc confiar-li l'organització de la festa.* I know I can entrust him with the arrangements for the party.

confiat, -ada *adj* (*crèdul*) trusting *Vegeu tb* CONFIAR

confidència *nf* secret: *M'ha fet una ~.* She told me a secret.

confidencial *adj* confidential

confident *nmf* **1** (*persona de confiança*) confidant **2** (*delator*) informer

configuració *nf* (*Informàt*) settings [*pl*]

confirmar *vt* to confirm

confiscar *vt* to seize: *La policia ha confiscat 10 kg de cocaïna.* The police seized 10 kg of cocaine.

confit *nm* (*ametlla*) sugared almond

confiter, ~a *nm-nf* confectioner

confiteria *nf* **1** (*botiga*) confectioner's ➲ *Vegeu nota a* CARNISSERIA **2** (*ram del comerç*) confectionery

confitura *nf* conserve: *~ de préssec* peach conserve

conflicte *nm* conflict: *un ~ entre les dues potències* a conflict between the two powers LOC **conflicte d'interessos** conflict of interest(s)

confondre *vt* **1** (*equivocar-se*) to mistake *sb/sth* for *sb/sth*: *Em penso que m'ha confós amb algú altre.* I think you've mistaken me for somebody else. ◇ *~ la sal amb el sucre* to mistake the salt for the sugar **2** (*desconcertar*) to confuse: *No em confonguis.* Don't confuse me.

conformar-se *vp* ~ **(a/amb) 1** (*estar satisfet*) to be satisfied (with *sth/doing sth*): *Em conformo a aprovar.* I'll be satisfied with a pass. ◇ *Es conformen amb poca cosa.* They're easily pleased. **2** (*resignar-se*) to put up with *sth*: *No m'agrada, però m'hi hauré de conformar.* I don't like it, but I'll just have to put up with it.

conforme *adj* **1** ~ **(amb)** **(a)** (*d'acord*) in agreement (with *sb/sth*): *No estic ~ amb el que dius.* I don't agree with what you're saying. **(b)** (*satisfet*) happy (with/about *sb/sth*): *No està ~ amb la nota.* He isn't happy with his mark. **2** ~ **a** in keeping with *sb/sth*

conformista *adj, nmf* conformist [*n*]

confraria *nf* brotherhood

confús, -usa *adj* confusing: *Les seves indicacions eren molt confuses.* His directions were very confusing.

confusió *nf* **1** (*falta de claredat*) confusion: *crear ~* to cause confusion **2** (*equivocació*) mistake: *Deu haver-hi hagut una ~.* There must have been a mistake.

congelador *nm* (*aparell*) freezer

congelar ▶ *vt* to freeze ▶ **congelar-se** *vp* **1** (*glaçar-se*) to freeze (over): *L'aigua del llac s'ha congelat.* The lake has frozen over. **2** (*tenir molt fred*) to be freezing: *M'estic congelant.* I'm freezing. **3** (*Med*) to get frostbite

congelat, -ada *adj* frozen: *productes ~s* frozen food *Vegeu tb* CONGELAR

congènit, ~a *adj* congenital

congestionar ▶ *vt*: *L'accident va ~ el trànsit.* The accident cause traffic congestion. ▶ **congestionar-se** *vp* (*posar-se vermell*) to go red in the face

congost *nm* gorge

congrés *nm* **1** (*reunió*) conference **2** (*Pol*) congress LOC **el Congrés dels Diputats** Congress

> L'equivalent a la Gran Bretanya és **the House of Commons**, i als Estats Units, **the House of Representatives**.

cònic, ~a *adj* conical

conífera *nf* conifer

conill, ~a *nm-nf* rabbit

> **Rabbit** és el nom genèric. **Buck** només es refereix al mascle. Per a fer referència només a la femella, es fa servir **doe**. Els infants diuen també **bunny** [*pl* **bunnies**] o **bunny rabbit**.

conillet *nm* LOC **conillet d'Índies** guinea pig

conjugar *vt* to conjugate

conjunció *nf* conjunction

conjunt *nm* **1** (*d'objectes, obres*) collection **2** (*totalitat*) whole: *el ~ de la indústria alemanya* German industry as a whole **3** (*musical*) group **4** (*vestit*) outfit **5** (*Mat*) set LOC **en conjunt** as a whole

conjuntivitis *nf* conjunctivitis [*incomptable*]

conjur *nm* spell

connectar ▶ *vt* **1** (*unir*) to connect *sth* (*with/to sth*): *~ la impressora a l'ordinador* to connect the printer to the computer **2** (*endollar*) to plug *sth* in ▶ **connectar-se** *vp* (*a Internet*) to connect (to *sth*)

connexió *nf* **1** ~ **(a/amb)** connection (to/with *sth*): *amb ~ gratuïta a Internet* with a free

C

Internet connection **2** ~ **(entre)** connection (between...)

conqueridor, ~a (*tb* **conquistador, ~a**) ▶ *adj* conquering
▶ *nm-nf* conqueror: *Guillem el Conqueridor* William the Conqueror

conquerir *vt* (*Mil*) to conquer

conquesta (*tb* **conquista**) *nf* conquest

conquistar *vt* **1** (*Mil*) to conquer **2** (*enamorar*) to win *sb's* heart **3** (*guanyar-se algú*) to win *sb* over

conrear *vt* **1** (*terra*) to farm **2** (*cultiu, planta*) to grow

conreu *nm* **1** (*activitat*) growing: *el ~ de tomàquets* tomato growing **2** (*collita*) crop: *els ~s ecològics més importants* the most important organic crops LOC *Vegeu* TERRA

consagrar *vt* **1** (*Relig*) to consecrate **2** (*dedicar*) to devote *sth* (*to sth*): *Van ~ la vida a l'esport.* They devoted their lives to sport. **3** (*confirmar la fama*) to establish *sb/sth* (*as sth*): *L'exposició el va ~ com a pintor.* The exhibition established him as a painter.

consciència *nf* **1** (*sentit moral*) conscience **2** (*coneixement*) consciousness: *~ de classe* class consciousness LOC **a consciència** thoroughly ◆ **prendre consciència** to become aware (*of sth*) ◆ **tenir la consciència neta/tranquil·la** to have a clear conscience *Vegeu tb* OBJECTOR, REMORDIMENT, REMORDIR

conscienciar ▶ *vt* to make *sb* aware (*of sth*): *Cal ~ els joves sobre el perill de les drogues.* Young people must be made aware of the danger of drugs. ▶ **conscienciar-se** *vp* to become aware (*of sth*)

conscient *adj* **1** ~ **(de)** conscious, aware (*més col·loq*) (of *sth*) **2** (*Med*) conscious

consecutiu, -iva *adj* consecutive

consell *nm* **1** (*recomanació*) advice [*incomptable*]

> Hi ha algunes paraules en català, com ara *consell, notícia*, etc., que tenen una traducció com a incomptables a l'anglès (**advice, news**, etc.). Hi ha dues formes de fer servir aquestes paraules. "Un consell/una notícia" es diu **some advice/news** o **a piece of advice/news**: *Et donaré un consell.* I'll give you some advice/a piece of advice. ◇ *T'he de donar una bona notícia.* I've got some good news/a piece of good news for you. Si fem servir el plural (*consells, notícies*, etc.), es tradueix pel nom incomptable corresponent (**advice, news**, etc.): *No vaig seguir els seus consells.* I didn't follow her advice. ◇ *Tinc bones notícies.* I've got (some) good news.

2 (*municipal*) (town) council LOC **consell d'administració** board of directors ◆ **el Consell de Ministres** the Cabinet [*v sing o pl*]

conseller, ~a *nm-nf* **1** (*assessor*) adviser **2** (*Pol*) minister (in a regional government): *la consellera basca d'Educació* the Education Minister in the Basque regional government

conselleria *nf* ministry (in a regional government): *la Conselleria de Sanitat del Govern Balear* the Ministry of Health in the Balearic Islands regional government

consentiment *nm* consent: *amb/sense el ~ d'algú* with/without sb's consent LOC **donar el consentiment** to give your consent (*to sb/sth*)

consentir *vt* to allow: *No consentiré que em tractis d'aquesta manera.* I won't allow you to treat me like this. ◇ *No li ho consentis.* Don't let him get away with it.

consentit, -ida *adj* (*aviciat*) spoilt: *una nena molt consentida* a very spoilt little girl *Vegeu tb* CONSENTIR

conseqüència *nf* **1** (*seqüela*) consequence: *pagar les conseqüències* to suffer the consequences **2** (*resultat*) result: *a ~ d'això/d'allò* as a result of this/that LOC **en conseqüència** consequently

conseqüent *adj* LOC **ésser conseqüent** to act according to your principles

conserge *nmf* **1** (*oficines, casa, hotel*) porter **2** (*escola, institut*) caretaker

consergeria *nf* **1** (*oficines, casa*) porter's lodge **2** (*escola, institut*) caretaker's lodge

conserva *nf* **1** (*en llauna*) tinned food: *tomàquets en ~* tinned tomatoes **2** (*en pot de vidre*) bottled food

conservador, ~a *adj, nm-nf* conservative

conservant *nm* preservative

conservar ▶ *vt* **1** (*tenir encara*) to still have: *Encara conservo les seves cartes.* I still have his letters. **2** (*tradicions, costums*) to maintain **3** (*menjar*) **(a)** (*mantenir fresc*) to keep *sth* fresh **(b)** (*molt de temps*) to preserve **4** (*calor*) to retain ▶ **conservar-se** *vp* **1 conservar-se bé, jove, etc.** to look good, young, etc. for your age: *Com es conserva de bé!* He looks very good for his age! **2** (*menjar*) to keep

conservatori *nm* school of music, conservatoire (*més formal*)

considerable *adj* considerable

consideració *nf* **1** (*reflexió, compte*) consideration: *prendre alguna cosa en ~* to take sth into consideration **2** ~ **(per)** (*respecte*) respect (for *sb*) LOC **amb/sense consideració** considerately/inconsiderately: *Ens van tractar sense cap ~.* They treated us most inconsiderately.

considerar *vt* **1** (*sospesar*) to weigh *sth* up, to consider (*més formal*): *~ els pros i els contres* to weigh up the pros and cons **2** (*jutjar, apreciar*) to regard *sb/sth* (*as sth*): *La considero la nostra millor jugadora.* I regard her as our best player.

considerat, -ada *adj* (*respectuós*) considerate LOC **ben/mal considerat**: *un metge molt ben ~* a highly regarded doctor ◇ *Està mal ~ entre els seus col·legues.* He's badly thought of by his colleagues. *Vegeu tb* CONSIDERAR

consigna *nf* (*per a l'equipatge*) left luggage office

consistir *vi* **~ en/a 1** (*ésser alguna cosa*) to entail *sth/doing sth*, to consist in *sth/doing sth* (*més formal*): *La meva feina consisteix a ocupar-me de l'allotjament.* My job entails dealing with accommodation. **2** (*constar de*) to consist of *sth/doing sth*: *El menú consisteix en un plat principal, postres, pa i vi.* The set menu consists of a main course, dessert, bread and wine.

consol *nm* consolation: *És un ~ saber que no sóc l'únic.* It is a consolation to know I'm not the only one. ◇ *buscar ~ en alguna cosa* to seek consolation in sth LOC **donar consol** to console

cònsol *nmf* consul

consola *nf* console: *una ~ de videojocs* a video games console

consolació *nf* consolation: *premi de ~* consolation prize

consolar *vt* to console: *El vaig intentar ~ per la mort de la seva mare.* I tried to console him for the death of his mother.

consolat *nm* consulate

consonant *nf* consonant

conspiració *nf* conspiracy [*pl* conspiracies]

conspirar *vi* to conspire

constància *nf* (*perseverança*) perseverance

constant *adj* **1** (*continu*) constant **2** (*perseverant*) hard-working: *El meu fill és molt ~ en l'estudi.* My son works hard at his studies.

constar *vi* **1 em, etc. consta (que...)** I, you, etc. know (that...): *Em consta que ells no ho van fer.* I know they didn't do it. **2 ~ de** to consist of *sth*: *L'obra consta de tres actes.* The play consists of three acts. **3** (*figurar*): *El seu nom no consta a la llista.* Her name isn't on the list. ◇ *segons consta a l'informe* as stated in the report

constel·lació *nf* constellation

constipar-se *vp* to get a cold

constipat, -ada ▶ *adj*: *Estic ~.* I've got a cold.

▶ *nm* cold: *Tinc un ~.* I've got a cold. ◇ *agafar un ~* to catch a cold

> La paraula anglesa **constipated** no significa constipat, sinó *restret*.

Vegeu tb CONSTIPAR-SE

constitució *nf* constitution

constitucional *adj* constitutional

constituir *vt* to be, to constitute (*formal*): *Pot ~ un perill per a la salut.* It may be a health hazard.

construcció *nf* building, construction (*més formal*): *en ~* under construction ◇ *Treballen en la ~.* They're builders.

constructiu, -iva *adj* constructive: *crítica constructiva* constructive criticism

constructor, ~a *nm-nf* builder

construir *vt* to build: *~ un futur millor* to build a better future ◇ *Encara no han començat a ~.* They haven't started building yet.

consulta *nf* **1** (*pregunta*) question: *Li puc fer una ~?* Could I ask you something? **2** (*Med*) surgery [*pl* surgeries]: *Avui la doctora té ~.* The doctor has a surgery today. ◇ *La ~ és a la segona planta.* The surgery is on the second floor. LOC **de consulta** reference: *llibres de ~* reference books

consultar *vt* **1** to consult *sb/sth* (*about sth*): *~ un llibre/un metge* to consult a book/a doctor ◇ *Ens han consultat sobre aquesta qüestió.* They've consulted us about this matter. **2** (*paraula, dada*) to look *sth* up: *Consulta-ho en el diccionari.* Look it up in the dictionary.

consultori *nm* (*d'un metge*) surgery [*pl* surgeries] LOC **consultori sentimental 1** (*Period*) problem page **2** (*Ràdio*) advice programme

consum *nm* consumption: *Ha augmentat el ~ de drogues entre els joves.* There has been a rise in drug consumption among young people. LOC *Vegeu* BÉ[1], SOCIETAT

consumició *nf* (*beguda*) drink: *una entrada amb dret a ~* a ticket entitling you to a drink

consumidor, ~a ▶ *adj* consuming: *països ~s de petroli* oil-consuming countries

▶ *nm-nf* consumer: *els drets dels ~s* consumer rights

consumir *vt* **1** to consume: *un país que consumeix més del que produeix* a country which consumes more than it produces **2** (*energia*) to use: *Aquest radiador consumeix molta electricitat.* This radiator uses a lot of electricity.

consumisme *nm* consumerism

consumista *adj, nmf* consumerist

C

contactar *vi* ~ **amb** to contact *sb* [*vt*]: *Vaig provar de ~ amb la meva família.* I tried to contact my family.

contacte *nm* contact LOC **mantenir contacte/posar-se en contacte amb algú** to keep/get in touch with sb ◆ **perdre (el) contacte amb algú** to lose touch with sb ◆ **posar algú en contacte amb algú** to put sb in touch with sb ℹ També es pot fer servir **contact** en aquestes expressions, però és més formal: *He perdut contacte amb ella.* I've lost touch/contact with her. *Vegeu tb* CLAU²

contagiar ▶ *vt* to give *sth to sb*: *Li va ~ la varicel·la.* He gave her chickenpox. ▶ **contagiar-se** *vp* (*ésser contagiós*) to be contagious

contagiós, -osa *adj* contagious

contaminació *nf* **1** pollution: ~ *atmosfèrica/acústica* atmospheric/noise pollution **2** (*radioactiva, alimentària*) contamination

contaminar *vt* **1** to pollute: *Els residus de la fàbrica contaminen el riu.* Waste from the factory is polluting the river. **2** (*radioactivitat, aliments*) to contaminate

contar *vt* to tell: *Ens van ~ un conte.* They told us a story.

conte *nm* story [*pl* stories]: *Explica'm un ~.* Tell me a story. ◇ *~s de fades* fairy tales

contemplar *vt* to contemplate

contemporani, -ània *adj, nm-nf* contemporary [*pl* contemporaries]

contenidor *nm* **1** (*d'escombraries*) **(a)** bin **(b)** (*amb rodes*) wheelie bin ➲ *Vegeu il·lustració a* BIN **2** (*de mercaderies*) container LOC **contenidor de paper, plàstic, etc.** paper, plastic, etc. recycling bin ◆ **contenidor de vidre** bottle bank

contenir *vt* **1** (*tenir*) to contain: *Aquest text conté alguns errors.* This text contains a few mistakes. **2** (*reprimir*) to hold *sth* back: *El nen no podia ~ les ganes de plorar.* The little boy couldn't hold back the tears.

content, ~a *adj* **1** (*feliç*) happy **2** ~ **(amb/de)** (*satisfet*) pleased (with *sb/sth*): *Estem ~s amb el nou professor.* We're pleased with the new teacher.

contestador *nm* LOC **contestador (automàtic)** answering machine

contestar ▶ *vt, vi* ~ **(a)** to answer: *No contesten mai les meves cartes.* They never answer my letters. ◇ *He trucat però no contesten al telèfon.* I rang but they're not answering the phone. ◇ *Em va ~ que no hi podia venir.* He answered that he couldn't come. ▶ *vi* **1** (*donar una resposta*) to answer, to reply (*més formal*) **2** (*replicar*) to answer back: *No em contestis!* Don't answer (me) back!

context *nm* context: *fora de ~* out of context

continent *nm* continent

contingut *nm* contents [*pl*]: *el ~ d'una ampolla* the contents of a bottle

continu, -ínua *adj* **1** (*ininterromput*) continuous: *el descens ~ de la natalitat* the continuous decline in the birth rate **2** (*repetit*) continual: *canvis ~s* continual changes ➲ *Vegeu nota a* CONTINUAL

continuació *nf* continuation LOC **a continuació** (*tot seguit*) next: *I a ~ veureu una pel·lícula de por.* And next we have a horror film.

continuar *vi* **1** (*activitat*) to go on (*with sth/doing sth*), to continue (*with sth/to do sth*) (*més formal*): *Continuarem fent-te costat.* We shall go on supporting you. **2** (*estat*) to be still...: *Continua fent molta calor.* It's still very hot. LOC **continuarà...** to be continued...

contorn *nm* outline

contra *prep* **1** against: *la lluita ~ la delinqüència* the fight against crime ◇ *Posa't ~ la paret.* Stand against the wall. **2** (*amb verbs com ara llançar, disparar, tirar*) at: *Van llançar pedres ~ les finestres.* They threw stones at the windows. **3** (*amb verbs com ara topar, xocar, estavellar-se*) into: *El meu cotxe va xocar ~ la paret.* My car crashed into the wall. ◇ *Es va estavellar ~ un arbre.* He hit a tree. **4** (*cop, atac*) on: *Es va donar un cop ~ el terra de ciment.* She fell down on the concrete. ◇ *un atemptat ~ la seva vida* an attempt on his life **5** (*resultat*) to: *Van guanyar per onze vots ~ sis.* They won by eleven votes to six. **6** (*tractament, vacuna*) for: *una cura ~ el càncer* a cure for cancer **7** (*enfrontament*) versus (*abrev* v, vs): *el Barcelona ~ el Madrid* Barcelona v Real Madrid LOC **en contra (de)** against (*sb/sth*): *Hi vas a favor o en ~?* Are you for or against? ◇ *en ~ de la seva voluntat* against their will ◆ **fer/portar la contra a algú** to disagree with sb: *Sempre volen fer-li la ~.* They always like to disagree. *Vegeu tb* PRO

contraatac *nm* counter-attack

contraatacar *vi* to fight back

contrabaix *nm* (*instrument*) double bass

contraban *nm* **1** (*activitat*) smuggling: *~ d'armes* arms smuggling **2** (*gènere*) contraband LOC **passar alguna cosa de contraban** to smuggle sth

contrabandista *nmf* smuggler

contracció *nf* contraction

contraclaror *nf* LOC **a contraclaror** against the light: *mirar els negatius a ~* to look at the negatives against the light

contracor LOC **a contracor** unwillingly: *fer alguna cosa a ~* to do sth unwillingly

contracorrent LOC **(anar) a contracorrent** (to go) against the tide

contractar *vt* **1** to take *sb* on, to employ (*més formal*) **2** (*esportista, artista*) to sign

contracte *nm* contract

contradicció *nf* contradiction

contradictori, -òria *adj* contradictory

contradir *vt* to contradict

contrapès *nm* counterweight

contraproduent *adj* counterproductive

contrarellotge ▶ *adj* timed: *una cursa ~* a time trial
▶ *nf* (*Esport*) time trial LOC **a contrarellotge** against the clock

contrarestar *vt* to counteract

contrari, -ària ▶ *adj* **1** (*equip, opinió, teoria*) opposing **2** (*direcció, costat*) opposite **3** ~ **(a)** (*persona*) opposed (to *sth*)
▶ *nm-nf* (*contrincant*) opponent
▶ *nm* **el contrari (d'alguna cosa)** the opposite (of sth): *el ~ del que s'espera* the opposite of what is expected ◇ *Els seus professors pensen el ~.* His teachers think the opposite. LOC **al contrari** not at all: *—Quina llauna, no? —Al ~, jo ho he trobat interessant.* 'That was boring, wasn't it?' 'Not at all, I found it was very interesting.' *Vegeu tb* CAMP

contrarietat *nf* setback

contrasenya *nf* password ➲ *Vegeu nota a* ORDINADOR

contrast *nm* contrast

contrastar *vt, vi* ~ **(amb)** to contrast (*sth*) (with *sth*): *~ uns resultats amb uns altres* to contrast one set of results with another

contratemps *nm* **1** (*problema, dificultat*) setback **2** (*incident*) mishap

contreure ▶ *vt* **1** to contract: *~ un múscul* to contract a muscle ◇ *~ un deute/la malària* to contract debts/malaria **2** (*compromisos, obligacions*) to take *sth* on ▶ **contreure's** *vp* (*materials, músculs*) to contract LOC **contreure matrimoni** to get married (*to sb*)

contribució *nf* **1** contribution **2** (*impost*) tax

contribuent *nmf* taxpayer

contribuir *vi* **1** to contribute (*sth*) (*to/towards sth*): *Van ~ a la construcció de l'hospital amb deu mil dòlars.* They contributed ten thousand dollars to the construction of the hospital. **2** ~ **a fer alguna cosa** to help (to) do sth: *Contribuirà a millorar la imatge del col·legi.* It will help (to) improve the school's image.

C

contrincant *nmf* rival

control *nm* **1** control: *~ de natalitat* birth control ◇ *perdre el ~* to lose control ◇ *~ de passaports* passport control **2** (*examen*) test **3** (*de la policia, Esport*) checkpoint LOC **estar fora de/sota control** to be out of/under control *Vegeu tb* ANTIDOPATGE, TAULA

controlador, ~a *nm-nf* LOC **controlador (de trànsit) aeri** air traffic controller

controlar ▶ *vt* **1** (*dominar*) to control: *~ la gent/una situació* to control people/a situation **2** (*vigilar*) to keep an eye on *sth*: *Hem de ~ les despeses.* We need to keep an eye on what we spend. ▶ **controlar-se** *vp* to control yourself

convalidar *vt* to recognize: *~ un títol* to have a qualification recognized

convèncer ▶ *vt* **1** (*fer creure*) to convince *sb* (*of sth/to do sth/that...*): *Ens van ~ que estava bé.* They convinced us that it was right. **2** (*persuadir*) to persuade *sb* (*to do sth*): *A veure si el convences perquè vingui.* See if you can persuade him to come. ▶ *vi* to be convincing ▶ **convèncer-se** *vp* **convèncer-se de** to get *sth* into your head: *T'has de ~ que s'ha acabat.* You must get it into your head that it's over.

convenció *nf* convention

convencional *adj* conventional

convençut, -uda *adj* certain: *Estan ~s que guanyaran.* They are certain they're going to win. *Vegeu tb* CONVÈNCER

conveni *nm* agreement

convenient *adj* suitable: *una hora/un lloc ~* a suitable time/place ℹ La paraula anglesa **convenient** significa *oportú, pràctic*: *It's convenient to pay by credit card.* És molt pràctic pagar amb targeta de crèdit. LOC **ésser convenient** to be a good idea (*to do sth*): *Em sembla que és ~ que sortim de bon matí.* I think it's a good idea to leave early.

convenir *vi* **1** (*ésser beneficiós*) to suit: *Fes el que et convingui més.* Do whatever suits you best. **2** (*ésser aconsellable*): *No et convé treballar tant.* You shouldn't work so hard. ◇ *Convindria repassar-ho.* We should go over it again.

convent *nm* **1** (*de monges*) convent **2** (*de monjos*) monastery [*pl* monasteries]

conversa *nf* conversation: *un tema de ~* a topic of conversation

conversar *vi* to talk (*to/with sb*) (*about sb/sth*): *Vam ~ sobre temes d'actualitat.* We talked about current affairs.

C

convertir ▸ *vt* **1** to turn *sb/sth into sth*: *Van ~ la seva casa en un museu.* His house was turned into a museum. **2** (*Relig*) to convert *sb* (*to sth*) ▸ **convertir-se** *vp* **1 convertir-se en** (*esdevenir*) to become: *S'ha convertit en un problema molt greu.* It's become a serious problem. **2 convertir-se en** (*transformar-se*) to turn to/into *sth*: *Tot el que tocava es convertia en or.* Everything he touched turned to gold. **3 convertir-se (a)** (*Relig*) to convert (to *sth*): *S'ha convertit a l'islam.* He has converted to Islam. LOC *Vegeu* REALITAT

convex, ~a *adj* convex

convidar ▸ *vt* **1** to invite *sb* (*to sth/to do sth*): *M'ha convidat a la seva festa d'aniversari.* She's invited me to her birthday party. **2** (*pagar*): *Et convido a una cervesa.* Let me get you a beer. ▸ *vi* (*pagar*): *Convido jo.* This is on me. ◇ *Convida la casa.* It's on the house.

convidat, -ada *adj, nm-nf* guest: *l'artista ~* the guest artist ◇ *Els ~s arribaran a les set.* The guests will be here at seven. *Vegeu tb* CONVIDAR

conviure *vi* to live together, to live with *sb*: *Van ~ uns anys abans de casar-se.* They lived together for a few years before getting married. ◇ *Vaig ~ amb ella.* I lived with her.

convocar *vt* **1** (*vaga, eleccions, reunió*) to call: *~ una vaga general* to call a general strike **2** (*citar*) to summon: *~ els líders a una reunió* to summon the leaders to a meeting

convocatòria *nf* **1** (*vaga, eleccions*) call: *una ~ de vaga/d'eleccions* a strike call/a call for elections **2** (*Educ*): *Vaig aprovar en la ~ de juny.* I passed in June. ◇ *Ho intentaré una altra vegada en la ~ de setembre.* I'll try again in the September resits.

conya *nf* joke: *No et pensis que va de ~.* Don't treat it as a joke. ◇ *Allò era una ~, ningú no sabia què fer.* It was a joke; no one knew what to do. LOC **de conya**: *M'ho he passat de ~!* I had a fantastic time! ◇ *Balla de ~.* He's a fantastic dancer. ◆ **estar de conya** to be joking

conyac *nm* brandy [*pl* brandies]

cooperació *nf* cooperation

cooperar *vi* ~ **(amb) (a/en)** to cooperate (with *sb*) (on *sth*): *Es va negar a ~ amb ells en el projecte.* He refused to cooperate with them on the project.

cooperativa *nf* cooperative

coordenada *nf* coordenate

coordinador, ~a *nm-nf* coordinator

coordinar *vt* to coordinate

cop *nm*

• **cop físic 1** (*lit i fig*) blow: *un bon ~ al cap* a severe blow to the head ◇ *La seva mort va ésser un ~ dur.* Her death came as a heavy blow. ◇ *El van matar a ~s.* They beat him to death.

> Quan *cop* s'usa en construccions amb verbs com ara *donar, clavar, fer*, etc., se sol traduir amb un verb com ara **knock** o **bang**: *M'he donat un cop a l'esquena.* I knocked my back. ◇ *M'he donat un cop amb/contra la taula.* I knocked myself on/against the table. ◇ *Aquell cotxe ens va clavar un cop per darrere.* The car banged into us from behind. *Vegeu tb exemples a la secció de locucions.*

2 (*morat*) bruise **3** (*per a cridar l'atenció*) knock: *Vaig sentir un ~ a la porta.* I heard a knock on the door. **4** (*Esport*) stroke

• **vegada** time: *tres ~s l'any* three times a year ◇ *T'ho he dit cent ~s.* I've told you hundreds of times. ◇ *Guanyo quatre ~s més que ell.* I earn four times as much as he does. LOC **cop de cap 1** (*lit*) (**a**) (*accident*) butt (**b**) (*Esport*) header: *El jugador ha fet un bon ~ de cap.* The player did a great header. **2** (*fig*): *fer un ~ de cap* to make a sudden decision ◆ **cop de colze 1** (*violent, per a obrir-se camí*): *Em vaig obrir camí a ~s de colze.* I elbowed my way through the crowd. **2** (*per a cridar l'atenció*) nudge: *Em va donar un ~ de colze.* He gave me a nudge. ◆ **cop de navalla** knife wound: *Tenia un ~ de navalla a la cara.* He had a knife wound on his face. ◆ **cop de peu 1** (*puntada de peu*) kick: *Va donar un ~ de peu a la taula.* He kicked the table. **2** (*a terra*) stamp ◆ **cop de porta** bang ◆ **cop de puny** punch: *Em va donar un ~ de puny a l'estómac.* He punched me in the stomach. ◆ **cop d'estat** coup ◆ **cop d'ull** glance: *fer un ~ d'ull* to take a glance ◆ **de cop (i volta)** out of the blue: *Home, si li ho dius de ~ i volta...* Well, if you tell him out of the blue... ◆ **donar cops** to hammer: *Va donar ~s a la porta.* She hammered at the door. ◆ **donar un cop de mà** to give *sb* a hand ◆ **donar un cop de navalla** to stab ◆ **donar un cop d'ull a algú/alguna cosa** (*vigilar*) to keep an eye on sb/sth ◆ **dos cops** twice ◆ **d'un cop** in one go ◆ **treure algú a cops de peu** to kick sb out ◆ **un cop** (*una vegada*) once ◆ **un cop baix**: *Allò va ésser un ~ baix.* That was below the belt. *Vegeu tb* ASE, TANCAR

copa *nf* **1** (*got*) (wine) glass: *M'he pres dues copes de vi.* I had two glasses of wine. **2** (*beguda*) drink: *anar a fer una ~* to go out for a drink **3** (*arbre*) top **4 Copa** (*Esport*) Cup: *la Copa d'Europa* the European Cup **5 copes** (*coll de les cartes*) ⮌ *Vegeu nota a* BARALLA LOC *Vegeu* BARRET

còpia *nf* copy [*pl* copies]: *fer una ~* to make a copy LOC **còpia de seguretat** (*Informàt*) backup (copy): *fer/crear una ~ de seguretat* to make a backup copy

copiar ▶ *vt, vi* to copy *sth (from sb/sth)*: *Has copiat aquesta pintura de l'original?* Did you copy this painting from the original? ◇ *Ho vaig ~ d'un amic meu.* I copied it from a friend. ▶ *vt (escriure)* to copy *sth* down: *Copiaven el que deia el professor.* They copied down what the teacher said.

copilot *nmf* **1** *(avió)* co-pilot **2** *(cotxe)* co-driver

copsar *vt* to catch: *~ una pilota/el significat d'alguna cosa* to catch a ball/the meaning of sth

coqueta *adj, nf* flirt [*n*]: *És molt ~.* She's a real flirt.

coquetejar *vi* to flirt *(with sb)*

cor¹ *nm* **1** *(Anat)* heart: *en el fons del seu ~* at the bottom of his heart ◇ *ben bé al ~ de la ciutat* in the very heart of the city **2** *(fruita)* core: *Peleu-la i traieu-ne el ~.* Peel and remove the core. **3 cors** *(coll de les cartes)* hearts ➲ *Vegeu nota a* BARALLA **LOC** **de (bon/tot) cor** from the heart: *Ho dic de ~.* I'm speaking from the heart. ◆ **revistes/premsa del cor** gossip magazines [*pl*] ◆ **saber de cor alguna cosa** to know sth by heart ◆ **tenir bon cor** to be kind-hearted ◆ **veure's amb cor** to feel up to *doing sth*: *Després de l'accident, no em veig amb ~ de conduir.* Since the accident, I don't feel up to driving.

cor² *nm (Arquit, coral)* choir

coral¹ *(tb* **corall***) nm (Zool)* coral

coral² *nf (cor)* choir

coratge *nm* courage **LOC** *Vegeu* ARMAR

corb *nm* raven

corb, ~a *adj* **1** *(forma)* curved: *una línia corba* a curved line **2** *(doblegat)* bent

corba *nf* **1** *(línia, gràfic)* curve: *dibuixar una ~* to draw a curve **2** *(carretera)* bend: *una carretera amb moltes corbes* a road with a lot of bends

corbata *nf* tie: *Tothom portava ~.* They were all wearing ties. **LOC** **corbata de llacet** bow tie

corc *nm (de fusta)* woodworm

corcar-se *vp* **1** *(fusta)* to become riddled with woodworm **2** *(dent)* to go bad

corcat, -ada *adj* **1** *(fusta)* riddled with woodworm **2** *(dent)* bad *Vegeu tb* CORCAR-SE

corda *nf* **1** rope: *una ~ de saltar* a skipping rope ◇ *Lliga-ho amb una ~.* Tie it with some rope. ➲ *Vegeu il·lustració a* CORDILL **2** *(Mús)* string: *instruments de ~* stringed instruments **LOC** **cordes vocals** vocal cords ◆ **donar corda a algú** to encourage sb (to talk) ◆ **donar corda a un rellotge** to wind up a clock/watch ◆ **jugar/saltar a corda** to skip: *Estan saltant a ~.* They are skipping.

cordar(-se) *vt, vp* **1** to do *sth* up: *Li vaig ~ la camisa.* I did up his shirt. ◇ *Corda't l'abric* Do your coat up. **2** *(cinturó)* to fasten

cordial *adj* warm: *una abraçada ~* a warm embrace ◇ *una salutació ~* warm greetings

cordill

rope

string

cordill *nm* string

cordó *nm* **1** *(sabata)* (shoe)lace: *cordar-se els cordons de les sabates* to do your shoelaces up **2** *(cordeta)* cord **3** *(electricitat)* lead **LOC** **cordó de policia** police cordon ◆ **cordó umbilical** umbilical cord

córner *nm* corner

corneta *nf* bugle

còrnia *nf* cornea

corona *nf* **1** *(d'un rei, la monarquia, dent, moneda)* crown **2** *(de flors)* wreath

coronació *nf (d'un rei)* coronation

coronar *vt* to crown: *El van ~ rei.* He was crowned king.

coronel, ~a *nm-nf* colonel

coroneta *nf* **1** crown **2** *(calba)* bald patch

corporal *adj* **1** body [*n atrib*]: *llenguatge/temperatura ~* body language/temperature **2** *(necessitats, funcions, contacte)* bodily: *les necessitats ~s* bodily needs

corpulent, ~a *adj* hefty

corral *nm* farmyard

correcció *nf* correction: *fer correccions en un text* to correct a text

correcte, -a *adj* correct: *el resultat ~* the correct result ◇ *El teu avi és molt ~.* Your grandfather is very correct.

corrector *nm* **LOC** **corrector líquid** correction fluid ◆ **corrector ortogràfic** spellchecker

corre-cuita **LOC** **a corre-cuita** in a rush

corredís, -issa *adj* **LOC** *Vegeu* PORTA

corredor, ~a *nm-nf* **1** *(atleta)* runner **2** *(ciclista)* cyclist

corregir *vt* to correct: *~ exàmens* to correct exams ◇ *Corregeix-me si ho dic malament.* Correct me if I say it wrong.

C

correguda *nf* **1** (*acció de córrer*): *Vés-hi en una ~.* Run there as fast as you can. ◇ *Vaig fer una ~ per agafar l'autobús.* I ran to catch the bus **2** (*cursa*) race LOC **correguda (de bous/toros)** bullfight

corrent ▶ *adj* **1** (*normal*) ordinary: *gent ~* ordinary people **2** (*comú*) common: *un arbre molt ~* a very common tree
▶ *nm* **1** (*aigua, electricitat*) current: *El ~ se'ls va emportar.* They were swept away by the current. **2** (*aire*) draught LOC **l'any/el mes corrent** the current year/month ◆ **contra corrent** against the tide ◆ **posar al corrent** to fill *sb* in (on *sth*): *Em va posar al ~ de la situació.* He filled me in on what was happening. ◆ **posar-se al corrent** to get up to date *Vegeu tb* AIGUA, COMPTE, NORMAL

corrents *adv* in a rush: *Vam haver d'esmorzar ~.* We had to have breakfast in a rush. ◇ *Van haver d'anar ~ a l'hospital.* They had to rush to hospital.

córrer ▶ *vi* **1** to run: *Corrien pel pati.* They were running round the playground. ◇ *Va arrencar a ~ quan em va veure.* He ran off when he saw me. **2** (*afanyar-se*) to hurry: *No cal que corris, que encara hi ha temps.* There's no need to hurry, there's still time. ◇ *Corre!* Hurry up! **3** (*vehicle*) to go fast: *La seva moto corre molt.* His motorbike goes very fast. **4** (*conduir de pressa*) to drive fast: *Corre massa amb el cotxe.* He drives too fast. **5** (*líquids*) to flow: *L'aigua corria carrer avall.* Water flowed down the street. **6** (*temps*) to fly: *Com corre, el temps!* How time flies! ▶ *vt* **1** (*moure*) to move *sth* (along/down/over/up): *Corre una mica la cadira.* Move your chair over a bit. **2** (*cortina*) to draw LOC **córrer com un llamp** to run like the wind ◆ **córrer pressa** to be urgent: *Et corre pressa?* Is it urgent? ◆ **deixar córrer alguna cosa** to let sth drop ◆ **fer córrer** to move *sth*: *fer ~ el seient cap endavant* to move the seat forward ◆ **fer córrer la veu** to spread the word (*that...*)

correspondència *nf* **1** (*correu*) correspondence **2** (*relació*) relation: *No hi ha ~ entre la qualitat i el preu.* There's no relation between the quality and the price.

correspondre *vi* **1** ~ **a/amb** (*concordar*) to correspond (to/with *sth*); to go with *sth*: *Aquest text correspon a una altra foto.* That text goes with another photo. **2** (*pertocar*) to be entitled to *sth*: *Et correspon exactament el mateix que als altres.* You're entitled to exactly the same as the others.

corresponent *adj* **1** ~ **(a)** corresponding (to *sth*): *Quina és l'expressió ~ en xinès?* What's the corresponding expression in Chinese? ◇ *les paraules ~s a les definicions* the words corresponding to the definitions **2** (*propi*) own: *Cada estudiant tindrà el seu títol ~.* Each student will have their own diploma. **3** (*adequat*) relevant: *presentar la documentació ~* to produce the relevant documents **4** ~ **a** for: *lliçons ~s al primer trimestre* lessons for the first term

corresponsal *nmf* correspondent

corretja *nf* **1** strap: *~ del rellotge* watch strap **2** (*per a un gos*) lead

correu *nm* **1** post: *Em va arribar en el ~ de dijous.* It came in Thursday's post. ◇ *per ~* by post ➲ *Vegeu nota a* MAIL **2 correus** post office: *On és l'oficina de ~s?* Where's the post office? ➲ *Vegeu nota a* ESTANC LOC **correu aeri** airmail ◆ **correu brossa** spam ◆ **correu electrònic** email: *Te n'envio els detalls per ~ electrònic.* I'll email you the details. ➲ *Vegeu nota a* EMAIL ◆ **de correus** postal: *vaga/servei de ~s* postal strike/service ◆ **portar a correus/tirar al correu** to post *sth* *Vegeu tb* APARTAT, COMPTE, DESPESA, ENVIAR, TREN, VOTAR

corró *nm* **1** (*Cuina*) rolling pin **2** (*pintura*) roller

corroir(-se) *vt, vp* (*metalls*) to corrode

corrompre *vt* to corrupt

corrupció *nf* corruption

cort[1] *nf* (*de porcs*) pigsty [*pl* pigsties]

cort[2] *nf* **1** (*reialesa*) court **2 les corts** parliament [*v sing*]

cortesia *nf* courtesy [*pl* courtesies]: *per ~* out of courtesy

cortina *nf* curtain: *descórrer/tirar la ~* to draw the curtains open/shut

corxera *nf* (*Mús*) quaver

cos *nm* body [*pl* bodies] LOC **anar en cos de camisa** to be in shirtsleeves ◆ **cos de bombers** fire brigade

cosa *nf* **1** thing: *Hi ha una ~ clara...* One thing is clear... ◇ *Els van bé, les coses.* Things are going well for them. ◇ *Emporta't les teves coses d'aquí.* Can you move your things away from here. **2** (*alguna cosa*) something: *Et volia preguntar una ~.* I wanted to ask you something. **3** (*res*) nothing, anything: *No hi ha ~ més impressionant que el mar.* There's nothing more impressive than the sea. **4 coses** (*afers*) affairs: *Primer vull arreglar les meves coses.* I want to sort out my own affairs first. ◇ *No parla mai de les seves coses.* He never talks about his personal life. LOC **cosa de** about: *fa ~ de tres mesos* about three months ago ◆ **coses de la vida!** that's life! ◆ **entre una cosa i l'altra** what with one thing and another ◆ **ésser cosa d'algú**:

Aquesta broma és ~ de ma germana. This joke must be my sister's doing. ◆ **ésser poca cosa 1** (*ferida*) not to be serious **2** (*persona*) to be a poor little thing ◆ **no és cosa meva** it's nothing to do with me, you, etc.: *Això no és ~ teva.* That's nothing to do with you. ◆ **quina cosa més estranya!** how odd! *Vegeu tb* ALGUN, ALTRE, CADA, QUALSEVOL

cosí, -ina *nm-nf* cousin **LOC cosí germà/segon** first/second cousin

cosir *vt, vi* to sew: *~ un botó* to sew a button on **LOC cosir a trets** to riddle *sb* with bullets *Vegeu tb* MÀQUINA

cosmètic, ~a *adj, nm* cosmetic

còsmic, ~a *adj* cosmic

cosmos *nm* cosmos

cossi *nm* bowl

cost *nm* cost: *el ~ de la vida* the cost of living

costa *nf* **1** (*litoral*) coast: *la ~ mediterrània* the Mediterranean coast ◇ *Tenim una casa a la ~.* We've got a house on the coast. ◇ *un poble de la ~* a coastal village **2** (*pendent*) slope **3** (*diners*) cost: *les costes del judici* the cost of the trial **LOC a costa de** at the cost of: *a ~ de perdre-hi la vista* at the cost of losing your eyesight ◆ **costa amunt/avall** uphill/downhill

costar *vi* **1** (*diners, vides*) to cost: *El bitllet costa cinc dòlars.* The ticket costs five dollars. ◇ *L'accident va ~ la vida a trenta persones.* The accident cost the lives of thirty people. **2** (*temps*) to take: *Llegir aquest llibre m'ha costat tres mesos.* It has taken me three months to read this book. **3** (*resultar difícil*) to find it hard (*to do sth*): *Em costa llevar-me d'hora.* I find it hard to get up early. **LOC costar un ronyó/un ull de la cara** to cost an arm and a leg ◆ **costi el que costi** at all costs ◆ **no costar gaire/gens 1** (*diners*) to be cheap **2** (*esforç*) to be easy *Vegeu tb* CAR

costat *nm* **1** side: *Un triangle té tres ~s.* A triangle has three sides. ◇ *veure el ~ bo de les coses* to look on the bright side **2** (*lloc*) place: *d'un ~ a l'altre* from one place to another **3** (*direcció*) way: *Se'n van anar per un altre ~.* They went a different way. ◇ *Cadascú se'n va anar pel seu ~.* They all went their separate ways. **LOC al costat** very near: *És aquí al ~.* It's very near. ◆ **al costat de** next to *sb/sth*: *Va seure al ~ de la seva amiga.* She sat down next to her friend. ◇ *Posa't al meu ~.* Stand next to me. ◆ **de costat** sideways: *posar-se de ~* to turn sideways ◇ *Dormo de ~.* I sleep on my side. ◆ **del costat** next door: *l'edifici del ~* the building next door ◇ *els veïns del ~* the next-door neighbours ◆ **fer costat a algú** to stand by sb

costella *nf* **1** (*os*) rib **2** (*carn*) chop: *costelles de porc* pork chops **LOC** *Vegeu* VIURE

costellada *nf* barbecue: *fer una ~* to have a barbecue

costerut, -uda *adj* steep

costum *nm* **1** (*d'una persona*) habit: *fer alguna cosa per ~* to do sth out of habit **2** (*d'un país*) custom: *És un ~ irlandès.* It's an Irish custom. **LOC agafar el costum** to get into the habit (*of doing sth*) ◆ **de costum** usual: *més simpàtic que de ~* nicer than usual ◆ **tenir el costum de** to be in the habit of *doing sth* ◆ **treure's el costum de** to kick the habit (*of doing sth*): *treure's el ~ de mossegar-se les ungles* to kick the habit of biting your nails

costura *nf* **1** (*labor*) sewing: *aprendre ~* to learn how to sew **2** (*puntades*) seam: *S'ha desfet la ~ de l'abric.* The seam of the coat has come undone. **3** (*ofici*) dressmaking: *un taller de ~* a dressmaker's

cot, ~a *adj* **LOC** *Vegeu* CAP[1]

cotó *nm* cotton **LOC cotó de sucre** candyfloss ◆ **cotó fluix** cotton wool: *Em vaig tapar les orelles amb ~ fluix.* I put cotton wool in my ears.

cotorra *nf* **1** (*ocell*) parrot **2** (*persona*) chatterbox

cotxe *nm* **1** (*automòbil*) car: *anar amb ~* to go by car **2** (*vagó, carruatge*) carriage **LOC cotxe bomba** car bomb ◆ **cotxe de bombers** fire engine ◆ **cotxe de competició** racing car ◆ **cotxe de lloguer** hire car ◆ **cotxe familiar** estate car ◆ **cotxe fúnebre/dels morts** hearse ◆ **cotxe llit** sleeping car ◆ **cotxe tot terreny** four-by-four *Vegeu tb* ACCIDENT, CEMENTIRI

cotxera *nf* **1** (*cotxe*) garage **2** (*autobús*) depot

cotxet *nm* (*de bebè*) pram **LOC cotxet de cadira** pushchair

coure[1] *nm* (*metall*) copper

coure[2] ▶ *vt* **1** (*bullir*) to boil **2** (*pa*) to bake **3** (*ceràmica*) to fire ▶ *vi* (*ferida, ulls*) to sting ▶ **coure('s)** *vi, vp* to cook

cova *nf* cave

covar ▶ *vt* **1** (*ocell*) to sit on *sth* **2** (*malaltia*) **(a)** (*contreure*) to be getting *sth* **(b)** (*guarir*) to get over *sth* ▶ *vi* (*ocell*) to sit: *Les gallines coven gairebé tot el dia.* The hens sit for most of the day.

covard, ~a ▶ *adj* cowardly: *No siguis ~.* Don't be so cowardly.
▶ *nm-nf* coward

covardia *nf* cowardice [*incomptable*]: *una ~* an act of cowardice

cove *nm* (big) basket **LOC cove de la roba bruta** laundry basket

C

crack *nm* **1** (*droga*) crack (cocaine) **2** (*Esport*) star player: *És un ~ del bàsquet.* He's a star basketball player.

cranc ▶ *nm* **1** (*de mar*) crab **2** (*de riu*) crayfish [*pl* crayfish]
▶ (*tb* **Cranc**) *nm, nmf* (*Astrologia*) Cancer ➲ *Vegeu exemples a* AQUARIUS

crani *nm* skull

cràter *nm* crater

creació *nf* creation

creador, ~a *nm-nf* creator

crear *vt* **1** to create: *~ problemes* to create problems **2** (*empresa, institució*) to set *sth* up

creatiu, -iva *adj* creative

creativitat *nf* creativity

crèdit *nm* **1** (*préstec*) loan **2** (*forma de pagament, Educ*) credit: *comprar alguna cosa a ~* to buy sth on credit ◇ *Em falten 30 ~s per acabar la carrera.* I need 30 more credits to finish my degree. **3 crèdits** (*Cine*) credits **LOC** *Vegeu* TARGETA

creditor, ~a *nm-nf* creditor

credo *nm* creed

crèdul, ~a *adj* gullible

creença *nf* belief

cregut, -uda *adj, nm-nf* (*vanitós*) conceited [*adj*]: *ésser un ~* to be conceited *Vegeu tb* CREURE

creient *nmf* believer

creixement *nm* growth

creixen *nm* watercress

creixent *adj* increasing **LOC** *Vegeu* LLUNA, QUART

créixer *vi* **1** to grow: *Com t'han crescut els cabells!* Hasn't your hair grown! **2** (*criar-se*) to grow up: *Vaig ~ al camp.* I grew up in the country. **3** (*riu*) to rise **LOC** **deixar-se créixer els cabells, la barba, etc.** to grow your hair, a beard, etc.

crema *nf* **1** (*color, cosmètic, nata*) cream: *una bufanda de color ~* a cream (coloured) scarf ◇ *Posa't una mica de ~ a l'esquena.* Put some cream on your back. **2** (*pastisseria, plat dolç*) custard [*incomptable*] **3** (*sopa*) cream of... soup: *~ de carbassó/xampinyons* cream of courgette/mushroom soup **LOC** **crema (cremada)** ≈ crème brûlée 🛈 Es pronuncia /ˌkrem bruːˈleɪ/. ◆ **crema d'afaitar** shaving cream ◆ **crema de cacau** lipsalve ◆ **crema solar** suncream *Vegeu tb* DESMAQUILLADOR, HIDRATANT

cremada *nf* **1** burn: *cremades de segon grau* second-degree burns **2** (*amb líquid bullent*) scald **LOC** **cremada de sol** sunburn [*incomptable*]: *Aquesta crema és per a les cremades de sol.* This cream is for sunburn.

cremallera ▶ *nf* zip: *No em puc tancar la ~.* I can't do my zip up. ◇ *Obre'm la ~ (del vestit).* Unzip my dress for me.
▶ *nm* (*tren*) rack railway

cremar ▶ *vt* **1** to burn: *Cremaràs la truita.* You're going to burn the omelette. **2** (*edifici*) (**a**) (*destrossar*) to burn *sth* down: *Durant la guerra van ~ l'església del poble.* They burnt down the church in the war. (**b**) (*sense aconseguir-ho*): *Uns brètols volien ~ l'escola.* Vandals tried to set fire to the school. ▶ *vi* **1** to burn: *L'edifici va ~ durant tota la nit.* The building was burning throughout the night. **2** to be very hot: *Com crema!* It's very hot! ◇ *Vigila, que la sopa crema.* Be careful, the soup is very hot. ▶ **cremar-se** *vp* **1** (*persona*) to burn *sth/yourself*: *cremar-se la llengua* to burn your tongue ◇ *Em vaig ~ amb la paella.* I burnt myself on the frying pan. **2** (*edifici*) to burn down **3** (*bosc*) to be destroyed by fire 🛈 També s'usa molt l'expressió **a forest fire**: *Quan es crema un bosc...* When there's a forest fire... **4** (*menjar*) to be burnt **5** (*amb el sol*) to get sunburnt: *De seguida em cremo.* I get sunburnt very easily. ◇ *Posa't una samarreta o et cremaràs.* Put on a T-shirt or you'll get sunburnt. **6** (*esgotar-se*) to burn yourself out

cremat, -ada *adj* **1** (*esgotat*) fed up: *Estic molt ~.* I'm really fed up. **2** (*pel sol*) sunburnt **LOC** *Vegeu* CREMA, PUDOR²; *Vegeu tb* CREMAR

crematori *nm* crematorium [*pl* crematoria/crematoriums]

cremor *nf* **LOC** **cremor d'estómac** heartburn

crep *nf* pancake ➲ *Vegeu nota a* DIMARTS

crepuscle *nm* twilight

cresta *nf* **1** crest **2** (*gall*) comb

cretí, -ina ▶ *adj* stupid
▶ *nm-nf* idiot

creu *nf* cross: *Feu una ~ al costat de la resposta.* Put a cross next to the answer. **LOC** **Creu Roja** Red Cross *Vegeu tb* CARA

creuar *vt* to cross: *~ el carrer/un riu* to cross the street/a river ◇ *~ el carrer corrents* to run across the street ◇ *~ el riu nedant* to swim across the river

creuer *nm* (*viatge*) cruise: *fer un ~* to go on a cruise

creure ▶ *vt* **1** (*pensar*) to think: *Creuen que han descobert la veritat.* They think they've uncovered the truth. ◇ *—Que plourà demà? —No ho crec.* 'Will it rain tomorrow?' 'I don't think so.' **2** (*admetre com a cert*) to believe: *Ningú no em creurà.* Nobody will believe me. **3** (*obeir*) to obey ▶ *vi* **1 ~ en algú/alguna cosa** to believe in sb/sth: *~ en la justícia* to believe in justice **2** (*obeir*) to do as you are told ▶ **creure's** *vp* **1** (*pensar*) to think **2** (*admetre com a cert*) to believe: *No m'ho crec.* I don't believe it. **3** (*un mateix*) to think you are *sb/sth*: *I ara, què s'han cregut?* Who do they think they are? LOC **crec que sí/no** I think so/I don't think so *Vegeu tb* JA

cria *nf* **1** (*procreació d'animals*) breeding: *la ~ de gossos* dog breeding **2** (*animal petit*) baby animal: *la ~ del porc* a baby pig

criar ▶ *vt* **1** (*alletar*) (**a**) (*persona*) to feed (**b**) (*animal*) to suckle **2** (*educar*) to bring *sb* up **3** (*bestiar*) to rear ▶ **criar-se** *vp* to grow up: *Em vaig ~ a la ciutat.* I grew up in the city.

criat, -ada *nm-nf* servant

criatura *nf* **1** (*bebè*) baby [*pl* babies] **2** (*nen, nena*) child [*pl* children, kid (*més col·loq*): *Són unes criatures molt simpàtiques.* They're lovely kids.

crida *nf* call: *la ~ de la selva* the call of the wild ◇ *una ~ pública per a recaptar diners* a public appeal to raise money

cridaner, ~a *adj* **1** (*persona*) noisy **2** (*música, color*) loud

cridar ▶ *vi* to shout: *Cridava, però no el sentien.* He was shouting but they couldn't hear him ➲ *Vegeu nota a* SHOUT ▶ *vt* **1** (*avisar*) to call: *~ la policia* to call the police **2** (*demanar*) to shout for *sth*: *Van ~ ajuda.* They shouted for help. LOC **cridar de dolor** to cry out in pain ◆ **cridar l'atenció 1** (*destacar*) to attract attention: *Es vesteix així per ~ l'atenció.* He dresses like that to attract attention. **2** (*sorprendre*) to surprise: *Ens va ~ l'atenció que tornessis sola.* We were surprised that you came back alone.

crim *nm* crime: *cometre un ~* to commit a crime

criminal *adj, nmf* criminal

crinera *nf* mane

crisi *nf* crisis [*pl* crises]

crispeta *nf* LOC **crispetes (de blat de moro)** popcorn [*incomptable*]: *Vols unes crispetes?* Would you like some popcorn?

Crist *n pr* Christ LOC **abans/després de Crist** BC/AD ℹ Les sigles signifiquen **before Christ/Anno Domini**.

cristall *nm* (*vidre fi, mineral*) crystal: *un gerro de ~* a crystal vase

cristalleria *nf* (*copes*) glasses [*pl*]: *La meva àvia té una ~ antiga preciosa.* My grandmother has some lovely old glasses.

cristià, -ana *adj, nm-nf* Christian ➲ *Vegeu nota a* VEGETARIÀ

cristianisme *nm* Christianity

crit *nm* **1** shout: *Vam sentir un ~.* We heard a shout. **2** (*d'alegria, d'auxili, de dolor*) cry [*pl* cries]: *~s d'alegria* cries of joy ◇ *un ~ d'auxili* a cry for help LOC **a crits** at the top of your voice ◆ **fer un crit** to shout (*at sb*): *El professor ens va fer un ~ perquè calléssim.* The teacher shouted at us to be quiet. ➲ *Vegeu nota a* SHOUT

criteri *nm* **1** (*principi*) criterion [*pl* criteria] [*gen pl*] **2** (*Dret, capacitat de jutjar*) judgement: *tenir bon ~* to have sound judgement

crític, ~a ▶ *adj* critical ▶ *nm-nf* critic

crítica *nf* **1** criticism [*gen incomptable*]: *Estic tipa de les teves crítiques.* I'm fed up with your criticism. **2** (*en un diari*) review: *L'obra ha tingut crítiques excel·lents.* The play has had excellent reviews. **3** (*conjunt de crítics*) critics [*pl*]: *ben acollida per la ~* well received by the critics

criticar *vt, vi* to criticize

Croàcia *nf* Croatia

croat, ~a *adj, nm-nf* Croatian

croissant *nm* croissant

crol *nm* crawl

crom *nm* chromium

cromo *nm* picture card

crònic, ~a *adj* chronic

crònica *nf* (*reportatge*) report: *la ~ esportiva* the sports report

cronològic, ~a *adj* chronological

cronometrar *vt* to time

cronòmetre *nm* (*Esport*) stopwatch

croqueta *nf* croquette

crossa *nf* crutch: *caminar amb crosses* to walk on crutches

crosta *nf* **1** (*pa*) crust **2** (*formatge*) rind **3** (*Med*) scab

cru, ~a ▶ *adj* **1** (*sense coure*) raw **2** (*poc fet*) underdone **3** (*temps, fred*) severe **4** (*realitat*) harsh **5** (*ofensiu*) shocking: *escenes crues* some shocking scenes **6** (*color*) natural ▶ *nm* crude oil

crucificar *vt* to crucify

crucifix *nm* crucifix

cruel *adj* cruel

crueltat *nf* cruelty [*pl* cruelties]

cruïlla *nf* crossroads [*pl* crossroads]

cruixir *vi* **1** (*fulles seques*) to rustle **2** (*fusta, ossos*) to creak **3** (*aliments*) to crunch **4** (*dents*) to grind

cruixit *nm* **1** (*fulles seques, paper*) rustle **2** (*fusta, ossos*) creak

cruspir-se *vp* to wolf *sth* down

crustaci *nm* crustacean

cua *nf* **1** (*animal*) tail **2** (*planta, fruita*) stalk **3** (*vestit*) train: *El vestit té una mica de ~.* The dress has a

C

short train. **4** (*fila*) queue: *posar-se a la ~* to join the queue ◇ *Hi havia molta ~ al cinema.* There was a long queue for the cinema. **5** (*pentinat*) **(a) cua (de cavall)** ponytail: *Portava una ~ de cavall.* She was wearing her hair in a ponytail. **(b) cues** bunches: *La Marta porta dues cues.* Marta wears her hair in bunches. LOC **a la cua!** get in the queue! ◆ **fer cua** to queue *Vegeu tb* PIANO

cub *nm* cube LOC *Vegeu* ELEVAT

Cuba *nf* Cuba

cubà, -ana *adj, nm-nf* Cuban

cubell *nm* bin ➲ *Vegeu il·lustració a* BIN

cúbic, ~a *adj* cubic: *metre ~* cubic metre LOC *Vegeu* ARREL

cuc

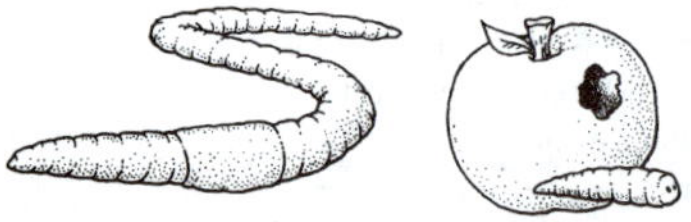

cuc *nm* **1** worm **2** (*en els aliments*) maggot **3** (*eruga*) caterpillar LOC **cuc de seda** silkworm

cuca *nf* insect, creepy-crawly [*pl* creepy-crawlies] (*col·loq*)

cucurutxo *nm* (*gelat*) cornet

cucut *nm* cuckoo [*pl* cuckoos] LOC *Vegeu* RELLOTGE

cuidar ▶ *vt* to look after *sb/sth*: *Sempre he cuidat les meves plantes.* I've always looked after my plants. ▶ **cuidar-se** *vp* **1** (*un mateix*) to look after yourself: *No es cuida gens.* She doesn't look after herself at all. ◇ *Cuida't.* Take care. **2 cuidar-se de** (*una altra persona*) to look after *sb/sth*: *Pots cuidar-te dels nens?* Can you look after the children? LOC *Vegeu* LÍNIA

cuina *nf* **1** (*lloc*) kitchen **2** (*aparell*) cooker: *una ~ de gas* a gas cooker **3** (*art de cuinar*) cookery: *un curs/llibre de ~* a cookery course/book **4** (*gastronomia*) cooking: *la ~ xinesa* Chinese cooking LOC *Vegeu* BATERIA, DRAP

cuinar *vt, vi* to cook: *No sé ~.* I can't cook.

cuiner, ~a *nm-nf* cook: *ésser bon ~* to be a good cook LOC *Vegeu* GORRA

cuir (*tb* **cuiro**) *nm* leather: *botes de ~* leather boots

cuirassat, -ada ▶ *adj* **1** (*vehicle*) armoured: *un cotxe ~* an armoured car **2** (*porta*) reinforced ▶ *nm* battleship

cuitar *vi* to hurry LOC **cuita!** hurry up!

cuixa *nf* **1** (*Anat*) thigh **2** (*Cuina*) leg: *~ de gall dindi* turkey leg ◇ *~ de xai rostida* roast leg of lamb ◇ *T'estimes més ~ o pit?* Do you prefer leg or breast?

cul *nm* bottom, bum (*col·loq*) LOC **anar de cul** to be rushed off your feet ◆ **caure de cul 1** (*lit*) to fall on your bottom **2** (*fig*) to be amazed *Vegeu tb* ULLERES

culata *nf* (*arma*) butt

cul-de-sac *nm* cul-de-sac

culinari, -ària *adj* culinary

culler *nm* ladle

cullera *nf* spoon: *~ de fusta* wooden spoon

cullerada *nf* spoonful: *dues cullerades de sucre* two spoonfuls of sugar

culleradeta *nf* teaspoonful

cullereta *nf* teaspoon

cullerot *nm* ladle

culpa *nf* fault: *No és ~ meva.* It isn't my fault. LOC **donar la culpa a algú (d'alguna cosa)** to blame sb (for sth) ◆ **per culpa de** because of *sb/sth* ◆ **tenir la culpa (d'alguna cosa)** to be to blame (for sth): *Ningú no té la ~ del que va passar ahir.* Nobody is to blame for what happened yesterday.

culpabilitat *nf* guilt: *tenir sentiment de ~* to feel guilty

culpable ▶ *adj* ~ **(de)** guilty (of *sth*): *ésser ~ d'assassinat* to be guilty of murder
▶ *nmf* culprit LOC *Vegeu* DECLARAR

culpar *vt* to blame *sb* (*for sth*): *Em culpen de l'accident.* They blame me for the accident.

culte *nm* **1** ~ **(a/per)** (*veneració*) worship (of *sb/sth*): *el ~ al sol* sun worship ◇ *llibertat de ~* freedom of worship **2** (*secta*) cult: *membres d'un nou ~ religiós* members of a new religious cult LOC **de culte** cult: *una pel·lícula de ~* a cult film LOC *Vegeu tb* RETRE

culte, -a *adj* **1** (*persona*) cultured **2** (*llengua, expressió*) formal

cultiu *nm* **1** (*activitat*): *el ~ de l'arròs* rice growing **2** (*collita*) crop: *els ~s ecològics més importants* the most important organic crops

cultivar *vt* **1** (*terra*) to farm **2** (*cultiu, planta*) to grow

cultura *nf* culture

cultural *adj* cultural LOC *Vegeu* CENTRE

culturisme *nm* bodybuilding: *fer ~* to do bodybuilding

cuneta *nf* ditch

cunyat, -ada *nm-nf* **1** (*masc*) brother-in-law [*pl* brothers-in-law] **2** (*fem*) sister-in-law [*pl* sisters-in-law]

cupó *nm* **1** (*val*) coupon **2** (*d'una rifa*) ticket

cúpula *nf* (*Arquit*) dome

cura *nf* **1** (*atenció*) care: *Tracta les seves coses amb molta ~.* He treats his things with great care. **2** (*guarició, tractament*) cure: *~ de repòs* rest cure LOC **tenir cura d'algú/d'alguna cosa** to look after sb/sth ◆ **tenir/no tenir cura** (*malaltia*) to be curable/incurable *Vegeu tb* UNITAT

curandero, -a *nm-nf* (*impostor*) quack

curar ▶ *vt* **1** (*guarir*) to cure (*sb*) (of *sth*): *Aquestes pastilles m'han curat el refredat.* Those pills have cured my cold. **2** (*ferida*) to dress ▶ **curar-se** *vp* **1 curar-se (de)** (*guarir-se*) to recover (from *sth*): *El nen es va ~ del xarampió.* The little boy recovered from the measles. **2** (*ferida*) to heal (up)

curiós, -osa ▶ *adj* **1** (*tafaner*) nosy, inquisitive (*més formal*): *No siguis tan ~!* Don't be so nosy! **2** (*rar*) odd, strange (*més formal*): *És un cas molt ~.* It's a very strange story. ⓘ També es pot dir **curious** en els dos sentits, però és menys freqüent.
▶ *nm-nf* **1** (*tafaner*) busybody [*pl* busybodies] **2** (*d'un accident, etc.*) onlooker

curiositat *nf* curiosity [*pl* curiosities] LOC **per curiositat** out of curiosity: *Vaig entrar-hi per mera ~.* I went in out of sheer curiosity. ◆ **tenir curiositat (de)** to be curious (about *sth*): *Tinc ~ de saber com són.* I'm curious to find out what they're like. *Vegeu tb* PICAR

currículum (*tb* **curriculum vitae**) *nm* CV, curriculum vitae (*més formal*) ⓘ Als Estats Units es diu **résumé**.

curs *nm* **1** course: *el ~ d'un riu* the course of a river ◇ *cursos d'idiomes* language courses **2** (*any acadèmic*) (**a**) (*escola*) (school) year: *a final de ~* at the end of the (school) year ◇ *És del meu ~.* He's in the same year as me. (**b**) (*universitat*) (academic) year: *Ja sóc al tercer ~.* I'm now in the third year. LOC *Vegeu* DELEGAT

cursa *nf* race: *~ de relleus/sacs/d'obstacles* relay/sack/obstacle race LOC **cursa d'armaments** arms race ◆ **cursa de cavalls** horse race *Vegeu tb* BICICLETA, CAVALL

curset *nm* course: *un ~ d'informàtica* a computing course

cursi *adj* **1** (*persona*) affected: *La teva amiga té una manera de parlar ben ~.* Your friend speaks in such an affected way. **2** (*cosa*) naff: *Porta un vestit molt ~.* She's wearing a very naff dress.

cursiva *nf* italics [*pl*]: *Els exemples són en ~.* The examples are in italics.

cursor *nm* cursor

curt, ~a ▶ *adj* **1** short: *Aquests pantalons et van ~s.* Those trousers are too short for you. ◇ *una camisa de màniga curta* a short-sleeved shirt **2** (*poc intel·ligent*) dim
▶ (*tb* **curtmetratge**) *nm* (*Cine*) short LOC **anar curt de diners** to be short of money ◆ **ésser curt de gambals** to be dim ◆ **ésser curt de vista** to be short-sighted ◆ **fer curt** to not have enough (*of sth*): *Vam fer ~ de cadires.* We didn't have enough chairs. *Vegeu tb* LLUM, PANTALÓ

curtcircuit *nm* short circuit

custòdia *nf* custody

custodiar *vt* to guard: *~ els presoners/la caixa forta* to guard the prisoners/safe

cutis *nm* **1** (*pell*) skin **2** (*pell de la cara*) complexion: *Tens el ~ molt pàl·lid.* You have a very pale complexion.

D d

dada *nf* **1** (*informació*) information [*incomptable*]: *una ~ important* an important piece of information **2 dades** (*Informàt*) data [*incomptable*]: *processament de dades* data processing LOC **dades personals** personal details *Vegeu tb* BASE

daga *nf* dagger

dalla *nf* scythe

dalt *adv* **1** up: *aquell castell d'allà ~* that castle up there **2** (*pis*) upstairs: *Viuen a ~.* They live upstairs. ◇ *els veïns de ~* our upstairs neighbours LOC **dalt de tot** at the very top ◆ **de dalt a baix 1** up and down: *Em va mirar de ~ a baix.* He looked me up and down. ◇ *moure una cosa de ~ a baix* to move something up and down **2** (*totalment*) from top to bottom: *netejar la casa de ~ a baix* to clean the house from top to bottom *Vegeu tb* ALLÀ, ALLÍ, PART, PLE

daltabaix ▶ *nm* disaster
▶ *adv* down: *Va caure ~ de les escales.* She fell down the stairs.

daltonià, -ana *adj* colour-blind

dama *nf* **1** (*senyora*) lady [*pl* ladies] **2** (*cartes, Escacs*) queen **3** (*en el joc de dames*) king **4 dames** draughts [*v sing*]: *jugar a dames* to play

D

draughts LOC **dama d'honor** (*en un casament*) bridesmaid ➲ *Vegeu nota a* CASAMENT

damnificat, -ada *nm-nf* victim: *els ~s pel terratrèmol* the victims of the earthquake

damunt ▶ *prep* ~ **(de) 1** (*a*) on: *~ la taula/el llit* on the table/bed **2** (*a dalt de*) on top of: *~ l'armari* on top of the wardrobe ◇ *Podem posar nata ~ del pastís.* We can put some cream on top of the cake. **3** (*cobrint alguna cosa, sense tocar*) over: *S'ha posat l'abric ~ la caçadora texana.* He put his coat on over his denim jacket. ◇ *L'avió va passar ~ nostre.* The plane flew over us. **4** (*rere*) after: *un error ~ l'altre* one mistake after another
▶ *adv* on top LOC **al damunt** on top: *Deixa la revista allà al ~.* Leave the magazine on top. ◆ **per damunt**: *Passa-hi un drap per ~.* Give it a wipe. ◇ *Li va caure el got de llet per ~.* The glass of milk spilt all over him. ◆ **per damunt de**: *per ~ de tot* above all ◇ *Haurem de saltar per ~ de la tanca.* We'll have to jump over the fence. ◆ **tenir alguna cosa damunt**: *Tinc ~ el termini per a donar el treball d'història.* The deadline for handing in my history project is very near.

danès, -esa ▶ *adj, nm* Danish: *parlar ~* to speak Danish
▶ *nm-nf* Dane: *els danesos* the Danes LOC *Vegeu* GRAN

dansa *nf* dance LOC **dansa del ventre** belly dancing

dany *nm* damage [*incomptable*]: *La pluja ha fet grans ~s.* The rain has caused a lot of damage. LOC **danys i perjudicis** damages

danyar *vt* to damage: *Fumar pot ~ la salut.* Smoking can damage your health.

dard *nm* dart

darrer, ~a ▶ *adj* **1** last: *el ~ episodi* the last episode ◇ *aquests ~s dies* the last few days ◇ *T'ho dic per darrera vegada.* I'm telling you for the last time. **2** (*més recent*) latest: *el seu ~ llibre* his latest book ◇ *les darreres notícies* the latest news 🛈 **Last** fa referència al darrer d'una sèrie que s'ha acabat: *el darrer àlbum de John Lennon* John Lennon's last album. **Latest** és el darrer d'una sèrie que encara podria continuar: *el seu darrer àlbum* their latest album. **3** (*més baix*) bottom: *Són en la darrera posició de la lliga.* They are bottom of the league.
▶ *nm-nf* **1** last (one): *Vam ésser els ~s a arribar.* We were the last (ones) to arrive. **2** (*esmentat en darrer lloc*) the latter [*pl* the latter]: *un Rolls i un Mercedes, aquest ~ nou de trinca* a Rolls and a Mercedes, the latter brand new LOC **a darrera hora 1** (*en el ~ moment*) at the last moment **2** (*al final d'un dia*) late: *a darrera hora de la tarda d'ahir* late yesterday evening ◇ *a darrera hora de dimarts* late last Tuesday ◆ **de darrera hora** last-minute: *una reserva de darrera hora* a last-minute reservation ◇ *les notícies de darrera hora* the latest news

darrerament *adv* recently

darrere ▶ *prep* ~ **(de) 1** behind: *~ de nosaltres* behind us ◇ *La porta es va tancar ~ seu.* The door closed behind her. **2** (*després de*) after: *un dia ~ l'altre* day after day ◇ *Fuma una cigarreta ~ l'altra.* He smokes one cigarette after another. **3** (*més enllà de*) beyond: *Darrere de les muntanyes hi ha el mar.* Beyond the mountains is the sea.
▶ *adv* **1** behind: *Els altres vénen ~.* The others are coming behind. **2** (*a l'altre costat*) at/on the back: *El mercat és ~.* The market is at the back. ◇ *Posa't ~.* Stand at the back. ◇ *El preu és ~.* The price is on the back.
▶ *nm* **1** (*part posterior*) back: *la porta del ~* the back door ◇ *Sempre s'asseuen al ~.* They always sit at the back. ◇ *El preu és al ~.* The price is on the back. **2** (*cul*) bottom, backside (*col·loq*) LOC **anar (al) darrere d'algú/d'alguna cosa** to be after sb/sth ◆ **per darrere** from behind *Vegeu tb* PART

data *nf* date: *Fes un taló amb la ~ de demà.* Write a cheque with tomorrow's date. ◇ *Porta ~ del 3 de maig.* It is dated 3 May. LOC **data de caducitat** best-before date ◆ **data límit 1** (*sol·licitud*) closing date **2** (*projecte*) deadline

dàtil *nm* date

dau *nm* **1** (*de jugar*) dice [*pl* dice]: *tirar els ~s* to roll the dice **2** (*pernil, formatge*) piece: *Només he menjat uns ~s de pernil.* I've only had a few pieces of ham. ◇ *Portaré uns ~s de formatge.* I'm going to bring some cheese.

daurat, -ada *adj* gold: *una bossa daurada* a gold bag ◇ *colors/tons ~s* gold colours/tones

davant ▶ *prep* ~ **(de) 1** in front of: *~ de la televisió* in front of the television ◇ *Eren ~ nostre.* They were in front of us. ➲ *Vegeu il·lustració a* FRONT **2** (*enfront de*) opposite: *La meva casa és ~ de l'estadi.* My house is opposite the stadium. **3** (*en presència de*) before: *~ de les càmeres* before the cameras ◇ *comparèixer ~ el jutge* to appear before the judge **4** (*enfrontat amb*) in the face of *sth*: *~ les dificultats* in the face of adversity
▶ *adv* **1** in front: *el cotxe de ~* the car in front ◇ *els seients de ~* the front seats **2** (*enfront*): *La família que viu ~.* The family that live opposite. **3** (*en presència d'algú*): *M'ho va dir quan els altres eren ~.* She told me in front of the others.

▶ *nm* front: *els seients del ~* the front seats ◇ *S'ha assegut al ~ de tot.* She sat right at the front. **LOC davant per davant** opposite: *Vam seure ~ per ~.* We sat down opposite one other. ◇ *L'hospital és ~ per ~ del mercat.* The hospital is opposite the market. ◆ **per davant de**: *He passat per ~ de casa teva.* I walked past your house. *Vegeu tb* PART

davant

They're sitting **opposite** each other. She's sitting **in front of** him.

davantal *nm* apron

davanter, ~a ▶ *adj* front

▶ *nm-nf* (*Esport*) forward: *Juga de ~ centre.* He plays centre forward.

de *prep*

- **possessió 1** (*d'algú*): *el llibre d'en Pere* Pere's book ◇ *el gos dels meus amics* my friends' dog ◇ *És d'ella/de la meva àvia.* It's hers/my grandmother's. **2** (*d'alguna cosa*): *una pàgina del llibre* a page of the book ◇ *les habitacions de la casa* the rooms in the house ◇ *la catedral de Girona* Girona cathedral
- **origen, procedència** from: *Són de Mallorca.* They are from Majorca. ◇ *de Londres a Barcelona* from London to Barcelona
- **en descripcions de persones 1** (*qualitats físiques*) (**a**) with: *una nena de cabells rossos* a girl with fair hair (**b**) (*roba, colors*) in: *la senyora del vestit verd* the lady in the green dress **2** (*qualitats no físiques*) of: *una persona de molt de caràcter* a person of great character ◇ *una dona de 30 anys* a woman of 30
- **en descripcions de coses 1** (*qualitats físiques*) (**a**) (*matèria*): *un vestit de fil* a linen dress (**b**) (*contingut*) of: *un got de llet* a glass of milk **2** (*qualitats no físiques*) of: *un llibre de gran interès* a book of great interest
- **tema, assignatura**: *un llibre/professor de física* a physics book/teacher ◇ *una classe d'història* a history class
- **amb nombres i expressions de temps**: *més/menys de deu* more/less than ten ◇ *un segell de 50 cèntims* a 50 cent stamp ◇ *un quart de quilo* a quarter of a kilo ◇ *de nit/dia* at night/during the day ◇ *a les deu del matí* at ten in the morning
- **agent** by: *un llibre de Carner* a book by Carner ◇ *acompanyat del seu pare* accompanied by his father ◇ *rodejat d'amics* surrounded by his friends
- **causa**: *morir-se de gana* to die of hunger ◇ *Vam fer bots d'alegria.* We jumped for joy.
- **altres construccions**: *el millor actor del món* the best actor in the world ◇ *Ho va trencar d'un cop.* He broke it with one blow.

debat *nm* debate: *fer un ~* to hold a debate

dèbil *adj* weak: *Té el cor ~.* He has a weak heart.

debilitat *nf* weakness

debò **LOC de debò 1** (*autèntic*) real: *un elefant de ~* a real elephant **2** (*realment*) really: *És difícil de ~.* It's really difficult. ◇ *De debò?* Really? ◇ *Ho dic de ~.* I really mean it.

dècada *nf* decade **LOC la dècada dels vuitanta, noranta, etc.** the eighties, nineties, etc. [*pl*]

decadent *adj* decadent

decapitar *vt* to behead

decebedor, ~a *adj* disappointing

decebre *vt* **1** (*desil·lusionar*) to disappoint: *La pel·lícula m'ha decebut.* The film was disappointing. **2** (*fallar*) to let *sb* down: *M'has decebut una altra vegada.* You've let me down again.

decent *adj* decent

decepció *nf* disappointment: *tenir una ~* to be disappointed

decidir ▶ *vt* to decide: *Han decidit (de) vendre la casa.* They've decided to sell the house.

▶ **decidir-se** *vp* **1 decidir-se (a)** to decide (*to do sth*); to make up your mind (*to do sth*) (*més col·loq*): *Finalment em vaig ~ a sortir.* In the end I decided to go out. ◇ *Decideix-te!* Make up your mind! **2 decidir-se per** to decide on *sb/sth*: *Ens vam ~ pel vermell.* We decided on the red one.

decidit, -ida *adj* determined *Vegeu tb* DECIDIR

dècim, ~a *adj, pron, nm-nf* tenth ➲ *Vegeu exemples a* SISÈ

dècima *nf* tenth **LOC tenir unes dècimes (de febre)** to have a slight temperature

decimal *adj, nm* decimal

decisió *nf* **1** decision: *la ~ de l'àrbitre* the referee's decision ◇ *la ~ de continuar la investigació* the decision to carry on with the investigation ◇ *les decisions sobre el futur del país* decisions on the future of the country **2** (*determinació*) determination: *Et cal molta ~.* You need a lot of

D

D

determination. LOC **prendre una decisió** to make/take a decision

decisiu, -iva *adj* decisive

declaració *nf* **1** declaration: *una ~ d'amor* a declaration of love **2** (*Dret, manifestació pública*) statement: *La policia li va prendre ~.* The police took his statement. ◇ *No va voler fer cap ~.* He didn't want to make a statement. LOC **declaració de renda** tax return *Vegeu tb* PRESTAR

declarar ▶ *vt, vi* **1** to declare: *~ la guerra* to declare war ◇ *Res a ~?* Anything to declare? **2** (*en públic*) to state: *segons ha declarat el ministre* according to the minister's statement **3** (*Dret*) to testify ▶ **declarar-se** *vp* **1 declarar-se (a favor/en contra de)** to come out (in favour of/against *sth*): *Els treballadors s'han declarat en vaga.* The workers have come out on strike. **2** (*incendi, epidèmia*) to break out **3** (*confessar amor*): *Se'm va ~.* He told me he loved me. LOC **declarar algú culpable/innocent** to find sb guilty/not guilty ◆ **declarar-se culpable/innocent** to plead guilty/not guilty

decoració *nf* **1** (*acció, ornament*) decoration **2** (*estil*) decor

decorar *vt* to decorate

decorat *nm* (*Teat*) set

decoratiu, -iva *adj* decorative

decret *nm* decree

dedicació *nf* dedication: *La seva ~ als pacients és admirable.* Her dedication to your patients is admirable.

dedicar ▶ *vt* **1** (*destinar*) to devote *sth to sb/sth*: *Van ~ la seva vida als animals.* They devoted their lives to animals. ◇ *L'autor dedica tres capítols al tema de les drogues.* The author devotes three chapters to the subject of drugs. **2** (*temps*) to spend *your time* (*doing sth*): *les persones que dediquen el seu temps a ajudar els altres* people who spend their time helping others ◇ *A què dediques el temps lliure?* How do you spend your free time? **3** (*cançó, poema*) to dedicate *sth* (*to sb*): *Vaig ~ el llibre al meu pare.* I dedicated the book to my father. **4** (*exemplar*) to autograph ▶ **dedicar-se** *vp* **dedicar-se a**: *A què es dedica el teu pare?* What does your father do for a living? ◇ *Va deixar la feina per dedicar-se als estudis.* He left his job to be able to study.

dedicatòria *nf* dedication

deducció *nf* deduction

deduir *vt* **1** (*concloure*) to deduce *sth* (*from sth*): *Vaig ~ que no era a casa.* I deduced that he wasn't at home. **2** (*restar*) to deduct *sth* (*from sth*)

deessa *nf* goddess

defecte *nm* **1** defect: *un ~ de pronunciació* a speech defect **2** (*de caràcter*) fault: *Tothom té ~s.* We all have our faults. **3** (*roba, objecte delicat*) flaw ➲ *Vegeu nota a* MISTAKE LOC **per defecte** (*Informàt*) default: *l'opció per ~* the default option ◆ **trobar-hi sempre defectes** to find fault with everything

defectuós, -osa *adj* faulty

defensa ▶ *nf* defence: *les defenses del cos* the body's defences ◇ *un equip amb una ~ molt bona* a team with a very good defence ▶ *nmf* (*Esport*) defender LOC **defensa central** centre back ◆ **en defensa pròpia** in self-defence ◆ **sortir en defensa d'algú** to stand up for sb: *Ningú va sortir en ~ meva.* No one stood up for me.

defensar ▶ *vt* to defend *sb/sth* (*against sb/sth*) ▶ **defensar-se ~ (de)** (*protegir-se*) to defend yourself (*from/against sb/sth*): *Es va ~ amb el bastó.* She defended herself with her stick.

defensiu, -iva *adj* defensive LOC **estar/posar-se a la defensiva** to be/go on the defensive

defensor, ~a ▶ *adj* defending ▶ *nm-nf* defender (*of sth*) LOC *Vegeu* ADVOCAT

deficiència *nf* deficiency [*pl* deficiencies]

definició *nf* definition

definir *vt* to define

definit, -ida *adj* (*article*) definite: *l'article ~* the definite article *Vegeu tb* DEFINIR

definitiu, -iva *adj* **1** final: *el resultat ~* the final result ◇ *el nombre ~ de víctimes* the final death toll **2** (*solució*) definitive LOC **en definitiva** in short

definitivament *adv* **1** (*per sempre*) for good: *Va tornar ~ al seu país.* He returned home for good. **2** (*de manera determinant*) definitely

deformar ▶ *vt* **1** (*cos*) to deform **2** (*peça de vestir, objecte*) to pull *sth* out of shape **3** (*imatge, realitat*) to distort ▶ **deformar-se** *vp* **1** (*cos*) to become deformed **2** (*peça de vestir, objecte*) to lose its shape

deformat, -ada *adj* (*peça de vestir, objecte*) out of shape *Vegeu tb* DEFORMAR

deforme *adj* deformed

defraudar *vt* **1** (*decebre*) to disappoint **2** (*estafar*) to defraud

defugir *vt* to avoid: *Va ~ la pregunta.* He avoided giving an answer.

defunció *nf* death, passing (*formal*)

degà, -ana *nm-nf* dean

degeneració *nf* degeneration

degenerar *vi* to degenerate

degenerat, -ada *adj, nm-nf* degenerate *Vegeu tb* DEGENERAR
degeneratiu, -iva *adj* degenerative
degotar *vi* **1** to drip: *Aquesta aixeta degota.* That tap's dripping. **2** (*canonada*) to leak
degradació *nf* degradation: *la ~ del medi ambient* environmental degradation
degradar ▶ *vt* (*humiliar*) to degrade ▶ **degradar-se** *vp* (*deteriorar-se*) to deteriorate, to go downhill (*més col·loq*): *Aquest barri s'ha degradat molt.* This neighbourhood has really gone downhill.
degut, -uda *adj* proper LOC **ésser degut a** to be due to *sth*: *Això és ~ a la manca de diners.* This is due to lack of funds. *Vegeu tb* DEURE[1]
deixalla *nf* **deixalles** scraps
deixar ▶ *vt* **1** to leave (*posar, cessar una activitat, no molestar*): *On has deixat les claus?* Where have you left the keys? ◇ *Deixa-ho de moment.* Leave it for now. ◇ *Deixa'm en pau!* Leave me alone! **2** (*abandonar*) to give *sth* up: *~ la feina* to give up work **3** (*permetre*) to let *sb* (*do sth*): *Els meus pares no em deixen sortir de nit.* My parents don't let me go out at night. **4** (*prestar*) to lend, to borrow: *Em pots ~ diners?* Can you lend me some money? ◇ *Em pots ~ la moto?* Can I borrow your motorbike? ➲ *Vegeu il·lustració a* BORROW ▶ *vi* ~ **de fer alguna cosa** to give up doing sth: *~ de fumar* to give up smoking ▶ *v aux* + **participi**: *La notícia ens va ~ preocupats.* We were worried by the news. ▶ **deixar-se** *vp* **1** (*oblidar*) to leave: *Em vaig ~ el paraigua a l'autobús.* I left my umbrella on the bus. **2 deixar-se fer alguna cosa** to let yourself be...: *S'ha deixat manipular.* She has let herself be manipulated. LOC **deixar anar 1** (*desagafar*) to let go of *sb/sth*: *Deixa'm anar!* Let go of me! **2** (*deixar caure*) to drop **3** (*deixar lliure*) to set *sb/sth* free, to release (*més formal*) **4** (*cable, corda*) to let *sth* out: *Deixa anar una mica de corda.* Let the rope out a bit. **5** (*crit, sospir*) to let *sth* out ◆ **deixar passar** to let *sb* get by: *Em deixen passar?* Can I get by, please? ◆ **deixar-se anar 1** (*desagafar*) to let go (*of sb/sth*): *No et deixis anar de la mà.* Don't let go of my hand. **2** (*relaxar-se*) to let yourself go ❶ Per a d'altres expressions amb **deixar**, vegeu les entrades del nom, adjectiu, etc., p. ex. **no deixar viure** a VIURE i **sense deixar rastre** a RASTRE.
deixat, -ada (*descurós*) *adj* untidy *Vegeu tb* DEIXAR
deixeble, -a *nm-nf* **1** (*seguidor*) disciple **2** (*alumne*) pupil
dejú *nm* fast: *40 dies de ~* 40 days of fasting LOC **en dejú**: *T'has de prendre els medicaments en ~.* You mustn't eat or drink anything before taking these drugs.
dejunar *vi* to fast
del, dels *Vegeu* DE
delatar *vt* to inform on *sb*
delator, ~a *nm-nf* (*de la policia*) informer
delegació *nf* **1** (*comissió*) delegation: *una ~ de pau* a peace delegation **2** (*oficina*) office: *la ~ d'Hisenda* the tax office
delegat, -ada *nm-nf* (*Pol*) delegate LOC **delegat de curs** student representative
deliberat, -ada *adj* deliberate
delicadesa *nf* (*tacte*) tact: *Ho podies haver dit amb més ~.* You could have put it more tactfully. ◇ *És una manca de ~.* It's very tactless. LOC **tenir la delicadesa de** to have the courtesy *to do sth*
delicat, -ada *adj* delicate
deliciós, -osa *adj* delicious
delicte *nm* crime: *cometre un ~* to commit a crime
delineant *nmf* draughtsman/woman [*pl* -men/-women]
delinqüència *nf* crime LOC **delinqüència juvenil** juvenile delinquency
delinqüent *nmf* criminal
delirar *vi* **1** (*Med*) to be delirious **2** (*parlar sense solta*) to talk nonsense
deliri *nm* (*Med*) delirium LOC **agradar/estimar amb deliri** to be crazy about *sb/sth*
delta *nm* delta: *En Pau viu vora el ~ de l'Ebre.* Pau lives near the Ebro Delta. LOC *Vegeu* ALA
demà ▶ *adv* tomorrow: *Demà serà dissabte, oi?* Tomorrow is Saturday, isn't it? ◇ *el diari de ~* tomorrow's paper
▶ *nm* future: *No pensis en el ~.* Don't think about the future. LOC **demà al matí/a la tarda/al vespre/a la nit** tomorrow morning/afternoon/evening/night ◆ **demà passat** the day after tomorrow ◆ **demà passat l'altre** in three days' time ◆ **fins demà!** see you tomorrow! *Vegeu tb* DIA
demanar ▶ *vt* **1** to ask (*sb*) for *sth*: *~ pa/el compte* to ask for bread/the bill ◇ *~ ajuda als veïns* to ask the neighbours for help **2** (*permís, favor*) to ask (*sb*) (*sth*): *Et vull ~ un favor.* I want to ask you a favour. **3** ~ **a algú que faci alguna cosa** to ask sb to do sth: *Em va ~ que esperés.* He asked me to wait. **4** (*encarregar*) to order: *De primer vam ~ sopa.* We ordered soup as a starter. **5** (*manllevar*) to borrow: *Em va ~ el cotxe.* He borrowed my car. **6** (*diners*) to ask: *En demanen dues mil lliures.* They're asking

D

two thousand pounds. **7** (*buscant algú*) to ask for *sb*: *Et demanen al telèfon.* You're wanted on the phone. **8** (*preguntar*) to ask ▶ *vi* ~ **per 1** (*buscant alguna cosa/algú*) to ask for *sb/sth*: *Va venir un senyor demanant per tu.* A man was asking for you. **2** (*interessant-se per algú*) to ask after *sb*: *Demana-li pel nen.* Ask after her little boy. **3** (*interessant-se per alguna cosa*) to ask about *sth*: *Li vaig ~ per l'examen.* I asked her about the exam. ❶ La paraula anglesa **demand** significa *exigir*: *She demanded an explanation.* Va exigir una explicació. LOC **demanar (caritat)** to beg ◆ **demanar disculpes/perdó** to apologize (*to sb*) (*for sth*) ◆ **demanar hora** to make an appointment ◆ **demanar la paraula/per parlar** to ask permission to speak ◆ **demanar tanda** to ask who is last in the queue ◆ **et demano per favor que...** I beg you to... *Vegeu tb* FICAR, RESCAT

demanda *nf* **1** (*Com*) demand: *la llei de l'oferta i la ~* the law of supply and demand **2** (*Dret*) claim (*for sth*): *presentar una ~ per alguna cosa* to put in a claim for sth

demandar *vt* (*Dret*) to sue *sb* (*for sth*)

democràcia *nf* democracy [*pl* democracies]

demòcrata *nmf* democrat

democràtic, ~a *adj* democratic

demolir *vt* to demolish

demostrar *vt* **1** (*provar*) to prove: *Li vaig ~ que s'equivocava.* I proved him wrong. **2** (*mostrar*) to show

dempeus *adv* standing LOC **posar-se dempeus** to stand up

denegar *vt* to refuse

denominació *nf* LOC **denominació d'origen** Guarantee of Origin

dens, ~a *adj* dense

densitat *nf* **1** density [*pl* densities] **2** (*boira*) thickness LOC **densitat de població** population density

dent *nf* tooth [*pl* teeth] LOC **dent de llet** milk tooth [*pl* milk teeth] *Vegeu tb* PASTA, PETAR, RASPALL, RENTAR

dentadura *nf* teeth [*pl*]: *~ artificial/postissa* false teeth

dental *adj* dental: *la higiene ~* dental hygiene LOC **fil/seda dental** dental floss

denteta *nf* LOC **fer denteta/dentetes** to make sb jealous

dentista *nmf* dentist

denúncia *nf* **1** (*accident, delicte*) report: *presentar una ~* to report sth to the police **2** (*contra una persona*) complaint: *fer una ~ contra algú* to make a formal complaint against sb

denunciar *vt* **1** to report *sb/sth* (*to sb*): *Va ~ el robatori de la seva bicicleta.* He reported the theft of his bicycle. ◇ *Em van ~ a la policia.* They reported me to the police. **2** (*criticar*) to denounce

departament *nm* **1** (*secció, Pol*) department: *el Departament de Salut de la Generalitat de Catalunya* the Department of Health of the Catalan government **2** (*compartiment*) compartment

dependent, ~a *nm-nf* shop assistant

dependre *vi* **1** ~ **de/de si...** to depend on *sth*, to depend on whether...: *Depèn del temps que farà.* It depends on the weather. ◇ *Això depèn de si em portes els diners (o no).* That depends on whether you bring me the money (or not). **2** ~ **d'algú (que...)** to be up to sb (whether...): *No depèn de mi.* It's not up to me. ◇ *Depèn del director que pugui tenir un dia lliure.* It's up to the director whether I can have a day off. **3** ~ **de** (*econòmicament, addicció*) to be dependent on *sb/sth* LOC **depèn/això depèn** that depends, it (all) depends: *—Que vindràs? —Això depèn.* 'Will you be coming?' 'That depends.'

depilar(-se) *vt, vp* **1** (*celles*) to pluck **2** (*cames, aixelles*) **(a)** (*amb cera*) to wax: *M'haig de ~ abans d'anar-me'n de vacances.* I must have my legs waxed before I go on holiday. **(b)** (*amb maquineta*) to shave

depressió *nf* depression [*incomptable*]: *patir una forta ~* to have severe depression

depriment *adj* depressing

deprimir ▶ *vt* to depress ▶ **deprimir-se** *vp* to get depressed

depuradora *nf* **1** (*planta*) water treatment plant **2** (*piscina*) filter system

depurar *vt* (*aigua, etc.*) to purify

derbi *nm* (local) derby [*pl* derbies]

dèria *nf* obsession LOC **agafar la/una dèria** to take it into your head *to do sth*

deriva *nf* LOC **a la deriva** adrift

derivar(-se) *vi, vp* **derivar(-se) de 1** (*Ling*) to derive from *sth* **2** (*ésser conseqüència*) to stem from *sth*

dermatòleg, -òloga *nm-nf* dermatologist

dermatologia *nf* dermatology

derrapar *vi* to skid

derrota *nf* defeat

derrotar *vt* to defeat

des *prep* **1** ~ **de/que** (*temps*) since: *He viscut en aquesta casa ~ de 1986.* I've lived in this house since 1986. ◇ *Des que se'n van anar...* Since they left... ➲ *Vegeu nota a* FOR **2** ~ **de**

(*lloc*) from: ~ *de sota* from below ◇ *Des de l'apartament es veu la platja.* You can see the beach from the flat. LOC **des de fa...** for...: *No m'ha trucat ~ de fa un mes.* She hasn't phoned me for a month. ◆ **des de... fins (a)...** from... to...: ~ *del 8 fins al 15* from the 8th to the 15th ◇ ~ *de Girona fins a Palamós* from Girona to Palamós

desabrigat, -ada *adj*: *Vas molt ~.* You're not very warmly dressed.

desacord *nm* disagreement LOC **estar en desacord (amb)** to disagree with *sb/sth*

desactivar *vt* to defuse

desafiament *nm* challenge

desafiar *vt* **1** (*reptar*) to challenge *sb* (*to sth*): *Et desafio a les dames.* I challenge you to a game of draughts. **2** (*perill*) to brave

desafinar *vi* **1** (*cantant*) to sing out of tune **2** (*instrument*) to be out of tune **3** (*instrumentista*) to play out of tune

desafinat, -ada *adj* out of tune *Vegeu tb* DESAFINAR

desafortunat, -ada *adj* unfortunate

desagradable *adj* unpleasant

desagradar *vi* to dislike *sth/doing sth* [*vt*]: *No em desagrada.* I don't dislike it.

desagraït, -ïda *adj* (*persona*) ungrateful

desallotjar *vt* to clear: *Desallotgeu la sala, per favor.* Please clear the hall.

desanimar ▶ *vt* to discourage ▶ **desanimar-se** *vp* to lose heart

desanimat, -ada *adj* (*deprimit*) depressed *Vegeu tb* DESANIMAR

desaparèixer *vi* to disappear LOC **desaparèixer del mapa** to vanish off the face of the earth

desaparició *nf* disappearance

desapercebut, -uda *adj* unnoticed: *passar ~* to go unnoticed

desaprofitar *vt* to waste: *No desaprofitis aquesta oportunitat.* Don't waste this opportunity.

desar *vt* **1** (*posar en un lloc*) to put *sth* away: *Ja he desat tota la roba d'hivern.* I've put away all my winter clothes. **2** (*Informàt*) to save

desarmament *nm* disarmament: *el ~ nuclear* nuclear disarmament

desarmar *vt* **1** (*persona, exèrcit*) to disarm **2** (*desmuntar*) to take *sth* to pieces

desastre *nm* disaster

desastrós, -osa *adj* disastrous

desatendre *vt* (*descuidar*) to neglect

desautoritzat, -ada *adj* unauthorized

desavantatge *nm* disadvantage

desbandada *nf* stampede LOC *Vegeu* FUGIR

desbaratar *vt* to foil: ~ *un pla* to foil a plan

desbaratat, -ada *adj* scatterbrained *Vegeu tb* DESBARATAR

desbarrar ▶ *vt* (*porta*) to unbolt ▶ *vi* to talk nonsense

desbocar-se *vp* (*cavall*) to bolt

desbocat, -ada *adj* (*cavall*) runaway *Vegeu tb* DESBOCAR-SE

desbordant *adj* ~ **(de)** overflowing (with *sth*): ~ *d'alegria* overflowing with joy

desbordar ▶ *vt* (*excedir*) to overwhelm: *Ens desborden les sol·licituds d'ocupació.* We are overwhelmed by all the job applications. ▶ **desbordar-se** *vp* (*riu*) to burst its banks

descafeïnat, -ada *adj* decaffeinated

descalç, ~a *adj* barefoot: *M'agrada caminar descalça per la sorra.* I love walking barefoot on the sand. ◇ *No vagis ~.* Don't go round in your bare feet.

descalçar-se *vp* to take your shoes off

descampat *nm* area of open ground

descans *nm* **1** (*repòs*) rest: *El metge li va receptar ~ i aire pur.* The doctor prescribed rest and fresh air. **2** (*a la feina*) break: *treballar sense ~* to work without a break

descansar ▶ *vi* **1** (*reposar*) to rest: *Deixa'm ~ una estona.* Let me rest for a few minutes. **2** (*a la feina*) to break: *Acabem això i descansarem cinc minuts.* We'll finish this and break for five minutes. ▶ *vt* to rest: ~ *la vista* to rest your eyes

descansat, -ada *adj* **1** (*persona*) refreshed **2** (*feina*) undemanding *Vegeu tb* DESCANSAR

descapotable *adj, nm* convertible

descaragolar *vt* (*descollar*) to unscrew

descarat, -ada *adj* cheeky

descàrrega *nf* **1** (*mercaderia*) unloading: *la càrrega i ~ de mercaderies* the loading and unloading of goods **2** (*elèctrica*) shock

descarregar ▶ *vt* to unload: ~ *un camió/una pistola* to unload a lorry/gun ▶ **descarregar-se** *vp* (*pila, bateria*) to go flat

descarregat, -ada *adj* (*pila, bateria*) flat *Vegeu tb* DESCARREGAR

descarrilament *nm* derailment

descarrilar *vi* to be derailed: *El tren va ~.* The train was derailed.

D

D

descartar *vt* to rule *sb/sth* out: ~ *un candidat/una possibilitat* to rule out a candidate/a possibility

descendència *nf* descendants [*pl*]

descendent *nmf* descendant

descendir *vi* ~ **de** (*família*) to be descended from *sb*: *Descendeix d'un príncep rus.* He's descended from a Russian prince.

descens *nm* **1** (*baixada*) descent: *És un ~ perillós.* It's a dangerous descent. ◇ *L'avió va tenir problemes durant el ~.* The plane had problems during the descent. **2** (*temperatura, preus*) drop *in sth* **3** (*Esport*) relegation **4** (*esquí*) downhill LOC **descens de barrancs** (*Esport*) canyoning

descobert, ~a *adj* **1** (*cotxe*) open-top **2** (*local*) open-air LOC **al descobert** (*a l'aire lliure*) in the open air ◆ **posar al descobert** to bring *sth* (out) into the open *Vegeu tb* XEC: *Vegeu tb* DESCOBRIR

descobridor, ~a *nm-nf* discoverer

descobriment *nm* discovery [*pl* discoveries]

descobrir *vt* **1** (*trobar, adonar-se*) to discover: ~ *una illa/vacuna* to discover an island/a vaccine ◇ *Vaig ~ que no tenia diners.* I discovered I had no money. **2** (*esbrinar*) to find *sth* out, to discover (*més formal*): *Vaig ~ que m'enganyaven.* I found out that they were deceiving me. **3** (*estàtua, placa*) to unveil LOC **descobrir el truc** to get the hang (*of sth*)

descodificador *nm* decoder

descodificar *vt* to decode

descollar *vt* to unscrew

descolorit, -ida *adj* faded

descompondre ▶ *vt* (*Quím*) to split *sth* (*into sth*) ▶ **descompondre('s)** *vt, vp* (*podrir-se*) to rot

descomptar *vt* **1** (*fer un descompte*) to give a discount (*on sth*): *Descomptaven el 10% en totes les joguines.* They were giving a 10% discount on all toys. **2** (*restar*) to deduct: *Has de ~ les despeses de viatge.* You have to deduct your travelling expenses. **3** (*no comptar*) not to count: *Si descomptem les vacances...* If we don't count our holiday...

descomptat, -ada *adj* LOC **donar per descomptat que...** to take it for granted that... ◆ **per descomptat** of course *Vegeu tb* DESCOMPTAR

descompte *nm* **1** (*preu*) discount: *Em van fer un ~ del cinc per cent.* They gave me a five per cent discount. ◇ *Són 30 euros sense ~.* It's 30 euros before the discount. **2** (*Esport*) stoppage time: *temps de ~* stoppage time

desconcertar *vt* to disconcert: *La seva reacció em va ~.* I was disconcerted by his reaction. ◇ *Van quedar desconcertats pel meu rebuig.* They were taken aback by my refusal.

desconegut, -uda ▶ *adj* **1** unknown: *un equip ~* an unknown team **2** (*que costa de reconèixer*) unrecognizable: *Estava ~ amb aquella disfressa.* He was unrecognizable in that disguise. ◇ *Últimament està desconeguda, no para de somriure.* She's been a changed woman recently; she's always smiling.
▶ *nm-nf* stranger *Vegeu tb* DESCONÈIXER

desconèixer *vt* not to know: *En desconec la raó.* I don't know why.

desconfiança *nf* distrust

desconfiar *vi* ~ **de** not to trust *sb/sth* [*vt*]: *Desconfia de tothom.* He doesn't trust anyone.

desconfiat, -ada *adj* suspicious *Vegeu tb* DESCONFIAR

descongelar(-se) *vt, vp* (*nevera, menjar*) to defrost

desconnectar ▶ *vt* **1** (*tallar*) to disconnect, to cut *sth* off (*més col·loq*): *Ens han desconnectat el telèfon.* The telephone's been cut off. **2** (*apagar*) to switch *sth* off: *Desconnecteu els telèfons mòbils, si us plau.* Please switch off your mobile phones. **3** (*desendollar*) to unplug ▶ **desconnectar-se** *vp* **1** (*aparell*) to switch off **2** (*d'Internet*) to disconnect (*from sth*) **3** (*persona*) to cut yourself off (*from sb/sth*)

desconsiderat, -ada *adj* inconsiderate

descontent, ~a *adj* ~ **(amb)** dissatisfied (with *sb/sth*)

desconvocar *vt* to call *sth* off: ~ *una vaga* to call off a strike

descoratjador, ~a *adj* discouraging

descordar ▶ *vt* to undo: *Em vaig ~ l'abric.* I undid my coat. ▶ **descordar-se** *vp* to come undone: *Se m'ha descordat la faldilla.* My skirt's come undone.

descórrer *vt* to draw *sth* (back): ~ *les cortines* to draw the curtains (back)

descosir ▶ *vt* to unpick ▶ **descosir-se** *vp* to come apart

descosit *nm* rip LOC *Vegeu* PARLAR

descreient *nmf* non-believer

descremat, -ada *adj* LOC *Vegeu* IOGURT, LLET

descripció *nf* description

descriure *vt* to describe

descuidar ▶ *vt* (*desatendre*) to neglect ▶ **descuidar-se** *vp* **1** (*deixar-se*) to leave *sth* behind: *M'he descuidat les claus a casa.* I've left my keys at home. **2** **descuidar-se de** to forget *to do sth*: *M'he descuidat de tornar-li el llibre.* I forgot to give him the book back.

descuidat, -ada *adj* **1** (*desatès*) neglected **2** (*descurat*) careless **3** (*brut*) scruffy *Vegeu tb* DESCUIDAR-

descuit *nm*: *No ha comprat els globus per (un) ~.* She forgot to buy the balloons.

desdejunar-se *vp* to have breakfast

desdejuni *nm* breakfast

desdir-se *vp* ~ **de** (*tirar-se enrere*) to back out of sth

desè, -ena *adj, pron, nm-nf* tenth ➲ *Vegeu exemples a* SISÈ

desembarcar ▶ *vt* **1** (*mercaderies*) to unload **2** (*persona*) to set *sb* ashore ▶ *vi* to disembark

desembocadura *nf* **1** (*riu*) mouth **2** (*carrer*) end

desembocar *vi* ~ **a/en 1** (*riu*) to flow into *sth* **2** (*carrer, túnel*) to lead to *sth*

desembolicar *vt* to unwrap: *~ un paquet* to unwrap a parcel

desembre *nm* December (*abrev* Dec.) ➲ *Vegeu exemples a* GENER

desembullar *vt* (*cabells*) to get the tangles out of *your hair*

desembussar *vt* to unblock

desempallegar-se *vp* to get rid of *sb/sth*: *Em vull desempallegar d'aquesta estufa.* I want to get rid of this heater.

desemparat, -ada *adj* helpless

desempat *nm* play-off [*pl* play-offs]

desempatar *vi* (*Esport*) to break the deadlock

desena *nf* **1** (*Mat, numeral col·lectiu*) ten **2** (*aproximadament*) about ten: *una ~ de persones* about ten people

desencaixat, -ada *adj* **1** (*cara*) contorted **2** (*os*) dislocated **3** (*peça*) out of position

desencaminar-se *vp* to go off the straight and narrow

desencant *nm* disillusionment

desendollar *vt* to unplug

desendreçar *vt* to make *sth* untidy, to make a mess of *sth* (*més col·loq*): *M'has desendreçat l'armari.* You've made a mess of my wardrobe.

desendreçat, -ada *adj* untidy, messy (*més col·loq*) *Vegeu tb* DESENDREÇAR

desenfocat, -ada *adj* out of focus

desenfundar *vt* to pull *sth* out

desenganxar ▶ *vt* (*treure*) to take *sth* off, to remove (*més formal*): *Desenganxa l'etiqueta.* Take the price tag off. ▶ **desenganxar-se** *vp* **1** (*sortir*) to come off: *S'ha desenganxat la nansa.* The handle's come off. **2 desenganxar-se de** (*droga*) to come off *sth*

desenganxat, -ada *adj* loose *Vegeu tb* DESENGANXAR

desengany *nm* disappointment LOC **tenir un desengany** to be disappointed: *tenir un ~ amorós* to be disappointed in love

desenganyar ▶ *vt* **1** (*desil·lusionar*) to disillusion **2** (*revelar la veritat*) to open *sb's* eyes ▶ **desenganyar-se** *vp* **1** (*desil·lusionar-se*) to become disillusioned **2** (*acceptar la realitat*) to face facts: *Desenganya't. No vindran pas.* Face facts. They're not coming.

desenllaç *nm* (*obra literària, pel·lícula*) ending

desenrotllar(-se) *vt, vp* **1** (*paper*) to unroll **2** (*cable*) to unwind

desentendre's *vp* ~ **de** not to want to know (*about sb/sth*): *Es va desentendre de la qüestió.* He didn't want to know anything about it.

desenterrar *vt* to dig *sth* up: *~ un os* to dig up a bone

desentès, -esa *adj* LOC **fer el desentès** to turn a deaf ear (*to sth*) *Vegeu tb* DESENTENDRE'S

desentonar *vi* **1** (*Mús*) to be out of tune **2** (*estar fora de lloc*) to be out of place: *Aquest llum desentona a la sala.* That lamp is out of place in the sitting room. **3** ~ **(amb)** (*no combinar*) to clash (with *sth*): *Et sembla que desentonen, aquests colors?* Do you think these colours clash?

desenvolupament *nm* development LOC **en desenvolupament** developing: *els països en ~* developing countries *Vegeu tb* VIA

desenvolupar(-se) *vt, vp* to develop: *~ els músculs* to develop your muscles

desenvolupat, -ada *adj* **1** (*país*) developed **2** (*persona*) well developed: *Està molt desenvolupada per a l'edat que té.* She's very well developed for her age. LOC **poc desenvolupat** undeveloped *Vegeu tb* DESENVOLUPAR(-SE)

desequilibri *nm* imbalance

desert, ~a ▶ *adj* deserted ▶ *nm* desert LOC *Vegeu* ILLA

desèrtic, ~a *adj* **1** (*zona*) desert [*n atrib*]: *una zona desèrtica* a desert area **2** (*clima*) arid

desertificació *nf* desertification

desertització *nf* desertification

desertor, ~a *nm-nf* deserter

desesperació *nf* despair: *caure en la ~* to fall into despair ◇ *Aquest nen és la ~ dels professors.* He's the despair of his teachers.

desesperant *adj* exasperating

desesperar ▶ *vt* to drive *sb* mad: *El desesperava no poder trobar feina.* Not being able to get a job was driving him mad. ▶ *vi* ~ **(de)** to

D

despair (of *sb/doing sth*): *Desespero d'aquest nen: no canviarà mai.* I despair of him. He'll never change. ◇ *No desesperis. Encara pots aprovar.* Don't despair. You can still pass.

desesperat, -ada *adj* **1** desperate: *Tinc un desig ~ de veure-la.* I'm desperate to see her. **2** (*situació, cas*) hopeless LOC **a la desesperada** in desperation *Vegeu tb* DESESPERAR

desfalc *nm* embezzlement

desfasat, -ada *adj* out of date: *idees desfasades* out-of-date ideas

desfavorable *adj* unfavourable

desfavorit, -ida *adj, nm-nf* disadvantaged: *els ~s de la societat* disadvantaged members of society

desfer ▶ *vt* **1** (*nus, paquet*) to undo **2** (*llit*) to unmake **3** (*desmuntar*) to take *sth* to pieces: *~ un trencaclosques* to take a jigsaw to pieces **4** (*fondre*) to melt ▶ **desfer-se** *vp* **1** (*nus, costura*) to come undone **2** (*fondre's*) to melt **3 desfer-se de** to get rid of *sb/sth*: *desfer-se d'un cotxe vell* to get rid of an old car LOC *Vegeu* MALETA

desfet, ~a *adj* shattered: *Vaig acabar ~.* I was shattered by the end. ◇ *La notícia em va deixar desfeta.* I was shattered to hear the news. LOC *Vegeu* XOCOLATA; *Vegeu tb* DESFER

desfigurar *vt* **1** (*cara*) to disfigure **2** (*canviar*) to distort: *~ una imatge/la realitat* to distort an image/reality

desfilada *nf* parade LOC **desfilada de models** fashion show

desfilar *vi* **1** (*Mil, manifestació*) to march **2** (*models*) to parade

desfogar-se *vp* **1** to let off steam **2 ~ amb algú** to confide in sb

desforestació *nf* deforestation

desgastar ▶ *vt* **1** (*roba, sabates*) to wear *sth* out: *~ unes botes* to wear out a pair of boots **2** (*roques*) to wear *sth* away, to erode (*més formal*) ▶ **desgastar-se** *vp* **1** (*roba, sabates*) to wear out: *Se m'han desgastat els colzes del jersei.* My sweater's worn at the elbows. **2** (*roques*) to wear away, to erode (*més formal*)

desgavell *nm* mess: *Quin ~!* What a mess!

desglaç (*tb* **desgel**) *nm* thaw

desglaçar(-se) (*tb* **desgelar(-se)**) *vt, vp* to thaw

desgràcia *nf* bad luck [*incomptable*]: *Han patit moltes desgràcies.* They've had a lot of bad luck. ◇ *quan passa una ~* when bad luck strikes ◇ *Quina ~!* What bad luck! ❶ La paraula anglesa **disgrace** significa *deshonra, vergonya*. LOC **per desgràcia** unfortunately ◆ **tenir la desgràcia de** to be unlucky enough *to do sth*

desgraciadament *adv* unfortunately

desgraciat, -ada ▶ *adj* **1** (*amb mala sort*) unlucky **2** (*infeliç*) unhappy: *tenir una vida desgraciada* to lead an unhappy life ▶ *nm-nf* **1** (*desventurat*) poor devil **2** (*mala persona*) swine

desguàs *nm* (*canonada*) waste pipe

deshabitat, -ada *adj* uninhabited

deshidratar ▶ *vt* to dehydrate ▶ **deshidratar-se** *vp* to become dehydrated

deshonest, ~a *adj* dishonest LOC *Vegeu* PROPOSICIÓ

deshora LOC **a deshora** at the wrong time

desig *nm* wish: *Pensa un ~.* Make a wish. LOC **tenir un desig (d'embarassada)** to have a craving

designar *vt* **1** (*persona*) to appoint *sb* (*sth/to sth*): *L'han designat president.* He has been appointed chairman. ◇ *L'han designada per al càrrec.* She has been appointed to the post. **2** (*lloc*) to designate *sth* (*as sth*): *~ Oslo com a seu dels Jocs* to designate Oslo as the venue for the Games

desigual *adj* (*irregular*) uneven: *un terreny ~* uneven terrain

desigualtat *nf* (*diferència injusta*) inequality [*pl* inequalities]

desil·lusió *nf* disappointment LOC **tenir una desil·lusió** to be disappointed

desil·lusionar *vt* to disappoint

desimbolt, ~a *adj* uninhibited

desimboltura *nf* **1** (*seguretat*) self-confidence: *Parla amb ~.* She speaks very confidently. **2** (*facilitat*): *Parla francès amb ~.* She speaks fluent French. ◇ *conduir amb ~* to drive well

desinència *nf* ending

desinfectant *nm* disinfectant

desinfectar *vt* to disinfect

desinflar ▶ *vt* to let *sth* down ▶ **desinflar-se** *vp* (*objecte inflat*) to go down

desinflat, -ada *adj* (*roda*) flat *Vegeu tb* DESINFLAR

desinhibit, -ida *adj* uninhibited

desintegració *nf* disintegration

desintegrar(-se) *vt, vp* to disintegrate

desinterès *nm* lack of interest

desistir *vi* **~ (de)** to give up (*sth/doing sth*): *~ de buscar feina* to give up looking for work

desitjar *vt* **1** (*anhelar*) to wish for *sth*: *Què més es pot ~?* What more could I wish for? **2** (*a algú*) to wish *sb sth*: *Et desitjo sort/un bon any.* I wish you luck/a Happy New Year.

deslleial *adj* disloyal

deslligar ▶ *vt* (*nus, corda, animal*) to untie ▶ **deslligar-se** *vp* **1** (*animal*) to get loose **2** (*paquet, corda*) to come undone

deslligat, -ada *adj* loose: *Sempre porto els cabells ~s.* I always wear my hair loose. *Vegeu tb* DESLLIGAR

deslliurar ▶ *vt* **1** (*obligació, deure*) to release *sb from sth/doing sth* **2** (*salvar*) to save *sb/sth from sth/doing sth*: *El van ~ de morir a l'incendi.* They saved him from the fire. ▶ **deslliurar-se** *vp* **deslliurar-se (de)** to get out of *sth/doing sth*: *Em vaig ~ de totes les obligacions.* I got out of everything I was meant to do.

desmai *nm* **1** (*Med*) faint **2** (*arbre*) weeping willow LOC **tenir un desmai** to faint

desmaiar-se *vp* to faint

desmantellar *vt* to dismantle

desmaquillador, ~a *adj* LOC **crema/loció desmaquilladora** make-up remover

desmemoriat, -ada *adj* forgetful

desmentir *vt* (*negar*) to deny: *Va ~ les acusacions.* He denied the accusations.

desmesurat, -ada *adj* excessive

desmillorat, -ada *adj*: *M'ha semblat una mica desmillorada.* She wasn't looking too well. ◇ *L'he trobat molt ~ des de l'últim dia que el vaig veure.* He's gone rapidly downhill since the last time I saw him.

desmoralitzar ▶ *vt* to demoralize ▶ **desmoralitzar-se** *vp* to lose heart: *Vés fent, no et desmoralitzis.* Keep going, don't lose heart.

desmuntar ▶ *vt* **1** (*màquina*) to take *sth* apart: *~ una bici* to take a bike apart **2** (*bastida, prestatges, tenda*) to take *sth* down ▶ *vi* (*baixar d'un cavall*) to dismount

desnatat, -ada *adj* LOC *Vegeu* IOGURT, LLET

desnivell *nm*: *el ~ entre la casa i el jardí* the difference in level between the house and the garden

desnivellat, -ada *adj* not level: *El terra està ~.* The ground isn't level.

desnodrit, -ida *adj* undernourished

desobediència *nf* disobedience

desobedient *adj, nmf* disobedient [*adj*]: *ésser un ~* to be disobedient

desobeir *vt* to disobey: *~ ordres/els teus pares* to disobey orders/your parents

desocupat, -ada ▶ *adj* **1** free: *He estat ~ tota la tarda.* I've been free all afternoon. **2** (*aturat*) unemployed
▶ *nm-nf* unemployed: *els ~s* the unemployed

desodorant *nm* deodorant

desolador, ~a *adj* devastating

desolar *vt* to devastate: *La notícia ens va ~.* We were devastated by the news.

desolat, -ada *adj* **1** (*lloc*) desolate **2** (*persona*) upset *Vegeu tb* DESOLAR

desordenar *vt* to make *sth* untidy, to mess *sth* up (*més col·loq*): *M'has desordenat l'armari.* You've made a mess of the wardrobe.

D

desordre *nm* mess: *Perdona el ~.* Sorry for the mess. ◇ *La casa era un ~.* The house was in a mess.

desorganitzar *vt* to disrupt: *La vaga va ~ les classes.* The classes were disrupted by the strike.

desorganitzat, -ada *adj* disorganized *Vegeu tb* DESORGANITZAR

desorientar ▶ *vt* (*desconcertar*) to confuse: *Em van ~ les seves indicacions.* I was confused by his directions. ▶ **desorientar-se** *vp* to get lost: *M'he desorientat.* I'm lost.

desparar *vt* LOC *Vegeu* TAULA

despatx *nm* **1** (*oficina*) office: *Ens va rebre al seu ~.* She saw us in her office. **2** (*a casa*) study [*pl* studies] LOC *Vegeu* TAULA

despatxar *vt* **1** (*servir*) to serve: *Ja la despatxen?* Are you being served? **2** (*enllestir*) to settle: *Hem despatxat la qüestió en mitja hora.* We settled the matter in half an hour. **3** (*desfer-se*) to get rid of *sb*: *Ens va ~ ben aviat.* He soon got rid of us. **4** (*de la feina*) to dismiss

despectiu, -iva *adj* **1** (*to*) contemptuous: *en un to ~* in a contemptuous tone **2** (*terme*) pejorative

despenjar *vt* **1** (*una cosa penjada*) to take *sth* down: *Ajuda'm a ~ el mirall.* Help me take the mirror down. **2** (*telèfon*) to pick *the phone* up

despenjat, -ada *adj* (*telèfon*) off the hook: *El deuen haver deixat ~.* They must have left it off the hook. *Vegeu tb* DESPENJAR

despentinar(-se) *vt, vp* to mess your/sb's hair up: *No em despentinis.* Don't mess my hair up.

despentinat, -ada *adj* untidy: *Vas ~.* Your hair's untidy. *Vegeu tb* DESPENTINAR(-SE)

desperfecte *nm* **1** (*deterioració*) damage [*incomptable*]: *Ha sofert algun ~.* It suffered some damage. **2** (*imperfecció*) flaw

despert, ~a *adj* **1** (*no adormit*) awake: *Estàs ~?* Are you awake? **2** (*eixerit*) bright LOC *Vegeu* SOMIAR

despertador *nm* alarm (clock): *He posat el ~ a les set.* I've set the alarm for seven. ➲ *Vegeu il·lustració a* RELLOTGE

despertar ▶ *vt* **1** (*persona*) to wake *sb* up: *A quina hora vols que et desperti?* What time do you want me to wake you up? **2** (*interès, sospita*) to arouse ▶ **despertar-se** *vp* to wake up LOC **tenir (un) bon/mal despertar** to wake up in a good/bad mood

despesa *nf* **1** (*diners*) expense: *despeses de viatge* travel expenses ◇ *No guanyo ni per a pagar les despeses.* I don't earn enough to cover my expenses. **2** (*aigua, energia, gasolina*) consumption LOC **despeses de correu** postage and packing [*v sing*] *Vegeu tb* VIURE

D

despietat, -ada *adj* heartless

despistar ▶ *vt* **1** (*desorientar*) to confuse **2** (*fer perdre la pista*) to shake *sb* off: *Va ~ la policia.* He shook off the police. ▶ **despistar-se** *vp* to get confused

despistat, -ada *adj* **1** (*desmemoriat*) absent-minded: *Que n'ets, de ~!* You're so absent-minded! **2** (*distret*) miles away: *Anava ~ i no els vaig veure.* I was miles away and didn't see them. LOC **fer-se el despistat**: *Ens va veure però es va fer el ~.* He saw us but pretended not to. *Vegeu tb* DESPISTAR

desplaçament *nm* **1** (*viatge*) trip **2** (*moviment*) movement

desplaçar ▶ *vt* (*substituir*) to take the place of *sb/sth*: *L'ordinador ha desplaçat la màquina d'escriure.* Computers have taken the place of typewriters. ▶ **desplaçar-se** *vp* **1** to go: *Es desplacen a tot arreu amb taxi.* They go everywhere by taxi. **2** (*Informàt*) to scroll: *desplaçar-se per un document* to scroll through a document

desplaçat, -ada *adj* out of place: *sentir-se ~* to feel out of place

desplegament *nm* (*tropes, policia*) deployment

desplegar *vt* **1** (*mapa, paper*) to unfold **2** (*veles*) to unfurl **3** (*tropes, armament*) to deploy

desplomar-se *vp* to collapse

despoblament *nm* depopulation

despoblat, -ada *adj* (*sense habitants*) uninhabited

dèspota *nmf* tyrant

després *adv* **1** (*més tard*) afterwards, later (*més col·loq*): *Després va dir que no li havia agradat.* He said afterwards he hadn't liked it. ◇ *Van sortir una mica ~.* They came out shortly afterwards. ◇ *Si ara fas els deures, ~ podràs mirar la televisió.* If you do your homework now, you can watch TV later. ◇ *No m'ho van dir fins molt ~.* They didn't tell me until much later. **2** (*a continuació*) next: *I ~, què va passar?* And what happened next? LOC **després de** after *sth/doing sth*: *~ de dinar* after lunch ◇ *~ de parlar amb ells* after talking to them ◇ *Després del banc hi ha la farmàcia.* The chemist's is after the bank. *Vegeu tb* CRIST

desprendre ▶ *vt* **1** (*separar*) to take *sth* off, to remove (*més formal*): *No puc ~ l'etiqueta.* I can't remove the price tag. **2** (*emanar*) to give off *sth*: *Aquesta estufa desprèn gas.* This stove is giving off gas **3** (*deduir*) to deduce: *Podem desprendre'n el resultat fàcilment.* We can easily deduce the result. ▶ **desprendre's** *vp* **1** (*separar-se*) to come off: *Se t'ha desprès l'etiqueta.* The label's come off. **2** (*desapropiar-se*) to get rid of *sth*: *S'ha desprès d'uns quants llibres.* He got rid of several books.

desprestigiar *vt* to discredit

desprevingut, -uda *adj* LOC **agafar algú desprevingut** to catch sb unawares

desproporcionat, -ada *adj* disproportionate (*to sth*)

desproveït, -ïda *adj* **~ de** lacking in *sth*

despullar ▶ *vt* to undress ▶ **despullar-se** *vp* to get undressed: *Es va ~ i es va ficar al llit.* He got undressed and went to bed.

despullat, -ada *adj* naked: *El nen està mig ~.* The child is half naked. ➲ *Vegeu nota a* NAKED; *Vegeu tb* DESPULLAR

desqualificació *nf* (*Esport*) disqualification

desqualificar *vt* (*Esport*) to disqualify: *La van ~ per fer trampa.* She was disqualified for cheating.

dessagnar-se *vp* to bleed to death

destacar ▶ *vt* to point *sth* out: *El professor va ~ diversos aspectes de la seva obra.* The teacher pointed out various aspects of his work. ▶ **destacar(-se)** *vi, vp* to stand out: *El vermell es destaca sobre el verd.* Red stands out against green. ◇ *Hi ha un estudiant que destaca.* There's one outstanding student.

destapar ▶ *vt* **1** (*treure la tapa*) to take the lid off *sth*: *~ una olla* to take the lid off a saucepan **2** (*ampolla amb tap de suro*) to uncork **3** (*nas, orelles, canonada*) to unblock **4** (*al llit*) to pull the bedclothes off *sb*: *No em destapis.* Don't pull the bedclothes off me. ▶ **destapar-se** *vp* **1** (*al llit*) to throw the bedclothes off **2** (*manifestar-se tal com és*) to show yourself as you really are

destenyir(-se) *vt, vp* to fade: *La teva faldilla s'ha destenyit.* Your skirt's faded.

destí *nm* (*futur*) fate

destinació *nf* **1** (*lloc a què es dirigeix alguna cosa/algú*) destination: *una ~ turística* a tourist destination **2** (*lloc de treball*): *Em canviaran de ~.* I'm going to be posted somewhere else. LOC **amb destinació a...** for...: *el ferri amb ~ a Plymouth* the ferry for Plymouth *Vegeu tb* TRUCADA, TRUCAR

destinar *vt* to post: *L'han destinada a Mallorca.* She's been posted to Majorca.

destinatari, -ària *nm-nf* addressee: *Qui és el ~ de la carta?* Who's the letter addressed to?

destral *nf* axe

destrossar *vt* **1** to destroy **2** (*fer miques*) to smash: *Van ~ el vidre de l'aparador.* They smashed the shop window. **3** (*fer malbé*) to ruin: *~ la vida d'algú* to ruin sb's life

destrucció *nf* destruction

destructiu, -iva *adj* destructive

destructor *nm* (*Nàut*) destroyer

destruir *vt* to destroy

desús *nm* LOC **caure en desús** to be no longer used

desvalgut, -uda *adj* helpless

desvariejar *vi* **1** (*delirar*) to be delirious **2** (*dir disbarats*) to talk nonsense

desvergonyit, -ida *adj, nm-nf* **1** (*pocavergonya*) shameless [*adj*]: *ésser un ~* to have no shame **2** (*descarat*) cheeky [*adj*]: *Ets un ~!* You're so cheeky!

desvetllar ▶ *vt* **1** (*treure la son*) to keep *sb* awake: *El cafè desvetlla.* Coffee keeps you awake. **2** (*suscitar*) to arouse: *~ interès per alguna cosa* to arouse interest in sth ▶ **desvetllar-se** *vp* to wake up

desvetllat, -ada *adj* LOC **estar desvetllat** to be wide awake *Vegeu tb* DESVETLLAR

desviació *nf* **1** (*trànsit, fons*) diversion **2** ~ **(de)** (*irregularitat*) deviation (from *sth*)

desviament *nm* diversion

desviar ▶ *vt* to divert: *~ el trànsit* to divert the traffic ◇ *~ els fons d'una empresa* to divert company funds ▶ **desviar-se** *vp* **1** (*carretera*) to branch off: *Ja veuràs que la carretera es desvia cap a l'esquerra.* You'll see that the road branches off to the left. **2** (*cotxe*) to turn off LOC **desviar la mirada** to avert your eyes ◆ **desviar-se de la qüestió** to wander off the subject

desviure's *vp* ~ **per** to live for *sb/sth*: *Es desviuen pels seus fills.* They live for their children.

desxifrar *vt* **1** (*missatge*) to decode **2** (*escriptura*) to decipher **3** (*enigma*) to solve

detall *nm* **1** (*particularitat*) detail **2** (*atenció*) gesture LOC **al detall** retail: *venda al ~* retail sales ◆ **quin detall!** how thoughtful! ◆ **tenir molts detalls amb algú** to be very considerate to sb

detalladament *adv* in detail

detallar *vt* **1** (*explicar*) to give details of *sth* **2** (*especificar*) to specify

detallat, -ada *adj* detailed *Vegeu tb* DETALLAR

detallista ▶ *adj* (*atent*) thoughtful ▶ *nmf* (*comerciant*) retailer

detectar *vt* to detect

detectiu, -iva *nm-nf* detective

detector *nm* detector: *un ~ de mentides/metalls* a lie/metal detector

detenció *nf* **1** (*arrest*) arrest **2** (*paralització*) halt: *La falta de materials va causar la ~ de les obres.* Lack of materials brought the building work to a halt.

detenir ▶ *vt* **1** (*aturar*) to stop: *El guàrdia urbà va ~ el trànsit.* The policeman stopped the traffic. **2** (*arrestar*) to arrest ▶ **detenir-se** *vp* to stop

detergent *nm* **1** (*per a la roba*) washing powder **2** (*per als plats*) washing-up liquid

deterioració *nf* (*tb* **deteriorament** *nm*) deterioration

deteriorar ▶ *vt* to damage ▶ **deteriorar-se** *vp* to deteriorate: *La seva salut s'anava deteriorant.* His health was deteriorating.

determinar *vt* to determine: *~ el preu d'alguna cosa* to determine the price of sth

determinat, -ada *adj* **1** (*cert*) certain: *en casos ~s* in certain cases **2** (*article, data*) definite: *una data determinada* a definite date *Vegeu tb* DETERMINAR

detestar *vt* to detest *sth/doing sth*, to hate *sth/doing sth* (*més col·loq*)

detingudament *adv* carefully

detingut, -uda ▶ *adj*: *estar ~* to be under arrest ▶ *nm-nf* person under arrest *Vegeu tb* DETENIR

deu *nm, adj, pron* **1** ten **2** (*data*) tenth ➲ *Vegeu exemples a* SIS

déu *nm* god LOC **com Déu mana** proper(ly): *un despatx com Déu mana* a proper office ◇ *fer alguna cosa com Déu mana* to do sth properly ◆ **de cal Déu**: *Va haver-hi una baralla de cal Déu.* There was a huge row. ◇ *Tinc una feinada de cal Déu!* I've got loads of work to do! ◇ *Feia un fred de cal Déu.* It was freezing cold. ◆ **Déu meu!** good God! ◆ **Déu n'hi do! 1** (*força*): *— Et va agradar? — Déu n'hi do!* 'Did you like it?' 'Yes, I really did.' **2** (*per donar èmfasi*): *Déu n'hi do la gent que hi havia!* There was a really good turnout! ◆ **ni Déu** not a soul ◆ **si Déu vol** God willing ◆ **tot déu** everybody ◆ **valga'm Déu!** good lord! *Vegeu tb* AMOR, GRÀCIA, MARE

deure[1] *vt* **1** (*haver de donar alguna cosa*) to owe: *Et dec diners/una explicació.* I owe you some

D

money/an explanation. ◇ *Em deus el cafè.* You owe me for the coffee. **2** (*ésser probable*) **(a)** (*en frases afirmatives*) must: *Ja deu ésser a casa.* She must be home by now. **(b)** (*en frases negatives*): *No deu ésser fàcil.* It can't be easy.

D

deure[2] *nm* **1** (*obligació moral*) duty [*pl* duties]: *complir el ~* to do your duty **2 deures** (*Educ*) homework [*incomptable*]: *fer els ~s* to do your homework ◇ *El mestre ens posa molts ~s.* Our teacher gives us lots of homework.

deute *nm* debt LOC **tenir un deute** to be in debt (*to sb/sth*): *tenir un ~ amb el banc* to be in debt to the bank

devaluació *nf* devaluation

devaluar *vt* to devalue

devastador, ~a *adj* devastating

devoció *nf* devotion

devolució *nf* **1** (*gènere*) return: *la ~ de mercaderies defectuoses* the return of defective goods **2** (*diners*) refund

devorar *vt* to devour

devot, ~a *adj* (*pietós*) devout

dia *nm* **1** day: *Vam passar el ~ a Sitges.* We spent the day in Sitges. ◇ *—Quin ~ és avui? —Dimarts.* 'What day is it today?' 'Tuesday.' ◇ *tot el ~* the whole day **2** (*en dates*): *S'acaba el ~ 15.* It ends on the 15th. ◇ *Van arribar el ~ 10 d'abril.* They arrived on 10 April. ℹ Es diu 'April the tenth' o 'the tenth of April'. ➲ *Vegeu tb pàgs 757-761* LOC **al dia** a day: *tres cops al ~* three times a day ◆ **bon dia!** good morning!, morning! (*més col·loq*) ◆ **cada dia** every day ➲ *Vegeu nota a* EVERYDAY ◆ **de cada dia** everyday: *roba de cada ~* everyday clothes ➲ *Vegeu nota a* EVERYDAY ◆ **de dia/durant el dia** in the daytime/during the daytime: *Dormen de ~.* They sleep in the daytime. ◆ **del dia 1** (*fresc*) fresh: *pa del ~* fresh bread **2** (*actual*) present-day ◆ **dia de cada dia** weekday ◆ **dia de festa/dia festiu** holiday ◆ **dia de la mare/del pare** Mother's/Father's Day: *un regal per al ~ de la mare* a Mother's Day gift ◆ **dia dels enamorats** ≈ Valentine's Day

> A la Gran Bretanya la tradició consisteix a enviar una targeta anònima (**valentine card** o **valentine**) a la persona estimada, amb el missatge **I love you**.

◆ **dia dels Reis** 6 January ◆ **dia dels (Sants) Innocents** ≈ April Fool's Day (*GB*) ➲ *Vegeu nota a* APRIL FOOL'S DAY ◆ **dia de Nadal** Christmas Day ➲ *Vegeu nota a* NADAL ◆ **dia de Tots Sants** All Saints' Day ➲ *Vegeu nota a* HALLOWEEN ◆ **dia feiner/laborable** working day ◆ **dia lliure 1** (*no ocupat*) free day **2** (*sense anar a la feina*) day off: *Demà és el meu ~ lliure.* Tomorrow's my day off. ◆ **dia rere dia** day after day ◆ **dir bon dia** to say good morning ◆ **el dia de demà** in the future ◆ **ésser de dia** to be light ◆ **estar al dia** to be up to date ◆ **fer bon dia** to be a nice day: *Avui fa bon ~.* It's a nice day today. ◆ **fer-se de dia** to get light ◆ **posar al dia** to update ◆ **posar-se al dia** to bring yourself up to date (*on sth*) ◆ **dia per altre/dia sí dia no** every other day *Vegeu tb* ALGUN, AVUI, MENÚ, NIT, PLE, PUNTA, QUINZE, TAL, VIURE

diabètic, ~a *adj, nm-nf* diabetic

diabetis *nf* diabetes [*incomptable*]

diable *nm* devil LOC *Vegeu* ADVOCAT

diabòlic, ~a *adj* diabolical

diada *nf* **1** holiday: *la ~ del primer de maig* the May Day holiday ◇ *la ~ de Sant Jordi* St George's Day **2 la Diada** Catalonia's National Day

diadema *nf* (*cinta*) hairband

diafragma *nm* diaphragm

diagnòstic *nm* diagnosis [*pl* diagnoses]

diagonal *adj, nf* diagonal LOC **en diagonal** diagonally

diagrama *nm* diagram

dial *nm* dial

dialecte *nm* dialect: *un ~ de l'anglès* a dialect of English

diàleg *nm* **1** (*conversa*) conversation: *Vam tenir un ~ interessant.* We had an interesting conversation. **2** (*pel·lícula, llibre*) dialogue: *El CD del curs conté els ~s enregistrats.* The course CD includes recordings of the dialogues.

dialogar *vi* ~ **(amb)** to talk (to *sb*): *Els pares haurien de ~ més amb els fills.* Parents should talk to their children more.

diamant *nm* **1** (*pedra*) diamond **2 diamants** (*coll de les cartes*) diamonds ➲ *Vegeu nota a* BARALLA

diàmetre *nm* diameter

diapositiva *nf* slide: *una ~ en color* a colour slide

diari, -ària ▶ *adj* daily
▶ *nm* **1** (*publicació*) newspaper, paper (*més col·loq*) **2** (*personal*) diary [*pl* diaries] LOC *Vegeu* QUIOSC, REPARTIDOR

diàriament *adv* every day, daily (*més formal*)

diarrea *nf* diarrhoea [*incomptable*]

dibuix *nm* **1** (*Art*) drawing: *estudiar ~* to study drawing ◇ *un ~* a drawing ◇ *Fes un ~ de la teva família.* Draw a picture of your family. **2** (*motiu*) pattern LOC **dibuix lineal** technical drawing ◆ **dibuixos animats** cartoons: *una sèrie de dibuixos animats* a cartoon series

dibuixant *nmf* **1** (*Tec, artístic*) draughtsman/woman [*pl* -men/-women] **2** (*humor, còmic*) cartoonist

dibuixar *vt* to draw

dic *nm* dyke LOC **dic sec** dry dock

diccionari *nm* dictionary [*pl* dictionaries]: *Mira-ho al ~.* Look it up in the dictionary. ◇ *un ~ bilingüe/de francès* a bilingual/French dictionary

dictador, ~a *nm-nf* dictator

dictadura *nf* dictatorship: *durant la ~ militar* under the military dictatorship

dictar *vt* to dictate LOC **dictar sentència** to pass sentence

dictat *nm* dictation: *Ara farem un ~.* We're going to do a dictation.

didàctic, ~a *adj* LOC *Vegeu* MATERIAL

didal *nm* thimble

dièsel *nm* **1** (*motor*) diesel engine **2** (*cotxe*) diesel

dieta *nf* **1** (*règim*) diet: *estar a ~* to be on a diet **2 dietes** (*despeses*) expenses

difamar *vt* **1** (*de paraula*) to slander **2** (*per escrit*) to libel

diferència *nf* **1 ~ entre** difference between *sth and sth*: *Hi ha una hora de ~ entre Praga i Londres.* There's an hour's difference between Prague and London. ◇ *la ~ entre dues robes* the difference between two fabrics **2 ~ (de)** difference (in/of *sth*): *No hi ha gaire ~ de preu entre tots dos.* There's not much difference in price between the two. ◇ *~ d'opinions* difference of opinion LOC **a diferència de** unlike

diferenciar ▶ *vt* to differentiate *sth* (*from sth*); to differentiate between *sth and sth* ▶ **diferenciar-se** *vp*: *En què es diferencien aquests dos diccionaris?* What's the difference between these two dictionaries?

diferent ▶ *adj* **1 ~ (de)** different (from *sb/sth*): *És molt ~ de la seva germana.* He's very different from his sister. **2 diferents** (*diversos*) various: *per ~s raons* for various reasons
▶ *adv* differently: *Pensem ~.* We think differently.

diferit, -ida *adj* LOC **en diferit** pre-recorded

difícil *adj* difficult

dificultar *vt* to make *sth* difficult: *El vent va ~ les tasques d'extinció de l'incendi.* The wind made it difficult to put out the fire.

dificultat *nf* difficulty [*pl* difficulties]

difondre ▶ *vt* **1** (*idees, notícies*) to spread **2** (*Ràdio, TV*) to broadcast **3** (*publicar*) to publish
▶ **difondre's** *vp* (*notícia, llum*) to spread

diftong *nm* diphthong

difuminar *vt* to blur

difunt, ~a ▶ *adj* late: *el ~ president* the late president
▶ *nm-nf* deceased [*pl* deceased]: *els familiars del ~* the family of the deceased

difusió *nf* **1** (*idees, notícies*) spreading **2** (*programes*) broadcasting **3** (*articles*) publishing **4** (*calor, llum, so*) diffusion

digerir *vt* to digest

digestió *nf* digestion LOC **fer la digestió**: *Has de fer la ~ abans de banyar-te.* You mustn't go swimming straight after eating. ◇ *Encara estic fent la ~.* I've only just eaten. *Vegeu tb* TALL

digestiu, -iva *adj* digestive: *l'aparell ~* the digestive system

dígit *nm* digit

digital *adj* digital LOC *Vegeu* EMPREMTA, TELEVISIÓ

dignar-se *vp* to deign *to do sth*

digne, -a *adj* **1** decent: *el dret a una feina digna* the right to a decent job **2 ~ de** worthy of *sth*: *~ d'atenció* worthy of attention LOC **digne de confiança** reliable

dignitat *nf* dignity

dijous *nm* Thursday (*abrev* Thur./Thurs.) ➲ *Vegeu exemples a* DILLUNS LOC **Dijous Sant** Maundy Thursday

dilapidar *vt* to squander

dilatar(-se) *vt, vp* **1** (*ampliar, engrandir*) to expand **2** (*porus, pupil·les*) to dilate

dilema *nm* dilemma

dilluns *nm* Monday (*abrev* Mon.): *~ de Pasqua* Easter Monday ◇ *el ~ al matí/a la tarda* on Monday morning/afternoon ◇ *El ~ no treballo.* I don't work on Mondays. ◇ *un ~ sí, l'altre no* every other Monday ◇ *de ~ en vuit* a week on Monday/Monday week ◇ *de ~ en quinze* two weeks on Monday ◇ *Va marxar ~ passat.* She left last Monday. ◇ *Ens trobarem ~ que ve.* We'll meet next Monday. ◇ *El meu aniversari cau en ~ enguany.* My birthday falls on a Monday this year. ◇ *Es casaran el ~ 25 de juliol.* They're getting married on Monday July 25. ❶ Es llegeix: 'Monday the twenty-fifth of July'.

diluir ▶ *vt* **1** (*sòlid*) to dissolve **2** (*líquid*) to dilute **3** (*salsa, pintura*) to thin ▶ **diluir-se** *vp* (*sòlid*) to dissolve

diluvi *nm* flood LOC **el diluvi universal** the Flood

D

dimarts *nm* Tuesday (*abrev* Tue./Tues.) ➲ *Vegeu exemples a* DILLUNS LOC **Dimarts de Carnestoltes/ Carnaval** Shrove Tuesday

> El Dimarts de Carnestoltes també es diu **Pancake Day** perquè aquest dia és típic menjar creps amb suc de llimona i sucre.

D

dimecres *nm* Wednesday (*abrev* Wed.) ➲ *Vegeu exemples a* DILLUNS LOC **Dimecres de Cendra** Ash Wednesday

dimensió *nf* dimension: *la quarta ~* the fourth dimension ◇ *les dimensions d'una sala* the dimensions of a room LOC **de grans dimensions** huge: *una sala de grans dimensions* a huge room

diminut, ~a *adj* tiny

diminutiu, -iva *adj, nm* diminutive

dimissió *nf* resignation: *Va presentar la ~.* He handed in his resignation.

dimitir *vt, vi* ~ **(de)** to resign (from/as *sth*): *~ el càrrec de director* to resign from the post of director ◇ *Ha dimitit de president.* He has resigned as president.

dimoni *nm* **1** (*diable*) devil **2** (*esperit*) demon LOC **ésser un dimoni** (*entremaliat*) to be a (little) devil *Vegeu tb* MIL

Dinamarca *nf* Denmark

dinàmic, ~a *adj* dynamic

dinàmica *nf* **1** (*Mec*) dynamics [*incomptable*] **2** (*funcionament*) dynamics [*pl*]: *la ~ de l'equip* the dynamics of the team

dinamita *nf* dynamite

dinamo *nf* dynamo [*pl* dynamos]

dinar[1] *nm* lunch ➲ *Vegeu nota a* DINNER

dinar[2] *vi* to have lunch ➲ *Vegeu nota a* DINNER: *A quina hora dinem?* What time's lunch? ◇ *Què hi ha per ~?* What's for lunch? ◇ *Demà dinarem a fora.* We're going out for lunch tomorrow.

dinastia *nf* dynasty [*pl* dynasties]

dindi *adj* LOC *Vegeu* GALL

diner *nm* **diners** money [*incomptable*]: *Portes ~s a sobre?* Have you got any money on you? ◇ *Necessito ~s.* I need some money. ◇ *fer ~s* to make money LOC **diner comptant** hard cash ◆ **diner en efectiu/en metàl·lic** cash ◆ **diner negre** black money *Vegeu tb* CURT

dineral *nm* fortune: *Val un ~.* It's worth a fortune.

dinosaure *nm* dinosaur

dinou *nm, adj, pron* **1** nineteen **2** (*data*) nineteenth ➲ *Vegeu exemples a* ONZE *i* SIS

dins (*tb* **dintre**) ▶ *adv* **1** in/inside: *El gat és a ~.* The cat is inside. ◇ *allà/aquí ~* in there/here **2** (*edifici*) indoors: *M'estimo més quedar-me a ~.* I'd rather stay indoors.
▶ *prep* ~ **(de) 1** (*espai*) in/inside: *~ el sobre* in/inside the envelope **2** (*temps*) within LOC **cap a dins** in: *Passa cap a ~.* Come in. ◆ **des de dins** from (the) inside ◆ **per dins** (on the) inside: *pintat per ~* painted on the inside ◇ *Somreia tot i que per ~ se sentia trist.* She was smiling, although she felt sad inside. *Vegeu tb* ALLÀ, AQUÍ

dinyar *v* LOC **dinyar-la** to snuff it

diòptria *nf* dioptre (*científic*): *Quantes diòptries tens?* How strong are your glasses?

diòxid *nm* dioxide LOC **diòxid de carboni** carbon dioxide

diploma *nm* diploma

diplomàcia *nf* diplomacy

diplomat, -ada *adj* qualified: *una infermera diplomada* a qualified nurse

diplomàtic, ~a ▶ *adj* **1** (*Pol*) diplomatic **2** (*discret*) tactful
▶ *nm-nf* diplomat

dipòsit *nm* tank: *el ~ de la benzina* the petrol tank ➲ *Vegeu il·lustració a* MOTO LOC **dipòsit de cadàvers** morgue

diputació *nf* council

diputat, -ada *nm-nf* deputy [*pl* deputies] ≈ Member of Parliament (*abrev* MP) (*GB*) LOC *Vegeu* CONGRÉS

dir[1] ▶ *vt* to say, to tell

> *Dir* es tradueix generalment per **to say**: *— Són les tres, va dir la Rosa.* 'It's three o'clock' said Rosa. ◇ *Què ha dit?* What did he say? Quan especifiquem la persona amb qui parlem, és més normal utilitzar **to tell**: *Em va dir que arribaria tard.* He told me he'd be late. ◇ *Qui t'ho ha dit?* Who told you? **To tell** també es fa servir per a donar ordres: *Em va dir que em rentés les mans.* She told me to wash my hands. *Vegeu tb nota a* SAY.

▶ **dir-se** *vp* to be called: *Com et dius?* What's your name? ◇ *Em dic Anna.* I'm called Anna./ My name's Anna. ◇ *Es diu Josep però li diuen Pep.* His name's Josep but everyone calls him Pep.
LOC **diguem...** let's say...: *Diguem les sis.* Let's say six o'clock. ◆ **digueu/digui?** (*al telèfon*) hello ◆ **és a dir** in other words ◆ **per dir-ho així/d'alguna manera** to put it like that ◆ **què dius ara!** you're kidding! ◆ **qui ho havia de dir!** would you believe it! ◆ **sense dir res** without a word ❶ Per a d'altres expressions amb **dir**, vegeu les entrades del nom, adjectiu, etc., p. ex. **no dir ni ase ni bèstia** a ASE i **dir bestieses** a BESTIESA.

dir² *nm* LOC **el dir de la gent** what people will say ◆ **és un dir** so to speak

direcció *nf* **1** direction: *El vent ha canviat de ~.* The wind has changed direction. ◇ *sortir en ~ a París* to set off for Paris ◇ *la ~ d'una pel·lícula* the direction of a film **2** (*guiatge*): *M'han confiat la ~ d'aquest projecte.* I've been put in charge of running the project. **3** (*càrrec*) management [*v sing o pl*]: *La ~ ha decidit acomiadar molts treballadors.* The management has/have decided to dismiss a large number of workers. LOC **direcció prohibida** (*senyal*) no entry

directament *adv* (*de dret*) straight: *Vam tornar ~ a Reus.* We went straight back to Reus.

directe, -a ▶ *adj* direct: *un vol ~* a direct flight ◇ *Quin és el camí més ~?* What's the most direct way?
▶ *adv* straight LOC **en directe** live: *una actuació en ~* a live performance ◇ *El programa s'emet en ~.* The programme goes out live. *Vegeu tb* MÚSICA, TREN

directiu, -iva ▶ *adj* management [*n atrib*]: *l'equip ~* the management team
▶ *nm-nf* director LOC *Vegeu* JUNTA

director, ~a *nm-nf* **1** director: *~ artístic/de finances* artistic/financial director ◇ *un ~ de cinema/teatre* a film/theatre director **2** (*escola*) head (teacher) **3** (*banc*) manager **4** (*diari, editorial*) editor LOC **director d'orquestra** conductor ◆ **director gerent** managing director

dirigent ▶ *adj* (*Pol*) ruling
▶ *nmf* **1** (*Pol*) leader **2** (*empresa*) manager LOC *Vegeu* MÀXIM

dirigir ▶ *vt* **1** (*pel·lícula, obra de teatre, trànsit*) to direct **2** (*arma, mànega, telescopi*) to point *sth at sb/sth*: *Va ~ el telescopi cap a la lluna.* He pointed the telescope at the moon. **3** (*debat, campanya, expedició, partit*) to lead **4** (*negoci*) to run ▶ **dirigir-se** *vp* **1 dirigir-se a/cap a...** to head for...: *dirigir-se cap a la frontera* to head for the border **2 dirigir-se a algú** to speak to sb LOC **dirigir la paraula** to speak *to sb*

disbarat *nm* **1** (*dit*) nonsense [*incomptable*]: *No diguis ~s!* Don't talk nonsense! **2** (*fet*) stupid thing LOC *Vegeu* ENFILALL

disc *nm* **1** (*objecte circular*) disc **2** (*Mús*) record: *enregistrar/posar un ~* to make/play a record **3** (*Informàt*) disk: *el ~ dur* the hard disk **4** (*Esport*) discus LOC **disc compacte 1** (*disc*) CD **2** (*aparell*) CD player

discapacitat *nf* disability [*pl* disabilities]

discapacitat, -ada ▶ *adj* disabled
▶ *nm-nf* disabled person

> En un context més formal es prefereix l'expressió **people with disabilities**: *un pla per a integrar els discapacitats en el mercat laboral* a plan to bring people with disabilities into the workplace ◇ *els discapacitats psíquics* people with learning disabilities.

D

disciplina *nf* **1** discipline: *mantenir la ~* to maintain discipline **2** (*assignatura*) subject

discjòquei *nmf* DJ

discogràfic, ~a *adj* record [*n atrib*]: *una casa discogràfica* a record company

discoteca *nf* disco [*pl* discos]: *un ritme de ~* a disco beat

discreció *nf* discretion

discret, ~a *adj* discreet

discriminació *nf* discrimination (*against sb*): *la ~ racial* racial discrimination ◇ *la ~ de la dona* discrimination against women

discriminar *vt* to discriminate against *sb*: *empreses que discriminen les dones* firms that discriminate against women

disculpa *nf* **1** (*excusa*) excuse: *Això no té ~.* There's no excuse for this. **2** (*en demanar perdó*) apology [*pl* apologies] LOC *Vegeu* DEMANAR

disculpar ▶ *vt* to forgive: *Disculpeu la interrupció.* Please forgive the interruption. ▶ **disculpar-se** *vp* to apologize (*to sb*) (*for sth*): *Em vaig ~ per no haver-li escrit.* I apologized for not writing to her.

discurs *nm* speech: *fer/pronunciar un ~* to give a speech LOC *Vegeu* ENGEGAR

discussió *nf* **1** (*debat*) discussion **2** (*baralla*) argument

discutir ▶ *vt* **1** (*debatre*) to discuss **2** (*posar en dubte*) to question: *~ una decisió* to question a decision ▶ *vi* **1** (*barallar-se*) to argue (*with sb*) (*about sth*): *No vull ~ amb tu.* I don't want to argue with you. **2 ~ de/sobre** (*parlar*) to discuss *sth* [*vt*]: *~ de política* to discuss politics

discutit, -ida *adj* (*polèmic*) controversial *Vegeu tb* DISCUTIR

disfressa *nf* fancy dress [*incomptable*]: *una botiga on lloguen disfresses* a shop that hires out fancy dress LOC *Vegeu* BALL

disfressar-se *vp* **~ (de)** (*per a una festa*) to dress up (as *sb/sth*): *Es va disfressar de Ventafocs.* She dressed up as Cinderella.

disgust *nm* sorrow: *La seva decisió els va causar un gran ~.* His decision caused them great sorrow. LOC **donar disgustos/un disgust** to upset: *No fa sinó donar disgustos als seus pares.* He's always upsetting his parents. ◆ **tenir un disgust**

D

to be upset: *Quan vaig veure les notes, vaig tenir un ~.* I was upset when I got my results.

disgustar ▶ *vi* to upset *sb* [*vt*]: *Els va ~ molt el suspens.* They were very upset he failed. ▶ **disgustar-se** *vp* to get upset: *Es disgusta sempre que faig tard.* She gets upset whenever I'm late.

disgustat, -ada *adj* upset *Vegeu tb* DISGUSTAR

dislèctic, ~a *adj* dyslexic

dislèxia *nf* dyslexia

dislocar(-se) *vt, vp* to dislocate: *Em vaig ~ el braç.* I dislocated my arm.

disminució *nf* drop (*in sth*): *una ~ en el nombre d'accidents* a drop in the number of accidents

disminuir ▶ *vt* to reduce: *Disminueix la velocitat.* Reduce your speed. ▶ *vi* to fall: *El nombre d'accidents ha disminuït.* The number of accidents has fallen.

disminuït, -ïda *adj, nm-nf* disabled [*adj*]: *els ~s físics* people with a physical disability ➲ *Vegeu nota a* DISCAPACITAT; *Vegeu tb* DISMINUIR

disparar ▶ *vt, vi* to shoot: *~ una fletxa* to shoot an arrow ◇ *No dispareu!* Don't shoot! ◇ *Disparaven contra tot el que es movia.* They were shooting at everything that moved. ▶ **disparar-se** *vp* **1** (*arma, dispositiu*) to go off: *L'alarma es va ~.* The alarm went off. **2** (*augmentar*) to shoot up: *S'han disparat els preus.* Prices have shot up.

disparat, -ada *adj* LOC **sortir disparat** to shoot out (*of...*): *Han sortit ~s del banc.* They shot out of the bank. *Vegeu tb* DISPARAR

dispersar(-se) *vt, vp* **1** to disperse **2** (*manifestació*) to break (*sth*) up: *La manifestació es va ~ de seguida.* The demonstration broke up immediately.

disponibilitat *nf* availability

disponible *adj* available

disposar ▶ *vt* to arrange: *Disposeu les cadires en rengleres.* Arrange the chairs in rows. ▶ *vi* **~ de 1** (*tenir*) to have *sth* [*vt*]: *Disposem de molt poc temps.* We have very little time. **2** (*fer servir*) to use *sth* [*vt*]: *~ dels teus estalvis* to use your savings ▶ **disposar-se** *vp* **disposar-se a** to get ready for *sth/to do sth*: *Em disposava a sortir quan va arribar la Neus.* I was just getting ready to leave when Neus arrived.

disposat, -ada *adj* **~ a** (*decidit*) prepared *to do sth*: *No estic ~ a dimitir.* I'm not prepared to resign. *Vegeu tb* DISPOSAR

disposició *nf* arrangement

dispositiu *nm* device

disputa *nf* dispute

disputar ▶ *vt* **1** (*per posseir*) to fight *sb* for/over *sth*: *disputar la presidència/la pilota* to fight for the presidency/the ball **2** (*Esport*) to play (in *sth*): *els quatre equips que disputen la Copa* the four teams playing in the Cup ▶ **disputar-se** *vp* to compete for *sth*: *Es van ~ el càrrec de director.* They competed for the post of director.

disputat, -ada *adj* hard-fought: *El partit va ésser molt ~.* It was a hard-fought match. *Vegeu tb* DISPUTAR

disquet *nm* floppy (disk) ➲ *Vegeu il·lustració a* ORDINADOR

disquetera *nf* (*Informàt*) disk drive ➲ *Vegeu il·lustració a* ORDINADOR

dissabte *nm* Saturday (*abrev* Sat.) ➲ *Vegeu exemples a* DILLUNS LOC **fer dissabte** to clean up

dissecar *vt* **1** (*animal*) **(a)** (*per conservar-lo*) to stuff **(b)** (*per estudiar-lo*) to dissect **2** (*flor*) to press

disseny *nm* design: *~ gràfic* graphic design LOC **de disseny** designer: *un bar de ~* a designer bar

dissenyador, ~a *nm-nf* designer

dissenyar *vt* **1** to design **2** (*pla*) to draw *sth* up

disset *nm, adj, pron* **1** seventeen **2** (*data*) seventeenth ➲ *Vegeu exemples a* ONZE *i* SIS

dissident *adj, nmf* dissident

dissimuladament *adv* surreptitiously

dissimular ▶ *vt* (*ocultar*) to hide: *~ la veritat/una cicatriu* to hide the truth/a scar ◇ *No va poder ~ la seva alegria.* She couldn't hide her joy. ▶ *vi* (*fingir*) to pretend: *Dissimula, fes com si no en sabessis res.* Pretend you don't know anything. ◇ *Ja són aquí! Dissimulem!* Here they are! Let's pretend we haven't seen them. LOC **sense dissimular** openly

dissoldre('s) *vt, vp* to dissolve

dissuadir *vt* to dissuade *sb* (*from sth/doing sth*)

distància *nf* distance: *Quina ~ hi ha fins a la pròxima gasolinera?* How far is it to the next petrol station? LOC **a molta/poca distància de...** a long way/not far from...: *a poca ~ de casa nostra* not far from our house *Vegeu tb* COMANDAMENT, UNIVERSITAT

distant *adj* **1** (*llunyà*) distant **2** (*fred*) cold: *És molt ~ amb la seva família.* She's very cold towards her family.

distinció *nf* **1** distinction: *fer distincions* to make distinctions **2** (*premi*) award LOC **sense distinció de raça, sexe, etc.** regardless of race, gender, etc.

distingir ▶ *vt* **1** (*diferenciar*) to distinguish *sb/sth* (*from sb/sth*): *Saps ~ els mascles de les femelles?* Can you distinguish the males from the females? ◇ *No sé ~ un germà de l'altre.* I can't tell the difference between the two brothers. **2** (*percebre*) to make *sth* out: *~ una silueta* to make out an outline ▶ **distingir-se** *vp* **1 distingir-se per** (*caracteritzar-se*) to be known for *sth*: *Es distingeix per la seva tenacitat.* He's known for his tenacity. **2 distingir-se d'algú/d'alguna cosa (en alguna cosa)** (*ésser diferent*) to differ from sb/sth (in sth): *Els mascles es distingeixen de les femelles per les dimensions.* The males differ in size from the females.

distingit, -ida *adj* distinguished *Vegeu tb* DISTINGIR

distracció *nf* **1** (*pèrdua d'atenció*): *Una ~ del conductor va causar l'accident.* The driver lost his concentration and caused an accident. **2** (*passatemps*) pastime: *La seva ~ preferida és llegir.* Reading is her favourite pastime.

distret, ~a *adj* absent-minded LOC **estar distret** to be miles away *Vegeu tb* DISTREURE

distreure ▶ *vt* **1** (*entretenir*) to keep *sb* amused: *Els vaig explicar contes per distreure'ls.* I told them stories to keep them amused. **2** (*apartar l'atenció*) to distract *sb* (*from sth*): *No em distreguis del que estic fent.* Don't distract me from what I'm doing. ▶ **distreure's** *vp* **1 distreure's fent alguna cosa** (*passar l'estona*) to pass your time doing sth **2** (*perdre l'atenció*) to be distracted: *Em vaig ~ un moment.* I was distracted for a moment.

distribució *nf* **1** distribution: *la ~ de mercaderies* the distribution of goods **2** (*casa, pis*) layout

distribuïdor, ~a ▶ *nm-nf* distributor
▶ *nf* (*empresa*) distributors [*pl*]
▶ *nm* (*a casa*) hall

distribuir *vt* to distribute *sth* (*to/among sb/sth*): *Distribuiran menjar als/entre els refugiats.* They will distribute food to/among the refugees.

districte *nm* district: *~ postal* postal district LOC **districte electoral 1** (*ajuntament*) ward **2** (*parlament*) constituency [*pl* constituencies]

disturbi *nm* riot

dit *nm* **1** (*de la mà*) finger **2** (*del peu*) toe **3** (*mesura*) half an inch: *Poseu dos ~s d'aigua a la cassola.* Put an inch of water in the pan. LOC **a dit**: *El van nomenar a ~.* They appointed him directly, without following the proper procedures. ◆ **dit de l'anell/del mig** ring/middle finger ◆ **dit petit 1** (*de la mà*) little finger **2** (*del peu*) little toe ◆ **dit gros 1** (*de la mà*) thumb **2** (*del peu*) big toe ◆ **dit índex** index finger ◆ **fer dit** to hitchhike *Vegeu tb* COMPTAR, DOS, LLEPAR, MAMAR

dit, ~a *adj* LOC **ben dit!** well said! ◆ **dit altrament/d'una altra manera** in other words ◆ **dit i fet** no sooner said than done *Vegeu tb* MILLOR; *Vegeu tb* DIR

D

dita *nf* saying

diumenge *nm* Sunday (*abrev* Sun.) ➲ *Vegeu exemples a* DILLUNS LOC **Diumenge de Rams/de Pasqua** Palm/Easter Sunday

divendres *nm* Friday (*abrev* Fri.) ➲ *Vegeu exemples a* DILLUNS LOC **Divendres Sant** Good Friday

divers, ~a *adj* **1** (*variat, diferent*) different: *persones d'origen ~* people from different backgrounds **2 diversos** (*alguns*) several: *en diverses ocasions* on several occasions ◇ *Hi ha diverses possibilitats.* There are several possibilities. ◇ *El llibre abraça diversos aspectes.* The book covers various aspects.

diversió *nf* **1** (*passatemps*) pastime **2** (*gust*) fun: *Pinto per ~.* I paint for fun. **3** (*activitat, espectacle*) entertainment: *llocs de ~* places of entertainment

diversitat *nf* diversity

divertir ▶ *vt* to amuse ▶ **divertir-se** *vp* to enjoy yourself

divertit, -ida *adj* **1** (*que fa riure*) funny, amusing (*formal*): *Aquest acudit no em sembla gens ~.* I don't find that joke very funny. ◇ *Es creu/pensa que és molt ~.* He thinks he's very funny. **2** (*agradable*) enjoyable: *unes vacances divertides* an enjoyable holiday LOC **ésser (molt) divertit** (*activitat*) to be (great) fun ➲ *Vegeu nota a* FUN; *Vegeu tb* DIVERTIR

diví, -ina *adj* divine

dividir ▶ *vt* **1** to divide *sth* (up): *~ alguna cosa en tres parts* to divide something into three parts ◇ *~ la feina/el pastís* to divide (up) the work/cake ◇ *Ho van ~ entre els seus fills* They divided it between their children. ◇ *Aquesta qüestió ha dividit la família.* This affair has divided the family. **2** (*Mat*) to divide *sth* (*by sth*): *~ vuit per dos* to divide eight by two ▶ **dividir-se** *vp* **dividir-se (en)** to split (into *sth*): *dividir-se en dues faccions* to split into two factions

divisa *nf* (*diners*) (foreign) currency [*gen incomptable*]: *pagar en divises* to pay in foreign currency ◇ *el mercat de divises* the currency market

divisió *nf* division: *Avui hem fet divisions a classe.* We did division at school today. ◇ *un equip de primera ~* a first division team

divisori, -òria *adj* LOC *Vegeu* LÍNIA

D

divorci *nm* divorce
divorciar-se *vp* ~ **(de)** to get divorced (from *sb*)
divorciat, -ada ▶ *adj* divorced
▶ *nm-nf* divorcee *Vegeu tb* DIVORCIAR-SE
divuit *nm, adj, pron* **1** eighteen **2** (*data*) eighteenth ➲ *Vegeu exemples a* ONZE *i* SIS
divulgar(-se) *vt, vp* to spread
DNI *nm* identity card

> A la Gran Bretanya i als Estats Units no hi ha un equivalent del DNI. Si cal provar la identitat, es fa servir el passaport o el carnet de conduir.

do[1] *nm* **1** (*nota*) C **2** (*solfeig*) doh ❶ Quan es fa referència a la nota es diu **C**: *una simfonia en do major/menor* a symphony in C major/minor ◇ *do bemoll/sostingut* C flat/sharp. El terme **doh** s'usa només en solfeig.
do[2] *nm* gift LOC **tenir el do de** to have a gift for *sth/doing sth*
doblar ▶ *vt, vi* (*duplicar*) to double: *Van ~ l'oferta.* They doubled their offer. ◇ *La quantitat de suspensos ha doblat.* The number of people failing has doubled. ▶ *vt* (*pel·lícula*) to dub: *~ una pel·lícula a l'italià* to dub a film into Italian
doble ▶ *adj* double: *una paraula de ~ sentit* a word with a double meaning
▶ *nm* **1** (*quantitat*) twice as much/many: *Costa el ~.* It costs twice as much. ◇ *Guanya el ~ que jo.* She earns twice as much as I do. ◇ *Hi havia el ~ de gent.* There were twice as many people. **2** (*amb adjectiu*) twice as...: *el ~ d'ample* twice as wide **3** (*persona semblant*) double **4** (*Cine*) stand-in **5 dobles** (*Tennis*) doubles: *la final de ~s masculins* the final of the men's doubles LOC **de doble sentit 1** (*acudit, paraula*) with a double meaning **2** (*carrer*) two-way: *un carrer de ~ sentit* a two-way street *Vegeu tb* APARCAR, HABITACIÓ
doblec *nm* fold
doblegar ▶ *vt* **1** (*plegar*) to fold: *~ un paper pel mig* to fold a piece of paper down the middle **2** (*flexionar, torçar*) to bend: *~ el genoll/una barra de ferro* to bend your knee/an iron bar ▶ **doblegar-se** *vp* to bend
docència *nf* teaching
dòcil *adj* docile
doctor, ~a *nm-nf* doctor (*abrev* Dr): *Coneixes el ~ Puig?* Do you know Doctor Puig?
doctorat *nm* PhD: *estudiants de ~* PhD students ◇ *fer el ~* to be studying for a PhD
doctrina *nf* doctrine
document *nm* document LOC **document (nacional) d'identitat** (*abrev* **DNI**) identity card ➲ *Vegeu nota a* DNI
documentació *nf* **1** (*d'una persona*) ID: *Em van demanar la ~.* They asked to see my ID. **2** (*d'un cotxe*) documents [*pl*]
documental *nm* documentary [*pl* documentaries]
dofí *nm* dolphin
dol *nm* mourning: *un dia de ~* a day of mourning LOC **anar (vestit) de dol/portar dol** to be (dressed) in mourning ◆ **estar de dol** to be in mourning (*for sb*)
dòlar *nm* dollar: *cent ~s* a hundred dollars ($100) ➲ *Vegeu pàgs 757-761*
dolç, ~a ▶ *adj* **1** sweet: *un vi ~* a sweet wine **2** (*persona, veu*) gentle
▶ *nm* cake: *una plata de dolços* a plate of cakes LOC *Vegeu* AIGUA, FLAUTA, PEGA, PERNIL, SON
doldre (*tb* **doler**) *vi* to hurt: *Em va ~ que no em fessin costat.* I was hurt by their lack of support.
dolent, ~a ▶ *adj* **1** (*persona*) **(a)** ~ **(per a)** bad (at *sth/doing sth*): *un home ~* a bad man ◇ *Sóc ~ per a les matemàtiques.* I'm bad at maths. **(b)** (*entremaliat*) naughty: *No siguis ~ i pren-te la llet.* Don't be naughty – drink up your milk. **2** (*cosa*) **(a)** bad: *una pel·lícula molt dolenta* a very bad film ◇ *un cafè ~* a horrible cup of coffee **(b)** ~ **per a** (*inútil*) no good for *sth/doing sth*
▶ *nm-nf* villain, baddy [*pl* baddies] (*col·loq*): *El ~ mor a l'últim acte.* The villain dies in the last act.
dolgut, -uda *adj* hurt: *N'està molt ~, del que li vas dir.* He's very hurt at what you said. *Vegeu tb* DOLDRE
dolor *nm* **1** (*físic*) pain: *alguna cosa contra el/per al ~* something for the pain **2** (*pena*) grief LOC *Vegeu* CARAGOLAR, CRIDAR
dolorós, -osa *adj* painful
domador, ~a *nm-nf* tamer
domar *vt* **1** to tame **2** (*cavall*) to break *a horse* in
domèstic, ~a *adj* **1** (*relatiu a la casa*) household [*n atrib*]: *feines domèstiques* household chores **2** (*animal*) domestic
domesticar *vt* to domesticate
domicili *nm*: *canvi de ~* change of address ◇ *servei a ~* home delivery service
dominant *adj* dominant
dominar *vt* **1** to dominate: *~ l'altra gent* to dominate other people **2** (*matèria, tècnica*) to be good at *sth* **3** (*idioma*) to be fluent in *sth*: *Domina el rus.* He's fluent in Russian.

domini *nm* **1** (*control*) control: *el seu ~ de la pilota* his ball control **2** (*tècnica*) mastery **3** (*llengua*) command **4** (*Internet*) domain LOC **domini lingüístic**: *Aquest mot s'usa a tot el ~ lingüístic del català.* This word is used throughout the Catalan-speaking territories. ◆ **ésser del domini públic** to be common knowledge

dòmino *nm* (*joc*) dominoes [*incomptable*]: *jugar al ~* to play dominoes LOC *Vegeu* FITXA

dona *nf* **1** woman [*pl* women] **2** (*esposa*) wife [*pl* wives] LOC **dona de fer feines** cleaner ◆ **dona del temps** weathergirl *Vegeu tb* NEGOCI

donació *nf* donation: *~ d'òrgans* organ donation LOC **fer donació d'alguna cosa** to donate sth

donant *nmf* donor: *un ~ de sang* a blood donor

donar ▶ *vt* **1** to give: *Em va ~ la clau.* He gave me the key. ➲ *Vegeu nota a* GIVE **2** (*fruit*) to bear ▶ *vi* **1** ~ **a** to overlook *sth* [*vt*]: *El balcó dóna a una plaça.* The balcony overlooks a square. **2** (*llum*) to shine: *El sol em donava a la cara.* The light was shining in my eyes. ▶ **donar-se** *vp* **1** (*ocórrer*) to happen: *Això no es dóna gaire sovint.* That doesn't often happen. **2** (*vestit, sabates*) to stretch **3 donar-se a** to start *doing sth* a lot: *donar-se a la beguda* to start drinking a lot ❶ Per a expressions amb **donar**, vegeu les entrades del nom, adjectiu, etc., p. ex. **donar carabassa** a CARABASSA i **tant se me'n dóna** a TANT.

donatiu *nm* donation

doncs *conj* well (then): *Doncs com dèiem...* Well (then), as we were saying... ◇ *Doncs a mi no em va dir res!* Well, he didn't mention it to me! ◇ *Que no et ve de gust sortir? Doncs no surtis.* You don't feel like going out? Well, don't then. LOC **doncs bé** well then *Vegeu tb* AIXÍ

dopar ▶ *vt* (*Esport*) to drug ▶ **dopar-se** *vp* to take drugs

dopatge *nm* doping

dorment *adj* LOC *Vegeu* BELL

dormir *vi* **1** to sleep: *No puc ~.* I can't sleep. ◇ *No he dormit gens ni mica.* I didn't sleep a wink. ◇ *Que dormis bé/tranquil!* Sleep well! **2** (*estar adormit*) to be asleep: *mentre la meva mare dormia* while my mother was asleep LOC **a dormir!** time for bed! ◆ **dormir com un soc/tronc** to sleep like a log *Vegeu tb* CAMISA, SAC

dormitori *nm* bedroom

dorsal ▶ *adj* (*Anat*) dorsal: *l'aleta ~* the dorsal fin
▶ *nm* (*Esport*) number: *Va guanyar el corredor que portava el ~ tres.* The athlete wearing number three won. LOC *Vegeu* ESPINA

dos, **dues** *nm, adj, pron* **1** two **2** (*data*) second ➲ *Vegeu exemples a* SIS LOC **els dos/les dues** both: *les dues mans* both hands ◆ **no tenir dos dits de front** to be (as) thick as two short planks ◆ **tots dos/totes dues** both: *Hi vam anar tots ~.* Both of us went./We both went. *Vegeu tb* CADA, COP, PENSAR, TOCAR, VEGADA

dos-cents, **dues-centes** *nm, adj, pron* two hundred ➲ *Vegeu exemples a* SIS-CENTS

dosi *nf* dose

dot *nm* **1** (*d'una dona*) dowry [*pl* dowries] **2 dots** talent (*for sth/doing sth*) [*v sing*]: *Té ~s de comediant.* He has a talent for comedy.

dotat, **-ada** *adj* **1** ~ **(per a)** (*amb talent*) gifted (at *sth*): *nens especialment ~s per a les matemàtiques* children who are particularly gifted at mathematics **2** ~ **de** (*d'una qualitat*) endowed with *sth*: *~ d'intel·ligència* endowed with intelligence **3** ~ **de** (*equipat*) equipped with *sth*: *vehicles ~s de la tecnologia més moderna* vehicles equipped with the latest technology

dotze *nm, adj, pron* **1** twelve **2** (*data*) twelfth ➲ *Vegeu exemples a* ONZE *i* SIS

dotzè, **-ena** *adj, pron, nm-nf* twelfth

dotzena *nf* dozen: *una ~ de persones* a dozen people LOC **a dotzenes** by the dozen

drac *nm* dragon

drama *nm* drama

dramàtic, **~a** *adj* dramatic LOC *Vegeu* ART

dramaturg, **~a** *nm-nf* playwright

drap *nm* cloth LOC **deixar com un drap brut** to slag *sb* off (*col·loq*) ◆ **drap de cuina** tea towel ◆ **drap de la pols** duster ◆ **drap vell** old rag ◆ **treure els drapets al sol** to wash your dirty linen in public

drapaire *nmf* rag-and-bone man

drassana *nf* shipyard

dreçar ▶ *vt* to straighten ▶ **dreçar-se** *vp* to stand up straight

drecera *nf* short cut LOC **fer drecera** to take a short cut: *Podem fer ~ per aquí.* We can take a short cut through here.

dret *nm* **1** (*facultat legal o moral*) right: *Quin ~ tens a venir aquí?* What right do you have to come in here? ◇ *els ~s humans* human rights ◇ *el ~ de vot* the right to vote **2** (*estudis*) law LOC *Vegeu* IGUALTAT

dret, **~a** ▶ *adj* **1** (*de la dreta*) right: *trencar-se el peu ~* to break your right foot ◇ *És la segona porta a mà dreta.* It's the second door on the right. **2** (*recte*) straight: *Aquest quadre no està ~.* That picture isn't straight. ◇ *Seu ~.* Sit up straight. **3** (*dempeus*) standing: *estar ~* to be standing (up) ◇ *Vaig anar tot el viatge ~.* I had

D

to stand the whole journey. ◇ *posar-se* ~ to stand up

▶ **dreta** *nf* **1** right: *Quan arribarà al semàfor, tombi a la dreta.* Turn right at the traffic lights. ◇ *Fes-te una mica cap a la dreta.* Can you move to the right a bit? **2 la dreta** (*Pol*) the Right [*v sing o pl*] **3** (*mà*) right hand: *escriure amb la dreta* to be right-handed **4** (*cama*) right foot LOC **anar de dret a la qüestió** to get to the point ◆ **de dret** straight: *Vés de ~ a casa.* Go straight home. ◆ **de dreta/dretes** right-wing ◆ **tot dret** straight on: *Tiri tot ~ fins al cap del carrer.* Go straight on to the end of the road. *Vegeu tb* AGUANTAR, MÀ, TORT

dretà, -ana *adj* **1** (*habilitat*) right-handed **2** (*Pol*) right-wing

driblar *vt, vi* (*Esport*) to dribble (past *sb*)

driblatge *nm* dribble

droga *nf* **1** (*substància*) drug: *una ~ tova/dura* a soft/hard drug **2 la droga** (*addicció, tràfic*) drugs [*pl*]: *la lluita contra la ~* the fight against drugs LOC *Vegeu* TRÀFIC

drogar ▶ *vt* to drug ▶ **drogar-se** *vp* to take drugs

drogoaddicció *nf* drug addiction

drogoaddicte, -a *nm-nf* drug addict

drogueria *nf* shop selling household items and cleaning materials

dromedari *nm* dromedary [*pl* dromedaries]

dropo, -a ▶ *adj* lazy

▶ *nm-nf* slacker LOC **fer el dropo 1** to laze about/around **2** (*evitar la feina*) to skive

duana *nf* customs [*pl*]: *Vam passar la ~.* We went through customs.

dubtar ▶ *vt, vi* ~ **(de/que...)** to doubt *sth* [*vt*]: *Ho dubto.* I doubt it. ◇ *Dubtes de la meva paraula?* Do you doubt my word? ◇ *Dubto que sigui tan fàcil.* I doubt that it'll be easy. ◇ *Dubto si arribarem a temps.* I doubt we'll get there in time.

▶ *vi* **1** ~ **de** (*persona*) to mistrust *sb* [*vt*]: *Dubta de tothom.* She mistrusts everyone. **2** ~ **a** to hesitate *to do sth*: *No dubtis a demanar-m'ho.* Don't hesitate to ask me. **3** ~ **entre**: *Dubtàvem entre els dos cotxes.* We couldn't make up our minds between the two cars.

dubte *nm* **1** (*incertesa*) doubt: *sens ~* without doubt ◇ *Això no admet ~s.* That's beyond (all) doubt. ◇ *No hi ha ~ (que...)* There's no doubt (that...) **2** (*problema*): *Teniu algun ~?* Are there any questions? LOC **posar en dubte** to call *sth* into question ◆ **sortir de dubte/dubtes** to know for certain ◆ **treure algú de dubtes/d'un dubte** to dispel *sb's* doubts

dubtós, -osa *adj* **1** (*indecís*) doubtful: *Estic ~.* I'm rather doubtful. **2** (*sospitós*) dubious: *un penal ~* a dubious penalty

duc, duquessa *nm-nf* **1** (*masc*) duke **2** (*fem*) duchess **3 ducs**

> El plural de **duke** és 'dukes', però quan diem *els ducs* referint-nos al duc i a la duquessa, es tradueix **the duke and duchess**.

duel *nm* duel

duet *nm* **1** (*composició*) duet **2** (*parella*) duo [*pl* duos]

duna *nf* (sand) dune

duo *nm* duet

dúplex *nm* maisonette

duplicar *vt* **1** to double: *~ el pressupost* to double the budget **2** (*copiar*) to copy

duplicat *nm* duplicate, copy [*pl* copies] (*més col·loq*): *el ~ d'una clau* a duplicate key LOC **per duplicat** in duplicate *Vegeu tb* DUPLICAR

dur *vt* **1** to take, to bring ➲ *Vegeu nota a* PORTAR **2** (*carregar*) to carry **3** (*roba*) to wear LOC *Vegeu* TERME

dur, ~a *adj* **1** hard: *una superfície dura* a hard surface ◇ *una vida dura* a hard life ◇ *ésser ~ amb algú* to be hard on sb **2** (*càstig, clima, crítica, disciplina*) harsh **3** (*carn*) tough: *un bistec molt ~* a tough piece of steak **4** (*pa*) stale LOC **dur d'orella** hard of hearing *Vegeu tb* MÀ, OU, PA

durada *nf* **1** length: *la ~ d'una pel·lícula* the length of a film **2** (*bombeta, pila*) life: *piles de llarga ~* long-life batteries

durant *prep* during, for: *~ el concert* during the concert ◇ *~ dos anys* for two years

> **During** es fa servir per a fer referència al temps o al moment en què es desenvolupa una acció i **for** quan s'especifica la durada d'aquesta acció: *Em vaig trobar malament durant la reunió.* I felt ill during the meeting. ◇ *Durant aquests tres últims anys, no he anat al cine.* I haven't been to the cinema for three years.

durar *vi* to last: *La crisi va ~ dos anys.* The crisis lasted two years. ◇ *~ molt* to last a long time ◇ *No va ~ gaire.* It didn't last long.

duresa *nf* **1** (*material, feina*) hardness **2** (*severitat*) harshness: *tractar algú amb ~* to treat sb harshly

duro *nm* LOC **estar/quedar-se sense un duro** to be broke ◆ **no tenir ni un duro** not to have any money on you *Vegeu tb* SOPAR[1]

dutxa *nf* shower: *prendre una ~* to have a shower LOC *Vegeu* GEL

dutxar-se *vp* to have a shower

DVD *nm* DVD

E e

eben *nm* ebony

ebullició *nf* LOC *Vegeu* PUNT

eclesiàstic, **~a** *adj* ecclesiastical

eclipsi *nm* eclipse: *~ total* total eclipse

eco *nm* echo [*pl* echoes]: *Hi havia un ~ a la cova.* The cave had an echo.

ecografia *nf* scan: *fer-se una ~* to have a scan

ecologia *nf* ecology

ecològic, **~a** *adj* **1** (*del medi ambient*) ecological: *un desastre ~* an ecological disaster **2** (**a**) (*agricultura, aliments*) organic: *agricultura ecològica* organic farming (**b**) (*d'altres productes*) environmentally friendly: *detergents ~s* environmentally friendly detergents

ecologisme *nm* environmentalism

ecologista ▶ *adj* environmental: *grups ecologistes* environmental groups
▶ *nmf* environmentalist

economia *nf* economy [*pl* economies]: *l'economia del nostre país* our country's economy

econòmic, **~a** *adj* **1** (*Econ*) economic: *polítiques econòmiques* economic policies **2** (*que consumeix/costa poc*) economical: *un cotxe molt ~* a very economical car ➲ *Vegeu nota a* ECONOMICAL

economista *nmf* economist

ecosistema *nm* ecosystem

ecotaxa *nf* environmental tax

ecoturisme *nm* ecotourism

ecs *interj* yuck

edat *nf* age: *a la teva ~* at your age ◇ *nens de totes les ~s* children of all ages ◇ *una dona de 30 anys d'edat* a woman aged 30 LOC **de la meva edat** my, your, etc. age: *No hi havia ningú de la meva ~.* There wasn't anybody my age. ◆ **l'edat mitjana** the Middle Ages [*pl*]: *l'alta/baixa ~ mitjana* the Early/Late Middle Ages ◆ **quina edat tens, té, etc.?** how old are you, is he, she, etc.? *Vegeu tb* MAJOR, MENOR, MITJÀ *adj*, TERCER

edició *nf* **1** (*acció de publicar*) publication **2** (*tirada, versió, Ràdio, TV*) edition: *la primera ~ del llibre* the first edition of the book ◇ *~ mensual/setmanal* monthly/weekly edition ◇ *~ pirata/electrònica* pirate/electronic edition **3** (*concurs, certamen*): *la trentena ~ del festival de cinema* the thirtieth film festival

edificar *vt* (*construir*) to build

edifici *nm* building: *No hi queda ningú, a l'edifici.* There is nobody left in the building. ◇ *un ~ de 14 pisos* a 14-storey building

editar *vt* **1** (*publicar*) to publish **2** (*preparar el text, Informàt*) to edit

editor, **~a** *nm-nf* **1** (*empresari*) publisher **2** (*textos, Period, Ràdio, TV*) editor

editorial ▶ *adj* (*sector*) publishing [*n atrib*]: *el món ~ d'avui dia* the publishing world of today
▶ *nm* (*diari*) editorial
▶ *nf* publishing house: *De quina ~ és?* Who are the publishers?

edredó *nm* **1** quilt **2** (*nòrdic*) duvet

educació *nf* **1** (*ensenyament*) education: *~ sanitària/sexual* health/sex education **2** (*formació des de petit*) upbringing: *Han tingut una bona ~.* They've been well brought up. **3** (*maneres*) manners [*pl*]: *És de bona ~ donar les gràcies.* It's good manners to say thank you. ◇ *Badallar és de mala ~.* It's bad manners to yawn. LOC **educació especial** special needs education ◆ **educació física** physical education (*abrev* PE) *Vegeu tb* FALTA

educar *vt* **1** (*ensenyar*) to educate **2** (*pujar*) to bring *sb* up: *És difícil ~ bé els fills.* It's difficult to bring children up well. LOC **educar l'oïda** to train your ear

educat, **-ada** *adj* polite ❶ L'adjectiu anglès **educated** significa *culte.* LOC **ben/mal educat** well mannered/rude: *No siguis tan mal ~.* Don't be so rude. *Vegeu tb* EDUCAR

educatiu, **-iva** *adj* **1** educational: *joguines educatives* educational toys **2** (*sistema*) education [*n atrib*]: *el sistema ~* the education system LOC *Vegeu* MATERIAL

efecte *nm* **1** effect: *fer/no fer ~* to have an effect/no effect **2** (*Esport*) spin: *La pilota anava amb ~.* The ball had (a) spin on it. LOC **efecte d'hivernacle** greenhouse effect ◆ **efecte secundari** side effect ◆ **efectes especials** special effects ◆ **en efecte** indeed ◆ **fer l'efecte**: *Em fa l'efecte que perdran.* I think they're going to lose. ◇ *Em fa l'efecte que avui plourà.* I think it may rain today.

efectiu, **-iva** ▶ *adj* effective
▶ *nm* cash: *pagar en ~* to pay cash ◇ *250 euros en ~* 250 euros in cash

efectivament *adv* in fact

efectuar *vt* to carry *sth* out: *~ un atac/una prova* to carry out an attack/a test

efervescent *adj* effervescent

eficaç *adj* **1** (*efectiu*) effective: *un remei ~* an effective remedy **2** (*eficient*) efficient

eficient *adj* efficient: *un ajudant molt* ~ a very efficient assistant

egoista *adj, nmf* selfish [*adj*]: *És un* ~. He's selfish.

egua *nf Vegeu* EUGA

eh *interj* **1** (*quan no s'ha entès alguna cosa*) eh? **2** (*per cridar l'atenció*) hey!

E

ei *interj* hey: *Ei, vigila!* Hey, watch out!

eina *nf* tool LOC *Vegeu* BARRA[1], CAIXA

eivissenc, ~a *adj, nm-nf* Ibizan

eix *nm* **1** (*rodes*) axle **2** (*Geom, Geog, Pol*) axis [*pl* axes]

eixam *nm* swarm

eixamplar ▶ *vt* to widen ▶ **eixamplar-se** *vp* **1** (*estendre's*) to widen **2** (*donar-se*) to stretch: *Aquestes sabates s'han eixamplat.* These shoes have stretched.

eixarrancar-se *vp* to sprawl

eixerit, -ida *adj* bright

eixordador, ~a *adj* deafening: *un soroll* ~ a deafening noise

eixugamà (*tb* **eixugamans**) *nm* hand towel

eixugaparabrises *nm* windscreen wiper

eixugar ▶ *vt* to dry ▶ **eixugar-se** *vp* **1** to dry: *Es va* ~ *les llàgrimes.* He dried his tears. ◇ *eixugar-se el nas* to wipe your nose **2** (*riu, estany, terra*) to dry up: *L'estany s'havia eixugat.* The pond had dried up. LOC **eixugar els plats** to dry up

eixut, ~a *adj* **1** dry: *És ~?* Is it dry? **2** (*persona*) reserved

el, la ▶ *art* the: *El tren va arribar tard.* The train was late. ◇ *La casa és vella.* The house is old. ◇ *Vindrà el Daniel?* Will Daniel come?

> Quan les formes *el*, *en* i *la* s'usen davant d'un nom propi, no es tradueixen: *Coneixes la Marta?* Do you know Marta? ◇ *Hi vaig anar amb l'Antoni.* I went there with Antoni.

➲ *Vegeu nota a* THE

▶ *pron* (*complement directe*) **1** (*a ell, a ella*) him, her: *El vaig treure de casa.* I threw him out of the house. ◇ *La va sorprendre.* It surprised her. **2** (*a vostè*) you **3** (*cosa, animal*) it: *No el veig enlloc.* I can't see it anywhere. ◇ *Deixa'm que la vegi.* Let me see it. ◇ *On l'has deixat?* Where have you left it? LOC **el/la de... 1** (*possessió*): *La de la Maria és millor.* Maria's (one) is better. **2** (*característica*) the one (with...): *el dels ulls verds/de la barba* the one with green eyes/the beard ◇ *M'estimaria més la de ratlles.* I'd prefer the striped one. **3** (*roba*) the one in...: *el de l'abric gris* the one in the grey coat **4** (*procedència*) the one from...: *el de Girona* the one from Girona ◆ **el que...** (*allò que*) what: *La música és el que li agrada.* Music's what he really likes. ◇ *Faré tot el que diguis.* I'll do whatever you say. ◇ *Faria el que fos per aprovar.* I'd do anything to pass. ◆ **el que/la que...** (*cosa*) the one (which/that)...: *La que vam comprar ahir era millor.* The one (that) we bought yesterday was better. ◆ **el qui/la qui...** (*persona*) the one (who/that)...: *Aquell home, era el qui et pensaves?* Was that man the one you thought he was? ◇ *Ella va ésser la qui et va trobar.* She was the one who found you.

elaborar *vt* **1** (*producte*) to produce **2** (*informe, pla*) to prepare

elàstic, ~a ▶ *adj* **1** elastic **2** (*persona*) supple ▶ **elàstics** *nm* braces LOC *Vegeu* LLIT

elecció *nf* **1** choice: *no tenir* ~ to have no choice **2 eleccions** (*Pol*) election [*v sing*]: *convocar eleccions* to call an election ❶ El singular és la forma més comuna en anglès, sobretot quan ens referim a les eleccions legislatives del Regne Unit (**a general election**). LOC **d'elecció múltiple** (*pregunta*) multiple-choice ◆ **eleccions autonòmiques/europees** regional/European elections ◆ **eleccions generals/legislatives** general election [*v sing*] ◆ **eleccions municipals** local elections

elector, ~a *nm-nf* voter

electoral *adj* electoral: *campanya* ~ electoral campaign LOC *Vegeu* CENS, COL·LEGI, DISTRICTE, LLISTA

electorat *nm* electorate [*v sing o pl*]: *L'electorat està desil·lusionat.* The electorate is/are disillusioned.

elèctric, ~a *adj* electric, electrical

> **Electric** es fa servir per a fer referència a electrodomèstics i aparells elèctrics concrets, per exemple, *electric razor/car/fence*, en frases fetes com ara *an electric shock*, i en sentit figurat en expressions com ara *The atmosphere was electric*. **Electrical** es refereix a l'electricitat d'una manera més general, per exemple, *electrical engineering*, *electrical goods* o *electrical appliances*.

LOC *Vegeu* CAFETERA, ENERGIA, INSTAL·LACIÓ

electricista *nmf* electrician

electricitat *nf* electricity

electró *nm* electron

electrocutar ▶ *vt* to electrocute ▶ **electrocutar-se** *vp* to be electrocuted

elèctrode *nm* electrode

electrodomèstic *nm* (electrical) appliance

electrònic, ~a *adj* electronic: *mitjans ~s* electronic media LOC *Vegeu* ADREÇA, CORREU, ENVIAR

electrònica *nf* electronics [*incomptable*]

elefant *nm* elephant

elegant *adj* elegant: *una senyora molt ~* a very elegant lady ◇ *On vas tan ~?* Where are you off to all dressed up?

elegir ▶ *vt, vi* (*optar*) to choose: *No em van deixar ~.* They didn't let me choose. ◇ *~ entre francès i alemany* to choose between French and German ▶ *vt* (*votar*) to elect: *Han d'elegir un nou president d'aquí a uns dies.* They are soon going to elect a new president.

element *nm* element: *els ~s de la taula periòdica* the elements of the periodic table

elemental *adj* elementary

elevar *vt* to raise: *~ el nivell de vida* to raise living standards

elevat, -ada *adj* high: *temperatures elevades* high temperatures LOC **elevat al cub/quadrat** cubed/squared: *tres ~ al quadrat* three squared ◆ **elevat a quatre/a la quarta potència, etc.** to the power of four, etc.: *cinc ~ a sis* five to the power of six *Vegeu tb* ELEVAR

elf *nm* elf

eliminació *nf* elimination

eliminar *vt* to eliminate

eliminatori, -òria *adj* qualifying

eliminatòria *nf* **1** (*partit*) qualifying round: *l'eliminatòria del mundial* the qualifying round for the World Cup **2** (*Atletisme, Natació*) heat

ell, ella *pron* **1** (*subjecte*) he, she: *En Josep i ell són veïns.* He and Josep are neighbours. ◇ *La Maria i ella són cosines.* She and Maria are cousins. **2** (*complement, en comparacions*) him, her: *És per a ell.* It's for him. ◇ *Ets més alta que ella.* You're taller than her. LOC **d'ell/d'ella** (*possessiu*) his/hers: *No són pas d'ella, són d'ell.* They're not hers, they're his. ◆ **és ell/ella** it's him/her

el·lipse *nf* ellipse

ells, elles *pron* **1** (*subjecte*) they: *I ells, on viuen?* Where do they live? ◇ *Elles no vindran.* They won't come. **2** (*complement, en comparacions*) them: *No hi vas anar amb ells?* Didn't you go with them? ◇ *Treballes més que ells.* You work more than them. LOC **d'ells/d'elles** (*possessiu*) theirs: *És d'elles.* It's theirs. ◆ **són ells/elles** it's them

elogi *nm* praise [*incomptable*]: *Només van tenir ~s per a tu.* They had nothing but praise for you.

elogiar *vt* to praise

els, les ▶ *art* the: *els llibres que vaig comprar ahir* the books I bought yesterday ➲ *Vegeu nota a* THE

▶ *pron* (*complemente directe*) **1** (*a ells, a elles*) them: *Els/les vaig veure ahir al cine.* I saw them at the cinema yesterday. **2** (*a vostès*) you **3** (*coses, animals*) them

▶ **els** *pron* **1** (*a ells, a elles*) **(a)** (*complement indirecte*) them: *Els vaig donar tot el que tenia.* I gave them everything I had. ◇ *Els vaig comprar un pastís.* I bought them a cake./I bought a cake for them. **(b)** (*parts del cos, objectes personals*): *Els van robar la bossa.* Their bag was stolen. **2** (*a vostès*) **(a)** (*complement indirecte*) you: *Els ve de gust un cafè?* Would you like a coffee? **(b)** (*parts del cos, efectes personals*): *Els penjo els abrics?* Shall I take your coats? LOC **dels/de les de...**: *un terratrèmol dels de debò* a really violent earthquake ◇ *El disseny del cotxe és dels d'abans.* The design of the car is old-fashioned. ◆ **els/les de... 1** (*possessió*): *els de la meva àvia* my grandmother's **2** (*característica*) the ones (with...): *M'estimo més els de punta fina.* I prefer the ones with a fine point. ◇ *M'agraden les de quadres.* I like the checked ones. **3** (*roba*) the ones in...: *les de vermell* the ones in red **4** (*procedència*) the ones from...: *els de Vic* the ones from Vic ◆ **els/les que...** (*coses*) the ones (which/that)...: *les que vam comprar ahir* the ones we bought yesterday ◆ **els/les qui...** (*persones*): *els qui eren a la casa* the ones who were in the house ◇ *els qui hem de llevar-nos aviat* those of us who have to get up early

em *pron* **1** (*complement*) me: *No em vas veure?* Didn't you see me? ◇ *Dóna-m'ho.* Give it to me. ◇ *Compra-m'ho!* Buy it for me. **2** (*parts del cos, efectes personals*): *Em vaig a rentar les mans.* I'm going to wash my hands. **3** (*reflexiu*) (myself): *Em vaig veure al mirall.* I saw myself in the mirror. ◇ *Em vaig vestir de seguida.* I got dressed straight away.

emancipar-se *vp* to become independent

embafador, ~a *adj* **1** (*menjar, beguda*) oversweet **2** (*persona*) annoying

embafar *vt, vi* to be too sweet (*for sb*): *Aquest licor embafa.* This liqueur is too sweet.

embalar ▶ *vt* to pack ▶ **embalar-se** *vp* **1** (*accelerar-se*) to go faster and faster **2** (*excitar-se*) to get carried away

embalum *nm* LOC **fer embalum** to take up room: *Fa gaire ~?* Does it take up much room? ◇ *Fa molt poc ~.* It hardly takes up any room at all. ◇ *El teu equipatge fa molt ~.* Your cases take up a lot of room. ◇ *Aquesta caixa fa massa ~.* This box is too bulky.

E

embaràs *nm* pregnancy [*pl* pregnancies]

embarassada ▶ *adj* pregnant: *Està ~ de cinc mesos.* She is five months pregnant. ❶ La paraula anglesa **embarrassed** significa *avergonyit*.
▶ *nf* pregnant woman [*pl* pregnant women]
LOC *Vegeu* DESIG

embarbussament *nm* tongue-twister

embarcació *nf* boat ➲ *Vegeu nota a* BOAT

embarcador *nm* jetty [*pl* jetties]

embarcament *nm* LOC *Vegeu* PORTA, TARGETA

embarcar ▶ *vt* **1** (*passatgers*) to embark **2** (*mercaderies*) to load ▶ *vi* to board: *Ja avisen per ~.* We can board now.

embargament *nm* (*bloqueig*) embargo [*pl* embargoes]: *un ~ d'armes/comercial* an arms/trade embargo

embassament *nm* (*pantà*) reservoir

embenar *vt* to bandage *sb/sth* (up): *Em van ~ el turmell.* They bandaged (up) my ankle. ◇ *La van ~ de cap a peus.* She was bandaged from head to foot.

embenat *nm* bandage

emblanquinar *vt* to whitewash

emblanquir *vt* to whiten

emblema *nm* emblem

embocadura *nf* **1** (*d'un riu*) mouth **2** (*Mús*) mouthpiece

embogidor, ~a *adj* maddening

embogir *vi* to go mad

embolcall *nm* wrapper

embòlia *nf* embolism

embolic *nm* **1** (*confusió*) muddle: *Quin ~!* What a mess! ◇ *El van ficar en un ~.* They got him into a right muddle. ◇ *Es va organitzar un ~ de primera.* There was a terrible muddle. **2** (*aventura*) fling: *Va tenir un ~ amb una actriu.* He had a fling with an actress. LOC **armar/fer un embolic** (*embrollar*) to kick up a fuss ◆ **fer-se un embolic** (*confondre's*) to get confused: *Em faig un ~ amb tantes portes.* I get confused with all these doors. ◆ **ficar-se en un embolic/embolics** to get into trouble

embolicar ▶ *vt* **1** (*amb paper*) to wrap *sb/sth* (up) (*in sth*): *Vols que t'ho emboliqui?* Do you want me to wrap it for you? **2** (*confondre*) to confuse: *No m'emboliquis.* Don't confuse me. **3** (*complicar*) to complicate: *Encara has embolicat més les coses.* You've complicated matters even more. **4** (*involucrar*) to talk *sb into doing sth*: *M'han embolicat per anar al cine.* I've been talked into going to the cinema. ▶ **embolicar-se** *vp* **1** (*embullar-se*) to get tangled **2** **embolicar-se (a/amb/en)** (*involucrar-se*) to get involved (in *sth* /with *sb*): *S'ha embolicat a fer política.* She's got involved in politics. ◇ *Per què t'has embolicat amb aquella gent?* Why have you got involved with those people? **3** **embolicar-se (amb)** (*confondre's*) to get confused (about/over *sth*): *Amb tantes xifres, m'he ben embolicat.* I've got really confused with all those figures. **4** (*complicar-se*) to become complicated **5** **embolicar-se amb** (*tenir relacions amoroses*) to get involved with *sb* LOC **embolicar la troca** to complicate matters ◆ **embolicar per regalar** to gift-wrap: *M'ho pot ~ per regalar?* Can you gift-wrap it for me, please? *Vegeu tb* PAPER

embolicat, -ada *adj* LOC **estar embolicat amb algú** to be involved with sb ◆ **estar embolicat amb/en alguna cosa** to be involved with/in sth *Vegeu tb* EMBOLICAR

emborratxar-se *vp* ~ **(amb)** to get drunk (on *sth*)

emboscada *nf* ambush: *parar una ~ a algú* to lay an ambush for sb

embotit *nm* cold meats [*pl*]

embragatge *nm* clutch: *deixar anar l'embragatge* to release the clutch

embrancar-se *vp* to get involved (*in sth*)

embranzida *nf* LOC **agafar/prendre embranzida** to take a run

embrió *nm* embryo [*pl* embryos]

embruixament *nm* spell

embruixar *vt* to cast a spell on *sb*: *La fada va ~ el príncep.* The fairy cast a spell on the prince.

embruixat, -ada *adj* **1** (*persona*) bewitched **2** (*lloc*) haunted: *una casa embruixada* a haunted house *Vegeu tb* EMBRUIXAR

embrutar ▶ *vt* to get *sth* dirty: *No embrutis la taula.* Don't get the table dirty. ◇ *T'has embrutat el vestit d'oli.* You've got oil on your dress. ▶ **embrutar-se** *vp* to get dirty

embull *nm* tangle

embús *nm* (*cotxes*) traffic jam

embussar ▶ *vt* to block ▶ **embussar-se** *vp* to get blocked

embut *nm* funnel LOC **anar amb embuts** to beat about the bush

embutxacar-se *vp* to pocket: *S'han embutxacat una fortuna.* They pocketed a fortune.

emergència *nf* emergency [*pl* emergencies]: *en cas d'emergència* in an emergency LOC *Vegeu* SORTIDA, VORERA

emetre *vt* **1** (*desprendre*) to emit **2** (*Ràdio, TV*) to broadcast

èmfasi *nm* emphasis [*pl* emphases]

emigració *nf* **1** (*persones*) emigration **2** (*animals*) migration

emigrant ▶ *adj* migrant: *treballadors ~s* migrant workers
▶ *nmf* emigrant

emigrar *vi* **1** to emigrate **2** (*dins d'un mateix país, animals*) to migrate

eminència *nf* (*persona important*) leading figure

eminent *adj* eminent

emissió *nf* **1** (*emanació*) emission **2** (*programa*) broadcast **3** (*transmissió*) transmission: *problemes amb l'emissió* transmission problems

emissora *nf* (*Ràdio*) radio station

emmagatzemar *vt* to store

emmanillar *vt* to handcuff

emmarcar *vt* to frame

emmascarar *vt* to mask

emmetzinar *vt* to poison

emmordassar *vt* to gag

emmudir *vi* **1** (*perdre la paraula*) to go dumb **2** (*callar*) to go quiet

emmurallat, -ada *adj* walled

emoció *nf* emotion

emocionant *adj* **1** (*commovedor*) moving **2** (*apassionant*) exciting

emocionar ▶ *vt* **1** (*commoure*) to move **2** (*apassionar*) to thrill ▶ **emocionar-se** *vp* **1** (*commoure's*) to be moved (*by sth*) **2** (*apassionar-se*) to get excited (*about sth*)

emoticona *nf* emoticon

> Quan es tracta d'una cara somrient, es diu **smiley**.

emotiu, -iva *adj* **1** (*persona*) emotional **2** (*acte, trobada*) moving

empadronar-se *vp* to register: *M'he empadronat per poder votar.* I've registered to vote.

empaitar *vt* to chase

empal·lidir *vi* to go pale

empalmar *vt* **1** (*connectar*) to connect *sth* (*to/with sth*) **2** (*fig*): *~ un refredat amb un altre* to get one cold after another ◇ *~ les vacances amb la baixa per maternitat* to combine your holiday and maternity leave

empanada *nf* pie ➲ *Vegeu nota a* PIE

empanat, -ada *adj* breaded

empaperar *vt* **1** (*revestir de paper*) to paper **2** (*encausar*) to have *sb* up (*for doing sth*)

empaquetar *vt* to pack

emparar ▶ *vt* to protect *sb/sth* (*against/from sb/sth*): *La llei ens empara dels abusos.* The law protects us from abuse. ▶ **emparar-se** *vp* **1 emparar-se (de)** (*protegir-se*) to shelter (from *sb/sth*): *emparar-se d'una tempesta* to shelter from a storm **2 emparar-se en** (*buscar suport*) to seek the protection of *sb/sth*: *Es va ~ en la família.* He sought the protection of his family.

empassar-se *vp* **1** to swallow: *Em vaig empassar un pinyol d'oliva.* I swallowed an olive stone. ◇ *Em fa mal el coll quan m'empasso la saliva.* My throat hurts when I swallow. **2** (**a**) (*orgull, història, mentida*) to swallow: *~ l'orgull* to swallow your pride ◇ *S'ha empassat la història de l'ascens d'en Miquel.* He's swallowed the story about Miquel's promotion. ◇ *Això no s'ho empassaran.* No one's going to believe that. (**b**) (*pel·lícula, llibre*) to get through *sth*: *M'he empassat tres llibres aquest cap de setmana.* I got through three books this weekend. ◇ *~ una pel·lícula* to sit through a film

empastament *nm* filling

empastar *vt* to fill: *M'han d'empastar tres queixals.* I've got to have three teeth filled.

empat *nm* **1** (*Esport*) draw: *un ~ a dos* a two-all draw ◇ *un ~ a zero* a goalless draw **2** (*votació, concurs*) tie LOC *Vegeu* GOL

empatar *vi* **1** (*Esport*) (**a**) (*resultat final*) to draw (*with sb*): *Van ~ amb el Leeds.* They drew with Leeds. (**b**) (*resultat parcial*) to draw even (*with sb*): *Hem d'empatar abans de la mitja part.* We must draw even before half-time. **2** (*votació, concurs*) to tie (*with sb*) LOC **empatar a un, dos, etc.** to draw one all, two all, etc. ◆ **empatar a zero** to draw nil nil

empatat, -ada *adj* LOC **anar empatats**: *Quan vaig marxar anaven ~s.* They were even when I left. ◇ *Van ~s a dos.* It's two all. *Vegeu tb* EMPATAR

empatollar-se *vp* to talk nonsense: *Què t'empatolles?* What are you going on about?

empatx *nm* indigestion [*incomptable*]

empatxar-se *vp* to get indigestion

empatxat, -ada *adj* LOC **estar empatxat** to have indigestion *Vegeu tb* EMPATXAR-SE

empelt *nm* graft

empenta *nf* **1** (*cop*) push: *donar una ~ a algú* to give sb a push **2** (*energia*) (get up and) go: *Té molta ~.* She's got lots of get up and go. ◇ *una persona amb poca ~* a person with very little go LOC **a empentes**: *Van sortir a empentes.* They pushed their way out.

empenya *nf* instep

empènyer *vt* **1** to push: *No m'empenyis!* Don't push me! **2** (*carretó, bicicleta*) to wheel **3** (*obligar*) to push *sb into doing sth*: *La seva família la va ~*

E

a estudiar dret. Her family pushed her into studying law.

empenyorar *vt* to pawn

emperador, emperadriu *nm-nf* emperor [*fem* empress]

empescar-se *vp* to think *sth* up, to devise (*més formal*) LOC **empescar-se-les** to find a way (*to do sth/of doing sth*): *Ens les vam empescar per entrar a la festa.* We found a way to get into the party.

empipador, ~a *adj* annoying

empipar ▶ *vt* to annoy: *El que m'empipa més de tot és que...* What really annoys me is that... ▶ **empipar-se** *vp* to get annoyed

empitjorar ▶ *vt* to make *sth* worse ▶ *vi* to get worse: *La situació ha empitjorat.* The situation has got worse.

empleat, -ada *nm-nf* employee

emportar-se *vp* **1** to take: *El lladre es va emportar el vídeo.* The thief took the video. **2** (*menjar*) to take *sth* away: *Voldria dues pizzes per a emportar-me-les.* I'd like two pizzas to take away, please. ◇ *És per a menjar aquí o per a emportar?* Is that to eat in or to take away? **3** (*arrossegar*) (**a**) (*vent*) to blow *sth* away (**b**) (*aigua*) to sweep *sth* away

empremta *nf* imprint LOC **empremta digital** fingerprint

emprendre *vt* **1** (*iniciar*) to begin **2** (*negoci*) to start *sth* (up) **3** (*viatge*) to set off on *sth*: ~ *una gira* to set off on a tour LOC **emprendre el camí (cap a...)** to set out (for...)

emprenedor, ~a *adj* enterprising

emprenyar ▶ *vt* (*enutjar*) to annoy: *No m'emprenyis!* Stop annoying me! ▶ **emprenyar-se** *vp* to get annoyed

empresa *nf* **1** (*Com*) company [*v sing o pl*] [*pl* companies] **2** (*projecte*) enterprise: *una ~ àrdua* a difficult enterprise LOC **empresa estatal/pública** state-owned company ◆ **empresa privada** private company

empresari, -ària *nm-nf* businessman/woman [*pl* -men/-women]

empresarial ▶ *adj* business [*n atrib*]: *sentit ~* business sense ▶ **empresarials** *nm* business studies [*incomptable*] LOC *Vegeu* PARC

empresonar *vt* to imprison

emprovador *nm* changing room

emprovar(-se) *vt, vp* (*roba*) to try *sth* on

empunyar *vt* **1** (*arma*) to brandish: ~ *una espasa* to brandish a sword **2** (*agafar*) to grasp

en¹ *prep*

• **posició 1** in: *Les claus són en aquell calaix.* The keys are in that drawer. ◇ *Jugaven en aquell carrer.* They were playing in that street. **2** (*sobre*) on: *T'he deixat diners en un prestatge.* I've left you some money on a shelf. **3** (*punt de referència*) at: *Són en aquella escola.* They're at that school. ➲ *Vegeu nota a* A

• **direcció 1** to: *Havíem anat en aquella casa.* We'd gone to that house. **2** (*a dins*) into: *Va entrar en una habitació.* He went into a room.

• **amb expressions de temps 1** (*dins d'un període*) in: *Ho acabaré en quinze dies.* I'll finish it in a fortnight. ◇ *He fet els deures en dues hores.* I did my homework in two hours. **2** (*moment*) at: *en aquest moment* at that moment

• **amb infinitiu 1** when: *Es van posar a riure en veure'm.* They burst out laughing when they saw me. **2** (*simultaneïtat*) as: *El vaig veure en sortir.* I saw him as I was leaving.

en² *pron* **1** (*d'un lloc*): *Ells entraven al cine i jo en sortia.* They were going into the cinema and I was coming out. **2** (*d'algú, d'alguna cosa*): *En parla molt, del seu fill gran.* She talks a lot about her eldest son. ◇ *Que voleu una cervesa? La nevera n'és plena.* Do you want a beer? The fridge is full of them. **3** (*partitiu*): *Quant en vols, de formatge?* How much cheese do you want? ◇ *N'hi ha que tenen pocs diners.* There are some people with very little money. ◇ *Digue'm si n'hi ha o no.* Tell me if there are any or not. ◇ *Fa pocs minuts n'hi havia quatre. Ara només en queden tres.* A few minutes ago there were four. Now there are only three left.

en, na *art pers*: *en Pere* Pere ◇ *na Maria* Maria ➲ *Vegeu nota a* EL

enamorar ▶ *vt* to win *sb's* heart ▶ **enamorar-se** *vp* **enamorar-se (de)** to fall in love (with *sb/sth*): *Es va ~ d'ella.* He fell in love with her.

enamorat, -ada ▶ *adj* in love: *estar ~ d'algú* to be in love with sb ▶ *nm-nf* lover: *un ~ de l'art* an art lover LOC *Vegeu* DIA; *Vegeu tb* ENAMORAR

ençà *adv*: *Posa-ho més ~.* Bring it nearer. LOC **d'ença de/que...** since: *d'ençà d'aquell dia* since that day ◇ *No l'he vist d'ençà que va marxar.* I haven't seen him since he left.

encabir ▶ *vt* to fit *sb/sth* in ▶ **encabir-se** *vp* to fit

encadenar *vt* **1** (*lligar*) to chain *sb/sth* (*to sth*) **2** (*idees*) to link

encaixada *nf* LOC **fer una encaixada** to shake hands

encaixar ▶ *vi* **1** to fit: *El vidre no encaixa a la finestra.* The pane doesn't fit in the window frame. ◇ *Encaixa bé amb les altres nenes de la classe.* She fits in well with the other girls in the class. **2** (*donar-se la mà*) to shake hands ▶ *vt* **1** (*col·locar, posar*) to fit *sth* (*into sth*): *~ una peça en un forat* to fit a piece into a hole **2** (*ajuntar*) to fit *sth* together: *Estic intentant d'encaixar les peces del trencaclosques.* I'm trying to fit the pieces of the jigsaw together. **3** (*notícia, esdeveniment*) to take: *Van ~ la notícia amb resignació.* They took the news philosophically.

encallar ▶ *vi* **1** (*vehicle*) to get stuck: *El carro va ~ en el fang.* The cart got stuck in the mud. **2** (*vaixell*) to run aground ▶ **encallar-se** *vp* **1** to get stuck (in *sth*): *Aquesta porta s'ha encallat.* The door's stuck. ◇ *Sempre m'encallo en aquesta paraula.* I always get stuck on that word. **2** (*mecanisme*) to jam

encaminar-se *vp* ~ **a/cap a** to head (for...): *Es van encaminar cap a casa.* They headed (for) home.

encant *nm* **1** (*encís*) charm: *Té molt d'encant.* He's got a lot of charm. **2 encants** (*mercat*) flea market: *Ho he comprat als ~s.* I bought it at the flea market.

encantador, ~a *adj* lovely

encantament *nm* spell: *rompre un ~* to break a spell LOC *Vegeu* ART, OBRA

encantar ▶ *vt* to cast a spell on *sb/sth* ▶ *vi* to love *sth/doing sth* [*vt*]: *Aquest llibre m'ha encantat.* I loved the book.

encantat, -ada *adj* **1 (de)** very pleased (with *sb/sth*) **2** (*edifici*) haunted: *una casa encantada* a haunted house **3** (*distret*): *Es un noi molt ~.* He always has his head in the clouds. LOC **estar encantat** (*estar distret*) to be miles away *Vegeu tb* PRÍNCEP; *Vegeu tb* ENCANTAR

encanteri *nm* spell

encapçalament *nm* heading

encapçalar *vt* **1** (*manifestació, cursa*) to lead **2** (*llista*) to be at the top of *sth*

encapritxar-se *vp* ~ **(amb)** to take a fancy to *sb/sth*: *S'ha encapritxat amb aquest vestit.* She's taken a fancy to that dress.

encaputxat, -ada *adj* hooded: *dos homes ~s* two hooded men

encara *adv* **1** (*en oracions afirmatives i interrogatives*) still: *Encara falten dues hores.* There are still two hours to go. ◇ *Encara ets aquí?* Are you still here? **2** (*en oracions negatives i interrogatives-negatives*) yet: *Encara no són madures.* They're not ripe yet. ◇ *—Encara no t'han contestat? —No, ~ no.* 'Haven't they replied yet?' 'No, not yet.' ➲ *Vegeu nota a* STILL[1] **3** (*en oracions comparatives*) even: *Aquesta m'agrada ~ més.* I like this one even better. ◇ *Ella pinta ~ millor.* She paints even better. LOC **encara que 1** (*tot i que*) although, though (*més col·loq*)

> **Although** és més formal que **though**. Si es vol donar més èmfasi, es pot fer servir **even though**: *No han volgut venir, encara que sabien que hi seríeu.* They didn't want to come, although/though/even though they knew you'd be here.

2 (*fins i tot si*) even if: *Vine, ~ que sigui tard.* Come along, even if it's late. ◆ **i encara gràcies/sort!** thank goodness!

encarcarat, -ada *adj* stiff LOC **quedar-se encarcarat (de fred)** to be frozen stiff

encàrrec *nm* **1** (*gestió*) errand: *He de fer uns ~s.* I have to run a few errands. **2** (*Com*) order: *fer/anul·lar un ~* to place/cancel an order **3** (*missatge*) message: *deixar (un) ~* to leave a message

encarregar ▶ *vt* **1** (*ordenar*) to ask *sb to do sth*: *Em van ~ que regués el jardí.* They asked me to water the garden. **2** (*producte*) to order: *Ja hem encarregat el sofà a la botiga.* We've already ordered the sofa from the shop. ▶ **encarregar-se** *vp* **encarregar-se de 1** (*ésser responsable*) to be in charge of *sth/doing sth* **2** (*cuidar*) to look after *sb/sth*: *Qui s'encarrega del nen?* Who will look after the baby?

encarregat, -ada *adj, nm-nf* in charge (*of sth/doing sth*): *Qui és l'encarregat?* Who's in charge? ◇ *Sóc l'encarregat de l'oficina.* I'm in charge of the office. ◇ *el jutge ~ del cas* the judge in charge of the case ◇ *Ets l'encarregada de recollir els diners.* You're in charge of collecting the money. *Vegeu tb* ENCARREGAR

encarrilar *vt* **1** (*tren*) to put *sth* on the rails **2** (*assumpte*) to conduct

encastar *vt* **1** to fit: *~ un armari a la paret* to fit a wardrobe to the wall **2** (*pedra preciosa*) to mount

encastat, -ada *adj* fitted *Vegeu tb* ENCASTAR

encebar *vt* (*un animal*) to fatten *sth* up

encendre ▶ *vt* **1** (*amb flama*) to light: *Vam ~ una foguera per escalfar-nos.* We lit a bonfire to warm ourselves. **2** (*aparell, llum*) to turn *sth* on: *Encén el llum.* Turn the light on. ▶ **encendre's** *vp* **1** (*posar-se a cremar*) to catch fire **2** (*aparell, llum*) to come on: *S'ha encès un llum vermell.* A red light has come on.

encenedor *nm* lighter

encens *nm* incense

encerclar *vt* **1** (*posar una tanca*) to fence *sth* in **2** (*envoltar*) to surround **3** (*dibuixar un cercle*) to circle

encert *nm* **1** (*resposta correcta*) correct answer **2** (*bona idea*) good idea: *Ha estat un ~ venir.* It was a good idea to come.

encertar *vt* **1** (*en triar*) to get *sth* right: *~ la resposta* to get the right answer **2** (*en disparar*) to hit: *~ la diana* to hit the target LOC **encertar-la** to be right *to do sth*: *L'hem encertada negant-nos-hi.* We were right to refuse.

E

encertat, **-ada** *adj* (*adequat*) right: *la resposta encertada* the right answer *Vegeu tb* ENCERTAR

encès, **-esa** *adj* **1** (*amb flama*) **(a)** (*amb el verb estar*) lit: *Vaig veure que el foc estava ~.* I noticed that the fire was lit. **(b)** (*darrere d'un nom*) lighted: *una cigarreta encesa* a lighted cigarette **2** (*aparell, llum*) on: *Tenien el llum ~.* The light was on. *Vegeu tb* ENCENDRE

encetar ▶ *vt* **1** (*començar*) to start **2** (*irritar*) to make *sth* sore ▶ **encetar-se** *vp* (*irritar-se*) to get sore

enciam *nm* lettuce

enciamera *nf* salad bowl

enciclopèdia *nf* encyclopedia [*pl* encyclopedias]

encís *nm* charm

encistellar *vi* to score (a basket)

encobrir *vt* **1** to conceal: *~ un delicte* to conceal a crime **2** (*delinqüent*) to harbour

encolar *vt* to glue *sth* (together)

encomanadís, **-issa** *adj* **1** (*malaltia*) contagious **2** (*música*) catchy **3** (*rialla*) infectious

encomanar ▶ *vt* **1** (*contagiar*) to give *sth to sb*; to give *sb sth*: *Li va ~ la varicel·la.* He gave her the chickenpox. ◇ *M'has encomanat la grip.* You've given me your flu. **2** (*encarregar*) to ask *sb to do sth*: *M'han encomanat una feina.* They've asked me to do something for them. ◇ *Em va ~ que regués les plantes mentre era fora.* She asked me to water the plants while she was away. ▶ **encomanar-se** *vp* (*malaltia*) to be contagious, to be catching (*més col·loq*)

encongir-se *vp* to shrink: *Amb aigua freda no s'encongeix.* It doesn't shrink in cold water.

encorbar-se *vp* (*persona*) to become stooped

encreuament *nm* **1** (*de carreteres*) junction: *Quan arribis a l'encreuament, tomba a la dreta.* Turn right when you reach the junction. **2** (*híbrid*) cross: *un ~ de bòxer i dòberman* a cross between a boxer and a Dobermann

encreuar ▶ *vt* **1** to cross: *Va ~ les cames.* She crossed her legs. **2** (*braços*) to fold ▶ **encreuar-se** *vp* (*carreteres, vehicles*) to meet

encreuat, **-ada** *adj* LOC *Vegeu* CAMA, MOT; *Vegeu tb* ENCREUAR

endarrere *adv* back: *Posem-nos més ~.* Let's sit further back. LOC **cap endarrere** backwards: *caminar cap ~* to walk backwards ◆ **deixar endarrere** to leave *sb/sth* behind ◆ **fer-se/tirar-se endarrere** (*desdir-se*) to go back on your word

endarreriment *nm* backwardness: *l'endarreriment d'un país* the backwardness of a country

endarrerir-se *vp* to get left behind

endarrerit, **-ida** *adj* **1** (*publicació, sou*) back: *els números ~s d'una revista* the back numbers of a magazine **2** (*país, regió*) backward LOC **tenir feina, etc. endarrerida** to be behind with your work, etc. *Vegeu tb* ENDARRERIR-SE

endavant ▶ *adv* forward: *un pas ~* a step forward

▶ **endavant!** *interj* **1** (*entreu*) come in! **2** (*continueu*) carry on! LOC **cap endavant** forwards ◆ **d'aquí/d'ara endavant** from now on ◆ **més endavant 1** (*espai*) further on **2** (*temps*) later *Vegeu tb* AVUI, PAGAR

endemà *nm* the day after: *l'endemà del meu aniversari* the day after my birthday ◇ *Hi vam tornar l'endemà.* We went back the following day.

enderroc *nm* **1** (*destrucció*) demolition **2 enderrocs** (*runa*) rubble [*incomptable*]

enderrocar *vt* to demolish

endeutar-se *vp* to get into debt

endeví, **-ina** *nm-nf* fortune teller

endevinalla *nf* riddle

endevinar *vt* to guess: *Endevina què tinc.* Guess what I've got. LOC **endevinar el pensament** to read *sb's* mind

endins *adv*: *Posa la panxa ~.* Pull your tummy in. ◇ *Està molt ~.* It's right inside. LOC **més endins** further in *Vegeu tb* MAR, TERRA

endinsar ▶ *vt* to push *sth* in ▶ **endinsar-se** *vp* to go into...

endívia *nf* chicory [*incomptable*]

endolcir *vt* to sweeten

endoll

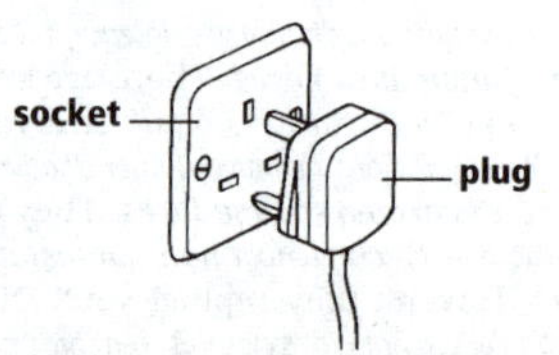

endoll *nm* **1** (*aparell*) plug **2** (*paret*) socket

endollar *vt* to plug *sth* in

endormiscar-se *vp* **1** (*ensopir-se*) to get drowsy **2** (*adormir-se*) to doze off

endrapar *vi* to stuff yourself

endreç *nm* LOC *Vegeu* CAMBRA

endreçar *vt, vi* to tidy (*sth*) up: ~ *la casa* to tidy the house up ◇ *M'ajudes a ~?* Will you help me tidy up?

endurir ▶ *vt* **1** (*material, llei*) to harden **2** (*músculs*) to firm *sth* up ▶ **endurir-se** *vp* to harden

endur-se *vp* to take

enemic, -iga *adj, nm-nf* enemy [*n*] [*pl* enemies]: *les tropes enemigues* the enemy troops ◇ *fer ~s* to make enemies

enemistar-se *vp* ~ **(amb)** to fall out (with *sb*)

energètic, ~a *adj* energy [*n atrib*]: *la crisi energètica* the energy crisis LOC *Vegeu* BARRETA

energia *nf* energy [*gen incomptable*]: ~ *nuclear/solar* nuclear/solar energy ◇ *No tinc energies ni per a aixecar-me del llit.* I haven't even got the energy to get out of bed. LOC **energia elèctrica** electricity ◆ **energia eòlica** wind power ◆ **energia hidràulica** hydroelectric power ◆ **energies renovables** renewable energy [*incomptable*]

enèsim, ~a *adj* LOC **per enèsima vegada** for the umpteenth time

enfadar ▶ *vt* to make *sb* angry ▶ **enfadar-se** *vp* **enfadar-se (amb) (per)** to get angry (with *sb*) (at/about *sth*): *No t'enfadis amb ells.* Don't get angry with them.

enfadat, -ada *adj* ~ **(amb) (per)** angry (with *sb*) (at/about *sth*): *Estan ~s amb mi.* They're angry with me. ◇ *Sembles ~.* You look angry. *Vegeu tb* ENFADAR

enfangat, -ada *adj* muddy

enfeinat, -ada *adj* busy

enfiladís, -issa *adj* LOC *Vegeu* PLANTA

enfilall *nm* string LOC **dir un enfilall de disbarats/ximpleries** to talk a load of rubbish ◆ **un enfilall de mentides** a pack of lies

enfilar ▶ *vt* (*una agulla*) to thread ▶ **enfilar-se** *vp* to climb (up) *sth*: *enfilar-se a un arbre* to climb (up) a tree LOC **enfilar-se per les parets** to hit the roof

enfocament *nm* **1** (*Fot*) focus [*pl* focuses/foci] **2** (*plantejament*) approach

enfocar *vt* **1** (*imatge, persona, aspecte*) to focus on *sb/sth*: *Enfoca la torre.* Focus on the tower. **2** (*càmera, lent*) to focus **3** (*il·luminar*) to shine a light *on sth*: *Enfoca l'armari dels ploms.* Shine a light on the fuse box. **4** (*afer, problema*) to approach

enfonsar ▶ *vt* **1** to sink: *Una bomba va ~ el vaixell.* A bomb sank the boat. ◇ ~ *els peus a la sorra* to sink your feet into the sand **2** (*persona*) to destroy **3** (*clau, estaca*) to drive *sth into sth*: *Va ~ les estaques a terra.* He drove the stakes into the ground. ▶ **enfonsar-se** *vp* **1** (*anar-se'n al fons*) to sink **2** (*ensorrar-se*) to collapse: *El pont es va ~.* The bridge collapsed. **3** (*negoci*) to go under: *Moltes empreses s'han enfonsat.* Many firms have gone under. **4** (*deprimir-se*) to get depressed

E

enfonsat, -ada *adj* **1** (*vaixell*) sunken: *un galió ~* a sunken galleon **2** (*persona*) depressed *Vegeu tb* ENFONSAR

enfosquir(-se) *vt, vp* to darken

enfront *nm* LOC **enfront de** opposite

enfrontament *nm* confrontation

enfrontar ▶ *vt* **1** (*acarar*) to bring *sb* face to face *with sb/sth* **2** (*enemistar*) to set *sb* at odds (*with sb*): *Amb les seves xafarderies van ~ les dues germanes.* With their gossip they set the two sisters at odds. ▶ **enfrontar-se** *vp* **enfrontar-se (amb) 1** (*Esport*) to take *sb* on: *Espanya s'enfronta amb Àustria en el Campionat d'Europa.* Spain is taking on Austria in the European Championship. **2** (*discutir*) to argue (with *sb*): *Si t'hi enfrontes serà pitjor.* You'll only make things worse if you argue with them.

enfurismar ▶ *vt* to infuriate ▶ **enfurismar-se** *vp* **enfurismar-se (amb) (per)** to become furious (with *sb* /at *sth*) (for *doing sth*)

engabiar *vt* to cage *sth* (up)

enganxar ▶ *vt* **1** (*amb cola*) to stick: ~ *una etiqueta en un paquet* to stick a label on a parcel ◇ ~ *una tassa trencada* to stick a broken cup together **2** (*amb ganxo*) to hook **3** (*vehicles*) to hitch: ~ *un remolc al tractor* to hitch a trailer to the tractor **4** (*Informàt*) to paste: *copiar i ~* copy and paste ▶ **enganxar-se** *vp* **1** (*adherir-se*) to stick **2** (*quedar agafat*) to get (sth) caught: *Se m'ha enganxat la sabata a la reixa.* My shoe got caught in the grating. ◇ *S'ha enganxat el dit a la porta.* He caught his finger in the door. **3 enganxar-se (a)** (*droga*) to get hooked (on *sth*) **4 enganxar-se a algú** to latch on to sb: *Sempre se m'enganxa, aquest pesat.* That bore always latches on to me.

enganxós, -osa *adj* **1** (*cosa*) sticky **2** (*persona*) clingy

engany *nm* (*farsa*) sham

enganyar ▶ *vt* **1** (*mentir*) to fool: *No m'enganyis.* Don't try to fool me. ◇ *Em van ~ dient-me que era d'or.* They fooled me into thinking it was gold. ➲ *Vegeu nota a* LIE² **2** (*ésser infidel*) to cheat on *sb* ▶ **enganyar-se** *vp* to fool yourself

enganyifa *nf* **1** (*ensarronada*) con: *Quina ~!* What a con! **2** (*bola*): *Això de la seva malaltia és una ~.* His illness is just an invention.

engegar *vt* **1** (*motor*) to start: *No puc ~ el cotxe.* I can't start the car. **2** (*aparell, calefacció*) to switch *sth* on **3** (*disparar*) to fire: *Li va ~ un tret.* He shot him. **4** (*renecs*) to hurl LOC **engegar algú a passeig** to tell sb to get lost ◆ **engegar a rodar**: *~ a rodar una oportunitat d'or* to throw away a golden opportunity ◆ **engegar un discurs/sermó** to give *sb* a lecture (*on sth*)

engelosir ▶ *vt* to make sb jealous: *Ho ha dit només per engelosir-me.* He only said it to make me jealous. ▶ **engelosir-se** *vp* to get jealous: *M'engeloseixo quan el veig tan feliç.* I get jealous when I see him so happy.

engendrar *vt* **1** (*concebre*) to conceive **2** (*causar*) to breed: *La violència engendra odi.* Violence breeds hatred.

enginy *nm* ingenuity

enginyer, ~a *nm-nf* engineer LOC **enginyer agrònom/industrial** agricultural/industrial engineer ◆ **enginyer de camins, canals i ports** civil engineer ◆ **enginyer tècnic** engineer

enginyeria *nf* engineering LOC **enginyeria genètica** genetic engineering

enginyós, -osa *adj* ingenious

engolir *vt* to gobble *sth* (up)

engonal *nm* groin

engrandir *vt* to enlarge

engreixar ▶ *vt* to fatten *sb/sth* (up) ▶ *vi* to be fattening: *Els caramels engreixen.* Sweets are fattening. ▶ **engreixar-se** *vp* to put on weight: *M'he engreixat molt.* I've put on a lot of weight.

engrescar *vt* **1** (*animar*) to encourage *sb* (*to do sth*): *M'han engrescat a fer escalada.* They've encouraged me to go climbing. **2** (*il·lusionar*): *L'engresca la feina nova.* She's really enthusiastic about her new job.

engròs LOC **a l'engròs** (*Com*) wholesale: *comprar a l'engròs* to buy sth wholesale

engruna *nf* **1** (*pa*) crumb **2** (*mica*) bit: *Posa-hi una ~ de pebre vermell.* Add a bit of paprika.

engrunar *vt* to crumble *sth* (up)

enguany *adv* this year: *les festes d'enguany* this year's festival

enguixar *vt* **1** (*paret*) to plaster **2** (*part del cos*) to put *sth* in plaster: *Em van ~ una cama.* They put my leg in plaster.

enguixat, -ada *adj* (*Med*) in plaster: *Tinc el braç ~.* My arm's in plaster. *Vegeu tb* ENGUIXAR

enhorabona *nf* ~ **(per)** congratulations (on *sth/doing sth*): *L'enhorabona pels exàmens!* Congratulations on passing your exams! LOC **donar l'enhorabona** to congratulate *sb* (*on sth/doing sth*)

enigma *nm* enigma

enigmàtic, ~a *adj* enigmatic

enlairament *nm* take-off

enlairar-se *vp* (*avió*) to take off: *L'avió s'està enlairant.* The plane is taking off.

enlaire *adv* **1** (*cap amunt*) up: *mirar ~* to look up **2** (*alt*) high: *volar ~* to fly high LOC *Vegeu* MÀ, PANXA

enllà *adv*: *Fes-te ~.* Move over. ◇ *de Tarragona ~* from Tarragona on LOC **el més enllà** the afterlife ◆ **més enllà 1** (*més lluny*) further on: *sis quilòmetres més ~* six kilometres further on **2** (*cap a un costat*) further over: *Mou la taula més (cap) ~.* Push the table further over. ◆ **més enllà de 1** (*distància*) beyond: *més ~ del riu* beyond the river **2** (*quantitat*) over

enllaç *nm* **1** (*connexió, Internet*) link: *un ~ actiu* an active link **2** (*autobusos, trens*) connection

enllaçar *vt, vi* to connect (*sth*) (*to/with sth*)

enllaunar *vt* to can

enllestir *vt* to finish

enlloc *adv* nowhere, anywhere

> **Nowhere** s'utilitza quan el verb és en forma afirmativa en anglès: *Al final no anirem enlloc.* We'll end up going nowhere. **Anywhere** s'utilitza quan és en forma negativa: *No ho trobo enlloc.* I can't find it anywhere.

enlluernador, ~a *adj* dazzling: *una llum/actuació enlluernadora* a dazzling light/performance

enlluernar *vt* to dazzle: *Els llums em van ~.* I was dazzled by the lights.

enllumenat *nm* lighting

enllustrar(-se) *vt, vp* (*sabates*) to polish: *Enllustra't les sabates.* Polish your shoes.

enmig *prep* ~ **de** in the middle of *sth*

ennegrir ▶ *vt* to blacken ▶ **ennegrir-se** *vp* to go black

ennuegar-se *vp* ~ **(amb)** to choke (on *sth*): *Em vaig ennuegar amb una espina.* I choked on a bone.

ennuvolar-se *vp* **1** (*cel*) to cloud over **2** (*vista*) to be blurred

ennuvolat, -ada *adj* cloudy *Vegeu tb* ENNUVOLAR-SE

enorgullir ▶ *vt* to make *sb* proud: *La seva tasca ens enorgulleix.* We're proud of his achievements. ▶ **enorgullir-se** *vp* **enorgullir-se (de)** to be proud (of *sb/sth*)

enorme *adj* enormous

enquadernació *nf* binding

enquadernador, ~a *nm-nf* bookbinder

enquadernar *vt* to bind

enquesta *nf* **1** survey [*pl* surveys]: *fer una ~* to carry out a survey **2** (*sondeig*) (opinion) poll: *segons les últimes enquestes* according to the latest polls

enrabiada *nf* tantrum: *tenir una ~* to throw a tantrum

enrampada *nf* (*elèctrica*) (electric) shock: *Et faràs una ~!* You'll get a shock!

enraonar *vi* to talk (*to/with sb*) (*about sb/sth*): *Vam ~ sobre temes d'actualitat.* We talked about current affairs.

enredar ▶ *vt* **1** (*involucrar*) to involve *sb* (*in sth*) **2** (*enganyar*) to fool ▶ **enredar-se** *vp* **enredar-se (en)** to get involved (in *sth*)

enregistrar *vt* **1** (*inscriure*) to register: *~ un naixement* to register a birth **2** (*imatge, so*) to record: *~ un CD/concert* to record a CD/concert

enreixat *nm* **1** (*gàbia, finestra*) bars [*pl*] **2** (*per a plantes*) trellis

enrenou *nm* **1** (*soroll*) racket: *Van fer un bon ~ a la discoteca.* They made a terrible racket at the club. **2** (*desordre*) mess: *Quin ~ que hi ha al teu despatx!* What a mess your office is! **3** (*activitat*) hustle and bustle: *l'enrenou del mercat* the hustle and bustle of the market

enrere *adv Vegeu* ENDARRERE LOC **fer-se enrere** **1** (*retrocedir*) to move back **2** (*desdir-se*) to back out *Vegeu tb* COMPTE, MARXA

enretirar-se *vp* to move up/over: *Es pot enretirar una mica cap enllà, si us plau?* Could you move over a little please?

enrevessat, -ada *adj* **1** (*explicació, problema*) complicated **2** (*persona*) awkward

enriquir ▶ *vt* **1** (*lit*) to make *sb/sth* rich **2** (*fig*) to enrich: *Va ~ el seu vocabulari llegint.* He enriched his vocabulary by reading. ▶ **enriquir-se** *vp* to get rich

enrojolar-se *vp* to blush

enrolar-se *vp* **~ (a/en)** to enlist (in *sth*)

enroscar *vt* **1** (*tap*) to screw *sth* on: *Enrosca bé el tap.* Screw the top on tightly. **2** (*peces, rosques*) to screw *sth* together

enrotllar ▶ *vt* (*caragolar*) to roll *sth* up ▶ **enrotllar-se** *vp* **1** (*amb explicacions*) to go on: *No t'enrotllis tant i vés al gra.* Don't go on so much, just get to the point. **2 enrotllar-se (amb)** **(a)** (*parlar molta estona*) to get talking (to *sb*) **(b)** (*embolicar-se amorosament*) to get involved (with *sb*): *En Josep i la Maria s'han enrotllat.* Josep and Maria have become involved. **(c)** (*fer petons*) to snog (*sb*)

enrunar *vt* to knock *sth* down

ens *pron* **1** (*complement*) us: *Ens han vist.* They've seen us. ◇ *Mai no ~ diuen la veritat.* They never tell us the truth. ◇ *Ens han mentit.* They've lied to us. ◇ *Ens han preparat el sopar.* They've made us supper. **2** (*parts del cos, efectes personals*): *Ens traiem l'abric.* We take our coats off. **3** (*reflexiu*) ourselves: *Ens vam divertir molt.* We enjoyed ourselves very much. ◇ *Ens acabem de banyar.* We've just had a bath. ◇ *Anem-nos-en!* Let's go! **4** (*recíproc*) each other, one another: *Ens estimem molt.* We love each other very much. ➲ *Vegeu nota a* EACH OTHER

ensabonar ▶ *vt* **1** (*lit*) to soap **2** (*fig*) to soft-soap ▶ **ensabonar-se** *vp*: *M'agrada ensabonar-me l'esquena primer.* I like to soap my back first.

ensaïmada *nf* spiral-shaped pastry

ensangonar (*tb* **ensagnar**) *vt* (*tacar*) to get blood on *sth*

ensangonat, -ada (*tb* **ensagnat, -ada**) *adj* bloodstained *Vegeu tb* ENSANGONAR

ensellar *vt* to saddle *sth* (up)

ensenyament *nm* **1** teaching: *l'ensenyament del català com a llengua estrangera* teaching Catalan as a foreign language **2** (*sistema*) education: *~ primari/secundari* primary/secondary education LOC *Vegeu* CENTRE

ensenyar *vt* **1** to teach *sth*, to teach *sb to do sth*: *Ensenya matemàtiques.* He teaches maths. ◇ *Qui et va ~ a jugar?* Who taught you how to play? **2** (*mostrar*) to show: *Ensenya'm la teva habitació.* Show me your room.

ensenyat, -ada *adj* LOC **ben ensenyat** well trained *Vegeu tb* ENSENYAR

ensinistrar *vt* to train *sb/sth* (*as/in sth*) LOC **sense ensinistrar** untrained

ensopegada *nf* stumble

ensopegar *vi* **~ (amb)** **1** (*caure*) to trip (over *sth*): *~ amb una arrel* to trip over a root **2** (*problemes*) to come up against *sth*: *Hem ensopegat amb dificultats serioses.* We've come up against serious difficulties. **3** (*trobar*): *Li truco tothora i no l'ensopego mai.* I've been ringing him non-stop but I haven't managed to catch him.

ensopit, -ida ▶ *adj* **1** (*que ensopeix*) boring: *un discurs ~* a boring speech **2** (*persona*) down ▶ *nm-nf* bore: *Ets un ~.* You're a bore. LOC **estar ensopit com un lluç** to be bored stiff

ensordir *vt* to deafen

E

E

ensorrament *nm* **1** (*esfondrament*) collapse **2** (*demolició*) demolition

ensorrar-se *vp* (*edifici, sostre*) to collapse

ensumar ▶ *vi* (*flairar*) to sniff around ▶ *vt* **1** (*aspirar l'olor*) to sniff **2** (*endevinar*) to guess: *Em sembla que la policia ha ensumat la veritat.* I think the police have guessed the truth.

ensurt *nm* **1** (*por, sobresalt*) fright: *Quin ~ m'has donat!* What a fright you gave me! ◊ *tenir un ~* to get a fright **2** (*falsa alarma*) scare: *Tot va quedar en un ~.* It was only a scare.

entabanar *vt* to sweet-talk *sb* (*into doing sth*)

entapissar *vt* (*moble, cotxe*) to upholster

entaular ▶ *vt* (*conversa*) to start *sth* (up): *~ una discussió* to start up a conversation ▶ **entaular-se** *vp* to sit at the table

entelar ▶ *vt* (*vapor*) to steam *sth* up ▶ **entelar-se** *vp* to steam up

entendre ▶ *vt, vi* to understand: *No ho entenc.* I don't understand. ◊ *Entens el que vull dir?* Do you understand what I mean? ◊ *fàcil/difícil d'entendre* easy/difficult to understand ▶ *vi* ~ **en** to know about *sth*: *En això, no hi entenc gaire.* I don't know much about that. ▶ **entendre's** *vp* **entendre's (amb)** to get on (with *sb*): *Ens entenem molt bé.* We get on very well. LOC **al meu, teu, etc. entendre** in my, your, etc. opinion ◆ **donar entenent/fer entendre** to imply ◆ **entendre malament** to misunderstand: *Potser ho he entès malament, però...* I may have misunderstood but... ◆ **no entendre ni una paraula**: *No vaig ~ ni una paraula del que va dir.* I didn't understand a word he said.

enteniment *nm* (*comprensió*) understanding

enterbolir ▶ *vt* **1** (*líquid*) to make *sth* cloudy **2** (*relacions, afer*) to cloud ▶ **enterbolir-se** *vp* **1** (*líquid*) to become cloudy **2** (*relacions, afer*) to become muddled

enterrament *nm* **1** (*acció*) burial **2** (*cerimònia*) funeral: *Hi havia una gentada a l'enterrament.* There were a lot of people at the funeral.

enterramorts *nmf* gravedigger

enterrar *vt* (*donar sepultura, oblidar*) to bury LOC **enterrar-se en vida** to shut yourself away

entès, -esa ▶ *nm-nf* ~ **(en)** expert (at/in/on *sth*) ▶ **entesos** *interj*: *Entesos!* Right! ◊ *Entesos?* All right?

entestar-se *vp* to insist on *sth/doing sth*

entitat *nf* **1** (*Com*) company [*pl* companies]: *una ~ asseguradora/privada* an insurance/a private company **2** (*Administració*) organization: *~s culturals/juvenils* cultural/youth organizations

entomar *vt* to catch

entonació *nf* intonation

entonar ▶ *vt* **1** (*cantar*) to sing **2** (*donar el to*) to pitch **3** (*tonificar*) to perk *sb* up: *Pren-te un bany, veuràs com t'entona.* Have a bath and it will soon perk you up. ▶ *vi* (*Mús*) to sing in tune

entorn *nm* **1** (*ambient*) environment **2** (*cercle*) circle: *~ familiar* family circle **3** (*voltants*): *als ~s de la ciutat* in and around the city

entortolligar ▶ *vt* to get *sth* tangled (up) ▶ **entortolligar-se** *vp* to get tangled (up)

entossudiment *nm* ~ **(a/per)** determination (*to do sth*)

entossudir-se *vp* ~ **(a)** to insist (on *sth/doing sth*): *No t'hi entossudeixis, que no hi aniré.* It's no good insisting, I'm not going to go.

entossudit, -ida *adj* LOC **estar entossudit (a fer alguna cosa)** to be determined (to do sth) *Vegeu tb* ENTOSSUDIR-SE

entrada *nf* **1** ~ **(a/en)** (*acció d'entrar*) **(a)** entry (into *sth*): *Prohibida l'entrada.* No entry. **(b)** (*club, associació*) admission (to *sth*): *Els socis no paguen ~.* Admission is free for members. **2** (*porta*) entrance (*to sth*): *T'esperaré a l'entrada.* I'll wait for you at the entrance. **3** (*tiquet*) ticket: *Compraré les entrades.* I'm going to buy the tickets. ◊ *No hi ha entrades.* Sold out. **4** (*primer pagament*) deposit (*on sth*): *donar una ~ del 20%* to pay a 20% deposit **5** (*Informàt*) input: *fer una ~ en un arxiu* to input some data in a file **6** (*Futbol*): *fer una ~ a algú* to tackle sb **7** (*diccionari*) entry [*pl* entries] LOC **d'entrada** to start with ◆ **entrada gratuïta/lliure** free admission

entranya *nf* **entranyes** (*Anat*) entrails

entranyable *adj* (*estimat*) much loved

entrar *vi* **1** **(a)** (*anar dins*) to go/come in: *No vaig gosar entrar-hi.* I didn't dare to go in. ◊ *Aquest clau no ha entrat bé.* The nail hasn't gone in properly. **(b)** (*passar*) to come in: *Fes-lo ~.* Ask him to come in. **2** ~ **a/en** **(a)** (*anar dins, aprofundir*) to go into..., to enter (*més formal*): *No entris a l'oficina quan no hi sóc.* Don't go into my office when I'm not there. ◊ *~ en detalls* to go into detail **(b)** (*passar*) to come into..., to enter (*més formal*): *Truca abans d'entrar a l'habitació.* Knock before you come into my room. **3** ~ **a/en** (*ingressar*) **(a)** (*professió, esfera social*) to enter *sth* [*vt*] **(b)** (*institució, club*) to join *sth* [*vt*]: *~ a l'exèrcit* to join the army **(c)** (*universitat*) to go to *sth*: *~ a l'universitat* to go to university **4** (*cabre*) **(a)** (*roba*) to fit: *Aquesta faldilla no m'entra.* This skirt doesn't fit (me). ◊ *Aquests pantalons ja no m'entren.* These trousers don't fit me any more. **(b)** ~ **(a/en)** to fit (in/into *sth*): *Em sembla que no entrarà al portaequipatge.* I don't think it'll fit in the boot. **5** (*Informàt*) to log in/on: *~ al sistema* to log in/on **6** (*sensació*) to feel: *M'ha entrat fred/son.* I'm feeling cold/sleepy. **7** (*marxes*) to engage: *La primera no entra mai bé.* First never seems to engage properly. LOC **entrar en calentor** to warm up ◆ **entrar en matèria** to get started ◆ **no entrar (al cap)...** not to understand...: *No m'entra al cap que m'hagi deixat.* I can't understand why she's left me. *Vegeu tb* GANA

entravessar-se *vp* **1** (*en el camí*) to block *sb's* path: *Un elefant se'ns va entravessar pel camí.* An elephant blocked our path. **2** (*a la gola*) to get *sth* stuck in your throat: *Se m'ha entravessat una espina a la gola.* I've got a bone stuck in my throat.

entre

a small house **between** two large ones

a house **among** some trees

entre *prep* **1** (*dues coses o persones*) between: *~ la botiga i el cine* between the shop and the cinema ◇ *Entre nosaltres...* Between ourselves... **2** (*més de dues coses o persones*) among: *Vam seure ~ els arbres.* We sat among the trees. **3** (*mig, mig*) somewhere between: *Tens un color d'ulls ~ verd i blau.* Your eyes are somewhere between green and blue. LOC **entre ells (mateixos) 1** (*dues persones*) each other: *Parlaven ~ ells.* They were talking to each other. **2** (*diverses persones*) among themselves: *Els nois ho discutien ~ ells mateixos.* The boys were discussing it among themselves. ◆ **entre tots** together: *Ho farem ~ tots.* We'll do it together.

entreacte *nm* interval

entrebancar ▶ *vt* to trip *sb* up: *Una branca em va ~.* I tripped over a branch. ▶ **entrebancar-se** *vp* **entrebancar-se (amb)** to trip (over *sth*): *~ amb una arrel* to trip over a root

entrecella *nf* space between the eyebrows

entrecot *nm* fillet steak

entrecuix *nm* crotch

entrega *nf* **1** (*acció*) handing over: *l'entrega dels diners* the handing over of the money **2** (*mercaderia*) delivery

entregar ▶ *vt* **1** to hand *sb/sth* over (*to sb*): *~ els documents/les claus* to hand over the documents/keys ◇ *~ algú a les autoritats* to hand sb over to the authorities **2** (*mercaderia*) to deliver ▶ **entregar-se** *vp* **entregar-se (a) 1** (*rendir-se*) to give yourself up, to surrender (*més formal*) (to *sb*): *Es van ~ a la policia.* They gave themselves up to the police. **2** (*dedicar-se*) to devote yourself to *sb/sth*

entregat, -ada *adj* ~ **(a)** devoted (to *sb/sth*) *Vegeu tb* ENTREGAR

entrellat *nm* LOC **treure'n l'entrellat** to get to the bottom of sth

entremaliadura *nf* prank LOC **fer entremaliadures/una entremaliadura**: *Aquest nen sempre fa entremaliadures.* That boy is always up to mischief. ◇ *No facis més entremaliadures.* Stop being naughty!

entremaliat, -ada *adj, nm-nf* naughty [*adj*]: *Ets un ~.* You're very naughty.

entremig *adv* ~ **de** in the middle of *sth*

entrenador, ~a *nm-nf* **1** (*Esport*) coach **2** (*animals*) trainer

entrenament *nm* training

entrenar ▶ *vt* to coach ▶ **entrenar-se** *vp* to train

entreobert, ~a *adj* half open

entrepà *nm* sandwich: *un ~ de formatge* a cheese sandwich

entresòl *nm* mezzanine

entretant *adv* in the meantime

entretemps *nm* LOC **d'entretemps** lightweight: *una jaqueta d'entretemps* a lightweight jacket

entreteniment *nm* **1** (*diversió*) entertainment: *Em serveix d'entreteniment.* It keeps me entertained. **2** (*passatemps*) pastime

entretenir ▶ *vt* **1** (*divertir*) to keep *sb* amused, to entertain (*més formal*) **2** (*distreure*) to keep *sb* busy: *Mira d'entretenir-lo mentre jo entro.* Keep him busy while I go in. **3** (*demorar*) to keep: *No t'entretindré gaire.* I won't keep you long. ▶ **entretenir-se** *vp* **1 entretenir-se (amb)** (*passar l'estona*): *Ho faig per entretenir-me.* I just do it to pass the time. ◇ *M'entretinc amb qualsevol cosa.* I'm easily amused. **2** (*distreure's*) to hang about (*doing sth*): *No us entretingueu i torneu cap a casa de seguida.* Don't hang about; come home straight away. LOC **entretenir la gana/fam** to stave off hunger

entretingut, -uda *adj* (*divertit*) entertaining **LOC estar entretingut** to be happy (*doing sth*) *Vegeu tb* ENTRETENIR

entreveure *vt* to catch a glimpse of *sb/sth*

entrevista *nf* **1** (*per a una feina, Period*) interview **2** (*reunió*) meeting

E

entrevistador, ~a *nm-nf* interviewer

entrevistar ▶ *vt* to interview ▶ **entrevistar-se** *vp* **entrevistar-se (amb)** to meet: *Es va ~ amb ell a l'hotel.* She met him in the hotel.

entrevistat, -ada *nm-nf* interviewee

entristir ▶ *vt* to sadden ▶ **entristir-se** *vp* **entristir-se (per)** to be sad (because of/about *sth*)

entusiasmar ▶ *vt* to love *sb/sth*: *Això m'entusiasma.* I love it. ▶ **entusiasmar-se** *vp* **entusiasmar-se (amb/per)** to get excited (about/at/by *sth*)

entusiasmat, -ada *adj* **LOC estar entusiasmat (amb)** to be delighted (by/at/about *sth*) *Vegeu tb* ENTUSIASMAR

entusiasme *nm* ~ **(per)** enthusiasm (for *sth*) **LOC amb entusiasme** enthusiastically

entusiasta ▶ *adj* enthusiastic
▶ *nmf* enthusiast: *els entusiastes del futbol* football enthusiasts

enumerar *vt* to list, to enumerate (*formal*)

enunciar *vt* to enunciate

enunciat *nm* (*problema, teoria*) wording

enutjar ▶ *vt* to annoy ▶ **enutjar-se** *vp* to get annoyed (*with sb*) (*about sth*)

envà *nm* partition: *tirar un ~ a terra* to knock down a partition **LOC envà nasal** nasal septum (*científic*)

envair *vt* to invade

envàs *nm* **1** (*ampolla*) bottle: *Haig de tornar aquests envasos.* I've got to take these empty bottles back. **2** (*llauna*) can **3** (*paquet*) packet **4** (*bossa*) bag

envasar *vt* **1** (*embotellar*) to bottle **2** (*enllaunar*) to can **3** (*en paquets, bosses*) to package

envasat, -ada *adj* **LOC envasat al buit** vacuum-packed *Vegeu tb* ENVASAR

enveja *nf* envy: *fer alguna cosa per ~* to do sth out of envy ◇ *Quina ~!* I really envy you! **LOC fer enveja** to make *sb* jealous: *El teu cotxe nou em fa molta ~.* I'm very jealous of your new car. ◆ **tenir enveja** to be jealous (*of sb/sth*) *Vegeu tb* MORT *pp*

envejar *vt* to envy

envejós, -osa *adj* jealous

envelat *nm* marquee

envellir ▶ *vt* to age: *La malaltia l'ha envellit molt.* Illness has aged him a lot. ▶ **envellir(-se)** *vi, vp* to age: *S'ha envellit molt.* He's aged a lot. ◇ *Aquest vi envelleix bé.* This wine ages well.

enverinar *vt* to poison

envermellir *vt, vi* to redden

envernissar *vt* **1** (*fusta*) to varnish **2** (*ceràmica*) to glaze

envers *prep* towards

envestida *nf* (*toro*) charge

envestir *vt* (*toro*) to charge at *sb/sth*

enviar *vt* to send: *T'he enviat una carta.* I've sent you a letter. ◇ *El ministeri ha enviat un inspector.* The ministry has sent an inspector. **LOC enviar alguna cosa per correu electrònic** to email sth (*to sb*), to email (*sb*) sth ◆ **enviar contra reembossament** to send *sth* cash on delivery/COD

enviat, -ada *nm-nf* **1** (*emissari*) envoy **2** (*Period*) correspondent: *~ especial* special correspondent

envidüar (*tb* **enviudar**) *vi* to be widowed

envoltar *vt* to surround: *la gent que m'envolta* the people around me

enxampar *vt* to catch

enyorança *nf* (*d'un país*) homesickness: *tenir ~* to feel homesick

enyorar ▶ *vt* to miss ▶ **enyorar-se** *vp* **1** (*sentir nostàlgia*) to be homesick **2 enyorar-se d'algú** to miss sb

enze *nmf* (*persona*) twit

eòlic, ~a *adj* **LOC** *Vegeu* ENERGIA, PARC

ep *interj* hey

epicentre *nm* epicentre

epidèmia *nf* epidemic: *una ~ de grip* a flu epidemic

epilèpsia *nf* epilepsy

episodi *nm* episode: *un serial de cinc ~s* a serial in five episodes

època *nf* **1** time: *en aquella ~* at that time ◇ *l'època més freda de l'any* the coldest time of the year **2** (*Hist*) age: *l'època de Napoleó* the age of Napoleon **LOC d'època** period: *mobles d'època* period furniture *Vegeu tb* GLACIAL

equació *nf* equation **LOC equació de segon/tercer grau** quadratic/cubic equation

equador *nm* equator

Equador *nm* Ecuador

equatorià, -ana *adj, nm-nf* Ecuadorian

equatorial *adj* equatorial

equilàter, ~a *adj* equilateral

equilibrar *vt* to balance: *~ el pes* to balance the weight

equilibrat, -ada *adj* well balanced *Vegeu tb* EQUILIBRAR

equilibri *nm* **1** balance: *mantenir/perdre l'equilibri* to keep/lose your balance ◇ *~ de forces* balance of power **2** (*Fís*) equilibrium

equilibrista *nmf* **1** (*acròbata*) acrobat **2** (*funàmbul*) tightrope walker

equip *nm* **1** (*grup de persones*) team [*v sing o pl*]: *un ~ de futbol* a football team ◇ *un ~ d'experts* a team of experts **2** (*material*) **(a)** equipment [*incomptable*]: *un ~ de laboratori* laboratory equipment **(b)** (*Esport*) gear [*incomptable*]: *~ de busseig/pesca* diving/fishing gear LOC **equip de música (estereofònica)** hi-fi (system) *Vegeu tb* COMPANY, TREBALL

equipament *nm* equipment [*incomptable*]

equipar *vt* **1** (*casa, oficina*) to equip *sb/sth* (*with sth*): *~ una oficina amb mobles* to equip an office with furniture **2** (*persona, vaixell*) to fit *sb/sth* out (*with sth*): *~ els nens per a l'hivern* to fit the children out for the winter

equipatge *nm* luggage [*incomptable*]: *No porto gaire ~.* I don't have much luggage. ◇ *~ de mà* hand luggage LOC **fer l'equipatge** to pack *Vegeu tb* RECOLLIDA

equitació *nf* horse riding

equivalent ▶ *adj* ~ **(a)** equivalent (to *sth*) ▶ *nm* ~ **(a/de)** equivalent (of/to *sth*)

equivaler *vi* ~ **a** to be equivalent to *sth*: *Això equival a mil dòlars.* That's equivalent to a thousand dollars.

equivocació *nf* **1** (*error*) mistake: *cometre una ~* to make a mistake **2** (*malentès*) misunderstanding

equivocar-se *vp* **1** to make a mistake: *Tothom es pot equivocar.* Anyone can make a mistake. **2** ~ **de** to get the wrong...: *S'ha equivocat de número.* You have got the wrong number. ◇ *~ de carretera* to take the wrong road ◇ *~ de porta* to knock/ring at the wrong door **3** ~ **en** to be wrong about *sth*: *En això t'equivoques.* You're wrong about that.

equivocat, -ada *adj* wrong: *estar ~* to be wrong *Vegeu tb* EQUIVOCAR-SE

era *nf* **1** (*període*) era **2** (*Agric*) threshing floor

erecció *nf* erection

eriçó *nm* hedgehog LOC **eriçó de mar** sea urchin

erm *nm* wasteland

ermita *nf* hermitage

erosió *nf* erosion

erosionar *vt* to erode

eròtic, ~a *adj* erotic

errada *nf* mistake ➲ *Vegeu nota a* MISTAKE

errar ▶ *vt* to miss: *Va ~ el tret.* He missed (with) his shot. ▶ *vi* (*vagar*) to wander

erroni, -ònia *adj* wrong, incorrect (*més formal*): *Van prendre la decisió errònia.* They made the wrong decision. ◇ *La informació era errònia.* The information was incorrect.

error *nm* mistake: *cometre un ~* to make a mistake ➲ *Vegeu nota a* MISTAKE

eructar *vi* to belch

eructe *nm* belch

eruga *nf* caterpillar

erupció *nf* **1** (*volcà*) eruption **2** (*Med*) rash

es *pron*

- **reflexiu 1** (*ell, ella, això, allò*) himself, herself, itself: *Es va comprar un disc compacte.* He bought himself a CD. ◇ *Es va fer mal.* She hurt herself. **2** (*vostè, vostès*) yourself [*pl* yourselves] **3** (*ells, elles*) themselves **4** (*parts del cos, efectes personals*): *Es va rentar les mans.* He washed his hands. ◇ *Es va eixugar els cabells.* She dried her hair.
- **recíproc** each other, one another: *S'estimen.* They love each other. ➲ *Vegeu nota a* EACH OTHER
- **passiu**: *Es va construir fa temps.* It was built a long time ago. ◇ *Es van registrar tres morts.* Three deaths were recorded. ◇ *Es diu que estan arruïnats.* They are said to be broke. ◇ *No s'admeten targetes de crèdit.* No credit cards.
- **impersonal**: *Aquí, s'hi viu bé.* Life here is terrific. ◇ *Se'ls recompensarà.* They'll get their reward.

esbandir *vt* to rinse

esbargiment *nm* relaxation: *Necessito una estona d'esbargiment.* I need some time for relaxation.

esbargir-se *vp* to relax: *He anat a esbargir-me al parc.* I went to the park for some relaxation.

esbarjo *nm* **1** (*descans*) break: *A les onze tenim una hora d'esbarjo.* We get an hour's break at eleven. **2** (*diversió*) entertainment: *llocs d'esbarjo* places of entertainment

esbarzer *nm* bramble

esbojarrat, -ada *adj* **1** (*eixelebrat*) scatty **2** (*precipitat, imprudent*) rash: *una decisió esbojarrada* a rash decision

esborrador *nm* board duster

esborrany *nm* draft

esborrar ▶ *vt* **1** (*amb goma*) to rub *sth* out: *~ una paraula* to rub out a word **2** (*pissarra*) to clean **3** (*Informàt*) to delete ▶ **esborrar-se** *vp* to fade: *La imatge s'ha esborrat.* The image has faded.

E

E

esborronador, ~a *adj* terrifying
esbós *nm* **1** (*Art*) sketch **2** (*idea general*) outline
esbrinar *vt* to find *sth* out, to discover (*més formal*)
esbroncar *vt* to boo
esbufegar *vi* to puff and pant: *Para d'esbufegar.* Stop puffing and panting.
escabetx *nm* LOC **en escabetx** in brine
escac *nm* **escacs 1** (*joc*) chess [*incomptable*]: *Els ~s tenen molt en comú amb les matemàtiques.* Chess is a lot like maths. ◇ *jugar als ~s* to play chess **2** (*tauler i peces*) chess set [*v sing*]: *uns ~s d'ivori* an ivory chess set LOC **escac i mat** checkmate: *donar/fer ~ i mat* to checkmate ◆ **fer escac** to check *Vegeu tb* TAULER
escafandre *nm* **1** (*de submarinista*) diving suit **2** (*d'astronauta*) spacesuit
escaig *nm* LOC **i escaig** odd: *quaranta persones i ~* forty-odd people
escaiola *nf* **1** (*guix*) plaster **2** (*d'ocell*) birdseed
escaire *nm* set square
escala *nf* **1** (*d'un edifici*) stairs [*pl*], staircase

> **Stairs** es refereix només als esglaons: *Vaig caure escales avall.* I fell down the stairs. ◇ *al peu de l'escala* at the foot of the stairs. **Staircase** fa referència a tota l'estructura de l'escala (els esglaons, el passamà, etc.): *La casa té una escala antiga.* The house has a very old staircase. Si l'escala és a l'exterior de l'edifici, es diu **stairway**.

2 (*de mà*) (**a**) (*senzilla*) ladder (**b**) (*de tisora*) stepladder **3** (*mapes, etc.*) scale: *en una ~ de l'u al deu* on a scale of one to ten **4** (*viatges*) stopover LOC **baixar/pujar l'escala** to go downstairs/upstairs ◆ **escala de caragol** spiral staircase ◆ **escala de corda** rope ladder ◆ **escala d'incendis** fire escape ◆ **escala mecànica** escalator ◆ **escala musical** scale ◆ **fer escala** to stop over (*in...*): *Han de fer ~ a Atenes.* They have to stop over in Athens.
escalada *nf* **1** (*ascensió*) climb **2** (*activitat*) climbing: *M'agrada molt fer ~.* I love climbing. **3** (*de violència, preus*) escalation: *l'escalada de violència* the escalation in violence
escalador, ~a *nm-nf* climber
escalar *vt, vi* to climb
escalè, -ena *adj* scalene
escalfador *nm* heater: *~ d'aigua* water heater
escalfament *nm* **1** (*entrenament*) warm-up: *exercicis d'escalfament* warm-up exercises ◇ *Primer farem una mica d'escalfament.* We're going to warm up a bit first. **2** (*augment de temperatura*) warming: *~ global* global warming
escalfar ▶ *vt* **1** (*Cuina*) to heat *sth* up: *T'escalfaré el sopar.* I'll heat up your dinner. **2** (*Esport, temperar*) to warm *sb/sth* up ▶ **escalfar-se** *vp* **1** (*esdevenir calent*) to warm yourself: *escalfar-se a la vora del radiador* to warm yourself beside the radiator **2** (*posar-se molt calent*) to get very hot: *El motor s'ha escalfat molt.* The engine's overheated. **3** (*Esport, temperar-se*) to warm up LOC *Vegeu* CAP[1]
escalfor *nf* heat
escalivada *nf* grilled vegetable salad
escalopa *nf* escalope
escamarlà *nm* Dublin Bay prawn
escampar ▶ *vt* to scatter ▶ **escampar-se** *vp* **1** (*estendre's*) to spread **2** (*tinta, maquillatge*) to run LOC **escampar la boira** to leave
escandalitzar *vt* to shock
escandalós, -osa *adj* (*riure, color*) loud
escàndol *nm* **1** (*afer*) scandal **2** (*xivarri*) racket: *Quin ~!* What a racket! LOC **armar/fer un escàndol** to make a scene
escanejar *vt* to scan
escàner *nm* **1** (*aparell*) scanner **2** (*ecografia*) scan: *fer-se un ~* to have a scan
escanyar *vt* to strangle
escanyolit, -ida *adj* skinny
escapada *nf* **1** (*fugida*) escape **2** (*viatge*) short break: *una ~ de cap de setmana* a weekend break **3** (*Esport*) breakaway
escapament *nm* LOC *Vegeu* TUB
escapar-se *vp* **1** ~ **(de)** (*aconseguir sortir*) to escape (from *sb/sth*): *El lloro s'ha escapat de la gàbia.* The parrot escaped from its cage. **2** (*gas, líquid*) to leak **3** (*involuntàriament*): *Se li ha escapat un renec.* He accidentally swore. ◇ *Se li va escapar el riure.* She couldn't help laughing. **4** (*secret*) to let *sth* slip: *Se'm va escapar que estava embarassada.* I let (it) slip that she was expecting. **5** (*detalls, oportunitat, mitjà de transport*) to miss: *No se t'escapa res.* You don't miss a thing. LOC **deixar escapar-se 1** (*persona*) to let *sb* get away **2** (*oportunitat*) to let *sth* slip: *Has deixat escapar la millor oportunitat de la teva vida.* You've let slip the chance of a lifetime.
escapatòria *nf* way out [*pl* ways out]: *No tenim cap altra ~.* It's the only way out.
escapçar *vi* (*en jocs de cartes*) to cut
escapolir-se *vp* to sneak off
escaquer *nm* chessboard
escarabat *nm* beetle LOC **escarabat de cuina** cockroach

escarafalls *nm* LOC **fer escarafalls** to turn your nose up (*at sth*): *Sempre fa ~ del menjar.* He always turns his nose up at the food.

escarmentar ▶ *vt* (*castigar*) to teach *sb* a lesson ▶ **escarmentar(-se)** *vi, vp* to learn your lesson: *Encara no escarmentes, oi?* Will you never learn (your lesson)?

escarmentat, -ada *adj* LOC **estar escarmentat** to have learnt your lesson *Vegeu tb* ESCARMENTAR

escarola *nf* (*Bot*) endive

escarransit, -ida *adj* (*físicament*) skinny

escàs, -assa *adj* **1** (*insuficient*) little: *Van rebre una ajuda escassa.* They received very little help. ◇ *a causa de l'escàs interès* due to lack of interest ◇ *productes d'escassa qualitat* poor-quality products **2** (*nombre*) barely: *a tres metres escassos de distància* barely three metres away ◇ *Té tres anys escassos.* She is only just three. LOC **anar/ésser escàs de** to be short of *sth*

escassejar *vi* to be scarce

escassetat *nf* shortage: *Hi ha ~ de professors.* There is a shortage of teachers.

escata *nf* scale

escatainar *vi* to cackle

escaure ▶ *vi* to suit: *T'escau més el vermell.* The red one suits you better. ◇ *Què et sembla, m'escau?* What do you think, does it suit me? ◇ *Aquest vestit m'escau molt malament.* This dress doesn't suit me at all. ▶ **escaure's** *vp* (*data*) to fall: *Nadal s'escau en dimecres.* Christmas falls on a Wednesday. LOC **si escau**: *Marqueu amb una creu si escau.* Tick as appropriate. ◇ *Si escau, s'organitzaran reunions.* Meetings will be arranged as required.

escena *nf* **1** scene: *acte primer, segona ~* act one, scene two ◇ *Li va muntar/va fer una ~.* She made a scene. **2** (*escenari*) stage LOC **posar en escena** to stage

escenari *nm* **1** (*teatre, auditori*) stage: *sortir a l'escenari* to come onto the stage **2** (*lloc*) scene: *l'escenari del crim* the scene of the crime

escenificar *vt* (*representar*) to stage

escenografia *nf* **1** (*art*) set design **2** (*decorat*) set

escèptic, ~a ▶ *adj* sceptical
▶ *nm-nf* sceptic

esclafar *vt* **1** (*cosa dura, persona*) to crush **2** (*insecte*) to squash **3** (*derrotar*) to crush

esclafir *vi* LOC **esclafir a riure** to burst out laughing

esclarir-se *vp* (*cel*) to clear up

esclat *nm* **1** (*bomba*) explosion **2** (*guerra*) outbreak

esclatar *vi* **1** (*bomba*) to explode **2** (*globus*) to burst **3** (*guerra, epidèmia*) to break out **4** (*escàndol, tempesta*) to break

esclau, -ava *nm-nf* slave: *Us tracten com ~s.* You are treated like slaves. ◇ *ésser ~ dels diners* to be a slave to money

esclavitud *nf* slavery

esclavitzar *vt* to enslave

esclavitzat, -ada *adj* LOC **tenir algú esclavitzat** to treat sb like a slave *Vegeu tb* ESCLAVITZAR

escletxa *nf* crack

esclop *nm* clog

escó *nm* seat

escocès, -esa ▶ *adj* Scottish
▶ *nm-nf* Scotsman/woman [*pl* -men/-women]: *els escocesos* the Scots LOC *Vegeu* FALDILLA, TEIXIT

Escòcia *nf* Scotland

escola *nf* **1** school: *Hi anirem en sortir de l'escola.* We'll go after school. ◇ *Dilluns no hi haurà ~.* There's no school on Monday. ◇ *Cada dia vaig a l'escola amb autobús.* I go to school on the bus every day. ◇ *Dimarts que ve aniré a l'escola a parlar amb el teu mestre.* On Tuesday I'll go to the school to talk to your teacher.

> A la Gran Bretanya hi ha escoles estatals o públiques, **state schools**, i escoles privades, **independent schools**. Els **public schools** són una mena de col·legis privats més tradicionals i coneguts, com ara Eton i Harrow.
> *Vegeu tb nota a* SCHOOL.

2 (*acadèmia*) college: *~ de policia* police college LOC **escola concertada** state-assisted school ◆ **escola infantil** nursery school ◆ **escola primària** primary school ◆ **escola privada/pública** private/state school ◆ **escola secundària obligatòria** secondary school

escolà, -ana *nm-nf* altar boy/girl

escolar ▶ *adj* **1** school [*n atrib*]: *any/curs ~* school year ◇ *el començament de les vacances ~s* the start of the school holidays **2** (*sistema*) education [*n atrib*]: *el sistema ~* the education system
▶ *nmf* schoolboy/girl [*pl* schoolchildren] 🛈 També es diu **school student**. *Vegeu nota a* ALUMNE. LOC *Vegeu* CENTRE, CERTIFICAT

escollir *vt* to choose

escolta *nmf* scout

escoltar ▶ *vt* to listen to *sb/sth*: *~ la ràdio* to listen to the radio ◇ *No m'escoltes mai.* You never listen to me. ▸ *vi* **1** to listen: *Escolta! Que ho sents?* Listen! Can you hear it? **2** (*per atreure l'atenció*): *Escolta, que ara em toca a mi!* Hey! It's my turn now. ◇ *Escolti, vaig bé per anar a correus?* Excuse me! Is this the right way to the post office? **3** (*per telèfon*): *Escolti?* Hello?

E

escombra *nf* broom, brush ➲ *Vegeu il·lustració a* BRUSH LOC *Vegeu* PAL

escombrar ▸ *vt* (*lit i fig*) to sweep: *Una onada de terror va ~ el país.* A wave of terror swept the country. ▸ *vi* to sweep up: *Si tu escombres, jo frego els plats.* If you sweep up, I'll do the dishes.

escombraries *nf* **1** (*brutícia*) rubbish [*incomptable*]: *En aquest carrer hi ha moltes ~.* There's a lot of rubbish in this street. **2** (*recipient*) bin: *Llença-ho a les ~.* Throw it in the bin. ➲ *Vegeu il·lustració a* BIN LOC *Vegeu* CAMIÓ, GALLEDA

escombriaire *nmf* **1** (*recollida*) refuse collector

> Si es tracta d'un home, és més habitual fer servir el terme **dustman** en anglès britànic i **garbage man** en anglès americà.

2 (*escombrada*) road sweeper

escopeta *nf* shotgun

escopetejat, -ada *adj* LOC **anar/sortir escopetejat** to rush around/out

escopinada *nf* spit [*incomptable*]: *Hi havia una ~ a terra.* There was some spit on the ground. ◇ *tirar una ~* to spit

escopinya *nf* LOC **escopinya de gallet** cockle

escopir ▸ *vt* to spit *sth* (out) ▸ *vi* to spit: *~ a algú* to spit at sb

escorça *nf* **1** (*arbre*) bark **2** (*fruita*) peel LOC **l'escorça terrestre** the earth's crust

escorcollar *vt* to search

escorpí *nm* scorpion

escorpió (*tb* **Escorpió, Escorpí**) *nm, nmf* Scorpio [*pl* Scorpios] ➲ *Vegeu exemples a* AQUARIUS

escorredor, ~a *adj* LOC *Vegeu* NUS

escorredora *nf* colander

escorreplats *nm* plate rack

escórrer ▸ *vt* **1** (*roba*) to wring *sth* (out) **2** (*plats, verdures, llegums*) to drain ▸ **escórrer-se** *vp* **1** (*plats*) to drain: *Posa els plats que s'escorrin.* Leave the dishes to drain. **2** (*roba*) to drip dry **3 escórrer-se (de/entre)** to slip (out of/from *sth*): *El sabó se li va ~ de les mans.* The soap slipped out of his hands.

escorta *nf, nmf* escort

escortar *vt* to escort

escorxador *nm* abattoir

escot *nm* **1** (*vestit*) neckline: *un vestit amb un bon ~* a dress with a low neckline **2** (*pit*) chest LOC **escot en punta/V** V-neck ◆ **escot quadrat/rodó** square/round neck *Vegeu tb* PAGAR

escotat, -ada *adj* low cut: *És massa ~.* It's too low cut. ◇ *un vestit ~ per darrere* a backless dress

escotilla *nf* hatch

escreix *nm* LOC **amb escreix** far and away: *És, amb ~, el millor jugador.* He is far and away the best player.

escridassar ▸ *vt* to shout at *sb*: *No m'escridassis!* Don't shout at me! ➲ *Vegeu nota a* SHOUT ▸ **escridassar-se** *vp* to shout: *De tant escridassar-se es va quedar sense veu.* He lost his voice from shouting so much.

escriptor, ~a *nm-nf* writer

escriptori *nm* **1** (*taula*) desk **2** (*buró*) bureau [*pl* bureaux/bureaus] **3** (*Informàt*) desktop LOC *Vegeu* FONS

escriptura *nf* **1** (*escriure*) writing **2** (*d'una casa*) (title) deed **3 Escriptura** (*Relig*) Scripture: *la Sagrada Escriptura/les Escriptures* the Holy Scripture(s)/the Scriptures

escrit *nm* **1** (*carta*) letter **2** (*document*) document LOC **per escrit** in writing ◆ **posar alguna cosa en escrit** to put sth in writing

escriure ▸ *vt, vi* to write: *~ un llibre* to write a book ◇ *No m'escrius mai.* You never write to me. ◇ *Encara no sap ~.* He can't write yet. ➲ *Vegeu nota a* WRITE ▸ **escriure's** *vp* **1 escriure's amb**: *M'agradaria escriure'm amb un anglès.* I'd like to have an English pen pal. **2** (*ortografia*): *Com s'escriu?* How do you spell it? ◇ *No sé com s'escriu.* I don't know how to spell it. LOC **escriure a mà** to write *sth* in longhand *Vegeu tb* MÀQUINA

escrupolós, -osa *adj* **1** (*aprensiu*) fussy: *Deixa'm el teu got. No sóc ~.* Give me your glass. I'm not fussy. **2** (*honrat, meticulós*) scrupulous

escrutini *nm* (*recompte*) count

escull *nm* reef: *un ~ de corall* a coral reef

escullera *nf* breakwater

esculpir *vt, vi* to sculpt: *~ en pedra* to sculpt in stone

escultor, ~a *nm-nf* sculptor

escultura *nf* sculpture

escuma *nf* **1** (*goma escuma, ones, d'afaitar*) foam: *~ d'afaitar* shaving foam **2** (*cafè, cervesa*) froth **3** (*sabó, xampú*) lather **4** (*cabells*) mousse LOC **fer escuma 1** (*ones*) to foam **2** (*sabó*) to lather

escumadora *nf* slotted spoon

escumós, -osa *adj* (*vi*) sparkling
escurabutxaques *nf* (*màquina*) fruit machine
escuradents *nm* toothpick
escurar *vt* to clean LOC **escurar-se el coll** to clear your throat ♦ **escurar-se les dents** to pick your teeth
escurat, -ada *adj* LOC **estar escurat** to be broke *Vegeu tb* ESCURAR
escurçar ▶ *vt* to shorten ▶ **escurçar-se** *vp* to get shorter
escurçó *nm* adder
escut *nm* **1** shield: *~ protector* protective shield **2** (*insígnia*) emblem LOC **escut d'armes** coat of arms
escúter *nf* scooter ➲ *Vegeu il·lustració a* MOTO
esdeveniment *nm* event: *els ~s dels últims dies* the events of the past few days ◇ *Va ésser tot un ~.* It was quite an event.
esdevenir ▶ *vi* to become ▶ **esdevenir-se** *vp* to happen
esfera *nf* **1** (*Geom*) sphere **2** (*rellotge*) face
esfereïdor, ~a *adj* terrifying
esfereir *vt* **1** (*fer por*) to terrify: *M'esfereïa que poguessin tirar la porta a terra.* I was terrified they might knock the door down. **2** (*amb violència*) to terrorize: *Aquests trinxeraires esfereeixen el veïnat.* Those thugs are terrorizing the neighbourhood.
esfèric, ~a *adj* spherical
esfinx *nf* sphinx
esfondrar ▶ *vt* to knock *sth* down ▶ **esfondrar-se** *vp* to fall down
esforç *nm* **1** effort: *Fes un ~ i menja una mica.* Make an effort to eat something. ◇ *No hauries de fer esforços, que encara no t'has recuperat del tot.* You shouldn't overdo it, you're still recovering. **2** (*intent*) attempt (*at doing sth/to do sth*): *en un darrer ~ per evitar el desastre* in a last attempt to avoid disaster LOC **sense esforç** effortlessly
esforçar-se *vp* ~ **(a/per)** to try (hard) (*to do sth*): *S'hi van esforçar molt.* They tried very hard.
esfumar-se *vp* to vanish
esgarrapada *nf* scratch
esgarrapar *vt* to scratch: *El gat m'ha esgarrapat.* The cat scratched me.
esgarrifança *nf* shiver LOC **fer agafar/venir esgarrifances** to send shivers down your spine ♦ **tenir esgarrifances** to shiver
esgarrifós, -osa *adj* hair-raising
esgarrinxada *nf* scratch
esgarrinxar(-se) *vt, vp* to scratch: *M'he esgarrinxat els braços collint móres.* I scratched my arms picking blackberries.
esglai *nm* fright
esglaó *nm* step
església *nf* (*institució, edifici*) church: *l'Església catòlica* the Catholic Church ➲ *Vegeu nota a* SCHOOL LOC *Vegeu* CASAR
esgotador, ~a *adj* exhausting
esgotament *nm* exhaustion
esgotar ▶ *vt* to wear *sb* out, to exhaust (*més formal*): *Els nens m'esgoten.* The children wear me out. ▶ **esgotar-se** *vp* **1** (*acabar-se*) to run out: *Se m'està esgotant la paciència.* My patience is running out. **2** (*llibres, entrades*) to sell out **3** (*cansar-se*) to wear yourself out
esgotat, -ada *adj* worn out, exhausted (*més formal*) *Vegeu tb* ESGOTAR
esgrima *nf* (*Esport*) fencing
eslàlom *nm* slalom
eslip *nm* **1** (*calçotets*) pants [*pl*] **2** (*banyador*) swimming trunks [*pl*] ℹ Noteu que *un eslip* es diu **a pair of pants** quan vol dir *uns calçotets* i **a pair of swimming trunks** quan vol dir *un banyador.*
esllavissada *nf* LOC **esllavissada de terra** landslide
eslògan *nm* slogan
eslovac, ~a *adj, nm-nf, nm* Slovak
Eslovàquia *nf* Slovakia
eslovè, -ena *adj, nm-nf, nm* Slovenian
Eslovènia *nf* Slovenia
esma *nf* LOC **d'esma** mechanically ♦ **no tenir (ni) esma de fer alguna cosa** not to feel like doing sth
esmaixada *nf* **1** (*Basquetbol*) dunk **2** (*Tennis*) smash
esmalt *nm* enamel LOC **esmalt d'ungles** nail varnish
esmaltar *vt* to enamel
esmena *nf* **1** (*correcció*) correction **2** (*llei*) amendment (*to sth*)
esmenar ▶ *vt* **1** (*errors, defectes*) to correct **2** (*llei*) to amend ▶ **esmenar-se** *vp* to mend your ways
esment *nm* LOC **fer esment** to mention
esmentar *vt* to mention
esmicolar(-se) *vt, vp* to shatter
esmolar *vt* to sharpen
esmolat, -ada *adj* sharp *Vegeu tb* ESMOLAR
esmòquing *nm* dinner jacket
esmorzar[1] *nm* breakfast: *Vols que et faci l'esmorzar?* Shall I get you some breakfast?

E

esmorzar[2] *vi* to have breakfast: *M'agrada ~ al llit.* I like having breakfast in bed. ◇ *abans d'esmorzar* before breakfast ◇ *Què vols per a ~?* What would you like for breakfast? ◇ *Només prenc un cafè a l'hora d'esmorzar.* I just have a coffee for breakfast.

E

esmussat, -ada *adj* blunt

esnob ▶ *adj* snobbish
▶ *nmf* snob

ESO *nf* (*Educ*) secondary education: *Fa tercer d'ESO.* She's in year 10.

Els cursos de primer a quart d'ESO equivalen al que en el sistema anglès es diu **years 8-11**.

esòfag *nm* oesophagus [*pl* oesophagi/oesophaguses]

espacial *adj* space [*n atrib*]: *missió/vol ~* space mission/flight LOC **llançadora/transbordador espacial** space shuttle *Vegeu tb* BASE, NAU, VESTIT

espagueti *nm* **espaguetis** spaghetti [*incomptable, v sing*]: *M'agraden molt els ~s.* I love spaghetti.

espai *nm* **1** space: *viatjar per l'espai* to travel through space ◇ *un curt ~ de temps* a short space of time **2** (*lloc*) room: *Aquesta taula ocupa massa ~.* This table takes up too much room. **3** (*Ràdio, TV*) broadcast

espant *nm* **1** (*por*) fear **2** (*ensurt*) scare: *donar un ~ a algú* to give sb a scare

espantaocells *nm* scarecrow

espantar ▶ *vt* to scare, to frighten (*més formal*): *El gos em va ~.* The dog frightened me. ◇ *T'espanta la foscor?* Are you scared of the dark? ▶ **espantar-se** *vp* to be scared, to be frightened (*més formal*): *T'espantes per res.* You're frightened of everything. ◇ *No t'espantis!* Don't be scared!

espantós, -osa *adj* dreadful: *Fa una calor espantosa.* It's terribly hot. LOC **quina cosa més espantosa!** how awful!

Espanya *nf* Spain

espanyol, ~a ▶ *adj, nm* Spanish: *parlar ~* to speak Spanish
▶ *nm-nf* Spaniard: *els ~s* the Spanish

esparadrap *nm* plaster

espardenya *nf* espadrille

esparracat, -ada *adj* in tatters

espàrrec *nm* asparagus [*incomptable*]: *M'agraden molt els ~s.* I love asparagus.

espart *nm* esparto

espasa *nf* **1** (*arma*) sword **2 espases** (*coll de cartes*) ➲ *Vegeu nota a* BARALLA LOC **estar entre l'espasa i la paret** to be between the devil and the deep blue sea

espasme *nm* spasm

espatlla *nf* shoulder LOC *Vegeu* ARRONSAR

espatllar ▶ *vt* **1** to spoil: *Ens has espatllat els plans.* You've spoilt our plans. **2** (*aparell*) to break ▶ **espatllar-se** *vp* (*trencar-se*) to break down

espàtula *nf* spatula

espavilar ▶ *vt*: *Passarà l'estiu fora de casa: això l'espavilarà.* He's going away for the summer: that will buck his ideas up. ▶ **espavilar-se** *vp* **1** to buck your ideas up: *Ja seria hora que t'espavilessis.* It's about time you bucked your ideas up! **2** (*afanyar-se*) to get a move on: *Si no t'espaviles, tothom et passarà davant.* Get a move on or they'll all push in front of you.

espavilat, -ada *adj* bright LOC **ésser massa espavilat** to be too clever by half: *No vulguis ésser massa ~.* Don't try and be clever with me. *Vegeu tb* ESPAVILAR

espècia *nf* spice

especial *adj* special LOC **en especial 1** (*sobretot*) especially: *M'agraden molt els animals, en ~ els gossos.* I'm very fond of animals, especially dogs. **2** (*en particular*) in particular: *Sospiten d'un en ~.* They suspect one of them in particular. *Vegeu tb* EFECTE

especialista *nmf* ~ **(en)** specialist (in *sth*): *un ~ en informàtica* an IT specialist

especialitat *nf* speciality [*pl* specialities]

especialitzar-se *vp* ~ **(en)** to specialize (in *sth*)

especialment *adv* **1** (*sobretot*) especially: *M'agraden molt els animals, ~ els gats.* I love animals, especially cats. **2** (*en particular*) particularly: *Estic ~ amoïnada per l'avi.* I'm particularly concerned about grandad. ◇ *No és un home ~ gras.* He isn't a particularly fat man. **3** (*expressament*) specially: *~ dissenyat per a persones discapacitades* specially designed for people with disabilities

espècie *nf* **1** (*Biol*) species [*pl* species] **2** (*mena*) kind: *Era una ~ de vernís.* It was a kind of varnish.

específic, ~a *adj* specific

especificar *vt* to specify

espècimen *nm* specimen

espectacle *nm* **1** (*funció*) show **2** (*escena, esdeveniment*) spectacle: *un ~ impressionant* an impressive spectacle LOC **fer un espectacle** to make a scene *Vegeu tb* GUIA, MÓN

espectacular *adj* spectacular

espectador, ~a *nm-nf* **1** (*Teat, Mús*) member of the audience **2** (*Esport*) spectator

especulació *nf* speculation: *l'especulació immobiliària* property speculation

especular *vi* **1 ~ (amb)** (*Com*) to speculate (in *sth*) **2 ~ (sobre)** (*suposar*) to speculate (about *sb/sth*)

espeleologia *nf* caving

espelma *nf* candle: *encendre/apagar una ~* to light/put out a candle

espera *nf* wait LOC *Vegeu* LLISTA, SALA

esperança *nf* hope LOC **esperança de vida** life expectancy

esperar ▶ *vt* to wait for *sb/sth*, to hope, to expect

> Els verbs **to wait**, **to hope** i **to expect** signifiquen esperar, però no s'han de confondre:
> **To wait** indica que una persona espera, sense fer cap altra cosa, l'arribada d'algú o que alguna cosa finalment passi: *Espera'm, per favor.* Wait for me, please. ◇ *Estic esperant l'autobús.* I'm waiting for the bus. ◇ *Estem esperant que pari de ploure.* We are waiting for it to stop raining.
> Mitjançant **to hope** s'expressa el desig que alguna cosa s'esdevingui o s'hagi esdevingut: *Espero que et tornaré a veure aviat.* I hope I'll see you again soon. ◇ *Espero que sí/no.* I hope so/not.
> **To expect** es fa servir quan s'espera una cosa lògica i molt probable: *No m'esperava tant de trànsit.* I wasn't expecting so much traffic. ◇ *Ahir esperava carta seva, però no en vaig rebre cap.* I was expecting a letter from him yesterday, but didn't get one. Si una dona està embarassada també es diu **expect**: *Està esperant una criatura.* She's expecting a baby.

▶ **esperar(-se)** *vi, vp* to wait, to hope, to expect: *Estic tipa d'esperar.* I'm fed up of waiting. ◇ *Espera't un moment.* Wait a second. LOC *Vegeu* FLORIR

esperit *nm* **1** spirit: *~ d'equip* team spirit **2** (*ànima*) soul LOC **Esperit Sant** Holy Spirit

esperma *nf* sperm

esperó *nm* spur

espès, -essa *adj* thick: *Aquesta salsa és molt espessa.* This sauce is very thick. ◇ *boira ~* thick fog

espessir(-se) *vt, vp* to thicken

espetec *nm* crack

espetegar *vi* **1** (*fuet*) to crack **2** (*llenya*) to crackle

espia *nmf* spy [*pl* spies]

espiar *vt, vi* to spy (on *sb*): *No m'espiïs.* Don't spy on me.

espiell *nm* spyhole

espieta *nmf* telltale

espiga *nf* (*cereal*) ear

espígol *nm* lavender

espina *nf* **1** (*peix*) bone **2** (*Bot*) thorn LOC **espina dorsal** spine ◆ **fer mala espina** to have a bad feeling *about sth*: *Això em fa mala ~.* I've got a bad feeling about it.

espinac *nm* spinach [*incomptable*]: *M'agraden molt els ~s.* I love spinach.

espinal *adj* spinal LOC *Vegeu* MEDUL·LA

espionatge *nm* spying, espionage (*més formal*): *L'acusen d'espionatge.* He's been accused of spying. ◇ *~ industrial* industrial espionage

espiral *adj, nf* spiral

espiritisme *nm* spiritualism LOC **fer espiritisme** to attend a seance

espiritual *adj* spiritual

esplai *nm* leisure: *centre d'esplai* leisure centre

esplaiar-se *vp* **1** (*fer confidències*) to pour your heart out **2** (*divertir-se*) to enjoy yourself

esplanada *nf* open area

esplèndid, ~a *adj* **1** (*magnífic*) splendid: *Va ésser un sopar ~.* It was a splendid meal. **2** (*generós*) generous

espolsar ▶ *vt* to shake: *Espolsa les tovalles.* Shake the tablecloth. ◇ *~ la sorra (de la tovallola)* to shake the sand off (the towel) ▶ **espolsar-se** *vp* to brush *sth* (off): *espolsar-se la caspa de l'abric* to brush the dandruff off your coat

esponja *nf* sponge

espontani, -ània *adj* **1** (*reacció*) spontaneous **2** (*persona*) natural: *És molt ~ i sempre diu el que pensa.* He's very natural — he always says what he thinks.

esporàdic, ~a *adj* sporadic

esport ▶ *nm* sport [*gen pl*]: *Practiques algun ~?* Do you play any sports? ◇ *~s aquàtics* water sports ◇ *~s d'hivern* winter sports ▶ *adj* casual: *sabates/roba ~* casual shoes/clothes LOC **esports d'aventura** extreme sports ◆ **fer esport** to play sport

> En anglès hi ha tres construccions que es poden fer servir en parlar d'esports. *Jugar a futbol, golf, bàsquet, etc.*, es diu **to play + nom**,

E

p. ex. **to play football, golf, basketball**, etc. *Fer aeròbic, atletisme, judo*, etc., es diu **to do + nom**, p. ex. **to do aerobics, athletics, judo**, etc. *Fer natació, senderisme, ciclisme*, etc., es diu **to go + -ing**, p. ex. **to go swimming, hiking, cycling**, etc. Aquesta darrera construcció es fa servir sobretot quan en anglès hi ha un verb relacionat amb aquest esport, com ara **to swim, to hike** o **to cycle**.

Vegeu tb BOSSA, PANTALÓ, ROBA

esportista ▶ *adj* sporty ▶ *nmf* sportsperson [*pl* -persons/-people] ❶ També hi ha les formes **sportsman** i **sportswoman**, que es fan servir quan es vol especificar si es tracta d'un home o una dona.

esportiu, -iva *adj* **1** sports [*n atrib*]: *competició esportiva* sports competition ◇ *un cotxe ~* a sports car **2** (*conducta*) sporting: *una conducta poc esportiva* unsporting behaviour

esprai *nm* spray

espremedora *nf* **1** (*manual*) lemon-squeezer **2** (*elèctrica*) juicer

esprémer *vt* (*fruita, etc.*) to squeeze

espurna *nf* spark

esquadra *nf* (*Mil*) squad

esquadró *nm* squadron

esquaix *nm* squash: *jugar a ~* to play squash LOC *Vegeu* PISTA

esqueix *nm* cutting

esquela *nf* LOC **esquela (mortuòria)** death notice

esquelet *nm* **1** (*Anat*) skeleton **2** (*estructura*) framework

esquella *nf* bell

esquema *nm* **1** (*diagrama*) diagram **2** (*resum*) outline

esquemàtic, ~a *adj* **1** (*dibuix, gràfic*) schematic **2** (*concís*) brief

esquena *nf* **1** back: *Em fa mal l'esquena.* My back hurts. **2** (*Natació*) backstroke: *100 metres ~* 100 metres backstroke LOC **caure d'esquena 1** (*sorprendre's*) to be amazed: *Els pares van caure d'esquena en saber que em casava.* My parents were amazed when they heard I was getting married. **2** (*espantar-se*) to be horrified: *Fa uns errors que fan caure d'esquena.* He makes some horrifying mistakes. ◆ **d'esquena**: *Posa't d'esquena contra la paret.* Stand with your back to the wall. ◇ *veure algú d'esquena* to see sb from behind ◆ **donar/girar l'esquena** to turn your back *on sb/sth Vegeu tb* MAL[1]

esquer *nm* bait: *utilitzar algú d'esquer* to use sb as bait

esquerda *nf* crack

esquerdar(-se) *vt, vp* to crack

esquerp, ~a *adj* unfriendly

esquerrà, -ana *adj* left-handed

esquerre, -a ▶ *adj* left: *M'he trencat el braç ~.* I've broken my left arm. ◇ *la riba esquerra del Sena* the left bank of the Seine ▶ **esquerra** *nf* **1** left: *Continueu per l'esquerra.* Keep left. ◇ *conduir per l'esquerra* to drive on the left ◇ *la casa de l'esquerra* the house on the left ◇ *La carretera es desvia cap a l'esquerra.* The road bears left. **2 l'esquerra** (*Pol*) the Left [*v sing o pl*]: *L'esquerra ha guanyat les eleccions.* The Left has/have won the election. **3** (*mà*) left hand: *escriure amb l'esquerra* to be left-handed **4** (*cama*) left foot LOC **d'esquerra/d'esquerres** left-wing: *grups d'esquerra* left-wing groups *Vegeu tb* AIXECAR, MÀ, PEU, ZERO

esquí *nm* **1** (*material*) ski [*pl* skis] **2** (*Esport*) skiing LOC **esquí alpí/de fons** downhill/cross-country skiing ◆ **esquí aquàtic** waterskiing: *fer ~ aquàtic* to go waterskiing *Vegeu tb* BASTÓ, ESTACIÓ, PISTA

esquiador, ~a *nm-nf* skier

esquiar *vi* to ski: *M'agrada molt ~.* I love skiing. ◇ *Van a ~ cada cap de setmana.* They go skiing every weekend.

esquifit, -ida *adj* small

esquilar *vt* to shear

esquimal *nmf* Eskimo [*pl* Eskimo/Eskimos] ❶ Ells mateixos prefereixen el terme **the Inuit**.

esquinç *nm* (*Med*) sprain: *fer-se un ~ al turmell* to sprain your ankle

esquinçar(-se) *vt, vp* to tear: *esquinçar-se la camisa/un lligament* to tear your shirt/a ligament

esquirol ▶ *nm* (*animal*) squirrel ▶ *nmf* (*persona*) blackleg

esquitllar-se *vp* **1** (*lliscar*) to slip (off) **2 ~ de** to slip out of *sth*: *~ de les mans* to slip out of your hands **3** (*anar-se'n*) to slip away **4** (*colar-se*) to sneak in: *Es van esquitllar a la discoteca (sense pagar).* They sneaked into the club (without paying). LOC *Vegeu* FESTA

esquitxar *vt* to splash *sb/sth* (*with sth*): *Un cotxe em va ~ els pantalons.* A car splashed my trousers.

esquivar *vt* **1** to avoid *sb/sth/doing sth*: *Va ~ la meva mirada.* She avoided my gaze. **2** (*cop, obstacle*) to dodge **3** (*dificultat, traves*) to overcome

esquizofrènia *nf* schizophrenia

esquizofrènic, ~a *adj, nm-nf* schizophrenic

essa *nf* LOC **fer esses 1** to zigzag **2** (*persona*) to stagger

essència *nf* essence

essencial *adj* ~ **(per a)** essential (to/for *sth*): *olis ~s* essential oils LOC **l'essencial** the most important thing

ésser[1] ▶ *v copul, vi* **1** to be: *És alta.* She's tall. ◇ *Sóc de Tarragona.* I'm from Tarragona. ◇ *Dos i dos són quatre.* Two and two are four. ◇ *Són les set.* It's seven o'clock. ◇ *— Quant és? — Són quatre euros.* 'How much is it?' '(It's) four euros.' ◇ *— Qui és? — Sóc l'Anna.* 'Who's that?' 'It's Anna.' ◇ *A la meva família som sis.* There are six of us in my family.

En anglès s'utilitza l'article indefinit **a/an** davant de professions en oracions amb el verb 'to be': *És metge/enginyer.* He's a doctor/an engineer.

2 ~ **de** (*matèria*) to be made of *sth*: *És d'alumini.* It's made of aluminium. ▶ *v aux* to be: *Serà jutjat dilluns.* He will be tried on Monday. LOC **el que sigui; sigui el que sigui** whatever ◆ **el qui sigui; sigui qui sigui** whoever: *Sigui qui sigui el culpable rebrà el seu càstig.* Whoever is responsible will be punished. ◆ **és més** what's more ◆ **és que...**: *És que no em ve de gust.* I just don't feel like it. ◇ *És que és molt car!* It's very expensive! ◆ **ésser a** (*data*): *Som al tres de maig.* It's the third of May. ◆ **no ésser-hi tot** not to be all there ◆ **o sigui 1** (*en resum*) so: *O sigui que marxeu demà?* So you're leaving tomorrow, are you? **2** (*és a dir*) that is to say: *El dia 17, o sigui, dimarts passat.* The 17th, that is to say last Tuesday. ◆ **per si no fos prou** to top it all ◆ **si fos de tu** if I were you: *Jo, si fos de tu, acceptaria la invitació.* If I were you, I'd accept the invitation. ◆ **sigui com vulgui; sigui com sigui** no matter how/what: *Sigui com vulgui, me'n vaig de vacances.* I'm going on holiday no matter what. ◇ *Ho acabarem, sigui com sigui.* No matter how we do it, we'll finish it. ◆ **sigui qui sigui** whoever he/she is ◆ **si no és/fos per** if it wasn't/weren't for *sb/sth*: *Si no fos per ell, me n'aniria.* If it wasn't for him, I'd go. ◇ *Si no hagués estat per tu, ens hauríem perdut.* If it weren't for you, we'd have got lost. ◆ **si no és que...** unless... ◆ **sóc jo** it's me, you, etc. ◆ **som-hi** ready ❶ Per a d'altres expressions amb **ésser**, vegeu les entrades del nom, adjectiu, etc., p. ex. **ésser hora de** a HORA i **ésser preferible** a PREFERIBLE.

ésser[2] *nm* being: *un ~ humà/viu* a human/living being ◇ *els ~s estimats* the loved ones

est *nm* east (*abrev* E): *a la costa ~* on the east coast ◇ *Europa de l'Est* Eastern Europe

estabilitat *nf* stability

estabilitzar(-se) *vt, vp* to stabilize: *El malalt s'ha estabilitzat.* The patient's condition has stabilized.

establa *nf* (*tb* **estable** *nm*) **1** (*vaques*) cowshed **2** (*cavalls*) stable

estable *adj* stable

establiment *nm* establishment

establir ▶ *vt* **1** (*crear*) to set *sth* up: *~ una companyia* to set up a company **2** (*determinar, ordenar*) to establish: *~ les regles de joc* to establish the rules ◇ *La llei estableix que...* The law establishes that... **3** (*rècord*) to set ▶ **establir-se** *vp* **1** (*posar casa*) to settle **2** (*en un negoci*) to set up (in business): *Es van ~ fa molts anys i el negoci encara té èxit.* They set up in business years ago and are still doing well.

estabornit, -ida *adj* **1** (*atordit*) groggy: *Aquestes pastilles m'han deixat ~.* Those pills have made me groggy. **2** (*per un cop*) stunned

estaca *nf* stake

estació *nf* **1** station: *On és l'estació d'autobusos?* Where's the bus station? ◇ *El meu pare m'estava esperant a l'estació.* My father was waiting for me at the station. **2** (*de l'any*) season LOC **estació de servei** service station ◆ **estació d'esquí** ski resort *Vegeu tb* CAP[1]

estada *nf* **1** (*període de temps*) stay: *la seva ~ a l'hospital* his stay in hospital **2** (*despeses*) living expenses [*pl*]: *pagar el viatge i l'estada* to pay travel and living expenses

estadi *nm* (*Esport*) stadium [*pl* stadiums/stadia]

estadística *nf* **1** (*ciència*) statistics [*incomptable*] **2** (*xifra*) statistic

estafa *nf* swindle, rip-off (*més col·loq*): *Quina ~!* What a rip-off!

estafar *vt* to swindle *sb* (out of *sth*): *Ha estafat milions de lliures als inversors.* He has swindled the investors out of millions of pounds.

estalactita *nf* stalactite

estalagmita *nf* stalagmite

estalvi *nm* **1** saving: *els meus ~s de tota la vida* my life savings **2 estalvis** (*per posar a la taula*) table mat [*v sing*] LOC **estalvi de pantalla** screen saver *Vegeu tb* CAIXA, COMPTE, LLIBRETA

estalvi, -àlvia *adj* safe LOC *Vegeu* SA

estalviador, ~a ▶ *adj* thrifty ▶ *nm-nf* saver LOC **ésser poc estalviador** to be bad with money

estalviar *vt, vi* to save: *~ temps/diners* to save time/money

estampar *vt* **1** (*imprimir*) to print **2** (*encastar*) to hurl *sb/sth* (*against sth*): *La va ~ a la paret*

E

d'una empenta. He hurled her against the wall.

estampat, -ada *adj* (*tela*) patterned *Vegeu tb* ESTAMPAR

estanc *nm* tobacconist's [*pl* tobacconists]

A la Gran Bretanya no hi ha estancs pròpiament. Els **tobacconists** són establiments especialitzats en articles de fumador, però ja no en queden gaires. Els segells es venen en **post offices** (oficines de correus), on també fan algunes gestions administratives: pagament de l'impost de circulació i 'TV licence', cobrament de pensions, etc. Els **newsagents** també venen segells, a més de diaris, caramels, loteria i tabac.

E

estancar-se *vp* **1** (*aigua*) to stagnate **2** (*negociació*) to come to a standstill

estancat, -ada *adj* (*aigua*) stagnant *Vegeu tb* ESTANCAR-SE

estand *nm* stand

estàndard *adj, nm* standard

estany[1] *nm* **1** (*llac*) lake **2** (*jardí, parc*) pond

estany[2] *nm* (*metall*) tin

estar ▶ *vi, v copul, v aux* to be: *~ malalt/cansat* to be ill/tired ◇ *~ de viatge* to be on a trip ◇ *Anirem a París, però només hi estarem dos dies.* We'll be going to Paris, but we'll only be there for a couple of days. ◇ *Vam estar esperant una hora a l'estació.* We spent an hour waiting at the station. ◇ *Estaven dinant.* They were having lunch. ◇ *Està dormint.* She's sleeping. ▶ **estar-se** *vp* **1** to be: *estar-se callat/quiet* to be quiet/still **2** (*allotjar-se*) to stay: *Ens vam ~ en un hotel.* We stayed in a hotel. LOC **estar en** (*consistir en*) to lie in *sth* ◆ **estar-ne (molt), d'algú/d'alguna cosa** to be fond of sb/sth ◆ **estar per algú** to look out for sb ◆ **estar per algú/alguna cosa** (*prestar atenció*) to pay attention to sb/sth: *Para de mirar la tele i estigues per mi.* Stop watching the TV and pay attention to me. ◆ **estar per caure** to be due any time now ◆ **estar per fer**: *Els llits encara estan per fer.* The beds still haven't been made. ◆ **estar/posar-se bo** to be/get well ◆ **estar-se de fer alguna cosa**: *Si hi tens dubtes, no t'estiguis de preguntar.* If you have any doubts, don't hesitate to ask. ◇ *No em vaig ~ d'anar-hi.* I still went there. ❶ Per a d'altres expressions amb **estar**, vegeu les entrades del nom, adjectiu, etc., p. ex. **estar al dia** a DIA i **estar d'acord** a ACORD.

estàrter *nm* choke

estat *nm* **1** (*Pol, Fís, situació*) state: *la seguretat de l'estat* state security **2** (*condició mèdica*) condition: *El seu ~ no és greu.* Her condition isn't serious. LOC **en bon estat** in good condition ◆ **en estat de coma** in a coma ◆ **en mal estat** **1** (*menjar i beure*): *aigua en mal ~* contaminated water ◇ *El peix estava en mal ~.* The fish was off. **2** (*carretera*) in a bad state of repair ◆ **estar en estat** to be expecting ◆ **estar en estat de** **1** (*físicament*) to be fit to do sth **2** (*tenir la possibilitat*) to be in a position to do sth ◆ **estat civil** marital status ◆ **estat d'ànim** state of mind *Vegeu tb* COP

estatal *adj* state: *escola ~* state school LOC *Vegeu* EMPRESA

estàtic, ~a *adj* static LOC *Vegeu* BICICLETA

Estats Units *nm* (the) United States (*abrev* US/USA) [*v sing*]

estàtua *nf* statue

estatura *nf* height: *És una dona d'estatura mitjana.* She's a woman of average height. ◇ *És de poca ~.* He's short.

estatut *nm* statute: *l'estatut d'autonomia* the statute of autonomy

estavellar ▶ *vt* to smash *sth* (*into/against sth*): *Van ~ el cotxe contra un arbre.* They smashed the car into a tree. ▶ **estavellar-se** *vp* **1 estavellar-se (contra)** (*xocar*) to crash (into *sth*): *estavellar-se contra un altre vehicle* to crash into another vehicle **2** (*fracassar*) to founder

estel *nm* **1** (*estrella*) star: *~ polar* pole star **2** (*joguina*) kite LOC **estel fugaç** shooting star

estelat, -ada *adj* (*nit, cel*) starry

estella *nf* splinter

estenalles *nf Vegeu* TENALLES

estendard *nm* banner

estendre ▶ *vt* **1** (*desplegar*) to spread *sth* (out): *~ un mapa damunt la taula* to spread a map out on the table **2** (*allargar*) to extend: *~ una taula* to extend a table **3** (*roba*) **(a)** (*fora*) to hang *sth* out: *Encara he d'estendre la roba.* I've still got to hang the washing out. **(b)** (*dins*) to hang *sth* up **4** (*braç*) to stretch *sth* out **5** (*ales*) to spread ▶ **estendre's** *vp* **1** (*costum, notícia, epidèmia*) to spread: *L'epidèmia es va ~ per tot el país.* The epidemic spread through the whole country. **2** (*terreny*) to stretch: *El jardí s'estén fins al llac.* The garden stretches down to the lake. **3** (*en parlar*) to speak at length (*about sth*) LOC *Vegeu* AGULLA

estenedor *nm* **1** (*corda*) clothes line **2** (*plegable*) clothes horse **3** (*lloc*) drying room

estèreo *adj* stereo

estèril *adj* sterile

esterilitzar *vt* to sterilize

esterlina *adj* sterling: *lliures esterlines* pounds sterling

esternudar *vi* to sneeze ➲ *Vegeu nota a* ATXIM

esternut *nm* sneeze

esteroide *nm* steroid

estès, -esa *adj* **1** (*general*) widespread **2** (*braços, ales*) outstretched **3** (*roba*): *La bugada és estesa.* The washing is on the line. *Vegeu tb* ESTENDRE

estètic, ~a *adj* aesthetic

estètica *nf* aesthetics [*incomptable*]

esteticista *nmf* beautician

estil *nm* **1** style: *tenir molt* ~ to have a lot of style **2** (*natació*) stroke: ~ *esquena* backstroke ◇ ~ *papallona* butterfly (stroke) ◇ ~ *lliure* freestyle

estilista *nmf* stylist

estima *nf* regard (for *sb/sth*) LOC **tenir algú en molta estima** to think highly of sb

estimar *vt* **1** (*sentir afecte*) to love **2** (*calcular*) to estimate LOC **estimar-se més** to prefer: *M'estimo més quedar-me a casa.* I'd rather stay home. ➲ *Vegeu nota a* PREFERIR; *Vegeu tb* DELIRI

estimat, -ada *adj* (*cartes*) dear ➲ *Vegeu nota a* ATENTAMENT; *Vegeu tb* ESTIMAR

estímul *nm* stimulus [*pl* stimuli] (*to sth/to do sth*)

estimulant ▶ *adj* stimulating
▶ *nm* stimulant: *La cafeïna és un* ~. Caffeine is a stimulant.

estimular *vt* to stimulate

estirada *nf* tug LOC **fer una estirada** (*créixer*) to shoot up

estirar ▶ *vt* **1** to pull: *Estira la cadena.* Pull the chain. ◇ ~ *els cabells a algú* to pull sb's hair ◇ ~ *una corda* to pull a rope tight **2** (*braç, cama*) to stretch *sth* out **3** (*diners*) to spin *sth* out **4** (*pasta*) to roll ▶ **estirar-se** *vp* **1** (*ajeure's*) to lie down: *Es va* ~ *una estona al llit.* He lay down on the bed for a while. ➲ *Vegeu nota a* LIE² **2** (*treure's la mandra*) to stretch **3** (*créixer*) to shoot up LOC **estirar la llengua a algú** to make sb talk ◆ **estirar la pota** to kick the bucket ◆ **estirar les orelles** to give *sb* a telling-off

estirat, -ada *adj* **1** (*tibat*) stiff **2** (*ajagut*) lying (down): *Estava* ~ *al sofà.* He was lying on the sofa. **3** (*al llit*) in bed *Vegeu tb* ESTIRAR

estisores *nf Vegeu* TISORES

estiu *nm* summer: *A l'estiu fa molta calor.* It's very hot in (the) summer. ◇ *les vacances d'estiu* the summer holidays

estiueig *nm* holiday: *Hem passat un mes d'estiueig a Blanes.* We went on holiday to Blanes for a month.

estiuejant *nmf* (*tb* **estiuejador, ~a** *nm-nf*) holidaymaker

estiuejar *vi* to spend the summer: ~ *a la platja* to spend the summer by the sea

estofat *nm* stew

estoig *nm* **1** (*ulleres, joies*) box **2** (*flauta*) case **3** (*llapis*) pencil case

estómac *nm* stomach: *Em fa mal l'estómac.* I've got stomach ache. LOC *Vegeu* ACIDESA, BUIT, CREMOR, MAL¹

estomacar *vt* to thump

estona *nf* **1** (*temps*) while: *Al cap d'una* ~ *va sonar el telèfon.* The telephone rang after a while. ◇ *Hauràs d'esperar una* ~. You'll have to wait a little while. ◇ *Ja fa* ~ *que han trucat.* It's been quite a while since they rang. ◇ *Va dormir una* ~. She slept for a while. **2** (*distància*) way: *De Barcelona a València hi ha una bona* ~. It's quite a way from Barcelona to Valencia. LOC **a estones** from time to time ◆ **al cap de poca estona** shortly after: *Van arribar al cap de poca* ~ *de marxar tu.* They arrived shortly after you left. ◆ **passar l'estona** to pass the time ◆ **per a una bona estona**: *Encara en tinc per a una bona* ~, *no m'esperis.* I've still got a lot to do, so don't wait for me.

Estònia *nf* Estonia

estonià, -ana *adj, nm-nf, nm* Estonian

estora *nf* mat LOC **estora de la porta/de l'entrada** doormat

estoreta *nf* mat: ~ *del ratolí* mouse mat

estovalles *nf Vegeu* TOVALLES

estovar *vt* **1** (*desfer*) to soften: *La calor estova la mantega.* Heat softens butter. **2** (*apallissar*) to thump

estrafolari, -ària *adj* **1** (*idees, estil*) outlandish **2** (*persona*) eccentric

estrall *nm* LOC **fer estralls** to wreak havoc

estranger, ~a ▶ *adj* foreign
▶ *nm-nf* foreigner LOC **a l'estranger** abroad

estrany, ~a ▶ *adj* strange: *Vaig sentir un soroll* ~. I heard a strange noise.
▶ *nm-nf* stranger LOC **fer estrany** to be strange: *Fa* ~ *que no hagin dit res.* It's strange they haven't said anything. *Vegeu tb* COSA

estranyar ▶ *vt* to surprise: *Em va* ~ *veure tanta gent.* I was surprised to see so many people. ◇ *No m'estranya que no vulgui venir.* I'm not surprised he doesn't want to come.
▶ **estranyar-se** *vp* to be surprised LOC **ja m'estranyava** I thought it was odd

estrat *nm* (*Geol, Sociol*) stratum [*pl* strata]

estratègia *nf* strategy [*pl* strategies]

estratègic, ~a *adj* strategic

E

estrebada *nf* tug: *He sentit una ~ a la màniga.* I felt a tug at my sleeve. ◇ *En aquest carrer un cop em van prendre la bossa d'una ~.* I had my bag snatched once in that street.

estrella *nf* star: *una ~ llunyana* a distant star ◇ *un hotel de tres estrelles* a three-star hotel ◇ *una ~ de cine/rock* a film/rock star LOC **estrella de mar** starfish ◆ **estrella invitada** guest star ◆ **veure les estrelles** to see stars

estrellat, -ada *adj* **1** (*nit, cel*) starry **2** (*figura*) star-shaped

estremir(-se) *vt, vp* to shake LOC **estremir-se de dolor** to wince with pain ◆ **estremir-se de fred/por** to shiver

estrena *nf* **1** (*pel·lícula*) premiere **2** (*obra de teatre*) first night

estrenar *vt* **1** (*roba, etc.*): *Estreno sabates.* I'm wearing new shoes. ◇ *Que estrenes cotxe?* Is that a new car you're driving? **2** (*pel·lícula*) to premiere **3** (*obra de teatre, composició musical*) to perform *sth* for the first time

estrènyer ▶ *vt* **1** to narrow **2** (*roba*) to take *sth* in **3** (*nus*) to tighten ▶ *vi* to be too tight (for *sb*): *Aquests pantalons m'estrenyen.* These trousers are too tight (for me). ▶ **estrènyer-se** *vp* **1** to narrow: *La carretera s'estreny 50 metres més enllà.* The road narrows in 50 metres. **2** (*fer espai*) to squeeze up: *Si us estrenyeu, hi cabrem.* If you squeeze up, there'll be room for us. LOC **estrènyer-se el cinturó** to tighten your belt

estrep *nm* stirrup LOC *Vegeu tb* PERDRE

estrès *nm* stress LOC **patir/tenir estrès** to be suffering from stress

estressant *adj* stressful

estressat, -ada *adj* stressed (out): *Està molt ~.* He's really stressed (out).

estret, ~a ▶ *adj* **1** narrow **2** (*roba, sabates*) tight: *Aquesta faldilla és massa estreta (per a tu).* That skirt's too tight (for you). ◇ *Aquestes sabates em van molt estretes.* These shoes are too tight.
▶ *nm* strait(s) [*gen pl*]: *l'estret de Gibraltar* the Straits of Gibraltar LOC *Vegeu* MENTALITAT

estri *nm* **1** (*eina*) tool **2** (*cuina*) utensil

estria *nf* **1** groove **2** (*pell*) stretch mark

estribord *nm* starboard: *a ~* to starboard

estricte, -a *adj* strict

estrident *adj* **1** (*so*) shrill **2** (*aspecte, color*) gaudy

estripar ▶ *vt* **1** to tear: *Li he estripat la samarreta sense voler.* I accidentally tore his T-shirt. **2** (*en trossos petits*) to tear *sth* up: *He estripat la camisa vella per fer-ne draps.* I've torn up that old shirt to make dusters. ◇ *Va ~ la carta.* He tore up the letter. ▶ **estripar-se** *vp* to tear: *Aquesta roba s'estripa com si res.* This material tears easily. ◇ *M'he estripat la faldilla amb un clau.* I've torn my skirt on a nail.

estrofa *nf* verse

estruç *nm* ostrich

estructura *nf* structure

estuari *nm* estuary [*pl* estuaries]

estudi *nm* **1** (*investigació, habitació*) study [*pl* studies]: *Han fet ~s sobre la qüestió.* They've done studies on the issue. ◇ *Té tots els llibres a l'estudi.* All her books are in the study. **2** (*activitat d'estudiar*) studying **3** (*apartament*) studio flat **4** (*Cine, Fot, TV*) studio [*pl* studios] **5 estudis** education [*incomptable, v sing*]: *~s primaris/superiors* primary/higher education LOC *Vegeu* CAP[1], FUGIR, PLA *nm*, PROGRAMA

estudiant *nmf* student: *un grup d'estudiants de medicina* a group of medical students LOC *Vegeu* RESIDÈNCIA

estudiar *vt, vi* to study: *M'agradaria ~ francès.* I'd like to study French. ◇ *Estudia en una escola privada.* She's at a private school. LOC **estudiar de memòria** to learn *sth* by heart ◆ **estudiar de valent** to swot *Vegeu tb* MATAR

estudiós, -osa *adj* studious

estufa *nf* fire: *~ elèctrica/de gas* electric/gas fire

estupefacte, -a *adj* amazed (*at/by sth*): *Em vaig quedar ~ davant de la seva insolència.* I was amazed at their insolence.

estúpid, ~a ▶ *adj* stupid
▶ *nm-nf* idiot

esvalot *nm* (*xivarri*) racket: *Què és aquest ~?* What's all the racket about?

esvalotar ▶ *vt* **1** (*desordenar*) to mess *sth* up **2** (*revolucionar*) to stir *sb* up: *~ la resta de la classe* to stir up the rest of the class ▶ *vi* (*fer mullader*) to make a racket ▶ **esvalotar-se** *vp* to get excited

esvalotat, -ada *adj* **1** (*excitat*) in a state of excitement: *Els ànims estan ~s.* Feelings are running high. **2** (*amb confusió*) in confusion: *La gent corria esvalotada.* People were running around in confusion. *Vegeu tb* ESVALOTAR

esvelt, ~a *adj* **1** (*prim*) slender **2** (*elegant*) graceful

esverar ▶ *vt* to frighten: *Els crits ens van ~.* The screams frightened us. ▶ **esverar-se** *vp* to be frightened: *No t'esveris, que no n'hi ha per a tant.* Don't be frightened. It's not that bad.

et[1] *nm* LOC **amb tots els ets i uts** in detail

et[2] *pron* **1** (*complement*) you: *T'ha vist?* Did he see you? ◇ *T'he portat un llibre.* I've brought you a book. ◇ *T'escriuré aviat.* I'll write to you soon. ◇ *T'ho he comprat.* I've bought it for you. **2** (*parts del cos, efectes personals*): *Treu-te l'abric.* Take your coat off. **3** (*reflexiu*) (yourself): *Pots fer-te mal.* You'll hurt yourself. ◇ *Vesteix-te.* Get dressed.

etapa *nf* stage: *Vam fer el viatge en dues etapes.* We did the journey in two stages. **LOC per etapes** in stages

etcètera et cetera (*abrev* etc.)

etern, ~a *adj* eternal

eternitat *nf* **1** eternity **2 una eternitat** (*molt de temps*) ages: *Has trigat una ~.* You've been ages.

eternitzar-se *vp* to spend ages (*doing sth*): *S'eternitza al lavabo.* He spends ages in the bathroom.

ètic, ~a *adj* ethical

ètica *nf* **1** (*Fil*) ethics [*incomptable*] **2** (*regles morals*) ethics [*pl*]: *l'ètica professional* professional ethics

etimologia *nf* etymology [*pl* etymologies]

etiqueta

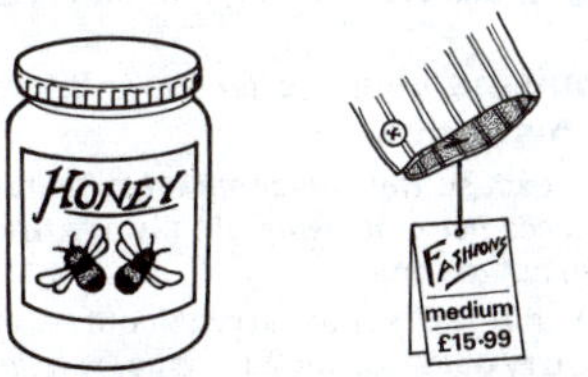

label **price tag**

etiqueta *nf* **1** label: *l'etiqueta d'un paquet/d'una ampolla* the label on a parcel/bottle **2** (*amb preu*) price tag **3** (*Informàt*) tag **LOC d'etiqueta** formal: *vestit d'etiqueta* formal dress

etiquetar *vt* to label

ètnia *nf* ethnic group

ètnic, ~a *adj* ethnic **LOC** *Vegeu* MÚSICA, NETEJA

EUA *abrev de* **Estats Units d'Amèrica** *Vegeu* ESTATS UNITS

eucaliptus *nm* eucalyptus [*pl* eucalyptuses/eucalypti]

eufemisme *nm* euphemism

eufòria *nf* euphoria

eufòric, ~a *adj* euphoric

euga *nf* mare

euro *nm* euro [*pl* euro/euros]: *Són tres ~s amb seixanta.* That's three euros, 60 cents. ◇ *un bitllet de 50 ~s* a 50-euro note **LOC** *Vegeu* ZONA

eurocambra *nf* European Parliament

eurodiputat, -ada (*tb* **europarlamentari, -ària**) *nm-nf* Euro-MP (*abrev* MEP)

Europa *nf* Europe

europeu, -ea *adj, nm-nf* European **LOC** *Vegeu* CAPITAL, ELECCIÓ, UNIÓ

Eurotúnel *nm* Channel Tunnel

eurozona *nf* Eurozone

eutanàsia *nf* euthanasia

evacuació *nf* evacuation

evacuar *vt* **1** (*desallotjar*) to vacate: *Van ~ l'edifici a temps.* They managed to vacate the building in time. **2** (*traslladar*) to evacuate: *~ els refugiats* to evacuate the refugees

evadir ▶ *vt* **1** (*impostos*) to evade **2** (*pregunta*) to avoid: *Va ~ la pregunta.* He avoided giving an answer. **3** (*treure il·legalment*) to smuggle *sth* out of the country ▶ **evadir-se** *vp* **evadir-se (de)** (*escapar-se*) to escape (from *sth*)

evangeli *nm* gospel: *l'Evangeli segons sant Joan* the gospel according to Saint John

evaporació *nf* evaporation

evaporar(-se) *vt, vp* to evaporate

evasió *nf* **1** (*fugida*) escape **2** (*distracció*) distraction **LOC evasió d'impostos/fiscal** tax evasion

evasiva *nf* excuse: *Sempre surts amb evasives.* You're always making excuses.

eventual *adj* **1** (*temporal*) temporary: *treballador/feina ~* casual worker/work **2** (*hipotètic*) possible: *en cas d'un ~ incendi* in case of fire

evidència *nf* evidence **LOC posar algú en evidència** to show sb up

evident *adj* obvious

evidentment *adv* obviously

evitar *vt* **1** (*impedir*) to prevent: *~ una catàstrofe* to prevent a disaster **2** (*defugir*) to avoid *sb/sth/doing sth*: *M'evita tant com pot.* He does everything he can to avoid me. **LOC no poder evitar (fer) alguna cosa** can't help (doing) sth: *No ho pot ~.* He can't help it. ◇ *No vaig poder ~ riure.* I couldn't help laughing.

evocar *vt* to evoke

evolució *nf* **1** (*Biol*) evolution **2** (*desenvolupament*) development

evolucionar *vi* **1** (*Biol*) to evolve **2** (*desenvolupar-se*) to develop

ex *nmf* (*marit, muller, parella*) ex

ex- *pref* former: *l'expresident* the former president

exactament *adv* exactly, just (*més col·loq*): *És ~ el que volia.* It's just what I wanted.

exacte, -a ▶ *adj* **1** (*precís*) exact: *Necessito les mesures ~s.* I need the exact measurements.

◇ *dos quilos ~s* exactly two kilos **2** (*descripció, rellotge*) accurate: *No em van donar una descripció gaire exacta.* They didn't give me a very accurate description. **3** (*idèntic*) identical: *Les dues còpies són ~s.* The two copies are identical.
▶ **exacte!** *interj* exactly!

E

exactitud *nf* (*precisió*) **1** exactness **2** (*descripció, rellotge*) accuracy LOC **amb exactitud** exactly: *No ho sabem amb ~.* We don't know exactly.

exageració *nf* exaggeration

exagerar *vt, vi* to exaggerate: *~ la importància d'alguna cosa* to exaggerate the importance of sth ◇ *No exageris.* Don't exaggerate.

exagerat, -ada *adj* **1** (*que exagera*) exaggerated: *No siguis ~.* Don't exaggerate. **2** (*excessiu*) excessive: *El preu em sembla ~.* I think the price is excessive. *Vegeu tb* EXAGERAR

exaltar ▶ *vt* (*lloar*) to praise ▶ **exaltar-se** *vp* to get heated

exaltat, -ada ▶ *adj* worked up (*about sth*): *Els ànims estan ~s.* Feelings are running very high.
▶ *nm-nf* hothead: *una colla d'exaltats* a group of hotheads *Vegeu tb* EXALTAR

examen *nm* exam, examination (*més formal*): *fer un ~* to do an exam ◇ *Aquesta setmana no puc perquè tinc exàmens.* I can't manage this week because I've got exams. LOC **examen de conduir** driving test ◆ **examen de recuperació** resit ◆ **examen d'ingrés** entrance exam ◆ **examen final** finals [*pl*] ◆ **examen tipus test** multiple-choice exam

examinador, ~a *nm-nf* examiner

examinar ▶ *vt* to examine ▶ **examinar-se** *vp* to have an exam: *Aquesta tarda m'examino de francès.* I've got a French exam this afternoon. LOC **examinar-se de conduir** to take your driving test

excavació *nf* excavation

excavadora *nf* digger

excavar *vt* **1** to dig: *~ un túnel* to dig a tunnel ◇ *~ la terra* to dig in the earth **2** (*Arqueologia*) to excavate

excel·lència *nf* excellence LOC **per excel·lència** par excellence ◆ **Sa/Vostra Excel·lència** His/Her/ Your Excellency

excel·lent ▶ *adj* excellent
▶ *nm* (*Educ*) excellent: *He tingut tres ~s.* I got 'excellent' in three subjects. ➲ *Vegeu nota a* A, A

excèntric, ~a *adj, nm-nf* eccentric

excepció *nf* exception: *fer una ~* to make an exception LOC **a excepció de** except (for) *sb/sth*

excepcional *adj* exceptional

excepte *prep* except (for) *sb/sth*: *tothom ~ jo mateix* everybody except me ◇ *tots ~ l'últim* all of them except (for) the last one

excés *nm* ~ **(de)** excess (of *sth*): *alimentació amb ~ de greixos* high-fat foods LOC **amb/en excés** too much: *beure en ~* to drink too much ◆ **excés d'equipatge** excess baggage ◆ **excés de velocitat** speeding: *La van multar per ~ de velocitat.* She was fined for speeding.

excessiu, -iva *adj* excessive: *La seva afició pel futbol és excessiva.* They're far too keen on football.

excitar ▶ *vt* **1** (*estimular, sexualment*) to excite **2** (*posar nerviós*) to make *sb* nervous ▶ **excitar-se** *vp* to get excited (*about/over sth*)

exclamació *nf* exclamation LOC *Vegeu* SIGNE

exclamar *vi, vt* to exclaim

excloure *vt* to exclude *sb/sth* (*from sth*)

exclusiu, -iva *adj* exclusive

exclusiva *nf* (*reportatge*) exclusive

excomunicar *vt* to excommunicate

excursió *nf* **1** excursion, trip (*més col·loq*): *una ~ de l'escola* a school trip **2** (*a la muntanya, etc.*) hike LOC **fer una excursió** to go on an excursion/trip

excursionisme *nm* hiking: *fer ~* to go hiking

excursionista *nmf* hiker

excusa *nf* excuse (*for sth/doing sth*): *Sempre troba excuses per a no venir.* He always finds an excuse not to come.

executar *vt* **1** (*realitzar*) to carry *sth* out: *~ una ordre* to carry out an order **2** (*pena de mort, Dret*) to execute **3** (*Mús*) to play **4** (*Informàt*) to run

executiu, -iva *adj, nm-nf* executive: *òrgan ~* executive body ◇ *una executiva important* an important executive LOC *Vegeu* PODER²

executiva *nf* executive (body): *l'executiva del partit* the party executive

exemplar ▶ *adj* exemplary
▶ *nm* (*llibre*) copy [*pl* copies]

exemple *nm* example: *Espero que us servirà d'exemple.* I hope this will be an example to you. LOC **donar exemple** to set an example ◆ **per exemple** for example (*abrev* e.g.)

exempt, ~a *adj* ~ **(de)** exempt (from *sth*): *Estic exempta de gimnàstica.* I'm excused from PE.

exercici *nm* **1** exercise: *fer un ~ de matemàtiques* to do a maths exercise ◇ *Hauries de fer més ~.* You should take more exercise. **2** (*professió*) practice

exercir ▶ *vt* **1** (*professió*) to practise: *~ l'advocacia/la medicina* to practise law/medicine **2** (*autoritat, poder, drets*) to exercise **3** (*càrrec*) to hold: ~ *el càrrec de degà* to hold the post of dean **4** (*influència*) to exert ▶ *vi* ~ **(de)** to practise: ~ *d'advocat/de metge* to practise law/medicine ◇ *Ja no exerceixo.* I no longer practise.

exèrcit *nm* army [*v sing o pl*] [*pl* armies]: *allistar-se a l'exèrcit* to join the army LOC **exèrcit de l'aire** air force ◆ **exèrcit de terra** army [*v sing o pl*] [*pl* armies]

exhalar *vt* **1** (*gas, vapor, olor*) to give off *sth* **2** (*sospir*) to heave

exhaurir ▶ *vt* **1** to exhaust: ~ *un tema* to exhaust a subject **2** (*existències, reserves*) to use *sth* up: *Hem exhaurit les existències.* We've used up all our supplies. ▶ **exhaurir-se** *vp* **1** (*llibre*) to be out of print **2** (*entrades*) to sell out

exhaust, ~a *adj* exhausted

exhaustiu, -iva *adj* thorough, exhaustive (*més formal*)

exhibicionisme *nm* **1** exhibitionism **2** (*sexual*) indecent exposure

exhibicionista *nmf* **1** exhibitionist **2** (*sexual*) flasher (*col·loq*)

exhibir ▶ *vt* to exhibit ▶ **exhibir-se** *vp* (*fer el fatxenda*) to show off

exigència *nf* **1** (*requisit*) requirement **2** (*pretensió*) demand (*for sth/that...*): *No em surtis amb exigències!* Don't come to me with your demands!

exigent *adj* **1** (*que demana molt*) demanding **2** (*estricte*) strict

exigir *vt* **1** (*demanar*) to demand: *Exigeixo una explicació.* I demand an explanation. **2** (*requerir*) to require: *Exigeix una preparació especial.* It requires special training. LOC *Vegeu* RESCAT

exili *nm* exile

exiliar ▶ *vt* to exile ▶ **exiliar-se** *vp* **exiliar-se (a)** to go into exile (in...)

exiliat, -ada ▶ *adj* exiled ▶ *nm-nf* exile *Vegeu tb* EXILIAR

existència *nf* **1** (*ésser*) existence **2 existències (a)** (*provisions*) stocks [*incomptable*]: *Se'ns estan acabant les existències de carn.* Our stocks of meat are running low. **(b)** (*Com*) stock

existent *adj* existing

existir *vi* **1** (*haver-hi*): *No existeix una voluntat de cooperació.* There is no spirit of cooperation. **2** (*ésser real*) to exist: *Els vampirs no existeixen.* Vampires don't really exist.

èxit *nm* **1** success **2** (*disc, cançó*) hit: *el seu últim* ~ their latest hit LOC **d'èxit** (*autor, llibre*) best-selling ◆ **èxit de taquilla** box-office hit ◆ **èxit editorial/de vendes** best-seller ◆ **tenir èxit** to be successful *Vegeu tb* LLISTA

exorcisme *nm* exorcism

exòtic, ~a *adj* exotic

expandir ▶ *vt* **1** (*estendre*) to expand: *Estem mirant d'expandir el negoci.* We are trying to expand the business. **2** (*incendi, notícia, rumor*) to spread ▶ **expandir-se** *vp* **1** (*estendre's*) to expand **2** (*incendi, notícia, rumor*) to spread

expansió *nf* **1** expansion **2** (*Com, Econ*) growth

expansiu, -iva *adj* (*comunicatiu*) expansive LOC *Vegeu* ONA

expatriar ▶ *vt* to exile ▶ **expatriar-se** *vp* to emigrate

expatriat, -ada *adj, nm-nf* expatriate: *albanesos* ~ *a Catalunya* Albanians living in Catalonia *Vegeu tb* EXPATRIAR

expectació *nf* sense of expectancy: *L'expectació creix.* The sense of expectancy is growing.

expectativa *nf* **1** (*esperança*) expectation: *Va superar les meves expectatives.* It exceeded my expectations. **2** (*perspectiva*) prospect: *No tinc gaires expectatives.* My prospects aren't very good. LOC **estar a l'expectativa** to be on the lookout (*for sth*)

expedició *nf* expedition

expedient *nm* **1** (*documentació*) file: *Tens a mà el seu ~?* Do you have his file to hand? **2** (*acadèmic, professional*) record: *tenir un bon ~ acadèmic* to have a good academic record **3** (*Dret*) proceedings [*pl*] LOC *Vegeu* OBRIR

expedir *vt* **1** (*carta, paquet*) to send **2** (*passaport, visat*) to issue: ~ *un passaport* to issue a passport

experiència *nf* experience: *anys d'experiència laboral* years of work experience ◇ *Va ésser una gran ~.* It was a great experience. LOC **per experiència** from experience ◆ **sense experiència** inexperienced

experiment *nm* experiment: *fer un ~* to carry out an experiment

experimental *adj* experimental: *de manera ~* on an experimental basis

experimentar ▶ *vt* **1** (*sensació*) to experience **2** (*canvi*) to undergo **3** (*augment, milloria*) to show ▶ *vi* to experiment: ~ *amb animals* to experiment on animals ◇ *Volen ~ amb músics d'altres països.* They want to experiment with musicians from other countries.

experimentat, -ada *adj* (*persona*) experienced *Vegeu tb* EXPERIMENTAR

expert, ~a *adj, nm-nf* ~ **(en)** expert (at/in/on *sth*): *els ~s en nutrició* experts in nutrition ◇ *No sóc experta en aquests temes.* I'm no expert on these matters.

E

E

expirar *vi* to expire

explicació *nf* explanation: *No t'he pas de donar explicacions.* I don't need to give you any explanation.

explicar ▶ *vt* **1** (*aclarir*) to explain *sth* (*to sb*): *Em pots ~ com funciona el sistema?* Can you explain how the system works to me? ◇ *Això explica per què no va telefonar.* That explains why she didn't call. **2** (*contar*) to tell: *Explica'm un conte.* Tell me a story. ◇ *Explica'm què t'ha passat aquest matí.* Tell me what happened this morning. **3** (*Educ*) to teach: *Explica física a la universitat.* She teaches physics at the university. ▶ **explicar-se** *vp* **1** (*entendre*) to understand: *Ara m'ho explico.* Now I understand. **2** (*fer-se entendre*) to make yourself clear: *No sé si m'explico...* I don't know if I've made myself clear... ◇ *M'he explicat?* Do you see what I mean? ◇ *No se sap ~.* He doesn't express himself very well. LOC *Vegeu* LLARG

explorador, ~a (*persona*) ▶ *nm-nf* explorer ▶ *nm* (*Informàt*) browser

explorar *vt* **1** (*país, regió*) to explore **2** (*Med*) to examine

explosió *nf* explosion: *una ~ nuclear* a nuclear explosion ◇ *l'explosió demogràfica* the population explosion LOC **fer explosió** to explode

explosiu, -iva *adj, nm* explosive

explotació *nf* (*recursos, persones*) exploitation LOC **explotació agrícola/ramadera** (*activitat*) farming/livestock farming ◆ **explotació minera** (*activitat*) mining

explotar ▶ *vt* (*persones, recursos*) to exploit ▶ *vi* (*esclatar*) to explode

exportació *nf* export

exportador, ~a ▶ *adj* exporting: *els països ~s de petroli* the oil-exporting countries ▶ *nm-nf* exporter

exportar *vt* to export

exposar ▶ *vt* **1** (*quadre*) to exhibit **2** (*idees*) to present **3** (*vida*) to risk ▶ **exposar-se** *vp* **exposar-se a** (*posar-se en perill*) to risk *sth/doing sth*: *T'exposes a una multa.* You're risking a fine. ◇ *T'exposes a agafar un refredat.* You risk catching a cold. LOC **exposar-se al sol**: *No t'exposis gaire al sol.* Don't stay out in the sun too long.

exposició *nf* **1** (*d'art*) exhibition: *una ~ de fotografies* an exhibition of photographs ◇ *muntar una ~* to put on an exhibition **2** (*d'un tema*) presentation **3 ~ a** (*contaminació, sol*) exposure to *sth*

exprés, -essa *adj, nm* express: *correu ~* express mail ◇ *un tren ~* an express train LOC *Vegeu* CAFÈ, CAFETERA

expressament *adv* on purpose

expressar *vt* to express

expressió *nf* expression LOC **expressió oral/escrita** speaking/writing *Vegeu tb* LLIBERTAT

expressiu, -iva *adj* **1** expressive: *una peça musical expressiva* an expressive piece of music **2** (*mirada*) meaningful

expulsar *vt* **1** to expel *sb* (*from...*): *L'expulsaran de l'escola.* They're going to expel her (from school). **2** (*Esport*) to send *sb* off: *El van ~ del camp.* He was sent off (the pitch).

expulsió *nf* **1** expulsion: *Aquest any hi ha hagut tres expulsions a l'escola.* There have been three expulsions from the school this year. **2** (*Esport*) sending-off [*pl* sendings-off]

exquisit, -ida *adj* **1** (*menjar, beguda*) delicious **2** (*gust, objecte*) exquisite

èxtasi *nm* **1** (*sentiment*) ecstasy [*pl* ecstasies] **2** (*droga*) Ecstasy [*incomptable*]

extens, ~a *adj* **1** (*superfície*) extensive **2** (*període de temps*) long

extensió *nf* **1** (*superfície*) area: *una ~ de 30 metres quadrats* an area of 30 square metres **2** (*durada*): *una gran ~ de temps* a long period of time ◇ *Quina és l'extensió del contracte?* How long is the contract for? **3** (*telèfon*) extension

exterior ▶ *adj* **1** outer: *la capa ~ de la Terra* the outer layer of the earth **2** (*comerç, política*) foreign: *política ~* foreign policy ▶ *nm* **1** (*cosa, espai*) outside: *l'exterior de la casa* the outside of the house **2** (*persona*) outward appearance LOC *Vegeu* MINISTERI, MINISTRE

exterminar *vt* to exterminate

extern, ~a ▶ *adj* **1** external: *influències externes* external influences **2** (*capa, superfície*) outer: *la capa externa de la pell* the outer layer of skin ▶ *nm-nf* (*alumne*) day pupil LOC *Vegeu* ÚS

extinció *nf* (*espècie*) extinction: *les espècies en perill d'extinció* endangered species

extingir ▶ *vt* **1** (*foc*) to put *sth* out **2** (*espècie*) to wipe *sth* out ▶ **extingir-se** *vp* **1** (*foc*) to go out **2** (*espècie*) to become extinct

extintor *nm* fire extinguisher

extirpar *vt* (*Med*) to remove

extra ▶ *adj* **1** (*superior*) top quality **2** (*addicional*) extra: *una capa ~ de vernís* an extra coat of varnish ▶ *nmf* (*Cine, Teat*) extra LOC *Vegeu* HORA

extracomunitari, **-ària** *adj* non-EU: *països ~s* non-EU countries

extracte *nm* **1** (*compte bancari*) (bank) statement **2** (*llibre, document*) (**a**) (*resum*) summary [*pl* summaries] (**b**) (*fragment*) extract

extractor *nm* extractor: *un ~ de fum* a smoke extractor

extradició *nf* extradition

extraescolar (*tb* **extracurricular**) *adj* out-of-school, extracurricular (*més formal*): *activitats ~s* out-of-school activities

extraordinari, **-ària** *adj* **1** (*excel·lent*) excellent: *El menjar era ~.* The food was excellent. **2** (*especial*) special: *edició extraordinària* special edition **3** (*convocatòria, reunió*) extraordinary: *reunió extraordinària* extraordinary meeting

extraradi *nm* outskirts [*pl*]: *viure a l'extraradi* to live on the outskirts

extraterrestre ▶ *adj* extraterrestrial
▶ *nmf* alien

extravagant ▶ *adj* **1** (*aspecte*) flamboyant **2** (*actitud*) outrageous
▶ *nmf* eccentric

extravertit, **-ida** *adj, nm-nf* extrovert: *És molt ~.* He's a real extrovert.

extraviar ▶ *vt* to lose ▶ **extraviar-se** *vp* **1** (*persona*) to get lost **2** (*animal*) to stray **3** (*objecte*) to be missing: *Alguns documents s'han extraviat.* Some documents are missing.

extraviat, **-ada** *adj* **1** (*persona, cosa*) lost **2** (*animal*) stray *Vegeu tb* EXTRAVIAR

extrem, **~a** ▶ *adj* extreme: *un cas ~* an extreme case ◇ *fer alguna cosa amb extrema cura* to do sth with extreme care
▶ *nm* **1** extreme: *passar d'un ~ a l'altre* to go from one extreme to another **2** (*punta*) end: *Agafa les estovalles pels ~s.* Take hold of the ends of the tablecloth. ◇ *Viuen a l'altre ~ de la ciutat.* They live at the other end of town.
▶ *nmf* (*Esport*) winger **LOC** *Vegeu* ORIENT

extremar *vt* to maximize: *~ les mesures de seguretat* to maximize security measures ◇ *~ la precaució* to take strict precautions

extremista *adj, nmf* extremist: *grups extremistes* extremist groups

extremitat *nf* **1** (*extrem*) end **2 extremitats** (*cos*) extremities

extreure *vt* **1** to extract *sth from sb/sth*: *~ or d'una mina* to extract gold from a mine ◇ *~ informació d'algú* to extract information from sb **2** (*sang*) to take *sth from sb*: *Li van ~ mig litre de sang.* They took half a litre of blood from him.

F f

fa *nm* **1** (*nota*) F **2** (*solfeig*) fah ➲ *Vegeu nota a* DO[1]
LOC *Vegeu* CLAU[2]

fàbrica *nf* **1** factory [*pl* factories]: *una ~ de cotxes/conserves* a car/canning factory **2** (*de ciment, acer, maons*) works [*v sing o pl*]: *La ~ d'acer està a punt de tancar.* The steelworks is/are closing down. **LOC fàbrica de cervesa** brewery [*pl* breweries] ◆ **fàbrica de paper** paper mill

fabricació *nf* manufacture, making (*més col·loq*): *~ d'avions* aircraft manufacture **LOC de fabricació espanyola, holandesa, etc.** made in Spain, Holland, etc.

fabricant *nmf* manufacturer

fabricar *vt* to manufacture, to make (*més col·loq*): *~ cotxes* to manufacture cars **LOC fabricar en sèrie** to mass-produce ◆ **fabricat a...** made in...

fabulós, **-osa** *adj* fabulous

façana *nf* (*Arquit*) facade (*formal*), front: *la ~ de l'hospital* the front of the hospital

facció *nf* **1** (*grup*) faction **2 faccions** (*cara*) features

faceta *nf* facet

fàcil *adj* **1** (*senzill*) easy: *És més ~ que no sembla.* It's easier than it looks. ◇ *Això és ~ de fer.* That's easily done. ◇ *En Marc és ~ de convèncer.* Marc is easily persuaded. **2** (*probable*): *No és gens ~ que m'ho concedeixin.* They're unlikely to let me have it. ◇ *És ~ que faci tard.* He will probably be late.

facilitat *nf* ease: *Aprèn els idiomes amb molta ~.* She's very good at learning languages. **LOC tenir facilitat** to be good *at sth/doing sth*: *Té ~ per a la música.* He's good at music. ◇ *No té gens de ~ per a l'anglès.* He's very bad at English.

factor *nm* factor: *un ~ clau* a key factor

factura *nf* bill: *la ~ del gas/de la llum* the gas/electricity bill ◇ *Fes la ~.* Make out the bill.

facturació *nf* (*equipatge*) check-in

F

facturar *vt* (*equipatge*) to check *sth* in: *Ja has facturat les maletes?* Have you checked in the cases?

facultat *nf* **1** (*capacitat*) faculty [*pl* faculties]: *en plena possessió de les seves ~s mentals* in full possession of his mental faculties ◇ *Ha perdut ~s.* He's lost his faculties. **2** (*Educ*) **(a)** (*universitat*) university: *un amic de la ~* a friend of mine from university **(b)** **Facultat** Faculty [*pl* Faculties]: *la Facultat de Dret* the Law Faculty

fada *nf* fairy [*pl* fairies]: *un conte de fades* a fairy tale

faig *nm* beech (tree)

faisà *nm* pheasant

faixa *nf* **1** (*per a la cintura*) sash **2** (*roba interior*) girdle

falç *nf* sickle

falca *nf* (*tascó*) wedge LOC **falca publicitària** commercial break

falcó *nm* falcon

falda *nf* **1** (*de persona*) lap: *seure a la ~ d'algú* to sit on sb's lap **2** (*muntanya*) lower slope

falder, ~a *adj* LOC *Vegeu* GOS

faldilla *nf* **faldilles** skirt: *Avui porta faldilles.* She's wearing a skirt today. LOC **faldilla escocesa 1** (*per a dona*) tartan skirt **2** (*vestit típic escocès*) kilt ◆ **faldilla pantaló** culottes [*pl*]

falguera *nf* fern

fallar ▶ *vi* **1** to fail: *Em falla la vista.* My eyesight's failing. ◇ *Li va ~ el fre.* Her brakes failed. **2** (*a un amic*) to let *sb* down ▶ *vt* to miss: *El caçador va ~ el tret.* The hunter missed. LOC **no falla!** it, he, etc. is always the same: *Segur que fa tard: això no falla.* He's bound to be late; he's always the same.

fal·lera *nf* obsession: *tenir ~ per algú* to be obsessed with sb

fallida *nf* bankruptcy [*pl* bankruptcies] LOC **fer fallida** to go bankrupt

fals, ~a *adj* **1** false: *una falsa alarma* a false alarm **2** (*d'imitació*) fake: *diamants falsos* fake diamonds **3** (*falsificat*) forged: *un bitllet/passaport ~* a forged note/passport

falsificació *nf* **1** (*acció*) forging **2** (*objecte falsificat*) forgery [*pl* forgeries]

falsificar *vt* to forge

falta *nf* **1 ~ de** (*manca*) lack of *sth*: *la seva ~ d'ambició/de respecte* his lack of ambition/respect **2** (*error*) mistake: *faltes d'ortografia* spelling mistakes **3 (a)** (*Futbol, beisbol*) foul: *fer una ~* to commit a foul **(b)** (*Tennis*) fault LOC **falta (d'assistència)** absence: *Ja has fet tres faltes aquest mes.* That's three times you've been absent this month. ◇ *No vull que em posin una ~.* I don't want to be marked absent. ◆ **falta d'educació** rudeness: *Quina ~ d'educació!* How rude! ◆ **fer falta** to need *sth/to do sth*: *Em fa ~ un cotxe.* I need a car. ◇ *Fan ~ quatre cadires.* We need four more chairs. ◇ *No fa ~ que vingueu.* You needn't come. ◆ **sens falta** without fail *Vegeu tb* XIULAR

faltar *vi* **1** (*necessitar*) to need *sb/sth* [*vt*]: *Aquí falta un director.* This place needs a manager. ◇ *Em falten dues monedes per a fer la trucada.* I need two coins to make a phone call. ◇ *Falten medicines a molts hospitals.* Many hospitals need medicines. ◇ *Els falta afecte, als nens.* Children need affection. **2** (*estar absent*) to be missing: *Falta algú?* Is anybody missing? **3 ~ (a)** (*no assistir*) to miss *sth* [*vt*]: *~ a una classe* to miss a lesson **4** (*quedar temps*): *Falten deu minuts (fins al final de la classe).* There are ten minutes to go (till the end of the lesson). ◇ *Falta molt per a l'hora de dinar?* Is it long till lunch? ◇ *Que et falta gaire?* Are you going to be long? LOC **faltar al respecte** to show no respect *to sb* ◆ **faltar un bull a algú** to have a screw loose ◆ **només faltaria!** I should think so! ◆ **només faltava això!** that's all I/we needed! *Vegeu tb* TROBAR

fam *nf* hunger, starvation, famine

> No s'han de confondre les paraules **hunger, starvation** i **famine**:
> **Hunger** és el terme general i es fa servir en casos com: *fer vaga de fam* to go on (a) hunger strike, o per a expressar un desig: *fam de coneixement/poder* hunger for knowledge/power.
> **Starvation** es refereix a la fam que es sofreix durant un període llarg de temps: *El van deixar morir de fam.* They let him die of starvation. El verb **to starve** significa *morir de fam* i s'utilitza molt en l'expressió: *Em moro de fam.* I'm starving.
> **Famine** és la fam que afecta normalment un gran nombre de persones i sol ésser conseqüència d'una catàstrofe natural: *una població debilitada per la fam* a population weakened by famine ◇ *A la llarga sequera van seguir uns mesos de fam.* The long drought was followed by months of famine.

fama *nf* **1** (*celebritat*) fame: *aconseguir la ~* to achieve fame **2 ~ (de)** (*reputació*) reputation (for *sth/doing sth*): *tenir bona/mala ~* to have a good/bad reputation ◇ *Té ~ de ser un professor dur.* He has a reputation for being very strict.

família *nf* family [*pl* families]: *I la ~, com va?* How's your family? ◇ *La meva ~ viu a França.* My family live in France. ◇ *La meva ~ és del nord.* My family is/are from the north.

Quan en anglès es parla de la família considerant-la com una unitat, **family** duu el verb en singular: *La meva família és la cosa més important.* My family is the most important thing. Si, per contra, es considera com un grup d'individus, el verb va en plural: *La meva família pensa que sóc boig.* My family think I'm crazy. D'altra banda, hi ha dues maneres possibles de referir-se al cognom familiar en anglès: amb la paraula **family** ('the Jones family') o posant el cognom en plural ('the Joneses').

LOC **de bona família** well-to-do: *Són de bona ~.* They're from a well-to-do family. ◆ **família d'acollida** host family ◆ **família nombrosa** large family ◆ **mare/pare de família** mother/father ◆ **venir de família** to run in the family: *Això ens ve de ~.* That runs in our family. *Vegeu tb* CAP¹, METGE

familiar ▶ *adj* **1** (*de la família*) family [*n atrib*]: *lligams ~s* family ties **2** (*conegut*) familiar: *una cara ~* a familiar face
▶ *nmf* (*parent*) relative

famós, **-osa** *adj* ~ **(per) 1** (*cèlebre*) famous (for *sth*): *fer-se ~* to become famous **2** (*de mala fama*) notorious (for *sth*): *És ~ pel seu mal geni.* He's notorious for his bad temper.

fan *nmf* fan

fanal *nm* **1** (*llanterna*) lantern **2** (*llum del carrer*) street light

fanàtic, **~a** ▶ *adj* fanatical (about *sth*)
▶ *nm-nf* fanatic

fanatisme *nm* fanaticism

fanfarró, **-ona** *adj*, *nm-nf* show-off [*n*]: *És molt ~.* He's such a show-off.

fang *nm* **1** (*llot*) mud **2** (*argila*) clay LOC **de fang** earthenware: *cassoles de ~* earthenware pots

fantasia *nf* fantasy [*pl* fantasies]: *Són fantasies seves.* That's just a fantasy of his. LOC **de fantasia** fancy

fantasma *nm* ghost: *una història de fantasmes* a ghost story LOC **ésser un fantasma** (*fatxenda*) to be a show-off

fantàstic, **~a** *adj* fantastic

far *nm* **1** (*torre*) lighthouse **2** (*de cotxe, moto*) headlight **3** (*de bicicleta*) (bicycle) lamp LOC **far antiboira** fog lamp

farbalà *nm* frill

farcell *nm* bundle

farciment *nm* **1** (*Cuina*) (**a**) (*dolç*) filling: *pastissos amb ~ de nata* cream cakes (**b**) (*salat*) stuffing **2** (*coixí*) stuffing

farcir *vt* (*Cuina*) **1** (*amb dolç*) to fill *sth* (*with sth*): *Vaig ~ els bunyols amb/de crema.* I filled the fritters with custard. **2** (*amb salat*) to stuff *sth* (*with sth*)

farcit, **-ida** *adj* (*Cuina*) **1** (*dolç*) filled (*with sth*) **2** (*salat*) stuffed (*with sth*) *Vegeu tb* FARCIR

farga *nf* forge

farigola *nf* thyme

farina *nf* flour LOC *Vegeu* MATINAR

farinetes *nf* (*bebè*) baby food

faringitis *nf* pharyngitis [*incomptable*]

faristol *nm* (*Mús*) music stand

farmacèutic, **~a** *nm-nf* chemist

farmàcia *nf* **1** (*botiga*) chemist's: *Hi ha alguna ~ aquí a prop?* Is there a chemist's near here? ➲ *Vegeu nota a* CARNISSERIA **2** (*estudis*) pharmacy LOC **farmàcia de guàrdia/de torn** duty chemist ➲ *Vegeu nota a* PHARMACY

farmaciola *nf* **1** (*estoig*) first-aid kit **2** (*armari*) medicine cabinet

fart, **~a** *adj* **1** (*ple*) full **2** ~ **(de)** (*cansat*) fed up (with *sb/sth/doing sth*): *N'estic ~, de tu.* I'm fed up with you. LOC **fer-se un fart de plorar** to cry your eyes out ◆ **fer-se un fart de riure** to split your sides

fascicle *nm* instalment: *publicar/vendre alguna cosa en ~s* to publish/sell sth in instalments

fascinant *adj* fascinating

fascinar *vt* to fascinate: *Aquells jocs de mans van ~ la canalla.* The children were fascinated by the conjuring tricks.

fase *nf* stage, phase (*més formal*): *la ~ prèvia/classificatòria* the preliminary/qualifying stage

fàstic *nm* LOC **fer fàstic** to make *sb* sick: *Aquest país fa ~.* This country makes me sick. ◇ *Els ronyons em fan ~.* I can't stand kidney. ◆ **quin fàstic! 1** (*que repugnant!*) how disgusting! **2** (*quina tabarra!*) what a pain! ◆ **quin fàstic de...! 1** (*repugnant*) what a disgusting... ! **2** (*empipador, horrible*): *Quin ~ de feina/temps!* What a horrible job/What horrible weather! *Vegeu tb* CARA

fastigós, **-osa** *adj* **1** (*brut*) filthy **2** (*repugnant*) disgusting

fastiguejar *vt* (*atipar*) to annoy: *Em fastiguegeu amb les vostres queixes.* You're really annoying me with your constant moaning.

fat, **fada** *adj* (*menjar*) tasteless: *La sopa és una mica fada.* This soup needs a little salt.

fatal *adj* **1** (*terrible*) terrible: *Han passat un any ~.* They've had a terrible year. **2** (*mortal*) fatal: *un accident ~* a fatal accident

fatxa ▶ *adj, nmf* fascist ➲ *Vegeu nota a* VEGETARIÀ ▶ *nf* **1** (*aspecte*) look: *No m'agrada la ~ que fa.* I don't much like the look of him. **2** (*ridícul*) sight: *Quina ~ que fa amb aquesta jaqueta.* He looks a real sight in that jacket.

fatxenda *nmf* show-off LOC **fer el fatxenda** to show off

faula *nf* fable

fauna *nf* fauna

fava *nf* broad bean

favor *nm* favour: *Em pots fer un ~?* Can you do me a favour? ◇ *demanar un ~ a algú* to ask sb a favour LOC **a/en favor de** in favour of *sb/sth/doing sth*: *Anem a ~ de la seva proposta.* We're in favour of his proposal. ◆ **fer el favor de 1** *Em pots fer el ~ d'acostar-me aquell plat?* Could you pass me that plate, please? **2** (*dit amb irritació*): *Fes el ~ de trucar-li!* Will you please phone him! ◆ **per favor** please

favorable *adj* favourable

favorit, ~a *adj, nm-nf* favourite

favoritisme *nm* favouritism

fax *nm* fax: *enviar un ~* to send a fax ◇ *Ho van eviar per ~.* They faxed it.

fe *nf* faith (*in sb/sth*)

feble *adj* weak LOC *Vegeu* PUNT

febre *nf* **1** (*temperatura anormal*) temperature: *tenir ~* to have a temperature ◇ *No tens tanta ~.* Your temperature has gone down. ◇ *Tens més ~.* Your temperature has gone up. ◇ *Té 38° de ~.* He's got a temperature of 38°. **2** (*malaltia, interès exagerat*) fever: *~ groga* yellow fever ◇ *~ del fenc* hay fever ◇ *la ~ de les eleccions* election fever LOC *Vegeu* DÈCIMA

febrer *nm* February (*abrev* Feb.) ➲ *Vegeu exemples a* GENER

fecundació *nf* fertilization: *~ in vitro* in vitro fertilization (IVF)

fecundar *vt* to fertilize

federació *nf* federation

federal *adj* federal

feina *nf* **1** work [*incomptable*]: *Tinc molta ~.* I've got a lot of work to do. ◇ *T'hauries de posar al dia amb la ~ endarrerida.* You must get up to date with your work. ◇ *Em van donar la notícia a la ~.* I heard the news at work. **2** (*col·locació, tasca*) job: *buscar ~* to be looking for a job ◇ *una ~ ben pagada* a well-paid job ◇ *quedar-se sense ~* to lose your job ◇ *No t'hi entretinguis gaire en aquesta ~.* Don't spend a lot of time on that job. ➲ *Vegeu nota a* WORK LOC **donar feina**: *Aquest vestit m'ha donat molta ~.* This dress was a lot of work. ◇ *Els fills donen molta ~.* Children mean a lot of work. ◆ **feina de casa** housework ◆ **feines agrícoles/del camp** farm work [*v sing*] ◆ **sense feina** out of work *Vegeu tb* PROU

feinada *nf* hard work [*incomptable*]: *ésser una ~* to be hard work

feinejar *vi* to potter about/around

feiner, ~a *adj* LOC *Vegeu* DIA

feix *nm* bundle: *un ~ de bitllets nous* a bundle of crisp notes

feixisme *nm* fascism

feixista *adj, nmf* fascist ➲ *Vegeu nota a* VEGETARIÀ

feixuc, -uga *adj* heavy

feliç *adj* happy: *És una noia ~.* She's a happy girl. ◇ *... i van ésser feliços i van menjar anissos* ... and they all lived happily ever after

felicitació *nf* **1** (*enhorabona*) congratulations **2** (*targeta*) card: *una ~ de Nadal* a Christmas card

felicitar *vt* **1** (*donar l'enorabona*) to congratulate *sb* (*on sth*): *El vaig ~ per l'ascens.* I congratulated him on his promotion. ◇ *Et felicito!* Congratulations! **2** (*desitjar felicitat*) to wish *sb* (a) happy...: *Em van ~ el Nadal.* They wished me a happy Christmas.

felicitat *nf* **1** (*joia*) happiness: *Quina cara de ~.* What a happy face! **2 felicitats** (**a**) best wishes (*on...*): *Et desitjo moltes ~s en el teu aniversari.* Best wishes on your birthday. (**b**) (*enhorabona*) congratulations (*on sth/doing sth*): *Felicitats per la nova feina/per haver aprovat.* Congratulations on your new job/on passing your exams.

feltre *nm* felt

fem *nm* **fems** dung [*incomptable*]

femella *nf* **1** (*animal, persona*) female: *un lleopard ~* a female leopard ➲ *Vegeu nota a* FEMALE **2** (*endoll*) socket ➲ *Vegeu il·lustració a* ENDOLL **3** (*caragol*) nut

femení, -ina *adj* **1** female: *el sexe ~* the female sex **2** (*Esport, moda*) women's: *l'equip ~* the women's team **3** (*característic de la dona, Gram*) feminine: *Porta roba molt femenina.* She wears very feminine clothes. ➲ *Vegeu nota a* FEMALE

femer *nm* dunghill

feminista *adj, nmf* feminist ➲ *Vegeu nota a* VEGETARIÀ

fenc *nm* hay

fenomen *nm* phenomenon [*pl* phenomena]: *fenòmens climatològics* meteorological phenomena **LOC** **ésser un fenomen** to be fantastic: *Aquest jugador és un ~.* He's a fantastic player.

fenomenal *adj* fantastic

fer *v*

- es tradueix per **to make** en el casos següents: **1** (*fabricar*): *~ bicicletes/una brusa* to make bicycles/a blouse **2** (*diners, soroll, llit*): *No et fas mai el llit quan t'aixeques.* You never make your bed when you get up. **3** (*comentari, promesa, esforç*): *Has de ~ un esforç.* You must make an effort. **4** (*amor*): *Fes l'amor i no la guerra.* Make love, not war. **5** (*convertir en*): *Diuen que el patiment ens fa més forts.* They say suffering makes you stronger. ➲ *Vegeu exemples a* MAKE
- es tradueix per **to do** en el casos següents: **1** quan es parla d'una activitat sense dir de què es tracta: *Què fem aquesta tarda?* What shall we do this afternoon? ◇ *Faig el que puc.* I do what I can. ◇ *Explica'm què fas a l'escola.* Tell me what you do at school. **2** quan es fa referència a activitats com ara rentar, planxar, netejar i comprar: *Quan faràs la bugada?* When are you going to do the washing? ◇ *Si tu fas el lavabo, jo faré la cuina.* If you do the bathroom, I'll do the kitchen. **3** (*estudis*): *~ els deures/un examen/un curs* to do your homework/an exam/a course ◇ *~ sumes i restes* to do sums **4** (*favor*): *Em pots ~ un favor?* Will you do me a favour? ➲ *Vegeu exemples a* DO
- **fer (que...)** to get *sb to do sth*: *Ens fan venir cada dissabte.* They're getting us to come in every Saturday. ◇ *Vaig ~ que canviessin el pneumàtic.* I got them to change the tyre.
- **fer d'alguna cosa 1** (*ofici*) to work as sth: *Faig de jardiner.* I'm working as a gardener. **2** (*exercir*) to act as sth: *No em facis de pare.* Don't act as if you were my father. **3** (*cosa*) to serve as sth: *Una caixa de fusta feia de taula.* A wooden box served as a table.
- **fer el/la + adjectiu** to pretend to be *sth*: *No facis el sord.* Don't pretend to be deaf. ◇ *Sempre fa el graciós amb els amics.* He always plays the fool with his friends.
- **fer-se 1 amb substantiu** to become: *Es va ~ taxista.* He became a taxi driver. **2 amb adjectiu**: *Em vaig fent vell.* I'm getting old. ◇ *L'última classe es fa eterna.* The last lesson seems to go on for ever. **3** (*moure's*) to move: *fer-se cap a un costat* to move over
- **temps meteorològic**: *Fa fred/calor/vent/sol.* It's cold/hot/windy/sunny. ◇ *L'estiu passat va ~ molt bon temps.* We had very nice weather last summer.
- **temps cronològic**: *Em vaig casar fa deu anys.* I got married ten years ago. ◇ *Feia uns mesos que s'havien conegut.* They had met a few months earlier. ◇ *Fa gaire que vius aquí?* Have you been living here long? ◇ *Fa anys i panys que ens coneixem.* We've known each other for ages. ➲ *Vegeu nota a* AGO
- **amb nombres 1** (*mida*) to be: *Fa tres metres de llarg.* It's three metres long. ◇ *Quant fas d'alçada?* How tall are you? **2** (*distància*): *Cada dia faig 50 km.* I travel/drive 50 km every day. ◇ *De vegades fem cinc quilòmetres corrent.* We sometimes go for a five-kilometre run. **3** (*calcular*): *Quants anys li faries?* How old do you think she is?
- **esports**: *~ judo/aeròbic* to do judo/aerobics ◇ *~ ciclisme/alpinisme* to go cycling/climbing ➲ *Vegeu nota a* ESPORT
- **espectacles 1** (*pel·lícula, programa*) to show: *Fan una pel·lícula molt bona aquesta nit.* There's a very good film on tonight. ◇ *Què fan aquesta nit?* What's on tonight? **2** (*obra de teatre*) to put *sth* on **3** (*paper*) to play: *Vaig ~ el paper de Julieta.* I played the part of Juliet.
- **d'altres usos: 1** (*escriure*) to write: *~ una redacció* to write an essay **2** (*pintar, dibuixar*) to paint, to draw: *~ un quadre/una ratlla* to paint a picture/to draw a line **3** (*nus*) to tie: *~ un llaç* to tie a bow **4** (*pregunta*) to ask: *Per què fas tantes preguntes?* Why do you ask so many questions? **5** (*prendre*): *Anem a ~ un cafè/una cervesa.* Let's go for a coffee/a beer.

LOC **des de fa...** for...: *Viuen aquí des de fa dos anys.* They've been living here for two years. ◆ **fer bé/ben fet/mal fet** to be right/wrong (*to do sth*): *Vaig ~ bé d'anar-hi?* Was I right to go? ◆ **fer cap a** to be on your way: *Ja ha fet cap a l'estació.* She's on her way to the station. ◆ **fer caure 1** to knock *sb/sth* over: *Compte amb aquest gerro, que no el facis caure.* Careful you don't knock that vase over. **2** (*avió, ocell*) to bring *sth* down ◆ **fer com si...** to pretend: *Va ~ com si no m'hagués vist.* He pretended he hadn't seen me. ◆ **fer la seva** to do as you please ◆ **fer-ne una de les seves** to be up to his, her, etc. old tricks again: *En Pep ja n'ha tornat a ~ una de les seves.* Pep's been up to his old tricks again. ◆ **fer-se amb algú**: *Li agrada molt fer-se amb la gent.* He's very fond of socializing. ◇ *Ell es fa amb tothom.* He gets on well with everyone. ◇ *Només es fa amb la gent important.* She only mixes with important people. ◆ **fer-se fer alguna cosa** to have sth done: *Es fan ~ una casa.* They're having a house built. ◇ *fer-se ~ una foto* to have your photo taken ◆ **fer-se'n d'algú** to become of sb: *Què se n'ha fet, d'en Francesc?* What's become of Francesc? ◆ fer-

se passar per... to pass yourself off as *sb/sth*: *Es va ~ passar pel fill de l'amo.* He passed himself off as the owner's son. ◆ **fer-se veure** to show off ◆ **fer veure** to pretend: *Segurament només ho fa veure.* He's probably just pretending. ◇ *Van ~ veure que no ens veien.* They pretended they hadn't seen us. ◆ **ja t'ho faràs** it's your, his, etc. problem ◆ **pel que fa a...** as for... ◆ **què fas? 1** (*professió*) what do you do?: — *Què fa?* — *És professora.* 'What does she do?' 'She's a teacher.' **2** (*en aquest moment*) what are you doing?: —*Hola, què fas?* —*Miro una pel·lícula.* 'Hi, what are you doing?' 'I'm watching a film.' ◆ **si fa no fa** or so ❶ Per a d'altres expressions amb **fer**, vegeu les entrades del nom, adjectiu, etc., p. ex. **fer el ximple** a XIMPLE i **fer trampa** a TRAMPA.

F

fera *nf* wild animal LOC **posar-se fet una fera** to blow your top

feréstec, -ega *adj* **1** (*animal*) wild **2** (*persona*) unfriendly

ferida *nf* wound, injury

> **Wound** o **injury**?
> **Wound** i el verb **to wound** s'utilitzen per a fer referència a ferides causades per una arma (p. ex. una navalla, pistola, etc.) de manera deliberada: *ferides de bala* gunshot wounds ◇ *La ferida no tardarà a cicatritzar.* The wound will soon heal. ◇ *El van ferir a la guerra.* He was wounded in the war.
> Si la ferida és resultat d'un accident, fem servir **injury** [*pl* **injuries**] o el verb **to injure**, que també es poden traduir de vegades per *lesió / lesionar-se*: *Només va sofrir ferides lleus.* He only suffered minor injuries. ◇ *Els trossos de vidre van ferir diverses persones.* Several people were injured by flying glass. ◇ *El casc protegeix els jugadors de possibles lesions cerebrals.* Helmets protect players from brain injuries.

ferir *vt* **1** to wound, to injure ➲ *Vegeu nota a* FERIDA **2** (*emocionalment*) to hurt

ferit, -ida *nm-nf* casualty [*pl* casualties]

ferm, ~a *adj* firm: *~ en les seves conviccions* firm in his beliefs LOC **ferms!** attention! *Vegeu tb* TERRA

fermall *nm* (*joia*) brooch

fermentar *vt, vi* to ferment

feroç *adj* fierce

ferotge *adj* fierce

ferradura *nf* horseshoe

ferralla *nf* scrap [*incomptable*]: *vendre un cotxe per a ~* to sell a car for scrap ◇ *Aquesta nevera és una ~.* This fridge is only fit for scrap.

ferrar *vt* (*cavall*) to shoe

ferrat, -ada *adj* LOC *Vegeu* OU; *Vegeu tb* FERRAR

ferrer, ~a *nm-nf* blacksmith

ferreria *nf* forge

ferreteria *nf* **1** (*botiga*) ironmonger's ➲ *Vegeu nota a* CARNISSERIA **2** (*objectes*) hardware: *articles de ~* hardware

ferri *nm* ferry [*pl* ferries]

ferro *nm* iron: *una barra de ~* an iron bar ◇ *~ forjat/colat* wrought/cast iron LOC *Vegeu* SALUT, TOCAR

ferrocarril *nm* railway: *una línia de ~* a railway line

ferroveller, ~a *nm-nf* scrap merchant

fèrtil *adj* (*terra, persona*) fertile

fertilitzant *nm* fertilizer

fesol *nm* bean

festa *nf* **1** (*celebració*) party: *fer una ~ d'aniversari* to hold a birthday party **2** (*dia festiu*) holiday: *Demà és ~ (nacional).* Tomorrow is a public holiday. **3** (*Relig*) feast: *la ~ de sant Josep* the feast of Saint Joseph LOC **colar-se/esquitllar-se en una festa** to gatecrash a party ◆ **fer/tenir festa** to have a day off ◆ **festa major** town festival

festiu, -iva *adj* festive LOC *Vegeu* DIA

festival *nm* festival

festivitat *nf* **1** (*dia festiu*) holiday: *la ~ del Primer de Maig* the May Day holiday **2** (*Relig*) feast

fet, ~a ▶ *adj* **1** (*manufacturat*) made: *De què està ~?* What's it made of? ◇ *~ a mà/màquina* handmade/machine-made **2** (*cuinat*) done: *El pollastre encara no està ~.* The chicken isn't done yet. ◇ *M'agrada la carn molt feta.* I like my meat well done.

> Un filet o la carn poc feta es diu **rare** i al punt, **medium rare**.

Vegeu tb FER

▶ *nm* **1** (*realitat, veritat*) fact: *El ~ és que...* The fact is that... **2** (*esdeveniment*) event: *la seva versió dels ~s* his version of the events LOC **ben fet!** well done! ◆ **de fet** in fact ◆ **donar per fet** to take *sth* for granted ◆ **ésser fet a la seva** to be a bit strange ◆ **fet a l'antiga** old-fashioned ◆ **fet a amagar** hide-and-seek: *jugar a ~ a amagar* to play hide-and-seek ◆ **mal fet**: *Si li ho vas dir, mal ~.* You shouldn't have told him. *Vegeu tb* DIT, FRASE, TRACTE

fetge *nm* liver

fètid, **~a** *adj* LOC *Vegeu* BOMBA[1]

fetus *nm* foetus [*pl* foetuses]

fi ▶ *nf*: *a la ~ del mes* at the end of the month ◇ *No és la ~ del món.* It's not the end of the world.
▶ *nm* (*finalitat*) purpose LOC **a la fi** finally ◆ **en fi** **1** (*bé*) well: *En ~, la vida és així.* Well, that's life. **2** (*en resum*) in short ◆ **per fi** at last *Vegeu tb* CAP[1]

fi, **fina** *adj* **1** (*prim, cabells, pluja*) fine: *un llapis ~* a fine pencil **2** (*dits, cintura*) slender **3** (*delicat*) refined: *Doncs sí que t'has tornat ~!* You've become very refined! **4** (*educat*) polite **5** (*orella, nas*) keen LOC **no anar/estar fi** not to feel well *Vegeu tb* SAL

fiable *adj* reliable

fiador *nm* (*mecanisme*) safety catch

fiança *nf* **1** (*Dret*) bail [*incomptable*]: *pagar una ~ de 10.000 euros* to pay bail of 10 000 euros **2** (*lloguer*) deposit LOC *Vegeu* LLIBERTAT

fiar-se *vp* ~ **de** to trust *sb/sth*: *D'ella, no me'n fio.* I don't trust her.

fibló *nm* (*insecte*) sting: *clavar un ~* to sting

fibra *nf* fibre: *una alimentació rica en ~* a high-fibre diet

ficar ▶ *vt* to put *sth* (*into sth*): *Fica les claus al calaix.* Put the keys in the drawer. ▶ **ficar-se** *vp* **1** (*introduir-se*) to get into *sth*: *ficar-se al llit* to get into bed ◇ *Se m'ha ficat una pedra a la sabata.* I've got a stone in my shoe. **2** (*involucrar-se, interessar-se*) to get involved *in sth*: *ficar-se en política* to get involved in politics **3** (*en els afers d'altri*) to interfere (*in sth*): *Es fiquen en tot.* They interfere in everything. LOC **ficar el nas** to poke/stick your nose *into sth* ◆ **ficar la pota** to put your foot in it ◆ **ficar-se allà on no et demanen** to poke/stick your nose in where it isn't wanted *Vegeu tb* CAP[1]

ficat, **-ada** *adj* LOC **estar (molt) ficat en alguna cosa** to know a lot about sth *Vegeu tb* FICAR

ficció *nf* fiction

ficus *nm* rubber plant

fidel *adj* **1** (*lleial*) faithful **2** ~ **a** (*creences, paraula*) true to *sth*: *~ a les seves idees* true to his ideas

fidelitat *nf* faithfulness LOC *Vegeu* ALT

fideu *nm* noodle: *sopa de ~s* noodle soup LOC *Vegeu* PRIM

figa *nf* fig LOC **fer figa** to give way ◆ **figa de moro** prickly pear

figuera *nf* fig tree

figuereta *nf* LOC **fer la figuereta** to do a handstand

figura *nf* figure: *una ~ de plastilina* a Plasticine figure ◇ *una ~ del pessebre* a crib figure ◇ *una ~ política* a political figure LOC **figura geomètrica** geometric shape

figurar ▶ *vt* **1** (*representar*): *Aquest dibuix figura un gegant.* This picture is of a giant. ◇ *Aquestes pedres figuraran un castell.* These stones can be a castle. **2** (*simbolitzar*) to symbolize: *El colom figura la pau.* The dove symbolizes peace. ▶ *vi* (*formar part*) to be: *Espanya figura entre els països de la UE.* Spain is one of the EU countries. ▶ **figurar-se** *vp* to imagine: *M'ho figuro, que ja deuen haver sortit.* I imagine they must have left by now. ◇ *Ja m'ho figurava.* I thought as much.

F

fil *nm* **1** thread: *un rodet de ~* a reel of thread ◇ *He perdut el ~ de la conversa.* I've lost the thread of the argument. **2** (*metall*) wire: *~ d'acer/de coure* steel/copper wire **3** (*tela*) linen: *una faldilla de ~* a linen skirt LOC **fil per randa** down to the last detail ◆ **sense fil** **1** (*telèfon*) cordless **2** (*Informàt, Internet*) wireless: *micròfon/ratolí sense ~* wireless microphone/mouse *Vegeu tb* DENTAL

fila *nf* **1** (*l'un al costat de l'altre*) row: *Es van asseure a la primera/l'última ~.* They sat in the front/back row. **2** (*l'un darrere l'altre*) line: *Feu una ~.* Get in line. **3 files** (*Mil, Pol*) ranks LOC **en fila índia** in single file ◆ **rompre/trencar files** to fall out *Vegeu tb* APARCAR

filar *vt* to spin LOC **filar prim** to split hairs

filat *nm* wire fence

filera *nf* **1** (*fila*) line: *una ~ de nens/d'arbres* a line of children/trees **2** (*Mil, formigues*) column: *una ~ de tancs* a column of tanks

filet *nm* **1** (*gruixut*) steak: *~ de vedella* beef steak **2** (*fi*) fillet: *~s de bacallà* cod fillets

filferro *nm* wire

fill, **~a** *nm-nf* **1** (*masc*) son **2** (*fem*) daughter: *Tenen dues filles i un ~.* They have two daughters and a son. **3 fills** children: *No tenim ~s.* We don't have any children. LOC **fill únic** only child: *Sóc filla única.* I'm an only child.

fillastre, **-a** *nm-nf* **1** (*masc*) stepson **2** (*fem*) stepdaughter **3 fillastres** stepchildren

fillol, **~a** *nm-nf* **1** (*masc*) godson **2** (*fem*) goddaughter **3 fillols** godchildren

filmar *vt* to film LOC *Vegeu* VÍDEO

filologia *nf* philology LOC **filologia catalana, anglesa, etc.** Catalan, English, etc.: *Sóc llicenciat en ~ anglesa.* I've got a degree in English.

filòsof, **~a** *nm-nf* philosopher

filosofia *nf* philosophy [*pl* philosophies]

filtrar ▶ *vt* to filter ▶ **filtrar-se** *vp* **1** (*llum, notícia*) to filter (in/out) (*through sth*): *La llum es filtrava per les clivelles.* Light was filtering in through the cracks. **2** (*líquid*) to leak (in/out) (*through sth*): *S'ha filtrat aigua per la paret.* Water has leaked in through the wall.

filtre *nm* filter LOC **filtre solar** sunblock

final ▸ *adj* final: *la decisió ~* the final decision
▸ *nm* **1** end: *a dos minuts del ~* two minutes from the end **2** (*pel·lícula, novel·la*) ending: *un ~ feliç* a happy ending
▸ *nf* (*Esport*) final: *la ~ de copa* the Cup Final LOC **al final** at the end, in the end

> **At the end** és una expressió neutra: *El curs dura sis mesos i et donen un diploma al final.* The course runs for six months and you get a diploma at the end. **In the end** s'utilitza quan es fa referència a un període de temps llarg o amb molts canvis o problemes: *No t'amoïnis, ja veuràs com al final tot surt bé.* Don't worry, it will all work out in the end. *Al final de* es diu sempre **at the end of**: *al final de la cua/del partit* at the end of the queue/the match.

LOC *Vegeu tb* PUNT, QUART, RECTA, RESULTAT, VUITÈ

finalista *adj, nmf* finalist [*n*]: *Va quedar ~.* He reached the final. ◇ *els equips finalistes* the finalists

finalitat *nf* purpose

finalment *adv* in the end

finançar *vt* to finance

financer, ~a *adj* financial

finances *nf* finance [*incomptable*]

finca *nf* **1** (*al camp*) (country) estate **2** (*a la ciutat*) building

finès, -esa *adj, nm* Finnish: *parlar ~* to speak Finnish

finestra *nf* window: *una ~ que dóna al mar* a window looking out over the sea

finestreta *nf* window: *Abaixa/apuja la ~.* Open/shut the window. ◇ *Vagi a la ~ on diu "Informació".* Go to the window where it says 'Information'.

fingir *vt* to pretend: *Segur que fingeix.* He's probably just pretending. ◇ *Van ~ que no ens veien.* They pretended they hadn't seen us.

finlandès, -esa ▸ *adj* Finnish
▸ *nm-nf* Finn: *els finlandesos* the Finns

Finlàndia *nf* Finland

fins *prep* ~ **(a)**
• **temps** until, till (*més col·loq*)

> **Until** es fa servir tant en anglès formal com informal. **Till** es fa servir sobretot en anglès parlat i no sol anar al principi de la frase: *No arribaré fins a les set.* I won't be there until/till seven. ◇ *Fins quan et quedes?* How long are you staying?

• **lloc 1** (*distància*) as far as...: *Van venir amb mi ~ a Sitges.* They came with me as far as Sitges. **2** (*altura, longitud, quantitat*) up to...: *L'aigua arriba ~ aquí.* The water came up to here. **3** (*cap avall*) down to...: *La faldilla m'arriba ~ als talons.* The skirt comes down to my ankles.
• **salutacions** see you...: *Fins demà/dilluns!* See you tomorrow/on Monday! ◇ *Fins aviat!* See you later! LOC **fins i tot** even: *Fins i tot jo vaig fer-ho.* Even I did it. ◇ *Fins i tot així no ho acceptaria.* Even so, I wouldn't accept it. ◇ *Això seria ~ i tot millor.* That would be even better.

finta *nf* (*Futbol*) dummy [*pl* dummies]: *fer una ~* to dummy

fintar *vt* (*Futbol*) to sell *sb* a dummy

fira *nf* fair: *~ del llibre* book fair ◇ *Ahir vam anar a la ~.* We went to the fair yesterday. LOC **fira de mostres** trade fair

firma *nf* **1** (*nom*) signature: *Han recollit cent firmes.* They've collected a hundred signatures. **2** (*acte*) signing: *Avui és la ~ del contracte.* The signing of the contract takes place today. **3** (*empresa*) firm

firmar *vt, vi* to sign: *Firma aquest taló, si us plau.* Please sign this cheque.

fiscal ▸ *adj* tax [*n atrib*]: *els impostos ~s* taxes
▸ *nmf* public prosecutor LOC *Vegeu* EVASIÓ, FRAU

físic, ~a ▸ *adj* physical
▸ *nm-nf* (*científic*) physicist
▸ *nm* (*aspecte*) appearance: *El ~ és molt important.* Appearance is very important. LOC *Vegeu* EDUCACIÓ

física *nf* physics [*incomptable*]: *un examen de ~* a physics exam

fisioterapeuta *nmf* physiotherapist

fisioteràpia *nf* physiotherapy

fitxa *nf* **1** (*de fitxer*) (index) card **2** (*peça d'un joc*) counter: *Hem perdut una ~.* We've lost a counter. **3** (*equivalent a diners*) token: *una ~ de telèfon* a telephone token LOC **fitxa de dòmino** domino [*pl* dominoes] ◆ **fitxa mèdica/de la policia** medical/police record

fitxar ▸ *vt* **1** (*policia*) to open a file on *sb* **2** (*Esport*) to sign *sb* (up) ▸ *vi* **1** ~ **(per)** (*Esport*) to sign (for *sb*): *~ per l'Espanyol* to sign for Espanyol **2** (*a la feina*) **(a)** (*en entrar*) to clock in **(b)** (*en sortir*) to clock off

fitxatge *nm* (*Esport*) signing: *l'últim ~ del Barça* Barcelona's latest signing

fitxer *nm* **1** (*moble*) filing cabinet **2** (*capsa*) card index **3** (*Informàt*) file: *obrir/tancar un ~* to open/close a file LOC **fitxer adjunt** attachment

fix, ~a *adj* **1** (*inamovible, establert*) fixed: *Té les potes fixes.* The legs are fixed. ◇ *un preu ~* a fixed price **2** (*permanent*) permanent: *un lloc/contracte ~* a permanent post/contract

fixament *adv* LOC **mirar fixament** to stare at *sb/sth*: *Em va mirar ~.* He stared at me.

fixar ▶ *vt* **1** (*establir*) to fix: *~ un preu/una data* to fix a price/date **2** (*assegurar*) to fasten: *~ uns papers amb un clip* to fasten papers together with a paper clip **3** (*atenció*) to focus ▶ **fixar-se** *vp* **fixar-se (en) 1** (*adonar-se*) to notice: *T'has fixat si hi eren?* Did you notice if they were there? **2** (*posar atenció*) to pay attention (to *sth*): *Ja t'hi has fixat bé?* Did you pay attention? ◇ *sense fixar-se en els detalls* without paying attention to detail

flabiol *nm* pipe

flaix *nm* flash

flam *nm* crème caramel

flama *nf* flame LOC **estar en flames** to be on fire

flamant *adj* brand new

flamenc, ~a ▶ *adj, nm* (*cant i ball*) flamenco ▶ *nm* (*ocell*) flamingo [*pl* flamingoes/flamingos]

flaquejar *vi* to flag: *A mitja cursa alguns van començar a ~.* Some people began to flag halfway through the race.

flassada *nf* blanket

flauta *nf* LOC **flauta dolça** recorder ◆ **flauta travessera** flute

flautista *nmf* flautist

fleca *nf* baker's ➲ *Vegeu nota a* CARNISSERIA

fletxa *nf* arrow

flexible *adj* flexible

flexió *nf* (*exercici*) press-up: *fer flexions* to do press-ups

flexo *nm* reading light

flirtar (*tb* **flirtejar**) *vi* to flirt (*with sb*)

floc *nm* (*cabell*) lock LOC **floc de neu** snowflake

flonjo, -a *adj* **1** (*pasta, pa*) light **2** (*llana*) soft

flor *nf* **1** flower: *~s seques* dried flowers ◇ *un ram de ~s* a bunch of flowers **2** (*d'arbre fruiter, arbust*) blossom [*gen incomptable*]: *les ~s de l'ametller* almond blossom LOC **en flor 1** in bloom **2** (*arbre fruiter, arbust*) in blossom ◆ **la flor (i nata)** the crème de la crème

flora *nf* flora

floreta *nf* (*paraula afalagadora*) compliment

floridura *nf* mould

florir ▶ *vi* **1** (*planta*) to flower **2** (*arbre fruiter, arbust*) to blossom **3** (*prosperar*) to flourish: *La indústria floreix.* Industry is flourishing. ▶ **florir-se** *vp* to go mouldy: *Aquests tomàquets s'han florit.* Those tomatoes have gone mouldy. LOC **florir-se esperant algú** to get fed up waiting for sb

floristeria *nf* florist's ➲ *Vegeu nota a* CARNISSERIA

florit, -ida ▶ *adj* (*cobert de floridura*) mouldy ▶ *nm* mould *Vegeu tb* FLORIR

flota *nf* fleet

flotador *nm* rubber ring

flotar *vi* to float: *La pilota flotava damunt l'aigua.* The ball was floating on the water.

fluid, ~a ▶ *adj* **1** (*circulació, diàleg*) free-flowing **2** (*llenguatge, estil*) fluent ▶ *nm* fluid

fluïdesa *nf* LOC **amb fluïdesa 1** (*parlar*) fluently: *Parla anglès amb ~.* She speaks English fluently. **2** (*circular*) smoothly: *El trànsit circulava amb ~.* The traffic was flowing smoothly.

fluir *vi* to flow

fluix, ~a *adj* **1** (*poc ajustat/tibant*) **(a)** (*caragol, bombeta*) loose: *un caragol ~* a loose screw **(b)** (*goma, corda*) slack **2** (*poc fort, sense força*) weak: *un cafè ~* a weak coffee ◇ *Estic una mica fluixa encara.* I still feel rather weak. **3** (*sense qualitat*) poor: *Has fet un examen bastant ~.* Your exam was quite poor. LOC **anar fluix en alguna cosa** to be weak at/in sth: *Vaig molt ~ en història.* I'm very weak at history. *Vegeu tb* COTÓ

fluor *nm* **1** (*gas*) fluorine **2** (*pasta de dents*) fluoride

fluorescent ▶ *adj* fluorescent ▶ *nm* fluorescent light LOC **marcador/retolador fluorescent** highlighter (pen)

fluvial *adj* river [*n atrib*]: *el transport ~* river transport

flux *nm* **1** flow **2** (*marea*) tide

foc *nm* **1** fire: *encendre el ~* to light the fire ◇ *Vam seure a la vora del ~.* We sat down by the fire. **2** (*encenedor, llumí*) a light: *Que tens ~?* Have you got a light? **3** (*fogons*) stove: *Tinc el menjar al ~.* The food's on the stove. LOC **a foc lent/viu** over a low/high heat ◆ **focs artificials** fireworks ◆ **treure foc pels queixals** to be fuming: *El teu pare treu ~ pels queixals.* Your father is fuming. *Vegeu tb* ALTO, ARMA, CALAR, CASTANYA, MÀ

foca *nf* seal

focus *nm* **1** (*centre, Fís*) focus [*pl* focuses/foci]: *un ~ de l'activitat del poble* a focus for village life **2** (*llum*) **(a)** spotlight: *Diversos ~ il·luminaven el*

F

monument. Several spotlights lit up the monument. ➲ *Vegeu il·lustració a* LLUM **(b)** (*d'estadi*) floodlight

fofo, -a *adj* flabby

foguera *nf* bonfire: *fer una ~* to make a bonfire ➲ *Vegeu nota a* BONFIRE NIGHT

foli *nm* sheet (of paper)

folklore *nm* folklore

F

follet *nm* elf [*pl* elves]

folrar ▶ *vt* **1** (*l'interior*) to line *sth* (*with sth*): *~ de vellut una capsa* to line a box with velvet **2** (*l'exterior*) to cover *sth* (*with sth*): *~ de paper un llibre* to cover a book with paper ▶ **folrar-se** *vp* (*enriquir-se*) to make a packet

folrat, -ada *adj* LOC **estar folrat** (*tenir molts diners*) to be rolling in it *Vegeu tb* FOLRAR

folre *nm* **1** (*interior*) lining: *posar un ~ a un abric* to put a lining in a coat **2** (*exterior*) cover LOC **folre polar** fleece

foment *nm* promotion LOC **foment de l'ocupació** job creation

fomentar *vt* to promote

fonamental *adj* fundamental

fonamentalisme *nm* fundamentalism

fonamentalista *adj, nmf* fundamentalist

fonaments *nm* foundations

fonda *nf* inn

fondària *nf* depth: *Té una ~ d'un metre.* It's one metre deep.

fondista *nmf* long-distance runner

fondo, -a *adj* deep: *És un pou molt ~.* It's a very deep well. LOC *Vegeu* PLAT

fondre('s) *vt, vp* **1** (*desfer*) to melt: *~ formatge* to melt cheese ◇ *S'ha fos tota la neu.* The snow has all melted. **2** (*fusible, bombeta*) to blow: *S'han fos els ploms.* The fuses have blown.

fonedís, -issa *adj* LOC **fer-se fonedís** to disappear

fonètica *nf* phonetics [*incomptable*]

fong *nm* **1** fungus [*pl* fungi] **2 fongs** (*als peus*) athlete's foot [*incomptable, v sing*]: *tenir ~s* to have athlete's foot

fonoll *nm* fennel

fons *nm* **1** (*part més profunda*) bottom: *arribar al ~ de la qüestió* to get to the bottom of things ◇ *No toco el ~.* My feet don't touch the bottom. **2** (*mar, riu*) bed **3 (a)** (*passadís*) end: *És al ~ del passadís, a la dreta.* It's at the end of the corridor on the right. **(b)** (*habitació, escenari*) back: *al ~ del restaurant* at the back of the restaurant ◇ *l'habitació del ~* the back room **4** (*bossa*) kitty [*pl* kitties]: *fer un ~ comú* to have a kitty **5** (*diners*) funds: *recaptar ~* to raise funds LOC **a fons 1** (*amb nom*) thorough: *una revisió a ~* a thorough review **2** (*amb verb*) thoroughly: *Neteja-ho a ~.* Clean it thoroughly. ◆ **de fons** (*Esport*) **1** (*atletisme*) distance [*n atrib*]: *un corredor de ~* a distance runner **2** (*esquí*) cross-country [*n atrib*]: *un esquiador de ~* a cross-country skier ◆ **en el fons 1** (*a pesar de les aparences*) deep down: *Dius que no, però en el ~ sí que t'importa.* You say you don't mind, but deep down you do. **2** (*en realitat*) basically: *En el ~ tots estem d'acord.* We are basically in agreement. ◆ **fons d'escriptori** (*Informàt*) wallpaper ◆ **sense fons** (*molt profund*) bottomless *Vegeu tb* MÚSICA

font *nf* **1** (*deu*) spring: *aigua de ~* spring water **2** (*en una plaça, en un jardí*) fountain **3** (*origen*) source: *~s pròximes al govern* sources close to the government **4** (*tipus de lletra*) font LOC **saber alguna cosa de bona font** to have sth on good authority

fora ▶ *adv* **1 ~ (de)** outside: *Se sentien sorolls (a) ~.* You could hear noises outside. ◇ *Anem a ~.* Let's go outside. ◇ *~ d'Europa* outside Europe ◇ *Hi ha esquerdes per ~.* There are cracks on the outside. **2** (*de viatge*) away: *És (a) ~ en un viatge de negocis.* He's away on business. **3 fora (de casa)** out: *sopar ~ de casa* to eat out ◇ *Sempre són ~ (de casa).* They're out all day. **4 ~ de** (*fig*) out of *sth*: *~ de perill* out of danger ◇ *Guardeu-ho ~ de l'abast dels nens.* Keep out of reach of children. **5 ~ de** (*excepte*) except (for)

▶ **fora!** (*tb* **fora d'aquí!**) *interj* get out! LOC **fer fora algú** to kick sb out ◆ **fora de si** beside himself, herself, etc. *Vegeu tb* ALLÀ, ALLÍ, AQUÍ, COMBAT, CONTROL, JOC, MIDA, TERMINI, TO

foradar *vt* to make a hole in *sth*

foradat, -ada *adj* LOC *Vegeu* MÀ; *Vegeu tb* FORADAR

foragitar *vt* to expel

foraster, ~a *nm-nf* stranger

forat *nm* hole: *fer un ~* to make a hole LOC **forat negre** black hole *Vegeu tb* MÀQUINA

forca *nf* **1** (*execució*) gallows [*pl* gallows] **2** (*agricultura*) pitchfork

força[1] *nf* **1** (*Fís, Mil, Pol, potència*) force: *la ~ de la gravetat* the force of gravity ◇ *les forces armades* the armed forces **2** (*energia física*) strength [*incomptable*]: *recuperar les forces* to get your strength back ◇ *No tinc forces per a tirar endavant.* I don't have the strength to carry on. LOC **a la força/per força 1** (*contra la voluntat*) by force: *Els van treure a la ~.* They removed them by force. **2** (*per necessitat*): *Ho haig de fer per ~.* I just have to do it. ◆ **fer força** to try hard *to do* *sth* ◆ **força de voluntat** willpower ◆ **forces aèries** air force [*v sing*] *Vegeu tb* CAMISA

força² ▶ *adj* a lot of *sth*: *Guanya ~ diners.* He earns a lot of money.

▶ *pron* a lot: *Ahir no hi havia gaire gent però avui n'hi ha ~.* There weren't many people here yesterday but there are a lot today.

▶ *adv* **1** (*amb verb*) a lot: *Treballa ~.* He works a lot. **2** (*amb adjectiu/adverbi*) quite: *És ~ alta.* She's quite tall. ◇ *Corre ~ ràpid.* He runs quite fast.

forçar *vt* to force

forçat, -ada *adj* LOC *Vegeu* MARXA, TREBALL; *Vegeu tb* FORÇAR

forcejar *vi* to struggle

forçós, -osa *adj* LOC *Vegeu* ATERRATGE

forense *nmf* forensic scientist

forestal *adj* forest [*n atrib*]: *un guarda/incendi ~* a forest ranger/fire

forjar *vt* to forge

forma *nf* **1** (*contorn*) shape: *en ~ de creu* in the shape of a cross ◇ *La sala té ~ rectangular.* The room is rectangular. **2** ~ **(de)** (*manera*) way (of *doing sth*): *la seva ~ de parlar* her way of speaking LOC **de forma espontània, indefinida, etc.** spontaneously, indefinitely, etc. ◆ **de forma que** so that ◆ **estar en (plena) forma** to be in good shape ◆ **estar/posar-se en forma** to be/get fit ◆ **no haver-hi forma** to be impossible *to do sth*: *No hi ha ~ de trobar-ho.* It's impossible to find. *Vegeu tb* MANTENIR, PLE

formació *nf* **1** formation: *la ~ d'un govern* the formation of a government **2** (*preparació*) **(a)** (*educació*) education **(b)** (*per a una feina*) training: *un curs de ~* a training course LOC **formació professional** vocational training *Vegeu tb* INSTITUT

formal *adj* **1** formal: *un compromís ~* a formal engagement **2** (*de confiança*) reliable: *És una persona molt seriosa i ~.* He's a very reliable person. **3** (*que es porta bé*) well behaved: *un nen molt ~* a very well-behaved child ➲ *Vegeu nota a* WELL BEHAVED

formar ▶ *vt* **1** (*crear*) to form: *~ un grup* to form a group **2** (*preparar*) **(a)** (*educar*) to educate **(b)** (*per a una feina*) to train ▶ *vi* (*Mil*) to fall in: *A ~!* Fall in! ▶ **formar-se** *vp* **1** (*fer-se*) to form: *Es va ~ una gran cua enfront del cinema.* A long queue formed in front of the cinema. **2** (*educar-se*) to train

format *nm* format

format, -ada *adj* LOC **estar format de** to consist of *sb/sth* *Vegeu tb* FORMAR

formatar *vt* (*Informàt*) to format

formatge *nm* cheese: *~ ratllat* grated cheese ◇ *No m'agrada el ~.* I don't like cheese. ◇ *un entrepà de ~* a cheese sandwich

formidable *adj* fantastic

formiga *nf* ant

formigó *nm* concrete

formigueig *nm* pins and needles [*incomptable*]: *Tinc un ~ als dits.* I've got pins and needles in my fingers.

formiguer *nm* **1** (*forat*) ants' nest **2** (*muntanyeta*) anthill LOC *Vegeu* ÓS

fórmula *nf* formula ❶ Té dos plurals possibles: **formulas** i, en un context científic, **formulae**: *fórmules químiques* chemical formulae. LOC **fórmula 1** Formula One

formulari *nm* (*imprès*) form: *omplir un ~* to fill in a form

forn *nm* **1** (*a la cuina*) oven: *encendre el ~* to turn the oven on ◇ *Aquí dins és un ~.* It's like an oven in here. **2 alt forn** furnace **3** (*per a ceràmica, maons*) kiln **4** (*fleca*) baker's ➲ *Vegeu nota a* CARNISSERIA LOC **al forn** baked: *peix al ~* baked fish

forner, ~a *nm-nf* baker

forquilla *nf* fork

forrellat *nm* bolt LOC *Vegeu tb* TANCAR

fort, ~a ▶ *adj* **1** strong: *És una persona molt forta.* She's a very strong person. ◇ *un formatge molt ~/una olor molt forta* a very strong cheese/smell **2** (*pluja, nevada, trànsit*) heavy: *un ritme de treball ~* a heavy work schedule **3** (*dolor, crisi, descens*) severe **4** (*abraçada, àpat*) big: *un esmorzar ~* a big breakfast **5** (*violent*) shocking: *La pel·lícula té unes escenes molt fortes.* The film has some really shocking scenes. **6** (*increïble*) amazing: *Que ~! No em pensava que reaccionés d'aquesta manera.* That's amazing! I didn't expect him to react like that.

▶ *adv* **1** (*amb força, intensament*) hard: *tibar ~ la corda* to pull the rope hard **2** (*amb fermesa*) tight: *Agafa't ~!* Hold on tight! **3** (*so*) loud: *No parlis tan ~.* Don't talk so loud. ◇ *Posa-ho més ~.* Turn it up.

▶ *nm* (*fortalesa*) fort LOC *Vegeu* ABRAÇADA, CAIXA

fortalesa *nf* **1** (*força*) strength **2** (*fortificació*) fortress

fortuna *nf* **1** (*riquesa*) fortune **2** (*sort*) luck: *provar ~* to try your luck LOC **per fortuna** fortunately

fòrum *nm* forum: *els ~s de debat* discussion forums

fosc, ~a *adj* **1** dark: *blau ~* dark blue **2** (*poc conegut*) obscure: *un poeta ~* an obscure poet LOC

fer-se fosc to get dark: *A quina hora es fa ~?* What time does it get dark?

fosca *nf* dark LOC **a les fosques** in the dark: *Ens vam quedar a les fosques.* We were left in the dark.

foscor *nf* **1** (*manca de llum*) (**a**) (*qualitat*) darkness: *la ~ de la nit* the darkness of the night (**b**) (*situació, lloc*) dark: *Em fa por la ~.* I'm afraid of the dark. **2** (*anonimat, complexitat*) obscurity: *viure en la ~* to live in obscurity

fòsfor *nm* phosphorus

fosforescent *adj* phosphorescent

fossa *nf* **1** (*clot*) ditch **2** (*sepultura*) grave

fossat *nm* moat

fòssil *nm* fossil

fotesa *nf* trifle

fotimer *nm* LOC **un fotimer de** loads of *sth*: *un ~ de gent* loads of people

foto *nf* photo [*pl* photos], photograph (*més formal*): *Em va fer una ~.* He took my photo. ◇ *un àlbum de ~s* a photograph album LOC **fer-se fer una foto** to have your photo taken ◆ **foto de carnet/passaport** passport photo *Vegeu tb* MÀQUINA

fotocòpia *nf* photocopy [*pl* photocopies]: *fer una ~ d'alguna cosa* to photocopy sth

fotocopiadora *nf* photocopier

fotocopiar *vt* to photocopy

fotogènic, ~a *adj* photogenic

fotògraf, ~a *nm-nf* photographer

fotografia *nf* **1** (*activitat*) photography **2** (*foto*) photograph

fotografiar *vt* to photograph

fotogràfic, ~a *adj* LOC *Vegeu* CÀMERA

fotre *vt*: *M'ha fotut el lloc.* He's taken my place. ◇ *Ho has fotut molt malament.* You've made a right mess of that. ◇ *Deixa de ~ el pallasso!* Stop messing around! ◇ *Qui m'ha fotut el bolígraf?* Who took my pen? LOC **et fots!** hard luck! ◆ **fotre el camp** to clear off ◆ **fotre-se'n** to make fun of *sb/sth*: *Sempre se'n fot, de mi.* He's always making fun of me. ◆ **no fotem/fotis!** you're joking! ◆ **no fotre ni brot** not to lift a finger

fotut, -uda *adj* **1** (*malalt*) ill: *No vindré perquè estic ~.* I'm not going to come because I feel ill. **2** (*deprimit*) upset: *Vaig quedar fotuda quan m'ho va dir.* I was really upset when he told me. *Vegeu tb* FOTRE

fracàs *nm* failure

fracassar *vi* **1** to fail **2** (*plans*) to fall through

fracassat, -ada *nm-nf* (*persona*) failure

fracció *nf* fraction

fractura *nf* fracture

fracturar(-se) *vt, vp* to fracture

fragància *nf* fragrance

fràgil *adj* fragile

fragment *nm* fragment

franc, ~a *adj* **1** (*sincer*) frank **2** (*Com*) free: *port ~* free port ◇ *~ d'impostos* duty-free LOC **de franc** (for) free: *Vam entrar-hi de ~.* We got in for free. ◇ *El concert és de ~.* The concert's free.

França *nf* France

francament *adv* **1** (*sincerament*) honestly: *T'ho diré ~.* I'll be honest with you. ◇ *Francament, no sé com dir-t'ho.* To be honest, I don't know how to tell you. **2** (*molt*) very: *Aquesta pel·lícula és ~ interessant.* This film is very interesting.

francès, -esa ▶ *adj, nm* French: *parlar ~* to speak French
▶ *nm-nf* Frenchman/woman [*pl* -men/women]: *els francesos* the French

franel·la *nf* flannel

franja *nf* strip

franquejar *vt* (*carta, paquet*) to pay postage on *sth*

franquesa *nf* frankness: *Parlem amb ~.* Let's be frank.

franquícia *nf* (*Com*) franchise

frare *nm* monk

frase *nf* **1** (*oració*) sentence **2** (*locució*) phrase LOC **frase feta** set phrase

fraternal (*tb* **fratern, ~a**) *adj* brotherly, fraternal (*més formal*): *l'amor ~* brotherly love

frau *nm* fraud LOC **frau fiscal** tax evasion

fraudulent, ~a *adj* fraudulent

fre *nm* **1** (*vehicle*) brake: *M'han fallat els frens.* My brakes failed. ◇ *posar/treure el ~* to put on/release the brake(s) **2** (*trava*) curb (*on sth*): *un ~ a les exportacions* a curb on exports LOC **fre de mà** handbrake *Vegeu tb* CLAVAR

fred, ~a *adj, nm* cold: *Tanca la porta, que fa ~.* Shut the door, you're letting the cold in.

> No s'han de confondre les paraules **cold** i **cool**.
> **Cold** indica una temperatura més baixa que **cool** i molt sovint desagradable: *Ha estat un hivern molt fred.* It's been a very cold winter. **Cool** significa *fresc* més que no pas fred: *A fora fa calor, però aquí dins s'hi està fresc.* It's hot outside but it's nice and cool in here.

LOC **agafar fred** to catch cold ◆ **fer fred** to be cold: *Fa molt ~ al carrer.* It's very cold outside. ◇ *Fa un ~ que pela!* It's freezing! ◆ **passar/tenir**

fred to be/feel cold: *Tinc ~ a les mans.* My hands are cold. *Vegeu tb* ENCARCARAT, MORIR(-SE), MORT *pp,* ONADA, PELAR, SANG, TREMOLAR

fredolic, ~a *adj*: *Sóc molt ~.* I feel the cold a lot.

fregall *nm* scourer

fregar *vt* **1** (*tocar lleugerament*) to brush (*against*) sb/sth: *Li vaig ~ el vestit.* I brushed against her dress. ◇ *La pilota em va ~ la cama.* The ball grazed my leg. **2** (*raspar*) to rub: *Aquestes botes em freguen de darrere.* These boots rub at the back. **3** (*netejar*) to wash LOC **fregar el terra** to mop the floor ◆ **fregar-se les mans/els ulls** to rub your hands/eyes *Vegeu tb* PAL, PLAT

fregir ▶ *vt* to fry ▶ **fregir-se** *vp* **1** (*coure's*) to fry **2** (*passar calor*) to be roasting

fregit, -ida *adj* fried LOC **estar fregit** (*tip*) to be fed up ◆ **tenir fregit algú** (*fastiguejar*): *Aquest noi em té ~.* I'm fed up with this kid. *Vegeu tb* PATATA, TOMÀQUET; *Vegeu tb* FREGIR

freixe *nm* ash (tree)

frenada *nf*: *Es va sentir una ~.* There was a screech of brakes.

frenar *vi* to brake: *Vaig ~ de cop.* I slammed on the brakes. LOC *Vegeu* SEC

freqüència *nf* frequency [*pl* frequencies] LOC **amb freqüència** often, frequently (*més formal*)

freqüent *adj* **1** (*reiterat*) frequent: *Tinc atacs ~s d'asma.* I have frequent asthma attacks. **2** (*habitual*) common: *És una pràctica ~ en aquest país.* It is a common practice in this country.

freqüentar *vt* **1** (*lloc*) to frequent **2** (*amics*) to go around with *sb*: *Ja no freqüento aquest grup d'amics.* I don't go around with that group of friends any more.

fresc, ~a *adj* **1** (*temperatura, roba*) cool: *Fa un vent ~.* There's a cool wind. ◇ *posar el vi en ~* to put the wine in a cool place ➲ *Vegeu nota a* FRED **2** (*menjar*) fresh: *ous frescos* fresh eggs **3** (*notícia*) latest: *notícies fresques* the latest news **4** (*pintura*) wet **5** (*persona*) cheeky LOC **dir-ne una de fresca a algú** (*insolència*) to make a cheeky remark to sb: *Me'n va dir una de fresca.* He made a cheeky remark to me.

fresca *nf* (*frescor*) cool of the morning/evening: *Cal sortir amb la ~.* We must set off in the cool of the morning. LOC **fer fresca** to be cool: *A la nit fa ~.* It's chilly at night. ◆ **prendre la fresca** to get some fresh air ◆ **prendre's una cosa a la fresca** to take sth lightly

fressa *nf* noise: *Aquesta rentadora fa molta ~.* This washing machine makes a lot of noise. ◇ *A la biblioteca s'ha de vigilar de no fer ~.* You mustn't make a noise in the library.

fricció *nf* **1** (*fregament*) rubbing **2** (*discussió*) friction [*incomptable*]: *Entre ell i jo hi ha hagut una mica de ~.* There's been some friction between us.

frigorífic *nm* fridge, refrigerator (*més formal*)

frisar *vi* to be impatient (*for sth to happen*)

frondós, -osa *adj* leafy

front *nm* **1** (*Anat*) forehead **2** (*Meteor, Mil, Pol*) front: *un ~ fred* a cold front LOC **de front** (*topada*) head-on ◆ **fer front a algú/alguna cosa** to stand up to sb/sth *Vegeu tb* DOS

frontal *adj* **1** (*col·lisió, enfrontament*) head-on **2** (*directe*) frontal: *un atac ~* a frontal attack

fronter, ~a *adj* neighbouring: *dos països ~s* two neighbouring countries

frontera *nf* border, frontier

> **Border** o **frontier**? Utilitzem **border** tant per a parlar de la divisió entre països o entre províncies, etc. dins d'un mateix país com per a referir-nos a les fronteres naturals: *passar la frontera* to cross the border ◇ *a la frontera francesa* on the French border ◇ *El riu forma la frontera entre ambdós països.* The river forms the border between the two countries. **Frontier** es fa servir per a parlar de la divisió entre països, si bé és una mica més formal que **border**. També pot tenir un ús figurat: *les fronteres de la ciència* the frontiers of science.

fronterer, ~a *adj* border [*n atrib*]: *regió fronterera* border area

frontissa *nf* hinge

frontó *nm* **1** (*joc*) pelota **2** (*pista*) pelota court

fruit *nm* fruit

fruita *nf* fruit [*gen incomptable*]: *Vols ~?* Would you like some fruit? LOC **fruita seca 1** (*amb closca*) nuts [*pl*] **2** (*assecada*) dried fruit [*incomptable*] *Vegeu tb* MACEDÒNIA

fruiter, ~a ▶ *adj* fruit [*n atrib*]: *un arbre ~* a fruit tree
▶ *nm-nf* greengrocer
▶ **fruitera** *nf* (*recipient*) fruit bowl

fruiteria *nf* greengrocer's ➲ *Vegeu nota a* CARNISSERIA

frustració *nf* frustration

frustrat, -ada *adj* **1** (*persona*) frustrated **2** (*intent*) failed

fuel *nm* oil

fuet *nm* **1** (*corretja*) (**a**) whip (**b**) (*hípica*) crop **2** (*embotit*) salami

F

fuga *nf* **1** (*fugida*) flight **2** (*gas, líquid*) leak

fugaç *adj* fleeting LOC *Vegeu* ESTEL

fugida *nf* escape, flight (*més formal*)

fugir *vi* ~ **(de) 1** (*escapar-se*) to escape (from *sb/sth*): *Van ~ de la presó.* They escaped from prison. **2** (*evitar*) to avoid *sb/sth* [*vt*]: *Vam aconseguir ~ de la premsa.* We managed to avoid the press. LOC **fugir a la desbandada** to scatter in all directions ♦ **fugir del país** to flee the country ♦ **fugir d'estudi** (*canviar de tema*) to change the subject ♦ **fuig d'aquí!** get lost!

fugitiu, -iva *nm-nf* fugitive

fuita *nf* (*gas, líquid*) leak

full *nm* **1** (*llibre, diari*) page **2** (*foli*) sheet (of paper): *Dóna'm un ~ de paper.* Can I have a sheet o paper, please? ◇ *un ~ en blanc* a clean sheet of paper LOC **full de càlcul** spreadsheet

fulla *nf* **1** leaf [*pl* leaves]: *les fulles d'un arbre* the leaves of a tree ◇ *Les fulles cauen a la tardor.* Leaves fall off the trees in autumn. **2** (*arma blanca, eina*) blade LOC **de fulla caduca/perenne** deciduous/evergreen ♦ **fulla d'afaitar** razor blade

fullatge *nm* foliage

fullejar *vt* **1** (*girar fulls*) to flick through *sth*: *~ una revista* to flick through a magazine **2** (*mirar per sobre*) to glance at *sth*: *~ el diari* to glance at the paper

fullet *nm* **1** (*llibret*) **(a)** (*de publicitat*) brochure: *un ~ de viatges* a holiday brochure **(b)** (*d'informació, d'instruccions*) booklet **2** (*full*) leaflet: *Vaig agafar un ~ amb l'horari.* I picked up a leaflet containing the timetable.

fulminant *adj* **1** (*instantani*) immediate: *un èxit ~* an instant success **2** (*mirada*) withering **3** (*mort*) sudden

fum *nm* **1** smoke: *Hi havia massa ~.* There was too much smoke. ◇ *Sortia ~ per la porta.* There was smoke coming out of the door. **2** (*cotxe*) fumes [*pl*]: *el ~ del tub d'escapament* exhaust fumes **3 fums** (*arrogància*) airs: *tenir molts ~s* to put on airs LOC **fer fum**: *Fa molt de ~.* It gives off a lot of smoke. *Vegeu tb* BAIXAR, RASTRE

fumador, ~a *nm-nf* smoker: *~ passiu* passive smoker LOC **fumador o no fumador?** (*en restaurants*) smoking or non-smoking?

fumar *vt, vi* to smoke: *~ amb pipa* to smoke a pipe ◇ *Hauries de deixar de ~.* You should give up smoking. LOC *Vegeu* PROHIBIT

fumarada *nf* cloud of smoke

fumat, -ada *adj* smoked: *salmó ~* smoked salmon *Vegeu tb* FUMAR

fumut, -uda *adj* **1** (*malalt*) poorly **2** (*deprimit*) upset

funció *nf* **1** (*tasca, missió*) function: *La nostra ~ és informar.* Our function is to inform. **2** (*Teat*) performance: *una ~ de gala* a gala performance LOC **en funcions** acting: *l'alcalde en funcions* the acting mayor ♦ **estar en funció d'alguna cosa** to depend on sth: *Està en ~ del preu.* It depends on the price.

funcionament *nm* operation: *posar alguna cosa en ~* to put sth into operation

funcionar *vi* **1** to work: *L'alarma no funciona.* The alarm doesn't work. ◇ *Com funciona això?* How does it work? **2** (*vehicle, mecanisme*) ~ **(amb)** to run (on *sth*): *Aquest cotxe funciona amb gasoil.* This car runs on diesel. LOC **no funciona** (*en un cartell*) out of order

funcionari, -ària *nm-nf* government employee

funda *nf* **1** (*estoig*) case: *una ~ d'ulleres* a glasses case **2** (*disc*) sleeve **3** (*edredó, coixí, moble*) cover

fundació *nf* (*institució*) organization

fundador, ~a *adj, nm-nf* founder LOC **membre/soci fundador** founder member

fundar *vt* to found

fúnebre *adj* **1** (*per a un funeral*) funeral [*n atrib*]: *la marxa ~* the funeral march **2** (*trist*) mournful LOC *Vegeu* COTXE, POMPA

funeral (*tb* **funerals**) *nm* funeral: *els ~s d'un veí* a neighbour's funeral

funerària *nf* undertaker's ➲ *Vegeu nota a* CARNISSERIA

funicular *nm* **1** (*Ferrocarril*) funicular (railway) **2** (*telefèric*) cable car

fura *nf* ferret LOC **ésser una fura** (*persona*) not to miss a trick

furgar *vt, vi* ~ **(en)** to rummage in/through *sth*: *No furguis més les meves coses.* Don't rummage through my things.

furgoneta *nf* van

fúria *nf* fury LOC **amb fúria** furiously ♦ **estar fet una fúria** to be in a rage ♦ **posar-se fet una fúria** to fly into a rage

furiós, -osa *adj* furious (*with sb/at sth*): *Estava ~ contra ella.* I was furious with her.

furtiu, -iva *adj* furtive LOC **caçador/pescador furtiu** poacher ♦ **caça/pesca furtiva** poaching

fusell *nm* rifle

fusible *nm* fuse: *Han saltat els ~s.* The fuses have blown.

fusió *nf* **1** (*empreses, partits polítics*) merger **2** (*gel, metalls*) melting **3** (*atòmica*) fusion: *la ~ nuclear* nuclear fusion LOC *Vegeu* PUNT

fusionar(-se) *vt, vp* (*empreses, etc.*) to merge

fusta *nf* **1** (*material*) wood: *El roure és una ~ de gran qualitat.* Oak is a high quality wood. ◇ *És fet de ~.* It's made of wood. **2** (*tros*) piece of wood: *Aquesta ~ aniria bé per a tapar el forat.* We could use that piece of wood to block up the hole. **3** (*de construcció*) timber: *les fustes de la teulada* the roof timbers LOC **de fusta** wooden: *una cadira/biga de ~* a wooden chair/beam ◆ **fusta de pi, roure, etc.** pine, oak, etc.: *una taula de ~ de pi* a pine table ◆ **tenir fusta d'artista, líder, etc.** to be a born artist, leader, etc. *Vegeu tb* TOCAR

fuster, ~a *nm-nf* carpenter

fusteria *nf* **1** (*activitat*) carpentry **2** (*taller*) carpenter's workshop

futbol *nm* football, soccer *jugar a ~* to play football ◇ *~ americà* American football

Als Estats Units només se'n diu **soccer**, per diferenciar-lo del futbol americà, que allà en diuen **football**.

LOC **futbol sala** five-a-side football

futbolí *nm* table football

futbolista *nmf* footballer

fúting *nm* jogging: *fer ~* to go jogging ➲ *Vegeu nota a* ESPORT

futon *nm* futon

futur, ~a *adj, nm* future: *tenir un bon ~* to have a good future ahead of you LOC **en el futur 1** (*pròximament*) in the future: *Es produirà en el ~.* It will take place in the future. **2** (*la pròxima vegada*) in future: *En el ~ no arribis tard.* In future don't be late.

G g

gàbia *nf* cage

gabinet *nm* **1** (*despatx*) office **2** (*Pol*) Cabinet [*v sing o pl*] LOC **gabinet de premsa** press office

gai *adj, nm* gay

gaire ▸ *adj* **1** (*referit a nom incomptable*) much, a lot of *sth* (*més col·loq*): *No té ~ sort.* He doesn't have much luck. ◇ *Prens ~ cafè?* Do you drink a lot of coffee? **2** (*referit a nom comptable*) many, a lot of *sth* (*més col·loq*): *No hi havia ~s anglesos.* There weren't many English people.

▸ *adv* **1** (*amb verb*) much: *No he dormit ~.* I haven't slept much. **2** (*amb adjectiu*) very: *—Estàs cansat? —No ~.* 'Are you tired?' 'Not very.' LOC *Vegeu* COSTAR, TRIGAR

gairebé *adv* **1** (*en frases afirmatives*) almost, nearly: *Gairebé que caic.* I almost/nearly fell. ◇ *Era ~ ple.* It was almost/nearly full. ◇ *Jo ~ diria que...* I would almost say that... ➲ *Vegeu nota a* NEARLY **2** (*en frases negatives*) hardly: *No la veig ~ mai.* I hardly ever see her. ◇ *Gairebé no va venir ningú.* Hardly anybody came. ◇ *No queda ~ res.* There's hardly anything left.

gaita *nf* bagpipes [*pl*]: *tocar la ~* to play the bagpipes

gaiter, ~a *nm-nf* piper

gala *nf* gala: *Assistirem a la ~ inaugural.* We'll attend the gala opening. ◇ *un sopar de ~* a gala dinner LOC **anar/vestir de gala** to be dressed up

galant *adj* gallant

galàxia *nf* galaxy [*pl* galaxies]

galeria *nf* **1** (*Art, Teat*) gallery [*pl* galleries]: *una ~ d'art* an art gallery **2** (*balcó*) balcony [*pl* balconies] LOC **galeries (comercials)** (shopping) arcade

galeta *nf* **1** (*aliment*) biscuit **2** (*Informàt*) cookie LOC **galeta salada** cracker

gall *nm* **1** (*ocell*) cock **2** (*nota falsa*) wrong note: *Va fer un ~.* He hit the wrong note. LOC **gall dindi** turkey [*pl* turkeys] *Vegeu tb* MISSA, POTA

gallec, -ega *adj, nm-nf, nm* Galician: *els ~s* the Galicians ◇ *parlar ~* to speak Galician

galleda *nf* bucket LOC **galleda de les escombraries** rubbish bin ➲ *Vegeu il·lustració a* BIN

Gal·les *nm* Wales

gal·lès, -esa ▸ *adj, nm* Welsh: *parlar ~* to speak Welsh

▸ *nm-nf* Welshman/woman [*pl* -men/women]: *els gal·lesos* the Welsh

gallet *nm* **1** (*arma de foc*) trigger: *prémer el ~* to pull the trigger **2** (*penell*) weathervane

gallina ▸ *nf* hen

▸ *adj, nmf* (*covard*) chicken [*n*]: *No siguis tan ~!* Don't be such a chicken! LOC **la gallina cega** blind man's buff *Vegeu tb* PELL

galliner *nm* **1** (*per a gallines*) hen house **2 el galliner** (*Teat*) the gallery, the gods [*pl*] (*col·loq*) LOC **ésser un galliner** (*cridòria*) to be a madhouse

galó *nm* **1** (*d'uniforme*) stripe **2** (*mesura*) gallon ➲ *Vegeu pàgs 756-761*

G

galop *nm* gallop LOC **al galop**: *Van fugir al ~.* They galloped off.
galopar *vi* to gallop: *anar a ~* to go for a gallop
galta *nf* cheek LOC **tenir galtes** to have a cheek
galteres *nf* mumps [*incomptable*]: *tenir ~* to have (the) mumps
gamba *nf* prawn
gambada *nf* stride
gambal *nm* LOC *Vegeu* CURT
gamberrada *nf* LOC **fer gamberrades** to make trouble
gamberro, -a *nm-nf* hooligan LOC **fer el gamberro** to make trouble
gamma *nf* range: *una àmplia ~ de colors* a wide range of colours
gana *nf* **1** (*desig*): *Tinc ganes de menjar alguna cosa.* I'd like something to eat. ◇ *No tinc ganes de fer res.* I don't want to do anything. **2** (*fam*) appetite: *perdre la ~* to lose your appetite ◇ *El passeig t'obrirà la ~.* The walk will give you an appetite. ➲ *Vegeu nota a* FAM LOC **amb/sense ganes** enthusiastically/half-heartedly ◆ **com em, et, etc. dóna la gana** however I, you, etc. want: *Ho faré com em doni la ~.* I'll do it however I want. ◆ **de bona/mala gana** willingly/reluctantly: *Ho va fer de mala ~.* She did it reluctantly. ◆ **donar-li a algú la gana** to want *to do sth*: *Ho faig perquè em dóna la ~.* I'm doing it because I want to. ◇ *Fes el que et doni la ~.* Do what you want. ◆ **passar gana** to go hungry ◆ **quedar-se amb les ganes** to never get *to do sth*: *Em vaig quedar amb les ganes de veure'ls.* I never got to see them. ◆ **tenir gana** to be hungry: *Tinc moltíssima ~.* I'm terribly hungry. ◆ **tenir una gana de llop** to be starving ◆ **venir/entrar ganes de fer alguna cosa** to feel like doing sth: *Em van venir ganes d'anar-me'n.* I felt like leaving. *Vegeu tb* MATAR, MORIR(-SE), MORT *pp*
gandul, ~a ▶ *adj* lazy
▶ *nm-nf* layabout LOC **fer el gandul** to laze around
gandula *nf* (*cadira*) deckchair
gandulejar *vi* to laze around
ganga *nf* **1** (*compra*) bargain **2** (*feina, situació*) cushy number LOC **ésser gangues de l'ofici** to be part and parcel of the job
gangrena *nf* gangrene
gàngster *nm* gangster
ganivet *nm* knife [*pl* knives]
ganxo *nm* hook
ganyota *nf* LOC **fer ganyotes** to pull/make faces/a face (*at sb*)
garantia *nf* guarantee: *El portàtil té una ~ de dos anys.* The laptop has a two-year guarantee. LOC **en garantia** under guarantee
garantir *vt* to guarantee: *Garantim la qualitat del producte.* We guarantee the quality of the product. ◇ *Vindran, t'ho garanteixo.* I can guarantee they'll come.
garatge *nm* garage
garbuix *nm* muddle: *Hi havia un ~ de gent i cotxes al carrer.* There was a confused muddle of cars and people in the street. ◇ *Tenia els cabells fets un ~.* Her hair was all tangled up. LOC **estar fet un garbuix** to be really confused ◆ **fer-se un garbuix** to get yourself in a muddle
garfi *nm* hook
gàrgara *nf* LOC **fer gàrgares** to gargle
gargot *nm* **1** (*dibuix*) doodle **2** (*escriptura*) scribble LOC **fer gargots 1** (*dibuixar*) to doodle: *M'entretinc fent ~s quan parlo per telèfon.* I always doodle when I'm on the phone. **2** (*escriure*) to scribble: *No facis aquests ~s, que ningú no entendrà la lletra.* If you scribble like that, no one will understand your writing.
garita *nf* sentry box
garjola *nf* (*presó*) nick
garlar *vi* to chat
garrafa *nf* demijohn
garratibat, -ada *adj* **1** (*immòbil*) motionless **2** (*de fred*) frozen stiff: *quedar-se ~ de fred* to be frozen stiff **3** (*sorprès*) speechless: *La notícia ens va deixar ~s.* The news left us speechless.
garrepa ▶ *adj* mean, stingy (*més col·loq*)
▶ *nmf* skinflint
garriga *nf* scrub
garrofa *nf* carob
garrofer *nm* carob tree
garrot *nm* **1** (*bastó*) stick **2** (*d'execució*) garrotte
garsa *nf* magpie
gas *nm* **1** gas: *Fa pudor de ~.* It smells of gas. ◇ *calefacció de ~* gas heating **2 gasos** (*Med*) wind [*incomptable*]: *El nen petit té gasos.* The baby's got wind. LOC **anar a tot gas** to go full speed ◆ **gasos lacrimògens** tear gas [*incomptable*] *Vegeu tb* AIGUA
gasa *nf* **1** (*teixit*) gauze **2** (*bena*) bandage
gasela *nf* gazelle [*pl* gazelle/gazelles]
gasiu, -iva ▶ *adj* mean
▶ *nm-nf* skinflint
gasoil *nm* diesel
gasolina *nf* petrol: *~ sense plom* unleaded petrol
gasolinera *nf* petrol station

gasosa *nf* (fizzy) lemonade

gastar *vt* **1** (*diners*) to spend *sth* (*on sb/sth/doing sth*): *Han gastat molt en la millora dels transports públics.* They've spent a lot on improving public transport. **2** (*consumir*) to use: *~ menys electricitat* to use less electricity

gastat, -ada *adj* (*desgastat*) worn *Vegeu tb* GASTAR

gastroenteritis *nf* gastroenteritis [*incomptable*]

gastronomia *nf* cooking, cuisine (*més formal*): *la ~ francesa* French cuisine

gat, ~a ▶ *nm-nf* cat: *un ~ salvatge* a wild cat

> **Tomcat** o **tom** és un gat mascle, **kittens** són els gatets. Els gats ronquen (**purr**) i fan mèu (**miaow**).

▶ *nm* (*cotxe*) jack LOC **donar gat per llebre** to take *sb* in ◆ **el Gat amb Botes** Puss in Boots ◆ **gat siamès** Siamese cat ◆ **haver-hi gat amagat**: *Aquí hi ha ~ amagat.* There's something fishy going on. *Vegeu tb* BARALLAR(-SE), QUATRE

gatejar *vi* to crawl

gaudir *vi* ~ **de** to enjoy *sth/doing sth*: *Gaudeixo de bona salut.* I enjoy good health. ◇ *Espero que hàgiu gaudit de la visita.* I hope you enjoyed your visit.

gavardina *nf* raincoat

gavina *nf* seagull

gebrar *vi*: *Aquesta matinada ha gebrat.* It was frosty this morning.

gebre *nm* frost

gec *nm* jacket

gegant, ~a ▶ *nm-nf* giant

▶ *adj* giant: *un om ~* a giant elm

geganti, -ina *adj* enormous

gel[1] *nm* (*glaç*) ice LOC *Vegeu* HOQUEI, PISTA

gel[2] *nm* (*cosmètic*) gel LOC **gel de bany/dutxa** shower gel

gelada *nf* frost

gelar(-se) *vt, vi, vp* to freeze: *El fred ha gelat les canonades.* The pipes are frozen. ◇ *Ahir a la nit va ~.* It was freezing last night. LOC **gelar-se (de fred)** to freeze: *Ens gelarem (de fred).* We'll freeze.

gelat, -ada ▶ *adj* **1** (*líquid*) frozen: *un estany ~* a frozen pond **2** (*persona, habitació*) freezing: *Estic ~.* I'm freezing! *Vegeu tb* GELAR(-SE)

▶ *nm* ice cream: *~ de xocolata* chocolate ice cream LOC *Vegeu* PASTÍS

gelateria *nf* ice cream parlour

gelatina *nf* **1** (*substància*) gelatine **2** (*aliment*) jelly [*pl* jellies]

gelea *nf* jelly [*pl* jellies] LOC **gelea reial** royal jelly

gelós, -osa *adj* jealous: *Està ~ de la seva germana.* He's jealous of his sister.

gelosia *nf* **1** (*sentiment*) jealousy: *Això és ~ i prou.* That's just jealousy. ◇ *Tenia ~.* He was jealous. **2** (*finestra*) lattice LOC **tenir gelosia (d'algú)** to be jealous (of sb)

gemec *nm* **1** (*de dolor*) groan: *Es podien sentir els ~s del malalt.* You could hear the sick man groaning. **2** (*animal*) whine

G

gemegar *vi* to groan

gèminis (*tb* **Gèminis**) *nm, nmf* Gemini ➲ *Vegeu exemples a* AQUARIUS

gemma *nf* **1** (*pedra preciosa*) jewel **2** (*Bot*) bud

gen *nm* gene

gendre *nm* son-in-law [*pl* sons-in-law]

genealògic, ~a *adj* genealogical LOC *Vegeu* ARBRE

gener *nm* January (*abrev* Jan.): *Els exàmens són al ~.* We've got exams in January. ◇ *El meu aniversari és el 12 de ~.* My birthday's (on) 12 January. ❶ Es diu 'January the twelfth' o 'the twelfth of January'.

generació *nf* generation

generacional *adj*: *el conflicte ~* the generation gap

generador *nm* (*Electròn*) generator

general *adj, nm* general LOC **en general** as a general rule *Vegeu tb* ASSAIG, CARRETERA, ELECCIÓ, QUARTER

generalitat *nf* **la Generalitat** regional government (of Catalonia/Valencia)

generalització *nf* generalization

generalitzar *vi* to generalize: *No es pot ~.* You can't generalize.

generalment *adv* usually

generar *vt* to generate: *~ energia* to generate energy

gènere *nm* **1** (*Art, Liter*) genre **2** (*Gram*) gender **3** (*roba*) material ➲ *Vegeu nota a* ROBA LOC **gènere humà** mankind ◆ **gènere policíac** crime writing

generós, -osa *adj* generous: *És molt ~ amb els seus amics.* He is very generous to his friends.

generositat *nf* generosity

genet, ~a *nm-nf* rider

genètic, ~a *adj* genetic LOC *Vegeu* ENGINYERIA

genètica *nf* genetics [*incomptable*]

geni *nm* **1** ~ **(amb/de/per a)** (*superdotat*) genius [*pl* geniuses] (at *sth/doing sth*): *Picasso va ser un ~ de la pintura.* Picasso was a genius at painting.

◇ *Ets un ~ arreglant coses.* You're a genius at doing repairs. **2** (*mal humor*) (bad) temper: *Quin ~ que tens!* What a temper you've got! **3** (*ésser fantàstic*) genie [*pl* genies/genii]: *el ~ de la llàntia* the genie of the lamp LOC **tenir mal geni** to be bad-tempered

genial *adj* brilliant: *una idea/un pianista ~* a brilliant idea/pianist

genital ▶ *adj* genital
▶ **genitals** *nm* genitals

G

geniüt, -üda *adj* quick-tempered

geniva *nf* gum

genocidi *nm* genocide

genoll *nm* knee LOC **(estar) de genolls** (to be) kneeling: *Tothom estava de ~s.* Everyone was kneeling. ◆ **posar-se de genolls** to kneel (down)

genollera *nf* **1** (*Esport*) knee pad **2** (*Med*) knee support **3** (*pedaç*) knee patch

genoma *nm* genome: *el ~ humà* the human genome

gens *adv* **1** (*amb adj o verb*) at all: *No és ~ clar.* It's not at all clear. ◇ *No m'agrada ~.* I don't like it at all. ◇ *Que et fa res? No ~.* Do you mind? Not at all. **2** ~ **(de)** (*amb nom*) no, any: *No hi ha ~ de sal.* There isn't any salt. ➲ *Vegeu nota a* CAP[3] LOC **gens ni mica**: *No hi sento ~ ni mica.* I can't hear a thing. ◇ *No treballa ~ ni mica.* He doesn't do any work. *Vegeu tb* COSTAR, TARDAR, TRIGAR

gent *nf* people [*pl*]: *Hi havia molta ~.* There were a lot of people. ◇ *La ~ plorava d'alegria.* People were crying with joy. ◇ *~ normal i corrent* ordinary people LOC **gent de casa bona** well-off people *Vegeu tb* DIR[2]

gentada *nf* crowd: *Quina ~ que hi havia, al concert!* What a lot of people there were at the concert!

genuí, -ïna *adj* genuine

geografia *nf* geography

geogràfic, ~a *adj* geographical

geòleg, -oga *nm-nf* geologist

geologia *nf* geology

geològic, ~a *adj* geological

geometria *nf* geometry

geomètric, ~a *adj* geometric LOC *Vegeu* FIGURA

gep *nm* (*tb* **gepa** *nf*) hump

geperut, -uda ▶ *adj* hunched
▶ *nm-nf* hunchback

gerani *nm* geranium

gerd *nm* raspberry [*pl* raspberries]

gerent *nmf* manager LOC *Vegeu* DIRECTOR

germà, -ana *nm-nf* **1** (*masc*) brother: *Tinc un ~ gran.* I have an older brother. **2** (*fem*) sister: *la meva germana petita* my youngest sister ❶ Aquestes traduccions es fan servir també en un context religiós, però en aquest cas s'escriuen en majúscula: *el germà Francesc* Brother Francis. **3 germans**

> De vegades diem *germans* per referir-nos a germans i germanes, i en aquest cas hem de dir en anglès **brothers and sisters**: *Tens germans?* Have you got any brothers and sisters? ◇ *Som sis germans.* I've got five brothers and sisters. ◇ *Són dos germans i tres germanes.* There are two boys and three girls.

LOC **germans siamesos** Siamese twins, conjoined twins (*formal*) ◆ **germà per part de pare/mare** half-brother [*fem* half-sister] ➲ *Vegeu nota a* GERMANASTRE *Vegeu tb* COSÍ

germanastre, -a *nm-nf* **1** (*masc*) stepbrother **2** (*fem*) stepsister

> Per fer referència a un germà per part de pare o de mare diem **half-brother** i **half-sister**: *Són germans per part de pare.* They're half-brothers.

germen *nm* germ

germinar *vi* to germinate

gerra *nf* jug LOC **gerra de cervesa** beer mug

gerro *nm* **1** (*d'aigua, vi, etc.*) jug **2** (*de flors*) vase

gespa *nf* **1** grass: *No trepitgeu la ~.* Keep off the grass. **2** (*en un jardí privat*) lawn LOC *Vegeu* TALLAR

gessamí *nm* jasmine

gest *nm* gesture: *un ~ simbòlic* a symbolic gesture ◇ *comunicar-se/parlar amb gestos* to communicate by gesture LOC **fer un gest/gestos 1** (*amb la mà*) to signal (*to sb*): *Em va fer un ~ perquè entrés.* He signalled (to) me to come in. **2** (*amb la cara*) to pull a face/faces (*at sb*)

gesta *nf* exploit LOC **ésser una gesta** to be quite a feat

gesticular *vi* **1** (*amb les mans*) to gesticulate **2** (*amb la cara*) to pull a face, to grimace (*formal*)

gestió *nf* **1 gestions** (*tràmits*) business [*v sing*]: *He de fer unes gestions a l'ajuntament.* I have some business to attend to in the town hall. ◇ *fer les gestions necessàries per a aconseguir un visat* to take the necessary steps to get a visa **2** (*administració*) management LOC **gestió d'empreses** business administration

gimcana *nf* ≈ treasure hunt

gimnàs *nm* **1** (*d'una escola*) gym, gymnasium (*formal*) **2** (*club*) health club

gimnasta *nmf* gymnast

gimnàstica *nf* **1** gymnastics [*incomptable*]: *el campionat de ~ esportiva* the gymnastics championships **2** (*assignatura*) physical education (*abrev* PE): *un professor de ~* a PE teacher **LOC fer gimnàstica** to exercise, to work out (*més col·loq*)

ginebra *nf* gin

ginecòleg, -òloga *nm-nf* gynaecologist

ginecologia *nf* gynaecology

gir *nm* turn: *un ~ a la dreta* a right turn **LOC gir bancari** banker's draft ◆ **gir postal** postal order

gira *nf* tour **LOC estar/anar de gira** to be/go on tour ◆ **fer una gira** to tour: *Van fer una ~ pels Estats Units.* They toured the USA.

girada *nf* **LOC girada de peu** sprain

girafa *nf* giraffe

girar ▶ *vt, vi* to turn: *Vaig ~ el cap.* I turned my head. ◇ *~ la cantonada* to turn the corner ◇ *~ a l'esquerra* to turn left ▶ **girar-se** *vp* **girar-se (cap a)** to turn (to/towards *sb/sth*): *Es va ~ i em va mirar.* She turned round and looked at me. ◇ *Es va ~ cap a l'Elena.* He turned towards Elena. **LOC girar al voltant d'algú/d'alguna cosa** to revolve around sb/sth: *La Terra gira al voltant del Sol.* The earth revolves around the sun.

gira-sol *nm* sunflower

giratori, -òria *adj* **LOC** *Vegeu* PORTA

gitano, -a *adj, nm-nf* Gypsy [*n*] [*pl* Gypsies] **LOC** *Vegeu* BRAÇ

gla *nf* acorn

glaç *nm* ice **LOC** *Vegeu* ROMPRE

glaçar(-se) *vt, vi, vp* to freeze

glaçat, -ada *adj* **LOC deixar glaçat** to leave sb speechless: *La notícia ens va deixar ~s.* The news left us speechless. *Vegeu tb* GLAÇAR(-SE)

glacera *nf* glacier

glacial *adj* **1** (*vent*) icy **2** (*temperatura*) freezing **LOC època/període glacial** Ice Age

glaçó *nm* ice cube

glàndula *nf* gland

global *adj* **1** (*total*) overall: *el cost ~ de les obres* the overall cost of the repairs **2** (*mundial*) global: *l'escalfament ~* global warming

globalització *nf* globalization

globus *nm* balloon: *una excursió amb ~* a balloon trip **LOC globus terraqüi** globe

glop *nm* drink: *un ~ d'aigua* a drink of water **LOC** *Vegeu* BEURE('S)

glopejar *vt* to rinse (out) *your mouth*

glòria *nf* **1** (*grandesa, esplendor*) glory: *honor i ~* honour and glory **2** (*persona cèlebre*) great name: *les glòries de l'esport* the great sporting names

glossari *nm* glossary [*pl* glossaries]

glucosa *nf* glucose

goig *nm* joy **LOC fer goig** to look nice *Vegeu tb* CABRE

gol *nm* goal: *marcar/fer un ~* to score a goal **LOC gol de l'empat** equalizer

gola *nf* (*Anat*) throat **LOC** *Vegeu* NUS

golafre ▶ *adj* greedy
▶ *nmf* glutton

golejador, ~a *nm-nf* (*jugador*) goalscorer: *el màxim ~* the top goalscorer

golejar *vt* to thrash: *Suècia va ~ Xile cinc a zero.* Sweden thrashed Chile five nil.

golf[1] *nm* (*Geog*) gulf

golf[2] *nm* (*Esport*) golf: *jugar al ~* to play golf **LOC** *Vegeu* CAMP, PAL

golfes *nf* attic: *pujar les maletes a les ~* to take the suitcases up to the attic

golfista *nmf* golfer

gom LOC de gom a gom packed: *El supermercat era ple de ~ a ~.* The supermarket was packed.

goma *nf* **1** (*d'esborrar, cautxú*) rubber **2** (*banda elàstica*) elastic band

gomina *nf* (hair) gel

goril·la *nm* **1** (*animal*) gorilla **2** (*guardaespatlles*) bodyguard **3** (*d'una discoteca, etc.*) bouncer

gorja *nf* (*Geog*) gorge

gorra *nf* cap **LOC de gorra** (*gratis*) without paying: *A veure si entrem de ~.* Let's see if we can get in without paying. ◆ **gorra de cuiner** chef's hat ◆ **gorra de llana** woolly hat ◆ **gorra de plàstic 1** (*per a la piscina*) swimming cap **2** (*per a la dutxa*) shower cap

gorrejar *vi* to scrounge

gos, gossa *nm-nf* dog

> Per referir-nos només a la femella, diem **bitch**. Els gossos acabats de néixer es diuen **puppies**.

LOC gos d'aigua spaniel ◆ **gos de falda** (*lit i fig*) lapdog ◆ **gos de pastor/d'atura** sheepdog ◆ **gos de Sant Bernat** St Bernard ◆ **gos llop** Alsatian ◆ **gos que lladra no mossega** sb's bark is worse than their bite ◆ **gos vigilant** guard dog *Vegeu tb* BARALLAR(-SE), VIDA, VIURE

gosar *vi* to dare (*do sth*): *No goso demanar-li el cotxe.* I daren't ask her to lend me the car. ◇ *No gosis pas!* Don't you dare! ➲ *Vegeu nota a* DARE[1]

got *nm* glass: *un ~ de vi* a glass of wine ◇ *un ~ per a vi* a wine glass **LOC got de plàstic/paper** plastic/paper cup ➲ *Vegeu il·lustració a* CUP *Vegeu tb* BEURE('S), ULLERES

gota *nf* **1** (*líquid*) drop **2** (*gens*): *No hi sento/veig ~.* I can't hear/see a thing. ◇ *No treballa ni ~.* He doesn't do any work. LOC **caure a algú la gota del nas** to have a runny nose ◆ **ésser la gota que fa vessar el vas** to be the last straw *Vegeu tb* ASSEMBLAR-SE

gotera *nf* leak: *Cada vegada que plou hi ha goteres al sostre.* The roof leaks every time it rains.

G

gòtic, ~a *adj, nm* Gothic

govern *nm* government [*v sing o pl*]: *el ~ autonòmic/central* the regional/central government ➲ *Vegeu nota a* JURAT

governador, ~a *nm-nf* governor

governamental *adj* government [*n atrib*]: *fonts ~s* government sources

governant ▶ *adj* governing: *el partit ~* the governing party
▶ *nmf* leader

governar *vt* **1** (*país*) to govern **2** (*nau*) to steer

gra *nm* **1** (*arròs, cereal, sorra*) grain: *un ~ de sorra* a grain of sand **2** (*llavor*) seed **3** (*cafè*) bean **4** (*a la pell*) spot: *M'han sortit grans.* I've come out in spots. LOC **anar al gra** to get to the point ◆ **fer-ne un gra massa** to go too far ◆ **gra d'all** clove of garlic

gràcia *nf* **1** (*encant, simpatia*) charm: *No és guapa però té ~.* She's not pretty but there's something about her. **2** (*elegància, Relig*) grace: *Camina amb ~.* She walks very gracefully. LOC **donar les gràcies** to thank *sb* (*for sth/doing sth*): *sense donar-me (ni) les gràcies* without (even) thanking me ◆ **fer gràcia 1** (*fer il·lusió*): *Em faria molta ~ anar a sopar amb ells.* I'd really like to go for dinner with them. **2** (*divertir*): *Em fa ~ com parla.* The way he talks amuses me. ◇ *Em fa ~ que, després de tot el que han dit de França, ara vulguin anar a viure-hi.* After all they've said about France, I find it funny they want to go and live there. ◆ **gràcies!** thank you!, thanks! (*més col·loq*): *moltes gràcies* thank you very much ◆ **gràcies a...** thanks to *sb/sth*: *Gràcies a tu m'han donat la feina.* Thanks to you, I got the job. ◆ **gràcies a Déu** thank God ◆ **no fer (gens de) gràcia** to (really) not like *sth/doing sth*: *No em fa gens de ~ haver d'anar-hi.* I really don't want to go there. ◆ **quina gràcia!** how funny! ◆ **tenir gràcia 1** (*ésser divertit*) to be funny: *Els teus acudits no tenen gens de ~.* Your jokes aren't funny. ◇ *No té gens de ~, saps?* It's not funny, you know. **2** (*ésser sorprenent*) to be a bit much: *Després de tot el que va passar, té ~ que em critiquin a mi!* After everything that happened, it's a bit much criticizing me. *Vegeu tb* ENCARA, MIL

graciós, -osa *adj* funny ❶ La paraula anglesa **gracious** significa *afable, elegant*.

grada *nf* stand: *Les grades eren plenes.* The stands were full.

graduació *nf* (*universitat*) graduation

gradual *adj* gradual

graduar ▶ *vt* (*regular*) to adjust: *Cal ~ la temperatura.* The temperature has to be adjusted.
▶ **graduar-se** *vp* to graduate: *Es va ~ en dret l'any passat.* She graduated in law last year. LOC **fer-se graduar la vista** to have your eyes tested

graduat, -ada *adj* **1** (*ulleres, vidres*) prescription [*n atrib*]: *ulleres graduades* prescription glasses **2** (*regle, termòmetre*) graduated *Vegeu tb* GRADUAR

graella *nf* **1** (*Cuina*) grill **2** (*taula*) chart LOC **carn/peix a la graella** grilled meat/fish ◆ **graella de sortida** (starting) grid

gràfic, ~a ▶ *adj* graphic
▶ **gràfic** *nm* (*tb* **gràfica** *nf*) graph LOC *Vegeu* REPORTER

grafit *nm* graffiti [*incomptable*]: *monuments plens de ~s* monuments covered in graffiti

gram *nm* gram(me) (*abrev* g) ➲ *Vegeu l'apèndix 1.*

gramàtica *nf* grammar

gran ▶ *adj*
• **dimensió, capacitat** big, large (*més formal*): *una casa/ciutat ~* a big house/city ◇ *Gran o petit?* Large or small? ◇ *Londres és més ~ que Barcelona.* London is bigger than Barcelona. ◇ *més ~ del que sembla* bigger than it looks ◇ *Em va ~.* It's too big for me. ➲ *Vegeu nota a* BIG
• **nombre, quantitat** large: *un ~ nombre de problemes* a large number of problems ◇ *una ~ quantitat de sorra* a large amount of sand ◇ *una ~ fortuna* a large fortune
• **qualitat, intensitat** great: *un ~ músic/escriptor* a great musician/writer ◇ *fer un esforç molt ~* to make a great effort
• **edat 1** old: *un home ~* an old man ◇ *Sóc més ~ que el meu germà.* I'm older than my brother. ◇ *És l'alumne més ~ de la classe.* He's the oldest student in the class. **2** (*germans*) older: *la meva germana ~* my older sister ➲ *Vegeu nota a* ELDER **3** (*adult*) grown-up: *Els seus fills ja són ~s.* Their children are grown-up now.
▶ *nmf* **1** (*d'una família*) oldest one: *El ~ té quinze anys.* The oldest one is fifteen. ➲ *Vegeu nota a* ELDER **2 grans** (*adults*) grown-ups: *Els ~s no arribaran fins a les vuit.* The grown-ups won't get here till eight. LOC **a grans trets** in general terms ◆ **de gran** when I, you, etc. grow up: *De ~*

vull ésser metge. I want to be a doctor when I grow up. ◆ **fer-se gran** to grow up ◆ **gran danès** Great Dane ◆ **grans magatzems** department store ◆ **la gran majoria** nearly all [*pl*]: *La ~ majoria dels meus amics tenen mòbil.* Nearly all my friends have got a mobile. ◆ **(la/una) gran part de** most of: *Una ~ part de l'audiència eren nens.* Most of the audience were children. *Vegeu tb* CARRER, PERSONA, POTÈNCIA

granada *nf* hand grenade

granat *adj, nm* (*color*) maroon ➲ *Vegeu exemples a* GROC

Gran Bretanya *nf* Great Britain (*abrev* GB) ➲ *Vegeu l'apèndix 5.*

granel LOC **a granel 1** (*vi*) from the cask **2** (*sense envasar*) loose: *bombons a ~* loose chocolates

graner *nm* barn

granger, ~a *nm-nf* farmer

granissat *nm* iced drink: *un ~ de llimona* an iced lemon drink

granit *nm* granite

granja *nf* **1** (*Agric*) farm **2** (*cafeteria*) cafe LOC **granja canina** kennels [*pl*]

granota *nf* **1** (*amfibi*) frog **2** (*peça de vestir*) overalls [*pl*] LOC *Vegeu* HOME

graó *nm* step

grapa *nf* **1** (*animal*) paw **2** (*per a papers*) staple **3** (*atractiu*) (**a**) (*cosa*): *Aquesta cançó té molta ~.* This song really has something. (**b**) (*persona*) charisma: *És una persona amb ~.* He's very charismatic. LOC *Vegeu* QUATRE

grapadora *nf* stapler

grapar *vt* to staple

grapat *nm* handful: *un ~ d'arròs* a handful of rice

grapejar *vt* **1** (*cosa*) to finger: *Deixa de ~ la roba.* Stop fingering the material. **2** (*persona*) to paw

gras, grassa *adj* **1** (*persona, animal*) fat

> **Fat** és la paraula més habitual, però n'hi ha d'altres de menys directes. **Overweight** és la paraula més neutra, mentre que **plump** i **chubby** tenen un matís més positiu.

2 (*cutis, cabells, menjar*) greasy: *un xampú per a cabells grassos* a shampoo for greasy hair

grat, ~a *adj* pleasant: *una sorpresa grata* a pleasant surprise LOC **de (bon) grat** willingly ◆ **de mal grat** reluctantly

gratacel *nm* skyscraper

gratar *vt* to scratch

gratis ▶ *adj* free: *La beguda era ~.* The drinks were free.

▶ *adv*: *entrar/treballar ~* to get in/work for nothing ◇ *Els jubilats viatgen ~.* Pensioners travel free.

gratuït, ~a *adj* free LOC *Vegeu* ENTRADA

grau *nm* **1** degree: *cremades de tercer ~* third-degree burns ◇ *Avui estem a 30 ~s.* It's 30 degrees today. **2 graus** (*alcohol*): *Aquest vi té 12 ~s.* The alcoholic content of this wine is 12%. ◇ *Aquesta cervesa té molts ~s.* This beer is very strong. LOC **cinc, deu, etc. graus sota zero** minus five, ten, etc.: *Estem a dos ~s sota zero.* It's minus two.

grava *nf* gravel

gravació *nf* recording

gravar *vt* **1** (*so, imatge*) to record **2** (*metall, pedra*) to engrave LOC *Vegeu* VÍDEO

gravat *nm* engraving

gravetat *nf* **1** (*Fís*) gravity **2** (*importància*) seriousness LOC **de gravetat** seriously: *Està ferit de ~.* He's seriously injured.

grec, -ega ▶ *adj, nm* Greek: *parlar ~* to speak Greek

▶ *nm-nf* Greek man/woman [*pl* men/women]: *els ~s* the Greeks

Grècia *nf* Greece

greix *nm* **1** (*de persona, d'animal*) fat: *Aquest pernil té molt ~.* This ham is very fatty. **2** (*per greixar, brutícia*) grease LOC *Vegeu* UNTAR

greixós, -osa *adj* greasy

gremi *nm* **1** (*ofici*) trade **2** (*artesans, artistes*) guild

gresca *nf* racket: *fer ~* to make a racket ◇ *Vam organitzar una bona ~ el dia del casament.* We had a big party on the day of the wedding. LOC **anar a fer gresca** to go out on the town *Vegeu tb* ARMAR

greu *adj* **1** (*important, seriós*) serious: *un error/problema/una malaltia ~* a serious mistake/problem/illness ◇ *El meu pare està ~.* My father's seriously ill. **2** (*so, nota*) low **3** (*veu*) deep **4** (*accent*) grave LOC **saber greu** to be sorry (*about sth*): *Em sap molt de ~.* I'm very sorry. ◇ *Ens va saber ~ que...* We were sorry that... ◇ *Em sap ~ que em menteixis.* I don't like you telling me lies. ➲ *Vegeu nota a* SORRY

greument *adv* seriously

grèvol *nm* holly

grill *nm* **1** (*insecte*) cricket **2** (*taronja, etc.*) segment

grinyol *nm* **1** (*animal*) whine: *els ~s del gos* the whining of the dog **2** (*bicicleta*) squeak **3** (*porta*) creak **4** (*frens*) screech

grinyolar *vi* **1** (*animal*) to whine **2** (*bicicleta*) to squeak: *La cadena de la meva bicicleta grinyo-*

G

la. The chain on my bike squeaks. **3** (*porta*) to creak **4** (*frens*) to screech

grip *nf* flu [*incomptable*]: *Tinc la ~*. I've got (the) flu.

gripau *nm* toad

gris, ~a ▶ *adj* **1** (*color*) grey ➲ *Vegeu exemples a* GROC **2** (*fosc, sense interès*) dull: *Fa un dia ~*. It's a dull day.
▶ *nm* grey

G

groc, -oga ▶ *adj* **1** (*color*) yellow: *És de color ~*. It's yellow. ◇ *Jo anava vestit de ~*. I was wearing yellow. ◇ *pintar alguna cosa de ~* to paint sth yellow ◇ *el noi de la camisa groga* the boy in the yellow shirt **2** (*semàfor*) amber
▶ *nm* yellow: *No m'agrada el ~*. I don't like yellow. LOC *Vegeu* PÀGINA, PREMSA

groller, ~a *adj, nm-nf* rude [*adj*]: *Ets un ~*. You're so rude.

gronxador *nm* swing

gronxar ▶ *vt* to give *sb* a swing ▶ **gronxar-se** *vp* to swing

gros, -ossa ▶ *adj* big: *el dit ~ del peu* your big toe ◇ *Tinc un problema molt ~*. I've got a big problem. ➲ *Vegeu nota a* BIG
▶ **grossa** *nf* (*rifa*) jackpot: *la grossa de Nadal* the Christmas jackpot LOC *Vegeu* DIT *nm*, MANETA, PEIX, ULL

grosella *nf* LOC **grosella negra** blackcurrant ◆ **grosella vermella** redcurrant

grotesc, ~a *adj* grotesque

grua *nf* **1** (*màquina*) crane **2** (*per a vehicles*) (**a**) (*avariats*) breakdown truck (**b**) (*municipal*): *Avisem la ~*. Vehicles will be towed away. ◇ *La ~ se m'ha emportat el cotxe*. My car has been towed away.

gruix *nm* thickness: *Aquesta fusta fa dos centímetres de ~*. This piece of wood is two centimetres thick.

gruixut, -uda *adj* thick

grumoll *nm* lump: *una salsa amb ~s* a lumpy sauce

grunyir *vi* **1** (*gos, lleó*) to growl **2** (*porc*) to grunt **3** (*remugar*) to grumble

grup *nm* **1** group: *un ~ d'amics/desconeguts* a group of friends/strangers ◇ *Ens vam posar en ~s de sis*. We got into groups of six. ◇ *M'agrada treballar en ~*. I enjoy group work. **2** (*Mús*) band: *un ~ de rock* a rock band LOC **grup sanguini** blood group

gruta *nf* **1** (*natural*) cave **2** (*artificial*) grotto [*pl* grottos]

guaita *nmf* lookout

gual *nm* (*d'un riu*) ford LOC **gual permanent** keep clear (at all times)

guant *nm* glove

guantera *nf* glove compartment

guany *nm* profit LOC *Vegeu* PÈRDUA

guanyador, ~a ▶ *adj* winning
▶ *nm-nf* winner

guanyar ▶ *vt* **1** (*sou, manteniment*) to earn: *Aquest mes he guanyat poc*. I didn't earn much this month. **2** (*premi, partit, guerra*) to win: *~ la loteria* to win the lottery ◇ *Qui ha guanyat el partit?* Who won the match? **3** (*un contrincant*) to beat: *Anglaterra va ~ Alemanya*. England beat Germany. ◇ *Em va ~ als escacs*. She beat me at chess. **4** (*aconseguir*) to gain: *~ pes/velocitat* to gain weight/speed ◇ *Què hi guanyem, dient-li-ho?* What do we gain by telling him? ▶ **guanyar-se** *vp* **1** (*diners, respecte*) to earn: *guanyar-se la vida* to earn your living ◇ *S'ha guanyat el respecte de tothom*. He has earned everybody's respect. **2** (*càstig, recompensa*) to deserve: *T'has guanyat unes bones vacances*. You deserve a holiday. LOC **guanyar-se el pa** to earn your living ◆ **guanyar temps** to save time ◆ **sortir-hi guanyant** to do well (*out of sth*): *Hi he sortit guanyant, amb la reorganització*. I've done well out of the reorganization. ◆ **te la guanyaràs!** you're asking for it! *Vegeu tb* IMPORTÀNCIA, TERRENY

guapo, -a *adj* **1** (*home*) good-looking **2** (*dona*) pretty: *Estàs molt guapa amb aquest vestit*. You look very pretty in that dress. **3** (*cosa*) pretty

guarda *nmf* **1** guard: *~ de seguretat* security guard **2** (*zoo*) keeper

guardabosc *nmf* forest ranger

guardacostes *nmf* (*vaixell*) coastguard vessel

guardaespatlles *nmf* bodyguard: *envoltat de ~* surrounded by bodyguards

guardar *vt* **1** to keep: *Guarda l'entrada*. Keep your ticket. ◇ *~ un secret* to keep a secret ◇ *Em pots ~ la tanda?* Could you please keep my place in the queue? **2** (*custodiar*) to guard: *Dos soldats guarden l'entrada de la caserna*. Two soldiers guard the entrance to the barracks. LOC **guardar rancor a algú** to bear sb a grudge ◆ **guardar silenci** to keep quiet

guarda-roba *nm* (*en locals públics*) cloakroom

guarderia *nf* nursery [*pl* nurseries]

guardià, -ana *nm-nf* guardian

guàrdia ▶ *nmf* police officer
▶ *nf* guard: *el canvi de ~* the Changing of the Guard LOC **de guàrdia** on duty: *el metge de ~* the doctor on duty ◇ *estar de ~* to be on duty

◆ **estar en guàrdia** to be on your guard ◆ **fer guàrdia** to mount guard ◆ **guàrdia civil** Civil Guard *Vegeu tb* CANVI, FARMÀCIA, MUNICIPAL

guardiola *nf* money box

guardó *nm* award

guardonar *vt* to award *sb* a prize

guardonat, -ada *adj* award-winning: *un autor/llibre ~* an award-winning author/book *Vegeu tb* GUARDONAR

guaret *nm* fallow land LOC **deixar en guaret** to leave *land* fallow

guarir ▶ *vt* to cure ▶ **guarir(-se)** *vi, vp* **1** (*ferida*) to heal **2** (*malalt*) to recover

guarnició *nf* **1** (*Cuina*) garnish: *una ~ de verdures* a garnish of vegetables **2** (*Mil*) garrison

guatlla *nf* quail [*pl* quail/quails]

guenyo, -a *adj* cross-eyed

guepard *nm* cheetah

guerra *nf* war: *estar en ~* to be at war ◇ *a la Primera Guerra Mundial* during the First World War ◇ *declarar la ~ a algú* to declare war on sb LOC *Vegeu* VAIXELL

guerrer, -a ▶ *adj* **1** (*bel·licós*) warlike **2** (*baralladís*) boisterous
▶ *nm-nf* warrior
▶ **guerrera** *nf* tunic

guerrilla *nf* **1** (*grup*) guerrillas [*pl*] **2** (*tipus de guerra*) guerrilla warfare

guerriller, -a *nm-nf* guerrilla

gueto *nm* ghetto [*pl* ghettos]

guia ▶ *nmf* (*persona*) guide
▶ *nf* **1** (*fullet, llibre*) guide: *~ turística/d'hotels* tourist/hotel guide **2** (*estudis*) prospectus [*pl* prospectuses]: *La universitat publica una ~ anual.* The university publishes a prospectus every year. LOC **guia d'espectacles** listings guide ◆ **guia (telefònica/de telèfons)** phone book, telephone directory (*més formal*): *Busca-ho a la ~.* Look it up in the phone book.

guiar *vt* to guide LOC **guiar-se per alguna cosa** to go by sth: *No t'hauries de deixar ~ per les aparences.* You can't go by appearances.

guinda *nf* morello cherry [*pl* morello cherries]

guineu *nf* fox: *un abric de pell de ~* a fox fur coat

> Per referir-nos només a la femella, diem **vixen**. Els cadells, els anomenem **cubs**.

guinyol *nm* puppet show

guió *nm* **1** (*Cine, Teat*) script **2** (*esquema*) plan **3** (*ortografia*) dash ➲ *Vegeu pàg 363*

guionet *nm* hyphen ➲ *Vegeu pàg 363*

guionista *nmf* scriptwriter

guisar *vt, vi* to cook

guisat *nm* stew

guitarra *nf* guitar

guitarrista *nmf* guitarist

guitza *nf* kick: *clavar/tirar guitzes* to kick LOC **fer la guitza** to annoy

guix *nm* **1** (*a la pissara*) chalk: *Dóna'm un tros de ~.* Give me a piece of chalk. ◇ *guixos de colors* coloured chalks **2** (*en la construcció*) plaster

guixar *vi* to write: *Aquest bolígraf no guixa.* This pen doesn't write.

guspira *nf* spark

guspirejar *vi* **1** (*estrelles*) to twinkle **2** (*llum*) to flash

gust *nm* **1** taste: *Té un ~ molt estrany.* It's got a funny taste. ◇ *Tenim gustos del tot diferents.* We have very different tastes. ◇ *Va fer un comentari de mal ~.* His remark was in bad taste. **2** (*sabor que s'afegeix a un producte*) flavour: *De quin ~ el vols?* Which flavour would you like? LOC **amb gust de** flavoured: *un iogurt amb ~ de plàtan* a banana-flavoured yogurt ◆ **molt/tant de gust!** pleased to meet you! ◆ **tenir bon/mal gust** (*menjar*) to taste nice/nasty ◆ **tenir gust de** to taste of *sth*: *Té ~ de menta.* It tastes of mint. ◆ **trobar-se a gust** to feel comfortable ◆ **venir de gust** to feel like *sth/doing sth*, to fancy *sth/doing sth* (*col·loq*): *Em ve de ~ un batut de xocolata.* I feel like a chocolate milk shake. ◇ *És que no em ve de ~!* I just don't feel like it!

gustós, -osa *adj* delicious

G

H h

ha *interj* ha!

hàbil *adj* **1** (*destre*) skilful: *un jugador molt ~* a very skilful player **2** (*astut*) clever: *una maniobra molt ~* a clever move

habilitar *vt* (*edifici, local*) to convert

habilitat *nf* skill

hàbit *nm* habit LOC **agafar/contreure l'hàbit de** to get into the habit (*of doing sth*)

habitació *nf* **1** room: *un pis de quatre habitacions* a four-roomed flat **2** (*dormitori*) bedroom: *No entris a la meva ~.* Don't go into my bedroom. LOC **habitació doble/individual** double/single room *Vegeu tb* COMPANY

habitant *nmf* inhabitant

habitar *vt, vi* ~ **(a/en)** to live in...: *la fauna que habita els boscos* the animals that live in the woods

hàbitat *nm* habitat

habitatge *nm* **1** (*allotjament*) housing [*incomptable*]: *el problema de l'habitatge* the housing problem **2** (*casa*) house: *buscar ~* to look for a house **3** (*pis*) flat: *blocs d'habitatges* blocks of flats

habitual *adj* **1** (*acostumat*) usual **2** (*client, lector, visitant*) regular

habituar-se *vp* ~ **a** to get used to *sth/doing sth*: *Ja t'hi habituaràs tard o d'hora.* You'll get used to it sooner or later.

haixix *nm* hashish, hash (*col·loq*)

halterofília *nf* weightlifting

ham *nm* hook

hamaca *nf* hammock

hamburguesa *nf* hamburger, burger (*més col·loq*)

hàmster *nm* hamster

handbol *nm* handball

handicap *nm* handicap

harmonia *nf* harmony [*pl* harmonies]

harmònica *nf* mouth organ, harmonica (*més formal*)

haver ▶ *v aux*

- **temps compostos** to have: *Ja he acabat.* I've finished. ◇ *M'havien dit que vindrien.* They had told me they would come. ◇ *Si ho hagués sabut, no li hauria dit res.* If I'd known, I wouldn't have said anything.
- **necessitat, obligació** must do sth; to have to do sth: *Has d'estudiar/d'obeir les regles.* You must study/obey the rules. ◇ *Li ho has de dir.* You must tell him. ◇ *Has d'estudiar més.* You have to study harder. ◇ *S'haurà d'abolir la llei.* The law will have to be abolished. ◇ *Van ~ de marxar de seguida.* They had to leave straight away. ➲ *Vegeu nota a* MUST ➲ *Vegeu tb pàg 354.*
- **suggeriments** ought to do sth; should do sth: *Fa una hora que hauries hagut d'ésser aquí.* You ought to have been here an hour ago. ◇ *No hauries de sortir així.* You shouldn't go out like that. ➲ *Vegeu nota a* MUST ➲ *Vegeu tb pàg 354*

▶ **haver-hi** *v imp* there is, there are

> **There is** es fa servir amb noms en singular o incomptables: *Hi ha una ampolla de vi a la taula.* There's a bottle of wine on the table. ◇ *No hi ha pa.* There isn't any bread. ◇ *No hi havia ningú.* There wasn't anybody there.
> **There are** es fa servir amb noms en plural: *Quantes ampolles de vi hi ha?* How many bottles of wine are there?

LOC **haver-ho dit, fet, etc.!** you should have said so, done it, etc.: *Haver-ho dit abans de sortir!* You should have said so before we left! ◆ **qui ho havia de dir!** would you believe it! ℹ Per a d'altres expressions amb **haver**, vegeu les entrades del nom, adjectiu, etc., p. ex. **no haver-hi manera** a MANERA.

hebreu *nm* (*llengua*) Hebrew

hectàrea *nf* hectare (*abrev* ha)

heli *nm* helium

hèlice (*tb* **hèlix**) *nf* (*avió, vaixell*) propeller

helicòpter *nm* helicopter

hemisferi *nm* hemisphere: *l'hemisferi nord/sud* the northern/southern hemisphere

hemorràgia *nf* haemorrhage

hepatitis *nf* hepatitis [*incomptable*]

herba *nf* **1** grass: *ajeure's a l'herba* to lie down on the grass **2** (*Med, Cuina*) herb **3** (*haixix*) pot LOC **mala herba** weed *Vegeu tb* HOQUEI

herbívor, ~a *adj* herbivorous

herbolari, -ària ▶ *nm-nf* herbalist
▶ *nm* (*botiga*) health food shop

hereditari, -ària *adj* hereditary

herència *nf* inheritance

heretar *vt* to inherit *sth* (*from sb*): *Quan va morir, vaig ~ les seves propietats.* On his death I inherited all his property.

hereu, -eva *nm-nf* ~ **(de)** heir (to *sth*): *l'hereu/l'hereva del tron* the heir to the throne

També hi ha el femení **heiress**, que es fa servir principalment per a referir-se a una dona que ha heretat o que espera heretar molts diners.

LOC *Vegeu* PRÍNCEP

hermètic, **~a** *adj* airtight

hermèticament *adv* LOC *Vegeu* TANCAT

hèrnia *nf* hernia

heroi, **heroïna** *nm-nf* hero [*pl* heroes] [*fem* heroine]

heroïna *nf* (*droga*) heroin

heterosexual *adj*, *nmf* heterosexual

heura *nf* ivy

hexàgon *nm* hexagon

hi¹ *pron* **1** (*direcció*) there: *Quan jo tornava de la platja, ella se n'hi anava.* As I was coming back from the beach, she was on her way there. **2** (*posició*) there: *— Hi és en Josep? — No, no hi és.* 'Is Josep there?' 'No, he isn't.' ◇ *Hi havia molta gent a l'estadi.* There were a lot of people at the stadium. **3** (*a, amb, etc., algú/alguna cosa*): *Ella no s'acostuma al clima, però jo sí que m'hi acostumo.* She can't get used to the weather, but I can. ◇ *S'havia promès amb en Pep, però al final no s'hi va casar.* She got engaged to Pep, but she didn't marry him in the end. **4** (*amb adjectiu*): *No pensava que es tornaria vermell, però s'hi va tornar.* I didn't think he would blush but he did. **5** (*veure, sentir*): *No hi veu/sent gens.* He can't see/hear a thing.

hi² *pron*: *Ella mateixa s'hi va presentar.* She introduced herself to them. ◇ *La Montse no té aquest llibre. Jo l'hi prestaré.* Montse doesn't have this book. I'll lend it to her.

hibernar *vi* to hibernate

hidrat *nm* hydrate LOC **hidrat de carboni** carbohydrate

hidratant *adj* moisturizing LOC **crema/llet hidratant** moisturizer

hidratar *vt* (*pell*) to moisturize

hidràulic, **~a** *adj* hydraulic: *energia/bomba hidràulica* hydraulic power/pump LOC *Vegeu* ENERGIA

hidroelèctric, **~a** *adj* hydroelectric

hidrogen *nm* hydrogen

hiena *nf* hyena

higiene *nf* hygiene: *la ~ bucal/personal* oral/personal hygiene

higiènic, **~a** *adj* hygienic LOC *Vegeu* PAPER

hijab *nm* Muslim headscarf [*pl* headscarves], hijab

himne *nm* **1** (*nacional, etc.*) anthem: *l'himne europeu* the European anthem ◇ *l'himne del Barça* Barcelona's anthem **2** (*religiós*) hymn

hindú *adj*, *nmf* (*Relig*) Hindu ➲ *Vegeu nota a* VEGETARIÀ

hinduisme *nm* Hinduism

hipermercat *nm* superstore

hipermetropia *nf* long-sightedness: *tenir ~* to be long-sighted

hipertensió *nf* high blood pressure

hipertext *nm* hypertext

hip-hop *nm* hip hop

hípic, **~a** *adj* riding [*n atrib*]: *club/concurs ~* riding club/competition

hípica *nf* riding

hipnotitzar *vt* to hypnotize

hipòcrita ▶ *adj* hypocritical
▶ *nmf* hypocrite

hipòdrom *nm* racecourse

hipopòtam *nm* hippo [*pl* hippos]

Hippopotamus és la forma sencera de la paraula i és més formal.

hipoteca *nf* mortgage: *sol·licitar una ~* to apply for a mortgage

hipòtesi *nf* hypothesis [*pl* hypotheses]

hisenda *nf* **1 Hisenda** the Treasury **2** (*finca*) estate LOC *Vegeu* MINISTERI, MINISTRE

hispà, **-ana** ▶ *adj* **1** (*espanyol, castellanoparlant*) Spanish: *de parla hispana* Spanish-speaking **2** (*llatinoamericà*) Latin American: *la cultura/música hispana* Latin culture/music **3** (*als Estats Units*) Hispanic
▶ *nm-nf* (*als Estats Units*) Hispanic

hissar *vt* to hoist: *~ una bandera/les veles* to hoist a flag/the sails

histèria *nf* hysteria: *Li va agafar un atac d'histèria.* He became hysterical.

histèric, **~a** *adj*, *nm-nf* hysterical [*adj*]

història *nf* **1** (*disciplina, assignatura*) history: *~ antiga/natural* ancient/natural history ◇ *He aprovat ~.* I've passed history. **2** (*relat*) story [*pl* stories]: *Explica'ns una ~.* Tell us a story. LOC **deixar-se d'històries** to get to the point

historiador, **~a** *nm-nf* historian

historial *nm* record LOC **historial clínic/mèdic** medical history ◆ **historial professional** CV, curriculum vitae (*més formal*) ➲ *Vegeu nota a* CURRÍCULUM

històric, **~a** *adj* **1** (*relatiu a la història*) historical: *documents/personatges ~s* historical documents/figures **2** (*important*) historic: *un triomf/acord ~* a historic victory/agreement

historieta *nf* (*anècdota*) story [*pl* stories]

hivern *nm* winter: *roba/esports d'hivern* winter clothes/sports ◇ *A l'hivern fa molt fred.* It's very cold in (the) winter.

hivernacle *nm* greenhouse LOC *Vegeu* EFECTE

ho *pron* it: *Que no ho veus?* Can't you see it? ◇ *Deixa-ho aquí.* Leave it here. ❶ Quan es fa servir com a complement directe d'alguns verbs com ara *dir*, *saber* i com a atribut, no es tradueix: *T'ho diré demà.* I'll tell you tomorrow. ◇ *Encara no és metge, però ho serà.* He's not a doctor yet, but he will be.

hola *interj* hello, hi (*col·loq*)

> La paraula més general és **hello**, que s'usa en qualsevol situació, com també per a contestar el telèfon. **Hi** és més col·loquial i molt corrent.
> Aquestes paraules sovint van seguides de **how are you?** o **how are you doing?** (*més col·loq*). La resposta pot ésser **very well, thank you**, o **fine, thanks** (*més col·loq*): *'Hello, Jane. How are you?' 'Very well, thank you.'* o *'Hi, Tim. How are you doing?' 'Fine, thanks.'*

Holanda *nf* Holland

holandès, -esa ▶ *adj, nm* Dutch: *parlar ~* to speak Dutch
▶ *nm-nf* Dutchman/woman [*pl* -men/-women]: *els holandesos* the Dutch

holocaust *nm* holocaust: *un ~ nuclear* a nuclear holocaust

holograma *nm* hologram

hom *pron* one

home ▶ *nm* **1** man [*pl* men]: *tenir una conversa d'home a home* to have a man-to-man talk **2** (*humanitat*) mankind: *l'evolució de l'home* the evolution of mankind ➲ *Vegeu nota a* MAN¹ **3** (*marit*) husband
▶ **home!** *interj*: *Home! Quina sort que hagis vingut!* Great! You've come! ◇ *Home! Què fas aquí?* Hello, there! What are you doing here? LOC **d'home** men's: *roba d'home* menswear ◆ **fer-se un home** to grow up ◆ **home del sac** bogeyman [*pl* -men] ◆ **home del temps** weatherman [*pl* -men] ◆ **home granota** frogman [*pl* -men] ◆ **home llop** werewolf [*pl* werewolves] *Vegeu tb* NEGOCI

homenatge *nm* homage [*incomptable*]: *fer un ~ a algú* to pay homage to sb LOC **en homenatge a** in honour of *sb/sth*

homeòpata *nmf* homeopath

homeopatia *nf* homeopathy

homicida *nmf* murderer LOC *Vegeu* ARMA

homicidi *nm* **1** murder

> També hi ha la paraula **homicide**, però és més formal. *Vegeu tb nota a* ASSASSINAR

2 (*involuntari*) manslaughter

homogeni, -ènia *adj* homogeneous

homosexual *adj, nmf* homosexual

honest, ~a *adj* honest: *una persona honesta* an honest person

honestedat *nf* honesty: *Ningú no dubta de la seva ~.* Nobody doubts his honesty.

hongarès, -esa *adj, nm-nf, nm* Hungarian

Hongria *nf* Hungary

honor *nm* **1** honour: *el convidat d'honor* the guest of honour ◇ *Per a mi és un gran ~ ésser avui aquí.* It's a great honour for me to be here today. **2** (*bon nom*) good name: *Hi ha en joc l'honor del banc.* The bank's good name is at risk. LOC **tenir l'honor de** to have the honour of *doing sth Vegeu tb* DAMA, PARAULA

honra *nf* honour LOC **(i) a molta honra!** and proud of it!

honradesa *nf* honesty

honrar *vt* **1** (*mostrar respecte*) to honour *sb* (*with sth*): *una cerimònia per a ~ els soldats* a ceremony to honour the soldiers **2** (*ennoblir*) to do *sb* credit: *El teu comportament t'honra.* Your behaviour does you credit.

honrat, -ada *adj* honest *Vegeu tb* HONRAR

hoquei *nm* hockey LOC **hoquei sobre gel** ice hockey ◆ **hoquei sobre herba** hockey ◆ **hoquei sobre patins** roller hockey ➲ *Vegeu nota a* HOCKEY

hora *nf* **1** (*unitat de temps*) hour: *La classe dura dues hores.* The class lasts two hours. ◇ *120 km per ~* 120 km an hour **2** (*rellotge, moment, horari*) time: *Quina ~ és?* What time is it? ◇ *A quina ~ vindran?* What time are they coming? ◇ *a qualsevol ~ del dia* at any time of the day ◇ *hores de consulta/oficina/visita* surgery/office/visiting hours ◇ *a l'hora de dinar/sopar* at lunchtime/dinner time **3** (*cita*) appointment: *Tinc ~ amb el dentista.* I've got a dental appointment. LOC **a hores d'ara** at this stage ◆ **a l'hora** (*puntualment*) on time ◆ **a tota hora; a totes hores** all the time ◆ **d'hora** early: *Ha arribat d'hora al matí.* He got here early this morning. ◆ **ésser hora (de)** to be time (*to do sth*): *És ~ d'anar-se'n al llit.* It's time to go to bed. ◇ *Em sembla que ja és ~ de marxar.* I think it's time for us to go. ◇ *Ja era ~!* About time too! ◆ **hora punta** rush hour ◆ **hores extres** overtime ◆ **passar les hores mortes fent alguna cosa** to do sth for hours on end *Vegeu tb* ABANS, ALT, ARRIBAR, DARRER, DEMANAR, PRIMER, TARD, ÚLTIM

horabaixa *nm* dusk

horari *nm* **1** (*classes, tren*) timetable **2** (*consulta, feina*) hours [*pl*]: *L'horari d'oficina és de nou a tres.* Office hours are from nine to three. LOC **horari d'atenció al públic** opening hours [*pl*]

horitzó *nm* horizon: *a l'horitzó* on the horizon

horitzontal *adj* horizontal

hormona *nf* hormone

horòscop *nm* horoscope

horrible *adj* awful

horror *nm* horror: *un crit d'horror* a cry of horror ◇ *els ~s de la guerra* the horrors of war LOC **quin horror!** how awful!

horroritzar *vt* to horrify

horrorós, -osa *adj* **1** (*aterridor*) horrific: *un incendi ~* a horrific fire **2** (*molt lleig*) hideous **3** (*molt dolent*): *Fa un dia ~.* The weather's awful.

hort *nm* **1** (*de verdures, llegums*) vegetable garden **2** (*només d'arbres fruiters*) orchard

horta *nf* irrigated region

hortalissa *nf* vegetable

hospital *nm* hospital: *La seva família el va portar a l'hospital.* His family took him to hospital. ➲ *Vegeu nota a* SCHOOL

hospitalitat *nf* hospitality

hospitalitzar *vt* to hospitalize

hostal *nm* (cheap) hotel

hoste, -essa ▶ *nm-nf* guest
▶ **hostessa** *nf* **1** (*de vol*) stewardess **2** (*de congressos*) hostess

hostil *adj* hostile

hotel *nm* hotel

hoteleria *nf* (*estudis*) hotel and catering management

humà, -ana ▶ *adj* **1** (*de l'ésser humà*) human: *el cos ~* the human body ◇ *els drets humans* human rights **2** (*comprensiu, just*) humane: *un sistema judicial més ~* a more humane judicial system
▶ **humans** *nm* human beings LOC *Vegeu* GÈNERE

humanitari, -ària *adj* humanitarian: *ajuda humanitària* humanitarian aid

humanitat *nf* **1** humanity **2 humanitats** (*estudis*) humanities

humil *adj* humble

humiliant *adj* humiliating

humilitat *nf* humility

humit, -ida *adj* **1** (*roba, paret, etc.*) damp: *Aquests mitjons són ~s.* These socks are damp. **2** (*aire, calor*) humid **3** (*lloc*) wet: *un país ~* a wet country ➲ *Vegeu nota a* MOIST

humitat *nf* **1** (*roba, paret, etc.*) damp: *S'hi fa ~, en aquesta paret.* There's damp in this wall. **2** (*ambient*) humidity

humitejar ▶ *vt* to dampen: *~ la roba per planxar-la* to dampen clothes before ironing them ▶ **humitejar-se** *vp* to get wet

humor *nm* **1** humour: *tenir sentit de l'humor* to have a sense of humour ◇ *~ negre* black humour **2** (*comicitat*) comedy: *una sèrie d'humor* a comedy series LOC **estar de bon/mal humor** to be in a good/bad mood ◆ **estar d'humor** to be in the mood (*for sth/doing sth*) ◆ **posar algú de mal humor** to make sb angry ◆ **tenir bon/mal humor** to be good-tempered/bad-tempered

humorista *nmf* humorist

huracà *nm* hurricane

hurra *interj* hurrah

I i

i *conj* **1** (*copulativa*) and: *nois i noies* boys and girls **2** (*en preguntes*) what about... ?: *I tu?* What about you? **3** (*per dir quina hora és*) past: *Són les dues i deu.* It's ten past two. LOC **i què?** so what?

iaio, -a *nm-nf* **1** (*masc*) grandad **2** (*fem*) granny: *Ha anat a ca la iaia.* She's gone to her granny's. **3 iaios** grandparents

ianqui *adj, nmf* Yankee: *l'hospitalitat ~* Yankee hospitality

ibèric, ~a *adj* Iberian: *la Península Ibèrica* the Iberian Peninsula

iceberg *nm* iceberg

icona *nf* (*Informàt, Relig*) icon

idea *nf* idea: *Tinc una ~.* I've got an idea. ◇ *idees polítiques/religioses* political/religious ideas ◇ *No en tenia ni ~.* I didn't have the slightest idea about it. LOC *Vegeu* CANVIAR, PETIT

ideal *adj, nm* ideal: *Això seria ~.* That would be ideal/the ideal thing. ◇ *un home sense ~s* a man without ideals

idealista ▶ *adj* idealistic
▶ *nmf* idealist

idealitzar *vt* to idealize

ídem *pron* (*en una llista*) ditto ➲ *Vegeu nota a* DITTO

idèntic, ~a *adj* ~ **(a)** identical (to/with *sb/sth*): *bessons ~s* identical twins ◇ *És ~ al meu.* It's identical to mine.

identificar ▶ *vt* to identify ▶ **identificar-se** *vp* **identificar-se amb** to identify with *sb/sth*: *No m'identificava del tot amb el personatge principal.* I couldn't quite identify with the main character. LOC **sense identificar** unidentified

identitat *nf* identity [*pl* identities] LOC *Vegeu* CARNET, DOCUMENT

ideologia *nf* ideology [*pl* ideologies]

idioma *nm* language

idiota ▶ *adj* stupid: *Mira que ets ~!* You stupid thing!
▶ *nmf* idiot

idiotesa *nf* stupidity: *el súmmum de la ~* the height of stupidity LOC **dir idioteses** to talk nonsense

ídol *nm* idol

IES *nm* (state) secondary school ≈ comprehensive school (*GB*)

iglú *nm* igloo [*pl* igloos]

ignorant ▶ *adj* ignorant
▶ *nmf* ignorant fool

ignorar *vt* **1** (*desconèixer*) not to know: *Encara n'ignorem els resultats.* We still don't know the results. **2** (*no fer-ne gens de cas*) to ignore

igual ▶ *adj* **1** ~ **(a)** (*idèntic*) the same (as *sb/sth*): *Aquesta faldilla és ~ que la teva.* That skirt is the same as yours. **2** (*Pol, Mat*) equal: *Tots els ciutadans són ~s.* All citizens are equal. ◇ *A és ~ a B.* A is equal to B.
▶ *nmf* equal
▶ *adv* the same: *Tots parlen ~.* They all talk the same. LOC **a l'igual de** just like ◆ **és igual** it doesn't matter (*if/whether...*): *És ~, ja hi anirem un altre dia.* It doesn't matter – we can go there another day. ◇ *És ~ que siguin grosses o petites.* It doesn't matter if they're big or little. ◆ **m'és igual** I, you, etc. don't mind (*if/whether...*): *M'és igual que em paguis en lliures o en euros.* I don't mind if/whether you pay me in pounds or euros.

igualar *vt* **1** (*terreny*) to level **2** (*Esport*) to equal: *~ un rècord* to equal a record LOC **igualar el marcador** to level the score

igualment *adv* **1** equally **2 igualment!** (*com a resposta*) the same to you!: *–Bones vacances! –Igualment!* 'Enjoy your holiday!' 'You too!'

igualtat *nf* equality LOC **igualtat de drets/oportunitats** equal rights/opportunities

ikurriña *nf* Basque flag

illa *nf* **1** (*Geog*) island: *les illes Balears* the Balearic Islands **2** (*de cases*) block LOC **illa deserta** desert island ◆ **les illes Britàniques** the British Isles *Vegeu tb* VOLTA

il·legal *adj* illegal

illenc, ~a ▶ *adj* island [*n atrib*]: *les autoritats illenques* the island authorities
▶ *nm-nf* islander

il·lès, -esa *adj* unharmed: *sortir-ne ~* to escape unharmed

il·limitat, -ada *adj* unlimited

il·lògic, ~a *adj* illogical

il·luminar ▶ *vt* to light *sth* (up): *Un gran llum il·lumina la sala.* The room is lit by a huge lamp. ◇ *~ un monument* to light a monument up ◇ *Havien il·luminat la cuina amb espelmes.* The kitchen was lit (up) with candles. ▶ *vi* to give off light: *Aquesta bombeta il·lumina molt.* That bulb gives off a lot of light.

il·lús, -usa ▶ *adj* gullible
▶ *nm-nf* mug: *És un autèntic ~.* He's a real mug.

il·lusió *nf* **1** (*noció falsa*) illusion **2** (*somni*) dream: *Era la ~ de la seva vida.* It was her dream. LOC **em fa molta il·lusió** I am, you are, etc. really looking forward *to sth/doing sth*: *Li fa molta ~ anar amb avió.* She's really looking forward to going on a plane. ◆ **em va fer molta il·lusió** I was, you were, etc. delighted (*with sth/to do sth*) ◆ **fer-se il·lusions** to build up your hopes ◆ **quina il·lusió!** how lovely!

il·lusionat, -ada *adj* **1** (*esperançat*) enthusiastic: *Estava molt ~ amb la nova feina.* I was very enthusiastic about my new job. **2** (*engrescat*) excited about *sth/doing sth*: *Estan molt ~s amb el viatge.* They're really excited about the trip.

il·lustració *nf* **1** (*dibuix*) illustration **2 la Il·lustració** the Enlightenment

il·lustrar *vt* to illustrate

il·lustre *adj* illustrious: *personalitats ~s* illustrious figures

imaginació *nf* imagination

imaginar ▶ *vt* to imagine ▶ **imaginar-se** *vp* to imagine: *Imagina-t'ho!* Just imagine! LOC **ja m'ho imaginava!** just as I thought! ◆ **m'imagino que sí/no** I guess so/not

imaginari, -ària *adj* imaginary

imaginatiu, -iva *adj* imaginative

imam *nm* imam

imant *nm* magnet

imatge *nf* **1** image: *Els miralls distorsionaven la seva ~.* The mirrors distorted his image.

◇ *M'agradaria fer un canvi d'imatge.* I'd like to change my image. ◇ *la ~ de Catalunya a l'estranger* Catalonia's image abroad **2** (*Cine, TV*) picture

imbècil ▶ *adj* stupid: *No siguis ~.* Don't be stupid.
▶ *nmf* idiot: *Calla, ~!* Be quiet, you idiot!

imitació *nf* imitation LOC **d'imitació** fake *Vegeu tb* MONA

imitar *vt* **1** (*copiar*) to imitate **2** (*escarnir*) to mimic: *Imita molt bé els professors.* He's very good at mimicking the teachers.

immadur, ~a *adj* (*persona*) immature

immediat, ~a *adj* immediate

immediatament *adv* immediately

immenjable *adj* inedible

immens, ~a *adj* **1** immense: *d'una importància immensa* of immense importance **2** (*sentiments*) great: *una alegria/pena immensa* great happiness/sorrow **3** (*edifici, sala*) huge

immersió *nf* **1** immersion: *una ~ total en la llengua* total immersion in the language **2** (*bus, balena, submarí*) dive

immigració *nf* immigration

immigrant *adj, nmf* immigrant

immigrar *vi* to immigrate

immillorable *adj* **1** (*resultat, referència, temps*) excellent **2** (*qualitat, nivell*) top **3** (*preu, rècord*) unbeatable

immòbil *adj* still: *restar ~* to stand still

immobiliari, -a *adj* property [*n atrib*]: *el mercat ~* the property market

immobiliària *nf* estate agent's ➲ *Vegeu nota a* CARNISSERIA

immoble *nm* building

immoral *adj* immoral

immortal *adj, nmf* immortal

immund, ~a *adj* filthy

immunitat *nf* immunity: *tenir ~ diplomàtica* to have diplomatic immunity

immutar-se *vp*: *No es van immutar.* They didn't bat an eyelid. ◇ *Va escoltar la notícia sense ~.* He heard the news without batting an eyelid.

impacient *adj* impatient

impacientar ▶ *vt* to exasperate ▶ **impacientar-se** *vp* **impacientar-se (per)** to get worked up (about *sth*)

impacte *nm* **1** (*col·lisió, impressió, repercussió*) impact: *l'impacte mediambiental* the impact on the environment **2** (*projectil*) hole: *dos ~s de bala* two bullet holes

imparcial *adj* unbiased

impecable *adj* impeccable

impediment *nm* obstacle LOC **impediment físic** physical handicap

impedir *vt* **1** (*fer impossible*) to prevent *sb/sth* (*from doing sth*): *La pluja va ~ que tingués lloc el casament.* The rain prevented the wedding from taking place. ◇ *Res no t'ho impedeix.* There's nothing stopping you. **2** (*barrar*) to block: *~ l'entrada* to block the entrance

impedit, -ida ▶ *adj* disabled
▶ *nm-nf* disabled person: *els ~s* disabled people ➲ *Vegeu nota a* DISCAPACITAT; *Vegeu tb* IMPEDIR

impenetrable *adj* impenetrable

impensable *adj* unthinkable

imperatiu, -iva *adj, nm* imperative

imperdible *nm* safety pin

imperdonable *adj* unforgivable

imperfecció *nf* imperfection

imperfecte, -a *adj* imperfect

imperi *nm* empire

imperialisme *nm* imperialism

impermeable ▶ *adj* waterproof
▶ *nm* raincoat

impersonal *adj* impersonal

impertinent *adj* impertinent

implantar *vt* to introduce: *Volen ~ un nou sistema.* They want to introduce a new system.

implicar *vt* **1** (*involucrar*) to implicate: *El van ~ en l'assassinat.* He was implicated in the murder. **2** (*significar*) to imply

import *nm* **1** (*quantitat*) amount: *l'import del deute* the amount of the debt **2** (*cost*) cost: *l'import de la reparació* the cost of the repair

importació *nf* import: *la ~ de blat* the import of wheat ◇ *reduir la ~* to reduce imports ◇ *un negoci d'importació i exportació* an import-export business LOC **d'importació** imported: *un cotxe d'importació* an imported car

importador, ~a ▶ *adj* importing: *els països ~s de petroli* oil-importing countries
▶ *nm-nf* importer

importància *nf* importance LOC **adquirir/guanyar importància** to become important ◆ **donar importància** to attach importance *to sth* ◆ **no té importància** it doesn't matter ◆ **sense importància** unimportant ◆ **treure importància** to play *sth* down: *Sempre treu ~ als seus èxits.* She always plays down her achievements.

important *adj* **1** important: *És ~ que vagis a classe.* It's important that you go to classes.

I

En anglès, *És important arribar a l'hora/que arribis a l'hora* es pot dir **It's important to be on time**, **It's important that you're on time** o bé també **It's important that you should be on time.**

2 (*considerable*) considerable: *un nombre d'ofertes* ~ a considerable number of offers

importar ▶ *vi* **1** (*tenir importància*) to matter: *El que importa més és la salut.* Health is what matters most. ◇ *No importa.* It doesn't matter. **2** (*preocupar*) to care (about *sb/sth*): *No m'importa el que pensin.* I don't care what they think. ◇ *No sembla que li importin gaire els seus fills.* He doesn't seem to care about his children. ◇ *I a mi, què m'importa?* What do I care? ◇ *És clar que m'importa!* Of course I care! ▶ *vt* (*Com*) to import: *Espanya importa petroli.* Spain imports oil.

imposar ▶ *vt* to impose: ~ *condicions/una multa* to impose conditions/a fine ▶ **imposar-se** *vp* to prevail (*over sb/sth*): *La raó es va* ~. Reason prevailed. LOC **imposar una condemna** to give *sb* a sentence

impossible *adj* impossible LOC *Vegeu* VIDA

impost *nm* tax LOC **impost sobre el valor afegit** (*abrev* **IVA**) value added tax (*abrev* VAT) ◆ **impost sobre la renda de les persones físiques** (*abrev* **IRPF**) ≈ income tax *Vegeu tb* EVASIÓ, LLIURE

impotent *adj* impotent

impremta *nf* **1** (*procés*) printing **2** (*taller*) printer's

imprès, -esa ▶ *adj* printed
▶ *nm* (*formulari*) form: *omplir un* ~ to fill in a form *Vegeu tb* IMPRIMIR

imprescindible *adj* essential, indispensable (*més formal*)

impresentable ▶ *adj* **1** (*aspecte*): *Estàs ~!* You can't go out looking like that! **2** (*comportament*) disgraceful
▶ *nmf*: *Ets un ~!* You're a disgrace!

impressió *nf* **1** (*sensació*) impression: *fer una bona/mala* ~ to make a good/bad impression **2** (*procés*) printing: ~ *en color* colour printing LOC **em fa la impressió que...** I get the feeling that...

impressionant *adj* **1** impressive: *un èxit* ~ an impressive achievement **2** (*espectacular*) striking: *una bellesa* ~ striking beauty

impressionar *vt* **1** (*favorablement*) to impress: *La seva eficàcia m'ha impressionat.* I am impressed by her efficiency. **2** (*desagradablement*) to shock: *L'accident ens va* ~. We were shocked by the accident. **3** (*emocionar*) to move: *El final em va* ~ *molt.* The ending was very moving.

impressora *nf* printer

imprevisible *adj* unpredictable

imprevist, ~a ▶ *adj* unforeseen
▶ *nm*: *Ha sorgit un* ~. Something unexpected has come up. ◇ *Tinc diners estalviats per a un* ~. I've got some money put aside in case anything happens.

imprimir *vt* **1** (*en impremta*) to print **2** (*empremta*) to imprint

improbable *adj* unlikely, improbable (*més formal*)

improvís, -isa *adj* LOC **d'improvís** unexpectedly

improvisar *vt* to improvise

imprudent *adj* **1** rash **2** (*conductor*) careless

impuls *nm* **1** (*desig*) impulse: *actuar per* ~ to act on impulse **2** (*embranzida*) boost: *El bon temps ha donat força* ~ *al turisme.* The good weather has given tourism a great boost.

impulsar *vt* **1** (*dur*) to drive: *La curiositat em va* ~ *a entrar.* Curiosity drove me to enter. **2** (*estimular*) to stimulate: ~ *la producció* to stimulate production

impulsiu, -iva *adj* impulsive

impune *adj* unpunished LOC **sortir-ne impune** to get away with it

impur, ~a *adj* impure

inacabable *adj* endless

inacceptable *adj* unacceptable

inaccessible *adj* inaccessible

inadaptat, -ada *adj* maladjusted

inadequat, -ada *adj* inappropriate

inadvertit, -ida *adj* unnoticed: *passar* ~ to go unnoticed

inaguantable *adj* unbearable

inapreciable *adj* (*valuós*) invaluable: *la seva ajuda* ~ their invaluable help

inauguració *nf* opening: *Hi havia unes cent persones a la cerimònia d'inauguració.* There were a hundred people at the opening ceremony.

inaugurar *vt* to open, to inaugurate (*més formal*)

incapaç *adj* ~ **de** incapable of *sth/doing sth*: *Són incapaços de parar atenció.* They are incapable of paying attention.

incendi *nm* fire: *apagar un* ~ to put out a fire ◇ *Els ~s provocats són freqüents a l'estiu.* Deliberately started fires are common in summer. LOC *Vegeu* ALARMA, BOCA, ESCALA

incendiar ▶ *vt* to set fire to *sth*: *Un boig ha incendiat l'escola.* A madman has set fire to the school. ▶ **incendiar-se** *vp* to catch fire: *L'estable es va* ~. The stable caught fire.

incentiu *nm* incentive
incident *nm* incident
incinerar *vt* **1** (*residus*) to incinerate **2** (*cadàver*) to cremate
inclinar ▶ *vt* **1** (*objecte*) to tilt: *Inclina el gerro una mica.* Tilt the jug a little. **2** (*cap, cos*) to bow ▶ **inclinar-se** *vp* **1** (*tombar-se, doblegar el cos*) to lean: *L'edifici s'inclina cap a un costat.* The building leans to one side. ◇ *Es van ~ sobre els microscopis.* They leant over their microscopes. **2** (*simpatitzar*) (**a**) **inclinar-se a** to be inclined *to do sth*: *Ens inclinem a creure-ho/a dir que sí.* We're inclined to believe it/to agree. (**b**) **inclinar-se per** to be in favour of *sb/sth*: *M'inclino per la segona possibilitat.* I'm in favour of the second possibility.
inclòs, -osa *adj* including: *amb l'IVA ~* including VAT LOC **tot inclòs** all in: *Són 75 euros tot ~.* It's 75 euros all in. *Vegeu tb* INCLOURE
incloure *vt* to include: *El preu inclou el servei.* The price includes a service charge.
inclusivament *adv* inclusive: *del 3 al 7 de maig ~* from May the 3rd to the 7th inclusive
incògnit, ~a *adj* LOC **d'incògnit** incognito: *viatjar d'incògnit* to travel incognito
incògnita *nf* **1** (*misteri*) mystery [*pl* mysteries] **2** (*Mat*) unknown quantity
incoherent *adj* **1** (*sense sentit*) incoherent: *paraules ~s* incoherent words **2** (*contradictori*) inconsistent: *comportament ~* inconsistent behaviour
incolor, ~a *adj* colourless
incombustible *adj* fireproof
incòmode, -a *adj* uncomfortable
incompatible *adj* incompatible
incompetent *adj* incompetent
incomplet, ~a *adj* **1** (*fragmentari*) incomplete: *informació incompleta* incomplete information **2** (*sense acabar*) unfinished
incomplir *vt* **1** (*llei, promesa*) to break **2** (*contracte*) to breach
incomprensible *adj* incomprehensible
incomptable *adj* **1** countless: *en ~s ocasions* on countless occasions **2** (*Gram*) uncountable
incomunicat, -ada *adj* **1** (*aïllat*) cut off: *Ens vam quedar ~s per la neu.* We were cut off by the snow. **2** (*pres*) in solitary confinement
inconfusible *adj* unmistakable
inconscient ▶ *adj* (*sense coneixement, involuntari*) unconscious: *El pacient està ~.* The patient is unconscious. ◇ *un gest ~* an unconscious gesture
▶ *adj, nmf* (*irresponsable*) irresponsible [*adj*]: *Ets un ~.* You're so irresponsible.
inconstitucional *adj* unconstitutional
inconvenient ▶ *adj* **1** (*inoportú, molest*) inconvenient: *una hora ~* an inconvenient time **2** (*no apropiat*) inappropriate: *un comentari ~* an inappropriate comment
▶ *nm* **1** (*dificultat, obstacle*) problem: *Han sortit alguns ~s.* Some problems have arisen. **2** (*desavantatge*) disadvantage: *Té avantatges i ~s.* It has its advantages and disadvantages. LOC **no tenir cap inconvenient (a)** not to mind *doing sth*: *No tinc ~ a veure'ls.* I don't mind seeing them.
incorporació *nf* ~ **(a)** (*entrada*) entry (into *sth*): *la ~ de Polònia a la UE* Poland's entry into the EU
incorporar ▶ *vt* **1** (*agregar*) to include *sb* (*in sth*): *M'han incorporat a l'equip.* I've been included in the team. **2** (*persona ajaguda*) to sit *sb* up: *El vaig ~ perquè no s'ofegués.* I sat him up so he wouldn't choke. ▶ **incorporar-se** *vp* **1** (*alçar-se*) to sit up **2 incorporar-se (a)** (*feina*) to start (*sth*): *Dilluns m'incorporo a la nova feina.* I start my new job on Monday. **3 incorporar-se (a)** (*participar*) to join (*sth*)
incorporat, -ada *adj* **1** ~ **a** incorporated into *sth*: *noves paraules incorporades a l'idioma* new words incorporated into the language **2** (*inclòs*) built-in: *amb antena incorporada* with a built-in aerial *Vegeu tb* INCORPORAR
incorrecte, -a *adj* **1** (*erroni*) incorrect **2** (*conducta*) impolite
increïble *adj* incredible
incubadora *nf* incubator
inculte, -a *adj, nm-nf* ignorant [*adj*]: *Ets un ~.* You're so ignorant.
incultura *nf* lack of culture
incurable *adj* incurable
incursió *nf* (*Mil*) raid
indagació *nf* enquiry [*pl* enquiries]
indecent *adj* **1** (*espectacle, gest, llenguatge*) obscene **2** (*roba*) indecent
indecís, -isa *adj* indecisive
indefens, ~a *adj* defenceless
indefinit, -ida *adj* **1** (*període, Gram*) indefinite: *una vaga indefinida* an indefinite strike ◇ *l'article ~* the indefinite article **2** (*color, edat, forma*) indeterminate
indemnitzar *vt* to pay *sb* compensation (*for sth*)
independència *nf* independence
independent *adj* independent

independentista ▶ *adj* pro-independence: *els grups independentistes* pro-independence groups
▶ *nmf* supporter of independence

independitzar-se *vp* **1** (*individu*) to leave home **2** (*país, colònia*) to gain independence

indestructible *adj* indestructible

índex *nm* **1** index: ~ *alfabètic* alphabetical index ◇ ~ *de preus al consum* retail price index **2** (*dit*) index finger LOC **índex (de matèries)** table of contents ◆ **índex de natalitat** birth rate

indi, índia *adj, nm-nf* Indian: *els ~s* the Indians LOC *Vegeu* FILA

I

Índia *nf* India

índic ▶ *adj* Indian
▶ *nm* **l'Índic** the Indian Ocean

indicació *nf* **1** (*senyal*) sign **2 indicacions** (**a**) (*instruccions*) instructions: *Seguiu les indicacions del prospecte.* Follow the instructions in the leaflet. (**b**) (*camí*) directions

indicador *nm* **1** (*senyal*) indicator **2** (*aparell*) gauge: ~ *de gasolina/pressió* petrol/pressure gauge

indicar *vt* **1** (*mostrar*) to show, to indicate (*més formal*): ~ *el camí* to show the way **2** (*assenyalar*) to point *sth* out (*to sb*): *Va ~ que es tractava d'un error.* He pointed out that it was a mistake.

indicat, -ada *adj* **1** (*apropiat*) suitable: *poc ~ per a l'ocasió* not suitable for the occasion **2** (*convingut*) specified: *la data indicada en el document* the date specified in the document **3** (*aconsellable*) advisable *Vegeu tb* INDICAR

indiferència *nf* indifference (*to sb/sth*)

indiferent *adj* not interested (*in sb/sth*), indifferent (*to sb/sth*) (*més formal*): *És ~ a la moda.* She isn't interested in fashion. LOC **ésser indiferent que...**: *És ~ que sigui blanc o negre.* It doesn't matter whether it's black or white. ◆ **m'és indiferent** I, you, etc. don't care

indígena ▶ *adj* indigenous
▶ *nmf* native

indigest, ~a *adj* indigestible

indigestió *nf* indigestion

indignant *adj* outrageous

indignar ▶ *vt* to infuriate ▶ **indignar-se** *vp* **indignar-se (amb) (per)** to get angry (with *sb*) (about *sth*)

indignat, -ada *adj* indignant (*at/about/over sth*) *Vegeu tb* INDIGNAR

indigne, -a *adj* **1** (*menyspreable*) contemptible **2** (*impropi*) ~ **de** unworthy of *sb/sth*: *una conducta indigna d'un director* behaviour unworthy of a director

indirecta *nf* hint LOC **deixar anar una indirecta** to drop a hint

indirecte, -a *adj* indirect

indiscreció *nf* (*qualitat*) indiscretion LOC **ésser (una) indiscreció** to be indiscreet: *Va ésser una ~ per part seva preguntar-ho.* It was indiscreet of her to ask. ◇ *si no és ~* if you don't mind my asking

indiscutible *adj* indisputable

indispensable *adj* essential: *Agafa només les coses ~s.* Only take the bare essentials.

individu, -idua *nm-nf* individual

individual *adj* individual LOC *Vegeu* HABITACIÓ, LLIT

indret *nm* place

indubtable *adj* undoubted LOC **és indubtable que...** there is no doubt that...

indult *nm* pardon: *El jutge li va concedir l'indult.* The judge pardoned him.

indústria *nf* industry [*pl* industries]: *la ~ alimentària/siderúrgica* the food/iron and steel industry

industrial ▶ *adj* industrial
▶ *nmf* industrialist LOC *Vegeu* NAU

industrialització *nf* industrialization

industrialitzar ▶ *vt* to industrialize ▶ **industrialitzar-se** *vp* to become industrialized

inèdit, ~a *adj* **1** (*sense publicar*) unpublished: *un text ~* an unpublished text **2** (*desconegut*) previously unknown

ineficaç *adj* **1** (*mesura*) ineffective: *un tractament ~* ineffective treatment **2** (*persona, mètode*) inefficient

inepte, -a *adj* inept

inèrcia *nf* inertia LOC **per inèrcia** through force of habit

inesgotable *adj* **1** (*inacabable*) inexhaustible **2** (*incansable*) tireless

inesperat, -ada *adj* unexpected

inestable *adj* **1** unstable: *Té un caràcter molt ~.* He's very unstable. **2** (*temps*) changeable

inevitable *adj* inevitable

inexperiència *nf* inexperience

inexpert, ~a *adj* inexperienced

inexplicable *adj* inexplicable

infància (*tb* **infantesa**) *nf* childhood

infant *nm* child [*pl* children] LOC *Vegeu* JARDÍ

infanteria *nf* infantry [*v sing o pl*] LOC **infanteria de marina** marines [*pl*]

infantil ▶ *adj* **1** (*de nen*) children's: *literatura/programació ~* children's books/programmes **2** (*pejoratiu*) childish, infantile (*més formal*): *No siguis ~.* Don't be childish. **3** (*innocent*) childlike: *un somriure ~* a childlike smile **4** (*Educ*) nursery [*n atrib*]: *educació ~* nursery education
▶ **infantils** *nm* under 13s LOC *Vegeu* ESCOLA

infart *nm* heart attack

infecció *nf* infection

infecciós, -osa *adj* infectious

infectar ▶ *vt* to infect *sb/sth* (*with sth*) ▶ **infectar-se** *vp* to become infected: *La ferida s'ha infectat.* The wound has become infected.

infecte, -a *adj* filthy: *Aquesta cuina és infecta.* This kitchen is filthy.

infeliç ▶ *adj* unhappy
▶ *nmf* (*desgraciat*) poor devil

inferior *adj* ~ **(a) 1** (*quantitat, posició*) lower (than *sth*): *una taxa de natalitat ~ a la de l'any passat* a lower birth rate than last year ◇ *els pisos ~s de l'edifici* the lower floors of the building **2** (*qualitat*) inferior (to *sb/sth*): *d'una qualitat molt ~ a la vostra* far inferior to yours

inferioritat *nf* inferiority: *Té complex d'inferioritat.* He has an inferiority complex.

infermer, ~a *nm-nf* nurse

infermeria *nf* **1** (*hospital*) infirmary [*pl* infirmaries] **2** (*escola, etc.*) sickbay

infern *nm* hell: *anar a l'infern* to go to hell ➲ *Vegeu nota a* HELL

infidel *adj* unfaithful (*to sb/sth*): *Li ha estat ~.* He has been unfaithful to her.

infidelitat *nf* infidelity [*pl* infidelities]

infinit, ~a *adj* infinite: *Les possibilitats són infinites.* The possibilities are infinite. ◇ *Es necessita una paciència infinita.* You need infinite patience.

infinitat *nf* **1** (*molt de temps*) infinity **2 una infinitat de...** (*multitud*) a great many: *una ~ de persones/coses* a great many people/things

infinitiu *nm* infinitive

inflació *nf* inflation

inflamable *adj* inflammable ➲ *Vegeu nota a* INFLAMMABLE

inflamació *nf* (*Med*) swelling, inflammation (*més formal*)

inflamar-se *vp* **1** (*encendre's*) to catch fire: *El dipòsit de la gasolina es va inflamar.* The petrol tank caught fire. **2** (*Med*) to become inflamed: *Se m'ha inflamat una mica el turmell.* My ankle is rather inflamed.

inflar ▶ *vt* to blow *sth* up, to inflate (*més formal*): *~ una pilota* to blow up a ball ▶ **inflar-se** *vp* to swell (up): *Se m'ha inflat el turmell.* I've got a swollen ankle.

inflat, -ada *adj* **1** swollen: *un braç/peu ~* a swollen arm/foot **2** (*estómac*) bloated *Vegeu tb* INFLAR

inflor *nf* (*Med*) swelling: *Sembla que ha baixat la ~.* The swelling seems to have gone down.

influència *nf* **1** influence (*on/over sb/sth*): *la ~ de la dieta en la salut* the influence of diet on health ◇ *No tinc ~ sobre ell.* I have no influence over him. **2 influències** contacts: *tenir influències* to be well connected

influir *vi* ~ **en** to influence *sb/sth* [*vt*]: *No vull ~ en la teva decisió.* I don't want to influence your decision.

infondre *vt* **1** (*por*) to instil *sth* (*in/into sb*) **2** (*sospites*) to arouse *sb's suspicions* **3** (*respecte, confiança*) to inspire *sth* (*in sb*)

informació *nf* **1** information (*on/about sb/sth*) [*incomptable*]: *demanar ~* to ask for information ➲ *Vegeu nota a* CONSELL **2** (*notícies*) news [*incomptable*]: *La televisió dóna molta ~ esportiva.* There's a lot of sports news on television. **3** (*telefònica*) directory enquiries [*v sing o pl*] **4** (*recepció*) information desk LOC *Vegeu* OFICINA

informal ▶ *adj* **1** (*roba, acte*) informal: *una reunió ~* an informal gathering **2** (*poc fiable*) unreliable
▶ *nmf*: *ésser un ~* to be unreliable

informar ▶ *vt* to inform *sb* (*of/about sth*): *Hem d'informar la policia de l'accident.* We must inform the police of the accident. ▶ *vi* ~ **(de/sobre)** (*fer un informe*) to report (on *sth*): *~ del que es va decidir a la reunió* to report on what was decided at the meeting ▶ **informar-se** *vp* **informar-se (de/sobre)** to find out (about *sb/sth*): *He d'informar-me del que va passar.* I've got to find out what happened.

informàtic, ~a ▶ *adj* computer [*n atrib*]: *un centre ~* a computer centre
▶ *nm-nf* IT specialist: *El meu germà és ~.* My brother works in IT. LOC *Vegeu* PIRATA

informàtica *nf* **1** (*activitat*) computing **2** (*assignatura*) information technology (*abrev* IT) ❶ També se'n diu **computer studies** o **computer science**: *un expert en informàtica* an IT expert ◇ *fer una llicenciatura en informàtica* to do a degree in computer science.

informatització *nf* computerization

informatitzar *vt* to computerize

informatiu, -iva ▶ *adj* **1** (*pamflet, campanya*) information [*n atrib*]: *un centre ~* an information centre **2** (*referit a notícies*) news [*n atrib*]: *un resum ~* a news bulletin

▶ *nm* (*Ràdio, TV*) news [*incomptable*]: *l'informatiu de les 21 hores* the nine o'clock news **LOC** *Vegeu* AVANÇ

informe *nm* **1** (*document, exposició oral*) report: *l'informe anual d'una societat* a company's annual report ◇ *un ~ escolar* a school report **2 informes** information [*incomptable*]: *d'acord amb els seus ~s* according to their information

infracció *nf* **1** (*de trànsit*) offence: *una ~ de circulació* a traffic offence **2** (*de regla*) breach *of sth*: *una ~ de la llei* a breach of the law

in fraganti red-handed: *atrapar algú ~* to catch sb red-handed

infringir *vt* to trample on *sth*: *~ els drets d'algú* to trample on sb's rights

infundat, -ada *adj* unfounded

infusió *nf* herbal tea: *una ~ de camamilla* a camomile tea

ingenu, -ènua *adj* **1** (*innocent*) innocent **2** (*crèdul*) naive

ingerir *vt* to consume

ingrat, ~a *adj* **1** (*persona*) ungrateful **2** (*feina, tasca*) thankless

ingredient *nm* ingredient

ingrés *nm* **1** (*entrada*) **(a)** (*hospital, institució*) admission (*to sth*) **(b)** (*organització*) entry (*into sth*): *l'ingrés de Polònia a la UE* Poland's entry into the EU **(c)** (*exèrcit*) enlistment (*in sth*) **2** (*diners*) deposit **3 ingressos (a)** (*persona, institució*) income [*v sing*] **(b)** (*estat, municipi*) revenue [*incomptable*] **LOC** *Vegeu* EXAMEN

ingressar ▶ *vi* ~ **(a) 1** (*centre sanitari*): *Ingresso demà.* I'm going into hospital tomorrow. ◇ *Va ~ a Sant Pau a les 4.30.* He was admitted to Sant Pau at 4.30. **2** (*Mil, club*) to join *sth* [*vt*]: *~ a l'exèrcit* to join the army ▶ *vt* **1** (*hospital*): *L'ingressaran demà.* They're admitting him tomorrow. ◇ *Em van haver d'ingressar.* I had to be taken into hospital. **2** (*diners*) to pay *sth* in: *~ diners en un compte bancari* to pay money into a bank account

inhabitat, -ada *adj* uninhabited ❶ Compte! La paraula anglesa **inhabited** significa el contrari, és a dir, *habitat*: *Is the island still inhabited?* L'illa és encara habitada?

inhalador *nm* inhaler

inhalar *vt* to inhale

inherent *adj* ~ **(a)** inherent (in *sb/sth*): *problemes ~s al càrrec* problems inherent in the job

inhumà, -ana *adj* inhuman

inici *nm* **1** (*principi*) beginning: *des dels ~s de la seva carrera* from the beginning of his career **2** (*guerra, malaltia*) outbreak

iniciació *nf* ~ **(a) 1** introduction (to *sth*): *~ a la música* an introduction to music **2** (*ritu*) initiation (into *sth*)

inicial *adj, nf* initial: *les meves ~s* my initials **LOC** *Vegeu* PÀGINA

iniciar *vt* **1** (*curs, viatge, discurs*) to begin: *~ la reunió* to begin the meeting **2** (*reformes*) to initiate

iniciativa *nf* initiative: *tenir ~* to show initiative ◇ *prendre la ~* to take the initiative **LOC per iniciativa pròpia** on your own initiative

injecció *nf* injection: *posar una ~ a algú* to give sb an injection

injust, ~a *adj* ~ **(amb/per a)** unfair (on/to *sb*): *És ~ per als altres.* It's unfair on the others.

injustícia *nf* injustice: *Es van cometre moltes injustícies.* Many injustices were done. **LOC ésser una injustícia**: *És una ~.* It's not fair.

innat, ~a *adj* innate

innegable *adj* undeniable

innocència *nf* innocence

innocent ▶ *adj* **1** (*no culpable*) innocent: *Sóc ~.* I'm innocent. **2** (*ingenu*) naive **3** (*broma*) harmless

▶ *nmf* innocent: *fer-se l'innocent* to play the innocent **LOC** *Vegeu* DECLARAR, DIA

innombrable *adj* countless

innovació *nf* innovation

innovador, ~a *adj* innovative

inoblidable *adj* unforgettable

inofensiu, -iva *adj* harmless

inoportú, -una *adj* inopportune: *un moment ~* an inopportune moment

inoxidable *adj* (*acer*) stainless

inquiet, ~a *adj* **1** (*agitat, actiu*) restless: *un nen ~* a restless child **2** ~ **(per)** (*preocupat*) worried (about *sb/sth*): *Estic ~ pels nens.* I'm worried about the children.

inquietud *nf* **1** (*preocupació*) anxiety **2 inquietuds** interest [*v sing*]: *És una persona sense ~s.* He's got no interest in anything.

inrevés *nm* **LOC a l'inrevés 1** (*girat de dalt a baix*) upside down **2** (*girat de dins a fora*) inside out **3** (*girat de davant al darrere*) back to front ➲ *Vegeu il·lustració a* REVÉS

insatisfet, ~a *adj* dissatisfied (*with sb/sth*)

inscripció *nf* **1 (a)** (*curs, exèrcit*) enrolment **(b)** (*registre*) registration **2** (*gravat*) inscription

inscriure ▶ *vt* **1** (*matricular*) to enrol: *Inscriuré el meu fill a l'escola.* I'm going to enrol my son in school. **2** (*en un registre*) to register: *~ un naixement* to register a birth **3** (*gravar*) to inscribe

▶ **inscriure's** *vp* **1** (*curs*) to enrol (*for/on sth*) **2** (*competició, concurs*) to enter

insecte *nm* insect

insecticida *nm* insecticide

insegur, ~a *adj* **1** (*sense confiança en un mateix*) insecure **2** (*perillós*) unsafe **3** (*pas, veu*) unsteady

inseguretat *nf* **1** (*incertesa*) uncertainty [*pl* uncertainties] **2** (*falta de confiança*) insecurity **3** (*perill*) lack of safety

insensible *adj* **1** ~ **(a)** insensitive (to *sth*): *~ al sofriment/fred* insensitive to suffering/the cold **2** (*membre, nervi*) numb

inseparable *adj* inseparable

inservible *adj* useless

insígnia *nf* (*escut*) badge

insignificant *adj* insignificant

insinuació *nf* **1** (*suggeriment*) hint: *Ens va fer algunes insinuacions de la venda del negoci.* He hinted that the business might be up for sale. **2** (*ofensiva*) insinuation **3** (*amorosa*) (sexual) advances [*pl*]

insinuar ▶ *vt* **1** (*suggerir*) to hint: *Va ~ que havia aprovat.* He hinted that I'd passed. **2** (*alguna cosa desagradable*) to insinuate: *Què insinues, que menteixo?* Are you insinuating that I'm lying? ▶ **insinuar-se** *vp* **insinuar-se (a)** (*sexualment*) to make advances (to *sb*)

insípid, ~a *adj* tasteless

insistent *adj* **1** (*amb paraules*) insistent **2** (*actitud*) persistent

insistir *vi* ~ **(en)** to insist (on *sth/doing sth*): *Van ~ en la importància del projecte.* They insisted on the importance of the project. ◇ *Van ~ a portar-me a casa.* They insisted on driving me home. ◇ *Va ~ que hi anéssim.* He insisted that we should go.

insolació *nf* sunstroke [*incomptable*]: *agafar una ~* to get sunstroke

insomni *nm* insomnia

insonoritzar *vt* to soundproof

inspeccionar *vt* to inspect

inspector, ~a *nm-nf* inspector

inspiració *nf* inspiration

inspirar ▶ *vt* **1** (*respirar*) to breathe *sth* in **2** (*infondre*) to inspire *sb* (with *sth*); to inspire *sth* (in *sb*): *Aquest metge no m'inspira gens de confiança.* That doctor doesn't inspire me with any confidence. ▶ **inspirar-se** *vp* **inspirar-se (en)** to be inspired (by *sth*): *L'autor es va ~ en un fet real.* The author was inspired by a real-life event.

instal·lació *nf* **1** (*col·locació*) installation **2 instal·lacions** facilities: *instal·lacions esportives* sports facilities LOC **instal·lació elèctrica** (electrical) wiring

instal·lar ▶ *vt* to install ▶ **instal·lar-se** *vp* **1** (*en una ciutat, país*) to settle (down) **2** (*en una casa*) to move *into sth*: *Acabem d'instal·lar-nos a la casa nova.* We've just moved into our new house.

instància *nf* (*sol·licitud*) application

instant *nm* instant LOC **a l'instant** straight away

instantani, -ània *adj* instant LOC *Vegeu* CAFÈ, MISSATGERIA

instint *nm* instinct LOC **per instint** instinctively

institució *nf* (*organisme*) institution LOC *Vegeu* BENÈFIC

institut *nm* **1** (*Educ*) secondary school **2** (*organisme, institució*) institute LOC **institut d'ensenyament secundari** state secondary school ≈ comprehensive school (*GB*) ◆ **institut de formació professional** ≈ technical college

instrucció *nf* **1** (*Mil*) training **2 instruccions** instructions: *instruccions d'ús* instructions for use

instructor, ~a *nm-nf* instructor

instrument *nm* instrument

instrumental ▶ *adj* instrumental ▶ *nm* instruments [*pl*]: *l'instrumental mèdic* medical instruments

insuficiència *nf* **1** (*escassetat*) lack: *la ~ de recursos* the lack of resources **2** (*Med*) failure: *~ cardíaca/renal* heart/kidney failure

insuficient ▶ *adj* (*escàs*) insufficient ▶ *nm* (*Educ*) fail: *Ha tret un ~.* He failed. ➲ *Vegeu nota a* A, A

insult *nm* insult

insultar *vt* to insult

insuperable *adj* **1** (*dificultat*) insuperable **2** (*qualitat, oferta*) unbeatable **3** (*fet, bellesa*) matchless

insuportable *adj* unbearable

intacte, -a *adj* **1** (*no perjudicat*) intact: *La seva reputació va restar intacta.* His reputation remained intact. **2** (*no tocat*) untouched

integració *nf* ~ **(a)** integration (into *sth*)

integral *adj* **1** (*complet*) comprehensive: *una reforma ~* a comprehensive reform **2** (*aliments*) brown: *pa/arròs ~* brown bread/rice

integrar ▶ *vt* **1** (*compondre*) to make *sth* up: *els països que integren la Unió Europea* the countries that make up the European Union **2** (*socialment*) to integrate *sb* (into/with *sth*) ▶ **integrar-se** *vp* **integrar-se (en)** (*adaptar-se*) to integrate (into/with *sth*)

I

íntegre, -a *adj* **1** (*sencer*) entire: *el meu sou* ~ my entire salary **2** (*persona*) upright

integrisme *nm* fundamentalism

integrista *adj, nmf* fundamentalist ➲ *Vegeu nota a* VEGETARIÀ

integritat *nf* integrity

intel·lectual *adj, nmf* intellectual LOC *Vegeu* QUOCIENT

intel·ligència *nf* intelligence

intel·ligent *adj* **1** (*persona, animal, pregunta, etc.*) intelligent **2** (*edifici, electrodomèstic, targeta, etc.*) smart: *targeta* ~ smart card

intempèrie *nf* LOC **a la intempèrie** out in the open

I

intenció *nf* intention: *tenir males intencions* to have evil intentions LOC **amb (mala) intenció** maliciously ◆ **fer alguna cosa amb bona intenció** to mean well: *Ho va fer amb bona* ~. He meant well. ◆ **tenir intenció de** to intend *to do sth/doing sth*: *Tenim* ~ *de comprar un pis.* We intend to buy a flat.

intencionat, -ada *adj* deliberate LOC **ben/mal intencionat** well meaning/malicious

intens, ~a *adj* **1** (*temperatura, calor, sentiments, dolor*) intense: *una onada de fred ~/calor intensa* a wave of intense cold/heat **2** (*vigilància*) close **3** (*negociacions*) intensive

intensificar(-se) *vt, vp* to intensify

intensitat *nf* **1** (*calor, llum, pluja, sentiment*) intensity **2** (*corrent elèctric, vent, veu*) strength

intensiu, -iva *adj* intensive LOC *Vegeu* JORNADA, UNITAT

intent *nm* attempt LOC **al primer, segon, etc. intent** at the first, second, etc. attempt

intentar *vt* to try (*sth/to do sth*): *Intenta-ho.* Just try. ➲ *Vegeu nota a* TRY

interactiu, -iva *adj* interactive

intercanvi *nm* exchange LOC *Vegeu* VIATGE

intercanviar *vt* to exchange, to swap (*més col·loq*): ~ *presoners* to exchange prisoners ◇ ~ *segells* to swap stamps

intercedir *vi* ~ **(a favor de/per)** to intervene (on *sb's* behalf): *Van* ~ *a favor meu.* They intervened on my behalf.

interès *nm* **1** ~ **(en/per)** interest (in *sb/sth*): *La novel·la ha suscitat un gran* ~. The novel has aroused a lot of interest. ◇ *tenir* ~ *per la política* to be interested in politics ◇ *a un 10% d'interès* at 10% interest **2** (*egoisme*) self-interest: *Ho van fer per pur* ~. They did it out of sheer self-interest. LOC **fer alguna cosa sense gens d'interès** to show no interest in sth: *Treballen sense gens d'interès.* They show no interest in their work. *Vegeu tb* CONFLICTE

interessant *adj* interesting ➲ *Vegeu nota a* INTERESTING

interessar ▶ *vt* to interest: *No va aconseguir* ~ *el públic en la reforma.* He didn't manage to interest the public in the reforms. ▶ **interessar-se** *vp* **interessar-se per 1** (*mostrar interès*) to show (an) interest in *sth*: *El director es va* ~ *per la meva obra.* The director showed (an) interest in my work. **2** (*preocupar-se*) to ask after *sb/sth*: *Es va* ~ *per la meva salut.* He asked after my health. LOC **m'interessa...** I am, you are, etc. interested (*in sth/doing sth*): *Ens interessa l'art.* We're interested in art. ◇ *T'interessa prendre-hi part?* Are you interested in taking part?

> Quan *m'interessaria*, etc. + infinitiu equival a *voldria*, es tradueix per **would like to do sth**: *M'interessaria trobar una feina com a traductor.* I'd like to find a job as a translator.

interferència *nf* interference [*incomptable*]: *S'han produït interferències en l'emissió.* The programme has been affected by interference. ◇ *Hi ha moltes interferències.* We're getting a lot of interference.

interferir *vi* ~ **(en)** to meddle, to interfere (*més formal*) (in *sth*): *Para d'interferir en els meus assumptes.* Stop meddling in my affairs.

interfície *nf* (*Informàt*) interface

intèrfon *nm* Entryphone®

interior ▶ *adj* **1** inner: *una habitació* ~ an inner room ◇ *la seva vida* ~ his inner life **2** (*butxaca*) inside **3** (*comerç, política*) domestic ▶ *nm* interior: *l'interior d'un edifici/país* the interior of a building/country LOC **a/en l'interior (de)** inside: *Hi havia molta gent a l'interior.* There were lots of people inside. ◇ *a l'interior del teatre* inside the theatre *Vegeu tb* MINISTERI, MINISTRE, PLANTA, ROBA

interjecció *nf* interjection

intermedi, -èdia ▶ *adj* intermediate ▶ *nm* (*espectacle, programa*) interval

intermediari, -ària *nm-nf* **1** (*mitjancer*) mediator: *L'ONU va actuar d'intermediari en el conflicte.* The UN acted as a mediator in the conflict. **2** (*Com*) middleman [*pl* -men]

interminable *adj* endless

intermitent *nm* (*vehicle*) indicator

intern, ~a ▶ *adj* **1** internal: *òrgans ~s* internal organs **2** (*dins un país*) domestic: *comerç* ~ domestic trade **3** (*cara, part*) inner: *la part interna de la cuixa* the inner thigh ▶ *nm-nf* **1** (*alumne*) boarder **2** (*a la presó*) inmate

Internet

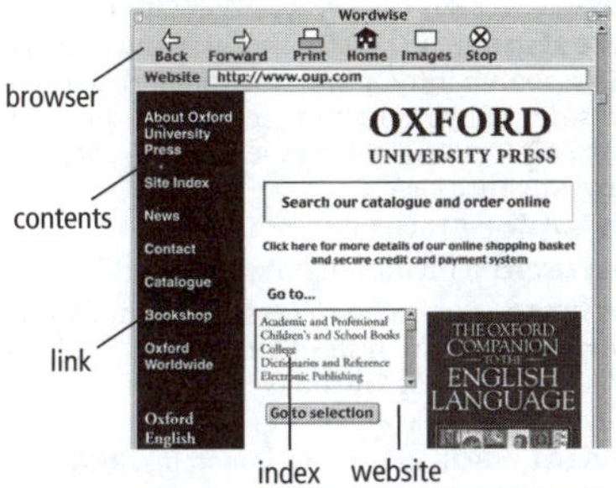

Per a accedir a Internet (**to access the Net**)cal un navegador (**browser**). Des de la pàgina inicial (**home page**) pots fer una cerca (**do a search**) amb un cercador (**a search engine**) o fer clic en un enllaç (**click on a link**). Això et permet accedir a altres webs on podràs llegir el diari o comprar en línia (**online**), baixar un fitxer (**download a file**) penjar fotos (**upload photos**) en un web o entrar en un xat (**a chatroom**) o en un fòrum (**a forum**).

www.oup.com es llegeix "www dot oup dot com".

I

internacional *adj* international

internar *vt*: *El van ~ a l'hospital.* He was admitted to hospital. ◊ *Van ~ el seu pare en una residència.* They put their father into a home.

internat *nm* boarding school

internauta *nmf* Internet user

Internet *nf* (the) Internet: *buscar alguna cosa a ~* to search for sth on the Internet

En anglès **Internet** s'utilitza gairebé sempre amb l'article definit *the*: *Ho vaig trobar a Internet.* I found it on the Internet. Tanmateix, quan va davant d'un nom no s'utilitza l'article definit: *un proveïdor de servei d'Internet* an Internet service provider.

intèrpret *nmf* **1** (*traductor*) interpreter **2** (*Teat, Cine, Mús*) performer

interpretació *nf* interpretation

interpretar *vt* **1** (*explicar, traduir*) to interpret: *~ la llei* to interpret the law **2** (*Cine, Teat, Mús*): *Interpreta el paper de Hamlet.* He plays the part of Hamlet.

interrogació *nf* **LOC** *Vegeu* SIGNE

interrogant *nm* question mark ➲ *Vegeu pàg 363*

interrogar *vt* **1** (*testimoni, acusat*) to question **2** (*policia*) to interrogate

interrogatori *nm* **1** (*en un judici*) questioning **2** (*de la policia*) interrogation

interrompre *vt* **1** to interrupt: *~ l'emissió* to interrupt a programme ◊ *No m'interrompis.* Don't interrupt me. **2** (*classe*) to disrupt: *Para d'interrompre la classe.* Stop disrupting the class. **3** (*trànsit*) to hold *sth* up: *Les obres interrompran el trànsit.* The roadworks will hold up the traffic.

interruptor *nm* switch

interurbà, -ana *adj* **1** (*transport*) inter-city: *serveis interurbans* inter-city services **2** (*trucada*) long-distance

interval *nm* interval: *a ~s de mitja hora* at half-hourly intervals

intervenir ▶ *vi* **1** ~ **(en)** to intervene (in *sth*): *Hi va haver d'intervenir la policia.* The police had to intervene. **2** (*parlar*) to speak ▶ *vt* (*operar*) to operate (on *sb*)

intestí *nm* intestine: *~ prim/gros* small/large intestine

íntim, ~a *adj* **1** (*personal, familiar*) intimate: *una conversa íntima* an intimate conversation **2** (*amistat, relació*) close: *Són amics ~s.* They're very close friends.

intimitat *nf* (*vida privada*) private life: *No li agrada que es fiquin en la seva ~.* He doesn't like people interfering in his private life. ◊ *el dret a la ~* the right to privacy

intolerable *adj* intolerable, unbearable (*més col·loq*)

intolerància *nf* (*intransigència*) intolerance **LOC** **intolerància alimentària** (food) allergy [*pl* allergies]

intolerant *adj* (*intransigent*) intolerant

intoxicació *nf* (*alimentària*) poisoning: *~ per aliments en mal estat* food poisoning

intransitiu, -iva *adj* intransitive

intriga *nf* **1** (*pel·lícula, novel·la*) suspense: *una pel·lícula amb molta ~* a film with lots of suspense **2** (*curiositat*): *Quina ~! Vinga, explica-m'ho.* Come on, don't keep me in suspense.

intrigar *vt* to intrigue: *Ara m'intriga.* I'm intrigued now.

introducció *nf* introduction: *una ~ a la música* an introduction to music

introduir *vt* **1** (*ficar*) to put *sth* in, to put *sth* into *sth*, to insert (*més formal*): *Introduïu la moneda a* *la ranura.* Insert the coin in the slot. **2** (*contrasenya, etc.*) to enter, to key *sth* in (*més col·loq*): *Introdueix la teva contrasenya/el teu número secret.* Enter your password/PIN number.

introvertit, -ida ▶ *adj* introverted
▶ *nm-nf* introvert

intrús, -usa *nm-nf* intruder

intuïció *nf* intuition: *Ho vaig fer per ~.* I did it intuitively.

intuir *vt* to sense

inundació *nf* flood

inundar(-se) *vt, vp* to flood: *Els camps es van ~.* The fields flooded.

I

inútil ▶ *adj* useless: *trastos ~s* useless junk ◇ *És un esforç ~.* It's a waste of time.
▶ *nmf*: *ésser un ~* to be useless LOC **és inútil (que...)** there's no point...: *És ~ que intentis impedir-li-ho.* There's no point trying to stop him from doing it. ◇ *És ~ que cridis.* There's no point in shouting.

invàlid, ~a ▶ *adj* (*Med*) disabled
▶ *nm-nf* disabled person ➲ *Vegeu nota a* DISCAPACITAT

invasió *nf* invasion

invasor, ~a ▶ *adj* invading
▶ *nm-nf* invader

invencible *adj* invincible

invent *nm* invention

inventar ▶ *vt* (*descobrir*) to invent: *Gutenberg va ~ la impremta.* Gutenberg invented the printing press. ▶ **inventar(-se)** *vt, vp* to make *sth* up: *inventar(-se) una excusa* to make up an excuse ◇ *T'ho has inventat.* You've made it up.

inventor, ~a *nm-nf* inventor

invers, ~a *adj* **1** (*proporció, raó*) inverse: *en proporció inversa* in inverse proportion **2** (*ordre*) reverse **3** (*direcció*) opposite: *en sentit ~ a la rotació* in the opposite direction to the rotation LOC **a la inversa** the other way round

inversió *nf* (*Fin*) investment

inversor, ~a *nm-nf* investor

invertebrat, -ada *adj, nm* invertebrate

invertir *vt* (*temps, diners*) to invest: *Han invertit deu milions en l'empresa.* They've invested ten million in the company.

investigació *nf* ~ **(de/sobre) 1** (*científica, acadèmica*) research [*incomptable*] (into/on *sth*): *Fan un treball d'investigació sobre la malària.* They are carrying out a research project on malaria. **2** (*de la policia*) investigation (into *sth*): *Hi haurà una ~ sobre l'accident.* There'll be an investigation into the accident.

investigador, ~a *nm-nf* **1** (*científic, acadèmic*) researcher **2** (*de la policia*) investigator

investigar *vt* **1** (*científicament, acadèmicament*) to do research into/on *sth*: *Investiguen el virus de la sida.* They're doing research on the AIDS virus. **2** (*per la policia*) to investigate: *~ un cas* to investigate a case

invisible *adj* invisible

invitació *nf* invitation (*to sth/to do sth*)

invitar ▶ *vt* to invite *sb* (*to sth/to do sth*): *M'ha invitat a la seva festa d'aniversari.* She's invited me to her birthday party. ▶ *vi* (*pagar*): *Invito jo.* This is on me.

invitat, -ada *adj, nm-nf* guest [*n*] LOC *Vegeu* ESTRELLA; *Vegeu tb* INVITAR

involuntari, -ària *adj* involuntary

iode *nm* iodine

ioga *nm* yoga: *fer ~* to do yoga

iogurt *nm* yogurt: *un ~ de maduixa* a strawberry yogurt LOC **iogurt descremat/desnatat** low-fat yogurt ◆ **iogurt líquid** drinking yogurt ◆ **iogurt natural** plain yogurt

iot *nm* yacht

iris *nm* iris

Irlanda *nf* Ireland LOC **Irlanda del Nord** Northern Ireland

irlandès, -esa ▶ *adj, nm* Irish: *parlar ~* to speak Irish
▶ *nm-nf* Irishman/woman [*pl* -men/-women]: *els irlandesos* the Irish

ironia *nf* irony [*pl* ironies]: *una de les ironies de la vida* one of life's little ironies

irònic, ~a *adj* ironic

irracional *adj* irrational: *una por ~* irrational fear

irreal *adj* unreal

irregular *adj* **1** irregular: *verbs ~s* irregular verbs ◇ *un batec ~* an irregular heartbeat **2** (*anormal*) abnormal: *una situació ~* an abnormal situation

irreparable *adj* irreparable

irrepetible *adj* (*excel·lent*) unique: *una experiència/obra d'art ~* a unique experience/work of art

irresistible *adj* irresistible: *un atractiu/una força ~* an irresistible attraction/force ◇ *Tenien unes ganes de veure's ~s.* They were dying to see each other.

irrespectuós, -osa *adj* ~ **(amb)** disrespectful (to/towards *sb/sth*)

irresponsable *adj, nmf* irresponsible [*adj*]: *Ets un ~!* You're so irresponsible!

irreversible *adj* irreversible

irrigar *vt* to irrigate

irritar ▶ *vt* to annoy ▶ **irritar-se** *vp* **1 irritar-se (amb) (per)** (*enutjar-se*) to get annoyed (with *sb*) (about *sth*): *S'irrita per qualsevol cosa.* He gets annoyed very easily. **2** (*Med*) to become irritated

irrompible *adj* unbreakable

islam *nm* **l'islam** Islam

islàmic, ~a *adj* Islamic

islamista *adj, nmf* Islamist

isòsceles *adj* isosceles

istme *nm* isthmus [*pl* isthmuses]

italià, -ana *adj, nm-nf, nm* Italian: *els italians* the Italians ◇ *parlar ~* to speak Italian

Itàlia *nf* Italy

itinerari *nm* route, itinerary [*pl* itineraries] (*més formal*)

IVA *nm* VAT

ivori *nm* ivory

J j

ja ▶ *adv* **1** (*referit al passat*) already: *Ja ho has acabat?* Have you finished it already? ➲ *Vegeu nota a* YET **2** (*referit al present*) now: *Estava molt malalt, però ara ja es troba bé.* He was very ill but he's fine now. **3** (*referit al futur*): *Ja ho veurem.* We'll see. ◇ *Ja t'escriuran.* They'll write to you some time. **4** (*ús emfàtic*): *Ja ho sé.* I know. ◇ *Sí, ja ho entenc.* Yes, I understand. ◇ *Ja ho veuràs, ja.* Just you wait and see.
▶ **ja!** *interj* **1** (*assentiment*) of course! **2** (*ús irònic*) really! LOC **ja ho crec (que sí)!** of course! ◆ **ja no...** not... any more: *Ja no hi visc, allà.* I don't live there any more. ◇ *—Encara fas aeròbic? —No, ja no.* 'Do you still do aerobics?' 'No, not any more.' ◆ **ja que** since ◆ **ja vinc!** coming!

jaciment *nm* **1** (*Geol*) deposit **2** (*arqueologia*) site

jack *nm* (*cartes franceses*) jack ➲ *Vegeu nota a* BARALLA

jaguar *nm* jaguar

Japó *nm* Japan

japonès, -esa ▶ *adj, nm* Japanese: *parlar ~* to speak Japanese
▶ *nm-nf* Japanese man/woman [*pl* men/women]: *els japonesos* the Japanese

jaqué *nm* morning coat LOC **anar de jaqué** to wear morning dress

jaqueta *nf* jacket: *una ~ de tres quarts* a three-quarter length jacket LOC **jaqueta de punt** cardigan

jardí *nm* garden LOC **jardí d'infants** nursery school

jardiner, ~a *nm-nf* gardener

jardinera *nf* **1** (*test gran*) planter **2** (*penjada a una finestra o un balcó*) window box

jardineria *nf* gardening

javelina *nf* (*Esport*) javelin: *llançament de ~* the javelin

jazz *nm* jazz

jeep *nm* jeep

jerarquia *nf* hierarchy [*pl* hierarchies]

jeroglífic *nm* hieroglyph

jersei *nm* jumper

Jesucrist *n pr* Jesus Christ

jesús *interj* (*en esternudar*) bless you! ➲ *Vegeu nota a* ATXIM

jeure *vi* to lie down LOC **anar a jeure** to have a rest

jo *pron* **1** (*subjecte*) I: *Hi anirem la meva germana i jo.* My sister and I will go. ◇ *Ho faré jo mateix.* I'll do it myself. **2** (*en comparacions, amb preposició, quan s'usa sol*) me: *excepte jo* except (for) me ◇ *Has arribat abans que jo.* You got here before me. ◇ *Qui dius? Jo?* Who do you mean? Me? LOC **jo de tu** if I were you: *Jo de tu no hi aniria.* I wouldn't go if I were you. ◆ **jo mateix** (*al telèfon*) speaking ◆ **sóc jo** it's me

joc *nm* **1** game: *~ de pilota* ball game ◇ *El tennista australià guanya tres ~s a un.* The Australian is winning by three games to one. **2** (*atzar*) gambling **3** (*conjunt*) set: *~ de claus* set of keys ◇ *~ de cafè* coffee set LOC **fer joc** to go together, to go *with sth*: *Les arracades fan ~ amb el collaret.* The earrings go with the necklace. ◆ **fora de joc** offside ◆ **joc brut/net** foul/fair play ◆ **joc d'atzar** game of chance ◆ **joc de coberts** cutlery [*incomptable*] ◆ **joc de mans** conjuring trick ◆ **joc de nens** child's play ◆ **joc de paraules** pun ◆ **joc de rol** role-playing game ◆ **joc de taula/saló** board game ◆ **joc d'ordinador** computer game ◆ **Jocs Olímpics** Olympic Games ◆ **posar en joc** (*utilitzar un recurs*) to use *Vegeu tb* TERRENY

joguina *nf* (*tb* **joguet** *nm*) toy: *botiga de joguines* toyshop LOC **de joguina** toy: *camió de ~* toy lorry

joia *nf* **1** (*alegria*) joy **2** (*joiell*) (**a**) (*en singular*) piece of jewellery: *Em va ensenyar una ~ preciosa.* She showed me a beautiful piece of jewellery. (**b**) **joies** (*conjunt*) jewellery [*incomptable*]: *Les joies eren a la caixa forta.* The jewellery was in the safe. ◇ *joies robades* stolen jewellery ℹ Quan es tracta de joies valuoses, també se'n diu **jewels**: *joies valuosíssimes* precious jewels ◇ *les joies de la Corona* the Crown jewels. **3** (*cosa, persona*) treasure: *Ets una ~.* You're a treasure.

joier, ~a ▶ *nm-nf* jeweller
▶ *nm* jewellery box

joieria *nf* jeweller's ➲ *Vegeu nota a* CARNISSERIA

jonc *nm* reed

J

joquei *nmf* jockey [*pl* jockeys]

jòquer *nm* joker

jornada *nf* **1** (*de treball*) day: *una ~ de vuit hores* an eight-hour day ◇ *al final de la ~* at the end of the day **2** (*Esport*): *la 21a ~ de Lliga* the 21st round of matches ◇ *els partits jugats en la ~ del diumenge* Sunday's matches **3 jornades** (*congrés*) conference [*v sing*] **LOC jornada completa/mitja jornada** full time/part time: *Busquen algú que treballi a ~ completa.* They're looking for someone to work full time. ◇ *treballar a mitja ~* to work part-time ◆ **jornada intensiva**: *A l'estiu fem ~ intensiva.* In summer we work without a break and finish early. ◆ **jornada laboral** working day

jornaler, ~a *nm-nf* casual labourer

jove ▶ *adj* young
▶ *nmf* **1** (*noi*) boy, young man (*més formal*) **2** (*noia*) girl, young woman (*més formal*) **3 joves** young people
▶ *nf* daughter-in-law [*pl* daughters-in-law]

jovent *nm* young people [*pl*]

joventut *nf* **1** (*edat*) youth **2** (*el jovent*) young people [*pl*]: *A la ~ d'avui dia li agrada tenir llibertat.* Young people today like to have their freedom.

jubilació *nf* **1** (*retir*) retirement **2** (*pensió*) pension

jubilar-se *vp* to retire

jubilat, -ada ▶ *adj* retired: *estar ~* to be retired
▶ *nm-nf* (*pensionista*) pensioner *Vegeu tb* JUBILAR-SE

judaisme *nm* Judaism

judici *nm* **1** (*Dret*) trial **2** (*discerniment*) judgement: *Confio en el ~ de la gent.* I trust people's judgement. **3** (*opinió*) opinion: *emetre un ~* to give an opinion **LOC a judici de la gent, de tothom, etc.**: *A ~ de tothom, la culpa és del conductor.* Everyone agrees it was the driver's fault. ◆ **portar a judici** to take *sb/sth* to court

judicial *adj* **LOC** *Vegeu* PODER²

judo *nm* judo

jueu, -eva ▶ *adj* Jewish
▶ *nm-nf* Jew

jugada *nf* move **LOC fer una mala jugada** to play a dirty trick *on sb*

jugador, ~a *nm-nf* **1** (*competidor*) player: *un ~ de futbol* a football player **2** (*que aposta*) gambler

juganer, ~a *adj* playful

jugar ▶ *vt* **1** to play: *~ un partit de futbol/una partida de cartes* to play a game of football/cards ◇ *La feina juga un paper important en la meva vida.* Work plays an important part in my life. **2** (*diners*) to put *sth on sth*: *jugar-ho tot a una carta* to play all your money on a card
▶ *vi* **1 ~ (a)** to play (*sth*): *~ a futbol* to play football ◇ *Ara et toca ~.* Now it's your turn. **2 ~ amb/contra** (*Esport*) to play [*vt*]: *Juguem contra el Mallorca.* We're playing Mallorca. **3** (*apostar*) to gamble (*on sth*): *~ a la borsa* to gamble on the stock exchange ▶ **jugar-se** *vp* **1** (*apostar*) to gamble *sth* (*on sth*) **2** (*posar en perill*) to risk: *jugar-se la vida* to risk your life **LOC jugar a la loteria** to do the lottery ◆ **jugar brut/net** to play dirty/fair ◆ **jugar-s'hi alguna cosa** to bet sth: *M'hi jugo el que vulguis que no vindran.* I bet you anything you like they won't come. ◇ *Què t'hi jugues?* Do you want to bet? *Vegeu tb* CORDA, PASSADA, PELL

juliol *nm* July (*abrev* Jul.) ➲ *Vegeu exemples a* GENER

julivert *nm* parsley

jungla *nf* jungle

junt, ~a *adj* **1** (*alhora, en companyia*) together: *tots ~s* all together ◇ *Sempre estudiem ~s.* We always study together. **2** (*acostats*) close together: *Els arbres estan molt ~s.* The trees are very close together.

junta *nf* **1** (*reunió*) meeting **2 Junta** (*Pol*) regional government [*v sing o pl*] **LOC junta directiva** board (of directors) [*v sing o pl*]

juntament *adv* **LOC juntament amb...** (together) with...

juny *nm* June (*abrev* Jun.) ➲ *Vegeu exemples a* GENER

Júpiter *nm* Jupiter

jurament *nm* oath **LOC** *Vegeu* PRESTAR

jurar *vt, vi* to swear **LOC jurar lleialtat a algú/alguna cosa** to swear allegiance to sb/sth

jurat *nm* jury [*v sing o pl*] [*pl* juries]: *El ~ es va retirar per deliberar.* The jury retired to consider its verdict.

Moltes paraules com ara **jury**, **committee**, **crew**, **government**, **staff** i **team** poden dur el verb tant en singular com en plural: *El jurat està a punt d'adjudicar el premi.* The jury is/are about to award the prize. Si aquestes paraules van precedides d'**a**, **each**, **every**, **this** i **that**, s'usa en singular: *Cada equip té un líder.* Each team has a leader. D'altra banda, si duen el verb en plural, els pronoms i els adjectius possessius que s'hi utilitzen van també en plural (és a dir, **them** i **their**): *El govern ha decidit millorar la seva imatge.* The government have decided to smarten up their image.

just, ~a ▶ *adj* **1** (*raonable*) fair: *una decisió justa* a fair decision **2** (*correcte, exacte*) right: *el preu ~* the right price ◇ *la paraula justa* the right word **3** (*cenyit*) tight: *Aquesta faldilla em va massa justa.* This skirt is too tight for me. **4** (*nombre*) (**a**) (*suficient*) just enough: *Tenim els plats justos.* We have just enough plates. (**b**) (*només*) just: *Tinc 15 anys justos.* I've just turned 15.
▶ *adv* just, exactly (*més formal*): *Ho vaig trobar ~ allà on m'havies dit.* I found it just where you told me. LOC **anar just (d'alguna cosa)** to be short (of sth): *Anem molt justos de temps.* We're very short of time. ◆ **tot just** only: *Tot ~ són les nou i ja se'n vol anar al llit.* It's only nine o'clock and she wants to go to bed.

justament *adv* just LOC **justament quan...** just as...: *Van arribar ~ quan marxàvem.* They arrived just as we were leaving.

justícia *nf* justice: *Espero que es faci ~.* I hope justice is done.

justificar *vt* to justify

jutge, -essa *nm-nf* judge LOC **jutge de línia** referee's assistant

jutjar *vt* to judge LOC **jutjar malament** to misjudge

jutjat *nm* court LOC *Vegeu* CASAR

juvenil ▶ *adj* **1** (*dels joves*): *la moda/literatura ~* young people's fashion/literature ◇ *una audiència ~* a young audience **2** (*aspecte*) young-looking: *Té un aspecte molt ~.* He looks very young. **3** (*caràcter, veu, riure*) youthful: *una actitud ~* a youthful outlook **4** (*Esport*) junior
▶ **juvenils** *nm* (*Esport*) under 18s LOC *Vegeu* DELINQÜÈNCIA

K k

karaoke *nm* karaoke

karate *nm* karate: *fer ~* to do karate

kart *nm* go-kart

kàrting *nm* go-kart racing

kilo *nm Vegeu* QUILO

kilogram *nm Vegeu* QUILOGRAM

kilòmetre *nm Vegeu* QUILÒMETRE

kiwi *nm* kiwi (fruit) [*pl* kiwis/kiwi fruit]

kleenex® *nm* tissue

L l

la[1] *art, pron Vegeu* EL

la[2] *nm* **1** (*nota*) A **2** (*solfeig*) lah ➲ *Vegeu nota a* DO[1]

laberint *nm* maze, labyrinth (*més formal*)

labor *nf* **1** (*treball*) work [*incomptable*]: *Van portar a terme una gran ~.* They did some great work. **2** (*de cosir*) needlework [*incomptable*] **3** (*de punt*) knitting [*incomptable*]

laborable *adj* LOC *Vegeu* DIA

laboral *adj* working LOC *Vegeu* JORNADA

laboratori *nm* laboratory [*pl* laboratories], lab (*més col·loq*)

laca *nf* lacquer

lacrimògen, -ògena *adj* LOC *Vegeu* GAS

lacti, làctia *adj* (*fet amb llet o derivat*) dairy: *productes ~* dairy products LOC *Vegeu* VIA

lamentable *adj* **1** (*desafortunat*) regrettable **2** (*aspecte, condició*) pitiful

lamentar ▶ *vt* to be sorry (*to do sth*), to regret *sth/doing sth* (*més formal*): *Lamentem haver-vos*

causat tantes molèsties. We are sorry to have caused you so much trouble. ◇ *Lamentem comunicar-li que...* We regret to inform you that... ◇ *Ho lamento molt.* I am terribly sorry.
▶ **lamentar-se** *vp* to complain (*about sth*): *Ara lamentar-se no serveix de res.* It's no use complaining now.

làmina *nf* **1** (*full*) sheet **2** (*il·lustració*) plate: *làmines en color* colour plates

lampista *nmf* **1** (*d'electricitat*) electrician **2** (*d'aigua*) plumber **3** (*de gas*) gas fitter

làpida *nf* gravestone

lasanya *nf* lasagne

làser *nm* laser LOC *Vegeu* RAIG

lateral ▶ *adj, nm* side [*n*]: *un carrer ~* a side street
▶ *nmf* (*Esport*) back: *~ dret/esquerre* right/left back

latitud *nf* latitude

lava *nf* lava

lavabo *nm* **1** (*pica*) washbasin **2** (*cambra de bany*) bathroom **3** (*vàter*) toilet: *anar al ~* to go to the toilet ◇ *On és el ~, si us plau?* Where's the toilet, please? ➲ *Vegeu nota a* TOILET

lavanda *nf* lavender

laxant *adj, nm* laxative

lector, ~a ▶ *nm-nf* reader
▶ *nm* (*aparell*) reader

lectura *nf* reading: *El meu passatemps predilecte és la ~.* My favourite hobby is reading.

legal *adj* legal

legalitzar *vt* to legalize

legislació *nf* legislation

legislar *vi* to legislate

legislatiu, -iva *adj* LOC *Vegeu* ELECCIÓ, PODER²

legislatura *nf* term (of office)

lema *nm* **1** (*Com, Pol*) slogan **2** (*regla de conducta*) motto [*pl* mottoes]

lent *nf* lens [*pl* lenses] LOC **lent de contacte** contact lens [*pl* contact lenses]

lent, ~a *adj* slow LOC *Vegeu* CÀMERA, FOC

leo (*tb* **Leo**) *nm, nmf Vegeu* LLEÓ

les *art, pron Vegeu* ELS

lesbiana *nf* lesbian

lesió *nf* **1** (*ferida*) wound: *lesions de bala* bullet wounds **2** (*per accident*) injury [*pl* injuries]: *lesions greus* serious injuries **3** (*fetge, ronyó, cervell*) damage [*incomptable*]: *lesions cerebrals* brain damage ➲ *Vegeu nota a* FERIDA

lesionar(-se) *vt, vp* to injure (yourself): *M'he lesionat la cama.* I've injured my leg. ➲ *Vegeu nota a* FERIDA

letal *adj* lethal

letargia *nf* **1** (*sopor*) lethargy **2** (*hibernació*) hibernation

letó, -ona *adj, nm-nf, nm* Latvian

Letònia *nf* Latvia

leucèmia *nf* leukaemia

li *pron* **1** (*a ell/ella*) **(a)** (*complement*) him/her: *Li vam comprar la casa.* We bought our house from him. ◇ *Vaig veure la directora, però no li vaig dir res.* I saw the director but I didn't say anything to her. ◇ *Li comprarem un vestit.* We're going to buy her a dress. **(b)** (*parts del cos, objectes personals*): *Li van prendre el carnet d'identitat.* They took away his identity card. ◇ *Li han arreglat la faldilla.* She's had her skirt mended. **2** (*a vostè*) **(a)** (*complement*) you: *Li he fet una pregunta.* I asked you a question. **(b)** (*parts del cos, objectes personals*): *Vagi amb compte o li robaran la bossa.* Be careful or they'll steal your bag.

libèl·lula *nf* dragonfly [*pl* dragonflies]

liberal *adj, nmf* liberal

libra (*tb* **Libra**) *nf, nmf* (*Astrologia*) Libra ➲ *Vegeu exemples a* AQUARIUS

licor *nm* liqueur: *un ~ de poma* an apple liqueur

licra *nf* Lycra®

líder *nmf* leader

liderar *vt* to lead: *el partit que liderava Pujol* the party once led by Pujol ◇ *El València lidera la lliga.* Valencia are league leaders.

lífting *nm* facelift: *fer-se un ~* to have a facelift

light *adj* (*refresc*) diet [*n atrib*]: *una beguda ~* a diet drink ➲ *Vegeu nota a* LOW-CALORIE

lila *adj, nm* lilac: *El ~ t'escau.* Lilac suits you.

lilà *nm* lilac

límit *nm* **1** limit: *el ~ de velocitat* the speed limit **2** (*Geog, Pol*) boundary [*pl* boundaries] ➲ *Vegeu nota a* FRONTERA LOC **sense límit** unlimited: *quilometratge sense ~* unlimited mileage ◇ *Té una paciència sense ~.* She has infinite patience. *Vegeu tb* DATA

limitació *nf* limitation: *Coneix les seves limitacions.* He knows his limitations.

limitar ▶ *vt* to limit ▶ *vi* ~ **amb** to border on...: *Catalunya limita amb França.* Catalonia borders on France. ▶ **limitar-se** *vp* **limitar-se a**: *Limiteu-vos a contestar la pregunta.* Just answer the question.

limitat, -ada *adj* limited: *un nombre ~ de places* a limited number of places LOC *Vegeu* SOCIETAT; *Vegeu tb* LIMITAR

lineal *adj* LOC *Vegeu* DIBUIX

lingot *nm* ingot

lingüística *nf* linguistics [*incomptable*]

línia *nf* **1** line: *una ~ recta* a straight line ◇ *~ telefònica amb ADSL* telephone line with ADSL ◇ *Heu d'agafar la ~ verda fins a Lesseps.* Take the green line to Lesseps. **2** (*autobusos*) route: *una ~ d'autobusos* a bus route LOC **cuidar/mantenir la línia** to watch your weight ◆ **línia aèria** airline ◆ **línia d'arribada** finishing line ◆ **línia divisòria** dividing line

linx *nm* lynx

liquadora *nf* blender

líquid, ~a *adj, nm* liquid: *Només puc prendre ~s.* I can only have liquids. ◇ *~ rentaplats* washing-up liquid LOC *Vegeu* CORRECTOR, IOGURT, NATA

liquidació *nf* (*rebaixa*) sale LOC **liquidació total** clearance sale

liquidar *vt* **1** (*deute*) to settle **2** (*negoci*) to liquidate

lírica *nf* lyric poetry

liró *nm* dormouse [*pl* dormice]

literari, -ària *adj* literary

literatura *nf* literature

litoral *nm* coast

litre *nm* litre (*abrev* l): *mig ~* half a litre ➲ *Vegeu pàgs 757-761*

lituà, -ana *adj, nm-nf, nm* Lithuanian

Lituània *nf* Lithuania

llac *nm* lake: *a la vora del ~ Como* on the shores of Lake Como

llaç *nm* **1** (*llaçada*) bow: *una brusa amb llaços vermells* a blouse with red bows **2** (*cinta*) ribbon: *Posa't un ~ al cap.* Put a ribbon in your hair. **3** (*parany*) trap: *caure al ~* to fall into the trap **4 llaços** (*vincles*) ties: *llaços d'amistat* ties of friendship

llacet *nm* LOC *Vegeu* CORBATA

llacuna *nf* **1** (*llac*) (small) lake **2** (*omissió, buit*) gap: *L'assaig té llacunes.* The essay has gaps in it. ◇ *Alguns estudiants tenen llacunes en història.* Some students have gaps in their knowledge of history.

lladrar *vi* to bark LOC *Vegeu* GOS

lladre ▶ *nmf* **1** thief [*pl* thieves]: *En aquesta carnisseria són una colla de ~s.* They're a bunch of thieves at that butcher's. **2** (*en una casa*) burglar **3** (*en un banc*) robber ➲ *Vegeu nota a* THIEF
▶ *nm* (*endoll*) adaptor LOC *Vegeu* BEURE('S)

llaga *nf* ulcer

llagosta *nf* **1** (*crustaci*) lobster **2** (*insecte*) locust

llagostí *nm* king prawn

llàgrima *nf* tear LOC **llàgrimes de cocodril** crocodile tears *Vegeu tb* PLORAR, VESSAR

llama *nf* (*animal*) llama

llamàntol *nm* lobster

llamborda *nf* paving stone

llaminadura *nf* sweet

llaminer, ~a *adj, nm-nf*: *ésser (un) ~* to have a sweet tooth ◇ *la gent llaminera* people with a sweet tooth

llamp *nm* lightning [*incomptable*]: *Els ~s i els trons m'espanten.* Thunder and lightning frighten me. ◇ *L'incendi, el va provocar un ~.* The fire was caused by a flash of lightning. LOC *Vegeu* CÓRRER

llampant *adj* (*color*) bright

llampec *nm* **1** (*tempesta*) lightning [*incomptable*]: *Un ~ i un tro van anunciar la tempesta.* A flash of lightning and a clap of thunder heralded the storm. ◇ *M'espanten els ~s.* Lightning frightens me. **2** (*ràpid*) lightning [*n atrib*]: *un viatge/una visita ~* a lightning trip/visit

L

llana *nf* wool LOC **de llana** woollen, woolly (*més col·loq*): *un jersei de ~* a woollen jumper ◆ **llana verge** pure new wool *Vegeu tb* GORRA

llança *nf* spear

llançadora *nf* LOC *Vegeu* ESPACIAL

llançament *nm* **1** (*míssil, satèl·lit, producte*) launch: *el ~ del seu nou disc* the launch of their new album **2** (*Esport*) throw: *El seu últim ~ va ésser el millor.* His last throw was the best one. **3** (*bomba*) dropping

llançar ▶ *vt* **1** (*míssil, satèl·lit, producte*) to launch **2** (*Esport, en un joc*) to throw: *~ la javelina* to throw the javelin ➲ *Vegeu nota a* THROW[1] **3** (*bomba*) to drop ▶ **llançar-se** *vp* **1** (*tirar-se*) to throw yourself: *Em vaig ~ a l'aigua.* I threw myself into the water. **2 llançar-se (al) damunt de** to pounce on *sb/sth*: *Es van ~ damunt meu/dels diners* They pounced on me/the money. ◇ *Em vaig ~ (al) damunt del meu adversari.* I pounced on my opponent. **3 llançar-se cap a** to rush towards *sb/sth*: *El públic es va ~ cap a la porta.* The crowd rushed towards the door. LOC *Vegeu* PARACAIGUDES

llangardaix *nm* lizard

llanterna *nf* torch ➲ *Vegeu il·lustració a* LLUM

llàntia *nf* **1** (*llum*) lamp **2** (*taca*) stain

llanxa *nf* launch LOC **llanxa motora** motor boat

llapis *nm* pencil: *~ de colors* coloured pencils ◇ *Fes-ho primer amb ~ per si t'equivoques.* Do it in pencil first in case you make a mistake.

llar *nf* **1** (*casa*) home **2** (*xemeneia*) fireplace LOC **sense llar** homeless: *els sense ~* the homeless

llard *nm* lard

llardó *nm* crackling [*incomptable*]

llardós, -osa *adj* greasy

llarg, ~a ▶ *adj* long
▶ *nm* length: *nedar sis ~s* to swim six lengths ◇ *Quant fa de ~?* How long is it? ◇ *Fa cinquanta metres de ~.* It's fifty metres long. LOC **a la llarga** in the long run ◆ **al llarg** lengthways ◆ **al llarg de 1** (*referit a espai*) along... **2** (*referit a temps*) throughout...: *al ~ del dia* throughout the day ◆ **anar (per) llarg**: *Això anirà per ~.* This is going to take a long time. ◆ **és llarg d'explicar** it's a long story ◆ **passar de llarg** to go straight past *sb/sth* ◆ **saber-la molt llarga** to be very sharp *Vegeu tb* LLUM

llargada (*tb* **llargària**) *nf* length LOC *Vegeu* SALT

llargmetratge *nm* feature film

llàstima *nf* pity: *Quina ~!* What a pity! ◇ *És una ~ haver-ho de llençar.* It's a pity to throw it away. LOC **llàstima de/que...** it's a shame (that)...: *Llàstima que no tingui diners per a comprar aquest pis.* It's a shame she can't afford to buy this flat.

llatí, -ina *adj, nm* Latin: *la gramàtica llatina* Latin grammar

llatinoamericà, -ana *adj, nm-nf* Latin American: *la música llatinoamericana* Latin American music

llauna *nf* **1** (*envàs*) can, tin

> **Can** es fa servir per a parlar de begudes en llauna: *una llauna de Coca-Cola* a can of Coke. Per a d'altres aliments es pot fer servir **can** o **tin**: *una llauna de sardines* a can/tin of sardines.

➲ *Vegeu il·lustració a* CONTAINER **2** (*material*) tin (plate) **3** (*cosa pesada, avorriment*): *Quina ~ de llibre!* What a boring book! ◇ *Aquella classe és una ~.* That class is really boring. ◇ *Aquest tipus em sembla una ~.* I find that bloke so boring. LOC **clavar/donar la llauna 1** (*molestar*) to be a pain: *No pares de donar la ~!* What a pain you are! **2** (*demanar amb insistència*) to pester: *No parava de clavar-nos la ~ perquè li compréssim una bicicleta.* He kept pestering us to get him a bike. ◆ **de llauna** canned, tinned: *tonyina de ~* canned/tinned tuna

llaurador, ~a *nm-nf* **1** (*persona que llaura*) ploughman [*pl* ploughmen] **2** (*pagès*) farm labourer

llaurar *vt* to plough

llautó *nm* brass

llavi *nm* lip LOC *Vegeu* LLEGIR, PINTAR

llavor *nf* seed

llavors *adv* then

llebre *nf* hare LOC *Vegeu* GAT

llebrer *nm* greyhound

lleganya *nf* sleep [*incomptable*]: *Tens els ulls plens de lleganyes.* Your eyes are full of sleep.

llegenda *nf* legend

llegir *vt, vi* to read: *M'agrada ~.* I like reading. ◇ *Llegeix-me la llista.* Read me the list. LOC **llegir el pensament/la mà** to read *sb's* thoughts/palm ◆ **llegir els llavis** to lip-read ◆ **llegir en veu alta** to read (*sth*) out loud ◆ **llegir en veu baixa** to read (*sth*) to yourself

llegum *nm* pulse: *pasta i ~s* pasta and pulses

llei *nf* law: *la ~ de la gravetat* the law of gravity ◇ *anar contra la ~* to break the law LOC *Vegeu* PROJECTE

lleial *adj* **1** (*persona*) loyal (*to sb/sth*) **2** (*animal*) faithful (*to sb*)

lleialtat *nf* loyalty (*to sb/sth*) LOC **amb lleialtat** loyally *Vegeu tb* JURAR

lleig, lletja *adj* **1** (*aspecte*) ugly: *una persona/casa lletja* an ugly person/house **2** (*desagradable*) nasty: *Això és un costum molt ~.* That's a very nasty habit. LOC **fer lleig** not to be nice: *Fa ~ assegurar-ho tant categòricament, però és cert.* It's not nice to state it so categorically, but it's true.

lleixa *nf* shelf [*pl* shelves]

lleixiu *nm* bleach

llençar *vt* **1** (*tirar*) to throw *sth* away: *Llença-ho, ja és molt vell.* Throw it away, it's very old. **2** (*malgastar*) to waste: *~ els diners* to waste money LOC **llençar a terra** to drop: *No llencis papers a terra.* Don't drop litter.

llenceria *nf* (*roba interior*) lingerie

llençol *nm* sheet

llengua *nf* **1** (*Anat*) tongue: *treure la ~ a algú* to stick your tongue out at sb **2** (*idioma*) language LOC **anar-se'n de la llengua** to talk too much ◆ **(les) males llengües**: *Diuen males llengües que...* Rumour has it that... ◆ **llengua materna** mother tongue *Vegeu tb* MOSSEGAR(-SE), PÈL

llenguado *nm* sole [*pl* sole]

llenguatge *nm* **1** language: *~ de signes* sign language **2** (*parlat*) speech

llentia *nf* lentil

llenya *nf* firewood

llenyataire *nmf* woodcutter

lleó, -ona ▶ *nm-nf* **1** (*mascle*) lion **2** (*femella*) lioness
▶ **lleó** (*tb* **Lleó**) *nm, nmf* (*astrologia*) Leo [*pl* Leos]
➲ *Vegeu exemples a* AQUARIUS

lleopard *nm* leopard

llepada *nf* lick
llepafils ▶ *adj* fussy
▶ *nmf* fussy eater
llepar *vt* to lick **LOC llepar-se'n els dits**: *Te'n lleparàs els dits.* It's delicious.
llesca *nf* slice: *dues llesques de pa* two slices of bread
llest, ~a *adj* **1** (*intel·ligent*) clever **2** (*preparat*) ready: *Ja estem llestos per a sortir.* We're ready to leave now. **LOC** *Vegeu* PREPARAT
llet *nf* milk: *No tenim gens de ~.* We don't have any milk. ◇ *Compro ~?* Shall I buy some milk? **LOC de mala llet** in a foul mood ◆ **llet condensada** condensed milk ◆ **llet descremada/desnatada** skimmed milk ◆ **llet en pols** powdered milk ◆ **llet semidesnatada** semi-skimmed milk ◆ **llet sencera** full-cream milk *Vegeu tb* ARRÒS, CAFÈ, DENT, HIDRATANT
lleter, ~a ▶ *adj* dairy: *una vaca lletera* a dairy cow
▶ *nm-nf* milkman [*pl* -men]
lletra *nf* **1** (*abecedari, grafia*) letter **2** (*caràcters*) character: *les lletres xineses* Chinese characters **3** (*escriptura*) writing: *No entenc la teva ~.* I can't read your writing. ◇ *Fas una ~ molt clara.* Your writing is very easy to read. **4** (*cançó*) lyrics [*pl*]: *La ~ d'aquesta cançó és molt original.* The lyrics of this song are very original. **5 Lletres** (*estudis*) Arts **LOC** *Vegeu* PEU
lletrejar *vt* to spell: *Com es lletreja?* How do you spell it?
lleu *adj* slight **LOC** *Vegeu* PRONÒSTIC
lleuger, ~a *adj* **1** light: *menjar ~/roba lleugera* light food/clothing ◇ *tenir el son ~* to sleep lightly **2** (*que gairebé no es percep*) slight: *un ~ accent irlandès* a slight Irish accent **3** (*àgil*) agile **LOC fer alguna cosa a la lleugera** to do sth hastily
lleugerament *adv* slightly: *~ inestable* slightly unsettled
lleure *nm* leisure: *temps/moments de ~* leisure time
llevadís, -issa *adj* **LOC** *Vegeu* PONT
llevador, ~a *nm-nf* (*en un part*) midwife [*pl* -wives]
llevaneu *nf* snowplough
llevar ▶ *vt* to remove ▶ **llevar-se** *vp* (*del llit*) to get up **LOC** *Vegeu* ÀNCORA, PEU
llevat[1] *prep* ~ **(de)** except (for): *Tots hi vam estar d'acord ~ de la Berta.* We all agreed except Berta. **LOC llevat que...** unless...: *Ho faré, ~ que em diguis de fer una altra cosa.* I'll do it, unless you say otherwise.
llevat[2] *nm* yeast
llevataps *nm* corkscrew
llevataques *nm* stain remover
lli *nm* **1** (*Bot*) flax **2** (*roba*) linen
llibertat *nf* freedom **LOC llibertat condicional** parole ◆ **llibertat de premsa** freedom of the press ◆ **llibertat d'expressió** freedom of speech ◆ **llibertat provisional/sota fiança** bail: *sortir en ~ sota fiança* to be released on bail
llibre *nm* book: *un ~ de Carbó* a book by Carbó **LOC llibre de butxaca** paperback ◆ **llibre de cuina** cookbook ◆ **llibre de text** textbook *Vegeu tb* SUSPENS
llibreria *nf* **1** (*botiga*) bookshop

La paraula anglesa **library** no significa llibreria, sinó *biblioteca*.

2 (*prestatges*) bookcase
llibreta *nf* notebook **LOC llibreta d'estalvis** savings book
llibreter, ~a *nm-nf* bookseller
llicència *nf* licence: *~ de pesca/d'armes* fishing/gun licence
llicenciar-se *vp* ~ **(en)** to graduate (in *sth*): *~ per la Universitat de Tarragona* to graduate from Tarragona University
llicenciat, -ada *adj, nm-nf* ~ **(en)** graduate [*n*] (in *sth*): *~ en biologia* a biology graduate ◇ *un ~ per la Universitat de Londres* a graduate of London University *Vegeu tb* LLICENCIAR-SE
llicenciatura *nf* **1** (*títol*) degree **2** (*estudis*) degree course
lliçó *nf* lesson
lliga *nf* league: *la ~ de bàsquet* the basketball league ◇ *Lliga de Campions* Champions League
lligacama *nf* garter
lligam *nm* link
lligament *nm* ligament: *patir una fractura de ~s* to tear a ligament
lligar ▶ *vt* to tie: *Ens van ~ les mans.* They tied our hands. ◇ *Lliga bé el paquet.* Tie the parcel tightly. ◇ *Va ~ el gos a la tanca.* He tied the dog to the fence. ▶ *vi* ~ **(amb) 1** (*combinar*) to go (with *sth*): *El cobrellit no lliga amb la moqueta.* The bedspread doesn't go with the carpet. ◇ *Aquests mitjons no lliguen amb les sabates.* Those socks don't go with these shoes. **2** (*concordar*) to agree (with *sth*) **3** (*relació personal*): *Li agrada ~ amb les noies.* He likes chatting up the girls. ◇ *~ molt* to have a lot of success with boys/girls ◇ *sortir a ~* to go out on the pull ◇ *Ha lligat amb el més guapo de la classe.* She got off with the best-looking boy in the class.

L

llima *nf* **1** (*eina*) file: ~ *d'ungles* nail file **2** (*fruita*) lime LOC *Vegeu* MENJAR[1]

llimac *nm* slug

llimar *vt* to file

llimbs *nm* limbo [*v sing*] LOC **estar als llimbs** to be miles away

llimona *nf* lemon: *suc de* ~ lemon juice ◇ *un vestit de color* ~ a lemon yellow dress LOC *Vegeu* RATLLADURA

llimonada *nf* lemonade

> A la Gran Bretanya, la paraula **lemonade** també significa *gasosa*.

llimoner *nm* lemon tree

llindar *nm* threshold: *al* ~ *del nou segle* on the threshold of the new century ◇ ~ *de dolor* pain threshold

lliri *nm* iris

llis, ~a *adj* **1** (*pla*) flat **2** (*suau*) smooth **3** (*sense adornar, d'un sol color*) plain **4** (*cabells*) straight

L

lliscar *vi* to slip

llista *nf* list: ~ *del mercat* shopping list LOC **llista de correu** (*Internet*) mailing list ◆ **llista d'espera** waiting list ◆ **llista d'èxits** charts [*pl*]: *estar en la* ~ *d'èxits* to be in the charts ◇ *ésser número u en la* ~ *d'èxits* to be at number one ◆ **llista electoral** electoral roll ◆ **passar llista** to take the register

llistat *nm* list

llit *nm* bed: *anar-se'n al* ~ to go to bed ◇ *Encara ets al* ~? Are you still in bed? ◇ *ficar-se al* ~ to get into bed ◇ *fer el* ~ to make the bed ◇ *el* ~ *del riu* the river bed LOC **llit elàstic** trampoline ◆ **llit individual/de matrimoni** single/double bed *Vegeu tb* COTXE, SOFÀ, VAGÓ

llitera *nf* **1** (*a casa*) bunk bed: *Els nens dormen en lliteres.* The children sleep in bunk beds. **2** (*en un vaixell*) bunk **3** (*en un tren*) couchette **4** (*Med*) stretcher

lliura *nf* **1** (*moneda*) pound: *cinquanta lliures* fifty pounds (£50) ◇ *lliures esterlines* pounds sterling **2** (*pes*) pound (*abrev* lb) ➲ *Vegeu pàgs 757-761*

lliurament *nm* LOC **lliurament a domicili** home delivery (service) ◆ **lliurament de medalles** medal ceremony ◆ **lliurament de premis** prize-giving

lliurar *vt* **1** to hand *sb/sth* over (*to sb*) **2** (*premi, medalles*) to present *sth* (*to sb*) LOC **lliurar-se al vici** to turn to drink, drugs, etc.

lliure *adj* free: *Sóc* ~ *de fer el que em sembli.* I'm free to do what I want. ◇ *És* ~ *aquest seient?* Is this seat free? LOC **lliure de fum** smoke-free: *espai* ~ *de fum* smoke-free area ◆ **lliure d'impostos** tax-free: *botiga* ~ *d'impostos* duty-free shop *Vegeu tb* AIRE, BUFET, CAIGUDA, DIA, ENTRADA, LLUITA

llobarro *nm* sea bass [*pl* sea bass]

lloc *nm* **1** place: *M'agrada aquest* ~. I like this place. ◇ *Em sento fora de* ~ *en aquesta festa.* I feel out of place at this party. ◇ *El ciclista espanyol ocupa el primer* ~. The Spanish cyclist is in first place. ◇ *Tothom al seu* ~! Places, everyone! **2** (*posició*) position: *ocupar un* ~ *important a l'empresa* to have an important position in the firm **3** (*càrrec*) job: *sol·licitar un* ~ *de treball* to apply for a job ◇ *La seva dona té un bon* ~. His wife's got a good job. ➲ *Vegeu nota a* WORK LOC **donar lloc a alguna cosa** to cause sth ◆ **en lloc de** instead of *sb/sth/doing sth*: *En* ~ *de sortir tant, més valdria que estudiessis.* Instead of going out so much, you'd be better off studying. ◆ **en primer, segon, etc. lloc 1** (*posició*) first, second, etc.: *arribar en primer/segon* ~ to come first/second ◇ *arribar en tercer* ~ to come third ◇ *L'equip francès es va classificar en últim* ~. The French team came last. **2** (*en un discurs*) first of all, secondly, etc.: *En últim* ~... Last of all... ◆ **lloc de naixement 1** birthplace **2** (*en formularis*) place of birth ◆ **lloc web** website: *Visiteu el nostre* ~ *web!* Visit our website! ◆ **tenir lloc** to take place: *L'accident va tenir* ~ *a les dues de la matinada.* The accident took place at two in the morning. *Vegeu tb* ALGUN, ALTRE, CLASSIFICAR, QUALSEVOL

llogar *vt*

- **referit a la persona que pren alguna cosa en lloguer** to hire, to rent

> **To hire** es fa servir per a un període curt, com ara en el cas d'un cotxe o una disfressa: *Va llogar un vestit per al casament.* He hired a suit for the wedding. ◇ *Et surt a compte llogar un cotxe.* You might as well hire a car.
> **To rent** implica un temps més llarg, per exemple, si es lloga una casa o una habitació: *Quant em costaria llogar un pis amb tres habitacions?* How much would it cost me to rent a three-bedroomed flat?

- **referit a la persona que deixa alguna cosa en lloguer** to hire *sth* (out), to rent *sth* (out), to let *sth* (out)

> **To hire sth (out)** es fa servir per a un període curt: *Viuen de llogar cavalls als turistes.* They make their living hiring (out) horses to tourists.
> **To rent sth (out)** fa referència a un temps llarg i sol aplicar-se a objectes, cases o habitacions: *Lloguen habitacions a estudiants.* They rent (out) rooms to students.

◇ *una empresa que lloga electrodomèstics* a company that rents out household appliances
To let sth (out) només fa referència a cases o habitacions: *A la nostra escala hi ha un pis per llogar.* There's a flat to let in our block.

llogarret (*tb* **llogaret**) *nm* hamlet
llogater, ~a *nm-nf* tenant
lloguer *nm* **1** (*acció de llogar*) hire: *una companyia de ~ de cotxes* a car hire company **2** (*preu*) (**a**) (*cotxe, vestit, etc.*) hire charge: *Els preus de ~ de cotxes han pujat.* Car hire charges have risen. (**b**) (*casa, habitació*) rent: *Has pagat el ~?* Have you paid the rent? LOC *Vegeu* COTXE, MARE
llom *nm* **1** (*Cuina*) loin: *~ de porc* (loin of) pork **2** (*d'un animal*) back **3** (*llibre*) spine
llombrígol *nm* navel
llonganissa *nf* salami [*incomptable*]
llop, lloba *nm-nf* wolf [*pl* wolves]

Si es vol especificar que es tracta d'una femella, es diu **she-wolf**.

LOC *Vegeu* GANA, GOS, HOME, MENJAR[1]
llorer *nm* **1** (*Cuina*) bay leaf [*pl* leaves]: *una fulla de ~* a bay leaf **2** (*arbre*) bay tree
lloro *nm* **1** (*ocell*) parrot **2** (*persona xerraire*) windbag
llosa *nf* paving stone
llot *nm* mud
llotja *nf* **1** (*teatre*) box **2** (*estadi*) director's box
lluç *nm* hake [*pl* hake] LOC *Vegeu* ENSOPIT
llúdria *nf* otter
lluir ▶ *vt* **1** (*roba*) to wear **2** (*exhibir*) to show *sth* off ▶ *vi* **1** (*astre, ulls*) to shine: *Els ulls del tigre lluïen en la foscor.* The tiger's eyes shone in the dark. **2** (*fer bonic*) to look nice: *Aquesta figura llueix molt posada aquí.* That figure looks very nice there. **3** (*notar-se*) to show: *Estudio molt però no em llueix.* I work hard but it doesn't show. ▶ **lluir-se** *vp* **1** to succeed: *S'ha lluït fent el discurs.* She succeeded in making a good speech. **2** (*irònicament*): *T'has ben lluït!* What a mess you've made! LOC *Vegeu* OR
lluita *nf* ~ **(per/contra)** fight (for/against *sb/sth*): *la ~ contra la contaminació/per la igualtat* the fight against pollution/for equality LOC **lluita lliure** wrestling
lluitador, ~a ▶ *adj, nm-nf* fighter [*n*]: *És un home molt ~.* He's a real fighter.
▶ *nm-nf* (*esportista*) wrestler
lluitar *vi* **1** to fight (*for/against sb/sth*); to fight *sb/sth*: *~ per la llibertat* to fight for freedom ◇ *~ contra la discriminació racial* to fight racial discrimination **2** (*Esport*) to wrestle

llum

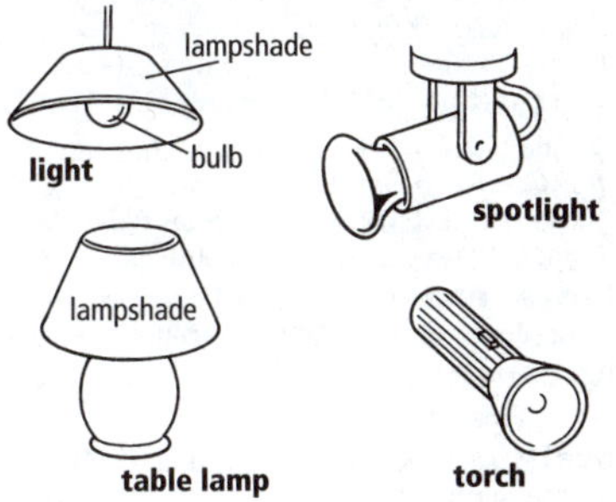

llum ▶ *nf* **1** light: *~ natural/artificial* natural/artificial light ◇ *a la ~ del sol/de la lluna* in the sunlight/moonlight **2** (*electricitat*) electricity: *Mentre queia l'aiguat se'n va anar la ~.* The electricity went off during the storm. **3** (*dia*) daylight: *A l'estiu hi ha ~ fins a les 10.* In summer it's light until 10.
▶ *nm* **1** light: *encendre/apagar el ~* to turn the light on/off ◇ *el ~ vermell del semàfor* the red light **2** (*aparell*) lamp: *un ~ de taula* a table lamp LOC **donar a llum** to give birth (*to sb*) ◆ **estar com un llum** to be mad as a hatter ◆ **fer llum**: *Aquesta bombeta fa molta ~.* That bulb gives off a lot of light. ◇ *Fes ~ a sota el llit.* Shine a light under the bed. ◆ **llum de peu** standard lamp ◆ **llums curts** dipped headlights: *Vaig posar els ~s curts.* I dipped my headlights. ◆ **llums de posició** sidelights ◆ **llums llargs/de carretera** headlights ◆ **sortir a la llum** (*secret*) to come to light *Vegeu tb* ANY, PLE
llumí *nm* match: *encendre un ~* to strike a match
lluminós, -osa *adj* **1** bright **2** (*que emet llum*) luminous: *un rellotge ~* a luminous watch LOC *Vegeu* ANUNCI
lluna *nf* **1** (*Astron*) moon: *un viatge a la Lluna* a trip to the moon **2** (*mirall*) mirror **3** (*estampat*) polka dot: *una faldilla de llunes* a polka-dot skirt LOC **estar a la lluna** to be miles away ◆ **estar de bona/mala lluna** to be in a good/bad mood ◆ **lluna de mel** honeymoon ◆ **lluna en quart creixent/minvant** waxing/waning moon ◆ **lluna nova/plena** new/full moon
llunàtic, ~a *adj, nm-nf* unpredictable [*adj*]

L

lluny *adv* **1 ~ (de)** (*distància*) a long way (away), far (away) (from *sb/sth*): *No és gaire ~ d'aquí.* It isn't very far (away) from here.

> En frases afirmatives s'usa **a long way (away)**, mentre que **far (away)** es fa servir sobretot en frases negatives i interrogatives: *Queda molt lluny.* It's a very long way (away). ◇ *No és gaire lluny d'aquí.* It isn't very far from here. ◇ *És gaire ~?* Is it far?

2 ~ de (*fig*) far from *doing sth*: *Lluny de triomfar, han fracassat.* Far from succeeding, they have failed. LOC **de lluny (estant)/des de lluny** from a distance *Vegeu tb* ARRIBAR

llunyà, -ana *adj* distant: *un lloc/parent ~* a distant place/relative LOC *Vegeu* ORIENT

llur *adj* their

lo *pron Vegeu* EL

local ▶ *adj* **1** local **2** (*equip*) home: *l'equip ~* the home team
▶ *nm* premises [*pl*]: *El ~ és força gran.* The premises are quite big.

localitat *nf* **1** (*poble*) village **2** (*ciutat petita*) town **3** (*Cine, Teat*) seat LOC **no hi ha localitats** sold out

localitzar *vt* **1** (*trobar*) to locate **2** (*contactar*) to get hold of *sb*: *M'he passat tot el matí provant de localitzar-te.* I've been trying to get hold of you all morning.

loció *nf* lotion LOC *Vegeu* DESMAQUILLADOR

locomotora *nf* engine, locomotive (*més formal*): *una ~ de vapor* a steam engine

locutor, ~a *nm-nf* (*de notícies*) newsreader

lògic, ~a *adj* **1** (*normal*) natural: *És ~ que et preocupis.* It's only natural that you're worried. **2** (*pensament, deducció*) logical

logotip *nm* logo [*pl* logos]

lona *nf* canvas

longitud *nf* **1** length: *la ~ d'una corda* the length of a piece of string **2** (*Geog*) longitude

los *pron Vegeu* ELS

lot *nm* **1** set: *un ~ de llibres* a set of books **2** (*Com, Informàt*) batch

loteria *nf* lottery [*pl* lotteries] LOC *Vegeu* ADMINISTRACIÓ, JUGAR

lúcid, ~a *adj* lucid

lúgubre *adj* gloomy

lunar *adj* lunar: *eclipsi ~* lunar eclipse

lupa *nf* magnifying glass

luxe *nm* luxury [*pl* luxuries]: *No em puc permetre aquests ~s.* I can't afford such luxuries. ◇ *Viuen amb tota mena de ~s.* They live in the lap of luxury. ◇ *Es pot permetre el ~ de no treballar.* He can allow himself the luxury of not working. LOC **amb un gran luxe de detalls** with a wealth of detail ◆ **de luxe** luxury: *un apartament de ~* a luxury apartment

luxós, -osa *adj* luxurious

luxúria *nf* lust

M m

mà *nf* **1** hand (*persona*): *Aixeca la ~.* Put your hand up. ◇ *estar en bones mans* to be in good hands **2** (*animal*) forefoot [*pl* forefeet] **3** (*pintura*) coat LOC **agafar de la mà** to hold *sb's* hand: *Agafa'm de la ~.* Hold my hand. ◆ **a mà 1** (*a l'abast*) to hand: *Tens un diccionari a ~?* Have you got a dictionary to hand? **2** (*manualment*) by hand: *S'ha de rentar a ~.* It needs washing by hand. ◇ *fet a ~* handmade ◆ **a mà dreta/esquerra**: *ésser a mà dreta* to be on the right ◇ *girar a mà esquerra* to turn left ◆ **atracament/robatori a mà armada 1** (*lit*) armed robbery **2** (*fig*) daylight robbery ◆ **de la mà** hand in hand (*with sb*): *Passejaven (agafats) de la ~.* They were walking along hand in hand. ◆ **donar(-se) la mà** to shake hands (*with sb*): *Es van donar la ~.* They shook hands. ◆ **entre mans**: *portar alguna cosa entre mans* to be up to sth ◇ *Tinc un afer entre mans.* I'm working on a deal. ◆ **fer mans i mànigues** to move heaven and earth ◆ **mà de morter** pestle ◆ **mà d'obra** labour ◆ **mà dreta** (*col·laborador*) right-hand man ◆ **mà dura** firm hand ◆ **mans a l'obra!** let's get to work! ◆ **mans enlaire!** hands up! ◆ **posar la mà al foc 1** (*per alguna cosa*) to stake your life *on sth* **2** (*per algú*) to stick your neck out *for sb* ◆ **tenir les mans foradades** to be lavish with your money ◆ **tenir mà esquerra** to be tactful *Vegeu tb* ABAST, ADÉU, AGAFAT, ARRIBAR, COP, FRE, FREGAR, JOC, PICAR, RENTAR, SEGON

macabre, -a *adj* macabre

macarró *nm* **macarrons** (*Cuina*) macaroni [*incomptable*]: *Els macarrons són fàcils de fer.* Macaroni is easy to cook.

macedònia *nf* LOC **macedònia (de fruita)** fruit salad

maco, -a *adj* **1** (*bonic*) pretty: *Va sempre molt maca.* She always looks very pretty. ◇ *Quin nen més ~!* What a pretty baby! **2** (*agradable*) nice

macro *nf* (*Informàt*) macro [*pl* macros]

macroconcert *nm* megaconcert

madrastra *nf* stepmother

maduixa *nf* strawberry [*pl* strawberries]: *maduixes amb nata* strawberries and cream

maduixot *nm* (large) strawberry [*pl* strawberries]

madur, ~a *adj* **1** (*fruita*) ripe **2** (*de mitjana edat*) middle-aged: *un home ~* a middle-aged man **3** (*assenyat*) mature: *En Xavier és molt ~ per a la seva edat.* Xavier is very mature for his age.

madurar *vi* **1** (*fruita*) to ripen **2** (*persona*) to mature

màfia *nf* mafia: *la ~ de la droga* the drugs mafia ◇ *la Màfia* the Mafia

mag, ~a *nm-nf* (*il·lusionista*) magician LOC *Vegeu* REI

magatzem *nm* **1** (*edifici*) warehouse **2** (*habitació*) storeroom LOC *Vegeu* GRAN

magdalena *nf* fairy cake LOC *Vegeu* PLORAR

màgia *nf* magic: *~ blanca/negra* white/black magic

màgic, ~a *adj* magic: *poders ~s* magic powers LOC *Vegeu* VARETA

magisteri *nm* (*estudis*) teacher training: *L'Elena va estudiar ~ a València.* Elena trained as a teacher in Valencia.

magistrat, -ada *nm-nf* magistrate

magnat *nmf* tycoon

magnètic, ~a *adj* magnetic

magnetisme *nm* magnetism

magnífic, ~a *adj* wonderful: *Va fer un temps ~.* The weather was wonderful. ◇ *una magnífica nedadora* a wonderful swimmer

magrana *nf* pomegranate

magre, -a *adj* **1** (*carn*) lean: *carn magra* lean meat **2** (*prim*) thin, skinny (*col·loq*) ➲ *Vegeu nota a* PRIM **3** (*escàs*) poor: *un sopar ~* a poor supper

magribí, -ina *adj, nm-nf* North African

mai *adv* **1** (*negació*) never, ever

> **Never** s'utilitza quan el verb és en forma afirmativa en anglès: *Mai no he estat a París.* I've never been to Paris. **Ever** s'utilitza amb paraules negatives com ara **nothing**, **nobody**, etc.: *Mai no passa res.* Nothing ever happens. ➲ *Vegeu nota a* ALWAYS

2 (*en frases interrogatives i condicionals*) ever: *Heu anat ~ a Reus?* Have you ever been to Reus? LOC **com mai** better than ever ◆ **mai de la vida** never ever: *Mai de la vida no tornaré a deixar-li res.* I'll never ever lend him anything again. ◆ **mai més** never again ◆ **mai que** even if ◆ **més que mai** more than ever: *Avui fa més calor que ~.* It's hotter than ever today. ◆ **quasi mai** hardly ever: *No ens veiem quasi ~.* We hardly ever see each other.

maicena® *nf* cornflour

maig *nm* May ➲ *Vegeu exemples a* GENER

mainada *nf* children [*pl*]

mainadera *nf* nanny [*pl* nannies]

maionesa *nf* mayonnaise [*incomptable*]

majestat *nf* **Majestat** Majesty [*pl* Majesties]: *Sa Majestat* His/Her/Your Majesty

major *adj* **1** (*principal*) (**a**) main: *la plaça ~* the main square (**b**) (*carrer*) high: *carrer ~* high street **2** (*Mús*) major: *en do ~* in C major LOC **ésser major d'edat**: *Quan sigui ~ d'edat podré votar.* I'll be able to vote when I'm eighteen. ◇ *Es pot treure el carnet de conduir perquè ja és ~ d'edat.* He can get his driving licence because he is over eighteen. ◆ **la major part (de)** most (of *sb/sth*): *La ~ part són catòlics.* Most of them are Catholics. *Vegeu tb* CAÇA[1], COL·LEGI, FESTA

majordom, ~a *nm-nf* **1** (*masc*) butler **2** (*fem*) housekeeper

majoria *nf* majority [*pl* majorities]: *obtenir la ~ absoluta* to get an absolute majority LOC **la majoria de...** most (of...): *A la ~ de nosaltres ens agrada.* Most of us like it. ◇ *La ~ dels anglesos prefereix viure al camp.* Most English people prefer to live in the country. ◇ *La ~ dels meus amics viuen al poble.* Most of my friends live in the village. ◇ *A la gran ~ dels joves els agrada viatjar.* Nearly all young people enjoy travelling. ➲ *Vegeu notes a* MAJORITY *i* MOST

majorista *nmf* wholesaler

majoritari, -ària *adj* majority [*n atrib*]: *un govern ~* a majority government

majúscul, ~a *adj* **1** (*enorme*) tremendous **2** (*lletra*) capital: *una "m" majúscula* a capital 'm'

majúscula *nf* capital (letter) LOC **amb majúscula** with a capital letter: *Internet s'escriu amb ~* Internet is spelt with a capital I. ◆ **en majúscules** in capitals

mal[1] *nm* **1** (*dany*) harm: *No et desitjo cap ~.* I don't wish you any harm. **2** (*problema*) problem **3** (*Fil*) evil: *el bé i el ~* good and evil **4** (*dolor*) ache LOC **fer mal** to hurt: *Ai, que em fas ~!* Ow,

M

you're hurting me! ◇ *Això no et farà gens de ~.* This won't hurt (you) at all. ◇ *Em fa ~ la cama/l'estómac.* My leg/stomach hurts. ◇ *Això que em dius em fa molt ~.* I'm really hurt by what you've said. ◆ **fer-se mal** to hurt yourself: *Em vaig fer ~ a la mà.* I hurt my hand. ◆ **mal de cap** (a) headache: *Tinc ~ de cap.* I've got a headache. ◆ **mal de coll** a sore throat: *Tinc ~ de coll.* I've got a sore throat. ◆ **mal de queixal/d'orella** toothache/earache: *Que tens ~ de queixal?* Have you got toothache? ◆ **mal d'esquena/de ronyons** backache ◆ **mal d'estómac** stomach ache

mal² *adv* badly: *~ dissenyat* badly designed ◇ *una feina ~ pagada* a poorly/badly paid job

mal, ~a *adj* **1** bad: *una mala persona* a bad person ◇ *males maneres/mala conducta* bad manners/behaviour ◇ *Vam tenir ~ temps.* We had bad weather. **2** (*insuficient, inadequat*) poor: *mala alimentació/visibilitat* poor food/visibility ◇ *a causa del ~ estat del terreny* due to the poor condition of the ground ❶ Per a expressions amb **mal**, vegeu les entrades del nom, p. ex. **mala herba** a HERBA i **fer una mala jugada** a JUGADA.

M

malabarisme *nm* LOC **fer malabarismes** to juggle

malabarista *nmf* juggler

malagradós, -osa *adj* unpleasant

malaguanyat, -ada *adj*: *Malaguanyat l'esforç/el temps que hi hem posat.* What a waste of effort/time!

malalt, ~a ▸ *adj* ill, sick

> **Ill** i **sick** signifiquen *malalt*, però no són intercanviables. **Ill** ha d'anar darrere d'un verb: *estar malalt* to be ill; **sick** acostuma a anar davant d'un nom: *cuidar un animal malalt* to look after a sick animal, o fa referència a l'absència de l'escola o la feina: *Hi ha 15 nens malalts.* There are 15 children off sick.
> Si es fa servir **sick** amb un verb com ara **be** o **feel**, no significa estar malalt, sinó *vomitar* o *tenir ganes de vomitar*: *Tinc ganes de vomitar.* I feel sick.
> En anglès americà, *malalt* sempre es diu **sick**: *estar malalt* to be sick

▸ *nm-nf* **1** sick person ❶ Per fer referència al conjunt de malalts, es diu **the sick**: *cuidar els malalts* to look after the sick. **2** (*pacient*) patient LOC **posar-se/caure malalt** to fall ill

malaltia *nf* **1** illness: *Tot just s'ha recuperat d'una ~ gravíssima.* He has just recovered from a very serious illness. **2** (*específica, contagiosa*) disease: *~ hereditària/de Parkinson* hereditary/Parkinson's disease ➲ *Vegeu nota a* DISEASE

malament *adv* **1** badly: *portar-se/parlar ~* to behave/speak badly ◇ *La meva àvia hi sent molt ~.* My grandmother's hearing is very bad. ◇ *Ens ho vam passar molt ~!* What a terrible time we had! **2** (*qualitat, aspecte*) bad: *Aquesta jaqueta no està ~.* That jacket's not bad. **3** (*equivocadament, moralment*): *contestar ~ a una pregunta* to give the wrong answer ◇ *Està ~ contestar a la teva mare.* It's wrong to answer your mother back. **4** (*quina llàstima*) that's a pity: *Dius que no vénen? Malament. Així ho haurem de fer tot nosaltres.* They're not coming? That's a pity. It means we'll have to do it all ourselves. LOC **estar malament de** to be short of *sth*: *estar ~ de diners* to be short of money ◆ **malament rai!**: *Si no treballes més, ~ rai!* If you don't work harder you'll be in big trouble! ◆ **trobar-se malament 1** (*malalt*) to be/feel ill **2** (*deprimit*) to be/feel depressed, to be/feel down (*col·loq*)

malbé *adv* LOC **fer malbé 1** to damage: *La sequera va fer ~ les collites.* The drought damaged the crops. ◇ *Fumar pot fer ~ la salut.* Smoking can damage your health. ◇ *Faràs ~ la rentadora!* You'll break the washing machine! **2** (*roba, sabates*) to wear *sth* out: *Tots els jerseis els fa ~ pels colzes.* He wears out all his jumpers at the elbows.

malcriar *vt* to spoil

maldat *nf* wickedness [*incomptable*]: *La seva ~ ens va sobtar.* We were amazed at their wickedness.. ◇ *Va ésser una ~ fer allò.* It was a wicked thing to do.

maldecap *nm* problem: *La venda de la casa ens va estalviar molts de ~s.* The sale of the house saved us any further problems.

maldestre, -a *adj* clumsy

maledicció *nf* curse: *Tenim una ~ a sobre.* There's a curse on us.

maleir *vt* to curse

maleït, -ïda *adj* **1** (*que causa enuig*) wretched: *Aquestes maleïdes sabates em fan mal als peus!* These wretched shoes are hurting my feet. **2** (*Relig*) damned *Vegeu tb* MALEIR

malenconiós, -osa (*tb* **melancòlic**) **~a** *adj* sad

malentès *nm* misunderstanding: *Hi ha hagut un ~.* There has been a misunderstanding.

malestar *nm* **1** (*indisposició*): *Sento un ~ general.* I don't feel very well. **2** (*inquietud*) unease: *Les seves paraules van crear ~ en cercles polítics.* His words caused unease in political circles.

maleta *nf* (suit)case ➲ *Vegeu il·lustració a* BAG LOC **fer/desfer les maletes** to pack/unpack

maleter *nm* boot

maletí *nm* (*documents*) briefcase

malferit, -ida *adj* badly injured

malgastador, ~a ▸ *adj* wasteful ▸ *nm-nf* big spender

malgastar *vt* to waste

malgirbat, -ada *adj* scruffy

malgrat *prep* in spite of...: *Hi vam anar ~ la pluja.* We went there in spite of the rain. LOC **malgrat que...** although...

malifeta *nf* LOC **fer malifetes/una malifeta**: *Aquest nen no para de fer malifetes.* That boy is always up to mischief. ◇ *Deixa de fer malifetes d'una vegada.* Don't be so naughty!

maligne, -a *adj* (*tumor, malaltia*) malignant

malla *nf* **1 malles** (*ballet, Gimnàstica*) leotard **2 malles** (*pantalons elàstics*) leggings **3** (*xarxa*) mesh

mallorquí, -ina *adj, nm-nf* Majorcan

mallot *nm* **1** (*ciclisme*) jersey [*pl* jerseys]: *el ~ groc* the yellow jersey **2** (*ballet*) leotard

malmetre *vt* to damage

malnom *nm* nickname

malparlat, -ada *adj* foul-mouthed: *ésser ~* to be foul-mouthed

malpensat, -ada *adj* **1** (*que sempre sospita*) suspicious **2** (*obscè*) dirty-minded: *Que n'ets, de ~!* What a dirty mind you've got!

malson *nm* nightmare: *Anit vaig tenir un ~.* I had a nightmare last night.

Malta *nf* Malta

maltès, -esa ▸ *adj, nm* Maltese ▸ *nm-nf* Maltese man/woman [*pl* men/women]: *els maltesos* the Maltese

maltractament *nm* ill-treatment [*incomptable*]: *La seva dona l'ha acusat de ~s.* His wife has accused him of ill-treating her.

maltractar *vt* to ill-treat: *Van dir que els havien maltractat.* They said they had been ill-treated. ◇ *Ens van ~ psicològicament.* We were subjected to psychological abuse.

maltractat, -ada *adj* **1** (*persona*) battered **2** (*animal*) maltreated *Vegeu tb* MALTRACTAR

maluc *nm* hip

malva ▸ *nf* (*flor*) mallow ▸ *nm* (*color*) mauve ➲ *Vegeu exemples a* GROC LOC **fer malves** to be dead and buried

malvat, -ada *adj* wicked

mam *nm* (*beguda*) booze [*incomptable*]

mama *nf* **1** (*mamà*) mum ❶ També és freqüent dir **mummy** i, en anglès americà, **mom** i **mommy**. **2** (*pit*) breast: *càncer de ~* breast cancer

mamà *nf* mum

mamar *vi* **1** (*criatura*) to feed: *S'adorm de seguida que ha acabat de ~.* He falls asleep as soon as he's finished feeding. **2** (*beguda*) to drink: *Vam ~ massa a la festa.* We drank too much at the party. LOC **mamar-se el dit 1** (*lit*) to suck your thumb **2** (*fig*) to be stupid: *Que et penses que em mamo el dit?* Do you think I'm stupid?

mamarratxo *nm* LOC **anar fet un mamarratxo** to be a mess

mamella *nf* breast

mamífer *nm* mammal

mampara *nf* **1** (*dutxa, banyera*) screen **2** (*envà*) partition

manaire *adj, nmf* bossy [*adj*]: *Ets un ~.* You're very bossy.

manament *nm* (*Relig*) commandment

manar ▸ *vt* (*ordenar*) to tell *sb to do sth*: *Va ~ als nens que callessin.* He told the children to be quiet. ▸ *vi* **1** (*govern*) to be in power **2** (*ésser el cap*) to be the boss, to be in charge (*més formal*) LOC **mana?/mani?** sorry? ◆ **mani'm?** (*al telèfon*) how may I help you? *Vegeu tb* DÉU

M

manc, ~a *adj* **1** (*sense un braç*) one-armed **2** (*sense una mà*) one-handed

manca *nf* lack (*of sth*)

mancar *vi* ~ **de** to lack *sth* [*vt*]: *~ dels diners necessaris* to lack money

mandarina *nf* mandarin

mandat *nm* **1** (*període*) term of office: *durant el ~ de l'alcalde* during the mayor's term of office **2** (*ordre*) mandate: *sota ~ de l'ONU* under UN mandate

mandíbula *nf* jaw

mandonguilla *nf* meatball

mandra ▸ *nf*: *Després de menjar m'agafa molta ~.* I always feel very sleepy after lunch. ◇ *Quina ~ haver de llevar-me d'hora!* I really don't feel like getting up early. ▸ *nmf* layabout LOC **fer el mandra** to laze around ◆ **fer mandra** not to be bothered (*to do sth*): *Em fa ~ sortir.* I can't be bothered to go out.

mandrejar *vi* **1** to laze about/around **2** (*evitar la feina*) to skive

mandrós, -osa *adj, nm-nf* lazy [*adj*]: *El meu germà és un ~.* My brother is really lazy.

mànec *nm* (*nansa*) handle LOC *Vegeu* PAELLA

mànega *nf* (*tub*) hose

manegar *vt* to fit *sth* together LOC **manegar-s'ho** to manage: *No sé com s'ho manega, però sempre resol els problemes.* I don't know how he manages it, but he always seems to solve his problems.

manejar *vt* **1** to handle: *~ una arma* to handle a weapon ◇ *~ dades/diners* to handle data/money **2** (*màquina*) to operate **3** (*manipular*) to manipulate: *No et deixis ~.* Don't let yourself be manipulated.

manera *nf* **1 ~ (de)** (*forma*) way (of *doing sth*): *la seva ~ de parlar/vestir* her way of speaking/dressing ◇ *una ~ especial de riure* a special way of laughing ◇ *Ho fa de la mateixa ~ que jo.* He does it the same way as me. ◇ *de cap ~* no way **2 maneres** manners: *bones/males maneres* good/bad manners LOC **a la meva, teva, etc. manera** my, your, etc. way: *Deixa'ls que ho facin a la seva ~.* Let them do it their way. ◆ **d'aquesta manera** like this ◆ **de mala manera** (*molt*) a lot: *Els lloguers han pujat de mala ~.* Rents have gone up a lot. ◆ **de manera espontània, indefinida, etc.** spontaneously, indefinitely, etc. ◆ **de manera que** (*per tant*) so: *Has estudiat poc, de ~ que no pots aprovar.* You haven't studied much, so you won't pass. ◆ **de qualsevol manera** (*sense cura*) any old how: *Ho fa tot de qualsevol ~.* He does things any old how. ◆ **de tota manera/de totes maneres** anyway ◆ **manera d'ésser**: *És la meva ~ d'ésser.* It's just the way I am. ◆ **no haver-hi manera** to be impossible *to do sth*: *No va haver-hi ~ d'engegar el cotxe.* It was impossible to get the car started. ◆ **quina manera de…!** what a way to…!: *Quina ~ de parlar!* What a way to speak! *Vegeu tb* ALTRE, DIT *pp*

maneta *nf* **1** (*agafador*) handle **2** (*rellotge*) hand LOC **la maneta grossa/petita** the minute/hour hand

manetes ▶ *adj* handy

▶ *nmf*: *La meva germana és la ~ de la casa.* My sister's the handy one around the house.

> El nom **handyman** també significa *manetes*, però només es refereix a un home: *El meu marit és molt/un manetes.* My husband's a handyman.

LOC **fer manetes** to hold hands

mango *nm* mango [*pl* mangoes]

mania *nf* **1** (*obsessió*) obsession: *Quina ~!* You're getting obsessed about it! **2** (*costum*) funny habit, quirk (*més formal*): *tenir la ~ de fer alguna cosa* to have the funny habit of doing sth ◇ *Tothom té les seves manies.* Everybody's got their own quirks. LOC **agafar/tenir una mania a algú** to have (got) it in for sb: *El professor em té ~.* The teacher has got it in for me. ◆ **agafar/tenir una mania a/contra alguna cosa** to hate sth

maniàtic, ~a *adj* (*perepunyetes*) fussy

manicomi *nm* madhouse

manifest *nm* manifesto [*pl* manifestos]

manifestació *nf* **1** (*protesta*) demonstration **2** (*expressió*) expression: *una ~ de suport* an expression of support **3** (*declaració*) statement

manifestant *nmf* demonstrator

manifestar ▶ *vt* **1** (*opinió*) to express **2** (*mostrar*) to show ▶ **manifestar-se** *vp* to demonstrate: *manifestar-se en contra/a favor d'alguna cosa* to demonstrate against/in favour of sth

màniga *nf* sleeve: *una camisa de ~ llarga/curta* a long-sleeved/short-sleeved shirt LOC **anar en mànigues de camisa** to be in shirtsleeves ◆ **ésser de la màniga ampla** to be overindulgent ◆ **sense mànigues** sleeveless *Vegeu tb* MÀ

manillar *nm* handlebars [*pl*]

manilles *nf* handcuffs LOC **posar les manilles a algú** to handcuff sb

maniobra *nf* manoeuvre LOC **fer maniobres 1** (*vehicle*) to manoeuvre: *Vaig haver de fer moltes maniobres per sortir de l'aparcament.* I had to do a lot of manoeuvring to get out of the car park. **2** (*exèrcit*) to be on manoeuvres

maniobrar *vi* **1** (*vehicle*) to manoeuvre **2** (*exèrcit*) to be on manoeuvres

manipular *vt* **1** (*il·lícitament*) to manipulate: *~ els resultats de les eleccions* to manipulate the election results **2** (*amb les mans*) to handle: *~ una substància química* to handle a chemical substance

maniquí *nm* dummy [*pl* dummies]

manllevar *vt* to borrow ➲ *Vegeu il·lustració a* BORROW

manotada *nf* slap

mans, ~a *adj* (*animal*) tame

mansió *nf* mansion

manta *nf* blanket: *Posa-li una ~.* Put a blanket over him.

mantega *nf* butter: *pa amb ~* bread and butter

manteniment *nm* maintenance

mantenir ▶ *vt* **1** (*conservar*) to keep: *~ el menjar calent* to keep food hot ◇ *~ la paraula* to keep your word **2** (*econòmicament*) to support: *~ una família de vuit* to support a family of eight **3** (*afirmar*) to maintain ▶ **mantenir-se** *vp* to live on *sth*: *mantenir-se de llaunes de conserva* to live on tinned food LOC **mantenir-se en forma** to keep fit ◆ **mantenir viu** to keep *sb/sth* alive: ~

M

viva l'esperança to keep your hopes alive *Vegeu tb* CONTACTE, LÍNIA

manual *adj, nm* manual: *~ d'instruccions* instruction manual **LOC** *Vegeu* TREBALL

manufacturar *vt* to manufacture

manuscrit *nm* manuscript

manyà, -ana *nm-nf* locksmith

manyopla *nf* mitten

manyós, -osa *adj* handy

maó *nm* brick

mapa *nm* map: *No surt al ~.* It isn't on the map.

mapamundi *nm* world map

maqueta *nf* model

maquillar ▶ *vt* to make *sb* up ▶ **maquillar-se** *vp* to put on your make-up: *No he tingut temps de maquillar-me.* I haven't had time to put on my make-up.

maquillatge *nm* make-up [*incomptable*]: *L'Anna fa servir un ~ caríssim.* Anna uses very expensive make-up. ◇ *M'he posat massa ~.* I've put too much make-up on.

màquina *nf* **1** machine **2** (*tren*) engine **LOC a tota màquina** (*molt ràpid*) flat out ◆ **escriure/picar a màquina** to type ◆ **màquina d'afaitar (elèctrica)** electric razor ◆ **màquina de cosir** sewing machine ◆ **màquina de fer forats** hole punch ◆ **màquina (de fer fotos)** camera ◆ **màquina d'escriure** typewriter ◆ **màquina escurabutxaques** fruit machine

maquinari *nm* (*Informàt*) hardware

maquinària *nf* machinery

maquineta *nf* **LOC maquineta d'afaitar** razor ◆ **maquineta de fer punta** pencil sharpener

maquinista *nmf* train driver

mar *nm o nf* sea: *Fa mala ~.* The sea is rough. ◇ *Aquest estiu m'agradaria anar al ~.* I want to go to the seaside this summer.

> En anglès, les paraules **sea** i **ocean** s'escriuen amb majúscula quan acompanyen el nom d'un mar o oceà: *el mar Negre* the Black Sea ◇ *l'oceà Índic* the Indian Ocean.

LOC fer-se a la mar to put out to sea ◆ **mar endins** out to sea ◆ **per mar** by sea *Vegeu tb* ALT, ERIÇÓ

maragda *nf* emerald

marató *nf* marathon

marbre *nm* marble

marc *nm* frame

març *nm* March (*abrev* Mar.) ➲ *Vegeu exemples a* GENER

marca *nf* **1** (*senyal*) mark **2** (*productes de neteja, aliments, roba*) brand: *una ~ de texans* a brand of jeans **3** (*cotxes, electrodomèstics, etc.*) make: *Quina ~ de cotxe tens?* What make of car have you got? **4** (*rècord*) record: *batre/establir una ~* to beat/set a record **LOC de marca**: *productes de ~* brand name goods ◇ *roba de ~* designer clothes ◇ *un vi de ~* a fine wine ◆ **marca registrada** trademark

marcador *nm* **1** (*Esport*) scoreboard **2** (*retolador*) marker pen **LOC** *Vegeu* FLUORESCENT

marcar ▶ *vt* **1** to mark: *~ el terra amb guix* to mark the ground with chalk **2** (*indicar*) to say: *El rellotge marcava les cinc.* The clock said five o'clock. **3** (*bestiar*) to brand ▶ *vt, vi* **1** (*Esport*) to score: *Van ~ (tres gols) a la primera part.* They scored (three goals) in the first half. **2** (*telèfon*) to dial: *Has marcat malament.* You've dialled the wrong number. **3** (*cabell*) to set **LOC marcar el compàs/ritme** to beat time/the rhythm ◆ **marcar la diferència** to make the difference: *El que marca la diferència és...* What makes the difference is... ◇ *Els nostres preus marquen la diferència.* Our prices are what make us different.

marcat, -ada *adj* (*fort*) strong: *parlar amb un accent andalús molt ~* to speak with a strong Andalusian accent *Vegeu tb* MARCAR

marcià, -ana *adj, nm-nf* Martian

marcial *adj* martial: *arts ~s* martial arts

marcit, -ida *adj* (*flor*) withered

mare *nf* mother: *ésser ~ de dos fills* to be the mother of two children **LOC mare biològica** birth mother ◆ **Mare de Déu!** good heavens! ◆ **mare de lloguer** surrogate mother ◆ **mare soltera** single parent ◆ **mare superiora** Mother Superior *Vegeu tb* BANDA², DIA, FAMÍLIA, GERMÀ, ORFE

marea *nf* tide: *~ alta/baixa* high/low tide ◇ *Ha pujat/baixat la ~.* The tide has come in/gone out. **LOC marea negra** oil slick *Vegeu tb* VENT

mareig *nm* dizziness [*incomptable*]: *sofrir/tenir ~* to feel dizzy **LOC** *Vegeu* PASTILLA

marejada *nf* (*mar*) swell

marejar ▶ *vt* **1** to make *sb* feel sick: *Aquesta olor em mareja.* That smell makes me feel sick. **2** (*atipar*) to get on *sb's* nerves: *L'estan marejant amb aquesta música.* Their music is getting on her nerves. ◇ *No em maregis!* Don't go on at me! ▶ **marejar-se** *vp* **1** to get sick: *Em marejo al seient de darrere.* I get sick if I sit in the back seat. **2** (*perdre l'equilibri*) to feel dizzy **3** (*al mar*) to get seasick

marejat, -ada *adj* **1** sick: *Estic una mica ~.* I'm feeling rather sick. **2** (*fart*) sick and tired *Vegeu tb* MAREJAR

M

maresma *nf* (*tb* **maresme** *nm*) marsh
margarida *nf* daisy [*pl* daisies]
margarina *nf* margarine
marge *nm* **1** (*vora*) (**a**) edge (**b**) (*d'un riu*) bank **2** (*en una pàgina*) margin **3** (*espai*) room (*for sth*): *~ de dubte* room for doubt **4** (*Com*) (profit) margin LOC **al marge**: *El deixen al ~ de tot.* They leave him out of everything.
marginal *adj* marginal
marginar *vt* to shun
marginat, **-ada** ▶ *adj* **1** (*pobre*) underprivileged: *els sectors ~s de la societat* underprivileged groups **2** (*exclòs*) left out: *sentir-se ~* to feel left out **3** (*zona*) deprived
▶ *nm-nf* **1** (*per discriminació*) underprivileged person: *els marginats* the underprivileged **2** (*per elecció*) dropout, outcast (*més formal*) *Vegeu tb* MARGINAR
marí, **-ina** ▶ *adj* **1** marine: *vida/contaminació marina* marine life/pollution **2** (*ocells, sal, flora*) sea [*n atrib*]: *algues marines* seaweed
▶ *nm-nf* sailor LOC *Vegeu* BLAU, CAVALL, SAL
marieta *nf* (*insecte*) ladybird
marina *nf* navy [*v sing o pl*] [*pl* navies]: *la ~ mercant* the merchant navy LOC *Vegeu* INFANTERIA
mariner, **~a** *nm-nf* sailor
marioneta *nf* **1** puppet **2** **marionetes** puppet show
marisc *nm* shellfish [*pl* shellfish] ℹ Com a aliment també se'n diu **seafood** (*incomptable*): *còctel de marisc* seafood cocktail
marit *nm* husband
marítim, **~a** *adj* **1** (*poble, zona*) coastal **2** (*port, ruta*) sea [*n atrib*]: *port ~* sea port LOC *Vegeu* PASSEIG
marquès, **-esa** *nm-nf* **1** (*masc*) marquis **2** (*fem*) marchioness
màrqueting *nm* marketing
marrec *nm* kid
marró *adj*, *nm* brown ➲ *Vegeu exemples a* GROC
marroquí, **-ina** *adj*, *nm-nf* Moroccan
Mart *nm* Mars
martell *nm* hammer
màrtir *nmf* martyr
marxa *nf* **1** (*Mil, Mús, manifestació*) march **2** (*bicicleta, cotxe*) gear: *canviar de ~* to change gear **3** (*velocitat*) speed: *reduir la ~* to reduce speed **4** (*animació, ambient*): *la ~ nocturna de Tarragona* the night life in Tarragona ◇ *una festa amb molta ~* a very lively party ◇ *anar de ~* to go out on the town ◇ *Quina ~ que tenia aquell noi!* That guy was all go! LOC **a marxes forçades** against the clock ◆ **anar/sortir de marxa** to go out partying ◆ **fer marxa enrere** to reverse ◆ **sobre la marxa** as I, you, etc. go (along): *Ho decidirem sobre la ~.* We'll decide as we go along. *Vegeu tb* CANVI
marxar *vi* to leave
mas *nm* **1** (*explotació agrària*) farm **2** (*masia*) farmhouse
màscara *nf* mask LOC **màscara antigàs/d'oxigen** gas/oxygen mask
mascle, **-a** ▶ *adj*, *nm* (*Zool*) male: *una ventrada de dos ~s i tres femelles* a litter of two males and three females ◇ *És ~ o femella?* Is it male or female? ➲ *Vegeu nota a* FEMALE
▶ *nm* (*endoll*) plug ➲ *Vegeu il·lustració a* ENDOLL
masclisme *nm* sexism
masclista *adj*, *nmf* sexist: *una actitud/un programa ~* a sexist attitude/programme ◇ *El meu cap és un ~ de primera.* My boss is a real sexist.
mascota *nf* mascot
masculí, **-ina** *adj* **1** male: *la població masculina* the male population **2** (*Esport, moda*) men's: *la prova masculina dels 100 metres* the men's 100 metres **3** (*característic de l'home, Gram*) masculine ➲ *Vegeu nota a* MALE
masia *nf* farmhouse
masoquisme *nm* masochism
masoquista *adj*, *nmf* masochist
masover, **~a** *nm-nf* (tenant) farmer
massa[1] *nf* **1** mass: *~ atòmica* atomic mass ◇ *una ~ de gent* a mass of people **2** (*pa*) dough LOC **de masses** mass: *cultura/moviments de masses* mass culture/movements
massa[2] ▶ *adj* **1** (*amb nom incomptable*) too much: *Hi ha ~ menjar.* There is too much food. **2** (*amb nom comptable*) too many: *Porten ~ coses.* They're carrying too many things.
▶ *adv* **1** (*modificant un verb*) too much: *Fumes ~.* You smoke too much. **2** (*modificant un adjectiu o adverbi*) too: *Vas ~ de pressa.* You're going too fast. ◇ *~ sovint* too often
massacre *nf* massacre
massapà *nm* marzipan
massatge *nm* massage: *Em fas un ~ a l'esquena?* Can you massage my back for me?
massís, **-issa** *adj* (*objecte*) solid
massiu, **-iva** *adj* **1** (*en massa*) huge, massive (*més formal*): *una afluència massiva de turistes* a huge influx of tourists **2** (*de masses*) mass [*n atrib*]: *una protesta massiva* a mass protest
mastegar *vt*, *vi* to chew: *Has de ~ bé el menjar.* You should chew your food thoroughly.
mastegot *nm* smack

màster *nm* master's (degree): *un ~ d'economia* a master's in economics

masturbar(-se) *vt, vp* to masturbate

mat¹ *adj* (*sense brillantor*) matt

mat² *nm* (*escacs*) mate LOC *Vegeu* ESCAC

mata *nf* bush

matalàs *nm* **1** (*llit*) mattress **2** (*gimnàs*) mat **3** (*càmping, platja*) air bed

matança *nf* slaughter

matar *vt* to kill: *Et mataré!* I'm going to kill you! ◇ *~ el temps* to kill time LOC **matar a trets/d'un tret** to shoot *sb* dead ◆ **matar la gana**: *Vam comprar fruita per ~ la gana.* We bought some fruit to keep us going. ◆ **matar-se estudiant/treballant** to work like mad ◆ **no matar** (*ésser mediocre*) to be nothing special: *El llibre està bé, però no mata.* The book's OK, but nothing special.

mata-segells *nm* postmark

mateix, ~a ▶ *adj* **1** (*idèntic*) same: *al ~ temps* at the same time ◇ *Visc a la mateixa casa que ell.* I live in the same house as him. **2** (*ús emfàtic*): *Jo ~ ho vaig veure.* I saw it myself. ◇ *estar en pau amb tu ~* to be at peace with yourself ◇ *la princesa mateixa* the princess herself

▶ *pron* same (one): *És la mateixa que va venir ahir.* She's the same one who came yesterday. ◇ *Posi'm el ~ de sempre.* I'll have the same as usual.

▶ *adv*: *davant ~ de casa meva* right in front of my house ◇ *Et prometo que ho faré avui ~.* I promise you I'll get it done today. LOC **aquí/allà/allí mateix** right here/there *Vegeu tb* ARA, COIXEJAR

matemàtic, ~a ▶ *adj* mathematical

▶ *nm-nf* mathematician

matemàtiques *nf* mathematics, maths (*col·loq*) [*incomptable*]: *un llibre de ~* a maths book ❶ En anglès americà la forma col·loquial és **math**.

matèria *nf* **1** (*substància*) matter: *~ orgànica* organic matter **2** (*assignatura, tema*) subject: *ésser un expert en la ~* to be an expert on the subject LOC **en matèria de** as regards ◆ **matèria primera** raw material *Vegeu tb* ENTRAR, ÍNDEX

material ▶ *adj* material

▶ *nm* **1** (*matèria, dades*) material: *un ~ resistent al foc* fire-resistant material ◇ *Tinc tot el ~ que necessito per a l'article.* I've got all the material I need for the article. **2** (*equip*) equipment [*incomptable*]: *~ esportiu/de laboratori* sports/laboratory equipment LOC **material didàctic/educatiu** teaching materials [*pl*] ◆ **material d'oficina** office stationery

materialista ▶ *adj* materialistic

▶ *nmf* materialist

matern, ~a *adj* **1** (*maternal*) motherly: *amor ~* motherly love **2** (*parentesc*) maternal: *avi ~* maternal grandfather LOC *Vegeu* LLENGUA

maternal *adj* motherly, maternal (*més formal*)

maternitat *nf* **1** (*condició*) motherhood, maternity (*més formal*) **2** (*clínica*) maternity ward

matí *nm* morning: *Se'n va aquest ~.* He's leaving this morning. ◇ *l'endemà al ~* the following morning ◇ *L'examen és dilluns al ~.* The exam is on Monday morning. ◇ *Sortirem demà al ~.* We're leaving tomorrow morning. ➲ *Vegeu nota a* MORNING LOC **de bon matí** very early in the morning ◆ **del matí** (*hores*) in the morning: *a les vuit del ~* at eight o'clock in the morning ❶ En llenguatge escrit, per exemple, als horaris, es fa servir **a.m.**: *a les vuit del matí* at 8 a.m. Si és més tard de les dotze del migdia, s'utilitza **p.m.**: *a les vuit del vespre* at 8 p.m. *Vegeu tb nota a* P.M. ◆ **de matí** early (in the morning) *Vegeu tb* MIG

matinada *nf*: *a les dues de la ~* at two in the morning ◇ *a la ~ de divendres a dissabte* in the early hours of Saturday morning LOC *Vegeu* ALT

matinal *adj* morning [*n atrib*]: *un vol ~* a morning flight

matinar *vi* to get up early LOC **qui matina fa farina** the early bird catches the worm

matís *nm* **1** (*color*) shade **2** (*tret*) nuance: *matisos de significat* nuances of meaning ◇ *un ~ irònic* a touch of irony

matisar *vt* (*puntualitzar*) to clarify: *M'agradaria que matisés les seves paraules.* I'd like you to clarify what you said.

mató *nm* curd cheese

matoll *nm* scrub [*incomptable*]: *Estàvem amagats en uns ~s.* We were hidden in the scrub.

matrícula *nf* **1** (*inscripció*) registration: *S'ha obert la ~.* Registration has begun. **2** (*vehicle*) (**a**) (*número*) registration number: *Vaig apuntar la ~.* I wrote down the registration number. (**b**) (*placa*) number plate

matricular(-se) *vt, vp* to register (*sb*) (*in sth*): *Encara no m'he matriculat.* I still haven't registered.

matrimoni *nm* **1** (*institució*) marriage ➲ *Vegeu nota a* CASAMENT **2** (*parella*) (married) couple LOC *Vegeu* CONTREURE, LLIT, PROPOSICIÓ

matriu *nf* **1** (*Anat*) womb **2** (*Mat*) matrix [*pl* matrices]

matusser, ~a *adj* slapdash

M

màxim, **~a** ▶ *adj* maximum: *Tenim un termini ~ de set dies per a pagar.* We've got a maximum of seven days in which to pay. ◇ *el ~ golejador de la lliga* the top scorer in the league
▶ *nm* maximum: *un ~ de deu persones* a maximum of ten people LOC **al màxim**: *Hem d'aprofitar els recursos al ~.* We must make maximum use of our resources. ◇ *Em vaig esforçar al ~.* I tried my best. ◆ **com a màxim** at most ◆ **màxim dirigent** leader *Vegeu tb* ALTURA

màxima *nf* **1** (*temperatura*) maximum temperature: *Palma va tenir la ~ amb 35°C.* Palma was the hottest place with 35°C. **2** (*sentència*) maxim

me *pron Vegeu* EM

mecànic, **~a** ▶ *adj* mechanical
▶ *nm-nf* (*professió*) mechanic LOC *Vegeu* ESCALA

mecànica *nf* mechanics [*incomptable*]

mecanisme *nm* mechanism

mecanògraf, **~a** *nm-nf* typist ℹ Quan la persona treballa amb ordinador, també es diu **keyboarder**.

M

mecanografia *nf* typing

mecanografiar *vt* to type

medalla *nf* medal: *~ d'or/de plata/de bronze* gold/silver/bronze medal LOC *Vegeu* LLIURAMENT

medi *nm* medium LOC **medi (ambient)** environment

mediambiental *adj* environmental

mediàtic, **~a** *adj* media [*n atrib*]: *un personatge ~* a media star

mèdic, **~a** *adj* medical: *un reconeixement ~* a medical examination LOC *Vegeu* FITXA, HISTORIAL

medicament *nm* medicine: *receptar un ~* to prescribe a medicine

medicina *nf* (*ciència, medicament*) medicine: *Estudia ~.* He's studying medicine.

medieval *adj* medieval

mediocre ▶ *adj* second-rate: *una pel·lícula/un actor ~* a second-rate film/actor
▶ *nmf* nobody [*pl* nobodies]: *És un ~.* He's a nobody.

meditar *vt, vi* ~ **(sobre)** to think (about *sth*): *Va ~ sobre la seva resposta.* He thought about his answer.

mediterrani, **-ània** *adj, nm-nf* Mediterranean

medul·la *nf* marrow: *~ òssia* bone marrow LOC **medul·la espinal** spinal cord

medusa *nf* jellyfish [*pl* jellyfish]

megàfon *nm* megaphone

meitat *nf* half [*pl* halves]: *a la primera ~ del partit* in the first half of the match ◇ *Omple-ho fins a la ~.* Fill it half up. LOC **a la meitat (de)**: *Farem una parada a la ~ del camí.* We'll stop halfway. ◇ *reduir alguna cosa a la ~* to cut sth by half ◇ *L'ampolla estava a la ~.* The bottle was half empty. ◆ **a meitat de preu** half-price: *Ho vaig comprar a ~ de preu.* I bought it half-price. ◆ **la meitat de** half (of): *La ~ de la població sobreviu amb menys de dos euros diaris.* Half (of) the population survive on less than two euros a day. ◇ *La ~ tenen més de 50 anys d'edat.* Half of them are over 50. ◆ **per la meitat**: *tallar/partir alguna cosa per la ~* to cut sth in half ◇ *Se m'ha trencat el mapa per la ~.* The map has torn down the middle. ◇ *Vaig per la ~.* I'm halfway through it.

mel *nf* honey LOC *Vegeu* LLUNA

melic *nm* navel

melmelada *nf* **1** jam: *~ de préssec* peach jam **2** (*de cítrics*) marmalade

meló *nm* melon

melodia *nf* **1** tune **2** (*de mòbil*) ringtone

melsa *nf* spleen

membre *nm* **1** member: *fer-se ~* to become a member **2** (*Anat*) limb LOC *Vegeu* FUNDADOR

memorable *adj* memorable

memòria *nf* **1** memory: *Tens bona ~.* You've got a good memory. ◇ *perdre la ~* to lose your memory **2 memòries** (*autobiografia*) memoirs LOC **de memòria** by heart: *saber-se alguna cosa de ~* to know something by heart ◆ **fer memòria** to try to remember ◆ **memòria cau** (*Informàt*) cache *Vegeu tb* ESTUDIAR

memoritzar *vt* to memorize

mena *nf* kind (*of sth*): *persones de tota ~* all kinds of people ◇ *Quina ~ de pel·lícules t'agraden?* What kind of film do you like?

menció *nf* mention

mencionar *vt* to mention

mendicitat *nf* begging

meningitis *nf* meningitis [*incomptable*]

menjador *nm* **1** (*casa, hotel*) dining room **2** (*escola, fàbrica*) canteen **3** (*mobles*) dining-room suite

menjar[1] ▶ *vt* **1** to eat: *Vols ~ alguna cosa abans de sortir?* Would you like something to eat before you go? **2** (*escacs, dames*) to take ▶ *vi* to eat: *Menges massa de pressa.* You eat too quickly.
▶ **menjar-se** *vp* **1** (*ingerir*) to eat: *menjar-se un entrepà* to eat a sandwich **2** (*ometre*) to miss *sth* out: *menjar-se una paraula* to miss a word out LOC **menjar a petons** to smother *sb* with kisses ◆ **menjar com una llima/un llop** to eat like

a horse ◆ **menjar viu** to eat *sb* alive: *M'han menjat viu els mosquits.* I've been eaten alive by the mosquitoes. *Vegeu tb* TIP

menjar² *nm* **1** (*aliment*) food: *Tenim la nevera plena de ~.* The fridge is full of food. ◇ *T'agrada el ~ xinès?* Do you like Chinese food? **2** (*àpat*) meal: *un ~ lleuger* a light meal LOC **donar menjar** to feed ◆ **menjar porqueria** junk food ◆ **menjar precuinat/preparat** ready meal ◆ **menjar ràpid** fast food

menopausa *nf* menopause

menor *adj* **1** (*més petit*) lesser **2** (*Mús*) minor: *una simfonia en mi ~* a symphony in E minor LOC **menor (d'edat)** minor: *No se serveix alcohol a ~s.* Alcohol will not be served to minors. ◇ *No pots votar perquè ets ~ d'edat.* You can't vote because you're still under age. ◆ **menor de 18, etc. anys**: *Prohibida l'entrada als ~s de 18 anys.* No entry for under-18s. *Vegeu tb* CAÇA¹, CENTRE

menorquí, -ina *adj, nm-nf* Minorcan

menstruació *nf* menstruation

mensual *adj* monthly: *un salari ~* a monthly salary LOC *Vegeu* PUBLICACIÓ

mensualitat *nf* (*termini*) monthly payment

ment *nf* mind

menta *nf* mint

mental *adj* mental

mentalitat *nf* mentality [*pl* mentalities] LOC **tenir una mentalitat oberta/estreta** to be open-minded/narrow-minded

mentalitzar ▶ *vt* (*conscienciar*) to make *sb* aware (*of sth*): *~ la població de la necessitat de tenir cura del medi ambient* to make people aware of the need to look after the environment ▶ **mentalitzar-se** *vp* (*acceptar*) to come to terms *with sth*: *T'has de ~ que has de treballar.* You must come to terms with the fact that you've got to work.

mentida *nf* lie: *dir mentides* to tell lies ◇ *Això és ~!* That isn't true! LOC **una mentida pietosa** a white lie *Vegeu tb* ENFILALL, SEMBLAR

mentider, ~a ▶ *adj* deceitful: *És molt ~.* He's such a liar.
▶ *nm-nf* liar

mentir *vi* to lie: *No em menteixis!* Don't lie to me! ➲ *Vegeu nota a* LIE²

mentó *nm* chin

mentre *conj* **1** (*simultaneïtat*) while: *Canta ~ pinta.* He sings while he paints. **2** (*tant temps com, sempre que*) as long as: *Aguanta ~ puguis.* Put up with it as long as you can. LOC **mentre que** while

mentrestant *adv* in the meantime

menú *nm* menu: *No hi era, al ~.* It wasn't on the menu. ◇ *Selecciona la icona del ~ d'entrada.* Select the icon from the start menu. ◇ *un ~ desplegable* a drop-down menu LOC **menú del dia** set menu

menut, -uda ▶ *adj* small
▶ *nm-nf* (*nen*) child [*pl* children]

menys ▶ *adv*
• **ús comparatiu** less (*than sb/sth*): *A mi posa-me'n ~.* Give me less. ◇ *Vaig tardar ~ del que em pensava.* It took me less time than I thought it would. ❶ Amb noms comptables és més correcta la forma **fewer**, encara que es fa servir cada vegada més **less**: *Hi havia menys gent/cotxes que ahir.* There were fewer people/cars than yesterday. *Vegeu tb nota a* LESS.
• **ús superlatiu** least (*in/of...*): *el restaurant ~ car dels tres* the least expensive restaurant of the three ◇ *la ~ xerraire de la família* the least talkative member of the family ◇ *l'alumne que treballa ~* the student who works least ❶ Amb noms comptables és més correcta la forma **fewest**, encara que es fa servir cada vegada més **least**: *la classe amb ~ alumnes* the class with fewest pupils *Vegeu tb nota a* LESS.
▶ *prep* **1** (*excepte*) except: *Hi van anar tots ~ jo.* Everybody went except me. **2** (*hora*) to: *Són les dotze ~ cinc.* It's five to twelve. **3** (*Mat*) minus: *Cinc ~ tres, dos.* Five minus three is two.
▶ *nm* (*signe matemàtic*) minus (sign) LOC **de menys** too little, too few: *Em van donar vint cèntims de ~.* They gave me twenty cents too little. ◇ *tres forquilles de ~* three forks too few ◆ **més o menys 1** more or less **2** (*amb nombres*) about: *50 euros més o menys* about 50 euros *Vegeu tb* CADA, MÉS

menyspreable *adj* despicable

menysprear *vt* **1** (*menystenir*) to despise, to look down on *sb* (*més col·loq*): *Menyspreaven els altres alumnes.* They looked down on the other pupils. **2** (*rebutjar*) to reject: *Van ~ la nostra ajuda.* They rejected our offer of help.

menyspreu *nm* contempt (*for sb/sth*): *mostrar ~ per algú* to show contempt for sb

mer, ~a *adj* mere: *Va ésser una mera casualitat.* It was mere coincidence.

meravella *nf* wonder LOC **fer meravelles** to work wonders: *Aquest xarop fa meravelles.* This cough mixture works wonders. ◆ **quina meravella!** how wonderful!

meravellós, -osa *adj* wonderful

mercaderia *nf* goods [*pl*]: *La ~ era defectuosa.* The goods were faulty. LOC *Vegeu* TREN

mercat *nm* market: *Ho vaig comprar al ~.* I bought it at the market. ◇ *el ~ laboral* the la-

M

bour market ◇ *el ~ únic* the single (European) market LOC **mercat negre** black market: *al ~ negre* on the black market

mercè *nf* LOC **mercès!** thanks! (*col·loq*), thank you!

mercenari, -ària *nm-nf* mercenary [*pl* mercenaries]

merceria *nf* (*secció*) haberdashery

mercuri *nm* **1** (*Quím*) mercury **2 Mercuri** (*planeta*) Mercury

merèixer(-se) *vt, vp* to deserve: *(Et) mereixes un càstig.* You deserve to be punished. ◇ *L'equip va merèixer perdre.* The team deserved to lose.

merenga *nf* (*Cuina*) meringue

merescut, -uda *adj* well deserved: *una victòria ben merescuda* a well-deserved victory ➲ *Vegeu nota a* WELL BEHAVED LOC **t'ho has ben merescut** it serves you right *Vegeu tb* MERÈIXER(-SE)

M

meridià *nm* meridian

mèrit *nm* merit LOC **tenir mèrit** to be praiseworthy

merla *nf* blackbird

mes *nm* month: *D'aquí a un ~ comencen les vacances.* The holidays start in a month. ◇ *el ~ passat/que ve* last/next month ◇ *al principi de ~* at the beginning of the month ◇ *Al cap d'un ~ de començar es va posar malalt.* A month after starting he fell ill. LOC **al mes** a month: *Quant gastes al ~?* How much do you spend a month? ◆ **estar de dos, etc. mesos** to be two, etc. months pregnant ◆ **per mesos** monthly: *Ens paguen per mesos.* We're paid monthly. ◆ **un mes sí i un altre no** every other month *Vegeu tb* CORRENT

més ▶ *adv*

- **ús comparatiu** more (*than sb/sth*): *És ~ alta/intel·ligent que jo.* She's taller/more intelligent than me. ◇ *Tu has viatjat ~ que jo.* You have travelled more than me/than I have. ◇ *~ de quatre setmanes* more than four weeks ◇ *M'agrada ~ que el teu.* I like it better than yours. ◇ *durar/treballar ~* to last longer/work harder
- **ús superlatiu** most (*in/of...*): *la botiga que ha venut ~ llibres* the shop that has sold most books ◇ *l'edifici ~ antic de la ciutat* the oldest building in the town ◇ *el ~ simpàtic de tots* the nicest one of all

Quan el superlatiu es refereix només a dues coses o persones s'utilitza la forma **more** o **-er**. Compareu les frases següents: *Quin és el llit més còmode (dels dos)?* Which bed is more comfortable? ◇ *Quin és el llit més còmode de la casa?* Which is the most comfortable bed in the house?

- **amb pronoms negatius, interrogatius i indefinits** else: *res/ningú ~* nothing/nobody else ◇ *Algú ~?* Anyone else? ◇ *Què ~ puc fer per vosaltres?* What else can I do for you? ◇ *Si tens alguna cosa ~ a dir-me...* If you've got anything else to tell me...
- **exclamacions**: *Quin paisatge ~ bonic!* What lovely scenery! ◇ *És ~ avorrit!* He's so boring!

▶ *nm* (*signe aritmètic*) plus (sign): *Dos ~ dos, quatre.* Two plus two is four.

LOC **a més/a més a més** also: *Se l'acusa a ~ d'estafa.* He's also accused of fraud. ◇ *A ~, no crec que vinguin.* What's more, I don't think they'll come. ◆ **a més/a més a més de** as well as ◆ **d'allò més...** really: *una cara d'allò ~ antipàtica* a really nasty face ◆ **de més 1** (*en excés*) too much, too many: *Hi ha dues cadires de ~.* There are two chairs too many. ◇ *Vas pagar tres lliures de ~.* You paid three pounds too much. **2** (*de sobres*) spare: *No t'amoïnis, jo tinc un bolígraf de ~.* Don't worry. I've got a spare pen. ◆ **més o menys** more or less ◆ **més que res** particularly ◆ **ni més ni menys 1** (*persona*) none other *than...* **2** (*quantitat*) no less *than...* ◆ **per més que** however much: *Per ~ que cridis...* However much you shout... ◆ **sense més ni més** just like that ❶ Per a d'altres expressions amb **més**, vegeu les entrades de l'adjectiu, adverbi, etc., p. ex. **més aviat** a AVIAT.

mescla *nf* mixture

mesclar *vt* to mix

mesquita *nf* mosque

mestís, -issa *adj, nm-nf* (person) of mixed race

mestre, -a *nm-nf* **1** (*professor*) teacher **2 ~ (de/en)** (*figura destacada*) master: *un ~ dels escacs* a chess master LOC *Vegeu* OBRA

mestressa *nf* **1** owner **2** (*bar, pensió*) landlady [*pl* landladies] LOC **mestressa de casa** housewife [*pl* housewives]

mesura *nf* measure: *pesos i mesures* weights and measures LOC **a mesura que...** as...: *S'asseien a ~ que anaven arribant.* They sat down as they arrived. ◆ **prendre mesures** (*actuar*) to take steps *to do sth*, to take measures *to do sth* (*més formal*): *Prendré mesures perquè això no torni a passar.* I shall take steps to avoid this happening again. ◇ *El govern haurà de prendre mesures estrictes per evitar el frau.* The government must take strict measures to stop fraud. ◇ *Caldrà prendre mesures sobre això.* Something must be done about it.

mesurar *vt* to measure: ~ *la cuina* to measure the kitchen

meta *nf* **1** (*Esport*) finishing line: *el primer a arribar a la* ~ the first across the finishing line **2** (*objectiu*) goal: *assolir una* ~ to achieve a goal

metàfora *nf* metaphor

metall *nm* metal

metàl·lic, ~a *adj* **1** metal [*n atrib*]: *una barra metàl·lica* a metal bar **2** (*color, so*) metallic LOC **en metàl·lic** cash: *un premi en* ~ a cash prize *Vegeu tb* PAGAR, TELA

metal·litzat, -ada *adj* (*color*) metallic: *color gris* ~ metallic grey

meteorit *nm* meteorite

meteorologia *nf* meteorology

meteorològic, ~a *adj* weather [*n atrib*], meteorological (*formal*): *informació meteorològica* weather forecast

metge, -essa *nm-nf* doctor: *anar al* ~ to go to the doctor's

> Recordeu que en anglès en indicar la professió d'algú es fa servir l'article indefinit *a/an*: *És metge/professor/enginyer.* He's a doctor/a teacher/an engineer.

LOC **metge de família/capçalera** GP

mètode *nm* method

metralladora *nf* machine gun

metralleta *nf* sub-machine gun

metre *nm* **1** (*mesura*) metre (*abrev* m): *els 200 ~s braça* the 200 metres breaststroke ◇ *Es ven per ~s.* It's sold by the metre. ➲ *Vegeu pàgs 757-761* **2** (*cinta per a amidar*) tape measure

mètric, ~a *adj* metric: *el sistema* ~ the metric system LOC *Vegeu* CINTA

metro *nm* underground: *Podem anar-hi amb ~.* We can go there on the underground.

> El metro de Londres també es diu **tube**: *Vam agafar l'últim metro.* We caught the last tube.

LOC *Vegeu* PARADA

metxa *nf* fuse

metzina *nf* poison

meu, meva ▶ *adj* my: *els meus amics* my friends
▶ *pron* mine: *Aquests llibres són ~s.* These books are mine.

> *Un amic meu* es tradueix per **a friend of mine** perquè significa 'un dels meus amics'.

LOC *Vegeu* DÉU

mèu *nm* miaow ➲ *Vegeu nota a* GAT

Mèxic *nm* Mexico

mexicà, -ana *adj, nm-nf* Mexican

mi[1] *pron* me: *És per a mi?* Is it for me? ◇ *No m'agrada parlar de mi mateixa.* I don't like talking about myself.

mi[2] *nm* **1** (*nota*) E **2** (*solfeig*) mi ➲ *Vegeu nota a* DO[1]

mica *nf* LOC **de mica en mica** gradually ◆ **fer miques 1** to shatter: *Van fer miques el vidre de la finestra amb un cop de pilota.* The ball shattered the kitchen window. ◇ *El gerro va quedar fet miques.* The jug was shattered. **2** (*paper, roba*) to tear *sth* to shreds ◆ **una mica** a little, a bit (*més col·loq*): *una ~ més/millor* a little more/better ◇ *una ~ ingenu* a bit naive ◇ *Espera una ~.* Wait a little. ◇ *La meva filla m'ajuda una ~.* My daughter helps me a bit. ◆ **una mica de...** a (little) bit of...: *una ~ de sucre* a bit of sugar ◇ *una ~ de sal* a pinch of salt ◇ *una ~ d'humor* a touch of humour *Vegeu tb* GENS

mico *nm* monkey [*pl* monkeys]

microbi *nm* microbe, germ (*més col·loq*)

micròfon *nm* microphone, mike (*més col·loq*)

microones *nm* microwave

microorganisme *nm* microorganism

microscopi *nm* microscope

mida *nf* **1** (*mesura*) measurement: *Quines són les mides d'aquesta habitació?* What are the measurements of this room? **2** (*extensió*) size: *Quina ~ té la caixa? És grossa o petita?* What size is the box? Big or small? ◇ *ésser de/tenir la mateixa ~* to be the same size LOC **(fet) a mida** (made) to measure ◆ **fora de mida** huge

midó *nm* starch

mig, mitja ▶ *adj* half a, half an: *mitja ampolla de vi* half a bottle of wine ◇ *mitja hora* half an hour ◇ *Ha recorregut mitja Europa.* He's been halfway round Europe.
▶ *adv* half: *Quan va arribar estàvem ~ adormits.* We were half asleep when he arrived.
▶ *nm* **1** (*centre*) middle: *una plaça amb un quiosc al ~* a square with a news-stand in the middle **2** (*Mat*) half [*pl* halves]: *Dos mitjos sumen un sencer.* Two halves make a whole.
LOC **a mig camí** halfway: *A ~ camí vam parar per descansar.* We stopped to rest halfway. ◆ **a mig matí/mitja tarda** in the middle of the morning/afternoon

> **In the middle of the morning** sol fer referència a les deu o les onze del matí. Per parlar d'una hora prop de les dotze del migdia, és millor fer servir **midday**: *Sempre prenc alguna cosa a mig matí.* I always have something to eat around midday. **In the middle of the afternoon** sol fer referència a les tres de la tarda. Per parlar de les cinc o les sis, és millor fer servir **between five and six (o'clock)**:

Calculo que hi arribarem a mitja tarda. I think we'll arrive between five and six.

◆ **a mitges 1** (*no del tot*): *Fa les coses a mitges.* He only half does things. ◇ *Ho van deixar a mitges.* They left it unfinished. ◇ *—Estàs content? —A mitges.* 'Are you happy?' 'Kind of.' **2** (*entre dos*): *En les despeses de la casa anem a mitges.* We share the household expenses (between us). ◇ *Ho vam pagar/comprar a mitges.* We bought it/paid for it between us. ◆ **a mitja asta** at half mast ◆ **deixar algú amb mitja paraula a la boca** to cut sb short: *Em va deixar amb mitja paraula a la boca i se'n va anar.* He cut me short and walked off. ◆ **en mig de** in the middle of *sth* ◆ **estar/posar-se al mig** to be/get in the way: *No puc passar, sempre et poses al ~.* I can't get by — you're always (getting) in the way. ◆ **i mig** and a half: *un quilo i ~ de tomàquets* one and a half kilos of tomatoes ◇ *Vam tardar dues hores i mitja.* It took us two and a half hours. ◆ **mig camp** midfield: *un jugador de ~ camp* a midfield player ◆ **mig món** lots of people [*pl*] ◆ **mitges tintes** half measures: *No m'agraden les mitges tintes.* I don't like half measures. ◆ **mitja part 1** (*Esport*) half-time: *A la mitja part anaven tres a dos.* They were three two at half-time. **2** (*Teat*) interval: *Me'ls vaig trobar a la mitja part.* I met them during the interval. *Vegeu tb* DIT, JORNADA, PENSIÓ, VOLTA

migdia *nm* midday: *l'àpat del ~* the midday meal ◇ *Van arribar al ~.* They arrived at lunchtime. ◇ *a les dotze del ~* at twelve noon

migdiada *nf* siesta LOC **fer la migdiada** to have a siesta

migració *nf* migration

migranya *nf* migraine

mil *nm, adj, pron* **1** (a) thousand: *~ persones* a thousand people ◇ *un bitllet de cinc ~ pesos* a five-thousand peso note

> **Mil** es pot traduir també per **one thousand** quan va seguit d'un altre número: *mil tres-cents seixanta* one thousand three hundred and sixty, o per donar èmfasi: *Et vaig dir mil, no dos mil.* I said one thousand, not two.
> De 1.100 a 1.900 és molt freqüent utilitzar les formes **eleven hundred**, **twelve hundred**, etc.: *una carrera de mil cinc-cents metres* a fifteen hundred metre race.

2 (*anys*): *el 1600* in sixteen hundred ◇ *Es va inaugurar l'any 2000.* It was opened in 2000 (two thousand). ➲ *Vegeu pàgs 757-761* **3** (*molts*): *T'ho he dit ~ vegades!* I've told you lots of times! LOC **de mil dimonis**: *Fa un fred de ~ dimonis.* It's freezing. ◆ **mil gràcies!** thanks a lot! ◆ **mil milions** (a) billion: *Ha costat tres ~ milions.* It cost three billion. *Vegeu tb* CENT

miler *nm* thousand [*pl* thousand]: *dos ~s de llibres* two thousand books LOC **milers de...** thousands of...: *~s de persones* thousands of people

mili *nf* military service: *Va fer la ~ a Reus.* He did his military service in Reus.

milió *nm* million [*pl* million]: *dos milions trescents quinze* two million three hundred and fifteen ◇ *Tinc un ~ de coses per fer.* I've got a million things to do. ➲ *Vegeu nota a* MILLION LOC **milions de...** (*molts*) millions of...: *milions de partícules* millions of particles *Vegeu tb* MIL

milionari, -ària *nm-nf* millionaire

militant *nmf* (*en un partit polític*) member (of a political party)

militar ▶ *adj* military: *uniforme ~* military uniform

▶ *nmf* soldier: *El meu pare era ~.* My father was in the army. LOC *Vegeu* SERVEI

milla *nf* mile

mil·lenni *nm* millennium [*pl* millennia/millenniums]

mil·lèsim, ~a *adj, pron, nm* thousandth: *un ~ de segon* a thousandth of a second

mil·ligram *nm* milligram (*abrev* mg) ➲ *Vegeu pàgs 757-761*

mil·límetre *nm* millimetre (*abrev* mm) ➲ *Vegeu pàgs 757-761*

millor ▶ *adj, adv* (*ús comparatiu*) better (*than sb/sth*): *Tenen un pis ~ que el nostre.* Their flat is better than ours. ◇ *Em trobo molt ~.* I feel much better. ◇ *Cantes ~ que jo.* You're a better singer than me.

▶ *adj, adv, nmf* (*ús superlatiu*) ~ **(de)** best (in/of/that...): *el meu ~ amic* my best friend ◇ *el ~ equip de la lliga* the best team in the league ◇ *És la ~ de la classe.* She's the best in the class. ◇ *el ~ de tots* the best of all ◇ *el que canta ~* the one who sings best LOC **millor dit** I mean: *cinc, ~ dit, sis* five, I mean six *Vegeu tb* AVIAT, CADA, CAS

millora *nf* improvement (*in sb/sth*): *una ~ respecte a l'any passat* an improvement on last year ◇ *la ~ de la seva salut* the improvement in his health

millorar ▶ *vt* to improve: *~ les condicions de treball* to improve working conditions ▶ *vi* **1** to improve: *Si les coses no milloren...* If things don't improve... **2** (*malalt*) to get better: *Que milloris!* Get well soon!

mim ▶ *nm* mime
▶ *nmf* mime artist

mímica *nf* (*gestos*) sign language: *Ens vam fer entendre amb ~.* We made ourselves understood with sign language. LOC **fer mímica** to mime

mina *nf* **1** (*jaciment, explosiu*) mine: *una ~ de carbó* a coal mine **2** (*llapis*) lead

miner, ~a ▶ *adj* mining [*n atrib*]: *diverses empreses mineres* several mining companies
▶ *nm-nf* miner LOC *Vegeu* CONCA

mineral *nm* mineral LOC *Vegeu* AIGUA

minestra *nf* vegetable stew

miniatura *nf* miniature

minicadena *nf* mini (hi-fi) system

minidisc *nm* minidisc

minifaldilla *nf* miniskirt

minigolf *nm* crazy golf

mínim, ~a ▶ *adj* **1** (*menor*) minimum: *la tarifa mínima* the minimum charge **2** (*insignificant*) minimal: *La diferència entre ells era mínima.* The difference between them was minimal.
▶ *nm* minimum: *reduir al ~ la contaminació* to cut pollution to a minimum ◇ *És el ~ que pots fer.* It's the least you can do. LOC **com a mínim** at least *Vegeu tb* SALARI, SERVEI

mínima *nf* minimum temperature: *La ~ es va registrar a Andorra.* The lowest temperature was recorded in Andorra.

minimitzar *vt* **1** (*reduir*) to minimize: *~ els costos* to minimize costs **2** (*infravalorar*) to play *sth* down: *Intenta ~ la importància dels problemes que té.* He tries to play down the problems he has.

ministeri *nm* (*Pol, Relig*) ministry [*pl* ministries]

> El nom oficial de la majoria dels ministeris a la Gran Bretanya és **Department**, p. ex. **Department of Health, Department for Education and Skills**, etc.

LOC **Ministeri d'Afers Exteriors** Ministry of Foreign Affairs ≈ Foreign and Commonwealth Office (*GB*) ◆ **Ministeri d'Economia i Hisenda** Ministry of Finance ≈ Treasury (*GB*) ◆ **Ministeri de l'Interior** Ministry of the Interior ≈ Home Office (*GB*)

ministre, -a *nm-nf* minister: *el ~ de Defensa francès* the French Defence Minister

> A la Gran Bretanya el cap d'un ministeri no es diu *minister* sinó **Secretary of State** o simplement **Secretary**: *el ministre d'Educació* the Secretary of State for Education/Education Secretary.

LOC **ministre d'Afers Exteriors** Foreign Minister ≈ Foreign Secretary (*GB*) ◆ **ministre d'Economia i Hisenda** Finance Minister ≈ Chancellor of the Exchequer (*GB*) ◆ **ministre de l'Interior** Interior Minister ≈ Home Secretary (*GB*) *Vegeu tb* CONSELL, PRIMER

minoria *nf* minority [*v sing o pl*] [*pl* minorities] LOC **ésser minoria** to be in the minority

minoritari, -ària *adj* minority [*n atrib*]: *una llengua minoritària* a minority language

minúscul, ~a *adj* **1** (*diminut*) tiny **2** (*lletra*) small: *una "m" minúscula* a small 'm'

minúscula *nf* small letter LOC **amb minúscula** with a small letter ◆ **en minúscules** in small letters

minusvàlid, ~a ▶ *adj* disabled
▶ *nm-nf* disabled person: *els ~s* disabled people ➲ *Vegeu nota a* DISCAPACITAT

minut *nm* minute: *Espereu un ~.* Just a minute.

minvant *adj* (*lluna*) waning LOC *Vegeu* QUART

minyona *nf* maid

miolar *vi* to miaow

miop *adj* short-sighted

miopia *nf* short-sightedness

miracle *nm* miracle

mirada *nf* look: *tenir una ~ inexpressiva* to have a blank look (on your face) LOC *Vegeu* ALÇAR, APARTAR, CLAVAR, DESVIAR

mirador *nm* viewpoint

mirall *nm* mirror: *mirar-se al ~* to look at yourself in the mirror LOC **mirall retrovisor** rear-view mirror

mirar ▶ *vt* **1** to look at *sb/sth*: *~ el rellotge* to look at the clock **2** (*observar, televisió, etc.*) to watch: *Estaven mirant com jugaven els nens.* They were watching the children play. ◇ *~ la tele/una pel·lícula* to watch TV/a film

> En anglès hi ha unes quantes maneres de dir *mirar*. Les formes més freqüents són **to look at** i, en el sentit d'observar, **to watch**. Tots els altres verbs tenen algun matís que els distingeix. Tot seguit, en teniu una llista:
> **to gaze** = mirar fixament durant molt de temps
> **to glance** = donar un cop d'ull/una ullada a alguna cosa
> **to glare** = mirar iradament
> **to peek** = donar una ullada ràpida i sovint d'amagat
> **to peep** = donar una ullada ràpida i sovint d'amagat, especialment a través d'una obertura petita

M

to peer = mirar d'una manera prolongada i a vegades amb esforç
to stare at sth/sb = mirar fixament durant molt de temps amb interès o sorpresa. Així, per exemple, es pot dir: *Don't glare at me!* ◇ *They all stared at her in her orange trousers.* ◇ *He was gazing up at the stars.* ◇ *She glanced at the newspaper.*

▶ *vi* to look: *~ cap amunt/avall* to look up/down ◇ *~ per una finestra/un forat* to look out of a window/through a hole LOC **es miri com es miri; es miri per on es miri** whichever way you look at it ◆ **mira que...!**: *Mira que casar-se amb aquest pocavergonya!* Fancy marrying that good-for-nothing! ◇ *Mira que n'ets, de despistat!* You're so absent-minded! ◆ **mirar-s'hi** to try very hard (*to do sth*): *Mira-t'hi una mica més.* Try a bit harder. ❶ Per a d'altres expressions amb **mirar**, vegeu les entrades del nom, adjectiu, etc., p. ex. **mirar de reüll** a REÜLL i **mirar-se als ulls** a ULL.

M

miratge *nm* mirage

miserable ▶ *adj* **1** (*sòrdid, escàs*) miserable: *una habitació/un sou ~* a miserable room/wage **2** (*persona, vida*) wretched
▶ *nmf* **1** (*malvat*) wretch **2** (*garrepa*) miser

misèria *nf* **1** (*pobresa*) poverty **2** (*quantitat petita*) a pittance, peanuts (*col·loq*): *Els paguen una ~.* They get paid peanuts.

missa *nf* mass LOC **missa del gall** midnight mass

missatge *nm* message LOC **missatge de text/SMS** text message

També se'n diu **text** o, especialment als EUA, **SMS**. Existeix el verb **to text** que significa *enviar un missage de text (a)*: *Només has d'enviar un missatge SMS al 1121 amb la paraula DICT.* Simply text the word DICT to 1121.

◆ **missatge de veu** voicemail

missatger, ~a *nm-nf* **1** messenger: *els ~s de la reina* the Queen's messengers **2** (*Com*) courier: *enviar alguna cosa per ~* to courier sth ◇ *Es va comprar una moto i va començar a treballar de ~.* He bought a motorbike and started working as a courier.

missatgeria *nf* **1** (*Internet, mòbils*) messaging **2** (*Com*): *empresa/servei de ~* courier firm/service LOC **missatgeria instantània** instant messaging

míssil *nm* missile

missió *nf* mission

missioner, ~a *nm-nf* missionary [*pl* missionaries]

misteri *nm* mystery [*pl* mysteries]

misteriós, -osa *adj* mysterious

misto *nm* match: *una capsa de ~s* a box of matches

mite *nm* **1** (*llegenda*) myth **2** (*persona famosa*) legend: *És un ~ del futbol italià.* He's an Italian football legend.

míting *nm* (*Pol, Esport*) meeting: *un ~ d'atletisme* an athletics meeting ◇ *fer un ~* to hold a meeting ❶ Compte! La paraula anglesa **meeting** significa qualsevol tipus de reunió o trobada, no solament en un context esportiu o polític.

mitja *nf* **mitges** tights LOC **fer mitja** to knit

mitjà *nm* means [*pl* means]: *mitjans de transport* means of transport ◇ *No té mitjans per a comprar una casa.* He doesn't have the means to buy a house. LOC **els mitjans de comunicació** the media ◆ **per mitjà de** through *sb/sth*: *Ho vaig saber per ~ del seu pare.* I found out through his father.

mitjà, -ana *adj* **1** (*intermedi*) medium: *de mida mitjana* of medium size ◇ *Tinc la talla mitjana.* I'm a medium. **2** (*regular*) average: *temperatura/velocitat mitjana* average temperature/speed ◇ *És d'estatura/d'intel·ligència mitjana.* She's average height/intelligence. LOC **de mitjana edat** middle-aged *Vegeu tb* CLASSE, EDAT, ORIENT, TERME

mitjan LOC **a mitjan...** in the middle of...: *cap a ~ juliol* around the middle of July

mitjana *nf* **1** (*terme mitjà*) average **2** (*Mat*) mean

mitjançant *prep* by means of *sth*

mitjancer, ~a *nm-nf* mediator LOC **fer de mitjancer** to mediate

mitjanit *nf* midnight: *Van arribar a ~.* They arrived at midnight.

mitjó *nm* sock

mitologia *nf* mythology

mixt, ~a *adj* (*escola, institut*) co-educational

mòbil ▶ *adj* mobile
▶ *nm* **1** (*telèfon*) mobile (phone): *T'estic parlant des del ~.* I'm on my mobile. ◇ *el meu número de ~* my mobile number **2** (*decoració*) mobile

mobiliari *nm* furniture

mobilització *nf* (*protestes*) protests [*pl*]: *la ~ contra la guerra* anti-war protests

moblar *vt* to furnish

moble *nm* **1** (*en singular*) piece of furniture: *un ~ molt elegant* a very stylish piece of furniture **2 mobles** (*conjunt*) furniture [*incomptable*]: *Els ~s eren coberts de pols.* The furniture was covered in dust. LOC **amb/sense mobles** furnished/unfurnished

moc *nm* LOC **tenir mocs** to have a runny nose *Vegeu tb* CLAVAR

mocador *nm* **1** (*nas*) handkerchief [*pl* handkerchiefs/handkerchieves] **2** (*cap, coll*) scarf [*pl* scarfs/scarves] LOC **mocador de paper** tissue

mocar-se *vp* to blow your nose

mocassí *nm* moccasin

mocós, -osa *nm-nf* kid: *No és més que una mocosa.* She's just a kid.

moda *nf* fashion: *seguir la ~* to follow fashion LOC **(estar/posar-se) de moda** (to be/become) fashionable: *un bar de ~* a fashionable bar ◆ **passar de moda** to go out of fashion *Vegeu tb* PASSAT, ÚLTIM

model ▶ *nm* **1** model: *un ~ a escala* a scale model ◇ *un estudiant ~* a model student **2** (*roba*) style: *Tenim diversos ~s de jaqueta.* We've got several styles of jacket. ▶ *nmf* (*persona*) model: *És ~ de passarel·la.* She's a fashion model. LOC *Vegeu* DESFILADA

modelar *vt* **1** (*fang, plastilina, etc.*) to model **2** (*escultor*) to sculpt

mòdem *nm* modem

moderador, ~a *nm-nf* moderator

moderar *vt* **1** (*velocitat*) to reduce **2** (*llenguatge, impulsos*) to mind: *Modera les teves paraules.* Mind your language. **3** (*debat*) to chair

moderat, -ada *adj* moderate *Vegeu tb* MODERAR

modern, ~a *adj* modern

modernització *nf* modernization

modernitzar(-se) *vt, vp* to modernize

modest, ~a *adj* modest

modèstia *nf* modesty

modificar *vt* **1** (*canviar*) to change **2** (*Gram*) to modify

modista *nmf* **1** (*dissenyador*) designer **2** (*costurer*) dressmaker

mòdul *nm* **1** module: *El curs consta de deu ~s independents.* The course consists of ten separate modules. **2** (*mobles*) unit

mogut, -uda *adj* **1** (*agitat*) busy: *Hem tingut un mes molt ~.* We've had a very busy month. **2** (*foto*) blurred *Vegeu tb* MOURE('S)

moixaina *nf* LOC **fer moixaines** to caress

moldre *vt* (*cafè, blat, etc.*) to grind LOC **moldre els ossos** to exhaust

molècula *nf* molecule

molest, ~a *adj* **1** (*que empipa*) annoying: *un soroll ~* an annoying noise **2** (*disgustat*) annoyed: *Està ~ per allò del cotxe.* He's annoyed about the car.

molestar ▶ *vt* **1** (*importunar*) to bother: *Em sap greu molestar-te a aquestes hores.* I'm sorry to bother you so late. ◇ *No em molestis més.* Stop pestering me. **2** (*interrompre*) to disturb: *No vol que la molestin mentre treballa.* She doesn't want to be disturbed while she's working. **3** (*ofendre*) to upset ▶ *vi* to be a nuisance: *No vull ~.* I don't want to be a nuisance. ▶ **molestar-se** *vp* **molestar-se (a)** (*prendre's la pena*) to bother (*to do sth*): *Ni es va ~ a contestar la meva carta.* He didn't even bother to reply to my letter. LOC **et molesta que...?** do you mind if...?: *Et molesta que fumi?* Do you mind if I smoke? ◆ **no molesteu** do not disturb

molèstia *nf* **1** (*dolor*) discomfort [*incomptable*] **2 molèsties** inconvenience [*incomptable*]: *causar molèsties a algú* to cause inconvenience to sb ◇ *Disculpeu les molèsties.* We apologize for any inconvenience. LOC **si no és molèstia** if it's no bother

molí *nm* mill LOC **molí d'aigua/de vent** watermill/windmill

moll[1] *nm* (*peix*) red mullet [*pl* red mullet]

moll[2] *nm* (*d'un port*) wharf [*pl* wharves]

moll, ~a *adj* wet

molla[1] *nf* (*ressort*) spring

molla[2] *nf* (*de pa*) crumb: *molles de pa* breadcrumbs

molsa *nf* moss

molt *adv*

- **amb verb 1** a lot, very much: *S'assembla ~ al seu pare.* He looks a lot like his father. ◇ *A l'estiu anàvem ~ a la piscina.* We went to the pool a lot in summer. ◇ *treballar ~* to work hard ◇ *—Et va agradar? —Molt.* 'Did you like it?' 'Very much.'

> Fixeu-vos en la frase següent: *Estima molt els seus pares.* She loves her parents very much/a lot. **A lot** i **very much** es col·loquen al final de la frase, encara que *molt* en català vagi entre el verb i l'objecte directe.

- **amb adjectiu/adverbi 1** very: *Són ~ alts.* They're very tall. ◇ *~ a poc a poc/d'hora* very slowly/early **2** (*amb formes comparatives*) much: *Ets ~ més gran que ella.* You're much older than her. ◇ *~ més interessant* much more interesting LOC **de molt** far and above ◆ **molt bé** (*d'acord*) OK ◆ **per molt que...** however much...: *Per ~ que insisteixis...* However much you insist... ◇ *Per ~ simpàtic que sigui...* However nice he is...

molt, ~a ▶ *adj, pron* a lot of *sth*: *Tinc molta feina.* I've got a lot of work. ◇ *Hi havia ~s cotxes.* There were a lot of cars. ◇ *~s dels meus*

amics a lot of my friends ◇ *Tinc molta gana.* I'm very hungry. ◇ *fa ~ temps* a long time ago
▶ *nm* **1** (*cosa*) a lot: *Han fet ~ per ell.* They've done a lot for him. **2** (*molt temps*) a long time: *Van arribar ~ abans que nosaltres.* They got here a long time before us. ◇ *fa ~* a long time ago ❶ Per a expressions amb **molt**, vegeu les entrades del nom, adjectiu, etc., p. ex. **molt de gust!** a GUST i **de molt prestigi** a PRESTIGI.

mòlt, **~a** *adj* ground LOC *Vegeu* CAFÈ; *Vegeu tb* MOLDRE

moltó *nm* ram

moment *nm* **1** (*instant*) moment: *Espera un ~.* Hold on a moment. **2** (*període*) time: *en aquests ~s de crisi* at this time of crisis LOC **del moment**: *el millor jugador del ~* the best player at the moment ◇ *el cinema català del ~* present-day Catalan cinema ◆ **de moment** at/for the moment: *De ~ tinc prou feina.* I've got enough work for the moment. ◆ **en un moment** immediately *Vegeu tb* CAP²

M

mòmia *nf* mummy [*pl* mummies]

món *nm* world: *fer la volta al ~* to go round the world LOC **el món de l'espectacle** show business ◆ **per res del món** not for anything in the world: *Jo no em tiraria amb paracaigudes per res del ~.* I wouldn't go parachuting for anything in the world. *Vegeu tb* BOLA, MIG, TERCER, VOLTA

mona *nf* (*animal*) monkey [*pl* monkeys] LOC **agafar una mona** to get drunk ◆ **mona de Pasqua** Easter cake ◆ **mona d'imitació** copycat

monarca *nmf* monarch

monarquia *nf* monarchy [*pl* monarchies]

moneda *nf* **1** (*peça*) coin: *Tens una ~ de 50 penics?* Have you got a 50 pence coin? **2** (*unitat monetària*) currency [*pl* currencies]: *la ~ europea* the European currency

moneder *nm* purse

monestir *nm* monastery [*pl* monasteries]

monetari, **-ària** *adj* LOC *Vegeu* UNITAT

mongeta *nf* bean LOC **mongeta seca/tendra** haricot/green bean(s): *un plat de ~ tendra* a plate of green beans

moniato *nm* sweet potato [*pl* sweet potatoes]

monitor, **~a** ▶ *nm-nf* instructor: *un ~ de gimnàstica* a gym instructor
▶ *nm* (*pantalla*) monitor ➲ *Vegeu il·lustració a* ORDINADOR

monjo, **-a** *nm-nf* **1** (*masc*) monk **2** (*fem*) nun LOC *Vegeu* COL·LEGI

monòleg *nm* monologue

monòlit *nm* monolith

monopatí *nm* skateboard

monopoli *nm* monopoly [*pl* monopolies]

monòton, **~a** *adj* monotonous

monovolum *nm* MPV, people carrier

monòxid *nm* monoxide LOC **monòxid de carboni** carbon monoxide

monstre *nm* monster: *un ~ de tres ulls* a three-eyed monster

montenegrí, **-ina** *adj*, *nm-nf* Montenegrin

Montenegro *nm* Montenegro

monument *nm* monument

monumental *adj* **1** (*amb monuments*) historical: *el conjunt ~ de la ciutat* the historical monuments of the city **2** (*descomunal*) massive: *un esforç ~* a massive effort

monyo *nm* bun: *Sempre porta ~.* She always wears her hair in a bun.

moqueta *nf* carpet

móra *nf* **1** (*d'esbarzer*) blackberry [*pl* blackberries] **2** (*de morera*) mulberry [*pl* mulberries]

moral ▶ *adj* moral
▶ *nf* **1** (*principis*) morality **2** (*ànim*) morale: *La ~ està baixa.* Morale is low.

moralitat *nf* **1** (*principis*) morality **2** (*d'un conte*) moral

morat, **-ada** ▶ *adj*, *nm* purple ➲ *Vegeu exemples a* GROC
▶ *nm* bruise

mordassa *nf* gag LOC **posar una mordassa a algú** to gag sb: *Els assaltants li van posar una ~.* The robbers gagged him.

morè, **-ena** (*tb* **moreno**, **-a**) *adj* **1** (*cabell*, *pell*) dark: *La meva germana és molt més morena que jo.* My sister's much darker than me. **2** (*bronzejat*) brown: *posar-se ~* to go brown **3** (*pa*, *sucre*) brown

morfina *nf* morphine

moribund, **~a** *adj* dying

morir(-se) *vi*, *vp* to die: *~ d'un infart/en un accident* to die of a heart attack/in an accident LOC **morir-se d'avorriment** to be bored stiff ◆ **morir-se de cansament/son** to be dead tired ◆ **morir-se de fred/gana** to be freezing/starving ◆ **morir-se d'enveja** to be green with envy ◆ **morir-se de por** to be scared stiff ◆ **morir-se de riure** to fall about laughing ◆ **morir-se de set** to be dying of thirst ◆ **morir-se per fer alguna cosa** to be dying to do sth *Vegeu tb* MOSCA

moro, **-a** ▶ *adj* Moorish
▶ *nm-nf* (*Hist*) Moor LOC *Vegeu* BLAT, CRISPETA, FIGA

morrió *nm* muzzle

morro *nm* **1** (*animal*) snout **2** (*avió*) nose LOC **fer morros** to look angry ◆ **quin morro!** what a cheek! *Vegeu tb* BEURE('S)

morsa *nf* walrus [*pl* walruses]

mort *nf* death LOC **de mala mort** horrible: *un barri de mala ~* a horrible neighbourhood ◆ **donar mort a algú/alguna cosa** to kill sb/sth *Vegeu tb* PENA, TEMPS

mort, ~a ▶ *adj* dead: *L'havien donat per morta.* They had given her up for dead. ◇ *El poble queda ~ durant l'hivern.* The town is dead in winter.
▶ *nm-nf*: *Hi va haver tres ~s en l'accident.* Three people were killed in the accident. ◇ *els ~s a la guerra* the war dead LOC **mort d'avorriment** bored stiff ◆ **mort de cansament/son** dead tired ◆ **mort de fred/gana** freezing/starving ◆ **mort d'enveja** green with envy ◆ **mort de por** scared to death ◆ **mort de riure** helpless with laughter ◆ **mort de set** dying of thirst *Vegeu tb* CALLAR, COTXE, HORA, NATURA, PESAR², PUNT, VIU; *Vegeu tb* MORIR(-SE)

mortadel·la *nf* mortadella

mortal ▶ *adj* **1** (*no immortal, pecat*) mortal: *Els éssers humans són ~s.* Human beings are mortal. **2** (*malaltia, accident*) fatal **3** (*verí, enemic*) deadly **4** (*avorriment, soroll, treball*) dreadful: *L'espectacle va ésser un avorriment ~.* The show was dreadfully boring.
▶ *nmf* (*ésser humà*) mortal LOC *Vegeu* RESTA, SALT

mortalitat *nf* mortality

morter *nm* mortar

mortuori, -òria *adj* LOC *Vegeu* ESQUELA

mos *nm* bite: *fer un ~* to have a bite to eat

mosaic *nm* mosaic

mosca *nf* fly [*pl* flies] LOC **caure/morir com mosques** to drop like flies ◆ **quina mosca t'ha picat?** what's eating you? *Vegeu tb* PUJAR

mosquit *nm* mosquito [*pl* mosquitoes]

mossegada *nf* bite LOC **fer una mossegada** to bite

mossegar(-se) *vt, vi, vp* to bite: *El gos em va ~ la cama.* The dog bit my leg. ◇ *Vaig ~ la poma.* I bit into the apple. ◇ *mossegar-se les ungles* to bite your nails LOC **mossegar-se la llengua** to bite your tongue *Vegeu tb* GOS

most *nm* grape juice: *Dos mostos, si us plau.* Two glasses of grape juice, please.

mostassa *nf* mustard

mostela *nf* weasel

mostra *nf* **1** (*Med, estadística, mercaderia*) sample: *una ~ de sang* a blood sample **2** (*prova*) token: *una ~ d'amor* a token of love **3** (*senyal*) sign: *fer ~ de cansament* to show signs of fatigue LOC *Vegeu* FIRA

mostrar ▶ *vt* to show: *Van ~ molt d'interès per ella.* They showed great interest in her.
▶ **mostrar-se** *vp* (*semblar*) to seem: *Es va ~ una mica pessimista.* He seemed rather pessimistic. LOC *Vegeu* COMPRENSIÓ

mot *nm* word LOC **mots encreuats** crossword [*v sing*]: *fer uns ~s encreuats* to do a crossword

motí *nm* mutiny [*pl* mutinies]

motiu *nm* reason (*for sth/doing sth*): *el ~ del nostre viatge* the reason for our trip ◇ *per ~s de salut* for health reasons ◇ *Es va enfadar amb mi sense cap ~.* He got angry with me for no reason.

motivació *nf* motivation: *falta de ~* lack of motivation

motivar *vt* **1** (*causar*) to cause **2** (*incentivar*) to motivate

motlle *nm* **1** (*Cuina*) tin **2** (*de guix*) cast: *un ~ de guix* a plaster cast LOC *Vegeu* PA

M

moto

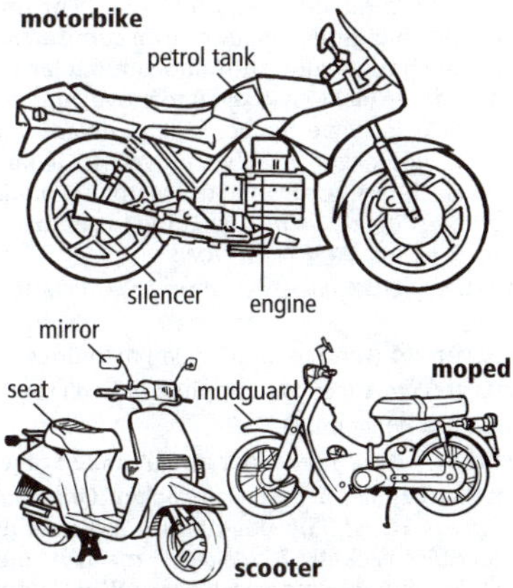

moto (*tb* **motocicleta**) *nf* motorbike, motorcycle (*més formal*): *anar amb ~* to ride a motorbike LOC **moto aquàtica** jet ski® [*pl* jet skis] ◆ **moto de neu** snowmobile ◆ **moto tot terreny** dirt bike

motociclisme *nm* motorcycling

motociclista *nmf* motorcyclist

motocròs *nm* motocross

motor, ~a ▶ *adj* motive: *potència motora* motive power
▶ *nm* **1** (*vehicle*) engine **2** (*electrodomèstic*) motor
➲ *Vegeu nota a* ENGINE ➲ *Vegeu il·lustració a* MOTO

LOC **motor de cerca** (*Informàt*) search engine *Vegeu tb* LLANXA, VOL

motorista *nmf* motorcyclist

motxilla *nf* **1** (*d'excursionista*) rucksack **2** (*escolar*) school bag ➲ *Vegeu il·lustració a* BAG

moure('s) *vt, vp* to move: *moure els braços/el cap* to move your arms/head ◇ *Mou-te una mica perquè pugui seure.* Move up a bit so I can sit down.

movedís, -issa *adj* LOC *Vegeu* ARENA

moviment *nm* **1** (*canvi de posició, polític, cultural*) movement: *un lleu ~ de la mà* a slight movement of the hand ◇ *el ~ obrer/romàntic* the labour/Romantic movement **2** (*marxa*) motion: *El cotxe estava en ~.* The car was in motion. ◇ *posar alguna cosa en ~* to set sth in motion **3** (*activitat*) activity: *En aquesta casa sempre hi ha molt de ~.* There are always people coming and going.

MP3 *nm* MP3

M

mudança *nf* move LOC *Vegeu* CAMIÓ

mudar(-se) ▶ *vt, vi, vp* ~ **(de)** (*canviar*) to change: *S'ha de mudar el bebè.* The baby needs changing. ◇ *mudar-se de camisa/sabates* to change your shirt/shoes ▶ **mudar-se** *vp* **1 mudar-se (de)** (*traslladar-se*) to move: *mudar-se de casa* to move house ◇ *S'han mudat a una casa més gran.* They've moved to a larger house. **2** (*vestir elegant*) to dress up: *Em mudaré perquè haig de sortir.* I'm going to get dressed up to go out. LOC *Vegeu* CAMISA

mudat, -ada *adj* dressed up *Vegeu tb* MUDAR(-SE)

mugir *vi* **1** (*vaca*) to moo **2** (*toro*) to bellow

mugró *nm* **1** (*persona*) nipple **2** (*animal*) teat

mul, ~a *nm-nf* mule

mulat, ~a *adj, nm-nf* (person) of mixed race

mullader *nm* **1** (*escàndol*) racket: *Quin ~ que fan els veïns!* The neighbours are making a terrible racket! **2** (*desordre, confusió*) mess: *Quin ~, tot escampat per terra.* What a mess, everything on the ground! **3** (*embolic*) trouble [*incomptable*]: *No et fiquis en cap ~.* Don't get into trouble. LOC **fer un mullader** (*amb aigua*) to get water all over the floor: *Qui ha fet aquest ~ al bany?* Who got water all over the bathroom floor?

mullar ▶ *vt* to get *sb/sth* wet: *No mullis el terra.* Don't get the floor wet. ▶ **mullar-se** *vp* to get wet: *mullar-se els peus* to get your feet wet ◇ *T'has mullat?* Did you get wet?

mullat, -ada *adj* wet *Vegeu tb* MULLAR

muller *nf* wife [*pl* wives]

multa *nf* fine ❶ Si és una multa per aparcament indegut o per excés de velocitat, també es pot dir **a ticket**: *una multa d'aparcament* a parking ticket. En aquest cas *posar una multa* es diu **to give sb a ticket**. LOC **posar una multa** to fine: *Li han posat una ~.* He's been fined.

multicultural *adj* multicultural

multimèdia *adj* multimedia

multinacional *adj, nf* multinational

múltiple *adj, nm* multiple: *una fractura ~* a multiple fracture

multiplicació *nf* multiplication

multiplicar *vt, vi* (*Mat*) to multiply: *~ dos per quatre* to multiply two by four ◇ *Ja saps ~?* Do you know how to do multiplication yet? ◇ *les taules de ~* (multiplication) tables

multiracial *adj* multiracial

multisala *nf* multiplex (cinema)

multitasca (*Informàt*) *nf* multitasking

multitud *nf* **1** (*gentada*) crowd [*v sing o pl*] **2** (*molts*) **una ~ (de)** a lot of *sth*: *una ~ de problemes* a lot of problems

multitudinari, -ària *adj* mass [*n atrib*]: *una manifestació multitudinària* a mass demonstration

mundial ▶ *adj* world [*n atrib*]: *el rècord ~* the world record
▶ *nm* world championship: *els Mundials d'Atletisme* the World Athletics Championships ◇ *el Mundial de Futbol* the World Cup

munició *nf* ammunition [*incomptable*]: *quedar-se sense municions* to run out of ammunition

municipal *adj* municipal LOC **guàrdia/policia municipal 1** (*individu*) police officer ➲ *Vegeu nota a* POLICIA **2** (*cos*) local police force *Vegeu tb* ELECCIÓ, TERME

municipi *nm* **1** (*unitat territorial*) town **2** (*ajuntament*) town council

munt *nm* **1** (*pila*) pile: *un ~ de sorra/llibres* a pile of sand/books **2** (*molts*) lots (*of sth*): *un ~ de problemes/gent* lots of problems/people

muntanya *nf* **1** mountain: *a dalt d'una ~* at the top of a mountain ◇ *anar ~ amunt/avall* to go up/down a mountain **2** (*tipus de paisatge*) mountains [*pl*]: *Prefereixo la ~ a la platja.* I prefer the mountains to the seaside. LOC **muntanyes russes** roller coaster *Vegeu tb* BICICLETA, CICLISME

muntanyenc, ~a *nm-nf* mountaineer

muntanyisme *nm* mountaineering

muntanyós, -osa *adj* mountainous LOC *Vegeu* SISTEMA

muntar ▶ *vt* **1** (*establir*) to set *sth* up: *~ un negoci* to set up a business **2** (*màquina, moble, joguina*) to assemble **3** (*tenda de campanya*) to put *sth* up **4** (*nata*) to whip ▶ *vi* to get on (*sth*): *Van ~ dos passatgers.* Two passengers got on. **LOC muntar a cavall** to ride: *M'agrada ~ a cavall.* I like riding. ◆ **muntar-s'ho bé**: *Que bé que s'ho munten!* They've really got it made! *Vegeu tb* CIRI

muntatge *nm* **1** (*màquina*) assembly: *una cadena de ~* an assembly line **2** (*truc*) set-up: *Segur que tot és un ~.* I bet it's all a set-up.

muntura *nf* (*ulleres*) frame

munyir *vt* to milk

mur *nm* wall

mural *nm* mural

muralla *nf* wall(s) [*gen pl*]: *la ~ medieval* the medieval walls

murga *nf* **1** (*inconvenient*) pain: *Quina ~!* What a pain! **2** (*històries*): *No em vinguis amb murgues i ajuda'm.* Stop messing about and come and help me!

murmurar ▶ *vt, vi* (*parlar en veu baixa*) to mutter ▶ *vi* ~ **(de) 1** (*criticar*) to run *sb/sth* down **2** (*xafardejar*) to gossip (about *sb/sth*)

murmuri *nm* murmur: *el ~ de la seva veu/del vent* the murmur of his voice/the wind

musa *nf* muse

muscle *nm* shoulder

musclera *nf* shoulder pad

musclo *nm* mussel

múscul *nm* muscle

muscular *adj* muscle [*n atrib*]: *una lesió ~* a muscle injury

musculós, -osa *adj* muscular

museu *nm* museum: *És al Museu Picasso.* It's in the Picasso Museum.

> A la Gran Bretanya els museus d'art on s'exposen principalment quadres i escultures habitualment s'anomenen **gallery**, p. ex. **the National Gallery** o **the Tate Gallery**.

músic, ~a *nm-nf* musician **LOC músic de carrer** busker

música *nf* music: *No m'agrada la ~ clàssica.* I don't like classical music. **LOC música ambiental/de fons** background music ◆ **música en directe** live music ◆ **música ètnica** world music *Vegeu tb* APARELL, EQUIP

musical *adj, nm* musical **LOC** *Vegeu* COMÈDIA, ESCALA

musli *nm* muesli

mussol *nm* **1** (*ocell*) owl **2** (*ull*) sty(e) [*pl* sties/styes]: *M'ha sortit un ~.* I've got a sty.

musulmà, -ana *adj, nm-nf* Muslim ➲ *Vegeu nota a* VEGETARIÀ

mut, -uda *adj* dumb: *És ~ de naixement.* He was born dumb.

> En un context més formal es prefereix l'expressió **people who are speech-impaired**.

LOC *Vegeu* PEL·LÍCULA

mutant *adj, nmf* mutant

mutilar *vt* to mutilate

mutu, mútua *adj* mutual

mútuament *adv* each other, one another: *S'odien ~.* They hate each other. ➲ *Vegeu nota a* EACH OTHER

N n

na *art pers Vegeu* EN *art pers*

nabiu *nm* blueberry [*pl* blueberries]

nació *nf* nation **LOC** *Vegeu* ORGANITZACIÓ

nacional *adj* **1** (*de la nació*) national: *la bandera ~* the national flag **2** (*intern*) domestic: *el mercat ~* the domestic market ◇ *vols/sortides ~s* domestic flights/departures **LOC** *Vegeu* CARRETERA, DOCUMENT, PARC

nacionalisme *nm* nationalism

nacionalista *adj, nmf* nationalist

nacionalitat *nf* **1** nationality [*pl* nationalities]: *persones de diferents ~s* people of different nationalities **2** (*ciutadania*) citizenship: *sol·licitar/obtenir la ~ espanyola* to apply for/be granted Spanish citizenship

nacionalitzar ▶ *vt* to nationalize ▶ **nacionalitzar-se** *vp* to become a British, Spanish, etc. citizen

nacre *nm* mother-of-pearl

nadal (*tb* **Nadal**) *nm* Christmas: *Bon Nadal!* Happy Christmas! ◇ *Sempre ens reunim per Nadal.* We always get together at Christmas.

> La nit de Nadal es diu **Christmas Eve**. El dia 25 de desembre, (**Christmas Day**), la família es lleva al matí i tothom obre els regals que ha portat el **Father Christmas**. Al migdia es fa el **Christmas dinner**: gall dindi i **Christmas pud-**

ding (una mena de pastís de fruites seques). **Boxing Day** és l'endemà de Nadal (Sant Esteve) i també és festa.

LOC *Vegeu* DIA, NIT, PANERA

nadala *nf* (Christmas) carol

nadalenc, ~a *adj* Christmas [*n atrib*]: *la decoració nadalenca* the Christmas decorations

nadó *nm* baby [*pl* babies]

nafra *nf* wound ➲ *Vegeu nota a* FERIDA

naftalina *nf* LOC *Vegeu* BOLA

naixement *nm* **1** birth: *data de ~* date of birth **2** (*riu*) source **3** (*pèl, ungla*) root LOC **de naixement**: *És cega de ~.* She was born blind. ◇ *ésser espanyol de ~* to be Spanish by birth *Vegeu tb* LLOC

naixent *adj* (*sol*) rising

nan, ~a *adj, nm-nf* dwarf [*pl* dwarfs/dwarves] [*n*]: *una conífera nana* a dwarf conifer

nano, -a *nm-nf* kid

nansa *nf* handle ➲ *Vegeu il·lustració a* HANDLE

nap *nm* turnip

N

narcòtic *nm* drug

narcotràfic *nm* drug trafficking

narcotraficant *nmf* drug dealer

narrador, ~a *nm-nf* narrator

narrar *vt* to tell

narrativa *nf* (*gènere*) fiction

nas *nm* nose: *tenir el ~ tapat* to have a blocked nose LOC **tenir nas** to have a nose *for sth*: *Tenen ~ per a les antiguitats.* They have a nose for antiques. *Vegeu tb* ARRUFAR, BURXAR, FICAR, GOTA, PUJAR, TANCAR

nasal *adj* nasal LOC *Vegeu* ENVÀ

nata *nf* **1** cream: *~ muntada* whipped cream **2** (*de llet bullida*) skin **3** (*bufetada*) smack LOC **nata líquida** single cream ◆ **nata per muntar** double cream *Vegeu tb* FLOR

natació *nf* swimming

natal *adj* native: *país ~* native country LOC *Vegeu* CIUTAT

natalitat *nf* birth rate LOC *Vegeu* ÍNDEX

natiu, -iva *adj, nm-nf* native

natja *nf* buttock

natura *nf* nature LOC **natura morta** still life [*pl* still lifes] ◆ **per natura** by nature

natural *adj* **1** natural: *causes ~s* natural causes ◇ *És ~!* It's only natural! **2** (*fruita*) fresh **3** (*beguda*) at room temperature **4** (*espontani*) unaffected: *un gest ~* an unaffected gesture LOC **ésser natural de...** to come from... *Vegeu tb* CIÈNCIA, IOGURT, PARC

naturalitat *nf*: *amb la ~ més gran del món* as if it were the most natural thing in the world LOC **amb naturalitat** naturally

naturalment *adv* of course: *Sí, ~ que sí.* Yes, of course.

nau *nf* **1** (*Nàut*) ship **2** (*església*) nave LOC **nau espacial** spaceship ◆ **nau industrial** industrial unit

nàufrag, ~a *nm-nf* castaway

naufragar *vi* to be wrecked

naufragi *nm* shipwreck

nàusea *nf* LOC **fer venir nàusees** to make *sb* feel sick ◆ **tenir nàusees** to feel sick

nàutic, ~a *adj* sailing: *club ~* sailing club

navalla *nf* **1** (*ganivet que es plega*) penknife [*pl* penknives] **2** (*arma*) knife [*pl* knives]: *Em van treure la ~ al carrer.* They pulled a knife on me in the street. LOC *Vegeu* COP, PUNTA

navegable *adj* navigable

navegació *nf* (*Nàut*) navigation LOC *Vegeu* CARTA

navegador *nm* (*Informàt*) browser

navegar *vi* **1** (*vaixells*) to sail **2** ~ **(per)** (*Informàt, per un lloc o una pàgina web*) to browse: *~ per una pàgina web* to browse a web page LOC **navegar per Internet/la xarxa** to surf the Net

ne *pron Vegeu* EN²

nebot, -oda *nm-nf* **1** (*masc*) nephew **2** (*fem*) niece **3 nebots**

De vegades diem *nebots* per referir-nos a nebots i nebodes, i en aquest cas hem de dir en anglès **nephews and nieces**: *Quants nebots tens?* How many nephews and nieces have you got?

necessari, -ària *adj* necessary: *Faré el que sigui ~.* I'll do whatever's necessary. ◇ *No portis més del ~.* Only take what you need.

necesser *nm* toilet bag

necessitar *vt* to need

necessitat *nf* **1** (*cosa imprescindible*) necessity [*pl* necessities]: *La calefacció és una ~.* Heating is a necessity. **2** ~ **(de)** need (for *sth*/to do *sth*): *No veig la ~ d'anar-hi amb cotxe.* I don't see the need to go by car. ◇ *nens amb ~s (educatives) especials* children with special (educational) needs LOC *Vegeu* PRIMER

necessitat, -ada ▶ *adj* (*pobre*) needy ▶ *nm-nf*: *ajudar els ~s* to help the poor *Vegeu tb* NECESSITAR

nectarina *nf* nectarine

nedador, ~a *nm-nf* swimmer

nedar *vi* to swim: *No sé ~.* I can't swim. ◇ *Van travessar el riu nedant.* They swam across the river. LOC **nedar braça, crol, etc.** to do (the) breaststroke, crawl, etc.

negar ▶ *vt* **1** (*fet*) to deny *sth/doing sth/that...*: *Va ~ que havia robat el quadre.* He denied stealing the picture. **2** (*permís, ajuda*) to refuse: *Ens van ~ l'entrada al país.* We were refused admittance into the country. ▶ **negar-se** *vp* **negar-se a** to refuse *to do sth*: *Es van ~ a pagar.* They refused to pay.

negat, -ada *adj* useless LOC **ésser (un) negat** to be useless (*at sth/doing sth*): *Sóc un ~ per a les matemàtiques.* I'm useless at maths. *Vegeu tb* NEGAR

negatiu, -iva *adj, nm* negative LOC *Vegeu* SIGNE

negativa *nf* refusal

negoci *nm* **1** (*Com, afer*) business: *fer ~s* to do business ◇ *Molts ~s han fracassat.* A lot of businesses have gone broke. ◇ *Els ~s són els ~s.* Business is business. ◇ *Estic aquí de/per ~s.* I'm here on business. **2** (*irònicament*) bargain: *Vaja quin ~ que hem fet!* Some bargain we got there! LOC **home/dona de negocis** businessman/woman [*pl* -men/-women]

negociació *nf* negotiation

negociador, ~a ▶ *adj* negotiating: *el procés ~* the negotiating process
▶ *nm-nf* negotiator

negociant *nmf* businessman/woman [*pl* -men/-women]

negociar *vt, vi* to negotiate

negra *nf* (*Mús*) crotchet

negre, -a ▶ *adj* **1** black **2** (*vi*) red: *un got de vi ~* a glass of red wine
▶ *nm* black
▶ *nm-nf* black man/woman [*pl* men/women]
LOC *Vegeu* BLANC, BOTIFARRA, CERVESA, DINER, FORAT, GROSELLA, MERCAT, OVELLA, TABAC

negreta *nf* (*tipografia*) bold

neguit *nm* anxiety

neguitós, -osa *adj* anxious

néixer *vi* **1** (*persona, animal*) to be born: *On vas ~?* Where were you born? ◇ *Vaig ~ el 1992.* I was born in 1992. **2** (*riu*) to rise LOC **néixer per a actor, cantant, etc.** to be a born actor, singer, etc. *Vegeu tb* ACABAT

nen, ~a *nm-nf* **1** (*sense distinció de sexe*) child [*pl* children] **2** (*masc*) boy **3** (*fem*) girl **4** (*nadó*) baby [*pl* babies]: *tenir un ~* to have a baby LOC **nen prodigi** child prodigy [*pl* child prodigies] *Vegeu tb* JOC

Neptú *nm* Neptune

nervi *nm* **1** (*Anat, nerviosisme*) nerve: *Això són els ~s.* That's nerves. **2** (*carn*) gristle: *Aquesta carn té molts ~s.* This meat is very gristly. LOC **posar els nervis de punta** to set *sb's* nerves on edge *Vegeu tb* ATAC

nerviós, -osa *adj* **1** (*Anat*) **(a)** (*sistema, tensió*) nervous: *el sistema ~* the nervous system **(b)** (*cèl·lula, fibra*) nerve [*n atrib*]: *teixit ~* nerve tissue **2** (*intranquil*) nervous

> En aquest sentit també es pot dir **tense** o **edgy** (*col·loq*): *Darrerament sembla una mica nerviós, com preocupat per alguna cosa.* He's been rather tense recently, as though he had something on his mind. ◇ *Avui estic una mica nerviosa.* I'm feeling rather edgy today.

3 (*fàcilment excitable*) highly strung: *És molt ~.* He's very highly strung. LOC **posar nerviós a algú** (*irritar*) to get on sb's nerves ◆ **posar-se nerviós** (*irritar-se*) to get worked up

nerviosisme *nm* nervousness

nespra *nf* medlar

net, ~a ▶ *adj* **1** (*sense brutícia*) clean: *L'habitació era força neta.* The room was quite clean. **2** (*Com*) net: *ingressos ~s* net income ◇ *pes ~* net weight
▶ *adv* fair: *jugar ~* to play fair LOC **fer net d'alguna cosa**: *A veure si faig ~ dels deures endarrerits.* Let's see if I can catch up on my homework. ◆ **passar/posar en net** to make a fair copy *of sth* ◆ **treure'n en net** to get *sth* out of *sth*: *No n'he tret res en ~.* I didn't get anything out of it. *Vegeu tb* JOC

nét, ~a *nm-nf* **1** (*masc*) grandson **2** (*fem*) granddaughter **3 néts** grandchildren

netedat *nf* cleanliness

neteja *nf* cleaning: *la ~ de la casa* cleaning the house ◇ *productes de ~* cleaning products LOC **neteja en sec** dry-cleaning ◆ **neteja ètnica** ethnic cleansing

netejar *vt* **1** to clean: *Haig de ~ els vidres.* I've got to clean the windows. **2** (*enllustrar*) to polish

neu *nf* snow LOC *Vegeu* BLANC, BOLA, FLOC, NINOT, PUNT, SURF

neula *nf* wafer

neuròtic, ~a *adj, nm-nf* neurotic

neutral *adj* neutral

neutre, -a *adj* **1** neutral **2** (*Gram*) neuter

neutró *nm* neutron

nevada *nf* snowfall

nevar *vi* to snow: *Crec que nevarà.* I think it's going to snow. LOC *Vegeu* SEMBLAR

N

nevat, **-ada** *adj* (*cobert de neu*) snowy *Vegeu tb* NEVAR

nevera *nf* fridge

ni *conj* **1** (*negació*) or: *Ni ho sap ni li importa.* He doesn't know or care. ◇ *No ha dit ni que sí ni que no.* He hasn't said yes or no. ℹ També es pot dir **neither... nor...** però és més formal: He neither knows nor cares. **2** (*ni tan sols*) not even: *Ni ell mateix sap el que guanya.* Not even he knows how much he earns. LOC **ni que...** even if...: *ni que em donessin diners* not even if they paid me ◆ **ni un** not a single (one): *No em queda ni una moneda.* I haven't got a single coin left. ◆ **ni una paraula, un dia, etc. més** not another word, day, etc. more

niar *vi* ~ **(a/en)** to nest (in *sth*)

nicotina *nf* nicotine

NIF *nm* income tax number

niló *nm* nylon

nina *nf* doll: *T'agrada jugar a nines?* Do you like playing with dolls?

nineta *nf* (*ull*) pupil

N

ningú *pron* no one, nobody: *Això no ho sap ~.* No one knows that. ◇ *No hi havia ~ més.* There was no one else there.

> Quan el verb en anglès és en forma negativa, fem servir **anyone**: *Està enfadat i no parla amb ningú.* He is angry and won't talk to anyone.

LOC **ésser un (no) ningú** to be a nobody

ninot *nm* **1** (*joguina*) doll: *un ~ de drap* a rag doll **2** (*d'un ventríloc, maniquí*) dummy [*pl* dummies] LOC **ninot de neu** snowman [*pl* snowmen] ◆ **ninot de peluix** soft toy

nínxol *nm* (*sepultura*) burial niche

nit *nf* night: *el dilluns a la ~* on Monday night LOC **aquesta nit** tonight ◆ **bona nit!** good night!

> **Good night** s'utilitza només com a forma de comiat. Si es vol saludar amb *bona nit*, es diu **good evening**: *Bona nit a tothom.* Good evening, everybody.

◆ **de la nit** (*hores*) at night, p.m. *les deu de la ~* ten o'clock at night ➲ *Vegeu nota a* MATÍ *Vegeu* P.M. ◆ **de la nit al dia** overnight ◆ **de nit 1** (*treballar, estudiar*) at night **2** (*funció, vestit*) evening: *sessió de ~* evening performance ◆ **dir bona nit** to say goodnight ◆ **fer-se de nit** to get dark ◆ **nit de cap d'any** New Year's Eve: *Què vau fer la ~ de cap d'any?* What did you do on New Year's Eve? ◆ **nit de Nadal** Christmas Eve: *La ~ de Nadal ens reunim tots.* We all get together on Christmas Eve. ◆ **passar la nit en blanc** to have a sleepless night *Vegeu tb* AHIR, ALT, TAULETA, VESTIT

nitrogen *nm* nitrogen

niu *nm* nest: *fer un ~* to build a nest

nivell *nm* **1** (*altura, grau*) level: *~ d'aigua/del mar* water/sea level **2** (*qualitat, preparació*) standard: *un excel·lent ~ de joc* an excellent standard of play ◇ *Té un bon ~ d'anglès.* He has a good standard of English. LOC **nivell de vida** standard of living *Vegeu tb* PAS[1]

no ▶ *adv* **1** (*resposta*) no: *No, gràcies.* No, thank you. ◇ *He dit que no.* I said no. **2** (*referit a verbs, adverbis, frases*) not: *No ho sé.* I don't know. ◇ *No és un bon exemple.* It's not a good example. ◇ *Comencem ja o no?* Are we starting now or not? ◇ *Per descomptat que no.* Of course not. ◇ *Que jo sàpiga, no.* Not as far as I know. **3** (*doble negació*): *No surt mai.* He never goes out. ◇ *No sé res de futbol.* I know nothing about football. **4** (*paraules compostes*) non-: *no fumador* non-smoker ◇ *fonts no oficials* unofficial sources **5 no?** isn't it?, don't you?, etc.: *Avui és dijous, no?* Today is Thursday, isn't it? ◇ *Ho vas comprar, no?* You did buy it, didn't you?

▶ *nm* no [*pl* noes]: *un no categòric* a categorical no ℹ Per a expressions amb **no**, vegeu les entrades del verb, nom, etc., p. ex. **no obstant** a OBSTANT.

noble ▶ *adj* **1** (*de la noblesa, honest*) noble **2** (*fusta, material*) fine

▶ *nmf* nobleman/woman [*pl* -men/-women]

noblesa *nf* nobility

noces *nf* wedding LOC **noces d'or/d'argent** gold/silver wedding

noció *nf* notion LOC **tenir noció d'alguna cosa** to have a basic grasp of sth

nociu, **-iva** *adj* ~ **(per a)** harmful (to *sb/sth*)

nocturn, **~a** *adj* **1** (*horari, feina, tarifa, club*) night [*n atrib*]: *servei ~ d'autobusos* night bus service **2** (*classes*) evening [*n atrib*] LOC *Vegeu* TARIFA, VIDA

noguera *nf* walnut (tree)

noi, **~a** *nm-nf* **1** (*masc*) boy: *el ~ de l'oficina* the office boy **2** (*fem*) girl ℹ Si són adults, també es pot dir **young man/woman**: *un noi de 25 anys* a young man of twenty-five **3 nois** (*sense distinció de sexe*) kids, youngsters (*més formal*)

nom *nm* **1 (a)** name **(b)** (*en formularis*) first name ➲ *Vegeu nota a* MIDDLE NAME **2** (*Gram*) noun: *~ comú* common noun LOC **a nom de** in the name of *sb*: *una reserva a ~ de Cristina Puig* a reservation in the name of Cristina Puig ◆ **de nom**: *El conec de ~ però no ens han presentat.*

I've heard a lot about him but we've yet to be introduced. ◆ **en nom de** on behalf of *sb*: *Li va donar les gràcies en ~ del president.* He thanked her on behalf of the president. ◆ **nom de pila** Christian name ❶ També se'n diu **first name.** ◆ **nom i cognoms** full name ◆ **nom propi** proper noun

nòmada ▶ *adj* nomadic
▶ *nmf* nomad

nombre *nm* number: *~ parell/senar* even/odd number ◇ *un gran ~ d'estudiants* a large number of students LOC **nombre primer** prime number ◆ **nombres aràbics/romans** Arabic/ Roman numerals

nombrós, -osa *adj* **1** (*gran*) large: *una família nombrosa* a large family **2** (*molts*) numerous: *en nombroses ocasions* on numerous occasions

nomenament *nm* appointment: *el ~ dels nous ministres* the appointment of the new ministers

nomenar *vt* (*càrrec*) to appoint *sb (as) sth*: *El van ~ ambaixador.* He was appointed (as) ambassador.

només *adv* only: *Treballo ~ el dissabte.* I only work on Saturdays. ◇ *Només és un nen.* He's only a child. ◇ *Només et demano una cosa.* I'm just asking you one thing.

nòmina *nf* (*sou*) pay

nominar *vt* (*premi*) to nominate *sb (for sth)*: *Va ésser nominada per a l'Oscar.* She was nominated for an Oscar.

nora *nf* daughter-in-law [*pl* daughters-in-law]

noranta *nm, adj, pron* **1** ninety **2** (*norantè*) ninetieth ➲ *Vegeu exemples a* SEIXANTA

nord *nm* north (*abrev* N): *al ~ d'Espanya* in the north of Spain ◇ *És al ~ de Barcelona.* It's north of Barcelona. ◇ *a la costa ~* on the north coast ◇ *viatjar cap al ~* to travel north ◇ *més al ~* further north LOC *Vegeu* IRLANDA

nord-americà, -ana *adj, nm-nf* American

nord-est *nm* **1** (*punt cardinal, regió*) north-east (*abrev* NE) **2** (*vent, direcció*) north-easterly

nord-oest *nm* **1** (*punt cardinal, regió*) north-west (*abrev* NW) **2** (*direcció, vent*) north-westerly

no-res *nm* nothingness

norma *nf* rule LOC **tenir per norma fer/no fer alguna cosa** to always/never do sth: *Tinc per ~ no menjar entre hores.* I never eat between meals.

normal *adj* **1** (*comú*) normal: *el curs ~ dels esdeveniments* the normal course of events ◇ *el que és ~* the normal thing **2** (*corrent*) ordinary: *una feina ~* an ordinary job **3** (*estàndard*) standard: *el procediment ~* the standard procedure LOC **normal i corrent** ordinary

normalitzar ▶ *vt* (*relacions, situació*) to restore *sth* to normal ▶ **normalitzar-se** *vp* to return to normal

normativa *nf* regulations [*v pl*]: *la ~ vigent* current regulations

noruec, -ega *adj, nm-nf, nm* Norwegian: *els ~s* the Norwegians ◇ *parlar ~* to speak Norwegian

Noruega *nf* Norway

nos *pron Vegeu* ENS

nosa *nf* nuisance: *És una ~, però què hi farem.* It's a nuisance but it can't be helped. LOC **fer nosa** to be in *sb's* way: *Si et fan ~ aquestes caixes, digues-m'ho.* Tell me if those boxes are in your way. ◇ *Que faig ~?* Am I in the way?

nosaltres *pron* **1** (*subjecte*) we: *Tu no ho saps. Nosaltres sí.* You don't know. We do. ◇ *Ho farem ~.* We'll do it. **2** (*complement, en comparacions*) us: *Véns amb ~?* Are you coming with us? ◇ *Fa menys esport que ~.* He does less sport than us. LOC **entre nosaltres** (*confidencialment*) between ourselves ◆ **som nosaltres** it's us

nostàlgia *nf* **1** (*del passat*) nostalgia **2** (*de la llar, del país, etc.*) homesickness: *Quan estic dos dies fora de casa m'entra una ~ terrible.* Whenever I'm away from home for more than two days I feel really homesick. LOC **sentir/tenir nostàlgia d'alguna cosa/algú** to miss sth/sb: *Sent ~ del seu país.* He misses his country.

nostre, -a ▶ *adj* our: *la nostra família* our family

> *Una amiga nostra* es tradueix per **a friend of ours** perquè significa 'una de les nostres amigues'.

▶ *pron* ours: *El vostre cotxe és millor que el ~.* Your car is better than ours.

nota *nf* **1** note (*escrit, Mús*): *Et vaig deixar una ~ a la cuina.* I left you a note in the kitchen. **2** (*Educ*) mark: *treure bones/males notes* to get good/bad marks LOC **les notes** (*Educ*) report [*v sing*]: *Dijous em donen les notes.* I'm getting my report on Thursday. ◆ **prendre nota** to take note (*of sth*)

notable *nm* (*Educ*) very good ➲ *Vegeu nota a* A, A

notar ▶ *vt* **1** (*advertir*) to notice: *No he notat cap canvi.* I haven't noticed any change. **2** (*trobar*): *El noto molt trist.* He seems very sad. ▶ **notar-se** *vp* **1** (*sentir-se*) to feel: *Es nota la tensió.* You can feel the tension. **2** (*veure's*) to show: *No se li noten els anys.* He doesn't look his age. LOC **es nota que...** you can tell (that)...: *Es notava que*

N

estava nerviosa. You could tell she was nervous.

notari, -ària *nm-nf* notary [*pl* notaries] ≈ solicitor (*GB*) ➲ *Vegeu nota a* ADVOCAT

notícia *nf* **1** news [*incomptable*]: *T'he de donar una bona/mala ~.* I've got some good/bad news for you. ◇ *Les notícies són alarmants.* The news is alarming. ➲ *Vegeu nota a* CONSELL **2** (*Period, TV*) news item LOC **les notícies** (*Ràdio, TV*) the news [*v sing*]: *A quina hora fan les notícies?* What time is the news on? ◆ **notícies del cor** celebrity gossip [*incomptable*] ◆ **notícies d'última hora/últimes notícies** breaking news [*incomptable*] ◆ **tenir notícies d'algú** to hear from sb: *Tens notícies de la teva germana?* Have you heard from your sister?

notificar *vt* to notify *sb* of *sth*: *Vam ~ el robatori a la policia.* We notified the police of the theft.

nou¹ *nf* **1** (*fruit*) walnut **2** (*Anat*) Adam's apple LOC **nou moscada** nutmeg

nou² *nm, adj, pron* **1** nine **2** (*data*) ninth ➲ *Vegeu exemples a* SIS

nou, nova *adj* **1** new: *Són noves aquestes sabates?* Are those new shoes? **2** (*addicional*) further: *S'han presentat ~s problemes.* Further problems have arisen. LOC **com nou** as good as new: *Em van deixar el cotxe com ~.* My car was as good as new when I got it back. ◆ **de nou** again ◆ **nou de trinca** brand new *Vegeu tb* BELL, CARA, LLUNA

nou-cents, -centes *nm, adj, pron* nine hundred ➲ *Vegeu exemples a* SIS-CENTS

nouvingut, -uda ▶ *adj* recently arrived ▶ *nm-nf* new arrival

novè, -ena *adj, pron, nm-nf* ninth ➲ *Vegeu exemples a* SISÈ

novel·la *nf* (*Liter*) novel: *~ d'aventures/d'espies* adventure/spy novel LOC **novel·la negra** crime novel ◆ **novel·la policíaca** detective novel ◆ **novel·la rosa** romantic novel

novel·lista *nmf* novelist

novembre *nm* November (*abrev* Nov.) ➲ *Vegeu exemples a* GENER

novetat *nf* **1** (*cosa nova*) novelty [*pl* novelties]: *la ~ de la situació* the novelty of the situation ◇ *la gran ~ de la temporada* the latest thing this season **2** (*notícia*) news [*incomptable*]: *Alguna ~?* Any news? **3** (*canvi*) change: *No hi ha ~ en l'estat del malalt.* There's no change in the patient's condition.

nu, nua *adj* **1** (*persona*) naked **2** (*part del cos, sense ornaments*) bare: *amb els braços nus* with bare arms ◇ *parets nues* bare walls ➲ *Vegeu nota a* NAKED

nuca *nf* nape (of the neck)

nuclear *adj* nuclear: *energia ~* nuclear energy/power ◇ *residus ~s* nuclear waste ◇ *una central ~* a nuclear power station LOC *Vegeu* CEMENTIRI, REACTOR

nucli *nm* nucleus [*pl* nuclei]

nul, nul·la *adj* **1** (*invàlid*) invalid: *un acord ~* an invalid agreement ◇ *El matrimoni va ser declarat ~.* The marriage was annulled. **2** (*inexistent*) non-existent: *Les possibilitats són pràcticament nul·les.* The chances are almost non-existent. LOC *Vegeu* VOT

numeració *nf* numbers [*pl*] LOC **numeració aràbiga/romana** Arabic/Roman numerals [*pl*]

numeral *nm* numeral

numerar ▶ *vt* to number ▶ **numerar-se** *vp* to number off

número *nm* **1** number: *un ~ de telèfon* a telephone number **2** (*publicació*) issue (*més formal*), number: *un ~ endarrerit* a back issue **3** (*mida*) size **4** (*Teat*) act: *un ~ de circ* a circus act LOC **estar en números vermells** to be in the red ◆ **número de matrícula** registration number

nupcial *adj* wedding [*n atrib*]: *banquet ~* wedding reception

nus *nm* knot: *fer/desfer un ~* to tie/undo a knot LOC **nus escorredor** slip knot ◆ **tenir un nus a la gola** to have a lump in your throat

nutrició *nf* nutrition

nutritiu, -iva *adj* nutritious

nuvi, núvia *nm-nf* **1** (*masc*) bridegroom, groom **2** (*fem*) bride ➲ *Vegeu nota a* CASAMENT LOC **els nuvis 1** (*en un casament*) the bride and groom **2** (*acabats de casar*) the newly-weds *Vegeu tb* VESTIT

núvol *nm* cloud LOC **estar als núvols** to have your head in the clouds *Vegeu tb* CAIGUT

nuvolositat *nf* LOC **nuvolositat variable** patchy cloud [*incomptable*]

nyam-nyam *interj* yum-yum LOC **fer nyam-nyam** to eat

nyanyo *nm* bump: *Tinc un ~ al front.* I've got a bump on my forehead.

nyap *nm* botch: *M'ha sortit un ~.* I've made a botch of it. ◇ *Aquest dibuix és un ~.* You've made a real botch of that drawing. LOC **fer nyaps** to make a botch *of sth*

N

O o

o *conj* or: *Te o cafè?* Tea or coffee? ◇ *O et menges això, o no surts a jugar.* If you don't eat it all up, you're not going out to play.

oasi *nm* oasis [*pl* oases]

obedient *adj* obedient

obeir ▶ *vt* to obey: *~ els teus pares* to obey your parents ▶ *vi* to do as you are told: *Obeeix!* Do as you're told!

obert, ~a *adj* **1** open: *Deixa la porta oberta.* Leave the door open. ◇ *~ al públic* open to the public ◇ *El cas continua ~.* The case is still open. **2** (*aixeta*) running: *deixar una aixeta oberta* to leave a tap running **3** (*cremallera*) undone: *Portes la bragueta oberta.* Your flies are undone. **4** (*persona*) sociable **LOC** *Vegeu* BRAÇ, MENTALITAT, PISCINA; *Vegeu tb* OBRIR

obertura *nf* **1** (*forat*) gap **2** (*escletxa*) crack **3** (*acte*) opening: *la cerimònia d'obertura* the opening ceremony **4** (*Mús*) overture

obès, -esa *adj* obese

obesitat *nf* obesity

objecció *nf* objection **LOC** **posar objeccions** to find fault *with sth*

objectar *vt* to object to *sth*

objecte *nm* **1** (*cosa, Gram*) object **2** (*propòsit*) purpose **LOC** **objectes perduts** lost property [*incomptable*]: *l'oficina d'objectes perduts* the lost property office ◆ **objectes personals** belongings

objectiu, -iva ▶ *adj* objective
▶ *nm* **1** (*finalitat*) aim, objective (*més formal*): *~s a llarg termini* long-term objectives **2** (*Mil*) target **3** (*Fot*) lens

objector, ~a *nm-nf* **LOC** **objector (de consciència)** conscientious objector

oblidar(-se) *vt, vp* **1** to forget: *Em vaig oblidar (de comprar) el detergent.* I forgot (to buy) the washing powder. **2** (*deixar*) to leave *sth* (behind): *Vaig oblidar el paraigua a l'autobús.* I left my umbrella on the bus.

obligació *nf* obligation **LOC** **tenir obligació/l'obligació de** to be obliged *to do sth*

obligar *vt* to force *sb to do sth*, to make *sb do sth* (*més col·loq*): *Em van ~ a entregar la maleta.* They forced me to hand over the case.

obligat, -ada *adj* **LOC** **estar obligat a** to have *to do sth*: *Estem ~s a canviar-ho.* We have to change it. ◆ **sentir-se/veure's obligat** to feel obliged *to do sth* *Vegeu tb* OBLIGAR

obligatori, -òria *adj* compulsory: *l'ensenyament ~* compulsory education **LOC** *Vegeu* ESCOLA

oboè *nm* oboe

obra *nf* **1** (*feina, creació*) work: *una ~ d'art* a work of art ◇ *l'obra completa de Maragall* the complete works of Maragall **2** (*acció*) deed: *fer bones obres* to do good deeds **3** (*lloc en construcció*) (building) site: *Hi va haver un accident a l'obra.* There was an accident at the (building) site. **4 obres (a)** (*de carretera*) roadworks: *Aquest tram està en obres.* There are roadworks on this stretch. **(b)** (*en una casa, etc.*) work [*incomptable*]: *Estem d'obres.* We're having some work done on the house. ◇ *Estem fent obres al lavabo.* We're doing some work on the bathroom. **LOC** **obra mestra** masterpiece ◆ **obra (teatral/de teatre)** play ◆ **per obra d'encantament** as if by magic *Vegeu tb* MÀ

obrar *vi* to act

obreampolles *nm* bottle-opener

obrellaunes *nm* tin-opener

obrer, ~a ▶ *adj* **1** (*família, barri*) working-class **2** (*sindicat*) labour [*n atrib*]: *el moviment ~* the labour movement
▶ *nm-nf* worker **LOC** *Vegeu* ABELLA

obridor *nm* opener

obrir ▶ *vt* **1** to open: *No obris la finestra.* Don't open the window. **2** (*aixeta, gas*) to turn *sth* on **3** (*túnel*) to bore **4** (*camí*) to make ▶ *vi* (*obrir la porta*) to open up: *Obre!* Open up! ▶ **obrir-se** *vp* **1** to open: *De sobte es va ~ la porta.* Suddenly the door opened. **2** (*terra*) to crack **LOC** **obrir-se camí a la vida** to get on in life ◆ **obrir-se el cap** to split your head open ◆ **obrir (un) expedient** to take proceedings (*against sb*) *Vegeu tb* BOCA, PAS[1], TANCAR

obscè, -ena *adj* obscene

observació *nf* observation: *capacitat d'observació* powers of observation **LOC** **estar en observació** to be under observation

observador, ~a ▶ *adj* observant
▶ *nm-nf* observer

observar *vt* **1** (*mirar*) to watch, to observe (*més formal*): *Observava la gent des de la meva finestra.* I was watching people from my window. **2** (*notar*) to notice: *Hi has observat alguna cosa estranya?* Have you noticed anything odd about him?

observatori *nm* observatory [*pl* observatories]

obsés, -essa *adj, nm-nf* obsessed: *És un ~ del treball.* He's obsessed with work.

obsessió *nf* obsession (*with sb/sth/doing sth*): *una ~ per les motos/guanyar* an obsession with motorbikes/with winning LOC **tenir obsessió per** to be obsessed with *sb/sth/doing sth*

obsessionar ▶ *vt* to obsess ▶ **obsessionar-se** *vp* to be obsessed (*with sb/sth/doing sth*): *S'obsessiona pels diners.* He's obsessed with money.

obstacle *nm* obstacle

obstaculitzar *vt* to block

obstant LOC **no obstant** in spite of ◆ **no obstant això** however, nevertheless (*més formal*)

obstinat, -ada *adj* stubborn

obstruir *vt* **1** (*conducte, lavabo*) to block **2** (*dificultar*) to obstruct: *~ la justícia* to obstruct justice

obtenir *vt* to get, to obtain (*més formal*): *~ un préstec/el suport d'algú* to get a loan/sb's support

obvi, òbvia *adj* obvious

òbviament *adv* obviously

oca *nf* **1** (*animal*) goose [*pl* geese]

> Si es vol especificar que és una oca mascle, un oc, es diu **gander**.

O

2 (*joc*) ≈ snakes and ladders (*GB*) [*incomptable*]

ocasió *nf* **1** (*vegada*) occasion: *en nombroses ocasions* on numerous occasions **2** (*oportunitat*) opportunity [*pl* opportunities], chance (*més col·loq*) (*to do sth*): *una ~ única* a unique opportunity LOC **d'ocasió**: *preus d'ocasió* bargain prices ◇ *cotxes d'ocasió* second-hand cars

occident *nm* west: *les diferències entre l'orient i l'occident* the differences between East and West

occidental ▶ *adj* western: *el món ~* the western world
▶ *nmf* westerner

oceà *nm* ocean ➲ *Vegeu nota a* MAR

Oceania *nf* Oceania

ocell *nm* bird

oci *nm* leisure

ocórrer *vi* **1** (*succeir*) to happen: *El que va ~ va ésser...* What happened was that... **2** (*idea*) to occur

octubre *nm* October (*abrev* Oct.) ➲ *Vegeu exemples a* GENER

oculista *nmf* eye specialist

ocult, ~a *adj* hidden

ocultar ▶ *vt* to hide *sb/sth* (*from sb*): *Em van ~ de la policia.* They hid me from the police. ◇ *No tinc res a ~.* I have nothing to hide. ▶ **ocultar-se** *vp* to hide (*from sb*): *el lloc on s'ocultaven* the place where they were hiding

ocupa (*tb* **okupa**) *nmf* squatter

ocupació *nf* employment: *plena ~* full employment ◇ *una agència d'ocupació* an employment agency ◇ *creació d'ocupació* job creation LOC *Vegeu* FOMENT, OFICINA

ocupant ▶ *adj* occupying: *les forces ~s* the occupying forces
▶ *nmf* occupant

ocupar ▶ *vt* **1** (*espai, temps*) to take up *sth*: *Ocupa mitja pàgina.* It takes up half a page. ◇ *Ocupa molt poc (espai).* It takes up very little room. ◇ *Ocupa tot el meu temps lliure.* It takes up all my spare time. **2** (*càrrec oficial*) to hold **3** (*país*) to occupy ▶ **ocupar-se** *vp* **ocupar-se de** (*feina, problema, sol·licitud*) to deal with *sth*: *Només ens ocupem de casos urgents.* We only deal with emergencies.

ocupat, -ada *adj* **1** ~ **(en/amb)** (*persona*) busy (with *sb/sth*); busy (*doing sth*): *Si truquen, digues que estic ~.* If anyone calls, say I'm busy. **2** (*línia telefònica, vàter*) engaged **3** (*seient, taxi*) taken: *Està ~ aquest lloc?* Is this seat taken? **4** (*país*) occupied *Vegeu tb* OCUPAR

odi *nm* hatred (*for/of sb/sth*)

odiar *vt* to hate *sb/sth/doing sth*: *Odio cuinar.* I hate cooking.

odiós, -osa *adj* horrible

odontòleg, -òloga *nm-nf* dental surgeon

oest *nm* west (*abrev* W): *a l'oest* in the west ◇ *a la costa ~* on the west coast ◇ *més a l'oest* further west LOC *Vegeu* PEL·LÍCULA

ofegar ▶ *vt* **1** (*asfixiar*) to suffocate: *El fum m'ofegava.* The smoke was suffocating me. **2** (*a l'aigua*) to drown ▶ **ofegar-se** *vp* **1** (*asfixiar-se*) to suffocate: *De poc que s'ofeguen amb el fum de l'incendi.* They nearly suffocated in the smoke from the fire. **2** (*a l'aigua*) to drown **3** (*respirar malament*) to be unable to breathe: *Quan m'agafa asma m'ofego.* When I have an asthma attack, I can't breathe. **4** (*en empassar*) to choke: *Per poc que m'ofego amb aquesta espina.* I almost choked on that bone. LOC **ofegar-se en un got d'aigua** to get worked up over nothing

ofendre ▶ *vt* to offend ▶ **ofendre's** *vp* to take offence (*at sth*): *T'ofens per qualsevol ximpleria.* You take offence at the slightest thing.

ofensa *nf* offence

ofensiu, -iva *adj* offensive: *un comentari ~* an offensive remark

ofensiva *nf* offensive

oferir ▶ *vt* to offer: *Ens van ~ un cafè.* They offered us a cup of coffee. ▶ **oferir-se** *vp* **oferir-se a** to offer *to do sth*: *Em vaig ~ a portar-los a casa.* I offered to take them home. ◇ *S'ofereix noi per a treballs de missatgeria.* Young man seeks courier work.

oferta *nf* **1** offer: *una ~ especial* a special offer **2** (*Econ, Fin*) supply: *La demanda supera l'oferta.* Demand outstrips supply. LOC **d'oferta** on special offer ◆ **ofertes de treball** job vacancies

ofici *nm* (*feina*) trade: *aprendre un ~* to learn a trade LOC *Vegeu* ADVOCAT

oficial ▶ *adj* official: *no ~* unofficial ▶ *nmf* (*policia, Mil*) officer

oficina *nf* office: *Seré a l'oficina.* I'll be at the office. LOC **oficina de correus** post office ◆ **oficina d'informació i turisme** tourist office ◆ **oficina d'ocupació** job centre

oficinista *nmf* office worker

oftalmòleg, -oga *nm-nf* ophthalmologist

oh *interj* oh

oi *interj*

> *Oi* es tradueix pel que en anglès s'anomenen **question tags**, fragments interrogatius per demanar confirmació: *Aquest cotxe és més ràpid, oi?* This car's faster, isn't it? ◇ *No t'agrada la llet, oi?* You don't like milk, do you? ◇ *Encara no marxem, oi que no?* We're not leaving yet, are we? ◇ *Anirem a esquiar, oi que sí?* We will go skiing, won't we?

➲ *Vegeu tb pàg 351*

oïda *nf* hearing LOC **d'oïda** by ear: *Toco el piano d'oïda.* I play the piano by ear. *Vegeu tb* AGRADABLE, EDUCAR

oïdor, ~a *nm-nf* (*tb* **oient** *nmf*) **1** (*Ràdio*) listener **2** (*Educ*) unregistered student

olfacte *nm* smell

oli *nm* oil: *~ de girasol/d'oliva* sunflower/olive oil LOC **quadre/pintura a l'oli** oil painting *Vegeu tb* BASSA, PINTAR, UNTAR

òliba *nf* barn owl

olimpíada *nf* Olympics [*pl*]

olímpic, ~a *adj* Olympic: *el rècord ~* the Olympic record LOC *Vegeu* JOC, VILA

oliva *nf* olive: *olives farcides/sense pinyol* stuffed/pitted olives

olivera *nf* olive tree

oliverar *nm* olive grove

olla *nf* (cooking) pot LOC **olla de pressió** pressure cooker *Vegeu tb* TEST[1]

olor *nf* smell (*of sth*): *una ~ de roses* a smell of roses LOC **fer olor (de)** to smell (of *sth*): *De què fa ~?* What's that smell? ◇ *fer ~ de pintura* to smell of paint ◇ *Aquest perfum fa bona ~.* That perfume smells nice. ➲ *Vegeu nota a* SMELL

olorar *vt* to smell

olorós, -osa *adj* sweet-smelling

om *nm* elm (tree)

ombra *nf* **1** (*absència de sol*) shade: *Ens vam asseure a l'ombra.* We sat in the shade. **2** (*silueta*) shadow: *projectar una ~* to cast a shadow ◇ *No és ni l'ombra del que era.* She is a shadow of her former self. ◇ *Em va semblar veure una ~ que es movia.* I thought I saw a shape moving. LOC **fer ombra 1** (*lit*) to keep the sun off *sb/sth*: *Em fas ~.* You're keeping the sun off me. ◇ *L'arbre feia ~ al cotxe.* The car was shaded by the tree. **2** (*fig*) to put *sb* in the shade: *El seu germà li fa ~.* His brother puts him in the shade. ◆ **ombra (d'ulls)** eyeshadow

ombra

a **shadow**

They're sitting in the **shade**.

ombrívol, ~a *adj* shady

ometre *vt* to omit, to leave *sth* out (*més col·loq*)

omplir ▶ *vt* **1** to fill *sb/sth* (*with sth*): *Omple d'aigua la gerra.* Fill the jug with water. ◇ *No l'omplis tant o vessarà.* Don't fill it too much or it will overflow. ◇ *No feia sinó ~ els gots.* He just kept on filling everybody's glasses. **2** (*formulari, imprès*) to fill *sth* in: *~ un formulari* to fill in a form **3** (*satisfer*) to satisfy: *Aquella mena de vida no m'omplia.* That lifestyle didn't satisfy me. ▶ **omplir-se** *vp* to fill (up) (*with sth*): *La casa es va ~ de convidats.* The house filled (up) with guests.

on *adv* **1** (*ús interrogatiu*) where: *On aneu?* Where are you going? ◇ *On ho has posat?* Where have

O

you put it? ◇ *D'on ets?* Where are you from? ◇ *Saps on fan el mercat?* Do you know where the market is held? **2** (*ús relatiu*) where: *la ciutat on vaig néixer* the city where I was born ◇ *Deixa-ho allà on puguis.* Leave it over there somewhere. **3** (*amb preposició*): *la ciutat cap a on van* the city they're heading for ◇ *un turó des d'on es veu el mar* a hill you can see the sea from ◇ *el carrer per on passa l'autobús* the street the bus goes along LOC **on diantre...?** where on earth...? ◆ **per on?** which way?: *Per on han anat?* Which way did they go? ◆ **per on es va a...?** how do you get to...?

ona *nf* wave: ~ *curta/mitjana/llarga* short/medium/long wave LOC **ona expansiva** shock wave ◆ **ona sonora** sound wave

onada *nf* wave LOC **onada de calor** heatwave ◆ **onada de fred** cold spell

onatge *nm* swell: *un fort* ~ a heavy swell

oncle *nm* uncle: *l'oncle Daniel* Uncle Daniel

ondulat, -ada *adj* **1** (*cabell*) wavy **2** (*superfície*) undulating **3** (*cartó, paper*) corrugated

onejar *vi* (*bandera*) to fly

ONG *nf* NGO [*pl* NGOs]

> En anglès, el term **NGO** s'usa sobretot en el context polític. Per a referir-se a organitzacions com ara Amnistia Internacional, Greenpeace, Oxfam, etc. normalment es fa servir la paraula **charity** [*pl* **charities**].

O

ONU *nf* UN

onze *nm, adj, pron* **1** eleven **2** (*data*) eleventh **3** (*en títols*) the Eleventh: *Lluís XI* Louis XI ❶ Es llegeix 'Louis the Eleventh'. *Vegeu exemples a* SIS

onzè, -ena *adj, pron, nm-nf* eleventh

opac, ~a *adj* opaque

opció *nf* option: *No té cap altra* ~. He has no option.

opcional *adj* optional

òpera *nf* opera

operació *nf* **1** operation: *sofrir una ~ cardíaca* to have a heart operation ◇ *una ~ policíaca* a police operation **2** (*Fin*) transaction

operar ▶ *vt* to operate (on *sb*): *L'han operat de càncer.* He's had an operation for cancer. ◇ *M'he de fer ~ el peu.* I've got to have an operation on my foot. ▶ *vi* to operate

operatiu, -iva *adj* (*Informàt*) operating: *sistema* ~ operating system

opi *nm* opium

opinar *vt, vi* to think: *Què opines?* What do you think?

opinió *nf* opinion: *segons la meva ~* in my opinion LOC **tenir una bona/mala opinió de** to have a high/low opinion of *sb/sth* *Vegeu tb* CANVIAR

oponent *adj, nmf* opponent

oportú, -una *adj* **1** (*en bon moment*) timely: *una visita oportuna* a timely visit **2** (*adequat*) appropriate: *La teva resposta no va ésser gaire oportuna.* Your reply wasn't very appropriate.

oportunitat *nf* **1** (*ocasió*) chance, opportunity [*pl* opportunities] (*més formal*): *Vaig tenir l'oportunitat d'anar al teatre.* I had the chance to go to the theatre. **2** (*ganga*) bargain LOC *Vegeu* IGUALTAT

oposar ▶ *vt* to offer: ~ *resistència a algú/alguna cosa* to offer resistance to sb/sth ▶ **oposar-se** *vp* **oposar-se a 1** (*estar en contra*) to oppose: *oposar-se a una idea* to oppose an idea **2** (*posar objeccions*) to object: *Aniré a la festa si els meus pares no s'hi oposen.* I'll go to the party if my parents don't object.

oposat, -ada *adj* **1** (*extrem, costat, direcció*) opposite: *la casa del cantó ~* the house on the other side **2** (*diferent*) different: *Els meus dos germans són totalment ~s.* My two brothers are totally different. *Vegeu tb* OPOSAR

oposició *nf* **1** (*rebuig, Pol*) opposition (*to sb/sth*): *el líder de l'oposició* the leader of the opposition **2** (*examen*) exam: *Va fer les oposicions a funcionari.* He took the civil service exam.

opositor, ~a *nm-nf* candidate

opressiu, -iva *adj* oppressive

oprimir *vt* **1** (*tiranitzar*) to oppress **2** (*fer pressió*) to be too tight: *La cintura de la faldilla m'oprimeix.* The waistband on my skirt is too tight.

optar *vi* **1** ~ **per** (*decidir*) to opt for *sth / to do sth*: *Van ~ per continuar estudiant.* They opted to carry on studying. **2** ~ **a** (*sol·licitar*) to apply for *sth*: ~ *a una plaça a l'ajuntament* to apply for a job with the council

optatiu, -iva *adj* optional

òptic, ~a ▶ *adj* **1** (*instrument, lent*) optical **2** (*nervi*) optic
▶ *nm-nf* optician

òptica *nf* (*establiment*) optician's ➲ *Vegeu nota a* CARNISSERIA

optimisme *nm* optimism

optimista ▶ *adj* optimistic
▶ *nmf* optimist

or *nm* **1** (*metall*) gold: *una medalla d'or* a gold medal **2 oros** (*cartes*) ➲ *Vegeu nota a* BARALLA LOC **no és or tot el que lluu** all that glitters is not gold *Vegeu tb* BANYAT, BARBA, CERCADOR, NOCES, SEGLE

ordinador

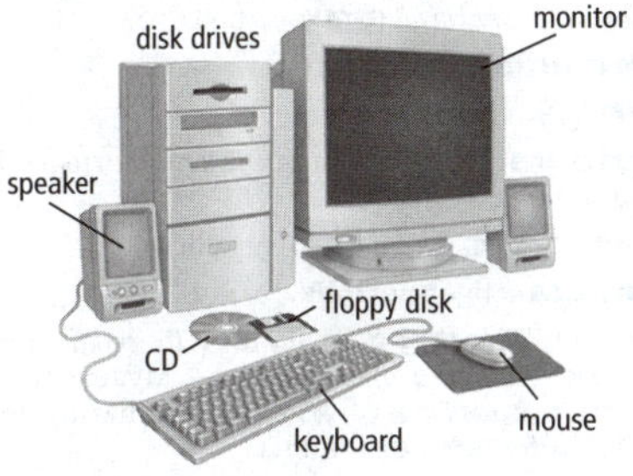

Ordres Commands

anomena i desa save as
avança pàgina page down
cerca find
copia copy
desa save
desfés undo
enganxa paste
executa run
exemple preview
imprimeix print
insereix insert
obre open
reanomena rename
reemplaça replace
refés redo
retalla cut
retalla i enganxa cut and paste
retrocedeix pàgina page up
selecciona select
selecciona-ho tot select all
suprimeix clear/delete
surt quit/exit
tanca close
visualitza view

oració *nf* **1** (*Relig*) prayer: *resar una ~* to say a prayer **2** (*Gram*) (**a**) sentence: *una ~ composta* a complex sentence (**b**) (*proposició*) clause: *una ~ principal/subordinada* a main/subordinate clause

oral *adj* oral

orangutan *nm* orang-utan

òrbita *nf* (*Astron*) orbit

orde *nm* order: *l'orde franciscà* the Franciscan order

ordenar *vt* **1** (*habitació, llibres, joguines*) to tidy *sth* up: *Podries ~ la teva habitació?* Could you tidy your bedroom up? **2** (*apunts, carpetes*) to put *sth* in order: *~ les targetes alfabèticament* to put the cards in alphabetical order **3** (*manar*) to order *sb to do sth*: *Em va ~ que segués.* He ordered me to sit down. ➲ *Vegeu nota a* ORDER

ordenat, -ada *adj* tidy: *una nena/habitació molt ordenada* a very tidy girl/room *Vegeu tb* ORDENAR

ordi *nm* barley

ordinador *nm* computer

Quan es treballa amb ordinador, primer de tot cal entrar al sistema (**log in/on**) i, a vegades, introduir una contrasenya (**key in/enter your password**). Llavors es pot obrir un document (**open a file**), navegar per Internet (**surf the Net**) i enviar missatges als amics (**email your friends**).
En acabar, cal no oblidar desar el document (**save the document**). És recomanable fer-ne una còpia de seguretat (**make a backup copy**). Finalment, se surt del sistema (**log off/out**) i es tanca l'ordinador.

LOC **ordinador de butxaca** palmtop ◆ **ordinador personal** personal computer (*abrev* PC) ◆ **ordinador portàtil** laptop *Vegeu tb* JOC

ordinal *adj* ordinal

ordinari, -ària *adj* **1** (*habitual*) ordinary: *esdeveniments ~s* ordinary events **2** (*vulgar*) common

ordre ▶ *nm* order: *en/per ~ alfabètic* in alphabetical order ◇ *per ~ d'importància* in order of importance
▶ *nf* **1** order: *per ~ del jutge* by order of the court **2** (*Dret*) warrant: *una ~ de registre* a search warrant

orella *nf* ear LOC **a l'orella**: *Digues-m'ho a l'orella.* Whisper it in my ear. *Vegeu tb* DUR *adj*, MAL[1], PARET

oreneta *nf* swallow

orenga *nf* oregano

orfe, òrfena *adj, nm-nf* orphan: *~s de guerra* war orphans ◇ *ésser ~* to be an orphan LOC **quedar-se orfe de mare/pare** to lose your mother/father

orfenat *nm* orphanage

òrgan *nm* organ

orgànic, ~a *adj* organic

organisme *nm* **1** (*Biol*) organism **2** (*organització*) organization

organització *nf* organization: *organitzacions internacionals* international organizations ◇ *una ~ juvenil* a youth group LOC **Organització de les Nacions Unides** (*abrev* **ONU**) the United Nations (*abrev* UN) *Vegeu tb* BENÈFIC

organitzador, ~a ▶ *adj* organizing
▶ *nm-nf* organizer

organitzar ▶ *vt* to organize ▶ **organitzar-se** *vp* (*persona*) to get yourself organized: *Hauria d'organitzar-me millor.* I should get myself better organized.

orgue *nm* organ

orgull *nm* pride: *ferir l'orgull d'algú* to hurt sb's pride

O

orgullós, -osa *adj* proud: *Està ~ d'ell mateix.* He is proud of himself.

orient *nm* east LOC **Extrem Orient/Orient Llunyà** Far East ◆ **Orient Mitjà** Middle East ◆ **Pròxim Orient** Near East

orientació *nf* **1** (*posició*): *Quina ~ té la casa?* Which way does the house face? **2** (*tendència*) orientation: *~ sexual* sexual orientation **3** (*guia, consell*) guidance

oriental ▶ *adj* eastern: *Europa Oriental* Eastern Europe
▶ *nmf*: *A la meva classe hi ha dos ~s.* There are two people from the Far East in my class.

> Hi ha la paraula **Oriental** com a nom en anglès, però és preferible no fer-la servir perquè pot ofendre.

orientar ▶ *vt* **1** (*col·locar*) to position: *~ una antena* to position an aerial **2** (*dirigir*) to direct: *El policia els va ~ i hi van arribar sense problemes.* The policeman directed them and they got there without any problems. **3** (*guiar, informar*) to advise *sb* (*on/about sth*): *Em pots ~ una mica?* Can you give me some advice? ▶ **orientar-se** *vp* (*trobar el camí*) to find your way around

O

orientat, -ada *adj* LOC **estar orientat a/cap a** (*edifici, habitació*) to face: *El balcó està ~ cap al sud-est.* The balcony faces south-east. *Vegeu tb* ORIENTAR

origen *nm* origin LOC **donar origen a** to give rise to *sth*

original *adj, nm* original LOC *Vegeu* VERSIÓ

originar ▶ *vt* to lead to *sth* ▶ **originar-se** *vp* to start: *Es va ~ un incendi al bosc.* A fire started in the woods.

orina *nf* urine LOC *Vegeu* ANÀLISI

orinal *nm* potty [*pl* potties]

orinar ▶ *vi* to urinate, to pass water (*més col·loq*) ▶ **orinar-se** *vp* to wet yourself

orni *nm* LOC **fer l'orni** to pretend not to notice

orquestra *nf* **1** (*de música clàssica*) orchestra **2** (*de música popular*) band: *una ~ de ball/jazz* a dance/jazz band LOC *Vegeu* DIRECTOR

orquídia *nf* orchid

ortiga *nf* nettle

ortografia *nf* spelling: *faltes d'ortografia* spelling mistakes

ortopèdic, ~a *adj* LOC *Vegeu* COLLAR

orxata *nf* tiger nut milk

os *nm* bone LOC **ésser un os 1** (*persona*) to be strict: *El meu professor és un ~.* My teacher is strict. **2** (*assignatura, llibre*) to be a hard grind *Vegeu tb* CARN, MOLDRE, PELL

ós, óssa *nm-nf* bear: *~ polar* polar bear LOC **ós de peluix** teddy bear ◆ **ós formiguer** anteater

oscil·lar *vi* **1** (*llum, pèndol*) to swing **2** *~* **entre** (*preus, temperatures*) to vary from *sth to sth*: *El preu oscil·la entre les cinc i les set lliures.* The price varies from five to seven pounds.

ostatge *nmf* hostage

ostra ▶ *nf* oyster
▶ **ostres!** *interj* (*sorpresa*) wow!

ou *nm* **1** egg: *pondre un ~* to lay an egg **2 ous** (**a**) (*Zool*) spawn [*incomptable*]: *~s de granota* frog spawn (**b**) (*Cuina*) roe [*incomptable*] LOC **ou dur/ferrat** hard-boiled/fried egg ◆ **ou passat per aigua** soft-boiled egg ◆ **ous remenats** scrambled eggs *Vegeu tb* BLANC

oval (*tb* **ovalat, -ada**) *adj* oval

ovari *nm* ovary [*pl* ovaries]

ovella *nf* sheep [*pl* sheep]: *un ramat d'ovelles* a flock of sheep ➲ *Vegeu nota a* CARN LOC **ovella negra** black sheep

oví, -ina *adj* LOC *Vegeu* BESTIAR

ovni *nm* UFO [*pl* UFOs] ❶ UFO vol dir "unidentified flying object".

òxid *nm* **1** (*Quím*) oxide **2** (*rovell*) rust

oxigen *nm* oxygen LOC *Vegeu* MÀSCARA

oxigenat, -ada *adj* LOC *Vegeu* AIGUA

ozó *nm* ozone: *la capa d'ozó* the ozone layer

P p

pa *nm* **1** bread [*incomptable*]: *M'agrada el ~ acabat de fer.* I like freshly-baked bread. ◇ *Vols ~?* Do you want some bread? ➲ *Vegeu nota a* BREAD **2** (*peça*) loaf [*pl* loaves]: *Em dóna tres pans de mig quilo?* Could I have three large loaves, please? LOC **al pa pa i vi al vi** to call a spade a spade ◆ **ésser bo com el pa/ésser un tros de pa** to be as good as gold ◆ **pa de motlle** sliced bread ◆ **pa de pagès** round loaf [*pl* round loaves] ◆ **pa de pessic** sponge cake ◆ **pa dur** stale bread ◆ **pa integral** brown bread ◆ **pa ratllat** breadcrumbs [*pl*] *Vegeu tb* BARRA[1], GUANYAR

PAAU *nf* university entrance exam

paciència *nf* patience: *Se m'està acabant la ~.* My patience is wearing thin. LOC **paciència!** be patient! ◆ **tenir paciència** to be patient: *Has de tenir ~.* You must be patient. *Vegeu tb* ARMAR, PERDRE

pacient *adj, nmf* patient

pacífic, ~a ▶ *adj* peaceful ▶ *nm* **el Pacífic** the Pacific (Ocean)

pacificar ▶ *vt* to pacify ▶ **pacificar-se** *vp* to calm down

pacifisme *nm* pacifism

pacifista *nmf* pacifist

pactar ▶ *vt* to agree to *sth*: *Van ~ un alto el foc.* They agreed to a ceasefire. ▶ *vi* to make an agreement (*with sb*) (*to do sth*)

pacte *nm* agreement: *trencar un ~* to break an agreement

pàdel *nm* paddle tennis

padrastre *nm* stepfather

padrí, -ina *nm-nf* **1** (*bateig*) (**a**) (*masc*) godfather (**b**) (*fem*) godmother (**c**) **padrins** godparents **2** (*casament*) person who accompanies the bride/groom, usually their mother or father ➲ *Vegeu nota a* CASAMENT LOC **tenir bons padrins** to have good connections

paella *nf* **1** (*estri de cuina*) frying pan **2** (*plat d'arròs*) paella LOC **tenir la paella pel mànec** to have the upper hand

paf *interj* bang

paga *nf* pay: *~ doble* double pay LOC **paga i senyal** deposit

pagà, -ana *adj, nm-nf* pagan

pagament *nm* (*diners*) payment: *efectuar/fer un ~* to make a payment

pagar ▶ *vt* to pay *sth* (*to sb*); to pay (*sb*) (for *sth*): *~ els deutes/els impostos* to pay your debts/taxes ◇ *El meu avi em paga els estudis.* My grandfather is paying for my education. ▶ *vi* to pay: *Paguen bé.* They pay well. LOC **me la pagaràs!** you'll pay for this! ◆ **pagar amb un taló/targeta** to pay (*for sth*) by cheque/credit card ◆ **pagar els plats trencats** to carry the can ◆ **pagar en efectiu/metàl·lic** to pay (*for sth*) in cash ◆ **pagar l'escot** to chip in: *Cadascú ha de ~ el seu escot.* We'll all have to chip in. ◆ **pagar per endavant** to pay in advance ◆ **pagar per separat** to go Dutch *Vegeu tb* CAR, PENA

pagès, -esa *nm-nf* **1** (*agricultor*) farmworker

> També es pot dir **peasant**, però té connotacions de pobresa.

2 (*de poble*) countryman/woman [*pl* -men/-women]: *els pagesos* country people LOC *Vegeu* PA

pàgina *nf* page (*abrev* p): *a la ~ tres* on page three LOC **pàgina inicial** (*Internet*) home page ◆ **pàgina web** web page ◆ **pàgines grogues** yellow pages

paio, -a *nm-nf* **1** (*masc*) guy **2** (*fem*) girl

país *nm* country [*pl* countries] LOC **els Països Baixos** the Netherlands ◆ **els Països Catalans** the Catalan-speaking areas *Vegeu tb* FUGIR, PERNIL

paisà, -ana *nm-nf* **1** (*del mateix país*) fellow countryman/woman [*pl* -men/-women] **2** (*del mateix poble*): *És ~ meu.* He's from the same town/village as me. LOC **de paisà 1** (*militar*) in civilian dress **2** (*policia*) in plain clothes ❶ Quan s'usa davant del nom, es diu **plain-clothes**: *un policia de paisà* a police officer in plain clothes/a plain-clothes police officer.

paisatge *nm* scenery, landscape

> El mot **scenery** [*incomptable*] té un matís fortament positiu: se sol fer servir amb adjectius com ara *beautiful, spectacular, stunning*, etc. i s'utilitza principalment per a descriure paisatges naturals: *un paisatge espectacular* spectacular scenery. D'altra banda, **landscape** [*comptable*] se sol fer servir per a fer referència a paisatges creats per l'home: *un paisatge urbà/industrial* an urban/industrial landscape ◇ *Els arbres i les bardisses són trets característics del paisatge britànic.* Trees and hedges are typical features of the British landscape.

pal *nm* **1** pole: *~ d'esquí/del telègraf* ski/telegraph pole **2** (*vaixell*) mast **3** (*porteria*) (goal)-post: *La pilota va tocar el ~.* The ball hit the post. LOC **pal de bandera** flagpole ◆ **pal de fregar**

mop ◆ **pal de golf** golf club ◆ **pal d'escombra** broomstick

pala *nf* **1** (*eina*) spade: *jugar amb la galleda i la ~* to play with your bucket and spade **2** (*de ping-pong, etc.*) bat

paladar *nm* palate LOC *Vegeu* VEL

palanca *nf* lever: *En cas d'emergència, estireu la ~.* In an emergency, pull the lever. LOC **palanca de canvi** gear lever

palangana *nf* bowl

palau *nm* palace

paleta ▶ *nf* **1** (*de manobre*) trowel **2** (*pintor*) palette
▶ *nmf* builder

palla *nf* **1** straw: *un barret de ~* a straw hat **2** (*en un text, discurs*) waffle

pallassada *nf* LOC **fer pallassades** to play the fool: *Sempre estàs fent pallassades.* You're always playing the fool.

pallasso, -a *nm-nf* clown LOC **fer el pallasso** to clown around

paller *nm* haystack LOC *Vegeu* AGULLA

pàl·lid, ~a *adj* pale: *rosa ~* pale pink LOC **posar-se/quedar-se pàl·lid** to go pale

pallissa *nf* beating: *Va rebre una forta ~.* He was badly beaten up. ◇ *El Barça els va clavar una bona ~.* Barcelona thrashed them.

P

pallús, -ussa *nm-nf* twit

palmell *nm* palm

palmera *nf* palm (tree)

palpar(-se) *vt, vp* to feel: *El metge em va palpar el ventre.* The doctor felt my stomach. ◇ *Es va palpar les butxaques.* He felt his pockets.

palpitar *vi* to beat

pam¹ *nm*: *És un ~ més alt que jo.* He's several inches taller than me. LOC **pam a pam** inch by inch

pam² *interj* bang!

pamflet *nm* pamphlet

pampallugues *nf* LOC **fer pampallugues** to flicker

pana *nf* (*teixit*) corduroy

pancarta *nf* **1** (*de cartó*) placard **2** (*de tela*) banner

panda *nm* panda

pandereta *nf* tambourine

panell *nm* **1** panel: *~s solars* solar panels **2** (*publicitari*) board

panera *nf* bread basket LOC **panera de Nadal** Christmas hamper

panet *nm* roll

pànic *nm* panic LOC **fer pànic** to scare *sb* stiff: *Em fa ~ anar amb avió.* I'm scared stiff of flying.

panorama *nm* **1** (*vista*) view: *contemplar un ~ preciós* to look at a lovely view **2** (*perspectiva*) prospect: *Vaja quin ~!* What a prospect! **3** (*situació*) scene: *el ~ actual* the scene today

pansa *nf* **1** (*raïm*) raisin **2** (*Med*) sore

pansit, -ida *adj* (*flor*) withered

pantà *nm* **1** (*embassament*) reservoir **2** (*terreny*) marsh

pantalla *nf* **1** (*de televisor, ordinador*) screen: *una ~ d'ordinador* a computer screen **2** (*llum*) lampshade ➲ *Vegeu il·lustració a* LLUM LOC **pantalla panoràmica** widescreen ◆ **pantalla tàctil** touch screen *Vegeu tb* ESTALVI

pantaló *nm* **pantalons** trousers [*pl*]: *No trobo els pantalons del pijama.* I can't find my pyjama trousers.

> **Trousers** és una paraula plural en anglès, i per referir-nos a *uns pantalons* fem servir **some/a pair of trousers**: *Portava uns pantalons vells.* He was wearing some old trousers/an old pair of trousers. ◇ *Necessito uns pantalons negres.* I need a pair of black trousers. ◇ *dos pantalons* two pairs of trousers. *Vegeu tb nota a* PAIR.

LOC **pantalons curts/d'esport** shorts ◆ **pantalons de peto** dungarees ◆ **pantalons texans** jeans *Vegeu tb* FALDILLA

pantera *nf* panther

pantis *nm* tights

panxa *nf* **1** (*estómac*) tummy [*pl* tummies] stomach *Tinc una mica de mal de ~.* I've got tummy ache. **2** (*de menjar i beure massa*) paunch: *Estàs posant ~.* You're getting a paunch. LOC **de panxa enlaire** face up

pany *nm* (*porta*) lock LOC *Vegeu* ANY, CLAU², TANCAR

paó, -ona *nm-nf* peacock [*fem* peahen]

papa *nm* **1** (*papà*) dad: *Pregunta-ho al ~.* Ask your dad. ❶ Els nens petits acostumen a dir **daddy**. **2 papes** (*papàs*) mum and dad **3** (*Relig*) pope: *el ~ Benet XVI* Pope Benedict XVI

papà *nm* dad

papada *nf* (*persona*) double chin

papagai *nm* parrot

papallona *nf* **1** (*insecte*) butterfly [*pl* butterflies] **2** (*Natació*) butterfly: *els 200 metres ~* the 200 metres butterfly

paparra *nf* tick

paper *nm* **1** paper [*incomptable*]: *un full de ~* a sheet of paper ◇ *La vorera està plena de ~s.*

The pavement is covered in bits of paper. ◇ *tovallons de ~* paper napkins ◇ *~ quadriculat/reciclat* squared/recycled paper **2** (*retall, quartilla*) piece of paper: *anotar alguna cosa en un ~* to note sth down on a piece of paper **3** (*personatge, funció*) part: *fer el ~ d'Otel·lo* to play the part of Othello ◇ *Jugarà un ~ important en la reforma.* It will play an important part in the reform. LOC **paper d'alumini/de plata** foil ◆ **paper d'embolicar/de regal** wrapping paper ◆ **paper de vidre** sandpaper: *passar ~ de vidre* to sand ◆ **paper higiènic** toilet paper ◆ **paper principal/secundari** (*Cine, Teat*) leading/supporting role ◆ **sense papers**: *els sense ~s* illegal immigrants *Vegeu tb* FÀBRICA, GOT, MOCADOR

paperassa *nf* paperwork

paperera *nf* **1** (*a l'interior*) waste-paper basket: *Llença-ho a la ~.* Throw it in the waste-paper basket. **2** (*al carrer*) litter bin ➲ *Vegeu il·lustració a* BIN

papereria *nf* stationer's ➲ *Vegeu nota a* CARNISSERIA

papereta *nf* **1** (*electoral*) ballot paper **2** (*sorteig, rifa*) raffle ticket

paperina *nf* cone

papu *nm* (*ésser fantàstic*) bogeyman

paquet *nm* **1** (*menjar, tabac*) packet: *un ~ de cigarretes* a packet of cigarettes ➲ *Vegeu il·lustració a* CONTAINER ➲ *Vegeu nota a* PACKET **2** (*embalum*) parcel: *enviar un ~ per correu* to post a parcel ➲ *Vegeu nota a* PARCEL **3** (*conjunt*) package: *un ~ informàtic* a software package LOC *Vegeu* BOMBA[1]

paràbola *nf* **1** (*Bíblia*) parable **2** (*Geom*) parabola

parabòlic, ~a *adj* LOC *Vegeu* ANTENA

parabrisa *nm* windscreen

paracaigudes *nm* parachute LOC **llançar-se/tirar-se en paracaigudes** to parachute

paracaigudisme *nm* parachuting: *fer ~* to go parachuting LOC **paracaigudisme esportiu** skydiving

paracaigudista *nmf* parachutist

parada *nf* **1** (*transports*) stop: *Baixa a la pròxima ~.* Get off at the next stop. **2** (*Esport*) save: *El porter va fer una ~ fantàstica.* The goalkeeper made a spectacular save. **3** (*caseta*) **(a)** (*en un mercat*) stall **(b)** (*en una fira*) stand LOC **fer parada** to stop: *Aquest tren fa ~ a totes les estacions.* This train stops at every station. ◆ **parada d'autobús** bus stop ◆ **parada de metro** underground station ◆ **parada de taxis** taxi rank

paradís *nm* paradise LOC **paradís terrenal** heaven on earth

paradisíac, ~a *adj* heavenly

parafang *nm* mudguard ➲ *Vegeu il·lustració a* MOTO

paràgraf *nm* paragraph

paraigua *nm* umbrella: *obrir/tancar un ~* to put up/take down an umbrella

paraigüer *nm* umbrella stand

paralímpic, ~a *adj*: *els (jocs) ~s* the Paralympics

paràlisi *nf* paralysis [*incomptable*]: *Pateix una ~ facial.* He suffers from facial paralysis.

paralític, ~a *adj* paralysed: *quedar-se ~ de cintura en avall* to be paralysed from the waist down

paralització *nf* (*obres, projecte*): *El tribunal va ordenar la ~ de les obres.* The court ordered the work to be stopped.

paralitzar *vt* to paralyse

parallamps *nm* lightning conductor

paral·lel, ~a ▶ *adj, nm* parallel: *línies paral·leles* parallel lines ◇ *fer un ~ entre dues coses* to draw a parallel between two things ▶ **paral·leles** *nf* (*Esport*) parallel bars

parany *nm* trap: *caure en un ~* to fall into a trap ◇ *posar un ~ a algú* to set a trap for sb

parapent *nm* (*esport*) paragliding: *fer ~* to go paragliding

parar ▶ *vt* **1** (*estendre*) to hold *sth* out: *~ la mà* to hold out your hand **2** (*aturar*) to stop: *Para el cotxe.* Stop the car. **3** (*gol*) to save ▶ *vi* **~ (de)** to stop (*doing sth*): *El tren no va ~.* The train didn't stop. ◇ *No para de ploure.* It never stops raining. ▶ **parar-se** *vp* to stop: *Em vaig ~ a parlar amb una amiga.* I stopped to talk to a friend. LOC **anar a parar 1** (*arribar*) to end up: *Van anar a ~ a la presó.* They ended up in prison. ◇ *On haurà anat a ~?* Where can it have got to? **2** (*carrer*) to lead to *sth*: *Aquest camí va a ~ al poble.* This track leads to the village. ◆ **no parar** (*persona*) to be always on the go: *No he parat en tota la setmana.* I've been on the go all week. ◆ **sense parar** non-stop: *treballar sense ~* to work non-stop *Vegeu tb* ATENCIÓ, SEC, TAULA

paràsit *nm* parasite

para-sol *nm* (*platja*) sunshade

parat, -ada *adj* slow LOC **deixar parat** to amaze ◆ **quedar parat** to be dumbfounded *Vegeu tb* PARAR

paratge *nm* spot

paraula *nf* word: *una ~ de tres lletres* a three-letter word ◇ *Et dono la meva ~.* I give you my word. ◇ *en d'altres paraules* in other words

P

LOC **en quatre/poques paraules** briefly ◆ **paraula (d'honor)!** honest! ◆ **tenir/no tenir paraula** to keep/to break your word *Vegeu tb* CEDIR, DEMANAR, DIRIGIR, ENTENDRE, JOC, MIG, ÚLTIM

paraulota *nf* swear word: *dir paraulotes* to swear

para-xocs *nm* bumper

parc *nm* **1** (*jardí*) park **2** (*de bebè*) playpen LOC **parc aquàtic** water park ◆ **parc científic/tecnològic** science/technology park ◆ **parc d'atraccions** amusement park ◆ **parc de bombers** fire station ◆ **parc de patinatge** skatepark ◆ **parc empresarial** business park ◆ **parc eòlic** wind farm ◆ **parc infantil** playground ◆ **parc nacional** national park ◆ **parc natural** nature reserve ◆ **parc temàtic** theme park

parcel·la *nf* (*terreny*) plot

parcial ▶ *adj* **1** (*incomplet*) partial: *una solució ~* a partial solution **2** (*partidista*) biased ▶ *nm* (*examen*) mid-year assessment exam

pardal *nm* sparrow LOC *Vegeu* CAP[1]

pare *nm* **1** father: *És ~ de dos fills.* He is the father of two children. ◇ *el ~ Serra* Father Serra **2 pares** (*pare i mare*) parents LOC **Pare Noel** Father Christmas *Vegeu tb* ASSOCIACIÓ, BANDA[2], DIA, FAMÍLIA, GERMÀ, ORFE

parell ▶ *adj* even: *nombres ~s* even numbers ▶ *nm* **1** (*dues coses*) pair: *un ~ de mitjons* a pair of socks **2** (*nombre indefinit*) couple: *fa un ~ de mesos* a couple of months ago

parella *nf* **1** (*en relació amorosa*) couple: *Fan molt bona ~.* They make a lovely couple. **2** (*d'animals, com a equip*) pair: *la ~ guanyadora del torneig* the winning pair **3** (*cònjuge, company, de jocs, de ball*) partner: *No puc jugar perquè no tinc ~.* I can't play because I haven't got a partner. ◇ *L'Anna va venir amb la seva ~.* Anna came with her partner.

parenostre *nm* Our Father: *resar dos ~s* to say two Our Fathers

parent, ~a *nm-nf* relative, relation: *~ pròxim/llunyà* close/distant relative

parentela *nf* relatives, relations [*pl*]

parèntesi *nm* (*signe*) brackets [*pl*]: *obrir/tancar el ~* to open/close (the) brackets ➲ *Vegeu pàg 363* LOC **entre parèntesis** in brackets

parentiu *nm* relationship LOC **tenir parentiu amb algú** to be related to sb

pareo *nm* sarong

parer *nm* opinion

paret *nf* wall: *Hi ha diversos cartells a la ~.* There are several posters on the wall. LOC **les parets tenen orelles** walls have ears *Vegeu tb* ENFILAR, ESPASA

parir *vt, vi* to give birth (*to sb/sth*) LOC **posar algú a parir** to call sb all the names under the sun

parla *nf* **1** (*facultat*) speech **2** (*manera de parlar*) way of speaking: *la ~ andalusa* the Andalusian way of speaking LOC **de parla catalana, espanyola, etc.** Catalan-speaking, Spanish-speaking, etc.

parlador, ~a *adj* talkative

parlament *nm* parliament [*v sing o pl*]: *el ~ de Catalunya* the Catalan Parliament ➲ *Vegeu nota a* PARLIAMENT

parlamentari, -ària ▶ *adj* parliamentary ▶ *nm-nf* Member of Parliament (*abrev* MP)

parlant *nmf* speaker

parlar ▶ *vt* to speak: *Parles rus?* Do you speak Russian? ▶ *vi* ~ **(amb algú) (de/sobre alguna cosa/algú)** to speak, to talk (to sb) (about sth/sb): *Ja en parlarem.* We'll talk about it.

> **To speak** i **to talk** tenen pràcticament el mateix significat, encara que **to speak** és el terme més general: *Parla més a poc a poc.* Speak more slowly. ◇ *parlar en públic* to speak in public ◇ *Puc parlar amb en Joan?* Can I speak to Joan? **To talk** s'utilitza més quan es fa referència a una conversa o a un comentari, o quan ens referim a diversos parlants: *parlar de política* to talk about politics ◇ *Estan parlant de nosaltres.* They're talking about us. ◇ *Parlen de mudar-se.* They're talking about moving. ◇ *Vam estar parlant tota la nit.* We talked all night.

LOC **ni parlar-ne!** no way! ◆ **no parlar-se amb algú** not to be on speaking terms with sb ◆ **parla més alt/baix** speak up/lower your voice ◆ **parlar pels descosits** to talk nineteen to the dozen ◆ **qui parla!** look who's talking! *Vegeu tb* DEMANAR

parlat, -ada *adj* spoken: *l'anglès ~* spoken English *Vegeu tb* PARLAR

parpella *nf* eyelid

parpellejar *vi* **1** (*ulls*) to blink **2** (*llum*) to flicker

parquet *nm* parquet

parquímetre *nm* parking meter

pàrquing *nm* car park: *un ~ subterrani* an underground car park LOC *Vegeu* PLAÇA

parra *nf* vine

parrac *nm* rag

parròquia *nf* **1** (*església*) parish church **2** (*comunitat*) parish

part[1] *nm* birth LOC **anar de part** to be in labour

part[2] *nf* **1** (*porció, lloc*) part: *tres ~s iguals* three equal parts ◇ *formar ~ d'alguna cosa* to form part of sth ◇ *A quina ~ de la ciutat vius?* What part of the town do you live in? **2** (*en fraccions*):

P

les dues terceres ~s two thirds **3** (*persona*) party [*pl* parties]: *la ~ contrària* the opposing party LOC **a part**: *Posaré aquests papers a ~.* I'll set these documents aside. ◇ *Això ho pago a ~.* I'll pay for this separately. ◇ *un món a ~* a different world ◆ **a part de...** apart from *sth/sb*: *A ~ d'això no va passar res.* Apart from that nothing happened. ◆ **de part d'algú** on behalf of sb: *de ~ de tots nosaltres* on behalf of us all ◆ **de part de qui?** (*per telèfon*) who's calling? ◆ **en part** (*d'alguna manera*) in a way: *En ~, tens raó.* In a way you're right. ◆ **la part de baix/dalt** the bottom/top ◆ **la part de darrere/davant** the back/front ◆ **per parts** bit by bit: *Estem arreglant la teulada per ~s.* We're repairing the roof bit by bit. ◆ **prendre part en alguna cosa** to take part in sth *Vegeu tb* ALGUN, ALTRE, CAS, GERMÀ, GRAN, MAJOR, MIG, PUNT, SALUDAR

participació *nf* **1** (*intervenció*) participation: *la ~ del públic* audience participation **2** (*Fin, loteria*) share

participant ▶ *adj* participating: *els països ~s* the participating countries
▶ *nmf* participant

participar *vi* ~ **(en)** to participate, to take part (*més col·loq*) (in *sth*): *~ en un projecte* to participate in a project

partícula *nf* particle

particular *adj* **1** (*característic*) characteristic: *Cada vi té un sabor ~.* Each wine has its own characteristic taste. **2** (*privat*) private: *classes ~s* private tuition ❶ La paraula anglesa **particular** significa *concret, especial*: *Is there any particular CD you want?* Vols algun CD en concret? LOC **en particular** particularly *Vegeu tb* PROFESSOR

partida *nf* **1** (*joc*) game: *fer una ~ d'escacs* to have a game of chess **2** (*sortida*) departure **3** (*naixement, matrimoni, defunció*) certificate **4** (*mercaderia*) consignment LOC *Vegeu* PUNT

partidari, -ària ▶ *adj* ~ **de** in favour of *sth/doing sth*: *No sóc ~ de fer-ho.* I'm not in favour of doing that.
▶ *nm-nf* supporter

partir ▶ *vt* **1** (*amb ganivet*) to cut *sth* (up): *~ el pastís* to cut up the cake **2** (*amb les mans*) to break *sth* (off): *Em parteixes un tros de pa?* Could you break me off a piece of bread? **3** (*fruites seques*) to crack ▶ *vi* (*anar-se'n lluny*) to leave (*for...*): *Parteixen demà cap a Amèrica.* They're leaving for America tomorrow. ▶ **partir-se** *vp* **1** (*trencar-se, repartir-se*) to split: *Si caus, et partiràs el cap.* You'll split your head open if you fall. ◇ *Ens partim la factura?* Shall we split the bill? **2** (*dent*) to break LOC **a partir de** from... (on): *a ~ de les nou de la nit* from 9 p.m. on ◇ *a ~ d'aleshores* from then on ◇ *a ~ de demà* starting from tomorrow *Vegeu tb* ZERO

partit *nm* **1** (*Pol*) party [*pl* parties] **2** (*Esport*) match: *veure un ~ de futbol* to watch a football match LOC **partit amistós** friendly [*pl* friendlies]: *jugar un ~ amistós* to play a friendly ◆ **partit d'anada/de tornada** first/second leg ◆ **prendre partit** to take sides ◆ **treure partit d'alguna cosa** to make the most of sth

partitura *nf* score

parvulari *nm* nursery school

parxís *nm* ludo

pas[1] *nm* **1** step: *fer un ~ endavant/endarrere* to step forward/back ◇ *un ~ cap a la pau* a step towards peace **2** (*acció de passar*) passage: *el ~ del temps* the passage of time **3 passos** footsteps: *M'ha semblat que sentia passos.* I thought I heard footsteps. LOC **a pas de tortuga** at a snail's pace ◆ **deixar pas/obrir-se pas** to make way (*for sb/sth*): *Deixeu ~ a l'ambulància!* Make way for the ambulance! ◇ *Ens vam obrir ~ a cops de colze entre la gent.* We elbowed our way through the crowd. ◆ **no venir de pas** to be out of the way: *No ens ve gens de ~.* It's well out of our way. ◆ **pas a nivell/zebra/de vianants** level/zebra/pedestrian crossing ◆ **pas a pas** step by step ◆ **pas subterrani 1** (*per a vianants*) subway **2** (*per a cotxes*) underpass ◆ **sortir del pas** to get by: *Estudien just per sortir del ~.* They do just enough work to get by. *Vegeu tb* ACCELERAR, CEDIR, CLAU²

pas[2] *adv* **1** (*ús negatiu, ús interrogatiu*): — *Vols picar alguna cosa?* — *No, gràcies. No tinc ~ gana.* 'Would you like something to eat?' 'No thanks. I'm not hungry.' ◇ *No tens ~ canvi?* You don't have any change, do you? **2** (*ús comparatiu*): *M'agradaria més anar al cine que no ~ al teatre.* I'd rather go to the cinema than the theatre.

pasqua *nf* Easter: *el diumenge de ~* Easter Sunday LOC *Vegeu* MONA

passa *nf* **1** (*pas*) step **2** (*distància*) pace **3** (*epidèmia*) outbreak: *una ~ de còlera* an outbreak of cholera LOC *Vegeu* BOU, QUATRE

passada *nf* LOC **de passada 1** (*de camí*) on the way: *Em ve de ~.* It's on my way. **2** (*al mateix temps*) in passing: *Porta això a l'oficina i de ~ parla amb la secretària.* Take this to the office, and while you're there have a word with the secretary. ◆ **de totes passades** definitely: *Aprovaré de totes passades.* I'll definitely pass. ◆ **fer/jugar una mala passada** to play a dirty trick *on sb*

P

passadís *nm* **1** corridor: *No corris pels passadissos.* Don't run along the corridors. **2** (*església, avió, teatre*) aisle

passador *nm* (*de cabells*) hairslide

passamuntanyes *nm* balaclava

passaport *nm* passport

passar ▶ *vi* **1** (*vehicle, temps*) to pass: *La moto va ~ a tota velocitat.* The motorbike passed at top speed. ◇ *Van ~ tres hores.* Three hours passed. ◇ *Ja han passat dos dies des que va trucar.* It's two days since he phoned. ◇ *Com passa el temps!* Doesn't time fly! ◇ *Aquest autobús passa pel museu.* That bus goes past the museum. **2** (*entrar*) to come in: *Que puc ~?* May I come in? **3** (**a**) (*anar*) to go: *Demà passaré pel banc.* I'll go to the bank tomorrow. (**b**) (*anar per*) to go past: *La Maria va ~ per davant de casa meva de camí a la feina.* Maria went past my house on her way to work. ◇ *La vaig veure ~.* I saw her going past. **4** (*esdevenir*) to happen (*to sb/sth*): *A mi em va ~ el mateix.* The same thing happened to me. ◇ *Que no torni a ~!* Don't let it happen again! ▶ *vt* **1** to pass: *Em passes aquell llibre?* Can you pass me that book, please? ◇ *Fa mitja per ~ el temps.* She knits to pass the time. **2** (*període de temps*) to spend: *Vam ~ la tarda/dues hores parlant.* We spent the afternoon/two hours chatting. **3** (*pel·lícula*) to show: *Han passat la pel·lícula al Festival de Cannes.* They showed the film at Cannes. ▶ **passar-se** *vp* **1** (*anar massa lluny*): *No et passis menjant.* Don't eat too much. ◇ *Aquesta vegada t'has passat!* You've gone too far this time! ◇ *passar-se de parada* to go past your stop **2** (*menjar*) (**a**) (*fer-se malbé*) to go off (**b**) (*massa cuit*) to be overcooked: *Se t'ha passat l'arròs.* The rice is overcooked. LOC **passar per algú/alguna cosa** to pass for sb/sth: *Aquesta noia passa per italiana.* That girl could easily pass for an Italian. ◆ **passar sense** to manage without *sb/sth*: *No puc ~ sense cotxe.* I can't manage without a car. ◆ **passar-s'ho bé 1** (*gaudir*) to enjoy *sth/doing sth*: *Ens ho passem bé ballant/jugant a futbol.* We enjoy dancing/playing football. **2** (*divertir-se*) to enjoy yourself: *Passa-t'ho bé!* Enjoy yourself! ◆ **passar-s'ho malament** to have a hard time: *S'ho està passant molt malament.* She's having a very hard time. ◆ **passi-ho bé!** goodbye! ◆ **que passa alguna cosa?** is anything the matter? ◆ **què passa?** what's the matter? ❶ Per a d'altres expressions amb **passar**, vegeu les entrades del nom, adjectiu, etc., p. ex. **passar llista** a LLISTA i **passar per alt** a ALT.

passarel·la *nf* **1** (*per a vianants*) footbridge **2** (*de models*) catwalk

passat, -ada ▶ *adj* **1** (*dia, setmana, mes, estiu, etc.*) last: *el dimarts ~* last Tuesday **2** (*Gram, època*) past: *segles ~s* past centuries **3** (*menjar*) (**a**) (*fet malbé*) off: *La llet està passada.* The milk is off. (**b**) (*fruita*) overripe: *Aquests plàtans estan ~s.* These bananas are overripe. (**c**) (*massa cuit*) overdone
▶ *nm* past LOC **passat de moda** unfashionable
Vegeu tb DEMÀ, OU; *Vegeu tb* PASSAR

passatemps *nm* **1** (*afició*) hobby [*pl* hobbies] **2** (*en un diari, etc.*) puzzle: *la pàgina dels ~* the puzzle page

passatger, ~a *nm-nf* passenger: *un vaixell de ~s* a passenger boat

passeig *nm* **1** (*a peu*) walk **2** (*en bicicleta, a cavall*) ride **3** (*avinguda*) avenue LOC **fer un passeig** to go for a walk ◆ **passeig marítim** promenade
Vegeu tb ENGEGAR

passejar(-se) *vt, vi, vp* to walk: *~ el gos* to walk the dog ◇ *Cada dia surto a ~.* I go for a walk every day.

passi *nm* pass: *No hi pots entrar sense un ~.* You can't get in without a pass.

passió *nf* passion LOC **tenir passió per algú/alguna cosa** to be mad about sb/sth

passiu, -iva *adj* passive

passiva *nf* (*Gram*) passive (voice): *en ~* in the passive

pasta *nf* **1** (*massa*) paste: *Barregeu-ho fins que la ~ quedi espessa.* Mix to a thick paste. **2** (*de pa*) dough **3** (*fideus, macarrons*) pasta **4** (*pastisseria*) pastry [*pl* pastries] **5** (*diners*) cash **6** (*llibre*) cover LOC **pasta de dents** toothpaste ◆ **pasta fullada/de full** puff pastry ◆ **pasta seca** biscuit

pastanaga *nf* carrot

pastar *vt* (*Cuina*) to knead

pastel *nm* (*llapis, tècnica*) pastel

pastera *nf* small open boat

pastilla *nf* **1** (*píndola*) tablet **2** (*de sabó*) bar **3** (*de xocolata*) square LOC **pastilles contra el mareig** travel-sickness pills

pastís *nm* **1** cake: *un ~ d'aniversari* a birthday cake **2** (*de pasta de full*) tart, pie: *un ~ de poma* an apple tart/pie ➲ *Vegeu nota a* PIE LOC **pastís gelat** ice-cream cake

pastisseria *nf* cake shop

pastor, ~a *nm-nf* shepherd LOC **pastor alemany** Alsatian, German shepherd *Vegeu tb* GOS

pastura *nf* pasture

pasturar *vt, vi* to graze

patacada *nf* bump

P

patata

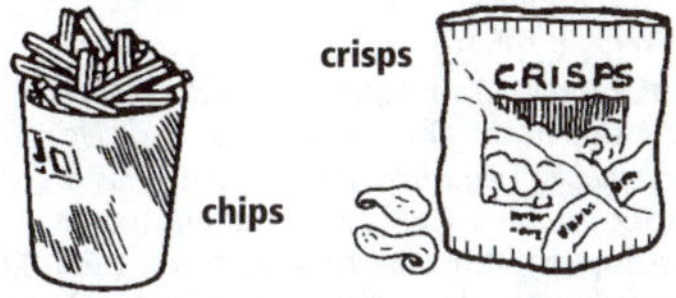

patata *nf* potato [*pl* potatoes] LOC **patates fregides 1** (*de bossa*) crisps **2** (*Cuina*) chips *Vegeu tb* PURÉ

paté *nm* pâté

patent *nf* patent

patern, ~a *adj* **1** (*del pare*) fatherly **2** (*parentesc*) paternal: *avi ~* paternal grandfather

paternal *adj* fatherly, paternal (*més formal*)

paternitat *nf* fatherhood, paternity (*més formal*)

patge *nm* page

pati *nm* **1** (*casa*) courtyard **2** (*escola*) **(a)** (*lloc*) playground **(b)** (*hora del pati*) break LOC **pati de butaques** stalls [*pl*]

patí *nm* **1** (*amb rodes*) roller skate **2** (*de glaç*) ice skate **3** (*embarcació*) pedal boat LOC **patí en línia 1** (*objecte*) Rollerblade® ℹ També es diu **in-line skate**. **2** (*activitat*) Rollerblading: *patinar amb patins en línia* to go Rollerblading *Vegeu tb* HOQUEI

patilla *nf* sideboard

patiment *nm* suffering

patinador, ~a *nm-nf* skater

patinar *vi* **1** (*amb patins*) to skate **2** (*vehicle*) to skid

patinatge *nm* skating: *~ sobre gel* ice skating ◇ *~ artístic/de velocitat* figure-skating/speed skating LOC *Vegeu* PARC, PISTA

patinet *nm* scooter

patir ▶ *vt, vi* ~ **(de)** to suffer (from *sth*): *~ de mal d'esquena* to suffer from backache ▶ *vi* ~ **(per)** (*preocupar-se*) to worry (about *sb/sth*): *No pateixis!* Don't worry! LOC **patir calor, fred, gana, etc.** to be hot, cold, hungry, etc. ◆ **patir de l'esquena, del cor, etc.** to have back, heart, etc. trouble

pàtria *nf* (native) country

patrimoni *nm* heritage: *És ~ de la humanitat.* It's a world heritage site.

patriota *nmf* patriot

patriotisme *nm* patriotism

patró, -ona ▶ *nm-nf* **1** (*d'una empresa*) boss, employer (*més formal*) **2** (*d'un vaixell*) skipper **3** (*Relig*) patron saint: *Santa Eulàlia és la patrona de Barcelona.* Saint Eulalia is the patron saint of Barcelona.
▶ *nm* (*Costura*) pattern

patrocinador, ~a *nm-nf* sponsor

patrocinar *vt* to sponsor

patronal *nf* employers' organization: *un acord entre la ~ i els sindicats* an agreement between employers and unions

patrulla *nf* patrol: *un cotxe ~* a patrol car

patrullar *vt, vi* to patrol

pau *nf* peace: *pla de ~* peace plan ◇ *en temps de ~* in peacetime ◇ *signar la ~* to sign a peace treaty LOC **deixar en pau** to leave *sb/sth* alone: *No em deixen en ~.* They won't leave me alone. ◆ **estar en paus** to be even (*with sb*): *Jo et pago l'entrada i així estem en ~s.* I'll pay for the ticket and then we'll be even. ◆ **fer les paus** to make it up (*with sb*): *Han fet les paus.* They've made it up.

pausa *nf* pause LOC **fer una pausa** to have a short break

pavelló *nm* **1** (*Esport*) sports hall **2** (*hospital*) block **3** (*exposició*) pavilion: *el ~ de França* the French pavilion

paviment *nm* surface

peatge *nm* toll LOC *Vegeu* AUTOPISTA

pebre *nm* pepper LOC **pebre vermell** paprika

pebrot *nm* pepper: *~ vermell* red pepper

peça *nf* **1** (*Escacs, Mús*) piece **2** (*Mec*) part: *una ~ de recanvi* a spare part LOC **peça de vestir** garment

pecador, ~a *nm-nf* sinner

pecar *vi* **1** to sin **2** ~ **de** to be too...: *Peques de confiat.* You're too trusting.

pecat *nm* sin

peculiar *adj* **1** (*característic*) characteristic: *un sabor ~* a characteristic flavour **2** (*rar*) peculiar: *La seva dona és una persona molt ~.* His wife is quite a peculiar woman.

pedaç *nm* (*roba*) patch

pedagogia *nf* education

pedagògic, ~a *adj* educational

pedal *nm* pedal

pedalejar (*tb* **pedalar**) *vi* to pedal

pedant ▶ *adj* pedantic
▶ *nmf* pedant

pediatre, -a *nm-nf* paediatrician

pedra *nf* **1** stone: *una paret de ~* a stone wall ◇ *una ~ preciosa* a precious stone **2** (*calamarsa*) hail LOC **quedar-se de pedra** to be speechless

pedrada *nf*: *El van rebre a pedrades.* They threw stones at him.

P

pedregada *nf* hailstorm

pedregar *vi* to hail: *Aquesta nit ha pedregat.* It hailed last night.

pedrera *nf* quarry [*pl* quarries]

pega *nf* glue LOC **estar de pega/tenir mala pega** to be jinxed: *Està de ~; tot li surt malament.* He seems to be jinxed; nothing turns out right for him. ◆ **fer-hi pega** to look out of place ◆ **pega dolça** liquorice

pegar ▶ *vt* (*donar cops*) to hit ▶ **pegar-se** *vp* (*barallar-se*) to fight

pegat *nm* patch

peix ▶ *nm* fish [*pl* fish] ➲ *Vegeu nota a* FISH: *Vaig a comprar ~.* I'm going to buy some fish. ◇ *~ blanc/blau* white/blue fish ◇ *És un tipus de ~.* It's a kind of fish. ◇ *peixos d'aigua dolça* freshwater fish ◇ *Hi ha dos peixos a la peixera.* There are two fish in the goldfish bowl.
▶ **peixos** (*tb* **Peixos**) *nm, nmf* (*Astrol*) Pisces ➲ *Vegeu exemples a* AQUARIUS LOC **estar/anar peix** not to know the first thing *about sth*: *Estic ~ en química.* I don't know the first thing about chemistry. ◆ **peix de colors** goldfish [*pl* goldfish] ◆ **peix espasa** swordfish [*pl* swordfish] ◆ **peix gros** (*fig*) big shot ◆ *Vegeu tb* GRAELLA

peixater, ~a *nm-nf* fishmonger

peixateria *nf* fishmonger's ➲ *Vegeu nota a* CARNISSERIA

P

peixera *nf* goldfish bowl

pel, pels *Vegeu* PER

pèl *nm* **1** (*Anat*) hair: *tenir ~s a les cames* to have hair on your legs **2** (*pell d'animal*) coat: *Aquest gos té un ~ molt suau.* That dog has a silky coat. LOC **anar d'un pèl**: *Ha anat d'un ~ que no l'atrapen.* He escaped by the skin of his teeth. ◆ **a pèl** stark naked ◆ **no tenir pèls a la llengua** not to mince your words ◆ **posar-se els pèls de punta a algú**: *Se'm van posar els ~s de punta.* It made my hair stand on end.

pela *nf* **1** (*fruites*) peel [*incomptable*] **2** (*hortalisses*) peeling: *peles de patata* potato peelings **3** (*diners*) cash [*incomptable*]: *guanyar unes peles* to earn some cash LOC **no tenir ni una pela** to be broke

pelar ▶ *vt* **1** (*fruites, patates*) to peel: *~ una taronja* to peel an orange **2** (*pèsols, marisc*) to shell **3** (*assassinar*) to bump *sb* off ▶ **pelar-se** *vp* **1** to peel: *Se't pelarà el nas.* Your nose will peel. **2** (*cabells*) to have your hair cut very short LOC **pelar-se de fred** to freeze to death

pelat, -ada *adj* **1** (*sense vegetació*) bare **2** (*sense diners*) broke *Vegeu tb* PELAR

pelegrí, -ina *nm-nf* pilgrim LOC *Vegeu* PETXINA

pelegrinatge *nm* pilgrimage: *anar en ~* to go on a pilgrimage

pelicà *nm* pelican

pell *nf* **1** (*Anat*) skin: *tenir la ~ blanca/morena* to have fair/dark skin **2** (*guineu, visó, etc.*) fur [*incomptable*]: *un abric de ~s* a fur coat **3** (*cuir*) leather: *una cartera de ~* a leather wallet **4** (*fruita*) (**a**) skin (**b**) (*patata, cítrics*) peel LOC **arriscar/jugar-se la pell** to risk your neck ◆ **no tenir sinó la pell i l'os** to be nothing but skin and bone ◆ **pell de gallina** goose pimples: *Se'm va posar la ~ de gallina.* I got goose pimples. *Vegeu tb* CABRE

pelleteria *nf* furrier's ➲ *Vegeu nota a* CARNISSERIA

pel·lícula *nf* film: *Aquest vespre fan una ~ de por a la tele.* There's a horror film on TV tonight. LOC **pel·lícula còmica/de riure** comedy [*pl* comedies] ◆ **pel·lícula de l'oest** western ◆ **pel·lícula de por/terror** horror film ◆ **pel·lícula muda** silent film ◆ **pel·lícula policíaca** thriller *Vegeu tb* SUSPENS

pellissa *nf* **1** (*jaqueta de pell*) sheepskin jacket **2** (*jaqueta gruixuda*) heavy jacket

pellofa *nf* husk

pèl-roig, -roja ▶ *adj* red-headed
▶ *nm-nf* redhead

peluix *nm* plush LOC *Vegeu* NINOT, ÓS

pelussa *nf* **1** (*en tela, brutícia*) ball of fluff **2** (*cara, fruita*) down

pelut, -uda *adj* **1** (*persona*) hairy: *uns braços ~s* hairy arms **2** (*animal*) long-haired

pelvis *nf* pelvis

pena *nf* **1** (*tristesa*) sorrow: *oblidar les penes* to forget your sorrows **2** (*llàstima*) pity: *Quina ~ que no puguis venir!* What a pity you can't come! **3** (*condemna*) sentence **4 penes** (*problemes*) troubles: *No m'expliquis les teves penes.* Don't tell me your troubles. LOC **a penes** hardly: *A penes s'ha fixat en mi.* She hardly noticed me. ◇ *No hi va venir a penes ningú.* Hardly anyone came. ◆ **fer pena 1** (*persona*) to feel sorry *for sb*: *Aquests nens em fan molta ~.* I feel very sorry for those children. **2** (*cosa, situació*): *Em fa ~ que hàgiu de marxar.* I'm sorry you've got to leave. ➲ *Vegeu nota a* SORRY ◆ **pagar/valer la pena** to be worth *doing sth*: *Val la ~ llegir-lo.* It's worth reading. ◇ *No val la ~.* It's not worth it. ◆ **pena de mort** death penalty

penal[1] *adj* criminal

penal[2] *nm* penalty [*pl* penalties]: *fer un gol de ~* to score from a penalty ◇ *fer un ~* to score a penalty LOC *Vegeu* TANDA, XIULAR

pencar *vi* to work hard

pendent ▶ *adj* **1** (*afer, factura, problema*) outstanding **2** (*decisió, veredicte*) pending
▶ *nm* (*terreny*) slope: *un ~ suau/pronunciat* a gentle/steep slope LOC **estar pendent (d'algú/d'alguna cosa) 1** (*vigilar*) to keep an eye on sb/sth: *Estigues ~ dels nens.* Keep an eye on the children. **2** (*estar atent*) to be attentive (to sb/sth): *Estava molt ~ dels seus convidats.* He was very attentive to his guests. **3** (*estar esperant*) to be waiting (for sb/sth): *Estem ~s de la seva decisió.* We're waiting for his decision. *Vegeu tb* ASSIGNATURA

penediment *nm* **1** (*pesar*) regret **2** (*Relig*) repentance

penedir-se *vp* ~ **(de) 1** (*lamentar*) to regret *sth/doing sth*: *Em penedeixo d'haver-li-ho deixat.* I regret lending it to him. **2** (*pecat*) to repent (*of sth*)

penedit, -ida *adj* repentant *Vegeu tb* PENEDIR-SE

penell *nm* weathervane

penetrant *adj* **1** penetrating: *una mirada ~* a penetrating look **2** (*fred, vent*) bitter

penetrar *vt, vi* ~ **(a/en) 1** (*entrar*) to get into *sth*, to enter (*més formal*): *L'aigua va ~ al celler.* The water got into the cellar. **2** (*bala, fletxa, so*) to pierce: *La bala li va ~ el cor.* The bullet pierced his heart.

penic *nm* penny [*pl* pence]: *Costa 50 ~s.* It's 50 pence. ◇ *una moneda de cinc ~s* a five-pence piece ℹ Amb quantitats exactes sol fer-se servir l'abreviatura **p**: *Costa 50 penics.* It costs 50p. Es pronuncia /pi:/ ➲ *Vegeu tb pàgs 757-761*

penicil·lina *nf* penicillin

península *nf* peninsula

penis *nm* penis

penitència *nf* penance: *fer ~* to do penance

penjador *nm* **1** (*d'armari*) hanger: *Penja el vestit en un ~.* Put your suit on a hanger. **2** (*de paret*) coat hook **3** (*de peu*) coat stand

penjar ▶ *vt* **1** to hang *sth from/on sth* **2** (*peça de vestir*) to hang *sth* up **3** (*estrangular*) to hang

> El verb **hang** és un verb irregular excepte en el sentit d''estrangular', en el qual és regular i per tant forma el passat afegint **-ed**.

4 (*Internet*) to upload: *~ fotos* to upload photos
▶ *vi* to hang (*from/on sth*) ▶ **penjar-se** *vp* to hang yourself LOC **penjar (el telèfon)** to hang up: *Es va enfadar i em va ~ el telèfon.* He got angry and hung up. ◇ *No pengeu, si us plau.* Please hold the line.

penjat, -ada ▶ *adj* ~ **a/de** hanging on/from *sth*
▶ *nm* (*joc*) hangman: *jugar al ~* to play hangman LOC **deixar algú penjat** to leave sb in the lurch ◆ **estar penjat** (*drogat*) to be stoned ◆ **mal penjat**: *Em sembla que tenen el telèfon mal ~.* They must have left the phone off the hook. ◆ **penjat al telèfon** on the phone *Vegeu tb* PENJAR

penjoll *nm* pendant

penques *nmf* cheeky [*adj*]: *ésser un ~* to be cheeky

pensament *nm* **1** (*idees, facultat*) thought **2** (*flor*) pansy LOC **fer un pensament** to think about...: *Haurem de fer un ~ i prendre el nostre camí.* We should think about getting on. *Vegeu tb* ENDEVINAR

pensar *vt, vi* **1** ~ **(en)** to think (about/of *sb/sth/doing sth*): *Pensa un número.* Think of a number. ◇ *En qui/què penses?* Who/What are you thinking about? ◇ *Pensem casar-nos.* We're thinking of getting married. ◇ *Penses que vindran?* Do you think they'll come? ◇ *No paro de ~ en tu.* I think about you all the time. **2** (*opinar*) to think *sth of sb/sth*: *Què penses d'en Jordi?* What do you think of Jordi? ◇ *No pensis mal d'ells.* Don't think badly of them. **3** (*haver decidit*) to be going *to do sth*: *Pensàvem anar-nos-en demà.* We were going to leave tomorrow. ◇ *No hi penso anar.* I'm not going. ◇ *Penses venir?* Are you going to come? LOC **ni pensar-hi!** no way! ◆ **pensa-ho/pensa-t'ho** think it over ◆ **pensant-ho bé...** on second thoughts... ◆ **sense pensar-s'ho dues vegades** without thinking twice

pensatiu, -iva *adj* thoughtful

pensió *nf* **1** (*jubilació, subsidi*) pension: *una ~ de jubilació* a retirement pension **2** (*hostal*) guest house LOC **pensió completa/mitja pensió** full/half board

pensionista *nmf* pensioner

pentagrama *nm* stave

pentinar ▶ *vt* to comb *sb's* hair: *Deixa'm que et pentini.* Let me comb your hair. ▶ **pentinar-se** *vp* to comb your hair: *Pentina't abans de sortir.* Comb your hair before you go out.

pentinat *nm* hairstyle

pentinat, -ada *adj* LOC **anar ben/mal pentinat**: *Anava molt ben pentinada.* Her hair looked really nice. ◇ *Sempre va molt mal ~.* His hair always looks a mess. *Vegeu tb* PENTINAR

penúltim, ~a ▶ *adj* last... but one: *la penúltima parada* the last stop but one ◇ *Ha quedat ~.* He was last but one. ℹ També es pot dir **penultimate**, però és més formal i només s'utilitza davant del nom: *el penúltim capítol* the penultimate chapter.
▶ *nm-nf* last but one

penyal *nm* rock

P

penya-segat *nm* cliff

penyora *nf* forfeit

peó *nm* **1** (*obrer*) labourer **2** (*Escacs*) pawn

per *prep*

- **lloc**: *passar pel centre de París* to go through the centre of Paris ◇ *viatjar ~ Europa* to travel round Europe ◇ *Passaré ~ casa teva demà.* I'll drop in tomorrow. ◇ *Passes ~ una farmàcia?* Are you going past a chemist's? ◇ *circular ~ la dreta/l'esquerra* to drive on the right/left
- **temps** for: *Sempre vaig a casa ~ Nadal/ Setmana Santa.* I always go home for Christmas/Easter. ◇ *només ~ uns dies* only for a few days ➲ *Vegeu nota a* FOR
- **causa**: *L'han suspès pel mal temps.* It's been cancelled because of bad weather. ◇ *fer una cosa ~ diners* to do sth for money ◇ *El van treure ~ robar/gandul.* He was sacked for stealing/ being lazy. ◇ *~ casualitat* by chance
- **finalitat 1 ~ fer alguna cosa** to do sth: *Han vingut ~ quedar-se.* They've come to stay. ◇ *He posat la tele ~ mirar les notícies.* I've put on the TV to watch the news. **2 ~ no fer alguna cosa** so as not to do sth: *Ho vaig fer ~ no molestar-te.* I did it so as not to bother you. ◇ *~ no perdre-ho* so as not to miss it **3 ~ algú/alguna cosa** for sb/sth: *Per tu faria qualsevol cosa.* I'd do anything for you.
- **agent** by: *signat per...* signed by... ◇ *pintat ~ Miró* painted by Miró
- **cap/a favor de** for: *sentir afecte ~ algú* to feel affection for sb ◇ *Vota ~ nosaltres!* Vote for us!
- **amb expressions numèriques**: *4 ~ 3 fan 12.* 4 times 3 is 12. ◇ *50 lliures ~ hora* 50 pounds an/ per hour
- **altres construccions 1** (*mitjà, instrument*): *~ correu/mar/avió* by post/sea/air **2** (*en substitució de*): *Ella hi anirà ~ mi.* She'll go instead of me. **3** (*preu*): *Ho vaig comprar ~ cent euros.* I bought it for a hundred euros. **4** (*successió*) by: *un ~ un* one by one ◇ *pas ~ pas* step by step **5 amb adjectiu/adverbi** however: *Per senzill que...* However simple... ◇ *Per molt que treballis...* However much you work... **LOC per a** for: *un regal ~ al teu germà* a present for your brother ◇ *un llibre ~ a infants* a book for children ◇ *molt útil ~ a la pluja* very useful for the rain ◇ *massa complicat ~ a mi* too complicated for me ◇ *Ho necessito ~ a dilluns.* I need it for Monday. ◇ *Ho acabaran ~ a la tardor.* It will be finished by autumn. ◆ **per això**: *Per això, me'n compro un de nou.* I might as well buy a new one. ◇ *Per això m'has fet venir?* You got me here just for that? ◆ **per mi** as far as I am, you are, etc. concerned ◆ **per què** why: *No va dir ~ què no venia.* He didn't say why he wasn't coming. ◇ *Per què no?* Why not? ◆ **per si...** in case...: *Emporta-te'l ~ si et fa falta.* Take it in case you need it.

pera *nf* **1** (*fruita*) pear **2** (*barba*) goatee

percentatge *nm* percentage ➲ *Vegeu pàgs 757-761*

percussió *nf* percussion

perdedor, ~a ▶ *adj* losing: *l'equip ~* the losing team
▶ *nm-nf* loser: *ésser un bon/mal ~* to be a good/ bad loser

perdigó *nm* pellet

perdiu *nf* partridge

perdó ▶ *nm* forgiveness
▶ **perdó!** *interj* sorry! ➲ *Vegeu nota a* EXCUSE **LOC** *Vegeu* DEMANAR

perdonar *vt* **1** to forgive *sb* (for *sth/doing sth*): *Em perdones?* Will you forgive me? ◇ *Mai no li perdonaré el que em va fer.* I'll never forgive him for what he did. **2** (*deute, obligació, condemna*) to let *sb* off *sth*: *Em va ~ els diners que li devia.* He let me off the money I owed him. **LOC perdona, perdoni, etc. 1** (*per demanar disculpes*) sorry: *Ai! Perdoni, que l'he trepitjat?* Sorry, did I stand on your foot? **2** (*per cridar l'atenció*) excuse me: *Perdoni! Que té hora?* Excuse me! Have you got the time, please? **3** (*quan no s'ha sentit bé*) sorry, I beg your pardon (*més formal*): *— Sóc la senyora Canals. — Perdoni? Senyora què?* 'I am Mrs Canals.' 'Sorry? Mrs who?' ➲ *Vegeu nota a* EXCUSE

perdre ▶ *vt* **1** to lose: *He perdut el rellotge.* I've lost my watch. ◇ *~ altura/pes* to lose height/ weight ◇ *~ aire* to lose air **2** (*mitjà de transport, oportunitat*) to miss: *~ l'autobús/l'avió* to miss the bus/plane ◇ *No perdeu aquesta oportunitat!* Don't miss this opportunity! **3** (*malgastar*) to waste: *~ el temps* to waste time ◇ *sense ~ un minut* without wasting a minute **4** (*deixar escapar*) **(a)** (*líquid, gas*) to leak: *El dipòsit perd gasolina.* The tank is leaking (petrol). ◇ *~ oli/gas* to have an oil/a gas leak **(b)** (*aire*) to lose: *Aquesta roda perd aire.* The tyre is losing air. ▶ *vi* **1 ~ (a)** to lose (at *sth*): *Hem perdut.* We've lost. ◇ *~ als escacs* to lose at chess **2** (*sortir perjudicat*) to lose out: *Tu ets l'únic que hi perds.* You're the only one to lose out. ▶ **perdre's** *vp* **1** to get lost: *Si no portes mapa, et perdràs.* If you don't take a map you'll get lost. **2** (*pel·lícula, espectacle*) to miss: *No et perdis aquesta pel·lícula.* Don't miss this film. **LOC perdre algú/alguna cosa de vista** to lose sight of sb/sth ◆ **perdre el cap** to go mad ◆ **perdre el compte** to lose count (*of sth*) ◆ **perdre els estreps/ la paciència** to lose your temper ◆ **perdre la pista** to lose track *of sb/sth*

P

◆ **sortir perdent** to lose out *Vegeu tb* CONEIXEMENT, TERRENY

pèrdua *nf* **1** loss: *La seva marxa va ésser una gran* ~. His leaving was a great loss. ◇ *La crisi econòmica els ha ocasionat fortes pèrdues.* The economic crisis has led to severe losses. **2** (*de temps, diners*) waste: *Això és una ~ de temps.* This is a waste of time. ◇ *tenir pèrdues econòmiques* to lose money **3 pèrdues** (*danys*) damage [*incomptable*]: *Les pèrdues a causa de la tempesta són abundants.* The storm damage is extensive. LOC **no té pèrdua** you can't miss it ◆ **pèrdua de coneixement/memòria** blackout ◆ **pèrdues i guanys** profit and loss

perdut, -uda *adj* **1** lost: *Estic completament perduda.* I'm completely lost. **2** (*gos*) stray LOC *Vegeu* OBJECTE; *Vegeu tb* PERDRE

perenne *adj* LOC *Vegeu* FULLA

perera *nf* pear tree

perfeccionar *vt* (*millorar*) to improve: *Vull ~ el meu alemany.* I want to improve my German.

perfecte, -a *adj* perfect

perfet, ~a *adj, nm* perfect

perfil *nm* **1** (*persona*) profile: *Està més guapo de ~.* He's better looking in profile. ◇ *un retrat de ~* a profile portrait ◇ *Posa't de ~.* Stand sideways. ◇ *El vostre ~ no s'adequa a les nostres necessitats.* Your profile does not meet our needs. **2** (*edifici, muntanya*) outline

perfilar *vt* (*dibuix*) to draw the outline of *sth*

perforar *vt* **1** (*amb trepant o similar*) to drill a hole in *sth*: *Els paletes van ~ la calçada.* The workmen drilled a hole in the pavement. ◇ *Volen ~ la zona per buscar-hi petroli.* They want to drill for oil in the area. **2** (*Med*) to perforate

perfum *nm* perfume

perfumar ▶ *vt* to perfume ▶ **perfumar-se** *vp* to put perfume on

perfumeria *nf* perfumery

perill *nm* danger: *Està en ~.* He's in danger. ◇ *fora de ~* out of danger

perillar *vi* to be in danger

perillós, -osa *adj* dangerous

perímetre *nm* perimeter

període *nm* period LOC *Vegeu* GLACIAL

periòdic, ~a *adj* periodic

periodisme *nm* journalism

periodista *nmf* journalist

periquito *nm* budgerigar, budgie (*col·loq*)

perit, ~a (*tb* **pèrit, ~a**) *nm-nf* expert (*in sth*) LOC **perit agrònom** agronomist ◆ **perit industrial** engineer

perjudicar *vt* **1** (*salut*) to damage **2** (*interessos*) to prejudice

perjudici *nm* harm [*incomptable*]: *causar un ~ a algú* to cause/do sb harm LOC **anar en perjudici d'algú** to go against sb *Vegeu tb* DANY

perjudicial *adj* ~ **(per a)** (*salut*) bad (for *sb/sth*): *El tabac és ~ per a la salut.* Cigarettes are bad for your health.

perla *nf* pearl

permanent ▶ *adj* permanent
▶ *nf* perm LOC **fer-se la permanent** to have your hair permed *Vegeu tb* GUAL

permetre ▶ *vt* **1** (*deixar*) to let *sb* (*do sth*): *Permeteu-me que us ajudi.* Let me help you. ◇ *No m'ho permetrien.* They wouldn't let me. **2** (*autoritzar*) to allow *sb to do sth*: *No permeten entrar sense corbata.* You are not allowed in without a tie. ➲ *Vegeu nota a* ALLOW ▶ **permetre's** *vp* **1** (*atrevir-se, prendre's la llibertat*) to take: *S'ha permès massa confiança amb ells.* He takes too many liberties with them. **2** (*econòmicament*) to afford: *No ens ho podem ~.* We can't afford it. ◇ *Es pot ~ el luxe de no treballar.* He can allow himself the luxury of not working. LOC **em permeteu?** may I?

permís *nm* **1** (*autorització*) permission (*to do sth*): *demanar/donar ~* to ask for/give permission **2** (*document*) permit: *~ de residència/treball* residence/work permit **3** (*Mil, dies lliures*) leave: *Estic de ~.* I'm on leave. ◇ *He demanat una setmana de ~.* I've asked for a week off. LOC **amb el vostre permís**: *Amb el vostre ~, que puc passar?* May I come in? ◇ *Seuré aquí, amb el vostre ~.* I'll sit here, if you don't mind. ◆ **permís de conduir** driving licence

pernil *nm* ham LOC **pernil cuit/dolç/de York** cooked ham ◆ **pernil del país/salat** cured ham

però ▶ *conj* but: *lent ~ segur* slowly but surely
▶ *adv* though: *Et deixo el cotxe; vigila, ~, amb la velocitat amb què vas.* I'll lend you my car. Be careful, though, that you don't drive too fast.
▶ *nm* (*defecte*) fault: *Trobes ~s en tot.* You find fault with everything.

perol *nm* cauldron

perpendicular ▶ *adj* perpendicular (*to sth*)
▶ *nf* perpendicular

perpetu, -ètua *adj* perpetual LOC *Vegeu* CADENA

perplex, ~a *adj* puzzled: *Em vaig quedar ~.* I was puzzled.

perquè ▶ *conj* **1** (*causa*) because: *No ve ~ no vol.* He's not coming because he doesn't want to. **2** (*finalitat*) so (that): *Vaig venir ~ tinguessis companyia.* I came so (that) you'd have com-

pany. ◇ *Els va renyar ~ no ho tornessin a fer.* He told them off so (that) they wouldn't do it again.
▶ *nm* ~ **(de)** reason (for *sth*): *el ~ de la vaga* the reason for the strike

perruca *nf* wig

perruquer, ~a *nm-nf* hairdresser

perruqueria *nf* (*establiment*) hairdresser's ➲ *Vegeu nota a* CARNISSERIA

persecució *nf* **1** (*per agafar*) pursuit, chase (*més col·loq*): *La ~ va durar més de tres hores.* The pursuit lasted for over three hours. **2** (*Pol, Relig*) persecution

perseguir *vt* **1** (*per agafar*) to pursue, to chase (*més col·loq*): *~ un cotxe/objectiu* to chase a car/ pursue an objective **2** (*Pol, Relig*) to persecute

perseverança *nf* perseverance

persiana *nf* blind: *pujar/abaixar la ~* to raise/ lower the blind

persistent *adj* persistent

persistir *vi* to persist (*in sth*)

persona *nf* person [*pl* people]: *milers de persones* thousands of people ➲ *Vegeu nota a* PERSON LOC **en persona** in person: *Dóna-li-ho en ~.* Give it to him in person. ◆ **ésser (una) bona persona** to be nice: *Són molt bones persones.* They're very nice. ◆ **per persona** a head: *deu euros per ~* ten euros a head ◆ **persona gran** grown-up

personal ▶ *adj* personal
▶ *nm* (*treballadors*) staff [*v sing o pl*] ➲ *Vegeu nota a* JURAT LOC *Vegeu* DADA, OBJECTE, ORDINADOR

personalitat *nf* personality [*pl* personalities]

personalitzar ▶ *vt* to personalize: *~ l'escriptori* to personalize your desktop ▶ *vi* to name names: *No personalitzis, la culpa és de tothom.* Don't name names — it's everyone's fault.

personalment *adv* **1** (*opinió*) personally: *Personalment, prefereixo anar al mar.* Personally, I'd rather go to the seaside. **2** (*en persona*) in person: *Necessito parlar amb tu ~.* I need to talk to you in person.

personatge *nm* **1** (*d'un llibre, d'una pel·lícula*) character: *el ~ principal* the main character **2** (*persona important*) personality [*pl* personalities]

perspectiva *nf* **1** (*punt de vista, en dibuix*) perspective: *veure les coses des d'una ~ global* to see things from a global perspective ◇ *A aquest quadre, li falta ~.* The perspective's not quite right in that painting. **2** (*panorama*) view **3** (*en el futur*) prospect: *bones perspectives* good prospects LOC **tenir en perspectiva** to have *sth* lined up: *Tinc unes quantes coses en ~.* I've got a few things lined up.

perspicaç *adj* perceptive

perspicàcia *nf* insight

persuadir ▶ *vt* to persuade ▶ **persuadir-se** *vp* to become convinced (*of sth/that...*)

persuasiu, -iva *adj* persuasive

pertànyer *vi* to belong *to sb/sth*: *Aquest collaret va ~ a la meva àvia.* This necklace belonged to my grandmother.

pertinença *nf* **1** (*a un partit, club, etc.*) membership **2 pertinences** belongings

pertinent *adj* relevant

pertot *adv* everywhere LOC *Vegeu* ARREU

Perú *nm* Peru

peruà, -ana *adj, nm-nf* Peruvian

pervers, ~a *adj* evil

pervertir *vt* to pervert

perxa *nf* pole LOC *Vegeu* SALT

pes *nm* **1** weight: *guanyar/perdre ~* to put on/ lose weight ◇ *vendre alguna cosa a ~* to sell sth by weight ◇ *~ brut/net* gross/net weight **2** (*balança*) scales [*pl*]: *Aquest ~ no és gaire exacte.* These scales aren't very accurate. LOC **aixecament de/entrenament amb pesos** weightlifting/weight training ◆ **de pes** (*important*) **1** (*persona*) influential **2** (*afer*) weighty ◆ **fer pesos** to do weight training ◆ **treure's un pes de sobre**: *M'he tret un gran ~ de sobre.* That's a great weight off my mind.

pesar¹ *nm* (*tristesa*) sorrow LOC **a pesar de** in spite of *sth* ◆ **a pesar que...** although...

pesar² ▶ *vt* to weigh: *~ la fruita* to weigh the fruit ▶ *vi* **1** to weigh: *Quant peses?* How much do you weigh? ◇ *Com pesa!* It weighs a ton! **2** (*tenir molt de pes*) to be heavy: *Aquest paquet sí que pesa!* This parcel is very heavy. ◇ *Pesa?* Is it very heavy? ◇ *No pesa gens!* It hardly weighs a thing! LOC **pesar com un mort** to weigh a ton

pesat, -ada ▶ *adj* **1** (*feixuc*) heavy: *una maleta pesada/un menjar ~* a heavy suitcase/meal **2** (*avorrit*) boring **3** (*molest*) annoying
▶ *adj, nm-nf* (*persona*) pain (in the neck) [*n*]: *És un ~.* He's a real pain in the neck. ◇ *No siguis (tan) ~.* Don't be such a pain. LOC *Vegeu* BROMA²; *Vegeu tb* PESAR²

pesca *nf* fishing LOC *Vegeu* FURTIU

pescador, ~a *nm-nf* fisherman/woman [*pl* -men/-women] LOC *Vegeu* FURTIU

pescar ▶ *vi* to fish: *Havien sortit a ~.* They'd gone out fishing. ▶ *vt* (*agafar*) to catch: *Vaig ~ dues truites.* I caught two trout. ◇ *Vaig ~ un noi*

P

robant pomes. I caught a boy stealing apples. ◇ *La policia els va ~.* The police caught them. LOC *Vegeu* CANYA

pèsol *nm* pea

pesquer, ~a ▶ *adj* fishing: *un port ~* a fishing port
▶ *nm* fishing boat

pessebre *nm* crib: *Anem a fer el ~.* Let's set up the crib.

pessic *nm* **1** (*sal*) pinch **2** (*trosset petit*) little bit: *un ~ de pa* a little bit of bread LOC **fer un pessic** to pinch *Vegeu tb* PA

pessigar *vt* to pinch

pessigolles *nf* LOC **fer pessigolles** to tickle ◆ **tenir pessigolles** to be ticklish: *Tinc moltes ~ als peus.* My feet are very ticklish.

pèssim, ~a *adj* dreadful

pessimisme *nm* pessimism

pessimista ▶ *adj* pessimistic
▶ *nmf* pessimist

pesta *nf* **1** (*malaltia*) plague **2** (*pudor*) stink: *Quina ~ que fa!* What a stink!

pestanya *nf* (*ull*) eyelash

pestell *nm* catch: *posar el ~* to put the catch on

pet *nm* fart LOC **estar pet** to be drunk ◆ **fer un pet** to fart

petaca *nf* **1** (*per a licors*) hip flask **2** (*per a tabac*) tobacco pouch LOC **fer la petaca** to make an apple-pie bed *for sb*

pètal *nm* petal

petanca *nf* boule ❶ Es pronuncia /bu:l/

petar *vi* **1** to bang: *Va sentir ~ la porta.* She heard the door bang. **2** (*morir*) to kick the bucket LOC **fer-la petar/fer petar la xerrada** to chatter away ◆ **fer petar 1** (*llengua*) to click **2** (*fuet*) to crack **3** (*dits*) to snap ◆ **petar de dents**: *Feia tant fred que petàvem de dents.* It was so cold that our teeth were chattering. ◇ *Li petaven les dents de fred.* Her teeth were chattering. ◆ **petar-se de riure** to kill yourself laughing

petard *nm* banger

petició *nf* **1** (*prec*) request: *fer una ~ d'ajuda* to make a request for help **2** (*sol·licitud*) petition: *redactar una ~* to draw up a petition LOC **a petició de** at the request of *sb*

petit, ~a ▶ *adj* **1** small: *un ~ problema/detall* a small problem/detail ◇ *L'habitació és massa petita.* The room is too small. ◇ *Totes les faldilles em van petites.* All my skirts are too small for me. ➲ *Vegeu nota a* SMALL **2** (*jove*) little: *quan jo era ~* when I was little ◇ *els nens ~s* little children **3** (*el més jove*) youngest: *el meu fill ~* my youngest son **4** (*poc important*) minor: *uns ~s canvis* a few minor changes
▶ *nm-nf* youngest (one): *El ~ estudia dret.* The youngest one is studying law. LOC **no tenir ni la més petita idea** not to have the slightest idea *Vegeu tb* DIT, MANETA

petjada *nf* **1** (*persones*) footprint **2** (*animals*) track: *petjades d'ós* bear tracks

petó *nm* kiss LOC **fer un petó** to kiss: *Ens vam fer un ~.* We kissed. ◇ *Fes un ~ a la teva cosina.* Give your cousin a kiss. ◆ **petons/un petó** (*comiat*) lots of love

petroli *nm* oil: *un pou de ~* an oil well

petrolier, ~a ▶ *adj* oil [*n atrib*]: *la indústria petroliera* the oil industry
▶ *nm* (*vaixell*) oil tanker

petxina *nf* shell LOC **petxina de pelegrí** scallop

peu *nm* **1** (*Anat*) foot [*pl* feet]: *el ~ dret/esquerre* your right/left foot ◇ *tenir els ~s plans* to have flat feet **2** (*llum, estàtua, columna, copa*) base **3** (*escala, pàgina, muntanya*) bottom, foot (*més formal*): *a ~ de pàgina* at the bottom of the page **4 peus** (*llit*) foot: *als ~s del llit* at the foot of the bed LOC **aixecar-se/llevar-se amb el peu esquerre** to get out of bed on the wrong side ◆ **al peu de la lletra** word for word ◆ **anar amb peus de plom** to tread carefully ◆ **anar a peu coix** to hop ◆ **a peu** on foot *Vegeu tb* ARROSSEGAR, CAP[1], COIXEJAR, COP, GIRADA, LLUM, PICAR, PLANTA, PUNTADA

P

peülla *nf* hoof [*pl* hoofs/hooves]

pi *nm* pine (tree)

piadós, -osa *adj* devout

pianista *nmf* pianist

piano *nm* piano [*pl* pianos]: *tocar el ~* to play the piano LOC **piano de cua/vertical** grand/upright piano

pic *nm* **1** (*eina*) pick **2** (*muntanya*) peak: *els ~s coberts de neu* the snow-covered peaks

pica *nf* **1** (*recipient*) (**a**) (*cuina*) sink (**b**) (*bany*) basin **2 piques** (*cartes*) spades ➲ *Vegeu nota a* BARALLA LOC **pica baptismal** font

picabaralla *nf* argument, fight (*més col·loq*)

picada *nf* **1** (*mosquit, serp*) bite: *una ~ de serp* a snake bite **2** (*abella, vespa*) sting

picant *adj* (*Cuina*) hot: *una salsa ~* a hot sauce

picaporta *nm* knocker

picar ▶ *vt* **1** (*mosquit, serp*) to bite **2** (*abella, vespa*) to sting **3** (*ocell*) to peck **4** (*menjar*): *Vols ~ alguna cosa?* Do you fancy something to eat? ◇ *Acabo de ~ una mica de formatge.* I've just had some cheese. ◇ *Ens van donar unes coses per a ~.* They gave us some nibbles. **5** (*carn*) to mince **6** (*ceba, verdura*) to chop *sth* (up) ▶ *vi* **1** (*produir picor*) to itch: *Aquest jersei pica.* This jumper makes me itch. **2** (*ulls*) to sting: *Em piquen els ulls.* My eyes are stinging. **3** (*peix*) to bite: *N'ha picat un!* I've got a bite! **4** (*ésser picant*) to be hot: *Aquesta salsa pica moltíssim!* This sauce is terribly hot! **5** (*sol*) to be scorching hot **6** (*porta*) to bang: *Aquesta porta pica contra la paret.* That door is banging against the wall. **7** (*tocar repetidament*) to beat (against/on *sth*): *La pedregada picava contra els vidres.* The hail was beating against the windows. ▶ **picar-se** *vp* **1 picar-se (amb) (per)** (*persona*) to get annoyed (with *sb*) (about *sth*): *Es pica per qualsevol cosa.* He's always getting annoyed about something. **2** (*mar*) to get choppy LOC **picar a la porta** to knock at the door ◆ **picar de mans 1** (*aplaudir*) to clap **2** (*acompanyament*) to clap in time (*to sth*): *L'acompanyaven picant de mans.* They clapped in time to the music. ◆ **picar de peus** to stamp your feet ◆ **picar la curiositat** to arouse *sb's* curiosity *Vegeu tb* MÀQUINA, MOSCA

picardia *nf* craftiness: *tenir molta ~* to be very crafty ◇ *Ho has de fer amb ~.* You have to be crafty.

picat, -ada *adj* **1** (*mar*) choppy **2** (*enfadat*) cross: *Crec que estan ~s amb mi.* I think they're cross with me. LOC **caure en picat** to nosedive *Vegeu tb* CARN; *Vegeu tb* PICAR

P

pícnic *nm* picnic: *anar de ~* to go for a picnic

piconadora *nf* steamroller

picor *nf* **1** (*picantor*) itch: *Tinc ~ a l'esquena.* I've got an itchy back. **2** (*coll*) tickle LOC *Vegeu* ANY

pidolar *vt, vi* to beg (for *sth*): *~ menjar* to beg for food

pietat *nf* **1** (*compassió*) mercy (*on sb*): *Senyor, tingueu ~.* Lord have mercy. ◇ *una lluita sense ~* a merciless struggle **2** (*devoció*) piety

pietós, -osa *adj* pious LOC *Vegeu* MENTIDA

pífia *nf* blunder

piga *nf* freckle: *M'han sortit moltes pigues.* I've come out in freckles.

pigat, -ada *adj* freckled: *Té la cara pigada.* She has freckles on her face. ◇ *una noia pigada* a girl with freckles

pigment *nm* pigment

pijama *nm* pyjamas [*pl*]: *Aquest ~ et va petit.* Those pyjamas are too small for you. ❶ *Un pijama* es diu **a pair of pyjamas**: *Posa dos pijames a la maleta.* Pack two pairs of pyjamas.

pila *nf* **1** (*Electròn*) battery [*pl* batteries]: *S'han gastat les piles.* The batteries have run out. **2** (*munt*) pile: *una ~ de diaris* a pile of newspapers **3** (*gran quantitat*): *Tenen una ~ de diners.* They've got loads of money. LOC *Vegeu* NOM

pilar *nm* pillar

pillatge *nm* plunder

pilot *nmf* **1** (*avió*) pilot **2** (*cotxe*) racing driver LOC **pilot automàtic** automatic pilot: *L'avió anava amb el ~ automàtic.* The plane was on automatic pilot.

pilota *nf* ball: *una ~ de tennis* a tennis ball LOC **estar en pilotes** to be stark naked *Vegeu tb* RECOLLIDOR

pilotar *vt* **1** (*avió*) to fly **2** (*cotxe*) to drive **3** (*vaixell*) to sail

pin *nm* **1** (*insígnia*) badge **2 PIN** (*codi secret*) PIN (number)

pinça *nf* **1** (*per a estendre*) clothes peg **2** (*de cabell*) clip **3** (*cranc, llagosta*) pincer **4 pinces (a)** tweezers: *unes pinces per a les celles* eyebrow tweezers **(b)** (*sucre, gel, carbó*) tongs

píndola *nf* pill

pineda *nf* pine forest

ping-pong® *nm* ping-pong, table tennis (*més formal*)

pingüí *nm* penguin

pinso *nm* **1** (*per al bestiar*) fodder **2** (*per a gossos*) dried dog food

pinta¹ *nf* comb

pinta² *nf* **1** (*aspecte*) look: *No m'agrada la ~ d'aquest peix.* I don't like the look of that fish. **2** (*mesura*) pint ➲ *Vegeu pàgs 757-761* LOC **tenir/fer bona/mala pinta** to look nice/nasty: *Aquests pastissos tenen molt bona ~.* Those cakes look very nice. ◆ **tenir pinta (de)** to look (like *sth*): *Amb aquest vestit tens ~ de pallasso.* You look like a clown in that suit.

pintada *nf* graffiti [*incomptable*]: *Hi havia pintades per tota la paret.* There was graffiti all over the wall. ◇ *Hi havia una ~ que deia...* There was a piece of graffiti that said...

pintallavis *nm* lipstick

pintar ▶ *vt, vi* to paint: *~ una paret de vermell* to paint a wall red ◇ *M'agrada ~.* I like painting. ▶ *vt* (*acolorir*) to colour *sth* (in): *El nen havia pintat la casa de blau.* The little boy had coloured the house blue. ◇ *Va dibuixar una pilota i després la va ~.* He drew a ball and then coloured it in. ▶ **pintar-se** *vp* **1** to paint: *pintar-se les ungles* to paint your nails **2** (*maquillar-se*) to put on your make-up: *No he tingut temps de pintar-me.* I haven't had time to put on my make-up. LOC **pintar a l'oli/a l'aquarel·la** to paint in oils/watercolours ◆ **pintar-se els llavis/ulls** to put on your lipstick/eye make-up *Vegeu tb* ACABAT

pintat, -ada *adj* LOC **anar que ni pintat/com a pintat/pintat** to be a perfect fit: *El vestit li* *anava que ni ~.* The dress was a perfect fit. ◆ **pintat de** painted: *Les parets són pintades de blau.* The walls are painted blue. *Vegeu tb* PINTAR

pintor, ~a *nm-nf* painter

pintoresc, ~a *adj* picturesque: *un paisatge ~* a picturesque landscape

pintura *nf* **1** (*activitat, quadre*) painting: *La ~ és una de les meves aficions.* Painting is one of my hobbies. **2** (*matèria*) paint: *una mà de ~* a coat of paint **3 pintures** (**a**) paints (**b**) (*llapis de colors*) coloured pencils (**c**) (*maquillatge*) make-up [*incomptable*] LOC *Vegeu* OLI

pinxo *nm* bully [*pl* bullies]

pinya *nf* **1** (*pi*) pine cone **2** (*cop de puny*) punch **3** (*cotxe*) crash: *Es va clavar una ~ contra un arbre.* He crashed into a tree. LOC **pinya (tropical/d'Amèrica)** pineapple

pinyó *nm* (*Bot*) pine nut

pinyol *nm* (*fruita*) stone, pip, seed: *Vigila, no t'empassis el ~.* Careful you don't swallow the stone.

> **Stone, pip** o **seed**? Fem servir **stone** quan la fruita té un sol pinyol (p. ex. préssec, alvocat), **pip** quan en té uns quants (p. ex. poma, raïm, mandarina) i **seed** quan en té molts (p. ex. síndria, meló).

pinzell *nm* paintbrush ➲ *Vegeu il·lustració a* BRUSH

pioner, ~a ▶ *adj* pioneering
▶ *nm-nf* pioneer (*in sth*): *un ~ de la cirurgia estètica* a pioneer in cosmetic surgery

pipa *nf* **1** (*per a fumar*) pipe: *fumar una ~* to smoke a pipe ◇ *la ~ de la pau* the pipe of peace **2** (*xumet*) dummy [*pl* dummies] LOC **fer la pipa** to suck your thumb

pipada *nf* puff: *fer una ~* to have a puff (of a cigarette)

pipí *nm* pee LOC **fer pipí** to have a pee

piquet *nm* picket

piragua *nf* canoe

piragüisme *nm* canoeing: *fer ~* to go canoeing

piràmide *nf* pyramid

pirar *vi* to clear off

pirata *adj, nmf* pirate [*n*]: *un vaixell/una emissora ~* a pirate ship/radio station ◇ *un CD ~* a pirate/pirated CD LOC **pirata (informàtic)** hacker

piratejar *vt* **1** (*CD, DVD*) to pirate **2** (*entrar en un sistema informàtic*) to hack into *sth*

pirateria *nf* (*Informàt*) hacking

pírcing *nm* piercing: *un ~ a la llengua* a tongue piercing ◇ *fer-se un ~ al llombrígol* to have your belly button pierced

piròman, ~a *nm-nf* arsonist

pirueta *nf* pirouette

piruleta *nf* (*tb* **pirulí** *nm*) lollipop

pis *nm* **1** (*planta*) floor: *Visc al tercer ~.* I live on the third floor. ➲ *Vegeu nota a* FLOOR **2** (*apartament*) flat ➲ *Vegeu nota a* CASA LOC **de dos, etc. pisos** (*edifici*) two-storey, etc.: *un bloc de cinc pisos* a five-storey block *Vegeu tb* COMPANY

pisa *nf* china: *un plat de ~* a china plate

pisces (*tb* **Pisces**) *nm, nmf* Pisces ➲ *Vegeu exemples a* AQUARIUS

piscifactoria *nf* fish farm

piscina *nf* swimming pool LOC **piscina climatitzada/coberta** heated/indoor pool

piscolabis *nm* snack

pispa *nmf* burglar ➲ *Vegeu nota a* THIEF

pispar *vt* to nick: *M'han pispat la cartera.* My wallet's been nicked.

pissarra *nf* **1** (*en una classe*) board: *sortir a la ~* to go up to the board **2** (*roca*) slate: *una teulada de ~* a slate roof LOC **pissarra blanca** whiteboard ◆ **pissarra electrònica/interactiva** interactive whiteboard

pista *nf* **1** (*petjada*) track(s) [*gen pl*]: *seguir la ~ d'un animal* to follow an animal's tracks ◇ *Li he perdut la ~, a en Pere.* I've lost track of Pere. **2** (*dada*) clue: *Dóna'm més pistes.* Give me more clues. **3** (*atletisme*) track: *una ~ a l'aire lliure/coberta* an outdoor/indoor track **4** (*via*) track: *una ~ forestal* a track through the forest **5** (*d'aterratge*) runway LOC **pista de ball** dance floor ◆ **pista de bàsquet** basketball court ◆ **pista de bitlles** bowling alley ◆ **pista de gel/patinatge** ice rink/skating rink ◆ **pista d'esquaix/de tennis** squash/tennis court ◆ **pista d'esquí** ski slope *Vegeu tb* PERDRE, SEGUIR

P

pistatxo *nm* pistachio [*pl* pistachios]

pistola *nf* gun LOC **pistola d'aigua** water pistol ◆ **pistola d'aire comprimit** airgun *Vegeu tb* PUNTA

pit *nm* **1** chest: *Tinc un constipat de ~.* I've got a cold on my chest. **2** (*mamella*) breast: *càncer de ~* breast cancer **3** (*aviram*) breast: *~ de pollastre* chicken breast LOC **donar el pit** to breastfeed ◆ **prendre's alguna cosa a pit 1** (*seriosament*) to take sth seriously: *Es pren la feina massa a ~.* He takes his work too seriously. **2** (*ofendre's*) to take sth to heart: *Era una broma, no t'ho prenguis a ~.* It was a joke; don't take it to heart.

pitet *nm* bib

pitjar *vt* **1** (*pressionar*) to press **2** (*timbre*) to ring **3** (*accelerador, fre*) to put your foot on *sth*

4 (*Informàt*) to click on *sth*: *Per veure més detalls, pitgeu el botó.* Click on the button to see more details.

pitjor ▶ *adj, adv* (*ús comparatiu*) worse (*than sb/sth*): *Aquest cotxe és ~ que aquell.* This car is worse than that one. ◇ *Avui em trobo molt ~.* I feel much worse today. ◇ *Va ésser ~ del que m'esperava.* It was worse than I had expected. ◇ *Encara cuina ~ que la seva mare.* She's an even worse cook than her mother.
▶ *adj, adv, nmf* (*ús superlatiu*) ~ **(de)** worst (in/of...): *Sóc el ~ nedador del món.* I'm the worst swimmer in the world. ◇ *la ~ de totes* the worst of all ◇ *el que canta ~* the one who sings worst LOC *Vegeu* CADA, CAS

pitó *nm* (*serp*) python

pit-roig *nm* robin

piu *nm* (*ocell*) tweet LOC **no dir ni piu** not to say a word

piular *vi* to chirp LOC **sense piular** without saying a word

pivot *nmf* centre

pixar *vi* to pee

pizza *nf* pizza

pla *nm* **1** (*Arquit, intenció, projecte*) plan: *He canviat de plans.* I've changed my plans. **2** (*ciutat, metro*) map **3** (*Geom, Geog*) plain **4** (*nivell*) level: *Les cases són construïdes en diferents plans.* The houses are built on different levels. **5** (*Cine*) shot LOC **pla d'estudis** curriculum [*pl* curriculums/curricula] *Vegeu tb* PRIMER

P

pla, plana *adj* flat: *una superfície plana* a flat surface LOC *Vegeu* PLAT

placa *nf* **1** (*làmina, Fot, Geol*) plate: *plaques d'acer* steel plates ◇ *La ~ de la porta diu "dentista".* The plate on the door says 'dentist'. **2** (*commemorativa*) plaque: *una ~ commemorativa* a commemorative plaque **3** (*policia*) badge LOC **placa de matrícula** number plate

plaça *nf* **1** (*espai obert*) square: *la ~ major* the main square **2** (*mercat*) market: *La fruita, la compro sempre a la ~.* I always buy fruit in the market. **3** (*seient*) seat **4** (*lloc de treball*) post **5** (*en un curs*) place: *Ja no queden places.* There are no places left. LOC **plaça (del mercat)** marketplace ◆ **plaça de pàrquing** parking space ◆ **plaça de toros** bullring

placar *vt* (*rugbi*) to tackle

placatge *nm* (*rugbi*) tackle

plaer *nm* pleasure: *un viatge de ~* a pleasure trip ◇ *Tinc el ~ de presentar-los el Dr. Vergés.* It is my pleasure to introduce Dr Vergés.

plafó *nm* noticeboard

plaga *nf* plague: *una ~ de mosquits* a plague of mosquitoes

plana *nf* **1** (*Geog*) plain **2** (*paper*) page

planador *nm* glider

planar *vi* (*avió, ocell*) to glide

planejar *vt* (*organitzar*) to plan: *~ la fugida* to plan your escape

planer, ~a *adj* (*senzill*) simple

planeta *nm* planet

planificació *nf* planning

planificar *vt* to plan

plànol *nm* map

planta *nf* **1** (*Bot*) plant **2** (*pis*) floor: *la segona/l'última ~* the second/the top floor ➲ *Vegeu nota a* FLOOR **3** (*industrial*) plant LOC **planta baixa** ground floor: *Visc a la ~ baixa.* I live on the ground floor. ◆ **planta del peu** sole ◆ **planta d'interior** house plant ◆ **planta enfiladissa** creeper

plantació *nf* plantation

plantar *vt* **1** to plant **2** (*deixar plantat*) to stand *sb* up

plantat, -ada *adj* LOC **deixar plantat** to stand *sb* up *Vegeu tb* PLANTAR

plantejament *nm* **1** (*enfocament*) approach: *Tenim ~s diferents respecte a aquest tema.* We have different approaches to that subject. **2** (*anàlisi*) analysis: *Va fer un ~ molt interessant del tema.* He gave us a very interesting analysis of the subject. **3** (*pregunta*) question: *Tu t'has de fer el ~ següent...* You need to ask yourself the question... **4** (*problema matemàtic*) working-out: *En tinc bé el ~, però no el resultat.* I've worked it out right, but got the wrong answer.

plantejar ▶ *vt* to raise: *~ dubtes/preguntes* to raise doubts/questions ◇ *El llibre planteja qüestions molt importants.* The book raises very important issues. ▶ **plantejar-se** *vp* to think (about *sth/doing sth*): *Això ni m'ho plantejo!* I don't even think about that!

planter *nm* **1** (*plantes*) nursery [*pl* nurseries]: *un ~ d'arbres* a tree nursery **2** (*Esport*) youth squad: *el ~ del València* Valencia's youth squad

plantilla *nf* **1** (*sabata*) insole **2** (*model, Informàt*) template **3** (*personal*) staff [*v sing o pl*] ➲ *Vegeu nota a* JURAT **4** (*Esport*) squad: *la ~ blaugrana* the Barcelona squad

planxa *nf* **1** (*electrodomèstic*) iron **2** (*de fusta polida*) board LOC **a la planxa** grilled: *carn a la ~* grilled meat ◆ **planxa de neu** snowboard ◆ **planxa de surf/vela** surfboard/windsurfer

planxar ▸ *vt* to iron: ~ *una camisa* to iron a shirt ▸ *vi* to do the ironing: *Avui em toca* ~. I've got to do the ironing today.

plàstic, ~a ▸ *adj* plastic: *la cirurgia plàstica* plastic surgery
▸ *nm* plastic [*gen incomptable*]: *un envàs de* ~ a plastic container ◇ *Tapa-ho amb un* ~. Cover it with a plastic sheet. **LOC** *Vegeu* ART, GORRA, GOT

plastificar *vt* to laminate

plastilina® *nf* Plasticine®

plat *nm* **1** (*recipient*) (**a**) plate: *Ja s'ha trencat un altre* ~*!* That's another plate broken! (**b**) (*sota la tassa*) saucer ➲ *Vegeu il·lustració a* CUP **2** (*menjar*) dish: *un* ~ *típic del país* a national dish **3** (*part de l'àpat*) course: *De primer* ~ *vaig prendre sopa.* I had soup for my first course. ◇ *el* ~ *fort/principal* the main course **LOC fregar/rentar els plats** to do the washing-up ◆ **plat fondo/soper** soup plate ◆ **plat pla/de postres** dinner/dessert plate ◆ **plat precuinat** ready meal ◆ **plat volador** flying saucer *Vegeu tb* EIXUGAR, PAGAR, TIR

plata¹ *nf* silver: *un anell de* ~ a silver ring **LOC** *Vegeu* BANYAT, PAPER

plata² *nf* (*plàtera*) dish: *una* ~ *de carn* a dish of meat

plataforma *nf* platform: *sabates de* ~ platform shoes

plàtan *nm* **1** (*fruita*) banana **2** (*arbre*) plane tree

platejat, -ada *adj* **1** (*color*) silver: *pintura platejada* silver paint **2** (*revestit de plata*) silver-plated

platerets *nm* cymbals **LOC** *Vegeu* ANUNCIAR

platet *nm* (*sota la tassa*) saucer ➲ *Vegeu il·lustració a* CUP

platí *nm* platinum

platja *nf* **1** beach: *passejar per la* ~ to walk along the beach **2** (*costa*) seaside: *Vam passar l'estiu a la* ~. We spent the summer at the seaside.

plató *nm* set

platònic, ~a *adj* **LOC** *Vegeu* AMOR

plaure *vi* to please **LOC si us plau** please

ple, plena *adj* **1** full (*of sth*): *Aquesta habitació és plena de fum.* This room is full of smoke. ◇ *Sóc membre de* ~ *dret.* I'm a full member. ◇ *plens poders* full powers **2** (*cobert*) covered *in/with sth*: *El sostre és* ~ *de teranyines.* The ceiling is covered in cobwebs. **LOC a plena llum del dia** in broad daylight ◆ **a plena veu** at the top of your voice ◆ **de ple** full in *sth*: *El sol ens tocava de* ~ *a la cara.* The sun was shining full in our faces. ◇ *La pilota em va tocar de* ~ *a la cara.* The ball hit me full in the face. ◆ **en ple...** (right) in the middle of...: *en* ~ *hivern* in the middle of winter ◇ *en* ~ *centre de la ciutat* right in the centre of the city ◆ **estar en plena forma** to be in peak condition ◆ **ple a vessar/ple de gom a gom/ple fins dalt** packed: *L'autobús anava* ~ *de gom a gom.* The bus was packed. *Vegeu tb* LLUNA

plec *nm* **1** fold: *La tela queia formant* ~*s.* The material hung in folds. **2** (*faldilla*) pleat

plegable *adj* folding: *un llit* ~ a folding bed

plegar ▸ *vt* to fold ▸ *vi* **1** (*feina*) to finish work: *A quina hora plegues avui?* What time do you finish work today? **2** (*negoci*) to fold **LOC plegar els braços** to fold your arms

plegat, -ada *adj* together: *tots* ~*s* all together ◇ *Hi vam anar* ~*s.* We went there together. **LOC tot plegat** all in all *Vegeu tb* BRAÇ; *Vegeu tb* PLEGAR

plenament *adv* fully: *En sóc* ~ *conscient.* I am fully aware of it. ◇ *Està* ~ *recuperada.* She's completely recovered.

plet *nm* lawsuit

plom *nm* **1** (*metall*) lead **2 ploms** fuses: *S'han fos els* ~*s.* The fuses have blown. **LOC sense plom** unleaded *Vegeu tb* PEU

ploma *nf* **1** (*d'ocell*) feather: *un matalàs de plomes* a feather mattress **2** (*estilogràfica*) fountain pen **LOC** *Vegeu* ANORAC

plor *nm* crying

ploramiques *adj*, *nmf* whinger [*n*]

ploraner, ~a *adj*, *nm-nf* crybaby [*n*] [*pl* crybabies]: *No siguis tan* ~. Don't be such a crybaby.

plorar *vi* **1** to cry: *No ploris.* Don't cry. ◇ *posar-se a* ~ to burst into tears ◇ ~ *d'alegria/de ràbia* to cry with joy/rage **2** (*ulls*) to water: *Em ploren els ulls.* My eyes are watering. **LOC plorar a llàgrima viva/com una Magdalena** to cry your eyes out *Vegeu tb* FART

ploure *vi* to rain: *Va* ~ *tota la tarda.* It rained all afternoon. ◇ *Que plou?* Is it raining? ◇ *Aquestes són unes bones botes per quan plou.* These boots are good for wet weather. **LOC ploure a bots i barrals** to pour (down/with rain): *Plou a bots i barrals.* It's pouring (with rain). *Vegeu tb* SEMBLAR

plovisqueig *nm* drizzle

plovisquejar *vi* to drizzle

pluja *nf* **1** rain: *La* ~ *no em va deixar dormir.* The rain kept me awake. ◇ *un dia de* ~ a rainy day **2** ~ **de** (*bitllets, regals, aplaudiments*) shower of *sth* **3** ~ **de** (*bales, pedres, cops, insults*) hail of *sth* **LOC pluja àcida** acid rain ◆ **pluja d'estels** meteor shower ◆ **pluja radioactiva** radioactive fallout ◆ **sota la pluja** in the rain

plujós, -osa *adj* **1** (*zona, país, temporada*) wet **2** (*dia, tarda, temps*) rainy

plural *adj, nm* plural

pluralisme *nm* pluralism

plus *nm* bonus [*pl* bonuses]

Plutó *nm* Pluto

plutoni *nm* plutonium

pneumàtic *nm* tyre

pneumònia *nf* pneumonia [*incomptable*]: *agafar una ~* to catch pneumonia

població *nf* **1** (*conjunt de persones*) population: *la ~ activa* the working population **2** (*localitat*) **(a)** (*ciutat gran*) city [*pl* cities] **(b)** (*ciutat petita*) town **(c)** (*poble*) village ➲ *Vegeu nota a* CIUTAT **LOC** *Vegeu* DENSITAT

poblat *nm* settlement

poble *nm* **1** (*gent*) people [*pl*]: *el ~ català* the Catalan people **2** (*població petita*) village **3** (*població gran*) town

pobre ▶ *adj* poor

▶ *nmf* **1** poor man/woman [*pl* men/women]: *els rics i els ~s* the rich and the poor **2** (*desgraciat*) poor thing: *Pobre! Té gana.* He's hungry, poor thing!

pobresa *nf* poverty

poc *adv*

- **amb verb** not much: *Menja ~ per a ésser tan alt.* He doesn't eat much for his height. ◇ *El veig ~ últimament.* I haven't seen much of him recently.
- **amb adjectiu/adverbi** not very: *La sopa és ~ calenta.* The soup isn't very warm. **LOC a poc a poc** slowly: *Condueix a ~ a ~.* Drive slowly. ◆ **de poc** nearly: *De ~ que m'atropellen.* I was nearly run over. ◆ **poc més/menys (de)** just over/under: *~ menys de 5.000 persones* just under 5 000 people

poc, ~a ▶ *adj, pron* **1** (*referit a nom incomptable*) not much, little (*més formal*): *Tinc ~s diners.* I don't have much money. ◇ *Tenen molt ~ interès.* They have very little interest. **2** (*referit a nom comptable*) not many, few (*més formal*): *Té ~s amics.* He hasn't got many friends. ◇ *en molt poques ocasions* on very few occasions ◇ *En van venir molt ~s.* Very few came. ➲ *Vegeu nota a* LESS

▶ *nm* little: *Afegeix-hi un ~ de sal.* Add a little salt. **LOC fa poc** not long ago, recently (*més formal*): *La vaig veure fa ~.* I saw her recently. 🛈 Per a d'altres expressions amb **poc**, vegeu les entrades del nom, l'adjectiu, etc., p. ex. **ésser poca cosa** a COSA.

poca-solta *adj, nmf* twit [*n*]: *No siguis ~!* Don't be such a twit!

pocavergonya *nmf* scoundrel

podar *vt* to prune

poder¹ *vt, vi* **1** (*tenir la possibilitat, ésser capaç*) can *do sth*, to be able *to do sth*: *Puc escollir Londres o Barcelona.* I can choose London or Barcelona. ◇ *No podia creure-m'ho.* I couldn't believe it. ◇ *Des d'aleshores no ha pogut caminar.* He hasn't been able to walk since then. ➲ *Vegeu nota a* CAN² **2** (*tenir permís*) can, may (*més formal*): *Que puc parlar amb l'Andreu?* Can I talk to Andreu? ◇ *Que puc entrar?* May I come in? ◇ *No es pot fumar aquí.* You can't smoke in here. ➲ *Vegeu nota a* MAY **3** (*probabilitat*) may, could, might

> L'ús de **may, could** i **might** depèn del grau de probabilitat de realitzar-se l'acció. **Could** i **might** expressen menor probabilitat que **may**: *Poden arribar en qualsevol moment.* They may arrive at any minute. ◇ *Podria ésser perillós.* It could/might be dangerous.

➲ *Vegeu tb pàg 354* **LOC no poder més 1** (*estar cansat*) to be exhausted **2** (*no suportar més*): *He de deixar aquesta feina; no puc més.* I have to leave this job — I can't take any more. **3** (*estar tip*) to be full ◆ **no poder veure** (*no suportar*) not to be able to stand *sb/sth*: *No ens podem veure.* We can't stand each other. ◆ **no pot ésser (que)** I can't believe...: *No pot ser!* I can't believe it! ◇ *No pot ser que no ho sàpiga.* I can't believe he doesn't know. ◆ **poder amb** to cope with *sth*: *No puc amb tants deures.* I can't cope with so much homework. 🛈 Per a d'altres expressions amb **poder**, vegeu les entrades del nom, l'adjectiu, etc., p. ex. **no ho puc evitar** a EVITAR.

poder² *nm* power: *prendre el ~* to seize power **LOC el poder executiu/judicial/legislatiu** the executive/judiciary/legislature ◆ **en poder de** in the hands of *sb/sth*: *El document està en ~ de l'FBI.* The document is in the hands of the FBI.

poderós, -osa *adj* powerful

podi (*tb* **pòdium**) *nm* podium: *pujar al ~* to go up onto the podium

podrir(-se) *vt, vp* to rot

podrit, -ida *adj* rotten: *una poma/societat podrida* a rotten apple/society *Vegeu tb* PODRIR(-SE)

poema *nm* poem

poesia *nf* **1** (*gènere literari*) poetry: *la ~ èpica* epic poetry **2** (*poema*) poem

poeta *nmf* poet

poètic, ~a *adj* poetic

pol *nm* (*Geog, Fís*) pole: *el ~ Nord/Sud* the North/South Pole

polar *adj* (*Geog*) polar **LOC** *Vegeu* CERCLE, FOLRE

polèmic, ~a *adj* controversial

polèmica *nf* controversy [*pl* controversies]

policia ▶ *nmf* police officer, policeman/woman [*pl* -men/-women]

És preferible d'evitar l'ús del sufix **-man** en paraules que fan referència a una feina o una professió, com ara **policeman**, **sportsman** o **salesman**, si no és que s'està parlant d'un home en concret. En lloc d'això es fan servir paraules que no fan referència al sexe de la persona, com ara **police officer**, **sportsperson** o **salesperson**. *Vegeu tb notes a* ACTRESS, BOMBER.

▶ *nf* police [*pl*]: *La ~ està investigant el cas.* The police are investigating the case. LOC *Vegeu* CORDÓ, FITXA, MUNICIPAL

policíac, ~a *adj*: *operació policíaca* police operation LOC *Vegeu* GÈNERE, NOVEL·LA, PEL·LÍCULA

poliesportiu *nm* sports centre

polígon *nm* **1** (*Geom*) polygon **2** (*zona*) estate: *un ~ industrial* an industrial estate

poliomielitis (*tb* **polio**) *nf* polio

polir ▶ *vt* **1** (*moble, terra*) to polish **2** (*text*) to polish *sth* up **3** (*llengua*) to brush *sth* up: *Va anar a Alemanya a ~ el seu alemany.* He went to Germany to brush up his German. ▶ **polir-se** *vp* (*diners*) to squander

pòlissa *nf* **1** (*assegurança*) policy [*pl* policies]: *fer-se una ~* to take out a policy **2** (*segell*) stamp

polissó *nmf* stowaway: *fer de ~* to stow away

polit, -ida *adj* **1** (*persona*) clean **2** (*lloc*) tidy *Vegeu tb* POLIR

politècnic, ~a *adj, nm* polytechnic

polític, ~a ▶ *adj* **1** (*Pol*) political: *un partit ~* a political party **2** (*família*) in-law: *pare ~* father-in-law ◇ *la meva família política* my in-laws
▶ *nm-nf* politician: *un ~ d'esquerres* a left-wing politician

política *nf* **1** (*Pol*) politics [*v sing o pl*]: *ficar-se en ~* to get involved in politics **2** (*posició, programa*) policy [*pl* policies]: *la ~ exterior* foreign policy ◇ *la ~ de l'empresa* the company's policy

políticament *adv* LOC **políticament correcte** politically correct (*abrev* PC)

politja *nf* pulley [*pl* pulleys]

poll *nm* (*insecte*) louse [*pl* lice] LOC *Vegeu* ULL

pollancre *nm* poplar

pollastre *nm* chicken: *~ a l'ast* spit-roast chicken ◇ *~ rostit* roast chicken

polleguera *nm* LOC **fer sortir de polleguera** to drive *sb* mad

pol·len *nm* pollen LOC *Vegeu* AL·LÈRGIA

pollet *nm* chick LOC *Vegeu* TREMOLAR

pol·lució *nf* pollution

polo *nm* **1** (*Esport*) polo **2** (*peça de vestir*) polo shirt

polonès, -esa ▶ *adj, nm* Polish: *parlar ~* to speak Polish
▶ *nm-nf* Pole: *els polonesos* the Poles

Polònia *nf* Poland

polpa *nf* pulp

pols[1] *nm* **1** (*Med*) pulse: *Tens el ~ molt dèbil.* You have a very weak pulse. ◇ *El metge em va prendre el ~.* The doctor took my pulse. **2** (*mà ferma*) (steady) hand: *tenir bon ~* to have a steady hand ◇ *Em tremola el ~.* My hand is shaking. **3** (*templa*) temple LOC **a pols** with my, your, etc. bare hands: *Em va aixecar a ~.* He lifted me up with his bare hands. ◆ **obtenir/guanyar-se alguna cosa a pols** to get/achieve sth by your own efforts: *Tot el que tinc m'ho he guanyat a ~.* Everything I have, I've got by my own efforts.

pols[2] *nf* (*brutícia*) dust: *Aquesta llibreria és plena de ~.* This bookcase is covered in dust. ◇ *Estàs aixecant ~.* You're kicking up the dust. LOC **en pols** powder: *cacau/llet en ~* cocoa powder/powdered milk ◆ **fer pols** to shatter: *Estic fet ~.* I'm shattered. ◆ **treure la pols (de)** to dust (*sth*) *Vegeu tb* DRAP, LLET

polsar *vt* **1** (*botó, tecla*) to press: *Polsa la tecla dues vegades.* Press the key twice. **2** (*timbre*) to ring

polseguera *nf* cloud of dust: *aixecar una ~* to raise a cloud of dust

polsera *nf* (*braçalet*) bracelet

polsós, -osa *adj* dusty

poltre, -a ▶ *nm-nf* foal

Foal és el nom genèric. Per referir-nos només al mascle diem **colt**. **Filly** es refereix només a la femella i el plural és 'fillies'.

▶ *nm* (*gimnàstica*) vaulting horse

pólvora *nf* **1** (*explosiu*) gunpowder **2** **pólvores** (*tocador*) powder [*incomptable*] LOC **pólvores de talc** talcum powder [*incomptable*]

polvoritzador *nm* spray

polvoritzar *vt* **1** (*ruixar*) to spray **2** (*reduir a pols*) to pulverize

polzada *nf* inch (*abrev* in.) ➲ *Vegeu pàgs 757-761*

polze *nm* thumb

pom *nm* **1** (*flors*) bunch **2** (*porta*) doorknob **3** (*calaix*) knob ➲ *Vegeu il·lustració a* HANDLE

poma *nf* apple LOC *Vegeu* CARA

pomada *nf* ointment

pomera *nf* apple tree

P

pompa *nf* pomp LOC **pompes fúnebres 1** (*enterrament*) funeral **2** (*funerària*) undertaker's ➲ *Vegeu nota a* CARNISSERIA

pompós, -osa *adj* pompous

pòmul *nm* cheekbone

poncella *nf* bud

pondre ▸ *vt* (*gallina*) to lay ▸ **pondre's** *vp* (*sol*) to set

poni *nm* pony [*pl* ponies]

pont *nm* bridge: *passar per un ~* to cross a bridge LOC **fer pont** to have a long weekend ◆ **pont aeri** shuttle ◆ **pont llevadís** drawbridge *Vegeu tb* SALT

pop *nm* octopus [*pl* octopuses]

popa *nf* stern

popular *adj* popular

popularitat *nf* popularity

pòquer *nm* poker: *jugar al ~* to play poker

por *nf* fear (*of sb/sth/doing sth*): *la ~ de volar/del fracàs* fear of flying/failure LOC **agafar por** to be scared *of sb/sth/doing sth* ◆ **fer por** to frighten, to scare (*més col·loq*): *Les seves amenaces no em fan gens de ~.* His threats don't frighten me. ◇ *Li fan ~ els gossos.* He's scared of dogs. ◆ **passar por** to be frightened: *Vaig passar una ~ espantosa.* I was terribly frightened. ◆ **per por que/de** for fear of *sb/sth/doing sth*: *No ho vaig fer per ~ que em renyessin.* I didn't do it for fear of being told off. ◆ **quina por!** how scary! ◆ **tenir por** to be afraid (*of sb/sth/doing sth*), to be scared (*of sb/sth/doing sth*) (*més col·loq*): *Tenies ~ de suspendre?* Were you afraid you'd fail? *Vegeu tb* MORIR(-SE), MORT *adj*, PEL·LÍCULA

porc ▸ *nm* **1** (*animal*) pig

> **Pig** és el nom genèric, **boar** només fa referència al mascle i el plural és 'boar' o 'boars'. Per a fer referència només a la femella es fa servir **sow**. **Piglet** és la cria del porc.

2 (*carn*) pork: *llom de ~* loin of pork
▸ **porc, ~a** *adj* filthy
▸ **porc, ~a** *nm-nf* (*persona*) (filthy) pig: *Ets un ~!* You (filthy) pig! LOC **porc senglar** (wild) boar

porcada *nf* (*mala passada*) dirty trick LOC **dir porcades** to be filthy ◆ **fer porcades** to make a mess: *No facis porcades amb el menjar.* Don't make a mess with your food.

porcellana *nf* porcelain

porcí, -ina *adj* LOC *Vegeu* BESTIAR

porció *nf* piece

pornografia *nf* pornography

pornogràfic, ~a *adj* pornographic

porós, -osa *adj* porous

porpra *nf* purple

porqueria *nf* **1** (*brutícia*): *En aquesta cuina hi ha molta ~.* This kitchen is filthy. **2** (*fàstic*): *El que estàs fent amb el menjar és una ~.* What you're doing with your food is disgusting. **3** (*cosa de poc valor*) rubbish [*incomptable*]: *Aquesta pel·lícula és una ~.* That film is rubbish. **4** (*menjar*) junk (food) [*incomptable*]: *Deixa de menjar porqueries.* Stop eating junk food. LOC *Vegeu* MENJAR

porra *nf* (*de policia*) truncheon LOC **vés a la porra** get lost!

porro *nm* **1** (*planta*) leek **2** (*cigarreta de droga*) joint

port *nm* **1** port (*de mar, de riu*): *un ~ comercial/de pescadors* a commercial/fishing port **2** (*de muntanya*) pass LOC **port esportiu** marina *Vegeu tb* ENGINYER

porta *nf* **1** door (*casa, cotxe, etc.*): *la ~ principal/del darrere* the front/back door ◇ *Truquen a la ~.* There's somebody at the door. **2** (*ciutat, palau*) gate LOC **porta corredissa/giratòria** sliding/revolving door ◆ **porta d'embarcament** gate *Vegeu tb* COP, PICAR, TANCAR

portaavions *nm* aircraft carrier

portada *nf* **1** (*llibre, revista*) cover **2** (*disc*) sleeve

portal *nm* **1** (*edifici*) (entrance) hall **2** (*Internet*) portal

portamonedes *nm* purse

portar ▸ *vt*

- **carregar, dur a sobre 1** to carry: *Es va oferir a portar-li la maleta.* He offered to carry her suitcase. **2** (*diners*) to have: *No porto diners a sobre.* I don't have any cash on me. ◇ *Portes canvi?* Have you got any change? **3** (*roba, ulleres, rellotge, etc.*) to wear: *Hauré de ~ ulleres.* I'm going to have to wear glasses. ◇ *Portava unes arracades d'or.* She was wearing gold earrings. **4** (*parts del cos*) to have: *Porta barba/els cabells curts.* He's got a beard/short hair.
- **dur una persona/cosa a un lloc** to take, to bring

> La traducció general de *portar* en el sentit de fer arribar algú o alguna cosa a un lloc és **to take**: *Porta les cadires a la cuina.* Take the chairs to the kitchen. ◇ *Vaig portar el gos al veterinari.* I took the dog to the vet. ◇ *Qui porta els nens a l'escola avui?* Who's taking the children to school today? Però quan el parlant s'ofereix a portar alguna cosa a l'oient, es fa servir **to bring**: *No cal que vinguis, t'ho portaré divendres.* You don't need

to come, I'll bring it on Friday. ◇ *Què vols que et porti?* What shall I bring you?

➲ *Vegeu il·lustració a* TAKE

• **altres usos 1** (*causar*) to cause: *El nou sistema ens portarà problemes.* The new system is going to cause us problems. **2** (*negoci, casa*) to run: ~ *una empresa* to run a company **3** (*conduir*) to drive: *Qui portarà el cotxe?* Who'll drive? ▶ *vi* to lead *to sth*: *Aquesta carretera porta a la desembocadura del riu.* This road leads to the mouth of the river.

▶ **portar-se** *vp* **1** (*comportar-se*) to behave: *portar-se bé/malament* to behave well/badly ◇ *Porta't bé.* Be good. **2** (*estar de moda*) to be in: *Aquest hivern es porta el verd.* Green is in this winter. LOC **portar-li, a algú, dos anys, etc.** to be two, etc. years older than sb: *Em porta sis mesos.* She's six months older than me. ◇ *Es porten 15 anys.* There's an age difference of 15 years between them. ◆ **portar-ne dos, etc.** (*Mat*) to carry two, etc.: *22 i en porto dos.* 22 and carry two. ◆ **portar-se bé/malament (amb algú)** to get on well/badly (with sb): *Sempre m'he portat bé amb els meus sogres.* I've always got on well with my in-laws. ❶ Per a d'altres expressions amb **portar**, vegeu les entrades del nom, l'adjectiu, etc., p. ex. **portar sort** a SORT i **portar a terme** a TERME.

portàtil *adj* portable: *una televisió* ~ a portable television LOC *Vegeu* ORDINADOR

portaveu *nmf* spokesperson [*pl* spokespersons/spokespeople]

Hi ha les formes **spokesman** i **spokeswoman**, però normalment es fa servir **spokesperson** perquè es refereix tant a un home com a una dona: *els portaveus de l'oposició* spokespersons for the opposition.

porter, ~a *nm-nf* **1** (*d'un edifici públic*) caretaker **2** (*d'un edifici privat*) porter **3** (*Esport*) goalkeeper LOC **porter automàtic/electrònic** Entryphone®

porteria *nf* **1** (*en un edifici*) porter's lodge **2** (*Esport*) goal LOC *Vegeu* PROPI

porticó *nm* shutter

Portugal *nm* Portugal

portuguès, -esa ▶ *adj, nm* Portuguese: *parlar* ~ to speak Portuguese.

▶ *nm-nf* Portuguese man/woman [*pl* men/women]: *els portuguesos* the Portuguese

poruc, -uga *adj* nervous

porus *nm* pore

porxada *nf* arches [*pl*]: *Ens vam aixoplugar sota la* ~. We sheltered under the arches.

porxo *nm* **1** (*d'una casa*) porch **2** (*porxada*) arches [*pl*]

posada *nf* LOC **posada al punt** (*motor*) tuning: *Aquest cotxe necessita una* ~ *al punt.* This car needs tuning. ◆ **posada en comú** round table

posar ▶ *vt* **1** (*col·locar*) to put: *Posa els llibres sobre la taula/en una caixa.* Put the books on the table/in a box. ◇ *On has posat les meves claus?* Where have you put my keys? ◇ *Posa les estovalles.* Put the tablecloth on the table. **2** (*aparell*) to put *sth* on: ~ *la ràdio* to put on the radio **3** (*CD, etc.*) to play **4** (*rellotge*) to set: *Posa el despertador a les sis.* Set the alarm for six. **5** (*vestir*) to put *sth* on (*for sb*): *Posa-li la bufanda, al teu germà.* Put your brother's scarf on for him. **6** (*servir*) to give: *Posa'm una mica més de sopa, si us plau.* Give me some more soup, please. **7** (*deures*) to set **7** ~ **algú nerviós, de mal humor, etc.** to make sb nervous, angry, etc.: *L'estàs posant nerviós.* You're making him nervous. **8** (*nom*) to call: *Li han posat Eva.* They've called her Eva. **9** (*negoci, botiga*) to open: *Han posat una sabateria nova al centre.* They've opened a new shoe shop in the centre. ▶ *vi* (*per a una fotografia*) to pose ▶ **posar-se** *vp* **1** (*col·locar-se*): *Posa't al meu costat.* Stand next to me. **2** (*vestir-se*) to put *sth* on: *Es va* ~ *el barret.* He put his hat on. ◇ *Què et posaràs per al casament?* What are you going to wear for the wedding? **3 amb adjectiu** to get: *Es va* ~ *malalt.* He got ill. ◇ *Es posarà molt content.* He's going to be very happy. **4 posar-se a** to start *doing sth*/*to do sth*: *S'ha posat a nevar.* It's started snowing. ◇ *Posa't a estudiar.* Get on with some work. ❶ Per a expressions amb **posar**, vegeu les entrades del nom, l'adjectiu, etc., p. ex. **posar-se fet una fera** a FERA i **posar-se vermell** a VERMELL.

posat *nm* expression: *amb un* ~ *pensatiu* with a thoughtful expression

posició *nf* position: *Van acabar en l'última* ~. They finished last. LOC *Vegeu* LLUM

pòsit *nm* (*sediment*) dregs [*pl*]

positiu, -iva *adj* positive: *L'anàlisi va donar* ~. The test was positive. LOC *Vegeu* SIGNE

posseir *vt* to own

possessió *nf* possession: *totes les teves possessions* all your possessions

possessiu, -iva *adj* possessive

possibilitat *nf* possibility [*pl* possibilities] LOC **tenir (moltes) possibilitats de...** to have a (good) chance of *doing sth*

possible *adj* **1** possible: *tan ràpid com sigui* ~ as quickly as possible ◇ *És* ~ *que ja hagin arribat.* It's possible that they're here already.

P

🛈 L'expressió *és possible que...* també es pot traduir per **I, he, she, etc. may...**: They may already be here. **2** (*potencial*) potential: *un ~ accident* a potential accident **LOC fer (tot) el possible per** to do your best *to do sth*

possiblement *adv* possibly: —*Creus que vindran?* —*Possiblement.* 'Do you think they'll come?' 'Possibly.' ◇ *El cap tornarà ~ demà.* The boss may be back tomorrow. ➲ *Vegeu nota a* POSSIBLE

post *nf* **1** (*de fusta sense polir*) plank: *un pont construït amb ~s* a bridge made from planks **2** (*de fusta polida, planxa*) board: *~ de planxar* ironing board ◇ *una ~ de surf (de vela)* a windsurfing board

posta *nf* **LOC a posta** on purpose ◆ **posta de sol** sunset

postal ▶ *adj* postal
▶ *nf* (*targeta*) postcard **LOC** *Vegeu* CODI, GIR

postdata *nf* postscript (*abrev* PS)

pòster *nm* poster

posterior *adj* ~ **(a) 1** (*temps*): *un esdeveniment ~* a subsequent event ◇ *els anys ~s a la guerra* the years after the war **2** (*lloc*): *a la part ~ de l'autocar* at the back of the bus ◇ *la fila ~ a la vostra* the row behind yours

postguerra *nf* post-war period

postís, -issa *adj* false: *dentadura postissa* false teeth

P

postres *nf* pudding, dessert (*més formal*): *Què hi ha per ~?* What's for pudding? ◇ *Per ~ vaig prendre un gelat.* I had ice cream for dessert. **LOC** *Vegeu* PLAT

postura *nf* position: *dormir en mala ~* to sleep in an awkward position

pot *nm* **1** pot **2** (*conserves*) jar ➲ *Vegeu il·lustració a* CONTAINER

pota *nf* **1** (*peu*) **(a)** (*quadrúpede amb ungles*) paw: *El gos s'ha fet mal a la ~.* The dog has hurt its paw. **(b)** (*peülla*) hoof [*pl* hoofs/hooves]: *les potes d'un cavall* a horse's hooves **2** (*moble*) leg: *la ~ de la taula* the table leg **LOC potes de gall** crow's feet *Vegeu tb* ESTIRAR, FICAR

potable *adj*: *aigua ~* drinking water ◇ *Aquesta aigua no és ~.* This water is not fit for drinking.

potència *nf* power: *~ militar/econòmica* military/economic power ◇ *una ~ de 80 watts* 80 watts of power **LOC d'alta/de gran potència** powerful: *un generador de gran ~* a powerful generator ◆ **potència (en cavalls)** horsepower (*abrev* h.p.) *Vegeu tb* ELEVAT

potenciar *vt* to promote: *~ el transport públic/turisme* to promote public transport/tourism

potent *adj* powerful

potiner, ~a *adj, nm-nf* (*persona*) slapdash [*adj*]: *Aquest lampista és un ~.* That plumber is really slapdash.

potser *adv* maybe: —*Creus que vindrà?* —*Potser sí.* 'Do you think she'll come?' 'Maybe.' ◇ *Potser no.* Maybe not.

pou *nm* well: *un ~ de petroli* an oil well

pràctic, ~a *adj* practical

pràctica *nf* **1** practice: *En teoria funciona, però en la ~...* It's all right in theory, but in practice... ◇ *posar alguna cosa en ~* to put sth into practice **2 pràctiques (a)** (*Educ*) practical: *les pràctiques de laboratori* laboratory practicals **(b)** (*en empresa*) work experience [*incomptable*]: *un contracte en pràctiques* a work experience placement **(c)** (*de professor*) teaching practice [*incomptable*]

pràcticament *adv* practically

practicant ▶ *adj* practising: *Sóc catòlic ~.* I'm a practising Catholic.
▶ *nmf* nurse

practicar *vt* **1** to practise: *~ la medicina* to practise medicine **2** (*esport*) to do: *Practiques algun esport?* Do you do any sport?

prat *nm* meadow

preàmbul *nm* **1** (*pròleg*) introduction **2** (*circumloqui*): *No em vinguis amb ~s!* Stop beating about the bush.

prec *nm* plea

precaució *nf* precaution: *prendre precaucions contra incendis* to take precautions against fire **LOC amb precaució** carefully: *Circuleu amb ~.* Drive carefully. ◆ **per precaució** as a precaution, to be on the safe sade (*més col·loq*): *Ho vam fer per ~.* We did it to be on the safe side.

precedent ▶ *adj* previous: *l'any ~* the previous year
▶ *nm* precedent: *establir un ~* to set a precedent **LOC sense precedents** unprecedented

precedir *vt* to go/come before *sb/sth*, to precede (*més formal*): *L'adjectiu precedeix el nom.* The adjective goes before the noun. ◇ *Una gran explosió va ~ l'incendi.* A huge explosion preceded the fire.

precepte *nm* rule

precinte *nm* seal

preciós, -osa *adj* **1** (*valuós*) precious: *una pedra preciosa* a precious stone **2** (*persona, cosa*) lovely: *Quins nens més preciosos!* What lovely children!

preciositat *nf* **LOC ésser una preciositat** to be lovely: *Aquest vestit és una ~.* That dress is lovely.

precipici *nm* precipice

precipitacions *nf* (*pluja*) rainfall [*incomptable*]: ~ *abundants* heavy rainfall

precipitar-se *vp* **1** (*actuar sense pensar*) to be in a rush: *No et precipitis, pensa-t'ho bé.* Don't be in a rush. Think it over. **2** (*llançar-se*) to throw yourself out of *sth*: *El paracaigudista es va precipitar al buit des de l'avió.* The parachutist jumped out of the plane.

precipitat, -ada *adj* hasty *Vegeu tb* PRECIPITAR-SE

precís, -isa *adj* **1** (*exacte*) precise: *una descripció precisa* a precise description **2** (*adequat*): *dir alguna cosa en el moment* ~ to say sth just at the right moment

precisament *adv* **1** (*exactament*) exactly: *És ~ per això que no vull que hi vingui.* This is exactly why I don't want him to come. ◊ *No estaven ~ encantats.* They weren't exactly delighted. **2** (*justament*) just: *Precisament ara no puc rebre'l.* I can't see you just at this moment. **3** (*de fet*) actually: *Vas ésser ~ tu qui ho va suggerir.* Actually, it was you who suggested it.

precisar *vt* to specify: ~ *fins al més mínim detall* to specify every detail

precisió *nf* accuracy LOC **amb precisió** accurately

precoç *adj* (*nen*) precocious

precuinat, -ada *adj* LOC *Vegeu* MENJAR²

predicar *vt, vi* to preach

predicció *nf* prediction

predir *vt* to foretell

predisposició *nf* ~ **a** (*tendència*) tendency to *sth*: *Té ~ a engreixar-se.* He has a tendency to put on weight.

predominant *adj* predominant

preescolar *adj* pre-school: *nens en edat ~* pre-school children

prefabricat, -ada *adj* prefabricated

prefaci *nm* preface

preferència *nf* **1** preference: *tenir ~ per alguna cosa* to have a preference for sth **2** (*vehicle*) priority

preferible *adj* preferable LOC **ésser preferible**: *És ~ que no hi entris ara.* It would be better not to go in now.

preferir *vt* to prefer *sb/sth* (*to sb/sth*): *Prefereixo el te al cafè.* I prefer tea to coffee. ◊ *Prefereixo estudiar al matí.* I prefer to study in the morning.

> Quan es pregunta què prefereix una persona, es fa servir normalment **would prefer** si es tracta de dues coses o **would rather** si es tracta de dues accions, per exemple: *Prefereixes te o cafè?* Would you prefer tea or coffee? ◊ *Prefereixes anar al cine o veure un vídeo?* Would you rather go to the cinema or watch a video? Per a contestar aquesta mena de preguntes es fa servir **I would rather, he/she would rather**, etc., o **I'd rather, he'd/she'd rather**, etc.: — *Prefereixes te o cafè?* — *Prefereixo te.* 'Would you prefer tea or coffee?' 'I'd rather have tea, please.' ◊ — *Vols sortir?* — *No, prefereixo quedar-me a casa aquesta nit.* 'Would you like to go out?' 'No, I'd rather stay at home tonight.'
> **Would rather** sempre va seguit d'infinitiu sense **to**.

preferit, -ida *adj, nm-nf* favourite *Vegeu tb* PREFERIR

prefix *nm* **1** (*Ling*) prefix **2** (*telèfon*) code: *Quin és el ~ de Girona?* What's the code for Girona?

pregar *vt* **1** (*suplicar*) to beg (*sb*) for *sth*; to beg (*sth*) (*of sb*): *Van ~ misericòrdia.* They begged for mercy. ◊ *Els vaig ~ que em deixessin anar.* I begged them to let me go. **2** (*demanar*): *Li preguem que es tranquil·litzi.* Calm down, please. ◊ *Li prego que em contesti com més aviat millor.* Please reply as soon as possible. **3** (*resar*) to pray LOC **fer-se pregar** to play hard to get: *No et facis ~!* Don't play hard to get! ◊ *A la teva germana, li agrada fer-se ~.* Your sister likes to play hard to get. ◊ *No es fa ~.* She doesn't have to be asked twice.

pregonar *vt* (*divulgar*): *Ho ha anat pregonant per tota l'escola.* He's told the whole school.

pregunta *nf* question: *contestar una ~* to answer a question LOC **fer una pregunta (a algú)** to ask (sb) a question

preguntaire *adj* nosy

preguntar ▶ *vt, vi* to ask: *Em va ~ on vivia.* He asked me where I lived. ▶ **preguntar-se** *vp* to wonder: *Em pregunto qui deu ésser a aquestes hores.* I wonder who it can be at this time of night.

prehistòric, ~a *adj* prehistoric

prejudici *nm* prejudice

prematur, ~a *adj* premature

prémer *vt* **1** (*botó*) to press **2** (*gallet*) to pull **3** (*Informàt*) to click on *sth*

premi *nm* **1** prize: *Vaig guanyar el primer ~.* I won first prize. ◊ ~ *de consolació* consolation prize **2** (*recompensa*) reward: *com a ~ al teu esforç* as a reward for your efforts LOC *Vegeu* LLIURAMENT

premiar *vt* to award *sb* a prize: *Van ~ el novel·lista.* The novelist was awarded a prize.

P

◇ *Va ésser premiat amb un Oscar.* He was awarded an Oscar.

premsa *nf* **1** (*Mec, impremta*) press: ~ *hidràulica* hydraulic press **2** (*diaris*) papers [*pl*]: *la ~ local* the local papers **3 la premsa** (*periodistes*) the press [*v sing o pl*]: *Hi va anar tota la ~ internacional.* All the international press was/were there. ➲ *Vegeu nota a* JURAT LOC **conferència/roda de premsa** press conference ♦ **premsa groga/sensacionalista** gutter press *Vegeu tb* COR, GABINET, LLIBERTAT

premsar *vt* to press

prenatal *adj* antenatal

prendre ▶ *vt* **1** to take: ~ *una decisió* to take a decision ◇ ~ *apunts/precaucions* to take notes/precautions ◇ *Per qui m'has pres?* What do you take me for? **2** (*menjar, beure*) to have: *Què vols ~?* What are you going to have? ▶ *vi* (*encendre's*) to light: *Si està mullat no prendrà.* It won't light if it's wet. ▶ **prendre's** *vp* to take: *He decidit de prendre'm uns dies de descans.* I've decided to take a few days off. ◇ *No t'ho hauries d'haver pres així.* You shouldn't have taken it like that. ❶ Per a expressions amb **prendre**, vegeu les entrades del nom, l'adjectiu, etc., p. ex. **prendre el sol** a SOL i **prendre's alguna cosa amb calma** a CALMA.

P

prenyada *adj, nf* pregnant (woman): *La meva germana està ~.* My sister's pregnant.

preocupació *nf* worry [*pl* worries]

preocupar ▶ *vt* to worry: *Em preocupa la salut del meu pare.* My father's health worries me. ▶ **preocupar-se** *vp* **preocupar-se (per)** to worry (about *sb/sth*): *No et preocupis per mi.* Don't worry about me.

preparació *nf* **1** preparation: *temps de ~: 10 minuts* preparation time: 10 minutes **2** (*entrenament*) training: ~ *física/tècnica* physical/technical training **3** (*educació*) education: *una bona ~ acadèmica* a good academic education

preparar ▶ *vt* to get *sb/sth* ready, to prepare (*for sth*) (*més formal*): ~ *el sopar* to get supper ready ▶ **preparar-se** *vp* **preparar-se per (a)** to prepare for *sth*: *Es prepara per examinar-se de conduir* He's preparing for his driving test.

preparat, -ada *adj* **1** (*llest*) ready: *El sopar ja està ~.* Dinner is ready. **2** (*persona*) qualified LOC **preparats, llestos, va!** ready, steady, go! *Vegeu tb* MENJAR; *Vegeu tb* PREPARAR

preparatius *nm* preparations

preposició *nf* preposition

pres, ~a ▶ *adj*: *estar ~* to be in prison ◇ *Se'l van emportar ~.* They took him prisoner.
▶ *nm-nf* prisoner

presa *nf* **1** (*acció*) taking: *la ~ de la ciutat* the taking of the city **2** (*medicina*) dose **3** (*embassament*) dam **4** (*animal*) prey [*incomptable*]: *ocells de ~* birds of prey **5** (*Cine, TV*) take **6** (*xocolata*) square **7** (**a**) (*de corrent*) socket (**b**) (*d'aigua, gas*) mains LOC **presa de terra** earth: *El cable està connectat a la ~ de terra.* The cable is earthed.

presagi *nm* omen

prescindir *vi* ~ **de 1** (*privar-se*) to do without (*sth*): *No puc ~ del cotxe.* I can't do without the car. **2** (*desfer-se*) to dispense with *sb*: *Van ~ de l'entrenador.* They dispensed with the trainer.

presència *nf* **1** presence: *La seva ~ em posa nerviosa.* I get nervous when he's around. **2** (*aparença*) appearance: *tenir bona ~* to have a pleasant appearance

presencial *adj* LOC *Vegeu* TESTIMONI

presenciar *vt* **1** (*ésser testimoni*) to witness: *Molta gent va ~ l'accident.* Many people witnessed the accident. **2** (*ésser present*) to attend: *Van ~ el partit més de 10.000 espectadors.* More than 10 000 spectators attended the match.

present ▶ *adj, nmf* present [*adj*]: *els ~s* those present
▶ *nm* (*Gram*) present

presentació *nf* (*exposició, manera de presentar*) presentation: *Hem de fer una ~ a classe.* We have to do a presentation in class. ◇ *La ~ és molt important.* Presentation is very important.

presentador, ~a *nm-nf* **1** (*d'informatius*) newsreader **2** (*de tertúlia, concurs, etc.*) presenter

presentar ▶ *vt* **1** to present (*sb*) (with *sth*); to present (*sth*) (*to sb*): ~ *un programa* to present a programme ◇ *Va presentar les proves davant del jutge.* He presented the judge with the evidence. **2** (*dimissió*) to tender: *Va ~ la seva dimissió.* She tendered her resignation. **3** (*denúncia, demanda, queixa*) to make: ~ *una denúncia* to make an official complaint **4** (*persona*) to introduce *sb* (*to sb*): *Quan ens la presentaràs?* When are you going to introduce her to us? ◇ *Us presento el meu marit.* This is my husband.

Hi ha diverses maneres de presentar la gent en anglès segons que la situació sigui més o menys formal, per exemple: 'Nick, meet Lucy' (*col·loq*), 'Helen, this is my daughter Jane' (*neutral*), 'May I introduce you? Dr Mitchell, this is Mr Jones. Mr Jones, Dr Mitchell.' (*formal*). Quan et presenten algú, es pot respondre 'Hi', o 'Hello' si la situació és informal, 'Nice to meet you', o, si és formal, 'How do you do?'. A 'How do you do?' l'altra persona respon 'How do you do?'

5 (*producte, llibre, pel·lícula*) to launch ▶ **presentar-se** *vp* **1** (*a un examen*) to take an exam: *No m'hi vaig ~.* I didn't take the exam. **2** (*a unes eleccions*) to stand (*for sth*): *presentar-se a diputat* to stand for parliament **3** (*aparèixer*) to turn up: *Es presenta quan li dóna la gana.* He turns up whenever he feels like it. **LOC** *Vegeu* VOLUNTARI

preservatiu *nm* condom ℹ La paraula anglesa **preservative** significa *conservant (de menjar).*

presidència *nf* **1** (*país, comunitat autònoma*) presidency [*pl* presidencies]: *la ~ d'Europa* the presidency of Europe **2** (*club, comitè, empresa, partit*) chairmanship

presidencial *adj* presidential

president, ~a (*país, comunitat autònoma*) *nm-nf* **1** president **2** (*club, comitè, empresa, partit*) chairman/woman [*pl* -men/-women]

Cada vegada s'utilitza més la paraula **chairperson** [*pl* chairpersons] per evitar el sexisme.

presidi *nm* prison

presidiari, -ària *nm-nf* convict

presidir *vt* to preside at/over *sth*: *El secretari presidirà l'assemblea.* The secretary will preside at/over the meeting.

presó *nf* prison: *anar a la ~* to go to prison ◇ *El van ficar a la ~.* They put him in prison.

presoner, ~a *nm-nf* prisoner **LOC fer presoner** to take *sb* prisoner

pressa *nf* hurry [*incomptable*]: *No hi ha ~.* There's no hurry. ◇ *Amb les presses em vaig oblidar de desendollar-ho.* I was in such a hurry that I forgot to unplug it. **LOC de pressa** quickly ◆ **donar pressa a algú** to hurry sb up ◆ **tenir pressa** to be in a hurry: *Tinc molta ~.* I'm in a terrible hurry. *Vegeu tb* CÓRRER

préssec *nm* peach

presseguer *nm* peach tree

pressentiment *nm* feeling: *Tinc el ~ que...* I have a feeling that...

pressió *nf* pressure: *la ~ atmosfèrica* atmospheric pressure ◇ *treballar sota ~* to work under pressure **LOC** *Vegeu* CERVESA, OLLA

pressionar *vt* **1** (*prémer*) to press **2** (*forçar*) to put pressure on *sb* (*to do sth*): *No el pressionis.* Don't put pressure on him.

pressupost *nm* **1** (*estimació*) estimate: *He demanat que em fessin un ~ per al lavabo.* I've asked for an estimate for the bathroom. **2** (*pla de despeses*) budget: *No vull passar-me del ~.* I don't want to exceed my budget.

prestació *nf* **1** (*subsidi*) benefit: *~ d'atur* unemployment benefit **2 prestacions (a)** (*assistència*) provision: *~s sanitàries/socials* health/social service provision **(b)** (*característiques*) features: *les ~s del nou model* the features of the new model

prestar *vt* to lend: *Li vaig ~ els meus llibres.* I lent her my books. ◇ *Em prestes diners?* Can you lend me some money? ➲ *Vegeu il·lustració a* BORROW **LOC prestar declaració** to give evidence ◆ **prestar jurament** to take an oath

prestatge *nm* shelf [*pl* shelves]: *Aquests ~ s són torts.* Those shelves are crooked.

prestatgeria *nf* shelves [*pl*]: *Vull comprar una ~.* I want to buy some shelves.

préstec *nm* loan

prestigi *nm* prestige **LOC de molt prestigi** very prestigious

prestigiós, -osa *adj* prestigious

presumir *vi* **1** to show off: *Els agrada ~.* They love showing off. **2 ~ de**: *Presumeix de llest.* He thinks he's clever. ◇ *Sempre estan presumint del seu cotxe.* They're forever bragging about their car.

presumit, -ida *adj* vain *Vegeu tb* PRESUMIR

presumpte, -a *adj* alleged: *el ~ culpable* the alleged culprit

presumptuós, -osa *adj* conceited

pretemporada *nf* pre-season: *un partit de ~* a pre-season match

pretendre *vt* **1** (*voler*): *No deu ~ quedar-se a casa nostra?* He's not expecting to stay at our house, is he? ◇ *No deus ~ que m'ho cregui, oi?* You don't expect me to believe that, do you? ◇ *Què pretens de mi?* What do you want from me? ◇ *Si pretens anar-hi sola, ni ho somiïs.* Don't even think about going alone. **2** (*intentar*) to try *to do sth*: *Què pretén dir-nos?* What's he trying to tell us?

pretext *nm* excuse: *Sempre trobes algun ~ per a no rentar plats.* You always find an excuse not to do the washing-up.

preu *nm* price: *a ~ de fàbrica* at factory price ◇ *Quin ~ té aquest vestit?* How much is this dress? **LOC a bon preu**: *comprar una cosa a bon ~* to buy sth cheaply ◆ **bé de preu** reasonably priced: *Els restaurants estan bé de ~.* The restaurants are reasonably priced. *Vegeu tb* MEITAT, RELACIÓ

prevenció *nf* prevention

prevenir *vt* **1** (*evitar*) to prevent: *~ un accident* to prevent an accident **2** (*avisar*) to warn *sb* *about sth*: *Et vaig ~ del que planejaven.* I warned you about what they were planning.

preveure *vt* to foresee

previ, prèvia *adj*: *experiència prèvia* previous experience ◇ *sense avís ~* without prior warning

previngut, -uda *adj* (*prudent*) prudent: *ésser ~* to be prudent *Vegeu tb* PREVENIR

previsible *adj* predictable

previsió *nf* forecast: *la ~ del temps/de vendes* weather/sales forecast

previsor, ~a *adj* far-sighted

previst, ~a *adj* **1** (*esperat*) anticipated: *Vam tenir més problemes dels previstos.* We had more trouble than we'd anticipated. **2** (*planificat*) planned: *la reunió prevista per avui* the meeting planned for today ◇ *a l'hora i al lloc previstos* at the time and place planned LOC **tenir previst** to plan *sth/to do sth*: *No teníem ~ gastar tant.* We didn't plan to spend so much. *Vegeu tb* PREVEURE

prim, ~a *adj* thin, slim

> **Thin** és el terme més general per a dir *prim* i es pot aplicar a persones, animals o coses. **Slim** es fa servir per a fer referència a una persona prima i amb bona figura, i **petite** per a una dona menuda i prima. També hi ha **skinny**, que significa *escanyolit*.

LOC **ésser prim com un fideu** to be as thin as a rake ◆ **mirar/no mirar prim** to be careful/reckless *Vegeu tb* FILAR

P

prima *nf* (*bonificació*) bonus [*pl* bonuses]

primari, -ària *adj* primary: *color ~* primary colour ◇ *ensenyament ~* primary education

primària *nf* (*educació*) primary education: *Va estudiar ~ en aquesta escola.* He went to primary school here. ◇ *Fa ~.* She's at primary school. ◇ *mestra de ~* primary school teacher

primavera *nf* spring: *a la ~* in (the) spring

primer, ~a ▶ *adj* **1** first (*abrev* 1st): *primera classe* first class ◇ *Em va agradar des del ~ moment.* I liked it from the very first moment. **2** (*principal*) main, principal (*més formal*): *el ~ país productor de sucre del món* the main sugar-producing country in the world

▶ *pron, nm-nf* **1** first [*pl* first]: *Vam ésser els ~s a sortir.* We were the first to leave. ◇ *arribar el ~* to come first **2** (*millor*) top: *Ets el ~ de la classe.* You're top of the class.

▶ *nm* (*plat*) starter: *Vam prendre sopa de ~.* We had soup as a starter.

▶ *adv* first: *Prefereixo fer els deures ~.* I'd rather do my homework first. LOC **a primera hora** early: *a primera hora del matí* early in the morning ◆ **de primera necessitat** absolutely essential ◆ **primer ministre** prime minister ◆ **primer pla** close-up ◆ **primers auxilis** first aid [*incomptable*] *Vegeu tb* CATEGORIA, COMUNIÓ, MATÈRIA, NOMBRE

primera *nf* **1** (*classe*) first class: *viatjar en ~* to travel first class **2** (*marxa*) first (gear): *Vaig posar la ~ i vaig sortir disparat.* I put it into first and sped off. **3** (*Futbol*) first division: *jugar a ~* to play in the first division LOC **a la primera** first time: *Em va sortir bé a la ~.* I got it right first time. ◆ **de primera** very good ◆ **venir/anar de primera** to come in (very) handy: *M'anirà de ~.* It will come in very handy.

primerenc, ~a *adj* early: *patates primerenques* early potatoes

primitiu, -iva *adj* primitive

primmirat, -ada *adj* fussy

príncep *nm* prince

> El plural de **prince** és 'princes'; però si ens referim a la parella de prínceps, direm **prince and princess**: *Els prínceps els van rebre al palau.* The prince and princess received them at the palace.

LOC **príncep blau/encantat** Prince Charming ◆ **príncep hereu** Crown prince

princesa *nf* princess

principal *adj* main, principal (*més formal*): *àpat/oració ~* main meal/clause ◇ *Això és el ~.* That's the main thing. LOC *Vegeu* ACTOR, PAPER

principalment *adv* mainly

principi *nm* **1** (*començament*) beginning: *al ~ de la novel·la* at the beginning of the novel ◇ *des del ~* from the beginning **2** (*concepte, moral*) principle LOC **al principi** at first ◆ **en principi** in principle: *En ~, em sembla bé.* It seems fine to me, in principle. ◆ **per principi** on principle: *Estem en contra per ~.* We're against it on principle.

principiant ▶ *adj* inexperienced

▶ *nmf* beginner

prioritat *nf* priority [*pl* priorities]

prismàtics *nm* binoculars

privacitat *nf* privacy

privat, -ada *adj* private: *en ~* in private LOC *Vegeu* COL·LEGI, EMPRESA

privatització *nf* privatization

privatitzar *vt* to privatize

privilegi *nm* privilege

privilegiat, -ada ▶ *adj* **1** (*afavorit*) privileged: *les classes privilegiades* the privileged classes **2** (*excepcional*) exceptional: *una memòria privilegiada* an exceptional memory

▶ *nm-nf* privileged [*adj*]: *Som uns ~s.* We're privileged people.

pro *prep* for: *l'organització pro cecs* the society for the blind LOC **els pros i els contres** the pros and cons ◆ **en pro de** in favour of *sb/sth*

proa *nf* bow(s) [*gen pl*]

probabilitat *nf* ~ **(de)** chance (of *sth/doing sth*): *Crec que tinc moltes ~s d'aprovar.* I think I've got a good chance of passing. ◇ *Té poques ~s.* He hasn't got much chance.

probable *adj* likely, probable (*més formal*): *És ~ que no sigui a casa.* He probably won't be in. ◇ *És molt ~ que plogui.* It's likely to rain. LOC **poc probable** unlikely

probablement *adv* probably

problema *nm* problem

procedència *nf* origin

procedent *adj* ~ **de** from...: *el tren ~ de València* the train from Valencia

procediment *nm* procedure [*gen incomptable*]: *segons els ~s establerts* according to established procedure

procedir *vi* ~ **de** to come from...: *La sidra procedeix de la poma.* Cider comes from apples. ◇ *La nau procedia de Gènova.* The ship came from Genoa.

procés *nm* **1** process: *un ~ químic* a chemical process **2** (*Dret*) proceedings [*pl*]

processador *nm* processor: *~ de textos* word processor

processament *nm* processing LOC *Vegeu* TEXT

processar *vt* **1** (*jutjar*) to prosecute *sb* (*for sth/doing sth*): *La van ~ per frau.* She was prosecuted for fraud. **2** (*producte, Informàt*) to process

processó *nf* procession

proclamar *vt* **1** (*anunciar*) to announce: *Els diaris van ~ la pujada d'impostos.* The papers announced the rise in taxes. **2** (*designar*) to declare: *La van ~ guanyadora.* They declared her the winner. LOC **proclamar-se campió** to become champion

procurar *vt* **1** ~ **fer alguna cosa** to try to do sth: *Procurem descansar.* Let's try to rest. ➲ *Vegeu nota a* TRY **2** ~ **que** to make sure (that...): *Procuraré que vinguin.* I'll make sure they come. ◇ *Procura que tot estigui en ordre.* Make sure everything's OK.

prodigi *nm* (*persona*) prodigy [*pl* prodigies] LOC *Vegeu* NEN

producció *nf* **1** (*fabricació, Cine, Teat*) production: *la ~ de l'acer* steel production ◇ *una ~ de la BBC* a BBC production **2** (*agrícola*) harvest **3** (*industrial, artística*) output LOC **producció en cadena/sèrie** mass production

producte *nm* product: *~s de bellesa/neteja* beauty/cleaning products LOC **productes del camp/agrícoles** farm/agricultural produce [*incomptable*] ➲ *Vegeu nota a* PRODUCT

productiu, -iva *adj* **1** (*que produeix, útil*) productive: *unes terres productives* productive land ◇ *una reunió molt productiva* a very useful meeting **2** (*rendible*) profitable: *un negoci ~* a profitable business

productivitat *nf* productivity

productor, ~a ▶ *adj* producing: *un país ~ de petroli* an oil-producing country
▶ *nm-nf* producer

productora *nf* (*Cine*) production company [*pl* companies]

produir *vt* to produce: *~ oli/paper* to produce oil/paper

professió *nf* profession, occupation ➲ *Vegeu nota a* WORK

professional *adj, nmf* professional: *un ~ dels escacs* a professional chess player LOC *Vegeu* FORMACIÓ, HISTORIAL, INSTITUT

professor, ~a *nm-nf* **1** teacher: *un ~ de geografia* a geography teacher **2** (*d'universitat*) lecturer ➲ *Vegeu nota a* METGE LOC **professor particular** private tutor

professorat *nm* teachers [*pl*]: *El ~ està molt descontent.* The teachers are very unhappy. ◇ *la formació del ~* teacher training

profeta *nmf* prophet

profit *nm* benefit LOC **bon profit!**

> No hi ha una fórmula típicament britànica per a desitjar bon profit a l'inici d'un àpat. Si es vol, es pot dir **Enjoy your meal!** o **Bon appetit!**

◆ **treure'n profit** to benefit *from sth*

profund, ~a *adj* deep: *una veu profunda* a deep voice ◇ *sumir-se en un son ~* to fall into a deep sleep LOC **poc profund** shallow

profundament *adv* deeply: *Ho lamento ~.* I deeply regret it.

profunditat *nf* depth: *a 400 metres de ~* at a depth of 400 metres ◇ *estudiar alguna cosa en ~* to study sth in depth LOC **tenir una profunditat de...** to be... deep: *Té una ~ de dos metres/dos metres de ~.* It's two metres deep. ◇ *Quina ~ té?* How deep is it? ◆ **tenir poca profunditat** to be shallow

programa *nm* **1** (*TV, Ràdio, pla, fullet*) programme: *un ~ de televisió* a TV programme ◇ *un ~ de riure* a comedy programme

2 (*Informàt*) program **3** (*temari*) syllabus [*pl* syllabuses] **4** (*calendari*) schedule: *Tinc un ~ molt atapeït.* I've got a very tight schedule. **5** (*activitats*): *Quin és el ~ per demà?* What's happening tomorrow? LOC **programa d'estudis** curriculum [*pl* curricula/curriculums] ◆ **programa electoral** election manifesto [*pl* manifestos] ◆ **programes del cor** celebrity gossip shows

programació *nf* **1** (*TV, Ràdio*) programmes [*pl*]: *la ~ infantil* children's programmes **2** (*Informàt*) (computer) programming: *un curs de ~* a (computer) programming course

programador, ~a *nm-nf* (*Informàt*) programmer

programar ▶ *vt* **1** (*elaborar*) to plan **2** (*aparell*) to set: *~ el vídeo* to set the video ▶ *vt, vi* (*Informàt*) to program

programari *nm* software [*incomptable*]: *Han creat un nou ~.* They've created some new software/a new software package.

progrés *nm* progress [*incomptable*]: *fer progressos* to make progress

progressar *vi* to make progress: *Ha progressat molt.* He's made good progress.

progressista *adj, nmf* progressive

prohibició *nf* **1** (*ordre*) ban (*on sth/doing sth*): *la ~ de fumar al metro* the smoking ban/ban on smoking on the underground **2** (*acció*) prohibition: *verbs que expressen ~* verbs expressing prohibition

P

prohibir *vt* **1** to forbid *sb to do sth*: *El meu pare m'ha prohibit sortir de nit.* My father has forbidden me to go out at night. ◇ *Li han prohibit els dolços.* She's been forbidden to eat sweets. **2** (*oficialment*) to ban *sb/sth* (*from doing sth*): *Han prohibit la circulació pel centre.* Traffic has been banned in the town centre.

prohibit, -ida *adj*: *circular en direcció prohibida* to drive the wrong way LOC **prohibit afixar anuncis/cartells** bill sticking prohibited ◆ **prohibit fumar** no smoking *Vegeu tb* DIRECCIÓ; *Vegeu tb* PROHIBIR

proïsme *nm* neighbour: *estimar el ~* to love your neighbour

projectar *vt* **1** (*imatge*) to project: *~ una imatge sobre una pantalla* to project an image onto a screen **2** (*pel·lícula, diapositives*) to show **3** (*planejar*) to plan: *Ho vam fer com ho havíem projectat.* We did it as planned.

projecte *nm* **1** (*d'investigació, d'obra*) project: *Som gairebé al final del ~.* We're almost at the end of the project. **2** (*pla*) plan: *Tens algun ~ per al futur?* Have you got any plans for the future? LOC **projecte de llei** bill

projectil *nm* projectile

projector *nm* projector

pròleg *nm* prologue

proliferació *nf* proliferation

prolongar ▶ *vt* **1** (*termini, estada, carrer, etc.*) to extend: *Han prolongat el carrer fins al mar.* The street has been extended as far as the sea. **2** (*vida*) to prolong, to make *sth* longer (*més col·loq*): *~ la vida d'un malalt* to prolong a patient's life ▶ **prolongar-se** *vp* to go on: *La reunió es va ~ massa.* The meeting went on too long.

promès, -esa *nm-nf* **1** (*masc*) fiancé **2** (*fem*) fiancée

promesa *nf* promise: *complir/fer una ~* to keep/make a promise ◇ *una jove ~* a young man/woman with great promise

prometre ▶ *vt* to promise: *Et prometo que tornaré.* I promise I'll come back. ◇ *T'ho prometo.* I promise. ▶ **prometre's** *vp* to get engaged

promoció *nf* **1** promotion: *la ~ d'una pel·lícula* the promotion of a film **2** (*curs*) year: *un company de la meva ~* one of the people in my year

promocionar *vt* to promote

promoure *vt* (*fomentar*) to promote: *~ el diàleg* to promote dialogue

pronom *nm* pronoun

pronòstic *nm* **1** (*temps*) forecast: *el ~ del temps* the weather forecast **2** (*resultat, esdeveniment*) prediction **3** (*Med*) prognosis [*pl* prognoses]: *Quin és el ~ dels especialistes?* What do the specialists think? LOC **de pronòstic greu/lleu** serious/minor: *Va tenir ferides de ~ greu.* He suffered serious injuries.

pronosticar *vt* to forecast

pronunciació *nf* pronunciation

pronunciar ▶ *vt* **1** (*sons*) to pronounce **2** (*discurs*) to give: *~ un discurs* to give a speech ▶ *vi*: *Pronuncies molt bé.* Your pronunciation is very good. ▶ **pronunciar-se** *vp* **pronunciar-se en contra/a favor de** to speak out against/in favour of *sth*: *pronunciar-se en contra de la violència* to speak out against violence

prop *prep* **1 ~ (de)** (*a poca distància*) near: *~ d'aquí* near here ◇ *~ meu* near me **2 ~ de** (*aproximadament*) nearly: *El tren es va retardar ~ d'una hora.* The train was nearly an hour late. LOC **a prop** near(by): *Vivim molt a ~.* We live very nearby. ◇ *per aquí a ~* somewhere near here ◆ **de prop** close up: *Deixa-m'ho mirar de ~.* Let me see it close up.

propaganda *nf* **1** (*publicitat*) advertising: *A la bústia només hi havia ~.* The letter box was full of advertising. **2** (*material publicitari*) leaflets [*pl*]:

Estaven repartint ~ de la nova discoteca. They were handing out leaflets for the new disco. **3** (*Pol*) propaganda: *~ electoral* election propaganda LOC **fer propaganda de** to advertise *sth/sb*: *fer ~ d'un producte* to advertise a product

propagar(-se) *vt, vp* to spread: *El vent va propagar les flames.* The wind spread the flames.

propens, ~a *adj* ~ **a** prone to *sth/to do sth*

proper, ~a *adj* next

propi, pròpia *adj* **1** (*d'un mateix*) my, your, etc. own: *Tot el que fas és en benefici ~.* Everything you do is for your own benefit. ◇ *La van fer fora de la seva pròpia casa.* She was thrown out of her own house. **2** (*característic*) typical *of sb*: *Arribar tard és ~ d'ella.* It's typical of her to be late. LOC **a la pròpia porteria**: *marcar un gol a la pròpia porteria* to score an own goal ◆ **pel teu propi bé** for your, his, her, etc. own good *Vegeu tb* AMOR, DEFENSA, INICIATIVA, NOM

propietari, -ària *nm-nf* owner

propietat *nf* property [*pl* properties]: *~ particular/privada* private property ◇ *les ~s medicinals de les plantes* the medicinal properties of plants

propina *nf* tip: *Deixem ~?* Shall we leave a tip? ◇ *Li vaig donar tres lliures de ~.* I gave him a three-pound tip.

proporció *nf* **1** (*relació, dimensió*) proportion: *La llargària ha d'estar en ~ amb l'amplària.* The length must be in proportion to the width. **2** (*Mat*) ratio: *La ~ de nens i nenes és d'un a tres.* The ratio of boys to girls is one to three.

proporcionar *vt* (*subministrar*) to provide: *La companyia em proporciona cotxe.* The company provides me with a car. LOC *Vegeu* ALLOTJAMENT

proposar ▶ *vt* **1** (*acció*) to suggest *doing sth / (that...)*: *Proposo d'anar al cine aquesta tarda.* I suggest going to the cinema this evening. ◇ *Va ~ que marxéssim.* He suggested (that) we should leave. **2** (*mesura, pla*) to propose: *Van ~ una nova campanya publicitària.* They proposed a new advertising campaign. ◇ *Et proposo un tracte.* I've got a deal for you. ▶ **proposar-se** *vp* to set out *to do sth*: *Em vaig ~ d'acabar-ho.* I set out to finish it.

proposició *nf* **1** (*suggeriment*) proposal **2** (*Gram*) clause LOC **fer proposicions deshonestes** to make improper suggestions ◆ **proposició de matrimoni** proposal (of marriage): *fer-li una ~ de matrimoni a algú* to propose to sb

propòsit *nm* **1** (*intenció*) intention: *bons ~s* good intentions ◇ *Va arribar amb el ~ d'estudiar.* She arrived with the intention of studying. **2** (*objectiu*) purpose: *El ~ d'aquesta reunió és...* The purpose of this meeting is... LOC **a propòsit de...** as regards...

proposta *nf* suggestion, proposal (*més formal*): *La seva ~ em va agafar per sorpresa.* Their suggestion took me by surprise. ◇ *Van desestimar la ~ del Parlament Europeu.* The European Parliament's proposal was turned down.

pròrroga *nf* **1** (*d'un termini*) extension **2** (*Esport*) extra time

prosa *nf* prose

prospecte *nm* **1** (*de medicaments*) instructions [*pl*]: *T'has llegit el ~?* Have you read the instructions? **2** (*de propaganda*) leaflet

pròsper, ~a *adj* prosperous

prosperar *vi* to prosper

prosperitat *nf* prosperity

prostitut, ~a *nm-nf* prostitute

protagonisme *nm* high profile: *donar un major ~ a algú/alguna cosa* to give sb/sth a higher profile ◇ *Té molt afany de ~.* He always wants to be the centre of attention.

protagonista *nmf* main character

protagonitzar *vt* to star in *sth*: *Dos actors suecs protagonitzen la pel·lícula.* Two Swedish actors star in the film./The film stars two Swedish actors.

protecció *nf* protection

protector, ~a *adj* protective (*towards sb*)

protegir *vt* to protect *sb (against/from sb/sth)*: *El barret et protegeix del sol.* This hat will protect you from the sun.

proteïna *nf* protein

protesta *nf* protest: *Van ignorar les protestes dels alumnes.* They ignored the pupils' protests. ◇ *una carta de ~* a letter of protest

protestant *adj, nmf* Protestant

protestantisme *nm* Protestantism

protestar *vi* **1** ~ **(per)** (*queixar-se*) to complain (about *sth*): *Deixa de ~.* Stop complaining. **2** ~ **(contra/per)** (*reivindicar*) to protest (against/about *sth*): *~ per la pujada de les taxes universitàries* to protest about the rise in university fees ◇ *~ contra una llei* to protest against a law

protó *nm* proton

prototip (*tb* **prototipus**) *nm* **1** (*primer exemplar*) prototype: *el ~ de les noves locomotores* the prototype for the new engines **2** (*model*) epitome: *el ~ de l'home modern* the epitome of modern man

prou ▶ *adj* (*suficient*) enough: *No tenim ~ diners.* We don't have enough money. ◇ *No tinc ~*

P

arròs per a tantes persones. I haven't got enough rice for all these people.
▶ *adv* enough: *Avui no has menjat ~.* You haven't eaten enough today. ◇ *Ja heu jugat ~.* You've played enough now. ◇ *N'hi haurà ~?* Will there be enough? ◇ *Guanyo ~ per a viure.* I earn enough to live on.
▶ **prou!** *interj* that's enough! LOC **amb prou feines** hardly *Vegeu tb* TEMPS

prova *nf* **1** test: *una ~ d'aptitud* an aptitude test ◇ *fer-se la ~ de l'embaràs* to have a pregnancy test **2** (*Dret*) evidence [*incomptable*]: *No hi ha proves contra mi.* There's no evidence against me. ◇ *Van trobar una ~.* They found a piece of evidence. **3** (*Esport*): *Avui comencen les proves de salt d'altura.* The high jump competition begins today. **4** (*Mat*) proof LOC **a prova** on trial: *Em van admetre a ~ a la fàbrica.* I was taken on at the factory for a trial period. ◆ **a prova de bales** bulletproof ◆ **posar a prova** to test: *Va posar a ~ els meus coneixements.* He tested my knowledge. *Vegeu tb* ANTIDOPATGE

provar *vt* **1** (*comprovar que funciona*) to try *sth* out: *~ la rentadora* to try out the washing machine **2** (*demostrar*) to prove: *Això prova que jo tenia raó.* This proves I was right. **3 ~ de** (*intentar*) to try *doing sth*: *Has provat d'obrir la finestra?* Have you tried opening the window? ➲ *Vegeu nota a* TRY LOC **no provar; provar malament** to do *sb* no good: *El viatge no li ha provat gens.* His trip's done him no good at all. ◆ **provar (bé)** to do *sb* good: *Les vacances proven a tothom.* Holidays do everyone good.

P

proveïdor, ~a *nm-nf* supplier

proveïment *nm* **1** (*acció*) supplying: *Qui s'encarrega del ~ de les tropes?* Who is in charge of supplying the troops? **2** (*subministrament*) supply: *regular el ~ d'aigua* to regulate the water supply

proveir ▶ *vt* to supply *sb* (*with sth*): *La granja proveeix d'ous tot el poble.* The farm supplies the whole village with eggs. ▶ **proveir-se** *vp* **proveir-se de** to stock up on *sth*: *proveir-se de farina* to stock up on flour

proverbi *nm* proverb

proveta *nf* test tube

província *nf* province: *un poble de la ~ de Girona* a town in the province of Girona

provisional *adj* provisional LOC *Vegeu* LLIBERTAT

provocar *vt* **1** (*fer enfadar*) to provoke **2** (*causar*) to cause: *~ un accident* to cause an accident **3** (*incendi*) to start

pròxim, ~a *adj* **1 ~ a** (*espai*) near *sb/sth*, close to *sb/sth*: *un poble ~ a Vic* a village close to/near Vic ➲ *Vegeu nota a* NEAR **2** (*proper*) next: *la pròxima parada* the next stop ◇ *el ~ mes/dimarts* next month/Tuesday **3 ~ (a)** (*fig*) close to *sth*: *un parent ~* a close relative ◇ *fonts pròximes a la família* sources close to the family LOC *Vegeu* ORIENT

pròximament *adv* shortly, soon (*més col·loq*)

proximitat *nf* nearness, proximity (*més formal*): *la ~ del mar* the nearness/proximity of the sea

prudència *nf* good sense LOC **amb prudència** carefully: *conduir amb ~* to drive carefully

prudent *adj* **1** (*sensat*) sensible: *un home/una decisió ~* a sensible man/decision **2** (*caut*) careful: *Sigues ~.* Be careful.

pruna *nf* plum LOC **pruna de confitar** prune

prunera *nf* plum tree

psalm *nm Vegeu* SALM

pseudònim *nm* pseudonym

psicòleg, -oga *nm-nf* psychologist

psicologia *nf* psychology

psicològic, ~a *adj* psychological

psiquiatre, -a *nm-nf* psychiatrist

psiquiatria *nf* psychiatry

psíquic, ~a *adj* psychic

pua *nf* (*pinta*) tooth [*pl* teeth]

pub *nm* bar

pubertat *nf* puberty

pubilla *nf* **1** (*hereva*) heiress **2** (*festa major*) queen

públic, ~a ▶ *adj* **1** public: *l'opinió pública* public opinion ◇ *transport ~* public transport **2** (*de l'estat*) state [*n atrib*]: *una escola pública* a state school ◇ *el sector ~* the state sector
▶ *nm* **1** public [*v sing o pl*]: *obert/tancat al ~* open/closed to the public ◇ *El ~ està a favor de la nova llei.* The public is/are in favour of the new law. **2** (*clientela*) clientele: *un ~ selecte* a select clientele **3** (*espectadors*) audience [*v sing o pl*] LOC **en públic** in public: *parlar en ~* to speak in public *Vegeu tb* COL·LEGI, DOMINI, EMPRESA, HORARI, RELACIÓ

publicació *nf* publication LOC **de publicació setmanal/mensual/quinzenal** weekly/monthly/fortnightly: *una revista de ~ setmanal* a weekly magazine

publicar *vt* **1** to publish: *~ una novel·la* to publish a novel **2** (*divulgar*) to publicize

publicitari, -ària *adj* advertising [*n atrib*]: *una campanya publicitària* an advertising campaign LOC *Vegeu* TANCA

publicitat *nf* **1** (*divulgació*) publicity: *Han donat massa ~ al cas.* The case has had too much publicity. **2** (*propaganda*) advertising: *Hi ha massa ~ a la tele.* There's too much advertising on TV. ◇ *estudiar ~* to study advertising ◇ *fer ~ a la ràdio* to advertise on the radio

puça *nf* flea

pudor[1] *nm* (*vergonya*) shame

pudor[2] *nf* (*mala olor*) smell, stink (*col·loq*): *No puc suportar la ~ d'escombraries.* I can't stand the stink of rubbish. LOC **fer pudor** to smell, to stink (*of sth*) ◆ **fer pudor de cremat/socarrim 1** (*lit*) to smell of burning **2** (*fig*) to smell fishy

púgil *nmf* boxer

puig *nm* hill

pujada *nf* **1** (*augment*) rise (*in sth*): *una ~ de preus* a rise in prices **2** (*d'una costa, una muntanya, etc.*) ascent: *La ~ va ser més dura que la baixada.* The ascent was harder than the descent. **3** (*pendent*) hill: *al final d'aquesta ~* at the top of this hill LOC **fer pujada**: *El carrer fa molta ~.* It's a very steep street.

pujar ▶ *vt* **1** (*portar*) to take/bring *sth* up: *Va ~ les maletes a l'habitació.* He took the suitcases up to the room. **2** (*posar més amunt*) to put *sth* up: *Puja el quadre una mica més.* Put the picture a bit higher up. **3** (*aixecar*) to lift *sth* up: *Vaig ~ l'equipatge al tren.* I lifted the luggage onto the train. **4** (*anar/venir amunt*) to go/come up: *~ un carrer* to go up a street ▶ *vi* **1** (*anar/venir a dalt*) to go/come up: *Vam ~ al segon pis.* We went up to the second floor. ◇ *~ a la teulada* to go up onto the roof **2** (*cotxe*) to get in, to get into *sth*: *Vaig ~ al taxi.* I got into the taxi. **3** (*avió, tren, autobús, cavall, bici*) to get on (*sth*) **4** (*muntanya, arbre*) to climb **5** (*temperatura, riu*) to rise **6** (*marea*) to come in **7** (*preus*) to go up (in price): *La benzina ha pujat.* Petrol has gone up in price. LOC **pujar al cap** to go to *sb's* head ◆ **pujar com un coet** to shoot up ◆ **pujar-li, a algú, la mosca al nas** to smell a rat *Vegeu tb* ESCALA

pulcre, -a *adj* neat

pulcritud *nf* neatness

pul·lòver *nm* pullover

pulmó *nm* lung

pulmonar *adj* lung [*n atrib*]: *una infecció ~* a lung infection

pulmonia *nf* pneumonia [*incomptable*]: *agafar una ~* to catch pneumonia

púlpit *nm* pulpit

pulsació *nf* (*cor*) pulse rate: *Amb l'exercici augmenta el nombre de pulsacions.* Your pulse rate increases after exercise.

puma *nm* puma

punt *nm* **1** point (*Esport, qüestió, zona, en un joc*): *Passem al ~ següent.* Let's go on to the next point. ◇ *Vam perdre per dos ~s.* We lost by two points. **2** (*signe de puntuació*) **(a)** (*en un escrit*) full stop **(b)** (*en una adreça electrònica*) dot ➲ *Vegeu nota a* ARROVA; *Vegeu tb pàg 363* **3** (*grau*) extent: *Fins a quin ~ és cert?* To what extent is this true? **4** (*Costura, Med*) stitch: *Em van fer tres ~s.* I had three stitches. LOC **al punt** (*carn*) medium rare ◆ **a punt de neu** stiffly beaten: *batre/muntar les clares a ~ de neu* to beat egg whites until they are stiff ◆ **de punt** knitted: *un vestit de ~* a knitted dress ◆ **dos punts** colon ➲ *Vegeu pàg 363* ◆ **en punt** precisely: *Són les dues en ~.* It's two o'clock precisely. ◆ **estar a punt de fer alguna cosa 1** to be about to do sth: *Està a ~ d'acabar.* It's about to finish. **2** (*de poc*) to nearly do sth: *Va estar a ~ de perdre la vida.* He nearly lost his life. ◆ **fer punt** to knit ◆ **punt d'ebullició/de fusió** boiling point/melting point ◆ **punt de partida** starting point ◆ **punt de vista** point of view ◆ **punt feble** weak point ◆ **punt final** full stop ◆ **punt i a part** new paragraph ◆ **punt i coma** semicolon ➲ *Vegeu pàg 363* ◆ **punt mort 1** (*cotxe*) neutral **2** (*negociacions*) deadlock ◆ **punts suspensius** dot dot dot ◆ **tan bon punt** as soon as: *tan bon ~ van arribar* as soon as they arrived ◇ *El vaig reconèixer tan bon ~ el vaig veure.* I recognized him as soon as I saw him. *Vegeu tb* ARRIBAR, CERT, JAQUETA, POSADA

P

punta *nf* **1** (*ganivet, llapis, sabata, etc.*) point **2** (*llengua, dit, nas, iceberg*) tip: *Ho tinc a la ~ de la llengua.* It's on the tip of my tongue. **3** (*extrem, cabell*) end: *puntes obertes* split ends ◇ *a l'altra ~ de la taula* at the other end of the table **4** (*clau*) tack **5 puntes** (*teixit*) lace [*incomptable*] LOC **a punta de dia** at dawn ◆ **a punta de navalla/pistola** at knifepoint/gunpoint ◆ **de punta a punta**: *de ~ a ~ de Barcelona* from one side of Barcelona to the other ◆ **fer punta** (*llapis*) to sharpen *Vegeu tb* COLL, HORA, MAQUINETA, NERVI, PÈL, TECNOLOGIA

puntada *nf* (*costura*) stitch: *Fes una ~ a aquesta vora.* Put a stitch in the hem. LOC **puntada de peu** kick: *Li vaig donar una ~ de peu.* I kicked him.

punteria *nf* aim: *Quina ~ que tinc!* What a good aim I've got! LOC **tenir bona/mala punteria** to be a good/bad shot *Vegeu tb* AFINAR

puntetes LOC **de puntetes** on tiptoe: *caminar de ~* to walk on tiptoe ◇ *Vaig entrar/sortir de ~.* I tiptoed in/out.

puntuació *nf* **1** (*escriptura*) punctuation: *signes de ~* punctuation marks **2** (*competició, examen*) mark(s): *Tot depèn de la ~ que li donin els jut-*

ges. It all depends on what marks the judges award him. ◇ *Va obtenir la ~ més alta de tots.* He got the highest mark of all.

puntual *adj* **1** (*persona*) punctual

> **Punctual** se sol utilitzar per a referir-nos a la qualitat o virtut d'una persona: *És important ésser puntual.* It's important to be punctual. Quan ens referim a la idea d'*arribar a temps*, s'utilitza l'expressió **on time**: *Procura ésser/arribar puntual.* Try to be/get there on time.

2 (*detallat*) detailed **3** (*circumstancial, concret*) specific

puntualitat *nf* punctuality

puntualitzar *vt* to make *sth* clear: *Puntualitzaré les meves últimes declaracions.* I am going to make quite clear what I said recently. ◇ *El testimoni va ~ tots els detalls de l'accident.* The witness gave specific details about the accident.

puntuar *vt* **1** (*escriptura*) to punctuate **2** (*qualificar*) to mark

punxa *nf* spike: *Aquest card té punxes.* That thistle's got spikes.

punxada *nf* **1** (*dolor*) sharp pain: *Sento unes punxades a l'estómac.* I've got sharp pains in my stomach. **2** (*de roda*) puncture: *arreglar una ~* to mend a puncture ◇ *He tingut dues punxades en una setmana.* I've had two punctures in a week.

punxant *adj* sharp: *un objecte ~* a sharp object

punxar ▶ *vt* **1** to prick: *~ algú amb una agulla* to prick sb with a needle **2** (*pilota, pneumàtic*) to puncture **3** (*Med*) to give *sb* an injection ▶ *vi* (*planta espinosa*) to be prickly: *Vés amb compte que punxen.* Be careful, they're very prickly. ▶ **punxar-se** *vp* **1** **punxar-se (amb)** to prick yourself (on/with *sth*): *punxar-se amb una agulla* to prick yourself with a needle **2** (*pneumàtic*): *S'ha punxat la roda de davant.* The front wheel's got a puncture. **3** (*injectar-se*) to shoot up

punxegut, -uda *adj* pointed

puny *nm* **1** (*canell*) wrist: *fracturar-se el ~* to fracture your wrist **2** (*màniga*) cuff **3** (*mà tancada*) fist **4** (*bastó, paraigua*) handle **5** (*espasa*) hilt LOC *Vegeu* BOTÓ, COP

punyal *nm* dagger

punyalada *nf* stab

punyeta *nf* LOC **anar(-se'n) a fer punyetes**: *Vés a fer punyetes!* Get lost! ◆ **fer la punyeta a algú** to annoy sb

pupil·la *nf* (*ull*) pupil

pupitre *nm* desk

pur, ~a *adj* **1** pure: *or ~* pure gold ◇ *per pura casualitat* purely by chance **2** (*ús emfàtic*) simple: *la pura veritat* the simple truth LOC **de pura sang** thoroughbred: *un cavall de pura sang* a thoroughbred (horse)

puré *nm* **1** (*molt espès*) purée [*incomptable*] **2** (*sopa cremosa*) soup [*incomptable*]: *~ de llenties* lentil soup ◇ *Faré un ~.* I'll make some soup. LOC **puré de patates** mashed potato [*incomptable*]

puresa *nf* purity

purificar *vt* to purify

purità, -ana *adj, nm-nf* (*apocat*) puritanical: *És un ~.* He's so puritanical.

purpurina *nf* glitter

pus *nm* pus

putxinel·li *nm* puppet

puzle *nm* jigsaw: *fer un ~* to do a jigsaw

Q q

quadern *nm* **1** (*per a apuntar*) notebook **2** (*d'exercicis*) exercise book

quadra *nf* (*establa*) stable

quadrar ▶ *vi* **~ (amb)** to tally (with *sth*): *La notícia no quadra amb el que vam veure.* The news doesn't tally with what we saw. ▶ *vt* (*comptes*) to balance ▶ **quadrar-se** *vp* (*fig*) to say that enough is enough

quadrat, -ada *adj, nm* square LOC *Vegeu* ARREL, ELEVAT; *Vegeu tb* QUADRAR

quadre (*tb* **quadro**) *nm* **1** (*Art*) picture **2 quadres** (*tela*) check [*v sing*]: *uns pantalons de ~s* check trousers ◇ *Els ~s t'estan bé.* Check suits you. LOC **quadre sinòptic** diagram *Vegeu tb* OLI

quadriculat, -ada *adj* squared: *paper ~* squared paper

quadrimestre *nm* (*Educ*) term

quàdruple, -a ▶ *adj* quadruple ▶ *nm* four times: *Quin és el ~ de quatre?* What is four times four?

qual *pron* LOC **del qual/de la qual** whose: *Aquesta és la noia el pare de la ~ em van presentar.* That's the girl whose father was introduced to me. ◇ *la casa les portes de la ~ vas pintar* the house whose doors you painted ◆ **el qual/la qual 1** (*persona*) whom: *Tinc deu estudiants, dos dels ~s són anglesos.* I've got ten students, two of whom are English. ◇ *la família per a la ~ treballa* the family he works for ➲ *Vegeu nota a* WHOM **2** (*cosa*) which: *És una feina en la ~ em trobo molt bé.* It's a job I feel very comfortable in. ➲ *Vegeu nota a* WHICH ◆ **la qual cosa** which: *La va pegar, la ~ cosa no està gens bé.* He hit her, which just isn't right.

qualificació *nf* **1** (*descripció*) description: *El seu comportament no mereix una altra ~.* His behaviour cannot be described in any other way. **2** (*nota escolar*) mark: *bones qualificacions* good marks ◇ *Va obtenir la ~ de notable.* He got a good mark.

qualificar ▶ *vt* **1** (*descriure*) to label *sb* (*as sth*): *La van ~ d'excèntrica.* They labelled her as an eccentric. **2** (*donar nota*) to give *sb* a mark: *La van ~ amb un excel·lent.* She was awarded top marks. **3** (*corregir*) to mark ▶ **qualificar-se** *vp* **qualificar-se per a** to qualify for *sth*: *Es van qualificar per a les semifinals.* They qualified for the semi-finals.

qualitat *nf* quality [*pl* qualities]: *la ~ de vida a la ciutat* the quality of life in the city ◇ *roba de ~* good quality clothes LOC **d'alta, bona, etc. qualitat** high, good, etc. quality: *materials de baixa ~* poor-quality materials ◇ *Les imatges són de bona ~.* The pictures are of good quality. ◆ **de (primera) qualitat** top quality: *fruita de (primera) ~* top-quality fruit ◆ **en qualitat de** as: *en ~ de portaveu* as a spokesperson *Vegeu tb* RELACIÓ

quallar(-se) *vt, vp* **1** (*llet*) to curdle **2** (*iogurt*) to set

qualsevol ▶ *adj* **1** any: *Agafa ~ autobús que vagi al centre.* Catch any bus that goes into town. ➲ *Vegeu nota a* SOME **2** (*de poca importància*) any old: *Porta un drap ~.* Give me any old cloth.

▶ *pron* **1** (*qualsevol persona*) anybody: *Qualsevol es pot equivocar.* Anybody can make a mistake. **2** (*entre dos*) either (one): *Qualsevol dels dos farà el fet.* Either (of them) will do. ◇ *—Quin dels dos llibres haig d'agafar? —Qualsevol.* 'Which of the two books should I take?' 'Either one (of them).' **3** (*entre més de dos*) any (one): *en ~ d'aquestes ciutats* in any one of those cities

▶ *nmf* (*un no ningú*) nobody: *És un ~.* He is just a nobody. LOC **a qualsevol lloc** anywhere: *Això t'ho arreglaran a ~ lloc.* This can be repaired anywhere. ◆ **de qualsevol manera** any old how ◆ **per qualsevol cosa** over the slightest thing: *Es barallen per ~ cosa.* They argue over the slightest thing. ◆ **qualsevol cosa** anything ◆ **qualsevol cosa que...** whatever: *Li compren ~ cosa que demana.* They buy her whatever she wants.

quan *adv* **1** (*temps*) when: *Quan t'examines?* When's your exam? ◇ *Pregunta-li ~ arribarà.* Ask him when he'll be arriving. ◇ *Quan en Joan arribi, anirem al parc.* When Joan gets here, we'll go to the park. ◇ *El van atacar ~ tornava del cine.* He was attacked on his way home from the cinema. ◇ *Passi pel banc ~ vulgui.* Pop into the bank whenever you want. **2** (*condicional*) if: *Quan ho diuen els diaris, deu ésser veritat.* If all the papers say so, it must be true. LOC **des de quan... ?** how long... ? ❶ Va seguit del *present perfect*.: *Des de ~ la coneixes?* How long have you known her? ◇ *Des de ~ jugues a tennis?* How long have you been playing tennis?

> També es pot dir **since when** però té un sentit molt irònic: *Però a tu, des de quan t'interessa l'esport?* And since when have you been interested in sport?

◆ **fins quan... ?** how long... ?: *Fins ~ ens hem d'esperar?* How long will we have to wait? *Vegeu tb* CADA, JUSTAMENT

quant, ~a *adj, pron*

- **ús interrogatiu 1** (*referit a nom incomptable*) how much: *Quants diners t'has gastat?* How much money did you spend? ◇ *Quant en vols?* How much do you want? ◇ *Quant us ha costat la casa?* How much did the house cost? **2** (*referit a nom comptable*) how many: *Quantes persones hi havia?* How many people were there? ◇ *Quants n'hi havia?* How many were there?
- **ús exclamatiu**: *Quant de vi que han begut!* What a lot of wine they've drunk! ◇ *Quants turistes!* What a lot of tourists! ◇ *Quantes mentides que dius!* You're such a liar! LOC **quant a...** as for... ◆ **quant és/costa/val?** how much is it? ◆ **quant (temps), quanta estona, quants dies, mesos, etc.?** how long... ?: *Quanta estona vas trigar a arribar-hi?* How long did it take you to get there? ◇ *Quant fa que treballes aquí?* How long have you been working here? ◇ *Quants anys fa que vius a Londres?* How many years have you been living in London? ◆ **uns quants** a few: *uns ~s amics* a few friends ◇ *Uns ~s van fer tard.* A few people were late. ◇ *uns ~s clavells* a few carnations ◇ *—Quants en vols? —Dóna-me'n uns ~s.* 'How many would you like?' 'Just a few.' ➲ *Vegeu nota a* FEW

quantitat *nf* **1** (**a**) (*amb nom incomptable*) amount, quantity (*més formal*): *una ~ petita de pintura/d'aigua* a small amount of paint/water (**b**) (*amb nom comptable*) number: *una gran ~ de persones/animals* a large number of people/animals **2** (*diners*) sum **3** (*magnitud*) quantity: *La qualitat és més important que la ~.* Quality is more important than quantity.

quaranta *nm, adj, pron* **1** forty **2** (*quarantè*) fortieth ➲ *Vegeu exemples a* SEIXANTA LOC *Vegeu* CANTAR

quaresma *nf* Lent: *Som a la ~.* It's Lent.

quart, ~a ▶ *adj, pron, nm-nf* fourth (*abrev* 4th) ➲ *Vegeu exemples a* SISÈ

▶ *nm* **1** (*quantitat*) quarter: *un ~ de quilo* a quarter of a kilo **2** (*hora*) quarter of an hour: *Trigaré un ~ a enllestir la feina.* It'll take me a quarter of an hour to finish my work.

> *Un quart de quatre* es diu **a quarter past three**, *dos quarts de quatre* es diu **half past three** i *tres quarts de quatre* es diu **a quarter to four**: *És un quart de dues.* It's a quarter past one. ◇ *Van arribar a tres quarts de deu.* They arrived at a quarter to ten.

▶ **quarta** *nf* (*marxa*) fourth (gear) LOC **quart creixent/minvant** first/last quarter ◆ **quarts de**: *Són ~s de vuit.* It's about half past seven. ◇ *Ens veurem a ~s d'onze.* See you around ten thirty. ◆ **quarts de final** quarter-finals *Vegeu tb* CAP[1], LLUNA

Q

quarter *nm* (*caserna*) barracks [*v sing o pl*]: *El ~ és molt a prop d'aquí.* The barracks is/are very near here. LOC **quarter general** headquarters [*v sing o pl*]

quartilla *nf* sheet of paper

quartos *nm* cash [*incomptable*]

quasi *adv* **1** (*en frases afirmatives*) almost, nearly ➲ *Vegeu nota a* NEARLY **2** (*en frases negatives*) hardly: *~ mai* hardly ever ➲ *Vegeu exemples a* GAIREBÉ

quatre *nm, adj, pron* **1** four **2** (*data*) fourth ➲ *Vegeu exemples a* SIS LOC **a quatre passes** a stone's throw away ◆ **de quatre grapes** on all fours: *posar-se de ~ grapes* to get down on all fours ◆ **quatre gats** hardly anyone: *Érem ~ gats.* There was hardly anyone there.

quatre-cents, -centes *nm, adj, pron* four hundred ➲ *Vegeu exemples a* SIS-CENTS

que[1] *pron*

- **subjecte** **1** (*persones*) who: *l'home ~ va venir ahir* the man who came yesterday ◇ *La meva germana, ~ viu allà, diu que és preciós.* My sister, who lives there, says it's lovely. **2** (*coses*) that: *el cotxe ~ està aparcat a la plaça* the car that's parked in the square ❶ Quan **que** equival a *el qual, la qual*, etc., es tradueix per **which**: *Aquest edifici, que abans va ésser la seu del govern, avui és una biblioteca.* This building, which previously housed the Government, is now a library.
- **complement** ❶ L'anglès prefereix no traduir **que** quan funciona com a complement, encara que també és correcte fer servir **that/who** per a persones i **that/which** per a coses: *el noi que vas conèixer a Roma* the boy (that/who) you met in Rome ◇ *la revista que em vas deixar ahir* the magazine (that/which) you lent me yesterday LOC **el que/la que/els que/les que** *Vegeu* EL

que[2] *conj* **1** (*amb oracions subordinades*) (that): *Va dir ~ vindria aquesta setmana.* He said (that) he would come this week. ◇ *Vull ~ viatgis en primera.* I want you to travel first class. **2** (*en comparacions*) than: *El meu germà és més alt ~ tu.* My brother's taller than you. ◇ *Jo penso igual ~ ells.* I think the same as them. **3** (*en ordres*): *Que callis!* Shut up! ◇ *Que us ho passeu bé!* Have a good time! **4** (*resultat*) (that): *Estava tan cansada ~ em vaig adormir.* I was so tired (that) I fell asleep. **5** (*altres construccions*): *Apuja la ràdio ~ no la sento.* Turn the radio up – I can't hear it. ◇ *No hi ha va haver dia ~ no plogués.* There wasn't a single day when it didn't rain. ◇ *Què dius! ~ s'ha acabat el termini?* What! It's too late to apply? LOC **que sí/no!** yes/no!

que[3] *adv* how: *Que interessant!* How interesting! LOC **que bé!** great!

què *pron* **1** (*ús interrogatiu*) what: *Què? Parla més alt.* What? Speak up. ◇ *No sé ~ vols dir.* I don't know what you mean. **2** (*ús relatiu*): *la pel·lícula de ~ t'havia parlat* the film I'd told you about LOC **i què?** so what?

quec, ~a *adj, nm-nf*: *ésser ~* to speak with a stammer

queda *nf* LOC *Vegeu* TOC

quedar ▶ *vi* **1** (*haver-hi*) to be left: *En queda, de cafè?* Is there any coffee left? **2 ~ alguna cosa a algú** (*tenir*) to have *sth* left: *Encara ens en queden dues ampolles.* We've still got two bottles left. ◇ *No em queden diners.* I haven't got any money left. **3 ~ (amb algú)** (*citar-se*) to meet (*sb*): *On quedem?* Where shall we meet? ◇ *He quedat amb ella a les tres.* I've arranged to meet her at three o'clock. **4** (*arribar*) to be: *Vam ~ tercers en el concurs.* We were third in the competition. **5 ~ + adj** (*tornar-se*) to go: *~ calb/cec* to go bald/blind **6 ~ en/que...** to agree to *sth*/to do *sth*: *Quedem en això, d'acord.* Let's agree to that, then. ◇ *Vam ~ que ens veuríem dimarts.* We agreed to meet on Tuesday. ▶ **quedar-se** *vp* **1** (*en un lloc*) to stay: *quedar-se al llit/a casa* to stay in bed/at home **2 + adjectiu** to go: *quedar-se calb/cec* to go bald/blind **3 quedar-se (amb)** to keep: *Quedeu-vos el canvi.* Keep the change. **4 quedar-se amb** (*gana, set, etc.*) to be still hungry, thirsty, etc.: *Em vaig ~ amb gana després del sopar.* I was still hungry after dinner. **5 quedar-se fent alguna cosa** to carry on doing sth: *Em vaig ~ un estona mirant.* I carried on watching for a while. LOC **quedar bé/malament** to make a good/bad impression (*on sb*): *He quedat molt malament amb en David.* I made a bad impression on David. ◆ **quedar-se sense alguna cosa** to run out of sth: *M'he quedat sense canvi.* I've run out of change. ℹ Per a d'altres expressions amb **quedar**, vegeu les entrades del nom, l'adjectiu, etc., p. ex. **quedar-se de pedra** a PEDRA.

queixa *nf* complaint

queixal *nm* (back) tooth [*pl* (back) teeth]: *M'han tret un ~.* I've had a tooth out. LOC **queixal del seny** wisdom tooth *Vegeu tb* FOC, MAL[1]

queixalada *nf* bite: *S'ho van menjar amb quatre queixalades.* They ate it all up.

queixar-se *vp* ~ **(de/per)** to complain, to moan (*col·loq*) (about *sb/sth*): *Para de queixar-te de/per tot!* Stop moaning about everything!

quequejar *vt* to stammer

querella *nf* (*Dret*) lawsuit LOC **posar una querella contra algú** to sue sb

qüestió *nf* **1** (*tema*) matter: *qüestions polítiques/mediambientals* political/environmental matters **2** (*pregunta*) question: *L'examen té tres qüestions.* There are three questions in the exam. LOC **en qüestió** in question: *l'edifici en ~* the building in question ◆ **la qüestió és...** the thing is... ◆ **ésser qüestió de** to be a matter of...: *És ~ de vida o mort.* It's a matter of life and death. ◇ *ésser només ~ de temps* to be just a matter of time *Vegeu tb* DESVIAR, DRET

qüestionari *nm* questionnaire: *omplir un ~* to fill in a questionnaire

quetxup *nm* ketchup

queviures *nm* food [*incomptable*] LOC *Vegeu* BOTIGA

qui *pron*

- **ús interrogatiu** who: *Qui és?* Who is it? ◇ *Qui vas veure?* Who did you see? ◇ *Qui ve?* Who's coming? ◇ *Per a ~ és aquest regal?* Who is this present for? ◇ *De ~ parles?* Who are you talking about?
- **ús relatiu 1** (*subjecte*) who: *Va ésser el meu germà ~ m'ho va dir.* It was my brother who told me. **2** (*complement*) ℹ L'anglès prefereix no traduir **qui** quan funciona com a complement, encara que també és correcte fer servir **who** o **whom**: *Va ésser a ell a qui ho vaig dir.* He was the one I told. ◇ *La noia amb qui el vaig veure és la seva cosina.* The girl (who) I saw him with is his cousin. **3** (*qualsevol*) whoever: *Invita ~ vulguis.* Invite whoever you want. ◇ *Qui hi estigui a favor, que aixequi la mà.* Those in favour, raise your hands. ◇ *En Jaume, en Pere o ~ sigui.* Jaume, Pere or whoever. LOC **de qui és/són?** (*possessió*) whose is/are... ?: *De ~ és aquest abric?* Whose is this coat?

quiet, ~a *adj* still: *estar-se/quedar-se ~* to keep still

quilo *nm* kilo [*pl* kilos] (*abrev* kg) ➲ *Vegeu pàgs 757-761*

quilogram *nm* kilogram(me) (*abrev* kg) ➲ *Vegeu pàgs 757-761*

quilòmetre *nm* kilometre (*abrev* km) ➲ *Vegeu pàgs 757-761*

químic, ~a ▶ *adj* chemical
▶ *nm-nf* chemist

química *nf* chemistry

quin, ~a ▶ *adj*

- **ús interrogatiu** what: *Quina hora és?* What time is it? ◇ *A ~ pis vius?* What floor do you live on? ℹ Quan hi ha poques possibilitats normalment fem servir **which**: *Quin cotxe agafem avui? El teu o el meu?* Which car shall we take today? Yours or mine?
- **ús exclamatiu 1** (*amb substantius comptables en plural i incomptables*) what: *Quines cases més boniques!* What lovely houses! ◇ *Quin valor!* What courage! **2** (*amb substantius comptables en singular*) what a: *Quina vida!* What a life! **3** (*quan el nom es tradueix per un adjectiu*) how: *Quina ràbia/Quin horror!* How annoying/awful!

▶ *pron* **1** what: *Quina és la capital del Perú?* What's the capital of Peru? **2** (*entre uns quants*) which (one): *Quin prefereixes?* Which one do you prefer? ➲ *Vegeu nota a* WHAT LOC **a quin dia som/quin dia és avui?** what's the date today?

quinze *nm, adj, pron* **1** fifteen **2** (*data*) fifteenth ➲ *Vegeu exemples a* ONZE/SIS LOC **quinze dies** fortnight: *Només marxem ~ dies.* We're only going for a fortnight. *Vegeu tb* AVUI, CAP[1]

quinzena *nf* (*quinze dies*) two weeks [*pl*]: *la segona ~ de gener* the last two weeks of January

quinzenal *adj* fortnightly LOC *Vegeu* PUBLICACIÓ

quiosc *nm* stand LOC **quiosc de diaris** newsstand

quirat *nm* carat: *or de 18 ~s* 18-carat gold

Q

quiròfan *nm* (operating) theatre

quirúrgic, ~a *adj* surgical: *una intervenció quirúrgica* an operation

quitrà *nm* tar

quocient *nm* quotient LOC **quocient intel·lectual** intelligence quotient (*abrev* IQ)

quota *nf* fee: *la ~ de soci* the membership fee

quotidià, -ana *adj* daily

R r

rabassut, -uda *adj* squat

rabí, -ina *nm-nf* rabbi

ràbia *nf* **1** (*ira*) anger **2** (*Med*) rabies [*incomptable*]: *El gos tenia la ~.* The dog had rabies. LOC **fer ràbia** to drive *sb* mad: *Em fa moltíssima ~.* It really drives me mad.

rabiós, -osa *adj* **1** (*furiós*) furious **2** (*Med*) rabid: *un gos ~* a rabid dog

rabiüt, -üda *adj* irascible

raça *nf* **1** (*humana*) race **2** (*animal*) breed: *De quina ~ és?* What breed is it? LOC **de raça** (*gos*) pedigree

racial *adj* racial: *la discriminació ~* racial discrimination ❶ Quan s'usa amb els noms **relations** i **riots** es tradueix per **race**: *relacions/disturbis racials* race relations/riots.

ració *nf* portion, helping (*més col·loq*): *Mitja ~ de calamars, si us plau.* A small portion of squid, please. ◇ *Van prendre unes bones racions.* They took big helpings.

racional *adj* rational

racionament *nm* rationing: *el ~ de l'aigua* water rationing

racisme *nm* racism

racista *adj, nmf* racist ➲ *Vegeu nota a* VEGETARIÀ

racó *nm* corner: *en un ~ tranquil de Mallorca* in a quiet corner of Majorca

radar *nm* radar [*incomptable*]: *els ~s enemics* enemy radar

radi *nm* **1** (*Geom*) radius [*pl* radii] **2** (*roda*) spoke **3** (*Quím*) radium

radiador *nm* radiator

radiant *adj* **1** (*brillant*) bright: *Feia un sol ~.* The sun was shining brightly. **2** (*persona*) radiant: *~ d'alegria* radiant with happiness

radical *adj, nmf* radical

radicalment *adv* radically

ràdio *nf* radio [*pl* radios]: *escoltar la ~* to listen to the radio LOC **a/per la ràdio** on the radio: *Ho vaig sentir a la ~.* I heard it on the radio. ◇ *parlar per la ~* to speak on the radio

radioactiu, -iva *adj* radioactive LOC *Vegeu* PLUJA

radiocasset *nm* radio cassette player

radiografia *nf* X-ray: *fer-se una ~* to have an X-ray

radiotaxi *nm* minicab

ràfec *nm* eaves [*pl*]

ràfega *nf* **1** (*vent*) gust **2** (*trets*) burst: *una ~ de trets* a burst of gunfire

ràfting *nm* white-water rafting: *fer ~* to go white-water rafting

rai[1] *nm* raft

rai[2] *interj* LOC **això rai!** don't worry! ◆ **tu, ell, etc. rai!** it's all right for you, him, etc.! *Vegeu tb* MALAMENT

raig *nm* **1** (*líquid*) (**a**) stream (**b**) (*Cuina*): *Afegir un ~ de llimona.* Add a dash of lemon juice. ◇ *un ~ d'oli* some drops of oil **2** (*llum, energia*) ray: *un ~ de sol* a ray of sunshine ◇ *els ~s del sol* the sun's rays LOC **a raig**: *sortir a ~* to gush out ◆ **raig làser** laser beam ◆ **raigs X** X-rays

rail *nm* rail

raïm *nm* grape(s): *mig quilo de ~* half a kilo of grapes

rajar *vi* **1** (*líquid*) (**a**) to flow (*from sth*): *Rajava aigua de la font.* Water was flowing from the spring. (**b**) (*sang*) to pour (*from sth*): *Li rajava sang del nas.* Blood was pouring from his nose. **2** (*contenidor*): *El setrill no raja.* The oil bottle's blocked.

rajola *nf* **1** (*terra*) floor tile **2** (*paret*) tile LOC **rajola de xocolata** bar of chocolate

ral·li *nm* rally [*pl* rallies]

ram *nm* **1** (*de flors*) bunch **2** (*sector*) sector LOC *Vegeu* DIUMENGE

ramadà *nm* Ramadan

ramader, ~a *nm-nf* livestock farmer

ramaderia *nf* **1** (*activitat*) livestock farming **2** (*bestiar*) livestock

ramat *nm* **1** (*ovelles, cabres*) flock **2** (*vaques*) herd

rambla *nf* (*passeig*) avenue

rampa[1] *nf* (*pla inclinat*) ramp

rampa[2] *nf* (*dolor*) cramp [*incomptable*]: *M'ha agafat ~ a la cama.* I've got cramp in my leg.

rampell *nm* fit: *un ~ de gelosia* a fit of jealousy **LOC agafar/venir el rampell de** to feel a sudden urge (*to do sth*): *Li va venir el ~ de tallar-se els cabells.* She felt a sudden urge to get her hair cut.

ran *prep* *Vegeu* ARRAN

ranci, rància *adj* **1** (*mantega*) rancid: *Té un gust ~.* It tastes rancid. **2** (*olor*) musty: *El soterrani feia olor de ~.* The basement smelt musty. **3** (*persona*) unfriendly

rancor *nm* resentment **LOC** *Vegeu* GUARDAR

rancorós, -osa *adj* resentful

randa *nf* lace **LOC** *Vegeu* FIL

rang *nm* rank

rànquing *nm* ranking(s) [*gen pl*]: *És el primer en el ~ mundial.* He's number one in the world rankings. ◇ *el ~ d'empreses* the list of the top companies ◇ *És al ~ dels programes més vistos.* It is among the most popular programmes.

ranura *nf* slot: *Heu d'introduir la moneda per la ~.* You have to put the coin in the slot.

raó *nf* reason (*for sth/doing sth*): *La ~ de la seva dimissió és òbvia.* The reason for his resignation is obvious. ◇ *sense ~ aparent* for no apparent reason **LOC amb raó** with good reason: *Amb ~ no va voler seure aquí!* She had good reason not to sit here! ◆ **donar la raó a algú** to say/admit that sb is right: *Algun dia em donaran la ~.* Some day they'll admit I was right. ◆ **no tenir raó** to be wrong ◆ **tenir raó** to be right

raonable *adj* reasonable

raonament *nm* reasoning

raonar ▶ *vi* (*pensar*) to think: *No raonava amb claredat.* He wasn't thinking clearly. ▶ *vt* (*explicar*) to give reasons for *sth*: *Raona la teva resposta.* Give reasons for your answer.

rap[1] *nm* monkfish [*pl* monkfish]

rap[2] *nm* (*Mús*) rap **LOC fer rap** to rap

rapar ▶ *vt* (*cabells*) to crop ▶ **rapar-se** *vp* (*cabells*) to have your hair cut very short

rapat, -ada *adj*: *Va amb el cap ~.* He's got cropped hair. **LOC** *Vegeu* CAP[1]

ràpel *nm* abseiling: *fer ~* to go abseiling

raper, ~a *nm-nf* rapper

ràpid, ~a ▶ *adj* **1** (*breu*) quick: *Puc fer una trucada ràpida?* Can I make a quick phone call? **2** (*veloç*) fast: *un corredor ~* a fast runner ➲ *Vegeu nota a* FAST[1]
▶ *adv* quickly
▶ *nm* (*riu*) rapids [*pl*]

ràpidament *adv* quickly

rapidesa *nf* speed **LOC amb rapidesa** quickly

raptar *vt* to kidnap

rapte *nm* kidnapping

raptor, ~a *nm-nf* kidnapper

raqueta *nf* **1** (*Esport*) racket: *una ~ de tennis* a tennis racket **2** (*calçat*) snowshoe

rar, ~a *adj* **1** (*estrany*) strange: *una manera molt rara de parlar* a very strange way of speaking **2** (*poc comú*) rare: *una planta rara* a rare plant

raresa *nf* **1** (*singularitat*) rarity: *un material molt apreciat per la seva ~* a material highly prized because of its rarity **2** (*mania*) little quirk: *Estic acostumat a les seves rareses.* I'm used to his little quirks.

ras, ~a ▶ *adj* **1** (*pla*) flat **2** (*cullerada, mesura*) level **3** (*pilota*) low: *Va fer un tir ~ a porta.* He hit a low shot at goal.
▶ *nm* (*teixit*) satin **LOC al ras** in the open air

rascada *nf* scratch: *No m'hi facis cap ~, al cotxe.* Don't scratch my car.

rascar ▶ *vt* **1** (*amb les ungles*) to scratch: *Vaig sentir el gos que rascava la porta.* I heard the dog scratching at the door. **2** (*amb ganivet, espàtula*) to scrape *sth* (*off sth*): *Vam ~ la pintura del terra.* We scraped the paint off the floor. ◇ *Rasca el paper de la paret.* Scrape the paper off the wall. ▶ *vi* to be rough ▶ **rascar-se** *vp* to scratch: *rascar-se el cap* to scratch your head

rascle (*tb* **rasclet**) *nm* rake

raspall *nm* brush ➲ *Vegeu il·lustració a* BRUSH **LOC raspall de dents** toothbrush ◆ **raspall del cap/de la roba** hairbrush/clothes brush ◆ **raspall/raspallet de les ungles** nail brush

R

raspallar *vt* **1** (*netejar*) to brush **2** (*convèncer*) to talk *sb into doing sth*: *Raspallaré el teu pare perquè et deixi sortir.* I'll talk your father into letting you go out. **3** (*afalagar*) to butter *sb* up

raspós, -osa *adj* rough: *Aquestes tovalloles són rasposes.* These towels are rough.

rastre *nm* **1** (*d'un animal*) trail: *Els gossos seguien el ~.* The dogs followed the trail. **2** (*vestigi, senyal*) trace: *No en va quedar ni ~.* There was no trace of it. **LOC rastre de fum** (*avió*) vapour trail ◆ **sense deixar rastre** without trace

rastreig *nm* search: *Van fer un ~ dels boscos.* They searched the woods.

rastrejar *vt* **1** (*seguir la pista*) to follow: *Els gossos rastrejaven l'olor.* The dogs followed the scent. **2** (*zona*) to comb

rata ▶ *nf* (*animal*) rat
▶ *adj* (*garrepa*) mean, stingy (*col·loq*)
▶ *nmf* (*garrepa*) skinflint **LOC rata de biblioteca** bookworm

ratapinyada *nf* bat

ratera *nf* (*parany*) mousetrap

ratificar *vt* **1** (*tractat, acord*) to ratify **2** (*notícia*) to confirm

ratlla *nf* **1** (*línia*) line: *marcar una ~* to draw a line **2** (*teixits*) stripe: *una camisa de ratlles* a striped shirt **3** (*pantalons*) crease LOC **passar ratlla** to cross *sth* out: *Passa ~ damunt tots els adjectius.* Cross out all the adjectives. ◆ **passar de la ratlla** to go too far: *Aquesta vegada has passat de la ~.* This time you've gone too far. ◆ **posar algú a ratlla** to keep a tight rein on sb

ratlladura *nf* LOC **ratlladures de llimona/taronja** grated lemon/orange rind [*incomptable*]

ratllar *vt* **1** (*rascar*) to scratch: *No em ratllis el cotxe.* Don't scratch my car. **2** (*Cuina*) to grate LOC *Vegeu* PA

ratolí *nm* (*animal, Informàt*) mouse [*pl* mice] ➲ *Vegeu il·lustració a* ORDINADOR

ratxa *nf* **1** (*vent*) gust **2** (*fig*) run: *una ~ de sort* a run of good luck ◇ *una ~ de desgràcies* a series of misfortunes

raval *nm* suburb

rave *nm* radish

re[1] *pron Vegeu* RES

re[2] *nm* **1** (*nota*) D **2** (*solfeig*) ray ➲ *Vegeu nota a* DO[1]

reacció *nf* reaction LOC *Vegeu* AVIÓ

reaccionar *vi* to react

reactor *nm* (*avió*) jet LOC **reactor nuclear** nuclear reactor

real *adj* **1** real **2** (*cas, història*) true

realçar *vt* to enhance

realisme *nm* realism

realista ▶ *adj* realistic ▶ *nmf* realist

realitat *nf* reality [*pl* realities]: *~ virtual* virtual reality LOC **en realitat** actually ◆ **convertir-se en realitat/fer-se realitat** to come true

realització *nf* **1** (*projecte, treball*) carrying out: *Jo m'encarregaré de la ~ del pla.* I'll take charge of carrying out the plan. **2** (*objectiu, somni*) fulfilment

realitzador, ~a *nm-nf* (*Cine, TV*) director

realitzar ▶ *vt* **1** (*portar a terme*) to carry *sth* out: *~ un projecte* to carry out a project **2** (*somni, objectiu*) to fulfil **3** (*Cine, TV*) to direct ▶ **realitzar-se** *vp* **1** (*fer-se realitat*) to come true: *Els meus somnis es van ~.* My dreams came true. **2** (*persona*) to fulfil yourself

realment *adv* really

reanimar *vt* **1** to revive **2** (*d'un desmai*) to bring *sb* round

rebaixa *nf* **1** (*descompte*) discount: *Ens van fer una ~ del 15 per cent.* They gave us a 15 per cent discount. ◇ *Demanaré que em facin una ~.* I'm going to ask for a discount. **2 rebaixes** sales: *les rebaixes d'estiu/de gener* the summer/January sales **3** (*salaris, tarifes, etc.*) cut: *una ~ salarial/d'impostos* a cut in salary/a tax cut **4** (*de condemna*) reduction

rebaixar ▶ *vt* **1** to reduce: *~ una condemna* to reduce a sentence ◇ *Ens va ~ un 15 per cent.* He gave us a 15 per cent reduction. ◇ *Està rebaixat?* Is it reduced? **2** (*humiliar*) to humiliate: *Em va ~ davant de tothom.* He humiliated me in front of everyone. **3** (*color*) to soften ▶ **rebaixar-se** *vp* **rebaixar-se (a fer alguna cosa)** to lower yourself (by doing sth): *No em rebaixaria a acceptar els teus diners.* I wouldn't lower myself by accepting your money.

rebedor *nm* (*vestíbul*) hall

rebel ▶ *adj* **1** rebel (*Mil*): *el general ~* the rebel general **2** (*esperit*) rebellious **3** (*nen*) difficult ▶ *nmf* rebel

rebel·lar-se *vp* ~ **(contra)** to rebel (against *sb/sth*)

rebel·lió *nf* rebellion

rebentar(-se) ▶ *vt, vi, vp* to burst: *rebentar un globus* to burst a balloon ◇ *Si menges més, rebentaràs.* If you eat any more you'll burst. ◇ *rebentar d'alegria* to be bursting with happiness ▶ **rebentar-se** *vp* (*pneumàtic*) to puncture: *Se m'ha rebentat una roda.* I've got a puncture. LOC **em rebenta** I, you, etc. hate *doing sth*: *Em rebenta haver-me d'aixecar d'hora.* I hate having to get up early.

rebentat, -ada *adj* (*cansat*) shattered *Vegeu tb* REBENTAR(-SE)

rebequeria *nf* tantrum: *fer una ~* to throw a tantrum

rebesavi, -àvia *nm-nf* **1** (*masc*) great-great-grandfather **2** (*fem*) great-great-grandmother **3 rebesavis** great-great-grandparents

rebesnét, ~a *nm-nf* **1** (*masc*) great-great-grandson **2** (*fem*) great-great-granddaughter **3 rebesnéts** great-great-grandchildren

rebobinar *vt* to rewind

rebolcar ▶ *vt* to knock *sb* over ▶ **rebolcar-se** *vp* to roll about: *Ens vam ~ pel prat.* We rolled about on the grass.

rebombori *nm* racket

rebost *nm* pantry [*pl* pantries]

rebosteria *nf* cakes and desserts [*pl*]

rebot *nm* rebound LOC **de rebot** on the rebound

rebotre (*tb* **rebotar**) *vi* **1** to bounce (*off sth*): *La pilota va ~ contra l'anella.* The ball bounced off the hoop. **2** (*bala*) to ricochet (*off sth*)

rebre ▶ *vt* **1** to receive, to get (*més col·loq*): *Vaig ~ la teva carta.* I received/got your letter. **2** (*una persona*) **(a)** to welcome: *Va sortir a rebre'ns.* He came out to welcome us. **(b)** (*a l'estació, etc.*) to meet *sb*: *Vam anar a rebre'ls a l'aeroport.* We went to meet them at the airport. ▶ *vi* (*càstig, crítiques*) to be (in) for it: *Si no et portes bé, rebràs.* If you don't behave, you're (in) for it.

rebregar *vt* to crumple *sth* (up)

rebuig *nm* rejection

rebut *nm* **1** (*tiquet*) receipt: *Si ho vols canviar, necessites el ~.* You'll need the receipt if you want to exchange it. ◇ *Em pot fer un ~?* Can I have a receipt? **2** (*factura*) bill: *el ~ de la llum* the electricity bill

rebutjar *vt* to turn *sb/sth* down, to reject (*més formal*): *Van ~ la nostra proposta.* Our proposal was turned down.

rec *nm* (*Agric*) irrigation channel

recalcar *vt* to stress

recanvi *nm* **1** (*peça*) spare (part) **2** (*de bolígraf*) refill LOC **de recanvi** spare: *un carret de ~* a spare film

recaptar *vt* to collect

recaragolament *nm* cramp: *~ de ventre* stomach cramps

recàrrec *nm* surcharge

recàrrega *nf* (*saldo del mòbil*) top-up

recarregable *adj* rechargeable

recarregar *vt* **1** (*pila, bateria, mòbil*) to charge **2** (*arma*) to reload **3** (*ploma, encenedor*) to refill

recarregat, -ada *adj*: *un estil ~* an over-elaborate style ◇ *Anava una mica recarregada per al meu gust.* She was a bit overdressed for my taste. *Vegeu tb* RECARREGAR

recaure *vi* **1** (*Med*) to have a relapse **2** (*vici*) to go back to your old ways **3 ~ en/sobre algú** to fall on sb: *Totes les sospites van ~ sobre ella.* All suspicions fell on her.

recent *adj* recent

recentment *adv* recently

recepció *nf* reception: *Vam quedar a la ~ de l'hotel a dos quarts de set.* We arranged to meet in reception at 6.30.

recepcionista *nmf* receptionist

recepta *nf* **1** (*Cuina*) recipe (*for sth*): *M'has de donar la ~ d'aquest plat.* You must give me the recipe for this dish. **2** (*Med*) prescription: *Només els venen amb ~.* Only available on prescription.

receptar *vt* to prescribe

recerca *nf* **1 ~ (de)** search (for *sb/sth*): *Van abandonar la ~ del cadàver.* They abandoned the search for the body. **2** (*estudi*) research [*incomptable*]: *fer ~ sobre la música cubana* to do research into Cuban music LOC **a la recerca de** in search of *sb/sth*

recessió *nf* (*Econ*) recession

reciclar *vt* **1** (*materials*) to recycle **2** (*professional*) to train

reciclatge *nm* **1** (*materials*) recycling **2** (*persones*) training

recipient *nm* container ➲ *Vegeu il·lustració a* CONTAINER

recital *nm* recital

recitar *vt* to recite

reclamació *nf* **1** (*queixa*) complaint: *presentar/fer una ~* to lodge/make a complaint **2** (*demanda*) claim (*for sth*)

reclamar ▶ *vt* to demand: *Reclamen justícia.* They are demanding justice. ▶ *vi* (*queixar-se*) to complain: *Hauries de ~. No funciona.* It doesn't work. You should complain.

reclús, -usa *nm-nf* prisoner

recluta *nmf* recruit

recobrar ▶ *vt* **1** (*possessió, coneixement, control*) to regain, to get *sth* back (*més col·loq*): *~ els diners* to get your money back ◇ *~ el coneixement/control* to regain consciousness/control **2** (*salut, memòria*) to recover, to get *sth* back (*més col·loq*): *~ la memòria* to get your memory back ◇ *Confio que recobrarà la vista.* I'm sure he'll recover his sight. ▶ **recobrar-se** *vp* to recover (*from sth*): *recobrar-se d'una malaltia* to recover from an illness

recollida *nf* collection: *la ~ d'escombraries* rubbish collection LOC **recollida d'equipatge(s)** baggage reclaim

recollidor *nm* dustpan LOC **recollidor de pilotes** ballboy [*fem* ballgirl]

recollir *vt* (*reunir*) to collect: *~ firmes* to collect signatures LOC **recollir-se els cabells** (*en una cua*) to tie your hair back

recolzar ▶ *vt* **1** (*descansar*) to rest *sth on/against sth*: *Recolza el cap al coixí.* Rest your head on the pillow. **2** (*inclinar*) to lean *sth* against *sth*: *No ho recolzis a la paret.* Don't lean it against the wall. ▶ **recolzar(-se)** *vi, vp* to lean *on/against sth*: *L'escala recolza a la paret.* The ladder is leaning against the wall.

recolzat, -ada *adj* **~ a/en/sobre 1** (*descansant*) resting on/against *sth*: *amb el cap ~ sobre el respatller de la cadira* with her head resting on the back of the chair **2** (*inclinat*) leaning against *sth*: *~ a la paret* leaning against the wall *Vegeu tb* RECOLZAR

recomanable *adj* advisable LOC **poc/gens recomanable**: *És un barri poc ~.* That area is not to be recommended. ◇ *Aquest noi no és gens ~.* That boy is no good.

recomanació *nf* **1** (*consell*) recommendation: *Hi vam anar per ~ del meu germà.* We went on my brother's recommendation. **2** (*influència*) connections [*pl*]: *Va aconseguir la feina per ~.* He got the job because he had connections.

recomanar *vt* to recommend

recomanat, **-ada** *adj* recommended: *molt ~* highly recommended *Vegeu tb* RECOMANAR

recomençar *vt* to resume

recompensa *nf* reward LOC **en/com a recompensa (per)** as a reward (for *sth*)

recompensar *vt* to reward *sb* (*for sth*)

reconciliar-se *vp* to make (it) up (*with sb*): *Es van barallar però s'han reconciliat.* They quarrelled but they've made (it) up now.

reconeixement *nm* recognition LOC **reconeixement (mèdic)** medical: *T'has de fer un ~ mèdic.* You have to have a medical.

reconèixer *vt* **1** (*identificar*) to recognize: *No la vaig ~.* I didn't recognize her. **2** (*admetre*) to admit: *~ un error* to admit a mistake ◇ *Cal ~ que no és una idea nova.* You have to admit it's not a new idea. **3** (*examinar*) to examine: *~ un pacient* to examine a patient

reconstruir *vt* **1** (*edifici, monument*) to rebuild **2** (*fets, esdeveniments*) to reconstruct

reconversió *nf* restructuring: *la ~ industrial* the restructuring of industry

R

record *nm* **1** (*memòria*) memory [*pl* memories]: *Tinc un bon ~ de la nostra amistat.* I have happy memories of our friendship. **2** (*objecte*) souvenir **3 records** best wishes: *Dóna-li ~s de part meva.* Give him my best wishes.

rècord *nm* record: *batre/tenir un ~* to break/hold a record ◇ *en un temps ~* in record time ◇ *una xifra ~* a record figure

recordar ▶ *vt* **1 ~ alguna cosa a algú** to remind *sb* (about sth/to do sth): *Recorda'm que he de comprar pa.* Remind me to buy some bread. ◇ *Recorda-m'ho demà o si no me n'oblidaré.* Remind me tomorrow or I'll forget. **2** (*per associació*) to remind *sb* (of *sb/sth*): *Em recorda el meu germà.* He reminds me of my brother. ◇ *Saps què/qui em recorda aquesta cançó?* Do you know what/who this song reminds me of? ➲ *Vegeu nota a* REMIND **3** (*tenir present*) to remember, to recall (*més formal*) *sth/doing sth*: *No recordo el seu nom.* I can't remember his name. ◇ *No recordo haver-t'ho dit.* I don't remember telling you. ◇ *Recordo que els vaig veure.* I recall seeing them. ▶ **recordar-se** *vp* **recordar-se (de)** to remember, to recall (*més formal*) (*sth/to do sth*): *No te'n recordes?* Don't you remember? ◇ *No em recordo del seu nom.* I can't remember his name. ◇ *Recorda't de tirar la carta.* Remember to post the letter. LOC **et recordo que...** remember...: *Et recordo que demà tens un examen.* Remember you've got an exam tomorrow. ◆ **que jo recordi** as far as I remember ◆ **recordar-se d'haver fet alguna cosa** to remember doing sth: *Em recordo d'haver-lo vist.* I remember seeing it. ◆ **te'n recordaràs!** you'll regret it! ➲ *Vegeu nota a* REMEMBER

recorregut *nm* route: *el ~ de l'autobús* the bus route

recórrer ▶ *vi* **1** (*demanar ajuda*) to turn *to sb*: *No tenia a qui ~.* I had no one to turn to. **2** (*utilitzar*) to resort *to sth*: *Al final van ~ a la violència.* In the end they resorted to violence. **3 ~ contra** (*sentència*) to appeal (against *sth*) ▶ *vt* **1** (*viatjar*) to go round...: *Vam ~ França amb tren.* We went round France by train. **2** (*distància*) to cover, to do (*més col·loq*): *Hem recorregut 150 km.* We've covered 150 km. ◇ *Vam tardar tres hores a ~ un quilòmetre.* It took us three hours to do one kilometre.

recrear-se *vp* to take pleasure in *sth/doing sth*: *~ amb les desgràcies d'altri* to take pleasure in other people's misfortunes

recreatiu, **-iva** *adj* recreational LOC *Vegeu* SALÓ

recremar *vt* to burn

recta *nf* straight line LOC **recta final 1** (*Esport*) home straight **2** (*última fase*) closing stages [*pl*]: *a la ~ final de la campanya* in the closing stages of the campaign

rectangle ▶ *adj* right-angled
▶ *nm* rectangle

rectangular *adj* rectangular

recte, **-a** *adj* straight LOC **tot recte** straight on

rectificar *vt* **1** (*error*) to rectify **2** (*actitud, conducta*) to improve

rector, **~a** ▶ *adj* (*junta, consell*) governing
▶ *nm-nf* (*universitat*) vice chancellor
▶ *nm* (*església*) parish priest

recull *nm* collection

recuperació *nf* **1** (*d'una malaltia, operació*) recovery **2** (*Educ*) resit: *No es va presentar a l'examen de ~.* He didn't do the resit. ◇ *classes de ~* resit classes **3** (*Informàt*) retrieval: *la ~ de dades* data retrieval

recuperar *vt* **1** (*temps, classes*) to make *sth* up: *Has de ~ les teves hores de treball.* You'll have to make up the time. **2** (*Educ*) to pass a resit: *He* *recuperat història.* I've passed the history resit.

recurs *nm* **1** (*solució*) resort: *com a últim ~* as a last resort **2 recursos** resources: *recursos humans/econòmics* human/economic resources

redacció *nf* essay: *fer una ~ sobre la teva ciutat* to write an essay on your town

redactar *vt, vi* to write: *~ una carta* to write a letter ◇ *Per ésser tan petit redacta bé.* He writes well for his age.

redactor, ~a *nm-nf* (*Period*) editor

redreçar *vt* **1** (*posar dret*) to straighten: *Redreça l'esquena.* Straighten your back. **2** (*negoci*) to put *sth* back on its feet

reducció *nf* reduction

reduir *vt* to reduce: *~ la velocitat* to reduce speed ◇ *El foc va ~ la casa a cendra.* The fire reduced the house to ashes.

reduït, -ïda *adj* (*petit*) small *Vegeu tb* REDUIR

redundància *nf* redundancy

reeixir *vi* to succeed

reelegir *vt* to re-elect: *El van ~ com el seu representant.* They've re-elected him as their representative.

reemborsament (*tb* **reembossament**) *nm* (*quantitat pagada*) repayment LOC **contra reemborsament** cash on delivery (*abrev* COD) *Vegeu tb* ENVIAR

reemplaçar *vt* to replace *sb/sth* (*with sb/sth*)

reencarnació *nf* reincarnation

reescalfar *vt* to warm *sth* up

refer ▶ *vt* to redo ▶ **refer-se** *vp* **refer-se (de)** to recover (from *sth*) LOC **refer la vida** to rebuild your life

referència *nf* **1** reference (*to sb/sth*): *servir de/com a ~* to serve as a (point of) reference ◇ *Amb ~ a la seva carta…* With reference to your letter… ◇ *tenir bones referències* to have good references **2** (*remissió a una altra part del text*) cross-reference LOC **fer referència a** to refer to *sb/sth*

referèndum *nm* referendum [*pl* referendums/referenda]

referent *adj* ~ **a** regarding *sb/sth*

referir-se *vp* ~ **a** to refer to *sb/sth*: *A què et refereixes?* What are you referring to?

refiar-se *vp* ~ **de** to trust *sb/sth*

refilar *vi* (*ocell*) to sing

refilet *nm* trill

refineria *nf* refinery [*pl* refineries]

reflectir *vt* to reflect

reflex, ~a ▶ *adj* reflex [*n atrib*]: *un acte ~* a reflex action
▶ *nm* **1** (*imatge*) reflection: *Veia el meu ~ al vidre.* I could see my reflection in the glass. **2** (*reacció*) reflex: *tenir bons reflexos* to have good reflexes **3 reflexos** (*als cabells*) highlights

reflexió *nf* reflection

reflexionar *vi* ~ **(sobre)** to reflect (on *sth*)

reflexiu, -iva *adj* **1** (*persona*) thoughtful: *una persona/actitud reflexiva* a thoughtful person/approach **2** (*Gram*) reflexive

reforç *nm* reinforcement

reforçar *vt* to reinforce *sth* (*with sth*)

reforestació *nf* reforestation

reforma *nf* **1** reform **2** (*en un edifici*) renovation: *tancat per reformes* closed for renovation

reformar ▶ *vt* **1** to reform: *~ una llei/un delinqüent* to reform a law/delinquent **2** (*edifici*) to renovate ▶ **reformar-se** *vp* to mend your ways

reformatori *nm* young offenders' institution

refrany *nm* **1** (*dita*) saying: *Com diu el ~…* As the saying goes… **2** (*cançó*) chorus **3** (*poesia*) refrain

refredar ▶ *vt* to cool *sth* (down) ▶ **refredar-se** *vp* **1** to get cold: *La sopa se't refreda.* Your soup's getting cold. **2** (*constipar-se*) to catch a cold

refredat, -ada ▶ *adj*: *estar ~* to have a cold
▶ *nm* (*constipat*) cold *Vegeu tb* REFREDAR

refregar *vt* to scrub

refresc *nm* soft drink

refrescant *adj* refreshing

refrescar ▶ *vt* **1** (*refredar*) to cool **2** (*memòria*) to refresh **3** (*coneixements*) to brush *sth* up, to brush up on *sth*: *Necessito ~ el meu anglès.* I must brush up on my English. ▶ *vi* to get cooler: *A la nit refresca.* It gets cooler at night.
▶ **refrescar-se** *vp* to freshen up

refrigerar *vt* to refrigerate

refugi *nm* refuge: *un ~ de muntanya* a mountain refuge

refugiar ▶ *vt* to shelter *sb/sth* (*from sb/sth*)
▶ **refugiar-se** *vp* **refugiar-se (de)** to take refuge (from *sth*): *refugiar-se de la pluja/a l'ambaixada* to take refuge from the rain/in the embassy

refugiat, -ada *nm-nf* refugee: *un camp de ~s* a refugee camp

refusar *vt* to refuse *sth/to do sth*: *Van ~ de venir.* They refused to come. ◇ *Vaig ~ la seva invitació.* I turned their invitation down.

reg *nm* **1** (*Agric*) irrigation **2** (*jardins*) watering LOC *Vegeu* BOCA

regadiu *nm* irrigation: *terra de ~* irrigated land

R

regadora *nf* watering can

regal *nm* **1** (*obsequi*) present: *fer un ~ a algú* to give sb a present **2** (*cosa fàcil d'aconseguir*) gift: *L'última pregunta va ésser un ~.* That last question was an absolute gift. **3** (*delit*) pleasure: *un ~ dels ulls/de les orelles* a pleasure to see/listen to LOC **de regal** (*gratuït*) free: *Si en compreu dues, us en donem una de ~.* If you buy two, we'll give you one free. ◇ *un DVD de ~* a free DVD *Vegeu tb* PAPER

regalar *vt* **1** (*fer un regal*) to give: *Em va ~ un ram de flors.* She gave me a bunch of flowers. ◇ *T'ho regalo.* It's a gift. **2** (*donar alguna cosa*) to give *sth* away: *Va ~ tots els seus béns.* He gave away all his possessions.

regalat, -ada *adj* (*molt barat*) very cheap: *M'ho va deixar a un preu ~.* He let me have it very cheap. *Vegeu tb* REGALAR

regalèssia *nf* liquorice [*incomptable*]

regar *vt* **1** (*planta, jardí*) to water **2** (*carrers*) to hose *sth* down

regata *nf* boat race

regatejar *vt, vi* (*preu*) to haggle (*over/about sth*)

regenerar ▶ *vt* to regenerate ▶ **regenerar-se** *vp* **1** to regenerate **2** (*persona*) to mend your ways

regidor, ~a *nm-nf* (town) councillor

règim *nm* **1** (*Pol, normativa*) regime: *un ~ molt liberal* a very liberal regime ◇ *El ~ de visites de l'hospital és molt estricte.* The hospital is very strict about visiting hours. **2** (*dieta*) diet: *estar a ~* to be on a diet

regiment *nm* regiment

regió *nf* region

regional *adj* regional

regir ▶ *vt* (*país, societat*) to rule ▶ *vi* (*llei*) to be in force: *El conveni regeix des del dia 15.* The agreement has been in force since the 15th.

regirat, -ada *adj* (*estómac*) upset: *Tinc l'estómac ~.* I've got an upset stomach.

registrar *vt* to record: *~ informació* to record information

registrat, -ada *adj* LOC *Vegeu* MARCA; *Vegeu tb* REGISTRAR

registre *nm* **1** (*inscripció*) registration: *El ~ del naixement es va fer el mateix dia.* The birth was registered the same day. **2** (*llista*) register: *el ~ electoral/de naixements* the electoral register/register of births **3** (*lloc, oficina*) registry [*pl* registries] LOC **registre civil** registry office

regla *nf* **1** (*norma*) rule: *Va contra les regles de l'escola.* It's against the school rules. ◇ *per ~ general* as a general rule **2** (*menstruació*) period: *tenir la ~* to have your period LOC **en regla** in order

reglament *nm* regulations [*pl*]

reglamentari, -ària *adj* regulation [*n atrib*]: *uniforme ~* regulation uniform

regle *nm* ruler

regna *nf* rein LOC **portar les regnes** to be in charge (*of sth*): *Porta les regnes del negoci.* She's in charge of the business.

regnar *vi* **1** (*governar*) to reign **2** (*prevaldre*) to prevail

regnat *nm* reign

regne *nm* kingdom: *el ~ animal* the animal kingdom

Regne Unit *nm* (the) United Kingdom (*abrev* UK)

reguera *nf* trickle: *una ~ d'aigua/d'oli* a trickle of water/oil

regular[1] *adj* **1** (*no irregular*) regular: *La seva respiració és ~.* Her breathing is regular. ◇ *verbs ~s* regular verbs **2** (*mitjà*) medium: *d'estatura ~* of medium height LOC *Vegeu* VOL

regular[2] *vt* to regulate

regularitat *nf* regularity LOC **amb regularitat** regularly

rehabilitació *nf* rehabilitation: *programes per a la ~ de delinqüents* rehabilitation programmes for young offenders

rehabilitar *vt* to rehabilitate

rei *nm* **1** (*monarca*) king

> El plural de **king** és 'kings', però quan diem *els reis* referint-nos al rei i la reina, es diu **the king and queen**.

2 Reis (*dia*) Epiphany LOC **els Reis Mags** the Three Wise Men *Vegeu tb* DIA

reial *adj* royal LOC *Vegeu* GELEA

reialesa *nf* royal family: *membres de la ~* members of the royal family

reina *nf* queen LOC *Vegeu* ABELLA

reincidir *vi* ~ **(en)** to relapse (into *sth/doing sth*)

reiniciar *vt* **1** to resume: *~ les negociacions* to resume negotiations **2** (*Informàt*) to reboot

reinserció *nf* rehabilitation: *programes de ~ social* rehabilitation programmes

reivindicació *nf* **1** (*dret*) claim (*for sth*) **2** ~ **(de)** (*atemptat*): *Encara no hi ha hagut cap ~ de l'atemptat.* No one has claimed responsibility for the attack yet.

reivindicar *vt* **1** (*reclamar*) to claim **2** (*atemptat*) to claim responsibility for *sth*

R

reixa *nf* **1** (*tanca*) railing(s) [*gen pl*] **2** (*porta*) gate **3** (*finestra*) bars [*pl*]

reixat *nm* **1** (*tanca*) railing(s) [*gen pl*]: *saltar un ~ de ferro* to jump over some iron railings **2** (*porta*) gate: *Tanca el ~, si us plau.* Shut the gate, please.

rejovenir *vt* to make *sb* look younger

relació *nf* **1 ~ (amb)** relationship (with *sb/sth*): *mantenir relacions amb algú* to have a relationship with sb ◇ *Té una bona ~ amb els seus germans.* She has a good relationship with her brothers. **2 ~ (entre...)** (*connexió*) connection (between...) LOC **amb relació a/en relació amb** in/with relation to *sb/sth* ◆ **relacions públiques 1** (*activitat*) public relations (*abrev* PR) **2** (*persona*) public relations officer ◆ **relació qualitat preu** value for money

relacionar ▶ *vt* to relate *sth* (*to/with sth*): *Els metges relacionen els problemes del cor amb l'estrès.* Doctors relate heart disease to stress. ▶ **relacionar-se** *vp* **relacionar-se (amb) 1** (*persones*) to mix (with *sb*) **2** (*coses*) to be related to *sth*: *Aquest cas es relaciona amb l'altre.* This case is related to the other (one).

relacionat, -ada *adj* **~ (amb)** related (to *sth*) *Vegeu tb* RELACIONAR

relat *nm* **1** (*conte*) story [*pl* stories]: *un ~ històric* a historical story **2** (*descripció*) account: *fer un ~ dels fets* to give an account of events

relatar *vt* to relate

relatiu, -iva *adj* **1** (*no absolut*) relative: *Home, això és ~.* Well, that depends. **2 ~ a** related (to *sth*): *un problema ~ a la contaminació* a pollution-related problem

relativament *adv* relatively, more or less

relaxació *nf* **1** relaxation: *tècniques de ~* relaxation techniques **2** (*tensió*) easing: *la ~ de les tensions internacionals* the easing of international tension

relaxant *adj* relaxing

relaxar ▶ *vt* to relax: *Relaxa la mà.* Relax your hand. ▶ **relaxar-se** *vp* **1** to relax: *Has de relaxar-te.* You must relax. ◇ *Pintar em serveix per a relaxar-me.* I find painting relaxing.. ◇ *No tinc ni un moment per a relaxar-me.* I don't get a moment's relaxation. **2** (*costums, disciplina*) to become lax

religió *nf* religion

religiós, -osa ▶ *adj* religious ▶ *nm-nf* **1** (*masc*) monk **2** (*fem*) nun

relíquia *nf* relic

relleu *nm* **1** (*Geog*) relief: *un mapa en ~* a relief map ◇ *una regió de ~ accidentat* an area with a rugged landscape **2** (*importància*) significance: *un esdeveniment de ~ internacional* an event of international significance **3** (*substitut*) relief: *El ~ no tardarà a arribar.* The relief will be here soon. **4** (*torn*) shift: *Qui organitzarà els ~s?* Who is going to organize the shifts? **5 relleus** (*Esport*): *una carrera de ~s* a relay race LOC **posar en relleu** to highlight

rellevant *adj* important

rellevar ▶ *vt* **1** (*substituir*) to take over (from *sb*): *Vaig estar de guàrdia fins que em va ~ un company.* I was on duty until a colleague took over from me. **2** (*d'un càrrec*) to relieve *sb of sth*: *Ha estat rellevat del càrrec.* He has been relieved of his duties. ▶ **rellevar-se** *vp* to take turns (*at sth/doing sth*)

relliscada *nf* slip: *fer una ~* to slip up

relliscar *vi* **1** (*persona*) to slip (*on sth*): *Vaig ~ amb una taca d'oli.* I slipped on a patch of oil. **2** (*vehicle*) to skid **3** (*superfície*) to be slippery LOC **relliscar alguna cosa a algú** not to care about sth: *Els estudis li rellisquen.* He doesn't care about school.

relliscós, -osa *adj* slippery

rellom *nm* fillet (steak)

rellotge

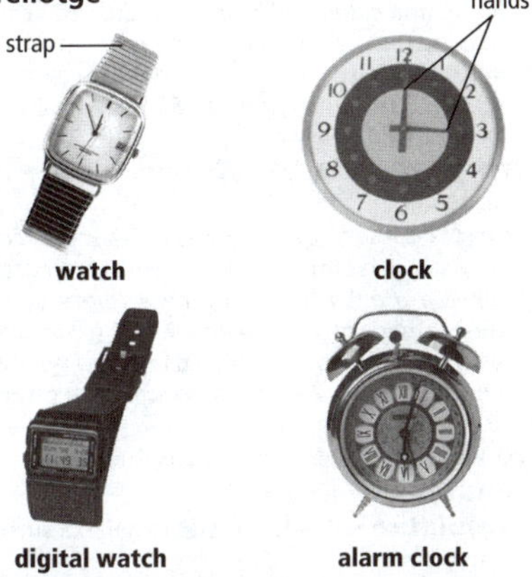

rellotge *nm* **1** (*de paret, de taula*) clock: *Quina hora marca el ~ de la cuina?* What time does the kitchen clock say? **2** (*de polsera, de butxaca*) watch: *El meu ~ va endarrere.* My watch is slow. LOC **contra rellotge** against the clock ◆ **rellotge de cucut** cuckoo clock ◆ **rellotge de sol** sundial *Vegeu tb* CORDA

rellotger, ~a *nm-nf* watchmaker

rellotgeria *nf* watchmaker's ➲ *Vegeu nota a* CARNISSERIA

R

rem *nm* **1** (*instrument*) oar **2** (*Esport*) rowing: *practicar el ~* to row ◊ *un club de ~* a rowing club LOC **a rems**: *Van travessar el riu a ~s.* They rowed across the river. *Vegeu tb* BARCA

remar *vi* to row

rematar *vt* **1** (*acabar*) to finish *sb/sth* off: *Remataré l'informe aquest cap de setmana.* I'll finish off the report this weekend. **2** (*Esport*) to shoot: *La pilota va passar al capità, que va ~ la jugada.* The ball went to the captain, who shot at goal.

remei *nm* **1** ~ **(per a/contra)** (*cura*) remedy [*pl* remedies] (for *sth*) **2** (*solució*) solution (*to sth*): *Això ja no té ~.* There's no solution to this. LOC **no haver-hi/tenir altre remei** to have no choice (*but to...*) ◆ **posar remei a 1** (*trobar solució*) to remedy: *posar ~ a la situació* to remedy the situation **2** (*mal*) to repair: *Voldria posar ~ al mal que he causat.* I'd like to repair the damage I've caused.

remenar *vt* **1** (*remoure*) to stir: *Remena bé la sopa.* Stir the soup well. **2** (*cua*) to wag **3** (*desordenar*) to mess *sth* up: *No remenis els calaixos.* Don't mess the drawers up. **4** (*tafanejar*) to rummage through *sth*: *Va estar remenant la bossa una estona.* She spent some time rummaging through her bag. ◊ *Sempre estàs remenant les meves coses.* You're always rummaging through my things. **5** (*cartes*) to shuffle ➲ *Vegeu nota a* BARALLA

remenat, -ada *adj* LOC *Vegeu* OU; *Vegeu tb* REMENAR

remetre ▶ *vt* **1** (*carta, comanda*) to send **2** (*nota, comentari*) to refer *sb to sth*: *La nota et remet a la bibliografia del final.* The note refers you to the bibliography at the end. ▶ *vi* **1** (*perdre intensitat*) to die down: *La febre ha remès.* The fever has died down. **2** ~ **a** (*nota, comentari*) to refer to *sth*

remissió *nf* (*en un text*) cross-reference

remitent *nmf* sender

remolatxa *nf* beetroot LOC **remolatxa sucrera** sugar beet

remolc *nm* trailer LOC **anar a remolc d'algú** to tag along with sb

remolcador *nm* (*vaixell*) tug

remolcar *vt* to tow

remolí *nm* **1** (*d'aigua*) **(a)** (*petit*) eddy [*pl* eddies] **(b)** (*gran*) whirlpool **2** (*d'aire*) whirlwind **3** (*cabell*) tuft

remordiment *nm* remorse [*incomptable*] LOC **tenir remordiment(s) (de consciència)** to feel guilty

remordir *vi* LOC **remordir la consciència a algú** to have a guilty conscience

remot, ~a *adj* remote: *una possibilitat remota* a remote possibility

remoure *vt* **1** (*terra*) to turn *sth* over **2** (*qüestió*) to bring *sth* up

remugar *vt, vi* **1** (*vaca*) to chew (the cud) **2** (*queixar-se*) to grumble (about *sth*)

remull *nm*: *Posa els cigrons en ~.* Soak the chickpeas.

remullar *vt* to soak

remuntar ▶ *vt* **1** (*costa, riu*) to go up *sth* **2** (*dificultat*) to overcome **3** (*partit, marcador*) to turn *sth* round: *L'equip no va aconseguir ~ el partit.* The team didn't manage to turn the match round. ▶ **remuntar-se** *vp* **remuntar-se a** (*fet, tradició*) to date back to *sth* LOC **remuntar el vol** to fly off

ren *nm* reindeer [*pl* reindeer]

renaixement *nm* **1 el Renaixement** the Renaissance **2** (*ressorgiment*) revival

renda *nf* **1** (*lloguer*) rent **2** (*Fin, ingressos*) income: *l'impost sobre la ~* income tax LOC *Vegeu* DECLARACIÓ, IMPOST

rendibilitat *nf* profitability

rendible *adj* profitable: *un negoci ~* a profitable deal

rendició *nf* surrender

rendiment *nm* **1** (*aprofitament*) performance: *el seu ~ en els estudis* his academic performance ◊ *un motor d'alt ~* a high-performance engine **2** (*producció*) output

rendir ▶ *vt* (*cansar*) to tire *sb* out ▶ *vi* **1** (*persona, màquina*) to be productive: *Rendeixo molt més al matí.* I work much better in the mornings. ◊ *La nova màquina rendeix el doble.* The new machine is twice as productive. **2** (*negoci*) to be profitable: *Aquest negoci ja no rendeix.* This business is not profitable any more. ▶ **rendir-se** *vp* **1** to give up: *No et rendeixis.* Don't give up. **2** (*Mil*) to surrender (*to sb/sth*)

rendit, -ida *adj* (*fatigat*) worn out, exhausted (*més formal*) *Vegeu tb* RENDIR

renec *nm* swear word

renegar *vi* **1** (*renec*) to swear **2** (*renunciar*) ~ **de** to renounce *sth* [*vt*]: *~ de la religió/política* to renounce your religion/politics

rengle *nm* row

renillar *vi* to neigh

renovable *adj* renewable: *fonts d'energia ~* renewable energy sources

renovació *nf* **1** renewal (*contracte, document*): *la data de ~* the renewal date **2** (*edifici*) renovation

R

renovar *vt* **1** (*contracte, document*) to renew: *~ un contracte/el passaport* to renew a contract/your passport **2** (*edifici*) to renovate: *Estan renovant l'edifici.* The building is being renovated. **3** (*modernitzar*) to bring *sth* up to date: *He de ~ el vestuari.* I need to bring my wardrobe up to date.

rentadora *nf* washing machine: *Faig dues rentadores cada dia.* I do two loads of washing a day.

rentaplats (*tb* **rentavaixella**) *nm* dishwasher

rentar ▶ *vt* to wash: *~ la roba* to wash your clothes ▶ **rentar-se** *vp*: *M'agrada rentar-me amb aigua calenta.* I like to wash in hot water. ◇ *rentar-se les mans/els peus* to wash your hands/feet ◇ *Renta't bé.* Give yourself a good wash. ◇ *Em vaig ~ abans d'anar a dormir.* I had a wash before I went to bed. LOC **rentar a mà** to wash *sth* by hand ◆ **rentar en sec** to dry-clean ◆ **rentar-se el cap** to wash your hair ◆ **rentar-se les dents** to brush your teeth *Vegeu tb* PLAT

rentatge *nm* LOC **rentatge en sec** dry-cleaning

renúncia *nf* **1** (*dret*) renunciation: *la seva ~ al tron* his renunciation of the throne **2** (*lloc*) resignation

renunciar *vt, vi* ~ **(a)** **1** to renounce: *~ (a) una herència/un dret* to renounce an inheritance/a right **2** (*lloc*) to resign (from *sth*): *Va ~ al seu càrrec.* She resigned from her post.

reny *nm* telling-off [*pl* tellings-off]

renyar *vt* to tell *sb* off (*for sth/doing sth*): *Em va ~ per no haver regat les plantes.* He told me off for not watering the plants.

renyina *nf* quarrel

renyir *vi* to fall out (*with sb*) (*about/over sth*): *Crec que ha renyit amb la seva xicota.* I think he's fallen out with his girlfriend.

reorganització *nf* reorganization

reorganitzar *vt* to reorganize

repapiejar *vi* to go senile

reparació *nf* repair: *reparacions a l'acte* repairs while you wait ◇ *Aquesta casa necessita reparacions.* This house is in need of repair. ◇ *L'ascensor està en ~.* The lift is under repair.

reparar *vt* to repair

repartidor, ~a *nm-nf* delivery man/woman [*pl* men/women] LOC **repartidor de diaris** paper boy/girl

repartiment *nm* **1** (*distribució*) distribution **2** (*divisió*) sharing out: *el ~ de l'herència* sharing out the inheritance **3** (*correu, mercaderies*) delivery [*pl* deliveries] **4** (*Cine, Teat*) cast

repartir *vt* **1** (*donar en mà*) to hand *sth* out: *~ els exàmens als alumnes* to hand out the exam papers to the students ◇ *Van ~ fullets per tota la ciutat.* They handed out leaflets all over the city. **2** (*correu, mercaderies*) to deliver **3** (*dividir*) to share *sth* (out): *~ la feina* to share the work out **4** (*cartes de jugar, cops*) to deal

repàs *nm* **1** (*Educ*) revision: *Avui farem ~.* We're going to do some revision today. **2** (*revisió, inspecció*) check

repassada *nf* check: *Farem una ~ general del cotxe.* We'll have the car fully checked over.

repassar *vt* **1** (*revisar*) to check: *~ un text* to check a text **2** (*Educ, estudiar*) to revise

repenjar-se *vp* (*persona*) to lean (*on sb/sth*)

repensar ▶ *vt* to think *sth* over ▶ **repensar-se** *vp* to have second thoughts

repercussió *nf* repercussion

repercutir *vi* to have repercussions (*on sth*): *Podria ~ en l'economia.* It could have repercussions on the economy.

repertori *nm* (*musical*) repertoire

repetició *nf* **1** repetition **2** (*TV*) replay: *una ~ de la jugada* an action replay

repetir ▶ *vt* **1** (*tornar a dir*) to repeat: *M'ho pot ~?* Could you repeat that, please? ◇ *No t'ho penso ~.* I'm not going to tell you again. ◇ *Vaig repetir-los la cançó fins que la van saber de cor.* I went over and over the song until they knew it by heart. **2** (*tornar a fer*) to do *sth* again: *L'hauré de ~.* I'm going to have to do it again. ▶ *vi* (*all, ceba, pebrot*) to repeat (on *sb*): *Em repeteix el pebrot.* The peppers are repeating (on me). ▶ **repetir-se** *vp* **1** (*esdeveniment*) to happen again **2** (*persona*) to repeat yourself LOC **repetir (curs)** (*Educ*) to repeat a year

repicar *vt, vi* (*campanes*) to ring

replà *nm* landing

replicar ▶ *vt* to retort: *—Qui ha demanat la teva opinió? —va ~.* 'Who asked you?' he retorted. ▶ *vi* to answer back: *No em repliquis, eh?* Don't answer me back!

reportatge *nm* **1** (*TV*) documentary [*pl* documentaries]: *Aquesta nit fan un ~ sobre l'Índia.* There's a documentary about India tonight. **2** (*diari, revista, etc.*) report

reporter, ~a *nm-nf* (*tb* **repòrter** *nmf*) reporter LOC **reporter gràfic** press photographer

repòs *nm* **1** (*descans*) rest: *Els metges li han ordenat ~.* The doctors have told him to rest. **2** (*pau*) peace: *No tinc ni un moment de ~.* I don't get a moment's peace.

reposar ▶ *vi* **1** to rest: *Necessites ~.* You need to rest. **2** (*estar enterrat*) to lie: *Les seves restes mortals reposen en aquest cementiri.* His re-

R

mains lie in this cemetery. ➲ *Vegeu nota a* LIE²
▶ *vt* (*pel·lícula, sèrie*) to rerun

reprendre *vt* **1** to resume: ~ *la feina* to resume work **2** (*amistat, relació*) to renew

represàlia *nf* reprisal: *Esperem que no hi hagi represàlies contra els veïns.* Let's hope there are no reprisals against the local people.

representació *nf* **1** representation: ~ *diplomàtica/parlamentària* diplomatic representation/representation in parliament **2** (*Teat*) performance **LOC en representació de** on behalf of *sb/sth*

representant *nmf* **1** representative: *el ~ del partit* the party representative **2** (*Cine, Teat, Esport*) agent: *el ~ de l'actriu* the actress's agent

representar *vt* **1** (*organització, país*) to represent: *Van ~ Espanya als Jocs Olímpics.* They represented Spain at the Olympics. **2** (*quadre, estàtua*) to depict: *El quadre representa una batalla.* The painting depicts a battle. **3** (*simbolitzar*) to symbolize: *El verd representa l'esperança.* Green symbolizes hope. **4** (*Teat*) (**a**) (*obra*) to perform (**b**) (*paper*) to play: *Va ~ el paper d'Otel·lo.* He played the part of Othello.

representatiu, -iva *adj* representative

repressió *nf* repression

repressiu, -iva *adj* repressive

reprimir *vt* to repress

reprimit, -ida *adj* repressed *Vegeu tb* REPRIMIR

reproducció *nf* reproduction

R

reproductor *nm* player: ~ *de CD/DVD* CD/DVD player

reproduir(-se) *vt, vp* to reproduce

reprotxar *vt* to reproach *sb* (*for sth/doing sth*): *Em va ~ que no li hagués trucat.* He reproached me for not phoning him.

reptar *vi* to crawl

repte *nm* challenge

rèptil *nm* reptile

republicà, -ana *adj, nm-nf* republican

república *nf* republic **LOC República Txeca** Czech Republic ◆ **República Dominicana** Dominican Republic

repugnant *adj* revolting

reputació *nf* ~ **(de)** reputation (for *sth/doing sth*): *tenir bona/mala ~* to have a good/bad reputation

requadre *nm* box

requerir *vt* to demand

requisar *vt* to seize: *La policia els va ~ els documents.* The police seized their documents.

requisit *nm* requirement (*for sth/to do sth*)

rere *adv Vegeu* DARRERE

rerefons *nm* background

res ▶ *pron* nothing, anything

> **Nothing** s'utilitza quan el verb és en forma afirmativa en anglès i **anything** quan el verb és en forma negativa: *No queda res.* There's nothing left. ◇ *No tinc res a perdre.* I've nothing to lose. ◇ *No vull res.* I don't want anything. ◇ *No tenen res en comú.* They haven't got anything in common. En frases interrogatives i condicionals s'utilitza **anything**: *No vols res?* Don't you want anything? ◇ *Que vols res del supermercat?* Do you want anything from the supermarket? ◇ *Si vols res, demana-ho.* Ask if you want anything.

▶ *interj* don't worry!: *Res, si no té gens d'importància!* Don't worry, it's not important! **LOC com si res** regardless ◆ **de res** you're welcome: *—Gràcies pel sopar. —De res!* 'Thank you for the meal.' 'You're welcome!' ❶ També es pot dir **not at all** o **don't mention it.** ◆ **en un no res** in no time at all ◆ **et fa res...?** do you mind...?: *Et fa ~ tancar la porta?* Do you mind shutting the door? ◇ *Et fa ~ si obro la finestra?* Do you mind if I open the window? ◆ **no em fa res...** I, you, etc. don't mind...: *No em fa ~ llevar-me d'hora.* I don't mind getting up early. ◇ *Si no us fa ~ de...* If you would be so kind as to... ◆ **no haver-hi res a fer** (*ésser inútil*) to be hopeless ◆ **res de l'altre món** nothing to write home about ◆ **res d'estrany, d'extraordinari, etc.** nothing strange, extraordinary, etc. ◆ **res més** nothing else: *No vull ~ més.* I don't want anything else. *Vegeu tb* ABANS

resar ▶ *vt* to say: ~ *una oració* to say a prayer
▶ *vi* ~ **(per)** to pray (for *sb/sth*)

rescat *nm* **1** (*salvació*) rescue: *la tasca de ~* rescue work **2** (*pagament*) ransom: *demanar un elevat ~* to demand a high ransom **LOC exigir/demanar rescat per algú** to hold sb to ransom

rescatar *vt* **1** (*salvar*) to rescue *sb* (*from sth*) **2** (*recuperar*) to recover *sth* (*from sb/sth*): *Van poder ~ els diners.* They were able to recover the money.

reserva ▶ *nf* **1** (*hotel, viatge, restaurant*) booking, reservation (*més formal*): *fer una ~* to make a booking/reservation **2** ~ **(de)** reserve(s) [*gen pl*]: *una bona ~ de carbó* good coal reserves ◇ *reserves de petroli* oil reserves **3** (*d'animals, plantes*) reserve **4** (*dubte*) reservation: *Va mostrar les seves reserves sobre l'acord.* He expressed reservations about the agreement. **5** (*gasolina*) reserve tank
▶ *nmf* (*Esport*) reserve **LOC sense reserves** freely

reservar *vt* **1** (*hotel, viatge, restaurant*) to book, to reserve (*més formal*): *Vull ~ una taula per a tres.* I'd like to book a table for three. **2** (*guardar*) to save: *Reserva'm un lloc.* Save me a place.

reservat, -ada *adj* (*persona*) reserved *Vegeu tb* RESERVAR

resguard *nm* **1** (*de lliurament*) ticket **2** (*de compra, matrícula*) receipt

resguardar *vt* to protect *sb/sth against/from sth*

residència *nf* residence LOC **residència canina** kennels [*pl*] ◆ **residència d'ancians/de la tercera edat** old people's home ◆ **residència d'estudiants** hall (of residence)

residencial *adj* residential: *barri/zona ~* residential area

residu *nm* **residus** waste [*incomptable*]: *~s tòxics* toxic waste

resignar-se *vp* ~ **(a)** to be resigned (to *sth/doing sth*): *No es resigna a perdre-la.* He is not resigned to losing her.

resistència *nf* **1** resistance: *~ als canvis* resistance to change **2** (*física*) stamina: *No té gaire ~.* He doesn't have a lot of stamina.

resistent *adj* **1** (*fort*) **(a)** (*material*) strong **(b)** (*roba*) hard-wearing **2** (*persona, animal, planta*) hardy **3** ~ **(a)** resistant (to *sth*): *~ al fred/a la calor* resistant to cold/heat-resistant ◇ *~ a l'aigua* water-resistant

resistir ▶ *vt* **1** (*suportar*) to withstand: *Les barraques no van ~ l'huracà.* The shanty town didn't withstand the hurricane. **2** (*pes*) to take: *El pont no resistirà el pes d'aquest camió.* The bridge won't take the weight of that lorry. ▶ *vi* **1** (*temptació*) to resist *sth/doing sth*: *No hi vaig poder ~ i em vaig menjar tots els pastissos.* I couldn't resist eating all the cakes. **2** (*aguantar*) to hold up: *El prestatge no resistirà.* This shelf won't hold up much longer ▶ **resistir-se** *vp* to refuse *to do sth*: *Em vaig ~ a creure-ho.* I refused to believe it.

resoldre *vt* (*donar solució*) to solve LOC **sense resoldre** unsolved

resolució *nf* **1** (*solució*) solution: *Van col·laborar en la ~ del problema.* They helped solve the problem. **2** (*decisió*) decision: *prendre una ~* to take a decision **3** (*Dret*) resolution: *les resolucions de l'ONU* UN resolutions

respatller *nm* back

respectable *adj* respectable: *una persona/quantitat ~* a respectable person/amount

respectar *vt* **1** (*estimar*) to respect *sb/sth* (*for sth*): *~ les opinions dels altres* to respect other people's opinions **2** (*codi, llei*) to obey: *~ els senyals de trànsit* to obey road signs

respecte *nm* **1** ~ **(a/envers)** (*consideració, veneració*) respect (for *sb/sth*): *el ~ als altres/a la naturalesa* respect for others/nature **2** ~ **a** (*por*) fear of *sth*: *tenir ~ a l'aigua* to be afraid of water LOC **respecte a** with regard to *sb/sth*: *Respecte a la nova llei...* With regard to the new law... ◆ **tenir respecte a algú 1** (*admirar*) to respect sb **2** (*sentir-se intimidat*) to be in awe of sb *Vegeu tb* FALTAR

respectiu, -iva *adj* respective

respectivament *adv* respectively

respectuós, -osa *adj* respectful

respiració *nf*: *exercicis de ~* breathing exercises ◇ *contenir la ~* to hold your breath LOC **respiració artificial** artificial respiration ◆ **respiració boca a boca** mouth-to-mouth resuscitation *Vegeu tb* AGUANTAR

respirar *vt, vi* to breathe: *~ aire pur* to breathe fresh air ◇ *Respira a fons.* Take a deep breath. LOC **no deixar a algú ni respirar** not to give sb a minute's peace

resplendent *adj* shining

resplendir *vi* to shine

resplendor *nf* **1** brightness: *la ~ del llum* the brightness of the lamp **2** (*foc*) blaze

respondre *vi* **1** ~ **(a)** to answer (*sth*), to reply (to *sth*) (*més formal*): *~ a una pregunta* to answer a question ◇ *He de ~ a aquestes cartes.* I have to reply to these letters. **2** ~ **(a)** (*reaccionar*) to respond (to *sth*): *~ a un tractament* to respond to treatment ◇ *Els frens no responien.* The brakes didn't respond. **3** ~ **de/per** to answer for *sb/sth*: *No responc de mi!* I won't answer for my actions! ◇ *Jo responc per ell.* I'll answer for him.

responsabilitat *nf* responsibility [*pl* responsibilities]

responsable ▶ *adj* responsible (*for sth*): *No sé qui és ~ d'aquesta situació.* I don't know who is responsible for this situation. ▶ *nmf* **1** (*culpable*) responsible [*adj*]: *Qui és el ~ d'aquesta disbauxa?* Who is responsible for this row? ◇ *Els ~s es van entregar.* Those responsible gave themselves up. **2** (*encarregat*) person in charge: *el ~ de les obres* the person in charge of the building work

resposta *nf* **1** (*contesta*) answer, reply [*pl* replies] (*més formal*): *una ~ clara* a clear answer ◇ *Vull una ~ a la meva pregunta.* I want an answer to my question. ◇ *No hem obtingut ~.* We haven't had a reply. **2** (*en un examen*) answer: *Només vaig tenir tres respostes correc-*

R

tes. I only got three correct answers. **3** (*reacció*) response (*to sth*): *una ~ favorable* a favourable response

ressaca *nf* **1** (*mar*) undertow **2** (*borratxera*) hangover: *tenir ~* to have a hangover

ressaltar ▶ *vt* **1** (*color, bellesa*) to bring *sth* out **2** (*posar èmfasi*) to highlight ▶ *vi* to stand out (*from sth*) LOC **fer ressaltar** to bring *sth* out

ressec, ~a *adj* very dry

ressentiment *nm* resentment

ressentir-se *vp* **1** (*deteriorar-se*) to deteriorate: *La seva salut comença a ~.* His health is starting to deteriorate. **2** (*tenir dolor*) to hurt: *La cama encara se'n ressent, de la caiguda.* My leg still hurts from the fall. **3** (*enfadar-se*) to be annoyed (*with sb*) (*about sth*): *Li va dir una mentida i ell se n'ha ressentit.* She lied to him and he was annoyed with her.

ressentit, -ida ▶ *adj* **1** (*dolgut*) upset **2** ~ **(amb)** (*enutjat*) annoyed (with *sb*): *Encara estàs ~ amb ella?* Are you still annoyed with her? **3** (*adolorit*) painful: *Tinc l'esquena ressentida de la caiguda.* My back hurts from when I fell over. ▶ *nm-nf*: *No li facis cas, és un ~.* Don't pay any attention to him – he's got a chip on his shoulder.

ressò *nm* echo [*pl* echoes] LOC **tenir ressò**: *La notícia de la seva mort va tenir un gran ~.* The news of his death hit the headlines.

ressonar *vi* **1** (*metall, veu*) to ring **2** (*parlar-se'n molt*) to resound

ressopó *nm* late-night supper

ressort *nm* (*molla*) spring

ressuscitar ▶ *vt* to raise *sb* from the dead ▶ *vi* to rise from the dead

resta *nf* **1** (*el que queda*) rest: *La ~, te l'explicaré demà.* I'll tell you the rest tomorrow. **2** (*Mat*) **(a)** (*residu*) remainder: *Quina és la ~?* What's the remainder? **(b)** (*subtracció*) subtraction **3 restes (a)** (*menjar*) leftovers **(b)** (*arqueologia*) remains LOC **restes mortals** mortal remains

restablir ▶ *vt* **1** (*normalitat, calma*) to restore: *~ l'ordre* to restore order **2** (*diàleg, negociacions*) to resume ▶ **restablir-se** *vp* (*malalt*) to recover (*from sth*): *Va tardar algunes setmanes a restablir-se.* He took several weeks to recover.

restar *vt* to subtract (*formal*), to take *sth* away: *~ 3 de 7* to take 3 away from 7

restauració *nf* restoration

restaurant *nm* restaurant LOC *Vegeu* VAGÓ

restaurar *vt* to restore

restrenyiment *nm* constipation

restret, ~a *adj* constipated

restricció *nf* restriction: *restriccions d'aigua* water restrictions

restringir *vt* to restrict

resultar *vi* **1** (*ésser, quedar*) to be: *Resulta difícil de creure-ho.* It's hard to believe. ◇ *La seva cara em resulta familiar.* His face is familiar to me. ◇ *Va ~ il·lès en l'accident.* He wasn't hurt in the accident. **2** ~ **que...** to turn out (that...): *Va ~ que es coneixien.* It turned out (that) they knew each other. **3** ~ **de** (*sorgir*) to come of *sth/doing sth*: *No sé què en resultarà, de tot això!* I don't know what will come of all this! **4** (*funcionar*) to work: *El meu pla no va ~.* My plan didn't work.

resultat *nm* result: *com a ~ de la baralla* as a result of the fight LOC **donar/no donar resultat** to be successful/unsuccessful: *Les investigacions no van donar ~.* The investigations were unsuccessful. ◆ **resultat final** (*Esport*) final score

resum *nm* summary [*pl* summaries]: *~ informatiu* news summary ◇ *fer un ~ d'alguna cosa* to summarize sth LOC **en resum** in short

resumir *vt* **1** to summarize: *~ un llibre* to summarize a book **2** (*concloure*) to sum *sth* up: *Resumint,...* To sum up,... ❶ La paraula anglesa **resume** significa *reprendre, recobrar.*

resurrecció *nf* resurrection

retall *nm* **1** (*de diari*) cutting **2** (*de roba*) remnant

retallar *vt* **1** (*article, figura*) to cut *sth* out: *Vaig ~ la foto d'una revista vella.* I cut the photograph out of an old magazine. **2** (*el que sobra*) to trim: *Retalla els fils que sobresurten.* Trim the loose threads. **3** (*despeses*) to cut

retard *nm* **1** (*demora*) delay: *Alguns vols van tenir ~s.* Some flights were subject to delays. **2** (*subdesenvolupament*) backwardness LOC **amb retard** late: *Va començar amb cinc minuts de ~.* It began five minutes late. ◆ **portar/tenir retard** to be late: *El tren porta cinc hores de ~.* The train is five hours late. ◆ **retard escolar**: *nens amb ~ escolar* slow learners ◆ **retard mental** learning difficulties [*pl*]

retardar ▶ *vt* **1** (*endarrerir*) to hold *sb/sth* up, to delay (*més formal*): *Van ~ tots els vols.* All the flights were delayed. **2** (*rellotge*) to put *sth* back: *~ el rellotge una hora* to put your watch back an hour **3** (*ajornar*) to postpone, to put *sb/sth* off (*més col·loq*): *~ una reunió* to postpone a meeting ▶ **retardar(-se)** *vi, vp* to be slow: *Aquest rellotge es retarda deu minuts.* This watch is ten minutes slow.

retenció *nf* **1** (*trànsit*) hold-up **2** (*Fin*) deduction: *retencions fiscals* tax deductions

retenir *vt* **1** (*guardar*) to keep **2** (*memoritzar*) to remember **3** (*detenir*) to hold: *~ algú en contra* *de la seva voluntat* to hold sb against their will **4** (*Fin*) to deduct

retirada *nf* **1** (*d'una professió*) retirement: *Va anunciar la seva ~ del futbol.* He announced his retirement from football. **2** (*de soldats vençuts*) retreat: *El general va ordenar la ~.* The general ordered a retreat. **LOC** **tenir retirada a algú** to look like sb

retirar ▶ *vt* to withdraw (*sb/sth*) (*from sth*): *~ el carnet a algú* to withdraw sb's licence ◇ *~ una revista de la circulació* to withdraw a magazine from circulation ▶ **retirar-se** *vp* **1** (*d'una professió*) to retire (*from sth*): *Es va ~ de la política.* He retired from politics. **2** (*anar-se'n*) to withdraw (*from sth*): *retirar-se d'un torneig* to withdraw from a tournament **3** (*Mil*) to retreat

retirat, -ada *adj* **1** (*jubilat*) retired **2** (*remot*) remote *Vegeu tb* RETIRAR

retoc *nm* finishing touch: *donar els últims ~s a un dibuix* to put the finishing touches to a drawing

retocar *vt* (*pintura, fotos*) to retouch

rètol *nm* sign: *Posa el ~ "tancat" a la porta.* Put the closed sign on the door. ◇ *el ~ d'una botiga* a shop sign ◇ *un ~ de neó* a neon sign

retolador *nm* felt-tip pen, felt tip **LOC** *Vegeu* FLUORESCENT

retolar *vt* (*posar rètols*) to put the lettering on *sth*

retorçar *vt* to twist: *Em va ~ el braç.* He twisted my arm.

retorn *nm* return

retornable *adj* returnable **LOC** **no retornable** non-returnable

retornar *vt, vi* to return

retractar-se *vp* to back down

retransmetre *vt* to broadcast

retransmissió *nf* broadcast: *una ~ en directe/diferit* a live/recorded broadcast

retrat *nm* **1** (*quadre*) portrait **2** (*foto*) photograph **3** (*descripció*) portrayal **LOC** **retrat robot** E-fit®

retratar *vt* **1** (*pintar*) to paint *sb's* portrait: *L'artista la va ~ el 1897.* The artist painted her portrait in 1897. **2** (*Fot*) to take a photo of *sb/sth* **3** (*descriure*) to portray: *L'obra retrata la vida aristocràtica.* The play portrays aristocratic life.

retre *vt* **LOC** **retre culte** to worship

retret *nm* telling-off [*pl* tellings-off]

retreure *vt* to reproach *sb* (*for sth/doing sth*)

retrocedir *vi* **1** (*anar cap enrere*) to go back: *Aquest no és el camí, retrocedim.* We're going the wrong way, let's go back. **2** (*desistir*) to back down: *No retrocediré davant de les dificultats.* I won't back down in the face of adversity.

retrocés *nm* **1** (*moviment*) backward movement **2** (*d'arma*) recoil **3** (*Econ*) recession: *~ econòmic* economic recession

retroprojector *nm* overhead projector

retrovisor *nm* rear-view mirror ➲ *Vegeu il·lustració a* MOTO

retrunyir *vi* to resound

reu, rea *nm-nf* accused: *els ~s* the accused ❶ En anglès aquesta paraula sempre s'usa amb l'article definit.

reüll **LOC** **de reüll**: *Em mirava de ~.* He was looking at me out of the corner of his eye. ◇ *La vaig veure només de ~.* I only caught a glimpse of her.

reuma *nm* rheumatism

reunió *nf* **1** meeting: *Demà tenim una ~ important.* We've got an important meeting tomorrow. **2** (*trobada informal*) get-together **3** (*d'antics col·legues*) reunion: *una ~ d'antics alumnes* a school reunion **LOC** **reunió informativa** briefing

reunir ▶ *vt* **1** (*persones, objectes*) to get *sb/sth* together: *Vaig ~ les meves amigues/la família.* I got my friends/family together. **2** (*informació*) to collect **3** (*diners*) to raise ▶ **reunir-se** *vp* to meet: *Ens reunirem aquesta tarda.* We'll meet this evening.

reutilitzable *adj* reusable

reutilitzar *vt* to reuse

revelació *nf* revelation

revelar *vt* **1** (*donar a conèixer*) to reveal: *Mai no ens va ~ el seu secret.* He never revealed his secret to us. **2** (*Fot*) to develop

revelatge *nm* developing

revenja *nf* revenge: *Quan en va tenir l'oportunitat, va prendre la seva ~.* When he got the chance, he took his revenge.

revenjar-se *vp* to take revenge (*on sb*), to get your own back (*on sb*) (*col·loq*)

reverberació *nf* reverberation

reverència *nf* **LOC** **fer una reverència** **1** (*homes*) to bow **2** (*dones*) to curtsy

revers *nm* **1** (*paper*) back **2** (*moneda*) reverse

reversible *adj* reversible

revés *nm* **1** (*tela*) wrong side **2** (*Tennis*) backhand **3** (*bufetada*) slap **4** (*contratemps*) setback **LOC** **al revés** **1** (*al contrari*) the other way round: *Jo ho vaig fer al ~ que tu.* I did it the other way round from you. **2** (*de cap per avall*) upside down: *Aquest quadre està al ~.* That picture is upside down. **3** (*roba*) **(a)** (*girat de davant al darre-*

R

re) back to front (**b**) (*girat de dins a fora*) inside out **4** (*malament*) wrong: *Tot em surt al ~!* Everything's going wrong for me! ◆ **del revés** inside out: *Portes el jersei posat del ~.* Your jumper's on inside out.

revés

inside out

back to front

upside down

revestir *vt* (*cobrir*) to cover
revetlla *nf*: *la ~ de Sant Joan* the Midsummer Night celebration
reveure *vt* LOC **a reveure!** see you!
revifar(-se) *vt, vp* to revive
revisar *vt* to check: *Van venir a ~ el gas.* They came to check the gas.
revisió *nf* **1** (*feina*) check: *Abans de lliurar-ho, en faré la darrera ~.* I'm going to check it one last time before I hand it in. **2** (*Educ*) re-mark: *demanar la ~ d'un examen* to ask for an exam to be re-marked **3** (*vehicle*) service **4** (*Med*) check-up: *fer-se una ~ (mèdica)* to have a check-up
revisor, ~a *nm-nf* (*Ferrocarril*) ticket inspector
revista *nf* **1** (*publicació*) magazine **2** (*Teat*) revue **3** (*Mil*) review: *passar ~ a la tropa* to review the troops LOC *Vegeu* COR
reviure ▶ *vi* to come back to life ▶ *vt* to relive: *~ el passat* to relive the past LOC **fer reviure alguna cosa** to revive sth
revolada *nf* LOC *Vegeu* TANCAR
revolt *nm* (*carretera, riu*) bend: *un ~ perillós/tancat* a dangerous/sharp bend
revolta *nf* revolt
revoltar-se *vp* to revolt (*against sb/sth*)
revolució *nf* revolution
revolucionar *vt* **1** (*transformar*) to revolutionize **2** (*esbalotar*) to stir *sb* up: *Revoluciona tota la classe.* He stirs the whole class up.
revolucionari, -ària *adj, nm-nf* revolutionary [*pl* revolutionaries]
revòlver *nm* revolver
ria *nf* estuary [*pl* estuaries]
riada *nf* flood
rialla *nf* laugh LOC **fer una rialla** to burst out laughing
riallada *nf* roar of laughter [*pl* roars of laughter]
rialler, ~a *adj* **1** (*cara*) smiling **2** (*persona*) cheerful
ribera *nf* (*terreny a la vora d'un riu*) banks [*pl*]
ribot *nm* plane
ribotejar *vt* to plane
ric, ~a ▶ *adj* rich: *una família rica* a rich family ◇ *~ en minerals* rich in minerals ▶ *nm-nf* rich man/woman [*pl* men/women]: *els ~s* the rich
ridícul, ~a *adj* ridiculous: *El que diu és ~.* He's talking rubbish. LOC **deixar/posar algú en ridícul** to make a fool of sb ◆ **fer el ridícul** to make a fool of yourself ◆ **quedar en ridícul** to look stupid
ridiculesa *nf*: *Quina ~!* How ridiculous!
ridiculitzar *vt* to ridicule
riera *nf* stream
rierol *nm* stream
rifa *nf* raffle
rifar *vt* to raffle
rifle *nm* rifle
rígid, ~a *adj* **1** (*recte*) rigid **2** (*sever*) strict: *Té uns pares molt ~s.* She has very strict parents.
rigor *nm* **1** (*severitat, clima*) harshness: *el ~ del règim/de l'hivern* the harshness of the regime/winter **2** (*exactitud*) rigour: *L'article no té ~ científic.* The article lacks scientific rigour.
rigorós, -osa *adj* **1** (*estricte*) strict **2** (*minuciós*) thorough **3** (*càstig, clima*) harsh
rima *nf* rhyme
rimar *vi* to rhyme
rímel *nm* mascara: *posar-se ~* to apply mascara

rinoceront *nm* rhino [*pl* rhinos]

> **Rhinoceros** és la forma sencera de la paraula i és més formal.

rínxol *nm* curl

riquesa *nf* **1** (*diners*) wealth [*incomptable*]: *acumular riqueses* to amass wealth **2** (*qualitat*) richness: *la ~ de la terra* the richness of the land

ris *nm* (*rínxol*) curl

risc *nm* risk: *Corren el ~ de perdre els seus diners.* They run the risk of losing their money. LOC **a tot risc** (*assegurança*) comprehensive

ritme *nm* **1** (*Mús*) rhythm, beat (*més col·loq*) **2** (*velocitat*) rate: *el ~ de creixement* the growth rate LOC **ritme de vida** pace of life ◆ **tenir ritme 1** (*persona*) to have a good sense of rhythm **2** (*melodia*) to have a good beat *Vegeu tb* MARCAR, SEGUIR

ritu *nm* rite

ritual *nm* ritual

riu *nm* river

> En anglès **river** s'escriu amb majúscula quan va amb el nom d'un riu: *el riu Nil* the River Nile.

LOC **riu avall/amunt** downstream/upstream

riuada *nf* flood

riure[1] ▶ *vi* to laugh (*at sth*): *posar-se a ~* to burst out laughing ◇ *De què rius?* What are you laughing at?

> En anglès, a part de **to laugh**, hi ha altres maneres de dir *riure*. Tots els altres verbs tenen algun matís que els distingueix. Tot seguit, en tens una llista:
> **to roar with laughter** = riure sorollosament
> **to shriek with laughter** = riure com un boig
> **to chuckle** = riure per sota el nas
> **to giggle** = riure d'una manera ximple
> Així, per exemple, podem dir: *He roared with laughter at the joke.* ◇ *She chuckled at the memory.* ◇ *They giggled nervously as they waited for their turn.*

▶ *vt* to laugh at *sth*: *Li reien totes les gràcies.* They laugh at all his jokes. ▶ **riure's** *vp* **riure's de** to laugh at *sb/sth*: *Sempre es riuen de mi.* They always laugh at me. LOC **fer riure** to make *sb* laugh ◆ **riure pels colzes** to split your sides *Vegeu tb* CARAGOLAR, FART, MORIR(-SE), PEL·LÍCULA, PETAR, TIP

riure[2] *nm* laugh: *un ~ nerviós/encomanadís* a nervous/contagious laugh

rival *adj, nmf* rival

rivalitat *nf* rivalry [*pl* rivalries]: *la ~ entre els candidats* the rivalry between the candidates

roba *nf* **1** (*teixit*) cloth, material, fabric

> **Cloth** és la paraula més general per a designar roba i es pot fer servir tant per a referir-nos a la roba amb què es fan els vestits, les cortines, etc., com per a descriure de què és feta una cosa: *És fet de roba.* It's made of cloth. ◇ *una bossa de roba* a cloth bag.
> **Material** i **fabric** es fan servir només per a referir-nos a roba que s'utilitza en sastreria i tapisseria, si bé **fabric** sol indicar que té diversos colors. **Material** i **fabric** són noms comptables i incomptables, mentre que **cloth** acostuma a ésser incomptable quan significa roba: *Algunes robes encogeixen quan es renten.* Some materials/fabrics shrink when you wash them. ◇ *Necessito més roba per a les cortines.* I need to buy some more cloth/material/fabric for the curtains.

2 (*peces de vestir*) clothes [*pl*]: *~ infantil* children's clothes ◇ *~ usada/bruta* second-hand/dirty clothes ◇ *Quina ~ em puc posar avui?* What shall I wear today?

> **Clothes** no té singular. Per fer referència a una peça de roba, es diu **an item/piece/article of clothing**: *La faldilla escocesa és una peça de roba que els homes porten a Escòcia.* A kilt is an item of clothing worn by men in Scotland.

3 (*de casa*) linen: *~ blanca* household linen LOC **roba de llit** bedclothes [*pl*] ◆ **roba d'esport** sportswear ◆ **roba interior** underwear *Vegeu tb* COVE, RASPALL

robar ▶ *vt* **1** (*banc, botiga, persona*) to rob: *~ un banc* to rob a bank ◇ *Li van ~ tots els estalvis.* He was robbed of all his savings. **2** (*diners, objectes*) to steal: *M'han robat el rellotge.* My watch has been stolen. **3** (*casa, caixa forta*) to break into *sth*: *El van ensenyar a ~ caixes fortes.* They taught him how to break into a safe. **4** (*cartes*) to draw ▶ *vi* **1** to steal: *El van expulsar de l'escola per ~.* He was expelled for stealing. **2** (*a una persona*) to rob: *M'han robat!* I've been robbed! **3** (*en una casa*) to burgle: *Han robat a casa els veïns.* Our neighbours' house has been burgled. ➲ *Vegeu nota a* ROB

robatori *nm* **1** (*d'un banc, una botiga, o una persona*) robbery [*pl* robberies]: *el ~ al supermercat* the supermarket robbery ◇ *He estat víctima d'un ~.* I've been robbed. **2** (*d'objectes*) theft: *acusat de ~* accused of theft ◇ *~ de cotxes/bicicletes* car/bicycle theft **3** (*a una casa, oficina*) burglary [*pl* burglaries]: *Diumenge hi va*

R

haver tres ~s en aquest carrer. There were three burglaries in this street on Sunday. **4** (*estafa*) rip-off: *Això és un ~!* That's a rip-off! ➲ *Vegeu nota a* THEFT LOC *Vegeu* MÀ

robí *nm* ruby [*pl* rubies]

robot *nm* robot LOC *Vegeu* RETRAT

robust, ~a *adj* robust

roca *nf* rock

rock *nm* rock: *un grup de ~* a rock band LOC **rock dur** heavy metal

rocker, ~a ▸ *adj* rock: *Tenen un so molt ~.* They have a real rock sound.
▸ *nm-nf* **1** (*músic*) rock musician **2** (*aficionat*) rock fan

rocós, -osa *adj* rocky

roda *nf* **1** wheel: *la ~ de davant/de darrere* the front/back wheel ◇ *canviar la ~* to change the wheel **2** (*pneumàtic*) tyre: *comprovar l'aire de les rodes* to check your tyre pressure ◇ *Se m'ha punxat una ~.* I've got a puncture. LOC *Vegeu* CADIRA, PREMSA

rodalia *nf* outskirts [*pl*]: *la ~ de Tarragona* the outskirts of Tarragona LOC *Vegeu* TREN

rodamón *nmf* **1** (*vagabund*) tramp **2** (*que viatja de país en país*) globetrotter

rodanxa *nf* slice: *Talla-ho a rodanxes.* Slice it. LOC **a rodanxes** sliced: *pinya a rodanxes* pineapple rings

rodar ▸ *vi* **1** (*donar voltes*) to roll: *Les roques rodaven pel precipici.* The rocks rolled down the cliff. **2** (*anar d'una banda a l'altra*) to go round: *Aquesta carta porta un mes rodant per l'oficina.* This letter has been going around the office for a month now. ▸ *vt* **1** (*pel·lícula*) to film **2** (*viatjar*) to go round...: *Des que s'ha jubilat, ha rodat mig món.* Since retiring, she's been halfway round the world. LOC **rodar el cap a algú** to feel dizzy *Vegeu tb* ENGEGAR

rodatge *nm* filming: *el ~ d'una sèrie de televisió* the filming of a TV series

rodejar ▸ *vt* **1** to surround *sb/sth* (*with sb/sth*): *Hem rodejat l'enemic.* We've surrounded the enemy. ◇ *Les seves amigues la van ~ per felicitar-la.* She was surrounded by friends wanting to congratulate her. **2** (*amb els braços*): *Em va ~ amb els braços.* He put his arms around me. ▸ *vt, vi* ~ **(per)** to make a detour (through...): *Podem ~ el bosc/pel bosc.* We can make a detour through the woods. ▸ **rodejar-se** *vp* **rodejar-se de** to surround yourself with *sb/sth*: *Els agrada rodejar-se de gent jove.* They love to surround themselves with young people.

rodera *nf* track

rodet *nf* **1** (*fil de cosir*) reel **2** (*Electròn, fil metàl·lic*) coil **3** (*de fotos*) film

rodó, -ona *adj* round: *en nombres rodons* in round figures LOC **sortir rodó** to turn out perfectly: *Ens va sortir tot ~.* It all turned out perfectly for us. *Vegeu tb* COLL, TAULA

rodona *nf* circle

rogall *nm* hoarseness LOC **tenir un rogall (al coll)** to have a frog in your throat

roger *nm* red mullet [*pl* red mullet]

roig, roja *adj* red LOC *Vegeu* CREU

rol *nm* role LOC *Vegeu* JOC

rom *nm* rum

romà, -ana *adj* Roman LOC *Vegeu* NOMBRE, NUMERACIÓ

romanços *nm* stories: *No em vinguis amb ~.* Don't come to me with your stories.

romandre *vi* to remain: *~ pensatiu/assegut* to remain thoughtful/seated

romanès, *adj, nm-nf, nm* Romanian

romaní *nm* rosemary

Romania *nf* Romania

romànic, ~a *adj* (*Arquit*) Romanesque

romàntic, ~a *adj, nm-nf* romantic

rombe *nm* **1** (*Geom*) rhombus [*pl* rhombuses] **2** (*forma, estampat*) diamond: *un jersei de ~s* a diamond-patterned sweater

romeguera *nf* bramble

rompre ▸ *vt* to break: *Vaig ~ el gerro d'un cop.* I knocked the jug over and broke it. ◇ *~ un pacte* to break an agreement ▸ **rompre's** *vp* **1** to break: *Em vaig ~ la cama esquiant.* I broke my leg skiing. ◇ *S'ha romput perquè l'has fet caure.* It broke because you dropped it. **2** (*corda*) to snap LOC **rompre el glaç** to break the ice *Vegeu tb* FILA

ronc *nm* snoring [*incomptable*]: *Els seus ~s la mantenien desperta.* His snoring kept her awake.

ronc, ~a *adj* (*tipus de veu*) husky LOC **quedar-se ronc** to lose your voice: *Em vaig quedar ~ de tant cridar.* I shouted myself hoarse.

roncar *vi* **1** (*dormint*) to snore **2** (*gat*) to purr **3** (*budells*) to rumble: *Em roncaven els budells* My stomach was rumbling.

ronda *nf* **1** round: *Aquesta ~ la pagues tu.* It's your round. ◇ *la segona ~ de les eleccions* the second round of elections ◇ *El Barça ha passat a la segona ~.* Barcelona have gone through to the second round. **2** (*carretera*) ring road LOC **fer la ronda 1** (*policia*) to pound the beat **2** (*soldat, vigilant*) to be on patrol **3** (*repartidor*) to do your round *Vegeu tb* CINTURÓ

rondalla *nf* tale

rondinaire *adj, nmf* whinger [*n*]

rondinar *vi* to whinge (*about sth*)

ronsa *nmf* layabout LOC **fer el ronsa** to put things off

ronya *nf* (*brutícia*) dirt: *Tens ~ al coll.* You've got dirt on your collar.

ronyó *nm* **1** (*òrgan*) kidney [*pl* kidneys] **2 ronyons** (*zona lumbar*) lower back [*v sing*] LOC *Vegeu* COSTAR, MAL[1]

ronyonera *nf* bumbag ➲ *Vegeu il·lustració a* BAG

ronyós, -osa *adj* **1** (*brut*) grimy **2** (*avar*) stingy

ros, rossa *adj* fair, blond(e)

> **Fair** s'utilitza només si el ros és natural i **blond** tant si és natural com si és tenyit: *És rossa.* She's got fair/blond hair. *Vegeu tb nota a* BLONDE

LOC *Vegeu* TABAC, TENYIR

rosa ▶ *nf* **1** (*flor*) rose **2 la rosa** (*malaltia*) German measles [*incomptable*]: *Té la ~.* She's got German measles.
▶ *adj, nm* (*color*) pink ➲ *Vegeu exemples a* GROC
LOC *Vegeu* NOVEL·LA

rosada *nf* dew

rosari *nm* (*Relig*) rosary [*pl* rosaries]: *resar el ~* to say the rosary

rosat, -ada *adj* **1** pink **2** (*vi*) rosé: *un ampolla de vi ~* a bottle of rosé

rosca *nf* **1** (*vis*) thread **2** (**a**) (*pa*) (ring-shaped) roll (**b**) (*dolç*) (ring-shaped) cake LOC **passar de rosca** (*vis*) to have a worn thread: *Aquesta femella està passada de ~.* The thread is worn on this screw. ◆ **passar-se de rosca** (*persona*) to go over the top *Vegeu tb* TAP

rosegador *nm* rodent

rosegar *vt* **1** to nibble **2** (*os*) to gnaw (at) *sth*: *El gos rosegava el seu os.* The dog was gnawing (at) its bone.

rosegó *nm* crust

rosella *nf* poppy [*pl* poppies]

roser *nm* rose bush

rossinyol *nm* nightingale

rostir ▶ *vt* (*Cuina*) to roast ▶ **rostir-se** *vp* (*Cuina, passar calor*) to roast: *M'estic rostint de viu en viu.* I'm roasting. ◇ *Ens rostirem a la platja.* We'll roast on the beach.

rostit, -ida *adj, nm* roast: *be rostit* roast lamb *Vegeu tb* ROSTIR

rostoll *nm* stubble [*incomptable*]

rostre *nm* face

rot *nm* burp: *fer un ~* to burp

rotació *nf* rotation: *~ de conreus* crop rotation

rotar *vi* **1** (*eructar*) to burp **2** (*donar la gana*) to feel like *sth/doing sth*: *Vindrà si li rota.* She'll come if she feels like it.

rotllana *nf* ring

rotlle (*tb* **rotllo**) *nm* **1** (*de paper, roba, etc.*) roll: *~s de paper higiènic* toilet rolls ◇ *un ~ de pel·lícula* a roll of film **2** (*persones*) circle: *fer ~* to form a circle **3** (*joc*) ring-a-ring-a-roses

rotonda *nf* (*cruïlla*) roundabout

ròtula *nf* kneecap

rotund, ~a *adj* **1** (*contundent*) resounding: *un sí/fracàs ~* a resounding 'yes'/flop **2** (*negativa*) emphatic

roure *nm* oak (tree)

rovell *nm* **1** (*ou*) (egg) yolk **2** (*ferro*) rust

rovellar(-se) *vt, vp* to rust: *S'han rovellat les tisores.* The scissors have rusted.

rovellat, -ada *adj* rusty *Vegeu tb* ROVELLAR(-SE)

rubèola *nf* German measles [*incomptable*]

ruc, ~a ▶ *adj* (*estúpid*) stupid
▶ *nm-nf* **1** (*animal*) donkey [*pl* donkeys] **2** (*persona*) idiot

rucada *nf*: *Ja has fet una bona ~.* That was a really stupid thing to do.

rúfol, ~a *adj*: *Avui fa un dia ~.* It's a miserable day today.

rugbi *nm* rugby: *un partit de ~* a rugby match ◇ *jugar al ~* to play rugby

rugir *vi* to roar

rugit *nm* roar

ruïna *nf* **1** (*restes d'edifici, fallida*) ruin: *La ciutat estava en ruïnes.* The city was in ruins. ◇ *les ruïnes d'una ciutat romana* the ruins of a Roman city ◇ *~ econòmica* financial ruin **2** (*esfondrament*) collapse: *Aquest edifici amenaça ~.* That building is in danger of collapsing. LOC **ésser a la ruïna** to be broke ◆ **ésser la/una ruïna**: *Els casaments són una ~.* Weddings cost a fortune.

ruixar *vt* to spray *sth* (*with sth*): *Cal ~ les plantes dues vegades al dia.* The plants should be sprayed twice a day.

ruixat *nm* downpour: *Ahir va fer un bon ~.* There was a real downpour yesterday.

ruleta *nf* roulette

rulot *nf* caravan

rumb *nm* **1** (*direcció*) direction: *El govern ha pres un nou ~.* The government has changed direction. **2** (*avió, vaixell*) course: *El vaixell va posar el ~ cap al sud.* The ship set course southwards. LOC **(amb) rumb cap a...** bound for...: *El vaixell anava amb ~ cap a Mallorca.*

The ship was bound for Majorca. ◆ **sense rumb (fix)**: *caminar sense ~ (fix)* to wander aimlessly

rumiar *vt, vi* to think carefully (*about sth*): *després de ~ molt* after careful thought ◇ *Rumia-t'ho bé abans de decidir-te.* Think it over carefully before you make up your mind.

rumor *nm* (*notícia*) rumour: *Corre el ~ que es casaran.* There's a rumour going round that they're getting married.

runa *nf* rubble [*incomptable*]: *El carrer era ple de runes.* The street was full of rubble.

ruptura *nf* **1** (*Med*): *~ de lligaments* torn ligaments **2** (*construcció*): *la ~ d'una canonada* a burst pipe **3** (*negociacions, etc.*) breakdown: *la ~ de les negociacions* the breakdown of negotiations **4** (*contracte, pacte*) breaking

rural *adj* rural **LOC** *Vegeu* TURISME

rus, russa *adj, nm-nf, nm* Russian: *els russos* the Russians ◇ *parlar ~* to speak Russian **LOC** *Vegeu* MUNTANYA

rusc *nm* beehive

Rússia *nf* Russia

rústic, ~a *adj* rustic

ruta *nf* route: *la ~ de la seda* the silk route ◇ *Quina ~ seguirem?* What route will we take?

rutina *nf* routine: *inspeccions de ~* routine inspections ◇ *No vol canviar la ~ diària.* She doesn't want to change her daily routine. ◇ *S'ha convertit en ~.* It's become a routine.

rutllar *vi* (*funcionar*) to work well

S s

sa, sana *adj* healthy: *fer una vida sana* to lead a healthy life **LOC** **sa i estalvi** safe and sound

saba *nf* (*Bot*) sap

sabana *nf* savannah

sabata *nf* shoe: *sabates planes* flat shoes ◇ *sabates de taló* high-heeled shoes

sabater, ~a *nm-nf* **1** (*que repara*) cobbler: *He de portar aquestes sabates al ~.* I have to take these shoes to be repaired. **2** (*que fabrica*) shoemaker

sabateria *nf* shoe shop

sabatilla *nf* **1** (*d'estar per casa*) slipper **2** (*d'esport*) trainer **3** (*de ballet, tennis*) shoe

saber ▶ *vt* **1** to know: *No vaig ~ què contestar.* I didn't know what to say. ◇ *No sé res de mecànica.* I don't know anything about mechanics. ◇ *Sabia que tornaria.* I knew he would be back. ◇ *Ja ho sé!* I know! **2** *~ fer alguna cosa* can: *Que saps nadar?* Can you swim? ◇ *No sé escriure a màquina.* I can't type. **3** (*assabentar-se*) to find *sth* out: *Ho vaig ~ ahir.* I found out yesterday. ▶ *vi* **1** to know: *L'aprecio molt, saps?* I'm very fond of her, you know. ◇ *Saps? En Jaume es casa.* Know what? Jaume's getting married. ◇ *No se sap mai.* You never know. **2** *~ de* (*tenir notícies*) to hear of *sb/sth*: *No n'hem sabut mai més res, d'en Pere.* That was the last we heard of Pere. **LOC** **fer saber** to let *sb* know ◆ **i què sé jo!** how should I know? ◆ **no sé què** something or other: *Em va parlar de no sé què.* He talked to me about something or other. ◆ **que jo sàpiga** as far as I know ❶ Per a d'altres expressions amb **saber**, vegeu les entrades del nom, l'adjectiu, etc., p. ex. **no saber-ne ni un borrall** a BORRALL i **saber greu** a GREU.

sabó *nm* soap [*incomptable*]: *una barra de ~* a bar of soap ◇ *~ d'afaitar* shaving soap **LOC** *Vegeu* BOMBOLLA

sabonera *nf* **1** (*escuma*) lather **2** (*recipient*) soap dish **LOC** **fer sabonera** to lather

sabor *nm* **1** taste: *L'aigua no té ~.* Water is tasteless. **2** (*gust*) flavour: *N'hi ha de set ~s diferents.* It comes in seven different flavours. **LOC** **amb sabor de...** ... flavoured: *un iogurt amb ~ de plàtan* a banana-flavoured yogurt

saborós, -osa *adj* delicious

sabotatge *nm* sabotage

sabotejar *vt* to sabotage

sac *nm* sack: *un ~ de patates* a sack of potatoes **LOC** **sac de dormir** sleeping bag *Vegeu tb* HOME

sacar *vi* (*Tennis*) to serve

sacarina *nf* saccharin

sacerdot *nm* priest

sacrificar ▶ *vt* to sacrifice: *Ho vaig ~ tot per tirar endavant la meva família.* I sacrificed everything for my family. ◇ *Va ~ la seva carrera per poder tenir fills.* She sacrificed her career to have children. ▶ **sacrificar-se** *vp* **sacrificar-se (per)** to make sacrifices (for *sb/sth*): *Els meus pares s'han sacrificat molt.* My parents have made a lot of sacrifices.

sacrifici *nm* sacrifice: *Hauràs de fer alguns ~s.* You'll have to make some sacrifices.

sacsejar *vt* to shake: *La va ~ perquè deixés de cridar.* He shook her to stop her shouting.

sàdic, ~a ▶ *adj* sadistic ▶ *nm-nf* sadist

safareig *nm* **1** (*pica*) sink **2** (*habitació*) utility room LOC **fer safareig** to gossip

safari *nm* safari: *anar de ~* to go on a safari

safata *nf* tray

safir *nm* sapphire

safrà *nm* (*espècia*) saffron

sagitari (*tb* **Sagitari**) *nm, nmf* Sagittarius ➲ *Vegeu exemples a* AQUARIUS

sagnar *vt, vi* to bleed: *Sagno pel nas.* I've got a nosebleed.

sagrament *nm* sacrament

sagrat, -ada *adj* **1** (*Relig*) holy: *un lloc ~* a holy place ◇ *la Sagrada Família* the Holy Family **2** (*intocable*) sacred: *Per a mi el diumenge és ~.* My Sundays are sacred.

sal *nf* salt LOC **sal fina/de taula** table salt ◆ **sal marina** sea salt ◆ **sals de bany** bath salts

sala *nf* **1** room (*de reunió, en museus*): *~ de juntes* meeting room **2** (*a casa*) sitting room **3** (*Cine*) screen: *La ~ 1 és la més gran.* Screen 1 is the largest. **4** (*hospital*) ward LOC **sala d'actes** main hall ◆ **sala de ball** ballroom ◆ **sala d'espera** waiting room ◆ **sala de festes** club ◆ **sala d'estar** sitting room *Vegeu tb* FUTBOL

salari *nm* salary [*pl* salaries] LOC **salari base/mínim** basic/minimum wage

salarial *adj* salary [*n atrib*]: *una pujada ~* a salary increase

salat, -ada *adj* **1** (*gust*) salty: *És una mica ~.* It's a bit salty. **2** (*no dolç*) savoury: *Prefereixo alguna cosa salada.* I'd rather have something savoury. **3** (*graciós*) amusing LOC *Vegeu* AIGUA, PERNIL

saldar *vt* (*compte, deute*) to settle

saldo *nm* **1** (*en un compte*) balance **2** (*rebaixa*) sale **3** (*d'un mòbil*) credit: *Se m'està acabant el ~.* The credit is running out on my phone. ◇ *He de posar ~ al mòbil.* I have to top up my phone.

saler *nm* salt cellar

saliva *nf* saliva

salm *nm* psalm

salmó ▶ *nm* salmon [*pl* salmon] ▶ *adj, nm* (*color*) salmon pink ➲ *Vegeu exemples a* GROC

saló *nm* **1** (*d'una casa*) sitting room **2** (*d'un hotel*) lounge LOC **saló de bellesa** beauty salon ◆ **saló recreatiu** amusement arcade *Vegeu tb* JOC

salsa *nf* **1** sauce: *~ de tomàquet* tomato sauce **2** (*de suc de carn*) gravy **3** (*música, ball*) salsa

salsitxa *nf* sausage

salt *nm* **1** jump: *Els nens feien ~s d'alegria.* The children were jumping for joy. ◇ *Vaig travessar el rierol d'un ~.* I jumped across the stream. **2** (*ocell, conill, cangur*) hop: *El conill es va escapar fent ~s.* The rabbit hopped away to safety. **3** (*de trampolí*) dive **4** (*salt vigorós, progrés*) leap: *Això va representar un gran ~ en la seva carrera professional.* That was a great leap forward in his career. LOC **fer el salt 1** (*no complir un compromís*) to let *sb* down **2** (*no acudir a una cita*) to stand *sb* up ◆ **salt amb perxa** pole vault ◆ **salt d'aigua** waterfall ◆ **salt d'alçada/de llargada** high jump/long jump ◆ **salt de pont** bungee jumping: *fer ~ de pont* to go bungee jumping ◆ **salt de trampolí** ski-jumping ◆ **salt d'obstacles** showjumping ◆ **salt mortal** somersault

saltamartí *nm* (*insecte*) grasshopper

saltar

saltar ▶ *vt* to jump: *El cavall va ~ la tanca.* The horse jumped (over) the fence. ▶ *vi* **1** to jump: *Van ~ a l'aigua/per la finestra.* They jumped into the water/out of the window. ◇ *Vaig ~ de la cadira quan vaig sentir el timbre.* I jumped up from my chair when I heard the bell. ◇ *~ sobre algú* to jump on sb ◇ *Saltes contínuament d'un tema a un altre.* You keep jumping from one subject to another. **2** (*alarma*) to go off ▶ **saltar-se** *vp* **1** (*ometre a propòsit*) to skip: *saltar-se un àpat/una classe* to skip a meal/class **2** (*ometre sense voler*) to miss: *T'has saltat uns quants noms.* You've missed a few names. **3** (*semàfor, cua*) to jump: *Es va ~ un semàfor.* She jumped the lights. LOC **saltar als ulls/a la vista** to be obvious *Vegeu tb* AIRE, CORDA

saludable *adj* healthy

S

saludar *vt* to say hello (to *sb*), to greet (*més formal*): *Em va veure, però no em va ~.* He saw me but didn't say hello. LOC **saluda'l de part meva** give him my regards ◆ **saludar amb la mà** to wave (to *sb*) ◆ **us saluda atentament** Yours faithfully, Yours sincerely ➲ *Vegeu nota a* ATENTAMENT

salut ▶ *nf* health: *tenir (bona) ~/no tenir ~* to be in good/poor health
▶ **salut!** *interj* **1** (*brindis*) cheers! **2** (*en esternudar*) bless you! LOC **tenir una salut de ferro** to have an iron constitution *Vegeu tb* BEURE('S)

salutació *nf* **1** greeting **2 salutacions** best wishes, regards (*més formal*): *T'envien les seves salutacions.* They send their regards.

salvació *nf* salvation: *Has estat la meva ~.* You've saved my life.

salvador, ~a *nm-nf* saviour

salvament *nm* rescue: *equip de ~* rescue team

salvar ▶ *vt* **1** to save: *El cinturó de seguretat li va ~ la vida.* The seat belt saved his life. **2** (*obstacle, dificultat*) to overcome, to get over *sth* (*més col·loq*) ▶ **salvar-se** *vp* **1** (*sobreviure*) to survive **2** (*escapar*) ~ **(de)** to escape (from *sth*) **3** (*exceptuar*): *Són molt antipàtics, en Joan és l'únic que se'n salva.* They're all really unfriendly — Joan's the only nice one. LOC **salvar les aparences** to keep up appearances

salvatge *adj* **1** (*planta, animal, terra*) wild: *animals ~s* wild animals **2** (*poble, tribu*) uncivilized **3** (*cruel*) brutal: *un assassinat ~* a brutal murder

salvatgeria (*tb* **salvatjada**) *nf* atrocity [*pl* atrocities] LOC **ésser una salvatgeria** to be outrageous

salvavides *nm* lifebelt LOC *Vegeu* ARMILLA, BOT[2]

salze *nm* willow

samarreta *nf* **1** (*roba interior*) vest **2** (*exterior*) T-shirt **3** (*Esport*) shirt: *la ~ número 11* the number 11 shirt

sanar *vi* **1** (*ferida*) to heal **2** (*malalt*) to recover

sanció *nf* **1** (*càstig*) sanction: *sancions econòmiques* economic sanctions **2** (*multa*) fine **3** (*Esport*) suspension: *Va rebre una ~ de dos partits.* He was suspended for two matches.

sancionar *vt* **1** (*penalitzar*) to punish: *El van ~ amb la retirada del carnet per conduir borratxo.* He was punished for drink-driving with the loss of his licence. **2** (*econòmicament*) to sanction **3** (*Esport*) to suspend: *El van ~ amb dos partits.* He was suspended for two matches.

sandàlia *nf* sandal

sandvitx *nm* sandwich

sang *nf* blood: *donar ~* to give blood LOC **a sang freda** in cold blood ◆ **fer sang**: *Vaig caure i em vaig fer ~ al genoll.* I fell and cut my knee. ◆ **tenir sang freda** to keep your cool *Vegeu tb* ANÀLISI, BOTIFARRA, PUR, VESSAR

sanglot *nm* sob

sangonós, -osa *adj* **1** (*lluita*) bloody **2** (*ferida*) bleeding

sangria *nf* sangria

sanguinari, -ària *adj* (*persona*) bloodthirsty

sanguini, -ínia *adj* blood [*n atrib*]: *grup ~* blood group

sanitari, -ària *adj* **1** (*de salut*) health [*n atrib*]: *mesures sanitàries* health measures **2** (*d'higiene*) sanitary: *condicions sanitàries molt deficients* poor sanitary conditions LOC *Vegeu* AUXILIAR, TARGETA

sanitat *nf* (*pública*) public health

sant, ~a ▶ *adj* **1** (*Relig*) holy: *la santa Bíblia* the Holy Bible **2** (*emfàtic*): *No vam sortir de casa en tot el ~ dia.* We didn't go out of the house all day.
▶ *nm-nf* **1** saint: *Aquesta dona és una santa.* That woman is a saint. **2** (*títol*) Saint (*abrev* St): *sant Jordi* Saint George
▶ *nm* saint's day: *Quan és el teu ~?* When is your saint's day? ❶ A la Gran Bretanya no se celebren els sants. LOC **ésser un sant baró** to be a saint *Vegeu tb* DIA, DIJOUS, DIVENDRES, SETMANA, TERRA

santuari *nm* shrine

saquejar *vt* **1** (*ciutat*) to sack **2** (*rebost, nevera*) to raid **3** (*establiment*) to loot

sarau *nm* celebrations [*pl*]: *El ~ va continuar fins ben entrada la nit.* The celebrations went on well into the night.

sarcàstic, ~a *adj* sarcastic

sardana *nf* Catalan national dance

sardina *nf* sardine

sargantana *nf* small lizard

sargir *vt* to darn

sarró *nm* bag

sastre, -essa *nm-nf* tailor

satèl·lit *nm* satellite: *una connexió via ~* a satellite link LOC *Vegeu* TELEVISIÓ

satisfacció *nf* satisfaction

satisfactori, -òria *adj* satisfactory

satisfer *vt* **1** to satisfy: *~ la gana/la curiositat* to satisfy your hunger/curiosity ◇ *Res no el satisfà.* He's never satisfied. **2** (*set*) to quench **3** (*ambició, son*) to fulfil **4** (*complaure*) to please:

S

Em satisfà poder-ho fer. I'm pleased to be able to do it. **5** (*demanda, necessitat*) to meet

satisfet, **~a** *adj* **1** (*content*) satisfied (*with sth*): *un client ~* a satisfied customer **2** (*complagut*) pleased (*with sb/sth*): *Estic molt satisfeta del rendiment dels meus alumnes.* I'm very pleased with the way my pupils are working. LOC **donar-se per ben satisfet** to be happy *with sth*: *Em donaria per ben ~ amb un aprovat.* I'd be happy with a pass. ◆ **satisfet de si mateix** self-satisfied *Vegeu tb* SATISFER

saturar *vt* **1** (*líquid, mercat*) to saturate *sth* (*with sth*) **2** (*persona, línia, servei*) to overload: *Estem saturats de feina.* We're overloaded with work.

Saturn *nm* Saturn

sauna *nf* sauna

savi, **sàvia** ▶ *adj* wise
▶ *nm-nf* wise man/woman [*pl* men/women]

saviesa *nf* wisdom

saxòfon (*tb* **saxofon**, **saxo**) *nm* saxophone, sax (*col·loq*)

se *pron Vegeu* ES

sec, **~a** *adj* **1** dry: *És ~?* Is it dry? ◇ *un clima molt ~* a very dry climate ◇ *Tens la pell molt seca.* Your skin is very dry. ◇ *un vi ~* a dry wine **2** (*persona*) unfriendly **3** (*sense vida*) dead: *fulles seques* dead leaves **4** (*fruites, flors*) dried: *figues seques* dried figs **5** (*so, cop*) sharp **6** (*prim*) skinny ➲ *Vegeu nota a* PRIM LOC **a seques** just ◆ **ésser sec com un clau** to be as thin as a rake ◆ **frenar/parar en sec** to stop dead *Vegeu tb* DIC, FRUITA, NETEJA, PASTA, RENTAR, RENTATGE

secada *nf* drought

secció *nf* **1** (*Arquit, Mat*) section **2** (*botiga*) department: *la ~ de papereria* the stationery department **3** (*diari, revista*) pages [*pl*]: *la ~ esportiva* the sports pages

secret, **-a** *adj, nm* secret LOC **en secret** secretly *Vegeu tb* AGENT, VOTACIÓ

secretari, **-ària** *nm-nf* secretary [*pl* secretaries]

secretaria *nf* (*tb* **secretariat** *nm*) **1** (*en escola, institut, etc.*) admissions office **2** (*càrrec*) secretariat: *la ~ de l'ONU* the UN secretariat **3** (*oficina del secretari*) secretary's office

secta *nf* sect

sector *nm* **1** (*zona, indústria*) sector **2** (*grup de persones*) section: *un petit ~ de la població* a small section of the population

secundari, **-ària** *adj* secondary LOC *Vegeu* CARRETERA, EFECTE, ESCOLA, INSTITUT, PAPER

secundària *nf* (*Educ*) secondary school: *Va fer ~ en aquesta escola.* He went to secondary school here. ◇ *una professora de ~* a secondary-school teacher

seda *nf* silk: *una camisa de ~* a silk shirt LOC **anar com una seda** to go smoothly *Vegeu tb* CUC, DENTAL

sedant *nm* sedative

sediment *nm* sediment

seducció *nf* seduction

seductor, **~a** *adj* **1** (*sexualment*) seductive **2** (*idea, etc.*) attractive

seduir *vt* to seduce

segar *vt* **1** to cut **2** (*blat*) to reap

segell *nm* stamp: *Dos ~s per a Espanya, si us plau.* Two stamps for Spain, please. ◇ *un ~ amb el nom de l'escola* a stamp with the school's name on it ➲ *Vegeu nota a* STAMP

segellar *vt* **1** (*tancar*) to seal: *~ un sobre* to seal an envelope **2** (*estampar un segell*) to stamp: *~ un passaport* to stamp a passport

segle *nm* **1** (*centúria*) century [*pl* centuries]: *el ~ XXI* the 21st century ❶ Es llegeix: 'the twenty-first century'. **2 un segle**, **segles** (*molt de temps*) ages [*pl*]: *Fa ~s que no vaig a la piscina.* I haven't been swimming for ages. LOC **Segle d'Or** Golden Age

segment *nm* segment

sègol *nm* rye

segon, **~a** ▶ *adj, pron, nm-nf* second (*abrev* 2nd) ➲ *Vegeu exemples a* SISÈ
▶ *nm* **1** (*temps*) second **2** (*plat*) main course: *Què vols de ~?* What would you like as a main course?
▶ **segona** *nf* (*marxa*) second (gear) LOC **de segona mà** second-hand *Vegeu tb* CATEGORIA, COSÍ, EQUACIÓ

segons *prep* **1** (*tenint en compte*) according to *sb/sth*: *~ ella/els plans* according to her/the plans **2** (*depenent de*) depending on *sth*: *~ com sigui la mida* depending on what size it is

segregar *vt* to segregate *sb/sth* (*from sb/sth*)

segrest *nm* **1** (*d'una persona*) kidnapping **2** (*d'un avió*) hijacking

segrestador, **~a** *nm-nf* **1** (*d'una persona*) kidnapper **2** (*d'un avió*) hijacker

segrestrar *vt* **1** (*persona*) to kidnap **2** (*avió*) to hijack

seguda *nf* (*protesta*) sit-in

següent ▶ *adj* following, next *Cerca el plural de les paraules ~s...* Find the plurals of the following words... ◇ *la classe ~* the next class
▶ *nmf* next one: *Que passi la ~.* Tell the next one to come in.

seguida LOC **de seguida** straight away

S

seguidor, ~a *nm-nf* **1** (*deixeble*) follower **2** (*admirador*) fan: *un ~ del València* a Valencia fan

seguir ▶ *vt* **1** to follow: *Segueix-me.* Follow me. ◇ *Vaig intentar ~ l'explicació, però no entenia res.* I tried to follow the explanation, but I couldn't understand anything. **2** (*estudis*) to do: *Segueixo un curs de francès per correspondència.* I'm doing a distance course in French. ▶ *vi* **1** (*continuar*) to go on (*doing sth*): *Segueix fins a la plaça.* Go on till you reach the square. ◇ *Van ~ treballant fins a les nou.* They went on working till nine. **2** (*en una situació*) to be still...: *Segueix malalta?* Is she still poorly? ◇ *Segueixo en la mateixa feina.* I'm still in the same job. LOC **seguir el ritme** (*Mús*) to keep time ◆ **seguir la pista d'algú** to be on sb's trail

seguit, -ida *adj* in a row: *quatre vegades seguides* four times in a row ◇ *Ho va fer tres dies ~s.* He did it three days running. LOC **tot seguit 1** (*immediatament*) straight away: *Vindré tot ~.* I'll come straight away. **2** (*a continuació*) then: *Es baten els ous i tot ~ s'hi afegeix el sucre.* Beat the eggs and then stir in the sugar. *Vegeu tb* SEGUIR

segur, ~a *adj* **1** (*convençut*) sure: *Estic segura que vindran.* I'm sure they'll come. **2** (*indubtable*) certain: *un èxit ~* certain success **3** (*sense risc*) safe: *un lloc ~* a safe place **4** (*estable, ben agafat*) secure: *una feina segura* a secure job **5** (*fiable*) reliable: *un pany ~* a reliable lock **6** (*persona*) self-confident LOC **de segur** for certain: *No ho saben de ~.* They don't know for certain. ◆ **segur que...**: *Segur que arriben tard.* They're bound to be late. ◇ *Segur que sí!* Of course!

S

segurament *adv* (*probablement*) probably

seguretat *nf* **1** (*contra accidents*) safety: *la ~ ciutadana/viària* public/road safety ◇ *Per la vostra ~ us recomanem...* For your safety, we recommend... **2** (*contra un atac/robatori, garantia*) security: *controls de ~* security checks **3** (*certesa*) certainty: *Si el troben, amb tota ~ l'arrestaran.* If they find him, they're bound to arrest him. **4** (*de si mateix*) self-confidence LOC **Seguretat Social** ≈ National Health Service (*GB*) *Vegeu tb* CINTURÓ, CÒPIA

seient *nm* seat ➲ *Vegeu il·lustració a* MOTO

seitó *nm* anchovy [*pl* anchovies]

seixanta *nm, adj, pron* **1** sixty **2** (*seixantè*) sixtieth: *Ets el ~ a la llista.* You're sixtieth on the list. ◇ *el ~ aniversari* the sixtieth anniversary LOC **els seixanta** (*els anys 60*) the sixties ◆ **seixanta-u, seixanta-dos, etc.** sixty-one, sixty-two, etc. ➲ *Vegeu pàgs 757-761*

selecció *nf* **1** selection: *prova de ~* selection test **2** (*equip*) squad: *la ~ italiana de bàsquet* the Italian basketball squad

seleccionador, ~a *nm-nf* (*Esport*) manager

seleccionar *vt* to select

selecte, -a *adj* select: *un grup/restaurant ~* a select group/restaurant

selectivitat *nf* university entrance exam

sella *nf* saddle

selva *nf* jungle

semàfor *nm* traffic light(s) [*gen pl*]: *passar-se un ~ en vermell* to go through a red light

semblança *nf* similarity [*pl* similarities] (*between sb/sth*)

semblant *adj* **1** (*persones*) **(a)** (*dues persones*) alike: *Sou tan ~s!* You're so alike! **(b)** **~ a** (*a una altra persona*) like *sb*: *És molt ~ a la seva mare.* She's like her mother. **2** **~ (a)** (*coses*) similar (to *sth*): *Tenen estils ~s.* They have similar styles. ◇ *Aquest vestit és molt ~ al de l'Anna.* That dress is very similar to Anna's. LOC **alguna cosa semblant** something like that

semblar *vi* **1** (*fer la impressió*) to seem: *Semblen segurs.* They seem certain. ◇ *Sembla com si fos ahir.* It seems like only yesterday. **2** (*tenir aspecte*) **(a)** **amb adjectiu** to look: *Sembla més jove del que és.* She looks younger than she really is. **(b)** **amb substantiu** to look like *sb/sth*: *Sembla una actriu.* She looks like an actress. **3** (*opinar*) to think: *Em va ~ que no tenia raó.* I thought he was wrong. ◇ *Què et van ~ els meus cosins?* What did you think of my cousins? ◇ *No em sembla bé que no els truquis.* I think you ought to phone them. ◇ *Et sembla bé demà?* Is tomorrow all right? LOC **segons sembla** apparently ◆ **sembla mentida (que...)**: *Sembla mentida!* I can hardly believe it! ◇ *Sembla mentida que siguis tan despistat.* I can hardly believe you're so absent-minded. ◆ **sembla que plourà/nevarà** it looks like rain/snow

sembra *nf* sowing

sembrar *vt* **1** to sow: *~ blat/un camp* to sow wheat/a field ◇ *~ el pànic* to sow panic **2** (*hortalisses*) to plant: *Han sembrat aquest camp de patates.* They've planted that field with potatoes.

semen *nm* semen

semestre *nm* **1** six months [*pl*]: *durant el primer ~ de l'any* in the first six months of the year **2** (*universitari*) term, semester (*més formal*)

semibreu *nf* (*Mús*) semibreve

semicercle *nm* semicircle

semicorxera *nf* (*Mús*) semiquaver

semidescremat, **-ada** (*tb* **semidesnatat, -ada**) *adj* semi-skimmed
semifinal *nf* semi-final
semifinalista *nmf* semi-finalist
seminari *nm* **1** (*classe*) seminar **2** (*departament*) department: *el ~ d'anglès* the English department
sempre *adv* always: *Sempre dius el mateix.* You always say the same thing. ◇ *He viscut ~ amb els meus cosins.* I've always lived with my cousins. ➲ *Vegeu nota a* ALWAYS **LOC** **com sempre** as usual ◆ **de sempre** usual: *Ens veurem al lloc de ~.* We'll meet in the usual place. ◆ **per sempre** **1** (*referit a un estat*) for ever: *El nostre amor és per ~.* Our love will last for ever. **2** (*referit a una acció*) for good: *Me'n vaig de casa per ~.* I'm leaving home for good. ◆ **sempre que...** **1** (*cada vegada*) whenever...: *Sempre que anem de vacances et poses malalt.* Whenever we go on holiday you get ill. **2** (*si*) provided (that...): *Demà anirem a la platja, ~ que no plogui.* Provided it doesn't rain, we'll go to the beach tomorrow. *Vegeu tb* VEGADA
senador, **~a** *nm-nf* senator
senar *adj* odd: *nombres ~s* odd numbers
senat *nm* senate
sencer, **~a** *adj* **1** (*complet*) whole, entire (*formal*) **2** (*intacte*) intact **LOC** *Vegeu* LLET
sender *nm* path: *~ de gran recorregut* long-distance path
senderisme *nm* hiking: *fer ~* to go hiking
senglar *nm* wild boar [*pl* boar/boars]
sensació *nf* feeling: *Tinc ~ de fred.* I feel cold. ◇ *Tinc la ~ que passarà alguna cosa.* I get the feeling something's going to happen. **LOC** **causar/fer sensació** **1** (*fer furor*) to cause a sensation **2** (*emocionar*) to make an impression *on sb*: *Tornar-lo a veure em va fer una ~ molt gran.* Seeing him again made a deep impression on me.
sensacional *adj* sensational
sensacionalista *adj* sensationalist **LOC** *Vegeu* PREMSA
sensat, **~a** *adj* sensible
sensatesa *nf* good sense
sense *prep* without: *~ sucre* without sugar ◇ *~ pensar* without thinking

> Quan *sense* va seguit d'una paraula negativa com ara *res, ningú*, etc., aquestes es tradueixen per **anything**, **anyone**, etc.: *Va sortir sense dir res.* She went out without saying anything. ◇ *Van sortir sense que ningú no els veiés.* They left without anyone seeing them.

sensibilitat *nf* **1** (*emoció, capacitat de sentir*) sensitivity **2** (*tacte*) feeling: *No té ~ a les cames.* He has no feeling in his legs.
sensible *adj* **1** sensitive (*to sth*): *La meva pell és molt ~ al sol.* My skin is very sensitive to the sun. ◇ *És una nena molt ~.* She's a very sensitive child. ❶ La paraula anglesa **sensible** vol dir *sensat, assenyat*. **2** (*perceptible*) noticeable: *una millora ~* a noticeable improvement
sensual *adj* sensual
sentència *nf* **1** (*Dret*) sentence **2** (*dita*) maxim **LOC** *Vegeu* DICTAR
sentenciar *vt* to sentence *sb to sth*
sentiment *nm* feeling **LOC** *Vegeu* ACOMPANYAR
sentimental *adj* **1** (*valor, persona*) sentimental: *valor ~* sentimental value **2** (*relació, problema, afer*) emotional **3** (*vida*) love [*n atrib*]: *vida ~* love life **LOC** *Vegeu* CONSULTORI
sentinella *nmf* **1** (*Mil*) sentry [*pl* sentries] **2** (*guaita*) lookout
sentir ▶ *vt* **1** (*sensació, sentiment*) to feel: *~ fred/gana* to feel cold/hungry ◇ *~ vergonya* to feel embarrassed ◇ *Vaig ~ la seva mà sobre la meva.* I felt his hand on mine. **2** (*percebre sons*) to hear: *No van ~ el despertador.* They didn't hear the alarm. ◇ *No et vaig ~ entrar.* I didn't hear you come in.

> **To hear** no es fa servir en temps continus, sinó amb **can** i **could**: *Sents això?* Can you hear that? ◇ *No se sentia res.* You couldn't hear a thing.

3 (*lamentar*) to be sorry about *sth/(that...)*: *Sento no poder-te ajudar.* I'm sorry (that) I can't help you. ◇ *Sentim molt la teva desgràcia.* We're very sorry about your bad luck. ▶ **sentir-hi** *vi* to hear ▶ **sentir-se** *vp* to feel: *Em sento molt bé.* I feel very well. **LOC** *Vegeu tb* OBLIGAT, SIMPATIA, SOL *adj*
sentit *nm* **1** sense: *els cinc ~s* the five senses ◇ *~ de l'humor* sense of humour **2** (*significat*) meaning **3** (*direcció*) direction: *en ~ contrari* in the opposite direction **4 sentits** (*consciència*) consciousness [*incomptable*]: *perdre/recuperar els ~s* to lose/regain consciousness **LOC** **de sentit únic** one-way: *un carrer de ~ únic* a one-way street ◆ **en aquest sentit** in this/that respect ◆ **sentit comú** common sense ◆ **tenir/fer sentit** to make sense: *No té ~.* It doesn't make sense. *Vegeu* SISÈ

S

seny *nm* (common) sense: *No tens gens ni mica de ~.* You don't have any common sense. **LOC** *Vegeu* QUEIXAL

senyal *nm* **1** (*indici, signe*) sign: *És un bon/mal ~.* It's a good/bad sign. ◇ *~s de circulació* road signs ◇ *en ~ de protesta* as a sign of protest **2** (*gest*) sign, signal

> Tant **sign** com **signal** tradueixen *senyal* en el sentit d'un soroll o un moviment que informa algú d'alguna cosa: *Don't move until I give the sign/signal.* No et moguis fins que et faci el senyal.

Va fer el ~ de sortida. He gave the starting signal. ◇ *El conductor de l'altre cotxe em feia ~s.* The driver of the other car was signalling to me. **3** (*marca*) mark: *~ de naixement* birthmark **4** (*telèfon*) tone: *el ~ per a marcar/d'ocupat* the dialling/engaged tone ◇ *Deixeu un missatge després del ~.* Please leave a message after the tone. **LOC donar senyals** to show signs *of sth/doing sth Vegeu tb* PAGA

senyalar *vt* to mark: *Senyala les faltes amb un llapis vermell.* Mark the mistakes in red pencil.

senyalització *nf* (*senyals de carretera*) road signs [*pl*]

senyalitzar *vt* to signpost

senyera *nf* Catalan flag

senyor, ~a ▶ *nm-nf* **1** (*masc*) man [*pl* men]: *Hi ha un ~ que vol parlar amb tu.* There's a man who wants to talk to you. **2** (*fem*) woman [*fem* women]: *una perruqueria de senyores* a ladies' hairdresser **3 el senyor/la senyora Puig, etc.** Mr/Mrs Puig, etc. ❶ En anglès no es fa servir l'article davant de **Mr** o **Mrs**: *Que hi ha el senyor Rovira?* Is Mr Rovira in? ◇ *els senyors Soler* Mr and Mrs Soler. **3** (*davant del nom o d'un càrrec*): *La senyora Lluïsa és la cosidora.* Lluïsa is the dressmaker. ◇ *el ~ alcalde* the mayor **4** (*per cridar l'atenció*) excuse me!: *Senyor! Li ha caigut el bitllet.* Excuse me! You've dropped your ticket. **5** (*en salutacions formals*) (**a**) (*masc*) sir: *Bon dia, ~.* Good morning, sir. (**b**) (*fem*) madam: *Us passa alguna cosa, senyora?* Is anything the matter, madam? ◇ *Senyors i senyores...* Ladies and gentlemen...
▶ *nm* **Senyor** Lord **LOC no senyor!** no way! ◆ **senyor!** good Lord! ◆ **sí senyor!** too right! ◆ **tot un senyor/tota una senyora** a real gentleman/lady: *El meu avi era tot un ~.* My grandfather was a real gentleman.

senyora *nf* (*esposa*) wife [*pl* wives] *Vegeu tb* SENYOR

senyoreta *nf* **1** (*fórmula de cortesia*) Miss, Ms

> **Miss** és només per a dones solteres i s'utilitza amb el cognom o amb el nom i el cognom: 'Miss Jones'. No s'utilitza mai només amb el nom propi: *Telefoni a la senyoreta Helena/a la senyoreta Pelayo.* Phone Helena/Miss Pelayo.
> **Ms** s'usa indistintament per a dones casades o solteres quan no se'n sap l'estat civil o no es vol especificar.

2 (*mestra*) teacher: *La ~ ens posa molts deures.* Our teacher gives us a lot of homework. **3** (*per cridar l'atenció*): *Senyoreta! Que em pot despatxar, si us plau?* Excuse me! Can you serve me, please?

senzill, ~a *adj* **1** (*sense ostentació, fàcil*) simple: *un menjar ~* a simple meal **2** (*persona*) straightforward

senzillesa *nf* simplicity

separació *nf* **1** separation **2** (*distància*) gap: *Hi ha set metres de ~.* There's a seven-metre gap.

separar ▶ *vt* **1** (*dividir*) to separate *sb/sth* (*from sb/sth*): *Separa les boles vermelles de les verdes.* Separate the red balls from the green ones. **2** (*allunyar*) to move *sb/sth* away (*from sb/sth*): *~ la taula de la finestra* to move the table away from the window ▶ **separar-se** *vp* **1** to split up, to separate (*més formal*): *S'han separat.* They've split up. ◇ *Es va ~ del seu marit.* She separated from her husband. ◇ *Ens vam ~ a mig camí.* We split up halfway. **2** (*allunyar-se*) to move away (*from sb/sth*): *separar-se de la família* to move away from your family ◇ *Separa't una mica de la paret, que la ratllaràs.* Move away a bit from the wall, or you'll scratch it. ◇ *No et separis de mi.* Stay close to me.

separatisme *nm* separatism

separatista *adj, nmf* separatist

sèpia *nf Vegeu* SÍPIA

sepultura *nf* grave

seqüela *nf* (*accident, malaltia*) after-effect

seqüència *nf* sequence

sequera *nf* drought

ser[1] *vi, v copul Vegeu* ÉSSER[1]

ser[2] *nm Vegeu* ÉSSER[2]

serbi, sèrbia ▶ *adj, nm* Serbian: *parlar ~* to speak Serbian
▶ *nm-nf* Serb: *els ~s* the Serbs

Sèrbia *nf* Serbia

serè, -ena *adj* calm

serenitat *nf* calmness: *Van demanar que es mantingués la ~.* They appealed for calm.

sereno *nm* nightwatchman [*pl* -men]

S

sergent, **~a** *nm-nf* sergeant

serial *nm* serial

sèrie *nf* series [*pl* series]: *una ~ de desgràcies* a series of disasters ◇ *una nova ~ televisiva* a new TV series ➲ *Vegeu nota a* SERIES **LOC de sèrie** fitted as standard: *El cotxe té coixí de seguretat de ~.* The car has an airbag fitted as standard. *Vegeu tb* CAP[1], FABRICAR, PRODUCCIÓ

seriós, **-osa** *adj* **1** (*rigorós, important, d'aspecte sever*) serious: *un llibre/assumpte ~* a serious book/matter **2** (*complidor*) reliable: *És un home de negocis ~.* He's a reliable businessman. **LOC posar-se seriós amb algú** to get cross with sb

sermó *nm* (*Relig*) sermon **LOC fer un sermó** (*reprendre*) to give *sb* a lecture *Vegeu tb* ENGEGAR

seropositiu, **-iva** *adj* HIV-positive

serp *nf* snake **LOC serp de cascavell** rattlesnake

serpent *nm o nf* snake

serpentina *nf* streamer

serra *nf* **1** (*eina*) saw **2** (*Geog*) mountain range

serradures *nf* sawdust [*incomptable*]

serralada *nf* mountain range

serrar *vt* to saw *sth* (up): *Vaig ~ la fusta.* I sawed up the wood.

serrell *nm* **1** (*cabells, ornament*) fringe: *una caçadora de pell amb ~s* a fringed leather jacket **2** (*vora desfilada*) frayed edge

servei *nm* **1** service: *~ d'autobusos* bus service ◇ *el sector de ~s* the service sector ◇ *~ inclòs* service included ◇ *Al tennista rus, li va fallar el ~.* The Russian player's service let him down. **2** (*domèstic*) domestic help **LOC fer el servei militar** to do (your) military service ◆ **servei de córner** corner ◆ **serveis mínims** skeleton service [*v sing*]: *Es mantindran els ~s mínims.* A skeleton service will be in operation. *Vegeu tb* ÀREA

servent, **~a** *nm-nf* servant

servidor *nm* (*Informàt*) server **LOC servidor d'Internet** Internet service provider (*abrev* ISP)

servir ▶ *vt* **1** to serve: *Van trigar molt a servir-nos.* They took a long time to serve us. **2** (*posar menjar o beguda*): *Te'n serveixo una mica més?* Can I give you some more? ◇ *Em va ~ un te.* She poured me a cup of tea. ▶ *vi* **1** (*a l'exèrcit, Tennis*) to serve: *~ a la marina* to serve in the navy **2** *~* **de/com a/per a** to serve as *sth/to do sth*: *Va ~ per a aclarir les coses.* It served to clarify things. ◇ *La caixa em va ~ de taula.* I used the box as a table. **3** *~* **per a** (*usar-se*) to be (used) for *doing sth*: *Serveix per a tallar.* It is used for cutting. ◇ *Per a què serveix?* What do you use it for? ▶ **servir-se** *vp* **1** (*menjar*) to help yourself (to *sth*): *Em vaig ~ amanida.* I helped myself to salad. ◇ *Serveixi's vostè mateix.* Help yourself. **2 servir-se de** (*fer servir*) to use **LOC fer servir 1** (*utilitzar*) to use: *L'ordinador, el faig ~ molt.* I use the computer a lot. **2** (*posar-se*) to wear: *Quina colònia fas ~?* What cologne do you wear? ◆ **no servir (per a...) 1** (*utensili*) to be no good (for *doing sth*): *Aquest ganivet no serveix per a tallar carn.* This knife is no good for cutting meat. **2** (*persona*) to be no good (at *sth* / *doing sth*): *No serveixo per a ensenyar.* I'm no good at teaching.

sessió *nf* **1** session: *~ de clausura/d'entrenament* closing/training session **2** (*Cine*) showing **3** (*Teat*) performance: *A quina hora comença la primera ~?* When does the first performance start?

set[1] *nf* thirst **LOC fer venir set** to make *sb* thirsty: *El pernil fa venir molta ~.* Ham makes you very thirsty. ◆ **tenir/passar set** to be thirsty: *Tinc molta ~.* I'm very thirsty. *Vegeu tb* MORIR(-SE), MORT *pp*

set[2] *nm, adj, pron* **1** seven **2** (*data*) seventh ➲ *Vegeu exemples a* SIS **LOC tenir set vides** to have nine lives

setanta *nm, adj, pron* **1** seventy **2** (*setantè*) seventieth ➲ *Vegeu exemples a* SEIXANTA

set-cents, **-centes** *nm, adj, pron* seven hundred ➲ *Vegeu exemples a* SIS-CENTS

setciències *nmf* know-all

setè, **-ena** *adj, pron, nm-nf* seventh ➲ *Vegeu exemples a* SISÈ **LOC ésser al setè cel** to be in seventh heaven

setembre *nm* September (*abrev* Sept.) ➲ *Vegeu exemples a* GENER

setí *nm* satin

setmana *nf* week: *la ~ passada/entrant* last/next week ◇ *dues vegades la ~* twice a week **LOC entre setmana** on weekdays ◆ **setmana blanca** ≈ February half-term ◆ **Setmana Santa** Easter: *Què fareu per Setmana Santa?* What are you doing at Easter?

> També hi ha l'expressió **Holy Week**, però només es fa servir per a referir-se a les festes religioses.

◆ **una setmana sí i una altra no; setmana sí setmana no** every other week *Vegeu tb* CAP[1]

setmanada *nf* pocket money

setmanal *adj* **1** (*de cada setmana*) weekly: *una revista ~* a weekly magazine **2** (*a la setmana*): *Tenim una hora ~ de gimnàstica.* We have one hour of PE a week. **LOC** *Vegeu* PUBLICACIÓ

setrill *nm* **1** (*d'oli*) oil bottle **2** (*de vinagre*) vinegar bottle

setrilleres *nf* cruets

setze *nm, adj, pron* **1** sixteen **2** (*data*) sixteenth ➲ *Vegeu exemples a* ONZE *i* SIS

seu *nf* **1** (*central*) headquarters (*abrev* HQ) [*v sing o pl*] **2** (*Esport*) venue: *la ~ dels Jocs Olímpics* the venue for the Olympics

seu, seva ▶ *adj* **1** (*d'ell*) his: *el ~ germà* his brother ◇ *És culpa seva.* It's his fault. **2** (*d'ella*) her

Un amic seu es tradueix per 'a friend of his, hers, etc.,' perquè significa *un dels seus amics*.

3 (*d'animal, d'objecte, de concepte*) its **4** (*impersonal, sense especificar-ne el sexe*) their: *Cadascú té la seva pròpia opinió.* Everyone has their own opinion. **5** (*de vostè/vostès*) your **6** (*d'elles/d'ells*) their

▶ *pron* **1** (*d'ell*) his: *un despatx al costat del ~* an office next to his **2** (*d'ella*) hers: *Això és seu.* This is hers. **3** (*impersonal, sense especificar-ne el sexe*) theirs **4** (*de vostè/vostès*) yours **5** (*d'elles/d'ells*) theirs LOC **anar a la seva** *Vegeu* ANAR

seure *vi* to sit (down): *~ a terra* to sit on the ground ◇ *Seieu, si us plau.* Please sit down.

sever, ~a *adj* **1** (*to, expressió, mesura*) severe: *Ens va parlar en un to molt ~.* He spoke to us very severely. **2** ~ **(amb)** (*estricte*) strict (with *sb*): *El meu pare era molt ~ amb nosaltres.* My father was very strict with us. **3** (*càstig, clima, crítica*) harsh

sexe *nm* sex

sexista *adj, nmf* sexist ➲ *Vegeu nota a* VEGETARIÀ

sexual *adj* **1** sexual: *assetjament ~* sexual harassment **2** (*educació, òrgans, vida*) sex [*n atrib*]: *educació ~* sex education

S

sexualitat *nf* sexuality

sexy *adj* sexy

si¹ *nm* (*Mús*) **1** (*nota*) B **2** (*solfeig*) ti ➲ *Vegeu nota a* DO¹

si² *pron* **1** (*ell*) himself: *Només pensa en si mateix.* He only thinks of himself. **2** (*ella*) herself: *Només sap parlar de si mateixa.* She can only talk about herself. **3** (*ells, elles*) themselves **4** (*impersonal, vostè*) yourself: *voler fer una cosa per si mateix* to want to do sth for yourself ➲ *Vegeu nota a* YOU **5** (*vostès*) yourselves LOC **per si mateix/en si (mateix)** in itself: *El problema en si no té gaire importància.* The problem isn't that important in itself. *Vegeu tb* FORA

si³ *conj* **1** (*condició*) if: *Si plou, no hi anirem.* If it rains, we won't go. ◇ *Si fos de tu...* If I were you... ◇ *Si fos ric, em compraria una moto.* If I were rich, I'd buy a motorbike. ❶ És més correcte dir 'if I/he/she/it **were**', però actualment en el llenguatge parlat se sol usar 'if I/he/she/it **was**'. **2** (*dubte*) whether: *No sé si quedar-me o anar-me'n.* I don't know whether to stay or go. **3** (*desig*) if only: *Si m'ho haguessis dit abans!* If only you had told me before! **4** (*protesta*) but: *Si no m'ho havies dit!* But you didn't tell me! LOC **si més no** at least: *Si més no, dóna'm una idea.* At least give me an idea. ◆ **si no** otherwise: *Fes-ho si tens temps, i, si no, ja ho faré jo.* Do it if you have time. Otherwise, I will.

sí ▶ *adv* **1** (*afirmació*) yes: *—En vols una mica més? —Sí.* 'Would you like a bit more?' 'Yes, please.' ◇ *Em va dir que sí.* She said yes. **2** (*ús emfàtic*): *Sí que estic contenta.* I am really happy. ◇ *Ella no hi anirà, però jo sí.* She's not going but I am.

▶ *nm*: *Va contestar amb un sí tímid.* He shyly said yes. ◇ *Encara no m'has donat el sí.* You still haven't said yes. LOC **això sí que no!** definitely not! *Vegeu tb* CAP¹

siamès, -esa *adj* LOC *Vegeu* GAT, GERMÀ

sida *nf* AIDS

siderúrgia *nf* iron and steel industry

siderúrgic, ~a *adj* iron and steel [*n atrib*]: *el sector ~ espanyol* the Spanish iron and steel sector

sidra *nf* cider

sifó *nm* (*beguda*) soda (water)

sigla *nf* **sigles** abbreviation: *Quines són les sigles de... ?* What's the abbreviation for... ? ◇ *UE són les sigles de la Unió Europea.* UE stands for 'Unió Europea'.

signar *vt* to sign

signatura *nf* **1** (*acte*) signing: *Avui hi ha la ~ del contracte.* The signing of the contract takes place today. **2** (*firma*) signature

signe *nm* **1** (*senyal, gest, Astrol*) sign: *els ~s del zodíac* the signs of the zodiac ◇ *Quin ~ ets?* What sign are you? **2** (*impremta, fonètica*) symbol **3** (*puntuació*) mark LOC **signe d'admiració/d'exclamació** exclamation mark ➲ *Vegeu pàg 363* ◆ **signe d'interrogació** question mark ➲ *Vegeu pàg 363* ◆ **signe negatiu** (*Mat*) minus (sign) ◆ **signe positiu** (*Mat*) plus (sign)

significar *vt* to mean: *Què significa aquesta paraula?* What does this word mean?

significat *nm* meaning

silenci *nm* silence: *A la classe hi havia un ~ absolut.* There was total silence in the classroom. ◇ *Silenci!* Silence, please! LOC *Vegeu* GUARDAR

silenciar *vt* **1** (*esdeveniment*) to hush *sth* up **2** (*mecanisme, etc.*) to silence

silenciós, -osa *adj* **1** (*en silenci, callat*) quiet: *Estava silenciosa i pensativa.* She was quiet and thoughtful. **2** (*tranquil*) silent: *La casa esta-*

va completament silenciosa. The house was totally silent. ◇ *un motor ~* a silent engine

silicona *nf* silicone

síl·laba *nf* syllable

silueta *nf* silhouette

silvestre *adj* wild

símbol *nm* symbol (*of/for sth*): *el ~ de la pau* the symbol of peace ◇ *Quin és el ~ químic del plom?* What is the chemical symbol for lead?

simbòlic, ~a *adj* symbolic (*of sth*)

simbolitzar *vt* to symbolize

simbomba *nf* traditional percussion instrument

simetria *nf* symmetry

simètric, ~a *adj* symmetrical

simfonia *nf* symphony [*pl* symphonies]

simfònic, ~a *adj* **1** (*música*) symphonic **2** (*orquestra*) symphony [*n atrib*]: *orquestra simfònica* symphony orchestra

simi *nm* ape

similar *adj* ~ **(a)** similar (to *sb/sth*)

simpatia *nf* charm LOC **sentir/tenir simpatia per algú** to like sb

simpàtic, ~a *adj* nice: *És una noia molt simpàtica.* She's a very nice girl. ◇ *Em va semblar/el vaig trobar molt ~.* I thought he was very nice.

> La paraula anglesa **sympathetic** no significa *simpàtic* sinó *comprensiu, compassiu*: *Tots van ésser molt comprensius.* Everyone was very sympathetic.

LOC **fer-se el simpàtic**: *Es feia el ~.* He was trying to be nice.

simpatitzant *nmf* sympathizer: *ésser ~ del partit liberal* to be a liberal party sympathizer

simpatitzar *vi* (*avenir-se*) to get on (well) (*with sb*)

simple *adj* **1** (*senzill, fàcil*) simple: *No és tan ~ com sembla.* It's not as simple as it looks. **2** (*mer*): *És un ~ sobrenom.* It's just a nickname.

simplement *adv* simply, just (*més col·loq*): *És ~ que...* It's just that...

simplificar *vt* to simplify

símptoma *nm* symptom

simulacre *nm* **1** (*de vol*) simulation **2** (*d'atac*) mock [*adj*]: *un ~ de guerra* a mock battle **3** (*de foc, salvament*) drill: *un ~ d'incendi* a fire drill

simultani, -ània *adj* simultaneous

sinagoga *nf* synagogue

sincer, ~a *adj* sincere

sincerament *adv* **1** (*amb sinceritat*) sincerely: *Ho va dir ~.* He said it sincerely. **2** (*per a donar opinió*) honestly: *Sincerament, em sembla una pèrdua de temps.* I honestly think it's a waste of time.

sinceritat *nf* sincerity

sincronitzar *vt* to synchronize: *Sincronitzem els rellotges.* Let's synchronize our watches.

sindical *adj* union [*n atrib*]: *un líder ~* a union leader

sindicat *nm* (trade) union: *el ~ de miners* the miners' union

síndria *nf* watermelon

síndrome *nf* syndrome LOC **síndrome d'abstinència** withdrawal symptoms [*pl*]

single *nm* (*disc, CD*) single

singlot *nm* (the) hiccups [*pl*]: *Tinc ~.* I've got the hiccups.

singular *adj, nm* (*Gram*) singular

sinistre, -a ▶ *adj* sinister: *aspecte ~* sinister appearance
▶ *nm* **1** (*catàstrofe*) disaster **2** (*accident*) accident **3** (*incendi*) fire

sinó *conj* but: *no solament a Barcelona, ~ també en altres llocs* not only in Barcelona but in other places as well ◇ *No fa ~ criticar.* He does nothing but criticize.

sinònim, ~a ▶ *adj* ~ **(de)** synonymous (with *sth*)
▶ *nm* synonym

sinòptic, ~a *adj* LOC *Vegeu* QUADRE

sintonitzar *vt, vi* to tune in (*to sth*): *~ (amb) la BBC* to tune in to the BBC

sípia *nf* cuttlefish [*pl* cuttlefish]

sirena *nf* **1** (*senyal acústic*) siren: *~ de policia* police siren **2** (*dona peix*) mermaid

S

sis *nm, adj, pron* **1** six: *el número ~* number six ◇ *obtenir un ~ en un examen* to get six in an exam ◇ *El ~ ve després del cinc.* Six comes after five. ◇ *Sis i tres són nou.* Six and three are/make nine. ◇ *Sis per tres (són) divuit.* Three sixes (are) eighteen. **2** (*data, sisè*) sixth: *en el minut ~* in the sixth minute ◇ *Hi vam anar el 6 de maig.* We went on 6 May. ❶ Es llegeix: 'the sixth of May'. LOC **a les sis** at six o'clock ◆ **les sis i cinc, etc.** five, etc. past six ◆ **les sis menys cinc, etc.** five, etc. to six ◆ **sis de cada deu** six out of ten ◆ **són les sis** it's six o'clock ◆ **tocar les sis** to strike six: *Van tocar les ~ al rellotge del menjador.* The living-room clock struck six. ◆ **un quart/dos quarts/tres quarts de sis** a quarter past five/half past five/a quarter to six ➲ *Vegeu nota a* QUART ➲ *Per a més informació sobre l'ús dels nombres, les dates, etc., vegeu les pàgines 757-761.*

sis-cents, -centes *nm, adj, pron* six hundred: *~ quaranta-dos* six hundred and forty-two

◇ *Érem ~ al casament.* There were six hundred of us at the wedding. ◇ *fa ~ anys* six hundred years ago LOC **sis-cents u, sis-cents dos, etc.** six hundred and one, six hundred and two, etc. ➲ *Vegeu pàgs 757-761*

sisè, -ena ▶ *adj* **1** sixth: *la sisena filla* the sixth daughter **2** (*en títols*): *Felip VI* Philip VI ℹ Es llegeix 'Philip the Sixth'.
▶ *pron, nm-nf* sixth: *És el ~ en la línia de successió.* He's sixth in line to the throne. ◇ *Vaig quedar el ~ en la cursa.* I came sixth in the race. ➲ *Vegeu pàgs 757-761*
▶ *nm* **1** sixth: *cinc sisens* five sixths **2** (*planta*) sixth floor: *Visc al ~.* I live on the sixth floor. LOC **la/una sisena part** a sixth ◆ **sisè sentit** sixth sense

sisme *nm* earthquake

sisplau *Vegeu* SI US PLAU *a* PLAURE

sistema *nm* **1** system: *~ polític/educatiu* political/education system ◇ *el ~ solar* the solar system **2** (*mètode*) method: *els sistemes pedagògics moderns* modern teaching methods LOC **sistema de muntanyes; sistema muntanyós** mountain range

sistemàtic, ~a *adj* systematic

situació *nf* **1** (*conjuntura, circumstàncies*) situation: *una ~ difícil* a difficult situation ◇ *la ~ econòmica* the economic situation **2** (*localització*) location

situar ▶ *vt* **1** (*col·locar*) to put, to place (*més formal*): *L'han situat entre els millors hotels del país.* They've put it among the top hotels in the country. **2** (*en un mapa*) to find: *Situa'm Suïssa en el mapa.* Find Switzerland on the map. ▶ **situar-se** *vp* **1** (*en una classificació*) to be: *situar-se entre les cinc primeres* to be among the top five **2** (*en la societat*) to do well for yourself: *Ha aconseguit situar-se molt bé.* He's done very well for himself. **3** (*col·locar-se*) to position yourself: *Els fotògrafs es van ~ a prop de l'escenari.* The photographers positioned themselves near the stage. LOC **situar-se al capdavant** to lead the field

situat, -ada *adj* situated LOC **ben situat 1** (*localització*) well placed **2** (*en la societat*): *El meu oncle està molt ben ~.* My uncle has done very well for himself. *Vegeu tb* SITUAR

sivella *nf* buckle

SMS *nm* LOC *Vegeu* MISSATGE

so *nm* sound LOC *Vegeu* ANUNCIAR, CADENA, TÈCNIC

sobirà, -ana *adj, nm-nf* sovereign

sobra *nf* **1** (*excés*) surplus: *Hi ha ~ de mà d'obra barata.* There is a surplus of cheap labour. **2 sobres** (*restes*) leftovers LOC **de sobres** (*més del compte*) plenty (of *sth*): *Hi ha menjar de sobres.* There's plenty of food. ◇ *Tenim temps de sobres.* We have plenty of time. **2** (*fàcilment*), easily: *Guanyarà de sobres.* He'll win easily. *Vegeu tb* TEMPS

sobrar *vi* **1** (*quedar*) to be left (over): *Ha sobrat sopa del dinar.* There's some soup left over from lunch. **2** (*haver-n'hi més del que cal*) to be too many/too much: *Sobren dues cadires.* There are two chairs too many. ◇ *Sobra roba per a la faldilla.* There's more than enough material for the skirt. **3** (*estar de massa*) to be in the way: *Aquí hi sobrem.* We're in the way here. LOC **sobrar alguna cosa a algú 1** (*quedar*) to have sth left: *Em sobren dos caramels.* I've got two sweets left. **2** (*tenir-ne massa*) to have too much/many...: *Em sobra feina.* I've got too much work. ◇ *Al final te'n sobraran.* You'll have too many left at the end.

sobre[1] *nm* **1** (*de carta*) envelope **2** (*paquet, bossa*) packet: *un ~ de sopa* a packet of soup

sobre[2] ▶ *prep* **1** (*damunt*) on: *Deixa-ho ~ la taula.* Leave it on the table. **2** (*damunt de tot*) on top of: *Ho he deixat a ~ dels altres llibres.* I've put it on top of the other books. **3** (*per damunt, cobrint alguna cosa*) over: *Vam volar ~ Barcelona.* We flew over Barcelona. ◇ *posar una manta ~ el sofà* to put a blanket over the sofa **4** (*temperatura*) above: *un grau ~ zero* one degree above zero **5** (*tocant a*) about: *una pel·lícula ~ Escòcia* a film about Scotland
▶ *adv* on top LOC **a sobre 1** (*a més*) on top of everything: *I a ~ te'n rius!* And on top of everything, you stand there laughing! **2** (*amb verbs com saltar, llançar, etc.*) on top of *sb*: *El gos li va saltar a ~.* The dog jumped on top of him. ◆ **de sobre**: *Agafa el de ~.* Take the top one. ◆ **fer alguna cosa per sobre** to do sth superficially: *Llegeix-ho per ~.* Have a quick read through it. ◆ **per sobre (de)** above: *L'aigua ens arribava per ~ els genolls.* The water came above our knees. ◇ *Està per ~ dels altres.* He is above the rest. ◆ **portar a sobre** to have *sth* on you: *No porto ni un duro a ~.* I haven't got any money on me. ◆ **tenir alguna cosa a sobre**: *Ja tenim el Nadal a ~.* Christmas is just around the corner. ◆ **treure's algú de sobre** to get rid of sb *Vegeu tb* PES

sobrecarregat, -ada *adj* overloaded: *una línia sobrecarregada* an overloaded line

sobredosi *nf* overdose

sobreentendre's *vp*: *Se sobreentén que tothom hi està convidat.* It goes without saying that everyone's invited. ◇ *Això se sobreentén!* It goes without saying!

S

sobrenatural *adj* supernatural

sobrenom *nm* nickname: *Em van posar el ~ de "l'Escanyolida".* They nicknamed me 'Skinny'.

sobrepassar *vt* **1** (*quantitat, límit, mida, esperances*) to exceed: *Va ~ els 170 km per hora.* It exceeded 170 km an hour. **2** (*rival*) to beat **3 ~ algú en alguna cosa**: *Sobrepasso la meva germana en alçada.* I'm taller than my sister now.

sobrepès *nm* excess weight: *tenir problemes de ~* to be overweight

sobreprotector, ~a *adj* overprotective

sobresaltar *vt* to startle

sobresortir *vi* **1** (*objecte, part del cos*) to stick out, to protrude (*formal*) **2** (*destacar, ressaltar*) to stand out (*from sb/sth*): *Sobresurt entre les seves companyes.* She stands out from her friends. **3 ~ en** to be very good at *sth*: *Sobresurt en matemàtiques.* He's very good at maths.

sobretaula *nf*: *estar de ~* to be sitting round after lunch/dinner ◇ *La ~ va ésser molt agradable.* We had a very nice chat after lunch/dinner.

sobretot *adv* especially: *Sobretot, m'interessa la música.* I'm especially interested in music.

sobreviure *vi* **~ (a)** to survive (*sb/sth*): *~ a un accident* to survive an accident

sobri, sòbria *adj* sober

sobtar *vt* to surprise

sobtat, -ada *adj* sudden

sobte LOC **de sobte** suddenly

soc *nm* LOC *Vegeu* DORMIR

soca *nf* (*arbre*) stump

socarrar *vt* to burn

socarrimar *vt* to singe

soci, sòcia *nm-nf* **1** (*club*) member **2** (*Com*) partner LOC **fer-se soci** (*associació, club*) to join *sth*: *fer-se ~ d'un club de futbol* to join a football club *Vegeu tb* FUNDADOR

sociable *adj* sociable

social *adj* social LOC *Vegeu* ASSISTENT, SEGURETAT

socialisme *nm* socialism

socialista *adj, nmf* socialist

societat *nf* **1** society [*pl* societies] **2** (*Com*) company [*pl* companies] LOC **societat anònima** public limited company (*abrev* plc) ◆ **societat de consum** consumer society ◆ **societat limitada** limited company (*abrev* Ltd)

sociòleg, -oga *nm-nf* sociologist

sociologia *nf* sociology

sociològic, ~a *adj* sociological

socórrer *vt* to help

socorrisme *nm* life-saving

socorrista *nmf* lifeguard

socors ▶ *nm* help

▶ **socors!** *interj* help! LOC *Vegeu* CASA

sofà *nm* sofa: *asseguts al ~* sitting on the sofa LOC **sofà llit** sofa bed

sofert, ~a *adj* (*persona*) long-suffering *Vegeu tb* SOFRIR

sofisticat, -ada *adj* sophisticated

sofre *nm* sulphur

sofregir *vt* to fry *sth* lightly

sofregit *nm* tomato, onion, etc. fried lightly in oil

sofriment *nm* suffering

sofrir *vt* **1** to suffer: *~ una derrota/lesió* to suffer a defeat/an injury **2** (*canvi*) to undergo: *L'edifici ha sofert moltes modificacions.* The building has undergone a great deal of change.

soga *nf* rope LOC **veure's amb la soga al coll** to be in a fix

sogre, -a *nm-nf* **1** (*masc*) father-in-law **2** (*fem*) mother-in-law **3 sogres** parents-in-law, in-laws (*més col·loq*)

soia (*tb* **soja**) *nf* soya

sol[1] *nm* sun: *Em tocava el ~ a la cara.* The sun was shining on my face. ◇ *asseure's al ~* to sit in the sun ◇ *una tarda de ~* a sunny afternoon LOC **de sol a sol** from dawn to dusk ◆ **fer sol** to be sunny ◆ **prendre el sol** to sunbathe *Vegeu tb* CREMADA, DRAP, POSTA, RELLOTGE, SORTIDA, ULLERES

sol[2] *nm* **1** (*nota*) G **2** (*solfeig*) soh ➲ *Vegeu nota a* DO[1] LOC *Vegeu* CLAU[2]

sol, ~a *adj* **1** (*sense companyia*) alone: *Estava sola a casa.* She was alone in the house. **2** (*sense ajuda*) by myself, yourself, etc.: *El nen ja menja ~.* He can eat by himself now. **3** (*ús emfàtic*) single: *No en recordo un ~ detall.* I can't remember a single detail. ➲ *Vegeu nota a* ALONE LOC **estar/sentir-se sol** to be/feel lonely ◆ **quedar-se sol** to be (left) on your own *Vegeu tb* CAFÈ

sola *nf* sole: *sabates amb ~ de goma* rubber-soled shoes

solament *adv* only LOC **no solament... sinó també...** not only... but also...

solapa *nf* **1** (*jaqueta*) lapel **2** (*llibre, sobre*) flap

solar[1] *nm* (*terreny*) plot

solar[2] *adj* (*del sol*) solar

solc *nm* **1** (*a la terra, arruga*) furrow **2** (*a l'aigua*) wake

soldat, -ada *nm-nf* soldier

soledat *nf Vegeu* SOLITUD

solemne *adj* solemn

soler *vi* **1** (*en present*) to usually do sth: *No solem esmorzar.* We don't usually have breakfast. ➲ *Vegeu nota a* ALWAYS **2** (*en passat*) used to do sth: *Solíem anar-lo a visitar a l'estiu.* We used to visit him in the summer. ◇ *No solíem sortir.* We didn't use to go out. ➲ *Vegeu nota a* USED TO

solfeig *nm* music theory

sòlid, ~a ▶ *adj* **1** (*objecte*) solid **2** (*relació*) stable ▶ *nm* (*Fís*) solid

solidari, -ària *adj* supportive: *ésser ~ amb algú/alguna cosa* to be supportive of sb/sth ◇ *un acte ~* an act of solidarity

solidaritat *nf* solidarity

solidesa *nf* solidity

solidificar(-se) *vt, vp* **1** to solidify **2** (*aigua*) to freeze

solista *nmf* soloist

solitari, -ària ▶ *adj* **1** (*sense companyia*) solitary: *Fa una vida solitària.* She leads a solitary life. **2** (*lloc*) lonely: *els carrers ~s* the lonely streets
▶ *nm* (*cartes*) patience [*incomptable*]: *fer un ~* to play a game of patience

solitud *nf* **1** (*involuntària*) loneliness: *La gent gran es queixa de la seva ~.* Old people complain about loneliness. ◇ *Sentia una gran ~ enmig d'aquella multitud.* He felt very lonely among all those people. **2** (*voluntària*) solitude: *Es va refugiar en la ~ de la seva habitació.* She took refuge in the solitude of her room. ◇ *Li agrada la ~.* She likes being alone. ➲ *Vegeu nota a* ALONE

S

sol·lícit, ~a *adj* willing

sol·licitant *nmf* applicant (*for sth*)

sol·licitar *vt* **1** (*informació, permís, suport, servei*) to request, to seek (*més formal*): *~ una entrevista* to request an interview ◇ *~ l'asil polític* to seek political asylum **2** (*feina, beca*) to apply for *sth*

sol·licitud *nf* **1** (*petició*) request (*for sth*): *una ~ d'informació* a request for information **2** (*instància*) application (*for sth*): *una ~ de treball* a job application ◇ *omplir una ~* to fill in an application (form)

solo *nm* solo [*pl* solos]: *fer un ~* to play/sing a solo

sols *adv* only LOC *Vegeu* TAN

solta *nf* sense: *Això que dius no té cap ~.* What you say makes no sense. LOC **sense solta ni volta** for no particular reason: *parlar sense ~ ni volta* to talk nonsense

solter, ~a *adj* single: *ésser ~* to be single ◇ *una dona soltera* a single woman LOC *Vegeu* COMIAT, MARE

soluble *adj* soluble: *aspirina ~* soluble aspirin

solució *nf* solution (*to sth*): *trobar la ~ del problema* to find a solution to the problem

solucionar ▶ *vt* to solve: *Ho van ~ amb una trucada.* They solved the problem with a phone call. ▶ **solucionar-se** *vp* (*dubte, dificultat*) to sort itself out: *Es va ~ molt ràpidament.* It sorted itself out very quickly.

solvent *adj* solvent

somiador, ~a (*tb* **somniador, ~a**) *nm-nf* dreamer

somiar (*tb* **somniar**) ▶ *vi* to dream ▶ *vt* **1** (*dormint*) to dream (about *sb/sth*): *Aquesta nit t'he somiat* I dreamt about you last night. ◇ *No sé si ho he somiat.* I don't know if I dreamt it. **2** (*desitjar*) to dream of *doing sth*: *Somio poder tenir una moto.* I dream of having a motorbike. ◇ *Somien arribar a ésser famosos.* They dream of becoming famous. LOC **ni ho somiïs** no chance ◆ **somiar despert** to daydream

somier *nm* bed base

somnàmbul, ~a *nm-nf* sleepwalker

somni *nm* dream: *De petit, el meu ~ era tenir un cavall.* When I was little, my dream was to own a horse. LOC **de somni** dream: *una casa de ~* a dream home

somnífer *nm* sleeping pill

somrient *adj* smiling

somrís *nm* smile

somriure[1] *vi* to smile (*at sb*): *Em va ~* He smiled at me.

somriure[2] *nm* smile

son ▶ *nm* sleep: *Li costa agafar el ~.* He has problems getting to sleep.
▶ *nf*: *No deixis que et tregui la ~.* Don't lose any sleep over it. ◇ *Aquest programa fa venir ~.* That programme sends you to sleep. LOC **caure de son** to be dead on your feet ◆ **tenir son** to be sleepy ◆ **tenir un son dolç** to have sweet dreams *Vegeu tb* MORT *pp*

sonall *nm* rattle

sonar *vi* **1** (*instrument, fer impressió*) to sound: *El piano sona d'allò més bé.* The piano sounds great. ◇ *Com et sona aquest paràgraf?* How does this paragraph sound to you? **2** (*alarma, sirena*) to go off **3** (*timbre, campaneta, telèfon*) to ring **4** (*ésser familiar*) to ring a bell: *Aquest nom em sona.* That name rings a bell. **5** (*budells*) to rumble: *Em sonaven els budells.* My stomach was rumbling.

sonat, -ada ▶ *adj* **1** (*comentat*) much talked-about: *el ~ casament del príncep* the much talked-about wedding of the prince **2** (*boig*) mad: *estar ~ del tot* to be totally mad

▶ *nm-nf* nutter *Vegeu tb* SONAR

sonda *nf* (*Med*) probe

sondeig *nm* (*opinió, mercat*) poll: *un ~ d'opinió* an opinion poll

sondejar *vt* **1** (*persona*) to sound *sb* out (*about/on sth*) **2** (*opinió, mercat*) to test

sonor, ~a *adj* **1** (*Tec*) sound [*n atrib*]: *efectes ~s* sound effects **2** (*veu*) loud LOC *Vegeu* BANDA[1], ONA

sopa *nf* soup: *~ de bossa/fideus* packet/noodle soup LOC **com una sopa/fet una sopa** (*mullat*) soaking wet ◆ **fins a la sopa** all over the place

sopar[1] *nm* dinner, supper: *El ~ era molt bo.* It was a delicious dinner. ◇ *menjar una truita per ~* to have an omelette for supper ➲ *Vegeu nota a* DINNER LOC **sopar de duro** a tall story *Vegeu tb* BERENAR[1]

sopar[2] *vi* to have dinner, supper: *Què hi ha per ~?* What's for dinner? ◇ *Avui soparem tard.* We'll be late having supper tonight. ◇ *sortir a ~* to go out for a meal ➲ *Vegeu nota a* DINNER

soper, ~a *adj* soup [*n atrib*]: *cullera sopera* soup spoon LOC *Vegeu* PLAT

soprano *nf* soprano [*pl* sopranos]

sorbet *nm* sorbet

sord, ~a *adj, nm-nf* deaf [*adj*]: *una escola especial per a ~s* a special school for the deaf ◇ *quedar-se ~* to go deaf

> En un context més formal es prefereix l'expressió **(people who are) hearing-impaired**.

LOC **fer el sord** to turn a deaf ear (*to sb/sth*) ◆ **sord com una campana/tàpia** as deaf as a post

sordesa *nf* deafness

sòrdid, ~a *adj* sordid

sordmut, -uda ▶ *adj* deaf and dumb ▶ *nm-nf* deaf mute

> En un context més formal es prefereix l'expressió **(people who are) hearing and speech-impaired**.

sorgir *vi* to arise, to come up (*més formal*): *Espero que no sorgeixi cap problema.* I hope that no problems arise.

soroll *nm* sound, noise

> **Sound** és la paraula més general i es fa servir en expressions com *el soroll de la pluja* the sound of the rain. Quan es tracta d'un soroll fort i desagradable o que crida l'atenció, fem servir **noise**: *Feia un soroll insuportable.* It was making a terrible noise. ◇ *Vaig sentir un soroll estrany i em vaig espantar.* I heard a strange noise and got frightened.

LOC **fer soroll** to make a noise: *No facis ~.* Don't make any noise. ◇ *Va sortir sense fer ~.* She left without making a noise.

sorollós, -osa *adj* noisy

sorprendre ▶ *vt* **1** (*causar sorpresa*) to surprise: *Em sorprèn que encara no hagin arribat.* I'm surprised they haven't arrived yet. **2** (*agafar desprevingut*) to catch *sb* (unawares): *Els va ~ robant.* He caught them stealing. ◇ *Van ~ els atracadors.* They caught the robbers unawares. ▶ **sorprendre's** *vp* to be surprised: *Es van ~ de veure'ns.* They were surprised to see us.

sorprenent *adj* surprising

sorprès, -esa *adj* surprised *Vegeu tb* SORPRENDRE

sorpresa *nf* surprise: *Tinc una ~ per a tu.* I've got a surprise for you. LOC **agafar de sorpresa** to take *sb* by surprise

sorra *nf* sand: *jugar a la ~* to play in the sand LOC *Vegeu* BANC, CASTELL

sorrut, -uda *adj* sullen

sort *nf* **1** (*fortuna*) luck: *Bona ~!* Good luck! ◇ *Quina ~ que ens hàgim trobat!* How lucky we met! **2** (*destí*) fate LOC **de la sort** lucky: *el meu número de la ~* my lucky number ◆ **fer a la sort** to toss for *sth*: *Ho vam fer a la ~.* We tossed for it. ◆ **per sort** luckily ◆ **portar sort** to bring good luck ◆ **sort que...** luckily: *Sort que van arribar amb temps.* Luckily, they got there in time. ◆ **tenir (bona) sort** to be lucky: *Han tingut molta ~.* They've been very lucky. ◇ *Que tinguis ~ a l'examen.* Good luck with the exam! ◆ **tenir mala sort** to be unlucky: *Quina mala ~ que tenen!* They're so unlucky!

sorteig *nm* **1** (*loteria, adjudicació*) draw **2** (*rifa*) raffle LOC **per sorteig** by drawing lots

sortejar *vt* **1** (*fer a la sort*) to draw lots for *sth* **2** (*rifar*) to raffle

sortida *nf* **1** (*acció de sortir*) way out (*of sth*): *Me'l vaig trobar a la ~ del cine.* I met him on the way out of the cinema. **2** (*porta, autopista*) exit: *Heu d'agafar la ~ de Sant Celoni.* Take the exit for Sant Celoni. **3** (*aeroport, estació*) departure: *sortides nacionals/internacionals* domestic/international departures ◇ *el tauler de sortides* the departures board **4** ~ **(a)** (*solució*) solution (to *sth*): *Caldrà buscar una ~ a la crisi.* We'll have to look for a solution to the crisis. LOC **sortida del sol** sunrise ◆ **sortida d'emergència/d'incendis** emergency/fire exit ◆ **tenir moltes/poques sortides** (*carrera*): *La informàtica té moltes sortides.* There are lots of job opportunities in computing. ◆ **tenir (unes) sortides** to be very funny *Vegeu tb* GRAELLA

sortidor *nm* **1** (*gasolina*) pump **2** (*font*) fountain

sortir *vi* **1** (*anar/venir a fora*) to go/come out: *Sortim al jardí?* Shall we go out into the garden? ◇ *No volia ~ del bany.* He wouldn't come out of the bathroom. ◇ *Vaig ~ a veure què passava.* I went out to see what was going on. **2** (*partir*) to leave: *A quina hora surt l'avió?* What time does the flight leave? ◇ *Hem sortit de casa a les dues.* We left home at two. ◇ *El tren surt de l'andana número cinc.* The train leaves from platform five. ◇ *~ cap a Palamós* to leave for Palamós **3** (*vida social*) to go out: *Ahir al vespre vam ~ a sopar.* We went out for a meal last night. ◇ *Surt amb un estudiant.* She's going out with a student. **4** (*producte, flor*) to come out: *El DVD/llibre surt a l'abril.* The DVD/book is coming out in April. **5** (*cabells, planta*) to grow **6** (*sol*) (**a**) (*fer-se de dia*) to rise (**b**) (*entre els núvols*) to come out: *A la tarda va ~ el sol.* The sun came out in the afternoon. **7** (*resultar*) to turn out: *Com et va ~ la paella?* How did the paella turn out? ◇ *La festa va ~ molt bé.* The party went really well. **8 ~ de** (*superar*): *~ d'una operació* to pull through an operation ◇ *~ de la droga* to come off drugs **9 ~ com algú** (*assemblar-se*) to take after sb **10 ~ a/per** (*costar*) to work out at *sth*: *Surt a cinc euros el metre.* It works out at five euros a metre. **11** (*en fer comptes*): *A mi em surt 18.* I make it 18. **12** (*saber fer alguna cosa*): *Encara no em surt gaire bé la figuereta.* I still can't do handstands properly. **13** (*desplaçar-se*) to come off: *Ha sortit una peça.* A piece has come off. ◇ *El cotxe va ~ de la carretera.* The car came off the road. **14** (*líquid*) to leak **15** (*Informàt*) to quit LOC **sortir-se amb la seva** to get your own way ◆ **sortir-se'n** to manage (*to do sth*) ❶ Per a d'altres expressions amb **sortir**, vegeu les entrades del nom, l'adjectiu, etc., p. ex. **sortir carabassa** a CARABASSA.

SOS *nm* SOS: *enviar un ~* to send out an SOS

sospir *nm* sigh

sospirar *vi* to sigh

sospita *nf* suspicion

sospitar *vt, vi* **~ (de)** to suspect *sb* (of *sth*): *Sospiten que el noi és terrorista.* They suspect the young man of being a terrorist. ◇ *Tothom sospita del marit, però és innocent.* Everyone suspects the husband, but he's innocent.

sospitós, -osa ▶ *adj* suspicious
▶ *nm-nf* suspect

sostenible *adj* sustainable: *desenvolupament ~* sustainable development

sostenidors *nm* bra [*v sing*]: *uns ~ de seda* a silk bra

sostenir ▶ *vt* **1** (*aguantar*) to hold **2** (*pes*) to support **3** (*afirmar*) to maintain ▶ **sostenir-se** *vp* to stand up

sostingut, -uda *adj, nm* (*Mús*) sharp: *fa ~* F sharp *Vegeu tb* SOSTENIR

sostre *nm* **1** (*habitació, etc.*) ceiling: *Hi ha una taca d'humitat al ~.* There's a damp patch on the ceiling. **2** (*cotxe*) roof [*pl* roofs] LOC **sense sostre** homeless: *els sense ~* the homeless

sot *nm* **1** (*clot*) hole **2** (*en una carretera*) pothole: *una carretera plena de ~s* a road full of potholes

sota ▶ *adv* **1** underneath: *Porta una samarreta (a) ~.* She's wearing a T-shirt underneath. ◇ *Has mirat a ~?* Have you looked underneath? **2** (*en un edifici*) downstairs: *el pis de ~* the flat downstairs
▶ *prep* under: *És ~ la taula.* It's under the table. ◇ *Ens vam refugiar ~ un paraigua.* We sheltered under an umbrella. ◇ *nedar ~ l'aigua* to swim underwater ◇ *~ la pluja* in the rain ◇ *cinc graus ~ zero* minus five LOC **el de sota (de tot)** the bottom one: *Agafa el de ~.* Take the bottom one. ◆ **per sota de** below *sth*: *per ~ de la mitjana* below average *Vegeu tb* AQUÍ

sotana *nf* cassock

soterrani *nm* basement

sotmetre ▶ *vt* **1** (*dominar*) to subdue **2** (*exposar*) to subject *sb/sth to sth*: *~ els presos a tortures* to subject prisoners to torture ◇ *Van ~ el metall a l'escalfor.* The metal was subjected to heat. **3** (*buscar aprovació*) to submit *sth* (*to sb/sth*): *Han de ~ el projecte al consell.* The project must be submitted to the council. ▶ **sotmetre's** *vp* **1** (*rendir-se*) to surrender (*to sb*) **2** (*Med*) to undergo: *sotmetre's a un tractament* to undergo treatment ◇ *sotmetre's a una operació* to have an operation LOC **sotmetre a votació** to put *sth* to the vote

sotrac *nm* **1** (*cop sobtat*) jolt **2** (*desgràcia*) blow

sotsdirector, ~a *nm-nf* **1** (*escola*) deputy head **2** (*empresa, banc*) assistant manager

sou *nm* **1** pay [*incomptable*]: *demanar un augment de ~* to ask for a pay increase **2** (*mensual*) salary [*pl* salaries]

sovint *adv* often

stop *nm* (*trànsit*) stop sign

suar *vi* to sweat LOC **suar la cansalada** to sweat blood

suat, -ada *adj* sweaty *Vegeu tb* SUAR

suau *adj* **1** (*color, llum, música, pell, roba, veu*) soft **2** (*superfície, beguda alcohòlica*) smooth **3** (*brisa, moviment, pendent, revolt*) gentle **4** (*càstig, clima, gust*) mild **5** (*exercicis, pluja, vent*) light

S

suavitat *nf* **1** (*cabells, pell, roba*) softness **2** (*superfície*) smoothness **3** (*moviment, veu, sabó, etc.*) gentleness **4** (*clima, sabor*) mildness LOC **amb suavitat** gently

suavitzant *nm* **1** (*cabells*) conditioner **2** (*roba*) (fabric) softener

suavitzar *vt* **1** (*pell*) to moisturize **2** (*cabells*) to condition

subcampió, -ona *nm-nf* runner-up [*pl* runners-up]

subconscient *adj, nm* subconscious

subdesenvolupament *nm* under-development

subdesenvolupat, -ada *adj* under-developed

súbdit, ~a *nm-nf* subject: *una súbdita britànica* a British subject

subestimar *vt* to underestimate

subhasta *nf* auction

subjecte *nm* **1** (*persona*) character **2** (*Gram*) subject

subjectiu, -iva *adj* subjective

subjuntiu, -iva *adj, nm* subjunctive

sublim *adj* sublime

submarí, -ina ▶ *adj* underwater ▶ *nm* submarine

submarinisme *nm* scuba-diving: *fer* ~ to go scuba-diving

submarinista *nmf* scuba-diver

submergible *adj* water-resistant

submergir ▶ *vt* to submerge ▶ **submergir-se** *vp* **1** (*en aigua*) to dive (*into sth*) **2** (*en un tema, treball, ambient, estat*) to immerse yourself (*in sth*)

subministrament *nm* supply [*pl* supplies]: *Ens han tallat el ~ d'aigua.* Our water supply has been cut off.

subministrar *vt* to supply (*sb*) (with *sth*): *Em va ~ les dades.* He supplied me with the information.

submís, -isa *adj* submissive

subordinat, -ada *adj, nm-nf* subordinate

suborn *nm* **1** (*acció*) bribery: *intent de ~* attempted bribery **2** (*diners*) bribe: *acceptar ~s* to accept/take bribes

subornar *vt* to bribe

subratllar *vt* **1** (*text*) to underline **2** (*recalcar*) to emphasize

subsaharià, -ana *adj, nm-nf* (person) from sub-Saharan Africa

subscripció *nf* subscription

subscriure's *vp* ~ **(a) 1** (*publicació*) to take out a subscription (to *sth*) **2** (*associació*) to become a member (of *sth*)

subsidi *nm* benefit: ~ *per malaltia/d'atur* sickness/unemployment benefit

subsistir *vi* to subsist (*on sth*)

substància *nf* substance

substancial *adj* substantial

substanciós, -osa *adj* (*menjar, etc.*) nourishing

substantiu *nm* noun

substitució *nf* **1** (*permanent*) replacement **2** (*temporal, Esport*) substitution

substituir *vt* **1** (*permanentment*) to take the place of *sb/sth*, to replace (*més formal*): *L'ordinador ha substituït la màquina d'escriure.* Computers have taken the place of typewriters. ◇ *Vull ~ les cadires per tamborets.* I want to replace the chairs with stools. **2** (*temporalment*) to stand in for *sb*: *Em substituirà el meu ajudant.* My assistant will stand in for me.

substitut, ~a *nm-nf* **1** (*permanent*) replacement: *Busquem un ~ per al cap de personal.* They're looking for a replacement for the personnel manager. **2** (*temporal*) stand-in

subterrani, -ània *adj* underground LOC *Vegeu* PAS[1]

subtil *adj* subtle

subtítol *nm* subtitle

suburbi *nm* slum ⓘ La paraula anglesa **suburb** significa simplement *barri residencial als afores.*

subvenció *nf* subsidy [*pl* subsidies]

subvencionar *vt* to subsidize

suc *nm* **1** (*fruites*) juice: ~ *de pinya* pineapple juice ◇ ~ *de taronja natural* fresh orange juice **2** (*salsa*) **(a)** sauce **(b)** (*de suc de carn*) gravy LOC **treure el suc d'alguna cosa** to get the most out of sth

sucar *vt* to dip: ~ *pa a la salsa* to dip bread in the sauce

succedani *nm* substitute (*for sth*)

succeir *vi* **1** (*venir després*) to succeed: *El seu fill li succeirà en el tron.* His son will succeed to the throne. **2** (*esdevenir-se*) to happen

successió *nf* succession

successivament *adv* successively LOC *Vegeu* AIXÍ

successor, ~a *nm-nf* ~ **(de)** successor (to *sb/sth*): *Encara no han nomenat la seva successora.* They've yet to name her successor.

sucós, -osa *adj* juicy: *una història ben sucosa* a juicy story

sucre *nm* sugar

S

sucrera *nf* sugar bowl

suculent, ~a *adj* succulent

sucursal *nf* branch

sud *nm* south (*abrev* S): *Viuen al ~ de França.* They live in the south of France. ◇ *És al ~ de Barcelona.* It's south of Barcelona. ◇ *una casa a la costa ~* a house on the south coast

sud-americà, -ana *adj, nm-nf* South American

sud-est *nm* **1** (*punt cardinal, regió*) south-east (*abrev* SE) **2** (*vent, direcció*) south-easterly: *en direcció ~* in a south-easterly direction

sud-oest *nm* **1** (*punt cardinal, regió*) south-west (*abrev* SW) **2** (*vent, direcció*) south-westerly

suec, ~a ▶ *adj, nm* Swedish: *parlar ~* to speak Swedish
▶ *nm-nf* Swede: *els ~s* the Swedes

Suècia *nf* Sweden

suèter *nm* sweater

suficient ▶ *adj* enough: *Dues setmanes de vacances no són ~s.* Two weeks' holiday aren't enough.
▶ *nm* (*Educ*) pass ➲ *Vegeu nota a* A, A

sufix *nm* suffix

sufocant *adj* stifling: *Feia una calor ~.* It was stiflingly hot.

sufocar ▶ *vt* **1** (*foc*) to smother **2** (*rebel·lió*) to put *sth* down ▶ **sufocar-se** *vp* (*de calor*) to suffocate: *M'hi estava sufocant, al metro.* I was suffocating on the underground.

suggeriment *nm* suggestion: *fer un ~* to make a suggestion

S

suggerir *vt* to suggest

suggestionar ▶ *vt* to influence ▶ **suggestionar-se** *vp* to convince yourself *that...*

suïcida ▶ *adj* suicide [*n atrib*]: *un atemptat ~* a suicide bombing
▶ *nmf* **1** suicide victim **2** (*terrorista*) suicide bomber

suïcidar-se *vp* to commit suicide, to kill yourself (*més col·loq*)

suïcidi *nm* suicide

suís, suïssa ▶ *adj* Swiss
▶ *nm-nf* Swiss man/woman [*pl* men/women]: *els suïssos* the Swiss

Suïssa *nf* Switzerland

suma *nf* sum: *una important ~ de diners* a considerable sum of money ◇ *fer una ~* to do a sum

sumar *vt, vi* to add (*sth*) up: *Suma dos i cinc.* Add up two and five. ◇ *Que sabeu ~?* Can you add up?

suor *nf* sweat: *amarat de ~* drenched in sweat

superar ▶ *vt* **1** (*dificultat, problema*) to overcome, to get over *sth* (*més col·loq*): *He superat la por a volar.* I've got over my fear of flying. **2** (*rècord, rival*) to beat: *Mèxic va ~ el Paraguai per 2-1.* Mexico beat Paraguay 2-1. **3** (*prova*) to pass **4** (*ultrapassar*) to exceed: *~ les expectatives* to exceed expectations ◇ *Les temperatures superaran els 40 graus.* Temperatures will exceed 40 degrees. ▶ **superar-se** *vp* to better yourself

superb, ~a *adj* **1** (*magnífic*) magnificent **2** (*altiu*) arrogant

supèrbia *nf* arrogance

superdotat, -ada ▶ *adj* gifted: *una escola per a infants ~s* a school for gifted children
▶ *nm-nf* gifted child [*pl* gifted children]

superficial *adj* superficial

superfície *nf* **1** surface: *la ~ de l'aigua* the surface of the water **2** (*Mat, extensió*) area

superflu, -èrflua *adj* **1** superfluous: *detalls ~s* superfluous detail **2** (*despeses*) unnecessary

superior ▶ *adj* **1** ~ **(a)** higher (than *sb/sth*): *una xifra 20 vegades ~ a la normal* a figure 20 times higher than normal ◇ *estudis ~s* higher education **2** ~ **(a)** (*qualitat*) superior (to *sb/sth*): *Va demostrar ésser ~ al seu rival en molts aspectes.* He showed himself to be superior to his rival in many respects. **3** (*posició*) top: *l'angle ~ esquerre* the top left-hand corner ◇ *el llavi ~* the upper/top lip
▶ *nmf* superior

superioritat *nf* superiority

supermercat *nm* supermarket: *Aquest vi, l'he comprat al ~.* I bought this wine at the supermarket.

supermodel *nmf* supermodel

superpoblació *nf* overpopulation

superpoblat, -ada *adj* overpopulated

superpotència *nf* superpower

superproducció *nf* (*Cine, Teat*) blockbuster

superstició *nf* superstition

supersticiós, -osa *adj* superstitious

supervisar *vt* to supervise

supervisió *nf* supervision

supervisor, ~a *nm-nf* supervisor

supervivència *nf* survival

supervivent ▶ *adj* surviving
▶ *nmf* survivor

suplement *nm* supplement: *el ~ dominical* the Sunday supplement ◇ *un ~ vitamínic* a vitamin supplement

suplent *adj, nmf* **1** relief [*n atrib*]: *un conductor ~* a relief driver **2** (*mestre*) supply teacher [*n*] **3** (*Esport*) substitute [*n*]

suplici *nm* torture [*gen incomptable*]: *Aquestes sabates de taló són un ~.* These high heels are torture.

suport *nm* **1** support: *Els meus pares sempre m'han donat ~.* My parents have always given me their support. ◇ *donar ~ a un company* to give support to a friend ◇ *una manifestació de ~ a la vaga* a demonstration in support of the strike **2** (*prestatge*) bracket **3** (*medi*) medium: *un nou ~ publicitari* a new medium for advertising

suportar *vt* to put up with *sb/sth*: *~ la calor* to put up with the heat

> Quan la frase és negativa, sovint es fa servir **to stand**: *No la suporto.* I can't stand her. ◇ *No suporto haver d'esperar.* I can't stand waiting.
> La paraula anglesa **support** significa *donar suport, sostenir o mantenir.*

suposadament *adv* supposedly

suposar *vt* **1** (*creure*) to suppose: *Suposo que vindran.* I suppose they'll come. ◇ *Suposo que sí/no.* I suppose so/not. ◇ *A quina hora se suposa que comencem?* What time are we supposed to start? ❶ Quan s'usa en forma imperativa, p. ex. *suposem que...* o *suposa que...*, es tradueix per **supposing (that)...**: *Suposem/Suposa que això sigui cert...* Supposing this is true... **2** (*significar*) to mean: *Aquests estalvis suposen molt per a nosaltres.* Those savings mean a lot to us.

suposició *nf* supposition

supositori *nm* suppository [*pl* suppositories]

suprem, ~a *adj* supreme **LOC** *Vegeu* TRIBUNAL

supremacia *nf* supremacy (*over sb/sth*)

suprimir *vt* **1** (*ometre*) to cut *sth* out, to omit (*més formal*): *Jo suprimiria aquest paràgraf.* I'd cut this paragraph out. **2** (*Informàt*) to delete

surar *vi* **1** (*flotar*) to float **2** (*prosperar*) to be afloat: *El negoci va surant encara.* The business is still afloat.

surf *nm* surfing: *fer ~* to go surfing **LOC** **surf de neu** snowboarding ◆ **surf de vela** windsurfing *Vegeu tb* PLANXA

surfista *nmf* surfer

suro *nm* **1** cork **2** (*pesca*) float

surra *nf* smack: *Si t'atrapo, et clavaré una ~.* I'll give you a smack if I catch you.

susceptible *adj* (*irritable*) touchy

suspendre *vt* **1** (*Educ*) to fail: *He suspès el francès.* I've failed French. ◇ *~ dues assignatures* to fail two subjects **2** (*interrompre*) to suspend: *L'àrbitre va ~ el partit durant mitja hora.* The referee suspended the game for half an hour. **3** (*ajornar*) to postpone **4** (*cancel·lar*) to cancel: *Han suspès el casament.* They've cancelled the wedding.

suspens *nm* **1** (*Educ*) fail: *Tinc dos suspensos.* I failed in two subjects. ◇ *En història hi ha hagut molts suspensos.* A lot of people failed history. ➲ *Vegeu nota a* A, A **2** (*novel·la, pel·lícula*) suspense **LOC** **llibre/pel·lícula de suspens** thriller

suspensió *nf* **1** (*d'empleat, servei, Mec*) suspension **2** (*ajornament*) postponement: *la ~ temporal del partit* temporary postponement of the match

suspensiu, -iva *adj* **LOC** *Vegeu* PUNT

sutge *nm* soot

T t

tabac *nm* **1** (*planta, producció*) tobacco: *~ de pipa* pipe tobacco **2** (*cigarretes*) cigarettes [*pl*]: *M'he quedat sense ~.* I've run out of cigarettes. **LOC** **tabac ros/negre** Virginia/black tobacco

tabaquisme *nm* nicotine addiction **LOC** **tabaquisme passiu** passive smoking

tabarra *nmf* (*persona*) pain in the neck **LOC** **clavar/donar la tabarra** to be a nuisance

tabú *nm* taboo [*pl* taboos]: *un tema/una paraula ~* a taboo subject/word

tac *nm* **1** (*Tec*) plug: *Va tapar el forat amb un ~.* He plugged the hole. **2** (*per a claus/caragols*) Rawlplug® **3** (*billar*) (billiard) cue **4** (*de bota de futbol*) stud

taca *nf* **1** (*brutícia*) stain: *una ~ de greix* a grease stain **2** (*a la pell*) **(a)** (*animal*) spot: *les taques del lleopard* the leopard's spots **(b)** (*persona*) patch: *M'han sortit unes taques a la cara.* Some dark patches have appeared on my face.

tacar ▶ *vt* to get *sth* dirty: *No taquis les estovalles.* Don't get the tablecloth dirty. ◇ *Has tacat* *tot el terra de pintura.* You've got paint all over the floor. ▶ **tacar-se** *vp* to get dirty

tacat, -ada *adj* ~ **(de)** stained (with *sth*): *~ de sang* bloodstained ◇ *una carta tacada de tinta* an ink-stained letter *Vegeu tb* TACAR

tacte *nm* **1** (*sentit*) touch: *reconèixer alguna cosa pel ~* to recognize sth by touch **2** (*qualitat*) feel: *No m'agrada el ~ d'aquesta llana.* I don't like the feel of this wool. ◇ *El teixit és aspre al ~.* The material feels rough. **3** (*delicadesa*) tact: *Resoldre l'afer va requerir molt ~.* Resolving the situation required a great deal of tact. ◇ *Cal dir-li-ho amb molt ~.* You have to be very tactful with her. LOC **tenir/no tenir tacte** to be tactful/tactless: *Digues-li-ho tu que tens més ~.* You tell her — you're more tactful.

tàctica *nf* **1** (*estratègia*) tactics [*pl*]: *la ~ de guerra dels romans* Roman military tactics ◇ *un canvi de ~* a change of tactics **2** (*maniobra*) tactic: *una ~ electoral brillant* a brilliant electoral tactic

tàctil *adj* LOC *Vegeu* PANTALLA

taekwondo *nm* tae kwon do

tafanejar *vt, vi* ~ **(en)** to poke around (in *sth*): *No em tafanegis les cartes.* Don't poke around in my letters. ◇ *Algú ha tafanejat en les meves coses.* Somebody has been poking around in my things.

tafaner, ~a ▶ *adj* nosy
▶ *nm-nf* **1** (*que parla de la gent*) gossip **2** (*que mira i pregunta coses*) nosy parker **3** (*espectador*) onlooker: *Després de l'accident el carrer es va omplir de ~s.* After the accident the street filled up with onlookers. **4** (*voyeur*): *No puc suportar els ~s a la platja.* I can't stand those guys who eye people up on the beach.

T

tal *adj* **1** (*semblant*) such a: *Com pots dir ~ cosa?* How can you say such a thing? **2** (*indeterminat*) such-and-such a: *Vindré ~ dia* I'll come on such-and-such a day. ◇ *Ho farà ~ persona.* So-and-so will do it. LOC **en tal** so-and-so: *Suposa que en ~ arriba...* Just suppose so-and-so comes... ◆ **per tal de** to: *Faria qualsevol cosa per ~ de guanyar.* I'd do anything to win. ◆ **tal com** the way: *S'escriu ~ com sona.* It's spelt the way it sounds. ◆ **tal dia com avui** on this day many years ago ◆ **un/una tal**: *Li ha trucat un ~ Lluís Grau.* A Lluís Grau rang for you.

talar *vt* to fell

talc *nm* talc LOC *Vegeu* PÓLVORA

talent *nm* **1** (*habilitat*) talent (*for sth/doing sth*): *Té ~ per a la música/pintar.* He has a talent for music/painting. **2** (*persona*) star: *un jove ~ del flamenc* a young flamenco star

tall *nm* **1** cut: *Es va fer uns quants ~s al braç.* He got several cuts on his arm. ◇ *un ~ d'electricitat* a power cut **2** (*tros*) slice: *un ~ de formatge/carn* a slice of cheese/meat **3** (*carn, peix*) meat, fish: *Avui què tenim de ~?* What meat have we got today? LOC **tall de digestió** pains in your stomach [*pl*]: *tenir un ~ de digestió* to get pains in your stomach *Vegeu tb* ARMA

talla *nf* **1** (*roba*) size: *Quina ~ de camisa fas servir?* What size shirt do you take? ◇ *No tenen la meva ~.* They haven't got the right size. **2** (*escultura*) carving

tallada *nf* **1** (*acció*) cut **2** (*llesca*) slice

tallafoc *nm* **1** (*en un bosc*) firebreak **2** (*Informàt*) firewall

tallagespa *nm* lawnmower

tallar ▶ *vt, vi* to cut: *Talla-ho en quatre trossos.* Cut it into four pieces. ◇ *Aquest ganivet no talla.* This knife doesn't cut. ◇ *Vigila, que aquestes tisores tallen molt.* Be careful, those scissors are very sharp. ▶ *vt* **1** (*aigua, electricitat, part del cos, branca, retirada*) to cut *sth* off: *Han tallat el telèfon/el gas.* The telephone/gas has been cut off. ◇ *La màquina li va ~ un dit.* The machine cut off one of his fingers. **2** (*amb tisores*) to cut *sth* out: *Vaig ~ els pantalons segons el patró.* I cut out the trousers following the pattern. **3** (*fusta, pedra*) to carve: *~ alguna cosa en coral* to carve sth in coral **4** (*joia, cristall*) to cut **5** (*carrer*) to close ▶ **tallar-se** *vp* **1** (*fer-se una ferida*) to cut (yourself): *Em vaig ~ la mà amb un vidre.* I cut my hand on a piece of glass. ◇ *No et tallis!* Don't cut yourself! **2** (*llavis*) to chap **3** (*llet, maionesa*) to curdle **4** (*telèfon*): *Estàvem parlant i de cop i volta es va ~ (la comunicació).* We were talking and then suddenly we got cut off. **5** (*quedar-se sense paraules*) to be left speechless LOC **tallar amb algú** to split up with sb ◆ **tallar la gespa** to mow the lawn ◆ **tallar-se els cabells 1** (*a la perruqueria*) to have your hair cut **2** (*un mateix*) to cut your hair ◆ **tallar-se les puntes** to have a trim

tallarines *nf* **1** tagliatelle [*incomptable, v sing*] **2** (*estil oriental*) noodles

tallat *nm* (*cafè*) espresso with a dash of milk ❶ En moltes cafeteries es fa servir el nom italià, **macchiato** /ˌmæki'ɑːtəʊ/ LOC **tallat de cabells** haircut

tallaungles *nm* nail clippers [*pl*]

taller *nm* **1** (*lloc de treball, curs*) workshop: *un ~ de fusteria* a joiner's workshop ◇ *~s de teatre* theatre workshops **2** (*Mec*) garage **3** (*Art*) studio [*pl* studios]

taló *nm* **1** (*peu, sabata*) heel: *Se m'ha trencat el ~.* I've broken my heel. ◇ *No porta mai talons.* She never wears high heels. **2** (*xec*) cheque: *un ~ pel valor de...* a cheque for... ◇ *ingressar/*

cobrar un ~ to pay in/cash a cheque LOC **de taló** high-heeled *Vegeu tb* PAGAR

talonari *nm* **1** (*xecs*) cheque book **2** (*bitllets, rebuts*) book

talp *nm* mole

també *adv* also, too, as well

> **Too i as well** solen anar al final de la frase: *Jo també hi vull anar.* I want to go too/as well. ◇ *Jo també he arribat tard.* I was late too/as well. ◇ *— Vull un entrepà. — Jo també.* 'I want a roll.' 'So do I./Me too.' **Also** és la variant més formal i precedeix el verb si és el verb principal, o bé el segueix si és un verb auxiliar: *També venen sabates.* They also sell shoes. ◇ *He conegut la Jane i també he conegut els seus pares.* I've met Jane and I've also met her parents.

tambor *nm* drum: *tocar el* ~ to play the drum ◇ *el ~ d'una rentadora* the drum of a washing machine

tamboret *nm* stool: *pujar a un* ~ to stand on a stool

tampó *nm* tampon

tampoc *adv* neither, nor, either: *— No l'he vista, aquesta pel·lícula. — Jo ~.* 'I haven't seen that film.' 'Neither have I./Me neither./Nor have I.' ◇ *—No m'agrada. —A mi ~.* 'I don't like it.' 'Nor do I./Neither do I./I don't either'. ◇ *Jo ~ no hi vaig anar.* I didn't go either. ➲ *Vegeu nota a* NEITHER

tan *adv* **1** (*davant d'adjectiu o d'adverbi*) so: *No crec pas que sigui ~ ingenu.* I don't think he's so naive. ◇ *No em pensava que arribaries ~ tard.* I didn't think you'd be this late. ◇ *És ~ difícil que...* It's so hard that... **2** (*darrere d'un nom*) such (a): *No m'esperava pas un regal ~ car.* I wasn't expecting such an expensive present. ◇ *Són uns nens ~ espavilats que...* They're such clever children that... ◇ *Quina casa ~ bonica que tens!* What a lovely house you've got! LOC **ni tan sols** not even: *Ni ~ sols em va saludar.* He didn't even say hello. ◇ *sense vestir-me ni ~ sols* without even getting dressed ◆ **tan... com...** as... as...: *És ~ ben plantat com el seu pare.* He's as smart as his father. ◇ *Ho va fer ~ bé com va poder.* He did it as well as he could.

tanc *nm* tank

tanca *nf* **1** (*tancat*) fence **2** (*Esport*) hurdle: *els 500 metres tanques* the 500 metres hurdles **3** (*collaret, bossa*) clasp LOC **tanca publicitària** hoarding

tancament *nm* (*acte de tancar*) closure

tancar ▶ *vt* **1** to close, to shut (*més col·loq*): *Tanca la porta.* Shut the door. ◇ *Vaig ~ els ulls.* I closed my eyes. **2** (*amb clau*) to lock **3** (*posar dins d'un lloc*) to shut *sb/sth* up **4** (*empresonar*) to lock *sb/sth* up **5** (*gas, clau de pas, aixeta, llum*) to turn *sth* off **6** (*sobre*) to seal ▶ *vi* to close, to shut (*més col·loq*): *No tanquem a l'hora de dinar.* We don't close for lunch. ▶ **tancar-se** *vp* **1** to close, to shut (*més col·loq*): *Se'm tancaven els ulls.* My eyes were closing. **2** (*dins d'un lloc*) (**a**) to shut yourself in (**b**) (*amb clau*) to lock yourself in LOC **en un tancar i obrir d'ulls** in the twinkling of an eye ◆ **tancar amb (pany i) forrellat** to bolt *sth* ◆ **tancar la porta pels nassos d'algú** to shut the door in sb's face ◆ **tancar(-se) d'un cop/d'una revolada** to slam: *La porta es va ~ de cop.* The door suddenly slammed (shut).

tancat, -ada *adj* **1** closed, shut (*més col·loq*): *~ per vacances* closed for the holidays ◇ *Tenia els ulls ~s.* Her eyes were shut. **2** (*amb clau*) locked **3** (*persona*) (**a**) (*reservat*) reserved (**b**) (*poc receptiu*) set in your, etc. ways: *Té una mentalitat molt tancada.* He's very set in his ways. **4** (*espai*) enclosed **5** (*revolt*) sharp **6** (*accent*) broad: *Parlen un anglès molt ~ a Glasgow.* They speak English with a broad accent in Glasgow. LOC **tancat hermèticament** airtight *Vegeu tb* TANCAR

tanda *nf* **1** (*ordre*) turn: *Agafa ~ a la cua del cinema.* Wait your turn in the queue for the cinema. ◇ *Encara no m'ha tocat la ~.* It isn't my turn yet. **2** (*treball*) shift: *la ~ de les sis a les nou* the six to nine shift LOC **tanda de penals** penalty shoot-out

tanga *nm* thong

tanmateix *adv* however, nevertheless (*formal*): *És molt difícil. Tanmateix, ho farà, ja ho veureu.* It's very difficult. However, he'll do it, just you see. LOC **i tanmateix...** and yet...: *Hi havia molts candidats i ~ ha guanyat ell.* There were a lot of candidates, and yet he won.

tant *nm* so much: *Em donen un ~ al mes.* They give me so much a month. LOC **un tant per cent** a percentage

tant, ~a ▶ *adj, pron* **1** (*referit a nom incomptable*) so much: *No em posis ~ arròs.* Don't give me so much rice. ◇ *No havia passat mai tanta gana.* I'd never been so hungry. **2** (*referit a nom comptable*) so many: *Tenia ~s problemes!* He had so many problems! ◇ *Hi havia tantes noies!* There were so many girls! ◇ *Per què n'has comprat ~s?* Why did you buy so many? ▶ *adv* **1** (*tanta quantitat*) so much: *He menjat ~ que no em puc bellugar.* I've eaten so much (that) I can't move. **2** (*tant temps*) so long: *Feia ~ que no et veia!* I haven't seen you for so long! **3** (*tan ràpid*) so fast: *No corris ~ amb el cotxe.* Don't drive so fast. **4** (*tan sovint*) so often

T

LOC **de tant en tant** from time to time ◆ **i tant (que...)!** of course!: *I ~ que no!* Of course not! ◆ **no haver-n'hi per a tant**: *Ja sé que et fa mal, però no n'hi ha per a ~!* I know it hurts, but it's not as bad as all that! ◆ **per tant** therefore ◆ **tant... com... 1** (*en comparacions*) (**a**) (*amb nom incomptable*) as much... as...: *Vaig beure tanta cervesa com tu.* I drank as much beer as you. (**b**) (*amb nom comptable*) as many... as...: *No tenim ~s amics com abans.* We don't have as many friends as we used to. **2** (*tots dos*) both... and...: *Ho sabien ~ ell com la seva germana.* He and his sister both knew. ◆ **tant de bo 1** (*espero que*) I hope...: *Tant de bo que guanyin!* I hope they win! ◇ *— Ja veuràs com aprovaràs. — Tant de bo!* 'I'm sure you'll pass.' 'I hope so!' **2** (*ja voldria jo*) if only: *Tant de bo hi pogués anar!* If only I could go! ◆ **tant me fa/se me'n dóna** I, you, etc. couldn't care less ◆ **tant si... com si...** whether... or...: *~ si plou com si no plou* whether it rains or not

tany *nm* stem

tap *nm* **1** top **2** (*de suro*) cork **3** (*Tec, banyera, per a les orelles, etc.*) plug: *posar-se ~s a les orelles* to put plugs in your ears **4** (*cerumen*) earwax [*incomptable*]: *Crec que tinc ~s a les orelles perquè no hi sento bé.* I must have wax in my ears because I can't hear properly. **5** (*bàsquet*) block LOC **tap de rosca** screw top

tapa *nf* **1** (*tapadora*) lid: *Posa-hi la ~.* Put the lid on. **2** (*llibre*) cover: *un llibre de ~ dura/tova* a hardback/paperback book **3** (*sabates*) heel: *Aquestes botes necessiten unes tapes noves.* These boots need new heels. **4** (*aperitiu*) (**a**) (*ració*) portion: *una ~ d'ensalada russa* a portion of Russian salad (**b**) **tapes** tapas: *prendre unes tapes* to have some tapas

tapadora *nf* **1** (*tapa*) lid **2** (*d'un frau, engany*) cover: *L'empresa és només una ~.* The firm is just a cover.

tapar ▶ *vt* **1** (*cobrir*) to cover *sb/sth* (*with sth*): *Va ~ el quadre amb un llençol.* She covered the painting with a sheet. **2** (*abrigar*) to wrap *sb/sth* up (*in sth*): *La vaig ~ amb una manta.* I wrapped her up in a blanket. **3** (*amb una tapa*) to put the lid on *sth*: *Tapa la cassola.* Put the lid on the saucepan. **4** (*amb un tap*) to put the top on *sth*: *~ una ampolla* to put the top on a bottle **5** (*forat, gotera*) to stop *sth* (up) (*with sth*): *Vaig ~ els forats amb guix.* I stopped (up) the holes with plaster. **6** (*obstruir*) to block: *Les fulles van ~ el tub de desguàs.* The leaves blocked the drainpipe. ◇ *Tinc el nas ben tapat.* My nose is blocked. **7** (*la vista*) to block *sb's* view of *sth*: *No em tapis la tele.* Don't block my view of the TV. ▶ **tapar-se** *vp* **1 tapar-se (amb)** to wrap up (in *sth*): *Tapa't bé.* Wrap up well. **2** (*cel*) to cloud over **3** (*obstruir-se*) to get blocked

tàpera *nf* caper

tàpia *nf* wall LOC *Vegeu* SORD

tapís *nm* tapestry [*pl* tapestries]

tapisseria *nf* (*moble, cotxe*) upholstery [*incomptable*]

taquilla *nf* **1** (*estació, estadi*) ticket office **2** (*Cine, Teat*) box office

taquiller, ~a *adj* (*espectacle*): *Va ésser una pel·lícula molt taquillera.* It was a big box-office hit.

tara *nf* **1** defect **2** (*roba*) flaw

taral·larejar (*tb* **taral·lejar**) *vt* to hum

tarannà *nm* **1** (*caràcter*) nature: *un partit de ~ democràtic* a party of a democratic nature **2** (*disposició*) willingness: *el ~ negociador del govern* the government's willingness to negotiate

taràntula *nf* tarantula

tard *adv* **1** late: *Ens hem llevat ~.* We got up late. ◇ *Me'n vaig, que es fa ~.* I'm off — it's getting late. **2** (*massa tard*) too late: *És ~ per a trucar-los per telèfon.* It's too late to ring them. LOC **al més tard** at the latest ◆ **cap al tard** at dusk ◆ **fer tard** to be late: *Se'ns ha fet ~.* We're late. ◆ **tard o d'hora** sooner or later *Vegeu tb* ARRIBAR

tarda *nf* afternoon: *El concert és a la ~.* The concert is in the afternoon. ◇ *Van arribar diumenge a la ~.* They arrived on Sunday afternoon. ◇ *Et veuré demà a la ~.* I'll see you tomorrow afternoon. ◇ *Què fas aquesta ~?* What are you doing this afternoon? LOC **bona tarda!** good afternoon! ◆ **de la tarda** (*hores*) in the afternoon, p.m. *a les quatre de la ~* at four o'clock in the afternoon ➲ *Vegeu notes a* MATÍ *i* P.M. *Vegeu tb* MIG

tardar *vi* to take (time) *to do sth*: *Sí que tarda, la teva germana!* Your sister's taking a long time! ◇ *Van ~ bastant a contestar.* It took them a long time to reply. ◇ *Vaig ~ dos mesos a recuperar-me.* It took me two months to get better. ◇ *Amb cotxe es tarden dues hores.* It takes two hours by car. LOC **no tardar (gaire/gens)** not to be long: *No tardis.* Don't be long.

tardor *nf* autumn: *a la ~* in (the) autumn

targeta *nf* card: *~ de memòria* memory card LOC **targeta de crèdit** credit card ◆ **targeta de dèbit** debit card ◆ **targeta d'embarcament** boarding card ◆ **targeta postal** postcard ◆ **targeta sanitària** medical card ◆ **targeta telefònica** phonecard *Vegeu tb* PAGAR

tarifa *nf* **1** prices [*pl*]: *les tarifes hoteleres* hotel prices ◇ *Ha augmentat la ~ elèctrica.*

T

Electricity prices have gone up. **2** (*transport*) fare: *Els nens paguen ~ reduïda.* There is a reduced fare for children. LOC **tarifa nocturna** evening rate ◆ **tarifa plana** flat rate

tarima *nf* platform

taronger *nm* orange tree

taronja ▶ *nf* (*fruita*) orange
▶ *adj, nm* (*color*) orange ➲ *Vegeu exemples a* GROC LOC *Vegeu* RATLLADURA

taronjada *nf* orangeade

tartamudejar *vt* to stammer

tartamut, -uda *adj, nm-nf*: *els ~s* people who stammer LOC **ésser tartamut** to have a stammer

tasca *nf* task: *una ~ impossible* an impossible task

tassa *nf* **1** cup: *una ~ de cafè* a cup of coffee ◇ *una ~ per a cafè* a coffee cup ❶ És molt freqüent l'ús d'una **mug**, una tassa alta sense platet. *Vegeu il·lustració a* CUP. **2** (*vàter*) (toilet) bowl

tastar *vt* to try: *Puc ~ la sopa?* Can I try the soup?

tatuatge *nm* tattoo [*pl* tattoos]: *fer-se un ~* to have a tattoo done

tatxa *nf* **1** (*clau*) tack **2** (*en un cinturó, una caçadora*) stud: *un cinturó de tatxes* a studded belt

taula *nf* table: *No posis els peus a la ~.* Don't put your feet on the table. ◇ *Ens asseiem a ~?* Shall we sit at the table? ◇ *~ d'equivalències* conversion table ◇ *saber les taules (de multiplicar)* to know your (multiplication) tables LOC **desparar la taula** to clear the table ◆ **la taula del dos, etc.** the two, etc. times table ◆ **parar taula** to lay/set the table ◆ **taula de comandament/control** control panel ◆ **taula (de despatx/escola)** desk ◆ **taula rodona** (*lit, fig*) round table *Vegeu tb* BENEIR, JOC, SAL, TENNIS

taulell *nm* **1** (*botiga, aeroport*) counter **2** (*bar*) bar

tauler *nm* board LOC **tauler d'anuncis 1** noticeboard **2** (*Internet*) message board ◆ **tauler d'escacs** chessboard

tauleta *nf* LOC **tauleta de nit** bedside table

tauló *nm* plank

taure (*tb* **Taure**) *nm, nmf* (*Astrol*) Taurus ➲ *Vegeu exemples a* AQUARIUS

tauró *nm* shark

taüt *nm* coffin

tàvec *nm* horsefly [*pl* horseflies]

taverna *nf* pub

taxa *nf* **1** (*índex*) rate: *la ~ de natalitat* the birth rate **2** (*impost*) tax **3** (*quota*) fee: *taxes acadèmiques* tuition fees

taxi *nm* taxi: *agafar un ~* to take a taxi LOC *Vegeu* PARADA

taxista *nmf* taxi driver

te[1] *pron Vegeu* ET[2]

te[2] *nm* tea: *Et ve de gust un te?* Would you like a cup of tea?

teatral *adj* LOC *Vegeu* OBRA

teatre *nm* **1** theatre: *anar al ~* to go to the theatre ◇ *el ~ clàssic/modern* classical/modern theatre **2** (*classe, curs*) drama: *una classe de ~* a drama class LOC **fer teatre** (*exagerar*) to put on an act: *Li fa mal el peu, però també fa una mica de ~.* His foot does hurt, but he's putting on a bit of an act. ◆ **teatre de putxinel·lis** puppet theatre *Vegeu tb* OBRA

tebi, tèbia *adj* lukewarm

tec *nm* feast: *fer un bon ~* to have a feast

tecla *nf* key [*pl* keys]: *tocar una ~* to press a key

teclat *nm* (*Informàt, Mús*) keyboard ➲ *Vegeu il·lustració a* ORDINADOR

tècnic, ~a ▶ *adj* technical: *Vaig estudiar en una escola tècnica.* I went to a technical college.
▶ *nm-nf* **1** (*per a reparacions, etc.*) technician **2** ~ **(en)** (*titulació*) specialist (in *sth*): *És ~ en recursos humans.* He's a specialist in human resources. **3** (*Esport*) manager LOC **tècnic de so** sound engineer *Vegeu tb* AUXILIAR, ENGINYER

tècnica *nf* **1** (*mètode*) technique **2** (*tecnologia*) technology: *els avenços de la ~* technological advances

tecnologia *nf* technology [*pl* technologies] LOC **tecnologia punta** state-of-the-art technology

tecnològic, ~a *adj* technological LOC *Vegeu* PARC

teixir *vt* **1** (*teixits*) to weave **2** (*aranya, cuc*) to spin

teixit *nm* **1** (*roba*) fabric ➲ *Vegeu nota a* ROBA **2** (*Anat*) tissue LOC **teixit escocès** tartan

tela *nf* **1** cloth ➲ *Vegeu nota a* ROBA **2** (*Art*) canvas LOC **tela metàl·lica** wire netting

tele *nf* TV: *Què fan avui a la ~?* What's on TV today?

teleaddicte, -a *nm-nf* telly addict

telebotiga *nf* TV home shopping

telecadira *nm* chairlift

telecomèdia *nf* comedy show

telecomunicacions *nf* telecommunications

teledirigit, -ida *adj* remote-controlled

teleespectador, ~a *nm-nf* viewer

teleesquí *nm* ski lift

telefèric *nm* cable car

telèfon *nm* **1** (*aparell*) phone, telephone (*més formal*): *Està parlant per ~ amb la seva mare.* She's on the phone to her mother. ◇ *Que pots* *agafar el ~?* Can you answer the phone? ◇ *Anna, al ~!* It's for you, Anna! **2** (*número*) phone number: *Que tens el meu ~?* Have you got my phone number? ➲ *Vegeu pàgs 757-761* LOC **telèfon mòbil** mobile (phone): *Em pots trucar al ~ mòbil.* You can call me on my mobile. *Vegeu tb* CABINA, GUIA, PENJAR, PENJAT, TRUCAR

telefonada *nf* call: *Fes-me una ~ demà.* Give me a call tomorrow.

telefonar *vi* to phone, to telephone (*més formal*)

telefonia *nf* telephone systems

telefònic, **~a** *adj* phone, telephone (*més formal*) [*n atrib*]: *fer una trucada telefònica* to make a phone call LOC *Vegeu* CABINA, CENTRAL, GUIA

telefonista *nmf* telephonist

telegrama *nm* telegram

telemàrqueting *nm* telesales

telenotícies *nm* news: *A quina hora és el ~?* What time is the news on? ◇ *Ho van dir en el ~ de les tres.* It was on the three o'clock news. ◇ *Avui ni tan sols he pogut veure el ~.* I haven't even had time to watch the news today.

telenovel·la *nf* soap (opera)

telepatia *nf* telepathy

teleporqueria *nf* trash TV

teler *nm* loom

telescopi *nm* telescope

telesella *nm* chairlift

teletext *nm* teletext

teletreball *nm* teleworking

teletreballador, **~a** *nm-nf* teleworker

televisar *vt* to televise

T

televisió *nf* television (*abrev* TV): *sortir a la ~* to be on television ◇ *Què fan a la ~ avui al vespre?* What's on TV tonight? ◇ *Estàvem mirant la ~.* We were watching TV. ➲ *Vegeu nota a* TELEVISION LOC **televisió digital** digital television ◆ **televisió per cable/satèl·lit** cable/satellite television

televisiu, **-iva** *adj* television [*n atrib*], TV [*n atrib*] (*més col·loq*): *la programació televisiva* the TV schedules LOC *Vegeu* TERTÚLIA

televisor *nm* television (set) (*abrev* TV (set)): *Engega/apaga el ~.* Turn the television on/off.

teló *nm* curtain: *Van pujar el ~.* The curtain went up. LOC **teló de fons** backdrop

teloner, **~a** *nm-nf* supporting artist: *els ~s* the support band

tema *nm* **1** subject: *el ~ d'una xerrada/d'un poema* the subject of a talk/poem ◇ *No canviïs de ~.* Don't change the subject. **2** (*qüestió d'interès general*) question: *temes ecològics/econòmics* ecological/economic questions **3** (*Mús*) **(a)** (*cançó, composició*) track **(b)** (*melodia principal*) theme **4** (*lliçó*) unit: *Anem pel ~ 4.* We're on Unit 4.

temàtic, **~a** *adj* LOC *Vegeu* PARC

témer *vt* **1** to be afraid (of *sb/sth*): *Tem la foscor.* He's afraid of the dark. ◇ *Temo que no vindran.* I'm afraid they won't come. **2** ~ **per** to fear for *sb/sth*: *Tem pels seus fills.* He fears for his children.

temible *adj* fearful

temor *nm* fear

temperament *nm* temperament: *Té molt de ~.* He is very temperamental.

temperat, **-ada** *adj* (*clima*) mild

temperatura *nf* temperature: *Demà baixaran les temperatures.* Temperatures will fall tomorrow. ◇ *El metge em va prendre la ~.* The doctor took my temperature.

tempestat (*tb* **tempesta**) *nf* storm: *Sembla que hi haurà ~.* It looks like there's going to be a storm. ◇ *temps de ~* stormy weather ◇ *S'acosta una ~.* There's a storm brewing.

tempestuós, **-osa** *adj* stormy

templa *nf* temple

temple *nm* temple

temporada *nf* **1** (*època*) season: *la ~ futbolística* the football season ◇ *la ~ alta/baixa* the high/low season **2** (*període de temps*) time: *Havia estat malalt una ~ ben llarga.* He had been ill for a long time. LOC **de temporada** seasonal: *fruites i verdures de ~* seasonal fruit and vegetables ◆ **temporada de caça** open season

temporal ▶ *adj* (*no permanent*) temporary
▶ *nm* storm

temps *nm*

• **cronològic 1** time: *en els ~ dels romans* in Roman times ◇ *Fa molt de ~ que visc aquí.* I've been living here for a long time. ◇ *en el meu ~ lliure* in my spare time ◇ *Quant ~ fa que estudies anglès?* How long have you been studying English? ◇ *al mateix ~* at the same time ◇ *Fa massa ~ que visc aquí.* I've been living here too long. **2** (*edat*): *Quin ~ té?* How old is she? **3** (*Esport*) half [*pl* halves]: *el primer ~* the first half **4** (*Gram*) tense

• **meteorològic** weather: *Ahir va fer bon/mal ~.* The weather was good/bad yesterday. LOC **amb el temps** in time: *Ho entendràs amb el ~.* You'll understand in time. ◆ **amb temps (de sobres)/amb prou temps** in good time: *Avisa'm amb ~.* Let me know in good time. ◆ **a temps** in time: *Arribes a ~ per a prendre't un cafè.* You're just in time for a cup of coffee. ◇ *Encara ets a ~ d'enviar-ho.* You've still got time to send it. ◆ **a temps complet/parcial** full-time/part-time: *treballar a ~ parcial* to work part-time ◆ **del temps** (*fruita*) seasonal ◆ **en temps real** in real time ◆ **fer temps** to while away your time ◆ **temps mort** (*Esport*) timeout *Vegeu tb* COBRIR, DONA, GUANYAR, HOME

temptació *nf* temptation: *No vaig poder resistir la ~ de menjar-me'l.* I couldn't resist the temptation to eat it up. LOC **caure en la temptació** to fall into temptation: *Vaig caure en la ~ de cridar-lo.* I couldn't stop myself from calling him.

temptador, ~a *adj* tempting

temptar *vt* to tempt: *Em tempta la idea d'anar de vacances.* I'm tempted to go on holiday.

temptativa *nf* attempt

temptejar *vt* **1** (*persona*) to sound *sb* out **2** (*situació*) to weigh *sth* up

tenaç *adj* (*persona*) tenacious

tenalles *nf* pliers

tenda *nf* **1** (*de campanya*) tent: *parar/desparar una ~ (de campanya)* to put up/take down a tent **2** (*de comestibles*) grocer's ➲ *Vegeu nota a* CARNISSERIA

tendal *nm* awning

tendència *nf* **1** (*predisposició*) tendency [*pl* tendencies]: *Té ~ a engreixar-se.* He has a tendency to put on weight. **2** (*moda*) trend: *les últimes tendències de la moda* the latest trends in fashion

tendir *vi* ~ **a**: *Tendeix a complicar les coses.* He tends to complicate things. ◇ *L'economia tendeix a recuperar-se.* The economy is recovering.

tendó *nm* tendon

tendre, -a *adj* tender: *un filet ~* a tender steak ◇ *una mirada tendra* a tender look LOC *Vegeu* MONGETA

tendresa *nf* tenderness: *tractar algú amb ~* to treat sb tenderly

tenebres *nf* darkness [*incomptable*]

tenebrós, -osa *adj* sinister

tenir *vt*

• **possessió** to have

> Hi ha dues formes per a expressar *tenir* en present: *to have* i *have got*. **Have got** és més freqüent i no necessita un auxiliar en oracions interrogatives ni en negatives: *Que tens germans?* Have you got any brothers or sisters? ◇ *No té diners.* He hasn't got any money. **To have** sempre va acompanyat d'un auxiliar en oracions interrogatives i en negatives: Do you have any brothers or sisters? ◇ He doesn't have any money. En els altres temps verbals s'utilitza *to have*: *Quan era petita tenia una bicicleta.* I had a bicycle when I was little.

• **estats, actituds 1** (*edat*) to be: *La meva filla té deu anys.* My daughter is ten (years old). **2** (*sentir, tenir una actitud*) to be

> Quan *tenir* significa 'sentir', en anglès s'utilitza el verb *to be* amb un adjectiu, en lloc del nom que fem servir català: *Tinc molta gana.* I'm very hungry. ◇ *tenir calor/fred/set/por* to be hot/cold/thirsty/frightened ◇ *Tinc un gran afecte a la teva mare.* I'm very fond of your mother. ◇ *tenir paciència* to be patient.

• **en construccions amb adjectius**: *Tinc la casa plena de llibres.* The house is full of books. ◇ *És fàcil tenir-lo content.* It's easy to keep him happy. ◇ *Tens les mans brutes.* Your hands are dirty. ◇ *Tinc els cabells llargs.* I've got long hair. ◇ *Tinc la mare malalta.* My mother is ill.

• **amb participi**: *Ho tenen tot planejat.* It's all arranged. ◇ *El seu comportament ens té preocupats.* We're worried about the way he's been behaving. LOC **tenir algú per alguna cosa** to think sb is sth: *Sembla que em tinguis per idiota.* You seem to think I'm an idiot. ◆ **tenir a veure** to have to do with *sb/sth*: *Però, això què hi té a veure?* What's that got to do with it? ◇ *Això no hi té res a veure.* That's got nothing to do with it. ◆ **té/teniu!** here you are! ❶ Per a d'altres expressions amb **tenir**, vegeu les entrades del nom, adjectiu, etc., p. ex. **tenir lloc** a LLOC i **tenir mala sort** a SORT.

tennis *nm* tennis LOC **tennis de taula** table tennis *Vegeu tb* PISTA

tennista *nmf* tennis player

tenor *nm* tenor

tens, ~a *adj* tense

tensar *vt* to tighten: *~ les cordes d'una raqueta* to tighten the strings of a racket

tensió *nf* **1** tension: *la ~ del cable* the tension of the cable ◇ *Hi va haver molta ~ durant el sopar.* There was a lot of tension during dinner. **2** (*elèctrica*) voltage: *cables d'alta ~* high-voltage cables **3** (*estrès*) stress [*incomptable*]: *Tinc molta ~ acumulada.* I'm under a lot of stress. **4** (*arterial*) blood pressure: *tenir la ~ alta* to have high blood pressure

tentacle *nm* tentacle

tentinejar *vi* to stagger

tènue *adj* (*llum, so, línia*) faint

T

tenyir ▶ *vt* to dye: *~ una camisa de vermell* to dye a shirt red ▶ **tenyir-se** *vp* (*cabells*) to dye your hair: *tenyir-se de castany fosc* to dye your hair dark brown LOC **tenyir-se de ros** to bleach your hair

teologia *nf* theology

teorema *nm* theorem

teoria *nf* theory [*pl* theories]: *en ~* in theory

teòric, ~a *adj* theoretical

teranyina *nf* cobweb

terapèutic, ~a *adj* therapeutic

teràpia *nf* therapy [*pl* therapies]: *~ de grup* group therapy

tèrbol, ~a *adj* **1** (*líquid*) cloudy **2** (*assumpte*) shady

terç *nm* third: *dos terços de la població* two thirds of the population

tercer, ~a ▶ *adj, pron, nm-nf* third (*abrev* 3rd) ➲ *Vegeu exemples a* SISÈ
▶ *nm* third party: *assegurança a ~s* third-party insurance
▶ **tercera** *nf* (*marxa*) third (gear) LOC **tercera edat**: *activitats per a la tercera edat* activities for senior citizens ◆ **Tercer Món** Third World: *els països del ~ Món* third-world countries *Vegeu tb* CATEGORIA, EQUACIÓ, RESIDÈNCIA

terme *nm* **1** term: *en ~s generals* in general terms **2** (*final*) end LOC **dur/portar a terme** to carry *sth* out ◆ **terme mitjà** average ◆ **terme municipal** municipal district

tèrmic, ~a *adj* thermal

terminació *nf* ending

terminal *adj, nf, nm* terminal: *malalts ~s* terminally ill patients ◇ *~ de passatgers* passenger terminal

terminar ▶ *vt* to finish ▶ *vi* ~ **(en)** to end (in *sth*)

termini *nm* **1** (*període*): *el ~ de matrícula* the enrolment period ◇ *Tenim un mes de ~ per a pagar.* We've got a month to pay. ◇ *El ~ acaba demà.* The deadline is tomorrow. ◇ *un ~ d'un any* a one-year deadline **2** (*pagament*) instalment: *pagar alguna cosa a ~s* to pay for sth in instalments LOC **a curt/llarg termini** short-/long-term: *plans a curt ~* short-term plans ◆ **fora de termini** after the closing date *Vegeu tb* COMPRAR

terminologia *nf* terminology [*pl* terminologies]

termòmetre *nm* thermometer LOC **posar el termòmetre a algú** to take sb's temperature

termos *nm* Thermos®, Thermos flask

termòstat *nm* thermostat

terra ▶ *nf* **1** (*per oposició al mar, camp, finca*) land [*incomptable*]: *viatjar per ~* to travel by land ◇ *cultivar la ~* to work the land ◇ *Va vendre les terres de la seva família.* He sold his family's land. **2** (*per a plantes, terreny*) soil: *~ per als testos* soil for the plants ◇ *una ~ fèrtil* fertile soil **3** (*pàtria*) home: *costums de la meva ~* customs from back home **4 Terra** (*planeta*) earth: *La Terra és un planeta.* The earth is a planet.
▶ *nm* **1** (*d'una habitació*) floor: *Va caure a ~.* It fell to the floor. **2** (*a l'exterior*) ground LOC **prendre terra** to land ◆ **terra a la vista!** land ahoy! ◆ **terra batuda** (*Tennis*) clay ◆ **terra de conreu** farmland ◆ **terra endins** inland ◆ **terra ferma** dry land ◆ **Terra Santa** the Holy Land *Vegeu tb* ESLLAVISSADA, EXÈRCIT, FREGAR, LLENÇAR, PRESA, TIRAR

terraqüi, -àqüia *adj* LOC *Vegeu* GLOBUS

terrassa *nf* **1** (*en una casa*) terrace **2** (*bar*): *Asseguem-nos a la ~.* Let's sit outside. ◇ *A la ~, s'hi està més fresc.* We'll be cooler outside.

terrat *nm* roof [*pl* roofs]

terratinent *nmf* landowner

terratrèmol *nm* earthquake

terrenal *adj* LOC *Vegeu* PARADÍS

terreny *nm* **1** (*terra*) land [*incomptable*]: *un ~ molt fèrtil* very fertile land ◇ *Van comprar un ~.* They bought some land. **2** (*àmbit*) sphere: *en el ~ econòmic/dels drets humans* in the economic sphere/the sphere of human rights LOC **guanyar/perdre terreny** to gain/lose ground ◆ **sobre el terreny** (**a**) (*al lloc*) on the spot (**b**) (*sobre la marxa*) as I, you, etc., go along ◆ **terreny de joc** pitch ◆ **tot terreny**: *(cotxe) tot ~* four-by-four ◇ *motocicleta tot ~* dirt bike *Vegeu tb* BICICLETA

terrestre *adj* land [*n atrib*]: *un animal/atac ~* a land animal/attack LOC *Vegeu* ESCORÇA

terrible *adj* terrible

terrífic, ~a *adj* terrifying

terrissa *nf* earthenware [*incomptable*]: *una gerra de ~* an earthenware jug

terrisseria *nf* pottery

territori *nm* **1** territory [*pl* territories] **2** (*terra d'un país*) soil: *en ~ britànic* on British soil

terror *nm* terror LOC *Vegeu* PEL·LÍCULA

terrorífic, ~a *adj* terrifying

terrorisme *nm* terrorism

terrorista *adj, nmf* terrorist LOC *Vegeu* BANDA[3]

terròs *nm* lump: *un ~ de sucre* a sugar lump

tertúlia *nf* **1** (*reunió*) get-together: *fer una ~* to have a get-together **2** (*Internet*) chat room LOC

T

fer tertúlia (*conversar*) to have a chat ◆ **tertúlia (televisiva)** discussion programme

tes, **~a** *adj* tense

tesi *nf* **1** (*doctoral*) thesis [*pl* theses] **2** (*opinió*) view: *La Cort Suprema no va abonar la ~ del govern.* The Supreme Court did not support the government's view.

test[1] *nm* (*de plantes*) flowerpot LOC **els testos s'assemblen a les olles** like father like son

test[2] *nm* (*prova*) test LOC *Vegeu* EXAMEN

testament *nm* **1** (*Dret*) will: *fer ~* to make a will **2 Testament** Testament: *l'Antic Testament/el Nou Testament* the Old/New Testament

testicle *nm* testicle

testimoni ▶ *nmf* witness
▶ *nm* (*Esport*) baton: *donar el ~* to pass the baton LOC **ésser testimoni d'alguna cosa** to witness sth ◆ **testimoni presencial/de vista** eyewitness

tetera *nf* teapot

tetina *nf* (*biberó*) teat

tètric, **~a** *adj* gloomy

teu, **teva** ▶ *adj* your: *els ~s llibres* your books ◇ *No és cosa teva.* That's none of your business.

> *Un amic teu* es tradueix per 'a friend of yours' perquè significa *un dels teus amics*.

▶ *pron* yours: *Aquestes sabates no són teves.* Those shoes aren't yours.

teula *nf* tile

teulada *nf* roof [*pl* roofs]

texà, **-ana** ▶ *adj* (*roba*) denim [*n atrib*]: *una caçadora texana* a denim jacket
▶ **texans** *nm* jeans

text *nm* text LOC **processament/tractament de textos** word processing *Vegeu tb* COMENTARI, LLIBRE, MISSATGE

tèxtil *adj* textile [*n atrib*]: *una fàbrica ~* a textile factory

textualment *adv* word for word

textura *nf* texture

tia *nf* **1** (*familiar*) aunt, auntie (*més col·loq*) **2** (*dona*) girl

tibant *adj* **1** tight (*estirat*): *Posa la corda ben ~.* Make sure the rope is tight. **2** (*relació*) tense

tibar *vt* to tighten

tibat, **-ada** *adj* **1** (*estirat*) tense **2** (*arrogant*) stuck-up *Vegeu tb* TIBAR

tiberi *nm* feast: *Quin ~ vam fer!* What a feast we had!

tiet, **~a** *nm-nf* **1** (*masc*) uncle **2** (*fem*) auntie: *la tieta Núria* Auntie Núria **3 tiets** uncle and aunt: *Vaig a casa els meus ~s.* I'm going to my uncle and aunt's.

tigre, **-essa** *nm-nf* **1** (*mascle*) tiger **2** (*femella*) tigress

tija *nf* stem

til·la *nf* (*infusió*) lime flower tea

timbal *nm* drum: *tocar el ~* to play the drum

timbre *nm* **1** (*campaneta*) bell: *tocar el ~* to ring the bell **2** (*veu*) pitch: *Té un ~ de veu molt alt.* He has a very high-pitched voice.

tímid, **~a** *adj* shy

timó *nm* rudder

timpà *nm* (*orella*) eardrum

tinent, **~a** *nm-nf* lieutenant

tint *nm* dye

tinta *nf* ink LOC *Vegeu* MIG

tintoreria *nf* dry-cleaner's ➲ *Vegeu nota a* CARNISSERIA

tip, **~a** *adj* **1** (*ple*) full **2** ~ **(de)** (*cansat*) fed up (with *sb/sth/doing sth*): *N'estic ~, de tu.* I'm fed up with you. LOC **fer-se un tip de menjar** to stuff yourself (*with sth*) ◆ **fer-se un tip de riure** to split your sides

típic, **~a** *adj* **1** (*característic*) typical (*of sb/sth*): *Això és ~ d'en Pep.* That's just typical of Pep. **2** (*tradicional*) traditional: *un ball/vestit ~* a traditional dance/costume

tipografia *nf* typography

tipus *nm* **1** (*mena*) kind (*of sth*): *el ~ de persona nerviosa* the nervous kind ◇ *tot ~ de gent/d'animals* all kinds of people/animals ◇ *No és el meu ~.* He's not my type. **2** (*cos*) **(a)** (*de dona*) figure: *Té un ~ bonic.* She has a nice figure. **(b)** (*d'home*) body **3** (*individu*) guy: *Quin ~ més lleig!* What an ugly guy! LOC **tipus de canvi** (*Econ*) exchange rate

tiquet *nm* **1** (*rebut*) receipt **2** (*entrada*) ticket

tir *nm* **1** (*tret*) shot **2** (*Esport*) shooting: *~ al colom* pigeon shooting LOC **tir al blanc** target shooting ◆ **tir al plat** clay pigeon shooting ◆ **tir amb arc** archery

tira *nf* **1** (*paper, roba*) strip: *Fes tires de paper.* Cut strips of paper. **2** (*sabata*) strap

tirà, **-ana** *nm-nf* tyrant

tirabuixó *nm* **1** (*llevataps*) corkscrew **2** (*cabell*) ringlet

tirada *nf* **1** (*jocs*) throw **2** (*distància*) way: *Fins a casa meva hi ha una bona ~.* It's quite a way to my house. LOC **d'una tirada** in one go: *Vaig llegir el llibre d'una ~.* I read the book in one go. ◇ *Va dormir deu hores d'una ~.* He slept for ten hours solid.

T

tirador, **~a** ▸ *nm-nf* (*persona*) shot: *És un bon ~.* He's a good shot.
▸ *nm* (*instrument*) catapult

tirania *nf* tyranny

tirànic, **~a** *adj* tyrannical

tirant *nm* (*vestit*) shoulder strap

tirar ▸ *vt* **1** (*estirar*) to pull **2** (*atreure*) to appeal to *sb*: *Em tira el teatre.* Acting appeals to me. ◇ *No em tira gens estudiar.* Studying doesn't really appeal to me. **3** (*llançar*) to throw *sth* (*to sb*): *Els nens tiraven pedres.* The children were throwing stones. ◇ *Tira el dau.* Throw the dice. ◇ *Tira la pilota al teu company.* Throw the ball to your teammate.

> Quan es tira alguna cosa a algú amb la intenció de fer-li mal, s'utilitza **to throw sth at sb**: *Tiraven pedres al pobre gat.* They were throwing stones at the poor cat.

4 (*correu*) to post: *~ una carta* to post a letter ▸ *vi* **1** (*girar*) to turn: *~ a la dreta/l'esquerra* to turn right/left **2** (*disparar, Esport*) to shoot (at *sb/sth*): *~ a gol* to shoot at goal **3 ~ a** (*colors*): *Té uns cabells tirant a rossos.* He's got blondish hair. ◇ *un rosa que tira a vermell* pinky red ▸ **tirar-se** *vp* to jump: *tirar-se per la finestra/a l'aigua* to jump out of the window/into the water LOC **anar tirant**: *—Què fa la teva mare? —Va tirant.* 'How's your mother?' 'Not so bad.' ◇ *Anem tirant.* We're doing OK. ◆ **tirar a terra 1** (*persona, cosa*) to knock *sb/sth* down **2** (*porta*) to batter *sth* down ◆ **tirar-se amunt** (*roba*) (**a**) (*mitjons, pantalons, etc.*) to pull *sth* up (**b**) (*cremallera*) to do *sth* up *Vegeu tb* ÀNCORA, PARACAIGUDES

tireta *nf* plaster

T

tiroteig *nm* **1** (*entre policia i delinqüents*) shoot-out: *Va morir en el ~.* He died in the shoot-out. **2** (*soroll de trets*) shooting [*incomptable*]: *Vam sentir un ~ al carrer.* We heard shooting out in the street. **3** (*durant una guerra*) fighting

tírria *nf* LOC **tenir tírria a algú/alguna cosa** to hate sb/sth

tisores *nf* scissors [*pl*]

> **Scissors** és una paraula plural en anglès; per tant, per a referir-nos a *unes tisores*, utilitzem **some/a pair of scissors**: *Necessito unes ~ noves.* I need some new scissors/a new pair of scissors.

titella *nm* puppet

títol *nm* **1** (*nom, nobiliari, Esport*) title: *Quin ~ has posat a la teva novel·la?* What title have you given your novel? ◇ *Demà boxejaran pel ~.* They're fighting for the title tomorrow. **2** (*universitari*) degree: *obtenir el ~ d'advocat* to get a degree in law ◇ *~ universitari* university degree **3** (*professional*) qualification: *un ~ de jardineria* a qualification in gardening **4** (*diploma*) degree certificate: *Vull emmarcar el ~.* I want to frame my degree certificate.

titular[1] ▸ *adj*: *l'equip ~* the first team ◇ *un jugador ~* a first-team player
▸ *nmf* (*passaport, compte bancari*) holder
▸ *nm* (*d'un diari*) headline: *Era en els ~s d'aquest matí.* It was in the headlines this morning.

titular[2] *vt* to call: *No sé com ~ el poema.* I don't know what to call the poem.

titulat, **-ada** *adj* **1** (*llibre, pel·lícula*) called, entitled (*més formal*) **2** (*persona*) qualified: *un socorrista ~* a qualified lifeguard *Vegeu tb* TITULAR[2]

to *nm* **1** tone: *No em parlis en aquest ~!* Don't speak to me in that tone of voice! **2** (*color*) shade **3** (*Mús*) key [*pl* keys] LOC **fora de to** inappropriate

tobogan *nm* **1** (*en un parc*) slide **2** (*per a la neu*) toboggan

toc *nm* **1** (*copet*) tap **2** (*matís, sensació*) touch: *donar els darrers ~s a alguna cosa* to put the finishing touches to sth ◇ *un ~ de color/humor* a touch of colour/humour LOC **fer un toc d'atenció a algú** to warn sb *about/of sth*: *Li van fer un ~ d'atenció a la feina per arribar-hi tard.* He was warned about arriving late at work. ◆ **toc de queda** curfew

tocadiscos (*tb* **tocadiscs**) *nm* record player

tocador *nm* dressing table

tocant LOC **tocant a 1** (*amb relació a*) as regards **2** (*a prop*) next to *sth*

tocar ▸ *vt* **1** to touch: *No ho toquis!* Don't touch it! **2** (*palpar*) to feel: *Que em deixes ~ la roba?* Can I feel the fabric? **3** (*Mús*) to play: *~ la guitarra/una nadala* to play the guitar/a carol **4** (*fer sonar*) (**a**) (*campana, timbre*) to ring (**b**) (*botzina, sirena*) to sound **5** (*rellotge*) to strike
▸ *vi* **1** (*Mús*) to play: *Toques molt bé.* You play very well. **2** (*hores*) to be: *Toquen les quatre.* It's four o'clock. **3** (*torn*) to be *sb's* turn (*to do sth*): *Et toca tirar.* It's your turn to throw. ◇ *Ja em toca?* Is it my turn yet? **4** (*en un sorteig*) to win: *Em va ~ una nina.* I won a doll. LOC **toca ferro/fusta** touch wood ◆ **tocar dues, etc. campanades** to strike two, etc.: *El rellotge va ~ sis campanades.* The clock struck six. ◆ **tocar el dos** to leave, to clear off (*col·loq*)

tocat, **-ada** *adj* LOC **tocat de l'ala/del bolet** slightly mad *Vegeu tb* TOCAR

tòfona *nf* truffle

toga *nf* (*Educ, Dret*) gown

toix, **~a** *adj* thick
tolerable *adj* bearable
tolerància *nf* tolerance
tolerant *adj* tolerant
tolerar *vt* **1** (*suportar*) to bear, to tolerate (*més formal*) ❶ Quan la frase és negativa, sovint es fa servir **to stand**: *No tolero l'arrogància.* I can't stand arrogance. ◇ *No tolera les persones com jo.* He can't stand people like me. **2** (*consentir*) to let *sb* get away with *sth*: *Et toleren massa coses.* They let you get away with too much.
tom *nm* volume
tomàquet *nm* tomato [*pl* tomatoes] LOC **tomàquet fregit** tomato sauce *Vegeu tb* VERMELL
tomb *nm* LOC **fer un tomb** to go for a walk
tomba *nf* **1** grave **2** (*mausoleu*) tomb: *la ~ de Lenin* Lenin's tomb
tombar ▶ *vt* **1** (*girar*) to turn: *Vaig ~ el cap.* I turned my head. **2** (*fer caure*) (**a**) (*objecte*) to knock *sth* over: *Els nois van ~ el contenidor.* The children knocked the bin over. (**b**) (*persona*) to knock *sb* down: *Em va ~ d'una bufetada.* He knocked me down. **3** (*suspendre*) to fail: *El professor ha tombat més de la meitat de la classe.* The teacher failed over half the class. ◇ *M'han tombat en mates.* I failed maths. ▶ *vi* **1** (*girar*) to turn: *Tomba a la dreta.* Turn right. **2** (*cotxe*) to overturn: *El cotxe va relliscar i va ~.* The car skidded and overturned. ▶ **tombar-se** *vp* **1** (*girar-se*) to turn: *Es va ~ i em va mirar.* She turned and looked at me. ◇ *Es va ~ cap a l'Helena.* He turned towards Helena. **2** (*cotxe*) to overturn
tombarella *nf* somersault: *fer una ~* to do a somersault
tona *nf* ton
tonada *nf* tune
tonalitat *nf* **1** (*Mús*) key [*pl* keys] **2** (*color*) tone
tongada *nf* spell: *una ~ de pluges* a rainy spell
tònic, **~a** ▶ *adj* (*Ling*) stressed
▶ *nm* tonic
▶ **tònica** *nf* (*beguda*) tonic: *Dues tòniques, si us plau.* Two tonics, please.
tonificant *adj* invigorating
tonyina *nf* tuna [*pl* tuna]
top *nm* (*roba*) crop top
topar *vi* ~ **amb/contra** to bump into *sb/sth*: *Vaig ~ amb un amic a l'autobús.* I bumped into a friend on the bus. ◇ *Un autobús ha topat contra un cotxe.* A bus bumped into a car.
tòpic *nm* cliché LOC *Vegeu* ÚS
toquejar *vt* to finger
torçada *nf* sprain
torçar (*tb* **tòrcer**) ▶ *vt* to twist: *Li va ~ el braç.* She twisted his arm. ▶ **torçar-se** *vp* (*turmell, canell*) to sprain: *Es va ~ el turmell.* He sprained his ankle.
tord *nm* thrush
torejar *vt, vi* to fight (a bull)
torero, **-a** *nm-nf* bullfighter
torn *nm* **1** (*mecanisme elevador*) winch **2** (*de terrisser*) (potter's) wheel **3** (*en una cua, un joc, etc.*) turn: *Espera el teu ~ a la cua.* Wait your turn in the queue. **4** (*treball*) shift: *~ de dia/nit* day/night shift LOC **fer torns** to take it in turns (*to do sth*): *Farem ~s per fer la neteja de la casa.* We'll take it in turns to do the housework. *Vegeu tb* FARMÀCIA
tornada *nf* **1** (*retorn*) return: *la ~ a la normalitat* the return to normality **2** (*cançó*) chorus LOC **a la tornada** on the way back: *Hi passarem a la ~.* We'll go there on the way back. ◇ *Et veuré a la ~.* I'll see you when I get back. *Vegeu tb* ANADA, BITLLET, PARTIT
tornado *nm* tornado [*pl* tornadoes/tornados]
tornar ▶ *vi* **1** (*a un lloc*) to go/come back: *Vaig ~ a casa.* I went back home. ◇ *No volen ~ al seu país.* They don't want to go back to their own country. ◇ *Crec que tornen demà.* I think they're coming back tomorrow. ◇ *Torna aquí.* Come back here. ◇ *A quina hora tornaràs?* What time will you be back? **2** ~ **a fer alguna cosa** to do sth again: *No ho tornis a dir.* Don't say that again. ▶ *vt* **1** to return *sth* (*to sb/sth*): *Has tornat els llibres a la biblioteca?* Did you return the books to the library? ◇ *Li va ~ la seva carta.* She returned his letter to him. **2** (*diners*) to refund: *Li tornarem els diners de l'entrada.* You will have your ticket money refunded. ▶ **tornar-se** *vp* to become: *S'ha tornat molt tranquil.* He's become very calm. ◇ *tornar-se boig* to go mad LOC **tornar en si** to come round ◆ **tornem-hi!** here we go again!
tornavís *nm* screwdriver
torneig *nm* tournament
torniquet *nm* (*Med*) tourniquet
toro *nm* **1** (*animal*) bull **2 toros**: *anar als ~s* to go to a bullfight ◇ *Al meu germà no li agraden gens els ~s.* My brother hates bullfighting. LOC *Vegeu* CORREGUDA, PLAÇA
torpede *nm* torpedo [*pl* torpedoes]
torrada *nf* toast [*incomptable*]: *Se m'han cremat les torrades.* I burnt the toast. ◇ *una ~ amb melmelada* a slice of toast with jam
torradora *nf* toaster
torrapà *nm* toaster

torrar ▶ *vt* **1** (*pa, fruits secs*) to toast **2** (*cafè*) to roast ▶ **torrar-se** *vp* (*bronzejar-se*) to get brown

torre *nf* **1** tower: *la ~ del castell/de control* the tower of the castle/the control tower **2** (*electricitat*) pylon **3** (*telecomunicacions*) mast **4** (*casa*) house **5** (*Escacs*) rook, castle LOC **torre de vigilància** watchtower

torrencial *adj* torrential: *pluges ~s* torrential rain

torrent *nm* torrent

torró *nm* Spanish nougat [*incomptable*]: *Li vaig portar uns torrons.* I took her some Spanish nougat.

tors *nm* torso [*pl* torsos]

tort, ~a *adj* **1** (*quadre, roba*) not straight: *No ho veus, que el quadre és ~?* Can't you see the picture isn't straight? **2** (*dents, nas*) crooked **3** (*clau, pal*) bent LOC **a tort i a dret** right, left and centre

tortell *nm* (ring-shaped) cake: *~ de Reis* (ring-shaped) Epiphany cake

torticoli *nm* a stiff neck: *Tinc ~.* I've got a stiff neck.

tortuga *nf* **1** (*de terra*) tortoise **2** (*de mar*) turtle LOC *Vegeu* PAS[1]

tortura *nf* torture [*incomptable*]: *mètodes de ~* methods of torture ◇ *Per a mi va ésser una ~.* It was torture for me.

torturar *vt* to torture

torxa *nf* torch: *la ~ olímpica* the Olympic torch

tos *nf* cough: *tenir ~* to have a cough ◇ *El fum del tabac em fa venir ~.* Cigarette smoke makes me cough.

tossir *vi* to cough

T

tossut, -uda *adj* stubborn

tot *nm* whole: *considerat com un ~* taken as a whole

tot, ~a ▶ *adj* all: *He fet tota la feina.* I've done all the work. ◇ *Has estat ~ el mes malalt.* You've been ill all month. ◇ *Netejaran ~s els edificis del poble.* They're going to clean up all the buildings in the village.

> Amb un nom comptable en singular, en anglès és preferible d'utilitzar **the whole**: *Netejaran tot l'edifici.* They're going to clean the whole building.

▶ *pron* **1** all: *Això és ~ per avui.* That's all for today. ◇ *A ~s ens va agradar l'obra.* We all/All of us liked the play. **2** (*totes les coses*) everything: *Tot el que et vaig dir era veritat.* Everything I told you was true. **3** (*qualsevol cosa*) anything: *El meu lloro menja de ~.* My parrot eats anything. LOC **amb tot/tot i així** even so ◆ **del tot** completely ◆ **no ésser-hi tot**: *No li facis cas, no hi és ~.* Don't take any notice of him; he's not all there. ◆ **per tot Catalunya, tot el món, etc.** throughout Catalonia, the world, etc. ◆ **tot d'una** all of a sudden ◆ **tot i que** even though ❶ Per a d'altres expressions amb **tot**, vegeu les entrades del nom, l'adjectiu, etc., p. ex. **en tot cas** a CAS i **tot recte** a RECTE.

total ▶ *adj, nm* total

▶ *adv* so: *Total, que has suspès.* So you failed. ◇ *Total, que al final vaig haver de pagar jo.* To cut a long story short, I had to pay in the end. LOC **en total** altogether, in total (*més formal*): *Som deu en ~.* There are ten of us altogether. *Vegeu tb* LIQUIDACIÓ

totalment *adv* totally

tothom *pron* everyone, everybody: *Ho sap ~.* Everyone knows.

> **Everyone** i **everybody** van amb el verb en singular, però, en canvi, si els segueix un pronom, sol ésser en plural (p. ex. 'their'): *Tothom té els seus llapis?* Has everyone got their pencils?

totxo, -a ▶ *adj* thick

▶ *nm-nf* (*persona*) twit

▶ *nm* (*maó*) brick

tou, tova ▶ *adj* **1** soft: *un llit ~* a soft bed ◇ *un professor ~* a soft teacher **2** (*pa*) fresh **3** (*fofo*) flabby

▶ *nm* **1** (*dit*) (finger)tip: *No sento els ~s dels dits.* I can't feel my fingertips. ◇ *el ~ del dit gros* the tip of the thumb **2** (*cama*) calf [*pl* calves]

tovalles *nf* tablecloth: *Vaig comprar-los unes ~ de lli.* I bought them a linen tablecloth.

tovalló *nm* napkin: *tovallons de paper* paper napkins

tovallola *nf* towel: *~ de bany/de les mans* bath/hand towel LOC **tirar la tovallola** to throw in the towel

tòxic, ~a *adj* toxic

toxicòman, ~a *nm-nf* drug addict

toxina *nf* toxin

traç *nm* stroke

traca *nf* string of fireworks

traça *nf* (*habilitat*) skill (*at sth/doing sth*): *Té molta ~ fent de fuster.* He's a very skilful carpenter.

traçar *vt* **1** (*línia, plànol*) to draw **2** (*pla, projecte*) to draw *sth* up: *~ un pla* to draw up a plan

traçat *nm* **1** (*línia, plànol*) drawing **2** (*carretera*) route **3** (*ciutat*) layout

tractament *nm* **1** treatment: *un ~ contra la cel·lulitis* a treatment for cellulite **2** (*Informàt*) processing LOC *Vegeu* TEXT

tractar ▶ *vt* **1** to treat: *Em van ~ molt bé.* They treated me very us well. ◇ *~ un malalt* to treat a patient ◇ *~ algú de mentider* to treat sb as a liar ◇ *Els tracten com a delinqüents.* They're treated like criminals. **2** (*tenir relació amb algú*): *La Marta, l'he tractada molt poc, però sembla simpàtica.* I haven't had much to do with Marta, but she seems very nice. ◇ *No l'ha arribat a tractar mai.* She's never had anything to do with him. **3** (*discutir*) to deal with *sth*: *Aquestes qüestions, les tractarem demà.* We will deal with these matters tomorrow. ▶ *vi* ~ **de 1** (*parlar de*) **(a)** (*llibre, pel·lícula*) to be about *sth*: *La pel·lícula tracta del món de l'espectacle.* The film is about show business. **(b)** (*persona*) to talk about *sth*: *L'autor tracta de les seves vivències personals en la seva infantesa.* The author talks about his childhood experiences. **2** (*procurar*) to try *to do sth*: *Tracta d'arribar a l'hora.* Try to/and get there on time. ➲ *Vegeu nota a* TRY ▶ **tractar-se** *vp* **1 tractar-se de** to be about *sb/sth/doing sth*: *Es tracta del teu germà.* It's about your brother. ◇ *Es tracta d'aprendre, no d'aprovar.* It's about learning, not just passing. **2 tractar-se amb** to deal with *sb*: *Jo no em tracto amb aquesta mena de gent.* I don't have any dealings with people like that. LOC **tractar algú de tu** to be on first-name terms with sb ◆ **tractar algú de vós/vostè** to be on formal terms with sb

tractat *nm* (*acord*) treaty [*pl* treaties]

tracte *nm* **1** (*tractament*) treatment: *el mateix ~ per a tots* the same treatment for everyone **2** (*acord*) deal: *fer/cloure un ~* to make/close a deal LOC **mals tractes** ill-treatment [*incomptable*]: *Van rebre mals ~s a la presó.* They were subjected to ill-treatment in prison. ◆ **tenir/no tenir tracte amb algú** to see/not to see sb: *No tinc gaire ~ amb els veïns.* I don't see much of the neighbours. ◆ **tracte fet** it's a deal!

tractor *nm* tractor

traçut, -uda *adj* handy

tradició *nf* tradition: *seguir una ~ familiar* to follow a family tradition

tradicional *adj* traditional

traducció *nf* translation (*from sth*) (*into sth*): *fer una ~ del català al rus* to do a translation from Catalan into Russian

traductor, ~a *nm-nf* translator

traduir *vt, vi* to translate (*sth*) (*from sth*) (*into sth*): *~ un llibre del francès a l'anglès* to translate a book from French into English ➲ *Vegeu nota a* INTERPRET

tràfic *nm* trade LOC **tràfic de drogues 1** (*a gran escala*) drug trafficking **2** (*a petita escala*) drug dealing ◆ **tràfic de persones** people trafficking/smuggling

traficant *nmf* dealer: *un ~ d'armes/de drogues* an arms/drug dealer

traficar *vi* ~ **amb/en** to deal in *sth*: *Traficaven amb drogues.* They were dealing in drugs.

tragèdia *nf* tragedy [*pl* tragedies]

tràgic, ~a *adj* tragic

traïció *nf* **1** (*deslleialtat*) betrayal **2** (*contra l'estat*) treason: *alta ~* high treason LOC **a traïció**: *Li van disparar a ~.* They shot him in the back. ◇ *Ho van fer a ~.* They went behind his back.

traïdor, ~a *nm-nf* traitor

tràiler *nm* (*pel·lícula, remolc*) trailer

trair *vt* **1** to betray: *~ un company/una causa* to betray a friend/cause **2** (*nervis*) to let *sb* down: *Els nervis em van ~.* My nerves let me down.

trajecte *nm* **1** (*ruta*) route: *Aquest tren fa el ~ Barcelona-Madrid.* This train runs on the Barcelona-Madrid route. **2** (*viatge*) journey [*pl* journeys]: *Em vaig passar tot el ~ dormint.* I slept through the whole journey.

trajectòria *nf* trajectory [*pl* trajectories]

tram *nm* **1** (*carretera*) stretch **2** (*escala*) flight

trama *nf* (*argument*) plot

tramar *vt* to plot: *Sé que tramen alguna cosa.* I know they're up to something.

tramesa *nf* **1** (*acció*) sending **2** (*paquet*) parcel **3** (*Com*) consignment

trametre *vt* to send

tràmit *nm* procedure [*incomptable*]: *Va complir amb els ~s habituals.* He followed the usual procedure.

tramitar *vt* to process: *Estem tramitant el divorci.* We are in the process of getting a divorce.

trampa *nf* **1** trap: *caure en una ~* to fall into a trap ◇ *parar una ~ a algú* to set a trap for sb **2** (*en un joc*) cheating [*incomptable*]: *Una altra ~ i quedes eliminat.* Any more cheating and you're out of the game. ◇ *Això és ~.* That's cheating. LOC **fer trampa/trampes** to cheat: *Sempre fas trampes.* You always cheat.

trampolí *nm* **1** (*Natació*) diving board: *tirar-se del ~* to dive from the board **2** (*gimnàstica*) springboard: *La gimnasta va agafar impuls des del ~.* The gymnast jumped off the springboard.

trampós, -osa *adj, nm-nf* cheat [*n*]: *No siguis tan ~.* Don't be such a cheat.

tramvia *nm* tram LOC *Vegeu* TREN

tràngol *nm* sticky situation

tranquil, -il·la *adj* **1** calm: *És una dona molt tranquil·la.* She's a very calm person. ◇ *Fa una mar tranquil·la.* The sea is calm. ◇ *tenir la consciència tranquil·la* to have a clear conscience **2** (*persona*) calm, laid-back (*més col·loq*): *És un noi molt ~.* He's very laid-back. **3** (*plàcid, silenciós*) quiet: *Visc en una zona tranquil·la.* I live in a quiet area. LOC **(estigues) tranquil** don't worry: *Tranquil·la, que no és culpa teva.* Don't worry, it's not your fault. ◆ **tan tranquil** not bothered: *Va suspendre i es va quedar tan tranquil·la.* She failed, but she didn't seem bothered.

tranquil·litat *nf* **1** (*ambient*) peace and quiet: *un ambient de ~* an atmosphere of peace and quiet ◇ *la ~ del camp* the peace and quiet of the countryside **2** (*mental*) peace of mind: *Per a la teva ~, et diré que és cert.* For your peace of mind, I can tell you it is true. ◇ *Quina ~, no haver de treballar!* What a relief, not having to work!

tranquil·litzant *nm* (*medicament*) tranquillizer

tranquil·litzar ▶ *vt* **1** to calm *sb* down: *No va aconseguir de tranquil·litzar-la.* He couldn't calm her down. **2** (*alleujar*) to reassure: *Em tranquil·litza saber que no està sola.* It's reassuring to know she's not alone. ▶ **tranquil·litzar-se** *vp* to calm down: *Tranquil·litza't, segur que estan bé.* Calm down, I'm sure they are OK.

transatlàntic *nm* liner

transbord *nm* LOC **fer transbord** to change (trains, buses, etc.): *Vam haver de fer dos ~s.* We had to change twice.

transbordador *nm* (*vaixell*) ferry [*pl* ferries] LOC *Vegeu* ESPACIAL

transcórrer *vi* (*temps*) to pass: *Han transcorregut dos dies des que va marxar.* Two days have passed since he left.

transcripció *nf* transcription: *una ~ fonètica* a phonetic transcription

transeünt *nmf* passer-by [*pl* passers-by]

transferència *nf* transfer LOC **transferència bancària** credit transfer

transferir *vt* to transfer

transformador *nm* transformer

transformar ▶ *vt* to transform *sb/sth* (*into sth*): *~ un lloc/una persona* to transform a place/person ▶ **transformar-se** *vp* **transformar-se en** to turn into *sb/sth*: *La granota es va ~ en un príncep.* The frog turned into a prince.

transfusió *nf* transfusion: *Li van fer dues transfusions (de sang).* He was given two (blood) transfusions.

transgènic, ~a *adj* genetically modified: *aliments/conreus ~s* genetically modified foods/crops

transició *nf* transition

trànsit *nm* traffic: *Hi ha molt de ~ al centre.* There's a lot of traffic in the town centre.

transitiu, -iva *adj* transitive

transmetre *vt* **1** (*malaltia, estat d'ànim*) to transmit: *~ una malaltia* to transmit a disease **2** (*informació*) to pass *sth* on: *Els vam ~ la notícia.* We passed the news on to them. **3** (*programa*) to broadcast: *~ un partit* to broadcast a match

transparència *nf* transparency [*pl* transparencies]

transparent *adj* **1** (*vidre, paper, persona*) transparent: *El vidre és ~.* Glass is transparent. **2** (*roba*): *una brusa ~* a see-through blouse ◇ *És massa ~.* You can see right through it. **3** (*aigua*) crystal clear

transport *nm* transport [*incomptable*]: *~ públic/escolar* public/school transport ◇ *El ~ marítim és més barat que l'aeri.* Sending goods by sea is cheaper than by air. ◇ *mitjans de ~* means of transport

transportar *vt* to carry

transversal *adj* **1** (*perpendicular*) transverse: *eix ~* transverse axis **2** (*Educ*) cross-curricular: *un tema ~* a cross-curricular topic LOC **ésser transversal a** to cross: *La Gran Via és ~ al passeig de Gràcia.* Gran Via crosses Passeig de Gràcia.

transvestit, -ida *nm-nf* transvestite

trapa *nf* trapdoor

trapezi *nm* **1** (*circ*) trapeze **2** (*Geom*) trapezium

traslladar ▶ *vt* **1** to move: *Van ~ totes les meves coses a l'altre despatx.* They moved all my stuff into the other office. **2** (*destinar*) to transfer: *L'han traslladat al servei d'intel·ligència.* He's been transferred to the intelligence service. ▶ **traslladar-se** *vp* to move: *Ens vam ~ al número tres.* We moved to number three.

trasllat *nm* **1** (*mudança, desplaçament*) move **2** (*canvi de destinació*) transfer

traspaperar-se *vp* to be mislaid

traspàs *nm* transfer LOC *Vegeu* ANY

T

traspassar *vt* **1** (*travessar*) to cross: ~ *la frontera* to cross the border **2** (*líquid*) to soak **3** (*Esport*) to transfer *sb* (*to sth*): *Han traspassat tres jugadors de l'Espanyol.* Three Espanyol players have been transferred. **4** (*negoci*) to sell

trasplantament *nm* transplant: *un ~ de ronyó* a kidney transplant

trasplantar *vt* to transplant

trast (*tb* **trasto**) *nm* **1** (*cosa*) junk [*incomptable*]: *Tens l'habitació plena de trastos.* Your room is full of junk. **2** (*persona*) nuisance

traster *nm* boxroom

trastocar ▶ *vt* to drive *sb* out of their mind ▶ **trastocar-se** *vp* to go crazy

trastorn *nm* **1** (*Med*) disorder: *un ~ alimentari* an eating disorder **2** (*molèstia*) disruption [*incomptable*]: *els ~s provocats per la vaga* the disruption caused by the strike

trastornar *vt* to upset: *El mal temps ha trastornat tots els meus plans.* The bad weather has upset all my plans. ◇ *La notícia ens va ~ a tots.* The news upset us all.

trau *nm* (*de botó*) buttonhole

trauma *nm* trauma

traumàtic, ~a *adj* traumatic

través *nm* LOC **a través de** through: *Corria a ~ del bosc.* He was running through the wood. ◇ *Van fugir a ~ del parc/dels camps.* They ran across the park/fields. *Vegeu tb* CAMP

travessa *nf* **travesses** football pools [*pl*] LOC **fer les travesses** to do the pools

travessar *vt* **1** (*creuar*) to cross: *~ el riu* to cross the river **2** (*perforar*) to go through *sth*: *La bala li va ~ el cor.* The bullet went through his heart.

travesser, ~a *adj* LOC *Vegeu* FLAUTA

travessia *nf* crossing

traveta *nf* LOC **fer la traveta a algú** to trip *sb* up: *Li vas fer la ~.* You tripped him up.

treball *nm* **1** work [*incomptable*]: *És bo reposar després de dues hores seguides de ~.* It's good to have a rest after two hours' work. ◇ *Em van donar la notícia al ~.* I heard the news at work. **2** (*col·locació*) job: *donar (un) ~ a algú* to give sb a job ◇ *un ~ ben pagat* a well-paid job ◇ *quedar-se sense ~* to lose your job ➲ *Vegeu nota a* WORK **3** (*a l'escola*) project: *fer un ~ sobre el medi ambient* to do a project on the environment LOC **estar sense treball** to be out of work ◆ **treball de camp** fieldwork ◆ **treball d'equip/en equip** teamwork ◆ **treballs forçats** hard labour [*incomptable*] ◆ **treballs manuals** arts and crafts *Vegeu tb* BORSA, OFERTA

treballador, ~a ▶ *adj* hard-working ▶ *nm-nf* worker: *~s qualificats/no qualificats* skilled/unskilled workers

treballar *vi, vt* to work: *Treballa en una companyia anglesa.* She works for an English company. ◇ *No he treballat mai de professora.* I've never worked as a teacher. ◇ *Treballes massa.* You work too hard. ◇ *En què treballa la teva germana?* What does your sister do? ◇ *~ la terra* to work the land LOC *Vegeu* MATAR

tremolar *vi* **1** ~ **(de)** to tremble (with *sth*): *Els nens tremolaven de por.* The children were trembling with fear. ◇ *Li tremolava la veu.* His voice trembled. **2** (*edifici, mobles*) to shake: *El terratrèmol va fer ~ el poble sencer.* The earthquake shook the whole village. LOC **tremolar com un pollet** to be shaking like a leaf ◆ **tremolar de fred** to shiver

tremolor *nm* tremor: *un lleuger ~ a la veu* a slight tremor in his voice ◇ *un ~ de terra* an earth tremor

trempat, -ada *adj* friendly

tren *nm* **1** (*mitjà de transport*) train: *agafar/perdre el ~* to catch/miss the train ◇ *Vaig anar a Londres amb ~.* I went to London by train. ◇ *viatjar amb ~* to travel by train ◇ *estació de ~* railway/train station **2** (*manera de viure*) lifestyle LOC **estar com un tren** to be a stunner ◆ **tren correu/de mercaderies** mail/freight train ◆ **tren d'alta velocitat** high-speed train ◆ **tren d'aterratge** undercarriage: *baixar el ~ d'aterratge* to lower the undercarriage ◆ **tren de llarg recorregut/rodalia** long-distance/local train ◆ **tren directe** through train ◆ **tren tramvia** stopping train

trena *nf* plait: *Fes-te una ~.* Do your hair in a plait.

trenc *nm* (*ferida*) gash: *Vaig caure i em vaig fer un ~ al cap.* I fell and gashed my forehead. LOC **a trenc d'alba** at dawn

trenca *nf* (*abric*) duffel coat

trencaclosques *nm* **1** (*puzle*) jigsaw: *fer un ~* to do a jigsaw **2** (*endevinalla*) puzzle

trencaglaç *nm* icebreaker

trencanous *nm* nutcrackers [*pl*]

trencar ▶ *vt* to break: *Vaig ~ el vidre d'un cop de pilota.* I broke the window with my ball. ◇ *~ una promesa* to break a promise

> A part de **to break**, hi ha d'altres maneres de dir *trencar*. Tots els altres verbs tenen algun matís que els distingueix. A continuació n'hi ha una llista:
> **to crack** = esquerdar-se
> **to crumble** = esmicolar(-se), fer bocins
> **to shatter** = esmicolar(-se)

T

to smash = destrossar, fer(-se) miques
to snap = trencar(-se) amb un soroll sec
Així, per exemple, es pot dir: *The ice started to crack.* ◇ *Crumble the cheese into a bowl.* ◇ *The vase hit the floor and shattered.* ◇ *Vandals had smashed two windows.* ◇ *I snapped the pencil in half.*

▶ *vi* **1** ~ **amb** to fall out with *sb*: ~ *amb la família política* to fall out with your in-laws **2** (*promesos*) to split up (with *sb*) ▶ **trencar-se** *vp* **1** to break: *Em vaig ~ el braç jugant a futbol.* I broke my arm playing football. ◇ *S'ha trencat sola.* It broke of its own accord. **2** (*corda*) to snap **LOC** *Vegeu* CAP[1], FILA

trencat *nm* (*Mat*) fraction

trenta *nm, adj, pron* **1** thirty **2** (*trentè*) thirtieth ➲ *Vegeu exemples a* SEIXANTA

trepant *nm* drill

trepar *vt* to drill a hole in *sth*: *Els paletes van ~ el ciment.* The workmen drilled a hole in the cement.

trepitjada *nm* (*petjada*) footprint **LOC** **donar una trepitjada a algú** to tread on sb's foot

trepitjar ▶ *vt* **1** to step on/in *sth*: *trepitjar el peu a algú* to step on sb's foot ◇ ~ *un bassal* to step in a puddle **2** (*terra*) to tread *sth* down: ~ *la terra* to tread down the earth **3** (*raïm*) to tread **4** (*amb força*) to stamp on *sth* **5** (*dominar*) to walk all over *sb*: *No et deixis ~.* Don't let people walk all over you. ▶ *vi* to tread **LOC** **no trepitgeu la gespa** keep off the grass

tres *nm, adj, pron* **1** three **2** (*data*) third ➲ *Vegeu exemples a* SIS **LOC** **en un tres i no res** in a flash

tres-cents, -centes *adj, pron, nm* three hundred ➲ *Vegeu exemples a* SIS-CENTS

T

tresillo *nm* three-piece suite

tresor *nm* treasure: *trobar un ~ amagat* to find hidden treasure ◇ *Ets un ~!* You're a treasure! **LOC** *Vegeu* CERCADOR

tresorer, ~a *nm-nf* treasurer

tret[1] *nm* **1** (*d'arma*) shot: *Vaig sentir un ~.* I heard a shot. ◇ *Va morir d'un ~ al pit.* He died from a shot to his chest. **2** (*característica, facció*) feature: *els ~s distintius de la seva obra* the distinctive features of her work **3** (*personalitat*) characteristic **LOC** *Vegeu* GRAN

tret[2] *prep* **LOC** **tret de** except (for): *Tots vam anar d'excursió ~ d'en Jaume.* Everybody went on the outing except for Jaume. ◆ **tret que...** unless...: *Tret que em castiguin, sortiré fins tard.* I'll stay out late unless I'm grounded.

tretze *nm, adj, pron* **1** thirteen **2** (*data*) thirteenth ➲ *Vegeu exemples a* ONZE *i* SIS

tretzè, -ena *adj, nm* thirteenth ➲ *Per a catorzè, quinzè, etc., vegeu pàgs 757-761.*

treure (*extreure, dur fora*) ▶ *vt* **1** to take *sth* out/off/down: *Va ~ una carpeta del calaix.* He took a folder out of the drawer. ◇ *El dentista li va ~ un queixal.* The dentist took his tooth out. ◇ *~ les escombraries* to take the rubbish out ◇ *Treu les coses de la taula.* Take your things off the table. ◇ *Treu-li el jersei.* Take his jumper off. ◇ *Va ~ el cartell.* She took the poster down. **2** (*taca*) to remove **3** (*separar, retirar*) to take *sth* away: *Si de tres en treus un...* If you take one (away) from three... ◇ *Em van ~ el carnet de conduir.* They took away my driving licence. **4** (*posar en venda*) to bring *sth* out: *~ un disc/llibre* to bring out a record/book **5** (*part del cos*) to stick *sth* out: *No em treguis la llengua.* Don't stick your tongue out at me. ◇ *~ el cap per la finestra* to stick your head out of the window **6** (*fum*) to give off *sth*: *El cotxe treia molt fum.* The car was giving off a lot of smoke. **7** (*vomitar*) to bring *sth* up ▶ **treure's** *vp* **1** (*roba, ulleres, maquillatge*) to take *sth* off: *Treu-te les sabates.* Take your shoes off. **2** (*part del cos*): *Treu-te les mans de les butxaques!* Take your hands out your pockets! **LOC** **treure'n alguna cosa** to gain *sth* by doing *sth*: *Què en vols ~, de tot plegat?* What do you want to gain from all this?
❶ Per a d'altres expressions amb **treure**, vegeu les entrades del nom, l'adjectiu, etc., p. ex. **treure importància** a IMPORTÀNCIA i **treure's un pes de sobre** a PES.

treva *nf* truce: *trencar una ~* to break a truce

trèvol *nm* **1** (*Bot*) clover **2** **trèvols** (*cartes*) clubs ➲ *Vegeu nota a* BARALLA

tria *nf* choice

triangle *nm* triangle

triangular *adj* triangular

triar *vt, vi* to choose: *Tria tu.* You choose. ◇ *~ entre dues coses* to choose between two things ◇ *Has de ~ del menú.* You have to choose from the menu.

triatló *nm* triathlon

tribu *nf* tribe: *les ~s urbanes* urban tribes

tribuna *nf* stand: *Tenim entrades de ~.* We've got stand tickets. ◇ *Han muntat una ~.* They've put up a stand.

tribunal *nm* **1** (*Dret*) court: *comparèixer davant del ~* to appear before the court **2** (*en un examen*) examining board: *M'ha tocat un ~ molt estricte.* The examiners were very strict. **LOC** **Tribunal Suprem** ≈ High Court (*GB*)

tricicle *nm* tricycle, trike (*col·loq*)

trigar *vi* to take (time) *to do sth*: *Van ~ molt a venir.* They took a long time to come. ◇ *Vaig ~ tres dies a acabar el treball.* It took me three days to finish the job. ◇ *Amb tren es triga una hora.* It takes an hour by train. ◇ *Triguen molt i farem tard!* They're taking ages – we'll be late! ◇ *Trigaré un parell de dies a arreglar-ho.* It'll take me a couple of days to fix it. LOC **no trigar (gaire/gens)** not to be long: *No triguis.* Don't be long.

trigemin, -èmina *adj, nm-nf* triplet [*n*]

trillar *vt* to thresh

trimestral *adj* quarterly: *revistes/factures ~s* quarterly magazines/bills

trimestre *nm* **1** (*Educ*) term **2** (*període de tres mesos*) quarter

trinca *nf* LOC *Vegeu* NOU *adj*

trineu *nm* **1** sledge **2** (*tirat per animals*) sleigh: *El Pare Noel viatja sempre amb ~.* Father Christmas always travels by sleigh.

trinitat *nf* trinity

trinxar *vt* to chop: *~ carn/all* to chop meat/garlic

trinxera *nf* trench

trio *nm* trio [*pl* trios]

triomf *nm* **1** (*Pol, Mil*) victory [*pl* victories] **2** (*Esport*) win **3** (*èxit personal, proesa*) triumph: *un ~ de l'enginyeria* a triumph of engineering

triomfar *vi* **1** (*tenir èxit*) to succeed: *~ a la vida* to succeed in life ◇ *Aquesta cançó triomfarà a l'estranger.* This song will do well abroad. **2** (*guanyar*) to win: *~ a tot preu* to win at any price **3 ~ (sobre)** to triumph (over *sb/sth*): *Van ~ sobre els seus contrincants.* They triumphed over their rivals.

tripa (*tb* **tripes**) *nf* **1** (*ventre*) stomach, belly [*pl* bellies] (*més formal*): *tenir un recaragolament de tripes* to have stomach ache **2** (*intestí*) gut

triple ▶ *adj* triple: *~ salt* triple jump
▶ *nm* three times: *Nou és el ~ de tres.* Nine is three times three. ◇ *Aquest és el ~ de gran que l'altre.* This one's three times bigger than the other one. ◇ *Guanya el ~ que jo.* He earns three times as much as me.

triplicar(-se) *vt, vp* to treble

tripulació *nf* crew [*v sing o pl*] ➲ *Vegeu nota a* JURAT

tripular *vt* **1** (*proveir de tripulació*) to man: *un submarí no tripulat* an unmanned submarine **2** (*conduir*) **(a)** (*avió*) to fly **(b)** (*vaixell*) to sail

trist, ~a *adj* **1** (*persona*) sad: *estar/sentir-se ~* to be/feel sad **2** (*lloc*) gloomy: *un paisatge ~* a gloomy landscape

tristesa (*tb* **tristor**) *nf* **1** (*de persona*) sadness **2** (*lloc*) gloominess

trituradora *nf* (*d'aliments*) mincer

triturar *vt* **1** (*coses dures*) to crush **2** (*coses toves*) to mash **3** (*carn*) to mince **4** (*paper*) to shred

trivial *adj* trivial

trivialitat *nf* **1** (*cosa trivial*) triviality [*pl* trivialities] **2** (*comentari*) trite remark: *dir ~s* to make trite remarks

tro *nm* thunder [*incomptable*]: *No has sentit un ~?* Wasn't that a clap of thunder? ◇ *llamps i trons* thunder and lightning LOC *Vegeu* CAP[1]

trobada *nf* (*reunió*) meeting

troballa *nf* **1** (*descobriment*) discovery [*pl* discoveries]: *Els científics han fet una gran ~.* Scientists have made an important discovery. **2** (*persona, cosa*) find: *La nova ballarina ha estat una autèntica ~.* The new dancer is a real find.

trobar ▶ *vt* **1** to find: *No trobo el meu rellotge.* I can't find my watch. ◇ *Vaig ~ el teu pare molt millor.* I thought your father was looking a lot better. **2** (*pensar*) to think: *Trobo que no hauries d'estudiar tant.* I really think you shouldn't work so hard. ◇ *Això no ho trobo gaire bé.* I don't think that's right. ▶ **trobar-se** *vp* **1 trobar-se (amb)** (*persona*) **(a)** (*quedar*) to meet: *Vam decidir trobar-nos a la llibreria.* We decided to meet at the bookshop. **(b)** (*per casualitat*) to run into *sb*: *Me la vaig ~ al supermercat.* I ran into her in the supermarket. ◇ *M'he trobat amb en David a la biblioteca.* I ran into David at the library. ◇ *Ens vam ~ de camí.* We met on the way. **2** (*ésser*) to be: *En aquell moment em trobava a la feina.* I was at work at the time. **3** (*sentir-se*) to feel: *Em trobo malament.* I don't feel well. ◇ *Et trobes bé?* Are you all right? LOC **ja t'ho trobaràs** (*amenaça*) you, he, they, etc. will get what for ◆ **trobar a faltar** to miss *Vegeu tb* DEFECTE

troca *nf* skein

trofeu *nm* trophy [*pl* trophies]

trombó *nm* trombone

trompa *nf* **1** (*Mús*) horn **2** (*Zool*) **(a)** (*elefant*) trunk **(b)** (*insecte*) proboscis LOC **agafar una trompa** to get plastered

trompada *nf* **1** (*cop*) bump: *clavar-se una ~* to have a bump **2** (*soroll*) racket

trompeta *nf* trumpet

trompetista *nmf* trumpeter

tron *nm* throne: *pujar al ~* to come to the throne ◇ *l'hereu del ~* the heir to the throne

tronar *vi* to thunder: *Trona!* It's thundering!

tronat, -ada *adj* worn out *Vegeu tb* TRONAR

T

tronc *nm* **1** (*arbre, Anat*) trunk **2** (*tros d'arbre*) log LOC *Vegeu* DORMIR

trontollar *vi* **1** (*moble, etc.*) to wobble **2** (*institució, creença*) to waver

tropa *nf* troop

tròpic *nm* tropic: *el ~ de Càncer/Capricorn* the Tropic of Cancer/Capricorn

tropical *adj* tropical

tros *nm* **1** piece, bit (*més col·loq*): *un ~ de pa* a piece of bread ◇ *Talla la carn a trossos.* Cut the meat into pieces. **2** (*camí*) stretch: *un ~ perillós* a dangerous stretch of road LOC **de bon tros** by far: *És de bon ~ el més important.* It's by far the most important. ◆ **fer-se trossos** to smash (to pieces): *Em va caure la gerra i es va fer trossos.* I dropped the jug and it smashed to pieces. ◆ **tros d'ase** idiot *Vegeu tb* PA

trossejar *vt* to cut *sth* into pieces

trot *nm* trot: *anar al ~* to go at a trot

truc *nm* **1** trick: *un ~ de cartes* a card trick **2** (*telèfon*) call: *fer un ~ a algú* to call sb **3** (*a la porta*) knock LOC *Vegeu* DESCOBRIR

trucada *nf* call: *Que podria fer una ~?* Can I make a call? LOC **trucada de cobrament a destinació** reverse charge call

trucar *vi* **1** (*telefonar*) to call: *Qui truca?* Who's calling? ◇ *Truca'm quan arribis.* Call me when you get there. **2** (*porta*) to knock: *Truquen a la porta.* Someone's knocking at the door. **3** (*timbre*) to ring *sth* [*vt*]: *~ al timbre* to ring the bell LOC **trucar amb cobrament a destinació** to reverse the charges ◆ **trucar per telèfon** to telephone, to call (*més col·loq*)

T

trufa *nf* truffle

truita *nf* **1** (*d'ous*) omelette **2** (*peix*) trout [*pl* trout]

truja *nf* sow

trumfo *nm* (*cartes*) trump

tu *pron* you: *Ets tu?* Is that you? ◇ *Ho faig per tu.* I'm doing it for you. ◇ *Només penses en tu.* You only think of yourself. LOC *Vegeu* TRACTAR

tub *nm* **1** (*de conducció*) pipe **2** (*recipient*) tube: *un ~ de pasta de dents* a tube of toothpaste ➲ *Vegeu il·lustració a* CONTAINER LOC **tub d'escapament** exhaust (pipe)

tuberculosi *nf* tuberculosis (*abrev* TB)

tuf *nm* stink LOC **fer (un) tuf** to smell: *Aquest formatge fa un ~ terrible.* This cheese smells dreadful. ◇ *Aquesta carn fa ~ de podrit.* This meat smells rotten.

tuguri *nm* **1** (*barraca*) hovel **2** (*bar*) dive

tulipa *nf* tulip

tumor *nm* tumour: *~ benigne/cerebral* benign/brain tumour

tumult *nm* (*multitud*) crowd

túnel *nm* tunnel: *passar per un ~* to go through a tunnel

túnica *nf* tunic

turbant *nm* turban

turc, ~a ▶ *adj, nm* Turkish: *parlar ~* to speak Turkish
▶ *nm-nf* Turk: *els ~s* the Turks

turisme *nm* **1** (*indústria*) tourism **2** (*turistes*) tourists [*pl*]: *un 40% del ~ que visita la nostra zona* 40% of the tourists visiting our area **3** (*cotxe*) car LOC **fer turisme 1** (*per un país*) to tour: *fer ~ per Xile* to tour round Chile **2** (*per una ciutat*) to go sightseeing ◆ **turisme rural** country holidays [*pl*] *Vegeu tb* OFICINA

turista *nmf* tourist

turístic, ~a *adj* **1** tourist [*n atrib*]: *una atracció turística* a tourist attraction ◇ *el sector ~* the tourist industry **2** (*amb molts turistes*) touristy: *Aquest poble és massa ~ per a mi.* This village is too touristy for me. ◇ *La zona no és gaire turística.* Not many tourists visit the area. **3** (*empresa, guia*) tour [*n atrib*]: *un guia ~* a tour guide

turmell *nm* ankle: *M'he torçat el ~.* I've sprained my ankle.

turmellera *nf* ankle support

turment *nm* **1** (*tortura*) torture **2** (*persona, animal*) pest: *Aquest nen és un ~.* This child's a pest.

turmentar *vt* to torment

turó *nm* hill

turquesa *adj, nf, nm* turquoise

tustar *vt* to wallop

tutejar(-se) *vt, vp* to be on familiar terms (with *sb*)

tutor, ~a *nm-nf* **1** (*professor*) tutor **2** (*Dret*) guardian

tutoria *nf* tutorial: *Tinc una hora de ~ a la setmana.* I have an hour's tutorial each week.

txec, ~a *adj, nm-nf, nm* Czech LOC *Vegeu* REPÚBLICA

U u

u *nm, adj* **1** (*nombre*) one: *Visc al número u.* I live at number one. **2** (*data*) first: *el dia u de maig* the first of May

UCI *nf Vegeu* UNITAT

udol *nm* howl

udolar *vi* to howl

uf *interj* **1** (*alleujament, cansament, acalorament*) phew!: *Uf, quina calor!* Phew, it's hot! **2** (*fàstic*) ugh!: *Uf, quina pudor!* Ugh, what an awful smell!

ui *interj* **1** (*sorpresa*) wow! **2** (*dolor*) ow!

uix *interj* ugh!

úlcera *nf* ulcer

ull *nm* **1** eye: *És morena amb els ~s verds.* She has dark hair and green eyes. **2** (*pany*) keyhole LOC **amb els ulls tapats** blindfold ◆ **a ull** roughly: *Ho vaig calcular a ~.* I worked it out roughly. ◆ **fer els ulls grossos** to turn a blind eye *to sth* ◆ **mirar els ulls** to look into *sb's* eyes ◆ **mirar-se als ulls** to look into each other's eyes ◆ **no treure els ulls/la vista de sobre** not to take your eyes off *sb/sth* ◆ **ull de bou** (*finestra*) porthole ◆ **ull de poll** corn ◆ **ull de vellut** black eye *Vegeu tb* APARTAR, CLAVAR, COP, COSTAR, OMBRA, PINTAR, SALTAR, TANCAR

ullada *nf* glance: *amb una ~* at a glance LOC **donar/fer una ullada** to glance (*at sth/sb*) ➲ *Vegeu nota a* MIRAR

ullal *nm* **1** canine (tooth) **2** (*elefant, senglar*) tusk

ulleres *nf* **1** glasses: *un noi ros, amb ~* a fair boy with glasses ◇ *No el vaig veure perquè no portava ~.* I couldn't see him because I hadn't got my glasses on. ◇ *M'hauré de posar ~.* I need glasses. ➲ *Vegeu nota a* PAIR **2** (*motociclista, esquiador, submarinista*) goggles **3** (*cansament*) bags under the eyes: *Quines ~ que fas!* You've got bags under your eyes. LOC **ulleres de cul de got** pebble glasses ◆ **ulleres de sol** sunglasses

ullet *nm* LOC **fer/picar l'ullet** to wink (*at sb*): *Em va fer l'ullet.* He winked at me.

últim, ~a ▶ *adj* **1** last: *l'últim episodi* the last episode ◇ *aquests ~s dies* the last few days ◇ *T'ho dic per última vegada.* I'm telling you for the last time. **2** (*més recent*) latest: *l'última moda* the latest fashion **3** (*més alt*) top: *Viuen a l'últim pis.* They live on the top floor. **4** (*més baix*) bottom: *Són a l'última posició de la lliga.* They are bottom of the league.

▶ *nm-nf* **1** last (one): *Vam ésser els ~s a arribar.* We were the last (ones) to arrive. **2** (*esmentat en darrer lloc*) latter LOC **anar/vestir a l'última moda** to be fashionably dressed ◆ **a última hora 1** (*en el darrer moment*) at the last minute **2** (*al final d'un dia*) late: *a última hora de la tarda d'ahir* late yesterday afternoon ◇ *a última hora de dimarts* late last Tuesday ◆ **tenir l'última paraula** to have the last word (*on sth*)

últimament *adv* lately

ultimàtum *nm* ultimatum

ultra ▶ *adj* extreme right-wing

▶ *nmf* right-wing extremist

ultralleuger *nm* (*avió*) microlight

umbilical *adj* LOC *Vegeu* CORDÓ

un *pron* you, one (*més formal*): *En aquestes situacions un no sap què dir.* You never know what to say in a situation like that.

un, una ▶ *art* **1** a, an ❶ La forma **an** s'utilitza davant de so vocàlic: *un arbre* a tree ◇ *un braç* an arm ◇ *una hora* an hour.

> En plural es fa servir **some** o, en alguns casos, s'omet l'article: *Necessito unes sabates noves.* I need some new shoes. ◇ *T'he portat unes flors.* I've brought you some flowers. ◇ *Tens uns ulls preciosos.* You've got beautiful eyes. ◇ *Tinc uns amics formidables.* I've got wonderful friends.

2 (*pl*) some

▶ *adj* **1** (*quantitat*) one: *He dit un quilo, no pas dos.* I said one kilo, not two. **2 uns, unes** (**a**): *unes tisores* a pair of scissors (**b**) (*aproximadament*): *uns quinze dies* about a fortnight ◇ *Només m'hi estaré uns dies.* I'll only be there a few days. ◇ *Deu tenir uns 50 anys.* He must be about 50.

▶ *pron* **1** one: *No tenia cap corbata i li'n vaig deixar una.* He didn't have a tie, so I lent him one. **2 uns** some: *A uns els agrada i a d'altres no.* Some (people) like it; some don't.

▶ *nm* one: *un, dos, tres* one, two, three LOC **d'un en un/un per un** one by one: *Posa'ls d'un en un.* Put them in one by one. ◆ **els uns als altres** each other, one another: *S'ajudaven els uns als altres.* They helped each other. ➲ *Vegeu nota a* EACH OTHER ◆ **és la una** it's one o'clock ❶ Per a més informació sobre l'ús del numeral **un**, vegeu exemples a SIS.

unanimitat *nf* unanimity LOC **per unanimitat** unanimously

ungla *nf* **1** (*mà*) (finger)nail: *menjar-se les ungles* to bite your nails **2** (*peu*) toenail LOC *Vegeu* CARN, ESMALT, RASPALL

únic, ~a ▶ *adj* **1** (*sol*) only: *l'única excepció* the only exception **2** (*excepcional*) extraordinary: *una dona única* an extraordinary woman **3** (*incomparable*) unique: *una obra d'art única* a unique work of art
▶ *nm-nf* only one: *És l'única que sap fer-ho.* She's the only one who can do it. LOC **l'únic** (*l'unica cosa*) the only thing: *L'únic que es pot fer és...* The only thing we can do is... *Vegeu tb* FILL, SENTIT

únicament *adv* only

unifamiliar *adj*: *una casa/un habitatge ~* a house

unificar *vt* to unify

uniforme ▶ *adj* **1** (*igual*) uniform: *de mida ~* of uniform size **2** (*superfície*) even
▶ *nm* uniform LOC **amb/d'uniforme**: *soldats d'uniforme* uniformed soldiers ◇ *col·legials amb ~* children in school uniform

unió *nf* **1** (*associació, relació, matrimoni*) union: *la ~ monetària* monetary union **2** (*unitat*) unity: *La ~ és la nostra millor arma.* Unity is our best weapon. **3** (*acció*) joining (together): *la ~ de les dues parts* the joining together of the two parts LOC **la unió fa la força** united we stand ◆ **Unió Europea** (*abrev* **UE**) European Union (*abrev* EU)

unir ▶ *vt* **1** (*peces, objectes*) to join **2** (*interessos, persones*) to unite, to bring *sth* together (*més col·loq*): *els objectius que ens uneixen* the aims that unite us **3** (*carretera, ferrocarril*) to link
▶ **unir-se** *vp* **1 unir-se a** to join: *Es van ~ al grup.* They joined the group. **2** (*ajuntar forces*) to unite, to come together (*més col·loq*): *El poble es va ~ en contra de les reformes.* The people united against the reforms.

unisex *adj* unisex

U

unit, -ida *adj* **1** (*relacions personals*) close: *una família molt unida* a very close family ◇ *Estan molt ~s.* They're very close. **2** (*amb un objectiu comú*) together: *Hem de mantenir-nos ~s.* We have to work together. LOC *Vegeu* ORGANITZACIÓ; *Vegeu tb* UNIR

unitat *nf* **1** unit: *~ de mesura* unit of measurement ◇ *la ~ 8 del llibre* unit 8 of the book **2** (*unió*) unity: *manca d'unitat* lack of unity LOC **unitat de vigilància intensiva/cures intensives** (*abrev* **UVI/UCI**) intensive care unit ◆ **unitat monetària** unit of currency

univers *nm* universe

universal *adj* **1** (*sempre vigent*) universal: *L'amor és un tema ~.* Love is a universal theme. **2** (*mundial*) world [*n atrib*]: *història ~* world history LOC *Vegeu* DILUVI

universitari, -ària ▶ *adj* university [*n atrib*]: *una residència universitària* a university hall of residence
▶ *nm-nf* **1** (*estudiant*) university student **2** (*llicenciat*) graduate LOC *Vegeu* CIUTAT

universitat *nf* university [*pl* universities]: *anar a la ~* to go to university LOC **universitat a distància** ≈ Open University (*GB*)

untar *vt* (*estendre*) to spread *sth* (*on sth*): *~ una llesca de pa amb mantega* to spread a piece of bread with butter LOC **untar amb oli/greix** to grease: *~ un motlle amb oli* to grease a tin

Urà *nm* Uranus

urani *nm* uranium

urbà, -ana ▶ *adj* urban
▶ *nm-nf* traffic policeman/woman [*pl* -men/women]

urbanisme *nm* town planning

urbanista *nmf* (town) planner

urbanitzable *adj*: *sòl ~* land for building

urbanització *nf* (housing) estate

urgència *nf* **1** (*emergència, cas urgent*) emergency [*pl* emergencies]: *en cas d'urgència* in case of emergency **2 urgències** (*hospital*) accident and emergency (*abrev* A & E) ❶ Als Estats Units es diu **emergency room** (*abrev* **ER**). LOC **amb urgència** urgently

urgent *adj* **1** urgent: *una comanda/feina ~* an urgent order/job **2** (*correu*) express

urna *nf* **1** (*cendres*) urn **2** (*Pol*) ballot box

urpa *nf* **1** (*animal*) claw **2** (*ocell*) talon

us *pron* **1** (*complement*) you: *Us convido a sopar.* I'll take you out for a meal. ◇ *Us ho vaig donar ahir.* I gave it to you yesterday. **2** (*parts del cos, efectes personals*): *Per què no us traieu l'abric?* Why don't you take your coats off? **3** (*reflexiu*) (yourselves): *Divertiu-vos!* Enjoy yourselves! **4** (*recíproc*) each other, one another: *Us veieu gaire sovint?* Do you see each other very often? ➲ *Vegeu nota a* EACH OTHER

ús *nm* use: *instruccions d'ús* instructions for use LOC **d'ús extern/tòpic** (*pomada*) for external use

usar *vt* to use: *És més ecològic ~ material reciclable.* It's more environmentally friendly to use recyclable materials.

usat, -ada *adj* **1** (*de segona mà*) second-hand: *roba usada* second-hand clothes **2** (*desgastat*) worn out: *unes sabates molt usades* worn-out shoes *Vegeu tb* USAR

usual *adj* common

usuari, -ària *nm-nf* user

utensili *nm* **1** (*eina*) tool **2** (*cuina*) utensil

úter *nm* womb
útil *adj* useful
utilitat *nf* usefulness
utilitzar *vt* to use
utopia *nf* Utopia
UVI *nf Vegeu* UNITAT

V v

va, vana *adj* vain: *un intent va* a vain attempt **LOC** **en va** in vain

vaca *nf* **1** (*animal*) cow **2** (*carn*) beef

vacances *nf* holiday: *Necessito unes ~.* I need a holiday. ◇ *Aviat arribaran les ~.* It'll soon be the holidays.

> **Holiday** o **holidays**?
> *Vacances* normalment es tradueix per **holiday**, en singular: *Van ésser unes vacances inoblidables.* It was an unforgettable holiday. ◇ *Que passis unes bones vacances!* Have a great holiday! En alguns contextos també es fa servir el plural **holidays**: *durant les vacances escolars/d'estiu/de Nadal* during the school/summer/Christmas holidays.

LOC **estar/anar(-se'n) de vacances** to be/go on holiday

vacil·lar *vi* ~ **(a/en)** (*dubtar*) to hesitate (*to do sth*): *No vacil·lis a demanar-nos ajuda.* Don't hesitate to ask us for help.

vacuna *nf* vaccine: *la ~ contra la pòlio* the polio vaccine

vacunar *vt* to vaccinate *sb/sth* (*against sth*): *Hem de ~ el gos contra la ràbia.* We've got to have the dog vaccinated against rabies. ◇ *La infermera ha vacunat el nen contra el xarampió.* The nurse gave the baby a measles vaccination.

vaga *nf* strike: *declarar-se en/fer ~* to go/be on strike ◇ *una ~ general/de fam* a general/hunger strike

vagabund, ~a ▶ *adj* (*animal*) stray ▶ *nm-nf* tramp

vagar *vi* to wander: *Van passar tota la nit vagant pels carrers de la ciutat.* They spent all night wandering the city streets.

vagina *nf* vagina

vagó *nm* **1** (*de passatgers*) carriage: *~ de primera* first-class carriage **2** (*de càrrega*) wagon **LOC** **vagó llit/restaurant** sleeping/dining car

vague, vaga *adj* vague: *una resposta vaga* a vague answer

vaguista *nmf* striker

vainilla *nf* vanilla

vaivé *nm* **1** swinging: *el ~ del pèndol* the swinging of the pendulum **2** (*vaixell, tren, etc.*) rocking **3 vaivens** (*canvis*) ups and downs: *els vaivens de la vida* the ups and downs of life

vaixell *nm* ship ➲ *Vegeu nota a* BOAT **LOC** **anar en vaixell** to go by boat/ship ◆ **vaixell de guerra** warship ◆ **vaixell de vapor** steamship ◆ **vaixell de vela** sailing boat

vaixella *nf* **1** crockery [*incomptable*] **2** (*joc complet*) dinner service

vaja *interj* **1** (*sorpresa*) good heavens! **2** (*compassió*) oh dear!: *Vaja, sí que em sap greu!* Oh dear, I'm so sorry!

val *nm* voucher: *un ~ de deu euros* a voucher worth ten euros

valencià, -ana *adj, nm-nf, nm* Valencian

valent, ~a *adj* brave: *Ets molt ~!* You're very brave!

valentia *nf* courage

valer (*tb* **valdre**) ▶ *vi* **1** (*costar*) to cost: *El llibre valia deu dòlars.* The book cost ten dollars. **2** (*tenir un valor*) to be worth: *Quant val una lliura esterlina en euros?* How much is a pound worth in euros? **3** ~ **per** to entitle *you* to *sth*: *Aquest cupó val per un descompte.* This coupon entitles you to a discount. **4** ~ **(per a)** (*persona*) to be good (for/as *sth*): *Jo no valdria per a mestra.* I'd be no good as a teacher. ◇ *Surt i demostra'ls el que vals.* Go out there and show them how good you are. **5** (*ésser permès*) to be allowed: *No val fer trampes.* No cheating. **6** (*document*) to be valid: *Aquest passaport ja no val.* This passport is no longer valid. ▶ **valer-se** *vp* **valer-se de** to use: *Es va ~ de tots els mitjans per poder triomfar.* He used every means possible to get on. **LOC** **no s'hi val!** it's not fair!: *No s'hi val a copiar!* It's not fair to copy! ◆ **no valer per a res** to be useless ◆ **valer-se (per si mateix)** to get around (on your own) ◆ **valga'm Déu!** good heavens! ◆ **val més...**: *Val més que agafis el paraigua.* You'd better take your umbrella. ◇ *Val més que diguis la veritat.* You're better off telling the truth. *Vegeu tb* PENA

valet *nm* (*cartes franceses*) jack ➲ *Vegeu nota a* BARALLA

vàlid, ~a *adj* valid

vall *nf* valley [*pl* valleys]

valor *nm* **1** value: *Té un gran ~ sentimental per a mi.* It has great sentimental value for me. ◇ *joies d'un ~ incalculable* jewels of incalculable value **2** (*valentia*) courage: *No tinc prou ~.* I haven't got the courage. LOC **sense valor** worthless *Vegeu tb* IMPOST

valorar *vt* **1** (*taxar*) to value *sth* (*at sth*): *Van ~ l'anell en un milió de dòlars.* The ring was valued at a million dollars. **2** (*considerar*) to assess: *Va arribar el moment de ~ els resultats.* It was time to assess the results.

vals *nm* waltz

valuós, -osa *adj* valuable

vàlvula *nf* valve: *la ~ de seguretat* the safety valve LOC **vàlvula (d'escapament)**: *El cinema és la meva ~ d'escapament.* Films are my way of escaping everyday life.

vamba *nf* trainer

vampir, ~a ▶ *nm-nf* (*personatge imaginari*) vampire

▶ *nm* (*ratapinyada*) vampire bat

vàndal, ~a *nm-nf* vandal

vandalisme *nm* vandalism

vanitat *nf* vanity

vanitós, -osa *adj* vain: *Ets molt ~.* You're so vain.

vapor *nm* **1** (*d'aigua*) steam: *una locomotora de ~* a steam engine ◇ *una planxa de ~* a steam iron **2** (*gas*) vapour: *~s tòxics* toxic vapours LOC **al vapor** steamed *Vegeu tb* VAIXELL

vaquer, ~a ▶ *adj* (*roba*) denim [*n atrib*]: *caçadora vaquera* denim jacket

▶ *nm-nf* (*pastor*) cowherd

▶ *nm* **1** (*oest americà*) cowboy **2 vaquers** jeans

V

vara *nf* **1** (*bastó*) stick **2** (*branca*) branch

vareta *nf* stick LOC **vareta màgica** magic wand

variable ▶ *adj* (*caràcter, temps*) changeable

▶ *nf* variable LOC *Vegeu* NUVOLOSITAT

variació *nf* variation: *lleugeres variacions de pressió* slight variations in pressure

variar *vt, vi* **1** (*donar varietat, ésser variat*) to vary: *Els preus varien segons el restaurant.* Prices vary depending on the restaurant. ◇ *S'ha de ~ l'alimentació.* You should vary your diet. **2** (*canviar*) to change: *No varia en el plural.* It doesn't change in the plural. LOC **per variar** for a change

variça (*tb* **variu**) *nf* varicose vein

varicel·la *nf* chickenpox

varietat *nf* variety [*pl* varieties]

vas *nm* **1** (*Anat, Bot*) vessel: *vasos capil·lars/sanguinis* capillary/blood vessels **2** (*got*) glass

vàter *nm* toilet

veda *nf* close season

vedat *nm* preserve: *~ de caça* game preserve

vedell, ~a ▶ *nm-nf* calf [*pl* calves]

▶ **vedella** *nf* (*carn*) veal ➲ *Vegeu nota a* CARN

vegada *nf* time: *tres vegades l'any* three times a year ◇ *T'ho he dit cent vegades.* I've told you hundreds of times. ◇ *Guanyo quatre vegades més que ell.* I earn four times as much as he does. LOC **a/de vegades** sometimes ◆ **a la vegada** at the same time: *Ho vam dir a la ~.* We said it at the same time. ◇ *Reia i plorava a la ~.* He was laughing and crying at the same time. ◆ **dues vegades** twice ◆ **d'una vegada**: *Contesta-ho d'una ~!* Hurry up and answer! ◆ **tal vegada** maybe ◆ **una vegada (que...)** once: *Només hi he estat una ~.* I've only been there once. ◇ *Una vegada t'hi acostumis...* Once you're used to it.... ◆ **una vegada era...** once upon a time there was... ◆ **una vegada per sempre/totes** once and for all *Vegeu tb* ALGUN, ALTRE, CADA, CENT, PENSAR

vegetació *nf* vegetation

vegetal ▶ *adj* vegetable [*n atrib*]: *olis ~s* vegetable oils ◇ *el regne ~* the vegetable kingdom

▶ *nm* plant LOC *Vegeu* CARBÓ

vegetar *vi* (*fer el gandul*) to vegetate, to veg out (*col·loq*)

vegetarià, -ana *adj, nm-nf* vegetarian: *un restaurant ~* a vegetarian restaurant

> Quan parlem de les creences religioses, polítiques o socials d'una persona en construccions amb el verb *ésser*, en anglès és més habitual l'ús del nom amb l'article indefinit: *Sóc vegetariana.* I'm a vegetarian. ◇ *No crec que sigui socialista.* I don't think he's a socialist.

vehicle *nm* vehicle

veí, -ïna ▶ *adj* neighbouring: *països veïns* neighbouring countries

▶ *nm-nf* **1** (*que viu a prop*) neighbour: *Com són els teus veïns?* What are your neighbours like? **2** (*resident*) resident: *els veïns d'Olot* the residents of Olot LOC *Vegeu* COMUNITAT

veïnat *nm* **1** (*barri*) neighbourhood: *una de les escoles del ~* one of the schools in the neighbourhood **2** (*veïns*) residents [*pl*]: *Tot el ~ va sortir al carrer.* All the residents took to the streets.

veïnatge *nm* LOC **veïnatge universal** global village

veixiga *nf* bladder

vel *nm* veil LOC **vel del paladar** soft palate

vela *nf* **1** (*d'un vaixell*) sail **2** (*Esport*) sailing: *practicar la ~* to go sailing **3** (*per a fer ombra*) awning LOC *Vegeu* SURF, VAIXELL

velar-se *vp* (*carret*) to be exposed: *No obris la màquina que se't velarà el carret.* Don't open the camera or you'll expose the film.

velcro® *nm* velcro® [*incomptable*]: *Posa-hi un ~ perquè no se t'obri.* Put some velcro on it so it doesn't open.

veler *nm* sailing boat

vell, ~a ▶ *adj* old: *Es veu ~.* He looks old. ◇ *fer-se/tornar-se ~* to get old
▶ *nm-nf* old man/woman [*pl* men/women] LOC **vell arrossinat/xaruc** old man ◆ **vell verd** dirty old man *Vegeu tb* DRAP

vellesa *nf* old age

vellut *nm* velvet LOC *Vegeu* ULL

veloç *adj* fast: *És un cotxe molt ~.* It's a very fast car. ➲ *Vegeu nota a* FAST

velocímetre *nm* speedometer

velocista *nmf* sprinter

velocitat *nf* **1** (*rapidesa*) speed: *la ~ del so* the speed of sound ◇ *trens de gran ~* high-speed trains **2** (*Mec*) gear: *canviar de ~* to change gear ◇ *un cotxe amb cinc ~s* a car with a five-speed gearbox LOC **a tota velocitat** as fast as possible *Vegeu* EXCÉS

velòdrom *nm* velodrome, cycle track (*més col·loq*)

vena *nf* vein

vencedor, ~a ▶ *adj* **1** (*d'un concurs, d'una competició*) winning: *l'equip ~* the winning team **2** (*país, exèrcit*) victorious
▶ *nm-nf* **1** (*en un concurs, una competició*) winner: *el ~ de la prova* the winner of the competition **2** (*Mil*) victor

vèncer ▶ *vt* **1** (*Esport*) to beat: *Ens van ~ en la semifinal.* We were beaten in the semi-final. **2** (*Mil*) to defeat **3** (*son, por*) to overcome: *La son em va ~.* I was overcome with sleep. ▶ *vi* **1** to win: *L'equip visitant va ~.* The visiting team won. **2** (*termini, contracte*) to expire: *El termini va ~ ahir.* The deadline expired yesterday.

vençut, -uda ▶ *adj*: *donar-se per ~* to give in
▶ *nm-nf* loser: *vencedors i ~s* winners and losers *Vegeu tb* VÈNCER

venda *nf* sale: *en ~* for sale ◇ *sortir/posar alguna cosa a la ~* to go on sale/put sth on sale

vendaval *nm* hurricane

vendre ▶ *vt* to sell: *En venen al mercat.* They are on sale in the market. ▶ **vendre's** *vp* **1** (*estar a la venda*) to be for sale: *El pis de dalt es ven.* The upstairs flat is for sale. **2** (*deixar-se subornar*) to sell yourself

veneçolà, -ana *adj, nm-nf* Venezuelan

Veneçuela *nf* Venezuela

venedor, ~a *nm-nf* **1** salesman/woman [*pl* -men/-women]: *un ~ de cotxes* a car salesman **2** (*dependent*) shop assistant LOC **venedor ambulant** street seller

venir *vi* **1** to come: *Vine aquí!* Come here! ◇ *No em véns a veure mai.* You never come to see me. ◇ *No em vinguis amb excuses.* Don't come to me with excuses. ◇ *Aquest te ve de la Xina.* This tea comes from China.

> En l'ús col·loquial **come to do sth** es pot substituir per **come and do sth**, sobretot en ordres: *Vine a veure'm demà.* Come and see me tomorrow.

2 (*tornar*) to be back: *Vinc de seguida.* I'll be back in a minute. LOC **que ve** next: *dimarts que ve* next Tuesday ◇ *l'any que ve* next year ◆ **venir bé/malament** (*convenir*) to suit/not to suit: *Demà em ve molt malament.* Tomorrow doesn't suit me. ◆ **vinga!** come on! ❶ Per a d'altres expressions amb **venir**, vegeu les entrades del nom, l'adjectiu, etc., p. ex. **venir de gust** a GUST i **venir de família** a FAMÍLIA.

venjança *nf* revenge

venjar-se *vp* to take revenge (*on sb*), to get your own back (*on sb*) (*col·loq*): *Es va venjar del que li havien fet.* He took revenge for what they'd done to him. ◇ *Me'n venjaré.* I'll get my own back on him.

venjatiu, -iva *adj* vindictive

vent *nm* wind LOC **contra vent i marea**: *Vol seguir com a president contra ~ i marea.* He wants to carry on as president come what may. ◇ *Vaig lluitar contra ~ i marea per aconseguir el lloc.* I did everything I could to get the job. ◆ **fer vent** to be windy: *Feia massa ~.* It was too windy. *Vegeu tb* MOLÍ

ventada *nf* gust (of wind)

Ventafocs *n pr* Cinderella

ventall *nm* **1** fan **2** (*gamma*) range: *un bon ~ de possibilitats* a wide range of possibilities

ventar(-se) *vt, vp* to fan (yourself)

ventilació *nf* ventilation

ventilador *nm* fan

ventilar *vt* (*habitació, roba*) to air

ventrada *nf* (*Zool*) litter

V

ventre *nm* **1** (*abdomen*) belly [*pl* bellies] **2** (*matriu*) womb LOC **anar de ventre** to go to the toilet

ventríloc, -oqua *nm-nf* ventriloquist

Venus *nm* (*planeta*) Venus

verb *nm* verb

verborrea *nf* verbal diarrhoea

verd, ~a ▶ *adj* **1** (*color*) green ➲ *Vegeu exemples a* GROC **2** (*fruita*) unripe: *Encara són ~s.* They're not ripe yet. **3** (*obscè*) dirty: *acudits ~s* dirty jokes
▶ *nm* **1** (*color*) green **2** (*herba*) grass **3 els verds** (*Pol*) the Greens LOC **verd botella** bottle green *Vegeu tb* VELL, ZONA

verdura *nf* vegetable(s) [*gen pl*]: *fruita i ~* fruit and vegetables ◇ *La ~ és molt sana.* Vegetables are good for you. ◇ *sopa de ~* vegetable soup

veredicte *nm* verdict

verema *nf* grape harvest

veremar *vi* to harvest grapes

verge ▶ *adj* **1** virgin: *ésser ~* to be a virgin ◇ *boscos ~s* virgin forests ◇ *oli d'oliva ~* extra virgin olive oil **2** (*CD, etc.*) blank
▶ *nf* virgin: *la Verge Maria* the Virgin Mary
▶ (*tb* **Verge**) *nf* (*Astrol*) Virgo [*pl* Virgos] ➲ *Vegeu exemples a* AQUARIUS LOC *Vegeu* LLANA

vergonya *nf* **1** (*sentit de culpabilitat, modèstia*) shame: *No tens ~.* You've got no shame. **2** (*timidesa, sentit del ridícul*) embarrassment: *Quina ~!* How embarrassing! **3** (*escàndol*) disgrace: *És una ~ que cobrin tant.* Its a disgrace that they charge so much! LOC **fer/passar vergonya 1** (*penedir-se*) to be ashamed: *Li feia ~ confessar-ho.* He was ashamed to admit it. **2** (*sentir-se incòmode*) to be embarrassed: *Em fa ~ preguntar-los-ho.* I'm too embarrassed to ask them.

vergonyós, -osa *adj* **1** (*tímid*) shy **2** (*indignant*) disgraceful

V

verí *nm* poison

verídic, ~a *adj* true

verificar *vt* to check

verinós, -osa *adj* poisonous LOC *Vegeu* BOLET

veritable *adj* **1** (*cert*) true: *la ~ història* the true story **2** (*ús emfàtic*) real: *És un ~ amic.* He's a real friend. LOC **veritable o fals?** true or false?

veritat *nf* truth: *Digues la ~.* Tell the truth. LOC **de veritat 1** (*autèntic*) real: *un dinosaure de ~* a real dinosaur ◇ *No és una joguina, és de ~.* It's not a toy, it's real. **2** (*seriosament*) really: *Ho va dir de ~.* He really meant it. ◇ *De veritat?* Really? ◆ **ésser veritat** to be true: *No pot ésser ~.* It can't be true. *Vegeu tb* CANTAR, CONFESSAR

vermell, ~a *adj, nm* red ➲ *Vegeu exemples a* GROC LOC **estar/posar-se vermell com un tomàquet/pebrot** to be/go as red as a beetroot ◆ **posar-se vermell** to blush *Vegeu tb* CAPUTXETA, NÚMERO, PEBRE

vermut *nm* **1** (*beguda*) vermouth **2** (*aperitiu*) snack

vernís *nm* **1** (*fusta*) varnish **2** (*ceràmica*) glaze

verola *nf* smallpox

vers[1] *nm* **1** (*línia d'un poema*) line **2** (*gènere literari*) poetry **3** (*poema*) verse

vers[2] *prep* **1** (*lloc*) towards **2** (*temps*) around

versió *nf* version LOC **en versió original** (*pel·lícula*) with subtitles

vertader, ~a *adj* true

vèrtebra *nf* vertebra [*pl* vertebrae]

vertebral *adj* LOC *Vegeu* COLUMNA

vertebrat, -ada *adj, nm* vertebrate

vertical ▶ *adj* **1** (*direcció*) vertical: *una línia ~* a vertical line **2** (*posició*) upright: *en posició ~* in an upright position
▶ *nf* (*gimnàstica*) handstand: *fer la ~* to do a handstand LOC *Vegeu* PIANO

vertigen *nm* vertigo: *tenir ~* to get vertigo LOC **fer/provocar vertigen** to make *sb* dizzy

vesc *nm* mistletoe

vespa *nf* (*insecte*) wasp

vesper *nm* wasps' nest

vespre *nm* evening: *L'obra de teatre és al ~.* The play is in the evening. ◇ *Vam sortir diumenge al ~.* We went out on Sunday evening. ◇ *Et trucaré al ~.* I'll phone you this evening. ◇ *On vas demà al ~?* Where are you going tomorrow evening? LOC **del vespre** (*hores*) in the evening, p.m.: *a les nou del ~* at nine in the evening ➲ *Vegeu notes a* MATÍ *i* P.M. ◆ **fer-se vespre** to get dark

vesprejar *vi* to get dark: *A l'hivern de seguida vespreja.* In winter it gets dark early.

vessant *nm* (*muntanya*) hillside

vessar ▶ *vt* to spill: *He vessat una mica de vi per terra.* I've spilt some wine on the floor. ➲ *Vegeu nota a* DROP ▶ *vi* **1** (*perdre líquid*) to leak: *Aquest càntir vessa.* This jug leaks. **2** (*sobreeixir*) to be full to overflowing: *La galleda d'escombraries ja vessa.* The rubbish bin is full to overflowing. ▶ **vessar-se** *vp* to spill: *Se m'ha vessat la llet.* I've spilt some milk. LOC **vessar-la**: *En dirli això l'has ben vessada!* Saying that was a big mistake! ◆ **vessar sang/llàgrimes** to shed blood/tears *Vegeu tb* GOTA, PLE

vestíbul *nm* **1** (*entrada, rebedor*) hall **2** (*teatre, cine, hotel*) foyer

vestidor *nm* changing room

vestir ▶ *vt* **1** to dress: *Vaig ~ els nens.* I got the children dressed. **2 ~ alguna cosa** (*portar*) to wear sth: *Vestia una americana grisa.* He was wearing a grey jacket. ▶ *vi* **vestir (de)** to dress (in *sth*): *~ bé/de blanc* to dress well/in white ▶ **vestir-se** *vp* **1** to get dressed: *Vesteix-te que arribaràs tard.* Get dressed or you'll be late. **2 vestir-se (de)** to dress (in *sth*): *~ de negre* to dress in black **LOC** *Vegeu* DOL, GALA, PEÇA

vestit *nm* **1** (*de dona*) dress: *Portes un ~ preciós.* You're wearing a beautiful dress. **2** (*d'home*) suit: *En Miquel porta un ~ molt elegant.* Miquel is wearing a very smart suit. **3** (*d'un país, d'una regió*) dress [*incomptable*]: *el ~ típic aragonès* Aragonese regional dress **LOC vestit de bany 1** (*de dona*) swimming costume **2** (*d'home*) (swimming)trunks [*pl*] ◆ **vestit de nit** evening dress ◆ **vestit de núvia** wedding dress ◆ **vestit espacial** spacesuit

vestuari *nm* wardrobe

veterà, -ana *adj, nm-nf* veteran [*n*]: *un actor ~* a veteran actor ◇ *el jugador més ~ de l'equip* the most experienced player in the team

veterinari, -ària *nm-nf* vet, veterinary surgeon (*més formal*)

veterinària *nf* veterinary science

vetlla *nf* **LOC fer vetlla tota la nit 1** to stay up all night **2** (*amb un malalt*) to keep watch (*over sb*)

vetllada *nf* evening

vetllar ▶ *vt* **1** (*difunt*) to keep vigil over *sb* **2** (*malalt*) to sit up with *sb* ▶ *vi* **~ per** to look after *sb/sth*: *El teu padrí vetllarà per tu.* Your godfather will look after you.

veto (*tb* **vet**) *nm* veto [*pl* vetoes]

veu *nf* voice: *dir alguna cosa en ~ alta/baixa* to say sth in a loud/quiet voice **LOC no tenir ni veu ni vot** to have no say *in sth*: *Jo callo perquè no tinc ni ~ ni vot.* I'll be quiet, as I've got no say in the matter. ◆ **portar la veu cantant** to be the boss ◆ **tenir la veu cascada/rogallosa** to be hoarse *Vegeu tb* BÚSTIA, CÓRRER, LLEGIR, PLE

veure ▶ *vt* **1** to see: *Fa molt que no la veig.* I haven't seen her for a long time. ◇ *Ho veus? Ja has tornat a caure.* You see? You've fallen down again. ◇ *No acabo de ~ per què.* I don't see why. ◇ *Espera, ho aniré a ~.* Wait, I'll go and see.

> Per a referir-se a allò que veiem en un moment determinat, es fan servir **can** i **could** amb el verb **to see**. Rarament es fa servir **to see** amb temps continus: *Que veus aquell edifici d'allà?* Can you see that building over there? ◇ *No es veia res.* You couldn't see a thing.

2 (*examinar*) to look at *sth*: *Ho he de ~ amb més calma.* I need more time to look at it. ▶ **veure-hi** *vi* to see ▶ **veure's** *vp* **1 veure's (amb)** (*trobar-se*) to meet (*sb*): *Fa temps que no ens veiem.* We haven't met for a long time. **2** (*amb participi*) to feel: *M'he vist obligat a ajudar-la.* I felt obliged to help her. **3** (*mostrar*) to show: *Se't veuen els sostenidors.* Your bra is showing. **LOC a veure si... 1** (*desig*) I hope...: *A ~ si aprovo aquesta vegada.* I hope I pass this time. **2** (*temor*) what if...: *A ~ si els ha passat res!* What if something has happened to them? **3** (*prec, ordre*) how about... ?: *A ~ si m'escrius d'una vegada.* How about writing to me sometime? ◇ *A ~ si quedem aviat.* Let's meet up soon. ◆ **fer-se veure/ fer veure** *Vegeu* FER ◆ **ves per on** fancy! ◆ **veure venir alguna cosa** to see sth coming: *Ho veia venir.* I could see it coming. ⓘ Per a d'altres expressions amb **veure**, vegeu les entrades del nom, l'adjectiu, etc., p. ex. **no poder veure** a PODER.

vi *nm* wine: *Que et ve de gust un got de vi blanc?* Would you like a glass of white wine? ◇ *vi negre/blanc/de taula* red/white/table wine ◇ *vi de la casa* house wine **LOC** *Vegeu* PA

via *nf* **1** (*Ferrocarril*) (**a**) (*rails*) track: *la ~ del tren* the railway track (**b**) (*andana*) platform **2 vies** (*Med*) tract: *vies respiratòries* respiratory tract **LOC en via de desenvolupament** developing: *països en ~ de desenvolupament* developing countries ◆ **fer via** to hurry up (*and do sth*) ◆ **(per) via aèria** (*correu*) (by) airmail ◆ **Via Làctia** Milky Way

vianant *nmf* pedestrian: *carrer de ~s* pedestrian street **LOC** *Vegeu* PAS[1], ZONA

viatge *nm* journey [*pl* journeys], trip, travel

> Les paraules **travel**, **journey** i **trip** no s'han de confondre.
> El nom **travel** és incomptable i es refereix a l'activitat de viatjar en general: *Les seves aficions principals són els llibres i els viatges.* Her main interests are reading and travel. **Journey** i **trip** es refereixen a un viatge concret. **Journey** indica només el desplaçament d'un lloc a un altre: *El viatge va ésser esgotador.* The journey was exhausting. **Trip** inclou també l'estada: *Com va anar el viatge a París?* How did your trip to Paris go? ◇ *un viatge de negocis* a business trip.
> També s'utilitzen per a fer referència a viatges d'altres paraules, com ara **voyage** i **tour**. **Voyage** és un viatge llarg per mar:

V

Colom és famós pels seus viatges al Nou Món. Columbus is famous for his voyages to the New World. **Tour** és un viatge organitzat on es van fent parades en diversos llocs: *La Jane farà un viatge per Escandinàvia.* Jane is going on a tour around Scandinavia.

LOC **bon viatge!** have a good trip! ◆ **estar/anar de viatge** to be/go away ◆ **viatge de negocis** business trip ◆ **viatge d'intercanvi** exchange visit ◆ **viatge organitzat** package tour: *fer un ~ organitzat* to go on a package tour *Vegeu tb* AGÈNCIA, BOSSA, XEC

viatger, ~a *nm-nf* **1** (*passatger*) passenger **2** (*turista*) traveller: *un ~ incansable* a tireless traveller

viatjant *nmf* sales rep

viatjar *vi* to travel: *~ amb avió/cotxe* to travel by plane/car

vibració *nf* vibration

vibrar *vi* to vibrate

vicepresident, ~a *nm-nf* vice-president

vicesecretari, -ària *nm-nf* deputy secretary [*pl* deputy secretaries]

viceversa *adv* vice versa

vici *nm* **1** (*mal costum*) vice: *No tinc pas ~s.* I don't have any vices. **2** (*addicció*) addiction: *El joc es va convertir en un ~.* Gambling became an addiction. LOC **agafar/tenir el vici d'alguna cosa** to get/be addicted to sth *Vegeu tb* LLIURAR

viciar-se *vp Vegeu* AVICIAR

viciós, -osa ▶ *adj* dissolute
▶ *nm-nf* dissolute person LOC **ésser (un) viciós** to have bad habits: *No vull ésser (un) ~ com ell.* I don't want to get bad habits like him. *Vegeu tb* CERCLE

víctima *nf* victim: *ésser ~ d'un robatori* to be the victim of a robbery LOC **fer-se la víctima** to play the victim

victòria *nf* **1** victory [*pl* victories] **2** (*Esport*) win: *una ~ en camp contrari* an away win LOC *Vegeu* CANTAR

victoriós, -osa *adj* victorious LOC **sortir-ne victoriós** to triumph

vida *nf* **1** life [*pl* lives]: *Com et va la ~?* How's life? ◇ *un barri amb molta ~* a very lively area ◇ *No hi ha ~ al carrer.* The streets are dead. **2** (*manteniment*) living: *guanyar-se la ~* to make a living LOC **això és la vida!** this is the life! ◆ **de tota la vida**: *La conec de tota la ~.* I've known her all my life. ◇ *amics de tota la ~* lifelong friends ◆ **donar-se bona vida** to live the life of Riley ◆ **fer la vida impossible a algú** to make sb's life a misery ◆ **fer/portar una vida de gos** to lead a dog's life ◆ **mai de la vida/en ma vida** never: *Mai de la ~ no havia vist res de semblant.* I've never seen anything like it. ◆ **per a tota la vida** for life ◆ **vida nocturna** nightlife *Vegeu tb* BOSSA, BUSCAR, COMPLICAR, COSA, NIVELL, OBRIR, REFER, RITME, SET[2]

vident *adj, nmf* clairvoyant

vídeo *nm* **1** (*cinta*) video [*pl* videos] **2** (*aparell*) video recorder LOC **filmar/gravar en vídeo** to film/to tape *Vegeu tb* CÀMERA, CINTA

videoclip *nm* video [*pl* videos]

videoclub *nm* video shop

videoconferència *nf* teleconference

videojoc *nm* video game

vidre *nm* **1** (*material*) glass [*incomptable*]: *Em vaig tallar amb un tros de ~ trencat.* I cut myself on a piece of broken glass. ◇ *~s trencats* broken glass **2** (*làmina*) pane: *el ~ de la finestra* the window pane **3** (*d'ulleres*) lens [*pl* lenses]: *Se m'han trencat els ~s de les ulleres.* My lenses have broken. LOC *Vegeu* PAPER

vidrier, ~a *nm-nf* glazier

vidriera *nf* LOC **vidriera (de colors)** stained-glass window

vidu, vídua ▶ *adj* widowed: *Es va quedar vídua molt jove.* She was widowed at an early age.
▶ *nm-nf* **1** (*masc*) widower **2** (*fem*) widow

vigent *adj* current LOC **ésser vigent** to be in force

vigilància *nf* (*control*) surveillance: *Augmentaran la ~.* They're going to step up surveillance. LOC *Vegeu* TORRE, UNITAT

vigilant *nmf* security guard LOC *Vegeu* GOS

vigilar *vt* **1** (*fer atenció, tenir cura*) to watch, to keep an eye on *sb/sth* (*més col·loq*): *Em vigiles la bossa?* Can you keep an eye on my bag? **2** (*presos, frontera, etc.*) to guard: *~ la frontera/els presos* to guard the border/prisoners **3** (*malalt*) to look after *sb* **4** (*examen*) to invigilate

vigília *nf* night before: *la ~ de Nadal* the night before Christmas LOC **en vigílies de** just before *sth*: *en vigílies d'exàmens* just before the exams

vigor *nm* **1** (*Dret*) force: *estar/entrar en ~* to be in/come into force **2** (*energia*) vigour

vila *nf* village LOC **vila olímpica** Olympic village *Vegeu tb* CASA

vil·la *nf* (*xalet*) villa

vímet *nm* wicker: *un cistell de ~* a wicker basket

vinagre *nm* vinegar

V

vinagreta *nf* vinaigrette
vinagrós, **-osa** *adj* vinegary
vincle *nm* **1** (*relació, lligam, Internet*) link **2** (*afectiu*) bond
vinent *adj* next: *dilluns* ~ next Monday
vinguda *nf* arrival
vinícola *adj* wine [*n atrib*]: *indústria* ~ wine industry ◇ *regió* ~ wine-growing region
vinicultor, **~a** *nm-nf* wine producer
vint *nm, adj, pron* **1** twenty **2** (*vintè*) twentieth: *el segle* ~ the twentieth century ➲ *Vegeu exemples a* SEIXANTA
vinya *nf* **1** (*camp de ceps*) vineyard **2** (*planta*) vine
vinyeta *nf* (*tira còmica*) comic strip
viola *nf* **1** (*flor*) violet **2** (*instrument*) viola
violació *nf* **1** (*de persona*) rape **2** (*llei, tractat, etc.*) violation
violador, **~a** *nm-nf* rapist
violar *vt* **1** (*persona*) to rape **2** (*llei, tractat, etc.*) to break
violència *nf* violence LOC **violència domèstica/de gènere** domestic/gender violence
violent, **~a** *adj* **1** violent: *una pel·lícula violenta* a violent film **2** (*incòmode*) embarrassing: *una situació violenta* an embarrassing situation LOC **estar/sentir-se violent** to be/feel embarrassed
violeta ▶ *nf* (*flor*) violet
▶ *adj, nm* (*color*) violet ➲ *Vegeu exemples a* GROC
violí *nm* violin
violinista *nmf* violinist
violoncel *nm* cello [*pl* cellos]
VIP *nmf* VIP
virar *vi* to swerve: *Va haver de ~ ràpidament cap a la dreta.* He had to swerve to the right.
virginitat *nf* virginity
viril *adj* manly, virile (*més formal*)
virilitat *nf* manliness
virtual *adj* virtual
virtualment *adv* virtually
virtuós, **-osa** ▶ *adj* (*honest*) virtuous
▶ *nm-nf* virtuoso [*pl* virtuosos]
virtut *nf* virtue
virus *nm* virus [*pl* viruses]
vis *nm* **1** screw: *collar un* ~ to put a screw in **2** (*per a femella*) bolt
visar *vt* (*passaport*) to stamp a visa in *sth*
visat *nm* visa: ~ *d'entrada/de sortida* entry/exit visa
visca ▶ *nm* cheer: *Tres visques al campió!* Three cheers for the champion!
▶ **visca!** *interj* hooray!: *Visca, he aprovat!* Hooray! I've passed! ◇ *Visca el president!* Long live the president!
viscós, **-osa** *adj* viscous
visera *nf* **1** (*gorra*) peaked cap **2** (*d'esportista*) visor
visibilitat *nf* visibility: *poca* ~ poor visibility
visible *adj* visible
visió *nf* **1** (*vista*) eyesight: *Té problemes de* ~. He has problems with his eyesight. ◇ *perdre la ~ d'un ull* to lose the sight of one eye **2** (*punt de vista*) view: *una ~ personal/de conjunt* a personal/an overall view **3** (*al·lucinació*) vision: *tenir una* ~ to have a vision LOC **veure visions** to hallucinate
visita *nf* **1** visit: *la meva darrera ~ a València* my last visit to Valencia ◇ *horari de* ~ visiting hours **2** (*visitant*) visitor: *Em sembla que tens visites/una* ~. I think you've got visitors/a visitor. LOC **fer una visita** to pay *sb* a visit
visitant ▶ *adj* visiting: *l'equip* ~ the visiting team
▶ *nmf* visitor: *els ~s del palau* visitors to the palace
visitar *vt* to visit: *Vaig anar a visitar-lo a l'hospital.* I went to visit him in hospital.
visó *nm* mink
vist, **~a** *adj* LOC **ésser ben/mal vist** to be well thought of/frowned upon ◆ **ésser molt vist** to be unoriginal: *Això ja és molt* ~. That's not very original. ◇ *La minifaldilla ja és molt vista.* Miniskirts have been around for ages. *Vegeu tb* VEURE
vista *nf* **1** (*facultat, ulls*) sight: *a primera* ~ at first sight ◇ *tenir bona* ~ to have good eyesight ◇ *La pastanaga és molt bona per a la* ~. Carrots are very good for your eyesight. ◇ *El van operar de la* ~. He had an operation on his eyes. **2** (*panorama*) view: *la ~ des de la meva habitació* the view from my room **3** (*instint*): *un polític amb molta* ~ a very far-sighted politician ◇ *Tens molta ~ per als negocis.* You've got a good eye for business. LOC **amb vista a 1** (*finestra, etc.*) overlooking: *un balcó amb ~ al mar* a balcony overlooking the sea **2** (*intenció*) with a view to *sth/doing sth*: *Va treballar intensament amb ~ a estalviar diners.* She worked hard with a view to saving money. ◇ *amb ~ al futur* with the future in mind ◆ **deixar alguna cosa a la vista**: *Deixa-ho a la ~ perquè no me n'oblidi.* Leave it where I can see it or I'll forget it. ◆ **en vista de** in view of *sth*: *en ~ del que ha passat* in view of what has happened ◆ **tenir la vista cansada** to be long-sighted *Vegeu tb* AGRADABLE,

CONÈIXER, CURT, GRADUAR, PERDRE, PUNT, SALTAR, TERRA, TESTIMONI, ULL

vistiplau *nm* approval

vistós, -osa *adj* colourful

visual *adj* visual

visualitzar *vt* **1** (*imaginar*) to visualize **2** (*Informàt*) to view: ~ *una pàgina d'Internet* to view a web page

vital *adj* **1** (*Biol*) life [*n atrib*]: *el cicle ~* the life cycle **2** (*persona*) full of life **3** (*decisiu*) vital

vitalitat *nf* vitality

vitamina *nf* vitamin: *la ~ C* vitamin C

vitamínic, ~a *adj* vitamin [*n atrib*]: *un suplement ~* a vitamin supplement

viticultura *nf* wine-growing

vitrall *nm* stained-glass window

vitrina *nf* glass cabinet

vitroceràmica *nf* ceramic hob

viu, viva *adj* **1** living: *éssers ~s* living beings ◇ *llengües vives* living languages **2** (*persona*) clever **3** (*llum, color, ulls*) bright **4** (*actiu*) lively: *una ciutat viva* a lively city LOC **en viu** (*en directe*) live ◆ **ésser viu** to be alive: *És ~?* Is he alive? ◆ **viu o mort** dead or alive *Vegeu tb* CARN, FOC, MANTENIR, MENJAR[1], PLORAR

viudo, -a *adj, nm-nf Vegeu* VIDU

viure ▶ *vi* **1** to live: *Va ~ gairebé setanta anys.* He lived for almost seventy years. ◇ *On vius?* Where do you live? ◇ *Viuen a Tarragona/al segon.* They live in Tarragona/on the second floor. ◇ *Viu amb la Maria.* He lives with Maria. ◇ *Que bé que vius!* What a nice life you have! **2 ~ de/amb** (*subsistir*) to live on *sth*: *No sé pas de què viuen.* I don't know what they live on. ◇ *Vivim amb 400 euros al mes.* We live on 400 euros a month. **3** (*ésser viu*) to be alive: *El meu besavi encara viu.* My great-grandfather is still alive. ▶ *vt* to live (through) *sth*: *~ una mala experiència* to live through a bad experience ◇ *No t'amarguis! Viu la vida!* Don't be bitter — enjoy life! LOC **no deixar viure** not to leave *sb* in peace: *El cap no ens deixa ~.* Our boss won't leave us in peace. ◆ **viure al dia** to live from hand to mouth ◆ **viure a les costelles/a despeses d'algú** to live off sb ◆ **viure com un gos** to lead a dog's life

viver *nm* **1** (*plantes*) nursery [*pl* nurseries]: *un ~ d'arbres* a tree nursery **2** (*peixos*) fish farm

vocabulari *nm* vocabulary [*pl* vocabularies]

vocació *nf* vocation: *tenir ~ d'alguna cosa* to have a vocation for sth

vocal ▶ *adj* vocal

▶ *nf* (*lletra*) vowel

▶ *nmf* (*soci*) member LOC *Vegeu* CORDA

vocalista *nmf* vocalist

vocalitzar *vi* to speak clearly

vodka *nm* vodka

vol *nm* **1** (*ocell, avió*) flight: *el ~ Palma-Roma* the Palma-Rome flight ◇ *~s nacionals/internacionals* domestic/international flights **2** (*faldilla*): *Aquesta faldilla té molt ~.* That skirt's very full. LOC **aixecar/alçar el vol** to soar ◆ **al vol** (*ràpid*) very fast: *Ho copsa tot al ~.* He understands everything very fast. ◆ **vol regular** scheduled flight ◆ **vol sense motor** gliding

volador, ~a *adj* flying LOC *Vegeu* PLAT

volant ▶ *adj* flying

▶ *nm* **1** (*automòbil*) steering wheel **2** (*de roba*) frill **3** (*metge*) referral note: *un ~ per a l'otorino* a referral note for the ENT specialist LOC **ésser al volant** to be driving

volar ▶ *vi* **1** to fly: *Vam ~ a Roma des de Barcelona.* We flew to Rome from Barcelona. ◇ *El temps vola.* Time flies. **2** (*amb el vent*) to blow away: *El barret li va marxar volant.* His hat blew away. **3** (*desaparèixer*) to disappear: *El pastís va ~ en dos minuts.* The cake disappeared in a couple of minutes. ▶ *vt* (*fer explotar*) to blow *sth* up LOC **fer volar** to blow *sth* up: *fer ~ un edifici* to blow up a building *Vegeu tb* AIRE

volcà *nm* volcano [*pl* volcanoes]

voleibol *nm* volleyball LOC **voleibol de platja** beach volleyball

voler ▶ *vt* (**a**) ~ **alguna cosa/fer alguna cosa** to want sth/to do sth: *Quin vols?* Which one do you want? ◇ *De primer, vull sopa de peix.* I'd like fish soup to start with. ◇ *Vull sortir.* I want to go out. (**b**) ~ **que algú faci alguna cosa** to want sb to do sth: *Vol que anem a casa seva.* He wants us to go to his house. ➲ *Vegeu nota a* WANT ▶ *vi* to want to: *No vull.* I don't want to. ◇ *Doncs és clar que vol.* Of course he wants to. LOC **sense voler** accidentally: *Et prometo que ho vaig fer sense ~.* I promise I did it accidentally. ◇ *Perdona, ha estat sense ~.* Sorry, it was an accident. ◆ **voldria...** I, he, etc. would like *to do sth*: *Voldria saber per què sempre arribes tard.* I'd like to know why you're always late. ◆ **voler dir** to mean: *Què vol dir aquesta paraula?* What does this word mean? ◆ **vols dir?** are you sure? ◆ **vull dir...** I mean...: *Hi vam passar tres, vull dir quatre, nits.* We spent, three, I mean four, nights there.

voletejar *vi* to fly about

volt[1] *nm* LOC **anar pels volts dels** to be about *sth*: *Deu anar pels ~s dels 50.* He must be about 50. ◆ **donar/fer volts a alguna cosa** to turn sth: *Sempre dono dos ~s a la clau.* I always turn

V

the key twice. ◆ **fer un volt** to go for a walk: *Vam sortir a fer un ~.* We went out for a walk. ◆ **pels volts de** around: *pels ~s de la una* at about one o'clock ◇ *pels ~s de Tremp* around Tremp
➲ *Vegeu nota a* AROUND

volt² *nm* (*Electròn*) volt

volta *nf* **1** (*camí més llarg*) detour: *Vam haver de fer una ~ de cinc quilòmetres.* We had to make a five-kilometre detour. **2** (*Esport*) lap: *Van fer tres voltes a la pista.* They did three laps of the track. **3** (*Arquit*) vault **4** (*vegada*) time **5** (*etapa*) round LOC **anar a fer una volta** to go for a walk ◆ **donar/fer (dues, etc.) voltes a/entorn d'alguna cosa** to go round sth (twice, etc.): *La Lluna fa voltes entorn de la Terra.* The moon goes round the earth. ◆ **donar/fer la volta a l'illa/al món** to go round the block/world ◆ **donar/fer mitja volta** to turn round ◆ **donar/fer voltes** to spin: *La Terra fa voltes sobre el seu eix.* The earth spins on its axis. ◆ **donar/fer voltes a alguna cosa** to turn sth: *Sempre dono dues voltes a la clau.* I always turn the key twice. ◆ **donar voltes a alguna cosa** (*pensar*) to worry about sth: *Deixa de donar-hi voltes.* Stop worrying about it. ◆ **fer la volta de campana** to somersault: *El cotxe va fer tres voltes de campana.* The car somersaulted three times. ◆ **volta ciclista** cycle race *Vegeu tb* COP, SOLTA

voltant *nm* **voltants** (*ciutat*) outskirts LOC **al voltant (de)** around: *Hi ha arbres al ~ de la casa.* There are trees around the house. ◇ *No hi havia cap casa en deu quilòmetres al ~.* There were no houses within ten kilometres. *Vegeu tb* AQUÍ, GIRAR

voltar *vi* to go round (*sth*): *~ pel centre de la ciutat* to go for a walk round town

voltat, -ada *adj* (*sostre*) vaulted

voltatge *nm* voltage

voltor *nm* vulture

voluble *adj* changeable

volum *nm* volume: *abaixar/apujar el ~* to turn the volume down/up ◇ *Vaig comprar el primer ~.* I bought the first volume. LOC **a tot volum** at full blast

voluntari, -ària ▶ *adj* voluntary: *treball ~* voluntary work
▶ *nm-nf* volunteer: *Vaig anar a Guatemala de ~.* I went to Guatemala as a volunteer. LOC **presentar-se/sortir voluntari** to volunteer

voluntat *nf* **1** will: *No té ~ pròpia.* He has no will of his own. ◇ *contra la meva ~* against my will **2** (*desig*) wishes [*pl*]: *Hem de respectar la seva ~.* We must respect his wishes. LOC **bona voluntat** goodwill: *mostrar bona ~* to show goodwill *Vegeu tb* FORÇA¹

vòmit *nm* sick, vomit (*més formal*) [*incomptable*]

vomitar ▶ *vt* to bring *sth* up, to vomit (*més formal*): *Vaig ~ tot el sopar.* I brought up all my dinner. ▶ *vi* to be sick, to vomit (*més formal*): *Tinc ganes de ~.* I think I'm going to be sick.

vora ▶ *nf* **1** (*objecte circular*) rim: *la ~ del got* the rim of the glass **2** (*marge*) edge: *a la ~ del camí* at the edge of the path **3** (*mar, llac*) shore **4** (*riu*) bank: *a les vores del Segre* on the banks of the Segre **5** (*peça de roba*) hem
▶ *prep* ~ **(de)** near LOC **a la vora (de)** near: *per aquí a la ~* somewhere near here ◇ *No et posis tant a la ~.* Don't stand so near. ◇ *a la ~ de l'estació* near the station

vorera *nf* **1** (*carrer*) pavement **2** (*carretera*) verge LOC **vorera d'emergència** hard shoulder

vos *pron Vegeu* US

vós *pron* you: *M'agradaria parlar amb vós.* I would like to talk to you. LOC *Vegeu* TRACTAR

vosaltres *pron* you: *Vosaltres hi aneu, a la festa?* Are you going to the party?

vostè *pron* you: *Els ho dec tot a ~s.* I owe it all to you. LOC *Vegeu* TRACTAR

vostre, -a ▶ *adj* your: *la vostra casa* your house
▶ *pron* yours: *Aquests són els ~s?* Are these yours?

> *Un cosí vostre* es tradueix per 'a cousin of yours' perquè significa *un dels vostres cosins.*

vot *nm* **1** (*Pol*) vote: *100 ~s a favor i dos en contra* 100 votes in favour, two against **2** (*Relig*) vow LOC **vot en blanc** blank ballot paper ◆ **vot nul** spoilt ballot paper

votació *nf* vote LOC **votació secreta** secret ballot *Vegeu tb* SOTMETRE

votant *nmf* voter

votar *vt, vi* to vote (*for sb/sth*): *Vaig ~ els verds.* I voted Green/for the Greens. ◇ *~ a favor/en contra d'alguna cosa* to vote for/against sth LOC **votar en blanc** to leave your ballot paper blank ◆ **votar per correu** to have a postal vote

vuit *nm, adj, pron* **1** eight **2** (*data*) eighth ➲ *Vegeu exemples a* SIS LOC *Vegeu* AVUI

vuitanta *nm, adj, pron* **1** eighty **2** (*octogèsim*) eightieth ➲ *Vegeu exemples a* SEIXANTA

vuit-cents, -centes *nm, adj, pron* eight hundred ➲ *Vegeu exemples a* SIS-CENTS

vuitè, -ena *adj, pron, nm-nf* eighth ➲ *Vegeu exemples a* SISÈ LOC **vuitens de final** round prior to quarter-finals

vulgar *adj* vulgar

vulnerable *adj* vulnerable

W w

Walkman® *nm* Walkman® [*pl* Walkmans]
waterpolo *nm* water polo
watt *nm* watt: *una bombeta de 60 ~s* a 60-watt light bulb
web *nm* the Web: *buscar alguna cosa al ~* to search for sth on the Web ◇ *un servidor ~* a web server ◇ *Visiteu el nostre (lloc) ~.* Visit our our website. ◇ *una (pàgina) ~* a web page LOC *Vegeu* CÀMERA, LLOC, PÀGINA
whisky *nm* whisky [*pl* whiskies] ⓘ El whisky irlandès o americà s'escriu **whiskey**. LOC **whisky escocès** Scotch

X x

xacal *nm* jackal
xacra *nf* ailment: *les xacres de la vellesa* old people's ailments
xafardejar *vi* to gossip
xafarder, ~a ▶ *adj* nosy
▶ *nm-nf* gossip: *Ets un ~!* You're such a gossip!
xafarderia *nf* gossip [*incomptable*]: *explicar xafarderies* to gossip ◇ *No vull xafarderies a l'oficina.* I don't want any gossip in the office. ◇ *Has sentit l'última ~?* Have you heard the latest piece of gossip?
xàfec *nm* heavy shower: *inestable amb clarianes i ~s* changeable with sunny spells and heavy showers ◇ *Quin ~!* What a downpour! LOC **fer un xàfec** to pour down (with rain)
xafogor *nf* LOC **fer xafogor** to be muggy: *Fa ~.* It's very muggy.
xafogós, -osa *adj* muggy: *un temps ~* muggy weather
xai *nm* (*animal, carn*) lamb: *~ rostit* roast lamb
xal *nm* shawl: *un ~ de seda* a silk shawl
xalet *nm* **1** (*a la ciutat*) house: *un ~ als afores de Barcelona* a house on the outskirts of Barcelona **2** (*a la costa*) villa **3** (*a la muntanya*) cottage
xamba *nf* stroke of luck: *Quina ~!* What a stroke of luck! LOC **per xamba** by sheer luck
xamfrà *nm* corner
xampany *nm* champagne
xampinyó *nm* mushroom
xampú *nm* shampoo: *~ anticaspa* anti-dandruff shampoo
xampurrejar *vt* to speak broken...: *~ l'italià* to speak broken Italian
xancleta *nf* flip-flop
xandall *nm* tracksuit
xano-xano *adv* slowly
xantatge *nm* blackmail LOC **fer xantatge** to blackmail *sb* (*into doing sth*)
xantatgista *nmf* blackmailer
xapa *nf* **1** (*insígnia*) badge **2** (*carrosseria*) bodywork: *Serà car, perquè s'ha d'adobar la ~.* It'll be expensive because they've got to repair the bodywork.
xapat, -ada *adj* (*metall*) plated: *un anell ~ d'or* a gold-plated ring
xarampió *nm* measles [*incomptable*]
xarcuteria *nf* **1** (*botiga*) delicatessen **2** (*menjar*) salami
xarol *nm* patent-leather: *sabates de ~* patent-leather shoes
xarop *nm* mixture: *~ per a la tos* cough mixture
xarrup *nm* sip: *fer un ~ de cafè* to have a sip of coffee
xàrter *adj, nm*: *un (vol) ~* a charter flight
xaruc, -uga *adj* decrepit LOC *Vegeu* VELL
xarxa *nf* **1** (*Esport, caça, pesca*) net **2** (*Informàt, comunicacions*) network: *la ~ de ferrocarrils/carreteres* the railway/road network **3** (*organitzacions, sucursals*) chain
xassís *nm* chassis [*pl* chassis]
xat *nm* (*Internet*) chat room
xato, -a ▶ *adj* **1** (*de nas curt*) snub-nosed **2** (*nas*) snub
▶ *nm-nf* (*expressió d'afecte*) dear
xauxa *nf* LOC **això és xauxa!** this is heaven!
xaval, ~a *nm-nf* **1** (*masc*) boy **2** (*fem*) girl **3 xavals** (*sense distinció de sexe*) kids, youngsters (*més formal*)
xavalla *nf* small change

xec *nm* cheque: *ingressar un ~* to pay a cheque in LOC **xec de viatge** traveller's cheque ◆ **xec en blanc/en descobert** blank/bad cheque

xemeneia *nf* **1** (*llar de foc*) fireplace: *Encén la ~.* Light the fire. ◇ *asseguts vora la ~* sitting by the fire **2** (*exterior*) chimney [*pl* chimneys]: *Des d'aquí es veuen les xemeneies de la fàbrica.* You can see the factory chimneys from here. **3** (*de vaixell*) funnel

xenòfob, ~a ▶ *adj* xenophobic
▶ *nm-nf* xenophobe

xenofòbia *nf* xenophobia

xerès *nm* sherry [*pl* sherries]

xeringa *nf* (*Med*) syringe

xeringar *vt* (*fastiguejar*) to get on *sb's* nerves

xerinola *nf* celebrations [*pl*]

xerrada *nf* **1** (*conversa*) chat **2** (*conferència*) talk (*on sb/sth*): *Va fer una ~ sobre el seu viatge a l'Índia.* She gave a talk on her trip to India. LOC *Vegeu* PETAR

xerraire ▶ *adj* talkative
▶ *nmf* chatterbox

xerrameca *nf* chatter: *Prou de ~!* Stop chattering!

xerrar ▶ *vi* to chat (*to sb*) (*about sth*) ▶ *vt* (*explicar*) to tell: *No li ho xerris.* Don't tell him. ◇ *Em va veure copiant i ho va ~ al professor.* He saw me copying and told the teacher. LOC **xerrar pels colzes** to talk nineteen to the dozen

xerroteig *nm* (*ocell*) chirp

xerrotejar *vi* (*ocell*) to chirp

xic *nm* LOC **un xic** a bit (*of sth*)

xiclet *nm* chewing gum [*incomptable*]: *Compra'm un ~ de menta.* Buy me some spearmint chewing gum.

xicot, ~a *nm-nf* **1** (*masc*) boy: *el ~ de l'oficina* the office boy **2** (*fem*) girl **3** (*promès*) boyfriend **4** (*promesa*) girlfriend: *la meva xicota* my girlfriend **5** (*persona jove*) young man/woman [*pl* men/women]: *un ~ de 25 anys* a young man of twenty-five

xifra *nf* figure: *un nombre de tres xifres* a three-figure number ◇ *Es creu que la ~ ascendeix a un milió de dòlars.* It is believed that the figure is as much as one million dollars.

Xile *nm* Chile

xilè, -ena *adj, nm-nf* Chilean

xilòfon (*tb* **xilofon**) *nm* xylophone

ximpanzé *nm* chimpanzee, chimp (*més col·loq*)

ximple ▶ *adj* silly, stupid

> **Silly** i **stupid** són pràcticament sinònims, encara que **stupid** és una mica més fort.

▶ *nmf* fool LOC **fer el ximple** to play the fool

ximpleria *nf* silly thing: *Sempre discutim per ximpleries.* We're always arguing over silly little things. ◇ *Això són ximpleries!* That's nonsense! LOC **deixar-se de ximpleries** to stop messing about ◆ **dir ximpleries** to talk nonsense ◆ **fer ximpleries** to be silly: *Para de fer ximpleries!* Stop being silly! *Vegeu tb* ENFILALL

xim-xim *nm* drizzle

Xina *nf* China

xinès, -esa ▶ *adj, nm* Chinese: *parlar ~* to speak Chinese
▶ *nm-nf* Chinese man/woman [*pl* men/women]: *els xinesos* the Chinese

xino-xano *adv Vegeu* XANO-XANO

xinxa *nf* (*insecte*) bedbug

xinxeta *nf* drawing pin

xip *nm* chip

xipollejar *vi* to splash about: *La canalla xipollejava en els bassals.* The children were splashing about in the puddles.

Xipre *nm* Cyprus

xiprer *nm* cypress

xipriota *adj, nmf* Cypriot

xirimoia *nf* custard apple

xisclar *vi* **1** (*cridar*) to scream **2** (*ocell*) to screech **3** (*porc*) to squeal **4** (*ratolí*) to squeak

xiscle *nm* **1** (*persona*) shriek **2** (*ocell*) screech **3** (*porc*) squeal **4** (*ratolí*) squeak

xiular *vt, vi* **1** to whistle: *~ una cançó* to whistle a tune ◇ *El guàrdia ens va ~.* The policeman blew his whistle at us. **2** (*en protesta*) to hiss LOC **xiular un penal/una falta** to award a penalty/free kick

xiulet *nm* **1** (*instrument, so*) whistle: *L'àrbitre va tocar el ~.* The referee blew the whistle. ◇ *Va fer un ~.* She whistled. ◇ *el ~ del tren* the whistle of the train **2** (*vent*) whistling **3** (*protesta*) hiss

xiuxiueig *nm* whispering [*incomptable*]

xiuxiuejar *vi* to whisper

xivarri *nm* (*soroll*) racket: *armar/fer molt ~* to make a terrible racket

xoc *nm* **1** (*col·lisió, soroll*) crash **2** (*enfrontament*) clash LOC *Vegeu* AUTO

xocant *adj* surprising

xocar *vi* **1** ~ **(contra/amb)** (*col·lidir*) **(a)** (*contra un obstacle*) to crash (into *sth*): *El cotxe va ~ contra una tàpia.* The car crashed into a wall. ◇ *La pilota va ~ contra la porta.* The ball hit the door. **(b)** (*contra un altre vehicle*) to collide (with *sth*): *Un camió va ~ contra un minibús.* A lorry collided with a minibus. **2** (*sorprendre*) to surprise: *Em va ~ que es presentés sense avisar.* I was surprised that he turned up without letting us know.

xocolata *nf* chocolate: *una rajola de ~* a bar of chocolate LOC **xocolata desfeta** hot chocolate *Vegeu tb* RAJOLA

xocolatina *nf* chocolate bar

xofer, ~a *nm-nf* **1** (*cotxe privat*) chauffeur **2** (*camió, autocar*) driver

xop, ~a *adj* soaking wet: *Aquests llençols estan ~s.* These sheets are soaking wet. LOC **deixar xop**: *L'últim xàfec ens va deixar ~s* We got soaked in the last shower. ◇ *M'has deixat la faldilla ben xopa.* You've made my skirt soaking wet! ◆ **estar/quedar-se xop** to be/get soaked (through): *M'he quedat ben xopa.* I got soaked through.

xoriço *nm* chorizo

xou *nm* show

xuclada *nf* suck

xuclar *vt* **1** to suck **2** (*absorbir*) to soak *sth* up: *Aquesta planta xucla molta aigua.* This plant soaks up a lot of water.

xuclat, -ada *adj* (*prim*) skinny ➲ *Vegeu nota a* PRIM; *Vegeu tb* XUCLAR

xufla *nf* tiger nut

xumet *nm* dummy [*pl* dummies]

xurro *nm* deep-fried strip of batter

xut *nm* shot: *un ~ a porta* a shot at goal

xutar *vi* to shoot

Z z

zàping *nm* channel-hopping: *fer ~* to channel-hop

zas *interj* bang!

zebra *nf* zebra LOC *Vegeu* PAS[1]

zel *nm* LOC **estar en zel 1** (*femella*) to be on heat **2** (*mascle*) to be in rut

zelador, ~a *nm-nf* (*hospital*) (hospital) porter

zenit *nm* zenith

zero *nm* **1** (*en xifres*) nought: *un cinc i dos ~s* a five and two noughts ◇ *~ coma cinc* nought point five **2** (*en telèfons*) O ❶ Es pronuncia /əʊ/: *El meu número de telèfon és el vint-i-nou, zero dos, quaranta.* My phone number is two nine O two four O. També s'usa **zero**, especialment en anglès americà. **3** (*temperatura*) zero **4** (*Esport*) **(a)** nil: *un a ~* one–nil ◇ *un empat a ~* a goalless draw **(b)** (*Tennis*) love: *quinze a ~* fifteen love LOC **començar/partir de zero** to start from scratch ◆ **ésser un zero a l'esquerra** to be a nobody ◆ **sota zero**: *temperatures sota ~* sub-zero temperatures ◇ *Som a deu sota ~.* It's minus ten. *Vegeu tb* EMPATAR, GRAU ➲ *Vegeu pàgs 757-761*

ziga-zaga *nf* zigzag: *un camí que fa ~* a zigzag path

zinc *nm* zinc

zodíac *nm* zodiac: *els signes del ~* the signs of the zodiac

zombi *nmf* zombie

zona *nf* **1** area: *~ industrial/residencial* industrial/residential area ◇ *~ de fumadors/no fumadors* smoking/non-smoking area **2** (*Geog, Mil, Pol*) zone: *~ tropical/ militar/neutral* tropical/military/neutral zone LOC **zona blava** parking area ◆ **zona de vianants** pedestrian area ◆ **zona (de l')euro** Eurozone ◆ **zona nord, etc.** north, etc.: *la ~ sud de la ciutat* the south of the city ◆ **zona verda** parkland [*incomptable*]

zoo (*tb* **zoològic**) *nm* zoo [*pl* zoos]

zoom *nm* zoom (lens)

zum-zum *nm* **1** (*insecte, orelles*) buzzing [*incomptable*]: *Se sentia el ~ de les abelles.* You could hear the bees buzzing. ◇ *Les orelles em fan ~.* I have a buzzing in my ears. **2** (*màquina*) humming [*incomptable*]

Transport
El transport

MORE TO EXPLORE

caravan
cyclist
driver
minibus
moped
motorcycle
motorway
people carrier
rail
scooter
ship
subway
taxi
trailer
underground
van

1. **helicopter** helicòpter
2. **plane** avió
3. **oil tanker** petrolier
4. **hydrofoil** aerolliscador
5. **ferry** ferri
6. **coach** autocar
7. **(double-decker) bus** autobús (de dos pisos)
8. **lorry** (*USA* **truck**) camió
9. **car** cotxe
10. **bicycle** bicicleta
11. **train** tren

Houses
Les cases

1. **thatched cottage** caseta amb teulada de palla
2. **detached house** casa unifamiliar aïllada
3. **bungalow** bungalou
4. **semi-detached house** casa aparellada
5. **terraced house** casa en filera
6. **block of flats** bloc de pisos

MORE TO EXPLORE

back door	front door	patio
balcony	garden	porch
bathroom	hall	roof
bedroom	kitchen	storey
corridor	lounge	upstairs
downstairs	maisonette	yard

Buildings
Els edificis

MORE TO EXPLORE

brick
church
concrete
library
mosque
police station
power station
skyscraper
steel
stone
synagogue
temple
tower block
town hall

1. **stately home** casa senyorial
2. **monument** monument
3. **ruin** ruïna
4. **tower** torre
5. **castle** castell
6. **pub** bar, taverna
7. **office block** bloc d'oficines
8. **warehouse** magatzem
9. **dam** presa
10. **bridge** pont
11. **lighthouse** far

Shops
Les botigues

1. **grocer's** botiga de comestibles
2. **fish and chip shop** fregidoria que ven peix amb patates fregides
3. **baker's** forn, fleca
4. **optician's** òptica
5. **butcher's** carnisseria
6. **market** mercat
7. **flower stall** parada de flors
8. **dry-cleaner's** tintoreria
9. **clothes shop** botiga de roba
10. **shopping centre** (*USA* **shopping center, shopping mall**) centre comercial
11. **garden centre** centre de jardineria

MORE TO EXPLORE

bill	chemist's	newsagent
bookshop	counter	receipt
carrier bag	customer	takeaway
change	florist	till
checkout	launderette	trolley

Jobs
Les professions

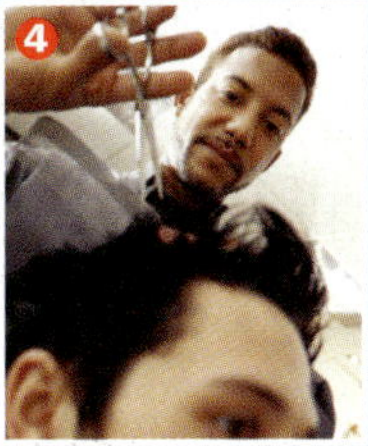

1. **cook** cuiner, -a
2. **fisherman** pescador
3. **teacher** professor, -a; mestre, -a
4. **hairdresser** perruquer, -a
5. **painter** pintor, -a
6. **nurse** infermer, -a
7. **farmer** granger, -a
8. **carpenter** fuster, -a
9. **pilot** pilot

MORE TO EXPLORE

apprentice	manager
barber	plumber
baker	postman
designer	secretary
doctor	shop assistant
dustman	technician

The body

El cos

1. **foot** peu
2. **knee** genoll
3. **leg** cama
4. **bottom** cul
5. **back** esquena
6. **shoulder** espatlla
7. **hand** mà
8. **arm** braç
9. **head** cap
10. **wrist** canell
11. **finger** dit
12. **hair** cabells
13. **eye** ull
14. **ear** orella
15. **nose** nas
16. **mouth** boca
17. **neck** coll

MORE TO EXPLORE

ankle	face
cheek	lip
chin	stomach
elbow	thigh
eyebrow	toe
eyelash	tooth

Clothes

La roba

❶ **woolly hat** gorra de llana
❷ **hood** caputxa
❸ **sweatshirt** dessuadora
❹ **sunglasses** ulleres de sol
❺ **leather jacket** jaqueta de pell
❻ **sweater** jersei
❼ **jeans** (pantalons) texans
❽ **shoe** sabata
❾ **hat** barret
❿ **boot** bota
⓫ **belt** cinturó
⓬ **glove** guant
⓭ **denim jacket** caçadora texana
⓮ **shoulder bag** bossa que es porta penjada de l'espatlla
⓯ **skirt** faldilla
⓰ **tights** (*USA* **pantyhose**) mitges, pantis
⓱ **shirt** camisa
⓲ **tie** corbata
⓳ **jacket** americana
⓴ **briefcase** maletí, cartera
㉑ **trousers** pantalons
㉒ **suit** vestit

MORE TO EXPLORE

anorak	sandal
blouse	scarf
cap	shorts
coat	sock
crop top	T-shirt
dress	tracksuit
raincoat	underwear

Leisure
El lleure

1. **hiking** senderisme
2. **skateboarding** patinar amb monopatí
3. **painting** pintura
4. **meeting friends** quedar amb els amics
5. **playing the guitar** tocar la guitarra
6. **in-line skating** patinatge en línia
7. **reading** lectura
8. **working out** fer exercici
9. **chess** escacs
10. **dominoes** dòmino
11. **snooker** billar (amb 22 boles)
12. **darts** dards
13. **dice** daus
14. **cards** cartes

MORE TO EXPLORE

backpacking	clubbing	hobby
billiards	cookery	knitting
bowling	dancing	photography
camping	DIY	pool
cinema	drawing	roller skating

In class
A la classe

1. **blackboard** (*USA tb* **chalkboard**) pissarra
2. **map** mapa
3. **textbook** llibre de text
4. **file** carpeta
5. **exercise book** quadern (d'exercicis)
6. **calculator** calculadora
7. **pencil case** estoig (per a llapis)
8. **school bag** motxilla (de l'escola)
9. **rubber** (*tb esp USA* **eraser**) goma d'esborrar
10. **pencil sharpener** maquineta de fer punta
11. **pencil** llapis
12. **ballpoint (pen)** bolígraf
13. **felt-tip (pen)** retolador
14. **highlighter** retolador fluorescent
15. **ruler** regle

MORE TO EXPLORE

compasses	set square
dictionary	stapler
noticeboard	timetable
pen	waste-paper basket
register	whiteboard

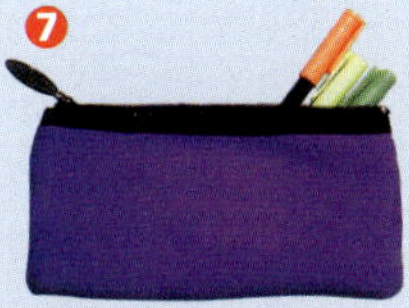

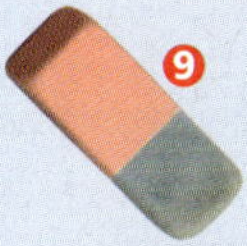

Sport
Els esports

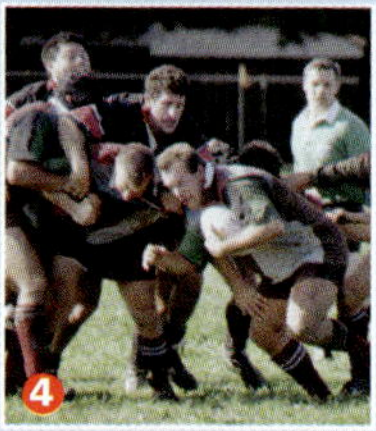

1. **hockey** (*USA* **field hockey**)
   hoquei (sobre herba)
2. **American football** (*USA* **football**)
   futbol americà
3. **volleyball** voleibol
4. **rugby** rugbi
5. **basketball** bàsquet
6. **baseball** beisbol
7. **cricket** criquet
8. **tennis** tennis

MORE TO EXPLORE

badminton
golf
handball
netball
showjumping
squash
table tennis
weightlifting
wrestling

1. **fencing** esgrima
2. **riding** equitació
3. **gymnastics** gimnàstica
4. **boxing** boxa
5. **cycling** ciclisme
6. **jogging** fúting
7. **judo** judo
8. **athletics** atletisme
9. **mountain biking** ciclisme de muntanya
10. **football** (*USA* **soccer**) futbol

1

2

3

4

5

6

7

8

9

10

MORE TO EXPLORE

bat	net
club	pitch
court	race
ground	racket
helmet	score
lane	track

1

2

3

4

5

6

7

8

9

10
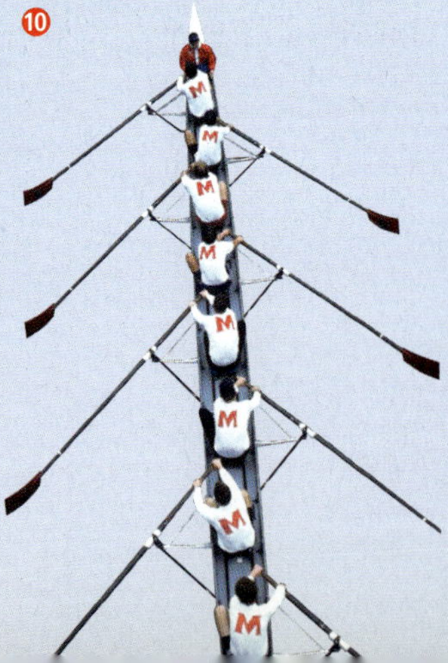

MORE TO EXPLORE

- abseiling
- canyoning
- caving
- cross-country
- downhill
- hang-gliding
- mountaineering
- paragliding
- rappel
- rock climbing

11

12

13

14

1. **windsurfing** surf de vela
2. **scuba-diving** submarinisme
3. **sailing** vela
4. **jet-skiing** motociclisme aquàtic
5. **surfing** surf
6. **kayaking** caiac
7. **waterskiing** esquí aquàtic
8. **white-water rafting** ràfting
9. **swimming** natació
10. **rowing** rem
11. **figure skating** patinatge artístic
12. **ice hockey** (*USA* **hockey**) hoquei sobre gel
13. **speed skating** patinatge de velocitat
14. **bob** bob
15. **snowboarding** surf de neu
16. **skiing** esquí
17. **ski-jumping** salt d'esquí

MORE TO EXPLORE

canoe
champion
crash helmet
goggles
lap
paddle
racing car
skate
ski lift
toboggan

16

17

Food
Els aliments

❶ **bagel** panet en forma de rosca
❷ **roll** panet
❸ **bread** pa
❹ **eggs** ous
❺ **pasta** pasta
❻ **cheese** formatge
❼ **ham** pernil dolç
❽ **beer** cervesa
❾ **wine** vi
❿ **milk** llet
⓫ **milkshake** batut
⓬ **fruit juice** suc de fruita
⓭ **mineral water** aigua mineral

MORE TO EXPLORE

butter	margarine	sandwich
curry	mayonnaise	sausage
dip	olive	sauce
gherkin	pâté	slice

Meals
Els menjars

❶ **fried egg** ou ferrat
❷ **trout** truita
❸ **roast chicken** pollastre rostit
❹ **roast beef** rosbif
❺ **stew** guisat, estofat
❻ **soup** sopa
❼ **chips** (*USA* **French fries**) patates fregides
❽ **jacket potato** patata al forn (amb pell)
❾ **spaghetti with tomato sauce** espaguetis amb salsa de tomàquet
❿ **muffins** magdalenes
⓫ **waffles** gofres
⓬ **cereal** cereals
⓭ **porridge** farinetes de civada
⓮ **apple pie** pastís de poma
⓯ **pumpkin pie** pastís de carabassa
⓰ **ice cream** gelat

MORE TO EXPLORE

bowl	pepper
cream	plate
cup	salt
fork	saucer
knife	spoon
mustard	sugar
oil	vinegar

Fruit

Les fruites

MORE TO EXPLORE

apricot	pip
blackcurrant	plum
blueberry	redcurrant
core	rind
grapefruit	seed
melon	skin
peach	stalk
peel	stone

1 **raspberry** gerd
2 **grape** raïm
3 **lychee** litxi
4 **banana** plàtan
5 **orange** taronja
6 **lemon** llimona
7 **lime** llima
8 **strawberry** maduixa
9 **pear** pera
10 **apple** poma
11 **cherry** cirera
12 **peanut** cacauet
13 **pineapple** pinya

Vegetables
Les verdures

MORE TO EXPLORE

bean	onion
cauliflower	parsley
cucumber	pea
garlic	potato
leek	pumpkin
mushroom	tomato

1. **lettuce** enciam
2. **cabbage** col
3. **celery** api
4. **carrot** pastanaga
5. **radish** rave
6. **courgette** (*USA* **zucchini**) carabassó
7. **broccoli** bròquil
8. **aubergine** (*USA* **eggplant**) albergínia
9. **spinach** espinac(s)
10. **pepper** (*USA* **bell pepper**) pebrot
11. **asparagus** espàrrec(s)
12. **corn on the cob** panotxa (de blat de moro)

Birds

Els ocells

MORE TO EXPLORE

beak	nest
chick	owl
chicken	penguin
eagle	sparrow
egg	stork
feather	swan
hen	wing

1. **peacock** paó
2. **turkey** gall dindi
3. **woodpecker** picot
4. **pigeon** colom
5. **budgerigar** periquito
6. **hummingbird** colibrí
7. **parrot** lloro
8. **goose** oca
9. **duck** ànec
10. **seagull** gavina
11. **kingfisher** blauet

Flowers
Les flors

MORE TO EXPLORE

- bud
- bulb
- buttercup
- crocus
- daisy
- dandelion
- orchid
- petal
- seed
- stalk
- sweet pea
- violet

1. **lily** lliri, assutzena
2. **water lily** nenúfar
3. **sunflower** gira-sol
4. **daffodil** narcís
5. **snowdrop** lliri de neu
6. **geranium** gerani
7. **carnation** clavell
8. **primrose** prímula
9. **rose** rosa
10. **poppy** rosella
11. **tulip** tulipa
12. **pansy** pensament

Animals
Els animals

1. **donkey** burro
2. **cow** vaca
3. **calf** vedell
4. **horse** cavall
5. **foal** poltre
6. **sheep** ovella
7. **lamb** xai
8. **goat** cabra
9. **cat** gat
10. **squirrel** esquirol
11. **dog** gos
12. **rabbit** conill
13. **fox** guineu
14. **hare** llebre

13

14

MORE TO EXPLORE

antelope	fawn	monkey
ape	guinea pig	panther
camel	hamster	pony
cheetah	kid	puma
cub	kitten	puppy

1. **elephant** elefant
2. **rhinoceros** rinoceront
3. **buffalo** búfal
4. **zebra** zebra
5. **hippopotamus** hipopòtam
6. **tiger** tigre
7. **giraffe** girafa
8. **leopard** lleopard
9. **lion** lleó

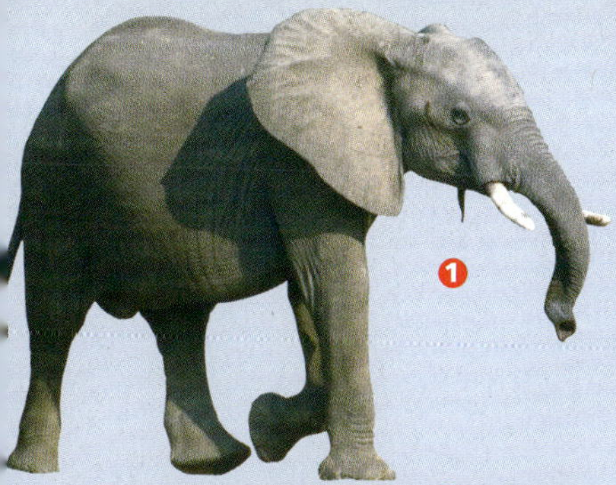

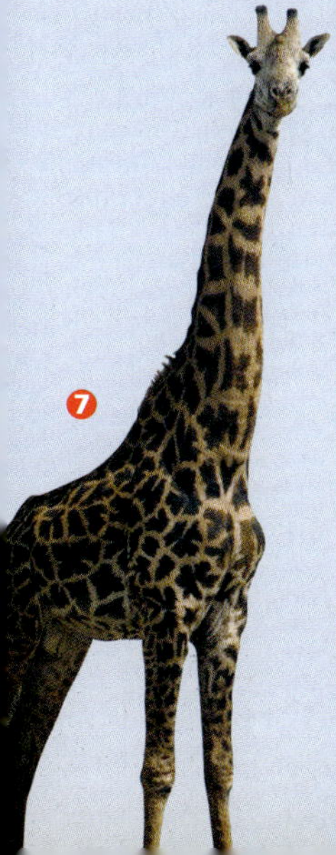

MORE TO EXPLORE

endangered
extinct
habitat
hibernate
mammal
pet
prey
species
tame
wild
wildlife
young

1. **seal** foca
2. **dolphin** dofí
3. **otter** llúdria
4. **polar bear** ós polar
5. **monkey** mico
6. **gorilla** goril·la
7. **koala** coala
8. **bear** ós
9. **chimpanzee** ximpanzé
10. **wolf** llop
11. **llama** llama
12. **deer** cérvol

MORE TO EXPLORE

antler	mane
claw	paw
coat	snout
fur	tail
horn	whiskers

Reptiles and fish

Els rèptils i els peixos

1. **snake** serp
2. **lizard** llangardaix
3. **tortoise** tortuga (de terra)
4. **turtle** tortuga (marina)
5. **crocodile** cocodril
6. **salmon** salmó
7. **trout** truita
8. **lobster** llagosta
9. **starfish** estrella de mar
10. **eel** anguila
11. **jellyfish** medusa
12. **shark** tauró

MORE TO EXPLORE

alligator	goldfish	plaice
crab	herring	scale
fin	mussel	shell
freshwater	oyster	shellfish

Weather and seasons
El temps i les estacions

1. **winter** hivern
2. **spring** primavera
3. **summer** estiu
4. **autumn** tardor
5. **rainbow** arc de Sant Martí
6. **snow** neu
7. **sunset** posta de sol
8. **clouds** núvols
9. **lightning** llampec, llamp
10. **it's raining** plou
11. **it's windy** fa vent

MORE TO EXPLORE

boiling	mist
chilly	sleet
fog	storm
freezing	sunny
hail	thunder

The European Union

La Unió Europea

Austria	Vienna /vi'enə/
Belgium	Brussels /'brʌslz/
Bulgaria	Sofia /'səʊfɪə, sə'fi:ə/
Cyprus	Nicosia /ˌnɪkə'si:ə/
Czech Republic	Prague /prɑ:g/
Denmark	Copenhagen /ˌkəʊpən'heɪgən/
Estonia	Tallinn /'tælɪn/
Finland	Helsinki /'helsɪŋki/
France	Paris /'pærɪs/
Germany	Berlin /bɜ:'lɪn/
Greece	Athens /'æθənz/
Hungary	Budapest /ˌbu:də'pest; *USA* 'bu:dəpest/
Ireland	Dublin /'dʌblɪn/
Italy	Rome /rəʊm/
Latvia	Riga /'ri:gə/
Lithuania	Vilnius /'vɪlniəs/
Luxembourg	Luxembourg /'lʌksəmbɜ:g/
Malta	Valletta /və'letə/
the Netherlands	Amsterdam /'æmstədæm/
Poland	Warsaw /'wɔ:sɔ:/
Portugal	Lisbon /'lɪzbən/
Romania	Bucharest /ˌbu:kə'rest; *USA* 'bu:kərest/
Slovakia	Bratislava /ˌbrætɪ'slɑ:və; *USA* -'slævə/
Slovenia	Ljubljana /ljʊb'ljɑ:nə/
Spain	Madrid /mə'drɪd/
Sweden	Stockholm /'stɒkhəʊm/
United Kingdom	London /'lʌndən/

The British Isles
Les Illes Britàniques

Great Britain (**GB**) o **Britain** està formada per Anglaterra (**England** /ˈɪŋglənd/), Escòcia (**Scotland** /ˈskɒtlənd/) i Gal·les (**Wales** /weɪlz/).

L'estat polític és oficialment conegut com **the United Kingdom of Great Britain and Northern Ireland** (**UK**) i inclou Irlanda del Nord a més de la Gran Bretanya. Tot i així, moltes vegades es fa servir el terme **Great Britain** com a sinònim de **the United Kingdom**.

Quan parlem de **the British Isles**, ens referim al conjunt de les illes de la Gran Bretanya i l'illa d'Irlanda (**Ireland** /ˈaɪələnd/).

Ciutats principals de les Illes Britàniques

Aberdeen /ˌæbəˈdiːn/
Bath /bɑːθ; *USA* bæθ/
Belfast /ˈbelfɑːst; belˈfɑːst; *USA* ˈbelfæst/
Berwick-upon-Tweed /ˌberɪk əpɒn ˈtwiːd/
Birmingham /ˈbɜːmɪŋəm/
Blackpool /ˈblækpuːl/
Bournemouth /ˈbɔːnməθ/
Bradford /ˈbrædfəd/
Brighton /ˈbraɪtn/
Bristol /ˈbrɪstl/
Caernarfon /kəˈnɑːvn/
Cambridge /ˈkeɪmbrɪdʒ/
Canterbury /ˈkæntəbəri/
Cardiff /ˈkɑːdɪf/
Carlisle /kɑːˈlaɪl/
Chester /ˈtʃestə(r)/
Colchester /ˈkəʊltʃɪstə(r)/
Cork /kɔːk/
Coventry /ˈkɒvəntri/
Derby /ˈdɑːbi/
Douglas /ˈdʌgləs/
Dover /ˈdəʊvə(r)/
Dublin /ˈdʌblɪn/
Dundee /dʌnˈdiː/
Durham /ˈdʌrəm/
Eastbourne /ˈiːstbɔːn/
Edinburgh /ˈedɪnbrə, -bərə/
Exeter /ˈeksɪtə(r)/
Galway /ˈgɔːlweɪ/
Glasgow /ˈglɑːzgəʊ; *USA* ˈglæz-/
Gloucester /ˈglɒstə(r)/
Hastings /ˈheɪstiŋz/
Hereford /ˈherɪfəd/
Holyhead /ˈhɒlihed/
Inverness /ˌɪnvəˈnes/
Ipswich /ˈɪpswɪtʃ/
Keswick /ˈkezɪk/
Kingston upon Hull /ˌkɪŋstən əpɒn ˈhʌl/
Leeds /ˈliːdz/
Leicester /ˈlestə(r)/
Limerick /ˈlɪmərɪk/
Lincoln /ˈlɪŋkən/
Liverpool /ˈlɪvəpuːl/
London /ˈlʌndən/
Londonderry /ˈlʌndənderi/
Luton /ˈluːtn/
Manchester /ˈmæntʃɪstə(r)/
Middlesbrough /ˈmɪdlzbrə/
Newcastle upon Tyne /ˌnjuːkɑːsl əpɒn ˈtaɪn/
Norwich /ˈnɒrɪdʒ/
Nottingham /ˈnɒtɪŋəm/
Oxford /ˈɒksfəd/
Plymouth /ˈplɪməθ/
Poole /puːl/
Portsmouth /ˈpɔːtsməθ/
Ramsgate /ˈræmzgeɪt/
Reading /ˈredɪŋ/
Salisbury /ˈsɔːlzbəri/
Sheffield /ˈʃefiːld/
Shrewsbury /ˈʃrəʊzbəri/
Southampton /saʊˈθæmptən/
St. Andrews /ˌsnt ˈændruːz/
Stirling /ˈstɜːlɪŋ/
Stoke-on-Trent /ˌstəʊk ɒn ˈtrent/
Stratford-upon-Avon /ˌstrætfəd əpɒn ˈeɪvn/
Swansea /ˈswɒnzi/
Taunton /ˈtɔːntən/
Warwick /ˈwɒrɪk/
Worcester /ˈwʊstə(r)/
York /jɔːk/

Illes

Anglesey /ˈæŋgəlsi/
Inner Hebrides /ˌɪnə ˈhebrədiːz/
Isle of Man /ˌaɪl əv ˈmæn/
Isle of Wight /ˌaɪl əv ˈwaɪt/
Isles of Scilly /ˌaɪlz əv ˈsɪli/
Orkney Islands /ˈɔːkni aɪləndz/
Outer Hebrides /ˌaʊtə ˈhebrədiːz/
Shetland Islands /ˈʃetlənd aɪləndz/

international boundary
national boundary
capital city
city or town
50
100 km
Shetland Islands
Orkney Islands
Outer Hebrides
Inner Hebrides
Atlantic Ocean
SCOTLAND
Inverness
Aberdeen
Dundee
St Andrews
Stirling
Glasgow
Edinburgh
Berwick-upon-Tweed
North Sea
NORTHERN IRELAND
Londonderry
Belfast
ISLE OF MAN
Douglas
Irish Sea
Carlisle
Keswick
Newcastle upon Tyne
Durham
Middlesbrough
York
Leeds
Blackpool
Bradford
Kingston upon Hull
Galway
Dublin
Anglesey
Holyhead
Liverpool
Manchester
Sheffield
Caernarfon
Chester
Stoke-on-Trent
Lincoln
ENGLAND
Limerick
Nottingham
Shrewsbury
Derby
WALES
Birmingham
Leicester
Norwich
Coventry
Worcester
Warwick
Cambridge
Cork
Hereford
Stratford-upon-Avon
Ipswich
Gloucester
Luton
Colchester
REPUBLIC OF IRELAND
Swansea
Oxford
Cardiff
London
Bristol
Bath
Reading
Ramsgate
Canterbury
Taunton
Salisbury
Dover
Strait of Dover
Southampton
Brighton
Hastings
Bournemouth
Exeter
Portsmouth
Eastbourne
Poole
Isle of Wight
Plymouth
English Channel
Isles of Scilly

The United States of America and Canada
Els Estats Units d'Amèrica i el Canadà

Els estats que formen els EUA

Alabama /ˌæləˈbæmə/
Alaska /əˈlæskə/
Arizona /ˌærɪˈzəʊnə/
Arkansas /ˈɑːkənsɔː/
California /ˌkæləˈfɔːniə/
Colorado /ˌkɒləˈrɑːdəʊ/
Connecticut /kəˈnetɪkət/
Delaware /ˈdeləweə(r)/
Florida /ˈflɒrɪdə; *USA* ˈflɔːr-/
Georgia /ˈdʒɔːdʒə/
Hawaii /həˈwaɪi/
Idaho /ˈaɪdəhəʊ/
Illinois /ˌɪləˈnɔɪ/
Indiana /ˌɪndiˈænə/
Iowa /ˈaɪəwə/
Kansas /ˈkænzəs/
Kentucky /kenˈtʌki/
Louisiana /luˌiːziˈænə/
Maine /meɪn/
Maryland /ˈmeərilənd/
Massachusetts /ˌmæsəˈtʃuːsɪts/
Michigan /ˈmɪʃɪgən/
Minnesota /ˌmɪnɪˈsəʊtə/
Mississippi /ˌmɪsɪˈsɪpi/
Missouri /mɪˈzʊəri; *USA* məˈz-/
Montana /mɒnˈtænə/
Nebraska /nəˈbræskə/
Nevada /nəˈvɑːdə; *USA* nəˈvædə/
New Hampshire /ˌnjuː ˈhæmpʃə(r); *USA* ˌnuː/
New Jersey /ˌnjuː ˈdʒɜːzi; *USA* ˌnuː/
New Mexico /ˌnjuː ˈmeksɪkəʊ; *USA* ˌnuː/
New York /ˌnjuː ˈjɔːk; *USA* ˌnuː/
North Carolina /ˌnɔːθ kærəˈlaɪnə/
North Dakota /ˌnɔːθ dəˈkəʊtə/
Ohio /əʊˈhaɪəʊ/
Oklahoma /ˌəʊkləˈhəʊmə/
Oregon /ˈɒrɪgən; *USA* ˈɔːrəgən/
Pennsylvania /ˌpenslˈveɪniə/
Rhode Island /ˌrəʊd ˈaɪlənd/
South Carolina /ˌsaʊθ kærəˈlaɪnə/
South Dakota /ˌsaʊθ dəˈkəʊtə/
Tennessee /ˌtenəˈsiː/
Texas /ˈteksəs/
Utah /ˈjuːtɑː/
Vermont /vəˈmɒnt/
Virginia /vəˈdʒɪniə/
Washington /ˈwɒʃɪŋtən/
West Virginia /ˌwest vəˈdʒɪniə/
Wisconsin /wɪsˈkɒnsɪn/
Wyoming /waɪˈəʊmɪŋ/

Províncies i territoris del Canadà

Alberta /ælˈbɜːtə/
British Columbia /ˌbrɪtɪʃ kəˈlʌmbiə/
Manitoba /ˌmænɪˈtəʊbə/
New Brunswick /ˌnjuː ˈbrʌnzwɪk; *USA* ˌnuː/
Newfoundland /ˈnjuːfəndlənd; *USA* ˈnuː-/
Northwest Territories /ˌnɔːθwest ˈterətriz; *USA* ˈterətɔːriz/
Nova Scotia /ˌnəʊvə ˈskəʊʃə/
Nunavut /ˈnʊnəvʊt/
Ontario /ɒnˈteəriəʊ/
Prince Edward Island /ˌprɪns ˈedwəd aɪlənd/
Quebec /kwɪˈbek/
Saskatchewan /səˈskætʃəwən/
Yukon Territory /ˈjuːkɒn terətri; *USA* terətɔːri/

Ciutats principals dels EUA i el Canadà

Atlanta /ətˈlæntə/
Baltimore /ˈbɔːltɪmɔː(r)/
Boston /ˈbɒstən; *USA* ˈbɔːstən/
Chicago /ʃɪˈkɑːgəʊ/
Cleveland /ˈkliːvlənd/
Dallas /ˈdæləs/
Denver /ˈdenvə(r)/
Detroit /dɪˈtrɔɪt/
Houston /ˈhjuːstən/
Indianapolis /ˌɪndiəˈnæpəlɪs/
Kansas City /ˌkænzəs ˈsɪti/
Los Angeles /ˌlɒs ˈændʒəliːz; *USA* ˌlɔːs/
Miami /maɪˈæmi/
Minneapolis /ˌmɪniˈæpəlɪs/
Montreal /ˌmɒntriˈɔːl/
New Orleans /ˌnjuː ɔːˈliːənz; *USA* ˌnuː ˈɔːrliənz/
New York /ˌnjuː ˈjɔːk; *USA* ˌnuː/
Ottawa /ˈɒtəwə/
Philadelphia /ˌfɪləˈdelfiə/
Pittsburgh /ˈpɪtsbɜːg/
San Diego /ˌsæn diˈeɪgəʊ/
San Francisco /ˌsæn frənˈsɪskəʊ/
Seattle /siˈætl/
Toronto /təˈrɒntəʊ/
Vancouver /vænˈkuːvə(r)/
Washington D.C. /ˌwɒʃɪŋtən diː ˈsiː/
Winnipeg /ˈwɪnɪpeg/

Arctic Ocean
ALASKA
0 1000 km
ALASKA
Anchorage
YUKON
NORTHWEST TERRITORIES
NUNAVUT
BRITISH COLUMBIA
C A N A D A
ALBERTA
SASKATCHEWAN
MANITOBA
ONTARIO
QUEBEC
NEWFOUNDLAND
PRINCE EDWARD I.
NEW BRUNSWICK
NOVA SCOTIA
Vancouver
Seattle
Winnipeg
Quebec City
Montreal
Ottawa
Toronto
WASHINGTON
OREGON
MONTANA
IDAHO
WYOMING
NORTH DAKOTA
SOUTH DAKOTA
MINNESOTA
Minneapolis
WISCONSIN
MICHIGAN
NEVADA
UTAH
COLORADO
Denver
NEBRASKA
IOWA
KANSAS
CALIFORNIA
San Francisco
Los Angeles
San Diego
ARIZONA
NEW MEXICO
OKLAHOMA
TEXAS
Dallas
Houston
U N I T E D S T A T E S
Milwaukee
Chicago
Detroit
Cleveland
Pittsburgh
ILLINOIS
INDIANA
OHIO
Indianapolis
Cincinnati
St Louis
Kansas City
MISSOURI
KENTUCKY
ARKANSAS
TENNESSEE
MISSISSIPPI
ALABAMA
GEORGIA
Atlanta
LOUISIANA
New Orleans
FLORIDA
Miami
SOUTH CAROLINA
NORTH CAROLINA
VIRGINIA
W. VIRGINIA
Washington D.C.
Baltimore
MARYLAND
DELAWARE
N.J.
Philadelphia
New York
PENN.
NEW YORK
CONN.
R.I.
MASSACHUSETTS
Boston
VERMONT
NEW HAMPSHIRE
MAINE
Atlantic Ocean
Pacific Ocean
Gulf of Mexico
Caribbean Sea
HAWAII
Honolulu
0 250 km
international boundary
province/state boundary
capital city
city or town
0 500 1000 km

Geographical names
Països i nacionalitats

Afghanistan /æfˈɡænɪstæn, -stɑːn/	Afghan /ˈæfɡæn/
Africa /ˈæfrɪkə/	African /ˈæfrɪkən/
Albania /ælˈbeɪniə/	Albanian /ælˈbeɪniən/
Algeria /ælˈdʒɪəriə/	Algerian /ælˈdʒɪəriən/
America /əˈmerɪkə/	American /əˈmerɪkən/
Antarctica /ænˈtɑːktɪkə/	Antarctic /ænˈtɑːktɪk/
Argentina /ˌɑːdʒənˈtiːnə/	Argentinian /ˌɑːdʒənˈtɪniən/, Argentine /ˈɑːdʒəntaɪn/
Armenia /ɑːˈmiːniə/	Armenian /ɑːˈmiːniən/
Asia /ˈeɪʃə, ˈeɪʒə/	Asian /ˈeɪʃn, ˈeɪʒn/
Australia /ɒˈstreɪliə; *USA* ɔːˈs-/	Australian /ɒˈstreɪliən; *USA* ɔːˈs-/
Austria /ˈɒstriə; *USA* ˈɔːs-/	Austrian /ˈɒstriən; *USA* ˈɔːs-/
Azerbaijan /ˌæzəbaɪˈdʒɑːn/	Azerbaijani /ˌæzəbaɪˈdʒɑːni/, Azeri /əˈzeəri/
Bangladesh /ˌbæŋɡləˈdeʃ/	Bangladeshi /ˌbæŋɡləˈdeʃi/
Belarus /ˌbeləˈruːs/	Belarusian /ˌbeləˈruːsiən, beləˈrʌʃn/
Belgium /ˈbeldʒəm/	Belgian /ˈbeldʒən/
Bosnia and Herzegovina /ˌbɒzniə ən ˌhɜːtsəɡəˈviːnə/	Bosnian /ˈbɒzniən/
Brazil /brəˈzɪl/	Brazilian / brəˈzɪliən/
Bulgaria /bʌlˈɡeəriə/	Bulgarian /bʌlˈɡeəriən/
Burma /ˈbɜːmə/ (*tb* **Myanmar** /miˌænˈmɑː(r)/)	Burmese /bɜːˈmiːz/
Canada /ˈkænədə/	Canadian /kəˈneɪdiən/
Chile /ˈtʃɪli/	Chilean /ˈtʃɪliən/
China /ˈtʃaɪnə/	Chinese /tʃaɪˈniːz/
Colombia /kəˈlɒmbiə, -ˈlʌm-/	Colombian /kəˈlɒmbiən, -ˈlʌm-/
Croatia /krəʊˈeɪʃə/	Croatian /krəʊˈeɪʃn/
Cuba /ˈkjuːbə/	Cuban /ˈkjuːbən/
Cyprus /ˈsaɪprəs/	Cypriot /ˈsɪpriət/
(the) Czech Republic /ˌtʃek rɪˈpʌblɪk/	Czech /tʃek/
Denmark /ˈdenmɑːk/	Danish /ˈdeɪnɪʃ/, a Dane /deɪn/
Egypt /ˈiːdʒɪpt/	Egyptian /iˈdʒɪpʃn/
England /ˈɪŋɡlənd/	English /ˈɪŋɡlɪʃ/, an Englishman /ˈɪŋɡlɪʃmən/, an Englishwoman /ˈɪŋɡlɪʃwʊmən/, (the English)
Estonia /eˈstəʊniə/	Estonian /eˈstəʊniən/
Ethiopia /ˌiːθiˈəʊpiə/	Ethiopian /ˌiːθiˈəʊpiən/
Europe /ˈjʊərəp/	European /ˌjʊərəˈpiːən/
Finland /ˈfɪnlənd/	Finnish /ˈfɪnɪʃ/, a Finn /fɪn/
(the) Former Yugoslav Republic of Macedonia /ˌfɔːmə ˌjuːɡəslɑːv rɪˌpʌblɪk əv ˌmæsəˈdəʊniə/	Macedonian /ˌmæsəˈdəʊniən/
France /frɑːns; *USA* fræns/	French /frentʃ/, a Frenchman /ˈfrentʃmən/, a Frenchwoman /ˈfrentʃwʊmən/, (the French)
Georgia /ˈdʒɔːdʒə/	Georgian /ˈdʒɔːdʒən/
Germany /ˈdʒɜːməni/	German /ˈdʒɜːmən/
Great Britain /ˌɡreɪt ˈbrɪtn/	British /ˈbrɪtɪʃ/, a Briton /ˈbrɪtn/, (the British)
Greece /ɡriːs/	Greek /ɡriːk/
Hungary /ˈhʌŋɡəri/	Hungarian /hʌŋˈɡeəriən/

Holland /ˈhɒlənd/ – *vegeu* **(the) Netherlands**	
Iceland /ˈaɪslənd/	Icelandic /aɪsˈlændɪk/, an Icelander /ˈaɪsləndə(r)/
India /ˈɪndiə/	Indian /ˈɪndiən/
Indonesia /ˌɪndəˈniːʒə/	Indonesian /ˌɪndəˈniːʒn/
Iran /ɪˈrɑːn, ɪˈræn/	Iranian /ɪˈreɪniən/
Iraq /ɪˈrɑːk, ɪˈræk/	Iraqi /ɪˈrɑːki, ɪˈræki/
(the Republic of) Ireland /ˈaɪələnd/	Irish /ˈaɪərɪʃ/, an Irishman /ˈaɪərɪʃmən/, an Irishwoman /ˈaɪərɪʃwʊmən/, (the Irish)
Israel /ˈɪzreɪl/	Israeli /ɪzˈreɪli/
Italy /ˈɪtəli/	Italian /ɪˈtæliən/
Jamaica /dʒəˈmeɪkə/	Jamaican /dʒəˈmeɪkən/
Japan /dʒəˈpæn/	Japanese /ˌdʒæpəˈniːz/
Jordan /ˈdʒɔːdn/	Jordanian /dʒɔːˈdeɪniən/
Kenya /ˈkenjə/	Kenyan /ˈkenjən/
Korea **North Korea** /ˌnɔːθ kəˈriə/ **South Korea** /ˌsaʊθ kəˈriə/	North Korean /ˌnɔːθ kəˈriən/, South Korean /ˌsaʊθ kəˈriən/
Kuwait /kʊˈweɪt/	Kuwaiti /kʊˈweɪti/
Latvia /ˈlætviə/	Latvian /ˈlætviən/
Lebanon /ˈlebənən/	Lebanese /ˌlebəˈniːz/
Libya /ˈlɪbiə/	Libyan /ˈlɪbiən/
Liechtenstein /ˈlɪktənstaɪn/	Liechtenstein, a Liechtensteiner /ˈlɪktənstaɪnə(r)/
Lithuania /ˌlɪθjuˈeɪniə/	Lithuanian /ˌlɪθjuˈeɪniən/
Luxembourg /ˈlʌksəmbɜːg/	Luxembourg, a Luxembourger /ˈlʌksəmbɜːgə(r)/
Malaysia /məˈleɪʒə/	Malaysian /məˈleɪʒn/
Mexico /ˈmeksɪkəʊ/	Mexican /ˈmeksɪkən/
Moldova /mɒlˈdəʊvə/	Moldovan /mɒlˈdəʊvn/
Montenegro /ˌmɒntɪˈniːgrəʊ; *USA* -təˈne-/	Montenegrin /ˌmɒntɪˈniːgrɪn; *USA* -təˈne-/
Morocco /məˈrɒkəʊ/	Moroccan /məˈrɒkən/
(the) Netherlands /ˈneðələndz/	Dutch /dʌtʃ/, a Dutchman /ˈdʌtʃmən/, a Dutchwoman /ˈdʌtʃwʊmən/, (the Dutch)
New Zealand /ˌnjuː ˈziːlənd; *USA* ˌnuː/	New Zealand, New Zealander /ˌnjuː ˈziːləndə(r); *USA* ˌnuː/
Nigeria /naɪˈdʒɪəriə/	Nigerian /naɪˈdʒɪəriən/
Northern Ireland /ˌnɔːðən ˈaɪələnd/	Northern Irish /ˌnɔːðən ˈaɪərɪʃ/ (*adj*)
Norway /ˈnɔːweɪ/	Norwegian /nɔːˈwiːdʒən/
Pakistan /ˌpækɪˈstæn, ˈstɑːn/	Pakistani /ˌpækɪˈstæni, ˈstɑːni/
Peru /pəˈruː/	Peruvian /pəˈruːviən/
(the) Philippines /ˈfɪlɪpiːnz/	Philippine /ˈfɪlɪpiːn/, a Filipino /ˌfɪlɪˈpiːnəʊ/, a Filipina /ˌfɪlɪˈpiːnə/
Poland /ˈpəʊlənd/	Polish /ˈpəʊlɪʃ/, a Pole /pəʊl/
Portugal /ˈpɔːtʃʊgl/	Portuguese /ˌpɔːtʃuˈgiːz/
Romania /ruˈmeɪniə/	Romanian /ruˈmeɪniən/
Russia /ˈrʌʃə/	Russian /ˈrʌʃn/
Saudi Arabia /ˌsaʊdi əˈreɪbiə/	Saudi /ˈsaʊdi/, Saudi Arabian /ˌsaʊdi əˈreɪbiən/
Scandinavia /ˌskændɪˈneɪviə/	Scandinavian /ˌskændɪˈneɪviən/
Scotland /ˈskɒtlənd/	Scottish /ˈskɒtɪʃ/, a Scot /skɒt/, a Scotsman /ˈskɒtsmən/, a Scotswoman /ˈskɒtswʊmən/, (the Scots)
Serbia /ˈsɜːbiə/	Serbian /ˈsɜːbiən/, Serb /sɜːb/
Singapore /ˌsɪŋəˈpɔː(r)/	Singaporean /ˌsɪŋəˈpɔːriən/
Slovakia /sləˈvækiə/	Slovak /ˈsləʊvæk/
Slovenia /sləˈviːniə/	Slovene /ˈsləʊviːn/, Slovenian /sləˈviːniən/
(the Republic of) South Africa /ˌsaʊθ ˈæfrɪkə/	South African /ˌsaʊθ ˈæfrɪkən/

Spain /speɪn/	Spanish /'spænɪʃ/, a Spaniard /'spænɪəd/, (the Spanish)
Sweden /'swi:dn/	Swedish /'swi:dɪʃ/, a Swede /swi:d/
Switzerland /'swɪtsələnd/	Swiss /swɪs/
Syria /'sɪriə/	Syrian /'sɪriən/
Thailand /'taɪlənd/	Thai /taɪ/
Tunisia /tju'nɪziə; *USA tb* tu:'ni:ʒə/	Tunisian /tju'nɪziən; *USA tb* tu:'ni:ʒn/
Turkey /'tɜ:ki/	Turkish /'tɜ:kɪʃ/, a Turk /tɜ:k/
Ukraine /ju:'kreɪn/	Ukrainian /ju:'kreɪniən/
(the) United Kingdom /juˌnaɪtɪd 'kɪŋdəm/	British /'brɪtɪʃ/, a Briton /'brɪtn/, (the British)
(the) United States of America /juˌnaɪtɪd ˌsteɪts əv ə'merɪkə/	American /ə'merɪkən/
Vietnam /ˌvjet'næm, ˌvi:et'næm, -'nɑ:m/	Vietnamese /ˌvjetnə'mi:z, vi:ˌet-/
Wales /weɪlz/	Welsh /welʃ/, a Welshman /'welʃmən/, a Welshwoman /'welʃwʊmən/, (the Welsh)
Yemen /'jemən/	Yemeni /'jeməni/
Zimbabwe /zɪm'bɑ:bwi, -bweɪ/	Zimbabwean /zɪm'bɑ:bwiən/

Ciutats i regions de l'Estat espanyol

Algunes ciutats i regions de l'Estat espanyol tenen un nom diferent en anglès o bé es pronuncien d'una manera molt diferent.

Països Catalans

Catalunya es diu **Catalonia** /ˌkætə'ləʊniə/, l'adjectiu és **Catalan** /'kætəlæn/, i el nom, **Catalan** [*pl* **Catalans**]: *I'm from Catalonia.* ◊ *a Catalan architect* ◊ *Marc and I are both Catalan.*

Les Balears es diuen **the Balearic Islands** /bæliˌærɪk 'aɪləndz/ o simplement **the Balearics** /ˌbæli'ærɪks/. Les illes es diuen:

Mallorca	**Majorca** /mə'jɔ:kə/
Menorca	**Minorca** /mɪ'nɔ:kə/
Eivissa	**Ibiza** /ɪ'bi:θə/

La Comunitat Valenciana es diu igual que la capital, **Valencia** /və'lensiə/.

Accidents geogràfics

Mar Mediterrània	**Mediterranean** /ˌmedɪtə'reɪniən/
el Pirineu	**the Pyrenees** [*pl*] /ˌpɪrə'ni:z/

L'Estat espanyol

Regions que tenen un nom diferent en anglès:

les Canàries	**the Canary Islands** /kə'neəri/ (*tb* **the Canaries**)
Castella	**Castile** /kæ'sti:l/
Navarra	**Navarre** /nə'vɑ:(r)/
el País Basc	**the Basque Country** /'bæsk ˌkʌntri/

Ciutats

Els noms de les ciutats s'escriuen igual en anglès que en català, però la pronúncia pot ser molt diferent: p. ex. **Barcelona** es pronuncia /ˌbɑ:sə'ləʊnə/ i **Girona** es pronuncia /dʒə'rəʊnə/. Així mateix, **Madrid** es pronuncia /mə'drɪd/. L'única excepció és Sevilla, que s'escriu **Seville** i es pronuncia /sə'vɪl/.

Els gentilicis

En anglès hi ha pocs adjectius o noms relacionats amb ciutats.

- Per a referir-nos a una persona, la manera més normal és dir **from Barcelona**, **Tarragona**, etc:
  L'Albert és gironí. Albert is from Girona.
  la majoria dels valencians most people from Valencia
- Quan es parla del conjunt dels habitants d'una ciutat, com ara "els barcelonins", també es pot fer servir la preposició **of**, sobretot en un context més formal:
  els barcelonins people from Barcelona/the people of Barcelona
- Per a referir-nos a coses que s'esdevenen o que estan localitzades en una ciutat determinada, diem **in Valencia**, etc.:
  la vida sabadellenca life in Sabadell
  una clínica barcelonina a clinic in Barcelona
  o simplement diem el nom de la ciutat:
  un hotel madrileny a Madrid hotel

Secció de referència

Guia de gramàtica

El verb 346-355
- *simple tenses* 346
- *continuous tenses* 347
- parlem del present 348
- parlem del passat 348
  parlem del futur 349
- verbs transitius i intransitius 350
- la forma passiva 351
- els *question tags* 351
- les frases condicionals 352
- l'estil indirecte 353
- el gerundi (forma en *ing*) 353
- *modal verbs* 354
- *phrasal verbs* 355

El nom 356-357
L'article 358
Els pronoms personals 359
Els pronoms reflexius 359
Els possessius 360
Els demostratius 360
Els adjectius 361-362

Pàgines d'estudi

La puntuació anglesa 363
Preposicions de lloc i moviment 364-365
L'ortografia anglesa 366-367
Falsos amics 368-369
Per telèfon 370
Els missatges de text 370

El verb The verb

Simple tenses

En anglès **I, you, we** i **they** van amb la mateixa forma verbal: *I live – we live* ◇ *I've eaten – you've eaten* ◇ *I don't drive – they don't drive*

En el present la forma per a **he, she, it** porta **s**: he seems – it seems ◇ She lives in Bath. ◇ Does it hurt?

Present simple I look he looks	I don't (do not) look he doesn't look (does not)	do I look? does he look?
Past simple I looked he looked	I didn't look (did not) he didn't look	did I look? did he look?
Present perfect I've (I have) looked he's (he has) looked	I haven't (have not) looked he hasn't (has not) looked	have I looked? has he looked?
Past perfect I'd (I had) looked he'd (he had) looked	I hadn't (had not) looked he hadn't looked	had I looked? had he looked?
Future simple I'll (I will) look he'll (he will) look	I won't (will not) look he won't look	will I look? will he look?
Future perfect I'll have looked he'll have looked	I won't have looked he won't have looked	will I have looked? will he have looked?

Formació de la tercera persona del singular del *present simple*

regla general	+ s	look - looks
si acaba en **sh, ch, ss, x, o**	**+ es**	push - **pushes**
si acaba en **consonant + y**	**y → ies**	copy - **copies**

Formació del *past simple*

regla general	**+ ed**	look - **looked**
si acaba en **e**	**+ d**	love - **loved**
si acaba en **consonant + y**	**y → ied**	copy - **copied**
si acaba en **una sola vocal + una sola consonant**	la consonant es duplica **+ ed**	fit – **fitted**

Continuous tenses

Els temps continus es formen amb el verb **be** + gerundi del verb (forma en *ing*).

Present continuous I'm (I am) looking you're (you are) looking he's (he is) looking	I'm not looking you aren't (are not) looking he isn't (is not) looking	am I looking? are you looking? is he looking?
Past continuous I was looking you were looking he was looking	I wasn't (was not) looking you weren't (were not) looking he wasn't looking	was I looking? were you looking? was he looking?
Present perfect continuous I've (I have) been looking he's (he has) been looking	I haven't (have not) been looking he hasn't (has not) been looking	have I been looking? has he been looking?
Past perfect continuous I'd (I had) been looking he'd (he had) been looking	I hadn't (had not) been looking he hadn't been looking	had I been looking? had he been looking?
Future continuous I'll (I will) be looking he'll (he will) be looking	I won't (will not) be looking he won't be looking	will I be looking? will he be looking?
Future perfect continuous I'll have been looking he'll have been looking	I won't have been looking he won't have been looking	will I have been looking? will he have been looking?

Formació del gerundi

regla general	**+ ing**	look - **looking**
si acaba en e	**e → ing**	love - **loving**
si acaba en **una sola vocal + una sola consonant**	la consonante es duplica **+ ing**	fit – **fitting**

Les respostes breus

Les respostes breus es formen utilitzant l'auxiliar o el verb modal de la pregunta, en el mateix temps verbal.
'Do you smoke?' 'No, I don't.' ◇ *'Did you see that?' 'Yes, I did.'*
◇ *'Has she been working hard?' 'Yes, she has.'* ◇ *'Can you swim?' 'Yes, I can.'*

Parlem del present

S'utiliza el *present continuous* per a descriure:

- accions que tenen lloc en el moment en què es parla
  *I'**m watching** a film on TV.* ◇ *What **are** you **reading**?* ◇ *She **isn't listening** to me.*

She**'s talking** to her friend.

Alguns verbs gairebé mai no es fan sevir en el *present continuous*. Són verbs que expressen estats (**be, need, want, know**), sentiments (**like, love**), processos mentals (**think, remember, understand**) i els verbs dels sentits (**smell, hear,** etc.).

S'utiliza el *present simple* per a descriure:

- hàbits i rutines
  *She **leaves** for school at 8 o'clock.* ◇ *I **phone** my best friend every evening.*
- veritats generals
  *Marc **lives** in Andorra.* ◇ *Apples **grow** on trees.* ◇ *How many legs **do** insects **have**?*
- gustos, sentiments i opinions
  *I **love** pizza.* ◇ ***Do** you **think** this story is true?*

Parlem del passat

S'utiliza el *past simple* per a descriure:

- accions o esdeveniments que ja s'han acabat
  *Picasso **died** in 1973.* ◇ *I **got** up early this morning.* ◇ *He **paid** the bill and **left**.* ◇ *What **did** you **say**?*
- estats en el passat
  *I **was** tired.* ◇ *She **felt** ill.*
- coses que passaven regularment en el passat
  *I often **played** tennis with her.* ◇ *She always **won**.*

Amb el *past simple* es poden usar expressions amb **last** i **ago**:
*I **saw** Emma last week.* ◇ *I **saw** Emma three weeks ago.*

S'utiliza el *present perfect* per a descriure:

- accions que van començar en el passat i que continuen en el present
  *She **has lived** here for ten years.* ◇ *We**'ve worked** here since 1998.* ◇ *How long **have** you **been** here?*

For es fa servir per a dir quant de temps fa que dura una situació i **since** per a dir quan va començar.
➲ *Vegeu notes a* FOR *i* SINCE

Just s'utiliza amb el *present perfect* per a parlar de coses que tot just acaben de passar. **Just** es col·loca darrere del verb auxiliar i davant del principal:
*Ben **has** just **got** home.* (= En Ben acaba d'arribar a casa.)

- accions del passat que tenen conseqüències en el present
  *She**'s lost** her mobile phone.* (i encara no l'ha trobat)

- experiències de la vida (sense dir quan han tingut lloc)
  *He'**s written** a book.*

El *past simple* s'utiliza amb expressions de temps i amb dates, i el *present perfect* quan no s'esmenta el moment o la data, o amb expressions com ara **ever, never, already** i **yet**:
***Have** you **done** your homework yet? I **did** it yesterday.* ◇ ***Has** she ever **been** to Spain? No, but she **went** to Portugal in 2001.*
Recorda que s'usa el *present perfect*, i no pas el *present simple*, amb l'expressió **the first, second, etc. time (that)**...: *This is the first time* (*that*) ***I've visited** England.*

S'utilitza el *present perfect continuous* per a descriure:

- accions que van començar en el passat i continuen en el present, quan volem remarcar-ne la durada
  *He **has been working** in Seville since last December.* ◇ ***I've been waiting** here for two hours.*
- accions del passat que tenen conseqüències en el present, quan volem remarcar-ne la durada
  ***I've been studying** all day and I'm feeling very tired.*

S'utilitza el *past continuous* per a descriure:

- accions en curs en un moment determinat del passat
  *What **were you doing** yesterday afternoon?* ◇ *I **was writing** my essay.*
- accions en curs en el passat que van ser interrompudes per una altra acció

Per a descriure la interrupció, es fa servir el *past simple*:
*She **was playing** tennis when it **started** to rain.* ◇ *It **started** to rain while she **was playing** tennis.*

S'utilitza el *past perfect* per a descriure:

- una acció del passat anterior a una altra acció del passat
  *The train **had** already **left** when I got to the station.* ◇ *When I got to the station, the train **had** already **left**.*

S'utilitza el *past perfect continuous* per a descriure:

- una acció del passat anterior a una altra acció del passat, quan volem remarcar la durada de la primera
  *She **hadn't been living** in London very long when she met Jack.*

Parlem del futur

S'utilitza el *present continuous* per a parlar de:

- plans per al futur quan s'especifica el moment
  *He'**s flying** to Japan in August.* ◇ *What **are** you **doing** on Saturday?*

S'utilitza **be going to** + infinitiu per a parlar de:

- plans i intencions per al futur
  *I'**m going to phone** Nick tonight.* ◇ *She'**s going to go** to university when she leaves school.*

S'utilitza **will** per a:

- parlar de decisions preses en el moment en què parlem
  *I'**ll have** a pizza and a Coke.* ◇ *'It's cold in here.' 'OK, I'**ll close** the window.'*
- fer prediccions
  *I'm sure she'**ll be** happy in Paris.* ◇ *This job **won't take** long.*
- parlar de coses que passaran amb tota seguretat
  *Laura **will be** 18 in May.*

S'utilitza el *present simple* per a parlar de:

- esdeveniments futurs programats
  *We **leave** Palma at 11 o'clock and **reach** Gatwick two hours later.*
- el futur després de paraules i expressions com ara **when, as soon as, before, until,** etc.
  *Call me when you **get** home. ◇ I'll look after Jo until you **get** back.*

S'utilitza el *future continuous* per a descriure:

- accions en curs en un moment determinat del futur
  *Dad **will be flying** to New York this time next week.*

S'utilitza el *future perfect* per a descriure:

- accions que s'hauran acabat en un moment determinat del futur
  *I **will have finished** my essay by three o'clock.*

He'**ll have reached** America by Christmas.

Verbs transitius i intransitius

Els verbs que porten objecte directe són els verbs transitius i al diccionari s'indica amb l'abreviatura *vt* (vegeu l'entrada de **like**).
Es pot dir *I like cheese*, *I like her*, *I like it* o *I like swimming*, però no es pot dir simplement ~~*I like*~~.

Els verbs que no porten objecte directe són els verbs intransitius i al diccionari s'indica amb l'abreviatura *vi* (vegeu l'entrada de **listen**).
Es pot dir *Listen! Can you hear a noise?*, *I was listening to the radio* o *I was listening to her*, però no es pot dir ~~*I was listening her*~~.

Molts verbs poden ser tant transitius com intransitius i al diccionari s'indica amb l'abreviatura *vt, vi* (vegeu l'entrada de **sing**).
Es pot dir *She was singing a song* (transitiu) o *She was singing in the shower* (intransitiu).

De vegades, un verb vol dir coses diferents quan és transitiu que quan és intransitiu (vegeu l'entrada de **bank**).
Quan **bank** és un verb transitiu significa *ingressar (diners): She banked a cheque for £500*. En canvi, quan és intransitiu significa *tenir compte (en un banc): She banks with the Westshires Bank*.

bank /bæŋk/ *nom, verb*
▸ **1** *vt* (*diners*) ingressar **2** *vi* tenir compte: *Who do you bank with?* A quin banc tens compte?

Verbs amb dos complements
Alguns verbs poden tenir dos complements, un de directe i un altre d'indirecte. Un exemple és el verb **send**: *Send her an email. / Send an email to her* ➲ *Vegeu nota a* GIVE

Verbs amb *to* i verbs sense *to*
Pot ser difícil recordar quan cal fer servir **to** amb el complement personal. Si tens dubtes, consulta el diccionari.

S'usen amb **to**:

explain: *Peter explained everything* ***to them***.
listen: *Are you listening* ***to me****?*
say: *She said goodbye* ***to them***.
write: *I wrote* ***to them*** *last week.*

Are **you listening to** me?

S'usen sense **to:**

advise: *He advised* ***me*** *not to buy it.*
ask: *Can I ask* ***you*** *a question?*
answer: *She didn't answer* ***me***.
tell: *She told* ***us*** *it was good*

La forma passiva

La forma passiva es construeix amb el temps verbal corresponent del verb **be** + participi passat. Podràs trobar les diferents formes del verb **be** a la seva entrada. En els verbs regulars, el participi passat té la mateixa forma que el *past simple*.
English ***is taught*** *from the age of 6.* ◊ *Portugal* ***were beaten*** *in the final.* ◊ *The house* ***has been sold***.

La forma passiva s'utilitza quan el que ens interessa és l'acció i no la persona que realitza l'acció. Compara les frases següents:
Dalí ***painted*** *this picture in 1955.* ◊ *This picture* ***was painted*** *in 1955.*

Si volem esmentar la persona que realitza l'acció, utilitzem la preposició **by**:
This picture was painted ***by*** *Dalí in 1955.* ◊ *She was accompanied* ***by*** *her brother.*

Was it **painted** by an Australian?

Els question tags

Els *question tags* són fragments interrogatius que s'utilitzen per a demanar confirmació, principalment quan parlem, i corresponen a *oi?* o *no?* del català.

Si el verb principal és afirmatiu, el *question tag* sol ser negatiu i, a la inversa, si el verb principal és negatiu, el *question tag* sol ser afirmatiu.
You like snowboarding, don't you? ◊ *You don't like shellfish, do you?*

Si la frase conté el verb be o un verb auxiliar o modal, aquest verb es repeteix al *question tag*:
She can't come tomorrow, can she? ◊ *I don't need to go, do I?*

Si la frase conté qualsevol altre verb sense auxiliar ni modal, s'utilitza **do** al *question tag*:
She seems very happy, doesn't she?

Les frases condicionals

First conditional

If Lara buys a CD, I'll get one too.
Descriu una acció o situació i les possibles conseqüències:

***If** Lara **buys** a CD...*	acció / situació	**if** + *present simple*
*...I'**ll get** one too*	possible conseqüència	**will** / **won't** + infinitiu sense **to** ('ll = will)

Second conditional

If Lara lived in Japan, she'd speak Japanese.
Descriu una acció o situació imaginària i les conseqüències que tindria:

***If** Lara **lived** in Japan...*	acció / situació imaginària (perquè no hi viu)	**if** + *past simple*
*...she'**d speak** Japanese.*	possible conseqüència	**would** / **wouldn't** + infinitiu sense **to** ('d = would)

Third conditional

If Lara had studied more, she'd have passed the exam.
Descriu una acció o situació irreal (alguna cosa que no va passar en el passat) i les conseqüències que hauria tingut:

***If** Lara **had studied** more...*	acció / situació irreal (perquè mai no va passar)	**if** + *present simple*
*...she'**d have passed** the exam*	conseqüència imaginària	**would** / **wouldn't have** + participi passat ('d = would)

L'estil indirecte

L'estil indirecte s'utilitza per a explicar el que ha dit algú. Igual que en català, normalment es retrocedeix un temps verbal en passar a l'estil indirecte.

Estil directe	**Estil indirecte**
*She **lives** in York.* (present simple)	*She told me she **lived** in York.* (past simple)
*I **missed** the train.* (past simple)	*I told them I'**d missed** the train.* (past perfect)
*We'**ll** be home before midnight.* (will)	*We promised we'**d be** home before midnight.* (would)
*They **can** speak German.* (can)	*They said they **could** speak German.* (could)

Els verbs modals **should, could, would, might, must** i **ought to,** i els verbs en el *past perfect simple* i *continuous* no canvien en passar a l'estil indirecte.

Les preguntes

L'ordre és subjecte + verb i no s'utilitza el signe d'interrogació.
Where do you live? → She asked me where I lived. ◇ Are you tired? → He asked me if/whether I was tired.

Les ordres

S'utilitza el pronom personal d'objecte + infinitiu amb **to**.
***Open** the window. → She asked **me to open** the window. ◇ **Don't eat** all the cherries. → She told **them not to eat** all the cherries.*
Els dos verbs més freqüents en aquest tipus de frase són **say** i **tell**. ➲ *Vegeu notes a* DIR, SAY *i* TELL

El gerundi (forma en *ing*)

Per a saber com es forma, vegeu la pàgina 347.

El gerundi pot ser el subjecte d'una frase:
Swimming is good exercise.

El gerundi també s'utilitza darrere certs verbs, especialment els que expressen preferències, per exemple:

can't stand **hate**
enjoy **keep**
finish **like**

*I hate **waiting** for the bus. ◇ I love **playing** tennis .◇ He kept **interrupting** me.*

Altres verbs van seguits d'infinitiu amb **to**, per exemple:

expect **need**
hope **promise**
decide **want**
learn **would like**

*I hope **to go** to university. ◇ She's learning **to swim**. ◇ He promised **to write** to me.*

Si no estàs segur de quina construcció has de fer servir, consulta-ho al diccionari. Mira, per exemple, l'entrada de **risk**.

risk /rɪsk/ *nom, verb*
▸ *vt* **1** arriscar(-se a) **2** ~ **doing sth** exposar-se, arriscar-se a fer alguna cosa

Modal verbs

Can, could, may, might, must, will, would, shall, should i **ought to** són verbs modals. Sempre s'utilitzen amb un altre verb i hi aporten un matís de possibilitat, probabilitat, obligació, etc.

Gramaticalment aquests verbs no funcionen com els altres ja que:

- han d'anar seguits d'un altre verb en infinitiu sense **to**
  *I **can** swim. ◇ You **must** be Jane.*
- la seva forma no varia, és a dir, no tenen formes en *ing* o **ed** ni s'afegeix **s** a la tercera persona del singular
  *She **might** know. ◇ He **may** be late.*
- no necessiten l'auxiliar **do** per a formar les oracions interrogatives i negatives
  ***Can** you swim? ◇ I **can't** believe it.*

Ought to és un verb modal especial que sempre s'usa seguit d'un infinitiu amb **to**.
Dare i **need** poden utilitzar-se també com a verbs modals. Per a més informació, vegeu-ne les entrades al diccionari.

Possibilitat i probabilitat

- **Must** i **can't** poden servir per a parlar de coses que es consideren segures. S'utilitza **must** en frases afirmatives i **can't** en frases negatives.
  *You **must** be hungry - you haven't eaten all day. ◇ You **can't** be hungry - we've just eaten!*
- **May, might** o **could** poden usar-se per a parlar d'alguna cosa que és possible, però no segura.
  *You **may** be right. ◇ He **might** be upstairs. ◇ It **could** be dangerous.*
- **Should** i **ought to** es poden utilitzar per a fer prediccions de futur.
  *Five **should** be enough. ◇ She **ought to** pass - she has studied hard.*

Obligació i deure

- **Must** s'utilitza per a expressar una obligació o per a donar èmfasi a un consell.
  *You **must** be back by three. ◇ I **must** stop smoking. ◇ You **must** see that film – it's great!*
- **Have to** i **have got to** també es poden utilitzar per a expressar obligació i deure. **Have got to** és una manera més informal de dir **have to.** Generalment, només s'utilitza en present. ➲ *Vegeu nota a* MUST
  *I'**ve got to** give my essay in before Friday. ◇ He **had to** give up smoking.*

Prohibició

- **Mustn't** i **can't** s'utilitzen per a expressar alguna cosa que està prohibida.
  *You **mustn't** take photos inside the museum. ◇ They **can't** come in here.*

Consells

- **Should** i **ought to** s'utilitzen per a donar i demanar consell.
  *You **should** go to bed. ◇ You **ought to** tidy your room more often. ◇ **Should** I take an umbrella?*

You **shouldn't** leave the taps running.

Oferiments, suggeriments i peticions

- **Can, could, will** i **shall** s'usen per a oferir, suggerir i demanar coses.
  ***Can** I help you? ◇ **Could** you open the door, please? ◇ **Will** you stay for tea? ◇ **Shall** we go out for a meal?*

Permís

- **Can** i **could** s'utilitzen en present i en passat per a expressar permís per a fer alguna cosa.
  ***Can** I go now?* ◇ ***Could** I possibly borrow your car?* ◇ *You **can** come if you want.*
- En present també es poden usar **may** i **might**, però són més formals.
  ***May** I use your phone?* ◇ *Books **may** only be borrowed for two weeks.* ◇ ***Might** I make a suggestion?*

Capacitats i habilitats

- **Can** i **could** s'utilitzen per a expressar el que un pot o sap fer, tant en present com en passat.
  *I **can** speak Italian.* ◇ ***Can** you ride a bike?* ◇ *She **couldn't** do it.* ◇ *I **could** run for miles when I was younger.*

Recorda que **be able to** també s'utilitza en aquest sentit.
*He **has been able** to swim for a year now.* ◇ *One day we **will be able** to travel to Mars.*

➲ *Vegeu tb nota a* CAN[1]

Phrasal verbs

Els *phrasal verbs* són verbs formats per dues o tres paraules. La primera paraula és sempre un verb, seguit d'un adverbi **(lie down)**, una preposició **(look after sb/sth)** o totes dues coses **(put up with sb/sth)**.
Els *phrasal verbs* apareixen al final de l'entrada del verb principal, a la secció marcada PHR V. Aquesta és l'última part de l'entrada de **give**:

PHR V **give sth away** regalar alguna cosa ◆ **give sth/sb away** delatar alguna cosa/algú
give sb back sth; give sth back (to sb) tornar alguna cosa (a algú)
give in (to sb/sth) cedir (a algú/alguna cosa) ◆ **give sth in (to sb)** lliurar alguna cosa (a algú)
give sth out repartir, distribuir alguna cosa
give up rendir-se, abandonar ◆ **give sth up; give up doing sth** deixar alguna cosa, deixar de fer alguna cosa: *to give up smoking* deixar de fumar ◇ *to give up hope* perdre l'esperança

Com pots veure, els *phrasal verbs* de cada verb estan ordenats alfabèticament segons les partícules que els segueixen (**away, back, in, etc.**).

Sovint un *phrasal verb* pot ser substituït per un altre verb amb el mateix significat. No obstant això, els *phrasal verbs* s'utilitzen molt en l'anglès parlat i els equivalents no "*phrasal*", en l'anglès escrit o en situacions més formals. Així, tant **get over** com **overcome** signifiquen 'superar', però s'utilitzen en contextos diferents.

Algunes partícules tenen significats especials que es mantenen fins i tot quan es combinen amb diferents verbs. Fixa't en l'ús de **back, on** i **up** a les frases següents:
*I'll **call** you **back** later.* ◇ *She wrote to him but he never **wrote back**.*

I'll **call** you **back** later.

***Carry on** with your work.* ◇ *They **stayed on** for another week at the hotel.* ◇ ***Drink up**! We have to go.* ◇ ***Eat up** all your vegetables. They're good for you.*

En aquestes frases **back** indica que es torna alguna cosa (una trucada, una carta), **on** dóna un sentit de continuïtat als verbs i **up** indica que alguna cosa s'ha acabat totalment.

El nom The noun

Noms comptables i incomptables

Els noms en anglès poden ser comptables (**countable**) o incomptables (**uncountable**). Els que són comptables tenen singular i plural i, com el seu nom indica, es poden comptar:
one book - two books ◇ a friend - a few friends

Els noms incomptables no tenen forma plural i no s'utilitzen ni amb l'article indefinit **a/an** ni amb nombres.

Solen ser incomptables:
- els noms de materials o substàncies com ara **plastic, sugar, water**
- els conceptes abstractes com ara **love, happiness, time**
- les malalties com ara **cancer, flu**

Els noms que en anglès són incomptables i, en canvi, en català poden usar-se amb l'article indefinit o en plural, estan marcats en el diccionari amb la paraula [*incomptable*].
➲ *Per a més informació, vegeu les entrades de* INFORMACIÓ *i* INFORMATION *i la nota a* CONSELL

Com es forma el plural dels noms comptables

regla general	+ s	*one stamp – two stamps ◇ a chocolate cake – lots of cakes*
si acaba en **sh, ch, s** o **x**	+ es	*dish – dish**es** ◇ watch – watch**es** ◇ bus – bus**es***
si acaba en **consonant + y**	y → ies	*fly-fl**ies** ◇ party – part**ies***

- El plural en **ies** es mostra a tots dos costats del diccionari ➲ *Vegeu les entrades de* MOSCA *i* FLY
- Els noms que acaben en **ay, ey, oy** són regulars i s'hi afegeix **s** (donkey-donkey**s**, boy-boy**s**).

si acaba en **o**	o → os o → oes	*radio – radi**os** ◇ zoo – zo**os*** *mosquito - mosquit**oes** ◇ echo – ech**oes***

- El plural en **os** o **oes** es mostra a tots dos costats del diccionari. ➲ *Vegeu les entrades de* FOTO *i* PHOTO, HEROI *i* HERO

plural irregular	*life – **lives** ◇ mouse - **mice** ◇ child – **children** ◇ one sheep – lots of **sheep***

- Els plurals irregulars es mostren a tots dos costats del diccionari. ➲ *Vegeu les entrades de* VIDA *i* LIFE

Noms singulars

Alguns noms només es fan servir en singular, però a diferència dels noms incomptables, es poden usar amb l'article indefinit **a/an**. També s'usen sovint amb l'article definit **the**.

The traffic is at a standstill. ◇ *There's rust on the underneath of the car.*

standstill /ˈstændstɪl/ *n* [*sing*]: *to be at/come to a standstill* estar parat/parar-se

underneath /ˌʌndəˈniːθ/ *preposició, adverbi, nom*
▸ *n* **the underneath** [*sing*] la part de sota

Noms plurals

Altres noms, p. ex. **people, police, clothes,** s'usen sempre en plural.

How many people are coming? ◇ *The police are investigating the crime.* ◇ *I need some new clothes.* ◇ *Your jeans are torn.*

➲ *Vegeu tb nota a* PAIR

Noms que poden utilitzar-se amb el verb en singular o en plural

Hi ha noms que fan referència a grups de persones i que poden usar-se amb el verb en singular o en plural.

*The army **is/are** advancing towards the border.*

Al diccionari s'indiquen amb l'abreviatura *[v sing o pl]*.

➲ *Per a més informació, vegeu nota a* JURAT

Ús de *a/an, some/any*

A/an s'utilitzen amb noms comptables en singular.

*I'd like **a** milkshake.* ◇ *Do you want **an** apple?*

Some i any s'utilitzen amb:

- noms comptables en plural
  *She wants **some** CDs.* ◇ *Do you have **any** biscuits?*
- noms incomptables
  *She wants **some** advice.* ◇ *Do you have **any** money?*

➲ *Per a més informació sobre l'ús de **some i any**, vegeu nota a* SOME

Ús de *a lot of /much/many*

En oracions afirmatives usem **a lot (of)** o **lots (of)** (*col·loq*).

She's got a lot of money. ◇ *Lots of people are poor.*

En oracions negatives i interrogatives usem **many** o **a lot of** quan el nom és comptable

*There aren't **many/a lot** of women taxi drivers*

i usem **much** o **a lot of** quan el nom és incomptable

*I haven't got **much** time.*

El possessiu en anglès: 's

Quan el posseïdor és una persona o un animal, en anglès s'acostuma a usar el possessiu **'s**.

*my cousin'**s** bike* (= la bici de de la meva cosina) ◇ *my brother'**s** friends* ◇ *the children'**s** clothes* ◇ *the dog'**s** basket* ◇ *Ann's job*

Amb els objectes no se sol utilitzar **'s,** sinó la preposició **of**.

*the front seat **of** the car*

Si el posseïdor és un nom plural acabat en **s**, el possessiu es marca simplement amb un apòstrof al darrere.

*my cousins**'*** dog (= el gos dels meus cosins) ◇ *my parents**'** photos*

➲ *Per a més informació sobre l'ús dels possessius, vegeu la pàgina 360.*

L'article The article

L'article definit (*the*)

The s'utilitza per a parlar de:

- alguna cosa o algú que l'interlocutor ja coneix
- alguna cosa única com el sol o la Terra
- les illes, els oceans i els rius

*This is **the** CD I told you about.* ◇ ***The** Thames goes through Oxford and London.*

L'article indefinit (*a/an*)

A s'utilitza davant de sons consonàntics i **an** davant de sons vocàlics.

***a** building* ◇ ***a** euro* /ˈjʊərəʊ/ ◇ ***a** university* /ˌjuːnɪˈvɜːsəti/

***an** apple* ◇ ***an** hour* /ˈaʊə(r)/

A/an s'utilitza amb noms comptables en singular. En plural se sol usar **some** o **any**.

***a** dog → **some** dogs* ◇ *I don't have **a** blue shirt. → I don't have **any** blue shirts.*

A/an s'utilitza per a parlar de:

- alguna cosa o algú per primera vegada
- una persona o cosa qualsevol i no una en particular

  *He's got **a** new bike.* ◇ *Can you bring me **a** knife?*

Al contrari que en català, s'usa:

- per a parlar de les professions
- en l'estructura **as a...** (= de/com a)
- en expressions negatives i després de **without**
- davant d'alguns nombres - **hundred, thousand, million**

  *My sister is **a** biologist.* ◇ *He works as **a** waiter.* ◇ *Use this box as **a** table.* ◇ *I don't have **a** bike.* ◇ *She went out without **a** coat.* ◇ *He won **a** thousand pounds on the lottery.*

➲ *Per a mes informació sobre l'ús de l'article indefinit amb professions, vegeu notes a* METGE *i* ÉSSER

Omissió de l'article

Quan parlem d'alguna cosa en general, els noms comptables en plural i els noms incomptables no porten article.

Books are expensive. ◇ *Children learn very fast.*

Diem *I like cheese* (= M'agrada el formatge en general), però *I like the cheese they make in my grandparents' village.* (perquè és un formatge específic).

No s'usa l'article amb noms propis o amb noms que indiquen relacions familiars.

Do you know Mrs Smith? ◇ *Jane's mother's very nice.* ◇ *Granny came to see us yesterday.*

➲ *Per a més informació sobre l'ús de l'article amb noms de família, vegeu nota a* FAMÍLIA

Tampoc s'usa per a parlar de països, carrers, llacs o muntanyes.

I'm going to China. ◇ *They live in Florida.* ◇ *a house on Walton Street* ◇ *They climbed Everest.*

Amb les parts del cos i els objectes personals, s'usa el possessiu i no l'article.

*Give me **your** hand.* ◇ *He put **his** tie on.* ◇ *I've left **my** phone on the bus.*

Hospital, school i **church** poden utilitzar-se amb article o sense article, però el significat és diferent.

➲ *Per a més informació sobre l'ús dels articles, vegeu notes a* SCHOOL, HEAVEN, HELL, INTERNET *(pàgina 169)*

Els pronoms personals Personal pronouns

Els pronoms de subjecte i els pronoms d'objecte

	subjecte	*objecte*
singular	I you he she it	me you him her it
plural	we you they	us you them

Ús

Els pronoms personals substitueixen un nom. El nom i el pronom mai no s'utilitzen alhora.
*Silvia is from Argentina. **She**'s a student. I met **her** in London.*

Els pronoms de subjecte s'utilitzen principalment davant del verb com a subjecte i no es poden ometre.
*'What does Jen do?' '**She**'s a nurse.' ◇ **I** live in Valencia.*

Els pronoms d'objecte s'utilitzen en la resta de casos, per exemple:

- després del verb **be**
  *Who's there? It's **me**.*
- en frases comparatives
  *She's taller than **him**.*
- després de preposicions
  *They got there before **us**.*
- quan s'usen sols
  *'Who came first?' '**Me**!'*

El pronom *it*

El pronom **it** s'utilitza:

- per a parlar de coses, situacions i animals
  *I love this film – **it**'s very romantic.*
- per a parlar de l'hora, el temps i les distàncies
  ***It**'s half past three. ◇ **It**'s cold. ◇ **It**'s fifty miles to London.*
- amb adjectius per a parlar de les coses
  ***It**'s easy to see why she likes him. ◇ Is **it** true that they're going out?*
- per a identificar una persona a l'altre costat de la porta, del telèfon, etc.
  *'Is that Jo?' 'No, **it**'s Sara'.*

El pronom *there*

El pronom **there** s'utilitza amb el verb **to be**, i amb altres verbs modals + **be**.
***There**'s a bottle of milk in the fridge. ◇ **There** must be something wrong.*

➲*Vegeu l'entrada de* THERE (pronom) *i la nota a* HAVER

Els pronoms reflexius Reflexive pronouns

singular	*plural*
myself	ourselves
yourself	yourselves
himself	themselves
herself	
itself	

Ús

S'usen quan l'acció del verb recau sobre un mateix.
*He hurt **himself** when he fell over. ◇ Look at **yourself** in the mirror. ◇ I bought it for **myself**.*

També s'usen de forma emfàtica per a dir jo mateix, tu mateix, etc. En aquest cas van al final de la frase.
*I made it **myself**. ◇ She told me the news **herself**.*

Verbs reflexius

Molts verbs que són pronominals en català no necessiten **myself**, **yourself**, etc. en anglès. Per exemple:

prepare for sth (= preparar-se) *I've got to prepare for the exam.*
calm down (= calmar-se) *Calm down, will you?*
hide (= amagar-se) *We hid behind a wall.*
apologize (= disculpar-se) *She apologized for not phoning.*

Alguns dels verbs que sí que porten el pronom són:

look after yourself (= cuidar-se) *Ali is old enough to look after himself.*
fool yourself (= enganyar-se) *Don't fool yourself – he'll never change.*

● **Els possessius** Possessives

	adjectiu	*pronom*
singular	my your his her its	mine yours his hers
plural	our your their	ours yours theirs

Ús

En anglès els possessius no van precedits de l'article definit **the** i sempre concorden amb el posseïdor.
She *went with* ***her*** *husband.* ◇ ***The****y love* ***their*** *house.* ◇ *This is my mobile. Where's* ***yours****?*

Doble genitiu – *a friend of mine/of Jane's, etc.*

My mother told me that my new teacher is a friend ***of hers****.*

➲ *Per a més informació, vegeu notes a* MEU, TEU, *etc.*

● **Els demostratius** Demonstratives

singular	*plural*
this that	these those

Ús

S'usa **this** o **these** per a parlar de les coses i persones que són ben a prop de nosaltres. S'utilitza **that** o **those** per a tot allò que és a prop de la persona amb qui parlem o més lluny.
This *tastes delicious.* ◇ *Do you like* ***these*** *jeans?* ◇ ***That*** *smells terrible!* ◇ *I love* ***those*** *shoes you're wearing.*

També s'usa **this** o **these** per a fer referència al que està passant ara o que està a punt de començar i **that** o **those** per al que acaba de passar o va passar fa temps:

I really like ***this*** *song.* ◇ *She was in* ***that*** *film we saw last week.* ◇ *Did you see* ***that****?*

➲ *Vegeu tb notes a* AQUEST *i* AIXÒ

This s'usa també per a presentar algú.
Ben, ***this*** *is Lucy. Lucy,* ***this*** *is Ben.*

Al telèfon utilitzem **this** per a dir qui som i **that** per a preguntar qui és l'altra persona.
Hi, this is Alex. Can I talk to Sam?
◇ *Oh hello, is that Sam? This is Alex.*

● Els adjectius Adjectives

Els adjectius en anglès normalment precedeixen el nom que descriuen i no varien de forma segons el gènere o el nombre.
*a **blue** shirt / a pair of **blue** trousers*
◇ *my **French** grandmother / my **French** grandparents*

Es poden utilitzar dos adjectius junts.
*a **short red** skirt* ◇ ***an interesting Russian** film* ◇ *She's **a lovely little** girl.*

Comparatius i superlatius

			Comparatiu	*Superlatiu*
d'1 síl·laba	+ **er, est**	cool	cool**er**	the cool**est**
d'1 síl·laba i acabat en **e**	+ **r, st**	nice	nice**r**	the nice**st**
d'1 síl·laba i acabat en 1 sola vocal + consonant	la consonant es duplica + **er, est**	wet	we**tter**	the we**ttest**
de 2 síl·labes i acabat en y	**y → ier, iest**	happy	happ**ier**	the happ**iest**
de 2 o més síl·labes	**more, the most**	modern interesting	**more** modern **more** interesting	the **most** modern the **most** interesting
irregular		good bad	**better** **worse**	the **best** the **worst**

Ús

El comparatiu s'utilitza per a comparar dues coses o persones entre si. Per a fer la comparació s'utilitza **than**.
*Oxford is **smaller than** Barcelona.* ◇ *Sergi is **taller than** Sam.*

El superlatiu s'utilitza per a comparar tres o més coses o persones i destacar-ne una. Aquesta forma sempre porta l'article **the**.
*I think this is **the nicest** one.* ◇ *Which is **the longest** river in the world?*

Posició dels adjectius

La majoria dels adjectius poden usar-se davant del nom que descriuen o després de verbs com ara **be, seem**, etc.
*This bike is **new**.* ◇ *I need a **new** bike.* ◇ *This is a **great** party.* ◇ *Your hair looks **great**.*

Ara bé, alguns adjectius mai no s'utilitzen davant del nom (vegeu l'entrada d'**afraid**), mentre que d'altres només s'usen en aquesta posició (vegeu l'entrada de **continual**).

afraid /əˈfreɪd/ *adj* [*mai davant del nom*] **1 be ~ (of sb/sth/doing sth)** tenir por (d'algú/d'alguna cosa/de fer alguna cosa) **2 be ~ to do sth** no atrevir-se a fer alguna cosa **3 be ~ for sb/sth**

En anglès, sovint s'usa un nom davant d'un altre nom quan en català s'usaria un adjectiu o un sintagma preposicional.
***bank** account* (= compte bancari) ◇ ***school** uniform* (= uniforme escolar) ◇ *a **plastic** cup* (= un got de plàstic) ◇ *a **history** teacher* (= una professora d'història) ◇ *a **wine** bottle* (= una ampolla per a vi)
Quan un adjectiu català es tradueix per un nom anglès usat en aquesta posició, ho indiquem amb l'abreviatura [*n atrib*] (= nom en posició atributiva – és a dir, davant d'un altre nom). Vegeu l'entrada de **cinematogràfic**:

> **cinematogràfic**, **~a** *adj* film [*n atrib*]: *la indústria cinematogràfica* the film industry

Els adjectius acabats en *ed* i en *ing*

Alguns adjectius, acabats en *ed*, provenen del participi passat d'un verb i descriuen com se senten les persones cap a les coses o cap a altres persones.
*I'm feeling **bored**. ◇ Are you **interested** in history? ◇ She was **surprised** to see him.*

Altres adjectius, acabats en *ing*, provenen del gerundi d'un verb i descriuen l'efecte que produeixen les coses o les persones.
*This book is **boring**.◇ Roman history is very **interesting**. ◇ It was **surprising** to meet him there.*

➲ *Vegeu tb notes a* BORING *i* INTERESTING

Els adjectius compostos

Els adjectius compostos solen escriure's amb guionet, per exemple **first-class** i **good-looking**.
➲ *Per a adjectius com **well known, up to date**, etc., vegeu nota a* WELL BEHAVED

Adjectius sense nom

En anglès els adjectius no poden actuar com a noms. Sempre han d'anar seguits d'una paraula com ara **man**, **woman**, **person**, **thing**, etc.
The best thing about this film is...

Quan hi ha un adjectiu en català que també pot ser un nom, i la traducció en anglès només pot ser adjectiu, ho indiquem al diccionari amb l'abreviatura [*adj*] després de la traducció anglesa. En aquests casos, també es dóna un exemple.

> **groller**, **~a** *adj, nm-nf* rude [*adj*]: *Ets un ~.* You're so rude.

S'utilitza **the** + adjectiu en casos com **the poor** o **the unemployed**. Vegeu les entrades de **pobre** i **poor** i les d'**aturat** i **unemployed**.

La formació d'adverbis a partir d'adjectius

Molts adverbis es formen afegint la terminació **ly** a l'adjectiu i, de vegades, es modifica l'ortografia lleugerament.
*complete → complete**ly***
*quick → quick**ly***
*bright → bright**ly***
*real → real**ly***

Els adjectius acabats en **-y** solen canviar a **-ily**.
*happy → happ**ily***
*funny → funn**ily***
*easy → eas**ily***

La puntuació anglesa

. El punt (**full stop**, *USA* **period**) assenyala el final de la frase, sempre que no sigui una pregunta o una exclamació:
We're leaving now. ◇ Thank you.
També s'utilitza en abreviatures:
Walton St.
i en adreces d'Internet i de correu electrònic, on es llegeix "dot":
www.oup.com

? El signe d'interrogació (**question mark**) es posa al final d'una frase interrogativa directa:
'Who's that man?', Jenny asked.

! El signe d'admiració (**exclamation mark**) es posa al final d'una frase exclamativa i després d'una interjecció:
Oh no! The cat's been run over! ◇ Wow!

, La coma (**comma**) indica una pausa breu dins d'una frase:
I ran all the way to the station, but I still missed the train.

També s'utilitza la coma per a citar una persona:
Fiona said, 'I'll help you.' ◇ 'I'll help you', she said.
i per a separar els elements d'una llista:
This shop sells records, tapes and CDs.
La coma s'utilitza també per a separar un *question tag* de la resta de la frase:
It's quite expensive isn't it?

: Els dos punts (**colon**) s'utilitzen per a introduir llistes d'objectes:
There is a choice of main course: roast beef, turkey or salmon.

; El punt i coma (**semicolon**) s'utilitza per a separar elements d'una llista quan ja hem utilitzat la coma:
The school uniform consists of navy skirt or trousers; grey, white or blue shirt; navy jumper or cardigan.

' L'apòstrof (**apostrophe**) pot indicar que s'ha omès una lletra, com en el cas de les contraccions:
hasn't ◇ don't ◇ I'm ◇ he's
També indica possessió:
Jane's mother ➲ *Vegeu també la pàgina 357*

“” Les cometes (**quotation marks, inverted commas** o **quotes**) poden ser simples (') o dobles ("). S'utilitzen per a introduir les paraules o pensaments d'una persona:
'Come and see,' said Martin.
També poden introduir el títol d'un llibre, d'una pel·lícula, etc:
'Have you read "Emma"?' he asked.

- El guionet (**hyphen**) s'usa per a unir dues paraules que formen una unitat:
mother-in-law ◇ a ten-ton truck
També s'usa per a unir un prefix a una paraula:
non-violent ◇ anti-British
i en nombres compostos:
thirty-four ◇ seventy-nine

— El guió (**dash**) s'utilitza per a separar una frase o una explicació dins d'una oració més àmplia.
A few people — not more than ten — had already arrived.
També el podem col·locar cap al final de l'oració per introduir el resum del contingut:
Men were shouting, women were screaming, children were crying – it was chaos.

/ La barra (**slash**) s'utilitza per a separar els components d'una adreça d'Internet. També se'n diu **forward slash** per distingir-la de la barra inversa (**backslash**).
http://www.oup.com/elt

Preposicions de lloc

The lamp is **above** the table.

The meat is **on** the table.

The cat is **under** the table.

The lorry is **in front of** the car.

The car is **behind** the lorry.

Sam is **between** Kim and Tom.

Kim is **next to/beside** Sam.

The bird is **in/ inside** the cage.

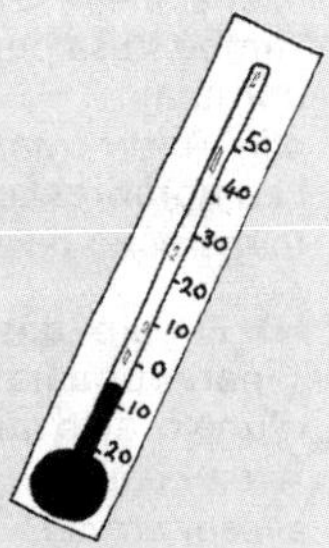

The temperature is **below** zero.

The girl is leaning **against** the wall.

Tom is **opposite** Kim.

The house is **among** the trees.

Preposicions de moviment

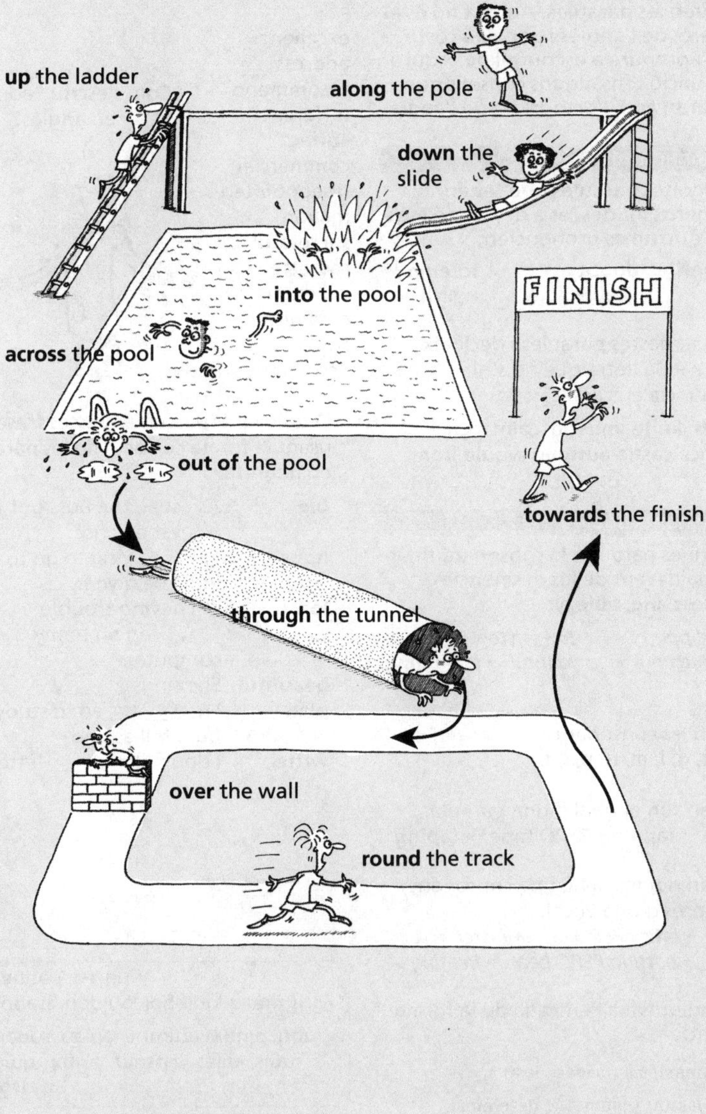

L'ortografia anglesa

En moltes llengües la forma escrita s'assembla força a la forma parlada i, una vegada hagis après les normes ortogràfiques, no és difícil saber com s'escriuen les paraules. Aquest no és el cas, però, de l'anglès i per això costa tant d'aprendre a escriure'l bé. Aquí a continuació tens alguns consells que t'ajudaran amb l'ortografia de l'anglès.

Consonants mudes

Hi ha moltes paraules que tenen consonants mudes, és a dir, una o més lletres que no es pronuncien:

althou~~gh~~ **dou~~b~~t** **forei~~g~~n**
lis~~t~~en **We~~d~~nesday** **w~~h~~ich**

1 Mira aquestes paraules i decideix quina és la lletra que no s'hi pronuncia en cada cas:

com~~b~~ knife muscle calm sign science castle autumn would iron

Consonants dobles

En algunes paraules la consonant final es dobla davant de les desinències **ed, er, est, ing, able, y:**

*slip → sli**pp**ed* *fit → fi**tt**er*
*put → pu**tt**ing* *faithful → faithfu**ll**y*

Es fa:

- amb les consonants **b, d, g, l, m, n, p, r, t,**
- quan són al final d'una paraula: tap → ta***pp***ing *PERÒ* tape → ta***p***ing
- quan només hi ha una consonant després d'una vocal: *fat → fa**tt**er PERÒ fast → fa**st**er* *bet → be**tt**ing PERÒ beat → bea**t**ing*

T'ho indiquem a l'entrada de la forma següent:

mad /mæd/ *adj* **(madder, -est)**
skim /skɪm/ **(-mm-) 1** *vt* descremar,

A continuació tens una llista d'algunes altres paraules que s'escriuen amb consonant doble i que acostumen a causar problemes:

exce**ll**ent
a**dd**ress
reco**mm**end
di**ff**erent
co**ff**ee
co**mm**ercial
disa**pp**ointed
mi**ll**ion
su**cc**e**ss**ful
ca**ss**e**tt**e
co**ll**eague
co**mm**i**tt**ee
su**ff**er
a**cc**o**mm**odation

2 Omple els espais en aquestes frases usant la forma correcta de les paraules en **negreta**:

big	As usual, the boss got the *bigg*est pay rise.
hope	I'm ______ing to go to India next year.
log	I'm having trouble ______ing on to my computer.
beautiful	She sings ______y.
plan	I had ______ed to study, but I fell asleep.
write	I don't like ______ letters.

Respostes:
1 comb knife muscle calm sign science castle autumn would iron
2 biggest, hoping, logging, beautifully, planned, writing

Anglès britànic i anglès americà

Existeixen algunes diferències importants entre l'ortografia britànica i l'americana:

- Les paraules que acaben en **our** en anglès britànic acaben en **or** en anglès americà:
  colour (*GB*) / **color** (*USA*)
  favour (*GB*) / **favor** (*USA*)
- En algunes paraules les desinències **re** i **ence** en anglès britànic són substituïdes per **er** i **ense** respectivament en anglès americà:
  centre (*GB*) / **center** (*USA*)
  theatre (*GB*) / **theater** (*USA*)
  defence(*GB*) / **defense** (*USA*)
  licence (*GB* / **license** (*USA*)
- Els verbs que poden acabar en **ize** o **ise** a la Gran Bretanya s'escriuen sempre **ize** als Estats Units:
  realize, -ise (*GB*) / **realize** (*USA*)
  organize, -ise (*GB*) / **organize** (*USA*)
- La consonant final de molts verbs es dobla en anglès britànic, però no en anglès americà:
  travelling (*GB*) / **traveling** (*USA*)
- Aquí tens algunes altres paraules que s'escriuen d'una manera diferent:

anglès britànic	**anglès americà**
analyse	analyze
grey	gray
jewellery	jewelry
moustache	mustache
pyjamas	pajamas
tyre	tire

Recorda que **advice** és el nom (=consell) i **advise** és el verb (=aconsellar).

Majúscules

Recorda que s'escriuen amb majúscula:

- els dies de la setmana:
  Sunday, Thursday
- els mesos:
  January, December
- les festes:
  Easter, Halloween, Christmas
- els gentilicis:
  She's Italian. ◇ *Catalan architecture*
- les llengües:
  I speak Russian
- els noms i els adjectius relatius a les creences religioses, polítiques, etc:
  He's Jewish. ◇ *I'm a Catholic.* ◇ *Nationalist movements*

ℹ Les estacions de l'any s'escriuen amb minúscula (p. ex. *autumn*).

Paraules amb guionet

Moltes paraules es poden escriure amb o sense guionet, p. ex. **email** o **e-mail** (en aquest diccionari utilitzem la forma **email**).

Normalment fem servir un guionet en adjectius compostos que acaben en **ed** o **ing**.
dark-eyed ◇ *hard-working* ◇ *good-looking*

➲ *Vegeu també la nota a* **well behaved**

Cada vegada hi ha més tendència a escriure els noms sense guionet, amb un espai o tot junt.
ice cream ◇ *weekend* ◇ *cufflink*

ei o ie?
Amb freqüència el so /iː/ s'escriu **ie**, com ara a ***piece*** i ***believe***. Tot i així, després de la lletra c s'escriu **ei**, p. ex. a ***receive*** i ***ceiling***. Compte! Hi ha algunes excepcions a aquesta norma, p. ex. **seize** i **weird**.

Falsos amics

Compte amb els falsos amics!

Moltes paraules angleses s'assemblen a paraules catalanes. Algunes tenen el mateix significat, com ara **television** (*televisió*) i **biology** (*biologia*), però d'altres tenen significats completament diferents. Aquestes paraules semblants però de significat diferent s'anomenen **false friends** (*falsos amics*). Cal aprendre-les per no fer errors, i dir, per exemple, que algú és **sympathetic** (*comprensiu*) quan realment volem dir que és **nice** (*simpàtic*).

Aquí tens una llista d'alguns **false friends** amb el significat veritable que tenen en anglès:

Aquesta paraula en català...	es diu en anglès...	i no pas...	que significa...
actual	current; present-day	*actual*	exacte; veritable
actualment	at the moment	*actually*	en realitat, de fet
agenda	diary; address book	*agenda*	ordre del dia
avís	notice; warning	*advice*	consell(s)
conductor, -a	driver	*conductor*	director, -a (d'orquestra); cobrador, -a (d'autobús)
demanar	to ask; to order	*to demand*	exigir; requerir
diversió	pastime; fun	*diversion*	desviació
embarassada	pregnant	*embarrassed*	avergonyit
escenari	stage; scene	*scenery*	paisatge
eventual	temporary; possible	*eventual*	final
éxit	success; hit	*exit*	sortida
genial	brilliant	*genial*	afable
intentar	to try	*to intend*	tenir la intenció de
llarg	long	*large*	gran; extens, ampli
lectura	reading	*lecture*	conferència; sermó
llibreria	bookshop; bookcase	*library*	biblioteca
notícia	news; news item	*notice*	anunci, cartell; avís
parent	relative, relation	*parent*	mare/pare
petroli	oil	*petrol*	gasolina
professor, -a	teacher	*professor*	catedràtic, -a d'universitat
recepta	recipe; prescription	*receipt*	rebut
recordar	to remind; to remember	*to record*	registrar, gravar
resumir	to summarize; to sum sth up	*to resume*	reprendre('s); recobrar
sensible	sensitive; noticeable	*sensible*	sensat, assenyat
simpàtic	nice	*sympathetic*	comprensiu, compassiu

No et confonguis!

Quan llegeixis un text en anglès, vés amb compte amb paraules com les següents, que s'assemblen molt a paraules catalanes, però tenen un significat completament diferent:

No et confonguis amb...	que significa...
to appoint	nomenar; fixar
carpet	moqueta, catifa
casual	informal; eventual
college	centre d'educació superior; universitat
constipated	restret
convenient	oportú; pràctic
costume	vestit tradicional
deception	engany
disgust	fàstic, repugnància
fabric	teixit, tela
intoxication	embriaguesa
mascara	rímel
ordinary	corrent, normal
particular	concret, especial
pet	animal domèstic
polite	cortès; educat; correcte
preservative	conservant
proper	apropiat; adequat
to realize	adonar-se
to remove	treure('s), eliminar
stranger	desconegut, -uda
suburb	barri residencial als afores
tap	aixeta
topic	tema

Busca les diferències

La paraula catalana **argument** es tradueix per *argument* quan significa una raó amb la qual volem convèncer algú. Ara bé, si parlem de l'argument d'una pel·lícula o d'un llibre, haurem de dir *plot*.

argument *nm* **1** (*raó*) argument: *els ~s a favor i en contra* the arguments for and against **2** (*Cine, Liter*) plot

argument /ˈɑːgjumənt/ *n* **1** discussió: *to have an argument* discutir ➲ *Compareu amb* DISCUSSION, ROW² **2** ~ **(for/against sth)** argument

Cal anar amb compte amb paraules com aquestes, ja que a vegades tenen el mateix significat en tots dos idiomes i a vegades, no.

1 Completa el quadre següent donant una segona traducció de les paraules que apareixen en negreta:

carrera	→	career	to advertise
diari	→	diary	to warn
anunciar	→	to announce	degree
preciós	→	precious	newspaper
prevenir	→	to prevent	lovely

2 Tria ara la paraula correcta a les frases següents:

1 The *argument/plot of the play is very complicated.*
2 I *prevented/warned* him that he would get into trouble.
3 What a *lovely/precious* dress!
4 Have you finished your *degree/career* yet?
5 I always write a *diary/newspaper* when I go on holiday.
6 They are always *announcing/advertising* mobile phones.

Respostes:
Exercici 1
1 carrera-career-degree
2 diari-diary-newspaper
3 anunciar-announce-advertise
4 preciós-precious-lovely
5 prevenir-prevent-warn
Exercici 2
1 plot **2** warned **3** lovely **4** degree **5** diary **6** advertising

Per telèfon

Hello.
Hello, is that Helen?
Yes, speaking.
Oh, hello. This is Mike.

Hello, could I speak to Simon, please?
Yes, of course. Can I ask who's calling?
It's Liz.
OK, just a minute, please.

Good morning. Could I speak to Dr Jones, please?
I'm afraid Dr Jones is out at the moment. Can I take a message?
No, thank you. I'll call back later.

Hi, Will. This is Sarah.
Hi, Sarah. Where are you calling from?
I'm on my mobile. I just wanted to tell you that I'll be an hour late.
Thanks for letting me know. I'll see you later then.
OK. See you later.

Els missatges de text

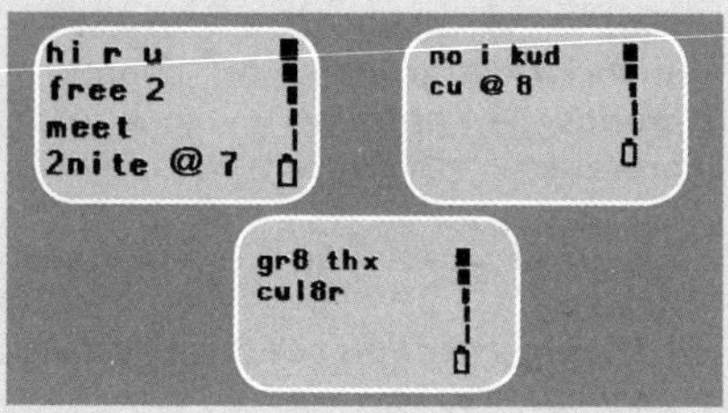

– *Hi. Are you free to meet tonight at 7?*
– *No. I could see you at 8.*
– *Great. Thanks. See you later.*

Per a enviar missatges de text, es poden fer servir las formes abreujades següents:

2	to, too, two
2day	today
2moro	tomorrow
2nite	tonight
4	for, four
4eva	forever
@	at
asap	as soon as possible
b	be
b4	before
brb	be right back
btw	by the way
cn	can
cu	see you
cud	could
evry1	everyone
ez	easy
fone	phone
gd	good
gr8	great
l8	late
l8r	later
lol	laugh out loud
luvu	love you
msg	message
ne1	anyone
neway	anyway
no1	no one
pls	please
ppl	people
ruok?	are you OK?
sn	soon
spksn	speak soon
txt	text
thanx o **thx**	thanks
u	you
ur	you are
v	very
w	with

A a

A, a /eɪ/ *n* (*pl* **As**, **A's**, **a's**) A, a

> **Ús de les lletres**
> **1 per a lletrejar**:
> *'Alex' begins with (an) 'A'.* "Alex" comença per "A". ◇ *'Lisa' ends in (an) 'a'.* "Lisa" acaba en "a". ◇ *Do you spell that with an 'a' or an 'e'?* S'escriu amb "a" o amb "e"? ◇ *'April' with a capital A* "Abril" amb A majúscula ◇ *How many ls /elz/ are there in 'lily'?* Quantes eles té la paraula "lily"? ◇ *It's spelt d-e-e-p* /diː iː iː piː/. S'escriu d-e-e-p.
> **2 notes musicals**
> A = la B = si C = do D = re E = mi F = fa G = sol: *A sharp* la sostingut ◇ *A flat* la bemoll
> **3 notes escolars**
> A és la nota més alta i, segons el nivell de l'examen, les qualificacions van fins a E o G. U és un suspens: *She got a D for French.* ◇ *I got two Bs and a C at A level.*
> A classe un professor pot utilitzar lletres (generalment entre la A i la C o la D) o nombres (sobre deu, vint, etc.): *He gave me 6 out of 10 for my homework.*
> Si un professor posa un comentari com ara 'very good', no correspon a una nota concreta.

a /ə, eɪ/ (*tb* **an** /ən, æn/) *art* ❶ **A, an** correspon al català *un, una* excepte en els següents casos: **1** (*nombres*): *a hundred and twenty people* cent vint persones **2** (*professions*): *My mother is a solicitor.* La meva mare és advocada. **3** per: *200 words a minute* 200 paraules per minut ◇ *two euros a dozen* dos euros la dotzena **4** (*amb desconeguts*) un(a) cert(a): *There's a Dr Todd to see you.* El vol veure un cert doctor Todd. ➲ *Vegeu tb pàg 358*

A2 /ˌeɪ 'tuː/ (*tb* **A2 level**) *n* examen que fan els estudiants de divuit anys a la Gran Bretanya ➲ *Vegeu nota a* A LEVEL

aback /ə'bæk/ *adv* LOC **be taken aback (by sb/sth)** sorprendre's (davant d'algú/d'alguna cosa): *I was taken aback by their suggestion.* La seva proposta em va agafar per sorpresa.

abandon /ə'bændən/ *vt* abandonar: *We abandoned the attempt.* Vam abandonar l'intent. ◇ *an abandoned baby/car/village* un bebè/cotxe/poble abandonat

abattoir /'æbətwɑː(r)/ *n* escorxador

abbey /'æbi/ *n* (*pl* **abbeys**) abadia

abbreviate /ə'briːvieɪt/ *vt* abreujar **abbreviation** *n* **1** ~ **(of/for sth)** abreviatura (d'alguna cosa) **2** abreviació

ABC /ˌeɪ biː 'siː/ *n* **1** abecedari **2** abecé, beceroles

abdicate /'æbdɪkeɪt/ *vt, vi* abdicar: *to abdicate responsibility* declinar tota responsabilitat

abdomen /'æbdəmən/ *n* abdomen **abdominal** /æb'dɒmɪnl/ *adj* abdominal

abduct /æb'dʌkt/ *vt* raptar **abduction** *n* rapte

abide /ə'baɪd/ *vt* **can't/couldn't ~ sb/sth** no poder suportar algú/alguna cosa: *I can't/couldn't abide them.* No els puc/podia suportar. PHRV **abide by sth 1** (*veredicte, decisió*) acceptar alguna cosa **2** (*promesa*) complir amb alguna cosa

ability /ə'bɪləti/ *n* (*pl* **abilities**) **1** capacitat: *her ability to accept change* la seva capacitat per acceptar canvis **2** aptitud, habilitat: *Despite his ability as a dancer...* Malgrat les seves aptituds de ballarí... ◇ *to the best of your ability* tan bé com puguis

ablaze /ə'bleɪz/ *adj* **1** encès: *to set sth ablaze* calar foc a alguna cosa **2 be ~ with sth** resplendir amb alguna cosa: *The garden was ablaze with flowers.* El jardí resplendia amb les flors.

able /'eɪbl/ *adj* **1 be ~ to do sth** poder fer alguna cosa; saber fer alguna cosa: *Will he be able to help you?* Et podrà ajudar? ◇ *They are not yet able to swim.* Encara no saben nedar. ➲ *Vegeu nota a* CAN[1] **2** (**abler** /'eɪblə(r)/ **ablest** /'eɪblɪst/) capaç: *the ablest student in the class* l'estudiant més capacitat de la classe ◇ *the less able members of society* els més desfavorits de la societat

abnormal /æb'nɔːml/ *adj* anormal **abnormality** /ˌæbnɔː'mæləti/ *n* (*pl* **abnormalities**) anormalitat

aboard /ə'bɔːd/ *adv, prep* a bord (de): *Welcome aboard.* Benvinguts a bord. ◇ *aboard the ship* a bord del vaixell

abode /ə'bəʊd/ *n* (*formal*) habitatge LOC *Vegeu* FIXED

abolish /ə'bɒlɪʃ/ *vt* abolir **abolition** *n* abolició

abominable /ə'bɒmɪnəbl/ *adj* abominable

Aborigine /ˌæbə'rɪdʒəni/ *n* aborigen (*d'Austràlia*) **Aboriginal** *adj, n* aborigen (*d'Austràlia*)

abort /ə'bɔːt/ *vt, vi* avortar: *They aborted the launch.* Han detingut el llançament.

A

abortion /ə'bɔːʃn/ *n* avortament (*provocat*): *to have an abortion* avortar ➲ *Compareu amb* MISCARRIAGE

abortive /ə'bɔːtɪv/ *adj* (*formal*) fracassat: *an abortive attempt* un intent fracassat

abound /ə'baʊnd/ *vi* ~ **(with sth)** abundar (en alguna cosa)

about /ə'baʊt/ *adverbi, preposició* ❶ Per als usos d'**about** en *phrasal verbs*, vegeu les entrades dels verbs corresponents, p. ex. **lie about** a LIE[1].

▸ *adv* **1** més o menys, uns: *about the same height as you* més o menys de la teva mateixa alçada ◇ *about $10* uns deu dòlars **2** cap a: *about 1800* cap a l'any 1800 ◇ *I got home at about half past seven.* Vaig arribar a casa cap allà dos quarts de vuit. ➲ *Vegeu nota a* AROUND **3** gairebé: *Dinner's about ready.* El sopar ja està gairebé a punt. **4** d'una banda a l'altra: *I could hear people moving about.* Sentia gent que anaven d'una banda a l'altra. **5** aquí i allà: *People were standing about in the street.* Hi havia gent aturada pel carrer. **6** per aquí: *She's somewhere about.* És per aquí. ◇ *There are no jobs about at the moment.* De moment no es troba feina. LOC **be about to do sth** estar a punt de fer alguna cosa

▸ *prep* **1** per: *papers strewn about the room* papers escampats per l'habitació ◇ *She's somewhere about the place.* És per aquí en algun lloc. **2** sobre: *a book about flowers* un llibre sobre flors ◇ *What's the book about?* De què tracta el llibre? **3** (*amb adjectius*): *angry/happy about sth* enfadat per/content amb alguna cosa **4** (*característica*): *There's something about her I like.* Té un no sé què que m'agrada. LOC **how/what about...? 1** (*pregunta*) i...?: *What about his car?* I el seu cotxe? **2** (*suggeriment*) què et/us sembla si... ?: *How about going swimming?* Què us sembla si anem a nedar?

above /ə'bʌv/ *preposició, adverbi*

▸ *prep* **1** per sobre de, més amunt de: *1 000 metres above sea level* 1.000 metres per sobre del nivell del mar ◇ *I live in a house above the village.* Visc en una casa més amunt del poble. **2** més de: *above 50%* més del 50% LOC **above all** sobretot

▸ *adv* dalt: *the people in the flat above* la gent del pis de dalt ◇ *children aged eleven and above* nens d'onze anys i més grans

abrasive /ə'breɪsɪv/ *adj* **1** (*superfície, substància*) aspre **2** (*persona*) rude i desagradable

abreast /ə'brest/ *adv* ~ **(of sb/sth)**: *to cycle two abreast* anar amb bicicleta costat per costat (amb algú) ◇ *A car came abreast of us.* Un cotxe es va posar al nostre costat. LOC **be/keep abreast of sth** estar/mantenir-se al corrent d'alguna cosa

abroad /ə'brɔːd/ *adv* a l'estranger: *to go abroad* anar a l'estranger ◇ *Have you ever been abroad?* Has estat mai a l'estranger?

abrupt /ə'brʌpt/ *adj* **1** (*canvi*) sobtat, brusc **2** (*persona*) rude, sec: *He was very abrupt with me.* Va ésser molt sec amb mi.

abscess /'æbses/ *n* abscés

abseil /'æbseɪl/ (*USA* **rappel**) *vi* fer ràpel: *to go abseiling* fer ràpel **abseiling** (*USA* **rappel**) *n* ràpel

absence /'æbsəns/ *n* absència: *absences due to illness* absències per malaltia ◇ *in the absence of new evidence* a falta de proves noves LOC *Vegeu* CONSPICUOUS

absent /'æbsənt/ *adj* **1** absent: *to be absent from school* faltar a l'escola **2** distret

absentee /ˌæbsən'tiː/ *n* absent

absent-minded /ˌæbsənt 'maɪndɪd/ *adj* distret

absolute /'æbsəluːt/ *adj* absolut

absolutely *adv* **1** /'æbsəluːtli/ absolutament: *You are absolutely right.* Tens tota la raó. ◇ *Are you absolutely sure/certain that...* ? Estàs del tot segur que... ? ◇ *It's absolutely essential/necessary that...* És imprescindible que... **2** /'æbsəluːtli/ (*en frases negatives*): *absolutely nothing* res en absolut **3** /ˌæbsə'luːtli/ (*per expressar acord amb algú*) sens dubte, efectivament: *Oh, absolutely!* I tant que sí!

absolve /əb'zɒlv/ *vt* ~ **sb (from/of sth)** absoldre algú (d'alguna cosa)

absorb /əb'sɔːb, əb'zɔːb/ *vt* **1** absorbir, assimilar: *Plants absorb oxygen during the night.* De nit les plantes absorbeixen oxigen. ◇ *easily absorbed into the bloodstream* fàcilment assimilat pel corrent sanguini ◇ *to absorb information* assimilar informació **2** amortir: *to absorb the shock* amortir el cop

absorbed /əb'sɔːbd, əb'zɔːbd/ *adj* absort

absorbent /əb'sɔːbənt, əb'zɔːbənt/ *adj* (*paper, etc.*) absorbent

absorbing /əb'sɔːbɪŋ, əb'zɔːbɪŋ/ *adj* (*llibre, pel·lícula, etc.*) absorbent

absorption /əb'sɔːpʃn, əb'zɔːpʃn/ *n* absorció, assimilació

abstain /əb'steɪn/ *vi* ~ **(from sth)** abstenir-se (d'alguna cosa)

abstention /əb'stenʃn/ *n* abstenció

abstract /'æbstrækt/ *adjectiu, nom*

▸ *adj* abstracte

▸ *n* (*Art*) obra d'art abstracte LOC **in the abstract** en abstracte

absurd /əb'sɜːd/ *adj* absurd: *How absurd!* Quin disbarat! ◇ *You look absurd in that hat.* Estàs ridícul amb aquest barret. **absurdity** *n* (*pl* **absurdities**) absurd, absurditat

abundance /ə'bʌndəns/ *n* (*formal*) abundància **abundant** *adj* (*formal*) abundant

abuse *nom, verb*

▸ *n* /ə'bjuːs/ **1** abús: *drug/alcohol abuse* abús de les drogues/de l'alcohol ◇ *human rights abuses* abusos contra els drets humans **2** maltractament **3** [*incomptable*] insults: *They shouted abuse at him.* El van insultar.

▸ *vt* /ə'bjuːz/ **1** abusar de: *to abuse your power* abusar del poder **2** maltractar **3** insultar **abusive** /ə'bjuːsɪv/ *adj* insultant, groller

abyss /ə'bɪs/ *n* abisme

academic /ˌækə'demɪk/ *adj* **1** acadèmic **2** teòric, especulatiu **3** intel·lectual: *My son isn't very academic.* Al meu fill no li agrada estudiar.

academy /ə'kædəmi/ *n* (*pl* **academies**) acadèmia

accelerate /ək'seləreɪt/ *vt, vi* accelerar **acceleration** *n* acceleració **accelerator** (*USA* **gas pedal**) *n* accelerador

accent /'æksent, 'æksənt/ *n* **1** accent **2** èmfasi

accentuate /ək'sentʃueɪt/ *vt* **1** ressaltar **2** accentuar

accept /ək'sept/ **1** *vt, vi* acceptar: *The machine only accepts coins.* La màquina només accepta monedes. **2** *vt* admetre: *I've been accepted to study Law.* M'han admès a la Facultat de Dret.

acceptable /ək'septəbl/ *adj* ~ **(to sb)** acceptable (per a algú)

acceptance /ək'septəns/ *n* **1** acceptació **2** aprovació

access /'ækses/ *nom, verb*

▸ *n* ~ **(to sth)** accés (a alguna cosa)

▸ *vt* (*Informàt*) accedir a: *to access a file* accedir a un fitxer

accessible /ək'sesəbl/ *adj* accessible

accessory /ək'sesəri/ *n* (*pl* **accessories**) **1** accessori **2** [*gen pl*] (*roba*) complement **3** ~ **(to sth)** (*Dret*) còmplice (d'alguna cosa)

accident /'æksɪdənt/ *n* **1** accident **2** casualitat LOC **by accident 1** sense voler **2** per casualitat **accidental** /ˌæksɪ'dentl/ *adj* **1** accidental **2** casual **accidentally** /-təli/ *adv* **1** sense voler **2** per casualitat

accident and emergency (*abrev* **A & E**) *n* [*incomptable*] (*USA* **emergency room**) urgències

acclaim /ə'kleɪm/ *verb, nom*

▸ *vt* aclamar

▸ *n* [*incomptable*] elogis

accommodate /ə'kɒmədeɪt/ *vt* **1** allotjar **2** tenir prou espai per a: *The car park can accommodate a thousand cars.* A l'aparcament hi caben mil cotxes.

accommodation /əˌkɒmə'deɪʃn/ *n* [*incomptable*] (*USA* **accommodations** [*pl*]) **1** allotjament **2** habitatge

accompaniment /ə'kʌmpənimənt/ *n* acompanyament

accompany /ə'kʌmpəni/ *vt* (*pt, pp* **-ied**) acompanyar

accomplice /ə'kʌmplɪs; *USA* ə'kɒm-/ *n* còmplice

accomplish /ə'kʌmplɪʃ; *USA* ə'kɒm-/ *vt* **1** dur a terme **2** aconseguir

accomplished /ə'kʌmplɪʃt; *USA* ə'kɒm-/ *adj* consumat

accomplishment /ə'kʌmplɪʃmənt; *USA* ə'kɒm-/ *n* **1** assoliment **2** talent

accord /ə'kɔːd/ *nom, verb*

▸ *n* acord LOC **in accord (with sth/sb)** (*formal*) d'acord (amb alguna cosa/algú) ◆ **of your own accord** per voluntat pròpia

▸ (*formal*) **1** *vt* atorgar, concedir **2** *vi* ~ **with sth** concordar amb alguna cosa

accordance /ə'kɔːdns/ *n* LOC **in accordance with sth** (*formal*) d'acord amb alguna cosa

accordingly /ə'kɔːdɪŋli/ *adv* **1** en conseqüència: *to act accordingly* obrar en conseqüència **2** per tant, per consegüent

according to /ə'kɔːdɪŋ tə/ *prep* segons

accordion /ə'kɔːdiən/ *n* acordió

account /ə'kaʊnt/ *nom, verb*

▸ *n* **1** (*Fin, Com, Informàt*) compte: *current account* compte corrent ◇ *email account* compte de correu electrònic **2 accounts** [*pl*] comptabilitat **3** relat, relació LOC **by/from all accounts** pel que sembla ◆ **of no account** (*formal*) sense cap importància ◆ **on account of sb/sth** a causa d'algú/d'alguna cosa ◆ **on no account; not on any account** en cap concepte, de cap manera ◆ **on this/that account** (*formal*) segons això/allò ◆ **take account of sth; take sth into account** tenir alguna cosa en compte

▸ *v* PHR V **account for sth 1** explicar alguna cosa **2** retre comptes d'alguna cosa **3** constituir alguna cosa: *Rice accounts for a fraction of exports.* L'arròs constitueix una part mínima de les exportacions.

A

accountable /ə'kaʊntəbl/ *adj* ~ **(to sb) (for sth)** responsable (davant d'algú) (d'alguna cosa) **accountability** /əkaʊntə'bɪləti/ *n* responsabilitat de la qual cal donar compte

accountancy /ə'kaʊntənsi/ *n* comptabilitat

accountant /ə'kaʊntənt/ *n* comptable

accumulate /ə'kju:mjəleɪt/ *vt, vi* acumular(-se) **accumulation** *n* acumulació

accuracy /'ækjərəsi/ *n* precisió

accurate /'ækjərət/ *adj* exacte: *an accurate shot* un tret precís

accusation /ˌækju'zeɪʃn/ *n* acusació

accuse /ə'kju:z/ *vt* ~ **sb (of sth)** acusar algú (d'alguna cosa): *He was accused of murder.* El van acusar d'assassinat. **the accused** *n* (*pl* **the accused**) l'acusat, l'acusada **accusingly** *adv*: *to look accusingly at sb* donar una mirada acusadora a algú

accustomed /ə'kʌstəmd/ *adj* ~ **to sth** acostumat a alguna cosa: *to become/get/grow accustomed to sth* acostumar-se a alguna cosa

ace /eɪs/ *n* as ➲ *Vegeu nota a* BARALLA

ache /eɪk/ *verb, nom*

▸ *vi* fer mal: *My leg aches.* Em fa mal la cama.

▸ *n* mal *Vegeu tb* BACKACHE, EARACHE, HEADACHE, STOMACH ACHE, TOOTHACHE

achieve /ə'tʃi:v/ *vt* **1** (*objectiu, èxit*) aconseguir **2** (*resultats*) obtenir **achievement** *n* **1** realització **2** èxit, triomf

aching /'eɪkɪŋ/ *adj* adolorit

acid /'æsɪd/ *nom, adjectiu*

▸ *n* àcid

▸ *adj* **1** (*tb* **acidic** /ə'sɪdɪk/) (*Quím*) àcid **2** (*sabor*) àcid, agre **acidity** /ə'sɪdəti/ *n* acidesa

acid rain *n* pluja àcida

acknowledge /ək'nɒlɪdʒ/ *vt* **1** reconèixer **2** (*carta*) acusar recepció de **3** fer cas de **4** agrair **acknowledgement** (*tb* **acknowledgment**) *n* **1** reconeixement **2** justificant de recepció **3** agraïment (*en un llibre, etc.*)

acne /'ækni/ *n* acne

acorn /'eɪkɔ:n/ *n* gla

acoustic /ə'ku:stɪk/ *adj* acústic **acoustics** *n* [*pl*] acústica (*d'una sala*)

acquaintance /ə'kweɪntəns/ *n* **1** coneixença **2** conegut, -uda LOC **make sb's acquaintance; make the acquaintance of sb** (*formal*) fer coneixença amb algú

acquainted /ə'kweɪntɪd/ *adj* familiaritzat: *to become/get acquainted with sb* fer la coneixença d'algú

acquiesce /ˌækwi'es/ *vi* ~ **(in sth)** (*formal*) consentir (alguna cosa/a alguna cosa); acceptar (alguna cosa) **acquiescence** *n* (*formal*) consentiment

acquire /ə'kwaɪə(r)/ *vt* (*formal*) **1** (*coneixements, possessions*) adquirir **2** (*informació*) obtenir **3** (*reputació*) adquirir, guanyar-se **4** aconseguir, apoderar-se de

acquisition /ˌækwɪ'zɪʃn/ *n* adquisició

acquit /ə'kwɪt/ *vt* (**-tt-**) ~ **sb (of sth)** absoldre algú (d'alguna cosa) **acquittal** *n* absolució

acre /'eɪkə(r)/ *n* acre (*4.047 metres quadrats*)

acrobat /'ækrəbæt/ *n* acròbata

across /ə'krɒs; *USA* ə'krɔ:s/ *adv, prep* ℹ Per als usos d'**across** en *phrasal verbs*, vegeu les entrades dels verbs corresponents, p. ex. **come across sb/sth** a COME. **1** d'un costat a l'altre: *to take the path across the fields* agafar el camí camp a través

> En aquest sentit **across** es tradueix sovint per una construcció verbal: *to swim across the river* creuar el riu nedant ◇ *to walk across the border* creuar la frontera a peu

2 a l'altre costat: *We were across in no time.* Vam arribar a l'altre costat en un no-res. ◇ *from across the room* des de l'altre costat de l'habitació **3** sobre, al llarg de: *a bridge across the river* un pont sobre el riu ◇ *A branch lay across the path.* Hi havia una branca travessada al mig del camí. **4** d'ample: *The river is half a mile across.* El riu fa mitja milla d'ample. LOC **across from** davant (per davant) de

acrylic /ə'krɪlɪk/ *adj, n* acrílic

act /ækt/ *nom, verb*

▸ *n* **1** acte: *an act of violence/kindness* un acte de violència/d'amabilitat **2** (*Dret*) decret **3** (*Teat*) acte **4** número: *a circus act* un número de circ LOC **get your act together** (*col·loq*) organitzar-se ◆ **in the act of doing sth** en el moment de fer alguna cosa ◆ **put on an act** (*col·loq*) simular

▸ **1** *vi* actuar **2** *vi* comportar-se **3** *vt* (*Teat*) fer el paper de **4** *vi* (*Teat*) actuar LOC *Vegeu* FOOL

acting /'æktɪŋ/ *nom, adjectiu*

▸ *n*: *his acting career* la seva carrera professional d'actor ◇ *Her acting was awful.* La seva interpretació va ésser horrorosa.

▸ *adj* [*només davant del nom*] en funcions: *He was acting chairman at the meeting.* Va actuar en qualitat de president a la reunió.

action /'ækʃn/ *n* **1** acció: *to go into action* entrar en acció **2** [*incomptable*] mesures: *We need to take action.* Cal prendre mesures. **3** acte LOC **in action** en acció ◆ **out of action**: *This ma-*

A

chine is out of action. Aquesta màquina no funciona. ◇ *He'll be out of action for a few days.* Estarà sense poder fer res durant uns quants dies. ◆ **put sth into action** posar alguna cosa en pràctica *Vegeu tb* COURSE, SPRING

activate /'æktɪveɪt/ *vt* activar

active /'æktɪv/ *adjectiu, nom*

▸ *adj* **1** actiu: *to take an active part in sth* participar activament en alguna cosa ◇ *to take an active interest in sth* interessar-se vivament en alguna cosa **2** (*volcà*) en activitat

▸ *n* (*tb* **active voice**) (veu) activa

activity /æk'tɪvəti/ *n* (*pl* **activities**) **1** activitat: *activity holidays* vacances amb activitats programades **2** [*incomptable*] enrenou

actor /'æktə(r)/ *n* actor, actriu ➲ *Vegeu nota a* ACTRESS

actress /'æktrəs/ *n* actriu

> Molta gent prefereix el terme **actor** tant per al femení com per al masculí.

actual /'æktʃuəl/ *adj* **1** exacte: *What were his actual words?* Quines van ésser les seves paraules exactes? **2** veritable: *based on actual events* basat en fets reals **3** pròpiament dit: *the actual city centre* el centre pròpiament dit ➲ *Compareu amb* CURRENT (1), PRESENT-DAY **LOC** **in actual fact** en realitat

actually /'æktʃuəli/ *adv* **1** en realitat, de fet **2** per cert

> **Actually** s'utilitza principalment:
> **1 per a donar èmfasi**: *What did she actually say?* Què va dir exactament? ◇ *You actually met her?* De veritat la vas conèixer? ◇ *He actually expected me to leave.* Fins i tot s'imaginava que me n'aniria.
> **2 per a corregir una equivocació**: *He's actually very bright.* De fet, és molt intel·ligent. ◇ *Actually, my name's Sue, not Ann.* Per cert, em dic Sue i no Ann.

➲ *Compareu amb* AT PRESENT *a* PRESENT, CURRENTLY *a* CURRENT

acupuncture /'ækjʊpʌŋktʃə(r)/ *n* acupuntura

acute /ə'kjuːt/ *adj* **1** extrem: *acute environmental problems* problemes ecològics greus ◇ *to become more acute* aguditzar-se **2** agut: *acute accent* accent agut ◇ *acute angle* angle agut ◇ *acute appendicitis* apendicitis aguda

AD (*USA* **A.D.**) /ˌeɪ 'diː/ *abrev de* **anno domini** després de Crist

ad /æd/ *n* (*col·loq*) anunci (*publicitari*)

adamant /'ædəmənt/ *adj* ferm, categòric: *He was adamant about staying behind.* Es va entestar a quedar-se.

Adam's apple /ˌædəmz 'æpl/ *n* nou del coll

adapt /ə'dæpt/ *vt, vi* adaptar(-se) **adaptable** *adj* **1** (*persona*) flexible: *to learn to be adaptable* aprendre a adaptar-se **2** (*aparells, etc.*) adaptable **adaptation** *n* adaptació

adaptor (*tb* **adapter**) /ə'dæptə(r)/ *n* (*Electròn*) lladre, adaptador

add /æd/ *vt* **1** afegir **2** ~ **A to B**; ~ **A and B (together)** sumar A i B **PHR V** **add sth on (to sth)** afegir alguna cosa (a alguna cosa) ◆ **add to sth** **1** augmentar alguna cosa **2** ampliar alguna cosa ◆ **add up** (*col·loq*) fer sentit: *His story doesn't add up.* La seva versió dels fets és contradictòria. ◆ **add (sth) up** sumar (alguna cosa) ◆ **add up to sth** pujar a alguna cosa: *The bill adds up to £40.* El compte puja a 40 lliures.

adder /'ædə(r)/ *n* escurçó

addict /'ædɪkt/ *n* addicte, -a: *drug addict* toxicòman **addicted** /ə'dɪktɪd/ *adj* addicte **addiction** /ə'dɪkʃn/ *n* addicció **addictive** /ə'dɪktɪv/ *adj* addictiu

addition /ə'dɪʃn/ *n* **1** (*Mat*) suma: *Children are taught addition and subtraction.* Els nens aprenen a sumar i restar. **2** incorporació **3** adquisició **LOC** **in addition (to sth)** a més (d'alguna cosa) **additional** *adj* addicional

additive /'ædətɪv/ *n* additiu

address *nom, verb*

▸ *n* /ə'dres; *USA* 'ædres/ **1** adreça: *address book* llibreta d'adreces **2** discurs **LOC** *Vegeu* FIXED

▸ *vt* /ə'dres/ **1** (*carta, etc.*) posar l'adreça a **2** ~ **sb** dirigir-se a algú

adept /ə'dept/ *adj* (*formal*) hàbil

adequate /'ædɪkwət/ *adj* **1** adequat, satisfactori **2** passable

adhere /əd'hɪə(r)/ *vi* (*formal*) adherir-se **PHR V** **adhere to sth** (*formal*) (*reglament, etc.*) observar alguna cosa

adhesive /əd'hiːsɪv/ *adj, n* adhesiu: *adhesive tape* cinta adhesiva

adjacent /ə'dʒeɪsnt/ *adj* adjacent

adjective /'ædʒɪktɪv/ *n* adjectiu

adjoining /ə'dʒɔɪnɪŋ/ *adj* contigu

adjourn /ə'dʒɜːn/ **1** *vt* ajornar **2** *vt, vi* (*reunió, sessió*) suspendre('s)

adjust /ə'dʒʌst/ **1** *vt* ajustar, regular **2** *vt* (*faldilla, corbata, etc.*) arreglar: *He adjusted his tie.* Es va arreglar la corbata. **3** *vt, vi* ~ **(sth/yourself) (to sth)** adaptar alguna cosa (a alguna cosa);

A

adaptar-se (a alguna cosa) **adjustable** *adj* ajustable **adjustment** *n* **1** modificació **2** adaptació

administer /əd'mɪnɪstə(r)/ *vt* **1** administrar **2** (*organització*) dirigir **3** (*càstig*) aplicar

administration /əd,mɪnɪ'streɪʃn/ *n* administració, direcció

administrative /əd'mɪnɪstrətɪv; *USA* -streɪtɪv/ *adj* administratiu

administrator /əd'mɪnɪstreɪtə(r)/ *n* administrador, -a

admirable /'ædmərəbl/ *adj* (*formal*) admirable

admiral /'ædmərəl/ *n* almirall, -essa

admiration /,ædmə'reɪʃn/ *n* admiració

admire /əd'maɪə(r)/ *vt* admirar, elogiar **admirer** *n* admirador, -a **admiring** *adj* ple d'admiració

admission /əd'mɪʃn/ *n* **1** entrada, admissió **2** (*hospital, escola, etc.*) ingrés **3** reconeixement (*de culpa*)

admit /əd'mɪt/ (**-tt-**) **1** *vt, vi* ~ **(to) sth** reconèixer alguna cosa (*error*), confessar alguna cosa (*crim*) **2** *vt* ~ **sb/sth (to/into sth)** deixar entrar, admetre algú/alguna cosa (en alguna cosa) **3** *vt* ~ **sb (to/into sth)** (*hospital*) ingressar algú (en alguna cosa) **admittedly** *adv*: *Admittedly, it is rather expensive.* Cal reconèixer que és una mica car.

adolescence /,ædə'lesns/ *n* adolescència **adolescent** *adj, n* adolescent

adopt /ə'dɒpt/ *vt* adoptar **adopted** *adj* adoptiu **adoption** *n* adopció

adore /ə'dɔ:(r)/ *vt* adorar: *I adore cats.* Els gats m'agraden moltíssim.

adorn /ə'dɔ:n/ *vt* (*formal*) ornamentar

adrenalin /ə'drenəlɪn/ *n* adrenalina

adrift /ə'drɪft/ *adj* [*mai davant del nom*]: *to be adrift* anar a la deriva

adult /'ædʌlt, ə'dʌlt/ *adj, n* adult, -a, major d'edat

adultery /ə'dʌltəri/ *n* adulteri

adulthood /'ædʌlthʊd/ *n* maduresa

advance /əd'vɑ:ns; *USA* əd'væns/ *nom, verb, adjectiu*

▸ *n* avançament **LOC in advance 1** anticipadament **2** amb temps **3** per endavant

▸ **1** *vi* avançar **2** *vt* fer avançar

▸ *adj* amb anticipació: *advance warning* previ avís **advanced** *adj* avançat *Vegeu tb* A LEVEL **advancement** *n* (*formal*) **1** avançament **2** (*feina*) ascens

advantage /əd'vɑ:ntɪdʒ; *USA* -'væn-/ *n* **1** avantatge **2** profit **LOC take advantage of sth** aprofitar alguna cosa ◆ **take advantage of sth/sb** aprofitar-se d'alguna cosa/d'algú **advantageous** /,ædvən'teɪdʒəs/ *adj* avantatjós

advent /'ædvent/ *n* **1** (*formal*) adveniment **2 Advent** (*Relig*) advent

adventure /əd'ventʃə(r)/ *n* aventura: *adventure sports* esports d'aventura **adventurer** *n* aventurer, -a **adventurous** *adj* **1** aventurer **2** ple d'aventures **3** atrevit

adverb /'ædvɜ:b/ *n* adverbi

adversary /'ædvəsəri; *USA* -seri/ *n* (*pl* **adversaries**) adversari, -ària

adverse /'ædvɜ:s/ *adj* **1** advers **2** (*crítica*) negatiu **adversely** *adv* negativament

adversity /əd'vɜ:səti/ *n* (*pl* **adversities**) (*formal*) adversitat

advertise /'ædvətaɪz/ **1** *vt* anunciar **2** *vi* fer publicitat **3** *vi* ~ **for sth/sb** posar un anunci per aconseguir alguna cosa/algú

advertisement /əd'vɜ:tɪsmənt; *USA* ,ædvər'taɪzmənt/ (*tb* **advert** /'ædvɜ:t/) *n* ~ **(for sth)** anunci (d'alguna cosa)

advertising /'ædvətaɪzɪŋ/ *n* [*incomptable*] **1** publicitat: *advertising campaign* campanya publicitària **2** anuncis, propaganda

advice /əd'vaɪs/ *n* [*incomptable*] consell(s): *a piece of advice* un consell ◇ *I asked for her advice.* Li vaig demanar consell. ◇ *to seek/take legal advice* consultar un advocat ➲ *Vegeu nota a* CONSELL

advisable /əd'vaɪzəbl/ *adj* aconsellable

advise /əd'vaɪz/ *vt, vi* **1** aconsellar: *to advise sb to do sth* aconsellar algú de fer alguna cosa ◇ *You would be well advised to...* Seria prudent... **2** assessorar **adviser** (*tb* **advisor**) *n* conseller, -a, assessor, -a **advisory** *adj* consultiu

advocacy /'ædvəkəsi/ *n* ~ **(of sth)** (*formal*) defensa (d'alguna cosa)

advocate *verb, nom*

▸ *vt* /'ædvəkeɪt/ (*formal*) advocar, recomanar

▸ *n* /'ædvəkət/ **1** ~ **(of sth)** defensor, -a (d'alguna cosa) **2** advocat defensor, advocada defensora

aerial /'eəriəl/ *nom, adjectiu*

▸ *n* (*USA* **antenna**) antena (*TV, Ràdio*)

▸ *adj* aeri

aerobics /eə'rəʊbɪks/ *n* [*incomptable*] aeròbic

aerodynamic /,eərəʊdaɪ'næmɪk/ *adj* aerodinàmic

aeroplane /'eərəpleɪn/ (*USA* **airplane**) *n* avió

aerosol /'eərəsɒl/ *n* aerosol

aesthetic /i:s'θetɪk/ (*USA* **esthetic** /es'θetɪk/) *adj* estètic

A

affair /ə'feə(r)/ *n* **1** afer: *the Enron affair* el cas Enron **2** esdeveniment **3** aventura (amorosa): *She is having an affair with her boss.* Està embolicada amb el seu cap. **LOC** *Vegeu* STATE[1]

affect /ə'fekt/ *vt* **1** afectar, influir sobre **2** commoure

affection /ə'fekʃn/ *n* ~ **(for sb/sth)** afecte (per algú/alguna cosa) **affectionate** *adj* ~ **(towards sb)** afectuós (amb algú)

affinity /ə'fɪnəti/ *n* (*pl* **affinities**) (*formal*) **1** simpatia **2** afinitat

affirm /ə'fɜːm/ *vt* (*formal*) afirmar, sostenir

affirmative /ə'fɜːmətɪv/ *adjectiu, nom*
▸ *adj* (*formal*) afirmatiu
▸ *n* (*formal*) afirmativa

afflict /ə'flɪkt/ *vt* (*formal*) afligir: *to be afflicted with sth* patir d'alguna cosa

affluent /'æfluənt/ *adj* ric, pròsper **affluence** *n* riquesa, prosperitat

afford /ə'fɔːd/ *vt* **1** permetre's (el luxe de): *Can you afford it?* T'ho pots permetre? **2** (*formal*) proporcionar **affordable** *adj* assequible

afield /ə'fiːld/ *adv* **LOC** **far/further afield** molt lluny/més enllà: *from as far afield as China or Brazil* des de llocs tan llunyans com la Xina o el Brasil

afloat /ə'fləʊt/ *adj* [*mai davant del nom*]: *to be afloat* surar

afraid /ə'freɪd/ *adj* [*mai davant del nom*] **1 be ~ (of sb/sth/doing sth)** tenir por (d'algú/d'alguna cosa/de fer alguna cosa) **2 be ~ to do sth** no atrevir-se a fer alguna cosa **3 be ~ for sb/sth** témer per algú/alguna cosa **LOC** **I'm afraid (that...)** em temo que..., ho lamento, però...: *I'm afraid so/not.* Em temo que sí/no.

afresh /ə'freʃ/ *adv* (*formal*) de (bell) nou

African /'æfrɪkən/ *adj, n* africà, -ana

Afro-Caribbean /ˌæfrəʊ ˌkærə'biːən/ *adj, n* afrocaribeny, -a

> **Afro-Caribbean** es refereix a la població d'origen afrocaribeny de la Gran Bretanya, que també s'anomena **black**. Als Estats Units es diu **African American**.

after /'ɑːftə(r); *USA* 'æf-/ *preposició, conjunció, adverbi*
▸ *prep* **1** després de: *after doing your homework* després de fer els deures ◇ *after lunch* després de dinar ◇ *the day after tomorrow* demà passat **2** darrere de, rere: *time after time* una i altra vegada **3 be ~ sb/sth** buscar algú/alguna cosa: *They're after me.* Em busquen. ◇ *What are you after?* Què busques? ◇ *She's after a job in advertising.* Busca una feina en el món de la publicitat. **4** *We named him after you.* Li vam posar el teu nom. **LOC** **after all** després de tot, al cap i a la fi
▸ *conj* després que
▸ *adv* després: *soon after* poc temps després ◇ *the day after* l'endemà

aftermath /'ɑːftəmæθ; *USA* 'æf-/ *n* [*sing*] seqüela: *in the aftermath of the war* en el període posterior a la guerra

afternoon /ˌɑːftə'nuːn; *USA* ˌæf-/ *n* tarda: *tomorrow afternoon* demà a la tarda **LOC** **good afternoon** bona tarda ➲ *Vegeu notes a* MORNING, MIG *i* TARDA

aftershave /'ɑːftəʃeɪv; *USA* 'æf-/ *n* loció per a després d'afaitar-se

afterthought /'ɑːftəθɔːt; *USA* 'æf-/ *n* segon pensament

afterwards /'ɑːftəwədz; *USA* 'æf-/ (*USA tb* **afterward**) *adv* després: *shortly/soon afterwards* poc temps després

again /ə'gen, ə'geɪn/ *adv* una altra vegada, de (bell) nou: *once again* un cop més ◇ *never again* mai més ◇ *again and again* una i altra vegada ◇ *Don't do it again.* No ho tornis a fer. **LOC** **then/there again** per altra banda *Vegeu tb* NOW, OVER, TIME, YET

against /ə'genst, ə'geɪnst/ *prep* ❶ Per als usos d'**against** en *phrasal verbs*, vegeu les entrades dels verbs corresponents, p. ex. **guard against sth** a GUARD. **1** contra, en contra de: *We were rowing against the current.* Remàvem contra el corrent. ◇ *I'm against it.* Hi estic en contra. **2** (*contacte*) contra: *Put the piano against the wall.* Poseu el piano contra la paret. **3** (*contrast*) sobre: *The mountains stood out against the blue sky.* Les muntanyes es perfilaven contra el cel blau.

age /eɪdʒ/ *nom, verb*
▸ *n* **1** edat: *to be six years of age* tenir sis anys **2** època, era **3** vellesa: *It improves with age.* Millora amb el temps. **4 ages** [*pl*] (*tb* **an age**) (*col·loq*) una eternitat: *It's ages since I saw her.* Fa molt de temps que no la veig. *Vegeu tb* MIDDLE AGE **LOC** **age of consent** edat legal per a mantenir relacions sexuals ◆ **come of age** esdevenir major d'edat ◆ **under age** massa jove, menor d'edat *Vegeu tb* LOOK
▸ *vt, vi* (*part pres* **ageing** *o* **aging** *pt, pp* **aged** /eɪdʒd/) (fer) envellir

aged *adjectiu, nom*
▸ *adj* **1** /eɪdʒd/ [*mai davant del nom*] de... anys d'edat: *He died aged 81.* Morí a l'edat de 81 anys. **2** /'eɪdʒɪd/ molt gran

A

▸ *n* /ˈeɪdʒɪd/ **the aged** [*pl*] la gent gran

Per parlar de les persones grans se sol dir **old people** o **the elderly**. Per a *tercera edat* es diu **senior citizens**: *activities for senior citizens* activitats per a la tercera edat.

ageing (*tb* **aging**) /ˈeɪdʒɪŋ/ *nom, adjectiu*
▸ *n* envelliment
▸ *adj* [*només davant del nom*] **1** envellit **2** (*iròn*) no tan jove

ageism (*USA tb* **agism**) /ˈeɪdʒɪzəm/ *n* discriminació per raons d'edat **ageist** *adj* que discrimina per raons d'edat

agency /ˈeɪdʒənsi/ *n* (*pl* **agencies**) agència, organisme

agenda /əˈdʒendə/ *n* ordre del dia ❶ La paraula catalana *agenda* es tradueix per **diary** o **address book**.

agent /ˈeɪdʒənt/ *n* agent, representant *Vegeu tb* ESTATE AGENT, TRAVEL AGENT

aggravate /ˈægrəveɪt/ *vt* **1** agreujar **2** (*col·loq*) empipar **aggravating** *adj* irritant **aggravation** *n* **1** destorb **2** agreujament

aggression /əˈgreʃn/ *n* [*incomptable*] agressió, agressivitat: *an act of aggression* una agressió

aggressive /əˈgresɪv/ *adj* agressiu

agile /ˈædʒaɪl; *USA* ˈædʒl/ *adj* àgil **agility** /əˈdʒɪləti/ *n* agilitat

aging = AGEING

agitated /ˈædʒɪteɪtɪd/ *adj* agitat: *to get agitated* neguitejar-se **agitation** *n* **1** inquietud, pertorbació **2** (*Pol*) agitació

agnostic /ægˈnɒstɪk/ *adj, n* agnòstic, -a

ago /əˈgəʊ/ *adv* fa: *ten years ago* fa deu anys ◇ *How long ago did she die?* Quant temps fa que es va morir? ◇ *as long ago as 1950* ja l'any 1950

Ago es fa servir amb el *past simple* i el *past continuous*, però mai amb el *present perfect*: *She arrived a few minutes ago.* Ha arribat fa uns quants minuts. Amb el *past perfect* es fa servir **before** o **earlier**: *She had arrived two days before.* Feia dos dies que havia arribat./Havia arribat dos dies abans. *Vegeu tb exemples a* FOR

agonize (*GB tb* **-ise**) /ˈægənaɪz/ *vi* ~ **(over/about sth)** angoixar-se (per/amb motiu d'alguna cosa): *to agonize over a decision* angoixar-se davant d'una decisió **agonized** (*GB tb* **-ised**) *adj* angoixat **agonizing** (*GB tb* **-ising**) *adj* **1** angoixós, anguniós **2** (*dolor*) insuportable

agony /ˈægəni/ *n* (*pl* **agonies**) **1** agonia: *to be in agony* patir **2** (*col·loq*): *It was agony!* Quin patiment!

agony aunt *n* consellera sentimental (*en una revista, etc.*)

agree /əˈgriː/ (*pt, pp* **agreed**) **1** *vi* ~ **(with sb) (about/on sth)** estar d'acord (amb algú) (en alguna cosa): *They agreed with me on all the major points.* Van estar d'acord amb mi en tots els punts fonamentals. **2** *vi* ~ **(to sth)** consentir (alguna cosa); accedir (a alguna cosa): *He agreed to let me go.* Va consentir que me n'anés. **3** *vt* acordar: *It was agreed that...* Es va acordar que... **4** *vi* arribar a un acord **5** *vt* (*informe, etc.*) aprovar **6** *vi* concordar PHR V **not agree with sb** no provar a algú (*menjar, clima*): *The climate didn't agree with him.* El clima no li provava. **agreeable** *adj* (*formal*) **1** agradable **2** ~ **(to sth)** conforme (amb alguna cosa)

agreement /əˈgriːmənt/ *n* **1** conformitat, acord **2** conveni, acord **3** (*Com*) contracte LOC **in agreement with sth** d'acord amb alguna cosa

agribusiness /ˈægrɪbɪznəs/ *n* agroindústria

agriculture /ˈægrɪkʌltʃə(r)/ *n* agricultura **agricultural** /ˌægrɪˈkʌltʃərəl/ *adj* agrícola

ah /ɑː/ *interj* ah!

aha /ɑːˈhɑː/ *interj* ah!, això mateix!

ahead /əˈhed/ *adv* ❶ Per als usos d'**ahead** en *phrasal verbs*, vegeu les entrades dels verbs corresponents, p. ex. **press ahead** a PRESS. **1** cap endavant: *She looked (straight) ahead.* Va mirar cap endavant. **2** més endavant: *the road ahead* la carretera que s'obre davant nostre ◇ *during the months ahead* durant els pròxims mesos LOC **be/keep ahead** portar avantatge/mantenir l'avantatge

ahead of *prep* **1** (per) davant de: *directly ahead of us* just davant nostre ◇ *Barcelona is an hour ahead of London.* A Barcelona és una hora més que a Londres. **2** abans que: *We're a month ahead of schedule.* Anem un mes avançats amb relació al que teníem previst. LOC **be/get ahead of sb/sth** portar avantatge a algú/alguna cosa, avançar algú/alguna cosa

aid /eɪd/ *nom, verb*
▸ *n* **1** ajut **2** suport **3** auxili: *to come/go to sb's aid* acudir en auxili d'algú LOC **in aid of sth/sb** en benefici d'alguna cosa/d'algú
▸ *vt* ajudar, facilitar

AIDS (*tb* **Aids**) /eɪdz/ *n* (*abrev de* **Acquired Immune Deficiency Syndrome**) sida

ailment /ˈeɪlmənt/ *n* malaltia lleu, mal

aim /eɪm/ *nom, verb*
▸ *n* **1** objectiu, propòsit **2** punteria: *to take aim* apuntar

A

▸ **1** *vi* ~ **at/for sth**; ~ **at doing sth** aspirar a alguna cosa/a fer alguna cosa **2** *vi* ~ **to do sth** tenir la intenció de fer alguna cosa **3** *vt* **be aimed at sth/doing sth** tenir com a objectiu alguna cosa/fer alguna cosa **4** *vt, vi* ~ **(sth) (at/for sb/sth)** (*arma*) apuntar (alguna cosa) (a algú/alguna cosa) **5** *vt* ~ **sth at sb** dirigir alguna cosa a algú: *The course is aimed at young people.* El curs va adreçat als joves.

aimless /ˈeɪmləs/ *adj* sense esma **aimlessly** *adv* sense rumb

ain't /eɪnt/ (*col·loq*) **1** = AM/IS/ARE NOT *Vegeu* BE **2** = HAS/HAVE NOT *Vegeu* HAVE ❶ Aquesta forma no es considera gramaticalment correcta.

air /eə(r)/ *nom, verb*

▸ *n* aire: *air fares* tarifes aèries ◇ *air pollution* contaminació atmosfèrica LOC **be on (the) air** estar en antena ◆ **by air** en avió, per via aèria ◆ **give yourself airs; put on airs** donar-se aires ◆ **in the air**: *There's something in the air.* S'està tramant alguna cosa. ◆ **up in the air**: *The plan is still up in the air.* El projecte no és definitiu. *Vegeu tb* BREATH, CLEAR, OPEN, THIN

▸ *vt* **1** airejar **2** (*queixa*) manifestar

air conditioning (*col·loq* **air con**) *n* aire condicionat **air-conditioned** /ˈeə kəndɪʃnd/ *adj* climatitzat

aircraft /ˈeəkrɑːft; *USA* ˈeəkræft/ *n* (*pl* **aircraft**) avió, aeronau

air force *n* [*v sing o pl*] força aèria/forces aèries

air freshener *n* ambientador

airhead /ˈeəhed/ *n* (*col·loq, pej*) cap buit

air hostess *n* hostessa (*en un avió*)

airline /ˈeəlaɪn/ *n* línia aèria **airliner** *n* avió (de passatgers)

airmail /ˈeəmeɪl/ *n* correu aeri: *by airmail* per via aèria

airplane /ˈeəpleɪn/ *n* (*USA*) avió

airport /ˈeəpɔːt/ *n* aeroport

air raid *n* atac aeri

airtight /ˈeətaɪt/ *adj* hermètic

airtime /ˈeətaɪm/ *n* **1** temps d'emissió **2** (*telefonia mòbil*) saldo

aisle /aɪl/ *n* passadís (*d'església, avió, teatre, supermercat, etc.*)

alarm /əˈlɑːm/ *nom, verb*

▸ *n* **1** alarma: *to raise/sound the alarm* donar l'alarma ◇ *a false alarm* una falsa alarma ◇ *a fire/smoke alarm* una alarma contra incendis/un detector de fum ◇ *Her car alarm went off.* L'alarma del seu cotxe va saltar. **2** (*tb* **alarm clock**) despertador ➲ *Vegeu il·lustració a* RELLOTGE

▸ *vt* alarmar: *to be/become/get alarmed* alarmar-se **alarming** *adj* alarmant

alas /əˈlæs/ *interj* (*antic*) ai las

albeit /ˌɔːlˈbiːɪt/ *conj* (*formal*) encara que

album /ˈælbəm/ *n* àlbum

alcohol /ˈælkəhɒl; *USA* -hɔːl/ *n* alcohol: *alcohol-free* sense alcohol **alcoholic** /ˌælkəˈhɒlɪk; *USA* -ˈhɔːl-/ *adj, n* alcohòlic, -a **alcoholism** /ˈælkəhɒlɪzəm; *USA* -hɔːl-/ *n* alcoholisme

ale /eɪl/ *n* (tipus de) cervesa

alert /əˈlɜːt/ *adjectiu, verb, nom*

▸ *adj* despert

▸ *vt* ~ **sb (to sth)** alertar algú (d'alguna cosa)

▸ *n* **1** alerta: *to be on the alert* estar alerta **2** avís: *a bomb alert* un avís de bomba

A level *n* (*abrev de* **Advanced level**) (*GB*) (*Educ*): *What A levels are you doing/taking?* A quines assignatures de batxillerat et presentes?

> Els **A levels** són exàmens que fan els estudiants de disset o divuit anys per accedir a la universitat, i estan dividits en dos nivells. Els preparen durant dos anys i al final de cada curs han de superar una prova: l'**AS** el primer any i l'**A2** el segon. Aquests dos exàmens són l'equivalent de la prova general de batxillerat de l'Estat espanyol i els cursos preparatoris corresponen als cursos de batxillerat.

➲ *Vegeu tb* AS *i* A2

algae /ˈældʒiː, ˈælgi/ *n* [*incomptable o pl*] algues

algebra /ˈældʒɪbrə/ *n* àlgebra

algorithm /ˈælgərɪðəm/ *n* algorisme

alibi /ˈæləbaɪ/ *n* (*pl* **alibis**) coartada

alien /ˈeɪliən/ *adjectiu, nom*

▸ *adj* **1** estrany **2** estranger **3** ~ **to sb/sth** contrari a algú/alguna cosa: *The idea is alien to our religion.* Aquesta idea va en contra de les nostres creences.

▸ *n* **1** (*formal*) estranger, -a, immigrant **2** extraterrestre

alienate /ˈeɪliəneɪt/ *vt* alienar

alight /əˈlaɪt/ *adj* [*mai davant del nom*]: *to be alight* estar encès ◇ *to set sth alight* calar foc a alguna cosa

align /əˈlaɪn/ *vt* alinear PHR V **align yourself with sb** (*Pol*) aliar-se amb algú

alike /əˈlaɪk/ *adjectiu, adverbi*

▸ *adj* [*mai davant del nom*] **1** semblant: *to be/look alike* assemblar-se **2** igual: *No two are alike.* No n'hi ha dos d'iguals.

A

▸ *adv* igual, de la mateixa manera: *It appeals to young and old alike.* Atrau tant la gent gran com el jovent. LOC *Vegeu* GREAT

alive /ə'laɪv/ *adj* [*mai davant del nom*] **1** viu, amb vida: *to keep sb alive* mantenir viu algú ◇ *to stay alive* sobreviure **2** en el món: *He's the best player alive.* És el millor jugador del món. ➲ *Compareu amb* LIVING LOC **alive and kicking** energètic i amb bona salut ◆ **keep sth alive 1** (*tradició*) conservar alguna cosa **2** (*record, amor*) mantenir viva alguna cosa

all /ɔːl/ *adjectiu, pronom, adverbi*

▸ *adj* **1** tot: *all four of us* tots quatre **2** qualsevol: *He denied all knowledge of the crime.* Va negar qualsevol coneixement del crim. LOC **for all** *Vegeu tb* FOR ◆ **on all fours** de quatre grapes

▸ *pron* **1** tot: *I ate all of it.* Me'l vaig menjar tot. ◇ *All of us liked it.* A tothom ens va agradar. ◇ *Are you all going?* Que hi aneu tots? **2** l'única cosa: *All I want is...* L'únic que vull és... LOC **all in all** fet i fet ◆ **all the more** molt més, encara més ◆ **at all** (*en contextos negatius*): *I didn't like it at all.* No em va agradar gens. ◇ *if it's at all possible* si hi ha la més mínima possibilitat ◆ **in all** en total

▸ *adv* **1** tot: *all in white* tot de blanc ◇ *all alone* tot sol **2** molt: *all excited* molt emocionat **3** (*Esport*): *The score is two all.* Van empatats dos a dos. LOC **all along** des del començament ◆ **all but** gairebé: *It was all but impossible.* Era gairebé impossible. ◆ **all over 1** pertot arreu **2** *That's her all over.* Això és molt típic d'ella. ◆ **all the better** encara millor ◆ **all the more...** encara més...: *If she leaves, you'll have to work all the harder.* Si ella se'n va, hauràs de treballar encara més. ◆ **all too** massa: *all too easy* massa fàcil ◆ **be all for sth** estar totalment a favor d'alguna cosa

all-around /ˌɔːl ə'raʊnd/ (*USA*) = ALL-ROUND

allegation /ˌælə'geɪʃn/ *n* acusació, al·legació

allege /ə'ledʒ/ *vt* al·legar **alleged** *adj* (*formal*) presumpte **allegedly** /ə'ledʒɪdli/ *adv* suposadament

allegiance /ə'liːdʒəns/ *n* lleialtat

allegory /'æləgəri; *USA* -gɔːri/ *n* (*pl* **allegories**) al·legoria

allergic /ə'lɜːdʒɪk/ *adj* ~ **(to sth)** al·lèrgic (a alguna cosa)

allergy /'ælədʒi/ *n* (*pl* **allergies**) ~ **(to sth)** al·lèrgia (a alguna cosa)

alley /'æli/ *n* (*pl* **alleys**) (*tb* **alleyway** /'ælɪweɪ/) passatge

alliance /ə'laɪəns/ *n* aliança

allied /ə'laɪd, 'ælaɪd/ *adj* **1** (*Pol*) aliat **2** ~ **(to/with sth)** (*formal*) relacionat (amb alguna cosa) *Vegeu tb* ALLY

allies *plural de* ALLY

alligator /'ælɪgeɪtə(r)/ *n* caiman

allocate /'æləkeɪt/ *vt* assignar **allocation** *n* assignació

allot /ə'lɒt/ *vt* (**-tt-**) assignar **allotment** *n* **1** (*GB*) parcel·la que l'ajuntament lloga a particulars perquè la puguin conrear **2** (*formal*) assignació

all-out /ˌɔːl 'aʊt/ *adj* [*només davant del nom*] total **all out** *adv*: *to go all out to win* fer tot el que es pugui per guanyar

allow /ə'laʊ/ *vt* **1** permetre: *They don't allow me to stay out late.* No em deixen tornar tard a casa. ◇ *Dogs are not allowed.* No s'admeten gossos.

> **Allow** es fa servir tant en anglès formal com col·loquial. La forma passiva **be allowed to** és molt corrent. **Permit** és una paraula molt formal i es fa servir fonamentalment en llengua escrita. **Let** és informal i es fa servir molt en anglès parlat.

2 concedir **3** calcular **4** (*formal*) acceptar PHR V **allow for sth** tenir en compte alguna cosa **allowable** *adj* admissible, permissible

allowance /ə'laʊəns/ *n* **1** assignació, prestació: *travel allowance* complement per a despeses de viatge **2** límit permès: *a baggage allowance of 20 kilos* pes màxim d'equipatge permès de 20 kg LOC **make allowance(s) for sth** tenir alguna cosa en compte ◆ **make allowances (for sb)** ésser indulgent (amb algú)

alloy /'ælɔɪ/ *n* aliatge

all right (*col·loq* **alright**) *adjectiu, adverbi, interjecció*

▸ *adj, adv* **1** bé: *Did you get here all right?* Heu arribat bé? **2** adequat: *The food was all right.* El menjar estava força bé. **3** *That's him all right.* Segur que és ell.

▸ *interj* d'acord

all-round /ˌɔːl 'raʊnd/ (*USA* **all-around**) *adj* [*només davant del nom*] **1** general **2** (*persona*) complet

all-time /'ɔːl taɪm/ *adj* [*només davant del nom*] de tots els temps

ally *nom, verb*

▸ *n* /'ælaɪ/ (*pl* **allies**) aliat, -ada

▸ *vt, vi* /ə'laɪ/ (*pt, pp* **allied**) ~ **(yourself) with sb/sth** (*formal*) aliar-se amb algú/alguna cosa

almond /'ɑːmənd/ *n* ametlla: *almond tree* ametller

A

almost /ˈɔːlməʊst/ *adv* gairebé, quasi ➲ *Vegeu nota a* NEARLY

alone /əˈləʊn/ *adj, adv* **1** sol: *Are you alone?* Estàs sola?

> **Alone** no es fa servir davant del nom i és una paraula neutra, mentre que **lonely** sí que pot anar davant del nom i sempre té connotacions de solitud: *I want to be alone.* Vull estar sol. ◇ *She was feeling very lonely.* Es trobava molt sola. ◇ *a lonely house* una casa solitària

2 només: *You alone can help me.* Només em pots ajudar tu. LOC **leave/let sb/sth alone** deixar estar algú/alguna cosa *Vegeu tb* LET

along /əˈlɒŋ; *USA* əˈlɔːŋ/ *preposició, adverbi* ℹ Per als usos d'**along** en *phrasal verbs*, vegeu les entrades dels verbs corresponents, p. ex. **get along** a GET.
▸ *prep* per, al llarg de: *a walk along the beach* un passeig per la platja
▸ *adv*: *Bring some friends along (with you).* Porta alguns amics.

> **Along** es fa servir sovint amb verbs de moviment en temps continu quan no es fa referència a cap destinació, i generalment no es tradueix: *I was driving along.* Estava conduint.

LOC **along with sb/sth** juntament amb algú/alguna cosa

alongside /əˌlɒŋˈsaɪd; *USA* əˌlɔːŋ-/ *prep, adv* al costat (de): *A car drew up alongside.* Un cotxe es va parar al costat del nostre.

aloud /əˈlaʊd/ *adv* **1** en veu alta **2** cridant

alphabet /ˈælfəbet/ *n* alfabet **alphabetical** /ˌælfəˈbetɪkl/ *adj* alfabètic

already /ɔːlˈredi/ *adv* ja: *We got there at 6.30 but Martin had already left.* Vam arribar-hi a dos quarts de set, però en Martin ja se n'havia anat. ◇ *Have you already eaten?* Ja has menjat? ◇ *Surely you are not going already!* Ja marxeu, tan aviat! ➲ *Vegeu nota a* YET

alright /ɔːlˈraɪt/ (*col·loq*) *Vegeu* ALL RIGHT

Alsatian /ælˈseɪʃn/ *n* pastor alemany

also /ˈɔːlsəʊ/ *adv* també, a més ➲ *Vegeu nota a* TAMBÉ

altar /ˈɔːltə(r)/ *n* altar

alter /ˈɔːltə(r)/ **1** *vt, vi* canviar **2** *vt* (*roba*) arreglar: *The skirt needs altering.* Aquesta faldilla, cal arreglar-la. **alteration** *n* **1** canvi **2** (*roba*) retoc

alternate *adjectiu, verb*
▸ *adj* /ɔːlˈtɜːnət/ altern
▸ *vt, vi* /ˈɔːltəneɪt/ alternar

alternative /ɔːlˈtɜːnətɪv/ *nom, adjectiu*
▸ *n* alternativa: *She had no alternative but to leave.* No va tenir més remei que marxar.
▸ *adj* alternatiu

although (*USA tb* **altho** (*col·loq*)) /ɔːlˈðəʊ/ *conj* encara que ➲ *Vegeu nota a* ENCARA

altitude /ˈæltɪtjuːd; *USA* -tuːd/ *n* altitud

altogether /ˌɔːltəˈgeðə(r)/ *adv* **1** del tot: *I don't altogether agree.* No hi estic del tot d'acord. **2** en total **3** *Altogether, it was disappointing.* En general, va ser decebedor.

aluminium /ˌæljəˈmɪniəm/ (*USA* **aluminum** /əˈluːmɪnəm/) *n* alumini

always /ˈɔːlweɪz/ *adv* sempre LOC **as always** com sempre

> La posició dels adverbis de freqüència (**always, never, ever, usually**, etc.) depèn del verb que acompanyen, és a dir, van darrere dels verbs auxiliars i modals (**be, have, can**, etc.) i davant dels altres verbs: *I have never visited her.* Mai no l'he anada a visitar. ◇ *I am always tired.* Sempre estic cansada. ◇ *I usually go shopping on Mondays.* Normalment vaig a comprar el dilluns.

am /əm, æm/ *Vegeu* BE

a.m. (*USA tb* **A.M.**) /ˌeɪ ˈem/ *abrev* del matí: *at 11 a.m.* a les onze del matí ➲ *Vegeu nota a* P.M.

amalgam /əˈmælgəm/ *n* amalgama

amalgamate /əˈmælgəmeɪt/ *vt, vi* unir(-se)

amateur /ˈæmətə(r), -tʃə(r)/ *adj, n* **1** afeccionat, -ada **2** (*pej*) matusser

amaze /əˈmeɪz/ *vt* sorprendre **amazed** *adj* sorprès: *We were amazed by his generosity.* La seva generositat ens va sorprendre. **amazement** *n* sorpresa **amazing** *adj* sorprenent

ambassador /æmˈbæsədə(r)/ *n* ambaixador, -a

amber /ˈæmbə(r)/ *adj, n* ambre

ambiguity /ˌæmbɪˈgjuːəti/ *n* (*pl* **ambiguities**) ambigüitat

ambiguous /æmˈbɪgjuəs/ *adj* ambigu

ambition /æmˈbɪʃn/ *n* ambició

ambitious /æmˈbɪʃəs/ *adj* ambiciós

ambulance /ˈæmbjələns/ *n* ambulància

ambush /ˈæmbʊʃ/ *n* emboscada

amen /ɑːˈmen, eɪˈmen/ *interj, n* amén

amend /əˈmend/ *vt* esmenar **amendment** *n* esmena

amends /əˈmendz/ *n* [*pl*] LOC **make amends (to sb) (for sth)** compensar (algú) (per alguna cosa)

A

amenities /ə'mi:nətiz; *USA* ə'men-/ *n* [*pl*] **1** serveis (*d'una casa*): *Many of the houses lacked even basic amenities.* Moltes cases no estaven gens ben equipades. **2** instal·lacions (*públiques*)

American /ə'merɪkən/ *adj, n* americà, -ana, nord-americà, -ana

amiable /'eɪmiəbl/ *adj* amable

amicable /'æmɪkəbl/ *adj* amistós

amid /ə'mɪd/ (*tb* **amidst** /ə'mɪdst/) *prep* (*formal*) enmig de: *Amid all the confusion, the thieves got away.* Enmig de la confusió, els lladres es van escapar.

ammunition /,æmju'nɪʃn/ *n* [*incomptable*] **1** municions: *live ammunition* foc real **2** (*fig*) arguments (*per a discutir*)

amnesty /'æmnəsti/ *n* (*pl* **amnesties**) amnistia

among /ə'mʌŋ/ (*tb* **amongst** /ə'mʌŋst/) *prep* entre, entremig de (*més de dues coses/persones*): *I was among the last to leave.* Vaig ser dels últims a marxar. ➲ *Vegeu il·lustració a* ENTRE

amount /ə'maʊnt/ *nom, verb*

▸ *n* **1** quantitat **2** suma (*de diners*) **3** (*factura*) import LOC **any amount of sth** una gran quantitat d'alguna cosa

▸ *v* PHR V **amount to sth 1** pujar a alguna cosa: *The costs amounted to 250 euros.* Els costos van pujar a 250 euros. **2** equivaler a alguna cosa: *It all amounts to the same thing whether you do it now or later.* Tant ho pots fer ara com més tard. ◇ *Our information doesn't amount to much.* Tenim molt poca informació.

amp /æmp/ *n* **1** (*tb* **ampere** /'æmpeə(r)/) ampere **2** (*col·loq*) amplificador

amphibian /æm'fɪbiən/ *adj, n* amfibi

amphitheatre (*USA* **amphitheater**) /'æmfɪθɪətə(r); *USA* -θi:ətər/ *n* amfiteatre

ample /'æmpl/ *adj* **1** abundant **2** suficient: *There was ample time to get to the airport.* Teníem temps de sobres per arribar a l'aeroport. **amply** /-pli/ *adv* àmpliament

amplify /'æmplɪfaɪ/ *vt* (*pt, pp* **-fied**) **1** amplificar **2** (*formal*) (*relat, etc.*) ampliar **amplifier** *n* amplificador

amputate /'æmpjuteɪt/ *vt, vi* amputar

amulet /'æmjʊlət/ *n* amulet

amuse /ə'mju:z/ *vt* **1** fer gràcia **2** distreure, divertir **amusement** *n* **1** diversió: *They looked on in amusement.* Miraven divertits. **2** passatemps: *amusement park* parc d'atraccions ◇ *amusement arcade* saló recreatiu **amusing** *adj* divertit, graciós

an *Vegeu* A

anaemia (*USA* **anemia**) /ə'ni:miə/ *n* anèmia **anaemic** (*USA* **anemic**) *adj* anèmic

anaesthetic (*USA* **anesthetic**) /,ænəs'θetɪk/ *n* anestèsia: *to give sb an anaesthetic* anestesiar algú

anagram /'ænəgræm/ *n* anagrama

analogy /ə'nælədʒi/ *n* (*pl* **analogies**) analogia: *by analogy with sth* per analogia amb alguna cosa

analyse (*USA* **analyze**) /'ænəlaɪz/ *vt* analitzar

analysis /ə'næləsɪs/ *n* (*pl* **analyses** /-si:z/) **1** anàlisi **2** psicoanàlisi LOC **in the last/final analysis** ben mirat

analyst /'ænəlɪst/ *n* **1** analista **2** psicoanalista

analytical /,ænə'lɪtɪkl/ (*tb* **analytic** /,ænə'lɪtɪk/) *adj* analític

anarchism /'ænəkɪzəm/ *n* anarquisme **anarchist** *adj, n* anarquista

anarchy /'ænəki/ *n* anarquia

anatomy /ə'nætəmi/ *n* (*pl* **anatomies**) anatomia

ancestor /'ænsestə(r)/ *n* avantpassat, -ada **ancestral** /æn'sestrəl/ *adj* ancestral: *her ancestral home* la casa dels seus avantpassats **ancestry** /'ænsestri/ *n* ascendència

anchor /'æŋkə(r)/ *nom, verb*

▸ *n* àncora: *to be at anchor* estar a l'àncora LOC **drop/weigh anchor** tirar/llevar l'àncora

▸ *vt, vi* ancorar

anchovy /'æntʃəvi; *USA* -tʃəʊvi/ *n* (*pl* **anchovies**) anxova

ancient /'eɪnʃənt/ *adj* **1** antic **2** (*col·loq*) molt vell

and /ænd, ənd/ *conj* **1** i **2** amb: *bread and butter* pa amb mantega **3** (*nombres*): *one hundred and three* cent tres **4 come, try, etc.** ~: *Come and help me.* Vine'm a ajudar. ◇ *Try and finish quickly.* Mira d'acabar aviat. **5** (*amb comparatiu*): *bigger and bigger* cada cop més gran **6** (*repetició*): *They shouted and shouted.* Van cridar sense parar. ◇ *I've tried and tried.* Ho he intentat moltes vegades.

anecdote /'ænɪkdəʊt/ *n* anècdota

anemia, anemic (*USA*) = ANAEMIA, ANAEMIC

anesthetic (*USA*) = ANAESTHETIC

angel /'eɪndʒl/ *n* àngel: *guardian angel* àngel de la guarda ◇ *You're an angel!* Ets un tresor!

anger /'æŋgə(r)/ *nom, verb*

▸ *n* ràbia

▸ *vt* fer enrabiar

angle /'æŋgl/ *n* **1** angle *Vegeu tb* RIGHT ANGLE **2** punt de vista LOC **at an angle** inclinat

Anglican /'æŋglɪkən/ *adj, n* anglicà, -ana

angling /'æŋglɪŋ/ *n* pesca amb canya

angry /'æŋgri/ *adj* (**angrier, -iest**) ~ **(with sb) (at/ about sth)** enfadat (amb algú) (per alguna cosa): *Don't get angry with me!* No t'enfadis amb mi! ◇ *It makes me very angry.* Em fa molta ràbia. **angrily** *adv* amb ràbia

anguish /'æŋgwɪʃ/ *n* (*formal*) angoixa **anguished** *adj* (*formal*) angoixat

angular /'æŋgjələ(r)/ *adj* **1** angular **2** (*faccions*) angulós

animal /'ænɪml/ *n* animal: *animal experiments* experiments amb animals ◇ *animal rights* drets dels animals

animate *verb, adjectiu*

▸ *vt* /'ænɪmeɪt/ animar

▸ *adj* /'ænɪmət/ (*formal*) animat: *animate beings* éssers animats

ankle /'æŋkl/ *n* turmell

anniversary /ˌænɪ'vɜːsəri/ *n* (*pl* **anniversaries**) aniversari (*d'un esdeveniment*)

announce /ə'naʊns/ *vt* anunciar (*fer públic*) **announcement** *n* comunicació (*en públic*): *to make an announcement* comunicar alguna cosa **announcer** *n* locutor, -a (*de ràdio, etc.*)

annoy /ə'nɔɪ/ *vt* enutjar, empipar **annoyance** *n* enuig: *much to our annoyance* amb un gran enuig per part nostra **annoyed** *adj* ~ **(with sb) (about sth)** enfadat (amb algú) (per alguna cosa): *I got really annoyed.* Em vaig enfadar molt. **annoying** *adj* molest

annual /'ænjuəl/ *adj* anual **annually** *adv* anualment

anonymity /ˌænə'nɪməti/ *n* anonimat

anonymous /ə'nɒnɪməs/ *adj* anònim

anorak /'ænəræk/ *n* **1** anorac **2** (*GB, col·loq*) persona obsessionada per les minúcies d'un esport, passatemps, etc.: *He's a real football anorak.* Només pensa en el futbol.

anorexia /ˌænə'reksiə/ *n* anorèxia **anorexic** *adj, n* anorèctic, -a

another /ə'nʌðə(r)/ *adj, pron* un altre, una altra: *another one* un altre ◇ *another five* cinc més ◇ *I'll do it another time.* Ho faré en un altre moment. ◇ *one way or another* d'una manera o altra ➲ *Vegeu nota a* ALTRE

answer /'ɑːnsə(r); *USA* 'ænsər/ *nom, verb*

▸ *n* **1** resposta: *I phoned, but there was no answer.* Vaig trucar, però ningú no va contestar. **2** solució LOC **have/know all the answers** (*col·loq*) saber-ho tot ◆ **in answer (to sth)** en resposta (a alguna cosa)

▸ **1** *vt, vi* contestar: *to answer the door* obrir la porta **2** *vt* (*acusació, prec*) respondre a PHR V **answer (sb) back** contestar (a algú) (*malament*) ◆ **answer for sb/sth** respondre per algú/ d'alguna cosa ◆ **answer to sb (for sth)** respondre davant d'algú (d'alguna cosa)

answering machine (*tb* **answerphone** /'ɑːnsəfəʊn; *USA* 'æn-/) *n* contestador (automàtic)

ant /ænt/ *n* formiga

antagonism /æn'tægənɪzəm/ *n* antagonisme **antagonistic** /ænˌtægə'nɪstɪk/ *adj* (*formal*) contrari

anteater /'æntiːtə(r)/ *n* ós formiguer

antenna /æn'tenə/ *n* **1** (*pl* **antennae** /-niː/) (*d'insecte*) antena **2** (*pl* **antennas**) (*USA*) (*Ràdio, TV*) antena

anthem /'ænθəm/ *n* himne: *national anthem* himne nacional

anthology /æn'θɒlədʒi/ *n* (*pl* **anthologies**) antologia

anthrax /'ænθræks/ *n* àntrax

anthropology /ˌænθrə'pɒlədʒi/ *n* antropologia **anthropological** /ˌænθrəpə'lɒdʒɪkl/ *adj* antropològic **anthropologist** /ˌænθrə'pɒlədʒɪst/ *n* antropòleg, -òloga

antibiotic /ˌæntibaɪ'ɒtɪk/ *adj, n* antibiòtic

antibody /'æntibɒdi/ *n* (*pl* **antibodies**) anticòs

anticipate /æn'tɪsɪpeɪt/ *vt* **1** preveure: *as anticipated* tal com s'havia previst ◇ *We anticipate some difficulties.* Comptem que tindrem algunes dificultats. **2** anticipar-se a

anticipation /ænˌtɪsɪ'peɪʃn/ *n* **1** previsió **2** expectació

anticlimax /ˌænti'klaɪmæks/ *n* anticlímax

anticlockwise /ˌænti'klɒkwaɪz/ *adv, adj* en sentit contrari a les agulles d'un rellotge

antics /'æntɪks/ *n* [*pl*] bestieses

antidote /'æntidəʊt/ *n* ~ **(to sth)** antídot (contra alguna cosa)

antiquated /'æntɪkweɪtɪd/ *adj* antiquat

antique /æn'tiːk/ *adjectiu, nom*

▸ *adj* antic (*generalment dit d'objectes valuosos*)

▸ *n* antiguitat (*objecte*): *an antique shop* una botiga d'antiguitats **antiquity** /æn'tɪkwəti/ *n* (*pl* **antiquities**) antiguitat

antler /'æntlə(r)/ *n* **1** banya (*de cérvol, ren, ant*) **2 antlers** [*pl*] banyam

anus /'eɪnəs/ *n* anus

anxiety /æŋ'zaɪəti/ *n* (*pl* **anxieties**) **1** neguit, inquietud **2** (*Med*) ansietat **3** ~ **for sth/to do sth** ànsia d'alguna cosa/de fer alguna cosa

A

anxious /'æŋkʃəs/ *adj* **1** ~ **(about sth)** neguitós, amoïnat (per alguna cosa): *an anxious moment* un moment d'inquietud **2** ~ **for sth/to do sth** ansiós per fer alguna cosa **anxiously** *adv* amb ànsia

any /'eni/ *adjectiu, pronom, adverbi*

▸ *adj, pron* ➲ *Vegeu nota a* SOME

- **frases interrogatives 1** *Have you got any cash?* Tens diners? ◇ *Has she got any brothers and sisters?* Que té germans? **2** algun, cap: *Are there any problems?* Hi ha cap problema? ❶ En aquest sentit, el nom sol anar en plural en anglès.
- **frases negatives** cap, gens (de): *He hasn't got any friends.* No té cap amic. ◇ *There isn't any left.* No en queda gens. ◇ *I won't do you any harm.* No et faré gens de mal. ➲ *Vegeu nota a* CAP²
- **frases condicionals 1** una mica (de), gens (de): *If he's got any sense, he won't go.* Si té una mica de seny, no hi anirà. ◇ *There isn't much rice left - if any.* No queda gaire arròs, si és que en queda gens. **2** algun, cap: *If you see any mistakes, tell me.* Si veus cap error, digues-m'ho. ◇ *If I had any relatives...* Si tingués cap/algun parent... . ❶ En aquest sentit, el nom sol anar en plural en anglès.

> En frases condicionals es pot fer servir la paraula **some** en lloc d'**any** en molts casos: *If you need some help, tell me.* Si necessites ajut, digues-m'ho.

- **frases afirmatives 1** qualsevol: *just like any other boy* com qualsevol altre nen **2** *Take any one you like.* Agafa la que vulguis. **3** tot: *Give her any help she needs.* Ofereix-li tot l'ajut que necessiti.

▸ *adv* (*davant d'adjectiu comparatiu*): *I can't walk any faster.* No puc caminar més de pressa. ◇ *Is your father feeling any better?* Es troba una mica més bé, el teu pare? ◇ *She doesn't work here any longer.* Ja no treballa aquí.

anybody /'enibɒdi/ *Vegeu* ANYONE

anyhow /'enihaʊ/ *adv* **1** de totes maneres **2** de qualsevol manera

any more (*tb* **anymore** /eni'mɔː(r)/) *adv* ja no: *She doesn't live here any more.* Ja no viu aquí.

anyone /'eniwʌn/ (*tb* **anybody**) *pron* **1** [*en frases interrogatives*] algú: *Is anybody there?* Que hi ha algú? **2** (*en frases negatives o comparatives*) ningú: *I can't see anybody.* No veig ningú. ◇ *He spoke more than anybody.* Va parlar més que ningú. ➲ *Vegeu nota a* NO ONE **3** (*en frases afirmatives*) qualsevol: *Ask anyone.* Pregunta-ho a qualsevol. ◇ *Invite anyone you like.* Convida qui vulguis. ➲ *Vegeu notes a* EVERYONE *i* SOMEONE **LOC anyone else 1** qualsevol altre: *Anyone else would have refused.* Qualsevol altre s'hi hauria negat. ◇ *I can run faster than anyone else.* Puc córrer més ràpid que tots els altres. **2** algú més *Vegeu tb* GUESS

anyplace /'enipleɪs/ (*USA*) = ANYWHERE

anything /'eniθɪŋ/ *pron* **1** [*en frases interrogatives*] alguna cosa, res: *Is anything wrong?* Que passa res? ◇ *Is there anything in these rumours?* Hi ha alguna cosa de veritat en aquests rumors? **2** (*en frases negatives o comparatives*) res: *He never says anything.* Mai no diu res. ◇ *The painting was better than anything he'd seen before.* El quadre era la millor cosa que havia vist mai. **3** (*en frases afirmatives*) qualsevol cosa, tot: *We'll do anything you say.* Farem el que tu diguis. ➲ *Vegeu notes a* NO ONE *i* SOMETHING **LOC anything but** no gens: *It was anything but pleasant.* No va ser gens agradable. ◇ *'Are you tired?' 'Anything but.'* —Estàs cansada? —De cap manera. ◆ **as happy, etc. as anything** (*col·loq*) molt content, etc.: *I was as frightened as anything.* Estava mort de por. ◆ **if anything** si de cas: *If anything, I think it's too cheap.* Si de cas, em sembla massa barat.

anyway /'eniweɪ/ *adv* de totes maneres

anywhere /'enɪweə(r)/ (*USA tb* **anyplace**) *adv, pron* **1** [*en frases interrogatives*] en/a algun lloc **2** (*en frases negatives*) enlloc: *I didn't go anywhere special.* No vaig anar a cap lloc especial. ◇ *I haven't got anywhere to stay.* No tinc lloc per passar la nit. ➲ *Vegeu nota a* NO ONE **3** (*en frases comparatives*): *I feel happier here than anywhere else.* Aquí m'hi trobo més bé que a cap altre lloc. **4** (*en frases afirmatives*): *I'd live anywhere.* Viuria a qualsevol lloc. ◇ *anywhere you like* allà on vulguis ➲ *Vegeu nota a* SOMEWHERE **LOC** *Vegeu* MILE, NEAR

apart /ə'pɑːt/ *adv* ❶ Per als usos de **apart** en *phrasal verbs*, vegeu les entrades dels verbs corresponents, p. ex. **fall apart** a FALL. **1** *The two men were five metres apart.* Els dos homes eren a cinc metres de distància. ◇ *They are a long way apart.* Són molt lluny l'un de l'altre. **2** separat: *They live apart.* Viuen separats. ◇ *I can't pull them apart.* No els puc separar. **3** aïllat **LOC** *Vegeu* JOKE, POLE

apart from (*tb esp USA* **aside from**) *prep* a part de

apartment /ə'pɑːtmənt/ *n* apartament

apathy /'æpəθi/ *n* apatia **apathetic** /ˌæpə'θetɪk/ *adj* apàtic

ape /eɪp/ *n* simi

apologetic /əˌpɒləˈdʒetɪk/ *adj* pesarós: *an apologetic look* una mirada de disculpa ◊ *to be apologetic (about sth)* disculpar-se (per alguna cosa)

apologize (*GB tb* **-ise**) /əˈpɒlədʒaɪz/ *vi* ~ **(for sth)** disculpar-se (d'alguna cosa)

apology /əˈpɒlədʒi/ *n* (*pl* **apologies**) disculpa LOC **make no apology/apologies (for sth)** no disculpar-se (d'alguna cosa)

apostle /əˈpɒsl/ *n* apòstol

apostrophe /əˈpɒstrəfi/ *n* apòstrof ➲ *Vegeu pàg 363*

appal (*USA* **appall**) /əˈpɔːl/ *vt* (**-ll-**) horroritzar: *He was appalled at/by her behaviour.* Estava horroritzat pel seu comportament. **appalling** *adj* espantós, horrible

apparatus /ˌæpəˈreɪtəs; *USA* -ˈrætəs/ *n* [*incomptable*] aparell (*en un gimnàs o laboratori*)

apparent /əˈpærənt/ *adj* **1** evident: *to become apparent* fer-se evident **2** aparent: *for no apparent reason* sense cap motiu aparent **apparently** *adv* pel que sembla: *Apparently not.* Sembla que no.

appeal /əˈpiːl/ *nom, verb*

▸ *n* **1** (*Dret*) recurs: *appeal court* tribunal d'apel·lació **2** atractiu **3** crida: *an appeal for help* una crida per a demanar ajut **4** súplica

▸ *vi* **1** ~ **(against sth)** (*sentència, etc.*) recórrer (contra alguna cosa) **2** ~ **(to sb)** atreure (algú) **3** ~ **(to sb) for sth** demanar alguna cosa (a algú) **4** ~ **to sb to do sth** fer una crida a algú perquè faci alguna cosa **5** apel·lar **appealing** *adj* **1** atractiu **2** suplicant

appear /əˈpɪə(r)/ *vi* **1** semblar: *You appear to have made a mistake.* Sembla que t'has equivocat. ➲ *Vegeu nota a* THERE **2** aparèixer: *to appear on TV* sortir a la televisió **3** (*esperit*) aparèixer-se **4** (*acusat*) comparèixer **appearance** *n* **1** aspecte físic **2 appearances** [*pl*] aparences: *to keep up appearances* salvar les aparences **3** aparició

appendicitis /əˌpendəˈsaɪtɪs/ *n* [*incomptable*] apendicitis

appendix /əˈpendɪks/ *n* (*pl* **appendices** /-dɪsiːz/) apèndix

appetite /ˈæpɪtaɪt/ *n* **1** gana: *to give sb an appetite* fer venir gana a algú **2** apetència *Vegeu tb* WHET

appetizer (*GB tb* **-iser**) /ˈæpɪtaɪzə(r)/ *n* aperitiu (*tapa*)

appetizing (*GB tb* **-ising**) /ˈæpɪtaɪzɪŋ/ *adj* apetitós

applaud /əˈplɔːd/ *vt, vi* aplaudir

applause /əˈplɔːz/ *n* [*incomptable*] aplaudiments: *a big round of applause* un fort aplaudiment

apple /ˈæpl/ *n* poma: *apple tree* pomera

appliance /əˈplaɪəns/ *n* aparell: *electrical/kitchen appliances* electrodomèstics

applicable /əˈplɪkəbl, ˈæplɪkəbl/ *adj* aplicable

applicant /ˈæplɪkənt/ *n* ~ **(for sth)** sol·licitant (d'alguna cosa); aspirant (a alguna cosa)

application /ˌæplɪˈkeɪʃn/ *n* **1** ~ **(for sth/to do sth)** sol·licitud (d'alguna cosa/de fer alguna cosa): *application form* imprès de sol·licitud **2** aplicació

apply /əˈplaɪ/ (*pt, pp* **applied**) **1** *vi* ~ **(for sth)** sol·licitar alguna cosa **2** *vt* aplicar **3** *vi* ~ **(to sb/sth)** ésser aplicable (a algú/alguna cosa): *This applies to men and women.* Això afecta tant els homes com les dones. **4** *vt* ~ **yourself (to sth)** aplicar-se (en alguna cosa) **5** *vt* (*força, etc.*) exercir: *to apply the brakes* frenar

appoint /əˈpɔɪnt/ *vt* **1** nomenar **2** (*formal*) (*lloc, hora*) fixar **appointment** *n* **1** hora, cita (*professional*): *to make a dental appointment* demanar hora per al dentista **2** (*acte*) nomenament **3** lloc de treball

appraisal /əˈpreɪzl/ *n* avaluació

appreciate /əˈpriːʃieɪt/ **1** *vt* apreciar **2** *vt* (*ajut, etc.*) agrair **3** *vt* (*problema, etc.*) comprendre **4** *vi* augmentar (*valor*) **appreciation** *n* **1** apreciació **2** agraïment **appreciative** /əˈpriːʃətɪv/ *adj* **1** ~ **(of sth)** agraït (per alguna cosa) **2** (*mirada, comentari*) d'admiració

apprehension /ˌæprɪˈhenʃn/ *n* aprensió **apprehensive** /ˌæprɪˈhensɪv/ *adj* aprensiu

apprentice /əˈprentɪs/ *n* aprenent, -a: *apprentice plumber* aprenent de lampista **apprenticeship** *n* aprenentatge (*d'un ofici*)

approach /əˈprəʊtʃ/ *verb, nom*

▸ **1** *vt, vi* apropar-se (a) **2** *vt* ~ **sb (about/for sth)** dirigir-se a algú (per alguna cosa) (*per demanar ajuda*) **3** *vt* (*tema*) abordar

▸ *n* **1** ~ **(to sth)** enfocament (respecte a alguna cosa) **2** arribada **3** accés **4** aproximació

appropriate *verb, adjectiu*

▸ *vt* /əˈprəʊprieɪt/ (*formal*) apropiar-se de

▸ *adj* /əˈprəʊpriət/ **1** apropiat, adequat **2** (*moment, etc.*) oportú **appropriately** *adv* apropiadament, adequadament

approval /əˈpruːvl/ *n* aprovació, vistiplau LOC **on approval** a prova

approve /əˈpruːv/ **1** *vi* ~ **(of sth)** estar d'acord (amb alguna cosa) **2** *vi* ~ **(of sb)**: *I don't approve*

A

of him. No el tinc en bon concepte. **3** *vt* aprovar **approving** *adj* d'aprovació

approximate *verb, adjectiu*
▸ *vt, vi* /ə'prɒksɪmeɪt/ (*formal*) ~ **(to) sth** aproximar-se a alguna cosa
▸ *adj* /ə'prɒksɪmət/ aproximat **approximately** *adv* aproximadament

apricot /'eɪprɪkɒt/ *n* **1** albercoc: *apricot tree* albercoquer **2** color albercoc

April /'eɪprəl/ *n* (*abrev* **Apr.**) abril ➲ *Vegeu nota i exemples a* JANUARY

April Fool's Day *n* ❶ **April Fool's Day** és l'1 d'abril i equival al dia dels Innocents.

apron /'eɪprən/ *n* davantal

apt /æpt/ *adj* **1** encertat **2 be ~ to do sth** tenir tendència a fer alguna cosa

aptitude /'æptɪtju:d; *USA* -tu:d/ *n* aptitud

aquarium /ə'kweəriəm/ *n* (*pl* **aquariums** *o* **aquaria** /-riə/) aquari

Aquarius /ə'kweəriəs/ *n* aquari: *My sister is (an) Aquarius.* La meva germana és aquari. ◇ *born under Aquarius* nascut sota el signe d'Aquari

aquatic /ə'kwætɪk/ *adj* aquàtic

aqueduct /'ækwɪdʌkt/ *n* aqüeducte

Arab /'ærəb/ *adj, n* àrab

Arabic /'ærəbɪk/ *adj, n* (*llengua*) àrab

arable /'ærəbl/ *adj* conreable: *arable land* terra de conreu ◇ *arable farming* agricultura

arbitrary /'ɑ:bɪtrəri; *USA* 'ɑ:rbətreri/ *adj* **1** arbitrari **2** indiscriminat

arbitrate /'ɑ:bɪtreɪt/ *vt, vi* arbitrar **arbitration** *n* arbitratge

arc /ɑ:k/ *n* arc (*línia corba*)

arcade /ɑ:'keɪd/ *n* **1** galeria **2** porxada **3** *amusement arcade* saló recreatiu

arch /ɑ:tʃ/ *nom, verb*
▸ *n* arc (*estructura*)
▸ *vt, vi* arquejar(-se)

archaeological (*USA* **archeological**) /ˌɑ:kiə'lɒdʒɪkl/ *adj* arqueològic

archaeology (*USA* **archeology**) /ˌɑ:ki'ɒlədʒi/ *n* arqueologia **archaeologist** (*USA* **archeologist**) *n* arqueòleg, -òloga

archaic /ɑ:'keɪɪk/ *adj* arcaic

archbishop /ˌɑ:tʃ'bɪʃəp/ *n* arquebisbe

archer /'ɑ:tʃə(r)/ *n* arquer, -a

archery /'ɑ:tʃəri/ *n* tir amb arc

archipelago /ˌɑ:kɪ'peləgəʊ/ *n* (*pl* **archipelagos** *o* **archipelagoes**) arxipèlag

architect /'ɑ:kɪtekt/ *n* arquitecte, -a

architecture /'ɑ:kɪtektʃə(r)/ *n* arquitectura **architectural** /ˌɑ:kɪ'tektʃərəl/ *adj* arquitectònic

archive /'ɑ:kaɪv/ *n* arxiu (*històric*)

archway /'ɑ:tʃweɪ/ *n* arcada (*arquitectònica*)

ardent /'ɑ:dnt/ *adj* fervorós, entusiasta

ardour (*USA* **ardor**) /'ɑ:də(r)/ *n* (*formal*) fervor

arduous /'ɑ:djuəs, -dʒuəs/ *adj* ardu

are /ə(r), ɑ:(r)/ *Vegeu* BE

area /'eəriə/ *n* **1** zona: *area manager* responsable de la zona **2** àrea: *the penalty area* l'àrea de penal ◇ *areas such as education and training* àrees com ara l'educació i la formació professional **3** superfície: *an area of ten square metres* deu metres quadrats de superfície *Vegeu tb* CATCHMENT AREA, SERVICE AREA

area code *n* (*esp USA*) prefix (telefònic)

arena /ə'ri:nə/ *n* **1** (*Esport*) estadi **2** (*formal*) àmbit: *the political arena* l'àmbit polític

aren't /ɑ:nt/ = ARE NOT *Vegeu* BE

arguable /'ɑ:gjuəbl/ *adj* (*formal*) **1** *It is arguable that...* Es pot afirmar que... **2** qüestionable **arguably** /-əbli/ *adv* possiblement

argue /'ɑ:gju:/ **1** *vi* ~ **(with sb) (about/over sth)** discutir (amb algú) (per alguna cosa) **2** *vt, vi* ~ **for/against sth** argumentar a favor/en contra d'alguna cosa

argument /'ɑ:gjumənt/ *n* **1** discussió: *to have an argument* discutir ➲ *Compareu amb* DISCUSSION, ROW² **2** ~ **(for/against sth)** argument (a favor/en contra d'alguna cosa)

arid /'ærɪd/ *adj* àrid

Aries /'eəri:z/ *n* àries ➲ *Vegeu exemples a* AQUARIUS

arise /ə'raɪz/ *vi* (*pt* **arose** /ə'rəʊz/ *pp* **arisen** /ə'rɪzn/) **1** (*problema, oportunitat, etc.*) sorgir, presentar-se **2** (*situació, etc.*) produir-se: *should the need arise* si calgués **3** (*qüestió, etc.*) plantejar-se **4** (*tempesta*) sobrevenir

aristocracy /ˌærɪ'stɒkrəsi/ *n* [*v sing o pl*] (*pl* **aristocracies**) [*v sing o pl*] aristocràcia

aristocrat /'ærɪstəkræt; *USA* ə'rɪst-/ *n* aristòcrata **aristocratic** /ˌærɪstə'krætɪk; *USA* ə'rɪstə-/ *adj* aristocràtic

arithmetic /ə'rɪθmətɪk/ *n* aritmètica: *mental arithmetic* càlcul mental

arm /ɑ:m/ *nom, verb*
▸ *n* **1** braç: *I've broken my arm.* M'he trencat el braç.

> En anglès les parts del cos normalment van precedides d'un adjectiu possessiu (*my, your, her*, etc.).

A

2 (*camisa, etc.*) màniga *Vegeu tb* ARMS **LOC arm in arm (with sb)** de bracet (amb algú) *Vegeu tb* CHANCE, FOLD

▸ *vt, vi* armar(-se): *to arm yourself with sth* armar-se amb/d'alguna cosa

arm

armband /'ɑːmbænd/ *n* braçal

armchair /ɑːm'tʃeə(r)/ *n* butaca

armed /ɑːmd/ *adj* armat: *armed robbery* atracament a mà armada

the armed forces (*tb* **the armed services**) *n* (*pl*) les forces armades

armistice /'ɑːmɪstɪs/ *n* armistici

armour (*USA* **armor**) /'ɑːmə(r)/ *n* [*incomptable*] **1** armadura: *a suit of armour* una armadura **2** blindatge **LOC** *Vegeu* CHINK **armoured** (*USA* **armored**) *adj* **1** (*vehicle*) blindat **2** (*vaixell*) cuirassat

armpit /'ɑːmpɪt/ *n* aixella

arms /ɑːmz/ *n* [*pl*] **1** armes: *the arms race* la cursa d'armaments **2** escut (d'armes) **LOC be up in arms (about/over sth)** (*col·loq*) posar el crit al cel (per alguna cosa)

army /'ɑːmi/ *n* [*v sing o pl*] (*pl* **armies**) exèrcit

aroma /ə'rəʊmə/ *n* aroma ➲ *Vegeu nota a* SMELL **aromatic** /ˌærə'mætɪk/ *adj* aromàtic

aromatherapy /əˌrəʊmə'θerəpi/ *n* aromateràpia

arose *pt de* ARISE

around /ə'raʊnd/ *adverbi, preposició* ❶ Per als usos d'**around** en *phrasal verbs*, vegeu les entrades dels verbs corresponents, p. ex. **lie around** a LIE[1].

▸ *adv* **1** més o menys, uns: *around 200 people* unes 200 persones **2** cap a: *around 1850* cap a l'any 1850

Tot i que **around** i **about** volen dir el mateix en expressions temporals, **about** sol anar precedit de les preposicions **at**, **on**, **in**, etc., mentre que **around** no requereix preposició: *around/at about five o'clock* pels volts de les cinc ◇ *around/on about 15 June* cap al 15 de juny.

3 al seu voltant: *She looked around.* Va mirar al seu voltant. **4** aquí i allà, d'un costat a l'altre: *I've been dashing around all morning.* He anat tot el matí d'ací d'allà. **5** per aquí: *There are few good teachers around.* Hi ha pocs bons professors avui en dia. **6** *We just sat around all day.* Vam passar el dia sense fer res.

▸ *prep* **1** al voltant de: *sitting around the table* asseguts al voltant de la taula **2** per: *to travel around the world* viatjar arreu del món

arouse /ə'raʊz/ *vt* **1** suscitar **2** excitar (sexualment) **3** ~ **sb (from sth)** (*formal*) despertar algú (d'alguna cosa)

arrange /ə'reɪndʒ/ **1** *vt* organitzar: *an arranged marriage* un casament concertat pels pares **2** *vt* ~ **to do sth/that...** quedar de fer alguna cosa/que...: *We met at six, as arranged.* Vam trobar-nos a les sis tal com havíem quedat. **3** *vi* ~ **for sb to do sth** acordar amb algú que faci alguna cosa: *He arranged for his son to meet me.* Ho va organitzar tot perquè el seu fill em vingués a buscar. **4** *vt* (*data, preu, etc.*) fixar **5** *vt* (*col·locar*) disposar **6** *vt* ordenar **7** *vt* (*Mús*) arranjar **arrangement** *n* **1 arrangements** [*pl*] preparatius **2** disposició **3** acord **4** arranjament

arrest /ə'rest/ *verb, nom*

▸ *vt* **1** (*delinqüent*) detenir **2** (*formal*) (*inflació, etc.*) aturar

▸ *n* **1** detenció: *to put sb under arrest* detenir algú ◇ *to be under arrest* ser/quedar detingut **2** *cardiac arrest* aturada cardíaca

arrival /ə'raɪvl/ *n* **1** arribada **2** (*persona*): *new/recent arrivals* nouvinguts

arrive /ə'raɪv/ *vi* **1** arribar

Arrive in o **arrive at**? **Arrive in** es fa servir quan s'arriba a un país o a una població: *When did you arrive in England?* Quan vas arribar a Anglaterra? **Arrive at** es fa servir seguit de llocs específics com ara un edifici, una estació, etc.: *We'll phone you as soon as we arrive at the airport.* Us trucarem tan aviat com arribem a l'aeroport. L'ús d'**at** seguit del nom d'una població implica que aquesta població és considerada com un punt en un itine-

A

rari. Fixeu-vos que "arribar a casa" es diu 'to get home' o 'to arrive home' (*més formal*).

2 (*col·loq*) (*èxit*) arribar al cim

arrogant /'ærəgənt/ *adj* arrogant **arrogance** *n* arrogància

arrow /'ærəʊ/ *n* fletxa

arson /'ɑːsn/ *n* [*incomptable*] incendi provocat

art /ɑːt/ *n* **1** art: *a work of art* una obra d'art **2** (*assignatura*) dibuix, plàstica **3 the arts** [*pl*] les belles arts: *the arts pages of the Times* la secció de cultura del Times **4 arts** [*pl*] (*estudis*) humanitats, lletres **5** traça

artery /'ɑːtəri/ *n* (*pl* **arteries**) artèria

art gallery *n* (*pl* **galleries**) **1** museu (d'art) **2** galeria d'art

arthritis /ɑː'θraɪtɪs/ *n* [*incomptable*] artritis **arthritic** /ɑː'θrɪtɪk/ *adj* artrític

artichoke /'ɑːtɪtʃəʊk/ *n* carxofa

article /'ɑːtɪkl/ *n* **1** article: *the definite/indefinite article* l'article definit/indefinit **2** *articles of clothing* peces de vestir

articulate /ɑː'tɪkjələt/ *adj* que s'expressa bé **articulated** /ɑː'tɪkjəleɪtɪd/ *adj* articulat: *an articulated lorry* un camió articulat

artificial /ˌɑːtɪ'fɪʃl/ *adj* artificial

artillery /ɑː'tɪləri/ *n* artilleria

artisan /ˌɑːtɪ'zæn; *USA* 'ɑːrtəzn/ *n* (*formal*) artesà, -ana ❶ El terme habitual per a referir-se a un artesà és **craftsman** o **craftswoman**.

artist /'ɑːtɪst/ *n* artista

artistic /ɑː'tɪstɪk/ *adj* artístic

arts centre *n* centre cultural

artwork /'ɑːtwɜːk/ *n* **1** [*incomptable*] material gràfic (*en una publicació*) **2** obra d'art

AS /ˌeɪ 'es/ (*tb* **AS level**) *n* (*GB*) examen que fan els estudiants de disset anys ➲ *Vegeu nota a* A LEVEL

as /əz, æz/ *preposició, adverbi, conjunció*

▸ *prep* **1** (*en qualitat de*) com a: *Treat me as a friend.* Tracta'm com un amic. ◇ *Use this plate as an ashtray.* Fes servir aquest plat de cendrer. **2** (*amb professions*) de: *to work as a waiter* treballar de cambrer **3** (*quan algú és/era*): *as a child* quan era petita

Per a comparacions i exemples fem servir **like**: *a car like yours* un cotxe com el teu ◇ *big cities like New York and Chicago* grans ciutats com ara Nova York i Chicago.

▸ *adv* **as... as...** tan... com...: *She is as tall as me/as I am.* És tan alta com jo. ◇ *as soon as possible* tan aviat com puguis

▸ *conj* **1** mentre: *I watched her as she combed her hair.* La vaig mirar mentre es pentinava. **2** com que: *As you weren't there...* Com que no hi eres... **3** tal com: *Leave it as you find it.* Deixeu-ho tal com ho trobeu. **4** com: *as you can see* com podeu veure LOC **as... as anything** (*col·loq*) molt: *I was as frightened as anything.* Estava mort de por. ◆ **as for sb/sth** pel que fa a algú/alguna cosa ◆ **as from... /as of...** a partir de...: *as from/of 12 May* a partir del 12 de maig ◆ **as if/as though** com si: *as if nothing had happened* com si res no hagués passat ◆ **as it is** tal com estan les coses: *I can't help – I've got too much to do as it is.* No puc ajudar, ja tinc massa feina. ◆ **as many 1** tants: *We no longer have as many members.* Ja no tenim tants socis. ◇ *You ate three times as many as I did.* Has menjat el triple que jo. **2** altres tants: *four jobs in as many months* quatre feines en quatre mesos ◆ **as many again/more** altres tants ◆ **as many as...** fins a...: *as many as ten people* fins a deu persones ◆ **as much 1** tant: *I earn as much as her/as she does.* Guanyo tant com ella. ◇ *I don't have as much as you.* No en tinc tant com tu. ◇ *Take as much time as you like.* Pren-te tot el temps que vulguis. ◇ *Her coat cost twice as much as mine.* L'abric li va costar el doble que el meu. **2** *I thought as much.* Això és el que em pensava. ◆ **as much again** altre tant ◆ **as to sth/as regards sth** quant a alguna cosa ◆ **as yet** fins ara

asap /ˌeɪ es eɪ 'piː/ *abrev de* **as soon as possible** com més aviat millor

asbestos /æs'bestəs/ *n* asbest, amiant

ascend /ə'send/ (*formal*) **1** *vi* ascendir **2** *vt* (*escala, tron*) pujar (a)

ascendant (*tb* **ascendent**) /ə'sendənt/ *n* (*Astrol*) ascendent

ascent /ə'sent/ *n* ascens

ascertain /ˌæsə'teɪn/ *vt* (*formal*) esbrinar

ascribe /ə'skraɪb/ *vt* ~ **sth to sb/sth** atribuir alguna cosa a algú/alguna cosa

ash /æʃ/ *n* **1** cendra **2** (*tb* **ash tree**) freixe

ashamed /ə'ʃeɪmd/ *adj* ~ **(of sb/sth)** avergonyit (d'algú/d'alguna cosa): *I'm ashamed to tell her.* Em fa vergonya dir-li-ho.

ashore /ə'ʃɔː(r)/ *adv* en terra ferma: *to go ashore* desembarcar

ashtray /'æʃtreɪ/ *n* cendrer

Ash Wednesday *n* Dimecres de Cendra

Asian /'eɪʃn, 'eɪʒn/ *adj, n* asiàtic, -a

A la Gran Bretanya la paraula **Asian** sol referir-se a gent d'origen indi o pakistanès, mentre que als Estats Units s'utilitza per a fer referència a la gent de l'Extrem Orient (la Xina, el Japó, etc.).

aside /ə'saɪd/ *adverbi, nom*
▸ *adv* **1** a un costat **2** en reserva LOC *Vegeu* JOKE
▸ *n* (*Teat*) apart

aside from *prep* (*esp USA*) a part de

ask /ɑːsk; *USA* æsk/ **1** *vt, vi* ~ **(sb) (sth)** demanar, preguntar (alguna cosa) (a algú): *to ask a question* fer una pregunta ◇ *to ask about sth* demanar sobre alguna cosa ◇ *I'll ask her later.* Ja li ho preguntaré més tard. **2** *vt, vi* ~ **(sb) for sth** demanar alguna cosa (a algú) **3** *vt* ~ **sb to do sth** demanar a algú que faci alguna cosa **4** *vt* ~ **sb (to sth)** convidar algú (a alguna cosa): *to ask sb round* convidar algú a casa teva LOC **be asking for trouble/it** (*col·loq*) buscar-se problemes ♦ **don't ask me!** (*col·loq*) a mi què m'expliques! ♦ **for the asking** només demanant-ho PHRV **ask after sb** demanar com està algú ♦ **ask for sb** demanar per algú (*per parlar per telèfon, reunir-se, etc.*) ♦ **ask sb out** demanar a algú per sortir (*com a parella*)

asleep /ə'sliːp/ *adj* adormit: *to fall asleep* adormir-se ◇ *fast/sound asleep* adormit profundament

Asleep no es fa servir seguit de nom; per tant, "una criatura adormida" es diu *a sleeping baby* en anglès.

asparagus /ə'spærəgəs/ *n* [*incomptable*] espàrrec(s)

aspect /'æspekt/ *n* **1** aspecte (*d'una situació, etc.*) **2** (*formal*) orientació (*d'un edifici, etc.*)

asphalt /'æsfælt; *USA* -fɔːlt/ *n* asfalt

asphyxiate /əs'fɪksieɪt/ *vt* asfixiar

aspiration /ˌæspə'reɪʃn/ *n* aspiració

aspire /ə'spaɪə(r)/ *vi* ~ **to sth** aspirar a alguna cosa: *aspiring musicians* aspirants a músic

aspirin /'æsprɪn, 'æspərɪn/ *n* aspirina

ass /æs/ *n* **1** (*USA, argot*) cul **2** (*col·loq*) (*idiota*) ruc **3** ase

assailant /ə'seɪlənt/ *n* (*formal*) agressor, -a

assassin /ə'sæsɪn; *USA* -sn/ *n* assassí, -ina **assassinate** *vt* assassinar **assassination** *n* assassinat ➲ *Vegeu nota a* ASSASSINAR

assault /ə'sɔːlt/ *nom, verb*
▸ *n* **1** agressió **2** ~ **(on sb/sth)** atac (contra algú/alguna cosa)
▸ *vt* agredir

assemble /ə'sembl/ **1** *vt, vi* reunir(-se) **2** *vt* (*màquina, moble*) muntar

assembly /ə'sembli/ *n* (*pl* **assemblies**) **1** assemblea **2** reunió de tota l'escola (*normalment al matí*) **3** muntatge: *assembly line* cadena de muntatge

assert /ə'sɜːt/ *vt* **1** afirmar **2** (*drets, etc.*) fer valer **3** ~ **yourself** imposar-se **assertion** /ə'sɜːʃn/ *n* afirmació

assertive /ə'sɜːtɪv/ *adj* ferm, que es fa valer

assess /ə'ses/ *vt* **1** avaluar, valorar **2** (*valor, quantitat*) calcular **assessment** *n* **1** anàlisi **2** valoració **assessor** *n* taxador, -a

asset /'æset/ *n* **1** avantatge, profit: *to be an asset to sb/sth* ésser un avantatge per a algú/alguna cosa **2 assets** [*pl*] (*Com*) béns

assign /ə'saɪn/ *vt* assignar

assignment /ə'saɪnmənt/ *n* **1** (*Educ*) treball: *a written assignment* un treball escrit **2** missió

assimilate /ə'sɪməleɪt/ **1** *vt* assimilar **2** *vi* ~ **(into sth)** assimilar-se (a alguna cosa)

assist /ə'sɪst/ *vt, vi* ajudar **assistance** *n* ajuda

assistant /ə'sɪstənt/ *n* **1** ajudant, -a **2** *the assistant manager* el subdirector **3** *Vegeu* SHOP ASSISTANT

associate *verb, nom*
▸ /ə'səʊʃieɪt/ **1** *vt* ~ **sb/sth with sb/sth** associar algú/alguna cosa amb algú/alguna cosa **2** *vi* ~ **with sb** relacionar-se amb algú
▸ *n* /ə'səʊʃiət/ soci, sòcia

association /əˌsəʊsi'eɪʃn/ *n* **1** associació **2** implicació

assorted /ə'sɔːtɪd/ *adj* **1** variats **2** (*galetes, etc.*) assortits

assortment /ə'sɔːtmənt/ *n* varietat, assortiment

assume /ə'sjuːm; *USA* ə'suːm/ *vt* **1** suposar **2** donar per fet **3** (*formal*) (*control*) assumir **4** (*formal*) (*significat*) adquirir **5** (*formal*) (*expressió, nom fals*) adoptar

assumption /ə'sʌmpʃn/ *n* **1** supòsit **2** (*formal*) (*de poder, etc.*) presa

assurance /ə'ʃʊərəns, ə'ʃɔːr-/ *n* **1** garantia **2** confiança

assure /ə'ʃʊə(r), ə'ʃɔː(r)/ *vt* **1** assegurar **2** ~ **sb of sth** prometre alguna cosa a algú **3** ~ **sb of sth** convèncer algú d'alguna cosa **4** ~ **yourself that...** assegurar-se que... **assured** *adj* segur de si mateix LOC **be assured of sth** estar segur d'alguna cosa

asterisk /'æstərɪsk/ *n* asterisc

asthma /'æsmə; *USA* 'æzmə/ *n* asma **asthmatic** /æs'mætɪk; *USA* æz'm-/ *adj, n* asmàtic, -a

A

astonish /ə'stɒnɪʃ/ *vt* deixar parat **astonished** *adj* **1** molt sorprès: *He was astonished to learn he'd won the competition.* Es va quedar molt parat quan va saber que havia guanyat el concurs. ◇ *I was astonished at/by the decision.* La decisió em va sorprendre molt. **2** (*cara, etc.*) de sorpresa **astonishing** *adj* sorprenent **astonishingly** *adv* increïblement **astonishment** *n* esbalaïment

astound /ə'staʊnd/ *vt* deixar atònit **astounded** *adj* atònit: *We were astounded to find him there.* Ens va xocar molt trobar-nos-el allà. **astounding** *adj* increïble

astray /ə'streɪ/ *adv* LOC **go astray** extraviar-se ◆ **lead sb astray** fer anar algú pel mal camí

astride /ə'straɪd/ *prep* encamellat sobre

astrology /ə'strɒlədʒi/ *n* astrologia **astrologer** *n* astròleg, -òloga **astrological** /ˌæstrə'lɒdʒɪkl/ *adj* astrològic

astronaut /'æstrənɔːt/ *n* astronauta

astronomy /ə'strɒnəmi/ *n* astronomia **astronomer** *n* astrònom, -a **astronomical** /ˌæstrə'nɒmɪkl/ *adj* astronòmic

astute /ə'stjuːt; *USA* ə'stuːt/ *adj* astut

asylum /ə'saɪləm/ *n* **1** (*Pol*) asil: *asylum seekers* sol·licitants d'asil **2** (*antic*) manicomi

at /æt, ət/ *prep* **1** (*posició*) a: *at home* a casa ◇ *at the door* a la porta ◇ *at the top* al capdamunt ◇ *You can find us at www.oup.com.* Ens pots trobar a www.oup.com. ➲ *Vegeu notes a* A *i* ARROVA **2** (*hora, temps*): *at 3.35* a les 3.35 ◇ *at dawn* a l'alba ◇ *at times* a vegades ◇ *at night* a la nit ◇ *at Christmas* per Nadal ◇ *at the moment* de moment **3** (*preu, freqüència, velocitat*) a: *two at a time* de dos en dos ◇ *at 70 kph* a 70 km/h ◇ *at full volume* a tot volum **4** (*cap a*): *to stare at sb* mirar algú fixament **5** (*reacció*): *surprised at sth* sorprès per alguna cosa ◇ *At this, she fainted.* I aleshores, es va desmaiar. **6** (*activitat*) a: *She's at work.* És a la feina. ◇ *to be at war* estar en guerra ◇ *children at play* mainada jugant

ate *pt de* EAT

atheism /'eɪθiɪzəm/ *n* ateisme **atheist** *n* ateu, -ea

athlete /'æθliːt/ *n* atleta

athletic /æθ'letɪk/ *adj* atlètic: *to be athletic* estar en forma **athletics** *n* [*incomptable*] atletisme

atishoo /ə'tɪʃuː/ *interj* atxim ➲ *Vegeu nota a* ATXIM

atlas /'ætləs/ *n* **1** atles **2** (*tb* **road atlas**) mapa de carreteres

ATM /ˌeɪ tiː 'em/ *n* (*abrev de* **automated teller machine**) caixer automàtic

atmosphere /'ætməsfɪə(r)/ *n* **1** atmosfera **2** ambient

atom /'ætəm/ *n* àtom: *atom bomb* bomba atòmica

atomic /ə'tɒmɪk/ *adj* atòmic

atrocious /ə'trəʊʃəs/ *adj* **1** pèssim **2** atroç **atrocity** /ə'trɒsəti/ *n* (*pl* **atrocities**) atrocitat

attach /ə'tætʃ/ *vt* **1** lligar **2** unir **3** (*document*) adjuntar **4** (*fig*): *to attach importance/value to sth* donar importància/valor a alguna cosa **attached** *adj* **1** *I'm very attached to her/to my car.* Estem molt unides./Me l'estimo molt, el meu cotxe. **2** (*document*) adjunt LOC *Vegeu* STRING **attachment** *n* **1** ~ **to sth** afecció a alguna cosa **2** accessori **3** (*Informàt*) fitxer adjunt

attack /ə'tæk/ *nom, verb*

▸ *n* ~ **(on sb/sth)** atac (contra algú/alguna cosa)

▸ *vt, vi* atacar **attacker** *n* agressor, -a

attain /ə'teɪn/ *vt* atènyer **attainment** *n* (*formal*) assoliment, èxit

attempt /ə'tempt/ *nom, verb*

▸ *n* **1** ~ **(at doing sth)**; ~ **(to do sth)** intent (de fer alguna cosa) **2** atemptat: *an attempt on the President's life* un atemptat contra la vida del president

▸ *vt* ~ **to do sth** intentar fer alguna cosa **attempted** *adj*: *attempted murder/robbery* intent d'assassinat/de robatori

attend /ə'tend/ **1** *vt, vi* assistir (a) **2** *vi* ~ **to sb/sth** ocupar-se d'algú/d'alguna cosa **attendance** *n* assistència LOC **be in attendance** (*formal*) ésser present

attendant /ə'tendənt/ *n* encarregat, -ada *Vegeu tb* FLIGHT ATTENDANT

attention /ə'tenʃn/ *nom, interjecció*

▸ *n* atenció: *for the attention of…* a l'atenció de… ◇ *to catch sb's attention* captar l'atenció d'algú

▸ *interj* **1** atenció! **2** (*Mil*) ferms!

attentive /ə'tentɪv/ *adj* atent

attic /'ætɪk/ *n* golfes

attitude /'ætɪtjuːd; *USA* -tuːd/ *n* actitud

attorney /ə'tɜːni/ *n* (*pl* **attorneys**) **1** (*USA*) advocat, -ada ➲ *Vegeu nota a* ADVOCAT **2** apoderat, -ada

Attorney General *n* **1** assessor, -a legal del govern **2** (*USA*) procurador, -a general

attract /ə'trækt/ *vt* **1** atreure **2** (*atenció*) cridar **attraction** *n* **1** atracció: *a tourist attraction* una atracció turística **2** atractiu **attractive** *adj* **1** (*persona*) atractiu **2** (*sou, etc.*) interessant

A

attribute *verb, nom*
▸ *vt* /ə'trɪbjuːt/ ~ **sth to sb/sth** atribuir alguna cosa a algú/alguna cosa
▸ *n* /'ætrɪbjuːt/ atribut

aubergine /'əʊbəʒiːn/ (*USA* **eggplant**) *n* albergínia

auction /'ɔːkʃn, 'ɒkʃn/ *nom, verb*
▸ *n* subhasta
▸ *vt* subhastar **auctioneer** /ˌɔːkʃə'nɪə(r), 'ɒk-/ *n* subhastador, -a

audible /'ɔːdəbl/ *adj* audible

audience /'ɔːdiəns/ *n* **1** [*v sing o pl*] (*teatre, etc.*) públic **2** ~ **(with sb)** audiència (amb algú)

audio /'ɔːdiəʊ/ *adj* d'àudio: *audio equipment* equip d'àudio

audio-visual /ˌɔːdiəʊ 'vɪzuəl/ *adj* audiovisual: *audio-visual aids* material audiovisual

audit /'ɔːdɪt/ *nom, verb*
▸ *n* auditoria
▸ *vt* auditar

audition /ɔː'dɪʃn/ *nom, verb*
▸ *n* (*Teat*) prova
▸ *vi* ~ **(for sth)** (*Teat*) fer una prova (per a alguna cosa)

auditor /'ɔːdɪtə(r)/ *n* auditor, -a

auditorium /ˌɔːdɪ'tɔːriəm/ *n* (*pl* **auditoriums** *o* **auditoria** /-riə/) auditori

August /'ɔːgəst/ *n* (*abrev* **Aug.**) agost ➲ *Vegeu nota i exemples a* JANUARY

aunt /ɑːnt; *USA* ænt/ *n* tia: *Aunt Louise* la tia Louise ◇ *my aunt and uncle* els tiets *Vegeu tb* AGONY AUNT **auntie** (*tb* **aunty**) *n* (*col·loq*) tieta

au pair /ˌəʊ 'peə(r)/ *n* au-pair

Aussie /'ɒzi; *USA* 'ɔːzi/ *adj, n* (*col·loq*) australià, -ana

austere /ɒ'stɪə(r), ɔː's-/ *adj* auster **austerity** /ɒ'sterəti, ɔː's-/ *n* austeritat

authentic /ɔː'θentɪk/ *adj* autèntic

author /'ɔːθə(r)/ *n* autor, -a

authoritarian /ɔːˌθɒrɪ'teəriən; *USA* ɔːˌθɔːrə't-/ *adj, n* autoritari, -ària

authoritative /ɔː'θɒrətətɪv; *USA* ɔː'θɔːrəteɪtɪv/ *adj* **1** (*veu, etc.*) autoritari **2** (*llibre, etc.*) de gran autoritat

authority /ɔː'θɒrəti; *USA* ɔːˌθɔːr-/ *n* (*pl* **authorities**) autoritat **LOC** **have sth on good authority** saber alguna cosa de bona font

authorization (*GB tb* **-isation**) /ˌɔːθəraɪ'zeɪʃn; *USA* -rə'z-/ *n* autorització

authorize (*GB tb* **-ise**) /'ɔːθəraɪz/ *vt* autoritzar

autobiographical /ˌɔːtəˌbaɪə'græfɪkl/ *adj* autobiogràfic

autobiography /ˌɔːtəbaɪ'ɒgrəfi/ *n* (*pl* **autobiographies**) autobiografia

autograph /'ɔːtəgrɑːf; *USA* -græf/ *nom, verb*
▸ *n* autògraf
▸ *vt* signar

automate /'ɔːtəmeɪt/ *vt* automatitzar

automatic /ˌɔːtə'mætɪk/ *adjectiu, nom*
▸ *adj* automàtic
▸ *n* **1** arma automàtica **2** cotxe automàtic **automatically** /-kli/ *adv* automàticament

automation /ˌɔːtə'meɪʃn/ *n* automatització

automobile /'ɔːtəməbiːl/ *n* (*USA*) automòbil

autonomy /ɔː'tɒnəmi/ *n* [*incomptable*] autonomia **autonomous** *adj* autònom

autopsy /'ɔːtɒpsi/ *n* (*pl* **autopsies**) autòpsia

autumn /'ɔːtəm/ (*USA* **fall**) *n* tardor

auxiliary /ɔːg'zɪliəri/ *adj, n* (*pl* **auxiliaries**) auxiliar

avail /ə'veɪl/ *n* **LOC** **to little/no avail** (*formal*) en va

available /ə'veɪləbl/ *adj* disponible **availability** /əˌveɪlə'bɪləti/ *n* disponibilitat

avalanche /'ævəlɑːnʃ; *USA* -læntʃ/ *n* allau

avant-garde /ˌævɒ̃ 'gɑːd/ *nom, adjectiu*
▸ *n* avantguarda
▸ *adj* avantguardista, d'avantguarda

avenue /'ævənjuː; *USA* -nuː/ *n* **1** (*abrev* **Ave.**) avinguda ➲ *Vegeu nota a* CARRER **2** (*possibilitat*) via

average /'ævərɪdʒ/ *adjectiu, nom, verb*
▸ *adj* **1** mitjà: *average earnings* el sou mitjà **2** mediocre
▸ *n* mitjana: *on average* per regla general
▸ *v* **PHR V** **average out (at sth)** sortir una mitjana d'alguna cosa: *It averages out at 10%.* Surt una mitjana del 10%.

aversion /ə'vɜːʃn; *USA* -ʒn/ *n* aversió

avert /ə'vɜːt/ *vt* (*formal*) **1** (*crisi, etc.*) evitar **2** (*mirada*) apartar

aviation /ˌeɪvi'eɪʃn/ *n* aviació

avid /'ævɪd/ *adj* àvid

avocado /ˌævə'kɑːdəʊ/ *n* (*pl* **avocados**) alvocat

avoid /ə'vɔɪd/ *vt* **1** ~ **sb/sth/doing sth** evitar algú/alguna cosa/fer alguna cosa: *She avoided going.* Va evitar anar-hi. **2** (*responsabilitat, etc.*) defugir

await /ə'weɪt/ *vt* (*formal*) esperar: *A surprise awaited us.* Ens esperava una sorpresa. ➲ *Compareu amb* WAIT

awake /ə'weɪk/ *adjectiu, verb*
▸ *adj* [*mai davant del nom*] despert
▸ *vt, vi* (*pt* **awoke** /ə'wəʊk/ *pp* **awoken** /ə'wəʊkən/) (*formal*) despertar(-se)

Els verbs **awake** i **awaken** només es fan servir en la llengua culta o literària.
L'expressió més habitual és **wake (sb) up**.

awaken /ə'weɪkən/ (*formal*) **1** *vt, vi* despertar(-se) ➲ *Vegeu nota a* AWAKE **2** *vt* ~ **sb to sth** advertir algú d'alguna cosa **3** *vi* ~ **to sth** (*perill, etc.*) adonar-se d'alguna cosa

award /ə'wɔːd/ *nom, verb*
▸ *n* premi, guardó
▸ *vt* (*premi, etc.*) concedir

award-winning /ə'wɔːd wɪnɪŋ/ *adj* guardonat

aware /ə'weə(r)/ *adj* [*mai davant del nom*] ~ **(of sth)** conscient (d'alguna cosa): *She became aware that someone was following her.* Es va adonar que algú la seguia. LOC **as far as I am aware** que jo sàpiga ◆ **make sb aware of sth** assabentar, conscienciar algú d'alguna cosa **awareness** *n* consciència

away /ə'weɪ/ *adv* ⓘ Per als usos d'**away** en *phrasal verbs*, vegeu les entrades dels verbs corresponents, p. ex. **get away** a GET. **1** (*distància*): *The hotel is two kilometres away.* L'hotel és a dos quilòmetres d'aquí. ◇ *It's a long way away.* Queda molt lluny. **2** (*allunyament*): *She moved away from him.* Es va allunyar d'ell. ◇ *He limped away.* Se'n va anar coixejant. **3** (*ús emfàtic amb temps continus*): *I was working away all night.* Vaig estar treballant tota la nit. **4** del tot: *The snow had melted away.* La neu s'havia fos del tot. **5** (*Esport*) fora (de casa): *an away win* una victòria fora de casa. LOC *Vegeu* RIGHT

awe /ɔː/ *n* respecte, admiració (*reverencial*) LOC **be/stand in awe of sb/sth 1** admirar algú/alguna cosa (*de forma reverencial*) **2** sentir-se intimidat per algú/alguna cosa **awesome** /'ɔːsəm/ *adj* **1** impressionant **2** (*USA, col·loq*) genial

awful /'ɔːfl/ *adj* **1** horrorós: *How awful!* Quin horror! ◇ *I feel awful – I think I'll go to bed.* Em trobo molt malament, em sembla que me'n vaig al llit. **2** [*ús emfàtic*]: *an awful lot of money* una pila de diners **awfully** /'ɔːfli/ *adv* terriblement: *I'm awfully sorry.* Em sap molt i molt greu.

awkward /'ɔːkwəd/ *adj* **1** (*sensació, etc.*) incòmode **2** (*moment, etc.*) inoportú **3** (*persona, pregunta, posició, etc.*) difícil **4** (*moviment*) maldestre

awoke *pt de* AWAKE

awoken *pp de* AWAKE

axe (*USA* **ax**) /æks/ *nom, verb*
▸ *n* destral LOC **have an axe to grind** tenir un interès personal (en alguna cosa)
▸ *vt* **1** (*servei, etc.*) reduir **2** acomiadar

axis /'æksɪs/ *n* (*pl* **axes** /'æksiːz/) (*Geom, Geog, Pol*) eix

axle /'æksl/ *n* eix (*de rodes*)

aye /aɪ/ *interj* (*antic*) sí ⓘ **Aye** és corrent a Escòcia i al nord d'Anglaterra.

B b

B, b /biː/ *n* (*pl* **Bs, B's, b's**) **1** B, b ➲ *Vegeu nota a* A, A **2** (*Mús*) si

babble /'bæbl/ *nom, verb*
▸ *n* **1** (*veus*) murmuri **2** (*bebè*) balboteig
▸ *vt, vi* barbotejar, balbotejar

babe /beɪb/ *n* **1** (*argot*) xato, -a: *Hey babe, what are you doing tonight?* Ei nena, què fas aquesta nit? **2** (*col·loq*) (*dona atractiva*) preciositat: *What a babe!* Que guapa!

baby /'beɪbi/ *n* (*pl* **babies**) **1** bebè: *a newborn baby* un nadó ◇ *a baby girl* una nena **2** (*animal*) cria **3** (*esp USA, argot*) xato, -a

baby carriage *n* (*USA*) cotxet (*de bebè*)

babyish /'beɪbiɪʃ/ *adj* infantil

babysit /'beɪbisɪt/ *vi* (*pt, pp* **babysat** *part pres* **babysitting**) ~ **(for sb)** tenir cura d'un nen (d'algú) **babysitter** *n* cangur **babysitting** *n* treballar de cangur

bachelor /'bætʃələ(r)/ *n* **1** solter ➲ *Compareu amb* SPINSTER **2 Bachelor** llicenciat, -ada: *Bachelor of Arts/Science* llicenciat en una carrera d'humanitats/ciències

back /bæk/ *nom, adjectiu, adverbi, verb*
▸ *n* **1** esquena: *to lie on your back* estar estirat de panxa enlaire **2** darrere **3** revés, dors **4** respatller (*de cadira*) LOC **at the back of your mind** en el fons del pensament ◆ **back to back** donant-se l'esquena ◆ **back to front** (*USA* **backwards**) el davant a darrere ➲ *Vegeu il·lustració a* REVÉS ➲ *Compareu amb* INSIDE OUT *a* INSIDE ◆ **be glad, etc. to see the back of sb/sth** (*col·loq*) alegrar-se de deslliurar-se d'algú/d'alguna cosa ◆ **behind sb's back** darrere d'algú (*d'amagat*)

➲ *Compareu amb* TO SB'S FACE *a* FACE ◆ **be on sb's back** (*col·loq*) fer la guitza a algú ◆ **get/put sb's back up** (*col·loq*) emprenyar algú ◆ **have your back to the wall** (*col·loq*) estar entre l'espasa i la paret ◆ **turn your back on sb/sth** girar l'esquena a algú/alguna cosa *Vegeu tb* PAT

▸ *adj* **1** del darrere: *on the back page* a l'última pàgina **2** (*número de revista*) endarrerit

▸ *adv* ❶ Per als usos de **back** en *phrasal verbs*, vegeu les entrades dels verbs corresponents, p. ex. **draw back** a DRAW. **1** (*moviment, posició*) endarrere, enrere: *Stand well back.* Aparteu-vos. ◇ *a mile back* una milla enrere **2** (*retorn, repetició*) de tornada: *They are back in power.* Tornen a ésser al poder. ◇ *on the way back* de tornada ◇ *to go there and back* anar i tornar **3** (*temps*) allà: *back in the seventies* allà als anys setanta ◇ *a few years back* fa uns anys **4** (*reciprocitat*): *He smiled back (at her).* Li va tornar el somriure. LOC **go, etc. back and forth** anar i venir *Vegeu tb* OWN

▸ **1** *vt, vi* fer anar cap enrere, anar enrere: *She backed (the car) out of the garage.* Va treure el cotxe del garatge fent marxa enrere. **2** *vt* donar suport a, defensar **3** *vt* finançar **4** *vt* apostar per/a PHRV **back away (from sb/sth)** fer-se enrere (per por d'algú/d'alguna cosa) ◆ **back down** (*USA tb* **back off**) fer-se enrere, retractar-se ◆ **back onto sth**: *Our house backs onto the river.* Els darreres de la nostra casa donen al riu. ◆ **back out (of sth)** fer-se enrere (d'alguna cosa) ◆ **back sth up** (*Informàt*) fer una còpia de seguretat d'alguna cosa

backache /'bækeɪk/ *n* mal d'esquena

backbone /'bækbəʊn/ *n* **1** columna vertebral **2** fermesa, empenta

back door *n* porta del darrere LOC **by/through the back door** de sota mà

backdrop /'bækdrɒp/ (*tb* **backcloth** /'bækklɒθ/) *n* teló de fons

backfire /ˌbæk'faɪə(r)/ *vi* **1** ~ **(on sb)** sortir malament (a algú): *His plan backfired (on him).* Li va sortir el tret per la culata. **2** (*cotxe*) petar

background /'bækgraʊnd/ *n* **1** classe social, educació, formació **2** context, rerefons **3** fons, darrer terme: *background music* música ambiental

backing /'bækɪŋ/ *n* **1** suport **2** (*Mús*) acompanyament

backlash /'bæklæʃ/ *n* reacció violenta

backlog /'bæklɒg; *USA* -lɔːg/ *n* endarreriment: *a huge backlog of work* una pila de feina endarrerida

backpack /'bækpæk/ *nom, verb*

▸ *n* (*esp USA*) motxilla ➲ *Vegeu il·lustració a* BAG

▸ *vi* viatjar amb motxilla: *to go backpacking* viatjar amb motxilla **backpacker** *n* motxiller, -a

back seat *n* (*cotxe*) seient de darrere LOC **take a back seat** passar a segon pla

backside /'bæksaɪd/ *n* (*col·loq*) cul

backslash /'bækslæʃ/ *n* barra inversa ➲ *Vegeu pàg 363*

backstage /ˌbæk'steɪdʒ/ *adv* entre bastidors

backstroke /'bækstrəʊk/ *n* (estil) esquena: *to do (the) backstroke* nedar esquena

backup /'bækʌp/ *n* **1** reserva, ajut **2** (*Informàt*) còpia de seguretat

backward /'bækwəd/ *adj* **1** cap enrere: *a backward glance* una mirada enrere **2** endarrerit

backwards /'bækwədz/ (*tb esp USA* **backward**) *adv* **1** cap enrere: *He fell backwards.* Va caure d'esquena. **2** al/del revés **3** (*USA*) *Vegeu* BACK TO FRONT *a* BACK *n* LOC **backward(s) and forward(s)** de l'un costat a l'altre

backyard /ˌbæk'jɑːd/ *n* **1** (*GB*) pati de darrere **2** (*USA*) jardí de darrere

bacon /'beɪkən/ *n* bacó, cansalada

bacteria /bæk'tɪəriə/ *n* [*pl*] bacteris

bad /bæd/ *adj* (*comp* **worse** /wɜːs/ *superl* **worst** /wɜːst/) **1** dolent, mal: *It's bad for you/for your health.* És dolent per a la salut. ◇ *This film's not bad.* Aquesta pel·lícula no està malament. **2** greu **3** (*mal de cap, etc.*) fort **4** (*que fa mal*): *I've got a bad knee.* Tinc el genoll malament. LOC **be bad at sth** no tenir facilitat per a alguna cosa ◆ **too bad** (*col·loq*) **1** (*iròn*) t'espavilles! **2** llàstima: *It's too bad you can't come.* Llàstima que no puguis venir. *Vegeu tb* BOOK, FAITH, FEELING, PATCH

bade *pt de* BID [2]

badge /bædʒ/ *n* insígnia, xapa

badger /'bædʒə(r)/ *n* teixó

bad language *n* [*incomptable*] paraulotes

badly /'bædli/ *adv* (*comp* **worse** /wɜːs/ *superl* **worst** /wɜːst/) **1** mal, malament: *It's badly made.* Està mal fet. **2** [*ús emfàtic*]: *You're badly mistaken.* Estàs molt equivocat. ◇ *The house was badly damaged.* La casa va sofrir molts danys. ◇ *Funds are badly needed.* Es necessiten fons amb urgència. LOC **be badly off** anar malament de diners: *They're not badly off.* Toquen diners.

badminton /'bædmɪntən/ *n* bàdminton

bad-mouth /'bæd maʊð/ *vt* (*col·loq*) parlar malament de

bags

bad-tempered /ˌbæd ˈtempəd/ *adj* malhumorat, geniüt

baffle /ˈbæfl/ *vt* desconcertar **baffling** *adj* desconcertant

bag /bæg/ *n* bossa ➲ *Vegeu il·lustració a* CONTAINER *Vegeu tb* BUMBAG, CARRIER BAG, SCHOOL BAG, SLEEPING BAG, TOILET BAG **LOC bags of sth** (*col·loq*) una pila d'alguna cosa ◆ **be in the bag** (*col·loq*) ésser al sac (i ben lligat) *Vegeu tb* LET, PACK

bagel /ˈbeɪgl/ *n* panet en forma de rosca

baggage /ˈbægɪdʒ/ *n* (*esp USA*) [*incomptable*] equipatge: *baggage reclaim* recollida d'equipatges

baggy /ˈbægi/ *adj* (*roba*) ample, folgat

bag lunch *n* (*USA*) *Vegeu* PACKED LUNCH

bagpipes /ˈbægpaɪps/ *n* [*pl*] gaita: *bagpipe music* música de gaita

baguette /bæˈget/ *n* baguet, barra de pa

bail /beɪl/ *n* [*incomptable*] fiança: *He was granted bail.* Li van concedir la llibertat sota fiança.

bailiff /ˈbeɪlɪf/ *n* (*GB*) agutzil

bait /beɪt/ *n* esquer

bake /beɪk/ *vt, vi* fer(-se) (*al forn*)

baked beans *n* [*pl*] mongetes seques amb salsa de tomàquet

baker /ˈbeɪkə(r)/ *n* **1** forner, -a **2 baker's** forn, fleca ➲ *Vegeu nota a* CARNISSERIA **bakery** *n* (*pl* **bakeries**) forn, fleca

balaclava /ˌbæləˈklɑːvə/ *n* passamuntanyes

balance /ˈbæləns/ *nom, verb*
▸ *n* **1** equilibri: *to lose your balance* perdre l'equilibri **2** (*Fin*) saldo, balanç **3** (*instrument*) balança **LOC catch/throw sb off balance** agafar desprevingut algú ◆ **on balance** pensant-ho bé
▸ **1** *vt, vi* ~ **(sth) (on sth)** mantenir alguna cosa en equilibri, mantenir l'equilibri (sobre alguna cosa) **2** *vt* equilibrar **3** *vt* compensar, contrarestar **4** *vt, vi* (*comptes*) (fer) quadrar

balcony /ˈbælkəni/ *n* (*pl* **balconies**) balcó

bald /bɔːld/ *adj* calb: *a bald patch* una calba

ball /bɔːl/ *n* **1** pilota, bola **2** esfera, cabdell **3** ball (d'etiqueta) **LOC be on the ball** (*col·loq*) estar al cas ◆ **have a ball** (*col·loq*) passar-s'ho d'allò més bé ◆ **start/set the ball rolling** començar

ballad /ˈbæləd/ *n* balada, romanç

ballboy /ˈbɔːlbɔɪ/ *n* aplegapilotes (*noi*)

ballerina /ˌbæləˈriːnə/ *n* ballarina (*de ballet*)

ballet /ˈbæleɪ; *USA* bæˈleɪ/ *n* ballet: *ballet dancers* ballarins de ballet

ball game *n* **1** (*USA*) partit de beisbol **2** (*col·loq*): *It's a whole new ball game.* Això són figues d'un altre paner.

ballgirl /ˈbɔːlgɜːl/ *n* aplegapilotes (*noia*)

balloon /bəˈluːn/ *n* globus

ballot /ˈbælət/ *nom, verb*
▸ *n* votació: *ballot box* urna (electoral)
▸ *vt* ~ **sb (on sth)** demanar el vot secret d'algú (per alguna cosa)

ballpark /ˈbɔːlpɑːk/ *n* **1** (*esp USA*) camp de beisbol **2** *a ballpark figure* una xifra aproximada

ballpoint /ˈbɔːlpɔɪnt/ (*tb* **ballpoint pen**) *n* bolígraf

ballroom /ˈbɔːlruːm/ *n* sala de ball: *ballroom dancing* ball de saló

bamboo /ˌbæmˈbuː/ *n* bambú

ban /bæn/ *verb, nom*
▸ *vt* (**-nn-**) prohibir
▸ *n* ~ **(on sth)** prohibició (d'alguna cosa)

banana /bəˈnɑːnə; *USA* bəˈnænə/ *n* plàtan

band /bænd/ *n* **1** (*Mús*) grup, banda: *a jazz band* un grup/conjunt de jazz **2** (*de lladres, etc.*) colla **3** cinta, franja *Vegeu tb* RUBBER BAND, WAISTBAND **4** (*Econ*) nivell (retributiu), escala

bandage /ˈbændɪdʒ/ *nom, verb*
▸ *n* bena
▸ *vt* ~ **sth (up)** embenar alguna cosa

Band-Aid® /ˈbænd eɪd/ *n* (*USA*) tireta

bandit /ˈbændɪt/ *n* bandit, -ida

bandwagon /ˈbændwægən/ *n* LOC **climb/jump on the bandwagon** (*col·loq, pej*) seguir el corrent: *politicians eager to jump on the environmental bandwagon* polítics ansiosos de pujar al tren de l'ecologisme

bandwidth /ˈbændwɪdθ, -wɪtθ/ *n* (*Informàt*) amplada de banda

bang /bæŋ/ *verb, nom, adverbi, interjecció*
▸ **1** *vt, vi* ~ **(on) sth** donar un cop a alguna cosa: *He banged his fist on the table.* Va donar un cop de puny a la taula. ◇ *I banged the box down on the floor.* Vaig llançar la capsa a terra. ◇ *to bang on the door* copejar la porta **2** *vt* ~ **your head, etc. (against/on sth)** donar-se un cop al cap, etc. (amb alguna cosa) ➲ *Vegeu nota a* COP **3** *vi* ~ **into sth** donar-se un cop contra alguna cosa **4** *vi* (*petard, etc.*) explotar **5** *vi* (*porta, etc.*) petar
▸ *n* **1** explosió **2** cop **3 bangs** [*pl*] (*USA*) serrell
▸ *adv* (*col·loq*) justament, totalment: *bang on time* a l'hora exacta ◇ *bang up to date* totalment al dia LOC **bang goes sth**: *Bang goes any chance of...* S'ha esfumat qualsevol possibilitat de... ◆ **go bang** (*col·loq*) explotar
▸ *interj* pam

banger /ˈbæŋə(r)/ *n* (*GB, col·loq*) **1** salsitxa **2** petard **3** (*cotxe*) carraca

bangle /ˈbæŋgl/ *n* braçalet (*en forma d'argolla o cèrcol*)

banish /ˈbænɪʃ/ *vt* desterrar

banister /ˈbænɪstə(r)/ *n* barana, passamà

bank /bæŋk/ *nom, verb*
▸ *n* **1** banc: *bank manager* director de banc ◇ *bank statement* estat de comptes ◇ *bank account* compte bancari ◇ *bank balance* saldo bancari *Vegeu tb* BOTTLE BANK **2** vora (*de riu, llac*) ➲ *Compareu amb* SHORE LOC **break the bank** (*col·loq*): *A meal out won't break the bank.* No ens arruïnarem perquè anem a menjar fora.
▸ **1** *vt* (*diners*) ingressar **2** *vi* tenir compte: *Who do you bank with?* A quin banc tens compte? PHR V **bank on sb/sth** comptar amb algú/alguna cosa **banker** *n* banquer, -a

bank card *n* targeta de crèdit i/o dèbit

bank holiday *n* (*GB*) dia festiu

> A la Gran Bretanya hi ha vuit dies entre setmana que són festius en què els bancs han de tancar per llei. Solen caure en dilluns, de forma que es té un cap de setmana llarg anomenat **bank holiday weekend**: *We're coming back on Bank Holiday Monday.* Tornarem el dilluns del pont. Els **bank holidays** no sempre coincideixen a Anglaterra, Escòcia i Irlanda del Nord.

banknote /ˈbæŋknəʊt/ *n Vegeu* NOTE *n* (2)

bankrupt /ˈbæŋkrʌpt/ *adj* insolvent: *to go bankrupt* fer fallida **bankruptcy** *n* (*pl* **bankruptcies**) fallida, bancarrota

banner /ˈbænə(r)/ *n* pancarta, estendard

banning /ˈbænɪŋ/ *n* prohibició

banquet /ˈbæŋkwɪt/ *n* convit, banquet

bap /bæp/ *n* panet

baptism /ˈbæptɪzəm/ *n* baptisme, bateig

baptize (*GB tb* **-ise**) /bæpˈtaɪz/ *vt* batejar

bar /bɑː(r)/ *nom, verb, preposició*
▸ *n* **1** barra **2** bar **3** rajola (*de xocolata*) **4** pastilla (*de sabó*) **5** prohibició **6** (*Mús*) (*USA* **measure**) compàs **7** (*Futbol*) *Vegeu* CROSSBAR LOC **behind bars** (*col·loq*) a la garjola
▸ *vt* (**-rr-**) ~ **sb from doing sth** prohibir a algú que faci alguna cosa LOC **bar the way** barrar el pas
▸ *prep* llevat de

barbarian /bɑːˈbeəriən/ *n* bàrbar, -a **barbaric** /bɑːˈbærɪk/ *adj* bàrbar

barbecue /ˈbɑːbɪkjuː/ *nom, verb*
▸ *n* barbacoa
▸ *vt* fer a la brasa

barbed wire /ˌbɑːbd ˈwaɪə(r)/ *n* filferro espinós

barber /ˈbɑːbə(r)/ *n* **1** barber, -a **2 barber's** (*tb esp USA* **barbershop** /ˈbɑːbəʃɒp/) barberia ➲ *Vegeu nota a* CARNISSERIA

bar code *n* codi de barres

B

bare /beə(r)/ *adj* (**barer**, **-est**) **1** despullat, nu ➲ *Vegeu nota a* NAKED **2** descobert **3** buit: *a room bare of furniture* una habitació sense mobles **4** mínim: *the bare essentials* el mínim **barely** *adv* amb prou feines

barefoot /'beəfʊt/ *adj, adv* descalç

bargain /'bɑːgən/ *nom, verb*
▸ *n* **1** ganga: *bargain prices* preus d'escàndol **2** pacte LOC **into the bargain** a més a més *Vegeu tb* DRIVE
▸ *vi* **1** negociar **2** regatejar PHR V **bargain for/on sth** (*col·loq*) esperar-se alguna cosa: *I hadn't bargained on them being here.* No m'esperava trobar-me'ls aquí. **bargaining** *n* [*incomptable*] **1** negociació: *pay bargaining* negociació col·lectiva **2** regateig

barge /bɑːdʒ/ *n* barcassa

baritone /'bærɪtəʊn/ *n* baríton

bark /bɑːk/ *nom, verb*
▸ **1** *n* escorça (*d'arbre*) **2** *n* lladruc
▸ **1** *vi* lladrar, bordar **2** *vt* ~ **(out) sth** dir alguna cosa cridant (*ordres, preguntes*) **barking** *n* [*incomptable*] lladrucs

barking mad (*tb* **barking**) *adj* (*GB, col·loq*) boig rematat

barley /'bɑːli/ *n* ordi

barmaid /'bɑːmeɪd/ (*USA* **bartender**) *n* cambrera

barman /'bɑːmən/ *n* (*pl* **-men** /-mən/) (*USA* **bartender**) cambrer

barmy /'bɑːmi/ *adj* (*GB, col·loq*) sonat

barn /bɑːn/ *n* graner

barometer /bə'rɒmɪtə(r)/ *n* baròmetre

baron /'bærən/ *n* baró

baroness /'bærənəs; *USA* ˌbærə'nes/ *n* baronessa

barracks /'bærəks/ *n* [*v sing o pl*] (*pl* **barracks**) (*Mil*) quarter

barrel /'bærəl/ *n* **1** bóta, tonell **2** canó (*de fusell*)

barren /'bærən/ *adj* àrid, improductiu

barricade /ˌbærɪ'keɪd/ *nom, verb*
▸ *n* barricada
▸ *vt* blocar amb (una) barricada PHR V **barricade yourself in/inside (sth)** tancar-se amb barricades (en alguna cosa)

barrier /'bæriə(r)/ *n* barrera

barrister /'bærɪstə(r)/ *n* advocat, -ada ➲ *Vegeu nota a* ADVOCAT

barrow /'bærəʊ/ *n* carretó

bartender /'bɑːtendə(r)/ *n* (*USA*) cambrer, -a

barter /'bɑːtə(r)/ **1** *vt* ~ **sth (for sth)** bescanviar alguna cosa (per alguna cosa) **2** *vi* ~ **(with sb) (for sth)** fer bescanvi (amb algú) (per obtenir alguna cosa)

base /beɪs/ *nom, verb*
▸ *n* base
▸ *vt* **1** basar **2 to be based in/at...** residir a...

baseball /'beɪsbɔːl/ *n* beisbol

base jumping *n* salt en paracaigudes (*des d'un edifici*)

basement /'beɪsmənt/ *n* soterrani

bases **1** *plural de* BASE **2** *plural de* BASIS

bash /bæʃ/ *verb, nom*
▸ (*col·loq*) **1** *vt* cascar **2** *vt* ~ **your head, elbow, etc. (against/on sth)** donar-se un cop al cap, al colze, etc. (amb alguna cosa) **3** *vi* ~ **into sth** donar-se un cop contra alguna cosa
▸ *n* (*col·loq*) **1** cop fort **2** festa: *a birthday bash* una festa d'aniversari LOC **have a bash (at sth)** (*GB, col·loq*) intentar (alguna cosa)

basic /'beɪsɪk/ *adjectiu, nom*
▸ *adj* **1** fonamental **2** bàsic **3** elemental **basically** /-kli/ *adv* bàsicament **basics** *n* [*pl*] l'essencial, la base

basil /'bæzl; *USA tb* 'beɪzl/ *n* alfàbrega

basin /'beɪsn/ *n* **1** *Vegeu* WASHBASIN **2** bol **3** (*Geog*) conca

basis /'beɪsɪs/ *n* (*pl* **bases** /'beɪsiːz/) base: *on the basis of sth* partint de la base d'alguna cosa ◇ *on a regular basis* amb regularitat

basket /'bɑːskɪt; *USA* 'bæskɪt/ *n* **1** cistell, cistella ➲ *Vegeu il·lustració a* BAG *Vegeu tb* WASTE-PAPER BASKET **2** (*Esport*) cistella: *to make/shoot a basket* encistellar/llançar a cistella LOC *Vegeu* EGG

basketball /'bɑːskɪtbɔːl; *USA* 'bæs-/ *n* bàsquet: *a basketball court* una pista de bàsquet

bass[1] /beɪs/ *nom, adjectiu*
▸ *n* **1** (*cantant*) baix **2** [*incomptable*] baixos: *to turn up the bass* apujar els baixos **3** (*tb* **bass guitar**) baix **4** *Vegeu* DOUBLE BASS
▸ *adj* baix: *bass clef* clau de fa ➲ *Compareu amb* TREBLE

bass[2] /bæs/ *n* (*pl* **bass**) perca: *sea bass* llobarro

bat /bæt/ *nom, verb*
▸ *n* **1** (*Esport*) bat, pala **2** ratapinyada
▸ *vt, vi* (**-tt-**) (*Esport*) batre LOC **not bat an eyelid** (*col·loq*) no immutar-se

batch /bætʃ/ *n* **1** sèrie **2** fornada **3** (*Informàt*) lot: *a batch file* un fitxer de lot

bath /bɑːθ; *USA* bæθ/ *nom, verb*
▸ *n* (*pl* **baths** /bɑːðz; *USA* bæðz/) **1** bany: *to have a bath (GB)/take a bath (USA)* banyar-se **2** (*USA* **bathtub** /'bɑːθtʌb; *USA* 'bæθ-/) banyera
▸ *vt* (*USA* **bathe**) banyar

B

bathe /beɪð/ **1** *vt* (*ulls, ferida*) rentar **2** *vt* (*USA*) banyar **3** *vi* (*antic*) banyar-se

bathrobe /'bɑːθrəʊb; *USA* 'bæθ-/ *n* **1** barnús **2** (*USA*) bata

bathroom /'bɑːθruːm, -rʊm; *USA* 'bæθ-/ *n* **1** (cambra de) bany **2** (*USA*) lavabo ➲ *Vegeu nota a* TOILET

baton /'bætɒn, -tɒ̃; *USA* bə'tɑːn/ *n* **1** porra (*de policia*) **2** (*Mús*) batuta **3** (*Esport*) testimoni

battalion /bə'tæliən/ *n* batalló

batter /'bætə(r)/ *verb, nom*

▸ **1** *vt* batre: *to batter sb to death* matar algú a cops **2** *vt, vi* ~ **(at/on) sth** bastonejar alguna cosa PHRV **batter sth down** abatre alguna cosa a cops

▸ *n* massa per a arrebossar: *fish in batter* peix arrebossat

battered /'bætəd/ *adj* **1** masegat, deformat **2** maltractat

battery /'bætəri/ *n* (*pl* **batteries**) **1** (*Electròn*) bateria, pila **2** de cria intensiva: *a battery hen* una gallina de bateria ➲ *Compareu amb* FREE-RANGE

battle /'bætl/ *nom, verb*

▸ *n* combat, batalla

▸ *vi* ~ **(with/against sb/sth) (for sth)** lluitar (amb/contra algú/alguna cosa) (per alguna cosa)

battlefield /'bætlfiːld/ (*tb* **battleground** /'bætlgraʊnd/) *n* camp de batalla

battlements /'bætlmənts/ *n* [*pl*] merlets

battleship /'bætlʃɪp/ *n* cuirassat

bauble /'bɔːbl/ *n* **1** adorn, galindaina **2** bola de l'arbre de Nadal

bawl /bɔːl/ **1** *vt, vi* ~ **(sth) (out)** cridar (alguna cosa) **2** *vi* plorar fort

bay /beɪ/ *n* **1** badia **2** zona: *loading bay* zona de càrrega **3** cavall castany LOC **hold/keep sb/sth at bay** mantenir algú/alguna cosa a ratlla

bay leaf *n* (*pl* **leaves**) fulla de llorer

bayonet /'beɪənət/ *n* baioneta

bay tree *n* llorer

bay window *n* finestra (*en forma de mirador rodó*)

bazaar /bə'zɑː(r)/ *n* **1** basar **2** mercat benèfic

BC (*USA* **B.C.**) /ˌbiː 'siː/ *abrev de* **before Christ** abans de Crist

be /bi, biː/ ❶ Per als usos de **be** amb **there** vegeu THERE.

• **verb intransitiu 1** ésser: *Life is unfair.* La vida és injusta. ◇ *'Who is it?' 'It's me.'* —Qui és? —Sóc jo. ◇ *It's John's.* És d'en John. ◇ *Be quick!* Afanya't! ◇ *I was late.* Vaig arribar tard. **2** (*estat*) ésser, estar: *How are you?* Com estàs? ◇ *Is he alive?* És viu? **3** (*localització*) ésser: *Mary's upstairs.* La Maria és a dalt. **4** (*origen*) ésser: *She's from Italy.* És italiana. **5** (*només en temps perfets*) visitar: *I've never been to Catalonia.* No he estat mai a Catalunya. ◇ *Has the plumber been yet?* Ja ha vingut el lampista? ◇ *I've been into town.* He anat al centre. ❶ De vegades **been** s'usa com a participi de **go**. *Vegeu nota a* GO. **6** tenir: *I'm right, aren't I?* Tinc raó, oi? ◇ *I'm hot/afraid.* Tinc calor/por. ◇ *Are you in a hurry?* Tens pressa?

> En català s'usa **tenir** amb noms com ara *calor, fred, fam, set*, etc., mentre que en anglès s'usa **be** amb els adjectius corresponents.

7 (*edat*) tenir: *He is ten (years old).* Té deu anys. ➲ *Vegeu notes a* OLD *i* YEAR **8** (*temps*): *It's cold/hot.* Fa fred/calor. ◇ *It's foggy.* Hi ha boira baixa. **9** (*mesura*) fer: *He is six foot tall.* Fa 1,80 m. **10** (*hora*) ésser: *It's two o'clock.* Són les dues. **11** (*preu*) valer, costar: *How much is that dress?* Quant val el vestit? **12** (*Mat*) ésser: *Two and two is/are four.* Dos i dos són quatre.

• **verb auxiliar 1** (*amb participis per formar la passiva*): *It was built in 1985.* Va ser construït el 1985. ◇ *He was killed in the war.* El van matar a la guerra. ◇ *It is said that he is rich./He is said*

be

present simple afirmatiu	contraccions	negatiu contraccions	past simple
I **am**	I'**m**	I'**m not**	I **was**
you **are**	you'**re**	you **aren't**	you **were**
he/she/it **is**	he'**s**/she'**s**/it'**s**	he/she/it **isn't**	he/she/it **was**
we **are**	we'**re**	we **aren't**	we **were**
you **are**	you'**re**	you **aren't**	you **were**
they **are**	they'**re**	they **aren't**	they **were**
forma en **-ing** **being**	*participi passat* **been**		

B

to be rich. Diuen que és ric. **2** (*amb -ing per formar els temps continus*): *What are you doing?* Què fas?/Què estàs fent? ◇ *I'm just coming!* Ara vinc! **3** (*amb infinitiu*): *I am to inform you that...* Us he d'informar que... ◇ *They were to be married.* S'anaven a casar. ❶ Per a expressions amb **be**, vegeu les entrades del nom, adjectiu, etc., p. ex. **be a drain on sth** a DRAIN.

beach /biːtʃ/ *n* platja

bead /biːd/ *n* **1** gra (*d'un collaret, etc.*) **2 beads** [*pl*] enfilall de grans, collaret **3** gota (*de suor, etc.*)

beak /biːk/ *n* bec

beaker /ˈbiːkə(r)/ *n* got alt (*de plàstic o paper*)

beam /biːm/ *nom, verb*

▸ *n* **1** (*de llum*) raig **2** (*de llanterna, etc.*) feix de llum **3** biga, travesser **4** somriure radiant

▸ **1** *vi* ~ **(at sb)** fer un somriure radiant (a algú) **2** *vt* transmetre (*programa, missatge, etc.*)

bean /biːn/ *n* **1** mongeta, fesol: *kidney beans* mongetes vermelles ◇ *broad beans* faves ◇ *bean sprouts* brots de soia *Vegeu tb* BAKED BEANS **2** *green beans* mongeta tendra **3** (*cafè, cacau*) gra *Vegeu tb* JELLY BEAN

bear /beə(r)/ *verb, nom*

▸ (*pt* **bore** /bɔː(r)/ *pp* **borne** /bɔːn/) **1** *vt* aguantar, suportar **2** *vt* resistir: *It won't bear close examination.* No aguantarà un examen a fons. **3** *vt* (*responsabilitat*) assumir **4** *vt* (*despeses*) fer-se càrrec de **5** *vt* (*rancor, etc.*) guardar **6** *vt* tenir: *to bear a resemblance to sb* assemblar-se a algú ◇ *to bear little relation to sth* tenir poc a veure amb alguna cosa **7** *vt* (*firma, nom*) portar **8** *vt* (*càrrega*) suportar **9** *vt* (*formal*) (*fill*) tenir **10** *vi* ~ **left, north, etc.** girar a l'esquerra, cap al nord, etc. LOC **bear sb/sth in mind** tenir algú/alguna cosa en compte *Vegeu tb* GRIN PHR V **bear sb/sth out** corroborar allò que algú ha dit, confirmar alguna cosa ◆ **bear up (under sth)** aguantar (alguna cosa): *He's bearing up well under the strain of losing his job.* Porta bé haver-se quedat sense feina. ◇ *'How are you?' 'Bearing up.'* —Com estàs? —Vaig fent. ◆ **bear with sb** tenir paciència amb algú

▸ *n* ós: *brown bear* ós bru

bearable /ˈbeərəbl/ *adj* tolerable

beard /bɪəd/ *n* barba **bearded** *adj* barbut, amb barba

bearer /ˈbeərə(r)/ *n* **1** (*notícies, xec*) portador, -a **2** (*document*) posseïdor, -a

beast /biːst/ *n* animal, bèstia: *wild beasts* feres

beat /biːt/ *verb, nom*

▸ (*pt* **beat** *pp* **beaten** /ˈbiːtn/) **1** *vt* ~ **sb (at sth)** guanyar algú (a alguna cosa): *She beat me at chess.* Em va guanyar als escacs. **2** *vt* confondre: *It beats me why he did it.* No m'explico per què ho va fer. **3** *vt* (*superar*): *to beat the world record* batre el rècord mundial ◇ *Nothing beats home cooking.* No hi ha res com la cuina casolana. **4** *vt, vi* picar, donar cops (a): *She was beaten to death.* La van matar a cops. **5** *vt, vi* ~ **(at/against/on) sth** batre (contra) alguna cosa: *beaten eggs* ous batuts **6** *vt* (*tambor*) tocar **7** *vi* (*cor*) bategar LOC **beat about the bush** (*USA* **beat around the bush**) fugir d'estudi ◆ **off the beaten track** (en un lloc) apartat PHR V **beat sb to it/sth** avançar-se a algú: *Book now before somebody else beats you to it!* Reserva ara abans que algú altre se t'avanci! ◆ **beat sb up** donar una pallissa a algú

▸ *n* **1** (*tambor*) redoblament **2** [*sing*] ritme **3** (*policia*) ronda

beating /ˈbiːtɪŋ/ *n* **1** (*càstig, derrota*) pallissa **2** batre **3** (*cor*) batec LOC **take some beating** ésser difícil de superar

beautician /bjuːˈtɪʃn/ *n* esteticista

beautiful /ˈbjuːtɪfl/ *adj* **1** bonic, bell **2** meravellós **beautifully** /-fli/ *adv* meravellosament

beauty /ˈbjuːti/ *n* (*pl* **beauties**) **1** bellesa **2** (*persona o cosa*) bellesa, preciositat

beauty salon (*tb* **beauty parlour**) *n* saló de bellesa

beaver /ˈbiːvə(r)/ *n* castor

became *pt de* BECOME

because /bɪˈkɒz, -ˈkəz; *USA* -ˈkɔːz/ *conj* perquè **because of** *prep* a causa de: *because of you* per tu

beckon /ˈbekən/ **1** *vi* ~ **to sb** fer signes a algú **2** *vt* cridar fent signes: *She beckoned him into her office.* Li va fer signe que entrés al despatx.

become /bɪˈkʌm/ *vi* (*pt* **became** /bɪˈkeɪm/ *pp* **become**) **1** (*amb nom*) esdevenir, convertir-se en, fer-se: *She became a doctor.* Es va fer metgessa. **2** (*amb adjectiu*) posar-se, tornar-se: *to become fashionable* posar-se de moda ◇ *She became aware that...* Va adonar-se que... *Vegeu tb* GET LOC **become of sb/sth**: *What became of your sister?* Què se n'ha fet, de la teva germana?

bed /bed/ *n* **1** llit: *a single/double bed* un llit individual/de matrimoni

> A les expressions següents no s'usa l'article definit en anglès: *to go to bed* anar al llit ◇ *It's time for bed.* És hora d'anar al llit.

2 llit (*d'un riu*) **3** fons (*de l'oceà*) **4** *Vegeu* FLOWER BED

bed and breakfast *n* (*abrev* **B and B**, **B & B**) **1** pensió i esmorzar **2** pensió amb règim d'allotjament i esmorzar ❶ En molts casos, els **bed and breakfasts** són cases particulars.

bedclothes /'bedkləʊðz/ *n* [*pl*] (*tb* **bedding** /'bedɪŋ/ [*incomptable*]) roba de llit

bedroom /'bedru:m, -rʊm/ *n* habitació, dormitori

bedside /'bedsaɪd/ *n* capçalera: *bedside table* tauleta de nit

bedsit /'bedsɪt/ *n* (*GB*) estudi (*apartament petit d'una única cambra*)

bedspread /'bedspred/ *n* cobrellit

bedtime /'bedtaɪm/ *n* hora d'anar a dormir

bee /bi:/ *n* abella

beech /bi:tʃ/ (*tb* **beech tree**) *n* faig

beef /bi:f/ *n* carn de bou: *roast beef* rosbif ➲ *Vegeu nota a* CARN

beefburger /'bi:fbɜ:gə(r)/ *n* hamburguesa

beehive /'bi:haɪv/ *n* rusc

been /bi:n, bɪn; *USA* bɪn/ *pp de* BE

beep /bi:p/ *nom, verb*
- ▸ *n* senyal (*acústic*)
- ▸ *vi* (*despertador, botzina, microones, etc.*) sonar, emetre un senyal (*acústic*)

beer /bɪə(r)/ *n* cervesa ➲ *Vegeu nota a* CERVESA

beetle /'bi:tl/ *n* escarabat

beetroot /'bi:tru:t/ (*USA* **beet** /bi:t/) *n* remolatxa

before /bɪ'fɔ:(r)/ *preposició, conjunció, adverbi*
- ▸ *prep* **1** abans de, abans que: *before lunch* abans de dinar ◇ *the day before yesterday* abans-d'ahir ◇ *He arrived before me.* Va arribar abans que jo. ◇ *He puts his work before everything else.* Posa la seva feina abans que res. **2** davant (de): *right before my eyes* just davant dels meus ulls
- ▸ *conj* abans que: *before he goes on holiday* abans que se'n vagi de vacances
- ▸ *adv* abans: *the day/week before* el dia/la setmana abans ◇ *I've never seen her before.* No l'he vista mai.

beforehand /bɪ'fɔ:hænd/ *adv* per endavant

beg /beg/ (**-gg-**) **1** *vt* ~ **sb to do sth** suplicar a algú que faci alguna cosa **2** *vt, vi* ~ **(sb) for sth**; ~ **sth (of sb)** suplicar alguna cosa (a algú): *I begged him for forgiveness/more time.* Li vaig suplicar que em perdonés/que em donés una pròrroga. **3** *vt, vi* ~ **(for sth) (from sb)**; ~ **sth (from sb)** pidolar (alguna cosa) (a algú): *They had to beg for food from tourists.* Van haver de pidolar menjar als turistes. LOC **I beg your pardon 1** (*formal*) disculpeu **2** com heu dit? **beggar** *n* captaire **begging** *n* mendicitat

begin /bɪ'gɪn/ *vt, vi* (*pt* **began** /bɪ'gæn/ *pp* **begun** /bɪ'gʌn/ *part pres* **beginning**) ~ **(doing sth/to do sth)** començar (a fer alguna cosa)

> Malgrat que en principi **begin** i **start** poden anar seguits d'un verb en infinitiu o d'una forma en **-ing**, quan estan en un temps continu només poden anar seguits d'infinitiu: *It is starting to rain.* Està començant a ploure.

LOC **to begin with 1** per començar **2** al principi **beginner** *n* principiant **beginning** *n* **1** començament, principi: *at/in the beginning* al començament ◇ *from beginning to end* de principi a fi **2** origen

behalf /bɪ'hɑ:f; *USA* -'hæf/ *n* LOC **on behalf of sb/on sb's behalf** en nom d'algú, de part d'algú

behave /bɪ'heɪv/ *vi* **1** ~ **well, badly, etc. (towards sb)** comportar-se bé, malament, etc. (amb algú) **2** (*tb* **behave yourself**) portar-se bé: *Behave yourself!* Porta't bé! **3 -behaved**: *well-/badly-behaved* ben/mal educat

behaviour (*USA* **behavior**) /bɪ'heɪvjə(r)/ *n* comportament

behead /bɪ'hed/ *vt* decapitar

behind /bɪ'haɪnd/ *preposició, adverbi, nom* ❶ Per als usos de **behind** en *phrasal verbs*, vegeu les entrades dels verbs corresponents, p. ex. **stay behind** a STAY.
- ▸ *prep* **1** darrere (de), rere: *a street behind the station* un carrer darrere l'estació ◇ *What's behind this sudden change?* Què hi ha darrere aquest canvi sobtat? **2** endarrerit: *to be behind schedule* anar endarrerit **3** a favor de
- ▸ *adv* **1** enrere: *He was shot from behind.* Li van disparar per darrere. ◇ *to look behind* mirar enrere **2** ~ **(in/with sth)** endarrerit (amb alguna cosa)
- ▸ *n* (*col·loq*) darrere (*cul*)

beige /beɪʒ/ *adj, n* beix

being /'bi:ɪŋ/ *n* **1** ésser: *human beings* éssers humans **2** existència *Vegeu tb* WELL-BEING LOC **come into being** crear-se

belated /bɪ'leɪtɪd/ *adj* tardà

belch /beltʃ/ *n* eructe

belief /bɪ'li:f/ *n* **1** creença **2** ~ **in sth/sb** confiança, fe en alguna cosa/algú LOC **beyond belief** increïble ◆ **in the belief that...** confiant que... *Vegeu tb* BEST

believe /bɪ'li:v/ *vt, vi* creure: *I believe so.* Em sembla que sí. LOC **believe it or not** encara que no t'ho creguis *Vegeu tb* LEAD[1] PHR V **believe in sb/sth 1** creure en algú/alguna cosa **2** confiar en algú/alguna cosa **believable** *adj* creïble

B

believer *n* creient LOC **be a (great/firm) believer in sth** ésser un (gran) partidari d'alguna cosa

bell /bel/ *n* **1** campana, campaneta **2** timbre: *to ring the bell* tocar el timbre *Vegeu tb* RING²

bellow /'beləʊ/ *verb, nom*
▸ **1** *vt, vi* cridar **2** *vi* bramular
▸ *n* **1** crit **2** bramul

bell pepper *n* (*USA*) pebrot

belly /'beli/ *n* (*pl* **bellies**) ventre, panxa

belly button *n* (*col·loq*) melic

belly dancing *n* dansa del ventre

belong /bɪ'lɒŋ; *USA* -'lɔːŋ/ *vi* **1** ~ **to sb/sth** pertànyer a algú/alguna cosa: *Who does this pencil belong to?* De qui és aquest llapis? **2** ~ **to sth** ésser membre/soci d'alguna cosa **3** *Where does this belong?* On va això? ◇ *Are you sure these documents belong together?* N'estàs segur, que aquest documents van junts? **belongings** *n* [*pl*] pertinences

below /bɪ'ləʊ/ *preposició, adverbi*
▸ *prep* sota, (per) sota de: *five degrees below freezing* cinc graus sota zero
▸ *adv* (més) avall: *above and below* sobre i sota

belt /belt/ *n* **1** cinturó *Vegeu tb* LIFEBELT, SEAT BELT **2** (*Mec*) cinta, corretja: *conveyor belt* cinta transportadora **3** (*Geog*) zona LOC **be below the belt** ésser un cop baix: *That remark was a bit below the belt.* Aquest comentari va ser un cop baix.

bench /bentʃ/ *n* **1** (*seient*) banc **2 the bench** [*sing*] (*Dret*) el tribunal **3** [*gen pl*] (*GB*) (*Pol*) escó: *the Opposition benches* els escons de l'oposició **4 the bench** [*sing*] (*Esport*) la banqueta

bend /bend/ *verb, nom*
▸ (*pt, pp* **bent** /bent/) **1** *vi* ~ **(down)** inclinar-se, ajupir-se **2** *vt, vi* doblegar(-se), torçar(-se)
▸ *n* **1** revolt **2** (*canonada*) colze LOC **round the bend** (*col·loq*) sonat

beneath /bɪ'niːθ/ *preposició, adverbi*
▸ *prep* (*formal*) **1** sota **2** indigne de
▸ *adv* davall

benefactor /'benɪfæktə(r)/ *n* (*formal*) benefactor, -a

beneficial /ˌbenɪ'fɪʃl/ *adj* beneficiós, profitós

benefit /'benɪfɪt/ *nom, verb*
▸ *n* **1** benefici, profit: *to be of benefit to sb* ser beneficiós per a algú **2** subsidi: *unemployment benefit* subsidi d'atur **3** funció benèfica LOC **give sb the benefit of the doubt** refiar-se d'algú
▸ (**-t-** o **-tt-**) **1** *vt* beneficiar **2** *vi* ~ **(from/by sth)** beneficiar-se, aprofitar-se (d'alguna cosa)

benevolent /bə'nevələnt/ *adj* **1** (*formal*) benèvol **2** benèfic **benevolence** *n* benevolència

benign /bɪ'naɪn/ *adj* benigne

bent /bent/ *adj* **1** corbat, torçat **2** ~ **on sth/on doing sth** entestat en alguna cosa/a fer alguna cosa *Vegeu tb* BEND

bequeath /bɪ'kwiːð/ *vt* ~ **sth (to sb)** (*formal*) llegar alguna cosa (a algú)

bequest /bɪ'kwest/ *n* (*formal*) llegat

bereaved /'bɪriːvd/ *adj* (*formal*): *recently bereaved families* famílies que acaben de perdre un ésser estimat **bereavement** *n* mort d'un ésser estimat

beret /'bereɪ; *USA* bə'reɪ/ *n* boina

Bermuda shorts /bəˌmjuːdə 'ʃɔːts/ *n* [*pl*] bermudes

berry /'beri/ *n* (*pl* **berries**) baia

berserk /bə'zɜːk/ *adj* boig: *to go berserk* posar-se fet una fúria

berth /bɜːθ/ *nom, verb*
▸ *n* **1** cabina (*de vaixell*) **2** llitera (*de tren*) **3** (*Nàut*) amarrador
▸ *vt, vi* amarrar (*un vaixell*)

beset /bɪ'set/ *vt* (*pt, pp* **beset** *part pres* **besetting**) (*formal*) assetjar: *to be beset by doubts* estar assetjat pels dubtes

beside /bɪ'saɪd/ *prep* al costat de, prop de LOC **beside yourself (with sth)** fora de si (per alguna cosa)

besides /bɪ'saɪdz/ *preposició, adverbi*
▸ *prep* **1** a més a més de **2** a part de: *No one writes to me besides you.* Ningú no m'escriu a part de tu.
▸ *adv* a més a més

besiege /bɪ'siːdʒ/ *vt* assetjar

best /best/ *adjectiu, adverbi, nom*
▸ *adj* (*superl de* **good**) millor: *the best footballer in the world* el millor futbolista del món ◇ *the best dinner I've ever had* el millor sopar de la meva vida ◇ *my best friend* el meu millor amic *Vegeu tb* GOOD, BETTER LOC **best before**: *best before January 2009* consumir abans de gener 2009 ◇ *a best-before date of 7 May* una data de caducitat del 7 de maig ◆ **best wishes**: *Best wishes, Ann.* Una abraçada, Ann. ◇ *Give her my best wishes.* Dóna-li molts records. *Vegeu tb* PART
▸ *adv* (*superl de* **well**) **1** més: *Which one do you like best?* Quin t'agrada més? ◇ *his best-known book* el seu llibre més conegut **2** millor: *Do as you think best.* Fes el que et sembli millor. ◇ *the best-dressed actress* l'actriu més ben vestida LOC **as best you can** tan bé com puguis

▸ *n* **the best** el millor: *to want the best for sb* desitjar el millor a algú ◇ *We're the best of friends.* Som molt bons amics. LOC **all the best** (*col·loq*) **1** (bona) sort **2** (*en cartes*) salutacions ◆ **at best** en el millor dels casos ◆ **be at your/its best** ésser algú/alguna cosa en el seu millor moment ◆ **do/try your best** fer el màxim possible ◆ **make the best of sth** treure el màxim partit d'alguna cosa ◆ **to the best of my, your, etc. knowledge/belief** que jo sàpiga, tu sàpigues, etc.

best man *n* padrí (*de casament*) ➲ *Vegeu nota a* CASAMENT

best-seller /ˌbest 'selə(r)/ *n* best seller, èxit editorial/de vendes **best-selling** *adj* d'èxit

bet /bet/ *verb, nom*

▸ *vt, vi* (*pt, pp* **bet** *part pres* **betting**) apostar LOC **I bet (that)...** (*col·loq*)segur (que)... ◇ *'I'll do it.' 'Yeah, I bet!'* —Ho faré jo. —Sí, segur! ◇ *I bet you he doesn't come.* M'hi jugo el que vulguis que no ve. ◆ **you bet!** (*col·loq*) i tant!: *'Are you nervous?' 'You bet!'* —Estàs nerviós? —I tant!

▸ *n* juguesca: *to put a bet on sth* apostar a alguna cosa

betide /bɪ'taɪd/ LOC *Vegeu* WOE

betray /bɪ'treɪ/ *vt* **1** (*país, principis*) trair **2** (*secret*) revelar **betrayal** *n* traïció

better /'betə(r)/ *adjectiu, adverbi, nom*

▸ *adj* (*comp de* **good**) ~ **(than sth)** millor (que alguna cosa): *He is much better today.* Avui està molt millor. ◇ *It's better than watching TV.* És millor que mirar la TV. ◇ *It was better than I expected.* Va ser millor del que m'esperava. ◇ *to get better* millorar *Vegeu tb* GOOD, BEST LOC **be little/no better than...** no ésser millor que...: *He's no better than a common thief.* No és més que un lladre qualsevol. ◆ **have seen/known better days** no ésser com abans *Vegeu tb* ALL, PART

▸ *adv* **1** (*comp de* **well**) millor, més bé: *She sings better than me/than I do.* Canta més bé que jo. **2** més: *I like him better than before.* M'agrada més que abans. LOC **be better off (doing sth)**: *He'd be better off leaving now.* Més li valdria anar-se'n ara. ◆ **be better off (without sb/sth)** estar més bé (sense algú/alguna cosa) ◆ **better late than never** (*refrany*) mai no és tard quan arriba ◆ **better safe than sorry** (*refrany*) més val curar-se en salut ◆ **I'd, you'd, etc. better do sth** més val que faci, facis, etc. alguna cosa: *I'd better be going now.* Més val que me'n vagi ara. *Vegeu tb* KNOW, SOON

▸ *n* (alguna cosa) millor: *I expected better of him.* M'esperava més d'ell. LOC **get the better of sb** vèncer algú: *His shyness got the better of him.* La timidesa va poder més que ell.

between /bɪ'twiːn/ *preposició, adverbi*

▸ *prep* entre (*dues coses/persones*) ➲ *Vegeu il·lustració a* ENTRE

▸ *adv* (*tb* **in between**) enmig, al mig

beware /bɪ'weə(r)/ *vi* ~ **(of sb/sth)** anar amb compte (amb algú/alguna cosa) ❶ **Beware** només s'utilitza en infinitiu o imperatiu: *We were told to beware of strong currents in the sea.* Ens van dir que anéssim amb compte amb els corrents marins. ◇ *Beware of the dog.* Compte amb el gos.

bewilder /bɪ'wɪldə(r)/ *vt* deixar perplex **bewildered** *adj* perplex **bewildering** *adj* desconcertant **bewilderment** *n* desconcert

bewitch /bɪ'wɪtʃ/ *vt* embruixar

beyond /bɪ'jɒnd/ *prep, adv* més enllà (de) LOC **be beyond sb** (*col·loq*): *It's beyond me.* No ho puc entendre.

bias /'baɪəs/ *n* **1** ~ **towards sb/sth** predisposició a favor d'algú/d'alguna cosa **2** ~ **against sb/sth** prejudicis contra algú/alguna cosa **3** parcialitat **biased** (*tb* **biassed**) *adj* parcial

bib /bɪb/ *n* pitet

bible /'baɪbl/ *n* bíblia **biblical** /'bɪblɪkl/ *adj* bíblic

bibliography /ˌbɪbli'ɒgrəfi/ *n* (*pl* **bibliographies**) bibliografia

biceps /'baɪseps/ *n* (*pl* **biceps**) bíceps

bicker /'bɪkə(r)/ *vi* tenir raons (*per qüestions trivials*)

bicycle /'baɪsɪkl/ *n* bicicleta: *to ride a bicycle* anar amb bicicleta

bid[1] /bɪd/ *verb, nom*

▸ *vt, vi* (*pt, pp* **bid** *part pres* **bidding**) (*subhasta, Com*) oferir, fer una oferta

▸ *n* **1** (*subhasta, Com*) oferta: *a takeover bid* una oferta pública d'adquisició **2** intent: *to make a bid for sth* intentar aconseguir alguna cosa **bidder** *n* postor, -a

bid[2] /bɪd/ *vt* (*pt* **bade** /beɪd, bæd/ *pp* **bidden** /'bɪdn/ *part pres* **bidding**) LOC *Vegeu* FAREWELL

bide /baɪd/ *vt* LOC **bide your time** esperar el moment propici

bidet /'biːdeɪ; *USA* bɪ'deɪ/ *n* bidet

biennial /baɪ'eniəl/ *adj* biennal

big /bɪg/ *adjectiu, adverbi*

▸ *adj* (**bigger**, **-est**) **1** gros, gran: *the biggest desert in the world* el desert més gran del món

> **Big** i **large** descriuen la grandària, la capacitat o la quantitat d'alguna cosa, però **large** és més formal.

B

2 (*col·loq*) (*edat*) gran: *my big sister* la meva germana gran ◇ *You're a big girl now.* Ara ja ets una nena gran. **3** important: *a big mistake* un error greu LOC **a big fish/name/noise/shot** (*col·loq*) un peix gros ◆ **big business**: *This is big business.* Això és una mina. ◆ **big deal!** (*col·loq, iròn*) i tant!, i què?: *So he earns more than me. Big deal!* De manera que guanya més que jo. I què?

▸ *adv* (*col·loq*) a cor què vols: *Let's think big.* No ens estiguem de res.

bigamy /ˈbɪɡəmi/ *n* bigàmia

big-head /ˈbɪɡ hed/ *n* (*col·loq*) vanitós, -osa **big-headed** /ˌbɪɡ ˈhedɪd/ *adj* (*col·loq*) vanitós

bigoted /ˈbɪɡətɪd/ *adj* intolerant

big time *nom, adverbi*

▸ *n* **the big time** (*col·loq*) la fama: *to make/hit the big time* triomfar

▸ *adv* (*col·loq*) molt: *He's messed up big time.* Ha ficat la pota fins al fons.

bike /baɪk/ *n* (*col·loq*) **1** bici **2** moto **biker** *n* motorista

bikini /bɪˈkiːni/ (*pl* **bikinis**) *n* biquini

bilingual /ˌbaɪˈlɪŋɡwəl/ *adj* bilingüe

bill /bɪl/ *nom, verb*

▸ *n* **1** factura: *a bill for 5 000 euros* una factura de 5.000 euros ◇ *the phone/gas bill* el rebut del telèfon/gas **2** (*USA* **check**) (*restaurant, hotel*) compte: *The bill, please.* El compte, si us plau. **3** (*USA*) bitllet (*diners*): *a ten-dollar bill* un bitllet de deu dòlars **4** projecte de llei **5** programa **6** bec (*d'ocell*) LOC **fill/fit the bill** complir els requisits *Vegeu tb* FOOT

▸ *vt* **1** ~ **sb (for sth)** passar la factura (d'alguna cosa) a algú **2** anunciar (*en un programa*)

billboard /ˈbɪlbɔːd/ *n* (*esp USA*) tanca publicitària

billiards /ˈbɪliədz/ *n* [*incomptable*] billar (*amb tres boles*): *billiard table* taula de billar ➲ *Vegeu nota a* BILLAR

billing /ˈbɪlɪŋ/ *n*: *to get top/star billing* encapçalar el cartell

billion /ˈbɪljən/ *adj, n* mil milions

> Antigament **a billion** equivalia a un bilió, però actualment equival a mil milions. **A trillion** equival a un milió de milions, és a dir, un bilió. *Vegeu tb nota a* MILLION

bin /bɪn/ *n* galleda, cubell: *a waste-paper bin* una paperera ◇ *a wheelie bin* un contenidor d'escombraries amb rodes

bins

waste-paper basket (*USA* **wastebasket**)

dustbin (*USA* **trash can**)

litter bin (*USA* **trash can**)

wheelie bin

binary /ˈbaɪnəri/ *adj* binari

bind /baɪnd/ *verb, nom*

▸ *vt* (*pt, pp* **bound** /baʊnd/) **1** ~ **sb/sth (together)** lligar algú/alguna cosa **2** ~ **A and B (together)** (*fig*) unir, lligar A i B **3** ~ **sb (to sth)** obligar algú (a alguna cosa) **4** enquadernar

▸ *n* [*sing*] (*GB, col·loq*) **1** murga **2** embolic: *I'm in a bit of a bind.* M'he ficat en un embolic.

binder /ˈbaɪndə(r)/ *n* arxivador

binding /ˈbaɪndɪŋ/ *adjectiu, nom*

▸ *adj* ~ **(on/upon sb)** vinculant (per a algú)

▸ *n* **1** enquadernació **2** ribet

binge /bɪndʒ/ *nom, verb*

▸ *n* (*col·loq*) gresca: *binge eating* menjar de manera compulsiva

▸ *vi* afartar-se (*de menjar*), emborratxar-se

bingo /ˈbɪŋɡəʊ/ *n* bingo (*joc*)

binman /ˈbɪnmæn/ *n* (*pl* **-men** /-men/) (*GB, col·loq*) escombriaire

binoculars /bɪˈnɒkjələz/ *n* [*pl*] binocles, prismàtics

biochemical /ˌbaɪəʊˈkemɪkl/ *adj* bioquímic

biochemistry /ˌbaɪəʊˈkemɪstri/ *n* bioquímica **biochemist** *n* bioquímic, -a

biodegradable /ˌbaɪəʊdɪˈɡreɪdəbl/ *adj* biodegradable

biodiversity /ˌbaɪəʊdaɪˈvɜːsəti/ *n* biodiversitat

biographical /ˌbaɪəˈɡræfɪkl/ *adj* biogràfic

biography /baɪˈɒɡrəfi/ *n* (*pl* **biographies**) biografia **biographer** *n* biògraf, -a

biological /ˌbaɪəˈlɒdʒɪkl/ *adj* biològic

biology /baɪˈɒlədʒi/ *n* biologia **biologist** *n* biòleg, -òloga

B

biotechnology /ˌbaɪəʊtek'nɒlədʒi/ *n* biotecnologia

birch /bɜːtʃ/ (*tb* **birch tree**) *n* bedoll

bird /bɜːd/ *n* au, ocell: *bird of prey* ocell de presa LOC *Vegeu* EARLY

Biro® /'baɪrəʊ/ *n* (*pl* **Biros**) bolígraf

birth /bɜːθ/ *n* **1** naixement **2** natalitat **3** part **4** naixença, origen LOC **give birth (to sb/sth)** donar a llum (algú/alguna cosa)

birth control *n* control de natalitat

birthday /'bɜːθdeɪ/ *n* aniversari: *Happy birthday!* Per molts anys! ◇ *birthday card* felicitació d'aniversari ◇ *birthday party* festa d'aniversari

birthmark /'bɜːθmɑːk/ *n* taca de naixement

birth mother *n* mare biològica

birthplace /'bɜːθpleɪs/ *n* lloc de naixement

biscuit /'bɪskɪt/ (*tb esp USA* **cookie**) *n* galeta

bisexual /ˌbaɪ'sekʃuəl/ *adj, n* bisexual

bishop /'bɪʃəp/ *n* **1** (*Relig*) bisbe **2** (*Escacs*) alfil

bison /'baɪsn/ *n* (*pl* **bison**) bisó

bit /bɪt/ *n* **1 a bit** (*amb adjectiu o verb*) una mica: *a bit tired* una mica cansat **2 a bit** una estona: *See you in a bit.* Fins ara. **3 ~ of sth** tros, bocí d'alguna cosa: *I've got a bit of shopping to do.* He d'anar a comprar algunes coses. ◇ *I've got a bit of a headache.* Tinc una mica de mal de cap. **4 a bit** (*col·loq*) molt: *It rained quite a bit.* Va ploure molt. ◇ *It's worth a bit.* Val molt. **5** (*Informàt*) bit **6** brida (*per a un cavall*) LOC **a bit much** (*col·loq*) una miqueta massa ◆ **bit by bit** de mica en mica ◆ **bits and pieces** (*col·loq*) coses personals: *I've got some bits and pieces to finish off.* Em queden algunes coses per acabar. ◆ **do your bit** (*col·loq*) fer la teva part ◆ **not a bit; not one (little) bit** gens ni mica: *I don't like it one little bit.* No m'agrada gens ni mica. ◆ **to bits**: *to pull/tear sth to bits* fer trossos d'alguna cosa ◇ *to fall to bits* fer-se bocins ◇ *to smash (sth) to bits* fer miques alguna cosa/fer-se miques ◇ *to take sth to bits* desmuntar alguna cosa *Vegeu tb* BITE

bitch /bɪtʃ/ *n* gossa ➲ *Vegeu nota a* GOS

bite /baɪt/ *verb, nom*

▸ (*pt* **bit** /bɪt/ *pp* **bitten** /'bɪtn/) **1** *vt, vi* **~ (into sth)** mossegar (alguna cosa): *to bite your nails* mossegar-se les ungles **2** *vt* (*insecte, serp*) picar

▸ *n* **1** mossegada **2** mos **3** picada

bitter /'bɪtə(r)/ *adjectiu, nom*

▸ *adj* **1** amarg **2** ressentit **3** glacial

▸ *n* (*GB*) cervesa amarga ➲ *Vegeu nota a* CERVESA **bitterly** *adv* amargament: *It's bitterly cold.* Fa un fred que pela. **bitterness** *n* amargor

bizarre /bɪ'zɑː(r)/ *adj* **1** estrany, curiós **2** (*aspecte*) estrafolari

black /blæk/ *adjectiu, nom, verb*

▸ *adj* (**blacker, -est**) **1** negre: *black belt* cinturó negre ◇ *a black and white film* una pel·lícula en blanc i negre ◇ *black eye* ull de vellut **2** (*cel, nit*) fosc **3** (*cafè, te*) sol, sense llet

▸ *n* **1** negre **2** (*persona*) negre, -a ➲ *Vegeu nota a* AFRO-CARIBBEAN

▸ *v* PHR V **black out** quedar sense sentits

blackberry /'blækbəri; *USA* -beri/ *n* (*pl* **blackberries**) **1** móra **2** esbarzer

blackbird /'blækbɜːd/ *n* merla

blackboard /'blækbɔːd/ (*tb esp USA* **chalkboard**) *n* pissarra

blackcurrant /'blækkʌrənt, ˌblæk'kʌrənt; *USA* 'blækkɜːrənt, ˌblæk'kɜːrənt/ *n* grosella negra

blacken /'blækən/ *vt* **1** ennegrir **2** (*reputació, etc.*) tacar

blacklist /'blæklɪst/ *nom, verb*

▸ *n* llista negra

▸ *vt* posar a la llista negra

blackmail /'blækmeɪl/ *nom, verb*

▸ *n* xantatge

▸ *vt* fer xantatge a **blackmailer** *n* xantatgista

black pudding *n* botifarra negra

blacksmith /'blæksmɪθ/ *n* ferrer, -a

bladder /'blædə(r)/ *n* veixiga, bufeta

blade /bleɪd/ *n* **1** (*ganivet, etc.*) fulla **2** (*ventilador*) aspa **3** (*rem*) pala **4** (*herba*) bri *Vegeu tb* RAZOR BLADE, SHOULDER BLADE

blag /blæg/ *vt* (**-gg-**) (*GB, col·loq*) aconseguir (ensarronant): *I blagged some tickets for the game.* He aconseguit entrades per al partit per la cara.

blame /bleɪm/ *verb, nom*

▸ *vt* **1** culpar: *He blames it on her./He blames her for it.* Li dóna la culpa a ella. ❶ **Blame sb for sth** vol dir el mateix que **blame sth on sb**. **2** (*en frases negatives*): *You couldn't blame him for being annoyed.* No és sorprenent que estigués enfadat. LOC **be to blame (for sth)** tenir la culpa (d'alguna cosa)

▸ *n* **~ (for sth)** culpa (d'alguna cosa): *to put/lay the blame for sth on sb* donar la culpa d'alguna cosa a algú

bland /blænd/ *adj* (**blander, -est**) **1** (*menjar, beguda, etc.*) insípid **2** (*persona*) sonso

blank /blæŋk/ *adjectiu, nom*

▸ *adj* **1** (*paper, xec, etc.*) en blanc **2** (*casset, CD, etc.*) verge **3** (*paret*) nu **4** (*espai, expressió*) buit

B

▶ *n* **1** espai en blanc **2** (*tb* **blank cartridge**) cartutx sense bala

blanket /ˈblæŋkɪt/ *nom, adjectiu, verb*
▶ *n* flassada, manta
▶ *adj* general, global
▶ *vt* cobrir (*del tot*)

blare /bleə(r)/ *vi* ~ **(out)** sonar a tot volum

blasphemy /ˈblæsfəmi/ *n* [*incomptable*] blasfèmia **blasphemous** *adj* blasfem

blast /blɑːst; *USA* blæst/ *nom, verb, interjecció*
▶ *n* **1** explosió **2** ràfega: *a blast of air* una ràfega de vent **3** ona expansiva **LOC** *Vegeu* FULL
▶ *vt* fer volar (*amb explosius*) **PHR V** **blast off** (*nau espacial*) envolar-se
▶ *interj* (*col·loq*) maleït siga! **blasted** *adj* (*col·loq*) maleït

blast-off /ˈblɑːst ɒf; *USA* ˈblæst ɔːf/ *n* envol, enlairament (*nau espacial*)

blatant /ˈbleɪtnt/ *adj* descarat

blaze /bleɪz/ *verb, nom*
▶ *vi* **1** cremar **2** resplendir **3** *Her eyes were blazing with fury.* Tenia els ulls encesos d'ira.
▶ *n* **1** incendi **2** foc, flama **3 a blaze of sth** [*sing*]: *a blaze of colour* un esclat de color ◇ *a blaze of publicity* amb molta publicitat

blazer /ˈbleɪzə(r)/ *n* jaqueta: *a school blazer* una americana d'uniforme

bleach /bliːtʃ/ *verb, nom*
▶ *vt* blanquejar
▶ *n* lleixiu

bleak /bliːk/ *adj* (**bleaker**, **-est**) **1** poc prometedor **2** (*temps*) cru: *a bleak day* un dia gris **3** (*paisatge*) inhòspit **bleakly** *adv* desoladament **bleakness** *n* **1** desolació **2** cruesa

bleat /bliːt/ *vi* belar

bleed /bliːd/ *vi* (*pt, pp* **bled** /bled/) sagnar **bleeding** *n* [*incomptable*] hemorràgia

bleep /bliːp/ *nom, verb*
▶ *n* senyal (*acústic*)
▶ *vi* sonar, emetre un senyal (*acústic*)

blemish /ˈblemɪʃ/ *n* taca

blend /blend/ *verb, nom*
▶ *vt, vi* barrejar(-se) **PHR V** **blend in (with sth/sb)** harmonitzar (amb alguna cosa), integrar-se (amb algú) ◆ **blend into sth** integrar-se en alguna cosa
▶ *n* barreja

blender /ˈblendə(r)/ *n* liquadora

bless /bles/ *vt* (*pt, pp* **blessed** /blest/) beneir **LOC** **be blessed with sth** tenir la sort de tenir alguna cosa ◆ **bless you! 1** beneït siguis! **2** Jesús! (*en esternudar*) ➲ *Vegeu nota a* ATXIM

blessed /ˈblesɪd/ *adj* **1** sant **2** benaurat **3** (*col·loq, antic*): *the whole blessed day* tot el sant dia

blessing /ˈblesɪŋ/ *n* **1** benedicció **2** [*gen sing*] vistiplau **LOC** **it's a blessing in disguise** (*refrany*) d'un gran mal en surt un gran bé

blew *pt de* BLOW

blind /blaɪnd/ *adjectiu, verb, nom*
▶ *adj* cec: *a blind date* una cita a cegues ➲ *Vegeu nota a* CEC; *Vegeu tb* COLOUR-BLIND **LOC** **turn a blind eye (to sth)** fer els ulls grossos (davant d'alguna cosa)
▶ *vt* **1** encegar **2** enlluernar (*momentàniament*)
▶ *n* **1** persiana **2 the blind** [*pl*] els cecs **blindly** *adv* cegament **blindness** *n* ceguesa

blinder /ˈblaɪndə(r)/ *n* [*gen sing*] (*GB, col·loq*) partit excepcional: *to play a blinder (of a game)* jugar un partit de primera

blindfold /ˈblaɪndfəʊld/ *nom, verb, adjectiu, adverbi*
▶ *n* bena (*als ulls*)
▶ *vt* embenar els ulls a
▶ *adj, adv* amb els ulls tapats

blind spot *n* **1** punt feble **2** (*per a conductor*) angle mort

blink /blɪŋk/ *verb, nom*
▶ *vt, vi* ~ **(your eyes)** parpellejar
▶ *n* parpelleig

blip /blɪp/ *n* **1** senyal lluminós **2** problema momentani

bliss /blɪs/ *n* [*incomptable*] felicitat extrema **blissful** *adj* molt feliç: *We spent a blissful week in Rome.* Vam passar una setmana meravellosa a Roma.

blister /ˈblɪstə(r)/ *n* butllofa

blistering /ˈblɪstərɪŋ/ *adj* **1** (*velocitat*) vertiginós **2** (*calor*) abrusador

blitz /blɪts/ *n* ~ **(on sth)** campanya (intensiva) (contra/sobre alguna cosa)

blizzard /ˈblɪzəd/ *n* rufaga (de neu)

bloated /ˈbləʊtɪd/ *adj* inflat

blob /blɒb/ *n* gota (*de líquid espès*)

bloc /blɒk/ *n* (*Pol*) bloc (*de països*)

block /blɒk/ *nom, verb*
▶ *n* **1** (*pedra, gel, etc.*) bloc **2** (*edificis*) illa de cases, bloc **3** (*entrades, accions, etc.*) paquet: *a block booking* una reserva en grup **4** obstacle, destorb: *a mental block* blocatge mental **LOC** *Vegeu* CHIP
▶ *vt* **1** embussar, bloquejar **2** tapar: *Get out of the way, you're blocking the view!* Surt del mig, que em tapes la vista! **3** impedir **4** (*Esport*) blocar

blockade /blɒˈkeɪd/ *nom, verb*
▸ *n* (*Econ, Pol*) bloqueig
▸ *vt* bloquejar (*port, ciutat, etc.*)
blockage /ˈblɒkɪdʒ/ *n* **1** obstrucció **2** blocatge **3** embús
blockbuster /ˈblɒkbʌstə(r)/ *n* (*col·loq*) llibre o pel·lícula que bat rècords de venda i assistència
block capitals (*tb* **block letters**) *n* [*pl*] majúscules
blog /blɒg/ *n* (*Internet*) bloc
bloke /bləʊk/ *n* (*GB, col·loq*) tipus, xicot
blonde /blɒnd/ *adjectiu, nom*
▸ *adj* (*tb* **blond**) ros ❶ La variant **blond** se sol utilitzar per a fer referència a un home. *Vegeu nota a* ROS
▸ *n* rossa
blood /blʌd/ *n* sang: *blood group* grup sanguini ◇ *blood pressure* pressió arterial ◇ *blood test* anàlisi de sang LOC *Vegeu* FLESH; *Vegeu tb* COLD-BLOODED
blood clot *n* coàgul
bloodshed /ˈblʌdʃed/ *n* [*incomptable*] vessament de sang
bloodshot /ˈblʌdʃɒt/ *adj* (*ulls*) vermell
blood sports *n* [*pl*] cacera
bloodstained /ˈblʌdsteɪnd/ *adj* tacat de sang
bloodstream /ˈblʌdstriːm/ *n* flux sanguini
bloodthirsty /ˈblʌdθɜːsti/ *adj* **1** (*persona*) sanguinari **2** (*pel·lícula, etc.*) de sang i fetge
bloody[1] /ˈblʌdi/ *adj, adv* (*GB, col·loq*): *That bloody car!* Aquest maleït cotxe! ◇ *He's bloody useless!* És un fotut inútil.
bloody[2] /ˈblʌdi/ *adj* (**bloodier**, **-iest**) **1** (*batalla, etc.*) sagnant **2** ensangonat, sanguinolent
bloom /bluːm/ *nom, verb*
▸ *n* flor
▸ *vi* florir
blossom /ˈblɒsəm/ *nom, verb*
▸ *n* flor (*d'arbre fruiter*)
▸ *vi* florir
blot /blɒt/ *verb, nom*
▸ *vt* (**-tt-**) **1** assecar (*amb assecant*) **2** (*carta, etc.*) esborrallar PHRV **blot sth out 1** (*vista, llum, etc.*) tapar alguna cosa **2** esborrar alguna cosa de la ment
▸ *n* **1** esborrall **2** ~ **on sth** (*fig*) taca en alguna cosa
blotch /blɒtʃ/ *n* taca (*esp a la pell*) **blotchy** *adj* ple de taques
blouse /blaʊz; *USA* blaʊs/ *n* brusa
blow /bləʊ/ *verb, nom*
▸ (*pt* **blew** /bluː/ *pp* **blown** /bləʊn/) **1** *vt, vi* bufar **2** *vi* (*empès pel vent*): *to blow shut/open* obrir-se/tancar-se de cop **3** *vt* (*vent, etc.*) portar: *The wind blew us towards the island.* El vent ens va portar cap a l'illa. **4** *vi* (*xiulet*) sonar **5** *vt* (*xiulet*) tocar **6** *vt* ~ **your nose** mocar-se
PHRV **blow away** anar-se'n volant (portat pel vent) ◆ **blow sth away** emportar-se alguna cosa (*el vent*)
blow down caure a terra (per la força del vent) ◆ **blow sb/sth down** tirar algú/alguna cosa per terra (*el vent*)
blow sth out apagar alguna cosa bufant
blow over 1 ésser abatut pel vent **2** (*tempestat*) passar **3** (*escàndol*) oblidar-se ◆ **blow sb/sth over** tirar algú/alguna cosa per terra (*el vent*)
blow up 1 (*bomba, etc.*) explotar **2** (*tempestat, escàndol*) esclatar ◆ **blow up (at sb)** (*col·loq*) perdre els estreps (amb algú) ◆ **blow sth up 1** fer volar alguna cosa **2** (*globus, etc.*) inflar alguna cosa **3** (*Fot*) ampliar alguna cosa **4** (*assumpte*) exagerar alguna cosa
▸ *n* ~ **(to sb/sth)** cop (per a algú/alguna cosa) LOC **a blow-by-blow account, etc.** (*col·loq*) un relat, etc. amb tots els ets i uts ◆ **come to blows (over sth)** arribar a les mans (per alguna cosa)
blue /bluː/ *adjectiu, nom*
▸ *adj* **1** blau: *light/dark blue* blau clar/fosc **2** (*col·loq*) trist **3** (*pel·lícula, acudit*) verd
▸ *n* **1** blau **2 the blues** [*incomptable*] (*Mús*) el blues **3 the blues** [*pl*]: *You've really got the blues, haven't you?* Estàs molt deprimida, oi? LOC **out of the blue** de cop i volta **bluish** *adj* blavós
blueberry /ˈbluːbəri; *USA* -beri/ *n* (*pl* **blueberries**) nabiu
blue-collar /ˌbluː ˈkɒlə(r)/ *adj* manual: *blue-collar workers* obrers ➲ *Compareu amb* WHITE-COLLAR
blueprint /ˈbluːprɪnt/ *n* ~ **(for sth)** avantprojecte (d'alguna cosa)
bluff /blʌf/ *verb, nom*
▸ *vi* fer un bluf, fanfarronejar
▸ *n* bluf, fanfarronada
blunder /ˈblʌndə(r)/ *nom, verb*
▸ *n* ficada de peus a la galleda
▸ *vi* ficar els peus a la galleda
blunt /blʌnt/ *adjectiu, verb*
▸ *adj* (**blunter**, **-est**) **1** esmussat, despuntat: *a blunt instrument* un instrument contundent **2** sense embuts: *to be blunt with sb* parlar amb algú sense pèls a la llengua ◇ *To be blunt...* Si hem de ser francs...
▸ *vt* esmussar

B

blur /blɜː(r)/ *nom, verb*
▸ *n* imatge borrosa
▸ *vt, vi* (**-rr-**) **1** fer(-se) borrós **2** (*diferència*) atenuar(-se) **blurred** *adj* borrós

blurt /blɜːt/ *v* PHR V **blurt sth out** etzibar alguna cosa

blush /blʌʃ/ *verb, nom*
▸ *vi* tornar-se vermell
▸ *n* rubor

blusher /ˈblʌʃə(r)/ *n* coloret

boar /bɔː(r)/ *n* (*pl* **boar** *o* **boars**) **1** (*tb* **wild boar**) porc senglar **2** verro ➲ *Vegeu nota a* PORC

board /bɔːd/ *nom, verb*
▸ *n* **1** post: *ironing board* post de planxar *Vegeu tb* DIVING BOARD, DRAINING BOARD, FLOORBOARD, SKATEBOARD, SKIRTING BOARD, SURFBOARD **2** pissarra *Vegeu tb* BLACKBOARD, WHITEBOARD **3** taulell d'anuncis *Vegeu tb* MESSAGE BOARD, NOTICEBOARD **4** (*Escacs, etc.*) tauler, escaquer: *board games* jocs de taula **5 the board (of directors)** [*v sing o pl*] la junta directiva **6** (*menjar*) pensió: *full/half board* pensió completa/mitja pensió LOC **above board** clar, lícit ◆ **across the board** a tots els nivells: *a 10% pay increase across the board* un augment general de sou del 10% ◆ **on board** a bord ◆ **take sth on board** (*idea, suggeriment*) tenir alguna cosa en compte: *She didn't take my advice on board.* ◇ *No va fer cas del meu consell.*
▸ **1** *vi* embarcar **2** *vt* pujar a PHR V **board sth up** empostissar alguna cosa

boarder /ˈbɔːdə(r)/ *n* **1** (*escola*) intern, -a **2** (*pensió*) hoste, -essa

boarding card (*tb* **boarding pass**) *n* targeta d'embarcament

boarding school *n* internat

boast /bəʊst/ *verb, nom*
▸ **1** *vi* ~ **(about/of sth)** vanar-se (d'alguna cosa) **2** *vt* (*formal*) gaudir de: *The town boasts a famous museum.* La ciutat gaudeix d'un museu famós.
▸ *n* jactància **boastful** *adj* **1** presumptuós **2** pretensiós

boat /bəʊt/ *n* **1** vaixell: *to go by boat* anar amb vaixell ◇ *a boat trip* un viatge amb vaixell **2** barca: *rowing boat* barca de rems ◇ *boat race* regata **3** buc LOC *Vegeu* SAME

Boat i **ship** tenen significats molt semblants, però **boat** se sol usar per a embarcacions més petites.

bob /bɒb/ *verb, nom*
▸ *vi* (**-bb-**) ~ **(up and down)** moure's amunt i avall (*a l'aigua*) PHR V **bob up** sortir a la superfície, aparèixer
▸ *n* (*tb* **bobsleigh** /ˈbɒbsleɪ/) bob

bode /bəʊd/ *v* LOC **bode ill/well (for sb/sth)** (*formal*) ésser un mal/bon presagi (per a algú/alguna cosa)

bodice /ˈbɒdɪs/ *n* cosset

bodily /ˈbɒdɪli/ *adjectiu, adverbi*
▸ *adj* del cos, corporal
▸ *adv* **1** a la força **2** en conjunt

body /ˈbɒdi/ *n* (*pl* **bodies**) **1** cos: *body language* llenguatge corporal **2** cadàver **3** [*v sing o pl*] grup: *a government body* un organisme governamental **4** conjunt **5** (*USA* **bodysuit**) bodi LOC **body and soul** en cos i ànima

body bag *n* bossa per a cadàvers

bodyboard /ˈbɒdibɔːd/ *n* planxa de surf pla

bodybuilding /ˈbɒdibɪldɪŋ/ *n* culturisme

bodyguard /ˈbɒdigɑːd/ *n* **1** guardaespatlles **2** (*grup*) guàrdia personal

bodywork /ˈbɒdiwɜːk/ *n* [*incomptable*] carrosseria

bog /bɒg/ *nom, verb*
▸ *n* **1** pantà **2** (*GB, col·loq*) vàter
▸ *v* PHR V **be/get bogged down (in sth)** estar encallat/encallar-se (en alguna cosa) **boggy** *adj* llotós, fangós

bogeyman /ˈbəʊgimæn/ *n* (*pl* **-men** /-mən/) (*tb* **bogey, bogy**) home del sac

bogus /ˈbəʊgəs/ *adj* fals, fraudulent

boil /bɔɪl/ *verb, nom*
▸ *vt, vi* bullir: *a boiled egg* un ou passat per aigua PHR V **boil down to sth** reduir-se a alguna cosa ◆ **boil over** vessar (en bullir)
▸ *n* **1** *to be on the boil* estar bullint **2** furóncol

boiler /ˈbɔɪlə(r)/ *n* caldera

boiler suit *n* granota (*vestit*)

boiling /ˈbɔɪlɪŋ/ *adj* **1** bullent: *boiling point* punt d'ebullició **2** sufocant: *It's boiling hot.* Fa molta calor.

boisterous /ˈbɔɪstərəs/ *adj* bulliciós, esvalotat

bold /bəʊld/ *adj* (**bolder, -est**) **1** valent **2** intrèpid, temerari **3** ben definit, marcat **4** vistós **5** (*tipografia*) (en) negreta LOC **be/make so bold (as to do sth)** (*formal*) atrevir-se (a fer alguna cosa) **boldly** *adv* **1** decididament **2** audaçment, atrevidament **3** clarament **boldness** *n* **1** valentia **2** audàcia, atreviment

bolster /ˈbəʊlstə(r)/ *vt* **1** ~ **sth (up)** reforçar alguna cosa **2** ~ **sb (up)** donar ànims a algú

B

bolt /bəʊlt/ *nom, verb*
▶ *n* **1** forrellat **2** pern **3** *a bolt of lightning* un llamp LOC **make a bolt for it** intentar escapar
▶ **1** *vt* tancar amb forrellat **2** *vt* ~ **A to B**; ~ **A and B together** collar A a B **3** *vi* (*cavall*) desbocar-se **4** *vi* sortir disparat **5** *vt* ~ **sth (down)** engolir alguna cosa

bomb /bɒm/ *nom, verb*
▶ *n* **1** bomba: *a car bomb* un cotxe bomba ◇ *bomb disposal* desactivació de bombes ◇ *a bomb scare* una amenaça de bomba **2 the bomb** [*sing*] les armes nuclears **3 a bomb** (*col·loq*) un dineral: *That car must have cost a bomb!* Aquell cotxe deu haver costat una fortuna! LOC **go like a bomb** (*col·loq*) córrer com un llamp
▶ **1** *vt* bombardejar **2** *vt* posar una bomba en (*un edifici, etc.*) **3** *vi* ~ **along, down, up, etc.** (*GB, col·loq*) anar rabent

bombard /bɒm'bɑːd/ *vt* bombardejar **bombardment** *n* bombardeig

bomber /'bɒmə(r)/ *n* **1** (*avió*) bombarder **2** persona que posa bombes **3** bombarder, -a

bombing /'bɒmɪŋ/ *n* **1** bombardeig **2** atemptat amb explosius

bombshell /'bɒmʃel/ *n* (*col·loq*) bomba: *The news came as a bombshell.* La notícia va caure com una bomba.

bond /bɒnd/ *nom, verb*
▶ *n* **1** lligams **2** bo: *Government bonds* bons del Tresor **3 bonds** [*pl*] (*formal*) cadenes **4** (*formal*) pacte
▶ *vt* unir

bone /bəʊn/ *nom, verb*
▶ *n* **1** os **2** (*peix*) espina LOC **a bone of contention** la poma de la discòrdia ◆ **have a bone to pick with sb** tenir una qüestió per resoldre amb algú ◆ **make no bones about sth** no donar voltes a alguna cosa *Vegeu tb* WORK
▶ *vt* desossar

bone dry *adj* completament sec

bone marrow *n* medul·la òssia

bonfire /'bɒnfaɪə(r)/ *n* foc, foguera

Bonfire Night *n*

El 5 de novembre se celebra a la Gran Bretanya la **Bonfire Night** o **Guy Fawkes night**. A la nit la gent encén fogueres i hi ha focs d'artifici per commemorar el 5 de novembre de 1605 en què Guy Fawkes va intentar cremar el parlament.

bonnet /'bɒnɪt/ *n* **1** capçó, gorreta (*de bebè*) **2** barret (*de senyora*) **3** (*USA* **hood**) capó (*d'un cotxe*)

bonus /'bəʊnəs/ (*pl* **bonuses**) *n* **1** plus: *a productivity bonus* un plus de productivitat **2** avantatge extra

bony /'bəʊni/ *adj* **1** ossut **2** ple d'espines/d'ossos **3** ossi

boo /buː/ *interjecció, nom, verb*
▶ *interj* fora
▶ *n* (*pl* **boos**) cridòria
▶ *vt, vi* (*pt, pp* **booed** *part pres* **booing**) esbroncar

boob /buːb/ *nom, verb*
▶ *n* **1** (*col·loq*) bestiesa **2** (*argot*) teta (*mamella*)
▶ *vi* (*col·loq*) ficar la pota

boob tube *n* (*GB, col·loq*) top paraula d'honor

booby prize /'buːbi praɪz/ *n* premi de consolació per al perdedor

booby trap /'buːbi træp/ *n* parany (explosiu)

book /bʊk/ *nom, verb*
▶ *n* **1** llibre: *a phrase book* una guia de conversa ◇ *the phone book* la guia telefònica **2** (*escola, banc*) llibreta **3 the books** [*pl*] els comptes: *to do the books* portar els comptes *Vegeu tb* CHEQUEBOOK, HANDBOOK, NOTEBOOK, SCRAPBOOK, TEXTBOOK, WORKBOOK LOC **be in sb's bad books**: *I'm in his bad books.* M'ha posat a la seva llista negra. ◆ **be in sb's good books** gaudir del favor d'algú ◆ **do sth by the book** fer alguna cosa seguint normes o instruccions al peu de la lletra *Vegeu tb* COOK, LEAF, TRICK
▶ **1** *vt, vi* reservar, fer una reserva **2** *vt* contractar **3** *vt* (*col·loq*) (*policia*) fitxar **4** *vt* (*Esport*) sancionar LOC **be booked up 1** estar exhaurides les places/localitats **2** (*col·loq*) estar ocupat: *I'm booked up.* Ho tinc tot ple. PHR V **book in** registrar-se (*en un hotel*)

bookcase /'bʊkkeɪs/ *n* llibreria (*moble*)

bookie /'bʊki/ *n* (*col·loq*) corredor, -a d'apostes

booking /'bʊkɪŋ/ *n* reserva

booking office *n* taquilla

booklet /'bʊklət/ *n* fullet

bookmaker /'bʊkmeɪkə(r)/ *n* corredor, -a d'apostes

bookmark /'bʊkmɑːk/ *nom, verb*
▶ *n* **1** punt de llibre **2** (*Informàt*) adreça d'interès
▶ *vt* (*Informàt*) afegir a la llista d'adreces d'interès

bookseller /'bʊkselə(r)/ *n* llibreter, -a

bookshelf /'bʊkʃelf/ *n* (*pl* **-shelves** /-ʃelvz/) prestatge per a llibres

bookshop /'bʊkʃɒp/ (*USA* **bookstore** /'bʊkstɔː(r)/) *n* llibreria (*botiga*)

boom /buːm/ *nom, verb*
▶ *n* **1** boom **2** bum, estrèpit

B

▸ *vi* **1** fer bum, ressonar **2** *Sales have boomed.* Hi ha hagut un boom de vendes.

boomerang /ˈbuːməræŋ/ *n* bumerang

boost /buːst/ *verb, nom*

▸ *vt* **1** (*vendes, confiança*) augmentar **2** (*moral*) aixecar

▸ *n* **1** augment **2** estímul favorable

boot /buːt/ *nom, verb*

▸ *n* **1** bota **2** (*USA* **trunk**) (*cotxe*) maleter *Vegeu tb* TOUGH

▸ **1** *vt* donar una puntada de peu a **2** *vt, vi* ~ **(sth) (up)** (*Informàt*) arrencar (alguna cosa) PHRV **boot sb out** (*col·loq*) treure/plantar algú al carrer

booth /buːð; *USA* buːθ/ *n* **1** cabina: *polling/telephone booth* cabina electoral/telefònica ◇ *photo booth* cabina de fotografia instantània **2** (*mercat, fira*) parada, estand

booze /buːz/ *nom, verb*

▸ *n* (*col·loq*) mam (*alcohol*)

▸ *vi* (*col·loq*): *to go out boozing* sortir a agafar una borratxera

border /ˈbɔːdə(r)/ *nom, verb*

▸ *n* **1** frontera: *a border town* una ciutat fronterera ➲ *Vegeu nota a* FRONTERA **2** vora, ribet **3** (*en un jardí*) platabanda

▸ *vt, vi* ~ **(on) sth** limitar, fer frontera amb alguna cosa PHRV **border on sth** vorejar alguna cosa: *The dictator's ideas bordered on madness.* Les idees del dictador vorejaven la bogeria.

borderline /ˈbɔːdəlaɪn/ *adjectiu, nom*

▸ *adj*: *a borderline case* un cas dubtós

▸ *n* límit

bore /bɔː(r)/ *verb, nom*

▸ *vt* **1** avorrir **2** (*forat*) fer (*amb trepant*)

▸ *n* **1** (*persona*) avorrit, -ida, pesat, -ada **2** avorriment, murga **3** (*escopeta*) calibre *Vegeu tb* BEAR

bored /bɔːd/ *adj* avorrit: *He's bored.* Està avorrit. LOC *Vegeu* STIFF

boredom /ˈbɔːdəm/ *n* avorriment

boring /ˈbɔːrɪŋ/ *adj* avorrit

> Compara les dues frases: *He's boring.* És avorrit. ◇ *He's bored.* Està avorrit. Amb adjectius acabats en **-ing**, com ara *boring, tiring*, etc., el verb **be** expressa una qualitat i es tradueix per *ésser*, mentre que amb adjectius acabats en **-ed**, com ara *bored, tired*, etc., expressa un estat i es tradueix per *estar*.
> ➲ *Vegeu tb nota a* INTERESTING

born /bɔːn/ *verb, adjectiu*

▸ *v* **be born** néixer: *She was born in Bath.* Va néixer a Bath. ◇ *He was born blind.* És cec de naixement.

▸ *adj* **1** [*només davant del nom*] nat: *He's a born actor.* És un actor nat. **2** nascut

borne *pp de* BEAR

borough /ˈbʌrə; *USA* ˈbɜːrəʊ/ *n* municipi

borrow

She's **lending** her son some money. He's **borrowing** some money from his mother.

borrow /ˈbɒrəʊ/ *vt* ~ **sth (from sb/sth)** manllevar alguna cosa (a algú/alguna cosa) ❶ En català solem canviar l'estructura i utilitzem el verb *deixar*: *Can I borrow a pen?* Em deixes un bolígraf? **borrower** *n* prestatari, -ària **borrowing** *n* préstec, crèdit: *public sector borrowing* crèdit al sector públic

bosom /ˈbʊzəm/ *n* pit, pitrera

boss /bɒs; *USA* bɔːs/ *nom, verb*

▸ *n* cap (*superior*)

▸ *vt* ~ **sb about/around** (*pej*) donar ordres a algú **bossy** *adj* (*pej*) manaire

botanical /bəˈtænɪkl/ *adj* botànic

botany /ˈbɒtəni/ *n* botànica **botanist** *n* botànic, -a

botch /bɒtʃ/ *verb, nom*

▸ *vt* ~ **sth (up)** (*col·loq*) espatllar alguna cosa

▸ *n* (*tb* **botch-up** /ˈbɒtʃ ʌp/) (*GB, col·loq*) nyap

both /bəʊθ/ *pron, adj* ambdós/ambdues, tots dos/totes dues: *Both of us went./We both went.* Hi vam anar tots dos. LOC **both... and...** alhora, ... i...: *The report is both reliable and readable.* L'informe és alhora fiable i interessant. ◇ *both you and me* tant tu com jo ◇ *He both plays and sings.* Toca i canta.

bother /ˈbɒðə(r)/ *verb, nom, interjecció*

▸ **1** *vt* molestar ➲ *Compareu amb* DISTURB, MOLEST **2** *vt* amoïnar, preocupar: *What's bothering you?* Què t'amoïna? **3** *vi* ~ **(to do sth)** molestar-se (a fer alguna cosa): *He didn't even bother to*

say thank you. Ni es va molestar a donar-nos les gràcies. **4** *vi* ~ **about sb/sth** amoïnar-se, preocupar-se per algú/alguna cosa **LOC I can't be bothered (to do sth)** no tinc ganes (de fer alguna cosa): *I can't be bothered to read it now.* Em fa mandra llegir-ho ara. ◆ **I'm not bothered** tant me fa
▸ *n* molèstia
▸ *interj* punyeta

bottle /ˈbɒtl/ *nom, verb*
▸ *n* **1** ampolla **2** flascó **3** biberó
▸ *vt* **1** embotellar **2** envasar

bottle bank *n* contenidor de vidre

bottle-opener /ˈbɒtl əʊpnə(r)/ *n* obreampolles

bottom /ˈbɒtəm/ *nom, adjectiu*
▸ *n* **1** fons: *at the bottom of the sea* al fons del mar **2** (*muntanya, pàgina, escala*) peu **3** (*carrer*) final **4** darrer, -a, últim, -a: *He's bottom of the class.* És el darrer de la classe. **5** (*Anat*) cul **6** *bikini bottom* calcetes del biquini ◇ *pyjama bottoms* pantalons de pijama *Vegeu tb* ROCK BOTTOM **LOC be at the bottom of sth** ésser darrere alguna cosa ◆ **get to the bottom of sth** arribar al fons d'alguna cosa
▸ *adj* de baix, últim: *the bottom line (on a page)* l'última ratlla (d'una pàgina) ◇ *your bottom lip* el llavi inferior

bough /baʊ/ *n* branca

bought *pt, pp de* BUY

boulder /ˈbəʊldə(r)/ *n* roca (*gran*)

bounce /baʊns/ *verb, nom*
▸ **1** *vt, vi* botar **2** *vi* (*col·loq*) (*xec*) ésser retornat **PHR V bounce back** (*col·loq*) recuperar-se
▸ *n* bot **bouncy** *adj* **1** (*pilota*) que bota molt **2** (*persona*) animat

bouncer /ˈbaʊnsə(r)/ *n* goril·la (*persona*)

bound /baʊnd/ *adjectiu, verb, nom*
▸ *adj* **1** ~ **to do sth**: *You're bound to pass the exam.* Segur que aproves l'examen. ◇ *It's bound to rain.* Segur que plou. **2** forçat (*per la llei o el deure*) **3** ~ **for...** amb destinació a... **LOC bound up with sth** lligat a alguna cosa
▸ *vi* saltar
▸ *n* salt *Vegeu tb* BIND, BOUNDS

boundary /ˈbaʊndri/ *n* (*pl* **boundaries**) límit, frontera

bounds /baʊndz/ *n* [*pl*] límits **LOC out of bounds** prohibit

bouquet /buˈkeɪ/ *n* **1** pom, ram (*de flors*) **2** buquet

bourgeois /ˈbʊəʒwɑː, ˌbʊəˈʒwɑː/ *adj, n* burgès, -esa **bourgeoisie** /ˌbʊəʒwɑːˈziː/ *n* [*v sing o pl*] **the bourgeoisie** la burgesia

bout /baʊt/ *n* **1** ~ **(of sth)** (*activitat*) ratxa d'alguna cosa **2** ~ **(of sth)** (*malaltia*) accés d'alguna cosa **3** (*Boxa*) combat

bow[1] /baʊ/ *verb, nom*
▸ **1** *vi* inclinar-se, fer una reverència **2** *vt* (*cap*) inclinar, abaixar
▸ *n* **1** reverència **2** (*tb* **bows** [*pl*]) (*Nàut*) proa

bow[2] /bəʊ/ *n* **1** (*Esport*) arc: *a bow and arrow* un arc amb fletxes **2** (*Mús*) arquet **3** llaç

bowel /ˈbaʊəl/ *n* **1** (*Med*) [*gen pl*] budell(s) **2 bowels** [*pl*] (*fig*) entranyes

bowl /bəʊl/ *nom, verb*
▸ *n* **1** bol ❶ **Bowl** s'usa en moltes formes compostes, la traducció de les quals és generalment una sola paraula: *a fruit bowl* una fruitera ◇ *a sugar bowl* una sucrera ◇ *a goldfish bowl* una peixera **2** plat fondo **3** (*vàter*) tassa **4** (*en jocs*) bola **5 bowls** [*incomptable*] esport semblant a la petanca que es juga sobre gespa
▸ *vt, vi* llançar (la pilota)

bowler /ˈbəʊlə(r)/ *n* **1** (*criquet*) llançador, -a **2** (*tb* **bowler hat**) (*USA* **derby**) bolet (*barret*)

bowling /ˈbəʊlɪŋ/ *n* [*incomptable*] bitlles: *bowling alley* pista de bitlles

bow tie /ˌbəʊ ˈtaɪ/ *n* corbata de llacet

box /bɒks/ *nom, verb*
▸ *n* **1** caixa, capsa: *a cardboard box* una caixa de cartó ◇ *a box of matches/chocolates* una capsa de llumins/bombons ➲ *Vegeu il·lustració a* CONTAINER **2** estoig **3** (*Teat*) llotja **4** (*en formularis, etc.*) casella **5 the box** (*GB, col·loq*) la tele *Vegeu tb* LETTER BOX, PHONE BOX, POSTBOX, WINDOW BOX, WITNESS BOX
▸ **1** *vt, vi* boxejar (contra) **2** *vt* ~ **sth (up)** embalar alguna cosa

boxer /ˈbɒksə(r)/ *n* **1** boxejador, -a **2** bòxer

boxer shorts (*tb* **boxers**) *n* [*pl*] calçotets curts, boxers: *a pair of boxers* uns calçotets curts ➲ *Vegeu nota a* PAIR

boxing /ˈbɒksɪŋ/ *n* boxa

Boxing Day *n* el dia de Sant Esteve ➲ *Vegeu nota a* NADAL

box number *n* apartat de correus

box office *n* taquilla

boy /bɔɪ/ *n* **1** nen **2** fill: *his eldest boy* el seu fill gran **3** noi, xicot

boycott /ˈbɔɪkɒt/ *verb, nom*
▸ *vt* boicotejar
▸ *n* boicot

B

boyfriend /ˈbɔɪfrend/ *n* xicot: *Is he your boyfriend, or just a friend?* És el teu xicot o només un amic?

boyhood /ˈbɔɪhʊd/ *n* infantesa

boyish /ˈbɔɪɪʃ/ *adj* **1** (*home*) juvenil **2** (*dona*): *She has a boyish figure.* Té un cos de noi.

bra /brɑː/ *n* sostenidors

brace /breɪs/ *nom, verb*

▸ *n* (*USA* **braces**) **1** (*per a les dents*) ferros **2 braces** (*USA* **suspenders**) [*pl*] elàstics

▸ *vt* ~ **yourself (for sth)** preparar-se (per a alguna cosa)

bracelet /ˈbreɪslət/ *n* braçalet

bracing /ˈbreɪsɪŋ/ *adj* estimulant

bracket /ˈbrækɪt/ *nom, verb*

▸ *n* **1** parèntesi: *in brackets* entre parèntesis ◇ *square brackets* claudàtors ➲ *Vegeu pàg 363* **2** categoria: *the 20-30 age bracket* el grup d'edat de 20 a 30 anys **3** suport (*de prestatge*)

▸ *vt* **1** posar entre parèntesis **2** agrupar

brag /bræg/ *vi* (**-gg-**) ~ **(about sth)** fanfarronejar (d'alguna cosa)

braid /breɪd/ *n* trena

brain /breɪn/ *n* **1** cervell: *a brain tumour* un tumor cerebral **2 brains** [*pl*] cervellets **3** ment **4 the brains** [*sing*] el cervell: *He's the brains of the family.* És el cervell de la família. **LOC have sth on the brain** (*col·loq*) tenir una cosa ficada al cap *Vegeu tb* PICK, RACK **brainless** *adj* insensat, babau

brainstorming /ˈbreɪnstɔːmɪŋ/ *n* pluja d'idees: *We had a brainstorming session.* Ens vam reunir per intercanviar idees.

brainwash /ˈbreɪnwɒʃ/ *vt* ~ **sb (into doing sth)** rentar el cervell a algú (perquè faci alguna cosa) **brainwashing** *n* [*incomptable*] rentat de cervell

brainwave /ˈbreɪnweɪv/ *n* idea genial

brainy /ˈbreɪni/ *adj* (*col·loq*) intel·ligent

brake /breɪk/ *nom, verb*

▸ *n* fre: *to put on/apply the brake(s)* frenar/posar el fre

▸ *vt, vi* frenar: *to brake hard* frenar en sec

bramble /ˈbræmbl/ *n* esbarzer

bran /bræn/ *n* segó

branch /brɑːntʃ; *USA* bræntʃ/ *nom, verb*

▸ *n* **1** branca **2** sucursal: *your nearest/local branch* la sucursal més propera/del barri

▸ *v* **PHR V branch off** (*camí, carretera*) desviar-se, bifurcar-se ◆ **branch out (into sth)** estendre's (cap a alguna cosa), començar (amb alguna cosa): *They are branching out into Eastern Europe.* Estan començant a operar a l'Europa de l'Est.

brand /brænd/ *nom, verb*

▸ *n* **1** (*Com*) marca (*productes de neteja, tabac, roba, aliments*): *brand name goods* productes de marca ➲ *Compareu amb* MAKE **2** tipus: *a strange brand of humour* un sentit de l'humor curiós

▸ *vt* **1** ~ **sb (as sth)** titllar algú (d'alguna cosa) **2** (*bestiar*) marcar

brandish /ˈbrændɪʃ/ *vt* brandar

brand new *adj* nou de trinca

brandy /ˈbrændi/ *n* conyac

brash /bræʃ/ *adj* (*pej*) descarat **brashness** *n* desvergonyiment

brass /brɑːs; *USA* bræs/ *n* **1** llautó **2** [*v sing o pl*] (*Mús*) instruments de metall

brat /bræt/ *n* mocós, -osa

bravado /brəˈvɑːdəʊ/ *n* bravata

brave /breɪv/ *adjectiu, verb*

▸ *adj* (**braver, -est**) valent **LOC put a brave face on sth** fer bona cara (davant d'alguna cosa)

▸ *vt* **1** (*perill, intempèrie, etc.*) plantar cara a **2** (*dificultats*) suportar

brawl /brɔːl/ *n* baralla

bray /breɪ/ *vi* bramar

breach /briːtʃ/ *nom, verb*

▸ *n* **1** (*contracte, etc.*) incompliment **2** (*llei*) violació **3** (*seguretat*) error: *a breach of confidence/trust* un abús de confiança **4** (*relacions*) ruptura

▸ *vt* **1** (*contracte, etc.*) incomplir **2** (*llei*) violar **3** (*mur, defensa*) obrir una bretxa a

bread /bred/ *n* [*incomptable*] pa: *a slice of bread* una llesca de pa ◇ *I bought a loaf/two loaves of bread.* Vaig comprar un pa/dos pans. ❶ El plural **breads** s'usa només per a referir-se a diferents tipus de pa, no a diverses peces de pa: *a range of Italian breads* una varietat de pans italians.

breadcrumbs /ˈbredkrʌmz/ *n* [*pl*] farina de galeta: *fish in breadcrumbs* peix arrebossat

breadth /bredθ/ *n* **1** amplada **2** amplitud

break /breɪk/ *verb, nom*

▸ (*pt* **broke** /brəʊk/ *pp* **broken** /ˈbrəʊkən/) **1** *vt, vi* trencar(-se), fer(-se) bocins: *to break sth in two/in half* trencar alguna cosa per la meitat ◇ *She's broken her leg.* S'ha trencat la cama. *Vegeu tb* TRENCAR **2** *vt* (*llei*) violar **3** *vt* (*promesa, paraula*) no complir, trencar **4** *vt* (*rècord*) batre **5** *vt* (*caiguda*) esmorteir **6** *vt* (*viatge*) interrompre **7** *vi* ~ **(for sth)** fer una pausa (per a alguna cosa): *Let's break for coffee.* Fem una pausa per prendre un cafè. **8** *vt* (*voluntat*) fer perdre **9** *vt* (*mal hàbit*) deixar **10** *vt* (*codi*) desxifrar **11** *vt* (*caixa forta*) forçar **12** *vi* (*temps*) canviar **13** *vi* (*tempesta, escàndol*) esclatar **14** *vi* (*notícia, història*) fer-se públic **15** *vi* (*veu*) trencar-se, canviar **16** *vi* (*onades, aigües*) trencar: *Her waters broke.* Va trencar aigües. ❶ Per a expressions amb **break**, vegeu les entrades del nom, adjectiu, etc., p. ex. **break the bank** a BANK.

PHR V **break away (from sth)** separar-se (d'alguna cosa), trencar (amb alguna cosa)

break down 1 (*cotxe*) avariar-se: *We broke down.* Se'ns va avariar el cotxe. **2** (*màquina*) espatllar-se **3** (*persona*) abatre's: *He broke down and cried.* Es va posar a plorar. **4** (*negociacions*) trencar-se ◆ **break sth down 1** tirar alguna cosa a terra **2** superar, eliminar alguna cosa **3** descompondre, dividir alguna cosa

break in entrar (*forçant l'entrada, esp per robar*) ◆ **break into sth 1** (*lladres*) entrar en alguna cosa **2** posar-se a fer alguna cosa: *to break into a run* posar-se a córrer ◇ *He broke into a cold sweat.* Li va venir una suor freda. **3** (*mercat*) introduir-se en alguna cosa

break off 1 trencar-se **2** parar-se, deixar de parlar ◆ **break sth off 1** trencar (un tros d')alguna cosa **2** (*relacions, compromís*) trencar alguna cosa

break out 1 (*guerra, violència*) esclatar, iniciar-se **2** (*epidèmia, incendi*) declarar-se ◆ **break out in sth**: *I've broken out in spots.* M'han sortit molts grans. ◇ *He broke out in a cold sweat.* Li va entrar una suor freda.

break through sth obrir-se camí a través d'alguna cosa

break up 1 desintegrar-se **2** (*reunió*) dissoldre's **3** (*grup, parella*) separar-se, trencar-se: *She's just broken up with her boyfriend.* Acaba de trencar amb el seu xicot. **4** (*Educ*) començar les vacances: *When do you break up for Christmas?* Quan comenceu les vacances de Nadal? **5** tallar-se (*la connexió telefònica*) ◆ **break sth up 1** (*manifestació, reunió*) dissoldre alguna cosa **2** (*relació*) trencar alguna cosa

▸ *n* **1** descans: *a coffee break* una pausa per prendre cafè **2** vacances curtes: *a weekend break* una escapada de cap de setmana **3** (*USA* **recess**) (hora del) pati **4** ruptura, canvi: *a break in routine* un canvi de rutina **5** (*col·loq*) cop de sort **6** obertura LOC **give sb a break** donar un moment de respir a algú ◆ **make a break for it** intentar escapar *Vegeu tb* CLEAN

breakable *adj* fràgil

breakdown /ˈbreɪkdaʊn/ *n* **1** avaria **2** (*salut*) crisi: *a nervous breakdown* una crisi nerviosa **3** (*estadística*) anàlisi

breakdown lane *n* (*USA*) (*carretera*) voral

breakfast /ˈbrekfəst/ *n* esmorzar, desdejuni: *to have breakfast* esmorzar *Vegeu tb* BED AND BREAKFAST

break-in /ˈbreɪk ɪn/ *n* (*pl* **break-ins**) robatori

breakthrough /ˈbreɪkθruː/ *n* avenç (important)

breast /brest/ *n* pit, sina (*de dona*): *breast cancer* càncer de mama

breastfeed /ˈbrestfiːd/ *vi, vt* (*pt, pp* **breastfed** /-fed/) donar el pit (a)

breaststroke /ˈbreststrəʊk/ *n* (estil) braça: *to do (the) breaststroke* nedar braça

breath /breθ/ *n* alè: *to take a deep breath* respirar fondo LOC **a breath of fresh air** una alenada d'aire fresc ◆ **catch your breath 1** aguantar-se l'alè **2** recuperar l'alè ◆ **don't hold your breath!** (*col·loq*) ja pots anar esperant! ◆ **get your breath back** recuperar l'alè ◆ **hold your breath** aguantar-se la respiració ◆ **out of breath; short of breath** sense alè ◆ **say sth, speak, etc. under your breath** dir alguna cosa, parlar, etc. en veu baixa ◆ **take sb's breath away** deixar algú bocabadat *Vegeu tb* WASTE

breathe /briːð/ *vt, vi* respirar LOC **breathe down sb's neck** (*col·loq*) no perdre d'ull algú ◆ **breathe (new) life into sth** infondre vida a alguna cosa ◆ **not breathe a word (of/about sth) (to sb)** no dir ni piu (sobre alguna cosa) (a algú) PHR V **breathe (sth) in** inspirar (alguna cosa) ◆ **breathe (sth) out** expirar (alguna cosa) **breathing** *n* respiració: *heavy breathing* panteix

breathless /ˈbreθləs/ *adj* esbufegant, sense alè

breathtaking /ˈbreθteɪkɪŋ/ *adj* impressionant, imponent

breed /briːd/ *verb, nom*

▸ (*pt, pp* **bred** /bred/) **1** *vi* (*animal*) reproduir-se **2** *vt* criar (*bestiar*) **3** *vt* produir, engendrar: *Dirt breeds disease.* La brutícia engendra malalties.

▸ *n* raça, casta

breeze /briːz/ *n* brisa

brew /bruː/ **1** *vt* (*cervesa*) elaborar **2** *vt, vi* (*te, cafè*) fer(-se) **3** *vi* ordir-se: *Trouble is brewing.* S'estan ordint problemes.

brewery /ˈbruːəri/ *n* (*pl* **breweries**) fàbrica de cervesa

bribe /braɪb/ *nom, verb*

▸ *n* suborn

▸ *vt* ~ **sb (into doing sth)** subornar algú (perquè faci alguna cosa) **bribery** /ˈbraɪbəri/ *n* [*incomptable*] suborn

B

brick /brɪk/ *nom, verb*
▸ *n* maó
▸ *v* PHR V **brick sth in/up** tapiar alguna cosa

bricklayer /ˈbrɪkleɪə(r)/ *n* paleta

bride /braɪd/ *n* núvia: *the bride and groom* els nuvis ➲ *Vegeu nota a* CASAMENT

bridegroom /ˈbraɪdgru:m/ *n* nuvi ➲ *Vegeu nota a* CASAMENT

bridesmaid /ˈbraɪdzmeɪd/ *n* dama d'honor ➲ *Vegeu nota a* CASAMENT

bridge /brɪdʒ/ *nom, verb*
▸ *n* **1** pont **2** vincle
▸ *vt* LOC **bridge the gap (between A and B)** escurçar la distància (entre A i B)

bridle /ˈbraɪdl/ *n* brida

brief /bri:f/ *adj* (**briefer, -est**) breu LOC **in brief** en una paraula *Vegeu tb* BRIEFS **briefly** *adv* **1** breument **2** en una paraula

briefcase /ˈbri:fkeɪs/ *n* cartera, maletí ➲ *Vegeu il·lustració a* BAG

briefing /ˈbri:fɪŋ/ *n* **1** reunió informativa: *a press briefing* una roda de premsa **2** instruccions, ordres

briefs /bri:fs/ *n* [*pl*] **1** calçotets **2** calcetes ➲ *Vegeu nota a* PAIR

brigade /brɪˈgeɪd/ *n* brigada *Vegeu tb* FIRE BRIGADE

bright /braɪt/ *adj* (**brighter, -est**) **1** brillant, resplendent: *bright eyes* ulls vius **2** (*color*) viu, vistós **3** (*somriure, expressió, caràcter*) alegre, viu **4** llest, intel·ligent LOC *Vegeu* LOOK

brighten /ˈbraɪtn/ **1** *vt, vi* fer(-se) més brillant **2** *vi* ~ **(up)** (*cel, temps*) aclarir-se, asserenar-se: *It will brighten up soon.* Aviat s'asserenarà. **3** *vi* ~ **(up)** animar-se **4** *vt* ~ **sth (up)** animar, alegrar alguna cosa

brightly /ˈbraɪtli/ *adv* **1** brillantment **2** *brightly lit* amb molta il·luminació ◇ *brightly painted* pintat amb colors vius **3** alegrement

brightness /ˈbraɪtnəs/ *n* **1** lluïssor, claror **2** alegria **3** intel·ligència

brilliant /ˈbrɪliənt/ *adj* **1** brillant **2** (*col·loq*) genial: *Thanks, you've been brilliant.* Gràcies, has estat genial. **brilliance** *n* **1** lluïssor, resplendor **2** brillantor

brim /brɪm/ *n* **1** vora: *full to the brim* ple fins dalt **2** ala (*de barret*)

bring /brɪŋ/ *vt* (*pt, pp* **brought** /brɔ:t/) ➲ *Vegeu nota a* PORTAR *i il·lustració a* TAKE **1** ~ **sb/sth (with you)** portar algú/alguna cosa: *Can I bring a friend to your party?* Puc portar un amic meu a la teva festa? ◇ *Bring a sleeping bag with you.* Porta un sac de dormir. **2** ~ **sb sth; ~ sth for sb** portar alguna cosa a algú: *He always brings me a present./He always brings a present for me.* Sempre em porta un regal. ➲ *Vegeu nota a* GIVE **3** (*accions judicials*) entaular **4** ~ **yourself to do sth**: *I couldn't bring myself to tell her.* No em vaig veure capaç de dir-li-ho. ❶ Per a expressions amb **bring**, vegeu les entrades del nom, adjectiu, etc., p. ex. **bring sth home to sb** a HOME.
PHR V **bring sth about** provocar alguna cosa
bring sb around = BRING SB ROUND
bring sth back 1 retornar alguna cosa **2** fer pensar en alguna cosa, recordar alguna cosa **3** restablir alguna cosa
bring sth down 1 abatre, enderrocar alguna cosa **2** (*inflació, etc.*) reduir, baixar alguna cosa
bring sth forward avançar alguna cosa
bring sth in (*llei*) introduir alguna cosa
bring sth off assolir alguna cosa
bring sth on provocar alguna cosa ◆ **bring sth on yourself** buscar-se alguna cosa
bring sth out 1 (*producte*) treure, llançar alguna cosa **2** publicar alguna cosa **3** fer ressaltar alguna cosa
bring sb round fer que algú torni en si ◆ **bring sb round (to sth)** convèncer algú (d'alguna cosa)
bring sb to fer que algú torni en si
bring sb/sth together reconciliar, unir algú/alguna cosa
bring sb up pujar, criar algú: *She was brought up by her granny.* La va pujar la seva àvia. ◆ **bring sth up 1** portar alguna cosa a col·lació **2** vomitar alguna cosa

brink /brɪŋk/ *n* **the ~ (of sth)** vora (d'alguna cosa): *on the brink of war* al caire de la guerra

brisk /brɪsk/ *adj* (**brisker**) **1** (*pas*) enèrgic **2** (*negoci*) actiu

Brit /brɪt/ *n* (*col·loq*) britànic, -a

British /ˈbrɪtɪʃ/ *adj* britànic

> L'adjectiu **British** s'usa per a parlar de la gent de la Gran Bretanya, és a dir, Anglaterra, Escòcia, Gal·les i Irlanda del Nord. **English** només s'utiliza per a referir-se als habitants d'Anglaterra, mentre que el nom **Briton** només es fa servir als diaris.

brittle /ˈbrɪtl/ *adj* **1** trencadís **2** fràgil

broach /brəʊtʃ/ *vt* abordar

broad /brɔ:d/ *adj* (**broader, -est**) **1** ample

> Per a fer referència a la distància entre els dos extrems d'alguna cosa se sol usar **wide**: *The bridge is eight metres wide.* El pont fa vuit metres d'ample. **Broad** s'utilitza per a parlar de característiques geogràfiques: *a broad expanse of desert* una àmplia extensió

B

de desert, i també en frases com: *broad shoulders* ample d'espatlles.

2 general, ampli: *in the broadest sense of the word* en el sentit més ampli de la paraula LOC **in broad daylight** en ple dia

broadband /ˈbrɔːdbænd/ *n* banda ampla

broad bean *n* fava

broadcast /ˈbrɔːdkɑːst; *USA* -kæst/ *verb, nom*

▸ (*pt, pp* **broadcast**) **1** *vt, vi* (*TV, Ràdio*) retransmetre, emetre (programes) **2** *vt* (*opinió, etc.*) divulgar

▸ *n* transmissió: *a party political broadcast* un espai electoral

broaden /ˈbrɔːdn/ *vt, vi* eixamplar(-se)

broadly /ˈbrɔːdli/ *adv* **1** en general: *broadly speaking* parlant en termes generals **2** àmpliament: *smiling broadly* amb un somriure ample

broadsheet /ˈbrɔːdʃiːt/ *n* diari de gran format ➲ *Compareu amb* TABLOID

broccoli /ˈbrɒkəli/ *n* [*incomptable*] bròquil

brochure /ˈbrəʊʃə(r); *USA* brəʊˈʃʊər/ *n* fullet (*esp de viatges o publicitat*)

broke /brəʊk/ *adj* (*col·loq*) sense un ral LOC **go broke** (*negoci*) fer fallida *Vegeu tb* BREAK

broken /ˈbrəʊkən/ *adj* **1** trencat **2** fracassat, destrossat: *a broken marriage* un matrimoni fracassat ◇ *a broken home* una família desestructurada *Vegeu tb* BREAK

broken-hearted /ˌbrəʊkən ˈhɑːtɪd/ *adj*: *to be broken-hearted* tenir el cor partit

broker /ˈbrəʊkə(r)/ *Vegeu* STOCKBROKER

brolly /ˈbrɒli/ *n* (*pl* **brollies**) (*GB, col·loq*) paraigua

bronchitis /brɒŋˈkaɪtɪs/ *n* [*incomptable*] bronquitis: *to catch bronchitis* agafar una bronquitis

bronze /brɒnz/ *n* **1** bronze **2** color bronze

brooch /brəʊtʃ/ *n* fermall (*joia*)

brood /bruːd/ *vi* ~ **(over/on/about sth)** donar voltes a alguna cosa

brook /brʊk/ *n* riera

broom /bruːm/ *n* **1** escombra ➲ *Vegeu il·lustració a* BRUSH **2** (*Bot*) ginesta

broomstick /ˈbruːmstɪk/ *n* pal d'escombra

broth /brɒθ; *USA* brɔːθ/ *n* [*incomptable*] brou

brother /ˈbrʌðə(r)/ *n* germà: *Does she have any brothers or sisters?* Té germans? ◇ *Brother Luke* el germà Luke ➲ *Vegeu nota a* GERMÀ **brotherhood** *n* **1** fraternitat **2** confraria **brotherly** *adj* fraternal

brother-in-law /ˈbrʌðər ɪn lɔː/ *n* (*pl* **brothers-in-law**) cunyat

brought *pt, pp de* BRING

brow /braʊ/ *n* **1** (*Anat*) front ⓘ La paraula més habitual és **forehead**. **2** *Vegeu* EYEBROW **3** (*turó*) cim

brown /braʊn/ *adjectiu, nom, verb*

▸ *adj* (**browner, -est**) **1** marró **2** (*cabells*) castany **3** (*pell, sucre*) morè **4** (*pa, arròs*) integral **5** *brown paper* paper d'embalar **6** (*ós*) bru

▸ *n* marró

▸ *vt, vi* daurar(-se) **brownish** *adj* marronós

brownie /ˈbraʊni/ *n* **1** pastís de xocolata i nous **2** **Brownie** noia guia

browse /braʊz/ **1** *vt, vi* (*botiga*) fer una ullada (a alguna cosa) **2** *vi* ~ **(through sth)** (*publicació*) fullejar alguna cosa **3** *vt, vi* (*a Internet*) navegar (per) **4** *vi* pasturar

browser /ˈbraʊzə(r)/ *n* (*Internet*) navegador

bruise /bruːz/ *verb, nom*

▸ *vt, vi* **1** (*persona*) masegar(-se) **2** (*fruita*) macar(-se)

▸ *n* **1** blau **2** (*fruita*) cop **bruising** *n* [*incomptable*]: *He had a lot of bruising.* Estava molt masegat.

brush /brʌʃ/ *nom, verb*

▸ *n* **1** raspall: *nail brush* raspallet de les ungles **2** pinzell, brotxa **3** escombra **4** raspallada **5** ~ **with sb/sth** topada amb algú/alguna cosa *Vegeu tb* HAIRBRUSH, PAINTBRUSH, TOOTHBRUSH

▸ *vt* raspallar: *to brush your hair/teeth* raspallar-se els cabells/les dents PHR V **brush against sb/sth** fregar amb algú/alguna cosa ◆ **brush sth aside** no fer cas d'alguna cosa ◆ **brush by/past sb/sth** passar fregant algú/alguna cosa ◆ **brush sth up; brush up on sth** repassar, afinar alguna cosa (*idioma, etc.*)

brushes

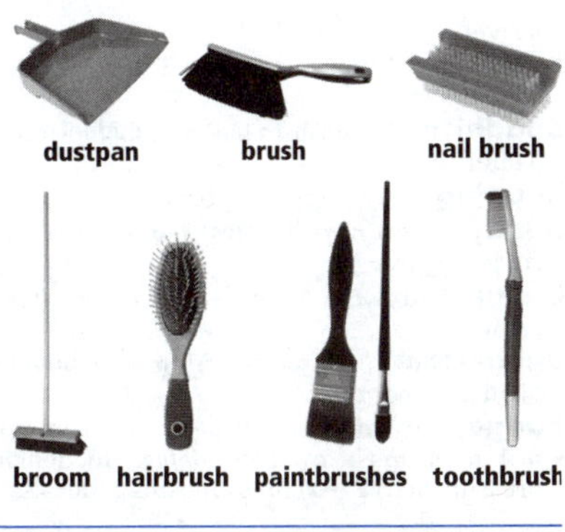

B

brusque /bru:sk; *USA* brʌsk/ *adj* brusc (*comportament, veu*)

Brussels sprout /ˌbrʌslz ˈspraʊt/ (*tb* **Brussel sprout**) *n* col de Brussel·les

brutal /ˈbru:tl/ *adj* brutal **brutality** /bru:ˈtæləti/ *n* (*pl* **brutalities**) brutalitat

brute /bru:t/ *nom, adjectiu*
▸ *n* bèstia, animal (*persona*)
▸ *adj* [*només davant del nom*] brut, brutal: *brute force* força bruta **brutish** *adj* brutal

BSE /ˌbi: es ˈi:/ *n* (*abrev de* **bovine spongiform encephalopathy**) (*col·loq* **mad cow disease**) encefalopatia espongiforme bovina (= EEB), malaltia de les vaques boges

btw *abrev de* **by the way** per cert

bubble /ˈbʌbl/ *nom, verb*
▸ *n* bombolla: *to blow bubbles* fer bombolles
▸ *vi* **1** fer xup-xup **2** borbollejar

bubble bath *n* gel de bany (*que fa escuma*)

bubblegum /ˈbʌblgʌm/ *n* [*incomptable*] xiclet (*amb el qual es poden fer butllofes*)

bubbly /ˈbʌbli/ *adj* **1** bombollejant, efervescent **2** (*persona*) salat

buck /bʌk/ *nom, verb*
▸ *n* **1** (*esp USA, col·loq*) dòlar: *This is going to cost big bucks!* Ens costarà un munt de pasta! **2** mascle (*de cérvol, conill*) ➲ *Vegeu notes a* CÉRVOL *i* CONILL **LOC** **make a fast/quick buck** (*col·loq*) fer el seu agost ◆ **the buck stops here** jo sóc el darrer responsable
▸ *vi* (*cavall*) saltar amb la gropa arquejada **LOC** **buck the trend** anar contra corrent **PHR V** **buck sb up** (*GB, col·loq*) animar algú

bucket /ˈbʌkɪt/ *n* galleda **LOC** *Vegeu* KICK

buckle /ˈbʌkl/ *verb, nom*
▸ **1** *vt* ~ **sth (on/up)** cordar alguna cosa **2** *vt, vi* (*metall*) abonyegar(-se) **3** *vi* (*cames*) doblegar-se
▸ *n* sivella

bud /bʌd/ *n* **1** poncella (*de flor*) **2** brot, gemma (*en una branca*)

Buddhism /ˈbʊdɪzəm/ *n* budisme **Buddhist** *adj, n* budista

budding /ˈbʌdɪŋ/ *adj* en embrió

buddy /ˈbʌdi/ *n* (*pl* **buddies**) (*esp USA, col·loq*) col·lega (*amic*)

budge /bʌdʒ/ *vt, vi* **1** moure('s) **2** (*opinió*) (fer) cedir

budgerigar /ˈbʌdʒərɪgɑ:(r)/ (*col·loq* **budgie** /ˈbʌdʒi/) *n* periquito

budget /ˈbʌdʒɪt/ *nom, verb*
▸ *n* **1** pressupost: *a budget deficit* un dèficit pressupostari **2** (*Pol*) pressupostos generals
▸ **1** *vt* fer els pressupostos per a **2** *vi* (*despeses*) administrar-se **3** *vi* ~ **for sth** comptar amb alguna cosa **budgetary** *adj* pressupostari

buff /bʌf/ *nom, adjectiu*
▸ *n* **1** entusiasta: *a film buff* un entusiasta del cinema **2** beix
▸ *adj* beix

buffalo /ˈbʌfələʊ/ *n* (*pl* **buffalo** *o* **buffaloes**) **1** búfal **2** bisó (americà)

buffer /ˈbʌfə(r)/ *n* **1** amortidor **2** (*via*) topall **3** (*Informàt*) memòria intermèdia

buffet /ˈbʊfeɪ, ˈbʌfeɪ; *USA* bəˈfeɪ/ *n* **1** bufet (*àpat*) **2** cafeteria: *buffet car* vagó restaurant

bug /bʌg/ *nom, verb*
▸ *n* **1** (*esp USA*) xinxa, cuca **2** (*col·loq*) virus, infecció **3** (*col·loq*) micròfon ocult **4** (*Informàt*) error (de programació)
▸ *vt* (**-gg-**) **1** (*telèfon*) punxar **2** (*casa*) posar un micròfon amagat a **3** escoltar mitjançant un micròfon ocult **4** (*col·loq*) fer sortir de polleguera

buggy /ˈbʌgi/ *n* (*pl* **buggies**) **1** vehicle tot terreny de platja **2** (*golf*) cotxe elèctric **3** cotxet de cadira (*de nen*)

build /bɪld/ *vt* (*pt, pp* **built** /bɪlt/) **1** construir **2** crear, produir **PHR V** **build sth in 1** incorporar alguna cosa **2** (*moble*) encastar alguna cosa ◆ **build on sth** partir de la base d'alguna cosa ◆ **build up** augmentar, acumular-se ◆ **build sb/sth up** deixar algú/alguna cosa molt bé ◆ **build sth up 1** (*col·lecció*) acumular alguna cosa **2** (*negoci*) crear alguna cosa

builder /ˈbɪldə(r)/ *n* **1** constructor, -a **2** paleta

building /ˈbɪldɪŋ/ *n* **1** edifici **2** construcció

building site *n* **1** solar **2** (*construcció*) obra

building society *n* banc hipotecari

build-up /ˈbɪld ʌp/ *n* [*gen sing*] **1** augment gradual, acumulació **2** ~ **(to sth)** preparació (per a alguna cosa) **3** propaganda

built *pt, pp de* BUILD

built-in /ˌbɪlt ˈɪn/ *adj* **1** (*moble*) encastat **2** incorporat **3** (*Informàt*) integrat

built-up /ˌbɪlt ˈʌp/ *adj* edificat: *built-up areas* zones edificades

bulb /bʌlb/ *n* **1** (*tb* **light bulb**) bombeta **2** (*Bot*) bulb

bulge /bʌldʒ/ *verb, nom*
▸ *vi* **1** ~ **(with sth)** estar replè (d'alguna cosa) **2** bombar-se
▸ *n* **1** bony, protuberància **2** augment (transitori)

bulimia /buˈlɪmiə/ *n* bulímia **bulimic** *adj, n* bulímic, -a

B

bulk /bʌlk/ *n* **1 the bulk (of sth)** la major part (d'alguna cosa) **2** volum: *bulk buying* compra a l'engròs **3** mola LOC **in bulk 1** a l'engròs **2** a granel **bulky** *adj* (**bulkier, -iest**) voluminós

bull /bʊl/ *n* toro, brau

bulldoze /ˈbʊldəʊz/ *vt* **1** (*amb excavadora*) aplanar **2** enderrocar

bulldozer /ˈbʊldəʊzə(r)/ *n* buldòzer

bullet /ˈbʊlɪt/ *n* bala

bulletin /ˈbʊlətɪn/ *n* **1** butlletí: *news bulletin* butlletí informatiu **2** (*declaració*) comunicat

bulletin board *n* (*USA o Internet*) tauler d'anuncis

bulletproof /ˈbʊlɪtpruːf/ *adj* antibales

bullfight /ˈbʊlfaɪt/ *n* correguda de bous **bullfighter** *n* torero, -a **bullfighting** *n* toreig

bullion /ˈbʊliən/ *n* or/plata (*en lingots*)

bullring /ˈbʊlrɪŋ/ *n* plaça de toros

bullseye /ˈbʊlzaɪ/ *n* fitó

bully /ˈbʊli/ *nom, verb*

▸ *n* (*pl* **bullies**) pinxo, assetjador, -a (*esp a l'escola*)

▸ *vt* (*pt, pp* **bullied**) assetjar, intimidar **bullying** *n* [*incomptable*] assetjament

bum /bʌm/ *nom, verb*

▸ *n* (*col·loq*) **1** (*GB*) cul **2** (*USA*) vagabund, -a

▸ *v* (**-mm-**) PHR V **bum around** (*col·loq*) vagarejar

bumbag /ˈbʌmbæg/ (*USA* **fanny pack**) *n* ronyonera ➲ *Vegeu il·lustració a* BAG

bumblebee /ˈbʌmblbiː/ *n* abellot

bummer /ˈbʌmə(r)/ *n* (*col·loq*) llàstima: *It's a real bummer that she can't come.* Quina llàstima que no pugui venir.

bump /bʌmp/ *verb, nom*

▸ **1** *vi* **~ against/into sb/sth** topar contra/amb algú/alguna cosa **2** *vt* **~ sth (against/on sth)** donar(-se) un cop amb alguna cosa (contra/a alguna cosa) PHR V **bump into sb** (*col·loq*) trobar-se algú ◆ **bump sb off** (*col·loq*) pelar algú (*matar*) ◆ **bump sth up** (*col·loq*) augmentar, apujar alguna cosa

▸ *n* **1** cop **2** bony **3** topada **4** sotrac

bumper /ˈbʌmpə(r)/ *nom, adjectiu*

▸ *n* para-xocs

▸ *adj* abundant: *a bumper year* un any excepcional

bumper car *n* (*esp USA*) auto de xoc

bumpy /ˈbʌmpi/ *adj* (**bumpier, -iest**) **1** (*superfície*) desigual **2** (*carretera*) dolent **3** (*viatge*) accidentat

bun /bʌn/ *n* **1** pastís (dolç), brioixet **2** panet: *burger bun* panet per a hamburgueses **3** monyo

bunch /bʌntʃ/ *nom, verb*

▸ *n* **1** (*cireres, raïm*) penjoll **2** (*flors*) pom **3** (*herbes, claus*) manat **4** (*col·loq*) grup: *They're a great bunch of kids.* Són uns nanos molt ferms. ◇ *What a bunch of idiots!* Quina colla d'idiotes!

▸ *vt, vi* agrupar(-se), ajuntar(-se)

bundle /ˈbʌndl/ *nom, verb*

▸ *n* **1** (*roba*) farcell **2** (*papers*) lligall **3** munt **4** (*bitllets*) feix

▸ *v* PHR V **bundle sth together/up** lligar, ajuntar alguna cosa

bung /bʌŋ/ *verb, nom*

▸ *vt* **1** (*GB, col·loq*) posar: *Bung your stuff in the car.* Fica les teves coses al cotxe. **2** tapar

▸ *n* tap

bungalow /ˈbʌŋgələʊ/ *n* bungalou ➲ *Vegeu nota a* CASA

bungee jumping /ˈbʌndʒi dʒʌmpɪŋ/ *n* salt de pont **bungee jump** *n* salt elàstic

bungle /ˈbʌŋgl/ *vt* fer malament

bunk /bʌŋk/ *nom, verb*

▸ *n* **1** (*en vaixell*) llitera **2** (*tb* **bunk bed**) (*a casa*) llitera LOC **do a bunk** (*GB, col·loq*) tocar el dos

▸ *v* PHR V **bunk off (school/work)** (*GB, col·loq*) fer campana, faltar a la feina

bunny /ˈbʌni/ *n* (*pl* **bunnies**) (*tb* **bunny rabbit**) conillet ➲ *Vegeu nota a* CONILL

bunting /ˈbʌntɪŋ/ *n* [*incomptable*] banderins

buoy /bɔɪ; *USA tb* ˈbuːi/ *nom, verb*

▸ *n* boia

▸ *v* PHR V **buoy sb up** animar algú ◆ **buoy sth up** fer surar alguna cosa

buoyant /ˈbɔɪənt; *USA* ˈbuːjənt/ *adj* (*Econ*) amb tendència a la puja

burble /ˈbɜːbl/ *vi* **1** (*pej*) **~ (on) (about sth)** parlotejar (sobre alguna cosa) **2** (*riera*) murmurar

burden /ˈbɜːdn/ *nom, verb*

▸ *n* **1** càrrega **2** pes

▸ *vt* **1** carregar **2** aclaparar, atabalar

bureau /ˈbjʊərəʊ/ *n* (*pl* **bureaux** *o* **bureaus** /-rəʊz/) **1** (*GB*) escriptori **2** (*USA*) calaixera **3** agència: *travel bureau* agència de viatges **4** (*USA*) (*Pol*) departament (de govern)

bureaucracy /bjʊəˈrɒkrəsi/ *n* (*pl* **bureaucracies**) burocràcia **bureaucrat** /ˈbjʊərəkræt/ *n* buròcrata **bureaucratic** /ˌbjʊərəˈkrætɪk/ *adj* burocràtic

burger /ˈbɜːgə(r)/ *n* (*col·loq*) hamburguesa

> La paraula **burger** s'usa sovint en compostos com ara *cheeseburger* i *veggie burger*.

burglar /ˈbɜːglə(r)/ *n* lladre: *burglar alarm* alarma antirobatori ➲ *Vegeu nota a* THIEF **bur-**

B

glary *n* (*pl* **burglaries**) robatori (*en una casa*) ➲ *Vegeu nota a* THEFT **burgle** (*USA* **burglarize** /ˈbɜːgləraɪz/) *vt* robar a ➲ *Vegeu nota a* ROB

burial /ˈberiəl/ *n* enterrament

burly /ˈbɜːli/ *adj* cepat

burn /bɜːn/ *verb, nom*

▸ (*pt, pp* **burnt** /bɜːnt/ *o* **burned**) ℹ *Vegeu nota a* DREAM **1** *vt, vi* cremar: *to be badly burnt* patir cremades greus ◇ *a burning building* un edifici encès **2** *vt*: *The boiler burns oil.* La caldera funciona amb petroli. **3** *vi* (*ulls, ferida*) coure **4** *vi* (*llum, etc.*): *He left the lamp burning.* Va deixar el llum encès. **5** (*CD, DVD*) gravar, copiar **6** *vi* ~ **for sth/to do sth** bullir d'alguna cosa, morir-se de ganes de fer alguna cosa: *She was burning with indignation.* Bullia d'indignació.

▸ *n* cremada

burning /ˈbɜːnɪŋ/ *adj* **1** ardent **2** (*vergonya*) intens **3** (*tema*) candent

burnt *adj* cremat *Vegeu tb* BURN

burp /bɜːp/ *verb, nom*

▸ *vi* (*col·loq*) fer rots

▸ *n* (*col·loq*) rot

burrow /ˈbʌrəʊ/ *nom, verb*

▸ *n* cau

▸ *vi* excavar un cau, un túnel, etc.

burst /bɜːst/ *verb, nom*

▸ *vt, vi* (*pt, pp* **burst**) rebentar(-se): *Don't burst that balloon!* No rebentis el globus! ◇ *The river burst its banks.* El riu es va desbordar. LOC **be bursting to do sth** morir-se de desig de fer alguna cosa ◆ **burst open** obrir-se de cop ◆ **burst out laughing** esclafir a riure PHR V **burst into sth 1** *to burst into a room* irrompre en una habitació **2** *to burst into tears* esclafir a plorar ◇ *to burst into flames* incendiar-se ◆ **burst out** sortir de cop (*d'una habitació*)

▸ *n* **1** (*ira, etc.*) rampell **2** (*trets*) ràfega **3** (*aplaudiments*) salva

bury /ˈberi/ *vt* (*pt, pp* **buried**) **1** enterrar **2** sepultar **3** (*ganivet, etc.*) clavar **4** ocultar: *She buried her face in her hands.* Es va tapar la cara amb les mans.

bus /bʌs/ *n* (*pl* **buses**) autobús: *bus driver* conductor d'autobús ◇ *bus stop* parada d'autobús ◇ *bus conductor* cobrador d'autobús ◇ *bus lane* carril bus

bush /bʊʃ/ *n* **1** arbust: *a rose bush* un roser **2 the bush** la muntanya LOC *Vegeu* BEAT **bushy** *adj* **1** (*barba*) espès **2** (*cua*) pelut **3** (*planta*) frondós

busily /ˈbɪzɪli/ *adv* afanyadament

business /ˈbɪznəs/ *n* **1** [*incomptable*] negocis: *business card* targeta comercial ◇ *business studies* ciències empresarials ◇ *a business trip* un viatge de negocis **2** negoci, empresa **3** qüestió: *It's none of your business!* Això no és cosa teva! **4** (*en una reunió*) temes (*per tractar*): *any other business* torn obert de paraules *Vegeu tb* SHOW BUSINESS LOC **business before pleasure** abans és l'obligació que la devoció ◆ **do business with sb** fer negocis amb algú ◆ **get down to business** anar al gra ◆ **go out of business** fer fallida ◆ **have no business doing sth** no tenir dret a fer alguna cosa ◆ **on business** per qüestió de negocis *Vegeu tb* BIG, MEAN, MIND

businesslike /ˈbɪznəslaɪk/ *adj* **1** formal **2** metòdic

businessman /ˈbɪznəsmən/ *n* (*pl* **-men** /-mən/) home de negocis

businesswoman /ˈbɪznəswʊmən/ *n* (*pl* **-women** /-wɪmɪn/) dona de negocis

busk /bʌsk/ *vi* tocar música en un lloc públic **busker** *n* músic, -a de carrer

bust /bʌst/ *verb, nom, adjectiu*

▸ *vt, vi* (*pt, pp* **bust** *o* **busted**) (*col·loq*) trencar(-se) ➲ *Vegeu nota a* DREAM

▸ *n* **1** (*escultura*) bust **2** (*Anat*) pit

▸ *adj* (*col·loq*) espatllat LOC **go bust** fer fallida

bustle /ˈbʌsl/ *verb, nom*

▸ *vi* ~ **(about/around)** anar d'un costat a l'altre, trastejar

▸ *n* animació, moviment LOC *Vegeu* HUSTLE **bustling** *adj* bulliciós

busy /ˈbɪzi/ *adjectiu, verb*

▸ *adj* (**busier, -iest**) **1** ~ **(with sth/sb)**; ~ **(doing sth)** atrafegat (amb alguna cosa/algú); atrafegat (fent alguna cosa) **2** (*lloc*) concorregut **3** (*temporada*) de molta activitat **4** (*programa*) atapeït **5** (*esp USA*) (*telèfon*): *The line is busy.* Està comunicant.

▸ *vt* ~ **yourself with sth**; ~ **yourself (in/with) doing sth** ocupar-se d'alguna cosa/de fer alguna cosa

busybody /ˈbɪzibɒdi/ *n* (*pl* **busybodies**) tafaner, -a

but /bʌt, bət/ *conjunció, preposició*

▸ *conj* **1** però **2** sinó: *Not only him but me too.* No solament ell, sinó jo també. LOC **but for sb/sth** si no hagués estat per algú/alguna cosa

▸ *prep* tret de: *nobody but you* només tu ◇ *the last but one* el penúltim

butcher /ˈbʊtʃə(r)/ *nom, verb*

▸ *n* **1** carnisser, -a **2 butcher's** carnisseria ➲ *Vegeu nota a* CARNISSERIA

▸ *vt* **1** (*animal*) matar **2** (*persona*) matar brutalment

butler /ˈbʌtlə(r)/ *n* majordom

butt /bʌt/ *nom, verb*
▸ *n* **1** mànec, culata **2** (*cigarreta*) burilla **3** bóta **4** cisterna **5** (*esp USA, col·loq*) cul LOC **be the butt of sth** (*burles, crítiques*) ésser l'objecte d'alguna cosa
▸ *vt* tossar PHR V **butt in** (*col·loq*) interrompre

butter /'bʌtə(r)/ *nom, verb*
▸ *n* mantega
▸ *vt* untar amb mantega

buttercup /'bʌtəkʌp/ *n* (*Bot*) ranuncle

butterfly /'bʌtəflaɪ/ *n* (*pl* **butterflies**) papallona LOC **have butterflies (in your stomach)** tenir nervis a l'estómac

buttock /'bʌtək/ *n* natja

button /'bʌtn/ *nom, verb*
▸ *n* botó
▸ *vt* ~ **sth (up)** cordar(-se) alguna cosa

buttonhole /'bʌtnhəʊl/ *n* trau

buy /baɪ/ *verb, nom*
▸ *vt* (*pt, pp* **bought** /bɔːt/) **1** ~ **sb sth**; ~ **sth (for sb)** comprar alguna cosa a algú/per a algú: *He bought his girlfriend a present.* Va comprar un regal per a la seva xicota. ◇ *I bought one for myself.* Me'n vaig comprar un. ➲ *Vegeu nota a* GIVE **2** ~ **sth from sb** comprar alguna cosa a algú: *He bought the car from a friend.* Va comprar el cotxe a un amic.
▸ *n* compra: *a good buy* una bona compra

buyer /'baɪə(r)/ *n* comprador, -a

buzz /bʌz/ *verb, nom*
▸ *vi* brunzir PHR V **buzz off!** (*col·loq*) fora!
▸ *n* **1** brunzit **2** (*veus*) murmuri **3** (*col·loq*): *I get a real buzz out of flying.* Anar amb avió m'entusiasma. LOC **give sb a buzz** (*col·loq*) fer un truc a algú

buzzer /'bʌzə(r)/ *n* timbre elèctric

buzzword /'bʌzwɜːd/ *n* paraula de moda

by /baɪ/ *preposició, adverbi* ❶ Per als usos de **by** en *phrasal verbs*, vegeu les entrades dels verbs corresponents, p. ex. **call by** a CALL.
▸ *prep* **1** per: *by post* per correu ◇ *ten (multiplied) by six* deu (multiplicat) per sis ◇ *designed by Wren* dissenyat per Wren **2** al costat de, prop de: *Sit by me.* Seu al meu costat. **3** abans de: *to be home by ten o'clock* arribar a casa abans de les deu **4** de: *by day/night* de dia/nit ◇ *by birth/profession* de naixement/professió ◇ *a novel by Steinbeck* una novel·la de Steinbeck **5** amb, en: *to go by boat/car/bicycle* anar amb vaixell/cotxe/bicicleta ◇ *two by two* de dos en dos **6** segons: *by my watch* segons el meu rellotge **7** amb: *to pay by cheque* pagar amb taló **8** a: *little by little* a poc a poc **9** a força de: *by working hard* a força de treballar molt **10** ~ **doing sth** fent alguna cosa: *Let me begin by saying...* Deixeu-me que comenci dient... LOC **by the by** (*antic*) per cert ◆ **have/keep sth by you** tenir alguna cosa a l'abast
▸ *adv* LOC **by and by** (*antic*) poc després, d'aquí a poc ◆ **go, drive, run, etc. by** passar per davant (amb cotxe, corrent, etc.) ◆ **keep/put sth by** guardar alguna cosa per a més tard *Vegeu tb* LARGE

bye /baɪ/ (*tb* **bye-bye** /ˌbaɪ'baɪ/) *interj* (*col·loq*) adéu

by-election /'baɪ ɪlekʃn/ *n* eleccions parcials

bypass /'baɪpɑːs; *USA* -pæs/ *nom, verb*
▸ *n* **1** (carretera de) circumval·lació **2** (*Med*) derivació
▸ *vt* **1** circumval·lar **2** evitar

by-product /'baɪ prɒdʌkt/ *n* **1** (*lit*) subproducte **2** (*fig*) conseqüència

bystander /'baɪstændə(r)/ *n* (*persona*) present

byte /baɪt/ *n* (*Informàt*) byte

C c

C, c /siː/ *n* (*pl* **Cs, C's, c's**) **1** C, c ➲ *Vegeu nota a* A, A **2** (*Mús*) do

cab /kæb/ *n* **1** taxi **2** cabina (*d'un camió*)

cabbage /'kæbɪdʒ/ *n* col

cabin /'kæbɪn/ *n* **1** (*Nàut*) cabina **2** (*Aeronàut*) cabina (de passatges) **3** cabanya

cabinet /'kæbɪnət/ *n* **1 the Cabinet** [*v sing o pl*] el Consell de Ministres **2** armari: *bathroom cabinet* armari de bany ◇ *drinks cabinet* moble bar ◇ *filing cabinet* arxivador

cable /'keɪbl/ *n* **1** cable: *cable TV* televisió per cable **2** amarra

cable car *n* telefèric

cache /kæʃ/ *n* **1** partida (*amagada*): *an arms cache* un arsenal d'armes amagat **2** (*Informàt*) memòria cau

C

cackle /'kækl/ *verb, nom*
▸ *vi* **1** (*gallina*) cloquejar **2** (*persona*) riure sorollosament
▸ *n* **1** cloqueig **2** riure desagradable

cactus /'kæktəs/ *n* (*pl* **cactuses** *o* **cacti** /'kæktaɪ/) cactus

cadet /kə'det/ *n* cadet

Caesarean (*USA* **Cesarean**) /si'zeəriən/ (*tb* **Caesarean/Cesarean section**) *n* cesària

cafe /'kæfeɪ; *USA* kæ'feɪ/ *n* cafè (*establiment*)

cafeteria /ˌkæfə'tɪəriə/ *n* restaurant d'autoservei

cafetière /ˌkæfə'tjeə(r)/ *n* cafetera d'èmbol

caffeine /'kæfi:n/ *n* cafeïna

cage /keɪdʒ/ *nom, verb*
▸ *n* gàbia
▸ *vt* engabiar

cagey /'keɪdʒi/ *adj* (**cagier**, **-iest**) ~ (**about sth**) (*col·loq*) reservat: *He's very cagey about his family.* No diu mai res sobre la seva família.

cagoule /kə'gu:l/ *n* cangur (*impermeable*)

cake /keɪk/ *n* pastís: *birthday cake* pastís d'aniversari LOC **have your cake and eat it (too)** (*col·loq*) nedar i guardar la roba *Vegeu tb* PIECE

caked /keɪkt/ *adj* ~ **in/with sth** cobert d'alguna cosa: *caked with mud* cobert de fang

calamity /kəl'æməti/ *n* (*pl* **calamities**) calamitat

calcium /'kælsiəm/ *n* calci

calculate /'kælkjuleɪt/ *vt* calcular LOC **be calculated to do sth** estar pensat per a fer alguna cosa **calculating** *adj* calculador **calculation** *n* càlcul

calculator /'kælkjuleɪtə(r)/ *n* calculadora

caldron (*USA*) = CAULDRON

calendar /'kælɪndə(r)/ *n* calendari

calf /kɑ:f; *USA* kæf/ *n* (*pl* **calves** /kɑ:vz; *USA* kævz/) **1** tou de la cama **2** vedell ➲ *Vegeu nota a* CARN **3** cria (*de foca, etc.*)

calibre (*USA* **caliber**) /'kælɪbə(r)/ *n* calibre, vàlua

call /kɔ:l/ *verb, nom*
▸ **1** *vt* dir (*anomenar*): *What's your dog called?* Com es diu el teu gos? ◇ *They decided to call him Mark.* Van decidir posar-li Mark. **2** *vi* ~ (**out**) (**to sb**) (**for sth**) cridar (algú) (demanant alguna cosa): *I thought I heard somebody calling.* M'ha semblat sentir algú cridant. ◇ *She called to her father for help.* Va demanar ajuda al seu pare a crits. **3** *vt* ~ **sth** (**out**) cridar alguna cosa: *Why didn't you come when I called (out) your name?* Per què no has vingut quan t'he cridat? **4** *vt, vi* trucar (per telèfon) (a): *Can you call me a taxi?* Em pots demanar un taxi? **5** *vt* despertar: *Please call me at seven o'clock.* Si us plau, crideu-me a les set. **6** *vi* ~ (**in/round**) (**on sb**); ~ (**in/round**) (**at...**) visitar (algú), passar (per...): *Let's call (in) on David/at David's house.* Passem per cal David. ◇ *He was out when I called (round).* No hi era quan vaig anar a casa seva. ◇ *Will you call in at the supermarket for some eggs?* Pots passar pel supermercat i comprar ous? **7** *vt* (*reunió, elecció*) convocar LOC **call it a day** (*col·loq*) deixar-ho per avui: *Let's call it a day.* Deixem-ho per avui. ◆ **call sb names** insultar algú *Vegeu tb* QUESTION PHR V **call at...** (*tren*) parar a... ◆ **call (sb) back 1** tornar a trucar (a algú) (*per telèfon*) **2** tornar la trucada (a algú)
call by (*col·loq*) passar: *Could you call by on your way home?* Pots passar de tornada cap a casa?
◆ **call for sb** anar/venir a buscar algú: *I'll call for you at seven o'clock.* Et vindré a buscar a les set. ◆ **call for sth** requerir alguna cosa: *This calls for a celebration!* Això s'ha de celebrar!
call sth off cancel·lar, abandonar alguna cosa
call sb out cridar algú: *to call out the troops/the fire brigade* cridar les tropes/els bombers
call sb up 1 (*esp USA*) telefonar a algú **2** cridar algú al servei
▸ *n* **1** (*tb* **phone call**) trucada (telefònica) **2** crit **3** visita **4** ~ **for sth**: *There isn't much call for such things.* Hi ha poca demanda per aquestes coses. **5** (*d'ocell*) cant LOC **(be) on call** (estar) de guàrdia *Vegeu tb* CLOSE²

call box *n Vegeu* PHONE BOX

call centre (*USA* **call center**) *n* centre d'atenció telefònica

caller /'kɔ:lə(r)/ *n* **1** el/la que telefona **2** visita

callous /'kæləs/ *adj* insensible, cruel

calm /kɑ:m/ *adjectiu, nom, verb*
▸ *adj* (**calmer**, **-est**) tranquil
▸ *n* calma
▸ *v* PHR V **calm down** calmar-se, tranquil·litzar-se: *Just calm down a bit!* Calma't una mica!
◆ **calm sb down** calmar, tranquil·litzar algú

calorie /'kæləri/ *n* caloria

calves *plural de* CALF

camcorder /'kæmkɔ:də(r)/ *n* càmera de vídeo

came *pt de* COME

camel /'kæml/ *n* camell

camera /'kæmərə/ *n* càmera (fotogràfica): *a television/video camera* una càmera de televisió/vídeo

cameraman /'kæmrəmən/ *n* (*pl* **-men** /-mən/) càmera (*persona*)

camerawoman /'kæmrəwʊmən/ *n* (*pl* **-women** /-wɪmɪn/) càmera (*persona*)

camomile = CHAMOMILE

camouflage /'kæməflɑːʒ/ *nom, verb*
▸ *n* camuflatge
▸ *vt* camuflar

camp /kæmp/ *nom, verb*
▸ *n* campament: *summer camp* colònia d'estiu ◇ *concentration camp* camp de concentració
▸ *vi* acampar

campaign /kæm'peɪn/ *nom, verb*
▸ *n* campanya
▸ *vi* ~ **(for/against sb/sth)** fer campanya (a favor/en contra d'algú/d'alguna cosa) **campaigner** *n* militant

camper /'kæmpə(r)/ *n* **1** (*persona*) acampador, -a **2** (*GB*) (*tb* **camper van**) autocaravana **3** (*USA*) caravana

camping /'kæmpɪŋ/ *n* càmping (*activitat*): *to go camping* anar de càmping

> La paraula anglesa **camping** no significa mai un lloc on es pot acampar. En anglès "un càmping" es diu **a campsite** (**campground** als Estats Units).

campsite /'kæmpsaɪt/ (*USA* **campground** /'kæmpgraʊnd/) *n* càmping (*lloc*) ➲ *Vegeu nota a* CAMPING

campus /'kæmpəs/ *n* (*pl* **campuses**) campus

can¹ /kən, kæn/ *v modal* (*neg* **cannot** /'kænɒt/ *o* **can't** /kɑːnt; *USA* kænt/ *pt* **could** /kəd, kʊd/ *neg* **could not** *o* **couldn't** /'kʊdnt/)

> **Can** és un verb modal que va seguit d'un infinitiu sense **to**. Les oracions interrogatives i negatives amb **can** es construeixen sense l'auxiliar **do**. Només té present: *I can't swim.* No sé nedar; i passat, que també té un valor condicional: *He couldn't do it.* No va poder-ho fer. ◇ *Could you come?* Podries venir? Quan volem utilitzar altres formes, hem d'usar **be able to**: *Will you be able to come?* Podràs venir? ◇ *I haven't been able to talk to her yet.* Encara no hi he pogut parlar.

• **possibilitat** poder: *We can catch a bus from here.* Podem agafar un autobús aquí. ◇ *She can be very forgetful.* Pot ésser molt despistada.
• **coneixements, habilitats** saber: *They can't read or write.* No saben ni llegir ni escriure. ◇ *Can you swim?* Saps nedar? ◇ *He couldn't answer the question.* No va saber contestar la pregunta.
• **permís** poder: *Can I open the window?* Puc obrir la finestra? ◇ *You can't go swimming today.* No pots anar a nedar avui. ➲ *Vegeu nota a* MAY
• **oferiments, suggeriments, peticions** poder: *Can I help?* Puc ajudar-vos? ◇ *We can eat in a restaurant, if you want.* Si vols, podem menjar en un restaurant. ◇ *Could you help me with this box?* Em podeu ajudar amb aquesta caixa? ➲ *Vegeu nota a* MUST
• **amb verbs de percepció**: *You can see it everywhere.* Es pot veure arreu. ◇ *She could hear them clearly.* Els sentia clarament. ◇ *I can smell something burning.* Se sent pudor de cremat. ◇ *She could still taste the garlic.* Encara notava el gust d'all a la boca.
• **incredulitat, perplexitat**: *I can't believe it.* No m'ho puc creure. ◇ *Whatever can they be doing?* Què deuen fer? ◇ *Where can she have put it?* On ho deu haver posat?

can² /kæn/ *nom, verb*
▸ *n* llauna: *a can of tuna* una llauna de tonyina ◇ *a petrol can* un bidó (de benzina) ➲ *Vegeu nota a* LLAUNA *i il·lustració a* CONTAINER. LOC *Vegeu* CARRY
▸ *vt* (**-nn-**) enllaunar, fer conserves de

canal /kə'næl/ *n* **1** canal **2** tub, conducte: *the alimentary canal* el tub digestiu

canary /kə'neəri/ *n* (*pl* **canaries**) canari

cancel /'kænsl/ *vt, vi* (**-ll-**; *USA* **-l-**) **1** (*vol, comanda, vacances*) cancel·lar **2** (*contracte*) rescindir PHR V **cancel sth out** compensar alguna cosa: *Our expenditure and profits cancel each other out.* Les despeses i els guanys estan compensats. **cancellation** *n* cancel·lació

Cancer /'kænsə(r)/ *n* càncer, cranc ➲ *Vegeu exemples a* AQUARIUS

cancer /'kænsə(r)/ *n* [*incomptable*] càncer

candid /'kændɪd/ *adj* franc

candidate /'kændɪdət, -deɪt/ *n* **1** candidat, -a **2** examinand, -a **candidacy** *n* candidatura

candle /'kændl/ *n* **1** candela, espelma **2** ciri

candlelight /'kændllaɪt/ *n* llum d'una espelma

candlestick /'kændlstɪk/ *n* **1** candeler **2** canelobre

candy /'kændi/ *n* (*pl* **candies**) (*USA*) [*gen incomptable*] caramel(s), llaminadures: *a box of candy* una bossa de caramels/llaminadures ◇ *a candy bar* una xocolatina

candyfloss /'kændiflɒs; *USA* -flɔːs/ (*USA* **cotton candy**) *n* cotó de sucre

C

cane /keɪn/ *n* **1** (*Bot*) canya **2** vímet **3** bastó, pal **4 the cane** (*càstig*) la palmeta

canine /ˈkeɪnaɪn/ *adjectiu, nom*
▸ *adj* caní
▸ *n* (*tb* **canine tooth**) ullal

canister /ˈkænɪstə(r)/ *n* pot

cannabis /ˈkænəbɪs/ *n* marihuana, haixix

canned /kænd/ *adj* enllaunat, de llauna

cannibal /ˈkænɪbl/ *n* caníbal

cannon /ˈkænən/ *n* (*pl* **cannon** *o* **cannons**) canó

cannot = CAN NOT *Vegeu* CAN[1]

canoe /kəˈnuː/ *n* canoa, piragua **canoeing** *n* piragüisme

can-opener /ˈkæn əʊpnə(r)/ *n* (*esp USA*) obrellaunes

canopy /ˈkænəpi/ *n* (*pl* **canopies**) **1** tendal, marquesina **2** dosser

can't = CAN NOT *Vegeu* CAN[1]

canteen /kænˈtiːn/ *n* menjador (*d'una fàbrica, escola, etc.*)

canter /ˈkæntə(r)/ *n* galop curt

canvas /ˈkænvəs/ *n* **1** lona **2** (*Art*) tela

canvass /ˈkænvəs/ **1** *vt, vi* ~ **(sb) (for sth)** demanar suport (a algú) (per a alguna cosa) **2** *vt, vi* (*Pol*): *to canvass for sb/on behalf of sb* fer campanya per algú ◇ *to go out canvassing (for votes)* anar a captar vots **3** *vt* (*opinió*) sondejar

canyon /ˈkænjən/ *n* congost, engorjat

canyoning /ˈkænjənɪŋ/ *n* descens de barrancs

cap /kæp/ *nom, verb*
▸ *n* **1** gorra **2** tapa, tap
▸ *vt* (**-pp-**) superar LOC **to cap it all** (*col·loq*) per acabar-ho d'adobar

capability /ˌkeɪpəˈbɪləti/ *n* (*pl* **capabilities**) capacitat, aptitud

capable /ˈkeɪpəbl/ *adj* ~ **(of sth/doing sth)** capaç (d'alguna cosa/de fer alguna cosa)

capacity /kəˈpæsəti/ *n* (*pl* **capacities**) **1** capacitat: *filled to capacity* ple fins dalt **2** capacitat de producció: *at full capacity* a ple rendiment LOC **in your capacity as sth** en la teva qualitat d'alguna cosa

cape /keɪp/ *n* **1** capotell **2** (*Geog*) cap

caper /ˈkeɪpə(r)/ *nom, verb*
▸ *n* **1** tàpera **2** (*col·loq*) broma, entremaliadura
▸ *vi* ~ **(about)** saltironejar

capillary /kəˈpɪləri; *USA* ˈkæpələri/ *n* (*pl* **capillaries**) capil·lar

capital /ˈkæpɪtl/ *nom, adjectiu*
▸ *n* **1** (*tb* **capital city**) capital **2** (*Fin*) capital: *capital gains* plusvàlua **3** (*tb* **capital letter**) majúscula LOC **make capital (out) of sth** treure profit d'alguna cosa
▸ *adj* **1** capital **2** majúscul

capitalism /ˈkæpɪtəlɪzəm/ *n* capitalisme **capitalist** *adj, n* capitalista

capitalize (*GB tb* **-ise**) /ˈkæpɪtəlaɪz/ *vt* (*Fin*) capitalitzar PHR V **capitalize on sth** aprofitar-se d'alguna cosa, treure partit d'alguna cosa

capital punishment *n* pena capital

capitulate /kəˈpɪtʃuleɪt/ *vi* ~ **(to sb/sth)** capitular (davant d'algú/d'alguna cosa)

cappuccino /ˌkæpuˈtʃiːnəʊ/ *n* (*pl* **cappuccinos**) caputxino

Capricorn /ˈkæprɪkɔːn/ *n* capricorn ➲ *Vegeu exemples a* AQUARIUS

capsize /kæpˈsaɪz; *USA* ˈkæpsaɪz/ *vt, vi* bolcar(-se)

capsule /ˈkæpsjuːl; *USA* ˈkæpsl/ *n* càpsula

captain /ˈkæptɪn/ *nom, verb*
▸ *n* **1** (*Esport, Mil, Nàut*) capità, -ana **2** (*avió*) comandant, -a
▸ *vt* capitanejar, ésser el capità/la capitana de **captaincy** *n* capitania

caption /ˈkæpʃn/ *n* **1** encapçalament, títol **2** peu (de foto)

captivate /ˈkæptɪveɪt/ *vt* captivar **captivating** *adj* captivador, encantador

captive /ˈkæptɪv/ *adjectiu, nom*
▸ *adj* captiu LOC **hold/take sb captive** tenir/fer presoner algú
▸ *n* pres, -a, captiu, -iva **captivity** /kæpˈtɪvəti/ *n* captivitat

captor /ˈkæptə(r)/ *n* capturador, -a

capture /ˈkæptʃə(r)/ *verb, nom*
▸ *vt* **1** capturar **2** (*Mil*) prendre **3** (*interès, etc.*) atreure **4** ~ **sb's heart**: *She captured his heart.* Li va robar el cor. **5** (*Art*) captar
▸ *n* **1** captura **2** (*ciutat*) presa

car /kɑː(r)/ *n* **1** (*USA tb* **automobile**) cotxe: *by car* amb cotxe ◇ *car accident* accident de cotxe ◇ *car bomb* cotxe bomba **2** (*USA*) (*Ferrocarril*) vagó **3** (*GB*) (*Ferrocarril*): *sleeping/dining car* vagó llit/restaurant

carafe /kəˈræf/ *n* gerro (*gen de vi*)

caramel /ˈkærəmel/ *n* caramel (*sucre cremat*)

carat (*USA* **karat**) /ˈkærət/ *n* quirat

caravan /ˈkærəvæn/ *n* **1** (*USA* **trailer**) caravana: *caravan site* càmping per a caravanes **2** carro amb vela **3** caravana (*de persones, camells, etc.*)

carbohydrate /ˌkɑːbəʊˈhaɪdreɪt/ *n* hidrat de carboni

carbon /'kɑːbən/ *n* carboni: *carbon dioxide/monoxide* diòxid/monòxid de carboni ◇ *carbon dating* datació per radiocarboni

carbon copy *n* (*pl* **carbon copies**) **1** còpia de paper carbó **2** (*fig*) calc: *She's a carbon copy of her sister.* És un calc de la seva germana.

car boot sale *n* mercat d'articles usats, venuts per particulars, que fan sevir el maleter del cotxe per a exhibir-los

carburettor (*USA* **carburetor**) /ˌkɑːbə'retə(r); *USA* -'reɪt-/ *n* carburador

carcass (*tb* **carcase**) /'kɑːkəs/ *n* **1** restes (*de pollastre, etc.*) **2** carcanada

carcinogenic /ˌkɑːsɪnə'dʒenɪk/ *adj* cancerigen

card /kɑːd/ *n* **1** targeta *Vegeu tb* CREDIT CARD **2** fitxa: *card index* fitxer **3** (*de soci, d'identitat, etc.*) carnet **4** (*tb* **playing card**) carta, naip **5** [*incomptable*] cartolina LOC **get your cards/give sb their cards** (*col·loq*) ésser acomiadat/acomiadar algú ◆ **on the cards** (*col·loq*) probable ◆ **play your cards right** jugar bé les teves cartes *Vegeu tb* LAY

cardboard /'kɑːdbɔːd/ *n* cartó

cardboard city *n* zona de la ciutat on les persones sense llar dormen en caixes de cartó

cardholder /'kɑːdhəʊldə(r)/ *n* posseïdor, -ora de targeta (de banc, botiga, etc.)

cardiac /'kɑːdiæk/ *adj* cardíac

cardigan /'kɑːdɪgən/ *n* jersei obert

cardinal /'kɑːdɪnl/ *nom, adjectiu*
▸ *n* (*Relig*) cardenal
▸ *adj* **1** (*pecat, etc.*) cardinal **2** (*regla, etc.*) fonamental

care /keə(r)/ *nom, verb*
▸ *n* **1** ~ **(over sth/in doing sth)** cura (amb alguna cosa/en fer alguna cosa): *to take care* tenir cura **2** assistència **3** (*formal*) preocupació LOC **care of sb** (*abrev* **c/o**) (*correu*) a l'atenció d'algú, a casa d'algú ◆ **take care 1** anar amb compte **2 take care!** (*col·loq*) cuida't (molt)! ❶ També s'utilitza com a comiat. ◆ **take care of sb/sth 1** tenir cura d'algú/d'alguna cosa: *to take care of yourself* cuidar-se **2** encarregar-se d'algú/d'alguna cosa ◆ **take sb into care; put sb in care** portar algú (esp un nen) a una institució perquè se'n faci càrrec
▸ *vi* **1** ~ **(about sth)** importar a algú (alguna cosa): *See if I care.* I a mi què m'importa? ◇ *I don't care (about) what she says.* Tant me fa el que digui. **2** ~ **to do sth** voler fer alguna cosa LOC **for all I, you, etc. care** (*col·loq*) pel poc que m'importa a mi, t'importa a tu, etc. ◆ **I, you, etc. couldn't care less** (*col·loq*) m'és, t'és, etc. ben igual *Vegeu tb* DAMN PHR V **care for sb 1** tenir cura d'algú **2** estimar algú ◆ **not care for sb/sth** (*formal*) no agradar-li algú/alguna cosa a algú: *I don't much care for opera.* L'òpera no em diu res.

career /kə'rɪə(r)/ *nom, verb*
▸ *n* (*activitat professional*) carrera: *career prospects* perspectives professionals ❶ Una carrera universitària es diu **a (university) degree**.
▸ *vi* anar rabent

carefree /'keəfriː/ *adj* despreocupat, lliure de preocupacions

careful /'keəfl/ *adj* **1** *to be careful (of/about/with sth)* vigilar (amb alguna cosa) ◇ *Be careful of the traffic!* Atenció amb els cotxes! ◇ *I was careful not to wake her up.* Vaig anar amb compte per no despertar-la. **2** (*treball, etc.*) acurat **carefully** /-fəli/ *adv* amb compte, curosament: *to listen/think carefully* escoltar atentament/pensar bé LOC *Vegeu* TREAD

careless /'keələs/ *adj* **1** ~ **(about/with sth)** deixat, descurat (amb alguna cosa): *a careless mistake* un error per falta de cura/d'atenció **2** imprudent

carer /'keərə(r)/ (*USA* **caregiver** /'keəgɪvə(r)/) *n* cuidador, -a (*d'una persona gran o malalta*)

caress /kə'res/ *verb, nom*
▸ *vt* acariciar
▸ *n* carícia

caretaker /'keəteɪkə(r)/ *nom, adjectiu*
▸ *n* (*USA* **janitor**) conserge, porter, -a, vigilant
▸ *adj* (*govern, mànager, etc.*) provisional

cargo /'kɑːgəʊ/ *n* (*pl* **cargoes**, *USA tb* **cargos**) **1** càrrega **2** carregament

caricature /'kærɪkətjʊə(r)/ *nom, verb*
▸ *n* caricatura
▸ *vt* caricaturar

caring /'keərɪŋ/ *adj* **1** humanitari **2** (*persona*) afectuós, bondadós

carnation /kɑː'neɪʃn/ *n* clavell

carnival /'kɑːnɪvl/ *n* carnaval, carnestoltes

carnivore /'kɑːnɪvɔː(r)/ *n* carnívor **carnivorous** /kɑː'nɪvərəs/ *adj* carnívor

carol /'kærəl/ *n* nadala

carousel /ˌkærə'sel/ *n* cavallets

car park (*USA* **parking lot**) *n* aparcament

carpenter /'kɑːpəntə(r)/ *n* fuster, -a **carpentry** *n* fusteria

carpet /'kɑːpɪt/ *nom, verb*
▸ *n* moqueta, catifa
▸ *vt* emmoquetar, encatifar **carpeting** *n* [*incomptable*] moqueta

C

carriage /ˈkærɪdʒ/ *n* **1** (*USA* **car**) (*Ferrocarril*) vagó **2** carruatge *Vegeu tb* BABY CARRIAGE **carriageway** /ˈkærɪdʒweɪ/ *n* carril *Vegeu tb* DUAL CARRIAGEWAY

carrier /ˈkæriə(r)/ *n* **1** empresa de transports **2** portador, -a

carrier bag (*tb* **carrier**) *n* bossa (*de plàstic o paper*) ➲ *Vegeu il·lustració a* BAG

carrot /ˈkærət/ *n* **1** pastanaga **2** (*fig*) al·licient

carry /ˈkæri/ (*pt, pp* **carried**) **1** *vt* portar: *to carry a gun* portar una pistola ➲ *Vegeu nota a* WEAR **2** *vt* suportar **3** *vi* sentir-se: *Her voice carries well.* Té una bona veu. **4** *vt* (*votació*) aprovar LOC **be/get carried away** deixar-se portar: *Don't get carried away.* No et facis il·lusions. ◆ **carry the can (for sb/sth)** (*GB, col·loq*) carregar les culpes (d'algú/d'alguna cosa) ◆ **carry weight** tenir un gran pes

PHR V **carry sth away** emportar-se alguna cosa

carry sth off 1 (*premi, etc.*) emportar-se alguna cosa **2** sortir-se'n, d'alguna cosa: *I thought they carried it off really well.* Vaig trobar que se'n sortien molt bé.

carry on (with sth/doing sth); carry sth on continuar (alguna cosa/fent alguna cosa): *to carry on a conversation* mantenir una conversa

carry sth out 1 (*promesa, ordre, etc.*) complir alguna cosa **2** (*pla, investigació, etc.*) portar a terme alguna cosa

carry sth through portar a terme alguna cosa

cart /kɑːt/ *nom, verb*

▸ *n* **1** carro **2** (*USA*) carretó (*d'anar a plaça, d'equipatge, etc.*)

▸ *vt* carretejar PHR V **cart sth about/around** (*col·loq*) traginar alguna cosa ◆ **cart sb/sth off/away** (*col·loq*) emportar-se (algú/alguna cosa)

carton /ˈkɑːtn/ *n* capsa, cartó ➲ *Vegeu il·lustració a* CONTAINER

cartoon /kɑːˈtuːn/ *n* **1** caricatura **2** còmic **3** dibuixos animats **cartoonist** *n* caricarutista, dibuixant de còmics

cartridge /ˈkɑːtrɪdʒ/ *n* **1** cartutx **2** (*de càmera, etc.*) rodet

carve /kɑːv/ **1** *vt, vi* (*pedra*) esculpir: *carved out of/from/in marble* esculpit en marbre **2** *vt, vi* (*fusta*) tallar **3** *vt* (*inicials, etc.*) gravar **4** *vt, vi* (*carn*) trinxar PHR V **carve sth out (for yourself)** llaurar-se (alguna cosa): *She has carved out a place for herself in the fashion world.* S'ha fet un lloc al món de la moda. ◆ **carve sth up** (*col·loq*) repartir(-se) alguna cosa **carving** *n* **1** escultura **2** talla

car wash *n* túnel de rentatge

cascade /kæˈskeɪd/ *n* salt d'aigua, cascada

case /keɪs/ *n* **1** (*Med, Gram, situació*) cas: *It's a case of...* Es tracta de... **2** (*Dret*) causa: *the case for the defence/prosecution* la defensa/l'acusació **3** argument(s): *There is a case for...* Hi ha raons per a... ◇ *to make out a case for sth* presentar arguments convincents per a alguna cosa **4** estoig **5** capsa (*d'embalatge*) **6** maleta **7** vitrina **8** caixa (*de vi*) LOC **in any case** de totes maneres ◆ **in case** per si...: *in case it rains* per si plou *Vegeu tb* JUST

cash /kæʃ/ *nom, verb*

▸ *n* [*incomptable*] diners (en metàl·lic): *to pay (in) cash* pagar en metàl·lic ◇ *cash card* targeta de caixer automàtic ◇ *cash price* preu al comptat ◇ *cash flow* moviment de fons ◇ *cash desk* caixa ◇ *to be short of cash* anar curt de diners LOC **cash down** (*tb* **cash up front**) pagament al comptat ◆ **cash on delivery** (*abrev* **COD**) contra reembossament

▸ *vt* fer efectiu PHR V **cash in (on sth)** (*pej*) aprofitar-se (d'alguna cosa) ◆ **cash sth in** bescanviar alguna cosa

cashier /kæˈʃɪə(r)/ *n* caixer, -a

cash machine (*tb* **cash dispenser**, **Cashpoint®**) *n* caixer automàtic

cashmere /ˌkæʃˈmɪə(r)/ *n* caixmir

casino /kəˈsiːnəʊ/ *n* (*pl* **casinos**) casino

cask /kɑːsk; *USA* kæsk/ *n* bóta

casket /ˈkɑːskɪt; *USA* ˈkæskɪt/ *n* **1** cofre (*per a joies, etc.*) **2** (*USA*) taüt

casserole /ˈkæsərəʊl/ *n* **1** guisat **2** (*tb* **casserole dish**) cassola ➲ *Vegeu il·lustració a* POT

cassette /kəˈset/ *n* casset (*cinta*)

cast /kɑːst; *USA* kæst/ *verb, nom*

▸ *vt* (*pt, pp* **cast**) **1** (*mirada*) fer: *cast an eye over sth* fer una ullada a alguna cosa **2** (*ombra*) projectar **3** tirar, llançar **4** (*Teat*): *to cast sb as Othello* donar a algú el paper d'Otel·lo **5** (*vot*) donar: *to cast your vote* votar LOC **cast a spell on sb/sth** embruixar algú/alguna cosa *Vegeu tb* DOUBT PHR V **cast about/around for sth** buscar alguna cosa ◆ **cast sb/sth aside** (*formal*) deixar de banda algú/alguna cosa ◆ **cast sth off** (*formal*) desembarassar-se d'alguna cosa *Vegeu tb* CAUTION

▸ *n* [*v sing o pl*] (*Teat*) repartiment (*conjunt d'actors*)

castaway /ˈkɑːstəweɪ; *USA* ˈkæst-/ *n* nàufrag, -a

caste /kɑːst; *USA* kæst/ *n* casta: *caste system* sistema de castes

cast iron *n* ferro colat **cast-iron** *adj* **1** de ferro colat **2** (*constitució*) de ferro **3** (*coartada*) irrefutable

castle /'kɑːsl; *USA* 'kæsl/ *n* **1** castell **2** (*Escacs*) torre

castrate /kæ'streɪt; *USA* 'kæstreɪt/ *vt* castrar **castration** *n* castració

casual /'kæʒuəl/ *adj* **1** superficial: *a casual acquaintance* un conegut ◇ *a casual glance* una ullada ◇ *a casual comment* un comentari sense importància **2** (*comportament*) despreocupat, feliç: *casual sex* promiscuïtat sexual **3** (*roba*) informal **4** (*feina*) eventual: *casual worker* treballador eventual **5** (*trobada*) fortuït **casually** *adv* **1** informalment **2** despreocupadament **3** per casualitat **4** temporalment

casualty /'kæʒuəlti/ *n* **1** (*pl* **casualties**) víctima, baixa **2** (*tb* **casualty department**) (*USA* **emergency room**) urgències *Vegeu tb* ACCIDENT AND EMERGENCY

cat /kæt/ *n* **1** gat: *cat food* menjar per a gats ➲ *Vegeu nota a* GAT **2** felí: *big cat* felí salvatge LOC *Vegeu* LET

catalogue (*USA tb* **catalog**) /'kætəlɒg; *USA* -lɔːg/ *nom, verb*

▸ *n* **1** catàleg **2** (*fig*) sèrie: *a catalogue of disasters* una sèrie de desastres

▸ *vt* catalogar

catalyst /'kætəlɪst/ *n* catalitzador

catapult /'kætəpʌlt/ *nom, verb*

▸ *n* **1** tirador (*per a llançar pedres*) **2** catapulta

▸ *vt* catapultar

cataract /'kætərækt/ *n* **1** cascada **2** cataracta

catarrh /kə'tɑː(r)/ *n* catarro (*mucositat*)

catastrophe /kə'tæstrəfi/ *n* catàstrofe **catastrophic** /ˌkætə'strɒfɪk/ *adj* catastròfic

catch /kætʃ/ *verb, nom*

▸ (*pt, pp* **caught** /kɔːt/) **1** *vt, vi* entomar: *Here, catch!* Toma! **2** *vt* agafar, atrapar **3** *vt* sorprendre **4** *vt* (*col·loq*) enxampar **5** *vt* (*col·loq*) anar a veure: *I'll catch you later.* Et veuré més tard. **6** *vt* (*Med*) contagiar-se de, agafar **7** *vt* ~ **sth (in/on sth)** agafar-se alguna cosa (a/amb alguna cosa): *He caught his thumb in the door.* Es va agafar el dit amb la porta. **8** *vt* sentir, entendre **9** *vi* (*foc*) encendre's LOC **catch it** (*GB, col·loq*): *You'll catch it!* Te l'estàs guanyant! ❶ Per a altres expressions amb **catch**, vegeu les entrades del nom, adjectiu, etc., p. ex. **catch fire** a FIRE.

PHR V **catch at sth** agafar-se a alguna cosa

catch on (*col·loq*) fer-se popular ◆ **catch on (to sth)** (*col·loq*) entendre (alguna cosa)

catch sb out enxampar algú

be/get caught up in sth estar ficat/ficar-se en alguna cosa: *I got caught up in traffic.* Vaig quedar atrapat en un embús. ◆ **catch up (on sth)** posar-se al dia (en alguna cosa): *I've got a lot of work to catch up on.* Tinc un munt de feina endarrerida. ◆ **catch up (with sb)**; **catch sb up** encalçar algú

▸ *n* **1** acció d'entomar (especialment una pilota) **2** captura **3** (*peixos*) pesca **4** tanca, pany: *the safety catch* el fiador **5** (*fig*): *It's a catch-22 (situation).* És una situació impossible. **6** [*sing*] (*antic*): *He's a good catch.* És un bon partit.

catching /'kætʃɪŋ/ *adj* contagiós, encomanadís

catchment area /'kætʃmənt eəriə/ *n* districte (*que correspon a una escola, un hospital, etc.*)

catchphrase /'kætʃfreɪz/ *n* frase cèlebre

catchy /'kætʃi/ *adj* (**catchier**, **-iest**) **1** (*melodia*) enganxós **2** (*eslògan*) fàcil de recordar

catechism /'kætəkɪzəm/ *n* catecisme

categorical /ˌkætə'gɒrɪkl; *USA* -'gɔːr-/ *adj* (*formal*) **1** (*resposta*) categòric **2** (*negativa*) rotund **3** (*ordre*) terminant **categorically** /-kli/ *adv* categòricament

category /'kætəgəri; *USA* -gɔːri/ *n* (*pl* **categories**) categoria **categorize** (*GB tb* **-ise**) *vt* classificar

cater /'keɪtə(r)/ *vi* **1** ~ **for/to sb/sth** oferir serveis per a algú/alguna cosa: *to cater for/to all tastes* satisfer tots els gustos ◇ *novels that cater to the mass market* novel·les adreçades al gran públic **2** ~ **(for sb/sth)** (*per a festa, empresa, etc.*) proveir menjar per a algú/alguna cosa **catering** *n* [*incomptable*] proveïment de menjar: *the catering industry* el servei d'àpats

caterpillar /'kætəpɪlə(r)/ *n* eruga

cathedral /kə'θiːdrəl/ *n* catedral

Catholic /'kæθlɪk/ *adj, n* catòlic, -a **Catholicism** /kə'θɒləsɪzəm/ *n* catolicisme

cattle /'kætl/ *n* [*pl*] bestiar boví

catwalk /'kætwɔːk/ *n* passarel·la (*de desfilada*)

caught *pt, pp de* CATCH

cauldron (*tb* **caldron**) /'kɔːldrən/ *n* caldera

cauliflower /'kɒlɪflaʊə(r); *USA* 'kɔːli-/ *n* coliflor

cause /kɔːz/ *nom, verb*

▸ *n* **1** ~ **(of sth)** causa (d'alguna cosa) **2** ~ **(for sth)** motiu, raó (de/per alguna cosa): *cause for complaint/to complain* motiu de queixa

▸ *vt* causar

causeway /'kɔːzweɪ/ *n* carretera o camí elevat que travessa l'aigua

caustic /'kɔːstɪk/ *adj* **1** càustic **2** (*comentari, etc.*) mordaç

C

caution /'kɔːʃn/ *nom, verb*
▸ *n* **1** precaució, cura: *to exercise extreme caution* extremar les precaucions **2** amonestació LOC **throw/cast caution to the winds** abandonar tota precaució
▸ **1** *vt, vi* ~ **(sb) against/about sth** prevenir (algú) contra/sobre alguna cosa **2** *vt* amonestar **cautionary** *adj* **1** d'advertència **2** exemplar: *a cautionary tale* una història exemplar

cautious /'kɔːʃəs/ *adj* ~ **(about sb/sth)** prudent, cautelós (amb algú/alguna cosa): *a cautious driver* un conductor prudent **cautiously** *adv* amb cautela

cavalry /'kævlri/ *n* [*v sing o pl*] cavalleria

cave /keɪv/ *nom, verb*
▸ *n* cova, gruta: *cave painting* pintura rupestre
▸ *v* PHR V **cave in 1** esfondrar-se **2** (*fig*) cedir

caveman /'keɪvmæn/ *n* (*pl* **-men** /-mən/) home de les cavernes

cavern /'kævən/ *n* caverna **cavernous** *adj* (*formal*) cavernós

caviar (*tb* **caviare**) /'kæviɑː(r)/ *n* caviar

caving /'keɪvɪŋ/ *n* espeleologia

cavity /'kævəti/ *n* (*pl* **cavities**) **1** cavitat **2** càries

CD /ˌsiː 'diː/ *n* (*abrev de* **compact disc**): *CD player/writer* reproductor/enregistrador de disc compacte ➲ *Vegeu il·lustració a* ORDINADOR

CD-ROM /ˌsiː diː 'rɒm/ *n* CD-ROM

cease /siːs/ *vt, vi* (*formal*) cessar, acabar: *to cease to do sth* deixar de fer alguna cosa

ceasefire /'siːsfaɪə(r)/ *n* alto el foc

ceaseless /'siːsləs/ *adj* (*formal*) incessant

ceilidh /'keɪli/ *n* festa amb música i ball (*esp a Escòcia i Irlanda*)

ceiling /'siːlɪŋ/ *n* **1** sostre **2** topall, límit

celebrate /'selɪbreɪt/ **1** *vt* celebrar **2** *vi* passar-s'ho bé **3** *vt* (*formal*) lloar **celebrated** *adj* ~ **(for sth)** cèlebre (per alguna cosa) **celebration** *n* celebració: *in celebration of sth* en commemoració d'alguna cosa **celebratory** /ˌselə'breɪtəri; *USA* 'seləbrətɔːri/ *adj* commemoratiu, festiu

celebrity /sə'lebrəti/ *n* (*pl* **celebrities**) celebritat

celery /'seləri/ *n* api

cell /sel/ *n* **1** cel·la **2** (*Anat, Pol*) cèl·lula

cellar /'selə(r)/ *n* soterrani: *wine cellar* celler *Vegeu tb* SALT CELLAR

cello /'tʃeləʊ/ *n* (*pl* **cellos**) violoncel **cellist** *n* violoncel·lista

cellphone /'selfəʊn/ (*tb* **cellular phone, cell**) *n* (*esp USA*) (telèfon) mòbil

cellular /'seljələ(r)/ *adj* cel·lular

Celsius /'selsiəs/ *adj* (*abrev* **C**) centígrad ➲ *Vegeu nota a* CENTÍGRAD

cement /sɪ'ment/ *nom, verb*
▸ *n* ciment
▸ *vt* **1** revestir amb ciment, ajuntar amb ciment **2** (*fig*) consolidar

cemetery /'semətri; *USA* -teri/ *n* (*pl* **cemeteries**) cementiri (*municipal*) ➲ *Compareu amb* CHURCHYARD

censor /'sensə(r)/ *nom, verb*
▸ *n* censor, -a
▸ *vt* censurar **censorship** *n* [*incomptable*] censura

censure /'senʃə(r)/ *verb, nom*
▸ *vt* (*formal*) ~ **sb (for sth)** censurar algú (per alguna cosa)
▸ *n* (*formal*) censura

census /'sensəs/ *n* (*pl* **censuses**) cens

cent /sent/ *n* **1** centau (*de dòlar*) ➲ *Vegeu pàg 760* **2** cèntim (*d'euro*)

centenary /sen'tiːnəri; *USA* -'tenəri/ *n* (*pl* **centenaries**) (*USA* **centennial** /sen'teniəl/) centenari

center (*USA*) = CENTRE

centigrade /'sentɪgreɪd/ (*abrev* **C**) *adj* centígrad ➲ *Vegeu nota a* CENTÍGRAD

centimetre (*USA* **centimeter**) /'sentɪmiːtə(r)/ *n* (*abrev* **cm**) centímetre

centipede /'sentɪpiːd/ *n* centpeus

central /'sentrəl/ *adj* **1** principal: *It is central to government policy.* És un element fonamental de la política del govern. **2** central: *central heating* calefacció central **3** (*en una població*) cèntric: *central London* el centre de Londres **centrally** *adv*: *centrally heated* amb calefacció central ◇ *It is centrally located.* Està situat en un lloc cèntric.

centralize (*GB tb* **-ise**) /'sentrəlaɪz/ *vt* centralitzar **centralization** (*GB tb* **-isation**) *n* centralització

centre (*USA* **center**) /'sentə(r)/ *nom, verb*
▸ *n* **1** centre: *the town centre* el centre de la ciutat **2** nucli: *a centre of industry/commerce* un nucli industrial/comercial **3 the centre** [*v sing o pl*] (*Pol*) el centre: *a centre party* un partit de centre **4** (*Esport*) davanter, -a centre *Vegeu tb* CALL CENTRE, GARDEN CENTRE, LEISURE CENTRE, SHOPPING CENTRE, SPORTS CENTRE
▸ *vt* centrar PHR V **centre around/round/on/upon sb/sth** centrar-se en algú/alguna cosa

centre back (*tb* **centre half**) (*USA* **center back/half**) *n* (*Esport*) defensa central

centre forward (*USA* **center forward**) *n* (*Esport*) davanter, -a centre

century /'sentʃəri/ *n* (*pl* **centuries**) **1** segle **2** (*criquet*) cent corregudes

ceramic /sə'ræmɪk/ *adj* ceràmic: *ceramic hob* placa de vitroceràmica

cereal /'sɪəriəl/ *n* cereal(s)

cerebral /'serəbrəl; *USA* sə'ri:brəl/ *adj* cerebral

ceremonial /ˌserɪ'məʊniəl/ *adj, n* cerimonial

ceremony /'serəməni; *USA* -məʊni/ *n* (*pl* **ceremonies**) cerimònia

certain /'sɜ:tn/ *adjectiu, pronom*

▸ *adj* **1** segur: *That's far from certain.* Això no és gens segur. ◇ *It is certain that he'll be elected.* És segur que serà elegit. **2** cert: *to a certain extent* fins a cert punt **3** (*formal*) (*persona*) cert: *a certain Mr Brown* un cert Mr Brown LOC **for certain** del cert ◆ **make certain (that...)** assegurar-se (que...) ◆ **make certain of sth/doing sth** assegurar-se d'alguna cosa/que es faci alguna cosa

▸ *pron* (*formal*) ~ **of...**: *certain of those present* alguns dels presents **certainly** *adv* **1** certament **2** (*com a resposta*) és clar: *Certainly not!* És clar que no! **certainty** *n* (*pl* **certainties**) certesa

certificate /sə'tɪfɪkət/ *n* **1** certificat: *doctor's certificate* baixa mèdica **2** partida (*de naixement, matrimoni, defunció*)

certify /'sɜ:tɪfaɪ/ *vt* (*pt, pp* **-fied**) **1** certificar **2** *He was certified (insane).* El van declarar desequilibrat mental.

Cesarean (*USA*) = CAESAREAN

CFC /ˌsi: ef 'si:/ *n* (*abrev de* **chlorofluorocarbon**) clorofluorocarboni

chain /tʃeɪn/ *nom, verb*

▸ *n* cadena: *in chains* encadenat ◇ *chain reaction* reacció en cadena

▸ *vt* ~ **sb/sth (up)** encadenar algú/alguna cosa

chainsaw /'tʃeɪnsɔ:/ *n* serra mecànica

chain-smoke /'tʃeɪn sməʊk/ *vi* fumar-ne un darrere l'altre

chain store *n* botiga que pertany a una cadena

chair /tʃeə(r)/ *nom, verb*

▸ *n* **1** cadira: *Pull up a chair.* Agafa una cadira. ◇ *easy chair* butaca **2 the chair** (*reunió*) la presidència, el president, la presidenta **3** càtedra **4** (*tb* **the (electric) chair**) la cadira elèctrica *Vegeu tb* ARMCHAIR, DECKCHAIR, PUSHCHAIR, ROCKING CHAIR, WHEELCHAIR

▸ *vt* (*reunió*) presidir

chairlift /'tʃeəlɪft/ *n* telecadira

chairman /'tʃeəmən/ *n* (*pl* **-men** /-mən/) president, -a ❶ Com a terme general per a fer referència tant a un home com a una dona, és preferible utilitzar **chairperson** o **chair**.

chairperson /'tʃeəpɜ:sn/ *n* president, -a

chairwoman /'tʃeəwʊmən/ *n* (*pl* **-women** /-wɪmɪn/) presidenta

chalet /'ʃæleɪ/ *n* xalet (*d'estil suís*)

chalice /'tʃælɪs/ *n* (*Relig*) calze

chalk /tʃɔ:k/ *nom, verb*

▸ *n* **1** (*Geol*) creta **2** guix: *a piece/stick of chalk* un guix

▸ *v* PHR V **chalk up sth** (*col·loq*) apuntar-se alguna cosa: *The opposition has chalked up another success.* L'oposició s'ha apuntat un altre èxit.

chalkboard /'tʃɔ:kbɔ:d/ *n* (*USA*) pissarra

challenge /'tʃælɪndʒ/ *nom, verb*

▸ *n* repte: *to issue a challenge to sb* desafiar algú

▸ *vt* **1** desafiar **2** (*dret, etc.*) recusar **3** (*treball, etc.*) estimular **challenger** *n* (*Esport, Pol*) aspirant **challenging** *adj* estimulant, que suposa un repte

chamber /'tʃeɪmbə(r)/ *n* cambra: *chamber music* música de cambra ◇ *Chamber of Commerce* Cambra de Comerç

chambermaid /'tʃeɪmbəmeɪd/ *n* cambrera de pisos

chameleon /kə'mi:liən/ *n* camaleó

chamomile (*tb* **camomile**) /'kæməmaɪl/ *n* camamilla

champagne /ʃæm'peɪn/ *n* xampany

champion /'tʃæmpiən/ *nom, verb*

▸ *n* **1** campió, -ona: *the defending/reigning champion* el campió actual **2** defensor, -a (*d'una causa*)

▸ *vt* defensar **championship** *n* campionat: *world championship* campionat mundial

chance /tʃɑ:ns; *USA* tʃæns/ *nom, verb, adjectiu*

▸ *n* **1** possibilitat **2** oportunitat **3** risc **4** atzar **5** casualitat LOC **by (any) chance** per casualitat ◆ **on the (off) chance** per si de cas ◆ **take a chance (on sth)** provar sort (amb alguna cosa) ◆ **take chances** arriscar-se ◆ **the chances are (that)...** (*col·loq*) el més probable és que... *Vegeu tb* STAND

▸ *vt* ~ **sth/doing sth** arriscar-se a fer alguna cosa LOC **chance your arm/luck** (*col·loq*) arriscar-se PHR V **chance on/upon sb/sth** (*formal*) trobar-se algú/alguna cosa per casualitat

▸ *adj* [*només davant del nom*] casual: *a chance meeting* una trobada casual

chancellor /'tʃɑ:nsələ(r); *USA* 'tʃæns-/ *n* **1** canceller, -a: *Chancellor of the Exchequer* ministre d'Hisenda **2** (*universitat*) rector honorari, rectora honorària

C

chandelier /ˌʃændəˈlɪə(r)/ *n* (*llum*) aranya

change /tʃeɪndʒ/ *verb, nom*

▸ **1** *vt, vi* canviar (de), canviar-se (de): *to change jobs* canviar de feina ◇ *to change a wheel* canviar una roda **2** *vi* ~ **from sth to/into sth** canviar d'alguna cosa a una altra LOC **change hands** canviar de propietari ◆ **change your/sb's mind** canviar d'idea/canviar l'opinió d'algú ◆ **change your tune** (*col·loq*) canviar d'actitud *Vegeu tb* CHOP, PLACE PHRV **change back into sth** **1** (*roba*) posar-se alguna cosa una altra vegada **2** tornar a ésser alguna cosa ◆ **change into sth** **1** (*roba*) posar-se alguna cosa **2** transformar-se en alguna cosa **3** ~ **into first, second, etc.** (*marxa*) canviar a primera, segona, etc. ◆ **change sb/sth into sth** convertir algú/alguna cosa en alguna cosa ◆ **change over (from sth) (to sth)** canviar (d'alguna cosa) (a una altra)

▸ *n* **1** canvi: *a change of socks* uns mitjons de recanvi **2** (*diners*) canvi **3** [*incomptable*] moneda menuda **4** transbord LOC **a change for the better/worse** un canvi positiu/negatiu ◆ **a change of heart** un canvi d'actitud ◆ **for a change** per variar ◆ **make a change** ésser un canvi: *It makes a change to get good news.* Ja està bé que per una vegada siguin bones notícies. ◇ *It makes a change from pasta.* Si més no, no torna a ser pasta.

changeable /ˈtʃeɪndʒəbl/ *adj* variable

changeover /ˈtʃeɪndʒəʊvə(r)/ *n* canvi (*p. ex. d'un sistema a un altre*)

changing room *n* emprovador, vestuari

channel /ˈtʃænl/ *nom, verb*

▸ *n* **1** (*TV*) cadena, canal ➲ *Vegeu nota a* TELEVISION **2** via (*de comunicació*): *worldwide distribution channels* canals de distribució mundial **3** llit (*d'un riu*) **4** canal (de navegació)

▸ *vt* (**-ll-**; *USA tb* **-l-**) **1** ~ **sth (into sth)** canalitzar alguna cosa (en alguna cosa) **2** acanalar

chant /tʃɑːnt; *USA* tʃænt/ *nom, verb*

▸ *n* **1** (*de multitud*) consigna, cant repetitiu **2** (*Relig*) cant (litúrgic)

▸ *vt, vi* **1** (*multitud*) cridar, corejar **2** (*Relig*) cantar

chaos /ˈkeɪɒs/ *n* [*incomptable*] caos: *to cause chaos* provocar un caos **chaotic** /keɪˈɒtɪk/ *adj* caòtic

chap /tʃæp/ *n* (*GB, col·loq*) paio: *He's a good chap.* És un bon paio.

chapel /ˈtʃæpl/ *n* capella

chaplain /ˈtʃæplɪn/ *n* capellà

chapped /tʃæpt/ *adj* (*llavis, pell*) tallat, clivellat

chapter /ˈtʃæptə(r)/ *n* **1** capítol **2** època

char /tʃɑː(r)/ *vt, vi* (**-rr-**) carbonitzar(-se), socarrimar(-se)

character /ˈkærəktə(r)/ *n* **1** caràcter: *character references* referències personals ◇ *character assassination* difamació **2** (*col·loq*) individu **3** (*formal*) reputació **4** personatge (*de novel·la, pel·lícula, etc.*): *the main character* el protagonista LOC **in/out of character** típic/atípic (d'algú)

characteristic /ˌkærəktəˈrɪstɪk/ *adjectiu, nom*

▸ *adj* característic

▸ *n* tret, característica **characteristically** /-kli/ *adv*: *His answer was characteristically frank.* Va contestar amb la franquesa que el caracteritza.

characterize (*GB tb* **-ise**) /ˈkærəktəraɪz/ *vt* (*formal*) **1** caracteritzar: *It is characterized by...* Es caracteritza per... **2** ~ **sb/sth (as sth)** qualificar algú/alguna cosa d'alguna cosa **characterization** (*GB tb* **-isation**) *n* descripció, caracterització

charade /ʃəˈrɑːd; *USA* ʃəˈreɪd/ *n* **1** farsa (*mentida, engany*) **2** **charades** [*incomptable*] (*joc*) xarada

charcoal /ˈtʃɑːkəʊl/ *n* **1** carbó vegetal **2** (*Art*) carbonet **3** (*tb* **charcoal grey**) color gris marengo

chard /tʃɑːd/ (*tb* **Swiss chard**) *n* [*incomptable*] bledes

charge /tʃɑːdʒ/ *nom, verb*

▸ *n* **1** ~ **(for sth)** càrrec (per alguna cosa); preu (d'alguna cosa): *free of charge* gratis/sense càrrec addicional ◇ *Is there a charge?* S'ha de pagar alguna cosa? **2** acusació: *to bring/press charges against sb* presentar càrrecs contra algú **3** càrrec: *to have/take charge of sth* ésser l'encarregat/fer-se càrrec d'alguna cosa ◇ *to leave sb/sth in sb's charge* deixar algú/alguna cosa a càrrec d'algú **4** càrrega (*elèctrica o d'una arma*) **5** (*Mil*) càrrega **6** (*Esport*) atac **7** (*animals*) envestida LOC **in charge (of sb/sth)** en càrrec (d'algú/d'alguna cosa): *Who's in charge here?* Qui és l'encarregat aquí? *Vegeu tb* REVERSE

▸ **1** *vt, vi* cobrar: *They charged me £50 for dinner.* Em van cobrar 50 lliures pel sopar. **2** *vt* ~ **sth to sth** carregar alguna cosa a alguna cosa: *Charge it to my account.* Carregui-ho al meu compte. **3** *vt* ~ **sb (with sth)** acusar algú (d'alguna cosa) **4** *vt, vi* ~ **(at) (sb/sth)** (*Mil*) carregar (contra algú/alguna cosa): *Charge!* A l'atac! **5** *vt, vi* ~ **(at) (sb/sth)** (*animal*) envestir (algú/alguna cosa) **6** *vi* ~ **down, in, up, etc.** córrer: *The children charged down/up the stairs.* Els nens van córrer escales avall/amunt. ◇ *He charged into the room.* Va irrompre a l'habitació. **7** *vt* ~ **sb with sth** (*formal*) encarregar alguna cosa a algú **8** *vt* (*pistola, pila*) carregar **chargeable** *adj* **1** ~ **to sb/sth** (*pagament*) a càrrec d'algú/d'aguna cosa **2** imposable, subjecte a pagament

charger /'tʃɑːdʒə(r)/ *n* (*Electròn*) carregador

chariot /'tʃæriət/ *n* carro (*romà*)

charisma /kə'rɪzmə/ *n* carisma **charismatic** /ˌkærɪz'mætɪk/ *adj* carismàtic

charitable /'tʃærətəbl/ *adj* **1** (*organització*) benèfic **2** caritatiu **3** comprensiu

charity /'tʃærəti/ *n* (*pl* **charities**) **1** organització benèfica, ONG: *for charity* amb finalitats benèfiques ➲ *Vegeu nota a* ONG **2** caritat **3** (*formal*) comprensió

charity shop *n* (*GB*) botiga que ven roba i objectes de segona mà amb finalitats benèfiques

charm /tʃɑːm/ *nom, verb*

▸ *n* **1** encant **2** amulet: *a charm bracelet* un braçalet de penjolls **3** encanteri LOC *Vegeu* WORK *v*

▸ *vt* encantar LOC **a charmed life** una vida afortunada PHR V **charm sth out of sb** aconseguir alguna cosa d'algú mitjançant el seu encant **charming** *adj* encantador

chart /tʃɑːt/ *nom, verb*

▸ *n* **1** gràfic: *bar/flow/pie chart* diagrama de barres/flux/sectors **2** carta de navegació **3 the charts** [*pl*] (*Mús*) la llista d'èxits

▸ *vt* fer un gràfic, mapa, etc. de: *to chart the course/the progress of sth* fer un gràfic de la trajectòria/del progrés d'alguna cosa

charter /'tʃɑːtə(r)/ *nom, verb*

▸ *n* **1** estatuts: *royal charter* autorització reial **2** noli: *a charter plane/boat* un avió/vaixell noliejat ◇ *a charter flight* un vol xàrter

▸ *vt* (*avió*) noliejar **chartered** *adj* diplomat: *chartered accountant* auditor

chase /tʃeɪs/ *verb, nom*

▸ *vt, vi* **1** ~ **(after) sb/sth** perseguir algú/alguna cosa **2** ~ **(after) sb** (*col·loq*) anar al darrere d'algú: *He's always chasing (after) women.* Sempre va darrere les dones. PHR V **chase about/around** (*col·loq*) córrer d'una banda a l'altra ◆ **chase sb/sth away, off, out, etc.** fer fora, foragitar algú/alguna cosa ◆ **chase sb up** posar-se en contacte amb algú (per reclamar alguna cosa): *I'll chase him up and find out what's going on.* Hi parlaré per preguntar-li què passa. ◆ **chase sth up** (*USA* **chase sth down**) esbrinar què ha passat amb alguna cosa

▸ *n* **1** persecució **2** (*animals*) caça

chasm /'kæzəm/ *n* (*formal*) avenc, abisme

chassis /'ʃæsi/ *n* (*pl* **chassis** /'ʃæsiz/) xassís

chastened /'tʃeɪsnd/ *adj* **1** escarmentat **2** (*to*) submís **chastening** *adj* alliçonador

chastity /'tʃæstəti/ *n* castedat

chat /tʃæt/ *verb, nom*

▸ *vi* (**-tt-**) ~ **(to/with sb) (about sth) 1** xerrar (amb algú) (de/sobre alguna cosa) **2** (*Internet*) fer (una) tertúlia PHR V **chat sb up** (*GB, col·loq*) intentar lligar amb algú

▸ *n* **1** xerrada: *chat show* programa d'entrevistes **2** (*Internet*) tertúlia, xat: *chat room* tertúlia restringida **chatty** *adj* (**chattier, -iest**) (*esp GB, col·loq*) **1** (*persona*) xerraire **2** (*carta, etc.*) informal

chatline /'tʃætlaɪn/ *n* fòrum telefònic, xat telefònic

chatter /'tʃætə(r)/ *verb, nom*

▸ *vi* **1** ~ **(away/on)** xerrar **2** (*dents*) petar **3** (*ocell*) refilar **4** (*mono*) xisclar

▸ *n* xerrameca

chatterbox /'tʃætəbɒks/ *n* (*col·loq*) xerraire

chauffeur /'ʃəʊfə(r); *USA* ʃəʊ'fɜːr/ *nom, verb*

▸ *n* xofer, -a

▸ *vt* ~ **sb** fer de xofer per a algú, portar algú amb cotxe

chauvinism /'ʃəʊvɪnɪzəm/ *n* xovinisme **chauvinist** *n* xovinista **chauvinistic** /ˌʃəʊvɪ'nɪstɪk/ *adj* xovinista

cheap /tʃiːp/ *adjectiu, adverbi*

▸ *adj* (**cheaper, -est**) **1** barat **2** econòmic **3** de poca qualitat **4** (*col·loq*) (*comentari, acudit, etc.*) buit, ordinari, dolent **5** (*USA, col·loq*) garrepa LOC **cheap at the price** regalat ◆ **on the cheap** per pocs diners

▸ *adv* (**cheaper**) (*col·loq*) barat LOC **be going cheap** estar rebaixat ◆ **sth does not come cheap**: *Success doesn't come cheap.* L'èxit no es regala. **cheapen** *vt* **1** ~ **yourself** rebaixar-se **2** abaratir **cheaply** *adv* barat, a bon preu

cheapo /'tʃiːpəʊ/ *adj* (*col·loq, pej*) barat

cheat /tʃiːt/ *verb, nom*

▸ **1** *vt* enredar **2** *vi* fer trampes **3** *vi* (*escola*) copiar(-se) PHR V **cheat sb (out) of sth** estafar alguna cosa a algú ◆ **cheat on sb** enganyar algú (*essent infidel*)

▸ *n* **1** trampós, -osa **2** engany, trampa

check /tʃek/ *verb, nom*

▸ **1** *vt* comprovar, revisar *Vegeu tb* DOUBLE-CHECK **2** *vt, vi* assegurar(-se) **3** *vt* parar, contenir(-se) **4** *vi* aturar-se **5** *vt* (*USA*) marcar amb un senyal (de vist) LOC **check (sth) for sth** comprovar que no hi hagi alguna cosa (en alguna cosa) PHR V **check in (at...); check into...** (*en un hotel*) registrar-se ◆ **check sth in** (*en un aeroport*) facturar alguna cosa ◆ **check sb/sth off** (*USA*) passar ratlla a algú/alguna cosa d'una llista ◆ **check out (of...)** pagar la factura i anar-se'n (*d'un*

C

hotel) ◆ **check sb/sth out 1** investigar, comprovar, esbrinar coses sobre algú/alguna cosa **2** (*col·loq*) mirar algú/alguna cosa: *Check out that car!* Has vist quin cotxe? ◆ **check up on sb** controlar algú, esbrinar coses sobre algú ◆ **check up on sth** comprovar alguna cosa
▸ *n* **1** comprovació, revisió **2** investigació **3** (roba de) quadres: *a check skirt* una faldilla de quadres **4** (*USA*) = CHEQUE **5** (*USA*) (*restaurant*) compte **6** escac *Vegeu tb* CHECKMATE **7** (*tb* **check mark**) (*USA*) (*marca*) senyal LOC **hold/keep sth in check** contenir/controlar alguna cosa

checkbook (*USA*) = CHEQUEBOOK

checked /'tʃekt/ *adj* de quadres

checkers /'tʃekəz/ *n* (*USA*) [*incomptable*] dames (*joc*)

check-in /'tʃek ɪn/ *n* facturació (*en un aeroport*)

checking account *n* (*USA*) compte corrent

checklist /'tʃeklɪst/ *n* llista

checkmate /'tʃekmeɪt/ *n* escac i mat

checkout /'tʃekaʊt/ *n* **1** caixa (*en una botiga*) **2** (*hotel*) hora de sortida i liquidació del compte

checkpoint /'tʃekpɔɪnt/ *n* control (*a la carretera*)

check-up /'tʃek ʌp/ *n* revisió mèdica

cheek /tʃi:k/ *n* **1** galta **2** (*fig*) cara: *What (a) cheek!* Quines penques! LOC *Vegeu* TONGUE **cheeky** *adj* (**cheekier**, **-iest**) descarat

cheekbone /'tʃi:kbəʊn/ *n* pòmul

cheer /tʃɪə(r)/ *nom, verb*
▸ *n* ovació, crit d'entusiasme: *Three cheers for...* Tres visques per... !
▸ **1** *vt, vi* aclamar, aplaudir **2** *vt* animar, alegrar: *to be cheered by sth* animar-se amb alguna cosa PHR V **cheer sb on** (*cursa, competició*) animar algú ◆ **cheer up** animar-se: *Cheer up!* Anima't! ◆ **cheer sb up** animar algú ◆ **cheer sth up** alegrar alguna cosa **cheerful** *adj* alegre **cheery** *adj* (**cheerier**, **-iest**) (*col·loq*) alegre

cheering /'tʃɪərɪŋ/ *nom, adjectiu*
▸ *n* [*incomptable*] crits d'entusiasme
▸ *adj* reconfortant, encoratjador

cheerio /ˌtʃɪəri'əʊ/ *interj* (*GB, col·loq*) adéu

cheerleader /'tʃɪəli:də(r)/ *n* animador, -a (*de futbol americà, etc.*)

cheers /tʃɪəz/ *interj* **1** salut **2** (*GB, col·loq*) adéu **3** (*GB, col·loq*) gràcies

cheese /tʃi:z/ *n* formatge: *Would you like some cheese?* Vols formatge? ◇ *a wide variety of cheeses* una selecció variada de formatges

cheesecake /'tʃi:zkeɪk/ *n* pastís de formatge

cheetah /'tʃi:tə/ *n* guepard

chef /ʃef/ *n* xef, cuiner, -a en cap

chemical /'kemɪkl/ *adjectiu, nom*
▸ *adj* químic
▸ *n* substància química

chemist /'kemɪst/ *n* **1** farmacèutic, -a **2** químic, -a **3 chemist's** (*USA* **drugstore**) farmàcia ➲ *Vegeu notes a* CARNISSERIA *i* PHARMACY

chemistry /'kemɪstri/ *n* química

cheque (*USA* **check**) /tʃek/ *n* xec: *to pay by cheque* pagar amb xec

chequebook (*USA* **checkbook**) /'tʃekbʊk/ *n* talonari (de xecs)

cherish /'tʃerɪʃ/ *vt* **1** (*persona*) estimar, cuidar **2** (*llibertat, tradicions*) valorar **3** (*esperança*) nodrir **4** (*record*) guardar amb afecte

cherry /'tʃeri/ *n* (*pl* **cherries**) **1** cirera: *cherry tree* cirerer **2** color cirera

chess /tʃes/ *n* escacs

chessboard /'tʃesbɔ:d/ *n* escaquer

chest /tʃest/ *n* **1** pit (*tòrax*) ➲ *Compareu amb* BREAST **2** arca, cofre: *chest of drawers* calaixera LOC **get sth off your chest** (*col·loq*) buidar el pap, desfogar-se

chestnut /'tʃesnʌt/ *n* **1** castanya: *chestnut tree* castanyer **2** color caoba **3** (*col·loq*) acudit vell

chew /tʃu:/ *vt* ~ **sth (up)** mastegar alguna cosa PHR V **chew sth over** (*col·loq*) rumiar alguna cosa **chewy** *adj* **1** (*caramel*) masticable **2** (*aliment*) corretjut

chewing gum *n* [*incomptable*] xiclet

chick /tʃɪk/ *n* pollet

chicken /'tʃɪkɪn/ *nom, adjectiu, verb*
▸ *n* **1** (*au*) gallina *Vegeu tb* COCK, HEN **2** (*carn*) pollastre **3** (*col·loq*) poruc, -uga
▸ *adj* (*col·loq*) covard
▸ *v* PHR V **chicken out (of sth)** (*col·loq*) fer-se enrere (d'alguna cosa) per por

chickenpox /'tʃɪkɪnpɒks/ *n* [*incomptable*] varicel·la

chickpea /'tʃɪkpi:/ (*USA* **garbanzo**) *n* cigró

chicory /'tʃɪkəri/ *n* [*incomptable*] **1** (*GB*) (*USA* **endive**) endívia **2** (*USA*) (*GB* **endive**) escarola **3** xicoira

chief /tʃi:f/ *nom, adjectiu*
▸ *n* cap
▸ *adj* principal **chiefly** *adv* **1** sobretot **2** principalment

chieftain /'tʃi:ftən/ *n* cap (*de tribu o clan*)

child /tʃaɪld/ *n* (*pl* **children** /'tʃɪldrən/) **1** nen, -a: *children's clothes/television* roba per a nens/programació infantil ◇ *child benefit* subvenció familiar ◇ *child labour* treball infantil **2** fill, -a: *an only child* un fill únic **3** *a child of the nineties* un producte dels anys noranta LOC **be child's play** (*col·loq*) ésser un joc de nens **childhood** *n* infantesa **childish** *adj* infantil: *to be childish* portar-se com un nen **childless** *adj* sense fills **childlike** *adj* com de nen: *childlike enthusiasm* entusiasme de nen

childbirth /ˈtʃaɪldbɜːθ/ *n* part

childcare /ˈtʃaɪldkeə(r)/ *n* cura dels nens: *childcare facilities* llars d'infants

childminder /ˈtʃaɪldmaɪndə(r)/ *n* persona que té cura de nens a casa seva

children *plural de* CHILD

chill /tʃɪl/ *nom, verb*

▸ *n* **1** fred **2** refredat: *to catch/get a chill* refredar-se **3** calfred *Vegeu tb* WIND CHILL

▸ **1** *vt* gelar: *I'm chilled to the bone.* Estic gelat fins al moll de l'os. **2** *vt, vi* (*aliments*) refredar(-se), refrigerar(-se): *chilled foods* aliments refrigerats PHRV **chill out** (*col·loq*) relaxar-se **chilling** *adj* esgarrifós

chilli (*USA* **chili**) /ˈtʃɪli/ *n* **1** (*pl* **chillies**) bitxo **2** (*tb* **chilli powder**) pebre vermell

chilly /ˈtʃɪli/ *adj* fred: *It's chilly today.* Fa una mica de fred avui.

chime /tʃaɪm/ *verb, nom*

▸ *vi* repicar PHRV **chime in (with sth)** interrompre (dient alguna cosa)

▸ *n* **1** repic **2** campanada

chimney /ˈtʃɪmni/ *n* (*pl* **chimneys**) xemeneia: *chimney sweep* escura-xemeneies

chimpanzee /ˌtʃɪmpænˈziː/ (*col·loq* **chimp** /tʃɪmp/) *n* ximpanzé

chin /tʃɪn/ *n* barbeta LOC **(keep your) chin up!** (*col·loq*) ànims!

china /ˈtʃaɪnə/ *n* **1** porcellana **2** vaixella (de porcellana)

chink /tʃɪŋk/ *n* esquerda, clivella LOC **a chink in sb's armour** el punt feble d'algú

chip /tʃɪp/ *nom, verb*

▸ *n* **1** escantell **2** trosset **3** (*fusta*) estella **4** (*USA* **French fry**) patata fregida (*llarga*) ➲ *Vegeu il·lustració a* PATATA **5** (*USA*) patata fregida (*de bossa*) **6** *Vegeu* MICROCHIP **7** (*casino*) fitxa LOC **he, she, etc. is a chip off the old block** (*col·loq*) els testos s'assemblen a les olles ◆ **have a chip on your shoulder (about sth)** (*col·loq*) estar ressentit (per alguna cosa)

▸ *vt, vi* (**-pp-**) escantellar(-se) PHRV **chip away at sth** trencar/destruir alguna cosa a poc a poc ◆ **chip in (with sth)** (*col·loq*) **1** (*comentari*) interrompre (dient alguna cosa) **2** (*diners*) contribuir (amb alguna cosa) **chippings** *n* [*pl*] **1** grava **2** encenalls de fusta

chipmunk /ˈtʃɪpmʌŋk/ *n* esquirol llistat

chirp /tʃɜːp/ *verb, nom*

▸ *vi* **1** refilar **2** (*grill*) carrisquejar

▸ *n* **1** refilet **2** (*grill*) carrisqueig

chirpy /ˈtʃɜːpi/ *adj* (*col·loq*) alegre

chisel /ˈtʃɪzl/ *nom, verb*

▸ *n* cisell, enformador

▸ *vt* (**-ll-** *USA tb* **-l-**) **1** cisellar: *finely chiselled features* faccions elegants **2** enformar

chives /tʃaɪvz/ *n* [*pl*] ceballí

chloride /ˈklɔːraɪd/ *n* clorur

chlorine /ˈklɔːriːn/ *n* clor

chock-a-block /ˌtʃɒk ə ˈblɒk/ *adj* (*GB, col·loq*) ~ **(with sth/sb)** ple de gom a gom (d'alguna cosa/d'algú)

chock-full /ˌtʃɒk ˈfʊl/ *adj* ~ **(of sth/sb)** ple fins dalt (d'alguna cosa/d'algú)

chocolate /ˈtʃɒklət/ *n* **1** xocolata: *milk/plain chocolate* xocolata amb/sense llet ◇ *chocolate bar* xocolatina **2** bombó **3** color xocolata

choice /tʃɔɪs/ *nom, adjectiu*

▸ *n* **1** elecció: *to make a choice* triar **2** possibilitat: *If I had the choice...* Si pogués triar... ◇ *I had no choice but to go.* No vaig tenir més remei que anar-me'n. **3** selecció LOC **by/out of choice** per decisió pròpia

▸ *adj* (**choicer**, **-est**) **1** selecte **2** escollit

choir /ˈkwaɪə(r)/ *n* [*v sing o pl*] coral: *choirboy* escolà de cant

choke /tʃəʊk/ *verb, nom*

▸ **1** *vi* ~ **(on sth)** ennuegar-se (amb alguna cosa): *to choke to death* asfixiar-se **2** *vt* ofegar, estrangular **3** *vt* ~ **sth (up) (with sth)** embussar alguna cosa (amb alguna cosa) PHRV **choke sth back** (*llàgrimes, ira*) contenir alguna cosa

▸ *n* estàrter

cholera /ˈkɒlərə/ *n* (*Med*) còlera

cholesterol /kəˈlestərɒl; *USA* -rɔːl/ *n* colesterol

choose /tʃuːz/ (*pt* **chose** /tʃəʊz/ *pp* **chosen** /ˈtʃəʊzn/) **1** *vt, vi* ~ **(between A and/or B)**; ~ **(from sth)** escollir (entre A i B); escollir (entre alguna cosa) **2** *vt* ~ **sb/sth as sth** escollir algú/alguna cosa com a alguna cosa **3** *vt* (*Esport*) seleccionar **4** *vt, vi* ~ **(to do sth)** decidir (fer alguna cosa) **5** *vi* preferir: *whenever I choose* quan em ve de gust LOC *Vegeu* PICK **choosy** *adj* (**choosier**, **-iest**) ~ **(about sth/sb)** (*col·loq*) exigent, primmirat amb alguna cosa/algú

chop /tʃɒp/ *verb, nom*

▸ *vt* (**-pp-**) **1** ? ~ **sth (up) (into sth)** tallar alguna cosa (en alguna cosa): *to chop sth in two* partir alguna cosa per la meitat ◇ *chopping board* tallador **2** picar, trossejar **3** (*col·loq*) reduir **LOC** **chop and change** (*GB, col·loq*) canviar d'idea constantment **PHR V** **chop sth down** talar alguna cosa ◆ **chop sth off (sth)** tallar alguna cosa (d'alguna cosa)

▸ *n* **1** (*carn*) costella **2** destralada **3** cop

chopper /ˈtʃɒpə(r)/ *n* **1** (*col·loq*) helicòpter **2** destral **3** (*carn*) tallant

choppy /ˈtʃɒpi/ *adj* (**choppier**, **-iest**) mogut (*mar*)

chopsticks /ˈtʃɒpstɪks/ *n* [*pl*] bastonets xinesos

choral /ˈkɔːrəl/ *adj* coral

chord /kɔːd/ *n* acord

chore /tʃɔː(r)/ *n* feina (*rutinària*): *household chores* feines de la casa

choreography /ˌkɒriˈɒgrəfi; *USA* ˌkɔːri-/ *n* coreografia **choreographer** *n* coreògraf, -a

chorus /ˈkɔːrəs/ *nom, verb*

▸ *n* (*pl* **choruses**) **1** (*Mús*) tornada **2** [*v sing o pl*] (*Mús, Teat*) cor: *chorus girl* corista **LOC** **in chorus** a cor

▸ *vt* dir/cantar a cor

chose *pt de* CHOOSE

chosen *pp de* CHOOSE

Christ /kraɪst/ *n* Crist

christen /ˈkrɪsn/ *vt* batejar (amb el nom de) **christening** *n* bateig

Christian /ˈkrɪstʃən/ *adj, n* cristià, -ana **Christianity** /ˌkrɪstiˈænəti/ *n* cristianisme

Christian name (*tb* **first name**) *n* nom de pila

Christmas /ˈkrɪsməs/ *n* Nadal: *Christmas Day* el dia de Nadal ◇ *Christmas Eve* la nit de Nadal ◇ *Merry/Happy Christmas!* Bon Nadal! ◇ *a Christmas card* una felicitació de Nadal (postal) ➲ *Vegeu nota a* NADAL

Christmas pudding *n* pastís de fruites seques que es menja calent el dia de Nadal ➲ *Vegeu nota a* NADAL

chrome /krəʊm/ *n* crom

chromium /ˈkrəʊmiəm/ *n* crom: *chromium-plated steel* acer cromat

chromosome /ˈkrəʊməsəʊm/ *n* cromosoma

chronic /ˈkrɒnɪk/ *adj* **1** crònic **2** (*mentider, alcohòlic, etc.*) empedreït

chronicle /ˈkrɒnɪkl/ *nom, verb*

▸ *n* crònica

▸ *vt* historiar

chronological /ˌkrɒnəˈlɒdʒɪkl/ *adj* cronològic

chrysalis /ˈkrɪsəlɪs/ *n* crisàlide

chubby /ˈtʃʌbi/ *adj* rodanxó ➲ *Vegeu nota a* GRAS

chuck /tʃʌk/ *vt* (*col·loq*) **1** llançar **2** ~ **sth (in/up)** (*feina, etc.*) deixar alguna cosa **PHR V** **chuck sth away/out** llençar alguna cosa (a les escombraries) ◆ **chuck sb out (of sth)** fer fora algú (d'alguna cosa)

chuckle /ˈtʃʌkl/ *verb, nom*

▸ *vi* riure per sota el nas ➲ *Vegeu nota a* RIURE

▸ *n* rialleta

chuffed /tʃʌft/ *adj* (*GB, col·loq*) molt satisfet

chum /tʃʌm/ *n* (*col·loq*) col·lega

chunk /tʃʌŋk/ *n* tros **chunky** *adj* **1** cepat **2** gruixut

church /tʃɜːtʃ/ *n* església: *church hall* sala de la parròquia ◇ *go to church* anar a missa ➲ *Vegeu nota a* SCHOOL

churchyard /ˈtʃɜːtʃjɑːd/ *n* cementiri (*al voltant d'una església*) ➲ *Compareu amb* CEMETERY

churn /tʃɜːn/ **1** *vt* ~ **sth (up)** (*fang, aigua*) remenar alguna cosa **2** *vi* (*aigües*) agitar-se **3** *vt, vi* (*estómac*) regirar(-se) **PHR V** **churn sth out** (*col·loq, sovint pej*) produir alguna cosa en grans quantitats

chute /ʃuːt/ *n* **1** tremuja **2** (*piscina*) tobogan

cicada /sɪˈkɑːdə; *USA* -ˈkeɪ-/ *n* cigala (*insecte*)

cider /ˈsaɪdə(r)/ *n* sidra

cigar /sɪˈgɑː(r)/ *n* cigar

cigarette /ˌsɪgəˈret; *USA* ˈsɪgəret/ *n* cigarreta: *cigarette butt/end* burilla

cinder /ˈsɪndə(r)/ *n* cendra

cinema /ˈsɪnəmə/ *n* cinema

> Als Estats Units el local es diu **movie theater** i l'activitat, **the movies** [*pl*].

cinnamon /ˈsɪnəmən/ *n* canyella

circle /ˈsɜːkl/ *nom, verb*

▸ *n* **1** cercle, circumferència: *the circumference of a circle* el perímetre d'una circumferència **2** rotllana: *to stand in a circle* fer una rotllana **3** (*Teat*) amfiteatre (*primer pis*) *Vegeu tb* DRESS CIRCLE **LOC** **go around/round in circles** no fer progressos *Vegeu tb* FULL, VICIOUS

▸ *vt* **1** donar una volta/voltes a **2** envoltar **3** encerclar

circuit /ˈsɜːkɪt/ *n* **1** volta **2** gira **3** (*Electròn*) circuit *Vegeu tb* SHORT CIRCUIT **4** pista

circular /ˈsɜːkjələ(r)/ *adjectiu, nom*

▸ *adj* rodó, circular

▸ *n* circular

circulate /ˈsɜːkjəleɪt/ *vt, vi* (fer) circular

circulation /ˌsɜːkjəˈleɪʃn/ *n* **1** circulació **2** (*diari, revista*) tirada

circumcise /ˈsɜːkəmsaɪz/ *vt* circumcidar **circumcision** /ˌsɜːkəmˈsɪʒn/ *n* circumcisió

circumference /səˈkʌmfərəns/ *n* circumferència: *the circumference of a circle* el perímetre d'una circumferència ◇ *the circumference of the earth* la circumferència de la Terra

circumstance /ˈsɜːkəmstəns/ *n* **1** circumstància **2 circumstances** [*pl*] situació econòmica LOC **in/under no circumstances** en cap dels casos ◆ **in/under the circumstances** en aquestes circumstàncies

circus /ˈsɜːkəs/ *n* (*pl* **circuses**) circ

cistern /ˈsɪstən/ *n* **1** cisterna **2** dipòsit (de l'aigua)

cite /saɪt/ *vt* (*formal*) citar

citizen /ˈsɪtɪzn/ *n* ciutadà, -ana *Vegeu tb* SENIOR CITIZEN **citizenship** *n* ciutadania

citrus /ˈsɪtrəs/ *adj* cítric: *citrus fruit(s)* cítrics

city /ˈsɪti/ *n* (*pl* **cities**) **1** ciutat (*gran o important*): *city centre* centre de la ciutat ➲ *Vegeu nota a* CIUTAT **2 the City** el centre financer de Londres

city hall *n* (*USA*) ajuntament

civic /ˈsɪvɪk/ *adj* **1** municipal: *civic centre* centre municipal **2** cívic

civil /ˈsɪvl/ *adj* **1** civil: *civil law* codi/dret civil ◇ *civil rights/liberties* drets del ciutadà ◇ *civil strife* dissensió social **2** educat, atent

civilian /səˈvɪliən/ *n* civil

civilization (*GB tb* **-isation**) /ˌsɪvəlaɪˈzeɪʃn; *USA* -ləˈz-/ *n* civilització

civilized (*GB tb* **-ised**) /ˈsɪvəlaɪzd/ *adj* civilitzat

civil servant *n* funcionari públic, funcionària pública

the civil service *n* [*sing*] l'administració pública

CJD /ˌsiː dʒeɪ ˈdiː/ *n* (*abrev de* **Creutzfeldt-Jakob disease**) malaltia de Creutzfeldt-Jakob (=MCJ)

clad /klæd/ *adj* ~ **(in sth)** (*formal*) vestit (d'alguna cosa)

claim /kleɪm/ *verb, nom*

▸ *vt* **1** afirmar, sostenir **2** reclamar **3** (*dret*) reivindicar **4** (*subsidi, etc.*) sol·licitar **5** (*atenció*) merèixer **6** (*formal*) (*vides*) cobrar-se: *The car crash claimed three lives.* Hi ha hagut tres morts en l'accident de cotxe.

▸ *n* **1** afirmació **2** ~ **(on/to sth)** dret (a alguna cosa) **3** ~ **(for sth)** reclamació, reivindicació (d'alguna cosa) **4** ~ **(for sth)** sol·licitud (d'alguna cosa) **5** ~ **(against sb/sth)** reclamació, demanda (contra algú/alguna cosa) LOC *Vegeu* LAY, STAKE **claimant** *n* demandant

clairvoyant /kleəˈvɔɪənt/ *n* vident

clam /klæm/ *nom, verb*

▸ *n* cloïssa

▸ *v* (**-mm-**) PHR V **clam up** (*col·loq*) no dir ni piu

clamber /ˈklæmbə(r)/ *vi* enfilar-se (*amb dificultat*)

clammy /ˈklæmi/ *adj* enganxós, humit

clamour (*USA* **clamor**) /ˈklæmə(r)/ *verb, nom*

▸ *vi* **1** ~ **(for sth)** (*formal*) clamar (alguna cosa) **2** clamorejar, cridar

▸ *n* clamor, cridòria

clamp /klæmp/ *verb, nom*

▸ *vt* **1** subjectar **2** posar el cep a (*un cotxe*) PHR V **clamp down (on sb/sth)** adoptar mesures dràstiques (contra algú/alguna cosa)

▸ *n* **1** grapa **2** abraçadora **3** cep (*de cotxe*)

clampdown /ˈklæmpdaʊn/ *n* ~ **(on sth)** restricció (d'alguna cosa); mesures dràstiques (contra alguna cosa)

clan /klæn/ *n* [*v sing o pl*] clan

clandestine /klænˈdestɪn, ˈklændəstaɪn/ *adj* (*formal*) clandestí

clang /klæŋ/ *verb, nom*

▸ *vt, vi* (fer) sonar

▸ *n* **1** so (*metàl·lic*) **2** toc (*de campana*)

clank /klæŋk/ *verb, nom*

▸ *vi* fer un so metàl·lic (*cadenes, maquinària*)

▸ *n* so metàl·lic

clap /klæp/ *verb, nom*

▸ (**-pp-**) **1** *vt, vi* aplaudir **2** *vt*: *to clap your hands (together)* picar de mans ◇ *to clap sb on the back* donar a algú un copet a l'esquena

▸ *n* **1** [*sing*] aplaudiment **2** *a clap of thunder* un tro **clapping** *n* [*incomptable*] aplaudiments

clarify /ˈklærəfaɪ/ *vt* (*pt, pp* **-fied**) (*formal*) aclarir **clarification** *n* aclariment

clarinet /ˌklærəˈnet/ *n* clarinet

clarity /ˈklærəti/ *n* claredat

clash /klæʃ/ *nom, verb*

▸ *n* **1** enfrontament **2** ~ **(over sth)** xoc, conflicte (per alguna cosa): *a clash of interests* un conflicte d'interessos **3** estrèpit

▸ **1** *vi* ~ **(with sb)** tenir un enfrontament (amb algú) **2** *vi* ~ **(with sb) (over sth)** discrepar (amb algú) (sobre alguna cosa) **3** *vi* (*dates*) coincidir **4** *vi* (*colors*) desentonar **5** *vt, vi* (fer) xocar (*amb soroll*)

clasp /klɑːsp; *USA* klæsp/ *verb, nom*

▸ *vt* tenir agafat, estrènyer

▸ *n* tanca (*de bossa, collaret, etc.*)

C

class /klɑːs; *USA* klæs/ *nom, verb*
▸ *n* **1** classe: *They're in my class.* Són a la meva classe. ◇ *the class struggle/system* la lluita/el sistema de classes *Vegeu tb* MIDDLE CLASS, WORKING CLASS **2** categoria: *They are not in the same class.* No es poden comparar. LOC **in a class of your, its, etc. own** sense igual
▸ *vt* ~ **sb/sth (as sth)** classificar algú/alguna cosa (com a alguna cosa)

classic /ˈklæsɪk/ *adjectiu, nom*
▸ *adj* **1** clàssic **2** típic: *It was a classic case.* Va ésser un cas típic.
▸ *n* clàssic

classical /ˈklæsɪkl/ *adj* clàssic

classify /ˈklæsɪfaɪ/ *vt* (*pt, pp* **-fied**) classificar **classification** *n* **1** classificació **2** categoria **classified** *adj* **1** confidencial **2** classificat: *classified ads* anuncis per paraules

classmate /ˈklɑːsmeɪt; *USA* ˈklæs-/ *n* company, -a de classe

classroom /ˈklɑːsruːm, -rʊm; *USA* ˈklæs-/ *n* aula, classe

classy /ˈklɑːsi; *USA* ˈklæsi/ *adj* (**classier, -iest**) (*col·loq*) amb molt estil

clatter /ˈklætə(r)/ *verb, nom*
▸ **1** *vt, vi* fer soroll (*amb plats, etc.*) **2** *vi* (*tren*) fer tric-trac
▸ *n* (*tb* **clattering**) **1** estrèpit **2** (*tren*) tric-trac

clause /klɔːz/ *n* **1** (*Gram*) proposició **2** (*Dret*) clàusula

claustrophobia /ˌklɔːstrəˈfəʊbiə/ *n* claustrofòbia **claustrophobic** *n* claustrofòbic

claw /klɔː/ *nom, verb*
▸ *n* **1** urpa **2** (*gat*) ungla **3** (*cranc*) pinça **4** (*màquina*) ganxo
▸ *vt, vi* ~ **(at) sb/sth** esgarrapar algú/alguna cosa

clay /kleɪ/ *n* **1** argila, fang **2** (*Tennis*) terra batuda

clean /kliːn/ *adjectiu, verb*
▸ *adj* (**cleaner, -est**) **1** net: *to wipe sth clean* netejar alguna cosa **2** (*paper, etc.*) en blanc LOC **make a clean break (with sth)** canviar completament de vida (respecte a alguna cosa)
▸ *vt, vi* netejar(-se) PHR V **clean sth off/from sth; clean sth off** treure alguna cosa (d'alguna cosa) (*brutícia*): *Clean the stain off before it dries.* Treu la taca abans no s'assequi. ◆ **clean sb out** (*col·loq*) deixar algú pelat ◆ **clean sth out** netejar alguna cosa a fons ◆ **clean up** netejar ◆ **clean sth up 1** netejar alguna cosa **2** millorar alguna cosa (*imatge*) **cleaning** *n* neteja

clean-cut /ˌkliːn ˈkʌt/ *adj* polit

cleaner /ˈkliːnə(r)/ *n* **1** home/dona de la neteja **2** netejador **3** **cleaner's** tintoreria ➲ *Vegeu nota a* CARNISSERIA

cleanliness /ˈklenlinəs/ *n* netedat

cleanly /ˈkliːnli/ *adv* netament

cleanse /klenz/ *vt* **1** netejar a fons **2** ~ **sb (of/from sth)** (*formal*) purificar algú (d'alguna cosa) **cleanser** *n* **1** (*per a la cara*) crema netejadora **2** producte de neteja

clean-shaven /ˌkliːn ˈʃeɪvn/ *adj* afaitat

clean-up /ˈkliːn ʌp/ *n* neteja

clear /klɪə(r)/ *adjectiu, verb, adverbi*
▸ *adj* (**clearer, -est**) **1** clar: *Are you quite clear about what the job involves?* Tens clar el que comporta aquesta feina? ◇ *clear weather/a clear sky* un temps/cel clar **2** (*aigua, vidre*) transparent **3** (*carretera*) buit **4** (*recepció*) nítid **5** (*consciència*) tranquil **6** lliure: *clear of debt* lliure de deutes ◇ *to keep next weekend clear* deixar lliure el cap de setmana vinent LOC **(as) clear as day** (tan) clar com l'aigua ◆ **(as) clear as mud** (*col·loq*) gens clar ◆ **in the clear** (*col·loq*) **1** fora de sospita **2** fora de perill ◆ **make sth clear (to sb)** deixar alguna cosa clara (a algú) *Vegeu tb* CRYSTAL
▸ **1** *vt* (*lloc, superfície*) desembarassar, buidar: *to clear the table* desparar la taula **2** *vt* (*canonada*) desembussar **3** *vt* (*de gent*) desallotjar **4** *vi* (*aigua, temps*) aclarir-se **5** *vt* ~ **sb (of sth)** absoldre algú (d'alguna cosa): *to clear your name* provar la teva innocència **6** *vt* (*obstacle*) salvar LOC **clear the air** aclarir les coses PHR V **clear (sth) away/up** recollir (alguna cosa) ◆ **clear off** (*col·loq*) tocar el dos ◆ **clear sth out** endreçar alguna cosa (*llençant el que no serveix*), buidar alguna cosa ◆ **clear up** (*temps*) aclarir-se ◆ **clear sth up** resoldre alguna cosa
▸ *adv* **1** ~ **(of sth)** allunyat (d'alguna cosa): *Stand clear of the doors.* Manteniu-vos allunyats de les portes. **2** clarament **3** completament LOC **keep/stay/steer clear (of sb/sth)** evitar qualsevol contacte (amb algú/alguna cosa)

clearance /ˈklɪərəns/ *n* **1** endreça: *a clearance sale* una liquidació **2** espai lliure **3** autorització

clear-cut /ˌklɪə ˈkʌt/ *adj* (clarament) definit

clear-headed /ˌklɪə ˈhedɪd/ (*tb* **clear-sighted** /ˌklɪə ˈsaɪtɪd/) *adj* que té el cap clar, lúcid

clearing /ˈklɪərɪŋ/ *n* clariana (*de bosc*)

clearly /ˈklɪəli/ *adv* clarament

cleavage /ˈkliːvɪdʒ/ *n* escot

clef /klef/ *n* (*Mús*) clau

clementine /ˈkleməntiːn/ *n* clementina

clench /klentʃ/ *vt* cloure (*puny, dents*)
clergy /ˈklɜːdʒi/ *n* [*pl*] clergat
clergyman /ˈklɜːdʒimən/ *n* (*pl* **-men** /-mən/) **1** clergue **2** capellà anglicà
clerical /ˈklerɪkl/ *adj* **1** d'oficina: *clerical staff* personal d'oficina **2** (*Relig*) clerical
clerk /klɑːk; *USA* klɜːrk/ *n* **1** oficinista, empleat, -ada **2** (*ajuntament, jutjat*) secretari, -ària **3** (*USA*) (*tb* **sales clerk**) dependent, -a **4** (*USA*) (*tb* **desk clerk**) recepcionista
clever /ˈklevə(r)/ *adj* (**cleverer, -est**) **1** llest **2** destre: *to be clever at sth* ésser molt destre en alguna cosa **3** enginyós **LOC be too clever (by half)** (*GB, col·loq*) fer-se el viu, ésser un setciències **cleverness** *n* intel·ligència, destresa, enginy
cliché /ˈkliːʃeɪ; *USA* kliːˈʃeɪ/ *n* clixé, tòpic
click /klɪk/ *verb, nom*
▸ **1** *vt, vi*: *to click open/shut* obrir-se/tancar-se amb un clic ◇ *to click your heels* picar de talons ◇ *to click your fingers* fer petar els dits **2** *vt, vi* ~ **(on) sth** (*Informàt, càmera*) fer (un) clic en alguna cosa: *Click on the icon.* Fes clic a la icona. *Vegeu tb* DOUBLE-CLICK **3** *vi* (*col·loq*) adonar-se **4** *vi* (*col·loq*) (*amistat*) avenir-se
▸ *n* **1** clic **2** pet **3** cop de taló
client /ˈklaɪənt/ *n* client, -a (*d'un professional*)
clientele /ˌkliːənˈtel; *USA* ˌklaɪənˈtel/ *n* [*v sing o pl*] clientela
cliff /klɪf/ *n* cingle, penya-segat
climate /ˈklaɪmət/ *n* clima: *climate change* el canvi climàtic ◇ *the economic climate* les condicions econòmiques
climax /ˈklaɪmæks/ *n* clímax
climb /klaɪm/ *verb, nom*
▸ *vt, vi* **1** pujar: *The road climbs steeply.* La carretera fa molta pujada. **2** enfilar-se **3** escalar **4** (*en societat*) ascendir **LOC** *Vegeu* BANDWAGON **PHR V climb down 1** baixar **2** (*fig*) fer-se enrere ◆ **climb out of sth** sortir d'alguna cosa: *to climb out of bed/a car* saltar del llit/baixar d'un cotxe ◆ **climb (up) on to sth** pujar a sobre d'alguna cosa ◆ **climb up sth** pujar a alguna cosa, enfilar-se per alguna cosa
▸ *n* **1** escalada, pujada **2** pendent **climber** *n* escalador, -a, alpinista **climbing** *n* escalada, alpinisme: *to go climbing* fer escalada/alpinisme
clinch /klɪntʃ/ *vt* **1** (*victòria, etc.*) aconseguir: *That clinched it.* Allò ho va fer decidir. **2** (*partit, etc.*) guanyar **3** (*tracte, etc.*) cloure

cling /klɪŋ/ *vi* (*pt, pp* **clung** /klʌŋ/) ~ **(on) to sb/sth** agafar-se, aferrar-se a algú/alguna cosa: *to cling to each other* aferrar-se l'un a l'altre **clinging** *adj* (*tb* **clingy**) **1** (*roba*) cenyit **2** (*pej*) (*persona*) dependent, emmarat
cling film *n* [*incomptable*] film transparent (*per a embolicar aliments*)
clinic /ˈklɪnɪk/ *n* clínica
clinical /ˈklɪnɪkl/ *adj* **1** clínic **2** (*pej*) fred (*sense emoció*)
clink /klɪŋk/ *verb, nom*
▸ **1** *vi* dringar **2** *vt*: *They clinked glasses.* Van fer trincar les copes.
▸ *n* (*tb* **clinging**) dring
clip /klɪp/ *nom, verb*
▸ *n* **1** clip *Vegeu tb* PAPER CLIP **2** agulla de pit **3** *hair clip* pinça per als cabells
▸ *vt* (**-pp-**) **1** ~ **sth (on)** subjectar alguna cosa (amb un clip/una agulla): *to clip sth together* ajuntar alguna cosa (amb un clip) **2** tallar, retallar
clipboard /ˈklɪpbɔːd/ *n* **1** carpeta de pinça **2** (*Informàt*) porta-retalls
clique /kliːk/ *n* grupet
cloak /kləʊk/ *nom, verb*
▸ *n* capa
▸ *vt* (*formal*) cobrir: *cloaked in secrecy* envoltat de gran secret
cloakroom /ˈkləʊkruːm, -rʊm/ *n* **1** guardaroba **2** lavabo ➲ *Vegeu nota a* TOILET
clock /klɒk/ *nom, verb*
▸ *n* **1** rellotge (*de paret, taula, campanar*) ➲ *Vegeu il·lustració a* RELLOTGE **2** (*col·loq*) comptaquilòmetres **LOC around/round the clock** les vint-i-quatre hores ◆ **turn back the clock** tornar al passat
▸ *vt* cronometrar **PHR V clock in/on** fitxar (*en arribar a la feina*) ◆ **clock off/out** fitxar (*en plegar de treballar*) ◆ **clock up sth**: *I clocked up 50 miles a day.* Vaig fer 50 milles diàries.
clockwise /ˈklɒkwaɪz/ *adv, adj* en el mateix sentit que les agulles d'un rellotge
clockwork /ˈklɒkwɜːk/ *adj, n* (amb) mecanisme de rellotgeria: *clockwork toys* joguines de corda **LOC go/run like clockwork** anar com un rellotge
clog /klɒg/ *verb, nom*
▸ (**-gg-**) **1** *vi* ~ **(up) (with sth)** obstruir-se, embossar-se (amb alguna cosa) **2** *vt* ~ **sth (up) (with sth)** obstruir, embossar alguna cosa (amb alguna cosa)
▸ *n* esclop
cloister /ˈklɔɪstə(r)/ *n* claustre

C

clone /kləʊn/ *nom, verb*
▸ *n* clon
▸ *vt* clonar **cloning** *n* clonatge

close¹ /kləʊz/ *verb, nom*
▸ *vt, vi* **1** tancar(-se) **2** (*reunió, etc.*) acabar(-se) LOC **close your mind to sth** tancar-se a alguna cosa PHR V **close (sth) down** (*empresa, etc.*) tancar (alguna cosa) (*definitivament*) ◆ **close in** (*dia*) fer-se curt ◆ **close in (on sb/sth)** acostar-se (envoltant algú/alguna cosa): *The night is closing in.* S'està fent de nit.
▸ *n* (*formal*) final: *towards the close of sth* al final d'alguna cosa LOC **bring sth to a close** concloure alguna cosa ◆ **come/draw to a close** acabar(-se)

close² /kləʊs/ *adjectiu, adverbi*
▸ *adj* (**closer**, **-est**) **1** ~ **to sth** prop d'alguna cosa: *close to tears* a punt de plorar **2** (*parent*) de prop **3** (*amic*) íntim **4** (*vincles, etc.*) estret **5** ~ **to sb** (*emocionalment*) unit a algú **6** (*vigilància*) estricte **7** (*inspecció*) minuciós **8** (*Esport, partit*) molt igualat **9** (*temps*) xafogós LOC **it/that was a close call/shave** (*col·loq*) va anar d'un pèl ◆ **keep a close eye/watch on sb/sth** vigilar algú/alguna cosa detingudament
▸ *adv* (**closer**, **-est**) (*tb* **close by**) a prop LOC **close on**; **close to** gairebé ◆ **close together** junts *Vegeu tb* HAND **closely** *adv* **1** estretament: *a closely contested/fought match* un partit molt disputat **2** atentament **3** *a scream, closely followed by a shot* un crit, seguit gairebé immediatament d'un tret **closeness** *n* **1** proximitat **2** intimitat

closed /kləʊzd/ *adj* tancat

close-knit /ˌkləʊs ˈnɪt/ *adj* ben unit (*comunitat, etc.*)

closet /ˈklɒzɪt/ *n* (*USA*) armari (*per a roba*)

close-up /ˈkləʊs ʌp/ *n* primer pla

closing /ˈkləʊzɪŋ/ *adjectiu, nom*
▸ *adj* darrer: *closing date* data límit
▸ *n* tancament: *closing time* hora de tancar

closure /ˈkləʊʒə(r)/ *n* tancament

clot /klɒt/ *n Vegeu* BLOOD CLOT

cloth /klɒθ; *USA* klɔːθ/ *n* (*pl* **cloths** /klɒθs; *USA* klɔːðz/) **1** tela, roba ➲ *Vegeu nota a* ROBA **2** drap

clothe /kləʊð/ *vt* ~ **sb/yourself (in sth)** (*formal*) vestir algú, vestir-se (amb alguna cosa)

clothes /kləʊðz/ *n* [*pl*] roba: *clothes line* fil d'estendre la roba *Vegeu tb* PLAIN CLOTHES

clothes peg (*USA* **clothespin** /ˈkləʊðzpɪn/) *n* agulla (*d'estendre*)

clothing /ˈkləʊðɪŋ/ *n* roba: *an item of clothing* una peça de roba ◇ *the clothing industry* la indústria del vestit

clotted cream *n* nata espessa

cloud /klaʊd/ *nom, verb*
▸ *n* núvol
▸ **1** *vt* (*enteniment*) ofuscar **2** *vi* ~ **(over)** (*formal*) (*cara, expressió*) ofuscar-se **3** *vt* (*assumpte*) complicar PHR V **cloud over** ennuvolar-se **cloudless** *adj* clar, serè **cloudy** *adj* **1** ennuvolat **2** (*líquid*) tèrbol

clout /klaʊt/ *nom, verb*
▸ *n* **1** influència **2** (*col·loq*) bolet (*bufetada*)
▸ *vt* (*col·loq*) donar un bolet a

clove /kləʊv/ *n* **1** clau (*d'espècia*) **2** *a clove of garlic* un gra d'all

clover /ˈkləʊvə(r)/ *n* trèvol

clown /klaʊn/ *n* pallasso, -a

club /klʌb/ *nom, verb*
▸ *n* **1** club **2** discoteca **3** garrot **4** pal (*de golf*) **5** **clubs** [*pl*] (*cartes*) trèvols ➲ *Vegeu nota a* BARALLA
▸ *vt* (**-bb-**) garrotejar: *to club sb to death* matar algú a garrotades PHR V **club together (to do sth)** fer un fons comunitari (per fer alguna cosa)

clubbing /ˈklʌbɪŋ/ *n*: *to go clubbing* anar de discoteques **clubber** *n* persona que va de discoteques

cluck /klʌk/ *verb, nom*
▸ *vi* (*gallina*) cloquejar
▸ *n* cloqueig

clue /kluː/ *n* **1** ~ **(to sth)** pista (d'alguna cosa) **2** (*mots encreuats*) definició LOC **not have a clue** (*col·loq*) **1** no tenir-ne la més petita idea **2** ésser un talòs

clump /klʌmp/ *n* grup (*plantes, arbres, etc.*)

clumsy /ˈklʌmzi/ *adj* (**clumsier**, **-iest**) **1** maldestre, matusser **2** feixuc

clung *pt, pp de* CLING

clunky /ˈklʌŋki/ *adj* (*esp USA, col·loq*) bast, feixuc

cluster /ˈklʌstə(r)/ *nom, verb*
▸ *n* grup
▸ *vi* ~ **(together)** apinyar-se

clutch /klʌtʃ/ *verb, nom*
▸ **1** *vt* agafar fort, tenir ben agafat **2** *vt, vi* ~ **(at) sb/sth** agafar algú/alguna cosa PHR V **clutch at sth** (intentar) agafar-se a/d'alguna cosa
▸ *n* **1** embragatge **2** **clutches** [*pl*] (*col·loq*) grapes

clutter /ˈklʌtə(r)/ *verb, nom*
▸ *vt* ~ **sth (up)** entatxonar alguna cosa: *papers cluttering up the place* papers apilonats pertot arreu
▸ *n* (*pej*) desordre, apilonament

coach /kəʊtʃ/ *nom, verb*
▸ *n* **1** entrenador, -a **2** professor, -ora particular **3** autocar **4** (*Ferrocarril*) vagó, cotxe **5** carruatge **6** (*USA*) (*Aeronàut*) classe econòmica/turista
▸ *vt* ~ **sb (in/for sth) 1** (*Esport*) entrenar algú (per a alguna cosa) **2** fer classes particulars (d'alguna cosa) a algú **coaching** *n* entrenament, preparació

coal /kəʊl/ *n* **1** carbó: *coal mine* mina de carbó **2** tros de carbó: *hot/live coals* brases

coalfield /'kəʊlfi:ld/ *n* conca minera (*de carbó*)

coalition /ˌkəʊə'lɪʃn/ *n* [*v sing o pl*] coalició

coarse /kɔ:s/ *adj* (**coarser, -est**) **1** (*roba, mans*) aspre **2** (*sorra, etc.*) gruixut **3** vulgar **4** (*paraules, persona*) groller **5** (*acudit*) verd

coast /kəʊst/ *nom, verb*
▸ *n* costa
▸ *vi* **1** (*cotxe*) anar en punt mort **2** (*bicicleta*) anar sense pedalar

coastal /'kəʊstl/ *adj* costaner

coastguard /'kəʊstgɑ:d/ *n* **1** servei de guardacostes **2** (*persona*) guardacostes

coastline /'kəʊstlaɪn/ *n* litoral

coat /kəʊt/ *nom, verb*
▸ *n* **1** abric: *white coat* bata (blanca) **2** (*animal*) pèl, llana **3** (*pintura*) capa, mà
▸ *vt* ~ **sth (with/in sth)** cobrir, banyar, arrebossar alguna cosa (d'alguna cosa) **coating** *n* capa, bany

coat hanger *n Vegeu* HANGER

coax /kəʊks/ *vt* ~ **sb (into doing sth)**; ~ **sb (into/out of sth)** entabanar, persuadir algú (perquè faci/deixi de fer alguna cosa) PHR V **coax sth out of/from sb** fer parlar algú sobre alguna cosa

cobbler /'kɒblə(r)/ *n* (*antic*) sabater, -a

cobbles /'kɒblz/ (*tb* **cobblestones** /'kɒblstəʊnz/) *n* [*pl*] llambordes

cobweb /'kɒbweb/ *n* teranyina

cocaine /kəʊ'keɪn/ *n* cocaïna

cock /kɒk/ *nom, verb*
▸ *n* **1** (*USA* **rooster**) gall **2** (*au*) mascle
▸ *vt* aixecar (*pota, orelles, celles, etc.*)

cockney /'kɒkni/ *n* **1** (*pl* **cockneys**) natural de l'est de Londres **2** dialecte de l'est de Londres

cockpit /'kɒkpɪt/ *n* cabina (*del pilot*)

cockroach /'kɒkrəʊtʃ/ *n* escarabat de cuina

cocktail /'kɒkteɪl/ *n* **1** còctel **2** (*de fruita*) macedònia

cocoa /'kəʊkəʊ/ *n* **1** cacau **2** (got de) llet calenta amb cacau en pols

coconut /'kəʊkənʌt/ *n* coco

cocoon /kə'ku:n/ *n* **1** (*cuc*) capoll **2** (*fig*) closca

cod /kɒd/ *n* (*pl* **cod**) bacallà

code /kəʊd/ *n* **1** codi **2** (*missatge*) clau: *code name* nom secret *Vegeu tb* AREA CODE, BAR CODE, DIALLING CODE

C

coerce /kəʊ'ɜ:s/ *vt* ~ **sb (into sth/doing sth)** (*formal*) coaccionar algú (perquè faci alguna cosa)

coercion /kəʊ'ɜ:ʃn/ *n* (*formal*) coacció

coffee /'kɒfi; *USA* 'kɔ:fi/ *n* **1** cafè: *coffee bar/shop* cafeteria/cafè ◇ *coffee pot/maker* cafetera **2** color cafè

coffin /'kɒfɪn; *USA* 'kɔ:fɪn/ (*USA* **casket**) *n* taüt

cog /kɒg/ *n* dent (*de roda dentada*)

coherent /kəʊ'hɪərənt/ *adj* **1** coherent **2** (*parla*) clar

coil /kɔɪl/ *verb, nom*
▸ *vt, vi* ~ **(sth) around/round sth**; ~ **(sth) up** enrotllar alguna cosa; enrotllar-se, caragolar-se (al voltant d'alguna cosa)
▸ *n* **1** rotlle **2** (*serp*) anell **3** (*anticonceptiu*) dispositiu intrauterí

coin /kɔɪn/ *nom, verb*
▸ *n* moneda
▸ *vt* encunyar

coincide /ˌkəʊɪn'saɪd/ *vi* ~ **(with sth)** coincidir (amb alguna cosa)

coincidence /kəʊ'ɪnsɪdəns/ *n* casualitat

coke /kəʊk/ *n* **1 Coke®** (*col·loq*) Coca-Cola® **2** (*col·loq*) cocaïna **3** coc

colander /'kʌləndə(r)/ *n* escorredora, colador

cold /kəʊld/ *adjectiu, nom, adverbi*
▸ *adj* (**colder, -est**) fred ➲ *Vegeu nota a* FRED LOC **be cold 1** (*persona*) tenir fred **2** (*temps*) fer fred **3** (*objecte*) estar fred **4** (*llocs, períodes de temps*) ésser (molt) fred ◆ **get cold 1** refredar-se **2** agafar fred **3** (*temps*) començar a fer fred ◆ **get/have cold feet** (*col·loq*) agafar/tenir por
▸ *n* **1** fred **2** refredat: *to catch a cold* refredar-se/agafar un refredat LOC *Vegeu* DEATH
▸ *adv* de sobte

cold-blooded /ˌkəʊld 'blʌdɪd/ *adj* **1** malànima **2** (*Biol*) de sang freda

coleslaw /'kəʊlslɔ:/ *n* amanida de col

collaboration /kəˌlæbə'reɪʃn/ *n* **1** col·laboració **2** col·laboracionisme

collage /'kɒlɑ:ʒ; *USA* kə'lɑ:ʒ/ *n* collage

collapse /kə'læps/ *verb, nom*
▸ *vi* **1** enderrocar-se, esfondrar-se **2** caure desmaiat **3** (*negoci, etc.*) enfonsar-se **4** (*valor*) caure en picat **5** (*moble, etc.*) plegar-se
▸ *n* **1** esfondrament **2** (*Med*) col·lapse **3** caiguda en picat

C

collar /'kɒlə(r)/ *n* **1** (*camisa, etc.*) coll **2** (*gos*) collar

collarbone /'kɒləbəʊn/ *n* clavícula

collateral /kə'lætərəl/ *nom, adjectiu*
▸ *n* [*incomptable*] (*Fin*) garantia
▸ *adj* (*formal*) **1** col·lateral: *collateral damage* danys col·laterals **2** (*proves*) circumstancial

colleague /'kɒli:g/ *n* col·lega, company, -a (*de feina*)

collect /kə'lekt/ *verb, adjectiu, adverbi*
▸ **1** *vt* recollir, anar a buscar **2** *vt* ~ **sth (up/together)** ajuntar, reunir alguna cosa: *collected works* obres completes **3** *vt* (*dades*) recopilar **4** *vt* (*segells, monedes, etc.*) col·leccionar **5** *vi* (*multitud*) reunir-se **6** *vi* (*pols, aigua*) acumular-se **7** *vt* (*fons, impostos*) recaptar
▸ *adj, adv* (*USA*) amb cobrament a destinació: *to call collect* trucar amb cobrament a destinació

collection /kə'lekʃn/ *n* **1** col·lecció **2** pila, munió **3** recollida **4** (*en una missa*) col·lecta

collective /kə'lektɪv/ *adj, n* col·lectiu

collector /kə'lektə(r)/ *n* col·leccionista

college /'kɒlɪdʒ/ *n* **1** centre d'educació superior *Vegeu tb* TECHNICAL COLLEGE **2** (*GB*) col·legi universitari (*Oxford, Cambridge, etc.*) **3** (*USA*) universitat

collide /kə'laɪd/ *vi* ~ **(with sth/sb)** xocar (amb alguna cosa/algú)

colliery /'kɒliəri/ *n* (*pl* **collieries**) mina de carbó

collision /kə'lɪʒn/ *n* col·lisió, xoc

colloquial /kə'ləʊkwiəl/ *adj* col·loquial

colon /'kəʊlən/ *n* **1** dos punts ➲ *Vegeu pàg 363* **2** (*Anat*) còlon

colonel /'kɜ:nl/ *n* coronel, -a

colonial /kə'ləʊniəl/ *adj* colonial

colonize (*GB tb* **-ise**) /'kɒlənaɪz/ *vt* colonitzar

colony /'kɒləni/ *n* (*pl* **colonies**) colònia

colossal /kə'lɒsl/ *adj* colossal

colour (*USA* **color**) /'kʌlə(r)/ *nom, verb*
▸ *n* **1** color ➲ *Vegeu nota a* COLOR **2** **colours** [*pl*] (*equip, partit, etc.*) colors **3** **colours** [*pl*] (*Mil*) bandera LOC **be/feel off colour** (*GB, col·loq*) no estar gaire fi
▸ **1** *vt* acolorir, pintar **2** *vi* ~ **(at sth)** ruboritzar-se (davant d'alguna cosa) **3** *vt* (*afectar*) marcar **4** *vt* (*judici*) ofuscar PHR V **colour sth in** pintar alguna cosa **coloured** (*USA* **colored**) *adj* **1** de colors: *cream-coloured* de color crema **2** (*antic, pej*) (*persona*) de color **colourful** (*USA* **colorful**) *adj* **1** ple de color, cridaner **2** (*personatge, vida*) interessant **colouring** (*USA* **coloring**) *n* **1** colorant **2** pell de la cara **3** colorit **colourless** (*USA* **colorless**) *adj* **1** incolor, pàl·lid **2** (*personatge, estil*) gris

colour-blind (*USA* **color-blind**) /'kʌlə blaɪnd/ *adj* daltonià

colt /kəʊlt/ *n* poltre ➲ *Vegeu nota a* POLTRE

column /'kɒləm/ *n* columna

coma /'kəʊmə/ *n* (*Med*) coma

comb /kəʊm/ *nom, verb*
▸ *n* pinta
▸ **1** *vt* pentinar **2** *vt, vi* ~ **(through) sth (for sb/sth)** rastrejar, escorcollar minuciosament alguna cosa (buscant algú/alguna cosa)

combat /'kɒmbæt/ *nom, verb*
▸ *n* [*incomptable*] combat
▸ *vt* combatre (contra)

combination /ˌkɒmbɪ'neɪʃn/ *n* combinació

combine /kəm'baɪn/ **1** *vt, vi* combinar(-se) **2** *vi* ~ **with sth** fusionar-se amb alguna cosa **3** *vt* (*qualitats*) reunir

come /kʌm/ *vi* (*pt* **came** /keɪm/ *pp* **come**) **1** venir: *to come running* venir corrent **2** arribar **3** recórrer **4** (*posició*) ésser: *to come first* ésser el primer ◇ *It came as a surprise.* Ens va venir de sorpresa. **5** ~ **to/into sth**: *to come to a halt* aturar-se ◇ *to come into a fortune* heretar una fortuna **6** (*resultar*): *to come undone* deslligar-se LOC **come to nothing; not come to anything** quedar-se en res ◆ **come what may** passi el que passi ◆ **when it comes to (doing) sth** quan es tracta de (fer) alguna cosa ❶ Per a d'altres expressions amb **come**, vegeu les entrades del nom, adjectiu, etc., p. ex. **come of age** a AGE.
PHR V **come about (that...)** ocórrer, passar (que...)
come across sb/sth trobar-se amb algú/trobar alguna cosa
come along 1 aparèixer, arribar **2** venir també: *Come along!* Vinga! **3** progressar
come apart desfer-se, trencar-se
come around = COME ROUND
come away (from sth) 1 desprendre's (d'alguna cosa) **2** marxar (d'alguna cosa)
come back tornar
come by sth 1 aconseguir alguna cosa **2** rebre alguna cosa
come down 1 (*preus, temperatures*) baixar **2** desplomar-se, caure ◆ **come down with sth** agafar alguna cosa (*malaltia lleu*)
come forward oferir-se, presentar-se
come from... ésser de...: *Where do you come from?* D'on ets?
come in 1 entrar: *Come in!* Endavant! **2** arribar **3** (*marea*) pujar ◆ **come in for sth** (*crítica, etc.*) rebre alguna cosa

come off 1 (*taca*) marxar **2** (*peça*): *Does it come off?* Es pot treure? **3** (*col·loq*) (*pla*) tenir èxit ◆ **come off (sth)** caure, desprendre's (d'alguna cosa) ◆ **come off it!** (*col·loq*) i què més!
come on 1 come on! vinga!, au va! **2** (*jugador*) entrar (al camp) **3** (*actor*) sortir a escena **4** progressar
come out 1 sortir **2** posar-se de manifest **3** dir que s'és homosexual ◆ **come out with sth** deixar anar alguna cosa, sortir amb alguna cosa
come over sb sobrevenir a algú: *I can't think what came over me.* No sé què em va agafar. ◆ **come over (to...)** venir a...
come round tornar en si ◆ **come round (to...)** venir (a...)
come through (sth) sobreviure (a alguna cosa), recuperar-se (d'alguna cosa)
come to tornar en si ◆ **come to sth 1** pujar a alguna cosa **2** arribar a alguna cosa
come up 1 (*planta, sol*) sortir **2** (*tema*) sorgir ◆ **come up against sb/sth** enfrontar-se amb algú/alguna cosa ◆ **come up to sb** apropar-se a algú

comeback /'kʌmbæk/ *n* [*gen sing*] retorn: *to make/stage a comeback* tornar a l'escena

comedian /kə'mi:diən/ *n* humorista, còmic, -a

comedy /'kɒmədi/ *n* (*pl* **comedies**) **1** comèdia: *a comedy actor* un (actor) còmic **2** humor: *a comedy show* un programa d'humor

comet /'kɒmɪt/ *n* cometa

comfort /'kʌmfət/ *nom, verb*
▸ *n* **1** confort, comoditat **2** consol **3 comforts** [*pl*] comoditats
▸ *vt* consolar

comfortable /'kʌmftəbl, -fət-/ *adj* **1** còmode **2** (*victòria*) amb un marge molt ampli **3** (*majoria*) ampli **comfortably** /-əbli/ *adv* amb un marge molt ampli LOC **be comfortably off** viure amb comoditat

comforter /'kʌmfətə(r)/ *n* (*USA*) edredó

comfy /'kʌmfi/ *adj* (**comfier, -iest**) (*col·loq*) còmode

comic /'kɒmɪk/ *adjectiu, nom*
▸ *adj* còmic
▸ *n* **1** humorista, còmic, -a **2** (*USA tb* **comic book**) còmic: *comic strip* vinyeta

coming /'kʌmɪŋ/ *nom, adjectiu*
▸ *n* [*sing*] arribada
▸ *adj* [*només davant del nom*] proper

comma /'kɒmə/ *n* coma (*ortografia*) ➲ *Vegeu pàg 363*

command /kə'mɑ:nd; *USA* -'mænd/ *nom, verb*
▸ *n* **1** ordre: *Select the Print command from the menu.* Seleccioneu l'ordre Imprimeix del menú. **2** (*Mil*) comandament **3** (*idioma*) domini
▸ **1** *vt* ordenar ➲ *Vegeu nota a* ORDER **2** *vt, vi* tenir el comandament (de) **3** *vt* (*respecte*) infondre **4** *vt* (*atenció*) cridar **5** *vt* (*formal*) (*vista*) tenir **6** *vt* (*formal*) (*recursos*) disposar de **commander** *n* **1** (*Mil*) comandant, -a **2** cap **commandment** *n* (*Relig*) manament

commando /kə'mɑ:ndəʊ; *USA* -'mænd-/ *n* (*pl* **commandos**) (*Mil*) comando

commemorate /kə'meməreɪt/ *vt* commemorar

commence /kə'mens/ *vt, vi* (*formal*) començar, iniciar

commend /kə'mend/ *vt* **1** ~ **sb (for/on sth)** elogiar algú (per alguna cosa) **2** ~ **sb/sth to sb** (*formal*) recomanar algú/alguna cosa a algú **commendable** *adj* (*formal*) digne d'elogi

comment /'kɒment/ *nom, verb*
▸ *n* **1** comentari **2** [*incomptable*] comentaris: *'No comment.'* "Sense comentaris."
▸ **1** *vt* comentar **2** *vi* ~ **(on/upon sth)** fer comentaris (sobre alguna cosa)

commentary /'kɒməntri; *USA* -teri/ *n* (*pl* **commentaries**) comentari

commentator /'kɒmenteɪtə(r)/ *n* comentarista

commerce /'kɒmɜ:s/ *n* comerç ❶ Es fa servir més la paraula **trade**.

commercial /kə'mɜ:ʃl/ *adjectiu, nom*
▸ *adj* **1** comercial **2** (*dret*) mercantil **3** (*TV, Ràdio*) finançat mitjançant la publicitat ➲ *Vegeu nota a* TELEVISION
▸ *n* anunci (*TV, Ràdio*)

commission /kə'mɪʃn/ *nom, verb*
▸ *n* **1** (*tant per cent, organisme*) comissió **2** encàrrec
▸ *vt* encarregar

commissioner /kə'mɪʃənə(r)/ *n* comissari, -ària, encarregat, -ada d'un departament

commit /kə'mɪt/ (**-tt-**) **1** *vt* cometre **2** *vt, vi* ~ **(sb/yourself) (to sth/to doing sth)** comprometre algú; comprometre's (a alguna cosa/a fer alguna cosa): *to commit yourself on sth* definir-se respecte a alguna cosa **3** *vt*: *to commit sth to memory* memoritzar alguna cosa **commitment** *n* **1** ~ **(to sb/sth)**; ~ **to do sth** compromís (amb algú/alguna cosa); compromís de fer alguna cosa ➲ *Compareu amb* ENGAGEMENT **2** dedicació

committee /kə'mɪti/ *n* [*v sing o pl*] comitè ➲ *Vegeu nota a* JURAT

C

commodity /kə'mɒdəti/ *n* (*pl* **commodities**) **1** (*Fin*) mercaderia **2** producte, bé

common /'kɒmən/ *adjectiu, nom*
▸ *adj* **1** corrent **2** ~ **(to sb/sth)** comú (a algú/alguna cosa): *common sense* sentit comú **3** (*GB, pej*) ordinari, vulgar ➲ *Compareu amb* ORDINARY **LOC in common** en comú
▸ *n* **1** terra comunal **2 the Commons** *Vegeu* THE HOUSE OF COMMONS **commonly** *adv* generalment

commonplace /'kɒmənpleɪs/ *adj* normal, corrent

common room *n* **1** sala de professors **2** sala d'estudiants

commotion /kə'məʊʃn/ *n* aldarull

communal /kə'mju:nl, 'kɒmjənl/ *adj* comunal

commune /'kɒmju:n/ *n* [*v sing o pl*] comuna

communicate /kə'mju:nɪkeɪt/ **1** *vi* ~ **(with sb)** comunicar-se (amb algú) **2** *vt* comunicar **communication** *n* **1** comunicació **2** (*formal*) missatge **communicative** /kə'mju:nɪkətɪv; *USA* -keɪtɪv/ *adj* comunicatiu, de comunicació

communion /kə'mju:niən/ (*tb* **Holy Communion**) *n* comunió

communiqué /kə'mju:nɪkeɪ; *USA* kə,mju:nə'keɪ/ *n* comunicat

communism /'kɒmjunɪzəm/ *n* comunisme **communist** *adj, n* comunista ➲ *Vegeu nota a* VEGETARIÀ

community /kə'mju:nəti/ *n* [*v sing o pl*] (*pl* **communities**) comunitat: *community service* servei comunitari ◇ *community centre* centre cívic

commute /kə'mju:t/ *vi* viatjar per anar a la feina **commuter** *n* persona que ha de viatjar per anar a la feina

compact *adjectiu, nom*
▸ *adj* /kəm'pækt/ compacte
▸ *n* /'kɒmpækt/ polvorera

compact disc *n Vegeu* CD

companion /kəm'pæniən/ *n* company, -a **companionship** *n* companyonia

company /'kʌmpəni/ *n* (*pl* **companies**) **1** [*v sing o pl*] (*Com*) companyia, empresa **2** companyia **LOC keep sb company** fer companyia a algú *Vegeu tb* PART

comparable /'kɒmpərəbl/ *adj* ~ **(to/with sb/sth)** comparable (a algú/alguna cosa)

comparative /kəm'pærətɪv/ *adjectiu, nom*
▸ *adj* **1** comparatiu **2** relatiu
▸ *n* (*Gram*) comparatiu

compare /kəm'peə(r)/ **1** *vt* ~ **sb/sth with/to sb/sth** comparar algú/alguna cosa amb algú/alguna cosa **2** *vi* ~ **with/to sb/sth** comparar-se amb algú/alguna cosa

comparison /kəm'pærɪsn/ *n* comparació **LOC there's no comparison** no hi ha ni punt de comparació

compartment /kəm'pɑ:tmənt/ *n* compartiment

compass /'kʌmpəs/ *n* **1** brúixola **2** (*tb* **compasses** [*pl*]) (*Mat*) compàs (*Mat*)

compassion /kəm'pæʃn/ *n* compassió **compassionate** *adj* compassiu

compatible /kəm'pætəbl/ *adj* compatible

compel /kəm'pel/ *vt* (**-ll-**) (*formal*) **1** obligar **2** forçar **compelling** *adj* **1** irresistible, apassionant **2** (*motiu, argument*) convincent, de pes

compensate /'kɒmpenseɪt/ **1** *vi* ~ **(for sth)** compensar (alguna cosa) **2** *vt* ~ **sb (for sth)** indemnitzar algú (per alguna cosa) **compensation** *n* **1** indemnització **2** compensació

compete /kəm'pi:t/ *vi* **1** ~ **(with/against sb) (for sth)** competir (amb algú) (per alguna cosa) **2** ~ **(in sth)** (*Esport*) participar (en alguna cosa)

competent /'kɒmpɪtənt/ *adj* ~ **(as/at/in sth)**; ~ **(to do sth)** competent (com a/per a/en alguna cosa); competent (per a fer alguna cosa) **competence** *n* **1** capacitat, habilitat **2** competència

competition /,kɒmpə'tɪʃn/ *n* **1** ~ **(between/with sb)**; ~ **(for sth)** competència (entre/amb algú) (per alguna cosa) **2** concurs **3** (*Esport*) competició **4 the competition** [*v sing o pl*] la competència **competitive** /kəm'petətɪv/ *adj* competitiu **competitor** /kəm'petɪtə(r)/ *n* competidor, -a, concursant

compile /kəm'paɪl/ *vt* compilar

complacent /kəm'pleɪsnt/ *adj* ~ **(about sth)** satisfet amb si mateix, satisfet (amb alguna cosa) **complacency** *n* satisfacció amb si mateix

complain /kəm'pleɪn/ *vi* ~ **(to sb) (about/of sth)** queixar-se (a algú) (d'alguna cosa) **complaint** *n* **1** queixa, reclamació **2** (*Med*) afecció

complement *verb, nom*
▸ *vt* /'kɒmplɪment/ complementar
▸ *n* /'kɒmplɪmənt/ **1** ~ **(to sth)** complement (d'alguna cosa) **2** dotació **complementary** /,kɒmplɪ'mentri/ *adj* ~ **(to sth)** complementari (d'alguna cosa)

complete /kəm'pli:t/ *adjectiu, verb*
▸ *adj* **1** complet **2** (*èxit*) absolut **3** acabat
▸ *vt* **1** acabar **2** completar **3** (*imprès*) omplir **completely** *adv* completament, totalment **comple-**

tion *n* **1** acabament **2** l'acompliment del contracte de venda (*d'un habitatge*)

complex *adjectiu, nom*
▸ *adj* /ˈkɒmpleks; *USA* kəmˈpleks/ complex, complicat
▸ *n* /ˈkɒmpleks/ complex

complexion /kəmˈplekʃn/ *n* **1** cutis **2** (*fig*) aspecte

compliance /kəmˈplaɪəns/ *n* obediència: *in compliance with sth* conforme a alguna cosa

complicate /ˈkɒmplɪkeɪt/ *vt* complicar **complicated** *adj* complicat **complication** *n* complicació

compliment /ˈkɒmplɪmənt/ *nom, verb*
▸ *n* **1** compliment: *to pay sb a compliment* adreçar un compliment a algú **2 compliments** [*pl*] (*formal*) salutacions: *with the compliments of the manager* amb salutacions cordials del gerent
▸ *vt* ~ **sb (on sth)** felicitar, adreçar un compliment a algú (per alguna cosa) **complimentary** /ˌkɒmplɪˈmentri/ *adj* **1** (*entrada, etc.*) de regal **2** afalagador

comply /kəmˈplaɪ/ *vi* (*pt, pp* **-plied**) ~ **(with sth)** complir (alguna cosa)

component /kəmˈpəʊnənt/ *nom, adjectiu*
▸ *n* **1** component **2** (*Mec*) peça
▸ *adj*: *component parts* parts integrants

compose /kəmˈpəʊz/ *vt* **1** (*Mús*) compondre **2** (*escrit*) redactar **3** (*formal*) (*pensaments*) posar en ordre **4** ~ **yourself** (*formal*) assossegar-se **composed** *adj* assossegat **composer** *n* compositor, -a

composition /ˌkɒmpəˈzɪʃn/ *n* **1** composició **2** (*escola*) redacció

compost /ˈkɒmpɒst/ *n* compost, adob vegetal

composure /kəmˈpəʊʒə(r)/ *n* serenitat

compound *nom, adjectiu, verb*
▸ *n* /ˈkɒmpaʊnd/ **1** compost **2** recinte
▸ *adj* /ˈkɒmpaʊnd/ compost
▸ *vt* /kəmˈpaʊnd/ empitjorar

comprehend /ˌkɒmprɪˈhend/ *vt* (*formal*) comprendre (*totalment*) **comprehensible** *adj* ~ **(to sb)** (*formal*) comprensible (per a algú) **comprehension** *n* comprensió

comprehensive /ˌkɒmprɪˈhensɪv/ *adj* extens, complet

comprehensive school *n* (*GB*) institut d'ensenyament secundari

compress /kəmˈpres/ *vt* **1** comprimir **2** (*argument, temps*) condensar **compression** *n* compressió

comprise /kəmˈpraɪz/ *vt* **1** constar de **2** formar

compromise /ˈkɒmprəmaɪz/ *nom, verb*
▸ *n* acord, transigència
▸ **1** *vi* ~ **(on sth)** transigir, arribar a una solució de compromís (en alguna cosa) **2** *vt* comprometre, posar en perill **compromising** *adj* comprometedor

compulsion /kəmˈpʌlʃn/ *n* ~ **(to do sth) 1** obligació (de fer alguna cosa) **2** desig irresistible (de fer alguna cosa)

compulsive /kəmˈpʌlsɪv/ *adj* **1** compulsiu **2** irresistible: *It's compulsive reading.* És una novel·la absorbent

compulsory /kəmˈpʌlsəri/ *adj* obligatori, forçós

compulsory purchase *n* expropiació

computer /kəmˈpjuːtə(r)/ *n* ordinador: *computer programmer* programador d'ordinadors ◇ *computer-literate* amb experiència en l'ús d'ordinadors ◇ *computer game* joc d'ordinador ➲ *Vegeu nota i il·lustració a* ORDINADOR **computerize** (*GB tb* **-ise**) *vt* informatitzar **computing** *n* informàtica (*activitat*)

computer science (*tb* **computer studies**) *n* informàtica (*estudis*)

comrade /ˈkɒmreɪd; *USA* -ræd/ *n* **1** (*Pol*) camarada **2** (*antic*) company, -a

con /kɒn/ *nom, verb*
▸ *n* [*sing*] (*col·loq*) estafada: *con artist/man* estafador LOC *Vegeu* PRO
▸ *vt* (**-nn-**) (*col·loq*) **1** ~ **sb (out of sth)** estafar (alguna cosa a) algú **2** ~ **sb (into doing sth)** ensibornar algú (perquè faci alguna cosa): *I was conned into thinking that...* Em van entabanar fent-me pensar que...

concave /kɒnˈkeɪv/ *adj* còncau

conceal /kənˈsiːl/ *vt* (*formal*) **1** amagar **2** (*alegria, etc.*) dissimular

concede /kənˈsiːd/ *vt* **1** admetre **2** concedir

conceit /kənˈsiːt/ *n* presumpció **conceited** *adj* presumit

conceive /kənˈsiːv/ *vt, vi* **1** ~ **(of) sth** (*formal*) concebre, imaginar alguna cosa **2** concebre **conceivable** *adj* concebible **conceivably** /-əbli/ *adv* possiblement

concentrate /ˈkɒnsntreɪt/ *vt, vi* concentrar(-se) **concentration** *n* concentració

concept /ˈkɒnsept/ *n* concepte

conception /kənˈsepʃn/ *n* **1** concepció **2** idea

C

concern /kən'sɜːn/ *verb, nom*
▸ *vt* **1** concernir: *as far as I am concerned* pel que fa a mi **2** referir-se a **3** preocupar **4** ~ **yourself with/about sth** interessar-se per alguna cosa
▸ *n* **1** preocupació **2** interès **3** negoci LOC *Vegeu* GOING

concerned /kən'sɜːnd/ *adj* preocupat LOC **be concerned with sth** tractar d'alguna cosa

concerning /kən'sɜːnɪŋ/ *prep* (*formal*) **1** sobre **2** pel que fa referència a

concert /'kɒnsət/ *n* concert: *concert hall* sala de concerts

concerted /kən'sɜːtɪd/ *adj* **1** (*atac*) coordinat **2** (*intent, esforç*) comú

concerto /kən'tʃɜːtəʊ/ *n* (*pl* **concertos**) concert (*composició musical*)

concession /kən'seʃn/ *n* **1** concessió **2** descompte, preu reduït **3** (*Fin*) desgravació

conciliation /kənˌsɪli'eɪʃn/ *n* conciliació **conciliatory** /kən'sɪliətəri; *USA* -tɔːri/ *adj* conciliador

concise /kən'saɪs/ *adj* concís

conclude /kən'kluːd/ **1** *vt* ~ **that...** concloure que... **2** *vt, vi* (*formal*) concloure, acabar **3** *vt* (*acord*) concertar **conclusion** *n* conclusió LOC *Vegeu* JUMP

conclusive /kən'kluːsɪv/ *adj* concloent, definitiu

concoct /kən'kɒkt/ *vt* **1** confeccionar **2** (*pretext*) inventar **3** (*pla, intriga*) tramar **concoction** *n* **1** barreja **2** (*líquid*) potinga

concord /'kɒŋkɔːd/ *n* (*formal*) concòrdia

concourse /'kɒŋkɔːs/ *n* vestíbul (*d'aeroport, estació de tren, etc.*)

concrete /'kɒŋkriːt/ *adjectiu, nom*
▸ *adj* **1** de formigó **2** concret, tangible
▸ *n* formigó

concur /kən'kɜː(r)/ *vi* (-**rr**-) ~ **(with sb) (in sth)** (*formal*) estar d'acord, coincidir (amb algú) (sobre alguna cosa) **concurrence** /kən'kʌrəns/ *n* (*formal*) acord

concurrent /kən'kʌrənt/ *adj* simultani

concussion /kən'kʌʃn/ *n* [*incomptable*] commoció cerebral

condemn /kən'dem/ *vt* **1** ~ **sb/sth (for/as sth)** condemnar algú/alguna cosa (per alguna cosa) **2** ~ **sb (to sth/to do sth)** condemnar algú (a alguna cosa/a fer alguna cosa) **3** (*edifici*) declarar en estat de ruïna **condemnation** *n* condemna

condensation /ˌkɒnden'seɪʃn/ *n* **1** condensació **2** baf

condense /kən'dens/ **1** *vt, vi* ~ **(sth) (into sth)** condensar alguna cosa (en alguna cosa); condensar-se (en alguna cosa) **2** *vt* ~ **sth (into sth)** resumir alguna cosa (en alguna cosa)

condescend /ˌkɒndɪ'send/ *vi* ~ **to do sth** dignar-se a fer alguna cosa **condescending** *adj* condescendent

condition /kən'dɪʃn/ *nom, verb*
▸ *n* **1** estat, condició **2** *to be out of condition* no estar en forma **3** **conditions** [*pl*] circumstàncies, condicions **4** (*contracte*) condició LOC **on condition (that...)** amb la condició que... ◆ **on no condition** (*formal*) de cap manera ◆ **on one condition** (*formal*) amb una condició *Vegeu tb* MINT
▸ *vt* condicionar **conditional** *adj* condicional: *to be conditional on/upon sth* dependre d'alguna cosa **conditioner** *n* suavitzant

condolence /kən'dəʊləns/ *n* [*gen pl*] condol: *to give/send your condolences* donar el condol

condom /'kɒndɒm/ *n* preservatiu, condó

condominium /ˌkɒndə'mɪniəm/ *n* (*esp USA*) (*col·loq* **condo** /'kɒndəʊ/ (*pl* condos)) bloc de pisos

condone /kən'dəʊn/ *vt* condonar, perdonar

conducive /kən'djuːsɪv; *USA* -'duːs-/ *adj* ~ **to sth** favorable a alguna cosa

conduct *verb, nom*
▸ *vt* /kən'dʌkt/ **1** (*investigació*) dur a terme **2** (*orquestra, cor*) dirigir **3** guiar **4** ~ **yourself** (*formal*) comportar-se **5** (*Electròn*) conduir
▸ *n* /'kɒndʌkt/ **1** conducta **2** ~ **of sth** gestió d'alguna cosa

conductor /kən'dʌktə(r)/ *n* **1** director, -a (*d'orquestra, cor*) **2** (*Ferrocarril*) cap de tren **3** (*autobús*) cobrador, -a ❶ Per a fer referència al conductor d'un autobús, cal dir **driver**. **4** (*Electròn*) conductor

cone /kəʊn/ *n* **1** con **2** (*gelat*) cucurutxo **3** (*Bot*) pinya (*de pi, etc.*)

confectionery /kən'fekʃənəri; *USA* -ʃəneri/ *n* [*incomptable*] dolços

confederation /kənˌfedə'reɪʃn/ *n* confederació

confer /kən'fɜː(r)/ (-**rr**-) (*formal*) **1** *vi* deliberar **2** *vi* ~ **with sb** consultar algú **3** *vt* ~ **sth (on/upon sb)** (*títol, etc.*) concedir alguna cosa (a algú)

conference /'kɒnfərəns/ *n* **1** conferència, congrés: *conference hall* sala de conferències ➲ *Compareu amb* LECTURE **2** reunió

confess /kən'fes/ *vt, vi* confessar(-se): *to confess to sth* confessar alguna cosa **confession** *n* **1** (*Dret*) declaració de culpabilitat **2** confessió

confide /kən'faɪd/ *vt* ~ **sth to sb** confiar alguna cosa a algú PHR V **confide in sb** fer confidències a algú

confidence /'kɒnfɪdəns/ *n* **1** ~ **(in sb/sth)** confiança (en algú/alguna cosa) **2** confidència LOC **take sb into your confidence** fer confidències a algú *Vegeu tb* STRICT, VOTE

confidence trick *n* enganyifa

confident /'kɒnfɪdənt/ *adj* **1** segur (de si mateix) **2 be** ~ **of sth/that...** estar segur d'alguna cosa/que... **confidently** *adv* amb tota confiança

confidential /ˌkɒnfɪ'denʃl/ *adj* **1** confidencial **2** (*to, etc.*) de confiança

confine /kən'faɪn/ *vt* **1** limitar: *The problem is not confined to the young.* El problema no afecta tan sols els joves. **2** confinar: *to be confined to bed* haver de fer llit **confined** *adj* (*espai*) limitat **confinement** *n* confinament: *to be in solitary confinement* estar incomunicat

confines /'kɒnfaɪnz/ *n* [*pl*] (*formal*) confins

confirm /kən'fɜ:m/ *vt* confirmar **confirmed** *adj* empedreït

confirmation /ˌkɒnfə'meɪʃn/ *n* confirmació

confiscate /'kɒnfɪskeɪt/ *vt* confiscar

conflict *nom, verb*

▸ *n* /'kɒnflɪkt/ conflicte

▸ *vi* /kən'flɪkt/ ~ **(with sth)** estar en conflicte (amb alguna cosa) **conflicting** *adj* contradictori: *conflicting evidence* proves contradictòries

conform /kən'fɔ:m/ *vi* **1** ~ **to sth** atenir-se a alguna cosa **2** complir les regulacions **3** ~ **to/with sth** ajustar-se a alguna cosa **conformist** *n* conformista **conformity** *n* (*formal*) conformitat: *in conformity with sth* conforme a alguna cosa

confront /kən'frʌnt/ *vt* afrontar, confrontar: *They confronted him with the facts.* El van fer afrontar els fets. **confrontation** /ˌkɒnfrʌn'teɪʃn; *USA* -frən-/ *n* enfrontament

confuse /kən'fju:z/ *vt* **1** ~ **sb/sth with sb/sth** confondre algú/alguna cosa amb algú/alguna cosa **2** (*persona*) desorientar **3** (*assumpte*) complicar **confused** *adj* **1** confús **2** (*persona*) desorientat: *to get confused* desorientar-se/ofuscar-se **confusing** *adj* confús, complicat **confusion** *n* confusió

congeal /kən'dʒi:l/ *vi* coagular-se

congenial /kən'dʒi:niəl/ *adj* (*formal*) **1** ~ **(to sb)** agradable (per a algú) **2** ~ **(to sth)** propici (per a alguna cosa)

congenital /kən'dʒenɪtl/ *adj* congènit

congested /kən'dʒestɪd/ *adj* (*carreteres, etc.*) congestionat **congestion** *n* congestió

congestion charge *n* taxa de circulació (*que es paga per accedir al centre d'una ciutat*)

conglomerate /kən'glɒmərət/ *n* conglomerat (*d'empreses*)

congratulate /kən'grætʃuleɪt/ *vt* ~ **sb (on sth)** felicitar algú (per alguna cosa) **congratulation** *n* **1** felicitació **2 congratulations!** felicitats!

congregate /'kɒŋgrɪgeɪt/ *vi* congregar-se **congregation** *n* [*v sing o pl*] feligresos

congress /'kɒŋgres; *USA* -grəs/ *n* [*v sing o pl*] **1** (*reunió*) congrés **2 Congress** (*Pol*) Congrés

> El congrés dels Estats Units està format per dues cambres: el Senat (**the Senate**) i la Cambra dels Representants (**the House of Representatives**). Al Senat hi ha dos representants per cada estat, i a la Cambra dels Representants el nombre de representants per estat depèn de la població de cada estat.

congressional /kən'greʃənl/ *adj* del congrés

conical /'kɒnɪkl/ *adj* cònic

conifer /'kɒnɪfə(r)/ *n* conífera

conjecture /kən'dʒektʃə(r)/ *n* (*formal*) **1** conjectura **2** [*incomptable*] conjectures

conjunction /kən'dʒʌŋkʃn/ *n* (*Gram*) conjunció LOC **in conjunction with** (*formal*) juntament amb

conjure /'kʌndʒə(r)/ *vi* fer jocs de mans PHR V **conjure sth up 1** (*imatge, etc.*) evocar alguna cosa **2** fer aparèixer alguna cosa com per art d'encantament **3** (*esperit*) conjurar **conjuror** (*tb* **conjurer**) *n* prestidigitador, -a

connect /kə'nekt/ **1** *vt, vi* connectar(-se) **2** *vt, vi* (*habitacions*) comunicar(-se) **3** *vt* ~ **sb/sth (with sb/sth)** relacionar algú/alguna cosa (amb algú/alguna cosa) **4** *vt* ~ **sb (with sb)** (*telèfon*) posar algú (amb algú) **5** *vt*: *connected by marriage* emparentats políticament **connection** *n* **1** connexió **2** relació **3** (*transport*) enllaç LOC **have connections** tenir coneixences ◆ **in connection with sb/sth** en relació amb algú/alguna cosa

connoisseur /ˌkɒnə'sɜ:(r)/ *n* coneixedor, -a, expert, -a

conquer /'kɒŋkə(r)/ *vt* **1** conquerir **2** vèncer, derrotar **conqueror** *n* **1** conqueridor, -a **2** vencedor, -a

conquest /'kɒŋkwest/ *n* conquesta

conscience /'kɒnʃəns/ *n* consciència (*moral*) LOC **have sth on your conscience** tenir remordiments de consciència

conscientious /ˌkɒnʃi'enʃəs/ *adj* consciençiós, seriós: *conscientious objector* objector de consciència

C

conscious /'kɒnʃəs/ *adj* **1** conscient **2** (*esforç, decisió*) deliberat **consciously** *adv* **1** conscientment **2** deliberadament **consciousness** *n* **1** coneixement **2** ~ **(of sth)** consciència (d'alguna cosa)

conscript /'kɒnskrɪpt/ *n* recluta **conscription** /kən'skrɪpʃn/ *n* reclutament (*obligatori*)

consecrate /'kɒnsɪkreɪt/ *vt* consagrar

consecutive /kən'sekjətɪv/ *adj* consecutiu

consent /kən'sent/ *nom, verb*
- ▸ *n* consentiment LOC *Vegeu* AGE
- ▸ *vi* ~ **(to sth)** consentir (a alguna cosa)

consequence /'kɒnsɪkwəns; *USA* -səkwens/ *n* **1** conseqüència: *as a consequence/in consequence of sth* com a conseqüència d'alguna cosa **2** (*formal*) importància

consequent /'kɒnsɪkwənt/ *adj* (*formal*) ~ **(on/upon sth)** conseqüent (a alguna cosa) **consequently** *adv* conseqüentment

conservation /ˌkɒnsə'veɪʃn/ *n* **1** conservació: *conservation area* zona protegida **2** estalvi (de recursos)

conservative /kən'sɜːvətɪv/ *adjectiu, nom*
- ▸ *adj* conservador
- ▸ *n* (*Pol tb* **Conservative**) conservador, -a

conservatory /kən'sɜːvətri; *USA* -tɔːri/ *n* (*pl* **conservatories**) **1** galeria amb vidrieres, hivernacle **2** (*Mús*) conservatori

conserve /kən'sɜːv/ *vt* **1** conservar **2** (*energia, forces*) estalviar **3** (*natura*) protegir

consider /kən'sɪdə(r)/ *vt* **1** considerar: *to consider doing sth* pensar de fer alguna cosa **2** tenir en compte

considerable /kən'sɪdərəbl/ *adj* (*formal*) considerable **considerably** /-əbli/ *adv* considerablement

considerate /kən'sɪdərət/ *adj* ~ **(towards sb)** considerat (amb algú)

consideration /kənˌsɪdə'reɪʃn/ *n* **1** consideració: *It is under consideration.* S'està considerant. **2** factor LOC **take sth into consideration** prendre alguna cosa en consideració

considering /kən'sɪdərɪŋ/ *prep, conj* tenint en compte (que)

consign /kən'saɪn/ *vt* ~ **sb/sth (to sth)** (*formal*) abandonar algú/alguna cosa (en alguna cosa); llençar alguna cosa (en alguna cosa): *consigned to oblivion* relegat a l'oblit **consignment** *n* **1** comanda **2** tramesa

consist /kən'sɪst/ *v* PHR V **consist in sth/in doing sth** (*formal*) consistir en alguna cosa/a fer alguna cosa ◆ **consist of sth** constar d'alguna cosa, estar compost d'alguna cosa

consistency /kən'sɪstənsi/ *n* (*pl* **consistencies**) **1** consistència **2** (*actitud*) coherència

consistent /kən'sɪstənt/ *adj* **1** (*persona*) conseqüent **2** constant **3** ~ **(with sth)** coherent, en concordància (amb alguna cosa) **consistently** *adv* **1** constantment **2** (*actuar*) conseqüentment, coherentment

consolation /ˌkɒnsə'leɪʃn/ *n* consol: *consolation prize* premi de consolació

console *verb, nom*
- ▸ *vt* /kən'səʊl/ consolar
- ▸ *n* /'kɒnsəʊl/ consola

consolidate /kən'sɒlɪdeɪt/ *vt, vi* consolidar(-se)

consonant /'kɒnsənənt/ *n* consonant

consortium /kən'sɔːtiəm/ *n* (*pl* **consortiums** *o* **consortia** /-tɪə/) consorci

conspicuous /kən'spɪkjuəs/ *adj* **1** conspicu: *to make yourself conspicuous* fer-se destacar **2** visible, notable: *I felt very conspicuous.* Vaig tenir la sensació que tothom em mirava. LOC **be conspicuous by your absence** brillar algú per la seva absència **conspicuously** *adv* notablement

conspiracy /kən'spɪrəsi/ *n* (*pl* **conspiracies**) **1** conspiració **2** complot **conspiratorial** /kənˌspɪrə'tɔːriəl/ *adj* conspirador

conspire /kən'spaɪə(r)/ *vi* conspirar

constable /'kʌnstəbl; *USA* 'kɒn-/ *n* (agent de) policia

constant /'kɒnstənt/ *adjectiu, nom*
- ▸ *adj* **1** constant, continu **2** (*amic, seguidor*) fidel
- ▸ *n* constant **constantly** *adv* constantment

constellation /ˌkɒnstə'leɪʃn/ *n* constel·lació

constipated /'kɒnstɪpeɪtɪd/ *adj* restret

constipation /ˌkɒnstɪ'peɪʃn/ *n* restrenyiment

constituency /kən'stɪtjuənsi/ *n* (*pl* **constituencies**) **1** circumscripció electoral **2** electors ➲ *Vegeu nota a* PARLIAMENT

constituent /kən'stɪtjuənt/ *n* **1** (*Pol*) elector, -a **2** component

constitute /'kɒnstɪtjuːt; *USA* -stətuːt/ *vt* (*formal*) constituir

constitution /ˌkɒnstɪ'tjuːʃn; *USA* -stə'tuːʃn/ *n* constitució **constitutional** *adj* constitucional

constraint /kən'streɪnt/ *n* **1** restricció **2** coacció

constrict /kən'strɪkt/ **1** *vt, vi* estrènyer(-se) **2** *vt* constrènyer

construct /kən'strʌkt/ *vt* construir ❶ La paraula més usual és **build**. **construction** *n* construcció **constructive** *adj* constructiu

construe /kən'stru:/ *vt* (*formal*) interpretar

consul /'kɒnsl/ *n* cònsol

consulate /'kɒnsjələt; USA -sələt/ *n* consolat

consult /kən'sʌlt/ *vt, vi* consultar: *consulting room* consultori **consultant** *n* **1** assessor, -a **2** (*Med*) especialista **consultancy** *n* assessoria **consultation** *n* consulta

consume /kən'sju:m; USA -'su:m/ *vt* (*formal*) consumir: *He was consumed with envy.* El consumia l'enveja. **consumer** *n* consumidor, -a **consumerism** *n* consumisme **consumerist** *adj* consumista

consummate *adjectiu, verb*
- ▸ *adj* /kən'sʌmət, 'kɒnsəmət/ (*formal*) **1** consumat **2** (*habilitat, etc.*) extraordinari
- ▸ *vt* /'kɒnsəmeɪt/ (*formal*) **1** (*matrimoni*) consumar **2** culminar

consumption /kən'sʌmpʃn/ *n* consum

contact /'kɒntækt/ *nom, verb*
- ▸ *n* contacte: *to make contact with sb* contactar amb algú
- ▸ *vt* contactar amb

contact lens *n* (*pl* **lenses**) lent de contacte

contagious /kən'teɪdʒəs/ *adj* contagiós, encomanadís

contain /kən'teɪn/ *vt* contenir: *to contain yourself* contenir-se

container /kən'teɪnə(r)/ *n* **1** recipient **2** contenidor: *container lorry/ship* camió/vaixell amb contenidors

C

contaminate /kən'tæmɪneɪt/ *vt* contaminar **contamination** *n* contaminació

contemplate /'kɒntəmpleɪt/ **1** *vt* considerar: *to contemplate doing sth* considerar la idea de fer alguna cosa **2** *vt, vi* contemplar, meditar (sobre)

contemporary /kən'temprəri; USA -pəreri/ *adjectiu, nom*
- ▸ *adj* contemporani
- ▸ *n* (*pl* **contemporaries**) coetani, -ània

contempt /kən'tempt/ *n* **1** menyspreu: *beneath contempt* menyspreable **2** (*tb* **contempt of court**) desacatament (al tribunal) LOC **hold sb/sth in contempt** menysprear algú/alguna cosa **contemptible** *adj* (*formal*) menyspreable **contemptuous** *adj* desdenyós, despectiu

contend /kən'tend/ **1** *vt* (*formal*) afirmar **2** *vi* ~ **(for sth)** competir, lluitar per alguna cosa PHR V **contend with sth** enfrontar-se amb alguna cosa: *She's had a lot of problems to contend with.* Ha hagut d'afrontar molts problemes. **contender** *n* contendent

content¹ /'kɒntent/ (*tb* **contents** [*pl*]) *n* contingut: *table of contents* taula de continguts

content² /kən'tent/ *adjectiu, verb*
- ▸ *adj* ~ **(with sth/to do sth)** content (amb alguna cosa/de fer alguna cosa); satisfet (amb alguna cosa)

container

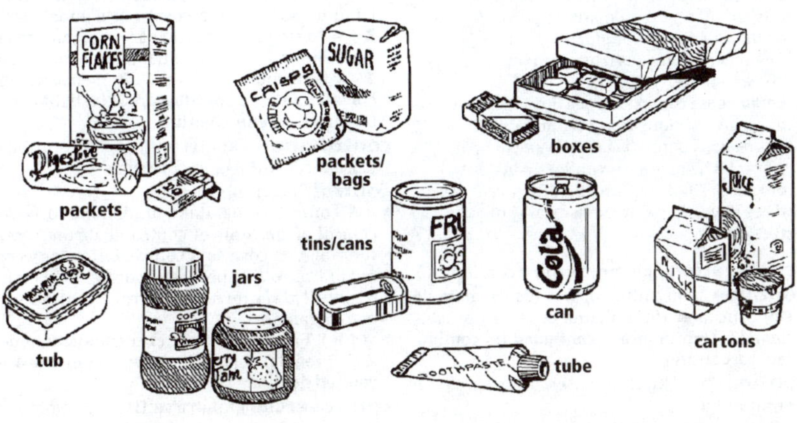

▶ *vt* ~ **yourself with sth** acontentar-se amb alguna cosa **contented** *adj* satisfet **contentment** *n* satisfacció

C

contention /kən'tenʃn/ *n* (*formal*) **1** controvèrsia: *a point of contention* un punt que es discuteix **2** opinió LOC *Vegeu* BONE LOC **in/out of contention (for sth)** amb/sense possibilitats de guanyar (alguna cosa)

contentious /kən'tenʃəs/ *adj* (*formal*) **1** polèmic **2** baralladís

contest *nom, verb*

▶ *n* /'kɒntest/ **1** concurs, competició **2** ~ **(for sth)** lluita (per alguna cosa)

▶ *vt* /kən'test/ **1** (*premi*) disputar **2** (*eleccions*) presentar-se com a candidat a **3** (*afirmació*) refutar **4** (*decisió*) impugnar **contestant** /kən'testənt/ *n* concursant, competidor, -a

context /'kɒntekst/ *n* context

continent /'kɒntɪnənt/ *n* **1** (*Geog*) continent **2 the Continent** (*GB*) el continent europeu **continental** /ˌkɒntɪ'nentl/ *adj* continental

continental breakfast *n* esmorzar continental (*cafè/te i panets amb mantega i melmelada*)

continental quilt *n* edredó nòrdic

contingency /kən'tɪndʒənsi/ *n* (*pl* **contingencies**) eventualitat: *contingency plan* pla d'emergència

contingent /kən'tɪndʒənt/ *n* [*v sing o pl*] **1** representació **2** (*Mil*) contingent

continual /kən'tɪnjuəl/ *adj* [*només davant del nom*] continu **continually** *adv* contínuament

> **Continual** o **continuous? Continual** i **continually** solen fer-se servir per a descriure accions que es repeteixen successivament i que sovint tenen un matís negatiu: *His continual phone calls started to annoy her.* Les seves contínues trucades començaven a empipar-la.
> **Continuous** i **continuously** es fan servir per a descriure accions ininterrompudes: *There has been a continuous improvement in his work.* Hi ha hagut una millora constant del seu treball. ◇ *It rained continuously for three days.* Va ploure sense parar durant tres dies.

continuation /kənˌtɪnju'eɪʃn/ *n* continuació

continue /kən'tɪnjuː/ *vt, vi* ~ **(doing sth/to do sth)** continuar (fent alguna cosa): *To be continued…* Continuarà… **continued** (*tb* **continuing**) *adj* continu

continuity /ˌkɒntɪ'njuːəti; *USA* -ə'nuː-/ *n* continuïtat

continuous /kən'tɪnjuəs/ *adj* constant, continu **continuously** *adv* contínuament, sense parar ➲ *Vegeu nota a* CONTINUAL

continuous assessment *n* (*Educ*) avaluació contínua

contort /kən'tɔːt/ **1** *vt* tòrcer **2** *vi* fer contorsions, torçar-se

contour /'kɒntʊə(r)/ *n* contorn

contraband /'kɒntrəbænd/ *n* contraban

contraception /ˌkɒntrə'sepʃn/ *n* anticoncepció **contraceptive** *adj, n* anticonceptiu

contract *nom, verb*

▶ /'kɒntrækt/ *n* contracte

▶ /kən'trækt/ **1** *vi* contreure's **2** *vt* (*malaltia, matrimoni, deutes*) contreure **3** *vt* (*treballador*) contractar **contractor** /kən'træktə(r)/ *n* contractista

contraction /kən'trækʃən/ *n* contracció

contradict /ˌkɒntrə'dɪkt/ *vt* contradir **contradiction** *n* contradicció **contradictory** *adj* contradictori

contraflow /'kɒntrəfləʊ/ *n* habilitació de carrils de sentit contrari a causa d'obres (*de trànsit*)

contrary /'kɒntrəri; *USA* -treri/ *adjectiu, nom*

▶ *adj* **1** ~ **to sth** en contra d'alguna cosa **2** contrari

▶ *n* **the contrary** [*sing*] el contrari LOC **on the contrary** al contrari

contrast *nom, verb*

▶ *n* /'kɒntrɑːst; *USA* -træst/ contrast

▶ *vt, vi* /kən'trɑːst; *USA* -'træst/ ~ **(A and/with B)** contrastar (A i/amb B)

contribute /kən'trɪbjuːt, 'kɒntrɪbjuːt/ **1** *vt, vi* contribuir **2** *vt, vi* ~ **(sth) (to sth)** (*publicació*) col·laborar (amb alguna cosa) (en alguna cosa) **3** *vi* ~ **to sth** (*debat*) participar en alguna cosa **contributor** /kən'trɪbjətə(r)/ *n* **1** contribuïdor, -a **2** (*publicació*) col·laborador, -a **contributory** /kən'trɪbjətəri; *USA* -tɔːri/ *adj* contributiu

contribution /ˌkɒntrɪ'bjuːʃn/ *n* **1** contribució, aportació **2** (*publicació*) article

control /kən'trəʊl/ *nom, verb*

▶ *n* **1** control, comandament, domini: *to be in control of sth* tenir el control d'alguna cosa/tenir alguna cosa sota control ◇ *Her car went out of control.* Va perdre el control del cotxe. ◇ *control tower* torre de control **2 controls** [*pl*] comandament

▶ *vt* (**-ll-**) **1** controlar, tenir el comandament de **2** (*llei*) regular **3** (*inflació, despeses*) contenir **4** ~ **yourself** dominar-se

controversial /ˌkɒntrə'vɜːʃl/ *adj* polèmic

controversy /'kɒntrəvɜːsi, kən'trɒvəsi/ *n* (*pl* **controversies**) ~ **(about/over sth)** controvèrsia, polèmica (sobre alguna cosa)

convene /kən'viːn/ (*formal*) **1** *vt* convocar **2** *vi* reunir-se

convenience /kən'viːniəns/ *n* **1** comoditat: *convenience food* menjar preparat **2** conveniència *Vegeu tb* PUBLIC CONVENIENCE

convenience store *n* (*esp USA*) botiga de conveniència

convenient /kən'viːniənt/ *adj* **1** *if it's convenient (for you)* si (et) va bé **2** (*moment*) oportú **3** pràctic **4** (*accessible*) a tocar **5** ~ **(for sth)** ben situat (amb relació a alguna cosa) **conveniently** *adv* oportunament, convenientment

convent /'kɒnvənt; *USA* -vent/ *n* convent

convention /kən'venʃn/ *n* **1** convenció **2** (*acord*) convinença **conventional** *adj* convencional LOC **conventional wisdom** la saviesa popular

converge /kən'vɜːdʒ/ *vi* **1** ~ **(on...)** (*persones*) dirigir-se (tots) (cap a...) **2** convergir

conversant /kən'vɜːsnt/ *adj* ~ **with sth** (*formal*) versat en alguna cosa: *to become conversant with sth* familiaritzar-se amb alguna cosa

conversation /ˌkɒnvə'seɪʃn/ *n* conversa: *to make conversation* donar conversa

converse /kən'vɜːs/ *vi* (*formal*) conversar

the converse /'kɒnvɜːs/ *n* (*formal*) el contrari **conversely** *adv* al contrari

conversion /kən'vɜːʃn; *USA* -ʒn/ *n* ~ **(from sth) (into/to sth)** conversió (d'alguna cosa) (en/a alguna cosa)

convert *verb, nom*

▸ *vt, vi* /kən'vɜːt/ convertir(-se): *The sofa converts (in)to a bed.* El sofà es converteix en llit. ◇ *to convert to Islam* convertir-se a l'islam

▸ *n* /'kɒnvɜːt/ ~ **(to sth)** convers, -a (a alguna cosa)

convertible /kən'vɜːtəbl/ *adjectiu, nom*

▸ *adj* ~ **(into/to sth)** convertible (en alguna cosa)

▸ *n* descapotable

convex /'kɒnveks/ *adj* convex

convey /kən'veɪ/ *vt* **1** (*idea, agraïment*) expressar **2** (*formal*) (*salutacions*) enviar **3** (*formal*) portar, transportar

conveyor belt *n* cinta transportadora

convict *nom, verb*

▸ *n* /'kɒnvɪkt/ presidiari, -ària: *an escaped convict* un pres fugat

▸ *vt* /kən'vɪkt/ ~ **sb (of sth)** declarar culpable algú (d'alguna cosa) **conviction** /kən'vɪkʃn/ *n* **1** ~ **(for sth)** condemna (per alguna cosa) **2** ~ **(that...)** convicció (que...): *to lack conviction* no ésser convincent

convince /kən'vɪns/ *vt* ~ **sb (of sth)**; ~ **sb to do sth** convèncer algú (d'alguna cosa); convèncer algú perquè faci alguna cosa **convinced** *adj* convençut **convincing** *adj* convincent

convulse /kən'vʌls/ *vt* convulsar: *convulsed with laughter* mort de riure **convulsion** *n* convulsió

cook /kʊk/ *verb, nom*

▸ **1** *vi* cuinar, fer el menjar **2** *vi* coure **3** *vt* cuinar, coure: *The potatoes aren't cooked.* Les patates no són cuites. LOC **cook the books** (*col·loq*) falsificar els llibres de comptabilitat PHR V **cook sth up** (*col·loq*): *to cook up an excuse* inventar-se una excusa

▸ *n* cuiner, -a

cookbook /'kʊkbʊk/ (*tb* **cookery book**) *n* llibre de cuina

cooker /'kʊkə(r)/ *n* cuina (*electrodomèstic*)

cookery /'kʊkəri/ *n* [*incomptable*] cuina: *Thai cookery* la cuina tailandesa

cookie /'kʊki/ *n* **1** (*esp USA*) galeta **2** (*Informàt*) galeta

cooking /'kʊkɪŋ/ *n* [*incomptable*] cuina: *French cooking* la cuina francesa ◇ *to do the cooking* fer el menjar ◇ *cooking apple* poma per coure

cool /kuːl/ *adjectiu, verb, nom*

▸ *adj* (**cooler, -est**) **1** fresc: *to get cool* refrescar(-se) ➲ *Vegeu nota a* FRED **2** serè **3** ~ **(towards sb)** fred (respecte a algú): *They were given a cool reception.* Els van rebre d'una manera molt freda. **4** ~ **(about sth)** indiferent (respecte a alguna cosa) **5** (*col·loq*) excel·lent, genial: *That's a pretty cool haircut.* M'encanta la tallada de cabells. ◇ *He's really cool.* És un paio genial. ◇ *What a cool car!* Quina passada de cotxe! ◇ *'Let's go for a pizza.' 'Cool!'* —Anem a fer una pizza? —Genial! LOC **keep/stay cool** no perdre la calma: *Keep cool!* Calma!

▸ *vt, vi* refredar(-se) PHR V **cool down/off 1** refrescar-se **2** refredar-se **3** calmar-se ◆ **cool sb down/off 1** refrescar algú **2** calmar algú ◆ **cool sth down/off** refredar alguna cosa

▸ *n* **the cool** [*sing*] la fresca LOC **keep/lose your cool** (*col·loq*) mantenir/perdre la calma

cooperate /kəʊ'ɒpəreɪt/ *vi* **1** ~ **(with sb) (in/on sth)** cooperar (amb algú) (en alguna cosa) **2** col·laborar **cooperation** *n* **1** cooperació **2** col·laboració

cooperative /kəʊ'ɒpərətɪv/ *adjectiu, nom*

▸ *adj* **1** cooperatiu **2** disposat a col·laborar

▸ *n* (*col·loq* **co-op**) cooperativa

C

C

coordinate /kəʊˈɔːdɪneɪt/ *vt* coordinar **coordinator** *vt* coordinador, -a

cop /kɒp/ *n* (*col·loq*) (agent de) policia: *the cops* la poli

cope /kəʊp/ *vi* ~ **(with sth)** sortir-se'n (d'alguna cosa); fer/plantar cara a alguna cosa: *I can't cope.* No me'n surto.

copious /ˈkəʊpiəs/ *adj* abundant

copper /ˈkɒpə(r)/ *n* **1** coure (*metall*) **2** (*GB, col·loq*) (agent de) policia

copy /ˈkɒpi/ *nom, verb*

▸ *n* (*pl* **copies**) **1** còpia **2** (*llibre, CD, etc.*) exemplar **3** (*revista, etc.*) número **4** text (*per publicar*)

▸ *vt* (*pt, pp* **copied**) **1** ~ **sth (down/out) (into/onto sth)** copiar alguna cosa (en alguna cosa) **2** imitar **3** fotocopiar

copycat /ˈkɒpikæt/ *n* (*col·loq, pej*) copiador, -a

copyright /ˈkɒpiraɪt/ *nom, adjectiu*

▸ *n* copyright, drets d'autor

▸ *adj* protegit pel copyright/pels drets d'autor

coral /ˈkɒrəl; *USA* ˈkɔːrəl/ *nom, adjectiu*

▸ *n* corall

▸ *adj* coral·lí

cord /kɔːd/ *n* **1** cordó **2** (*USA*) cable (elèctric) **3** pana **4 cords** [*pl*] pantalons de pana ➲ *Vegeu nota a* PAIR

cordless /ˈkɔːdləs/ *adj* (*telèfon, etc.*) sense fil

cordon /ˈkɔːdn/ *nom, verb*

▸ *n* cordó (*de policia, etc.*)

▸ *vt* ~ **sth off** acordonar alguna cosa

corduroy /ˈkɔːdərɔɪ/ *n* pana

core /kɔː(r)/ *n* **1** cor (*de fruita*) **2** cor, nucli: *a hard core of support* un grup de seguidors incondicionals **3** *the core curriculum* assignatures obligatòries ◇ *a core vocabulary of 1 000 words* un vocabulari bàsic de 1.000 paraules **LOC to the core** fins al moll de l'os

coriander /ˌkɒriˈændə(r); *USA* ˌkɔːr-/ *n* coriandre

cork /kɔːk/ *n* **1** suro **2** tap (de suro)

corkscrew /ˈkɔːkskruː/ *n* llevataps

corn /kɔːn/ *n* **1** (*GB*) cereal, gra **2** (*USA*) blat de moro **3** ull de poll

corner /ˈkɔːnə(r)/ *nom, verb*

▸ *n* **1** (*des de dintre*) racó **2** (*des de fora*) cantonada **3** revolt **4** (*tb* **corner kick**) córner **LOC (just) around/round the corner** a quatre passes

▸ **1** *vt* acorralar **2** *vt* monopolitzar: *to corner the market in sth* monopolitzar el mercat d'alguna cosa **3** *vi* agafar un revolt

cornerstone /ˈkɔːnəstəʊn/ *n* pedra angular

cornet /ˈkɔːnɪt/ *n* **1** (*Mús*) corneta **2** (*GB, antic*) cucurutxo

cornflour /ˈkɔːnflaʊə(r)/ *n* farina de blat de moro

corn on the cob /ˌkɔːn ɒn ðə ˈkɒb/ *n* panotxa (de blat de moro)

corny /ˈkɔːni/ *adj* (**cornier, -iest**) (*col·loq*) **1** suat, gastat: *a corny joke* un acudit suat **2** cursi, sensibler

corollary /kəˈrɒləri; *USA* ˈkɔːrəleri/ *n* (*pl* **corollaries**) ~ **(of/to sth)** (*formal*) corol·lari (d'alguna cosa)

coronation /ˌkɒrəˈneɪʃn; *USA* ˌkɔːr-/ *n* coronació

coroner /ˈkɒrənə(r); *USA* ˈkɔːr-/ *n* jutge, -essa d'instrucció (*en casos de mort violenta o accidental*)

corporal /ˈkɔːpərəl/ *n* (*Mil*) caporal

corporal punishment *n* càstig corporal

corporate /ˈkɔːpərət/ *adj* **1** corporatiu **2** col·lectiu

corporation /ˌkɔːpəˈreɪʃn/ *n* **1** corporació **2** corporació municipal, ajuntament

corps /kɔː(r)/ *n* (*pl* **corps** /kɔːz/) [*v sing o pl*] cos (*conjunt de persones*)

corpse /kɔːps/ *n* cadàver

corpus /ˈkɔːpəs/ *n* (*pl* **corpora** /ˈkɔːpərə/ *o* **corpuses** /-sɪz/) corpus (lingüístic)

correct /kəˈrekt/ *adjectiu, verb*

▸ *adj* correcte: *Would I be correct in saying... ?* M'equivocaria si digués... ?

▸ *vt* corregir

correlation /ˌkɒrəˈleɪʃn; *USA* ˌkɔːr-/ *n* correlació

correspond /ˌkɒrəˈspɒnd; *USA* ˌkɔːr-/ *vi* **1** ~ **(to/with sth)** coincidir (amb alguna cosa) **2** ~ **(to sth)** equivaler (a alguna cosa) **3** ~ **(with sb)** (*formal*) mantenir correspondència (amb algú) **correspondence** *n* correspondència **correspondent** *n* corresponsal **corresponding** *adj* corresponent

corridor /ˈkɒrɪdɔː(r); *USA* ˈkɔːr-/ *n* passadís

corrosion /kəˈrəʊʒn/ *n* corrosió, rovell

corrugated /ˈkɒrəgeɪtɪd; *USA* ˈkɔːr-/ *adj* (*cartó, ferro*) ondulat

corrupt /kəˈrʌpt/ *adjectiu, verb*

▸ *adj* corrupte, deshonest

▸ *vt* corrompre **corruption** *n* corrupció

cosmetic /kɒzˈmetɪk/ *adjectiu, nom*

▸ *adj* cosmètic: *cosmetic surgery* cirurgia estètica

▸ *n* **cosmetics** [*pl*] cosmètics

cosmopolitan /ˌkɒzməˈpɒlɪtən/ *adj, n* cosmopolita

cost /kɒst; *USA* kɔːst/ *nom, verb*

▸ *n* **1** cost: *whatever the cost* sigui el preu que sigui **2 costs** [*pl*] costes, despeses LOC **at all cost(s)** costi el que costi *Vegeu tb* COUNT

▸ *vt* **1** (*pt, pp* **cost**) costar, valer **2** (*pt, pp* **costed**) (*Com*) pressupostar

co-star /ˈkəʊ stɑː(r)/ *n* coprotagonista

cost-effective /ˌkɒst ɪˈfektɪv; *USA* ˌkɔːst/ *adj* rendible

costly /ˈkɒstli; *USA* ˈkɔːstli/ *adj* (**costlier, -iest**) costós, car

costume /ˈkɒstjuːm; *USA* -tuːm/ *n* **1** vestit tradicional **2** (*Teat, Cine*) vestuari: *costume designer* dissenyador de vestuari

cosy (*USA* **cozy**) /ˈkəʊzi/ *adj* (**cosier, -iest**) acollidor: *I felt all cosy in bed.* Hi estava molt bé dins el llit.

cot /kɒt/ *n* **1** (*USA* **crib**) bressol **2** (*USA*) catre

cottage /ˈkɒtɪdʒ/ *n* caseta (*de camp*) ➲ *Vegeu nota a* CASA

cottage cheese *n* tipus de formatge fresc amb grumolls

cotton /ˈkɒtn/ *n* **1** cotó **2** fil (*de cosir*)

cotton candy *n* (*USA*) cotó de sucre

cotton wool (*USA* **cotton**) *n* [*incomptable*] cotó fluix

couch /kaʊtʃ/ *nom, verb*

▸ *n* sofà

▸ *vt* ~ **sth (in sth)** (*formal*) expressar alguna cosa (en alguna cosa)

couchette /kuːˈʃet/ *n* llitera (*en tren*)

couch potato *n* (*pl* **couch potatoes**) (*col·loq, pej*) teleaddicte, -a

cough /kɒf; *USA* kɔːf/ *verb, nom*

▸ **1** *vi* tossir **2** *vt* ~ **sth (up)** treure tossint alguna cosa PHR V **cough (sth) up** (*col·loq*) deixar anar (alguna cosa) (*diners*)

▸ *n* tos

could *pt de* CAN [1]

council /ˈkaʊnsl/ *n* [*v sing o pl*] **1** consistori, ajuntament: *council flat/house* habitatge protegit que pertany a l'ajuntament **2** consell **councillor** (*USA tb* **councilor**) *n* conseller, -a, regidor, -a municipal

counsel /ˈkaʊnsl/ *nom, verb*

▸ *n* **1** (*formal*) consell ❶ En aquest sentit la paraula més habitual és **advice**. **2** advocat, -ada ➲ *Vegeu nota a* ADVOCAT

▸ *vt* (**-ll-**; *USA* **-l-**) aconsellar **counselling** (*USA* **counseling**) *n* assessorament, orientació **counsellor** (*USA tb* **counselor**) *n* **1** assessor, -a, conseller, -a **2** (*USA o Irl*) advocat, -ada

count /kaʊnt/ *verb, nom*

▸ **1** *vt, vi* ~ **(sth) (up)** comptar (alguna cosa) **2** *vi* ~ **(as sth)** comptar (com alguna cosa) **3** *vi* ~ **(for sth)** importar, valer (per a alguna cosa) **4** *vt* ~ **sb/sth (as) sb/sth** considerar algú/alguna cosa algú/alguna cosa: *I count him as one of my best friends.* El considero un dels meus millors amics. ◇ *to count yourself lucky* considerar-se afortunat LOC **count the cost (of sth)** pagar les conseqüències (d'alguna cosa) PHR V **count down (to sth)** fer el compte enrere (per a alguna cosa): *She's already counting down to her birthday.* Ja està comptant els dies que falten per al seu aniversari. ◆ **count sb in** incloure algú ◆ **count on sb/sth** comptar amb algú/alguna cosa ◆ **count sb out** no comptar amb algú ◆ **count towards sth** comptar per alguna cosa

▸ *n* **1** recompte **2** comte

countable /ˈkaʊntəbl/ *adj* (*Gram*) comptable

countdown /ˈkaʊntdaʊn/ *n* ~ **(to sth)** compte enrere (per a alguna cosa)

countenance /ˈkaʊntənəns/ *nom, verb*

▸ *n* (*formal*) rostre, semblant

▸ *vt* (*formal*) aprovar, tolerar

counter /ˈkaʊntə(r)/ *nom, verb, adverbi*

▸ *n* **1** taulell, mostrador **2** (*joc*) fitxa **3** comptador

▸ **1** *vt, vi* rebatre, contraatacar **2** *vt* (*atac*) respondre a **3** *vt* contrarestar

▸ *adv* ~ **to sth** en contra d'alguna cosa

counteract /ˌkaʊntərˈækt/ *vt* contrarestar

counter-attack /ˈkaʊntər ətæk/ *nom, verb*

▸ *n* contraatac

▸ *vt, vi* contraatacar

counterfeit /ˈkaʊntəfɪt/ *adj* fals, falsificat

counterpart /ˈkaʊntəpɑːt/ *n* **1** homòleg, -òloga **2** equivalent

counterproductive /ˌkaʊntəprəˈdʌktɪv/ *adj* contraproduent

counter-terrorism /ˌkaʊntə ˈterərɪzəm/ *n* contraterrorisme

countess /ˈkaʊntəs, -es/ *n* comtessa

countless /ˈkaʊntləs/ *adj* innombrable, incomptable

country /ˈkʌntri/ *n* (*pl* **countries**) **1** país **2** zona, terra **3** pàtria **4 the country** [*sing*] el camp: *country life* la vida del camp

countryman /ˈkʌntrimən/ *n* (*pl* **-men** /-mən/) **1** compatriota **2** home del camp, pagès

countryside /ˈkʌntrisaɪd/ *n* [*incomptable*] **1** camp **2** paisatge

C

C

countrywoman /'kʌntriwʊmən/ *n* (*pl* **-women** /-wɪmɪn/) **1** compatriota **2** dona del camp, pagesa

county /'kaʊnti/ *n* (*pl* **counties**) comtat

coup /ku:/ *n* (*pl* **coups** /ku:z/) **1** (*tb* **coup d'état** /ˌku: deɪ'tɑ:/) (*pl* **coups d'état** /ˌku: deɪ'tɑ:/) cop d'estat **2** èxit

couple /'kʌpl/ *nom, verb*

▸ *n* **1** parell **2** parella (*relació amorosa*): *a married couple* un matrimoni ➲ *Compareu amb* PAIR **LOC** **a couple (of)** un parell (de), uns quants

▸ *vt* **1** associar, acompanyar: *coupled with sth* juntament amb alguna cosa **2** acoblar, enganxar

coupon /'ku:pɒn/ *n* cupó, val

courage /'kʌrɪdʒ; *USA* 'kɜ:r-/ *n* valor, coratge **LOC** *Vegeu* DUTCH, PLUCK **courageous** /kə'reɪdʒəs/ *adj* **1** (*persona*) valent **2** (*intent*) valerós

courgette /kʊə'ʒet/ (*USA* **zucchini**) *n* carabassó

courier /'kʊriə(r)/ *n* **1** missatger, -a **2** guia turístic, -a (*persona*)

course /kɔ:s/ *n* **1** ~ **(in/on sth)** (*Educ*) curs (d'alguna cosa): *a short computing course* un curset d'informàtica **2** (*vaixell, avió*) rumb: *to be on/off course* seguir/perdre el rumb **3** (*riu*) curs **4** curs, transcurs: *in the course of the year* en el transcurs de l'any **5** (*àpat*) plat **6** (*golf*) camp **7** (*curses*) pista **8** ~ **of sth** (*Med*) tractament d'alguna cosa **LOC** **a course of action** una línia d'actuació ◆ **of course** és clar, evidentment: *of course not* és clar que no *Vegeu tb* DUE, MATTER, MIDDLE

court /kɔ:t/ *nom, verb*

▸ *n* **1** (*tb* **court of law**) jutjat, tribunal: *a court case/order* un plet/una ordre judicial ◇ *court order* ordre judicial *Vegeu tb* HIGH COURT **2** (*Esport*): *a tennis/squash court* una pista de tennis/d'esquaix **3** cort (*reial*) **LOC** **go to court (over sth)** portar alguna cosa als tribunals ◆ **take sb to court** demandar algú

▸ *vt* **1** (*antic*) cortejar, fer la cort a **2** (*formal*) (*perill, etc.*) exposar-se a

courteous /'kɜ:tiəs/ *adj* cortès

courtesy /'kɜ:təsi/ *n* (*pl* **courtesies**) cortesia **LOC** **(by) courtesy of sb/sth** (per) gentilesa d'algú/d'alguna cosa

court martial *n* (*pl* **courts martial**) consell de guerra

courtship /'kɔ:tʃɪp/ *n* (*antic*) festeig

courtyard /'kɔ:tjɑ:d/ *n* pati

cousin /'kʌzn/ *n* cosí, -ina

cove /kəʊv/ *n* cala

covenant /'kʌvənənt/ *n* conveni, pacte

cover /'kʌvə(r)/ *verb, nom*

▸ *vt* **1** ~ **sth (up/over) (with sth)** cobrir alguna cosa (amb alguna cosa) **2** ~ **sb/sth in/with sth** cobrir algú/alguna cosa d'alguna cosa **3** (*cassola, cara*) tapar **4** (*timidesa, etc.*) dissimular **5** abraçar, incloure **6** tractar, encarregar-se de **7** recórrer: *We covered 300 kilometres that day.* Vam fer 300 quilòmetres aquell dia. **PHR V** **cover for sb** substituir algú ◆ **cover sth up** (*pej*) amagar alguna cosa ◆ **cover up for sb** encobrir algú

▸ *n* **1** funda **2** cobert **3** (*llibre*) tapa **4** (*revista*) portada **5** (*USA* **coverage**) ~ **(against sth)** assegurança (contra alguna cosa) **6** (*Mil*) protecció **7** **the covers** [*pl*] roba de llit **8** ~ **(for sth)** (*fig*) tapadora (per a alguna cosa) **9** identitat falsa **10** ~ **(for sb)** substitució (d'algú) **LOC** **from cover to cover** del començament fins al final ◆ **take cover (from sth)** aixoplugar-se (d'alguna cosa) ◆ **under (the) cover of sth** protegit per alguna cosa *Vegeu tb* DIVE **coverage** /'kʌvərɪdʒ/ *n* cobertura **covering** *n* **1** capa (*de neu, etc.*) **2** coberta

coveralls /'kʌvərɔ:lz/ *n* (*USA*) [*pl*] granota (*peça de vestir*)

covert /'kʌvət, 'kəʊvɜ:t/ *adj* (*formal*) **1** encobert, secret **2** (*mirada*) furtiu

cover-up /'kʌvər ʌp/ *n* encobriment

covet /'kʌvət/ *vt* (*formal*) cobejar

cow /kaʊ/ *n* vaca ➲ *Vegeu nota a* CARN

coward /'kaʊəd/ *n* covard, -a **cowardice** /'kaʊədɪs/ *n* [*incomptable*] covardia **cowardly** *adj* covard

cowboy /'kaʊbɔɪ/ *n* **1** vaquer **2** (*GB, col·loq, pej*) pirata (*paleta, lampista, etc.*)

co-worker /'kəʊ wɜ:kə(r)/ *n* company, -a de feina

coy /kɔɪ/ *adj* **1** tímid (*per coqueteria*) **2** ~ **(about sth)** reservat (pel que fa a alguna cosa)

cozy (*USA*) *Vegeu* COSY

crab /kræb/ *n* cranc (*de mar*)

crack /kræk/ *verb, nom*

▸ **1** *vt, vi* esquerdar(-se): *a cracked cup* una tassa esquerdada ➲ *Vegeu nota a* TRENCAR **2** *vt* ~ **sth (open)** esberlar alguna cosa **3** *vi* ~ **(open)** obrir-se (*trencant-se*) **4** *vt* (*nou*) trencar **5** *vt* ~ **sth (on/against sth)** donar un cop a alguna cosa (contra alguna cosa) **6** *vt, vi* (fer) espetegar **7** *vt* (*fuet*) esclafir **8** *vi* (*veu*) tremolar **9** *vi* ensorrar-se **10** *vt* resoldre **11** *vt* (*col·loq*) (*acudit*) explicar **LOC** **get cracking** (*col·loq*) posar fil a l'agulla **PHR V** **crack down (on sb/sth)** prendre mesures

dràstiques (contra algú/alguna cosa) ◆ **crack up** (*col·loq*) **1** esgotar-se (*físicament o mentalment*): *He cracked up when his wife left him.* Va quedar enfonsat quan el va deixar la dona. **2** esclafir a riure
▸ *n* **1** esquerda **2** defecte **3** escletxa **4** espetec **5** (*droga*) crack LOC **at the crack of dawn** (*col·loq*) a trenc d'alba

crackdown /ˈkrækdaʊn/ *n* ~ **(on sb/sth)** mesures dràstiques (contra algú/alguna cosa)

cracker /ˈkrækə(r)/ *n* **1** galeta salada **2** (*tb* **Christmas cracker**) petard amb sorpresa

crackle /ˈkrækl/ *verb, nom*
▸ *vi* espetegar
▸ *n* (*tb* **crackling**) espetarrecs, espetecs

cradle /ˈkreɪdl/ *nom, verb*
▸ *n* (*lit i fig*) bressol
▸ *vt* bressar

craft /krɑːft; *USA* kræft/ *nom, verb*
▸ *n* **1** artesania: *a craft fair* una fira d'artesania **2** (*destresa*) ofici **3** (*pl* **craft**) embarcació
▸ *vt* fabricar artesanalment

craftsman /ˈkrɑːftsmən; *USA* ˈkræfts-/ *n* (*pl* **-men** /-mən/) artesà, -ana **craftsmanship** *n* **1** artesania **2** art

craftswoman /ˈkrɑːftswʊmən; *USA* ˈkræfts-/ *n* (*pl* **-women** /-wɪmɪn/) artesana

crafty /ˈkrɑːfti; *USA* ˈkræfti/ *adj* (**craftier**, **-iest**) (*gen pej*) astut

crag /kræg/ *n* cingle **craggy** *adj* espadat

cram /kræm/ (**-mm-**) **1** *vt* ~ **sth into/onto sth**; ~ **sth in** entatxonar, encabir alguna cosa (en alguna cosa): *The bus was crammed with people.* L'autobús anava ple a vessar (de gent). **2** *vi* ~ **into/onto sth**; ~ **in** encabir-se (en alguna cosa) **3** *vi* estudiar molt (per a un examen)

cramp /kræmp/ *nom, verb*
▸ *n* **1** [*incomptable*] (*muscular*) rampa **2 cramps** (*tb* **stomach cramps**) [*pl*] caragolament de ventre
▸ *vt* (*moviment, desenvolupament, etc.*) obstaculitzar **cramped** *adj* atapeït

cranberry /ˈkrænbəri; *USA* -beri/ *n* (*pl* **cranberries**) nabiu (*vermell i agre*)

crane /kreɪn/ *n* (*Mec, Ornit*) grua

crank /kræŋk/ *n* **1** (*col·loq*) maniàtic, -a, extravagant **2** (*USA*) rondinaire **3** (*Mec*) maneta

crap /kræp/ *nom, adjectiu*
▸ *n* [*incomptable*] (*argot*) **1** bestieses: *to talk crap* dir bestieses **2** *The film is a load of crap.* La pel·lícula és una porqueria.
▸ *adj* (*GB, argot*) pèssim

crash /kræʃ/ *nom, verb, adjectiu*
▸ *n* **1** accident, xoc: *crash helmet* casc protector **2** terrabastall **3** (*Com*) crac, caiguda **4** (*Informàt*) fallada
▸ **1** *vt* tenir un accident amb: *He crashed his car.* Va tenir un accident amb el cotxe. **2** *vt, vi* ~ **(sth) (into sth)** (*vehicle*) estavellar alguna cosa (contra alguna cosa); xocar (contra alguna cosa): *He crashed into a lamp post.* Va xocar contra un fanal. **3** *vi* (*Informàt*) penjar-se, fallar **4** *vi* ~ **(out)** (*col·loq*) clapar, adormir-se
▸ *adj* [*només davant del nom*] (*curs, règim alimentari*) intensiu, dràstic

crash landing *n* aterratge forçós

crass /kræs/ *adj* cras, estúpid: *an act of crass stupidity* un acte d'una gran estupidesa

crate /kreɪt/ *n* caixa (*per a transportar fruita, ampolles, etc.*)

crater /ˈkreɪtə(r)/ *n* cràter

crave /kreɪv/ *vt, vi* anhelar **craving** *n* ~ **(for sth)** ànsia, desig (d'alguna cosa)

crawl /krɔːl/ *verb, nom*
▸ *vi* **1** anar de quatre grapes, arrossegar-se **2** ~ **(along)** (*trànsit*) avançar a pas de tortuga **3** ~ **(to sb)** (*col·loq, pej*) fer la gara-gara (a algú) LOC **be crawling with sth** (*col·loq*) estar ple/cobert d'alguna cosa
▸ *n* **1** pas de tortuga **2** crol: *to do (the) crawl* nedar crol

crayon /ˈkreɪən/ *n* **1** (llapis de) color, color de cera **2** (*Art*) pastel

craze /kreɪz/ *n* ~ **(for sth)** moda, febre (d'alguna cosa)

crazy /ˈkreɪzi/ *adj* (**crazier**, **-iest**) (*col·loq*) **1** boig **2** (*idea*) esbojarrat LOC **like crazy** (*col·loq*) com un boig

creak /kriːk/ *vi* cruixir, grinyolar

cream /kriːm/ *nom, verb*
▸ *n* **1** nata, crema de llet: *cream cheese* formatge per a untar **2** crema, pomada **3** color crema **4 the cream of sth** [*sing*] la crema d'alguna cosa (*la millor part*)
▸ *vt* fer puré de, batre PHR V **cream sth off** quedar-se amb el millor d'alguna cosa: *The company creamed off the best graduates.* L'empresa va seleccionar els millors llicenciats. **creamy** *adj* (**creamier**, **-iest**) cremós

crease /kriːs/ *nom, verb*
▸ *n* **1** arruga, plec **2** (*pantalons*) ratlla
▸ *vt, vi* arrugar(-se)

create /kriˈeɪt/ *vt* crear, produir: *to create a fuss* fer un espectacle **creation** *n* creació **creative** *adj* creatiu **creativity** /ˌkriːeɪˈtɪvəti/ *n* creativitat **creator** *n* creador, -a

C

C

creature /ˈkriːtʃə(r)/ *n* criatura: *living creatures* éssers vius ◇ *a creature of habit* un animal de costums

creature comforts *n* [*pl*] comoditats (materials)

crèche /kreʃ/ *n* **1** guarderia **2** (*USA*) pessebre

credentials /krəˈdenʃlz/ *n* [*pl*] **1** qualitats, qualificacions: *He has all the credentials for the job.* Està qualificat per a la feina **2** credencials

credible /ˈkredəbl/ *adj* versemblant, creïble **credibility** *n* credibilitat

credit /ˈkredɪt/ *nom, verb*

▸ *n* **1** crèdit: *on credit* a crèdit **2** (*Fin*) saldo positiu: *to be in credit* tenir saldo positiu **3** (*comptabilitat*) haver **4** reconeixement, mèrit **5 credits** [*pl*] (*Cine*) crèdits LOC **be a credit to sb/sth** fer honor a algú/alguna cosa ◆ **do sb credit**; **do credit to sb** honorar algú

▸ *vt* **1** (*Fin*) abonar **2** ~ **sb/sth with sth** atribuir el mèrit d'alguna cosa a algú/alguna cosa **3** creure, donar crèdit a **creditable** *adj* (*formal*) lloable **creditor** *n* creditor, -a

credit card *n* targeta de crèdit

creed /kriːd/ *n* credo

creek /kriːk/ *n* **1** (*GB*) cala **2** (*USA*) rierol LOC **be up the creek (without a paddle)** (*col·loq*) quedar ben servit

creep /kriːp/ *verb, nom*

▸ *vi* (*pt, pp* **crept** /krept/) **1** esmunyir-se a poc a poc: *to creep up on sb* acostar-se a poc a poc a algú/agafar algú desprevingut **2** (*fig*): *A feeling of drowsiness crept over him.* El va envair una sensació de sopor. **3** (*planta*) enfilar-se

▸ *n* (*col·loq*) llepaculs LOC **give sb the creeps** (*col·loq*) provocar esgarrifances a algú **creepy** *adj* (**creepier**, **-iest**) *adj* (*col·loq*) esborronador

creeper /ˈkriːpə(r)/ *n* planta enfiladissa

cremate /krəˈmeɪt/ *vt* incinerar (*cadàver*)

cremation /krəˈmeɪʃn/ *n* incineració (*d'un mort*)

crematorium /ˌkreməˈtɔːriəm/ *n* (*pl* **crematoria** /-riə/ *o* **crematoriums**) crematori

crème caramel /ˌkrem ˈkærəmel/ *n* (*pl* **crèmes caramel** /ˌkrem ˈkærəmel/) (*USA* **flan**) flam

crept *pt, pp de* CREEP

crescendo /krəˈʃendəʊ/ *n* (*pl* **crescendos**) **1** (*Mús*) crescendo **2** clímax

crescent /ˈkresnt/ *n* **1** mitja lluna **2** carrer en forma de mitja lluna

cress /kres/ *n* [*incomptable*] morritort (*planta que es menja crua en amanides i entrepans*)

crest /krest/ *n* **1** cresta **2** (*turó*) cim **3** (*Heràld*) blasó

crestfallen /ˈkrestfɔːlən/ *adj* capbaix

crevice /ˈkrevɪs/ *n* esquerda (*en una roca*)

crew /kruː/ *n* [*v sing o pl*] **1** tripulació: *cabin crew* tripulació (d'un avió) **2** (*rem, cinema*) equip ➲ *Vegeu nota a* JURAT

crew cut *n* tallada de cabells al zero

crew neck *n* coll rodó (*d'un jersei, etc.*)

crib /krɪb/ *nom, verb*

▸ *n* **1** menjadora **2** (*USA*) (*GB* **cot**) bressol **3** (*GB*) (*USA* **crèche**) pessebre **4** (*col·loq*) còpia, plagi

▸ *vt, vi* (**-bb-**) (*antic*) copiar, plagiar

cricket /ˈkrɪkɪt/ *n* **1** (*Esport*) criquet **2** (*Zool*) grill **cricketer** *n* jugador, -a de criquet

cried *pt, pp de* CRY

cries *plural de* CRY

crime /kraɪm/ *n* **1** delicte, crim **2** delinqüència

criminal /ˈkrɪmɪnl/ *adjectiu, nom*

▸ *adj* **1** delictiu, criminal: *criminal damage* danys i perjudicis **2** (*dret*) penal: *a criminal record* antecedents penals **3** immoral

▸ *n* delinqüent, criminal

crimson /ˈkrɪmzn/ *adj, n* carmesí

cringe /krɪndʒ/ *vi* **1** (*de por*) recular **2** morir-se de vergonya

cripple /ˈkrɪpl/ *verb, nom*

▸ *vt* **1** deixar invàlid **2** (*fig*) danyar considerablement

▸ *n* (*antic o pej*) invàlid, -a ➲ *Vegeu nota a* DISCAPACITAT **crippling** *adj* **1** (*malaltia*) que deixa invàlid **2** (*deute, impostos, etc.*) opressiu

crisis /ˈkraɪsɪs/ *n* (*pl* **crises** /-siːz/) crisi

crisp /krɪsp/ *adjectiu, nom*

▸ *adj* (**crisper**, **-est**) **1** cruixent **2** (*fruita, verdures*) fresc **3** (*paper*) test: *a crisp £20 note* un bitllet de 20 lliures nou de trinca **4** (*roba*) acabat de planxar **5** (*temps*) fred i sec **6** (*manera*) sec

▸ *n* (*tb* **potato crisp**) (*USA* **chip**, **potato chip**) patata fregida (*de bossa*) ➲ *Vegeu il·lustració a* PATATA **crisply** *adv* secament **crispy** *adj* cruixent

crispbread /ˈkrɪspbred/ *n* galeta salada molt fina que es pren com a substitut del pa

criterion /kraɪˈtɪəriən/ *n* (*pl* **criteria** /-riə/) criteri

critic /ˈkrɪtɪk/ *n* **1** (*cinema, teatre, etc.*) crític, -a **2** detractor, -a **critical** *adj* **1** crític: *to be critical of sb/sth* criticar algú/alguna cosa ◇ *critical acclaim* l'aplaudiment de la crítica **2** (*persona*) criticaire **3** (*moment*) crític, crucial **4** (*estat*) crític **critically** /-kli/ *adv* **1** críticament **2** *critically ill* greument malalt

criticism /ˈkrɪtɪsɪzəm/ *n* [*gen incomptable*] crítica, crítiques: *literary criticism* crítica literària ◇ *He can't take criticism.* No accepta cap crítica.

criticize (*GB tb* **-ise**) /ˈkrɪtɪsaɪz/ *vt* criticar

critique /krɪˈtiːk/ *n* anàlisi crítica

croak /krəʊk/ *verb, nom*
▸ *vi* **1** raucar **2** rondinar
▸ *n* rauc, raucar

crochet /ˈkrəʊʃeɪ; *USA* krəʊˈʃeɪ/ *n* ganxet

crockery /ˈkrɒkəri/ *n* [*incomptable*] vaixella

crocodile /ˈkrɒkədaɪl/ *n* cocodril

crocus /ˈkrəʊkəs/ *n* (*pl* **crocuses**) safrà

croissant /ˈkrwæsɑ̃/ *n* croissant

crony /ˈkrəʊni/ *n* (*pl* **cronies**) (*gen pej*) vell amic, vella amiga

crook /krʊk/ *n* (*col·loq*) lladre (*persona deshonesta*)

crooked /ˈkrʊkɪd/ *adj* **1** tort **2** (*camí*) tortuós **3** (*persona, acció*) deshonest

crop /krɒp/ *nom, verb*
▸ *n* **1** cultiu **2** collita **3** [*sing*] tongada: *the present crop of politicians* la generació actual de polítics
▸ *vt* (**-pp-**) **1** (*cabells*) tallar molt curt **2** (*foto*) retallar **3** (*animals*) pasturar **PHR V** **crop up** sorgir

crop top *n* top (curt) (*ensenyant la panxa*)

croquet /ˈkrəʊkeɪ; *USA* krəʊˈkeɪ/ *n* croquet

cross /krɒs; *USA* krɔːs/ *nom, verb, adjectiu*
▸ *n* **1** creu ➲ *Vegeu il·lustració a* TICK **2** ~ **(between A and B)** encreuament, barreja (entre A i B)
▸ **1** *vt, vi* creuar, travessar: *Shall we cross over?* Creuem? **2** *vi* creuar-se: *Our letters crossed in the post.* Les nostres cartes es van creuar (en el correu). **3** *vt* dur la contrària a **4** *vt* ~ **sth with sth** (*Zool, Bot*) creuar alguna cosa amb alguna cosa **5** *vt* ~ **yourself** senyar-se **LOC** **cross your fingers**: *Cross your fingers for me!* Desitja'm sort! ◇ *Keep your fingers crossed!* A veure si hi ha sort! ◆ **cross your mind** passar pel cap: *It crossed my mind that...* Se'm va acudir que... *Vegeu tb* DOT **PHR V** **cross sb/sth off (sth)** esborrar algú/alguna cosa (d'alguna cosa): *to cross sb off the list* esborrar algú de la llista ◆ **cross sth out/through** passar ratlla a alguna cosa
▸ *adj* (**crosser, -est**) enfadat: *to get cross* enfadar-se

crossbar /ˈkrɒsbɑː(r); *USA* ˈkrɔːs-/ *n* **1** (*Esport*) travesser **2** barra (*de bicicleta*)

crossbow /ˈkrɒsbəʊ; *USA* ˈkrɔːs-/ *n* ballesta

cross-country /ˌkrɒs ˈkʌntri; *USA* ˌkrɔːs/ *adj, adv* camp a través: *cross-country running/skiing* (prova de) cros/esquí de fons

cross-examine /ˌkrɒs ɪɡˈzæmɪn; *USA* ˌkrɔːs/ *vt* interrogar

cross-eyed /ˈkrɒs aɪd; *USA* ˈkrɔːs/ *adj* guenyo

crossfire /ˈkrɒsfaɪə(r); *USA* ˈkrɔːs-/ *n* foc encreuat **LOC** **get caught in the crossfire** estar entre dos focs

crossing /ˈkrɒsɪŋ; *USA* ˈkrɔːs-/ *n* **1** (*viatge*) travessia **2** (*carretera*) cruïlla **3** pas de vianants *Vegeu tb* ZEBRA CROSSING **4** *border crossing* frontera *Vegeu tb* LEVEL CROSSING

cross-legged

cross-legged — with her legs crossed

cross-legged /ˌkrɒs ˈleɡd, ˈleɡɪd; *USA* ˌkrɔːs/ *adj, adv* amb les cames encreuades

crossly /ˈkrɒsli; *USA* ˈkrɔːs-/ *adv* de mal humor

crossover /ˈkrɒsəʊvə(r); *USA* ˈkrɔːs-/ *n* barreja (*d'estils musicals*)

cross purposes *n* **LOC** **at cross purposes**: *We're (talking) at cross purposes.* Aquí hi ha un malentès.

cross-reference /ˌkrɒs ˈrefrəns; *USA* ˌkrɔːs/ *n* referència, remissió

crossroads /ˈkrɒsrəʊdz; *USA* ˈkrɔːs-/ *n* (*pl* **crossroads**) cruïlla, encreuament **LOC** **at a/the crossroads** en un/el moment decisiu

cross section *n* **1** secció transversal **2** mostra representativa

crosswind /ˈkrɒswɪnd; *USA* ˈkrɔːs-/ *n* vent de costat

crossword /ˈkrɒswɜːd; *USA* ˈkrɔːs-/ (*tb* **crossword puzzle**) *n* mots encreuats

crotch /krɒtʃ/ *n* entrecuix

crotchet /ˈkrɒtʃɪt/ *n* (*Mús*) negra

crouch /kraʊtʃ/ *vi* ajupir-se, arraulir-se, posar-se a la gatzoneta

crow /krəʊ/ *nom, verb*
▸ *n* corb **LOC** **as the crow flies** en línia recta

▸ *vi* **1** cantar **2** ~ **(about/over sth)** (*pej*) jactar-se (d'alguna cosa)

crowbar /'krəʊbɑ:(r)/ *n* palanca

C

crowd /kraʊd/ *nom, verb*

▸ *n* [*v sing o pl*] **1** multitud: *crowds of people* un munt de gent **2** públic, espectadors **3** (*col·loq*) gent, grup (d'amics) **4 the crowd** [*sing*] (*gen pej*) les masses LOC *Vegeu* FOLLOW

▸ *vt* (*espai*) omplir PHRV **crowd around/round (sb/sth)** apinyar-se (al voltant d'algú/d'alguna cosa) ◆ **crowd in** entrar en munió ◆ **crowd sb/sth in; crowd sb/sth into/onto sth** apinyar algú/alguna cosa (en alguna cosa) **crowded** *adj* ple (de gent)

crown /kraʊn/ *nom, verb*

▸ *n* **1** corona: *crown prince* príncep hereu **2 the Crown** (*GB*) (*Dret*) l'estat **3** (*del cap*) coroneta **4** (*d'un barret*) copa **5** (*d'un turó*) cim **6** (*dent*) funda

▸ *vt* coronar

crucial /'kru:ʃl/ *adj* ~ **(to/for sb/sth)** crucial (per a algú/alguna cosa)

crucifix /'kru:səfɪks/ *n* crucifix

crucify /'kru:sɪfaɪ/ *vt* (*pt, pp* **-fied**) crucificar

crude /kru:d/ *adjectiu, nom*

▸ *adj* (**cruder, -est**) **1** tosc **2** groller

▸ *n* (*tb* **crude oil**) cru (*petroli*)

cruel /kru:əl/ *adj* (**crueller, -est**) ~ **(to sb/sth)** cruel (amb algú/alguna cosa) **cruelty** *n* (*pl* **cruelties**) crueltat

cruise /kru:z/ *nom, verb*

▸ *n* creuer (*viatge*)

▸ *vi* **1** fer un creuer, navegar **2** (*avió*) volar (a velocitat de creuer) **3** (*cotxe*) anar a velocitat constant **cruiser** *n* **1** (*Mil*) creuer **2** (*tb* **cabin cruiser**) llanxa motora amb cabines

crumb /krʌm/ *nom, interjecció*

▸ *n* **1** molla, engruna **2** (*fig*) engruna

▸ *interj* **crumbs!** (*GB, antic, col·loq*) caram!

crumble /'krʌmbl/ **1** *vt, vi* (*Cuina*) engrunar(-se) **2** *vi* ~ **(away)** enfonsar-se, esmicolar-se **3** *vt* esmicolar ➲ *Vegeu nota a* TRENCAR **crumbly** *adj* que s'enfonsa, que es desfà a trossos

crumple /'krʌmpl/ *vt, vi* ~ **(sth) (up)** arrugar alguna cosa; arrugar-se

crunch /krʌntʃ/ *nom, verb*

▸ *n* **1** cruixit **2 the crunch** [*sing*] (*col·loq*) el moment de la veritat: *when it comes to the crunch* quan arriba el moment de la veritat

▸ **1** *vt* mastegar (*fent soroll*) **2** *vt, vi* (fer) cruixir **crunchy** *adj* cruixent

crusade /kru:'seɪd/ *n* croada **crusader** *n* **1** (*Hist*) croat **2** lluitador, -a

crush /krʌʃ/ *verb, nom*

▸ *vt* **1** aixafar: *to be crushed to death* morir esclafat **2** ~ **sth (up)** (*roca, etc.*) triturar alguna cosa: *crushed ice* gel picat **3** (*fruita*) esprémer **4** (*all, etc.*) picar **5** moldre **6** (*roba*) arrugar **7** (*ànim*) abatre

▸ *n* **1** (*gentada*) aglomeració **2** ~ **(on sb)** enamorament (breu) (d'algú): *I had a crush on my teacher.* M'agradava la meva professora. **3** (*fruita*) suc

crushing /'krʌʃɪŋ/ *adj* (*derrota, cop*) aclaparador

crust /krʌst/ *n* crosta (*de pa*) **crusty** *adj* (de crosta) cruixent

crutch /krʌtʃ/ *n* **1** crossa **2** (*fig*) (*gen pej*) ajut **3** entrecuix

crux /krʌks/ *n* quid

cry /kraɪ/ *verb, nom*

▸ (*pt, pp* **cried**) **1** *vi* ~ **(about/over sb/sth)** plorar (per algú/alguna cosa): *to cry for joy* plorar d'alegria **2** *vt, vi* ~ **(sth) (out)** cridar (alguna cosa) LOC **cry your eyes/heart out** plorar com una Magdalena ◆ **it's no use crying over spilt milk** el que està fet ja està fet PHRV **cry off** (*GB, col·loq*) fer-se enrere ◆ **cry out for sth** demanar alguna cosa a crits

▸ *n* (*pl* **cries**) **1** crit **2** [*sing*] plor: *to have a (good) cry* desfogar-se plorant **crying** *adj* LOC **a crying shame** una vertadera llàstima

crybaby /'kraɪbeɪbi/ *n* (*pl* **crybabies**) (*col·loq, pej*) ploraner, -a

crypt /krɪpt/ *n* cripta

cryptic /'krɪptɪk/ *adj* críptic

crystal /'krɪstl/ *n* cristall LOC **crystal clear** **1** cristal·lí **2** (*significat*) clar com l'aigua

cub /kʌb/ *n* **1** (*lleó, tigre, guineu, ós*) cadell **2** llobató **3 the Cubs** [*pl*] els llobatons

cube /kju:b/ *n* **1** cub **2** (*esp menjar*) dau: *sugar/ice cube* terròs de sucre/glaçó **cubic** *adj* cúbic

cubicle /'kju:bɪkl/ *n* **1** cubicle **2** emprovador **3** (*piscina*) vestuari **4** (*lavabos*) vàter

cuckoo /'kʊku:/ *n* (*pl* **cuckoos**) cucut: *cuckoo clock* rellotge de cucut

cucumber /'kju:kʌmbə(r)/ *n* cogombre

cuddle /'kʌdl/ *verb, nom*

▸ **1** *vt, vi* abraçar(-se) **2** *vt* portar en braços PHRV **cuddle up (to/against sb)** instal·lar-se còmodament (al costat d'algú)

▸ *n* abraçada **cuddly** *adj* (*col·loq*) melindrós: *cuddly toy* ninot de peluix

cue /kjuː/ *n* **1** senyal **2** (*Teat*) entrada: *He missed his cue.* Va perdre la seva entrada. **3** tac (*de billar, etc.*) LOC **(right) on cue** en el moment precís ◆ **take your cue from sb/sth** seguir l'exemple d'algú/d'alguna cosa

cuff /kʌf/ *nom, verb*
▸ *n* **1** (*roba*) puny **2** mastegot LOC **off the cuff** d'improvís, improvisat
▸ *vt* donar un mastegot a

cufflink /ˈkʌflɪŋk/ *n* [*gen pl*] botó de puny

cuisine /kwɪˈziːn/ *n* cuina (*art de cuinar*)

cul-de-sac /ˈkʌl də sæk/ *n* (*pl* **cul-de-sacs** *o* **culs-de-sac** /ˈkʌl də sæk/) carreró sense sortida

cull /kʌl/ *vt* (*animals*) matar (*per controlar-ne el nombre*)

culminate /ˈkʌlmɪneɪt/ *vi* ~ **in sth** (*formal*) culminar en alguna cosa **culmination** *n* (*formal*) culminació

culottes /kjuːˈlɒts; *USA* kuː-/ *n* [*pl*] faldilla pantaló

culprit /ˈkʌlprɪt/ *n* culpable

cult /kʌlt/ *n* **1** culte: *a cult movie* una pel·lícula de culte **2** secta

cultivate /ˈkʌltɪveɪt/ *vt* **1** cultivar, conrear **2** (*fig*) fomentar, conrear **cultivated** *adj* **1** cultivat **2** (*persona*) culte **cultivation** *n* cultiu

culture /ˈkʌltʃə(r)/ *n* **1** cultura: *culture shock* xoc cultural **2** (*Biol, Bot*) cultiu **cultural** *adj* cultural **cultured** *adj* **1** (*persona*) culte **2** (*cèl·lula, bacteri*) de cultiu **3** (*perla*) cultivat

cum /kʌm/ *prep*: *a kitchen-cum-dining room* una cuina menjador

cumbersome /ˈkʌmbəsəm/ *adj* **1** voluminós **2** enutjós

cumulative /ˈkjuːmjələtɪv; *USA* -leɪtɪv/ *adj* **1** cumulatiu **2** acumulatiu

cunning /ˈkʌnɪŋ/ *adjectiu, nom*
▸ *adj* **1** (*pej*) (*persona, acció*) astut **2** (*aparell, pla*) enginyós
▸ *n* [*incomptable*] astúcia, traça **cunningly** *adv* astutament

cup /kʌp/ *nom, verb*
▸ *n* **1** tassa: *paper/plastic cup* got de paper/plàstic **2** (*premi*) copa: *cup tie/final* partit/final de copa LOC **not be sb's cup of tea** (*col·loq*) no ésser del gust d'algú
▸ *vt* (**-pp-**) ~ **your hand(s)** posar les mans en forma de cassoleta: *to cup your hand over the receiver* tapar el telèfon amb la mà ◇ *I cupped my hands to take a drink from the stream.* Vaig agafar aigua del rierol amb les mans per beure.

cup

cup and saucer

mug

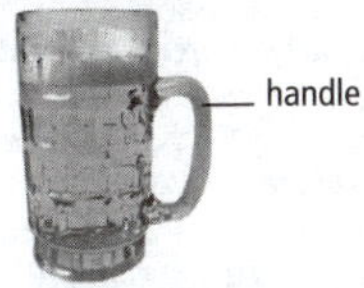

beer mug

wine glass

plastic cups

cup

cupboard /ˈkʌbəd/ *n* armari, rebost
ℹ **Wardrobe** és un armari per a penjar-hi la roba.

cupful /ˈkʌpfʊl/ *n* tassa (*quantitat*)

curate /ˈkjʊərət/ *n* (*església anglicana*) coadjutor, -a (del rector)

curative /ˈkjʊərətɪv/ *adj* (*formal*) curatiu

curator /kjʊəˈreɪtə(r)/ *n* conservador, -a (*d'un museu*)

curb /kɜːb/ *verb, nom*
▸ *vt* frenar
▸ *n* **1** ~ **(on sth)** fre (a alguna cosa) **2** (*USA*) = KERB

curd /kɜːd/ *n* quallada: *curd cheese* mató

curdle /ˈkɜːdl/ *vt, vi* (*llet*) tallar(-se)

cure /kjʊə(r)/ *verb, nom*
▸ *vt* **1** curar **2** (*problema*) resoldre **3** (*aliments*) adobar
▸ *n* **1** cura, curació **2** remei, solució

curfew /ˈkɜːfjuː/ *n* toc de queda

curious /ˈkjʊəriəs/ *adj* curiós: *I'm curious to know what happened.* Tinc curiositat de saber el que va passar.

C

En el sentit d'estrany, *curiós* es tradueix generalment per **odd** o **strange**. En el sentit de tafaner fem servir **nosy** o **inquisitive**.

curiosity /ˌkjʊəri'ɒsəti/ *n* (*pl* **curiosities**) **1** curiositat **2** cosa rara

curl /kɜːl/ *verb, nom*
▸ **1** *vt, vi* arrissar(-se), caragolar(-se) **2** *vi*: *The smoke curled upwards.* El fum pujava fent espirals. PHR V **curl up 1** arrupir-se **2** arrissar(-se), caragolar(-se)
▸ *n* rínxol, caragol **curly** *adj* (**curlier**, **-iest**) arrissat, caragolat

currant /'kʌrənt/ *n* **1** pansa (*de Corint*) ➲ *Compareu amb* RAISIN, SULTANA **2** grosella

currency /'kʌrənsi/ *n* (*pl* **currencies**) **1** moneda: *foreign/hard currency* divisa estrangera/forta **2** [*incomptable*] acceptació: *to gain currency* generalitzar-se

current /'kʌrənt/ *nom, adjectiu*
▸ *n* corrent
▸ *adj* **1** actual: *current affairs* temes d'actualitat **2** (d'ús) corrent **currently** *adv* actualment

current account (*USA* **checking account**) *n* compte corrent

curriculum /kə'rɪkjələm/ *n* (*pl* **curricula** /-lə/ *o* **curriculums**) pla d'estudis

curry /'kʌri/ *nom, verb*
▸ *n* (*pl* **curries**) (plat amb) curri
▸ *vt* (*pp* **curried**) LOC **curry favour (with sb)** (*pej*) raspallar algú

curse /kɜːs/ *nom, verb*
▸ *n* **1** maledicció **2** malefici **3** desgràcia
▸ *vt, vi* maleir LOC **be cursed with sth** patir (per culpa) d'alguna cosa: *He was cursed with bad luck.* La mala sort el perseguia.

cursor /'kɜːsə(r)/ *n* cursor

cursory /'kɜːsəri/ *adj* (*sovint pej*) ràpid, superficial

curt /kɜːt/ *adj* (*manera de parlar*) sec

curtail /kɜː'teɪl/ *vt* (*formal*) escurçar **curtailment** *n* (*formal*) **1** (*poder*) limitació **2** interrupció

curtain /'kɜːtn/ *n* **1** cortina: *to draw the curtains* tirar/descórrer la cortina ◇ *lace/net curtains* cortineta **2** (*Teat*) teló LOC **be curtains (for sb)** (*col·loq*) ésser la fi (per a algú)

curtsy (*tb* **curtsey**) /'kɜːtsi/ *nom, verb*
▸ *n* (*pl* **curtsies** *o* **curtseys**) reverència (*de dona*)
▸ *vi* (*pt, pp* **curtsied** *o* **curtseyed**) fer una reverència

curve /kɜːv/ *nom, verb*
▸ *n* **1** corba **2** (*esp USA*) revolt
▸ *vi* fer una corba **curved** *adj* **1** corbat **2** en forma de corba, arquejat

cushion /'kʊʃn/ *nom, verb*
▸ *n* **1** coixí (*de butaca, sofà*) **2** (*fig*) coixí: *a cushion against inflation* una protecció contra la inflació
▸ *vt* **1** amortir **2** ~ **sb/sth (against/from sth)** protegir algú/alguna cosa (d'alguna cosa)

cushy /'kʊʃi/ *adj* (**cushier**, **-iest**) (*col·loq, sovint pej*) fàcil, còmode: *What a cushy job/number!* Aquesta feina és una ganga!

custard /'kʌstəd/ *n* [*incomptable*] crema (*plat dolç*)

custodian /kʌ'stəʊdiən/ *n* **1** guardià, -ana **2** (*museu, etc.*) conservador, -a

custody /'kʌstədi/ *n* **1** custòdia: *in custody* en custòdia **2** *to remand sb in custody* ordenar la detenció d'algú

custom /'kʌstəm/ *n* **1** costum **2** (*GB, formal*) clientela *Vegeu tb* CUSTOMS **customary** /'kʌstəməri; *USA* -meri/ *adj* acostumat, habitual: *It is customary to...* Se sol... **customize** (*GB tb* **-ise**) *vt* personalitzar

customer /'kʌstəmə(r)/ *n* client, -a (*d'una botiga, banc, restaurant*)

customs /'kʌstəmz/ *n* [*pl*] duana: *customs duty/duties* drets de duana

cut /kʌt/ *verb, nom*
▸ (*pt, pp* **cut** *part pres* **cutting**) **1** *vt, vi* tallar(-se): *to cut sth in half* tallar alguna cosa per la meitat ◇ *cut glass* vidre tallat **2** *vt* reduir, retallar **3** *vt, vi* (*Informàt*) retallar: *You can cut and paste between applications.* Es pot retallar i enganxar entre aplicacions. **4** *vt* (*emocionalment*) ferir LOC **cut it/that out!** (*col·loq*) prou! ◆ **cut it/things fine** (*col·loq*) deixar alguna cosa per a l'últim moment ◆ **cut sb/sth short** interrompre algú/alguna cosa

PHR V **cut across sth 1** fer desaparèixer les diferències en alguna cosa/entre algunes coses **2** (*tb* **cut through sth**) fer drecera per alguna cosa

cut sth back 1 (*tb* **cut back (on sth)**) retallar alguna cosa **2** podar alguna cosa

cut down (on sth) 1 reduir el consum d'alguna cosa: *to cut down on smoking* fumar menys **2** (*despeses*) reduir alguna cosa ◆ **cut sth down 1** talar alguna cosa **2** reduir alguna cosa

cut in (on sb/sth) 1 interrompre (algú/alguna cosa) **2** (*cotxe*) passar arran (d'algú/d'alguna cosa)

cut sb off 1 (*telèfon*): *I've been cut off.* S'ha tallat la línia. **2** desheretar algú ◆ **cut sth off 1** tallar alguna cosa: *to cut 20 seconds off the record* millorar el rècord en 20 segons **2** (*poble*) aïllar alguna cosa: *to be cut off* quedar incomunicat

be cut out for sth; be cut out to be sth (*col·loq*) tenir aptituds per a alguna cosa, valer per a alguna cosa ◆ **cut sth out 1** retallar alguna cosa **2** *to cut out sweets* deixar de menjar dolços **3** (*informació*) ometre, suprimir alguna cosa
cut through sth = CUT ACROSS STH (2)
cut sth up tallar alguna cosa (a bocins), picar alguna cosa
▸ *n* **1** tall, incisió **2** reducció, retallada, rebaixa **3** (*carn, roba*) tall **4** (*guanys*) part *Vegeu tb* SHORT CUT LOC **a cut above sb/sth** superior a algú/alguna cosa

cutback /'kʌtbæk/ *n* retallada, reducció

cute /kjuːt/ *adj* (**cuter**, **cutest**) (*col·loq*) bufó, maco

cutlery /'kʌtləri/ *n* [*incomptable*] coberts

cutlet /'kʌtlət/ *n* costella

cut-off /'kʌt ɒf/ (*tb* **cut-off point**) *n* límit

cut-price /ˌkʌt 'praɪs/ (*USA tb* **cut-rate** /ˌkʌt 'reɪt/) *adj* [*només davant del nom*] a preu rebaixat

cut-throat /'kʌt θrəʊt/ *adj* despietat

cutting /'kʌtɪŋ/ *nom, adjectiu*
▸ *n* **1** (*diari, etc.*) retall **2** (*Bot*) esqueix
▸ *adj* **1** (*comentari*) sarcàstic **2** (*vent*) tallant

CV /ˌsiː 'viː/ *n* (*abrev de* **curriculum vitae**) (*USA* **résumé**) currículum

cyanide /'saɪənaɪd/ *n* cianur

cybercafe /'saɪbəkæfeɪ/ *n* cibercafè

cyberspace /'saɪbəspeɪs/ *n* ciberespai

cycle /'saɪkl/ *verb, nom*
▸ *vi* anar amb bicicleta: *to go cycling* anar a passejar amb bicicleta
▸ *n* **1** bicicleta: *cycle lane* carril bici **2** cicle **cycling** *n* ciclisme **cyclist** *n* ciclista

cyclic /'saɪklɪk, 'sɪk-/ (*tb* **cyclical**) *adj* cíclic

cyclone /'saɪkləʊn/ *n* cicló

cylinder /'sɪlɪndə(r)/ *n* **1** cilindre **2** (*gas*) bombona **cylindrical** /sə'lɪndrɪkl/ *adj* cilíndric

cymbal /'sɪmbl/ *n* (*Mús*) plateret

cynic /'sɪnɪk/ *n* malpensat, -ada, escèptic, -a **cynical** *adj* **1** malpensat, que desconfia de tot **2** sense escrúpols **cynicism** *n* **1** desconfiança **2** manca d'escrúpols

cypress /'saɪprəs/ *n* xiprer

cyst /sɪst/ *n* quist

cystic fibrosis /ˌsɪstɪk faɪ'brəʊsɪs/ *n* [*incomptable*] fibrosi pulmonar

cystitis /sɪ'staɪtɪs/ *n* [*incomptable*] cistitis

D d

D, d /diː/ *n* (*pl* **Ds, D's, d's**) **1** D, d ➲ *Vegeu nota a* A, A **2** (*Mús*) re

dab /dæb/ *verb, nom*
▸ *vt, vi* (**-bb-**) ~ **(at) sth** tocar alguna cosa lleugerament PHR V **dab sth on (sth)** posar una mica d'alguna cosa (en alguna cosa)
▸ *n* xic, mica

dad /dæd/ (*tb* **daddy** /'dædi/) *n* (*col·loq*) papà, papa ➲ *Vegeu nota a* PAPA

daffodil /'dæfədɪl/ *n* narcís

daft /dɑːft; *USA* dæft/ *adj* (**dafter**, **-est**) (*GB, col·loq*) beneit, ximple

dagger /'dægə(r)/ *n* punyal, daga

daily /'deɪli/ *adjectiu, adverbi, nom*
▸ *adj* diari, quotidià
▸ *adv* cada dia, diàriament
▸ *n* (*pl* **dailies**) diari (*periòdic*)

dairy /'deəri/ *nom, adjectiu*
▸ *n* (*pl* **dairies**) lleteria
▸ *adj* [*només davant del nom*] lleter: *dairy farming* la indústria lletera ◇ *dairy farm* vaqueria ◇ *dairy products/produce* productes lactis

daisy /'deɪzi/ *n* (*pl* **daisies**) margarida

dale /deɪl/ *n* vall

dam /dæm/ *nom, verb*
▸ *n* presa (*d'un riu*)
▸ *vt* (**-mm-**) estancar (*amb una presa*)

damage /'dæmɪdʒ/ *nom, verb*
▸ *n* **1** [*incomptable*] dany **2 damages** [*pl*] danys i perjudicis
▸ *vt* **1** danyar **2** perjudicar **3** espatllar **damaging** *adj* perjudicial

Dame /deɪm/ *n* (*GB*) títol aristocràtic concedit a les dones: *Dame Judi Dench*

damn /dæm/ *interjecció, adjectiu, verb, nom*
▸ *interj* (*col·loq*) ostres!
▸ *adj* (*tb* **damned** /dæmd/) (*col·loq*) maleït
▸ *vt* condemnar
▸ *n* LOC **not care/give a damn (about sb/sth)** (*col·loq*) importar a algú un rave (algú/alguna cosa):

D

She doesn't give a damn about it. Li importa un rave. **damnation** /dæm'neɪʃn/ *n* condemnació **damning** /'dæmɪŋ/ *adj* contundent (*crítiques, proves*)

damp /dæmp/ *adjectiu, nom, verb*
▸ *adj* (**damper, -est**) humit ➲ *Vegeu nota a* MOIST
▸ *n* humitat
▸ *v* PHR V **damp down sth 1** apaivagar, calmar alguna cosa **2** reduir la intensitat d'alguna cosa **dampen** *vt* **1** humitejar **2** amortir, sufocar

dance /dɑːns; *USA* dæns/ *nom, verb*
▸ *n* ball, dansa: *dance floor* pista de ball
▸ *vt, vi* ballar **dancer** *n* ballarí, -ina **dancing** *n* ball, dansa

dandelion /'dændɪlaɪən/ *n* dent de lleó

dandruff /'dændrʌf/ *n* caspa

danger /'deɪndʒə(r)/ *n* perill LOC **in danger of sth** en perill d'alguna cosa: *They're in danger of losing their jobs.* Corren el risc de quedar-se sense feina. **dangerous** *adj* **1** perillós **2** nociu

dangle /'dæŋgl/ **1** *vi* penjar **2** *vt* fer oscil·lar

dank /dæŋk/ *adj* fred i humit

dare /deə(r)/ **1** *v modal, vi* (*neg* **dare not** *o* **daren't** /deənt/ *o* **don't/doesn't dare** *pt* **dared not** *o* **didn't dare**) (*en frases negatives i en preguntes*) gosar

> Quan **dare** és un verb modal el segueix un infinitiu sense **to**, i el passat i les oracions negatives i interrogatives es construeixen sense l'auxiliar **do**: *Nobody dared speak.* Ningú no va gosar parlar. ◇ *I daren't ask my boss for a day off.* No goso demanar al meu cap un dia de festa.

2 *vt* ~ **sb (to do sth)** desafiar algú (a fer alguna cosa) LOC **don't you dare!** (*col·loq*) te'n guardaràs prou!: *Don't (you) dare tell her!* Te'n guardaràs prou de dir-li-ho! ◆ **how dare you, etc.** com goses, com gosa, etc. ◆ **I dare say** suposo (que): *I dare say he'll come back.* No em sorprendria que tornés.

daring /'deərɪŋ/ *adjectiu, nom*
▸ *adj* atrevit, agosarat
▸ *n* atreviment, gosadia

dark /dɑːk/ *adjectiu, nom*
▸ *adj* (**darker, -est**) **1** fosc: *dark green* verd fosc ◇ *to get/grow dark* fer-se fosc **2** (*persona, pell*) morè **3** misteriós **4** trist, pessimista: *These are dark days.* Són temps difícils. LOC **a dark horse** una persona de talents amagats
▸ *n* **the dark** [*sing*] la foscor LOC **after/before dark** a entrada de fosc, després/abans que es faci fosc

darken /'dɑːkən/ *vt, vi* enfosquir(-se)

dark glasses *n* [*pl*] ulleres fosques ➲ *Vegeu nota a* PAIR

darkly /'dɑːkli/ *adv* **1** misteriosament **2** amb pessimisme

darkness /'dɑːknəs/ *n* foscor, tenebres: *in darkness* a les fosques

darkroom /'dɑːkruːm, -rʊm/ *n* cambra de revelatge

darling /'dɑːlɪŋ/ *n* estimat, -ada: *Hello, darling!* Hola, amor meu!

darn /dɑːn/ *vt, vi* sargir

dart /dɑːt/ *nom, verb*
▸ *n* dard: *to play darts* jugar a dards
▸ *vi* **1** precipitar-se **2** ~ **away/off** sortir com una fletxa

dash /dæʃ/ *nom, verb*
▸ *n* **1** ~ **(of sth)** mica (d'alguna cosa) **2** guió ➲ *Vegeu pàg 363* LOC **make a dash for sth** precipitar-se cap a alguna cosa
▸ **1** *vi* afanyar-se: *I must dash.* M'he d'afanyar. **2** *vi* anar a corre-cuita: *He dashed across the room.* Va travessar la sala a corre-cuita. ◇ *I dashed upstairs.* Vaig pujar les escales corrents. **3** *vt* (*esperances, etc.*) defraudar PHR V **dash sth off** escriure alguna cosa a corre-cuita

dashboard /'dæʃbɔːd/ *n* tauler (*de cotxe*)

data /'deɪtə, 'dɑːtə; *USA* 'dætə/ *n* **1** [*incomptable*] (*Informàt*) dades **2** [*v sing o pl*] informació

database /'deɪtəbeɪs; *USA tb* 'dætə-/ (*tb* **databank** /'deɪtəbæŋk; *USA tb* 'dætə-/) *n* base de dades

date /deɪt/ *nom, verb*
▸ *n* **1** data **2** cita **3** dàtil *Vegeu tb* OUT OF DATE, UP TO DATE LOC **to date** fins avui
▸ *vt* **1** datar **2** (*esp USA*) sortir amb PHR V **date back (to...); date from... 1** remuntar-se a: *Her problems date back to her childhood.* Els seus problemes es remunten a la seva infantesa. **2** datar de

datebook /'deɪtbʊk/ *n* (*USA*) agenda

dated /'deɪtɪd/ *adj* passat de moda, antiquat

daughter /'dɔːtə(r)/ *n* filla

daughter-in-law /'dɔːtər ɪn lɔː/ *n* (*pl* **daughters-in-law**) nora, jove

daunting /'dɔːntɪŋ/ *adj* aclaparador, descoratjador: *a daunting task* una tasca d'enormes proporcions

dawn /dɔːn/ *nom, verb*
▸ *n* alba: *from dawn till dusk* de sol a sol LOC *Vegeu* CRACK
▸ *vi* fer-se de dia

day /deɪ/ *n* **1** dia: *all day* tot el dia ◇ *by day* de dia **2** jornada **3 days** [*pl*] època LOC **day after day** un dia darrere l'altre ◆ **day by day** dia a dia ◆ **day in, day out** cada dia ◆ **from day to day; from one day to the next** d'un dia a l'altre ◆ **one/some day; one of these days** algun dia, un dia d'aquests ◆ **the day after tomorrow** demà passat ◆ **the day before yesterday** abans-d'ahir ◆ **these days** avui dia ◆ **to this day** encara avui *Vegeu tb* BETTER, CALL, CLEAR, EARLY, FORTH

daydream /ˈdeɪdriːm/ *nom, verb*
▸ *n* somieig
▸ *vi* somiar despert

daylight /ˈdeɪlaɪt/ *n* claror de dia: *in daylight* de dia LOC *Vegeu* BROAD

day off *n* (*pl* **days off**) dia de festa ➲ *Vegeu nota a* HOLIDAY

day return *n* bitllet d'anada i tornada per a un mateix dia

daytime /ˈdeɪtaɪm/ *n* [*incomptable*] dia: *in the daytime* durant el dia

day-to-day /ˌdeɪ tə ˈdeɪ/ *adj* [*només davant del nom*] **1** dia a dia **2** diari

day trip *n* excursió d'un dia

daze /deɪz/ *n* LOC **in a daze** estupefacte, atordit **dazed** *adj* estupefacte, atordit

dazzle /ˈdæzl/ *vt* enlluernar **dazzling** *adj* enlluernador, fascinant

dead /ded/ *adjectiu, nom, adverbi*
▸ *adj* **1** mort **2** (*fulles*) sec **3** (*piles*) gastat **4** (*telèfon*): *The line's gone dead.* S'ha tallat la línia. **5** (*braços, etc.*) adormit LOC *Vegeu* FLOG
▸ *n* LOC **in the/at dead of night** en plena nit
▸ *adv* (*col·loq*) completament: *You are dead right.* Tens tota la raó. ◇ *dead easy* facilíssim LOC *Vegeu* DROP

deaden /ˈdedn/ *vt* **1** (*dolor*) alleujar **2** (*so, impacte*) esmorteir **3** (*sentiments, ment*) atordir

dead end *n* cul-de-sac: *to reach a dead end* arribar a un punt mort

dead heat *n* empat

deadline /ˈdedlaɪn/ *n* termini, data límit

deadlock /ˈdedlɒk/ *n* punt mort

deadly /ˈdedli/ *adj* (**deadlier, -iest**) mortal

deaf /def/ *adjectiu, nom*
▸ *adj* (**deafer, -est**) sord: *deaf and dumb* sordmut ➲ *Vegeu nota a* SORD
▸ *n* **the deaf** [*pl*] els sords **deafen** *vt* ensordir **deafening** *adj* ensordidor **deafness** *n* sordesa

deal /diːl/ *verb, nom*
▸ *vt, vi* (*pt, pp* **dealt** /delt/) (*cartes, cop*) donar ➲ *Vegeu nota a* BARALLA PHR V **deal in sth** comerciar en alguna cosa: *to deal in drugs/arms* traficar amb drogues/armes ◆ **deal with sb 1** tractar (amb) algú **2** ocupar-se d'algú ◆ **deal with sth 1** (*problema*) resoldre alguna cosa **2** (*situació*) afrontar alguna cosa **3** (*tema*) tractar d'alguna cosa
▸ *n* **1** tracte **2** contracte LOC **a good/great deal** molt: *It's a good/great deal warmer today.* Avui fa molta més calor. *Vegeu tb* BIG

dealer /ˈdiːlə(r)/ *n* **1** venedor, -a, comerciant, -a **2** (*de drogues, armes*) traficant **3** (*joc de cartes*) persona que reparteix les cartes

dealing /ˈdiːlɪŋ/ *n* (*drogues, armes*) tràfic LOC **have dealings with sb/sth** tractar amb algú/alguna cosa

dealt *pt, pp de* DEAL

dean /diːn/ *n* **1** (*Relig*) degà **2** (*universitat*) degà, -ana

dear /dɪə(r)/ *adjectiu, nom*
▸ *adj* (**dearer, -est**) **1** estimat **2 Dear** (*carta*): *Dear Sir* Benvolgut senyor ◇ *Dear Jason,...* Estimat Jason,... **3** car LOC **oh dear!** vaja!
▸ *n* maco, -a, xato, -a **dearly** *adv* molt

death /deθ/ *n* mort: *death penalty/sentence* pena de mort/condemna a mort ◇ *death certificate* partida de defunció ◇ *to beat sb to death* matar algú a cops LOC **catch your death (of cold)** (*col·loq, antic*) agafar una calipàndria ◆ **put sb to death** executar, matar algú *Vegeu tb* MATTER **deathly** *adj* mortal: *deathly cold/pale* fred/pàl·lid com la mort

debase /dɪˈbeɪs/ *vt* degradar

debate /dɪˈbeɪt/ *nom, verb*
▸ *n* debat
▸ *vt, vi* debatre **debatable** *adj* discutible

debit /ˈdebɪt/ *nom, verb*
▸ *n* dèbit
▸ *vt* cobrar

debris /ˈdebriː, ˈdeɪ-; *USA* dəˈbriː/ *n* [*incomptable*] **1** runa **2** (*avió, vaixell, etc.*) restes

debt /det/ *n* deute LOC **be in debt** tenir deutes **debtor** *n* deutor, -a

decade /ˈdekeɪd; *USA* dɪˈkeɪd/ *n* dècada

decadent /ˈdekədənt/ *adj* decadent **decadence** *n* decadència

decaffeinated /ˌdiːˈkæfɪneɪtɪd/ (*col·loq* **decaff** /ˈdiːkæf/) *adj* descafeïnat

decay /dɪˈkeɪ/ *nom, verb*
▸ *n* [*incomptable*] **1** descomposició **2** (*tb* **tooth decay**) càries
▸ *vi* **1** descompondre's **2** (*dents*) corcar-se **3** decaure

deceased /dɪˈsiːst/ *adjectiu, nom*
▸ *adj* (*formal*) difunt

D

▸ *n* **the deceased** (*pl* **the deceased**) (*formal*) el difunt, la difunta

deceit /dɪ'siːt/ *n* **1** falsedat **2** engany **deceitful** *adj* **1** mentider **2** enganyós

deceive /dɪ'siːv/ *vt* enganyar

D

December /dɪ'sembə(r)/ *n* (*abrev* **Dec.**) desembre ➲ *Vegeu nota i exemples a* JANUARY

decency /'diːsnsi/ *n* decència, decòrum

decent /'diːsnt/ *adj* **1** adequat, acceptable **2** amable **3** decent, correcte

deception /dɪ'sepʃn/ *n* engany

deceptive /dɪ'septɪv/ *adj* enganyós

decide /dɪ'saɪd/ **1** *vi* ~ **(against sth)** decidir-se, pronunciar-se (en contra d'alguna cosa) **2** *vt* decidir, determinar **3** *vi* ~ **on/upon sb/sth** optar per algú/alguna cosa **decided** *adj* **1** [*només davant del nom*] (*clar*) marcat **2** ~ **(about sth)** decidit (pel que fa a alguna cosa)

deciduous /dɪ'sɪdʒuəs, -dju-/ *adj* de fulla caduca

decimal /'desɪml/ *adj, n* decimal: *decimal point* coma decimal

decipher /dɪ'saɪfə(r)/ *vt* desxifrar

decision /dɪ'sɪʒn/ *n* ~ **(on/about sth)** decisió (sobre d'alguna cosa): *decision-making* presa de decisions

decisive /dɪ'saɪsɪv/ *adj* **1** decisiu **2** decidit, resolut

deck /dek/ *n* **1** (*Nàut*) coberta **2** (*autobús*) pis **3** (*esp USA*) baralla (*de cartes*) **4** (*en jardí*) terrassa (de fusta) **5** (*tb* **cassette deck**, **tape deck**) platina

deckchair /'dektʃeə(r)/ *n* gandula

declaration /ˌdeklə'reɪʃn/ *n* declaració

declare /dɪ'kleə(r)/ **1** *vt* declarar **2** *vi* ~ **for/against sb/sth** (*GB, formal*) declarar-se a favor/en contra d'algú/d'alguna cosa

decline /dɪ'klaɪn/ *nom, verb*

▸ *n* **1** disminució **2** decadència, deterioració

▸ **1** *vi* disminuir **2** *vt* (*formal*) declinar **3** *vi* (*formal*) ~ **(to do sth)** negar-se (a fer alguna cosa)

decoder /ˌdiː'kəʊdə(r)/ *n* descodificador

decompose /ˌdiːkəm'pəʊz/ *vt, vi* descompondre('s), podrir(-se)

decor /'deɪkɔː(r); *USA* deɪ'kɔːr/ *n* [*incomptable*] decoració (*d'una casa*)

decorate /'dekəreɪt/ *vt* **1** ~ **sth (with sth)** adornar alguna cosa (amb alguna cosa) **2** empaperar, pintar **3** condecorar **decoration** *n* **1** ornament **2** decoració **3** condecoració

decorative /'dekərətɪv; *USA* 'dekəreɪtɪv/ *adj* decoratiu

decoy /'diːkɔɪ/ *n* esquer

decrease *verb, nom*

▸ /dɪ'kriːs/ **1** *vi* disminuir **2** *vt* reduir

▸ *n* /'diːkriːs/ disminució, reducció: *a decrease of 3% in the rate of inflation* una reducció del 3% en la taxa d'inflació

decree /dɪ'kriː/ *nom, verb*

▸ *n* decret

▸ *vt* (*pt, pp* **decreed**) decretar

decrepit /dɪ'krepɪt/ *adj* decrèpit

dedicate /'dedɪkeɪt/ *vt* dedicar, consagrar **dedication** *n* **1** dedicació **2** dedicatòria

deduce /dɪ'djuːs; *USA* dɪ'duːs/ *vt* (*formal*) deduir (*teoria, conclusió, etc.*)

deduct /dɪ'dʌkt/ *vt* deduir (*impostos, despeses, etc.*)

deduction /dɪ'dʌkʃn/ *n* deducció

deed /diːd/ *n* **1** (*formal*) acció, obra **2** (*formal*) proesa **3** (*Dret*) escriptura

deem /diːm/ *vt* (*formal*) considerar

deep /diːp/ *adjectiu, adverbi*

▸ *adj* (**deeper**, **-est**) **1** profund **2** de profunditat, de fondària: *This pool is only one metre deep.* Aquesta piscina només té un metre de fondària. **3** (*respiració*) fondo **4** (*veu, so, etc.*) greu **5** (*color*) intens **6** ~ **in sth** immers, absort en alguna cosa

▸ *adv* (**deeper**, **-est**) molt profund, amb profunditat: *Don't go in too deep!* No et fiquis gaire endins! LOC **deep down** en el fons ◆ **go/run deep** estar molt arrelat **deeply** *adv* profundament, a fons, moltíssim

deepen /'diːpən/ *vt, vi* fer(-se) més profund, augmentar

deep freeze *n* congelador

deep-fry /ˌdiːp 'fraɪ/ *vt* (*pt, pp* **deep-fried**) fregir (*amb molt oli*)

deep-sea /'diːp siː/ *adj* [*només davant del nom*] d'alta mar: *deep-sea fishing* pesca d'alta mar ◇ *a deep-sea diver* un submarinista

deer /dɪə(r)/ *n* (*pl* **deer**) cérvol ➲ *Vegeu nota a* CÉRVOL

default /dɪ'fɔːlt/ *nom, verb*

▸ *n* **1** incompliment **2** incompareixença: *by default* per incompareixença **3** (*Informàt*): *the default option* l'opció per defecte

▸ *vi* **1** ~ **(on sth)** no pagar (alguna cosa) **2** no comparèixer

defeat /dɪ'fiːt/ *verb, nom*

▸ *vt* **1** derrotar **2** (*plans, etc.*) frustrar

▸ *n* derrota: *to admit/accept defeat* donar-se (per vençut)

defect¹ /'di:fekt, dɪ'fekt/ *n* defecte ➲ *Vegeu nota a* MISTAKE **defective** /dɪ'fektɪv/ *adj* defectuós

defect² /dɪ'fekt/ *vi* **1** ~ **(from sth)** desertar (alguna cosa) **2** ~ **to sth** passar-se a alguna cosa **defection** *n* **1** deserció **2** exili **defector** *n* desertor, -a

defence (*USA* **defense**) /dɪ'fens/ *n* **1** defensa **2 the defence** [*v sing o pl*] (*Dret*) la defensa **defenceless** (*USA* **defenseless**) *adj* indefens

defend /dɪ'fend/ *vt* ~ **sb/sth (against/from sb/sth)** defensar, protegir algú/alguna cosa (d'algú/d'alguna cosa) **defendant** *n* acusat, -ada, inculpat, -ada ➲ *Compareu amb* PLAINTIFF **defender** *n* **1** (*Esport*) defensa **2** defensor, -a

defensive /dɪ'fensɪv/ *adjectiu, nom*

▸ *adj* **1** defensiu **2** ~ **(about sth)** a la defensiva (sobre alguna cosa): *There's no need to be so defensive!* No cal posar-se tan a la defensiva!

▸ *n* LOC **on/onto the defensive** a la defensiva

defer /dɪ'fɜ:(r)/ *vt* (**-rr-**) ajornar

deference /'defərəns/ *n* deferència, respecte: *in/out of deference to sth* per respecte a alguna cosa

defiance /dɪ'faɪəns/ *n* desafiament, desobediència **defiant** *adj* desafiador

deficiency /dɪ'fɪʃnsi/ *n* (*pl* **deficiencies**) deficiència **deficient** *adj* ~ **(in sth)** deficient (en alguna cosa)

defied *pt, pp de* DEFY

define /dɪ'faɪn/ *vt* ~ **sth (as sth)** definir alguna cosa (com a alguna cosa)

definite /'defɪnət/ *adj* **1** ~ **(about sth/that...)** segur (d'alguna cosa/que...) **2** definitiu, concret **3** definit: *definite article* article definit **definitely** *adv* **1** sens dubte **2** definitivament

definition /ˌdefɪ'nɪʃn/ *n* definició

definitive /dɪ'fɪnətɪv/ *adj* definitiu

deflate /dɪ'fleɪt, ˌdi:-/ *vt, vi* desinflar(-se)

deflect /dɪ'flekt/ *vt* ~ **sth (from sth)** desviar alguna cosa (d'alguna cosa)

deforestation /ˌdi:ˌfɒrɪ'steɪʃn; *USA* -fɔ:r-/ *n* desforestació

deform /dɪ'fɔ:m/ *vt* deformar **deformed** *adj* deforme **deformity** *n* (*pl* **deformities**) deformitat

defrost /ˌdi:'frɒst; *USA* -'frɔ:st/ *vt, vi* descongelar(-se)

deft /deft/ *adj* hàbil

defunct /dɪ'fʌŋkt/ *adj* (*formal*) desaparegut

defuse /ˌdi:'fju:z/ *vt* **1** (*tensió, crisi*) atenuar **2** (*bomba*) desactivar

defy /dɪ'faɪ/ *vt* (*pt, pp* **defied**) **1** desobeir **2** ~ **sb to do sth** reptar, desafiar algú a fer alguna cosa

degenerate /dɪ'dʒenəreɪt/ *vi* ~ **(into sth)** degenerar (en alguna cosa) **degeneration** *n* degeneració

degrade /dɪ'greɪd/ *vt* degradar **degradation** /ˌdegrə'deɪʃn/ *n* degradació

degree /dɪ'gri:/ *n* **1** grau **2** títol: *a university degree* un títol universitari ◇ *a degree course* una carrera (universitària) LOC **by degrees** de mica en mica

dehydrate /di:'haɪdreɪt, ˌdi:haɪ'dreɪt/ *vt, vi* deshidratar(-se) **dehydrated** /ˌdi:haɪ'dreɪtɪd/ *adj* deshidratat

deign /deɪn/ *vi* ~ **to do sth** (*pej*) dignar-se a fer alguna cosa

deity /'deɪəti/ *n* (*pl* **deities**) deïtat

dejected /dɪ'dʒektɪd/ *adj* abatut

delay /dɪ'leɪ/ *nom, verb*

▸ *n* retard

▸ **1** *vi* esperar, trigar: *Don't delay!* No triguis! **2** *vt* ajornar: *delayed action* d'acció retardada **3** *vt* retardar: *The train was delayed.* El tren ha arribat amb retard. ➲ *Compareu amb* LATE **delaying** *adj* dilatori: *delaying tactics* tàctiques dilatòries

delegate *verb, nom*

▸ *vt* /'delɪgeɪt/ ~ **sth (to sb)** confiar, delegar alguna cosa (a algú)

▸ *n* /'delɪgət/ delegat, -ada **delegation** /ˌdelɪ'geɪʃn/ *n* [*v sing o pl*] delegació

delete /dɪ'li:t/ *vt* **1** esborrar **2** (*Informàt*) suprimir **deletion** *n* supressió, eliminació

deliberate *adjectiu, verb*

▸ /dɪ'lɪbərət/ *adj* deliberat

▸ /dɪ'lɪbəreɪt/ *vi* deliberar **deliberation** *n* deliberació

delicacy /'delɪkəsi/ *n* (*pl* **delicacies**) **1** delicadesa **2** menja

delicate /'delɪkət/ *adj* **1** delicat: *delicate china* porcellana fina **2** (*color, olor, etc.*) suau

delicatessen /ˌdelɪkə'tesn/ (*tb* **deli** /'deli/) *n* xarcuteria (*especialitzada en productes d'importació*)

delicious /dɪ'lɪʃəs/ *adj* deliciós

delight /dɪ'laɪt/ *nom, verb*

▸ *n* delícia, plaer: *the delights of travelling* el plaer de viatjar LOC **take delight in sth/in doing sth** **1** delectar-se en alguna cosa/fent alguna cosa **2** (*pej*) complaure's en alguna cosa/fent alguna cosa

▸ **1** *vt* delectar **2** *vi* ~ **in sth/in doing sth** complaure's en alguna cosa/fent alguna cosa **delighted** *adj* **1** ~ **(by/at/with sth)** encantat (amb alguna

D

D

cosa) **2** ~ **(to do sth/that...)** encantat (de fer alguna cosa/que...)

delightful /dɪ'laɪtfl/ *adj* encantador

delinquent /dɪ'lɪŋkwənt/ *adjectiu, nom*

▸ *adj* **1** (*persona*) delinqüent (*esp no adult*) **2** (*acte, comportament*) delictiu

▸ *n* delinqüent (*esp no adult*) **delinquency** *n* delinqüència (*esp juvenil*)

delirious /dɪ'lɪriəs/ *adj* delirant: *delirious with joy* boig d'alegria **delirium** *n* deliri

deliver /dɪ'lɪvə(r)/ *vt* **1** (*correu, gènere*) repartir, lliurar **2** (*encàrrec, cop*) donar **3** (*discurs*) pronunciar **4** ~ **a baby** (*Med*) assistir una dona al moment del part: *Her husband delivered the baby.* El seu marit la va atendre en el part. **delivery** *n* (*pl* **deliveries**) **1** repartiment **2** lliurament **3** part LOC *Vegeu* CASH

delta /'deltə/ *n* delta

delude /dɪ'lu:d/ *vt* enganyar

deluge /'delju:dʒ/ *nom, verb*

▸ *n* **1** aiguat **2** (*fig*) allau: *a deluge of criticism* una pluja de crítiques

▸ *vt* ~ **sb/sth (with sth)** inundar algú/alguna cosa (d'alguna cosa)

delusion /dɪ'lu:ʒn/ *n* engany, miratge

de luxe /də 'lʌks, 'lʊks/ *adj* de luxe

demand /dɪ'mɑ:nd; *USA* dɪ'mænd/ *nom, verb*

▸ *n* **1** ~ **(for sth/that...)** exigència (d'alguna cosa); exigència (que...) **2** ~ **(for sth/sb)** demanda (d'alguna cosa/d'algú) LOC **in demand** sol·licitat ◆ **on demand** a petició *Vegeu tb* SUPPLY

▸ *vt* **1** exigir **2** requerir **demanding** *adj* exigent

demise /dɪ'maɪz/ *n* [*sing*] **1** (*negoci, idea, etc.*) fracàs **2** (*formal* o *hum*) mort

demo /'deməʊ/ *n* (*pl* **demos**) (*col·loq*) **1** manifestació **2** demostració: *demo tape* cinta de demostració

democracy /dɪ'mɒkrəsi/ *n* (*pl* **democracies**) democràcia **democrat** /'deməkræt/ *n* demòcrata **democratic** /ˌdemə'krætɪk/ *adj* democràtic

demographic /ˌdemə'græfɪk/ *adj* demogràfic

demolish /dɪ'mɒlɪʃ/ *vt* demolir **demolition** *n* demolició

demon /'di:mən/ *n* dimoni **demonic** /dɪ'mɒnɪk/ *adj* diabòlic

demonstrate /'demənstreɪt/ **1** *vt* demostrar **2** *vt* (*aparell, producte, etc.*) fer una demostració de **3** *vi* ~ **(against/in favour of sth/sb)** manifestar-se (en contra/a favor d'alguna cosa/d'algú) **demonstration** *n* **1** ~ **(against/in favour of sth/sb)** manifestació (en contra/a favor d'alguna cosa/d'algú) **2** demostració **demonstrator** *n* manifestant

demonstrative /dɪ'mɒnstrətɪv/ *adj* **1** afectuós **2** (*Gram*) demostratiu

demoralize (*GB tb* **-ise**) /dɪ'mɒrəlaɪz; *USA* -'mɔ:r-/ *vt* desmoralitzar

demure /dɪ'mjʊə(r)/ *adj* reservat, púdic

den /den/ *n* cau

denial /dɪ'naɪəl/ *n* **1** ~ **(of sth/that...)** negació (d'alguna cosa/que...) **2** ~ **of sth** denegació, refús d'alguna cosa

denied *pt, pp de* DENY

denim /'denɪm/ *n* roba texana: *a denim jacket* una caçadora texana

denomination /dɪˌnɒmɪ'neɪʃn/ *n* (*formal*) (*Relig*) confessió (*església*)

denounce /dɪ'naʊns/ *vt* ~ **sb/sth (as sth)** denunciar algú/alguna cosa (com a alguna cosa): *An informer denounced him to the police (as a terrorist).* Un delator el va denunciar a la policia (com a terrorista).

dense /dens/ *adj* (**denser**, **-est**) dens **density** *n* (*pl* **densities**) densitat

dent /dent/ *verb, nom*

▸ *vt, vi* abonyegar(-se)

▸ *n* abonyegadura

dental /'dentl/ *adj* dental

dental floss *n* seda dental

dentist /'dentɪst/ *n* **1** dentista **2** **dentist's** cal dentista: *an appointment at the dentist's* hora amb el dentista

denunciation /dɪˌnʌnsi'eɪʃn/ *n* denúncia

deny /dɪ'naɪ/ *vt* (*pt, pp* **denied**) **1** negar **2** (*rumors*) desmentir

deodorant /di'əʊdərənt/ *n* desodorant

depart /dɪ'pɑ:t/ *vi* ~ **(for...) (from...)** (*formal*) sortir (de...) (cap a...)

department /dɪ'pɑ:tmənt/ *n* (*abrev* **Dept**) **1** departament, secció **2** ministeri ➲ *Vegeu nota a* MINISTERI **departmental** /ˌdi:pɑ:t'mentl/ *adj* [*només davant del nom*] departamental: *the departmental manager* el cap de departament

department store *n* grans magatzems

departure /dɪ'pɑ:tʃə(r)/ *n* **1** ~ **(from...)** partença (de...) **2** (*d'avió, tren*) sortida

depend /dɪ'pend/ *vi* LOC **that depends; it (all) depends** depèn PHR V **depend on/upon sb/sth** **1** comptar amb algú/alguna cosa **2** confiar en algú/alguna cosa ◆ **depend on/upon sb/sth (for sth)** dependre d'algú/d'alguna cosa (per a alguna cosa) **dependable** *adj* fiable

dependant (*tb esp USA* **dependent**) /dɪ'pendənt/ *n* persona sota el càrrec d'una altra **dependence** *n* ~ **(on/upon sb/sth)** dependència (d'algú/d'alguna cosa) **dependent** *adj* **1 be** ~ **on/upon sb/sth** dependre d'algú/d'alguna cosa **2** (*persona*) poc independent

depict /dɪ'pɪkt/ *vt* representar

depleted /dɪ'pli:tɪd/ *adj* molt reduït

deplore /dɪ'plɔ:(r)/ *vt* (*formal*) deplorar

deploy /dɪ'plɔɪ/ *vt* (*Mil*) desplegar

deport /dɪ'pɔ:t/ *vt* deportar **deportation** *n* deportació

depose /dɪ'pəʊz/ *vt* destituir, deposar

deposit /dɪ'pɒzɪt/ *nom, verb*
- ▸ *n* **1** ~ **(on sth)** paga i senyal, avançament (d'alguna cosa) **2** (*lloguer*) fiança **3** (*Fin*) dipòsit: *deposit account* compte d'estalvis **4** ingrés, imposició: *safety deposit box* caixa de seguretat **5** pòsit, sediment
- ▸ *vt* **1** (*diners*) ingressar **2** ~ **sth (in sth/with sb)** (*béns*) deixar alguna cosa (en alguna cosa/a la cura d'algú)

depot /'depəʊ; *USA* 'di:pəʊ/ *n* **1** dipòsit, magatzem **2** (*GB*) (*per a vehicles*) parc **3** (*USA*) estació (*de trens o d'autobusos*)

depress /dɪ'pres/ *vt* deprimir **depressed** *adj* deprimit **depressing** *adj* depriment **depression** *n* depressió

deprivation /ˌdeprɪ'veɪʃn/ *n* pobresa, privació

deprive /dɪ'praɪv/ *vt* ~ **sb/sth of sth** privar algú/alguna cosa d'alguna cosa **deprived** *adj* necessitat

depth /depθ/ *n* profunditat LOC **in depth** a fons, en profunditat

deputation /ˌdepju'teɪʃn/ *n* [*v sing o pl*] delegació

deputize (*GB tb* **-ise**) /'depjutaiz/ *vi* ~ **(for sb)** substituir algú

deputy /'depjuti/ *n* (*pl* **deputies**) **1** substitut, -a, suplent **2** *deputy chairman* vicepresident ◇ *the deputy head* el sotsdirector (de l'escola) **3** (*Pol*) diputat, -ada

> La traducció habitual de *diputat* en el sentit polític és **Member of Parliament** (*abrev* **MP**).

derail /dɪ'reɪl/ *vt, vi* (fer) descarrilar: *The train was derailed.* El tren va descarrilar. **derailment** *n* descarrilament

deranged /dɪ'reɪndʒd/ *adj* trastocat, boig

derby /'dɑ:bi; *USA* 'dɜ:rbi/ *n* (*pl* **derbies**) **1** (*USA*) bolet (*barret*) **2** (*GB*) (*Esport*) derbi

deregulation /ˌdi:regju'leɪʃn/ *n* liberalització (*vendes, serveis, etc.*)

derelict /'derəlɪkt/ *adj* abandonat (*edifici, terreny*)

deride /dɪ'raɪd/ *vt* (*formal*) ridiculitzar, burlar-se de

derision /dɪ'rɪʒn/ *n* burla, burles **derisive** /dɪ'raɪsɪv/ *adj* burleta **derisory** /dɪ'raɪsəri/ *adj* (*formal*) irrisori

derivation /ˌderɪ'veɪʃn/ *n* derivació

derivative /dɪ'rɪvətɪv/ *n* derivat

derive /dɪ'raɪv/ *v* PHRV **derive from sth; be derived from sth** derivar d'alguna cosa ◆ **derive sth from sth** obtenir, treure alguna cosa d'alguna cosa: *to derive comfort from sth* trobar consol en alguna cosa

dermatology /ˌdɜ:mə'tɒlədʒi/ *n* dermatologia **dermatologist** *n* dermatòleg, -òloga

derogatory /dɪ'rɒgətri; *USA* -tɔ:ri/ *adj* despectiu

descend /dɪ'send/ *vt, vi* (*formal*) descendir **descendant** *n* descendent

descent /dɪ'sent/ *n* **1** descens **2** ascendència (*familiar*)

describe /dɪ'skraɪb/ *vt* ~ **sb/sth (as sth)** descriure algú/alguna cosa (com a alguna cosa) **description** /dɪ'skrɪpʃn/ *n* descripció

desert *nom, verb*
- ▸ *n* /'dezət/ desert: *a desert island* una illa deserta ◇ *a desert region* una zona desèrtica
- ▸ /dɪ'zɜ:t/ **1** *vt* abandonar **2** *vi* (*Mil*) desertar **deserter** /dɪ'zɜ:tə(r)/ *n* desertor, -a

deserted /dɪ'zɜ:tɪd/ *adj* **1** desert (*sense gent*) **2** abandonat

desertification /dɪˌzɜ:tɪfɪ'keɪʃn/ *n* desertificació, desertització

deserve /dɪ'zɜ:v/ *vt* merèixer **deserving** *adj* digne

design /dɪ'zaɪn/ *nom, verb*
- ▸ *n* **1** ~ **(for sth)** disseny (d'alguna cosa) **2** pla, projecte **3** dibuix
- ▸ *vt* dissenyar

designate /'dezɪgneɪt/ *vt* **1** ~ **sth/sb (as) sth** designar alguna cosa/algú (com a alguna cosa) **2** indicar

designer /dɪ'zaɪnə(r)/ *nom, adjectiu*
- ▸ *n* dissenyador, -a
- ▸ *adj* [*només davant del nom*] de marca, de disseny: *designer jeans* texans de marca ◇ *designer drugs* drogues de disseny

desirable /dɪ'zaɪərəbl/ *adj* desitjable

D

D

desire /dɪ'zaɪə(r)/ *nom, verb*
▸ *n* ~ **(for sb/sth)**; ~ **(to do sth)** desig (d'algú/d'alguna cosa); desig (de fer alguna cosa): *He had no desire to see her.* No tenia gens de ganes de veure-la.
▸ *vt* desitjar

desk /desk/ *n* taula (*de treball*), escriptori

desktop /'desktɒp/ *n* **1** (*Informàt*) escriptori **2** (*tb* **desktop computer**) ordinador personal: *desktop publishing* autoedició

desolate /'desələt/ *adj* **1** (*paisatge*) desolat, desert **2** (*futur*) desolador **desolation** *n* (*formal*) **1** desolació **2** desconsol

despair /dɪ'speə(r)/ *nom, verb*
▸ *n* desesperació
▸ *vi* **1** ~ **(of doing sth)** perdre l'esperança (de fer alguna cosa) **2** ~ **of sb** desesperar-se amb algú **despairing** *adj* desesperat

despatch *Vegeu* DISPATCH

desperate /'despərət/ *adj* desesperat

despicable /dɪ'spɪkəbl/ *adj* (*formal*) menyspreable

despise /dɪ'spaɪz/ *vt* menysprear

despite /dɪ'spaɪt/ *prep* malgrat

despondent /dɪ'spɒndənt/ *adj* ~ **(about/over sth)** abatut, descoratjat (per alguna cosa)

despot /'despɒt/ *n* dèspota

dessert /dɪ'zɜːt/ *n* postres ℹ La paraula més habitual és **pudding**.

dessertspoon /dɪ'zɜːtspuːn/ *n* **1** cullereta (*de postres*) **2** (*tb* **dessertspoonful**) cullerada (*de postres*)

destination /ˌdestɪ'neɪʃn/ *n* destinació

destined /'destɪnd/ *adj* (*formal*) destinat: *It was destined to fail.* Estava destinat a fracassar.

destiny /'destəni/ *n* (*pl* **destinies**) destí (*fat*)

destitute /'destɪtjuːt; *USA* -tuːt/ *adj* indigent

destroy /dɪ'strɔɪ/ *vt* destruir, destrossar **destroyer** *n* destructor

destruction /dɪ'strʌkʃn/ *n* destrucció **destructive** *adj* destructiu

detach /dɪ'tætʃ/ *vt, vi* ~ **(sth) (from sth)** separar alguna cosa; separar-se (d'alguna cosa) **detachable** *adj* que es pot treure

detached /dɪ'tætʃt/ *adj* **1** (*habitatge*) no unit a una altra casa ℹ Una **detached house** és una casa unifamiliar que no té cap altre edifici aparellat. *Vegeu tb nota a* CASA. **2** distant **3** imparcial

detachment /dɪ'tætʃmənt/ *n* **1** indiferència **2** imparcialitat **3** (*Mil*) destacament

detail /'diːteɪl; *USA tb* dɪ'teɪl/ *nom, verb*
▸ *n* detall, particularitat LOC **go into detail(s)** deturar-se en els detalls ◆ **in detail** amb tots els detalls, detalladament
▸ *vt* detallar **detailed** *adj* detallat

detain /dɪ'teɪn/ *vt* retenir, fer quedar **detainee** /ˌdiːteɪ'niː/ *n* detingut, -uda: *a political detainee* un pres polític

detect /dɪ'tekt/ *vt* **1** detectar **2** (*frau, etc.*) descobrir **detectable** *adj* detectable **detection** *n* descobriment: *to escape detection* passar desapercebut

detective /dɪ'tektɪv/ *n* detectiu, -iva, policia de paisà: *detective story* novel·la policíaca

detention /dɪ'tenʃn/ *n* detenció: *detention centre* centre de detenció preventiva

deter /dɪ'tɜː(r)/ *vt* (**-rr-**) ~ **sb (from sth)** dissuadir algú (de fer alguna cosa)

detergent /dɪ'tɜːdʒənt/ *n* detergent

deteriorate /dɪ'tɪəriəreɪt/ *vi* deteriorar-se, empitjorar **deterioration** *n* deterioració

determination /dɪˌtɜːmɪ'neɪʃn/ *n* determinació

determine /dɪ'tɜːmɪn/ *vt* determinar, decidir: *to determine the cause of an accident* determinar la causa d'un accident ◇ *determining factor* factor determinant **determined** *adj* ~ **(to do sth)** decidit (a fer alguna cosa)

determiner /dɪ'tɜːmɪnə(r)/ *n* (*Gram*) determinant

deterrent /dɪ'terənt; *USA* -'tɜːr-/ *n* **1** exemple: *His punishment will be a deterrent to others.* El seu càstig servirà d'exemple per a d'altres. **2** argument dissuasiu **3** (*Mil*) força dissuasiva: *nuclear deterrent* dissuasió nuclear

detest /dɪ'test/ *vt* detestar

detonate /'detəneɪt/ *vt, vi* (fer) detonar

detour /'diːtʊə(r)/ *n* desviació ➲ *Compareu amb* DIVERSION

detract /dɪ'trækt/ *v* PHR V **detract from sth** treure els mèrits a alguna cosa: *The incident detracted from our enjoyment of the trip.* L'incident ens va espatllar el viatge.

detriment /'detrɪmənt/ *n* (*formal*) LOC **to the detriment of sb/sth** en detriment d'algú/d'alguna cosa **detrimental** /ˌdetrɪ'mentl/ *adj* ~ **(to sb/sth)** perjudicial (per a algú/alguna cosa)

devalue /ˌdiː'væljuː/ *vt, vi* devaluar(-se) **devaluation** *n* devaluació

devastate /'devəsteɪt/ *vt* **1** devastar, assolar **2** (*persona*) desolar, destrossar **devastating** *adj* **1** desastrós **2** devastador **devastation** *n* devastació

develop /dɪ'veləp/ **1** *vt, vi* desenvolupar(-se) **2** *vt* (*pla, estratègia*) elaborar **3** *vt* (*terreny*) urbanitzar, construir en **4** *vt* (*Fot*) revelar **developed** *adj* desenvolupat **developer** *n* promotor, -a

developing /dɪ'veləpɪŋ/ *adjectiu, nom*
- *adj* en procés de desenvolupament
- *n* (*Fot*) revelatge

development /dɪ'veləpmənt/ *n* **1** desenvolupament, evolució: *development area* zona de reconversió industrial **2** canvi, novetat: *There has been a new development.* La situació ha canviat. **3** (*de terrenys*) urbanització

deviant /'di:viənt/ *adj, n* **1** desviat, -ada **2** (*sexual*) pervertit, -ida

deviate /'di:vieɪt/ *vi* ~ **(from sth)** desviar-se (d'alguna cosa) **deviation** *n* ~ **(from sth)** desviació (d'alguna cosa)

device /dɪ'vaɪs/ *n* **1** aparell, dispositiu, mecanisme: *explosive/nuclear device* artefacte explosiu/nuclear **2** (*pla*) ardit, estratagema LOC *Vegeu* LEAVE

devil /'devl/ *n* dimoni, diable: *You lucky devil!* Tens més sort que el dimoni!

devious /'di:viəs/ *adj* **1** (*mètode, persona*) poc escrupolós **2** enrevessat, embrollat

devise /dɪ'vaɪz/ *vt* idear, elaborar

devoid /dɪ'vɔɪd/ *adj* ~ **of sth** desproveït, exempt d'alguna cosa

devolution /ˌdi:və'lu:ʃn; *USA* ˌdev-/ *n* **1** descentralització **2** (*de poders*) delegació

devote /dɪ'vəʊt/ *v* PHR V **devote sth to sth** **1** dedicar alguna cosa a alguna cosa **2** (*recursos*) destinar alguna cosa a alguna cosa ◆ **devote yourself to sb/sth** dedicar-se a algú/alguna cosa **devoted** *adj* ~ **(to sb/sth)** fidel, lleial (a algú/alguna cosa): *They're devoted to each other.* Estan abocats l'un a l'altre.

devotee /ˌdevə'ti:/ *n* devot, -a

devotion /dɪ'vəʊʃn/ *n* ~ **(to sb/sth)** devoció (a algú/alguna cosa)

devour /dɪ'vaʊə(r)/ *vt* devorar

devout /dɪ'vaʊt/ *adj* **1** devot, pietós **2** (*esperança, desig*) sincer **devoutly** *adv* **1** pietosament, amb devoció **2** sincerament

dew /dju:; *USA* du:/ *n* rosada

dexterity /dek'sterəti/ *n* destresa

diabetes /ˌdaɪə'bi:ti:z/ *n* [*incomptable*] diabetis **diabetic** /ˌdaɪə'betɪk/ *adj, n* diabètic, -a

diabolical /ˌdaɪə'bɒlɪkl/ *adj* **1** (*esp GB, col·loq*) espantós **2** diabòlic

diagnose /'daɪəgnəʊz, ˌdaɪəg'nəʊz; *USA* ˌdaɪəg'nəʊs/ *vt* diagnosticar: *I've been diagnosed as having hepatitis.* M'han diagnosticat hepatitis. **diagnosis** /ˌdaɪəg'nəʊsɪs/ *n* (*pl* **diagnoses** /-si:z/) diagnòstic **diagnostic** /ˌdaɪəg'nɒstɪk/ *adj* diagnòstic

diagonal /daɪ'ægənl/ *adj, n* diagonal **diagonally** *adv* diagonalment

diagram /'daɪəgræm/ *n* diagrama

dial /'daɪəl/ *nom, verb*
- *n* **1** (*instrument*) indicador **2** (*rellotge*) esfera **3** (*telèfon*) disc
- *vt* (**-ll-**, *USA* **-l-**) marcar: *to dial a wrong number* marcar un número equivocat

dialect /'daɪəlekt/ *n* dialecte

dialling code *n* prefix

dialling tone (*USA* **dial tone**) *n* senyal de marcar

dialogue (*USA tb* **dialog**) /'daɪəlɒg; *USA* -lɔ:g/ *n* diàleg

diameter /daɪ'æmɪtə(r)/ *n* diàmetre: *It is 15 cm in diameter.* Té un diàmetre de 15 cm.

diamond /'daɪəmənd/ *n* **1** diamant **2** rombe **3 diamonds** [*pl*] (*cartes*) diamants ➲ *Vegeu nota a* BARALLA **4** *diamond jubilee* seixantè aniversari

diaper /'daɪəpə(r); *USA* 'daɪpər/ *n* (*USA*) bolquer

diaphragm /'daɪəfræm/ *n* diafragma

diarrhoea (*USA* **diarrhea**) /ˌdaɪə'rɪə; *USA* -'ri:ə/ *n* [*incomptable*] diarrea

diary /'daɪəri/ *n* (*pl* **diaries**) **1** diari **2** (*USA* **datebook**) agenda

dice /daɪs/ *nom, verb*
- *n* (*pl* **dice**) dau: *to roll/throw the dice* tirar els daus ◇ *to play dice* jugar als daus
- *vt* tallar a trossos

dictate /dɪk'teɪt; *USA* 'dɪkteɪt/ *vt, vi* ~ **(sth) (to sb)** dictar (alguna cosa) (a algú) PHR V **dictate to sb** donar ordres a algú: *You can't dictate to people how they should live.* No pots dir a la gent com ha de viure la seva vida. **dictation** *n* dictat

dictator /dɪk'teɪtə(r); *USA* 'dɪkteɪtər/ *n* dictador, -a **dictatorship** *n* dictadura

dictionary /'dɪkʃənri; *USA* -neri/ *n* (*pl* **dictionaries**) diccionari

did *pt de* DO

didactic /daɪ'dæktɪk/ *adj* (*formal, sovint pej*) moralitzador, pedant

didn't /'dɪdnt/ = DID NOT *Vegeu* DO

die /daɪ/ *vi* (*pt, pp* **died** *part pres* **dying**) morir: *to die of/from sth* morir d'alguna cosa LOC **be**

D

D

dying for sth/to do sth (*col·loq*) morir-se per alguna cosa/per fer alguna cosa PHR V **die away** **1** disminuir a poc a poc fins a desaparèixer **2** (*soroll*) allunyar-se fins a desaparèixer ◆ **die down** **1** apagar-se gradualment, disminuir **2** (*vent*) amainar ◆ **die off** morir l'un darrere l'altre ◆ **die out** **1** (*Zool*) extingir-se **2** (*tradicions*) desaparèixer

diesel /ˈdiːzl/ *n* dièsel: *diesel fuel/oil* gasoil

diet /ˈdaɪət/ *nom, verb*
▸ *n* dieta, règim: *to be/go on a diet* estar/posar-se a règim ◇ *diet drinks* begudes light ➲ *Vegeu nota a* LOW-CALORIE
▸ *vi* estar a règim/fer règim **dietary** *adj* dietètic

differ /ˈdɪfə(r)/ *vi* **1** ~ **(from sb/sth)** ésser diferent (d'algú/d'alguna cosa) **2** ~ **(with sb) (about/on/over sth)** no estar d'acord (amb algú) (en alguna cosa)

difference /ˈdɪfrəns/ *n* diferència: *to make up the difference (in price)* posar la diferència (en el preu) ◇ *a difference of opinion* una desavinença LOC **it makes all the difference** és molt important ◆ **it makes no difference** tant és ◆ **what difference does it make?** què importa?

different /ˈdɪfrənt/ *adj* ~ **(from/to sb/sth)** diferent (d'algú/d'alguna cosa) ❶ Als Estats Units es diu també **different than sb/sth**. **differently** *adv* d'una altra manera, d'una manera diferent

differentiate /ˌdɪfəˈrenʃieɪt/ *vt, vi* ~ **(between) A and B**; ~ **A (from B)** distingir, diferenciar entre A i B; distingir A (de B) **differentiation** *n* diferenciació

difficult /ˈdɪfɪkəlt/ *adj* difícil **difficulty** *n* (*pl* **difficulties**) **1** dificultat: *with great difficulty* amb penes i treballs **2** (*situació difícil*) destret, tràngol: *to get/run into difficulties* trobar-se en un destret ◇ *to make difficulties for sb* posar entrebancs a algú

diffident /ˈdɪfɪdənt/ *adj* poc segur de si mateix **diffidence** *n* manca de confiança en si mateix

dig /dɪg/ *verb, nom*
▸ *vt, vi* (*pt, pp* **dug** /dʌg/ *part pres* **digging**) **1** cavar: *to dig for sth* buscar alguna cosa (cavant) **2** ~ **(sth) into sth** clavar alguna cosa, clavar-se en alguna cosa: *The chair back was digging into his back.* El respatller de la cadira se li clavava a l'esquena. LOC **dig your heels in** mantenir-se ferm en alguna cosa PHR V **dig in; dig into sth** (*col·loq*) (*menjar*) atacar (alguna cosa) ◆ **dig sb/sth out** treure algú/alguna cosa (cavant) ◆ **dig sth up** **1** (*planta*) arrencar alguna cosa de terra **2** (*carrer, gespa, etc.*) aixecar alguna cosa **3** (*un objecte amagat*) desenterrar alguna cosa
▸ *n* excavació **digger** *n* excavadora

digest *verb, nom*
▸ *vt, vi* /daɪˈdʒest/ digerir(-se)
▸ *n* /ˈdaɪdʒest/ **1** resum **2** compendi

digestion /daɪˈdʒestʃən/ *n* digestió

digit /ˈdɪdʒɪt/ *n* dígit **digital** *adj* digital

dignified /ˈdɪgnɪfaɪd/ *adj* digne

dignitary /ˈdɪgnɪtəri; *USA* -teri/ *n* (*pl* **dignitaries**) dignatari, -ària

dignity /ˈdɪgnəti/ *n* dignitat

dike = DYKE

dilapidated /dɪˈlæpɪdeɪtɪd/ *adj* **1** ruïnós **2** (*vehicle*) atrotinat

dilemma /dɪˈlemə, daɪ-/ *n* dilema

dilute /daɪˈluːt, -ljuːt/ *vt* **1** diluir **2** (*fig*) suavitzar, debilitar

dim /dɪm/ *adjectiu, verb*
▸ *adj* (**dimmer, -est**) **1** (*llum*) dèbil, tènue **2** (*lloc*) ombrívol **3** (*vista*) tèrbol **4** (*record, noció*) vague **5** (*esp GB, col·loq*) (*persona*) curt d'enteniment **6** (*perspectiva*) poc prometedor, incert
▸ (**-mm-**) **1** *vt* (*llum*) abaixar **2** *vi* (*llum*) apagar-se a poc a poc **3** *vt, vi* (*fig*) apagar(-se), anar minvant

dime /daɪm/ *n* (*Can, USA*) moneda de 10 centaus

dimension /daɪˈmenʃn, dɪ-/ *n* dimensió

diminish /dɪˈmɪnɪʃ/ *vt, vi* disminuir

diminutive /dɪˈmɪnjətɪv/ *adjectiu, nom*
▸ *adj* (*formal*) diminut
▸ *n* diminutiu

dimly /ˈdɪmli/ *adv* **1** (*il·luminar*) dèbilment **2** (*recordar*) vagament **3** (*veure*) amb prou feines

dimple /ˈdɪmpl/ *n* clotet (*a la galta, barbeta*)

din /dɪn/ *n* [*sing*] **1** (*de gent*) esvalot **2** (*de màquines*) estrèpit

dine /daɪn/ *vi* ~ **(on sth)** (*formal*) sopar, dinar (alguna cosa) ➲ *Vegeu nota a* DINNER PHR V **dine out** sopar/dinar fora **diner** *n* **1** comensal **2** (*esp USA*) restaurant (*de carretera*)

dinghy /ˈdɪŋgi/ *n* (*pl* **dinghies**) **1** bot, barca **2** (*de goma*) llanxa pneumàtica

dingy /ˈdɪndʒi/ *adj* (**dingier, -iest**) **1** (*depriment*) llòbrec **2** brut

dining room *n* menjador

dinner /ˈdɪnə(r)/ *n* **1** sopar, dinar: *to have dinner* sopar/dinar

L'àpat que es pren al vespre, que és normalment l'àpat principal del dia, es diu **dinner** o, en algunes zones, **supper** o **tea**. **Supper** pot ésser també alguna cosa lleuge-

ra que es pren abans d'anar a dormir i **tea**, o **afternoon tea**, pot consistir simplement en te amb galetes i pastes a mitja tarda.
Lunch és la paraula més utilitzada per a referir-se a l'àpat del migdia, que sol ésser lleuger (una amanida o un entrepà). Algunes persones també l'anomenen **dinner**. El que els nens mengen a l'escola al migdia es diu **school dinner**, si el prepara l'escola mateixa, i **packed lunch**, si se'l duen preparat de casa.

➲ *Vegeu nota a* NADAL **2** sopar (de gala)

dinner jacket *n* esmòquing

dinner lady *n* (*pl* **ladies**) dona que serveix i supervisa els àpats escolars

dinosaur /'daɪnəsɔː(r)/ *n* dinosaure

diocese /'daɪəsɪs/ *n* (*pl* **dioceses** /-siːz/) diòcesi

dioxide /daɪ'ɒksaɪd/ *n* diòxid

dip /dɪp/ *verb, nom*
▸ (**-pp-**) **1** *vt* ~ **sth (in/into sth)** ficar, mullar, sucar alguna cosa (en alguna cosa) **2** *vi* descendir **3** *vt, vi* baixar: *to dip the headlights (of a car)* canviar als llums d'encreuament
▸ *n* **1** (*col·loq*) capbussó **2** (*preus, etc.*) baixada **3** declivi **4** (*Cuina*) salsa en què se suquen verdures i d'altres aperitius

diphthong /'dɪfθɒŋ; *USA* -θɔːŋ/ *n* diftong

diploma /dɪ'pləʊmə/ *n* diploma

diplomacy /dɪ'pləʊməsi/ *n* diplomàcia **diplomat** /'dɪpləmæt/ *n* diplomàtic, -a **diplomatic** /ˌdɪplə'mætɪk/ *adj* diplomàtic **diplomatically** /-kli/ *adv* diplomàticament, amb diplomàcia

dire /'daɪə(r)/ *adj* (**direr**, **-est**) **1** (*formal*) terrible, extrem **2** (*GB, col·loq*) fatal

direct /də'rekt, dɪ-; daɪ-/ *adjectiu, verb, adverbi*
▸ *adj* **1** directe **2** total **3** franc
▸ *vt* dirigir: *Could you direct me to…?* Em pot indicar el camí per anar a…?
▸ *adv* **1** directament: *The 9.20 goes direct to London.* El tren de les 9.20 va directe a Londres. **2** en persona

direct debit *n* domiciliació bancària

direction /də'rekʃn, dɪ-; daɪ-/ *n* **1** direcció, sentit **2 directions** [*pl*] indicacions, instruccions: *to ask for directions* preguntar el camí per anar a algun lloc

directive /də'rektɪv, dɪ-; daɪ-/ *n* directriu

directly /də'rektli, dɪ-; daɪ-/ *adv* directament: *directly opposite* davant per davant

directness /də'rektnəs, dɪ-; daɪ-/ *n* franquesa

director /də'rektə(r), dɪ-; daɪ-/ *n* director, -a

directorate /də'rektərət, dɪ-; daɪ-/ *n* **1** direcció general **2** junta directiva

directory /də'rektəri, dɪ-; daɪ-/ *n* (*pl* **directories**) guia telefònica, directori

dirt /dɜːt/ *n* **1** brutícia, ronya **2** terra **3** (*col·loq*): *to dig up all the dirt on sb* treure els drapets al sol a algú *Vegeu tb* TREAT

dirt cheap *adj, adv* (*col·loq*) molt barat

dirty /'dɜːti/ *adjectiu, verb*
▸ *adj* (**dirtier**, **-iest**) **1** brut **2** (*acudit, llibre, etc.*) verd: *dirty word* paraulota **3** *dirty trick* mala jugada
▸ *vt, vi* (*pt, pp* **dirtied**) embrutar(-se)

disability /ˌdɪsə'bɪləti/ *n* (*pl* **disabilities**) discapacitat

disabled /dɪs'eɪbld/ *adjectiu, nom*
▸ *adj* discapacitat
▸ *n* **the disabled** [*pl*] els discapacitats ➲ *Vegeu nota a* DISCAPACITAT

disadvantage /ˌdɪsəd'vɑːntɪdʒ; *USA* -'væn-/ *n* desavantatge: *to be at a disadvantage* estar en condicions d'inferioritat **disadvantaged** *adj* perjudicat **disadvantageous** /ˌdɪsædvæn'teɪdʒəs/ *adj* (*formal*) desavantatjós

disagree /ˌdɪsə'griː/ *vi* (*pt, pp* **disagreed**) ~ **(with sb) (about/on/over sth)** no estar d'acord (amb algú) (sobre alguna cosa): *He disagreed with her on how to spend the money.* No va estar d'acord amb ella sobre la manera de gastar els diners. PHR V **disagree with sb 1** (*menjar*) assentar-se malament a algú **2** (*clima*) no provar a algú ◆ **disagree with sth** desaprovar alguna cosa **disagreeable** *adj* (*formal*) desagradable

disagreement /ˌdɪsə'griːmənt/ *n* **1** desacord **2** discrepància

disallow /ˌdɪsə'laʊ/ *vt* anul·lar (*un gol*)

disappear /ˌdɪsə'pɪə(r)/ *vi* desaparèixer: *It disappeared into the bushes.* Va desaparèixer entre les mates. **disappearance** *n* desaparició

disappoint /ˌdɪsə'pɔɪnt/ *vt* decebre, defraudar **disappointed** *adj* decebut, defraudat: *to be disappointed at/by sth* estar decebut per alguna cosa ◇ *I'm disappointed in you.* M'has decebut. **disappointing** *adj* decebedor **disappointment** *n* decepció

disapproval /ˌdɪsə'pruːvl/ *n* desaprovació

disapprove /ˌdɪsə'pruːv/ *vi* **1** ~ **(of sth)** desaprovar (alguna cosa) **2** ~ **(of sb)** tenir mala opinió (d'algú) **disapproving** *adj* de desaprovació

disarm /dɪs'ɑːm/ *vt, vi* desarmar(-se) **disarmament** *n* desarmament

disassociate = DISSOCIATE

disaster /dɪ'zɑːstə(r); *USA* -'zæs-/ *n* desastre **disastrous** *adj* desastrós, catastròfic

disband /dɪs'bænd/ *vt, vi* dissoldre('s)
disbelief /ˌdɪsbɪ'liːf/ *n* incredulitat
disc (*tb esp USA* **disk**) /dɪsk/ *n* disc
discard /dɪ'skɑːd/ *vt* llençar, desfer-se de, arraconar

D

discern /dɪ'sɜːn/ *vt* (*formal*) **1** discernir **2** percebre **discernible** *adj* perceptible
discharge *verb, nom*
▸ *vt* /dɪs'tʃɑːdʒ/ **1** (*Med, pacient*) donar d'alta **2** (*Mil*) llicenciar **3** (*residus*) abocar **4** (*formal*) (*deure*) complir
▸ *n* /'dɪstʃɑːdʒ/ **1** (*elèctrica, de carregament, d'artilleria*) descàrrega **2** (*residus*) abocament **3** (*Med*) supuració **4** (*Mil*) llicenciament
disciple /dɪ'saɪpl/ *n* deixeble, -a
discipline /'dɪsəplɪn/ *nom, verb*
▸ *n* disciplina
▸ *vt* disciplinar **disciplinary** /'dɪsəplɪnəri, ˌdɪsə'plɪnəri; *USA* 'dɪsəpləneri/ *adj* disciplinari
disc jockey *n* (*pl* **jockeys**) *Vegeu* DJ
disclose /dɪs'kləʊz/ *vt* revelar **disclosure** /dɪs'kləʊʒə(r)/ *n* (*formal*) revelació
disco /'dɪskəʊ/ *n* (*pl* **discos**) discoteca: *disco music* música disco
discolour (*USA* **discolor**) /dɪs'kʌlə(r)/ *vt, vi* descolorir(-se), esgrogueir(-se)
discomfort /dɪs'kʌmfət/ *n* [*incomptable*] incomoditat
disconcerted /ˌdɪskən'sɜːtɪd/ *adj* desconcertat **disconcerting** *adj* desconcertant
disconnect /ˌdɪskə'nekt/ *vt* **1** desconnectar **2** (*llum, aigua, etc.*) tallar **disconnected** *adj* inconnex, incoherent
discontent /ˌdɪskən'tent/ *n* ~ **(at/over/with sth)** descontentament (amb alguna cosa) **discontented** *adj* descontent
discontinue /ˌdɪskən'tɪnjuː/ *vt* suspendre, interrompre
discord /'dɪskɔːd/ *n* **1** (*formal*) discòrdia **2** (*Mús*) dissonància **discordant** /dɪs'kɔːdənt/ *adj* **1** (*formal*) (*opinions*) discordant **2** (*so*) dissonant
discount *nom, verb*
▸ *n* /'dɪskaʊnt/ descompte LOC **at a discount** a preu rebaixat
▸ *vt* /dɪs'kaʊnt; *USA tb* 'dɪskaʊnt/ **1** (*formal*) descartar, ignorar **2** (*Com*) descomptar, rebaixar
discourage /dɪs'kʌrɪdʒ/ *vt* **1** ~ **sb from doing sth** dissuadir algú de fer alguna cosa **2** ~ **sth** oposar-se a alguna cosa; aconsellar de no fer alguna cosa **3** desanimar **discouraging** *adj* descoratjador
discover /dɪs'kʌvə(r)/ *vt* descobrir **discovery** *n* (*pl* **discoveries**) descoberta, descobriment
discredit /dɪs'kredɪt/ *vt* desacreditar
discreet /dɪ'skriːt/ *adj* discret
discrepancy /dɪs'krepənsi/ *n* (*pl* **discrepancies**) discrepància
discretion /dɪ'skreʃn/ *n* **1** arbitri **2** discreció LOC **at sb's discretion** a la discreció d'algú
discriminate /dɪ'skrɪmɪneɪt/ *vi* **1** ~ **(between...)** distingir (entre...) **2** ~ **(against sb)** discriminar (algú) **3** ~ **in favour of sb** donar tracte de favor a algú **discriminating** *adj* perspicaç **discrimination** *n* **1** discriminació **2** discerniment, bon gust
discuss /dɪ'skʌs/ *vt* ~ **sth (with sb)** parlar, tractar d'alguna cosa (amb algú) **discussion** *n* debat, deliberació ➲ *Compareu amb* ARGUMENT, ROW²
disdain /dɪs'deɪn/ *n* desdeny, menyspreu
disease /dɪ'ziːz/ *n* malaltia, afecció

> En general, **disease** s'utilitza per a malalties específiques com ara *heart disease, Parkinson's disease*, mentre que **illness** se sol referir a la malaltia com a estat o al període en què s'està malalt. *Vegeu exemples a* ILLNESS

diseased *adj* malalt
disembark /ˌdɪsɪm'bɑːk/ *vi* ~ **(from sth)** (*formal*) desembarcar (d'alguna cosa)
disenchanted /ˌdɪsɪn'tʃɑːntɪd/ *adj* ~ **(with sb/sth)** desenganyat, desil·lusionat (amb algú/alguna cosa)
disentangle /ˌdɪsɪn'tæŋgl/ *vt* **1** desembullar° **2** ~ **sth/sb (from sth)** alliberar algú/alguna cosa (d'alguna cosa)
disfigure /dɪs'fɪgə(r); *USA* -gjər/ *vt* desfigurar
disgrace /dɪs'greɪs/ *nom, verb*
▸ *n* **1** deshonra, desgràcia **2** [*sing*] **a** ~ **(to sb/sth)** una vergonya (per a algú/alguna cosa) LOC **in disgrace (with sb)** desacreditat (davant d'algú)
▸ *vt* deshonrar, desacreditar: *to disgrace yourself* posar-se en evidència **disgraceful** *adj* vergonyós
disgruntled /dɪs'grʌntld/ *adj* ~ **(at sb/sth)** disgustat (amb algú/per alguna cosa)
disguise /dɪs'gaɪz/ *verb, nom*
▸ *vt* **1** ~ **sb/yourself (as sb/sth)** disfressar algú, disfressar-se (d'algú/d'alguna cosa) **2** (*emoció*) dissimular **3** (*veu*) canviar
▸ *n* disfressa LOC **in disguise** disfressat *Vegeu tb* BLESSING
disgust /dɪs'gʌst/ *n* fàstic, repugnància **disgusting** *adj* fastigós, indignant

dish /dɪʃ/ *nom, verb*
▸ *n* **1** (*per servir*) plata: *to wash/do the dishes* rentar els plats **2** (*guisat*) plat: *the national dish* el plat típic nacional *Vegeu tb* SATELLITE DISH
▸ *v* PHR V **dish sth out 1** (*col·loq*) repartir alguna cosa a cabassos **2** (*menjar*) servir alguna cosa ◆ **dish (sth) up** (*menjar*) servir (alguna cosa)
disheartened /dɪs'hɑ:tnd/ *adj* descoratjat, desanimat **disheartening** *adj* descoratjador
dishevelled (*USA* **disheveled**) /dɪ'ʃevld/ *adj* **1** (*cabells*) despentinat **2** (*roba, aparença*) desendreçat
dishonest /dɪs'ɒnɪst/ *adj* **1** (*persona*) deshonest **2** fraudulent **dishonesty** *n* falta d'honestedat, falta d'honradesa
dishonour (*USA* **dishonor**) /dɪs'ɒnə(r)/ *nom, verb*
▸ *n* (*formal*) deshonor, deshonra
▸ *vt* (*formal*) deshonrar **dishonourable** (*USA* **dishonorable**) *adj* deshonrós
dishwasher /'dɪʃwɒʃə(r)/ *n* rentaplats
disillusion /ˌdɪsɪ'lu:ʒn/ *vt* desenganyar, desil·lusionar **disillusionment** *n* ~ **(with sth)** desengany, desil·lusió (amb alguna cosa)
disinfect /ˌdɪsɪn'fekt/ *vt* desinfectar **disinfectant** *n* desinfectant
disintegrate /dɪs'ɪntɪgreɪt/ *vt, vi* desintegrar(-se), enfonsar(-se) **disintegration** *n* desintegració, enfonsament
disinterested /dɪs'ɪntrəstɪd/ *adj* desinteressat
disjointed /dɪs'dʒɔɪntɪd/ *adj* inconnex
disk /dɪsk/ *n* **1** (*esp USA*) = DISC **2** (*Informàt*) disc
disk drive *n* (*Informàt*) unitat de disc, disquetera ➲ *Vegeu il·lustració a* ORDINADOR
diskette /dɪs'ket/ *n* disquet ➲ *Vegeu il·lustració a* ORDINADOR
dislike /dɪs'laɪk/ *verb, nom*
▸ *vt* no agradar, tenir aversió a
▸ *n* ~ **(of sb/sth)** aversió (contra/a algú/alguna cosa); antipatia (per/envers/contra algú): *to take a dislike to sth* agafar aversió a alguna cosa
dislocate /'dɪsləkeɪt; *USA* -ləʊk-/ *vt* dislocar(-se) **dislocation** *n* dislocació
dislodge /dɪs'lɒdʒ/ *vt* ~ **sb/sth (from sth)** desallotjar, treure algú/alguna cosa (d'alguna cosa)
disloyal /dɪs'lɔɪəl/ *adj* ~ **(to sb/sth)** deslleial (amb algú/a alguna cosa) **disloyalty** *n* deslleialtat
dismal /'dɪzməl/ *adj* **1** trist **2** (*col·loq*) pèssim
dismantle /dɪs'mæntl/ *vt* **1** desarmar, desmuntar **2** (*edifici, organització, etc.*) desmantellar
dismay /dɪs'meɪ/ *nom, verb*
▸ *n* consternació
▸ *vt* consternar
dismember /dɪs'membə(r)/ *vt* desmembrar
dismiss /dɪs'mɪs/ *vt* **1** ~ **sb/sth (as sth)** descartar, deixar de banda algú/alguna cosa (per ésser alguna cosa) **2** ~ **sb (from sth)** acomiadar, destituir algú (d'alguna cosa) ❶ En aquest sentit, d'altres paraules menys formals són **fire** i **sack**. **dismissal** *n* **1** acomiadament **2** rebuig **dismissive** *adj* desdenyós
dismount /dɪs'maʊnt/ *vi* ~ **(from sth)** baixar, descavalcar (d'alguna cosa)
disobedient /ˌdɪsə'bi:diənt/ *adj* desobedient **disobedience** *n* desobediència
disobey /ˌdɪsə'beɪ/ *vt, vi* desobeir
disorder /dɪs'ɔ:də(r)/ *n* **1** desordre: *in disorder* en desordre **2** trastorn: *eating disorders* trastorns alimentaris **disorderly** *adj* (*formal*) **1** indisciplinat, descontrolat **2** desordenat LOC *Vegeu* DRUNK
disorganized (*GB tb* **-ised**) /dɪs'ɔ:gənaɪzd/ *adj* desorganitzat
disorientate /dɪs'ɔ:riənteɪt/ (*tb esp USA* **disorient**) *vt* desorientar
disown /dɪs'əʊn/ *vt* renegar, repudiar
dispatch (*tb* **despatch**) /dɪ'spætʃ/ *verb, nom*
▸ *vt* (*formal*) trametre
▸ *n* **1** (*formal*) tramesa **2** (*Period*) despatx, informe
dispel /dɪ'spel/ *vt* (**-ll-**) dissipar
dispense /dɪ'spens/ *vt* repartir PHR V **dispense with sb/sth** prescindir d'algú/d'alguna cosa
disperse /dɪ'spɜ:s/ *vt, vi* dispersar(-se) **dispersal** (*tb* **dispersion**) *n* (*formal*) dispersió
displace /dɪs'pleɪs/ *vt* **1** reemplaçar **2** desplaçar
display /dɪ'spleɪ/ *verb, nom*
▸ *vt* **1** exposar, exhibir **2** (*emoció, etc.*) mostrar, manifestar **3** (*Informàt*) mostrar en pantalla
▸ *n* **1** exposició, exhibició **2** demostració **3** (*Informàt*) visualització, pantalla LOC **on display** exposat
disposable /dɪ'spəʊzəbl/ *adj* **1** d'un sol ús, no retornable: *a disposable razor* una maquineta no recarregable **2** (*Fin*) disponible: *disposable income* diners disponibles després de pagar les despeses fixes de cada mes
disposal /dɪ'spəʊzl/ *n* abocament (*de deixalles*): *waste disposal* l'eliminació de residus LOC **at your/sb's disposal** a la teva disposició/a la disposició d'algú

D

D

disposed /dɪ'spəʊzd/ *adj* (*formal*) disposat: *to be ill/well disposed towards sb* tenir una mala/bona opinió d'algú

disposition /ˌdɪspə'zɪʃn/ *n* manera d'ésser, caràcter

disproportionate /ˌdɪsprə'pɔːʃənət/ *adj* desproporcionat

disprove /ˌdɪs'pruːv/ *vt* refutar (*teoria*)

dispute *nom, verb*
▸ *n* /dɪ'spjuːt, 'dɪspjuːt/ **1** conflicte, disputa **2** discussió LOC **in dispute 1** en discussió **2** (*Dret*) en litigi
▸ *vt* /dɪ'spjuːt/ discutir, posar en dubte

disqualify /dɪs'kwɒlɪfaɪ/ *vt* (*pt, pp* **-fied**) desqualificar: *to disqualify sb from doing sth* inhabilitar algú per fer alguna cosa

disregard /ˌdɪsrɪ'gɑːd/ *verb, nom*
▸ *vt* no fer gens de cas de (*consell, objecció, etc.*)
▸ *n* ~ **(for/of sb/sth)** indiferència (envers algú/alguna cosa)

disreputable /dɪs'repjətəbl/ *adj* de mala reputació

disrepute /ˌdɪsrɪ'pjuːt/ *n* desprestigi

disrespect /ˌdɪsrɪ'spekt/ *n* falta de respecte

disrupt /dɪs'rʌpt/ *vt* interrompre, desbaratar **disruption** *n* trastorn, molèstia **disruptive** *adj* molest, que causa molèstia: *disruptive pupils* alumnes esvalotadors

dissatisfaction /ˌdɪsˌsætɪs'fækʃn/ *n* ~ **(with/at sb/sth)** insatisfacció (amb algú/per alguna cosa)

dissatisfied /dɪ'sætɪsfaɪd/ *adj* ~ **(with/at sb/sth)** descontent, insatisfet (d'algú/d'alguna cosa)

dissect /dɪ'sekt, daɪ-/ *vt* dissecar

dissent /dɪ'sent/ *n* desacord **dissenting** *adj* en desacord, contrari

dissertation /ˌdɪsə'teɪʃn/ *n* (*Educ*) tesina, tesi

dissident /'dɪsɪdənt/ *adj, n* dissident

dissimilar /dɪ'sɪmɪlə(r)/ *adj* ~ **(from/to sb/sth)** diferent (d'algú/d'alguna cosa)

dissociate /dɪ'səʊʃieɪt/ (*tb* **disassociate** /ˌdɪsə'səʊʃieɪt/) *vt* **1** ~ **yourself/sb from sb/sth** deslligar-se, deslligar algú d'algú/d'alguna cosa **2** dissociar

dissolve /dɪ'zɒlv/ **1** *vt, vi* dissoldre('s) **2** *vi* (*formal*) esvanir-se

dissuade /dɪ'sweɪd/ *vt* ~ **sb (from sth/doing sth)** dissuadir algú (d'alguna cosa/de fer alguna cosa)

distance /'dɪstəns/ *nom, verb*
▸ *n* distància: *from/at a distance* a distància ◇ *a distance runner* un corredor de fons LOC **in the distance** (al) lluny
▸ *vt* ~ **yourself (from sb/sth)** distanciar-se (d'algú/d'alguna cosa) **distant** *adj* **1** distant, llunyà **2** (*parent*) llunyà

distaste /dɪs'teɪst/ *n* ~ **(for sb/sth)** aversió (a algú/alguna cosa) **distasteful** *adj* desagradable

distil (*USA tb* **distill**) /dɪ'stɪl/ *vt* (**-ll-**) destil·lar **distillery** *n* (*pl* **distilleries**) destil·leria

distinct /dɪ'stɪŋkt/ *adj* **1** clar **2** ~ **(from sth)** distint (d'alguna cosa): *as distinct from sth* en contraposició a alguna cosa **distinction** *n* **1** distinció **2** honor **distinctive** *adj* particular

distinguish /dɪ'stɪŋgwɪʃ/ **1** *vt, vi* ~ **A (from B)**; ~ **between A and B** distingir A (de B); distingir entre A i B **2** *vt* ~ **yourself (as sth)** distingir-se (com a alguna cosa)

distort /dɪ'stɔːt/ *vt* **1** deformar, distorsionar **2** (*fig*) tergiversar **distortion** *n* **1** distorsió **2** (*fig*) tergiversació

distract /dɪ'strækt/ *vt* ~ **sb (from sth)** distreure algú (d'alguna cosa) **distracted** *adj* distret **distraction** *n* distracció: *to drive sb to distraction* tornar boig algú

distraught /dɪ'strɔːt/ *adj* consternat

distress /dɪ'stres/ *n* **1** angoixa **2** dolor **3** perill: *a distress signal* un senyal de socors **distressed** *adj* angoixat, afligit **distressing** *adj* angoixant, dolorós

distribute /dɪ'strɪbjuːt, 'dɪstribjuːt/ *vt* repartir, distribuir **distribution** *n* distribució **distributor** *n* distribuïdor, -a

district /'dɪstrɪkt/ *n* **1** districte, comarca **2** zona

distrust /dɪs'trʌst/ *nom, verb*
▸ *n* malfiança
▸ *vt* desconfiar de **distrustful** *adj* desconfiat

disturb /dɪ'stɜːb/ *vt* **1** molestar, interrompre: *I'm sorry to disturb you.* Em sap greu molestar-te. ➲ *Compareu amb* BOTHER, MOLEST **2** (*silenci, somni*) pertorbar **3** regirar LOC **do not disturb** no molesteu **disturbance** *n* **1** molèstia **2** avalot **3** enrenou: *to cause a disturbance of the peace* causar una alteració de l'ordre públic **disturbed** *adj* trastocat, trastornat **disturbing** *adj* amoïnador

disuse /dɪs'juːs/ *n* desús: *to fall into disuse* caure en desús **disused** /dɪs'juːzd/ *adj* abandonat

ditch /dɪtʃ/ *nom, verb*
▸ *n* rasa, cuneta

▸ *vt* (*col·loq*) abandonar

dither /ˈdɪðə(r)/ *vi* ~ **(over sth)** vacil·lar (sobre alguna cosa)

ditto /ˈdɪtəʊ/ *n* ídem

> **Ditto** sol referir-se al símbol (") que s'utiliza per a evitar les repeticions en una llista.

dive /daɪv/ *verb, nom*

▸ *vi* (*pt* **dived** *USA tb* **dove** /dəʊv/ *pp* **dived**) **1** ~ **(from/off sth) (into sth)** tirar-se de cap (des d'alguna cosa) (a/en alguna cosa) **2** ~ **(down) (for sth)** (*persona*) bussejar (buscant alguna cosa) **3** (*submarí, balena, etc.*) submergir-se **4** (*avió, ocell*) baixar en picat **5** ~ **into/under sth** ficar-se en/sota alguna cosa (*precipitadament*) LOC **dive for cover** aixoplugar-se precipitadament

▸ *n* **1** salt, capbussament **2** immersió **diver** *n* bus

diverge /daɪˈvɜːdʒ/ *vi* ~ **(from sth)** (*formal*) **1** (*línies, carreteres*) divergir (d'alguna cosa) **2** (*opinions*) diferir (d'alguna cosa) **divergence** *n* divergència **divergent** *adj* divergent

diverse /daɪˈvɜːs/ *adj* divers

diversify /daɪˈvɜːsɪfaɪ/ *vt, vi* (*pt, pp* **-fied**) diversificar(-se) **diversification** *n* diversificació

diversion /daɪˈvɜːʃn; *USA* -ˈvɜːrʒn/ *n* desviació (*ocasionada per obres, etc.*)

diversity /daɪˈvɜːsəti/ *n* diversitat

divert /daɪˈvɜːt/ *vt* ~ **sb/sth (from sth)** desviar algú/alguna cosa (d'alguna cosa)

divide /dɪˈvaɪd/ **1** *vt, vi* ~ **(sth) (up) (into sth)** dividir alguna cosa, dividir-se (en alguna cosa) **2** *vt* ~ **sth (up/out) (between/among sb)** dividir, repartir alguna cosa (entre algú) **3** *vt* ~ **sth (between A and B)** dividir, repartir alguna cosa (entre A i B) **4** *vt* separar **5** *vt* ~ **sth by sth** (*Mat*) dividir alguna cosa per alguna cosa **divided** *adj* dividit

divided highway *n* (*USA*) autovia (*de dos carrils*)

dividend /ˈdɪvɪdend/ *n* dividend

divine /dɪˈvaɪn/ *adj* diví

diving /ˈdaɪvɪŋ/ *n* **1** busseig, submarinisme **2** salts (de trampolí)

diving board *n* trampolí

division /dɪˈvɪʒn/ *n* **1** divisió **2** secció, departament (*en una empresa*) **divisional** *adj* de divisió

divorce /dɪˈvɔːs/ *nom, verb*

▸ *n* divorci

▸ *vt, vi* divorciar-se (de) **divorcee** /dɪˌvɔːˈsiː; *USA* dɪˌvɔːrˈseɪ/ *n* divorciat, -ada

divulge /daɪˈvʌldʒ/ *vt* (*formal*) revelar

DIY /ˌdiː aɪ ˈwaɪ/ *n* (*abrev de* **do-it-yourself**) bricolatge

dizzy /ˈdɪzi/ *adj* marejat **dizziness** *n* rodament de cap, vertigen

DJ /ˈdiː dʒeɪ/ *abrev de* **disc jockey** discjòquei

DNA /ˌdiː en ˈeɪ/ *n* ADN

do

present simple

afirmatiu	negatiu *contraccions*
I **do**	I **don't**
you **do**	you **don't**
he/she/it **does**	he/she/it **doesn't**
we **do**	we **don't**
you **do**	you **don't**
they **do**	they **don't**
forma en ***-ing***	**doing**
past simple	**did**
participi passat	**done**

do *verb, nom*

▸ /duː, də/ *vt, vi* (*3a pers sing* **does** /dʌz, dəz/ *pt* **did** /dɪd/ *pp* **done** /dʌn/) fer

- ❶ Fem servir **do** quan parlem d'una activitat sense dir exactament de què es tracta, per exemple, amb paraules com ara *something, nothing, anything, everything*, etc.: *What are you doing this evening?* Què faràs aquest vespre? ◇ *Are you doing anything tomorrow?* Faràs alguna cosa demà? ◇ *We'll do what we can to help you.* Farem el que podrem per ajudar-te. ◇ *What does she want to do?* Què vol fer? ◇ *I've got nothing to do.* No tinc res a fer. ◇ *What can I do for you?* Et puc ajudar amb alguna cosa? ◇ *I have a number of things to do today.* He de fer unes quantes coses avui. ◇ *Do as you please.* Fes el que vulguis. ◇ *Do as you're told!* Fes el que se't diu!
- **do + the, my, etc. + -ing** *vt* (*tasques i passatemps*) fer: *to do the washing-up* rentar els plats ◇ *to do the ironing* planxar ◇ *to do the/your shopping* anar a comprar ➲ *Vegeu nota a* ESPORT
- **do + (the, my, etc.) + nom** *vt*: *to do your homework* fer els deures ◇ *to do a test/an exam* fer un examen ◇ *to do an English course* fer un curs d'anglès ◇ *to do business* fer negocis ◇ *to do your duty* fer el teu deure ◇ *to do your job* fer la teva feina ◇ *to do the housework* fer la feina de casa ◇ *to do your hair/to have your hair done* pentinar-se/anar a la perruqueria
- **altres usos 1** *vt*: *to do your best* fer el que es pugui ◇ *to do good* fer el bé ◇ *to do sb a favour*

D

fer-li un favor a algú **2** *vi* anar: *She's doing well at school.* Va bé a l'escola. ◇ *How's the business doing?* Com va el negoci? ◇ *He did badly in the exam.* L'examen li va anar malament. **3** *vi* haver-n'hi prou, fer el servei: *Will £10 do?* N'hi haurà prou amb 10 lliures? ◇ *All right, a pencil will do.* D'acord, un llapis farà el servei. **4** *vi* anar bé: *Will next Friday do?* Et va bé el divendres que ve?

LOC **be/have to do with sb/sth** tenir a veure amb algú/alguna cosa: *She won't have anything to do with him.* No vol tenir res a veure amb ell. ◇ *What's it got to do with you?* I a tu què t'importa! ◆ **could do with sth**: *I could do with a good night's sleep.* Em provaria dormir una nit sencera. ◇ *We could do with a holiday.* Ens provarien molt unes vacances. ◆ **it/that will never/won't do**: *It (simply) won't do.* No pot ser. ◇ *It would never do to...* No estaria bé que... ◆ **that does it!** (*col·loq*) ja n'hi ha prou! ◆ **that's done it!** (*col·loq*) ja l'hem feta! ◆ **that will do!** ja està bé! ℹ Per a d'altres expressions amb **do**, vegeu les entrades del nom, adjectiu, etc., p. ex. **do your bit** a BIT.

PHR V **do away with sth** (*col·loq*) desfer-se d'alguna cosa, abolir alguna cosa

do sth up 1 cordar(-se) alguna cosa **2** lligar(-se) alguna cosa **3** embolicar alguna cosa **4** renovar alguna cosa

do without (sb/sth) viure sense algú/alguna cosa, estar sense algú/alguna cosa ℹ *Vegeu tb exemples a* MAKE.

▸ *v aux* ℹ En català, **do** no es tradueix. Porta el temps i la persona del verb principal de l'oració.

- **frases interrogatives i negatives**: *Does she speak French?* Parla francès? ◇ *Did you go home?* Vau anar a casa? ◇ *She didn't go to Paris.* No va anar a París. ◇ *He doesn't want to come with us.* No vol venir amb nosaltres.
- **question tags 1** (*oració afirmativa*): do + n't + pronom personal +?: *John lives here, doesn't he?* En John viu aquí, oi? **2** (*oració afirmativa*): do + pronom personal +?: *So you told him, did you?* És a dir que tu li ho vas dir, oi? **3** (*oració negativa*): do + pronom personal +?: *Mary doesn't know, does she?* La Mary no ho sap, oi?
- **en afirmatives amb ús emfàtic**: *He does look tired.* De debò que se'l veu cansat. ◇ *Well, I did warn you.* Bé, ja t'ho vaig dir jo. ◇ *Oh, do be quiet!* Vols parar de parlar!
- **per evitar repetir el verb**: *He drives better than he did a year ago.* Condueix més bé que fa un any. ◇ *She knows more than he does.* Ella sap més que ell. ◇ *'Who won?' 'I did.'* —Qui va guanyar? —Jo. ◇ *'He smokes.' 'So do I.'* —Ell fuma. —Jo també. ◇ *Peter didn't go and neither did I.* Ni en Peter ni jo no hi vam anar. ◇ *You didn't know her but I did.* Tu no la coneixies, però jo sí.

▸ /duː/ *n* (*pl* **dos** *o* **do's** /duːz/) (*GB, col·loq*) festa LOC **do's and don'ts** (*col·loq*) regles

docile /ˈdəʊsaɪl; *USA* ˈdɒsl/ *adj* dòcil

dock /dɒk/ *nom, verb*

▸ *n* **1** dàrsena **2 docks** [*pl*] port **3** (*Dret*) banc dels acusats

▸ **1** *vt, vi* (*Nàut*) (fer) entrar a la dàrsena, atracar (en un moll) **2** *vi* arribar a port **3** *vt, vi* (*nau espacial*) acoblar(-se)

doctor /ˈdɒktə(r)/ *nom, verb*

▸ *n* (*abrev* **Dr**) **1** (*Med*) metge, -essa **2 doctor's** cal metge: *to go to the doctor's* anar a cal metge ◇ *I've an appointment at the doctor's.* Tinc hora amb el metge. **3** ~ **(of sth)** (*títol*) doctor, -a (en alguna cosa)

▸ *vt* **1** falsificar **2** (*comestibles*) adulterar

doctorate /ˈdɒktərət/ *n* doctorat

doctrine /ˈdɒktrɪn/ *n* doctrina

document *nom, verb*

▸ *n* /ˈdɒkjumənt/ document

▸ *vt* /ˈdɒkjument/ documentar

documentary /ˌdɒkjuˈmentri/ *adj, n* (*pl* **documentaries**) documental

docusoap /ˈdɒkjusəʊp/ *n* docusèrie

dodge /dɒdʒ/ **1** *vi* esquivar-se, apartar-se: *She dodged round the corner.* Va girar la cantonada. **2** *vt* esquivar, defugir: *to dodge awkward questions* eludir preguntes difícils **3** *vt* escapolir-se de (*perseguidor*)

dodgem /ˈdɒdʒəm/ *n* auto de xoc

dodgy /ˈdɒdʒi/ *adj* (*GB, col·loq*) **1** sospitós: *Sounds a bit dodgy to me.* Em fa mala espina. **2** defectuós: *I've got a dodgy knee.* Tinc un genoll malament. ◇ *The meat looked a bit dodgy.* La carn tenia mal aspecte. **3** (*situació*) delicat, arriscat

doe /dəʊ/ *n* cérvola, conilla, llebre femella ➲ *Vegeu notes a* CÉRVOL *i* CONILL

does /dʌz/ *Vegeu* DO

doesn't /ˈdʌznt/ = DOES NOT *Vegeu* DO

dog /dɒg; *USA* dɔːg/ *nom, verb*

▸ *n* gos

▸ *vt* (**-gg-**) empaitar: *He was dogged by misfortune.* L'empaitava la mala sort.

dogged /ˈdɒgɪd; *USA* ˈdɔːgɪd/ *adj* tenaç **doggedly** *adv* tenaçment

doggy (*tb* **doggie**) /ˈdɒgi; *USA* ˈdɔːgi/ *n* (*pl* **doggies**) (*col·loq*) gosset

doggy bag *n* (*col·loq*) bossa que proporcionen alguns restaurants per emportar-se les sobres a casa

dogsbody /ˈdɒgzbɒdi; *USA* ˈdɔːgz-/ *n* (*pl* **dogsbodies**) (*GB, col·loq*): *I'm just the general dogsbody around here.* Sóc l'esclau en aquesta empresa. ◇ *I'm fed up with being his dogsbody.* Estic tip de fer-li de criat.

do-it-yourself /ˌduː ɪt jəˈself/ *n Vegeu* DIY

the dole /dəʊl/ *n* (*GB, col·loq*) el subsidi d'atur: *to be/go on the dole* estar/quedar-se a l'atur

doll /dɒl/ *n* nina

dollar /ˈdɒlə(r)/ *n* dòlar: *a dollar bill* un billet de dòlar

dolly /ˈdɒli/ *n* (*pl* **dollies**) (*col·loq*) nina

dolphin /ˈdɒlfɪn/ *n* dofí

domain /dəˈmeɪn, dəʊ-/ *n* **1** camp: *outside my domain* fora de la meva competència **2** (*terres*) dominis **3** (*Internet*) domini

dome /dəʊm/ *n* cúpula **domed** *adj* en forma de cúpula

domestic /dəˈmestɪk/ *adj* **1** nacional: *domestic flights* vols nacionals **2** domèstic **domesticated** *adj* **1** domèstic **2** casolà

dominant /ˈdɒmɪnənt/ *adj* dominant **dominance** *n* dominació

dominate /ˈdɒmɪneɪt/ *vt, vi* dominar **domination** *n* domini

domineering /ˌdɒmɪˈnɪərɪŋ/ *adj* (*pej*) dominant

dominion /dəˈmɪniən/ *n* domini

domino /ˈdɒmɪnəʊ/ *n* **1** (*pl* **dominoes**) fitxa de dòmino **2 dominoes** [*incomptable*] dòmino: *to play dominoes* jugar al dòmino

donate /dəʊˈneɪt; *USA* ˈdəʊneɪt/ *vt* fer una donació de **donation** *n* **1** donatiu **2** [*incomptable*] donació

done /dʌn/ *adj* fet, enllestit *Vegeu tb* DO

donkey /ˈdɒŋki/ *n* (*pl* **donkeys**) burro

donor /ˈdəʊnə(r)/ *n* donant

don't /dəʊnt/ = DO NOT *Vegeu* DO

doodle /ˈduːdl/ *verb, nom*
▸ *vi* gargotejar
▸ *n* gargot

doom /duːm/ *n* [*incomptable*] perdició, mort: *to meet your doom* trobar la mort ◇ *a sense of doom* una sensació de fatalitat LOC **prophet of doom; doom merchant** catastrofista **doomed** *adj* condemnat: *doomed to failure* condemnat al fracàs

door /dɔː(r)/ *n* porta LOC **(from) door to door** de porta a porta: *a door-to-door salesman* un venedor a domicili ◆ **out of doors** a l'aire lliure

doorbell /ˈdɔːbel/ *n* timbre (*de la porta*)

doorknob /ˈdɔːnɒb/ *n* pom (*d'una porta*)

doormat /ˈdɔːmæt/ *n* estora (*de l'entrada*)

doorstep /ˈdɔːstep/ *n* llindar LOC **on the/your doorstep** a quatre passes

doorway /ˈdɔːweɪ/ *n* portal, porta: *She was standing in the doorway.* S'estava a la porta.

dope /dəʊp/ *nom, verb*
▸ *n* **1** [*incomptable*] (*col·loq*) droga (*esp haixix*) **2** [*incomptable*] estimulant: *dope test* control antidopatge **3** (*col·loq*) imbècil
▸ *vt* **1** dopar **2** narcotitzar

dormant /ˈdɔːmənt/ *adj* inactiu

dormitory /ˈdɔːmətri; *USA* -tɔːri/ *n* (*pl* **dormitories**) dormitori (*col·lectiu*)

dormouse /ˈdɔːmaʊs/ *n* (*pl* **dormice** /-maɪs/) liró

dosage /ˈdəʊsɪdʒ/ *n* dosi

dose /dəʊs/ *n* dosi

dot /dɒt/ *nom, verb*
▸ *n* punt LOC **on the dot** (*col·loq*) a l'hora en punt
▸ *vt* (**-tt-**) posar un punt a/damunt LOC **dot your i's and cross your t's** acabar els últims detalls

dot-com (*tb* **dotcom**) /ˌdɒt ˈkɒm/ *n* puntcom

dote /dəʊt/ *vi* ~ **on/upon sb** adorar algú **doting** *adj* [*només davant del nom*] devot

double /ˈdʌbl/ *adjectiu, adverbi, nom, verb*
▸ *adj* doble: *double figures* nombres de dues xifres
▸ *adv*: *to see double* veure-hi doble ◇ *She earns double what he does.* Guanya el doble que ell. ◇ *bent double* corbat ◇ *to fold a blanket double* plegar una flassada per la meitat
▸ *n* **1** (*quantitat, persona*) doble **2 doubles** [*pl*] (*Esport*) dobles: *mixed doubles* dobles mixtos
▸ **1** *vt, vi* duplicar(-se) **2** *vt* ~ **sth (over)** doblegar alguna cosa (per la meitat) **3** *vi* ~ **(up) as sth** fer (també) d'alguna cosa: *The kitchen doubles as a dining room.* La cuina també fa de menjador. PHR V **double (sb) up/over**: *to be doubled up with laughter* caragolar-se de riure ◇ *to double over with pain* caragolar-se de dolor

double-barrelled (*USA* **double-barreled**) /ˌdʌbl ˈbærəld/ *adj* **1** (*escopeta*) de dos canons **2** (*cognom*) compost ➲ *Vegeu nota a* SURNAME

double bass *n* contrabaix

double-check /ˌdʌbl ˈtʃek/ *vt* tornar a comprovar

double-click /ˌdʌbl ˈklɪk/ *vi* ~ **(on sth)** (*Informàt*) fer (un) doble clic (en alguna cosa)

D

double-cross /ˌdʌbl ˈkrɒs; *USA* ˈkrɔːs/ *vt* enganyar

double-decker /ˌdʌbl ˈdekə(r)/ *n* autobús de dos pisos

double-edged /ˌdʌbl ˈedʒd/ *adj* de doble tall

double glazing *n* vidre doble **double-glazed** /ˌdʌbl ˈgleɪzd/ *adj* amb vidre doble

doubly /ˈdʌbli/ *adv* doblement: *to make doubly sure of sth* tornar a assegurar-se d'alguna cosa

doubt /daʊt/ *nom, verb*

▸ *n* ~ **(about sth)**; ~ **(as to sth)** dubte (sobre alguna cosa) LOC **be in doubt** ésser dubtós ◆ **beyond (any) doubt** sense cap mena de dubte ◆ **cast/throw doubt on sth** fer dubtar d'alguna cosa ◆ **no doubt**; **without/beyond doubt** sens dubte *Vegeu tb* BENEFIT

▸ *vt, vi* dubtar (de) **doubter** *n* escèptic, -a

doubtful /ˈdaʊtfl/ *adj* dubtós: *to be doubtful about (doing) sth* tenir dubtes sobre (si fer) alguna cosa **doubtfully** /-fəli/ *adv* sense convicció

doubtless /ˈdaʊtləs/ *adv* sens dubte

dough /dəʊ/ *n* massa

doughnut /ˈdəʊnʌt/ *n* bunyol

dour /ˈdaʊə(r), dʊə(r)/ *adj* auster

douse (*tb* **dowse**) /daʊs/ *vt* ~ **sb/sth (in/with sth)** amarar algú/alguna cosa (d'alguna cosa)

dove¹ /dʌv/ *n* colom

dove² (*USA*) *pt de* DIVE

dowdy /ˈdaʊdi/ *adj* sense gràcia, sense estil

down /daʊn/ *adverbi, preposició, adjectiu, nom*

ℹ Per als usos de **down** en *phrasal verbs*, vegeu les entrades dels verbs corresponents, p. ex. **go down** a GO.

▸ *adv* **1** avall: *Don't look down!* No miris cap avall! ◇ *face down* bocaterrós **2** baix: *Inflation is down this month.* La inflació ha baixat aquest mes. ◇ *to be £50 down* haver perdut 50 lliures **3** *Ten down, five to go.* En portem deu, en falten cinc. LOC **be down to sb** (*col·loq*) dependre d'algú, ésser responsabilitat d'algú ◆ **be down to sb/sth** ésser culpa d'algú/d'alguna cosa: *It's all down to luck.* És tot qüestió de sort. ◆ **down under** (*col·loq*) als antípodes ◆ **down with sb/sth!** a baix algú/alguna cosa!

▸ *prep* avall: *down the hill* muntanya avall ◇ *down the corridor on the right* baixant el corredor a mà dreta ◇ *He ran his eyes down the list.* Va recórrer la llista de dalt a baix.

▸ *adj* **1** (*col·loq*) deprimit: *to be/feel down* estar deprimit **2** (*Informàt*): *The system was down all morning.* Durant tot el matí el sistema no ha funcionat.

▸ *n* [*incomptable*] **1** plomissol **2** borrissol

down-and-out /ˌdaʊn ənd ˈaʊt/ *n* indigent

downcast /ˈdaʊnkɑːst; *USA* -kæst/ *adj* abatut

downfall /ˈdaʊnfɔːl/ *n* [*sing*] caiguda: *Drink will be his downfall.* La beguda serà la seva perdició.

downgrade /ˌdaʊnˈgreɪd/ *vt* ~ **sb/sth (from sth) (to sth)** baixar algú/alguna cosa de categoria (d'alguna cosa) (a alguna cosa)

downhearted /ˌdaʊnˈhɑːtɪd/ *adj* desanimat

downhill *adverbi, adjectiu, nom*

▸ *adv, adj* /ˌdaʊnˈhɪl/ camí avall LOC **be (all) downhill**; **be downhill all the way** (*col·loq*) ésser (tot) bufar i fer ampolles ◆ **go downhill 1** anar camí/pendent avall **2** anar de caiguda

▸ *n* /ˈdaʊnhɪl/ (*tb* **downhill skiing**) esquí alpí, descens

download *verb, nom*

▸ *vt* /ˌdaʊnˈləʊd/ (*Informàt*) baixar

▸ *n* /ˈdaʊnləʊd/ (*Informàt*) baixada **downloadable** /ˌdaʊnˈləʊdəbl/ *adj* (*Informàt*) que es pot baixar

downmarket /ˌdaʊnˈmɑːkɪt/ *adj* de/per al gran públic, vulgar

downplay /ˌdaʊnˈpleɪ/ *vt* treure importància a

downpour /ˈdaʊnpɔː(r)/ *n* xàfec

downright /ˈdaʊnraɪt/ *adjectiu, adverbi*

▸ *adj* [*només davant del nom*] absolut: *downright stupidity* estupidesa absoluta

▸ *adv* completament

downside /ˈdaʊnsaɪd/ *n* inconvenient

downsize /ˈdaʊnsaɪz/ *vi, vt* (*Com*) reduir (*personal*)

Down's syndrome *n* síndrome de Down

downstairs /ˌdaʊnˈsteəz/ *adverbi, adjectiu, nom*

▸ *adv* a baix, (escales) avall

▸ *adj* (al/del pis) de sota

▸ *n* [*sing*] planta baixa

downstream /ˌdaʊnˈstriːm/ *adv* riu avall

down to earth *adj* pràctic, que toca de peus a terra

downtown /ˌdaʊnˈtaʊn/ *adv* (*esp USA*) al centre (*de la ciutat*)

downtrodden /ˈdaʊntrɒdn/ *adj* oprimit

downturn /ˈdaʊntɜːn/ *n* baixa: *a downturn in sales* un descens en les vendes

downward /ˈdaʊnwəd/ *adj* cap avall: *a downward trend* una tendència a la baixa

downwards /ˈdaʊnwədz/ (*tb esp USA* **downward**) *adv* cap avall

downy /daʊni/ *adj* amb borrissol

dowry /ˈdaʊri/ *n* (*pl* **dowries**) dot

dowse = DOUSE

doze /dəʊz/ *verb, nom*
▸ *vi* fer una becaina PHR V **doze off** endormiscar-se
▸ *n* [*sing*] becaina

dozen /'dʌzn/ *n* (*abrev* **doz.**) dotzena: *two dozen eggs* dues dotzenes d'ous ◇ *There were dozens of people.* Hi havia un munt de gent.

dozy /'dəʊzi/ *adj* (*col·loq*) **1** ensopit **2** beneit

drab /dræb/ *adj* (**drabber, -est**) monòton, gris

draft /drɑːft; *USA* dræft/ *nom, verb*
▸ *n* **1** esborrany: *a draft bill* un avantprojecte de llei **2** (*Fin*) ordre de pagament, lletra de canvi **3 the draft** (*USA*) la quinta a files **4** (*USA*) = DRAUGHT
▸ *vt* **1** fer un esborrany de **2** ~ **sb (in)** destacar algú **3** (*USA*) (*Mil*) reclutar al servei militar

drafty (*USA*) = DRAUGHTY

drag /dræg/ *verb, nom*
▸ (**-gg-**) **1** *vt, vi* arrossegar(-se) **2** *vi* ~ **(on)** fer-se etern **3** *vt* (*Nàut*) dragar
▸ *n* (*col·loq*) **1 a drag** [*sing*] (*persona, cosa*) una llauna **2** *a man in drag* un home vestit de dona

dragon /'drægən/ *n* drac

dragonfly /'drægənflaɪ/ *n* (*pl* **dragonflies**) libèl·lula

drain /dreɪn/ *verb, nom*
▸ *vt* **1** (*plats, verdures, etc.*) escórrer **2** (*terreny, llac, etc.*) drenar **3** esgotar: *She felt drained of all energy.* Se sentia completament esgotada. PHR V **drain away 1** (*lit*) escolar-se **2** (*fig*) consumir-se (*lentament*)
▸ *n* **1** desguàs **2** claveguera LOC **be a drain on sth** ésser una sagnia per a alguna cosa **drainage** /'dreɪnɪdʒ/ *n* drenatge

draining board *n* escorreplats

drainpipe /'dreɪnpaɪp/ *n* tub de desguàs

drama /'drɑːmə/ *n* **1** obra de teatre **2** drama: *drama school/student* escola/estudiant d'art dramàtic **3** dramatisme **dramatic** /drə'mætɪk/ *adj* dramàtic **dramatically** /-kli/ *adv* dramàticament, d'una manera impressionant

dramatist /'dræmətɪst/ *n* dramaturg, -a

dramatize (*GB tb* **-ise**) /'dræmətaɪz/ *vt, vi* dramatitzar **dramatization** (*GB tb* **-isation**) *n* dramatització

drank *pt de* DRINK

drape /dreɪp/ *vt* **1** ~ **sth around/over/across sth** (*teixit*) penjar alguna cosa sobre alguna cosa **2** ~ **sb/sth in/with sth** tapar, embolicar algú/alguna cosa amb alguna cosa

drastic /'dræstɪk/ *adj* **1** dràstic **2** greu **drastically** /-kli/ *adv* dràsticament

draught (*USA* **draft**) /drɑːft/ *n* **1** corrent (*d'aire*) **2 draughts** (*USA* **checkers**) [*incomptable*] dames (*joc*) LOC **on draught** (*cervesa*) de barril

draughtsman (*USA* **draftsman**) /'drɑːftsmən/ *n* (*pl* **-men** /-mən/) delineant, dibuixant

draughtswoman (*USA* **draftswoman**) /'drɑːftswʊmən/ *n* (*pl* **-women** /-wɪmɪn/) delineant, dibuixant

draughty (*USA* **drafty**) /'drɑːfti/ *adj* (**draughtier, -iest**) amb molts corrents d'aire

draw /drɔː/ *verb, nom*
▸ (*pt* **drew** /druː/ *pp* **drawn** /drɔːn/) **1** *vt, vi* dibuixar **2** *vi*: *to draw near* acostar-se ◇ *The train drew into/out of the station.* El tren va entrar a/va sortir de l'estació. ◇ *to draw level with sb* atrapar algú **3** *vt* estirar: *I drew my chair up to the table.* Vaig acostar la meva cadira a la taula. **4** *vt* (*cortines*) tirar, descórrer **5** *vt* ~ **sb (to sb/sth)** atreure algú (cap a algú/alguna cosa) **6** *vt* (*conclusió*) treure **7** *vt* (*comparació, distinció*) fer: *to draw an analogy/a parallel* establir una analogia/un paral·lel **8** *vt* ~ **sth from sb/sth**: *to draw inspiration from sth* inspirar-se en alguna cosa ◇ *to draw comfort from sb/sth* trobar consol en algú/alguna cosa **9** *vi* ~ **(with/against sb)** (*Esport*) empatar (amb algú) **10** *vt* (*sou*) cobrar LOC *Vegeu* CLOSE[1]
PHR V **draw back** retrocedir, fer-se enrere ◆ **draw sth back** retirar alguna cosa, descórrer alguna cosa
draw in (*dia*) fer-se més curt
draw on/upon sth fer ús d'alguna cosa
draw out (*dia*) allargar-se
draw up parar-se ◆ **draw sth up** redactar alguna cosa
▸ *n* **1** sorteig ➲ *Compareu amb* RAFFLE **2** empat

drawback /'drɔːbæk/ *n* ~ **(of/to sth)** inconvenient, desavantatge (d'alguna cosa)

drawer /drɔː(r)/ *n* calaix

drawing /'drɔːɪŋ/ *n* dibuix

drawing pin (*USA* **thumbtack**) *n* xinxeta

drawing room *n* (*formal* o *antic*) sala

drawl /drɔːl/ *n* [*sing*] cantarella lenta

drawn /drɔːn/ *adj* demacrat *Vegeu tb* DRAW

dread /dred/ *verb, nom*
▸ *vt* tenir por de: *I dread to think what will happen.* Tinc por de pensar què passarà.
▸ *n* feredat, horror

dreadful /'dredfl/ *adj* **1** horrible, pèssim: *I feel dreadful.* Em trobo fatal. ◇ *I feel dreadful about what happened.* Em sap molt greu el que va passar. ◇ *How dreadful!* Quin horror! **2** terrible, horrorós **dreadfully** /-fəli/ *adv* **1** molt: *I'm*

D

D

dreadfully sorry. Em sap molt greu. **2** terriblement **3** molt malament

dreadlocks /ˈdredlɒks/ (*col·loq* **dreads**) *n* [*pl*] rínxols a l'estil dels rastafarians

dream /driːm/ *nom, verb*

▸ *n* somni: *to have a dream about sb/sth* somiar algú/alguna cosa ◇ *to go around in a dream/live in a dream world* viure en una fantasia

▸ (*pt, pp* **dreamt** /dremt/ *o* **dreamed**) **1** *vt, vi* ~ **(of/about sb/sth/doing sth)** somiar (algú/alguna cosa/de fer alguna cosa): *I dreamt (that) I could fly.* Vaig somiar que podia volar. ◇ *She dreamt of being famous one day.* Somiava que algun dia seria famosa. **2** *vt* imaginar-se: *I never dreamt (that) I'd see you again.* No m'havia imaginat mai que et tornaria a veure.

> Alguns verbs tenen dues formes per al *past simple* i el *past participle*: **dream** té **dreamed/dreamt**, **spoil** té **spoiled/spoilt**, etc. En anglès britànic es prefereixen les formes irregulars (**dreamt**, **spoilt**, etc.), mentre que en anglès americà s'usen les formes regulars (**dreamed**, **spoiled**, etc.). De tota manera, quan el participi funciona com a adjectiu sempre es fa servir la forma irregular: *a spoilt child* un nen consentit.

dreamer *n* somiador, -a **dreamy** *adj* (**dreamier, -iest**) somiador, distret **dreamily** *adv* distretament

dream ticket *n* [*sing*] combinat perfecte (*esp en eleccions*)

dreary /ˈdrɪəri/ *adj* (**drearier, -iest**) **1** depriment **2** avorrit

dredge /dredʒ/ *vt, vi* dragar **dredger** *n* draga

drench /drentʃ/ *vt* amarar: *to get drenched to the skin/drenched through* amarar-se fins als ossos ◇ *(absolutely) drenched* completament xop

dress /dres/ *nom, verb*

▸ *n* **1** vestit **2** [*incomptable*] roba: *to have no dress sense* no saber combinar la roba *Vegeu tb* FANCY DRESS

▸ **1** *vt, vi* vestir(-se): *to dress in black* vestir-se de negre ◇ *He was dressed as a woman.* Anava vestit de dona. ◇ *to dress smartly* vestir bé ❶ Quan ens referim simplement a l'acció de vestir-se diem **get dressed**. **2** *vt* (*ferida*) curar **3** *vt* (*amanida*) amanir PHR V **dress (sb) up (as sb/sth)** disfressar-se/disfressar algú (d'algú/d'alguna cosa) ◆ **dress (sb) up (in sth)** disfressar-se/disfressar algú (amb alguna cosa) ◆ **dress up** mudar-se ◆ **dress sth up** disfressar alguna cosa

dress circle *n* (*Teat*) primer pis preferent

dresser /ˈdresə(r)/ *n* **1** (*GB*) bufet **2** (*USA*) calaixera

dressing /ˈdresɪŋ/ *n* **1** amaniment **2** bena, cura

dressing gown (*USA* **bathrobe**) *n* bata (*d'estar per casa*)

dressing room *n* vestidor, camerino

dressing table *n* tocador

dressmaker /ˈdresmeɪkə(r)/ *n* modista **dressmaking** *n* costura

drew *pt de* DRAW

dribble /ˈdrɪbl/ **1** *vi* bavejar **2** *vt, vi* driblar

dried *pt, pp de* DRY

drier = DRYER

drift /drɪft/ *nom, verb*

▸ *n* **1** *the drift towards war* la marxa cap a la guerra ◇ *population drift from rural areas* el moviment migratori des de les àrees rurals **2** (*de sorra, neu, etc.*) pila **3** [*sing*] idea general

▸ *vi* **1** surar **2** anar a la deriva: *to drift into (doing) sth* fer alguna cosa empès pel corrent **3** (*sorra, neu*) amuntegar-se **drifter** *n* (*pej*): *He's a drifter.* Li costa establir-se en els llocs.

drill /drɪl/ *nom, verb*

▸ *n* **1** trepant: *a dentist's drill* una fresa de dentista ◇ *pneumatic drill* martell pneumàtic **2** (*Educ*) exercici **3** *fire drill* un simulacre d'incendi **4** [*incomptable*] (*Mil*) instrucció

▸ *vt* **1** perforar **2** instruir

drily (*tb* **dryly**) /ˈdraɪli/ *adv* en to sec

drink /drɪŋk/ *nom, verb*

▸ *n* beguda: *a drink of water* una mica d'aigua ◇ *to go for a drink* anar a prendre alguna cosa *Vegeu tb* SOFT DRINK

▸ (*pt* **drank** /dræŋk/ *pp* **drunk** /drʌŋk/) *vt, vi* beure: *Don't drink and drive.* Si beus, no condueixis. LOC **drink to sb's health** beure a la salut d'algú PHR V **drink sth in** (*fig*) assaborir alguna cosa ◆ **drink to sb/sth** brindar per algú/alguna cosa ◆ **drink sth up** beure alguna cosa d'un sol glop **drinker** *n* bevedor, -a **drinking** *n* el beure

drink-driving /ˌdrɪŋk ˈdraɪvɪŋ/ *n* [*incomptable*] delicte de conduir begut

drinking water *n* aigua potable

drip /drɪp/ *verb, nom*

▸ *vi* (**-pp-**) gotejar LOC **be dripping with sth** estar amarat d'alguna cosa

▸ *n* **1** gota **2** (*Med*) comptagotes: *to be on a drip* portar un comptagotes

drive /draɪv/ *verb, nom*

▸ (*pt* **drove** /drəʊv/ *pp* **driven** /ˈdrɪvn/) **1** *vt, vi* conduir: *Can you drive?* Saps conduir? **2** *vi* viatjar amb cotxe: *Did you drive?* Has vingut amb cotxe? **3** *vt* portar (amb cotxe) **4** *vt*: *to*

drive sb crazy tornar boig algú ◇ *to drive sb to drink* conduir algú a la beguda **5** *vt* (*bestiar*) arriar: *to drive sheep into a field* portar les ovelles a un prat **6** *vt* impulsar LOC **be in the driving seat** tenir la paella pel mànec ◆ **drive a hard bargain** ésser un negociador dur ◆ **what sb is driving at**: *What are you driving at?* On vols anar a parar? PHR V **drive away/off** allunyar-se amb cotxe ◆ **drive sb/sth off** fer fora algú/alguna cosa
▸ *n* **1** tomb, viatge (*amb cotxe*): *to go for a drive* anar a donar un tomb amb cotxe **2** (*en una casa*) camí de l'entrada **3** empenta **4** campanya **5** (*Esport*) cop directe, drive **6** (*Mec*) mecanisme de transmissió: *four-wheel drive* tracció a les quatre rodes ◇ *a left-hand drive car* un cotxe amb el volant a l'esquerra *Vegeu tb* DISK DRIVE

drive-in /'draɪv ɪn/ *n* lloc a l'aire lliure, sobretot cines, restaurants, etc., on se serveix els clients sense que hagin de sortir del cotxe

driven *pp de* DRIVE

driver /'draɪvə(r)/ *n* conductor, -a, xofer, -a: *train driver* maquinista

driveway /'draɪvweɪ/ *Vegeu* DRIVE *n* (2)

driving licence (*USA* **driver's license**) *n* carnet de conduir

driving school *n* autoescola

driving test *n* examen de conduir

drizzle /'drɪzl/ *verb, nom*
▸ *vi* plovisquejar
▸ *n* plugim

drone /drəʊn/ *nom, verb*
▸ *n* brunzit
▸ *vi* brunzir PHR V **drone on (about sth)** parlar (sobre alguna cosa) en un to monòton

drool /dru:l/ *vi* **1** bavejar **2** ~ **(over sb/sth)** (*pej*) caure-li la bava a algú (per algú/alguna cosa)

droop /dru:p/ *vi* **1** caure **2** (*flor*) pansir-se **3** (*ànim*) decaure **droopy** *adj* **1** caigut **2** (*flor*) pansit

drop

She's **dropped** her book.

He's **spilt** his milk.

drop /drɒp/ *verb, nom*
▸ (**-pp-**) **1** *vi* caure: *He dropped to his knees.* Es va agenollar. **2** *vt* deixar caure: *She dropped her book.* Li va caure el llibre. ◇ *to drop a bomb* llançar una bomba

Si et cau un objecte, es fa servir **drop**: *Be careful you don't drop that plate!* Compte amb el plat, que no et caigui! Quan es tracta d'un líquid, es fa servir **spill**: *She spilt coffee on her skirt.* Li va caure cafè a la faldilla.

3 *vi* desmaiar-se: *I feel ready to drop.* Estic a punt de desmaiar-me. ◇ *to work till you drop* treballar posant-hi el coll **4** *vt, vi* disminuir, caure: *to drop prices* reduir preus **5** *vt* ~ **sb/sth (off)** (*passatger, paquet*) deixar algú/alguna cosa: *Can you drop me near the bank?* Em pots deixar a prop del banc? **6** *vt* ometre: *He's been dropped from the team.* L'han exclòs de l'equip. **7** *vt* (*amics*) deixar de veure **8** *vt* (*hàbit, actitud*) deixar: *Drop everything!* Deixa-ho tot! ◇ *Can we drop the subject?* Deixem aquest tema? LOC **drop a hint** deixar anar una indirecta ◆ **drop dead** (*col·loq*) **1** quedar-s'hi (de sobte) **2** *Drop dead!* Vés a fer punyetes! ◆ **drop sb a line** (*col·loq*) escriure unes ratlles a algú *Vegeu tb* ANCHOR, LET PHR V **drop back/behind** quedar-se enrere, endarrerir-se ◆ **drop by/in/round**; **drop in on sb** fer una visita informal a algú: *I thought I'd drop in on you while I was passing.* Vaig pensar que entraria a veure't ja que passava pel costat de casa teva. ◇ *Drop round some time.* Vine a veure'ns alguna vegada. ◆ **drop off** (*GB, col·loq*) quedar-se adormit ◆ **drop out (of sth)** retirar-se (d'alguna cosa): *to drop out (of university)* deixar els estudis ◇ *to drop out (of society)* automarginar-se
▸ *n* **1** gota: *Would you like a drop of wine?* Et ve de gust un got de vi? **2** [*gen sing*] caiguda: *a drop in prices* una caiguda dels preus ◇ *a drop in temperature* un descens de la temperatura ◇ *a sheer drop* un precipici LOC **at the drop of a hat** sense pensar-s'ho ◆ **be (only) a drop in the ocean** ésser ben poca cosa

drop-dead /ˌdrɒp 'ded/ *adv* (*col·loq*): *He's drop-dead gorgeous!* És molt i molt atractiu!

drop-down menu /ˌdrɒp daʊn 'menju:/ *n* (*Informàt*) menú desplegable

dropout /'drɒpaʊt/ *n* **1** alumne, -a que no acaba els estudis **2** marginat, -ada

droppings /'drɒpɪŋz/ *n* [*pl*] excrements (*d'animals o ocells*)

drought /draʊt/ *n* secada

drove *pt de* DRIVE

D

D

drown /draʊn/ *vt, vi* ofegar(-se) PHR V **drown sb/sth out** ofegar algú/alguna cosa: *His words were drowned out by the music.* Les seves paraules van quedar ofegades per la música.

drowsy /ˈdraʊzi/ *adj* (**drowsier**, **-iest**) endormiscat: *This drug can make you drowsy.* Aquest medicament pot produir somnolència.

drudgery /ˈdrʌdʒəri/ *n* treball ingrat

drug /drʌg/ *nom, verb*
▸ *n* **1** droga: *to be on drugs* consumir drogues habitualment ◊ *drug abuse* abús de drogues **2** (*Med*) fàrmac, medicament: *drug company* empresa farmacèutica LOC **hard/soft drugs** drogues dures/toves
▸ *vt* (**-gg-**) drogar

drug addict *n* drogoaddicte, -a **drug addiction** *n* drogoaddicció

drug dealer *n* (*drogues*) traficant de droga, camell **drug dealing** *n* narcotràfic (*a petita escala*)

drugstore /ˈdrʌgstɔː(r)/ *n* (*USA*) farmàcia que també ven cosmestibles, diaris, etc. ➲ *Vegeu nota a* PHARMACY

drum /drʌm/ *nom, verb*
▸ *n* **1** (*Mús*) timbal, bateria: *to play the drums* tocar la bateria **2** tambor, bidó
▸ (**-mm-**) **1** *vi* tocar el timbal **2** *vt, vi* ~ **(sth) on sth** tamborinar (amb alguna cosa) en alguna cosa PHR V **drum sth into sb/into sb's head** insistir en alguna cosa a algú ◆ **drum sb out (of sth)** expulsar algú (d'alguna cosa) ◆ **drum sth up** esforçar-se per tal d'assolir alguna cosa (*suport, clients, etc.*): *to drum up interest in sth* fomentar l'interès en alguna cosa **drummer** *n* bateria (*persona*)

drumstick /ˈdrʌmstɪk/ *n* **1** (*Mús*) baqueta **2** (*Cuina*) cuixa (*de pollastre, etc.*)

drunk /drʌŋk/ *adjectiu, nom*
▸ *adj* begut, borratxo: *to be drunk with joy* estar embriac d'alegria LOC **drunk and disorderly**: *to be charged with being drunk and disorderly* ésser acusat d'embriaguesa i desordre ◆ **get drunk** emborratxar-se
▸ *n* (*antic* **drunkard** /ˈdrʌŋkəd/) borratxo, -a *Vegeu tb* DRINK

drunken /ˈdrʌŋkən/ *adj* [*només davant del nom*] borratxo: *to be charged with drunken driving* ésser acusat de conduir en estat d'embriaguesa **drunkenness** *n* embriaguesa

dry /draɪ/ *adjectiu, verb, nom*
▸ *adj* (**drier**, **driest**) **1** sec, eixut: *dry white wine* vi blanc sec ◊ *Tonight will be dry.* Aquesta nit no plourà. *Vegeu tb* BONE DRY **2** àrid **3** (*humor*) irònic LOC **run dry** assecar-se *Vegeu tb* HIGH, HOME
▸ *vt, vi* (*pt, pp* **dried**) assecar(-se), eixugar(-se): *He dried his eyes.* Es va eixugar les llàgrimes. PHR V **dry (sth) out** assecar alguna cosa, assecar-se ◆ **dry up** (*riu*) assecar-se ◆ **dry (sth) up** eixugar (alguna cosa) (*plats, etc.*)
▸ *n* LOC **in the dry** sota cobert

dry-clean /ˌdraɪ ˈkliːn/ *vt* netejar en sec **dry-cleaner's** *n* tintoreria ➲ *Vegeu nota a* CARNISSERIA **dry-cleaning** *n* neteja en sec

dryer (*tb* **drier**) /ˈdraɪə(r)/ *n* assecadora

dry land *n* terra ferma

dryly = DRILY

dryness /ˈdraɪnəs/ *n* **1** sequedat **2** aridesa **3** (*humor*) ironia

dual /ˈdjuːəl; *USA* ˈduːəl/ *adj* [*només davant del nom*] doble

dual carriageway (*USA* **divided highway**) *n* autovia (*de dos carrils*)

dub /dʌb/ *vt* (**-bb-**) **1** anomenar (*malnom*) **2** doblar: *dubbed into English* doblat a l'anglès **dubbing** *n* doblatge

dubious /ˈdjuːbiəs; *USA* ˈduː-/ *adj* **1 be ~ about sth** tenir dubtes sobre alguna cosa **2** (*pej*) (*conducta*) sospitós **3** (*honor, etc.*) dubtós **dubiously** *adv* **1** d'una manera sospitosa **2** en to dubitatiu

duchess /ˈdʌtʃəs/ *n* duquessa

duck /dʌk/ *nom, verb*
▸ *n* ànec ➲ *Vegeu nota a* ÀNEC
▸ **1** *vi* acotar el cap, ajupir-se: *He ducked behind a rock.* Es va amagar darrere una roca. **2** *vt, vi* ~ **(out of) sth** (*responsabilitat*) eludir alguna cosa; escapolir-se d'alguna cosa

duckling /ˈdʌklɪŋ/ *n* aneguet

duct /dʌkt/ *n* conducte

dud /dʌd/ *nom, adjectiu*
▸ *n* (*col·loq*): *This battery is a dud.* Aquesta pila és defectuosa.
▸ *adj* [*només davant del nom*] **1** defectuós **2** inútil **3** (*xec*) sense fons

dude /djuːd; *USA* duːd/ *n* (*esp USA, argot*) tipus: *a real cool dude* un paio genial ◊ *What's happening, dudes?* Què passa, nois?

due /djuː; *USA* duː/ *adjectiu, nom, adverbi*
▸ *adj* **1** *The bus is due (in) at five o'clock.* L'autobús té l'arribada a les cinc. ◊ *She's due to arrive soon.* Deu estar a punt d'arribar. ◊ *She's due back on Thursday.* Se l'espera dijous. **2** *the money due to them* els diners que se'ls deu ◊ *Our thanks are due to…* Restem agraïts a… ◊ *It's all due to her efforts.* Tot és gràcies als seus esforços. ◊ *The next payment is due on the fifth.* El pròxim pagament venç el dia cinc. **3** ~ **(for) sth**: *I reckon I'm due (for) a*

holiday. Em sembla que em mereixo unes vacances. **4** convenient: *with all due respect* amb el convenient respecte LOC **in due course** en el moment oportú
▸ *n* **1** *to give sb their due* donar a algú el que es mereix **2 dues** [*pl*] quota
▸ *adv*: *due south* directament al sud

duel /'dju:əl; *USA* 'du:əl/ *n* duel

duet /dju'et; *USA* du'et/ *n* duet (*peça musical*)

duffel bag (*tb* **duffle bag**) /'dʌfl bæg/ *n* (*USA*) bossa de viatge

duffel coat (*tb* **duffle coat**) /'dʌfl kəʊt/ *n* trenca

dug *pt, pp de* DIG

duke /dju:k; *USA* du:k/ *n* duc ➲ *Vegeu nota a* DUC

dull /dʌl/ *adj* (**duller**, **-est**) **1** avorrit, ensopit **2** (*color*) apagat **3** (*superfície*) deslluït **4** (*llum*) ombrívol: *a dull glow* una llum esmorteïda **5** (*dolor, soroll*) sord **6** (*temps*) gris **dully** /'dʌlli/ *adv* amb desgana

duly /'dju:li; *USA* 'du:li/ *adv* **1** (*formal*) degudament **2** puntualment

dumb /dʌm/ *adj* (**dumber**, **-est**) **1** mut: *to be deaf and dumb* ésser sordmut ➲ *Vegeu notes a* MUT *i* SORDMUT **2** (*esp USA, col·loq*) ximple **dumbly** *adv* sense parlar

dumbfounded /dʌm'faʊndɪd/ (*tb* **dumbstruck** /'dʌmstrʌk/) *adj* sense paraula (*a causa d'una sorpresa*)

dummy /'dʌmi/ *nom, adjectiu*
▸ *n* (*pl* **dummies**) **1** maniquí **2** imitació **3** (*USA, col·loq*) imbècil **4** (*Futbol*) finta **5** (*USA* **pacifier**) xumet
▸ *adj* [*només davant del nom*] postís: *dummy run* assaig

dump /dʌmp/ *verb, nom*
▸ **1** *vt, vi* abocar, tirar: *No dumping*. No aboqueu escombraries. ◇ *dumping ground* abocador **2** *vt* desempallegar-se de **3** *vt* (*col·loq*) (*xicot, xicota*) plantar
▸ *n* **1** abocador **2** (*col·loq, pej*) racó de mala mort **3** (*Mil*) dipòsit

dumpling /'dʌmplɪŋ/ *n* bola de massa que s'acostuma a menjar amb els estofats

dumps /dʌmps/ *n* [*pl*] LOC **be down in the dumps** (*col·loq*) estar pansit

dune /dju:n; *USA* du:n/ *n* duna

dung /dʌŋ/ *n* [*incomptable*] fems

dungarees /ˌdʌŋgə'ri:z/ (*USA* **overalls**) *n* [*pl*] pantalons de peto

dungeon /'dʌndʒən/ *n* masmorra

duo /'dju:əʊ; *USA* 'du:əʊ/ *n* (*pl* **duos**) duo (*persones*)

dupe /dju:p; *USA* du:p/ *vt* ~ **sb (into doing sth)** ensarronar algú (perquè faci alguna cosa)

duplicate *verb, adjectiu, nom*
▸ *vt* /'dju:plɪkeɪt; *USA* 'du:-/ duplicar
▸ *adj, n* /'dju:plɪkət; *USA* 'du:-/ duplicat: *a duplicate (letter)* una còpia

D

durable /'djʊərəbl; *USA* 'dʊər-/ *adjectiu, nom*
▸ *adj* durador
▸ *n* **durables** (*tb* **consumer durables**) [*pl*] béns de consum duradors (*electrodomèstics, ràdios, etc.*) **durability** /ˌdjʊərə'bɪləti; *USA* ˌdʊə-/ *n* durabilitat

duration /dju'reɪʃn; *USA* du-/ *n* duració LOC **for the duration** (*col·loq*) mentre duri

duress /dju'res; *USA* du-/ *n* LOC **under duress** (*formal*) sota coacció

during /'djʊərɪŋ; *USA* 'dʊər-/ *prep* durant: *during the meal* mentre menjàvem ➲ *Compareu amb* FOR (3) ➲ *Vegeu nota a* DURANT

dusk /dʌsk/ *n* capvespre

dusky /'dʌski/ *adj* (*formal*) morè

dust /dʌst/ *nom, verb*
▸ *n* pols: *gold dust* or en pols
▸ **1** *vt, vi* treure la pols (de) **2** *vt* ~ **sth (with sth)** empolvorar alguna cosa d'alguna cosa PHR V **dust sb/sth down/off** treure la pols a algú/alguna cosa

dustbin /'dʌstbɪn/ *n* (*USA* **garbage can, trash can**) galleda de les escombraries ➲ *Vegeu il·lustració a* BIN

duster /'dʌstə(r)/ *n* **1** drap de la pols: *feather duster* plomall **2** esborrador (*de pissarra*)

dustman /'dʌstmən/ *n* (*pl* **-men** /-mən/) escombriaire

dustpan /'dʌstpæn/ *n* pala (de recollir escombraries)

dusty /'dʌsti/ *adj* (**dustier**, **-iest**) polsós

Dutch /dʌtʃ/ *adj* holandès LOC **Dutch courage** (*GB, col·loq*) valentia infosa per l'alcohol ◆ **go Dutch (with sb)** pagar casdascú el seu escot

dutiful /'dju:tɪfl; *USA* 'du:-/ *adj* obedient, complidor **dutifully** /-fəli/ *adv* obedientment, complidament

duty /'dju:ti; *USA* 'du:ti/ *n* (*pl* **duties**) **1** deure, obligació: *to do your duty (by sb)* complir amb el teu deure (amb algú) **2** obligació, funció: *duty officer* oficial de guàrdia ◇ *the duties of the president* les obligacions del president **3** ~ **(on sth)** aranzel (sobre alguna cosa) LOC **be on/off duty** estar/no estar de servei

duty-free /ˌdju:tɪ 'fri:; *USA* ˌdu:ti/ *adj* lliure d'impostos

duvet /'du:veɪ/ *n* edredó nòrdic

DVD /ˌdiː viː ˈdiː/ *n* (*abrev de* **digital versatile disk**) DVD

dwarf /dwɔːf/ *adjectiu, nom, verb*

▸ *adj, n* (*pl* **dwarfs** *o* **dwarves** /dwɔːvz/) nan, -a

▸ *vt* empetitir: *a house dwarfed by skyscrapers* una casa empetitida pels gratacels

dwell /dwel/ *vi* (*pt, pp* **dwelt** /dwelt/ *o* **dwelled**) (*formal*) habitar PHR V **dwell on/upon sth 1** deixar-se obsessionar per alguna cosa **2** insistir en alguna cosa **dwelling** *n* (*formal*) domicili, habitatge

dwindle /ˈdwɪndl/ *vi* disminuir, reduir-se: *to dwindle (away) (to nothing)* acabar reduït (a res)

dye /daɪ/ *verb, nom*

▸ *vt, vi* (*3a pers sing* **dyes** *pt, pp* **dyed** *part pres* **dyeing**) tenyir(-se): *to dye sth blue* tenyir alguna cosa de color blau

▸ *n* tint (*per a cabells, roba, etc.*)

dying /ˈdaɪɪŋ/ *adj* **1** (*paraules, moments, etc.*) darrer: *her dying wish* el seu darrer desig ◇ *a dying breed* una raça en vies d'extinció **2** (*persona*) moribund, agonitzant *Vegeu tb* DIE

dyke (*tb* **dike**) /daɪk/ *n* dic

dynamic /daɪˈnæmɪk/ *adj* dinàmic

dynamics /daɪˈnæmɪks/ *n* **1** [*pl*] dinàmica (*de grup, etc.*) **2** [*incomptable*] (*Mec*) dinàmica

dynamism /ˈdaɪnəmɪzəm/ *n* dinamisme

dynamite /ˈdaɪnəmaɪt/ *nom, verb*

▸ *n* (*lit i fig*) dinamita

▸ *vt* dinamitar

dynamo /ˈdaɪnəməʊ/ *n* (*pl* **dynamos**) dinamo

dynasty /ˈdɪnəsti; *USA* ˈdaɪ-/ *n* (*pl* **dynasties**) dinastia

dysentery /ˈdɪsəntri; *USA* -teri/ *n* disenteria

dyslexia /dɪsˈleksiə/ *n* dislèxia **dyslexic** *adj, n* dislèctic, -a

dystrophy /ˈdɪstrəfi/ *n* distròfia

E e

E, e /iː/ *n* (*pl* **Es, E's, e's**) **1** E, e ➲ *Vegeu nota a* A, A **2** (*Mús*) mi

e- /iː/ *pref*

> El prefix **e-** es fa servir per a crear moltes paraules relacionades amb la comunicació electrònica, per Internet: *e-commerce* comerç electrònic ◇ *e-zine* revista electrònica ◇ *e-pal* amic per correu electrònic.

each /iːtʃ/ *adjectiu, pronom*

▸ *adj* cada

> **Each** gairebé sempre es tradueix per *cada* o *cadascun* i **every** per *tot(s)*. Una excepció important és quan s'expressa la repetició d'alguna cosa a intervals de temps fixos: *The Olympics are held every four years.* Els Jocs Olímpics se celebren cada quatre anys. *Vegeu tb nota a* EVERY.

▸ *pron* cadascú (*de dos o més*), cadascun: *each for himself* cadascú pel seu compte ◇ *We have two each.* En tenim dos cadascun.

each other *pron* l'un a l'altre (*mútuament*) ❶ Cada vegada hi ha una major tendència a fer servir **each other** i **one another** indistintament, malgrat que **each other** és molt més freqüent. Es pot dir tant *They all looked at each other* com *They all looked at one another.* Tots es van mirar (entre si).

eager /ˈiːɡə(r)/ *adj* ~ **(for sth/to do sth)** àvid (d'alguna cosa); desitjós (de fer alguna cosa) **eagerly** *adv* amb impaciència/il·lusió **eagerness** *n* [*incomptable*] ànsia

eagle /ˈiːɡl/ *n* àguila

ear /ɪə(r)/ *n* **1** orella **2** oïda: *to have an ear/a good ear for sth* tenir bona oïda per a alguna cosa **3** espiga (*de blat*) LOC **be all ears** (*col·loq*) ésser tot orelles ◆ **be up to your ears in sth** estar fins al coll d'alguna cosa ◆ **play it by ear** (*col·loq*) improvisar ◆ **play (sth) by ear** tocar (alguna cosa) d'oïda *Vegeu tb* PRICK

earache /ˈɪəreɪk/ *n* mal d'orella

eardrum /ˈɪədrʌm/ *n* timpà

earl /ɜːl/ *n* comte

early /ˈɜːli/ *adjectiu, adverbi*

▸ *adj* (**earlier, -iest**) **1** primerenc: *at an early age* als primers anys **2** primer: *my earliest memories* els meus primers records **3** (*mort*) prematur **4** (*jubilació*) anticipat LOC **it's early days (yet)** és massa aviat ◆ **the early bird catches the worm** (*refrany*) qui matina fa farina ◆ **the early hours** la matinada

▸ *adv* (**earlier, -iest**) **1** d'hora **2** al principi de: *early last week* al principi de la setmana passada **3** amb anticipació **4** prematurament **LOC** **as early as...**: *as early as 1988* ja el 1988 ◆ **at the earliest** al més aviat ◆ **early on** ben aviat: *earlier on* abans

earmark /ˈɪəmɑːk/ *vt* destinar

earn /ɜːn/ *vt* **1** (*diners*) guanyar: *to earn a living* guanyar-se la vida **2** merèixer

earnest /ˈɜːnɪst/ *adj* **1** (*caràcter*) seriós **2** (*desig, etc.*) fervent **LOC** **in earnest 1** de debò **2** amb serietat: *She was in deadly earnest.* Parlava amb molta serietat. **earnestly** *adv* de tot cor, amb serietat **earnestness** *n* fervor, serietat

earnings /ˈɜːnɪŋz/ *n* [*pl*] ingressos

earphones /ˈɪəfəʊnz/ *n* [*pl*] auriculars

earring /ˈɪərɪŋ/ *n* arracada

earshot /ˈɪəʃɒt/ *n* **LOC** **out of/within earshot (of sb/sth)** fora de/a l'abast de l'oïda (d'algú/d'alguna cosa)

earth /ɜːθ/ *nom, verb*

▸ *n* **1 the Earth** (*planeta*) la Terra **2** (*Geol, Electròn*) terra **LOC** **charge, cost, pay, etc. the earth** (*GB, col·loq*) cobrar, costar, pagar, etc. un dineral ◆ **come back/down to earth (with a bang/bump)** (*col·loq*) caure dels núvols ◆ **how, why, where, who, etc. on earth** (*col·loq*) com, per què, on, qui diantre?: *What on earth are you doing?* Què diantre estàs fent?

▸ *vt* (*USA* **ground**) (*Electròn*) connectar a terra

earthenware /ˈɜːθnweə(r)/ *adjectiu, nom*

▸ *adj* de terrissa

▸ *n* pisa, terrissa

earthly /ˈɜːθli/ *adj* **1** (*formal*) terrenal **2** concebible: *You haven't an earthly chance of winning.* No tens cap mena de possibilitat de guanyar. ❶ En aquest sentit sol usar-se en frases negatives o interrogatives.

earthquake /ˈɜːθkweɪk/ *n* terratrèmol

earth-shattering /ˈɜːθ ʃætərɪŋ/ *adj* transcendental

earthworm /ˈɜːθwɜːm/ *n* cuc (de terra)

ease /iːz/ *nom, verb*

▸ *n* **1** facilitat **2** alleujament **LOC** **at (your) ease** relaxat *Vegeu tb* ILL, MIND

▸ **1** *vt, vi* (*dolor*) alleujar(-se) **2** *vt, vi* (*tensió, trànsit*) reduir(-se) **3** *vt* (*situació*) facilitar, millorar **4** *vt, vi* (*restricció*) afluixar(-se) **LOC** **ease sb's mind** tranquil·litzar algú **PHR V** **ease (sb/sth) across, along, etc. sth** moure (algú/alguna cosa) amb compte a través de, per, etc. alguna cosa ◆ **ease off/up** alleugerir-se

easel /ˈiːzl/ *n* cavallet (*d'artista*)

easily /ˈiːzəli/ *adv* **1** fàcilment **2** molt probablement **3** sens dubte: *It's easily the best.* És el millor sense cap dubte. ◇ *There's easily enough for everyone.* N'hi ha de sobres per a tothom.

east /iːst/ *nom, adjectiu, adverbi*

▸ *n* (*tb* **East**) (*abrev* **E**) **1** est: *Hull is in the east of England.* Hull és a l'est d'Anglaterra. **2 the East** (l')Orient

▸ *adj* (de l')est, oriental: *east winds* vents de l'est

▸ *adv* a l'est: *They headed east.* Van anar cap a l'est.

eastbound /ˈiːstbaʊnd/ *adj* en/amb direcció est

Easter /ˈiːstə(r)/ *n* Pasqua: *Easter egg* ou de Pasqua

easterly /ˈiːstəli/ *adj* **1** cap a l'est **2** (*vent*) de l'est

eastern (*tb* **Eastern**) /ˈiːstən/ *adj* (de l')est, oriental

eastwards /ˈiːstwədz/ (*tb* **eastward**) *adv* cap a l'est

easy /ˈiːzi/ *adjectiu, adverbi*

▸ *adj* (**easier, -iest**) **1** fàcil **2** tranquil: *My mind is easier now.* Estic més serè ara. **LOC** **I'm easy** (*GB, col·loq*) tant me fa

▸ *adv* (**easier, -iest**) **LOC** **easier said than done** més fàcil dir-ho que fer-ho ◆ **go easy on sb** (*col·loq*) no ésser dur amb algú ◆ **go easy on/with sth** (*col·loq*) no excedir-se amb alguna cosa ◆ **take it/things easy** prendre's bé les coses: *Take it easy!* Calma't! *Vegeu tb* FREE

easy-going /ˌiːzi ˈɡəʊɪŋ/ *adj* relaxat, tolerant: *She's very easy-going.* És de bon tracte.

eat /iːt/ *vt, vi* (*pt* **ate** /et; *USA* eɪt/ *pp* **eaten** /ˈiːtn/) menjar **LOC** **eat out of sb's hand** estar sotmès a algú: *She had him eating out of her hand.* El tenia absolutament dominat. ◆ **eat your words** empassar-se les paraules ◆ **what's eating you, him, etc.?** (*col·loq*) quina mosca t'ha picat, l'ha picat, etc.? *Vegeu tb* CAKE **PHR V** **eat sth away** erosionar alguna cosa ◆ **eat away at sth 1** erosionar alguna cosa **2** destruir alguna cosa gradualment ◆ **eat into sth 1** disminuir alguna cosa (*reserves*) **2** desgastar alguna cosa, corroir alguna cosa ◆ **eat out** menjar fora ◆ **eat (sth) up** menjar-s'ho tot ◆ **eat sth up** devorar alguna cosa: *This car eats up petrol!* Aquest cotxe engoleix molta gasolina. ◆ **be eaten up with sth** estar capficat per alguna cosa **eater** *n*: *He's a big eater.* Menja molt.

eavesdrop /ˈiːvzdrɒp/ *vi* (**-pp-**) ~ **(on sb/sth)** escoltar (algú/alguna cosa) d'amagat

E

ebb /eb/ *nom, verb*
▸ *n* **the ebb** [*gen sing*] el reflux LOC **the ebb and flow (of sth)** els alts i baixos (d'alguna cosa) *Vegeu tb* LOW
▸ *vi* **1** (*marea*) (*formal*) baixar **2** ~ **(away)** minvar

ebony /ˈebəni/ *n* banús

E

eccentric /ɪkˈsentrɪk/ *adj, n* excèntric, -a **eccentricity** /ˌeksenˈtrɪsəti/ *n* (*pl* **eccentricities**) excentricitat

echo /ˈekəʊ/ *nom, verb*
▸ *n* (*pl* **echoes**) eco, ressonància
▸ (*3a pers sing* **echoes** *pt, pp* **echoed** *part pres* **echoing**) **1** *vi* ~ **(to/with sth)** ressonar (d'alguna cosa) **2** *vt* ~ **sth (back)** repetir, reflectir alguna cosa: *The tunnel echoed back their words.* L'eco del tunel va repetir les seves paraules.

eclipse /ɪˈklɪps/ *nom, verb*
▸ *n* eclipsi
▸ *vt* eclipsar

eco-friendly /ˌiːkəʊ ˈfrendli/ *adj* ecològic, respectuós amb el medi ambient

ecological /ˌiːkəˈlɒdʒɪkl/ *adj* ecològic **ecologically** /-kli/ *adv* ecològicament

ecology /iˈkɒlədʒi/ *n* ecologia **ecologist** *n* ecologista

e-commerce /ˈiː kɒmɜːs/ *n* comerç electrònic

economic /ˌiːkəˈnɒmɪk, ˌekə-/ *adj* **1** [*només davant del nom*] (*desenvolupament, creixement, política*) econòmic (*relatiu a l'economia*) ➲ *Compareu amb* ECONOMICAL **2** rendible

economical /ˌiːkəˈnɒmɪkl, ˌekə-/ *adj* (*combustible, aparell, estil*) econòmic (*que gasta poc*) ❶ A diferència d'**economic**, **economical** pot ésser qualificat amb paraules com *more, less, very*, etc.: *a more economical car* un cotxe més econòmic. LOC **be economical with the truth** no acabar de dir la veritat **economically** /-kli/ *adv* econòmicament

economics /ˌiːkəˈnɒmɪks, ˌekə-/ *n* [*incomptable*] **1** (*Educ*) econòmiques **2** economia

economize (*GB tb* **-ise**) /ɪˈkɒnəmaɪz/ *vi* ~ **(on sth)** economitzar alguna cosa: *to economize on petrol* estalviar gasolina

economy /ɪˈkɒnəmi/ *n* (*pl* **economies**) economia: *to make economies* economitzar ◇ *economy size* envàs d'estalvi **economist** /ɪˈkɒnəmɪst/ *n* economista

ecosystem /ˈiːkəʊsɪstəm/ *n* ecosistema

ecstasy /ˈekstəsi/ *n* **1** (*pl* **ecstasies**) èxtasi: *to be in/go into ecstasy/ecstasies (over sth)* extasiar-se (amb alguna cosa) **2 Ecstasy** (*abrev* **E**) [*incomptable*] (*droga*) èxtasi **ecstatic** /ɪkˈstætɪk/ *adj* extasiat

edge /edʒ/ *nom, verb*
▸ *n* **1** vora **2** tall (*de ganivet, etc.*) **3** [*sing*] ~ **(on/over sth)** avantatge (sobre alguna cosa) LOC **be on edge** tenir els nervis a flor de pell ◆ **take the edge off sth** suavitzar alguna cosa: *to take the edge off your appetite* calmar la gana
▸ **1** *vt* ~ **sth (with/in sth)** envoltar alguna cosa (d'alguna cosa) **2** *vi, vt* ~ **(your way) along, away, etc.** moure's, avançar, allunyar-se a poc a poc: *I edged slowly towards the door.* Em vaig acostar a poc a poc cap a la porta.

edgy /ˈedʒi/ *adj* (*col·loq*) nerviós ➲ *Vegeu nota a* NERVIÓS

edible /ˈedəbl/ *adj* comestible

edit /ˈedɪt/ *vt* **1** (*llibre*) preparar una edició de **2** (*Cine, TV, text*) editar **edition** /ɪˈdɪʃn/ *n* edició

editor /ˈedɪtə(r)/ *n* **1** director, -a (*de diari, etc.*): *the arts editor* el director de la secció de cultura **2** editor, -a

editorial /ˌedɪˈtɔːriəl/ *adjectiu, nom*
▸ *adj* editorial
▸ *n* (*Period*) editorial

educate /ˈedʒukeɪt/ *vt* educar (*acadèmicament*) **educated** *adj* culte LOC **an educated guess** una predicció ben fonamentada

education /ˌedʒuˈkeɪʃn/ *n* **1** educació, ensenyament: *the education system* el sistema educatiu **2 Education** pedagogia **educational** *adj* educatiu, docent

eel /iːl/ *n* anguila

eerie /ˈɪəri/ *adj* misteriós, horripilant

effect /ɪˈfekt/ *nom, verb*
▸ *n* efecte: *It had no effect on her.* No li va fer cap mena d'efecte. *Vegeu tb* SIDE EFFECT LOC **for effect** per impressionar ◆ **in effect** de fet ◆ **take effect 1** fer efecte **2** (*tb* **come into effect**) entrar en vigor ◆ **to no effect** inútilment ◆ **to this/that effect** amb aquest propòsit *Vegeu tb* WORD
▸ *vt* (*formal*) fer (*una cura, un canvi*)

effective /ɪˈfektɪv/ *adj* **1** (*sistema, medicina, etc.*) eficaç **2** de gran efecte **effectively** *adv* **1** eficaçment **2** en efecte **effectiveness** *n* eficàcia

effeminate /ɪˈfemɪnət/ *adj* efeminat

efficient /ɪˈfɪʃnt/ *adj* **1** (*persona*) eficient **2** (*màquina, etc.*) eficaç **efficiency** *n* eficiència

effort /ˈefət/ *n* **1** ~ **(to do sth)** esforç (per fer alguna cosa): *to make an effort* esforçar-se/fer un esforç **2** intent

e.g. /ˌiː ˈdʒiː/ *abrev* per exemple (= p. ex.)

egg /eg/ *nom, verb*
▸ *n* ou: *an egg cup* una ouera LOC **put all your eggs in one basket** posar-ho tot sobre una carta

▸ *v* PHRV **egg sb on (to do sth)** encoratjar algú (perquè faci alguna cosa)

eggplant /ˈegplɑːnt; *USA* -plænt/ *n* (*USA*) albergínia

eggshell /ˈegʃel/ *n* closca d'ou

ego /ˈiːgəʊ, ˈegəʊ/ *n* ego: *to boost sb's ego* aixecar la moral d'algú

Eid (*tb* **Id**) /iːd/ *n* **1** Eid ul-Fitr **2** Eid ul-Adha

eight /eɪt/ *adj, pron, n* vuit ➲ *Vegeu exemples a* FIVE **eighth** **1** *adj, pron, adv* vuitè **2** *n* vuitena part, vuitè ➲ *Vegeu exemples a* FIFTH

eighteen /ˌeɪˈtiːn/ *adj, pron, n* divuit ➲ *Vegeu exemples a* FIVE **eighteenth** **1** *adj, pron, adv* divuitè **2** *n* divuitena part, divuitè ➲ *Vegeu exemples a* FIFTH

eighty /ˈeɪti/ *adj, pron, n* vuitanta ➲ *Vegeu exemples a* FIFTY, FIVE **eightieth** **1** *adj, adv, pron* vuitantè **2** *n* vuitantena part, vuitantè ➲ *Vegeu exemples a* FIFTH

either /ˈaɪðə(r), ˈiːðə(r)/ *adjectiu, pronom, adverbi*
▸ *adj* **1** qualsevol dels dos: *Either kind of flour will do.* Qualsevol d'aquests dos tipus de farina va bé. ◇ *either way...* de qualsevol de les dues maneres... **2** tots dos, ambdós: *on either side of the road* a ambdós costats del carrer **3** (*en frases negatives*) cap dels dos
▸ *pron* **1** qualsevol, l'un o l'altre **2** cap: *I don't want either of them.* No vull ni l'un ni l'altre. ➲ *Vegeu nota a* CAP²
▸ *adv* **1** (*en frases negatives*) tampoc: *'I'm not going.' 'I'm not either.'* —No hi aniré. —Jo tampoc. **2** **either... or...** o... o..., ni... ni... ➲ *Compareu amb* ALSO, TOO *i vegeu nota a* NEITHER

eject /iˈdʒekt/ **1** *vt* expulsar **2** *vt* llançar **3** *vi* sortir expel·lit

elaborate *adjectiu, verb*
▸ *adj* /ɪˈlæbərət/ complicat, enrevessat
▸ *vi* /ɪˈlæbəreɪt/ ~ **(on/upon sth)** aprofundir (sobre alguna cosa)

elapse /ɪˈlæps/ *vi* (*formal*) passar (*temps*)

elastic /ɪˈlæstɪk/ *nom, adjectiu*
▸ *n* goma (elàstica)
▸ *adj* **1** elàstic **2** flexible

elastic band *n* goma elàstica

elated /iˈleɪtɪd/ *adj* joiós

elbow /ˈelbəʊ/ *n* colze

elder /ˈeldə(r)/ *adj, n* més gran: *Pitt the Elder* Pitt el Vell

> El comparatiu i el superlatiu més corrents de **old** són **older** i **oldest** respectivament: *He is older than me.* És més gran que jo. ◇ *the oldest building in the city* l'edifici més antic de la ciutat. **Elder** i **eldest** només fan referència a persones i s'usen molt sovint quan se'n comparen les edats, sobretot entre els membres d'una família: *my eldest brother* el gran dels meus germans ◇ *the elder of the two brothers* el més gran dels dos germans. Noteu que **elder** i **eldest** no es poden usar amb *than* i com a adjectius només poden anar davant del nom.

elderflower /ˈeldəflaʊə(r)/ *n* flor de saüc

elderly /ˈeldəli/ *adjectiu, nom*
▸ *adj* vell, gran (*persona*)
▸ *n* **the elderly** [*pl*] la gent gran

eldest /ˈeldɪst/ *adj, n* (més) gran ➲ *Vegeu nota a* ELDER

elect /ɪˈlekt/ *vt* elegir **election** *n* elecció, eleccions **electoral** *adj* electoral **electorate** *n* [*v sing o pl*] electorat

electric /ɪˈlektrɪk/ *adj* elèctric **electrical** *adj* elèctric ➲ *Vegeu nota a* ELÈCTRIC

electricity /ɪˌlekˈtrɪsəti/ *n* electricitat: *to switch off the electricity* treure el corrent **electrician** /ɪˌlekˈtrɪʃn/ *n* electricista

electrify /ɪˈlektrɪfaɪ/ *vt* (*pt, pp* **-fied**) **1** electrificar **2** (*fig*) electritzar **electrification** *n* electrificació

electrocute /ɪˈlektrəkjuːt/ *vt* electrocutar: *to be electrocuted* electrocutar-se

electrode /ɪˈlektrəʊd/ *n* elèctrode

electron /ɪˈlektrɒn/ *n* electró

electronic /ɪˌlekˈtrɒnɪk/ *adj* electrònic **electronics** *n* [*incomptable*] electrònica

elegant /ˈelɪgənt/ *adj* elegant **elegance** *n* elegància

element /ˈelɪmənt/ *n* element

elementary /ˌelɪˈmentri/ *adj* elemental

elementary school *n* (*USA*) escola primària

elephant /ˈelɪfənt/ *n* elefant

elevator /ˈelɪveɪtə(r)/ *n* (*USA*) ascensor

eleven /ɪˈlevn/ *adj, pron, n* onze ➲ *Vegeu exemples a* FIVE **eleventh** **1** *adj, pron, adv* onzè **2** *n* onzena part, onzè ➲ *Vegeu exemples a* FIFTH

elf /elf/ *n* (*pl* **elves** /elvz/) elf

elicit /iˈlɪsɪt/ *vt* (*formal*) obtenir, extreure

eligible /ˈelɪdʒəbl/ *adj*: *to be eligible for sth* tenir dret a alguna cosa ◇ *to be eligible to do sth* complir els requisits per a fer alguna cosa ◇ *an eligible bachelor* un solter desitjable

eliminate /ɪˈlɪmɪneɪt/ *vt* **1** eliminar **2** (*malaltia, pobresa*) eradicar

elk /elk/ *n* (*pl* **elk** *o* **elks**) ant

elm /elm/ (*tb* **elm tree**) *n* om

E

elope /ɪ'ləʊp/ *vi* escapar-se (amb l'amant)
eloquent /'eləkwənt/ *adj* eloqüent
else /els/ *adv* ❶ **Else** s'utilitza amb pronoms indefinits, interrogatius o negatius, i amb adverbis: *Did you see anybody else?* Vas veure algú més? ◇ *anyone else* qualsevol altra persona ◇ *everyone/everything else* tots els altres/la resta ◇ *It must have been somebody else.* Deu haver estat un altre. ◇ *nobody else* ningú més ◇ *Anything else?* Alguna altra cosa? ◇ *somewhere else* en algun altre lloc ◇ *What else?* Què més? LOC **or else 1** o, o si no: *Run or else you'll be late.* Corre o hi arribaràs tard! **2** (*col·loq*) (*com a amenaça*): *Stop that, or else!* Deixa de fer això o veuràs!
elsewhere /ˌels'weə(r)/ *adv* a/en un altre lloc
elude /i'lu:d/ *vt* eludir **elusive** *adj* **1** fonedís: *an elusive concept* un concepte difícil de copsar **2** (*persona*) esquiu
elves *plural de* ELF
emaciated /ɪ'meɪʃieɪtɪd/ *adj* emaciat
email (*tb* **e-mail**) /'i:meɪl/ *nom, verb*
▸ *n* correu electrònic: *My email address is jones@oup.co.uk.* La meva adreça electrònica és jones@oup.co.uk.

> Es llegeix "jones at oup dot co dot uk" (/dʒəʊnz æt əʊ ju: pi: dɒt kəʊ dɒt ju: keɪ/).

▸ *vt* **1** ~ **sth** enviar alguna cosa per correu electrònic **2** ~ **sb** enviar un missatge per correu electrònic a algú ➲ *Vegeu nota a* ORDINADOR
emanate /'eməneɪt/ *vi* (*formal*) ~ **from sth** emanar, procedir d'alguna cosa
emancipation /ɪˌmænsɪ'peɪʃn/ *n* emancipació
embankment /ɪm'bæŋkmənt/ *n* terraplè, ribàs
embargo /ɪm'bɑ:gəʊ/ *n* (*pl* **embargoes**) prohibició, embargament
embark /ɪm'bɑ:k/ *vt, vi* embarcar LOC **embark on/upon sth** emprendre alguna cosa
embarrass /ɪm'bærəs/ *vt* avergonyir, torbar: *to be embarrassed at/about sth* avergonyir-se d'alguna cosa **embarrassing** *adj* incòmode, violent **embarrassment** *n* vergonya: *He's an embarrassment to all of us.* Ens fa passar vergonya a tots.
embassy /'embəsi/ *n* (*pl* **embassies**) ambaixada
embedded /ɪm'bedɪd/ *adj* **1** encastat, clavat **2** (*actituds, etc.*) arrelat **3** gravat (*a la ment*)
ember /'embə(r)/ *n* [*gen pl*] brasa
embezzlement /ɪm'bezlmənt/ *n* desfalc
embittered /ɪm'bɪtəd/ *adj* amargat
emblem /'embləm/ *n* emblema
embody /ɪm'bɒdi/ *vt* (*pt, pp* **-died**) encarnar **embodiment** *n* personificació
embrace /ɪm'breɪs/ *verb, nom*
▸ *vt, vi* (*formal*) abraçar(-se)
▸ *n* abraçada
embroider /ɪm'brɔɪdə(r)/ *vt, vi* brodar **embroidery** *n* [*incomptable*] brodat
embryo /'embriəʊ/ *n* (*pl* **embryos**) embrió
emerald /'emərəld/ *n* maragda
emerge /i'mɜ:dʒ/ *vi* ~ **(from sth)** emergir, sorgir (d'alguna cosa): *It emerged that...* Va resultar que... **emergence** *n* aparició, sortida
emergency /i'mɜ:dʒənsi/ *n* (*pl* **emergencies**) emergència: *emergency exit* sortida d'emergència
emergency room *n* (*abrev* **ER**) (*USA*) urgències
emigrate /'emɪgreɪt/ *vi* emigrar **emigrant** *n* emigrant **emigration** *n* emigració
eminent /'emɪnənt/ *adj* eminent
emission /i'mɪʃn/ *n* emissió
emit /i'mɪt/ *vt* (**-tt-**) (*formal*) **1** (*raigs, sons*) emetre **2** (*olors, vapors*) deixar anar
emoticon /ɪ'məʊtɪkɒn/ *n* (*Informàt*) emoticona
emotion /ɪ'məʊʃn/ *n* emoció **emotional** *adj* emocional, excitable: *to get emotional* emocionar-se **emotive** /i'məʊtɪv/ *adj* emotiu
empathy /'empəθi/ *n* empatia
emperor /'empərə(r)/ *n* emperador
emphasis /'emfəsɪs/ *n* (*pl* **emphases** /-si:z/) ~ **(on/upon sth)** èmfasi (en alguna cosa) **emphatic** /ɪm'fætɪk/ *adj* categòric, emfàtic
emphasize (*GB tb* **-ise**) /'emfəsaɪz/ *vt* emfatitzar, recalcar
empire /'empaɪə(r)/ *n* imperi
employ /ɪm'plɔɪ/ *vt* donar feina a, contractar: *to be employed as a teacher* treballar de professora **employee** /ɪm'plɔɪi:/ *n* empleat, -ada **employer** *n* patró, -ona, amo, mestressa **employment** *n* feina, treball ➲ *Vegeu nota a* WORK
empress /'emprəs/ *n* emperadriu
empty /'empti/ *adjectiu, verb*
▸ *adj* (**emptier, -iest**) **1** buit **2** va, inútil
▸ (*pt, pp* **emptied**) **1** *vt* ~ **sth (out)** abocar alguna cosa **2** *vt* ~ **sth (out of sth)** buidar alguna cosa (d'alguna cosa) **3** *vi* buidar-se, quedar buit **4** *vt* (*cambra, edifici*) desallotjar **emptiness** *n* **1** buit **2** (*fig*) buidor
empty-handed /ˌempti 'hændɪd/ *adj* amb les mans buides

enable /ɪ'neɪbl/ *vt* ~ **sb to do sth** permetre a algú (de) fer alguna cosa

enact /ɪ'nækt/ *vt* **1** (*Dret*) promulgar **2** (*formal*) (*Teat*) representar **3** (*formal*) portar a terme

enamel /ɪ'næml/ *n* esmalt

enchanting /ɪn'tʃɑːntɪŋ; *USA* -'tʃænt-/ *adj* encantador

encircle /ɪn'sɜːkl/ *vt* (*formal*) encerclar, envoltar

enclose /ɪn'kləʊz/ *vt* **1** ~ **sth (in/with sth)** envoltar alguna cosa (amb alguna cosa) **2** adjuntar: *I enclose... /Please find enclosed...* Li trameto adjunt... **enclosure** /ɪn'kləʊʒə(r)/ *n* **1** recinte **2** document adjunt, annex

encore /'ɒŋkɔː(r)/ *nom, interjecció*
- ▸ *n* repetició, bis
- ▸ *interj* una altra!

encounter /ɪn'kaʊntə(r)/ *verb, nom*
- ▸ *vt* trobar-se amb
- ▸ *n* trobada

encourage /ɪn'kʌrɪdʒ/ *vt* **1** ~ **sb (in sth/to do sth)** encoratjar, animar algú (en alguna cosa/a fer alguna cosa) **2** fomentar, estimular **encouragement** *n* ~ **(to sb) (to do sth)** encoratjament, estímul (a algú) (a fer alguna cosa) **encouraging** *adj* encoratjador

encyclopedia (*tb* **encyclopaedia**) /ɪnˌsaɪklə'piːdiə/ *n* enciclopèdia

end /end/ *nom, verb*
- ▸ *n* **1** (*temps*) fi, final: *at the end of sth* a la fi d'alguna cosa ◇ *from beginning to end* de principi a fi ➲ *Vegeu nota a la pàg 140* **2** (*espai*) final, extrem: *from end to end* d'un extrem a l'altre **3** (*pal, etc.*) punta **4** (*fil, etc.*) cap **5** *the east end of town* la zona est de la ciutat **6** objectiu, fi **7** (*Esport*) camp, costat LOC **be at the end of your tether** no poder més ◆ **in the end** a la fi ◆ **on end 1** dret **2** *for days on end* dia rere dia *Vegeu tb* LOOSE, MEANS, ODDS, WIT
- ▸ *vt, vi* acabar PHR V **end in sth** acabar en alguna cosa: *Their argument ended in tears.* La seva discussió va acabar en llàgrimes. ◆ **end up (as sth/doing sth)** acabar (essent alguna cosa/fent alguna cosa) ◆ **end up (in...)** anar a parar (a...) (*lloc*)

endanger /ɪn'deɪndʒə(r)/ *vt* posar en perill: *an endangered species* una espècie amenaçada

endear /ɪn'dɪə(r)/ *v* PHR V **endear sb/yourself to sb** (*formal*) fer algú agradable/simpàtic a algú, guanyar-se l'afecte/la simpatia d'algú **endearing** *adj* atractiu

endeavour (*USA* **endeavor**) /ɪn'devə(r)/ *nom, verb*
- ▸ *n* (*formal*) esforç
- ▸ *vi* ~ **to do sth** (*formal*) esforçar-se a fer alguna cosa

ending /'endɪŋ/ *n* final

endive /'endaɪv, -dɪv/ *n* **1** (*GB*) (*USA* **chicory**) escarola **2** (*USA*) (*GB* **chicory**) endívia

endless /'endləs/ *adj* **1** inacabable, sense fi **2** infinit

endorse /ɪn'dɔːs/ *vt* **1** aprovar **2** (*xec*) endossar **endorsement** *n* **1** aprovació **2** (*carnet de conduir*) nota de sanció

endow /ɪn'daʊ/ *vt* ~ **sb/sth with sth** dotar algú/alguna cosa d'alguna cosa **endowment** *n* dotació (*diners*)

endurance /ɪn'djʊərəns; *USA* -'dʊə-/ *n* resistència

endure /ɪn'djʊə(r); *USA* -'dʊər/ **1** *vt* suportar, aguantar ❶ En frases negatives és més habitual dir **can't bear** o **can't stand**. **2** *vi* (*formal*) perdurar **enduring** *adj* durador, perdurable

enemy /'enəmi/ *n* (*pl* **enemies**) enemic, -iga

energy /'enədʒi/ *n* (*pl* **energies**) energia: *energy consumption* consum energètic **energetic** /ˌenə'dʒetɪk/ *adj* enèrgic

enforce /ɪn'fɔːs/ *vt* fer complir (*llei*) **enforcement** *n* aplicació (*de la llei*)

engage /ɪn'geɪdʒ/ **1** *vt* (*formal*) (*temps, pensaments*) ocupar **2** *vt* (*formal*) (*atenció*) cridar **3** *vt* ~ **sb (as sth)** (*formal*) contractar algú (com a alguna cosa) **4** *vi* ~ **(with sth)** (*Mec*) engranar (amb alguna cosa) PHR V **engage in sth** dedicar-se a alguna cosa ◆ **engage sb in sth** ocupar algú en alguna cosa **engaged** *adj* **1** ~ **(in/on sth)** (*formal*) ocupat, compromès en/amb alguna cosa **2** ~ **(to sb)** promès (a algú): *to get engaged* prometre's **3** (*USA* **busy**) (*telèfon*): *It's engaged.* Comunica. **4** (*vàter*) ocupat **engaging** *adj* atractiu

engagement /ɪn'geɪdʒmənt/ *n* **1** ~ **(to sb)** compromís matrimonial amb algú **2** (*període*) prometatge **3** cita, compromís

engine /'endʒɪn/ *n* **1** motor: *The engine has overheated.* El motor s'ha escalfat massa.

> La paraula **engine** s'utilitza per a fer referència al motor d'un vehicle i **motor** per al dels electrodomèstics. **Engine** normalment és de gasolina i **motor**, elèctric.

2 locomotora: *engine driver* maquinista *Vegeu tb* SEARCH ENGINE

engineer /ˌendʒɪ'nɪə(r)/ *nom, verb*
- ▸ *n* **1** enginyer, -a **2** (*telèfon, manteniment, etc.*) tècnic, -a **3** mecànic, -a (*de vaixell, avió*) **4** (*USA*) maquinista (*de tren*)
- ▸ *vt* **1** (*col·loq, sovint pej*) maquinar **2** construir

E

engineering /ˌendʒɪˈnɪərɪŋ/ *n* enginyeria

English /ˈɪŋɡlɪʃ/ *adj, n* anglès ➲ *Vegeu nota a* BRITISH

English breakfast *n* esmorzar anglès (*de cereals, ous amb cansalada, torrades, melmelada, etc.*)

engrave /ɪnˈɡreɪv/ *vt* ~ **B on A**; ~ **A with B** gravar B a A **engraving** *n* gravat

engrossed /ɪnˈɡrəʊst/ *adj* absort

enhance /ɪnˈhɑːns; *USA* -ˈhæns/ *vt* **1** augmentar, millorar **2** (*aspecte*) realçar

enigma /ɪˈnɪɡmə/ *n* enigma **enigmatic** /ˌenɪɡˈmætɪk/ *adj* enigmàtic

enjoy /ɪnˈdʒɔɪ/ *vt* **1** gaudir de: *Enjoy your meal!* Bon profit! **2** ~ **doing sth** agradar-li a algú fer alguna cosa **3** ~ **yourself** passar-s'ho bé: *Enjoy yourself!* Passa-t'ho bé! **LOC enjoy!** (*col·loq*) espero que us/t'agradi! **enjoyable** *adj* agradable, divertit **enjoyment** *n* satisfacció, plaer: *He spoiled my enjoyment of the film.* Em va espatllar la pel·lícula. ◇ *to get enjoyment from/out of sth* gaudir d'alguna cosa

enlarge /ɪnˈlɑːdʒ/ *vt* ampliar **enlargement** *n* ampliació

enlighten /ɪnˈlaɪtn/ *vt* (*formal*) informar, aclarir **enlightened** *adj* **1** (*persona*) culte **2** (*política*) intel·ligent **enlightenment** *n* aclariment

enlist /ɪnˈlɪst/ **1** *vt* ~ **sth (in sth/in doing sth)** aconseguir alguna cosa (per a alguna cosa/per fer alguna cosa): *to enlist sb's help in raising money* aconseguir l'ajuda d'algú per recollir diners **2** *vt* ~ **sb (in sth/in doing sth/to do sth)**; ~ **sb (as sth)** reclutar algú (per a alguna cosa/per fer alguna cosa): *We were enlisted as helpers.* Ens van reclutar com a voluntaris. **3** *vi* ~ **(in/for sth)** (*Mil*) allistar-se (en alguna cosa)

enmity /ˈenməti/ *n* (*pl* **enmities**) enemistat

enormous /ɪˈnɔːməs/ *adj* enorme **enormously** *adv* enormement: *I enjoyed it enormously.* M'ha agradat moltíssim.

enough /ɪˈnʌf/ *adjectiu, pronom, adverbi*

▸ *adj, pron* prou, força: *Is that enough food for ten?* Hi haurà prou menjar per a deu? ◇ *That's enough!* Ja n'hi ha prou! ◇ *I've saved up enough to go on holiday.* He estalviat prou per a anar de vacances. **LOC have had enough (of sb/sth)** estar tip (d'algú/d'alguna cosa)

▸ *adv* **1** ~ **(for sb/sth)** prou (per a algú/alguna cosa) **2** ~ **(to do sth)** prou (per a fer alguna cosa): *Is it near enough to go on foot?* És prou a prop per a anar-hi a peu? ❶ **Enough** sempre apareix després de l'adjectiu i **too** davant: *You're not old enough./You're too young.* Ets massa jove. ➲ *Compareu amb* TOO **LOC curiously, oddly, strangely, etc. enough** la cosa curiosa, estranya, etc. és que...

enquire (*tb esp USA* **inquire**) /ɪnˈkwaɪə(r)/ **1** *vt, vi* preguntar **2** *vi* demanar informació **enquiring** (*tb esp USA* **inquiring**) *adj* **1** (*ment*) curiós **2** (*mirada*) inquisitiu

enquiry (*tb esp USA* **inquiry**) /ɪnˈkwaɪəri; *USA* ˈɪnkwəri/ *n* (*pl* **enquiries/inquiries**) **1** ~ **(into sth)** investigació (sobre alguna cosa) **2** sol·licitud d'informació, pregunta **3 enquiries** [*pl*] servei/oficina d'informació

enrage /ɪnˈreɪdʒ/ *vt* (*formal*) enrabiar

enrich /ɪnˈrɪtʃ/ *vt* enriquir

enrol (*USA tb* **enroll**) /ɪnˈrəʊl/ *vt, vi* (**-ll-**) inscriure('s), matricular(-se) **enrolment** (*USA* **enrollment**) *n* inscripció, matrícula

ensure (*tb esp USA* **insure**) /ɪnˈʃʊə(r), ɪnˈʃɔː(r)/ *vt* assegurar, garantir

entail /ɪnˈteɪl/ *vt* suposar, consistir a/en

entangle /ɪnˈtæŋɡl/ *vt* embolicar **entanglement** *n* embolic

enter /ˈentə(r)/ **1** *vt, vi* ~ **(sth)** entrar en alguna cosa: *The thought never entered my head.* Aquesta idea no em va passar mai pel cap. **2** *vt* (*escola, universitat*) matricular-se en **3** *vt* (*hospital, societat*) ingressar a **4** *vt, vi* ~ **(for) sth** inscriure's en alguna cosa **5** *vt* ~ **sth (in/into/on sth)** anotar, introduir alguna cosa (en alguna cosa): *Enter your password here.* Introdueix aquí la teva contrasenya. **PHR V enter into sth** (*formal*) **1** ficar-se en alguna cosa: *to enter into the spirit of things* ficar-se de ple en alguna cosa **2** tenir a veure amb alguna cosa: *What he wants doesn't enter into it.* El que ell vulgui no hi té res a veure. **3** (*negociacions*) iniciar alguna cosa **4** (*un acord*) arribar a alguna cosa

enterprise /ˈentəpraɪz/ *n* **1** (*activitat*) empresa **2** esperit emprenedor **enterprising** *adj* emprenedor

entertain /ˌentəˈteɪn/ **1** *vt, vi* rebre (*a casa*) **2** *vt* (*divertir*) entretenir **3** *vt* (*formal*) (*idea*) considerar **entertainer** *n* artista (*del món de l'espectacle*) **entertaining** *adj* entretingut, divertit **entertainment** *n* entreteniment, diversió

enthralling /ɪnˈθrɔːlɪŋ/ *adj* captivador

enthusiasm /ɪnˈθjuːziæzəm; *USA* -ˈθuː-/ *n* entusiasme **enthusiast** *n* entusiasta **enthusiastic** /ɪnˌθjuːziˈæstɪk; *USA* -ˌθuː-/ *adj* entusiasta

entice /ɪnˈtaɪs/ *vt* temptar

entire /ɪnˈtaɪə(r)/ *adj* sencer, tot **entirely** *adv* totalment, del tot **entirety** /ɪnˈtaɪərəti/ *n* (*formal*) totalitat

entitle /ɪn'taɪtl/ *vt* **1** ~ **sb to sth/to do sth** donar dret a algú a alguna cosa/a fer alguna cosa **2** (*llibre, etc.*) titular **entitlement** *n* (*formal*) dret

entity /'entəti/ *n* (*pl* **entities**) (*formal*) entitat, ens

entrance /'entrəns/ *n* ~ **(to/of sth) 1** entrada (d'alguna cosa) **2** ~ **(to sth)** accés, ingrés (a alguna cosa) (*universitat, club*)

entrant /'entrənt/ *n* ~ **(to sth)** participant (en alguna cosa): *university entrants* els (estudiants) que ingressen a l'universitat

entrepreneur /ˌɒntrəprə'nɜː(r)/ *n* empresari, -ària

entrust /ɪn'trʌst/ *vt* ~ **sth to sb**; ~ **sb with sth** confiar alguna cosa a algú

entry /'entri/ *n* (*pl* **entries**) **1** ~ **(into sth)** entrada, ingrés (en alguna cosa): *No entry.* Prohibida l'entrada. **2** (*diari, agenda*) anotació **3** (*diccionari*) entrada

Entryphone® /'entrifəʊn/ *n* porter automàtic/electrònic

enunciate /ɪ'nʌnsieɪt/ *vt, vi* pronunciar, articular

envelop /ɪn'veləp/ *vt* ~ **sb/sth (in sth)** (*formal*) embolicar algú/alguna cosa (amb alguna cosa)

envelope /'envələʊp, 'ɒn-/ *n* sobre (*per a carta*)

enviable /'enviəbl/ *adj* envejable

envious /'enviəs/ *adj* envejós: *to be envious of sb* tenir enveja d'algú

environment /ɪn'vaɪrənmənt/ *n* **1** entorn, ambient **2 the environment** el medi ambient

environmental /ɪnˌvaɪrən'mentl/ *adj* del medi ambient, mediambiental **environmentalist** *n* ecologista, defensor, -a del medi ambient **environmentally** *adv* en l'aspecte ecològic

environmentally friendly *adj* ecològic: *environmentally friendly products* productes ecològics

envisage /ɪn'vɪzɪdʒ/ *vt* imaginar(-se)

envoy /'envɔɪ/ *n* enviat, -ada

envy /'envi/ *nom, verb*

▸ *n* enveja

▸ *vt* (*pt, pp* **envied**) envejar

enzyme /'enzaɪm/ *n* enzim

e-pal /'iː pæl/ *n* amic, -iga per correu electrònic

ephemeral /ɪ'femərəl/ *adj* (*formal*) efímer

epic /'epɪk/ *nom, adjectiu*

▸ *n* èpica, epopeia

▸ *adj* èpic

epidemic /ˌepɪ'demɪk/ *n* epidèmia

epilepsy /'epɪlepsi/ *n* epilèpsia **epileptic** /ˌepɪ'leptɪk/ *adj, n* epilèptic, -a

episode /'epɪsəʊd/ *n* episodi

epitaph /'epɪtɑːf; *USA* -tæf/ *n* epitafi

epitome /ɪ'pɪtəmi/ *n* [*sing*] **the** ~ **of sth** l'expressió més clara d'alguna cosa

epoch /'iːpɒk; *USA* 'epək/ *n* (*formal*) època

equal /'iːkwəl/ *adjectiu, nom, verb*

▸ *adj, n* igual: *equal opportunities* igualtat d'oportunitats LOC **be on equal terms (with sb)** tenir una relació de tu a tu (amb algú)

▸ *vt* (**-ll-**, *USA* **-l-**) **1** (*Mat*): *13 plus 29 equals 42.* 13 més 29 són 42. **2** igualar **equalize** (*GB tb* **-ise**) *vi* (*Esport*) igualar el resultat, aconseguir l'empat **equally** *adv* **1** igualment **2** equitablement

equality /ɪ'kwɒləti/ *n* igualtat

equate /i'kweɪt/ *vt* ~ **sth (with sth)** equiparar, comparar alguna cosa (amb alguna cosa)

equation /ɪ'kweɪʒn/ *n* equació

equator /ɪ'kweɪtə(r)/ *n* equador

equilibrium /ˌiːkwɪ'lɪbriəm, ˌek-/ *n* equilibri

equinox /'iːkwɪnɒks, 'ek-/ *n* equinocci

equip /ɪ'kwɪp/ *vt* (**-pp-**) ~ **sb/sth (with sth) (for sth)** equipar algú/alguna cosa (amb alguna cosa) (per a alguna cosa); proveir algú/alguna cosa (d'alguna cosa) (per a alguna cosa) **equipment** *n* [*incomptable*] equip, equipament

equitable /'ekwɪtəbl/ *adj* (*formal*) equitable, just

equivalent /ɪ'kwɪvələnt/ *adjectiu, nom*

▸ *adj* ~ **(to sth)** equivalent (a alguna cosa)

▸ *n* ~ **(of/to sth)** equivalent (a/d'alguna cosa)

era /'ɪərə/ *n* era

eradicate /ɪ'rædɪkeɪt/ *vt* eradicar

erase /ɪ'reɪz; *USA* ɪ'reɪs/ *vt* ~ **sth (from sth)** esborrar alguna cosa (d'alguna cosa) ❶ Per a les marques de llapis fem servir **rub sth out**. **eraser** *n* (*USA*) goma (d'esborrar)

erect /ɪ'rekt/ *adjectiu, verb*

▸ *adj* **1** (*formal*) dret **2** (*penis*) erecte

▸ *vt* (*formal*) erigir **erection** *n* erecció

erode /ɪ'rəʊd/ *vt* erosionar

erosion /ɪ'rəʊʒn/ *n* erosió

erotic /ɪ'rɒtɪk/ *adj* eròtic

errand /'erənd/ *n* encàrrec: *to run errands for sb* fer encàrrecs per a algú

erratic /ɪ'rætɪk/ *adj* (*sovint pej*) irregular

error /'erə(r)/ *n* error: *to make an error* cometre un error ◇ *The letter was sent to you in error.* Se us va enviar la carta a vós per error. ❶ **Mistake** és un terme més habitual que **error**. De tota manera, en algunes construccions

E

només es pot usar **error**: *human error* error humà ◇ *an error of judgement* una equivocació. *Vegeu tb nota a* MISTAKE LOC *Vegeu* TRIAL

erupt /ɪ'rʌpt/ *vi* **1** (*volcà*) entrar en erupció **2** (*violència*) esclatar **eruption** *n* erupció

escalate /'eskəleɪt/ *vt, vi* **1** augmentar **2** intensificar(-se) **escalation** *n* escalada

E

escalator /'eskəleɪtə(r)/ *n* escala mecànica

escapade /ˌeskə'peɪd, 'eskəpeɪd/ *n* aventura

escape /ɪ'skeɪp/ *verb, nom*

▸ **1** *vi* ~ **(from sb/sth)** escapar-se (d'algú/d'alguna cosa) **2** *vt, vi* salvar-se (de): *They escaped unharmed.* En van sortir sans i estalvis. **3** *vi* (*gas, líquid*) escapar-se LOC **escape (sb's) notice** passar desapercebut (a algú)

▸ *n* **1** ~ **(from sth)** fuga (d'alguna cosa): *to make your escape* fugir **2** (*gas, líquid*) fuita *Vegeu tb* FIRE ESCAPE LOC *Vegeu* NARROW

escort *nom, verb*

▸ *n* /'eskɔːt/ **1** [*v sing o pl*] escorta **2** (*formal*) acompanyant, -a **3** noi, -a de companyia

▸ *vt* /ɪ'skɔːt/ acompanyar

Eskimo /'eskɪməʊ/ *n* (*pl* **Eskimo** *o* **Eskimos**) esquimal ➲ *Vegeu nota a* ESQUIMAL

especially /ɪ'speʃəli/ *adv* sobretot, especialment: *He likes dogs, especially poodles.* Li agraden els gossos, sobretot els caniches.

espionage /'espiənɑːʒ/ *n* espionatge

espresso /e'spresəʊ/ *n* (*pl* **espressos**) cafè exprés

essay /'eseɪ/ *n* **1** (*Educ*) redacció, treball **2** (*Liter*) assaig

essence /'esns/ *n* essència

essential /ɪ'senʃl/ *adj* **1** ~ **(to/for sth)** imprescindible (per a alguna cosa) **2** fonamental **3** essencial: *essential oils* olis essencials **essentially** /-ʃəli/ *adv* bàsicament

establish /ɪ'stæblɪʃ/ *vt* establir **established** *adj* **1** (*negoci*) establert **2** (*religió*) oficial **establishment** *n* **1** (*formal*) institució **2 the Establishment** (*GB*) la classe dominant, el sistema **3** establiment

estate /ɪ'steɪt/ *n* **1** finca **2** *Vegeu* HOUSING ESTATE **3** (*béns*) herència **4** *Vegeu* ESTATE CAR

estate agent (*USA* **real estate agent**) *n* **1** agent immobiliari **2 estate agent's** agència immobiliària ➲ *Vegeu nota a* CARNISSERIA

estate car (*tb* **estate**) (*USA* **station wagon**) *n* cotxe familiar

esteem /ɪ'stiːm/ *n* LOC **hold sb/sth in high, low, etc. esteem** tenir una bona, mala, etc. opinió d'algú/d'alguna cosa

esthetic (*USA*) = AESTHETIC

estimate *nom, verb*

▸ *n* /'estɪmət/ **1** càlcul **2** valoració **3** pressupost (*càlcul previ*)

▸ *vt* /'estɪmeɪt/ calcular **estimation** *n* (*formal*) opinió

estranged /ɪ'streɪndʒd/ *adj* (*formal*) LOC **be estranged from sb 1** viure separat d'algú **2** estar enemistat amb algú

estuary /'estʃuəri; *USA* -eri/ *n* (*pl* **estuaries**) estuari

etching /etʃɪŋ/ *n* aiguafort

eternal /ɪ'tɜːnl/ *adj* etern **eternity** *n* eternitat

ether /'iːθə(r)/ *n* èter

ethereal /i'θɪəriəl/ *adj* eteri

ethical /'eθɪkl/ *adj* ètic

ethics /'eθɪks/ *n* **1** [*pl*] (*regles morals*) ètica **2** [*incomptable*] (*Fil*) ètica

ethnic /'eθnɪk/ *adj* ètnic: *ethnic groups* ètnies

ethos /'iːθɒs/ *n* [*sing*] (*formal*) caràcter, esperit

etiquette /'etɪket, -kət/ *n* etiqueta (*maneres*)

EU /ˌiː 'juː/ *abrev de* **European Union** Unió Europea

eucalyptus /ˌjuːkə'lɪptəs/ *n* (*pl* **eucalyptuses** *o* **eucalypti** /-taɪ/) eucaliptus

euphemism /'juːfəmɪzəm/ *n* eufemisme

euphoria /juː'fɔːriə/ *n* eufòria **euphoric** /juː'fɒrɪk; *USA* -'fɔːr-/ *adj* eufòric

euro /'jʊərəʊ/ *n* (*pl* **euros** *o* **euro**) euro

Euro-MP /'jʊərəʊ empiː/ *n* eurodiputat, -ada

Eurozone /'jʊərəʊzəʊn/ *n* zona euro

euthanasia /ˌjuːθə'neɪziə; *USA* -'neɪʒə/ *n* eutanàsia

evacuate /ɪ'vækjueɪt/ *vt* evacuar (*persones*) **evacuee** /ɪˌvækju'iː/ *n* persona evacuada

evade /ɪ'veɪd/ *vt* evadir, defugir

evaluate /ɪ'væljueɪt/ *vt* avaluar

evaporate /ɪ'væpəreɪt/ *vt, vi* evaporar(-se) **evaporation** *n* evaporació

evasion /ɪ'veɪʒn/ *n* evasió **evasive** /ɪ'veɪsɪv/ *adj* evasiu

eve /iːv/ *n* vigília: *on the eve of war* en vigílies de la guerra

even /'iːvn/ *adverbi, adjectiu, verb*

▸ *adv* **1** [*ús emfàtic*] fins i tot, àdhuc: *He didn't even open the letter.* Ni tan sols va obrir la carta. **2** (*amb adjectiu o adverbi comparatiu*) encara LOC **even if**; **even though** encara que, tot i que ◆ **even so** malgrat tot

▸ *adj* **1** (*superfície*) pla, llis **2** (*color*) uniforme **3** (*temperatura*) constant **4** (*competició, puntuació*) igualat **5** (*nombre*) parell ➲ *Compareu amb* ODD

▸ *v* PHR V **even out** anivellar-se ◆ **even sth out/up** anivellar alguna cosa

evening /ˈiːvnɪŋ/ *n* vespre, nit: *tomorrow evening* demà al vespre ◇ *an evening class* una classe nocturna ◇ *evening dress* vestit de nit/de gala ◇ *the evening meal* el sopar ➲ *Vegeu notes a* MORNING *i* MIG LOC **good evening** bona tarda/bona nit ➲ *Vegeu nota a* NIT

evenly /ˈiːvənli/ *adv* **1** d'una manera uniforme **2** (*repartir, etc.*) equitativament

event /ɪˈvent/ *n* **1** esdeveniment **2** prova (esportiva) LOC **at all events; in any event** en qualsevol cas ◆ **in the event** a la fi ◆ **in the event of sth** en cas de, posat cas que **eventful** *adj* ple d'incidents

eventual /ɪˈventʃuəl/ *adj* final **eventually** *adv* finalment

ever /ˈevə(r)/ *adv* mai: *more than ever* més que mai ◇ *for ever (and ever)* per sempre (més) ◇ *Has it ever happened before?* T'havia passat mai abans? LOC **ever since** des d'aleshores ➲ *Vegeu notes a* ALWAYS *i* MAI

evergreen /ˈevəgriːn/ *adjectiu, nom*
▸ *adj* de fulla perenne
▸ *n* arbre/arbust de fulla perenne

every /ˈevri/ *adj* cada, tots (els): *every (single) time* cada vegada ◇ *every 10 minutes* cada 10 minuts

> Usem **every** per a referir-nos a tots els elements d'un grup en conjunt: *Every player was on top form.* Tots els jugadors estaven en plena forma. **Each** s'usa per a fer referència individualment a cadascun d'ells: *The Queen shook hands with each player after the game.* La Reina va donar la mà a cada jugador després del partit. *Vegeu tb nota a* EACH

LOC **every other** un sí un no: *every other week* cada dues setmanes ◆ **every so often** cada cert temps *Vegeu tb* NOW, ONCE, SIDE

everybody /ˈevribɒdi/ *Vegeu* EVERYONE

everyday /ˈevrideɪ/ *adj* [*només davant del nom*] quotidià, de cada dia: *for everyday use* d'ús diari ◇ *in everyday use* d'ús corrent

> **Everyday** només s'usa abans d'un nom. Cal no confondre'l amb la locució adverbial **every day**, que significa 'cada dia'.

everyone /ˈevriwʌn/ (*tb* **everybody**) *pron* tothom, tots

> **Everyone, anyone** i **someone** porten el verb en singular, però, excepte en llenguatge formal, els pronoms que hi fan referència són formes plurals (**they, them** i **their**): *Everybody does what they want to.* Tothom fa el que vol.

everything /ˈevriθɪŋ/ *pron* tot

everywhere /ˈevriweə(r)/ *adv* pertot arreu, a tot arreu

evict /ɪˈvɪkt/ *vt* ~ **sb (from sth)** fer fora algú (d'alguna cosa)

evidence /ˈevɪdəns/ *n* [*incomptable*] **1** ~ **(of/for sth)** proves (d'alguna cosa): *insufficient evidence* manca de proves **2** testimoni (*en un tribunal*) **evident** *adj* ~ **(to sb) (that...)** evident (per a algú) (que...) **evidently** *adv* òbviament

evil /ˈiːvl, ˈiːvɪl/ *adjectiu, nom*
▸ *adj* dolent, malvat
▸ *n* (*formal*) mal

evocative /ɪˈvɒkətɪv/ *adj* evocador

evoke /ɪˈvəʊk/ *vt* (*formal*) evocar

evolution /ˌiːvəˈluːʃn, ˌev-/ *n* evolució

evolve /iˈvɒlv/ *vi* desenvolupar-se, evolucionar

ewe /juː/ *n* ovella (*femella*)

ex /eks/ *n* (*pl* **exes**) (*col·loq*) ex (*marit, dona, xicot*)

exact /ɪgˈzækt/ *adj* exacte

exacting /ɪgˈzæktɪŋ/ *adj* exigent

exactly /ɪgˈzæktli/ *adv* **1** exactament **2** exacte: *'She told you she fancied Tim?' 'Exactly!'* —Et va dir que li agradava en Tim? —Exacte!

exaggerate /ɪgˈzædʒəreɪt/ *vt* exagerar **exaggerated** *adj* exagerat

exam /ɪgˈzæm/ *n* (*Educ*) examen: *to sit an exam* presentar-se a un examen

examination /ɪgˌzæmɪˈneɪʃn/ *n* **1** (*formal*) examen **2** reconeixement, revisió

examine /ɪgˈzæmɪn/ *vt* inspeccionar, examinar

example /ɪgˈzɑːmpl; *USA* -ˈzæmpl/ *n* exemple LOC **for example** (*abrev* **e.g.**) per exemple ◆ **set a good/bad example (to sb)** donar bon/mal exemple (a algú)

exasperate /ɪgˈzæspəreɪt/ *vt* exasperar **exasperation** *n* exasperació

excavate /ˈekskəveɪt/ *vt, vi* excavar

exceed /ɪkˈsiːd/ *vt* excedir(-se en), superar **exceedingly** *adv* (*formal*) extremament

excel /ɪkˈsel/ *vi* (**-ll-**) ~ **in/at sth** excel·lir en alguna cosa

excellent /ˈeksələnt/ *adj* excel·lent **excellence** *n* excel·lència

except /ɪkˈsept/ *preposició, conjunció*
▸ *prep* ~ **(for) sb/sth** excepte algú/alguna cosa: *Except for the weather, we had a good time.*

E

Deixant de banda el temps, ens ho vam passar molt bé.
▸ *conj* ~ **(that...)** llevat que...

exception /ɪk'sepʃn/ *n* excepció **exceptional** *adj* excepcional

excerpt /'eksɜːpt/ *n* ~ **(from sth)** extret (d'alguna cosa)

E

excess /ɪk'ses/ *n* excés **excessive** *adj* excessiu, exagerat

exchange /ɪks'tʃeɪndʒ/ *nom, verb*
▸ *n* canvi, intercanvi: *exchange programme* programa d'intercanvi
▸ *vt* **1** ~ **A for B** canviar A per B **2** ~ **sth (with sb)** canviar alguna cosa (amb algú)

the Exchequer /ɪks'tʃekə(r)/ *n* (*GB*) el Ministeri d'Economia i Hisenda

excite /ɪk'saɪt/ *vt* excitar **excitable** *adj* excitable **excited** *adj* ~ **(about/at/by sth)** excitat, emocionat, animat (amb/per alguna cosa) **excitement** *n* excitació, emoció **exciting** *adj* emocionant

exclaim /ɪk'skleɪm/ *vi* exclamar

exclamation /ˌeksklə'meɪʃn/ *n* exclamació

exclamation mark *n* signe d'admiració
➲ *Vegeu pàg 363*

exclude /ɪk'skluːd/ *vt* ~ **sb/sth (from sth)** excloure algú/alguna cosa (d'alguna cosa) **exclusion** *n* ~ **(of sb/sth) (from sth)** exclusió (d'algú/d'alguna cosa) (d'alguna cosa)

exclusive /ɪk'skluːsɪv/ *adjectiu, nom*
▸ *adj* **1** exclusiu **2** ~ **of sb/sth** sense incloure algú/alguna cosa
▸ *n* exclusiva

excursion /ɪk'skɜːʃn; *USA* -ʒn/ *n* excursió

excuse *nom, verb*
▸ *n* /ɪk'skjuːs/ ~ **(for sth/doing sth)** excusa (per alguna cosa/per fer alguna cosa)
▸ *vt* /ɪk'skjuːz/ **1** ~ **sb/sth (for sth/doing sth)** disculpar algú/alguna cosa (per alguna cosa/per fer alguna cosa) **2** ~ **sb (from sth)** dispensar algú (d'alguna cosa)

> Es diu **excuse me** quan es vol interrompre o captar l'atenció d'algú: *Excuse me, sir!* Escolti! o quan es vol demanar pas: *Excuse me, please.* Em deixa, si us plau? Diem **sorry** quan hem de demanar perdó per alguna cosa que hem fet: *I'm sorry I'm late.* Em sap greu arribar tard. ◇ *Did I hit you? I'm sorry!* T'he donat un cop? Perdona! En anglès americà s'usa **excuse me** en comptes de **sorry**.

➲ *Vegeu nota a* ATXIM

execute /'eksɪkjuːt/ *vt* executar **execution** *n* execució **executioner** *n* botxí

executive /ɪg'zekjətɪv/ *adj, n* executiu, -iva

exempt /ɪg'zempt/ *adjectiu, verb*
▸ *adj* ~ **(from sth)** exempt (d'alguna cosa)
▸ *vt* ~ **sb/sth (from sth)** (*formal*) eximir algú/alguna cosa (d'alguna cosa); dispensar algú (d'alguna cosa) **exemption** *n* exempció

exercise /'eksəsaɪz/ *nom, verb*
▸ *n* exercici: *I do a lot of exercise.* Faig molt d'exercici. ◇ *exercise book* llibreta
▸ **1** *vt* (*formal*) (*dret, poder*) exercir **2** *vi* fer exercici **3** *vt* exercitar

exert /ɪg'zɜːt/ *vt* **1** exercir **2** ~ **yourself** esforçar-se **exertion** *n* esforç

exhaust /ɪg'zɔːst/ *nom, verb*
▸ *n* **1** [*incomptable*] (*tb* **exhaust fumes** [*pl*]) gasos del tub d'escapament **2** (*tb* **exhaust pipe**) tub d'escapament
▸ *vt* esgotar **exhausted** *adj* exhaust, esgotat **exhausting** *adj* esgotador **exhaustion** *n* esgotament **exhaustive** *adj* exhaustiu

exhibit /ɪg'zɪbɪt/ *verb, nom*
▸ **1** *vt, vi* exposar **2** *vt* (*formal*) manifestar
▸ *n* objecte exposat

exhibition /ˌeksɪ'bɪʃn/ *n* exposició

exhilarating /ɪg'zɪləreɪtɪŋ/ *adj* estimulant, emocionant **exhilaration** *n* eufòria

exile /'eksaɪl, 'egzaɪl/ *nom, verb*
▸ *n* **1** exili **2** (*persona*) exiliat, -ada
▸ *vt* exiliar

exist /ɪg'zɪst/ *vi* **1** existir **2** ~ **(on sth)** subsistir (a base d'alguna cosa) **existence** *n* existència **existing** *adj* existent

exit /'eksɪt, 'egzɪt/ *n* sortida

exotic /ɪg'zɒtɪk/ *adj* exòtic

expand /ɪk'spænd/ *vt, vi* **1** expandir(-se) **2** (*metall*) dilatar(-se) **3** (*negoci*) ampliar(-se) PHR V **expand on/upon sth** ampliar alguna cosa, estendre's sobre alguna cosa

expanse /ɪk'spæns/ *n* ~ **(of sth)** extensió (d'alguna cosa)

expansion /ɪk'spænʃn/ *n* **1** expansió **2** desenvolupament

expansive /ɪk'spænsɪv/ *adj* expansiu, comunicatiu

expatriate /ˌeks'pætriət; *USA* -'peɪt-/ (*col·loq* **expat** /eks'pæt/) *n* expatriat, -ada

expect /ɪk'spekt/ *vt* **1** ~ **sth (of/from sb/sth)** esperar alguna cosa (d'algú/d'alguna cosa) ➲ *Vegeu nota a* ESPERAR **2** (*esp GB, col·loq*) suposar: *I expect so.* M'imagino que sí. **3** *She's expecting a baby.* Està embarassada. **expectant**

adj **1** expectant **2** *expectant mother* dona embarassada **expectancy** *n* expectació *Vegeu tb* LIFE EXPECTANCY **expectation** /ˌekspek'teɪʃn/ *n* expectativa LOC **against/contrary to (all) expectation(s)** contra totes les previsions

expedition /ˌekspə'dɪʃn/ *n* expedició

expel /ɪk'spel/ *vt* (**-ll-**) ~ **sb/sth (from sth)** expellir, expulsar algú/alguna cosa (d'alguna cosa)

expend /ɪk'spend/ *vt* ~ **sth (in/on sth/doing sth)** (*formal*) dedicar alguna cosa (a alguna cosa/a fer alguna cosa) **expendable** *adj* (*formal*) prescindible, de poc valor

expenditure /ɪk'spendɪtʃə(r)/ *n* [*incomptable*] despesa, despeses

expense /ɪk'spens/ *n* despesa, despeses, cost **expensive** *adj* car

experience /ɪk'spɪəriəns/ *nom, verb*

▸ *n* experiència

▸ *vt* experimentar **experienced** *adj* experimentat

experiment /ɪk'sperɪmənt/ *nom, verb*

▸ *n* experiment

▸ *vi* ~ **(on sb/sth)**; ~ **(with sth)** fer experiments, experimentar (amb/sobre algú); (amb/sobre alguna cosa)

expert /'ekspɜːt/ *adj, n* ~ **(at/in/on sth)** expert, -a (en alguna cosa) **expertise** /ˌekspɜː'tiːz/ *n* [*incomptable*] coneixements (tècnics), perícia

expire /ɪk'spaɪə(r)/ *vi* **1** caducar, vèncer **2** (*termini*) finalitzar **expiry** (*USA tb* **expiration** /ˌekspə'reɪʃn/) *n* caducitat, venciment

explain /ɪk'spleɪn/ *vt* ~ **sth (to sb)** explicar, aclarir alguna cosa (a algú): *Explain this to me.* Explica'm això. **explanation** /ˌeksplə'neɪʃn/ *n* ~ **(for sth)** explicació, aclariment (d'alguna cosa) **explanatory** /ɪk'splænətri; *USA* -tɔːri/ *adj* explicatiu, aclaridor

explicit /ɪk'splɪsɪt/ *adj* explícit

explode /ɪk'spləʊd/ *vt, vi* (fer) explotar

exploit *nom, verb*

▸ *n* /'eksplɔɪt/ proesa

▸ *vt* /ɪk'splɔɪt/ (*sovint pej*) explotar (*persones, recursos*) **exploitation** /ˌeksplɔɪ'teɪʃn/ *n* explotació

exploration /ˌekspləˈreɪʃn/ *n* exploració, examen

explore /ɪk'splɔː(r)/ *vt, vi* explorar **explorer** *n* explorador, -a

explosion /ɪk'spləʊʒn/ *n* explosió **explosive** /ɪk'spləʊsɪv, -zɪv/ *adj, n* explosiu

export *nom, verb*

▸ /'ekspɔːt/ *n* (article d')exportació

▸ /ɪk'spɔːt/ *vt, vi* exportar **exporter** /ek'spɔːtə(r)/ *n* exportador, -a

expose /ɪk'spəʊz/ *vt* **1** ~ **sb/sth/yourself (to sth)** exposar algú/alguna cosa (a alguna cosa); exposar-se (a alguna cosa) **2** revelar **exposed** *adj* descobert **exposure** /ɪk'spəʊʒə(r)/ *n* **1** ~ **(to sth)** exposició (a alguna cosa): *to die of exposure* morir de fred (a la intempèrie) **2** (*de frau, falta*) descobriment, revelació

express /ɪk'spres/ *verb, adjectiu, adverbi, nom*

▸ *vt* expressar: *to express yourself* expressar-se

▸ *adj* **1** (*tren, autocar*) ràpid, exprés **2** (*tramesa*) urgent **3** (*formal*) (*desig, etc.*) exprés

▸ *adv* per tramesa urgent

▸ *n* **1** (*tb* **express train**) (tren) ràpid/exprés **2** servei/tramesa urgent

expression /ɪk'spreʃn/ *n* expressió: *as an expression of his gratitude* com a mostra de la seva gratitud

expressive /ɪk'spresɪv/ *adj* expressiu

expressly /ɪk'spresli/ *adv* (*formal*) expressament

expressway /ɪk'spresweɪ/ *n* (*USA*) autopista

expulsion /ɪk'spʌlʃn/ *n* expulsió

exquisite /ɪk'skwɪzɪt, 'ekskwɪzɪt/ *adj* exquisit

extend /ɪk'stend/ **1** *vt* estendre, ampliar **2** *vi* estendre's: *to extend as far as...* estendre's fins a... **3** *vt* (*estada, vida*) allargar **4** *vt* (*termini, crèdit*) ampliar, prorrogar **5** *vt* (*mà, benvinguda*) donar **6** *vt* ~ **sth to sb** (*formal*) donar alguna cosa a algú

extension /ɪk'stenʃn/ *n* **1** extensió **2** ~ **(to sth)** ampliació (d'alguna cosa); annex (a alguna cosa): *to build an extension to the house* construir un annex a la casa **3** (*període, termini*) prolongació, pròrroga **4** (*telèfon*) supletori **5** (*número*) extensió

extensive /ɪk'stensɪv/ *adj* **1** extens **2** ampli **3** (*danys*) abundant **4** (*ús*) freqüent **extensively** *adv* **1** extensament **2** (*usar*) freqüentment

extent /ɪk'stent/ *n* **1** abast: *the full extent of the losses* l'abast total de les pèrdues **2** extensió LOC **to a large/great extent** en gran part ◆ **to a lesser extent** en menor grau ◆ **to some extent; to a certain extent** fins a cert punt ◆ **to what extent** fins a quin punt

exterior /ɪk'stɪəriə(r)/ *nom, adjectiu*

▸ *n* **1** exterior **2** (*persona*) aspecte

▸ *adj* exterior

exterminate /ɪk'stɜːmɪneɪt/ *vt* exterminar

external /ɪk'stɜːnl/ *adj* extern, exterior

extinct /ɪk'stɪŋkt/ *adj* **1** (*espècie*) extint: *to become extinct* extingir-se **2** (*volcà*) extingit **extinction** *n* extinció

E

extinguish /ɪk'stɪŋgwɪʃ/ *vt* extingir, apagar ❶ L'expressió més habitual és **put sth out**. **extinguisher** *n* extintor

extort /ɪk'stɔːt/ *vt* ~ **sth (from sb) 1** (*diners*) obtenir alguna cosa (d'algú) mitjançant extorsió **2** (*confessió*) obtenir alguna cosa (d'algú) per força **extortion** *n* extorsió

extortionate /ɪk'stɔːʃənət/ *adj* desorbitat, excessiu

extra /'ekstrə/ *adjectiu, nom, adverbi*
- ▸ *adj* **1** (*paga, hores*) extra, addicional, de més: *extra charge* recàrrec ◇ *Wine is extra.* El vi no hi està inclòs. **2** de sobres
- ▸ *n* **1** extra **2** (*preu*) suplement, cost addicional **3** (*Cine*) extra
- ▸ *adv* més, extra: *to pay extra* pagar un suplement

extract *nom, verb*
- ▸ *n* /'ekstrækt/ extracte, fragment
- ▸ *vt* /ɪk'strækt/ **1** ~ **sth (from sth)** extreure alguna cosa (d'alguna cosa) **2** ~ **sth (from sb/sth)** aconseguir alguna cosa (d'algú/d'alguna cosa)

extradition /ˌekstrə'dɪʃn/ *n* extradició

extraordinary /ɪk'strɔːdnri; *USA* -dəneri/ *adj* extraordinari

extraterrestrial /ˌekstrətə'restriəl/ *adj, n* extraterrestre

extra time *n* (*Esport*) pròrroga

extravagant /ɪk'strævəgənt/ *adj* **1** malgastador **2** car **3** extravagant, exagerat **extravagance** *n* extravagància

extreme /ɪk'striːm/ *adj, n* extrem: *with extreme care* amb molta cura ◇ *extreme sports* esports d'alt risc ◇ *the extreme right* la ultradreta **extremely** *adv* extremadament **extremism** *n* extremisme **extremist** *adj, n* extremista **extremity** /ɪk'streməti/ *n* (*pl* **extremities**) extremitat

extricate /'ekstrɪkeɪt/ *vt* (*formal*) **1** ~ **sb/sth (from sth)** alliberar algú/alguna cosa (d'alguna cosa) **2** ~ **yourself (from sth)** aconseguir sortir (d'alguna cosa)

extrovert /'ekstrəvɜːt/ *n* extravertit, -ida **extroverted** *adj* extravertit

exuberant /ɪg'zjuːbərənt; *USA* -'zuː-/ *adj* eufòric, exuberant

exude /ɪg'zjuːd; *USA* -'zuːd/ **1** *vt* radiar (*confiança, optimisme*) **2** *vt, vi* traspuar

eye /aɪ/ *nom, verb*
- ▸ *n* ull: *to have sharp eyes* tenir molt bona vista ◇ *to make eye contact* mirar algú als ulls ◇ *at eye level* al nivell dels ulls **LOC** **before/in front of sb's (very) eyes** davant els propis ulls ◆ **be up to your eyes in sth** estar fins al coll d'alguna cosa ◆ **catch sb's eye** captar l'atenció d'algú ◆ **in the eyes of sb; in sb's eyes** als ulls d'algú ◆ **in the eyes of the law, world, etc.** als ulls de la llei, del món, etc. ◆ **keep an eye on sb/sth** no perdre d'ull algú/alguna cosa ◆ **not see eye to eye with sb (on sth)** no estar plenament d'acord amb algú (sobre alguna cosa) *Vegeu tb* BLIND, CLOSE ², CRY, MEET, MIND, NAKED, TEAR ²
- ▸ *vt* (*pt, pp* **eyed** *part pres* **eyeing**) mirar

eyeball /'aɪbɔːl/ *n* globus ocular

eyebrow /'aɪbraʊ/ *n* cella **LOC** **be up to your eyebrows in sth** estar fins al coll d'alguna cosa *Vegeu tb* RAISE

eye-catching /'aɪ kætʃɪŋ/ *adj* vistós

eyelash /'aɪlæʃ/ *n* pestanya

eyelid /'aɪlɪd/ *n* parpella **LOC** *Vegeu* BAT

eyeshadow /'aɪʃædəʊ/ *n* ombra d'ulls

eyesight /'aɪsaɪt/ *n* vista: *an eyesight test* una revisió de la vista

eyesore /'aɪsɔː(r)/ *n* monstruositat

eyewitness /'aɪwɪtnəs/ *n* testimoni ocular

F f

F, f /ef/ *n* (*pl* **Fs, F's, f's**) **1** F, f ➲ *Vegeu nota a* A, A **2** (*Mús*) fa

fable /'feɪbl/ *n* faula

fabric /'fæbrɪk/ *n* **1** teixit, tela ➲ *Vegeu nota a* ROBA **2** [*sing*] **the ~ (of sth)** (*formal*) l'estructura (d'alguna cosa)

fabulous /'fæbjələs/ *adj* fabulós

facade /fə'sɑːd/ *n* (*lit i fig*) façana

face /feɪs/ *nom, verb*
- ▸ *n* **1** cara, rostre: *to wash your face* rentar-se la cara **2** cara: *the south face of Everest* la cara sud de l'Everest ◇ *a rock face* una paret de roca **3** superfície **4** esfera (*de rellotge*) **LOC** **face down/up 1** (*persona*) bocaterrós/de panxa enlaire **2** (*objecte*) de cara avall/amunt ◆ **face to face** cara a cara: *to come face to face with sth* enfrontar-se amb alguna cosa ◆ **in the face of**

sth **1** malgrat alguna cosa **2** davant d'alguna cosa ◆ **on the face of it** (*col·loq*) a primera vista ◆ **pull/make faces/a face (at sb)** fer ganyotes (a algú) ◆ **to sb's face** a la cara ➲ *Compareu amb* BEHIND SB'S BACK *a* BACK *n* *Vegeu tb* BRAVE, SAVE, SMILE, STRAIGHT
▸ *vt* **1** estar de cara a: *They sat down facing each other.* Es van asseure davant per davant. **2** donar a: *a house facing the park* una casa que dóna al parc **3** afrontar: *to face facts* fer cara als fets ◇ *Let's face it.* No ens enganyem. **4** (*sentència, multa*) córrer el risc de rebre **5** revestir PHR V **face up to sb/sth** afrontar algú/alguna cosa

faceless /ˈfeɪsləs/ *adj* anònim

facelift /ˈfeɪslɪft/ *n* **1** lífting, estiratge (*facial*) **2** renovació (*d'un edifici, etc.*)

facet /ˈfæsɪt/ *n* faceta

facetious /fəˈsiːʃəs/ *adj* faceciós

face value *n* valor nominal LOC **take sth at face value** prendre's alguna cosa literalment, deixar-se enganyar per l'aparença d'alguna cosa

facial /ˈfeɪʃl/ *adjectiu, nom*
▸ *adj* facial
▸ *n* tractament facial

facile /ˈfæsaɪl; *USA* ˈfæsl/ *adj* (*pej*) simplista

facilitate /fəˈsɪlɪteɪt/ *vt* (*formal*) facilitar

facility /fəˈsɪləti/ *n* **1 facilities** [*pl*]: *sports/banking facilities* instal·lacions esportives/serveis bancaris **2** prestació (*d'ordinador, compte, etc.*): *credit facilities* facilitats de pagament **3** ~ **(for sth)** facilitat (per a alguna cosa)

fact /fækt/ *n* fet: *in fact* de fet ◇ *the fact that...* el fet que... LOC **(all) the facts and figures** (tota) la informació ◆ **the facts of life** d'on vénen els nens, la sexualitat *Vegeu tb* ACTUAL, MATTER, POINT

faction /ˈfækʃn/ *n* facció

factor /ˈfæktə(r)/ *n* factor

factory /ˈfæktəri/ *n* (*pl* **factories**) fàbrica: *factory workers* treballadors de fàbrica

factual /ˈfæktʃuəl/ *adj* basat en els fets

faculty /ˈfæklti/ *n* (*pl* **faculties**) **1** facultat: *to be in possession of all your faculties* estar en plenes facultats ◇ *Arts Faculty* Facultat de Filosofia i Lletres **2** (*USA*) professorat universitari

fad /fæd/ *n* mania passatgera, moda

fade /feɪd/ *vt, vi* **1** descolorir(-se) **2** (*roba*) destenyir(-se) PHR V **fade away** desaparèixer lentament

fag /fæg/ *n* **1** (*GB, col·loq*) cigarreta **2** (*USA, argot, pej*) marieta **3** [*sing*] (*GB, col·loq*) feinada, llauna

Fahrenheit /ˈfærənhaɪt/ (*abrev* **F**) *adj* Fahrenheit ➲ *Vegeu nota a* CENTÍGRAD

fail /feɪl/ *verb, nom*
▸ **1** *vi* ~ **(in sth)** fracassar (en alguna cosa): *to fail in your duty* faltar al teu deure **2** *vi* ~ **to do sth**: *They failed to notice anything unusual.* No van veure res d'estrany. **3** *vt* (*examen, candidat*) suspendre **4** *vi* (*forces, motor, etc.*) fallar **5** *vi* (*salut*) deteriorar-se **6** *vi* (*collita*) anar-se'n en orris **7** *vi* (*negoci*) fer fallida
▸ *n* suspens LOC **without fail** sens falta

failing /ˈfeɪlɪŋ/ *nom, preposició*
▸ *n* **1** debilitat **2** falta, defecte
▸ *prep* a falta de: *Failing this...* Si això no és possible...

failure /ˈfeɪljə(r)/ *n* **1** fracàs **2** ~ **to do sth**: *His failure to answer puzzled her.* Li va estranyar que no contestés. **3** fallada, fallida: *heart failure* aturada cardíaca ◇ *engine failure* fallada del motor

faint /feɪnt/ *verb, adjectiu*
▸ *vi* desmaiar-se
▸ *adj* (**fainter, -est**) **1** (*so, rastre*) feble **2** (*semblant*) lleuger **3** (*esperança*) petit **4** (*llum*) tènue **5** ~ **(from/with sth)** marejat (de/per alguna cosa): *to feel faint* estar marejat **faintly** *adv* **1** feblement **2** vagament

fair /feə(r)/ *adjectiu, adverbi, nom*
▸ *adj* (**fairer, -est**) **1** ~ **(to/on sb)** just, imparcial (amb algú): *It's not fair!* No s'hi val! **2** força: *It's a fair size* És força gran ◇ *a fair number of people* un bon nombre de persones **3** força bo: *There's a fair chance we might win.* Hi ha una bona possibilitat que guanyem. **4** (*cabells*) ros ➲ *Vegeu nota a* ROS **5** (*temps*) bo LOC **(more than) your fair share of sth**: *They've had more than their fair share of bad luck.* Han tingut molt mala sort. ◇ *I've had my fair share of success.* He tingut força èxit.
▸ *adv* LOC **fair and square** **1** merescudament **2** indubtablement
▸ *n* **1** parc d'atracccions **2** fira: *a trade fair* una fira de mostres

fair-haired /ˌfeə ˈheəd/ *adj* ros ➲ *Vegeu nota a* ROS

fairly /ˈfeəli/ *adv* **1** (*davant d'adjectiu o adverbi*) força, bastant: *It's fairly easy.* És ben fàcil. ◇ *It's fairly good.* És força bo. ◇ *fairly quickly* força ràpid

Els adverbis **fairly**, **quite**, **rather** i **pretty** modifiquen la intensitat dels adjectius o els adverbis que acompanyen, i poden significar 'força', 'bastant', 'fins a cert punt' o 'no gaire'. **Fairly** és el de grau més baix.

2 justament, equitativament

fair play *n* joc net

fair-trade /ˌfeə 'treɪd/ *adj* de comerç just: *fair-trade products* productes de comerç just

fairy /'feəri/ *n* (*pl* **fairies**) fada: *fairy tale* conte de fades ◇ *fairy godmother* fada padrina

faith /feɪθ/ *n* ~ **(in sb/sth)** fe (en algú/alguna cosa) LOC **in bad/good faith** de mala/bona fe ◆ **put your faith in sb/sth** tenir fe en algú/alguna cosa

F

faithful /'feɪθfl/ *adj* ~ **(to sb/sth)** fidel (a algú/alguna cosa) **faithfully** /-fəli/ *adv* fidelment LOC *Vegeu* YOURS

fake /feɪk/ *adjectiu, nom, verb*
▸ *adj* (*pej*) fals
▸ *n* imitació
▸ **1** *vt* (*signatura, document*) falsificar **2** *vt, vi* fingir

falcon /'fɔːlkən; *USA* 'fæl-/ *n* falcó

fall /fɔːl/ *verb, nom*
▸ *vi* (*pt* **fell** /fel/ *pp* **fallen** /'fɔːlən/) **1** caure: *The car fell into the river.* El cotxe va caure al riu. **2** (*preu, temperatura*) baixar

> A voltes el verb **fall** té el sentit de 'tornar-se', 'quedar-se', 'posar-se', p. ex.: *He fell asleep.* Es va quedar adormit. ◇ *He fell ill.* Es va posar malalt.

LOC **fall in love (with sb)** enamorar-se (d'algú) ◆ **fall short of sth** estar per sota d'alguna cosa ◆ **fall victim (to sth)** (*formal*) caure víctima d'alguna cosa, posar-se malalt (d'alguna cosa) *Vegeu tb* FOOT
PHR V **fall apart 1** caure a trossos **2** fracassar
fall back tirar-se enrere ◆ **fall back on sb/sth** recórrer a algú/alguna cosa
fall behind (sb/sth) quedar-se enrere (respecte a algú/alguna cosa) ◆ **fall behind with sth** endarrerir-se amb alguna cosa/a fer alguna cosa
fall down 1 (*persona, objecte*) caure **2** (*pla*) fracassar
fall for sb (*col·loq*) enamorar-se d'algú, penjar-se d'algú ◆ **fall for sth** (*col·loq*) empassar-se alguna cosa (*engany*)
fall in (*sostre*) desplomar-se
fall off 1 caure **2** disminuir
fall on/upon sb caure a sobre d'algú, recaure en algú
fall out (with sb) renyir (amb algú)
fall over caure ◆ **fall over sb/sth** ensopegar amb algú/alguna cosa
fall through fracassar
▸ *n* **1** caiguda **2** *a fall of snow* una nevada **3 falls** [*pl*] cascada **4** (*USA*) tardor **5** baixa, descens

fallen /'fɔːlən/ *adj* caigut *Vegeu tb* FALL

false /fɔːls/ *adj* **1** fals **2** (*dentadura, etc.*) postís **3** (*reclamació*) fraudulent LOC **a false move** un moviment en fals ◆ **a false start 1** un intent fallit **2** (*Esport*) una sortida nul·la

falsify /'fɔːlsɪfaɪ/ *vt* (*pt, pp* **-fied**) falsificar

falter /'fɔːltə(r)/ *vi* **1** (*economia, interès*) decaure **2** (*veu*) tremolar **3** (*persona*) vacil·lar

fame /feɪm/ *n* fama

familiar /fə'mɪliə(r)/ *adj* **1** familiar (*conegut*) **2** ~ **with sth** familiaritzat amb alguna cosa LOC **be on familiar terms (with sb)** tenir tractes amicals (amb algú) **familiarity** /fəˌmɪli'ærəti/ *n* **1** ~ **with sth** coneixement d'alguna cosa **2** familiaritat

family /'fæməli/ *n* (*pl* **families**) [*v sing o pl*] família: *family ties* lligams familiars ◇ *family name* cognom ◇ *family man* home de casa ◇ *family tree* arbre genealògic ➲ *Vegeu nota a* FAMÍLIA LOC **run in the family** venir de família

famine /'fæmɪn/ *n* fam ➲ *Vegeu nota a* FAM

famous /'feɪməs/ *adj* ~ **(for/as sth)** famós (per alguna cosa/per ésser alguna cosa)

fan /fæn/ *nom, verb*
▸ *n* **1** fan, afeccionat, -ada: *fan club* club de fans **2** ventilador **3** ventall
▸ *vt* (**-nn-**) **1** (*persona*) ventar **2** (*disputa, foc*) atiar PHR V **fan out** desplegar-se en ventall

fanatic /fə'nætɪk/ *n* fanàtic, -a **fanatical** *adj* fanàtic **fanaticism** *n* fanatisme

fanciful /'fænsɪfl/ *adj* (*pej*) (*idea*) estrambòtic

fancy /'fænsi/ *verb, nom, adjectiu*
▸ (*pt, pp* **fancied**) *vt* **1** (*GB, col·loq*) venir de gust: *Do you fancy going for a drink?* Et ve de gust anar a prendre una copa? **2** (*GB, col·loq*) agradar: *I don't fancy him.* No el trobo atractiu. **3** ~ **yourself** (*GB, col·loq*) ésser un cregut **4** ~ **yourself (as) sth** presumir d'alguna cosa **5** (*formal*) imaginar-se LOC **fancy (that)!** sembla mentida!, què dius ara!
▸ *n* (*pl* **fancies**) **1** fantasia **2** capritx LOC **catch/take sb's fancy** fer gràcia a algú: *whatever takes your fancy* el que et faci més gràcia ◆ **take a fancy to sb/sth** encapritxar-se d'algú/d'alguna cosa
▸ *adj* (**fancier, -iest**) estrafolari, de fantasia: *nothing fancy* res d'extraordinari

fancy dress *n* [*incomptable*] disfressa

fanny pack /'fæni pæk/ *n* (*USA*) ronyonera

fantastic /fæn'tæstɪk/ *adj* fantàstic

fantasy /'fæntəsi/ *n* (*pl* **fantasies**) fantasia

fanzine /'fænziːn/ *n* fanzine

FAQ /ˌef ei 'kjuː/ *abrev de* **frequently asked questions** preguntes més freqüents

far /fɑ:(r)/ *adverbi, adjectiu*
▸ *adv* (*comp* **farther** /'fɑ:ðə(r)/ *o* **further** /'fɜ:ðə(r)/ *superl* **farthest** /'fɑ:ðɪst/ *o* **furthest** /'fɜ:ðɪst/) **1** (*distància*) lluny: *Is it far?* Que és lluny? ◇ *How far is it?* A quina distància és? ❶ En aquest sentit es fa servir en frases negatives o interrogatives. En frases afirmatives és molt més freqüent dir a long way: *York is a long way from London.* York és molt lluny de Londres. **2** (*amb comparatius i preposicions*) molt: *It's far easier for him.* És molt més fàcil per a ell. ◇ *far above/far beyond sth* molt per sobre d'alguna cosa/més enllà d'alguna cosa LOC **as far as** fins a ◆ **as/so far as** pel que, tant com: *as far as I know* que jo sàpiga ◆ **as/so far as sb/sth is concerned** pel que fa a algú/alguna cosa ◆ **be far from (doing) sth** estar lluny d'alguna cosa/de fer alguna cosa ◆ **by far** de bon tros: *She's the best by far.* És de bon tros la millor. ◆ **far and wide** pertot arreu ◆ **far away** molt lluny ◆ **far from it** (*col·loq*) ni de bon tros, de cap manera ◆ **go too far** passar-se de rosca ◆ **in so/as far as** en tant que ◆ **so far 1** fins ara **2** (*col·loq*) fins a cert punt *Vegeu tb* AFIELD, FEW
▸ *adj* (*comp* **farther** /'fɑ:ðə(r)/ *o* **further** /'fɜ:ðə(r)/ *superl* **farthest** /'fɑ:ðɪst/ *o* **furthest** /'fɜ:ðɪst/) **1** oposat: *on the far bank* a l'altra vora del riu **2** extrem: *the far end* l'altre extrem

faraway /'fɑ:rəweɪ/ *adj* **1** remot **2** (*expressió*) distret

fare /feə(r)/ *nom, verb*
▸ *n* tarifa, preu del bitllet
▸ *vi* ~ **well, badly, etc.** anar-li bé, malament, etc. a algú

farewell /ˌfeə'wel/ *nom, interjecció*
▸ *n* comiat: *farewell party* festa de comiat LOC **bid/say farewell to sb/sth** acomiadar-se d'algú/d'alguna cosa
▸ *interj* (*antic* o *formal*) adéu-siau

farm /fɑ:m/ *nom, verb*
▸ *n* granja, masia: *fish farm* piscifactoria *Vegeu tb* WIND FARM
▸ **1** *vi* fer de pagès **2** *vt* (*terra*) conrear **3** *vt* (*bestiar*) criar

farmer /'fɑ:mə(r)/ *n* agricultor, -a, granger, -a, ramader, -a

farmhouse /'fɑ:mhaʊs/ *n* masia

farming /'fɑ:mɪŋ/ *n* agricultura, ramaderia: *fish farming* piscicultura

farmland /'fɑ:mlænd/ *n* terra de conreu

farmyard /'fɑ:mjɑ:d/ *n* corral

far-sighted /ˌfɑ: 'saɪtəd/ *adj* **1** amb visió de futur **2** (*USA*) hipermetrop

fart /fɑ:t/ *verb, nom*
▸ *vi* (*col·loq*) fer pets
▸ *n* (*col·loq*) pet

farther /'fɑ:ðə(r)/ *adv, adj* (*comp de* **far**) = FURTHER

farthest /'fɑ:ðɪst/ *adv, adj* (*superl de* **far**) = FURTHEST

fascinate /'fæsɪneɪt/ *vt* fascinar **fascinating** *adj* fascinant

fascism /'fæʃɪzəm/ *n* feixisme **fascist** *adj, n* feixista

fashion /'fæʃn/ *nom, verb*
▸ *n* moda: *fashion victim* esclava de la moda LOC **be/go out of fashion** estar passat/passar de moda ◆ **be in/come into fashion** estar/posar-se de moda
▸ *vt* modelar, donar forma a

fashionable /'fæʃnəbl/ *adj* de moda

fast /fɑ:st; *USA* fæst/ *adjectiu, adverbi, verb, nom*
▸ *adj* (**faster, -est**) **1** ràpid

> Tant **fast** com **quick** volen dir ràpid, però **fast** sol fer-se servir per a descriure una persona o cosa que es mou a molta velocitat: *a fast horse/car/runner* un cavall/cotxe/corredor ràpid, mentre que **quick** es refereix a alguna cosa que es realitza en un espai de temps breu: *a quick decision/visit* una decisió/visita ràpida.

2 (*rellotge*) avançat **3** fermat: *to make sth fast* subjectar bé alguna cosa **4** (*color*) que no es destenyeix LOC *Vegeu* BUCK
▸ *adv* (**faster, -est**) **1** ràpid, ràpidament **2** *fast asleep* ben adormit LOC **hold fast to sth** (*formal*) aferrar-se a alguna cosa *Vegeu tb* STAND
▸ *vi* dejunar
▸ *n* dejuni

fasten /'fɑ:sn; *USA* 'fæsn/ **1** *vt* ~ **sth (up)** cordar alguna cosa **2** *vi* tancar-se, cordar-se **3** *vt* assegurar **4** *vt* subjectar, fixar: *He fastened the papers together with a paper clip.* Va subjectar els fulls amb un clip.

fast food *n* [*incomptable*] menjar ràpid

fastidious /fæ'stɪdiəs/ *adj* primmirat, exigent

fat /fæt/ *adjectiu, nom*
▸ *adj* (**fatter, -est**) gras: *You're getting fat.* T'estàs engreixant. ➲ *Vegeu nota a* GRAS
▸ *n* **1** greix **2** (*per cuinar*) llard, oli

fatal /'feɪtl/ *adj* **1** mortal **2** fatídic, fatal **fatality** /fə'tæləti/ *n* (*pl* **fatalities**) víctima mortal

fate /feɪt/ *n* destí, sort LOC *Vegeu* QUIRK **fated** *adj* predestinat **fateful** *adj* fatídic, fatal

father /'fɑ:ðə(r)/ *nom, verb*
▸ *n* pare LOC **like father, like son** tal pare, tal fill

F

▸ *vt* engendrar **fatherhood** *n* paternitat **fatherly** *adj* paternal

Father Christmas (*tb* **Santa Claus**) *n* el Pare Noel ➲ *Vegeu nota a* NADAL

father-in-law /ˈfɑːðər ɪn lɔː/ *n* (*pl* **fathers-in-law**) sogre

Father's Day *n* dia del pare

fatigue /fəˈtiːg/ *n* fatiga, cansament

F

fatten /ˈfætn/ *vt* engreixar **fattening** *adj* que engreixa: *Butter is very fattening.* La mantega engreixa molt.

fatty /ˈfæti/ *adj* **1** (*Med*) adipós **2** (**fattier**, **-iest**) (*aliment*) gras

faucet /ˈfɔːsɪt/ *n* (*USA*) aixeta

fault /fɔːlt/ *nom, verb*

▸ *n* **1** culpa: *Whose fault is it?* Qui en té la culpa? ◇ *to be at fault for sth* tener la culpa d'alguna cosa **2** defecte, fallada ➲ *Vegeu nota a* MISTAKE **3** (*Tennis*) falta **4** (*Geol*) falla LOC *Vegeu* FIND

▸ *vt* trobar defectes a: *He can't be faulted.* No té cap defecte.

faultless /ˈfɔːltləs/ *adj* impecable

faulty /ˈfɔːlti/ *adj* defectuós

fauna /ˈfɔːnə/ *n* fauna

fave /feɪv/ *adj, n* (*col·loq*) preferit, -ida: *That song is one of my faves.* Aquesta cançó és una de les meves preferides.

favour (*USA* **favor**) /ˈfeɪvə(r)/ *nom, verb*

▸ *n* favor: *to do sb a favour* fer un favor a algú ◇ *to ask a favour of sb* demanar un favor a algú LOC **in favour (of sb/sth)** a favor (d'algú/d'alguna cosa) *Vegeu tb* CURRY

▸ *vt* **1** preferir, ésser partidari de **2** afavorir

favourable (*USA* **favorable**) /ˈfeɪvərəbl/ *adj* **1** ~ **(for sth)** favorable (per a alguna cosa) **2** ~ **(to/for sb/sth)** a favor (d'algú/d'alguna cosa)

favourite (*USA* **favorite**) /ˈfeɪvərɪt/ *adjectiu, nom*

▸ *adj* preferit

▸ *n* favorit, -a **favouritism** (*USA* **favoritism**) *n* favoritisme

fawn /fɔːn/ *nom, adjectiu*

▸ *n* **1** cervatell ➲ *Vegeu nota a* CÉRVOL **2** beix

▸ *adj* beix

fax /fæks/ *nom, verb*

▸ *n* fax

▸ *vt* **1** ~ **sth** enviar alguna cosa per fax **2** ~ **sb** enviar un fax a algú

fear /fɪə(r)/ *nom, verb*

▸ *n* ~ **(of sb/sth/doing sth)** por, temor (d'algú/d'alguna cosa/de fer alguna cosa): *to shake with fear* tremolar de por LOC **for fear of sth/of doing sth**; **for fear (that)...** per por d'alguna cosa/de fer alguna cosa, per por que... ◆ **in fear of sb/sth** amb por d'algú/d'alguna cosa

▸ *vt* témer: *I fear so.* Em temo que sí.

fearful /ˈfɪəfl/ *adj* (*formal*) **1 be ~ (of sth)**; **be ~ (for sb)** témer (alguna cosa); témer (per algú) **2** terrible

fearless /ˈfɪələs/ *adj* sense por, intrèpid

fearsome /ˈfɪəsəm/ *adj* (*formal*) temible, espantós

feasible /ˈfiːzəbl/ *adj* factible **feasibility** /ˌfiːzəˈbɪləti/ *n* viabilitat

feast /fiːst/ *nom, verb*

▸ *n* **1** banquet, festí **2** (*Relig*) festa

▸ *vi* ~ **(on sth)** celebrar un banquet, fer un bon àpat (d'alguna cosa)

feat /fiːt/ *n* proesa

feather /ˈfeðə(r)/ *n* ploma

feature /ˈfiːtʃə(r)/ *nom, verb*

▸ *n* **1** característica **2 features** [*pl*] faccions

▸ *vt* ésser protagonitzat per: *a film featuring Brad Pitt* una pel·lícula protagonitzada per Brad Pitt **featureless** *adj* sense trets distintius

February /ˈfebruəri; *USA* -ueri/ *n* (*abrev* **Feb.**) febrer ➲ *Vegeu nota i exemples a* JANUARY

fed *pt, pp de* FEED

federal /ˈfedərəl/ *adj* federal

federation /ˌfedəˈreɪʃn/ *n* federació

fed up *adj* ~ **(with sb/sth)** (*col·loq*) tip, fart (d'algú/d'alguna cosa)

fee /fiː/ *n* **1** [*gen pl*] (*professional*): *lawyer's fees* els honoraris de l'advocat ◇ *Banks charge a fee for closing the account.* Els bancs cobren per tancar un compte. **2** [*gen pl*] (*Educ*): *school fees* mensualitats de l'escola ◇ *tuition/examination fees* taxes acadèmiques/drets d'examen **3** preu (*d'entrada, etc.*): *Is there an entrance fee?* Cal pagar entrada? ◇ *the membership fee* la quota de soci

feeble /ˈfiːbl/ *adj* (**feebler** /ˈfiːblə(r)/ **feeblest** /-blɪst/) **1** feble **2** (*pej*) (*excusa*) pobre

feed /fiːd/ *verb, nom*

▸ (*pt, pp* **fed** /fed/) **1** *vi* ~ **(on sth)** alimentar-se (d'alguna cosa) **2** *vt* donar menjar a, alimentar **3** *vt* (*dades, etc.*) subministrar, proporcionar

▸ *n* **1** menjar **2** pinso

feedback /ˈfiːdbæk/ *n* [*incomptable*] comentaris, reacció

feel /fiːl/ *verb, nom*

▸ (*pt, pp* **felt** /felt/) **1** *vi* sentir-se: *I felt like a fool.* Em vaig sentir com un idiota. ◇ *to feel sad* sentir-se trist ◇ *to feel sick* tenir nàusees ◇ *to feel cold/hungry* tenir fred/gana **2** *vt* tocar, sentir: *He feels the cold a lot.* Se'n sent molt, del fred.

◇ *She felt the water.* Va comprovar la temperatura de l'aigua. **3** *vi* semblar: *It feels like leather.* Sembla que sigui de pell. ◇ *I feel as if/as though I'm going to be sick.* Em sembla que vomitaré. **4** *vt, vi* (*pensar*) opinar: *How do you feel about him?* Què n'opines, d'ell? LOC **feel good** trobar-se bé ◆ **feel like sth/like doing sth** tenir ganes d'alguna cosa/de fer alguna cosa: *I feel like a coffee.* Em ve de gust un cafè. ◇ *I felt like hitting him.* Em van venir ganes d'apallissar-lo. ◆ **feel your way** anar a les palpentes ◆ **not feel yourself** no sentir-se bé *Vegeu tb* COLOUR, PEACE, SORRY PHRV **feel about/around (for sth)** cercar (alguna cosa) a les palpentes ◆ **feel for sb** compadir-se d'algú ◆ **feel up to sth** veure's capaç d'alguna cosa
▸ *n* [*sing*]: *Let me have a feel.* Deixa'm tocar-ho. LOC **get the feel of sth/of doing sth** familiaritzar-se amb alguna cosa

feeling /ˈfiːlɪŋ/ *n* **1** ~ **(of sth)** sensació (d'alguna cosa): *I've got a feeling that...* Tinc la sensació que... **2** [*sing*] opinió **3 feelings** [*pl*] sentiment(s) **4** sensibilitat: *to lose all feeling* perdre la sensibilitat LOC **bad/ill feeling** ressentiment *Vegeu tb* MIXED

feet *plural de* FOOT

fell /fel/ *vt* **1** (*arbre*) tallar **2** (*formal*) abatre *Vegeu tb* FALL

fella /ˈfelə/ *n* (*col·loq*) **1** tipus, paio **2** xicot

fellow /ˈfeləʊ/ *nom, adjectiu*
▸ *n* (*col·loq*) tipus, paio: *He's a nice fellow.* És un bon paio.
▸ *adj*: *my fellow passengers on the train* els altres passatgers del tren ◇ *fellow countryman* compatriota ◇ *fellow Germans* compatriotes alemanys

fellowship /ˈfeləʊʃɪp/ *n* **1** companyonia **2** beca

felt /felt/ *n* feltre *Vegeu tb* FEEL

felt-tip pen /ˌfelt tɪp ˈpen/ (*tb* **felt tip**) *n* retolador

female /ˈfiːmeɪl/ *adjectiu, nom*
▸ *adj* **1** femení

> **Female** s'aplica a les característiques físiques de les dones: *the female figure* la figura femenina i **feminine** a les qualitats que considerem típiques d'una dona: *That dress makes you look very feminine.* Aquest vestit et fa semblar molt femenina.
> **Female** i **male** especifiquen el sexe de persones o animals: *a female friend, a male colleague; a female rabbit, a male eagle, etc.*

2 femella **3** de la dona: *female equality* la igualtat de la dona
▸ *n* femella

feminine /ˈfemənɪn/ *adj, n* femení ➲ *Vegeu nota a* FEMALE

feminism /ˈfemənɪzəm/ *n* feminisme **feminist** *n* feminista

fence /fens/ *nom, verb*
▸ *n* **1** tanca **2** filat
▸ **1** *vt* encerclar amb tanques **2** *vi* practicar l'esgrima **fencing** *n* esgrima

fend /fend/ *v* PHRV **fend for yourself** espavilar-se (sol) ◆ **fend sth/sb off** defensar-se d'alguna cosa/d'algú

fender /ˈfendə(r)/ *n* (*USA*) parafang

ferment *verb, nom*
▸ *vt, vi* /fəˈment/ fermentar
▸ *n* /ˈfɜːment/ (*formal*) ebullició (*política, etc.*)

fern /fɜːn/ *n* falguera

ferocious /fəˈrəʊʃəs/ *adj* feroç

ferocity /fəˈrɒsəti/ *n* ferocitat

ferry /ˈferi/ *nom, verb*
▸ *n* (*pl* **ferries**) **1** ferri: *ferry terminal* estació marítima **2** barca (*per creuar rius*)
▸ *vt* (*pt, pp* **ferried**) transportar

fertile /ˈfɜːtaɪl; *USA* ˈfɜːrtl/ *adj* fèrtil, fecund

fertility /fəˈtɪləti/ *n* fertilitat, fecunditat

fertilize (*GB tb* **-ise**) /ˈfɜːtəlaɪz/ *vt* **1** fecundar **2** fertilitzar **fertilization** (*GB tb* **-isation**) *n* **1** fecundació **2** fertilització **fertilizer** (*GB tb* **-iser**) *n* fertilitzant

fervent /ˈfɜːvənt/ *adj* fervent

fester /ˈfestə(r)/ *vi* infectar-se

festival /ˈfestɪvl/ *n* **1** (*d'art, cinema*) festival **2** (*Relig*) festa, festivitat

festive /ˈfestɪv/ *adj* **1** festiu, animat **2** de festes: *the festive season* el Nadal

festivity /feˈstɪvəti/ *n* **1 festivities** [*pl*] festes **2** [*incomptable*] festivitat

fetch /fetʃ/ *vt* **1** portar (*cap a la persona que parla*) **2** anar a buscar ➲ *Vegeu il·lustració a* TAKE **3** obtenir (*preu*)

fête (*tb* **fete**) /feɪt/ *n* fira (benèfica)

fetus (*esp USA*) = FOETUS

feud /fjuːd/ *nom, verb*
▸ *n* vella enemistat (*entre dues famílies*), odi de sang
▸ *vi* ~ **(with sb)** barallar-se (amb algú)

feudal /ˈfjuːdl/ *adj* feudal **feudalism** *n* feudalisme

fever /ˈfiːvə(r)/ *n* (*lit i fig*) febre **feverish** *adj* febrós

F

few /fjuː/ *adj, pron* **1** (**fewer, -est**) pocs: *every few minutes* cada pocs minuts ◇ *fewer than six* menys de sis ➲ *Vegeu nota a* LESS **2 a few** uns quants, alguns

Few o **a few**? **Few** té un sentit negatiu i equival a "poc". **A few** té un sentit molt més positiu i equival a "uns quants", "alguns". Compareu les següents frases: *Few people turned up.* Va venir poca gent ◇ *I've got a few friends coming for dinner.* Vénen uns quants amics a sopar.

LOC **a good few; quite a few** un bon nombre (de), força ◆ **few and far between** escassos, poquíssims *Vegeu tb* NEXT

fiancé (*fem* **fiancée**) /fɪ'ɒnseɪ; *USA* ˌfiːɒn'seɪ/ *n* promès, -esa

fiasco /fɪ'æskəʊ/ *n* (*pl* **fiascos**) desastre

fib /fɪb/ *nom, verb*

▸ *n* (*col·loq*) bola (*mentida*)

▸ *vi* (**-bb-**) (*col·loq*) explicar boles

fibre (*USA* **fiber**) /'faɪbə(r)/ *n* fibra **fibrous** *adj* fibrós

fickle /'fɪkl/ *adj* voluble

fiction /'fɪkʃn/ *n* ficció

fictional /'fɪkʃənl/ *adj* de ficció

fiddle /'fɪdl/ *verb, nom*

▸ **1** *vi* ~ **(about/around) with sth** joguinejar amb alguna cosa **2** *vt* (*col·loq*) (*despeses, etc.*) falsejar **3** *vi* tocar el violí PHR V **fiddle about/around** perdre el temps

▸ *n* (*col·loq*) **1** violí **2** estafa, tripijoc: *to be on the fiddle* fer tripijocs **fiddler** *n* violinista

fiddly /'fɪdli/ *adj* (*GB, col·loq*) complicat

fidelity /fɪ'deləti/ *n* fidelitat ❶ La paraula més habitual és **faithfulness**.

field /fiːld/ *nom, verb*

▸ *n* (*lit i fig*) camp *Vegeu tb* PLAYING FIELD

▸ *vt* **1** (*Esport*) alinear **2** (*candidats*) seleccionar

field hockey *n* (*USA*) hoquei

fieldwork /'fiːldwɜːk/ *n* [*incomptable*] treball de camp

fiend /fiːnd/ *n* **1** malànima **2** (*col·loq*) entusiasta **fiendish** *adj* (*col·loq*) endimoniat

fierce /fɪəs/ *adj* (**fiercer, -est**) **1** (*animal*) ferotge **2** (*oposició*) intens

fifteen /ˌfɪf'tiːn/ *adj, pron, n* quinze ➲ *Vegeu exemples a* FIVE **fifteenth 1** *adj, adv, pron* quinzè **2** *n* quinzena part, quinzè ➲ *Vegeu exemples a* FIFTH

fifth /fɪfθ/ (*abrev* **5th**) *adjectiu, adverbi, pronom, nom*

▸ *adj, adv, pron* cinquè: *We live on the fifth floor.* Vivim al cinquè pis. ◇ *It's his fifth birthday today.* Avui fa cinc anys. ◇ *She came fifth in the world championships.* Va quedar cinquena en els campionats mundials. ◇ *the fifth to arrive* el cinquè d'arribar ◇ *I was fifth on the list.* Jo era la cinquena de la llista. ◇ *I've had four cups of coffee already, so this is my fifth.* Ja m'he pres quatre tasses de cafè, per tant aquesta és la cinquena.

▸ *n* **1** cinquè, cinquena part: *three fifths* tres cinquens **2 the fifth** el (dia) cinc: *They'll be arriving on the fifth of March.* Arribaran el (dia) cinc de març. **3** (*tb* **fifth gear**) cinquena (marxa): *to change into fifth* posar la cinquena *Vegeu tb* PÀGS 758-62

L'abreviatura dels nombres ordinals es fa posant el nombre en xifra seguit per les dues últimes lletres de la paraula: *1st, 2nd, 3rd, 20th*, etc.

fifty /'fɪfti/ *adj, pron, n* cinquanta: *the fifties* els anys cinquanta ◇ *to be in your fifties* tenir entre cinquanta i seixanta anys ➲ *Vegeu exemples a* FIVE LOC **go fifty-fifty** anar/pagar a mitges **fiftieth 1** *adj, pron* cinquantè **2** *n* la part cinquanta, cinquantè ➲ *Vegeu exemples a* FIFTH *i pàgs 758-62*

fig /fɪɡ/ *n* figa: *fig tree* figuera

fight /faɪt/ *verb, nom*

▸ (*pt, pp* **fought** /fɔːt/) **1** *vi, vt* lluitar (contra): *They fought (against/with) the Germans.* Van lluitar contra els alemanys. ◇ *to fight for sth* lluitar per alguna cosa **2** *vi, vt* ~ **(sb/with sb) (about/over sth)** barallar-se (amb algú) (per alguna cosa) **3** *vt* (*corrupció, droga*) combatre LOC **fight tooth and nail** lluitar amb totes les forces ◆ **fight your way across, into, through, etc. sth** fer-se camí a través, en, per, etc. alguna cosa PHR V **fight back** defensar-se, contraatacar ◆ **fight sb/sth off** resistir-se a algú/alguna cosa, combatre algú/alguna cosa ◆ **fight out sth; fight it out**: *They must fight it out between them.* S'ho han d'arreglar entre ells.

▸ *n* **1** lluita, baralla: *A fight broke out in the pub.* Es va encetar una baralla al pub. **2** ~ **(against/for sth)**; ~ **(to do sth)** lluita (contra/per alguna cosa); lluita (per fer alguna cosa): *to give up without a fight* rendir-se sense lluitar **3** combat

Quan es tracta d'un conflicte continuat (normalment en situacions de guerra), se sol fer servir **fighting**: *There has been heavy/*

fierce fighting in the capital. Hi ha hagut combats intensos/aferrissats a la capital.

LOC **put up a good/poor fight** posar molt/poc afany en alguna cosa *Vegeu tb* PICK

fighter /'faɪtə(r)/ *n* **1** caça (*avió*) **2** lluitador, -a, combatent

figurative /'fɪgərətɪv/ *adj* figurat

figure /'fɪgə(r); *USA* -jər/ *nom, verb*

▸ *n* **1** xifra, nombre **2** quantitat, suma **3** figura: *a key figure* un personatge clau **4** tipus: *to have a good figure* tenir bon tipus **5** silueta LOC **put a figure on sth** donar una xifra sobre alguna cosa, posar preu a alguna cosa *Vegeu tb* FACT

▸ **1** *vi* ~ **(in/among sth)** figurar (en/entre alguna cosa) **2** *vt* figurar-se, calcular: *It's what I figured.* És el que em figurava. LOC **it/that figures** s'entén PHR V **figure sb/sth out** entendre algú/alguna cosa

file /faɪl/ *nom, verb*

▸ *n* **1** carpeta **2** (*Informàt*) fitxer, arxiu, document ➲ *Vegeu nota a* ORDINADOR **3** expedient: *to be on file* estar arxivat **4** llima **5** fila: *in single file* en fila índia LOC *Vegeu* RANK

▸ **1** *vt* ~ **sth (away)** arxivar alguna cosa **2** *vt, vi* (*Dret*) presentar: *to file a claim* presentar una demanda ◇ *to file for divorce* presentar una demanda de divorci **3** *vi* ~ **in, out, etc.** entrar, sortir, etc. en fila: *to file past sth* desfilar davant d'alguna cosa **4** *vt* llimar

fill /fɪl/ **1** *vt, vi* ~ **(sth) (with sth)** omplir alguna cosa (d'alguna cosa); omplir-se (d'alguna cosa) **2** *vt* (*esquerda*) tapar **3** *vt* (*dent*) empastar **4** *vt* (*càrrec*) ocupar LOC *Vegeu* BILL PHR V **fill in (for sb)** substituir algú ◆ **fill sb in (on sth)** posar algú al corrent (d'alguna cosa) ◆ **fill sth in/out** emplenar alguna cosa (*formulari, etc.*)

fillet (*USA tb* **filet**) /'fɪlɪt; *USA* fɪ'leɪ/ *n* filet

filling /'fɪlɪŋ/ *nom, adjectiu*

▸ *n* **1** empastament **2** farcit

▸ *adj*: *This cake is very filling.* Aquest pastís omple molt.

filling station *n* gasolinera

film /fɪlm/ *nom, verb*

▸ *n* **1** (*tb esp USA* **movie**) pel·lícula **2** [*incomptable*] el cinema: *film star* estrella de cinema ◇ *the film industry* la indústria cinematogràfica **3** pel·lícula (*capa fina*)

▸ *vt* filmar LOC *Vegeu* LOCATION **filming** *n* rodatge

film-maker /'fɪlm meɪkə(r)/ *n* cineasta **film-making** *n* cinematografia

filter /'fɪltə(r)/ *nom, verb*

▸ *n* filtre

▸ *vt, vi* filtrar(-se)

filth /fɪlθ/ *n* [*incomptable*] **1** brutícia **2** porqueries (*revistes, etc.*) **3** grolleries

filthy /'fɪlθi/ *adj* (**filthier**, **-iest**) **1** (*mans, ment*) brut **2** obscè **3** (*costum, etc.*) fastigós **4** (*col·loq*) desagradable: *a filthy temper* mal geni

fin /fɪn/ *n* aleta

final /'faɪnl/ *adjectiu, nom*

▸ *adj* darrer, final LOC *Vegeu* ANALYSIS, STRAW

▸ *n* **1** final: *the men's final(s)* la final masculina **2 finals** [*pl*] exàmens de final de carrera **finalist** *n* finalista

finally /'faɪnəli/ *adv* **1** finalment **2** a la fi, a l'últim

finance /'faɪnæns, fə'næns/ *nom, verb*

▸ *n* finances: *finance company* (companyia) financera ◇ *the finance minister* el secretari d'Hisenda

▸ *vt* finançar **financial** /faɪ'nænʃl, fə'n-/ *adj* financer, econòmic: *financial year* any fiscal

find /faɪnd/ *vt* (*pt, pp* **found** /faʊnd/) **1** trobar **2** buscar: *He came here to find work.* Va venir a buscar feina. **3** (*formal*) (*Dret*) declarar: *to find sb guilty* declarar algú culpable LOC **find fault (with sb/sth)** trobar defectes (en algú/alguna cosa) ◆ **find your feet** acostumar-se ◆ **find your way** trobar el camí *Vegeu tb* MATCH, NOWHERE PHR V **find (sth) out** assabentar-se d'alguna cosa ◆ **find sb out** descobrir el joc a algú **finding** *n* **1 findings** [*pl*] descobriment, troballa **2** (*Dret*) veredicte

fine /faɪn/ *adjectiu, adverbi, nom, verb*

▸ *adj* (**finer**, **-est**) **1** excel·lent **2** bé: *I'm fine.* Estic bé. ◇ *That's fine with me.* A mi em sembla bé. ➲ *Vegeu nota a* HOLA **3** (*seda, pols, etc.*) fi **4** (*faccions*) delicat **5** (*temps*) bo: *a fine day* un dia clar **6** (*distinció*) subtil

▸ *adv* (*col·loq*) molt bé: *That suits me fine.* Això em va molt bé. LOC *Vegeu* CUT

▸ *n* multa

▸ *vt* ~ **sb (for sth/doing sth)** multar algú (per alguna cosa/haver fet alguna cosa)

fine art (*tb* **fine arts** [*pl*]) *n* belles arts

finger /'fɪŋgə(r)/ *n* dit (*de la mà*): *little finger* dit petit ◇ *forefinger/first finger* dit índex ◇ *middle finger* dit del cor ◇ *ring finger* dit anular LOC **put your finger on sth** identificar/assenyalar alguna cosa (amb precisió) *Vegeu tb* CROSS, THUMB, WORK *v*

fingernail /'fɪŋgəneɪl/ *n* ungla (*de la mà*)

fingerprint /'fɪŋgəprɪnt/ *n* empremta digital

fingertip /'fɪŋgətɪp/ *n* punta del dit LOC **have sth at your fingertips** tenir alguna cosa per la punta dels dits

F

finish /'fɪnɪʃ/ *verb, nom*
▸ **1** *vt, vi* ~ **(sth/doing sth)** acabar (alguna cosa/de fer alguna cosa): *Finished!* Ja està! **2** *vt* ~ **sth (off/up)** (*menjar*) acabar alguna cosa PHRV **finish up** acabar: *He could finish up dead.* Podria acabar mort.
▸ *n* **1** final **2** meta **3** acabat

finishing line *n* línia de meta

fir /fɜː(r)/ (*tb* **fir tree**) *n* avet

F

fire /'faɪə(r)/ *nom, verb*
▸ *n* **1** foc **2** incendi **3** estufa **4** [*incomptable*] trets (*d'arma*) LOC **be/come under fire 1** trobar-se sota el foc de l'enemic **2** ésser molt criticat ◆ **catch fire** incendiar-se ◆ **on fire** encès: *to be on fire* estar cremant ◆ **set fire to sth**; **set sth on fire** calar foc a alguna cosa *Vegeu tb* FRYING PAN
▸ **1** *vt, vi* disparar: *to fire at sb/sth* fer foc contra algú/alguna cosa **2** *vt* despatxar (*d'una feina*) **3** *vt* (*insults, preguntes, etc.*) deixar anar: *to fire questions at sb* fer preguntes (sense parar) a algú **4** *vt* (*imaginació*) estimular

firearm /'faɪərɑːm/ *n* (*formal*) arma de foc

fire brigade (*USA* **fire department**) *n* [*v sing o pl*] cos de bombers

fire engine *n* cotxe de bombers

fire escape *n* escala d'incendis

fire extinguisher *n* extintor

firefighter /'faɪəfaɪtə(r)/ *n* bomber, -a ➲ *Vegeu nota a* BOMBER

fireman /'faɪəmən/ *n* (*pl* **-men** /-mən/) bomber ➲ *Vegeu nota a* BOMBER

fireplace /'faɪəpleɪs/ *n* llar de foc

fireproof /'faɪəpruːf/ *adj* resistent al foc

fire station *n* parc de bombers

firewall /'faɪəwɔːl/ *n* (*Informàt*) tallafoc

firewood /'faɪəwʊd/ *n* llenya

firework /'faɪəwɜːk/ *n* **1** coet **2 fireworks** [*pl*] focs artificials

firing /'faɪərɪŋ/ *n* tiroteig: *firing line* línia de foc ◇ *firing squad* escamot d'afusellament

firm /fɜːm/ *nom, adjectiu, adverbi*
▸ *n* companyia, empresa
▸ *adj* (**firmer**, **-est**) ferm LOC **a firm hand** mà dura ◆ **be on firm ground** anar sobre segur
▸ *adv* LOC **hold firm to sth** (*formal*) mantenir-se ferm en alguna cosa *Vegeu tb* STAND

first /fɜːst/ (*abrev* **1st**) *adjectiu, pronom, adverbi, nom*
▸ *adj, pron* primer: *a first night* una estrena ◇ *first name* nom de pila LOC **at first hand** de primera mà ◆ **first thing** a primera hora ◆ **first things first** el primer és el primer
▸ *adv* **1** primer **2** per primera vegada: *I first came here in 1998.* Vaig venir aquí per primera vegada l'any 1998. **3** en primer lloc **4** abans: *Finish your dinner first.* Abans acaba de sopar. LOC **at first** al principi ◆ **come first 1** (*Esport*) ~ **(in sth)** guanyar (alguna cosa) **2** (*ésser prioritat*) ésser el més important ◆ **first come, first served** per ordre d'arribada ◆ **first of all 1** abans de res **2** en primer lloc ◆ **put sb/sth first** tenir en compte algú/alguna cosa abans que res *Vegeu tb* HEAD
▸ *n* **1 the first** l'u, el dia u **2** (*tb* **first gear**) primera (marxa) LOC **from first to last** des del principi a la fi ◆ **from the (very) first** des del primer moment ➲ *Vegeu tb exemples a* FIFTH

first aid *n* primers auxilis: *first aid kit* farmaciola

first class /ˌfɜːst 'klɑːs; *USA* 'klæs/ *nom, adverbi*
▸ *n* **1** primera (classe) **2** servei de correu ràpid ➲ *Vegeu nota a* STAMP
▸ *adv* en primera (classe): *to travel first class* viatjar en primera ◇ *to send sth first class* enviar alguna cosa per correu ràpid **first-class** *adj* **1** de primera classe, de primera categoria **2** en primera (classe): *a first-class ticket* un bitllet en primera **3** *a first-class stamp* un segell de correu ràpid

first floor 1 (*GB*) primer pis **2** (*USA*) planta baixa ➲ *Vegeu nota a* FLOOR **first-floor** *adj* [*només davant del nom*] **1** (*GB*) del/al primer pis **2** (*USA*) de/a la planta baixa

first-hand /ˌfɜːst 'hænd/ *adj, adv* de primera mà

firstly /'fɜːstli/ *adv* primerament, en primer lloc

first-rate /ˌfɜːst 'reɪt/ *adj* excel·lent, de primera categoria

fish /fɪʃ/ *nom, verb*
▸ *n* peix: *fish and chips* peix arrebossat amb patates fregides ◇ *fish fingers/cakes* barretes/croquetes de peix

> **Fish** com a nom comptable té dues formes per al plural: **fish** i **fishes**. **Fish** és la forma més habitual. **Fishes** és una forma més antiquada, tècnica o literària.

LOC **like a fish out of water** com un peix fora de l'aigua *Vegeu tb* BIG
▸ *vi* pescar: *to go fishing* anar de pesca

fisherman /'fɪʃəmən/ *n* (*pl* **-men** /-mən/) pescador

fishing /'fɪʃɪŋ/ *n* pesca: *a fishing port/village* un port pesquer/poble de pescadors

fishing rod *n* canya de pescar

fishmonger /ˈfɪʃmʌŋɡə(r)/ *n* **1** peixater, -a **2 fishmonger's** peixateria ➲ *Vegeu nota a* CARNISSERIA

fishy /ˈfɪʃi/ *adj* (**fishier**, **-iest**) **1** (*col·loq*) sospitós: *There's something fishy going on.* Això fa pudor de socarrim. **2** *to smell/taste fishy* fer pudor/tenir gust de peix

fist /fɪst/ *n* puny **fistful** *n* grapat

fit /fɪt/ *verb, adjectiu, nom*

▸ (*pt, pp* **fitted**, *USA* **fit** *part pres* **fitting**) **1** *vi* ~ **(in/into sth)** cabre (en alguna cosa) **2** *vt, vi* anar a la mida, entrar: *These shoes don't fit (me).* Aquestes sabates no em calcen bé. ◇ *The key doesn't fit the lock.* La clau no entra. **3** *vt* ~ **sth on/onto sth** posar alguna cosa en alguna cosa **4** *vt* ~ **sth with sth** equipar alguna cosa d'alguna cosa **5** *vt* quadrar amb, correspondre a: *to fit a description* correspondre a una descripció LOC **fit (sb) like a glove** anar (a algú) clavat *Vegeu tb* BILL PHR V **fit in (with sb/sth)** encaixar (amb algú/en alguna cosa)

▸ *adj* (**fitter**, **-est**) **1** en forma: *to keep fit* mantenir-se en forma **2** ~ **for sb/sth**; ~ **to do sth** apte per a algú/alguna cosa/fer alguna cosa; en condicions de fer alguna cosa: *Your car isn't fit to be on the road.* El teu cotxe no està en condicions de sortir a la carretera. **3** ~ **to do sth** (*GB, col·loq*) a punt de fer alguna cosa **4** (*GB, col·loq*) guapo LOC **fit for a king** digne d'un rei

▸ *n* **1** atac (*de riure, tos, etc.*): *She'll have/throw a fit!* Li agafarà un atac! **2 be a good, tight, etc.** ~ quedar bé, ajustat, etc. a algú

fitness /ˈfɪtnəs/ *n* forma (física)

fitted /ˈfɪtɪd/ *adj* **1** instal·lat: *fitted cupboards* armaris encastats **2** (*habitació*) moblat *Vegeu tb* FIT

fitting /ˈfɪtɪŋ/ *adjectiu, nom*

▸ *adj* (*formal*) apropiat, idoni

▸ *n* **fittings** [*pl*] accessoris (*mobles, etc. d'una casa*)

fitting room *n* emprovador

five /faɪv/ *n, pron, adj* cinc: *page/chapter five* la pàgina/el capítol (número) cinc ◇ *five past nine* les nou i cinc ◇ *on 5 May* el (dia) 5 de maig ◇ *all five of them* tots cinc ◇ *There were five of us.* N'érem cinc. ➲ *Vegeu tb pàgs 757-761*

fiver /faɪvə(r)/ *n* (*GB, col·loq*) (bitllet de) cinc lliures

fix /fɪks/ *verb, nom*

▸ *vt* **1** fixar **2** establir **3** arreglar **4** ~ **sth (for sb)**; ~ **sb sth** (*esp USA*) (*menjar*) preparar alguna cosa (per a algú) **5** (*col·loq*) trucar (*engany*) **6** (*col·loq*) passar comptes amb algú PHR V **fix on sb/sth** escollir algú/alguna cosa ◆ **fix sb up (with sb/sth)** (*col·loq*) aconseguir algú/alguna cosa per a algú: *I fixed him up with a date with her.* Li vaig aconseguir una cita amb ella. ◆ **fix sth up** arreglar alguna cosa

▸ *n* **1** (*col·loq*) solució **2** [*sing*] (*col·loq*) (*droga*) dosi **3** [*sing*] embolic: *to be in/get yourself into a fix* estar/posar-se en un embolic

fixed /fɪkst/ *adj* fix LOC **(of) no fixed abode/address** sense adreça fixa

fixture /ˈfɪkstʃə(r)/ *n* **1** (*Esport*) cita esportiva, partit **2** peça fixa (*d'una casa*) **3** *He's been here so long he's become a fixture.* Fa tant de temps que és aquí que s'ha convertit en part del mobiliari.

fizz /fɪz/ *verb, nom*

▸ *vi* **1** estar en efervescència **2** fer un soroll sibilant

▸ *n* **1** efervescència **2** soroll sibilant **fizzy** *adj* efervescent, amb gas, escumós

flabbergasted /ˈflæbəɡɑːstɪd; *USA* -ɡæstɪd/ *adj* (*col·loq*) atònit

flabby /ˈflæbi/ *adj* (*col·loq, pej*) fofo

flag /flæɡ/ *nom, verb*

▸ *n* bandera, senyera

▸ *vi* (**-gg-**) flaquejar

flagrant /ˈfleɪɡrənt/ *adj* escandalós

flair /fleə(r)/ *n* **1** ~ **for sth** do, aptitud especial per a alguna cosa **2** estil

flake /fleɪk/ *nom, verb*

▸ *n* floc

▸ *vi* ~ **(off)** bufar-se

flamboyant /flæmˈbɔɪənt/ *adj* **1** (*persona*) extravagant **2** (*vestit*) vistós, cridaner

flame /fleɪm/ *n* flama

flamingo /fləˈmɪŋɡəʊ/ *n* (*pl* **flamingoes** *o* **flamingos**) flamenc (*au*)

flammable /ˈflæməbl/ *adj* inflamable ➲ *Vegeu nota a* INFLAMMABLE

flan /flæn/ *n* **1** pastís, cassoleta ➲ *Vegeu nota a* PIE **2** (*USA*) (*GB* **crème caramel**) flam

flank /flæŋk/ *nom, verb*

▸ *n* **1** (*Mil, Esport*) flanc **2** (*animal*) illada

▸ *vt* flanquejar

flannel /ˈflænl/ *n* **1** franel·la **2** (*USA* **washcloth**) tovallola petita per a rentar-se

flap /flæp/ *nom, verb*

▸ *n* **1** (*sobre*) solapa **2** (*bossa*) tapa **3** (*taula*) peça desplegable **4** [*gen sing*] batement (*d'ales, etc.*), cop d'ala **5** (*Aeronàut*) aleró

▸ (**-pp-**) **1** *vt, vi* agitar(-se) **2** *vt* (*ales*) batre

flare /fleə(r)/ *verb, nom*

▸ *vi* **1** flamarejar **2** (*conflicte, etc.*) esclatar: *Tempers flared.* Es van encendre els ànims.

F

PHR V **flare up** **1** (*foc*) abrandar-se **2** (*conflicte, etc.*) esclatar **3** (*problema*) revifar-se
▸ *n* **1** llampada **2** bengala **3 flares** [*pl*] (*col·loq*) pantalons de campana

flared /fleəd/ *adj* acampanat

flash /flæʃ/ *verb, nom*
▸ **1** *vi* llampeguejar, brillar: *It flashed on and off.* S'encenia i s'apagava. **2** *vt* **~ sth (at sb)** dirigir alguna cosa (a algú) (*llum, somriure, etc.*): *to flash your headlights* fer llums amb els fars **3** *vt* mostrar ràpidament **4** *vi* **~ by, past, etc. (sb/sth)** passar (algú/alguna cosa) com un llamp
▸ *n* **1** llampada: *a flash of lightning* un llampec **2 ~ of sth** (*fig*) cop d'aguna cosa: *a flash of genius* un cop de geni **3** (*Fot*) flaix **4** *Vegeu* NEWSFLASH LOC **a flash in the pan**: *It was no flash in the pan.* No va ésser foc d'encenalls. ◆ **in/like a flash** en un tres i no res **flasher** *n* (*col·loq*) exhibicionista

flashlight /ˈflæʃlaɪt/ *n* (*USA*) llanterna

flashy /ˈflæʃi/ *adj* (**flashier, -iest**) (*col·loq*) ostentós, molt brillant i de poc valor

flask /flɑːsk; *USA* flæsk/ *n* **1** termos **2** (*tb* **hip flask**) petaca (*de licor*)

flat /flæt/ *adjectiu, nom, adverbi*
▸ *adj* (**flatter, -est**) **1** pla, llis **2** (*economia*) fluix **3** (*Mús*) bemoll **4** (*Mús*) desafinat **5** (*beguda*) esbravat **6** (*bateria, pila*) descarregat **7** (*roda*) desinflat
▸ *n* **1** pis ➲ *Vegeu nota a* CASA **2** [*sing*] **the ~ of sth** la part plana d'alguna cosa: *the flat of your hand* el palmell de la mà **3** [*gen pl*] (*Geog*): *mud flats* maresme **4** (*Mús*) bemoll **5** (*esp USA*) punxada (*de roda*)
▸ *adv* (**flatter**): *to lie down flat* estirar-se ben pla LOC **flat out** (*col·loq*) al màxim (*treballar, córrer, etc.*) ◆ **in ten seconds, etc. flat** en tan sols deu segons, etc.

flatly /ˈflætli/ *adv* rotundament (*dir, negar, rebutjar*)

flatmate /ˈflætmeɪt/ (*USA* **room-mate**) *n* company, -a de pis

flat rate *n* tarifa plana

flatten /ˈflætn/ **1** *vt* **~ sth (out)** aplanar, allisar alguna cosa **2** *vt* aixafar, arrasar **3** *vi* **~ (out)** (*paisatge*) aplanar-se

flatter /ˈflætə(r)/ *vt* **1** afalagar, adular: *I was flattered by your invitation.* La vostra invitació em va afalagar. **2 ~ yourself (that...)** fer-se il·lusions (que...) **3** (*roba, etc.*) afavorir **flattering** *adj* **1** afavoridor **2** afalagador

flaunt /flɔːnt/ *vt* (*pej*) presumir de

flautist /ˈflɔːtɪst/ (*USA* **flutist** /ˈfluːtɪst/) *n* flautista

flavour (*USA* **flavor**) /ˈfleɪvə(r)/ *nom, verb*
▸ *n* gust, sabor
▸ *vt* donar gust a, condimentar

flaw /flɔː/ *n* **1** (*pla, caràcter*) defecte, fallada **2** (*objectes*) tara **flawed** *adj* defectuós **flawless** *adj* perfecte, impecable

flax /flæks/ *n* lli (*planta*)

flea /fliː/ *n* puça: *flea market* encants (mercat)

fleck /flek/ *n* **1** clapa (*color*) **2** partícula (*pols, caspa*)

flee /fliː/ (*pt, pp* **fled** /fled/) **1** *vi* fugir, escapar-se **2** *vt* abandonar

fleece /fliːs/ *n* **1** velló **2** folre polar

fleet /fliːt/ *n* flota (*de cotxes, pesquera*)

flesh /fleʃ/ *n* **1** carn **2** (*de fruita*) polpa LOC **flesh and blood** carn i ossos ◆ **in the flesh** en persona ◆ **your own flesh and blood** parent(s) de sang

flew *pt de* FLY

flex /fleks/ *verb, nom*
▸ *vt* flexionar
▸ (*tb esp USA* **cord**) *n* cable (elèctric)

flexible /ˈfleksəbl/ *adj* flexible

flick /flɪk/ *verb, nom*
▸ *vt* **1 ~ sth (away, off, etc.)** espolsar alguna cosa: *She flicked the dust off her lapel.* Es va espolsar la pols de la solapa. **2 ~ sth (at, into, on, etc. sb/sth)** llançar, tirar alguna cosa (a, etc. algú/alguna cosa): *He flicked a peanut at me.* Em va llançar un cacauet. ◇ *Don't flick ash on the carpet.* No tiris cendra damunt la catifa. **3** moure ràpidament **4 ~ sth (on/off)** encendre/apagar alguna cosa ràpidament PHR V **flick through sth** fullejar alguna cosa
▸ *n* **1** moviment ràpid: *a flick of the wrist* un gir ràpid del canell **2** cop amb el dit, garguirot

flicker /ˈflɪkə(r)/ *verb, nom*
▸ *vi* parpellejar: *a flickering light* una llum vacillant
▸ *n* **1** (*llum*) centelleig, parpelleig **2 a ~ of hope, interest, etc.** una espurna d'esperança, interès, etc.

flies *plural de* FLY

flight /flaɪt/ *n* **1** vol **2** (*escala*) tram **3** fugida

flight attendant *n* auxiliar de vol

flimsy /ˈflɪmzi/ *adj* (**flimsier, -iest**) **1** (*objectes, excusa*) feble, poc consistent **2** (*tela*) lleuger

flinch /flɪntʃ/ *vi* recular PHR V **flinch from sth/doing sth** fer-se enrere davant d'alguna cosa/a l'hora de fer alguna cosa

fling /flɪŋ/ *verb, nom*
▸ *vt* (*pt, pp* **flung** /flʌŋ/) **1 ~ sth (at sth)** llançar, tirar alguna cosa (contra alguna cosa): *She flung herself into his arms.* Es va llançar als

seus braços. **2** donar una empenta a: *He flung open the door.* Va obrir la porta amb una empenta.
▸ *n (col·loq)* **1** gresca **2** aventura amorosa

flint /flɪnt/ *n* **1** pedra foguera **2** pedra *(d'encenedor)*

flip /flɪp/ (**-pp-**) **1** *vt, vi* ~ **(sth) (over)** fer donar la volta (a alguna cosa); donar la volta **2** *vt* llançar: *to flip a coin* tirar una moneda a cara o creu **3** *vi* ~ **(out)** *(col·loq)* tornar-se boig, posar-se fet una fera

flip-flop /'flɪp flɒp/ *n* xancleta

flippant /'flɪpənt/ *adj* frívol, poc seriós

flipper /'flɪpə(r)/ *n* aleta *(de foca, etc.)*

flirt /flɜːt/ *verb, nom*
▸ *vi* flirtejar
▸ *n* flirtador, -a

flit /flɪt/ *vi* (**-tt-**) papallonejar

float /fləʊt/ *verb, nom*
▸ **1** *vi* flotar, surar **2** *vi (nedador)* fer el mort **3** *vt (vaixell)* posar a flor d'aigua **4** *vt (projecte, idea)* proposar
▸ *n* **1** *(carnaval)* carrossa **2** boia **3** flotador

flock /flɒk/ *nom, verb*
▸ *n* **1** ramat *(d'ovelles, cabres)* ➲ *Compareu amb* HERD **2** bandada **3** multitud
▸ *vi* **1** ~ **(together)** amunionar-se **2** ~ **(to sth)** acudir en tropell a alguna cosa

flog /flɒg/ *vt* (**-gg-**) **1** assotar **2** ~ **sth (off) (to sb)** *(GB, col·loq)* vendre alguna cosa (a algú) LOC **flog a dead horse** *(GB, col·loq)* malgastar esforços

flood /flʌd/ *nom, verb*
▸ *n* **1** inundació **2 the Flood** *(Relig)* el diluvi **3** *(fig)* torrent, allau
▸ *vt, vi* inundar(-se) PHR V **flood in/into sth** arribar/entrar a munts (en alguna cosa)

flooding /'flʌdɪŋ/ *n* [*incomptable*] inundacions

floodlight /'flʌdlaɪt/ *nom, verb*
▸ *n* focus
▸ *vt (pt, pp* **floodlit** /-lɪt/) il·luminar amb focus

floor /flɔː(r)/ *nom, verb*
▸ *n* **1** terra: *on the floor* a terra **2** pis, planta

> A la Gran Bretanya es fa servir **ground floor** per a la planta baixa d'un edifici i **first floor** per al primer pis. Als Estats Units per a la planta baixa s'utilitza **first floor** i per al primer pis, **second floor**.

3 *(mar, vall)* fons
▸ *vt* **1** ~ **sb** deixar algú sense saber què dir **2** *(contrincant)* tirar a terra

floorboard /'flɔːbɔːd/ *n* llata *(del terra)*

flop /flɒp/ *verb, nom*
▸ *vi* (**-pp-**) **1** desplomar-se, caure **2** *(col·loq) (obra, negoci)* fracassar
▸ *n* fracàs

floppy /'flɒpi/ *adjectiu, nom* (**floppier, -iest**) **1** fluix, flexible **2** *(orelles)* caigut
▸ *adj* (**floppier, -iest**) **1** fluix, flexible **2** *(orelles)* caigut
▸ *n (pl* **floppies**) *(tb* **floppy disk**) disquet ➲ *Vegeu il·lustració a* ORDINADOR

flora /'flɔːrə/ *n* flora

floral /'flɔːrəl/ *adj* de flors, florejat: *floral tribute* corona de flors

florist /'flɒrɪst; USA* 'flɔːr-/ *n* **1** florista **2 florist's** floristeria ➲ *Vegeu nota a* CARNISSERIA

flounder /'flaʊndə(r)/ *vi* **1** vacil·lar **2** balbucejar **3** caminar amb dificultat

flour /'flaʊə(r)/ *n* farina

flourish /'flʌrɪʃ/ *verb, nom*
▸ *vi* florir, prosperar
▸ *n* floreig, floritura: *to do sth with a flourish* fer alguna cosa amb gest triomfal

flow /fləʊ/ *nom, verb*
▸ *n* **1** flux, corrent **2** subministrament **3** cabal **4** circulació LOC *Vegeu* EBB
▸ *vi* **1** fluir: *to flow into the sea* desembocar al mar ◇ *Letters of complaint flowed in.* No paraven d'arribar cartes de protesta. **2** circular **3** *(roba, cabells)* caure **4** *(marea)* pujar

flower /'flaʊə(r)/ *nom, verb*
▸ *n* flor ➲ *Compareu amb* BLOSSOM
▸ *vi* florir **flowery** *adj* florit *(amb flors)*

flower bed *n* parterre

flowering /'flaʊərɪŋ/ *n* floriment

flowerpot /'flaʊəpɒt/ *n* torreta, test

flown *pp de* FLY

flu /fluː/ *n* [*incomptable*] grip

fluctuate /'flʌktʃueɪt/ *vi* fluctuar, variar

fluent /'fluːənt/ *adj* **1** *She's fluent in Russian.* Parla el rus amb molta fluïdesa. ◇ *She speaks fluent French.* Domina el francès. **2** *(estil)* fluid **fluency** *n* fluïdesa, desimboltura

fluff /flʌf/ *n* [*incomptable*] borrissol, pelussa: *a piece of fluff* un borrissol **fluffy** *adj* (**fluffier, -iest**) **1** suau i sedós, pelut, cobert de pelussa **2** tou, esponjós

fluid /'fluːɪd/ *nom, adjectiu*
▸ *n* líquid, fluid
▸ *adj (formal)* **1** *(estil, moviment)* fluid, desimbolt **2** *(situació)* variable, inestable **3** *(pla)* canviable **4** fluid, líquid

fluke /fluːk/ *n (col·loq)* xamba

F

F

flung *pt, pp de* FLING
fluorescent /ˌflɔːˈresnt, ˌflʊəˈr-/ *adj* fluorescent
fluoride /ˈflɔːraɪd, ˈflʊər-/ *n* fluor
flurry /ˈflʌri/ *n* (*pl* **flurries**) **1** ~ **(of sth)** (*d'activitat, emoció*) neguit (d'alguna cosa) **2** ràfega: *a flurry of snow* un borrascall
flush /flʌʃ/ *verb, nom*
▸ **1** *vi* posar-se vermell **2** *vt*: *to flush the toilet* tirar la cadena (del vàter)
▸ *n* rubor: *hot flushes* fogots
fluster /ˈflʌstə(r)/ *vt* atabalar: *to get flustered* atabalar-se
flute /fluːt/ *n* flauta travessera
flutter /ˈflʌtə(r)/ *verb, nom*
▸ **1** *vt, vi* (*ales*) batre **2** *vi* (*ocell*) voletejar, aletejar **3** *vi* (*cortina, bandera*) onejar **4** *vt* (*objecte*) remenar
▸ *n* **1** (*ales*) aleteig, esbatec **2** (*pestanyes*) pestanyeig
fly /flaɪ/ *verb, nom*
▸ (*pt* **flew** /fluː/ *pp* **flown** /fləʊn/) **1** *vi* volar: *to fly away/off* marxar volant **2** *vi* (*persona*) anar/viatjar amb avió: *to fly in/out/back* arribar/marxar/tornar (amb avió) **3** *vt* (*avió*) pilotar **4** *vt* (*passatgers, mercaderies*) transportar (en avió) **5** *vi* anar de pressa: *I must fly.* Me n'he d'anar volant. **6** *vi*: *The wheel flew off.* La roda va sortir disparada. ◇ *The door flew open.* La porta es va obrir de cop. **7** *vi* (*flotar en l'aire*) onejar **8** *vt* (*bandera*) hissar **9** *vt* (*estel*) fer volar LOC **fly high** tenir èxit *Vegeu tb* CROW, LET, TANGENT PHR V **fly at sb** llançar-se contra algú
▸ *n* (*pl* **flies**) **1** mosca **2** (*tb* **flies** [*pl*]) bragueta
flying /ˈflaɪɪŋ/ *adjectiu, nom*
▸ *adj* [*només davant del nom*] volador
▸ *n* volar: *flying lessons* classes per pilotar un avió
flying saucer *n* plat volador
flying start *n* LOC **get off to a flying start** començar amb molt bon peu
flyover /ˈflaɪəʊvə(r)/ (*USA* **overpass**) *n* pas elevat
foal /fəʊl/ *n* poltre ➲ *Vegeu nota a* POLTRE
foam /fəʊm/ *nom, verb*
▸ *n* **1** (*tb* **foam rubber**) goma escuma **2** escuma
▸ *vi* treure escuma
focus /ˈfəʊkəs/ *verb, nom*
▸ *vi, vt* (**-s-** *o* **-ss-**) ~ **(sth) (on sb/sth) 1** centrar-se, centrar alguna cosa (en algú/alguna cosa) **2** enfocar (alguna cosa) (en/sobre algú/alguna cosa)
▸ *n* (*pl* **focuses** *o* **foci** /ˈfəʊsaɪ/) focus LOC **in focus/out of focus** enfocat/desenfocat
fodder /ˈfɒdə(r)/ *n* farratge
foetus (*tb esp USA* **fetus**) /ˈfiːtəs/ *n* (*pl* **foetuses**) fetus
fog /fɒg; *USA* fɔːg/ *nom, verb*
▸ *n* boira ➲ *Compareu amb* HAZE, MIST
▸ *vi, vt* (**-gg-**) ~ **(sth) (up)** entelar-se, entelar alguna cosa **foggy** *adj* (**foggier, -iest**) boirós: *a foggy day* un dia boirós ◇ *It's foggy.* Hi ha boira.
foil /fɔɪl/ *nom, verb*
▸ *n* làmina: *aluminium foil* paper d'alumini
▸ *vt* frustrar
fold /fəʊld/ *verb, nom*
▸ **1** *vt, vi* ~ **(sth) (back, down, over, etc.)** doblegar alguna cosa, doblegar-se, plegar alguna cosa, plegar-se **2** *vi* (*empresa, negoci*) plegar **3** *vi* (*obra de teatre*) deixar d'ésser representat LOC **fold your arms** encreuar els braços ➲ *Vegeu il·lustració a* ARM
▸ *n* **1** plec **2** cleda
folder /ˈfəʊldə(r)/ *n* carpeta
folding /ˈfəʊldɪŋ/ *adj* [*només davant del nom*] plegable: *a folding table/bed* una taula/un llit plegable
foliage /ˈfəʊliɪdʒ/ *n* fullatge
folk /fəʊk/ *nom, adjectiu*
▸ *n* **1** (*tb esp USA* **folks**) [*pl*] (*col·loq*) gent **2** **folks** [*pl*] (*col·loq*) pares, parents **3** [*pl*] gent: *country folk* gent de poble
▸ *adj* [*només davant del nom*] folklòric, popular: *folk music* música tradicional
folklore /ˈfəʊklɔː(r)/ *n* folklore
follow /ˈfɒləʊ/ **1** *vt, vi* seguir **2** *vi* ~ **(on) (from sth)** resultar, ésser la conseqüència (d'alguna cosa) **3** *vt, vi* (*explicació*) entendre LOC **as follows** tal com segueix ◆ **follow the crowd** fer el que fa la majoria PHR V **follow on** anar/venir després ◆ **follow sth through** continuar amb alguna cosa fins al final ◆ **follow sth up 1** *Follow up your phone call with a letter.* Envia una carta per confirmar el que has dit per telèfon. **2** investigar alguna cosa
follower /ˈfɒləʊə(r)/ *n* seguidor, -a
following /ˈfɒləʊɪŋ/ *adjectiu, nom, preposició*
▸ *adj* següent
▸ *n* **1** [*gen sing*] seguidors: *The band has a huge following in Italy.* El grup té molts seguidors a Itàlia. **2** **the following** [*v sing o pl*] el següent, el que segueix
▸ *prep* després de, com a conseqüència de: *following the burglary* com a conseqüència del robatori

follow-up /ˈfɒləʊ ʌp/ *n* continuació

fond /fɒnd/ *adj* (**fonder, -est**) **1 be ~ of sb** tenir estima a algú **2 be ~ of sth/doing sth** tenir afició a alguna cosa/a fer alguna cosa **3** [*només davant del nom*] afectuós: *fond memories* records tendres **4** [*només davant del nom*] (*esperança*) va

fondle /ˈfɒndl/ *vt* acaronar

font /fɒnt/ *n* **1** pica baptismal **2** tipus de lletra

food /fuːd/ *n* [*gen incomptable*] menjar, aliment: *Italian food* la cuina italiana ◇ *frozen foods* aliments congelats ◇ *the food industry* la indústria alimentària ◇ *food technology* tecnologia alimentària LOC **food for thought** alguna cosa per a pensar-hi

food processor *n* robot de cuina

foodstuffs /ˈfuːdstʌfs/ *n* [*pl*] comestibles

fool /fuːl/ *nom, verb*

▸ *n* beneit, -a, boig, boja LOC **act/play the fool** fer(-se) el ximple ◆ **be no/nobody's fool** no deixar-se enganyar per ningú ◆ **make a fool of yourself/sb** posar-se/posar algú en ridícul

▸ *vt* ~ **sb (into doing sth)** enganyar, enredar algú (perquè faci alguna cosa) PHR V **fool about/around** fer el ximple: *Stop fooling about with that knife!* Para de jugar amb aquest ganivet!

foolish /ˈfuːlɪʃ/ *adj* **1** ximple, estúpid **2** ridícul

foolproof /ˈfuːlpruːf/ *adj* infal·lible

foot /fʊt/ *nom, verb*

▸ *n* **1** (*pl* **feet** /fiːt/) peu: *at the foot of the stairs* al peu de les escales **2** (*pl* **feet** *o* **foot**) (*abrev* **ft**) peu (*30,48 centímetres*) ➲ *Vegeu pàg 759* LOC **fall/land on your feet** sortir a algú tot rodó ◆ **on foot** a peu ◆ **put your feet up** descansar ◆ **put your foot down** imposar-se ◆ **put your foot in it** ficar la pota ◆ **set foot in/on sth** trepitjar alguna cosa *Vegeu tb* COLD, FIND, RUSH, SWEEP

▸ *vt* LOC **foot the bill (for sth)** (*col·loq*) pagar les despeses (d'alguna cosa)

foot-and-mouth disease /ˌfʊt ən ˈmaʊθ dɪziːz/ *n* febre aftosa

football /ˈfʊtbɔːl/ *n* **1** (*tb esp USA* **soccer**) futbol: *football stadium/team* estadi/equip de futbol **2** pilota de futbol **3** (*USA*) (*GB* **American football**) futbol americà **footballer** *n* futbolista

footing /ˈfʊtɪŋ/ *n* [*sing*] **1** equilibri: *to lose your footing* perdre l'equilibri **2** base: *on an equal footing* en igualtat de condicions

footnote /ˈfʊtnəʊt/ *n* nota (a peu de pàgina)

footpath /ˈfʊtpɑːθ; *USA* -pæθ/ *n* camí, sender

footprint /ˈfʊtprɪnt/ *n* [*gen pl*] petjada

footstep /ˈfʊtstep/ *n* passa, pas

footwear /ˈfʊtweə(r)/ *n* [*incomptable*] calçat

for /fə(r), fɔː(r)/ *preposició, conjunció*

▸ *prep* ❶ Per als usos de **for** en *phrasal verbs*, vegeu les entrades dels verbs corresponents, p. ex. **look for sb/sth** a LOOK. **1** per a: *a letter for you* una carta per a tu ◇ *What's it for?* Per a què serveix? ◇ *the train for Glasgow* el tren que va a Glasgow ◇ *It's time for supper.* És l'hora de sopar. **2** per: *for her own good* pel seu bé ◇ *What can I do for you?* Com et puc ajudar? ◇ *to fight for your country* lluitar pel teu país **3** (*en expressions de temps*) durant, des de fa: *They are going for a month.* Se'n van un mes. ◇ *How long are you here for?* Quant de temps us estareu aquí? ◇ *I haven't seen him for two days.* Fa dos dies que no el veig.

> **For** o **since**? Quan **for** es tradueix per "des de fa" es pot confondre amb **since**, "des de". Els dos mots es fan servir per a expressar el temps que ha durat l'acció del verb; però **for** especifica la duració de l'acció i **since**, el començament d'aquesta acció: *I've been living here for three months.* Visc aquí des de fa tres mesos. ◇ *I've been living here since August.* Visc aquí des de l'agost. En tots dos casos es fa servir el *present perfect* o el *past perfect*, i no pas el present. *Vegeu tb nota a* AGO *i a* DURANT

4 (*amb infinitiu*): *There's no need for you to go.* No cal que hi vagis. ◇ *It's impossible for me to do it.* M'és impossible fer-ho. **5** a favor de: *Are you for or against?* Hi estàs a favor o en contra? **6** (*altres usos*): *I for Irene* I d'Irene ◇ *for miles and miles* milla rere milla ◇ *What does he do for a job?* Quina feina fa? LOC **be (in) for it** (*col·loq*): *He's for it now!* Se la carregarà! ◆ **for all... 1** malgrat: *for all his wealth* malgrat la seva riquesa **2** *For all I know...* Que jo sàpiga...

▸ *conj* (*antic o formal*) ja que

forbid /fəˈbɪd/ *vt* (*pt* **forbade** /fəˈbæd, fəˈbeɪd/ *pp* **forbidden** /fəˈbɪdn/) prohibir: *They forbade them from entering/to enter.* Els van prohibir l'entrada. ◇ *It is forbidden to smoke.* Està prohibit fumar. **forbidding** *adj* imponent, amenaçador

force /fɔːs/ *nom, verb*

▸ *n* força: *the armed forces* les forces armades LOC **be in force** estar en vigor ◆ **by force** per força ◆ **come/enter into force** entrar en vigor

▸ *vt* ~ **sb/sth (to do sth)**; ~ **sb/sth (into sth/doing sth)** forçar, obligar algú/alguna cosa (a fer alguna cosa) PHR V **force sth on/upon sb** imposar alguna cosa a algú **forceful** *adj* **1** fort, amb caràcter **2** (*argument, mesura*) contundent

F

forcible /'fɔːsəbl/ *adj* [*només davant del nom*] per la força **forcibly** *adv* **1** per la força **2** convincentment

ford /fɔːd/ *nom, verb*
▸ *n* gual (*d'un riu*)
▸ *vt* passar a gual

fore /fɔː(r)/ *nom, adjectiu*
▸ *n* LOC **be/come to the fore** ésser prominent/ferse important
▸ *adj* [*només davant del nom*] (*formal*) davanter, anterior

F

forearm /'fɔːrɑːm/ *n* avantbraç

forecast /'fɔːkɑːst; *USA* -kæst/ *nom, verb*
▸ *n* pronòstic, previsió: *weather forecast* previsió meteorològica
▸ *vt* (*pt, pp* **forecast** *o* **forecasted**) pronosticar, preveure

forefinger /'fɔːfɪŋgə(r)/ *n* dit índex

forefront /'fɔːfrʌnt/ *n* LOC **at/in/to the forefront** al capdavant

foreground /'fɔːgraʊnd/ *n* primer pla

forehead /'fɔːhed, 'fɒrɪd/ *n* (*Anat*) front

foreign /'fɒrən; *USA* 'fɔːrən/ *adj* **1** estranger **2** exterior: *foreign news* notícies internacionals ◇ *Foreign Office/Secretary* Ministeri/ministre d'Afers Estrangers ◇ *foreign currencies* divises **3** ~ **to sb/sth** (*formal*) aliè a algú/alguna cosa

foreigner /'fɒrənə(r); *USA* 'fɔːr-/ *n* estranger, -a

foremost /'fɔːməʊst/ *adjectiu, adverbi*
▸ *adj* més important
▸ *adv* principalment

forerunner /'fɔːrʌnə(r)/ *n* precursor, -a

foresee /fɔː'siː/ *vt* (*pt* **foresaw** /fɔː'sɔː/ *pp* **foreseen** /fɔː'siːn/) preveure **foreseeable** *adj* previsible LOC **for/in the foreseeable future** en un futur previsible

foresight /'fɔːsaɪt/ *n* previsió

forest /'fɒrɪst; *USA* 'fɔːr-/ *n* bosc: *forest fire* incendi forestal

> Tant **forest** com **wood** signifiquen 'bosc', però un **wood** és més petit.

foretell /fɔː'tel/ *vt* (*pt, pp* **foretold** /fɔː'təʊld/) (*formal*) predir

forever /fə'revə(r)/ *adv* **1** (*tb* **for ever**) per sempre **2** (*tb* **for ever**) (*col·loq*) una eternitat **3** (*col·loq*) sempre

foreword /'fɔːwɜːd/ *n* pròleg

forgave *pt de* FORGIVE

forge /fɔːdʒ/ *verb, nom*
▸ *vt* **1** (*lligams, metall*) forjar **2** (*diners, etc.*) falsificar PHR V **forge ahead** avançar ràpidament
▸ *n* forja

forgery /'fɔːdʒəri/ *n* (*pl* **forgeries**) falsificació

forget /fə'get/ (*pt* **forgot** /fə'gɒt/ *pp* **forgotten** /fə'gɒtn/) **1** *vt, vi* ~ **(sth/to do sth)** oblidar-se (d'alguna cosa/de fer alguna cosa): *He forgot to pay me.* Es va oblidar de pagar-me. **2** *vt* (*deixar de pensar en*) oblidar LOC **not forgetting...** sense oblidar-se de... PHR V **forget about sb/sth** **1** oblidar-se d'algú/d'alguna cosa **2** oblidar algú/alguna cosa **forgetful** *adj* oblidadís, despistat

forgive /fə'gɪv/ *vt* (*pt* **forgave** /fə'geɪv/ *pp* **forgiven** /fə'gɪvn/) ~ **sb (for sth/doing sth)** perdonar algú (per alguna cosa/per fer alguna cosa): *Forgive me for interrupting.* Perdoneu que us interrompi. **forgiveness** *n* perdó: *to ask (for) forgiveness (for sth)* demanar perdó (per alguna cosa) **forgiving** *adj* indulgent

fork /fɔːk/ *nom, verb*
▸ *n* **1** forquilla **2** (*Agric*) forca **3** bifurcació
▸ *vi* **1** (*camí*) bifurcar-se **2** (*persona*): *to fork left* girar a mà esquerra PHR V **fork out (for sth)**; **fork out sth (for/on sth)** (*col·loq*) afluixar la bossa (per pagar alguna cosa)

form /fɔːm/ *nom, verb*
▸ *n* **1** forma: *in the form of sth* en forma d'alguna cosa **2** formulari, imprès: *application form* full de sol·licitud **3** forma (física): *in/on form* en forma ◇ *out of form* en baixa forma **4** formes: *as a matter of form* per cortesia **5** (*GB, antic*) (*Educ*) curs LOC *Vegeu* SHAPE
▸ **1** *vi* formar-se **2** *vt* donar forma a, formar: *to form an idea (of sb/sth)* formar-se una idea (d'algú/d'alguna cosa)

formal /'fɔːml/ *adj* **1** (*posat, etc.*) cerimoniós **2** (*àpat, roba*) d'etiqueta **3** (*declaració, etc.*) oficial **4** (*formació*) convencional **formally** *adv* **1** oficialment **2** (*vestir-se*) d'etiqueta

formality /fɔː'mæləti/ *n* (*pl* **formalities**) **1** formalitat, cerimònia **2** tràmit: *legal formalities* tràmits legals

format /'fɔːmæt/ *nom, verb*
▸ *n* format
▸ *vt* (**-tt-**) (*Informàt*) formatar

formation /fɔː'meɪʃn/ *n* formació

former /'fɔːmə(r)/ *adjectiu, nom*
▸ *adj* **1** antic: *the former champion* l'antic campió ◇ *the former president* l'expresident **2** anterior: *in former times* en altres temps **3** primer (*de dos*): *the former option* la primera opció
▸ **the former** *n* aquell, aquella, aquells, aquelles: *The former was much better than the latter.* Aquell era molt millor que aquest. ➲ *Compareu*

amb LATTER **formerly** *adv* **1** anteriorment **2** abans

formidable /ˈfɔːmɪdəbl/ *adj* **1** formidable, extraordinari **2** (*tasca*) difícil de superar

formula /ˈfɔːmjələ/ *n* (*pl* **formulas** *o en ús científic* **formulae** /-liː/) fórmula: *Formula One* Fórmula 1

forsake /fəˈseɪk/ *vt* (*pt* **forsook** /fəˈsʊk/ *pp* **forsaken** /fəˈseɪkən/) (*formal*) **1** abandonar **2** renunciar a

fort /fɔːt/ *n* fortificació, fort

forth /fɔːθ/ *adv* (*formal*) LOC **and (so on and) so forth** i etcètera, etcètera ◆ **from that day/time forth** des d'aquell dia *Vegeu tb* BACK *adv*, SO

forthcoming /ˌfɔːθˈkʌmɪŋ/ *adj* **1** [*només davant del nom*] venidor, proper: *the forthcoming election* les properes eleccions **2** [*només davant del nom*] de propera aparició **3** [*mai davant del nom*] disponible: *No offer was forthcoming.* No hi va haver cap oferta. **4** [*mai davant del nom*] (*persona*) comunicatiu

forthright /ˈfɔːθraɪt/ *adj* **1** (*persona*) directe **2** (*oposició*) enèrgic

fortieth *Vegeu* FORTY

fortification /ˌfɔːtɪfɪˈkeɪʃn/ *n* fortificació

fortify /ˈfɔːtɪfaɪ/ *vt* (*pt, pp* **-fied**) **1** fortificar **2** (*persona*) enfortir

fortnight /ˈfɔːtnaɪt/ *n* quinze dies (*dues setmanes*): *a fortnight today* d'avui en quinze

fortnightly /ˈfɔːtnaɪtli/ *adjectiu, adverbi*
▸ *adj* quinzenal
▸ *adv* cada quinze dies

fortress /ˈfɔːtrəs/ *n* fortalesa

fortunate /ˈfɔːtʃənət/ *adj* afortunat: *to be fortunate* tenir sort **fortunately** *adv* per sort

fortune /ˈfɔːtʃuːn/ *n* **1** sort **2** fortuna: *to be worth a fortune* valer una fortuna LOC *Vegeu* SMALL

fortune-teller /ˈfɔːtʃuːn telə(r)/ *n* endeví, -ina

forty /ˈfɔːti/ *adj, pron, n* quaranta ➲ *Vegeu exemples a* FIFTY, FIVE **fortieth 1** *adj, adv, pron* quarantè **2** *n* quarantena part, quarantè ➲ *Vegeu exemples a* FIFTH

forum /ˈfɔːrəm/ *n* fòrum

forward /ˈfɔːwəd/ *adverbi, adjectiu, verb, nom*
▸ *adv* **1** (*tb* **forwards**) endavant, cap endavant **2** en endavant: *from that day forward* a partir d'aquell dia LOC *Vegeu* BACKWARDS
▸ *adj* **1** cap endavant **2** davanter: *a forward position* una posició avançada **3** per al futur, de futur: *forward planning* planificació de futur **4** insolent, atrevit
▸ *vt* ~ **sth (to sb)**; ~ **(sb) sth** remetre, reenviar alguna cosa (a algú): *Please forward to...* Si us plau, remetin-ho a... ◇ *forwarding address* nova adreça (on cal remetre les cartes)
▸ *n* (*Esport*) davanter, -a

fossil /ˈfɒsl/ *n* fòssil: *fossil fuels* combustibles fòssils

foster /ˈfɒstə(r)/ *vt* **1** fomentar, promoure **2** acollir en una família

fought *pt, pp de* FIGHT

foul /faʊl/ *adjectiu, verb, nom*
▸ *adj* **1** (*aigua, llenguatge*) brut **2** (*menjar, olor, sabor*) repugnant **3** (*caràcter, humor, temps*) terrible
▸ *vt* (*Esport*) cometre una falta contra PHR V **foul sth up** (*col·loq*) espatllar alguna cosa
▸ *n* (*Esport*) falta

foul play *n* [*incomptable*] crim (*esp quan causa la mort d'algú*)

found /faʊnd/ *vt* **1** fundar **2** ~ **sth (on sth)** fonamentar, basar alguna cosa (en alguna cosa): *founded on fact* basat en la realitat *Vegeu tb* FIND

foundation /faʊnˈdeɪʃn/ *n* **1 foundations** [*pl*] (*d'un edifici*) fonaments **2** fonament **3** fundació **4** (*tb* **foundation cream**) (*maquillatge*) crema base

founder /ˈfaʊndə(r)/ *n* fundador, -a

fountain /ˈfaʊntən/ *n* font, sortidor

four /fɔː(r)/ *adj, pron, n* quatre ➲ *Vegeu exemples a* FIVE LOC *Vegeu* ALL

four-by-four /ˌfɔː baɪ ˈfɔː(r)/ (*abrev* **4x4**) *n* (cotxe) tot terreny

fourteen /ˌfɔːˈtiːn/ *adj, pron, n* catorze ➲ *Vegeu exemples a* FIVE **fourteenth 1** *adj, adv, pron* catorzè **2** *n* catorzena part, catorzè ➲ *Vegeu exemples a* FIFTH

fourth /fɔːθ/ (*abrev* **4th**) *adjectiu, adverbi, pronom, nom*
▸ *adj, adv, pron* quart
▸ *n* **1 the fourth** el (dia) quatre **2** (*tb* **fourth gear**) quarta (marxa) ➲ *Vegeu exemples a* FIFTH

> Per parlar de proporcions, "un quart" es diu **a quarter**: *We ate a quarter of the cake each.* Cadascú va menjar un quart del pastís.

fowl /faʊl/ *n* (*pl* **fowl** *o* **fowls**) au (*de corral*)

fox /fɒks/ *n* guineu ➲ *Vegeu nota a* GUINEU

foyer /ˈfɔɪeɪ; *USA* ˈfɔɪər/ *n* vestíbul

fraction /ˈfrækʃn/ *n* fracció, trencat

fracture /ˈfræktʃə(r)/ *nom, verb*
▸ *n* fractura
▸ *vt, vi* fracturar(-se)

fragile /ˈfrædʒaɪl; *USA* -dʒl/ *adj* fràgil, delicat

fragment *nom, verb*
▸ *n* /ˈfrægmənt/ fragment, part

F

▸ *vt, vi* /fræg'ment/ fragmentar(-se)

fragrance /'freɪgrəns/ *n* fragància, aroma, perfum ➲ *Vegeu nota a* SMELL **fragrant** *adj* aromàtic, fragant

frail /freɪl/ *adj* fràgil, delicat ❶ Es fa servir sobretot per a parlar de persones grans o malaltes.

frame /freɪm/ *nom, verb*

F

▸ *n* **1** marc **2** armadura, estructura **3** (*ulleres*) muntura **4** (*bicicleta*) quadre LOC **frame of mind** estat d'ànim

▸ *vt* **1** emmarcar **2** ~ **sb (for sth)** (*col·loq*) parar una trampa per incriminar algú **3** (*pregunta, etc.*) formular

framework /'freɪmwɜːk/ *n* **1** armadura, estructura **2** marc, conjuntura

franchise /'fræntʃaɪz/ *n* franquícia

frank /fræŋk/ *adj* franc, sincer

frantic /'fræntɪk/ *adj* **1** frenètic **2** desesperat

fraternal /frə'tɜːnl/ *adj* fraternal

fraternity /frə'tɜːnəti/ *n* (*pl* **fraternities**) **1** germanor, confraria, societat **2** fraternitat

fraud /frɔːd/ *n* **1** (*delicte*) frau **2** (*persona*) impostor, -a

fraught /frɔːt/ *adj* **1** ~ **with sth** ple, carregat d'alguna cosa **2** preocupant, tens

fray /freɪ/ *vt, vi* desgastar(-se), desfilar(-se)

freak /friːk/ *nom, adjectiu*

▸ *n* **1** (*col·loq*) fanàtic, -a: *a sports freak* un fanàtic dels esports **2** (*pej*) persona estranya, excèntric, -a

▸ *adj* [*només davant del nom*] insòlit, inesperat: *a freak accident* un accident fortuït

freckle /'frekl/ *n* piga **freckled** *adj* pigat

free /friː/ *adjectiu, verb, adverbi*

▸ *adj* (**freer** /friːə(r)/ **freest** /'friːɪst/) **1** lliure: *free will* lliure albir ◇ *to be free of/from sth* estar lliure d'alguna cosa ◇ *free speech* llibertat d'expressió ◇ *to set sb free* posar algú en llibertat **2** (*sense lligar*) solt, deixat anar **3** gratis, gratuït: *admission free* entrada lliure ◇ *free of charge* gratis LOC **free and easy** relaxat, informal ◆ **get, have, etc. a free hand** tenir les mans lliures ◆ **of your own free will** per voluntat pròpia *Vegeu tb* WORK *v*

▸ *vt* (*pt, pp* **freed**) **1** ~ **sb/sth (from sth)** alliberar algú/alguna cosa (d'alguna cosa) **2** ~ **sb/sth (from sth)** deixar anar algú/alguna cosa (d'alguna cosa) **3** ~ **sb/sth of/from sth** alliberar, eximir algú/alguna cosa d'alguna cosa

▸ *adv* gratuïtament **freely** *adv* **1** lliurement, copiosament **2** generosament

freebie /'friːbi/ *n* (*col·loq*) regal (*amb fins comercials*)

freedom /'friːdəm/ *n* **1** ~ **(of sth)**; ~ **(to do sth)** llibertat (d'alguna cosa); llibertat (de fer alguna cosa): *freedom of speech* llibertat d'expressió **2** ~ **from sth** immunitat contra alguna cosa

free-range /ˌfriː 'reɪndʒ/ *adj* de pagès: *free-range eggs* ous de pagès ➲ *Compareu amb* BATTERY (2)

freestyle /'friːstaɪl/ *n* estil lliure: *100 metres freestyle* 100 metres lliures

freeway /'friːweɪ/ *n* (*USA*) autopista

freeze /friːz/ *verb, nom*

▸ (*pt* **froze** /frəʊz/ *pp* **frozen** /'frəʊzn/) **1** *vt, vi* glaçar(-se), congelar(-se): *I'm freezing!* M'estic gelant (de fred)! ◇ *freezing point* punt de congelació **2** *vt, vi* (*menjar, salaris, etc.*) congelar(-se) **3** *vi* quedar-se gelat, quedar-se paralitzat: *Freeze!* Alto!

▸ *n* **1** (*de salaris, preus*) congelació **2** glaçada

freezer /'friːzə(r)/ *n* congelador

freezing /'friːzɪŋ/ *adj* **1** molt fred: *It's freezing.* Fa un fred que pela. **2** (*temperatures*) sota zero

freight /freɪt/ *n* **1** càrrega **2** transport

French fry *n Vegeu* FRY

French window (*USA tb* **French door**) *n* porta de vidre (*que dóna a un jardí, porxo, etc.*)

frenzied /'frenzid/ *adj* frenètic, embogit

frenzy /'frenzi/ *n* frenesia

frequency /'friːkwənsi/ *n* (*pl* **frequencies**) freqüència

frequent *adjectiu, verb*

▸ *adj* /'friːkwənt/ freqüent

▸ *vt* /fri'kwent/ (*formal*) freqüentar

frequently /'friːkwəntli/ *adv* amb freqüència ➲ *Vegeu nota a* ALWAYS

fresh /freʃ/ *adj* (**fresher**, **-est**) **1** fresc: *fresh air* aire fresc ◇ *fresh food* aliments frescos **2** nou, diferent: *to make a fresh start* començar novament **3** recent **4** (*aigua*) dolç LOC *Vegeu* BREATH **freshly** *adv* acabat de: *freshly baked* acabat de coure **freshness** *n* **1** frescor **2** novetat, originalitat

freshen /'freʃn/ **1** *vt* ~ **sth (up)** renovar l'aire d'alguna cosa **2** *vi* (*vent*) refrescar PHR V **freshen (yourself) up** arreglar-se, rentar-se una mica

freshwater /'freʃwɔːtə(r)/ *adj* d'aigua dolça

fret /fret/ *vi* (**-tt-**) ~ **(about/over sth)** amoïnar-se, neguitejar-se (per alguna cosa)

friction /'frɪkʃn/ *n* **1** fricció, fregament **2** fricció, desacord

Friday /ˈfraɪdeɪ, -di/ *n* (*abrev* **Fri.**) divendres ➲ *Vegeu exemples a* MONDAY LOC **Good Friday** Divendres Sant

fridge /frɪdʒ/ *n* nevera

fried /fraɪd/ *adj* fregit: *a fried egg* un ou ferrat *Vegeu tb* FRY

friend /frend/ *n* amic, -iga LOC **be/make friends with sb** ésser/fer-se amic d'algú ◆ **have friends in high places** tenir influències ◆ **make friends** fer amics

friendly /ˈfrendli/ *adjectiu, nom*
▸ *adj* (**friendlier**, **-iest**) **1** ~ **(to/towards sb)** simpàtic, agradable (amb algú) ℹ La paraula **sympathetic** es tradueix per *compassiu*. **2 be ~ with sb** ésser amic d'algú **3** (*relació, consell*) amistós **4** (*gest, paraula*) amable **5** (*ambient, lloc*) acollidor **6** (*partit*) amistós *Vegeu tb* ECO-FRIENDLY, ENVIRONMENTALLY FRIENDLY, USER-FRIENDLY
▸ *n* (*pl* **friendlies**) (*tb* **friendly match**) partit amistós **friendliness** *n* simpatia, amabilitat

friendship /ˈfrendʃɪp/ *n* amistat

fries *plural de* FRY

fright /fraɪt/ *n* ensurt: *to give sb/get a fright* donar un espant a algú/tenir un ensurt

frighten /ˈfraɪtn/ *vt* espantar, fer por a PHR V **frighten sb/sth away/off** espantar, fer fugir algú/alguna cosa **frightened** *adj* espantat: *to be frightened (of sb/sth)* tenir por (d'algú/d'alguna cosa) LOC *Vegeu* WIT **frightening** *adj* espantós, alarmant

frightful /ˈfraɪtfl/ *adj* (*esp GB, antic*) **1** (*col·loq*) terrible: *a frightful mess* un desordre terrible **2** espantós, horrible **frightfully** /-fəli/ *adv* (*antic*): *I'm frightfully sorry.* Em sap molt de greu.

frigid /ˈfrɪdʒɪd/ *adj* frígid

frill /frɪl/ *n* **1** (*costura*) volant **2 frills** [*pl*] guarniment: *a no-frills airline* una companyia aèria sense extres **frilly** *adj*: *a frilly shirt* una camisa de volants

fringe /frɪndʒ/ *nom, verb*
▸ *n* **1** (*USA* **bangs** [*pl*]) (*cabells*) serrell **2** (*roba*) serrell **3** (*fig*) marge: *on the fringes of society* al marge de la societat
▸ *vt* LOC **be fringed by/with sth** estar vorejat per/amb alguna cosa

frisk /frɪsk/ **1** *vt* ~ **sb** escorcollar algú **2** *vi* ~ **around** enjogassar-se **frisky** *adj* juganer

fritter /ˈfrɪtə(r)/ *n* bunyol

frivolity /frɪˈvɒləti/ *n* (*gen pej*) frivolitat

frivolous /ˈfrɪvələs/ *adj* (*pej*) frívol

frizzy /ˈfrɪzi/ *adj* molt arrissat (*cabells*)

fro /frəʊ/ *adv* LOC *Vegeu* TO

frock /frɒk/ *n* (*esp GB, antic*) vestit

frog /frɒg; *USA* frɔːg/ *n* **1** granota **2 Frog** (*col·loq*) gavatx, -a

frogman /ˈfrɒgmən/ *n* (*pl* **-men** /-men/) home granota

from /frəm, frɒm/ *prep* ℹ Per als usos de **from** en *phrasal verbs*, vegeu les entrades dels verbs corresponents, p. ex. **hear from sb** a HEAR. **1** de (*procedència*): *from Barcelona to London* de Barcelona a Londres ◇ *I'm from India.* Sóc de l'Índia. ◇ *from bad to worse* com més va pitjor ◇ *the train from Paris* el tren (procedent) de París ◇ *a present from a friend* un regal d'una amiga ◇ *to take sth away from sb* prendre alguna cosa a algú **2** (*temps, situació*) des de, a partir de: *from above/below* des de dalt/baix ◇ *from time to time* de tant en tant ◇ *from yesterday* des d'ahir ➲ *Vegeu nota a* SINCE **3** per: *from choice* per elecció ◇ *from what I can gather* pel que jo entenc **4** entre: *to choose from...* triar entre... **5** amb: *Wine is made from grapes.* El vi es fa amb raïm. **6** (*Mat*): *13 from 34 leaves 21.* 34 menys 13 són 21. LOC **from... on** a partir de: *from now on* d'ara endavant ◇ *from then on* des d'aleshores

front

front /frʌnt/ *nom, adjectiu, adverbi*
▸ *n* **1 the ~ (of sth)** el davant, la part davantera (d'alguna cosa): *If you can't see the board, sit at the front.* Si no veieu la pissarra, seieu al davant. ◇ *The number is shown on the front of the bus.* El número és al davant de l'autobús. **2** (*Mil*) el front **3** terreny: *on the financial front* en el terreny econòmic **4** [*sing*] aparença: *Rudeness is just a front for her shyness.* És groller per dissimular la seva timidesa. **5 ~ (for sth)** tapadora (d'alguna cosa) (*per a activitats il·legals*)
▸ *adj* davanter, de davant (*roda, habitació, etc.*)

▸ *adv* LOC **in front** davant: *the row in front* la fila de davant ◆ **in front of sb/sth** davant d'algú/d'alguna cosa ❶ L'expressió **davant per davant** (o **enfront de**) es tradueix per **opposite**. ➲ *Vegeu il·lustració a* DAVANT LOC **up front** (*col·loq*) (*pagar*) per endavant *Vegeu tb* BACK *n*

front cover *n* portada

front door *n* porta d'entrada

F

frontier /'frʌntɪə(r); *USA* frʌn'tɪər/ *n* frontera ➲ *Vegeu nota a* FRONTERA

front page *n* primera plana

front row *n* primera fila

frost /frɒst; *USA* frɔːst/ *nom, verb*

▸ *n* **1** glaçada **2** gebre

▸ *vt, vi* ~ **(sth) (over/up)** cobrir alguna cosa, cobrir-se de gebre **frosty** *adj* **1** glaçat **2** gebrat

frostbite /'frɒstbaɪt; *USA* 'frɔːst-/ *n* congelació (*que afecta els dits, etc.*)

froth /frɒθ; *USA* frɔːθ/ *nom, verb*

▸ *n* escuma

▸ *vi* fer/treure escuma

frown /fraʊn/ *verb, nom*

▸ *vi* arrufar el nas/les celles PHR V **frown on/upon sb/sth** no mirar de bon ull algú, no veure de bon ull alguna cosa

▸ *n* arrufada de celles, mala cara

froze *pt de* FREEZE

frozen *pp de* FREEZE

fruit /fruːt/ *n* **1** [*incomptable*] fruita: *fruit and vegetables* fruita i verdura ◇ *tropical fruits* fruites tropicals ◇ *fruit trees* arbres fruiters **2** fruit: *the fruit(s) of your labours* els fruits del vostre treball

fruitful /'fruːtfl/ *adj* fructífer, profitós

fruition /fru'ɪʃn/ *n* (*formal*) realització: *to come to fruition* veure's realitzat

fruitless /'fruːtləs/ *adj* infructuós

fruit machine *n* (màquina) escurabutxaques

frustrate /frʌ'streɪt; *USA* 'frʌstreɪt/ *vt* frustrar, desbaratar **frustrating** *adj* frustrant **frustration** *n* frustració

fry /fraɪ/ *verb, nom*

▸ *vt, vi* (*pt, pp* **fried** /fraɪd/) fregir(-se)

▸ *n* (*tb* **French fry**) (*pl* **fries**) (*esp USA*) patata fregida (*llarga*)

frying pan (*USA tb* **frypan** /'fraɪpæn/) *n* paella ➲ *Vegeu il·lustració a* POT LOC **out of the frying pan into the fire** fugir del foc i caure a les brases

fudge /fʌdʒ/ *n* llaminadura feta de sucre, mantega i llet

fuel /'fjuːəl/ *n* **1** combustible **2** carburant

fugitive /'fjuːdʒətɪv/ *adj, n* ~ **(from sb/sth)** fugitiu, -iva, pròfug, -a (d'algú/d'alguna cosa)

fulfil (*USA* **fulfill**) /fʊl'fɪl/ *vt* (**-ll-**) **1** (*desig*) satisfer **2** (*promesa*) complir **3** (*tasca*) dur a terme **4** (*funció*) realitzar **fulfilment** (*USA* **fulfillment**) *n* (*somni, objectiu*) realització

full /fʊl/ *adjectiu, adverbi*

▸ *adj* (**fuller, -est**) **1** ~ **(of sth)** ple (d'alguna cosa) **2** ~ **of sth** obsessionat per alguna cosa **3** ~ **(up)** tip, fart: *I'm full up.* Estic ben tip. **4** (*hotel, instruccions*) complet **5** (*discussions*) extens **6** (*sentit*) ampli **7** (*investigació*) detallat **8** (*roba*) folgat LOC **(at) full blast/stretch** a tot gas ◆ **(at) full speed** a tota marxa ◆ **be full of yourself** (*pej*) ésser un cregut ◆ **come, turn, etc. full circle** tornar al començament ◆ **in full** detalladament, completament ◆ **in full swing** en plena ebullició ◆ **to the full** al màxim

▸ *adv* **1** *full in the face* en plena cara **2** molt: *You know full well that...* Saps molt bé que...

full-blown /ˌfʊl 'bləʊn/ *adj* veritable: *a full-blown scandal* un veritable escàndol ◇ *full-blown AIDS* sida en fase terminal

full-fat /ˌfʊl 'fæt/ *adj*: *full-fat milk* llet sencera

full-length /ˌfʊl 'leŋθ/ *adj* **1** (*mirall, retrat*) de cos sencer **2** (*roba*) llarg

full stop (*USA* **period**) *n* (*Puntuació*) punt ➲ *Vegeu pàg 363*

full-time /ˌfʊl 'taɪm/ *adj, adv* a temps complet: *full-time students* estudiants a temps complet ◇ *I work full-time.* Treballo la jornada completa.

fully /'fʊli/ *adv* **1** completament, del tot **2** [*ús emfàtic*] (*formal*): *fully two hours* dues hores ben bones

fumble /'fʌmbl/ *vi* **1** ~ **(with sth)** graponejar, forfollar (alguna cosa) **2** ~ **(around) for sth** buscar alguna cosa a les palpentes

fume /fjuːm/ *vi* treure foc (pels queixals)

fumes /fjuːmz/ *n* [*pl*] fum: *poisonous fumes* gasos tòxics

fun /fʌn/ *nom, adjectiu*

▸ *n* diversió: *to have fun* divertir-se ◇ *to take the fun out of sth* treure la gràcia d'alguna cosa LOC **make fun of sb/sth; poke fun at sb/sth** riure's d'algú/d'alguna cosa

▸ *adj* divertit: *to be great/good fun* ser molt divertit

Fun o **funny**? **Fun** es fa servir amb el verb **be** per a dir que una persona o una cosa és entretinguda o divertida. Té el mateix significat que **enjoyable**, malgrat que és més col·loquial: *The party was good/great fun.* La festa va ésser molt divertida.

◇ *Aerobics is more fun than jogging.* Fer aeròbic és més divertit que anar a córrer.
Funny es fa servir per a parlar d'una cosa que fa riure perquè és graciosa: *She told me a funny joke.* Em va explicar un acudit molt divertit. ◇ *The clowns were very funny.* Els pallassos eren molt graciosos. Així, si has gaudit llegint un llibre, el que dius és: *The book was great fun.* En canvi, si t'ha fet riure, el que dius és: *The book was very funny.*
Funny pot significar també estrany, rar: *The car was making a funny noise.* El cotxe feia un soroll estrany.

function /'fʌŋkʃn/ *nom, verb*
▶ *n* **1** funció **2** acte social, cerimònia
▶ *vi* funcionar PHR V **function as sth** servir, fer d'alguna cosa

fund /fʌnd/ *nom, verb*
▶ *n* **1** fons (*de diners*) **2 funds** [*pl*] fons
▶ *vt* finançar, subvencionar

fundamental /ˌfʌndə'mentl/ *adjectiu, nom*
▶ *adj* ~ **(to sth)** fonamental (per a alguna cosa)
▶ *n* [*gen pl*] fonament

fundamentalism /ˌfʌndə'mentəlɪzəm/ *n* fonamentalisme **fundamentalist** *adj, n* fonamentalista

funeral /'fju:nərəl/ *n* funeral, enterrament: *funeral parlour* funerària

funfair /'fʌnfeə(r)/ *n* parc d'atracccions

fungus /'fʌŋgəs/ *n* (*pl* **fungi** /-gi:, -gaɪ/) fong, bolet

funnel /'fʌnl/ *nom, verb*
▶ *n* **1** embut **2** (*d'un vaixell*) xemeneia
▶ *vt* (**-ll-**; *USA* **-l-**) canalitzar

funny /'fʌni/ *adj* (**funnier**, **-iest**) **1** graciós, divertit: *What's so funny?* De què rius? ➲ *Vegeu nota a* FUN **2** estrany, rar

fur /fɜ:(r)/ *n* **1** pèl (*d'un animal*) **2** pell: *a fur coat* un abric de pell

furious /'fjʊəriəs/ *adj* **1** ~ **(at sth/sb)**; ~ **(with sb)** furiós (amb/contra algú); furiós (amb/de/per alguna cosa) **2** (*esforç, lluita, tempesta*) violent **3** (*debat*) acalorat **furiously** *adv* violentament, furiosament

furnace /'fɜ:nɪs/ *n* caldera, forn

furnish /'fɜ:nɪʃ/ *vt* **1** moblar: *a furnished flat* un pis moblat **2** ~ **sb/sth with sth** (*formal*) subministrar alguna cosa a algú/alguna cosa **furnishings** *n* [*pl*] mobiliari

furniture /'fɜ:nɪtʃə(r)/ *n* [*incomptable*] mobiliari, mobles: *a piece of furniture* un moble

furrow /'fʌrəʊ/ *n* solc

furry /'fɜ:ri/ *adj* **1** pelut **2** de peluix

further /'fɜ:ðə(r)/ *adverbi, adjectiu*
▶ *adv* (*comp de* **far**) **1** (*tb* **farther**) més lluny: *How much further is it to Oxford?* Falta gaire per a Oxford? **2** més: *to hear nothing further* no tenir més notícies **3** (*formal*) a més (a més): *Further to my letter...* En relació amb la meva carta... LOC *Vegeu* AFIELD
▶ *adj* (*comp de* **far**) **1** (*tb* **farther**) més lluny **2** més: *until further notice* fins a un altre avís ◇ *for further details/information...* per a més informació...

Farther o **further**? Tots dos són comparatius de **far**, però **further** és més habitual i s'utilitza en tots els sentits mentre que **farther** només es fa servir per a parlar de distàncies: *Which is further/farther?* Quin és més lluny?

further education *n* (*abrev* **FE**) formació contínua/d'adults

furthermore /ˌfɜ:ðə'mɔ:(r)/ *adv* (*formal*) a més (a més)

furthest /'fɜ:ðɪst/ (*tb* **farthest**) *adverbi, adjectiu*
▶ *adv* (*superl de* **far**) més lluny
▶ *adj* (*superl de* **far**) més llunyà/allunyat: *the furthest corner of Europe* el punt més llunyà d'Europa

fury /'fjʊəri/ *n* fúria, ràbia

fuse /fju:z/ *nom, verb*
▶ *n* **1** fusible **2** metxa **3** (*USA tb* **fuze**) espoleta
▶ **1** *vt, vi* fusionar(-se), soldar(-se) **2** *vi* fondre's

fusion /'fju:ʒn/ *n* fusió

fuss /fʌs/ *nom, verb*
▶ *n* esvalot, enrenou, embolic LOC **make a fuss of/over sb** tenir contemplacions amb algú ◆ **make, kick up, etc. a fuss (about/over sth)** armar un escàndol (per alguna cosa)
▶ *vi* **1** ~ **(around)**; ~ **(with/over sth)** perdre el temps amb alguna cosa (*minúcia*) **2** ~ **(about sth)** amoïnar-se per alguna cosa (*minúcia*) PHR V **fuss over sb** malacostumar algú, tenir contemplacions amb algú

fusspot /'fʌspɒt/ *n* (*GB, col·loq*) perepunyetes

fussy /'fʌsi/ *adj* (**fussier**, **-iest**) **1** ~ **(about sth)** primmirat, maniàtic, exigent (amb alguna cosa): *We can go wherever you like, I'm not fussy.* Podem anar on vulguis, tot m'està bé. **2** (*disseny, decoració*) recarregat

futile /'fju:taɪl; *USA* -tl/ *adj* inútil

futon /'fu:tɒn/ *n* futon

future /'fju:tʃə(r)/ *nom, adjectiu*
▶ *n* **1 the future** el futur: *in the near future* en un futur pròxim ◇ *He's got a great future ahead of*

F

him in this company. Té un gran futur en aquesta empresa. **2** (*tb* **future tense**) futur **LOC** **in future** en el futur, d'ara endavant *Vegeu tb* FORESEE
▸ *adj* futur

fuze (*USA*) = FUSE *n* (3)

fuzzy /ˈfʌzi/ *adj* **1** pelut **2** borrós **3** (*idees, definició*) poc clar

FYI *abrev de* **for your information** per a la teva/vostra informació

G g

G, g /dʒiː/ *n* (*pl* **Gs, G's, g's**) **1** G, g ➲ *Vegeu nota a* A, A **2** (*Mús*) sol

gab /gæb/ *n* **LOC** *Vegeu* GIFT

gable /ˈgeɪbl/ *n* frontó (*part triangular d'una façana que suporta la teulada*)

gadget /ˈgædʒɪt/ *n* aparell, dispositiu

Gaelic /ˈgælɪk, ˈgeɪlɪk/ *adj, n* gaèlic

gag /gæg/ *nom, verb*
▸ *n* **1** mordassa **2** (*col·loq*) acudit
▸ *vt* (**-gg-**) **1** emmordassar **2** fer callar

gage (*USA*) = GAUGE

gaiety /ˈgeɪəti/ *n* (*antic*) joia (*alegria*)

gain /geɪn/ *verb, nom*
▸ **1** *vt* adquirir, guanyar: *to gain control* adquirir control **2** *vt* augmentar, pujar, guanyar: *to gain two kilos* engreixar-se dos quilos ◇ *to gain speed* guanyar velocitat **3** *vt, vi* ~ **(sth) (by/from sth)** beneficiar-se d'alguna cosa; guanyar-hi (alguna cosa) **4** *vi* (*rellotge*) avançar **LOC** **gain ground** guanyar terreny **PHR V** **gain on sb/sth** acostar-se a algú/alguna cosa, escurçar les distàncies respecte a algú/alguna cosa
▸ *n* **1** augment, pujada **2** (*gen pej*) guany

gait /geɪt/ *n* [*sing*] manera de caminar

galaxy /ˈgæləksi/ *n* (*pl* **galaxies**) galàxia

gale /geɪl/ *n* temporal

gallant /ˈgælənt/ *adj* **1** (*antic o formal*) valent **2** galant **gallantry** *n* (*formal*) valentia

gallery /ˈgæləri/ *n* (*pl* **galleries**) **1** galeria d'art **2** museu ➲ *Vegeu nota a* MUSEU **3** (*botiga, Teat*) galeria

galley /ˈgæli/ *n* (*pl* **galleys**) **1** (*Nàut*) galera **2** cuina (*en un avió o un vaixell*)

gallon /ˈgælən/ *n* (*abrev* **gal.**) galó (*4,546 litres a la Gran Bretanya o 3,785 litres als EUA*) ➲ *Vegeu pàg 759*

gallop /ˈgæləp/ *verb, nom*
▸ *vt, vi* (fer) galopar
▸ *n* galop

the gallows /ˈgæləʊz/ *n* [*pl*] forca

gamble /ˈgæmbl/ *verb, nom*
▸ *vt, vi* jugar (*diners*) **PHR V** **gamble on (doing) sth** confiar en alguna cosa/a fer alguna cosa, arriscar-se a (fer) alguna cosa
▸ *n* [*sing*] jugada **LOC** **be a gamble** ésser arriscat ◆ **take a gamble (on sth)** arriscar-se (a alguna cosa) **gambler** *n* jugador, -a **gambling** *n* el joc

game /geɪm/ *nom, adjectiu*
▸ *n* **1** joc: *game pad* consola de joc ◇ *game show* (programa) concurs **2** partit **3** (*cartes, escacs*) partida **4** [*incomptable*] caça **LOC** *Vegeu* MUG *Vegeu tb* BALL GAME
▸ *adj*: *Are you game?* T'hi animes?

gammon /ˈgæmən/ *n* [*incomptable*] pernil (fresc i salat)

gander /ˈgændə(r)/ *n* oc

gang /gæŋ/ *nom, verb*
▸ *n* [*v sing o pl*] **1** banda, colla **2** brigada
▸ *v* **PHR V** **gang up (on/against sb)** (*col·loq*) unir-se (en contra d'algú)

gangster /ˈgæŋstə(r)/ *n* gàngster

gangway /ˈgæŋweɪ/ *n* **1** passadís (*entre cadires, etc.*) **2** passarel·la

gaol = JAIL

gap /gæp/ *n* **1** forat, obertura **2** espai **3** (*temps*) interval **4** separació **5** (*deficiència*) llacuna, buit **LOC** *Vegeu* BRIDGE

gape /geɪp/ *vi* **1** ~ **(at sb/sth)** mirar bocabadat (algú/alguna cosa) **2** ~ **(open)** obrir-se, restar obert **gaping** *adj* enorme

gap year *n* any sabàtic (*abans de començar la universitat*)

> Molts joves a la Gran Bretanya s'agafen un any lliure entre l'institut i la universitat per viatjar o guanyar diners.

garage /ˈgærɑːʒ, -rɑːdʒ, -rɪdʒ; *USA* gəˈrɑːʒ/ *n* **1** garatge **2** taller (*reparació de cotxes*) **3** gasolinera, estació de servei

garbage /'gɑ:bɪdʒ/ *n* [*incomptable*] **1** (*esp USA*) escombraries: *garbage can* galleda de les escombraries **2** (*col·loq*) (*fig*) porqueria, bestieses

En anglès britànic s'usa **rubbish** per a *escombraries*, **dustbin** per a *galleda de les escombraries*, i les paraules **garbage** i **trash** només s'utilitzen en sentit figurat.

garbanzo /gɑ:'bænzəʊ/ *n* (*pl* **garbanzos**) (*tb* **garbanzo bean**) (*USA*) cigró

garbled /'gɑ:bld/ *adj* confús

garden /'gɑ:dn/ *nom, verb*
▸ *n* jardí: *vegetable garden* hort
▸ *vi* treballar al jardí **gardener** *n* jardiner, -a **gardening** *n* jardineria

garden centre *n* centre de jardineria, viver

gargle /'gɑ:gl/ *vi* fer gàrgares

garish /'geərɪʃ/ *adj* cridaner (*color, roba*)

garland /'gɑ:lənd/ *n* garlanda

garlic /'gɑ:lɪk/ *n* [*incomptable*] all: *a clove of garlic* un gra d'all

garment /'gɑ:mənt/ *n* (*formal*) peça de vestir

garnish /'gɑ:nɪʃ/ *verb, nom*
▸ *vt* adornar (*menjar*)
▸ *n* adornament, guarnició (*menjar*)

garrison /'gærɪsn/ *n* [*v sing o pl*] guarnició (*militar*)

garter /'gɑ:tə(r)/ *n* lligacama

gas /gæs/ *nom, verb*
▸ *n* (*pl* **gases**) **1** gas: *gas mask* màscara antigàs **2** (*USA*) gasolina **3** (*USA*) [*incomptable*] gasos (*intestinals*)
▸ *vt* (**-ss-**) asfixiar amb gas

gash /gæʃ/ *n* ferida profunda

gasoline /'gæsəli:n/ *n* (*USA*) gasolina

gasp /gɑ:sp; *USA* gæsp/ *verb, nom*
▸ **1** *vi* fer un crit sufocat **2** *vi* esbufegar: *to gasp for air* respirar amb dificultat **3** *vt* ~ **sth (out)** dir alguna cosa esbufegant
▸ *n* esbufec, crit sufocat

gas station *n* (*USA*) gasolinera

gate /geɪt/ *n* porta, portal, reixat

gatecrash /'geɪtkræʃ/ *vt, vi* colar-se (a)

gateway /'geɪtweɪ/ *n* **1** entrada, porta **2** ~ **to sth** (*fig*) via cap alguna cosa

gather /'gæðə(r)/ **1** *vi* congregar-se, reunir-se **2** *vt* ~ **sb/sth (together)** reunir algú/alguna cosa; aplegar alguna cosa **3** *vt* ~ **sth (together/up)** recollir alguna cosa **4** *vt* (*flors, fruita*) collir **5** *vt* deduir, tenir entès **6** *vt* (*velocitat*) guanyar **7** *vt* ~ **sth (in)** (*costura*) frunzir alguna cosa PHRV **gather round** acostar-se ◆ **gather round sb/sth** agrupar-se al voltant d'algú/d'alguna cosa **gathering** *n* reunió

gaudy /'gɔ:di/ *adj* (**gaudier, -iest**) (*pej*) cridaner, llampant

gauge (*USA tb* **gage**) /geɪdʒ/ *nom, verb*
▸ *n* **1** indicador **2** mesura **3** (*Ferrocarril*) entrevia
▸ *vt* **1** jutjar **2** calibrar, calcular

gaunt /gɔ:nt/ *adj* demacrat

gauze /gɔ:z/ *n* gasa

gave *pt de* GIVE

gay /geɪ/ *adj, n* gai, homosexual

gaze /geɪz/ *verb, nom*
▸ *vi* ~ **(at sb/sth)** mirar fixament (algú/alguna cosa): *They gazed into each other's eyes.* Es van mirar fixament. ➲ *Vegeu nota a* MIRAR
▸ *n* [*gen sing*] mirada intensa i fixa

gazelle /gə'zel/ *n* (*pl* **gazelle** o **gazelles**) gasela

GCSE /ˌdʒi: si: es 'i:/ *n* (*abrev de* **General Certificate of Secondary Education**)

Els **GCSEs** són els exàmens estatals que fan els estudiants de setze anys a la Gran Bretanya després d'acabar la primera fase de l'ensenyament secundari.

gear /gɪə(r)/ *nom, verb*
▸ *n* **1** (*automòbil*) marxa, velocitat: *to change gear* canviar de marxa ◇ *out of gear* en punt mort *Vegeu tb* REVERSE **2** (*Mec*) engranatge **3** [*incomptable*] equip: *camping gear* equip d'acampada
▸ *v* PHRV **gear sth to/towards sth** adaptar alguna cosa a alguna cosa, enfocar alguna cosa a alguna cosa ◆ **gear (sb/sth) up (for/to sth)** preparar algú/alguna cosa (per a alguna cosa), preparar-se (per a alguna cosa)

gearbox /'gɪəbɒks/ *n* caixa de canvis

gear lever (*tb* **gearstick** /'gɪəstɪk/) (*USA* **gear shift**) *n* palanca del canvi de marxes

geek /gi:k/ *n* (*col·loq*) **1** bajoc, -a **2** *He's a complete computer geek.* L'única cosa que li interessa són els ordinadors.

geese *plural de* GOOSE

gel /dʒel/ *n* gel: *hair gel* gel (per als cabells)

gelignite /'dʒelɪgnaɪt/ *n* gelinita

gem /dʒem/ *n* **1** (*tb* **gemstone** /'dʒemstəʊn/) gemma, pedra peciosa **2** (*fig*) joia

Gemini /'dʒemɪnaɪ/ *n* gèminis, bessons ➲ *Vegeu exemples a* AQUARIUS

gender /'dʒendə(r)/ *n* **1** sexe **2** (*Gram*) gènere

gene /dʒi:n/ *n* gen

general /'dʒenrəl/ *adjectiu, nom*
▸ *adj* general: *as a general rule* per regla general ◇ *the general public* el públic/la gent (en general) LOC **in general** en general

G

▸ *n* general, -a

general election *n* eleccions generals

generalize (*GB tb* **-ise**) /ˈdʒenrəlaɪz/ *vi* generalitzar **generalization** (*GB tb* **-isation**) *n* generalització

generally /ˈdʒenrəli/ *adv* generalment, en general: *generally speaking...* en termes generals...

general practice *n* medicina general

general practitioner *n Vegeu* GP

G

general-purpose /ˌdʒenrəl ˈpɜːpəs/ *adj* [*només davant del nom*] d'ús general

generate /ˈdʒenəreɪt/ *vt* generar

generation /ˌdʒenəˈreɪʃn/ *n* generació: *the older/younger generation* els grans/els joves ◇ *the generation gap* el conflicte generacional

generator /ˈdʒenəreɪtə(r)/ *n* generador

generosity /ˌdʒenəˈrɒsəti/ *n* generositat

generous /ˈdʒenərəs/ *adj* **1** (*persona, regal*) generós **2** (*ració*) abundant: *a generous helping* una bona ració

genetic /dʒəˈnetɪk/ *adj* genètic: *genetic engineering* enginyeria genètica

genetically modified *adj* (*abrev* **GM**) transgènic: *genetically modified foods* aliments transgènics

genetics /dʒəˈnetɪks/ *n* [*incomptable*] genètica

genial /ˈdʒiːniəl/ *adj* afable

genie /ˈdʒiːni/ *n* (*pl* **genies** *o* **genii** /ˈdʒiːniaɪ/) geni (*de la llàntia*)

genital /ˈdʒenɪtl/ *adj* genital **genitals** (*tb* **genitalia** /ˌdʒenɪˈteɪliə/) *n* [*pl*] genitals

genius /ˈdʒiːniəs/ *n* (*pl* **geniuses**) geni

genocide /ˈdʒenəsaɪd/ *n* genocidi

genome /ˈdʒiːnəʊm/ *n* genoma

gent /dʒent/ *n* (*GB*) **1** (*antic*) cavaller **2 Gents** [*sing*] (*col·loq*) lavabos d'homes

genteel /dʒenˈtiːl/ *adj* **1** refinat **2** (*pej*) cursi **gentility** /dʒenˈtɪləti/ *n* (*formal*) refinament

gentle /ˈdʒentl/ *adj* (**gentler** /ˈdʒentlə(r)/ **gentlest** /-lɪst/) **1** (*persona, caràcter*) amable, dolç **2** (*brisa, carícia, exercici*) suau **3** (*animal*) mans **4** (*declivi, toc*) lleuger **gentleness** *n* **1** amabilitat, dolçor **2** suavitat **3** mansesa **gently** *adv* **1** suaument **2** (*cuinar*) a foc lent **3** (*persuadir*) a poc a poc

gentleman /ˈdʒentlmən/ *n* (*pl* **-men** /-mən/) senyor

genuine /ˈdʒenjuɪn/ *adj* **1** (*quadre*) autèntic **2** (*persona*) sincer

geography /dʒiˈɒɡrəfi/ *n* geografia **geographer** *n* geògraf, -a **geographical** /ˌdʒiːəˈɡræfɪkl/ *adj* geogràfic

geology /dʒiˈɒlədʒi/ *n* geologia **geological** /ˌdʒiːəˈlɒdʒɪkl/ *adj* geològic **geologist** /dʒiˈɒlədʒɪst/ *n* geòleg, -òloga

geometry /dʒiˈɒmətri/ *n* geometria **geometric** /dʒiːəˈmetrɪk/ *adj* geomètric

geranium /dʒəˈreɪniəm/ *n* gerani

gerbil /ˈdʒɜːbɪl/ *n* jerbu

geriatric /ˌdʒeriˈætrɪk/ *adj* geriàtric **geriatrics** *n* [*incomptable*] geriatria

germ /dʒɜːm/ *n* germen, microbi

German measles /ˌdʒɜːmən ˈmiːzlz/ *n* [*incomptable*] rubèola

German shepherd *n* pastor alemany

gesture /ˈdʒestʃə(r)/ *nom, verb*

▸ *n* gest: *What a nice gesture!* Quin detall!

▸ *vi* fer gestos: *to gesture at/to/towards sth* indicar alguna cosa amb la mà

get /get/ (*pt* **got** /gɒt/ *pp* **got**, *USA* **gotten** /ˈgɒtn/ *part pres* **getting**)

- **get sth** *vt* rebre, aconseguir, agafar: *to get a shock* tenir un ensurt ◇ *to get a letter* rebre una carta ◇ *How much did you get for your car?* Quant t'han donat pel cotxe? ◇ *She gets bad headaches.* Pateix de mals de cap molt forts. ◇ *I didn't get the joke.* No he entès l'acudit.
- **get sb/sth doing sth; get sb/sth to do sth** *vt* fer, aconseguir que algú/alguna cosa faci alguna cosa: *to get the car to start* fer arrencar el cotxe ◇ *to get him talking* fer-lo parlar
- **get sth done** *vt* (*amb activitats que volem que ens faci una altra persona*): *to get your hair cut* tallar-se els cabells ◇ *You should get your watch repaired.* Hauries de portar el teu rellotge a arreglar.
- **get sth + adjectiu** *vt* (*aconseguir que alguna cosa es torni/faci...*): *to get sth right* encertar alguna cosa ◇ *to get the children ready for school* preparar els nens per anar a l'escola ◇ *to get (yourself) ready* arreglar-se
- **get + adjectiu** *vi* tornar-se, fer-se: *It's getting late.* S'està fent tard. ◇ *to get wet* mullar-se
- **get + participi** *vi*: *to get fed up with sth* quedar fart d'alguna cosa ◇ *to get used to sth* acostumar-se a alguna cosa ◇ *to get lost* perdre's

Algunes combinacions freqüents de **get + participi** es tradueixen amb verbs pronominals: *to get bored* avorrir-se ◇ *to get divorced* divorciar-se ◇ *to get dressed* vestir-se ◇ *to get* *drunk* emborratxar-se ◇ *to get married* casar-se. Per conjugar-los, afegim la forma corresponent de **get**: *She soon got used to it.* S'hi va acostumar de seguida. ◇ *I'm getting dressed.* M'estic vestint. ◇ *We'll get married in the summer.* Ens casarem aquest estiu. **Get + participi** s'utilitza també per a expressar accions que ocorren o es realitzen de forma accidental, inesperada o sobtada: *I got caught in a heavy rainstorm.* Em va agafar una tempesta molt forta. ◇ *Simon got hit by a ball.* Li van donar un cop de pilota a en Simon.

• **altres usos 1** *vi* ~ **to do sth** arribar a fer alguna cosa: *to get to know sb* (arribar a) conèixer algú ◇ *We got to go home early on Friday.* Ens van deixar sortir d'hora el divendres. **2** *vi* ~ **to...** (*moviment*) arribar a...: *Where have they got to?* On s'han ficat? **3** *vt* **have got** *Vegeu* HAVE **LOC be getting on** (*col·loq*) **1** (*persona*) fer-se vell **2** (*hora*) fer-se tard ◆ **get away from it all** (*col·loq*) marxar per evadir-se de tot ◆ **get (sb) nowhere**; **not get (sb) anywhere** no arribar enlloc, no portar algú enlloc ◆ **get there** aconseguir-ho ◆ **what are you, is he, etc. getting at?** (*col·loq*) què insinues, insinua, etc.? ❶ Per a d'altres expressions amb **get**, vegeu les entrades del nom, adjectiu, etc., p. ex. **get the hang of sth** a HANG.

PHR V get about = GET AROUND

get sth across (to sb) comunicar alguna cosa (a algú), fer entendre alguna cosa a algú

get ahead (of sb) avançar-se (a algú)

get along = GET ON (1,3,4)

get around 1 (*persona, animal*) sortir, moure's **2** (*rumor, notícia*) circular, córrer *Vegeu tb* GET ROUND

get at sb estar a sobre d'algú, criticar algú

get away (from...) anar-se'n, sortir (de...) ◆ **get away with sth** emportar-se alguna cosa (*robada*) ◆ **get away with (doing) sth** no ésser castigat per (fer) alguna cosa

get back tornar ◆ **get back at sb** (*col·loq*) venjar-se d'algú ◆ **get sth back** recuperar alguna cosa

get behind (with sth) endarrerir-se (amb/en alguna cosa)

get by (poder) passar ◆ **get by (on/in/with sth)** sortir-se'n, defensar-se (en/amb alguna cosa)

get down 1 baixar **2** (*nens*) aixecar-se (de taula) ◆ **get down to (doing) sth** posar-se a fer alguna cosa ◆ **get sb down** (*col·loq*) deprimir algú

get in; **get into sth 1** arribar (a algun lloc) **2** pujar (a alguna cosa) (*cotxe*) **3** ésser escollit (per a alguna cosa) **4** ésser admès (en alguna cosa) (*escola, universitat, etc.*) ◆ **get sth in 1** recollir alguna cosa **2** comprar alguna cosa ◆ **get into sth 1** ficar-se en alguna cosa (*professió, problema*) **2** (*roba*) posar-se alguna cosa **3** (*hàbit*) agafar, adquirir alguna cosa **4** (*col·loq*) agafar gust a alguna cosa

get off (sth) 1 sortir (de la feina) **2** baixar (d'alguna cosa) (*vehicle*) ◆ **get off with sb** (*esp GB, col·loq*) lligar, tenir una aventura amb algú ◆ **get sth off (sth)** treure alguna cosa (d'alguna cosa)

get on 1 anar a algú: *How did you get on?* Com et va anar? **2** tenir èxit **3** sortir-se'n **4** (*tb* **get on together**) avenir-se ◆ **get on**; **get onto sth** pujar (a alguna cosa) (*transports públics, cavall, bici*) ◆ **get on to sth** posar-se a parlar d'alguna cosa, passar a considerar alguna cosa ◆ **get on with sth** seguir amb alguna cosa: *Get on with your work!* Continueu treballant!

get out (of sth) 1 sortir (d'alguna cosa): *Get out (of here)!* Vés-te'n d'aquí! **2** baixar (d'alguna cosa) (*vehicle*) ◆ **get out of (doing) sth** lliurar-se d'alguna cosa/de fer alguna cosa ◆ **get sth out of sb/sth** obtenir alguna cosa d'algú/d'alguna cosa

get over sth 1 superar alguna cosa **2** recuperar-se d'alguna cosa ◆ **get over sth/sb** oblidar alguna cosa/algú

get round sb convèncer algú ◆ **get round to sth** arribar fer a alguna cosa (*quan es troba el moment*): *I never got round to phoning him.* No vaig arribar a trucar-li mai. *Vegeu tb* GET AROUND

get through sth 1 (*diners, menjar*) utilitzar, gastar alguna cosa **2** (*tasca*) acabar alguna cosa ◆ **get through (to sb) 1** arribar (a algú) **2** aconseguir parlar (amb algú) (*per telèfon*) ◆ **get through to sb** entendre's amb algú, fer entendre a algú

get together (with sb) reunir-se (amb algú) ◆ **get sb/sth together** reunir, ajuntar algú/alguna cosa

get up llevar-se, aixecar-se ◆ **get sb up** despertar algú ◆ **get up to sth 1** arribar a alguna cosa **2** ficar-se en alguna cosa (*problemes*)

getaway /ˈgetəweɪ/ *n* fuga, escapada: *getaway car* cotxe de fuga

ghastly /ˈgɑːstli; *USA* ˈgæstli/ *adj* (**ghastlier, -iest**) espantós: *the whole ghastly business* tot aquest repugnant assumpte

gherkin /ˈgɜːkɪn/ *n* cogombret

ghetto /ˈgetəʊ/ *n* (*pl* **ghettos** *o* **ghettoes**) gueto

ghost /gəʊst/ *n* fantasma **LOC give up the ghost** morir-se **ghostly** *adj* fantasmal

giant /ˈdʒaɪənt/ *n* gegant, -a

gibberish /ˈdʒɪbərɪʃ/ *n* [*incomptable*] (*col·loq*) bajanades

G

giddy /ˈɡɪdi/ *adj* (**giddier**, **-iest**) marejat: *The dancing made her giddy.* El ball la va marejar.

gift /ɡɪft/ *n* **1** regal **2** ~ **(for sth)** do, talent (per a alguna cosa) **3** (*col·loq*) ganga LOC **have the gift of the gab** (*GB*, *col·loq*) tenir molta parola *Vegeu tb* LOOK **gifted** *adj* dotat

gift token (*tb* **gift voucher**) (*USA* **gift certificate**) *n* val de regal

gift-wrap /ˈɡɪft ræp/ *vt* (**-pp-**) embolicar amb un paper de regal

G

gig /ɡɪɡ/ *n* actuació (*de pop, jazz, etc.*)

gigantic /dʒaɪˈɡæntɪk/ *adj* gegantí

giggle /ˈɡɪɡl/ *verb, nom*

▸ *vi* ~ **(at/about sb/sth)** riure d'una manera ximple (d'algú/d'alguna cosa) ➲ *Vegeu nota a* RIURE[1]

▸ *n* **1** rialleta **2** [*sing*] (*GB*, *col·loq*) broma: *I only did it for a giggle.* Només ho vaig fer per fer broma. **3 the giggles** [*pl*] (*col·loq*): *a fit of the giggles* un atac de riure

gilded /ˈɡɪldɪd/ (*tb* **gilt** /ɡɪlt/) *adj* daurat

gimmick /ˈɡɪmɪk/ *n* truc publicitari o de promoció

gin /dʒɪn/ *n* ginebra: *a gin and tonic* un gintònic

ginger /ˈdʒɪndʒə(r)/ *nom, adjectiu*

▸ *n* gingebre

▸ *adj* pèl-roig: *ginger hair* cabells roigs ◇ *a ginger cat* un gat ros

gingerly /ˈdʒɪndʒəli/ *adv* cautelosament, silenciosament

Gipsy = GYPSY

giraffe /dʒəˈrɑːf; *USA* -ˈræf/ *n* (*pl* **giraffe** o **giraffes**) girafa

girl /ɡɜːl/ *n* nena, noia

girlfriend /ˈɡɜːlfrend/ *n* **1** xicota **2** (*esp USA*) amiga

gist /dʒɪst/ *n* LOC **get the gist of sth** copsar l'essencial d'alguna cosa

git /ɡɪt/ *n* (*GB*, *argot*) imbècil

give /ɡɪv/ *verb, nom*

▸ (*pt* **gave** /ɡeɪv/ *pp* **given** /ˈɡɪvn/) **1** *vt* ~ **sb sth**; ~ **sth (to sb)** donar alguna cosa (a algú): *I gave each of the boys an apple.* Vaig donar una poma a cada noi. ◇ *It gave us rather a shock.* Ens va donar un bon ensurt.

> Alguns verbs com ara **give**, **buy**, **send**, **take**, etc. tenen dos objectes, un de directe i un altre d'indirecte. L'objecte indirecte sol ser una persona i va abans de l'objecte directe: *Give* **me** *the book.* ◇ *I bought* **her** *a present.* Quan l'objecte indirecte va després, fem servir una preposició, normalment **to** o **for**: *Give the book* **to me**. ◇ *I bought a present* **for her**.

2 *vi* ~ **(to sth)** donar diners (per a alguna cosa) **3** *vt* (*temps, pensament*) dedicar **4** *vt* encomanar: *You've given me your cold.* M'has encomanat el refredat. **5** *vt* fer, donar: *to give a lecture* fer una conferència **6** *vi* cedir LOC **don't give me that!** (*col·loq*) no em vinguis amb històries! ◆ **give or take sth**: *an hour and a half, give or take a few minutes* una hora i mitja, més o menys ◆ **I'll give you that** (*col·loq*) s'ha de reconèixer ❶ Per a d'altres expressions amb **give**, vegeu les entrades del nom, adjectiu, etc., p. ex. **give rise to sth** a RISE.

PHR V **give sth away** regalar alguna cosa ◆ **give sth/sb away** delatar alguna cosa/algú

give sb back sth; **give sth back (to sb)** tornar alguna cosa (a algú)

give in (to sb/sth) cedir (a algú/alguna cosa) ◆ **give sth in (to sb)** lliurar alguna cosa (a algú)

give sth out repartir, distribuir alguna cosa

give up rendir-se, abandonar ◆ **give sth up**; **give up doing sth** deixar alguna cosa, deixar de fer alguna cosa: *to give up smoking* deixar de fumar ◇ *to give up hope* perdre l'esperança

▸ *n* LOC **give and take** estira-i-arronsa

given /ˈɡɪvn/ *adjectiu, preposició*

▸ *adj* determinat

▸ *prep* atès *Vegeu tb* GIVE

given name *n* (*esp USA*) nom de pila

glacier /ˈɡlæsiə(r); *USA* ˈɡleɪʃər/ *n* glacera

glad /ɡlæd/ *adj* **1 be** ~ **(about sth/to do sth)** alegrar-se (d'alguna cosa/de fer alguna cosa): *I'm glad (that) you could come.* M'alegro que hagis pogut venir. **2 be** ~ **of sth** agrair alguna cosa **3 be** ~ **to do sth** tenir molt de gust a fer alguna cosa: *'Can you help?' 'I'd be glad to.'* —Em pots ajudar? —Amb molt de gust.

> **Glad** i **pleased** s'utilitzen per a referir-se a una circumstància o a un fet concrets: *Are you glad/pleased about getting the job?* Estàs content d'haver aconseguit la feina? **Happy** descriu un estat mental i pot precedir el nom que acompanya: *Are you happy in your new job?* Estàs content en la nova feina? ◇ *a happy occasion* una ocasió feliç ◇ *happy memories* records feliços.

gladly *adv* amb molt de gust

gladiator /ˈɡlædieɪtə(r)/ *n* gladiador

glamour (*USA* **glamor**) /ˈɡlæmə(r)/ *n* encant, atractiu **glamorous** *adj* atractiu, sofisticat

glance /glɑːns; *USA* glæns/ *verb, nom*
▸ *vi* ~ **at/down/over/through sth** donar un cop d'ull/una ullada a alguna cosa ➲ *Vegeu nota a* MIRAR
▸ *n* cop d'ull, ullada: *to take a glance at sth* donar una ullada a alguna cosa LOC **at a (single) glance** d'un cop d'ull

gland /glænd/ *n* glàndula

glare /gleə(r)/ *verb, nom*
▸ *vi* ~ **at sb/sth** mirar iradament algú/alguna cosa ➲ *Vegeu nota a* MIRAR
▸ *n* **1** llum enlluernadora **2** mirada irada

glaring /'gleərɪŋ/ *adj* **1** (*error*) evident **2** (*llum*) enlluernador **3** (*ulls*) encès d'ira **glaringly** *adv*: *glaringly obvious* molt evident

glass /glɑːs; *USA* glæs/ *n* **1** [*incomptable*] vidre, cristall: *a pane of glass* una làmina de vidre ◇ *broken glass* vidres trencats **2** got, copa: *a glass of wine* una copa de vi ◇ *a wine glass* una copa per a vi ➲ *Vegeu il·lustració a* CUP LOC *Vegeu* RAISE

glasses /'glɑːsɪz; *USA* 'glæsɪz/ *n* [*pl*] ulleres: *I need a new pair of glasses.* Necessito unes ulleres noves. ➲ *Vegeu nota a* PAIR

glaze /gleɪz/ *verb, nom*
▸ **1** *vi* ~ **(over)** (*ulls*) envidriar-se **2** *vt* posar vidre a **3** *vt* (*ceràmica*) vidrar *Vegeu tb* DOUBLE GLAZING
▸ *n* (*ceràmica*) vernís **glazed** *adj* **1** (*ulls*) inexpressiu **2** (*ceràmica*) vidriat

gleam /gliːm/ *verb, nom*
▸ *vi* **1** llampurnejar, fer pampallugues **2** brillar, lluir
▸ *n* **1** llampada **2** espurna, raig **gleaming** *adj* lluent

glean /gliːn/ *vt* obtenir (*informació*)

glee /gliː/ *n* alegria **gleeful** /'gliːfl/ *adj* joiós **gleefully** /-fəli/ *adv* amb joia

glen /glen/ *n* vall estreta (*esp a Escòcia i Irlanda*)

glide /glaɪd/ *nom, verb*
▸ *n* lliscament
▸ *vi* **1** lliscar **2** planar (*en l'aire*) **glider** *n* planador

glimmer /'glɪmə(r)/ *nom, verb*
▸ *n* **1** llum tènue **2** ~ **(of sth)** espurna (d'alguna cosa): *a glimmer of hope* un raig d'esperança
▸ *vi* espurnejar

glimpse /glɪmps/ *nom, verb*
▸ *n* visió momentània LOC **catch a glimpse of sb/sth** entreveure algú/alguna cosa
▸ *vt* entreveure

glint /glɪnt/ *verb, nom*
▸ *vi* **1** centellejar **2** (*ulls*) brillar
▸ *n* **1** centelleig **2** (*ulls*) espurna

glisten /'glɪsn/ *vi* relluir (*esp una superfície mullada*)

glitter /'glɪtə(r)/ *verb, nom*
▸ *vi* relluir
▸ *n* **1** brillantor **2** esplendor **3** purpurina

gloat /gləʊt/ *vi* ~ **(about/at/over sth)** vanar-se, alegrar-se (d'alguna cosa)

global /'gləʊbl/ *adj* **1** mundial: *the global village* el veïnatge universal ◇ *global warming* escalfament global **2** (*visió, suma*) global

globalization (*GB tb* **-isation**) /ˌgləʊbəlaɪ'zeɪʃn/ *n* globalització **globalize** (*GB tb* **-ise**) *vt, vi* globalitzar(-se)

globe /gləʊb/ *n* **1** globus terraqüi **2 the globe** [*sing*] el món

gloom /gluːm/ *n* **1** tristesa, pessimisme **2** (*formal*) penombra **gloomy** *adj* (**gloomier**, **-iest**) **1** (*lloc*) llòbrec **2** (*caràcter*) melancòlic **3** (*pronòstic*) pessimista **4** (*dia, veu, etc.*) trist

glorious /'glɔːriəs/ *adj* (*formal*) **1** gloriós **2** esplèndid

glory /'glɔːri/ *nom, verb*
▸ *n* (*pl* **glories**) **1** glòria **2** esplendor
▸ *vi* (*pt, pp* **-ied**) PHR V **glory in sth 1** enorgullir-se d'alguna cosa **2** gaudir, alegrar-se d'alguna cosa

gloss /glɒs; *USA* glɔːs/ *verb, nom*
▸ *v* PHR V **gloss over sth** passar alguna cosa per alt, treure importància a alguna cosa
▸ *n* **1** brillantor **2** (*tb* **gloss paint**) esmalt (*pintura*) ➲ *Compareu amb* MATT **3** esplendor **glossy** *adj* (**glossier**, **-iest**) lluent, llustrós

glossary /'glɒsəri; *USA* 'glɔːs-/ *n* (*pl* **glossaries**) glossari

glove /glʌv/ *n* guant LOC *Vegeu* FIT

glow /gləʊ/ *verb, nom*
▸ *vi* **1** estar roent **2** brillar (suaument) **3** (*cara*) enrojolar-se **4** ~ **(with sth)** estar desbordant (d'alguna cosa)
▸ *n* [*sing*] **1** llum suau **2** vermellor **3** (sensació de) satisfacció

glucose /'gluːkəʊs, -kəʊz/ *n* glucosa

glue /gluː/ *nom, verb*
▸ *n* cola, goma (*d'enganxar*)
▸ *vt* enganxar

glutton /'glʌtn/ *n* **1** (*pej*) golafre **2** ~ **for sth** amant d'alguna cosa: *He's a glutton for punishment.* És masoquista.

gnarled /nɑːld/ *adj* **1** (*tronc, mà*) nuós **2** (*arbre*) caragolat

gnaw /nɔː/ *vt, vi* ~ **(away) (at/on) sth** rosegar alguna cosa PHR V **gnaw at sb** turmentar algú

gnome /nəʊm/ *n* gnom

G

G

GNVQ /ˌdʒiː en viː ˈkjuː/ *abrev de* **General National Vocational Qualification** títol de preparació per a la formació professional

go /gəʊ/ *verb, nom*

▸ *vi* (*3a pers sing* **goes** /gəʊz/ *pt* **went** /went/ *pp* **gone** /gɒn; *USA* gɔːn/) **1** anar(-se'n): *I went to bed at ten o'clock.* Me'n vaig anar a dormir a les deu. ◇ *to go home* anar-se'n a casa

Been s'utilitza com a participi passat de **go** per a expressar que algú ha anat en un lloc i n'ha tornat: *Have you ever been to York?* Has estat mai a York? **Gone** implica que aquesta persona encara no ha tornat: *John's gone to Peru. He'll be back in May.* En John se n'ha anat al Perú. Tornarà al maig.

2 anar-se'n, marxar **3** (*tren, etc.*) sortir **4 go + -ing** anar a + infinitiu; anar de + substantiu: *to go swimming* anar a nedar ◇ *to go fishing/camping* anar de pesca/de càmping ➲ *Vegeu nota a* ESPORT **5 go for a + substantiu** anar a fer alguna cosa: *to go for a walk* anar a fer un passeig **6** (*progressar*) anar, sortir: *How's it going?* Com et va? ◇ *All went well.* Tot va anar bé. **7** tornar-se, quedar-se: *to go mad/blind/pale* tornar-se boig/quedar-se cec/empal·lidir **8** fer (*emetre un so*): *Cats go 'miaow'.* Els gats fan "mèu". **9** (*màquina*) funcionar **10** desaparèixer, acabar-se: *My headache's gone.* Se me n'ha anat el mal de cap. ◇ *Is it all gone?* S'ha acabat? **11** gastar-se, trencar-se **12** (*temps*) passar **LOC be going to do sth**: *We're going to buy a house.* Ens volem comprar una casa. ◇ *He's going to fall!* Caurà! ❶ Per a d'altres expressions amb **go**, vegeu les entrades del nom, adjectiu, etc., p. ex. **go astray** a ASTRAY.

PHR V go about = GO AROUND (3) ◆ **go about (doing) sth**: *How should I go about telling him?* Com li ho hauria de dir?

go ahead (with sth) anar/tirar endavant (amb alguna cosa)

go along with sth/sb estar d'acord amb alguna cosa/amb el que diu algú

go around 1 girar, fer voltes **2** (*quantitat*) arribar: *Is there enough to go around?* N'hi ha prou per a tothom? **3** (*amb adjectiu o -ing*) anar: *to go about naked* anar despullat **4** (*rumor*) córrer

go away 1 anar-se'n, marxar **2** marxar fora (de vacances) **3** (*taca, pudor*) anar-se'n, desaparèixer

go back tornar ◆ **go back on sth** desdir-se d'alguna cosa (*promesa, etc.*)

go by passar: *as time goes by* amb el pas del temps

go down 1 baixar **2** (*vaixell*) enfonsar-se **3** (*sol*) pondre's

go for sb atacar algú ◆ **go for sb/sth 1** valer per a algú/alguna cosa: *That goes for you too.* Això va per a tu també. **2** anar a buscar algú/alguna cosa **3** agradar a algú alguna cosa/algú: *She always goes for tall guys.* Té tirada cap als nois alts.

go in 1 entrar **2** (*sol, lluna*) amagar-se ◆ **go in for sth 1** participar en alguna cosa: *to go in for the FCE* presentar-se al First **2** agradar a algú (fer) alguna cosa (*passatemps, etc.*)

go into sth 1 entrar en alguna cosa: *to go into detail* entrar en els detalls **2** xocar contra alguna cosa **3** decidir dedicar-se a alguna cosa (*professió*)

go off 1 anar-se'n, marxar **2** (*arma*) disparar-se **3** (*bomba*) explotar **4** (*alarma*) sonar **5** (*llum, etc.*) apagar-se **6** (*menjar*) fer-se malbé ◆ **go off sb/sth** (*GB, col·loq*) perdre l'interès en algú/alguna cosa ◆ **go off with sth** emportar-se alguna cosa

go on 1 continuar **2** (*llum, etc.*) encendre's **3** passar: *What's going on here?* Què passa aquí? **4** (*situació*) continuar, durar ◆ **go on (about sb/sth)** no parar de parlar (sobre algú/alguna cosa) ◆ **go on (with sth/doing sth)** continuar (alguna cosa/fent alguna cosa)

go out 1 sortir **2** (*llum, foc*) apagar-se **3** (*marea*) baixar

go over sth 1 examinar, revisar alguna cosa **2** (*de nou*) repassar alguna cosa ◆ **go over to sth** passar-se a alguna cosa (*opinió, partit*)

go round = GO AROUND

go through ésser aprovat (*llei, etc.*) ◆ **go through sth** = GO OVER STH (1,2) ◆ **go through with sth** dur alguna cosa a terme, tirar endavant amb alguna cosa

go together fer joc, harmonitzar

go up 1 pujar **2** (*edifici*) aixecar-se **3** esclatar, explotar

go with sth anar amb alguna cosa

go without (sth) passar privacions, passar sense alguna cosa

▸ *n* (*pl* **goes** /gəʊz/) **1** torn: *Whose go is it?* A qui toca? **2** empenta, energies **LOC be on the go** (*col·loq*) no parar ◆ **have a go at sb** (*GB, col·loq*) prendre-la amb algú ◆ **have a go (at sth/doing sth)** provar sort (amb alguna cosa), intentar fer alguna cosa

goad /gəʊd/ *vt* ~ **sb (into sth)** incitar algú (a fer alguna cosa)

go-ahead /ˈgəʊ əhed/ *nom, adjectiu*

▸ **the go-ahead** [*sing*] *n* llum verd

▸ *adj* emprenedor

goal /gəʊl/ *n* **1** porteria **2** gol **3** (*fig*) meta *Vegeu tb* OWN GOAL

goalkeeper /'gəʊlki:pə(r)/ (*col·loq* **goalie** /'gəʊli/) *n* porter, -a

goalpost /'gəʊlpəʊst/ *n* pal (de la porteria)

goat /gəʊt/ *n* cabra

goatee /gəʊ'ti:/ *n* pera (*barba*)

gobble /'gɒbl/ *vt* ~ **sth (up/down)** endrapar alguna cosa

go-between /'gəʊ bɪtwi:n/ *n* intermediari, -ària

goblet /'gɒblət/ *n* calze (*copa*)

gobsmacked /'gɒbsmækt/ *adj* (*GB, col·loq*) esbalaït

go-cart = GO-KART

god /gɒd/ *n* **1 God** Déu **2** déu LOC *Vegeu* KNOW, SAKE

godchild /'gɒdtʃaɪld/ *n* (*pl* **godchildren** /-tʃɪldrən/) fillol, -a

god-daughter /'gɒd dɔ:tə(r)/ *n* fillola

goddess /'gɒdes/ *n* deessa

godfather /'gɒdfɑ:ðə(r)/ *n* padrí

godmother /'gɒdmʌðə(r)/ *n* padrina

godparent /'gɒdpeərənt/ *n* padrí, -ina

godsend /'gɒdsend/ *n* regal del cel

godson /'gɒdsʌn/ *n* fillol

goggles /'gɒglz/ *n* [*pl*] ulleres (*protectores*)

going /'gəʊɪŋ/ *nom, adjectiu*

▸ *n* **1** [*sing*] (*formal*) (*marxar*) partença: *I was sad at her going.* Em va saber greu que marxés. **2** *That was good going.* Ha estat molt ràpid. ◇ *It was hard going.* Va ser molt dur. ◇ *The path was rough going.* El camí estava en molt mal estat. LOC **when the going gets tough, the tough get going** (*refrany*) quan les coses van mal dades, es veu qui són els forts ◆ **while the going is good** mentre es pot

▸ *adj* LOC **a going concern** un negoci pròsper ◆ **the going rate (for sth)** la tarifa existent (per alguna cosa)

go-kart /'gəʊ kɑ:t/ *n* kart

gold /gəʊld/ *nom, adjectiu*

▸ *n* or: *a gold bracelet* un braçalet d'or ◇ *solid gold* or massís ◇ *gold dust* or en pols ◇ *gold-plated* xapat d'or LOC *Vegeu* GOOD

▸ *adj* daurat

golden /'gəʊldən/ *adj* **1** d'or **2** daurat LOC *Vegeu* WEDDING

goldfish /'gəʊldfɪʃ/ *n* (*pl* **goldfish**) peix de colors: *goldfish bowl* peixera

golf /gɒlf/ *n* golf: *golf course* camp de golf **golfer** *n* golfista

golf club *n* **1** pal de golf **2** club de golf

gone /gɒn; *USA* gɔ:n/ *prep*: *It was gone midnight.* Eren les dotze tocades. *Vegeu tb* GO

gonna /'gənə, 'gɒnə/ (*col·loq*) = GOING TO *Vegeu* GO ❶ Aquesta forma no es considera gramaticalment correcta.

good /gʊd/ *adjectiu, nom*

▸ *adj* (*comp* **better** /'betə(r)/ *superl* **best** /best/) **1** bo: *good nature* bondat ◇ *Vegetables are good for you.* Les verdures són bones per a la salut. ◇ *She's very good with children.* Sap com tractar la canalla. **2** ~ **to sb** bo, amable amb algú LOC **as good as** pràcticament ◆ **(as) good as gold** bo com el pa ◆ **be good at sth** tenir aptitud per a alguna cosa: *I'm good at English.* L'anglès em va molt bé. ◆ **good for you, them, etc.!** (*col·loq*) ben fet! ❶ Per a d'altres expressions amb **good**, vegeu les entrades del nom, adjectiu, etc., p. ex. **a good many** a MANY.

▸ *n* **1** bé **2 the good** [*pl*] els bons LOC **be no good; not be any/much good** no servir de res ◆ **do sb good** anar bé a algú ◆ **for good** per sempre *Vegeu tb* POWER

goodbye /,gʊd'baɪ/ *interj, n* adéu: *to say goodbye* acomiadar-se ❶ D'altres paraules més informals són **bye**, **cheerio** i **cheers**.

good-humoured (*USA* **-humored**) /,gʊd 'hju:məd/ *adj* **1** afable **2** de bon humor

good-looking /,gʊd 'lʊkɪŋ/ *adj* guapo

good-natured /,gʊd 'neɪtʃəd/ *adj* **1** amable **2** de bon cor

goodness /'gʊdnəs/ *nom, interjecció*

▸ *n* **1** bondat **2** valor nutritiu LOC *Vegeu* KNOW, SAKE

▸ *interj* (*col·loq*) ai mare!

goods /gʊdz/ *n* [*pl*] **1** articles, mercaderies, productes **2** béns

goodwill /,gʊd'wɪl/ *n* bona voluntat

goose /gu:s/ *n* (*pl* **geese** /gi:s/) oc, oca

gooseberry /'gʊzbəri; *USA* 'gu:sberi/ *n* (*pl* **gooseberries**) agrassó

goose pimples (*tb* **goose bumps**) *n* [*pl*] pell de gallina

gorge /gɔ:dʒ/ *n* congost

gorgeous /'gɔ:dʒəs/ *adj* **1** (*col·loq*) guapíssim **2** magnífic

gorilla /gə'rɪlə/ *n* goril·la

gory /'gɔ:ri/ *adj* (*col·loq*) **1** morbós **2** sanguinolent

gosh /gɒʃ/ *interj* ostres!

go-slow /,gəʊ 'sləʊ/ *n* disminució del ritme de treball (*com a protesta*)

G

G

gospel /'gɒspl/ *n* evangeli

gossip /'gɒsɪp/ *nom, verb*
▸ *n* (*pej*) **1** [*incomptable*] xafarderia: *gossip column* notes de societat **2** xafarder, -a
▸ *vi* ~ **(about sth)** xafardejar (d'alguna cosa)

got *pt, pp de* GET

Gothic /'gɒθɪk/ *adj* gòtic

gotten (*USA*) *pp de* GET

gouge /gaʊdʒ/ *vt*: *to gouge a hole in sth* fer un forat en alguna cosa PHR V **gouge sth out (of sth)** arrencar, obtenir alguna cosa (d'alguna cosa) (*excavant*)

govern /'gʌvn/ **1** *vt, vi* governar **2** *vt* (*acte, negoci*) regir **governing** *adj* **1** (*partit*) del govern **2** (*organisme*) rector

governess /'gʌvənəs/ *n* institutriu

government /'gʌvənmənt/ *n* [*v sing o pl*] govern: *to be in government* ser al govern ➲ *Vegeu nota a* JURAT **governmental** /ˌgʌvn'mentl/ *adj* governamental

governor /'gʌvənə(r)/ *n* **1** governador, -a **2** director, -a

gown /gaʊn/ *n* **1** vestit de gala **2** (*Educ, Dret*) toga **3** (*Med*) bata *Vegeu tb* DRESSING GOWN

GP /ˌdʒi: 'pi:/ *n* (*abrev de* **general practitioner**) metge, -essa de capçalera

grab /græb/ *verb, nom*
▸ (**-bb-**) **1** *vt* engrapar, agafar **2** *vi* ~ **at/for sth** intentar agafar alguna cosa **3** *vt* ~ **sth (from sb)** agafar alguna cosa (a algú) **4** *vt* (*atenció*) cridar LOC *Vegeu* HOLD *n*
▸ *n* LOC **make a grab at/for sth** intentar agafar alguna cosa

grace /greɪs/ *verb, nom*
▸ *vt* (*formal*) **1** adornar **2** ~ **sb/sth (with sth)** honrar algú/alguna cosa (amb alguna cosa)
▸ *n* **1** gràcia, elegància **2** termini: *five days' grace* cinc dies de temps **3** *to say grace* beneir la taula **graceful** *adj* **1** gràcil, elegant **2** digne

gracious /'greɪʃəs/ *adj* **1** afable **2** elegant, luxós

grade /greɪd/ *nom, verb*
▸ *n* **1** classe, categoria **2** (*Educ*) nota ➲ *Vegeu nota a* A, A **3** (*USA*) (*Educ*) curs **4** (*USA*) (*Geog*) pendent LOC **make the grade** (*col·loq*) tenir èxit
▸ *vt* **1** classificar **2** (*esp USA*) (*treball escolar, exàmens*) corregir **grading** *n* [*incomptable*] (*USA*) (*treball escolar, exàmens*) correcció

gradient /'greɪdiənt/ *n* (*Geog*) pendent

gradual /'grædʒuəl/ *adj* **1** gradual, lent **2** (*pendent*) suau **gradually** *adv* gradualment, a poc a poc

graduate *nom, verb*
▸ *n* /'grædʒuət/ **1** ~ **(in sth)** llicenciat, -ada (en alguna cosa) **2** (*USA*) diplomat, -ada, graduat, -ada
▸ *vi* /'grædʒueɪt/ **1** ~ **(in sth)** llicenciar-se (en alguna cosa) **2** ~ **(in sth)** (*USA*) graduar-se (en alguna cosa) **3** ~ **(from sth) to sth** passar (d'alguna cosa) a alguna cosa **graduation** *n* graduació

graffiti /grə'fi:ti/ *n* [*incomptable*] pintades, grafits

graft /grɑ:ft; *USA* græft/ *nom, verb*
▸ *n* (*Bot, Med*) empelt
▸ *vt* empeltar

grain /greɪn/ *n* **1** [*incomptable*] cereals **2** gra **3** veta (*fusta*)

gram (*tb* **gramme**) /græm/ *n* (*abrev* **g**, **gm**) gram ➲ *Vegeu pàg 759*

grammar /'græmə(r)/ *n* gramàtica

grammar school *n* (*GB*) institut (per a alumnes d'11 a 18 anys)

grammatical /grə'mætɪkl/ *adj* **1** gramatical **2** (gramaticalment) correcte

gramme = GRAM

grand /grænd/ *adjectiu, nom*
▸ *adj* (**grander, -est**) **1** esplèndid, magnífic, grandiós **2 Grand** (*títols*) gran **3** (*col·loq*) estupend
▸ *n* (*pl* **grand**) (*col·loq*) mil dòlars o lliures **1** (*tb* **grand piano**) piano de cua

grandad /'grændæd/ *n* (*col·loq*) iaio, avi

grandchild /'græntʃaɪld/ *n* (*pl* **-children** /-tʃɪldrən/) nét, -a

granddaughter /'grændɔ:tə(r)/ *n* néta

grandeur /'grændʒə(r)/ *n* grandiositat, grandesa

grandfather /'grænfɑ:ðə(r)/ *n* avi

grandma /'grænmɑ:/ *n* (*col·loq*) iaia

grandmother /'grænmʌðə(r)/ *n* àvia

grandpa /'grænpɑ:/ *n* (*col·loq*) iaio, avi

grandparent /'grænpeərənt/ *n* avi, àvia: *my grandparents* els meus avis

Grand Prix /ˌgrɑ̃: 'pri:/ *n* (*pl* **Grands Prix** /ˌgrɑ̃: 'pri:/) Gran Premi

grandson /'grænsʌn/ *n* nét

grandstand /'grænstænd/ *n* (*Esport*) tribuna

granite /'grænɪt/ *n* granit

granny /'græni/ *n* (*pl* **grannies**) (*col·loq*) iaia

grant /grɑ:nt; *USA* grænt/ *verb, nom*
▸ *vt* ~ **sth (to sb)** concedir alguna cosa (a algú) LOC **take sth/sb for granted** donar alguna cosa per descomptat, no adonar-se del valor d'algú
▸ *n* **1** subvenció **2** (*Educ*) beca

grape /greɪp/ *n* raïm
grapefruit /ˈgreɪpfruːt/ *n* (*pl* **grapefruit** *o* **grapefruits**) aranja
grapevine /ˈgreɪpvaɪn/ *n* vinya LOC **on/through the grapevine**: *to hear sth on the grapevine* sentir a dir alguna cosa
graph /grɑːf; *USA* græf/ *n* gràfic
graphic /ˈgræfɪk/ *adj* gràfic: *graphic design* disseny gràfic **graphics** *n* [*pl*] gràfics: *computer graphics* gràfics per ordinador
graphology /grəˈfɒlədʒi/ *n* grafologia
grapple /ˈgræpl/ *vi* **1** ~ **(with sb/sth)** forcejar, lluitar (amb algú/alguna cosa) **2** ~ **(with sth)** bregar (amb alguna cosa)
grasp /grɑːsp; *USA* græsp/ *verb, nom*
▸ *vt* **1** agafar (amb força) **2** comprendre **3** (*oportunitat*) aprofitar
▸ *n* **1** coneixement **2** abast: *within/beyond the grasp of sb* a l'abast/fora de l'abast d'algú **grasping** *adj* cobdiciós
grass /grɑːs; *USA* græs/ *n* **1** herba **2** gespa **3** (*argot*) maria, marihuana
grasshopper /ˈgrɑːshɒpə(r); *USA* ˈgræs-/ *n* saltamartí, llagosta
grassland /ˈgrɑːslænd; *USA* ˈgræs-/ *n* [*incomptable*] (*tb* **grasslands** [*pl*]) pasturatge, prat
grass roots *n* [*pl*] bases (*d'una organització, etc.*)
grassy /ˈgrɑːsi; *USA* ˈgræsi/ *adj* herbós
grate /greɪt/ *nom, verb*
▸ *n* graella (*de la llar de foc*)
▸ **1** *vt* ratllar **2** *vi* ~ **(on/with sb)** irritar (algú) **3** *vi* xerricar grinyolar
grateful /ˈgreɪtfl/ *adj* ~ **(to sb) (for sth)** agraït (a algú) (per alguna cosa): *I'm very grateful to you for all your help.* Agraeixo molt la vostra ajuda.
grater /ˈgreɪtə(r)/ *n* ratlladora
gratitude /ˈgrætɪtjuːd; *USA* -tuːd/ *n* ~ **(to sb) (for sth)** gratitud (envers algú) (per alguna cosa)
grave[1] /greɪv/ *nom, adjectiu*
▸ *n* tomba
▸ *adj* (**graver**, **-est**) (*formal*) greu, seriós ❶ La paraula més habitual és **serious**.
grave[2] /grɑːv/ (*tb* **grave accent**) *n* accent greu
gravel /ˈgrævl/ *n* grava
gravestone /ˈgreɪvstəʊn/ *n* làpida (*d'una tomba*)
graveyard /ˈgreɪvjɑːd/ *n* cementiri (*al voltant d'una església*) ➲ *Compareu amb* CEMETERY
gravity /ˈgrævəti/ *n* **1** (*Fís*) gravetat **2** (*formal*) seriositat ❶ La paraula més habitual és **seriousness**.
gravy /ˈgreɪvi/ *n* salsa (*feta amb el suc de la carn*)
gray (*USA*) = GREY
graze /greɪz/ *verb, nom*
▸ **1** *vi* pasturar **2** *vt* ~ **sth (against/on sth)** (*cama, etc.*) rascar alguna cosa (amb alguna cosa) **3** *vt* fregar
▸ *n* rascada (*a la cama, etc.*)
grease /griːs/ *nom, verb*
▸ *n* **1** greix **2** (*Mec*) lubricant
▸ *vt* greixar **greasy** *adj* (**greasier**, **-iest**) greixós
great /greɪt/ *adjectiu, nom*
▸ *adj* (**greater**, **-est**) **1** gran: *in great detail* amb tots els detalls ◇ *the world's greatest tennis player* la millor tennista del món ◇ *We're great friends.* Som molt amics. ◇ *I'm not a great reader.* No tinc gaire afició a la lectura. **2** (*col·loq*) fantàstic, genial: *We had a great time.* Ens ho vam passar molt bé. ◇ *It's great to see you!* M'alegro de veure't! **3** (*col·loq*) molt: *a great big dog* un gos enorme **4** (*distància*) llarg **5** (*edat*) avançat **6** ~ **at sth** (*col·loq*) molt bo en alguna cosa **7 great-** (*familiars*): *my great-aunt* la meva tia àvia ◇ *her great-grandson* el seu besnét LOC **great minds think alike** (*refrany*) tots els savis pensen igual *Vegeu tb* DEAL, EXTENT, MANY, PAIN
▸ *n* [*gen pl*] (*col·loq*): *one of the jazz greats* una de les grans figures del jazz **greatly** *adv* molt: *greatly exaggerated* molt exagerat ◇ *It varies greatly.* Varia molt. **greatness** *n* grandesa
great-grandfather /ˌgreɪt ˈgrænfɑːðə(r)/ *n* besavi
great-grandmother /ˌgreɪt ˈgrænmʌðə(r)/ *n* besàvia
great-grandparent /ˌgreɪt ˈgrænpeərənt/ *n* besavi, besàvia
greed /griːd/ *n* **1** ~ **(for sth)** cobdícia, cobejança (d'alguna cosa) **2** golafreria **greedily** *adv* **1** cobejosament **2** voraçment **greedy** *adj* (**greedier**, **-iest**) **1** ~ **(for sth)** cobdiciós, cobejós (d'alguna cosa) **2** golafre
green /griːn/ *adjectiu, nom*
▸ *adj* (**greener**, **-est**) verd
▸ *n* **1** verd **2 greens** [*pl*] verdures **3** prat comunal (*enmig d'un poble*) **4** (*golf*) green **greenery** *n* verd, fullatge **greenish** *adj* verdós
greengrocer /ˈgriːngrəʊsə(r)/ *n* **1** verdulaire **2 greengrocer's** botiga de verdures ➲ *Vegeu nota a* CARNISSERIA
greenhouse /ˈgriːnhaʊs/ *n* hivernacle: *greenhouse effect* efecte hivernacle ◇ *greenhouse gases* gasos d'efecte hivernacle
greet /griːt/ *vt* **1** saludar: *He greeted me with a smile.* Em va rebre amb un somriure. **2** ~ **sb/sth**

G

(with/as sth) rebre, acollir algú/alguna cosa amb/com a alguna cosa **greeting** *n* salutació

grenade /grə'neɪd/ *n* granada

grew *pt de* GROW

grey (*USA tb* **gray**) /greɪ/ *adjectiu, nom*

▸ *adj* **1** gris **2** (*cabells*) blanc: *to go/turn grey* tornar-se blanc ◇ *grey-haired* canós

▸ *n* gris

greyhound /'greɪhaʊnd/ *n* llebrer

grid /grɪd/ *n* **1** reixeta **2** (*electricitat, gas*) xarxa **3** (*mapa*) quadrícula **4** *Vegeu* STARTING GRID

G

gridlock /'grɪdlɒk/ *n* [*incomptable*] embús (*de trànsit*)

grief /gri:f/ *n* ~ **(over/at sth)** dolor, pena (d'alguna cosa) LOC **come to grief** (*col·loq*) **1** fracassar **2** tenir un accident

grievance /'gri:vns/ *n* ~ **(against sb) 1** (motiu de) queixa contra algú **2** (*de treballadors*) reivindicació (contra algú)

grieve /gri:v/ **1** *vi* ~ **(for/over sb/sth)** plorar la pèrdua (d'algú/d'alguna cosa); lamentar-se d'alguna cosa **2** *vt* (*formal*) afligir, fer pena a

grill /grɪl/ *nom, verb*

▸ *n* **1** graella **2** (*plat*) graellada **3** (*tb* **grille**) reixa, reixeta

▸ **1** *vt, vi* fer(-se) a la graella **2** *vt* ~ **sb (about sth)** assetjar a preguntes algú (sobre alguna cosa)

grim /grɪm/ *adj* (**grimmer, -est**) **1** (*persona*) sever, sorrut **2** (*lloc*) trist, llòbrec **3** depriment

grimace /grɪ'meɪs, 'grɪməs/ *verb, nom*

▸ *vi* ~ **(at sb/sth)** fer ganyotes (a algú/alguna cosa)

▸ *n* ganyota

grime /graɪm/ *n* engrut, ronya **grimy** *adj* (**grimier, -iest**) ronyós, greixós

grin /grɪn/ *verb, nom*

▸ *vi* (**-nn-**) ~ **(at sb)** somriure obertament (a algú) LOC **grin and bear it** fer al mal temps bona cara

▸ *n* somriure

grind /graɪnd/ *verb, nom*

▸ (*pt, pp* **ground** /graʊnd/) **1** *vt, vi* moldre, moldre's **2** *vt* esmolar **3** *vt* (*dents*) fer escarritxar LOC **grind to a halt; come to a grinding halt 1** parar-se xerricant **2** (*procés*) aturar-se gradualment *Vegeu tb* AXE

▸ *n* [*sing*] (*col·loq*): *the daily grind* la rutina de cada dia

grip /grɪp/ *nom, verb*

▸ *n* **1** ~ **(on sb/sth)** agafament, aferrament (a algú/alguna cosa) **2** ~ **(on sb/sth)** domini, control, pressió (sobre algú/alguna cosa) **3** agafador, aferrall LOC **come/get to grips with sth** enfrontar-se a alguna cosa

▸ (**-pp-**) **1** *vt, vi* agafar(-se) (amb força), aferrar(-se) (a) **2** *vt* (*mà*) agafar **3** *vt* (*atenció*) acaparar **4** *vt*: *to be gripped by fear* ésser dominat per la por **gripping** *adj* apassionant

grit /grɪt/ *nom, verb*

▸ *n* **1** sorra, arena **2** valor, determinació

▸ *vt* (**-tt-**) cobrir amb sorra LOC **grit your teeth 1** serrar les dents **2** (*fig*) armar-se de valor

groan /grəʊn/ *verb, nom*

▸ *vi* **1** ~ **(with sth)** gemegar, queixar-se (d'alguna cosa): *They all groaned at his terrible jokes.* Tots es van lamentar dels seus acudits tan dolents. **2** (*mobles, etc.*) cruixir

▸ *n* **1** gemec **2** cruixit

grocer /'grəʊsə(r)/ *n* **1** botiguer, -a de comestibles, adroguer, -a **2** **grocer's** botiga de comestibles, adrogueria ➲ *Vegeu nota a* CARNISSERIA

grocery /'grəʊsəri/ *n* (*pl* **groceries**) **1** (*USA* **grocery store**) botiga de comestibles, adrogueria **2** **groceries** [*pl*] comestibles

groggy /'grɒgi/ *adj* (*col·loq*) marejat, grogui

groin /grɔɪn/ *n* engonal

groom /gru:m/ *verb, nom*

▸ *vt* **1** (*cavall*) estrijolar **2** (*micos, etc.*) esplugar **3** ~ **sb (for/as sth)** preparar algú (per a alguna cosa)

▸ *n* **1** mosso, -a de quadra **2** *Vegeu* BRIDEGROOM

groove /gru:v/ *n* ranura, estria, solc

grope /grəʊp/ **1** *vi* ~ **(around) for sth** buscar alguna cosa a les palpentes; titubejar buscant alguna cosa **2** *vi* caminar a les palpentes **3** *vt* (*col·loq*) grapejar (*sexualment*)

gross /grəʊs/ *adjectiu, verb, nom*

▸ *adj* (**grosser, -est**) **1** (*total*) brut **2** (*injustícia, indecència*) greu **3** (*exageració*) flagrant **4** (*error, negligència*) cras **5** groller **6** repulsivament gras **7** (*col·loq*) fastigós

▸ *vt* recaptar, guanyar (*en brut*)

▸ *n* (*pl* **gross** *o* **grosses**) grossa (*dotze dotzenes*) **grossly** *adv* (*pej*) extremadament

grotesque /grəʊ'tesk/ *adj* grotesc

grotto /'grɒtəʊ/ *n* (*pl* **grottoes** *o* **grottos**) gruta

grotty /'grɒti/ *adj* (*GB, col·loq*) **1** ronyós **2** *I'm feeling pretty grotty.* Em trobo fatal.

ground /graʊnd/ *nom, verb, adjectiu*

▸ *n* **1** sòl, terra, terreny **2** zona, camp (*de joc*) **3** **grounds** [*pl*] jardins **4** (*fig*) terreny **5** [*gen pl*] motiu, raó **6** **grounds** [*pl*] pòsit LOC **get (off) the ground** engegar-se, resultar factible ◆ **give/lose ground (to sb/sth)** cedir/perdre terreny (davant algú/alguna cosa) ◆ **on the ground** a terra, sobre el terreny *Vegeu tb* FIRM, GAIN, MIDDLE, THIN

▸ **1** *vt, vi* (*vaixell*) encallar **2** *vt* (*avió*) impedir que s'envoli **3** *vt* (*nen*) castigar sense sortir: *You're*

grounded! Castigat sense sortir! **4** *vt* (*USA*) connectar a terra
▸ *adj* **1** mòlt **2** (*esp USA*) (*carn*) picat: *ground beef* carn picada **grounding** *n* [*sing*] ~ **(in sth)** base, conceptes fonamentals (d'alguna cosa) **groundless** *adj* sense fonaments *Vegeu tb* GRIND
ground floor *n* planta baixa ➲ *Vegeu nota a* FLOOR **ground-floor** *adj* [*només davant del nom*] de/a la planta baixa
group /gru:p/ *nom, verb*
▸ *n* [*v sing o pl*] grup
▸ *vt, vi* ~ **(sb/sth) (together)** agrupar algú/alguna cosa; agrupar-se **grouping** *n* agrupació
grouse /graʊs/ *n* (*pl* **grouse**) perdiu de muntanya
grove /grəʊv/ *n* arbreda
grovel /'grɒvl/ *vi* (**-ll-**; *USA* **-l-**) ~ **(to sb)** (*pej*) humiliar-se (davant algú) **grovelling** (*USA* **groveling**) *adj* servil
grow /grəʊ/ (*pt* **grew** /gru:/ *pp* **grown** /grəʊn/) **1** *vi* créixer **2** *vt* (*cabells, barba*) deixar créixer **3** *vt* cultivar **4** *vt* (*amb adjectiu*) fer-se: *to grow old/rich* envellir/enriquir-se **5** *vi* ~ **to do sth**: *He grew to rely on her.* De mica en mica va anar depenent d'ella. PHR V **grow apart (from sb); grow away from sb** distanciar-se (d'algú) ◆ **grow into sth** convertir-se en alguna cosa ◆ **grow on sb** agradar a algú cada vegada més ◆ **grow up 1** créixer: *When I grow up...* Quan sigui gran... ◇ *Oh, grow up!* No siguis criatura! *Vegeu tb* GROWN-UP **2** desenvolupar-se **growing** *adj* creixent
growl /graʊl/ *verb, nom*
▸ *vi* grunyir
▸ *n* grunyit
grown /grəʊn/ *adj* [*només davant del nom*] adult: *a grown man* un adult *Vegeu tb* GROW
grown-up *adjectiu, nom*
▸ *adj* /ˌgrəʊn 'ʌp/ gran
▸ *n* /'grəʊn ʌp/ adult, -a: *You can eat with the grown-ups today.* Avui podeu sopar amb els grans.
growth /grəʊθ/ *n* **1** creixement **2** [*incomptable*] brots **3** ~ **(in/of sth)** augment (d'alguna cosa) **4** tumor
grub /grʌb/ *n* **1** larva **2** (*col·loq*) teca
grubby /'grʌbi/ *adj* (**grubbier, -iest**) brut
grudge /grʌdʒ/ *nom, verb*
▸ *n* rancor: *to bear sb a grudge/to have a grudge against sb* guardar rancor a algú
▸ *vt* **1** envejar **2** fer, donar de mala gana: *I grudge having to pay so much tax.* Em fa ràbia haver de pagar tants impostos. **grudgingly** *adv* a contracor, de mala gana

gruelling (*USA tb* **grueling**) /'gru:əlɪŋ/ *adj* molt dur, penós
gruesome /'gru:səm/ *adj* horrible, horripilant
gruff /grʌf/ *adj* (*veu*) aspre
grumble /'grʌmbl/ *verb, nom*
▸ *vi* ~ **(about/at sb/sth)** queixar-se d'algú/alguna cosa; rondinar per alguna cosa
▸ *n* queixa
grumpy /'grʌmpi/ *adj* (**grumpier, -iest**) (*col·loq*) rondinaire
grunge /grʌndʒ/ *n* **1** (*col·loq*) engrut, ronya **2** (*tb* **grunge rock**) grunge **3** estètica grunge
grunt /grʌnt/ *verb, nom*
▸ *vi* grunyir
▸ *n* grunyit
guarantee /ˌgærən'ti:/ *nom, verb*
▸ *n* ~ **(of sth/that...)** garantia (d'alguna cosa/que...)
▸ *vt* **1** garantir **2** (*préstec*) avalar
guard /gɑ:d/ *nom, verb*
▸ *n* **1** guarda, sentinella **2** [*v sing o pl*] guàrdia (*grup de soldats*) **3** guarda, vigilància: *to be on guard* estar en guàrdia ◇ *guard dog* gos vigilant **4** (*maquinària*) dispositiu de seguretat **5** (*Ferrocarril*) cap de tren LOC **be off/on your guard** estar desprevingut/en guàrdia
▸ *vt* **1** protegir, guardar **2** (*presoner*) vigilar PHR V **guard against sth** evitar, prevenir alguna cosa **guarded** *adj* circumspecte, prudent
guardian /'gɑ:diən/ *n* **1** guardià, -ana: *guardian angel* àngel de la guarda **2** tutor, -a
guerrilla (*tb* **guerilla**) /gə'rɪlə/ *n* guerriller, -a: *guerrilla war(fare)* guerra de guerrilles
guess /ges/ *verb, nom*
▸ **1** *vi* ~ **(at sth)** imaginar alguna cosa **2** *vt, vi* endevinar **3** *vt, vi* (*esp USA, col·loq*) suposar, pensar: *I guess so/not.* M'imagino que sí/no.
▸ *n* suposició, conjectura, càlcul: *to have/make a guess (at sth)* fer una conjectura (sobre alguna cosa) LOC **it's anybody's guess** (*col·loq*) ningú no ho sap *Vegeu tb* HAZARD
guesswork /'geswɜ:k/ *n* [*incomptable*] conjectures
guest /gest/ *n* **1** convidat, -ada **2** hoste, -essa: *guest house* pensió
guidance /'gaɪdns/ *n* ~ **(on sth)** orientació (sobre alguna cosa); supervisió (d'alguna cosa)
guide /gaɪd/ *nom, verb*
▸ *n* **1** (*persona, llibre*) guia **2** (*tb* **guidebook** /'gaɪdbʊk/) guia (*turística*) **3** **Guide** (*antic* **Girl Guide**) noia guia

G

▸ *vt* **1** guiar, orientar: *to guide sb to sth* guiar algú a alguna cosa **2** influenciar **guided** *adj* amb guia

guideline /ˈgaɪdlaɪn/ *n* [*gen pl*] directriu, pauta

guilt /gɪlt/ *n* culpa, culpabilitat **guilty** *adj* (**guiltier, -iest**) culpable LOC *Vegeu* PLEAD

guinea pig /ˈgɪni pɪg/ *n* (*lit i fig*) conillet d'Índies

guise /gaɪz/ *n* aparença

guitar /gɪˈtɑː(r)/ *n* guitarra **guitarist** *n* guitarrista

gulf /gʌlf/ *n* **1** (*Geog*) golf **2 the Gulf** el Golf (Pèrsic) **3** ~ **(between A and B)** (*fig*) abisme (entre A i B)

gull /gʌl/ *n* gavina

gullible /ˈgʌləbl/ *adj* crèdul

gulp /gʌlp/ *verb, nom*

▸ **1** *vt* ~ **sth (down)** empassar-se alguna cosa **2** *vi* empassar saliva

▸ *n* glop

gum /gʌm/ *n* **1** (*Anat*) geniva **2** goma (d'enganxar) **3** *Vegeu tb* BUBBLEGUM, CHEWING GUM

gun /gʌn/ *nom, verb*

▸ *n* **1** arma (*de foc*) **2** escopeta *Vegeu tb* HANDGUN, MACHINE GUN, SHOTGUN

▸ *v* (**-nn-**) PHRV **gun sb down** abatre algú a trets

gunfire /ˈgʌnfaɪə(r)/ *n* [*incomptable*] trets, foc

gunge /gʌndʒ/ (*tb esp USA* **gunk** /gʌŋk/) *n* [*incomptable*] (*col·loq*) substància llefiscosa

gunman /ˈgʌnmən/ *n* (*pl* **-men** /-mən/) pistoler

gunpoint /ˈgʌnpɔɪnt/ *n* LOC **at gunpoint** a punta de pistola

gunpowder /ˈgʌnpaʊdə(r)/ *n* pólvora

gunshot /ˈgʌnʃɒt/ *n* tret

gurgle /ˈgɜːgl/ *vi* **1** (*aigua*) fer gloc-gloc, clapotejar **2** (*bebè*) xerrotejar

gush /gʌʃ/ *vi* **1** ~ **out of/from sth** brollar d'alguna cosa **2** ~ **(over sth/sb)** (*pej*) parlar amb massa entusiasme (d'alguna cosa/d'algú)

gust /gʌst/ *n* ràfega

gusto /ˈgʌstəʊ/ *n* entusiasme

gut /gʌt/ *nom, verb, adjectiu*

▸ *n* **1** intestí **2 guts** [*pl*] budells **3** (*col·loq*) panxa **4 guts** [*pl*] (*col·loq*) coratge

▸ *vt* (**-tt-**) **1** destruir a dins **2** esbudellar

▸ *adj* [*només davant del nom*]: *a gut reaction* una reacció visceral ◇ *a gut feeling* un instint

gutted /ˈgʌtɪd/ *adj* (*GB, col·loq*) (*persona*) destrossat, trist

gutter /ˈgʌtə(r)/ *n* **1** canaló **2** cuneta

the gutter press *n* (*pej*) la premsa groga

guy /gaɪ/ *n* (*col·loq*) **1** tipus, paio **2 guys** [*pl*] (*esp USA*) ❶ S'usa per a dirigir-se a un grup de gent, ja siguin homes o dones: *Are you guys coming or not?* Veniu o no?

Guy Fawkes night /ˈgaɪ fɔːks naɪt/ *n Vegeu* BONFIRE NIGHT

guzzle /ˈgʌzl/ *vt* (*col·loq*) engolir, cruspir-se

gym /dʒɪm/ *n* (*col·loq*) **1** gimnàs ❶ En llenguatge formal es diu **gymnasium** /dʒɪmneɪziəm/ [*pl* **gymnasiums** *o* **gymnasia** /-ziə/]. **2** gimnàstica

gymnastics /dʒɪmˈnæstɪks/ *n* [*incomptable*] gimnàstica **gymnast** /ˈdʒɪmnæst/ *n* gimnasta

gynaecology (*USA* **gynecology**) /ˌgaɪnəˈkɒlədʒi/ *n* ginecologia **gynaecologist** (*USA* **gynecologist**) *n* ginecòleg, -òloga

Gypsy (*tb* **Gipsy**) /ˈdʒɪpsi/ *n* (*pl* **Gypsies**) gitano, -a

H h

H, h /eɪtʃ/ *n* (*pl* **Hs, H's, h's**) H, h ➲ *Vegeu nota a* A, A

habit /ˈhæbɪt/ *n* **1** costum, hàbit **2** (*Relig*) hàbit

habitat /ˈhæbɪtæt/ *n* hàbitat

habitation /ˌhæbɪˈteɪʃn/ *n* habitació: *not fit for human habitation* no apte per a ésser habitat

habitual /həˈbɪtʃuəl/ *adj* habitual

hack /hæk/ *vt, vi* **1** ~ **(at) (sth)** copejar (alguna cosa) (*amb alguna cosa tallant*) **2** ~ **(into) (sth)** (*Informàt*) assolir accés (a alguna cosa) il·legalment **hacker** *n* pirata (informàtic) **hacking** *n* (*Informàt*) accés il·legal

hacked off *adj* (*GB, col·loq*) emprenyat

had /həd, hæd/ *pt, pp de* HAVE

hadn't /ˈhædnt/ = HAD NOT *Vegeu* HAVE

haemoglobin (*USA* **hemoglobin**) /ˌhiːməˈgləʊbɪn/ *n* hemoglobina

haemorrhage (*USA* **hemorrhage**) /ˈhemərɪdʒ/ *n* hemorràgia

haggard /ˈhægəd/ *adj* desmillorat

haggle /'hægl/ *vi* ~ **(over sth)** regatejar (alguna cosa)

hail /heɪl/ *verb, nom*

▶ **1** *vt* ~ **sb/sth (as) sth** aclamar algú/alguna cosa com a alguna cosa **2** *vt* cridar (*per atreure l'atenció*) **3** *vi* caure calamarsa/pedra

▶ *n* calamarsa, pedra

hailstone /'heɪlstəʊn/ *n* gra (*de calamarsa/pedra*)

hailstorm /'heɪlstɔːm/ *n* calamarsada, pedregada

hair /heə(r)/ *n* **1** cabell(s) **2** pèl(s)

hairband /'heəbænd/ *n* diadema, cinta per als cabells

hairbrush /'heəbrʌʃ/ *n* raspall (*dels cabells*) ➲ *Vegeu il·lustració a* BRUSH

haircut /'heəkʌt/ *n* **1** tallada de cabells: *to have/get a haircut* tallar-se els cabells **2** tallat de cabells

hairdo /'heədu:/ *n* (*pl* **hairdos**) (*antic, col·loq*) pentinat

hairdresser /'heədresə(r)/ *n* **1** perruquer, -a **2 hairdresser's** perruqueria (*establiment*) ➲ *Vegeu nota a* CARNISSERIA **hairdressing** *n* perruqueria (*art*)

hairdryer (*tb* **hairdrier**) /'heədraɪə(r)/ *n* assecador (*de cabells*)

hairpin /'heəpɪn/ *n* agulla de monyo

hairpin bend (*USA* **hairpin turn/curve**) *n* revolt molt tancat

hair-raising /'heə reɪzɪŋ/ *adj* esborronador

hairslide /'heəslaɪd/ *n* passador (*per als cabells*)

hairspray /'heəspreɪ/ *n* laca

hairstyle /'heəstaɪl/ *n* pentinat

hairy /'heəri/ *adj* (**hairier, -iest**) pelut

halal /'hælæl/ *adj* halal (*sacrificat segons la llei islàmica*)

half /hɑːf; *USA* hæf/ *nom, adjectiu, pronom, adverbi*

▶ *n* (*pl* **halves** /hɑːvz; *USA* hævz/) **1** meitat, mig: *The second half of the book is more interesting.* La segona meitat del llibre és més interessant. ◇ *two hours and a half* dues hores i mitja ◇ *Two halves make a whole.* Dos mitjos fan un enter. **2** (*Esport*) temps **3** (*GB, col·loq*) mitja pinta (*de cervesa*) ➲ *Vegeu nota a* CERVESA **LOC break, etc. sth in half** partir, etc. alguna cosa per la meitat ◆ **go half and half; go halves (with sb)** anar a mitges (amb algú)

▶ *adj, pron* meitat, mig: *half the team* la meitat de l'equip ◇ *half an hour* mitja hora ◇ *to cut sth by half* reduir alguna cosa a la meitat **LOC half (past) one, two, etc.** dos quarts de dues, de tres, etc.

La construcció **half one, half two**, etc. és més col·loquial que **half past one, half past two**, etc.: *I'll be finished by half five.* Cap a dos quarts de sis ja hauré acabat. Aquesta construcció no es fa servir en anglès americà.

▶ *adv* mig: *The job is only half done.* La feina està a mig fer. ◇ *to be half asleep* estar mig adormit

half-brother /'hɑːf brʌðə(r); *USA* 'hæf/ *n* germà per part de pare/mare ➲ *Vegeu nota a* GERMANASTRE

half-hearted /ˌhɑːf 'hɑːtɪd; *USA* ˌhæf/ *adj* poc entusiasta **half-heartedly** *adv* sense entusiasme

half-pipe /'hɑːf paɪp; *USA* 'hæf/ *n* (*Esport*) mig tub

half-sister /'hɑːf sɪstə(r); *USA* 'hæf/ *n* germana per part de pare/mare ➲ *Vegeu nota a* GERMANASTRE

half-term /ˌhɑːf 'tɜːm; *USA* ˌhæf/ *n* (*GB*) vacances escolars d'una setmana cap a la meitat de cada trimestre

half-time /ˌhɑːf 'taɪm; *USA* ˌhæf/ *n* (*Esport*) mitja part

halfway /ˌhɑːf'weɪ; *USA* ˌhæf-/ *adv* a mig camí: *halfway between London and Bath* a mig camí entre Londres i Bath

hall /hɔːl/ *n* **1** (*tb* **hallway**) rebedor, entrada **2** (*tb* **hallway**) passadís **3** sala (*de concerts o reunions*) **4** (*tb* **hall of residence**) col·legi major, residència universitària *Vegeu tb* CITY HALL, TOWN HALL

hallmark /'hɔːlmɑːk/ *n* segell, distintiu

Halloween (*tb* **Hallowe'en**) /ˌhæləʊ'iːn/ *n*

Halloween (31 d'octubre) significa la vigília de Tots Sants, i és la nit dels fantasmes i de les bruixes. En aquesta data és tradició buidar carabasses, donar-hi forma de cara i posar-hi una candela dins. Els nens es disfressen i van de portal en portal demanant caramels o diners. Quan se'ls obre la porta diuen **trick o treat** ("doneu-nos un regal o us farem una broma pesada").

hallucination /həˌluːsɪ'neɪʃn/ *n* al·lucinació

hallway /'hɔːlweɪ/ *n Vegeu* HALL (1,2)

halo /'heɪləʊ/ *n* (*pl* **haloes** *o* **halos**) halo, aurèola

halt /hɔːlt/ *verb, nom*

▶ *vt, vi* parar(-se), aturar(-se): *Halt!* Alto!

▶ *n* parada, alto, interrupció *Vegeu tb* GRIND

halting /'hɔːltɪŋ/ *adj* vacil·lant, titubant

halve /hɑːv; *USA* hæv/ *vt* **1** reduir a la meitat **2** partir pel mig, esmitjar

halves *plural de* HALF

ham /hæm/ *n* pernil

hamburger /'hæmbɜ:gə(r)/ *n* hamburguesa

hamlet /'hæmlət/ *n* poble, llogarret

hammer /'hæmə(r)/ *nom, verb*

▸ *n* martell

▸ **1** *vt* donar cops de martell a: *to hammer sth in* clavar alguna cosa (a cops de martell) **2** *vt, vi* ~ **(at/on) sth** donar cops en alguna cosa **3** *vt* (*col·loq*) donar una pallissa a

hammock /'hæmək/ *n* hamaca

hamper /'hæmpə(r)/ *verb, nom*

▸ *vt* posar traves a

▸ *n* panera (*per a aliments*)

hamster /'hæmstə(r)/ *n* hàmster

hand /hænd/ *nom, verb*

▸ *n* **1** mà **2 a hand** [*sing*] (*col·loq*) ajuda: *to give/lend sb a hand* donar un cop de mà a algú **3** (*rellotge, etc.*) busca, agulla ➲ *Vegeu il·lustració a* RELLOTGE **4** peó, jornaler, -a **5** (*Nàut*) tripulant **6** (*cartes*) mà LOC **by hand** a mà: *made by hand* fet a mà ◇ *delivered by hand* lliurat a mà ◆ **(close/near) at hand** molt a prop ◆ **hand in hand 1** agafats de la mà **2** molt unit, plegats ◆ **hands up!** (*col·loq*) **1** alceu la mà: *Hands up if you know the answer.* Qui sàpiga la resposta que alci la mà. **2** mans enlaire! ◆ **in hand 1** disponible, en reserva **2** sota control **3** entre mans ◆ **on hand** disponible ◆ **on the one hand... on the other (hand)...** d'una banda... d'altra banda... ◆ **out of hand 1** fora de control: *The situation is getting out of hand.* La situació s'està escapant de la mà. **2** sense pensar-hi ◆ **to hand** a mà *Vegeu tb* CHANGE, EAT, FIRM, FIRST, FREE, HEAVY, HELP, MATTER, PALM, SHAKE, UPPER

▸ *vt* ~ **sb sth**; ~ **sth to sb** passar alguna cosa a algú ➲ *Vegeu nota a* GIVE PHR V **hand sth back (to sb)** tornar alguna cosa (a algú) ◆ **hand sth in (to sb)** lliurar alguna cosa (a algú) ◆ **hand sth out (to sb)** repartir alguna cosa (a algú) ◆ **hand (sth) over (to sb)** (*poder, responsabilitat*) delegar, transferir alguna cosa (a algú) ◆ **hand sth over (to sb)** lliurar alguna cosa (a algú)

handbag /'hændbæg/ (*USA tb* **purse**) *n* bossa de mà ➲ *Vegeu il·lustració a* BAG

handball /'hændbɔ:l/ *n* handbol

handbook /'hændbʊk/ *n* manual, guia

handbrake /'hændbreɪk/ *n* fre de mà

handcuff /'hændkʌf/ *vt* emmanillar

handcuffs /'hændkʌfs/ *n* [*pl*] manilles

handful /'hændfʊl/ *n* grapat: *a handful of sweets/students* un grapat de caramels/d'estudiants LOC **be a (real) handful** (*col·loq*) ésser d'allò que no hi ha

handgun /'hændgʌn/ *n* pistola

handicap /'hændikæp/ *nom, verb*

▸ *n* **1** (*Med*) incapacitat **2** handicap

▸ *vt* (**-pp-**) perjudicar **handicapped** *adj* discapacitat ➲ *Vegeu nota a* DISCAPACITAT

handicrafts /'hændikrɑ:fts; *USA* -kræfts/ *n* [*pl*] artesania

handkerchief /'hæŋkətʃɪf, -tʃi:f/ *n* (*pl* **handkerchiefs** *o* **handkerchieves** /-tʃi:vz/) mocador (*de butxaca*)

handle

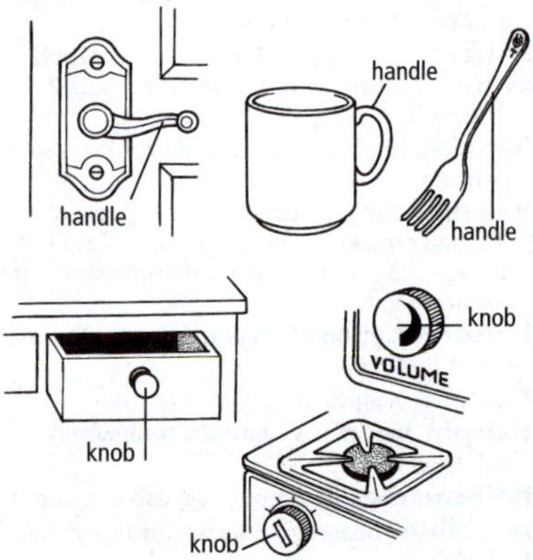

handle /'hændl/ *verb, nom*

▸ *vt* **1** manejar **2** (*gent*) tractar **3** (*maquinària*) manipular

▸ *n* **1** mànec **2** agafador **3** nansa ➲ *Vegeu il·lustració a* CUP

handlebar /'hændlbɑ:(r)/ (*tb* **handlebars** [*pl*]) *n* manillar

handmade /ˌhænd'meɪd/ *adj* fet a mà, d'artesania

> En anglès es poden formar adjectius compostos per a descriure tots els productes fets a mà: p. ex. **hand-built** (construït a mà), **hand-knitted** (tricotat a mà), **hand-painted** (pintat a mà), etc.

handout /'hændaʊt/ *n* **1** donatiu **2** fullet **3** dossier, fotocòpies

handshake /'hændʃeɪk/ *n* encaixada de mans

handsome /'hænsəm/ *adj* **1** guapo ❶ S'aplica especialment als homes. **2** (*regal*) generós

hands-on /ˌhændz 'ɒn/ *adj* [*només davant del nom*] pràctic: *hands-on experience* experiència pràctica

handstand /'hændstænd/ *n* vertical: *to do a handstand* fer la vertical

handwriting /'hændraɪtɪŋ/ *n* **1** escriptura **2** lletra, cal·ligrafia

handwritten /ˌhænd'rɪtn/ *adj* escrit a mà

handy /'hændi/ *adj* (**handier**, **-iest**) **1** pràctic **2** a mà **3** manetes

hang /hæŋ/ *verb, nom*

▸ (*pt, pp* **hung** /hʌŋ/) ❶ En el sentit 4, el *past simple* i el participi passat són **hanged**. **1** *vt* penjar **2** *vi* estar penjat **3** *vi* (*roba, cabells*) caure **4** *vt* (*fer morir*) penjar **5** *vi* ~ **(above/over sb/sth)** penjar (sobre algú/alguna cosa) PHR V **hang about/around** (*col·loq*) **1** esperar (*sense fer res*) **2** perdre el temps ◆ **hang on 1** agafar-se **2** (*tb* **hang about**) (*col·loq*) esperar: *Hang on a minute!* Espera un moment! ◆ **hang out** (*col·loq*) passar el temps lliure: *They hang out in the park.* Van al parc a passar l'estona. ◆ **hang sth out** (*roba, pancarta*) estendre alguna cosa ◆ **hang up (on sb)** (*col·loq*) penjar (a algú) (*el telèfon*)

▸ *n* LOC **get the hang of sth** (*col·loq*) trobar la manera de fer alguna cosa

hangar /'hæŋə(r)/ *n* hangar

hanger /'hæŋə(r)/ (*tb* **clothes hanger**, **coat hanger**) *n* penjador

hang-glider /'hæŋ glaɪdə(r)/ *n* ala delta **hang-gliding** *n* vol en ala delta: *to go hang-gliding* volar amb ala delta

hangman /'hæŋmən/ *n* **1** (*pl* **-men** /-mən/) botxí (*de forca*) **2** (*joc*) el penjat

hangover /'hæŋəʊvə(r)/ *n* ressaca (*d'alcohol*)

hang-up /'hæŋ ʌp/ *n* ~ **(about sth)** (*col·loq*) trauma, complex (per alguna cosa)

haphazard /hæp'hæzəd/ *adj* a l'atzar, de qualsevol manera

happen /'hæpən/ *vi* passar, esdevenir-se, succeir: *whatever happens* passi el que passi ◇ *if you happen to go into town* si per casualitat vas al centre **happening** *n* esdeveniment, fet

happy /'hæpi/ *adj* (**happier**, **-iest**) **1** feliç: *a happy marriage/child* un matrimoni/nen feliç **2** content: *Are you happy in your work?* Estàs content de la teva feina? ➲ *Vegeu nota a* GLAD **happily** /'hæpɪli/ *adv* **1** feliçment **2** sortosament **happiness** *n* felicitat

harass /'hærəs, hə'ræs/ *vt* assetjar **harassment** *n* assetjament: *sexual harassment* assetjament sexual

harbour (*USA* **harbor**) /'hɑːbə(r)/ *nom, verb*

▸ *n* port

▸ *vt* **1** protegir, donar recer a **2** (*sospites, etc.*) tenir

hard /hɑːd/ *adjectiu, adverbi*

▸ *adj* (**harder**, **-est**) **1** dur **2** difícil: *It's hard to tell.* És difícil de dir. ◇ *It's hard for me to say no.* M'és difícil dir-te que no. ◇ *hard to please* exigent **3** dur, esgotador: *a hard worker* una persona molt treballadora **4** (*persona, tracte*) dur, sever, cruel **5** (*beguda*) alcohòlic LOC **be hard on sb** ésser dur amb algú ◆ **give sb a hard time** fer passar a algú una mala estona ◆ **hard luck** (*col·loq*) mala sort ◆ **have a hard time** passar una mala estona ◆ **take a hard line (on/over sth)** adoptar una actitud categòrica (sobre alguna cosa) ◆ **the hard way** per la via difícil *Vegeu tb* DRIVE, DRUG, JOB

▸ *adv* (**harder**, **-est**) **1** molt, fort: *It's raining hard.* Plou molt. ◇ *She hit her head hard.* Es va donar un bon cop al cap. ◇ *to try hard* esforçar-se **2** (*tirar*) fort **3** (*pensar*) amb deteniment **4** (*mirar*) fixament LOC **be/feel hard done by** (*col·loq*) ésser/sentir-se tractat injustament ◆ **be hard put to do sth** tenir dificultats a fer alguna cosa ◆ **be hard up** (*col·loq*) anar curt de diners

hardback /'hɑːdbæk/ *n* llibre de tapes dures: *hardback edition* edició de tapes dures ➲ *Compareu amb* PAPERBACK

hard cash *n* diners comptants

hard disk *n* (*Informàt*) disc dur

harden /'hɑːdn/ *vt, vi* endurir(-se): *hardened criminal* criminal habitual **hardening** *n* enduriment

hardly /'hɑːdli/ *adv* **1** a penes: *I hardly know her.* Amb prou feines la conec. **2** difícilment: *It's hardly surprising.* No és gaire sorprenent. ◇ *He's hardly the world's best cook.* No és precisament el millor cuiner del món. ◇ *Hardly!* I ara!/Ni parlar-ne! **3** gairebé: *hardly anybody* gairebé ningú ◇ *hardly ever* gairebé mai

hardship /'hɑːdʃɪp/ *n* trifulga, privació

hard shoulder (*USA* **breakdown lane**) *n* vorera d'emergència

hardware /'hɑːdweə(r)/ *n* **1** (*Informàt*) maquinari **2** ferreteria: *hardware store* ferreteria

hard-working /ˌhɑːd 'wɜːkɪŋ/ *adj* molt treballador

hardy /'hɑːdi/ *adj* (**hardier**, **-iest**) **1** fort **2** (*Bot*) resistent

hare /heə(r)/ *n* llebre

H

have

present simple			**past simple**
afirmatiu		**negatiu**	
	contraccions	*contraccions*	*contraccions*
I **have**	I**'ve**	I **haven't**	I**'d**
you **have**	you**'ve**	you **haven't**	you**'d**
he/she/it **has**	he**'s**/she**'s**/it**'s**	he/she/it **hasn't**	he**'d**/she**'d**/it**'d**
we **have**	we**'ve**	we **haven't**	we**'d**
you **have**	you**'ve**	you **haven't**	you**'d**
they **have**	they**'ve**	they **haven't**	they**'d**
forma en **-ing** **having**	*past simple* **had**	*participi passat* **had**	

H

haricot /ˈhærɪkəʊ/ (*tb* **haricot bean**) *n* mongeta blanca

harm /hɑːm/ *nom, verb*
▸ *n* dany, mal: *He meant no harm.* No tenia mala intenció. ◇ *There's no harm in asking.* No es fa mal a ningú preguntant. ◇ *You'll come to no harm.* No et passarà res. ◇ *(There's) no harm done.* No ha passat res. LOC **do more harm than good** fer més mal que bé ◆ **out of harm's way** en lloc segur
▸ *vt* **1** (*persona*) fer mal a **2** (*cosa*) danyar **harmful** *adj* ~ **(to sb/sth)** nociu, perjudicial (per a algú/alguna cosa) **harmless** *adj* **1** innocu **2** innocent, inofensiu

harmonica /hɑːˈmɒnɪkə/ *n* harmònica

harmony /ˈhɑːməni/ *n* (*pl* **harmonies**) harmonia

harness /ˈhɑːnɪs/ *nom, verb*
▸ *n* arreus
▸ *vt* **1** (*cavall*) guarnir **2** (*recursos*) aprofitar

harp /hɑːp/ *nom, verb*
▸ *n* arpa
▸ *v* PHR V **harp on (about sth); harp on sth** parlar reiteradament d'alguna cosa

harpoon /hɑːˈpuːn/ *n* arpó

harsh /hɑːʃ/ *adj* (**harsher, -est**) **1** (*càstig, etc.*) sever **2** (*paraula, professor*) dur **3** (*superfície, veu*) aspre **4** (*clima, etc.*) rigorós **5** (*color, llum*) cridaner, desagradable **6** (*soroll, etc.*) estrident **harshly** *adv* durament, severament

harvest /ˈhɑːvɪst/ *nom, verb*
▸ *n* collita: *grape harvest* verema
▸ *vt* recol·lectar

has /həz, hæz/ *Vegeu* HAVE

hashish /ˈhæʃiːʃ, hæˈʃiːʃ/ (*col·loq* **hash** /hæʃ/) *n* haixix

hasn't /ˈhæznt/ = HAS NOT *Vegeu* HAVE

hassle /ˈhæsl/ *nom, verb*
▸ *n* (*col·loq*) **1** (*complicació*) embolic, embull: *It's a lot of hassle.* És un bon embolic. **2** destorb: *Don't give me any hassle!* Deixa'm tranquil!
▸ *vt* (*col·loq*) destorbar

haste /heɪst/ *n* (*formal*) pressa LOC **in haste** de pressa **hasten** /ˈheɪsn/ **1** *vi* donar-se pressa, afanyar-se **2** *vt* (*formal*) accelerar **hastily** *adv* precipitadament **hasty** *adj* (**hastier, -iest**) precipitat

hat /hæt/ *n* barret: *a woolly hat* una gorra de llana LOC *Vegeu* DROP

hatch /hætʃ/ *verb, nom*
▸ **1** *vi* ~ **(out)** sortir de l'ou **2** *vi* (*ou*) trencar-se **3** *vt* covar **4** *vt* ~ **sth (up)** tramar alguna cosa
▸ *n* **1** trapa **2** escotilla **3** finestreta (*per a passar menjar*)

hatchback /ˈhætʃbæk/ *n* cotxe de tres o cinc portes

hate /heɪt/ *verb, nom*
▸ *vt* **1** odiar **2** lamentar: *I hate to bother you, but...* Em dol molestar-te, però...
▸ *n* **1** odi **2** (*col·loq*): *pet hate* bèstia negra **hateful** *adj* odiós **hatred** *n* ~ **(for/of sb/sth)** odi (contra algú/a alguna cosa)

haul /hɔːl/ *verb, nom*
▸ *vt* estirar, arrossegar
▸ *n* **1** botí: *a drugs haul* una partida de droga **2** (*distància*) trajecte, recorregut: *long-haul/short-haul flights* vols de llarga/curta distància **3** calada (*de peix*)

haunt /hɔːnt/ *verb, nom*
▸ *vt* **1** (*fantasma*) rondar per **2** (*lloc*) freqüentar **3** (*pensament*) turmentar
▸ *n* lloc predilecte **haunted** *adj* embruixat (*edifici*)

have /həv, hæv/ *v*
▸ *vt* **1** (*tb* **have got**) tenir: *She's got a new car.* Té un cotxe nou. ◇ *to have flu/a headache* tenir la grip/mal de cap ➲ *Vegeu nota a* TENIR **2** ~ **(got) sth to do** tenir alguna cosa a fer: *I've got a bus to catch.* He d'agafar l'autobús. **3** ~ **(got) to do sth**

haver de fer alguna cosa: *I've got to go to the bank.* He d'anar al banc. ◇ *Did you have to pay a fine?* Vas haver de pagar una multa? ◇ *It has to be done.* S'ha de fer. ➲ *Vegeu nota a* MUST **4** (*tb* **have got**) portar: *Have you got any money on you?* Portes diners? ◇ *The notebook has my name on it.* La llibreta porta el meu nom. **5** prendre: *to have a cup of coffee* prendre un cafè ◇ *to have a bath/wash* banyar-se/rentar-se ◇ *to have breakfast/lunch/dinner* esmorzar/dinar/sopar ❶ L'estructura **have + nom** sovint s'expressa en català amb un verb. **6 ~ sth done** fer-se fer alguna cosa: *to have your hair cut* tallar-se els cabells ◇ *to have a dress made* encarregar que et facin un vestit ◇ *She had her bag stolen.* Li van robar la bossa. **7** consentir: *I won't have it!* No ho consentiré! LOC **have had it** (*col·loq*): *This TV has had it.* Aquesta tele està a les acaballes. ◆ **have (got) it in for sb** (*col·loq*): *He's got it in for me.* Em té mania. ◆ **have it (that...)**: *Rumour has it that...* Es diu que... ◇ *As luck would have it...* Per sort... ◆ **have to do with sb/sth**; **have (got) sth to do with sb/sth** tenir (alguna cosa) a veure amb algú/alguna cosa: *It has nothing to do with me.* No té res a veure amb mi. ❶ Per a d'altres expressions amb **have**, vegeu les entrades del nom, adjectiu, etc., p. ex. **have a sweet tooth** a SWEET. PHR V **have sth back** recuperar alguna cosa: *Let me have it back soon.* Torna-m'ho aviat. ◆ **have sb on** (*col·loq*) prendre el pèl a algú: *You're having me on!* M'estàs prenent el pèl! ◆ **have (got) sth on 1** (*roba*) portar alguna cosa posada: *He's got a tie on today.* Avui porta corbata. **2** (*aparell, etc.*) tenir alguna cosa engegada **3** tenir alguna cosa a fer: *Have you got anything on tonight?* Fas alguna cosa aquesta nit? ◇ *I've got a lot on.* Tinc molt per fer.

▸ *v aux* haver: *'I've finished my work.' 'So have I.'* —He acabat la meva feina. —Jo també. ◇ *He's gone home, hasn't he?* Se n'ha anat a casa, oi? ◇ *'Have you seen it?' 'Yes, I have./No, I haven't.'* —Ho has vist? —Sí./No.

haven /'heɪvn/ *n* refugi

haven't /'hævnt/ = HAVE NOT *Vegeu* HAVE

havoc /'hævək/ *n* [*incomptable*] estrall LOC **play/wreak havoc with sth** fer estralls en alguna cosa

hawk /hɔːk/ *n* falcó

hawthorn /'hɔːθɔːn/ *n* arç blanc

hay /heɪ/ *n* fenc: *hay fever* al·lèrgia al pol·len

hazard /'hæzəd/ *nom, verb*

▸ *n* perill, risc: *a health hazard* un perill per a la salut

▸ *vt* LOC **hazard a guess** aventurar una hipòtesi **hazardous** *adj* perillós, arriscat

haze /heɪz/ *n* boirina ➲ *Compareu amb* FOG, MIST

hazel /'heɪzl/ *nom, adjectiu*

▸ *n* avellaner

▸ *adj* de color avellana

hazelnut /'heɪzlnʌt/ *n* avellana

hazy /'heɪzi/ *adj* (**hazier**, **-iest**) **1** boirós **2** (*idea, etc.*) vague **3** (*persona*) confús

he /hiː/ *pronom, nom*

▸ *pron* ell: *He's in Paris.* És a París. ❶ El pronom de subjecte no es pot ometre en anglès. *Compareu amb* HIM

▸ *n* [*sing*] (*col·loq*): *Is it a he or a she?* És mascle o femella?

head /hed/ *nom, verb*

▸ *n* **1** cap: *It never entered my head.* No m'havia passat mai pel cap. ◇ *the head of the table* el cap de taula ◇ *the heads of government* els caps de govern **2** = HEAD TEACHER LOC **a/per head** per cap: *ten pounds a head* deu lliures per cap ◆ **go over sb's head**: *The article went completely over my head.* No vaig entendre l'article en absolut. ◆ **go to sb's head** pujar al cap ◆ **have a head for sth** tenir talent per a alguna cosa: *to have a head for heights* no tenir vertigen ◆ **head first** de cap ◆ **heads or tails?** cara o creu? ◆ **not make head nor tail of sth** no treure l'entrellat d'alguna cosa: *I can't make head or tail of it.* No en trec l'entrellat *Vegeu tb* HIT, IDEA, SHAKE, TOP

▸ *vt* **1** encapçalar **2** (*Esport*) donar un cop de cap a PHR V **be heading for sth** anar cap a alguna cosa

headache /'hedeɪk/ *n* **1** mal de cap **2** maldecap

headdress /'heddres/ *n* adorn de cap

heading /'hedɪŋ/ *n* encapçalament, apartat

headlight /'hedlaɪt/ (*tb* **headlamp** /'hedlæmp/) *n* far (*del cotxe*)

headline /'hedlaɪn/ *n* **1** titular **2 the headlines** [*pl*] el resum de notícies

headmaster /ˌhed'mɑːstə(r); *USA* -'mæs-/ *n* director (*d'una escola*) ➲ *Vegeu nota a* HEAD TEACHER

headmistress /ˌhed'mɪstrəs/ *n* directora (*d'una escola*) ➲ *Vegeu nota a* HEAD TEACHER

head office *n* seu central

head-on /ˌhed 'ɒn/ *adj, adv* de cara: *a head-on collision* una col·lisió de cara

headphones /'hedfəʊnz/ *n* [*pl*] auriculars

headquarters /ˌhed'kwɔːtəz/ *n* (*abrev* **HQ**) [*v sing o pl*] **1** seu, oficina principal **2** (*Mil*) quarter general

headscarf /'hedskɑːf/ *n* (*pl* **headscarves** /-skɑːvz/) mocador (de cap)

H

H

head start *n* avantatge: *You had a head start over me.* Em portaves avantatge.

head teacher (*tb* **head**) (*USA* **principal**) *n* director, -a (*d'una escola*) ℹ **Head teacher** és un terme més habitual que no pas **headmaster** o **headmistress**, sobretot a les escoles públiques.

headway /ˈhedweɪ/ *n* LOC **make headway** avançar, progressar

heal /hiːl/ **1** *vi* cicatritzar-se, guarir **2** *vt* (*formal*) guarir, curar

health /helθ/ *n* salut: *health centre* ambulatori ◇ *health care* assistència sanitària LOC *Vegeu* DRINK

health food *n* aliment natural: *health food shop* herbolari (*botiga*)

health spa (*tb* **health farm**) *n* balneari

healthy /ˈhelθi/ *adj* (**healthier**, **-iest**) **1** sa **2** saludable (*estil de vida, etc.*)

heap /hiːp/ *nom, verb*

▸ *n* pila

▸ *vt* ~ **sth (up)** apilonar alguna cosa

hear /hɪə(r)/ (*pt, pp* **heard** /hɜːd/) **1** *vt, vi* sentir: *I couldn't hear a thing.* No sentia res. ◇ *I heard someone laughing.* Vaig sentir algú que reia. ➲ *Vegeu nota a* SENTIR **2** *vt* escoltar **3** *vt, vi* ~ **(sth) (about sb/sth)** assabentar-se d'alguna cosa (respecte a algú/alguna cosa): *I've heard all about you.* M'han parlat molt de tu. **4** *vt* (*Dret*) veure (*cas*) PHR V **hear (sth) from sb** tenir notícies d'algú ◆ **hear (sth) of sb/sth** sentir a parlar d'algú/d'alguna cosa

hearing /ˈhɪərɪŋ/ *n* **1** (*tb* **sense of hearing**) oïda **2** (*Jur*) vista, audiència

hearse /hɜːs/ *n* cotxe fúnebre

heart /hɑːt/ *n* **1** cor: *heart attack/failure* atac de cor/aturada cardíaca **2** ~ **(of sth)** centre (d'alguna cosa): *the heart of the matter* el quid de la qüestió **3** (*d'enciam, etc.*) cor **4 hearts** [*pl*] (*cartes*) cors ➲ *Vegeu nota a* BARALLA LOC **at heart** en el fons ◆ **by heart** de memòria ◆ **have your heart set on sth**; **set your heart on sth** voler alguna cosa més que cap altra ◆ **lose heart** desanimar-se ◆ **take heart (from sth)** animar-se (per alguna cosa) ◆ **take sth to heart** prendre's alguna cosa a la valenta ◆ **your heart sinks**: *When I saw the queue my heart sank.* Quan vaig veure la cua em va caure l'ànima als peus. *Vegeu tb* CHANGE, CRY

heartbeat /ˈhɑːtbiːt/ *n* batec (*del cor*)

heartbreak /ˈhɑːtbreɪk/ *n* angoixa, aflicció **heartbreaking** *adj* que trenca el cor, penós **heartbroken** /ˈhɑːtbrəʊkən/ *adj* afligit, dolgut

heartburn /ˈhɑːtbɜːn/ *n* acidesa gàstrica

hearten /ˈhɑːtn/ *vt* encoratjar **heartening** *adj* encoratjador

heartfelt /ˈhɑːtfelt/ *adj* sincer

hearth /hɑːθ/ *n* llar de foc

heartless /ˈhɑːtləs/ *adj* sense cor, inhumà

hearty /ˈhɑːti/ *adj* (**heartier**, **-iest**) **1** (*enhorabona, etc.*) cordial **2** (*persona*) afable (*algunes vegades en excés*) **3** (*menjar*) abundant

heat /hiːt/ *nom, verb*

▸ *n* **1** calor **2** (*Esport*) prova classificatòria *Vegeu tb* DEAD HEAT LOC **be on heat** (*USA* **be in heat**) estar en zel

▸ *vt, vi* ~ **(sth) (up)** escalfar alguna cosa, escalfar-se **heated** *adj* **1** (*discussió, persona*) acalorat **2** *a heated pool* una piscina climatitzada ◇ *centrally heated* amb calefacció central **heater** *n* **1** (*cambra, casa*) calefactor **2** (*d'aigua*) escalfador

heath /hiːθ/ *n* plana

heathen /ˈhiːðn/ *n* no creient

heather /ˈheðə(r)/ *n* bruc

heating /ˈhiːtɪŋ/ *n* calefacció

heatwave /ˈhiːtweɪv/ *n* onada de calor

heave /hiːv/ *verb, nom*

▸ **1** *vt, vi* arrossegar(-se) (*amb esforç*) **2** *vi* ~ **(at/on sth)** estirar (alguna cosa) amb força **3** *vt* llançar (*una cosa pesada*)

▸ *n* estrebada, empenta

heaven (*tb* **Heaven**) /ˈhevn/ *n* (*Relig*) cel ℹ La paraula **heaven** no porta article: *She has gone to heaven.* Ha anat al cel. *Vegeu tb* KNOW, SAKE

heavenly /ˈhevnli/ *adj* **1** (*Relig*) celestial **2** celeste: *heavenly bodies* cossos celestes **3** (*col·loq*) diví, paradisíac

heavy /ˈhevi/ *adj* (**heavier**, **-iest**) **1** feixuc, pesat: *How heavy is it?* Quant pesa? **2** més del normal: *heavy traffic* trànsit dens ◇ *heavy rain* pluges intenses **3** (*faccions, moviment*) desmanyotat **4** *to be a heavy smoker/sleeper* ser un fumador empedreït/tenir un son molt profund LOC **with a heavy hand** amb duresa **heavily** *adv* **1** molt: *heavily loaded* molt carregat ◇ *to rain heavily* ploure molt **2** pesadament

heavyweight /ˈheviweɪt/ *n* **1** (*Boxa*) pes pesant **2** (*fig*) figura (important)

heckle /ˈhekl/ *vt, vi* interrompre

hectare /ˈhekteə(r)/ *n* hectàrea

hectic /ˈhektɪk/ *adj* frenètic

he'd /hiːd/ **1** = HE HAD *Vegeu* HAVE **2** = HE WOULD *Vegeu* WOULD

hedge /hedʒ/ *nom, verb*
▸ *n* **1** bardissa (*tanca*) **2** ~ **against sth** protecció contra alguna cosa
▸ *vi* defugir, fugir d'estudi
hedgehog /'hedʒhɒg; *USA* -hɔːg/ *n* eriçó
heed /hiːd/ *verb, nom*
▸ *vt* (*formal*) fer atenció a
▸ *n* LOC **give/pay heed (to sb/sth); take heed (of sb/sth)** (*formal*) fer cas (d'algú/d'alguna cosa)
heel /hiːl/ *n* taló LOC *Vegeu* DIG
hefty /'hefti/ *adj* (**heftier, -iest**) **1** cepat **2** (*objecte*) pesat **3** (*sou, deute, etc.*) molt alt **4** (*cop*) fort
height /haɪt/ *n* **1** alçada **2** estatura **3** (*Geog*) altitud **4** (*fig*) cim, súmmum: *at/in the height of summer* en ple estiu ◇ *the height of fashion* l'última moda ➲ *Vegeu nota a* ALT
heighten /'haɪtn/ *vt, vi* intensificar(-se), augmentar
heir /eə(r)/ *n* ~ **(to sth/of sb)** hereu, hereva (d'alguna cosa/d'algú)
heiress /'eərəs/ *n* hereva ➲ *Vegeu nota a* HEREU
held *pt, pp de* HOLD
helicopter /'helɪkɒptə(r)/ *n* helicòpter
helium /'hiːliəm/ *n* heli
hell (*tb* **Hell**) /hel/ *n* infern ❶ La paraula **hell** no porta article: *to go to hell* anar a l'infern LOC **a/one hell of a...** (*col·loq*): *I got a hell of a shock.* Em vaig espantar moltíssim. **hellish** *adj* (*col·loq*) infernal
he'll /hiːl/ = HE WILL *Vegeu* WILL
hello /hə'ləʊ/ *interj, n* hola: *Say hello for me.* Saluda de part meva. ➲ *Vegeu nota a* HOLA
helm /helm/ *n* timó
helmet /'helmɪt/ *n* casc
help /help/ *verb, nom*
▸ **1** *vt, vi* ajudar: *Help!* Auxili! ◇ *How can I help you?* En què puc servir-vos? ◇ *She helped (to) organize the party.* Va ajudar a organitzar la festa. **2** *vt* ~ **yourself (to sth)**; ~ **sb to sth** servir-se alguna cosa; servir alguna cosa a algú LOC **can't/couldn't help (doing) sth**: *He can't help it.* No ho pot evitar. ◇ *I couldn't help laughing.* No vaig poder estar-me de riure. ◇ *It can't be helped.* No hi ha altre remei. ◆ **give/lend (sb) a helping hand** donar un cop de mà (a algú) PHR V **help (sb) out** ajudar (algú)
▸ *n* [*incomptable*] **1** ajuda: *It wasn't much help.* No va servir de gaire. **2** assistència
helper /'helpə(r)/ *n* ajudant, -a
helpful /'helpfl/ *adj* **1** (*consell, etc.*) útil **2** servicial **3** amable
helping /'helpɪŋ/ *n* ració (*de menjar*): *to have a second helping* repetir
helpless /'helpləs/ *adj* **1** indefens **2** desemparat **3** impossibilitat
helpline /'helplaɪn/ *n* línia telefònica d'ajuda
helter-skelter /ˌheltə 'skeltə(r)/ *n* tobogan (*en espiral*)
hem /hem/ *nom, verb*
▸ *n* vora (*de roba*)
▸ *vt* (**-mm-**) fer la vora a PHR V **hem sb/sth in** **1** encerclar algú/alguna cosa **2** (*fig*) limitar algú/alguna cosa
hemisphere /'hemɪsfɪə(r)/ *n* hemisferi
hemo- (*USA*) *Vegeu* HAEMO-
hen /hen/ *n* gallina
hence /hens/ *adv* (*formal*) per això LOC **six days, weeks, etc. hence** d'aquí a sis dies, setmanes, etc.
henceforth /ˌhens'fɔːθ/ *adv* (*formal*) d'ara endavant
hen night (*tb* **hen party**) *n* comiat de soltera ➲ *Compareu amb* STAG NIGHT
hepatitis /ˌhepə'taɪtɪs/ *n* [*incomptable*] hepatitis
her /hə(r), ɜː(r), ə(r), hɜː(r)/ *pronom, adjectiu*
▸ *pron* **1** (*com a complement directe*) la: *I saw her.* La vaig veure. **2** (*com a complement indirecte*) li, a ella: *I asked her to come.* Li vaig demanar que vingués. ◇ *I said it to her.* Li ho vaig dir, a ella. **3** (*després de preposició, en comparacions o després del verb* **be**) ella: *She took it with her.* S'ho va emportar. ◇ *I'm taller than her.* Jo sóc més alta que ella. ◇ *It wasn't her.* No va ésser ella. ➲ *Compareu amb* SHE
▸ *adj* seu (*d'ella*): *her books* els seus llibres

> **Her** s'utilitza també per a referir-se a cotxes, vaixells o nacions. *Compareu amb* HERS *i vegeu nota a* MY

herald /'herəld/ *verb, nom*
▸ *vt* (*formal*) anunciar (*arribada, començament*)
▸ *n* herald **heraldry** *n* heràldica
herb /hɜːb; *USA* ɜːrb/ *n* herba (fina) **herbal** *adj* (a base) d'herbes: *herbal tea* infusió
herbalist /'hɜːbəlɪst; *USA tb* ɜːrb-/ *n* herbolari, -ària
herbivorous /hɜː'bɪvərəs; *USA* ɜːr'b-/ *adj* herbívor
herd /hɜːd/ *nom, verb*
▸ *n* **1** ramat (*de vaques, cabres*) **2** baconada ➲ *Compareu amb* FLOCK
▸ *vt* aplegar (*animals*)

H

here /hɪə(r)/ *adverbi, interjecció*
▸ *adv* aquí: *I live a mile from here.* Visc a una milla d'aquí. ◇ *Please sign here.* Signi aquí, si us plau. ◇ *They'll be here any minute.* Estan a punt d'arribar.

A les frases que comencen per **here**, el verb es col·loca darrere el subjecte si aquest és un pronom: *Here they are, at last!* Ja són aquí, per fi! ◇ *Here it is, on the table!* És aquí, sobre la taula! i davant si és un nom: *Here comes the bus.* Ja ve l'autobús.

LOC **here and there** (per) aquí i (per) allà ◆ **here you are** tingui
▸ *interj* **1** escolta! **2** (*oferint alguna cosa*) té!

hereditary /hə'redɪtri; *USA* -teri/ *adj* hereditari

heresy /'herəsi/ *n* (*pl* **heresies**) heretgia

heritage /'herɪtɪdʒ/ *n* patrimoni

hermit /'hɜːmɪt/ *n* ermità, -ana

hero /'hɪərəʊ/ *n* (*pl* **heroes**) **1** (*persona*) heroi, heroïna: *sporting heroes* els herois de l'esport **2** protagonista (*d'una novel·la, pel·lícula, etc.*) **heroic** /hə'rəʊɪk/ *adj* heroic **heroism** /'herəʊɪzəm/ *n* heroisme

heroin /'herəʊɪn/ *n* heroïna (*droga*)

heroine /'herəʊɪn/ *n* heroïna (*persona*)

heron /'herən/ *n* agró

herring /'herɪŋ/ *n* (*pl* **herring** *o* **herrings**) areng LOC *Vegeu* RED

hers /hɜːz/ *pron* (el) seu, (la) seva, (els) seus, (les) seves (*d'ella*): *a friend of hers* un amic seu ◇ *Where are hers?* On són els seus?

herself /hɜː'self/ *pron* **1** [*ús reflexiu*] es (*a ella mateixa*): *She bought herself a book.* Es va comprar un llibre. **2** (*després de preposició*) si (mateixa): *'I am free', she said to herself.* "Sóc lliure" —es va dir a si mateixa. **3** [*ús emfàtic*] ella mateixa: *She told me the news herself.* Em va explicar la notícia ella mateixa. LOC **(all) by herself** (tota) sola

he's /hiːz/ **1** = HE IS *Vegeu* BE **2** = HE HAS *Vegeu* HAVE

hesitant /'hezɪtənt/ *adj* vacil·lant, indecís

hesitate /'hezɪteɪt/ *vi* **1** ~ **(about/over sth/doing sth)** vacil·lar (en alguna cosa/a fer alguna cosa) **2** dubtar: *Don't hesitate to call.* No dubtis a trucar. **hesitation** *n* vacil·lació, dubte

heterogeneous /ˌhetərə'dʒiːniəs/ *adj* (*formal*) heterogeni

heterosexual /ˌhetərə'sekʃuəl/ *adj, n* heterosexual

hexagon /'heksəgən; *USA* -gɒn/ *n* hexàgon

hey /heɪ/ *interj* (*col·loq*) ei!, escolta!

heyday /'heɪdeɪ/ *n* [*gen sing*] (dies d')apogeu

hi /haɪ/ *interj* (*col·loq*) hola ➲ *Vegeu nota a* HOLA

hibernate /'haɪbəneɪt/ *vi* hibernar **hibernation** *n* hibernació

hiccup (*tb* **hiccough**) /'hɪkʌp/ *n* **1 (the) hiccups** [*pl*] singlot: *I got (the) hiccups.* Em va venir singlot. **2** (*col·loq*) problema

hid *pt de* HIDE

hidden /'hɪdn/ *adj* ocult, amagat *Vegeu tb* HIDE

hide /haɪd/ *verb, nom*
▸ (*pt* **hid** /hɪd/ *pp* **hidden** /'hɪdn/) **1** *vt* ~ **sth (from sb)** amagar, ocultar alguna cosa (a algú): *I have nothing to hide (from you).* No tinc res a amagar-te. **2** *vi* ~ **(from sb)** amagar-se (d'algú): *The child was hiding under the bed.* El nen estava amagat sota el llit.
▸ *n* pell (*d'animal*)

hide-and-seek /ˌhaɪd n 'siːk/ *n* fet a amagar: *to play hide-and-seek* jugar a fet a amagar

hideous /'hɪdiəs/ *adj* horrorós

hiding /'haɪdɪŋ/ *n* **1** *in hiding* amagat ◇ *to go into/come out of hiding* amagar-se/sortir de l'amagatall **2** (*esp GB, col·loq*) pallissa

hierarchy /'haɪərɑːki/ *n* (*pl* **hierarchies**) jerarquia

hieroglyphics /ˌhaɪərə'glɪfɪks/ *n* [*pl*] jeroglífics

hi-fi /'haɪ faɪ/ *adj, n* (equip) d'alta fidelitat

high /haɪ/ *adjectiu, nom, adverbi*
▸ *adj* (**higher, -est**) **1** alt: *The wall is six feet high.* La paret fa sis peus d'alçària. ◇ *How high is it?* Quant fa d'alçària? ◇ *high levels of pollution* nivells alts de contaminació ➲ *Vegeu nota a* ALT *Vegeu tb* HIGH-PITCHED, HIGH-POWERED, HIGH-RISE, HIGH-TECH

High, igual que el seu contrari **low**, a vegades es combina amb un nom per crear adjectius com ara **high-speed** (*d'alta velocitat*), **high-fibre** (*d'alt contingut en fibra*) i **high-risk** (*d'alt risc*).

2 *to have a high opinion of sb* tenir bona opinió d'algú ◇ *high hopes* grans esperances ◇ *high priority* màxima prioritat **3** (*vent*) fort **4** (*ideals, guanys, etc.*) elevat: *to set high standards* posar el llistó molt alt ◇ *I have it on the highest authority.* Ho sé de molt bona font. ◇ *She has friends in high places.* Té amics molt influents. **5** *the high life* la vida de luxe ◇ *the high point of the evening* el millor moment del vespre **6** (*so*) agut **7** *in high summer* en ple estiu ◇ *high season* temporada alta **8** ~ **(on sth)** (*col·loq*) col·locat (amb alguna cosa) (*drogues, alcohol*) LOC **high and dry 1** (*vaixell*) fora de l'aigua **2** (*persona*) plantat *Vegeu tb* FLY, FRIEND, PROFILE

▸ *n* punt alt
▸ *adv* (**higher, -est**) alt, a gran altura
highbrow /'haɪbraʊ/ *adj* (*sovint pej*) culte, intel·lectual
high-class /ˌhaɪ 'klɑːs; *USA* 'klæs/ *adj* de categoria
High Court *n* Tribunal Suprem
higher education *n* ensenyament superior
high five *n* (*esp USA*) *That was great! Give me a high five!* Genial! Toca-la!
high jump *n* salt d'alçada
highland /'haɪlənd/ *adjectiu, nom*
▸ *adj* de muntanya
▸ *n* [*gen pl*] regió muntanyosa
high-level /ˌhaɪ 'levl/ *adj* d'alt nivell
highlight /'haɪlaɪt/ *verb, nom*
▸ *vt* **1** posar en relleu **2** (*text*) marcar (*amb retolador, etc.*)
▸ *n* **1** moment culminant, aspecte interessant **2 highlights** [*pl*] (*en els cabells*) reflexos
highlighter /'haɪlaɪtə(r)/ (*tb* **highlighter pen**) *n* retolador fluorescent
highly /'haɪli/ *adv* **1** molt, altament: *highly unlikely* molt improbable **2** *to think/speak highly of sb* tenir molt bona opinió/parlar molt bé d'algú
highly strung *adj* nerviós, molt excitable
Highness /'haɪnəs/ *n* Altesa
high-pitched /ˌhaɪ 'pɪtʃt/ *adj* (*so*) agut
high-powered /ˌhaɪ 'paʊəd/ *adj* **1** (*persona*) dinàmic **2** (*càrrec, feina*) important, de molta responsabilitat **3** (*cotxe*) de gran potència
high pressure /ˌhaɪ 'preʃə(r)/ *n* [*incomptable*] (*Meteor*) alta pressió **high-pressure** *adj* [*només davant del nom*] **1** (*feina*) estressant **2** (*tècniques de persuasió, etc.*) agressiu
high-ranking /ˌhaɪ 'ræŋkɪŋ/ *adj* d'alt rang
high-rise /'haɪ raɪz/ *adjectiu, nom*
▸ *adj* **1** (*edifici*) de molts pisos **2** (*pis*) d'un edifici alt
▸ *n* edifici alt (*de molts pisos*)
high school *n* (*esp USA*) escola d'ensenyament secundari
high street *n* carrer gran/major: *high-street shops* botigues del carrer principal
high-tech (*tb* **hi-tech**) /ˌhaɪ 'tek/ *adj* (*col·loq*) d'alta tecnologia
high tide high tides *n* plenamar
highway /'haɪweɪ/ *n* **1** (*esp USA*) carretera, autopista **2** (*GB, formal*) via pública: *the Highway Code* el codi de circulació
hijab /hɪ'dʒɑːb/ *n* hijab
hijack /'haɪdʒæk/ *verb, nom*
▸ *vt* **1** segrestar **2** (*pej*) acaparar
▸ *n* (*tb* **hijacking**) segrest **hijacker** *n* segrestador, -a
hike /haɪk/ *nom, verb*
▸ *n* caminada
▸ *vi*: *to go hiking* fer senderisme **hiker** *n* caminant, excursionista
hilarious /hɪ'leəriəs/ *adj* divertidíssim, molt còmic
hill /hɪl/ *n* **1** pujol, turó, serral **2** costa, pendent **hilly** *adj* (**hillier, -iest**) ple de turons
hillside /'hɪlsaɪd/ *n* vessant (*d'un turó*)
hilt /hɪlt/ *n* empunyadura LOC **(up) to the hilt** **1** fins al coll **2** (*donar suport*) incondicionalment
him /hɪm/ *pron* **1** (*com a complement directe*) el: *I invited him.* El vaig convidar. ◇ *I hit him.* Li vaig pegar. **2** (*com a complement indirecte*) li: *Give it to him.* Dóna-li-ho. ◇ *I gave him the book.* Li vaig donar el llibre. **3** (*després de preposició, en comparacions o després del verb* **be**) ell: *He always has it with him.* Sempre ho porta a sobre. ◇ *I'm taller than him.* Sóc més alt que ell. ◇ *It must be him.* Deu ser ell. ➲ *Compareu amb* HE
himself /hɪm'self/ *pron* **1** [*ús reflexiu*] es (*a ell mateix*) **2** (*després de preposició*) si (mateix): *'I tried', he said to himself.* "Ho he intentat" —es va dir a si mateix. **3** [*ús emfàtic*] ell mateix: *He said so himself.* Ell mateix ho va dir. LOC **(all) by himself** (tot) sol
hinder /'hɪndə(r)/ *vt* destorbar, dificultar: *Our progress was hindered by bad weather.* El mal temps va dificultar la nostra feina.
hindrance /'hɪndrəns/ *n* ~ **(to sth/sb)** destorb, obstacle (per a alguna cosa/algú)
hindsight /'haɪndsaɪt/ *n*: *with (the benefit of) hindsight/in hindsight* mirant-ho en retrospectiva
Hindu /'hɪnduː, ˌhɪn'duː/ *adj, n* hindú **Hinduism** /'hɪnduːɪzəm/ *n* hinduisme
hinge /hɪndʒ/ *nom, verb*
▸ *n* xarnera, frontissa
▸ *v* PHRV **hinge on/upon sth** dependre d'alguna cosa
hint /hɪnt/ *nom, verb*
▸ *n* **1** insinuació, indirecta **2** indici **3** consell LOC **take a/the hint** donar-se per al·ludit
▸ **1** *vi* ~ **at sth** referir-se indirectament a alguna cosa **2** *vt* ~ **(to sb) that...** insinuar (a algú) que...
hip /hɪp/ *nom, adjectiu*
▸ *n* maluc
▸ *adj* (**hipper, -est**) (*col·loq*) de moda
hip hop *n* hip-hop

hippie (*tb* **hippy**) /ˈhɪpi/ *n* (*pl* **hippies**) hippy

hippo /ˈhɪpəʊ/ *n* (*pl* **hippos**) (*col·loq*) hipopòtam

hippopotamus /ˌhɪpəˈpɒtəməs/ *n* (*pl* **hippopotamuses** /-məsɪz/ *o* **hippopotami** /-maɪ/) hipopòtam ➲ *Vegeu nota a* HIPOPÒTAM

hire /ˈhaɪə(r)/ *verb, nom*

▸ *vt* **1** llogar ➲ *Vegeu nota a* LLOGAR **2** (*persona*) contractar

▸ *n* lloguer: *hire purchase* compra a terminis LOC **for hire** es lloga/es lloguen

his /hɪz/ **1** *adj* seu (*d'ell*): *his bags* les seves bosses **2** *pron* (el) seu, (la) seva, (els) seus, (les) seves (*d'ell*): *a friend of his* un amic seu ◇ *He lent me his.* Em va deixar el seu. ➲ *Vegeu nota a* MY

Hispanic /hɪˈspænɪk/ *adjectiu, nom*

▸ *adj* **1** (*comunitat als Estats Units*) hispà **2** (*cultura*) hispànic

▸ *n* hispà, -ana

hiss /hɪs/ *verb, nom*

▸ **1** *vi* (*serp, aparell*) xiular **2** *vi* (*gat*) bufar **3** *vt, vi* xiular (*mostrant desaprovació*) **4** *vt* dir en veu baixa (*amb irritació*)

▸ *n* xiulet

hissy fit /ˈhɪsi fɪt/ *n* (*col·loq*) enrabiada

historian /hɪˈstɔːriən/ *n* historiador, -a

historic /hɪˈstɒrɪk; *USA* -ˈstɔːrɪk/ *adj* històric (*important*)

historical /hɪˈstɒrɪkl; *USA* -ˈstɔːr-/ *adj* històric (*relatiu a la història*)

history /ˈhɪstri/ *n* (*pl* **histories**) **1** història **2** (*Med*) historial LOC **make history** passar a la història

hit /hɪt/ *verb, nom*

▸ *vt* (*pt, pp* **hit** *part pres* **hitting**) **1** copejar: *to hit a nail* clavar un clau **2** ~ **sth (on/against sth)** donar-se un cop a alguna cosa (amb alguna cosa): *I hit my knee against the table.* M'he donat un cop al genoll amb la taula. **3** tocar: *He was hit in the leg by a bullet.* Una bala li va tocar la cama. **4** xocar contra **5** (*pilota*) tirar **6** afectar: *Rural areas have been worst hit by the strike.* Les zones rurals han estat les més afectades per la vaga. LOC **hit it off (with sb)** (*col·loq*): *Pete and Jo hit it off immediately.* En Pete i la Jo es van caure bé de seguida. ◆ **hit the nail on the head** encertar-ho de mig a mig *Vegeu tb* HOME, PATCH PHR V **hit back (at sb/sth)** contestar (a algú/alguna cosa), tornar-s'hi ◆ **hit out (at sb/sth)** atacar (algú/alguna cosa)

▸ *n* **1** cop **2** èxit

hit-and-run /ˌhɪt ən ˈrʌn/ *adj*: *a hit-and-run driver* un conductor que fuig després d'atropellar algú

hitch /hɪtʃ/ *verb, nom*

▸ **1** *vt, vi*: *to hitch (a ride)* fer autoestop ◇ *Can I hitch a lift with you as far as the station?* Em pots portar fins a l'estació? **2** *vt* ~ **sth (up)** (*roba*) tirar amunt, arromangar-se alguna cosa **3** *vt* ~ **sth (to sth)** enganxar, lligar alguna cosa (a alguna cosa)

▸ *n* entrebanc: *without a hitch* sense dificultats

hitchhike /ˈhɪtʃhaɪk/ *vi* fer autoestop **hitchhiker** *n* autoestopista **hitchhiking** *n* autoestop

hi-tech = HIGH-TECH

hive /haɪv/ *n* rusc

HIV-positive /ˌeɪtʃ aɪ ˌviː ˈpɒzətɪv/ *adj* seropositiu

hiya /ˈhaɪjə/ *interj* (*col·loq*) hola

hoard /hɔːd/ *nom, verb*

▸ *n* **1** provisió **2** tresor amagat

▸ *vt* acaparar

hoarding /ˈhɔːdɪŋ/ *n* tanca publicitària

hoarse /hɔːs/ *adj* ronc

hoax /həʊks/ *n* broma de mal gust, engany: *a hoax bomb warning* una falsa amenaça de bomba

hob /hɒb/ *n* placa (*de cuina*)

hobby /ˈhɒbi/ *n* (*pl* **hobbies**) passatemps

hockey /ˈhɒki/ *n* hoquei

> A la Gran Bretanya la paraula **hockey** vol dir *hoquei sobre herba* i per parlar de l'*hoquei sobre gel* cal dir **ice hockey**. Als Estats Units **hockey** fa referència a l'*hoquei sobre gel* i l'*hoquei sobre herba* es diu **field hockey**.

hoe /həʊ/ *n* aixada

hog /hɒg; *USA* hɔːg/ *nom, verb*

▸ *n* (*esp USA*) porc

▸ *vt* (**-gg-**) (*col·loq*) acaparar

Hogmanay /ˈhɒgməneɪ/ *n* nit de cap d'any (*a Escòcia*)

hoist /hɔɪst/ *vt* hissar, aixecar

hold /həʊld/ *verb, nom*

▸ (*pt, pp* **held** /held/) **1** *vt* aguantar, agafar: *to hold hands* anar agafats de la mà **2** *vt* agafar-se a **3** *vt, vi* (*pes*) aguantar **4** *vt* tenir una cabuda de: *It won't hold you all.* No hi cabreu tots. **5** *vt* (*presoner*) retenir, tenir detingut **6** *vt* (*lloc de treball, càrrec*) ocupar **7** *vt* (*títol*) ostentar **8** *vt* (*posseir*) tenir **9** *vt* (*opinió*) sostenir **10** *vt* (*formal*) considerar **11** *vt* (*reunió, eleccions*) celebrar **12** *vt* (*conversa*) mantenir **13** *vi* (*oferta, acord*) ésser vàlid **14** *vi* (*al telèfon*) esperar LOC **hold it!** (*col·loq*) espera! ❶ Per a d'altres expressions amb **hold**, vegeu les entrades del nom, adjectiu, etc., p. ex. **hold the line** a LINE.

PHR V **hold sth against sb** (*col·loq*) tenir alguna cosa en contra d'algú
hold sth back 1 (*informació*) amagar alguna cosa **2** (*ràbia, llàgrimes, etc.*) contenir alguna cosa ◆ **hold sb/sth back 1** posar fre a algú/alguna cosa **2** impedir que algú/alguna cosa progressi
hold sb/sth down subjectar algú/alguna cosa
hold forth fer un discurs
hold on 1 (*col·loq*) esperar **2** aguantar ◆ **hold on; hold onto sb/sth** agafar-se (a algú/alguna cosa) ◆ **hold sth on** subjectar alguna cosa
hold out 1 (*provisions, etc.*) durar **2** (*persona*) aguantar ◆ **hold sth out** allargar, donar alguna cosa
hold sb/sth up 1 sostenir algú/alguna cosa **2** endarrerir algú/alguna cosa ◆ **hold sth up** aixecar alguna cosa ◆ **hold up sth** assaltar alguna cosa (*un banc, etc.*)
hold with sth estar d'acord amb alguna cosa
▸ *n* **1** *to keep a firm hold of sth* tenir alguna cosa ben agafada **2** (*judo, etc.*) clau **3** ~ **(on/over sb/sth)** influència, control (sobre algú/alguna cosa) **4** (*vaixell, avió*) bodega LOC **get hold of sb** posar-se en contacte amb algú ◆ **get hold of sth** aconseguir alguna cosa ◆ **catch/get/grab/take (a) hold of sb/sth** agafar algú/alguna cosa

holdall /ˈhəʊldɔːl/ (*USA* **duffel bag**) *n* bossa de viatge ➲ *Vegeu il·lustració a* BAG

holder /ˈhəʊldə(r)/ *n* **1** titular, posseïdor, -a **2** recipient

hold-up /ˈhəʊld ʌp/ *n* **1** retard **2** (*trànsit*) embús **3** assalt, atracament

hole /həʊl/ *n* **1** forat **2** perforació **3** (*carretera*) sot **4** esvoranc **5** cau **6** (*col·loq*) lloc/casa de mala mort *Vegeu tb* PICK

holiday /ˈhɒlədeɪ/ *nom, verb*
▸ *n* **1** (*USA* **vacation**) vacances: *to be/go on holiday* estar/anar de vacances ◇ *holiday home* casa de vacances ➲ *Vegeu nota a* VACANCES **2** festa, dia festiu ❶ En aquest sentit, **holiday** es fa servir tant en anglès britànic com americà. Un dia que t'agafes lliure i no vas a treballar també es diu **a day off**: *I'm having two days off next week when we move house.* La setmana que ve m'agafo dos dies de festa per fer el trasllat. **Leave** fa referència a un període en què no vas a treballar per un motiu especial: *maternity leave* baixa per maternitat ◇ *unpaid leave* permís sense cobrar *Vegeu tb* BANK HOLIDAY
▸ *vi* (*USA* **vacation**) estar de vacances

holidaymaker /ˈhɒlədeɪmeɪkə(r)/ (*USA* **vacationer**) *n* estiuejant, turista

holiness /ˈhəʊlinəs/ *n* santedat

hollow /ˈhɒləʊ/ *adjectiu, nom, verb*
▸ *adj* **1** buit **2** (*ulls*) enfonsat **3** (*cara*) xuclat de galtes **4** (*so*) sord **5** (*fig*) poc sincer, fals
▸ *n* **1** clot **2** fondalada **3** forat
▸ *vt* ~ **sth (out)** buidar alguna cosa

holly /ˈhɒli/ *n* grèvol

holocaust /ˈhɒləkɔːst/ *n* holocaust

hologram /ˈhɒləgræm/ *n* holograma

holy /ˈhəʊli/ *adj* (**holier, -iest**) **1** sant **2** sagrat **3** beneït

homage /ˈhɒmɪdʒ/ *n* (*formal*) homenatge: *to pay homage to sb/sth* retre homenatge a algú/alguna cosa

H

home /həʊm/ *nom, adjectiu, adverbi*
▸ *n* **1** casa, llar **2** residència (*d'ancians, etc.*) **3** (*Zool*) hàbitat **4** [*sing*] **the ~ of sth** el bressol d'alguna cosa LOC **at home 1** a casa **2** com a casa **3** en el meu, seu, nostre, etc. país
▸ *adj* [*només davant del nom*] **1** familiar: *home life* vida familiar ◇ *home comforts* les comoditats de la llar **2** (*cuina, etc.*) casolà **3** (*no estranger*) nacional: *the Home Office* el Ministeri de l'Interior **4** (*poble, país*) natal **5** (*Esport*) de/a casa
▸ *adv* **1** a casa: *to go home* anar a casa **2** (*fixar, clavar, etc.*) a fons LOC **be home and dry** estar sa i estalvi ◆ **bring sth home to sb** fer que algú s'adoni d'alguna cosa ◆ **hit/strike home** ferir algú en el més íntim d'un mateix

homeland /ˈhəʊmlænd/ *n* terra natal, pàtria

homeless /ˈhəʊmləs/ *adjectiu, nom*
▸ *adj* sense llar/sostre
▸ *n* **the homeless** [*pl*] els sense llar/sostre **homelessness** *n* manca de llar: *the rise in homelessness* l'augment en el nombre de persones sense sostre

homely /ˈhəʊmli/ *adj* (**homelier, -iest**) **1** (*ambient, lloc*) familiar, acollidor **2** (*GB*) (*persona*) senzill **3** (*USA, pej*) poc atractiu

home-made /ˌhəʊm ˈmeɪd/ *adj* casolà, fet a casa

homeopath /ˈhəʊmiəpæθ/ *n* homeòpata

homeopathy /ˌhəʊmiˈɒpəθi/ *n* homeopatia

home page *n* (*Informàt*) pàgina inicial

Home Secretary *n* (*GB*) ministre, -a de l'Interior

homesick /ˈhəʊmsɪk/ *adj* nostàlgic: *to be/feel homesick* enyorar-se (de casa, del seu país)

homework /ˈhəʊmwɜːk/ *n* [*incomptable*] (*Educ*) deures

homicide /ˈhɒmɪsaɪd/ *n* homicidi ➲ *Vegeu nota a* ASSASSINAR **homicidal** /ˌhɒmɪˈsaɪdl/ *adj* homicida

homogeneous /ˌhɒmə'dʒiːniəs; *USA* ˌhəʊm-/ *adj* homogeni

homosexual /ˌhəʊmə'sekʃuəl, ˌhɒm-/ *adj, n* homosexual **homosexuality** /ˌhəʊməsekʃu-'æləti, ˌhɒm-/ *n* homosexualitat

honest /'ɒnɪst/ *adj* **1** (*persona*) honrat **2** (*afirmació*) franc, sincer **3** (*sou*) just **honestly** *adv* **1** honradament **2** [*ús emfàtic*] de debò, francament

honesty /'ɒnəsti/ *n* **1** honradesa, honestedat **2** franquesa

H

honey /'hʌni/ *n* **1** mel **2** (*col·loq*) (*tractament*) amor meu

honeymoon /'hʌnimuːn/ *n* lluna de mel

honk /hɒŋk/ *vt, vi* tocar (la botzina)

honorary /'ɒnərəri; *USA* -reri/ *adj* **1** honorífic **2** (*doctor*) honoris causa **3** (*no remunerat*) honorari

honour (*USA* **honor**) /'ɒnə(r)/ *nom, verb*
▸ *n* **1** honor **2** (*títol*) condecoració **3** **honours** [*pl*] distinció: *(first class) honours degree* llicenciatura (amb matrícula d'honor) **4** **His/Her/Your Honour** Sa/Vostra Senyoria LOC **in honour of sb/sth; in sb's/sth's honour** en honor d'algú/d'alguna cosa
▸ *vt* **1** honrar **2** condecorar **3** (*compromís, deute*) complir

honourable (*USA* **honorable**) /'ɒnərəbl/ *adj* **1** honorable **2** honrós

hood /hʊd/ *n* **1** caputxa **2** (*cotxe*) capota **3** (*USA*) capó (*d'un cotxe*) **hooded** *adj* amb caputxa

hoody /'hʊdi/ *n* (*pl* **hoodies**) dessuadora amb caputxa

hoof /huːf/ *n* (*pl* **hoofs** *o* **hooves** /huːvz/) casc, peülla

hook /hʊk/ *nom, verb*
▸ *n* **1** ganxo, garfi: *coat hook* penjador (de paret) **2** (*pesca*) ham LOC **get sb off the hook** treure algú d'un embolic ◆ **let sb off the hook** permetre algú de sortir-se'n ◆ **off the hook** despenjat (*telèfon*)
▸ *vt, vi* enganxar(-se) LOC **be/get hooked (on sth)** (*col·loq*) estar enganxat/enganxar-se (a alguna cosa)

hooligan /'huːlɪɡən/ *n* gamberro, -a: *football hooligans* seguidors violents del futbol **hooliganism** *n* vandalisme

hoop /huːp/ *n* cèrcol

hooray /hʊ'reɪ/ *interj* ~ **(for sb/sth)** visca (algú/alguna cosa)!

hoot /huːt/ *verb, nom*
▸ **1** *vt* (*botzina*) tocar **2** *vi* ~ **(at sb/sth)** (*cotxe*) tocar la botzina (a algú/alguna cosa) **3** *vi* (*òliba*) esgaripar
▸ *n* **1** toc de botzina **2** (*òliba*) esgarip

Hoover® /'huːvə(r)/ *nom, verb*
▸ *n* aspiradora
▸ *vt, vi* **hoover** passar l'aspiradora (a)

hooves *plural de* HOOF

hop /hɒp/ *verb, nom*
▸ *vi* (**-pp-**) **1** (*persona*) caminar a peu coix ➲ *Vegeu il·lustració a* SALTAR **2** (*animal*) fer saltirons
▸ *n* **1** salt **2** **hops** [*pl*] (*Bot*) llúpol

hope /həʊp/ *verb, nom*
▸ *vt, vi* ~ **(for sth/to do sth)** esperar (alguna cosa/fer alguna cosa): *I hope not/so.* Espero que no/sí. LOC **I should hope not!** i tant! ◆ **I should hope so!** això espero! ➲ *Vegeu nota a* ESPERAR
▸ *n* ~ **(of/for sth)**; ~ **(of doing sth)** esperança (d'alguna cosa); esperança (de fer alguna cosa)

hopeful /'həʊpfl/ *adj* **1** (*persona*) esperançat, confiat: *to be hopeful that…* tenir l'esperança que… **2** (*situació*) prometedor, esperançador **hopefully** /-fəli/ *adv* **1** amb una mica de sort: *Hopefully we'll get there by four.* Amb sort hi arribarem abans de les quatre. **2** amb optimisme, amb esperances

hopeless /'həʊpləs/ *adj* **1** inútil, desastrós **2** ~ **(at sth/doing sth)** (*col·loq*) negat (per a alguna cosa/per fer alguna cosa) **3** (*tasca*) impossible **hopelessly** *adv* [*ús emfàtic*] completament: *hopelessly lost* completament perdut

horde /hɔːd/ *n* (*sovint pej*) multitud: *hordes of people* una munió de gent

horizon /hə'raɪzn/ *n* **1** **the horizon** [*sing*] l'horitzó **2** [*gen pl*] (*fig*) perspectiva

horizontal /ˌhɒrɪ'zɒntl; *USA* ˌhɔːrə-/ *adj, n* horitzontal

hormone /'hɔːməʊn/ *n* hormona

horn /hɔːn/ *n* **1** banya **2** (*Mús*) corn **3** (*cotxe, etc.*) botzina

horoscope /'hɒrəskəʊp; *USA* 'hɔːr-/ *n* horòscop

horrendous /hɒ'rendəs; *USA* hɔːr-/ *adj* **1** horrorós **2** (*excessiu*) tremend

horrible /'hɒrəbl; *USA* 'hɔːr-/ *adj* horrible

horrid /'hɒrɪd; *USA* 'hɔːrɪd/ *adj* horrible, horrorós

horrific /hə'rɪfɪk/ *adj* horripilant, espantós

horrify /'hɒrɪfaɪ; *USA* 'hɔːr-/ *vt* (*pt, pp* **-fied**) horroritzar **horrifying** *adj* horrorós, horripilant

horror /'hɒrə(r); *USA* 'hɔːr-/ *n* horror: *a horror film* una pel·lícula de por

horse /hɔːs/ *n* cavall: *vaulting horse* cavall de salts/poltre (de gimnàstica) **LOC** *Vegeu* DARK, FLOG, LOOK

horseman /ˈhɔːsmən/ *n* (*pl* **-men** /-mən/) genet

horsepower /ˈhɔːspaʊə(r)/ *n* (*pl* **horsepower**) (*abrev* **h.p.**) cavall de vapor

horse riding (*USA* **horseback riding**) *n* equitació

horseshoe /ˈhɔːsʃuː/ *n* ferradura

horsewoman /ˈhɔːswʊmən/ *n* (*pl* **-women** /-wɪmɪn/) amazona

horticulture /ˈhɔːtɪkʌltʃə(r)/ *n* horticultura **horticultural** /ˌhɔːtɪˈkʌltʃərəl/ *adj* hortícola

hose /həʊz/ (*tb* **hosepipe** /ˈhəʊzpaɪp/) *n* mànega

hospice /ˈhɒspɪs/ *n* hospital (*per a malalts terminals*)

hospitable /hɒˈspɪtəbl, ˈhɒspɪtəbl/ *adj* hospitalari

hospital /ˈhɒspɪtl/ *n* hospital: *He's going into hospital tomorrow.* L'ingressaran demà. ➲ *Vegeu nota a* SCHOOL

hospitality /ˌhɒspɪˈtæləti/ *n* hospitalitat

host /həʊst/ *nom, verb*
▸ *n* **1** amfitrió, -ona: *host family* família d'acollida d'un estudiant que fa un curs d'idioma **2** (*TV*) presentador, -a **3** multitud, munt: *a host of admirers* un munt d'admiradors **4 the Host** (*Relig*) l'hòstia
▸ *vt*: *Valencia hosted the 2007 America's Cup.* València va ésser la seu de la Copa Amèrica de 2007.

hostage /ˈhɒstɪdʒ/ *n* ostatge

hostel /ˈhɒstl/ *n* alberg: *youth hostel* alberg de joventut ❶ La paraula catalana *hostal* es tradueix per **(cheap) hotel**.

hostess /ˈhəʊstəs, -tes/ *n* **1** amfitriona **2** hostessa **3** (*TV*) presentadora

hostile /ˈhɒstaɪl; *USA* -tl/ *adj* **1** hostil **2** (*territori*) enemic

hostility /hɒˈstɪləti/ *n* hostilitat

hot /hɒt/ *adj* (**hotter**, **hottest**) **1** (*aigua, menjar, objecte*) calent ➲ *Vegeu nota a* CALENT **2** (*dia*) calorós: *in hot weather* quan fa calor **3** (*gust*) picant **4** (*col·loq*) (*grup de música, producte, etc.*) popular **LOC be hot 1** (*persona*) tenir calor **2** (*temps*) fer calor

hot-blooded /ˌhɒt ˈblʌdɪd/ *adj* apassionat ➲ *Compareu amb* WARM-BLOODED

hot cross bun *n* panet dolç de panses que es menja el Divendres Sant a la Gran Bretanya

hot-desking /ˌhɒt ˈdeskɪŋ/ *n* [*incomptable*] compartir les taules d'una oficina en comptes d'assignar-les individualment

hot dog *n* frankfurt (*entrepà*)

hotel /həʊˈtel/ *n* hotel

hothead /ˈhɒthed/ *n* exaltat, -ada

hotly /ˈhɒtli/ *adv* acaloradament, enèrgicament

hot spot *n* punt conflictiu

hound /haʊnd/ *nom, verb*
▸ *n* gos de caça, llebrer
▸ *vt* empaitar

hour /ˈaʊə(r)/ *n* **1** hora: *half an hour* mitja hora **2 hours** [*pl*] horari: *office/opening hours* l'horari d'oficina/d'obertura **3** [*gen sing*] moment **4 hours** [*pl*] molt de temps: *I've been waiting for hours.* Fa hores que espero. **LOC after hours** després de les hores de feina/de l'horari d'obertura ◆ **on the hour** a l'hora en punt *Vegeu tb* EARLY **hourly** *adv, adj* cada hora

house *nom, verb*
▸ *n* /haʊs/ (*pl* **houses** /ˈhaʊzɪz/) **1** casa **2** (*Teat*) sala d'espectacles: *There was a full house.* Es va omplir de gom a gom. **LOC on the house** a compte de la casa *Vegeu tb* MOVE
▸ *vt* /haʊz/ allotjar, albergar

household /ˈhaʊshəʊld/ *n*: *a large household* una casa de molta gent ◇ *household chores* feines de la casa **householder** *n* (*formal*) persona que lloga o és propietària de l'habitatge en què viu

house husband *n* mestre de casa ➲ *Compareu amb* HOUSEWIFE

housekeeper /ˈhaʊskiːpə(r)/ *n* governanta, majordoma **housekeeping** *n* **1** govern de la casa **2** despeses de la casa

the House of Commons (*tb* **the Commons**) *n* [*v sing o pl*] la Cambra dels Comuns ➲ *Vegeu nota a* PARLIAMENT

housemate /ˈhaʊsmeɪt/ *n* company, -a de casa

the House of Lords (*tb* **the Lords**) *n* [*v sing o pl*] la Cambra dels Lords ➲ *Vegeu nota a* PARLIAMENT

the Houses of Parliament *n* [*pl*] el Parlament (britànic)

house-warming /ˈhaʊs wɔːmɪŋ/ *n* festa d'inauguració d'una casa

housewife /ˈhaʊswaɪf/ *n* (*pl* **housewives** /-waɪvz/) mestressa de casa

housework /ˈhaʊswɜːk/ *n* [*incomptable*] feines de la casa

housing /ˈhaʊzɪŋ/ *n* [*incomptable*] habitatge, allotjament

H

housing estate (*tb* **housing development**) *n* urbanització

hover /'hɒvə(r); *USA* 'hʌvər/ *vi* **1** (*au*) planar **2** (*objecte*) restar suspès (en l'aire) **3** (*persona*) rondar

how /haʊ/ *adv* **1** com: *How are you?* Com estàs? ◇ *How can that be?* Com pot ser? ◇ *Tell me how to spell it.* Digues-me com s'escriu. ◇ *How is your job?* Com va la feina? **2** (*amb adjectiu o adverbi*): *How old are you?* Quants anys tens? ◇ *How fast were you going?* A quina velocitat anaves? **3** (*en exclamacions*) que... !: *How you've grown!* Que gran t'has fet! ◇ *How cold it is!* Quin fred que fa! **4** com: *I dress how I like.* Em vesteixo com vull. LOC **how about?** *Vegeu* ABOUT ◆ **how come... ?** com és que... ? ◆ **how do you do?** molt de gust

> **How do you do?** i **how are you?** no s'utilitzen de la mateixa manera. **How are you?** es fa servir per a preguntar com està l'altra persona, i es contesta segons com un es trobi: *fine, very well, not too well*, etc. En canvi, **how do you do?** s'usa només en presentacions formals, i es respon amb *how do you do?*

◆ **how ever** com: *How ever did she do it?* Com diantre va aconseguir de fer-ho? ◆ **how many** quants: *How many letters did you write?* Quantes cartes vas escriure? ◆ **how much** quant: *How much is it?* Quant és? ◆ **how's that?** (*col·loq*) i això?

however /haʊ'evə(r)/ *adv* **1** per més que: *however strong you are* per més fort que siguis ◇ *however hard he tries* per més que s'hi escarrassi **2** com: *however you like* com vulguis ◇ *However you look at it, it's going to cost a lot.* Es miri com es miri, ens costarà un dineral. **3** no obstant això

howl /haʊl/ *verb, nom*
▸ *vi* **1** udolar **2** fer esgarips
▸ *n* **1** udol **2** crit

HQ *abrev Vegeu* HEADQUARTERS

hub /hʌb/ *n* **1** ~ **(of sth)** eix, centre (d'alguna cosa) **2** (*roda*) botó

hubbub /'hʌbʌb/ *n* xivarri, guirigall

huddle /'hʌdl/ *verb, nom*
▸ *vi* ~ **(up) 1** arraulir-se **2** apinyar-se
▸ *n* rotlle

huff /hʌf/ *n* LOC **be in a huff** (*col·loq*) estar enrabiat

hug /hʌg/ *verb, nom*
▸ *vt* (**-gg-**) abraçar
▸ *n* abraçada: *to give sb a hug* fer una abraçada a algú

huge /hju:dʒ/ *adj* enorme

hull /hʌl/ *n* buc (*d'un vaixell*)

hum /hʌm/ *verb, nom*
▸ (**-mm-**) **1** *vt, vi* taral·lejar **2** *vi* brunzir **3** *vi* bullir: *to hum with activity* estar molt animat
▸ *n* **1** (*tb* **humming**) brunzit **2** (*veus*) murmuri

human /'hju:mən/ *adj, n* humà: *human being* ésser humà ◇ *human rights* drets humans ◇ *human nature* la natura humana ➲ *Vegeu nota a* MAN

humane /hju:'meɪn/ *adj* humanitari, humà

humanitarian /hju:ˌmænɪ'teəriən/ *adj* humanitari

humanity /hju:'mænəti/ *n* **1** humanitat ➲ *Vegeu nota a* MAN **2 humanities** [*pl*] (*Educ*) humanitats

humble /'hʌmbl/ *adjectiu, verb*
▸ *adj* (**humbler** /'hʌmblə(r)/ **humblest** /-blɪst/) humil
▸ *vt* **1** donar una lliçó d'humilitat a **2** ~ **yourself** adoptar una actitud humil

humid /'hju:mɪd/ *adj* humit **humidity** /hju:'mɪdəti/ *n* humitat

> **Humid** i **humidity** només fan referència a la humitat atmosfèrica. *Vegeu tb nota a* MOIST

humiliate /hju:'mɪlieɪt/ *vt* humiliar **humiliating** *adj* humiliant, vergonyós **humiliation** *n* humiliació

humility /hju:'mɪləti/ *n* humilitat

hummingbird /'hʌmɪŋbɜ:d/ *n* colibrí

humongous (*tb* **humungous**) /hju:'mʌŋgəs/ *adj* (*col·loq*) enorme

humorous /'hju:mərəs/ *adj* humorístic, divertit

humour (*USA* **humor**) /'hju:mə(r)/ *nom, verb*
▸ *n* **1** humor: *sense of humour* sentit de l'humor **2** (*comicitat*) gràcia
▸ *vt* seguir la veta a, complaure

hump /hʌmp/ *n* gepa, gep

hunch /hʌntʃ/ *verb, nom*
▸ *vt, vi* encorbar(-se)
▸ *n* pressentiment

hunchback /'hʌntʃbæk/ *n* (*pej*) geperut, -uda

hundred /'hʌndrəd/ *adjectiu, pronom, nom*
▸ *adj, pron* cent ❶ *Vegeu notes a* CENT, MILLION *i exemples a* FIVE
▸ *n* cent, centenar: *hundreds of people* centenars de persones **hundredth 1** *adj, pron* centèsim **2** *n* centèsima part ➲ *Vegeu exemples a* FIFTH

hung *pt, pp de* HANG

hunger /'hʌŋgə(r)/ *nom, verb*
▸ *n* gana, fam ➲ *Vegeu nota a* FAM

▸ *v* PHR V **hunger for/after sth** (*formal*) anhelar alguna cosa, tenir fam d'alguna cosa

hungry /'hʌŋgri/ *adj* (**hungrier**, **-iest**) afamat: *I'm hungry.* Tinc gana/fam.

hunk /hʌŋk/ *n* **1** (bon) tros **2** (*col·loq*) home fort i atractiu: *He's a real hunk.* És un tros d'home.

hunt /hʌnt/ *verb, nom*

▸ *vt, vi* **1** caçar, sortir de cacera **2** ~ **(for) sb/sth** buscar algú/alguna cosa

▸ *n* **1** caça, cacera **2** recerca, cerca **hunter** *n* caçador, -a **hunting** *n* caça

hurdle /'hɜːdl/ *n* **1** (*Esport*) tanca **2** (*fig*) obstacle

hurl /hɜːl/ *vt* **1** llançar, tirar **2** (*insults, etc.*) deixar anar

hurrah, hurray = HOORAY

hurricane /'hʌrɪkən; *USA* 'hɜːrə-/ *n* huracà

hurried /'hʌrid/ *adj* precipitat, ràpid *Vegeu tb* HURRY

hurry /'hʌri/ *verb, nom*

▸ *vt, vi* (*pt, pp* **hurried**) donar(-se) pressa, apressar(-se) PHR V **hurry up (with sth)** afanyar-se (amb alguna cosa) ◆ **hurry sb up** donar pressa a algú ◆ **hurry sth up** accelerar alguna cosa

▸ *n* pressa LOC **be in a hurry** tenir pressa

hurt /hɜːt/ (*pt, pp* **hurt**) **1** *vt* ferir, fer mal a: *to get hurt* fer-se mal **2** *vi* fer mal: *My leg hurts.* Em fa mal la cama. **3** *vt* (*entristir*) ferir, ofendre **4** *vt* (*interessos, reputació, etc.*) perjudicar, danyar **hurtful** *adj* feridor, cruel

hurtle /'hɜːtl/ *vi* precipitar-se

husband /'hʌzbənd/ *n* marit

hush /hʌʃ/ *verb, nom*

▸ *vi* callar: *Hush!* Calla! PHR V **hush sth up** encobrir alguna cosa

▸ *n* [*sing*] silenci

husk /hʌsk/ *n* clofolla (*del cereal*)

husky /'hʌski/ *adjectiu, nom*

▸ *adj* (**huskier**, **-iest**) ronc

▸ *n* (*pl* **huskies**) gos esquimal

hustle /'hʌsl/ *verb, nom*

▸ *vt* **1** empènyer **2** ~ **sb (into sth)** donar pressa a, forçar algú (perquè faci alguna cosa)

▸ *n* LOC **hustle and bustle** animació, moviment

hut /hʌt/ *n* barraca, cabanya

hybrid /'haɪbrɪd/ *adj, n* híbrid

hydrant /'haɪdrənt/ *n* boca de reg: *fire hydrant* boca d'incendis

hydraulic /haɪ'drɔːlɪk, -'drɒl-/ *adj* hidràulic

hydroelectric /ˌhaɪdrəʊɪ'lektrɪk/ *adj* hidroelèctric

hydrofoil /'haɪdrəfɔɪl/ *n* aerolliscador

hydrogen /'haɪdrədʒən/ *n* hidrogen

hyena /haɪ'iːnə/ *n* hiena

hygiene /'haɪdʒiːn/ *n* higiene **hygienic** /haɪ'dʒiːnɪk/ *adj* higiènic

hymn /hɪm/ *n* himne

hype /haɪp/ *nom, verb*

▸ *n* (*col·loq, pej*) propaganda (exagerada)

▸ *vt* ~ **sth (up)** (*col·loq, pej*) anunciar alguna cosa exageradament

hyperlink /'haɪpəlɪŋk/ *n* (*Informàt*) enllaç

hypermarket /'haɪpəmɑːkɪt/ *n* hipermercat

hyphen /'haɪfn/ *n* guionet ➲ *Vegeu pàg 363*

hypnosis /hɪp'nəʊsɪs/ *n* hipnosi

hypnotic /hɪp'nɒtɪk/ *adj* hipnòtic

hypnotize (*GB tb* **-ise**) /'hɪpnətaɪz/ *vt* hipnotitzar **hypnotism** *n* hipnotisme **hypnotist** *n* hipnotitzador, -a

hypochondriac /ˌhaɪpə'kɒndriæk/ *n* hipocondríac, -a

hypocrisy /hɪ'pɒkrəsi/ *n* hipocresia

hypocrite /'hɪpəkrɪt/ *n* hipòcrita **hypocritical** /ˌhɪpə'krɪtɪkl/ *adj* hipòcrita

hypothesis /haɪ'pɒθəsɪs/ *n* (*pl* **hypotheses** /-siːz/) hipòtesi **hypothetical** /ˌhaɪpə'θetɪkl/ *adj* hipotètic

hysteria /hɪ'stɪəriə/ *n* histèria

hysterical /hɪ'sterɪkl/ *adj* **1** (*riure, etc.*) histèric **2** (*col·loq*) que fa morir de riure

hysterics /hɪ'sterɪks/ *n* [*pl*] **1** crisi d'histèria **2** (*col·loq*) atac de riure

H

I i

I, i /aɪ/ *n* (*pl* **Is, I's, i's**) I, i ➲ *Vegeu nota a* A, A

I /aɪ/ *pron* jo: *I am 15 (years old).* Tinc quinze anys. ❶ El pronom de subjecte no es pot ometre en anglès. *Compareu amb* ME (3)

ice /aɪs/ *nom, verb*

▸ *n* [*incomptable*] gel, glaç: *ice cube* glaçó **LOC** **break the ice** rompre el glaç

▸ *vt* glaçar (*pastissos*)

iceberg /ˈaɪsbɜːg/ *n* iceberg

icebreaker /ˈaɪsbreɪkə(r)/ *n* trencaglaç

ice cream *n* gelat

ice hockey (*USA* **hockey**) *n* hoquei sobre gel ➲ *Vegeu nota a* HOCKEY

ice lolly /ˌaɪs ˈlɒli/ *n* (*pl* **lollies**) (*USA* **Popsicle®**) gelat de pal

ice rink *n* pista de gel

ice skate /ˈaɪs skeɪt/ *n* patí (*per a gel*) **ice-skate** *vi* patinar sobre gel **ice skating** *n* patinatge sobre gel

icicle /ˈaɪsɪkl/ *n* caramell

icing /ˈaɪsɪŋ/ *n* glaça (*per a pastissos*): *icing sugar* sucre en pols

icon /ˈaɪkɒn/ *n* (*Informàt, Relig*) icona

ICT /ˌaɪ siː ˈtiː/ *n* (*abrev de* **Information and Communication Technology**) (*Educ*) Informàtica i Tecnologia de la Comunicació

icy /ˈaɪsi/ *adj* **1** glaçat **2** (*persona*) gèlid

ID /ˌaɪ ˈdiː/ *n* identificació: *You must carry ID at all times.* Has de portar sempre un document que t'identifiqui. ◇ *ID card* carnet d'identitat

I'd /aɪd/ **1** = I HAD *Vegeu* HAVE **2** = I WOULD *Vegeu* WOULD

idea /aɪˈdɪə/ *n* **1** idea **2** acudit: *What an idea!* Quin acudit! **LOC** **give sb ideas; put ideas into sb's head** ficar a algú idees al cap ◆ **have no idea** (*col·loq*) no tenir-ne ni idea

ideal /aɪˈdiːəl/ *adj, n* ideal

idealism /aɪˈdiːəlɪzəm/ *n* idealisme **idealist** *n* idealista **idealistic** /ˌaɪdiəˈlɪstɪk/ *adj* idealista

idealize (*GB tb* **-ise**) /aɪˈdiːəlaɪz/ *vt* idealitzar

ideally /aɪˈdiːəli/ *adv* **1** en el millor dels casos: *Ideally, they should all help.* L'ideal seria que tothom ajudés. **2** de manera ideal: *to be ideally suited* adir-se molt bé

identical /aɪˈdentɪkl/ *adj* ~ **(to/with sb/sth)** idèntic (a algú/alguna cosa): *identical twins* bessons idèntics

identification /aɪˌdentɪfɪˈkeɪʃn/ *n* identificació: *identification papers* document d'identitat ◇ *identification parade* roda de reconeixement

identify /aɪˈdentɪfaɪ/ (*pt, pp* **-fied**) **1** *vt* ~ **sb/sth (as sb/sth)** identificar algú/alguna cosa (com a algú/alguna cosa) **2** *vt* ~ **sth with sth** identificar alguna cosa amb alguna cosa **3** *vi* ~ **with sb** identificar-se amb algú

identity /aɪˈdentəti/ *n* (*pl* **identities**) identitat: *a case of mistaken identity* un error d'identificació

ideology /ˌaɪdiˈɒlədʒi/ *n* (*pl* **ideologies**) ideologia

idiom /ˈɪdiəm/ *n* expressió idiomàtica, locució

idiosyncrasy /ˌɪdiəˈsɪŋkrəsi/ *n* (*pl* **idiosyncrasies**) idiosincràsia

idiot /ˈɪdiət/ *n* (*col·loq*) idiota **idiotic** /ˌɪdiˈɒtɪk/ *adj* estúpid

idle /ˈaɪdl/ *adj* **1** gandul **2** (*maquinària*) aturat **3** desocupat **4** va, inútil **idleness** *n* desocupació, ganduleria

idol /ˈaɪdl/ *n* ídol **idolize** (*GB tb* **-ise**) *vt* idolatrar

idyllic /ɪˈdɪlɪk; *USA* aɪˈd-/ *adj* idíl·lic

i.e. /ˌaɪ ˈiː/ *abrev* és a dir

if /ɪf/ *conj* **1** si: *If he were here...* Si ell fos aquí... **2** quan, sempre que: *if in doubt* en cas de dubte **3** encara que **LOC** **if I were you** si fos de tu, jo de tu ◆ **if only** tant de bo: *If only I had known!* Si ho hagués sabut! ◆ **if so** si és així

iffy /ˈɪfi/ *adj* (*col·loq*) **1** sospitós **2** incert

igloo /ˈɪgluː/ *n* (*pl* **igloos**) iglú

ignite /ɪgˈnaɪt/ *vt, vi* calar (foc a), encendre('s) **ignition** /ɪgˈnɪʃn/ *n* **1** (*Mec*) encesa **2** ignició

ignominious /ˌɪgnəˈmɪniəs/ *adj* (*formal*) ignominiós

ignorance /ˈɪgnərəns/ *n* ignorància

ignorant /ˈɪgnərənt/ *adj* ignorant: *to be ignorant of sth* desconèixer alguna cosa

ignore /ɪgˈnɔː(r)/ *vt* **1** ignorar, no tenir en compte **2** ignorar, passar per alt

> "Ignorar alguna cosa" en el sentit de "desconèixer-la" es tradueix a l'anglès per **not know sth**: *I don't know if they've come.* Ignoro si hi han vingut.

ill /ɪl/ *adjectiu, adverbi, nom*
▸ *adj* (*USA* **sick**) malalt: *to fall/be taken ill* posar-se malalt ◇ *to feel ill* trobar-se malament ➲ *Vegeu nota a* MALALT
▸ *adv* mal, malament: *to speak ill of sb* parlar malament d'algú ❶ Es fa servir molt en mots compostos, p. ex. **ill-fated** (*infortunat*), **ill-equipped** (*mal equipat*), **ill-advised** (*imprudent, poc aconsellable*). LOC **ill at ease** incòmode *Vegeu tb* BODE, FEELING
▸ *n* [*gen pl*] (*formal*) mal

I'll /aɪl/ **1** = I SHALL *Vegeu* SHALL **2** = I WILL *Vegeu* WILL

illegal /ɪ'li:gl/ *adj* il·legal

illegible /ɪ'ledʒəbl/ *adj* il·legible

illegitimate /ˌɪlə'dʒɪtəmət/ *adj* il·legítim

ill health *n* mala salut

illicit /ɪ'lɪsɪt/ *adj* il·lícit

illiterate /ɪ'lɪtərət/ *adj* **1** analfabet **2** ignorant

illness /'ɪlnəs/ *n* malaltia: *mental illness* malaltia mental ◇ *absences due to illness* absència per malaltia ➲ *Vegeu nota a* DISEASE

illogical /ɪ'lɒdʒɪkl/ *adj* il·lògic

ill-treat /ˌɪl 'tri:t/ *vt* maltractar **ill-treatment** *n* [*incomptable*] maltractament

illuminate /ɪ'lu:mɪneɪt/ *vt* **1** il·luminar **2** (*formal*) (*tema*) aclarir **illuminating** *adj* revelador **illumination** *n* **1** il·luminació **2 illuminations** [*pl*] llums, lluminària

illusion /ɪ'lu:ʒn/ *n* il·lusió (*idea equivocada*) LOC **be under the illusion that...** fer-se il·lusions que..., pensar equivocadament que...

illusory /ɪ'lu:səri/ *adj* (*formal*) il·lusori

illustrate /'ɪləstreɪt/ *vt* il·lustrar **illustration** *n* **1** il·lustració **2** exemplificació

illustrious /ɪ'lʌstriəs/ *adj* (*formal*) il·lustre

I'm /aɪm/ = I AM *Vegeu* BE

image /'ɪmɪdʒ/ *n* imatge **imagery** *n* [*incomptable*] imatgeria

imaginary /ɪ'mædʒɪnəri; *USA* -neri/ *adj* imaginari

imagination /ɪˌmædʒɪ'neɪʃn/ *n* imaginació **imaginative** /ɪ'mædʒɪnətɪv/ *adj* imaginatiu

imagine /ɪ'mædʒɪn/ *vt* imaginar(-se)

imam /ɪ'mɑ:m/ *n* imam

imbalance /ɪm'bæləns/ *n* desequilibri

imbecile /'ɪmbəsi:l; *USA* -sl/ *n* imbècil

imitate /'ɪmɪteɪt/ *vt* imitar

imitation /ˌɪmɪ'teɪʃn/ *n* **1** còpia, reproducció **2** imitació

immaculate /ɪ'mækjələt/ *adj* **1** immaculat **2** (*roba*) impecable

immaterial /ˌɪmə'tɪəriəl/ *adj* irrellevant

immature /ˌɪmə'tjʊə(r); *USA* -'tʃʊər/ *adj* immadur

immeasurable /ɪ'meʒərəbl/ *adj* (*formal*) immesurable

immediate /ɪ'mi:diət/ *adj* **1** immediat: *to take immediate action* actuar immediatament **2** (*necessitat, etc.*) urgent **3** (*família, parents*) pròxim

immediately /ɪ'mi:diətli/ *adverbi, conjunció*
▸ *adv* **1** immediatament **2** directament
▸ *conj* just quan: *immediately I saw her* just quan la vaig veure/només de veure-la

immense /ɪ'mens/ *adj* immens

immerse /ɪ'mɜ:s/ *vt* submergir **immersion** *n* immersió

immigrant /'ɪmɪgrənt/ *adj, n* immigrant

immigration /ˌɪmɪ'greɪʃn/ *n* immigració

imminent /'ɪmɪnənt/ *adj* imminent

immobile /ɪ'məʊbaɪl; *USA* -bl/ *adj* immòbil **immobilize** (*GB tb* **-ise**) /ɪ'məʊbəlaɪz/ *vt* immobilitzar

immoral /ɪ'mɒrəl; *USA* ɪ'mɔ:rəl/ *adj* immoral

immortal /ɪ'mɔ:tl/ *adj* immortal **immortality** /ˌɪmɔ:'tæləti/ *n* immortalitat

immovable /ɪ'mu:vəbl/ *adj* **1** (*objecte*) immòbil **2** (*persona, actitud*) inflexible

immune /ɪ'mju:n/ *adj* ~ **(to sth)** immune (a alguna cosa): *immune system* sistema immunològic ◇ *immune deficiency* immunodeficiència **immunity** *n* immunitat

immunize (*GB tb* **-ise**) /'ɪmjʊnaɪz/ *vt* ~ **sb/sth (against sth)** immunitzar algú/alguna cosa (contra alguna cosa) **immunization** (*GB tb* **-isation**) *n* immunització

impact /'ɪmpækt/ *n* **1** impacte **2** xoc (*de cotxe*)

impair /ɪm'peə(r)/ *vt* (*formal*) deteriorar, debilitar: *impaired vision* vista deficient **impairment** *n* deficiència

impart /ɪm'pɑ:t/ *vt* (*formal*) **1** ~ **sth (to sb)** revelar alguna cosa (a algú) **2** ~ **sth (to sth)** conferir alguna cosa (a alguna cosa)

impartial /ɪm'pɑ:ʃl/ *adj* imparcial

impasse /'æmpɑ:s; *USA* 'ɪmpæs/ *n* punt mort, atzucac

impassioned /ɪm'pæʃnd/ *adj* apassionat

impassive /ɪm'pæsɪv/ *adj* impassible

impatience /ɪm'peɪʃns/ *n* impaciència

impatient /ɪm'peɪʃnt/ *adj* impacient: *to get impatient* impacientar-se

impeccable /ɪm'pekəbl/ *adj* impecable
impede /ɪm'piːd/ *vt* (*formal*) impedir, obstaculitzar
impediment /ɪm'pedɪmənt/ *n* **1** ~ **(to sth)** impediment (per a alguna cosa) **2** defecte (*en la parla*)
impel /ɪm'pel/ *vt* (**-ll-**) impulsar
impending /ɪm'pendɪŋ/ *adj* [*només davant del nom*] imminent
impenetrable /ɪm'penɪtrəbl/ *adj* impenetrable
imperative /ɪm'perətɪv/ *adjectiu, nom*
▸ *adj* (*formal*) essencial, molt important
▸ *n* **the imperative** (*Gram*) l'imperatiu

I

imperceptible /ˌɪmpə'septəbl/ *adj* imperceptible
imperfect /ɪm'pɜːfɪkt/ *adj* imperfecte
imperial /ɪm'pɪəriəl/ *adj* imperial **imperialism** *n* imperialisme **imperialist** *n* imperialista
impersonal /ɪm'pɜːsənl/ *adj* impersonal
impersonate /ɪm'pɜːsəneɪt/ *vt* **1** imitar **2** fer-se passar per
impertinent /ɪm'pɜːtɪnənt/ *adj* impertinent
impetus /'ɪmpɪtəs/ *n* impuls
implant *verb, nom*
▸ *vt* /ɪm'plɑːnt; *USA* -'plænt/ **1** ~ **sth in sb's mind** inculcar alguna cosa (a algú) **2** ~ **sth (in/into sth)** (*Med*) implantar alguna cosa (en alguna cosa)
▸ *n* /'ɪmplɑːnt; *USA* -plænt/ implant
implausible /ɪm'plɔːzəbl/ *adj* inversemblant
implement *nom, verb*
▸ *n* /'ɪmplɪmənt/ eina, estri
▸ *vt* /'ɪmplɪment/ **1** dur a terme, implementar **2** (*decisió*) posar en pràctica **3** (*llei*) aplicar **implementation** *n* **1** implementació, execució **2** (*llei*) aplicació
implicate /'ɪmplɪkeɪt/ *vt* ~ **sb (in sth)** implicar, involucrar algú (en alguna cosa)
implication /ˌɪmplɪ'keɪʃn/ *n* **1** ~ **(of sth) (for sth)** conseqüència (d'alguna cosa) (per a alguna cosa) **2** implicació (*delicte*)
implicit /ɪm'plɪsɪt/ *adj* **1** ~ **(in sth)** implícit (en alguna cosa) **2** (*confiança*) absolut
implore /ɪm'plɔː(r)/ *vt* (*formal*) implorar, suplicar
imply /ɪm'plaɪ/ *vt* (*pt, pp* **implied**) **1** donar a entendre, insinuar **2** implicar, suposar
impolite /ˌɪmpə'laɪt/ *adj* mal educat, poc cortès
import *nom, verb*
▸ *n* /'ɪmpɔːt/ importació
▸ *vt* /ɪm'pɔːt/ importar **importer** /ɪm'pɔːtə(r)/ *n* importador, -a
important /ɪm'pɔːtnt/ *adj* important: *vitally important* d'importància vital **importance** *n* importància
impose /ɪm'pəʊz/ **1** *vt* ~ **sth (on/upon sb/sth)** imposar alguna cosa (a/sobre algú/alguna cosa) **2** *vi* ~ **(on/upon sb/sth)** abusar (de l'hospitalitat) (d'algú); abusar d'alguna cosa **imposing** *adj* imponent **imposition** /ˌɪmpə'zɪʃn/ *n* **1** [*incomptable*] imposició (*d'una llei, etc.*) **2** molèstia
impossible /ɪm'pɒsəbl/ *adjectiu, nom*
▸ *adj* **1** impossible **2** intolerable
▸ *n* **the impossible** [*sing*] l'impossible **impossibility** /ɪmˌpɒsə'bɪləti/ *n* impossibilitat
impotence /'ɪmpətəns/ *n* impotència **impotent** *adj* impotent
impoverished /ɪm'pɒvərɪʃt/ *adj* empobrit, pobre
impractical /ɪm'præktɪkl/ *adj* poc pràctic
impress /ɪm'pres/ **1** *vt, vi* impressionar (*favorablement*), fer una bona impressió (a) **2** *vt* ~ **sth on/upon sb** (*formal*) recalcar alguna cosa a algú
impression /ɪm'preʃn/ *n* **1** impressió: *to be under the impression that...* tenir la impressió que... ◇ *to make a good impression on sb* fer una bona impressió a algú **2** imitació
impressive /ɪm'presɪv/ *adj* impressionant
imprison /ɪm'prɪzn/ *vt* empresonar **imprisonment** *n* empresonament *Vegeu tb* LIFE IMPRISONMENT *a* LIFE
improbable /ɪm'prɒbəbl/ *adj* improbable, poc probable
impromptu /ɪm'prɒmptjuː; *USA* -tuː/ *adj* improvisat
improper /ɪm'prɒpə(r)/ *adj* **1** (*transacció*) irregular **2** (*formal*) impropi **3** incorrecte, indegut
improve /ɪm'pruːv/ *vt, vi* millorar PHR V **improve on/upon sth** superar alguna cosa **improvement** *n* ~ **(on/in sth)** millora (en/d'alguna cosa): *to be an improvement on sth* ésser una millora respecte a alguna cosa ◇ *There are signs of improvement in her condition.* Hi ha indicis que està millorant.
improvise /'ɪmprəvaɪz/ *vt, vi* improvisar
impulse /'ɪmpʌls/ *n* impuls: *to do sth on impulse* fer alguna cosa impulsivament
impulsive /ɪm'pʌlsɪv/ *adj* impulsiu
in /ɪn/ *preposició, adverbi, adjectiu, nom* ℹ Per als usos d'**in** en *phrasal verbs*, vegeu les entrades dels verbs corresponents, p. ex. **go in** a GO.
▸ *prep* **1** a, en: *in here/there* aquí/allà dins **2** (*després de superlatiu*) de: *the best shops in town* les

millors botigues de la ciutat **3** (*temps*): *in the daytime* de dia ◇ *in summer* a l'estiu ◇ *ten in the morning* les deu del matí ◇ *in the morning* al matí **4** *I'll see you in two days (time).* Et veuré d'aquí a dos dies. ◇ *He did it in two days.* Ho va fer en dos dies. **5** per: *5p in the pound* cinc penics per lliura ◇ *one in ten people* una de cada deu persones **6** (*descripció, mètode*): *the girl in glasses* la nena amb ulleres ◇ *covered in mud* cobert/brut de fang ◇ *Speak in English.* Parla en anglès. **7** ~ + **-ing**: *In saying that, you're contradicting yourself.* En dir això, et contradius. LOC **in that** en tant que

▸ *adv* **1** a casa: *Is anyone in?* Que hi ha algú? **2 be/get** ~ haver arribat/arribar: *Applications must be in by...* Les sol·licituds hauran d'arribar abans del... LOC **be in for sth** (*col·loq*) estar a punt de fer/d'experimentar alguna cosa: *He's in for a surprise!* Li espera una bona sorpresa! ◆ **be/get in on sth** (*col·loq*) participar en alguna cosa, assabentar-se d'alguna cosa

▸ *adj* (*col·loq*) de moda: *Red is the in colour this year.* Aquest any es porta el vermell.

▸ *n* LOC **the ins and outs (of sth)** els detalls (d'alguna cosa)

inability /ˌɪnə'bɪləti/ *n* ~ **(to do sth)** incapacitat (per a fer alguna cosa)

inaccessible /ˌɪnæk'sesəbl/ *adj* ~ **(to sb)** **1** inaccessible (per a algú) **2** incomprensible (per a algú)

inaccurate /ɪn'ækjərət/ *adj* inexacte, incorrecte

inaction /ɪn'ækʃn/ *n* passivitat

inadequate /ɪn'ædɪkwət/ *adj* **1** insuficient **2** incapaç

inadvertently /ˌɪnəd'vɜːtəntli/ *adv* sense adonar-se'n, involuntàriament

inappropriate /ˌɪnə'prəʊpriət/ *adj* ~ **(to/for sb/sth)** poc apropiat, inoportú (per a algú/alguna cosa)

inaugural /ɪ'nɔːgjərəl/ *adj* inaugural

inaugurate /ɪ'nɔːgjəreɪt/ *vt* **1** ~ **sb (as sth)** investir algú (com a alguna cosa) **2** inaugurar

incapable /ɪn'keɪpəbl/ *adj* **1** ~ **of sth/doing sth** incapaç d'alguna cosa/de fer alguna cosa **2** incompetent

incapacity /ˌɪnkə'pæsəti/ *n* ~ **(to do sth)** incapacitat (per fer alguna cosa)

incense /'ɪnsens/ *n* encens

incensed /ɪn'senst/ *adj* ~ **(by/at sth)** encès, enfadat (per alguna cosa)

incentive /ɪn'sentɪv/ *n* ~ **(to do sth)** incentiu, al·licient (per a fer alguna cosa)

incessant /ɪn'sesnt/ *adj* (*sovint pej*) incessant **incessantly** *adv* sense parar

incest /'ɪnsest/ *n* incest

inch /ɪntʃ/ *n* (*abrev* **in.**) polzada (*25,4 mil·límetres*) ➲ *Vegeu pàg 759* LOC **not give/move an inch** no cedir ni una mica

incidence /'ɪnsɪdəns/ *n* ~ **of sth** (*formal*) freqüència, casos d'alguna cosa

incident /'ɪnsɪdənt/ *n* incident, esdeveniment: *without incident* sense incidents

incidental /ˌɪnsɪ'dentl/ *adj* **1** ~ **(to sth)** secundari (a alguna cosa) **2** incidental, fortuït **3** (*costos, avantatge, etc.*) addicional: *incidental expenses* despeses imprevistes **incidentally** /-təli/ *adv* **1** per cert **2** per casualitat

incinerate /ɪn'sɪnəreɪt/ *vt* incinerar

incisive /ɪn'saɪsɪv/ *adj* **1** (*comentari*) incisiu **2** (*ment*) penetrant

incite /ɪn'saɪt/ *vt* ~ **sb (to sth)** incitar algú (a alguna cosa)

inclination /ˌɪnklɪ'neɪʃn/ *n* inclinació, tendència: *She had neither the time nor the inclination to help them.* No tenia ni temps ni ganes d'ajudar-los.

incline *nom, verb*

▸ *n* /'ɪnklaɪn/ (*formal*) pendent

▸ *vt, vi* /ɪn'klaɪn/ (*formal*) inclinar(-se) **inclined** *adj* **1 be** ~ **(to do sth)** (*voluntat*) inclinar-se a fer alguna cosa; estar disposat a fer alguna cosa **2 be** ~ **to do sth** (*tendència*) ésser propens a fer alguna cosa

include /ɪn'kluːd/ *vt* incloure **including** *prep* inclòs, inclusivament

inclusion /ɪn'kluːʒn/ *n* inclusió

inclusive /ɪn'kluːsɪv/ *adj* **1** (*xifra*) global, tot inclòs **2 be** ~ **of sth** incloure alguna cosa **3** inclusivament: *from May 1 to 15 inclusive* de l'1 al 15 de maig inclusivament

incoherent /ˌɪnkəʊ'hɪərənt/ *adj* incoherent

income /'ɪnkʌm/ *n* ingressos: *income tax* impost sobre la renda

incoming /'ɪnkʌmɪŋ/ *adj* entrant

incompetent /ɪn'kɒmpɪtənt/ *adj, n* incompetent

incomplete /ˌɪnkəm'pliːt/ *adj* incomplet

incomprehensible /ɪnˌkɒmprɪ'hensəbl/ *adj* incomprensible

inconceivable /ˌɪnkən'siːvəbl/ *adj* inconcebible

inconclusive /ˌɪnkən'kluːsɪv/ *adj* no concloent: *The meeting was inconclusive.* La reunió no va arribar a cap conclusió.

I

incongruous /ɪnˈkɒŋgruəs/ *adj* incongruent

inconsiderate /ˌɪnkənˈsɪdərət/ *adj* desconsiderat

inconsistent /ˌɪnkənˈsɪstənt/ *adj* inconseqüent, incoherent

inconspicuous /ˌɪnkənˈspɪkjuəs/ *adj* que no crida l'atenció: *to make yourself inconspicuous* intentar passar desapercebut

inconvenience /ˌɪnkənˈviːniəns/ *nom, verb*
▸ *n* **1** [*incomptable*] inconvenient **2** molèstia
▸ *vt* causar molèsties a

inconvenient /ˌɪnkənˈviːniənt/ *adj* **1** inconvenient, incòmode **2** (*moment*) inoportú

I

incorporate /ɪnˈkɔːpəreɪt/ *vt* **1** ~ **sth (in/into sth)** incorporar, incloure alguna cosa (en alguna cosa) **2** *incorporated company* societat anònima

incorrect /ˌɪnkəˈrekt/ *adj* incorrecte

increase *verb, nom*
▸ *vt, vi* /ɪnˈkriːs/ **1** augmentar **2** incrementar(-se)
▸ *n* /ˈɪŋkriːs/ ~ **(in sth)** augment (d'alguna cosa) **LOC** **on the increase** en augment **increasing** /ɪnˈkriːsɪŋ/ *adj* creixent **increasingly** *adv* cada cop més

incredible /ɪnˈkredəbl/ *adj* increïble

incurable /ɪnˈkjʊərəbl/ *adj* incurable

indecisive /ˌɪndɪˈsaɪsɪv/ *adj* **1** indecís **2** (*resultat*) no concloent

indeed /ɪnˈdiːd/ *adv* **1** (*comentari, resposta o reconeixement*) de veritat: *Did you indeed?* De debò? **2** [*ús emfàtic*] certament: *Thank you very much indeed!* Moltíssimes gràcies! **3** (*esp GB, formal*) de fet

indefensible /ˌɪndɪˈfensəbl/ *adj* intolerable (*comportament, actitud*)

indefinite /ɪnˈdefɪnət/ *adj* **1** indefinit: *indefinite article* article indefinit **2** (*resposta*) vague **indefinitely** *adv* indefinidament

indelible /ɪnˈdeləbl/ *adj* inesborrable

indemnity /ɪnˈdemnəti/ *n* (*pl* **indemnities**) **1** indemnitat **2** indemnització

independence /ˌɪndɪˈpendəns/ *n* independència

Independence Day *n* Dia de la Independencia

> **Independence Day** és una festa que se celebra als Estats Units el 4 de juliol, per la qual cosa també es diu **Fourth of July**. Aquest dia hi ha focs artificials i desfilades.

independent /ˌɪndɪˈpendənt/ *adj* **1** independent: *to become independent* independitzar-se **2** (*escola*) privat

in-depth /ˌɪn ˈdepθ/ *adj* a fons, exhaustiu

indescribable /ˌɪndɪˈskraɪbəbl/ *adj* indescriptible

index /ˈɪndeks/ *n* **1** (*pl* **indexes**) (*llibre, dit*) índex: *index finger* dit índex **2** (*pl* **indexes**) (*tb* **card index**) (*arxiu*) fitxer **3** (*pl* **indexes** *o* **indices** /ˈɪndɪsiːz/) (*mesura*) índex: *the retail price index* l'índex de preus de consum ◇ *index-linked* que augmenta en relació al cost de la vida **4** (*pl* **indices**) (*Mat*) exponent

indicate /ˈɪndɪkeɪt/ **1** *vt* indicar **2** *vi* (*cotxe*) posar l'intermitent

indication /ˌɪndɪˈkeɪʃn/ *n* indici, senyal

indicative /ɪnˈdɪkətɪv/ *adj, n* indicatiu

indicator /ˈɪndɪkeɪtə(r)/ *n* **1** indicador **2** (*cotxe*) intermitent

indices *plural de* INDEX (3,4)

indictment /ɪnˈdaɪtmənt/ *n* **1** ~ **(of/on sth)** crítica (d'alguna cosa) **2** acusació **3** inculpació

indifferent /ɪnˈdɪfrənt/ *adj* **1** indiferent **2** (*qualitat*) mediocre **indifference** *n* indiferència

indigenous /ɪnˈdɪdʒənəs/ *adj* (*formal*) indígena

indigestion /ˌɪndɪˈdʒestʃən/ *n* [*incomptable*] indigestió: *to get indigestion* empatxar-se

indignant /ɪnˈdɪgnənt/ *adj* indignat

indignation /ˌɪndɪgˈneɪʃn/ *n* indignació

indignity /ɪnˈdɪgnəti/ *n* (*pl* **indignities**) humiliació

indirect /ˌɪndəˈrekt, -daɪˈr-/ *adj* indirecte **indirectly** *adv* indirectament

indiscreet /ˌɪndɪˈskriːt/ *adj* indiscret

indiscretion /ˌɪndɪˈskreʃn/ *n* indiscreció

indiscriminate /ˌɪndɪˈskrɪmɪnət/ *adj* indiscriminat

indispensable /ˌɪndɪˈspensəbl/ *adj* indispensable

indisputable /ˌɪndɪˈspjuːtəbl/ *adj* irrefutable

indistinct /ˌɪndɪˈstɪŋkt/ *adj* vague

individual /ˌɪndɪˈvɪdʒuəl/ *adjectiu, nom*
▸ *adj* **1** individual **2** solt **3** personal **4** particular, original
▸ *n* individu **individually** *adv* **1** separadament **2** individualment

individualism /ˌɪndɪˈvɪdʒuəlɪzəm/ *n* individualisme **individualist** *n* individualista

indoctrination /ɪnˌdɒktrɪˈneɪʃn/ *n* adoctrinament, rentat de cervell

indoor /ˈɪndɔː(r)/ *adj* interior: *indoor swimming pool* piscina coberta ◇ *indoor activities* activitats de saló

indoors /ˌɪnˈdɔːz/ *adv* a dins, a casa

induce /ɪnˈdjuːs; *USA* -ˈduːs/ *vt* **1** ~ **sb to do sth** (*formal*) induir algú a fer alguna cosa **2** (*formal*) causar **3** (*Med*) provocar el part de

induction /ɪnˈdʌkʃn/ *n* iniciació: *an induction course* un curset d'introducció

indulge /ɪnˈdʌldʒ/ **1** *vt, vi* ~ **(in sth)**; ~ **yourself (with sth)** donar-se el gust (d'alguna cosa) **2** *vt* (*desig*) satisfer **3** *vt* (*nen, capritx*) consentir

indulgence /ɪnˈdʌldʒəns/ *n* **1** indulgència, tolerància **2** luxe **3** vici **indulgent** *adj* indulgent

industrial /ɪnˈdʌstriəl/ *adj* **1** industrial: *industrial estate* polígon industrial **2** laboral **industrialist** *n* empresari, -ària

industrialize (*GB tb* **-ise**) /ɪnˈdʌstriəlaɪz/ *vt* industrialitzar **industrialization** (*GB tb* **-isation**) *n* industrialització

industrious /ɪnˈdʌstriəs/ *adj* treballador

industry /ˈɪndəstri/ *n* (*pl* **industries**) **1** indústria **2** (*formal*) laboriositat

inedible /ɪnˈedəbl/ *adj* no comestible, immenjable

ineffective /ˌɪnɪˈfektɪv/ *adj* **1** ineficaç **2** (*persona*) incompetent

inefficient /ˌɪnɪˈfɪʃnt/ *adj* **1** ineficaç **2** ineficient **inefficiency** *n* (*pl* **inefficiencies**) **1** ineficàcia **2** ineficiència

ineligible /ɪnˈelɪdʒəbl/ *adj* **be ~ (for sth/to do sth)** no reunir les condicions (per a alguna cosa/per a fer alguna cosa)

inept /ɪˈnept/ *adj* inepte

inequality /ˌɪnɪˈkwɒləti/ *n* (*pl* **inequalities**) desigualtat

inert /ɪˈnɜːt/ *adj* inert

inertia /ɪˈnɜːʃə/ *n* inèrcia

inescapable /ˌɪnɪˈskeɪpəbl/ *adj* ineludible

inevitable /ɪnˈevɪtəbl/ *adj* inevitable **inevitably** /-əbli/ *adv* inevitablement

inexcusable /ˌɪnɪkˈskjuːzəbl/ *adj* inexcusable, imperdonable

inexhaustible /ˌɪnɪɡˈzɔːstəbl/ *adj* inexhaurible

inexpensive /ˌɪnɪkˈspensɪv/ *adj* barat, econòmic

inexperience /ˌɪnɪkˈspɪəriəns/ *n* inexperiència **inexperienced** *adj* inexpert: *to be inexperienced in business* no tenir experiència en els negocis

inexplicable /ˌɪnɪkˈsplɪkəbl/ *adj* inexplicable

infallible /ɪnˈfæləbl/ *adj* infal·lible **infallibility** /ɪnˌfæləˈbɪləti/ *n* infal·libilitat

infamous /ˈɪnfəməs/ *adj* (*formal*) infame

infancy /ˈɪnfənsi/ *n* **1** infància: *in infancy* a la infància **2** (*projecte*): *It was still in its infancy.* Encara estava a les beceroles.

infant /ˈɪnfənt/ *nom, adjectiu*
▸ *n* infant: *infant school* escola primària (fins als 7 anys) ◇ *infant mortality rate* taxa de mortalitat infantil ❶ Excepte en el cas d'aquests exemples, **baby**, **toddler** i **child** són mots d'ús més habitual.
▸ *adj* naixent

infantile /ˈɪnfəntaɪl/ *adj* (*pej*) infantil

infantry /ˈɪnfəntri/ *n* [*v sing o pl*] infanteria

infatuated /ɪnˈfætʃueɪtɪd/ *adj* ~ **(with sb/sth)** encegat (per algú/alguna cosa) **infatuation** *n* ~ **(with/for sb/sth)** encegament (per algú/alguna cosa)

infect /ɪnˈfekt/ *vt* **1** ~ **sb/sth (with sth)** infectar algú/alguna cosa (d'alguna cosa); encomanar alguna cosa a algú **2** ~ **sb with sth** encomanar alguna cosa a algú: *She infected us with her enthusiasm.* Ens va encomanar el seu entusiasme. **infection** *n* infecció **infectious** *adj* infecciós

infer /ɪnˈfɜː(r)/ *vt* (**-rr-**) **1** deduir, concloure **2** insinuar **inference** /ˈɪnfərəns/ *n* conclusió: *by inference* per deducció

inferior /ɪnˈfɪəriə(r)/ *adj, n* ~ **(to sb/sth)** inferior (a algú/alguna cosa) **inferiority** /ɪnˌfɪəriˈɒrəti; *USA* -ˈɔːr-/ *n* inferioritat: *inferiority complex* complex d'inferioritat

infertile /ɪnˈfɜːtaɪl; *USA* -tl/ *adj* estèril **infertility** /ˌɪnfɜːˈtɪləti/ *n* esterilitat

infest /ɪnˈfest/ *vt* infestar **infestation** *n* plaga

infidelity /ˌɪnfɪˈdeləti/ *n* (*pl* **infidelities**) infidelitat

infiltrate /ˈɪnfɪltreɪt/ *vt, vi* infiltrar(-se)

infinite /ˈɪnfɪnət/ *adj* infinit **infinitely** *adv* infinitament

infinitive /ɪnˈfɪnətɪv/ *n* infinitiu

infinity /ɪnˈfɪnəti/ *n* **1** infinitat **2** infinit

infirm /ɪnˈfɜːm/ *adjectiu, nom*
▸ *adj* feble, xacrós
▸ *n* **the infirm** [*pl*] els malalts **infirmity** *n* (*pl* **infirmities**) **1** debilitat **2** xacra

infirmary /ɪnˈfɜːməri/ *n* (*pl* **infirmaries**) hospital, infermeria

inflamed /ɪnˈfleɪmd/ *adj* **1** (*Med*) inflamat **2** (*enfadat, excitat*) encès

inflammable /ɪnˈflæməbl/ *adj* inflamable ❶ **Inflammable** i **flammable** són sinònims.

inflammation /ˌɪnflə'meɪʃn/ *n* inflamació
inflate /ɪn'fleɪt/ *vt, vi* inflar(-se) **inflatable** *adj* inflable
inflation /ɪn'fleɪʃn/ *n* inflació
inflexible /ɪn'fleksəbl/ *adj* inflexible
inflict /ɪn'flɪkt/ *vt* ~ **sth (on/upon sb) 1** (*sofriment, etc.*) infligir alguna cosa (a algú) **2** (*dany, dolor*) causar alguna cosa (a algú) **3** (*càstig*) imposar alguna cosa (a algú)
influence /'ɪnfluəns/ *nom, verb*
▸ *n* influència: *to be a good/bad influence on sb* exercir una bona/mala influència sobre algú
▸ *vt* **1** ~ **sb** influenciar algú **2** ~ **sth** influir en/sobre alguna cosa
influential /ˌɪnflu'enʃl/ *adj* influent
influenza /ˌɪnflu'enzə/ *n* [*incomptable*] (*formal*) grip
influx /'ɪnflʌks/ *n* afluència
inform /ɪn'fɔːm/ **1** *vt* ~ **sb (of/about sth)** informar algú (d'alguna cosa) **2** *vi* ~ **on sb** delatar algú **informant** *n* informant
informal /ɪn'fɔːml/ *adj* **1** informal **2** (*persona, to*) planer **3** (*reunió, etc.*) no oficial **4** (*llenguatge*) col·loquial
information /ˌɪnfə'meɪʃn/ *n* [*incomptable*] informació: *a piece of information* una informació ◇ *I need some information on...* Necessito informació sobre... ➲ *Vegeu nota a* CONSELL
information technology *n* (*abrev* **IT**) informàtica
informative /ɪn'fɔːmətɪv/ *adj* informatiu
informer /ɪn'fɔːmə(r)/ *n* confident (*de la policia, etc.*)
infrastructure /'ɪnfrəstrʌktʃə(r)/ *n* infraestructura
infrequent /ɪn'friːkwənt/ *adj* poc freqüent, infreqüent
infringe /ɪn'frɪndʒ/ *vt* infringir
infuriate /ɪn'fjʊərieɪt/ *vt* enfurismar **infuriating** *adj* exasperant
ingenious /ɪn'dʒiːniəs/ *adj* enginyós
ingenuity /ˌɪndʒə'njuːəti; *USA* -'nuː-/ *n* enginy
ingrained /ɪn'greɪnd/ *adj* arrelat
ingredient /ɪn'griːdiənt/ *n* ingredient
inhabit /ɪn'hæbɪt/ *vt* habitar
inhabitant /ɪn'hæbɪtənt/ *n* habitant
inhale /ɪn'heɪl/ **1** *vi* respirar **2** *vi* (*fumador*) empassar-se el fum **3** *vt* inhalar **inhaler** *n* inhalador

inherent /ɪn'hɪərənt, -'her-/ *adj* ~ **(in sb/sth)** inherent (a algú/alguna cosa) **inherently** *adv* intrínsecament
inherit /ɪn'herɪt/ *vt* heretar **inheritance** *n* herència
inhibit /ɪn'hɪbɪt/ *vt* **1** (*un procés, etc.*) dificultar **2** ~ **sb (from doing sth)** impedir algú (de fer alguna cosa) **inhibited** *adj* inhibit **inhibition** *n* inhibició
inhospitable /ˌɪnhɒ'spɪtəbl/ *adj* **1** inhòspit **2** poc hospitalari
inhuman /ɪn'hjuːmən/ *adj* inhumà
initial /ɪ'nɪʃl/ *adjectiu, nom, verb*
▸ *adj, n* inicial
▸ *vt* (**-ll-**; *USA* **-l-**) posar les inicials a **initially** /-ʃəli/ *adv* inicialment, al començament
initiate /ɪ'nɪʃieɪt/ *vt* **1** (*formal*) iniciar **2** (*procés judicial*) entaular **initiation** *n* iniciació
initiative /ɪ'nɪʃətɪv/ *n* iniciativa
inject /ɪn'dʒekt/ *vt* injectar **injection** *n* injecció
injure /'ɪndʒə(r)/ *vt* ferir, lesionar: *Five people were injured in the crash.* Cinc persones van resultar ferides en l'accident. ➲ *Vegeu nota a* FERIDA **injured** *adj* **1** ferit, lesionat **2** (*to*) ferit, ofès
injury /'ɪndʒəri/ *n* (*pl* **injuries**) **1** ferida, lesió: *injury time* temps de descompte ➲ *Vegeu nota a* FERIDA **2** (*fig*) greuge
injustice /ɪn'dʒʌstɪs/ *n* injustícia
ink /ɪŋk/ *n* tinta
inkling /'ɪŋklɪŋ/ *n* ~ **(of sth/that...)** indici, sospita (d'alguna cosa/que...)
inland *adverbi, adjectiu*
▸ *adv* /ˌɪn'lænd/ cap a l'interior
▸ *adj* /'ɪnlænd/ (de l')interior
Inland Revenue *n* (*GB*) Hisenda
in-laws /'ɪn lɔːz/ *n* [*pl*] (*col·loq*) **1** família política **2** sogres
inlet /'ɪnlet/ *n* **1** cala **2** entrada (*d'aire, gasolina, etc.*)
in-line skate /ˌɪn laɪn 'skeɪt/ *n* patí en línia **in-line skating** *n* patinatge en línia
inmate /'ɪnmeɪt/ *n* intern, -a (*en un recinte vigilat*)
inn /ɪn/ *n* **1** (*GB, antic*) taverna (*amb habitacions per passar la nit*) **2** (*USA*) hostal
innate /ɪ'neɪt/ *adj* innat
inner /'ɪnə(r)/ *adj* **1** interior, intern **2** (*pensaments*) íntim
inner city /ˌɪnə 'sɪti/ *n* zones cèntriques urbanes pobres **inner-city** *adj*: *inner-city schools* escoles de zones cèntriques deprimides

innermost /ˈɪnəməʊst/ *adj* **1** més íntim **2** més recòndit

innit /ˈɪnɪt/ *interj* (*GB, col·loq*) oi?: *Cold, innit?* Fa fred, oi? ❶ Aquesta forma de **isn't it** no es considera gramaticalment correcta.

innocent /ˈɪnəsnt/ *adj* innocent **innocence** *n* innocència

innocuous /ɪˈnɒkjuəs/ *adj* (*formal*) **1** (*comentari*) inofensiu **2** (*substància*) innocu

innovate /ˈɪnəveɪt/ *vi* innovar, introduir canvis **innovation** *n* innovació **innovative** *adj* innovador

innuendo /ˌɪnjuˈendəʊ/ *n* (*pl* **innuendoes** *o* **innuendos**) (*pej*) insinuació

innumerable /ɪˈnjuːmərəbl; *USA* ɪˈnuː-/ *adj* innombrable

inoculate /ɪˈnɒkjuleɪt/ *vt* vacunar **inoculation** *n* vacuna

inpatient /ˈɪnpeɪʃnt/ *n* pacient hospitalitzat, -ada

input /ˈɪnpʊt/ *n* **1** aportació **2** (*Informàt*) entrada

inquest /ˈɪŋkwest/ *n* ~ **(on/into sth)** investigació (judicial) (sobre alguna cosa)

inquire, inquiry (*esp USA*) = ENQUIRE, ENQUIRY

inquisition /ˌɪnkwɪˈzɪʃn/ *n* (*formal*) interrogatori

inquisitive /ɪnˈkwɪzətɪv/ *adj* curiós ➲ *Vegeu nota a* CURIOUS

insane /ɪnˈseɪn/ *adj* boig

insanity /ɪnˈsænəti/ *n* demència, bogeria

insatiable /ɪnˈseɪʃəbl/ *adj* insaciable

inscribe /ɪnˈskraɪb/ *vt* ~ **sth (on/in sth)** inscriure, gravar alguna cosa (en alguna cosa): *a plaque inscribed with his name* una placa amb el seu nom gravat

inscription /ɪnˈskrɪpʃn/ *n* inscripció (*en pedra, etc.*), dedicatòria (*d'un llibre*)

insect /ˈɪnsekt/ *n* insecte

insecticide /ɪnˈsektɪsaɪd/ *n* insecticida

insecure /ˌɪnsɪˈkjʊə(r)/ *adj* insegur **insecurity** *n* inseguretat

insensitive /ɪnˈsensətɪv/ *adj* **1** ~ **(to sth)** (*persona*) insensible (a alguna cosa) **2** (*acte*) mancat de sensibilitat **insensitivity** /ɪnˌsensəˈtɪvəti/ *n* insensibilitat

inseparable /ɪnˈseprəbl/ *adj* inseparable

insert /ɪnˈsɜːt/ *vt* introduir, inserir

inside *preposició, adverbi, nom, adjectiu*

▸ *prep* /ˌɪnˈsaɪd/ (*USA* **inside of**) dins (de): *Is there anything inside the box?* Que hi ha res a dins de la capsa?

▸ *adv* /ˌɪnˈsaɪd/ (a) dins: *Let's go inside.* Anem a dins. ◇ *Pete's inside.* En Pete és dins.

▸ *n* /ˌɪnˈsaɪd/ **1** interior, dins: *The door was locked from the inside.* La porta estava tancada per dins. **2 insides** [*pl*] (*col·loq*) budells **LOC inside out 1** del revés: *You've got your jumper on inside out.* Portes el jersei del revés. ➲ *Vegeu il·lustració a* REVÉS **2** a fons: *She knows these streets inside out.* Es coneix aquests carrers de cap a peus.

▸ *adj* /ˈɪnsaɪd/ [*només davant del nom*] **1** interior, intern: *the inside pocket* la butxaca interior **2** intern: *inside information* informació interna **insider** /ɪnˈsaɪdə(r)/ *n* algú de dins

insight /ˈɪnsaɪt/ *n* **1** perspicàcia, enteniment **2** ~ **(into sth)** idea, percepció (d'alguna cosa)

insignificant /ˌɪnsɪɡˈnɪfɪkənt/ *adj* insignificant **insignificance** *n* insignificança

insincere /ˌɪnsɪnˈsɪə(r)/ *adj* poc sincer, fals **insincerity** /ˌɪnsɪnˈserəti/ *n* manca de sinceritat

insinuate /ɪnˈsɪnjueɪt/ *vt* insinuar **insinuation** *n* insinuació

insist /ɪnˈsɪst/ *vi* ~ **(on sth)** insistir (en alguna cosa) **PHR V insist on/upon sth 1** entossudir-se en alguna cosa: *She always insists on a room to herself.* Sempre insisteix a tenir una habitació per a ella sola. **2** exigir alguna cosa

insistence /ɪnˈsɪstəns/ *n* insistència **insistent** *adj* insistent

insolent /ˈɪnsələnt/ *adj* insolent **insolence** *n* insolència

insomnia /ɪnˈsɒmniə/ *n* insomni

inspect /ɪnˈspekt/ *vt* inspeccionar, examinar: *All food shops should be inspected regularly.* Totes les botigues d'alimentació s'haurien d'inspeccionar regularment. **inspection** *n* inspecció **inspector** *n* **1** inspector, -a **2** (*de bitllets*) revisor, -a

inspiration /ˌɪnspəˈreɪʃn/ *n* inspiració

inspire /ɪnˈspaɪə(r)/ *vt* **1** inspirar **2** ~ **sb with sth**; ~ **sth (in sb)** (*entusiasme, etc.*) infondre alguna cosa (a algú)

instability /ˌɪnstəˈbɪləti/ *n* inestabilitat

install /ɪnˈstɔːl/ *vt* instal·lar

installation /ˌɪnstəˈleɪʃn/ *n* instal·lació

instalment (*USA* **installment**) /ɪnˈstɔːlmənt/ *n* **1** (*pagament*) termini: *to pay in instalments* pagar a terminis **2** (*publicacions*) fascicle **3** (*TV*) episodi, capítol

instance /ˈɪnstəns/ *n* cas, exemple **LOC for instance** per exemple

I

instant /'ɪnstənt/ *adjectiu, nom*
▸ *adj* **1** immediat, instantani **2** (*menjar*) instantani: *instant coffee* cafè instantani
▸ *n* instant, moment **instantly** *adv* immediatament, tot seguit

instantaneous /ˌɪnstən'teɪniəs/ *adj* instantani

instead /ɪn'sted/ *adv* en lloc d'això: *I couldn't go so she went instead.* Jo no hi vaig poder anar, de manera que hi va anar ella en lloc meu. **instead of** *prep* en lloc de

instep /'ɪnstep/ *n* empenya

instigate /'ɪnstɪgeɪt/ *vt* instigar **instigation** *n* instigació

I

instil (*USA* **instill**) /ɪn'stɪl/ *vt* (**-ll-**) ~ **sth (in/into sb)** infondre, inculcar alguna cosa (a algú)

instinct /'ɪnstɪŋkt/ *n* instint **instinctive** /ɪn'stɪŋktɪv/ *adj* instintiu

institute /'ɪnstɪtju:t; *USA* -tu:t/ *nom, verb*
▸ *n* institut, centre
▸ *vt* (*formal*) **1** (*investigació, etc.*) iniciar **2** (*canvis, sistema*) establir

institution /ˌɪnstɪ'tju:ʃn; *USA* -'tu:ʃn/ *n* institució **institutional** *adj* institucional

instruct /ɪn'strʌkt/ *vt* (*formal*) **1** donar instruccions a **2** ~ **sb (in sth)** instruir algú (en alguna cosa)

instruction /ɪn'strʌkʃn/ *n* **1 instructions** [*pl*] instruccions **2** (*formal*) ~ **(in sth)** formació (en alguna cosa) **instructive** *adj* instructiu

instructor /ɪn'strʌktə(r)/ *n* monitor, -a, instructor, -a

instrument /'ɪnstrəmənt/ *n* instrument

instrumental /ˌɪnstrə'mentl/ *adj* **1 be ~ in sth/in doing sth** tenir un paper decisiu en alguna cosa/a fer alguna cosa **2** (*Mús*) instrumental

insufficient /ˌɪnsə'fɪʃnt/ *adj* insuficient

insular /'ɪnsjələ(r); *USA* -sələr/ *adj* tancat (*mentalitat*)

insulate /'ɪnsjuleɪt; *USA* -səl-/ *vt* aïllar **insulation** *n* aïllament

insult *nom, verb*
▸ *n* /'ɪnsʌlt/ insult
▸ *vt* /ɪn'sʌlt/ insultar **insulting** /ɪn'sʌltɪŋ/ *adj* insultant

insurance /ɪn'ʃʊərəns; *USA* -'ʃɔ:r-/ *n* [*incomptable*] assegurança: *to take out life insurance* ferse una assegurança de vida

insure /ɪn'ʃʊə(r), ɪn'ʃɔ:(r)/ *vt* **1** ~ **sb/sth (against sth)** assegurar algú/alguna cosa (contra alguna cosa): *to insure sth for $5 000* assegurar alguna cosa per 5.000 dòlars **2** (*USA*) = ENSURE

intact /ɪn'tækt/ *adj* intacte

intake /'ɪnteɪk/ *n* **1** consum (*de menjar, etc.*) **2** persones matriculades/admeses: *We have an annual intake of 20.* Cada any entren 20 persones.

integral /'ɪntɪgrəl/ *adj* **1** ~ **(to sth)** fonamental, essencial (per a alguna cosa) **2** integrat

integrate /'ɪntɪgreɪt/ *vt, vi* integrar(-se): *They found it hard to integrate into/with the local community.* Els va costar integrar-se a la comunitat on vivien. **integration** *n* integració

integrity /ɪn'tegrəti/ *n* integritat

intellectual /ˌɪntə'lektʃuəl/ *adj, n* intel·lectual

intelligence /ɪn'telɪdʒəns/ *n* intel·ligència **intelligent** *adj* intel·ligent

intend /ɪn'tend/ *vt* **1** ~ **to do sth/doing sth** pensar fer alguna cosa; tenir intenció de fer alguna cosa **2** ~ **sb to do sth**: *I intend you to take over.* La meva intenció és que tu te'n facis càrrec. ◇ *You weren't intended to hear that remark.* No hauries d'haver sentit aquest comentari. **3** ~ **sth for sb/sth**: *It is intended for Sally.* És per a la Sally. ◇ *They're not intended for eating/to be eaten.* No són per a menjar. **4** ~ **sth as sth**: *It was intended as a joke.* Volia ser una broma.

intense /ɪn'tens/ *adj* **1** intens **2** (*emoció, odi*) profund, fort **3** (*persona*) seriós: *She's so intense about everything.* S'ho pren tot molt a la valenta. **intensely** *adv* intensament, summament **intensify** *vt, vi* (*pt, pp* **-fied**) intensificar(-se) **intensity** *n* intensitat, força

intensive /ɪn'tensɪv/ *adj* intensiu: *intensive care* cures intensives

intent /ɪn'tent/ *adjectiu, nom*
▸ *adj* **1** atent, concentrat **2** (*formal*) ~ **on/upon sth**; ~ **on/upon doing sth** decidit a alguna cosa; decidit a fer alguna cosa **3** ~ **on/upon sth** abstret en alguna cosa
▸ *n* LOC **to all intents (and purposes)** pràcticament

intention /ɪn'tenʃn/ *n* intenció: *I have no intention of doing it.* No tinc cap intenció de ferho. **intentional** *adj* intencionat **intentionally** *adv* intencionadament

intently /ɪn'tentli/ *adv* atentament

interact /ˌɪntər'ækt/ *vi* **1** ~ **(with sb)** (*persones*) interaccionar, relacionar-se (amb algú) **2** (*coses*) interaccionar **interaction** *n* interacció

interactive /ˌɪntər'æktɪv/ *adj* interactiu: *interactive whiteboard* pissarra digital interactiva

intercept /ˌɪntə'sept/ *vt* interceptar

interchange *nom, verb*
▸ *n* /ˈɪntətʃeɪndʒ/ intercanvi
▸ *vt* /ˌɪntəˈtʃeɪndʒ/ intercanviar **interchangeable** /ˌɪntəˈtʃeɪndʒəbl/ *adj* intercanviable

interconnect /ˌɪntəkəˈnekt/ *vi* **1** relacionar-se, connectar-se (entre si) **2** (*habitacions*) comunicar-se (entre si) **interconnection** *n* connexió

intercourse /ˈɪntəkɔːs/ *n* [*incomptable*] (*formal*) relacions sexuals, coit

interest /ˈɪntrəst/ *nom, verb*
▸ *n* **1** ~ **(in sb/sth)** interès (per algú/alguna cosa): *It is of no interest to me.* No m'interessa gens. **2** afició: *her main interest in life* la seva gran afició **3** (*Fin*) interès *Vegeu tb* VESTED INTEREST LOC **in sb's interest(s)** en interès d'algú ◆ **in the interest(s) of sth** en nom d'alguna cosa: *in the interest(s) of the economy/safety* per raons econòmiques/de seguretat
▸ *vt* **1** interessar **2** ~ **sb in sth** fer que algú s'interessi per alguna cosa: *Can I interest you in our new brochure?* Li agradaria veure el nostre fullet nou?

interested /ˈɪntrəstɪd/ *adj* interessat: *I'm not interested in football.* El futbol no m'interessa.

interesting /ˈɪntrəstɪŋ/ *adj* interessant

> Una frase com ara "M'interessa molt la informàtica" es tradueix: *I'm very interested in computers.* **Interesting** descriu la qualitat i equival a "interessant": *an interesting book* un llibre interessant. *Vegeu tb nota a* BORING

interestingly *adv* curiosament

interface /ˈɪntəfeɪs/ *n* (*Informàt*) interfície

interfere /ˌɪntəˈfɪə(r)/ *vi* ~ **(in sth)** ficar el nas (en alguna cosa) PHRV **interfere with sth** **1** interposar-se en alguna cosa, obstaculitzar alguna cosa **2** toquejar, remenar alguna cosa **interference** *n* [*incomptable*] **1** ~ **(in sth)** intromissió (en alguna cosa) **2** (*Ràdio*) interferències **interfering** *adj* que es fica on no el demanen

interim /ˈɪntərɪm/ *adjectiu, nom*
▸ *adj* [*només davant del nom*] provisional
▸ *n* LOC **in the interim** mentrestant

interior /ɪnˈtɪəriə(r)/ *adj, n* interior

interjection /ˌɪntəˈdʒekʃn/ *n* interjecció

interlude /ˈɪntəluːd/ *n* intermedi

intermediate /ˌɪntəˈmiːdiət/ *adj* intermedi

intermission /ˌɪntəˈmɪʃn/ *n* entreacte

intern /ɪnˈtɜːn/ *vt* internar

internal /ɪnˈtɜːnl/ *adj* intern, interior: *internal injuries* ferides internes ◇ *the internal market* el mercat interior

international /ˌɪntəˈnæʃnəl/ *adjectiu, nom*
▸ *adj* internacional
▸ *n* (*Esport*) **1** partit internacional **2** jugador, -a internacional

Internet /ˈɪntənet/ (*tb* **the Net**) *n* Internet: *to look for sth on the Internet* buscar/cercar alguna cosa a Internet ◇ *Internet access* accés a Internet ◇ *Internet cafe* cibercafè ➲ *Vegeu nota a* INTERNET *a la pàgina 169*

interpret /ɪnˈtɜːprɪt/ *vt* **1** interpretar, entendre **2** traduir

> **Interpret** es fa servir per a fer referència a la traducció oral, i **translate**, a la traducció escrita.

interpretation *n* interpretació **interpreter** *n* intèrpret ➲ *Compareu amb* TRANSLATOR *a* TRANSLATE

interrelated /ˌɪntərɪˈleɪtɪd/ *adj* interrelacionat

interrogate /ɪnˈterəgeɪt/ *vt* interrogar **interrogation** *n* interrogació, interrogatori **interrogator** *n* interrogador, -a

interrogative /ˌɪntəˈrɒgətɪv/ *adj* interrogatiu

interrupt /ˌɪntəˈrʌpt/ *vt, vi* interrompre: *I'm sorry to interrupt but there's a phone call for you.* Perdona que t'interrompi, però et demanen al telèfon. **interruption** *n* interrupció

intersect /ˌɪntəˈsekt/ *vi* encreuar-se, tallar-se **intersection** *n* intersecció, encreuament

interspersed /ˌɪntəˈspɜːst/ *adj* ~ **with sth** intercalat d'alguna cosa

interstate /ˈɪntəsteɪt/ (*tb* **interstate highway**) *n* (*USA*) autopista

intertwine /ˌɪntəˈtwaɪn/ *vt, vi* entrellaçar(-se)

interval /ˈɪntəvl/ *n* **1** interval **2** (*GB*) (*Teat*) entreacte **3** (*Esport*) descans

intervene /ˌɪntəˈviːn/ *vi* **1** ~ **(in sth)** intervenir (en alguna cosa) **2** interposar-se **3** (*formal*) (*temps*) transcórrer **intervening** *adj* intermedi: *Things have changed a lot in the intervening years.* Les coses han canviat molt en l'endemig.

intervention /ˌɪntəˈvenʃn/ *n* intervenció

interview /ˈɪntəvjuː/ *nom, verb*
▸ *n* entrevista
▸ *vt* entrevistar **interviewee** /ˌɪntəvjuːˈiː/ *n* entrevistat, -ada **interviewer** *n* entrevistador, -a

interweave /ˌɪntəˈwiːv/ *vt, vi* (*pt* **interwove** /-ˈwəʊv/ *pp* **interwoven** /-ˈwəʊvn/) entreteixir(-se)

intestine /ɪnˈtestɪn/ *n* intestí: *the small/large intestine* l'intestí prim/gros

intimacy /ˈɪntɪməsi/ *n* intimitat

intimate *adjectiu, verb*
▸ *adj* /ˈɪntɪmət/ **1** (*amic, restaurant, etc.*) íntim **2** (*amistat*) estret **3** (*coneixement*) profund
▸ *vt* /ˈɪntɪmeɪt/ ~ **sth (to sb)** (*formal*) donar a entendre, insinuar alguna cosa (a algú) **intimation** *n* (*formal*) indicació, indici

intimidate /ɪnˈtɪmɪdeɪt/ *vt* ~ **sb (into doing sth)** intimidar algú (perquè faci alguna cosa) **intimidation** *n* intimidació

I

into /ˈɪntə, ˈɪntuː, ˈɪntu/ ❶ Abans de vocal es pronuncia /ɪntuː/ i al final d'una frase, es pronuncia /ɪntu/
prep ❶ Per als usos d'**into** en *phrasal verbs*, vegeu les entrades dels verbs corresponents, p. ex. **look into sth** a LOOK **1** (*direcció*) a, en, dins (de): *She went into town.* Va anar al centre. ◇ *to come into a room* entrar en una habitació ◇ *He fell into the water.* Va caure a l'aigua. ◇ *He put it into the box.* Ho va ficar dins de la capsa. **2** a: *to translate a book into French* traduir un llibre al francès **3** (*temps, distància*): *long into the night* ben entrada la nit ◇ *far into the distance* al lluny **4** (*Mat*): *3 into 24 is 8.* 24 entre 3 són 8. **LOC** **be into sth** (*col·loq*) estar molt aficionat a alguna cosa: *She's into motorbikes.* Està molt aficionada a les motos.

intolerable /ɪnˈtɒlərəbl/ *adj* intolerable

intolerance /ɪnˈtɒlərəns/ *n* intolerància **intolerant** *adj* intolerant

intonation /ˌɪntəˈneɪʃn/ *n* entonació

intoxicated /ɪnˈtɒksɪkeɪtɪd/ *adj* (*formal*) (*lit i fig*) embriac

intoxication /ɪnˌtɒksɪˈkeɪʃn/ *n* embriaguesa

Intranet /ˈɪntrənet/ *n* intranet

intrepid /ɪnˈtrepɪd/ *adj* (*formal*) intrèpid

intricate /ˈɪntrɪkət/ *adj* intricat, complex

intrigue *verb, nom*
▸ *vt* /ɪnˈtriːg/ intrigar
▸ *n* /ˈɪntriːg/ intriga **intriguing** /ɪnˈtriːgɪŋ/ *adj* intrigant

intrinsic /ɪnˈtrɪnsɪk, -zɪk/ *adj* intrínsec

introduce /ˌɪntrəˈdjuːs; *USA* -ˈduːs/ *vt* **1** ~ **sb/sth (to sb)** presentar algú/alguna cosa (a algú) ➲ *Vegeu nota a* PRESENTAR **2** ~ **sb to sth**; ~ **sth to sb** iniciar algú en alguna cosa **3** (*producte, reforma, etc.*) introduir

introduction /ˌɪntrəˈdʌkʃn/ *n* **1** [*incomptable*] introducció (*de producte, reforma, etc.*) **2** presentació (*de persones*) **3** ~ **(to sth)** introducció (d'alguna cosa) (*llibre, etc.*) **4** [*sing*] ~ **(to sth)** iniciació (a/en alguna cosa)

introductory /ˌɪntrəˈdʌktəri/ *adj* **1** (*capítol, curs*) preliminar **2** (*oferta*) de llançament

introvert /ˈɪntrəvɜːt/ *n* introvertit, -ida

intrude /ɪnˈtruːd/ *vi* **1** ~ **(into/on/upon sth)** entremetre's, immiscir-se (en alguna cosa) **2** ~ **(on/upon sb)** importunar (algú) **intruder** *n* intrús, -usa **intrusion** *n* ~ **(into/on/upon sth)** intrusió, intromissió (en alguna cosa) **intrusive** *adj* intrús

intuition /ˌɪntjuˈɪʃn; *USA* -tu-/ *n* intuïció **intuitive** /ɪnˈtjuːɪtɪv; *USA* -ˈtuː-/ *adj* intuïtiu

Inuit /ˈɪnjuɪt, ˈɪnuɪt/ *n* **the Inuit** [*pl*] els inuits, esquimals ➲ *Compareu amb* ESKIMO

inundate /ˈɪnʌndeɪt/ *vt* inundar (*fig*): *We were inundated with applications.* Ens vam veure inundats de sol·licituds. ❶ El significat d'*inundar amb aigua* es tradueix per **to flood** en anglès.

invade /ɪnˈveɪd/ *vt, vi* envair **invader** *n* invasor, -a

invalid *adjectiu, nom*
▸ *adj* /ɪnˈvælɪd/ no vàlid
▸ *n* /ˈɪnvəlɪd/ invàlid, -a

invalidate /ɪnˈvælɪdeɪt/ *vt* invalidar

invaluable /ɪnˈvæljuəbl/ *adj* inestimable

invariably /ɪnˈveəriəbli/ *adv* invariablement, sempre

invasion /ɪnˈveɪʒn/ *n* invasió

invent /ɪnˈvent/ *vt* inventar **invention** *n* **1** invent **2** invenció **inventive** *adj* **1** enginyós, ple d'inventiva: *to be inventive* fer servir la imaginació **2** (*poders*) d'invenció **inventiveness** *n* inventiva **inventor** *n* inventor, -a

inventory /ˈɪnvəntri; *USA* -tɔːri/ *n* (*pl* **inventories**) inventari

invert /ɪnˈvɜːt/ *vt* invertir, posar a l'inrevés

invertebrate /ɪnˈvɜːtɪbrət/ *n* invertebrat

inverted commas *n* [*pl*] cometes: *in inverted commas* entre cometes ➲ *Vegeu pàg 363*

invest /ɪnˈvest/ *vt, vi* ~ **(sth) (in sth)** invertir (alguna cosa) (en alguna cosa)

investigate /ɪnˈvestɪgeɪt/ *vt, vi* investigar

investigation /ɪnˌvestɪˈgeɪʃn/ *n* ~ **(into sth)** investigació (d'alguna cosa)

investigative /ɪnˈvestɪgətɪv; *USA* -geɪtɪv/ *adj*: *investigative journalism* periodisme d'investigació

investigator /ɪnˈvestɪgeɪtə(r)/ *n* investigador, -a

investment /ɪnˈvestmənt/ *n* ~ **(in sth)** inversió (en alguna cosa)

investor /ɪnˈvestə(r)/ *n* inversor, -a

invigilate /ɪnˈvɪdʒɪleɪt/ *vt* vigilar (*un examen*)

invigorating /ɪnˈvɪgəreɪtɪŋ/ *adj* revifador

invincible /ɪnˈvɪnsəbl/ *adj* invencible

invisible /ɪnˈvɪzəbl/ *adj* invisible

invitation /ˌɪnvɪˈteɪʃn/ *n* invitació

invite *verb, nom*

▸ *vt* /ɪnˈvaɪt/ **1** ~ **sb (to/for sth)** convidar, invitar algú (a alguna cosa); (a fer alguna cosa): *She invited me to/for lunch.* Em va convidar a dinar. ◇ *They invited me to go swimming.* Em van invitar a anar a nedar. ◇ *to invite trouble* buscar-se problemes **2** (*suggeriments, aportacions*) demanar PHR V **invite sb back 1** convidar algú a casa: *After the movie, she invited me back for a drink.* En sortir del cine, em va convidar a casa seva a fer una copa. **2** tornar la invitació (de venir a casa) a algú ◆ **invite sb in/up** convidar algú a entrar ◆ **invite sb out** demanar per sortir a algú ◆ **invite sb over/(a)round** convidar algú a casa

▸ *n* /ˈɪnvaɪt/ (*col·loq*) invitació **inviting** /ɪnˈvaɪtɪŋ/ *adj* atractiu, temptador

invoice /ˈɪnvɔɪs/ *nom, verb*

▸ *n* ~ **(for sth)** factura (d'alguna cosa)

▸ *vt* ~ **sb (for sth)** enviar la factura (d'alguna cosa) a algú

involuntary /ɪnˈvɒləntri/ *adj* involuntari

involve /ɪnˈvɒlv/ *vt* **1** suposar, implicar: *the costs involved in the project* les despeses que implica el projecte ◇ *The job involves me/my living in London.* La feina requereix que visqui a Londres. **2** ~ **sb in sth** fer participar algú en alguna cosa: *to be involved in sth* participar en alguna cosa **3** ~ **sb in sth** implicar algú en alguna cosa (*esp delicte*): *Don't involve me in your problems.* No m'involucris en els teus problemes. **involvement** *n* **1** ~ **(in/with sth)** participació, compromís (en alguna cosa) **2** ~ **(with sb)** embolic, relació (amb algú)

involved /ɪnˈvɒlvd/ *adj* complicat, enrevessat LOC **be/become/get involved (in sth) 1** participar en alguna cosa **2** estar involucrat/involucrar-se en alguna cosa, estar ficat/ficar-se en alguna cosa ◆ **be/become/get involved (in/with sth/sb) 1** estar compromès/comprometre's amb alguna cosa/algú, estar ocupat/ocupar-se amb alguna cosa **2** estar immers en alguna cosa ◆ **be/become/get involved (with sb)** (*emocionalment*) estar embolicat/embolicar-se amb algú

inward /ˈɪnwəd/ *adjectiu, adverbi*

▸ *adj* **1** [*només davant del nom*] (*pensaments, etc.*) interior, íntim: *He gave an inward sigh.* Va sospirar per dins. **2** (*direcció*) cap a dins

▸ *adv* (*tb* **inwards**) cap a dins **inwardly** *adv* per dins

iodine /ˈaɪədiːn; *USA* -daɪn/ *n* iode

IQ /ˌaɪ ˈkjuː/ *n* (*abrev de* **intelligence quotient**) quocient intel·lectual

iris /ˈaɪrɪs/ *n* **1** (*Anat*) iris **2** (*Bot*) lliri

Irish /ˈaɪrɪʃ/ *adj, n* irlandès

iron /ˈaɪən/ *nom, verb*

▸ *n* **1** ferro *Vegeu tb* CAST IRON, WROUGHT IRON **2** (*per a la roba*) planxa

▸ *vt* planxar PHR V **iron sth out 1** (*arrugues*) planxar alguna cosa **2** (*problemes, etc.*) resoldre, eliminar alguna cosa **ironing** *n* **1** planxat: *to do the ironing* planxar ◇ *ironing board* post de planxar **2** roba per planxar, roba planxada

ironic /aɪˈrɒnɪk/ *adj* irònic: *It is ironic that we only won the last match.* És irònic que guanyéssim només l'últim partit. ◇ *He gave an ironic smile.* Va somriure amb sorna. **ironically** /-kli/ *adv* irònicament, amb ironia

irony /ˈaɪrəni/ *n* (*pl* **ironies**) ironia

irrational /ɪˈræʃənl/ *adj* irracional **irrationality** /ɪˌræʃəˈnæləti/ *n* irracionalitat **irrationally** /-nəli/ *adv* de manera irracional

irregular /ɪˈregjələ(r)/ *adj* irregular

irrelevant /ɪˈreləvənt/ *adj* irrelllevant, no pertinent: *irrelevant remarks* observacions que no vénen al cas **irrelevance** *n* irrellevància: *the irrelevance of the curriculum to their own life* el poc que el programa té a veure amb les seves vides

irreparable /ɪˈrepərəbl/ *adj* irreparable

irresistible /ˌɪrɪˈzɪstəbl/ *adj* irresistible **irresistibly** /-əbli/ *adv* irresistiblement

irrespective of /ˌɪrɪˈspektɪv əv/ *prep* independentment de

irresponsible /ˌɪrɪˈspɒnsəbl/ *adj* irresponsable: *It was irresponsible of you.* Va ser una irresponsabilitat per part teva. **irresponsibility** /ˌɪrɪˌspɒnsəˈbɪləti/ *n* irresponsabilitat **irresponsibly** /-əbli/ *adv* de manera irresponsable

irreversible /ˌɪrɪˈvɜːsəbl/ *adj* irreversible

irrigation /ˌɪrɪˈgeɪʃn/ *n* regatge, irrigació

irritable /ˈɪrɪtəbl/ *adj* irritable **irritability** /ˌɪrɪtəˈbɪləti/ *n* irritabilitat **irritably** /-əbli/ *adv* amb irritació

irritate /ˈɪrɪteɪt/ *vt* irritar: *He's easily irritated.* S'irrita molt fàcilment. **irritating** *adj* irritant:

How irritating! Que n'és, d'irritant! **irritation** *n* irritació

is /ɪz/ *Vegeu* BE

Islam /ɪz'lɑːm, 'ɪzlɑːm/ *n* Islam **Islamic** /ɪz'læmɪk/ *adj* islàmic **Islamist** /'ɪzləmɪst/ *adj* islamista

island /'aɪlənd/ *n* (*abrev* **I.**, **Is.**) illa: *a desert island* una illa deserta **islander** *n* illenc, -a

isle /aɪl/ *n* (*abrev* **I.**, **Is.**) illa ❶ Es fa servir sobretot en noms de lloc, p. ex. *the Isle of Man*.

isn't /'ɪznt/ = IS NOT *Vegeu* BE

isolate /'aɪsəleɪt/ *vt* ~ **sb/sth (from sb/sth)** aïllar algú/alguna cosa (d'algú/d'alguna cosa) **isolated** *adj* aïllat **isolation** *n* aïllament LOC **in isolation (from sb/sth)** independentment (d'algú/d'alguna cosa): *Looked at in isolation...* Considerat aïlladament...

ISP /ˌaɪ es 'piː/ *abrev de* **Internet service provider** proveïdor de serveis d'Internet

issue /'ɪʃuː; *GB tb* 'ɪsjuː/ *nom, verb*

▸ *n* **1** assumpte, qüestió **2** problema: *Let's not make an issue of it.* No en fem un gran què, d'això. **3** número (*d'una revista, etc.*) **4** emissió

▸ *vt* **1** ~ **sth (to sb)** distribuir alguna cosa (a algú) **2** ~ **sb with sth** proveir algú d'alguna cosa **3** publicar **4** (*visat, etc.*) expedir **5** (*segells, etc.*) posar en circulació **6** (*crit*) emetre PHR V **issue from sth** (*formal*) sortir d'alguna cosa

isthmus /'ɪsməs/ *n* (*pl* **isthmuses**) istme

IT /ˌaɪ 'tiː/ *n* (*abrev de* **information technology**) informàtica

it /ɪt/ *pron*

- **com a subjecte i objecte** ❶ **It** substitueix animals o coses. També es pot fer servir per a un bebè. **1** (*com a subjecte*) ell, ella, això: *Where is it?* On és? ◇ *The baby is crying – I think it's hungry.* El bebè plora, deu tenir gana. ◇ *Who is it?* Qui és? ◇ *It's me.* Sóc jo. ❶ El pronom de subjecte no es pot ometre en anglès. **2** (*com a complement directe*) el, la, ho: *Did you buy it?* L'has comprat? ◇ *Who did it?* Qui ho ha fet? **3** (*com a complement indirecte*) li: *Give it some milk.* Dóna-li una mica de llet. **4** (*després de preposició*): *That box is heavy. What's inside it?* Aquesta capsa pesa molt, què hi ha dins?
- **frases impersonals** ❶ En molts casos, *it* no té significat i es fa servir com a subjecte gramatical per a construir frases que en català solen ésser impersonals. Normalment no es tradueix. **1** (*temps, distància i temps atmosfèric*): *It's ten past twelve.* Són les dotze i deu. ◇ *It's May 12.* Som al 12 de maig. ◇ *It's two miles to the beach.* Hi ha dues milles fins a la platja. ◇ *It's a long time since they left.* Ja fa molt de temps que van marxar. ◇ *It's raining.* Està plovent. ◇ *It's hot.* Fa calor. **2** (*en altres construccions*): *Does it matter what colour the hat is?* És important el color del barret? ◇ *I'll come at seven if it's convenient.* Si et va bé, vindré a les set. ◇ *It's Jim who's the clever one, not his brother.* En Jim és el qui és espavilat, no pas el seu germà.

LOC **that's it 1** això és (tot): *That's just it.* Això és el problema. **2** ja està: *That's it, I've had enough!* Ja n'hi ha prou, s'ha acabat! ◆ **this is it 1** ja ha arribat l'hora **2** així és

italics /ɪ'tælɪks/ *n* [*pl*] cursiva

itch /ɪtʃ/ *verb, nom*

▸ *vi* **1** picar, fer picor: *My leg itches.* Em fa picor la cama. **2 be itching for sth/to do sth** (*col·loq*) tenir moltes ganes de fer alguna cosa: *They were itching for a fight.* Es morien de ganes de barallar-se.

▸ *n* picor **itchy** *adj* que pica: *I've got an itchy nose* Em pica el nas.

it'd /'ɪtəd/ **1** = IT HAD *Vegeu* HAVE **2** = IT WOULD *Vegeu* WOULD

item /'aɪtəm/ *n* **1** article **2** (*tb* **news item**) notícia LOC **be an item** (*col·loq*) ésser parella: *I don't think they're an item, just good friends.* Em sembla que no són parella, només bons amics.

itinerary /aɪ'tɪnərəri; *USA* -reri/ *n* (*pl* **itineraries**) itinerari

it'll /'ɪtl/ = IT WILL *Vegeu* WILL

its /ɪts/ *adj* seu (*que pertany a una cosa, un animal o un bebè*): *The table isn't in its place.* La taula no és al seu lloc. ➲ *Vegeu nota a* MY

it's /ɪts/ **1** = IT IS *Vegeu* BE **2** = IT HAS *Vegeu* HAVE ➲ *Compareu amb* ITS

itself /ɪt'self/ *pron* **1** [*ús reflexiu*] es: *The cat was washing itself.* El gat es rentava. **2** [*ús emfàtic*]: *The job itself is easy.* La feina en si és fàcil. ◇ *She is kindness itself.* És la bondat en persona. LOC **by itself 1** per si mateix: *The heating comes on by itself.* La calefacció s'engega automàticament. **2** (tot) sol ◆ **in itself** de per si

I've /aɪv/ = I HAVE *Vegeu* HAVE

ivory /'aɪvəri/ *n* ivori, marfil

ivy /'aɪvi/ *n* heura

J j

J, j /dʒeɪ/ *n* (*pl* **Js, J's, j's**) J, j ➲ *Vegeu nota a* A, A

jab /dʒæb/ *verb, nom*
▸ *vt, vi* (**-bb-**) ~ **(at) sth** punxar alguna cosa: *She jabbed the potato with her fork.* Va punxar la patata amb la forquilla. ◇ *He jabbed his finger at the door.* Va apuntar a la porta amb el dit.
▸ *n* **1** cop **2** punxada **3** (*col·loq*) injecció

jack /dʒæk/ *n* **1** (*Mec*) gat **2** jack, valet (*baralla de cartes francesa*) ➲ *Vegeu nota a* BARALLA

jackal /ˈdʒækl/ *n* xacal

jackdaw /ˈdʒækdɔː/ *n* gralla (*ocell*)

jacket /ˈdʒækɪt/ *n* **1** americana, jaqueta, caçadora *Vegeu tb* DINNER JACKET, LIFE JACKET **2** (*d'un llibre*) sobrecoberta

jacket potato *n* (*pl* **jacket potatoes**) patata al forn (amb pell)

the jackpot /ˈdʒækpɒt/ *n* el primer premi (*loteria, etc.*): *to win/hit the jackpot* tocar-li a algú la grossa

jade /dʒeɪd/ *n* jade

jaded /ˈdʒeɪdɪd/ *adj* esgotat (*cansat*)

jagged /ˈdʒægɪd/ *adj* dentat

jaguar /ˈdʒægjuə(r)/ *n* jaguar

jail (*tb* **gaol**) /dʒeɪl/ *nom, verb*
▸ *n* presó
▸ *vt* ~ **sb (for sth)** empresonar algú (per alguna cosa)

jam /dʒæm/ *nom, verb*
▸ *n* **1** melmelada ➲ *Compareu amb* MARMALADE **2** congestió: *traffic jam* embús LOC **be in/get into a jam** (*col·loq*) trobar-se/posar-se en un destret
▸ (**-mm-**) **1** *vt* ~ **sth into, under, etc. sth** encabir alguna cosa dins, sota, etc. alguna cosa: *He jammed the flowers into the vase.* Va encabir les flors al gerro. **2** *vt, vi* embussar(-se), obstruir(-se) **3** *vt, vi* atapeir(-se): *The three of them were jammed into a phone box.* Tots tres estaven atapeïts en una cabina telefònica. **4** *vt* (*Ràdio*) interferir

jangle /ˈdʒæŋgl/ *vt, vi* (fer) sonar amb un soroll metàl·lic

janitor /ˈdʒænɪtə(r)/ *n* (*USA*) conserge, porter, -a

January /ˈdʒænjuəri; *USA* -jueri/ *n* (*abrev* **Jan.**) gener: *They are getting married this January/in January.* Es casen al gener. ◇ *on January 1st* l'1 de gener ◇ *every January* cada mes de gener ◇ *next January* el gener de l'any que ve ❶ Els noms dels mesos en anglès s'escriuen amb majúscula.

jar /dʒɑː(r)/ *nom, verb*
▸ *n* **1** pot ➲ *Vegeu il·lustració a* CONTAINER **2** gerra
▸ (**-rr-**) **1** *vt* donar un cop a **2** *vi* ~ **(on sth/sb)** crispar alguna cosa; irritar algú: *to jar on sb's nerves* fer crispar els nervis **3** *vi* ~ **(with sth)** desentonar (amb alguna cosa)

jargon /ˈdʒɑːgən/ *n* argot (*professional*)

jasmine /ˈdʒæzmɪn/ *n* gessamí

jaundice /ˈdʒɔːndɪs/ *n* icterícia **jaundiced** *adj* amargat

javelin /ˈdʒævlɪn/ *n* javelina

jaw /dʒɔː/ *n* **1** mandíbula **2 jaws** [*pl*] gola

jazz /dʒæz/ *nom, verb*
▸ *n* jazz
▸ *v* PHRV **jazz sth up** (*col·loq*) animar alguna cosa **jazzy** *adj* (*col·loq*) vistós

jealous /ˈdʒeləs/ *adj* **1** gelós: *He's very jealous of her friends.* Té molta gelosia dels seus amics. **2** envejós: *I'm very jealous of your new car.* El teu cotxe nou em fa molta enveja. **jealousy** *n* [*gen incomptable*] (*pl* **jealousies**) enveja, gelosia

jeans /dʒiːnz/ *n* [*pl*] (pantalons) texans ➲ *Vegeu nota a* PAIR

Jeep® /dʒiːp/ *n* jeep, vehicle tot terreny

jeer /dʒɪə(r)/ *verb, nom*
▸ *vt, vi* ~ **(at) (sb)** **1** riure's (d'algú) **2** esbroncar (algú)
▸ *n* burla, esbronc

jelly /ˈdʒeli/ *n* (*pl* **jellies**) **1** (*USA* **Jell-O®**) gelatina (*amb gustos de fruita*) **2** gelea

jelly bean *n* gominola amb una capa dura de sucre (*amb forma de mongeta*)

jellyfish /ˈdʒelifɪʃ/ *n* (*pl* **jellyfish**) medusa

jeopardize (*GB tb* **-ise**) /ˈdʒepədaɪz/ *vt* (*formal*) posar en perill

jeopardy /ˈdʒepədi/ *n* LOC **in jeopardy** en perill

jerk /dʒɜːk/ *verb, nom*
▸ **1** *vt* sacsejar, estrebar **2** *vi* fer una batzegada, fer una estrebada
▸ *n* **1** batzegada, estrebada **2** (*col·loq*) imbècil

Jesus /ˈdʒiːzəs/ (*tb* **Jesus Christ**) *n* Jesús, Jesucrist

jet /dʒet/ *n* **1** avió de reacció **2** (*d'aigua, gas*) doll **3** atzabeja: *jet black* atzabegenc

jet lag *n* trastorn d'horari: *He's suffering from jet lag.* Està patint els efectes del desfasament horari.

Jet Ski® /'dʒet ski:/ *n* (*pl* **Skis**) moto aquàtica **jet-skiing** *n* motociclisme aquàtic

jetty /'dʒeti/ *n* (*pl* **jetties**) moll

Jew /dʒu:/ *n* jueu, jueva

jewel /'dʒu:əl/ *n* **1** pedra preciosa **2** joia ➲ *Vegeu nota a* JOIA **jeweller** (*USA* **jeweler**) *n* **1** joier, -a **2** **jeweller's** *n* (*botiga*) joieria ➲ *Vegeu nota a* CARNISSERIA **jewellery** (*USA* **jewelry**) /'dʒu:əlri/ *n* [*incomptable*] joies: *jewellery box* joier (*capsa*)

Jewish /'dʒu:ɪʃ/ *adj* jueu

jigsaw /'dʒɪgsɔ:/ (*tb* **jigsaw puzzle**) *n* trencaclosques, puzle

jingle /'dʒɪŋgl/ *nom, verb*
▸ *n* **1** [*sing*] dring **2** cançó publicitària
▸ *vt, vi* (fer) dringar

jinx /dʒɪŋks/ *nom, verb*
▸ *n* [*sing*] **a ~ (on sb/sth)** mala sort (per a algú/alguna cosa): *There's a jinx on it.* Porta mala sort.
▸ *vt* (*col·loq*) portar mala sort: *I seem to be jinxed.* Sembla que porto mala sort.

job /dʒɒb/ *n* **1** feina, lloc de treball ➲ *Vegeu nota a* WORK *n* **2** tasca **3** deure, responsabilitat **LOC** **a good job** (*col·loq*): *It's a good job you've come.* Sort que has vingut. ◆ **do the job** (*col·loq*) servir, funcionar ◆ **have a (hard) job doing/to do sth** resultar difícil fer alguna cosa: *You'll have a (hard) job convincing them.* Et costarà convèncer-los. ◆ **out of a job** a l'atur

jobcentre /'dʒɒbsentə(r)/ *n* (*GB*) oficina de treball

jobless /'dʒɒbləs/ *adj* aturat (*sense feina*)

jockey /'dʒɒki/ *n* (*pl* **jockeys**) joquei *Vegeu tb* DISC JOCKEY

jog /dʒɒg/ *verb, nom*
▸ (**-gg-**) **1** *vi* **go jogging** fer fúting **2** *vt* donar una empenta suau a **LOC** **jog sb's memory** refrescar la memòria a algú
▸ *n* [*sing*] **1** *to go for a jog* anar a fer fúting **2** copet **jogger** *n* persona que fa fúting **jogging** *n* fúting

join /dʒɔɪn/ *verb, nom*
▸ **1** *vt* **~ sth (to/onto sth)** unir, ajuntar alguna cosa (a/amb alguna cosa) **2** *vi* **~ (together/up)** ajuntar-se, unir-se **3** *vt, vi* (*club, etc.*) fer-se soci (de), afiliar-se (a) **4** *vt, vi* (*empresa*) unir-se (a) **5** *vt* (*UE, etc.*) entrar a formar part de **6** *vt* **~ sb** trobar-se amb algú **PHR V** **join in (sth)** participar (en alguna cosa) ◆ **join up (with sb)** ajuntar-se (amb algú)
▸ *n* **1** juntura **2** costura

joiner /'dʒɔɪnə(r)/ *n* fuster, -a

joint /dʒɔɪnt/ *adjectiu, nom*
▸ *adj* conjunt, col·lectiu
▸ *n* **1** (*Anat*) articulació **2** juntura, encaix **3** quart de carn **4** (*col·loq*) antre **5** (*col·loq*) porro (*cigarreta de droga*) **jointed** *adj* articulat, plegable

joke /dʒəʊk/ *nom, verb*
▸ *n* **1** acudit: *to tell a joke* explicar un acudit **2** broma: *to play a joke on sb* fer una broma a algú **3** [*sing*] (*col·loq*) farsa: *The new law is a joke.* La nova llei és una burla.
▸ *vi* **~ (with sb) (about sth)** fer broma (amb algú) (sobre alguna cosa) **LOC** **joking apart/aside** bromes a part ◆ **you're joking!**; **you must be joking!** (*col·loq*) **1** ni parlar-ne! **2** vols dir?

joker /'dʒəʊkə(r)/ *n* **1** bromista **2** (*col·loq*) riota **3** (*cartes*) jòquer

jolly /'dʒɒli/ *adjectiu, adverbi*
▸ *adj* (**jollier**, **-iest**) alegre, jovial
▸ *adv* (*GB, antic, col·loq*) molt: *Jolly good!* Molt bé!

jolt /dʒəʊlt/ *verb, nom*
▸ **1** *vi* fer sotracs **2** *vt* sacsejar
▸ *n* **1** sotrac, batzegada **2** sobresalt

jostle /'dʒɒsl/ *vt, vi* donar empentes (a)

jot /dʒɒt/ *v* (**-tt-**) **PHR V** **jot sth down** anotar alguna cosa

journal /'dʒɜ:nl/ *n* **1** revista, diari (*especialitzat*) **2** diari (*de viatge, transaccions, etc.*)

journalism /'dʒɜ:nəlɪzəm/ *n* periodisme **journalist** *n* periodista

journey /'dʒɜ:ni/ *n* (*pl* **journeys**) viatge ➲ *Vegeu nota a* VIATGE

joy /dʒɔɪ/ *n* **1** alegria, joia: *to jump for joy* saltar d'alegria **2** plaer: *It's a joy to hear him.* És un gust escoltar-lo. **LOC** *Vegeu* PRIDE **joyful** *adj* alegre **joyfully** /-fəli/ *adv* alegrement

joyriding /'dʒɔɪraɪdɪŋ/ *n* passejar-se amb un cotxe robat **joyrider** *n* persona que es passeja amb un cotxe robat

joystick /'dʒɔɪstɪk/ *n* (*Aeronàut, Informàt*) palanca de control

jubilant /'dʒu:bɪlənt/ *adj* joiós **jubilation** *n* joia

jubilee /'dʒu:bɪli:/ *n* aniversari (*d'un esdeveniment*)

Judaism /'dʒu:deɪɪzəm; *USA* -dəɪzəm/ *n* judaisme

judge /dʒʌdʒ/ *nom, verb*
▸ *n* **1** (*Dret*) jutge, -essa **2** (*de competició*) jutge, -essa, membre del jurat **3** **~ (of sth)** coneixedor, -a (d'alguna cosa)
▸ *vt, vi* jutjar, considerar, calcular: *judging by/from...* si s'ha de jutjar per...

judgement (*tb* **judgment**) /ˈdʒʌdʒmənt/ *n* judici, seny: *to use your own judgement* actuar segons el criteri personal

judicious /dʒuˈdɪʃəs/ *adj* (*formal*) assenyat **judiciously** *adv* assenyadament

judo /ˈdʒuːdəʊ/ *n* judo

jug /dʒʌg/ (*USA* **pitcher**) *n* gerra

juggle /ˈdʒʌgl/ **1** *vi* ~ **(with sth)** fer jocs malabars (amb alguna cosa) **2** *vt* ~ **sth (with sth)** compaginar alguna cosa (amb alguna cosa): *She juggles home, career and children.* S'ho manega per portar la casa, la feina i les criatures. **juggler** *n* malabarista **juggling** *n* malabarisme

juice /dʒuːs/ *n* suc: *orange juice* suc de taronja **juicy** *adj* (**juicier**, **-iest**) sucós

jukebox /ˈdʒuːkbɒks/ *n* màquina de discos

July /dʒuˈlaɪ/ *n* (*abrev* **Jul.**) juliol ➲ *Vegeu nota i exemples a* JANUARY

jumble /ˈdʒʌmbl/ *verb, nom*

▸ *vt* ~ **sth (together/up)** barrejar alguna cosa

▸ *n* [*sing*] ~ **(of sth)** poti-poti, barrejadissa (d'alguna cosa)

jumble sale *n* mercat benèfic d'objectes i roba de segona mà

jumbo /ˈdʒʌmbəʊ/ *adj* (*col·loq*) gegant

jump /dʒʌmp/ *verb, nom*

▸ **1** *vt, vi* saltar: *to jump up and down* fer salts d'alegria ◇ *to jump up* aixecar-se d'un salt ➲ *Vegeu il·lustració a* SALTAR **2** *vi* sobresaltar-se: *It made me jump.* Em va fer sobresaltar. **3** *vi* pujar LOC **jump the queue** (*USA* **jump the line**) colar-se (en una cua) ◆ **jump to conclusions** treure conclusions precipitades ◆ **jump to it!** (*col·loq*) afanya't! *Vegeu tb* BANDWAGON PHRV **jump at sth** tirar-s'hi de cap (*a una oportunitat*): *She jumped at the chance of a holiday.* Quan li van oferir unes vacances, va dir que sí de seguida.

▸ *n* **1** salt *Vegeu tb* HIGH JUMP, LONG JUMP **2** puja

jumper /ˈdʒʌmpə(r)/ *n* **1** jersei **2** saltador, -a

jumpy /ˈdʒʌmpi/ *adj* (*col·loq*) neguitós

junction /ˈdʒʌŋkʃn/ *n* **1** encreuament, cruïlla **2** sortida (*d'autopista*)

June /dʒuːn/ *n* (*abrev* **Jun.**) juny ➲ *Vegeu nota i exemples a* JANUARY

jungle /ˈdʒʌŋgl/ *n* jungla

junior /ˈdʒuːniə(r)/ *adjectiu, nom*

▸ *adj* **1** subaltern, de menys antiguitat **2** (*Esport*) juvenil, júnior **3** (*abrev* **Jnr.**, **Jr.**) fill: *Ralph James, Junior* Ralph James, fill **4** (*GB*) *junior school* escola primària (de 7 a 11 anys)

▸ *n* **1** subaltern, -a **2** (*GB*) alumne, -a d'escola primària (*de 7 a 11 anys*) LOC **be two, etc. years sb's junior; be sb's junior by two, etc. years** ésser dos, etc. anys més jove que algú

junk /dʒʌŋk/ *n* [*incomptable*] **1** trastos, faramalla **2** bestieses

junk food *n* (*col·loq*) [*incomptable*] menjar escombraries

junk mail *n* propaganda (*que es rep a la bústia*) ➲ *Compareu amb* SPAM

Jupiter /ˈdʒuːpɪtə(r)/ *n* Júpiter

juror /ˈdʒʊərə(r)/ *n* membre del jurat

jury /ˈdʒʊəri/ *n* [*v sing o pl*] (*pl* **juries**) jurat ➲ *Vegeu nota a* JURAT

just /dʒʌst/ *adverbi, adjectiu*

▸ *adv* **1** just, exactament: *It's just what I need.* És just el que necessito. ◇ *That's just it!* Exactament! ◇ *just here* aquí mateix **2** ~ **as** just quan, just com: *She arrived just as I was leaving.* Va arribar just quan me n'anava. ◇ *It's just as I thought.* És tal com em pensava. **3** ~ **as... as...** tan ... com...: *She's just as clever as her mother.* És tan llesta com la seva mare. **4** **(only)** ~ de poc: *I can (only) just reach the shelf.* Arribo al prestatge ben just. **5** ~ **over/under** una mica més/menys de: *It's just over a kilo.* Passa una mica del quilo. **6** **have ~ done sth** acabar de fer alguna cosa: *She has just left.* Acaba de marxar. ◇ *We had just arrived when...* Acabàvem d'arribar quan... ◇ *'Just married'* "Acabats de casar" **7** ara (mateix): *I'm just going.* Ara mateix me'n vaig. **8** **be ~ about/going to do sth** estar a punt de fer alguna cosa: *I was just about/going to phone you.* T'anava a trucar ara mateix. **9** simplement: *It's just one of those things.* És simplement una d'aquelles coses. **10** només: *I waited an hour just to see you.* Vaig esperar-me una hora només per veure't. ◇ *just for fun* per riure una estona **11** *Just let me say something!* Deixa'm parlar un moment! LOC **it is just as well (that...)** quina sort (que...) ◆ **just about** (*col·loq*) gairebé: *I know just about everyone.* Conec gairebé tothom. ◆ **just in case** per si de cas ◆ **just like 1** tal com/igual que: *It was just like old times.* Va ser com als vells temps. **2** típic de: *It's just like her to be late.* És típic d'ella arribar tard. ◆ **just like that** sense més ni més ◆ **just now 1** ara mateix **2** fa un moment *Vegeu tb* SAME

▸ *adj* **1** just **2** merescut

justice /ˈdʒʌstɪs/ *n* **1** justícia **2** **Justice** jutge, -essa: *Justice of the Peace* jutge de pau LOC **bring sb to justice** portar algú als tribunals ◆ **do justice to sb/sth; do sb/sth justice 1** fer

J

justícia a algú/alguna cosa **2** *We couldn't do justice to her cooking.* No vam poder fer els honors al seu menjar. ◆ **do yourself justice**: *He didn't do himself justice in the exam.* No va fer l'examen tan bé com l'hauria pogut fer. *Vegeu tb* MISCARRIAGE

justifiable /ˈdʒʌstɪfaɪəbl, ˌdʒʌstɪˈfaɪəbl/ *adj* justificable **justifiably** /-əbli/ *adv* justificadament: *She was justifiably angry.* Estava enfadada amb raó.

justify /ˈdʒʌstɪfaɪ/ *vt* (*pt, pp* **-fied**) justificar

justly /ˈdʒʌstli/ *adv* justament, amb raó

jut /dʒʌt/ *vi* (**-tt-**) ~ **(out) (from/into/over sth)** sobresortir (d'alguna cosa/per sobre d'alguna cosa)

juvenile /ˈdʒuːvənaɪl/ *adjectiu, nom*

▸ *adj* **1** (*formal*) juvenil: *juvenile crime* delinqüència juvenil **2** (*pej*) infantil

▸ *n* menor

K k

K, k /keɪ/ *n* (*pl* **Ks, K's, k's**) K, k ➲ *Vegeu nota a* A, A

kaleidoscope /kəˈlaɪdəskəʊp/ *n* calidoscopi

kangaroo /ˌkæŋgəˈruː/ *n* (*pl* **kangaroos**) cangur

karaoke /ˌkæriˈəʊki/ *n* karaoke

karat (*USA*) = CARAT

karate /kəˈrɑːti/ *n* karate

kayak /ˈkaɪæk/ *n* caiac (*barca*) **kayaking** *n* caiac (*esport*)

kebab /kɪˈbæb/ *n* broqueta

keel /kiːl/ *nom, verb*

▸ *n* quilla

▸ *v* PHRV **keel over** desplomar-se

keen /kiːn/ *adj* (**keener, -est**) **1 be ~ (that... /to do sth)** tenir moltes ganes (que... /de fer alguna cosa) **2** entusiasta **3 be ~ on sb/sth** agradar-li algú/alguna cosa a algú: *She's keen on him.* Li agrada molt. **4** (*intel·ligència, vista*) agut **5** (*interès*) gran **6** (*olfacte, oïda*) fi **keenly** *adv* **1** amb entusiasme **2** (*sentir*) profundament

keep /kiːp/ *verb, nom*

▸ (*pt, pp* **kept** /kept/) **1** *vi* quedar-se, romandre: *Keep still!* No us mogueu! ◇ *Keep quiet!* Calleu! ◇ *to keep warm* no refredar-se **2** *vt* (*amb adjectiu, adverbi o -ing*) mantenir, tenir: *to keep sb amused/happy* tenir algú entretingut/content ◇ *to keep sb waiting* fer esperar algú ◇ *Don't keep us in suspense.* No ens facis estar en suspens. **3** *vi* ~ **(on) doing sth** continuar fent una cosa; no parar de fer alguna cosa: *He keeps interrupting me.* No para d'interrompre'm. **4** *vt* entretenir, retenir: *What kept you?* Amb què t'has entretingut? **5** *vt* (*no tornar*) quedar-se: *Keep the change.* Quedi's el canvi. **6** *vt* guardar, tenir: *Will you keep my place in the queue?* Que em pot guardar la tanda? ◇ *to keep a secret* guardar un secret **7** *vt* (*negoci*) tenir, ésser propietari de **8** *vt* (*animals*) criar, tenir **9** *vi* (*aliments*) conservar-se (fresc), durar **10** *vt* (*promesa*) complir **11** *vt* (*cita*) acudir a **12** *vt* (*diari personal*) escriure, portar **13** *vt* (*comptabilitat, registre*) portar **14** *vt* (*família, persona*) mantenir ❶ Per a expressions amb **keep**, vegeu les entrades del nom, adjectiu, etc., p. ex. **keep your word** a WORD.

PHRV **keep away (from sb/sth)** mantenir-se lluny (d'algú/d'alguna cosa) ◆ **keep sb/sth away (from sb/sth)** mantenir lluny algú/alguna cosa (d'algú/d'alguna cosa)

keep sth back (from sb) amagar alguna cosa (a algú)

keep sth down mantenir alguna cosa baixa

keep sb from (doing) sth no deixar a algú fer alguna cosa ◆ **keep (yourself) from (doing) sth** evitar de fer alguna cosa

keep off (sth) no atansar-se (a alguna cosa), no tocar (alguna cosa): *Keep off the grass!* No trepitgeu la gespa. ◆ **keep sb/sth off (sb/sth)** no deixar algú/alguna cosa apropar-se (a algú/alguna cosa): *Keep your hands off me!* No em toquis!

keep on (at sb) (about sb/sth) no parar de donar la tabarra (a algú) (sobre algú/alguna cosa)

keep out (of sth) no entrar (en alguna cosa): *Keep Out!* Prohibida l'entrada. ◆ **keep sb/sth out (of sth)** no deixar algú/alguna cosa entrar (en alguna cosa)

keep (yourself) to yourself guardar les distàncies, ésser molt reservat ◆ **keep sth to yourself** guardar-se alguna cosa (per a si mateix)

keep up (with sb/sth) seguir el ritme (d'algú/d'alguna cosa) ◆ **keep sth up** mantenir alguna cosa, continuar fent alguna cosa: *Keep it up!* Ànim! ◆ **keep up with sth** mantenir-se al corrent (d'alguna cosa)

▸ *n* manutenció

keeper /ˈkiːpə(r)/ *n* **1** (*de museu*) conservador, -a **2** (*zoo*) guarda **3** (*GB, col·loq*) (*Futbol*) porter, -a

keeping /ˈkiːpɪŋ/ *n* LOC **in/out of keeping (with sth)** d'acord/en desacord (amb alguna cosa) ◆ **in sb's keeping** a cura d'algú

kennel /ˈkenl/ *n* **1** caseta de gos **2** (*tb* **kennels**) residència canina

kept *pt, pp de* KEEP

kerb (*USA* **curb**) /kɜːb/ *n* vorera

kerosene /ˈkerəsiːn/ *n* querosè

ketchup /ˈketʃəp/ *n* quetxup

kettle /ˈketl/ *n* bullidora (*electrodomèstic*)

key /kiː/ *nom, verb, adjectiu*

▸ *n* (*pl* **keys**) **1** clau: *the car keys* les claus del cotxe **2** ~ **(to sth)** clau (d'alguna cosa): *Exercise is the key to good health.* L'exercici és la clau d'una bona salut. **3** tecla **4** (*Mús*) to

▸ *vt* ~ **sth (in) 1** teclejar alguna cosa **2** (*dades*) introduir alguna cosa ➲ *Vegeu nota a* ORDINADOR

▸ *adj* [*només davant del nom*] clau

keyboard /ˈkiːbɔːd/ *n* (*Informàt, Mús*) teclat: *keyboard player* teclista ➲ *Vegeu il·lustració a* ORDINADOR

keyhole /ˈkiːhəʊl/ *n* forat del pany

key ring *n* clauer

khaki /ˈkɑːki/ *adj, n* caqui (*color*)

kick /kɪk/ *verb, nom*

▸ **1** *vt* donar una puntada de peu/una coça a **2** *vt* (*pilota*) xutar: *Kick the ball to me.* Passa'm la pilota. ◇ *to kick the ball into the river* enviar la pilota al riu d'un xut **3** *vi* (*persona*) picar de peus **4** *vi* (*animal*) tirar coces **5** *vt* ~ **yourself** (*col·loq*) estirar-se els cabells: *I could have kicked myself when I found out.* M'estirava els cabells quan me'n vaig assabentar. LOC **kick the bucket** (*col·loq*) anar-se'n a l'altre barri *Vegeu tb* ALIVE, FUSS PHR V **kick off** fer el xut inicial ◆ **kick sb out (of sth)** (*col·loq*) fer fora algú (d'alguna cosa)

▸ *n* **1** puntada de peu, guitza **2** (*Futbol*) xut: *free kick* tir/xut lliure ◇ *goal kick* servei de porteria **3** *He gets a kick out of driving fast cars.* Li encanta conduir cotxes ràpids. ◇ *for kicks* per plaer

kick-boxing /ˈkɪk bɒksɪŋ/ *n* boxa tailandesa

kick-off /ˈkɪk ɒf/ *n* (*Futbol*) xut inicial

kid /kɪd/ *nom, verb*

▸ **1** (*col·loq*) xaval, -a, criatura: *How are your wife and the kids?* Què fan la dona i les criatures? ◇ *his kid sister* la seva germana petita **2** (*Zool*) cabrit ➲ *Vegeu nota a* CABRA

▸ (**-dd-**) (*col·loq*) **1** *vi* fer broma: *Are you kidding?* M'estàs prenent el pèl? **2** *vt* ~ **sb/yourself** enganyar algú, enganyar-se a si mateix

kidnap /ˈkɪdnæp/ *vt* (**-pp-**) segrestar **kidnapper** *n* segrestador, -a **kidnapping** *n* segrest

kidney /ˈkɪdni/ *n* (*pl* **kidneys**) ronyó

kill /kɪl/ *verb, nom*

▸ *vt, vi* matar: *Smoking kills.* Fumar mata. ◇ *She was killed in a car crash.* Va morir d'un accident de cotxe. LOC **kill time** matar el temps PHR V **kill sb/sth off** destruir algú/alguna cosa

▸ *n* LOC **go/move in for the kill** preparar-se per acabar amb l'adversari **killer** *n* assassí, -ina, ésser o cosa que mata: *a killer disease* una malaltia mortal

killing /ˈkɪlɪŋ/ *n* matança LOC **make a killing** (*col·loq*) fer l'agost

kiln /kɪln/ *n* forn (per a ceràmica)

kilo /ˈkiːləʊ/ *n* (*pl* **kilos**) (*tb* **kilogram, kilogramme** /ˈkɪləgræm/) (*abrev* **kg**) quilo(gram) ➲ *Vegeu pàg 759*

kilometre (*USA* **kilometer**) /ˈkɪləmiːtə(r), kɪˈlɒmɪtə(r)/ *n* (*abrev* **k, km**) quilòmetre

kilt /kɪlt/ *n* faldilla escocesa

kin /kɪn/ *Vegeu* NEXT OF KIN

kind /kaɪnd/ *nom, adjectiu*

▸ *n* tipus, classe: *the best of its kind* el millor de la seva mena LOC **kind of** (*col·loq*) més aviat, una mica: *I felt kind of scared.* Estava mig espantat. *Vegeu tb* NOTHING

▸ *adj* (**kinder, -est**) amable

kindly /ˈkaɪndli/ *adverbi, adjectiu*

▸ *adv* **1** amablement **2** (*formal*): *Kindly leave me alone!* Vols fer el favor de deixar-me estar! LOC **not take kindly to sb/sth** no agradar algú/alguna cosa a algú

▸ *adj* (*formal*) amable

kindness /ˈkaɪndnəs/ *n* **1** amabilitat, bondat, generositat **2** detall, favor

king /kɪŋ/ *n* rei LOC *Vegeu* FIT ➲ *Vegeu nota a* BARALLA

kingdom /ˈkɪŋdəm/ *n* regne

kingfisher /ˈkɪŋfɪʃə(r)/ *n* blauet (*ocell*)

kiosk /ˈkiːɒsk/ *n* quiosc

kipper /ˈkɪpə(r)/ *n* areng fumat

kiss /kɪs/ *verb, nom*

▸ *vt, vi* fer petons (a), fer-se petons

▸ *n* petó LOC **the kiss of life** el boca a boca

kit /kɪt/ *n* **1** joc de peces per muntar **2** equip: *sports kit* equip/roba d'esport ◇ *a first-aid kit* una farmaciola

kitchen /ˈkɪtʃɪn/ *n* cuina

K

kite /kaɪt/ *n* estel (*joguina*)

kitten /ˈkɪtn/ *n* gatet ➲ *Vegeu nota a* GAT

kitty /ˈkɪti/ *n* (*pl* **kitties**) (*col·loq*) fons (*de diners*)

kiwi /ˈkiːwiː/ *n* (*pl* **kiwis**) **1** (*tb* **kiwi fruit**) kiwi **2 Kiwi** (*col·loq*) (*persona*) neozelandès, -esa **3** (*ocell*) kiwi

knack /næk/ *n* traça: *to get the knack of sth* agafar la traça per a fer alguna cosa

knackered /ˈnækəd/ *adj* (*GB, argot*) fet pols

knead /niːd/ *vt* pastar

knee /niː/ *n* genoll LOC **be/go (down) on your knees** estar de genolls/agenollar-se

kneecap /ˈniːkæp/ *n* ròtula

kneel /niːl/ *vi* (*pt, pp* **knelt** /nelt/ (*USA tb* **kneeled**) ~ **(down)** agenollar-se ➲ *Vegeu nota a* DREAM

K

knee pad *n* genollera

knew *pt de* KNOW

knickers /ˈnɪkəz/ *n* [*pl*] calces: *a pair of knickers* unes calces ➲ *Vegeu nota a* PAIR

knife /naɪf/ *nom, verb*
▸ *n* (*pl* **knives** /naɪvz/) ganivet *Vegeu tb* PENKNIFE
▸ *vt* clavar ganivetades a

knight /naɪt/ *nom, verb*
▸ *n* **1** cavaller **2** home que té el títol de Sir **3** (*Escacs*) cavall
▸ *vt* armar cavaller, concedir el títol de Sir a **knighthood** *n* títol de Sir

knit /nɪt/ (**-tt-**) **1** *vt* fer amb punt de mitja: *I knitted this cardigan myself.* Aquest jersei me l'he fet jo mateixa. **2** *vi* fer mitja *Vegeu tb* CLOSE-KNIT **knitting** *n* [*incomptable*] treball de punt: *knitting needles* agulles de fer mitja

knitwear /ˈnɪtweə(r)/ *n* [*incomptable*] peces de vestir de punt

knob /nɒb/ *n* **1** (*de ràdio, televisor*) botó **2** (*de porta, calaix*) pom ➲ *Vegeu il·lustració a* HANDLE

knock /nɒk/ *verb, nom*
▸ **1** *vi* ~ **(at/on sth)** (*porta, etc.*) trucar (a alguna cosa) **2** *vt* copejar: *to knock your head on the ceiling* donar-se un cop de cap al sostre ➲ *Vegeu nota a* COP **3** *vt* (*col·loq*) criticar LOC **knock on wood** (*USA*) toca fusta PHR V **knock sb down** fer caure algú (d'un cop), atropellar algú ◆ **knock sth down** enderrocar alguna cosa ◆ **knock off (sth)** (*col·loq*): *to knock off (work)* plegar de treballar ◆ **knock sth off (sth)** descomptar alguna cosa (d'alguna cosa) ◆ **knock sb/sth off (sth)** fer caure algú/alguna cosa (d'alguna cosa) ◆ **knock sb out 1** deixar inconscient algú **2** (*Boxa*) deixar KO algú **3** (*col·loq*) deixar bocabadat algú ◆ **knock sb out (of sth)** eliminar algú (d'alguna cosa) (*competició*) ◆ **knock sb over** fer caure algú (d'un cop), atropellar algú ◆ **knock sth over** fer caure alguna cosa
▸ *n* **1** *There was a knock at the door.* Van trucar a la porta. **2** cop

knockout /ˈnɒkaʊt/ *nom, adjectiu*
▸ *n* (*abrev* **KO**) KO
▸ *adj*: *a knockout competition/tournament* una eliminatòria

knot /nɒt/ *nom, verb*
▸ *n* **1** nus **2** grupet (*de persones*)
▸ *vt* (**-tt-**) fer un nus a, nuar

know /nəʊ/ *verb, nom*
▸ (*pt* **knew** /njuː; *USA* nuː/ *pp* **known** /nəʊn/) **1** *vt, vi* ~ **(how to do sth)** saber (fer alguna cosa): *to know how to swim* saber nedar ◇ *Let me know if…* Fes-m'ho saber si… **2** *vt* conèixer: *to get to know sb* arribar a conèixer algú **3** *vt*: *I've never known it to snow in July before.* Mai no s'havia vist que nevés en juliol. LOC **for all I, etc. know** pel (poc) que sé, etc.: *For all I know he could be dead.* Pel poc que jo en sé d'ell, podria estar mort. ◆ **God/goodness/Heaven knows** (*col·loq*) qui ho sap/Déu ho sap: *Heaven knows why she did it.* Qui sap per què ho va fer. ◆ **know best** saber algú el que es fa ◆ **know better (than that/than to do sth)**: *You ought to know better (than that)!* Sembla mentida que hagis fet això! ◇ *You should know better than to ask her for money.* Què fas demanant-li diners a ella? ◇ *I should have known better.* Me n'hauria d'haver adonat. ◆ **you know** (*col·loq*) **1** doncs: *Well, you know, it's difficult to explain.* Bé, doncs, és difícil d'explicar. **2** saps ◆ **you never know** (*col·loq*) no se sap mai *Vegeu tb* ANSWER, ROPE PHR V **know of sb/sth** saber d'algú/d'alguna cosa: *Not that I know of.* Que jo sàpiga, no.
▸ *n* LOC **be in the know** (*col·loq*) estar assabentat

know-all /ˈnəʊ ɔːl/ (*tb* **know-it-all** /ˈnəʊ ɪt ɔːl/) *n* (*col·loq*) setciències

knowing /ˈnəʊɪŋ/ *adj* (*mirada, etc.*) de complicitat **knowingly** *adv* intencionadament

knowledge /ˈnɒlɪdʒ/ *n* [*incomptable*] **1** coneixement: *not to my knowledge* que jo sàpiga, no **2** saber LOC **in the knowledge that…** sabent que… *Vegeu tb* BEST **knowledgeable** *adj* ben informat

known *pp de* KNOW

knuckle /ˈnʌkl/ *nom, verb*
▸ *n* artell, nus
▸ *v* PHR V **knuckle down (to sth)** (*col·loq*) posar-se a treballar de valent (en alguna cosa)

koala /kəʊˈɑːlə/ (*tb* **koala bear**) *n* coala

Koran /kəˈrɑːn/ *n* Alcorà

L l

L, l /el/ *n* (*pl* **Ls**, **L's**, **l's**) L, l ➲ *Vegeu nota a* A, A

lab /læb/ *n* (*col·loq*) laboratori

label /'leɪbl/ *nom, verb*
▸ *n* etiqueta ➲ *Vegeu il·lustració a* ETIQUETA
▸ *vt* (**-ll-**; *USA* **-l-**) **1** etiquetar, posar etiquetes a **2** ~ **sb/sth (as) sth** qualificar algú/alguna cosa d'alguna cosa

laboratory /lə'bɒrətri; *USA* 'læbrətɔːri/ *n* (*pl* **laboratories**) laboratori

laborious /lə'bɔːriəs/ *adj* laboriós

labor union *n* (*USA*) sindicat

labour (*USA* **labor**) /'leɪbə(r)/ *nom, verb*
▸ *n* **1** [*incomptable*] treball: *labour relations* relacions laborals ◇ *the labour movement* el moviment obrer **2** [*incomptable*] mà d'obra: *parts and labour* els recanvis i la mà d'obra **3** [*incomptable*] part: *to go into labour* anar de part **4** **Labour** (*tb* **the Labour Party**) [*v sing o pl*] (*GB*) el Partit Laborista
▸ *vi* esforçar-se **laboured** (*USA* **labored**) *adj* **1** treballós **2** poc natural/espontani **labourer** (*USA* **laborer**) *n* obrer, -a

labyrinth /'læbərɪnθ/ *n* laberint

lace /leɪs/ *nom, verb*
▸ *n* **1** punta (*teixit*) **2** *Vegeu* SHOELACE
▸ *vt, vi* ~ **(sth) (up)** cordar alguna cosa, cordar-se (*amb cordons*)

lack /læk/ *nom, verb*
▸ *n* [*incomptable*] manca, carència
▸ *vt* mancar de LOC **be lacking** faltar ◆ **be lacking in sth** mancar d'alguna cosa

lacquer /'lækə(r)/ *n* laca

lacy /'leɪsi/ *adj* de puntes

lad /læd/ *n* (*col·loq*) noi

ladder /'lædə(r)/ *n* **1** escala de mà *Vegeu tb* STAIRCASE **2** escala (*social, professional, etc.*) **3** carrera (*a les mitges, etc.*)

laden /'leɪdn/ *adj* ~ **(with sth)** carregat (d'alguna cosa)

ladies /'leɪdiz/ *n* **1** *plural de* LADY **2** **Ladies** [*sing*] lavabo de dones

ladle /'leɪdl/ *n* cullerot

lady /'leɪdi/ *n* (*pl* **ladies**) **1** senyora: *Ladies and gentlemen...* Senyores i senyors... *Vegeu tb* GENTLEMAN **2** dama **3** **Lady** (*títol*) (*GB*) Lady: *Lady Thatcher*

ladybird /'leɪdibɜːd/ (*USA* **ladybug** /'leɪdibʌg/) *n* marieta (*insecte*)

lag /læg/ *verb, nom*
▸ *vi* (**-gg-**) LOC **lag behind (sb/sth)** quedar-se enrere (en relació a algú/alguna cosa)
▸ *n* (*tb* **time lag**) retard *Vegeu tb* JET LAG

lager /'lɑːgə(r)/ *n* cervesa (Pilsen) ➲ *Vegeu nota a* CERVESA

lagoon /lə'guːn/ *n* **1** albufera **2** (*USA*) llacuna

laid *pt, pp de* LAY

laid-back /ˌleɪd 'bæk/ *adj* (*col·loq*) tranquil

lain *pp de* LIE[1]

lake /leɪk/ *n* llac

lamb /læm/ *n* xai ➲ *Vegeu nota a* CARN

lame /leɪm/ *adj* **1** coix **2** (*excusa, etc.*) poc convincent

lament /lə'ment/ *vt, vi* (*formal*) lamentar(-se) de

lamp /læmp/ *n* llum (*de peu, de tauleta, etc.*)

lamp post *n* fanal (*de carrer*)

lampshade /'læmpʃeɪd/ *n* pantalla (de llum) ➲ *Vegeu il·lustració a* LLUM

land /lænd/ *nom, verb*
▸ *n* **1** terra: *by land* per terra ◇ *on dry land* en terra ferma ◇ *arable land* terra de conreu ◇ *land animals* animals terrestres ◇ *a plot of land* una parcel·la **2** **the land** [*sing*] el camp: *to work on the land* treballar la terra **3** (*formal*) país: *the finest in the land* el millor del país
▸ **1** *vi* aterrar, prendre terra **2** *vi* (*ocell*) posar **3** *vt* (*avió*) fer aterrar **4** *vt, vi* desembarcar **5** *vi* caure: *The ball landed in the water.* La pilota va caure a l'aigua. **6** *vt* (*col·loq*) aconseguir, obtenir LOC *Vegeu* FOOT PHR V **land sb/yourself with sb/sth** (*col·loq*) carregar algú, carregar-se amb algú/alguna cosa: *I got landed with the washing-up.* Em va tocar rentar els plats a mi.

landfill /'lændfɪl/ *n* **1** (*tb* **landfill site**) abocador (d'escombraries) **2** [*incomptable*] enterrament d'escombraries

landing /'lændɪŋ/ *n* **1** replà (*d'una escala*) **2** aterratge **3** desembarcament

landlady /'lændleɪdi/ *n* (*pl* **landladies**) **1** propietària (*d'una casa llogada*) **2** dispesera (*d'un pub o una dispesa*)

landlord /'lændlɔːd/ *n* **1** propietari (*d'una casa llogada*) **2** dispeser (*d'un pub o una dispesa*)

landmark /'lændmɑːk/ *n* **1** punt destacat **2** ~ **(in sth)** fita (en alguna cosa)

landowner /'lændəʊnə(r)/ *n* terratinent

landscape /ˈlændskeɪp/ *nom, adjectiu*
▸ *n* paisatge ➲ *Vegeu nota a* PAISATGE
▸ *adj* apaïsat: *landscape format* format apaïsat ➲ *Compareu amb* PORTRAIT

landslide /ˈlændslaɪd/ *n* **1** esllavissament (*de terra*) **2** (*tb* **landslide victory**) victòria aclaparadora

lane /leɪn/ *n* **1** camí **2** carreró **3** carril: *slow/fast lane* carril de la dreta/d'acceleració **4** (*Esport*) carrer

language /ˈlæŋgwɪdʒ/ *n* **1** idioma, llengua **2** llenguatge: *to use bad language* dir paraules gruixudes

lantern /ˈlæntən/ *n* fanal (*de mà*)

lap /læp/ *nom, verb*
▸ *n* **1** falda: *to sit on sb's lap* asseure's a la falda d'algú **2** (*Esport*) volta
▸ (**-pp-**) **1** *vi* (*aigua*) xipollejar **2** *vt* ~ **sth (up)** beure llepant alguna cosa PHR V **lap sth up** (*col·loq*) rebre alguna cosa amb entusiasme

L

lapel /ləˈpel/ *n* solapa

lapse /læps/ *nom, verb*
▸ *n* **1** error, lapsus **2** (*de temps*) lapse, període: *after a lapse of six years* al cap de sis anys **3** ~ **(into sth)** davallada (en alguna cosa)
▸ *vi* **1** caducar **2** perdre's: *His concentration lapsed after a few minutes.* Al cap de pocs minuts va perdre la concentració. ◇ *The custom has lapsed over the years.* El costum s'ha perdut amb el temps. PHR V **lapse into sth** caure en alguna cosa (*estat, situació, etc.*): *to lapse into silence* quedar-se callat

laptop /ˈlæptɒp/ *n* (ordinador) portàtil

lard /lɑːd/ *n* llard

larder /ˈlɑːdə(r)/ *n* rebost

large /lɑːdʒ/ *adj* (**larger, -est**) **1** gran: *small, medium or large* petit, mitjà o gran ◇ *to a large extent* en gran part **2** extens, ampli ➲ *Vegeu nota a* BIG LOC **at large 1** en general: *the world at large* tot el món **2** en llibertat ◆ **by and large** (*col·loq*) en termes generals *Vegeu tb* EXTENT

largely /ˈlɑːdʒli/ *adv* en gran part

large-scale /ˈlɑːdʒ skeɪl/ *adj* a gran escala

lark /lɑːk/ *n* alosa

larva /ˈlɑːvə/ *n* (*pl* **larvae** /ˈlɑːviː/) larva

lasagne (*tb* **lasagna**) /ləˈzænjə/ *n* lasanya

laser /ˈleɪzə(r)/ *n* làser: *laser printer* impressora làser

lash /læʃ/ *verb, nom*
▸ *vt* **1** assotar **2** (*cua*) remenar enèrgicament PHR V **lash out at sb/sth** atacar algú/alguna cosa (*físicament o verbalment*)
▸ *n* **1** pestanya **2** assot

lass /læs/ (*tb* **lassie** /ˈlæsi/) *n* noia (*esp a Escòcia i al nord d'Anglaterra*)

last /lɑːst; *USA* læst/ *adjectiu, adverbi, nom, verb*
▸ *adj* **1** darrer, últim: *last thing at night* la darrera cosa a la nit ◇ *last name* cognom ➲ *Vegeu nota a* LATE **2** passat: *last month* el mes passat ◇ *last night* anit ◇ *the night before last* abans-d'ahir a la nit LOC **as a/in the last resort** com a darrer recurs ◆ **have the last laugh** riure el darrer ◆ **last thing** a última hora ◆ **the last word (in sth)** la darrera paraula (en alguna cosa) *Vegeu tb* ANALYSIS, FIRST, STRAW
▸ *adv* **1** darrer, últim: *He came last.* Va arribar el darrer. **2** per darrera vegada LOC **last but not least** a l'últim, però no per això menys important
▸ *n* **1 the last** (*pl* **the last**) el darrer/la darrera, l'últim/l'última: *the last but one* el penúltim **2 the last** el/la precedent LOC **at (long) last** per fi
▸ *vi* **1** ~ **(for) hours, days, etc.** durar hores, dies, etc. **2** perdurar **lasting** *adj* durador, permanent

lastly /ˈlɑːstli; *USA* ˈlæstli/ *adv* en darrer lloc

last-minute /ˌlɑːst ˈmɪnɪt; *USA* ˌlæst/ *adj* [*només davant del nom*] d'última hora: *a last-minute change of plan* un canvi de pla d'última hora

latch /lætʃ/ *nom, verb*
▸ *n* **1** forrellat **2** pany
▸ *v* PHR V **latch on (to sth)** (*col·loq*) entendre, copsar alguna cosa

late /leɪt/ *adjectiu, adverbi*
▸ *adj* (**later, -est**) **1** tard, tardà: *to be late* arribar amb retard ◇ *My flight was an hour late.* El meu vol es va retardar una hora. **2** *in the late 19th century* a la fi del segle XIX ◇ *in her late twenties* rondant la trentena **3 latest** [*només davant del nom*] últim, més recent

> El superlatiu **latest** vol dir el més recent, el més nou: *the latest technology* la tecnologia més recent. L'adjectiu **last** significa el darrer d'una sèrie: *The last bus is at twelve.* El darrer autobús surt a les dotze.

4 [*només davant del nom*] difunt LOC **at the latest** al més tard
▸ *adv* (**later**) tard: *He arrived half an hour late.* Va arribar mitja hora tard. LOC **later on** més tard *Vegeu tb* BETTER, SEE, SOON

lately /ˈleɪtli/ *adv* darrerament

lather /ˈlɑːðə(r); *USA* ˈlæð-/ *n* escuma

Latin /ˈlætɪn; *USA* ˈlætn/ *nom, adjectiu*
▸ *n* **1** (*llengua*) llatí **2** (*persona*) llatí, -ina
▸ *adj* llatí

Latin American *adj, n* llatinoamericà, -ana

Latino /læ'ti:nəʊ/ *adj, n* (*pl* **Latinos**) (*fem* **Latina**) hispà, -ana (*als Estats Units*)

latitude /'lætɪtju:d; *USA* -tu:d/ *n* latitud

latter /'lætə(r)/ *adjectiu, nom*

▸ *adj* segon (*de dos*): *the latter option* la segona opció

▸ *n* **the latter** aquest, aquesta, aquests, aquestes: *The latter was not as good as the former.* Aquesta no va ser tan bona com aquella. ➲ *Compareu amb* FORMER

laugh /lɑ:f; *USA* læf/ *verb, nom*

▸ *vi* riure ➲ *Vegeu nota a* RIURE[1] LOC *Vegeu* BURST PHR V **laugh at sb/sth 1** riure d'algú/d'alguna cosa **2** burlar-se d'algú/d'alguna cosa

▸ *n* **1** riure, rialla **2 be a laugh** (*col·loq*) (*esdeveniment, persona*) ésser (molt) divertit: *What a laugh!* Quin tip de riure! LOC **have a (good) laugh (about sth)** riure (molt) (d'alguna cosa) *Vegeu tb* LAST **laughable** *adj* ridícul **laughter** *n* [*incomptable*] rialla, rialles: *to roar with laughter* riure sorollosament

launch /lɔ:ntʃ/ *verb, nom*

▸ *vt* **1** (*atac, campanya, projectil*) llançar **2** (*vaixell*) avarar PHR V **launch (yourself) into sth** (*discurs, etc.*) començar alguna cosa (*amb entusiasme*)

▸ *n* **1** llançament **2** llanxa

launder /'lɔ:ndə(r)/ *vt* (*diners*) blanquejar: *money laundering* blanqueig de diner

launderette /lɔ:n'dret/ (*USA* **Laundromat®** /'lɔ:ndrəmæt/) *n* bugaderia (*d'autoservei*) ➲ *Compareu amb* LAUNDRY

laundry /'lɔ:ndri/ *n* (*pl* **laundries**) **1** bugada: *to do the laundry* fer la bugada ❶ La paraula més habitual és **washing**: *to do the washing*. **2** bugaderia industrial: *laundry service* servei de bugaderia ➲ *Compareu amb* LAUNDERETTE

lava /'lɑ:və/ *n* lava

lavatory /'lævətri; *USA* -tɔ:ri/ *n* (*pl* **lavatories**) (*formal*) **1** vàter **2** (*GB*) lavabo (*públic*) **3** (*USA*) lavabo (*de casa particular*) ➲ *Vegeu nota a* TOILET

lavender /'lævəndə(r)/ *n* espígol, lavanda

lavish /'lævɪʃ/ *adj* **1** magnífic, fastuós **2** pròdig, generós

law /lɔ:/ *n* **1** (*tb* **the law**) llei: *against the law* en contra de la llei **2** (*carrera*) dret ➲ *Vegeu tb* BROTHER-IN-LAW, *etc.* LOC **law and order** ordre públic *Vegeu tb* EYE **lawful** *adj* (*formal*) legal, legítim *Vegeu tb* LEGAL

lawn /lɔ:n/ *n* gespa

lawnmower /'lɔ:nməʊə(r)/ *n* tallagespa

lawsuit /'lɔ:su:t/ *n* plet

lawyer /'lɔ:jə(r)/ *n* advocat, -ada ➲ *Vegeu nota a* ADVOCAT

laxative /'læksətɪv/ *n* laxant

lay /leɪ/ *verb, adjectiu*

▸ *vt* (*pt, pp* **laid** /leɪd/) **1** posar, col·locar **2** (*fonaments*) posar **3** (*cable, etc.*) estendre **4** cobrir amb **5** (*ous*) pondre **6** (*taula*) parar ➲ *Vegeu nota a* LIE[1] LOC **lay claim to sth** reclamar alguna cosa ◆ **lay your cards on the table** ensenyar les cartes PHR V **lay sth aside** (*formal*) deixar alguna cosa de banda ◆ **lay sth down 1** deixar alguna cosa (*sobre la taula, a terra, etc.*) **2** (*armes*) deposar alguna cosa **3** (*regla, principi*) estipular, establir alguna cosa ◆ **lay sb off** acomiadar algú (*per falta de feina*) ◆ **lay sth on** (*GB, col·loq*) organitzar, preparar alguna cosa ◆ **lay sth out 1** (*mapa, roba, etc.*) estendre alguna cosa **2** (*jardí, ciutat*) dissenyar, fer el traçat d'alguna cosa: *well laid out* ben distribuït/planificat **3** (*argument, etc.*) exposar alguna cosa

▸ *adj* **1** (*no expert*) profà **2** laic *Vegeu tb* LIE[1]

layabout /'leɪəbaʊt/ *n* (*GB, col·loq*) gandul, -a, ronsa

lay-by /'leɪ baɪ/ *n* (*pl* **lay-bys**) (*GB*) àrea de descans (*a la carretera*)

layer /'leɪə(r)/ *n* **1** capa **2** (*Geol*) estrat **layered** *adj* **1** en capes **2** (*cabells*) escalats

layout /'leɪaʊt/ *n* **1** distribució, traçat **2** (*revista, etc.*) disseny

laze /leɪz/ *vi* ~ **(about/around)** fer el mandra

lazy /'leɪzi/ *adj* (**lazier, -iest**) gandul, mandrós

lead[1] /li:d/ *verb, nom*

▸ (*pt, pp* **led** /led/) **1** *vt* portar, conduir **2** *vi* ~ **from/to sth** (*camí, porta, etc.*) portar (de/a alguna cosa): *This door leads into the garden.* Aquesta porta dóna al jardí. ◇ *This road leads back to town.* Per aquesta carretera es torna a la ciutat. **3** *vi* ~ **to sth** donar lloc a alguna cosa **4** *vt* ~ **sb (to sth/to do sth)** portar algú (a alguna cosa/a fer alguna cosa) **5** *vt* (*vida*) tenir **6** *vi* ésser al capdavant **7** *vt* encapçalar **8** *vt, vi* (*cartes*) sortir LOC **lead sb to believe (that)...** fer creure a algú (que)... ◆ **lead the way (to sth)** mostrar el camí (a alguna cosa) PHR V **lead up to sth 1** precedir alguna cosa **2** conduir, portar a alguna cosa

▸ *n* **1** [*sing*] (*competició*) avantatge: *to be in the lead* ésser al capdavant **2** [*sing*] exemple: *to follow sb's lead* seguir l'exemple d'algú ◇ *If we take the lead, others will follow.* Si prenem la iniciativa, els altres ens seguiran. **3** (*indici*) pista **4** (*Teat*) paper principal **5** (*Mús*) solista: *the lead singer in a band* el cantant solista d'un grup **6** (*de gos, etc.*) corretja **7** (*Electròn*) cable

lead[2] /led/ *n* plom **leaded** *adj* amb plom

L

leader /ˈliːdə(r)/ *n* líder, cap **leadership** *n* **1** lideratge **2** [*v sing o pl*] (*càrrec*) comandament, direcció

leading /ˈliːdɪŋ/ *adj* principal, més important

leaf /liːf/ *n* (*pl* **leaves** /liːvz/) fulla LOC **take a leaf out of sb's book** seguir l'exemple d'algú *Vegeu tb* NEW **leafy** *adj* frondós

leaflet /ˈliːflət/ *n* fullet

league /liːg/ *n* **1** lliga ➲ *Vegeu nota a* LLIGA **2** (*col·loq*) (*categoria*) classe: *I'm not in her league.* No estic a la seva altura. LOC **in league (with sb)** confabulat (amb algú)

leak /liːk/ *verb, nom*

▸ **1** *vi* (*vas, pica, etc.*) tenir un forat, tenir un degotall **2** *vi* (*gas, líquid*) escapar-se, sortir: *Water was leaking through the ceiling.* Degotava aigua del sostre. **3** *vt* deixar escapar

▸ *n* **1** forat, gotera **2** fuga, escapament **3** filtració (*d'informació*)

lean /liːn/ *adjectiu, verb*

▸ *adj* (**leaner, -est**) **1** (*persona, animal*) prim, flac **2** (*carn*) magre

▸ (*pt, pp* **leant** /lent/ *o* **leaned**) ➲ *Vegeu nota a* DREAM **1** *vi* inclinar(-se), decantar(-se): *to lean out of the window* treure el cap per la finestra ◇ *to lean back/forward* inclinar-se cap endavant/endarrere **2** *vt, vi* ~ **(sth) against/on sth** recolzar alguna cosa, recolzar(-se) contra/en alguna cosa **leaning** *n* inclinació

leap /liːp/ *verb, nom*

▸ *vi* (*pt, pp* **leapt** /lept/ *o* **leaped**) ➲ *Vegeu nota a* DREAM saltar, botar

▸ *n* salt

leap year *n* any bixest

learn /lɜːn/ *vt, vi* (*pt, pp* **learnt** /lɜːnt/ *o* **learned**) ➲ *Vegeu nota a* DREAM **1** aprendre **2** ~ **(of/about) sth** assabentar-se d'alguna cosa LOC *Vegeu* ROPE **learner** *n* aprenent, -a, principiant **learning** *n* **1** (*acció*) aprenentatge: *learning difficulties* dificultats d'aprenentatge **2** (*coneixements*) erudició

learning curve *n* corba d'aprenentatge

lease /liːs/ *nom, verb*

▸ *n* contracte d'arrendament LOC *Vegeu* NEW

▸ *vt* ~ **sth (to/from sb)** arrendar alguna cosa (a algú)

leash /liːʃ/ *n* (*esp USA*) corretja (*de gos*)

least /liːst/ *pronom, adjectiu, adverbi*

▸ *pron* menys: *It's the least I can do.* És el mínim que puc fer. LOC **at least** almenys, com a mínim ◆ **not in the least** en absolut ◆ **not least** sobretot *Vegeu tb* LAST

▸ *adj* (*superl de* **little**) més petit, menor

▸ *adv* menys: *when I least expected it* quan menys m'ho esperava

leather /ˈleðə(r)/ *n* cuir, pell

leave /liːv/ *verb, nom*

▸ (*pt, pp* **left** /left/) **1** *vt, vi* anar-se'n (de), sortir (de): *to leave school* acabar l'escola **2** *vt* deixar: *Leave it to me.* Ja ho faré jo. **3** *vt* **to be left** quedar: *You've only got two days left.* Només et queden dos dies. LOC **leave sb to their own devices; leave sb to themselves** deixar fer a algú *Vegeu tb* ALONE PHR V **leave sb/sth behind** deixar algú/alguna cosa (enrere), oblidar algú/alguna cosa ◆ **leave sb/sth out (of sth)** excloure algú/alguna cosa, ometre alguna cosa (d'alguna cosa): *I felt left out.* Em vaig sentir ignorat. ◆ **be left over (from sth)** sobrar (d'alguna cosa): *Is there any food left over?* Que ha sobrat alguna cosa de menjar?

▸ *n* permís (*vacances*): *on leave* de permís/vacances ◇ *to be on sick leave* estar de baixa (per malaltia) ➲ *Vegeu nota a* HOLIDAY

leaves *plural de* LEAF

lecture /ˈlektʃə(r)/ *nom, verb*

▸ *n* **1** conferència: *to give a lecture* fer una conferència ➲ *Compareu amb* CONFERENCE **2** (*a la universitat*) classe **3** (*reprimenda*) sermó

▸ **1** *vi* ~ **(in/on sth)** fer una conferència/conferències (sobre alguna cosa) **2** *vi* ~ **(in/on sth)** (*a la universitat*) fer classes (d'alguna cosa) **3** *vt* ~ **sb (about/on sth)** sermonejar algú (per/sobre alguna cosa) **lecturer** *n* **1** conferenciant **2** ~ **(in sth)** (*d'universitat*) professor, -a (d'alguna cosa)

lecture theatre (*USA* **lecture theater**) *n* sala de conferències, aula magna

led *pt, pp de* LEAD[1]

ledge /ledʒ/ *n* **1** relleix (*en un penya-segat*) **2** lleixa: *the window ledge* l'ampit

leek /liːk/ *n* porro (*verdura*)

left /left/ *adjectiu, adverbi, nom*

▸ *adj* esquerre

▸ *adv* a l'esquerra: *Turn/Go left.* Gira a l'esquerra.

▸ *n* **1** esquerra: *on the left* a l'esquerra **2 the Left** [*v sing o pl*] (*Pol*) l'esquerra *Vegeu tb* LEAVE

left back *n* (*Esport*) lateral esquerre

left-hand /ˈleft hænd/ *adj* a/de l'esquerra: *on the left-hand side* a mà esquerra

left-handed /ˌleft ˈhændɪd/ *adj* esquerrà

left-luggage office /ˌleft ˈlʌgɪdʒ ɒfɪs; *USA* ɔːfɪs/ *n* consigna

leftover /ˈleftəʊvə(r)/ *adj* restant **leftovers** *n* [*pl*] restes

left wing /ˌleft ˈwɪŋ/ *n* (*Pol*) esquerra **left-wing** *adj* d'esquerra/d'esquerres

leg /leg/ *n* **1** cama ➲ *Vegeu nota a* ARM **2** (*d'animal, moble*) pota **3** (*carn*) pota, cuixa **4** (*pantaló*) camal **LOC** **not have a leg to stand on** (*col·loq*) estar en una posició injustificable *Vegeu tb* PULL, STRETCH

legacy /ˈlegəsi/ *n* (*pl* **legacies**) **1** llegat **2** (*fig*) patrimoni

legal /ˈliːgl/ *adj* jurídic, legal: *to take legal action against sb* iniciar un procés legal contra algú **legality** /lɪˈgæləti/ *n* legalitat **legalization** (*GB tb* **-isation**) *n* legalització **legalize** (*GB tb* **-ise**) *vt* legalitzar **legally** *adv* legalment

legend /ˈledʒənd/ *n* llegenda **legendary** /ˈledʒəndri; *USA* -deri/ *adj* llegendari

leggings /ˈlegɪŋz/ *n* [*pl*] malles, pantalons afusats

legible /ˈledʒəbl/ *adj* llegible

legion /ˈliːdʒən/ *n* legió

legislate /ˈledʒɪsleɪt/ *vi* ~ **(for/against sth)** legislar (per a/contra alguna cosa) **legislation** *n* legislació **legislative** /ˈledʒɪslətɪv/ *adj* (*formal*) legislatiu **legislature** /ˈledʒɪsleɪtʃə(r)/ *n* (*formal*) assemblea legislativa

legitimate /lɪˈdʒɪtɪmət/ *adj* **1** legítim, lícit **2** just, vàlid **legitimacy** *n* legitimitat

leisure /ˈleʒə(r); *USA* ˈliːʒər/ *n* lleure, esplai: *leisure time* temps lliure **LOC** **at your leisure** (*formal*) quan et convingui

leisure centre *n* (*GB*) centre recreatiu, poliesportiu

leisurely /ˈleʒəli; *USA* ˈliːʒərli/ *adj* pausat, tranquil

lemon /ˈlemən/ *n* llimona

lemonade /ˌleməˈneɪd/ *n* **1** gasosa **2** llimonada

lend /lend/ *vt* (*pt, pp* **lent** /lent/) ~ **sb sth**; ~ **sth (to sb)** deixar, prestar alguna cosa (a algú) ➲ *Vegeu nota a* GIVE *i il·lustració a* BORROW **LOC** *Vegeu* HELP

length /leŋθ/ *n* **1** llargada, llargària: *20 metres in length* 20 metres de llargada **2** duració: *for some length of time* durant una bona estona/un bon temps **LOC** **go to any, some, great, etc. lengths (to do sth)** fer (tot) el que calgui (per fer alguna cosa) **lengthen** *vt, vi* allargar(-se), perllongar(-se) **lengthy** *adj* (**lengthier**, **-iest**) llarg

lenient /ˈliːniənt/ *adj* **1** indulgent **2** (*tractament*) clement

lens /lenz/ *n* (*pl* **lenses**) **1** lent *Vegeu tb* CONTACT LENS **2** (*càmera*) objectiu *Vegeu tb* ZOOM LENS

Lent /lent/ *n* quaresma

lent *pt, pp de* LEND

lentil /ˈlentl/ *n* llentia

Leo /ˈliːəʊ/ *n* (*pl* **Leos**) lleó (*zodíac*) ➲ *Vegeu exemples a* AQUARIUS

leopard /ˈlepəd/ *n* lleopard

leotard /ˈliːətɑːd/ *n* mallot (*de ballet, gimnàstica*)

lesbian /ˈlezbiən/ *n* lesbiana

less /les/ *adj, adv, pron* ~ **(than...)** menys (que/de...): *I have less than you.* En tinc menys que tu. ◇ *less often* amb menys freqüència

> **Less** s'usa com a comparatiu de **little** i normalment va amb noms incomptables: *'I've got very little money.' 'I have even less money (than you).'* —Tinc pocs diners. —Jo encara en tinc menys (que tu). **Fewer** és el comparatiu de **few** i normalment va amb noms en plural: *fewer accidents, people, etc.* menys accidents, gent, etc. Així i tot, en anglès parlat s'utilitza més **less** que **fewer**, encara que sigui amb noms en plural.

LOC **less and less** cada vegada menys *Vegeu tb* EXTENT, MORE

lessen /ˈlesn/ **1** *vi* disminuir **2** *vt* reduir

lesser /ˈlesə(r)/ *adj* més petit, menor: *to a lesser extent* en menor grau

lesson /ˈlesn/ *n* **1** classe: *four English lessons a week* quatre classes d'anglès a la setmana ◇ *driving lessons* classes de conduir **2** lliçó: *to learn your lesson* escarmentar ◇ *to teach sb a lesson* servir de lliçó a algú

let /let/ *vt* (*pt, pp* **let** *part pres* **letting**) ~ **sb (do sth)** deixar a algú fer alguna cosa; permetre a algú (de) fer alguna cosa: *My mum won't let me have a dog.* La meva mare no em deixa tenir un gos. ➲ *Vegeu nota a* ALLOW

1 let's

> **Let us** + infinitiu sense **to** s'utilitza per a fer suggeriments. Excepte en la parla formal, normalment s'usa la contracció **let's**: *Let's go!* Anem! En frases negatives, s'usa **let's not** o **don't let's**: *Let's not argue.* No ens barallem.

2 ~ **sth (out) (to sb)** llogar alguna cosa (a algú): *Flat to let.* Pis per llogar. ➲ *Vegeu nota a* LLOGAR **LOC** **let alone** encara menys: *I can't afford new clothes, let alone a holiday.* No em puc permetre roba nova, i encara menys unes vacances. ◆ **let fly at sb/sth** atacar algú/alguna cosa ◆ **let fly with sb** disparar amb alguna cosa ◆ **let off steam** (*col·loq*) esbravar-se ◆ **let sb know sth** fer saber a algú alguna cosa ◆ **let sb/sth go; let go of sb/sth**

L

deixar anar algú/alguna cosa ◆ **let sb/sth loose** deixar anar algú/alguna cosa ◆ **let slip sth** deixar escapar alguna cosa: *I let it slip that he was married.* Se'm va escapar de dir que era casat. ◆ **let's face it** no ens enganyem ◆ **let's say** posem pel cas ◆ **let the cat out of the bag** anar-se'n de la boca ◆ **let the matter drop/rest** deixar córrer la qüestió ◆ **let yourself go** deixar-se portar per l'instint *Vegeu tb* HOOK, LIGHTLY PHRV **let sb down** decebre algú, fallar a algú ◆ **let sb in/out** deixar entrar/sortir algú ◆ **let sb off (sth)** perdonar algú, perdonar alguna cosa a algú (*tasca, càstig*): *Don't let him off lightly.* No deixis que s'escapi amb un càstig lleu. ◆ **let sth off** **1** (*arma*) disparar alguna cosa **2** (*focs artificials*) fer esclatar alguna cosa

lethal /ˈliːθl/ *adj* letal

lethargy /ˈleθədʒi/ *n* letargia **lethargic** /ləˈθɑːdʒɪk/ *adj* letàrgic

let's /lets/ *Vegeu* LET (1)

L

letter /ˈletə(r)/ *n* **1** carta: *to post a letter* tirar una carta a la bústia **2** lletra LOC **to the letter** al peu de la lletra

letter box

postbox **letter box (*USA* mail slot)** **mailboxes (*USA*)**

letter box *n* **1** (*USA* **mail slot**) boca de cartes (*esp a la porta d'una casa*) **2** (*USA* **mailbox**) bústia (*al carrer*)

lettuce /ˈletɪs/ *n* enciam

leukaemia (*USA* **leukemia**) /luːˈkiːmiə/ *n* leucèmia

level /ˈlevl/ *nom, adjectiu, verb*

▸ *n* nivell: *1 000 metres above sea level* a 1.000 metres sobre el nivell del mar ◇ *noise levels* el nivell de soroll ◇ *high-level negotiations* negociacions d'alt nivell

▸ *adj* **1** pla, ras **2** ~ **(with sb/sth)** al nivell (d'algú/d'alguna cosa) LOC **do/try your level best** fer el màxim possible

▸ *vt* (**-ll-**; *USA* **-l-**) anivellar, aplanar PHRV **level sth against/at sb/sth** dirigir alguna cosa a/contra algú/alguna cosa (*crítiques, etc.*) ◆ **level off/out** **1** anivellar-se **2** estabilitzar-se

level crossing *n* pas a nivell

lever /ˈliːvə(r); *USA* ˈlevər/ *n* alçaprem, palanca **leverage** *n* **1** (*formal*) influència **2** força de la palanca, palanquejament

levy /ˈlevi/ *nom, verb*

▸ *n* (*pl* **levies**) impost

▸ *vt* (*pt, pp* **levied**) imposar (*impostos, etc.*)

liability /ˌlaɪəˈbɪləti/ *n* (*pl* **liabilities**) **1** [*incomptable*] ~ **(for sth)** responsabilitat (d'alguna cosa) **2** (*col·loq*) estorb, llast

liable /ˈlaɪəbl/ *adj* [*mai davant del nom*] **1** ~ **(for sth)** responsable (d'alguna cosa) **2** **be ~ to do sth** tenir tendència a fer alguna cosa **3** ~ **to sth** propens a alguna cosa **4** ~ **to sth** subjecte a alguna cosa

liaison /liˈeɪzn; *USA tb* ˈlɪəzɒn/ *n* **1** contacte, coordinació **2** embolic amorós

liar /ˈlaɪə(r)/ *n* mentider, -a

libel /ˈlaɪbl/ *n* libel, difamació

liberal /ˈlɪbərəl/ *adjectiu, nom*

▸ *adj* **1** (*Pol tb* **Liberal**) liberal: *the Liberal Democrats* el Partit Demòcrata Liberal **2** lliure

▸ *n* (*Pol tb* **Liberal**) liberal

liberate /ˈlɪbəreɪt/ *vt* ~ **sb/sth (from sth)** alliberar algú/alguna cosa (d'alguna cosa) **liberated** *adj* alliberat **liberation** *n* alliberament

liberty /ˈlɪbəti/ *n* (*pl* **liberties**) llibertat ❶ La paraula més habitual és **freedom**. LOC **take liberties with sb/sth** prendre's llibertats amb algú/alguna cosa

Libra /ˈliːbrə/ *n* libra, balança ➲ *Vegeu exemples a* AQUARIUS

library /ˈlaɪbrəri; *USA* -breri/ *n* (*pl* **libraries**) biblioteca ➲ *Vegeu nota a* LLIBRERIA **librarian** /laɪˈbreəriən/ *n* bibliotecari, -ària

lice *plural de* LOUSE

licence (*USA* **license**) /ˈlaɪsns/ *n* **1** llicència: *a driving licence* un carnet de conduir *Vegeu tb* OFF-LICENCE **2** (*formal*) permís

license /ˈlaɪsns/ *vt* autoritzar

license plate *n* (*USA*) matrícula (de cotxe) (*placa*)

lick /lɪk/ *verb, nom*

▸ *vt* llepar

▸ *n* llepada

licorice (*USA*) = LIQUORICE

lid /lɪd/ *n* **1** tapa **2** *Vegeu* EYELID

lie[1] /laɪ/ *vi* (*pt* **lay** /leɪ/ *pp* **lain** /leɪn/ *part pres* **lying**) **1** ajeure's, estirar-se **2** ésser: *the life that lay ahead of him* la vida que l'esperava ◇ *The problem lies in...* El problema es troba en... **3** estendre's PHRV **lie about/around (sth)** **1** estar escampat (per): *Don't leave all your* *clothes lying around.* No deixis tota la roba escampada. **2** estar ajagut (a) (*sense fer res*) ◆ **lie back** arrepapar-se, repenjar-se ◆ **lie down** estirar-se ◆ **lie in** (*USA* **sleep in**) (*col·loq*) quedar-se al llit

Compareu els verbs **lie** i **lay**. El verb **lie (lay, lain, lying)** és intransitiu i significa 'jeure': *I was feeling ill, so I lay down on the bed for a while.* Em trobava malament, i vaig jeure una estona. Cal no confondre'l amb **lie (lied, lied, lying)**, que significa 'mentir'. D'altra banda, **lay (laid, laid, laying)** és transitiu i vol dir 'posar, col·locar': *She laid her dress on the bed.* Va deixar el vestit a sobre del llit.

lie[2] /laɪ/ *verb, nom*
▸ *vi* (*pt, pp* **lied** *part pres* **lying**) ~ **(to sb) (about sth)** mentir (a algú) (sobre alguna cosa)
▸ *n* mentida: *to tell lies* dir mentides

lieutenant /lef'tenənt; *USA* luː't-/ *n* tinent, -a

life /laɪf/ *n* (*pl* **lives** /laɪvz/) **1** vida: *life cycle* cicle vital ◇ *late in life* a una edat avançada ◇ *a friend for life* un amic per sempre ◇ *home life* la vida de família *Vegeu tb* LONG-LIFE **2** (*tb* **life sentence, life imprisonment**) cadena perpètua **LOC bring sb/sth to life** animar algú/alguna cosa ◆ **come to life** animar-se ◆ **get a life** (*col·loq*) espavilar-se: *Stop complaining and get a life!* Para de protestar i fes alguna cosa que valgui la pena! ◆ **take your (own) life** suïcidar-se *Vegeu tb* BREATHE, FACT, KISS, MATTER, NEW, PRIME, RISK, SPRING, TIME, TRUE, WALK, WAY

lifebelt /'laɪfbelt/ (*tb* **lifebuoy** /'laɪfbɔɪ/) *n* salvavides

lifeboat /'laɪfbəʊt/ *n* bot salvavides

life expectancy *n* esperança de vida

lifeguard /'laɪfgɑːd/ *n* socorrista

life jacket *n* armilla salvavides

lifelike /'laɪflaɪk/ *adj* real, realista

lifelong /'laɪflɒŋ; *USA* -lɔːŋ/ *adj* de tota la vida

lifestyle /'laɪfstaɪl/ *n* estil de vida

lifetime /'laɪftaɪm/ *n* tota una vida **LOC the chance, etc. of a lifetime** l'oportunitat, etc. de la teva vida

lift /lɪft/ *verb, nom*
▸ **1** *vt* ~ **sb/sth (up)** aixecar algú/alguna cosa **2** *vt* (*bloqueig, toc de queda*) aixecar **3** *vi* (*boirina, núvols*) dissipar-se **PHR V lift off** envolar-se
▸ *n* **1** (*USA* **elevator**) ascensor *Vegeu tb* SKI LIFT **2** *to give sb a lift* portar algú amb cotxe **3** impuls

lift-off /'lɪft ɒf; *USA* ɔːf/ *n* (*pl* **lift-offs**) enlairament (*de coet*)

ligament /'lɪgəmənt/ *n* lligament

light /laɪt/ *nom, adjectiu, verb, adverbi*
▸ *n* **1** llum: *to turn the light on/off* encendre/apagar el llum ➲ *Vegeu il·lustració a* LLUM **2** [*sing*] foc: *Have you got a light?* Tens foc? **3 lights** [*pl*] semàfor *Vegeu tb* FLASHLIGHT, FLOODLIGHT, HEADLIGHT, SEARCHLIGHT, SKYLIGHT, SPOTLIGHT **LOC come to light** donar-se a conèixer ◆ **in the light of sth** en vista d'alguna cosa ◆ **set light to sth** calar foc a alguna cosa
▸ *adj* (**lighter, -est**) **1** (*cambra*) lluminós, clar **2** (*color, to*) clar **3** lleuger: *two kilos lighter* dos quilos menys **4** (*cop, vent*) suau
▸ (*pt, pp* **lit** /lɪt/ *o* **lighted**) **1** *vt, vi* encendre('s) **2** *vt* il·luminar, enllumenar

Generalment s'usa **lighted** com a adjectiu abans del nom: *a lighted candle* una candela encesa, i **lit** com a verb: *He lit a candle.* Va encendre una candela.

PHR V light up 1 (*col·loq*) encendre una cigarreta **2** il·luminar-se ◆ **light sth up 1** (*col·loq*) encendre alguna cosa (*per fumar*) **2** il·luminar alguna cosa
▸ *adv*: *to travel light* viatjar lleuger d'equipatge

light bulb *n Vegeu* BULB

lighten /'laɪtn/ *vt, vi* **1** alleugerir(-se) **2** il·luminar(-se) **3** alegrar(-se)

lighter /'laɪtə(r)/ *n* encenedor

light-headed /ˌlaɪt 'hedɪd/ *adj* marejat (*amb rodament de cap*)

light-hearted /ˌlaɪt 'hɑːtɪd/ *adj* **1** alegre **2** (*comentari*) a la lleugera

lighthouse /'laɪthaʊs/ *n* far

lighting /'laɪtɪŋ/ *n* **1** il·luminació **2** *street lighting* enllumenat públic

lightly /'laɪtli/ *adv* **1** lleugerament, lleument, suaument **2** àgilment **3** a la lleugera **LOC get off/be let off lightly** (*col·loq*) sortir-ne ben parat

lightness /'laɪtnəs/ *n* **1** claredat **2** lleugeresa **3** suavitat **4** agilitat

lightning /'laɪtnɪŋ/ *n* [*incomptable*] llamp, llampec: *a flash of lightning* un llampec ◇ *a lightning trip* un viatge llampec

lightweight /'laɪtweɪt/ *adjectiu, nom*
▸ *adj* **1** lleuger **2** (*pej*) (*superficial*) de poc pes
▸ *n* **1** (*Boxa*) pes lleuger **2** (*col·loq, pej*) (*poc important*) persona de poc pes

like /laɪk/ *preposició, verb, conjunció, nom*
▸ *prep* **1** com: *to look/be like sb* assemblar-se a algú ◇ *What's it like?* Com és? **2** (*comparació*) com, igual que: *He cried like a child.* Va plorar com una criatura. ◇ *He acted like our leader.* Es va comportar com si fos el nostre líder. ◇ *It's like baking a cake.* És com fer un pastís.

L

3 (*exemple*) com ara, tal com: *European countries like Italy, France, etc.* països europeus com ara Itàlia, França, etc. ➲ *Compareu amb* AS **LOC** *Vegeu* JUST
▸ *vt* agradar: *Do you like fish?* T'agrada el peix? ◇ *I like swimming.* M'agrada nedar. ◇ *Would you like to have a drink?* T'agradaria prendre res? ◇ *Would you like a cup of coffee?* Que vols un cafè? ➲ *Vegeu nota a* AGRADAR **LOC** **if you like** si vols
▸ *conj* (*col·loq*) **1** com: *It didn't end quite like I expected it to.* No va acabar com m'esperava. **2** com si
▸ *n* **likes** [*pl*] coses que agraden

likeable /'laɪkəbl/ *adj* agradable

likely /'laɪkli/ *adjectiu, adverbi*
▸ *adj* (**likelier**, **-iest**) **1** probable: *It isn't likely to rain.* No és probable que plogui. ◇ *She's very likely to ring me./It's very likely that she'll ring me.* És molt probable que em truqui. **2** escaient
▸ *adv* **LOC** **not likely!** (*col·loq*) de cap manera! **likelihood** *n* [*sing*] probabilitat

liken /'laɪkən/ *vt* ~ **sth/sb to sth/sb** (*formal*) comparar alguna cosa/algú amb alguna cosa/algú

likeness /'laɪknəs/ *n* semblança: *a family likeness* un aire de família

likewise /'laɪkwaɪz/ *adv* (*formal*) **1** de la mateixa manera: *to do likewise* fer el mateix **2** així mateix

liking /'laɪkɪŋ/ *n* **LOC** **take a liking to sb** agafar afecte a algú ◆ **to sb's liking** (*formal*) del gust d'algú

lilac /'laɪlək/ *adjectiu, nom*
▸ *adj* (*color*) lila
▸ *n* **1** (*planta*) lilà **2** (*color*) lila

lily /'lɪli/ *n* (*pl* **lilies**) **1** lliri **2** assutzena

limb /lɪm/ *n* (*Anat*) membre, extremitat (*braç, cama*) **LOC** *Vegeu* RISK

lime /laɪm/ *n* **1** calç **2** llima **3** (*tb* **lime green**) color verd llima

limelight /'laɪmlaɪt/ *n*: *in the limelight* a la vista de tothom

limestone /'laɪmstəʊn/ *n* pedra calcària

limit /'lɪmɪt/ *nom, verb*
▸ *n* límit: *the speed limit* el límit de velocitat **LOC** **within limits** dintre d'uns certs límits
▸ *vt* ~ **sb/sth (to sth)** limitar algú/alguna cosa (a alguna cosa) **limitation** *n* limitació **limited** *adj* limitat **limiting** *adj* restrictiu **limitless** *adj* il·limitat

limousine /'lɪməzi:n, ˌlɪmə'zi:n/ *n* limusina

limp /lɪmp/ *adjectiu, verb, nom*
▸ *adj* **1** feble **2** flàccid
▸ *vi* coixejar
▸ *n* coixesa: *to have a limp* anar/ésser coix

line /laɪn/ *nom, verb*
▸ *n* **1** línia, ratlla **2** fila **3** **lines** [*pl*] (*Teat*): *to learn your lines* aprendre't el paper **4** corda: *a fishing line* una llinya ◇ *a clothes line* un estenedor **5** línia telefònica: *The line is engaged.* Està comunicant. **6** via **7** [*sing*]: *the official line* l'actitud oficial **8** (*USA*) cua (*de persones, etc.*): *to stand/wait in line for sth* fer cua (en filera) per a alguna cosa **LOC** **along/on the same, etc. lines** dins la mateixa línia, per l'estil ◆ **in line with sth** d'acord amb alguna cosa ◆ **hold the line** no penjar el telèfon *Vegeu tb* DROP, HARD, OVERSTEP, TOE
▸ *vt* **1** ~ **sth (with sth)** folrar, revestir alguna cosa (d'alguna cosa) **2** arrenglerar(-se) **PHR V** **line up** posar-se en fila **lined** *adj* **1** (*cara*) arrugat **2** (*paper*) ratllat **3** (*roba*) folrat **lining** *n* folre, revestiment

linen /'lɪnɪn/ *n* **1** lli **2** roba blanca

liner /'laɪnə(r)/ *n* transatlàntic

line-up /'laɪn ʌp/ *n* (*Esport*) alineació

linger /'lɪŋgə(r)/ *vi* **1** ~ **(on)** (*dubte, olor, record*) perdurar, persistir **2** (*persona*) quedar-se més temps del compte

lingerie /'lænʒəri; *USA* ˌlɑndʒə'reɪ/ *n* llenceria

linguist /'lɪŋgwɪst/ *n* **1** políglota **2** lingüista **linguistic** /lɪŋ'gwɪstɪk/ *adj* lingüístic **linguistics** *n* [*incomptable*] lingüística

link /lɪŋk/ *nom, verb*
▸ *n* **1** connexió: *satellite link* connexió via satèl·lit **2** llaç, vincle **3** (*Informàt*) enllaç **4** baula
▸ *vt* **1** unir: *to link arms* anar de bracet **2** vincular, relacionar **PHR V** **link up (with sb/sth)** unir-se (amb algú/alguna cosa)

lion /'laɪən/ *n* lleó: *a lion-tamer* un domador de lleons **lioness** /'laɪənes/ *n* lleona

lip /lɪp/ *n* llavi

lip-read /'lɪp ri:d/ *vi* (*pt, pp* **lip-read** /-red/) llegir els llavis

lipstick /'lɪpstɪk/ *n* pintallavis

liqueur /lɪ'kjʊə(r); *USA* -'kɜ:r/ *n* licor

liquid /'lɪkwɪd/ *n, adj* líquid **liquidize** (*GB tb* **-ise**) *vt* liquar **liquidizer** (*GB tb* **-iser**) *n* liquadora

liquor /'lɪkə(r)/ *n* **1** (*USA*) beguda alcohòlica (*d'alta graduació*): *liquor store* botiga de begudes alcohòliques **2** (*GB, formal*) beguda alcohòlica (*de qualsevol tipus*)

liquorice (*USA* **licorice**) /'lɪkərɪʃ, -rɪs/ *n* pega dolça

lisp /lɪsp/ *nom, verb*
▸ *n*: *to speak with a lisp* parlar papissot
▸ *vi* parlar papissot

list /lɪst/ *nom, verb*
▸ *n* llista, llistat: *to make a list* fer una llista ◇ *waiting list* llista d'espera
▸ *vt* **1** enumerar, fer una llista de **2** catalogar

listen /ˈlɪsn/ *vi* ~ **(to sb/sth) 1** escoltar (algú/alguna cosa) **2** fer cas a algú/alguna cosa PHR V **listen (out) for sth** escoltar atentament per sentir alguna cosa **listener** *n* **1** *a good listener* una persona que sap escoltar **2** (*Ràdio*) oient

listings /ˈlɪstɪŋz/ *n* [*pl*] cartellera: *listings magazine* guia de l'oci

lit *pt, pp de* LIGHT

liter (*USA*) = LITRE

literacy /ˈlɪtərəsi/ *n* capacitat de llegir i escriure, alfabetisme

literal /ˈlɪtərəl/ *adj* literal **literally** *adv* literalment

literary /ˈlɪtərəri; *USA* -reri/ *adj* literari

literate /ˈlɪtərət/ *adj* que sap llegir i escriure: *computer-literate* amb experiència en l'ús d'ordinadors

literature /ˈlɪtrətʃə(r)/ *n* **1** literatura **2** ~ **(on sth)** informació (sobre alguna cosa)

litre (*USA* **liter**) /ˈliːtə(r)/ *n* (*abrev* **l**) litre ➲ *Vegeu pàg 759*

litter /ˈlɪtə(r)/ *nom, verb*
▸ *n* **1** escombraries (*paper, etc. al carrer*) ➲ *Vegeu il·lustració a* BIN **2** (*Zool*) ventrada
▸ *vt* estar escampat per: *Newspapers littered the floor.* Hi havia diaris escampats per terra.

litter bin (*USA* **trash can**) *n* paperera ➲ *Vegeu il·lustració a* BIN

little /ˈlɪtl/ *adjectiu, pronom, adverbi*
▸ *adj* ℹ El comparatiu **littler** i el superlatiu **littlest** són poc freqüents i normalment s'usen **smaller** i **smallest**. **1** petit: *When I was little...* Quan era petit... ◇ *my little brother* el meu germà petit ◇ *little finger* dit petit ◇ *Poor little thing!* Pobret! ➲ *Vegeu nota a* SMALL **2** poc: *They have little money.* Tenen pocs diners. ◇ *to wait a little while* esperar una mica ➲ *Vegeu nota a* LESS

Little o **a little**? **Little** té un sentit negatiu i equival a "poc". **A little** té un sentit molt més positiu, equival a "una mica de". Compareu les frases següents: *I've got little hope.* Tinc poques esperances. ◇ *You should always carry a little money with you.* Sempre hauries de portar una mica de diners a sobre.

▸ *n, pron* poc: *There was little anyone could do.* No s'hi va poder fer res. ◇ *I only want a little.* Només en vull una mica.
▸ *adv* poc: *little more than an hour ago* fa poc més d'una hora LOC **little by little** a poc a poc ◆ **little or nothing** gairebé res

live¹ /lɪv/ *vi* **1** viure: *Where do you live?* On vius? **2** romandre viu LOC **live it up** (*col·loq*) donar-se bona vida PHR V **live for sb/sth** viure per a algú/alguna cosa ◆ **live on** continuar vivint, perdurar ◆ **live on sth** viure d'alguna cosa ◆ **live through sth** sobreviure a alguna cosa ◆ **live up to sth** justificar la reputació d'alguna cosa ◆ **live with sth** acceptar alguna cosa

live² /laɪv/ *adjectiu, adverbi*
▸ *adj* **1** viu **2** (*TV*) en directe **3** (*enregistrament, actuació*) en viu **4** (*Electròn*) connectat **5** (*bomba, etc.*) activat
▸ *adv* en directe

livelihood /ˈlaɪvlihʊd/ *n* mitjans de subsistència

lively /ˈlaɪvli/ *adj* (**livelier**, **-iest**) **1** (*persona, imaginació*) viu **2** (*conversa, festa*) animat

liver /ˈlɪvə(r)/ *n* fetge

lives *plural de* LIFE

livestock /ˈlaɪvstɒk/ *n* bestiar

living /ˈlɪvɪŋ/ *adjectiu, nom*
▸ *adj* [*només davant del nom*] viu: *living creatures* éssers vius ➲ *Compareu amb* ALIVE LOC **within/in living memory** que es recorda
▸ *n* vida: *to earn/make a living* guanyar-se la vida ◇ *What do you do for a living?* Com et guanyes la vida? ◇ *cost/standard of living* cost de la vida/nivell de vida

living room *n* sala d'estar

lizard /ˈlɪzəd/ *n* llangardaix, sargantana

llama /ˈlɑːmə/ *n* llama (*animal*)

load /ləʊd/ *nom, verb*
▸ *n* **1** càrrega **2** (*tb* **loads** [*pl*]) ~ **(of sth)** (*col·loq*) un munt (d'alguna cosa): *What a load of rubbish!* Quin munt de bestieses!
▸ **1** *vt* ~ **sth (into/onto sth)** carregar alguna cosa (en alguna cosa): *to load bricks onto a lorry* carregar maons en un camió **2** *vt, vi* ~ **(sth) (up) (with sth)** carregar alguna cosa, carregar-se (amb alguna cosa): *to load a lorry (up) with bricks* carregar un camió de maons **3** *vt* ~ **sb/sth (down)** carregar algú/alguna cosa (amb molt pes) **loaded** *adj* **1** ~ **(with sth)** carregat (d'alguna cosa) **2** (*col·loq*) folrat (*de diners*) LOC **a loaded question** una pregunta amb segona intenció

loaf /ləʊf/ *n* (*pl* **loaves** /ləʊvz/) pa (*peça*): *a loaf of bread* un pa

L

loan /ləʊn/ *n* préstec

loathe /ləʊð/ *vt* detestar **loathing** *n* aversió

loaves *plural de* LOAF

lobby /ˈlɒbi/ *nom, verb*

▸ *n* (*pl* **lobbies**) **1** vestíbul **2** [*v sing o pl*] (*Pol*) grup de pressió

▸ *vt, vi* (*pt, pp* **lobbied**) ~ **(sb) (for/against sth)** pressionar (algú) (perquè doni suport/s'oposi a alguna cosa)

lobster /ˈlɒbstə(r)/ *n* llagosta (*de mar*)

local /ˈləʊkl/ *adj* **1** local, de la zona: *local authority* autoritat local ◇ *the local shop* la botiga del barri **2** (*Med*) localitzat: *local anaesthetic* anestèsia local **locally** /-kəli/ *adv* localment

locate /ləʊˈkeɪt; *USA* ˈləʊkeɪt/ *vt* **1** localitzar **2** situar

location /ləʊˈkeɪʃn/ *n* **1** lloc **2** localització **3** (*persona*) parador LOC **be/film on location** rodar en exteriors

L

loch /lɒk/ *n* (*Escòcia*) llac

lock /lɒk/ *verb, nom*

▸ *vt, vi* **1** tancar amb clau **2** (*volant, etc.*) blocar(-se) PHR V **lock sb up/away** (*col·loq*) tancar algú (*a la presó, etc.*) ◆ **lock sth up/away** guardar alguna cosa amb pany i clau

▸ *n* **1** pany **2** (*canal*) resclosa **3** floc (*de cabells*)

locker /ˈlɒkə(r)/ *n* armariet

locksmith /ˈlɒksmɪθ/ *n* manyà, -ana

locomotive /ˌləʊkəˈməʊtɪv/ *n* locomotora

lodge /lɒdʒ/ *nom, verb*

▸ *n* **1** casa de camp per a la cacera o la pesca **2** casa del guarda **3** porteria

▸ **1** *vt* ~ **sth (with sb)** (*reclamació, queixa*) presentar alguna cosa (a algú) **2** *vt, vi* allotjar(-se) **3** *vi* ~ **in sth** incrustar-se en alguna cosa **lodger** *n* hoste, -essa **lodging** *n* allotjament: *board and lodging* allotjament i menjar

loft /lɒft; *USA* lɔːft/ *n* **1** golfes **2** àtic

log /lɒg; *USA* lɔːg/ *nom, verb*

▸ *n* **1** tronc **2** teia **3** diari de bord

▸ *vt* (**-gg-**) apuntar PHR V **log in/on; log into/onto sth** (*Informàt*) entrar (al sistema), entrar en alguna cosa ◆ **log off/out; log off/out of sth** (*Informàt*) sortir (del sistema), sortir d'alguna cosa ➲ *Vegeu nota a* ORDINADOR

logic /ˈlɒdʒɪk/ *n* lògica **logical** *adj* lògic

logo /ˈləʊgəʊ/ *n* (*pl* **logos**) logotip

lollipop /ˈlɒlipɒp/ (*col·loq* **lolly** /ˈlɒli/) *n* piruleta

lollipop lady *n* (*pl* **lollipop ladies**) (*GB, col·loq*)

> Una **lollipop lady** (o **lollipop man** si és un home) és una persona que ajuda els nens a creuar el carrer, especialment a l'hora d'entrar i sortir de l'escola. Se'n diu així perquè normalment porta un senyal en forma de piruleta (**lollipop**) amb el text *Stop! Children Crossing* per parar el trànsit.

lonely /ˈləʊnli/ *adj* (**lonelier, -iest**) **1** sol: *to feel lonely* sentir-se sol ➲ *Vegeu nota a* ALONE **2** solitari **loneliness** *n* solitud **loner** *n* solitari, -ària

long /lɒŋ; *USA* lɔːŋ/ *adjectiu, adverbi, verb*

▸ *adj* (**longer** /lɒŋgə(r)/ **longest** /lɒŋgɪst/) **1** (*longitud*) llarg: *It's two metres long.* Fa dos metres de llarg. **2** (*temps*): *a long time ago* fa molt temps ◇ *How long are the holidays?* Quant duren les vacances? LOC **a long way (away)** lluny: *It's a long way (away) from here.* És molt lluny d'aquí. ◆ **at the longest** com a màxim ◆ **in the long run** a la llarga *Vegeu tb* LAST, TERM

▸ *adv* (**longer** /lɒŋgə(r)/ **longest** /lɒŋgɪst/) **1** molt (temps): *long ago* fa molt temps ◇ *long before/after* molt abans/després ◇ *Stay as long as you like.* Queda't tant temps com vulguis. **2** tot: *the whole night long* tota la nit ◇ *all day long* tot el dia LOC **as/so long as** mentre, amb la condició que ◆ **for long** molt temps ◆ **no longer/not any longer**: *I can't stay any longer.* No em puc quedar més. *Vegeu tb* ANY MORE

▸ *vi* **1** ~ **for sth/to do sth** anhelar alguna cosa/fer alguna cosa **2** ~ **for sb to do sth** estar desitjant que algú faci alguna cosa **longing** *n* anhel

long-distance /ˌlɒŋ ˈdɪstəns; *USA* ˌlɔːŋ/ *adj, adv* de llarga distància: *a long-distance runner* un corredor de fons **long distance** *adv*: *to phone long distance* posar una conferència

longitude /ˈlɒŋgɪtjuːd, ˈlɒndʒɪ-; *USA* -dʒətuːd/ *n* (*Geog*) longitud

long jump *n* salt de llargada

long-life /ˌlɒŋ ˈlaɪf; *USA* ˌlɔːŋ/ *adj* de llarga duració

long-range /ˌlɒŋ ˈreɪndʒ; *USA* ˌlɔːŋ/ *adj* **1** a llarg termini **2** de gran abast

long-sighted /ˌlɒŋ ˈsaɪtɪd; *USA* ˌlɔːŋ/ *adj* prèsbita

long-standing /ˌlɒŋ ˈstændɪŋ; *USA* ˌlɔːŋ/ *adj* de fa molt de temps

long-suffering /ˌlɒŋ ˈsʌfərɪŋ; *USA* ˌlɔːŋ/ *adj* sofert

long-term /ˌlɒŋ ˈtɜːm; *USA* ˌlɔːŋ/ *adj* a llarg termini

loo /luː/ *n* (*pl* **loos**) (*GB, col·loq*) lavabo ➲ *Vegeu nota a* TOILET

look /lʊk/ *verb, nom*
▸ *vi* **1** mirar: *She looked out of the window.* Va mirar per la finestra. ➲ *Vegeu nota a* MIRAR **2** semblar: *You look tired.* Sembles cansada. **3 ~ (out) over/onto sth** donar a alguna cosa: *My bedroom looks out onto the garden.* La meva habitació dóna al jardí. LOC **don't look a gift horse in the mouth** (*refrany*) a cavall regalat no li miris el dentat ◆ **look on the bright side** mirar el costat bo de les coses ◆ **look sb up and down** mirar algú de dalt a baix ◆ **look your age** semblar l'edat que es té ◆ **(not) look yourself** (no) semblar un mateix *Vegeu tb* PICTURE
PHR V **look after sb/sth/yourself** cuidar algú/alguna cosa, cuidar-se
look around 1 girar el cap per mirar **2** anar mirant ◆ **look around sth** visitar alguna cosa ◆ **look around for sth** buscar alguna cosa
look at sb/sth mirar algú/alguna cosa ◆ **look at sth 1** examinar alguna cosa **2** considerar alguna cosa
look back (on sth) pensar (en alguna cosa passada), mirar endarrere
look down on sb/sth menysprear algú/alguna cosa
look for sb/sth buscar algú/alguna cosa
look forward to sth/doing sth tenir ganes d'alguna cosa/de fer alguna cosa, esperar alguna cosa amb il·lusió
look into sth examinar alguna cosa
look on mirar (sense prendre-hi part)
look out: *Look out!* Vigila! ◆ **look out (for sb/sth)** fixar-s'hi (per si es veu algú/alguna cosa)
look sth over inspeccionar alguna cosa
look round = LOOK AROUND
look through sth repassar alguna cosa, fer una ullada a alguna cosa
look up 1 alçar els ulls **2** (*col·loq*) millorar ◆ **look up to sb** admirar algú ◆ **look sth up** buscar alguna cosa (*en un llibre o a Internet*)
▸ *n* **1** mirada, ullada: *to have/take a look at sth* donar una ullada a alguna cosa **2** *to have a look for sth* buscar alguna cosa **3** aspecte, aire **4 looks** [*pl*] físic: *good looks* bellesa **5** moda

lookout /ˈlʊkaʊt/ *n* talaier LOC **be on the lookout for sb/sth; keep a lookout for sb/sth** fixar-s'hi (per si es veu algú/alguna cosa) ◆ **be your (own) lookout** (*GB, col·loq*): *That's your lookout.* Això és cosa teva.

loom /luːm/ *verb, nom*
▸ *vi* **1 ~ (up)** sorgir **2** (*fig*) amenaçar, perfilar-se
▸ *n* teler

loony /ˈluːni/ *adj, n* (*pl* **loonies**) (*col·loq, pej*) boig, boja

loop /luːp/ *nom, verb*
▸ *n* **1** corba **2** (*amb nus*) llaçada, baga
▸ **1** *vt*: *to loop sth round/over sth* passar alguna cosa al voltant d'alguna cosa **2** *vi* donar voltes

loophole /ˈluːphəʊl/ *n* escapatòria

loose /luːs/ *adjectiu, nom*
▸ *adj* (**looser, -est**) **1** deixat anar **2** (*que es pot treure*) fluix: *The screw has come loose.* El caragol s'ha afluixat. **3** (*vestit*) balder, ample **4** (*moral*) lax LOC **be at a loose end** no tenir res per fer ◆ **loose change** monedes, canvi *Vegeu tb* LET, WORK *V*
▸ *n* LOC **be on the loose** estar en llibertat **loosely** *adv* **1** folgadament, sense estrènyer **2** lliurement, aproximadament

loosen /ˈluːsn/ **1** *vt, vi* afluixar(-se), deixar(-se) anar, deslligar(-se) **2** *vt* (*control*) relaxar PHR V **loosen up 1** relaxar-se **2** (*Esport*) escalfar-se

loot /luːt/ *nom, verb*
▸ *n* botí
▸ *vt, vi* saquejar **looting** *n* saqueig

lop /lɒp/ *vt* (**-pp-**) podar PHR V **lop sth off (sth)** tallar alguna cosa (d'alguna cosa)

lopsided /ˌlɒpˈsaɪdɪd/ *adj* **1** desproporcionat **2** desequilibrat

lord /lɔːd/ *n* **1** senyor **2 Lord** (*GB*) (*títol*) Lord **3 the Lord** el Senyor: *the Lord's Prayer* el parenostre **4 the Lords** *Vegeu* THE HOUSE OF LORDS **lordship** *n* LOC **your/his Lordship** Vostra/Sa Senyoria

lorry /ˈlɒri; *USA* ˈlɔːri/ *n* (*pl* **lorries**) (*tb esp USA* **truck**) camió: *lorry driver* camioner

lose /luːz/ (*pt, pp* **lost** /lɒst; *USA* lɔːst/) **1** *vt, vi* perdre: *He lost his title to the Russian.* El rus li va prendre el títol. **2** *vt* **~ sb sth** fer perdre alguna cosa a algú: *It lost us the game.* Ens va costar el partit. **3** *vi* (*rellotge*) retardar-se LOC **lose it** (*col·loq*) perdre el control ❶ Per a d'altres expressions amb **lose**, vegeu les entrades del nom, adjectiu, etc., p. ex. **lose heart** a HEART.
PHR V **lose out (on sth)** (*col·loq*) sortir-hi perdent, quedar-se sense alguna cosa ◆ **lose out to sb/sth** (*col·loq*) perdre terreny respecte a algú/alguna cosa **loser** *n* **1** perdedor, -a **2** (*col·loq*) fracassat, -ada: *He's such a loser!* És un inútil!

loss /lɒs; *USA* lɔːs/ *n* pèrdua LOC **at a loss** desorientat

lost /lɒst; *USA* lɔːst/ *adj* perdut: *to get lost* perdre's LOC **get lost!** (*col·loq*) vés-te'n i no tornis! *Vegeu tb* LOSE

lost property *n* [*incomptable*] objectes perduts

L

lot /lɒt/ *pronom, adjectiu, adverbi, nom*
▸ *pron, adj* **a lot (of)** (*col·loq* **lots (of)**) (*col·loq*) molt(s): *He spends a lot on clothes.* Gasta molt en roba. ◇ *lots of people* un munt de gent ◇ *What a lot of presents!* Quina pila de regals! *Vegeu tb* MOLT **LOC see a lot of sb** veure bastant algú *Vegeu tb* LOVE, QUITE
▸ *adv* **a lot** (*col·loq* **lots**) molt: *It's a lot colder today.* Avui fa molt més fred. ◇ *His new car's lots faster than the old one.* El seu cotxe nou és molt més ràpid que el que tenia abans. ◇ *Thanks a lot.* Moltes gràcies.
▸ *n* **1 the (whole) lot** [*sing*] tot(s): *That's the lot!* Això és tot! **2** grup: *What do you lot want?* Què voleu, vosaltres? ◇ *I don't go out with that lot.* No surto amb aquests. **3** lot

lotion /ˈləʊʃn/ *n* loció

lottery /ˈlɒtəri/ *n* (*pl* **lotteries**) loteria

loud /laʊd/ *adjectiu, adverbi*
▸ *adj* (**louder, -est**) **1** (*volum*) alt **2** (*soroll*) fort **3** (*persona*) baladrer, escandalós **4** (*color*) cridaner
▸ *adv* (**louder, -est**) alt, fort: *Speak louder.* Parla més alt. **LOC out loud** en veu alta **loudly** *adv* alt, fort

loudspeaker /ˌlaʊdˈspiːkə(r)/ *n* altaveu

lounge /laʊndʒ/ *nom, verb*
▸ *n* **1** sala: *departure lounge* sala d'embarcament **2** sala d'estar
▸ *vi* ~ **(about/around)** fer el gandul

louse /laʊs/ *n* (*pl* **lice** /laɪs/) poll

lousy /ˈlaʊzi/ *adj* (*col·loq*) terrible

lout /laʊt/ *n* brètol

lovable /ˈlʌvəbl/ *adj* encantador

love /lʌv/ *nom, verb*
▸ *n* **1** amor: *love story/song* història/cançó d'amor ◇ *her love life* la seva vida amorosa

> Amb persones es diu **love** *for* **somebody** i amb coses, **love** *of* **something**: *his love for his children* ◇ *his love of good food*

2 (*Tennis*) zero **LOC give/send sb your love** (*col·loq*) donar/enviar records a algú ◆ **in love (with sb)** enamorat (d'algú) ◆ **(lots of) love (from...)** (*col·loq*) (*en carta, etc.*) una (forta) abraçada ◆ **make love (to sb)** fer l'amor (amb algú) *Vegeu tb* FALL
▸ *vt* **1** estimar: *Do you love me?* M'estimes? **2** encantar: *I'd love to come.* M'encantaria venir.

love affair *n* aventura amorosa

lovely /ˈlʌvli/ *adj* (**lovelier, -iest**) **1** preciós **2** encantador **3** molt agradable: *We had a lovely time.* Ens ho vam passar molt i molt bé.

lovemaking /ˈlʌvmeɪkɪŋ/ *n* [*incomptable*] relacions sexuals

lover /ˈlʌvə(r)/ *n* amant: *an art lover* un amant de l'art

loving /ˈlʌvɪŋ/ *adj* amorós, afectuós **lovingly** *adv* amorosament

low /ləʊ/ *adjectiu, adverbi, nom*
▸ *adj* (**lower, -est**) **1** baix: *low pressure* baixa pressió ◇ *low temperatures* temperatures baixes ◇ *the lower middle classes* la classe mitjana baixa ◇ *lower lip* llavi inferior ◇ *lower case* minúscules ➲ *Vegeu nota a* HIGH *i compareu amb* UPPER. **2** (*veu, so*) greu **3** abatut **LOC be at a low ebb** estar sota mínims *Vegeu tb* PROFILE
▸ *adv* (**lower, -est**) baix: *to shoot low* disparar baix **LOC** *Vegeu* STOOP
▸ *n* mínim

low-alcohol /ˌləʊ ˈælkəhɒl/ *adj* baix en alcohol

low-calorie /ˌləʊ ˈkæləri/ *adj* baix en calories

> **Low-calorie** és el terme general per a referirnos als productes baixos en calories o *light*. Per a begudes s'usa **diet**: *diet drinks* begudes light.

low-cost /ˌləʊ ˈkɒst/ *adj* barat, econòmic

lower /ˈləʊə(r)/ *adjectiu, adverbi, verb*
▸ *adj, adv Vegeu* LOW
▸ *vt, vi* abaixar, baixar **PHR V lower yourself (by doing sth)** rebaixar-se (a fer alguna cosa)

low-fat /ˌləʊ ˈfæt/ *adj* amb baix contingut de greix: *low-fat yogurt* iogurt descremat

low-key /ˌləʊ ˈkiː/ *adj* discret

lowland /ˈləʊlənd/ *adj* de les terres baixes **lowlands** *n* [*pl*] terres baixes

low tide *n* marea baixa, baixamar

loyal /ˈlɔɪəl/ *adj* ~ **(to sb/sth)** lleial (a algú/alguna cosa) **loyalist** *n* partidari, -ària del règim **loyalty** *n* (*pl* **loyalties**) lleialtat

luck /lʌk/ *n* sort: *a stroke of luck* un cop de sort **LOC be in/out of luck** estar de sort/mala sort ◆ **no such luck** malauradament no *Vegeu tb* CHANCE, HARD

lucky /ˈlʌki/ *adj* (**luckier, -iest**) **1** (*persona*) afortunat: *You're so lucky!* Quina sort que tens! **2** *It's lucky she's still here.* Sort que encara és aquí. ◇ *a lucky number* un número de la sort **luckily** *adv* per sort

ludicrous /ˈluːdɪkrəs/ *adj* absurd

luggage /ˈlʌgɪdʒ/ *n* [*incomptable*] equipatge

luggage rack *n* (*tren, autobús*) portaequipatge

lukewarm /ˌluːkˈwɔːm/ *adj* tebi

lull /lʌl/ *nom, verb*
▸ *n* període de calma
▸ *vt* **1** apaivagar **2** calmar
lullaby /'lʌləbaɪ/ *n* (*pl* **lullabies**) cançó de bressol
lumber /'lʌmbə(r)/ **1** *vi* moure's pesadament **2** *vt* ~ **sb with sb/sth** (*col·loq*) fer que algú carregui amb algú/alguna cosa **lumbering** *adj* feixuc, pesat
lumberjack /'lʌmbədʒæk/ *n* llenyataire
lump /lʌmp/ *nom, verb*
▸ *n* **1** tros: *sugar lump* terròs de sucre **2** grumoll **3** (*Med*) bony
▸ *vt* ~ **sb/sth together** ajuntar algú/alguna cosa
lump sum *n* pagament únic
lumpy /'lʌmpi/ *adj* **1** (*salsa, etc.*) ple de grumolls **2** (*matalàs, etc.*) ple de bonys
lunacy /'lu:nəsi/ *n* [*incomptable*] bogeria
lunatic /'lu:nətɪk/ *n* sonat, -ada
lunch /lʌntʃ/ *nom, verb*
▸ *n* dinar: *to have lunch* dinar ◇ *the lunch hour* l'hora de dinar ◇ *lunch box* carmanyola ➲ *Vegeu nota a* DINNER *Vegeu tb* PACKED LUNCH
▸ *vi* (*formal*) dinar
lunchtime /'lʌntʃtaɪm/ *n* l'hora de dinar
lung /lʌŋ/ *n* pulmó: *a lung infection* una infecció pulmonar
lurch /lɜ:tʃ/ *verb, nom*
▸ *vi* anar de trontoll
▸ *n* sacsejada
lure /lʊə(r)/ *verb, nom*
▸ *vt* atreure
▸ *n* atractiu
lurid /'lʊərɪd/ *adj* **1** (*color*) cridaner **2** (*descripció, història*) horripilant
lurk /lɜ:k/ *vi* estar a l'aguait
luscious /'lʌʃəs/ *adj* (*menjar*) deliciós
lush /lʌʃ/ *adj* (*vegetació*) exuberant
lust /lʌst/ *nom, verb*
▸ *n* **1** luxúria **2** ~ **for sth** desig ardent d'alguna cosa
▸ *vi* ~ **after/for sb/sth** cobejar alguna cosa; desitjar algú
luxurious /lʌg'ʒʊəriəs/ *adj* luxós
luxury /'lʌkʃəri/ *n* (*pl* **luxuries**) luxe: *a luxury hotel* un hotel de luxe
lychee /ˌlaɪ'tʃi:, 'laɪtʃi:/ *n* litxi
Lycra® /'laɪkrə/ *n* [*incomptable*] licra
lying *Vegeu* LIE [1,2]
lynx /lɪŋks/ *n* linx
lyrical /'lɪrɪkl/ *adj* líric
lyrics /'lɪrɪks/ *n* [*pl*] lletra (*d'una cançó*)

M m

M, m /em/ *n* (*pl* **Ms, M's, m's**) M, m ➲ *Vegeu nota a* A, A
mac (*tb* **mack**) /mæk/ *n* (*GB, col·loq*) gavardina
macabre /mə'kɑ:brə/ *adj* macabre
macaroni /ˌmækə'rəʊni/ *n* [*incomptable*] macarrons
machine /mə'ʃi:n/ *n* màquina
machine gun *n* metralladora
machinery /mə'ʃi:nəri/ *n* maquinària
macro /'mækrəʊ/ *n* (*pl* **macros**) macro
mad /mæd/ *adj* (**madder, -est**) **1** boig: *to be/go mad* ésser/tornar-se boig ◇ *to be mad about sb/sth* estar boig per algú/alguna cosa **2** (*esp USA, col·loq*) ~ **(at/with sb)** emprenyat (amb algú) LOC **like mad** (*col·loq*) com un boig **madly** *adv* bojament: *to be madly in love with sb* estar bojament enamorat d'algú **madness** *n* [*incomptable*] bogeria
madam /'mædəm/ *n* [*sing*] (*formal*) senyora
mad cow disease *n* (*col·loq*) malaltia de les vaques boges
maddening /'mædnɪŋ/ *adj* exasperant
made *pt, pp de* MAKE
madhouse /'mædhaʊs/ *n* (*col·loq*) manicomi
madman /'mædmən/ *n* (**madmen** /-mən/) boig
madwoman /'mædwʊmən/ *n* (**-women** /-wɪmɪn/) boja
magazine /ˌmægə'zi:n; *USA* 'mægəzi:n/ (*col·loq* **mag**) *n* revista
maggot /'mægət/ *n* cuc ➲ *Vegeu il·lustració a* CUC
magic /'mædʒɪk/ *nom, adjectiu*
▸ *n* màgia LOC **like magic** com per encantament
▸ *adj* **1** màgic **2** (*GB, col·loq*) genial **magical** *adj* màgic **magician** /mə'dʒɪʃn/ *n* mag, -a

magistrate /'mædʒɪstreɪt/ *n* magistrat, -ada, jutge, -essa municipal: *the magistrates' court* el Jutjat de Pau

magnet /'mægnət/ *n* imant **magnetic** /mæg'netɪk/ *adj* magnètic: *magnetic field* camp magnètic **magnetism** /'mægnətɪzəm/ *n* magnetisme **magnetize** (*GB tb* **-ise**) *vt* magnetitzar

magnificent /mæg'nɪfɪsnt/ *adj* magnífic **magnificence** *n* magnificència

magnify /'mægnɪfaɪ/ *vt, vi* (*pt, pp* **-fied**) augmentar **magnification** *n* (capacitat d')augment

magnifying glass *n* lupa

magnitude /'mægnɪtju:d; *USA* -tu:d/ *n* (*formal*) magnitud

magpie /'mægpaɪ/ *n* garsa

mahogany /mə'hɒgəni/ *n* caoba

maid /meɪd/ *n* **1** minyona **2** (*tb* **maiden** /'meɪdn/) (*Hist*) donzella

maiden name *n* cognom de soltera

> En els països de parla anglesa, la majoria de les dones agafen el cognom del marit quan es casen.

mail /meɪl/ *nom, verb*

▸ *n* [*incomptable*] **1** correu

> La paraula **post** continua essent més usada que **mail** en l'anglès britànic, tot i que **mail** s'ha anat introduint, especialment en compostos com ara **email** i **junk mail**.

2 (*Informàt*) correu, missatge(s)

▸ *vt* **1** ~ **sth (to sb)** enviar alguna cosa per correu (a algú) **2** ~ **sb (sth)** (*Informàt*) enviar un missatge/alguna cosa (per correu electrònic) a algú: *I'll mail you later.* Després t'envio un missatge.

mailbox /'meɪlbɒks/ *n* (*USA o Informàt*) bústia ➲ *Vegeu il·lustració a* LETTER BOX

mailing list *n* llista d'adreces, llista de correu

mailman /'meɪlmæn/ *n* (*pl* **-men** /-mən/) (*tb* **mail carrier**) (*USA*) carter

mail order *n* venda per correu

mail slot *n* (*USA*) boca de cartes (*esp a la porta d'una casa*) ➲ *Vegeu il·lustració a* LETTER BOX

maim /meɪm/ *vt* esguerrar

main /meɪn/ *adjectiu, nom*

▸ *adj* principal: *main course* plat principal ◇ *the main character* el protagonista LOC **the main thing** el més important

▸ *n* **1** canonada: *a gas main* una canonada del gas **2 the mains** [*pl*] la xarxa de subministraments LOC **in the main** en general

the mainland /'meɪnlænd/ *n* terra ferma, el continent

mainly /'meɪnli/ *adv* principalment

mainstream /'meɪnstri:m/ *nom, adjectiu*

▸ *n* corrent principal

▸ *adj* **1** de masses, convencional: *mainstream culture* la cultura de masses ◇ *mainstream political parties* els partits polítics majoritaris **2** *mainstream education* l'ensenyament de règim general

main street *n* (*USA*) carrer principal

maintain /meɪn'teɪn/ *vt* **1** mantenir **2** conservar: *well maintained* ben cuidat

maintenance /'meɪntənəns/ *n* **1** manteniment **2** pensió de manutenció

maisonette /ˌmeɪzə'net/ *n* dúplex

maize /meɪz/ *n* blat de moro ❶ Quan ens referim al blat de moro cuinat diem **sweetcorn**.

majestic /mə'dʒestɪk/ *adj* majestuós

majesty /'mædʒəsti/ *n* (*pl* **majesties**) **1** majestuositat **2 Her/His/Your Majesty** Sa Majestat

major /'meɪdʒə(r)/ *adjectiu, nom*

▸ *adj* **1** de (gran) importància: *to make major changes* fer canvis d'importància ◇ *a major road/problem* una carretera principal/un problema important **2** (*Mús*) major

▸ *n* comandant, -a

majority /mə'dʒɒrəti; *USA* -'dʒɔ:r-/ *n* (*pl* **majorities**) [*v sing o pl*] majoria: *The majority was/were in favour.* La majoria estava a favor. ◇ *majority rule* govern majoritari

> La forma més habitual de dir "la majoria de la gent/dels meus amics" en anglès és *most people/most of my friends.*

make /meɪk/ *verb, nom*

▸ *vt* (*pt, pp* **made** /meɪd/) **1** (*causar o crear*): *to make an impression* impressionar ◇ *to make a note of sth* anotar alguna cosa **2** (*portar a terme*): *to make an improvement/a change* fer una millora/un canvi ◇ *to make progress/an effort* fer progressos/un esforç ◇ *to make a phone call* fer una trucada telefònica ◇ *to make a visit/trip* fer una visita/un viatge ◇ *to make a decision* prendre una decisió **3** (*proposar*): *to make an offer/a promise* fer una oferta/una promesa ◇ *to make plans* fer plans **4** (*altres usos*): *to make a mistake* cometre un error ◇ *to make an excuse* donar una excusa ◇ *to make a comment* fer un comentari ◇ *to make a noise/hole/list* fer un soroll/un forat/una llista **5** ~ **sth (from sth)**; ~ **sth (out) of sth** fer alguna cosa (amb/d'alguna cosa): *They make cheese from sheep's milk.* Fan formatge amb llet de cabra. ◇ *What's it* *made (out) of?* De què està fet? ◇ *made in Japan* fabricat al Japó **6 ~ sth (for sb)** fer alguna cosa (a/per a algú): *She makes films for children.* Fa pel·lícules per a nens. ◇ *I'll make you a cup of coffee.* Et faig un cafè. **7 ~ sth into sth** convertir alguna cosa en alguna cosa; fer alguna cosa amb alguna cosa: *We can make this room into a bedroom.* Podem convertir aquesta habitació en un dormitori. **8 ~ sb/sth + adjectiu o substantiu**: *He made me angry.* Em va fer enfadar. ◇ *That will only make things worse.* Això l'únic que farà serà empitjorar les coses. ◇ *He made my life hell.* Em va fer la vida impossible. **9 ~ sb/sth do sth** fer que algú/alguna cosa faci alguna cosa

El verb en infinitiu que va després de **make** no porta **to**, excepte en passiva: *I can't make him do it.* No el puc obligar a fer-ho. ◇ *You've made her feel guilty.* Has fet que se senti culpable. ◇ *He was made to wait at the police station.* El van fer esperar a la comissaria.

10 ~ sb sth fer algú alguna cosa: *to make sb king* fer algú rei **11** arribar a ésser: *He'll make a good teacher.* Serà un bon mestre. **12** (*diners*) fer: *She makes lots of money.* Fa molts diners. **13** aconseguir, arribar a: *I'm sorry I couldn't make your party.* Em sap greu no haver pogut venir a la teva festa. ◇ *We aren't going to make the deadline.* No acabarem a temps. ◇ *We made it just in time.* Arribem just a temps. ◇ *I can't make it tomorrow.* Demà no puc.

LOC make do (with sth) compondre-se-les (amb alguna cosa) ◆ **make it** triomfar ◆ **make the most of sth** treure el màxim d'alguna cosa ❶ Per a d'altres expressions amb **make**, vegeu les entrades del nom, adjectiu, etc., p. ex. **make love** a LOVE.

PHR V be made for sb; be made for each other estar fet per a algú, estar fets l'un per a l'altre ◆ **make for sth 1** anar cap a alguna cosa: *to make for home* anar cap a casa **2** contribuir a (millorar) alguna cosa

make sth of sb/sth opinar alguna cosa sobre algú/alguna cosa: *What do you make of it all?* Què en penses, de tot això?

make off (with sth) sortir corrents (amb alguna cosa) (*robada*)

make sb/sth out distingir algú/alguna cosa: *to make out sb's handwriting* desxifrar la lletra d'algú ◆ **make sb/sth out (to be sth)** donar a entendre que algú/alguna cosa és...: *He's not as rich as people make out.* No és tan ric com diuen. ◆ **make sth out (for sb)** fer alguna cosa (a nom d'algú) (*xec, factura, etc.*): *to make out a cheque for £10* estendre un xec per valor de deu lliures

make up for sth compensar alguna cosa ◆ **make (it) up (with sb)** fer les paus (amb algú) ◆ **make (sb/yourself) up** maquillar algú/maquillar-se ◆ **make sth up 1** formar, constituir alguna cosa **2** inventar alguna cosa: *to make up an excuse* inventar-se una excusa

▸ *n* marca (*electrodomèstics, cotxes, etc.*) ➲ *Compareu amb* BRAND

makeover /ˈmeɪkəʊvə(r)/ *n* **1** sessió de maquillatge i perruqueria **2** reforma (*de la casa, etc.*)

maker /ˈmeɪkə(r)/ *n* fabricant

makeshift /ˈmeɪkʃɪft/ *adj* provisional, improvisat

make-up /ˈmeɪk ʌp/ *n* **1** [*incomptable*] maquillatge **2** [*sing*] constitució **3** [*sing*] caràcter

making /ˈmeɪkɪŋ/ *n* fabricació **LOC be the making of sb** ésser la clau de l'èxit d'algú ◆ **have the makings of sth 1** (*persona*) tenir fusta d'alguna cosa **2** (*cosa*) tenir els elements per a ésser alguna cosa

male /meɪl/ *adjectiu, nom*

▸ *adj* **1** masculí ❶ **Male** s'aplica a les característiques físiques dels homes: *The male voice is deeper than the female.* La veu dels homes és més greu que la de les dones i **masculine** a qualitats que considerem típiques d'un home: *Her short hair makes her look quite masculine.* Els cabells curts li donen un aire masculí. **2** mascle ➲ *Vegeu nota a* FEMALE

▸ *n* mascle, baró

malice /ˈmælɪs/ *n* malvolença, malícia **malicious** /məˈlɪʃəs/ *adj* maliciós

malignant /məˈlɪɡnənt/ *adj* maligne

mall /mɔːl, mæl/ (*tb* **shopping mall**) *n* centre comercial

malnutrition /ˌmælnjuːˈtrɪʃn; *USA* -nuː-/ *n* desnutrició

malt /mɔːlt/ *n* malt

mammal /ˈmæml/ *n* mamífer

mammoth /ˈmæməθ/ *nom, adjectiu*

▸ *n* mamut

▸ *adj* colossal

man /mæn/ *nom, verb*

▸ *n* (*pl* **men** /men/) home: *a young man* un (home) jove ◇ *a man's shirt* una camisa de senyor **LOC the man (and/or woman) in the street** (*GB*) l'home (i/o la dona) del carrer

Man i **mankind** s'utilitzen amb el significat genèric de "tots els homes i les dones". Molta gent, però, considera discriminatori

M

aquest ús i prefereix utilitzar paraules com **humanity, the human race** (*singular*) o **humans, human beings, people** (*plural*).

▸ *vt* (**-nn-**) **1** (*oficina*) dotar de personal **2** (*nau*) tripular

manage /'mænɪdʒ/ **1** *vt, vi* ~ **(to do sth)** aconseguir fer alguna cosa: *Can you manage all of it?* Pots amb tot? ◇ *Can you manage six o'clock?* Et va bé a les sis? ◇ *I couldn't manage another mouthful.* No puc menjar ni un bocí més. **2** *vi* ~ **(with/on/without sb/sth)** compondre-se-les (amb/sense algú/alguna cosa): *I can't manage on 200 dollars a week.* No me'n surto amb 200 dòlars a la setmana. **3** *vt* (*empresa*) dirigir **4** *vt* (*propietats*) administrar **manageable** *adj* **1** manejable **2** (*persona o animal*) tractable, dòcil

management /'mænɪdʒmənt/ *n* direcció, gestió: *a management committee* un comitè directiu/consell d'administració ◇ *a management consultant* un assessor de direcció d'empreses

M

manager /'mænɪdʒə(r)/ *n* **1** director, -a, gerent **2** administrador, -a (*d'una propietat*) **3** (*Teat, etc.*) empresari, -ària, mànager **4** (*Esport*) mànager **manageress** /ˌmænɪdʒə'res/ *n* administradora, gerent **managerial** /ˌmænə'dʒɪəriəl/ *adj* directiu, de gerència

managing director *n* director, -a general

mandate /'mændeɪt/ *n* ~ **(for sth/to do sth)** ordre (d'alguna cosa/de fer alguna cosa) **mandatory** /'mændətəri; *USA* -tɔːri/ *adj* (*formal*) preceptiu

mane /meɪn/ *n* **1** (*cavall*) crinera **2** (*lleó, persona*) cabellera

maneuver (*USA*) = MANOEUVRE

manfully /'mænfəli/ *adv* valentament

mangle /'mæŋgl/ *vt* mutilar, fer malbé

mango /'mæŋgəʊ/ *n* (*pl* **mangoes**) mango

manhood /'mænhʊd/ *n* **1** edat viril **2** virilitat

mania /'meɪniə/ *n* mania **maniac** *adj, n* maníac, -a, sonat, -ada: *to drive like a maniac* conduir com un boig

manic /'mænɪk/ *adj* **1** (*col·loq*) frenètic **2** maníac

manicure /'mænɪkjʊə(r)/ *n* manicura

manifest /'mænɪfest/ *vt* (*formal*) manifestar, mostrar: *to manifest itself* mostrar-se/fer-se obvi **manifestation** *n* (*formal*) manifestació **manifestly** *adv* (*formal*) manifestament

manifesto /ˌmænɪ'festəʊ/ *n* (*pl* **manifestos**) manifest

manifold /'mænɪfəʊld/ *adj* (*formal*) múltiple

manipulate /mə'nɪpjuleɪt/ *vt* **1** ~ **sb (into sth/doing sth)** manipular algú/alguna cosa (perquè faci alguna cosa) **2** manejar **manipulation** *n* manipulació **manipulative** /mə'nɪpjələtɪv/ *adj* manipulador

mankind /mæn'kaɪnd/ *n* gènere humà ➲ *Vegeu nota a* MAN

manly /'mænli/ *adj* viril, masculí

man-made /ˌmæn 'meɪd/ *adj* artificial, sintètic

manned /mænd/ *adj* tripulat

manner /'mænə(r)/ *n* **1** (*formal*) manera, forma **2** [*sing*] actitud, tarannà **3 manners** [*pl*] maneres: *good/bad manners* bones/males maneres ◇ *It's bad manners to stare.* És de mala educació mirar fixament. ◇ *He has no manners.* És un mal educat.

mannerism /'mænərɪzəm/ *n* gest, peculiaritat (*forma de parlar o comportar-se*)

manoeuvre (*USA* **maneuver**) /mə'nuːvə(r)/ *nom, verb*

▸ *n* maniobra

▸ *vt, vi* maniobrar

manor /'mænə(r)/ *n* **1** (*tb* **manor house**) casa pairal **2** (*territori*) feu

manpower /'mænpaʊə(r)/ *n* [*incomptable*] mà d'obra

mansion /'mænʃn/ *n* mansió, casa gran

manslaughter /'mænslɔːtə(r)/ *n* homicidi involuntari ➲ *Vegeu nota a* ASSASSINAR

mantelpiece /'mæntlpiːs/ *n* lleixa de la llar de foc

manual /'mænjuəl/ *adjectiu, nom*

▸ *adj* manual

▸ *n* manual: *a training manual* un manual d'instruccions **manually** *adv* manualment

manufacture /ˌmænju'fæktʃə(r)/ *verb, nom*

▸ *vt* **1** fabricar **2** (*proves, etc.*) inventar

▸ *n* fabricació, elaboració **manufacturer** *n* fabricant

manure /mə'njʊə(r)/ *n* [*incomptable*] fems

manuscript /'mænjuskrɪpt/ *n* manuscrit

many /'meni/ *adj, pron* **1** molt, gaire: *Many people would disagree.* Molta gent no hi estaria d'acord. ◇ *I haven't got many left.* No me'n queden gaires. ◇ *In many ways, I regret it.* En certa manera, em sap greu. **2 many a** (*formal*): *Many a politician has been ruined by scandal.* Molts polítics han fracassat per culpa d'escàndols. ◇ *many a time* moltes vegades LOC **a good/great many** moltíssims *Vegeu tb* AS, HOW, SO, TOO

map /mæp/ *nom, verb*
▸ *n* **1** mapa **2** (*ciutat*) plànol **3** carta (celeste) LOC **put sb/sth on the map** donar a conèixer algú/alguna cosa
▸ *vt* (**-pp-**) traçar un mapa de PHR V **map sth out** planejar alguna cosa

maple /ˈmeɪpl/ *n* auró

marathon /ˈmærəθən; *USA* -θɒn/ *n* marató: *to run a marathon* córrer en una marató ◇ *The interview was a real marathon.* Va ésser una entrevista maratoniana.

marble /ˈmɑːbl/ *n* **1** marbre **2** bala (*per a jugar*)

March /mɑːtʃ/ *n* (*abrev* **Mar.**) març ➲ *Vegeu nota i exemples a* JANUARY

march /mɑːtʃ/ *verb, nom*
▸ *vi* **1** marxar, desfilar **2** manifestar-se LOC **get your marching orders** (*GB, col·loq*) ésser acomiadat PHR V **march sb away/off** emportar-se algú ◆ **march in** entrar decididament ◆ **march past (sb)** desfilar (davant d'algú) ◆ **march up/over to sb** abordar decididament algú
▸ *n* marxa, manifestació LOC **on the march** en marxa **marcher** *n* manifestant

mare /ˈmeə(r)/ *n* euga

margarine /ˌmɑːdʒəˈriːn; *USA* ˈmɑːrdʒərən/ (*tb GB* **marge** /mɑːdʒ/ (*col·loq*)) *n* margarina

margin /ˈmɑːdʒɪn/ *n* marge **marginal** *adj* marginal **marginally** *adv* lleugerament

marijuana (*tb* **marihuana**) /ˌmærəˈwɑːnə/ *n* marihuana

marina /məˈriːnə/ *n* port esportiu

marine /məˈriːn/ *adjectiu, nom*
▸ *adj* **1** marí **2** marítim
▸ *n* infant de marina: *the Marines* la Infanteria de Marina

marital /ˈmærɪtl/ *adj* marital: *marital status* estat civil

maritime /ˈmærɪtaɪm/ *adj* marítim

mark /mɑːk/ *verb, nom*
▸ *vt* **1** marcar **2** assenyalar **3** (*tb esp USA* **grade**) (*treball escolar, exàmens*) corregir LOC **mark time** **1** fer temps **2** (*Mil*) marcar el pas PHR V **mark sth up/down** augmentar/rebaixar el preu d'alguna cosa
▸ *n* **1** marca **2** senyal: *punctuation marks* signes de puntuació *Vegeu tb* EXCLAMATION MARK, QUESTION MARK **3** nota: *to get a good/poor mark* obtenir una bona/mala nota LOC **be up to the mark** ésser satisfactori ◆ **make your mark/a mark (on sth)** tenir èxit, destacar-se (en alguna cosa) ◆ **on your marks, (get) set, go!** preparats, llestos, va! *Vegeu tb* OVERSTEP

marked /mɑːkt/ *adj* notable **markedly** /ˈmɑːkɪdli/ *adv* d'una manera notable

marker /ˈmɑːkə(r)/ *n* marca: *a marker buoy* una boia de senyalització ◇ *a marker pen* un retolador

market /ˈmɑːkɪt/ *nom, verb*
▸ *n* mercat LOC **in the market for sth** interessat a comprar alguna cosa ◆ **on the market** a la venda: *to put sth on the market* posar alguna cosa a la venda
▸ *vt* posar a la venda **marketable** *adj* vendible

marketing /ˈmɑːkətɪŋ/ *n* màrqueting

marketplace /ˈmɑːkɪtpleɪs/ *n* **1 the marketplace** [*sing*] el mercat **2** (*tb* **market square**) plaça del mercat

market research *n* [*incomptable*] estudi de mercat

marking /ˈmɑːkɪŋ/ *n* **1** taca **2** (*USA* **grading**) (*treball escolar, exàmens*) correcció

marmalade /ˈmɑːməleɪd/ *n* melmelada (*de cítrics*)

maroon /məˈruːn/ *nom, verb*
▸ *n* color granat
▸ *vt* abandonar (*en una illa deserta, etc.*)

marquee /mɑːˈkiː/ *n* envelat

marriage /ˈmærɪdʒ/ *n* **1** (*institució*) matrimoni **2** (*cerimònia*) casament ➲ *Vegeu nota a* CASAMENT

married /ˈmærid/ *adj* ~ **(to sb)** casat (amb algú): *to get married* casar-se ◇ *a married couple* un matrimoni

marrow /ˈmærəʊ/ *n* **1** *Vegeu* BONE MARROW **2** carabassó (gros)

marry /ˈmæri/ *vt, vi* (*pt, pp* **married**) casar(-se) (amb) ❶ És més habitual dir *They're getting married next month* que no pas *They're marrying next month. Vegeu tb* MARRIED

Mars /mɑːz/ *n* Mart

marsh /mɑːʃ/ *n* maresme

marshal /ˈmɑːʃl/ *nom, verb*
▸ *n* **1** mariscal, -a **2** (*USA*) algutzir
▸ *vt* (**-ll-**; *USA* **-l-**) **1** (*idees, dades*) ordenar **2** (*tropes*) formar

marshy /ˈmɑːʃi/ *adj* pantanós

martial /ˈmɑːʃl/ *adj* (*formal*) marcial: *martial arts* arts marcials

martyr /ˈmɑːtə(r)/ *n* màrtir **martyrdom** /ˈmɑːtədəm/ *n* martiri

marvel /ˈmɑːvl/ *nom, verb*
▸ *n* meravella, prodigi
▸ *vi* (**-ll-**; *USA* **-l-**) ~ **at sth** meravellar-se d'alguna cosa **marvellous** (*USA* **marvelous**) *adj* merave-

M

llós, magnífic: *We had a marvellous time.* Ens ho vam passar d'allò més bé.

marzipan /'mɑːzɪpæn/ *n* massapà

mascara /mæ'skɑːrə; *USA* -'skærə/ *n* rímel

mascot /'mæskət, -skɒt/ *n* mascota

masculine /'mæskjəlɪn/ *adj, n* masculí ➲ *Vegeu nota a* MALE **masculinity** /,mæskju'lɪnəti/ *n* masculinitat

mash /mæʃ/ *nom, verb*

▸ *n* puré (de patates)

▸ *vt* **1** ~ **sth (up)** triturar alguna cosa **2** fer puré de: *mashed potatoes* puré de patates

mask /mɑːsk; *USA* mæsk/ *nom, verb*

▸ *n* **1** màscara, careta **2** antifaç

▸ *vt* encobrir, emmascarar **masked** *adj* **1** emmascarat **2** (*atracador*) encaputxat

masochism /'mæsəkɪzəm/ *n* masoquisme **masochist** *n* masoquista

mason /'meɪsn/ *n* **1** pedrer, -a, paleta **2 Mason** maçó

M

masonry /'meɪsənri/ *n* maçoneria (*obra*)

masquerade /,mæskə'reɪd/ *nom, verb*

▸ *n* mascarada, farsa

▸ *vi* ~ **as sth** fer-se passar per alguna cosa; disfressar-se d'alguna cosa

mass /mæs/ *nom, adjectiu, verb*

▸ *n* **1** ~ **(of sth)** massa (d'alguna cosa) **2 masses (of sth)** [*pl*] (*col·loq*) un munt, una pila (d'alguna cosa): *masses of letters* un munt de cartes **3** (*tb* **Mass**) (*Relig, Mús*) missa **4 the masses** [*pl*] les masses LOC **be a mass of sth** estar ple d'alguna cosa ◆ **the (great) mass of...** la (immensa) majoria de...

▸ *adj* [*només davant del nom*] multitudinari, de masses: *the mass media* els mitjans de comunicació de masses ◇ *a mass grave* una fossa comuna ◇ *mass hysteria* histèria col·lectiva

▸ *vt, vi* **1** ajuntar(-se) (en massa), reunir(-se) **2** (*Mil*) formar, concentrar(-se)

massacre /'mæsəkə(r)/ *nom, verb*

▸ *n* massacre

▸ *vt* massacrar

massage /'mæsɑːʒ; *USA* mə'sɑːʒ/ *nom, verb*

▸ *n* massatge

▸ *vt* fer (un) massatge a

massive /'mæsɪv/ *adj* **1** massís, sòlid **2** enorme, massiu **massively** *adv* massivament, en massa

mass-produce /,mæs prə'djuːs; *USA* -'duːs/ *vt* fabricar en sèrie

mass production *n* fabricació en sèrie

mast /mɑːst; *USA* mæst/ *n* **1** (*vaixell*) pal **2** (*Ràdio, TV*) torre

master /'mɑːstə(r); *USA* 'mæs-/ *nom, verb, adjectiu*

▸ *n* **1** amo, senyor, propietari **2** mestre **3** (*cinta*) original

▸ *vt* **1** dominar **2** controlar

▸ *adj*: *the master bedroom* el dormitori principal ◇ *a master plan* un pla infal·lible

masterful /'mɑːstəfl; *USA* 'mæs-/ *adj* **1** amb autoritat **2** (*tb* **masterly**) magistral

mastermind /'mɑːstəmaɪnd; *USA* 'mæs-/ *nom, verb*

▸ *n* cervell

▸ *vt* planejar, dirigir

masterpiece /'mɑːstəpiːs; *USA* 'mæs-/ *n* obra mestra

master's /'mɑːstəz; *USA* 'mæs-/ (*tb* **master's degree**) *n* màster

mastery /'mɑːstəri; *USA* 'mæs-/ *n* **1** ~ **(of sth)** domini (d'alguna cosa) **2** ~ **(of/over sb/sth)** supremacia (sobre algú/alguna cosa)

masturbate /'mæstəbeɪt/ *vi* masturbar-se **masturbation** *n* masturbació

mat /mæt/ *nom, adjectiu*

▸ *n* **1** estora, pelut **2** (*gimnàs*) matalàs **3** estalvis (*estri de cuina*) **4** (*tb* **mouse mat**) (*Informàt*) estoreta del ratolí **5** embull *Vegeu tb* MATTED

▸ *adj* (*USA*) = MATT

match /mætʃ/ *nom, verb*

▸ *n* **1** llumí **2** (*Esport*) partit **3** [*sing*] complement LOC **be a match/no match for sb** (no) estar a l'altura d'algú: *I was no match for him at tennis.* No estava a la seva altura jugant a tennis. ◆ **find/meet your match (in sb)** trobar sabata de son peu (en algú)

▸ **1** *vt, vi* adir-se (amb) **2** *vt* fer joc amb: *matching shoes and handbag* sabates i bossa del mateix estil **3** *vt* igualar PHR V **match up (to sb/sth)** estar a l'altura (d'algú/d'alguna cosa) ◆ **match up (with sth)** coincidir (amb alguna cosa) ◆ **match sth up (with sth)** fer coincidir alguna cosa (amb alguna cosa)

matchbox /'mætʃbɒks/ *n* capsa de llumins

mate /meɪt/ *nom, verb*

▸ *n* **1** (*GB, col·loq*) amic, -iga, company, -a: *roommates* companys d'habitació ◇ *Cheers, mate!* Gràcies, col·lega! **2** (*Zool*) parella **3** ajudant **4** (*Nàut*) segon de bord **5** *Vegeu* CHECKMATE

▸ *vt, vi* aparellar(-se)

material /mə'tɪəriəl/ *nom, adjectiu*

▸ *n* **1** roba, teixit ➲ *Vegeu nota a* ROBA **2** material: *raw materials* matèries primeres

▸ *adj* material **materialism** *n* materialisme **materialist** *n* materialista **materialistic** /mə,tɪəriə-

'lɪstɪk/ *adj* materialista **materially** *adv* sensiblement

materialize (*GB tb* **-ise**) /mə'tɪəriəlaɪz/ *vi* materialitzar-se, fer-se realitat

maternal /mə'tɜːnl/ *adj* **1** maternal **2** (*parents*) matern

maternity /mə'tɜːnəti/ *n* maternitat

mathematics /ˌmæθə'mætɪks/ (*col·loq* **maths** /mæθs/) *n* [*incomptable*] matemàtiques ❶ Als Estats Units la forma col·loquial és **math**. **mathematical** *adj* matemàtic **mathematician** /ˌmæθəmə'tɪʃn/ *n* matemàtic, -a

matinee (*tb* **matinée**) /'mætɪneɪ; *USA* ˌmætn'eɪ/ *n* sessió de tarda (*Cine, Teat*)

mating /'meɪtɪŋ/ *n* aparellament: *mating season* època de zel

matrimony /'mætrɪməni; *USA* -məʊni/ *n* (*formal*) matrimoni **matrimonial** /ˌmætrɪ'məʊniəl/ *adj* (*formal*) matrimonial

matrix /'meɪtrɪks/ *n* (*pl* **matrices** /-siːz/) (*Mat*) matriu

matt (*USA* **mat**) /mæt/ *adj* mat: *matt paint* pintura mat ➲ *Compareu amb* GLOSS

matted /'mætɪd/ *adj* embolicat, embullat

matter /'mætə(r)/ *nom, verb*

▸ *n* **1** qüestió: *I have nothing further to say on the matter.* No tinc res més a dir sobre aquesta qüestió. **2** (*Fís*) matèria **3** material: *printed matter* impresos LOC **a matter of hours, minutes, etc.** qüestió d'hores, de minuts, etc. ◆ **a matter of life and death** qüestió de vida o mort ◆ **a matter of opinion** qüestió d'opinions ◆ **as a matter of course** per costum ◆ **as a matter of fact** en realitat ◆ **be the matter (with sb/sth)** passar-li a algú/alguna cosa: *What's the matter with him?* Què li passa? ◇ *Is anything the matter?* Passa alguna cosa? ◇ *What's the matter with my dress?* Què passa amb el meu vestit? ◆ **for that matter** de fet: *I didn't like it much. Nor did the kids, for that matter.* A mi no em va agradar gaire. De fet, als nens tampoc. ◆ **it's just/only a matter of time** és només qüestió de temps ◆ **no matter who, what, where, etc.**: *no matter what he says* digui el que digui ◇ *no matter how rich he is* per més ric que sigui ◇ *no matter what* passi el que passi ◆ **take matters into your own hands** fer-se'n càrrec un mateix *Vegeu tb* LET, WORSE

▸ *vi* ~ **(to sb)** importar (a algú): *It doesn't matter.* Tant és.

matter-of-fact /ˌmætər əv 'fækt/ *adj* **1** (*estil*) prosaic **2** (*persona*) impassible: *He's always very matter-of-fact.* Mai es deixa dur per les emocions.

mattress /'mætrəs/ *n* matalàs

mature /mə'tjʊə(r)/ *adjectiu, verb*

▸ *adj* **1** madur **2** (*inversió, assegurança*) vençut

▸ **1** *vi* madurar **2** *vt* fer madurar **3** *vi* (*Com*) vèncer **maturity** *n* maduresa

maul /mɔːl/ *vt* **1** (*fera*) ferir seriosament **2** maltractar

mauve /məʊv/ *adj, n* malva

maverick /'mævərɪk/ *n* inconformista

maxim /'mæksɪm/ *n* màxima

maximize (*GB tb* **-ise**) /'mæksɪmaɪz/ *vt* potenciar, portar al màxim

maximum /'mæksɪməm/ *adj, n* (*pl* **maxima** /-mə/) (*abrev* **max.**) màxim

May /meɪ/ *n* maig ➲ *Vegeu nota i exemples a* JANUARY

may /meɪ/ *v modal* (*pt* **might** /maɪt/ *neg* **might not** *o* **mightn't** /'maɪtnt/)

> **May** és un verb modal que va seguit d'un infinitiu sense **to**. Les oracions interrogatives i negatives es construeixen sense l'auxiliar **do**. Només té dues formes: present, **may**, i passat, **might**.

1 (*permís*) poder: *You may come if you wish.* Pots venir si vols. ◇ *May I go to the toilet?* Puc anar al lavabo? ◇ *You may as well go home.* Més val que vagis a casa.

> Per a demanar permís, **may** es considera més cortès que **can**, tot i que **can** és molt més freqüent: *Can I come in?* Puc passar? ◇ *I'll take a seat, if I may.* Seuré, si no li fa res. En el passat, però, s'utilitza preferentment **could** en lloc de **might**: *She asked if she could come in.* Va demanar si podia passar.

2 (*tb* **might**) (*possibilitat*): *They may/might not come.* Potser no vindran. ➲ *Vegeu nota a* PODER[1] LOC **be that as it may** sigui com sigui

maybe /'meɪbi/ *adv* potser

mayhem /'meɪhem/ *n* [*incomptable*] avalot

mayonnaise /ˌmeɪə'neɪz; *USA* 'meɪəneɪz/ *n* maionesa

mayor /meə(r); *USA* 'meɪər/ *n* alcalde, -essa **mayoress** /meə'res; *USA* 'meɪəres/ *n* **1** (*tb* **lady mayor**) alcaldessa **2** muller de l'alcalde

maze /meɪz/ *n* laberint

me /miː/ *pron* **1** (*com a complement*) em: *Don't hit me.* No em peguis. ◇ *Tell me all about it.* Explica-m'ho tot. **2** (*després de preposició*) mi: *as for me* pel que fa a mi ◇ *Come with me.* Vine amb mi. **3** (*en comparacions, quan va sol o després del verb* **be**) jo: *You're taller than me.* Ets més alt que jo. ◇ *Hello, it's me.* Hola, sóc jo. ➲ *Compareu amb* I

M

meadow /'medəʊ/ *n* prat
meagre (*USA* **meager**) /'mi:gə(r)/ *adj* escàs, pobre
meal /mi:l/ *n* àpat, menjar: *Shall we go out for a meal tonight?* Sortim a sopar aquesta nit? LOC **make a meal of sth** (*col·loq*) dedicar esforç i atenció desmesurats a alguna cosa *Vegeu tb* SQUARE
mealtime /'mi:ltaɪm/ *n* hora de menjar
mean /mi:n/ *verb, adjectiu, nom*
▸ *vt* (*pt, pp* **meant** /ment/) **1 ~ sth (to sb)** significar alguna cosa (per a algú): *You know how much Jane means to me.* Saps el que la Jane arriba a representar per a mi. ◇ *That name doesn't mean anything to me.* Aquest nom no em diu res. **2** voler dir, significar: *Do you know what I mean?* Entens el que vull dir? ◇ *What does 'browse' mean?* Què vol dir "browse"? **3** pretendre: *I didn't mean to.* Ho he fet sense voler. ◇ *I meant to have washed the car today.* Tenia pensat de rentar el cotxe avui. **4** dir/fer amb intenció: *She meant it as a joke.* Ho va dir de broma. ◇ *I'm never coming back – I mean it!* No tornaré mai més, de debò! **5** comportar: *His new job means him travelling more.* La seva nova feina comporta viatjar molt més. LOC **be meant for each other** estar fets l'un per a l'altre ◆ **be meant to be/do sth**: *Is this meant to happen?* És això el que se suposa que ha de passar? ◆ **I mean** (*col·loq*) vull dir: *It's very warm, isn't it? I mean, for this time of year.* Fa molta calor, oi? Vull dir, per aquesta època de l'any. ◆ **mean business** (*col·loq*) ésser seriós ◆ **mean well** tenir bones intencions
▸ *adj* (**meaner, -est**) **1** garrepa, gasiu **2 ~ (to sb)** mesquí (amb algú) **3** [*només davant del nom*] mitjà
▸ *n* **1** terme mitjà **2** (*Mat*) mitjana *Vegeu tb* MEANS
meander /mi'ændə(r)/ *vi* **1** (*riu*) serpentejar **2** (*persona*) vagar **3** (*conversa*) divagar
meaning /'mi:nɪŋ/ *n* significat **meaningful** *adj* significatiu **meaningless** *adj* sense sentit
means /mi:nz/ *n* (*pl* **means**) **1 ~ (of sth/doing sth)** mitjà, forma (d'alguna cosa/de fer alguna cosa): *a means of transport* un mitjà de transport **2** [*pl*] mitjans (*econòmics, etc.*) LOC **a means to an end** un mitjà per aconseguir un fi ◆ **by all means** per descomptat *Vegeu tb* WAY
meant *pt, pp de* MEAN
meantime /'mi:ntaɪm/ *n* LOC **in the meantime** mentrestant
meanwhile /'mi:nwaɪl/ *adv* mentrestant
measles /'mi:zlz/ *n* [*incomptable*] xarampió *Vegeu tb* GERMAN MEASLES
measurable /'meʒərəbl/ *adj* **1** mesurable **2** sensible
measure /'meʒə(r)/ *verb, nom*
▸ *vt, vi* mesurar PHR V **measure sb/sth up (for sth)** mesurar algú/alguna cosa (per a alguna cosa): *The tailor measured me up for a suit.* El sastre m'ha pres les mides per a un vestit. ◆ **measure up (to sth/sb)** estar a l'altura (d'alguna cosa/ d'algú)
▸ *n* **1** mida: *weights and measures* pesos i mides **2** mesura: *to take measures to do sth* prendre mesures per fer alguna cosa **3** [*sing*]: *a/some measure of knowledge/success* un cert coneixement/èxit **4** [*sing*] **a ~ of sth** un senyal d'alguna cosa: *It is a measure of how bad the situation is.* Això mostra fins a quin punt és greu la situació. **5** *Vegeu* TAPE MEASURE **6** (*USA*) (*Mús*) compàs LOC **for good measure** com a extra ◆ **made to measure** fet a mida
measured /'meʒəd/ *adj* **1** (*llenguatge*) ponderat **2** (*passos*) lent
measurement /'meʒəmənt/ *n* **1** mesurament **2** mesura, mida
measuring tape *n* cinta mètrica
meat /mi:t/ *n* carn: *cold meats* vianda freda/ embotits ➲ *Vegeu nota a* CARN
meatball /'mi:tbɔ:l/ *n* mandonguilla
meaty /'mi:ti/ *adj* (**meatier, -iest**) **1** carnós **2** (*article, etc.*) substanciós
mechanic /mə'kænɪk/ *n* mecànic, -a *Vegeu tb* MECHANICS **mechanical** *adj* mecànic **mechanically** /-kli/ *adv* mecànicament: *I'm not mechanically minded.* No estic fet per a les màquines.
mechanics /mə'kænɪks/ *n* **1** [*incomptable*] mecànica (*ciència*) **2 the mechanics** [*pl*] (*fig*) la mecànica, el funcionament: *the mechanics of the legal system* el funcionament del sistema judicial
mechanism /'mekənɪzəm/ *n* mecanisme
medal /'medl/ *n* medalla **medallist** (*USA* **medalist**) *n* medallista
medallion /mə'dæliən/ *n* medalló
meddle /'medl/ *vi* (*pej*) **1 ~ (in/with sth)** ficar-se (en alguna cosa) **2 ~ (with sth)** tocar alguna cosa
media /'mi:diə/ *n* **1 the media** [*pl*] els mitjans de comunicació: *media coverage* cobertura mediàtica ◇ *media studies* comunicació audiovisual **2** *plural de* MEDIUM *n* (1)
mediaeval = MEDIEVAL
mediate /'mi:dieɪt/ *vi* mitjançar **mediation** *n* mediació **mediator** /'mi:dieɪtə(r)/ *n* mediador, -a

medic /ˈmedɪk/ *n (col·loq)* **1** estudiant de medicina **2** metge, -essa

medical /ˈmedɪkl/ *adjectiu, nom*
▸ *adj* **1** mèdic: *medical student* estudiant de medicina **2** *(cas)* clínic
▸ *n (col·loq)* revisió mèdica

medication /ˌmedɪˈkeɪʃn/ *n* medicació

medicinal /məˈdɪsɪnl/ *adj* medicinal

medicine /ˈmedsn, ˈmedɪsn/ *n* medicina

medieval /ˌmediˈiːvl/ *adj* medieval

mediocre /ˌmiːdiˈəʊkə(r)/ *adj* mediocre **mediocrity** /ˌmiːdiˈɒkrəti/ *n (pl* **mediocrities***)* **1** mediocritat **2** *(persona)* mediocre

meditate /ˈmedɪteɪt/ *vi* ~ **(on/upon sth)** meditar (sobre alguna cosa) **meditation** *n* meditació

medium /ˈmiːdiəm/ *adjectiu, nom*
▸ *adj* mitjà: *I'm medium.* Gasto la talla mitjana.
▸ *n* **1** *(pl* **media** *o* **mediums***)* mitjà *Vegeu tb* MEDIA **2** *(pl* **mediums***)* mèdium

medley /ˈmedli/ *n (pl* **medleys***)* popurri

meek /miːk/ *adj* **(meeker, -est)** submís **meekly** *adv* submisament

meet /miːt/ *verb, nom*
▸ *(pt, pp* **met** /met/*)* **1** *vt, vi* trobar(-se): *What time shall we meet?* A quina hora quedem? ◇ *Our eyes met across the table.* Les nostres mirades es van creuar a la taula. ◇ *Will you meet me at the station?* Vindràs a recollir-me a l'estació? **2** *vi* reunir-se **3** *vt, vi* conèixer(-se): *They met at a party.* Es van conèixer en una festa. ◇ *I'd like you to meet...* Vull presentar-te... **4** *vt, vi* enfrontar(-se) **5** *vt (petició)* satisfer: *They failed to meet payments on their loan.* No van poder pagar les lletres del préstec. LOC **meet sb's eye** mirar algú als ulls ◆ **nice/pleased to meet you** encantat de coneixe'l *Vegeu tb* MATCH PHR V **meet up (with sb)** trobar-se, quedar (amb algú)
▸ *n* **1** *(GB)* partida de caça **2** *(esp USA) (Esport)* competició

meeting /ˈmiːtɪŋ/ *n* **1** reunió: *Annual General Meeting* junta general anual **2** trobada: *meeting place* punt de trobada **3** *(Pol)* míting **4** *(USA tb* **meet***) (Esport)* competició

mega /ˈmeɡə/ *adj, adv (col·loq)* super-: *a mega hit* un superèxit ◇ *to be mega rich* ser superric

megaphone /ˈmeɡəfəʊn/ *n* megàfon

melancholy /ˈmelənkɒli/ *nom, adjectiu*
▸ *n (formal)* malenconia
▸ *adj* **1** *(persona)* malenconiós **2** *(cosa)* trist

melee /ˈmeleɪ; *USA* ˈmeɪleɪ/ *n* desgavell

mellow /ˈmeləʊ/ *adjectiu, verb*
▸ *adj* **(mellower, -est) 1** *(color, gust)* suau **2** *(so)* dolç **3** *(actitud)* comprensiu **4** *(col·loq)* alegre *(de beure)*
▸ **1** *vt, vi (persona)* calmar(-se)

melodic /məˈlɒdɪk/ *adj* melòdic

melodious /məˈləʊdiəs/ *adj* melodiós

melodrama /ˈmelədrɑːmə/ *n* melodrama **melodramatic** /ˌmelədrəˈmætɪk/ *adj* melodramàtic

melody /ˈmelədi/ *n (pl* **melodies***)* melodia

melon /ˈmelən/ *n* meló *Vegeu tb* WATERMELON

melt /melt/ *vt, vi* **1** fondre('s): *melting point* punt de fusió **2** dissoldre('s) **3** *(persona, cor)* entendrir(-se) LOC **melt in your mouth** fondre's a la boca PHR V **melt away** dissoldre's, fondre's ◆ **melt sth down** fondre alguna cosa

melting pot *n* amalgama *(de races, cultures, etc.)* LOC **in the melting pot** en procés de canvi

member /ˈmembə(r)/ *n* **1** membre: *a member of the audience* un dels assistents **2** soci, sòcia *(d'un club)* **3** *(Anat)* membre **membership** *n* **1** afiliació: *to apply for membership* sol·licitar l'entrada ◇ *membership card* carnet de soci **2** (nombre de) membres/socis

Member of Parliament *n Vegeu* MP

membrane /ˈmembreɪn/ *n* membrana

memento /məˈmentəʊ/ *n (pl* **mementoes** *o* **mementos***)* record *(objecte)*

memo /ˈmeməʊ/ *n (pl* **memos***)* memoràndum

memoir /ˈmemwɑː(r)/ *(tb* **memoirs** *[pl])* *n* memòries *(autobiografia)*

memorabilia /ˌmemərəˈbɪliə/ *n [pl]* objectes per a col·leccionistes

memorable /ˈmemərəbl/ *adj* memorable

memorandum /ˌmeməˈrændəm/ *n (pl* **memoranda** /-də/*)* **1** *(formal)* memoràndum **2** *(Dret)* minuta

memorial /məˈmɔːriəl/ *n* ~ **(to sb/sth)** monument commemoratiu (d'algú/d'alguna cosa)

memorize *(GB tb* **-ise***)* /ˈmeməraɪz/ *vt* memoritzar

memory /ˈmeməri/ *n (pl* **memories***)* **1** memòria: *from memory* de memòria *Vegeu tb* BY HEART *a* HEART **2** record LOC **in memory of sb; to the memory of sb** en memòria d'algú *Vegeu tb* JOG, LIVING, REFRESH

men *plural de* MAN

menace /ˈmenəs/ *nom, verb*
▸ *n* **1** ~ **(to sb/sth)** amenaça (per a algú/alguna cosa) **2 a menace** *(col·loq) (persona o cosa molesta)* un perill

M

▸ *vt* (*formal*) amenaçar **menacing** *adj* amenaçador

mend /mend/ *verb, nom*
▸ **1** *vt* reparar, arreglar **2** *vi* curar-se LOC **mend your ways** reformar-se
▸ *n* LOC **on the mend** (*col·loq*) millorant

meningitis /ˌmenɪn'dʒaɪtɪs/ *n* [*incomptable*] meningitis

menopause /'menəpɔːz/ *n* menopausa

menstrual /'menstruəl/ *adj* menstrual

menstruation /ˌmenstru'eɪʃn/ *n* menstruació

menswear /'menzweə(r)/ *n* [*incomptable*] roba d'home

mental /'mentl/ *adj* **1** mental: *mental hospital* hospital psiquiàtric **2** (*GB, col·loq*) tocat del bolet **mentally** *adv* mentalment: *mentally ill* malalt mental

mentality /men'tæləti/ *n* (*pl* **mentalities**) mentalitat

mention /'menʃn/ *verb, nom*
▸ *vt* esmentar, dir, parlar de: *worth mentioning* digne d'ésser esmentat LOC **don't mention it** de res ◆ **not to mention...** per no parlar de..., sense tenir en compte...
▸ *n* esment, al·lusió

M

mentor /'mentɔː(r)/ *n* mentor, -a

menu /'menjuː/ *n* **1** menú, carta **2** (*Informàt*) menú

meow = MIAOW

mercenary /'mɜːsənəri; *USA* -neri/ *adj, n* (*pl* **mercenaries**) mercenari, -ària

merchandise /'mɜːtʃəndaɪs, -daɪz/ *n* [*incomptable*] (*formal*) mercaderies, gènere(s) **merchandising** /'mɜːtʃəndaɪzɪŋ/ *n* comercialització, marxandatge

merchant /'mɜːtʃənt/ *nom, adjectiu*
▸ *n* **1** comerciant, -a, majorista (*que comercia amb l'estranger*) **2** (*Hist*) mercader, -a
▸ *adj* [*només davant del nom*]: *merchant navy* marina mercant ◇ *merchant bank* banc comercial
Vegeu tb DOOM

merciful /'mɜːsɪfl/ *adj* **1** ~ **(to/towards sb)** compassiu, clement (amb algú) **2** (*esdeveniment*) feliç **mercifully** /-fəli/ *adv* **1** afortunadament **2** compassivament, amb pietat

merciless /'mɜːsɪləs/ *adj* ~ **(to/towards sb)** despietat (amb algú)

Mercury /'mɜːkjəri/ *n* Mercuri

mercury /'mɜːkjəri/ *n* mercuri

mercy /'mɜːsi/ *n* **1** [*incomptable*] compassió, clemència: *to have mercy on sb* tenir compassió d'algú ◇ *mercy killing* eutanàsia **2** (*pl* **mercies**) (*col·loq*): *It's a mercy that...* És una sort que... LOC **at the mercy of sb/sth** a mercè d'algú/d'alguna cosa

mere /mɪə(r)/ *adj* mer, simple: *He's a mere child.* Només és un nen. ◇ *mere coincidence* pura casualitat ◇ *the mere thought of him* només pensar en ell LOC **the merest...** el més petit...: *The merest glimpse was enough.* Un simple cop d'ull va ésser suficient. **merely** *adv* només, simplement

merge /mɜːdʒ/ *vt, vi* ~ **(sth) (with/into sth)** **1** (*Com*) fusionar alguna cosa/fusionar-se (amb/en alguna cosa): *Three small companies merged into one large one.* Tres empreses petites es van fusionar per formar-ne una de gran. **2** barrejar alguna cosa/barrejar-se, unir alguna cosa/unir-se (amb/en alguna cosa): *Past and present merge in Oxford.* A Oxford es barreja el passat amb el present. **merger** *n* (*Com*) fusió

meringue /mə'ræŋ/ *n* merenga

merit /'merɪt/ *nom, verb*
▸ *n* mèrit: *to judge sth on its merits* jutjar alguna cosa segons els seus mèrits
▸ *vt* (*formal*) merèixer, ésser digne de

mermaid /'mɜːmeɪd/ *n* sirena (*dona peix*)

merry /'meri/ *adj* (**merrier**, **-iest**) **1** alegre: *Merry Christmas!* Bon Nadal! **2** (*col·loq*) alegre (*de beure*) LOC **make merry** (*antic*) divertir-se **merriment** *n* (*formal*) alegria, joia

merry-go-round /'meri gəʊ raʊnd/ *n* cavallets

mesh /meʃ/ *n* malla: *wire mesh* tela metàl·lica

mesmerize (*GB tb* **-ise**) /'mezməraɪz/ *vt* hipnotitzar

mess /mes/ *nom, verb*
▸ *n* **1** desordre, desastre: *This kitchen's a mess!* Aquesta cuina està feta una porqueria! ◇ *He always looks such a mess!* Sempre va fet un desastre! **2** garbuix, embolic **3** (*persona*) porc, -a **4** (*col·loq*) (*excrement*) brutícia **5** (*USA tb* **mess hall**) (*Mil*) menjador LOC **make a mess of sth** **1** desordenar alguna cosa **2** embrutar alguna cosa **3** (*plans, vida, etc.*) arruïnar alguna cosa
▸ *vt* (*USA, col·loq*) desordenar PHR V **mess about/around** **1** fer el ximple **2** passar l'estona ◆ **mess sb about/around**; **mess about/around with sb** prendre el pèl a algú, jugar amb algú ◆ **mess about/around with sth** potinejar alguna cosa
mess sb up (*col·loq*) traumatitzar algú: *Drugs can mess you up.* Les drogues et poden destrossar la vida. ◆ **mess sth up 1** (*tb* **mess up**) fer alguna cosa d'una manera matussera, fer fra-

cassar alguna cosa **2** embrutar alguna cosa, desordenar alguna cosa: *Don't mess up my hair!* No em despentinis! ◆ **mess with sb/sth** (*col·loq*) embolicar-se amb algú/alguna cosa

message /'mesɪdʒ/ *n* **1** encàrrec **2** missatge *Vegeu tb* TEXT MESSAGE LOC **get the message** (*col·loq*) entendre-ho

message board *n* (*Internet*) tauler d'anuncis

messaging /'mesɪdʒɪŋ/ *n* missatgeria: *instant messaging* missatgeria instantània *Vegeu tb* TEXT MESSAGING

messenger /'mesɪndʒə(r)/ *n* missatger, -a

Messiah (*tb* **messiah**) /mə'saɪə/ *n* messies

messy /'mesi/ *adj* (**messier**, **-iest**) **1** brut **2** desordenat **3** (*situació*) embolicat

met *pt, pp de* MEET

metabolism /mə'tæbəlɪzəm/ *n* metabolisme

metal /'metl/ *n* metall **metallic** /mə'tælɪk/ *adj* metàl·lic

metalwork /'metlwɜːk/ *n* treball amb metall

metaphor /'metəfə(r)/ *n* metàfora **metaphorical** /ˌmetə'fɒrɪkl; *USA* -'fɔːr-/ *adj* metafòric

metaphysics /ˌmetə'fɪzɪks/ *n* [*incomptable*] metafísica **metaphysical** *adj* metafísic

meteor /'miːtiə(r)/ *n* meteor **meteoric** /ˌmiːti'ɒrɪk; *USA* -'ɔːr-/ *adj* meteòric

meteorite /'miːtiəraɪt/ *n* meteorit

meteorology /ˌmiːtiə'rɒlədʒi/ *n* meteorologia **meteorological** /ˌmiːtiərə'lɒdʒɪkl/ *adj* meteorològic

meter /'miːtə(r)/ *nom, verb*
▸ *n* **1** comptador **2** *Vegeu* PARKING METER **3** (*USA*) = METRE
▸ *vt* mesurar

methane /'miːθeɪn/ *n* metà

method /'meθəd/ *n* mètode: *a method of payment* una forma de pagament **methodical** /mə'θɒdɪkl/ *adj* metòdic **methodology** /ˌmeθə'dɒlədʒi/ *n* (*pl* **methodologies**) metodologia

Methodist /'meθədɪst/ *adj, n* metodista

methylated spirits /ˌmeθəleɪtɪd 'spɪrɪts/ (*col·loq* **meths** /meθs/) *n* alcohol de cremar

meticulous /mə'tɪkjələs/ *adj* meticulós

metre (*USA* **meter**) /'miːtə(r)/ *n* (*abrev* **m**) metre ➲ *Vegeu pàg 759* **metric** /'metrɪk/ *adj* mètric: *the metric system* el sistema mètric decimal

metropolis /mə'trɒpəlɪs/ *n* (*pl* **metropolises**) metròpoli(s) **metropolitan** /ˌmetrə'pɒlɪtən/ *adj* metropolità

mezzanine /'mezəniːn, 'metsə-/ *n* entresòl

miaow /mi'aʊ/ *nom, verb*
▸ *n* miol, mèu
▸ *vi* miolar ➲ *Vegeu nota a* GAT

mice *plural de* MOUSE

mickey /'mɪki/ *n* LOC **take the mickey (out of sb)** (*GB, col·loq*) prendre el pèl (a algú)

microbe /'maɪkrəʊb/ *n* microbi

microchip /'maɪkrəʊtʃɪp/ *n* microxip

microcosm /'maɪkrəkɒzəm/ *n* microcosmos

microlight /'maɪkrəʊlaɪt/ *n* ultralleuger

microorganism /ˌmaɪkrəʊ'ɔːgənɪzəm/ *n* microorganisme

microphone /'maɪkrəfəʊn/ *n* micròfon

microscope /'maɪkrəskəʊp/ *n* microscopi **microscopic** /ˌmaɪkrə'skɒpɪk/ *adj* microscòpic

microwave /'maɪkrəweɪv/ *n* microones

mid- /mɪd/ *pref*: *in mid-July* a mitjan juliol ◇ *mid-morning* mig matí ◇ *in mid-sentence* a la meitat de la frase ◇ *mid-life crisis* crisi dels quaranta

mid-air /ˌmɪd 'eə(r)/ *adj, n*: *a mid-air collision* un xoc en ple vol ◇ *in mid-air* en l'aire

midday /ˌmɪd'deɪ/ *n* migdia

middle /'mɪdl/ *nom, adjectiu*
▸ *n* **1 the middle** [*sing*] el mig, el centre: *in the middle of the night* a plena nit ➲ *Vegeu nota a* MIG **2** (*col·loq*) cintura LOC **be in the middle of (doing) sth** (*col·loq*) estar fent alguna cosa ◆ **the middle of nowhere** (*col·loq*) la quinta forca
▸ *adj* central, mitjà: *middle finger* dit del mig ◇ *middle management* executius de nivell mitjà LOC **the middle ground** terreny neutral ◆ **(steer, take, etc.) a middle course** (agafar/seguir) una via intermèdia

middle age *n* maduresa **middle-aged** /ˌmɪdl 'eɪdʒd/ *adj* d'edat mitjana

middle class *n* la classe mitjana **middle-class** /ˌmɪdl 'klɑːs; *USA* klæs/ *adj* de classe mitjana

middleman /'mɪdlmæn/ *n* (*pl* **-men** /-men/) intermediari, -ària

middle name *n* segon nom

> En els països de parla anglesa, a més d'un nom de pila i un cognom, moltes persones tenen un segon nom o **middle name**.

middle-of-the-road /ˌmɪdl əv ðə 'rəʊd/ *adj* moderat

middleweight /'mɪdlweɪt/ *n* pes mitjà

midfield /'mɪdfiːld, ˌmɪd'fiːld/ *n* centre del camp **midfielder** (*tb* **midfield player**) *n* (*Esport*) mig

midge /mɪdʒ/ *n* mosquit petit

M

midget /ˈmɪdʒɪt/ *n* (*pej*) nan, -a

Midlands /ˈmɪdləndz/ *n* la zona central d'Anglaterra

midnight /ˈmɪdnaɪt/ *n* mitjanit

midriff /ˈmɪdrɪf/ *n* abdomen

midst /mɪdst/ *n* (*formal*) mig LOC **in our, their, etc. midst** (*formal*) entre nosaltres, ells, etc. ◆ **in the midst of (doing) sth** enmig d'alguna cosa/ mentre es fa alguna cosa

midsummer /ˌmɪdˈsʌmə(r)/ *n* període pels volts del solstici d'estiu (*21 de juny*): *Midsummer's Day* dia de Sant Joan (24 de juny)

midway /ˌmɪdˈweɪ/ *adv* a mig camí

midweek /ˌmɪdˈwiːk/ *n* LOC **in midweek** a mitjan setmana

midwife /ˈmɪdwaɪf/ *n* (*pl* **midwives** /-waɪvz/) llevador, -a **midwifery** /ˌmɪdˈwɪfəri/ *n* obstetrícia

midwinter /ˌmɪdˈwɪntə(r)/ *n* període pels volts del solstici d'hivern (*21 de desembre*): *in midwinter* en ple hivern

M

miffed /mɪft/ *adj* (*col·loq*) emprenyat

might /maɪt/ *verb, nom*

▸ *v modal* (*neg* **might not** *o* **mightn't** /ˈmaɪtnt/)

Might és un verb modal que va seguit d'un infinitiu sense **to**. Les oracions interrogatives i negatives es construeixen sense l'auxiliar **do**. Només té dues formes: present, **may**, i passat, **might**.

1 *pt de* MAY: *He said he might be late.* Va dir que potser arribaria tard. **2** (*tb* **may**) (*possibilitat*) poder (ésser que), ésser possible (que): *They may/might not come.* Pot ésser que no vinguin. ◇ *I might be able to.* Possiblement podré ferho. **3** (*formal*) (*permís, petició*): *Might I make a suggestion?* Podria fer un suggeriment? ◇ *And who might she be?* I qui deu ésser aquesta? **4** *You might at least offer to help!* Com a mínim podries donar un cop de mà. ◇ *You might have told me!* M'ho podies haver dit! ➲ *Vegeu notes a* MAY *i* PODER[1]

▸ *n* [*incomptable*] (*formal*) força: *with all their might* amb totes les seves forces ◇ *military might* poder militar

mighty /ˈmaɪti/ *adj* (**mightier, -iest**) **1** poderós, potent **2** enorme

migraine /ˈmiːgreɪn, ˈmaɪgreɪn/ *n* migranya

migrant /ˈmaɪgrənt/ *n* **1** (*persona*) emigrant **2** (*au, etc.*) migrador

migrate /maɪˈgreɪt; *USA* ˈmaɪgreɪt/ *vi* migrar **migration** *adj* migració, emigració **migratory** /ˈmaɪgrətri, maɪˈgreɪtəri; *USA* ˈmaɪgrətɔːri/ *adj* migratori

mike /maɪk/ *n* (*col·loq*) micròfon

mild /maɪld/ *adj* (**milder, -est**) **1** (*gust, etc.*) suau **2** (*malaltia, càstig*) lleu **3** (*clima*) temperat: *a mild winter* un hivern suau **4** lleuger **5** (*caràcter*) tranquil **mildly** *adv* lleugerament, una mica: *mildly surprised* una mica sorprès LOC **to put it mildly** per no dir una altra cosa, pel cap baix

mildew /ˈmɪldjuː; *USA* -duː/ *n* míldiu, florit (*fong*)

mild-mannered /ˌmaɪld ˈmænəd/ *adj* tranquil, calmós

mile /maɪl/ *n* **1** milla (*1,609 quilòmetres*) ➲ *Vegeu pàg 759* **2 miles** (*col·loq*): *He's miles better.* Ell és molt millor. **3 the mile** [*sing*] cursa d'una milla LOC **be miles away** (*col·loq*) estar a la lluna ◆ **miles from anywhere** (*col·loq*) a la quinta forca ◆ **see, tell, etc. sth a mile off** (*col·loq*) veure alguna cosa d'una hora lluny **mileage** /ˈmaɪlɪdʒ/ *n* **1** recorregut en milles, quilometratge **2** (*col·loq*) avantatge, profit: *to get a lot of mileage out of sth* treure molt profit d'alguna cosa

milestone /ˈmaɪlstəʊn/ *n* **1** gran esdeveniment **2** fita quilomètrica

milieu /miːˈljɜː/ *n* (*pl* **milieux** *o* **milieus** /-jɜːz/) (*formal*) entorn social

militant /ˈmɪlɪtənt/ *adj, n* militant

military /ˈmɪlətri; *USA* -teri/ *adjectiu, nom*

▸ *adj* militar

▸ *n* **the military** [*v sing o pl*] els militars, l'exèrcit

militia /məˈlɪʃə/ *n* [*v sing o pl*] milícia **militiaman** /məˈlɪʃəmən/ *n* (*pl* **-men** /-mən/) milicià, -ana

milk /mɪlk/ *nom, verb*

▸ *n* llet: *milk products* productes lactis LOC *Vegeu* CRY

▸ *vt* **1** munyir **2** mamar-se (*aconseguir*)

milkman /ˈmɪlkmən/ *n* (*pl* **-men** /-mən/) lleter

milkshake /ˈmɪlkʃeɪk/ *n* batut

milky /ˈmɪlki/ *adj* **1** (*te, cafè*) amb llet **2** lletós

mill /mɪl/ *nom, verb*

▸ *n* **1** molí **2** fàbrica: *steel mill* acereria **3** molinet

▸ *vt* moldre PHR V **mill about/around** arremolinar-se **miller** *n* moliner, -a

millennium /mɪˈleniəm/ *n* (*pl* **millennia** /-niə/ *o* **millenniums**) mil·lenni

millet /ˈmɪlɪt/ *n* mill

milligram (*tb* **milligramme**) /ˈmɪligræm/ *n* (*abrev* **mg**) mil·ligram ➲ *Vegeu pàg 759*

millimetre (*USA* **millimeter**) /ˈmɪlimiːtə(r)/ *n* (*abrev* **mm**) mil·límetre ➲ *Vegeu pàg 759*

million /'mɪljən/ *n* milió

Per a referir-nos a dos, tres, etc. milions, diem **two, three, etc. million** sense la "s": *four million euros*. La forma **millions** significa 'molt(s)': *The company is worth millions.* L'empresa val una milionada. ◇ *I have millions of things to do.* Tinc un munt de coses a fer. Passa el mateix amb les paraules **hundred, thousand** i **billion**.

➲ *Vegeu exemples a* FIVE **LOC one, etc. in a million** excepcional **millionth 1** *adj* milionèsim **2** *n* milionèsima part ➲ *Vegeu exemples a* FIFTH

millionaire /ˌmɪljə'neə(r)/ *n* milionari, -ària

milometer /maɪ'lɒmɪtə(r)/ *n* comptaquilòmetres

mime /maɪm/ *nom, verb*

▸ *n* mim: *a mime artist* un mim

▸ *vt, vi* imitar, fer mim

mimic /'mɪmɪk/ *verb, nom*

▸ *vt* (**-ck-**) imitar

▸ *n* imitador, -a **mimicry** *n* imitació

minaret /ˌmɪnə'ret/ *n* minaret

mince /mɪns/ *verb, nom*

▸ *vt* picar (*carn*) **LOC not mince (your) words** no anar amb embuts, no tenir pèls a la llengua

▸ *n* (*USA* **ground beef**) carn picada

mincemeat /'mɪnsmiːt/ *n* farcit de fruites **LOC make mincemeat of sb** (*col·loq*) fer miques algú

mince pie *n* pastisset nadalenc farcit de fruites

mind /maɪnd/ *nom, verb*

▸ *n* **1** ment, cervell: *mind map* mapa mental **2** ànim **3** pensament(s): *My mind was on other things.* Estava pensant en una altra cosa. **4** seny: *to be sound in mind and body* estar sa de cos i ànima **LOC be in two minds about (doing) sth** no acabar de decidir-se sobre (fer) alguna cosa ◆ **be on your mind**: *What's on your mind?* Què et preocupa? ◆ **be out of your mind** estar trastocat ◆ **come/spring to mind** ocórrer a algú ◆ **go out of/lose your mind** tornar-se boig ◆ **have a good mind/half a mind to do sth** tenir ganes de fer alguna cosa ◆ **have a mind of your own** ésser de ment independent ◆ **have sb/sth in mind (for sth)** tenir algú/alguna cosa pensat/ada (per a alguna cosa) ◆ **in your mind's eye** en la imaginació ◆ **make up your mind** decidir(-se) ◆ **put/set/turn your mind to sth; set your mind on sth** centrar-se en alguna cosa, proposar-se alguna cosa ◆ **put/set your/sb's mind at ease/rest** tranquil·litzar-se/tranquil·litzar algú ◆ **take your/sb's mind off sth** distreure's/distreure algú d'alguna cosa ◆ **to my mind** segons el meu parer *Vegeu tb* BACK *n*, BEAR, CHANGE, CLOSE [1], CROSS, FRAME, GREAT, PREY, SIGHT, SLIP, SOUND, SPEAK, STATE, UPPERMOST

▸ **1** *vt, vi* importar: *Do you mind if I make a phone call?* Et fa res si faig una trucada? ◇ *Would you mind going tomorrow?* Et faria res anar-hi demà? ◇ *I wouldn't mind a drink.* No em vindria pas malament beure alguna cosa. ◇ *I don't mind.* M'és igual. **2** *vt, vi* anar amb compte (amb): *Mind your head!* Compte amb el cap! **3** *vt* preocupar-se de: *Don't mind him.* No li facis cas. **4** *vt* tenir cura de **LOC do you mind?** (*iròn*) ep!: *Do you mind? I was here first!* Ep, que jo he arribat primer! ◆ **mind you; mind** (*col·loq*) ara bé ◆ **mind your own business** (*col·loq*) no ficar-se algú on no el demanen ◆ **never mind** és igual ◆ **never you mind** (*col·loq*) no preguntis **PHR V mind out (for sb/sth)** anar amb compte (amb algú/alguna cosa)

mind-blowing /'maɪnd bləʊɪŋ/ *n* (*col·loq*) al·lucinant

mind-boggling /'maɪnd bɒglɪŋ/ *adj* (*col·loq*) increïble

minder /'maɪndə(r)/ *n* **1** curador, -ora **2** (*guardaespatlles*) goril·la

mindful /'maɪndfl/ *adj* (*formal*) conscient

mindless /'maɪndləs/ *adj* **1** insensat, sense sentit **2** que requereix poc esforç mental

mine /maɪn/ *pronom, nom, verb*

▸ *pron* (el) meu, (la) meva, (els) meus, (les) meves: *a friend of mine* un amic meu ◇ *Where's mine?* On és la meva? ➲ *Compareu amb* MY

▸ *n* mina: *mine worker* miner ◇ *The car was blown up by a mine.* Una mina va fer volar el cotxe.

▸ *vt* **1** extreure (*minerals*) **2** minar, excavar mines a **3** sembrar mines en **miner** *n* miner, -a

minefield /'maɪnfiːld/ *n* **1** camp de mines **2** (*situació*) terreny perillós/delicat

mineral /'mɪnərəl/ *n* mineral: *mineral water* aigua mineral

mingle /'mɪŋgl/ **1** *vt, vi* barrejar(-se) **2** *vi* conversar (*en una festa, reunió, etc.*): *The president mingled with his guests.* El president va conversar amb els convidats.

miniature /'mɪnətʃə(r); *USA* -tʃʊər/ *n* miniatura

minibus /'mɪnibʌs/ (*pl* **minibuses**) *n* microbús

minicab /'mɪnikæb/ *n* radiotaxi

minidisc /'mɪnidɪsk/ *n* minidisc

minim /'mɪnɪm/ *n* (*Mús*) blanca

M

minimal /ˈmɪnɪməl/ *adj* mínim

minimize (*GB tb* **-ise**) /ˈmɪnɪmaɪz/ *vt* minimitzar

minimum /ˈmɪnɪməm/ *adj, n* (*pl* **minima** /-mə/) (*abrev* **min**) mínim: *There is a minimum charge of...* Es cobra un mínim de... ◇ *with a minimum of effort* amb un esforç mínim

mining /ˈmaɪnɪŋ/ *n* mineria: *the mining industry* la indústria minera

miniskirt /ˈmɪniskɜːt/ *n* minifaldilla

minister /ˈmɪnɪstə(r)/ *nom, verb*

▸ *n* **1** (*USA* **secretary**) ~ **(for/of sth)** (*Pol*) secretari, -ària (d'alguna cosa) ➲ *Vegeu nota a* MINISTRE **2** pastor, -a (*protestant*) ➲ *Vegeu nota a* PRIEST

▸ *vi* ~ **to sb/sth** (*formal*) atendre algú/alguna cosa **ministerial** /ˌmɪnɪˈstɪəriəl/ *adj* ministerial

ministry /ˈmɪnɪstri/ *n* (*pl* **ministries**) **1** (*Pol*) ministeri ➲ *Vegeu nota a* MINISTERI **2 the ministry** [*sing*] el clericat (*protestant*): *to enter/go into/take up the ministry* fer-se pastor

M

mink /mɪŋk/ *n* visó

minor /ˈmaɪnə(r)/ *adjectiu, nom*

▸ *adj* **1** secundari: *minor repairs* petites reparacions ◇ *minor offences* delictes menors ◇ *minor injuries* ferides lleus **2** (*Mús*) menor

▸ *n* menor d'edat

minority /maɪˈnɒrəti; *USA* -ˈnɔːr-/ *n* (*pl* **minorities**) [*v sing o pl*] minoria: *a minority vote* un vot minoritari **LOC be in a/the minority** ésser minoria

mint /mɪnt/ *nom, verb*

▸ *n* **1** menta **2** caramel de menta **3** (*tb* **the Royal Mint**) la Casa Reial de la Moneda **4 a mint** [*sing*] (*col·loq*) un dineral **LOC in mint condition** en perfectes condicions

▸ *vt* encunyar

minus /ˈmaɪnəs/ *preposició, nom, adjectiu*

▸ *prep* **1** menys **2** (*temperatura*) sota zero: *minus five* cinc graus sota zero **3** (*col·loq*) sense: *I'm minus my car today.* Avui estic sense cotxe.

▸ *n* **1** (*tb* **minus sign**) (signe) menys **2** (*col·loq*) desavantatge: *the pluses and minuses of sth* els pros i els contres d'alguna cosa

▸ *adj* (*Mat*) negatiu

minute[1] /ˈmɪnɪt/ *n* **1** minut: *the minute hand* la minutera **2** moment: *Wait a minute!/Just a minute!* Un moment! ◇ *at that very minute* en aquell precís moment **3 minutes** [*pl*] acta (*d'una reunió*) **LOC (at) any minute (now)** en qualsevol moment ◆ **not for a/one minute** de cap manera ◆ **the minute (that)...** tan aviat com...

minute[2] /maɪˈnjuːt; *USA* -ˈnuːt/ *adj* (*superl* **minutest**) **1** diminut **2** minuciós **minutely** *adv* minuciosament

miracle /ˈmɪrəkl/ *n* miracle: *a miracle cure* una cura miraculosa **LOC** *Vegeu* WORK *v* **miraculous** /mɪˈrækjələs/ *adj* miraculós: *He had a miraculous escape.* Es va salvar per miracle.

mirage /ˈmɪrɑːʒ, mɪˈrɑːʒ/ *n* miratge

mirror /ˈmɪrə(r)/ *nom, verb*

▸ *n* **1** mirall: *mirror image* rèplica exacta/imatge invertida **2** (*vehicle*) retrovisor ➲ *Vegeu il·lustració a* MOTO **3** [*sing*] ~ **of sth** reflex d'alguna cosa

▸ *vt* reflectir

mirth /mɜːθ/ *n* [*incomptable*] (*formal*) **1** rialles **2** alegria

misadventure /ˌmɪsədˈventʃə(r)/ *n* **1** (*Dret*): *death by misadventure* mort accidental **2** (*formal*) desgràcia

misbehave /ˌmɪsbɪˈheɪv/ *vi* portar-se malament **misbehaviour** (*USA* **misbehavior**) *n* mal comportament

miscalculation /ˌmɪskælkjuˈleɪʃn/ *n* error de càlcul

miscarriage /ˈmɪskærɪdʒ, ˌmɪsˈkærɪdʒ/ *n* (*Med*) avortament (*espontani*) ➲ *Compareu amb* ABORTION **LOC miscarriage of justice** error judicial

miscellaneous /ˌmɪsəˈleɪniəs/ *adj* variat

mischief /ˈmɪstʃɪf/ *n* [*incomptable*] entremaliadura, dolenteria: *to keep out of mischief* no fer dolenteries **mischievous** /ˈmɪstʃɪvəs/ *adj* **1** (*nen*) entremaliat **2** (*somriure*) maliciós

misconception /ˌmɪskənˈsepʃn/ *n* idea equivocada: *a popular misconception* una equivocació corrent

misconduct /ˌmɪsˈkɒndʌkt/ *n* (*formal*) **1** mala conducta **2** (*Com*) mala gestió

miser /ˈmaɪzə(r)/ *n* avar, -a **miserly** *adj* (*pej*) **1** avar **2** insignificant

miserable /ˈmɪzrəbl/ *adj* **1** trist, infeliç **2** miserable: *miserable weather* temps horrorós ◇ *I had a miserable time.* M'ho vaig passar molt malament. **3** menyspreable **miserably** /-əbli/ *adv* **1** tristament **2** miserablement: *Their efforts failed miserably.* Els seus esforços van ésser un fracàs total.

misery /ˈmɪzəri/ *n* (*pl* **miseries**) **1** [*incomptable*] tristesa, sofriment: *a life of misery* una vida desgraciada **2** misèria, pobresa **3** (*GB, col·loq*) esgarriacries, amargat, -ada **LOC put sb out of their misery** (*col·loq*) treure algú de la incertesa

◆ **put an animal out of its misery** sacrificar un animal perquè no pateixi més

misfortune /ˌmɪsˈfɔːtʃuːn/ *n* desgràcia

misgiving /ˌmɪsˈɡɪvɪŋ/ *n* [*gen pl*] recel, dubte

misguided /ˌmɪsˈɡaɪdɪd/ *adj* equivocat

mishap /ˈmɪshæp/ *n* contratemps

misinform /ˌmɪsɪnˈfɔːm/ *vt* ~ **sb (about sth)** (*formal*) informar malament algú (sobre alguna cosa)

misinterpret /ˌmɪsɪnˈtɜːprɪt/ *vt* interpretar malament **misinterpretation** *n* interpretació errònia

misjudge /ˌmɪsˈdʒʌdʒ/ *vt* **1** jutjar malament **2** calcular malament

mislay /ˌmɪsˈleɪ/ *vt* (*pt, pp* **mislaid**) perdre

mislead /ˌmɪsˈliːd/ *vt* (*pt, pp* **misled** /-ˈled/) ~ **sb (about sth)** portar algú a conclusions errònies (respecte a alguna cosa): *Don't be misled by…* No et deixis enganyar per… **misleading** *adj* enganyós

mismanagement /ˌmɪsˈmænɪdʒmənt/ *n* mala administració

misogynist /mɪˈsɒdʒɪnɪst/ *n* misogin

misplaced /ˌmɪsˈpleɪst/ *adj* **1** fora de lloc **2** (*afecte, confiança*) immerescut

misprint /ˈmɪsprɪnt/ *n* errata

misread /ˌmɪsˈriːd/ *vt* (*pt, pp* **misread** /-ˈred/) **1** interpretar malament **2** llegir malament

misrepresent /ˌmɪsˌreprɪˈzent/ *vt* tergiversar (les paraules de), presentar una imatge falsa de

Miss /mɪs/ *n* senyoreta ➲ *Vegeu nota a* SENYORETA

miss /mɪs/ *verb, nom*

▸ **1** *vt, vi* no encertar, fallar: *to miss your footing* ensopegar **2** *vt* no veure: *You can't miss it.* No té pèrdua. ◇ *I missed what you said.* Se m'ha escapat el que has dit. ◇ *to miss the point* no entendre la qüestió **3** *vt* trobar a faltar, enyorar **4** *vt* (*tren, autobús, etc.*) perdre **5** *vt* faltar a (*classe*) **6** *vt* evitar: *to narrowly miss (hitting) sth* esquivar alguna cosa d'un pèl LOC **not miss much; not miss a trick** (*col·loq*) ésser molt espavilat PHR V **miss out (on sth)** (*col·loq*) perdre l'oportunitat (d'alguna cosa), perdre's alguna cosa ◆ **miss sb/sth out** ometre algú/alguna cosa

▸ *n* tret errat LOC **give sth a miss** (*col·loq*) passar d'alguna cosa

missile /ˈmɪsaɪl; *USA* ˈmɪsl/ *n* **1** (*Mil*) míssil **2** projectil

missing /ˈmɪsɪŋ/ *adj* **1** perdut **2** que falta: *He has a tooth missing.* Li falta una dent. **3** desaparegut: *missing persons* desapareguts

mission /ˈmɪʃn/ *n* missió

missionary /ˈmɪʃənri; *USA* -neri/ *n* (*pl* **missionaries**) missioner, -a

mist /mɪst/ *nom, verb*

▸ *n* **1** boirina ➲ *Compareu amb* FOG, HAZE **2** (*fig*) núvol: *lost in the mists of time* perdut en la foscor dels temps

▸ *vt, vi* ~ **(sth) up**; ~ **(over)** entelar alguna cosa, entelar-se

mistake /mɪˈsteɪk/ *nom, verb*

▸ *n* error, equivocació: *to make a mistake* equivocar-se LOC **by mistake** per equivocació, sense voler

> Les paraules **mistake, error, fault** i **defect** estan relacionades. **Mistake** i **error** signifiquen el mateix, però **error** és més formal. **Fault** indica la culpabilitat d'una persona: *It's all your fault.* Tot és culpa teva. També pot indicar una imperfecció: *an electrical fault* una fallada elèctrica ◇ *He has many faults.* Té molts defectes. **Defect** és una imperfecció més greu. *Vegeu tb nota a* ERROR

▸ *vt* (*pt* **mistook** /mɪˈstʊk/ *pp* **mistaken** /mɪˈsteɪkən/) equivocar-se de: *I mistook your meaning/what you meant.* Vaig entendre malament el que vas dir. ◇ *There's no mistaking her.* És impossible confondre-la amb ningú. PHR V **mistake sb/sth for sb/sth** confondre algú/alguna cosa amb algú/alguna cosa **mistaken** *adj* ~ **(about sb/sth)** equivocat (sobre algú/alguna cosa): *If I'm not mistaken…* Si no m'equivoco… **mistakenly** *adv* equivocadament, per equivocació

mister /ˈmɪstə(r)/ *n* (*abrev* **Mr**) senyor

mistletoe /ˈmɪsltəʊ/ *n* vesc

mistook *pt de* MISTAKE

mistreat /ˌmɪsˈtriːt/ *vt* maltractar

mistress /ˈmɪstrəs/ *n* **1** amant **2** senyora **3** (*de situació, animal*) mestressa

mistrust /ˌmɪsˈtrʌst/ *verb, nom*

▸ *vt* desconfiar de

▸ *n* ~ **(of sb/sth)** desconfiança (cap a algú/alguna cosa)

misty /ˈmɪsti/ *adj* **1** (*temps*) boirós **2** (*fig*) borrós

misunderstand /ˌmɪsʌndəˈstænd/ *vt, vi* (*pt, pp* **misunderstood** /-ˈstʊd/) entendre malament **misunderstanding** *n* **1** malentès **2** desavinença

misuse /ˌmɪsˈjuːs/ *n* **1** abús **2** (*paraula*) ús incorrecte **3** (*fons*) malversació

mitigate /ˈmɪtɪɡeɪt/ *vt* (*formal*) mitigar

mitten /ˈmɪtn/ *n* manyopla

M

mix /mɪks/ *verb, nom*
▸ **1** *vt, vi* barrejar(-se) **2** *vi* ~ **(with sb)** tractar amb algú: *She mixes well with the other children.* Es relaciona bé amb els altres nens. LOC **be/get mixed up in sth** estar embolicat/embolicar-se en alguna cosa PHR V **mix sth in (with sth); mix sth into sth** afegir alguna cosa (a alguna cosa) ◆ **mix sb/sth up (with sb/sth)** confondre algú/alguna cosa (amb algú/alguna cosa)
▸ *n* **1** barreja, mescla **2** (*Cuina*) preparat

mixed /'mɪkst/ *adj* **1** mixt **2** assortit **3** (*acollida*) desigual **4** (*temps*) variable LOC **have mixed feelings (about sb/sth)** no tenir les coses clares (sobre algú/alguna cosa)

mixed-up /ˌmɪkst 'ʌp/ *adj* (*col·loq*) confós, descentrat: *a mixed-up kid* un noi amb problemes

mixer /'mɪksə(r)/ *n*: *food mixer* robot de cuina LOC **be a good/bad mixer** ésser sociable/insociable

mixture /'mɪkstʃə(r)/ *n* **1** combinació **2** barreja

mix-up /'mɪks ʌp/ *n* (*col·loq*) confusió

moan /məʊn/ *verb, nom*
▸ **1** *vt, vi* gemegar, dir gemegant **2** *vi* ~ **(on) (about sb/sth)**; ~ **(at sb)** (*col·loq*) queixar-se (d'algú/d'alguna cosa); queixar-se (a algú)
▸ *n* **1** gemec **2** (*col·loq*) queixa

moat /məʊt/ *n* fossat

mob /mɒb/ *nom, verb*
▸ *n* [*v sing o pl*] **1** multitud, xusma **2** (*col·loq*) banda (*de delinqüents*) **3** (*col·loq*) colla (*d'amics*) **4 the Mob** [*sing*] (*col·loq*) la màfia
▸ *vt* (**-bb-**) assetjar

mobile /'məʊbaɪl; *USA* -bl/ *adjectiu, nom*
▸ *adj* **1** mòbil: *mobile library* biblioteca ambulant ◇ *mobile home* caravana **2** (*persona*) que té mobilitat **3** (*cara*) canviant
▸ *n* **1** (*tb* **mobile phone**, *USA* **cellphone**, **cellular phone**) (telèfon) mòbil **2** mòbil (*joguina*) **mobility** /məʊ'bɪləti/ *n* mobilitat

mobilize (*GB tb* **-ise**) /'məʊbəlaɪz/ **1** *vt, vi* mobilitzar(-se) **2** *vt* organitzar

mock /mɒk/ *verb, adjectiu*
▸ *vt, vi* burlar-se (de), riure's (de)
▸ *adj* [*només davant del nom*] **1** fals, d'imitació **2** fictici: *mock battle* simulacre de combat

mockery /'mɒkəri/ *n* **1** [*incomptable*] burla **2** [*sing*] ~ **(of sth)** paròdia (d'alguna cosa) LOC **make a mockery of sth** ridiculitzar alguna cosa

mocking /'mɒkɪŋ/ *adj* (*expressió, somriure, etc.*) burleta

mode /məʊd/ *n* **1** (*formal*) mitjà (*de transport*) **2** (*formal*) forma (*de producció*) **3** (*formal*) manera (*de pensar, actuar, etc.*) **4** (*Informàt, etc.*) modalitat

model /'mɒdl/ *nom, verb*
▸ *n* **1** model **2** maqueta: *scale model* maqueta a escala ◇ *model car* cotxe en miniatura
▸ (**-ll-**; *USA* **-l-**) **1** *vt, vi* passar models, ésser model **2** *vt* modelar PHR V **model sth/yourself on sb/sth** prendre algú/alguna cosa de model (per a alguna cosa), inspirar-se en algú/alguna cosa **modelling** (*USA* **modeling**) *n* professió de model

modem /'məʊdem/ *n* mòdem

moderate *adjectiu, verb, nom*
▸ *adj* /'mɒdərət/ moderat: *Cook over a moderate heat.* Coure a foc lent.
▸ *vt, vi* /'mɒdəreɪt/ moderar(-se): *a moderating influence* una influència moderadora
▸ *n* /'mɒdərət/ moderat, -ada

moderation /ˌmɒdə'reɪʃn/ *n* moderació: *in moderation* amb moderació

moderator /'mɒdəreɪtə(r)/ *n* **1** mediador, -a **2** moderador, -a

modern /'mɒdn/ *adj* modern: *to study modern languages* estudiar idiomes **modernization** (*GB tb* **-isation**) *n* modernització **modernize** (*GB tb* **-ise**) *vt, vi* modernitzar(-se)

modernity /mə'dɜːnəti/ *n* modernitat

modest /'mɒdɪst/ *adj* **1** petit, moderat **2** modest: *to be modest about your achievements* ésser modest pel que fa als propis èxits **3** (*suma, preu*) mòdic **4** discret, púdic **modesty** *n* modèstia

modify /'mɒdɪfaɪ/ *vt* (*pt, pp* **-fied**) modificar
🛈 La paraula més habitual és **change**. *Vegeu tb* GENETICALLY MODIFIED

module /'mɒdjuːl; *USA* 'mɒdʒuːl/ *n* mòdul **modular** *adj* modular

mogul /'məʊgl/ *n* magnat

moist /mɔɪst/ *adj* humit: *a rich, moist fruit cake* un plum-cake esponjós i gustós ◇ *in order to keep your skin soft and moist* per mantenir la pell suau i hidratada

> Tant **moist** com **damp** es tradueixen per "humit", però **damp** és el terme més freqüent i pot tenir un matís negatiu: *damp walls* parets amb humitat ◇ *Use a damp cloth.* Utilitzeu un drap humit. ◇ *cold damp rainy weather* temps plujós, fred i humit.

moisten /'mɔɪsn/ *vt, vi* humitejar(-se) **moisture** /'mɔɪstʃə(r)/ *n* humitat **moisturize** (*GB tb* **-ise**) *vt* hidratar **moisturizer** (*GB tb* **-iser**) *n* crema hidratant

molar /ˈməʊlə(r)/ *n* molar, queixal
mold, moldy (*USA*) = MOULD, MOULDY
mole /məʊl/ *n* **1** (*Zool, espia*) talp **2** piga
molecule /ˈmɒlɪkjuːl/ *n* molècula **molecular** /məˈlekjələ(r)/ *adj* molecular
molest /məˈlest/ *vt* agredir sexualment
mollify /ˈmɒlɪfaɪ/ *vt* (*pt, pp* **-fied**) (*formal*) calmar, apaivagar
molten /ˈməʊltən/ *adj* fos
mom /mɒm/ (*USA, col·loq*) *n* mamà
moment /ˈməʊmənt/ *n* moment, instant: *One moment/Just a moment/Wait a moment.* Un moment. ◇ *I shall only be/I won't be a moment.* De seguida acabo. LOC **at a moment's notice** immediatament, quasi sense avisar ◆ **(at) any moment (now)** en qualsevol moment ◆ **at/for the moment** de moment, per ara ◆ **not for a/one moment** (*col·loq*) de cap manera ◆ **the moment of truth** l'hora de la veritat ◆ **the moment (that)...** tan aviat com... *Vegeu tb* SPUR
momentarily /ˈməʊməntrəli; *USA* ˌməʊmənˈterəli/ *adv* **1** momentàniament **2** (*USA*) de seguida
momentary /ˈməʊməntri; *USA* -teri/ *adj* momentani
momentous /məˈmentəs, məʊˈm-/ *adj* transcendental
momentum /məˈmentəm, məʊˈm-/ *n* **1** impuls, ímpetu **2** (*Fís*) moment: *to gain/gather momentum* agafar velocitat
mommy (*USA*) = MUMMY (1)
monarch /ˈmɒnək/ *n* monarca **monarchy** *n* (*pl* **monarchies**) monarquia
monastery /ˈmɒnəstri; *USA* -teri/ *n* (*pl* **monasteries**) monestir
monastic /məˈnæstɪk/ *adj* monàstic
Monday /ˈmʌndeɪ, -di/ *n* (*abrev* **Mon.**) dilluns: *every Monday* cada dilluns ◇ *last/next Monday* dilluns passat/dilluns que ve ◇ *the Monday before last/after next* fa dos dilluns/d'aquí a dos dilluns ◇ *Monday morning/afternoon/evening* dilluns al matí/a la tarda/al vespre ◇ *Monday week/a week on Monday* dilluns que ve no, l'altre ◇ *I'll see you (on) Monday.* Ens veurem dilluns. ◇ *We usually play badminton on Mondays/on a Monday.* Normalment els dilluns juguem a bàdminton. ◇ *The museum is open Monday to Friday.* El museu obre de dilluns a divendres. ◇ *Did you read that article in Monday's paper?* Vas llegir aquell article al diari de dilluns? ❶ Els dies de la setmana en anglès s'escriuen amb majúscula.
monetary /ˈmʌnɪtri; *USA* -teri/ *adj* monetari
money /ˈmʌni/ *n* [*incomptable*] diners: *to spend/save money* gastar/estalviar diners ◇ *to earn/make money* guanyar/fer diners ◇ *money worries* preocupacions econòmiques LOC **get your money's worth** rebre bona qualitat (*en una compra o servei*) *Vegeu tb* POT, ROLL
mongrel /ˈmʌŋgrəl/ *n* gos bastard
monitor /ˈmɒnɪtə(r)/ *nom, verb*
▸ *n* **1** (*TV, Informàt*) monitor ➲ *Vegeu il·lustració a* ORDINADOR **2** (*eleccions*) observador, -a
▸ *vt* **1** controlar, observar **2** monitorar **3** (*Ràdio, trucades, programes*) escoltar **monitoring** *n* control, supervisió
monk /mʌŋk/ *n* monjo
monkey /ˈmʌŋki/ *n* (*pl* **monkeys**) **1** mico **2** (*col·loq*) (*nen*) dimoni
monogamy /məˈnɒgəmi/ *n* monogàmia **monogamous** *adj* monògam
monologue (*USA tb* **monolog**) /ˈmɒnəlɒg; *USA* -lɔːg/ *n* monòleg
monopoly /məˈnɒpəli/ *n* (*pl* **monopolies**) monopoli **monopolize** (*GB tb* **-ise**) *vt* monopolitzar
monotonous /məˈnɒtənəs/ *adj* monòton
monoxide /məˈnɒksaɪd/ *n* monòxid
monsoon /ˌmɒnˈsuːn/ *n* (època del) monsó
monster /ˈmɒnstə(r)/ *n* monstre **monstrous** /ˈmɒnstrəs/ *adj* monstruós
monstrosity /mɒnˈstrɒsəti/ *n* (*pl* **monstrosities**) monstruositat
month /mʌnθ/ *n* mes: *They pay 15 euros a month.* Paguen 15 euros al mes. ◇ *I haven't seen her for months.* Fa mesos que no la veig.
monthly /ˈmʌnθli/ *adjectiu, adverbi, nom*
▸ *adj* mensual
▸ *adv* mensualment
▸ *n* (*pl* **monthlies**) publicació mensual
monument /ˈmɒnjumənt/ *n* monument **monumental** /ˌmɒnjuˈmentl/ *adj* **1** excepcional **2** (*error, etc.*) majúscul ❶ En els sentits 1 i 2, sol usar-se abans del nom. **3** monumental
moo /muː/ *vi* (*pt, pp* **mooed** *part pres* **mooing**) mugir
mood /muːd/ *n* **1** humor: *to be in a good/bad mood* estar de bon/mal humor ◇ *I'm not in the mood for jokes.* No estic (d'humor) per a bromes. ◇ *He was in no mood for reading.* No tenia ganes de llegir. **2** mal humor: *He's in a mood.* Està de mal humor. **3** ambient **4** (*Gram*) mode **moody** *adj* (**moodier, -iest**) **1** d'humor variable **2** malhumorat
moon /muːn/ *nom, verb*
▸ *n* lluna LOC **over the moon** (*col·loq*) boig d'alegria

M

▸ *vi* PHR V **moon about/around** (*GB, col·loq*) rondar (amunt i avall)

moonlight /ˈmuːnlaɪt/ *nom, verb*
▸ *n* llum de la lluna
▸ *vi* (*pt, pp* **-lighted**) (*col·loq*) tenir dues feines **moonlit** *adj* il·luminat per la lluna

moor /mɔː(r), mʊə(r)/ *nom, verb*
▸ *n* (*tb* **moorland**) erm
▸ *vt, vi* ~ **(sth) (to sth)** amarrar (alguna cosa) (a alguna cosa) **mooring** *n* **1 moorings** [*pl*] amarres **2** amarrador

Moorish /ˈmɔːrɪʃ, mʊə-/ *adj* morisc, moro

moose /muːs/ *n* (*pl* **moose**) ant

mop /mɒp/ *nom, verb*
▸ *n* **1** pal de fregar **2** (*cabells*) pelussera
▸ *vt* (**-pp-**) **1** netejar, fregar **2** (*cara*) eixugar-se PHR V **mop sth up** netejar alguna cosa

mope /məʊp/ *vi* estar abatut PHR V **mope about/around**: *He's been moping about the house all day.* Ha estat tot el dia a casa sense ànim de fer res.

M

moped /ˈməʊped/ *n* ciclomotor

moral /ˈmɒrəl; *USA* ˈmɔːrəl/ *adjectiu, nom*
▸ *adj* **1** moral **2** *a moral tale* un conte amb moral
▸ *n* **1 morals** [*pl*] moralitat **2** moral

morale /məˈrɑːl; *USA* məˈræl/ *n* moral (*ànim*)

moralistic /ˌmɒrəˈlɪstɪk; *USA* ˌmɔːr-/ *adj* (*sovint pej*) moralista

morality /məˈræləti/ *n* moral, moralitat: *standards of morality* valors morals

moralize (*GB tb* **-ise**) /ˈmɒrəlaɪz; *USA* ˈmɔːr-/ *vt, vi* (*sovint pej*) moralitzar

morally /ˈmɒrəli; *USA* ˈmɔːrəli/ *adv* moralment: *to behave morally* comportar-se honradament

morbid /ˈmɔːbɪd/ *adj* morbós

more /mɔː(r)/ *adjectiu, pronom, adverbi*
▸ *adj, pron* més: *more money than sense* més diners que seny ◇ *more food than could be eaten* més menjar del que es podia menjar ◇ *You've had more to drink than me/than I have.* Has begut més que jo. ◇ *more than 50* més de 50 ◇ *I hope we'll see more of you.* Espero veure't més sovint.
▸ *adv* **1** més ❶ S'utilitza per a formar comparatius d'adjectius i adverbis de dues o més síl·labes: *more quickly* més de pressa ◇ *more expensive* més car **2** més: *once more* un cop més ◇ *It's more of a hindrance than a help.* És més un destorb que una ajuda. ◇ *That's more like it!* Això mateix! ◇ *even more so* encara més *Vegeu tb* ANY MORE LOC **be more than happy, glad, willing, etc. to do sth** fer una cosa amb molt de gust ◆ **more and more** cada vegada més, més i més ◆ **more or less** més o menys: *more or less finished* quasi acabat ◆ **what is more** és més, a més *Vegeu tb* ALL

moreover /mɔːrˈəʊvə(r)/ *adv* (*formal*) a més (a més), d'altra banda

morgue /mɔːg/ *n* dipòsit de cadàvers

morning /ˈmɔːnɪŋ/ *n* **1** matí: *He left on Sunday morning.* Va marxar diumenge al matí. ◇ *tomorrow morning* demà al matí ◇ *on the morning of the wedding* el matí del casament ◇ *the morning papers* els diaris del matí ➲ *Vegeu nota a* MIG **2** matinada: *The accident happened in the early hours of Sunday morning.* L'accident va passar diumenge a la matinada. ◇ *at three in the morning* a les tres de la matinada LOC **good morning** bon dia ❶ En l'ús familiar, moltes vegades es diu simplement **morning** en comptes de **good morning**. LOC **in the morning 1** al matí: *eleven o'clock in the morning* les onze del matí **2** (*de l'endemà*): *I'll ring her up in the morning.* Li trucaré demà al matí.

> Utilitzem la preposició **in** amb **morning, afternoon** i **evening** per a referir-nos a un període determinat del dia: *at three o'clock in the afternoon* a les tres de la tarda, i **on** per a fer referència a un punt en el calendari: *on a cool May morning* un matí fred de maig ◇ *on Monday afternoon* dilluns a la tarda ◇ *on the morning of the 4th of September* el quatre de setembre al matí. No obstant això, en combinació amb **this, that, tomorrow** i **yesterday** no s'utilitza cap preposició: *They'll leave this evening.* Se'n van aquest vespre. ◇ *I saw her yesterday morning.* La vaig veure ahir al matí.

moron /ˈmɔːrɒn/ *n* (*col·loq*) imbècil

morose /məˈrəʊs/ *adj* malhumorat, sorrut

morphine /ˈmɔːfiːn/ *n* morfina

morsel /ˈmɔːsl/ *n* trosset (*esp menjar*)

mortal /ˈmɔːtl/ *adj, n* mortal **mortality** /mɔːˈtæləti/ *n* **1** mortalitat **2** mortaldat

mortar /ˈmɔːtə(r)/ *n* (*argamassa, canó, de cuina*) morter

mortgage /ˈmɔːgɪdʒ/ *nom, verb*
▸ *n* hipoteca: *mortgage (re)payment* pagament hipotecari
▸ *vt* hipotecar

mortify /ˈmɔːtɪfaɪ/ *vt* (*pt, pp* **-fied**) humiliar

mortuary /ˈmɔːtʃəri; *USA* -tʃʊeri/ *n* (*pl* **mortuaries**) dipòsit de cadàvers

mosaic /məʊˈzeɪɪk/ *n* mosaic

Moslem = MUSLIM

mosque /mɒsk/ *n* mesquita

mosquito /məsˈkiːtəʊ/ *n* (*pl* **mosquitoes**) mosquit: *mosquito net* mosquitera

moss /mɒs; *USA* mɔːs/ *n* molsa

most /məʊst/ *adjectiu, pronom, adverbi*

▸ *adj* **1** més, la major part de: *Who got (the) most votes?* Qui va aconseguir més vots? ◇ *We spent most time in Rome.* Vam passar la major part del temps a Roma. **2** la majoria de, quasi tot: *most days* gairebé cada dia

▸ *pron* **1** *I ate (the) most.* Jo vaig ésser el que va menjar més. ◇ *the most I could offer you* el màxim que et podria oferir **2** ~ **(of sb/sth)** la majoria, la major part (d'algú/d'alguna cosa): *most of the day* quasi tot el dia ◇ *Most of you know.* La majoria de vosaltres ho sabeu.

> **Most** és el superlatiu de **much** i de **many**, i s'utilitza amb noms incomptables o en plural: *Who's got most time?* Qui és el que té més temps? ◇ *most children* la majoria dels nens. No obstant això, davant de pronoms i quan el nom que precedeix porta **the** o un adjectiu possessiu o demostratiu, s'utilitza **most of**: *most of my friends* la majoria dels meus amics ◇ *most of us* la majoria de nosaltres ◇ *most of these books* la majoria d'aquests llibres.

▸ *adv* **1** més ❶ S'utilitza per a formar el superlatiu de locucions adverbials, adjectius i adverbis de dues o més síl·labes: *This is the most interesting book I've read for a long time.* Aquest és el llibre més interessant que he llegit en molt de temps. ◇ *What upset me (the) most was that…* El que em va doldre més va ésser que… ◇ *most of all* sobretot **2** molt: *most likely* molt probablement LOC **at (the) most** com a molt/màxim **mostly** *adv* principalment, en general

moth /mɒθ; *USA* mɔːθ/ *n* **1** papallona nocturna **2** arna

mother /ˈmʌðə(r)/ *nom, verb*

▸ *n* mare: *mother-to-be* futura mare ◇ *mother tongue* llengua materna

▸ *vt* **1** criar **2** malacostumar **motherhood** *n* maternitat **motherly** *adj* maternal

mother-in-law /ˈmʌðər ɪn lɔː/ *n* (*pl* **mothers-in-law**) sogra

mother-of-pearl /ˌmʌðər əv ˈpɜːl/ *n* nacre

Mother's Day *n* dia de la mare

motif /məʊˈtiːf/ *n* **1** ornament **2** (*Mús, Liter*) tema, motiu

motion /ˈməʊʃn/ *nom, verb*

▸ *n* **1** moviment **2** (*en una reunió*) moció LOC **go through the motions (of doing sth)** fer alguna cosa maquinalment/per complir amb les formalitats ◆ **put/set sth in motion** posar alguna cosa en marxa *Vegeu tb* SLOW

▸ *vt, vi* ~ **to sb (to do sth)**; ~ **(for) sb to do sth** fer senyals a algú perquè faci alguna cosa: *She motioned him into the office.* Li va indicar que entrés al despatx.

motionless /ˈməʊʃnləs/ *adj* immòbil

motivate /ˈməʊtɪveɪt/ *vt* motivar

motivation /ˌməʊtɪˈveɪʃn/ *n* motivació

motive /ˈməʊtɪv/ *n* ~ **(for sth)** motiu, mòbil (d'alguna cosa): *He had an ulterior motive.* Anava al darrere d'alguna cosa. ❶ La traducció més habitual de *motiu* és **reason**.

motocross /ˈməʊtəʊkrɒs/ *n* motocròs

motor /ˈməʊtə(r)/ *n* **1** motor ➲ *Vegeu nota a* ENGINE **2** (*antic* o *hum*) cotxe **motoring** *n* automobilisme **motorist** *n* conductor, -a de cotxe **motorized** (*GB tb* **-ised**) *adj* motoritzat

motorbike /ˈməʊtəbaɪk/ *n* moto ➲ *Vegeu il·lustració a* MOTO

motor boat *n* llanxa motora

motor car *n* (*GB, formal*) cotxe

motorcycle /ˈməʊtəsaɪkl/ *n* motocicleta **motorcycling** *n* motociclisme **motorcyclist** *n* motociclista

motorhome /ˈməʊtəhəʊm/ *n* autocaravana

motor racing *n* automobilisme

motorway /ˈməʊtəweɪ/ (*USA* **freeway**) *n* autopista

mottled /ˈmɒtld/ *adj* clapat (*amb clapes*)

motto /ˈmɒtəʊ/ *n* (*pl* **mottoes** *o* **mottos**) lema

mould (*USA* **mold**) /məʊld/ *verb, nom*

▸ *vt* emmotllar

▸ *n* **1** motlle **2** florit **mouldy** (*USA* **moldy**) *adj* florit: *to go mouldy* florir-se

mound /maʊnd/ *n* **1** monticle **2** pila

mount /maʊnt/ *verb, nom*

▸ **1** *vt* organitzar, muntar **2** *vi* augmentar **3** *vt* (*cavall, etc.*) pujar a **4** *vt* (*quadre*) emmarcar **5** *vt* instal·lar PHR V **mount up** acumular-se

▸ *n* **1 Mount** (*abrev* **Mt**) turó, muntanya (*en noms de muntanyes*): *Mt Everest* ◇ *l'Everest* **2** (*formal*) (*cavall*) muntura **3** suport, muntura **4** (*d'un quadre*) paspartú

mountain /ˈmaʊntən; *USA* ˈmaʊntn/ *n* **1** muntanya: *mountain range* serralada **2 the mountains** [*pl*] la muntanya (*per contrast amb la costa*) **3 a** ~ **of sth** (*col·loq*) un munt d'alguna cosa **mountainous** *adj* muntanyós

M

mountain bike *n* bicicleta tot terreny/ de muntanya **mountain biking** *n* ciclisme de muntanya

mountaineer /ˌmaʊntəˈnɪə(r); *USA* -tˈn-/ *n* alpinista **mountaineering** *n* alpinisme

mountainside /ˈmaʊntənsaɪd/ *n* falda de muntanya

mounting /ˈmaʊntɪŋ/ *adj* creixent

mourn /mɔːn/ *vt, vi* **1** ~ **(sth/for sth)** lamentar alguna cosa, lamentar-se **2** ~ **(sb/for sb)** plorar la mort d'algú; estar de dol **mourner** *n* el/la que està de dol **mournful** *adj* trist, llòbrec **mourning** *n* dol: *in mourning* de dol

mouse *n* (*pl* **mice** /maɪs/) ratolí: *mouse mat/pad* estoreta del ratolí ➲ *Vegeu il·lustració a* ORDINADOR

mousetrap /ˈmaʊstræp/ *n* ratera (*trampa*)

mousse /muːs/ *n* **1** mousse **2** escuma (*per als cabells*)

moustache /məˈstɑːʃ/ (*USA* **mustache** /ˈmʌstæʃ/) *n* bigoti(s)

mouth /maʊθ/ *n* (*pl* **mouths** /maʊðz/) **1** boca **2** desembocadura (*d'un riu*) LOC *Vegeu* LOOK, MELT **mouthful** *n* **1** mossegada **2** (*líquid*) glop

mouth organ *n* harmònica

mouthpiece /ˈmaʊθpiːs/ *n* **1** micròfon (*d'un telèfon*) **2** (*Mús*) embocadura **3** ~ **(of/for sb)** portaveu (d'algú)

movable /ˈmuːvəbl/ *adj* movible

move /muːv/ *verb, nom*

▸ **1** *vi* moure('s): *Don't move!* No et moguis! ◇ *It's your turn to move.* Et toca de moure. **2** *vt, vi* traslladar(-se), canviar(-se) (de lloc): *He has been moved to London.* L'han traslladat a Londres. ◇ *I'm going to move the car before they give me a ticket.* Vaig a canviar el cotxe de lloc abans que em posin una multa. ◇ *They sold the house and moved to Scotland.* Van vendre la casa i se'n van anar a viure a Escòcia. **3** *vt* (*persona*) commoure **4** *vt* (*formal*) ~ **sb (to do sth)** induir algú (a fer alguna cosa) LOC **get (sth) moving** posar-se/posar alguna cosa en marxa ◆ **move house** canviar de casa, mudar-se (de casa) *Vegeu tb* KILL

PHR V **move about/around** caminar (amunt i avall)

move ahead/forward avançar

move away allunyar-se ◆ **move sth away** allunyar alguna cosa

move in; move into sth instal·lar-se (en alguna cosa), traslladar-se (a alguna cosa)

move on (to sth) passar a una altra cosa, passar a alguna cosa

move out deixar una casa, un pis, etc.

▸ *n* **1** pas: *to make the first move* fer el primer pas **2** moviment **3** mudança (*de casa*) **4** canvi (*de feina*) **5** (*Escacs, etc.*) jugada, torn LOC **get a move on** (*col·loq*) afanyar-se ◆ **make a move 1** actuar **2** (*GB, col·loq*) posar-se en marxa *Vegeu tb* FALSE, INCH

movement /ˈmuːvmənt/ *n* **1** moviment **2** ~ **(towards/away from sth)** tendència (cap a alguna cosa/a allunyar-se d'alguna cosa)

movie /ˈmuːvi/ *n* (*esp USA*) pel·lícula: *to go to the movies* anar al cinema ◇ *movie stars* estrelles de cine

movie theater *n* (*USA*) cinema (*local*)

moving /muːvɪŋ/ *adj* **1** commovedor **2** mòbil

mow /məʊ/ *vt* (*pt* **mowed** *pp* **mown** /məʊn/ *o* **mowed**) segar, tallar PHR V **mow sb down** matar algú (a trets, atropellant-lo) **mower** *n* tallagespa

MP /ˌem ˈpiː/ *n* (*abrev de* **Member of Parliament**) diputat, -ada ➲ *Vegeu nota a* PARLIAMENT

MP3 /ˌem piː ˈθriː/ *n* MP3

MPV /ˌem piː ˈviː/ *n* (*abrev de* **multi-purpose vehicle**) monovolum

Mr /ˈmɪstə(r)/ *abrev* senyor

Mrs /ˈmɪsɪz/ *abrev* senyora

Ms /mɪz, məz/ *abrev* senyoreta, senyora ➲ *Vegeu nota a* SENYORETA

MSP /ˌem es ˈpiː/ *n* (*abrev de* **Member of the Scottish Parliament**) (*GB*) diputat, -ada del parlament escocès

much /mʌtʃ/ *adjectiu, pronom, adverbi*

▸ *adj, pron* molt: *so much traffic* tant de trànsit ◇ *How much money have you got?* Quants diners portes? ◇ *How much is it?* Quant és? ◇ *too much* massa ◇ *as much as you can/as possible* tant com puguis ◇ *for much of the day* la major part del dia ➲ *Vegeu notes a* MANY *i* MOLT LOC **not much of a...**: *He's not much of an actor.* Com a actor no és gran cosa. *Vegeu tb* AS, HOW, SO, TOO

▸ *adv* molt: *Much to her surprise...* Amb gran sorpresa per la seva part... ◇ *much-needed* molt necessari ◇ *much too cold* massa fred LOC **much as** per més que ◆ **much the same** pràcticament igual

muck /mʌk/ *nom, verb*

▸ *n* [*incomptable*] **1** fems **2** (*esp GB, col·loq*) porqueria

▸ *v* PHR V **muck about/around** (*GB, col·loq*) **1** fer el ximple **2** passar l'estona ◆ **muck sth up** (*esp GB, col·loq*) **1** fer alguna cosa d'una manera matussera, fer fracassar alguna cosa **2** embrutar alguna cosa **mucky** *adj* (*esp GB, col·loq*) brut

mucus /ˈmjuːkəs/ *n* [*incomptable*] mucositat

mud /mʌd/ *n* fang, llot LOC *Vegeu* CLEAR **muddy** *adj* (**muddier**, **-iest**) **1** enfangat: *muddy footprints* petjades de fang **2** tèrbol, poc clar

muddle /ˈmʌdl/ *verb, nom*
▸ *vt* **1** ~ **sth (up)** desordenar alguna cosa **2** ~ **sb (up)** confondre algú **3** ~ **sth (up)** fer-se un embolic amb alguna cosa **4** ~ **A (up) with B** confondre A amb B
▸ *n* **1** ~ **(about/over sth)** confusió, embolic (amb alguna cosa): *to get (yourself) into a muddle* fer-se un embolic **2** desordre **muddled** *adj* enrevessat

mudguard /ˈmʌdgɑːd/ (*USA* **fender**) *n* parafang ➲ *Vegeu il·lustració a* MOTO

muesli /ˈmjuːzli/ *n* [*incomptable*] musli

muffin /ˈmʌfɪn/ *n* magdalena

muffled /ˈmʌfld/ *adj* **1** (*crit*) ofegat **2** (*veu*) apagat

mug /mʌg/ *nom, verb*
▸ *n* **1** tassa (alta) ➲ *Vegeu il·lustració a* CUP **2** gerra (*per a cervesa*) **3** (*col·loq*) babau, -a LOC **a mug's game** (*pej*) una pèrdua de temps
▸ *vt* (**-gg-**) atracar **mugger** *n* atracador, -a **mugging** *n* atracament

muggy /ˈmʌgi/ *adj* xafogós: *It's muggy today.* Avui fa xafogor.

mulberry /ˈmʌlbəri; *USA* -beri/ *n* **1** (*tb* **mulberry tree**) morera **2** móra **3** color morat

mule /mjuːl/ *n* mul, -a

mull /mʌl/ *v* PHR V **mull sth over** meditar alguna cosa

multicoloured (*USA* **multicolored**) /ˌmʌltiˈkʌləd/ *adj* multicolor

multicultural /ˌmʌltiˈkʌltʃərəl/ *adj* multicultural

multilingual /ˌmʌltiˈlɪŋgwəl/ *adj* **1** multilingüe **2** poliglot

multimedia /ˌmʌltiˈmiːdiə/ *adj* multimèdia

multinational /ˌmʌltiˈnæʃnəl/ *adj, n* multinacional

multiple /ˈmʌltɪpl/ *adj, n* múltiple

multiple-choice /ˌmʌltɪpl ˈtʃɔɪs/ *adj* d'elecció múltiple: *multiple-choice test* examen tipus test

multiple sclerosis /ˌmʌltɪpl skləˈrəʊsɪs/ *n* (*abrev* **MS**) [*incomptable*] esclerosi múltiple

multiplex /ˈmʌltɪpleks/ (*tb* **multiplex cinema**) *n* (cinema) multisala

multiplication /ˌmʌltɪplɪˈkeɪʃn/ *n* multiplicació: *multiplication table/sign* taula/signe de multiplicar

multiply /ˈmʌltɪplaɪ/ *vt, vi* (*pt, pp* **-plied**) multiplicar(-se)

multi-purpose /ˌmʌlti ˈpɜːpəs/ *adj* polivalent

multiracial /ˌmʌltiˈreɪʃl/ *adj* multiracial

multi-storey /ˌmʌlti ˈstɔːri/ *adj* de diferents pisos: *multi-storey car park* aparcament de diferents pisos

multitasking /ˌmʌltiˈtɑːskɪŋ; *USA* -ˈtæsk-/ *n* [*incomptable*] **1** (*Informàt*) (funció) multitasca **2** capacitat de fer diverses tasques alhora

multitude /ˈmʌltɪtjuːd; *USA* -tuːd/ *n* (*formal*) multitud

mum /mʌm/ (*USA* **mom** /mɒm/) *n* (*col·loq*) mamà, mama

mumble /ˈmʌmbl/ *vt, vi* mussitar, balbucejar: *Don't mumble.* Parla clar.

mummy /ˈmʌmi/ *n* (*pl* **mummies**) **1** (*USA* **mommy** /ˈmɒmi/) (*col·loq*) mamà, mama ➲ *Vegeu nota a* MAMA **2** mòmia

mumps /mʌmps/ *n* [*incomptable*] galteres

munch /mʌntʃ/ *vt, vi* ~ **(on/at) sth** mastegar (amb força) alguna cosa

mundane /mʌnˈdeɪn/ *adj* corrent, mundà

municipal /mjuːˈnɪsɪpl/ *adj* municipal

munitions /mjuːˈnɪʃnz/ *n* [*pl*] municions

mural /ˈmjʊərəl/ *n* mural

murder /ˈmɜːdə(r)/ *nom, verb*
▸ *n* assassinat, homicidi ➲ *Vegeu nota a* ASSASSINAR LOC **be murder** (*col·loq*) ésser un malson: *It's murder trying to park round here.* Aparcar aquí és un malson. ◆ **get away with murder** (*col·loq*) fer el que et doni la gana
▸ *vt* assassinar, matar ➲ *Vegeu nota a* ASSASSINAR **murderer** *n* assassí, -ina **murderous** *adj* homicida: *a murderous look* una mirada assassina

murky /mɜːki/ *adj* (**murkier**, **-iest**) **1** (*aigua, afer*) tèrbol **2** (*dia, etc.*) llòbrec, fosc

murmur /mɜːmə(r)/ *verb, nom*
▸ *vt, vi* murmurar
▸ *n* murmuri LOC **without a murmur** sense obrir boca

muscle /ˈmʌsl/ *nom, verb*
▸ *n* **1** múscul: *a muscle injury* una lesió muscular ◇ *Don't move a muscle!* Estigues ben quiet! **2** (*fig*) poder
▸ *v* PHR V **muscle in (on sb/sth)** (*col·loq, pej*) introduir-se sense cap dret (en alguna cosa)

muscular /ˈmʌskjələ(r)/ *adj* **1** muscular **2** musculós

muse /mjuːz/ *nom, verb*
▸ *n* musa

M

▸ **1** *vi* ~ **(about/over/on/upon sth)** meditar (alguna cosa); reflexionar (sobre alguna cosa) **2** *vt*: *'How interesting!' he mused.* —Que interessant!, va dir pensatiu.

museum /mju'zi:əm/ *n* museu ➲ *Vegeu nota a* MUSEU

mushroom /'mʌʃru:m, -rʊm/ *nom, verb*
▸ *n* bolet, xampinyó
▸ *vi* créixer com bolets

mushy /'mʌʃi/ *adj* **1** tou **2** (*col·loq, pej*) molt sentimental

music /'mju:zɪk/ *n* **1** música: *music centre* aparell de música ◇ *a piece of music* una peça musical **2** (*text*) partitura

musical /'mju:zɪkl/ *adjectiu, nom*
▸ *adj* musical, de música: *to be musical* tenir talent per a la música
▸ *n* comèdia musical

musician /mju:'zɪʃn/ *n* músic, -a

music stand *n* faristol

musk /mʌsk/ *n* (perfum de) mesc

M

Muslim /'mʊzlɪm, 'mʌz-; -ləm/ (*tb* **Moslem** /'mɒzləm/) *adj, n* musulmà, -ana

mussel /'mʌsl/ *n* musclo

must *verb, nom*
▸ *v modal* /məst, mʌst/ (*neg* **must not** *o* **mustn't** /'mʌsnt/)

> **Must** és un verb modal que va seguit d'un infinitiu sense **to**. Les oracions interrogatives i negatives es construeixen sense l'auxiliar **do**: *Must you go?* Te n'has d'anar? ◇ *We mustn't tell her.* No li ho hem de dir. **Must** només té la forma del present: *I must leave early.* Me n'he d'anar aviat. Quan necessitem altres formes utilitzem **have to**: *He'll have to come tomorrow.* Haurà de venir demà. ◇ *We had to eat quickly.* Vam haver de menjar corrents.

• **obligació i prohibició** haver de: *'Must you go so soon?' 'Yes, I must.'* —Te n'has d'anar tan aviat? —Sí.

> **Must** s'utilitza per a donar ordres o per a fer que algú o un mateix actuï d'una manera determinada: *The children must be back by four.* Els nens han de tornar a les quatre. ◇ *I must stop smoking.* He de deixar de fumar. Quan les ordres són imposades per un agent extern, p. ex. per una llei, una regla, etc., utilitzem **have to**: *The doctor says I have to stop smoking.* El metge diu que he de deixar de fumar. ◇ *You have to send it before Tuesday.* Ho has d'enviar abans de dimarts.

> En una frase negativa, **must not** o **mustn't** expressen una prohibició: *You mustn't open other people's post.* No has d'obrir el correu dels altres. D'altra banda, **haven't got to** o **don't have to** expressen que alguna cosa no és necessària, és a dir, que hi ha una absència d'obligació: *You don't have to go if you don't want to.* No hi has d'anar si no vols.
> ➲ *Compareu amb* SHOULD

LOC **if I, you, etc. must** si no hi ha més remei

• **suggeriments** haver de: *You must come to lunch one day.* Has de venir a dinar un dia d'aquests. ❶ En la majoria dels casos, per a fer suggeriments i donar consells utilitzem **ought to** o **should**.

• **probabilitat** deure: *You must be hungry.* Deus tenir gana. ◇ *You must be Eric.* Tu deus ser l'Eric.

▸ *n* /mʌst/ (*col·loq*): *It's a must.* És imprescindible. ◇ *His new book is a must.* No et pots perdre el seu últim llibre.

mustache (*USA*) = MOUSTACHE

mustard /'mʌstəd/ *n* **1** mostassa **2** color mostassa

muster /'mʌstə(r)/ **1** *vt* ~ **sth (up)** reunir alguna cosa: *to muster (up) enthusiasm/a smile* aconseguir entusiasmar-se/fer un somriure **2** *vt, vi* reunir(-se)

musty /'mʌsti/ *adj* que fa pudor de florit, de tancat, d'humitat: *to smell musty* fer pudor de florit

mutant /'mju:tənt/ *adj, n* mutant

mutate /mju:'teɪt; *USA* 'mju:teɪt/ *vi* ~ **(into sth)** **1** (*Biol*) mutar (a alguna cosa) **2** transformar-se (en alguna cosa) **mutation** *n* mutació

mute /mju:t/ *adjectiu, nom, verb*
▸ *adj* mut
▸ *n* (*Mús*) sordina
▸ *vt* **1** (*Mús*) posar sordina a **2** amortir

muted /mju:tɪd/ *adj* **1** (*sons, colors*) apagat **2** (*crítica, etc.*) dissimulat

mutilate /'mju:tɪleɪt/ *vt* mutilar

mutiny /'mju:təni/ *n* (*pl* **mutinies**) motí **mutinous** *adj* rebel

mutter /'mʌtə(r)/ **1** *vt, vi* ~ **(sth) (to sb) (about sth)** parlar entre dents, murmurar (alguna cosa) (a algú) (sobre alguna cosa) **2** *vi* ~ **(about sth)** rondinar (sobre alguna cosa)

mutton /'mʌtn/ *n* (carn de) xai ➲ *Vegeu nota a* CARN

mutual /'mju:tʃuəl/ *adj* **1** mutu **2** comú: *a mutual friend* un amic comú **mutually** *adv* mútuament: *mutually beneficial* beneficiós per a ambdues parts

muzzle /ˈmʌzl/ *nom, verb*

▸ *n* **1** morro **2** boç **3** boca (*d'una pistola, etc.*)

▸ *vt* **1** posar el boç a **2** (*fig*) tapar la boca a

my /maɪ/ *adj* meu: *my sister* la meva germana ◇ *my books* els meus llibres ◇ *It was my fault.* Ha estat culpa meva. ◇ *My God!* Déu meu!

> En anglès s'utilitza el possessiu davant de les parts del cos i de les peces de vestir: *My feet are cold.* Tinc els peus freds. ➲ *Compareu amb* MINE

myopia /maɪˈəʊpiə/ *n* (*formal*) miopia **myopic** /maɪˈɒpɪk/ *adj* (*formal*) miop

myself /maɪˈself/ *pron* **1** [*ús reflexiu*] em: *I cut myself.* Em vaig tallar. **2** (*després de preposició*) mi (mateix, -a): *I said to myself…* Em vaig dir a mi mateix… **3** [*ús emfàtic*] jo mateix, -a: *I myself will do it.* Ho faré jo mateixa. LOC **(all) by myself** (tot) sol

mysterious /mɪˈstɪəriəs/ *adj* misteriós

mystery /ˈmɪstri/ *n* (*pl* **mysteries**) **1** misteri: *It's a mystery to me.* No ho puc entendre. **2** *mystery tour* viatge sorpresa ◇ *the mystery assailant* l'agressor misteriós **3** obra de teatre, novel·la, etc. de misteri

mystic /ˈmɪstɪk/ *n* místic, -a **mystical** (*tb* **mystic**) *adj* místic **mysticism** *n* misticisme, mística

mystify /ˈmɪstɪfaɪ/ *vt* (*pt, pp* **-fied**) deixar perplex **mystification** *n* **1** misteri, perplexitat **2** (*pej*) confusió (*deliberada*) **mystifying** *adj* desconcertant

mystique /mɪˈstiːk/ *n* [*sing*] aura, halo de misteri

myth /mɪθ/ *n* mite **mythical** *adj* mític

mythology /mɪˈθɒlədʒi/ *n* mitologia **mythological** /ˌmɪθəˈlɒdʒɪkl/ *adj* mitològic

N n

N, n /en/ *n* (*pl* **Ns, N's, n's**) N, n ➲ *Vegeu nota a* A, A

naff /næf/ *adj* (*GB, col·loq*) xaró, amb poc estil

nag /næg/ *vt, vi* (**-gg-**) ~ **(at) sb 1** renyar algú **2** donar la llauna a algú: *He's always nagging me to get a haircut.* Sempre m'està donant la llauna perquè em talli els cabells. **3** (*dolor, sospita*) rosegar, turmentar algú **nagging** *adj* **1** (*dolor, sospita*) persistent **2** (*persona*) criticaire, empipador

nail /neɪl/ *nom, verb*

▸ *n* **1** ungla: *nail varnish/polish* esmalt d'ungles ◇ *nail file/brush* llima/raspall d'ungles ◇ *nail clippers* tallaungles *Vegeu tb* FINGERNAIL, TOENAIL **2** clau (*per a clavar*) LOC *Vegeu* FIGHT, HIT, TOUGH

▸ *vt* ~ **sth to sth** clavar alguna cosa a alguna cosa PHR V **nail sb down (to sth)** aconseguir que algú es comprometi/doni una resposta concreta (a alguna cosa)

naive (*tb* **naïve**) /naɪˈiːv/ *adj* ingenu

naked /ˈneɪkɪd/ *adj* **1** despullat **2** (*veritat, etc.*) nu LOC **with the naked eye** a ull nu

> *Despullat* i *nu* es tradueixen de tres maneres: **bare**, **naked** i **nude**. **Bare** s'utilitza per a fer referència a les parts del cos: *bare arms*; **naked** generalment es refereix a tot el cos: *a naked body*; i **nude** s'utilitza per a parlar de nus artístics i eròtics: *a nude figure.*

name /neɪm/ *nom, verb*

▸ *n* **1** nom: *What's your name?* Com et dius? ◇ *first/Christian name* nom (de pila) **2** cognom ➲ *Vegeu nota a* SURNAME **3** fama **4** personatge LOC **by name** de nom ◆ **by the name of** (*formal*) anomenat ◆ **in the name of sb/sth; in sb's/sth's name** en nom d'algú/d'alguna cosa *Vegeu tb* BIG, CALL

▸ *vt* **1** ~ **sb/sth sth** anomenar algú/alguna cosa alguna cosa **2** ~ **sb/sth (after sb)**; (*USA*) ~ **sb/sth (for sb)** posar nom a algú; posar a algú/alguna cosa el nom d'algú **3** identificar, nomenar **4** (*data, preu*) fixar

nameless /ˈneɪmləs/ *adj* anònim, sense nom

namely /ˈneɪmli/ *adv* a saber

namesake /ˈneɪmseɪk/ *n* homònim, -a

nanny /ˈnæni/ *n* (*pl* **nannies**) mainadera

nap /næp/ *n* becaina, migdiada: *to have/take a nap* fer la migdiada

nape /neɪp/ *n* ~ **of sb's neck** nuca

napkin /ˈnæpkɪn/ (*tb* **table napkin**) *n* tovalló

nappy /ˈnæpi/ *n* (*pl* **nappies**) (*USA* **diaper**) bolquer

narcotic /nɑːˈkɒtɪk/ *adj, n* narcòtic

narrate /nəˈreɪt; *USA* ˈnæreɪt/ *vt* narrar, explicar **narrator** *n* narrador, -a

narrative /ˈnærətɪv/ *nom, adjectiu*
▸ *n* **1** relat **2** narrativa
▸ *adj* narratiu

narrow /ˈnærəʊ/ *adjectiu, verb*
▸ *adj* (**narrower, -est**) **1** estret **2** limitat **3** (*avantatge, majoria*) petit, escàs LOC **have a narrow escape** salvar-se per miracle
▸ *vt, vi* fer(-se) més estret, estrènyer(-se), disminuir PHR V **narrow sth down (to sth)** reduir alguna cosa (a alguna cosa) **narrowly** *adv*: *He narrowly escaped drowning.* No es va ofegar de poc.

narrow-minded /ˌnærəʊ ˈmaɪndɪd/ *adj* estret de mires

nasal /ˈneɪzl/ *adj* **1** nasal **2** (*veu*) de nas

nasty /ˈnɑːsti; *USA* ˈnæsti/ *adj* (**nastier, -iest**) **1** desagradable **2** (*olor*) fastigós **3** (*persona*) antipàtic: *to be nasty to sb* tractar algú molt malament **4** (*situació, crim*) lleig **5** greu, perillós: *That's a nasty cut!* Quin tall que t'has fet!

nation /ˈneɪʃn/ *n* nació

national /ˈnæʃnəl/ *adjectiu, nom*
▸ *adj* nacional: *national service* servei militar
▸ *n* ciutadà, -ana, súbdit, -a

N

National Health Service *n* (*abrev* **NHS**) servei d'assistència sanitària de la Seguretat Social (*a la Gran Bretanya*)

National Insurance *n* Seguretat Social (*a la Gran Bretanya*)

nationalism /ˈnæʃnəlɪzəm/ *n* nacionalisme **nationalist** *adj, n* nacionalista

nationality /ˌnæʃəˈnæləti/ *n* (*pl* **nationalities**) nacionalitat

nationalize (*GB tb* **-ise**) /ˈnæʃnəlaɪz/ *vt* nacionalitzar

nationally /ˈnæʃnəli/ *adv* nacionalment, a escala nacional

nationwide /ˌneɪʃnˈwaɪd/ *adj, adv* en tot el territori nacional, a escala nacional

native /ˈneɪtɪv/ *adjectiu, nom*
▸ *adj* **1** natal: *native land* pàtria ◇ *native speaker* parlant natiu ◇ *native language/tongue* llengua materna **2** indígena, natiu **3** ~ **to…** originari de… **4** innat
▸ *n* **1** natiu, -iva, natural **2** (*antic, pej*) indígena **3** originari: *The koala is a native of Australia.* El coala és originari d'Austràlia.

Native American *adj, n* indi americà, índia americana: *Native American culture/languages* la cultura/les llengües dels indis americans

natural /ˈnætʃrəl/ *adj* **1** natural **2** innat

natural history *n* història natural

naturalist /ˈnætʃrəlɪst/ *n* naturalista

naturally /ˈnætʃrəli/ *adv* **1** sens dubte **2** naturalment, amb naturalitat

nature /ˈneɪtʃə(r)/ *n* **1** (*tb* **Nature**) natura: *nature reserve* reserva natural **2** caràcter: *good nature* bon caràcter ◇ *It's not in my nature to…* No és típic de mi… **3** [*sing*] tipus, índole LOC **in the nature of sth** com alguna cosa

naughty /ˈnɔːti/ *adj* (**naughtier, -iest**) **1** entremaliat: *to be naughty* portar-se malament **2** (*col·loq*) atrevit

nausea /ˈnɔːziə, -siə/ *n* nàusea **nauseating** *adj* fastigós, repugnant

nautical /ˈnɔːtɪkl/ *adj* nàutic

naval /ˈneɪvl/ *adj* naval, marítim

nave /neɪv/ *n* nau (*d'una església*)

navel /ˈneɪvl/ *n* melic

navigate /ˈnævɪgeɪt/ **1** *vi* navegar **2** *vt* (*riu, mar*) navegar per **3** *vt* (*vaixell*) governar **4** *vi* (*en el cotxe*) guiar **navigation** *n* navegació **navigator** *n* **1** navegant **2** copilot

navy /ˈneɪvi/ *n* (*pl* **navies**) **1** flota **2 the navy, the Navy** [*v sing o pl*] l'armada **3** (*tb* **navy blue**) blau marí

Nazi /ˈnɑːtsi/ *n* (*pl* **Nazis**) nazi

near /nɪə(r)/ *adjectiu, adverbi, preposició, verb*
▸ *adj* (**nearer, -est**) **1** proper: *Which town is nearer?* Quina ciutat és més a prop? ◇ *to get nearer* apropar-se

> Abans d'un nom s'utilitza l'adjectiu **nearby** en lloc de **near**: *a nearby village* un poble proper ◇ *The village is very near.* El poble és molt a prop. No obstant això, quan volem utilitzar altres formes de l'adjectiu, com ara el superlatiu, hem d'usar **near**: *the nearest shop* la botiga més propera.

2 pròxim: *in the near future* en un futur pròxim
▸ *adv* (**nearer, -est**) (a) prop, a la vora: *I live quite near.* Visc força a prop. ◇ *We are getting near to Christmas.* Ja s'acosta Nadal.

> *I live nearby* és més habitual que *I live near*, però **nearby** no sol anar modificat per **quite, very,** etc.: *I live quite near.*

LOC **not anywhere near; nowhere near** ni de bon tros: *The job doesn't pay anywhere near enough for me.* El salari és del tot insuficient per a mi. *Vegeu tb* HAND
▸ *prep* (a) prop de, a la vora de: *I live near London.* Visc prop de Londres. ◇ *Is there a bank near here?* Hi ha algun banc per aquí a

prop? ◇ *near the beginning* cap al començament
▸ *vt, vi* apropar-se (a), acostar-se (a)
nearby /ˌnɪəˈbaɪ/ *adjectiu, adverbi*
▸ *adj* proper, pròxim
▸ *adv* (a) prop, a la vora: *She lives nearby.* Viu a prop (d'aquí/d'allà). ➲ *Vegeu nota a* NEAR
nearly /ˈnɪəli/ *adv* gairebé, quasi: *He nearly won.* Va anar de poc que no guanyés.

Sovint **almost** i **nearly** són intercanviables. No obstant això, només **almost** es pot utilitzar per a modificar un altre adverbi en **-ly**: *almost completely* quasi completament, i només **nearly** pot ésser modificat per altres adverbis: *I very nearly left.* Va anar de poc que no marxés.

LOC not nearly ni de bon tros, en absolut
nearsighted /ˌnɪəˈsaɪtɪd/ *adj* (*esp USA*) miop
neat /niːt/ (**neater**, **-est**) *adj* **1** endreçat, ben cuidat **2** (*persona*) endreçat, polit **3** (*lletra, etc.*) clar **4** (*col·loq, USA*) excel·lent **5** (*USA* **straight**) (*beguda alcohòlica*) sol **neatly** *adv* **1** ordenadament, pulcrament **2** hàbilment
necessarily /ˌnesəˈserəli; *GB tb* ˈnesəsərəli/ *adv* forçosament, necessàriament
necessary /ˈnesəsəri; *USA* -seri/ *adj* **1** necessari: *Is it necessary for us to meet/necessary that we meet?* Cal que ens reunim? ◇ *if necessary* si cal **2** [*només davant del nom*] inevitable
necessitate /nəˈsesɪteɪt/ *vt* (*formal*) requerir
necessity /nəˈsesəti/ *n* (*pl* **necessities**) **1** necessitat **2** artícle de primera necessitat
neck /nek/ *n* coll: *to break your neck* desnucar-se **LOC neck and neck (with sb/sth)** igualat (amb algú/alguna cosa) ◆ **be up to your neck in sth** estar fins al coll d'alguna cosa *Vegeu tb* BREATHE, PAIN, RISK, SCRUFF, WRING
necklace /ˈnekləs/ *n* collaret
neckline /ˈneklaɪn/ *n* escot
nectarine /ˈnektəriːn/ *n* nectarina
need /niːd/ *verb, nom*
▸ *vt* **1** necessitar: *Do you need any help?* Necessites ajuda? ◇ *It needs painting.* S'ha de pintar./Cal pintar-ho. **2** ~ **to do sth** (*obligació*) haver de, caldre fer alguna cosa: *Do we really need to leave so early?* Cal realment que sortim tan aviat? ❶ En aquest sentit es pot utilitzar el verb modal, però és més formal: *Need we really leave so early?*
▸ *v modal* (*neg* **need not** *o* **needn't** /ˈniːdnt/) (*obligació*) haver de, caldre: *You needn't have come.* No calia que vinguessis. ◇ *Need I explain it again?* Cal que ho expliqui un altre cop?

Quan **need** és un verb modal va seguit d'un infinitiu sense **to**, i les oracions interrogatives i negatives es construeixen sense l'auxiliar **do**.

▸ *n* ~ **(for sth/to do sth)** necessitat (d'alguna cosa/de fer alguna cosa) **LOC be in need of sth** necessitar alguna cosa ◆ **if need be** si cal
needle /ˈniːdl/ *n* agulla **LOC** *Vegeu* PIN
needless /ˈniːdləs/ *adj* innecessari **LOC needless to say** no cal dir que…
needlework /ˈniːdlwɜːk/ *n* [*incomptable*] costura, brodat
needy /ˈniːdi/ *adj* necessitat
negative /ˈnegətɪv/ *adjectiu, nom*
▸ *adj* negatiu
▸ *n* negatiu (*d'una foto*)
neglect /nɪˈglekt/ *verb, nom*
▸ *vt* **1** descuidar, desatendre **2** (*formal*) ~ **to do sth** oblidar de fer alguna cosa
▸ *n* abandó
negligent /ˈneglɪdʒənt/ *adj* (*formal*) negligent **negligence** *n* (*formal*) negligència
negligible /ˈneglɪdʒəbl/ *adj* insignificant
negotiate /nɪˈgəʊʃieɪt/ **1** *vt, vi* ~ **(with sb) (for/about sth)** negociar (amb algú) (per obtenir alguna cosa) **2** *vt* (*obstacle*) salvar **negotiation** *n* [*gen pl*] negociació
neigh /neɪ/ *verb, nom*
▸ *vi* renillar
▸ *n* renill
neighbour (*USA* **neighbor**) /ˈneɪbə(r)/ *n* **1** veí, veïna **2** (*formal*) proïsme **neighbourhood** (*USA* **neighborhood**) *n* **1** (*districte*) barri **2** (*persones*) veïnat **neighbouring** (*USA* **neighboring**) *adj* veí, contigu
neither /ˈnaɪðə(r), ˈniːðə(r)/ *adjectiu, pronom, adverbi*
▸ *adj, pron* cap: *neither of them* cap dels dos ➲ *Vegeu nota a* CAP[2]
▸ *adv* **1** tampoc

Quan **neither** significa 'tampoc', es pot substituir per **nor**. Amb tots dos s'utilitza l'estructura: **neither/nor + v aux/v modal + subjecte**: *'I didn't go.' 'Neither/nor did I.'* —Jo no hi vaig anar. —Jo tampoc. ◇ *I can't swim and neither/nor can my brother.* Jo no sé nedar i el meu germà tampoc. **Either** pot significar 'tampoc', però necessita un verb en forma negativa i ocupa una posició diferent a la frase: *I don't like it, and I can't afford it either.* No m'agrada, i tampoc no puc comprar-ho. ◇ *My sister didn't go either.* La meva germana tampoc no hi va anar. ◇ *'I haven't*

N

seen the film.' 'I haven't either.' —No he vist la pel·lícula. —Jo tampoc.

2 neither... nor ni... ni

neon /'ni:ɒn/ *n* neó

nephew /'nefju:, 'nevju:/ *n* nebot

Neptune /'neptju:n; *USA* -tu:n/ *n* Neptú

nerd /nɜ:d/ *n* (*col·loq, pej*) **1** bajoc, -a: *I feel like a nerd in these shoes.* Em sento ridícul amb aquestes sabates. **2** (*tb* **computer nerd**): *He's a complete computer nerd.* L'única cosa que li interessa són els ordinadors.

nerve /nɜ:v/ *n* **1** nervi: *nerve cells* cèl·lules nervioses **2** valor: *to lose your nerve* acovardir-se **3** (*col·loq*) cara, barra: *You've got a nerve!* Quina barra (que tens)! LOC **get on sb's nerves** (*col·loq*) fer posar algú nerviós

nerve-racking /'nɜ:v rækɪŋ/ *adj* angoixós, estressant

nervous /'nɜ:vəs/ *adj* ~ **(about/of sth)** nerviós (per alguna cosa): *nervous breakdown* depressió nerviosa ➲ *Vegeu nota a* NERVIÓS **nervousness** *n* nerviosisme

N

nest /nest/ *n* (*lit i fig*) niu

nestle /'nesl/ **1** *vi* arrepapar-se **2** *vt, vi* ~ **(sth) against/on, etc. sb/sth** reclinar alguna cosa/recolzar-se sobre algú/alguna cosa **3** *vi* (*poble*) ésser enclavat

net /net/ *nom, adjectiu*

▸ *n* **1** xarxa **2** [*incomptable*] malla, tul: *net curtains* cortinetes **3 the Net** [*sing*] (*col·loq*) (*Internet*) la xarxa: *to surf the Net* navegar per la xarxa ➲ *Vegeu nota a* ORDINADOR

▸ *adj* (*tb* **nett**) **1** (*pes, sou*) net **2** (*resultat*) final

netball /'netbɔ:l/ *n* esport semblant al basquetbol que juguen esp dones

netiquette /'netɪket/ *n* [*incomptable*] (*col·loq*) (*Internet*) etiqueta (*normes de conducta*)

netizen /'netɪzn/ *n* (*Internet*) ciutadà, -ana de la xarxa

netting /'netɪŋ/ *n* [*incomptable*] xarxa: *wire netting* tela metàl·lica

nettle /'netl/ *n* ortiga

network /'netwɜ:k/ *nom, verb*

▸ *n* xarxa: *rail/computer network* xarxa ferroviària/informàtica ◇ *the major TV networks* les cadenes de televisió més importants

▸ **1** *vt* (*Informàt*) connectar a la xarxa (*d'una empresa*) **2** *vt* (*TV, Ràdio*) retransmetre **3** *vi* crear una xarxa de contactes

neurotic /njʊə'rɒtɪk; *USA* nʊ-/ *adj, n* neuròtic, -a

neuter /'nju:tə(r)/ *adj, n* (*Gram*) neutre

neutral /'nju:trəl; *USA* 'nu:-/ *adjectiu, nom*

▸ *adj* **1** neutral **2** (*color*) neutre

▸ *n* (*cotxe*) punt mort

neutron *n* /'nju:trɒn/ neutró

never /'nevə(r)/ *adv* **1** mai **2** *That will never do.* Això es totalment inacceptable. LOC *Vegeu* MIND ➲ *Vegeu notes a* ALWAYS *i* MAI

nevertheless /ˌnevəðə'les/ *adv* tanmateix

new /nju:; *USA* nu:/ *adj* (**newer, -est**) **1** nou: *What's new?* Què hi ha de nou? **2** nou, altre: *a new job* una feina diferent LOC **a new lease of life**; (*USA*) **a new lease on life** una nova vida ◆ **(as) good as new** com nou ◆ **turn over a new leaf** començar una nova vida **newly** *adv* acabat de: *a newly created job* una feina acabada de crear **newness** *n* novetat

newcomer /'nju:kʌmə(r); *USA* 'nu:-/ *n* nouvingut, -uda

news /nju:z; *USA* nu:z/ *n* **1** [*incomptable*] notícia, notícies: *The news is not good.* La notícia no és bona. ◇ *Have you got any news?* Que tens notícies? ◇ *It's news to me.* Ara me n'assabento. ◇ *a piece of news/a news item* una notícia ◇ *breaking news* notícies d'última hora ➲ *Vegeu nota a* CONSELL **2 the news** [*sing*] les notícies, l'informatiu LOC **break the news (to sb)** donar la (mala) notícia (a algú)

newsagent /'nju:zeɪdʒənt; *USA* 'nu:z-/ (*USA* **newsdealer** /'nju:zdi:lə(r); *USA* 'nu:z-/) *n* **1** venedor, -a de diaris, revistes, caramels, etc. **2 newsagent's** botiga de diaris, etc. ➲ *Vegeu notes a* CARNISSERIA *i* ESTANC

newsflash /'nju:zflæʃ; *USA* 'nuz:-/ *n* notícia d'última hora

newsgroup /'nju:zgru:p; *USA* 'nu:z-/ *n* (*Internet*) grup de discussió

newsletter /'nju:zletə(r); *USA* 'nu:z-/ *n* butlletí, full informatiu

newspaper /'nju:zpeɪpə(r); *USA* 'nu:z-/ *n* diari

newsreader /'nju:zri:də(r); *USA* 'nu:z-/ (*USA* **newscaster** /'nju:zkɑ:stə(r); *USA* 'nu:zkæstər/) *n* presentador, -a (*de notícies*)

news-stand /'nju:s stænd; *USA* 'nu:z/ *n* quiosc

new year (*tb* **New Year**) *n* any nou: *New Year's Day/Eve* Dia/Nit de Cap d'Any

next /nekst/ *adjectiu, adverbi, nom*

▸ *adj* **1** pròxim, proper, següent, vinent: *(the) next time you see her* la propera vegada que la vegis ◇ *(the) next day* l'endemà ◇ *next Monday/month* dilluns/el mes que ve **2** (*contigu*) del costat LOC **the next few days, months, etc.** els propers dies, mesos, etc. *Vegeu tb* DAY

▸ *adv* **1** després, llavors, ara: *What shall we do next?* Què farem ara? ◇ *What did they do next?* Què van fer després? **2** *when we next meet* la propera vegada que ens vegem **3** (*comparació*): *the next oldest* el següent en antiguitat
▸ *n* (*tb* **the next**) [*sing*] el/la següent, el proper, la propera: *Who's next?* A qui li toca ara?

next best *adj* segon: *the next best thing/solution/idea* la segona opció ◇ *It's not ideal, but it's the next best thing.* No és ideal, però és el millor que hi ha.

next door *adv*: *They live next door.* Viuen a la casa del costat. ◇ *the room next door* l'habitació del costat **next-door** *adj* del costat: *next-door neighbour* el veí del costat de casa

next of kin *n* (*pl* **next of kin**) familiar(s) més proper(s)

next to *prep* **1** (*situació*) al costat de **2** (*ordre*) després de, darrere **3** gairebé: *next to nothing* gairebé res ◇ *next to last* el penúltim

NGO /ˌen dʒiː ˈəʊ/ *abrev de* **non-governmental organization** ONG

nibble /ˈnɪbl/ *vt, vi* ~ **(at) sth** fer queixalades d'alguna cosa; picar alguna cosa

nice /naɪs/ *adj* (**nicer, -est**) **1** agradable: *to have a nice time* passar-ho bé ◇ *It smells nice.* Fa bona olor. **2** bonic: *You look nice.* Estàs molt maca. **3** ~ **(to sb)** simpàtic, maco, amable (amb algú) ℹ La paraula **sympathetic** es tradueix per *comprensiu, compassiu.* **4** (*temps*) bo LOC **nice and...** (*col·loq*) força, ben: *nice and warm* calentó LOC *Vegeu* MEET **nicely** *adv* **1** bé **2** amablement

niche /niːʃ, nɪtʃ/ *n* **1** lloc: *a niche in the market* un buit en el mercat **2** nínxol

nick /nɪk/ *nom, verb*
▸ *n* **1 the nick** [*sing*] (*GB, col·loq*) la garjola, la comissaria **2** tallet, osca LOC **in the nick of time** (*col·loq*) just a temps
▸ *vt* **1** ~ **sth (from sb/sth)** (*GB, col·loq*) pispar alguna cosa (d'algú/d'alguna cosa) **2** fer(-se) un tall a

nickel /ˈnɪkl/ *n* **1** níquel **2** (*Can, USA*) moneda de cinc centaus

nickname /ˈnɪkneɪm/ *nom, verb*
▸ *n* malnom, motiu
▸ *vt* donar un malnom a

nicotine /ˈnɪkətiːn/ *n* nicotina

niece /niːs/ *n* neboda

night /naɪt/ *n* **1** nit: *by night* de nit/a la nit ◇ *ten o'clock at night* les deu del vespre ◇ *the night before last* abans-d'ahir a la nit ◇ *night school* escola nocturna ◇ *night shift* torn de nit *Vegeu tb* STAG NIGHT **2** (*Teat*) representació: *first/opening night* estrena LOC **good night** bona nit (*per a acomiadar-se*) ➲ *Vegeu nota a* NIT LOC *Vegeu* DEAD

nightclub /ˈnaɪtklʌb/ *n* discoteca, sala de festes

nightdress /ˈnaɪtdres/ (*col·loq* **nightie** /ˈnaɪti/) *n* camisa de dormir

nightfall /ˈnaɪtfɔːl/ *n* (*formal*) caiguda de la nit: *at nightfall* cap al tard

nightingale /ˈnaɪtɪŋgeɪl/ *n* rossinyol

nightlife /ˈnaɪtlaɪf/ *n* vida nocturna

nightly /ˈnaɪtli/ *adjectiu, adverbi*
▸ *adj* de cada nit
▸ *adv* cada nit

nightmare /ˈnaɪtmeə(r)/ *n* (*lit i fig*) malson **nightmarish** *adj* de malson, esborronador

night-time /ˈnaɪt taɪm/ *n* [*incomptable*] nit

nil /nɪl/ *n* **1** (*Esport*) zero **2** nul

nimble /ˈnɪmbl/ *adj* (**nimbler** /ˈnɪmblə(r)/ **nimblest** /-blɪst/) àgil

nine /naɪn/ *adj, pron, n* nou ➲ *Vegeu exemples a* FIVE **ninth** **1** *adj, pron, adv* novè **2** *n* novena part, novè ➲ *Vegeu exemples a* FIFTH

nineteen /ˌnaɪnˈtiːn/ *adj, pron, n* dinou ➲ *Vegeu exemples a* FIVE **nineteenth** **1** *adj, pron, adv* dinovè **2** *n* dinovena part, dinovè ➲ *Vegeu exemples a* FIFTH

ninety /ˈnaɪnti/ *adj, pron, n* noranta ➲ *Vegeu exemples a* FIFTY, FIVE **ninetieth** **1** *adj, adv, pron* norantè **2** *n* norantena part, norantè ➲ *Vegeu exemples a* FIFTH

nip /nɪp/ (**-pp-**) **1** *vt* pessigar **2** *vi* ~ **down, out, etc.** (*GB, col·loq*) baixar, sortir, etc. un moment

nipple /ˈnɪpl/ *n* mugró

nitrogen /ˈnaɪtrədʒən/ *n* nitrogen

no /nəʊ/ *interjecció, adjectiu, adverbi*
▸ *interj* no
▸ *adj* **1** cap: *No two people think alike.* No hi ha dues persones que pensin de la mateixa manera. ➲ *Vegeu nota a* CAP [2] **2** (*prohibició*): *No smoking.* No fumeu. **3** (*per emfatitzar una negació*): *She's no fool.* No és gens estúpida. ◇ *It's no joke.* No és cap broma.
▸ *adv* (*abans d'adjectiu comparatiu o adverbi*) no: *His car is no bigger/more expensive than mine.* El seu cotxe no és pas més gran/car que el meu.

nobility /nəʊˈbɪləti/ *n* noblesa

noble /ˈnəʊbl/ *adj, n* (**nobler** /ˈnəʊblə(r)/ **noblest** /-blɪst/) noble

nobody /ˈnəʊbədi/ *pronom, nom*
▸ *pron Vegeu* NO ONE
▸ *n* (*pl* **nobodies**) ningú

N

nocturnal /nɒk'tɜːnl/ *adj* nocturn

nod /nɒd/ *verb, nom*

▸ (**-dd-**) **1** *vt, vi* assentir amb el cap: *He nodded (his head) in agreement.* Va assentir amb el cap. **2** *vi* ~ **(to/at sb)** saludar (algú) amb el cap **3** *vt, vi* indicar/fer un senyal amb el cap **4** *vi* fer capcinades PHRV **nod off** (*col·loq*) adormir-se

▸ *n* inclinació del cap LOC **give sb the nod (to do sth)** donar permís a algú (per fer alguna cosa)

noise /nɔɪz/ *n* soroll (*esp fort i desagradable*) ➲ *Vegeu nota a* SOROLL LOC **make a noise (about sth)** (*col·loq*) queixar-se (d'alguna cosa) cridant *Vegeu tb* BIG **noisily** *adv* sorollosament **noisy** *adj* (**noisier, -iest**) **1** sorollós **2** bulliciós

nomad /'nəʊmæd/ *n* nòmada **nomadic** /nəʊ'mædɪk/ *adj* nòmada

nominal /'nɒmɪnl/ *adj* nominal **nominally** /-nəli/ *adv* nominalment, de nom

nominate /'nɒmɪneɪt/ *vt* **1** ~ **sb (for/as sth)** nomenar algú (per/com a alguna cosa) **2** ~ **sth (as sth)** establir, designar alguna cosa (com a alguna cosa) **nomination** *n* nomenament

nominee /ˌnɒmɪ'niː/ *n* candidat, -a

none /nʌn/ *pronom, adverbi*

▸ *pron* **1** cap: *None (of them) is/are alive now.* No en queda cap de viu. **2** gens: *'Is there any bread left?' 'No, none.'* —Que queda una mica de pa? —No, no en queda gens. **3** (*formal*) ningú: *and none more so than...* i ningú més que... LOC **none but** (*formal*) només ◆ **none other than** ni més ni menys que

▸ *adv* **1** ~ **+ the + adjectiu comparatiu**: *I'm none the wiser.* Continuo sense entendre res. ◇ *He's none the worse for it.* No li ha passat res. **2** ~ **+ too + adjectiu/adverbi**: *none too clean* no gens net

nonetheless /ˌnʌnðə'les/ *adv* (*formal*) tanmateix

non-existent /ˌnɒn ɪg'zɪstənt/ *adj* inexistent

non-fiction /ˌnɒn 'fɪkʃn/ *n* no-ficció

nonsense /'nɒnsns/ *n* [*incomptable*] **1** disbarats **2** bestieses: *That's nonsense.* Això és absurd. **nonsensical** /nɒn'sensɪkl/ *adj* absurd

non-smoker /ˌnɒn 'sməʊkə(r)/ *n* no fumador, -a **non-smoking** *adj*: *a non-smoking area* una zona de no fumadors

non-stop /ˌnɒn 'stɒp/ *adjectiu, adverbi*

▸ *adj* **1** (*vol, etc.*) directe **2** ininterromput

▸ *adv* **1** directament, sense fer escala **2** sense parar, ininterrompudament

noodle /'nuːdl/ *n* fideu

noon /nuːn/ *n* migdia: *at noon* al migdia ◇ *twelve noon* les dotze del migdia

no one (*tb* **nobody**) *pron* ningú

> En anglès no es poden fer servir dues negacions a la mateixa frase. Com que **no one, nobody, nothing** i **nowhere** són paraules negatives, el verb sempre ha de tenir la forma afirmativa: *No one saw him.* Ningú no el va veure. ◇ *She said nothing.* Ella no va dir res. ◇ *Nothing happened.* No va passar res. Quan el verb està en forma negativa, cal fer servir **anyone, anything** i **anywhere**: *I didn't see anyone.* No vaig veure ningú. ◇ *She didn't say anything.* No va dir res. **No one** va amb el verb en singular, però els pronoms que hi fan referència són formes plurals (**they, them** i **their**): *No one else came, did they?* No ha vingut ningú més, oi?

noose /nuːs/ *n* dogal, llaç escorredor

nope /nəʊp/ *interj* (*col·loq*) no

nor /nɔː(r)/ *conj, adv* **1** ni **2** (ni...) tampoc: *Nor do I.* Jo tampoc. ➲ *Vegeu nota a* NEITHER

norm /nɔːm/ *n* norma

normal /'nɔːml/ *adjectiu, nom*

▸ *adj* normal

▸ *n* el normal, la normalitat: *Things are back to normal.* Les coses han tornat a la normalitat. **normally** /-məli/ *adv* normalment ➲ *Vegeu nota a* ALWAYS

north /nɔːθ/ *nom, adjectiu, adverbi*

▸ *n* (*tb* **North**) (*abrev* **N**) nord: *Leeds is in the North of England.* Leeds és al nord d'Anglaterra.

▸ *adj* (del) nord: *north winds* vents del nord

▸ *adv* cap al nord: *They headed north.* Van anar cap al nord.

northbound /'nɔːθbaʊnd/ *adj* en/amb direcció nord

north-east /ˌnɔːθ 'iːst/ *nom, adjectiu, adverbi*

▸ *n* (*abrev* **NE**) nord-est

▸ *adj* (del) nord-est

▸ *adv* cap al nord-est **north-eastern** *adj* (del) nord-est

northerly /'nɔːðəli/ *adj* **1** cap al nord **2** (*vent*) del nord

northern (*tb* **Northern**) /'nɔːðən/ *adj* (del) nord: *She has a northern accent.* Té accent del nord. ◇ *the northern hemisphere* l'hemisferi nord **northerner** *n* persona del nord

northwards /'nɔːθwədz/ (*tb* **northward**) *adv* cap al nord

north-west /ˌnɔːθ 'west/ *nom, adjectiu, adverbi*

▸ *n* (*abrev* **NW**) nord-oest

▸ *adj* (del) nord-oest

▸ *adv* cap al nord-oest **north-western** *adj* (del) nord-oest

nose /nəʊz/ *nom, verb*
▸ *n* **1** nas **2** (*avió*) morro **3** [*sing*] **a ~ for sth** nas, olfacte per a alguna cosa **LOC** *Vegeu* BLOW
▸ *v* **PHR V** **nose about/around (for sth)** (*col·loq*) tafanejar (buscant alguna cosa)

nosebleed /ˈnəʊzbliːd/ *n* hemorràgia nasal

nose ring *n* anella per al nas

nostalgia /nɒˈstældʒə; *USA* nəˈs-/ *n* nostàlgia

nostril /ˈnɒstrəl/ *n* nariu

nosy (*tb* **nosey**) /ˈnəʊzi/ *adj* (*col·loq, pej*) tafaner, xafarder, curiós ➲ *Vegeu nota a* CURIOUS

not /nɒt/ *adv* no: *I hope not.* Espero que no. ◇ *Certainly not!* Ni parlar-ne! ◇ *Not any more.* Ara ja no. ◇ *Not even…* Ni tan sols…

> **Not** es fa servir per a construir la forma negativa d'una frase amb verbs auxiliars i modals (**be**, **do**, **have**, **can**, **must**, etc.) i moltes vegades es fa servir la contracció **-n't**: *She is not/isn't going.* ◇ *We did not/didn't go.* ◇ *I must not/mustn't go.* La forma no contracta (**not**) té un ús més formal o emfàtic i es fa servir per a la forma negativa de frases subordinades: *He warned me not to be late.* Em va advertir que no arribés tard. ◇ *I expect not.* Suposo que no. ➲ *Compareu amb* NO

LOC **not all that…** no gens… ◆ **not as… as all that**: *They're not as rich as all that.* No són tan rics com això. ◆ **not at all 1** (*resposta*) de res **2** gens, de cap manera ◆ **not that…** no és que…: *It's not that I mind…* No és que m'importi…

notable /ˈnəʊtəbl/ *adj* notable **notably** /-əbli/ *adv* notablement

notch /nɒtʃ/ *nom, verb*
▸ *n* **1** grau, nivell **2** osca
▸ *vt* **~ sth (up)** (*col·loq*) aconseguir alguna cosa

note /nəʊt/ *nom, verb*
▸ *n* **1** nota: *to make a note (of sth)* prendre nota (d'alguna cosa) ◇ *to take notes* prendre apunts **2** (*USA* **bill**) bitllet (*diners*): *a ten-pound bill* un bitllet de deu lliures **3** (*piano*) tecla
▸ *vt* advertir, fixar-se en **PHR V** **note sth down** anotar alguna cosa

notebook /ˈnəʊtbʊk/ *n* **1** llibreta **2** (*tb* **notebook computer**) ordinador portàtil

noted /ˈnəʊtɪd/ *adj* **~ (for/as sth)** cèlebre (per alguna cosa/per ésser alguna cosa)

notepad /ˈnəʊtpæd/ *n* **1** bloc de notes **2** ordinador de butxaca

notepaper /ˈnəʊtpeɪpə(r)/ *n* paper per a cartes

noteworthy /ˈnəʊtwɜːði/ *adj* digne d'esment, notable

nothing /ˈnʌθɪŋ/ *pron* **1** res, no res ➲ *Vegeu nota a* NO ONE **2** zero **LOC** **be/have nothing to do with sb/sth** no tenir res a veure amb algú/alguna cosa ◆ **for nothing 1** gratis **2** per a res, en va ◆ **nothing much** poca cosa ◆ **nothing of the kind/sort** res per l'estil

notice /ˈnəʊtɪs/ *nom, verb*
▸ *n* **1** anunci, cartell **2** avís: *until further notice* fins a un altre avís ◇ *to give one month's notice* avisar amb un mes d'antelació **3** dimissió, carta d'acomiadament: *to hand in your notice* presentar la dimissió **LOC** **take no notice/not take any notice (of sb/sth)** no fer cas (d'algú/d'alguna cosa) *Vegeu tb* ESCAPE, MOMENT
▸ *vt* **1** adonar-se de, notar **2** fixar-se en

noticeable /ˈnəʊtɪsəbl/ *adj* **1** (*important*) sensible, marcat **2** (*que es nota*) perceptible: *It was noticeable that he wasn't there.* Tothom es va adonar que ell no hi era.

noticeboard /ˈnəʊtɪsbɔːd/ (*USA* **bulletin board**) *n* tauler d'anuncis

notify /ˈnəʊtɪfaɪ/ *vt* (*pt, pp* **-fied**) **~ sb (of sth)** notificar (alguna cosa) a algú

notion /ˈnəʊʃn/ *n* noció, idea: *without any notion of what he would do* sense tenir ni idea del que ell faria

notorious /nəʊˈtɔːriəs/ *adj* (*pej*) **~ (for/as sth)** conegut, famós (per alguna cosa/per ésser alguna cosa)

notwithstanding /ˌnɒtwɪθˈstændɪŋ/ *preposició, adverbi*
▸ *prep* (*formal*) malgrat
▸ *adv* (*formal*) tanmateix, així no obstant

nought /nɔːt/ *n* zero

noughts and crosses *n* [*incomptable*] marro (*joc*)

noun /naʊn/ *n* nom, substantiu

nourish /ˈnʌrɪʃ; *USA* ˈnɜː-/ *vt* **1** nodrir **2** (*formal*) (*fig*) alimentar **nourishing** *adj* nutritiu

novel /ˈnɒvl/ *adjectiu, nom*
▸ *adj* original
▸ *n* novel·la **novelist** *n* novel·lista

novelty /ˈnɒvlti/ *n* (*pl* **novelties**) novetat

November /nəʊˈvembə(r)/ *n* (*abrev* **Nov.**) novembre ➲ *Vegeu nota i exemples a* JANUARY

novice /ˈnɒvɪs/ *n* novell, -a, principiant

now /naʊ/ *adverbi, conjunció*
▸ *adv* **1** ara: *by now* ja ◇ *right now* ara mateix **2** (*per a introduir frases*): *Now what was your name again?* Com has dit que et deies? ◇ *Now look here!* Espera un moment! **LOC** **(every) now and again/then** de tant en tant ◆ **now then** a veure *Vegeu tb* MINUTE

N

▸ *conj* ~ **(that...)** ara (que...)

nowadays /'naʊədeɪz/ *adv* avui (en) dia

nowhere /'nəʊweə(r)/ *adv* enlloc: *There's nowhere to park.* No hi ha cap lloc per a aparcar. ➲ *Vegeu nota a* NO ONE **LOC be nowhere to be found/seen** no trobar-se/veure's enlloc ◆ **get/go nowhere** no aconseguir res *Vegeu tb* MIDDLE, NEAR

nozzle /'nɒzl/ *n* boca, bec

nuance /'nju:ɑ:ns; *USA* 'nu:-/ *n* matís

nuclear /'nju:kliə(r); *USA* 'nu:-/ *adj* nuclear: *nuclear power/energy* energia nuclear ◇ *nuclear waste* residus nuclears

nucleus /'nju:kliəs; *USA* 'nu:-/ *n* (*pl* **nuclei** /-kliaɪ/) nucli

nude /nju:d; *USA* nu:d/ *adjectiu, nom*

▸ *adj* nu (*artístic*) ➲ *Vegeu nota a* NAKED

▸ *n* nu **LOC in the nude** nu, a pèl **nudity** *n* nuesa

nudge /nʌdʒ/ *vt* **1** donar un cop de colze a (*per cridar l'atenció d'algú*) **2** empènyer suaument

nugget /'nʌgɪt/ *n* **1** palleta (*d'or*) **2** *chicken nuggets* trossets de pollastre arrebossats

nuisance /'nju:sns; *USA* 'nu:-/ *n* **1** molèstia: *I don't want to be a nuisance.* No voldria molestar. **2** (*persona*) pesat, -ada

null /nʌl/ *adj* **LOC null and void** nul

numb /nʌm/ *adjectiu, verb*

▸ *adj* entumit: *numb with shock* paralitzat de l'ensurt

▸ *vt* **1** entumir **2** (*fig*) paralitzar

number /'nʌmbə(r)/ *nom, verb*

▸ *n* (*abrev* **No.**) nombre, número *Vegeu tb* REGISTRATION NUMBER **LOC a number of...** uns quants...

▸ *vt* **1** numerar **2** pujar a

number plate (*USA* **license plate**) *n* matrícula (de cotxe) (*placa*)

numerical /nju:'merɪkl; *USA* nu:-/ *adj* numèric

numerous /'nju:mərəs; *USA* 'nu:-/ *adj* (*formal*) nombrós

nun /nʌn/ *n* monja

nurse /nɜ:s/ *nom, verb*

▸ *n* infermer, -a ➲ *Vegeu nota a* POLICIA

▸ **1** *vt* cuidar (*un malalt*) **2** *vt* (*formal*) (*sentiments*) alimentar **3** *vt* bressolar **4** *vt, vi* alletar, mamar **nursing** *n* **1** infermeria: *nursing home* residència de persones grans **2** cura (*de malalts*)

nursery /'nɜ:səri/ *n* (*pl* **nurseries**) **1** (*tb* **day nursery**) guarderia, llar d'infants **2** (*tb* **nursery school**) escola infantil **3** viver (*de plantes*)

nursery rhyme *n* cançó infantil

nurture /'nɜ:tʃə(r)/ *vt* (*formal*) **1** (*nen*) criar **2** (*interès, desenvolupament*) fomentar **3** (*esperança, relació*) alimentar

nut /nʌt/ *n* **1** fruita seca **2** (*Mec*) femella **3** (*col·loq, pej*) (*tb* **nutter, nutcase** /'nʌtkeɪs/) sonat, -ada **4** (*col·loq*) fanàtic, -a: *He's a real fitness nut.* És un fanàtic de la salut.

nutcrackers /'nʌtkrækəz/ *n* [*pl*] trencanous

nutmeg /'nʌtmeg/ *n* nou moscada

nutrient /'nju:triənt; *USA* 'nu:-/ *n* (*formal*) nutrient, substància nutritiva

nutrition /nju'trɪʃn; *USA* nu-/ *n* nutrició **nutritional** *adj* nutritiu **nutritious** *adj* nutritiu

nuts /nʌts/ *adj* (*col·loq*) **1** sonat **2** ~ **about sb/sth** boig per algú/alguna cosa

nutshell /'nʌtʃel/ *n* clofolla, closca **LOC (put sth) in a nutshell** (dir alguna cosa) en poques paraules

nutter *Vegeu* NUT (3)

nutty /'nʌti/ *adj* **1** *a nutty flavour* un gust de fruita seca **2** (*col·loq*) sonat

NVQ /ˌen vi: 'kju:/ *n* **National Vocational Qualification** títol de formació professional

nylon /'naɪlɒn/ *n* niló

nymph /nɪmf/ *n* nimfa

O o

O, o /əʊ/ *n* (*pl* **Os, O's, o's**) **1** O, o ➲ *Vegeu nota a* A, A **2** zero

> Quan s'anomena el zero en una sèrie de números, p. ex. 025, es pronuncia com la lletra O: /ˌəʊ tu: faɪv/.

oak /əʊk/ (*tb* **oak tree**) *n* roure

OAP /ˌəʊ eɪ 'pi:/ *abrev de* **old-age pensioner** jubilat, -ada

oar /ɔ:(r)/ *n* rem

oasis /əʊ'eɪsɪs/ *n* (*pl* **oases** /-si:z/) oasi

oath /əʊθ/ *n* **1** jurament **2** (*antic*) renec **LOC on/under oath** sota jurament

oats /əʊts/ *n* [*pl*] (flocs de) civada

obedient /ə'bi:diənt/ *adj* obedient **obedience** *n* obediència

obese /əʊ'bi:s/ *adj* (*formal*) obès **obesity** *n* obesitat

obey /ə'beɪ/ *vt, vi* obeir

obituary /ə'bɪtʃuəri; *USA* -tʃʊeri/ *n* (*pl* **obituaries**) necrologia

object *nom, verb*
▸ *n* /'ɒbdʒɪkt/ **1** objecte **2** objectiu, propòsit **3** (*Gram*) complement
▸ *vi* /əb'dʒekt/ ~ **(to sb/sth)** oposar-se (a algú/alguna cosa); estar en contra (d'algú/d'alguna cosa): *if he doesn't object* si ell hi està d'acord

objection /əb'dʒekʃn/ *n* ~ **(to sth/doing sth) 1** objecció, oposició (a alguna cosa/a fer alguna cosa): *to raise an objection* posar una objecció **2** inconvenient (a fer alguna cosa): *I have no objection to her coming.* No tinc inconvenient que vingui.

objective /əb'dʒektɪv/ *adj, n* objectiu

obligation /ˌɒblɪ'geɪʃn/ *n* **1** obligació **2** (*Com*) compromís **LOC be under an/no obligation (to do sth)** tenir/no tenir l'obligació (de fer alguna cosa)

obligatory /ə'blɪgətri; *USA* -tɔ:ri/ *adj* (*formal*) obligatori, de rigor

oblige /ə'blaɪdʒ/ *vt* **1** obligar **2** ~ **sb (with sth/by doing sth)** complaure algú (fent alguna cosa) **obliged** *adj* ~ **(to sb) (for sth)** (*formal*) agraït (a algú) (per alguna cosa): *I'm much obliged to you for your help.* Li agraeixo molt la seva ajuda. **obliging** *adj* atent, servicial

obliterate /ə'blɪtəreɪt/ *vt* esborrar, eliminar

oblivion /ə'blɪviən/ *n* oblit

oblivious /ə'blɪviəs/ *adj* ~ **of/to sth** no conscient d'alguna cosa

oblong /'ɒblɒŋ; *USA* -lɔ:ŋ/ *adjectiu, nom*
▸ *adj* rectangular
▸ *n* rectangle

oboe /'əʊbəʊ/ *n* oboè

obscene /əb'si:n/ *adj* obscè

obscure /əb'skjʊə(r)/ *adjectiu, verb*
▸ *adj* **1** desconegut **2** poc clar
▸ *vt* ocultar, amagar

observant /əb'zɜ:vənt/ *adj* observador, perspicaç

observation /ˌɒbzə'veɪʃn/ *n* observació

observatory /əb'zɜ:vətri; *USA* -tɔ:ri/ *n* (*pl* **observatories**) observatori

observe /əb'zɜ:v/ *vt* **1** observar **2** (*llei, etc.*) respectar **3** (*formal*) (*festa*) celebrar **observer** *n* observador, -a

obsess /əb'ses/ *vt* obsessionar: *to be/become obsessed with sb/sth* estar obsessionat/obsessionar-se per algú/alguna cosa **obsession** *n* ~ **(with sth/sb)** obsessió (per alguna cosa/algú) **obsessive** *adj* obsessiu

obsolete /'ɒbsəli:t; *USA* ˌɒbsə'li:t/ *adj* obsolet

obstacle /'ɒbstəkl/ *n* obstacle

obstetrician /ˌɒbstə'trɪʃn/ *n* tocòleg, -òloga

obstinate /'ɒbstɪnət/ *adj* obstinat

obstruct /əb'strʌkt/ *vt* obstruir

obstruction /əb'strʌkʃn/ *n* obstrucció

obtain /əb'teɪn/ *vt* (*formal*) obtenir **obtainable** *adj* que es pot obtenir

obvious /'ɒbviəs/ *adj* obvi, evident **obviously** *adv* òbviament, evidentment

occasion /ə'keɪʒn/ *n* **1** ocasió, vegada

> Quan ocasió significa 'oportunitat', es tradueix per **chance** o **opportunity**: *I didn't get the chance to do it.* No en vaig tenir ocasió.

2 esdeveniment **LOC on the occasion of sth** (*formal*) amb motiu d'alguna cosa

occasional /ə'keɪʒənl/ *adj* esporàdic: *She reads the occasional book.* Llegeix algun llibre de tant en tant. **occasionally** /-nəli/ *adv* de tant en tant ➲ *Vegeu nota a* ALWAYS

occupant /'ɒkjəpənt/ *n* ocupant

occupation /ˌɒkju'peɪʃn/ *n* **1** professió ➲ *Vegeu nota a* WORK *n* **2** ocupació

occupational /ˌɒkju'peɪʃənl/ *adj* **1** laboral: *occupational hazards* riscs de la feina **2** (*teràpia*) ocupacional

occupier /'ɒkjʊpaɪə(r)/ *n* (*formal*) ocupant

occupy /'ɒkjupaɪ/ (*pt, pp* **-pied**) *vt* **1** ocupar, residir a **2** ~ **sb/yourself** entretenir algú, entretenir-se

occur /ə'kɜ:(r)/ *vi* (**-rr-**) **1** (*formal*) ocórrer, produir-se, tenir lloc **2** trobar-se **PHR V occur to sb** acudir-se a algú

occurrence /ə'kʌrəns; *USA* ə'kɜ:r-/ *n* **1** fet, cas **2** incidència, aparició **3** freqüència

ocean /'əʊʃn/ *n* oceà ➲ *Vegeu nota a* MAR **LOC** *Vegeu* DROP

o'clock /ə'klɒk/ *adv*: *six o'clock* les sis (en punt)

> La paraula **o'clock** pot ometre's quan en el context s'entén que estem parlant de les hores en punt: *between five and six (o'clock)* entre les cinc i les sis. No pot ometre's quan va amb un altre nom: *the ten o'clock news* les notícies de les deu. *Vegeu nota a* P.M.

O

October /ɒk'təʊbə(r)/ *n* (*abrev* **Oct.**) octubre ➲ *Vegeu nota i exemples a* JANUARY

octopus /'ɒktəpəs/ *n* (*pl* **octopuses**) pop

odd /ɒd/ *adj* **1** (**odder, -est**) estrany, rar **2 the odd...** algun...: *He has the odd beer.* Es pren una cervesa de tant en tant. **3** (*número*) senar ➲ *Compareu amb* EVEN **4** (*fascicle*) solt **5** (*sabata*) desaparellat **6** sobrant **7** *thirty odd* trenta i escaig ◇ *twelve pounds odd* dotze lliures i escaig LOC **be the odd man/one out** diferenciar-se dels altres, sobrar: *Which is the odd one out?* Quin és el que no pertany al grup?

oddball /'ɒdbɔːl/ *n* (*col·loq*) excèntric, -a

oddity /'ɒdəti/ *n* (*pl* **oddities**) **1** cosa rara **2** (*persona*) excèntric, -a **3** (*tb* **oddness**) estranyesa, raresa

oddly /'ɒdli/ *adv* de manera estranya: *Oddly enough...* Curiosament...

odds /ɒdz/ *n* [*pl*] **1** probabilitat: *The odds are that...* El més probable és que... **2** apostes LOC **be at odds (with sb) (over/on sth)** estar renyit (amb algú) (per alguna cosa), discrepar (amb algú) (sobre alguna cosa) ◆ **it makes no odds** (*col·loq*) tant és ◆ **odds and ends** (*col·loq*) cosetes, trastos

odour (*USA* **odor**) /'əʊdə(r)/ *n* (*formal*) olor, pudor: *body odour* olor corporal ➲ *Vegeu nota a* SMELL

O

of /əv, ɒv; *USA* ʌv/ *prep* **1** de: *a girl of six* una nena de sis anys ◇ *It's made of wood.* És de fusta. ◇ *two kilos of rice* dos quilos d'arròs ◇ *It was very kind of him.* Va ésser molt amable per part seva. **2** (*amb possessius*) de: *a friend of Bob's* un amic d'en Bob ◇ *a cousin of mine* una cosina meva **3** (*amb quantitats*): *There were five of us.* N'érem cinc. ◇ *most of all* més que res ◇ *The six of us went.* Hi vam anar tots sis. **4** (*dates i temps*) de: *the first of March* l'u de març **5** (*causa*) de: *What did she die of?* De què va morir?

off /ɒf; *USA* ɔːf/ *adverbi, preposició, adjectiu* ❶ Per als usos d'**off** en *phrasal verbs*, vegeu les entrades dels verbs corresponents, p. ex. **go off** a GO.

▸ *adv* **1** (*a distància*): *five miles off* a cinc milles de distància ◇ *some way off* a certa distància ◇ *not far off* no (gaire) lluny **2** (*tret*): *You left the lid off.* No ho vas tapar. ◇ *with her shoes off* descalça **3** *I must be off.* He de marxar. **4** *The meeting is off.* La reunió s'ha suspès. **5** (*gas, electricitat*) desconnectat **6** (*màquines, etc.*) apagat **7** (*aixeta*) tancat **8** *a day off* un dia lliure/de festa **9** *five per cent off* un cinc per cent de descompte LOC **be off (for sth)** (*col·loq*): *How are we off for coffee?* Quant cafè tenim? *Vegeu* WELL OFF ◆ **off and on; on and off** ara sí ara no, de tant en tant *Vegeu tb* BADLY, BETTER

▸ *prep* **1** de: *to fall off sth* caure d'alguna cosa **2** *a street off the main road* un carrer que surt de la carretera principal **3** *off the coast* a una certa distància de la costa **4** sense ganes de: *to be off your food* estar desganat

▸ *adj* [*només davant del nom*] **1** (*menjar*) passat **2** (*llet*) agre

offal /'ɒfl; *USA* 'ɔːfl/ *n* [*incomptable*] (*Cuina*) menuts

off-duty /ˌɒf 'djuːti; *USA* ˌɔːf 'duːti/ *adj* fora de servei

offence (*USA* **offense**) /ə'fens/ *n* **1** delicte **2** ofensa LOC **take offence (at sth)** ofendre's (per alguna cosa)

offend /ə'fend/ *vt* ofendre: *to be offended* estar ofès **offender** *n* **1** delinqüent **2** infractor, -a

offensive /ə'fensɪv/ *adjectiu, nom*

▸ *adj* **1** ofensiu, insultant **2** (*formal*) (*olor, etc.*) fastigós

▸ *n* ofensiva

offer /'ɒfə(r); *USA* 'ɔːf-/ *verb, nom*

▸ *vt* ~ **sb sth**; ~ **sth (to sb)** oferir alguna cosa (a algú): *to offer to do sth* oferir-se a fer alguna cosa ➲ *Vegeu nota a* GIVE

▸ *n* oferta **offering** *n* **1** oferiment **2** ofrena

offhand /ˌɒf'hænd; *USA* ˌɔːf-/ *adjectiu, adverbi*

▸ *adj* brusc

▸ *adv* d'improvís, així de cop

office /'ɒfɪs; *USA* 'ɔːf-/ *n* **1** oficina: *office hours* horari d'oficina ◇ *office block* bloc d'oficines ◇ *office worker* oficinista *Vegeu tb* BOOKING OFFICE, BOX OFFICE, HEAD OFFICE, POST OFFICE **2** despatx **3** càrrec: *to take office* entrar en funcions LOC **in office** al poder

officer /'ɒfɪsə(r); *USA* 'ɔːf-/ *n* **1** (*exèrcit*) oficial, -a **2** (*govern*) magistrat, -ada, funcionari, -ària **3** (*tb* **police officer**) agent de policia ➲ *Vegeu nota a* POLICIA

official /ə'fɪʃl/ *nom, adjectiu*

▸ *n* funcionari, -ària

▸ *adj* oficial **officially** /-ʃəli/ *adv* oficialment

off-licence /'ɒf laɪsns; *USA* 'ɔːf/ (*USA* **liquor store**) *n* botiga de begudes alcohòliques

off-peak /ˌɒf 'piːk; *USA* ˌɔːf/ *adj* **1** (*preu, tarifa*) de temporada baixa **2** (*període*) de menor consum

off-putting /'ɒf pʊtɪŋ; *USA* ˌɔːf/ *adj* (*col·loq*) **1** (*soroll, comentari*) molest **2** (*persona*) desagradable

offset /'ɒfset; *USA* 'ɔːf-/ *vt* (*pt, pp* **offset** *part pres* **offsetting**) compensar

offshore /ˌɒfˈʃɔː(r); *USA* ˌɔːf-/ *adj* **1** (*al mar*) proper a la costa **2** (*brisa*) de terra **3** (*pesca*) costaner, litoral
offside /ˌɒfˈsaɪd; *USA* ˌɔːf-/ *adj, adv* fora de joc
offspring /ˈɒfsprɪŋ; *USA* ˈɔːf-/ *n* (*pl* **offspring**) (*formal*) **1** fill(s), descendència **2** cria, cries
often /ˈɒfn, ˈɒftən; *USA* ˈɔːfn/ *adv* sovint: *How often do you see her?* Cada quan la veus? ➲ *Vegeu nota a* ALWAYS **LOC** *Vegeu* EVERY
oh /əʊ/ *interj* **1** oh, ah **2** *Oh yes I will.* I tant que ho faré! ◇ *Oh no you won't!* D'això res!
oil /ɔɪl/ *nom, verb*
▸ *n* **1** petroli: *oil well* pou de petroli ◇ *oil tanker* petrolier **2** oli **3** (*Art*) pintura a l'oli
▸ *vt* lubricar **oily** *adj* (**oilier**, **-iest**) oliós
oilfield /ˈɔɪlfiːld/ *n* jaciment de petroli
oil rig *n* plataforma petroliera
oil slick *n* taca de petroli
ointment /ˈɔɪntmənt/ *n* pomada
OK (*tb* **okay**) /ˌəʊˈkeɪ/ *interjecció, adjectiu, adverbi, nom, verb*
▸ *interj* (*col·loq*) d'acord
▸ *adj, adv* (*col·loq*) bé: *Is it OK if I leave now?* Puc anar-me'n ara?
▸ *n* (*col·loq*) consentiment, vistiplau
▸ *vt* (*col·loq*) donar el vistiplau a
old /əʊld/ *adjectiu, nom*
▸ *adj* (**older**, **-est**) ➲ *Vegeu nota a* ELDER **1** vell, gran: *old age* vellesa ◇ *old people* (la) gent gran ◇ *the Old Testament* l'Antic Testament **2** *How old are you?* Quants anys tens? ◇ *She is two (years old).* Té dos anys.

> Per dir "tinc deu anys", diem *I am ten* o *I am ten years old*. Per dir "un noi de deu anys", diem *a boy of ten* o *a ten-year-old boy. Vegeu tb nota a* YEAR

3 (*anterior*) antic **LOC** *Vegeu* CHIP
▸ *n* **the old** [*pl*] la gent gran
old-age pension /ˌəʊld eɪdʒ ˈpenʃn/ *n* pensió de jubilació **old-age pensioner** *n* (*abrev* **OAP**) jubilat, -ada
old-fashioned /ˌəʊld ˈfæʃnd/ *adj* **1** passat de moda, antiquat **2** tradicional
olive /ˈɒlɪv/ *nom, adjectiu*
▸ *n* oliva: *olive oil* oli d'oliva ◇ *olive tree* olivera
▸ *adj* **1** (*tb* **olive green**) verd oliva **2** (*pell*) de color oliva
Olympic /əˈlɪmpɪk/ *adj* olímpic: *the Olympic Games/the Olympics* els Jocs Olímpics/ l'Olimpíada
omelette (*USA tb* **omelet**) /ˈɒmlət/ *n* truita (*d'ous*)
omen /ˈəʊmən/ *n* presagi, auguri
ominous /ˈɒmɪnəs/ *adj* amenaçador
omission /əˈmɪʃn/ *n* omissió, supressió
omit /əˈmɪt/ *vt* (**-tt-**) ometre
omnipotent /ɒmˈnɪpətənt/ *adj* (*formal*) omnipotent
on /ɒn/ *preposició, adverbi* ℹ Per als usos d'**on** en *phrasal verbs*, vegeu les entrades dels verbs corresponents, p. ex. **get on** a GET.
▸ *prep* **1** a, en, sobre: *on the table* a/sobre la taula ◇ *on the wall* a la paret ◇ *a book on China* un llibre sobre la Xina **2** (*transport*) amb: *to go on the train/bus* anar amb tren/autobús ◇ *to go on foot* anar a peu **3** (*dates*): *on Sundays* el(s) diumenge(s) ◇ *on 3 May* el tres de maig **4** + **-ing** en: *on arriving home* en arribar a casa **5** (*consum*): *to be on drugs* prendre drogues ◇ *to live on fruit/on $100 a week* viure de fruita/amb 100 dòlars a la setmana **6** *to talk on the telephone* parlar per telèfon **7** (*activitat, estat, etc.*) de: *on holiday* de vacances ◇ *to be on duty* estar de servei
▸ *adv* **1** (*amb un sentit de continuïtat*): *to play on* continuar tocant/jugant ◇ *further on* més enllà/ més lluny ◇ *from that day on* a partir d'aquell dia **2** (*roba, etc.*) posat **3** (*màquines, etc.*) connectat, encès **4** (*aixeta*) obert **5** programat: *When is the film on?* A quina hora comença la pel·lícula? **LOC** **on and off** *Vegeu* OFF ◆ **on and on** sense parar
once /wʌns/ *adverbi, conjunció*
▸ *adv* un cop, una vegada: *once a week* un cop per setmana **LOC** **at once 1** de seguida **2** alhora ◆ **(every) once in a while** de tant en tant ◆ **once again/more** un cop més ◆ **once and for all** d'una vegada per totes ◆ **once or twice** una o dues vegades ◆ **once upon a time** hi havia una vegada...
▸ *conj* tan aviat com: *Once he'd gone...* Tan aviat com se'n va anar...
oncoming /ˈɒnkʌmɪŋ/ *adj* que ve en direcció contrària (*trànsit, etc.*)
one /wʌn/ *nom, adjectiu, pronom*
▸ *n, adj* **1** u, un, una: *one afternoon* una tarda

> La paraula **one** mai no funciona com a article indefinit (**a/an**), i quan precedeix un nom ho fa com a nombre, per indicar quantitat: *I'm going with just one friend.* Hi vaig amb un amic només. ◇ *I'm going with a friend, not with my family.* No vaig amb la meva família, sinó amb un amic.

➲ *Vegeu exemples a* FIVE **2** únic: *the one way to succeed* l'única manera de triomfar **3** mateix: *of one mind* de la mateixa opinió

O

▸ *pron* **1** (*després d'adjectiu*): *the little ones* els petits ◇ *I prefer this/that one.* Prefereixo aquest/aquell. ◇ *Which one?* Quin? ◇ *another one* un altre ◇ *It's better than the old one.* És millor que el vell. **2 the one** el, la, els, les que: *the one at the end* el que és al final **3** un, una: *one of her friends* un dels seus amics ◇ *to tell one from the other* distingir l'un de l'altre ◇ *I need a pen. Have you got one?* Necessito un bolígraf. En tens cap? **4** (*com a subjecte*) (*formal*) hom, un, una, es: *One must be sure.* Hom n'ha d'estar segur. ➲ *Vegeu nota a* YOU **LOC (all) in one** a la vegada ◆ **one by one** un per un ◆ **one or two** alguns *Vegeu tb* SQUARE

one another *pron* els uns als altres, l'un a l'altre ➲ *Vegeu nota a* EACH OTHER

one-off /ˌwʌn ˈɒf; *USA* ˈɔːf/ *adj, n* (un cas) excepcional/únic

oneself /wʌnˈself/ *pron* (*formal*) **1** [*ús reflexiu*]: *to cut oneself* tallar-se **2** [*ús emfàtic*] un mateix: *to do it oneself* fer-ho un mateix

one-way /ˌwʌn ˈweɪ/ *adj* **1** de sentit únic **2** (*bitllet*) d'anada

ongoing /ˈɒngəʊɪŋ/ *adj* en curs

onion /ˈʌnjən/ *n* ceba *Vegeu tb* SPRING ONION

online /ˌɒnˈlaɪn/ *adj, adv* (*Informàt*) en línia

O

onlooker /ˈɒnlʊkə(r)/ *n* espectador, -a, curiós, -osa (*d'un accident, etc.*)

only /ˈəʊnli/ *adjectiu, adverbi, conjunció*

▸ *adj* [*només davant del nom*] únic: *He is an only child.* És fill únic.

▸ *adv* només, solament **LOC not only... but also...** no solament... sinó (que) també... ◆ **only just 1** *I've only just arrived.* Acabo d'arribar. **2** *I can only just see.* Amb prou feines puc veure-hi. ◇ *I only just caught the train.* Una mica més i no agafo el tren. *Vegeu tb* IF

▸ *conj* (*col·loq*) només que, però

onset /ˈɒnset/ *n* arribada, començament

onslaught /ˈɒnslɔːt/ *n* ~ **(on sb/sth)** atac violent (contra algú/alguna cosa)

onto (*tb* **on to**) /ˈɒntə, ˈɒntu/ *prep* a, en, sobre: *to climb (up) onto sth* enfilar-se en alguna cosa **PHR V be onto sb** (*col·loq*) seguir la pista a algú ◆ **be onto sth** haver trobat alguna cosa

onward /ˈɒnwəd/ *adjectiu, adverbi*

▸ *adj* (*formal*) cap endavant: *your onward journey* la continuació del teu viatge

▸ *adv* (*tb* **onwards**) **1** *from then onwards* a partir d'aquell moment **2** (*formal*) cap endavant

oops /ʊps/ *Vegeu* WHOOPS

ooze /uːz/ **1** *vi* ~ **from/out of sth** rajar, regalimar (d'alguna cosa) **2** *vt, vi* ~ **(with) sth** traspuar alguna cosa: *The wound was oozing blood.* La ferida li anava sagnant a poc a poc. **3** *vt, vi* ~ **(with) sth** (*confiança, etc.*) radiar alguna cosa

opaque /əʊˈpeɪk/ *adj* opac

open /ˈəʊpən/ *adjectiu, verb, nom*

▸ *adj* **1** obert: *Don't leave the door open.* No deixeu la porta oberta. **2** públic **3** [*mai davant del nom*] pendent: *to leave sth open* deixar alguna cosa pendent **LOC in the open air** a l'aire lliure *Vegeu tb* BURST, SLIT, WIDE

▸ *vt, vi* **1** obrir(-se) **2** (*edifici, exposició, etc.*) inaugurar(-se) **3** començar: *He opened the meeting by saying...* Va començar la reunió dient... ◇ *The story opens with a murder.* La història comença amb un assassinat. **PHR V open into/onto sth** donar a alguna cosa ◆ **open (sth) up** obrir alguna cosa, obrir-se: *Open up!* Obriu! ◆ **open up (to sb)** (*col·loq*) obrir-se (a algú), agafar confiança

▸ *n* **the open** l'aire lliure **LOC bring sth out into the open** fer sortir alguna cosa a la llum ◆ **come out into the open** sortir a la llum **opener** *n* obridor **openly** *adv* obertament **openness** *n* honestedat, franquesa

open-air /ˌəʊpən ˈeə(r)/ *adj* a l'aire lliure: *an open-air swimming pool* una piscina descoberta

opening /ˈəʊpnɪŋ/ *nom, adjectiu*

▸ *n* **1** obertura: *opening times/hours* horari d'obertura **2** començament **3** inauguració **4** (*tb* **opening night**) (*Teat*) estrena **5** (*treball*) vacant **6** oportunitat

▸ *adj* primer, inaugural

open-minded /ˌəʊpən ˈmaɪndɪd/ *adj* obert, sense prejudicis

opera /ˈɒprə/ *n* òpera: *opera house* teatre de l'òpera *Vegeu tb* SOAP OPERA

operate /ˈɒpəreɪt/ **1** *vt, vi* operar, (fer) funcionar **2** *vt* (*servei*) oferir **3** *vi* ~ **(on sb) (for sth)** (*Med*) operar (algú) (d'alguna cosa)

operating theatre (*USA* **operating room**) *n* quiròfan

operation /ˌɒpəˈreɪʃn/ *n* **1** operació: *I had an operation on my leg.* Em van operar de la cama. **2** funcionament **LOC be in/come into operation 1** estar/entrar en funcionament **2** (*Dret*) estar/entrar en vigor **operational** *adj* **1** operatiu, de funcionament **2** en funcionament

operative /ˈɒpərətɪv/ *nom, adjectiu*

▸ *n* (*formal*) operari, -ària

▸ *adj* **1** en funcionament **2** (*Dret*) en vigor **3** (*Med*) operatori

operator /'ɒpəreɪtə(r)/ *n* operari, -ària: *tour operator* operador turístic ◇ *radio operator* radiotelegrafista ◇ *switchboard operator* telefonista

opinion /ə'pɪniən/ *n* ~ **(of/about sb/sth)** opinió (de/sobre/pel que fa a algú/alguna cosa): *in my opinion* al meu entendre ◇ *public opinion* l'opinió pública LOC *Vegeu* MATTER

opinion poll *n* sondeig d'opinió

opium /'əʊpiəm/ *n* opi

opponent /ə'pəʊnənt/ *n* **1** adversari, -ària, contrincant **2** *to be an opponent of sth* estar en contra d'alguna cosa

opportunity /ˌɒpə'tjuːnəti; *USA* -'tuːn-/ *n* (*pl* **opportunities**) ~ **(to do sth)**; ~ **(for/of doing sth)** oportunitat (de fer alguna cosa) LOC **take the opportunity to do sth/of doing sth** aprofitar l'avinentesa per a fer alguna cosa

oppose /ə'pəʊz/ *vt* **1** ~ **sth** oposar-se a alguna cosa **2** ~ **sb** enfrontar-se a algú **opposed** *adj* contrari: *to be opposed to sth* ésser contrari a alguna cosa LOC **as opposed to** (*formal*): *quality as opposed to quantity* qualitat i no quantitat **opposing** *adj* contrari

opposite /'ɒpəzɪt/ *adjectiu, adverbi, nom, preposició*

▸ *adj* **1** de davant: *the house opposite* la casa de davant ◇ *on the opposite side of the street* a l'altra banda del carrer **2** contrari: *the opposite sex* el sexe contrari

▸ *adv* davant (per davant): *She was sitting opposite.* Estava asseguda a davant (de cara).

▸ *n* **the** ~ **(of sth)** l'antònim, el contrari (d'alguna cosa)

▸ *prep* davant (per davant) d'algú/d'alguna cosa: *opposite each other* davant per davant ➲ *Vegeu il·lustració a* DAVANT

opposition /ˌɒpə'zɪʃn/ *n* oposició ➲ *Vegeu nota a* SHADOW

oppress /ə'pres/ *vt* **1** oprimir **2** aclaparar **oppressed** *adj* oprimit **oppression** *n* opressió **oppressive** *adj* **1** opressiu **2** aclaparador, sufocador

opt /ɒpt/ *vi* ~ **for sth/to do sth** optar per alguna cosa/per fer alguna cosa PHR V **opt out (of sth)** (optar per) no participar (en alguna cosa)

optical /'ɒptɪkl/ *adj* òptic

optician /ɒp'tɪʃn/ *n* **1** òptic, -a **2** **optician's** (*botiga*) òptica ➲ *Vegeu nota a* CARNISSERIA

optimism /'ɒptɪmɪzəm/ *n* optimisme **optimist** *n* optimista **optimistic** /ˌɒptɪ'mɪstɪk/ *adj* ~ **(about sth)** optimista (sobre/pel que fa a alguna cosa)

optimum /'ɒptɪməm/ (*tb* **optimal**) *adj* [*només davant del nom*] òptim

option /'ɒpʃn/ *n* opció **optional** *adj* opcional, optatiu

or /ɔː(r)/ *conj* **1** o *Vegeu tb* EITHER **2** (*d'altra manera*) o, si no **3** (*després de negació*) ni *Vegeu tb* NEITHER

oral /'ɔːrəl/ *adjectiu, nom*

▸ *adj* **1** (*parlat*) oral **2** (*Anat*) bucal, oral: *oral hygiene* higiene bucal

▸ *n* examen oral

orange /'ɒrɪndʒ; *USA* 'ɔːr-/ *nom, adjectiu*

▸ *n* **1** taronja: *orange juice* suc de taronja ◇ *orange tree* taronger **2** (*color*) carabassa, taronja

▸ *adj* (de color) carabassa/taronja

orang-utan /ɔːˌræŋ uː'tæn; *USA* ə'ræŋ ətæn/ *n* orangutan

orbit /'ɔːbɪt/ *nom, verb*

▸ *n* (*lit i fig*) òrbita

▸ *vt, vi* ~ **(around) sth** orbitar, girar al voltant d'alguna cosa

orchard /'ɔːtʃəd/ *n* hort (*d'arbres fruiters*)

orchestra /'ɔːkɪstrə/ *n* **1** [*v sing o pl*] orquestra **2** (*USA*) (*Teat*) platea **orchestral** /ɔː'kestrəl/ *adj* orquestral

orchid /'ɔːkɪd/ *n* orquídia

ordeal /ɔː'diːl, 'ɔːdiːl/ *n* experiència duríssima, suplici

order /'ɔːdə(r)/ *nom, verb*

▸ *n* **1** (*disposició, calma*) ordre: *in alphabetical order* per/en ordre alfabètic *Vegeu tb* PECKING ORDER **2** (*comandament*) ordre **3** ~ **(for sth)** (*Com*) comanda (d'alguna cosa) **4** [*v sing o pl*] (*Mil, Relig*) orde *Vegeu tb* MAIL ORDER, STANDING ORDER LOC **be in running/working order** funcionar ◆ **in order** en ordre, en regla ◆ **in order that...** (*formal*) per tal que... ◆ **in order to do sth** per fer alguna cosa ◆ **out of order** fet malbé: *It's out of order.* No funciona. *Vegeu tb* LAW, MARCH

▸ **1** *vt* ~ **sb to do sth** ordenar, manar a algú de fer alguna cosa/que faci alguna cosa

> Per dir a algú que faci alguna cosa es poden fer servir els verbs **tell**, **order** i **command**. **Tell** és el verb que s'usa amb més freqüència. No és gaire fort i es fa servir en situacions quotidianes: *She told him to put everything away.* Li va dir que ho guardés tot. **Order** és més fort i el fan servir persones amb autoritat: *I'm not asking you, I'm ordering you.* No t'ho demano, t'ho ordeno. **Command** té un ús principalment militar: *He commanded his troops to retreat.* Va ordenar a les seves tropes que es retiressin.

O

2 *vt* ~ **sth (for sb)** demanar, encarregar alguna cosa (per a algú) **3** *vt, vi* ~ **(sth) (for sb)** (*menjar, etc.*) demanar (alguna cosa) (per a algú) **4** *vt* (*formal*) posar en ordre, ordenar PHR V **order sb about/around** (*pej*) donar ordres a algú, ésser manaire amb algú

orderly /ˈɔːdəli/ *adj* **1** ordenat, metòdic **2** correcte, pacífic

ordinary /ˈɔːdnri; *USA* -neri/ *adj* corrent, normal: *ordinary people* gent normal i corrent ➲ *Compareu amb* COMMON (3) LOC **out of the ordinary** fora de la norma, extraordinari

ore /ɔː(r)/ *n* mineral metal·lífer: *gold/iron ore* mineral d'or/de ferro

oregano /ˌɒrɪˈgɑːnəʊ; *USA* əˈregənəʊ/ *n* orenga

organ /ˈɔːgən/ *n* **1** (*Anat*) òrgan **2** (*Mús*) orgue

organic /ɔːˈgænɪk/ *adj* **1** ecològic, biològic: *organic farming* agricultura ecològica ◇ *organic vegetables* hortalisses biològiques **2** (*Quím*) orgànic

organism /ˈɔːgənɪzəm/ *n* organisme

organization (*GB tb* **-isation**) /ˌɔːgənaɪˈzeɪʃn; *USA* -nəˈz-/ *n* organització **organizational** (*GB tb* **-isational**) *adj* organitzatiu

organize (*GB tb* **-ise**) /ˈɔːgənaɪz/ *vt* **1** organitzar: *to get yourself organized* organitzar-se **2** (*pensaments*) posar en ordre **organizer** (*GB tb* **-iser**) *n* organitzador, -a *Vegeu tb* PERSONAL ORGANIZER

orgy /ˈɔːdʒi/ *n* (*pl* **orgies**) orgia

the Orient /ˈɔːriənt/ *n* (l')Orient **oriental** /ˌɔːriˈentl/ *adj* oriental

orient /ˈɔːriənt/ (*GB tb* **orientate** /ˈɔːriənteɪt/) *vt* ~ **sb/sth (towards sb/sth)** orientar algú/alguna cosa (cap a algú/alguna cosa): *to orientate yourself* orientar-se **orientation** *n* orientació

origin /ˈɒrɪdʒɪn/ *n* origen

original /əˈrɪdʒənl/ *adjectiu, nom*

▸ *adj* **1** original **2** primer, primitiu

▸ *n* original LOC **in the original** en (la) versió original **originality** /əˌrɪdʒəˈnæləti/ *n* originalitat **originally** /-nəli/ *adv* en un principi, originàriament

originate /əˈrɪdʒɪneɪt/ (*formal*) **1** *vi* ~ **in/from sth** tenir el seu origen en alguna cosa; provenir d'alguna cosa **2** *vi* néixer, començar **3** *vt* originar

ornament /ˈɔːnəmənt/ *n* objecte de decoració, ornamentació **ornamental** /ˌɔːnəˈmentl/ *adj* decoratiu, ornamental

ornate /ɔːˈneɪt/ *adj* **1** ornamentat, carregat **2** (*llenguatge, estil*) florit

orphan /ˈɔːfn/ *nom, verb*

▸ *n* orfe, òrfena

▸ *vt*: *to be orphaned* quedar-se orfe

orphanage /ˈɔːfənɪdʒ/ *n* orfenat

orthodox /ˈɔːθədɒks/ *adj* ortodox

ostrich /ˈɒstrɪtʃ/ *n* estruç

other /ˈʌðə(r)/ *adj, pron* altre: *Have you got other plans?* Que tens altres plans? ◇ *All their other children have left home.* Tots els altres fills han marxat de casa. ◇ *some other time* en un altre moment ◇ *Others have said this before.* Això ja ho han dit d'altres. ◇ *Have you got any others?* En tens d'altres? ◇ *I'll keep one and she can have the other.* Jo me'n quedo un i ella es pot quedar l'altre. ➲ *Vegeu nota a* ALTRE LOC **other than 1** excepte, a part de **2** (*formal*) d'una altra manera que ◆ **somebody/something/somewhere or other** (*col·loq*) algú o altre/alguna cosa així/en algun lloc o altre ◆ **the other day, morning, week, etc.** l'altre dia, l'altre matí, l'altra setmana, etc. *Vegeu tb* EVERY, WORD

otherwise /ˈʌðəwaɪz/ *adv* **1** si no, si no fos així: *Shut the window – otherwise it'll get too cold.* Tanca la finestra. Si no, farà massa fred. **2** fora d'això **3** d'una altra manera

otter /ˈɒtə(r)/ *n* llúdria

ouch /aʊtʃ/ *interj* ai

ought to /ˈɔːt tə, ˈɔːt tu/ *v modal* (*neg* **ought not** o **oughtn't** /ˈɔːtnt/)

> **Ought to** és un verb modal; per tant, les oracions interrogatives i negatives es construeixen sense l'auxiliar **do**.

1 (*suggeriments i consells*): *You ought to do it.* Ho hauries de fer. ◇ *I ought to have gone.* Hi hauria d'haver anat. ➲ *Compareu amb* MUST **2** (*probabilitat*): *Five ought to be enough.* Amb cinc n'hi haurà prou.

ounce /aʊns/ *n* (*abrev* **oz**) unça (*28,35 grams*) ➲ *Vegeu pàg 759*

our /ɑː(r), ˈaʊə(r)/ *adj* nostre: *Our house is in the centre.* La nostra casa és al centre. ➲ *Vegeu nota a* MY

ours /ɑːz, ˈaʊəz/ *pron* (el) nostre, (la) nostra, (els/les) nostres: *a friend of ours* una amiga nostra ◇ *Where's ours?* On és el nostre?

ourselves /ɑːˈselvz, ˌaʊəˈselvz/ *pron* **1** [*ús reflexiu*] ens **2** (*després de preposició*) nosaltres (mateixos, -es) **3** [*ús emfàtic*] nosaltres mateixos, -es LOC **(all) by ourselves** (tots) sols

out /aʊt/ *adverbi, nom*

▸ *adv* ❶ Per als usos d'**out** en *phrasal verbs*, vegeu les entrades dels verbs corresponents, p. ex. **pick sth out** a PICK. **1** fora: *to be out* no ésser a casa/haver sortit **2** *The sun is out.* El sol ja ha sortit. **3** *to call out (loud)* cridar en veu alta

4 (*jugador*) eliminat, expulsat **5** (*pilota*) fora (*de la línia de joc*) **6** (*càlcul*) equivocat: *The bill is out by five pounds.* S'han equivocat de cinc lliures en el compte. **7** (*possibilitat, etc.*) descartat **8** passat de moda **9** (*llum, etc.*) apagat *Vegeu tb* OUT OF **LOC** **be out for sth/to do sth** buscar (fer) alguna cosa

▸ *n* **LOC** *Vegeu* IN

outage /'aʊtɪdʒ/ (*tb* **power outage**) *n* (*USA*) tall de llum

the outback /'aʊtbæk/ *n* [*sing*]: *the Australian outback* l'Austràlia de l'interior

outbreak /'aʊtbreɪk/ *n* **1** (*malaltia*) brot **2** (*guerra*) esclat

outburst /'aʊtbɜːst/ *n* **1** (*emoció*) esclat: *an outburst of anger* un atac d'ira **2** explosió

outcast /'aʊtkɑːst; *USA* -kæst/ *n* marginat, -ada, pària

outcome /'aʊtkʌm/ *n* resultat

outcry /'aʊtkraɪ/ *n* (*pl* **outcries**) protestes

outdated /ˌaʊt'deɪtɪd/ *adj* antiquat, passat de moda

outdo /ˌaʊt'duː/ *vt* (*3a pers sing* **outdoes** /-'dʌz/ *pt* **outdid** /-'dɪd/ *pp* **outdone** /-'dʌn/) superar

outdoor /'aʊtdɔː(r)/ *adj* a l'aire lliure: *outdoor swimming pool* piscina descoberta

outdoors /ˌaʊt'dɔːz/ *adv* a l'aire lliure, fora

outer /'aʊtə(r)/ *adj* extern, exterior: *outer space* l'espai sideral

outfit /'aʊtfɪt/ *n* conjunt (*de roba*)

outgoing /'aʊtgəʊɪŋ/ *adj* **1** extravertit **2** (*Pol*) que surt **3** que surt, de sortida

outgrow /ˌaʊt'grəʊ/ *vt* (*pt* **outgrew** /-'gruː/ *pp* **outgrown** /-'grəʊn/) **1** *He's outgrown his shoes.* Les sabates ja li queden petites. **2** (*hàbit, etc.*) cansar-se de, deixar enrere

outing /'aʊtɪŋ/ *n* excursió

outlandish /aʊt'lændɪʃ/ *adj* estrafolari

outlaw /'aʊtlɔː/ *verb, nom*

▸ *vt* declarar il·legal

▸ *n* bandit, -ida

outlet /'aʊtlet/ *n* **1** ~ **(for sth)** desfogament (per a alguna cosa) **2** (*Com*) punt de venda **3** desguàs, sortida **4** (*USA*) endoll (*a la paret*) ➲ *Vegeu il·lustració a* ENDOLL

outline /'aʊtlaɪn/ *verb, nom*

▸ *vt* **1** assenyalar els trets generals de **2** perfilar, dibuixar el contorn de

▸ *n* **1** trets generals, resum **2** perfil, contorn

outlive /ˌaʊt'lɪv/ *vt* sobreviure a

outlook /'aʊtlʊk/ *n* **1** ~ **(on sth)** punt de vista, actitud (sobre alguna cosa) **2** ~ **(for sth)** perspectiva, previsió (per a alguna cosa) **3** vista

outnumber /ˌaʊt'nʌmbə(r)/ *vt* sobrepassar en nombre

out of /'aʊt əv/ *prep* **1** fora de: *I want that dog out of the house.* Vull que aquest gos surti de casa. ◇ *to jump out of bed* saltar del llit **2** (*material*) de, amb: *made out of plastic* (fet) de plàstic **3** sense: *to be out of work* estar sense feina **4** (*causa*) per: *out of interest* per interès **5** de: *eight out of every ten* vuit de cada deu ◇ *to copy sth out of a book* copiar alguna cosa d'un llibre

out of date *adj* **1** passat de moda, obsolet: *out-of-date ideas* idees antiquades **2** (*passaport, etc.*) caducat ➲ *Vegeu nota a* WELL BEHAVED *i compareu amb* UP TO DATE

outpatient /'aʊtpeɪʃnt/ *n* pacient ambulatori

outpost /'aʊtpəʊst/ *n* (*Mil*) destacament, post avançat

output /'aʊtpʊt/ *n* **1** producció, rendiment **2** (*Fís*) potència **3** (*Informàt*) sortida

outrage /'aʊtreɪdʒ/ *nom, verb*

▸ *n* **1** [*incomptable*] escàndol **2** [*incomptable*] indignació **3** atrocitat

▸ *vt* ultratjar, escandalitzar **outrageous** /aʊt'reɪdʒəs/ *adj* **1** escandalós, vergonyós **2** extravagant

outright /'aʊtraɪt/ *adjectiu, adverbi*

▸ *adj* [*només davant del nom*] **1** absolut **2** (*guanyador*) indiscutible **3** (*negativa*) rotund **4** (*sense reserves*) clar, obert

▸ *adv* **1** (*sense reserves*) obertament, de ple **2** totalment **3** (*guanyar*) indiscutiblement **4** (*negar, afirmar*) rotundament **5** de cop, a l'acte

outset /'aʊtset/ *n* **LOC** **at/from the outset (of sth)** al/des del començament (d'alguna cosa)

outside *nom, preposició, adverbi, adjectiu*

▸ *n* /ˌaʊt'saɪd/ exterior: *on/from the outside* per/des de fora

▸ *prep* /ˌaʊt'saɪd/ (*tb esp USA* **outside of**) fora de: *Wait outside the door.* Espereu-vos a fora.

▸ *adv* /ˌaʊt'saɪd/ fora, a fora

▸ *adj* /'aʊtsaɪd/ [*només davant del nom*] exterior, de fora: *the outside lane* el carril d'avançament

outsider /ˌaʊt'saɪdə(r)/ *n* **1** foraster, -a, persona de fora **2** (*pej*) intrús, -usa **3** (*competidor*) desconegut, -uda, que no està entre els favorits

outskirts /'aʊtskɜːts/ *n* [*pl*] afores

outspoken /aʊt'spəʊkən/ *adj* sincer, franc

O

outstanding /aʊt'stændɪŋ/ *adj* **1** extraordinari, excepcional **2** (*visible*) destacat **3** (*pagament, feina*) pendent

outstretched /ˌaʊt'stretʃt/ *adj* obert, estès

outward /'aʊtwəd/ *adjectiu, adverbi*
- *adj* [*només davant del nom*] **1** extern, exterior **2** (*viatge*) d'anada
- *adv* (*tb* **outwards**) cap enfora **outwardly** *adv* superficialment, per fora

outweigh /ˌaʊt'weɪ/ *vt* pesar més que, importar/valer més que

oval /'əʊvl/ *adj* ovalat

ovary /'əʊvəri/ *n* (*pl* **ovaries**) ovari

oven /'ʌvn/ *n* forn

over /'əʊvə(r)/ *adverbi, preposició* ❶ Per als usos d'**over** en *phrasal verbs* vegeu les entrades dels verbs corresponents, p. ex. **think sth over** a THINK.
- *adv* **1** *to knock sth over* fer caure alguna cosa ◇ *to fall over* caure **2** *to turn sth over* girar/donar la volta a alguna cosa **3** (*lloc*): *over here/there* (cap) aquí/allà ◇ *They came over to see us.* Ens van venir a veure. **4** *Is there any food left over?* Que ha sobrat alguna cosa de menjar? **5** *children of five and over* criatures de cinc anys i més grans **6** acabat LOC **(all) over again** una altra vegada, de bell nou ◆ **over and done with** acabat del tot ◆ **over and over (again)** moltes vegades *Vegeu tb* ALL
- *prep* **1** sobre, per sobre de: *clouds over the mountains* núvols per sobre de les muntanyes **2** a l'altre costat de: *He lives over the road.* Viu davant nostre. **3** més de: *(for) over a month* més d'un mes **4** (*temps*) durant: *We'll discuss it over lunch.* En parlarem a l'hora de dinar. **5** (*a causa de*): *an argument over money* una discussió pels diners LOC **over and above** a més de

over- /'əʊvə(r)/ *pref* **1** excessivament, massa: *over-ambitious* massa ambiciós **2** (*edat*) més gran de, major de: *the over-6os* els més grans de 6o anys

overall *adjectiu, adverbi, nom*
- *adj* /ˌəʊvər'ɔːl/ [*només davant del nom*] **1** total: *the overall winner* el guanyador absolut **2** (*general*) global
- *adv* /ˌəʊvər'ɔːl/ **1** en total **2** en general
- *n* /'əʊvərɔːl/ **1** (*GB*) bata **2 overalls** (*USA* **coveralls**) [*pl*] granota (*de feina*) **3 overalls** [*pl*] (*USA*) pantalons de peto

overbearing /ˌəʊvə'beərɪŋ/ *adj* (*pej*) dominant

overboard /'əʊvəbɔːd/ *adv* per la borda

overcame *pt de* OVERCOME

overcast /ˌəʊvə'kɑːst; *USA* -'kæst/ *adj* ennuvolat, tapat

overcharge /ˌəʊvə'tʃɑːdʒ/ *vt, vi* ~ **(sb) (for sth)** cobrar de més (a algú) (per alguna cosa)

overcoat /'əʊvəkəʊt/ *n* abric

overcome /ˌəʊvə'kʌm/ *vt* (*pt* **overcame** /-'keɪm/ *pp* **overcome**) **1** (*dificultat, etc.*) superar, dominar **2** (*formal*) (*oponent*) vèncer **3** abatre, sobrevenir: *overcome by fumes/smoke* ofegat pels gasos/pel fum ◇ *overcome with/by emotion* ennuegat per l'emoció

overcrowded /ˌəʊvə'kraʊdɪd/ *adj* ple de gom a gom **overcrowding** *n* congestió, amuntegament

overdo /ˌəʊvə'duː/ *vt* (*3a pers sing* **overdoes** /-'dʌz/ *pt* **overdid** /-'dɪd/ *pp* **overdone** /-'dʌn/) **1** exagerar, excedir-se amb **2** coure massa LOC **overdo it/things** fer més del compte (*treballant, estudiant, etc.*)

overdose /'əʊvədəʊs/ *n* sobredosi

overdraft /'əʊvədrɑːft; *USA* -dræft/ *n* saldo negatiu, descobert (*en un compte bancari*)

overdue /ˌəʊvə'djuː; *USA* -'duː/ *adj* **1** endarrerit **2** (*Fin*) vençut i no pagat

overestimate /ˌəʊvər'estɪmeɪt/ *vt* sobreestimar

overflow *verb, nom*
- /ˌəʊvə'fləʊ/ **1** *vt, vi* desbordar(-se) **2** *vi* ~ **(with sth)** sobreeixir, vessar (d'alguna cosa)
- *n* /'əʊvəfləʊ/ **1** excés (*de gent, aigua, etc.*) **2** desbordament, líquid sobreeixit **3** (*tb* **overflow pipe**) canonada de desguàs

overgrown /ˌəʊvə'grəʊn/ *adj* **1** ~ **(with sth)** (*jardí*) cobert (d'alguna cosa) **2** (*sovint pej*) crescut, (massa) gran

overhang /ˌəʊvə'hæŋ/ *vt, vi* (*pt, pp* **overhung** /-'hʌŋ/) penjar (per sobre de), sobresortir (per damunt de): *overhanging branches* branques que sobresurten

overhaul *nom, verb*
- *n* /'əʊvəhɔːl/ revisió, posada a punt
- *vt* /ˌəʊvə'hɔːl/ revisar, posar a punt

overhead *adverbi, adjectiu*
- *adv* /ˌəʊvə'hed/ per damunt del cap, per dalt
- *adj* /'əʊvəhed/ **1** elevat **2** (*cable*) aeri **3** (*llum*) de sostre

overheads /'əʊvəhedz/ *n* [*pl*] (*Com*) despeses generals

overhear /ˌəʊvə'hɪə(r)/ *vt* (*pt, pp* **overheard** /-'hɜːd/) (*conversa*) sentir (*per casualitat*)

overhung *pt, pp de* OVERHANG

O

overjoyed /ˌəʊvəˈdʒɔɪd/ *adj* **1** ~ **(at sth)** eufòric (per/amb alguna cosa) **2** ~ **(to do sth)** contentíssim (de fer alguna cosa)

overland /ˈəʊvəlænd/ *adjectiu, adverbi*
▸ *adj* terrestre
▸ *adv* per terra, per via terrestre

overlap *verb, nom*
▸ /ˌəʊvəˈlæp/ (**-pp-**) **1** *vt, vi* superposar(-se) **2** *vi* ~ **(with sth)** coincidir en part (amb alguna cosa)
▸ *n* /ˈəʊvəlæp/ **1** (*de matèries, etc.*) (punts de) coincidència **2** superposició

overleaf /ˌəʊvəˈliːf/ *adv* al dors (*d'un full*)

overload *verb, nom*
▸ *vt* /ˌəʊvəˈləʊd/ ~ **sb/sth (with sth)** sobrecarregar algú/alguna cosa (d'alguna cosa)
▸ *n* /ˈəʊvələʊd/ sobrecàrrega

overlook /ˌəʊvəˈlʊk/ *vt* **1** no notar **2** passar per alt, deixar passar **3** donar a, tenir vista sobre

overnight *adverbi, adjectiu*
▸ *adv* /ˌəʊvəˈnaɪt/ **1** de nit, a la nit: *We travelled overnight.* Vam viatjar de nit. **2** (*col·loq*) de la nit al dia
▸ *adj* /ˈəʊvənaɪt/ **1** de nit, nocturn, d'una nit **2** (*èxit*) sobtat

overpass /ˈəʊvəpɑːs; *USA* -pæs/ *n* (*USA*) pas elevat

overpopulation /ˌəʊvəˌpɒpjuˈleɪʃn/ *n* superpoblació **overpopulated** /ˌəʊvəˈpɒpjuleɪtɪd/ *adj* superpoblat

overpower /ˌəʊvəˈpaʊə(r)/ *vt* dominar, vèncer **overpowering** *adj* aclaparador, devastador

overprotective /ˌəʊvəprəˈtektɪv/ *adj* sobreprotector

overran *pt de* OVERRUN

overrate /ˌəʊvəˈreɪt/ *vt* sobreestimar, sobrevalorar

overreact /ˌəʊvəriˈækt/ *vi* reaccionar de forma exagerada

override /ˌəʊvəˈraɪd/ *vt* (*pt* **overrode** /-ˈrəʊd/ *pp* **overridden** /-ˈrɪdn/) **1** (*decisió*) invalidar, anul·lar **2** (*objecció*) rebutjar ❶ En els sentits 1 i 2, també s'usa el verb **overrule** /ˌəʊvəruːl/. **3** tenir preferència sobre, ésser més important que **overriding** *adj* capital, primordial

overrun /ˌəʊvəˈrʌn/ (*pt* **overran** /-ˈræn/ *pp* **overrun**) **1** *vt* envair **2** *vt, vi* excedir (el temps)

overseas /ˌəʊvəˈsiːz/ *adjectiu, adverbi*
▸ *adj* exterior, estranger
▸ *adv* a l'estranger

oversee /ˌəʊvəˈsiː/ *vt* (*pt* **oversaw** /-ˈsɔː/ *pp* **overseen** /-ˈsiːn/) supervisar, inspeccionar

overshadow /ˌəʊvəˈʃædəʊ/ *vt* **1** (*persona, èxit*) eclipsar **2** enfosquir, entristir

oversight /ˈəʊvəsaɪt/ *n* badada, descuit

oversimplify /ˌəʊvəˈsɪmplɪfaɪ/ *vt* (*pt, pp* **-fied**) simplificar en excés

oversleep /ˌəʊvəˈsliːp/ *vi* (*pt, pp* **overslept** /-ˈslept/) adormir-se (*no despertar-se a l'hora*)

overspend /ˌəʊvəˈspend/ (*pt, pp* **overspent** /-ˈspent/) **1** *vi* gastar més del compte/en excés **2** *vt* (*pressupost*) excedir

overstate /ˌəʊvəˈsteɪt/ *vt* exagerar

overstep /ˌəʊvəˈstep/ *vt* (**-pp-**) **1** (*autoritat*) abusar de **2** (*límit*) sobrepassar **LOC overstep the mark/line** passar-se de rosca

overt /əʊˈvɜːt, ˈəʊvɜːt/ *adj* (*formal*) obert, manifest

overtake /ˌəʊvəˈteɪk/ (*pt* **overtook** /-ˈtʊk/ *pp* **overtaken** /-ˈteɪkən/) **1** *vt, vi* (*cotxe*) avançar **2** *vt* passar al davant, superar **3** *vt* sobrevenir, agafar desprevingut

overthrow *verb, nom*
▸ *vt* /ˌəʊvəˈθrəʊ/ (*pt* **overthrew** /-ˈθruː/ *pp* **overthrown** /-ˈθrəʊn/) enderrocar (*un govern*)
▸ *n* /ˈəʊvəθrəʊ/ enderrocament

overtime /ˈəʊvətaɪm/ *adv, n* [*incomptable*] hores extres: *to work overtime* fer hores extres

overtone /ˈəʊvətəʊn/ *n* [*gen pl*] connotació

overtook *pt de* OVERTAKE

overture /ˈəʊvətjʊə(r)/ *n* **1** (*Mús*) obertura **2** [*gen pl*] ~ **(to sb)** proposta, proposició (a algú)

overturn /ˌəʊvəˈtɜːn/ **1** *vt* tombar **2** *vi* bolcar **3** *vt* (*decisió*) anul·lar

overview /ˈəʊvəvjuː/ *n* visió/perspectiva general

overweight /ˌəʊvəˈweɪt/ *adj* gras: *to be overweight* tenir excés de pes ➲ *Vegeu nota a* GRAS

overwhelm /ˌəʊvəˈwelm/ *vt* **1** (*emoció*) aclaparar **2** (*oponent*) abatre **3** atabalar (*amb feina, preguntes, etc.*) **overwhelming** *adj* aclaparador

overwork /ˌəʊvəˈwɜːk/ *vt, vi* (fer) treballar en excés

ow /aʊ/ *interj* ai

owe /əʊ/ *vt* deure: *I owe you 10 euros/an explanation.* Et dec deu euros/una explicació.

owing to /ˈəʊɪŋ tə, tu/ *prep* a causa de

owl /aʊl/ *n* mussol, òliba

own /əʊn/ *adjectiu, pronom, verb*
▸ *adj, pron* propi, meu, teu, seu, nostre, vostre: *It was my own idea.* Va ser idea meva. **LOC get your own back (on sb)** (*col·loq*) venjar-se (d'algú) ◆ **of your own** propi: *a house of your own* una casa pròpia ◆ **(all) on your own** (tot) sol

O

▸ *vt* posseir, tenir, ésser amo/propietari de PHR V **own up (to sth)** confessar (alguna cosa), reconèixer alguna cosa

owner /ˈəʊnə(r)/ *n* propietari, -ària, amo, mestressa **ownership** *n* [*incomptable*] propietat

own goal *n* autogol

ox /ɒks/ *n* (*pl* **oxen** /ˈɒksn/) bou

oxygen /ˈɒksɪdʒən/ *n* oxigen

oyster /ˈɔɪstə(r)/ *n* ostra

ozone /ˈəʊzəʊn/ *n* ozó: *the ozone layer* la capa d'ozó

P p

P, p /piː/ *n* (*pl* **Ps, P's, p's**) P, p ➲ *Vegeu nota a* A, A

pace /peɪs/ *nom, verb*

▸ *n* **1** ritme **2** pas LOC **keep pace (with sb/sth)** seguir el mateix pas (que algú/alguna cosa)

▸ *vt, vi* (*amb inquietud*) passejar-se (per): *to pace up and down (a room)* anar amunt i avall (per una habitació)

pacemaker /ˈpeɪsmeɪkə(r)/ *n* (*Med*) marcapassos

pacifier /ˈpæsɪfaɪə(r)/ *n* (*USA*) xumet

pacifist /ˈpæsɪfɪst/ *adj, n* pacifista **pacifism** *n* pacifisme

pacify /ˈpæsɪfaɪ/ *vt* (*pt, pp* **-fied**) **1** (*temors, ira*) apaivagar, calmar **2** (*regió*) pacificar

pack /pæk/ *verb, nom*

▸ **1** *vt, vi* fer (les maletes) **2** *vt* ~ **sth (up) in/into sth** posar, guardar alguna cosa dins d'alguna cosa **3** *vt* embalar, empaquetar **4** *vt* (*caixa*) omplir **5** *vt* ~ **sth in/with sth** embolicar alguna cosa amb alguna cosa **6** *vt* (*menjar*) empaquetar, envasar **7** *vt* (*habitació*) atapeir LOC **pack your bags** (*col·loq*) marxar PHR V **pack sth in** (*col·loq*) deixar alguna cosa: *I've packed in my job.* He deixat la feina. ◆ **pack (sb/sth) into sth** atapeir-se en alguna cosa, atapeir algú/alguna cosa en alguna cosa ◆ **pack up** (*col·loq*) fer-se malbé *Vegeu tb* PACKED

▸ *n* **1** paquet, equip: *information pack* carpeta informativa ➲ *Vegeu nota a* PACKET **2** motxilla *Vegeu tb* FANNY PACK **3** [*v sing o pl*] gossada, llopada **4** (*tb esp USA* **deck**) baralla (*de cartes*)

package /ˈpækɪdʒ/ *nom, verb*

▸ *n* paquet ➲ *Vegeu nota a* PARCEL

▸ *vt* empaquetar, envasar **packaging** *n* embalatge

package tour (*tb* **package holiday**) *n* viatge organitzat

packed /pækt/ *adj* ~ **(with sth)** ple, abarrotat (d'alguna cosa)

packed lunch (*USA* **bag lunch**) *n* dinar que es porta preparat de casa

Als països anglosaxons molta gent s'emporta el dinar a la feina o a l'escola, generalment sandvitxos i fruita.

packet /ˈpækɪt/ *n* paquet: *a packet of soup* un sobre de sopa ➲ *Vegeu il·lustració a* CONTAINER

Packet (*USA* **pack**) és el terme que utilitzem per a referir-nos a una capsa o una bossa que conté algun producte que es ven en una botiga: *a packet of cigarettes/crisps*. **Pack** s'utilitza per a parlar d'un conjunt de coses diferents que es venen juntes: *The pack contains needles and thread.* El paquet conté agulles i fil. ➲ *Vegeu tb nota a* PARCEL

packing /ˈpækɪŋ/ *n* **1** embalatge **2** buata

pact /pækt/ *n* pacte

pad /pæd/ *nom, verb*

▸ *n* **1** coixí: *shoulder pads* muscleres ◇ *knee pad* genollera **2** (*tb* **writing pad**) bloc (*de paper*)

▸ (**-dd-**) **1** *vt* enconxar, embuatar **2** *vi* ~ **about, along, around, etc.** caminar (sense fer soroll) PHR V **pad sth out** (*redacció, etc.*) posar palla a alguna cosa **padding** *n* **1** buata **2** (*redacció, discurs, etc.*) palla

paddle /ˈpædl/ *nom, verb*

▸ *n* **1** pala (*rem petit*) **2 a paddle** [*sing*] (*al mar o en un riu*): *to go for/have a paddle* mullar-se els peus LOC *Vegeu* CREEK

▸ **1** *vt* (*barca*) fer avançar (remant) **2** *vi* remar **3** *vi* (*USA* **wade**) mullar-se els peus

paddock /ˈpædək/ *n* prat (*on pasturen els cavalls*)

padlock /ˈpædlɒk/ *n* cadenat

paediatrician (*USA* **pediatrician**) /ˌpiːdiəˈtrɪʃn/ *n* pediatre, -a

pagan /ˈpeɪɡən/ *adj, n* pagà, -ana

page /peɪdʒ/ *nom, verb*

▸ *n* (*abrev* **p**) pàgina

▸ *vt* demanar per l'altaveu/pel cercapersones

pager /ˈpeɪdʒə(r)/ *n* cercapersones

paid /peɪd/ *adj* **1** (*feina*) remunerat **2** (*empleat*) a sou LOC **put paid to sth** (*col·loq*) posar terme a alguna cosa *Vegeu tb* PAY

pain /peɪn/ *n* dolor: *Is she in pain?* Que pateix? ◇ *I've got a pain in my leg.* Em fa mal la cama. LOC **a pain in the neck** (*col·loq*) **1** (*persona*) un pesat, una pesada **2** (*cosa*) una llauna ◆ **be at pains to do sth; go to/take great pains to do sth** esforçar-se molt per fer alguna cosa ◆ **take great pains with/over sth** posar esment en alguna cosa **pained** *adj* **1** afligit **2** ofès

painful /ˈpeɪnfl/ *adj* **1** dolorós, adolorit: *to be painful* fer mal **2** (*deure*) penós **3** (*decisió*) desagradable **painfully** /-fəli/ *adv* terriblement

painkiller /ˈpeɪnkɪlə(r)/ *n* analgèsic, calmant

painless /ˈpeɪnləs/ *adj* **1** que no fa mal **2** (*procediment*) sense dificultats

painstaking /ˈpeɪnzteɪkɪŋ/ *adj* laboriós

paint /peɪnt/ *nom, verb*
▸ *n* pintura
▸ *vt, vi* pintar **painter** *n* pintor, -a **painting** *n* **1** quadre **2** [*incomptable*] pintura: *face painting* pintura de cara/cares ◇ *My hobbies are swimming and painting.* Els meus passatemps són la natació i la pintura.

paintbrush /ˈpeɪntbrʌʃ/ *n* pinzell, brotxa ➲ *Vegeu il·lustració a* BRUSH

paintwork /ˈpeɪntwɜːk/ *n* pintura (*superfície*)

pair /peə(r)/ *nom, verb*
▸ *n* **1** parell: *a pair of trousers* uns pantalons

> Les construccions amb mots que designen objectes formats per dos elements (com ara *tenalles, tisores, pantalons*, etc.) porten el verb en plural: *My trousers are very tight.* Els pantalons em van molt estrets. Quan ens referim a més d'un d'aquests objectes, fem servir el mot **pair**: *I've got two pairs of trousers.* Tinc dos pantalons.

2 [*v sing o pl*] parella (*animals, equip*): *the winning pair* la parella guanyadora ➲ *Compareu amb* COUPLE
▸ *v* PHR V **pair off (with sb); pair sb off (with sb)** aparellar-se (amb algú), aparellar algú (amb algú) (*relació amorosa*) ◆ **pair up (with sb)** aparellar-se (amb algú) (*per treballar, jugar, etc.*)

pajamas (*USA*) = PYJAMAS

pal /pæl/ *n* (*col·loq*) **1** amic, amiga **2** company, -a

palace /ˈpæləs/ *n* palau

palate /ˈpælət/ *n* paladar

pale /peɪl/ *adjectiu, nom*
▸ *adj* (**paler, -est**) **1** pàl·lid: *to go/turn pale* empallidir **2** (*color*) clar, pàl·lid **3** (*llum*) tènue
▸ *n* LOC **beyond the pale** inacceptable (*conducta*)

palette /ˈpælət/ *n* paleta (*de pintor*)

pallid /ˈpælɪd/ *adj* pàl·lid

pallor /ˈpælə(r)/ *n* pal·lidesa

palm /pɑːm/ *nom, verb*
▸ *n* **1** (*mà*) palmell **2** (*tb* **palm tree**) palmera LOC **have sb in the palm of your hand** tenir algú a la butxaca
▸ *v* PHR V **palm sb off with sth** (*col·loq*) **1** (*tb* **palm sth off on/onto sb**) encolomar alguna cosa (a algú) **2** enganyar, entabanar algú (amb alguna cosa)

palmtop /ˈpɑːmtɒp/ *n* ordinador de butxaca

paltry /ˈpɔːltri/ *adj* insignificant

pamper /ˈpæmpə(r)/ *vt* (*sovint pej*) aviciar

pamphlet /ˈpæmflət/ *n* **1** fullet **2** (*polític*) full volant, pamflet

pan /pæn/ *n* cassó, cassola *Vegeu tb* FRYING PAN, SAUCEPAN ➲ *Compareu amb* POT LOC *Vegeu* FLASH

pancake /ˈpænkeɪk/ *n* crep ➲ *Vegeu nota a* DIMARTS

panda /ˈpændə/ *n* panda

pander /ˈpændə(r)/ *v* PHR V **pander to sth/sb** (*pej*) satisfer alguna cosa/algú, complaure alguna cosa/algú

pane /peɪn/ *n* vidre: *a pane of glass* una fulla de vidre *Vegeu tb* WINDOWPANE

panel /ˈpænl/ *n* **1** plafó (*en una paret, porta, etc.*) **2** [*v sing o pl*] (*TV, Ràdio*) convidats, panel **3** [*v sing o pl*] comissió, jurat **4** quadre (*de comandament*) **panelled** (*USA* **paneled**) *adj* (revestit) amb plafons **panelling** (*USA* **paneling**) *n* revestiment (*en una paret, etc.*): *oak panelling* plafons de roure

pang /pæŋ/ *n* (*lit i fig*) punxada

panic /ˈpænɪk/ *nom, verb*
▸ *n* pànic
▸ *vi* (**-ck-**) aterrir-se, deixar-se portar pel pànic

panic-stricken /ˈpænɪk strɪkən/ *adj* pres del pànic

pansy /ˈpænzi/ *n* (*pl* **pansies**) pensament (*flor*)

pant /pænt/ *vi* panteixar

panther /ˈpænθə(r)/ *n* **1** pantera **2** (*USA*) puma

panties /ˈpæntiz/ *n* [*pl*] (*esp USA*) calces ➲ *Vegeu nota a* PAIR

pantomime /ˈpæntəmaɪm/ *n* (*GB*) representació teatral de Nadal amb música, ball i acudits, basada en contes de fades

pantry /ˈpæntri/ *n* (*pl* **pantries**) rebost

pants /pænts/ *n* [*pl*] **1** (*GB*) calçotets, calces **2** (*USA*) pantalons ➲ *Vegeu nota a* PAIR **3** (*GB, argot*) una porqueria

P

pantyhose /'pæntihəʊz/ *n* [*pl*] (*USA*) pantis, mitges

paper /'peɪpə(r)/ *nom, verb*

▸ *n* **1** [*incomptable*] paper: *a piece of paper* un full de paper/un paper **2** diari: *paper round* repartiment de diaris **3 papers** [*pl*] papers, paperassa **4 papers** [*pl*] documentació **5** examen **6** (*científic, acadèmic*) article, ponència **7** *Vegeu* WALLPAPER LOC **on paper 1** per escrit **2** en teoria

▸ *vt* empaperar

paperback /'peɪpəbæk/ *n* llibre en rústica ➲ *Compareu amb* HARDBACK

paper boy *n* repartidor de diaris

paper clip *n* clip (*per a papers*)

paper girl *n* repartidora de diaris

paper shop *n* botiga de diaris

paperwork /'peɪpəwɜːk/ *n* [*incomptable*] **1** tasques administratives **2** paperassa

par /pɑː(r)/ *n* LOC **below par** no tan bo/bé com de costum ◆ **on a par with sb/sth** al mateix nivell que algú/alguna cosa, equiparable a algú/alguna cosa

parable /'pærəbl/ *n* paràbola (*conte*)

parachute /'pærəʃuːt/ *n* paracaigudes **parachuting** *n* paracaigudisme: *to go parachuting* fer paracaigudisme **parachutist** *n* paracaigudista

P

parade /pə'reɪd/ *nom, verb*

▸ *n* desfilada

▸ **1** *vi* desfilar **2** *vt* exhibir (*esp pels carrers*) **3** *vt* (*pej*) (*coneixements*) presumir de **4** *vi* (*Mil*) passar revista

paradise /'pærədaɪs/ *n* paradís

paradox /'pærədɒks/ *n* paradoxa

paraffin /'pærəfɪn/ (*USA* **kerosene**) *n* querosè

paragliding /'pærəglaɪdɪŋ/ *n* (*Esport*) parapent

paragraph /'pærəgrɑːf; *USA* -græf/ *n* paràgraf

parallel /'pærəlel/ *adjectiu, nom*

▸ *adj* (en) paral·lel

▸ *n* **1** paral·lel **2** línia paral·lela

the Paralympics /ˌpærə'lɪmpɪks/ *n* [*pl*] els (jocs) paralímpics

paralyse (*USA* **paralyze**) /'pærəlaɪz/ *vt* paralitzar **paralysed** (*USA* **paralyzed**) *adj* **1** paralític **2** paralitzat (*per por, vaga, etc.*)

paralysis /pə'ræləsɪs/ *n* **1** (*pl* **paralyses** /-siːz/) paràlisi **2** [*incomptable*] paralització

paramedic /ˌpærə'medɪk/ *n* professional de la branca sanitària amb certs coneixements de medicina, personal paramèdic

paramount /'pærəmaʊnt/ *adj* primordial: *of paramount importance* de summa importància

paranoia /ˌpærə'nɔɪə/ *n* paranoia

paranoid /'pærənɔɪd/ *adj* paranoic

paranormal /ˌpærə'nɔːməl/ *adj* paranormal

paraphrase /'pærəfreɪz/ *vt* parafrasejar

parasailing /'pærəseɪlɪŋ/ *n* vol nàutic

parascending /'pærəsendɪŋ/ *n* parapent d'arrossegament

parasite /'pærəsaɪt/ *n* paràsit

parcel /'pɑːsl/ *n* paquet

> **Parcel** (*USA* **package**) s'utilitza per a fer referència als paquets que s'envien per correu. Per a referir-nos als paquets que es lliuren en mà, fem servir **package**. *Vegeu tb nota a* PACKET

parched /pɑːtʃt/ *adj* **1** ressec **2** (*col·loq*) (*persona*) mort de set

parchment /'pɑːtʃmənt/ *n* pergamí

pardon /'pɑːdn/ *interjecció, nom, verb*

▸ *interj* com diu?, què ha dit?

▸ *n* **1** (*Dret*) indult **2** (*formal*) perdó LOC *Vegeu* BEG

▸ *vt* perdonar LOC **pardon me** (*col·loq*) **1** perdó!, perdoni! **2** (*esp USA*) com diu?, què ha dit?

parent /'peərənt/ *n* **1** mare, pare: *my parents* els meus pares *Vegeu tb* SINGLE PARENT **2** *parent company* empresa matriu **parentage** /'peərəntɪdʒ/ *n* **1** origen (familiar) **2** pares **parental** /pə'rentl/ *adj* dels pares **parenthood** /'peərənthʊd/ *n* maternitat, paternitat

parents-in-law /'peərənts ɪn lɔː/ *n* [*pl*] sogres

parish /'pærɪʃ/ *n* parròquia: *parish priest* rector

park /pɑːk/ *nom, verb*

▸ *n* **1** parc: *parkland* zona verda/parc *Vegeu tb* THEME PARK **2** (*USA*) camp (d'esports)

▸ *vt, vi* aparcar

parking /'pɑːkɪŋ/ *n* [*incomptable*] aparcament (*acció*): *There's free parking.* L'aparcament és gratuït. ◇ *parking ticket/fine* multa per aparcament indegut

> En anglès "un pàrquing" es diu **a car park**.

parking lot *n* (*USA*) aparcament (*zona*)

parking meter *n* parquímetre

parliament /'pɑːləmənt/ *n* [*v sing o pl*] parlament

> El parlament britànic està dividit en dues cambres: la Cambra dels Comuns (**the House of Commons**) i la Cambra dels Lords (**the**

House of Lords). La Cambra dels Comuns, la componen 659 diputats (**Members of Parliament** o **MPs**), que són elegits pels ciutadans britànics. Cadascun d'aquests diputats representa un districte electoral (**constituency**).

parliamentary /ˌpɑːlə'mentri/ *adj* parlamentari

parlour (*USA* **parlor**) /'pɑːlə(r)/ *n* **1** (*antic*) sala **2** *beauty/ice-cream parlour* saló de bellesa/gelateria

parody /'pærədi/ *n* (*pl* **parodies**) paròdia

parole /pə'rəʊl/ *n* llibertat condicional

parrot /'pærət/ *n* lloro

parsley /'pɑːsli/ *n* julivert

parsnip /'pɑːsnɪp/ *n* xirivia

part /pɑːt/ *nom, verb*

▸ *n* **1** part: *in part exchange* com a part del pagament **2** peça **3** (*TV*) episodi **4** paper (*d'un actor*) **5 parts** [*pl*] (*antic, col·loq*) regió: *She's not from these parts.* No és d'aquesta zona. **6** (*USA*) clenxa LOC **for my, his, their, etc. part** per part meva, seva, etc. ◆ **for the most part** en general ◆ **on the part of sb/on sb's part**: *It was an error on my part.* Va ser un error per part meva. ◆ **take part (in sth)** prendre part (en alguna cosa) ◆ **take sb's part** estar/posar-se de part d'algú ◆ **the best/better part of sth** una bona part d'alguna cosa: *for the best part of a year* (durant) gairebé un any

▸ **1** *vt, vi* separar(-se) **2** *vt, vi* apartar(-se) **3** *vt*: *to part your hair* fer-se la clenxa LOC **part company (with/from sb)** separar-se, acomiadar-se (d'algú) PHRV **part with sth 1** desprendre's d'alguna cosa **2** (*diners*) gastar alguna cosa

partial /'pɑːʃl/ *adj* **1** parcial: *a partial eclipse* un eclipsi parcial **2 be ~ to sb/sth** tenir debilitat per algú/alguna cosa **3 ~ (towards sb/sth)** (*pej*) parcial (a favor d'algú/d'alguna cosa) **partially** /-ʃəli/ *adv* **1** parcialment **2** de manera parcial

participant /pɑː'tɪsɪpənt/ *n* participant

participate /pɑː'tɪsɪpeɪt/ *vi* ~ **(in sth)** participar (en alguna cosa) **participation** *n* participació

particle /'pɑːtɪkl/ *n* partícula

particular /pə'tɪkjələ(r)/ *adjectiu, nom*

▸ *adj* **1** (*concret*) en particular: *in this particular case* en aquest cas en concret **2** (*excepcional*) especial **3** ~ **(about/over sth)** primmirat (amb alguna cosa) LOC **in particular** en concret: *nothing/no one in particular* res/ningú en particular

▸ *n* **particulars** [*pl*] detalls, dades **particularly** *adv* **1** particularment, especialment **2** en particular

parting /'pɑːtɪŋ/ *n* **1** comiat **2** (*cabells*) clenxa

partisan /ˌpɑːtɪ'zæn, 'pɑːtɪzæn; *USA* -zn/ *adjectiu, nom*

▸ *adj* parcial

▸ *n* **1** partidari, -ària **2** partisà, -ana

partition /pɑː'tɪʃn/ *n* **1** envà, mampara **2** (*Pol*) partició, divisió

partly /'pɑːtli/ *adv* en part

partner /'pɑːtnə(r)/ *n* **1** (*relació, ball, esports*) parella, company, -a **2** (*Com*) soci, sòcia **partnership** *n* **1** associació **2** (*Com*) societat (comanditària)

part of speech *n* categoria gramatical

partridge /'pɑːtrɪdʒ/ *n* perdiu

part-time /ˌpɑːt 'taɪm/ *adj, adv* **1** a mitja jornada **2** (*curs*) a temps parcial

party /'pɑːti/ *n* (*pl* **parties**) **1** (*Pol*) partit **2** (*reunió*) festa: *to have a party* fer una festa **3** grup **4** (*Dret*) part LOC **be (a) party to sth** (*formal*) prendre part en alguna cosa

pass /pɑːs; *USA* pæs/ *verb, nom*

▸ **1** *vt, vi* passar **2** *vt* (*barrera*) traspassar **3** *vt* (*límit*) superar **4** *vt* (*examen, llei*) aprovar **5** *vi* succeir PHRV **pass sth around (sth)** = PASS STH ROUND (STH)

pass as sb/sth = PASS FOR SB/STH

pass away traspassar (*morir*)

pass by (sb/sth) passar pel davant (d'algú/d'alguna cosa) ◆ **pass sb/sth by** deixar algú/alguna cosa de banda

pass for sb/sth passar, ésser confós per algú/alguna cosa

pass sb/sth off as sb/sth fer passar algú/alguna cosa per algú/alguna cosa

pass out desmaiar-se

pass sth round (sth) fer circular alguna cosa (per…)

pass sth up (*col·loq*) deixar passar alguna cosa (*oportunitat*)

▸ *n* **1** (*examen*) aprovat **2** (*permís, autobús, etc.*) passi: *ski pass* forfet **3** (*Esport*) passada **4** (*muntanya*) port, pas LOC **make a pass at sb** (*col·loq*) intentar lligar amb algú

passable /'pɑːsəbl; *USA* 'pæs-/ *adj* **1** acceptable **2** transitable

passage /'pæsɪdʒ/ *n* **1** (*tb* **passageway** /'pæsɪdʒweɪ/) passadís **2** passatge (*d'un llibre, etc.*) **3** pas

passenger /'pæsɪndʒə(r)/ *n* passatger, -a

P

passer-by /ˌpɑːsə ˈbaɪ; *USA* ˌpæsər/ *n* (*pl* **passers-by**) transeünt

passing /ˈpɑːsɪŋ; *USA* ˈpæs-/ *nom, adjectiu*
▸ *n* **1** pas **2** (*formal*) desaparició, traspàs LOC **in passing** de passada
▸ *adj* **1** passatger **2** (*referència*) de passada **3** (*temps, trànsit*) que passa

passion /ˈpæʃn/ *n* passió **passionate** /ˈpæʃənət/ *adj* apassionat

passive /ˈpæsɪv/ *adjectiu, nom*
▸ *adj* passiu: *passive smoking* el tabaquisme passiu
▸ *n* (*tb* **passive voice**) veu passiva

passport /ˈpɑːspɔːt; *USA* ˈpæs-/ *n* passaport

password /ˈpɑːswɜːd; *USA* ˈpæs-/ *n* contrasenya

past /pɑːst; *USA* pæst/ *adjectiu, nom, preposició, adverbi*
▸ *adj* **1** passat **2** últim, darrer: *the past few days* els últims dies **3** antic: *past students* antics alumnes
▸ *n* **1 the past** [*sing*] el passat **2** (*tb* **past tense**) pretèrit, passat
▸ *prep* **1** *half past two* dos quarts de tres ◇ *ten past three* les tres i deu ◇ *past midnight* passada la mitjanit ◇ *It's past five o'clock.* Són les cinc tocades. **2** (*amb verbs de moviment*): *to walk past sb/sth* passar per davant/pel costat d'algú/d'alguna cosa **3** més enllà de, després de: *It's past your bedtime.* Ja hauries de ser al llit. LOC **be past it** (*GB, col·loq*) ésser massa vell ◆ **not put it past sb (to do sth)** creure algú capaç (de fer alguna cosa)
▸ *adv* al costat, per davant: *to walk past* passar per davant

pasta /ˈpæstə/ *n* pasta (*macarrons, etc.*)

paste /peɪst/ *nom, verb*
▸ *n* **1** pasta, massa **2** paté **3** cola
▸ *vt* enganxar

pastime /ˈpɑːstaɪm; *USA* ˈpæs-/ *n* passatemps

pastor /ˈpɑːstə(r); *USA* ˈpæs-/ *n* pastor, -a (*del culte protestant*)

pastoral /ˈpɑːstərəl; *USA* ˈpæs-/ *adj* **1** *pastoral care* atenció personal **2** pastoral, bucòlic

pastry /ˈpeɪstri/ *n* **1** [*incomptable*] massa (*d'un pastís, etc.*) **2** (*pl* **pastries**) pasta (*dolços*)

pasture /ˈpɑːstʃə(r); *USA* ˈpæs-/ *n* pastura

pat /pæt/ *verb, nom*
▸ *vt* (**-tt-**) **1** donar copets a **2** acaronar
▸ *n* **1** copet **2** carícia LOC **give sb a pat on the back (for sth)** felicitar algú (per alguna cosa)

patch /pætʃ/ *nom, verb*
▸ *n* **1** (*color*) taca **2** (*boira, etc.*) zona **3** (*roba*) pedaç **4** tros (*per cultivar-hi verdures, etc.*) **5** (*GB, col·loq*) (*àrea de treball*) zona, territori LOC **go through/hit a bad patch** (*col·loq*) passar/tenir un mal moment ◆ **not be a patch on sb/sth** no tenir ni punt de comparació amb algú/alguna cosa
▸ *vt* apedaçar PHR V **patch sth up 1** posar pedaços a alguna cosa **2** (*disputa*) resoldre alguna cosa **patchy** *adj* (**patchier, -iest**) **1** irregular, variable: *patchy rain/fog* ruixats/bancs de boira **2** desigual **3** (*coneixements*) incomplet, amb llacunes

patchwork /ˈpætʃwɜːk/ *n* **1** labor de retalls **2** mosaic (*d'estils, etc.*)

pâté /ˈpæteɪ; *USA* pɑːˈteɪ/ *n* paté

patent *nom, adjectiu, verb*
▸ *n* /ˈpætnt; *GB tb* ˈpeɪtnt/ patent
▸ *adj* /ˈpeɪtnt; *USA tb* ˈpætnt/ **1** (*Com*) patentat **2** (*formal*) patent
▸ *vt* /ˈpætnt; *GB tb* ˈpeɪtnt/ patentar **patently** /ˈpeɪtntli, ˈpætntli/ *adv* (*formal*) clarament

paternal /pəˈtɜːnl/ *adj* **1** paternal **2** (*parents*) patern

paternity /pəˈtɜːnəti/ *n* paternitat

path /pɑːθ; *USA* pæθ/ *n* **1** (*tb* **pathway** /ˈpɑːθweɪ; *USA* ˈpæθ-/) camí, sender **2** pas **3** trajectòria **4** (*fig*) camí

pathetic /pəˈθetɪk/ *adj* **1** patètic **2** (*col·loq*) (*insuficient*) penós: *She's pathetic!* És una inútil.

pathology /pəˈθɒlədʒi/ *n* patologia **pathological** /ˌpæθəˈlɒdʒɪkl/ *adj* patològic

pathos /ˈpeɪθɒs/ *n* patetisme

patience /ˈpeɪʃns/ *n* [*incomptable*] **1** paciència **2** solitari (*joc de cartes*) *Vegeu tb* TRY

patient /ˈpeɪʃnt/ *nom, adjectiu*
▸ *n* pacient, malalt, -a
▸ *adj* pacient: *Be patient.* Tingues paciència.

patio /ˈpætiəʊ/ *n* (*pl* **patios**) **1** terrassa **2** pati

patriarch /ˈpeɪtriɑːk/ *n* patriarca

patriot /ˈpeɪtrɪət, ˈpæt-/ *n* patriota **patriotic** /ˌpeɪtriˈɒtɪk, ˌpæt-/ *adj* patriòtic

patrol /pəˈtrəʊl/ *verb, nom*
▸ *vt, vi* (**-ll-**) patrullar (per), fer la ronda
▸ *n* patrulla

patron /ˈpeɪtrən/ *n* **1** patrocinador, -a **2** mecenes **3** (*formal*) client, -a **patronage** *n* **1** patrocini **2** patronatge **3**

patronize (*GB tb* **-ise**) /ˈpætrənaɪz; *USA* ˈpeɪt-/ *vt* **1** tractar com a inferior **2** (*formal*) ésser client habitual de **3** patrocinar **patronizing** (*GB tb* **-ising**) *adj* condescendent, paternalista

P

pattern /ˈpætn/ *n* **1** pauta, tendència **2** dibuix, estampat **3** (*confecció, etc.*) patró **patterned** *adj* estampat

pause /pɔːz/ *verb, nom*
▸ *vi* fer una pausa, aturar-se
▸ *n* pausa

pave /peɪv/ *vt* pavimentar LOC **pave the way (for sb/sth)** preparar el camí (per a algú/alguna cosa)

pavement /ˈpeɪvmənt/ *n* **1** (*USA* **sidewalk**) vorera **2** (*USA*) calçada

pavilion /pəˈvɪliən/ *n* pavelló

paving /ˈpeɪvɪŋ/ *n* paviment: *paving stone* llosa

paw /pɔː/ *nom, verb*
▸ *n* **1** pota **2** (*col·loq*) grapa (*mà*)
▸ *vt* graponejar

pawn /pɔːn/ *nom, verb*
▸ *n* (*Escacs*) peó
▸ *vt* empenyorar

pawnbroker /ˈpɔːnbrəʊkə(r)/ *n* prestador, -a

pay /peɪ/ *verb, nom*
▸ (*pt, pp* **paid**) **1** *vt, vi* ~ **(sb) (for sth)** pagar (alguna cosa) (a algú): *Who paid for the ice creams?* Qui ha pagat els gelats? **2** *vt* ~ **sb sth (for sth)**; ~ **sth (to sb) (for sth)** pagar alguna cosa (a algú) (per alguna cosa): *She paid him 30 euros for the picture.* Li va pagar 30 euros pel quadre. ➲ *Vegeu nota a* GIVE **3** *vi* valer la pena **4** *vi* ésser rendible **5** *vt, vi* compensar **6** *vt*: *to pay attention to sb/sth* prestar atenció a algú/alguna cosa ◇ *to pay sb a compliment/a visit* fer un compliment a algú/visitar algú LOC *Vegeu* EARTH, HEED
PHR V **pay sb back (sth); pay sth back (to sb)** pagar (alguna cosa) (a algú), tornar alguna cosa (a algú)
pay sth in; pay sth into sth ingressar alguna cosa (en alguna cosa)
pay off (*col·loq*) sortir a compte, valer la pena ◆ **pay sb off 1** pagar i acomiadar algú **2** subornar algú ◆ **pay sth off** (acabar de) pagar alguna cosa
pay up pagar (*el que es deu*)
▸ *n* [*incomptable*] sou: *a pay rise/increase* un augment de sou ◇ *pay claim* reclamació salarial ◇ *pay day* dia de paga ◇ *pay packet* sobre de la paga **payable** *adj* pagable

payment /ˈpeɪmənt/ *n* **1** pagament **2** [*incomptable*]: *in/as payment for sth* en recompensa de/com a pagament d'alguna cosa

pay-off /ˈpeɪ ɒf; *USA* ɔːf/ *n* (*col·loq*) **1** pagament, suborn **2** recompensa

pay-per-view /ˌpeɪ pə ˈvjuː/ *n* (*abrev* **PPV**) (*TV*) sistema de pagament per visió

payroll /ˈpeɪrəʊl/ *n* nòmina

PC /ˌpiː ˈsiː/ **1** (*pl* **PCs**) *abrev de* **personal computer** ordinador personal **2** (*pl* **PCs**) *abrev de* **police constable** agent de policia **3** *abrev de* **politically correct** políticament correcte

PE /ˌpiː ˈiː/ *n* (*abrev de* **physical education**) educació física

pea /piː/ *n* pèsol *Vegeu tb* CHICKPEA, SWEET PEA

peace /piːs/ *n* **1** pau: *to disturb the peace* pertorbar la pau i l'ordre **2** tranquil·litat: *peace of mind* tranquil·litat d'esperit LOC **be/feel at peace (with sth/sb)** sentir-se bé (amb alguna cosa/algú) ◆ **make (your) peace (with sb)** fer les paus (amb algú) **peaceful** *adj* **1** pacífic **2** tranquil

peach /piːtʃ/ *n* préssec: *peach tree* presseguer

peacock /ˈpiːkɒk/ *n* paó

peak /piːk/ *nom, verb, adjectiu*
▸ *n* **1** punt màxim, apogeu **2** (*muntanya*) cim, pic **3** punta **4** (*USA* **visor**) visera
▸ *vi* assolir el punt màxim
▸ *adj* màxim: *in peak condition* en condicions òptimes ◇ *peak hours* hores punta

peaked /piːkt/ *adj* **1** en punta **2** (*gorra*) amb visera

peal /piːl/ *n* **1** *peals of laughter* un esclat de rialles **2** (*campanes*) repicament

peanut /ˈpiːnʌt/ *n* **1** cacauet **2 peanuts** [*pl*] (*col·loq*) una misèria (*diners*)

pear /peə(r)/ *n* pera: *pear tree* perera

pearl /pɜːl/ *n* perla

pear-shaped /ˈpeə ʃeɪpt/ *adj* **1** amb forma de pera **2** ample de malucs LOC **go pear-shaped** (*GB, col·loq*) anar-se'n en orris

peasant /ˈpeznt/ *n* **1** pagès, -esa ➲ *Vegeu nota a* PAGÈS **2** (*col·loq, pej*) pagerol, -a

peat /piːt/ *n* torba

pebble /ˈpebl/ *n* còdol

peck /pek/ *verb, nom*
▸ **1** *vt, vi* ~ **(sth/at sth)** picotejar alguna cosa **2** *vt* (*col·loq*) fer un petonet a (*a la galta*)
▸ *n* **1** (*col·loq*) petonet **2** picada (*amb el bec*)

pecking order *n* (*col·loq*) ordre jeràrquic

peckish /ˈpekɪʃ/ *adj* (*GB, col·loq*): *to be/feel peckish* tenir ganes de picar alguna cosa

peculiar /pɪˈkjuːliə(r)/ *adj* **1** estrany **2** especial **3** ~ **(to sb/sth)** peculiar (d'algú/d'alguna cosa) **peculiarity** /pɪˌkjuːliˈærəti/ *n* **1** (*pl* **peculiarities**) peculiaritat **2** [*incomptable*] rareses **pecu-**

P

liarly *adv* **1** especialment **2** característicament **3** d'una manera estranya

pedal /'pedl/ *nom, verb*
▸ *n* pedal
▸ *vi* (**-ll-**, *USA* **-l-**) pedalejar

pedantic /pɪ'dæntɪk/ *adj* (*pej*) **1** maniàtic **2** pedant

pedestrian /pə'destriən/ *nom, adjectiu*
▸ *n* vianant
▸ *adj* **1** de vianants: *pedestrian precinct/crossing* zona/pas de vianants **2** (*pej*) pedestre

pediatrician (*USA*) = PAEDIATRICIAN

pedigree /'pedɪgri:/ *nom, adjectiu*
▸ *n* **1** (*animal*) pedigrí **2** (*persona*) genealogia **3** casta
▸ *adj* amb pedigrí, de raça

pee /pi:/ *verb, nom*
▸ *vi* (*col·loq*) fer pipí
▸ *n* (*col·loq*) pipí

peek /pi:k/ *vi* **1** ~ **(at sth)** donar una ullada ràpida i sovint d'amagat (a alguna cosa) ➲ *Vegeu nota a* MIRAR **2** ~ **out, over, through, etc. sth** sortir per damunt de, entre, etc. alguna cosa

peel /pi:l/ *verb, nom*
▸ **1** *vt, vi* pelar(-se) **2** *vt, vi* ~ **(sth) (away/off)** desenganxar, treure alguna cosa; desenganxar-se **3** *vi* ~ **(away/off)** (*pintura*) escrostonar-se
▸ *n* [*incomptable*] **1** pell **2** pela **3** closca

P

Per a closques dures, com de nou o d'ou, s'usa **shell** i no pas **peel**. La pell de la llimona pot ésser **rind** o **peel**, mentre que per a la taronja s'usa només **peel**. **Skin** s'utilitza per a la pell del plàtan i d'altres fruites amb la pell més fina, com el préssec.

peeler /'pi:lə(r)/ *n*: *potato peeler* pelapatates

peep /pi:p/ *verb, nom*
▸ *vi* **1** ~ **(at sth)** donar una ullada ràpida i sovint d'amagat (*esp a través d'una obertura petita*) (a alguna cosa) ➲ *Vegeu nota a* MIRAR **2** ~ **over, through, etc. sth**; ~ **out/through** sortir per damunt de, entre, etc. alguna cosa
▸ *n*: *to have/take a peep at sth* donar una ullada a alguna cosa

peer /pɪə(r)/ *verb, nom*
▸ *vi* ~ **at sb/sth** mirar algú/alguna cosa: *to peer out of the window* treure el cap per la finestra ➲ *Vegeu nota a* MIRAR
▸ *n* **1** igual **2** contemporani, -ania **3** (*GB*) noble **the peerage** *n* [*v sing o pl*] els pars, la noblesa

peer group *n* companys de la mateixa edat, cercle social, etc.

peeved /pi:vd/ *adj* (*col·loq*) empipat

peg /peg/ *nom, verb*
▸ *n* **1** agulla d'estendre roba **2** (*a la paret*) penjador LOC **bring/take sb down a peg (or two)** baixar els fums a algú
▸ *vt* (**-gg-**) **1** ~ **sth (out)** (*bugada*) estendre alguna cosa **2** (*preus, sous*) fixar (el nivell de) **3** ~ **sth to sth** lligar, clavar alguna cosa a alguna cosa

pejorative /pɪ'dʒɒrətɪv; *USA* -'dʒɔ:r-/ *adj* (*formal*) pejoratiu

pelican /'pelɪkən/ *n* pelicà

pellet /'pelɪt/ *n* **1** (*paper, etc.*) bola **2** (*fertilitzants, etc.*) grànul **3** perdigó

pelt /pelt/ *verb, nom*
▸ **1** *vt* ~ **sb with sth** llençar coses a algú **2** *vi* ~ **(down)** ploure a bots i barrals **3** *vi* (*col·loq*) ~ **along, down, up, etc. (sth)** anar a tota brida (per algun lloc): *They pelted down the hill.* Van baixar la muntanya a tota brida.
▸ *n* pell (*d'animal*)

pelvis /'pelvɪs/ *n* pelvis **pelvic** *adj* pelvià

pen /pen/ *n* **1** bolígraf, ploma **2** corral **3** (*per a ovelles*) cleda

penalize (*GB tb* **-ise**) /'pi:nəlaɪz/ *vt* **1** penalitzar, sancionar **2** perjudicar

penalty /'penəlti/ *n* (*pl* **penalties**) **1** (*càstig*) pena **2** multa **3** desavantatge **4** (*Esport*) penalització **5** (*Futbol*) penal

penalty shoot-out /ˌpenəlti 'ʃu:t aʊt/ *n* tanda de penals

pence *plural de* PENNY (1)

pencil /'pensl/ *n* llapis

pencil case *n* estoig (*per a llapis*)

pencil sharpener /'pensl ʃɑ:pnə(r)/ *n* maquineta de fer punta

pendant /'pendənt/ *n* penjoll

pending /'pendɪŋ/ *preposició, adjectiu*
▸ *prep* (*formal*) a l'espera de
▸ *adj* (*formal*) pendent

pendulum /'pendjələm/ *n* pèndol

penetrate /'penɪtreɪt/ **1** *vt, vi* ~ **(into/to) sth** penetrar alguna cosa **2** *vt, vi* ~ **(through) sth** travessar alguna cosa **3** *vt* (*organització*) infiltrar-se en **penetrating** *adj* **1** (*mirada, so*) penetrant **2** perspicaç

penfriend /'penfrend/ (*tb* **pen pal**) *n* amic, -iga per correspondència

penguin /'peŋgwɪn/ *n* pingüí

penicillin /ˌpenɪ'sɪlɪn/ *n* penicil·lina

peninsula /pə'nɪnsjələ; *USA* -sələ/ *n* península

penis /'pi:nɪs/ *n* penis

penknife /'pennaɪf/ *n* (*pl* **penknives** /-naɪvz/) **1** navalla **2** tallaplomes

penniless /'peniləs/ *adj* sense diners

penny /'peni/ *n* **1** (*pl* **pence** /pens/) (*abrev* **p**) penic ➲ *Vegeu nota a* PENIC; *Vegeu tb pàg 760* **2** (*pl* **pennies**) (*Can, USA*) centau **3** (*fig*) cèntim: *It was worth every penny.* Van ésser diners ben gastats.

pension /'penʃn/ *nom, verb*
▸ *n* pensió, jubilació
▸ *v* PHR V **pension sb off** jubilar algú **pensioner** *n* pensionista, jubilat, -ada

penthouse /'penthaʊs/ *n* àtic (*generalment de luxe*)

pent-up /ˌpent 'ʌp/ *adj* **1** (*ràbia, etc.*) contingut **2** (*desig*) reprimit

penultimate /pen'ʌltɪmət/ *adj* [*només davant del nom*] penúltim

people /'pi:pl/ *nom, verb*
▸ *n* **1** [*pl*] (*plural de* person) persones: *ten people* deu persones ➲ *Vegeu nota a* PERSON **2** [*pl*] gent: *People are saying that...* La gent diu que... **3** [*comptable*] (*nació*) poble **4 the people** [*pl*] el poble
▸ *vt* poblar

people carrier *n* monovolum

pepper /'pepə(r)/ *n* **1** pebre **2** (*USA* **bell pepper**) pebrot

peppercorn /'pepəkɔ:n/ *n* gra de pebre

peppermint /'pepəmɪnt/ *n* **1** menta **2** caramel de menta

per /pə(r)/ *prep* per: *20 per person* 20 per cap/persona ◇ *60 euros per day* 60 euros al dia ◇ *per annum* a l'any

perceive /pə'si:v/ *vt* (*formal*) **1** (*observar*) percebre, notar **2** (*considerar*) ~ **sth (as sth)** interpretar alguna cosa (com a alguna cosa)

per cent /pə 'sent/ (*tb* **percent**) *n, adj, adv* per cent **percentage** /pə'sentɪdʒ/ *n* percentatge: *percentage increase* augment percentual

perceptible /pə'septəbl/ *adj* (*formal*) **1** perceptible **2** (*millora, etc.*) notable

perception /pə'sepʃn/ *n* (*formal*) **1** percepció **2** sensibilitat, perspicàcia **3** punt de vista

perceptive /pə'septɪv/ *adj* perspicaç

perch /pɜ:tʃ/ *nom, verb*
▸ *n* **1** perxa (*per a ocells*) **2** posició (elevada) **3** (*pl* **perch**) (*peix*) perca
▸ *vi* ~ **(on sth) 1** (*ocell*) posar-se (en alguna cosa) **2** (*persona, edifici*) col·locar-se, estar col·locat a la punta/al capdamunt (d'alguna cosa)

percussion /pə'kʌʃn/ *n* percussió

perennial /pə'reniəl/ *adj* perenne

perfect *adjectiu, verb*
▸ *adj* /'pɜ:fɪkt/ **1** perfecte **2** ~ **for sb/sth** ideal per a algú/alguna cosa **3** complet: *a perfect stranger* un veritable desconegut **4** (*Gram*) perfet
▸ *vt* /pə'fekt/ perfeccionar

perfection /pə'fekʃn/ *n* perfecció LOC **to perfection** a la perfecció **perfectionist** *n* perfeccionista

perfectly /'pɜ:fɪktli/ *adv* **1** completament **2** perfectament

perforate /'pɜ:fəreɪt/ *vt* perforar **perforation** *n* perforació

perform /pə'fɔ:m/ **1** *vt* (*feina, ritual, operació*) fer, dur a terme **2** *vt* (*funció, compromís*) complir **3** *vt, vi* (*Teat, etc.*) actuar, representar: *the performing arts* les arts escèniques **4** *vt, vi* (*música*) interpretar **5** *vi* (*cotxe, màquina*) funcionar: *to perform badly/poorly* anar malament

performance /pə'fɔ:məns/ *n* **1** (*Mús*) actuació, interpretació **2** (*Teat*) representació, funció **3** (*Cine*) sessió **4** (*estudiant, empleat*) rendiment **5** (*empresa*) resultats **6** (*tasques*) realització

performer /pə'fɔ:mə(r)/ *n* **1** (*Mús*) intèrpret **2** (*Teat*) actor, actriu **3** artista (*de varietats*)

perfume /'pɜ:fju:m; *USA* pər'fju:m/ *n* perfum ➲ *Vegeu nota a* SMELL

perhaps /pə'hæps, præps/ *adv* potser: *perhaps not* potser no

peril /'perəl/ *n* perill, risc

perimeter /pə'rɪmɪtə(r)/ *n* perímetre

period /'pɪəriəd/ *n* **1** període: *over a period of three years* durant tres anys **2** època: *period dress/furniture* roba/mobles d'època **3** (*Educ*) classe **4** (*menstruació*) regla **5** (*USA*) punt (i seguit/a part)

periodic /ˌpɪəri'ɒdɪk/ (*tb* **periodical** /-kl/) *adj* periòdic **periodically** /-kli/ *adv* periòdicament

periodical /ˌpɪəri'ɒdɪkl/ *n* revista

perish /'perɪʃ/ *vi* (*formal*) perir, morir **perishable** *adj* (*menjar*) que no es conserva

perjury /'pɜ:dʒəri/ *n* perjuri

perk /pɜ:k/ *nom, verb*
▸ *n* benefici (addicional) (*d'una feina, etc.*)
▸ *v* PHR V **perk up** (*col·loq*) **1** animar-se, trobar-se millor **2** (*negocis, temps*) millorar

perm /pɜ:m/ *nom, verb*
▸ *n* permanent
▸ *vt*: *to have your hair permed* fer-se la permanent

permanent /'pɜ:mənənt/ *adj* **1** permanent, fix **2** (*dany*) irreparable, per sempre **permanently** *adv* permanentment, per sempre

P

permissible /pəˈmɪsəbl/ *adj* (*formal*) permissible, admissible

permission /pəˈmɪʃn/ *n* ~ **(for sth/to do sth)** permís, autorització (per a alguna cosa/per a fer alguna cosa)

permissive /pəˈmɪsɪv/ *adj* (*sovint pej*) permissiu

permit *verb, nom*
▸ *vt, vi* /pəˈmɪt/ (**-tt-**) (*formal*) permetre: *If time permits...* Si hi ha prou temps... ➲ *Vegeu nota a* ALLOW
▸ *n* /ˈpɜːmɪt/ **1** permís, autorització **2** (*d'entrada*) passi

perpendicular /ˌpɜːpənˈdɪkjələ(r)/ *adj* **1** ~ **(to sth)** perpendicular (a alguna cosa) **2** vertical

perpetrate /ˈpɜːpətreɪt/ *vt* (*formal*) perpetrar

perpetual /pəˈpetʃuəl/ *adj* **1** perpetu, continu **2** constant, inacabable

perpetuate /pəˈpetʃueɪt/ *vt* (*formal*) perpetuar

perplexed /pəˈplekst/ *adj* perplex

persecute /ˈpɜːsɪkjuːt/ *vt* ~ **sb (for sth)** perseguir algú (per alguna cosa) (*raça, religió, etc.*) **persecution** *n* persecució

persevere /ˌpɜːsɪˈvɪə(r)/ *vi* **1** ~ **(in/with sth)** perseverar (en alguna cosa) **2** ~ **(with sb)** continuar insistint (amb algú) **perseverance** *n* perseverança

P

persist /pəˈsɪst/ *vi* **1** ~ **(in sth/in doing sth)** insistir, entestar-se (en alguna cosa/a fer alguna cosa) **2** ~ **with sth** prosseguir amb alguna cosa **3** persistir **persistence** *n* **1** perseverança **2** persistència **persistent** *adj* **1** insistent **2** continu, persistent

person /ˈpɜːsn/ *n* persona ❶ El plural de **person** és normalment **people**: *one hundred people* cent persones. També hi ha el plural **persons**, però només es fa servir en llenguatge formal o legal: *The police have a list of missing persons.* La policia té una llista de persones desaparegudes. LOC **in person** en persona

personal /ˈpɜːsənl/ *adj* personal: *personal assistant* secretari de direcció ◇ *personal column* anuncis per paraules LOC **become/get personal** passar a la crítica personal **personalize** (*GB tb* **-ise**) *vt* **1** marcar amb les inicials pròpies **2** personalitzar **3** (*paper de cartes*) posar capçalera a **personally** *adv* personalment LOC **take sth personally** ofendre's per alguna cosa: *Don't take it personally.* No t'ho prenguis malament.

personality /ˌpɜːsəˈnæləti/ *n* (*pl* **personalities**) **1** personalitat **2** personatge (*famós*)

personal organizer (*GB tb* **-iser**) *n* agenda (electrònica)

personal stereo *n* (*pl* **stereos**) Walkman®

personify /pəˈsɒnɪfaɪ/ *vt* (*pt, pp* **-fied**) personificar

personnel /ˌpɜːsəˈnel/ *n* [*v sing o pl*] (departament de) personal: *personnel officer* cap de personal

perspective /pəˈspektɪv/ *n* perspectiva, punt de vista LOC **get/put sth in/into perspective** (*problema, situació*) enfocar alguna cosa amb objectivitat/distància ◆ **keep sth in perspective** mantenir l'objectivitat respecte a alguna cosa

perspire /pəˈspaɪə(r)/ *vi* (*formal*) perspirar, suar **perspiration** /ˌpɜːspəˈreɪʃn/ *n* perspiració, suor ❶ La paraula més habitual és **sweat**.

persuade /pəˈsweɪd/ *vt* **1** ~ **sb to do sth**; ~ **sb into (doing) sth** convèncer, persuadir algú de fer alguna cosa **2** ~ **sb (of sth)**; ~ **sb that...** persuadir algú (d'alguna cosa/que...) **persuasion** *n* **1** persuasió **2** creença, opinió **persuasive** *adj* **1** convincent **2** persuasiu

pertinent /ˈpɜːtɪnənt; *USA* -tnənt/ *adj* (*formal*) pertinent

perturb /pəˈtɜːb/ *vt* (*formal*) pertorbar

pervade /pəˈveɪd/ *vt* (*formal*) **1** (*obra, llibre*) impregnar **2** (*olor*) estendre's per **3** (*llum*) difondre's per **pervasive** *adj* generalitzat, dominant

perverse /pəˈvɜːs/ *adj* **1** (*persona*) tossut, pervers **2** (*decisió, comportament*) amb mala idea **3** (*plaer, desig*) pervers **perversion** /pəˈvɜːʃn; *USA* -ʒn/ *n* **1** perversió **2** corrupció **3** tergiversació

pervert *verb, nom*
▸ *vt* /pəˈvɜːt/ **1** tergiversar **2** corrompre
▸ *n* /ˈpɜːvɜːt/ pervertit, -ida

pessimism /ˈpesɪmɪzəm/ *n* pessimisme **pessimist** *n* pesimista **pessimistic** /ˌpesɪˈmɪstɪk/ *adj* pessimista

pest /pest/ *n* **1** insecte o animal nociu: *pest control* control de plagues **2** (*col·loq*) (*persona*) corcó

pester /ˈpestə(r)/ *vt* molestar

pesticide /ˈpestɪsaɪd/ *n* pesticida

pet /pet/ *nom, verb, adjectiu*
▸ *n* **1** animal domèstic, animal de companyia: *pet shop* botiga d'animals **2** (*pej*) (*persona*) favorit, -ita
▸ *vt* acariciar
▸ *adj* **1** predilecte **2** (*animal*) domesticat, de companyia

petal /ˈpetl/ *n* pètal

peter /'pi:tə(r)/ *v* PHR V **peter out 1** exhaurir-se lentament **2** (*conversació*) apagar-se

petite /pə'ti:t/ *adj* (*dona*) menut ➲ *Vegeu nota a* PRIM

petition /pə'tɪʃn/ *n* petició (*per escrit signada per molta gent*)

petrol /'petrəl/ (*USA* **gasoline, gas**) *n* gasolina

petroleum /pə'trəʊliəm/ *n* petroli

petrol station (*USA* **gas station**) *n* gasolinera

petticoat /'petɪkəʊt/ *n* (*antic*) combinació, enagos

petty /'peti/ *adj* (*pej*) **1** insignificant **2** (*delicte, despesa*) menor: *petty cash* diners per a despeses menors **3** (*persona, conducta*) mesquí

pew /pju:/ *n* banc (*d'església*)

phantom /'fæntəm/ *nom, adjectiu*
- *n* fantasma
- *adj* [*només davant del nom*] il·lusori

pharmaceutical /ˌfɑ:mə'sju:tɪkl; *USA* -'su:-/ *adj* farmacèutic

pharmacist /'fɑ:məsɪst/ *n* farmacèutic, -a ➲ *Compareu amb* CHEMIST

pharmacy /'fɑ:məsi/ *n* (*pl* **pharmacies**) farmàcia

> Una farmàcia es diu **pharmacy** o **chemist's** en anglès britànic, i **drugstore** en anglès americà.

phase /feɪz/ *nom, verb*
- *n* fase, etapa: *He's going through a difficult phase.* Està passant per una etapa difícil.
- *vt* escalonar PHR V **phase sth in/out** introduir/retirar alguna cosa gradualment

PhD (*tb esp USA* **Ph. D.**) /ˌpi: eɪtʃ 'di:/ *n* (*abrev de* **Doctor of Philosophy**) doctorat

pheasant /'feznt/ *n* (*pl* **pheasants** *o* **pheasant**) faisà

phenomenon /fə'nɒmɪnən/ *n* (*pl* **-ena** /-ɪnə/) fenomen **phenomenal** *adj* fenomenal

phew /fju:/ *interj* uf, bufa

philanthropist /fɪ'lænθrəpɪst/ *n* filantrop, -a

philosopher /fə'lɒsəfə(r)/ *n* filòsof, -a

philosophical /ˌfɪlə'sɒfɪkl/ (*tb* **philosophic**) *adj* filosòfic

philosophy /fə'lɒsəfi/ *n* (*pl* **philosophies**) filosofia

phlegm /flem/ *n* flegma **phlegmatic** /fleg'mætɪk/ *adj* flegmàtic

phobia /'fəʊbiə/ *n* fòbia

phoenix /'fi:niks/ *n* fènix

phone /fəʊn/ *nom, verb*
- *n* telèfon: *to make a phone call* fer una trucada (telefònica) ◇ *phone book* guia telefònica ◇ *Do you have their phone number?* Que tens el seu (número de) telèfon? LOC **be on the phone** (*tb* **be on the telephone**) **1** tenir telèfon **2** parlar per telèfon
- *vt, vi* ~ **(sb/sth) (up)** (*esp GB*) trucar (a), telefonar (a): *I was just phoning for a chat.* Telefonava només per xerrar una estona. PHR V **phone in** (*esp GB*) telefonar (*a la feina o a un programa de ràdio o televisió*)

phone box *n* cabina telefònica

phonecard /'fəʊnkɑ:d/ *n* targeta telefònica

phone-in /'fəʊn ɪn/ *n* programa de ràdio o televisió obert a les trucades del públic

phonetics /fə'netɪks/ *n* [*incomptable*] fonètica **phonetic** *adj* fonètic

phoney (*tb esp USA* **phony**) /'fəʊni/ *adj, n* (**phonier, -iest**) (*col·loq*) fals, -a

photo /'fəʊtəʊ/ *n* (*pl* **photos**) foto

photocopier /'fəʊtəʊkɒpiə(r)/ *n* fotocopiadora

photocopy /'fəʊtəʊkɒpi/ *nom, verb*
- *n* (*pl* **photocopies**) fotocòpia
- *vt* (*pt, pp* **-pied**) fotocopiar

photogenic /ˌfəʊtəʊ'dʒenɪk/ *adj* fotogènic

photograph /'fəʊtəgrɑ:f; *USA* -græf/ *nom, verb*
- *n* fotografia
- **1** *vt* fotografiar **2** *vi* ~ **well, badly, etc.** sortir bé, malament, etc. a les fotos: *He photographs well.* És fotogènic. **photographer** /fə'tɒgrəfə(r)/ *n* fotògraf, -a **photographic** /ˌfəʊtə'græfɪk/ *adj* fotogràfic **photography** /fə'tɒgrəfi/ *n* fotografia (*art*)

phrasal verb /ˌfreɪzl 'vɜ:b/ *n* verb amb partícula adverbial o preposicional ➲ *Vegeu pàg 355*

phrase /freɪz/ *nom, verb*
- *n* **1** locució, sintagma: *adverbial phrase* locució adverbial **2** expressió, frase: *a German phrase book* una guia de conversa de l'alemany *Vegeu tb* CATCHPHRASE *Vegeu tb* TURN *n*
- *vt* expressar

physical /'fɪzɪkl/ *adj* físic: *physical fitness* bona forma física **physically** /-kli/ *adv* físicament: *physically fit* en bona forma física ◇ *physically handicapped* discapacitat

physician /fɪ'zɪʃn/ *n* (*formal*) metge, -essa ❶ La paraula més habitual és **doctor**.

physicist /'fɪzɪsɪst/ *n* físic, -a

physics /'fɪzɪks/ *n* [*incomptable*] física

physiology /ˌfɪzi'ɒlədʒi/ *n* fisiologia

P

physiotherapy /ˌfɪziəʊ'θerəpi/ *n* fisioteràpia **physiotherapist** *n* fisioterapeuta

physique /fɪ'ziːk/ *n* físic (*aspecte*)

pianist /'pɪənɪst/ *n* pianista

piano /pɪ'ænəʊ/ *n* (*pl* **pianos**) piano: *piano stool* tamboret de piano

pick /pɪk/ *verb, nom*

▸ *vt* **1** triar, seleccionar **2** (*flor, fruita, etc.*) collir **3** furgar: *to pick your teeth* escurar-se les dents ◇ *to pick your nose* ficar-se els dits al nas ◇ *to pick a hole (in sth)* fer un forat (en alguna cosa) **4** ~ **sth from/off sth** treure alguna cosa d'alguna cosa **5** (*pany*) forçar LOC **pick a fight/quarrel (with sb)** buscar brega (amb algú) ◆ **pick and choose** ésser molt exigent ◆ **pick holes in sth** trobar defectes en alguna cosa ◆ **pick sb's brains** (*col·loq*) abusar dels coneixements d'algú ◆ **pick sb's pocket** robar la cartera a algú ◆ **pick up speed** agafar embranzida *Vegeu tb* BONE

PHR V **pick at sth** menjar alguna cosa amb desgana

pick on sb 1 fer la guitza a algú **2** elegir algú (*per a una feina desagradable*)

pick sb/sth out 1 escollir algú/alguna cosa **2** (*en una multitud, etc.*) distingir algú/alguna cosa ◆ **pick sth out 1** (*Mús*) tocar alguna cosa de memòria (*a poc a poc*) **2** identificar alguna cosa **3** posar alguna cosa en relleu

pick up 1 millorar **2** (*vent*) bufar més fort **3** (*col·loq*) continuar ◆ **pick sb up 1** (anar/venir a) buscar algú (*esp amb cotxe*) **2** (*col·loq*) lligar amb algú **3** (*col·loq*) detenir algú ◆ **pick sth up 1** aprendre alguna cosa **2** (re)collir alguna cosa **3** (*malaltia, accent, costum*) agafar alguna cosa ◆ **pick yourself up** aixecar-se

▸ *n* **1** (dret de) tria, selecció: *Take your pick.* Agafa el/la que vulguis. **2 the pick (of sth)** [*sing*] el millor (d'alguna cosa) **3** (*tb* **pickaxe** /'pɪkæks/) pic (*eina*)

pickle /'pɪkl/ *n* **1** confitat **2** salsa a base de verdura i fruita confitada LOC **be in a pickle** (*col·loq*) estar en un embolic

pickpocket /'pɪkpɒkɪt/ *n* carterista **pickpocketing** *n*: *Pickpocketing is very common in certain areas of London.* Els carteristes són molt habituals en certes zones de Londres.

picnic /'pɪknɪk/ *n* pícnic: *to go for/have a picnic* fer un pícnic

pictorial /pɪk'tɔːriəl/ *adj* **1** gràfic **2** (*Art*) pictòric

picture /'pɪktʃə(r)/ *nom, verb*

▸ *n* **1** quadre **2** il·lustració, dibuix **3** foto **4** retrat **5** (*TV*) imatge **6** imatge, idea **7** pel·lícula LOC **be/look a picture** ésser una preciositat ◆ **put/keep sb in the picture** (*col·loq*) posar/mantenir algú al corrent

▸ *vt* **1** ~ **sb/sth (as sth)** imaginar algú/alguna cosa (com a alguna cosa) **2** retratar, fotografiar

picturesque /ˌpɪktʃə'resk/ *adj* pintoresc

pie /paɪ/ *n* pastís

> **Pie** és un pastís o una panada de pasta cuita al forn amb tapa i farciment dolç o salat: *apple pie* pastís de poma. **Tart** i **flan** s'usen per als pastissos dolços que no duen tapa.

piece /piːs/ *nom, verb*

▸ *n* **1** tros: *The toy lay in pieces on the floor.* La joguina era a terra, feta miques. **2** (*paper*) full **3** peça: *to take sth to pieces* desmuntar alguna cosa **4** *a piece of advice/news* un consell/una notícia ℹ **A piece of...** o **pieces of...** s'usa amb noms incomptables. *Vegeu tb nota a* CONSELL **5** (*Mús*) obra, peça **6** (*Period*) article **7** moneda LOC **be a piece of cake** (*col·loq*) ésser bufar i fer ampolles ◆ **in one piece** sa i estalvi *Vegeu tb* BIT

▸ *v* PHR V **piece sth together 1** (*proves, dades, etc.*) ajuntar alguna cosa **2** (*passat*) reconstruir alguna cosa **3** (*trencaclosques, etc.*) muntar alguna cosa

piecemeal /'piːsmiːl/ *adjectiu, adverbi*

▸ *adj* (*sovint pej*) poc sistemàtic

▸ *adv* (*sovint pej*) d'una manera poc sistemàtica

pier /pɪə(r)/ *n* **1** passeig amb jocs i atraccions en un moll **2** embarcador

pierce /pɪəs/ *vt* **1** (*bala, ganivet*) travessar **2** foradar, punxar: *to have your ears pierced* fer-se els forats a les orelles **3** (*formal*) (*so, etc.*) penetrar en

piercing /'pɪəsɪŋ/ *adjectiu, nom*

▸ *adj* **1** (*mirada, ulls*) penetrant **2** (*crit*) agut

▸ *n* pírcing

piety /'paɪəti/ *n* pietat (*religiosa*)

pig /pɪg/ *n* **1** porc ➲ *Vegeu notes a* CARN *i* PORC **2** (*col·loq, pej*) (*persona*) porc, -a: *You greedy pig!* Que n'ets, de golafre!

pigeon /'pɪdʒɪn/ *n* **1** colom **2** colomí

pigeonhole /'pɪdʒɪnhəʊl/ *n* casella (*esp per a correspondència*)

piglet /'pɪglət/ *n* porquet ➲ *Vegeu nota a* PORC

pigment /'pɪgmənt/ *n* pigment

pigsty /'pɪgstaɪ/ *n* (*pl* **pigsties**) (*lit i fig*) cort (*de porcs*)

pigtail /'pɪgteɪl/ *n* trena

P

pile /paɪl/ *nom, verb*
▸ *n* **1** pila **2** [*gen pl*] ~ **of sth** (*col·loq*) una pila d'alguna cosa: *I've got piles of work to do.* Tinc una pila de feina per fer.
▸ **1** *vt, vi* ~ **(sth) (up)** apilar, apilar-se **2** *vt* ~ **sth in(to)/on(to) sth** encabir alguna cosa en alguna cosa **3** *vt* ~ **sth with sth** abarrotar alguna cosa d'alguna cosa: *to be piled (high) with sth* estar abarrotat d'alguna cosa **4** *vi* ~ **in, out, etc.** (*col·loq*) entrar, sortir, etc. en desordre
pile-up /ˈpaɪl ʌp/ *n* accident múltiple
pilgrim /ˈpɪlgrɪm/ *n* pelegrí, -ina **pilgrimage** /ˈpɪlgrɪmɪdʒ/ *n* pelegrinatge
pill /pɪl/ *n* **1** píndola, pastilla: *sleeping pill* somnífer **2 the pill** [*sing*] (*anticonceptiu*) la píndola
pillar /ˈpɪlə(r)/ *n* pilar
pillow /ˈpɪləʊ/ *n* coixí (*del llit*)
pillowcase /ˈpɪləʊkeɪs/ *n* coixinera
pilot /ˈpaɪlət/ *nom, verb, adjectiu*
▸ *n* **1** pilot **2** (*TV*) programa pilot
▸ *vt* **1** pilotar **2** (*producte, etc.*) posar a prova
▸ *adj* pilot (*experimental*)
pimple /ˈpɪmpl/ *n* gra (*a la pell*)
PIN /pɪn/ (*tb* **PIN number**) *n* (*abrev de* **personal identification number**) número d'identificació personal, número secret (*de la targeta de crèdit, etc.*)
pin /pɪn/ *nom, verb*
▸ *n* **1** agulla de cap **2** fermall **3** clavilla *Vegeu tb* DRAWING PIN, SAFETY PIN LOC **pins and needles** [*incomptable*] formigueig
▸ *vt* (**-nn-**) **1** (*amb agulles*) apuntar, subjectar **2** (*persona, braços*) subjectar PHR V **pin sb down** (*a terra, etc.*) immobilitzar algú ◆ **pin sb down (to sth)** fer que algú es comprometi (a alguna cosa), fer que algú concreti
pinball /ˈpɪnbɔːl/ *n* flipper, joc del milió
pincer /ˈpɪnsə(r)/ *n* **1 pincers** [*pl*] tenalles ➲ *Vegeu nota a* PAIR **2** (*Zool*) pinça
pinch /pɪntʃ/ *verb, nom*
▸ **1** *vt* pessigar **2** *vt, vi* (*sabates, etc.*) estrènyer **3** *vt* ~ **sth (from sb/sth)** (*GB, col·loq*) pispar, furtar alguna cosa (a algú/d'alguna cosa)
▸ *n* pessic: *a pinch of salt* un pessic de sal LOC **at a pinch** en cas de necessitat ◆ **take sth with a pinch of salt** acceptar alguna cosa amb reserves
pine /paɪn/ *nom, verb*
▸ *n* (*tb* **pine tree**) pi: *pine cone* pinya
▸ *vi* **1** ~ **(away)** llanguir, consumir-se (*de pena*) **2** ~ **for sb/sth** enyorar algú/alguna cosa

pineapple /ˈpaɪnæpl/ *n* pinya (americana/tropical)
ping /pɪŋ/ *n* **1** dring **2** (*de bala*) xiulet
ping-pong /ˈpɪŋ pɒŋ/ *n* (*col·loq*) ping-pong
pink /pɪŋk/ *adjectiu, nom*
▸ *adj* **1** (de color) rosa, rosat **2** (*de vergonya, etc.*) vermell
▸ *n* **1** rosa (*color*) **2** (*Bot*) clavellina
pinnacle /ˈpɪnəkl/ *n* **1** ~ **of sth** pinacle, cim d'alguna cosa **2** (*Arquit*) pinacle **3** pic (*d'una muntanya*)
pinpoint /ˈpɪnpɔɪnt/ *vt* localitzar, identificar
pint /paɪnt/ *n* **1** (*abrev* **pt**) pinta (*0,568 litres a la Gran Bretanya o 0,473 litres als EUA*) ➲ *Vegeu pàg 759* **2** *Let's go for a pint.* Anem a fer una cervesa. ➲ *Vegeu nota a* CERVESA
pin-up /ˈpɪn ʌp/ *n* foto (*de persona atractiva, clavada a la paret*)
pioneer /ˌpaɪəˈnɪə(r)/ *nom, verb*
▸ *n* pioner, -a
▸ *vt* ésser pioner de **pioneering** *adj* pioner
pious /ˈpaɪəs/ *adj* **1** pietós, devot **2** (*pej*) beat
pip /pɪp/ *n* pinyol (*de llimona, taronja, poma, raïm*) ➲ *Vegeu nota a* PINYOL
pipe /paɪp/ *nom, verb*
▸ *n* **1** tub, conducte: *waste pipe* desguàs **2 pipes** [*pl*] canonada, canonades **3** pipa **4** (*Mús*) flauta **5 pipes** [*pl*] *Vegeu* BAGPIPES
▸ *vt* transportar (*per canonada, gasoducte, oleoducte*) PHR V **pipe down** (*col·loq*) callar
pipeline /ˈpaɪplaɪn/ *n* canonada, gasoducte, oleoducte LOC **be in the pipeline 1** (*comanda*) estar tramitant-se **2** (*canvi, proposta, etc.*) estar preparant-se
piper /ˈpaɪpə(r)/ *n* gaiter, -a
piping hot *adj* calentíssim
piracy /ˈpaɪrəsi/ *n* pirateria
pirate /ˈpaɪrət/ *nom, verb*
▸ *n* pirata
▸ *vt* piratejar
Pisces /ˈpaɪsiːz/ *n* pisces, peixos ➲ *Vegeu exemples a* AQUARIUS
pistachio /pɪˈstæʃiəʊ/ *n* (*pl* **pistachios**) pistatxo
pistol /ˈpɪstl/ *n* pistola
piston /ˈpɪstən/ *n* pistó
pit /pɪt/ *nom, verb*
▸ *n* **1** clot **2** mina de carbó **3** forat (*en una superfície*) **4** (*esp USA*) (*fruita*) pinyol **5 the pits** [*pl*] (*curses de cotxes*) box **6 the pit** (*Teat*) platea LOC **be the pits** (*col·loq*) ésser pèssim

P

▸ *v* (**-tt-**) PHR V **pit sb/sth against sb/sth** enfrontar algú/alguna cosa amb algú/alguna cosa

pitch /pɪtʃ/ *nom, verb*
▸ *n* **1** (*Esport*) camp **2** (*Mús*) to **3** parada (*al mercat, carrer*) **4** brea: *pitch-black* negre com el carbó **5** (*teulada*) inclinació
▸ **1** *vt* llançar, tirar **2** *vi* sortir expel·lit **3** *vi* (*vaixell*) capficar **4** *vt* muntar (*tenda de campanya*) PHR V **pitch in (with sth)** (*col·loq*) posar fil a l'agulla, col·laborar, ajudar (amb alguna cosa)

pitched battle *n* batalla campal

pitcher /ˈpɪtʃə(r)/ *n* **1** (*USA*) gerra **2** (*GB*) pitxer **3** (*Beisbol*) llançador, -a

pitfall /ˈpɪtfɔːl/ *n* escull (*dificultat*)

pith /pɪθ/ *n* part blanca de la pell (*cítrics*)

pitiful /ˈpɪtɪfl/ *adj* **1** llastimós, commovedor **2** penós

pitiless /ˈpɪtiləs/ *adj* **1** despietat **2** implacable

pity /ˈpɪti/ *nom, verb*
▸ *n* **1** ~ **(for sb/sth)** pena, compassió per algú/alguna cosa **2** llàstima, pena LOC **take pity on sb** apiadar-se d'algú
▸ *vt* (*pt, pp* **pitied**) compadir(-se de): *I pity you.* Em fas pena.

pivot /ˈpɪvət/ *n* **1** (*lit*) pivot **2** (*fig*) eix

pizza /ˈpiːtsə/ *n* pizza

placard /ˈplækɑːd/ *n* cartell, pancarta

placate /pləˈkeɪt; *USA* ˈpleɪkeɪt/ *vt* apaivagar

place /pleɪs/ *nom, verb*
▸ *n* **1** lloc, indret **2** (*en superfície*) part **3** (*seient, posició*) plaça, lloc **4** *It's not my place to...* No és de la meva competència... **5** [*sing*] casa: *They all went round to Laura's place.* Tots van anar a ca la Laura. LOC **all over the place** (*col·loq*) **1** pertot arreu **2** en desordre ◆ **change/swap places (with sb)** **1** canviar-se de lloc (amb algú) **2** (*fig*) canviar-se (per algú) ◆ **in/into place** al seu lloc ◆ **in the first, second, etc. place** en primer, segon, etc. lloc ◆ **out of place** desplaçat, fora de lloc ◆ **take place** tenir lloc, ocórrer ◆ **take sb/sth's place**; **take the place of sb/sth** substituir algú/alguna cosa *Vegeu tb* FRIEND
▸ *vt* **1** posar, col·locar **2** identificar **3** ~ **sth (with sb/sth)** (*comanda, aposta*) fer alguna cosa (a algú/en alguna cosa): *They placed an order with the suppliers.* Van fer una comanda als proveïdors. **4** situar

plague /pleɪɡ/ *nom, verb*
▸ *n* **1** pesta **2** ~ **of sth** plaga d'alguna cosa
▸ *vt* **1** fastiguejar, turmentar **2** importunar

plaice /pleɪs/ *n* (*pl* **plaice**) palaia (anglesa) (*peix*)

plain /pleɪn/ *adjectiu, nom, adverbi*
▸ *adj* (**plainer, -est**) **1** clar **2** franc, directe **3** senzill: *plain flour* farina (sense llevat) ◇ *plain chocolate* xocolata negra **4** llis, neutre, sense dibuix: *plain paper* paper llis **5** (*físic*) poc atractiu LOC **make sth plain (to sb)** deixar alguna cosa clara (a algú)
▸ *n* pla, plana
▸ *adv* (*col·loq*) simplement: *It's just plain stupid.* És ben estúpid. **plainly** *adv* clarament

plain clothes /ˌpleɪn ˈkləʊðz/ *n* [*pl*]: *in plain clothes* (vestit) de paisà **plain-clothes** *adj*: *a plain-clothes policeman* un policia de paisà

plaintiff /ˈpleɪntɪf/ *n* (*Dret*) demandant

plait /plæt/ (*tb esp USA* **braid**) *n* trena

plan /plæn/ *nom, verb*
▸ *n* **1** pla, programa **2** plànol **3** esquema
▸ (**-nn-**) **1** *vi* fer plans **2** *vt* planejar, projectar: *What do you plan to do?* Què penses fer? PHR V **plan sth out** planificar alguna cosa

plane /pleɪn/ *n* **1** avió: *plane crash* accident d'aviació **2** pla **3** ribot

planet /ˈplænɪt/ *n* planeta

plank /plæŋk/ *n* **1** post, tauló **2** principi bàsic (*de política, etc.*)

planner /ˈplænə(r)/ *n* **1** planificador, -a **2** *Vegeu* TOWN PLANNER

planning /ˈplænɪŋ/ *n* **1** planificació: *planning permission* permís d'obres **2** *Vegeu* TOWN PLANNING

plant /plɑːnt; *USA* plænt/ *nom, verb*
▸ *n* **1** planta: *plant pot* test **2** fàbrica **3** (*Mec*) maquinària, equip
▸ *vt* **1** plantar **2** (*jardí, camp*) sembrar **3** (*bomba*) col·locar **4** ~ **sth (on sb)** posar d'amagat alguna cosa (entre les coses d'algú) (*objecte incriminatori*) **5** sembrar (*dubtes etc.*)

plantation /plɑːnˈteɪʃn; *USA* plæn-/ *n* **1** (*finca*) plantació **2** arbreda

plaque /plæk/ *n* **1** placa (commemorativa) **2** carrall, tosca dental

plaster /ˈplɑːstə(r); *USA* ˈplæs-/ *nom, verb*
▸ *n* **1** guix, argamassa **2** (*tb* **plaster of Paris**) guix (*per a fractures*): *to put sth in plaster* enguixar alguna cosa **3** (*USA* **Band-Aid®**) esparadrap, tireta
▸ *vt* **1** enguixar **2** untar **3** (*fig*) omplir, cobrir

plastic /ˈplæstɪk/ *nom, adjectiu*
▸ *n* plàstic
▸ *adj* **1** de plàstic **2** (*flexible*) plàstic

Plasticine® /ˈplæstəsiːn/ *n* (*GB*) plastilina®

plastic surgery *n* cirurgia plàstica

P

plate /pleɪt/ *n* **1** plat **2** (*metall, etc.*) placa, planxa: *plate glass* làmina de vidre **3** xapat (*d'or/de plata*) **4** (*impremta*) làmina *Vegeu tb* LICENSE PLATE, NUMBER PLATE

plateau /'plætəʊ; *USA* plæ'təʊ/ *n* (*pl* **plateaux** *o* **plateaus** /-təʊz/) altiplà

platform /'plætfɔːm/ *n* **1** andana, via **2** tarima **3** (*Pol*) programa, plataforma

platform shoes *n* sabates de plataforma

platinum /'plætɪnəm/ *n* platí

platoon /plə'tuːn/ *n* (*Mil*) secció

plausible /'plɔːzəbl/ *adj* **1** versemblant **2** (*pej*) (*persona*) convincent

play /pleɪ/ *verb, nom*

▸ **1** *vt, vi* jugar (a) ➲ *Vegeu nota a* ESPORT **2** *vt* ~ **sb** (*Esport*) jugar contra algú **3** *vt* (*broma pesada*) fer **4** *vt, vi* (*instrument*) tocar: *to play the guitar* tocar la guitarra **5** *vt* (*CD, etc.*) posar **6** *vi* (*música*) sonar **7** (*pilota*) picar, jugar **8** *vt* (*paper dramàtic*) interpretar, fer de **9** *vt* fer: *to play the fool* fer el ximple **10** *vt, vi* (*escena, obra*) representar(-se) **11** *vt* (*funció*) exercir ❶ Per a expressions amb **play**, vegeu les entrades del nom, adjectiu, etc., p. ex. **play it by ear** a EAR. PHR V **play along (with sb)** seguir-li la veta (a algú) ◆ **play sth down** treure importància a alguna cosa ◆ **play A off against B** enfrontar A i B ◆ **play (sb) up** (*col·loq*) **1** empipar (algú) **2** (*motor, màquina*) donar problemes (a algú)

▸ *n* **1** [*incomptable*] joc: *children at play* nens jugant **2** (*Teat*) obra **3** (*moviment*) folgança **4** (*de forces, personalitats, etc.*) interacció LOC **a play on words** un joc de paraules *Vegeu tb* CHILD

player /'pleɪə(r)/ *n* **1** jugador, -a **2** (*formal*) actor: *a key player in the market* un actor clau en el mercat **3** reproductor: *DVD/cassette player* reproductor de DVD/casset *Vegeu tb* RECORD PLAYER **4** (*Mús*) músic, -a

playful /'pleɪfl/ *adj* **1** juganer **2** (*comentari, acció*) de broma

playground /'pleɪgraʊnd/ *n* pati (*d'una escola*), parc infantil

playgroup /'pleɪgruːp/ *n* jardí d'infants

playing card *n* carta, naip

playing field *n* camp d'esports

play-off /'pleɪ ɒf/ *n* partit de desempat

playpen /'pleɪpen/ *n* parc (*de bebè*)

playtime /'pleɪtaɪm/ *n* esbarjo

playwright /'pleɪraɪt/ *n* dramaturg, -a

plea /pliː/ *n* **1** ~ **(for sth)** (*formal*) petició, súplica (d'alguna cosa): *to make a plea for sth* demanar alguna cosa **2** (*Dret*) declaració, al·legació: *a plea of guilty/not guilty* una declaració de culpabilitat/innocència **3** (*Dret*) pretext: *on a plea of ill health* al·legant tenir mala salut

plead /pliːd/ (*pt, pp* **pleaded**, *USA tb* **pled** /pled/) **1** *vi* ~ **(with sb) (for sth)** suplicar, demanar (alguna cosa) (algú) **2** *vi* (*Dret*) ~ **for sb** parlar a favor d'algú **3** *vt* (*defensa*) al·legar LOC **plead guilty/not guilty** declarar-se culpable/innocent

pleasant /'pleznt/ *adj* agradable **pleasantly** *adv* **1** agradablement **2** amb amabilitat

please /pliːz/ *interjecció, verb*

▸ *interj* si us plau: *Please come in.* Passeu, si us plau. ◇ *Please do not smoke.* No fumeu, si us plau. ◇ *Yes, please.* Sí, gràcies.

> Se sol utilitzar **please** en respostes afirmatives i **thank you** o **thanks** (*més col·loq*) en respostes negatives: *'Would you like another biscuit?' 'Yes, please./No, thank you.'*
> Aquests termes es fan servir molt més sovint en anglès que no pas en català, i en general es considera poc educat ometre'ls: *Could you pass the salt, please?*

LOC **please do!** i tant!, és clar!

▸ **1** *vt, vi* complaure **2** *vt* ésser un plaer per a **3** *vi*: *for as long as you please* tot el temps que vulguis ◇ *I'll do whatever I please.* Faré el que jo vulgui. LOC **as you please** com et sembli ◆ **please yourself!** (*col·loq*) Fes el que vulguis!

pleased /pliːzd/ *adj* **1** content ➲ *Vegeu nota a* GLAD **2** ~ **(with sb/sth)** satisfet (amb algú/d'alguna cosa) LOC **be pleased to do sth** alegrar-se de fer alguna cosa, tenir el plaer de fer alguna cosa: *I'd be pleased to come.* M'agradaria molt venir-hi. *Vegeu tb* MEET

pleasing /'pliːzɪŋ/ *adj* grat, agradable

pleasure /'pleʒə(r)/ *n* plaer: *It gives me pleasure to...* Em complau (de)... LOC **take pleasure in sth** gaudir d'alguna cosa ◆ **with pleasure** (*formal*) amb molt de gust *Vegeu tb* BUSINESS **pleasurable** *adj* agradable

pleat /pliːt/ *n* (*costura*) plec

pled (*USA*) *pt, pp de* PLEAD

pledge /pledʒ/ *nom, verb*

▸ *n* promesa, compromís

▸ *vt* **1** ~ **sth (to sb/sth)** prometre alguna cosa (a algú/alguna cosa) **2** ~ **yourself (to sth)** comprometre's (a alguna cosa)

plentiful /'plentɪfl/ *adj* abundant LOC *Vegeu* SUPPLY

plenty /'plenti/ *pronom, adverbi*

▸ *pron* **1** molt, de sobres: *plenty to do* molt a fer ◇ *plenty of things* moltes coses **2** suficient: *That's plenty, thank you.* Ja en tinc prou, gràcies!

P

▸ *adv* **1** ~ **more** molt més: *plenty more people* molts d'altres **2** ~ **big, long, etc. enough** (*col·loq*) prou gran, llarg, etc. **3** (*USA*) molt

pliable /ˈplaɪəbl/ *adj* **1** flexible **2** (*tb* **pliant** /ˈplaɪənt/) influenciable

plied *pt, pp de* PLY

pliers /ˈplaɪəz/ *n* [*pl*] alicates, tenalles: *a pair of pliers* unes alicates ➲ *Vegeu nota a* PAIR

plight /plaɪt/ *n* **1** (mala) situació **2** crisi

plod /plɒd/ *vi* (**-dd-**) caminar pesadament PHR V **plod along/on** avançar penosament

plonk /plɒŋk/ *vt* **1** ~ **sth (down)** deixar caure alguna cosa sorollosament **2** ~ **yourself (down)** deixar-se caure pesadament

plot /plɒt/ *nom, verb*

▸ *n* **1** (*llibre, pel·lícula*) argument **2** complot, intriga **3** parcel·la **4** solar

▸ (**-tt-**) **1** *vt* (*intriga*) ordir **2** *vi* conspirar, intrigar **3** *vt* (*rumb, etc.*) traçar

plough (*USA* **plow**) /plaʊ/ *nom, verb*

▸ *n* **1** arada **2 the Plough** l'Óssa Major

▸ *vt, vi* llaurar PHR V **plough sth back (in/into sth)** (*guanys*) reinvertir alguna cosa (en alguna cosa) ◆ **plough into sb/sth** xocar contra algú/alguna cosa ◆ **plough (your way) through sth** **1** obrir-se pas per/entre alguna cosa **2** = PLOUGH INTO SB/STH **3** llegir alguna cosa amb dificultat: *It took me hours to plough through all my emails.* Vaig passar molta estona llegint tots els missatges que tenia.

ploy /plɔɪ/ *n* ardit, estratagema

pluck /plʌk/ *verb, nom*

▸ *vt* **1** collir, arrencar **2** (*celles*) depilar **3** plomar **4** (*corda d'un instrument*) polsar **5** (*guitarra*) puntejar LOC **pluck up courage (to do sth)** armar-se de valor (i fer alguna cosa)

▸ *n* (*col·loq*) coratge, valor

plug /plʌg/ *nom, verb*

▸ *n* **1** endoll (*clavilla*) ➲ *Vegeu il·lustració a* ENDOLL **2** tap **3** *Vegeu* SPARK PLUG **4** (*col·loq*) propaganda

▸ *vt* (**-gg-**) **1** (*forat*) tapar **2** (*fuita*) obturar **3** (*orelles*) tapar **4** (*buit*) omplir **5** fer propaganda de PHR V **plug sth in; plug sth into sth** endollar, connectar alguna cosa (a alguna cosa)

plum /plʌm/ *n* pruna: *plum tree* prunera

plumage /ˈpluːmɪdʒ/ *n* plomatge

plumber /ˈplʌmə(r)/ *n* lampista (*d'aigua*) **plumbing** *n* sistema de canonades

plummet /ˈplʌmɪt/ *vi* **1** caure en picat **2** (*fig*) baixar dràsticament

plump /plʌmp/ *adjectiu, verb*

▸ *adj* (**plumper, -est**) **1** rodanxó ➲ *Vegeu nota a* GRAS **2** molsut

▸ *v* PHR V **plump for sb/sth** (*col·loq*) decidir-se per algú/alguna cosa, elegir algú/alguna cosa

plunder /ˈplʌndə(r)/ *vt* saquejar

plunge /plʌndʒ/ *verb, nom*

▸ **1** *vi* caure (en picat), precipitar-se **2** *vt* sumir (*en una guerra, depressió*) **3** *vi* capbussar-se PHR V **plunge sth in; plunge sth into sth** **1** ficar, enfonsar alguna cosa (en alguna cosa) **2** (*en aigua*) submergir alguna cosa (en alguna cosa)

▸ *n* **1** caiguda **2** capbussada **3** (*preus*) caiguda, baixada LOC **take the plunge** (*col·loq*) fer un cop de cap

plural /ˈplʊərəl/ *adj, n* plural: *in the plural* en plural

plus /plʌs/ *preposició, nom, adjectiu, conjunció*

▸ *prep* **1** (*Mat*) més: *Three plus six equals nine.* Tres més sis fan nou. **2** a més de: *plus the fact that...* més el fet que...

▸ *n* **1** (*pl* **pluses**) (*col·loq*) punt a favor: *the pluses and minuses of sth* els pros i els contres d'alguna cosa **2** (*tb* **plus sign**) (signe) més

▸ *adj* **1** com a mínim: *500 plus* 500 com a mínim ◇ *He must be forty plus.* Deu tenir més de quaranta anys. **2** (*Electròn, Mat*) positiu

▸ *conj* (*col·loq*) a més a més

plush /plʌʃ/ *adj* (*col·loq*) luxós, de luxe

Pluto /ˈpluːtəʊ/ *n* Plutó

plutonium /pluːˈtəʊniəm/ *n* plutoni

ply /plaɪ/ *vi* (*pt, pp* **plied** /plaɪd/) (*formal*) fer la ruta LOC **ply your trade** (*formal*) exercir, fer la teva feina PHR V **ply sb with sth** **1** oferir/donar alguna cosa a algú (constantment) (*menjar, beguda*) **2** assetjar algú amb alguna cosa (*preguntes*)

plywood /ˈplaɪwʊd/ *n* fusta contraplacada

p.m. (*USA* **P.M.**) /ˌpiː ˈem/ *abrev* de la tarda, del vespre, de la nit: *at 4.30 p.m.* a dos quarts de cinc de la tarda

> Quan diem **a.m.** o **p.m.** amb les hores, no es pot fer servir **o'clock**: *Shall we meet at three o'clock/3 p.m.?* Quedem a les tres (de la tarda)? *Vegeu tb nota a* MATÍ

pneumatic /njuːˈmætɪk; *USA* nuː-/ *adj* pneumàtic: *pneumatic drill* martell pneumàtic

pneumonia /njuːˈməʊniə; *USA* nuː-/ *n* [*incomptable*] pneumònia, pulmonia

PO /ˌpiː ˈəʊ/ *abrev de* **Post Office**

poach /pəʊtʃ/ **1** *vt* coure **2** *vt* (*ou*) escaldar: *poached egg* ou escumat **3** *vt, vi* caçar/pescar furtivament **4** *vt* (*idea, etc.*) robar, apropiar-se de **poacher** *n* caçador/pescador furtiu, caçadora/pescadora furtiva

P

pocket /'pɒkɪt/ *nom, verb*
▸ *n* **1** butxaca: *pocket-sized* de dimensions butxaca **2** nucli LOC **be in/out of pocket** acabar guanyant-hi/perdent-hi diners *Vegeu tb* PICK
▸ *vt* **1** posar a la butxaca **2** embutxacar-se
pocketknife /'pɒkɪtnaɪf/ *n* (*pl* **-knives** /-naɪvz/) (*esp USA*) navalla
pocket money *n* setmanada (per als nens)
pod /pɒd/ *n* beina (*de mongetes, etc.*)
podium /'pəʊdiəm/ *n* podi
poem /'pəʊɪm/ *n* poema
poet /'pəʊɪt/ *n* poeta
poetic /pəʊ'etɪk/ *adj* poètic: *poetic justice* justícia divina
poetry /'pəʊətri/ *n* poesia
poignant /'pɔɪnjənt/ *adj* punyent
point /pɔɪnt/ *nom, verb*
▸ *n* **1** punt **2** qüestió: *the point is...* la qüestió és... **3** sentit: *What's the point?* Per a què? ◇ *to miss the point* no entendre ◇ *There's no point in shouting.* És inútil que cridis. **4** moment: *at some point* en algun moment ◇ *at this point in time* ara **5** (*Mat*) coma **6** punta **7** (*tb* **power point**) endoll (*a la paret*) **8 points** [*pl*] (*Ferrocarril*) agulles LOC **be beside the point** no venir a tomb, no tenir res a veure ◆ **in point of fact** de fet ◆ **make a point of doing sth** assegurar-se de fer alguna cosa ◆ **make your point** deixar clara una idea, proposta, etc. ◆ **point of view** punt de vista ◆ **take sb's point** entendre el que algú diu ◆ **to the point** al gra *Vegeu tb* PROVE, SORE, STRONG
▸ **1** *vi* ~ **(at/to/towards sb/sth)** assenyalar (amb el dit) (algú/alguna cosa); apuntar (a algú/alguna cosa) **2** *vt* ~ **sth at sb** apuntar a algú amb alguna cosa: *to point your finger (at sb/sth)* assenyalar (algú/alguna cosa) amb el dit **3** *vi* ~ **to sth** indicar alguna cosa PHR V **point sb/sth out (to sb)** fer notar algú/alguna cosa (a algú)
point-blank /ˌpɔɪnt 'blæŋk/ *adjectiu, adverbi*
▸ *adj* **1** *at point-blank range* a boca de canó **2** (*negativa*) rotund
▸ *adv* **1** a boca de canó **2** categòricament
pointed /'pɔɪntɪd/ *adj* **1** afilat, punxegut **2** (*crítica*) intencionat
pointer /'pɔɪntə(r)/ *n* **1** (*col·loq*) suggeriment **2** ~ **(to sth)** senyal (d'alguna cosa) **3** agulla (*de balança, etc.*) **4** apuntador, punter
pointless /'pɔɪntləs/ *adj* **1** sense sentit **2** inútil
poise /pɔɪz/ *n* **1** aplom **2** elegància **poised** *adj* **1** suspès **2** amb aplom
poison /'pɔɪzn/ *nom, verb*
▸ *n* verí
▸ *vt* enverinar **poisoning** *n* enverinament: *food poisoning* intoxicació alimentària **poisonous** *adj* verinós
poke /pəʊk/ **1** *vt* empènyer (*amb el dit, etc.*): *to poke your finger into sth* ficar el dit en alguna cosa **2** *vt* (*foc*) atiar **3** *vi* ~ **out/through**; ~ **out of/through sth** sortir (per alguna cosa) LOC *Vegeu* FUN PHR V **poke about/around** (*col·loq*) furgar, tafanejar
poker /'pəʊkə(r)/ *n* **1** pòquer **2** atiador
poker-faced /ˌpəʊkə 'feɪst/ *adj* amb cara inescrutable
poky /'pəʊki/ *adj* (*col·loq*) (*habitació, casa*) esquifit
polar /'pəʊlə(r)/ *adj* polar: *polar bear* ós polar
pole /pəʊl/ *n* **1** pal **2** (*Geog, Fís*) pol LOC **be poles apart** ésser en extrems oposats
pole vault *n* salt amb perxa
police /pə'li:s/ *nom, verb*
▸ *n* [*pl*] policia: *police constable/officer* (agent de) policia ◇ *police force* cos de policia ◇ *police state* estat policial ◇ *police station* comissaria (de policia)
▸ *vt* vigilar
policeman /pə'li:smən/ *n* (*pl* **-men** /-mən/) policia ➲ *Vegeu nota a* POLICIA
policewoman /pə'li:swʊmən/ *n* (*pl* **-women** /-wɪmɪn/) policia ➲ *Vegeu nota a* POLICIA
policy /'pɒləsi/ *n* (*pl* **policies**) **1** política **2** (*assegurança*) pòlissa
polio /'pəʊliəʊ/ *n* [*incomptable*] poliomielitis
polish /'pɒlɪʃ/ *nom, verb*
▸ *n* **1** llustre **2** enllustrada **3** (*mobles*) cera **4** (*sabates*) betum **5** (*ungles*) esmalt **6** (*fig*) finesa, refinament
▸ *vt* **1** enllustrar, encerar, polir **2** (*ulleres, sabates*) netejar **3** (*fig*) polir PHR V **polish sb off** (*col·loq*) pelar algú (*matar*) ◆ **polish sth off** (*col·loq*) **1** cruspir-se alguna cosa **2** (*feina*) enllestir alguna cosa **polished** *adj* **1** enllustrat, polit **2** (*manera, estil*) refinat, polit **3** (*actuació*) impecable
polite /pə'laɪt/ *adj* **1** cortès, educat **2** (*comportament*) correcte
political /pə'lɪtɪkl/ *adj* polític
politically correct *adj* (*abrev* **PC**) políticament correcte
politician /ˌpɒlə'tɪʃn/ *n* polític, -a
politics /'pɒlətɪks/ *n* **1** [*v sing o pl*] política **2** [*pl*] creences polítiques **3** [*incomptable*] (*Educ*) ciències polítiques
poll /pəʊl/ *n* **1** sondeig d'opinió **2** [*sing*] elecció **3** votació: *to take a poll on sth* posar alguna cosa a votació **4 the polls** [*pl*] les urnes

P

pollen /'pɒlən/ *n* pol·len
pollute /pə'luːt/ *vt* **1** ~ **sth (with sth)** contaminar alguna cosa (amb alguna cosa) **2** (*fig*) corrompre **polluted** *adj* contaminat **pollution** *n* **1** contaminació **2** (*fig*) corrupció
polo /'pəʊləʊ/ *n* polo (*esport*)
polo neck (*USA* **turtleneck**) *n* coll alt (*jersei*)
polyester /ˌpɒli'estə(r)/ *n* polièster
polystyrene /ˌpɒli'staɪriːn/ *n* poliestirè
polythene /'pɒlɪθiːn/ *n* polietilè
pomegranate /'pɒmɪgrænɪt/ *n* magrana
pomp /pɒmp/ *n* **1** pompa, magnificència **2** (*pej*) ostentació
pompous /'pɒmpəs/ *adj* (*pej*) **1** pompós **2** (*persona*) vanitós
pond /pɒnd/ *n* estany, bassa
ponder /'pɒndə(r)/ *vt, vi* ~ **(about/on/over sth)** (*formal*) reflexionar (sobre alguna cosa)
pony /'pəʊni/ *n* (*pl* **ponies**) poni: *pony-trekking* excursió amb poni
ponytail /'pəʊniteɪl/ *n* cua (de cavall)
poo /'puː/ *n* caca
poodle /'puːdl/ *n* caniche
pool /puːl/ *nom, verb*
▸ *n* **1** *Vegeu* SWIMMING POOL **2** toll **3** bassal **4** estany **5** (*riu*) gorg **6** (*llum*) feix **7** billar americà ➲ *Vegeu nota a* BILLAR **8 the (football) pools** [*pl*] les travesses
▸ *vt* (*recursos, idees, etc.*) ajuntar, conjuminar
poor /pɔː(r), pʊə(r)/ *adjectiu, nom*
▸ *adj* (**poorer**, **-est**) **1** pobre **2** dolent: *in poor taste* de mal gust **3** (*nivell*) baix LOC *Vegeu* FIGHT
▸ *n* **the poor** [*pl*] els pobres
poorly /'pɔːli, 'pʊəli/ *adverbi, adjectiu*
▸ *adv* **1** malament **2** pobrament
▸ *adj* (*GB, col·loq*) malament, malalt
pop /pɒp/ *nom, verb, adverbi*
▸ *n* **1** (*tb* **pop music**) (música) pop: *pop star* estrella del pop **2** (*esp USA, col·loq*) papà **3** espetec, pet
▸ (**-pp-**) **1** *vi* fer pam!, fer un espetec **2** *vt, vi* (*globus*) rebentar PHR V **pop across, back, down, out, etc.** travessar, tornar, baixar, sortir, etc. ◆ **pop sth back, in, etc.** retornar, ficar, etc. alguna cosa ◆ **pop in** visitar ◆ **pop out (of sth)** sortir (d'alguna cosa) ◆ **pop up** aparèixer ❶ Tots aquests *phrasal verbs* són col·loquials, i fan referència a una acció ràpida, sobtada o de poca durada.
▸ *adv*: *to go pop* petar
popcorn /'pɒpkɔːn/ *n* [*incomptable*] crispetes
pope /pəʊp/ *n* papa
poplar /'pɒplə(r)/ *n* pollancre, àlber
poppy /'pɒpi/ *n* (*pl* **poppies**) rosella
Popsicle® /'pɒpsɪkl/ *n* (*USA*) gelat de pal
popular /'pɒpjələ(r)/ *adj* **1** popular: *to be popular with sb* caure bé a algú **2** de moda: *Berets are very popular this season.* Les boines es porten molt aquesta temporada. **3** de (les) masses: *the popular press* la premsa sensacionalista **4** (*lloc*) molt freqüentat **5** (*creença*) generalitzat **popularize** (*GB tb* **-ise**) *vt* **1** popularitzar **2** vulgaritzar
popularity /ˌpɒpju'lærəti/ *n* popularitat
population /ˌpɒpju'leɪʃn/ *n* població: *the population explosion* l'explosió demogràfica
porcelain /'pɔːsəlɪn/ *n* [*incomptable*] porcellana
porch /pɔːtʃ/ *n* porxo
pore /pɔː(r)/ *nom, verb*
▸ *n* porus
▸ *v* PHR V **pore over sth** estudiar alguna cosa detingudament
pork /pɔːk/ *n* (carn de) porc ➲ *Vegeu nota a* CARN
pornography /pɔː'nɒgrəfi/ (*col·loq* **porn**) *n* pornografia **pornographic** /ˌpɔːnɒ'græfik/ *n* pornogràfic
porous /'pɔːrəs/ *adj* porós
porridge /'pɒrɪdʒ; *USA* 'pɔːr-/ *n* [*incomptable*] farinetes de civada
port /pɔːt/ *n* **1** port **2** (*vi*) porto **3** (*vaixell*) babord
portable /'pɔːtəbl/ *adjectiu, nom*
▸ *adj* portàtil
▸ *n* televisor/ordinador portàtil
porter /'pɔːtə(r)/ *n* **1** (*estació, hotel*) mosso, -a, maleter, -a **2** (*en hospital*) zelador, -a **3** porter, -a, conserge
porthole /'pɔːthəʊl/ *n* portell
portion /'pɔːʃn/ *n* **1** porció **2** (*menjar*) ració
portrait /'pɔːtreɪt, -trət/ *nom, adjectiu*
▸ *n* retrat
▸ *adj* vertical: *portrait format* format vertical ➲ *Compareu amb* LANDSCAPE
portray /pɔː'treɪ/ *vt* **1** retratar **2** ~ **sb/sth (as sth)** representar algú/alguna cosa (com a alguna cosa) **portrayal** *n* representació
pose /pəʊz/ *verb, nom*
▸ **1** *vt* (*dificultat, pregunta*) plantejar **2** *vi* (*Art*) posar **3** *vi* ~ **as sb** fer-se passar per algú **4** *vi* (*pej*) comportar-se d'una manera afectada
▸ *n* **1** posa **2** (*pej*) posat
posh /pɒʃ/ *adj* (**posher**, **-est**) (*col·loq*) **1** (*hotel, cotxe, etc.*) de luxe **2** (*zona*) elegant **3** (*pej*) fatxender **4** (*accent*) afectat

position /pə'zɪʃn/ *nom, verb*
▸ *n* **1** posició **2** situació **3** ~ **(on sth)** (*opinió*) posició (respecte a alguna cosa) **4** (*formal*) (*feina*) lloc **LOC be in a/no position to do sth** estar/no estar en condicions de fer alguna cosa
▸ *vt* col·locar, situar

positive /'pɒzətɪv/ *adj* **1** positiu **2** definitiu, categòric **3** ~ **(about sth/that...)** segur (d'alguna cosa/que...) **4** (*col·loq*) total, autèntic: *a positive disgrace* un autèntic escàndol **positively** *adv* **1** absolutament **2** positivament **3** amb optimisme **4** categòricament

possess /pə'zes/ *vt* (*formal*) **1** posseir, tenir **2** dominar: *What possessed you to do that?* Què et va empènyer a fer-ho? **possessive** *adj* possessiu

possession /pə'zeʃn/ *n* **1** (*formal*) possessió **2 possessions** [*pl*] pertinences **LOC be in possession of sth** (*formal*) tenir alguna cosa

possibility /ˌpɒsə'bɪləti/ *n* (*pl* **possibilities**) **1** possibilitat: *within/beyond the bounds of possibility* dins/fora dels límits de la possibilitat **2 possibilities** [*pl*] potencial

possible /'pɒsəbl/ *adj* possible: *if possible* si és possible ◇ *as quickly as possible* al més aviat possible **possibly** /-əbli/ *adv* possiblement: *You can't possibly go.* No hi pots anar de cap manera.

post /pəʊst/ *nom, verb*
▸ *n* **1** (*tb esp USA* **mail**) correu ➲ *Vegeu nota a* MAIL **2** (*feina*) lloc, plaça **3** pal, estaca
▸ *vt* **1** (*USA* **mail**) enviar (per correu), tirar a la bústia **2** (*empleat*) destinar, enviar **3** (*soldat*) apostar **4** (*anunci, etc.*) posar **LOC keep sb posted (about/on sth)** tenir algú al corrent (d'alguna cosa)

postage /'pəʊstɪdʒ/ *n* franqueig: *postage stamp* segell (de correus)

postal /'pəʊstl/ *adj* postal, de correus: *postal vote* vot per correu

postbox /'pəʊstbɒks/ (*USA* **mailbox**) *n* bústia (*al carrer*) ➲ *Compareu amb* LETTER BOX

postcard /'pəʊstkɑːd/ *n* (targeta) postal

postcode /'pəʊstkəʊd/ (*USA* **ZIP code**) *n* codi postal

poster /'pəʊstə(r)/ *n* **1** (*anunci*) cartell **2** pòster

posterity /pɒ'sterəti/ *n* posteritat

postgraduate /ˌpəʊst'grædʒuət/ *n* postgraduat, -ada

posthumous /'pɒstjʊməs; *USA* -tʃəməs/ *adj* pòstum

postman /'pəʊstmən/ (*USA* **mailman**) *n* (*pl* **-men** /-mən/) carter

postmark /'pəʊstmɑːk/ *n* mata-segells

post-mortem /ˌpəʊst 'mɔːtəm/ *n* autòpsia

post office *n* (oficina de) correus ➲ *Vegeu nota a* ESTANC

postpone /pə'spəʊn/ *vt* ajornar

postscript /'pəʊstskrɪpt/ *n* **1** (*abrev* **PS**) postdata **2** (*fig*) nota final

posture /'pɒstʃə(r)/ *n* **1** positura **2** actitud

post-war /ˌpəʊst 'wɔː(r)/ *adj* de la postguerra

postwoman /'pəʊstwʊmən/ *n* (*pl* **-women** /-wɪmɪn/) cartera

pots and pans

pot /pɒt/ *n* **1** olla: *pots and pans* bateria de cuina **2** pot **3** (*decoratiu*) atuell **4** *Vegeu* FLOWERPOT **5** (*col·loq*) maria, marihuana *Vegeu tb* MELTING POT, TEAPOT **LOC go to pot** (*col·loq*) fer-se malbé ◆ **pots of money** (*GB, col·loq*) un munt de diners

potassium /pə'tæsiəm/ *n* potassi

potato /pə'teɪtəʊ/ *n* (*pl* **potatoes**) patata: *roast potatoes* patates al forn *Vegeu tb* COUCH POTATO, JACKET POTATO, SWEET POTATO

potent /'pəʊtnt/ *adj* potent, eficaç **potency** *n* força

potential /pə'tenʃl/ *adjectiu, nom*
▸ *adj* potencial, possible
▸ *n* ~ **(for sth)** potencial (de/per a alguna cosa) **potentially** /-ʃəli/ *adv* potencialment

pothole /'pɒthəʊl/ *n* **1** (*carretera*) sot **2** (*Geol*) cova

potted /'pɒtɪd/ *adj* **1** (*planta*) de test **2** (*narració*) resumit **3** (*menjar*) en conserva

potter /'pɒtə(r)/ *verb, nom*
▸ *vi* ~ **about/around (sth)** feinejar, entretenir-se (en alguna cosa): *I spent the day pottering around the garden.* Vaig passar el dia feinejant al jardí.

P

▸ *n* terrissaire, ceramista

pottery /ˈpɒtəri/ *n* **1** ceràmica, terrissa **2** (*lloc*) terrisseria

potty /ˈpɒti/ *adjectiu, nom*

▸ *adj* (*GB, col·loq*) **1** tocat de l'ala **2** ~ **about sb/sth** boig per algú/alguna cosa

▸ *n* (*pl* **potties**) (*col·loq*) gibrelleta, orinal (*d'infant*)

pouch /paʊtʃ/ *n* **1** bossa petita **2** (*tabac*) petaca **3** (*Zool*) bossa

pouffe /puːf/ *n* puf

poultry /ˈpəʊltri/ *n* aviram

pounce /paʊns/ *vi* **1** ~ **(on/upon sb/sth)** escometre (algú/alguna cosa) **2** ~ **on/upon sth** (*fig*) saltar per criticar alguna cosa

pound /paʊnd/ *nom, verb*

▸ *n* **1** (*diners*) lliura (£) **2** (*abrev* **lb**) lliura (*0,454 quilograms*) ➲ *Vegeu l'Apèndix 1.*

▸ **1** *vi* ~ **(away) at/against/on sth** donar cops (a alguna cosa) **2** *vi* caminar/córrer pesadament **3** *vi* ~ **(with sth)** (*cor*) bategar de pressa (d'alguna cosa) (*por, emoció, etc.*) **4** *vt* picar, trinxar **5** *vt* (*Mil*) bombardejar **pounding** *n* [*incomptable*] **1** cops forts **2** (*d'eina, etc.*) martelleig **3** (*cor*) batecs forts **4** (*onades*) embat **5** pallissa

pour /pɔː(r)/ **1** *vt* abocar (*afegir*) **2** *vt* (*beguda*) servir **3** *vi* fluir, córrer **4** *vi* ~ **(with rain)** ploure a bots i barrals **5** *vi* ~ **in/out** entrar/sortir en grans quantitats: *Sunlight poured into the room.* La llum del sol inundava l'habitació. ◇ *People poured out through the gates.* La gent sortia per les portes desordenadament. PHR V **pour sth out** (*expressar*) deixar anar alguna cosa

P

pout /paʊt/ *vi* **1** fer una ganyota (*d'enuig*), fer morros **2** posar una boca sensual

poverty /ˈpɒvəti/ *n* **1** pobresa: *poverty-stricken* necessitat **2** misèria **3** ~ **of sth** manca d'alguna cosa

powder /ˈpaʊdə(r)/ *nom, verb*

▸ *n* [*incomptable*] pols, pólvores: *powder compact* polvorera

▸ *vt* empolvorar: *to powder your face* empolvorar-se la cara **powdered** *adj* en pols

power /ˈpaʊə(r)/ *nom, verb*

▸ *n* **1** poder: *power-sharing* poder compartit **2** (*tb* **powers** [*pl*]) capacitat, facultats **3** potència **4** força **5** energia **6** (*electricitat*) llum: *There was a power cut yesterday.* Ahir van tallar la llum. ◇ *power station/plant* central elèctrica LOC **do sb a power of good** (*antic, col·loq*) ésser molt beneficiós per a algú ◆ **the powers that be** els que manen

▸ *vt* impulsar, potenciar **powerful** *adj* **1** poderós **2** (*màquina*) potent **3** (*imatge, obra*) intens **4** (*braços, cop, beguda*) fort **powerless** *adj* sense poder, impotent

powerboat /ˈpaʊəbəʊt/ *n* llanxa de motor

power point *n* endoll (*a la paret*)

practicable /ˈpræktɪkəbl/ *adj* (*formal*) factible

practical /ˈpræktɪkl/ *adj* pràctic: *Let's be practical.* Siguem pràctics. ◇ *a practical joke* una broma **practically** /-kli/ *adv* **1** pràcticament, gairebé **2** d'una manera pràctica

practice /ˈpræktɪs/ *n* **1** pràctica **2** (*Esport*) entrenament **3** (*Mús*) exercicis **4** (*Med*) consultori *Vegeu tb* GENERAL PRACTICE **5** bufet (*d'advocats*) **6** (*professió*) exercici LOC **be out of practice** haver perdut la pràctica

practise (*USA* **practice**) /ˈpræktɪs/ **1** *vt, vi* practicar, estudiar: *to practise for the Olympics* entrenar-se per als Jocs Olímpics **2** *vi* (*Mús, Teat*) assajar **3** *vt, vi* ~ **(as sth)** (*professió*) exercir (d'alguna cosa) **practised** (*USA* **practiced**) *adj* ~ **(in sth)** expert (en alguna cosa)

practitioner /prækˈtɪʃənə(r)/ *n* (*formal*) **1** expert, -a **2** metge, -essa *Vegeu tb* GP

pragmatic /prægˈmætɪk/ *adj* pragmàtic

prairie /ˈpreəri/ *n* praderia (*a Amèrica del Nord*)

praise /preɪz/ *nom, verb*

▸ *n* [*incomptable*] **1** elogi(s) **2** afalac(s) **3** (*Relig*) lloança

▸ *vt* **1** elogiar **2** (*Déu*) lloar

praiseworthy /ˈpreɪzwɜːði/ *adj* (*formal*) lloable

pram /præm/ (*USA* **baby carriage**) *n* cotxet (*de bebè*)

prank /præŋk/ *n* entremaliadura

prawn /prɔːn/ *n* **1** (*USA* **shrimp**) gamba **2** **king prawn** llagostí

pray /preɪ/ *vi* ~ **(to sb) (for sb/sth)** pregar, resar (a algú) (per algú/alguna cosa)

prayer /preə(r)/ *n* pregària, oració

preach /priːtʃ/ **1** *vt, vi* (*Relig*) predicar **2** *vi* (*pej*) sermonejar **3** *vt* aconsellar **preacher** *n* predicador, -a

precarious /prɪˈkeəriəs/ *adj* precari

precaution /prɪˈkɔːʃn/ *n* precaució **precautionary** /prɪˈkɔːʃənəri; *USA* -neri/ *adj* preventiu

precede /prɪˈsiːd/ *vt* **1** precedir **2** (*discurs*) introduir, començar

precedence /ˈpresɪdəns/ *n* precedència

precedent /ˈpresɪdənt/ *n* precedent

preceding /prɪˈsiːdɪŋ/ *adj* **1** precedent **2** (*temps*) anterior

precinct /ˈpriːsɪŋkt/ *n* **1** (*GB*) zona (*de vianants*): *shopping precinct* zona comercial (de vianants) **2** (*USA*) circumscripció, districte electoral **3** (*tb* **precincts**) [*pl*] recinte

precious /ˈpreʃəs/ *adjectiu, adverbi*

▸ *adj* preciós (valuós) ℹ *Preciós* en el sentit de bonic es tradueix per **lovely**.

▸ *adv* LOC **precious few/little** (*col·loq*) molt poc(s): *precious few people* molt poca gent

precipice /ˈpresəpɪs/ *n* precipici, estimball

precise /prɪˈsaɪs/ *adj* **1** precís, exacte **2** (*explicació*) clar **3** (*persona*) meticulós, primmirat **precisely** *adv* **1** exactament, precisament **2** (*hora*) en punt **3** amb precisió **precision** /prɪˈsɪʒn/ *n* precisió, exactitud

precocious /prɪˈkəʊʃəs/ *adj* precoç

preconceived /ˌpriːkənˈsiːvd/ *adj* preconcebut **preconception** /ˌpriːkənˈsepʃn/ *n* idea preconcebuda

precondition /ˌpriːkənˈdɪʃn/ *n* condició prèvia, requisit

predator /ˈpredətə(r)/ *n* depredador, -a **predatory** /ˈpredətri; *USA* -tɔːri/ *adj* **1** (*animal*) depredador **2** (*persona*) explotador

predecessor /ˈpriːdɪsesə(r); *USA* ˈpredəs-/ *n* predecessor, -a

predicament /prɪˈdɪkəmənt/ *n* situació difícil, tràngol

predict /prɪˈdɪkt/ *vt* **1** predir, presagiar **2** pronosticar **predictable** *adj* previsible **prediction** *n* predicció, pronòstic

predominant /prɪˈdɒmɪnənt/ *adj* predominant **predominantly** *adv* predominantment

pre-empt /priˈempt/ *vt* anticipar-se a

prefabricated /ˌpriˈfæbrɪkeɪtɪd/ *adj* prefabricat

preface /ˈprefəs/ *n* prefaci, pròleg

prefer /prɪˈfɜː(r)/ *vt* (**-rr-**) preferir: *Would you prefer cake or biscuits?* Què prefereixes, pastís o galetes? ➲ *Vegeu nota a* PREFERIR **preferable** /ˈprefrəbl/ *adj* preferible **preferably** /-əbli/ *adv* preferiblement

preference /ˈprefrəns/ *n* preferència LOC **in preference to sb/sth** en lloc d'algú/d'alguna cosa **preferential** /ˌprefəˈrenʃl/ *adj* preferent

prefix /ˈpriːfɪks/ *n* prefix

pregnant /ˈpregnənt/ *adj* **1** embarassada **2** (*animal*) prenyada **pregnancy** *n* (*pl* **pregnancies**) embaràs

prehistoric /ˌpriːhɪˈstɒrɪk; *USA* -ˈstɔːrɪk/ *adj* prehistòric

prejudice /ˈpredʒudɪs/ *nom, verb*

▸ *n* **1** [*incomptable*] prejudici **2** parcialitat LOC **without prejudice (to sth)** (*Dret*) sense perjudici d'alguna cosa

▸ *vt* **1** (*persona*) predisposar **2** (*decisió, resultat*) influir en **3** (*formal*) perjudicar **prejudiced** *adj* **1** ~ **against sb/sth** predisposat en contra d'algú/d'alguna cosa **2** parcial **3** intolerant

preliminary /prɪˈlɪmɪnəri; *USA* -neri/ *adjectiu, nom*

▸ *adj* **1** preliminar **2** (*Esport*) eliminatori

▸ *n* (*pl* **preliminaries**) prolegomen, preliminar

prelude /ˈpreljuːd/ *n* preludi

premature /ˈpremətʃə(r); *USA* ˌpriːməˈtʃʊr/ *adj* prematur

premier /ˈpremiə(r); *USA* prɪˈmɪər/ *adjectiu, nom*

▸ *adj* principal

▸ *n* primer ministre, primera ministra

premiere /ˈpremɪeə(r); *USA* prɪˈmɪər/ *n* estrena

premiership /ˈpremiəʃɪp; *USA* prɪˈmɪər-/ *n* **1** (*Pol*) càrrec de primer ministre **2 the Premiership** (*Futbol*) primera divisió de la lliga anglesa

premises /ˈpremɪsɪz/ *n* [*pl*] **1** edifici **2** (*botiga, bar, etc.*) local **3** (*empresa*) oficines

premium /ˈpriːmiəm/ *n* (*pagament*) prima LOC **be at a premium** escassejar

preoccupation /priˌɒkjuˈpeɪʃn/ *n* ~ **(with sth)** preocupació (per alguna cosa) **preoccupied** *adj* **1** ~ **(with sth)** preocupat (per alguna cosa) **2** abstret

preparation /ˌprepəˈreɪʃn/ *n* **1** preparació **2 preparations** [*pl*] preparatius

preparatory /prɪˈpærətri; *USA* -tɔːri/ *adj* preparatori: *preparatory school* escola privada per a nens de 7 a 13 anys (a la Gran Bretanya)

prepare /prɪˈpeə(r)/ **1** *vt* preparar **2** *vi* ~ **(for sth)** preparar-se, fer preparatius (per a alguna cosa) LOC **be prepared to do sth** estar disposat a fer alguna cosa

preposition /ˌprepəˈzɪʃn/ *n* preposició

preposterous /prɪˈpɒstərəs/ *adj* (*formal*) absurd

prerequisite /ˌpriːˈrekwəzɪt/ *n* ~ **(for/of/to sth)** (*formal*) requisit, condició prèvia (per a alguna cosa)

prerogative /prɪˈrɒgətɪv/ *n* (*formal*) prerrogativa

preschool /ˈpriːskuːl/ *nom, adjectiu*

▸ *n* (*esp USA*) escola infantil

▸ *adj* [*només davant del nom*] preescolar: *a preschool child* un nen en edat preescolar

prescribe /prɪ'skraɪb/ *vt* **1** (*Med*) receptar **2** recomanar

prescription /prɪ'skrɪpʃn/ *n* **1** (*Med*) recepta **2** (*acció*) prescripció

presence /'prezns/ *n* **1** presència **2** assistència **3** existència

present *adjectiu, nom, verb*

▸ *adj* /'preznt/ **1** (*temps*) actual **2** (*mes, any*) corrent **3** ~ **(at sth)** present (en alguna cosa) (*lloc, substància*): *those present* els assistents LOC **to the present day** fins al dia d'avui

▸ *n* /'preznt/ **1** regal, present: *to give sb a present* fer un regal a algú **2 the present** el present **3** (*tb* **present tense**) present LOC **at present** actualment ◆ **for the present** de moment, per ara

▸ *vt* /prɪ'zent/ **1** ~ **sb with sth**; ~ **sth (to sb)** fer present d'alguna cosa (a algú): ~ *sb with a problem* plantejar un problema a algú **2** presentar: *to present yourself* presentar-se ❶ Quan presentes una persona a algú has d'utilitzar **introduce**: *Let me introduce you to Jack.* Et presento en Jack. **3** (*argument*) exposar **4** ~ **itself (to sb)** (*oportunitat*) presentar-se (a algú) **presentable** /prɪ'zentəbl/ *adj* presentable: *to make yourself presentable* arreglar-se

presentation /ˌprezn'teɪʃn; *USA* ˌpriːzen-/ *n* **1** presentació **2** (*premi*) entrega **3** (*argument*) exposició

present-day /ˌpreznt 'deɪ/ *adj* actual

presenter /prɪ'zentə(r)/ *n* presentador, -a

presently /'prezntli/ *adv* **1** (*esp USA*) actualment ❶ En anglès britànic és més habitual dir **currently**. **2** (*passat: generalment al principi de la frase*) (*GB, formal*) al cap d'una mica: *Presently he got up to go.* Al cap d'una mica es va llevar per anar-se'n. **3** (*futur: generalment al final de la frase*) (*GB, formal*) d'aquí a un moment/una mica: *She'll be here presently.* Vindrà d'aquí a una mica.

preservation /ˌprezə'veɪʃn/ *n* conservació, preservació

preservative /prɪ'zɜːvətɪv/ *adjectiu, nom*

▸ *adj* conservatiu

▸ *n* conservant (*de menjar*)

preserve /prɪ'zɜːv/ *verb, nom*

▸ *vt* **1** preservar **2** conservar (*menjar, etc.*) **3** ~ **sb/sth (from sth)** protegir algú/alguna cosa (d'alguna cosa)

▸ *n* **1** vedat (*de caça, pesca*) **2** ~ **(of sb)** domini exclusiu (d'algú): *Football is no longer the preserve of men.* El futbol ja no és terreny exclusiu dels homes. **3** [*gen pl*] o [*incomptable*] fruita en conserva, confitura

preside /prɪ'zaɪd/ *vi* ~ **(at/over sth)** presidir (alguna cosa)

presidency /'prezɪdənsi/ *n* [*gen sing*] (*pl* **presidencies**) presidència

president /'prezɪdənt/ *n* president, -a **presidential** /ˌprezɪ'denʃl/ *adj* presidencial

press /pres/ *nom, verb*

▸ *n* **1** (*tb* **the Press**) [*v sing o pl*] la premsa: *press conference* roda de premsa ◇ *press release* comunicat de premsa *Vegeu tb* THE GUTTER PRESS **2** (*tb* **printing press**) impremta **3** (*Mec*) premsa

▸ **1** *vt, vi* prémer **2** *vt* pitjar, pressionar **3** *vi* ~ **(up) against sb** arrambar-se a algú **4** *vt* ~ **sb (for sth)**; ~ **sb (into sth/into doing sth)** pressionar algú (perquè faci alguna cosa); exigir alguna cosa d'algú **5** *vt* (*raïm, olives, flors*) premsar **6** *vt* planxar LOC **be pressed for time** anar curt de temps PHR V **press ahead/on (with sth)** continuar endavant (amb alguna cosa) ◆ **press for sth** pressionar per aconseguir alguna cosa

pressing /'presɪŋ/ *adj* apressant, urgent

press stud *n* botó de pressió

press-up /'pres ʌp/ (*tb esp USA* **push-up**) *n* flexió

pressure /'preʃə(r)/ *n* pressió: *pressure gauge* manòmetre ◇ *pressure group* grup de pressió ◇ *to have high blood pressure* tenir la tensió alta LOC **put pressure on sb (to do sth)** pressionar algú (perquè faci alguna cosa)

pressure cooker *n* olla de pressió

pressurize (*GB tb* **-ise**) /'preʃəraɪz/ *vt* **1** (*tb* **pressure**) ~ **sb into sth/into doing sth** pressionar algú perquè faci alguna cosa **2** (*Fís*) pressuritzar

prestige /pre'stiːʒ/ *n* prestigi **prestigious** /prə'stɪdʒəs/ *adj* prestigiós

presumably /prɪ'zjuːməbli; *USA* -zuː-/ *adv* probablement, presumiblement

presume /prɪ'zjuːm; *USA* -'zuːm/ *vt* presumir, suposar: *I presume so.* Em sembla que sí.

presumption /prɪ'zʌmpʃn/ *n* **1** presumpció **2** (*formal*) atreviment

presumptuous /prɪ'zʌmptʃuəs/ *adj* presumptuós

presuppose /ˌpriːsə'pəʊz/ *vt* (*formal*) pressuposar

pretence (*USA* **pretense**) /prɪ'tens/ *n* **1** [*incomptable*] engany: *They abandoned all pretence of objectivity.* Van deixar de fer veure que eren objectius. **2** ~ **to sth/to doing sth** (*formal*): *I have no pretence to being an expert.* No pretenc ser un expert.

pretend /prɪˈtend/ *verb, adjectiu*
▸ *vt, vi* **1** fingir, aparentar **2** ~ **to be sth**; ~ **that...** fer veure que s'és alguna cosa (*jugant*): *They're pretending to be explorers.* Fan veure que són exploradors. **3** pretendre
▸ *adj* (*col·loq*) **1** de joguina, de broma **2** fingit

pretentious /prɪˈtenʃəs/ *adj* pretensiós

pretext /ˈpriːtekst/ *n* pretext

pretty /ˈprɪti/ *adverbi, adjectiu*
▸ *adv* força ➲ *Vegeu nota a* FAIRLY LOC **pretty much/well** (*col·loq*) més o menys
▸ *adj* (**prettier, -iest**) **1** bonic, bufó **2** (*dona*) guapa LOC **not be a pretty sight** no ésser gens agradable a la vista

prevail /prɪˈveɪl/ *vi* (*formal*) **1** (*llei, condicions*) imperar **2** imposar-se **3** prevaler PHR V **prevail on/upon sb to do sth** (*formal*) convèncer algú de fer alguna cosa **prevailing** *adj* **1** (*formal*) regnant **2** (*vent*) predominant

prevalent /ˈprevələnt/ *adj* **1** estès **2** predominant **prevalence** *n* **1** difusió **2** prevalença

prevent /prɪˈvent/ *vt* **1** ~ **sb/sth from doing sth** impedir que algú/alguna cosa faci alguna cosa **2** evitar, prevenir

prevention /prɪˈvenʃn/ *n* prevenció

preventive /prɪˈventɪv/ *adj* preventiu

preview /ˈpriːvjuː/ *n* **1** preestrena **2** avanç

previous /ˈpriːviəs/ *adj* **1** anterior, previ **2** ~ **to sth/to doing sth** abans d'alguna cosa/de fer alguna cosa **previously** *adv* prèviament

pre-war /ˌpriː ˈwɔː(r)/ *adj* de (la) preguerra

prey /preɪ/ *nom, verb*
▸ *n* [*incomptable*] (*lit i fig*) presa: *bird of prey* ocell de presa
▸ *vi* LOC **prey on sb's mind** preocupar algú PHR V **prey on/upon sb** aprofitar-se d'algú ◆ **prey on/upon sth** caçar alguna cosa (*per alimentar-se*)

price /praɪs/ *nom, verb*
▸ *n* preu: *to go up/down in price* pujar/baixar de preu ◇ *price tag* etiqueta del preu LOC **at any price** costi el que costi ◆ **not at any price** ni regalat *Vegeu tb* CHEAP
▸ *vt* **1** fixar el preu de **2** valorar **3** posar el preu a **priceless** *adj* inestimable

pricey /ˈpraɪsi/ *adj* (**pricier, -iest**) (*col·loq*) car

prick /prɪk/ *verb, nom*
▸ *vt* **1** punxar **2** (*consciència*) remordir LOC **prick up your ears 1** alçar les orelles **2** parar l'orella
▸ *n* punxada

prickly /ˈprɪkli/ *adj* **1** espinós: *prickly pear* figa de moro **2** que pica **3** (*col·loq*) malhumorat

pride /praɪd/ *nom, verb*
▸ *n* **1** ~ **(in sth)** orgull (per alguna cosa): *to take pride in sth* estar orgullós d'alguna cosa/posar cura en alguna cosa **2** (*pej*) orgull, supèrbia **3** (*de lleons*) bandada LOC **sb's pride and joy** l'orgull i l'alegria d'algú
▸ *vt* PHR V **pride yourself on sth** estar orgullós d'alguna cosa

pried *pt, pp de* PRY

priest /priːst/ *n* capellà, sacerdot

> Normalment es fa servir la paraula **priest** per a referir-se als capellans catòlics. Els rectors anglicans s'anomenen **vicar** o **rector**, i els de la resta de religions protestants, **minister**.

priesthood /ˈpriːsthʊd/ *n* **1** sacerdoci **2** clergat

prig /prɪg/ *n* (*pej*) pedant, purità **priggish** *adj* pedant

prim /prɪm/ *adj* (*pej*) **1** púdic **2** (*aspecte*) tocat i posat

primaeval *Vegeu* PRIMEVAL

primarily /praɪˈmerəli/ *adv* principalment

primary /ˈpraɪməri; *USA* -meri/ *adjectiu, nom*
▸ *adj* **1** principal **2** primordial **3** primari
▸ *n* (*pl* **primaries**) (*tb* **primary election**) (*USA*) elecció primària

primary school *n* escola primària (*de 5 a 11 anys*): *He's at primary school.* Va a primària.

prime /praɪm/ *adjectiu, nom, verb*
▸ *adj* **1** principal **2** de primera: *a prime example* un exemple idoni
▸ *n* LOC **in your prime/in the prime of life** a la flor de la vida
▸ *vt* ~ **sb (for/with sth)** preparar algú (per a/amb alguna cosa)

prime minister *n* primer ministre, primera ministra

primeval (*tb* **primaeval**) /praɪˈmiːvl/ *adj* primigeni

primitive /ˈprɪmətɪv/ *adj* primitiu

primrose /ˈprɪmrəʊz/ *n*
▸ *n* prímula
▸ *adj, n* groc pàl·lid

prince /prɪns/ *n* príncep ➲ *Vegeu nota a* PRÍNCEP

princess /ˌprɪnˈses/ *n* princesa

principal /ˈprɪnsəpl/ *adjectiu, nom*
▸ *adj* principal
▸ *n* **1** (*GB*) rector, -a (d'una universitat) **2** (*USA*) director, -a (d'una escola)

principle /ˈprɪnsəpl/ *n* principi: *on principle/as a matter of principle* per principi ◇ *a woman*

P

of principle una dona de principis LOC **in principle** en principi

print /prɪnt/ *verb, nom*

▸ *vt* **1** imprimir **2** (*Period*) publicar **3** escriure amb lletres d'impremta **4** (*roba*) estampar PHR V **print (sth) out/off** imprimir (alguna cosa)

▸ *n* **1** (*tipografia*) lletra **2** *the print media* els mitjans de comunicació impresos ◇ *print run* tirada **3** empremta, petjada **4** (*Art*) gravat **5** (*Fot*) còpia **6** tela estampada LOC **in print 1** (*llibre*) en venda **2** publicat ◆ **out of print** exhaurit *Vegeu tb* SMALL **printer** *n* **1** (*màquina*) impressora **2** (*persona*) impressor, -a **3 printer's** (*taller*) impremta **printing** *n* **1** impremta (*tècnica*): *a printing error* una errata **2** (*llibres, etc.*) impressió

printout /ˈprɪntaʊt/ *n* còpia impresa

prior /ˈpraɪə(r)/ *adj* **1** previ **2 ~ to sth** (*formal*) anterior a alguna cosa LOC **prior to doing sth** (*formal*) abans de fer alguna cosa

priority /praɪˈɒrəti; *USA* -ˈɔːr-/ *n* (*pl* **priorities**) **~ (over sb/sth)** prioritat, preferència (sobre algú/alguna cosa) LOC **get your priorities right** saber quines són les teves prioritats

prise (*USA* **prize**) /praɪz/ *vt* **~ sth apart, off, open, etc. (with sth)** separar, treure, obrir, etc. alguna cosa (fent palanca amb alguna cosa)

prison /ˈprɪzn/ *n* presó: *prison camp* camp de concentració

P

prisoner /ˈprɪznə(r)/ *n* **1** pres, -a **2** (*captiu*) presoner, -a: *to hold/take sb prisoner* fer presoner algú **3** detingut, -uda

privacy /ˈprɪvəsi; *USA* ˈpraɪv-/ *n* intimitat, privacitat

private /ˈpraɪvət/ *adjectiu, nom*

▸ *adj* **1** privat: *private enterprise* l'empresa privada **2** (*individual*) particular **3** (*lloc*) íntim **4** (*persona*) reservat

▸ *n* **1** (*Mil*) soldat ras, soldada rasa LOC **in private** en privat **privately** *adv* en privat, privadament

private detective (*col·loq* **private eye**) *n* detectiu privat, detectiva privada

privatize (*GB tb* **-ise**) /ˈpraɪvətaɪz/ *vt* privatitzar **privatization** (*GB tb* **-isation**) *n* privatització

privilege /ˈprɪvəlɪdʒ/ *n* **1** privilegi **2** (*Dret*) immunitat **privileged** *adj* **1** privilegiat **2** (*informació*) confidencial

privy /ˈprɪvi/ *adj* LOC **be privy to sth** (*formal*) tenir coneixements d'alguna cosa

prize /praɪz/ *nom, adjectiu, verb*

▸ *n* premi

▸ *adj* **1** premiat **2** de primera **3** (*iròn*) total: *a prize idiot* un perfecte idiota

▸ *vt* **1** preuar **2** (*USA*) = PRISE

pro /prəʊ/ *n* (*pl* **pros**) (*col·loq*) professional LOC **the pros and cons** els pros i els contres

probable /ˈprɒbəbl/ *adj* probable: *It seems probable that he'll arrive tomorrow.* És probable que arribi demà. **probability** /ˌprɒbəˈbɪləti/ *n* (*pl* **probabilities**) probabilitat LOC **in all probability** amb tota probabilitat **probably** /-əbli/ *adv* probablement, segurament

probation /prəˈbeɪʃn; *USA* prəʊ-/ *n* **1** llibertat condicional **2** (*a la feina*) (període de) prova: *a three-month probation period* un període de prova de tres mesos

probe /prəʊb/ *verb, nom*

▸ **1** *vt, vi* **~ (into sth)** investigar (alguna cosa) **2** *vt, vi* explorar **3** *vt* (*Med*) sondar

▸ *n* sonda **probing** *adj* (*pregunta*) penetrant

problem /ˈprɒbləm/ *n* problema: *No problem!* Cap problema! *Vegeu tb* TEETHE **problematic** /ˌprɒbləˈmætɪk/ (*tb* **problematical**) *adj* **1** problemàtic **2** (*discutible*) dubtós

procedure /prəˈsiːdʒə(r)/ *n* **1** procediment **2** (*gestió*) tràmit(s)

proceed /prəˈsiːd, prəʊ-/ *vi* **1 ~ (with sth)** continuar (amb alguna cosa); prosseguir alguna cosa **2 ~ to sth/to do sth** passar a alguna cosa/a fer alguna cosa **3** (*formal*) avançar, anar **proceedings** *n* [*pl*] (*formal*) **1** (*Dret*) procés **2** acte **3** actes (*d'una reunió, etc.*)

proceeds /ˈprəʊsiːdz/ *n* [*pl*] guanys

process /ˈprəʊses; *USA* ˈprɒses/ *nom, verb*

▸ *n* **1** procés **2** (*mètode*) procediment LOC **be in the process of (doing) sth** estar fent alguna cosa ◆ **in the process** en fer-ho

▸ *vt* **1** (*aliment, matèria primera*) tractar **2** (*sol·licitud*) tramitar **3** (*Informàt*) processar **4** (*Fot*) revelar **processing** *n* **1** tractament **2** (*Informàt*) processament: *word processing* tractament de textos **3** (*Fot*) revelatge

procession /prəˈseʃn/ *n* processó, desfilada

processor /ˈprəʊsesə(r); *USA* ˈprɒ-/ *n* processador *Vegeu tb* FOOD PROCESSOR, MICROPROCESSOR, WORD PROCESSOR

proclaim /prəˈkleɪm/ *vt* proclamar **proclamation** /ˌprɒkləˈmeɪʃn/ *n* **1** proclama **2** (*acte*) proclamació

prod /prɒd/ *verb, nom*

▸ *vt, vi* (**-dd-**) **~ (at) sb/sth 1** punxar, burxar algú/alguna cosa **2** donar un cop de colze/una empenta a algú/alguna cosa

▸ *n* **1** punxada **2** (*lit i fig*) empenta: *She needs the occasional prod.* Necessita una empenta de tant en tant. **3** cop de colze

prodigy /ˈprɒdədʒi/ *n* (*pl* **prodigies**) prodigi **prodigious** /prəˈdɪdʒəs/ *adj* (*formal*) prodigiós

produce *verb, nom*
▸ *vt* /prə'dju:s; *USA* -'du:s/ **1** produir **2** (*cultiu*) donar **3** (*cria*) tenir **4** ~ **sth (from/out of sth)** treure alguna cosa (d'alguna cosa) **5** (*Cine, TV*) produir **6** (*Teat*) posar en escena
▸ *n* /'prɒdju:s; *USA* -du:s/ [*incomptable*] productes (agrícoles): *fresh farm produce* productes agrícoles frescos ➲ *Vegeu nota a* PRODUCT

producer /prə'dju:sə(r); *USA* -'du:s-/ *n* **1** productor, -a **2** (*Teat*) director, -a d'escena

product /'prɒdʌkt/ *n* producte

Product fa referència als productes manufacturats com ara els productes químics o els productes de bellesa, i **produce** als productes del camp.

production /prə'dʌkʃn/ *n* producció: *production line* cadena de muntatge

productive /prə'dʌktɪv/ *adj* productiu **productivity** /ˌprɒdʌk'tɪvəti/ *n* productivitat

profess /prə'fes/ *vt* (*formal*) **1** ~ **to be sth** pretendre ésser alguna cosa; declarar-se alguna cosa **2** ~ **(yourself) sth** declarar(-se) alguna cosa: *She still professes her innocence.* Encara es declara innocent. **3** (*Relig*) professar **professed** *adj* (*formal*) **1** declarat **2** suposat, pretès

profession /prə'feʃn/ *n* professió ➲ *Vegeu nota a* WORK **professional** *adj* professional

professor /prə'fesə(r)/ *n* **1** (*GB*) catedràtic, -a d'universitat **2** (*USA*) professor, -a d'universitat

proficient /prə'fɪʃnt/ *adj* ~ **(in/at sth/doing sth)** competent en alguna cosa: *She's proficient at handling young children.* Sap com tractar la canalla. **proficiency** *n* ~ **(in sth/doing sth)** competència, capacitat en alguna cosa/per a fer alguna cosa

profile /'prəʊfaɪl/ *n* perfil LOC **a low/high profile**: *to keep a low profile* procurar passar desapercebut ◇ *The issue has had a high profile recently.* El tema ha ocupat una posició destacada últimament.

profit /'prɒfɪt/ *nom, verb*
▸ *n* **1** guany(s), benefici(s): *to do sth for profit* fer alguna cosa amb ànim de lucre ◇ *to make a profit of 20 euros* obtenir un benefici de 20 euros ◇ *to sell at a profit* vendre amb guany ◇ *profit-making* lucratiu **2** (*formal*) benefici, profit
▸ (*formal*) **1** *vi* ~ **from/by sth** beneficiar-se d'alguna cosa **2** *vt* beneficiar **profitable** *adj* **1** rendible **2** profitós

profound /prə'faʊnd/ *adj* profund **profoundly** *adv* profundament, extremament: *He's profoundly deaf.* Té sordesa total.

profusely /prə'fju:sli/ *adv* profusament

profusion /prə'fju:ʒn/ *n* (*formal*) profusió, abundància: *in profusion* en abundància

programme (*USA* **program**) /'prəʊgræm/ *nom, verb*
▸ *n* programa
▸ *vt, vi* programar ❶ En llenguatge informàtic s'escriu sempre **program**, tant el nom com el verb. **programmer** *n* programador, -a **programming** *n* programació

progress *nom, verb*
▸ *n* /'prəʊgres; *USA* 'prɒg-/ [*incomptable*] **1** progrés **2** (*moviment*) avenç: *to make progress* fer progressos LOC **in progress** (*formal*) en curs
▸ *vi* /prə'gres/ avançar

progressive /prə'gresɪv/ *adj* **1** (*Pol*) progressista **2** progressiu

prohibit /prə'hɪbɪt; *USA* prəʊ-/ *vt* ~ **sth**; ~ **sb (from doing sth)** (*formal*) **1** prohibir alguna cosa; prohibir a algú (de fer alguna cosa) **2** impedir alguna cosa; impedir a algú (de fer alguna cosa) ❶ En aquest sentit és més habitual dir **prevent**. **prohibition** /ˌprəʊɪ'bɪʃn/ *n* prohibició

project *nom, verb*
▸ *n* /'prɒdʒekt/ projecte
▸ /prə'dʒekt/ **1** *vt* projectar **2** *vi* sobresortir **projection** /prə'dʒekʃn/ *n* projecció **projector** /prə'dʒektə(r)/ *n* projector (*de cinema*): *overhead projector* retroprojector

prolific /prə'lɪfɪk/ *adj* prolífic

prologue /'prəʊlɒg; *USA* -lɔ:g/ *n* ~ **(to sth)** pròleg (d'alguna cosa)

prolong /prə'lɒŋ; *USA* -'lɔ:ŋ/ *vt* prolongar, allargar

promenade /ˌprɒmə'nɑ:d; *USA* -'neɪd/ (*col·loq* **prom**) *n* passeig marítim

prominent /'prɒmɪnənt/ *adj* **1** important **2** prominent

promiscuous /prə'mɪskjuəs/ *adj* promiscu

promise /'prɒmɪs/ *verb, nom*
▸ *vt, vi* prometre
▸ *n* **1** promesa: *to keep/break/make a promise* complir/no complir/fer una promesa **2** [*incomptable*]: *to show promise* ésser prometedor **promising** *adj* prometedor

promote /prə'məʊt/ *vt* **1** promoure, fomentar **2** (*Com*) promocionar **3** (*a la feina, Esport*) ascendir **promoter** *n* promotor, -a **promotion** *n* **1** ascens **2** promoció, foment

P

prompt /prɒmpt/ *adjectiu, verb, adverbi*
▸ *adj* **1** (*servei*) ràpid: *They are always prompt in answering my letters.* Sempre contesten les meves cartes de seguida. **2** puntual
▸ **1** *vt* (*reacció*) provocar **2** *vt* ~ **sb to do sth** incitar algú a fer alguna cosa: *The program will prompt you to enter data when required.* El programa t'indicarà quan has d'incloure les dades. **3** *vt, vi* (*Teat*) apuntar
▸ *adv* en punt **promptly** *adv* **1** amb promptitud **2** de seguida **3** puntualment

prone /prəʊn/ *adj* ~ **to sth/to do sth** propens a alguna cosa/a fer alguna cosa

pronoun /ˈprəʊnaʊn/ *n* pronom

pronounce /prəˈnaʊns/ *vt* **1** pronunciar **2** declarar **pronounced** *adj* **1** (*accent*) fort **2** (*millora*) acusat **3** (*moviment*) pronunciat

pronunciation /prəˌnʌnsiˈeɪʃn/ *n* pronunciació, pronúncia

proof /pruːf/ *n* **1** [*incomptable*] prova, proves **2** comprovació

prop /prɒp/ *nom, verb*
▸ *n* **1** suport **2** (*en un edifici, etc.*) puntal
▸ *vt* (**-pp-**) ~ **sb/sth (up)** recolzar algú/alguna cosa PHRV **prop sth up 1** subjectar alguna cosa **2** (*pej*) donar suport a alguna cosa

propaganda /ˌprɒpəˈɡændə/ *n* (*gen pej*) propaganda ❶ En anglès **propaganda** només es fa servir en el sentit polític.

P

propel /prəˈpel/ *vt* (**-ll-**) **1** (*vehicle, coet*) propulsar **2** impulsar **propellant** *n* propulsor

propeller /prəˈpelə(r)/ *n* hèlice

propensity /prəˈpensəti/ *n* ~ **(for/to sth)** (*formal*) propensió (a alguna cosa)

proper /ˈprɒpə(r)/ *adj* **1** convenient **2** adequat **3** de debò **4** correcte **5** decent **6** pròpiament dit: *the house proper* la casa pròpiament dita **properly** *adv* **1** bé **2** adequadament **3** (*comportar-se*) amb propietat, correctament

property /ˈprɒpəti/ *n* (*pl* **properties**) **1** [*incomptable*] béns: *personal property* béns mobles **2** propietat **3** casa, local: *the property market* el mercat immobiliari

prophecy /ˈprɒfəsi/ *n* (*pl* **prophecies**) profecia

prophesy /ˈprɒfəsaɪ/ (*pt, pp* **-sied**) **1** *vt* predir **2** *vi* fer profecies

prophet /ˈprɒfɪt/ *n* profeta LOC *Vegeu* DOOM

proportion /prəˈpɔːʃn/ *n* proporció: *sense of proportion* sentit de la proporció LOC **get/keep things in proportion** veure les coses tal com són, sense exagerar ◆ **out of (all) proportion 1** fora de mida **2** desproporcionat **proportional** *adj* ~ **(to sth)** proporcional a alguna cosa; en proporció amb alguna cosa

proposal /prəˈpəʊzl/ *n* **1** proposta **2** (*tb* **proposal of marriage**) proposta de matrimoni

propose /prəˈpəʊz/ **1** *vt* (*formal*) (*suggeriment*) proposar **2** *vt* ~ **to do sth/doing sth** proposar-se de fer alguna cosa **3** *vt, vi* demanar per casar-se: *He proposed (marriage) to her.* Li va demanar que es casés amb ell.

proposition /ˌprɒpəˈzɪʃn/ *n* **1** proposta **2** proposició

proprietor /prəˈpraɪətə(r)/ *n* (*formal*) propietari, -ària

prose /prəʊz/ *n* prosa

prosecute /ˈprɒsɪkjuːt/ *vt* ~ **sb (for sth/doing sth)** processar algú (per alguna cosa/per haver fet alguna cosa): *prosecuting lawyer* fiscal **prosecution** *n* **1** enjudiciament, processament: *to bring a prosecution against sb* interposar una acció judicial contra algú **2 the prosecution** [*v sing o pl*] (*en un judici*) acusació **prosecutor** *n* fiscal

prospect /ˈprɒspekt/ *n* **1** ~ **(of sth/doing sth)** expectativa, expectatives, possibilitat(s) (d'alguna cosa/de fer alguna cosa) **2** perspectiva **prospective** /prəˈspektɪv/ *adj* **1** probable **2** futur

prospectus /prəˈspektəs/ *n* (**prospectuses** *pl*) fullet informatiu (*d'una escola, universitat*)

prosper /ˈprɒspə(r)/ *vi* prosperar **prosperity** /prɒˈsperəti/ *n* prosperitat **prosperous** /ˈprɒspərəs/ *adj* pròsper

prostitute /ˈprɒstɪtjuːt; *USA* -tətuːt/ *n* prostitut, -a **prostitution** *n* prostitució

prostrate /ˈprɒstreɪt/ *adj* (*formal*) **1** postrat **2** ~ **(with sth)** abatut (per alguna cosa)

protagonist /prəˈtæɡənɪst/ *n* protagonista

protect /prəˈtekt/ *vt* ~ **sb/sth (against/from sth)** protegir algú/alguna cosa (contra/d'alguna cosa) **protection** *n* **1** ~ **(for sth)** protecció (de/per a alguna cosa) **2** ~ **(against sth)** protecció (contra alguna cosa) **protective** *adj* protector: *protective clothing* roba de protecció

protein /ˈprəʊtiːn/ *n* proteïna

protest *nom, verb*
▸ *n* /ˈprəʊtest/ protesta
▸ /prəˈtest/ **1** *vi* ~ **(about/against/at sth)** protestar (per/contra/de alguna cosa) **2** *vt* declarar **protester** /prəˈtestə(r)/ *n* manifestant

Protestant /ˈprɒtɪstənt/ *adj, n* protestant ➲ *Vegeu nota a* VEGETARIÀ

proton /ˈprəʊtɒn/ *n* protó

prototype /ˈprəʊtətaɪp/ *n* prototip

protrude /prə'tru:d; *USA* prəʊ-/ *vi* ~ **(from sth)** (*formal*) sobresortir (d'alguna cosa): *protruding teeth* dents sortints

proud /praʊd/ *adj* (**prouder, -est**) **1** ~ **(of sb/sth)**; ~ **(to do sth/that...)** orgullós (d'algú/d'alguna cosa); orgullós (de fer alguna cosa/que...): *to be proud of sb/sth* estar orgullós d'algú/d'alguna cosa **2** (*pej*) arrogant **proudly** *adv* amb orgull

prove /pru:v/ *vt* (*pp* **proved**, *tb esp USA* **proven** /'pru:vn/) **1** ~ **sth (to sb)** provar, demostrar alguna cosa (a algú) **2** ~ **(yourself) (to be) sth** resultar (ésser) alguna cosa: *The task proved (to be) very difficult.* La tasca va resultar (ésser) molt difícil. LOC **prove your point** demostrar que es té raó

proven /'pru:vn/ *adj* comprovat: *a proven fact* una realitat comprovada *Vegeu tb* PROVE

proverb /'prɒvɜ:b/ *n* proverbi **proverbial** /prə'vɜ:biəl/ *adj* **1** proverbial **2** conegut de tothom

provide /prə'vaɪd/ *vt* ~ **sb (with sth)**; ~ **sth (for sb)** proporcionar, subministrar alguna cosa a algú PHR V **provide for sb** mantenir algú: *He provided for his wife in his will.* En el seu testament va deixar assegurat el benestar econòmic de la seva dona. ◆ **provide for sth** (*formal*) **1** prevenir alguna cosa **2** (*llei*) estipular alguna cosa

provided /prə'vaɪdɪd/ (*tb* **providing**) *conj* ~ **(that...)** amb la condició que..., sempre que...

province /'prɒvɪns/ *n* **1** província **2 the provinces** [*pl*] (*GB*) tot el Regne Unit excepte Londres **3** [*sing*] (*formal*) competència: *It's not my province.* No entra dins la meva competència. **provincial** /prə'vɪnʃl/ *adj* **1** provincial **2** (*sovint pej*) de comarques, provincià

provision /prə'vɪʒn/ *n* **1** subministrament, provisió **2** *to make provision for sb* assegurar l'esdevenidor d'algú ◇ *to make provision against/for sth* preveure alguna cosa **3 provisions** [*pl*] queviures, provisions **4** (*Dret*) disposició

provisional /prə'vɪʒənl/ *adj* provisional

proviso /prə'vaɪzəʊ/ *n* (*pl* **provisos**) condició

provocation /ˌprɒvə'keɪʃn/ *n* provocació **provocative** /prə'vɒkətɪv/ *adj* provocador, provocatiu

provoke /prə'vəʊk/ *vt* **1** provocar, causar **2** (*persona*) provocar **3** ~ **sb into sth/into doing sth** induir, incitar algú a alguna cosa/a fer alguna cosa

prow /praʊ/ *n* proa

prowess /'praʊəs/ *n* (*formal*) habilitat

prowl /praʊl/ *vi* ~ **(about, around, etc.)** rondar, voltar

proximity /prɒk'sɪməti/ *n* (*formal*) proximitat

proxy /'prɒksi/ *n* (*pl* **proxies**) **1** poder: *by proxy* per poders **2** ~ **(for sb)** apoderat, -ada, representant (d'algú)

prude /pru:d/ *n* (*pej*) pudorós, -osa

prudent /'pru:dnt/ *adj* prudent

prune /pru:n/ *nom, verb*

▸ *n* pruna assecada

▸ *vt* **1** podar, esporgar **2** (*despeses, etc.*) retallar **pruning** *n* poda

pry /praɪ/ (*pt, pp* **pried** /praɪd/) **1** *vi* ~ **(into sth)** ficar el nas (en alguna cosa); tafanejar (alguna cosa) **2** *vt* (*esp USA*) *Vegeu* PRISE

PS /ˌpi: 'es/ *n* (*abrev de* **postscript**) P. D. (*postdata*)

psalm /sɑ:m/ *n* salm

pseudonym /'su:dənɪm; *GB tb* 'sju:-/ *n* pseudònim

psyche /'saɪki/ *n* psique, ànima

psychiatry /saɪ'kaɪətri/ *n* psiquiatria **psychiatric** /ˌsaɪki'ætrɪk/ *adj* psiquiàtric **psychiatrist** /saɪ'kaɪətrɪst/ *n* psiquiatre, -a

psychic /'saɪkɪk/ *adj* **1** psíquic **2** (*persona*): *to be psychic* tenir poders parapsicològics

psychoanalysis /ˌsaɪkəʊə'næləsɪs/ *n* psicoanàlisi

psychology /saɪ'kɒlədʒi/ *n* psicologia **psychological** /ˌsaɪkə'lɒdʒɪkl/ *adj* psicològic **psychologist** /saɪ'kɒlədʒɪst/ *n* psicòleg, -òloga

psychopath /'saɪkəpæθ/ *n* psicòpata

pub /pʌb/ *n* bar

puberty /'pju:bəti/ *n* pubertat

pubic /'pju:bɪk/ *adj* púbic: *pubic hair* pèl púbic

public /'pʌblɪk/ *adjectiu, nom*

▸ *adj* públic

▸ *n* **1 the public** [*v sing o pl*] el públic **2** *the travelling public* la gent que viatja ◇ *the theatre-going public* els aficionats al teatre LOC **in public** en públic

publication /ˌpʌblɪ'keɪʃn/ *n* publicació

public convenience *n* lavabos (públics)

public house *n* (*GB, formal*) bar

publicity /pʌb'lɪsəti/ *n* publicitat: *publicity campaign* campanya publicitària

publicize (*GB tb* **-ise**) /'pʌblɪsaɪz/ *vt* **1** fer públic **2** promoure, promocionar

publicly *adv* públicament

public school *n* **1** (*GB*) escola privada ➲ *Vegeu nota a* ESCOLA **2** (*USA*) escola pública

P

publish /ˈpʌblɪʃ/ *vt* **1** publicar **2** fer públic **publisher** *n* **1** (casa) editorial **2** editor, -a **publishing** *n* món editorial: *publishing house* casa editorial

pudding /ˈpʊdɪŋ/ *n* **1** postres **2** púding ➲ *Vegeu nota a* NADAL

puddle /ˈpʌdl/ *n* bassal

puff /pʌf/ *verb, nom*
▸ **1** *vt, vi* ~ **(at/on sth)** (*cigarreta, etc.*) fer pipades a alguna cosa **2** *vt* (*fum*) treure **3** *vi* (*col·loq*) panteixar PHR V **puff sth out/up** inflar alguna cosa ♦ **puff up** inflar-se
▸ *n* **1** (*fum, vapor*) glopada **2** (*cigarreta, etc.*) pipada **3** bufada **4** (*col·loq*) alè

puffed /pʌft/ (*tb* **puffed out**) *adj* (*GB, col·loq*) sense alè

puffy /ˈpʌfi/ *adj* (**puffier**, **-iest**) inflat (*esp la cara*)

puke /pjuːk/ *verb, nom*
▸ *vt, vi* ~ **(sth) (up)** (*col·loq*) vomitar (alguna cosa)
▸ *n* [*incomptable*] vòmit

pull /pʊl/ *verb, nom*
▸ **1** *vt, vi* ~ **(at/on) sth** tirar d'alguna cosa; estirar alguna cosa **2** *vt* (*suro, queixal, pistola*) treure **3** *vt*: *to pull a muscle* fer-se un esquinç **4** *vt* (*gallet*) prémer LOC **pull sb's leg** (*col·loq*) prendre el pèl a algú ♦ **pull strings (for sb)** (*col·loq*) col·locar algú per influència ♦ **pull your socks up** (*GB, col·loq*) esforçar-se per millorar ♦ **pull your weight** posar-hi tot l'esforç *Vegeu tb* FACE
PHR V **pull sth apart** fer trossos una cosa
pull sth down **1** fer baixar alguna cosa **2** (*edifici*) enderrocar alguna cosa
pull in (to…) **1** (*tren*) arribar (a…) **2** (*cotxe*) deturar-se (en…)
pull sth off **1** (*roba*) treure('s) alguna cosa **2** (*col·loq*) aconseguir alguna cosa
pull out (of sth) **1** sortir (d'alguna cosa) **2** retirar-se (d'alguna cosa) ♦ **pull sb/sth out (of sth)** **1** treure algú/alguna cosa (d'alguna cosa) **2** retirar algú/alguna cosa (d'alguna cosa)
pull over apartar-se, fer-se a un costat (*cotxe, etc.*)
pull yourself together sobreposar-se
pull up (*cotxe*) aturar-se ♦ **pull sth up** **1** (*pantalons, etc.*) apujar(-se) alguna cosa **2** (*cadira, etc.*) acostar alguna cosa **3** (*planta*) arrencar alguna cosa
▸ *n* **1** ~ **(at/on sth)** estirada (a alguna cosa) **2 the** ~ **(of sth)** l'atracció, la crida (d'alguna cosa)

pull date *n* (*USA*) data límit de venda (*d'un producte*)

pulley /ˈpʊli/ *n* (*pl* **pulleys**) politja

pullover /ˈpʊləʊvə(r)/ *n* jersei

pulp /pʌlp/ *n* **1** polpa **2** (*de fusta, paper*) pasta

pulpit /ˈpʊlpɪt/ *n* púlpit

pulsate /pʌlˈseɪt; *USA* ˈpʌlseɪt/ (*tb* **pulse**) *vi* palpitar, bategar

pulse /pʌls/ *n* **1** (*Med*) pols **2** ritme **3** pulsació **4 pulses** [*pl*] llegums secs

pumice /ˈpʌmɪs/ (*tb* **pumice stone**) *n* pedra tosca

pummel /ˈpʌml/ *vt* (**-ll-**; *USA* **-l-**) apallissar

pump /pʌmp/ *nom, verb*
▸ *n* bomba, manxa: *petrol pump* sortidor de gasolina
▸ **1** *vt* bombar, manxar **2** *vi* fer anar la bomba **3** *vt* moure, fer anar repetidament PHR V **pump sth up** inflar alguna cosa

pumpkin /ˈpʌmpkɪn/ *n* carabassa

pun /pʌn/ *n* ~ **(on sth)** joc de paraules (amb alguna cosa)

punch /pʌntʃ/ *verb, nom*
▸ *vt* **1** donar un cop de puny a **2** perforar, trepar: *to punch a hole in sth* fer un forat en alguna cosa
▸ *n* **1** cop de puny **2** grapa, força **3** (*tb* **hole punch**) (*per a bitllets, paper*) màquina de fer forats **4** punxó **5** (*beguda*) ponx

punchline /ˈpʌntʃlaɪn/ *n* cop final d'un acudit

punch-up /ˈpʌntʃ ʌp/ *n* (*GB, col·loq*) baralla a cops de puny

punctual /ˈpʌŋktʃuəl/ *adj* puntual ➲ *Vegeu nota a* PUNTUAL **punctuality** /ˌpʌŋktʃuˈæləti/ *n* puntualitat

punctuate /ˈpʌŋktʃueɪt/ *vt* **1** ~ **sth (with sth)** interrompre alguna cosa (amb alguna cosa) **2** (*Gram*) puntuar

punctuation /ˌpʌŋktʃuˈeɪʃn/ *n* puntuació: *punctuation mark* signe de puntuació

puncture /ˈpʌŋktʃə(r)/ *nom, verb*
▸ *n* punxada
▸ **1** *vt, vi* punxar(-se) **2** *vt* (*Med*) perforar

pundit /ˈpʌndɪt/ *n* entès, -esa, expert, -a

pungent /ˈpʌndʒənt/ *adj* **1** (*gust, olor*) fort **2** (*comentari*) punyent

punish /ˈpʌnɪʃ/ *vt* castigar **punishment** *n* **1** ~ **(for sth)** càstig (per alguna cosa) *Vegeu tb* CAPITAL PUNISHMENT, CORPORAL PUNISHMENT

punitive /ˈpjuːnətɪv/ *adj* (*formal*) **1** punitiu **2** desorbitat

punk /pʌŋk/ *n* **1** (*tb* **punk rock**) (música) punk **2** (*tb* **punk rocker**) punk **3** (*esp USA, col·loq*) brètol

punt /pʌnt/ *n* barca llarga i plana que s'impulsa amb una perxa

punter /ˈpʌntə(r)/ *n* (*GB, col·loq*) **1** client, -a, membre del públic **2** apostador, -a

pup /pʌp/ *n* **1** *Vegeu* PUPPY **2** cria

pupil /'pjuːpl/ *n* **1** alumne, -a ➲ *Vegeu nota a* ALUMNE **2** deixeble, -a **3** pupil·la (*de l'ull*)

puppet /'pʌpɪt/ *n* (*lit i fig*) titella

puppy /'pʌpi/ (*pl* **puppies**) (*tb* **pup**) *n* cadell, gosset ➲ *Vegeu nota a* GOS

purchase /'pɜːtʃəs/ *nom, verb*

▸ *n* (*formal*) compra, adquisició

▸ *vt* (*formal*) comprar **purchaser** *n* (*formal*) comprador, -a

pure /pjʊə(r)/ *adj* (**purer**, **-est**) pur **purely** *adv* purament, simplement

purée /'pjʊəreɪ; *USA* pjʊə'reɪ/ *n* puré

purge /pɜːdʒ/ *verb, nom*

▸ *vt* **1** ~ **sb/sth (of/from sth)** purgar algú/alguna cosa (d'alguna cosa) **2** ~ **sb (from sth)** expulsar algú (d'alguna cosa)

▸ *n* purga

purify /'pjʊərɪfaɪ/ *vt* (*pt, pp* **-fied**) purificar

puritan /'pjʊərɪtən/ *adj, n* purità, -ana **puritanical** /ˌpjʊərɪ'tænɪkl/ *adj* (*sovint pej*) purità

purity /'pjʊərəti/ *n* puresa

purple /'pɜːpl/ *adj, n* morat

purpose /'pɜːpəs/ *n* **1** propòsit, motiu: *purpose-built* construït amb un fi específic **2** determinació: *to have a sense of purpose* tenir una meta a la vida LOC **for the purpose of** amb la finalitat de ◆ **on purpose** expressament *Vegeu tb* INTENT **purposeful** *adj* decidit **purposely** *adv* intencionadament

purr /pɜː(r)/ *vi* roncar (*gat*) ➲ *Vegeu nota a* GAT

purse /pɜːs/ *nom, verb*

▸ *n* **1** portamonedes **2** (*USA*) bossa de mà ➲ *Vegeu il·lustració a* BAG

▸ *vt*: *to purse your lips* fer morros

pursue /pə'sjuː; *USA* -'suː/ *vt* (*formal*) **1** (*pla, conversa*) continuar (amb) **2** (*objectiu*) lluitar per **3** (*activitat*) dedicar-se a **4** perseguir ❶ La paraula més habitual en aquest sentit és **chase**.

pursuit /pə'sjuːt; *USA* -'suːt/ *n* (*formal*) **1** ~ **of sth** recerca d'alguna cosa **2** [*gen pl*] activitat LOC **in pursuit (of sb/sth)** perseguint (algú/alguna cosa) ◆ **in pursuit of sth** a la recerca d'alguna cosa

pus /pʌs/ *n* pus

push /pʊʃ/ *verb, nom*

▸ **1** *vt, vi* empènyer, empentar: *to push past sb* passar algú donant empentes **2** *vt*: *to push prices up/down* fer que pugin/baixin els preus **3** *vt* (*botó, etc.*) prémer **4** *vt* ~ **sb (into sth/into doing sth)**; ~ **sb (to do sth)** pressionar algú (perquè faci alguna cosa): *Her parents sometimes push her too hard.* Els seus pares de vegades li exigeixen massa. **5** *vt* (*col·loq*) (*idea*) promoure LOC **be pushed for sth** (*col·loq*) anar just d'alguna cosa PHR V **push sb about/around** manar algú ◆ **push ahead/forward (with sth)** continuar endavant (amb alguna cosa) ◆ **push in** passar davant (*en una cua*) ◆ **push off** (*GB, col·loq*) fotre el camp

▸ *n* empenta LOC **get the push** (*GB, col·loq*) ésser acomiadat ◆ **give sb the push** (*GB, col·loq*) acomiadar algú

pushchair /'pʊʃtʃeə(r)/ (*USA* **stroller**) *n* cotxet de cadira (*de nen*)

pusher /'pʊʃə(r)/ (*tb* **drug pusher**) *n* (*col·loq*) camell (*drogues*)

push-up /'pʊʃ ʌp/ *n* (*esp USA*) (*exercici*) flexió

pushy /'pʊʃi/ *adj* (**pushier**, **-iest**) (*col·loq, pej*) agressiu, dominador

pussy /'pʊsi/ *n* (*pl* **pussies**) (*tb* **pussycat** /'pʊsikæt/, **puss**) gatet

put /pʊt/ *vt* (*pt, pp* **put** *part pres* **putting**) **1** posar, col·locar, ficar: *Did you put sugar in my tea?* M'has posat sucre al te? ◇ *to put sb out of work* deixar algú sense feina ◇ *Put them together.* Ajunta'ls. **2** dir, expressar **3** (*pregunta, suggeriment*) fer **4** (*temps, esforç*) dedicar ❶ Per a expressions amb **put**, vegeu les entrades del nom, adjectiu, etc., p. ex. **put sth right** a RIGHT.

PHR V **put sth across/over** expressar, comunicar alguna cosa ◆ **put yourself across/over** presentar-se (un mateix): *She puts herself across well in interviews.* Fa una bona impressió a les entrevistes.

put sth aside **1** deixar alguna cosa de banda **2** (*tb* **put sth by**) estalviar (*diners*)

put sth away guardar alguna cosa

put sth back **1** guardar alguna cosa **2** ajornar alguna cosa **3** (*rellotge*) retardar alguna cosa

put sth by = PUT STH ASIDE (2)

put sb down (*col·loq*) humiliar, fer quedar malament algú ◆ **put sth down** **1** posar alguna cosa (a terra, etc.) **2** deixar, deixar anar alguna cosa **3** (*telèfon*) penjar alguna cosa **4** (*escriure*) apuntar alguna cosa **5** (*rebel·lió*) reprimir, sufocar alguna cosa **6** (*animal*) sacrificar alguna cosa (*per malaltia o vellesa*) ◆ **put sth down to sth** atribuir alguna cosa a alguna cosa

put sb/yourself forward proposar algú, proposar-se (*per a una feina o càrrec*) ◆ **put sth forward** **1** (*proposta*) presentar alguna cosa **2** (*suggeriment*) fer alguna cosa **3** avançar alguna cosa

put sth into (doing) sth **1** dedicar alguna cosa a (fer) alguna cosa **2** (*diners*) invertir alguna cosa en alguna cosa

put sb off dir a algú que no vingui, cancel·lar una cita ◆ **put sb off (sth/doing sth)** **1** dissuadir

P

algú, treure a algú les ganes (d'alguna cosa/de fer alguna cosa) **2** distreure algú (d'alguna cosa), no deixar que algú faci alguna cosa ◆ **put sth off 1** ajornar alguna cosa **2** (*llum, etc.*) apagar alguna cosa
put sth on 1 (*roba, etc.*) posar-se alguna cosa **2** (*llum, etc.*) encendre, posar alguna cosa **3** *to put on weight* engreixar-se ◇ *to put on two kilos* engreixar-se dos quilos **4** (*obra de teatre*) fer, muntar alguna cosa **5** fingir, fer veure alguna cosa
put sb out causar molèsties a algú ◆ **be put out** sentir-se ofès, disgustar-se ◆ **put sth out 1** treure alguna cosa **2** (*llum, foc*) apagar alguna cosa **3** (*avís, etc.*) fer pública alguna cosa ◆ **put yourself out (for sb)** (*col·loq*) molestar-se (per algú)
put sth through portar a terme alguna cosa (*pla, reforma, etc.*) ◆ **put sb through sth** fer passar algú per alguna cosa ◆ **put sb through (to sb)** posar algú (amb algú) (*per telèfon*)
put sth to sb 1 proposar alguna cosa a algú **2** preguntar alguna cosa a algú
put sth together preparar, muntar alguna cosa: *to put together a meal/an essay* preparar un àpat/fer un treball
put sb up allotjar algú ◆ **put sth up 1** (*mà*) aixecar alguna cosa **2** (*edifici*) alçar, construir alguna cosa **3** (*rètol, etc.*) posar alguna cosa **4** (*preu*) apujar ◆ **put up with sb/sth** tolerar, aguantar algú/alguna cosa

putrid /ˈpjuːtrɪd/ *adj* **1** putrefacte, pútrid **2** (*color, etc.*) fastigós

putty /ˈpʌti/ *n* màstic (*per a finestres*)

puzzle /ˈpʌzl/ *nom, verb*
▸ *n* **1** endevinalla **2** trencaclosques, puzle **3** misteri
▸ *vt* desconcertar PHR V **puzzle sth out** explicar-se, esbrinar alguna cosa ◆ **puzzle over sth** trencar-se el cap sobre alguna cosa **puzzled** *adj* perplex

pygmy /ˈpɪgmi/ *nom, adjectiu*
▸ *n* (*pl* **pygmies**) pigmeu, -ea
▸ *adj* nan: *pygmy horse* cavall pigmeu

pyjamas (*USA* **pajamas**) /pəˈdʒɑːməz; *USA* -ˈdʒæməz/ *n* [*pl*] pijama: *a pair of pyjamas* un pijama ❶ **Pyjama** es fa servir en singular quan precedeix un altre nom: *pyjama trousers* els pantalons del pijama. *Vegeu tb nota a* PAIR

pylon /ˈpaɪlən; *USA* ˈpaɪlɒn/ *n* torre de conducció elèctrica

pyramid /ˈpɪrəmɪd/ *n* piràmide

python /ˈpaɪθn; *USA* -θɒn/ *n* pitó

Q q

Q, q /kjuː/ *n* (*pl* **Qs, Q's, q's**) Q, q ➲ *Vegeu nota a* A, A

quack /kwæk/ *nom, verb*
▸ *n* **1** clac **2** (*col·loq, pej*) curandero, -a
▸ *vi* clacar

quad bike /ˈkwɒd baɪk/ *n* quad, moto de quatre rodes

quadruple *verb, adjectiu*
▸ *vt, vi* /kwɒˈdruːpl/ quadruplicar(-se)
▸ *adj* /ˈkwɒdrʊpl; *USA* kwɒˈdruːpl/ quàdruple

quagmire /ˈkwægmaɪə(r), kwɒg-/ *n* **1** lloc pantanós **2** empantanegament

quail /kweɪl/ *n* (*pl* **quails** *o* **quail**) guatlla

quaint /kweɪnt/ *adj* **1** (*costum, etc.*) curiós, peculiar **2** (*lloc, edifici*) pintoresc

quake /kweɪk/ *verb, nom*
▸ *vi* tremolar
▸ *n* (*col·loq*) terratrèmol

qualification /ˌkwɒlɪfɪˈkeɪʃn/ *n* **1** (*diploma, etc.*) títol **2** requisit **3** reserva: *without qualification* sense reserves **4** qualificació **5** (*Esport*) classificació

qualified /ˈkwɒlɪfaɪd/ *adj* **1** titulat **2** qualificat, capacitat **3** (*èxit, etc.*) limitat

qualify /ˈkwɒlɪfaɪ/ (*pt, pp* **-fied**) **1** *vi* ~ **(as sth)** obtenir el títol (d'alguna cosa) **2** *vt* ~ **sb (for sth/to do sth)** capacitar algú (per a alguna cosa/per a fer alguna cosa); donar dret a algú a alguna cosa/a fer alguna cosa **3** *vi* ~ **for sth/to do sth** tenir dret a alguna cosa/a fer alguna cosa; complir els requisits (per a alguna cosa/per a fer alguna cosa) **4** *vi* (*Esport*) classificar-se **5** *vi* ~ **(as sth)**: *He doesn't exactly qualify as one of our greatest players.* No és precisament un dels nostres millors jugadors. **6** *vt* (*declaració*) modificar **qualifying** *adj* eliminatori

quality /ˈkwɒləti/ *n* (*pl* **qualities**) **1** qualitat **2** classe **3** tret

qualm /kwɑːm/ *n* escrúpol, dubte

quandary /ˈkwɒndəri/ *n* LOC **be in a quandary** trobar-se en un dilema

quantify /ˈkwɒntɪfaɪ/ *vt* (*pt, pp* **-fied**) quantificar

quantity /ˈkwɒntəti/ *n* (*pl* **quantities**) quantitat

quarantine /ˈkwɒrəntiːn; *USA* ˈkwɔːr-/ *n* quarantena

quarrel /ˈkwɒrəl; *USA* ˈkwɔːrəl/ *nom, verb*
▸ *n* **1** baralla **2** queixa LOC *Vegeu* PICK
▸ *vi* (**-ll-**; *USA* **-l-**) ~ **(with sb) (about/over sth)** renyir, barallar-se (amb algú) (per alguna cosa) **quarrelsome** /ˈkwɒrəlsəm; *USA* ˈkwɔː-/ *adj* baralladís

quarry /ˈkwɒri; *USA* ˈkwɔːri/ *n* (*pl* **quarries**) **1** pedrera **2** presa (*de persecució*)

quart /kwɔːt/ *n* (*abrev* **qt**) quart de galó (*1,136 litres a la Gran Bretanya o 0,946 litres als EUA*) ➲ *Vegeu pàg 759*

quarter /ˈkwɔːtə(r)/ *n* **1** quart: *It's (a) quarter to one.* Són tres quarts d'una. ◇ *It's (a) quarter past one.* És un quart de dues. ➲ *Vegeu nota a* QUART **2** (una) quarta part: *a quarter full* ple en una quarta part **3** (*rebuts, etc.*) trimestre **4** barri **5** (*Can, USA*) vint-i-cinc centaus **6 quarters** [*pl*] allotjament LOC **in/from all quarters** a/de tot arreu

quarter-final /ˌkwɔːtə ˈfaɪnl/ *n* quarts de final

quarterly /ˈkwɔːtəli/ *adjectiu, adverbi, nom*
▸ *adj* trimestral
▸ *adv* trimestralment
▸ *n* (*pl* **quarterlies**) revista trimestral

quartet /kwɔːˈtet/ *n* quartet

quartz /kwɔːts/ *n* quars

quash /kwɒʃ/ *vt* **1** (*sentència*) anul·lar **2** (*rebel·lió*) sufocar **3** (*rumor, sospita, etc.*) posar fi a

quaver /ˈkweɪvə(r)/ *n* (*Mús*) corxera

quay /kiː/ *n* moll

queasy /ˈkwiːzi/ *adj* marejat

queen /kwiːn/ *n* **1** reina **2** (*cartes*) dama ➲ *Vegeu nota a* BARALLA

queer /kwɪə(r)/ *adjectiu, nom*
▸ *adj* **1** (*antic*) estrany **2** (*argot, pej*) marieta (*homosexual*)
▸ *n* (*argot, pej*) marieta (*homosexual*) ➲ *Compareu amb* GAY

quell /kwel/ *vt* **1** (*revolta, etc.*) reprimir **2** (*por, dubtes, etc.*) dissipar

quench /kwentʃ/ *vt* apagar (*set, foc, passió*)

query /ˈkwɪəri/ *nom, verb*
▸ *n* (*pl* **queries**) dubte, pregunta: *Have you got any queries?* Teniu algun dubte?
▸ *vt* (*pt, pp* **queried**) qüestionar

quest /kwest/ *n* (*formal*) recerca

question /ˈkwestʃən/ *nom, verb*
▸ *n* **1** pregunta: *to ask/answer a question* fer/respondre a una pregunta **2** ~ **(of sth)** qüestió (d'alguna cosa) LOC **bring/call sth into question** posar alguna cosa en dubte ◆ **out of the question** impensable
▸ *vt* **1** fer preguntes a, interrogar **2** posar en dubte, qüestionar **questionable** *adj* qüestionable, discutible

questioning /ˈkwestʃənɪŋ/ *nom, adjectiu*
▸ *n* interrogatori
▸ *adj* inquisitiu, expectant

question mark *n* signe d'interrogació ➲ *Vegeu pàg 363*

questionnaire /ˌkwestʃəˈneə(r)/ *n* qüestionari

question tag *n* fragment interrogatiu (*per demanar confirmació*) ➲ *Vegeu pàg 351*

queue /kjuː/ *nom, verb*
▸ (*USA* **line**) *n* cua (*de persones, etc.*) LOC *Vegeu* JUMP
▸ *vi* (*GB*) ~ **(up)** fer cua

quick /kwɪk/ *adjectiu, adverbi*
▸ *adj* (**quicker, -est**) **1** ràpid: *Be quick!* Afanya't! ➲ *Vegeu nota a* FAST **2** (*persona, ment, etc.*) agut, llest LOC **be quick to do sth** no trigar a fer alguna cosa *Vegeu tb* BUCK, TEMPER
▸ *adv* (**quicker, -est**) ràpid, ràpidament

quicken /ˈkwɪkən/ *vt, vi* **1** accelerar(-se) **2** (*ritme, interès*) avivar(-se)

quickly /ˈkwɪkli/ *adv* de pressa, ràpidament

quid /kwɪd/ *n* (*pl* **quid**) (*GB, col·loq*) lliura: *It's five quid each.* Són cinc lliures cadascú.

quiet /ˈkwaɪət/ *adjectiu, nom*
▸ *adj* (**quieter, -est**) **1** silenciós **2** callat: *Be quiet!* Calla! **3** (*lloc, vida*) tranquil
▸ *n* **1** silenci **2** tranquil·litat LOC **on the quiet** d'amagat **quieten** (*tb esp USA* **quiet**) *vt, vi* ~ **(sb/sth) (down)** calmar algú/alguna cosa; calmar-se

quietly /ˈkwaɪətli/ *adv* **1** en silenci **2** tranquil·lament **3** en veu baixa

quietness /ˈkwaɪətnəs/ *n* tranquil·litat

quilt /kwɪlt/ *n* edredó *Vegeu tb* CONTINENTAL QUILT

quince /kwɪns/ *n* codony

quintet /kwɪnˈtet/ *n* quintet

quirk /kwɜːk/ *n* raresa, mania LOC **a quirk of fate** un caprici del destí **quirky** *adj* peculiar, excèntric

Q

quit /kwɪt/ (*pt, pp* **quit** *o* **quitted** *part pres* **quitting**) **1** *vt, vi* (*col·loq*) (*feina, etc.*) deixar **2** *vt* ~ **(doing) sth** (*col·loq*) deixar (de fer) alguna cosa **3** *vt, vi* anar-se'n (de) **4** *vt, vi* (*Informàt*) sortir (de)

quite /kwaɪt/ *adv* **1** (*GB*) força, bastant: *He played quite well.* Va jugar força bé. ◇ *quite a small house* una casa força petita ➲ *Vegeu nota a* FAIRLY **2** (*GB*) absolutament: *She played quite brilliantly.* Va jugar excepcionalment. **3** totalment: *The theatre wasn't quite full.* El teatre no estava totalment ple. ◇ *Are you quite sure?* N'estàs totalment segur? LOC **quite a; quite some** tot un: *It gave me quite a shock.* Em va donar un bon ensurt. ◆ **quite a few; quite a lot (of sth)** força, un nombre considerable (d'alguna cosa)

quiver /'kwɪvə(r)/ *verb, nom*
▸ *vi* tremolar, estremir-se
▸ *n* tremolor, estremiment

quiz /kwɪz/ *nom, verb*
▸ *n* (*pl* **quizzes**) concurs, prova (*de coneixements*): *a TV quiz show* un concurs televisiu
▸ *vt* (**-zz-**) ~ **sb (about sb/sth)** interrogar algú (sobre algú/alguna cosa)

quizzical /'kwɪzɪkl/ *adj* inquisitiu, burleta

quota /'kwəʊtə/ *n* **1** nombre màxim **2** quota

quotation /kwəʊ'teɪʃn/ *n* **1** citació (*d'un llibre, etc.*) **2** pressupost **3** (*Fin*) cotització

quotation marks *n* [*pl*] cometes ➲ *Vegeu pàg 363*

quote /kwəʊt/ *verb, nom*
▸ **1** *vt, vi* citar **2** *vt* fer un pressupost: *They quoted (me) £500 for the job.* Em van fer un pressupost de 500 lliures per la feina. **3** *vt* cotitzar
▸ *n* **1** citació (*d'un llibre, etc.*) **2** pressupost **3 quotes** [*pl*] cometes ➲ *Vegeu pàg 363*

R r

R, r /ɑː(r)/ *n* (*pl* **Rs, R's, r's**) R, r ➲ *Vegeu nota a* A, A

rabbi /'ræbaɪ/ *n* (*pl* **rabbis**) rabí

rabbit /'ræbɪt/ *n* conill ➲ *Vegeu nota a* CONILL

rabid /'ræbɪd, 'reɪbɪd/ *adj* rabiós

rabies /'reɪbiːz/ *n* [*incomptable*] ràbia (*malaltia*)

raccoon /rə'kuːn/ *n* ós rentador

race /reɪs/ *nom, verb*
▸ *n* **1** cursa, correguda **2** raça: *race relations* relacions racials *Vegeu tb* THE RAT RACE
▸ **1** *vt, vi* ~ **(against) sb** fer una cursa amb algú; competir amb algú (en una cursa) **2** *vi* (*en curses*) córrer **3** *vt* (*cavall*) fer córrer, presentar **4** *vi* córrer molt de pressa **5** *vi* competir **6** *vi* (*pols, cor*) bategar molt ràpidament

racecourse /'reɪskɔːs/ (*USA* **racetrack**) *n* hipòdrom

racehorse /'reɪshɔːs/ *n* cavall de cursa

racetrack /'reɪstræk/ *n* **1** circuit (d'automobilisme, etc.) **2** (*USA*) hipòdrom

racial /'reɪʃl/ *adj* racial

racing /'reɪsɪŋ/ *n* [*incomptable*] curses: *horse racing* curses de cavalls ◇ *racing car/bike* cotxe/bicicleta de cursa ◇ *racing driver* pilot de curses *Vegeu tb* MOTOR RACING

racism /'reɪsɪzəm/ *n* racisme **racist** *adj, n* racista

rack /ræk/ *nom, verb*
▸ *n* **1** suport: *a plate/wine rack* un escorreplats/ampoller **2** (*tren, autobús*) portaequipatge *Vegeu tb* LUGGAGE RACK, ROOF RACK
▸ *vt* LOC **rack your brain(s)** esprémer-se el cervell

racket /'rækɪt/ *n* **1** [*sing*] (*col·loq*) xivarri **2** (*col·loq*) estafada **3** (*col·loq*): *a drugs racket* un cas de tràfic de drogues ◇ *a protection racket* una màfia de protecció **4** (*tb* **racquet**) raqueta

racy /'reɪsi/ *adj* (**racier, -iest**) **1** (*estil*) viu **2** (*acudit, etc.*) picant

radar /'reɪdɑː(r)/ *n* [*incomptable*] radar

radiant /'reɪdiənt/ *adj* ~ **(with sth)** radiant (d'alguna cosa): *radiant with joy* radiant d'alegria **radiance** *n* resplendor

radiate /'reɪdieɪt/ **1** *vt, vi* (*llum, alegria*) irradiar **2** *vi* sortir (*d'un punt central*)

radiation /ˌreɪdi'eɪʃn/ *n* radiació: *radiation sickness* malaltia per radiació

radiator /'reɪdieɪtə(r)/ *n* radiador

radical /'rædɪkl/ *adj, n* radical

radio /'reɪdiəʊ/ *n* (*pl* **radios**) ràdio: *radio station* emissora (de ràdio)

radioactive /ˌreɪdiəʊ'æktɪv/ *adj* radioactiu **radioactivity** /ˌreɪdiəʊæk'tɪvəti/ *n* radioactivitat

radish /'rædɪʃ/ *n* rave

radius /'reɪdiəs/ *n* (*pl* **radii** /-diaɪ/) (*Geom*) radi

raffle /'ræfl/ *n* rifa

raft /rɑːft; *USA* ræft/ *n* rai: *life raft* bot salvavides

rafter /'rɑːftə(r); *USA* 'ræf-/ *n* biga

rafting /'rɑːftɪŋ; *USA* 'ræftɪŋ/ *n* ràfting, descens en bot: *to go white-water rafting* fer ràfting

rag /ræg/ *n* **1** drap **2** (*col·loq, pej*) diari **3 rags** [*pl*] parracs

rage /reɪdʒ/ *nom, verb*

▸ *n* ira, còlera: *to fly into a rage* posar-se fet una fúria *Vegeu tb* ROAD RAGE LOC **be all the rage** (*col·loq*) fer furor

▸ *vi* **1** ~ **(at/about sth)** enfurir-se (per alguna cosa) **2** ~ **against sth** protestar furiosament contra alguna cosa **3** (*tempesta*) bramar **4** (*batalla*) continuar amb fúria **5** (*incendi*) cremar furiosament

ragged /'rægɪd/ *adj* **1** (*roba*) estripat **2** (*persona*) esparracat

raging /'reɪdʒɪŋ/ *adj* **1** (*dolor, set*) atroç **2** (*mar*) encrespat **3** (*tempesta*) violent

raid /reɪd/ *nom, verb*

▸ *n* ~ **(on sth) 1** atac, incursió (contra alguna cosa) **2** (*policial*) batuda (per...) **3** (*robatori*) assalt (a alguna cosa)

▸ *vt* **1** (*policia*) escorcollar **2** atacar **3** saquejar **raider** *n* assaltant

rail /reɪl/ *n* **1** barana **2** (*cortines*) guia **3** (*Ferrocarril*) rail **4** (*Ferrocarril*): *rail strike* vaga de trens ◇ *by rail* amb tren/ferrocarril

railing /'reɪlɪŋ/ *n* [*gen pl*] reixat, barana

railway /'reɪlweɪ/ (*USA* **railroad** /'reɪlrəʊd/) *n* **1** ferrocarril: *railway station* estació de tren **2** (*tb* **railway line/track**) via fèrria

rain /reɪn/ *nom, verb*

▸ *n* pluja: *It's pouring with rain.* Plou a bots i barrals. ◇ *a rain of arrows* una pluja de fletxes

▸ *vi* ploure: *It's raining hard.* Plou molt.

rainbow /'reɪnbəʊ/ *n* arc de Sant Martí

raincoat /'reɪnkəʊt/ *n* gavardina, impermeable

rainfall /'reɪnfɔːl/ *n* [*incomptable*] precipitacions

rainforest /'reɪnfɒrɪst; *USA* -fɔːr-/ *n* selva tropical

rainwater /'reɪnwɔːtə(r)/ *n* aigua de pluja

rainy /'reɪni/ *adj* (**rainier, -iest**) plujós: *It's rainy today.* Avui plou.

raise /reɪz/ *verb, nom*

▸ *vt* **1** alçar, aixecar: *to raise sb's hopes/spirits* aixecar la moral d'algú **2** (*salaris, preus*) apujar **3** (*nivell*) millorar **4** (*diners*) aconseguir: *to raise a loan* aconseguir un préstec **5** (*tema*) plantejar **6** (*criatures, animals*) criar **7** (*alarma*) donar **8** (*exèrcit*) reclutar LOC **raise your eyebrows (at sth)** sorprendre's, mostrar desaprovació (davant d'alguna cosa) ◆ **raise your glass (to sb)** brindar, alçar les copes (per algú)

▸ *n* (*USA*) augment (*de sou*)

raisin /'reɪzn/ *n* pansa ➲ *Compareu amb* CURRANT, SULTANA

rake /reɪk/ *nom, verb*

▸ *n* rampí

▸ *vt, vi* rasclar PHR V **rake sth in** guanyar alguna cosa (*molts diners*): *She's been raking it in since she got promoted.* Ha guanyat molts diners d'ençà que la van promocionar. ◆ **rake sth up** (*col·loq, pej*) desenterrar alguna cosa (*del passat*)

rally /'ræli/ *nom, verb*

▸ *n* (*pl* **rallies**) **1** míting **2** (*cotxes*) ral·li **3** (*tennis, etc.*) piloteig

▸ (*pt, pp* **rallied**) **1** *vt, vi* ~ **(sb/sth) (around/behind/to sb)** ajuntar-se, reunir algú/alguna cosa (al voltant d'algú): *The party rallied behind the president.* El partit es va unir en suport al president. **2** *vi* recuperar-se

RAM /ræm/ *n* (*abrev de* **random access memory**) (*Informàt*) RAM, memòria d'accés aleatori

ram /ræm/ *verb, nom*

▸ *vt* (**-mm-**) **1** xocar contra **2** ~ **sth in, into, on, etc. sth** posar, ficar alguna cosa en alguna cosa amb força

▸ *n* marrà

Ramadan /'ræmədæn, ˌræmə'dæn/ *n* ramadà

ramble /'ræmbl/ *verb, nom*

▸ *vi* **1** fer excursions a peu, caminar (*pel camp*) **2** ~ **(on) (about sb/sth)** divagar (sobre algú/alguna cosa)

▸ *n* excursió a peu, caminada **rambler** *n* excursionista **rambling** *adj* **1** laberíntic **2** (*discurs*) que se'n va per les branques

ramp /ræmp/ *n* **1** rampa (*pla inclinat*) **2** (*en carretera*) desnivell

rampage *nom, verb*

▸ *n* /'ræmpeɪdʒ/ batibull LOC **be/go on the rampage** estar/anar esbojarrat

▸ *vi* /ræm'peɪdʒ, 'ræmpeɪdʒ/ córrer com un esperitat

rampant /'ræmpənt/ *adj* **1** desenfrenat **2** (*vegetació*) exuberant

ramshackle /'ræmʃækl/ *adj* atrotinat

ran *pt de* RUN

R

ranch /rɑːntʃ; *USA* ræntʃ/ *n* ranxo, granja
rancid /ˈrænsɪd/ *adj* ranci
random /ˈrændəm/ *adjectiu, nom*
▸ *adj* a l'atzar, aleatori
▸ *n* LOC **at random** a l'atzar
rang *pt de* RING²
range /reɪndʒ/ *nom, verb*
▸ *n* **1** gamma, ventall **2** escala **3** línia (*de productes*) **4** (*visió, so*) camp: *range of vision* camp visual **5** (*armes*) abast **6** (*muntanyes*) cadena, serralada *Vegeu tb* FREE-RANGE
▸ **1** *vi* ~ **from sth to sth**; ~ **between sth and sth** (*xifra*) oscil·lar entre alguna cosa i alguna cosa **2** *vi* ~ **from sth to sth** estendre's, anar des d'alguna cosa fins a alguna cosa **3** *vt* alinear **4** *vt, vi* ~ **(over/through) sth** vagar (per alguna cosa)
rank /ræŋk/ *nom, verb*
▸ *n* **1** (*Mil*) grau, rang **2** categoria LOC **the rank and file** les bases
▸ **1** *vt* ~ **sb/sth (as sth)** classificar algú/alguna cosa (com a alguna cosa); considerar algú/alguna cosa (alguna cosa) **2** *vi* ~ **(among/as sb/sth)** situar-se (entre algú/alguna cosa): *He ranks among our top players.* Se situa entre els millors jugadors del nostre equip. ◇ *This ranks as their best album yet.* Aquest àlbum és el millor que han tret per ara.
ranking /ˈrænkɪŋ/ *n* [*gen pl*] rànquing
ransack /ˈrænsæk/ *vt* **1** ~ **sth (for sth)** regirar alguna cosa de dalt a baix (a la recerca d'alguna cosa) **2** saquejar
ransom /ˈrænsəm/ *n* rescat LOC **hold sb to ransom** fer xantatge a algú
rap /ræp/ *nom, verb*
▸ *n* **1** (*Mús*) rap **2** cop sec
▸ *vt, vi* (**-pp-**) **1** copejar **2** (*Mús*) cantar rap
rape /reɪp/ *verb, nom*
▸ *vt* violar ➲ *Vegeu nota a* VIOLATE
▸ *n* **1** violació **2** (*Bot*) colza **rapist** *n* violador, -a
rapid /ˈræpɪd/ *adj* ràpid **rapidly** *adv* (molt) de pressa
rapids /ˈræpɪdz/ *n* [*pl*] ràpids
rappel /ræˈpel/ *verb, nom*
▸ *vi* (*USA*) fer ràpel
▸ *n* (*USA*) ràpel
rapper /ˈræpə(r)/ *n* raper, -a
rapport /ræˈpɔː(r)/ *n* compenetració
rapture /ˈræptʃə(r)/ *n* (*formal*) èxtasi **rapturous** *adj* entusiasta
rare /reə(r)/ *adj* (**rarer**, **-est**) **1** rar: *a rare opportunity* una oportunitat molt poc freqüent **2** (*carn*) poc fet ➲ *Vegeu nota a* FET **rarely** *adv* rarament ➲ *Vegeu nota a* ALWAYS **rarity** *n* (*pl* **rarities**) raresa
rash /ræʃ/ *nom, adjectiu*
▸ *n* borradura, erupció
▸ *adj* imprudent, precipitat: *In a rash moment I promised her...* En un rampell li vaig prometre que...
raspberry /ˈrɑːzbəri; *USA* ˈræzberi/ *n* (*pl* **raspberries**) gerd
rat /ræt/ *n* rata
rate /reɪt/ *nom, verb*
▸ *n* **1** raó (*proporció*), taxa: *birth rate* taxa de natalitat ◇ *at a rate of 50 a/per week* a (raó de) 50 per setmana ◇ *at a rate of 50 kilometres an hour* a una velocitat de 50 km per hora **2** tant (*quantitat de diners*): *an hourly rate of pay* un tant per l'hora **3** (*Fin*) tipus: *the exchange rate/the rate of exchange* el tipus de canvi ◇ *interest rate* tipus d'interès LOC **at any rate** (*col·loq*) en qualsevol cas ◆ **at this/that rate** (*col·loq*) a aquest pas *Vegeu tb* GOING
▸ **1** *vt, vi* estimar, valorar: *highly rated* molt valorat **2** *vt* considerar com a
rather /ˈrɑːðə(r); *USA* ˈræð-/ *adv* **1** una mica, força: *I rather suspect...* M'inclino a sospitar... **2** més aviat

> **Rather** amb un mot de sentit positiu implica sorpresa per part de la persona que parla: *It was a rather nice present.* Va ésser un regal molt bonic. També es fa servir quan volem criticar alguna cosa: *This room is rather untidy.* Aquesta habitació està força desendreçada. ➲ *Vegeu nota a* FAIRLY

LOC **or rather** o més ben dit ◆ **rather than** en lloc de: *a cold drink rather than coffee* un refresc en lloc d'un cafè ◆ **would rather do sth (than...)** preferir fer alguna cosa (que no pas...): *I'd rather walk than wait for the bus.* M'estimo més caminar que no pas esperar l'autobús. ➲ *Vegeu nota a* PREFERIR
rating /ˈreɪtɪŋ/ *n* **1** classificació: *a high/low popularity rating* un nivell alt/baix de popularitat **2 the ratings** [*pl*] (*TV*) l'índex d'audiència
ratio /ˈreɪʃiəʊ/ *n* (*pl* **ratios**) ràtio, proporció
ration /ˈræʃn/ *nom, verb*
▸ *n* ració
▸ *vt* ~ **sb/sth (to sth)** racionar algú/alguna cosa (a alguna cosa) **rationing** *n* racionament
rational /ˈræʃnəl/ *adj* racional, raonable
rationalize (*GB tb* **-ise**) /ˈræʃnəlaɪz/ *vt* racionalitzar **rationalization** (*GB tb* **-isation**) *n* racionalització

R

the rat race *n* (*col·loq, pej*) l'estrès de la vida moderna

rattle /'rætl/ *verb, nom*

▸ **1** *vi* fer soroll **2** *vt* fer sonar **3** *vi* ~ **along, off, past, etc.** sotraguejar PHR V **rattle sth off** dir alguna cosa com un lloro

▸ *n* **1** sotrac **2** sonall

rattlesnake /'rætlsneɪk/ *n* serp de cascavell

ravage /'rævɪdʒ/ *vt* destrossar

rave /reɪv/ *verb, nom*

▸ *vi* **1** ~ **about sb/sth** posar algú/alguna cosa pels núvols **2** ~ **(at sb)** malparlar (d'algú)

▸ *n* rave (*festa multitudinària en què es balla música electrònica*)

raven /'reɪvn/ *n* corb

ravenous /'rævənəs/ *adj* afamat: *I'm ravenous!* Tinc una gana que em moro!

raw /rɔː/ *adj* **1** cru (*menjar*) **2** sense refinar: *raw silk* seda crua ◇ *raw material* matèria primera **3** (*ferida*) en carn viva

ray /reɪ/ *n* raig *Vegeu tb* X-RAY

razor /'reɪzə(r)/ *n* maquineta/navalla d'afaitar

razor blade *n* fulla d'afaitar

reach /riːtʃ/ *verb, nom*

▸ **1** *vt* arribar a: *We reached home at nine.* Vam arribar a casa a les nou. ◇ *to reach an agreement* arribar a un acord **2** *vt* assolir, arribar a **3** *vi* ~ **(out) (for sth)** allargar la mà (per agafar alguna cosa) **4** *vt* contactar, localitzar

▸ *n* abast: *beyond/out of/within (sb's) reach* fora de l'abast/a l'abast (d'algú) LOC **within (easy) reach (of sth)** a poca distància/molt a prop (d'alguna cosa)

react /ri'ækt/ *vi* **1** ~ **(to sth)** reaccionar (davant d'alguna cosa) **2** ~ **against sb/sth** oposar-se a algú/alguna cosa **reaction** *n* ~ **(to sb/sth)** reacció (davant d'algú/d'alguna cosa)

reactionary /ri'ækʃənri; *USA* -neri/ *adj, n* (*pl* **reactionaries**) reaccionari, -ària

reactor /ri'æktə(r)/ *n* (*tb* **nuclear reactor**) reactor nuclear

read /riːd/ (*pt, pp* **read** /red/) **1** *vt, vi* ~ **(about/of sth/sb)** llegir (sobre alguna cosa/algú) **2** *vt* ~ **sth (as sth)** interpretar alguna cosa (com a alguna cosa) **3** *vi* (*senyal, text*) dir **4** *vi* (*comptador, etc.*) marcar PHR V **read sth into sth** atribuir alguna cosa a alguna cosa: *Don't read too much into it.* No li donis massa importància. ◆ **read on** continuar llegint ◆ **read sth out** llegir alguna cosa en veu alta ◆ **read sth over/through** repassar alguna cosa **readable** *adj* llegible **reading** *n* lectura: *reading glasses* ulleres per a llegir

reader /'riːdə(r)/ *n* **1** lector, -a **2** (*Informàt*) lector **3** llibre de lectura (*per a estudiants d'idiomes*) **readership** *n* nombre de lectors: *to have a wide readership* tenir molts lectors

ready /'redi/ *adj* (**readier, -iest**) **1** ~ **(for sth/to do sth)** llest, preparat (per a alguna cosa/per a fer alguna cosa) **2** ~ **(to do sth)** disposat (a fer alguna cosa): *He's always ready to help his friends.* Sempre està disposat a ajudar els amics. **3** ~ **to do sth** a punt de fer alguna cosa **4** a mà LOC **get ready 1** preparar-se **2** arreglar-se (abans de sortir) **readily** *adv* **1** fàcilment **2** de bona gana **readiness** *n* disposició: *(to do sth) in readiness for sth* (fer alguna cosa) en preparació per a alguna cosa ◇ *her readiness to help* la seva disposició per a ajudar

ready-made /ˌredi 'meɪd/ *adj* ja fet: *ready-made food* menjar preparat

real /riːəl/ *adj* **1** real, veritable: *real life* la vida real **2** veritable, autèntic: *That's not his real name.* Aquest no és el seu nom de veritat. ◇ *It was a real disaster.* Va ser un veritable desastre. ◇ *a real dinosaur* un dinosaure de debò LOC **get real** (*col·loq*) sigues realista

real estate *n* [*incomptable*] (*esp USA*) béns immobles: *real estate agent* agent immobiliari

realism /'riːəlɪzəm/ *n* realisme **realist** *n* realista

realistic /ˌriːə'lɪstɪk/ *adj* realista

reality /ri'æləti/ *n* (*pl* **realities**) realitat: *reality show* xou d'impacte LOC **in reality** en realitat

realize (*GB tb* **-ise**) /'riːəlaɪz/ **1** *vt, vi* adonar-se de: *not realizing that...* sense adonar-se que... ◇ *I realize now why they did it.* Ara comprenc per què ho van fer. ◇ *You don't realize how important it is to me.* No t'adones de la importància que té per a mi. ➲ *Vegeu nota a* ADONAR-SE **2** *vt* (*pla, ambició*) portar a terme **realization** (*GB tb* **-isation**) *n* comprensió

really /'riːəli/ *adv* **1** (*amb verb*) de debò: *I really mean that.* Ho dic de debò. **2** (*amb adjectiu*) molt, realment: *That's really interesting!* Que interessant! ◇ *Is it really true?* És veritat? **3** (*expressant sorpresa, interès, dubte, etc.*): *Really?* De debò? ◇ *Not really.* La veritat és que no.

realm /relm/ *n* **1** regne **2** (*fig*) camp: *the realms of possibility* l'àmbit del possible

reap /riːp/ *vt* **1** segar **2** (*beneficis, etc.*) recollir

reappear /ˌriːə'pɪə(r)/ *vi* reaparèixer **reappearance** *n* reaparició

rear /rɪə(r)/ *nom, adjectiu, verb*

▸ *n* **the rear** [*sing*] el darrere LOC **bring up the rear** anar a la cua

R

▸ *adj* del darrere: *rear window/wheel* finestra/ roda del darrere
▸ **1** *vt* criar **2** *vi* ~ **(up)** (*cavall*) encabritar-se **3** *vi* alçar-se

rearrange /ˌriːəˈreɪndʒ/ *vt* arreglar, canviar

reason /ˈriːzn/ *nom, verb*
▸ *n* **1** ~ **(for sth/for doing sth)** raó, motiu (de/per alguna cosa/per a fer alguna cosa): *Tell me the reason why you did it.* Digue'm per què ho has fet. **2** raó, seny LOC **by reason of sth** (*formal*) en virtut d'alguna cosa ◆ **in/within reason** dins del raonable ◆ **make sb see reason** fer entrar algú en raó *Vegeu tb* STAND
▸ *vi* raonar **reasonable** *adj* **1** raonable, assenyat **2** tolerable, regular **reasonably** /-əbli/ *adv* **1** força **2** amb seny **3** *reasonably priced* a bon preu **reasoning** *n* raonament

reassure /ˌriːəˈʃʊə(r), -ˈʃɔː(r)/ *vt* tranquil·litzar **reassurance** *n* **1** consol, tranquil·litat **2** paraules tranquil·litzadores **reassuring** *adj* tranquil·litzador

rebate /ˈriːbeɪt/ *n* reembossament, descompte

rebel *nom, verb*
▸ *n* /ˈrebl/ rebel
▸ *vi* /rɪˈbel/ (**-ll-**) rebel·lar-se **rebellion** /rɪˈbeljən/ *n* rebel·lió **rebellious** /rɪˈbeljəs/ *adj* rebel

rebirth /ˌriːˈbɜːθ/ *n* **1** renaixement **2** ressorgiment

reboot /riːˈbuːt/ *vt, vi* (*Informàt*) reiniciar, arrencar de nou

rebound *verb, nom*
▸ *vi* /rɪˈbaʊnd/ **1** ~ **(from/off sth)** rebotar (en alguna cosa) **2** ~ **(on sb)** (*formal*) repercutir (en algú)
▸ *n* /ˈriːbaʊnd/ rebot LOC **on the rebound** de rebot

rebuff /rɪˈbʌf/ *nom, verb*
▸ *n* **1** menyspreu **2** rebuig
▸ *vt* **1** menysprear **2** rebutjar

rebuild /ˌriːˈbɪld/ *vt* (*pt, pp* **rebuilt** /ˌriːˈbɪlt/) reconstruir

rebuke /rɪˈbjuːk/ *verb, nom*
▸ *vt* reprendre
▸ *n* reprimenda

recall /rɪˈkɔːl/ *vt* **1** (*formal*) recordar **2** cridar **3** (*ambaixador, etc.*) retirar **4** (*parlament*) convocar **5** (*producte*) retirar (*del mercat*)

recapture /ˌriːˈkæptʃə(r)/ *vt* **1** recobrar, recuperar **2** capturar **3** (*emoció, etc.*) reviure, reproduir

recede /rɪˈsiːd/ *vi* (*formal*) recular: *receding hair/a receding hairline* entrades

receipt /rɪˈsiːt/ *n* **1** rebut, tiquet: *Can I have a receipt, please?* Que em pot fer un rebut? ◇ *a receipt for your expenses* un rebut de les despeses ◇ *to acknowledge receipt of sth* acusar recepció d'alguna cosa **2 receipts** [*pl*] (*Com*) ingressos

receive /rɪˈsiːv/ *vt* **1** rebre, acollir **2** (*ferida*) sofrir

receiver /rɪˈsiːvə(r)/ *n* **1** (*telèfon*) auricular: *to lift/pick up the receiver* agafar l'auricular **2** (*Ràdio, TV*) receptor **3** destinatari, -ària

recent /ˈriːsnt/ *adj* recent: *in recent years* en els darrers anys **recently** *adv* recentment, darrerament: *until recently* fins fa poc ◇ *a recently-appointed director* una directora acabada de nomenar

reception /rɪˈsepʃn/ *n* **1** recepció: *reception desk* recepció ◇ *Leave the keys at reception.* Deixeu les claus a la recepció. **2** rebuda **3** (*tb* **wedding reception**) banquet (de casament) ➲ *Vegeu nota a* CASAMENT **receptionist** *n* recepcionista

receptive /rɪˈseptɪv/ *adj* ~ **(to sth)** receptiu (a alguna cosa)

recess /rɪˈses, ˈriːses/ *n* **1** (*parlament*) període de vacances **2** descans **3** (*USA*) (*a l'escola*) esbarjo **4** [*gen pl*] amagatall, lloc recòndit

recession /rɪˈseʃn/ *n* recessió

recharge /ˌriːˈtʃɑːdʒ/ *vt* recarregar **rechargeable** *adj* recarregable

recipe /ˈresəpi/ *n* **1** ~ **(for sth)** (*Cuina*) recepta (d'alguna cosa) **2** ~ **for sth** (*fig*) fórmula per a alguna cosa/d'alguna cosa

recipient /rɪˈsɪpiənt/ *n* (*formal*) **1** destinatari, -ària **2** (*diners, etc.*) beneficiari, -ària

reciprocal /rɪˈsɪprəkl/ *adj* recíproc

reciprocate /rɪˈsɪprəkeɪt/ *vt, vi* correspondre (a)

recital /rɪˈsaɪtl/ *n* recital

recite /rɪˈsaɪt/ *vt* **1** recitar **2** enumerar

reckless /ˈrekləs/ *adj* **1** temerari **2** imprudent

reckon /ˈrekən/ *vt* **1** (*col·loq*) creure: *I reckon he won't come.* No crec que vingui. ◇ *What do you reckon?* Què et sembla? **2 be reckoned (to be sth)** ésser considerat (alguna cosa) **3** calcular PHR V **reckon on sth** comptar amb alguna cosa ◆ **reckon with sb/sth** comptar amb algú/alguna cosa, tenir algú/alguna cosa en compte: *There is still your father to reckon with.* Encara t'has de veure amb el teu pare. **reckoning** *n* **1** càlculs: *by my reckoning* segons els meus càlculs **2** comptes: *in the final reckoning* a l'hora de la veritat

reclaim /rɪˈkleɪm/ *verb, nom*
▶ *vt* **1** guanyar (*terreny al mar*) **2** (*materials, etc.*) reciclar
▶ *n*: *baggage reclaim* recollida d'equipatges **reclamation** /ˌrekləˈmeɪʃn/ *n* recuperació

recline /rɪˈklaɪn/ *vt, vi* reclinar(-se), recolzar(-se) **reclining** *adj* (*seient*) abatible

recognition /ˌrekəgˈnɪʃn/ *n* reconeixement: *in recognition of sth* en reconeixement d'alguna cosa ◇ *to have changed beyond recognition* estar desconegut

recognize (*GB tb* **-ise**) /ˈrekəgnaɪz/ *vt* **1** reconèixer **2** (*títol*) convalidar **recognizable** (*GB tb* **-isable**) *adj* reconeixedor: *He was barely recognizable with his short haircut.* Era difícil de reconèixer amb els cabells tan curts.

recoil /rɪˈkɔɪl/ *vi* ~ **(from/at sth)** (*formal*) **1** recular (davant d'alguna cosa) **2** sentir repugnància (davant d'alguna cosa)

recollect /ˌrekəˈlekt/ *vt* (*formal*) recordar **recollection** *n* (*formal*) record

recommend /ˌrekəˈmend/ *vt* recomanar **recommendation** *n* recomanació

recompense /ˈrekəmpens/ *nom, verb*
▶ *n* (*formal*) recompensa
▶ *vt* ~ **sb (for sth)** (*formal*) recompensar algú (per alguna cosa)

reconcile /ˈrekənsaɪl/ *vt* **1** ~ **sth (with sth)** conciliar alguna cosa (amb alguna cosa) **2** reconciliar **3** ~ **yourself (to sth)** resignar-se (a alguna cosa) **reconciliation** *n* **1** [*sing*] reconciliació **2** [*incomptable*] conciliació

reconnaissance /rɪˈkɒnɪsns/ *n* reconeixement (*Mil, etc.*)

reconsider /ˌriːkənˈsɪdə(r)/ *vt, vi* reconsiderar, repensar(-se)

reconstruct /ˌriːkənˈstrʌkt/ *vt* ~ **sth (from sth)** reconstruir alguna cosa (a partir d'alguna cosa)

record *nom, verb*
▶ *n* /ˈrekɔːd; *USA* ˈrekərd/ **1** registre: *to make/keep a record of sth* fer/portar un registre d'alguna cosa **2** disc: *a record company* una companyia discogràfica **3** rècord: *to set/break a record* establir/batre un rècord **4** historial: *a criminal record* antecedents penals LOC **put/set the record straight** deixar/posar les coses clares
▶ /rɪˈkɔːd/ **1** *vt* registrar, anotar **2** *vt, vi* ~ **(sth) (from sth) (on sth)** gravar (alguna cosa) (d'alguna cosa) (en alguna cosa) **3** *vt* (*termòmetre, etc.*) marcar

record-breaking /ˈrekɔːd breɪkɪŋ/ *adj* sense precedents

recorder /rɪˈkɔːdə(r)/ *n* **1** *Vegeu* TAPE RECORDER, VIDEO **2** flauta dolça

recording /rɪˈkɔːdɪŋ/ *n* gravació, enregistrament

record player *n* tocadiscos

recount /rɪˈkaʊnt/ *vt* ~ **sth (to sb)** (*formal*) contar, explicar alguna cosa (a algú)

recourse /rɪˈkɔːs/ *n* (*formal*) recurs: *to have recourse to sth* recórrer a alguna cosa

recover /rɪˈkʌvə(r)/ **1** *vi* ~ **(from sth)** recuperar-se, refer-se (d'alguna cosa) **2** *vt* recuperar: *to recover consciousness* recobrar el coneixement

recovery /rɪˈkʌvəri/ *n* **1** (*pl* **recoveries**) recuperació, rescat **2** ~ **(from sth)** restabliment (d'alguna cosa)

recreation /ˌrekriˈeɪʃn/ *n* **1** esbarjo: *recreation ground* zona d'esbarjo **2** passatemps

recruit /rɪˈkruːt/ *verb, nom*
▶ *vt* contractar, reclutar
▶ *n* recluta **recruitment** *n* contractació, reclutament

rectangle /ˈrektæŋgl/ *n* rectangle

rector /ˈrektə(r)/ *n* **1** rector (*església anglicana*) ➲ *Vegeu nota a* PRIEST **2** (*universitat, etc.*) rector **rectory** *n* (*pl* **rectories**) rectoria

recuperate /rɪˈkuːpəreɪt/ (*formal*) **1** *vi* ~ **(from sth)** recuperar-se, refer-se (d'alguna cosa) **2** *vt* recuperar

recur /rɪˈkɜː(r)/ *vi* (**-rr-**) repetir-se, tornar a ocórrer

recycle /ˌriːˈsaɪkl/ *vt* reciclar **recyclable** *adj* reciclable **recycling** *n* reciclatge

red /red/ *adjectiu, nom*
▶ *adj* (**redder, -est**) vermell, roig: *a red dress* un vestit vermell ◇ *a red face* la cara vermella ◇ *red wine* vi negre LOC **a red herring** una pista falsa
▶ *n* vermell: *The traffic lights are on red.* El semàfor és vermell. LOC **in the red** (*col·loq*) en números vermells **reddish** *adj* vermellós

redcurrant /ˌredˈkʌrənt, ˈredkʌrənt; *USA* -ˈkɜːr-/ *n* grosella (vermella)

redeem /rɪˈdiːm/ *vt* **1** compensar **2** redimir: *to redeem yourself* salvar-se **3** (*deute, etc.*) amortitzar **4** (*val, etc.*) canviar

redemption /rɪˈdempʃn/ *n* (*formal*) redempció

redevelopment /ˌriːdɪˈveləpmənt/ *n* nova edificació, reurbanització

red-handed /ˌred ˈhændɪd/ *adj* LOC **catch sb red-handed** atrapar algú in fraganti

R

redhead /'redhed/ *n* pèl-roig, pèl-roja

redo /ˌriːˈduː/ *vt* (*3a pers sing* **redoes** /-'dʌz/ *pt* **redid** /-'dɪd/ *pp* **redone** /-'dʌn/) refer

red tape *n* [*incomptable*] (*pej*) paperassa, burocràcia

reduce /rɪ'djuːs; *USA* -'duːs/ **1** *vt* ~ **sth (from sth) (to sth)** reduir, disminuir alguna cosa (d'alguna cosa) (a alguna cosa) **2** *vt* ~ **sth (by sth)** disminuir, rebaixar alguna cosa (en alguna cosa) **3** *vi* reduir-se **4** *vt* ~ **sb/sth (from sth) to sth**: *The house was reduced to ashes.* La casa va quedar reduïda a cendra. ◇ *to reduce sb to tears* fer plorar algú **reduced** *adj* rebaixat

reduction /rɪ'dʌkʃn/ *n* **1** ~ **(in sth)** reducció (d'alguna cosa) **2** ~ **(of sth)** rebaixa, descompte (d'alguna cosa): *a reduction of 5%* un descompte del 5%

redundancy /rɪ'dʌndənsi/ *n* (*pl* **redundancies**) acomiadament (*per tancament d'empresa o reducció de plantilla*): *redundancy pay* indemnització per acomiadament

redundant /rɪ'dʌndənt/ *adj* **1** *to be made redundant* ésser acomiadat (per tancament d'empresa o reducció de plantilla) **2** superflu

reed /riːd/ *n* jonc

reef /riːf/ *n* escull

reek /riːk/ *vi* ~ **(of sth)** (*pej*) (*lit i fig*) fer pudor (d'alguna cosa)

reel /riːl/ *nom, verb*

▸ *n* **1** bobina, rodet **2** (*pel·lícula*) rotlle

▸ *vi* **1** anar de tort **2** (*cap*) rodar PHR V **reel sth off** recitar alguna cosa (d'una tirada)

R

re-enter /ˌriːˈentə(r)/ *vt* tornar a entrar, reingressar a **re-entry** *n* tornada, reentrada

refer /rɪ'fɜː(r)/ *v* (**-rr-**) PHR V **refer to sb/sth** referir-se, fer referència a algú/alguna cosa ◆ **refer sb/sth to sb/sth** remetre algú/alguna cosa a algú/alguna cosa

referee /ˌrefə'riː/ *nom, verb*

▸ *n* **1** àrbitre, -a: *referee's assistant* jutge de línia ➲ *Vegeu nota a* ÀRBITRE **2** (*GB*) persona que dóna referències (*per a feina*)

▸ *vt, vi* arbitrar

reference /'refərəns/ *n* referència, aval LOC **in/with reference to sb/sth** (*formal*) amb referència a algú/alguna cosa

referendum /ˌrefə'rendəm/ *n* (*pl* **referendums** o **referenda** /-də/) referèndum

refill *verb, nom*

▸ *vt* /ˌriːˈfɪl/ reomplir

▸ *n* /'riːfɪl/ recanvi

refine /rɪ'faɪn/ *vt* **1** refinar **2** (*model, tècnica, etc.*) polir **refinement** *n* **1** millora **2** (*Mec*) refinació **3** refinament **refinery** *n* (*pl* **refineries**) refineria

reflect /rɪ'flekt/ **1** *vt* reflectir **2** *vi* ~ **(on/upon sth)** reflexionar (sobre alguna cosa) LOC **reflect well, badly, etc. on sb/sth** dir molt, poc, etc. en favor d'algú/d'alguna cosa **reflection** *n* **1** reflex **2** (*acte, pensament*) reflexió: *on reflection* després de reflexionar-hi LOC **be a reflection on sb/sth** ésser un reflex de com és algú/d'alguna cosa

reflex /'riːfleks/ (*tb* **reflex action**) *n* reflex

reforestation /ˌriːˌfɒrɪ'steɪʃn; *USA* -fɔːr-/ *n* reforestació

reform /rɪ'fɔːm/ *verb, nom*

▸ *vt, vi* reformar(-se)

▸ *n* reforma **reformation** /ˌrefə'meɪʃn/ *n* **1** reforma **2 the Reformation** la Reforma

refrain /rɪ'freɪn/ *verb, nom*

▸ *vi* ~ **(from sth)** (*formal*) abstenir-se (d'alguna cosa): *Please refrain from smoking in the hospital.* Si us plau, absteniu-vos de fumar a l'hospital.

▸ *n* (*Mús*) tornada

refresh /rɪ'freʃ/ *vt* refrescar LOC **refresh sb's memory (about sb/sth)** refrescar la memòria a algú (sobre algú/alguna cosa) **refreshing** *adj* **1** interessant, reconfortant **2** refrescant

refreshments /rɪ'freʃmənts/ *n* [*pl*] refrigeris: *The restaurant offers delicious meals and refreshments.* El restaurant ofereix àpats i refrigeris deliciosos. ❶ **Refreshment** es fa servir en singular quan va davant d'un altre nom: *There will be a refreshment stop.* Hi haurà una parada per a prendre alguna cosa.

refrigerate /rɪ'frɪdʒəreɪt/ *vt* refrigerar **refrigeration** *n* refrigeració

refrigerator /rɪ'frɪdʒəreɪtə(r)/ (*formal*) *n* frigorífic, nevera

refuel /riː'fjuːəl/ *vi* (**-ll-**; *USA* **-l-**) fer gasolina

refuge /'refjuːdʒ/ *n* **1** ~ **(from sb/sth)** refugi (d'algú/d'alguna cosa): *to take refuge* refugiar-se **2** (*Pol*) asil, refugi

refugee /ˌrefju'dʒiː/ *n* refugiat, -ada

refund *nom, verb*

▸ *n* /'riːfʌnd/ reemborsament

▸ *vt* /rɪ'fʌnd/ reemborsar

refusal /rɪ'fjuːzl/ *n* **1** denegació, rebuig **2** ~ **(to do sth)** negativa (a fer alguna cosa)

refuse[1] /rɪ'fjuːz/ **1** *vi* ~ **(to do sth)** negar-se (a fer alguna cosa) **2** *vt* rebutjar, refusar: *to refuse an offer* refusar una oferta ◇ *to refuse (sb) entry/*

entry (to sb) negar l'entrada (a algú) **3** *vt* (*permís, sol·licitud*) denegar

refuse[2] /ˈrefjuːs/ *n* [*incomptable*] deixalles

regain /rɪˈgeɪn/ *vt* recuperar: *to regain consciousness* cobrar el coneixement

regal /ˈriːgl/ *adj* majestuós, reial

regard /rɪˈgɑːd/ *verb, nom*

▸ *vt* **1** ~ **sb/sth as sth** considerar algú/alguna cosa alguna cosa **2** ~ **sb/sth (with sth)** (*formal*) mirar algú/alguna cosa (amb alguna cosa) LOC **as regards sb/sth** (*formal*) pel que fa a algú/alguna cosa

▸ *n* **1** ~ **to/for sb/sth** (*formal*) respecte, mirament per/amb algú/alguna cosa: *with no regard for/to speed limits* sense respectar els límits de velocitat **2 regards** [*pl*] (*en cartes*) salutacions LOC **in this/that regard** (*formal*) pel que fa a això/allò ◆ **in/with regard to sb/sth** (*formal*) pel que fa a algú/alguna cosa

regarding /rɪˈgɑːdɪŋ/ *prep* quant a, pel que fa a

regardless /rɪˈgɑːdləs/ *adv* passi el que passi, malgrat tot **regardless of** *prep* sigui quin sigui..., sense tenir en compte...

regime /reɪˈʒiːm/ *n* (*Pol*) règim

regiment /ˈredʒɪmənt/ *n* [*v sing o pl*] regiment **regimented** *adj* (*pej*) reglamentat, arrenglerat

region /ˈriːdʒən/ *n* regió LOC **in the region of sth** al voltant d'alguna cosa (*xifra*) **regional** *adj* regional, autonòmic

register /ˈredʒɪstə(r)/ *verb, nom*

▸ **1** *vi* ~ **(at/for/with sth)** matricular-se, inscriure's (en/per a/amb alguna cosa) **2** *vt* ~ **sth (in sth)** registrar alguna cosa (en alguna cosa) **3** *vt* (*xifres, etc.*) registrar **4** *vt* (*formal*) (*sorpresa, etc.*) mostrar **5** *vt* (*correu*) certificar

▸ *n* **1** registre **2** (*a l'escola*) llista: *to call the register* passar llista

registered mail (*GB tb* **registered post**) *n* correu certificat

registrar /ˌredʒɪˈstrɑː(r), ˈredʒɪstrɑː(r)/ *n* **1** funcionari, -ària (*del registre civil, etc.*) **2** (*Educ*) vicerector, -a (*al càrrec de la matrícula, exàmens, etc.*)

registration /ˌredʒɪˈstreɪʃn/ *n* **1** (*Educ*) matriculació, inscripció **2** inscripció (*en registre*) **3** registre (*de propietat, empresa*) **4** (*tb* **registration number**) (número de) matrícula

registry office /ˈredʒɪstri ɒfɪs/ (*tb* **register office**) *n* registre civil, jutjat municipal ➲ *Vegeu nota a* CASAMENT

regret /rɪˈgret/ *verb, nom*

▸ *vt* (**-tt-**) **1** penedir-se de **2** (*formal*) lamentar, saber greu

▸ *n* **1** ~ **(at/about sth)** pesar (d'alguna cosa) **2** remordiment **regretfully** /-fəli/ *adv* amb pena, malauradament **regrettable** *adj* lamentable **regrettably** /-əbli/ *adv* lamentablement

regular /ˈregjələ(r)/ *adjectiu, nom*

▸ *adj* **1** regular: *to take regular exercise* fer exercici regularment **2** habitual **3** (*esp USA*) (de mida) normal: *Regular or large fries?* Voleu una ració de patates mitjana o gran?

▸ *n* client, -a habitual **regularity** /ˌregjuˈlærəti/ *n* regularitat **regularly** *adv* **1** regularment **2** amb regularitat

regulate /ˈregjuleɪt/ *vt* regular, reglamentar **regulation** *n* **1** [*gen pl*] norma: *safety regulations* normes de seguretat **2** regulació

rehabilitate /ˌriːəˈbɪlɪteɪt/ *vt* rehabilitar **rehabilitation** *n* rehabilitació

rehearse /rɪˈhɜːs/ *vt, vi* ~ **(for sth)** assajar (alguna cosa) **rehearsal** *n* assaig: *dress rehearsal* assaig general

reign /reɪn/ *nom, verb*

▸ *n* regnat

▸ *vi* ~ **(over sb/sth)** regnar (sobre algú/alguna cosa)

reimburse /ˌriːɪmˈbɜːs/ *vt* ~ **sb (for sth)** reemborsar a algú (les despeses d'alguna cosa)

rein /reɪn/ *n* regna

reincarnation /ˌriːɪnkɑːˈneɪʃn/ *n* reencarnació

reindeer /ˈreɪndɪə(r)/ *n* (*pl* **reindeer**) ren

reinforce /ˌriːɪnˈfɔːs/ *vt* reforçar **reinforcement** *n* **1 reinforcements** [*pl*] (*Mil*) reforços **2** consolidació, reforç

reinstate /ˌriːɪnˈsteɪt/ *vt* ~ **sb/sth (in/as sth)** restituir algú/alguna cosa (en alguna cosa)

reject *nom, verb*

▸ *n* /ˈriːdʒekt/ **1** cosa defectuosa **2** marginat, -ada

▸ *vt* /rɪˈdʒekt/ rebutjar **rejection** /rɪˈdʒekʃn/ *n* rebuig

rejoice /rɪˈdʒɔɪs/ *vi* ~ **(at/in/over sth)** (*formal*) alegrar-se (per/d'alguna cosa)

rejoin /ˌriːˈdʒɔɪn/ *vt* **1** reincorporar-se a **2** tornar a ajuntar-se amb

relapse *nom, verb*

▸ *n* /rɪˈlæps, ˈriːlæps/ recaiguda

▸ *vi* /rɪˈlæps/ ~ **(into sth) 1** recaure en alguna cosa **2** (*delinqüent*) reincidir (en alguna cosa)

relate /rɪˈleɪt/ **1** *vt* ~ **sth to/with sth** relacionar alguna cosa amb alguna cosa **2** *vt* ~ **sth (to sb)** (*formal*) relatar alguna cosa (a algú) PHR V **relate to sb/sth 1** estar relacionat amb algú/alguna cosa **2** identificar-se amb algú/alguna

R

cosa **related** *adj* **1** ~ **(to sb/sth)** relacionat (amb algú/alguna cosa) **2** ~ **(to sb)** emparentat (amb algú): *Are you related to Tom?* En Tom és parent teu? ◇ *to be related by marriage* ésser parent(s) polític(s)

relation /rɪ'leɪʃn/ *n* **1** ~ **(to sth/between…)** relació (amb alguna cosa/entre…) **2** parent, -a **3** parentiu: *What relation are you?* Quin parentiu teniu? ◇ *Is he any relation (to you)?* És parent teu? LOC **in/with relation to sth** (*formal*) amb relació a alguna cosa

relationship /rɪ'leɪʃnʃɪp/ *n* **1** ~ **(between A and B)**; ~ **(of A to/with B)** relació (entre A i B) **2** relació (*sentimental o sexual*) **3** (relació de) parentiu

relative /'relətɪv/ *adjectiu, nom*
▸ *adj* relatiu
▸ *n* parent, -a

relax /rɪ'læks/ **1** *vt, vi* relaxar(-se) **2** *vt* afluixar **relaxation** *n* **1** relaxació **2** descans **3** passatemps **relaxed** *adj* relaxat **relaxing** *adj* relaxant

relay *verb, nom*
▸ *vt* /'ri:leɪ, rɪ'leɪ/ (*pt, pp* **relayed**) **1** transmetre **2** (*TV, Ràdio*) retransmetre
▸ *n* /'ri:leɪ/ **1** (*tb* **relay race**) cursa de relleus **2** relleu, tanda

release /rɪ'li:s/ *verb, nom*
▸ *vt* **1** alliberar **2** posar en llibertat **3** deixar anar: *to release your grip on sb/sth* deixar anar algú/alguna cosa **4** (*notícia*) donar a conèixer **5** (*CD, llibre*) posar a la venda **6** (*pel·lícula*) estrenar
▸ *n* **1** alliberament **2** posada en llibertat **3** aparició (*en el mercat*), publicació: *press release* comunicat de premsa **4** (*Cine*) estrena: *The film is on general release.* La pel·lícula es projecta a tots els cinemes.

relegate /'relɪgeɪt/ *vt* **1** relegar **2** (*Esport*) baixar **relegation** *n* **1** (*Esport*) descens **2** relegació

relent /rɪ'lent/ *vi* cedir **relentless** *adj* **1** implacable **2** (*ambició*) tenaç

relevant /'reləvənt/ *adj* pertinent, que ve a tomb **relevance** *n* pertinència

reliable /rɪ'laɪəbl/ *adj* **1** (*persona*) de confiança, formal **2** (*mètode, aparell*) segur, fiable **3** (*dades*) fiable **4** (*font*) fidedigne **reliability** /rɪˌlaɪə'bɪləti/ *n* fiabilitat

reliance /rɪ'laɪəns/ *n* ~ **on/upon sb/sth** dependència d'algú/d'alguna cosa; confiança en algú/alguna cosa

relic /'relɪk/ *n* relíquia

relied *pt, pp de* RELY

R

relief /rɪ'li:f/ *n* **1** alleujament: *much to my relief* per a tranquil·litat meva **2** ajut, auxili **3** (*persona*) relleu: *a relief driver* un conductor de relleu **4** (*Art, Geog*) relleu

relieve /rɪ'li:v/ *vt* **1** alleujar, calmar **2** rellevar **3** ~ **yourself** fer algú les seves necessitats PHR V **relieve sb of sth** alliberar algú d'alguna cosa (*deure, cosa feixuga*)

religion /rɪ'lɪdʒən/ *n* religió **religious** *adj* religiós

relinquish /rɪ'lɪŋkwɪʃ/ *vt* (*formal*) **1** ~ **sth (to sb)** renunciar a alguna cosa (en favor d'algú) **2** abandonar ❶ En aquest sentit és més habitual dir **give sth up**.

relish /'relɪʃ/ *verb, nom*
▸ *vt* fruir de
▸ *n* **1** gust, fruïció **2** salsa (*condiment*)

reluctant /rɪ'lʌktənt/ *adj* ~ **(to do sth)** refractari (a fer alguna cosa) **reluctance** *n* desgana **reluctantly** *adv* de mala gana

rely /rɪ'laɪ/ *v* (*pt, pp* **relied**) PHR V **rely on/upon sb/sth** **1** dependre d'algú/d'alguna cosa **2** confiar en algú/alguna cosa, comptar amb algú/alguna cosa

remain /rɪ'meɪn/ *vi* (*formal*) **1** romandre, continuar essent **2** quedar(-se) ❶ El mot més habitual és **stay**. **remains** *n* [*pl*] restes

remainder /rɪ'meɪndə(r)/ *n* [*v sing o pl*] resta

remand /rɪ'mɑ:nd; *USA* rɪ'mænd/ *verb, nom*
▸ *vt* (*Dret*): *to remand sb in custody/on bail* posar algú en presó preventiva/en llibertat sota fiança
▸ *n* custòdia LOC **on remand** detingut

remark /rɪ'mɑ:k/ *nom, verb*
▸ *n* comentari
▸ *vt, vi* ~ **(on/upon sth/sb)** comentar alguna cosa; fer un comentari (sobre algú/alguna cosa) **remarkable** *adj* **1** extraordinari **2** ~ **(for sth)** notable (per alguna cosa)

remedial /rɪ'mi:diəl/ *adj* **1** (*acció, mesures*) reparador, rectificador **2** (*classes*) per a alumnes amb dificultats d'aprenentatge

remedy /'remədi/ *nom, verb*
▸ *n* (*pl* **remedies**) ~ **(for sth)** remei, cura (per a/contra alguna cosa)
▸ *vt* (*pt, pp* **-died**) posar remei a

remember /rɪ'membə(r)/ *vt, vi* recordar, recordar-se (de): *as far as I remember* que jo recordi ◇ *Remember that we have visitors tonight.* Recorda que aquesta nit tenim visites. ◇ *Remember to phone your mother.* Recorda't de trucar la teva mare.

Remember canvia de significat segons si es fa servir amb infinitiu o amb una forma en **-ing**. Quan va seguit d'infinitiu, fa referència a una acció que encara no ha tingut lloc: *Remember to post that letter.* Recorda't de tirar la carta a la bústia. Quan es fa servir seguit de la forma en **-ing**, fa referència a una acció que ja ha tingut lloc: *I remember posting that letter.* Recordo haver tirat la carta a la bústia. ➲ *Compareu amb* REMIND

PHR V **remember sb to sb** donar records d'algú a algú: *Remember me to Anna.* Dóna records a l'Anna de part meva. **remembrance** /rɪ'membrəns/ *n* commemoració, record

Remembrance Sunday (*tb* **Remembrance Day**) *n*

Remembrance Sunday se celebra a la Gran Bretanya el diumenge més pròxim a l'11 de novembre. Aquest dia es ret homenatge als que van morir en la guerra, principalment als caiguts de les dues guerres mundials.

remind /rɪ'maɪnd/ *vt* **1 ~ sb (about/of sth)** recordar alguna cosa a algú **2 ~ sb (to do sth)** recordar a algú (que faci alguna cosa): *Remind me to phone my mother.* Fes-me recordar de trucar la mare. ❶ Compareu amb *Remember to phone your mother* a REMEMBER. PHR V **remind sb of sb/sth** ❶ L'expressió **remind sb of sb/sth** es fa servir quan una cosa o una persona et recorda algú o alguna cosa: *Your brother reminds me of John.* El teu germà em recorda en John. ◇ *That song reminds me of my first girlfriend.* Aquesta cançó em recorda la meva primera xicota. **reminder** *n* **1** record, recordatori **2** avís

reminisce /ˌremɪ'nɪs/ *vi* **~ (about sth/sb)** rememorar (alguna cosa/algú)

reminiscent /ˌremɪ'nɪsnt/ *adj* **~ of sb/sth** amb reminiscència d'algú/d'alguna cosa: *His smile was reminiscent of his father.* La seva manera de somriure feia recordar el seu pare. **reminiscence** *n* record, reminiscència

remnant /'remnənt/ *n* **1** resta **2** vestigi **3** retall (*roba*)

remorse /rɪ'mɔːs/ *n* [*incomptable*] **~ (for sth)** remordiment (per alguna cosa) **remorseless** *adj* **1** implacable **2** despietat

remote /rɪ'məʊt/ *adj* (**remoter, -est**) **1** remot, llunyà, allunyat **2** (*persona*) distant **3** (*possibilitat*) remot **remotely** *adv* remotament

remote control *n* **1** control remot **2** (*col·loq* **remote**) comandament a distància

remove /rɪ'muːv/ *vt* **1 ~ sth (from sth)** treure('s) alguna cosa (d'alguna cosa): *to remove your coat* treure's l'abric ❶ És més habitual dir **take sth off** o **take sth out**. **2** (*obstacles, dubtes, etc.*) eliminar **3 ~ sb (from sth)** treure, destituir algú (d'alguna cosa) **removable** *adj* que es pot treure **removal** *n* **1** eliminació **2** mudança: *removal van* camió de les mudances

the Renaissance /rɪ'neɪsns; *USA* 'renəsɑːns/ *n* el Renaixement

render /'rendə(r)/ *vt* (*formal*) **1** fer: *She was rendered speechless.* Va quedar parada. **2** (*servei, etc.*) prestar **3** (*Mús, Art*) interpretar

rendezvous /'rɒndɪvuː/ *n* (*pl* **rendezvous** /-vuːz/) **1** cita **2** lloc de reunió

renew /rɪ'njuː; *USA* rɪ'nuː/ *vt* **1** (*restablir*) reprendre **2** renovar **3** reafirmar **renewable** *adj* renovable **renewal** *n* renovació

renounce /rɪ'naʊns/ *vt* (*formal*) renunciar a: *He renounced his right to be king.* Va renunciar al seu dret al tron.

renovate /'renəveɪt/ *vt* restaurar **renovation** *n* restauració

renowned /rɪ'naʊnd/ *adj* **~ (as/for sth)** conegut (com a/per alguna cosa)

rent /rent/ *nom, verb*

▸ *n* lloguer LOC **for rent** (*esp USA*) per llogar ➲ *Vegeu nota a* LLOGAR

▸ *vt* **1 ~ sth (from sb)** llogar alguna cosa (d'algú): *I rent a garage from a neighbour.* Una veïna em lloga el garatge. **2 ~ sth (out) (to sb)** llogar alguna cosa (a algú): *We rented out the house to some students.* Vam llogar la casa a uns estudiants. ➲ *Vegeu nota a* LLOGAR **rental** *n* lloguer (*esp cotxes, electrodomèstics, etc.*)

R

reorganize (*GB tb* **-ise**) /ˌri'ɔːgənaɪz/ *vt, vi* reorganitzar(-se)

rep /rep/ (*tb* **sales rep**) *n* (*col·loq*) representant comercial

repair /rɪ'peə(r)/ *verb, nom*

▸ *vt* **1** reparar **2** posar remei a

▸ *n* reparació: *It's beyond repair.* No té solució. LOC **in a good state of repair; in good repair** en bon estat

repay /rɪ'peɪ/ *vt* (*pt, pp* **repaid** /rɪ'peɪd/) **1** (*diners, favor*) tornar **2** (*préstec, deute*) pagar **3** (*persona*) reemborsar **4** (*amabilitat*) correspondre a **repayment** *n* **1** reemborsament, devolució **2** (*quantitat*) pagament

repeat /rɪ'piːt/ *verb, nom*

▸ **1** *vt, vi* repetir(-se) **2** *vt* (*confidència*) explicar

▸ *n* repetició **repeated** *adj* **1** repetit **2** reiterat **repeatedly** *adv* repetidament, reiteradament

repel /rɪ'pel/ *vt* (**-ll-**) **1** (*formal*) repel·lir **2** repugnar

repellent /rɪˈpelənt/ *adjectiu, nom*
▸ *adj* ~ **(to sb)** (*formal*) repel·lent (per a algú)
▸ *n* (*tb* **insect repellent**)repel·lent de mosquits

repent /rɪˈpent/ *vt, vi* ~ **(of) sth** (*formal*) penedir-se d'alguna cosa **repentance** *n* penediment

repercussion /ˌriːpəˈkʌʃn/ *n* [*gen pl*] repercussió: *to have repercussions on sth* repercutir en alguna cosa

repertoire /ˈrepətwɑː(r)/ *n* repertori (*d'artistes o companyies*)

repetition /ˌrepəˈtɪʃn/ *n* repetició **repetitive** /rɪˈpetətɪv/ *adj* repetitiu

replace /rɪˈpleɪs/ *vt* **1** ~ **sb/sth (with sb/sth)** reemplaçar, substituir algú/alguna cosa (per algú/alguna cosa) **2** (*una cosa trencada*) canviar, reposar: *to replace a broken window* canviar el vidre trencat d'una finestra **3** tornar a posar al seu lloc **replacement** *n* **1** substitució, reemplaçament **2** (*peça*) recanvi **3** (*persona*) suplent, substitut, -a

replay *nom, verb*
▸ *n* /ˈriːpleɪ/ **1** partit de desempat **2** (*TV*) repetició: *an action replay* una repetició de la jugada
▸ *vt* /ˌriːˈpleɪ/ **1** (*partit*) tornar a jugar **2** (*enregistrament*) tornar a posar

replenish /rɪˈplenɪʃ/ *vt* (*formal*) aprovisionar de nou, reomplir

reply /rɪˈplaɪ/ *verb, nom*
▸ *vi* (*pt, pp* **replied**) respondre, contestar
▸ *n* (*pl* **replies**) resposta, contesta

report /rɪˈpɔːt/ *verb, nom*
▸ **1** *vt* informar de, comunicar **2** *vi* ~ **(on sth)** informar (sobre alguna cosa) **3** *vt* (*crim, culpable*) denunciar **4** *vi* ~ **(to sb/sth) (for sth)** (*feina, etc.*) presentar-se (a algú/alguna cosa) (per alguna cosa): *to report sick* donar-se de baixa per malaltia PHR V **report to sb** estar sota les ordres d'algú: *I report to Bill.* En Bill és el meu cap.
▸ *n* **1** informe, memòria **2** notícia, rumor **3** (*Period*) reportatge **4** informe escolar **reportedly** *adv* segons s'informa **reporter** *n* reporter, -a

represent /ˌreprɪˈzent/ *vt* **1** representar **2** descriure **representation** *n* representació

representative /ˌreprɪˈzentətɪv/ *nom, adjectiu*
▸ *n* **1** representant **2** (*USA*) (*Pol*) diputat, -ada: *the House of Representatives* la Cambra dels Representants ➲ *Vegeu nota a* CONGRESS
▸ *adj* representatiu

repress /rɪˈpres/ *vt* **1** contenir **2** reprimir **repression** *n* repressió **repressive** *adj* repressiu

reprieve /rɪˈpriːv/ *verb, nom*
▸ *vt* **1** indultar **2** salvar (*d'ésser acomiadat, tancat, etc.*)
▸ *n* **1** indult **2** ajornament

reprimand /ˈreprɪmɑːnd; *USA* -mænd/ *verb, nom*
▸ *vt* ~ **sb (for sth)** (*formal*) reprendre ~ algú (per alguna cosa)
▸ *n* reprimenda

reprisal /rɪˈpraɪzl/ *n* represàlia

reproach /rɪˈprəʊtʃ/ *nom, verb*
▸ *n* (*formal*) retret LOC **above/beyond reproach** irreprotxable
▸ *vt* ~ **sb (for/with sth)** (*formal*) retreure (alguna cosa) a algú

reproduce /ˌriːprəˈdjuːs; *USA* -ˈduːs/ *vt, vi* reproduir(-se) **reproduction** /ˌriːprəˈdʌkʃn/ *n* reproducció **reproductive** *adj* reproductor

reptile /ˈreptaɪl; *USA* -tl/ *n* rèptil

republic /rɪˈpʌblɪk/ *n* república **republican** *adj, n* republicà, -ana

repugnant /rɪˈpʌgnənt/ *adj* (*formal*) repugnant

repulsive /rɪˈpʌlsɪv/ *adj* repulsiu

reputable /ˈrepjətəbl/ *adj* de bona reputació, de confiança

reputation /ˌrepjuˈteɪʃn/ *n* ~ **(for sth/for doing sth)** reputació, fama (d'alguna cosa/de fer alguna cosa)

repute /rɪˈpjuːt/ *n* (*formal*) reputació, fama **reputed** *adj* **1** *He is reputed to be...* Té fama d'ésser... **2** suposat **reputedly** *adv* segons es diu

request /rɪˈkwest/ *nom, verb*
▸ *n* ~ **(for sth)** petició, sol·licitud (d'alguna cosa): *to make a request for sth* demanar alguna cosa
▸ *vt* ~ **sth (from sb)** (*formal*) demanar, sol·licitar alguna cosa (a algú) ❶ És més habitual dir **ask (sb) for sth**.

require /rɪˈkwaɪə(r)/ *vt* (*formal*) **1** requerir **2** necessitar ❶ És més habitual dir **need**. **3** ~ **sb to do sth** exigir a algú que faci alguna cosa **requirement** *n* **1** [*gen pl*] necessitat **2** requisit

resat *pt, pp de* RESIT

rescue /ˈreskjuː/ *verb, nom*
▸ *vt* ~ **sb/sth (from sth/sb)** rescatar, salvar algú/alguna cosa (d'alguna cosa/d'algú)
▸ *n* rescat, salvament: *rescue operation/team* operació/equip de rescat LOC **come/go to sb's rescue** anar/venir a ajudar algú **rescuer** *n* salvador, -a

research *nom, verb*
▸ *n* /rɪˈsɜːtʃ, ˈriːsɜːtʃ/ [*incomptable*] ~ **(into/on sth)** recerca, investigació (sobre alguna cosa) (*no policíaca*)

R

▸ *vt, vi* /rɪ'sɜːtʃ/ ~ **(into/in/on) (sth)** fer recerca (sobre alguna cosa); investigar alguna cosa **researcher** *n* investigador, -a

resemble /rɪ'zembl/ *vt* assemblar-se a **resemblance** /rɪ'zembləns/ *n* semblança

resent /rɪ'zent/ *vt* ressentir-se de **resentful** *adj* **1** ~ **(at/of sth)** ressentit (per alguna cosa) **2** (*mirada, etc.*) de ressentiment **resentment** *n* ressentiment

reservation /ˌrezə'veɪʃn/ *n* reserva: *to make a reservation* fer una reserva ◇ *I have reservations on that subject.* Tinc algunes reserves sobre aquest tema.

reserve /rɪ'zɜːv/ *verb, nom*

▸ *vt* **1** reservar ❶ És més habitual dir **book**. **2** (*dret*) reservar-se

▸ *n* **1** reserva, reserves: *the reserve team* l'equip de reserva **2** (*zona protegida*) reserva: *game reserve* vedat de caça **3 reserves** [*pl*] (*Mil*) tropes de reserva LOC **in reserve** de reserva **reserved** *adj* reservat

reservoir /'rezəvwɑː(r)/ *n* embassament, pantà

reshuffle /ˌriː'ʃʌfl/ *n* reorganització: *a cabinet reshuffle* una reorganització del gabinet

reside /rɪ'zaɪd/ *vi* (*formal*) residir

residence /'rezɪdəns/ *n* (*formal*) **1** residència: *hall of residence* col·legi major **2** casa

resident /'rezɪdənt/ *nom, adjectiu*

▸ *n* **1** resident, veí, -ïna **2** (*hotel*) hoste, -essa

▸ *adj* resident **residential** /ˌrezɪ'denʃl/ *adj* **1** (*barri*) residencial **2** (*curs, etc.*) amb allotjament inclòs

residue /'rezɪdjuː; *USA* -duː/ *n* residu

resign /rɪ'zaɪn/ *vt, vi* ~ **(from/as sth)** dimitir (d'alguna cosa) PHR V **resign yourself to sth** resignar-se a alguna cosa **resignation** *n* **1** dimissió **2** resignació

resilient /rɪ'zɪliənt/ *adj* **1** (*persona*) resistent **2** (*material*) elàstic **resilience** *n* **1** capacitat de recuperació **2** elasticitat

resist /rɪ'zɪst/ **1** *vt* (*pressió, reforma*) oposar-se a, oposar resistència a **2** *vi* resistir **3** *vt* resistir-se a: *I had to buy it, I couldn't resist it.* El vaig haver de comprar, no m'hi vaig poder resistir.

resistance /rɪ'zɪstəns/ *n* resistència: *He didn't put up/offer much resistance.* No va oferir gaire resistència. ◇ *the body's resistance to diseases* la resistència de l'organisme a les malalties **resistant** *adj* ~ **(to sth)** resistent (a alguna cosa)

resit *verb, nom*

▸ *vt* /ˌriː'sɪt/ (*pt, pp* **resat** /ˌriː'sæt/ *part pres* **resitting**) tornar a presentar-se a (*un examen*)

▸ *n* /'riːsɪt/ examen de recuperació

resolute /'rezəluːt/ *adj* resolut, decidit ❶ La paraula més habitual és **determined**. **resolutely** *adv* **1** amb fermesa **2** resoludament

resolution /ˌrezə'luːʃn/ *n* **1** resolució **2** propòsit: *New Year resolutions* bons propòsits per a l'any nou

resolve /rɪ'zɒlv/ *vt* (*formal*) **1** (*disputa, crisi*) resoldre **2** ~ **to do sth** decidir de fer alguna cosa **3** acordar: *The senate resolved that...* El senat va acordar que...

resort /rɪ'zɔːt/ *nom, verb*

▸ *n*: *a seaside resort* un centre turístic de la costa ◇ *a ski resort* una estació d'esquí LOC *Vegeu* LAST

▸ *v* PHR V **resort to sth** recórrer a alguna cosa: *to resort to violence* recórrer a la violència

resounding /rɪ'zaʊndɪŋ/ *adj* rotund: *a resounding success* un èxit rotund

resource /rɪ'sɔːs/ *n* [*gen pl*] recurs **resourceful** *adj*: *She is very resourceful.* És una dona que té molts recursos.

respect /rɪ'spekt/ *nom, verb*

▸ *n* **1** ~ **(for sb/sth)** respecte (a/per algú/alguna cosa) **2** aspecte: *in this respect* en aquest respecte LOC **with respect to sth** (*formal*) respecte a alguna cosa

▸ *vt* ~ **sb/sth (for sth)** respectar algú/alguna cosa (per alguna cosa): *I respect them for their honesty.* Els respecto per la seva honradesa. **respectful** *adj* respectuós

respectable /rɪ'spektəbl/ *adj* respectable: *respectable people* gent respectable ◇ *a respectable sum of money* una suma de diners respectable

respective /rɪ'spektɪv/ *adj* respectiu: *They all got on with their respective jobs.* Tothom va tornar a la seva feina respectiva. **respectively** *adv* respectivament

respite /'respaɪt; *USA* 'respɪt/ *n* **1** respir **2** alleujament

respond /rɪ'spɒnd/ *vi* **1** respondre, contestar: *I wrote to them last week but they haven't responded.* Els vaig escriure la setmana passada però no m'han contestat. ❶ Per dir *contestar*, **answer** i **reply** són paraules més habituals. **2** ~ **(to sth)** respondre (a alguna cosa): *The patient is responding to treatment.* La pacient està responent al tractament.

response /rɪ'spɒns/ *n* ~ **(to sb/sth) 1** resposta (a algú/alguna cosa): *In response to your enquiry...* En resposta a la seva pregunta... **2** reacció (a algú/alguna cosa)

R

responsibility /rɪˌspɒnsəˈbɪləti/ *n* (*pl* **responsibilities**) ~ **(for sb/sth)**; ~ **(to sb)** responsabilitat (d'algú/d'alguna cosa); responsabilitat (davant algú): *to take full responsibility for sb/sth* responsabilitzar-se d'algú/d'alguna cosa

responsible /rɪˈspɒnsəbl/ *adj* ~ **(for sb/sth)**; ~ **(to sb/sth)** responsable (d'algú/d'alguna cosa); responsable (davant d'algú/d'alguna cosa): *She's responsible for five patients.* Té cinc pacients a càrrec seu. ◇ *to act in a responsible way* actuar de manera responsable

responsive /rɪˈspɒnsɪv/ *adj* **1** sensible: *Firms have to be responsive to change.* Les empreses han de respondre bé als canvis. **2** receptiu: *a responsive audience* un públic receptiu

rest /rest/ *nom, verb*
▸ *n* **1 the rest** [*sing*] la resta **2 the rest** [*pl*] la resta, els/les altres: *the rest of the players* la resta dels jugadors ◇ *What will the rest of you do?* I què fareu, els altres? **3** descans: *to have a rest* fer un descans ◇ *to get some rest* descansar LOC **at rest** en repòs, en pau ◆ **come to rest** aturar-se *Vegeu tb* MIND *n*
▸ **1** *vt, vi* descansar **2** *vt, vi* ~ **(sth) on/against sth** recolzar alguna cosa/recolzar-se a/contra alguna cosa **3** *vi*: *to let the matter rest* deixar estar l'assumpte **restful** *adj* tranquil, relaxant

restaurant /ˈrestrɒnt/ *n* restaurant

restless /ˈrestləs/ *adj* **1** inquiet: *to become/grow restless* impacientar-se **2** agitat **3** *to have a restless night* passar una mala nit

restoration /ˌrestəˈreɪʃn/ *n* **1** restauració **2** restabliment **3** devolució

R

restore /rɪˈstɔː(r)/ *vt* **1** ~ **sth (to sb/sth)** (*confiança, salut*) tornar alguna cosa (a algú/alguna cosa) **2** (*ordre, pau*) restablir **3** (*monarquia*) restaurar **4** (*formal*) (*béns*) restituir

restrain /rɪˈstreɪn/ *vt* contenir: *to restrain your anger* contenir la ira ◇ *I had to restrain myself from saying something rude.* Em vaig haver de reprimir de dir-n'hi una de fresca. **restrained** *adj* moderat, mesurat

restraint /rɪˈstreɪnt/ *n* **1** limitació, restricció **2** control **3** mesura

restrict /rɪˈstrɪkt/ *vt* limitar, restringir **restricted** *adj* limitat, restringit: *to be restricted to sth* estar limitat a alguna cosa **restriction** *n* restricció **restrictive** *adj* restrictiu

restroom /ˈrestruːm/ *n* (*USA*) lavabo (*d'un lloc públic*) ➲ *Vegeu nota a* TOILET

result /rɪˈzʌlt/ *nom, verb*
▸ *n* resultat: *As a result of...* A conseqüència de...
▸ *vi* ~ **(from sth)** ésser el resultat (d'alguna cosa); originar-se (per alguna cosa) PHR V **result in sth** tenir alguna cosa com a resultat/conseqüència

resume /rɪˈzuːm; *GB tb* rɪˈzjuːm/ (*formal*) **1** *vt, vi* reprendre('s) **2** *vt* recobrar, tornar a agafar **resumption** /rɪˈzʌmpʃn/ *n* (*formal*) represa

résumé /ˈrezjumeɪ; *USA* ˈrezəmeɪ/ *n* **1** resum **2** (*USA*) currículum

resurgence /rɪˈsɜːdʒəns/ *n* ressorgiment

resurrect /ˌrezəˈrekt/ *vt* ressuscitar: *to resurrect old traditions* fer reviure antigues tradicions **resurrection** *n* resurrecció

resuscitate /rɪˈsʌsɪteɪt/ *vt* reanimar **resuscitation** *n* reanimació

retail /ˈriːteɪl/ *nom, verb*
▸ *n* venda al detall: *retail price* preu de venda al públic
▸ *vt, vi* vendre('s) al públic **retailer** *n* (comerciant, -a) detallista

retail therapy *n* (*gen hum*) l'acció d'anar a comprar per animar-se

retain /rɪˈteɪn/ *vt* (*formal*) **1** conservar, mantenir **2** quedar-se amb **3** retenir

retake *verb, nom*
▸ *vt* /ˌriːˈteɪk/ (*pt* **retook** /ˌriːˈtʊk/ *pp* **retaken** /ˌriːˈteɪkən/) **1** reconquerir **2** tornar a presentar-se a (*un examen*)
▸ *n* /ˈriːteɪk/ examen de recuperació

retaliate /rɪˈtælieɪt/ *vi* ~ **(against sb/sth)** venjar-se (d'algú/d'alguna cosa); usar represàlies (contra algú/alguna cosa) **retaliation** *n* [*incomptable*] ~ **(against sb/sth)**; ~ **(for sth)** represàlia (contra algú/alguna cosa); represàlia (per alguna cosa)

retarded /rɪˈtɑːdɪd/ *adj* (*antic, pej*) retardat mental

La paraula **retarded** avui en dia es considera ofensiva. Per parlar d'algú que té un retard mental és preferible fer servir l'expressió **with special needs** o **with a learning difficulty**.

retch /retʃ/ *vi* venir arcades

retention /rɪˈtenʃn/ *n* (*formal*) retenció, conservació

rethink /ˌriːˈθɪŋk/ *vt* (*pt, pp* **rethought** /-ˈθɔːt/) reconsiderar, repensar

reticent /ˈretɪsnt/ *adj* reservat, reticent **reticence** *n* reserva

retire /rɪˈtaɪə(r)/ **1** *vi* ~ **(from sth)** jubilar-se, retirar-se (d'alguna cosa) **2** *vi* (*formal*) anar-se'n a dormir **retired** *adj* retirat, jubilat **retiring** *adj* **1** tímid **2** que es retira/jubila

retirement /rɪ'taɪəmənt/ *n* jubilació
retook *pt de* RETAKE
retort /rɪ'tɔːt/ *verb, nom*
▸ *vt* replicar, contestar
▸ *n* rèplica, contesta
retrace /rɪ'treɪs/ *vt* tornar sobre (*camí*): *to retrace your steps* tornar algú sobre les seves passes
retract /rɪ'trækt/ *vt, vi* (*formal*) **1** (*declaració*) retractar, retractar-se de **2** (*urpa, ungla, etc.*) retreure('s) **3** replegar(-se)
retreat /rɪ'triːt/ *verb, nom*
▸ *vi* retirar-se
▸ *n* **1** retirada **2** retir **3** refugi
retrial /ˌriː'traɪəl/ *n* nou judici
retribution /ˌretrɪ'bjuːʃn/ *n* (*formal*) **1** càstig just **2** venjança
retrieval /rɪ'triːvl/ *n* recuperació
retrieve /rɪ'triːv/ *vt* **1** (*formal*) recobrar **2** (*Informàt*) recuperar **retriever** *n* gos caçador
retrospect /'retrəspekt/ *n* LOC **in retrospect** mirant endarrere
retrospective /ˌretrə'spektɪv/ *adjectiu, nom*
▸ *adj* **1** retrospectiu **2** retroactiu
▸ *n* exposició retrospectiva
return /rɪ'tɜːn/ *verb, nom*
▸ **1** *vi* retornar, tornar **2** *vt* tornar **3** *vi* (*símptoma*) reaparèixer **4** *vt* (*Dret*) declarar: *to return a verdict of guilty* declarar algú culpable **5** *vt* (*Pol*) elegir
▸ *n* **1** tornada, retorn: *on my return* a la meva tornada ◇ *return journey* viatge de tornada **2** devolució **3** reaparició **4** ~ **(on sth)** rendiment (d'alguna cosa) **5** declaració: *(income) tax return* declaració de la renda **6** (*tb* **return ticket**) (*USA* **round-trip ticket**)) bitllet d'anada i tornada LOC **in return (for sth)** a canvi (d'alguna cosa)
returnable /rɪ'tɜːnəbl/ *adj* **1** (*formal*) (*diners*) reemborsable **2** (*envàs*) retornable
reunion /riː'juːniən/ *n* reunió, retrobament
reunite /ˌriːjuː'naɪt/ *vt, vi* **1** reunir(-se), retrobar(-se) **2** reconciliar(-se)
reuse /ˌriː'juːz/ *vt* reutilitzar **reusable** *adj* reutilitzable
rev /rev/ *verb, nom*
▸ *v* (**-vv-**) ~ **(sth) (up)** accelerar (alguna cosa)
▸ *n* (*col·loq*) revolució (*de motor*)
revalue /ˌriː'væljuː/ *vt* **1** (*propietat, etc.*) revalorar **2** (*moneda*) revaluar **revaluation** *n* revalorització, revaluació
revamp *verb, nom*
▸ *vt* /ˌriː'væmp/ modernitzar
▸ *n* /'riːvæmp/ modernització
reveal /rɪ'viːl/ *vt* **1** (*secrets, dades, etc.*) revelar, donar a conèixer **2** mostrar, descobrir **revealing** *adj* **1** revelador **2** (*vestit*) atrevit
revel /'revl/ *vi* (**-ll-**, *USA* **-l-**) PHR V **revel in sth** delectar-se en alguna cosa
revelation /ˌrevə'leɪʃn/ *n* revelació
revenge /rɪ'vendʒ/ *nom, verb*
▸ *n* venjança: *to take (your) revenge on sb* venjar-se d'algú
▸ *v* PHR V **revenge yourself on sb** (*formal*) venjar-se d'algú
revenue /'revənjuː; *USA* -nuː/ *n* [*incomptable*] ingressos: *a source of government revenue* una font d'ingressos del govern *Vegeu tb* INLAND REVENUE
reverberate /rɪ'vɜːbəreɪt/ *vi* **1** ressonar **2** (*formal*) tenir repercussions **reverberation** *n* **1** ressò **2 reverberations** [*pl*] repercussions
revere /rɪ'vɪə(r)/ *vt* (*formal*) venerar
reverence /'revərəns/ *n* (*formal*) reverència (*veneració*)
reverend /'revərənd/ *adj* (*abrev* **Rev.**) reverend
reverent /'revərənt/ *adj* (*formal*) reverent
reversal /rɪ'vɜːsl/ *n* **1** canvi (*d'opinió, política, etc.*) **2** revés (*de fortuna*) **3** inversió, intercanvi (*de papers*)
reverse /rɪ'vɜːs/ *verb, nom*
▸ **1** *vt* invertir **2** *vt, vi* posar/anar marxa enrere **3** *vt* (*decisió*) revocar LOC **reverse (the) charges** (*USA* **call collect**) trucar amb cobrament a destinació
▸ *n* **1** [*sing*] **the** ~ **(of sth)** el contrari (d'alguna cosa): *quite the reverse* al contrari **2** revers **3** (*paper*) dors **4** (*tb* **reverse gear**) marxa enrere
reversible /rɪ'vɜːsəbl/ *adj* reversible
revert /rɪ'vɜːt/ *vi* PHR V **revert to sb/sth** (*propietat, etc.*) revertir a algú/alguna cosa ◆ **revert to sth** tornar a alguna cosa (*estat, tema, etc. anterior*)
review /rɪ'vjuː/ *nom, verb*
▸ *n* **1** examen, revisió **2** informe, memòria **3** crítica, recensió (*d'un llibre, una pel·lícula*)
▸ *vt* **1** reconsiderar **2** examinar **3** fer una recensió/crítica de **4** (*Mil*) passar revista a **reviewer** *n* crític, -a
revise /rɪ'vaɪz/ **1** *vt* revisar **2** *vt* modificar **3** *vt, vi* repassar (*per als exàmens*)
revision /rɪ'vɪʒn/ *n* **1** revisió **2** modificació **3** repàs (*per als exàmens*): *to do some revision* repassar
revival /rɪ'vaɪvl/ *n* **1** restabliment **2** (*moda*) ressorgiment **3** (*Teat*) reposició

R

revive /rɪˈvaɪv/ **1** *vt, vi* revifar(-se) **2** *vt, vi* (*malalt*) reanimar(-se) **3** *vt, vi* (*economia*) reactivar(-se) **4** *vt* (*Teat*) reposar

revoke /rɪˈvəʊk/ *vt* (*formal*) revocar

revolt /rɪˈvəʊlt/ *nom, verb*
▸ *n* revolta, rebel·lió
▸ **1** *vi* ~ **(against sb/sth)** revoltar-se, rebel·lar-se (contra algú/alguna cosa) **2** *vt* repugnar, fer fàstic a: *The smell revolted him.* La pudor li feia repugnància.

revolting /rɪˈvəʊltɪŋ/ *adj* (*col·loq*) fastigós

revolution /ˌrevəˈluːʃn/ *n* revolució **revolutionary** *adj, n* (*pl* **revolutionaries**) revolucionari, -ària **revolutionize** (*GB tb* **-ise**) *vt* revolucionar

revolve /rɪˈvɒlv/ *vt, vi* (fer) girar PHRV **revolve around/round sb/sth** girar al voltant d'algú/d'alguna cosa

revolver /rɪˈvɒlvə(r)/ *n* revòlver

revulsion /rɪˈvʌlʃn/ *n* (*formal*) repugnància

reward /rɪˈwɔːd/ *nom, verb*
▸ *n* recompensa
▸ *vt* recompensar **rewarding** *adj* gratificant

rewind /ˌriːˈwaɪnd/ *vt* (*pt, pp* **rewound** /-ˈwaʊnd/) rebobinar

rewrite /ˌriːˈraɪt/ *vt* (*pt* **rewrote** /-rəʊt/ *pp* **rewritten** /-ˈrɪtn/) tornar a escriure

rhetoric /ˈretərɪk/ *n* (*formal*) retòrica

rheumatism /ˈruːmətɪzəm/ *n* [*incomptable*] reuma

R

rhino /ˈraɪnəʊ/ *n* (*pl* **rhinos**) (*col·loq*) rinoceront

rhinoceros /raɪˈnɒsərəs/ *n* (*pl* **rhinoceros** *o* **rhinoceroses**) rinoceront

rhubarb /ˈruːbɑːb/ *n* ruibarbre

rhyme /raɪm/ *nom, verb*
▸ *n* **1** rima **2** (*poema*) vers *Vegeu tb* NURSERY RHYME
▸ *vt, vi* ~ **(with sth)** rimar (amb alguna cosa)

rhythm /ˈrɪðəm/ *n* ritme

rib /rɪb/ *n* costella

ribbon /ˈrɪbən/ *n* cinta, llaç LOC **tear, cut, etc. sth to ribbons** fer miques alguna cosa, estripar alguna cosa

ribcage /ˈrɪbkeɪdʒ/ *n* cavitat toràcica

rice /raɪs/ *n* arròs: *brown rice* arròs integral ◇ *rice pudding* arròs amb llet ◇ *rice field* arrossar

rich /rɪtʃ/ *adjectiu, nom*
▸ *adj* (**richer, -est**) **1** ric: *to become/get rich* enriquir-se ◇ *to be rich in sth* ésser ric en alguna cosa **2** luxós, car **3** (*menjar*) pesat, embafador **4** (*terra*) fèrtil
▸ *n* **the rich** [*pl*] els rics **riches** *n* [*pl*] riquesa/riqueses

rickety /ˈrɪkəti/ *adj* **1** (*estructura*) atrotinat **2** (*moble*) coix

ricochet /ˈrɪkəʃeɪ/ *vi* (*pt, pp* **ricocheted** /ˈrɪkəʃeɪd/) ~ **(off sth)** rebotar (en alguna cosa)

rid /rɪd/ *vt* (*pt, pp* **rid** *part pres* **ridding**) ~ **sb/sth of sb/sth** (*formal*) alliberar algú/alguna cosa d'algú/d'alguna cosa; eliminar alguna cosa d'alguna cosa LOC **get rid of sb/sth** alliberar-se, desfer-se d'algú/d'alguna cosa

ridden /ˈrɪdn/ *adj* ~ **with sth** dominat, atabalat per alguna cosa: *She was guilt-ridden/ridden with guilt.* El remordiment la turmentava. *Vegeu tb* RIDE

riddle /ˈrɪdl/ *nom, verb*
▸ *n* **1** endevinalla **2** misteri, enigma
▸ *vt* cosir a trets LOC **be riddled with sth** estar plagat/ple d'alguna cosa

ride /raɪd/ *verb, nom*
▸ (*pt* **rode** /rəʊd/ *pp* **ridden** /ˈrɪdn/) **1** *vt* (*cavall*) muntar a **2** *vi* (*tb* **go riding**) muntar a cavall **3** *vt* (*bicicleta, etc.*) anar amb: *He rides a motorbike everywhere.* Va a tot arreu amb moto. **4** *vi, vt* (*amb vehicle*) viatjar (amb): *to ride (on) a bus/train* viatjar amb autobús/amb tren ◇ *You can ride in the back with your brother.* Vés al seient del darrere amb el teu germà.
▸ *n* **1** (*amb vehicle*) viatge: *to go for a ride* anar a fer un volt **2** passeig (*a cavall*) **3** atracció (*de fira*) LOC **take sb for a ride 1** portar algú a fer un volt amb cotxe **2** (*col·loq*) donar gat per llebre a algú **rider** *n* **1** genet, -a **2** ciclista **3** motociclista

ridge /rɪdʒ/ *n* **1** (*muntanya*) carena **2** (*teulada*) cavalló

ridicule /ˈrɪdɪkjuːl/ *nom, verb*
▸ *n* ridícul
▸ *vt* ridiculitzar **ridiculous** /rɪˈdɪkjələs/ *adj* ridícul, absurd

riding /ˈraɪdɪŋ/ *n* equitació: *to go riding* muntar a cavall

rife /raɪf/ *adj* (*pej*) **be ~ (with sth)** abundar (en alguna cosa)

rifle /ˈraɪfl/ *n* fusell, rifle

rift /rɪft/ *n* **1** divisió, distanciament **2** (*Geog*) esquerda

rig /rɪg/ *verb, nom*
▸ *vt* (**-gg-**) manegar PHRV **rig sth up** armar, improvisar alguna cosa
▸ *n* **1** *Vegeu* OIL RIG **2** (*Nàut*) (*tb* **rigging**) aparell, ormeig

right /raɪt/ *adjectiu, adverbi, nom, verb, interjecció*
▸ *adj* **1** just: *It's not right to pay people so badly.* No és just pagar tan poc a la gent. ◇ *He was right to do that.* Va fer bé de fer això. **2** correcte, cert: *You are quite right.* Tens tota la raó. ◇ *Are these figures right?* Són correctes, aquestes xifres? **3** adequat, correcte: *Is this the right colour for the curtains?* Aquest color va bé per a les cortines? ◇ *to be on the right road* anar pel bon camí **4** (*moment*) oportú: *It wasn't the right time to say that.* No era el moment oportú per a dir allò. **5** (*peu, mà*) dret **6** (*GB, col·loq*) autèntic: *a right fool* un ximple rematat *Vegeu tb* ALL RIGHT **LOC** **get sth right** **1** encertar alguna cosa, fer alguna cosa bé **2** entendre alguna cosa del tot ◆ **put/set sb/sth right** corregir algú/alguna cosa, arreglar alguna cosa *Vegeu tb* CUE, PRIORITY, SIDE, TRACK
▸ *adv* **1** exactament, just: *right beside you* just al teu costat **2** completament: *right to the end* fins al final **3** (*col·loq*) immediatament: *I'll be right back.* Torno ara mateix. **4** bé, correctament: *Have I spelt your name right?* He escrit bé el teu nom? **5** a la dreta: *to turn right* girar a la dreta **LOC** **right away/off** de seguida ◆ **right now** ara mateix *Vegeu tb* SERVE, STREET
▸ *n* **1** bé: *right and wrong* el bé i el mal **2** ~ **(to sth/to do sth)** dret a alguna cosa/a fer alguna cosa: *human rights* els drets humans **3** la dreta: *on the right* a la dreta **4 the Right** [*v sing o pl*] (*Pol*) la dreta **LOC** **be in the right** tenir raó ◆ **by rights** **1** en bona llei **2** en teoria ◆ **in your own right** per mèrit propi
▸ *vt* **1** redreçar **2** corregir
▸ *interj* (*GB, col·loq*) **1 right!** d'acord!, bé! **2 right?** oi (que sí)?: *That's £10 each, right?* Són deu lliures cadascú, oi?

right angle *n* angle recte

right back *n* (*Esport*) lateral dret

righteous /ˈraɪtʃəs/ *adj* (*formal*) **1** (*persona*) recte, honrat **2** (*indignació*) justificat *Vegeu tb* SELF-RIGHTEOUS

rightful /ˈraɪtfl/ *adj* [*només davant del nom*] (*formal*) legítim: *the rightful heir* l'hereu legítim

right-hand /ˈraɪt hænd/ *adj* a/de la dreta: *on the right-hand side* a mà dreta **LOC** **right-hand man** mà dreta (*col·laborador*)

right-handed /ˌraɪt ˈhændɪd/ *adj* dretà

rightly /ˈraɪtli/ *adv* correctament, justificadament: *rightly or wrongly* per bé o per mal

right wing /ˌraɪt ˈwɪŋ/ *n* (*Pol*) dreta **right-wing** *adj* de dreta/dretes, dretà

rigid /ˈrɪdʒɪd/ *adj* rígid

rigour (*USA* **rigor**) /ˈrɪgə(r)/ *n* rigor **rigorous** *adj* rigorós

rim /rɪm/ *n* **1** vora ➲ *Vegeu il·lustració a* CUP **2** (*ulleres*) muntura **3** llanta

rind /raɪnd/ *n* **1** (*formatge, cansalada*) cotna **2** (*taronja, llimona*) pell ➲ *Vegeu nota a* PEEL

ring¹ /rɪŋ/ *nom, verb*
▸ *n* **1** anell: *ring finger* dit anular **2** anella **3** cercle **4** (*tb* **boxing ring**) ring **5** (*tb* **circus ring**) pista (*de circ*) **6** *Vegeu* BULLRING *Vegeu tb* KEY RING
▸ *vt* (*pt, pp* **ringed**) **1** ~ **sb/sth (with sth)** encerclar algú/alguna cosa (amb alguna cosa) **2** (*esp ocell*) anellar

ring² /rɪŋ/ *verb, nom*
▸ (*pt* **rang** /ræŋ/ *pp* **rung** /rʌŋ/) **1** *vt, vi* ~ **(sb/sth) (up)** trucar (a algú/alguna cosa) (*per telèfon*): *to ring for a cab* demanar un taxi **2** *vi* (*telèfon, campana*) sonar **3** *vt* (*timbre*) tocar **4** *vi* (*veus*) ressonar **5** *vi* (*orelles*) xiular **LOC** **ring a bell** (*col·loq*) sonar ◇ *His name rings a bell.* El seu nom em sona. **PHR V** **ring (sb) back** tornar a trucar (a algú), tornar la trucada (a algú) ◆ **ring off** penjar (*el telèfon*)
▸ *n* **1** (*timbre*) truc **2** (*campanes*) toc **3** [*sing*] so **LOC** **give sb a ring** (*GB, col·loq*) fer un truc a algú

ringleader /ˈrɪŋliːdə(r)/ *n* (*pej*) capitost

ringlet /ˈrɪŋlət/ *n* tirabuixó

ring pull *n* anella (*d'una llauna*)

ring road *n* ronda, carretera de circumval·lació

ringtone (*tb* **ring tone**) /ˈrɪŋtəʊn/ *n* melodia (*d'un mòbil*)

rink /rɪŋk/ *n* **1** *Vegeu* ICE RINK **2** *Vegeu* SKATING RINK

rinse /rɪns/ *verb, nom*
▸ *vt* **1** ~ **sth (out)** rentar (per sobre) alguna cosa **2** (*treure el sabó*) esbandir
▸ *n* **1** esbandida, rentada: *I gave the glass a rinse.* Vaig rentar el got. **2** (*de cabells*) tint (*no permanent*)

riot /ˈraɪət/ *nom, verb*
▸ *n* disturbi, avalot: *riot police* policia antidisturbis **LOC** **run riot** esvalotar-se
▸ *vi* causar disturbis, amotinar-se **rioter** *n* avalotador, -a **rioting** *n* [*incomptable*] disturbis **riotous** *adj* **1** (*formal*) (*Dret*) esvalotador **2** (*festa*) desenfrenat

rip /rɪp/ *verb, nom*
▸ *vt, vi* (**-pp-**) esquinçar(-se): *to rip sth open* obrir alguna cosa esquinçant-la **PHR V** **rip sb off** (*col·loq*) estafar algú ◆ **rip sth off/out; rip sth out of sth** arrencar alguna cosa (d'alguna cosa) ◆ **rip sth up** estripar alguna cosa
▸ *n* equinç, estrip

R

ripe /raɪp/ *adj* (**riper**, **-est**) **1** (*fruita*) madur **2** (*formatge*) madurat **3** ~ **(for sth)** a punt (per a alguna cosa): *The time is ripe for his return.* Ha arribat el moment de la seva tornada.

ripen /ˈraɪpən/ *vt, vi* madurar

rip-off /ˈrɪp ɒf/ *n* (*col·loq*) estafa

ripple /ˈrɪpl/ *nom, verb*

▸ *n* **1** ona, ondulació **2 a ~ of sth** murmuri d'alguna cosa

▸ *vi* onejar

rise /raɪz/ *nom, verb*

▸ *n* **1** ~ **(in sth)** (*quantitat*) puja, augment (d'alguna cosa) **2** (*USA* **raise**) augment (*de sou*) **3** [*sing*] pujada, ascens **4** pujada, pujol LOC **give rise to sth** (*formal*) donar lloc a alguna cosa

▸ *vi* (*pt* **rose** /rəʊz/ *pp* **risen** /ˈrɪzn/) **1** pujar **2** (*formal*) (*persona, vent*) aixecar-se ❶ En aquest context és més habitual dir **get up**. **3** (*sol, lluna*) sortir **4** pujar (*en rang*) **5** (*veu*) alçar-se **6** ~ **(up) (against sb/sth)** (*formal*) aixecar-se (contra algú/alguna cosa) **7** (*riu*) néixer **8** (*nivell d'un riu*) pujar

rising /ˈraɪzɪŋ/ *nom, adjectiu*

▸ *n* (*Pol*) aixecament, revolta

▸ *adj* **1** creixent **2** (*sol*) naixent

risk /rɪsk/ *nom, verb*

▸ *n* ~ **(of sth/that...)** risc (d'alguna cosa/que...) LOC **at risk** en perill ◆ **run the risk (of doing sth)** córrer el risc/perill (de fer alguna cosa) ◆ **take a risk/risks** arriscar-se

▸ *vt* **1** arriscar(-se a) **2** ~ **doing sth** exposar-se, arriscar-se a fer alguna cosa LOC **risk life and limb; risk your neck** jugar-se la pell **risky** *adj* (**riskier**, **-iest**) arriscat

R

rite /raɪt/ *n* ritu

ritual /ˈrɪtʃuəl/ *n, adj* ritual

rival /ˈraɪvl/ *nom, adjectiu, verb*

▸ *n* ~ **(to sb/sth) (for sth)** rival (d'algú/d'alguna cosa); rival (per/en alguna cosa)

▸ *adj* rival

▸ *vt* (**-ll-**, *USA tb* **-l-**) ~ **sb/sth (for/in sth)** rivalitzar amb algú/alguna cosa (en alguna cosa) **rivalry** *n* (*pl* **rivalries**) rivalitat

river /ˈrɪvə(r)/ *n* riu: *river bank* vora (del riu) ◇ *river transport* transport fluvial ➲ *Vegeu nota a* RIU

riverside /ˈrɪvəsaɪd/ *n* riba (del riu): *a riverside hotel* un hotel a la vora del riu

rivet /ˈrɪvɪt/ *nom, verb*

▸ *n* reblada

▸ *vt* **1** *to be riveted by sth* estar fascinat per alguna cosa ◇ *His eyes were riveted on her.* Tenia la vista clavada en ella. **2** (*clau*) reblar **riveting** *adj* fascinant

road /rəʊd/ *n* **1** carretera, carrer: *across/over the road* a l'altre costat de la carretera ◇ *road sign* senyal de circulació ◇ *road safety* seguretat viària ◇ *road accident* accident de trànsit *Vegeu tb* RING ROAD **2 Road** (*abrev* **Rd**) (*en noms de carrers*): *Banbury Road* el carrer de Banbury ➲ *Vegeu nota a* CARRER LOC **by road** per carretera ◆ **on the road 1** de viatge **2** (*Mús, Teat*) de gira ◆ **on the road to sth** pel camí d'alguna cosa **roadway** /ˈrəʊdweɪ/ *n* calçada

roadblock /ˈrəʊdblɒk/ *n* control (de policia)

road rage *n* violència al volant

roadside /ˈrəʊdsaɪd/ *adj* vora de la carretera: *a roadside cafe* un bar de carretera

roadworks /ˈrəʊdwɜːks/ *n* [*pl*] obres (*a la carretera*): *There were roadworks on the motorway.* Feien obres a l'autopista.

roam /rəʊm/ **1** *vt* vagarejar per, recórrer **2** *vi* vagarejar

roar /rɔː(r)/ *verb, nom*

▸ **1** *vi* (*lleó, etc.*) rugir **2** *vi* cridar: *to roar with laughter* riure sorollosament ➲ *Vegeu nota a* RIURE [1] **3** *vt* dir a crits LOC **do a roaring trade (in sth)** fer un negoci rodó (en alguna cosa)

▸ *n* **1** (*lleó, etc.*) rugit **2** terrabastall: *roars of laughter* riallades

roast /rəʊst/ *verb, adjectiu, nom*

▸ **1** *vt, vi* (*carn*) rostir(-se) **2** *vt, vi* (*cafè, etc.*) torrar(-se) **3** *vi* (*col·loq*) (*persona*) torrar-se (*de calor*)

▸ *adj, n* rostit: *roast beef* rosbif

rob /rɒb/ *vt* (**-bb-**) ~ **sb/sth (of sth)** robar (alguna cosa a) algú/alguna cosa

> Els verbs **rob**, **steal** i **burgle** volen dir 'robar'. **Rob** es fa servir amb complements de persona o de lloc: *He robbed me (of all my money).* Em va robar (tots els diners). **Steal** es fa servir quan esmentem l'objecte robat (d'un lloc o a una persona): *He stole all my money (from me).* Em va robar tots els diners. **Burgle** (*USA* **burglarize**) fa referència a robatoris a cases particulars o botigues, normalment quan no hi ha ningú a dins: *The house has been burgled.* Ens han entrat a casa.

robber *n* **1** lladre **2** atracador, -a ➲ *Vegeu nota a* THIEF **robbery** *n* (*pl* **robberies**) **1** robatori **2** (*violent*) atracament ➲ *Vegeu nota a* THEFT

robe /rəʊb/ *n* **1** (*cerimonial*) mantell, toga **2** *Vegeu* BATHROBE (1)

robin /ˈrɒbɪn/ *n* pit-roig

robot /ˈrəʊbɒt/ *n* robot

robust /rəʊˈbʌst/ *adj* robust, vigorós

rock /rɒk/ *nom, verb*

▸ *n* **1** roca: *the Rock of Gibraltar* el penyal de Gibraltar **2** (*USA*) pedra **3** (*tb* **rock music**) (música) rock LOC **on the rocks 1** en crisi **2** (*beguda*) amb gel

▸ **1** *vt, vi* gronxar(-se), balancejar(-se) **2** *vt* (*infant*) bressar **3** *vt, vi* estremir-se, sacsejar

rock bottom *n* el punt més baix: *The marriage had reached rock bottom.* El matrimoni havia tocat el fons. **rock-bottom** /ˌrɒk ˈbɒtəm/ *adj*: *rock-bottom prices* preus molt baixos

rock climbing *n* escalada (*en roca*)

rocket /ˈrɒkɪt/ *nom, verb*

▸ *n* coet

▸ *vi* augmentar molt ràpidament

rocking chair *n* balancí

rocky /ˈrɒki/ *adj* (**rockier**, **-iest**) **1** rocós **2** (*situació*) inestable

rod /rɒd/ *n* **1** barra **2** *Vegeu* FISHING ROD

rode *pt de* RIDE

rodent /ˈrəʊdnt/ *n* rosegador

roe /ˈrəʊ/ *n* [*gen incomptable*] ous (*de peix*)

rogue /rəʊg/ *n* **1** murri, múrria **2** (*antic*) pocavergonya

role /rəʊl/ *n* paper: *role model* model a imitar

role-play /ˈrəʊl pleɪ/ *n* joc de rol

roll /rəʊl/ *nom, verb*

▸ *n* **1** rotlle **2** carret (*de fotos*) **3** (*tb* **bread roll**) panet **4** (*amb farciment*) entrepà *Vegeu tb* SAUSAGE ROLL **5** balanceig, giravolt **6** registre, llista: *the electoral roll* el cens electoral

▸ **1** *vt, vi* (fer) rodar **2** *vt, vi* giravoltar, fer donar voltes (a alguna cosa) **3** *vt, vi* ~ **(sth) (up)** enrotllar alguna cosa, enrotllar-se **4** *vt, vi* ~ **(sb/sth/yourself) (up)** embolicar algú/alguna cosa, embolicar-se **5** *vt* (*cigarreta*) fer **6** *vt* (*massa*) aplanar amb un corró **7** *vt, vi* balancejar(-se) LOC **be rolling in it/money** (*col·loq*) estar folrat *Vegeu tb* BALL PHR V **roll in** (*col·loq*) **1** arribar en grans quantitats **2** presentar-se (*tard*) ◆ **roll sth out** estendre alguna cosa ◆ **roll over** girar ◆ **roll up** (*col·loq*) arribar **rolling** *adj* ondulat

roller /ˈrəʊlə(r)/ *n* **1** corró **2** rul·lo

Rollerblade® /ˈrəʊləbleɪd/ *nom, verb*

▸ *n* patí (de rodes) en línia

▸ *vi* patinar (*amb patins en línia*)

roller coaster /ˈrəʊlə kəʊstə(r)/ *n* muntanyes russes

roller hockey *n* hoquei sobre patins

roller skate *nom, verb*

▸ *n* patí de rodes

▸ *vi* patinar (sobre rodes)

rolling pin *n* corró (*de cuina*)

ROM /rɒm/ *n* (*abrev de* **read only memory**) (*Informàt*) ROM (*memòria només de lectura*)

Roman /ˈrəʊmən/ *adj, n* romà, -ana

romance /rəʊˈmæns, ˈrəʊmæns/ *n* **1** amor, enamorament: *a holiday romance* un enamorament d'estiu **2** romanticisme: *the romance of foreign lands* el romanticisme de les terres estrangeres **3** novel·la sentimental

romantic /rəʊˈmæntɪk/ *adj, n* romàntic, -a

romp /rɒmp/ *vi* ~ **(about/around)** enjogassar-se, saltironar

roof /ru:f/ *n* (*pl* **roofs**) **1** teulada **2** (*cotxe, etc.*) sostre **roofing** *n* sostrada

roof rack *n* baca

rooftop /ˈru:ftɒp/ *n* **1** terrat **2** teulada

rook /rʊk/ *n* **1** (*Ornit*) graula **2** (*Escacs*) torre

room /ru:m, rʊm/ *n* **1** habitació, cambra, sala *Vegeu tb* CHANGING ROOM, CHAT ROOM, DINING ROOM, DRAWING ROOM, DRESSING ROOM, LIVING ROOM, SITTING ROOM, TEA ROOM **2** lloc, espai: *Is there room for me?* Hi ha lloc per a mi? ◇ *room to breathe* espai per a respirar ◇ *It takes up a lot of room.* Ocupa molt. **3** *There's no room for doubt.* No hi ha dubte. ◇ *There's room for improvement.* Es pot millorar. **roomy** *adj* (**roomier**, **-iest**) espaiós

room-mate /ˈru:m meɪt, ˈrʊm/ *n* **1** (*GB*) company, -a d'habitació **2** (*USA*) company, -a de pis

room service *n* servei d'habitació

room temperature *n* temperatura ambient

roost /ru:st/ *nom, verb*

▸ *n* jóc

▸ *vi* anar a jóc

rooster /ˈru:stə(r)/ *n* (*esp USA*) gall

root /ru:t/ *nom, verb*

▸ *n* arrel: *the root of the problem* l'arrel del problema ◇ *square root* arrel quadrada LOC **the root cause (of sth)** l'arrel (d'alguna cosa) ◆ **put down (new) roots** arrelar-se

▸ *vi* **1** arrelar-se **2** ~ **about/around (for sth)** regirar alguna cosa (per trobar alguna cosa) PHR V **root for sb** (*col·loq*) animar algú ◆ **root sth out 1** arrencar alguna cosa de soca-rel, eradicar alguna cosa **2** buscar, trobar alguna cosa

rope /rəʊp/ *nom, verb*

▸ *n* corda: *rope ladder* escala de corda ➲ *Vegeu il·lustració a* CORDILL LOC **learn/know/show sb the ropes** (*col·loq*) aprendre/conèixer/ensenyar a algú l'ofici

▸ *v* PHR V **rope sb in**; **rope sb into sth** (*col·loq*) enganxar algú (per fer alguna cosa) ◆ **rope sth off** acordonar alguna cosa

R

rosary /ˈrəʊzəri/ *n* (*pl* **rosaries**) rosari
rose /rəʊz/ *n* rosa: *rose bush* roser *Vegeu tb* RISE
rosé /ˈrəʊzeɪ; *USA* rəʊˈzeɪ/ *n* vi rosat
rosemary /ˈrəʊzməri/ *n* romaní
rosette /rəʊˈzet/ *n* escarapel·la
rosy /ˈrəʊzi/ *adj* (**rosier, -iest**) **1** rosat **2** (*fig*) prometedor
rot /rɒt/ *vi, vt* (**-tt-**) podrir(-se)
rota /ˈrəʊtə/ *n* (*pl* **rotas**) llista (*de torns*)
rotary /ˈrəʊtəri/ *n* (*pl* **rotaries**) (*USA*) rotonda (*cruïlla*)
rotate /rəʊˈteɪt; *USA* ˈrəʊteɪt/ *vt, vi* **1** (fer) girar **2** alternar(-se) **rotation** *n* rotació LOC **in rotation** per torn
rotten /ˈrɒtn/ *adj* **1** podrit **2** (*col·loq*) dolentíssim **3** corromput
rough /rʌf/ *adjectiu, nom, verb, adverbi*
▸ *adj* (**rougher, -est**) **1** (*superfície*) aspre **2** (*càlcul*) aproximat **3** (*comportament*) violent **4** (*tracte*) desconsiderat **5** (*mar*) encrespat **6** (*temps*) tempestuós **7** (*col·loq*) malalt: *I feel a bit rough.* No em trobo bé. LOC **be rough (on sb)** (*col·loq*) ésser dur (amb algú)
▸ *n* LOC **in rough** en brut
▸ *vt* LOC **rough it** (*col·loq*) passar necessitat
▸ *adv* (**rougher, -est**) dur **roughly** *adv* **1** aproximadament **2** violentament
roulette /ruːˈlet/ *n* ruleta
round /raʊnd/ *adjectiu, adverbi, preposició, nom, verb* ❶ Per als usos de **round** en *phrasal verbs*, vegeu les entrades dels verbs corresponents, p. ex. **come round** a COME.
▸ *adj* rodó
▸ *adv*: *all year round* durant tot l'any ◇ *a shorter way round* una drecera ◇ *round at Maria's* a ca la Maria *Vegeu tb* AROUND LOC **round about 1** del voltant: *the houses round about* les cases del voltant **2** (*aproximadament*) prop de, cap a: *round about an hour* prop d'una hora
▸ *prep* **1** al voltant de: *She wrapped the towel round her waist.* Es va enrotllar la tovallola al voltant de la cintura. **2** *just round the corner* passada la cantonada **3** per: *to show sb round the house* ensenyar la casa a algú
▸ *n* **1** ronda: *a round of talks* una sessió de negociacions **2** (*Esport*) volta, ronda **3** (*Boxa*) assalt **4** recorregut (*del carter*) **5** visites (*del metge*) **6** ronda (*de begudes*): *It's my round.* Aquesta ronda la pago jo. **7** *a round of applause* una salva d'aplaudiments **8** tret, ràfega
▸ *vt* (*cantonada*) girar PHR V **round sth off (with sth)** acabar, arrodonir alguna cosa (amb alguna cosa) ◆ **round sb/sth up** reunir, ajuntar algú/alguna cosa ◆ **round sth up/down** arrodonir alguna cosa (per dalt/baix) (*xifra, preu, etc.*)
roundabout /ˈraʊndəbaʊt/ *nom, adjectiu*
▸ *n* **1** (*USA* **rotary**) rotonda (*cruïlla*) **2** cavallets
▸ *adj* indirecte: *in a roundabout way* de forma indirecta/fent volta
round trip *n* anada i tornada **round-trip** *adj* (*USA*) *a round-trip ticket* un bitllet d'anada i tornada
rouse /raʊz/ *vt* **1** (*formal*) despertar **2** incitar: *to rouse yourself to do sth* animar-se a fer alguna cosa **rousing** *adj* **1** (*aplaudiment*) calorós **2** (*discurs*) enardidor
rout /raʊt/ *nom, verb*
▸ *n* [*sing*] desfeta
▸ *vt* derrotar d'una manera aclaparadora
route /ruːt; *USA tb* raʊt/ *n* ruta, recorregut
routine /ruːˈtiːn/ *nom, adjectiu*
▸ *n* rutina
▸ *adj* de rutina, rutinari
row¹ /rəʊ/ *nom, verb*
▸ *n* **1** fila, filera **2** *to go for a row* sortir a remar LOC **in a row** un darrere l'altre: *the third week in a row* la tercera setmana seguida ◇ *four days in a row* quatre dies seguits
▸ *vt, vi* remar, navegar a rem: *She rowed the boat to the bank.* Va remar fins a la vora. ◇ *Will you row me across the river?* Em portaràs a l'altre costat del riu (en barca)? ◇ *to row across the lake* creuar el llac remant **rowing** *n* rem (*esport*)
row² /raʊ/ *nom, verb*
▸ *n* (*esp GB, col·loq*) **1** ~ **(about/over sth)** baralla (per alguna cosa): *to have a row* barallar-se ➲ *Compareu amb* ARGUMENT, DISCUSSION **2** soroll **3** xivarri
▸ *vi* (*GB, col·loq*) barallar-se
rowdy /ˈraʊdi/ *adj* (**rowdier, -iest**) (*pej*) **1** (*persona*) sorollós, baralladís **2** (*reunió*) esvalotat
rowing boat /ˈrəʊɪŋ bəʊt/ (*USA* **rowboat** /ˈrəʊbəʊt/) *n* barca de rems
royal /ˈrɔɪəl/ *adj* reial
Royal Highness *n*: *Your/His/Her Royal Highness* Sa Altesa Reial
royalty /ˈrɔɪəlti/ *n* **1** [*incomptable*] reialesa **2** (*pl* **royalties**) drets d'autor
rub /rʌb/ *verb, nom*
▸ (**-bb-**) **1** *vt* fregar, refregar: *to rub your hands together* fregar-se les mans **2** *vi* ~ **(on/against sth)** fregar (amb/contra alguna cosa) PHR V **rub off (on/onto sb)** encomanar-se (a algú) (*bona sort, personalitat, etc.*) ◆ **rub sth out** esborrar alguna cosa
▸ *n* fregada: *to give sth a rub* fregar alguna cosa

rubber /ˈrʌbə(r)/ *n* **1** goma, cautxú: *rubber stamp* segell de goma **2** goma (d'esborrar)

rubber band *n* goma elàstica

rubbish /ˈrʌbɪʃ/ (*USA* **garbage, trash**) *n* [*incomptable*] **1** escombraries: *rubbish dump/tip* abocador ➲ *Vegeu il·lustració a* BIN **2** (*GB, col·loq*) porqueria: *The film was rubbish.* La pel·lícula era una porqueria. **3** (*GB, col·loq*) bestieses

rubble /ˈrʌbl/ *n* [*incomptable*] runa

ruby /ˈruːbi/ *n* (*pl* **rubies**) robí

rucksack /ˈrʌksæk/ *n* motxilla ➲ *Vegeu il·lustració a* BAG

rudder /ˈrʌdə(r)/ *n* timó

rude /ruːd/ *adj* (**ruder, -est**) **1** groller, mal educat: *It's rude to interrupt.* Interrompre és de mala educació. **2** indecent **3** (*acudit, etc.*) verd

rudimentary /ˌruːdɪˈmentri/ *adj* (*formal*) rudimentari

ruffle /ˈrʌfl/ *vt* **1** (*cabells*) escabellar **2** (*plomall*) estarrufar **3** pertorbar, desconcertar

rug /rʌg/ *n* **1** catifa **2** manta de viatge

rugby /ˈrʌgbi/ *n* rugbi

rugged /ˈrʌgɪd/ *adj* **1** (*terreny*) escabrós, accidentat **2** (*muntanya*) escarpat **3** (*home*) de faccions ben definides **4** (*roba, etc.*) fort

ruin /ˈruːɪn/ *verb, nom*
▸ *vt* arruïnar, destrossar, espatllar
▸ *n* ruïna

rule /ruːl/ *nom, verb*
▸ *n* **1** regla, norma **2** costum: *as a (general) rule* en general/per regla general **3** govern, domini **4** (*govern*) mandat **5** (*de monarca*) regnat
▸ **1** *vt, vi* ~ **(over sb/sth)** (*Pol*) governar (algú/alguna cosa) **2** *vt* dominar, regir **3** *vt, vi* **(on sth)** (*Dret*) decidir (alguna cosa); pronunciar-se (sobre alguna cosa) **4** *vt* (*línia*) traçar PHRV **rule sb/sth out** descartar, excloure algú/alguna cosa

ruler /ˈruːlə(r)/ *n* **1** governant **2** regle

ruling /ˈruːlɪŋ/ *nom, adjectiu*
▸ *n* ~ **(on sth)** decisió (d'alguna cosa); pronunciament (sobre alguna cosa)
▸ *adj* **1** imperant **2** (*Pol*) al poder

rum /rʌm/ *n* rom

rumble /ˈrʌmbl/ *verb, nom*
▸ *vi* **1** retrunyir **2** (*estómac*) roncar
▸ *n* ronc, retruny

rummage /ˈrʌmɪdʒ/ *vi* **1** ~ **about/around** regirar **2** ~ **among/in/through sth (for sth)** regirar, remoure alguna cosa (per trobar alguna cosa)

rumour (*USA* **rumor**) /ˈruːmə(r)/ *n* rumor: *Rumour has it that...* Corre el rumor que...

rump /rʌmp/ *n* **1** anca, gropa **2** (*tb* **rump steak**) tall de cuixa

run /rʌn/ *verb, nom*
▸ (**-nn-**) (*pt* **ran** /ræn/ *pp* **run** *part pres* **running**) **1** *vt, vi* córrer: *I ran ten kilometres.* He corregut deu quilòmetres. ◇ *She ran the marathon.* Va prendre part a la marató. **2** *vt, vi* recórrer: *She ran her eye around the room.* Va recórrer l'habitació amb la mirada. ◇ *to run your eyes over sth* fer un cop d'ull a alguna cosa ◇ *A shiver ran down her spine.* Un calfred li va recórrer l'espinada. ◇ *to run your fingers through sb's hair* passar els dits pels cabells d'algú ◇ *The tears ran down her cheeks.* Les llàgrimes li baixaven per les galtes. **3** *vt, vi* (*màquina, sistema, organització*) (fer) funcionar: *Everything is running smoothly.* Tot va sobre rodes. ◇ *Run the engine for a few minutes before you start.* Fes anar el motor una estona abans d'arrencar. **4** *vt* (*negoci, etc.*) administrar, portar **5** *vt* (*servei, curs, etc.*) organitzar, oferir **6** *vi* (*autobús, tren, etc.*) circular: *The buses run every hour.* Els autobusos passen cada hora. ◇ *The train is running an hour late.* El tren porta una hora de retard. **7** *vt* (*vehicle*) mantenir: *I can't afford to run a car.* No em puc permetre de mantenir un cotxe. **8** *vt* (*col·loq*) portar (*amb cotxe*): *Can I run you to the station?* Vols que et porti a l'estació? **9** *vi* estendre's: *The cable runs the length of the wall.* El cable recorre el llarg de la paret. ◇ *A fence runs round the field.* Una tanca envolta el prat. **10** *vi* ~ **(for...)** (*Teat*) representar-se (durant...) **11** *vt*: *to run a bath* omplir la banyera **12** *vi*: *to leave the tap running* deixar l'aixeta oberta **13** *vi* (*nas*) rajar **14** *vi* (*tint*) destenyir **15** *vt* (*Informàt*) executar **16** *vt* (*Period*) publicar **17** *vi* ~ **(for sth)** (*Pol*) presentar-se com a candidat (a alguna cosa) LOC **run for it** posar-se a córrer ❶ Per a d'altres expressions amb **run**, vegeu les entrades del nom, adjectiu, etc., p. ex. **run dry** a DRY.

PHRV **run about/around** córrer

run across sb/sth topar-se amb algú/alguna cosa

run after sb (*col·loq*) anar al darrere algú (*per mantenir relacions*) ◆ **run after sb/sth** perseguir algú/alguna cosa

run at sth: *Inflation is running at 25%.* La inflació arriba al 25%.

run away (from sb/sth) fugir (d'algú/d'alguna cosa)

run sb/sth down 1 atropellar algú/alguna cosa **2** menysprear algú/alguna cosa

run into sb topar-se amb algú ◆ **run into sth 1** trobar-se alguna cosa **2** xocar amb/contra alguna

R

cosa ◆ **run sth into sth**: *He ran the car into a tree.* Va xocar contra un arbre.
run off fugir ◆ **run off with sth** (*robar*) emportar-se alguna cosa
run out 1 acabar-se, exhaurir-se **2** caducar, vèncer ◆ **run out (of sth)** quedar-se sense alguna cosa: *We've run out of sugar.* Se'ns ha acabat el sucre.
run sb/sth over atropellar algú/alguna cosa
▸ *n* **1** cursa: *to go for a run* sortir a córrer ◇ *to break into a run* posar-se a córrer **2** passeig (*amb cotxe, etc.*) **3** període: *a run of bad luck* una temporada de mala sort **4** (*Cine, Teat*) temporada LOC **be on the run** haver-se fugat/estar fugint de la justícia ◆ **make a run for it** intentar fugir *Vegeu tb* LONG

runaway /ˈrʌnəweɪ/ *adjectiu, nom*
▸ *adj* **1** fugitiu **2** fora de control **3** (*cavall*) desbocat **4** *runaway inflation* inflació galopant ◇ *a runaway success* un èxit aclaparador
▸ *n* fugitiu, -iva

run-down /ˌrʌn ˈdaʊn/ *adj* **1** (*edifici, barri*) decaigut **2** (*persona*) desmillorat

rung /rʌŋ/ *n* esglaó *Vegeu tb* RING²

runner /ˈrʌnə(r)/ *n* corredor, -a

runner-up /ˌrʌnər ˈʌp/ *n* (*pl* **runners-up**) subcampió, -ona

running /ˈrʌnɪŋ/ *nom, adjectiu*
▸ *n* **1** *to go running* anar a córrer ◇ *running shoes* sabatilles per fer fúting **2** gestió (*d'una empresa*) **3** funcionament LOC **be in/out of the running (for sth)** (*col·loq*) tenir/no tenir possibilitats (d'aconseguir alguna cosa)
▸ *adj* **1** consecutiu: *four days running* quatre dies seguits **2** (*aigua*) corrent: *to leave the tap running* deixar l'aixeta oberta **3** continu LOC *Vegeu* ORDER

runny /ˈrʌni/ *adj* (**runnier, -iest**) **1** *to have a runny nose* rajar el nas a algú **2** líquid

run-up /ˈrʌn ʌp/ *n* ~ **(to sth)** període previ (a alguna cosa)

runway /ˈrʌnweɪ/ *n* pista (*d'aterratge*)

rupture /ˈrʌptʃə(r)/ *nom, verb*
▸ *n* ruptura
▸ *vt, vi* esquinçar(-se), perforar(-se)

rural /ˈrʊərəl/ *adj* rural

rush /rʌʃ/ *verb, nom*
▸ **1** *vi* anar amb pressa, afanyar-se: *They rushed out of school.* Van sortir corrents de l'escola. ◇ *They rushed to help her.* Van córrer a ajudar-la. **2** *vt* portar corrents: *He was rushed to hospital.* El van portar corrents a l'hospital. **3** *vi* ~ **(into sth/doing sth)** precipitar-se (a fer alguna cosa) **4** *vt* ~ **sb (into sth/doing sth)** donar pressa a algú (perquè faci alguna cosa): *Don't rush me!* No em facis córrer! **5** *vi* actuar precipitadament LOC **be rushed off your feet** estar ofegat de feina
▸ *n* **1** [*sing*] precipitació: *There was a rush to the exit.* La gent es va precipitar cap a la sortida. **2** [*sing*] pressa: *I'm in a terrible rush.* Tinc molta pressa. ◇ *There's no rush.* No corre pressa.

rush hour *n* hora punta

rust /rʌst/ *nom, verb*
▸ *n* òxid, rovell
▸ *vt, vi* oxidar(-se), rovellar(-se)

rustic /ˈrʌstɪk/ *adj* rústic

rustle /ˈrʌsl/ *verb, nom*
▸ *vt, vi* (fer) cruixir, (fer) murmurar PHRV **rustle sth up (for sb)** (*col·loq*) preparar alguna cosa (per a algú): *I'll rustle up some coffee for you.* De seguida et faig un cafè.
▸ *n* cruixit, murmuri

rusty /ˈrʌsti/ *adj* **1** rovellat, oxidat **2** (*col·loq*) mancat de pràctica: *My French is a bit rusty.* Tinc el francès una mica rovellat.

rut /rʌt/ *n* rodera LOC **be (stuck) in a rut** estar estancat

ruthless /ˈruːθləs/ *adj* despietat, implacable **ruthlessly** *adv* despietadament **ruthlessness** *n* crueltat, implacabilitat

rye /raɪ/ *n* sègol

S s

S, s /es/ *n* (*pl* **Ss, S's, s's**) S, s ➲ *Vegeu nota a* A, A

the Sabbath /ˈsæbəθ/ *n* **1** (*dels cristians*) diumenge **2** (*dels jueus*) dissabte, sàbat

sabotage /ˈsæbətɑːʒ/ *nom, verb*
▸ *n* sabotatge
▸ *vt* sabotejar

saccharin /ˈsækərɪn/ *n* sacarina

sachet /ˈsæʃeɪ; *USA* sæˈʃeɪ/ *n* bosseta, sobre

sack /sæk/ *nom, verb*
▸ *n* **1** sac **2 the sack** [*sing*] (*GB, col·loq*): *to give sb the sack* despatxar algú ◇ *He's got the sack.* L'han despatxat.
▸ *vt* (*esp GB, col·loq*) acomiadar
sacrament /ˈsækrəmənt/ *n* sagrament
sacred /ˈseɪkrɪd/ *adj* sagrat, sacre
sacrifice /ˈsækrɪfaɪs/ *nom, verb*
▸ *n* sacrifici: *to make sacrifices* fer sacrificis/sacrificar-se
▸ *vt* ~ **sth (for sb/sth)** sacrificar alguna cosa (per algú/alguna cosa)
sacrilege /ˈsækrəlɪdʒ/ *n* sacrilegi
sad /sæd/ *adj* (**sadder**, **-est**) **1** trist **2** (*situació*) lamentable **3** (*col·loq, pej*) avorrit, passat de moda: *'She spends all weekend playing computer games.' 'That's so sad!'* —Es passa el cap de setmana sencer amb els videojocs. —És penós. ◇ *He's so sad wearing shirts like that!* Fa pena amb aquestes camises que porta! **sadden** *vt* (*formal*) entristir
saddle /ˈsædl/ *nom, verb*
▸ *n* **1** (*cavall*) sella **2** (*bicicleta, moto*) seient
▸ *vt* ensellar PHRV **saddle sb/yourself with sth** encolomar alguna cosa a algú, carregar-se amb alguna cosa
sadism /ˈseɪdɪzəm/ *n* sadisme **sadist** *n* sàdic, -a
sadly /ˈsædli/ *adv* **1** lamentablement, malauradament **2** tristament, amb tristesa
sadness /ˈsædnəs/ *n* tristesa, malenconia
safari /səˈfɑːri/ *n* (*pl* **safaris**) safari
safari park *n* parc safari
safe /seɪf/ *adjectiu, nom*
▸ *adj* (**safer**, **-est**) **1** ~ **(from sb/sth)** fora de perill (d'algú/d'alguna cosa) **2** segur: *Your secret is safe with me.* El teu secret està segur amb mi. **3** il·lès **4** (*conductor*) prudent LOC **on the safe side**: *(just) to be on the safe side* per si de cas ◇ *It's best to be on the safe side.* És millor no arriscar-se. ◆ **safe and sound** sa i estalvi *Vegeu tb* BETTER
▸ *n* caixa forta **safely** *adv* **1** sa i estalvi, sense cap contratemps **2** tranquil·lament, sense perill: *safely locked away* tancat amb clau en un lloc segur
safeguard /ˈseɪfgɑːd/ *verb, nom*
▸ *vt, vi* ~ **(sth) (against sth)** protegir alguna cosa, protegir-se (contra/d'alguna cosa)
▸ *n* ~ **(against sth)** salvaguarda, protecció (contra alguna cosa)
safety /ˈseɪfti/ *n* seguretat
safety belt *n* cinturó de seguretat
safety net *n* **1** (xarxa de) protecció **2** (*en un circ*) xarxa de seguretat
safety pin *n* imperdible
safety valve *n* vàlvula de seguretat
saffron /ˈsæfrən/ *n* safrà
sag /sæg/ *vi* (**-gg-**) **1** (*llit, sofà*) enfonsar-se **2** (*fusta*) corbar-se, doblegar-se
Sagittarius /ˌsædʒɪˈteəriəs/ *n* sagitari ➲ *Vegeu exemples a* AQUARIUS
said *pt, pp de* SAY
sail /seɪl/ *verb, nom*
▸ **1** *vi* navegar: *to go sailing* anar a fer vela ◇ *to sail around the world* fer la volta al món amb vaixell **2** *vt* pilotar (*un vaixell*) **3** *vi* sortir: *The ship sails for the island at noon.* El vaixell salpa cap a l'illa a les dotze del migdia. **4** *vi* (*objecte*) volar PHRV **sail through (sth)** fer alguna cosa sense cap dificultat: *She sailed through her exams.* Va aprovar els exàmens sense cap problema.
▸ *n* **1** vela **2** (*molí*) aspa LOC **set sail (from/for…)** salpar (des de/cap a…)
sailboard /ˈseɪlbɔːd/ *n* planxa de vela
sailing /ˈseɪlɪŋ/ *n* **1** vela: *sailing club* club nàutic **2** *There are three sailings a day.* Cada dia hi ha tres sortides amb vaixell.
sailing boat (*USA* **sailboat** /ˈseɪlbəʊt/) *n* veler
sailor /ˈseɪlə(r)/ *n* mariner, -a
saint /seɪnt, snt/ *n* (*abrev* **St**) sant, -a: *Saint John/Teresa* Sant Joan/Santa Teresa
sake /seɪk/ *n* LOC **for God's, goodness', heaven's, etc. sake** per (l'amor de) Déu ◆ **for the sake of sb/sth; for sb's/sth's sake** per algú/alguna cosa, pel bé d'algú/d'alguna cosa
salad /ˈsæləd/ *n* amanida: *salad bowl* enciamera
salary /ˈsæləri/ *n* (*pl* **salaries**) salari, sou (*mensual*) ➲ *Compareu amb* WAGE
sale /seɪl/ *n* **1** venda: *sales department/representative* departament/representant de vendes **2** rebaixes: *to hold/have a sale* tenir/estar de rebaixes **3** subhasta LOC **for sale** en venda: *Car for sale.* Cotxe per vendre. ◆ **on sale** a la venda
sales clerk *n* (*USA*) dependent, -a
salesman /ˈseɪlzmən/ *n* (*pl* **-men** /-mən/) dependent, venedor ➲ *Vegeu nota a* POLICIA
salesperson /ˈseɪlzpɜːsn/ *n* (*pl* **-people**) dependent, -a, venedor, -a

S

saleswoman /'seɪlzwʊmən/ *n* (*pl* **-women** /-wɪmɪn/) dependenta, venedora ➲ *Vegeu nota a* POLICIA

saliva /sə'laɪvə/ *n* saliva

salmon /'sæmən/ *n* (*pl* **salmon**) salmó

salon /'sælɒn; *USA* sə'lɒn/ *n* saló (*de bellesa, perruqueria*)

salsa /'sælsə/ *n* **1** (*Mús, ball*) salsa **2** (*Cuina*) salsa mexicana

salt /sɔːlt/ *n* sal **LOC** *Vegeu* PINCH **salted** *adj* salat **salty** *adj* (**saltier, -iest**) salat: *salt water* aigua salada

salt cellar *n* saler

saltwater /'sɔːltwɔːtə(r)/ *adj* d'aigua salada: *saltwater fish* peix de mar

salutary /'sæljətri; *USA* -teri/ *adj* saludable

salute /sə'luːt/ *verb, nom*

▸ *vt, vi* (*Mil*) saludar ➲ *Compareu amb* GREET

▸ *n* **1** salutació **2** salva

salvage /'sælvɪdʒ/ *nom, verb*

▸ *n* salvament

▸ *vt* salvar, recuperar

salvation /sæl'veɪʃn/ *n* salvació

same /seɪm/ *adjectiu, pronom, adverbi*

▸ *adj* mateix, igual: *the same thing* el mateix ◇ *I left that same day.* Vaig marxar aquell mateix dia. ❶ A vegades es fa servir per a donar èmfasi a la frase: *the very same man* el mateix home. **LOC at the same time 1** alhora **2** no obstant això, tanmateix ◆ **be in the same boat** estar en la mateixa situació

▸ *pron* **the same (as sb/sth)** el mateix, la mateixa, els mateixos, les mateixes (que algú/alguna cosa): *I think the same as you.* Penso el mateix que tu. ◇ *They're both the same.* Són tots dos iguals. **LOC all/just the same** de totes maneres ◆ **be all the same to sb**: *It's all the same to me.* M'és igual/Tant me fa. ◆ **same here** (*col·loq*) jo també/tampoc ◆ **(the) same to you** (*col·loq*) igualment

▸ *adv* **the same** de la mateixa manera, igual: *to treat everyone the same* tractar a tothom de la mateixa manera

sample /'sɑːmpl; *USA* 'sæmpl/ *nom, verb*

▸ *n* mostra

▸ *vt* provar

sanatorium /ˌsænə'tɔːriəm/ *n* (*pl* **sanatoriums** *o* **sanatoria** /-rɪə/) sanatori

sanction /'sæŋkʃn/ *nom, verb*

▸ *n* **1** sanció: *to lift sanctions* aixecar sancions **2** (*formal*) aprovació

▸ *vt* (*formal*) autoritzar

S

sanctuary /'sæŋktʃuəri; *USA* -ueri/ *n* (*pl* **sanctuaries**) **1** reserva (*d'animals*) **2** refugi, asil: *The rebels took sanctuary in the church.* Els rebels van refugiar-se a l'església.

sand /sænd/ *nom, verb*

▸ *n* sorra

▸ *vt* polir, passar paper de vidre per

sandal /'sændl/ *n* sandàlia

sandcastle /'sændkɑːsl; *USA* -kæsl/ *n* castell de sorra

sand dune *n Vegeu* DUNE

sandpaper /'sændpeɪpə(r)/ *n* paper de vidre

sandwich /'sænwɪtʃ, -wɪdʒ/ *nom, verb*

▸ *n* entrepà, sandvitx

▸ *vt* atapeir (*entre dues persones o coses*)

sandy /'sændi/ *adj* (**sandier, -iest**) sorrenc

sane /seɪn/ *adj* (**saner, -est**) **1** en el seu seny **2** assenyat

sang *pt de* SING

sanitarium /ˌsænə'teəriəm/ (*USA*) = SANATORIUM

sanitary /'sænətri; *USA* -teri/ *adj* higiènic, sanitari

sanitary towel (*USA* **sanitary napkin**) *n* compresa (*per a dones*)

sanitation /ˌsænɪ'teɪʃn/ *n* sanejament, sanitat

sanity /'sænəti/ *n* **1** seny **2** sensatesa

sank *pt de* SINK

Santa Claus /'sæntə klɔːz/ (*col·loq* **Santa**) *n* el Pare Noel

sap /sæp/ *nom, verb*

▸ *n* saba

▸ *vt* (**-pp-**) soscavar, minar (*energia, confiança*)

sarcasm /'sɑːkæzəm/ *n* sarcasme **sarcastic** /sɑː'kæstɪk/ *adj* sarcàstic

sardine /ˌsɑː'diːn/ *n* sardina

sari /'sɑːri/ *n* (*pl* **saris**) sari

sarong /sə'rɒŋ; *USA* sə'rɔːŋ/ *n* pareo

sash /sæʃ/ *n* faixí, faixa

sat *pt, pp de* SIT

satchel /'sætʃəl/ *n* cartera (*de l'escola*)

satellite /'sætəlaɪt/ *n* satèl·lit: *satellite television* televisió per satèl·lit

satellite dish *n* antena parabòlica

satin /'sætɪn; *USA* 'sætn/ *n* setí

satire /'sætaɪə(r)/ *n* sàtira **satirical** /sə'tɪrɪkl/ *adj* satíric

satisfaction /ˌsætɪs'fækʃn/ *n* satisfacció

satisfactory /ˌsætɪs'fæktəri/ *adj* satisfactori

satisfy /'sætɪsfaɪ/ *vt* (*pt, pp* **-fied**) **1** satisfer **2** (*condicions, etc.*) complir **3** ~ **sb (of sth)**; ~ **sb (that...)** convèncer algú (d'alguna cosa/ que...) **satisfied** *adj* ~ **(with sb/sth)** satisfet (amb algú/alguna cosa) **satisfying** *adj* que satisfà, gratificant: *a satisfying meal* un àpat que et deixa satisfet

satsuma /sæt'su:mə/ *n* mandarina

saturate /'sætʃəreɪt/ *vt* **1** amarar **2** ~ **sth (with sth)** saturar alguna cosa (d'alguna cosa): *The market is saturated.* El mercat està saturat. **saturation** *n* saturació

Saturday /'sætədeɪ, -di/ *n* (*abrev* **Sat.**) dissabte ➲ *Vegeu exemples a* MONDAY

Saturn /'sætɜ:n/ *n* Saturn

sauce /sɔ:s/ *n* salsa

saucepan /'sɔ:spən; *USA* -pæn/ *n* cassó, cassola ➲ *Vegeu il·lustració a* KETTLE

saucer /'sɔ:sə(r)/ *n* platet ➲ *Vegeu il·lustració a* CUP *Vegeu tb* FLYING SAUCER

sauna /'sɔ:nə, 'saʊnə/ *n* sauna

saunter /'sɔ:ntə(r)/ *vi* passejar: *He sauntered over to the bar.* Es va dirigir lentament cap a la barra.

sausage /'sɒsɪdʒ; *USA* 'sɔ:s-/ *n* salsitxa, embotit

sausage roll *n* pasta de full farcida de carn de salsitxa

savage /'sævɪdʒ/ *adjectiu, verb*

▸ *adj* **1** salvatge **2** (*gos, etc.*) furiós **3** (*atac, règim*) ferotge: *savage cuts in the budget* retallades terribles en el pressupost

▸ *vt* atacar ferotgement **savagery** *n* salvatgeria

savannah /sə'vænə/ *n* sabana

save /seɪv/ *verb, nom*

▸ **1** *vt* ~ **sb (from sth)** salvar algú (d'alguna cosa) **2** *vt, vi* ~ **(sth) (up) (for sth)** (*diners*) estalviar (alguna cosa) (per a alguna cosa) **3** *vt* ~ **sth (for sb/sth)** guardar alguna cosa (per a algú/alguna cosa) **4** *vt, vi* (*Informàt*) desar, guardar **5** *vt* ~ **(sb) sth/doing sth** estalviar alguna cosa/fer alguna cosa (a algú): *That will save us a lot of trouble.* Això ens estalviarà molts de problemes. **6** *vt* (*Esport*) aturar LOC **save (sb's) face** salvar les aparences

▸ *n* aturada (*de pilota*) **saver** *n* estalviador, -a

saving /'seɪvɪŋ/ *n* estalvi: *to make a saving of 5 euros* estalviar cinc euros

saviour (*USA* **savior**) /'seɪvjə(r)/ *n* salvador, -a

savour /'seɪvə(r)/ *vt* assaborir

savoury (*USA* **savory**) /'seɪvəri/ *adj* **1** salat **2** saborós

saw /sɔ:/ *nom, verb*

▸ *n* serra

▸ *vt, vi* (*pt* **sawed** *pp* **sawn** /sɔ:n/) (*USA pt, pp* **sawed**) serrar PHR V **saw sth down** talar alguna cosa amb una serra ◆ **saw sth off (sth)** tallar alguna cosa (d'alguna cosa) amb una serra: *a sawn-off shotgun* una escopeta de canons retallats ◆ **saw sth up (into sth)** tallar alguna cosa amb una serra (en alguna cosa) (*en trossos*) *Vegeu tb* SEE

sawdust /sɔ:dʌst/ *n* [*incomptable*] serradures

saxophone /'sæksəfəʊn/ (*col·loq* **sax**) *n* saxòfon

say /seɪ/ *verb, nom*

▸ *vt* (*3a pers sing* **says** /sez/ *pt, pp* **said** /sed/) **1** ~ **sth (to sb)** dir alguna cosa (a algú): *to say yes* dir que sí

> **Say** se sol fer servir quan mencionem les paraules textuals o per a introduir una frase en estil indirecte precedida de **that**: *'I'll leave at nine,' he said.* —Marxaré a les nou, va dir. ◇ *He said that he would leave at nine.* Va dir que marxaria a les nou. **Tell** es fa servir per a introduir una frase en estil indirecte i ha d'anar seguit d'un nom, un pronom o un nom propi: *He told me that he would leave at nine.* Em va dir que se'n aniria a les nou. Amb ordres i consells se sol fer servir **tell**: *I told them to hurry up.* Els vaig dir que s'afanyessin. ◇ *She is always telling me what I ought to do.* Sempre m'està dient el que he de fer.

2 diguem, posem per cas (que): *Let's take any writer, say Dickens...* Agafem qualsevol escriptor, posem per cas Dickens... ◇ *Let's say there are 30 in a class...* Posem que n'hi ha 30 en una classe... **3** *What time does it say on that clock?* Quina hora diu el rellotge? ◇ *The map says the hotel is on the right.* El mapa diu que l'hotel és a la dreta. LOC **it goes without saying that...** no cal dir que... ◆ **that is to say** és a dir *Vegeu tb* DARE, FAREWELL, LET, NEEDLESS, SORRY

▸ *n* ~ **(in sth)** veu i vot (en alguna cosa): *He has no say in the matter.* No té veu ni vot en aquesta qüestió. ◇ *to have the final say* tenir l'última paraula LOC **have your say** (*col·loq*) expressar algú la seva opinió

saying /'seɪɪŋ/ *n* dita, refrany

scab /skæb/ *n* crosta (*ferida*)

scaffold /'skæfəʊld/ *n* cadafal

scaffolding /'skæfəldɪŋ/ *n* [*incomptable*] bastimentada, bastida

scald /skɔ:ld/ *verb, nom*

▸ *vt* escaldar

▸ *n* escaldada **scalding** *adj* bullent

S

scale /skeɪl/ *nom, verb*
▸ *n* **1** escala: *on a large/grand scale* a gran escala ◇ *a large-scale map* un mapa a gran escala ◇ *a scale model* una maqueta **2** abast, magnitud: *the scale of the problem* la magnitud del problema **3** escata *Vegeu tb* SCALES LOC **to scale** a escala
▸ *vt* (*formal*) escalar, enfilar-se a

scales /skeɪlz/ *n* [*pl*] balança, bàscula

scallop /ˈskɒləp; *USA* ˈskæləp/ *n* petxina de pelegrí

scalp /skælp/ *n* cuir cabellut

scalpel /ˈskælpəl/ *n* bisturí

scam /skæm/ *n* (*col·loq*) estafa, tripijoc

scamper /ˈskæmpə(r)/ *vi* córrer

scampi /ˈskæmpi/ *n* [*pl*] gambes arrebossades

scan /skæn/ *verb, nom*
▸ *vt* (**-nn-**) **1** examinar, escrutar **2** fer una ullada a **3** escanejar **4** (*Med*) explorar amb un escàner
▸ *n* ecografia, exploració ultrasònica

scandal /ˈskændl/ *n* **1** escàndol **2** xafarderia **3 a scandal** [*sing*] una vergonya **scandalize** (*GB tb* **-ise**) *vt* escandalitzar **scandalous** *adj* escandalós

scanner /ˈskænə(r)/ *n* escàner

scant /skænt/ *adj* escàs **scanty** *adj* (**scantier, -iest**) escàs **scantily** *adv* escassament: *scantily dressed* lleuger de roba

scapegoat /ˈskeɪpgəʊt/ *n* cap de turc, boc emissari

scar /skɑː(r)/ *nom, verb*
▸ *n* cicatriu
▸ *vt* (**-rr-**) deixar una cicatriu a

S

scarce /skeəs/ (**scarcer, -est**) *adj* escàs: *Food was scarce.* El menjar anava escàs.

scarcely /ˈskeəsli/ *adv* **1** tot just, amb prou feines: *There were scarcely a hundred people present.* Hi havia cent persones escasses. **2** *You can scarcely expect me to believe that.* No pretens que m'ho cregui, oi? ◇ *scarcely ever* gairebé mai *Vegeu tb* HARDLY

scarcity /ˈskeəsəti/ *n* (*pl* **scarcities**) escassetat

scare /skeə(r)/ *verb, nom*
▸ *vt* espantar PHR V **scare sb away/off** espantar algú
▸ *n* ensurt, alarma: *a bomb scare* una amenaça de bomba **scared** *adj* espantat: *to be scared* estar espantat/tenir por ◇ *She's scared of the dark.* La foscor li fa por. LOC *Vegeu* STIFF, WIT

scarecrow /ˈskeəkrəʊ/ *n* espantaocells

scaredy-cat /ˈskeədi kæt/ *n* (*col·loq*) cagarina, poruc

scarf /skɑːf/ *n* (*pl* **scarves** /skɑːvz/ *o* **scarfs**) **1** bufanda **2** mocador (*de coll*)

scarlet /ˈskɑːlət/ *adj, n* escarlata

scary /ˈskeəri/ *adj* (**scarier, -iest**) (*col·loq*) acoquinador, que fa por

scathing /ˈskeɪðɪŋ/ *adj* mordaç

scatter /ˈskætə(r)/ **1** *vt* escampar **2** *vt, vi* dispersar(-se) **scattered** *adj* escampat, dispers: *scattered showers* xàfecs aïllats

scatterbrain /ˈskætəbreɪn/ *n* (*col·loq*) despistat, -ada

scavenge /ˈskævɪndʒ/ *vi* **1** remenar les escombraries **2** buscar carronya **scavenger** *n* **1** persona/animal que remena les escombraries **2** carronyaire

scenario /səˈnɑːriəʊ; *USA* -ˈnær-/ *n* (*pl* **scenarios**) marc hipotètic

scene /siːn/ *n* **1** escenari, lloc: *the scene of the crime* el lloc del crim **2** escena: *a scene in the film* una escena de la pel·lícula ◇ *a change of scene* un canvi d'ambient **3 the scene** [*sing*] (*col·loq*) el món: *the music scene* el món de la música **4** escàndol: *to make a scene* armar un escàndol LOC **set the scene (for sth) 1** preparar el terreny (per a alguna cosa) **2** descriure l'escenari (per a alguna cosa)

scenery /ˈsiːnəri/ *n* **1** [*incomptable*] paisatge ➲ *Vegeu nota a* PAISATGE **2** (*Teat*) decorat

scenic /ˈsiːnɪk/ *adj* pintoresc

scent /sent/ *n* **1** aroma, olor (*agradable*) ➲ *Vegeu nota a* SMELL **2** rastre (*d'olor*) **3** perfum **scented** *adj* perfumat

sceptic (*USA* **skeptic**) /ˈskeptɪk/ *n* escèptic, -a **sceptical** (*USA* **skeptical**) *adj* ~ **(about/of sth)** escèptic (pel que fa a alguna cosa) **scepticism** (*USA* **skepticism**) /ˈskeptɪsɪzəm/ *n* escepticisme

schedule /ˈʃedjuːl; *USA* ˈskedʒuːl/ *nom, verb*
▸ *n* **1** programa: *to be two months ahead of/behind schedule* anar dos mesos avançats/endarrerits respecte al calendari previst ◇ *to arrive on schedule* arribar a l'hora prevista **2** (*USA*) horari
▸ *vt* programar: *scheduled flights* vols regulars

scheme /skiːm/ *nom, verb*
▸ *n* **1** pla, projecte: *training scheme* programa de formació ◇ *savings/pension scheme* pla d'estalvi/de pensions **2** conspiració **3** *colour scheme* combinació de colors
▸ *vi* conspirar

schizophrenia /ˌskɪtsəˈfriːniə/ *n* esquizofrènia **schizophrenic** /ˌskɪtsəˈfrenɪk/ *adj, n* esquizofrènic, -a

scholar /'skɒlə(r)/ *n* **1** erudit, -a, estudiós, -osa **2** becari, -ària **scholarship** *n* **1** beca **2** erudició

school /sku:l/ *n* **1** escola, col·legi: *school age/ uniform* edat/uniforme escolar ➲ *Vegeu nota a* ESCOLA

> En anglès britànic fem servir els mots **school**, **church** i **hospital** sense l'article quan algú va a l'escola per estudiar-hi o ensenyar-hi, a l'església per resar-hi, o a l'hospital com a pacient: *She's gone into hospital.* L'han ingressada a l'hospital. ◇ *I enjoyed being at school.* M'agradava anar a l'escola. ◇ *We go to church every Sunday.* Cada diumenge anem a missa. Fem servir l'article quan ens referim a aquests llocs per qualsevol altre motiu: *I have to go to the school to talk to John's teacher.* He d'anar a l'escola per parlar amb la mestra d'en John. ◇ *She works at the hospital.* Treballa a l'hospital. En anglès americà sempre es fa servir **the**: *She's gone into the hospital.*

2 classes: *School begins at nine o'clock.* Les classes comencen a les nou. **3** (*USA, col·loq*) universitat **4** facultat: *law school* facultat de dret **5** (*Art, Liter*) escola **LOC school of thought** escola de pensament

school bag *n* cartera, motxilla (*de l'escola*)

schoolboy /'sku:lbɔɪ/ *n* col·legial

schoolchild /'sku:ltʃaɪld/ *n* (*pl* **-children** /-'tʃɪldrən/) col·legial, -a

schooldays /'sku:ldeɪz/ *n* [*pl*] anys d'escola: *They've been friends since their schooldays.* Han estat amics des que anaven a l'escola.

schoolgirl /'sku:lgɜ:l/ *n* col·legiala

schooling /'sku:lɪŋ/ *n* educació, estudis

school-leaver /ˌsku:l 'li:və(r)/ *n* noi, -a que tot just ha acabat els estudis escolars

schoolmaster /'sku:lmɑ:stə(r)/ *n* (*antic*) mestre

schoolmistress /'sku:lmɪstrəs/ *n* (*antic*) mestra

schoolteacher /'sku:lti:tʃə(r)/ *n* mestre, -a, professor, -a

schoolwork /'sku:lwɜ:k/ *n* treball escolar

science /'saɪəns/ *n* ciència, ciències **scientific** /ˌsaɪən'tɪfɪk/ *adj* científic **scientifically** /-kli/ *adv* científicament **scientist** *n* científic, -a

science fiction (*col·loq* **sci-fi** /'saɪ faɪ/) *n* ciència-ficció

scissors /'sɪzəz/ *n* [*pl*] tisores: *a pair of scissors* unes tisores ➲ *Vegeu nota a* TISORES

scoff /skɒf; *USA* skɔ:f/ *vi* ~ **(at sb/sth)** burlar-se (d'algú/d'alguna cosa)

scold /skəʊld/ *vt* ~ **sb (for sth)** (*formal*) renyar algú (per alguna cosa)

scoop /sku:p/ *nom, verb*

▸ *n* **1** pala: *ice-cream scoop* cullera per a servir el gelat **2** cullerada: *a scoop of ice cream* una bola de gelat **3** (*Period*) primícia

▸ *vt* **1** ~ **sth (up)** cavar, treure alguna cosa **2** ~ **sb/ sth (up)** recollir, agafar algú/alguna cosa ❶ Aquest verb descriu una acció feta amb una pala, amb una cullera o amb la mà.

scooter /'sku:tə(r)/ *n* **1** escúter ➲ *Vegeu il·lustració a* MOTO **2** patinet

scope /skəʊp/ *n* **1** ~ **(for sth/to do sth)** possibilitats (per a alguna cosa/per fer alguna cosa) **2** àmbit, abast: *within/beyond the scope of this dictionary* dins/més enllà de l'àmbit d'aquest diccionari

scorch /skɔ:tʃ/ *vt, vi* socarrimar(-se), cremar(-se) **scorching** *adj* abrasador

score /skɔ:(r)/ *nom, verb*

▸ *n* **1** resultat: *to keep the score* portar el compte del resultat ◇ *The final score was 4-3.* El resultat final va ésser de 4-3. ◇ *What's the score?* Com van? **2** (*Educ*) puntuació **3** (*Mús*) partitura **4 scores** [*pl*] piles **5** vintena **LOC on that/this score** pel que fa a això

▸ **1** *vt, vi* (*Esport*) marcar **2** *vt* (*Educ*) treure (*puntuació*): *He scored 65% in the test.* Va obtenir una puntuació del 65% al test.

scoreboard /'skɔ:bɔ:d/ *n* marcador

scorn /skɔ:n/ *nom, verb*

▸ *n* ~ **(for sb/sth)** menyspreu (per algú/alguna cosa)

▸ *vt* menysprear **scornful** *adj* desdenyós

Scorpio /'skɔ:piəʊ/ *n* (*pl* **Scorpios**) escorpió, escorpí ➲ *Vegeu exemples a* AQUARIUS

scorpion /'skɔ:piən/ *n* escorpí

Scotch /skɒtʃ/ *n* whisky escocès

Scotch tape® *n* (*USA*) cinta adhesiva

Scottish /'skɒtɪʃ/ *adj* escocès

scour /'skaʊə(r)/ *vt* **1** ~ **sth (for sb/sth)** resseguir, recórrer alguna cosa (per trobar algú/alguna cosa) **2** fregar

scourge /skɜ:dʒ/ *n* (*formal*) fuet, flagell

scout /'skaʊt/ *n* **1** escolta, minyó de muntanya **2** (*Mil*) explorador, -a

scowl /skaʊl/ *verb, nom*

▸ *vi* ~ **(at sb/sth)** mirar amb les celles arrufades (algú/alguna cosa)

▸ *n* celles arrufades

S

scrabble /ˈskræbl/ *vi* ~ **(around/about) (for sth)** furgar (per trobar alguna cosa)

scramble /ˈskræmbl/ *verb, nom*
▸ *vi* **1** enfilar-se: *He scrambled to his feet and ran off.* Es va aixecar com va poder i va arrencar a córrer. **2** ~ **(for sth)** barallar-se (per alguna cosa)
▸ *n* [*sing*] **1** pujada dificultosa **2** ~ **(for sth)** baralla (per alguna cosa)

scrambled eggs *n* [*pl*] ous remenats

scrap /skræp/ *nom, verb*
▸ *n* **1** tros: *a scrap of paper* un tros de paper **2** [*sing*] mica ❶ Sovint en frases negatives: *They haven't got a scrap of evidence.* No tenen cap prova. **3 scraps** sobres (*de menjar*) **4** [*incomptable*] ferralla, deixalles: *scrap paper* paper per a esborranys **5** (*col·loq*) baralla
▸ (**-pp-**) **1** *vt* descartar, llençar **2** *vi* barallar-se

scrapbook /ˈskræpbʊk/ *n* àlbum de retalls

scrape /skreɪp/ *verb, nom*
▸ **1** *vt* raspar: *I fell and scraped my knee.* Vaig caure i em vaig pelar el genoll. **2** *vt* ~ **sth away/off**; ~ **sth off (sth)** treure alguna cosa (d'alguna cosa); netejar, alguna cosa (*rascant*) **3** *vi* ~ **(against sth)** fregar (amb alguna cosa) PHR V **scrape in; scrape into sth** entrar (en alguna cosa) amb dificultat: *She just scraped into university.* Li ha anat d'un pèl que no entra a la universitat. ◆ **scrape through (sth)** (*examen, etc.*) aprovar molt just (alguna cosa) ◆ **scrape sth together/up** reunir alguna cosa amb dificultat
▸ *n* raspadura

scratch /skrætʃ/ *verb, nom*
▸ **1** *vt, vi* gratar(-se), rascar(-se) **2** *vt, vi* esgarrinxar(-se), esgarrapar **3** *vt* ratllar PHR V **scratch sth away, off, etc.** treure alguna cosa rascant
▸ *n* **1** esgarrinxada, esgarrapada, rascada **2** [*sing*]: *The dog gave itself a good scratch.* El gos es va gratar de gust. LOC **(be/come) up to scratch** (estar/arribar) al nivell adequat ◆ **(start sth) from scratch** (començar alguna cosa) des de zero/del començament

scratch card *n* targeta rasca-rasca

scrawl /skrɔːl/ *verb, nom*
▸ **1** *vt* gargotejar **2** *vi* fer gargots
▸ *n* gargot

scream /skriːm/ *verb, nom*
▸ **1** *vi* xisclar: *to scream with excitement* cridar d'alegria **2** *vt* cridar
▸ *n* **1** xiscle, crit **2** [*sing*] (*col·loq*): *She's a real scream.* És una persona divertidíssima.

screech /skriːtʃ/ *verb, nom*
▸ *vi* **1** cridar **2** grinyolar
▸ *n* **1** xiscle **2** grinyol

screen /skriːn/ *n* **1** pantalla **2** paravent

screen saver *n* estalvi de pantalla

screw /skruː/ *nom, verb*
▸ *n* caragol (*vis*)
▸ *vt* **1** caragolar, fixar amb caragols **2** enroscar PHR V **screw sth up 1** (*paper*) fer una bola amb alguna cosa **2** (*cara*): *She screwed up her face.* Va fer una ganyota. **3** (*argot*) (*plans, situació, etc.*) espatllar alguna cosa

screwdriver /ˈskruːdraɪvə(r)/ *n* tornavís

scribble /ˈskrɪbl/ *verb, nom*
▸ **1** *vt* gargotejar **2** *vi* fer gargots
▸ *n* [*incomptable*] gargots

script /skrɪpt/ *nom, verb*
▸ *n* **1** guió **2** lletra **3** escriptura
▸ *vt* escriure el guió de

scripture /ˈskrɪptʃə(r)/ (*tb* **Scripture**, **the Scriptures** [*pl*]) *n* la Sagrada Escriptura

scriptwriter /ˈskrɪptraɪtə(r)/ *n* guionista

scroll /skrəʊl/ *nom, verb*
▸ *n* **1** pergamí **2** rotlle de paper
▸ *vt, vi* ~ **(down/up)** (*Informàt*) desplaçar-se (cap avall/amunt) (*per un document*)

scroll bar *n* (*Informàt*) barra de desplaçament

Scrooge /skruːdʒ/ *n* (*col·loq*) garrepa

scrounge /ˈskraʊndʒ/ *vt, vi* ~ **(sth) (off/from sb)** gorrejar (alguna cosa) (a/d'algú): *Can I scrounge 20p off you?* Et puc gorrejar vint penics? **scrounger** *n* gorrer, -a: *welfare scroungers* paràsits de l'assistència social

scrub /skrʌb/ *verb, nom*
▸ *vt* (**-bb-**) fregar
▸ *n* **1** [*sing*]: *Give your nails a good scrub.* Raspalla't bé les ungles. **2** [*incomptable*] matolls

scruff /skrʌf/ *n* LOC **by the scruff of the/your neck** pel clatell

scruffy /ˈskrʌfi/ *adj* (**scruffier**, **-iest**) (*col·loq*) brut i deixat anar

scrum /skrʌm/ *n* melé

scruples /ˈskruːplz/ *n* [*pl*] escrúpols

scrupulous /ˈskruːpjələs/ *adj* escrupolós **scrupulously** *adv* escrupolosament: *scrupulously clean* impecable

scrutinize (*GB tb* **-ise**) /ˈskruːtənaɪz/ *vt* **1** escrutar **2** inspeccionar

scrutiny /ˈskruːtəni/ *n* (*formal*) **1** examen **2** (*Pol*) escrutini

S

scuba-diving /ˈskuːbə daɪvɪŋ/ *n* submarinisme **scuba-diver** *n* submarinista

scuff /skʌf/ *vt* ratllar

scuffle /ˈskʌfl/ *n* **1** enfrontament **2** batussa

sculptor /ˈskʌlptə(r)/ *n* escultor, -a

sculpture /ˈskʌlptʃə(r)/ *n* escultura

scum /skʌm/ *n* **1** escuma (*de brutícia*) **2** (*col·loq*) escòria

scurry /ˈskʌri/ *vi* (*pt, pp* **scurried**) anar corrents: *She scurried around tidying up.* Corria d'una banda a l'altra ordenant coses.

scuttle /ˈskʌtl/ *vi*: *She scuttled back to her car.* Va tornar corrents cap al cotxe. ◇ *to scuttle away/off* escapolir-se

scuzzy /ˈskʌzi/ *adj* (*esp USA, col·loq*) brut, fastigós

scythe /saɪð/ *n* dalla

sea /siː/ *n* **1** mar: *sea creatures* animals marins ◇ *the sea air/breeze* la brisa marina ◇ *sea port* port marítim ➲ *Vegeu nota a* MAR **2 seas** [*pl*] mar: *heavy/rough seas* mar arrissada/grossa **3** [*sing*] ~ **of sth** mar d'alguna cosa: *a sea of people* una mar de gent **LOC all at sea** en una mar de dubtes ◆ **at sea** a la mar

seafood /ˈsiːfuːd/ *n* [*incomptable*] marisc

seagull /ˈsiːɡʌl/ *n* gavina

seal /siːl/ *nom, verb*

▸ *n* **1** foca **2** segell

▸ *vt* **1** segellar **2** (*sobre*) tancar **PHR V seal sth off** acordonar alguna cosa

sea level *n* nivell del mar

seam /siːm/ *n* **1** costura **2** filó

search /sɜːtʃ/ *nom, verb*

▸ *n* **1** ~ **(for sb/sth)** recerca, cerca (d'algú/d'alguna cosa) **2** (*policial*) escorcoll: *search warrant* ordre d'escorcoll

▸ **1** *vt, vi* ~ **(sth) (for sth/sb)** cercar, buscar alguna cosa/algú (a...): *to search the Internet for information/to search for information on the Internet* cercar informació a Internet **2** *vt* ~ **sb/sth (for sth)** escorcollar algú/alguna cosa (a la recerca d'alguna cosa): *They searched the house for drugs.* Van escorcollar la casa a la recerca de drogues. **searching** *adj* penetrant

search engine *n* (*Informàt*) cercador, motor de cerca

searchlight /ˈsɜːtʃlaɪt/ *n* (*focus*) reflector

seashell /ˈsiːʃel/ *n* petxina (*closca*)

seashore /ˈsiːʃɔː(r)/ *n* vora del mar

seasick /ˈsiːsɪk/ *adj* marejat

seaside /ˈsiːsaɪd/ *n* [*sing*] platja, costa: *a seaside village* un poble de la costa

season /ˈsiːzn/ *verb, nom*

▸ *vt* condimentar, amanir

▸ *n* **1** estació (*de l'any*) **2** temporada: *season ticket* abonament (de temporada) **LOC in season**: *Raspberries are in season.* És la temporada del gerd. **seasonal** *adj* **1** propi de l'estació **2** (*feina*) de temporada **seasoned** *adj* **1** (*persona*) amb molta experiència **2** condimentat, amanit **seasoning** *n* condiment

seat /siːt/ *nom, verb*

▸ *n* **1** (*vehicle*) seient, plaça ➲ *Vegeu il·lustració a* MOTO **2** (*parc*) banc **3** (*teatre*) butaca **4** (*avió*) plaça **5** (*Pol*) escó **6** (*Pol*) circumscripció electoral **LOC** *Vegeu* DRIVE *Vegeu tb* BACK SEAT

▸ *vt* tenir una cabuda de: *The stadium can seat 5 000 people.* L'estadi té una cabuda de 5.000 persones.

seat belt *n* cinturó de seguretat

seating /ˈsiːtɪŋ/ *n* [*incomptable*] seients

seaweed /ˈsiːwiːd/ *n* [*incomptable*] algues

secluded /sɪˈkluːdɪd/ *adj* (*lloc*) apartat **seclusion** /sɪˈkluːʒn/ *n* **1** aïllament **2** solitud

second /ˈsekənd/ (*abrev* **2nd**) *adjectiu, adverbi, pronom, nom, verb*

▸ *adj, adv, pron* segon: *He came/finished second.* Va arribar en segon lloc. ◇ *He's the second tallest in the class.* És el segon de la classe en altura. **LOC second thoughts**: *We had second thoughts.* Ens ho vam repensar. ◇ *On second thoughts...* Ben mirat...

▸ *n* **1 the second** el (dia) dos **2** (*tb* **second gear**) segona **3** (*temps*) segon: *the second hand* la busca dels segons ➲ *Vegeu exemples a* FIFTH

▸ *vt* secundar

secondary /ˈsekəndri; *USA* -deri/ *adj* secundari

secondary school *n* escola secundària, institut: *She's at secondary school.* Fa secundària.

second best *adj* **1** segon millor **2** inferior ➲ *Vegeu nota a* WELL BEHAVED

second class /ˌsekənd ˈklɑːs/ *nom, adverbi*

▸ *n* **1** segona (classe) **2** correu de franqueig normal *Vegeu tb* FIRST CLASS ➲ *Vegeu nota a* STAMP

▸ *adv* **1** en segona (classe): *to travel second class* viatjar en segona **2** *to send sth second class* enviar alguna cosa per correu normal **second-class** *adj* **1** de segona classe, de segona categoria **2** de segona (classe): *a second-class ticket* un bitllet de segona **3** *a second-class stamp* un segell de franqueig normal

second-hand /ˌsekənd ˈhænd/ *adj, adv* de segona mà

secondly /ˈsekəndli/ *adv* en segon lloc

second-rate /ˌsekənd ˈreɪt/ *adj* de segona fila

S

secret /'si:krət/ *adj, n* secret: *secret agent* agent secret **secrecy** *n* **1** secretisme **2** confidencialitat

secretarial /ˌsekrə'teəriəl/ *adj* **1** (*personal*) administratiu **2** (*feina*) de secretari, -ària: *She does secretarial work.* Treballa de secretària.

secretary /'sekrətri; *USA* -teri/ *n* (*pl* **secretaries**) **1** secretari, -ària **2** (*Pol*) ministre, -a ➲ *Vegeu nota a* MINISTRE

Secretary of State *n* **1** (*GB*) ministre, -a ➲ *Vegeu nota a* MINISTRE **2** (*USA*) ministre, -a d'Afers Estrangers

secrete /sɪ'kri:t/ *vt* **1** secretar **2** (*formal*) ocultar **secretion** *n* secreció

secretive /'si:krətɪv/ *adj* reservat

secretly /'si:krətli/ *adv* en secret

sect /sekt/ *n* secta

sectarian /sek'teəriən/ *adj* sectari

section /'sekʃn/ *n* **1** secció, part **2** (*carretera*) tram **3** (*societat*) sector **4** (*llei, codi*) article

sector /'sektə(r)/ *n* sector

secular /'sekjələ(r)/ *adj* laic

secure /sɪ'kjʊə(r); *USA* sə'k-/ *verb, adjectiu*
▸ *vt* **1** (*formal*) (*acord, contracte, etc.*) aconseguir **2** fixar, assegurar
▸ *adj* **1** segur, ben fixat **2** (*presó*) d'alta seguretat **securely** *adv* amb fermesa

security /sɪ'kjʊərəti; *USA* sə'k-/ *n* (*pl* **securities**) **1** seguretat: *security guard* guàrdia de seguretat **2** (*préstec*) fiança

sedate /sɪ'deɪt/ *adjectiu, verb*
▸ *adj* seriós
▸ *vt* sedar **sedation** *n* sedació: *to be under sedation* estar sota l'efecte dels calmants **sedative** /'sedətɪv/ *adj, n* sedant

sedentary /'sedntri; *USA* -teri/ *adj* sedentari

sediment /'sedɪmənt/ *n* sediment

seduce /sɪ'dju:s; *USA* -'du:s/ *vt* seduir **seduction** *n* seducció **seductive** /sɪ'dʌktɪv/ *adj* seductor

see /si:/ (*pt* **saw** /sɔ:/ *pp* **seen** /si:n/) **1** *vt, vi* veure: *to go and see a film* anar a veure una pel·lícula ◇ *She'll never see again.* No tornarà a veure-hi mai més. ◇ *See page 158.* Vegeu la pàgina 158. ◇ *Go and see if the postman's been.* Vés a veure si ha passat el carter. ◇ *Let's see.* A veure. ➲ *Vegeu nota a* VEURE **2** *vt*: *I'm seeing Sue tonight.* He quedat amb la Sue aquesta nit. **3** *vt, vi* entendre: *Do you see what I mean?* Entens el que vull dir? ◇ *I don't see why not.* No veig per què no. **4** *vt* acompanyar: *He saw her to the door.* La va acompanyar fins a la porta. **5** *vt*: *He's seeing Alice.* Surt amb l'Alice. ◇ *Are you seeing anyone?* Que tens xicot? LOC **seeing that...** ja que... ◆ **see that sb does sth; see that sth is done** encarregar-se que algu faci alguna cosa/que es faci alguna cosa: *I'll see that it's done.* Ja m'encarregaré que es faci. ◆ **see you (around); see you later** (*col·loq*) fins aviat: *See you tomorrow!* Fins demà! ◆ **you see** (*col·loq*) és que...: *They only got here yesterday, you see.* És que no van arribar fins ahir. ❶ Per a d'altres expressions amb **see**, vegeu les entrades del nom, adjectiu, etc., p. ex. **make sb see reason** a REASON. PHR V **see about sth/doing sth** encarregar-se d'alguna cosa/de fer alguna cosa ◆ **see sb off** (anar a) acomiadar algú ◆ **see through sb/sth** calar algú/alguna cosa ◆ **see to sth** ocupar-se d'alguna cosa: *We'll have to get that door seen to.* Haurem de fer venir algú a arreglar aquesta porta.

seed /si:d/ *n* **1** llavor, grana **2** pinyol (*de meló, síndria*) ➲ *Vegeu nota a* PINYOL **3** (*Esport*) cap de sèrie

seedy /'si:di/ *adj* (**seedier, -iest**) sòrdid

seek /si:k/ (*pt, pp* **sought** /sɔ:t/) (*formal*) **1** *vt, vi* cercar, buscar **2** *vt* sol·licitar **3** *vt* ~ **to do sth** pretendre fer alguna cosa PHR V **seek sb/sth out** buscar i trobar algú/alguna cosa (*amb afany*)

seem /si:m/ *vi* semblar: *It seems that...* Sembla que... ❶ No s'utilitza en temps continus. ➲ *Vegeu nota a* THERE **seemingly** *adv* aparentment

seen *pp de* SEE

seep /si:p/ *vi* filtrar-se

seething /'si:ðɪŋ/ *adj* ~ **(with sth)** abarrotat (d'alguna cosa)

see-through /'si: θru:/ *adj* transparent

segment /'segmənt/ *n* **1** (*Geom*) segment **2** secció **3** grill (*de taronja, etc.*)

segregate /'segrɪgeɪt/ *vt* ~ **sb/sth (from sb/sth)** segregar algú/alguna cosa (d'algú/d'alguna cosa)

seize /si:z/ *vt* **1** agafar: *to seize hold of sth* agafar alguna cosa amb força ◇ *We were seized by panic.* El pànic es va apoderar de nosaltres. **2** (*persones, edificis*) capturar **3** (*armes, drogues, etc.*) apropiar-se de **4** (*béns*) embargar **5** (*control*) aconseguir **6** (*oportunitat, etc.*) aprofitar: *to seize the initiative* prendre la iniciativa PHR V **seize on/upon sth** aprofitar-se d'alguna cosa ◆ **seize up** encallar-se **seizure** /'si:ʒə(r)/ *n* **1** (*de contraban, etc.*) apropiació **2** captura **3** (*Med*) atac

seldom /'seldəm/ *adv* rarament: *We seldom go out.* Sortim poc. ➲ *Vegeu nota a* ALWAYS

S

select /sɪ'lekt/ *verb, adjectiu*
▸ *vt* **1** ~ **sb/sth (as sth)** escollir algú/alguna cosa (com a alguna cosa) **2** seleccionar
▸ *adj* selecte **selection** *n* **1** selecció, elecció **2** assortiment **selective** *adj* ~ **(about/in sth)** selectiu (pel que fa a alguna cosa)

self /self/ *n* (*pl* **selves** /selvz/) ésser: *She's her old self again.* Torna a ésser la mateixa de sempre.

self-assessment /ˌself ə'sesmənt/ *n* (*Educ*) autoavaluació

self-centred (*USA* **self-centered**) /ˌself 'sentəd/ *adj* egocèntric

self-confident /ˌself 'kɒnfɪdənt/ (*tb* **self-assured** /ˌself ə'ʃʊəd, ə'ʃɔːd/) *adj* segur de si mateix **self-confidence** *n* confiança (en si mateix)

self-conscious /ˌself 'kɒnʃəs/ *adj* insegur

self-contained /ˌself kən'teɪnd/ *adj* (*apartament*) amb entrada pròpia, bany i cuina

self-control /ˌself kən'trəʊl/ *n* autocontrol

self-defence (*USA* **self-defense**) /ˌself dɪ'fens/ *n* defensa pròpia

self-determination /ˌself dɪˌtɜːmɪ'neɪʃn/ *n* autodeterminació

self-employed /ˌself ɪm'plɔɪd/ *adj* (*treballador*) autònom

self-esteem /ˌself ɪ'stiːm/ *n* autoestima

self-interest /ˌself 'ɪntrəst/ *n* interès propi

selfish /'selfɪʃ/ *adj* egoista

self-pity /ˌself 'pɪti/ *n* autocompassió

self-portrait /ˌself 'pɔːtreɪt, -trət/ *n* autoretrat

self-raising flour /ˌself reɪzɪŋ 'flaʊə(r)/ *n* farina amb llevat

self-respect /ˌself rɪ'spekt/ *n* dignitat

self-righteous /ˌself 'raɪtʃəs/ *adj* (*pej*) que es creu moralment superior

self-satisfied /ˌself 'sætɪsfaɪd/ *adj* excessivament satisfet de si mateix

self-service /ˌself 'sɜːvɪs/ *adj* d'autoservei

self-sufficient /ˌself sə'fɪʃnt/ *adj* autosuficient

self-taught /ˌself 'tɔːt/ *adj* autodidacte

sell /sel/ (*pp, pt* **sold** /səʊld/) **1** *vt* ~ **sth (to sb) (at/for sth)** vendre alguna cosa (a algú) (per alguna cosa): *I sold my car (to a friend) for £750.* Vaig vendre el meu cotxe (a un amic) per 750 lliures. **2** *vi* ~ **(at/for sth)** vendre's (a alguna cosa): *The new model is selling for $250.* El nou model es ven per 250 dòlars. ➲ *Vegeu nota a* GIVE **PHR V** **sell sth off** vendre alguna cosa a un preu baix ◆ **sell out (of sth); be sold out (of sth)** esgotar les existències (d'alguna cosa)

sell-by date /'sel baɪ deɪt/ (*USA* **pull date**) *n* data límit de venda

seller /'selə(r)/ *n* venedor, -a

selling /'selɪŋ/ *n* venda

Sellotape® /'seləteɪp/ *nom, verb*
▸ *n* (*USA* **Scotch tape®**) cinta adhesiva
▸ *vt* **sellotape** enganxar amb cinta adhesiva

selves *plural de* SELF

semen /'siːmən/ *n* semen

semester /sɪ'mestə(r)/ *n* semestre (*esp a la universitat*)

semi /'semi/ *n* (*pl* **semis**) (*GB, col·loq*) casa aparellada ➲ *Vegeu nota a* CASA

semibreve /'semibriːv/ *n* (*Mús*) semibreu

semicircle /'semisɜːkl/ *n* **1** semicercle **2** semicircumferència

semicolon /ˌsemi'kəʊlən; *USA* 'semikəʊlən/ *n* punt i coma ➲ *Vegeu pàg 363*

semi-detached /ˌsemi dɪ'tætʃt/ *adj*: *a semi-detached house* una casa aparellada ➲ *Vegeu nota a* CASA

semi-final /ˌsemi 'faɪnl/ *n* semifinal **semi-finalist** *n* semifinalista

seminar /'semɪnɑː(r)/ *n* seminari (*classe*)

semiquaver /'semikweɪvə(r)/ *n* (*Mús*) semicorxera

semi-skimmed /semi 'skɪmd/ *adj* semidesnatat

senate (*tb* **Senate**) /'senət/ *n* [*v sing o pl*] (*Pol*) senat ➲ *Vegeu nota a* CONGRESS **senator** (*tb* **Senator**) /'senətə(r)/ *n* (*abrev* **Sen.**) senador, -a

send /send/ *vt* (*pt, pp* **sent** /sent/) **1** ~ **sb sth**; ~ **sth (to sb)** enviar alguna cosa (a algú): *Mark sent me a postcard from Rome.* En Mark em va enviar una postal de Roma. ➲ *Vegeu nota a* GIVE **2** (*persona*) enviar: *She was sent to bed without any supper.* La van enviar al llit sense sopar. **3** *to send sb to sleep* fer venir son a algú: *The story sent shivers down my spine.* La història em va esgarrifar. ◇ *to send sb mad* fer tornar boig algú **LOC** *Vegeu* LOVE
PHR V **send for sb** cridar algú, enviar a buscar algú ◆ **send (off) for sth** demanar/encarregar alguna cosa per correu
send sb in enviar algú (*esp tropes, policia, etc.*) ◆ **send sth in** enviar alguna cosa per correu
send sb off (*Esport*) expulsar algú ◆ **send sth off** **1** enviar alguna cosa per correu **2** despatxar alguna cosa
send sth out **1** (*invitacions, etc.*) enviar alguna cosa **2** (*raigs, etc.*) emetre alguna cosa

S

send sb/sth up (*GB, col·loq*) parodiar algú/alguna cosa **sender** *n* remitent

senile /'siːnaɪl/ *adj* senil **senility** /sə'nɪləti/ *n* senilitat

senior /'siːnɪə(r)/ *adjectiu, nom*

▸ *adj* **1** superior: *senior partner* soci majoritari **2** (*abrev* **Snr., Sr.**) sènior, pare: *John Brown, Senior* John Brown, pare

▸ *n* més gran: *She is two years my senior.* És dos anys més gran que jo. **seniority** /ˌsiːni'ɒrəti; *USA* -'ɔːr-/ *n* antiguitat (*rang, anys, etc.*)

senior citizen (*tb esp USA* **senior**) *n* ciutadà, -ana de la tercera edat

sensation /sen'seɪʃn/ *n* sensació **sensational** *adj* **1** sensacional **2** (*pej*) sensacionalista

sense /sens/ *nom, verb*

▸ *n* **1** sentit: *sense of smell/touch/taste* olfacte/tacte/gust ◇ *a sense of humour* sentit de l'humor **2** sensació: *It gives him a sense of security.* El fa sentir-se segur. **3** judici, seny: *to come to your senses* recuperar el seny ◇ *to have the good sense to do sth* ésser prou assenyat per a fer alguna cosa LOC **in a sense** en cert sentit ◆ **make sense** tenir sentit ◆ **make sense of sth** entendre alguna cosa ◆ **see sense** venir a la raó, posar seny: *to make sb see sense* fer venir algú a la raó

▸ *vt* **1** sentir, intuir, ésser conscient de **2** (*màquina*) detectar

senseless /'sensləs/ *adj* **1** (*pej*) sense sentit: *It is senseless to go on.* No té sentit continuar. **2** sense sentit (*inconscient*) **3** insensat

sensibility /ˌsensə'bɪləti/ *n* (*pl* **sensibilities**) sensibilitat

S

sensible /'sensəbl/ *adj* sensat, assenyat ❶ La paraula catalana *sensible* es tradueix per **sensitive**. **sensibly** *adv* **1** (*comportar-se*) amb seny **2** (*vestir-se*) adequadament

sensitive /'sensətɪv/ *adj* **1** sensible: *She's very sensitive to criticism.* És molt susceptible a les crítiques. ❶ La paraula anglesa **sensible** es tradueix per *sensat*. **2** (*assumpte, pell*) delicat: *sensitive documents* documents confidencials **sensitively** *adv* amb sensibilitat **sensitivity** /ˌsensə'tɪvəti/ *n* **1** sensibilitat **2** susceptibilitat **3** (*assumpte, pell*) delicadesa

sensual /'senʃuəl/ *adj* sensual **sensuality** /ˌsenʃu'æləti/ *n* sensualitat

sensuous /'senʃuəs/ *adj* sensual

sent *pt, pp de* SEND

sentence /'sentəns/ *nom, verb*

▸ *n* **1** (*Gram*) frase, oració **2** (*Dret*) sentència, pena: *a life sentence* cadena perpètua

▸ *vt* ~ **sb (to sth)** sentenciar, condemnar algú (a alguna cosa)

sentiment /'sentɪmənt/ *n* **1** (*formal*) sentiment **2** sentimentalisme **sentimental** /ˌsentɪ'mentl/ *adj* **1** sentimental **2** sensibler **sentimentality** /ˌsentɪmen'tæləti/ *n* sentimentalisme, sensibleria

sentry /'sentri/ *n* (*pl* **sentries**) sentinella

separate *verb, adjectiu*

▸ /'sepəreɪt/ **1** *vt, vi* separar(-se) **2** *vt* dividir: *We separated the children into three groups.* Vam dividir els nens en tres grups.

▸ *adj* /'seprət/ **1** separat **2** diferent: *It happened on three separate occasions.* Va passar en tres ocasions diferents. **separately** /'seprətli/ *adv* separadament **separation** /ˌsepə'reɪʃn/ *n* separació

September /sep'tembə(r)/ *n* (*abrev* **Sept.**) setembre ➲ *Vegeu nota i exemples a* JANUARY

sequel /'siːkwəl/ *n* **1** (*pel·lícula, llibre, etc.*) continuació **2** seqüela

sequence /'siːkwəns/ *n* successió, seqüència

serene /sə'riːn/ *adj* serè

sergeant /'sɑːdʒənt/ *n* sergent, -a

serial /'sɪəriəl/ *n* sèrie: *serial number* número de sèrie ◇ *a radio serial* un serial radiofònic ➲ *Vegeu nota a* SERIES

series /'sɪəriːz/ *n* (*pl* **series**) **1** sèrie, successió **2** (*Ràdio, TV*) sèrie: *a television series* una sèrie de televisió

> En anglès utilitzem la paraula **series** per a referir-nos a les sèries que tracten d'una història diferent a cada episodi, i **serial** per a referir-nos a una sola història dividida en capítols.

serious /'sɪəriəs/ *adj* **1** (*malaltia, error, crim*) greu **2** seriós: *Is he serious (about it)?* Ho diu seriosament? ◇ *to be serious about sb* estimar de debò algú **seriously** *adv* **1** seriosament **2** greument **seriousness** *n* **1** serietat **2** gravetat

sermon /'sɜːmən/ *n* sermó

servant /'sɜːvənt/ *n* criat, -ada *Vegeu tb* CIVIL SERVANT

serve /sɜːv/ *verb, nom*

▸ **1** *vt* ~ **sb sth**; ~ **sth (to sb)** servir alguna cosa (a algú) ➲ *Vegeu nota a* GIVE **2** *vt* (*client*) atendre **3** *vi* ~ **(in/on/with sth)** servir (a alguna cosa): *He served in the medical corps.* Va servir en el cos mèdic. **4** *vt* (*condemna*) complir **5** *vi, vt* (*Tennis*) sacar, servir LOC **it serves sb right (for doing sth)**: *It serves him right (for being so selfish).* S'ho han ben guanyat (per ser tan egoista). *Vegeu tb* FIRST PHRV **serve sth out 1** (*condemna,*

contracte, etc.) complir, fer alguna cosa **2** (*tb* **serve sth up**) servir alguna cosa
▸ *n* (*Tennis*) servei: *Whose serve is it?* A qui toca de sacar?

server /'sɜːvə(r)/ *n* **1** (*Informàt*) servidor **2** (*Tennis*) jugador, -a, que té el servei **3** (*Cuina*) [*gen pl*] cobert de servir: *salad servers* coberts de servir l'amanida

service /'sɜːvɪs/ *nom, verb*
▸ *n* **1** servei: *10% extra for service* un 10% de recàrrec per servei ◇ *on active service* en servei actiu **2** revisió (*de cotxe*) **3** (*Relig*) ofici **4 services** [*sing*] (*tb* **service area**) (*a l'autopista*) àrea de servei **5** (*Tennis*) servei
▸ *vt* (*cotxe*) fer la revisió de

service charge *n* servei: *There's a 15% service charge.* Es cobra un 15% de servei.

serviceman /'sɜːvɪsmən/ *n* (*pl* **-men** /-mən/) militar

service station *n* **1** gasolinera **2** estació de servei

servicewoman /'sɜːvɪswʊmən/ *n* (*pl* **-women** /-wɪmɪn/) militar

serviette /ˌsɜːvi'et/ *n* tovalló ❶ Se'n diu també **napkin**.

session /'seʃn/ *n* sessió

set /set/ *verb, nom, adjectiu*
▸ (*pt, pp* **set** *part pres* **setting**) **1** *vt* posar, col·locar: *He set a bowl of soup in front of me.* Em va posar un plat de sopa al davant. **2** *vt* (*canvi d'estat*): *They set the prisoners free.* Van alliberar els presoners. ◇ *It set me thinking.* Això em va fer pensar. **3** *vt* (*localitzar*): *The film is set in Austria.* La pel·lícula està ambientada a Àustria. **4** *vt* (*preparar*) posar: *I've set the alarm clock for seven.* He posat el despertador a les set. ◇ *Did you set the video to record that film?* Has programat el vídeo per gravar aquella pel·lícula? ◇ *to set the table* parar taula **5** *vt* establir, fixar: *She's set a new world record.* Ha establert un nou rècord mundial. ◇ *They haven't set a date for their wedding yet.* Encara no han fixat la data del casament. ◇ *Can we set a limit to the cost of the trip?* Podem fixar un límit al cost del viatge? **6** *vt* (*deures*) posar: *We've been set a lot of homework today.* Avui ens han posat molts deures. **7** *vi* (*flam, gelatina*) quallar **8** *vi* (*ciment, etc.*) endurir-se **9** *vt* (*os trencat*) enguixar **10** *vi* (*sol*) pondre's ❶ Per a expressions amb el verb **set**, vegeu les entrades del nom, adjectiu, etc., p. ex. **set light to sth** a LIGHT.
PHR V **set about (doing) sth** posar-se a fer alguna cosa
set sth aside 1 apartar, reservar alguna cosa **2** deixar alguna cosa de banda
set sth/sb back retardar alguna cosa/algú
set off/out sortir: *to set off on a journey* sortir de viatge ◇ *to set out from London for Australia* sortir de Londres en direcció a Austràlia ◆ **set sth off 1** fer explotar alguna cosa **2** (*alarma*) fer que salti alguna cosa **3** ocasionar alguna cosa
set out to do sth proposar-se de fer alguna cosa
set sth up 1 (*barricades, etc.*) aixecar, posar alguna cosa **2** muntar alguna cosa **3** establir, crear alguna cosa **4** (*reunió, etc.*) organitzar alguna cosa
▸ *n* **1** joc, lot: *a set of saucepans* una bateria de cuina **2** cercle (*de persones*) **3** (*Electròn*) aparell **4** (*Teat*) decorat **5** (*Cine*) plató **6** (*Tennis, voleibol*) set **7** (*Mat*) conjunt
▸ *adj* **1** situat **2** determinat **3** ~ **for sth/to do sth** preparat per a alguna cosa/per fer alguna cosa LOC *Vegeu* MARK

setback /'setbæk/ *n* revés, contratemps: *to suffer a setback* tenir un revés

set square *n* escaire (*regle*)

settee /se'tiː/ *n* sofà

setting /'setɪŋ/ *n* **1** marc **2** ambientació **3** (*tb* **settings** [*pl*]) (*Informàt*) configuració **4** muntura **5** [*sing*] posta (*del sol*)

settle /'setl/ **1** *vt* (*disputa*) resoldre **2** *vt* acordar **3** *vi* establir-se, quedar-se a viure **4** *vi* ~ **(on sth)** posar-se (en alguna cosa) **5** *vt* (*deute*) pagar **6** *vt* calmar **7** *vi* ~ **(up) (with sb)** passar comptes (amb algú) **8** *vi* (*sediment*) dipositar-se
PHR V **settle down 1** (*tb* **settle back**) acomodar-se **2** assentar-se, arrelar-se ◆ **settle for sth** acceptar alguna cosa, conformar-se amb alguna cosa ◆ **settle in; settle into sth** adaptar-se (a alguna cosa) ◆ **settle on sth** decidir-se per alguna cosa **settled** *adj* estable

settlement /'setlmənt/ *n* **1** acord **2** poblat **3** colonització

settler /'setlə(r)/ *n* poblador, -a

seven /'sevn/ *adj, pron, n* set ➲ *Vegeu exemples a* FIVE **seventh 1** *adj, adv, pron* setè **2** *n* setena part, setè ➲ *Vegeu exemples a* FIFTH

seventeen /ˌsevn'tiːn/ *adj, pron, n* disset ➲ *Vegeu exemples a* FIVE **seventeenth 1** *adj, adv, pron* dissetè **2** *n* dissetena part, dissetè ➲ *Vegeu exemples a* FIFTH

seventy /'sevnti/ *adj, pron, n* setanta ➲ *Vegeu exemples a* FIFTY, FIVE **seventieth 1** *adj, adv, pron* setantè **2** *n* setantena part, setantè ➲ *Vegeu exemples a* FIFTH

S

sever /ˈsevə(r)/ *vt* (*formal*) **1 ~ sth (from sth)** tallar alguna cosa (d'alguna cosa) **2** (*relacions*) trencar

several /ˈsevrəl/ *adj, pron* diversos, uns quants

severe /sɪˈvɪə(r)/ *adj* (**severer, -est**) **1** (*aspecte, càstig*) sever **2** (*tempesta, gelada, dolor, cop*) fort **3** (*problema, conseqüència*) seriós

sew /səʊ/ *vt, vi* (*pt* **sewed** *pp* **sewn** /səʊn/ *o* **sewed**) cosir: *to sew a button on* cosir un botó PHR V **sew sth up 1** cosir alguna cosa (*per unir-la o arreglar-la*): *to sew up a hole* cosir un forat **2** arreglar alguna cosa

sewage /ˈsuːɪdʒ/ *n* [*incomptable*] aigües residuals

sewer /ˈsuːə(r)/ *n* claveguera

sewing /ˈsəʊɪŋ/ *n* costura: *sewing machine* màquina de cosir

sewn *pp de* SEW

sex /seks/ *n* sexe: *to have sex* tenir relacions sexuals ◇ *sex life* vida sexual

sexism /ˈseksɪzəm/ *n* sexisme **sexist** *adj, n* sexista

sexual /ˈsekʃuəl/ *adj* sexual: *sexual intercourse* relacions sexuals/coit **sexuality** /ˌsekʃuˈæləti/ *n* sexualitat

sexy /ˈseksi/ *adj* (**sexier, -iest**) **1** (*persona, roba*) sexy **2** (*llibre, pel·lícula*) eròtic **3** (*col·loq*) fascinant, interessant

shabby /ˈʃæbi/ *adj* (**shabbier, -iest**) **1** (*roba*) tronat **2** (*objectes*) en mal estat **3** (*persona*) esparracat **4** (*comportament*) mesquí

shack /ʃæk/ *n* barraca

shade /ʃeɪd/ *nom, verb*

▸ *n* **1** ombra ➲ *Vegeu il·lustració a* OMBRA **2** pantalla (*d'un llum*) **3** (*USA*) persiana **4** (*color*) to **5** (*significat*) matís

▸ *vt* fer ombra a, ombrejar **shady** *adj* (**shadier, -iest**) ombrejat **1** (*col·loq*) sospitós, tèrbol

shadow /ˈʃædəʊ/ *nom, verb, adjectiu*

▸ *n* **1** ombra ➲ *Vegeu il·lustració a* OMBRA **2 shadows** [*pl*] tenebres

▸ *vt* seguir i vigilar secretament

▸ *adj* (*Pol*) de l'oposició

> A la Gran Bretanya, el partit de l'oposició (**the Opposition**) forma un equip que s'anomena el **shadow cabinet**. Els membres d'aquest equip (els **shadow ministers**) tenen responsabilitat d'una àrea concreta, com ara el medi ambient o la defensa, i formaran el Consell de Ministres si el seu partit guanya les eleccions.

shadowy *adj* (*lloc, qüestió, etc.*) fosc

S

shaft /ʃɑːft; *USA* ʃæft/ *n* **1** pou: *the lift shaft* el forat de l'ascensor **2** mànec (*llarg*) **3** eix **4 ~ (of sth)** (*llum*) raig (d'alguna cosa)

shaggy /ˈʃægi/ *adj* (**shaggier, -iest**) pelut: *shaggy eyebrows* celles peludes ◇ *shaggy hair* cabells despentinats

shake /ʃeɪk/ *verb, nom*

▸ (*pt* **shook** /ʃʊk/ *pp* **shaken** /ˈʃeɪkən/) **1** *vt* sotragar, sacsejar **2** *vi* tremolar **3** *vt* **~ sb (up)** pertorbar algú LOC **shake sb's hand; shake hands (with sb); shake sb by the hand** donar la mà a algú ◆ **shake your head** dir que no amb el cap PHR V **shake sb off** treure's algú de sobre ◆ **shake sb up** donar una sacsejada a algú ◆ **shake sth up 1** sacsejar alguna cosa **2** reorganitzar alguna cosa totalment

▸ *n* [*gen sing*] sacsejada: *Give the bottle a good shake.* Sacseja bé l'ampolla. ◇ *She replied with a shake of the head.* Va fer que no amb el cap. **shaky** *adj* (**shakier, -iest**) **1** tremolós **2** inestable

shall /ʃəl, ʃæl/ (*contracció* **'ll** *neg* **shall not** *o* **shan't** /ʃɑːnt; *USA* ʃænt/) *v modal*

> **Shall** és un verb modal que va seguit d'un infinitiu sense **to**. Les oracions interrogatives i negatives es construeixen sense l'auxiliar **do**.

1 (*esp GB*) per formar el futur: *As we shall see…* Com veurem… ◇ *I shall tell her tomorrow.* Li ho diré demà.

> **Shall** i **will** s'utilitzen per a formar el futur en anglès. **Shall** s'utilitza amb la primera persona del singular i del plural, **I** i **we**, i **will** amb les altres persones. No obstant això, en anglès parlat **will** (o **'ll**) tendeix a utilitzar-se amb tots els pronoms.

2 (*oferta, petició*): *Shall we pick you up?* Et passem a buscar? **3** (*formal*) (*voluntat, determinació*): *He shall be given a fair trial.* Tindrà un judici just. ◇ *I shan't go.* No tinc intenció d'anar-hi. ❶ En aquest sentit, **shall** és més formal que **will**, especialment quan s'utilitza amb pronoms que no siguin *I* i *we*.

shallow /ˈʃæləʊ/ *adj* (**shallower, -est**) **1** poc fondo **2** (*pej*) (*persona*) superficial

shambles /ˈʃæmblz/ *n* **a shambles** [*sing*] (*col·loq*) desastre: *to be (in) a shambles* ésser un desastre

shame /ʃeɪm/ *nom, verb*

▸ *n* **1** vergonya **2** deshonra **3 a shame** [*sing*] (una) llàstima: *What a shame!* Quina llàstima! LOC **put sb/sth to shame** deixar algú/alguna cosa com un drap brut *Vegeu tb* CRYING

▸ *vt* **1** avergonyir **2** (*formal*) deshonrar

shameful /ˈʃeɪmfl/ *adj* vergonyós

shameless /ˈʃeɪmləs/ *adj* descarat, pocavergonya

shampoo /ʃæmˈpuː/ *nom, verb*

▸ *n* (*pl* **shampoos**) xampú

▸ *vt* (*pt, pp* **shampooed** *part pres* **shampooing**) rentar (amb xampú)

shamrock /ˈʃæmrɒk/ *n* trèvol (*símbol nacional d'Irlanda*)

shandy /ˈʃændi/ *n* (*pl* **shandies**) cervesa amb gasosa

shan't = SHALL NOT *Vegeu* SHALL

shanty town /ˈʃænti taʊn/ *n* barri de barraques

shape /ʃeɪp/ *nom, verb*

▸ *n* **1** forma **2** figura LOC **give shape to sth** (*formal*) plasmar alguna cosa ◆ **in any shape or form** (*col·loq*) de qualsevol mena ◆ **in shape** en forma ◆ **out of shape 1** deformat **2** en baixa forma ◆ **take shape** anar agafant forma

▸ *vt* **1** ~ **sth (into sth)** donar forma (d'alguna cosa) a alguna cosa **2** forjar **shapeless** *adj* amorf

share /ʃeə(r)/ *verb, nom*

▸ **1** *vt, vi* ~ **(sth) (with sb)** compartir (alguna cosa) (amb algú) **2** *vt* ~ **sth (out) (among/between sb)** repartir alguna cosa (entre algú)

▸ *n* **1** ~ **(in/of sth)** part (en/d'alguna cosa) **2** (*Fin*) acció LOC *Vegeu* FAIR

shareholder /ˈʃeəhəʊldə(r)/ *n* accionista

shark /ʃɑːk/ *n* tauró

sharp /ʃɑːp/ *adjectiu, adverbi, nom*

▸ *adj* (**sharper, -est**) **1** (*ganivet, etc.*) esmolat **2** (*canvi*) pronunciat **3** nítid **4** (*so, dolor, ment, vista*) agut **5** (*llengua, crítica*) mordaç **6** (*vent*) tallant **7** (*gelada*) fort **8** (*corba*) tancat **9** (*gust*) àcid **10** (*olor*) acre **11** (*Mús*) sostingut ➲ *Compareu amb* FLAT

▸ *adv* en punt: *at two o'clock sharp* a les dues en punt

▸ *n* (*Mús*) sostingut ➲ *Compareu amb* FLAT

sharpen /ˈʃɑːpən/ *vt* **1** esmolar **2** (*llapis*) fer punta a **sharpener** *n Vegeu* PENCIL SHARPENER

shatter /ˈʃætə(r)/ **1** *vt, vi* esmicolar(-se) ➲ *Vegeu nota a* TRENCAR **2** *vt* destruir **shattered** *adj* **1** trastornat **2** (*GB, col·loq*) baldat **shattering** *adj* demolidor

shave /ʃeɪv/ *verb, nom*

▸ *vt, vi* afaitar(-se)

▸ *n*: *to have a shave* afaitar-se LOC *Vegeu* CLOSE[2]

shawl /ʃɔːl/ *n* xal

she /ʃiː/ *pronom, nom*

▸ *pron* ella: *She didn't come.* No va venir. ℹ El pronom de subjecte no es pot ometre en anglès. *Compareu amb* HER (3)

▸ *n* [*sing*] (*col·loq*) femella: *Is it a he or a she?* És mascle o femella?

shear /ʃɪə(r)/ *vt* (*pt* **sheared** *pp* **shorn** /ʃɔːn/ *o* **sheared**) **1** (*ovella*) esquilar **2** tallar

shears /ʃɪəz/ *n* [*pl*] podadora

sheath /ʃiːθ/ *n* (*pl* **sheaths** /ʃiːðz/) beina, estoig

shed /ʃed/ *nom, verb*

▸ *n* cobert

▸ *vt* (*pt, pp* **shed** *part pres* **shedding**) **1** desfer-se de **2** (*fulles*) perdre **3** (*la pell*) mudar **4** ~ **sth (on sb/sth)** (*llum*) projectar alguna cosa (sobre algú/alguna cosa) **5** (*formal*) (*sang, llàgrimes*) vessar

she'd /ʃiːd/ **1** = SHE HAD *Vegeu* HAVE **2** = SHE WOULD *Vegeu* WOULD

sheep /ʃiːp/ *n* (*pl* **sheep**) ovella *Vegeu tb* EWE, RAM ➲ *Vegeu nota a* CARN

sheepish /ˈʃiːpɪʃ/ *adj* tímid, avergonyit

sheer /ʃɪə(r)/ *adj* **1** [*ús emfàtic*] pur, absolut: *The concert was sheer delight.* El concert va ser una pura delícia. ◇ *The area is under threat from the sheer number of visitors.* L'àrea es veu amenaçada a causa de l'enorme afluència de visitants. **2** (*quasi vertical*) escarpat **3** (*roba*) transparent

sheet /ʃiːt/ *n* **1** llençol **2** full (*de paper*) **3** làmina (*de vidre, metall*)

sheikh /ʃeɪk/ *n* xeic

shelf /ʃelf/ *n* (*pl* **shelves** /ʃelvz/) prestatge

shell /ʃel/ *nom, verb*

▸ *n* **1** closca: *We collected shells on the beach.* Vam collir petxines a la platja. ➲ *Vegeu nota a* PEEL **2** obús **3** (*vaixell*) buc **4** (*edifici*) carcassa

▸ *vt* **1** bombardejar **2** pelar, treure la clofolla de

shellfish /ˈʃelfɪʃ/ *n* (*pl* **shellfish**) **1** (*Zool*) crustaci, mol·lusc **2** marisc

she'll /ʃiːl/ = SHE WILL *Vegeu* WILL

shelter /ˈʃeltə(r)/ *nom, verb*

▸ *n* **1** ~ **(from sth)** (*protecció*) abric, recer (d'alguna cosa): *to take shelter* refugiar-se **2** (*lloc*) refugi

▸ **1** *vt* ~ **sb/sth (from sb/sth)** arrecerar, abrigar algú/alguna cosa (d'algú/d'alguna cosa) **2** *vi* ~ **(from sth)** posar-se a recer, posar-se a l'abric (d'alguna cosa) **sheltered** *adj* **1** (*lloc*) arrecerat **2** (*vida*) protegit

shelve /ʃelv/ *vt* arxivar

shelves *plural de* SHELF

shelving /ˈʃelvɪŋ/ *n* [*incomptable*] prestatgeria

shepherd /ˈʃepəd/ *n* pastor, -a

S

sheriff /ˈʃerɪf/ *n* xèrif, -a
sherry /ˈʃeri/ *n* (*pl* **sherries**) xerès
she's /ʃi:z/ **1** = SHE IS *Vegeu* BE **2** = SHE HAS *Vegeu* HAVE
shied *pt, pp de* SHY
shield /ʃi:ld/ *nom, verb*
▸ *n* escut
▸ *vt* ~ **sb/sth (from sb/sth)** protegir algú/alguna cosa (d'algú/d'alguna cosa)
shift /ʃɪft/ *verb, nom*
▸ *vt, vi* moure('s), canviar de lloc: *Help me shift the sofa.* Ajuda'm a canviar de lloc el sofà. ◇ *She shifted uneasily in her seat.* Es va moure neguitosament en el seu seient.
▸ *n* **1** canvi: *a shift in public opinion* un canvi en l'opinió pública **2** (*feina*) torn **3** (*tb* **shift key**) tecla de majúscules
shifty /ˈʃɪfti/ *adj* (*col·loq*) sospitós
shilling /ˈʃɪlɪŋ/ *n* xíling
shimmer /ˈʃɪmə(r)/ *vi* **1** (*aigua, seda*) brillar **2** (*llum*) fer pampallugues **3** (*llum a l'aigua*) llambrejar
shin /ʃɪn/ *n* **1** canyella (*de la cama*) **2** (*tb* **shin bone**) tíbia
shine /ʃaɪn/ *verb, nom*
▸ (*pt, pp* **shone** /ʃɒn; *USA* ʃəʊn/) **1** *vi* brillar: *His face shone with excitement.* L'emoció li il·luminava la cara. **2** *vt* (*llanterna, etc.*) enfocar **3** *vi* ~ **(at/in sth)** brillar, distingir-se (per alguna cosa): *She's always shone at languages.* Sempre ha tingut facilitat per a les llengües.
▸ *n* brillantor
shingle /ˈʃɪŋgl/ *n* [*incomptable*] palets
shiny /ˈʃaɪni/ *adj* (**shinier, -iest**) brillant, lluent
ship /ʃɪp/ *nom, verb*
▸ *n* vaixell, nau: *The captain went on board ship.* El capità va pujar al vaixell. ◇ *a merchant ship* un vaixell mercant ➲ *Vegeu nota a* BOAT
▸ *vt* (**-pp-**) enviar (esp per via marítima)
shipbuilding /ˈʃɪpbɪldɪŋ/ *n* construcció naval
shipment /ˈʃɪpmənt/ *n* **1** [*incomptable*] embarcament, transport (marítim) **2** carregament, remesa
shipping /ˈʃɪpɪŋ/ *n* [*incomptable*] embarcacions, vaixells: *shipping lane/route* via/ruta de navegació
shipwreck /ˈʃɪprek/ *nom, verb*
▸ *n* naufragi
▸ *vt* **be shipwrecked** naufragar
shipyard /ˈʃɪpjɑ:d/ *n* drassana
shirt /ʃɜ:t/ *n* **1** camisa **2** (*Esport*) samarreta

S

shiver /ˈʃɪvə(r)/ *verb, nom*
▸ *vi* **1** ~ **(with sth)** tremolar (d'alguna cosa) **2** estremir-se
▸ *n* esgarrifança
shoal /ʃəʊl/ *n* banc (*de peixos*)
shock /ʃɒk/ *nom, verb*
▸ *n* **1** ensurt, commoció **2** (*Med*) xoc **3** (*tb* **electric shock**) descàrrega elèctrica
▸ *vt* **1** commoure, trastornar **2** escandalitzar **shocking** *adj* **1** (*comportament*) escandalós **2** (*notícia, crim, etc.*) espantós **3** (*col·loq*) horrible, dolentíssim
shock absorber *n* amortidor
shoddy /ˈʃɒdi/ *adj* (**shoddier, -iest**) **1** (*producte*) de baixa qualitat **2** (*feina*) matusser
shoe /ʃu:/ *nom, verb*
▸ *n* sabata: *shoe shop* sabateria ◇ *shoe polish* betum ◇ *What size shoe do you take?* Quin número calces? ➲ *Vegeu nota a* PAIR *Vegeu tb* HORSESHOE
▸ *vt* (*pt, pp* **shod** /ʃɒd/) (*cavall*) ferrar
shoelace /ˈʃu:leɪs/ *n* cordó de sabata
shoestring /ˈʃu:strɪŋ/ *n* (*USA*) cordó de sabata **LOC** **on a shoestring** (*col·loq*) amb pocs diners
shone *pt, pp de* SHINE
shook *pt de* SHAKE
shoot /ʃu:t/ *verb, nom*
▸ (*pt, pp* **shot** /ʃɒt/) **1** *vt* disparar un tret a: *to shoot rabbits* caçar conills ◇ *She was shot in the leg.* Li van disparar a la cama. ◇ *to shoot sb dead* matar algú (a trets) **2** *vi* ~ **at sb/sth** disparar a algú/alguna cosa **3** *vt* afusellar **4** *vi* ~ **along, past, out, etc.** anar, passar, sortir, etc., volant **5** *vt* (*mirada*) llançar **6** *vt* (*pel·lícula*) rodar **7** *vi* (*Esport*) xutar **PHR V** **shoot sb down** matar algú (a trets) ◆ **shoot sth down** abatre alguna cosa (a trets) ◆ **shoot up 1** (*planta, nen*) créixer ràpidament, espigar-se **2** (*preus*) disparar-se **3** (*droga*) punxar-se
▸ *n* brot
shop /ʃɒp/ *nom, verb*
▸ *n* **1** botiga: *a clothes shop* una botiga de roba ◇ *I'm going to the shops.* Aniré a comprar. ◇ *shop window* aparador **2** *Vegeu* WORKSHOP **LOC** *Vegeu* TALK
▸ *vi* (**-pp-**) anar a comprar, comprar: *to shop for sth* buscar alguna cosa (a les botigues) ◇ *She's gone shopping.* Ha sortit a comprar. **PHR V** **shop around (for sth)** mirar (alguna cosa) en diversos llocs (*comparant preus, etc.*)
shop assistant (*USA* **sales clerk**) *n* dependent, -a
shopkeeper /ˈʃɒpki:pə(r)/ (*tb esp USA* **storekeeper**) *n* comerciant, -a, botiguer, -a

shoplifting /'ʃɒplɪftɪŋ/ *n* furt (*en una botiga*): *She was charged with shoplifting.* La van acusar d'haver-se endut coses sense pagar d'una botiga. **shoplifter** *n* lladre ➲ *Vegeu nota a* THIEF

shopper /'ʃɒpə(r)/ *n* comprador, -a

shopping /'ʃɒpɪŋ/ *n* compra: *to do the shopping* anar a comprar ◇ *shopping trolley* carro d'anar a plaça/a comprar ◇ *shopping list* llista de la plaça

shopping centre (*tb esp USA* **shopping mall**) *n* centre comercial

shore /ʃɔː(r)/ *n* **1** costa: *to go on shore* desembarcar **2** vora (*de mar, llac*): *a house on the shores of the lake* una casa a la vora del llac ➲ *Compareu amb* BANK

shorn *pp de* SHEAR

short /ʃɔːt/ *adjectiu, adverbi, nom*

▸ *adj* (**shorter**, **-est**) **1** curt: *I've got short hair.* Tinc els cabells curts. ◇ *I was only there for a short while.* Només hi vaig ésser una estona. ◇ *a short time ago* fa poc **2** (*persona*) baix **3** ~ **(of sth)** mancat (d'alguna cosa): *I'm a bit short of time just now.* Vaig una mica just de temps ara mateix. ◇ *I'm £5 short.* Em falten cinc lliures. ◇ *Water is short.* Hi ha falta d'aigua. **4** ~ **for sth**: *Ben is short for Benjamin.* Ben és el diminutiu de Benjamin. LOC **for short** abreujat: *He's called Ben for short.* Li diem Ben per fer-ho més curt. *Vegeu tb* BREATH, SUPPLY, TEMPER, TERM

▸ *adv Vegeu* CUT, FALL

▸ *n* (*col·loq*) **1** copa, got petit (*de whisky, conyac, etc.*) **2** (*Cine*) curt *Vegeu tb* SHORTS LOC **in short** en resum

shortage /'ʃɔːtɪdʒ/ *n* manca

short circuit *n* curtcircuit **short-circuit** /ˌʃɔːt 'sɜːkɪt/ **1** *vi* tenir un curtcircuit **2** *vt* causar un curtcircuit a

shortcoming /'ʃɔːtkʌmɪŋ/ *n* deficiència

short cut *n* drecera: *He took a short cut through the park.* Va agafar una drecera pel parc.

shorten /'ʃɔːtn/ *vt, vi* escurçar(-se)

shorthand /'ʃɔːthænd/ *n* taquigrafia

shortlist /'ʃɔːtlɪst/ *n* llista final de candidats

short-lived /ˌʃɔːt 'lɪvd/ *adj* efímer

shortly /'ʃɔːtli/ *adv* **1** poc: *shortly afterwards* poc després **2** aviat

shorts /ʃɔːts/ *n* [*pl*] **1** pantalons curts **2** (*USA*) calçotets ➲ *Vegeu nota a* PAIR

short-sighted /ˌʃɔːt 'saɪtɪd/ *adj* **1** miop **2** amb poca visió de futur

short-staffed /ˌʃɔːt 'stɑːft; *USA* 'stæft/ *adj* mancat de personal

short-term /ˌʃɔːt 'tɜːm/ *adj* a curt termini

shot /ʃɒt/ *n* **1** ~ **(at sb/sth)** tret (a algú/alguna cosa) **2** (*col·loq*) intent: *to have a shot at (doing) sth* provar sort amb alguna cosa/provar de fer alguna cosa **3** (*Tennis, Golf*) cop **4** (*Futbol, Bàsquet*) tir **5 the shot** [*sing*] (*Esport*) el pes **6** foto **7** (*col·loq*) injecció LOC *Vegeu* BIG *Vegeu tb* SHOOT

shotgun /'ʃɒtgʌn/ *n* escopeta

should /ʃəd, ʃʊd/ *v modal* (*neg* **should not** *o* **shouldn't** /'ʃʊdnt/)

> **Should** és un verb modal que va seguit d'un infinitiu sense **to**. Les oracions interrogatives i negatives es construeixen sense l'auxiliar **do**.

1 (*suggeriments i consells*) haver de: *You shouldn't drink and drive.* No hauries de conduir si has begut. ➲ *Compareu amb* MUST **2** (*probabilitat*) deure: *They should be there by now.* Ja deuen haver-hi arribat. **3** *How should I know?* Com ho puc saber, jo?

shoulder /'ʃəʊldə(r)/ *nom, verb*

▸ *n* espatlla: *shoulder bag* bossa que es porta penjada de l'espatlla ◇ *shoulder straps* tirants (de vestit, etc.) LOC *Vegeu* CHIP *Vegeu tb* HARD SHOULDER

▸ *vt* (*responsabilitat, culpa*) carregar amb

shoulder blade *n* omòplat

shout /ʃaʊt/ *verb, nom*

▸ *vt, vi* ~ **(sth) (out) (at/to sb)** cridar (alguna cosa) (a algú)

> Quan utilitzem **shout** amb **at sb** té el sentit de *renyar*, però quan l'utilitzem amb **to sb** té el sentit de *dir cridant*: *Don't shout at him, he's only little.* No li cridis, que és molt petit. ◇ *She shouted the number out to me from the car.* Em va cridar el número des del cotxe.

PHR V **shout sb down** fer callar algú escridassant-lo

▸ *n* crit LOC **give sb a shout** (*col·loq*) avisar a algú

shove /ʃʌv/ *verb, nom*

▸ **1** *vt, vi* empènyer **2** *vt* (*col·loq*) ficar

▸ *n* [*gen sing*] empenta

shovel /'ʃʌvl/ *nom, verb*

▸ *n* pala

▸ *vt* (**-ll-**, *USA* **-l-**) (re)moure amb una pala

show /ʃəʊ/ *verb, nom*

▸ (*pt* **showed** *pp* **shown** /ʃəʊn/) **1** *vt* mostrar, ensenyar **2** *vt* demostrar **3** *vi* veure's, notar-se **4** *vt* (*pel·lícula*) projectar **5** *vt* (*Art*) exposar LOC *Vegeu* ROPE PHR V **show sb around/round (sth)** ensenyar a algú un edifici, una ciutat, etc. ◆ **show off (to sb)** (*col·loq, pej*) fer el fatxenda, presumir (davant d'algú) ◆ **show sb/sth off** presumir d'algú/

S

d'alguna cosa, lluir algú/alguna cosa ◆ **show sth off** fer ressaltar alguna cosa ◆ **show up** **1** (*col·loq*) presentar-se **2** veure's ◆ **show sb up** (*col·loq*) fer quedar malament algú ◆ **show sth up** fer ressaltar alguna cosa, posar alguna cosa de manifest

▸ *n* **1** espectacle, funció, xou: *a TV show* un programa de televisió **2** exposició, fira **3** demostració, gala: *a show of force* una demostració de força ◇ *to make a show of sth* fer gala d'alguna cosa LOC **for show** (*comportament*) per impressionar ◆ **on show** exposat

show business (*col·loq* **showbiz** /'ʃəʊbɪz/) *n* el món de l'espectacle

showdown /'ʃəʊdaʊn/ *n* enfrontament decisiu

shower /'ʃaʊə(r)/ *nom, verb*

▸ *n* **1** dutxa: *to take/have a shower* dutxar-se **2** xàfec, ruixat **3** ~ **(of sth)** pluja (d'alguna cosa)

▸ **1** *vi* dutxar-se **2** *vi* ~ **(down) (on sb/sth)** ploure (sobre algú/alguna cosa) **3** *vt* ~ **sb with sth** (*regals, etc.*) omplir algú d'alguna cosa **showery** *adj* plujós

showing /'ʃəʊɪŋ/ *n* **1** (*Cine*) sessió **2** actuació

showjumping /'ʃəʊdʒʌmpɪŋ/ *n* salt d'obstacles (*hípica*)

shown *pp de* SHOW

show-off /'ʃəʊ ɒf/ *n* (*col·loq, pej*) fatxenda

showroom /'ʃəʊruːm, -rʊm/ *n* sala d'exposicions

shrank *pt de* SHRINK

shrapnel /'ʃræpnəl/ *n* metralla

shred /ʃred/ *verb, nom*

▸ *vt* (**-dd-**) fer trossos

▸ *n* **1** (*de roba*) tira **2** (*de paper, verdures*) tros **3** ~ **of sth** (*fig*) bri d'alguna cosa

shrewd /ʃruːd/ *adj* (**shrewder, -est**) **1** (*persona*) astut, perspicaç **2** (*decisió*) intel·ligent, encertat **shrewdness** *n* astúcia

shriek /ʃriːk/ *verb, nom*

▸ *vt, vi* ~ **(with sth)** cridar, xisclar (d'alguna cosa): *to shriek with laughter* riure com un boig ➲ *Vegeu nota a* RIURE[1]

▸ *n* xiscle

shrill /ʃrɪl/ *adj* (**shriller, -est**) **1** agut, cridaner **2** (*protesta, etc.*) estrident

shrimp /ʃrɪmp/ *n* **1** gamba petita **2** (*USA*) gamba

shrine /ʃraɪn/ *n* **1** santuari **2** sepulcre

shrink /ʃrɪŋk/ *vt, vi* (*pt* **shrank** /ʃræŋk/ o **shrunk** /ʃrʌŋk/ *pp* **shrunk**) encongir(-se), reduir(-se) PHR V **shrink from sth/doing sth** no gosar fer alguna cosa

shrivel /'ʃrɪvl/ *vt, vi* (**-ll-**; *USA* **-l-**) ~ **(sth) (up)** **1** assecar alguna cosa, assecar-se **2** arrugar alguna cosa, arrugar-se

shroud /ʃraʊd/ *nom, verb*

▸ *n* **1** sudari **2** ~ **(of sth)** (*formal*) capa, vel (d'alguna cosa)

▸ *vt* ~ **sth in sth** envoltar alguna cosa amb alguna cosa: *shrouded in secrecy* envoltat d'un gran secret

Shrove Tuesday /ˌʃrəʊv 'tjuːzdeɪ/ *n* Dimarts de Carnaval ➲ *Vegeu nota a* DIMARTS

shrub /ʃrʌb/ *n* arbust

shrug /ʃrʌg/ *verb, nom*

▸ *vt, vi* (**-gg-**) ~ **(your shoulders)** arronsar les espatlles PHR V **shrug sth off** no donar importància a alguna cosa

▸ *n* arronsament d'espatlles

shrunk *pt, pp de* SHRINK

shudder /'ʃʌdə(r)/ *verb, nom*

▸ *vi* **1** ~ **(with/at sth)** estremir-se (d'alguna cosa/davant d'alguna cosa) **2** sacsejar

▸ *n* **1** estremiment, esgarrifança **2** sotrac

shuffle /'ʃʌfl/ **1** *vi* ~ **(along)** caminar arrossegant els peus **2** *vt* ~ **your feet** arrossegar els peus **3** *vt, vi* (*cartes*) barrejar ➲ *Vegeu nota a* BARALLA

shun /ʃʌn/ *vt* (**-nn-**) evitar, defugir

shut /ʃʌt/ *verb, adjectiu*

▸ *vt, vi* (*pt, pp* **shut** *part pres* **shutting**) tancar(-se) PHR V **shut sb/sth away** tancar algú/alguna cosa

shut (sth) down tancar (alguna cosa)

shut sth in sth enganxar(-se) alguna cosa amb alguna cosa

shut sth off **1** (*motor, màquina*) apagar alguna cosa **2** (*subministrament*) tallar alguna cosa ◆ **shut sb/sth off from sth** aïllar algú/alguna cosa d'alguna cosa ◆ **shut yourself off (from sth)** aïllar-se (d'alguna cosa)

shut sb/sth out (of sth) **1** no deixar que algú/alguna cosa entri (en alguna cosa) **2** excloure algú/alguna cosa (d'alguna cosa)

shut up (*col·loq*) callar ◆ **shut sb up** fer callar algú ◆ **shut sth up** tancar alguna cosa ◆ **shut sb/sth up (in sth)** tancar algú/alguna cosa (en alguna cosa)

▸ *adj* [*mai davant del nom*] tancat: *The door was shut.* La porta era tancada.

shutter /'ʃʌtə(r)/ *n* **1** finestró **2** (*Fot*) obturador

shuttle /'ʃʌtl/ *n* **1** pont (aeri) **2** (*tb* **space shuttle**) llançadora espacial

shy /ʃaɪ/ *adjectiu, verb*

▸ *adj* (**shyer, -est**) tímid: *She's not shy of telling people what she thinks.* No té por de dir el que pensa.

S

▸ *vi* (*pt, pp* **shied** /ʃaɪd/) ~ **(at sth)** (*cavall*) espantar-se (d'alguna cosa) PHRV **shy away from sth/doing sth** tenir por d'alguna cosa/de fer alguna cosa (*per timidesa*)

shyness /ˈʃaɪnəs/ *n* timidesa

sibling /ˈsɪblɪŋ/ *n* (*formal*) germà, -ana ❶ Les paraules més habituals per a *germà* i *germana* són **brother** i **sister** respectivament.

sick /sɪk/ *adjectiu, nom*

▸ *adj* (**sicker, -est**) **1** malalt: *to be off sick* estar de baixa ➲ *Vegeu nota a* MALALT **2** marejat: *to feel sick* tenir ganes de vomitar **3** ~ **of sb/sth**; ~ **of doing sth** (*col·loq*) fart d'algú/d'alguna cosa/de fer alguna cosa: *to be sick to death/sick and tired of sth* estar fart d'alguna cosa **4** (*col·loq*) morbós LOC **be sick** vomitar ◆ **make sb sick** fer fàstic a algú

▸ *n* (*GB, col·loq*) vòmit **sicken** *vt* fer fàstic a **sickening** *adj* **1** fastigós **2** (*col·loq*) irritant

sickly /ˈsɪkli/ *adj* **1** malaltís **2** (*gust, olor*) embafador

sickness /ˈsɪknəs/ *n* **1** malaltia **2** nàusees

side /saɪd/ *nom, verb*

▸ *n* **1** costat, cantó: *to sit at/by sb's side* asseure's al costat d'algú **2** cara: *on the other side of the card* a l'altra cara de la targeta **3** (*d'una persona, casa*) costat: *a side door* una porta lateral **4** (*d'un animal*) flanc **5** (*d'una muntanya*) vessant **6** (*d'un llac, riu*) vora **7** part, banda: *to change sides* passar-se a l'altre costat ◇ *to be on our side* ésser dels nostres ◇ *Whose side are you on?* De part de qui estàs? **8** aspecte: *the different sides of a question* els diferents aspectes d'un tema **9** (*Esport*) equip LOC **get on the right/wrong side of sb** caure bé/malament a algú ◆ **on/from all sides; on/from every side** per/de totes bandes ◆ **put sth on/to one side** deixar alguna cosa de banda, guardar alguna cosa ◆ **side by side** un al costat de l'altre: *We're using both systems side by side.* Fem servir els dos sistemes alhora. ◆ **take sides** prendre partit *Vegeu tb* LOOK, SAFE

▸ *v* PHRV **side with sb (against sb)** posar-se de banda d'algú (en contra d'algú)

sideboard /ˈsaɪdbɔːd/ *n* **1** aparador (*moble*) **2 sideboards** (*tb* **sideburns** /ˈsaɪdbɜːnz/) [*pl*] patilles

side effect *n* efecte secundari

side street *n* carrer lateral/secundari, carreró

sidetrack /ˈsaɪdtræk/ *vt* desviar

sidewalk /ˈsaɪdwɔːk/ *n* (*USA*) vorera

sideways /ˈsaɪdweɪz/ *adv, adj* **1** cap a un costat, d'un costat **2** (*mirada*) de reüll

siege /siːdʒ/ *n* setge

sieve /sɪv/ *nom, verb*

▸ *n* sedàs

▸ *vt* sedassar

sift /sɪft/ **1** *vt* sedassar **2** *vt, vi* ~ **(through) sth** examinar alguna cosa amb cura

sigh /saɪ/ *verb, nom*

▸ *vi* sospirar

▸ *n* sospir

sight /saɪt/ *n* **1** vista: *to have poor sight* tenir mala vista **2 sights** [*pl*] llocs d'interès LOC **at/on sight** de seguida ◆ **catch sight of sb/sth** entreveure algú/alguna cosa ◆ **in sight** a la vista ◆ **lose sight of sb/sth** perdre algú/alguna cosa de vista: *We must not lose sight of the fact that...* Cal tenir present el fet que... ◆ **out of sight, out of mind** d'allò que els ulls no veuen, el cor no se'n dol *Vegeu tb* PRETTY

sighting /ˈsaɪtɪŋ/ *n*: *the first sighting of Mars* el primer cop que es va veure Mart

sightseeing /ˈsaɪtsiːɪŋ/ *n* turisme: *to go sightseeing* visitar els llocs d'interès turístic

sign /saɪn/ *nom, verb*

▸ *n* **1** signe: *the signs of the zodiac* els signes del zodíac ◇ *sign language* llenguatge de signes **2** ~ **(of sth)** senyal, indici (d'alguna cosa): *a good/bad sign* un bon/mal senyal ◇ *There are signs that...* Sembla que... **3** (*trànsit*) senyal, rètol **4** senyal: *to make a sign at sb* fer un senyal a algú **5** ~ **(of sth)** (*Med*) símptoma (d'alguna cosa)

▸ *vt, vi* signar, firmar PHRV **sign sb on/up 1** contractar algú **2** (*Esport*) fitxar algú ◆ **sign on/up (for sth) 1** matricular-se (a alguna cosa) **2** fer-se soci (d'alguna cosa)

signal /ˈsɪgnəl/ *nom, verb*

▸ *n* senyal

▸ (**-ll-**, *USA* **-l-**) **1** *vt, vi* fer senyals (a): *to signal (to) sb to do sth* fer senyals a algú perquè faci alguna cosa **2** *vt* (*esdeveniment, canvi*) marcar, indicar **3** *vt* demostrar: *to signal your discontent* demostrar disgust

signature /ˈsɪgnətʃə(r)/ *n* signatura, firma

significant /sɪgˈnɪfɪkənt/ *adj* significatiu **significance** *n* importància: *a decision of major significance* una decisió molt important

signify /ˈsɪgnɪfaɪ/ *vt* (*pt, pp* **-fied**) (*formal*) **1** significar **2** indicar

signing /ˈsaɪnɪŋ/ *n* (*Esport*) fitxatge

signpost /ˈsaɪnpəʊst/ *n* pal indicador

silence /ˈsaɪləns/ *nom, interjecció, verb*

▸ *n, interj* silenci

▸ *vt* fer callar

S

silent /'saɪlənt/ *adj* **1** silenciós **2** callat **3** (*lletra, pel·lícula*) mut

silhouette /ˌsɪlu'et/ *nom, verb*
▸ *n* silueta
▸ *vt* **be silhouetted (against sth)** perfilar-se (contra alguna cosa)

silk /sɪlk/ *n* seda **silky** *adj* sedós

sill /sɪl/ *n Vegeu* WINDOWSILL

silly /'sɪli/ *adj* (**sillier, -iest**) **1** ximple: *That was a very silly thing to say.* Quina ximpleria que acabes de dir. ➲ *Vegeu nota a* XIMPLE **2** ridícul: *to feel/look silly* sentir-se/semblar ridícul

silver /'sɪlvə(r)/ *nom, adjectiu*
▸ *n* **1** argent, plata: *a silver chain* una cadena de plata ◇ *silver paper* paper de plata ◇ *silver-plated* banyat en plata **2** [*incomptable*] moneda petita ℹ Es refereix a les monedes de 5, 10, 20 i 50 penics, que són d'un metall platejat. **3** [*incomptable*] (objectes de) plata (*vaixella, etc.*) *Vegeu tb* WEDDING
▸ *adj* platejat **silvery** *adj* platejat

similar /'sɪmɪlə(r)/ *adj* ~ **(to sb/sth)** semblant, similar (a algú/alguna cosa): *They are similar in character.* Tenen un caràcter semblant. ◇ *to be similar to sth* assemblar-se a alguna cosa **similarity** /ˌsɪmə'lærəti/ *n* (*pl* **similarities**) similitud, semblança **similarly** *adv* **1** de forma semblant **2** de la mateixa manera, igualment

simmer /'sɪmə(r)/ *vt, vi* bullir a foc lent

simple /'sɪmpl/ *adj* (**simpler, -est**) **1** senzill, simple **2** fàcil **3** [*ús emfàtic*] pur, simple: *It's a simple matter of principles.* És senzillament una qüestió de principis. **4** ximple, beneit

simplicity /sɪm'plɪsəti/ *n* senzillesa

S

simplify /'sɪmplɪfaɪ/ *vt* (*pt, pp* **-fied**) simplificar

simplistic /sɪm'plɪstɪk/ *adj* simplista

simply /'sɪmpli/ *adv* **1** només **2** senzillament, simplement **3** d'una manera senzilla, modestament

simulate /'sɪmjuleɪt/ *vt* simular

simultaneous /ˌsɪml'teɪniəs; *USA* ˌsaɪml-/ *adj* ~ **(with sth)** simultani (a alguna cosa) **simultaneously** *adv* simultàniament

sin /sɪn/ *nom, verb*
▸ *n* pecat
▸ *vi* (**-nn-**) pecar

since /sɪns/ *preposició, conjunció, adverbi*
▸ *prep* des de: *It was the first time they'd won since 1994.* Era la primera vegada que guanyaven des de 1994.

> Tant **since** com **from** es tradueixen per *des de* i s'utilitzen per a especificar el punt de partida de l'acció del verb. **Since** s'utilitza quan l'acció s'estén en el temps fins al moment present: *She has been here since three.* Ha estat aquí des de les tres. **From** s'utilitza quan l'acció ja ha acabat o encara no ha començat: *I was there from three until four.* Hi vaig ser des de les tres fins a les quatre. ◇ *I'll be there from three.* Hi seré a partir de les tres. ➲ *Vegeu nota a* FOR (3)

▸ *conj* **1** des que, d'ençà que: *How long is it since we visited your mother?* Quan fa d'ençà que vam anar a veure la teva mare? **2** ja que
▸ *adv* des de llavors/d'aleshores: *We haven't heard from him since.* No n'hem sabut res des de llavors.

sincere /sɪn'sɪə(r)/ *adj* sincer **sincerely** *adv* sincerament **LOC** *Vegeu* YOURS **sincerity** /sɪn'serəti/ *n* sinceritat

sinful /'sɪnfl/ *adj* **1** pecador **2** pecaminós

sing /sɪŋ/ (*pt* **sang** /sæŋ/ *pp* **sung** /sʌŋ/) *vt, vi* ~ **(sth) (for/to sb)** cantar (alguna cosa) (a algú) **singer** *n* cantant **singing** *n* cant

single /'sɪŋgl/ *adjectiu, nom, verb*
▸ *adj* **1** sol, únic: *the European single currency* la moneda única europea ◇ *every single day* cada dia **2** solter **3** (*llit, habitació*) individual **LOC** *Vegeu* GLANCE
▸ *n* **1** (*tb* **single ticket**) bitllet d'anada **2** (*CD, etc.*) single **3 singles** [*pl*] solters **4 singles** [*incomptable*] (*Esport*) individuals
▸ *v* **PHR V** **single sb/sth out (for/as sth)** escollir algú/alguna cosa (per/com a alguna cosa)

single-handed /ˌsɪŋgl 'hændɪd/ (*tb* **single-handedly**) *adv* sense ajuda

single-minded /ˌsɪŋgl 'maɪndɪd/ *adj* decidit, resolt

single parent *n* mare soltera/pare solter: *a single-parent family* una família monoparental

singular /'sɪŋgjələ(r)/ *nom, adjectiu*
▸ *n* singular: *in the singular* en singular
▸ *adj* **1** (*Gram*) singular **2** (*formal*) extraordinari, singular

sinister /'sɪnɪstə(r)/ *adj* amenaçador, sinistre

sink /sɪŋk/ *verb, nom*
▸ (*pt* **sank** /sæŋk/ *pp* **sunk** /sʌŋk/) **1** *vt, vi* enfonsar(-se) **2** *vi* baixar **3** *vi* (*sol*) pondre's **4** *vt* (*col·loq*) (*plans*) espatllar **LOC** **be sunk in sth** estar sumit/absort en alguna cosa *Vegeu tb* HEART **PHR V** **sink in** **1** *It hasn't sunk in yet that...* Encara no em sé avenir que... **2** (*líquid*) absorbir-se ◆ **sink into sth** **1** (*líquid*) penetrar en alguna cosa **2** (*fig*) sumir-se en alguna cosa ◆ **sink sth into sth** clavar alguna cosa en alguna cosa (*dents, punyal*)

▸ *n* **1** aigüera **2** (*esp USA*) pica, lavabo

sinus /ˈsaɪnəs/ *n* (*Anat*) si

sip /sɪp/ *verb, nom*

▸ *vt, vi* (**-pp-**) beure a glops

▸ *n* glop

sir /sɜː(r)/ *n* **1** *Yes, sir.* Sí, senyor. **2 Dear Sir** (*en cartes*) Benvolgut senyor ➲ *Vegeu nota a* ATENTAMENT **3 Sir** /sɜː(r), sə(r)/ (*títol nobiliari*): *Sir Paul McCartney*

siren /ˈsaɪrən/ *n* sirena (*de policia, etc.*)

sister /ˈsɪstə(r)/ *n* **1** germana ➲ *Vegeu nota a* GERMÀ **2 Sister** infermera en cap **3 Sister** (*Relig*) germana, Sor **4** (*davant de nom*): *sister ship* vaixell bessó ◇ *sister organization* organització germana

sister-in-law /ˈsɪstər ɪn lɔː/ *n* (*pl* **sisters-in-law**) cunyada

sit /sɪt/ (*pt, pp* **sat** /sæt/ *part pres* **sitting**) **1** *vi* asseure's, seure, estar assegut **2** *vt* ~ **sb (down)** (fer) seure algú **3** *vi* (*objecte*) ésser, trobar-se **4** *vi* ~ **in/on sth** prendre part en alguna cosa: *She sat on a number of committees.* Formava part de diversos comitès. **5** *vi* ~ **for sth** (*diputat*) representar alguna cosa **6** *vi* (*parlament*) celebrar sessió **7** *vi* (*comitè, etc.*) reunir-se **8** *vt* (*examen*) presentar-se a

PHR V **sit about/around** esperar assegut: *to sit around doing nothing* passar-se el dia sense fer res

sit back posar-se còmode

sit (yourself) down asseure's, seure

sit for sb/sth (*Art*) posar per a algú/alguna cosa

sit through sth aguantar alguna cosa (*fins al final*)

sit up 1 incorporar-se **2** quedar-se despert

site /saɪt/ *n* **1** emplaçament: *building site* solar de construcció **2** (*d'un esdeveniment*) lloc **3** (*d'arqueologia*) jaciment **4** lloc (web)

sitting /ˈsɪtɪŋ/ *n* **1** sessió **2** (*per menjar*) torn

sitting room *n* sala d'estar

situated /ˈsɪtʃueɪtɪd/ *adj* situat, ubicat

situation /ˌsɪtʃuˈeɪʃn/ *n* situació

six /sɪks/ *adj, pron, n* sis ➲ *Vegeu exemples a* FIVE **sixth 1** *adj, adv, pron* sisè **2** *n* sisena part, sisè ➲ *Vegeu exemples a* FIFTH

sixteen /ˌsɪksˈtiːn/ *adj, pron, n* setze ➲ *Vegeu exemples a* FIVE **sixteenth 1** *adj, adv, pron* setzè **2** *n* setzena part, setzè ➲ *Vegeu exemples a* FIFTH

sixth form *n* (*GB*) batxillerat: *sixth-form college* institut de batxillerat ➲ *Vegeu nota a* A LEVEL

sixty /ˈsɪksti/ *adj, pron, n* seixanta ➲ *Vegeu exemples a* FIFTY, FIVE **sixtieth 1** *adj, adv, pron* seixantè **2** *n* seixantena part, seixantè ➲ *Vegeu exemples a* FIFTH

size /saɪz/ *nom, verb*

▸ *n* **1** mida **2** (*roba, calçat*) talla, número: *I take (a) size five.* Calço el número 38.

▸ *v* PHR V **size sb/sth up** (*col·loq*) fer-se una opinió d'algú/d'alguna cosa: *She sized him up immediately.* El va veure venir de seguida. **sizeable** (*tb* **sizable**) *adj* considerable

skate /skeɪt/ *verb, nom*

▸ *vi* patinar: *to go skating* anar a patinar

▸ *n* patí *Vegeu tb* ICE SKATE, IN-LINE SKATE, ROLLER SKATE **skater** *n* patinador, -a **skating** *n* patinatge: *figure/speed skating* patinatge artístic/de velocitat

skateboard /ˈskeɪtbɔːd/ *n* monopatí **skateboarder** *n* patinador, -a de monopatí **skateboarding** *n* patinar (amb monopatí)

skatepark /ˈskeɪtpɑːk/ *n* parc de patinatge

skating rink *n* pista de patinatge

skeleton /ˈskelɪtn/ *n* **1** esquelet **2** *skeleton staff/service* personal mínim/serveis mínims

skeptic (*USA*) = SCEPTIC

sketch /sketʃ/ *nom, verb*

▸ *n* **1** esbós **2** (*Teat*) esquetx

▸ *vt, vi* esbossar **sketchy** *adj* (**sketchier, -iest**) superficial, vague

ski /skiː/ *nom, verb*

▸ *n* (*pl* **skis**) esquí: *ski jacket* anorac de plomes ◇ *ski pass* forfet

▸ *vi* (*pt, pp* **skied** *part pres* **skiing**) esquiar: *to go skiing* anar a esquiar **skier** *n* esquiador, -a **skiing** *n* esquí *Vegeu tb* WATERSKIING

skid /skɪd/ *verb, nom*

▸ *vi* (**-dd-**) **1** (*cotxe*) derrapar **2** (*persona*) relliscar

▸ *n* derrapada

skies *plural de* SKY

ski-jumping /ˈskiː dʒʌmpɪŋ/ *n* salt d'esquí

skilful (*USA* **skillful**) /ˈskɪlfl/ *adj* **1** (*pintor, jugador*) destre **2** ~ **(in/at sth/doing sth)** hàbil (per a alguna cosa/fer alguna cosa)

ski lift *n* teleesquí

skill /skɪl/ *n* **1** ~ **(in/at sth/doing sth)** habilitat (per a alguna cosa/per fer alguna cosa) **2** destresa **skilled** *adj* ~ **(in/at sth/doing sth)** hàbil (per a alguna cosa/a fer alguna cosa); expert (en alguna cosa/en fer alguna cosa): *skilled work* treball especialitzat ◇ *skilled worker* treballador qualificat

skim /skɪm/ (**-mm-**) **1** *vt* descremar, escumar **2** *vt, vi* ~ **(along/over, etc.) sth** passar a frec d'alguna cosa **3** *vt, vi* ~ **(through/over) sth** llegir alguna cosa per sobre **skimmed** *adj* descremat

S

skin /skɪn/ *nom, verb*
▸ *n* **1** (*d'animal, persona*) pell **2** (*de fruita, embotits*) pell, pela ➲ *Vegeu nota a* PEEL **3** (*de llet*) nata **LOC by the skin of your teeth** (*col·loq*) d'un pèl
▸ *vt* (**-nn-**) escorxar

skin diving *n* busseig (de superfície)

skinflint /'skɪnflɪnt/ *n* garrepa, rata

skinhead /'skɪnhed/ *n* cap rapat

skinny /'skɪni/ *adj* (**skinnier, -iest**) (*col·loq, pej*) escanyolit ➲ *Vegeu nota a* PRIM

skint /skɪnt/ *adj* (*GB, col·loq*) pelat (*sense diners*)

skip /skɪp/ *verb, nom*
▸ (**-pp-**) **1** *vi* fer saltirons **2** *vi* saltar a corda: *skipping rope* corda **3** *vt* (*classe, pàgina, àpat*) saltar-se
▸ *n* **1** saltiró **2** contenidor (*d'escombraries*)

skipper /'skɪpə(r)/ *n* capità, -ana (*de vaixell o equip esportiu*)

skirmish /'skɜːmɪʃ/ *n* escaramussa

skirt /skɜːt/ *nom, verb*
▸ *n* faldilla
▸ *vt, vi* ~ **(around/round) sth 1** vorejar alguna cosa **2** (*tema*) defugir alguna cosa

skirting board *n* sòcol

skive /skaɪv/ *vi* ~ **(off)** (*GB, col·loq*) fer campana, faltar a la feina: *to skive off a class* saltar-se una classe

skull /skʌl/ *n* calavera, crani

skunk /skʌŋk/ *n* mofeta

sky /skaɪ/ *n* (*pl* **skies**) cel

skydiving /'skaɪdaɪvɪŋ/ *n* paracaigudisme esportiu

sky-high /ˌskaɪ 'haɪ/ *adj, adv* pels núvols

skylight /'skaɪlaɪt/ *n* claraboia

skyline /'skaɪlaɪn/ *n* línia de l'horitzó (*esp en una ciutat*)

skyscraper /'skaɪskreɪpə(r)/ *n* gratacel

sky surfing *n* surf aeri

slab /slæb/ *n* **1** (*pedra*) llosa **2** (*formigó*) bloc **3** (*xocolata*) rajola

slack /slæk/ *adj* (**slacker, -est**) **1** fluix **2** (*persona*) deixat

slacken /'slækən/ *vt, vi* afluixar

slain *pp de* SLAY

slalom /'slɑːləm/ *n* eslàlom

slam /slæm/ (**-mm-**) **1** *vt, vi* ~ **(sth) (to/shut)** tancar alguna cosa, tancar-se (de cop) **2** *vt* llançar (*bruscament*) **3** *to slam your brakes on* frenar de cop **4** *vt* criticar durament

slander /'slɑːndə(r); *USA* 'slæn-/ *nom, verb*
▸ *n* calúmnia
▸ *vt* calumniar

slang /slæŋ/ *n* argot, llenguatge col·loquial

slant /slɑːnt; *USA* slænt/ *verb, nom*
▸ **1** *vt, vi* inclinar(-se), decantar(-se) **2** *vt* (*sovint pej*) presentar de forma subjectiva
▸ *n* **1** inclinació **2** ~ **(on sth)** punt de vista (parcial) (sobre alguna cosa)

slap /slæp/ *verb, nom, adverbi*
▸ *vt* (**-pp-**) **1** (*cara*) donar una bufetada a **2** (*esquena*) donar un cop a **3** llançar, tirar, deixar caure (amb un cop)
▸ *n* **1** (*cara*) bufetada **2** (*esquena*) cop
▸ *adv* (*col·loq*) de ple: *slap in the middle* just al mig

slapdash /'slæpdæʃ/ *adj* barroer, descurat

slash /slæʃ/ *verb, nom*
▸ *vt* **1** tallar **2** destrossar a ganivetades (*rodes, pintures, etc.*) **3** (*preus*) rebentar
▸ *n* **1** cop de navalla, ganivetada **2** tall **3** (*tb* **forward slash**) barra inclinada ➲ *Vegeu pàg 363*

slate /sleɪt/ *n* **1** pissarra **2** teula (de pissarra)

slaughter /'slɔːtə(r)/ *nom, verb*
▸ *n* **1** (*animals*) matança **2** (*persones*) massacre
▸ *vt* **1** sacrificar (*en un escorxador*) **2** massacrar

slave /sleɪv/ *nom, verb*
▸ *n* ~ **(of/to sth)** esclau, -ava (d'alguna cosa): *the slave trade* el comerç/tràfic d'esclaus
▸ *vi* ~ **(away) (at sth)** matar-se treballant (en alguna cosa)

slavery /'sleɪvəri/ *n* esclavitud

slay /sleɪ/ *vt* (*pt* **slew** /sluː/ *pp* **slain** /sleɪn/) (*formal o USA*) matar (*violentament*)

sleazy /'sliːzi/ *adj* (**sleazier, -iest**) (*col·loq*) sòrdid

sledge /sledʒ/ (*tb esp USA* **sled** /sled/) *n* trineu

sleek /sliːk/ *adj* (**sleeker, -est**) polit

sleep /sliːp/ *verb, nom*
▸ (*pt, pp* **slept** /slept/) **1** *vi* dormir: *a sleeping pill* un somnífer ◇ *sleeping car* vagó llit **2** *vt* allotjar, tenir llits per a **PHR V sleep in** llevar-se tard ◆ **sleep sth off** dormir per refer-se d'alguna cosa: *to sleep it off* dormir la mona ◆ **sleep on sth** (*col·loq*) dormir-hi (*amb un problema, preocupació, etc.*) ◆ **sleep through sth** no ésser despertat per alguna cosa ◆ **sleep with sb** anar-se'n al llit amb algú
▸ *n* **1** son **2** [*incomptable*] (*col·loq*) lleganyes **LOC go to sleep** (*persona, part del cos*) adormir-se

sleeper /'sliːpə(r)/ *n* **1** dorment: *to be a heavy/light sleeper* tenir el son profund/lleuger **2** *Vegeu* SLEEPING CAR **3** (*en les vies del tren*) travessa

sleeping bag *n* sac de dormir

sleeping car *n* (*vagó*) cotxe llit

sleepless /'sliːpləs/ *adj* en blanc

S

sleepover /'sli:pəʊvə(r)/ *n* nit que es passa a casa d'un amic o amiga

sleepwalker /'sli:pwɔ:kə(r)/ *n* somnàmbul, -a

sleepy /'sli:pi/ *adj* (**sleepier, -iest**) **1** somnolent: *to be/feel sleepy* tenir son **2** (*lloc*) tranquil

sleet /sli:t/ *n* aiguaneu

sleeve /sli:v/ *n* **1** màniga **2** (*d'un disc*) funda: *sleeve notes* caràtula LOC **have/keep sth up your sleeve** tenir alguna cosa en reserva **sleeveless** *adj* sense mànigues

sleigh /sleɪ/ *n* trineu (*tirat per animals*)

slender /'slendə(r)/ *adj* (**slenderer, -est**) **1** (*persona*) esvelt **2** prim **3** escàs

slept *pt, pp de* SLEEP

slew *pt de* SLAY

slice /slaɪs/ *nom, verb*

▸ *n* **1** (*pa*) llesca **2** (*fruita*) rodanxa **3** (*carn, pernil*) tall **4** (*col·loq*) tros: *a large slice of the market* una gran part del mercat

▸ **1** *vt* ~ **sth (up)** tallar alguna cosa a llesques, rodanxes, etc. **2** *vi* ~ **through/into sth** tallar alguna cosa amb precisió; penetrar alguna cosa

slick /slɪk/ *adjectiu, nom*

▸ *adj* (**slicker, -est**) **1** (*gen pej*) hàbil **2** (*gen pej*) (*persona*) amb molta retòrica **3** (*representació*) aconseguit

▸ *n* taca (de petroli)

slide /slaɪd/ *verb, nom*

▸ (*pt, pp* **slid** /slɪd/) **1** *vi* relliscar, patinar **2** *vt, vi* lliscar, (fer) córrer

▸ *n* **1** caiguda: *to be on the slide* estar en declivi **2** [*sing*] relliscada, lliscament **3** tobogan **4** diapositiva: *slide show/projector* projecció/projector de diapositives **5** (*microscopi*) portaobjectes **6** *Vegeu* HAIRSLIDE

sliding door *n* porta corredissa

slight /slaɪt/ *adj* (**slighter, -est**) **1** mínim, lleu: *without the slightest difficulty* sense la més mínima dificultat **2** (*persona*) prim, fràgil LOC **not in the slightest** en absolut **slightly** *adv* lleugerament: *He's slightly better.* Està una mica millor.

slim /slɪm/ *adjectiu, verb*

▸ *adj* (**slimmer, -est**) **1** (*persona*) prim ➲ *Vegeu nota a* PRIM **2** (*possibilitats*) escàs **3** (*esperança*) mínim

▸ *vi* (**-mm-**) aprimar-se

slime /slaɪm/ *n* **1** llot **2** bava **slimy** *adj* (**slimier, -iest**) bavós, viscós

sling /slɪŋ/ *verb, nom*

▸ *vt* (*pt, pp* **slung** /slʌŋ/) **1** (*col·loq*) llançar **2** penjar

▸ *n* cabestrell

slink /slɪŋk/ *vi* (*pt, pp* **slunk** /slʌŋk/) moure's (*furtivament*): *to slink away* anar-se'n furtivament

slip /slɪp/ *verb, nom*

▸ (**-pp-**) **1** *vt, vi* relliscar, lliscar **2** *vi* ~ **from/out of/through sth** escapar-se, desfer-se d'alguna cosa **3** *vt* posar, introduir (*sense que es noti*) LOC **slip your mind**: *It slipped my mind.* Se me'n va anar del cap. *Vegeu tb* LET PHRV **slip away 1** escapolir-se **2** escapar-se a algú: *She knew that time was slipping away.* Sabia que el temps se li estava acabavant. ◆ **slip sth off** treure's alguna cosa ◆ **slip sth on** posar-se alguna cosa ◆ **slip out 1** sortir un moment **2** escapolir-se **3** *It just slipped out.* Se'm va escapar. ◆ **slip up** (*col·loq*) equivocar-se

▸ *n* **1** error, relliscada **2** tros de paper **3** relliscada **4** (*roba*) combinació LOC **give sb the slip** (*col·loq*) desempallegar-se d'algú

slipper /'slɪpə(r)/ *n* sabatilla (*d'estar per casa*)

slippery /'slɪpəri/ *adj* **1** (*terra*) relliscós **2** (*peix, persona*) esmunyedís

slit /slɪt/ *nom, verb*

▸ *n* **1** ranura **2** tall **3** escletxa, esquerda

▸ *vt* (*pt, pp* **slit** *part pres* **slitting**) tallar: *to slit sb's throat* degollar algú LOC **slit sth open** obrir alguna cosa amb un ganivet

slither /'slɪðə(r)/ *vi* **1** lliscar **2** relliscar, patinar

sliver /'slɪvə(r)/ *n* **1** estella **2** escletxa **3** rodanxa fina

slob /slɒb/ *n* (*col·loq*) **1** gandul, -a **2** porc, -a (*persona*)

slog /slɒg/ *vi* (**-gg-**) (*col·loq*) **1** ~ **(away) (at sth)** suar la cansalada (per fer alguna cosa) **2** caminar fatigosament

slogan /'sləʊgən/ *n* eslògan

slop /slɒp/ (**-pp-**) **1** *vt* abocar **2** *vt, vi* vessar-se

slope /sləʊp/ *nom, verb*

▸ *n* **1** pendent **2** (*d'esquí*) pista

▸ *vi* fer baixada

sloppy /'slɒpi/ *adj* (**sloppier, -iest**) **1** descurat, matusser **2** deixat **3** (*col·loq*) molt sentimental

slot /slɒt/ *nom, verb*

▸ *n* **1** ranura **2** lloc: *a ten-minute slot on TV* un espai de deu minuts a la tele

▸ *v* (**-tt-**) **1** *vi* encaixar: *to slot in/together* encaixar **2** *vt* ~ **sth in**; ~ **sth into sth** introduir, ficar alguna cosa (en alguna cosa)

slot machine *n* màquina escurabutxaques

slow /sləʊ/ *adjectiu, verb, adverbi*

▸ *adj* (**slower, -est**) **1** lent: *We're making slow progress.* Estem avançant lentament. **2** curt (*d'intel·ligència*) **3** (*negoci*) fluix: *Business is ra-*

S

ther slow. El negoci va bastant fluix. **4** (*rellotge*) endarrerit: *That clock is five minutes slow.* Aquell rellotge va cinc minuts endarrere. **LOC** **be slow to do sth/(in) doing sth** tardar a fer alguna cosa ♦ **in slow motion** a càmera lenta
▸ **1** *vt* ~ **sth (down/up)** reduir la velocitat d'alguna cosa: *to slow up the development of research* frenar el desenvolupament de la investigació **2** *vi* ~ **(down/up)** reduir la velocitat, anar més a poc a poc: *Production has slowed down.* El ritme de la producció ha disminuït.
▸ *adv* (**slower, -est**) a poc a poc **slowly** *adv* lentament, a poc a poc

sludge /slʌdʒ/ *n* [*incomptable*] **1** fang **2** residus

slug /slʌg/ *n* llimac

sluggish /ˈslʌgɪʃ/ *adj* **1** lent **2** ensopit **3** (*Econ*) fluix

slum /slʌm/ *n* barri de barraques, suburbi

slump /slʌmp/ *verb, nom*
▸ *vi* **1** (*Com*) caure en picat **2** ~ **(down)** desplomar-se
▸ *n* depressió, baixa

slung *pt, pp de* SLING

slunk *pt, pp de* SLINK

slur /slɜː(r)/ *verb, nom*
▸ *vt* (**-rr-**) articular malament
▸ *n* calúmnia

slush /slʌʃ/ *n* neu fosa i bruta

sly /slaɪ/ *adj* **1** (*pej*) astut **2** (*mirada*) furtiu

smack /smæk/ *verb, nom*
▸ *vt* donar un mastegot a **PHR V** **smack of sth** (*comentari, etc.*) fer olor d'alguna cosa
▸ *n* mastegot

small /smɔːl/ *adj* (**smaller, -est**) **1** petit, reduït: *a small number of people* un nombre petit de persones ◇ *small change* moneda petita ◇ *in the small hours* de matinada ◇ *small ads* anuncis per paraules ◇ *to make small talk* parlar de coses sense importància **2** (*lletra*) minúscula **LOC** **a small fortune** un dineral ♦ **it's a small world** (*refrany*) que petit és el món ♦ **the small print** la lletra petita (*en un contracte*)

> **Small** sol utilitzar-se com el contrari de **big** o **large** i pot ésser modificat per adverbis: *Our house is smaller than yours.* La nostra casa és més petita que la vostra. ◇ *I have a fairly small income.* Tinc uns ingressos bastant modestos. **Little** no sol anar acompanyat per adverbis i sovint va darrere d'un altre adjectiu: *He's a horrid little man.* És un home horrible. ◇ *What a lovely little house!* Quina caseta més maca!

smallpox /ˈsmɔːlpɒks/ *n* verola

small-scale /ˌsmɔːl ˈskeɪl/ *adj* a petita escala

smart /smɑːt/ *adjectiu, verb*
▸ *adj* (**smarter, -est**) **1** elegant **2** llest, astut **3** (*targeta, arma, etc.*) intel·ligent
▸ *vi* coure (*ferida, ulls*)

smarten /ˈsmɑːtn/ *v* **PHR V** **smarten (sb/sth/yourself) up** arreglar algú/alguna cosa, arreglar-se (*millorar l'aspecte*)

smash /smæʃ/ *verb, nom*
▸ **1** *vt* trencar, destrossar **2** *vi* fer-se miques ➲ *Vegeu nota a* TRENCAR **3** *vt, vi* ~ **(sth) against, into, through, etc. sth** estavellar alguna cosa, estavellar-se contra alguna cosa **PHR V** **smash sth up** destrossar alguna cosa
▸ *n* **1** terrabastall **2** accident de trànsit **3** (*tb* **smash hit**) (*col·loq*) gran èxit

smashing /ˈsmæʃɪŋ/ *adj* (*antic, GB, col·loq*) excel·lent

smear /smɪə(r)/ *vt* ~ **sth on/over sth;** ~ **sth with sth** empastifar, tacar alguna cosa d'alguna cosa

smell /smel/ *verb, nom*
▸ (*pt, pp* **smelt** /smelt/ *o* **smelled**) ➲ *Vegeu nota a* DREAM **1** *vi* ~ **(of sth)** fer olor (d'alguna cosa): *It smells of fish.* Fa pudor de peix. ◇ *What does it smell like?* Quina olor fa? **2** *vt* olorar: *Smell this rose!* Olora aquesta rosa!

> És molt normal l'ús del verb **smell** amb **can** o **could**: *I can smell something burning.* Fa pudor de cremat. ◇ *I could smell gas.* Feia pudor de gas.

3 *vt, vi* ensumar
▸ *n* **1** olor: *a smell of gas* una pudor de gas ❶ **Smell** és la paraula general. Per a olors agradables, es poden utilitzar **aroma**, **fragrance**, **perfume** o **scent**. Totes aquestes paraules solen usar-se en contextos més formals, igual que **odour**, que sovint implica una olor desagradable. Si es tracta d'olors repulsives, es diu **stink** o **stench**. **2** (*tb* **sense of smell**) olfacte **smelly** *adj* (**smellier, -iest**) (*col·loq*) pudent: *It's smelly in here.* Fa pudor aquí.

smile /smaɪl/ *verb, nom*
▸ *vi* somriure
▸ *n* somriure: *to give sb a smile* somriure a algú **LOC** **bring a smile to sb's face** fer somriure algú

smiley /ˈsmaɪliː/ *n* (*pl* **smileys**) (*Informàt*) cara somrient (*emoticona*)

smirk /smɜːk/ *verb, nom*
▸ *vi* somriure amb sorna o satisfacció
▸ *n* somriure burleta

smock /smɒk/ *n* **1** brusa ampla (*de dona*) **2** guardapols (*de pintor*)

smog /smɒg/ *n* boirum (*boirina produïda per la contaminació*)

smoke /sməʊk/ *nom, verb*

▸ *n* **1** fum **2** (*col·loq*): *to have a smoke* fer una cigarreta

▸ **1** *vt, vi* fumar: *to smoke a pipe* fumar amb pipa ◇ *smoked salmon* salmó fumat **2** *vi* treure fum **smoker** *n* fumador, -a **smoking** *n* fumar: *'No Smoking'* "No fumeu" ◇ *Smoking or non-smoking?* Fumador o no fumador? **smoky** *adj* (**smokier**, **-iest**) **1** (*habitació*) ple de fum **2** (*foc*) fumejant **3** (*gust, color, etc.*) fumat

smooth /smu:ð/ *adjectiu, verb*

▸ *adj* (**smoother**, **-est**) **1** llis **2** (*pell, whisky, etc.*) suau **3** (*carretera*) pla **4** (*salsa, etc.*) sense grumolls **5** (*viatge, període*) tranquil, sense problemes **6** (*sovint pej*) (*persona*) afalagador

▸ *vt* allisar PHR V **smooth sth over** pal·liar alguna cosa (*dificultats, etc.*) **smoothly** *adv*: *to go smoothly* anar com una seda

smoothie /'smu:ði/ *n* **1** (*col·loq*) individu poc fiable amb molta retòrica, bones maneres i ben vestit **2** batut de fruita

smother /'smʌðə(r)/ *vt* **1** (*persona*) asfixiar **2** ~ **sth/sb with/in sth** cobrir algú/alguna cosa d'alguna cosa **3** (*rialla, protestes*) reprimir **4** (*flames*) sufocar

smoulder (*USA* **smolder**) /'sməʊldə(r)/ *vi* consumir-se, cremar (*sense flama*)

SMS /ˌes em 'es/ *n* (missatge) SMS

smudge /smʌdʒ/ *nom, verb*

▸ *n* esborrall, taca

▸ *vt, vi* tacar(-se)

smug /smʌg/ *adj* (*pej*) vanitós, tibat

smuggle /'smʌgl/ *vt* **1** passar de contraban **2** ~ **sb/sth in/out** introduir/treure algú/alguna cosa clandestinament **smuggler** *n* contrabandista **smuggling** *n* contraban: *people smuggling* tràfic de persones

snack /snæk/ *nom, verb*

▸ *n* piscolabis, refrigeri: *to have a snack* fer un mos

▸ *vi* ~ **on sth** picar alguna cosa

snack bar *n* cafeteria

snag /snæg/ *n* entrebanc

snail /sneɪl/ *n* caragol (*animal*)

snake /sneɪk/ *nom, verb*

▸ *n* serp

▸ *vi* serpentejar (*carretera, etc.*)

snap /snæp/ *verb, nom, adjectiu*

▸ (**-pp-**) **1** *vt, vi* trencar(-se) ➲ *Vegeu nota a* TRENCAR **2** *vt, vi* espetegar, (fer) petar: *to snap open/closed* obrir-se/tancar-se amb un clic **3** *vi* ~ **(at sb)** parlar, contestar bruscament (a algú)

▸ *n* **1** (*soroll sec*) espetec **2** (*tb* **snapshot** /'snæpʃɒt/) foto

▸ *adj* [*només davant del nom*] (*col·loq*) sobtat (*decisió*)

snare /sneə(r)/ *nom, verb*

▸ *n* (*parany*) cep

▸ *vt* agafar

snarl /snɑ:l/ *verb, nom*

▸ *vi* grunyir, rondinar

▸ *n* gruny, rondineig

snatch /snætʃ/ *verb, nom*

▸ *vt* **1** arrabassar, arrencar: *She snatched the letter from me/out of my hand.* Em va arrencar la carta de les mans. **2** robar d'una estrebada **3** raptar **4** (*oportunitat*) aprofitar PHR V **snatch at sth 1** (*objecte*) intentar agafar alguna cosa **2** (*oportunitat*) agafar-se a alguna cosa, aprofitar alguna cosa

▸ *n* **1** (*conversa, cançó*) fragment **2** estrebada (*esp robatori*): *to make a snatch at sth* intentar prendre alguna cosa d'una estrebada

sneak /sni:k/ *verb, nom*

▸ **1** *vi* ~ **in, out, away, etc.** entrar, sortir, anar-se'n d'amagat **2** *vi* ~ **into, out of, past, etc. sth** entrar a, sortir de, passar per davant d'alguna cosa d'amagat **3** *vt*: *to sneak a look at sb/sth* mirar algú/alguna cosa d'amagat ◇ *I managed to sneak a note to him.* Vaig aconseguir passar-li una nota d'amagat.

▸ *n* (*GB, col·loq*) espieta

sneaker /'sni:kə(r)/ *n* (*USA*) sabatilla d'esport

sneer /snɪə(r)/ *verb, nom*

▸ *vi* ~ **(at sb/sth)** riure's amb menyspreu (d'algú/d'alguna cosa)

▸ *n* **1** somriure sarcàstic **2** comentari desdenyós

sneeze /sni:z/ *verb, nom*

▸ *vi* esternudar

▸ *n* esternut

sniff /snɪf/ *verb, nom*

▸ **1** *vi* ensumar **2** *vt* olorar **3** *vt* inhalar **4** *vi* gemegar

▸ *n* inhalació

snigger /'snɪgə(r)/ (*tb esp USA* **snicker** /'snɪkə(r)/) *verb, nom*

▸ *vi* ~ **(at sb/sth)** riure's (amb sarcasme) (d'algú/d'alguna cosa)

▸ *n* riure burleta

snip /snɪp/ *vt* (**-pp-**) tallar amb tisores PHR V **snip sth off** retallar alguna cosa

sniper /'snaɪpə(r)/ *n* franctirador, -a

snob /snɒb/ *n* esnob **snobbery** *n* esnobisme **snobbish** *adj* esnob

S

snog /snɒg/ *vi, vt* (**-gg-**) (*GB, col·loq*) enrotllar-se (*fer petons*)
snooker /ˈsnuːkə(r)/ *n* billar (*amb 22 boles*) ➲ *Vegeu nota a* BILLAR
snoop /snuːp/ *verb, nom*
▸ *vi* ~ **(about/around sth)** (*col·loq*) tafanejar (en/per alguna cosa)
▸ *n* [*sing*]: *to have a snoop about/around* reconèixer el terreny ◇ *to have a snoop about/around sth* tafanejar alguna cosa
snooty /ˈsnuːti/ *adj* altiu, estirat
snore /snɔː(r)/ *verb, nom*
▸ *vi* roncar
▸ *n* ronc
snorkel /ˈsnɔːkl/ *n* respirador de superfície **snorkelling** (*USA* **snorkeling**) *n* immersió lleugera
snort /snɔːt/ *verb, nom*
▸ *vi* **1** (*animal*) esbufegar **2** (*persona*) bufar, rondinar **3** (*cocaïna, etc.*) esnifar
▸ *n* esbufec
snout /snaʊt/ *n* morro
snow /snəʊ/ *nom, verb*
▸ *n* neu
▸ *vi* nevar LOC **be snowed in/up** estar aïllat per la neu ◆ **be snowed under (with sth)**: *I was snowed under with work.* Estava inundat de feina.
snowball /ˈsnəʊbɔːl/ *nom, verb*
▸ *n* bola de neu
▸ *vi* multiplicar-se (ràpidament)
snowboarding /ˈsnəʊbɔːdɪŋ/ *n* surf de neu: *to go snowboarding* fer surf de neu
snowdrift /ˈsnəʊdrɪft/ *n* congesta
snowdrop /ˈsnəʊdrɒp/ *n* lliri de neu
snowfall /ˈsnəʊfɔːl/ *n* nevada
snowflake /ˈsnəʊfleɪk/ *n* floc de neu
snowman /ˈsnəʊmæn/ *n* (*pl* **-men** /-men/) ninot de neu
snowmobile /ˈsnəʊməbiːl; *USA* -məʊ-/ *n* moto de neu
snowplough (*USA* **snowplow**) /ˈsnəʊplaʊ/ *n* (màquina) llevaneu
snowy /ˈsnəʊi/ *adj* **1** cobert de neu **2** (*dia, etc.*) de neu: *It was very snowy.* Hi havia molta neu.
snub /snʌb/ *verb, nom*
▸ *vt* (**-bb-**) tractar amb menyspreu
▸ *n* desdeny, menyspreu
snug /snʌg/ *adj* còmode i agradable: *I was snug and warm in bed.* Estava ben còmode i calentó al llit.
snuggle /ˈsnʌgl/ *vi* ~ **(up to sb/sth)** arrupir-se (al costat d'algú/d'alguna cosa)

so /səʊ/ *adverbi, conjunció*
▸ *adv* **1** tan: *Don't be so silly!* No siguis tan ruc! ➲ *Vegeu nota a* SUCH **2** (*col·loq*) molt: *I'm so sorry!* Em sap molt greu! ◇ *It's so cold!* Quin fred que fa! **3** així: *So it seems.* Això sembla. ◇ *Hold out your hand, (like) so.* Para la mà, així. ◇ *The table is about so big.* La taula és més o menys així de gran. ◇ *If so,…* Si és així,… **4** *I believe/think so.* Crec que sí. ◇ *I expect/hope so.* Espero que sí. **5** (*per expressar acord*): *'I'm hungry.' 'So am I.'* —Tinc gana. —Jo també. ❶ En aquest cas el pronom o nom va darrere del verb. **6** (*per expressar sorpresa*): *'Philip's gone home.' 'So he has.'* —En Philip se n'ha anat a casa. —Vaja, és veritat. **7** [*ús emfàtic*]: *He's as clever as his brother, maybe more so.* És tan llest com el seu germà, potser fins i tot més. ◇ *She has complained, and rightly so.* S'ha queixat, i amb tota la raó. LOC **and so on (and so forth)** etcètera, etcètera ◆ **is that so?** no em diguis ◆ **or so** més o menys: *an hour or so* una hora més o menys ◆ **so as to do sth** per fer alguna cosa: *We got up early so as to get there first.* Vam matinar per arribar-hi els primers. ◆ **so many** tants ◆ **so much** tant
▸ *conj* **1** de manera que: *The shops were closed so I didn't get any milk.* Les botigues eren tancades, de manera que no he comprat llet. **2 so (that…)** perquè, de manera que: *I gave him a map so (that) he wouldn't get lost.* Li vaig donar un mapa perquè no es perdés. **3** llavors, aleshores: *So, why did you do it?* I llavors, per què ho vas fer? LOC **so?; so what?** (*col·loq*) i què?
soak /səʊk/ **1** *vt* remullar, amarar **2** *vi* estar en remull LOC **be/get soaked (through)** estar amarat/amarar-se PHR V **soak into/through sth; soak in** penetrar (en alguna cosa) ◆ **soak sth up 1** (*líquid*) absorbir alguna cosa **2** amarar-se d'alguna cosa (*de l'ambient, etc.*) **soaked** *adj* xop, amarat
so-and-so /ˈsəʊ ən səʊ/ *n* (*pl* **so-and-sos**) (*col·loq*) en tal: *Mr So-and-so* el senyor tal
soap /səʊp/ *n* [*incomptable*] sabó: *soap dish* sabonera ◇ *soap powder* detergent (per a roba)
soap opera (*col·loq* **soap**) *n* telenovel·la
soapy /ˈsəʊpi/ *adj* sabonós
soar /sɔː(r)/ *vi* **1** (*preus, temperatures, etc.*) disparar-se **2** (*avió*) enlairar-se **3** (*au*) planar
sob /sɒb/ *verb, nom*
▸ *vi* (**-bb-**) sanglotar
▸ *n* sanglot **sobbing** *n* [*incomptable*] sanglots
sober /ˈsəʊbə(r)/ *adj* **1** sobri **2** seriós
so-called /ˌsəʊ ˈkɔːld/ *adj* anomenat, suposat
soccer /ˈsɒkə(r)/ *n* futbol ➲ *Vegeu nota a* FUTBOL

S

sociable /ˈsəʊʃəbl/ *adj* sociable, obert

social /ˈsəʊʃəl/ *adj* social

socialism /ˈsəʊʃəlɪzəm/ *n* socialisme **socialist** *n* socialista ➲ *Vegeu nota a* VEGETARIÀ

socialize (*GB tb* **-ise**) /ˈsəʊʃəlaɪz/ *vi* ~ **(with sb)** relacionar-se (amb algú): *He doesn't socialize much.* No surt gaire.

social security *n* seguretat social

social services *n* [*pl*] serveis socials

social work *n* treball social **social worker** *n* assistent, -a social

society /səˈsaɪəti/ *n* (*pl* **societies**) **1** societat: *high/polite society* alta societat/gent de casa bona **2** associació *Vegeu tb* BUILDING SOCIETY **3** (*formal*) companyia

sociological /ˌsəʊsiəˈlɒdʒɪkl/ *adj* sociològic

sociology /ˌsəʊsiˈɒlədʒi/ *n* sociologia **sociologist** *n* sociòleg, -òloga

sock /sɒk/ *n* mitjó ➲ *Vegeu nota a* PAIR **LOC** *Vegeu* PULL

socket /ˈsɒkɪt/ *n* **1** (*USA* **outlet**) endoll (*a la paret*) ➲ *Vegeu il·lustració a* ENDOLL **2** (*tb* **light socket**) portabombetes **3** presa (*de televisor, etc.*) **4** (*ull*) conca

soda /ˈsəʊdə/ *n* **1** (*tb* **soda water**) sifó, soda **2** (*USA*) gasosa

sodden /ˈsɒdn/ *adj* xop

sodium /ˈsəʊdiəm/ *n* sodi

sofa /ˈsəʊfə/ *n* sofà

soft /sɒft; *USA* sɔːft/ *adj* (**softer**, **-est**) **1** tou: *the soft option* l'opció fàcil **2** (*pell, color, llum, so, brisa*) suau **3** (*veu*) baix **LOC have a soft spot for sb/sth** (*col·loq*) tenir una debilitat per algú/alguna cosa *Vegeu tb* DRUG **softly** *adv* suaument

soft drink *n* refresc, beguda no alcohòlica

soften /ˈsɒfn; *USA* ˈsɔːfn/ **1** *vt, vi* estovar(-se) **2** *vt, vi* suavitzar(-se) **3** *vt* (*efecte, impacte*) atenuar **softener** (*tb* **fabric softener**) *n* suavitzant

soft-spoken /ˌsɒft ˈspəʊkən; *USA* ˌsɔːft/ (*tb* **softly-spoken**) *adj* de veu suau

software /ˈsɒftweə(r); *USA* ˈsɔːft-/ *n* [*incomptable*] programari

soggy /ˈsɒgi/ *adj* (**soggier**, **-iest**) xop

soil /sɔɪl/ *nom, verb*
▸ *n* terra, sòl
▸ *vt* (*formal*) **1** embrutar **2** (*reputació*) tacar

solace /ˈsɒləs/ *n* (*formal*) consol

solar /ˈsəʊlə(r)/ *adj* solar: *solar energy/system* energia/sistema solar

sold *pt, pp de* SELL

soldier /ˈsəʊldʒə(r)/ *n* soldat, -ada

sole /səʊl/ *adjectiu, nom*
▸ *adj* [*només davant del nom*] **1** únic: *her sole interest* el seu únic interès **2** exclusiu
▸ *n* **1** (*peu*) planta **2** sola **3** (*pl* **sole**) llenguado

solemn /ˈsɒləm/ *adj* **1** (*aspecte, posat*) seriós, greu **2** (*esdeveniment, promesa*) solemne **solemnity** /səˈlemnəti/ *n* solemnitat

solicitor /səˈlɪsɪtə(r)/ *n* **1** advocat, -ada **2** notari, -ària ➲ *Vegeu nota a* ADVOCAT

solid /ˈsɒlɪd/ *adjectiu, nom*
▸ *adj* **1** sòlid **2** compacte, massís **3** (*col·loq*) seguit: *I slept for ten hours solid.* Vaig dormir deu hores seguides.
▸ *n* **1** (*Fís, Quím*) sòlid **2 solids** [*pl*] aliments sòlids **solidly** *adv* **1** sòlidament **2** sense interrupció

solidarity /ˌsɒlɪˈdærəti/ *n* solidaritat

solidify /səˈlɪdɪfaɪ/ *vi* (*pt, pp* **-fied**) solidificar-se

solidity /səˈlɪdəti/ *n* solidesa

solitary /ˈsɒlətri; *USA* -teri/ *adj* **1** solitari: *to lead a solitary life* fer una vida solitària **2** (*lloc*) apartat **3** sol

solitude /ˈsɒlɪtjuːd; *USA* -tuːd/ *n* soledat

solo /ˈsəʊləʊ/ *adjectiu, adverbi, nom*
▸ *adj, adv* en solitari
▸ *n* (*pl* **solos**) solo **soloist** *n* solista

solstice /ˈsɒlstɪs/ *n* solstici

soluble /ˈsɒljəbl/ *adj* soluble

solution /səˈluːʃn/ *n* ~ **(to sth)** solució (a/d'alguna cosa)

solve /sɒlv/ *vt* resoldre, solucionar

solvent /ˈsɒlvənt/ *nom, adjectiu*
▸ *n* dissolvent
▸ *adj* solvent

sombre (*USA* **somber**) /ˈsɒmbə(r)/ *adj* **1** (*color*) fosc **2** llòbrec **3** (*humor*) melancòlic

some /sʌm, səm/ *adj, pron* **1** una mica (de): *There's some ice in the fridge.* Hi ha gel a la nevera. ◇ *Would you like some?* En vols una mica? **2** uns quants, alguns: *Do you want some crisps?* Vols patates fregides?

> **Some** o **any**? Ambdós s'utilitzen amb noms incomptables o en plural, i encara que moltes vegades no es tradueixen en català, en anglès no es poden ometre. Normalment, **some** s'usa en les oracions afirmatives i **any** en les interrogatives i les negatives: *I've got some money.* Tinc (una mica de) diners. ◇ *Have you got any children?* Tens fills? ◇ *I don't want any sweets.* No en vull, de caramels. No obstant això, **some** es pot usar en oracions interrogatives quan s'espera una

S

resposta afirmativa, per exemple, per oferir o demanar alguna cosa: *Would you like some coffee?* Vols cafè? ◇ *Can I have some bread please?* Puc agafar una mica de pa? Quan **any** s'usa en oracions afirmatives significa 'qualsevol': *Any parent would have worried.* Qualsevol pare s'hauria preocupat. *Vegeu tb exemples a* ANY

somebody *Vegeu* SOMEONE

some day (*tb* **someday** /'sʌmdeɪ/) *adv* algun dia

somehow /'sʌmhaʊ/ *adv* **1** d'alguna manera: *Somehow we had got completely lost.* D'alguna manera ens havíem perdut completament. **2** per alguna raó: *I somehow get the feeling that I've been here before.* No sé per què, però em sembla que ja hi he estat aquí.

someone /'sʌmwʌn/ (*tb* **somebody** /'sʌmbədi/) *pron* algú: *someone else* una altra persona ❶ La diferència entre **someone** i **anyone**, o entre **somebody** i **anybody**, és la mateixa que hi ha entre **some** i **any**. *Vegeu tb nota a* SOME

someplace (*USA*) *Vegeu* SOMEWHERE

somersault /'sʌməsɔːlt/ *n* **1** tombarella: *to do a forward/backward somersault* fer una tombarella cap endavant/endarrere **2** (*d'acròbata*) salt mortal **3** (*de cotxe*) volta de campana

something /'sʌmθɪŋ/ *pron* alguna cosa: *something else* una altra cosa ◇ *something to eat* alguna cosa per a menjar ❶ La diferència entre **something** i **anything** és la mateixa que hi ha entre **some** i **any**. *Vegeu tb nota a* SOME *Vegeu tb* OTHER

S

sometime /'sʌmtaɪm/ *adv* **1** en algun moment: *Can I see you sometime today?* Tens algun moment per a parlar avui? **2** algun/un dia: *sometime or other* un dia d'aquests

sometimes /'sʌmtaɪmz/ *adv* **1** a/de vegades **2** de tant en tant ➲ *Vegeu nota a* ALWAYS

someway /'sʌmweɪ/ *adv* (*USA, col·loq*) d'alguna manera

somewhat /'sʌmwɒt/ *adv* (*amb adjectiu o adverbi*) **1** una mica: *I have a somewhat different question.* Tinc una pregunta una mica diferent. **2** força, bastant: *We missed the bus, which was somewhat unfortunate.* Vam tenir força mala sort i se'ns va escapar l'autobús.

somewhere /'sʌmweə(r)/ (*USA tb* **someplace** /'sʌmpleɪs/) *adverbi, pronom*

▸ *adv* en/per algun lloc, en/per alguna banda: *I've seen your glasses somewhere downstairs.* He vist les teves ulleres per algun lloc a baix. ◇ *somewhere else* en un altre lloc LOC *Vegeu* OTHER

▸ *pron*: *to have somewhere to go* tenir algun lloc on anar ❶ La diferència entre **somewhere** i **anywhere** és la mateixa que hi ha entre **some** i **any**. *Vegeu tb nota a* SOME

son /sʌn/ *n* fill LOC *Vegeu* FATHER

song /sɒŋ; *USA* sɔːŋ/ *n* **1** cançó **2** cant

songwriter /'sɒŋraɪtə(r); *USA* 'sɔːŋ-/ *n* autor, -a de cançons

son-in-law /'sʌn ɪn lɔː/ *n* (*pl* **sons-in-law**) gendre

soon /suːn/ *adv* (**sooner, -est**) aviat LOC **as soon as** així que, tan aviat com: *as soon as possible* tan aviat com sigui possible ◆ **(just) as soon do sth (as do sth)**: *I'd (just) as soon stay at home as go for a walk.* Tant me fa quedar-me a casa com anar a fer una volta. ◆ **no sooner... than...** (*formal*) tan bon punt...: *No sooner had she said it than she burst into tears.* Tan bon punt va dir-ho, es va posar a plorar. ◆ **sooner or later** tard o d'hora ◆ **the sooner the better** com més aviat millor

soot /sʊt/ *n* sutge

soothe /suːð/ *vt* **1** (*persona*) tranquil·litzar **2** (*dolor, etc.*) alleujar

sophisticated /sə'fɪstɪkeɪtɪd/ *adj* sofisticat **sophistication** *n* sofisticació

soppy /'sɒpi/ *adj* (*col·loq*) molt sentimental

sorbet /'sɔːbeɪ; *USA* -bət/ *n* sorbet

sordid /'sɔːdɪd/ *adj* **1** sòrdid **2** (*comportament*) mesquí

sore /sɔː(r)/ *adjectiu, nom*

▸ *adj* adolorit: *to have a sore throat* tenir mal de coll ◇ *I've got sore eyes.* Em couen els ulls. LOC **a sore point** un assumpte delicat

▸ *n* nafra, llaga

sorely /'sɔːli/ *adv*: *She will be sorely missed.* La trobarem a faltar moltíssim. ◇ *I was sorely tempted to do it.* Em van agafar temptacions de fer-ho.

sorrow /'sɒrəʊ/ *n* pesar, pena: *to my great sorrow* a pesar meu

sorry /'sɒri/ *adjectiu, interjecció*

▸ *adj* **1 be ~** saber greu: *I'm sorry I'm late.* Em sap greu arribar tard. ◇ *I'm so sorry!* Em sap molt de greu! **2 be ~** penedir-se: *He's very sorry for what he's done.* Està molt penedit del que ha fet. ◇ *You'll be sorry!* Te'n penediràs!

Sorry for o **sorry about**?
Quan **sorry** s'usa per a demanar perdó, es pot dir **be sorry for sth/doing sth** o **be sorry about sth/doing sth**: *I'm sorry for waking*

you up last night. Em sap greu haver-te despertat anit. ◇ *We're sorry about the mess.* Perdoneu el desordre.

3 (*estat*) llastimós LOC **be/feel sorry for sb** compadir algú, sentir llàstima d'algú: *I feel very sorry for his sister.* Em fa molta pena la seva germana. ◇ *Stop feeling sorry for yourself!* Para de compadir-te de tu mateix! ◆ **say you are sorry** disculpar-se *Vegeu tb* BETTER

▸ *interj* **1** (*per disculpar-se*) perdó! ➲ *Vegeu nota a* EXCUSE **2 sorry?** com dius?, què has dit?

sort /sɔːt/ *nom, verb*

▸ *n* **1** mena: *They sell all sorts of gifts.* Venen tota mena de regals. **2** (*col·loq*) persona: *He's not a bad sort really.* No és mala persona. LOC **a sort of sth** (*col·loq*): *It's a sort of autobiography.* És una espècie d'autobiografia. ◆ **sort of** (*col·loq*): *I feel sort of uneasy.* Em sento una mica intranquil. ◇ *'Do you know what I mean?' 'Sort of.'* —Saps el que vull dir? —Més o menys. *Vegeu tb* NOTHING

▸ *vt* ~ **sth (into sth)** classificar, ordenar alguna cosa (en alguna cosa) PHR V **sort sth out 1** organitzar, ordenar alguna cosa **2** arreglar, solucionar alguna cosa ◆ **sort through sth** revisar, ordenar alguna cosa

so-so /ˌsəʊ ˈsəʊ/ *adj, adv* (*col·loq*) així així

sought *pt, pp de* SEEK

sought after *adj* cobejat

soul /səʊl/ *n* ànima: *There wasn't a soul to be seen.* No es veia ni una ànima. ◇ *Poor soul!* Pobret! LOC *Vegeu* BODY

sound /saʊnd/ *nom, verb, adjectiu, adverbi*

▸ *n* **1** so: *sound effects* efectes de so ◇ *sound waves* ones acústiques **2** soroll: *I could hear the sound of voices.* Sentia un soroll de veus. ◇ *She opened the door without a sound.* Va obrir la porta sense fer soroll. ➲ *Vegeu nota a* SOROLL **3 the sound** el volum: *Can you turn the sound up/down?* Pots posar-ho més fort/baix?

▸ **1** *vi* sonar: *Your voice sounds a bit odd.* La teva veu sona una mica rara. **2** *vi* semblar: *She sounded very surprised.* Semblava molt sorpresa. ◇ *He sounds very nice from his letter.* Segons la seva carta, sembla una persona molt agradable. **3** *vt* (*trompeta, etc.*) tocar **4** *vt* (*alarma*) donar **5** *vt* pronunciar: *You don't sound the 'h'.* No es pronuncia la "h". PHR V **sound sb out (about/on sth)** sondar algú (sobre alguna cosa)

▸ *adj* (**sounder, -est**) **1** (*consell, decisió*) bo **2** (*estructura, formació*) sòlid **3** sa **4** *a sound beating* una bona pallissa LOC **of sound mind** en plenes facultats mentals *Vegeu tb* SAFE

▸ *adv* LOC **sound asleep** profundament adormit

soundproof /ˈsaʊndpruːf/ *adjectiu, verb*

▸ *adj* insonoritzat

▸ *vt* insonoritzar

soundtrack /ˈsaʊndtræk/ *n* banda sonora

soup /suːp/ *n* sopa, brou: *soup spoon* cullera sopera

sour /ˈsaʊə(r)/ *adj* agre LOC **go/turn sour** fer-se agre/malbé

source /sɔːs/ *n* **1** font: *They didn't reveal their sources.* No ens van revelar les seves fonts. ◇ *a source of income* una font d'ingressos **2** naixement (*d'un riu*)

south /saʊθ/ *nom, adjectiu, adverbi*

▸ *n* (*tb* **South**) (*abrev* **S**) sud: *Brighton is in the South of England.* Brighton és al sud d'Anglaterra.

▸ *adj* (del) sud: *south winds* vents del sud

▸ *adv* al sud: *The house faces south.* La casa mira cap al sud.

southbound /ˈsaʊθbaʊnd/ *adj* en/amb direcció sud

south-east /ˌsaʊθ ˈiːst/ *nom, adjectiu, adverbi*

▸ *n* (*abrev* **SE**) sud-est

▸ *adj* (del) sud-est

▸ *adv* cap al sud-est **south-eastern** *adj* (del) sud-est

southerly /ˈsʌðəli/ *adj* **1** cap al sud **2** (*vent*) del sud

southern (*tb* **Southern**) /ˈsʌðən/ *adj* del sud, meridional: *southern Italy* el sud d'Itàlia **southerner** *n* persona del sud

southwards /ˈsaʊθwədz/ (*tb* **southward**) *adv* cap al sud

south-west /ˌsaʊθ ˈwest/ *nom, adjectiu, adverbi*

▸ *n* (*abrev* **SW**) sud-oest

▸ *adj* (del) sud-oest

▸ *adv* cap al sud-oest **south-western** *adj* (del) sud-oest

souvenir /ˌsuːvəˈnɪə(r); *USA* ˈsuːvənɪər/ *n* record (*objecte*)

sovereign /ˈsɒvrɪn/ *adj, n* sobirà, -ana **sovereignty** *n* sobirania

sow[1] /səʊ/ *vt* (*pt* **sowed** *pp* **sown** /səʊn/ *o* **sowed**) sembrar

sow[2] /saʊ/ *n* truja ➲ *Vegeu nota a* PORC

soya /ˈsɔɪə/ (*USA* **soy** /sɔɪ/) *n* soia: *soya bean* llavor de soia

spa /spɑː/ *n* balneari

space /speɪs/ *nom, verb*

▸ *n* **1** [*incomptable*] (*cabuda*) lloc, espai: *There's no space for my suitcase.* No hi cap la meva maleta. **2** (*Astron*) espai: *a space flight* un vol espa-

S

cial ◇ *space travel* viatges espacials **3** (*període*) espai: *in a short space of time* en un espai breu de temps LOC *Vegeu* WASTE
▸ *vt* ~ **sth (out)** espaiar alguna cosa

spacecraft /'speɪskrɑːft; *USA* -kræft/ *n* (*pl* **spacecraft**) (*tb* **spaceship** /'speɪsʃɪp/) nau espacial

spaceman /'speɪsmæn/ *n* (*pl* **-men** /-men/) astronauta (*home*)

space shuttle (*tb* **shuttle**) *n* llançadora espacial

spacesuit /'speɪssuːt/ *n* vestit espacial

spacewoman /'speɪswʊmən/ *n* (*pl* **-women** /-wɪmɪn/) astronauta (*dona*)

spacious /'speɪʃəs/ *adj* espaiós, ampli

spade /speɪd/ *n* **1** pala **2 spades** [*pl*] (*cartes*) piques ➲ *Vegeu nota a* BARALLA

spaghetti /spə'geti/ *n* [*incomptable*] espagueti(s)

spam /spæm/ *n* correu brossa (*per Internet*)

span /spæn/ *nom, verb*
▸ *n* **1** (*de temps*) lapse, durada: *time span/span of time* lapse de temps **2** (*d'un pont*) llum
▸ *vt* (**-nn-**) **1** (*estendre's*) abraçar **2** (*pont*) creuar

spank /spæŋk/ *vt* donar una surra a

spanner /'spænə(r)/ *n* collador, clau (*eina*): *adjustable spanner* clau anglesa

spare /speə(r)/ *adjectiu, nom, verb*
▸ *adj* **1** sobrer, de sobres: *There are no spare seats.* No queden seients. ◇ *the spare room* l'habitació de convidats **2** de recanvi, de reserva: *a spare tyre/part* una roda/peça de recanvi **3** (*temps*) lliure, de lleure
▸ *n* (peça de) recanvi
▸ *vt* **1** ~ **sth (for sb/sth)** (*temps, diners, etc.*) tenir alguna cosa (per a algú/alguna cosa) **2** ~ **sb (from) sth** estalviar alguna cosa a algú: *Spare me the gory details.* Estalvia'm els detalls desagradables. **3** (*formal*) (*la vida d'algú*) perdonar **4** escatimar: *No expense was spared.* No van reparar en les despeses. LOC **to spare** de sobres: *with two minutes to spare* quan falten/faltaven dos minuts

sparing /speərɪŋ/ *adj* ~ **with sth** moderat en alguna cosa

spark /spɑːk/ *nom, verb*
▸ *n* espurna
▸ *vt* ~ **sth (off)** provocar, ocasionar alguna cosa

sparkle /'spɑːkl/ *verb, nom*
▸ *vi* espurnejar, brillar
▸ *n* espurneig **sparkling** *adj* **1** brillant **2** amb gas: *sparkling mineral water* aigua mineral amb gas **3** (*vi*) escumós

S

spark plug *n* bugia

sparrow /'spærəʊ/ *n* pardal

sparse /spɑːs/ *adj* **1** escàs, escampat **2** (*població*) dispers **3** (*cabells*) esclarissat

spartan /'spɑːtn/ *adj* espartà

spasm /'spæzəm/ *n* espasme

spat *pt, pp de* SPIT

spate /speɪt/ *n* ratxa, ona

spatial /'speɪʃl/ *adj* (*formal*) espacial, de l'espai: *spatial awareness* sentit de l'espai

spatter /'spætə(r)/ *vt* ~ **sb/sth (with sth)**; ~ **sth (on/over sb)** ruixar, esquitxar algú amb/d'alguna cosa

speak /spiːk/ (*pt* **spoke** /spəʊk/ *pp* **spoken** /spəʊkən/) **1** *vi* ~ **(to sb) (about sth/sb)** parlar (amb algú) (d'alguna cosa/d'algú): *Can I speak to you a minute, please?* Puc parlar amb tu un moment, si us plau? ➲ *Vegeu nota a* PARLAR **2** *vt* dir, parlar: *to speak the truth* dir la veritat ◇ *Do you speak French?* Parles francès? **3** *vi* ~ **(on/about sth)** pronunciar un discurs (sobre alguna cosa) LOC **be on speaking terms (with sb)**; **be speaking (to sb)** parlar-se (amb algú) ◆ **generally, theoretically, etc. speaking** en general, en teoria, etc. ◆ **so to speak** per dir-ho d'alguna manera ◆ **speak for itself/themselves**: *The statistics speak for themselves.* Les estadístiques parlen per si mateixes. ◆ **speak your mind** parlar sense embuts PHR V **speak for sb** parlar en nom d'algú/per algú ◆ **speak out (against sth)** parlar clar (contra alguna cosa), denunciar alguna cosa ◆ **speak up** parlar (més) fort

speaker /'spiːkə(r)/ *n* **1** (*en públic*) orador, -a, conferenciant **2** el/la que parla: *Catalan speaker* catalanoparlant **3** altaveu ➲ *Vegeu il·lustració a* ORDINADOR

spear /spɪə(r)/ *n* **1** llança **2** (*de pesca*) arpó

special /'speʃl/ *adjectiu, nom*
▸ *adj* **1** especial: *The film won an award for its special effects.* La pel·lícula va guanyar un premi pels efectes especials. **2** particular: *nothing special* res de particular **3** (*reunió, edició, pagament*) extraordinari
▸ *n* **1** (*tren, plat, etc.*) especial **2** (*esp USA, col·loq*) oferta especial **specialist** *n* especialista

speciality /ˌspeʃɪ'æləti/ (*tb esp USA* **specialty** /'speʃəlti/) *n* (*pl* **specialities**) especialitat

specialize (*GB tb* **-ise**) /'speʃəlaɪz/ *vi* ~ **(in sth)** especialitzar-se (en alguna cosa) **specialization** (*GB tb* **-isation**) *n* especialització **specialized** (*GB tb* **-ised**) *adj* especialitzat

specially /'speʃəli/ *adv* **1** especialment, expressament: *specially designed for schools* dissenyat especialment per a les escoles ◇ *specially for you* especialment per a tu **2** particularment, sobretot

species /'spi:ʃi:z/ *n* (*pl* **species**) espècie

specific /spə'sɪfɪk/ *adj* específic, precís, concret **specifically** /-kli/ *adv* concretament, específicament

specification /ˌspesɪfɪ'keɪʃn/ *n* **1** especificació **2** [*gen pl*] especificacions, pla detallat

specify /'spesɪfaɪ/ *vt* (*pt, pp* **-fied**) especificar, precisar

specimen /'spesɪmən/ *n* espècimen, exemplar, mostra

speck /spek/ *n* **1** (*de brutícia*) taqueta **2** (*de pols*) brossa **3** *a speck on the horizon* un punt a l'horitzó

spectacle /'spektəkl/ *n* espectacle

spectacles /'spektəklz/ *n* [*pl*] (*formal*) (*col·loq* **specs**) ulleres ❶ La paraula més habitual és **glasses**. *Vegeu nota a* PAIR

spectacular /spek'tækjələ(r)/ *adj* espectacular

spectator /spek'teɪtə(r); *USA* 'spekteɪtər/ *n* espectador, -a

spectre (*USA* **specter**) /'spektə(r)/ *n* espectre, fantasma: *the spectre of another war* el fantasma d'una nova guerra

spectrum /'spektrəm/ *n* (*pl* **spectra** /-trə/) espectre: *a broad spectrum of opinions* un gran ventall d'opinions

speculate /'spekjuleɪt/ *vi* ~ **(about/on sth)** especular (sobre alguna cosa) **speculation** *n* ~ **(about/over sth)** especulació (sobre alguna cosa)

speculative /'spekjələtɪv; *USA tb* 'spekjəleɪtɪv/ *adj* especulatiu

speculator /'spekjuleɪtə(r)/ *n* especulador, -a

sped *pt, pp de* SPEED

speech /spi:tʃ/ *n* **1** discurs: *to make/deliver/give a speech* pronunciar/fer un discurs **2** parla: *to lose the power of speech* perdre la parla ◇ *speech therapy* logopèdia ◇ *freedom of speech* llibertat d'expressió **3** llenguatge: *children's speech* el llenguatge dels nens **4** (*Teat*) parlament

speech bubble *n* bafarada (*en un còmic*)

speechless /'spi:tʃləs/ *adj* sense paraules, mut: *She was speechless with rage.* Va emmudir de ràbia.

speed /spi:d/ *nom, verb*

▸ *n* velocitat, rapidesa LOC **at speed** a tota velocitat *Vegeu tb* FULL, PICK

▸ **1** *vi* (*pt, pp* **sped** /sped/) anar a tota velocitat **2** *vt* (*pt, pp* **speeded**) (*formal*) accelerar PHR V **speed (sth) up** accelerar (alguna cosa): *If you don't speed up we'll never finish.* Si no t'afanyes no acabarem mai. **speeding** *n* excés de velocitat: *I was fined for speeding.* Em van posar una multa per excés de velocitat.

speedboat /'spi:dbəʊt/ *n* llanxa ràpida

speed hump (*USA tb* **speed bump**) *n* banda rugosa (*a la carretera*)

speedily /'spi:dɪli/ *adv* ràpidament

speedometer /spi:'dɒmɪtə(r)/ *n* velocímetre

speedy /'spi:di/ *adj* (**speedier, -iest**) ràpid: *a speedy recovery* una ràpida recuperació

spell /spel/ *verb, nom*

▸ *vt* (*pt, pp* **spelt** /spelt/ *o* **spelled**) ➲ *Vegeu nota a* DREAM **1** lletrejar, escriure: *How do you spell your name?* Com s'escriu el teu nom? **2** suposar, significar PHR V **spell sth out 1** explicar alguna cosa clarament **2** lletrejar alguna cosa

▸ *n* **1** temporada, ratxa **2** tanda, torn **3** conjur, encanteri LOC *Vegeu* CAST

spellchecker /'speltʃekə(r)/ (*tb* **spell check**) *n* corrector ortogràfic

spelling /'spelɪŋ/ *n* ortografia

spelt *pt, pp de* SPELL

spend /spend/ *vt* (*pt, pp* **spent** /spent/) **1** ~ **sth (on sth)** gastar alguna cosa (en alguna cosa) **2** (*temps*) passar: *He spends a lot of time playing computer games.* Passa molt de temps jugant als videojocs. **3** ~ **sth on sth** dedicar alguna cosa a alguna cosa **spending** *n* despesa: *public spending* la despesa pública

spendthrift /'spendθrɪft/ *n* malgastador, -a

sperm /spɜ:m/ *n* (*pl* **sperm** *o* **sperms**) esperma

sphere /sfɪə(r)/ *n* esfera

sphinx /sfɪŋks/ (*tb* **the Sphinx**) *n* esfinx

spice /spaɪs/ *nom, verb*

▸ *n* **1** espècia/espècies **2** interès: *to add spice to a situation* afegir interès a una situació

▸ *vt* ~ **sth (up)** salpebrar, assaonar alguna cosa: *He exaggerated the details to spice up the story.* Va exagerar els detalls de la història per fer-la més interessant. **spicy** *adj* (**spicier, -iest**) condimentat, picant *Vegeu tb* HOT

spider /'spaɪdə(r)/ *n* aranya: *spider's web* teranyina

spied *pt, pp de* SPY

spies *plural de* SPY

S

spike /spaɪk/ *n* **1** pua, punxa **2** punta **spiky** *adj* (**spikier**, **-iest**) ple de pues, punxegut: *spiky hair* cabells de punta

spill /spɪl/ *verb, nom*

▸ *vt, vi* (*pt, pp* **spilt** /spɪlt/ *o* **spilled**) ➲ *Vegeu nota a* DREAM vessar(-se), escampar(-se): *He spilled juice on his shirt.* Li va caure suc a la camisa. ➲ *Vegeu nota i il·lustració a* DROP **LOC** *Vegeu* CRY **PHR V** **spill over** sobreeixir, desbordar-se

▸ *n* (*formal* **spillage** /'spɪlɪdʒ/) **1** vessament **2** vessada

spin /spɪn/ *verb, nom*

▸ (*pt, pp* **spun** /spʌn/ *part pres* **spinning**) **1** *vi* ~ **(round/around)** donar tombs, giravoltar **2** *vt* ~ **sth (round/around)** (fer) girar alguna cosa; donar tombs a alguna cosa **3** *vt* filar **4** *vt, vi* (*aranya*) teixir **5** *vt, vi* (*rentadora*) centrifugar **PHR V** **spin sth out** allargar alguna cosa

▸ *n* **1** volta, gir **2** (*col·loq, antic*) (*passeig en cotxe/moto*) tomb, volt: *to go for a spin* anar a fer un tomb **3** (*pilota*) efecte

spinach /'spɪnɪtʒ, -ɪdʒ/ *n* [*incomptable*] espinac(s)

spinal /'spaɪnl/ *adj* espinal: *spinal column* columna vertebral

spin doctor *n* conseller polític que presenta la informació de manera que afavoreixi el govern

spine /spaɪn/ *n* **1** (*Anat*) columna vertebral **2** (*Bot*) espina **3** (*Zool*) punxa **4** (*d'un llibre*) llom

spinster /'spɪnstə(r)/ *n* (*antic, sovint pej*) soltera, solterassa 🛈 La paraula més habitual per a referir-se a una dona no casada és **a single woman**. ➲ *Compareu amb* BACHELOR

S

spiral /'spaɪrəl/ *nom, adjectiu*

▸ *n* espiral

▸ *adj* (en) espiral, helicoïdal: *a spiral staircase* una escala de caragol

spire /'spaɪə(r)/ *n* cuculla, agulla

spirit /'spɪrɪt/ *n* **1** esperit, ànima: *community spirit* esperit de comunitat **2 spirits** [*pl*] estat d'ànim, humor: *in high/low spirits* de molt bon humor/desanimat **3** empenta, ànim **4** fantasma **5 spirits** [*pl*] licors **spirited** *adj* animós, enèrgic

spiritual /'spɪrɪtʃuəl/ *adj, n* espiritual

spit /spɪt/ *verb, nom*

▸ (*pt, pp* **spat** /spæt/ *tb esp USA* **spit** *part pres* **spitting**) **1** *vt, vi* escopir **2** *vt* (*insult, etc.*) deixar anar **3** *vi* (*foc*) espetarregar **PHR V** **spit sth out** escopir alguna cosa

▸ *n* **1** [*incomptable*] saliva, escopinada, esput **2** punta (*de terra*) **3** ast, rostidor

spite /spaɪt/ *nom, verb*

▸ *n* despit, ressentiment: *out of/from spite* per despit **LOC** **in spite of sth** malgrat alguna cosa

▸ *vt* molestar, emprenyar **spiteful** *adj* malèvol, rancorós

splash /splæʃ/ *verb, nom*

▸ **1** *vi* clapotejar **2** *vi* xipollejar **3** *vt* ~ **sb/sth (with sth)** esquitxar algú/alguna cosa (d'alguna cosa): *He splashed some water on his face.* Es va remullar la cara amb aigua. **PHR V** **splash out (on sth)** (*GB, col·loq*) tirar la casa per la finestra, permetre's el luxe de comprar alguna cosa

▸ *n* **1** clapoteig **2** esquitx (*de salsa, pintura, etc.*) **3** taca (*de color*)

splatter /'splætə(r)/ *vt* esquitxar

splendid /'splendɪd/ *adj* esplèndid, magnífic

splendour (*USA* **splendor**) /'splendə(r)/ *n* esplendor

spliff /splɪf/ *n* (*GB, argot*) porro (*cigarreta de droga*)

splint /splɪnt/ *n* canya (*per a encanyar un os trencat*): *His arm is in a splint.* Té el braç encanyat.

splinter /'splɪntə(r)/ *nom, verb*

▸ *n* estella, esberla

▸ *vt, vi* **1** estellar(-se) **2** dividir(-se)

split /splɪt/ *verb, nom, adjectiu*

▸ (*pt, pp* **split** *part pres* **splitting**) **1** *vt, vi* trencar(-se), partir(-se): *to split sth in two* partir alguna cosa en dos trossos **2** *vt, vi* dividir(-se) **3** *vt* repartir **4** *vi* ~ **(open)** esberlar-se, esquerdar-se **PHR V** **split up (with sb)** separar-se (d'algú), trencar (amb algú)

▸ *n* **1** divisió, ruptura **2** obertura, esberla **3 the splits** [*pl*]: *to do the splits* fer l'espagat

▸ *adj* partit, dividit

splutter /'splʌtə(r)/ *verb, nom*

▸ **1** *vt, vi* barbotejar, balbucejar **2** *vi* (*foc, etc.*) espetegar

▸ *n* espetec

spoil /spɔɪl/ (*pt, pp* **spoilt** /spɔɪlt/ *o* **spoiled**) ➲ *Vegeu nota a* DREAM **1** *vt, vi* fer(-se) malbé, espatllar(-se), esguerrar(-se) **2** *vt* (*nen*) aviciar

spoilsport /'spɔɪlspɔːt/ *n* (*col·loq*) esgarriacries

spoilt /spɔɪlt/ *adj* (*nen*) aviciat *Vegeu tb* SPOIL

spoke /spəʊk/ *n* radi (*d'una roda*) *Vegeu tb* SPEAK

spoken *pp de* SPEAK

spokesman /'spəʊksmən/ *n* (*pl* **-men** /-mən/) portaveu (*home*) ➲ *Compareu amb* SPOKESPERSON

spokesperson /'spəʊkspɜːsn/ *n* (*pl* **-persons** *o* **-people**) portaveu 🛈 Es refereix tant a un home com a una dona.

spokeswoman /'spəʊkswʊmən/ *n* (*pl* **-women** /-wɪmɪn/) portaveu (*dona*) ➲ *Compareu amb* SPOKESPERSON

sponge /spʌndʒ/ *nom, verb*
▸ *n* **1** esponja **2** (*tb* **sponge cake**) pa de pessic
▸ *v* PHR V **sponge off/on sb** (*col·loq, pej*) viure a l'esquena d'algú **sponger** *n* (*pej*) aprofitat, -ada

sponge bag *n* necesser

sponsor /'spɒnsə(r)/ *nom, verb*
▸ *n* patrocinador, -a
▸ *vt* patrocinar **sponsorship** *n* patrocini

spontaneous /spɒn'teɪniəs/ *adj* espontani **spontaneity** /ˌspɒntə'neɪəti/ *n* espontaneïtat

spooky /spu:ki/ *adj* (**spookier, -iest**) (*col·loq*) **1** d'aspecte embruixat **2** misteriós

spoon /spu:n/ *nom, verb*
▸ *n* **1** cullera: *a serving spoon* un cullerot **2** (*tb* **spoonful**) cullerada
▸ *vt*: *She spooned the mixture out of the bowl.* Va treure la barreja del bol amb una cullera.

sporadic /spə'rædɪk/ *adj* esporàdic

sport /spɔ:t/ *n* **1** (*USA* **sports** [*pl*]) esport: *I'm not interested in sport.* No m'interessa l'esport. ◇ *sports field* camp d'esport ◇ *sports facilities* instal·lacions esportives ◇ *sports hall* pavelló esportiu **2** (*col·loq*) bon noi, bona noia **sporting** *adj* esportiu

sports car *n* cotxe esportiu

sports centre *n* poliesportiu

sportsman /'spɔ:tsmən/ *n* (*pl* **-men** /-mən/) esportista (*home*) ➲ *Vegeu nota a* POLICIA **sportsmanlike** *adj* esportiu (*just*) **sportsmanship** *n* esportivitat

sportsperson /'spɔ:tspɜ:sn/ *n* (*pl* **-persons** *o* **-people**) esportista ➲ *Vegeu nota a* POLICIA

sportswoman /'spɔ:tswʊmən/ *n* (*pl* **-women** /-wɪmɪn/) esportista (*dona*) ➲ *Vegeu nota a* POLICIA

sporty /'spɔ:ti/ *adj* (**sportier, -iest**) (*col·loq*) **1** (*esp GB*) esportista **2** (*roba, cotxe*) esportiu

spot /spɒt/ *nom, verb*
▸ *n* **1** (*disseny*) lluna, pic: *a blue skirt with red spots on it* una faldilla blava amb pics vermells **2** (*en els animals, etc.*) clapa **3** (*Med*) gra **4** lloc *Vegeu tb* HOT SPOT **5 a ~ of sth** (*GB, col·loq*): *Would you like a spot of lunch?* Vols una mica de dinar? ◇ *You seem to be having a spot of bother.* Sembla que estàs passant per un moment una mica difícil. **6** (*col·loq*) focus LOC *Vegeu* SOFT
▸ *vt* (**-tt-**) notar, veure: *He finally spotted a shirt he liked.* Per fi va trobar una camisa que li agradava. ◇ *Nobody spotted the mistake.* Ningú no se'n va adonar, de l'error.

spotless /'spɒtləs/ *adj* **1** (*casa*) net com una patena **2** (*reputació*) irreprotxable

spotlight /'spɒtlaɪt/ *n* **1** focus ➲ *Vegeu il·lustració a* LLUM **2 the spotlight** [*sing*]: *to be in the spotlight* ésser el centre d'atenció

spotted /'spɒtɪd/ *adj* **1** (*roba*) amb llunes/pics **2** (*animal*) amb clapes *Vegeu tb* SPOT *v*

spotty /'spɒti/ *adj* (**spottier, -iest**) amb molts grans

spouse /spaʊs, spaʊz/ *n* (*formal o Dret*) cònjuge

spout /spaʊt/ *nom, verb*
▸ *n* **1** (*d'una tetera*) broc **2** (*d'un canaló*) canó
▸ **1** *vi* ~ **(out/up) (from sth)** sortir a raig, brollar (d'alguna cosa) **2** *vt* ~ **sth (out/up)** llançar alguna cosa a raig **3** *vi* ~ **(off/on) (about sth)** (*col·loq, pej*) parlar pels descosits, donar la llauna (amb alguna cosa) **4** *vt* (*col·loq, sovint pej*) recitar

sprain /spreɪn/ *verb, nom*
▸ *vt*: *to sprain your ankle* fer-se un esquinç al turmell
▸ *n* esquinç

sprang *pt de* SPRING

sprawl /sprɔ:l/ *vi* **1** estirar-se, escarxofar-se **2** (*ciutat, etc.*) estendre's (*desordenadament*)

spray /spreɪ/ *nom, verb*
▸ *n* **1** escuma (*del mar*) **2** (*per als cabells, etc.*) esprai **3** (*envàs*) polvoritzador, esprai **4** ruixada
▸ **1** *vt* ~ **sth on/onto/over sb/sth**; ~ **sb/sth with sth** ruixar algú/alguna cosa amb alguna cosa **2** *vi* ~ **(over, across, etc. sb/sth)** esquitxar (algú/alguna cosa)

spread /spred/ *verb, nom*
▸ (*pt, pp* **spread**) **1** *vt* ~ **sth (out) (on/over sth)** estendre, desplegar alguna cosa (en/sobre alguna cosa) **2** *vt* cobrir: *to spread a cloth on the table* cobrir la taula amb unes estovalles **3** *vt, vi* estendre('s), propagar(-se) **4** *vt, vi* (*notícia*) divulgar(-se) **5** *vt, vi* untar(-se) **6** *vt* ~ **sth (out) (over sth)** distribuir alguna cosa (al llarg d'alguna cosa)
▸ *n* **1** (*d'una infecció, foc*) propagació **2** (*d'informació*) difusió **3** (*de crim, armes, etc.*) proliferació **4** ventall (*d'opcions, etc.*) **5** paté, formatge, etc. per untar **6** extensió **7** (*ales*) envergadura

spreadsheet /'spredʃi:t/ *n* full de càlcul

spree /spri:/ *n*: *to go on a shopping/spending spree* sortir a gastar diners ◇ *to go out on a spree* sortir de gresca

spring /sprɪŋ/ *nom, verb*
▸ *n* **1** (*tb* **springtime**) primavera **2** ressort **3** (*matalàs, butaca*) molla **4** font (*deu*) **5** salt

S

▸ (*pt* **sprang** /spræŋ/ *pp* **sprung** /sprʌŋ/) *vi* **1** saltar **2** (*líquid*) rajar: *Tears sprang to his eyes.* Se li van omplir els ulls de llàgrimes. **LOC spring into action/life** posar-se en acció/cobrar vida *Vegeu tb* MIND *n* **PHR V spring from sth** (*formal*) provenir, ésser producte d'alguna cosa ◆ **spring sth on sb** (*col·loq*) agafar algú d'improvís amb alguna cosa: *to spring a surprise on sb* agafar algú de sorpresa

springboard /ˈsprɪŋbɔːd/ *n* trampolí

spring-clean /ˌsprɪŋ ˈkliːn/ *vt, vi* fer neteja general (a...) **spring clean** *n* neteja general

spring onion *n* ceballot

sprinkle /ˈsprɪŋkl/ *vt* **1 ~ sth (on/onto/over sth)** ruixar alguna cosa (sobre alguna cosa) **2 ~ sth (with sth)** ruixar, esquitxar alguna cosa (amb/d'alguna cosa) **sprinkling** *n* **a sprinkling (of sth/sb)** una mica (d'alguna cosa), uns quants

sprint /sprɪnt/ *verb, nom*
▸ *vi* **1** córrer com un llamp **2** (*Esport*) esprintar
▸ *n* **1** cursa de velocitat **2** esprint **sprinter** *n* velocista

sprog /sprɒg/ *n* (*GB, col·loq, hum*) marrec, mocós, -osa

sprout /spraʊt/ *verb, nom*
▸ **1** *vi* ~ **(up)** brotar, aparèixer **2** *vt* treure (*flors, brots, etc.*)
▸ *n* **1** *Vegeu* BRUSSELS SPROUT **2** brot

sprung *pp de* SPRING

spun *pt, pp de* SPIN

spur /spɜː(r)/ *nom, verb*
▸ *n* **1** esperó **2 ~ (to sth)** [*gen sing*] estímul (per a alguna cosa) **LOC on the spur of the moment** impulsivament
▸ *vt* **(-rr-) ~ sb/sth (on)** incitar algú; estimular algú/alguna cosa

S

spurn /spɜːn/ *vt* (*formal*) rebutjar

spurt /spɜːt/ *verb, nom*
▸ *vi* **~ (out) (from sth)** sortir a raig (d'alguna cosa)
▸ *n* **1** raig **2** embranzida

sputter /ˈspʌtə(r)/ *vi* espetegar

spy /spaɪ/ *nom, verb*
▸ *n* (*pl* **spies**) espia: *spy thrillers* novel·les d'espies
▸ *vi* (*pt, pp* **spied**) **~ (on sb/sth)** espiar (algú/alguna cosa)

squabble /ˈskwɒbl/ *verb, nom*
▸ *vi* **~ (with sb) (about/over sth)** barallar-se (amb algú) (per alguna cosa)
▸ *n* baralla

squad /skwɒd/ *n* [*v sing o pl*] **1** (*policia*) brigada: *the drugs squad* la brigada antidroga **2** (*Mil*) esquadra **3** (*Esport*) selecció

squadron /ˈskwɒdrən/ *n* [*v sing o pl*] esquadró

squalid /ˈskwɒlɪd/ *adj* sòrdid

squalor /ˈskwɒlə(r)/ *n* misèria

squander /ˈskwɒndə(r)/ *vt* **~ sth (on sth)** malgastar alguna cosa (en alguna cosa)

square /skweə(r)/ *adjectiu, nom, verb*
▸ *adj* quadrat: *a square metre* un metre quadrat ◇ *a carpet four metres square* una catifa de quatre metres de costat **LOC a square meal** un àpat com cal ◆ **be (all) square (with sb) 1** estar en paus (amb algú) **2** (*Esport*) estar empatat (amb algú) *Vegeu tb* FAIR
▸ *n* **1** quadrat **2** (*abrev* **Sq.**) plaça **3** (*en un tauler*) casella **LOC go back to square one** tornar a començar (des de zero)
▸ *v* **PHR V square up (with sb)** passar comptes (amb algú)

squarely /ˈskweəli/ *adv* directament

square root *n* arrel quadrada

squash /skwɒʃ/ *verb, nom*
▸ *vt, vi* aixafar(-se): *It was squashed flat.* Estava aixafat.
▸ *n* **1** (*Esport*) esquaix **2** (*GB*) refresc (de fruites edulcorat per diluir) **3** *What a squash!* Quina gentada!

squat /skwɒt/ *verb, adjectiu, nom*
▸ **(-tt-) 1** *vi* **~ (down)** posar-se a la gatzoneta **2** *vt, vi* ocupar (un edifici) (*sense permís o dret*)
▸ *adj* rabassut
▸ *n* edifici ocupat il·legalment **squatter** *n* ocupa

squawk /skwɔːk/ *verb, nom*
▸ *vi* grallar, xisclar
▸ *n* grall, xiscle

squeak /skwiːk/ *verb, nom*
▸ *vi* **1** (*animal, etc.*) xisclar **2** (*frontissa, etc.*) xerricar
▸ *n* **1** (*animal, etc.*) xiscle **2** (*frontissa, etc.*) xerric **squeaky** *adj* (**squeakier, -iest**) **1** (*veu*) cridaner **2** (*frontissa, etc.*) que xerrica

squeal /skwiːl/ *verb, nom*
▸ *vt, vi* xisclar
▸ *n* esgarip, xiscle

squeamish /ˈskwiːmɪʃ/ *adj* **1** delicat, aprensiu **2** impressionable (*a la vista de sang, etc.*)

squeeze /skwiːz/ *verb, nom*
▸ **1** *vt* prémer **2** *vt* esprémer, masegar **3** *vt, vi* ~ **(sb/sth) into, past, through, etc. (sth)**: *to squeeze through a gap in the hedge* passar amb dificultat per un forat de la bardissa ◇ *Can you squeeze past/by?* Pots passar? ◇ *Can you squeeze anything else into that case?* Pots encabir alguna cosa més a la maleta?
▸ *n* **1** espremuda **2** *a squeeze of lemon* un rajolí de llimona **3** atapeïment **4** retallada, restriccions (*en sous, feina, etc.*)

squid /skwɪd/ *n* (*pl* **squid**) calamar

squint /ˈskwɪnt/ *verb, nom*
▸ *vi* **1** ~ **(at/through sth)** mirar (alguna cosa/a través d'alguna cosa) amb els ulls mig oberts **2** mirar guerxo
▸ *n* estrabisme

squirm /skwɜːm/ *vi* **1** recaragolar-se **2** avergonyir-se

squirrel /ˈskwɪrəl; *USA* ˈskwɜːrəl/ *n* esquirol

squirt /skwɜːt/ *verb, nom*
▸ **1** *vt* tirar un raig de: *I squirted water onto the flames.* Vaig tirar un raig d'aigua damunt les flames. **2** *vt* ~ **sb/sth (with sth)** ruixar algú/alguna cosa amb un raig (d'alguna cosa) **3** *vi* ~ **(out of/from sth)** sortir a raig (d'alguna cosa)
▸ *n* raig

stab /stæb/ *verb, nom*
▸ *vt* (**-bb-**) **1** apunyalar **2** punxar
▸ *n* punyalada **LOC have a stab at (doing) sth** (*col·loq*) intentar (fer) alguna cosa

stabbing /ˈstæbɪŋ/ *nom, adjectiu*
▸ *n* punyalada
▸ *adj* (*dolor*) punxant

stability /stəˈbɪləti/ *n* estabilitat

stabilize (*GB tb* **-ise**) /ˈsteɪbəlaɪz/ *vt, vi* estabilitzar(-se)

stable /ˈsteɪbl/ *adjectiu, nom*
▸ *adj* **1** estable **2** equilibrat
▸ *n* **1** establa **2** quadra

stack /stæk/ *nom, verb*
▸ *n* **1** pila (*de llibres, plats, etc.*) **2** ~ **of sth** (*col·loq*) munt d'alguna cosa
▸ *vt* ~ **sth (up)** apilar, amuntegar alguna cosa

stadium /ˈsteɪdiəm/ *n* (*pl* **stadiums** *o* **stadia** /-diə/) estadi

staff /stɑːf; *USA* stæf/ *nom, verb*
▸ *n* [*v sing o pl*] personal, plantilla: *The staff are all working long hours.* Tot el personal treballa fins tard. ◇ *teaching staff* personal docent ◇ *staff room* sala de professors ➲ *Vegeu nota a* JURAT
▸ *vt* proveir de personal

stag /stæg/ *n* cérvol ➲ *Vegeu nota a* CÉRVOL

stage /steɪdʒ/ *nom, verb*
▸ *n* **1** etapa: *at this stage* en aquest moment/a aquestes altures ◇ *to do sth in stages* fer alguna cosa per etapes **2** escenari **3 the stage** [*sing*] el teatre (*professió*): *to go on the stage* fer-se actor/actriu **LOC stage by stage** de mica en mica
▸ *vt* **1** posar en escena **2** organitzar

stagger /ˈstægə(r)/ *nom, verb*
▸ *n* tentines
▸ **1** *vi* tentinejar: *He staggered back home/to his feet.* Va tornar a casa/Es va aixecar tentinejant. **2** *vt* deixar parat **3** *vt* (*viatge, vacances*) escalonar

staggering /ˈstægərɪŋ/ *adj* sorprenent

stagnant /ˈstægnənt/ *adj* estancat

stagnate /stægˈneɪt; *USA* ˈstægneɪt/ *vi* estancar-se **stagnation** *n* estancament

stag night (*tb* **stag party**) *n* (*GB*) comiat de solter ➲ *Compareu amb* HEN PARTY

stain /steɪn/ *verb, nom*
▸ **1** *vt, vi* tacar(-se) **2** *vt* tenyir
▸ *n* **1** taca **2** tint (*per a la fusta*)

stained glass *n* vidre de colors: *stained glass window* vitrall

stainless steel /ˌsteɪnləs ˈstiːl/ *n* acer inoxidable

stair /steə(r)/ *n* **1 stairs** [*pl*] escala (*a l'interior d'un edifici*): *to go up/down the stairs* pujar/baixar l'escala ➲ *Vegeu nota a* ESCALA **2** esglaó

staircase /ˈsteəkeɪs/ *n* escala (*part d'un edifici*) ➲ *Vegeu nota a* ESCALA

stairway /ˈsteəweɪ/ *n* escala (*esp exterior*) ➲ *Vegeu nota a* ESCALA

stake /steɪk/ *nom, verb*
▸ *n* **1** estaca **2 the stake** [*sing*] la foguera **3** (*Fin*) participació **4** [*gen pl*] aposta **LOC be at stake** anar-hi alguna cosa: *His reputation is at stake.* S'hi juga la seva reputació.
▸ *vt* **1** ~ **sth (on sth)** apostar alguna cosa (a alguna cosa): *I'm sure that's him – I'd stake my life on it.* Segur que és ell, m'hi jugaria el coll. **2** apuntalar **LOC stake (out) a/your claim (to sth)** reclamar el dret (a alguna cosa)

stale /steɪl/ *adj* **1** (*pa, etc.*) dur, sec **2** (*aire*) viciat **3** (*idees, notícies*) vell

stalemate /ˈsteɪlmeɪt/ *n* **1** (*en negociacions, etc.*) punt mort **2** (*Escacs*) taules

stalk /stɔːk/ *nom, verb*
▸ *n* **1** tija **2** (*de fruita*) cua
▸ **1** *vt* (*presa, persona*) aguaitar, vigilar (*perseguir*) **2** *vi* ~ **(away/off/out)** anar-se'n amb aire ofès/indignat

stall /stɔːl/ *nom, verb*
▸ *n* **1** (*en un mercat*) parada **2** (*en una fira*) barraca **3** (*en un estable*) casella **4 stalls** [*pl*] (*USA* **orchestra**) (*Teat*) platea
▸ **1** *vt, vi* (*cotxe, motor*) calar(-se) **2** *vi* fugir d'estudi

stallion /ˈstæliən/ *n* semental (*cavall*)

stalwart /ˈstɔːlwət/ *adj, n* incondicional

stamina /ˈstæmɪnə/ *n* resistència

stammer /ˈstæmə(r)/ *verb, nom*
▸ *vi* quequejar

S

▸ *n* quequeig

stamp /stæmp/ *nom, verb*

▸ *n* **1** (*de correus*) segell: *stamp collecting* filatèlia

> Al Regne Unit hi ha dos tipus de segells: *first class* i *second class*. Els segells de primera classe valen més, però les cartes arriben abans.

2 (*de goma*) segell **3** (*fiscal*) timbre **4** (*per al metall*) encuny **5** (*de peu*) puntada

▸ **1** *vt, vi* picar de peus, donar puntades de peu (a): *He stamped his foot in anger.* Va picar amb el peu a terra de ràbia. **2** *vt* (*moneda, paper de carta, etc.*) estampar **3** *vt* (*passaport*) segellar **4** *vt* (*carta*) posar segell a, franquejar PHR V **stamp sth out** eradicar, eliminar alguna cosa

stampede /stæm'pi:d/ *nom, verb*

▸ *n* fugida, desbandada

▸ *vi* desbandar-se

stance /stæns; *GB tb* stɑ:ns/ *n* **1** ~ **(on sth)** postura, actitud (respecte a alguna cosa) **2** postura

stand /stænd/ *verb, nom*

▸ (*pt, pp* **stood** /stʊd/) **1** *vi* estar dret, mantenir-se dret: *Stand still.* Estigues quiet. **2** *vi* ~ **(up)** posar-se dret, aixecar-se **3** *vt* posar, col·locar **4** *vi* estar situat: *A house once stood here.* Abans hi havia una casa aquí. **5** *vi* romandre, estar: *as things stand* tal com estan les coses **6** *vi* fer, tenir una alçada de **7** *vi* (*oferta, etc.*) restar en peu **8** *vt* aguantar, suportar ❶ S'usa sobretot en frases negatives i interrogatives: *I can't stand him.* No el suporto. **9** *vi* ~ **(for/as sth)** (*esp GB*) (*Pol*) presentar-se (com a candidat) (a alguna cosa) LOC **it/that stands to reason** és lògic ◆ **stand a chance (of sth)** tenir possibilitats (d'alguna cosa) ◆ **stand fast/firm** mantenir-se ferm *Vegeu tb* AWE, LEG, TRIAL PHR V **stand around** quedar-se aquí (sense fer res) ◆ **stand by sb** donar suport a algú ◆ **stand for sth 1** significar, representar alguna cosa **2** propugnar **3** tolerar alguna cosa ❶ Aquesta accepció s'utilitza en frases negatives i interrogatives. ◆ **stand in (for sb)** suplir (algú) ◆ **stand out** (*ésser millor*) destacar-se ◆ **stand round** = STAND AROUND ◆ **stand sb up** (*col·loq*) deixar plantat algú ◆ **stand up for sb/sth** defensar algú/alguna cosa ◆ **stand up to sb** plantar cara a algú

▸ *n* **1** ~ **(on sth)** postura, actitud (respecte a alguna cosa): *to take a stand on sth* prendre posició sobre alguna cosa **2** parada, quiosc *Vegeu tb* NEWS-STAND **3** (*sovint en compostos*) peu, suport: *bicycle stand* suport de bici *Vegeu tb* MUSIC STAND **4** (*Esport*) tribuna *Vegeu tb* GRANDSTAND **5** (*Dret*) tribuna dels testimonis LOC **make a stand (against sb/sth)** oposar resistència (a algú/alguna cosa)

standard /'stændəd/ *nom, adjectiu*

▸ *n* estàndard, nivell LOC **be up to/below standard** tenir/no tenir el nivell requerit

▸ *adj* estàndard, normal

standardize (*GB tb* **-ise**) /'stændədaɪz/ *vt* estandarditzar

standard of living *n* nivell de vida

standby /'stændbaɪ/ *n* (*pl* **standbys**) **1** (*cosa*) recurs **2** (*persona*) reserva **3** *a standby ticket* un bitllet en llista d'espera LOC **on standby 1** preparat per sortir, ajudar, etc. **2** en llista d'espera

stand-in /'stænd ɪn/ *n* **1** substitut, -a, suplent **2** (*Cine*) doble

standing /'stændɪŋ/ *adjectiu, nom*

▸ *adj* permanent

▸ *n* **1** prestigi **2** *a friend of long standing* un amic de tota la vida

standing order *n* domiciliació bancària

standpoint /'stændpɔɪnt/ *n* punt de vista

standstill /'stændstɪl/ *n* [*sing*]: *to be at/come to a standstill* estar parat/parar-se ◇ *The city was brought to a standstill.* Es va col·lapsar la ciutat.

stank *pt de* STINK

staple /'steɪpl/ *adjectiu, nom, verb*

▸ *adj* principal

▸ *n* grapa

▸ *vt* grapar **stapler** *n* grapadora

star /stɑ:(r)/ *nom, verb*

▸ *n* **1** estrella: *film star* estrella de cinema **2** (*col·loq*): *Thanks for helping me – you're a star!* Gràcies per ajudar-me. Ets un sol!

▸ *vi* (**-rr-**) ~ **(in sth)** protagonitzar alguna cosa: *a starring role* un paper estel·lar

starboard /'stɑ:bəd/ *n* estribord

starch /stɑ:tʃ/ *n* **1** midó **2** fècula **starched** *adj* emmidonat

stardom /'stɑ:dəm/ *n* fama

stare /steə(r)/ *vi* ~ **(at sb/sth)** mirar fixament (algú/alguna cosa) ➲ *Vegeu nota a* MIRAR

starfish /'stɑ:fɪʃ/ *n* (*pl* **starfish**) estrella de mar

stark /stɑ:k/ *adj* (**starker, -est**) **1** desolador **2** cru **3** (*contrast*) manifest

stark naked *adj* a pèl (*despullat*)

starry /'stɑ:ri/ *adj* estrellat

the Stars and Stripes *n* [*sing*] la bandera dels Estats Units

> La bandera dels Estats Units està formada per barres i estrelles. Les 13 barres representen els 13 estats originals de la Unió i les 50 estrelles, els estats que ara la componen.

S

star sign *n* signe (del zodíac): *What star sign are you?* De quin signe ets?

start /stɑːt/ *verb, nom*

▸ **1** *vt, vi* ~ **(doing/to do sth)** començar (a fer alguna cosa): *It started to rain.* Va començar a ploure. ➲ *Vegeu nota a* BEGIN **2** *vi* (*cotxe, motor*) arrencar, engegar(-se) **3** *vt* (*rumor*) iniciar **4** *vt* (*incendi*) provocar LOC **to start with** per començar *Vegeu tb* BALL, SCRATCH PHR V **start off** posar-se en marxa ◆ **start off (doing/by doing sth)** començar (fent alguna cosa) ◆ **start out** començar: *She started out on her legal career in 1983.* Va començar la seva carrera jurídica el 1983. ◆ **start (sth) up 1** (*motor*) engegar (alguna cosa), posar alguna cosa en marxa **2** (*negoci*) començar (alguna cosa), muntar alguna cosa

▸ *n* **1** principi **2 the start** [*sing*] la sortida *Vegeu tb* HEAD START LOC **for a start** (*col·loq*) per començar ◆ **get off to a good, bad, etc. start** començar bé, malament, etc. *Vegeu tb* FALSE

starter /ˈstɑːtə(r)/ *n* **1** primer plat **2** participant (*en un cursa*) **3** motor d'engegada

starting grid *n* graella de sortida

starting point *n* punt de partida

startle /ˈstɑːtl/ *vt* sobresaltar, espantar **startling** *adj* sorprenent

starve /stɑːv/ **1** *vi* passar/patir fam: *to starve to death* morir de fam **2** *vt* fer passar fam LOC **be starving** (*col·loq*) morir-se de gana PHR V **starve sb/sth of sth** privar algú/alguna cosa d'alguna cosa: *to be starved of resources* no tenir els recursos necessaris **starvation** *n* fam ➲ *Vegeu nota a* FAM

state /steɪt/ *nom, adjectiu, verb*

▸ *n* **1** estat: *to be in a fit state to drive* estar en condicions per a conduir **2** (*Pol*) estat: *the State* l'estat **3 the States** (*col·loq*) els Estats Units LOC **state of affairs** situació ◆ **state of mind** estat mental *Vegeu tb* REPAIR

▸ *adj* estatal, públic: *a state visit* una visita oficial ◇ *state school* escola pública ➲ *Vegeu nota a* ESCOLA

▸ *vt* **1** manifestar, afirmar: *State your name.* Indiqueu el nom. **2** establir: *within the stated limits* dins dels límits establerts

stately /ˈsteɪtli/ *adj* majestuós: *stately home* casa senyorial

statement /ˈsteɪtmənt/ *n* declaració: *to issue a statement* fer un informe

statesman /ˈsteɪtsmən/ *n* (*pl* **-men** /-mən/) estadista

static /ˈstætɪk/ *adjectiu, nom*

▸ *adj* estàtic

▸ *n* [*incomptable*] **1** (*Ràdio, TV*) interferències **2** (*tb* **static electricity**) electricitat estàtica

station /ˈsteɪʃn/ *nom, verb*

▸ *n* **1** estació: *railway station* estació (de trens) **2** *power station* central elèctrica ◇ *police station* comissaria ◇ *fire station* parc de bombers ◇ *petrol station* gasolinera *Vegeu tb* SERVICE STATION **3** (*Ràdio*) emissora

▸ *vt* destinar

stationary /ˈsteɪʃənri; *USA* -neri/ *adj* parat

stationer /ˈsteɪʃnə(r)/ *n* **1** propietari, -ària d'una papereria **2 stationer's** papereria ➲ *Vegeu nota a* CARNISSERIA **stationery** /ˈsteɪʃənri; *USA* -neri/ *n* material d'escriptori

station wagon *n* (*USA*) cotxe familiar

statistic /stəˈtɪstɪk/ *n* estadística **statistics** *n* [*incomptable*] estadística (*ciència*)

statue /ˈstætʃuː/ *n* estàtua

stature /ˈstætʃə(r)/ *n* (*formal*) **1** estatus **2** estatura, alçada

status /ˈsteɪtəs/ *n* categoria, posició: *social status* posició social ◇ *marital status* estat civil ◇ *status symbol* símbol de condició social

statute /ˈstætʃuːt/ *n* estatut: *statute book* codi **statutory** /ˈstætʃətri; *USA* -tɔːri/ *adj* estatutari

staunch /stɔːntʃ/ *adj* (*superl* **staunchest**) incondicional

stave /steɪv/ *nom, verb*

▸ *n* (*Mús*) pentagrama

▸ *v* PHR V **stave sth off** evitar alguna cosa

stay /steɪ/ *verb, nom*

▸ *vi* quedar-se: *to stay (at) home* quedar-se a casa ◇ *What hotel are you staying at?* En quin hotel t'estàs? ◇ *She's staying with a friend.* S'està a casa d'una amiga. ◇ *to stay sober* mantenir-se sobri ◇ *I don't know why they stay together.* No sé per què continuen junts. LOC *Vegeu* CLEAR, COOL PHR V **stay away (from sb/sth)** no acostar-se (a algú/alguna cosa), mantenir-se allunyat (d'algú/d'alguna cosa) ◆ **stay behind** quedar-se (*quan els altres han marxat*) ◆ **stay in** quedar-se a casa ◆ **stay on** quedar-se ◆ **stay out** no tornar a casa (*a la nit*) ◆ **stay up** no anar a dormir: *to stay up late* no anar a dormir fins tard

▸ *n* estada

steady /ˈstedi/ *adjectiu, verb*

▸ *adj* (**steadier**, **-iest**) **1** constant, regular, continu: *a steady boyfriend* un xicot formal ◇ *a steady job/income* una feina fixa/un sou fix **2** ferm: *to hold sth steady* agafar alguna cosa amb fermesa

▸ (*pt, pp* **-died**) **1** *vt* ~ **yourself** recuperar l'equilibri **2** *vi* estabilitzar-se

S

steak /steɪk/ *n* bistec

steal /stiːl/ (*pt* **stole** /stəʊl/ *pp* **stolen** /ˈstəʊlən/) **1** *vt, vi* ~ **(sth) (from sb/sth)** robar (alguna cosa) (a algú/alguna cosa) ➲ *Vegeu nota a* ROB **2** *vi* ~ **in, out, away, etc.**: *He stole into the room.* Va entrar a l'habitació d'amagat. ◇ *They stole away.* Van sortir d'amagat. ◇ *to steal up on sb* apropar-se a algú sense fer soroll

stealth /stelθ/ *n* cautela: *by stealth* d'amagat **stealthy** *adj* cautelós, furtiu

steam /stiːm/ *nom, verb*
▸ *n* vapor: *steam engine* màquina/motor de vapor LOC **run out of steam** (*col·loq*) perdre l'entusiasme *Vegeu tb* LET
▸ **1** *vi* treure vapor: *steaming hot coffee* cafè calent fumejant **2** *vt* cuinar al vapor LOC **be/get (all) steamed up (about/over sth)** (*col·loq*) sulfurar-se (per alguna cosa) PHR V **steam up** entelar-se

steamer /ˈstiːmə(r)/ *n* **1** vaixell de vapor **2** (*Cuina*) vaporadora ➲ *Vegeu il·lustració a* POT

steamroller /ˈstiːmrəʊlə(r)/ *n* piconadora

steamship /ˈstiːmʃɪp/ *n* vaixell de vapor

steel /stiːl/ *nom, verb*
▸ *n* acer
▸ *vt* ~ **yourself (against sth)** armar-se de valor (per a alguna cosa), endurir-se (per a resistir alguna cosa)

steel band *n* banda de percussió típica del Carib

steelworks /ˈstiːlwɜːks/ *n* (*pl* **steelworks**) [*v sing o pl*] acereria

steep /stiːp/ *adj* (**steeper**, **-est**) **1** costerut: *a steep mountain* una muntanya escarpada **2** (*col·loq*) (*preu, etc.*) excessiu

steeple /ˈstiːpl/ *n* (*Arquit*) torre amb agulla

steeply /ˈstiːpli/ *adv* amb molt pendent: *The plane was climbing steeply.* L'avió s'enfilava vertiginosament. ◇ *Share prices fell steeply.* Les accions van baixar en picat.

steer /stɪə(r)/ *vt, vi* **1** conduir, governar: *to steer north* anar en direcció nord ◇ *to steer by the stars* guiar-se per les estrelles ◇ *He steered the discussion away from the subject.* Va portar la conversa cap a un altre tema. **2** navegar LOC *Vegeu* CLEAR **steering** *n* direcció

steering wheel *n* volant

stem /stem/ *nom, verb*
▸ *n* tija
▸ *vt* (**-mm-**) aturar, contenir PHR V **stem from sth** venir d'alguna cosa

stem cell *n* cèl·lula mare

S

stench /stentʃ/ *n* [*sing*] pudor (*olor*) ➲ *Vegeu nota a* SMELL

step /step/ *nom, verb*
▸ *n* **1** pas, passa **2** esglaó, escaló **3 steps** [*pl*] escala ➲ *Vegeu nota a* ESCALA LOC **be in/out of step (with sb/sth) 1** portar/no portar el pas (d'algú/d'alguna cosa) **2** estar/no estar d'acord (amb algú/alguna cosa) ♦ **step by step** pas a pas ♦ **take steps to do sth** prendre mesures per a fer alguna cosa *Vegeu tb* WATCH
▸ *vi* (**-pp-**) fer un pas, caminar: *to step over sth* passar per sobre d'alguna cosa PHR V **step down** retirar-se ♦ **step in** intervenir ♦ **step on/in sth** trepitjar alguna cosa ♦ **step sth up** incrementar, intensificar alguna cosa

stepbrother /ˈstepbrʌðə(r)/ *n* germanastre ➲ *Vegeu nota a* GERMANASTRE

stepchild /ˈsteptʃaɪld/ *n* (*pl* **-children** /-tʃɪldrən/) fillastre, -a

stepdaughter /ˈstepdɔːtə(r)/ *n* fillastra

stepfather /ˈstepfɑːðə(r)/ *n* padrastre

stepladder /ˈsteplædə(r)/ *n* escala de tisora

stepmother /ˈstepmʌðə(r)/ *n* madrastra

step-parent /ˈstep peərənt/ *n* padrastre, madrastra

stepsister /ˈstepsɪstə(r)/ *n* germanastra ➲ *Vegeu nota a* GERMANASTRE

stepson /ˈstepsʌn/ *n* fillastre

stereo /ˈsteriəʊ/ *n* (*pl* **stereos**) equip de música

stereotype /ˈsteriətaɪp/ *n* estereotip

sterile /ˈsteraɪl; *USA* ˈsterəl/ *adj* estèril **sterility** /stəˈrɪləti/ *n* esterilitat **sterilize** (*GB tb* **-ise**) /ˈsterəlaɪz/ *vt* esterilitzar

sterling /ˈstɜːlɪŋ/ *nom, adjectiu*
▸ *n* lliura esterlina
▸ *adj* **1** (*plata*) de llei **2** (*formal*) excel·lent

stern /stɜːn/ *adjectiu, nom*
▸ *adj* (**sterner**, **-est**) sever, dur
▸ *n* popa

steroid /ˈsterɔɪd/ *n* esteroide

stew /stjuː; *USA* stuː/ *nom, verb*
▸ *n* guisat, estofat
▸ *vt, vi* coure, guisar

steward /ˈstjuːəd; *USA* ˈstuːərd/ *n* **1** (*en un avió*) auxiliar de vol **2** (*en un vaixell*) cambrer

stewardess /ˌstjuːəˈdes; *USA* ˈstuːərdəs/ *n* **1** (*antic*) (*en un avió*) hostessa ➲ *Compareu amb* FLIGHT ATTENDANT **2** (*en un vaixell*) cambrera

stick /stɪk/ *verb, nom*
▸ (*pt, pp* **stuck** /stʌk/) **1** *vt* ficar, clavar: *to stick a needle in your finger* clavar-se una agulla al dit ◇ *to stick your fork into a potato* punxar una

patata amb la forquilla **2** *vt, vi* enganxar(-se): *Jam sticks to your fingers.* La melmelada se t'enganxa als dits. **3** *vt* (*col·loq*) posar: *He stuck the pen behind his ear.* Es va posar el bolígraf darrere l'orella. **4** *vt, vi* encallar-se: *The bus got stuck in the mud.* L'autobús es va quedar encallat al fang. ◇ *This drawer keeps sticking.* Aquest calaix no va gens fi. **5** *vt* (*GB, col·loq*) aguantar ❶ S'usa sobretot en frases negatives i interrogatives: *I can't stick it any longer.* No ho aguanto més.

PHR V **stick around** (*col·loq*) quedar-se a prop
stick at sth continuar treballant, persistir en alguna cosa
stick by sb donar suport a algú
stick out 1 sortir: *His ears stick out.* Té les orelles molt sortides. **2** notar-se, veure's bé ◆ **stick it/sth out** (*col·loq*) aguantar alguna cosa ◆ **stick sth out** treure alguna cosa
stick to sth atenir-se a alguna cosa
stick together (*col·loq*) mantenir-se units
stick up sobresortir ◆ **stick up for sb/sth/yourself** defensar algú/alguna cosa, fer-se valer

▸ *n* **1** pal, vara **2** bastó: *stick insect* insecte bastó **3** barra: *a stick of celery* un tronxo d'api ◇ *a stick of dynamite* un cartutx de dinamita

sticker /ˈstɪkə(r)/ *n* adhesiu

sticky /ˈstɪki/ *adj* (**stickier**, **-iest**) **1** enganxós: *sticky tape* cinta adhesiva **2** (*col·loq*) (*temps*) xafogós **3** (*col·loq*) (*situació, etc.*) difícil

sties *plural de* STY

stiff /stɪf/ *adjectiu, adverbi*
▸ *adj* (**stiffer**, **-est**) **1** rígid, dur **2** (*articulació*) engarrotat: *I'm really stiff after that walk yesterday.* Estic ben cruixit després de la caminada d'ahir. ◇ *to have a stiff neck* tenir torticoli **3** (*sòlid*) espès **4** difícil, dur **5** (*persona*) tibat **6** (*brisa, beguda alcohòlica*) fort
▸ *adv* (*col·loq*) extremadament LOC **be bored/scared stiff** estar mort d'avorriment/de por

stiffen /ˈstɪfn/ *vi* posar-se rígid/encarcarat

stifle /ˈstaɪfl/ **1** *vt, vi* ofegar(-se) **2** *vt* (*idees*) reprimir, suprimir **3** *vt* (*rebel·lió*) contenir **4** *vt* (*badall*) aguantar-se **stifling** *adj* sufocant

stigma /ˈstɪgmə/ *n* estigma

still /stɪl/ *adverbi, adjectiu*
▸ *adv* **1** encara

> **Still** o **yet**? **Still** s'usa en frases afirmatives i interrogatives i sempre va darrere dels verbs auxiliars o modals i davant dels altres verbs: *He still talks about her.* Encara parla d'ella. ◇ *Are you still here?* Encara ets aquí? **Yet** s'usa en frases negatives i sempre va al final de l'oració: *Aren't they here yet?* Encara no han arribat? ◇ *He hasn't done it yet.* Encara no ho ha fet. No obstant això, **still** es pot usar amb frases negatives quan volem emfasitzar l'oració. En aquest cas sempre es col·loca davant del verb, encara que sigui auxiliar o modal: *He still hasn't done it.* Encara no ho ha fet. ◇ *He still can't do it.* Encara no ho sap fer.

2 malgrat això, tanmateix: *Still, it didn't turn out badly.* De totes maneres, no va sortir tan malament.
▸ *adj* **1** quiet, immòbil: *Stand still!* Estigues quiet! **2** (*aigua, vent*) calmat **3** (*beguda*) sense gas

still life *n* (*pl* **still lifes**) (*Art*) natura morta

stillness /ˈstɪlnəs/ *n* calma, quietud

stilt /stɪlt/ *n* **1** puntal **2** xanca

stilted /ˈstɪltɪd/ *adj* poc natural, forçat

stimulant /ˈstɪmjələnt/ *n* estimulant

stimulate /ˈstɪmjuleɪt/ *vt* estimular **stimulating** *adj* **1** estimulant **2** interessant

stimulus /ˈstɪmjələs/ *n* (*pl* **stimuli** /-laɪ/) estímul, incentiu

sting /stɪŋ/ *verb, nom*
▸ (*pt, pp* **stung** /stʌŋ/) **1** *vt, vi* picar **2** *vi* coure **3** *vt* (*fig*) ferir
▸ *n* **1** fibló **2** (*ferida*) picada **3** (*dolor*) picor, coïssor

stingy /ˈstɪndʒi/ *adj* (*col·loq*) garrepa

stink /stɪŋk/ *verb, nom*
▸ *vi* (*pt* **stank** /stæŋk/ *o* **stunk** /stʌŋk/ *pp* **stunk**) ~ **(of sth)** (*col·loq*) **1** fer pudor (d'alguna cosa) **2** *'What do you think of the idea?' 'I think it stinks.'* —Què et sembla la idea? —Em sembla una porqueria. PHR V **stink sth out** empestar alguna cosa
▸ *n* (*col·loq*) pudor ➲ *Vegeu nota a* SMELL **stinking** *adj* **1** pudent **2** (*GB, col·loq*) fastigós

stint /stɪnt/ *n* període: *He did a two-year stint abroad.* Va treballar dos anys a l'estranger.

stipulate /ˈstɪpjuleɪt/ *vt* (*formal*) estipular

stir /stɜː(r)/ *verb, nom*
▸ (**-rr-**) **1** *vt* remenar **2** *vt, vi* moure('s) **3** *vt* (*imaginació, etc.*) despertar PHR V **stir sth up 1** (*emocions*) despertar **2** (*problemes, polèmica*) provocar alguna cosa
▸ *n* **1** [*sing*] enrenou **2** *to give sth a stir* remenar alguna cosa **stirring** *adj* emocionant

stir-fry /ˈstɜː fraɪ/ *verb, nom*
▸ *vt* (*pt, pp* **stir-fried**) (*Cuina*) ofegar
▸ *n* plat oriental que es fa ofegant els ingredients

stirrup /ˈstɪrəp/ *n* estrep

S

stitch /stɪtʃ/ *nom, verb*
▸ *n* **1** (*costura*) puntada **2** (*Med, teixit*) punt **3** [*gen sing*] flat (*punxada*): *I've got a stitch.* Tinc flat. LOC **in stitches** (*col·loq*) mort de riure
▸ *vt, vi* cosir **stitching** *n* costura

stock /stɒk/ *nom, verb, adjectiu*
▸ *n* **1** existències: *in/out of stock* en estoc/esgotat **2** ~ **(of sth)** assortiment, reserva (d'alguna cosa) **3** (*d'una empresa*) capital social **4** [*gen pl*] (*Fin*) valor **5** bestiar **6** (*Cuina*) brou LOC **take stock (of sth)** fer balanç (d'alguna cosa)
▸ *vt* tenir (existències de) PHRV **stock up (on/with sth)** proveir-se (d'alguna cosa)
▸ *adj* (*pej*) molt vist, vell (*frase, etc.*)

stockbroker /ˈstɒkbrəʊkə(r)/ *n* agent de borsa

stock exchange (*tb* **stock market**) *n* borsa

stocking /ˈstɒkɪŋ/ *n* mitja: *Christmas stocking* mitjó de Nadal (perquè el Pare Noel hi deixi regals)

stocktaking /ˈstɒkteɪkɪŋ/ *n* inventari (*acció*)

stocky /ˈstɒki/ *adj* (**stockier**, **-iest**) rabassut

stodgy /ˈstɒdʒi/ *adj* (*col·loq, pej*) pesat (*menjar, literatura*)

stoke /stəʊk/ *vt* ~ **sth (up) (with sth)** alimentar alguna cosa (amb alguna cosa)

stole *pt de* STEAL

stolen *pp de* STEAL

stolid /ˈstɒlɪd/ *adj* (*sovint pej*) impassible

stomach /ˈstʌmək/ *nom, verb*
▸ *n* **1** estómac **2** ventre LOC **have no stomach for sth** no tenir ganes d'alguna cosa *Vegeu tb* BUTTERFLY
▸ *vt* aguantar ❶ S'utilitza sobretot en frases negatives i interrogatives: *I can't stomach violent films.* No suporto les pel·lícules violentes.

stomach ache *n* mal d'estómac

stone /stəʊn/ *nom, verb*
▸ *n* **1** pedra: *the Stone Age* l'edat de pedra **2** (*tb esp USA* **pit**) (*fruita*) pinyol ➲ *Vegeu nota a* PINYOL **3** (*pl* **stone**) (*GB*) unitat de pes equivalent a 14 lliures o 6,35 kg ➲ *Vegeu pàg 759*
▸ *vt* apedregar

stoned /stəʊnd/ *adj* (*col·loq*) col·locat (*amb haixix, etc.*)

stony /ˈstəʊni/ *adj* (**stonier**, **-iest**) **1** pedregós, ple de pedres **2** (*mirada*) fred **3** (*silenci*) sepulcral

stood *pt, pp de* STAND

stool /stuːl/ *n* tamboret

stoop /stuːp/ *verb, nom*
▸ *vi* ~ **(down)** ajupir-se, inclinar-se LOC **stoop so low (as to do sth)** rebaixar-se (a fer alguna cosa)
▸ *n*: *to walk with/to have a stoop* caminar corbat

stop /stɒp/ *verb, nom*
▸ **(-pp-) 1** *vt, vi* parar(-se), aturar(-se) **2** *vt* ~ **sth/doing sth** deixar alguna cosa/de fer alguna cosa: *Stop it!* Prou!

> *Stop doing sth* significa 'deixar de fer alguna cosa', però *stop to do sth* vol dir 'parar per fer alguna cosa': *Stop doing that!* Deixa de fer això! ◇ *We stopped to take some pictures.* Vam parar a fer unes fotos.

3 *vt* ~ **sb/sth (from) doing sth** impedir a algú/alguna cosa de fer alguna cosa: *to stop yourself doing sth* fer un esforç per no fer alguna cosa **4** *vt* (*procés*) interrompre **5** *vt* (*injustícia, etc.*) acabar amb, posar fi a **6** *vt* cancel·lar **7** *vi* (*GB, col·loq*) quedar-se: *Can you stop for dinner?* Et pots quedar a sopar? **8** *vt* (*pagament*) suspendre **9** *vt* (*xec*) anul·lar LOC **stop short of (doing) sth** no arribar a (fer) alguna cosa *Vegeu tb* BUCK PHRV **stop off (at/in...)** parar (a...) ◆ **stop over (at/in...)** fer escala (a...)
▸ *n* **1** parada, alto: *to come to a stop* aturar-se/parar-se **2** (*autobús, tren, etc.*) parada **3** *Vegeu* FULL STOP **stoppage** /ˈstɒpɪdʒ/ *n* **1** vaga **2** (*Esport*): *stoppage time* temps de descompte

stopgap /ˈstɒpgæp/ *n* recurs provisional

stopover /ˈstɒpəʊvə(r)/ *n* escala (*en un viatge*)

stopper /ˈstɒpə(r)/ *n* tap

stopwatch /ˈstɒpwɒtʃ/ *n* cronòmetre

storage /ˈstɔːrɪdʒ/ *n* **1** emmagatzemament, emmagatzematge: *storage space* lloc per a guardar-hi coses **2** dipòsit, magatzem

store /stɔː(r)/ *nom, verb*
▸ *n* **1** botiga gran: *department store* grans magatzems *Vegeu* CHAIN STORE, SUPERSTORE **2** (*USA*) botiga, magatzems: *a grocery store* una botiga de comestibles ◇ *health food store* herbolari *Vegeu* CONVENIENCE STORE **3** provisió, reserva **4 stores** [*pl*] provisions, queviures LOC **be in store for sb** esperar algú (*sorpresa, etc.*) ◆ **have sth in store for sb** tenir alguna cosa preparada a algú (*sorpresa, etc.*)
▸ *vt* ~ **sth (away/up)** emmagatzemar, guardar, acumular alguna cosa

storekeeper /ˈstɔːkiːpə(r)/ *n* (*esp USA*) comerciant, -a, botiguer, -a

storeroom /ˈstɔːruːm, -rʊm/ *n* rebost, magatzem

S

storey (*USA* **story**) /'stɔːri/ *n* (*pl* **storeys/stories**) pis: *a ten-storey block* un edifici de deu pisos

stork /stɔːk/ *n* cigonya

storm /stɔːm/ *nom, verb*

▸ *n* tempesta, temporal: *a storm of criticism* una allau de crítiques

▸ **1** *vt* (*edifici*) assaltar **2** *vi* ~ **in/off/out** entrar/anar-se'n/sortir fet una fúria **stormy** *adj* (**stormier, -iest**) **1** tempestuós **2** (*debat*) acalorat **3** (*relació*) turbulent

story /'stɔːri/ *n* (*pl* **stories**) **1** conte **2** història **3** (*Period*) notícia **4** (*USA*) *Vegeu* STOREY

stout /staʊt/ *adj* (**stouter, -est**) **1** gros, gras **2** fort, resistent

stove /stəʊv/ *n* **1** cuina **2** estufa

stow /stəʊ/ *vt* ~ **sth (away)** guardar alguna cosa

stowaway /'stəʊəweɪ/ *n* polissó, -ona

straddle /'strædl/ *vt* pujar/ésser a cavall de

straggle /'strægl/ *vi* **1** (*planta*) escampar-se **2** (*persona*) endarrerir-se **straggler** *n* endarrerit, -ida **straggly** *adj* desordenat, desendreçat

straight /streɪt/ *adverbi, adjectiu*

▸ *adv* (**straighter, -est**) **1** en línia recta: *Look straight ahead.* Mira recte. **2** (*anar-se'n*) directament **3** (*asseure's*) dret **4** (*pensar, parlar*) clarament LOC **straight off/out** (*col·loq*) sense dubtar ◆ **straight on** tot dret

▸ *adj* (**straighter, -est**) **1** recte: *straight hair* cabell llis **2** dret **3** en ordre **4** (*honest*) franc **5** (*USA*) (*beguda*) sol LOC **get sth straight** deixar alguna cosa clara ◆ **keep a straight face** no riure *Vegeu tb* RECORD

straightaway /ˌstreɪtə'weɪ/ *adv* de seguida

straighten /'streɪtn/ **1** *vi* ~ **(out)** redreçar-se, tornar-se recte **2** *vt* ~ **sth (out)** redreçar alguna cosa **3** *vt, vi* ~ **(sth) (up)** (*l'esquena*) posar alguna cosa dreta, redreçar-se **4** *vt* (*corbata, faldilla*) arreglar PHRV **straighten sth out** ordenar, desembrollar alguna cosa

straightforward /ˌstreɪt'fɔːwəd/ *adj* **1** (*procés, solució, estil*) senzill **2** (*persona*) honrat **3** (*resposta, etc.*) franc

strain /streɪn/ *nom, verb*

▸ *n* **1** tensió: *Their relationship is showing signs of strain.* En la seva relació hi ha senyals de tibantor. **2** torçada **3** *eye strain* vista cansada

▸ **1** *vi* esforçar-se **2** *vt* (*múscul, esquena*) torçar-se **3** *vt* (*vista, veu, cor*) forçar **4** *vt* (*l'orella*) parar **5** *vt* (*infraestructura, etc.*) exercir massa pressió sobre **6** *vt* (*paciència*) posar a prova **7** *vt* (*relacions*) crear tensions en **8** *vt* ~ **sth (off)** colar alguna cosa **strained** *adj* **1** tens **2** preocupat **3** (*riure, to de veu*) forçat

strainer /'streɪnə(r)/ *n* colador

strait /streɪt/ *n* **1** (*tb* **straits** [*pl*]) estret: *the Straits of Gibraltar* l'estret de Gibraltar **2 straits** [*pl*]: *in dire/desperate straits* en una situació desesperada

straitjacket /'streɪtdʒækɪt/ *n* camisa de força

strand /strænd/ *n* bri, fil: *a strand of hair* un cabell

stranded /'strændɪd/ *adj* abandonat: *to be left stranded* quedar-se penjat

strange /streɪndʒ/ *adj* (**stranger, -est**) **1** rar, estrany: *I find it strange that...* M'estranya que... ➲ *Vegeu nota a* CURIOUS **2** desconegut **strangely** *adv* estranyament: *Strangely enough,...* Sembla estrany, però... **stranger** *n* **1** desconegut, -uda **2** foraster, -a

strangle /'stræŋgl/ *vt* estrangular, ofegar

strap /stræp/ *nom, verb*

▸ *n* corretja, tira: *shoulder strap* tirant (d'un vestit, etc.) ➲ *Vegeu il·lustració a* RELLOTGE

▸ *vt* (**-pp-**) **1** subjectar, lligar (*amb una corretja*): *Are you strapped in?* Portes posat el cinturó de seguretat? **2** ~ **sth (up)** (*Med*) embenar alguna cosa

strategy /'strætədʒi/ *n* (*pl* **strategies**) estratègia **strategic** /strə'tiːdʒɪk/ *adj* estratègic

straw /strɔː/ *n* palla: *a straw hat* un barret de palla ◇ *a (drinking) straw* una palla (per beure) LOC **the last/final straw** la gota que fa vessar el vas

strawberry /'strɔːbəri; *USA* -beri/ *n* (*pl* **strawberries**) maduixa, maduixot

stray /streɪ/ *verb, adjectiu*

▸ *vi* **1** perdre's **2** ~ **from sth** apartar-se d'alguna cosa

▸ *adj* [*només davant del nom*] **1** perdut: *a stray dog* un gos de carrer **2** aïllat: *a stray bullet* una bala perduda

streak /striːk/ *nom, verb*

▸ *n* **1** veta **2** (*de caràcter*) tret, vena **3** (*de sort*) ratxa: *to be on a winning/losing streak* tenir una bona/mala ratxa

▸ **1** *vt* ~ **sth (with sth)** ratllar, franjar alguna cosa (d'alguna cosa) **2** *vi* córrer com un llamp

stream /striːm/ *nom, verb*

▸ *n* **1** rierol, riera **2** (*líquid, paraules*) doll **3** (*de gent, de cotxes*) corrua

▸ *vi* **1** (*aigua, sang*) rajar **2** (*llàgrimes*) vessar **3** (*llum, persones, cotxes*) entrar/sortir a dolls

S

streamer /'striːmə(r)/ *n* serpentina

streamline /'striːmlaɪn/ *vt* **1** donar una línia aerodinàmica a **2** (*procés, empresa*) racionalitzar

street /striːt/ *n* (*abrev* **St**) carrer: *the High Street* el carrer Gran/Major ➲ *Vegeu nota a* CARRER LOC **be streets ahead (of sb/sth)** (*GB, col·loq*) ésser molt superior (a algú/alguna cosa) ◆ **(right) up your street** (*col·loq*): *This job seems right up your street.* Aquesta feina et va com l'anell al dit. *Vegeu tb* MAN

streetcar /'striːtkɑː(r)/ *n* (*USA*) tramvia

street light (*tb* **street lamp**) *n* fanal

streetwise /'striːtwaɪz/ *adj* (*col·loq*) espavilat, astut

strength /streŋθ/ *n* **1** [*incomptable*] força **2** (*material*) resistència **3** (*llum, emoció*) intensitat **4** punt fort LOC **on the strength of sth** basant-se en alguna cosa, confiant en alguna cosa **strengthen** *vt, vi* enfortir(-se), reforçar(-se)

strenuous /'strenjuəs/ *adj* **1** vigorós **2** esgotador

stress /stres/ *verb, nom*

▸ *vt* emfasitzar, remarcar

▸ *n* **1** estrès **2** (*Mec*) tensió **3** ~ **(on sth)** èmfasi (en alguna cosa) **4** (*Ling, Mús*) accent **stressed** (*col·loq* **stressed out**) *adj* estressat **stressful** *adj* estressant

stretch /stretʃ/ *verb, nom*

▸ **1** *vt, vi* estirar(-se), allargar(-se) **2** *vi* (*terreny, etc.*) estendre's **3** *vt* (*persona*) exigir el màxim esforç a LOC **stretch your legs** (*col·loq*) estirar les cames (*caminar*) PHR V **stretch (yourself) out** estirar-se, ajeure's

▸ *n* **1** ~ **(of sth)** (*terreny*) tros (d'alguna cosa) **2** (*temps*) interval, període **3** *to have a stretch* estirar-se **4** elasticitat LOC **at a stretch** d'una tirada, seguits *Vegeu tb* FULL

stretcher /'stretʃə(r)/ *n* llitera (*per a malalts*)

strewn /struːn/ *adj* **1** ~ **on, over, etc. sth** escampat per alguna cosa **2** ~ **with sth** ple d'alguna cosa

stricken /'strɪkən/ *adj* ~ **(with sth)** (*formal*) afligit (per alguna cosa): *a drought-stricken area* una zona afectada per la sequera

strict /strɪkt/ *adj* (**stricter, -est**) **1** estricte, precís **2** sever LOC **in strictest confidence** amb la més absoluta reserva **strictly** *adv* **1** severament **2** estrictament: *strictly prohibited* terminantment prohibit LOC **strictly speaking** en rigor

S

stride /straɪd/ *verb, nom*

▸ *vi* (*pt* **strode** /strəʊd/) ❶ No s'usa en temps perfets. **1** caminar a gambades **2** ~ **up to sb/sth** acostar-se decididament a algú/alguna cosa

▸ *n* **1** gambada **2** (*manera de caminar*) pas LOC **get into your stride** agafar el ritme ◆ **take sth in your stride** prendre's alguna cosa amb calma

strident /'straɪdnt/ *adj* estrident

strife /straɪf/ *n* [*incomptable*] (*formal*) lluita, conflicte

strike /straɪk/ *verb, nom*

▸ (*pt, pp* **struck** /strʌk/) **1** *vt* (*formal*) copejar, pegar **2** *vt* (*formal*) (*cotxe, etc.*) atropellar **3** *vt* (*formal*) xocar contra **4** *vi* atacar **5** *vt* ~ **sb (that...)** acudir-se a algú (que...))Se m'acut que... **6** *vt* ~ **sb (as sth)** semblar a algú (alguna cosa): *It strikes me as unusual that...* Em sembla estrany que... **7** *vt* impressionar, cridar l'atenció de: *I was struck by the similarity between them.* Em va impressionar com s'assemblaven. **8** *vt* (*llumí*) encendre **9** *vt, vi* (*rellotge*) tocar (hores) **10** *vt* (*or, etc.*) trobar LOC *Vegeu* HOME PHR V **strike back (at/against sb/sth)** tornar el cop (a algú/alguna cosa), contraatacar (algú/alguna cosa) ◆ **strike up (with sth); strike up sth** començar a tocar (alguna cosa) (*peça de música*) ◆ **strike up sth (with sb) 1** entaular una conversa (amb algú) **2** fer amistat (amb algú)

▸ *n* **1** vaga: *to go on strike* declarar-se en vaga **2** (*Mil*) atac

striker /'straɪkə(r)/ *n* **1** vaguista **2** (*Futbol*) davanter, -a

striking /'straɪkɪŋ/ *adj* impressionant

string /strɪŋ/ *nom, verb*

▸ *n* **1** [*incomptable*] cordill, corda: *I need some string to tie up this parcel.* Necessito un cordill per lligar aquest paquet. ➲ *Vegeu il·lustració a* CORDILL **2** (*de perles, etc.*) enfilall **3** (*de persones, cotxes*) filera **4** (*d'èxits, excuses, cartes, etc.*) sèrie **5** (*Informàt*) cadena LOC **(with) no strings attached** sense condicions *Vegeu tb* PULL

▸ *vt* (*pt, pp* **strung** /strʌŋ/) ~ **sth (up)** penjar alguna cosa (*amb una corda, etc.*) PHR V **string sth out** allargar alguna cosa ◆ **string sth together** enfilar alguna cosa

stringent /'strɪndʒənt/ *adj* (*formal*) rigorós

strip /strɪp/ *verb, nom*

▸ (**-pp-**) **1** *vi* ~ **(off)** despullar-se **2** *vt* ~ **sth (off)** (*paper, pintura, etc.*) treure alguna cosa **3** *vt* ~ **sth of sth** despullar alguna cosa d'alguna cosa **4** *vt* ~ **sth (down)** (*màquina*) desmuntar alguna cosa **5** *vt* ~ **sb of sth** treure alguna cosa a algú

▸ *n* **1** (*de paper, metall, etc.*) tira **2** (*de terra, aigua, etc.*) faixa

stripe /straɪp/ *n* ratlla **striped** *adj* de ratlles

strive /straɪv/ *vi* (*pt* **strove** /strəʊv/ *pp* **striven** /ˈstrɪvn/) ~ **(for sth/to do sth)** (*formal*) esforçar-se (per aconseguir alguna cosa/fer alguna cosa)

strode *pt de* STRIDE

stroke /strəʊk/ *nom, verb*

▸ *n* **1** cop: *a stroke of luck* un cop de sort **2** (*natació*) braçada, estil **3** carícia **4** traç (*d'un llapis, etc.*) **5** campanada **6** (*Med*) apoplexia LOC **at a/one stroke** d'un cop ◆ **not do a stroke (of work)** no fer brot

▸ *vt* acariciar

stroll /strəʊl/ *verb, nom*

▸ *vi* passejar(-se)

▸ *n* tomb, volta: *to go for/take a stroll* anar a fer una volta

stroller /ˈstrəʊlə(r)/ *n* (*USA*) cotxet de cadira (*de nen*)

strong /strɒŋ; *USA* strɔːŋ/ *adj* (**stronger** /-ɡə(r)/, **strongest** /-ɡɪst/) **1** fort **2** (*oponent, creença*) ferm **3** (*candidat, possibilitat*) bo **4** (*proves, argument*) de pes **5** (*relació*) sòlid LOC **be going strong** (*col·loq*) estar molt fort ◆ **be strong at sth** tenir aptitud per a alguna cosa ◆ **be sb's strong point/suit** ésser el fort d'algú

strong-minded /ˌstrɒŋ ˈmaɪndɪd; *USA* strɔːŋ/ *adj* decidit

stroppy /ˈstrɒpi/ *adj* (*GB, col·loq*) antipàtic, desagradable

strove *pt de* STRIVE

struck *pt, pp de* STRIKE

structure /ˈstrʌktʃə(r)/ *nom, verb*

▸ *n* **1** estructura **2** construcció

▸ *vt* estructurar

struggle /ˈstrʌɡl/ *verb, nom*

▸ *vi* **1** ~ **(for sth)** lluitar (per alguna cosa) **2** ~ **(against/with sb/sth)** forcejar (amb algú/alguna cosa)

▸ *n* **1** lluita **2** esforç

strung *pt, pp de* STRING

strut /strʌt/ *verb, nom*

▸ *vi* (**-tt-**) ~ **(about/along)** caminar tibat (*envanit*)

▸ *n* puntal, trava

stub /stʌb/ *n* **1** (*d'un llapis, etc.*) cul **2** (*d'una cigarreta*) burilla **3** (*d'un xec*) comprovant

stubble /ˈstʌbl/ *n* **1** rostoll **2** barba (incipient)

stubborn /ˈstʌbən/ *adj* **1** (*sovint pej*) tossut **2** (*taca*) difícil de treure **3** (*tos*) rebel

stuck /stʌk/ *adj* **1** encallat: *to get stuck* encallar-se ◇ *I'm stuck on the first question.* Estic encallat a la primera pregunta. ◇ *I hate being stuck at home all day.* No suporto quedar-me a casa tot el dia. **2** ~ **(for sth)**: *He's never stuck for something to say.* Sempre té alguna cosa a dir. **3** (*col·loq*): *to be/get stuck with sth/sb* haver de carregar alguna cosa/haver de suportar algú *Vegeu tb* STICK LOC *Vegeu* RUT

stuck-up /ˌstʌk ˈʌp/ *adj* (*col·loq*) vanitós

stud /stʌd/ *n* **1** arracada de botó **2** tatxa **3** (*bota de futbol*) tac **4** cavall semental **5** (*tb* **stud farm**) cavallerissa

student /ˈstjuːdnt; *USA* ˈstuː-/ *n* **1** estudiant (*d'universitat*) **2** alumne, -a ➲ *Vegeu nota a* ALUMNE

studied /ˈstʌdid/ *adj* deliberat *Vegeu tb* STUDY

studio /ˈstjuːdiəʊ; *USA* ˈstuː-/ *n* (*pl* **studios**) **1** (*Cine, TV*) estudi **2** taller, estudi (*d'artista*) **3** (*tb* **studio flat**) estudi

studious /ˈstjuːdiəs; *USA* ˈstuː-/ *adj* estudiós

study /ˈstʌdi/ *nom, verb*

▸ *n* (*pl* **studies**) **1** estudi **2** despatx

▸ *vt, vi* (*pt, pp* **studied**) estudiar: *to study for a degree* estudiar una carrera

stuff /stʌf/ *nom, verb*

▸ *n* (*col·loq*) **1** material, substància **2** coses *Vegeu tb* FOODSTUFFS

▸ *vt* **1** ~ **sth (with sth)** farcir alguna cosa (amb alguna cosa) **2** ~ **sth in**; ~ **sth into, under, etc. sth** ficar alguna cosa a la força (en, sota, etc. alguna cosa) **3** ~ **yourself (with sth)** atipar-se (d'alguna cosa) (*menjar*) **4** (*animal*) dissecar LOC **get stuffed!** (*GB, col·loq*) vés a fer punyetes! **stuffing** *n* farcit

stuffy /ˈstʌfi/ *adj* (**stuffier, -iest**) **1** (*ambient*) carregat **2** (*col·loq*) (*persona*) carca

stumble /ˈstʌmbl/ *vi* **1** ~ **(over/on sth)** ensopegar (amb alguna cosa) **2** fer tentines **3** ~ **(over/through sth)** equivocar-se (en alguna cosa) PHR V **stumble across/on/upon sb/sth** trobar-se amb algú/alguna cosa (*per casualitat*)

stumbling block *n* entrebanc

stump /stʌmp/ *n* **1** (*d'un arbre*) soca **2** (*d'un membre*) monyó

stun /stʌn/ *vt* (**-nn-**) **1** deixar sense sentit **2** deixar parat, desconcertar **stunning** *adj* **1** guapíssim **2** al·lucinant, impressionant

stung *pt, pp de* STING

stunk *pt, pp de* STINK

stunt /stʌnt/ *nom, verb*

▸ *n* **1** acrobàcia: *He does all his own stunts.* Fa totes les escenes perilloses ell mateix. **2** truc: *a publicity stunt* un truc publicitari

▸ *vt* frenar el creixement de

stuntman /ˈstʌntmæn/ *n* (*pl* **-men** /-men/) doble (*en escenes perilloses de pel·lícules*)

S

stuntwoman /'stʌntwʊmən/ *n* (*pl* **-women** /-wɪmɪn/) doble (*en escenes perilloses de pel·lícules*)
stupendous /stju:'pendəs; *USA* stu:-/ *adj* formidable
stupid /'stju:pɪd; *USA* 'stu:-/ *adj* (**stupider**, **-est**) ximple, estúpid ➲ *Vegeu nota a* XIMPLE **stupidity** /stju:'pɪdəti; *USA* stu:-/ *n* [*incomptable*] estupidesa
stupor /'stju:pə(r); *USA* 'stu:-/ *n* [*sing*] (*formal*): *in a drunken stupor* enterbolit per la beguda
sturdy /'stɜ:di/ *adj* (**sturdier**, **-iest**) **1** (*sabates, constitució*) fort **2** (*taula, etc.*) sòlid **3** (*persona, planta*) robust
stutter /'stʌtə(r)/ *verb, nom*
▸ *vi* quequejar
▸ *n* quequeig
sty /staɪ/ *n* **1** (*pl* **sties**) cort (*de porcs*) **2** (*tb* **stye**) (*pl* **sties/styes**) mussol (*a l'ull*)
style /staɪl/ *n* **1** estil **2** manera **3** elegància **4** model: *the latest style* l'última moda **stylish** *adj* elegant
stylist /'staɪlɪst/ *n* estilista
suave /swɑ:v/ *adj* sofisticat i amb encant (*esp algú que manipula els altres*)
subconscious /ˌsʌb'kɒnʃəs/ *adj, n* subconscient
subdivide /ˌsʌbdɪ'vaɪd/ *vt, vi* ~ **(sth) (into sth)** subdividir alguna cosa, subdividir-se (en alguna cosa)
subdue /səb'dju:; *USA* -'du:/ *vt* sotmetre **subdued** *adj* **1** (*persona*) abatut **2** (*llum, colors*) suau **3** (*veu*) baix
subject *nom, adjectiu, verb*
▸ *n* /'sʌbdʒɪkt/ **1** tema **2** assignatura **3** subjecte (*persona*) **4** (*Gram*) subjecte **5** súbdit
▸ *adj* /'sʌbdʒekt/ ~ **to sth** sotmès a alguna cosa
▸ *vt* /səb'dʒekt/ ~ **sb/sth (to sth)** (*formal*) sotmetre algú/alguna cosa (a alguna cosa) **subjection** *n* subjecció
subjective /səb'dʒektɪv/ *adj* subjectiu
subject matter *n* [*incomptable*] tema
subjunctive /səb'dʒʌŋktɪv/ *n* subjuntiu
sublime /sə'blaɪm/ *adj* (*formal*) sublim
submarine /ˌsʌbmə'ri:n, 'sʌbməri:n/ *adj, n* submarí
submerge /səb'mɜ:dʒ/ **1** *vi* submergir-se **2** *vt* submergir, inundar
submission /səb'mɪʃn/ *n* **1** submissió **2** (*document, decisió*) presentació
submissive /səb'mɪsɪv/ *adj* submís
submit /səb'mɪt/ (**-tt-**) **1** *vt* ~ **sth (to sb/sth)** presentar alguna cosa (a algú/alguna cosa): *Applications must be submitted by 31 March.* El termini de lliurament de sol·licituds s'acaba el 31 de març. **2** *vi* ~ **(to sb/sth)** sotmetre's, rendir-se (a algú/alguna cosa)
subordinate *adjectiu, nom, verb*
▸ *adj, n* /sə'bɔ:dɪnət/ subordinat, -ada
▸ *vt* /sə'bɔ:dɪneɪt/ ~ **sth (to sth)** subordinar alguna cosa (a alguna cosa)
subscribe /səb'skraɪb/ *vi* ~ **(to sth)** subscriure's (a alguna cosa) PHRV **subscribe to sth** (*formal*) ésser partidari d'alguna cosa **subscriber** *n* **1** subscriptor, -a **2** abonat, -ada **subscription** *n* **1** subscripció: *to take out/buy a subscription for sth* subscriure's a alguna cosa **2** quota
subsequent /'sʌbsɪkwənt/ *adj* (*formal*) posterior **subsequently** *adv* (*formal*) posteriorment, més tard **subsequent to** *prep* (*formal*) posterior a, després de
subside /səb'saɪd/ *vi* **1** (*emoció*) calmar-se **2** (*vent, pluja*) amainar **3** (*aigua*) baixar **4** (*edifici*) enfonsar-se **subsidence** /səb'saɪdns, 'sʌbsɪdns/ *n* enfonsament
subsidiary /səb'sɪdiəri; *USA* -dieri/ *adjectiu, nom*
▸ *adj* **1** secundari, subsidiari **2** (*assignatura*) complementari
▸ *n* (*pl* **subsidiaries**) filial
subsidize (*GB tb* **-ise**) /'sʌbsɪdaɪz/ *vt* subvencionar
subsidy /'sʌbsədi/ *n* (*pl* **subsidies**) subvenció
subsist /səb'sɪst/ *vi* ~ **(on sth)** subsistir (a base d'alguna cosa) **subsistence** *n* subsistència
substance /'sʌbstəns/ *n* **1** substància **2** (*formal*) base (*d'un rumor, acusació*) **3** essència
substantial /səb'stænʃl/ *adj* **1** considerable, important **2** (*formal*) (*construcció*) sòlid **substantially** /-ʃəli/ *adv* **1** considerablement **2** (*formal*) essencialment
substitute /'sʌbstɪtju:t; *USA* -tu:t/ *nom, verb*
▸ *n* **1** ~ **(for sb)** substitut, -a (d'algú) **2** ~ **(for sth)** succedani (d'alguna cosa) **3** (*Esport*) suplent
▸ *vt, vi* ~ **A (for B)/(B with A)** substituir B (per A): *Substitute honey for sugar/sugar with honey.* Substituïu el sucre per la mel.
subtitle /'sʌbtaɪtl/ *nom, verb*
▸ *n* subtítol: *a Polish film with English subtitles* una pel·lícula polonesa en versió original amb subtítols en anglès
▸ *vt* subtitular
subtle /'sʌtl/ *adj* (**subtler**, **-est**) **1** subtil **2** (*gust*) fi **3** (*olor, color*) suau **4** (*persona*) perspicaç **subtlety** *n* (*pl* **subtleties**) subtilesa

S

subtract /səb'trækt/ *vt* ~ **sth (from sth)** restar alguna cosa (d'alguna cosa) **subtraction** *n* resta

suburb /'sʌbɜːb/ *n* barri residencial als afores: *the suburbs* els afores de la ciutat **suburban** /sə'bɜːbən/ *adj* suburbà: *suburban trains* trens de rodalies

subversive /səb'vɜːsɪv/ *adj* subversiu

subway /'sʌbweɪ/ *n* **1** pas subterrani **2** (*USA*) metro

succeed /sək'siːd/ **1** *vi* ~ **in doing sth** aconseguir fer alguna cosa **2** *vi* tenir èxit, triomfar, reeixir **3** *vt* succeir a: *Who succeeded Kennedy as President?* Qui va succeir a Kennedy en la presidència? **4** *vi* ~ **to sth** heretar alguna cosa: *to succeed to the throne* pujar al tron

success /sək'ses/ *n* èxit: *to be a success* tenir èxit ◇ *Hard work is the key to success.* El treball és la clau de l'èxit. **successful** *adj* amb èxit/d'èxit: *a successful writer* un escriptor d'èxit ◇ *the successful candidate* el candidat escollit ◇ *to be successful in doing sth* aconseguir de fer alguna cosa amb èxit

succession /sək'seʃn/ *n* **1** sèrie **2** successió LOC **in succession**: *three times in succession* tres vegades seguides

successor /sək'sesə(r)/ *n* ~ **(to sb/sth)** successor, -a (d'algú/a alguna cosa)

succulent /'sʌkjələnt/ *adj* suculent

succumb /sə'kʌm/ *vi* ~ **(to sth)** sucumbir (a alguna cosa)

such /sʌtʃ/ *adj, pron* **1** semblant, tal: *Whatever gave you such an idea?* Com se t'acut una idea d'aquesta mena? ◇ *I did no such thing!* Jo no vaig fer res d'això! ◇ *There's no such thing as ghosts.* Els fantasmes no existeixen. **2** [*ús emfàtic*] tan, tant: *I'm in such a hurry.* Tinc molta pressa. ◇ *We had such a wonderful time.* Ens ho vam passar tan bé. ❶ **Such** s'usa amb adjectius que acompanyen un nom i **so** amb adjectius sols. Compareu els exemples següents: *The food was so good.* ◇ *We had such good food.* ◇ *You are so intelligent.* ◇ *You are such an intelligent person.* LOC **as such** com a tal: *It's not a promotion as such.* No és exactament un ascens. ◆ **in such a way that...** de tal manera que... ◆ **such as** com ara

suck /sʌk/ *vt, vi* **1** xuclar **2** (*bomba, màquina*) aspirar **sucker** *n* **1** (*col·loq*) tanoca, babau, -a **2 be a ~ for sb/sth** (*col·loq*) no poder resistir-se a algú/alguna cosa

suckle /sʌkl/ *vt* alletar

sudden /'sʌdn/ *adj* sobtat, imprevist LOC **all of a sudden** de sobte **suddenly** *adv* de sobte

suds /sʌdz/ *n* [*pl*] escuma

sue /suː, sjuː/ *vt, vi* ~ **(sb) (for sth)** demandar (algú) (per alguna cosa)

suede /sweɪd/ *n* camussa (*pell*)

suffer /'sʌfə(r)/ **1** *vi* ~ **(from sth)** patir (d'alguna cosa) **2** *vt* (*dolor, desfeta*) sofrir **3** *vi* ressentir-se **suffering** *n* sofriment, patiment

sufficient /sə'fɪʃnt/ *adj* ~ **(for sth/sb)** suficient (per a alguna cosa/algú)

suffix /'sʌfɪks/ *n* sufix

suffocate /'sʌfəkeɪt/ **1** *vt, vi* asfixiar(-se) **2** *vi* ofegar-se **suffocating** *adj* sufocant **suffocation** *n* asfíxia

sugar /'ʃʊgə(r)/ *n* sucre: *sugar bowl* sucrera

sugar beet *n* bleda-rave sucrera

sugar cane *n* canya de sucre

suggest /sə'dʒest/ *vt* **1** proposar, suggerir: *I suggest you go to the doctor.* T'aconsello que vagis al metge. **2** indicar **3** insinuar **suggestion** *n* **1** proposta, suggeriment **2** indici **3** insinuació **suggestive** *adj* **1** ~ **(of sth)** indicatiu, evocador (d'alguna cosa) **2** insinuant

suicidal /ˌsuːɪ'saɪdl/ *adj* **1** a punt de suïcidar-se **2** suïcida

suicide /'suːɪsaɪd/ *n* **1** suïcidi: *suicide bomber* terrorista suïcida ◇ *to commit suicide* suïcidar-se **2** (*formal*) suïcida

suit /suːt, sjuːt/ *nom, verb*

▸ *n* **1** vestit: *a two/three-piece suit* un vestit de dues/tres peces ◇ *diving suit* escafandre (de submarinista) **2** (*cartes*) coll ➲ *Vegeu nota a* BARALLA LOC *Vegeu* STRONG

▸ *vt* **1** convenir a, anar bé a **2** quedar bé: *It suits you.* Et queda molt bé. **3** provar a

suitability /ˌsuːtə'bɪləti, sjuː-/ *n* aptitud

suitable /'suːtəbl, sjuː-/ *adj* ~ **(for sth/sb)** **1** adequat (per a alguna cosa/algú) **2** convenient (per a alguna cosa/algú) **suitably** /-əbli/ *adv* adequadament

suitcase /'suːtkeɪs, sjuː-/ *n* maleta ➲ *Vegeu il·lustració a* BAG

suite /swiːt/ *n* **1** (*hotel*) suite **2** joc: *a three-piece suite* un tresillo

suited /'suːtɪd, sjuː-/ *adj* ~ **(to/for sb/sth)** adequat (per a algú/alguna cosa): *He and his wife are well suited (to each other).* Ell i la seva dona estan fets l'un per a l'altre.

sulk /sʌlk/ *vi* (*pej*) emmurriar-se, fer morros **sulky** *adj* (*pej*) emmurriat

sullen /'sʌlən/ *adj* (*pej*) sorrut

sulphur (*USA* **sulfur**) /'sʌlfə(r)/ *n* sofre

sultan /'sʌltən/ *n* sultà

S

sultana /sʌl'tɑːnə; *USA* -'tænə/ *n* pansa (*d'Esmirna*) ➲ *Compareu amb* CURRANT, RAISIN
sultry /'sʌltri/ *adj* **1** xafogós **2** sensual
sum /sʌm/ *nom, verb*
▸ *n* suma: *to be good at sums* ésser molt bo en càlcul ◇ *the sum of 500 euros* la suma de 500 euros
▸ *v* (**-mm-**) PHRV **sum (sth) up** resumir (alguna cosa): *to sum up...* en resum... ◆ **sum sb/sth up** fer-se una idea d'algú/d'alguna cosa, definir algú/alguna cosa: *Totally lazy – that sums him up.* Un dropo acabat, amb això se'l defineix.
summary /'sʌməri/ *n* (*pl* **summaries**) resum **summarize** (*GB tb* **-ise**) *vt, vi* resumir
summer /'sʌmə(r)/ (*tb* **summertime** /'sʌmətaɪm/) *n* estiu: *a summer's day* un dia d'estiu ◇ *summer weather* temps estiuenc **summery** *adj* estiuenc, d'estiu
summit /'sʌmɪt/ *n* **1** cim **2** (*tb* **summit conference**) cimera
summon /'sʌmən/ *vt* **1** (*formal*) convocar, cridar: *to summon help* demanar ajut **2** ~ **sth (up)** (*valor, etc.*) agafar alguna cosa, armar-se d'alguna cosa: *I couldn't summon (up) the energy.* No vaig trobar l'energia. PHRV **summon sth up** evocar alguna cosa
summons /'sʌmənz/ *n* (*pl* **summonses** /-zɪz/) (*Dret*) citació
sun /sʌn/ *nom, verb*
▸ *n* sol: *The sun was shining.* Feia sol.
▸ *vt* (**-nn-**) ~ **yourself** asseure's/estirar-se al sol
sunbathe /'sʌnbeɪð/ *vi* prendre el sol
sunbeam /'sʌnbiːm/ *n* raig de sol
sunbed /'sʌnbed/ *n* gandula (*cadira*)
sunblock /'sʌnblɒk/ *n* filtre solar
sunburn /'sʌnbɜːn/ *n* [*incomptable*] cremada de sol: *to get sunburn* cremar-se (amb el sol) ➲ *Compareu amb* SUNTAN **sunburnt** *adj* cremat pel sol
sundae /'sʌndeɪ, -di/ *n* copa de gelat
Sunday /'sʌndeɪ, -di/ *n* (*abrev* **Sun.**) diumenge ➲ *Vegeu exemples a* MONDAY
sundry /'sʌndri/ *adj* (*formal*) diversos: *on sundry occasions* en diverses ocasions
sunflower /'sʌnflaʊə(r)/ *n* gira-sol
sung *pp de* SING
sunglasses /'sʌnglɑːsɪz; *USA* -glæsɪz/ *n* [*pl*] ulleres de sol: *a pair of sunglasses* unes ulleres de sol ➲ *Vegeu nota a* PAIR
sun hat *n* barret (*per a protegir-se del sol*)
sunk *pp de* SINK

S

sunken /'sʌŋkən/ *adj* enfonsat
sunlight /'sʌnlaɪt/ *n* llum del sol
sunlit /'sʌnlɪt/ *adj* il·luminat pel sol
sunlounger /'sʌnlaʊndʒə(r)/ *n* gandula (*cadira*)
sunny /'sʌni/ *adj* (**sunnier**, **-iest**) **1** assolellat: *It's sunny today.* Avui fa sol. **2** (*personalitat*) alegre
sunrise /'sʌnraɪz/ *n* sortida del sol
sunset /'sʌnset/ *n* posta de sol
sunshade /'sʌnʃeɪd/ *n* para-sol
sunshine /'sʌnʃaɪn/ *n* sol: *Let's sit in the sunshine.* Anem a seure al sol.
sunstroke /'sʌnstrəʊk/ *n* [*incomptable*] insolació: *to get sunstroke* agafar una insolació
suntan /'sʌntæn/ *n* bronzejat (*de la pell*): *suntan lotion* bronzejador ➲ *Compareu amb* SUNBURN **suntanned** *adj* bronzejat
super /'suːpə(r)/ *adj* (*col·loq*) fantàstic, súper
superb /suː'pɜːb/ *adj* magnífic **superbly** *adv* de meravella: *a superbly situated house* una casa situada en un lloc ideal
superficial /ˌsuːpə'fɪʃl/ *adj* superficial **superficiality** /ˌsuːpəˌfɪʃɪ'æləti/ *n* superficialitat **superficially** /-ʃəli/ *adv* superficialment, aparentment
superfluous /suː'pɜːflʊəs/ *adj* superflu, innecessari: *to be superfluous* sobrar
superhuman /ˌsuːpə'hjuːmən/ *adj* sobrehumà
superimpose /ˌsuːpərɪm'pəʊz/ *vt* ~ **sth (on/onto sth)** sobreposar alguna cosa (en alguna cosa)
superintendent /ˌsuːpərɪn'tendənt/ *n* **1** encarregat, -ada, superintendent, -a **2** comissari, -ària (*de policia*)
superior /suː'pɪəriə(r)/ *adjectiu, nom*
▸ *adj* **1** ~ **(to sb/sth)** superior (a algú/alguna cosa) **2** (*actitud*) de superioritat
▸ *n* superior: *Mother Superior* Mare Superiora **superiority** /suːˌpɪəri'ɒrəti/ *n* ~ **(in sth)**; ~ **(to/over sth/sb)** superioritat (en alguna cosa); superioritat (sobre alguna cosa/algú)
superlative /suː'pɜːlətɪv/ *adj, n* superlatiu
supermarket /'suːpəmɑːkɪt/ *n* supermercat
supermodel /'suːpəmɒdl/ *n* supermodel
supernatural /ˌsuːpə'nætʃrəl/ *adjectiu, nom*
▸ *adj* sobrenatural
▸ *n* **the supernatural** [*sing*] el món sobrenatural
superpower /'suːpəpaʊə(r)/ *n* superpotència

supersede /ˌsuːpəˈsiːd/ *vt* reemplaçar, desbancar

superstar /ˈsuːpəstɑː(r)/ *n* estrella: *Hollywood superstars* les superestrelles de Hollywood

superstition /ˌsuːpəˈstɪʃn/ *n* superstició **superstitious** *adj* supersticiós

superstore /ˈsuːpəstɔː(r)/ *n* hipermercat

supervise /ˈsuːpəvaɪz/ *vt* supervisar **supervision** /ˌsuːpəˈvɪʒn/ *n* supervisió **supervisor** /ˈsuːpəvaɪzə(r)/ *n* supervisor, -a

supper /ˈsʌpə(r)/ *n* sopar, ressopó: *to have supper* sopar ➲ *Vegeu nota a* DINNER

supple /ˈsʌpl/ *adj* flexible

supplement *nom, verb*

▸ *n* /ˈsʌplɪmənt/ **1** suplement, complement: *the Sunday supplement* el suplement dominical **2** (*de llibre*) apèndix

▸ *vt* /ˈsʌplɪment/ ~ **sth (with sth)** complementar, completar alguna cosa (amb alguna cosa)

supplementary /ˌsʌplɪˈmentri/ *adj* addicional, suplementari

supplier /səˈplaɪə(r)/ *n* proveïdor, -a

supply /səˈplaɪ/ *nom, verb*

▸ *n* (*pl* **supplies**) **1** subministrament, provisió **2 supplies** [*pl*] queviures **3 supplies** [*pl*] reserves, existències **4 supplies** [*pl*] (*Mil*) pertrets LOC **be in short/plentiful supply** escassejar/abundar ◆ **supply and demand** l'oferta i la demanda

▸ *vt* (*pt, pp* **-plied**) **1** ~ **sb (with sth)** proveir algú (d'alguna cosa) **2** ~ **sth (to sb)** subministrar, facilitar alguna cosa (a algú)

supply teacher *n* professor, -a suplent

support /səˈpɔːt/ *verb, nom*

▸ *vt* **1** (*causa*) donar suport a: *a supporting role* un paper secundari **2** (*persona*) mantenir **3** (*pes*) sostenir, aguantar **4** (*Esport*) seguir: *Which team do you support?* De quin equip ets?

▸ *n* ~ **(for sb/sth)** suport (a algú/alguna cosa) **supporter** *n* **1** (*Pol*) partidari, -ària **2** (*Esport*) aficionat, -ada **3** (*de teoria*) seguidor, -a **supportive** *adj* que dóna suport: *to be supportive to sb* donar suport a algú

suppose /səˈpəʊz/ *vt* **1** suposar, imaginar-se: *I suppose so/not.* M'imagino que sí/no. **2** (*suggeriment*): *Suppose we change the subject?* Què et sembla si canviem de tema? LOC **be supposed to be/do sth** haver de fer alguna cosa: *You were supposed to be here an hour ago.* Hauries d'haver arribat fa una hora. ◇ *You're supposed to buy a ticket, but not many people do.* Se suposa que hauries de comprar un bitllet, però molt poca gent ho fa. **supposed** *adj* suposat **supposedly** /səˈpəʊzɪdli/ *adv* suposadament **supposing** *conj* ~ **(that)** si, en cas que: *But supposing he sees us?* I si ens veu?

supposition /ˌsʌpəˈzɪʃn/ *n* suposició

suppress /səˈpres/ *vt* **1** (*rebel·lió, etc.*) reprimir **2** (*informació*) amagar **3** (*sentiment*) contenir **4** (*badall*) aguantar-se

supremacy /suːˈpreməsi/ *n* ~ **(over sb/sth)** (*formal*) supremacia (sobre algú/alguna cosa)

supreme /suːˈpriːm/ *adj* suprem, summe

surcharge /ˈsɜːtʃɑːdʒ/ *n* recàrrec

sure /ʃʊə(r), ʃɔː(r)/ *adjectiu, adverbi*

▸ *adj* (**surer**, **-est**) **1** segur, cert: *He's sure to be elected/of being elected.* És segur que sortirà elegit. **2** estable, ferm LOC **be sure to do sth** no deixar de fer alguna cosa: *Be sure to give your family my regards.* No t'oblidis de saludar la teva família de part meva. ◆ **for sure** (*col·loq*) amb seguretat ◆ **make sure (of sth/that...)** assegurar-se (d'alguna cosa/que...)

▸ *adv* (*esp USA, col·loq*) **1** és clar!: *Are you coming? Sure!* Que vens? És clar! **2** segur: *I sure won't do that again!* Segur que no ho torno a fer! LOC **sure enough** efectivament

surely /ˈʃʊəli; *USA* ˈʃɔːrli/ *adv* **1** certament, sens dubte: *Surely we should do something about it?* Hi hauríem de fer alguna cosa, em sembla. ◇ *Surely he won't mind?* Segur que no li fa res, oi? **2** (*expressant sorpresa*): *Surely you can't agree?* No hi estàs d'acord, oi?

surf /sɜːf/ *nom, verb*

▸ *n* **1** onades, onatge **2** espuma (*de les onades*)

▸ **1** *vi* fer surf: *to go surfing* fer surf **2** *vt* ~ **the Net/Internet** navegar per la xarxa/Internet ➲ *Vegeu nota a* ORDINADOR **surfer** *n* surfista **surfing** *n* surf *Vegeu tb* WINDSURFING

surface /ˈsɜːfɪs/ *nom, verb*

▸ *n* **1** superfície: *a surface wound* una ferida superficial **2** cara (*d'un prisma*)

▸ **1** *vi* sortir a la superfície **2** *vi* aparèixer **3** *vi* (*col·loq*) llevar-se **4** *vt* ~ **sth (with sth)** recobrir alguna cosa (amb alguna cosa)

surfboard /ˈsɜːfbɔːd/ *n* planxa de surf

surge /sɜːdʒ/ *verb, nom*

▸ *vi*: *They surged into the stadium.* Van entrar a patolls a l'estadi.

▸ *n* ~ **(of sth)** onada (d'alguna cosa)

surgeon /ˈsɜːdʒən/ *n* cirurgià, -ana: *brain/veterinary surgeon* neurocirurgià/veterinari

surgery /ˈsɜːdʒəri/ *n* (*pl* **surgeries**) **1** cirurgia: *brain surgery* neurocirurgia ◇ *to undergo surgery* sotmetre's a una operació quirúrgica

S

2 consultori (*mèdic*): *surgery hours* hores de consulta **surgical** *adj* quirúrgic

surly /'sɜːli/ *adj* (**surlier**, **-iest**) malagradós

surmount /sə'maʊnt/ *vt* (*formal*) superar

surname /'sɜːneɪm/ *n* cognom

> Als països de parla anglesa només es té un cognom, que normalment és el del pare. Es diu **surname**, **family name** o **last name**. Hi ha gent que tenen cognoms compostos, units per un guionet, com ara Bonham-Carter. Aquests cognoms es diuen **double-barrelled names**.

surpass /sə'pɑːs; *USA* -'pæs/ *vt* (*formal*) superar: *to surpass yourself* superar-se

surplus /'sɜːpləs/ *nom, adjectiu*

▸ *n* (*pl* **surpluses**) excedent: *the food surplus in Europe* l'excedent d'aliments a Europa

▸ *adj* sobrant

surprise /sə'praɪz/ *nom, verb*

▸ *n* sorpresa **LOC** **take sb/sth by surprise** agafar algú/alguna cosa per sorpresa

▸ *vt* **1** sorprendre **2** agafar d'improvís **surprised** *adj* ~ **(at/by sb/sth)** sorprès (per/amb algú/alguna cosa): *I'm not surprised!* No m'estranya! ◇ *I wouldn't be surprised if it rained.* No m'estranyaria gens que plogués.

surrender /sə'rendə(r)/ *verb, nom*

▸ **1** *vi* ~ **(to sb)** rendir-se (a algú) **2** *vt* ~ **sb/sth (to sb)** (*formal*) lliurar algú/alguna cosa (a algú)

▸ *n* **1** rendició **2** lliurament

surreptitious /ˌsʌrəp'tɪʃəs/ *adj* (*formal*) subreptici, furtiu

S

surrogate /'sʌrəgət/ *n* (*formal*) substitut, -a: *surrogate mother* mare de lloguer

surround /sə'raʊnd/ *vt* ~ **sb/sth (with sb/sth)** rodejar algú/alguna cosa (d'algú/alguna cosa) **surrounding** *adj* circumdant: *the surrounding countryside* el paisatge dels voltants **surroundings** *n* [*pl*] voltants

surveillance /sɜː'veɪləns/ *n* (*formal*) vigilància: *to keep sb under surveillance* tenir algú cosa sota vigilància

survey *nom, verb*

▸ *n* /'sɜːveɪ/ **1** enquesta **2** inspecció (*d'un edifici*) **3** estudi

▸ *vt* /sə'veɪ/ **1** contemplar **2** fer un estudi de **3** fer un reconeixement (*d'un terreny*) **4** fer una inspecció (*d'un edifici*) **5** enquestar **surveyor** /sə'veɪə(r)/ *n* **1** persona que fa la inspecció d'un edifici **2** topògraf, -a, agrimensor, -a

survive /sə'vaɪv/ **1** *vi* sobreviure **2** *vi* ~ **(on sth)** subsistir (a base d'alguna cosa) **3** *vt* sobreviure a (*una crisi, desastre, etc.*) **survival** *n* supervivència **survivor** *n* supervivent

susceptible /sə'septəbl/ *adj* **1** ~ **to sth**: *He's very susceptible to flattery.* Se'l convenç de seguida amb afalacs. **2** ~ **to sth** (*Med*) propens a alguna cosa **3** susceptible

suspect *verb, nom, adjectiu*

▸ *vt* /sə'spekt/ **1** sospitar **2** (*motiu, etc.*) recelar de **3** ~ **sb (of sth/of doing sth)** sospitar d'algú; sospitar que algú ha fet alguna cosa

▸ *n, adj* /'sʌspekt/ sospitós, -osa

suspend /sə'spend/ *vt* **1** ~ **sth (from sth)** penjar alguna cosa (d'alguna cosa): *to suspend sth from the ceiling* penjar alguna cosa del sostre ❶ És més habitual dir **hang**. **2** suspendre: *suspended sentence* pena de presó que no es compleix llevat que es reincideixi

suspender /sə'spendə(r)/ *n* **1** (*GB*) lligacama **2 suspenders** [*pl*] (*USA*) elàstics

suspense /sə'spens/ *n* suspens, tensió

suspension /sə'spenʃn/ *n* suspensió: *suspension bridge* pont suspès

suspicion /sə'spɪʃn/ *n* sospita, recel: *on suspicion of murder* sota sospita d'homicidi

suspicious /sə'spɪʃəs/ *adj* **1** ~ **(about/of sb/sth)** recelós (d'algú/d'alguna cosa): *They're suspicious of foreigners.* Recelen dels estrangers. **2** sospitós: *He died in suspicious circumstances.* Va morir en circumstàncies sospitoses.

sustain /sə'steɪn/ *vt* **1** (*vida, interès*) mantenir **2** sostenir: *It is difficult to sustain this argument.* És difícil de sostenir aquest argument. ◇ *sustained economic growth* creixement econòmic mantingut **3** (*formal*) (*lesió, pèrdua, etc.*) sofrir **sustainable** *adj* sostenible

swagger /'swægə(r)/ *vi* caminar tibat (*envanit*)

swallow /'swɒləʊ/ *verb, nom*

▸ **1** *vt, vi* empassar-se **2** *vt* (*orgull, mentida, etc.*) empassar-se **LOC** **be/get swallowed up by sth** ésser empassat per alguna cosa: *Most of my salary gets swallowed up by the rent.* La major part del sou se me'n va a pagar el lloguer.

▸ *n* **1** oreneta **2** glop

swam *pt de* SWIM

swamp /swɒmp/ *nom, verb*

▸ *n* pantà, aiguamoll

▸ *vt* ~ **sb/sth (with sth)** inundar algú/alguna cosa (d'alguna cosa)

swan /swɒn/ *n* cigne

swanky /'swæŋki/ *adj* (**swankier**, **-iest**) (*col·loq, pej*) de luxe, elegant: *a swanky restaurant* un restaurant ostentós

swap (*tb* **swop**) /swɒp/ *vt, vi* (**-pp-**) ~ **sth (with sb)**; ~ **sth for sth** (inter)canviar alguna cosa (amb algú); (inter)canviar alguna cosa per alguna cosa: *to swap sth round* canviar alguna cosa de lloc LOC *Vegeu* PLACE

swarm /swɔːm/ *nom, verb*
▸ *n* eixam: *swarms of people* un eixam de persones
▸ *v* PHR V **swarm in/out** entrar/sortir a borbollons ◆ **swarm with sb/sth** estar farcit d'algú/d'alguna cosa

swat /swɒt/ *vt* (**-tt-**) esclafar (*un insecte*)

sway /sweɪ/ *verb, nom*
▸ **1** *vt, vi* balancejar(-se) **2** *vi* trontollar **3** *vt* influir en: *He's easily swayed.* Es deixa influir fàcilment.
▸ *n* **1** balanceig **2** (*formal*) domini

swear /sweə(r)/ (*pt* **swore** /swɔː(r)/ *pp* **sworn** /swɔːn/) **1** *vi* renegar: *You swear a lot.* Dius moltes paraulotes. **2** *vi* ~ **at sb/sth** insultar algú/alguna cosa **3** *vt, vi* jurar: *to swear to tell the truth* jurar dir la veritat PHR V **swear by sb/sth** (*col·loq*) **1** jurar per algú/alguna cosa **2** tenir una fe cega en algú/alguna cosa ◆ **swear sb in** prendre jurament a algú

swear word *n* renec, paraulota

sweat /swet/ *nom, verb*
▸ *n* suor
▸ *vi* suar LOC **sweat it out** (*col·loq*) estar amb tensió fins que passi o s'acabi alguna cosa: *They're going to have to sweat it out till August.* Estaran amb l'ai al cor fins a l'agost. **sweaty** *adj* suat, que fa suar

sweater /ˈswetə(r)/ *n* jersei

sweatpants /ˈswetpænts/ *n* [*pl*] pantalons de xandall

sweatshirt /ˈswetʃɜːt/ *n* dessuadora

sweatsuit /ˈswetsuːt/ (*tb* **sweats** [*pl*]) *n* (*USA*) xandall

swede /swiːd/ *n* colinap

sweep /swiːp/ *verb, nom*
▸ (*pt, pp* **swept** /swept/) **1** *vt, vi* escombrar **2** *vt* (*xemeneia*) escurar **3** *vt* arrossegar **4** *vi*: *She swept out of the room.* Va sortir de l'habitació amb pas majestuós. **5** *vt, vi* ~ **(through, over, across, etc.) sth** recórrer alguna cosa; estendre's per alguna cosa LOC **sweep sb off their feet** captivar (el cor d')algú PHR V **sweep sth away** eradicar, eliminar alguna cosa ◆ **sweep sth up** escombrar alguna cosa
▸ *n* **1** escombrada **2** moviment, gest (ampli) **3** extensió, abast

sweeping /ˈswiːpɪŋ/ *adj* **1** (*canvi*) radical **2** (*pej*) (*afirmació*) categòric **3** (*pej*) (*generalització*) excessiu

sweet /swiːt/ *adjectiu, nom*
▸ *adj* (**sweeter, -est**) **1** dolç **2** (*olor*) fragant **3** (*so*) melodiós **4** bufó, maco **5** (*caràcter*) encantador LOC **have a sweet tooth** (*col·loq*) ésser llaminer
▸ *n* **1** (*USA* **candy**) caramel, llaminadura **2** [*incomptable*] postres **sweetness** *n* dolçor

sweetcorn /ˈswiːtkɔːn/ (*USA* **corn**) *n* blat de moro cuinat

sweeten /ˈswiːtn/ *vt* **1** endolcir, posar sucre a **2** ~ **sb (up)** (*col·loq*) ablanir algú **sweetener** *n* edulcorant

sweetheart /ˈswiːthɑːt/ *n* **1** (*tractament*) amor meu **2** (*antic*) xicot, -a

sweet pea *n* pèsol d'olor

sweet potato *n* (*pl* **potatoes**) moniato

swell /swel/ *vt, vi* (*pt* **swelled** *pp* **swollen** /ˈswəʊlən/ *o* **swelled**) ~ **(up)** inflar(-se) **swelling** *n* inflor

swept *pt, pp de* SWEEP

swerve /swɜːv/ *vi* virar de cop, desviar(-se) de cop: *The car swerved to avoid the child.* El cotxe es va desviar per esquivar el nen.

swift /swɪft/ *adj* (**swifter, -est**) (*formal*) ràpid: *a swift reaction* una reacció ràpida

swill /swɪl/ *vt* ~ **sth (out/down)** esbandir alguna cosa

swim /swɪm/ *verb, nom*
▸ (*pt* **swam** /swæm/ *pp* **swum** /swʌm/ *part pres* **swimming**) **1** *vt, vi* nedar: *to swim breaststroke* nedar braça ◇ *to swim the Channel* creuar el Canal nedant ◇ *to go swimming* anar a nedar **2** *vi* (*cap*) rodar (*de mareig*)
▸ *n* bany: *to go for a swim* anar a nedar **swimmer** *n* nedador, -a

swimming /ˈswɪmɪŋ/ *n* natació

swimming costume (*tb* **swimsuit** /ˈswɪmsuːt/) *n* banyador (*esp de dona*)

swimming pool *n* piscina

swimming trunks *n* [*pl*] banyador (*d'home*): *a pair of swimming trunks* un banyador ➲ *Vegeu nota a* PAIR

swindle /ˈswɪndl/ *verb, nom*
▸ *vt* ~ **sb (out of sth)** estafar algú; estafar alguna cosa a algú
▸ *n* estafa **swindler** *n* estafador, -a

swing /swɪŋ/ *verb, nom*
▸ (*pt, pp* **swung** /swʌŋ/) **1** *vt, vi* balancejar(-se) **2** *vi* oscil·lar **3** *vt, vi* gronxar(-se) **4** *vi* ~ **open/shut** (*porta*) obrir-se/tancar-se **5** *vt, vi* (fer) girar: *to swing around/round* fer mitja volta

S

6 *vt, vi* ~ **(sth) (at sb)** (intentar) copejar (algú) (amb alguna cosa) **7** *vi* ~ **(from sth) (to sth)** (*d'opinions, etc.*) passar (d'alguna cosa) (a alguna cosa)
▸ *n* **1** balanceig **2** canvi: *mood swings* canvis sobtats d'humor **3** gronxador LOC *Vegeu* FULL

swipe /swaɪp/ **1** *vt, vi* ~ **(at) sb/sth** (intentar) copejar algú/alguna cosa **2** *vt* (*col·loq*) pispar **3** *vt* passar (*per un lector electrònic*): *swipe card* targeta de banda magnètica

swirl /swɜːl/ *vt, vi* arremolinar(-se): *Flakes of snow swirled in the cold wind.* Els flocs de neu s'arremolinaven amb el vent fred.

switch /swɪtʃ/ *nom, verb*
▸ *n* **1** interruptor **2** canvi: *a switch to Labour* un canvi a favor dels laboristes
▸ **1** *vi* ~ **(from sth) (to sth)** canviar (d'alguna cosa) (a alguna cosa) **2** *vt, vi* ~ **sth (over/around)**; ~ **(sth) (with sb)** intercanviar, canviar (alguna cosa) (amb algú) PHR V **switch (sth) off** apagar alguna cosa, apagar-se ◆ **switch (sth) on** encendre alguna cosa, encendre's

switchboard /ˈswɪtʃbɔːd/ *n* centraleta

swivel /ˈswɪvl/ *vt, vi* (**-ll-**; *USA* **-l-**) ~ **(sth) around/round** fer girar alguna cosa, girar-se

swivel chair *n* cadira giratòria

swollen /ˈswəʊlən/ *adj* inflat *Vegeu tb* SWELL

swoop /swuːp/ *verb, nom*
▸ *vi* ~ **(down) (on sb/sth)** abatre's, baixar en picat (sobre algú/alguna cosa)
▸ *n* batuda: *Police made a dawn swoop.* La policia va fer una batuda de bon matí.

swop = SWAP

sword /sɔːd/ *n* espasa

swore *pt de* SWEAR

sworn *pp de* SWEAR

swot /swɒt/ *nom, verb*
▸ *n* (*GB, col·loq*) persona que estudia massa
▸ *vt, vi* ~ **(up) (for/on sth)**; ~ **sth up** (*GB, col·loq*) estudiar de valent (per a alguna cosa); estudiar-se molt bé alguna cosa

swum *pp de* SWIM

swung *pt, pp de* SWING

syllable /ˈsɪləbl/ *n* síl·laba

syllabus /ˈsɪləbəs/ *n* (*pl* **syllabuses**) programa (de curs), temari: *Does the syllabus cover modern literature?* La literatura moderna entra en el temari?

symbol /ˈsɪmbl/ *n* **1** ~ **(of/for sth)** símbol (d'alguna cosa) **2** (*Mat*) signe **symbolic** /sɪmˈbɒlɪk/ *adj* simbòlic **symbolism** /ˈsɪmbəlɪzəm/ *n* simbolisme **symbolize** (*GB tb* **-ise**) /ˈsɪmbəlaɪz/ *vt* simbolitzar

symmetry /ˈsɪmətri/ *n* simetria **symmetrical** /sɪˈmetrɪkl/ (*tb* **symmetric** /sɪˈmetrɪk/) *adj* simètric

sympathetic /ˌsɪmpəˈθetɪk/ *adj* **1** ~ **(to/towards sb)** comprensiu, compassiu (amb algú): *She was very sympathetic when I told her I could not sit the exam.* Va ser molt comprensiva quan li vaig explicar que no podia fer l'examen. ❶ Per dir *simpàtic* en anglès s'usa **nice** o **friendly**. **2** ~ **(to/towards sb/sth)** favorable (cap a algú/alguna cosa): *lawyers sympathetic to the peace movement* advocats que simpatitzen amb el moviment pacifista

sympathize (*GB tb* **-ise**) /ˈsɪmpəθaɪz/ *vi* **1** ~ **(with sb/sth)** compadir-se (d'algú/d'alguna cosa) **2** ~ **with sb/sth** simpatitzar (amb algú/alguna cosa)

sympathy /ˈsɪmpəθi/ *n* (*pl* **sympathies**) **1** ~ **(for/towards sb)** compassió (per/cap a algú) **2** condol

symphony /ˈsɪmfəni/ *n* (*pl* **symphonies**) simfonia: *symphony orchestra* orquestra simfònica

symptom /ˈsɪmptəm/ *n* símptoma: *The riots are a symptom of a deeper problem.* Els avalots són un símptoma d'un problema més profund.

synagogue /ˈsɪnəɡɒɡ/ *n* sinagoga

synchronize (*GB tb* **-ise**) /ˈsɪŋkrənaɪz/ *vt, vi* ~ **(sth) (with sth)** estar sincronitzat (amb alguna cosa); sincronitzar alguna cosa (amb alguna cosa)

syndicate /ˈsɪndɪkət/ *n* associació, agrupació ❶ En anglès, un *sindicat* es diu **(trade) union**.

syndrome /ˈsɪndrəʊm/ *n* síndrome

synonym /ˈsɪnənɪm/ *n* sinònim **synonymous** /sɪˈnɒnɪməs/ *adj* ~ **(with sth)** sinònim (d'alguna cosa)

syntax /ˈsɪntæks/ *n* sintaxi

synthesizer (*GB tb* **-iser**) /ˈsɪnθəsaɪzə(r)/ *n* sintetitzador

synthetic /sɪnˈθetɪk/ *adj* **1** sintètic **2** (*pej*) artificial

syringe /sɪˈrɪndʒ/ *n* xeringa

syrup /ˈsɪrəp/ *n* **1** almívar **2** xarop (*medicament*)

system /ˈsɪstəm/ *n* **1** sistema: *the metric/solar system* el sistema mètric/solar **2** mètode: *a new system for assessing tax* un nou mètode de calcular els impostos LOC **get sth out of your system** (*col·loq*) desfogar-se/desfogar alguna cosa **systematic** /ˌsɪstəˈmætɪk/ *adj* **1** sistemàtic **2** metòdic

S

T t

T, t /tiː/ *n* (*pl* **Ts**, **T's**, **t's**) T, t ➲ *Vegeu nota a* A, A
ta /tɑː/ *interj* (*GB*, *col·loq*) gràcies
tab /tæb/ *n* **1** (*USA*) anella (*d'una llauna*) **2** compte: *Put it on my tab.* Convido jo.
table /ˈteɪbl/ *n* taula: *bedside/coffee table* tauleta de nit/taula de cafè ◇ *to lay/set the table* parar taula ◇ *table of contents* índex de matèries *Vegeu tb* DRESSING TABLE
tablecloth /ˈteɪblklɒθ; *USA* -klɔːθ/ *n* tovalles
table football *n* futbolí
tablespoon /ˈteɪblspuːn/ *n* **1** cullera (gran) **2** (*tb* **tablespoonful**) cullerada
tablet /ˈtæblət/ *n* pastilla
table tennis *n* ping-pong®, tennis de taula
tabloid /ˈtæblɔɪd/ *n* diari sensacionalista: *the tabloid press* la premsa groga
taboo /təˈbuː/ *adj*, *n* (*pl* **taboos**) tabú: *a taboo subject* un tema tabú
tacit /ˈtæsɪt/ *adj* (*formal*) tàcit
tack /tæk/ *nom*, *verb*
▸ *n* **1** [*sing*] pla d'acció: *to change tack/take a different tack* canviar de pla **2** tatxa *Vegeu tb* THUMBTACK
▸ *vt* clavar (amb tatxes) PHR V **tack sth on; tack sth onto sth** (*col·loq*) afegir alguna cosa (a alguna cosa)
tackle /ˈtækl/ *verb*, *nom*
▸ *vt* **1** afrontar: *to tackle a problem* abordar un problema **2 ~ sb about sth** abordar algú per alguna cosa **3** (*Futbol*) fer una entrada a **4** (*Rugbi*) placar
▸ *n* **1** (*Futbol*) entrada **2** (*Rugbi*) placatge **3** [*incomptable*] equip, estris: *fishing tackle* ormeig de pescar
tacky /ˈtæki/ *adj* (**tackier**, **-iest**) **1** (*col·loq*) ordinari **2** (*substància*) enganxós
tact /tækt/ *n* tacte **tactful** *adj* diplomàtic, discret **tactless** *adj* indiscret, poc diplomàtic: *It was tactless of you to ask him his age.* Demanar-li l'edat va ser una indiscreció.
tactic /ˈtæktɪk/ *n* [*gen pl*] tàctica **tactical** *adj* **1** tàctic **2** estratègic: *a tactical decision* una decisió estratègica
tadpole /ˈtædpəʊl/ *n* (*Zool*) capgròs
tae kwon do /ˌtaɪ ˌkwɒn ˈdəʊ/ *n* taekwondo
tag /tæg/ *nom*, *verb*
▸ *n* etiqueta ➲ *Vegeu il·lustració a* ETIQUETA *Vegeu tb* QUESTION TAG
▸ *vt* (**-gg-**) etiquetar PHR V **tag along (behind/with sb)** acompanyar algú, enganxar-se a algú
tail /teɪl/ *nom*, *verb*
▸ *n* **1** cua **2 tails** [*pl*] frac LOC *Vegeu* HEAD
▸ *vt* seguir PHR V **tail away/off 1** minvar, esvanir-se **2** (*soroll*, *etc.*) apagar-se
tailback /ˈteɪlbæk/ *n* caravana (*de cotxes*)
tailor /ˈteɪlə(r)/ *nom*, *verb*
▸ *n* sastre, -essa
▸ *vt* **~ sth to/for sb/sth** adaptar alguna cosa a algú/alguna cosa
tailor-made /ˌteɪlə ˈmeɪd/ *adj* fet a mida
taint /teɪnt/ *vt* (*formal*) **1** contaminar **2** (*reputació*) tacar
take /teɪk/ *vt* (*pt* **took** /tʊk/ *pp* **taken** /ˈteɪkən/) **1 ~ sb/sth (with you)** emportar-se algú/alguna cosa: *Take the dog with you.* Emporta't el gos. **2 ~ sb sth; ~ sth (to sb)** portar alguna cosa (a algú) ➲ *Vegeu nota a* GIVE **3** agafar: *to take sb's hand/take sb by the hand* agafar algú per la mà ◇ *to take the bus* agafar l'autobús **4** agafar, prendre: *She took it as a compliment.* S'ho va prendre com un compliment. ◇ *to take a decision* prendre una decisió **5** (*sense permís*) emportar-se **6 ~ sth from/out of sth** treure alguna cosa d'alguna cosa **7 ~ sth (from sb)** prendre alguna cosa (a algú) **8** acceptar: *Do you take credit cards?* Accepteu targetes de crèdit? **9** (*tolerar*) suportar **10** (*comprar*) emportar-se **11** (*temps*) trigar, tardar: *It took me three hours to get there.* Vaig trigar tres hores a arribar-hi. ◇ *How long does it take to get there?* Quant s'hi tarda, a arribar-hi? **12** (*qualitat*) ésser necessari, caldre: *It takes courage to speak out.* Cal molt de coratge per dir allò que es pensa. **13** (*talla*) gastar: *What size shoes do you take?* Quin número calces? **14** (*foto*) fer LOC **take it (that...)** suposar (que...) ◆ **take some doing; take a lot of doing** (*col·loq*) no ésser gens fàcil ❶ Per a d'altres expressions amb **take**, vegeu les entrades del nom, adjectiu, etc., p. ex. **take place** a PLACE.
PHR V **take after sb** sortir, assemblar-se a algú
take sth apart desmuntar alguna cosa
take sth away 1 (*dolor*, *sensació*) treure alguna cosa **2** emportar-se alguna cosa (*per menjar fora del restaurant*) *Vegeu tb* TAKEAWAY
take sth back 1 tornar alguna cosa (*a una botiga o biblioteca*) **2** retractar-se d'alguna cosa
take sth down 1 desmuntar alguna cosa **2** baixar alguna cosa **3** apuntar alguna cosa

take sb in 1 allotjar algú (*a casa*) **2** enganyar algú ◆ **take sth in 1** entendre, assimilar alguna cosa **2** (*roba*) estrènyer alguna cosa
take off 1 enlairar-se **2** (*col·loq*) anar-se'n ràpidament **3** (*producte, idea*) tenir èxit ◆ **take sb off** imitar a algú ◆ **take sth off 1** (*roba, ulleres*) treure's alguna cosa **2** *to take the day/a year off* agafar-se un dia de festa/un any d'excedència
take sb on contractar algú ◆ **take sth on** acceptar alguna cosa (*feina*)
take sth out 1 treure, extreure alguna cosa **2** (*USA*) emportar-se alguna cosa (*per menjar fora del restaurant*) *Vegeu tb* TAKEOUT *a* TAKEAWAY ◆ **take sb out (for/to sth)** convidar algú (a alguna cosa) (*teatre, cinema, restaurant*): *to take sb out to/for dinner* convidar algú a sopar fora ◇ *I'm taking him out tonight.* Surto amb ell aquesta nit. ◆ **take it/sth out on sb** prendre-la amb algú, fer pagar a algú alguna cosa: *Whenever things go wrong, he always takes it out on me!* Quan les coses li van malament, sempre ho haig de pagar jo!

take

Bring the newspaper

Fetch the newspaper

Take the newspaper

take over from sb substituir algú (en alguna cosa) ◆ **take sth over 1** (*empresa*) adquirir alguna cosa **2** encarregar-se d'alguna cosa
take to sb/sth agafar afecte a algú, agafar gust a (fer) alguna cosa: *I took to his parents immediately.* Els seus pares em van caure bé de seguida. ◇ *He's really taken to his new job.* Està encantat de la seva nova feina.
take sb up on sth 1 discutir alguna cosa a algú **2** (*col·loq*) (*oferiment*) acceptar alguna cosa d'algú ◆ **take sth up 1** començar a practicar/fer alguna cosa (*per afició*) **2** (*roba*) escurçar ◆ **take up sth** ocupar alguna cosa (*espai, temps*) ◆ **take sth up with sb** plantejar alguna cosa a algú

takeaway /ˈteɪkəweɪ/ (*USA* **takeout** /ˈteɪkaʊt/) *n* **1** restaurant que ven menjar per a emportar-se **2** menjar per a emportar-se: *We ordered a takeaway.* Vam encarregar menjar per a emportar-nos-el.

taken *pp de* TAKE

take-off /ˈteɪk ɒf/ *n* (*pl* **take-offs**) enlairament, envol

takeover /ˈteɪkəʊvə(r)/ *n* **1** (*empresa*) adquisició: *takeover bid* oferta pública d'adquisició **2** (*Mil*) presa del poder

takings /ˈteɪkɪŋz/ *n* [*pl*] recaptació, taquilla

talcum powder /ˈtælkəm paʊdə(r)/ (*col·loq* **talc** /tælk/) *n* [*incomptable*] pólvores de talc

tale /teɪl/ *n* **1** conte, història **2** xafarderia

talent /ˈtælənt/ *n* ~ **(for sth)** talent (per a alguna cosa): *talent contest/show* concurs de talents **talented** *adj* dotat, de talent

talk /tɔːk/ *verb, nom*
▸ **1** *vi* ~ **(to/with sb) (about/of sb/sth)** parlar (amb algú) (d'algú/d'alguna cosa) ➲ *Vegeu nota a* PARLAR **2** *vt* parlar de: *to talk business* parlar de negocis ◇ *to talk sense/rubbish* parlar amb sentit/dir bestieses **3** *vi* xafardejar LOC **talk shop** (*pej*) parlar de la feina ◆ **talk your way out of (doing) sth** sortir-se'n de fer alguna cosa/d'alguna cosa parlant PHRV **talk down to sb** parlar a algú amb superioritat ◆ **talk sb into/out of (doing) sth** convèncer algú perquè faci/no faci alguna cosa ◆ **talk sth over/through** discutir alguna cosa, parlar d'alguna cosa
▸ *n* **1** conversa, xerrada: *to have a talk with sb* xerrar amb algú ◇ *talk show* programa d'entrevistes **2 talks** [*pl*] negociacions **talkative** /ˈtɔːkətɪv/ *adj* xerraire

tall /tɔːl/ *adj* (**taller, -est**) alt: *How tall are you?* Quant fas d'alçada? ◇ *Tom is six feet tall.* En Tom fa 1,80 m. ◇ *a tall tree/building* un arbre/edifici alt ➲ *Vegeu nota a* ALT

tambourine /ˌtæmbəˈriːn/ *n* pandereta

tame /teɪm/ *adjectiu, verb*
▸ *adj* (**tamer, -est**) **1** domesticat **2** mans **3** (*col·loq*) (*festa, llibre*) ensopit
▸ *vt* domar

tamper /'tæmpə(r)/ *v* PHR V **tamper with sth** alterar, manipular alguna cosa

tampon /'tæmpɒn/ *n* tampó

tan /tæn/ *verb, nom*
▸ *vi* (**-nn-**) bronzejar-se
▸ *n* bronzejat (*de la pell*): *to get a tan* posar-se moreno

tangent /'tændʒənt/ *n* tangent LOC **fly/go off at a tangent** (*col·loq*) anar-se'n/fugir per la tangent

tangerine /ˌtændʒə'riːn; *USA* 'tændʒəriːn/ *n* **1** mandarina **2** color carabassa fosc

tangle /'tæŋgl/ *nom, verb*
▸ *n* embolic: *to get into a tangle* embolicar-se
▸ *vt, vi* ~ **(sth) (up)** embolicar alguna cosa, embolicar-se **tangled** *adj* embolicat

tank /tæŋk/ *n* **1** dipòsit: *petrol tank* dipòsit de gasolina ➲ *Vegeu il·lustració a* MOTO **2** peixera **3** (*Mil*) tanc

tanker /'tæŋkə(r)/ *n* **1** petrolier **2** camió cisterna

tanned /tænd/ *adj* bronzejat

tantalize (*GB tb* **-ise**) /'tæntəlaɪz/ *vt* fer delir **tantalizing** (*GB tb* **-ising**) *adj* temptador

tantrum /'tæntrəm/ *n* enrabiada: *Luke threw/had a tantrum.* En Luke va agafar una enrabiada.

tap /tæp/ *verb, nom*
▸ (**-pp-**) **1** *vt* ~ **sb/sth (on/with sth)** donar copets a algú/alguna cosa (en/amb alguna cosa): *to tap sb on the shoulder* donar a algú un copet a l'espatlla **2** *vi* ~ **(at/on sth)** donar copets (a alguna cosa) **3** *vt, vi* ~ **(into) sth** explotar alguna cosa **4** *vt* (*telèfon*) intervenir
▸ *n* **1** (*USA* **faucet**) aixeta: *to turn the tap on/off* obrir/tancar l'aixeta **2** copet

tape /teɪp/ *nom, verb*
▸ *n* **1** cinta: *sticky tape* cinta adhesiva **2** cinta (*de gravació*): *to have sth on tape* tenir alguna cosa gravada ◇ *tape deck* platina *Vegeu tb* RED TAPE
▸ *vt* **1** gravar **2** ~ **sth (up)** fixar alguna cosa amb cinta

tape measure (*tb* **tape, measuring tape**) *n* cinta mètrica

tape recorder *n* casset, magnetòfon

tapestry /'tæpəstri/ *n* (*pl* **tapestries**) tapís

tar /tɑː(r)/ *n* quitrà

tarantula /tə'ræntʃələ/ *n* taràntula

target /'tɑːgɪt/ *nom, verb*
▸ *n* **1** objectiu: *I'm not going to meet my weekly target.* No aconseguiré el meu objectiu setmanal. **2** blanc, objectiu: *military targets* objectius militars
▸ *vt* **1** ~ **sth at sb/sth** dirigir alguna cosa a algú/alguna cosa **2** dirigir-se: *We're targeting young drivers.* Ens dirigim a conductors joves.

tariff /'tærɪf/ *n* **1** aranzel **2** tarifa

Tarmac® /'tɑːmæk/ *nom, verb*
▸ *n* **1** asfalt **2 the tarmac** la pista (*d'un aeroport*)
▸ **tarmac** *vt* (**-ck-**) asfaltar

tarnish /'tɑːnɪʃ/ **1** *vt, vi* desllustrar(-se) **2** *vt* (*reputació, etc.*) tacar

tart /tɑːt/ *adj* pastís, cassoleta (*de fruita*) ➲ *Vegeu nota a* PIE

tartan /'tɑːtn/ *n* tartà, teixit escocès

task /tɑːsk; *USA* tæsk/ *n* tasca: *Your first task will be to check the database.* La teva primera feina serà revisar la base de dades.

taste /teɪst/ *nom, verb*
▸ *n* **1** sabor **2** (*tb* **sense of taste**) gust **3 a** ~ **(of sth)** (*menjar, beguda*) una mica (d'alguna cosa) **4** [*sing*] ~ **(of sth)** mostra (d'alguna cosa): *her first taste of life in the city* la seva primera experiència de la vida de ciutat **5** ~ **(for sth)** gust (per alguna cosa)
▸ **1** *vi* ~ **(of sth)** tenir gust (d'alguna cosa): *It tastes of mint.* Té gust de menta. ◇ *It tastes salty/delicious.* Té un gust salat/deliciós. **2** *vt* notar el sabor de

> És molt habitual l'ús del verb **taste** amb **can** o **could**: *I can't taste anything.* No té gust de res.

3 *vt* tastar **4** *vt* experimentar, conèixer

tasteful /'teɪstfl/ *adj* de bon gust

tasteless /'teɪstləs/ *adj* **1** insípid, fat **2** de mal gust

tasty /'teɪsti/ *adj* (**tastier, -iest**) saborós, bo

tat /'tæt/ *n* LOC *Vegeu* TIT

tattered /'tætəd/ *adj* esparracat

tatters /'tætəz/ *n* [*pl*] parracs LOC **in tatters** esparracat

tattoo /tə'tuː; *USA* tæ'tuː/ *nom, verb*
▸ *n* (*pl* **tattoos**) tatuatge
▸ *vt* tatuar

tatty /'tæti/ *adj* (*col·loq*) fet malbé

taught *pt, pp de* TEACH

taunt /tɔːnt/ *verb, nom*
▸ *vt* mofar-se de
▸ *n* burla

T

Taurus /ˈtɔːrəs/ *n* taure ➲ *Vegeu exemples a* AQUARIUS

taut /tɔːt/ *adj* tibant, tens

tavern /ˈtævən/ *n* (*antic*) taverna

tax /tæks/ *nom, verb*

▸ *n* impost: *tax return* declaració de la renda

▸ *vt* **1** (*articles*) carregar amb un impost **2** (*persones*) imposar contribucions a **3** (*recursos*) exigir massa a **4** (*paciència, etc.*) acabar, abusar de **taxable** *adj* subjecte a impost **taxation** *n* (recaptació/pagament d'')impostos **taxing** *adj* **1** esgotador, extenuant **2** (*problema*) molt difícil

tax-free /ˌtæks ˈfriː/ *adj* lliure d'impostos

taxi /ˈtæksi/ *nom, verb*

▸ *n* (*pl* **taxis**) taxi: *taxi driver* taxista

▸ *vi* (*pt, pp* **taxied** *part pres* **taxiing**) rodar (*per la pista d'aterratge*)

taxpayer /ˈtækspeɪə(r)/ *n* contribuent

tea /tiː/ *n* **1** te: *tea bag* bosseta de te **2** infusió **3** berenar **4** sopar ➲ *Vegeu nota a* DINNER **LOC** *Vegeu* CUP

teach /tiːtʃ/ (*pt, pp* **taught** /tɔːt/) **1** *vt* ensenyar: *Bill is teaching us how to use the program.* En Bill ens està ensenyant a fer anar el programa. **2** *vt, vi* fer classes (de)

teacher /ˈtiːtʃə(r)/ *n* professor, -a, mestre, -a: *English teacher* professor d'anglès ◇ *teacher training* magisteri *Vegeu tb* HEAD TEACHER

teaching /ˈtiːtʃɪŋ/ *n* ensenyament: *teaching materials* materials didàctics ◇ *a teaching career* una carrera docent

teacup /ˈtiːkʌp/ *n* tassa per a te

team /tiːm/ *nom, verb*

▸ *n* [*v sing o pl*] equip ➲ *Vegeu nota a* JURAT

▸ *v* **PHR V** **team up (with sb)** associar-se, ajuntar-se (amb algú)

teammate /ˈtiːmmeɪt/ *n* company, -a (d'equip)

teamwork /ˈtiːmwɜːk/ *n* treball en equip

teapot /ˈtiːpɒt/ *n* tetera

tear¹ /teə(r)/ *verb, nom*

▸ (*pt* **tore** /tɔː(r)/ *pp* **torn** /tɔːn/) **1** *vt, vi* estripar(-se), esquinçar(-se) **2** *vi* ~ **along, past, etc.** anar, passar, etc. com un llamp **PHR V** **tear sb/yourself away (from sth)** separar algú, separar-se (d'alguna cosa) ◆ **be torn between A and B** no poder-se decidir entre A i B ◆ **tear sth down** enderrocar alguna cosa ◆ **tear sth out** arrencar alguna cosa ◆ **tear sth up** estripar alguna cosa

▸ *n* estrip, esquinç *Vegeu tb* WEAR

tear² /tɪə(r)/ *n* llàgrima: *He was in tears.* Estava plorant. **LOC** **bring tears to sb's eyes** fer plorar algú **tearful** *adj* plorós

tea room (*tb* **tea shop**) *n* (*GB*) saló de te

tease /tiːz/ *vt* prendre el pèl a, empipar

teaspoon /ˈtiːspuːn/ *n* **1** cullereta **2** (*tb* **teaspoonful**) culleradeta

teatime /ˈtiːtaɪm/ *n* (*GB*) l'hora del te

tea towel *n* drap de cuina

techie /ˈteki/ *n* (*col·loq*) entusiasta de la tecnologia

technical /ˈteknɪkl/ *adj* **1** tècnic **2** segons la llei **technicality** /ˌteknɪˈkæləti/ *n* (*pl* **technicalities**) **1** detall tècnic, tecnicisme **2** detall insignificant (*formalitat*) **technically** /-kli/ *adv* **1** estrictament **2** tècnicament, en termes tècnics

technical college *n* (*GB*) institut de formació professional

technician /tekˈnɪʃn/ *n* tècnic, -a

technique /tekˈniːk/ *n* tècnica

technology /tekˈnɒlədʒi/ *n* (*pl* **technologies**) tecnologia **technological** /ˌteknəˈlɒdʒɪkl/ *adj* tecnològic

teddy /ˈtedi/ *n* (*pl* **teddies**) (*tb* **teddy bear**) ós de peluix

tedious /ˈtiːdiəs/ *adj* tediós, avorrit

tedium /ˈtiːdiəm/ *n* (*formal*) tedi

teem /tiːm/ *v* **PHR V** **teem with sth** estar ple d'alguna cosa

teenage /ˈtiːneɪdʒ/ *adj* d'adolescent: *teenage fashion* moda jove **teenager** *n* adolescent

teens /tiːnz/ *n* [*pl*] adolescència, edat entre els 13 i els 19 anys: *He's in his teens.* És un adolescent.

tee shirt = T-SHIRT

teeth *plural de* TOOTH

teethe /tiːð/ *vi*: *She's starting to teethe.* Ja li apunten les dents. **LOC** **teething problems/troubles** problemes inicials

telecommunications /ˌtelɪkəˌmjuːnɪˈkeɪʃnz/ *n* [*pl*] telecomunicacions

teleconference /ˈtelikɒnfərəns/ *n* videoconferència

telepathy /təˈlepəθi/ *n* telepatia

telephone /ˈtelɪfəʊn/ *nom, verb*

▸ *n* telèfon ➲ *Vegeu exemples i locucions a* PHONE

▸ *vt, vi* trucar (a), telefonar (a) ➲ *Vegeu exemples i locucions a* PHONE

telephone box *n* cabina telefònica

telephone exchange *n* central telefònica

telesales /ˈteliseɪlz/ (*tb* **telemarketing** /ˈtelimɑːkɪtɪŋ/) *n* màrqueting telefònic

telescope /ˈtelɪskəʊp/ *n* telescopi

T

televise /ˈtelɪvaɪz/ *vt* televisar

television /ˈtelɪvɪʒn/ (*abrev* **TV**) *n* **1** televisió: *to watch television* mirar la televisió **2** (*tb* **television set**) televisor

> A la Gran Bretanya hi ha cinc cadenes de televisió nacionals terrestres: **BBC1**, **BBC2**, **ITV1**, **Channel 4** i **Channel 5**. A la **ITV1**, **Channel 4** i **Channel 5** hi ha publicitat (són **commercial channels**). La **BBC1** i la **BBC2** no tenen publicitat i es financen mitjançant el pagament d'una llicència (**TV licence**). També hi ha la televisió digital (**digital TV**), la televisió via satèl·lit (**satellite TV**) i la televisió per cable (**cable TV**).

teleworking /ˈteliwɜːkɪŋ/ *n* teletreball **teleworker** *n* teletreballador, -a

tell /tel/ (*pt, pp* **told** /təʊld/) **1** *vt* **sb (sth)**; ~ **sth to sb** dir alguna cosa a algú: *Did you tell him?* Li ho vas dir? ◇ *to tell the truth* dir la veritat

> En l'estil indirecte **tell** generalment va seguit d'un complement directe de persona: *Tell him to wait.* Digues-li que s'esperi. ◇ *She told him to hurry up.* Li va dir que s'afanyés. *Vegeu tb notes a* GIVE, ORDER *i* SAY

2 *vt, vi* explicar: *Tell me all about it.* Explica-m'ho tot. ◇ *Promise you won't tell.* Promet-me que no ho explicaràs. **3** *vt, vi* saber: *It's hard to tell.* És difícil de saber. ◇ *You can tell she's French.* Es veu de seguida que és francesa. **4** *vt* ~ **A from B** distingir A de B LOC **I told you (so)** (*col·loq*) ja t'ho deia ◆ **tell the time** (*USA* **tell time**) dir l'hora ◆ **there's no telling** és impossible de saber-ho ◆ **you never can tell** no se sap mai ◆ **you're telling me!** (*col·loq*) a mi m'ho has de dir! PHR V **tell sb off (for sth/for doing sth)** (*col·loq*) renyar algú (per alguna cosa/per fer alguna cosa) ◆ **tell on sb** (*col·loq*) xerrar (alguna cosa) d'algú

telling /ˈtelɪŋ/ *adj* revelador, significatiu

telling-off /ˌtelɪŋ ˈɒf/ *n* (*pl* **tellings-off**) (*GB, col·loq*) reprimenda

telly /ˈteli/ *n* (*pl* **tellies**) (*GB, col·loq*) tele

temp /temp/ *nom, verb*
- ▸ *n* treballador, -a eventual
- ▸ *vi* (*col·loq*) treballar amb un contracte eventual

temper /ˈtempə(r)/ *nom, verb*
- ▸ *n* humor, geni: *in a (bad/foul) temper* de mal humor ◇ *to get into a temper* enrabiar-se LOC **have a quick/short temper** tenir mal geni ◆ **keep/lose your temper** dominar-se/perdre els estreps
- ▸ *vt* ~ **sth (with sth)** (*formal*) temperar alguna cosa (amb alguna cosa)

temperament /ˈtemprəmənt/ *n* temperament

temperamental /ˌtemprəˈmentl/ *adj* temperamental

temperate /ˈtempərət/ *adj* (*clima, regió*) temperat

temperature /ˈtemprətʃə(r)/ *n* temperatura LOC **have/run a temperature** tenir febre

template /ˈtempleɪt/ *n* (*model, Informàt*) plantilla

temple /ˈtempl/ *n* **1** (*Relig*) temple **2** (*Anat*) templa

tempo /ˈtempəʊ/ *n* (*pl* **tempos**) **1** (*Mús*) temps ❶ En aquest sentit, també s'usa la forma plural **tempi** /tempiː/. **2** (*de vida, etc.*) ritme

temporary /ˈtemprəri; *USA* -pəreri/ *adj* temporal, provisional **temporarily** /ˈtemprərəli; *USA* ˌtempəˈrerəli/ *adv* temporalment

tempt /tempt/ *vt* temptar **temptation** *n* temptació **tempting** *adj* temptador

ten /ten/ *adj, pron, n* deu ➲ *Vegeu exemples a* FIVE

tenacious /təˈneɪʃəs/ *adj* (*formal*) tenaç

tenacity /təˈnæsəti/ *n* (*formal*) tenacitat

tenant /ˈtenənt/ *n* llogater, -a, arrendatari, -ària **tenancy** *n* (*pl* **tenancies**) arrendament, lloguer

tend /tend/ **1** *vi* ~ **to (do sth)** tendir, tenir tendència (a fer alguna cosa) **2** *vt, vi* ~ **(to) sb/sth** tenir cura, ocupar-se d'algú/d'alguna cosa **tendency** /ˈtendənsi/ *n* (*pl* **tendencies**) tendència, propensió

tender /ˈtendə(r)/ *adj* tendre **tenderly** *adv* tendrament, amb tendresa **tenderness** *n* tendresa

tendon /ˈtendən/ *n* tendó

tenement /ˈtenəmənt/ *n*: *a tenement block/ tenement house* un bloc/una casa de pisos

tenner /ˈtenə(r)/ *n* (*GB, col·loq*) (bitllet de) deu lliures

tennis /ˈtenɪs/ *n* tennis

tenor /ˈtenə(r)/ *n* tenor

tenpin bowling /ˌtenpɪn ˈbəʊlɪŋ/ *n* [*incomptable*] (joc de) bitlles

tense /tens/ *adjectiu, nom*
- ▸ *adj* (**tenser**, **-est**) tens
- ▸ *n* (*Gram*) temps: *in the past tense* en temps passat

tension /ˈtenʃn/ *n* tensió, tibantor

tent /tent/ *n* **1** tenda (de campanya) **2** (*d'un circ, etc.*) vela

tentacle /ˈtentəkl/ *n* tentacle

tentative /ˈtentətɪv/ *adj* **1** provisional **2** cautelós

T

tenth **1** *adj, adv, pron* desè, dècim **2** *n* dècima part, dècim ➲ *Vegeu exemples a* FIFTH
tenuous /'tenjuəs/ *adj* tènue
tenure /'tenjə(r)/ *n* **1** (*d'un lloc de treball*) ocupació: *security of tenure* dret de permanència **2** (*de terra/propietat*) tinença
tepid /'tepɪd/ *adj* tebi
term /tɜːm/ *nom, verb*
▸ *n* **1** terme, expressió **2** trimestre: *the autumn/spring/summer term* el primer/segon/tercer trimestre ❶ Les paraules *semestre* i *quadrimestre* també es poden traduir per **term**. *Vegeu tb* HALF-TERM **3** període, termini: *term of office* mandat (d'un govern) *Vegeu tb* LONG-TERM, SHORT-TERM, TERMS LOC **in the long/short term** a llarg/curt termini
▸ *vt* (*formal*) qualificar de
terminal /'tɜːmɪnl/ *adj, n* terminal
terminate /'tɜːmɪneɪt/ (*formal*) **1** *vt* (*contracte, etc.*) rescindir **2** *vt* (*acord, relació*) posar fi a **3** *vi* (*tren, etc.*) acabar (*trajecte*)
terminology /ˌtɜːmɪ'nɒlədʒi/ *n* (*pl* **terminologies**) terminologia
terminus /'tɜːmɪnəs/ *n* (*pl* **termini** /'tɜːmɪnaɪ/) terminal (*estació, parada*)
terms /tɜːmz/ *n* [*pl*] **1** condicions **2** termes LOC **be on good, bad, etc. terms (with sb)** tenir bones, males, etc. relacions (amb algú) ◆ **come to terms with sb/sth** acceptar algú/alguna cosa *Vegeu tb* EQUAL, FAMILIAR
terrace /'terəs/ *n* **1** filera de cases aparellades **2** (*tb* **terraced house**) casa en filera ➲ *Vegeu nota a* CASA **3** (*en una casa*) terrassa, terrat **4 terraces** [*pl*] (*Esport*) graderia
terrain /tə'reɪn/ *n* (*formal*) terreny
terrestrial /tə'restriəl/ *adj* terrestre
terrible /'terəbl/ *adj* **1** terrible: *to feel/look terrible* sentir-se fatal/tenir molt mal aspecte **2** [*ús emfàtic*] veritable: *It's a terrible shame.* És una veritable llàstima. **terribly** /-əbli/ *adv* terriblement: *I'm terribly sorry.* Em sap molt de greu.
terrific /tə'rɪfɪk/ *adj* (*col·loq*) **1** fantàstic: *The food was terrific value.* El menjar estava molt bé de preu. **2** espectacular
terrify /'terɪfaɪ/ *vt* (*pt, pp* **-fied**) atemorir **terrified** *adj* atemorit: *She's terrified of flying.* Li fa molta por volar. LOC *Vegeu* WIT **terrifying** *adj* esfereïdor, espantós
territorial /ˌterə'tɔːriəl/ *adj* territorial
territory /'terətri; *USA* -tɔːri/ *n* (*pl* **territories**) territori
terror /'terə(r)/ *n* terror: *to scream with terror* cridar de por
terrorism /'terərɪzəm/ *n* terrorisme **terrorist** *n* terrorista
terrorize (*GB tb* **-ise**) /'terəraɪz/ *vt* aterrir
terse /tɜːs/ *adj* concís: *a terse reply* una resposta seca
test /test/ *nom, verb*
▸ *n* **1** (*Educ*) test, examen: *I'll give you a test on Thursday.* El dijous us posaré un examen. **2** anàlisi, prova: *blood/AIDS test* anàlisi de sang/prova de la SIDA
▸ *vt* **1** ~ **sb (on sth)** (*Educ*) examinar algú (d'alguna cosa) **2** ~ **sb (for sth)** (*Med*) fer una anàlisi/prova a algú (d'alguna cosa): *The doctor tested him for hepatitis.* El metge li va fer una anàlisi per veure si tenia hepatitis. **3** ~ **sth for sth** fer a alguna cosa les proves d'alguna cosa **4** provar, posar a prova
testament /'testəmənt/ *n* (*formal*) **1** ~ **(to sth)** testimoni (d'alguna cosa) **2** testament
testicle /'testɪkl/ *n* testicle
testify /'testɪfaɪ/ *vt, vi* (*pt, pp* **-fied**) declarar
testimony /'testɪməni; *USA* -məʊni/ *n* (*pl* **testimonies**) testimoni
test tube *n* (*Quím*) tub d'assaig
tether /'teðə(r)/ *verb, nom*
▸ *vt* (*animal*) lligar
▸ *n* LOC *Vegeu* END
text /tekst/ *nom, verb*
▸ *n* text: *set text* lectura obligatòria
▸ *vt, vi* enviar una missatge (de text) (a): *Text me when you get there.* Envia'm un missatge quan hi arribis.
textbook /'tekstbʊk/ *n* llibre de text
textile /'tekstaɪl/ *n* tèxtil
text message *n* missatge (de text), SMS **text messaging** *n* SMS, missatgeria de text
texture /'tekstʃə(r)/ *n* textura
than /ðən, ðæn/ *prep, conj* **1** (*després de comparatiu*) que: *faster than ever* més ràpid que mai ◇ *better than he thought* millor del que s'havia pensat **2** (*amb temps i distància*) de: *more than an hour/a kilometre* més d'una hora/un quilòmetre
thank /θæŋk/ *vt* ~ **sb (for sth/for doing sth)** donar les gràcies a algú (per alguna cosa/per fer alguna cosa); agrair alguna cosa a algú LOC **thank you** gràcies ➲ *Vegeu nota a* PLEASE
thankful /'θæŋkfl/ *adj* agraït **thankfully** /-fəli/ *adv* afortunadament

T

thanks /θæŋks/ *interjecció, nom*
▸ *interj* gràcies: *Thanks for coming!* Gràcies per venir!
▸ *n* [*pl*] gràcies, agraïment: *to say thanks to sb* donar les gràcies a algú **LOC** *Vegeu* VOTE

thanksgiving /ˌθæŋks'gɪvɪŋ/ **Thanksgiving (Day)** *n* dia d'Acció de Gràcies

> **Thanksgiving** se celebra als Estats Units el quart dijous de novembre i al Canadà el segon dilluns d'octubre. L'àpat tradicional és gall dindi rostit (**turkey**) i pastís de carabassa (**pumpkin pie**).

that *adjectiu, pronom, conjunció, adverbi*
▸ *adj* /ðæt/ (*pl* **those** /ðəʊz/) aquell ➲ *Compareu amb* THIS
▸ *pron* /ðæt/ (*pl* **those** /ðəʊz/) **1** aquell, -a, aquells, -es **2** allò: *Did you see that?* Ho has vist? **3** (*pronom relatiu*) que: *The letter that came is from him.* La carta que ha arribat és d'ell. ◇ *These are the books (that) I bought.* Aquests són els llibres que he comprat. ◇ *the job (that) I applied for* la feina que vaig sol·licitar ◇ *the year that he died* l'any que va morir ➲ *Vegeu nota a* QUE [1] **LOC** **that is (to say)** és a dir ◆ **that's right**; **that's it** això és
▸ *conj* /ðət, ðæt/ que: *I told him that he should wait.* Li vaig dir que s'esperés.
▸ *adv* /ðæt/ així de: *It's that long.* És així de llarg. ◇ *I was that tired,...* Estava tan cansada que... ◇ *that much worse* molt pitjor

thatch /θætʃ/ *nom, verb*
▸ *n* palla (*per a teulades*)
▸ *vt* posar una teulada de palla a **thatched** *adj* amb teulada de palla

thaw /θɔː/ *verb, nom*
▸ *vt, vi* descongelar(-se), desglaçar(-se)
▸ *n* desglaç

the /ðə/ ❶ Abans de vocal es pronuncia /ði/ o, per donar-hi més èmfasi, /ðiː/ *art* el, la, els, les ➲ *Per a més informació, vegeu pàg 358* **LOC** **the more/less... the more/less...** com més/menys... més/menys...

theatre (*USA* **theater**) /'θɪətə(r); *USA* 'θiːətər/ *n* **1** teatre **2** (*USA*) *Vegeu* MOVIE THEATER *Vegeu tb* LECTURE THEATRE, OPERATING THEATRE

theatrical /θi'ætrɪkl/ *adj* teatral, de teatre

theft /θeft/ *n* robatori

> **Theft** és el terme que es fa servir per als robatoris que tenen lloc sense que ningú no els vegi i sense que es recorri a la violència: *car/cattle thefts* robatoris de cotxes/bestiar. **Robbery** fa referència als robatoris en què hi ha violència o amenaces: *armed/bank robbery* robatori a mà armada/d'un banc, i **burglary** es fa servir per als robatoris a cases o botigues quan no hi ha ningú. *Vegeu tb notes a* THIEF i ROB

their /ðeə(r)/ *adj* seu (*d'ells, d'elles*), llur: *What colour is their car?* De quin color és el seu cotxe? ➲ *Vegeu notes a* MY *i* THEY *i* ALGÚ

theirs /ðeəz/ *pron* (el) seu, (la) seva, (els) seus, (les) seves (*d'ells, d'elles*): *a friend of theirs* un amic seu ◇ *Our flat is not as big as theirs.* El nostre pis no és tan gran com el seu.

them /ðəm, ðem/ *pron* **1** (*com a complement directe*) els, les: *I saw them yesterday.* Els vaig veure ahir. **2** (*com a complement indirecte*) els: *Tell them to wait.* Digues-los que s'esperin. **3** (*després de preposició o del verb* **be**) ells, elles: *Go with them.* Vés amb ells. ◇ *They took it with them.* Se'l van emportar. ◇ *Was it them at the door?* Han estat ells els qui han trucat? ➲ *Vegeu notes a* THEY *i* ALGÚ

theme /θiːm/ *n* tema

theme park *n* parc temàtic

themselves /ðəm'selvz/ *pron* **1** [*ús reflexiu*] es: *They enjoyed themselves a lot.* S'ho van passar molt bé. **2** (*després de preposició o del verb* **be**) si mateixos, -es, ells mateixos, elles mateixes: *They were talking about themselves.* Parlaven d'ells mateixos. **3** [*ús emfàtic*] ells mateixos, elles mateixes: *Did they paint the house themselves?* Ells mateixos van pintar la casa? **LOC** **(all) by themselves** (tots) sols

then /ðen/ *adv* **1** llavors, aleshores: *until then* fins llavors ◇ *from then on* a partir d'aleshores ◇ *Life was harder then.* La vida era més dura aleshores. **2** després, en acabat: *the soup and then the chicken* la sopa de primer i després el pollastre **3** (*així que*) aleshores, doncs: *You're not coming, then?* Així, doncs, no véns?

theology /θi'ɒlədʒi/ *n* teologia **theological** /ˌθiːə'lɒdʒɪkl/ *adj* teològic

theoretical /ˌθɪə'retɪkl/ *adj* teòric

theory /'θɪəri/ *n* (*pl* **theories**) teoria: *in theory* en teoria

therapeutic /ˌθerə'pjuːtɪk/ *adj* terapèutic

therapist /'θerəpɪst/ *n* terapeuta

therapy /'θerəpi/ *n* (*pl* **therapies**) teràpia

there /ðeə(r)/ *adv*
• **there + be** haver-hi: *How many are there?* Quants n'hi ha? ◇ *There was a terrible accident yesterday.* Ahir hi va haver un accident terrible. ◇ *There'll be twelve guests at the party.* Hi haurà dotze convidats a la festa. ◇ *There's someone at the door.* Truquen a la porta.

T

◇ *There has been very little rain recently.* Darrerament ha plogut molt poc. ➲ *Vegeu nota a* HAVER

- **there + verb modal + be**: *There must be no mistakes.* No hi ha d'haver cap error. ◇ *There might be rain later.* Pot ésser que plogui més tard. ◇ *There shouldn't be any problems.* No crec que hi hagi cap problema. ◇ *How can there be that many?* Com n'hi pot haver tants?

There també es fa servir amb **seem** i **appear**: *There seem/appear to be two ways of looking at this problem.* Sembla que hi ha dues maneres d'analitzar aquest problema.

- **posició** allà: *My car is there, in front of the pub.* El meu cotxe és allà, davant del bar. ◇ *They're going to Greece — have you ever been there?* Van a Grècia — tu hi has estat mai? ◇ *What's that over there?* Què és allò d'allà?
- **per atreure l'atenció**: *Hi there, how are you?* Hola, què tal? ◇ *Hey you there! Can you lend me a hand?* Ei, tu! Que em pots donar un cop de mà? ◇ *There you are! I've been waiting for hours!* Per fi! Fa hores que t'espero! LOC **be there (for sb)** ésser-hi (per a algú) ◆ **there and then** allà mateix, a l'acte *Vegeu tb* HERE

thereafter /ˌðeərˈɑːftə(r); *USA* -ˈæf-/ *adv* (*formal*) a partir d'aleshores

thereby /ˌðeəˈbaɪ/ *adv* (*formal*) **1** per això **2** d'aquesta manera

therefore /ˈðeəfɔː(r)/ *adv* per tant, per consegüent

thermal /ˈθɜːml/ *adj* **1** tèrmic **2** (*font*) termal

thermometer /θəˈmɒmɪtə(r)/ *n* termòmetre

Thermos® /ˈθɜːməs/ (*tb* **Thermos flask**) *n* termos

thermostat /ˈθɜːməstæt/ *n* termòstat

these /ðiːz/ *plural de* THIS

thesis /ˈθiːsɪs/ *n* (*pl* **theses** /-siːz/) tesi

they /ðeɪ/ *pron* ells, elles: *They've arrived.* Han arribat. ◇ *They didn't like it.* No els va agradar. ❶ El pronom de subjecte no es pot ometre en anglès.

They, **their** i **them** també s'utilitzen per a fer referència a una sola persona quan no se'n sap o no se n'especifica el sexe: *If one of Tim's friends calls, tell them he's not feeling well.* Si truca algun amic d'en Tim, digues-li que no es troba bé. ➲ *Vegeu nota a* ALGÚ ➲ *Compareu amb* THEM

they'd /ðeɪd/ **1** = THEY HAD *Vegeu* HAVE **2** = THEY WOULD *Vegeu* WOULD

they'll /ðeɪl/ = THEY WILL *Vegeu* WILL

they're /ðeə(r)/ = THEY ARE *Vegeu* BE

they've /ðeɪv/ = THEY HAVE *Vegeu* HAVE

thick /θɪk/ *adjectiu, nom, adverbi*

▸ *adj* (**thicker**, **-est**) **1** gruixut: *The ice was 15 cm thick.* El glaç tenia quinze centímetres de gruix. **2** espès: *This sauce is too thick.* Aquesta salsa és massa espessa. **3** ~ **with sb/sth** ple d'algú/alguna cosa **4** (*GB, col·loq*) (*persona*) totxo, negat **5** (*accent*) tancat, marcat

▸ *n* LOC **in the thick of sth** enmig d'alguna cosa ◆ **through thick and thin** contra vent i marea

▸ *adv* (**thicker**, **-est**) (*tb* **thickly**) gruix: *Don't spread the butter too thick.* No posis massa mantega. **thicken** *vt, vi* espessir(-se) **thickly** *adv* **1** *Apply the paint thickly.* Posa-hi una capa gruixuda de pintura. **2** (*poblat*) densament **thickness** *n* espessor, gruix

thief /θiːf/ *n* (*pl* **thieves** /θiːvz/) lladre

Thief és el terme general per a designar un lladre que roba coses, generalment sense que ningú no el vegi i sense recórrer a la violència. **Robber** fa referència a la persona que roba bancs, botigues, etc., sovint mitjançant la violència o amb amenaces. **Burglar** es fa servir per als lladres que roben en una casa o en una botiga quan no hi ha ningú i **shoplifter** és la persona que s'emporta coses d'una botiga sense pagar-les. *Vegeu tb notes a* ROB *i* THEFT

thigh /θaɪ/ *n* cuixa

thimble /ˈθɪmbl/ *n* didal

thin /θɪn/ *adjectiu, adverbi, verb*

▸ *adj* (**thinner**, **-est**) **1** (*cosa*) fi, prim **2** (*persona, part del cos*) prim ➲ *Vegeu nota a* PRIM **3** (*cabells*) esclarissat **4** (*sopa, pintura, etc.*) poc espès, aigualit LOC **(be) thin on the ground** (ésser) escàs ◆ **disappear, vanish, etc. into thin air** desaparèixer com per art d'encantament *Vegeu tb* THICK

▸ *adv* (**thinner**, **-est**) (*tb* **thinly**) prim

▸ (**-nn-**) **1** *vt* (*pintura, salsa, etc.*) diluir **2** *vi* ~ **(out)** fer-se menys dens: *The clouds thinned and the moon shone through.* Els núvols es van aclarir i van deixar veure la lluna.

thing /θɪŋ/ *n* **1** cosa: *What's that thing on the table?* Què és allò que hi ha damunt la taula? ◇ *the main thing* el més important ◇ *the first thing* el primer ◇ *Forget the whole thing.* Oblida-te'n. ◇ *to take things seriously* prendre's les coses a la valenta ◇ *The way things are going…* Tal com van les coses… ◇ *You can put your things in that drawer.* Pots posar les teves coses en aquell calaix. **2 a thing** [*sing*] (*només en frases negatives*) res: *It doesn't mean a thing.* No vol dir res. ◇ *I can't see a thing.* No

T

m'hi veig. **3 the thing** [*sing*]: *Just the thing for tired business people.* Just el que necessita l'executiu cansat. **4** (*persona, animal*): *Poor (little) thing!* Pobrissó! **LOC be a good thing (that)...** encara bo (que)...: *It was a good thing that...* Sort que... ◆ **do your own thing** (*col·loq*) fer la teva ◆ **for one thing** per començar ◆ **the thing is...** (*col·loq*) (el cas) és que..., la qüestió és que... *Vegeu tb* CUT, EASY, FIRST, LAST, OVERDO, PROPORTION, WORSE

thingummy /'θɪŋəmi/ *n* (*pl* **thingummies**) (*tb* **thingy** /'θɪŋi/) (*col·loq*) dallonses (*cosa o persona*): *Is thingy going? You know who I mean.* Hi va el dallonses? Saps qui vull dir, no?

think /θɪŋk/ (*pt, pp* **thought** /θɔːt/) **1** *vt, vi* pensar: *What are you thinking (about)?* En què penses? ◇ *Just think!* Imagina't! ◇ *Who'd have thought it?* Qui s'ho hauria pensat! ◇ *The job took longer than we thought.* La feina va durar més del que ens havíem pensat. ◇ *What do you think of her?* Què en penses, d'ella? **2** *vt* creure: *It would be nice, don't you think?* Seria fantàstic, no creus? ◇ *I think this is the house.* Em sembla que aquesta és la casa. ◇ *I think so.* Crec que sí. ◇ *I don't think so.* No ho crec pas. ❶ La frase **I don't think so** també s'usa en la llengua oral per a dir que no: *Me? Go out with him? I don't think so.* Jo? Sortir amb ell? De cap de les maneres! **3** *vi* reflexionar **LOC I should think so!** no caldria sinó!, només faltaria! ◆ **think the world, highly, a lot, etc. of sb** tenir algú en gran estima/concepte *Vegeu tb* GREAT

PHR V think about/of sb/sth 1 pensar en algú/alguna cosa, pensar (a fer) alguna cosa: *I'll think about it.* M'ho pensaré. **2** tenir algú/alguna cosa en compte

think of sth/sb 1 pensar en alguna cosa/algú **2** acudir-se alguna cosa a algú: *Who thought of that idea?* A qui se li ha acudit aquesta idea? **3** recordar-se d'alguna cosa/d'algú ◆ **think of sb/sth as sb/sth** considerar algú/alguna cosa com a algú/alguna cosa

think sth out pensar bé alguna cosa: *a well thought out plan* un pla ben pensat

think sth over reflexionar sobre alguna cosa

think sth up (*col·loq*) inventar, pensar alguna cosa

thinker /'θɪŋkə(r)/ *n* pensador, -a

thinking /'θɪŋkɪŋ/ *nom, adjectiu*
▸ *n* [*incomptable*] **1** *to do some quick/hard thinking* pensar amb rapidesa/reflexionar seriosament ◇ *Quick thinking!* Ben pensat! **2** manera de pensar: *What's your thinking on this?* Què en penses, d'això? ◇ *the thinking behind the new law* el que es pretén amb la nova llei
▸ *adj* [*només davant del nom*] racional, intel·ligent

thinly /'θɪnli/ *Vegeu* THIN *adv*

third /θɜːd/ (*abrev* **3rd**) *adjectiu, adverbi, pronom, nom*
▸ *adj, adv, pron* tercer
▸ *n* **1** terç, tercera part **2 the third** el (dia) tres **3** (*tb* **third gear**) tercera (marxa) ➲ *Vegeu exemples a* FIFTH **thirdly** *adv* en tercer lloc (*en una enumeració*)

third party *n* tercera persona

the Third World *n* el Tercer Món

thirst /θɜːst/ *n* ~ **(for sth)** set (d'alguna cosa) **thirsty** *adj* (**thirstier**, **-iest**) assedegat: *to be thirsty* tenir set

thirteen /ˌθɜː'tiːn/ *adj, pron, n* tretze ➲ *Vegeu exemples a* FIVE **thirteenth 1** *adj, adv, pron* tretzè **2** *n* tretzena part, tretzè ➲ *Vegeu exemples a* FIFTH

thirty /'θɜːti/ *adj, pron, n* trenta ➲ *Vegeu exemples a* FIFTY, FIVE **thirtieth 1** *adj, adv, pron* trentè **2** *n* trentena part, trentè ➲ *Vegeu exemples a* FIFTH

this /ðɪs/ *adjectiu, pronom, adverbi*
▸ *adj* (*pl* **these** /ðiːz/) aquest: *I don't like this colour.* No m'agrada aquest color. ◇ *This one suits me.* Aquest em queda bé. ◇ *These shoes are more comfortable than those.* Aquestes sabates són més còmodes que les altres. ➲ *Compareu amb* THAT
▸ *pron* (*pl* **these** /ðiːz/) **1** aquest, -a, aquests, -es: *This is John's father.* Aquest és el pare d'en John. ◇ *I prefer these.* M'estimo més aquests. **2** això: *Listen to this...* Escolta això...
▸ *adv*: *this high* així d'alt ◇ *this far* tan lluny

thistle /'θɪsl/ *n* card

thong /θɒŋ; *USA* θɔːŋ/ *n* **1** tanga **2** (*USA*) xancleta

thorn /θɔːn/ *n* espina (*de roser, etc.*) **thorny** *adj* (**thornier**, **-iest**) espinós

thorough /'θʌrə; *USA* 'θɜːrəʊ/ *adj* **1** (*investigació, coneixement*) a fons, exhaustiu **2** (*persona*) meticulós **thoroughly** *adv* **1** completament, enormement **2** a consciència

those /ðəʊz/ *plural de* THAT

though /ðəʊ/ *conjunció, adverbi*
▸ *conj* encara que, tot i que, però ➲ *Vegeu nota a* ENCARA
▸ *adv* tanmateix

thought /θɔːt/ *n* **1** ~ **(of doing sth)** idea (de fer alguna cosa) **2** pensament: *deep/lost in thought* perdut en els seus pensaments **LOC** *Vegeu* FOOD, SCHOOL, SECOND, TRAIN *Vegeu tb* THINK **thoughtful** *adj* **1** pensatiu **2** atent: *It*

T

was very thoughtful of you. Ha estat tot un detall de part teva. **thoughtless** *adj* desconsiderat

thousand /ˈθaʊznd/ *adj, pron, n* mil, miler: *thousands of people* milers de persones ➲ *Vegeu exemples a* FIVE ➲ *Vegeu notes a* MIL *i* MILLION **thousandth** **1** *adj, pron* mil·lèsim **2** *n* mil·lèsima part ➲ *Vegeu exemples a* FIFTH

thrash /θræʃ/ *vt* (*lit i fig*) donar una pallissa a **thrashing** *n* (*lit i fig*) pallissa

thread /θred/ *nom, verb*

▸ *n* **1** ~ **(of sth)** fil (d'alguna cosa): *a needle and thread* fil i agulla **2** (*Internet*) fil de discussió

▸ **1** *vt* enfilar **2** *vt* (*corda, cable, etc.*) passar **3** *vt, vi* ~ **(your way) through, between, etc. sth** obrir-se pas a través de, entre, etc. alguna cosa

threat /θret/ *n* ~ **(to sb/sth)** amenaça (per a algú/alguna cosa) **threaten** *vt* **1** ~ **sb (with sth)** amenaçar algú (amb alguna cosa) **2** ~ **to do sth** amenaçar de fer alguna cosa **threatening** *adj* amenaçador

three /θriː/ *adj, pron, n* tres ➲ *Vegeu exemples a* FIVE

three-dimensional /ˌθriː daɪˈmenʃənl/ (*tb* **3-D** /ˌθriː ˈdiː/) *adj* tridimensional

threshold /ˈθreʃhəʊld/ *n* llindar

threw *pt de* THROW

thrifty /ˈθrɪfti/ *adj* estalviador

thrill /θrɪl/ *nom, verb*

▸ *n* **1** emoció: *What a thrill!* Quina emoció! **2** esgarrifança

▸ *vt* emocionar, entusiasmar **thrilled** *adj* entusiasmat, emocionat **thriller** *n* obra de suspens (*pel·lícula, novel·la, etc.*) **thrilling** *adj* emocionant

thrive /θraɪv/ *vi* ~ **(on sth)** prosperar, créixer (amb alguna cosa): *a thriving industry* una indústria florent

T

throat /θrəʊt/ *n* coll, gola: *a sore throat* mal de coll

throb /θrɒb/ *verb, nom*

▸ *vi* (**-bb-**) ~ **(with sth)** vibrar, palpitar (d'alguna cosa)

▸ *n* vibració, palpitació

throne /θrəʊn/ *n* tron

through /θruː/ *preposició, adverbi, adjectiu* ❶ Per als usos de **through** en *phrasal verbs*, vegeu les entrades dels verbs corresponents, p. ex. **break through sth** a BREAK.

▸ *prep* **1** a través de, per: *She made her way through the traffic.* Es va fer pas a través del trànsit. ◇ *to breathe through your nose* respirar pel nas **2** durant, al llarg de: *We worked right through the night.* Vam treballar durant tota la nit. ◇ *I'm halfway through the book.* Vaig per la meitat del llibre. **3** per (culpa de): *through carelessness* per descurança **4** mitjançant, gràcies a: *I got the job through Tim.* Vaig aconseguir la feina gràcies a en Tim. **5** (*USA*) (*col·loq* **thru**) fins (a)... (inclusivament): *Tuesday through Friday* de dimarts a divendres

▸ *adv* **1** d'un costat a l'altre: *Can you get through?* Pots passar a l'altre costat? **2** de principi a fi: *I've read the poem through once.* M'he llegit el poema sencer una vegada. ◇ *all night through* tota la nit **3** (*connexió telefònica*): *I tried to call you but I couldn't get through.* He intentat trucar-te, però comunicava. ◇ *Could you put me through to the manager?* Em podria posar amb l'encarregat?

▸ *adj* **1** directe: *a through train* un tren directe ◇ *No through road* Carrer sense sortida **2** ~ **(with sth/sb)** (*esp USA*) *I'm through with smoking.* He deixat de fumar. ◇ *Keith and I are through.* En Keith i jo hem trencat.

throughout /θruːˈaʊt/ *preposició, adverbi*

▸ *prep* per tot, arreu de, durant tot: *throughout his life* tota la seva vida

▸ *adv* **1** pertot, arreu **2** tota l'estona

throw /θrəʊ/ *verb, nom*

▸ *vt* (*pt* **threw** /θruː/ *pp* **thrown** /θrəʊn/) **1** ~ **sb sth**; ~ **sth (to sb)** llançar, tirar alguna cosa (a algú): *Throw the ball to Mary.* Tira la pilota a la Mary. ➲ *Vegeu nota a* GIVE **2** ~ **sth (at sb/sth)** tirar, llançar alguna cosa (a algú/alguna cosa) ❶ **Throw sth at sb/sth** indica que la intenció és de donar un cop a un objecte o de fer mal a algú: *Don't throw stones at the cat.* No tiris pedres al gat. **3** (*amb adverbi*) tirar: *He threw back his head.* Va tirar el cap enrere. ◇ *She threw up her hands in horror.* Va alçar les mans esfereïda. **4** (*cavall, etc.*) fer caure **5** deixar (*d'alguna manera*): *to be thrown out of work* quedar-se sense feina ◇ *We were thrown into confusion by the news.* La notícia ens va deixar confusos. **6** (*col·loq*) desconcertar **7** (*llum, ombra*) projectar **LOC** *Vegeu* BALANCE, CAUTION, DOUBT **PHR V** **throw sth about/around** escampar alguna cosa (*papers, etc.*) ◆ **throw sth away** **1** llençar alguna cosa (*a les escombraries*) **2** desaprofitar alguna cosa ◆ **throw sb out** fer fora algú ◆ **throw sth out** **1** llençar alguna cosa (*a les escombraries*) **2** (*proposta, etc.*) rebutjar alguna cosa ◆ **throw (sth) up** vomitar (alguna cosa)

▸ *n* **1** llançament **2** (*daus, bàsquet, etc.*) tirada: *It's your throw.* Et toca tirar. **3** cobrellit, roba per cobrir el sofà

throwaway /ˈθrəʊəweɪ/ *adj* **1** *a throwaway remark* un comentari fet de passada **2** d'un sol ús: *a throwaway camera* una càmera no recarregable

thru (*USA*) = THROUGH

thrust /θrʌst/ *verb, nom*

▸ (*pt, pp* **thrust**) **1** *vt, vi* ficar, clavar, enfonsar **2** *vt, vi*: *to thrust your way through the crowd* obrir-se pas entre la multitud ◇ *She thrust past him angrily.* Li va clavar una empenta per poder passar. **3** *vi* ~ **at sb (with sth)** atacar algú (amb alguna cosa) PHR V **thrust sth/sb on/upon sb** obligar algú a acceptar alguna cosa/algú, imposar alguna cosa a algú

▸ *n* **1 the thrust (of sth)** la idea fonamental (d'alguna cosa) **2** empenta **3** punyalada, estocada

thud /θʌd/ *nom, verb*

▸ *n* soroll (sord), cop (sord)

▸ *vi* (**-dd-**) **1** fer un soroll sord, caure amb un soroll sord: *to thud against/into sth* donar-se un cop/xocar contra alguna cosa amb un soroll sord **2** (*cor*) bategar amb força

thug /θʌg/ *n* **1** bèstia, animal (*persona*) **2** brètol, -a, pinxo

thumb /θʌm/ *nom, verb*

▸ *n* polze, dit gros (*de la mà*) LOC **be all (fingers and) thumbs** tenir uns dits graponers ◆ **be under sb's thumb** estar dominat per algú ◆ **thumbs up/down**: *The proposal got the thumbs up/down.* La proposta va ser aprovada/rebutjada. ◇ *to give the thumbs up/down to sth* aprovar/rebutjar alguna cosa *Vegeu tb* TWIDDLE

▸ *vt* LOC **thumb a lift/ride** fer dit PHR V **thumb through sth** fullejar alguna cosa

thumbtack /ˈθʌmtæk/ *n* (*USA*) xinxeta

thump /θʌmp/ *verb, nom*

▸ **1** *vt* copejar, donar un cop a **2** *vi* (*cor*) bategar molt fort

▸ *n* **1** soroll sord **2** (*GB, col·loq*) cop de puny, cop de bastó

thunder /ˈθʌndə(r)/ *nom, verb*

▸ *n* [*incomptable*] tro: *a clap of thunder* un tro

▸ *vi* **1** tronar **2** retrunyir **thundery** *adj* tempestuós: *It's thundery.* Està tronant.

thunderstorm /ˈθʌndəstɔːm/ *n* tempesta

Thursday /ˈθɜːzdeɪ, -di/ *n* (*abrev* **Thur.**, **Thurs.**) dijous ➲ *Vegeu exemples a* MONDAY

thus /ðʌs/ *adv* (*formal*) **1** així, d'aquesta manera **2** (*per aquesta raó*) per tant

thwart /θwɔːt/ *vt* frustrar, impedir

thyme /taɪm/ *n* farigola

tick /tɪk/ *verb, nom*

▸ **1** *vi* (*rellotge, etc.*) fer tic-tac **2** *vt* (*USA* **check**) marcar amb un senyal (de vist) PHR V **tick away/by** passar (*temps*) ◆ **tick sb/sth off** (*USA* **check sb/sth off**) passar ratlla a algú/alguna cosa d'una llista ◆ **tick over 1** estar en marxa, funcionar al ralentí: *Just keep things ticking over while I'm away.* Ocupa't que les coses continuïn funcionant mentre sóc fora. **2** (*negoci, etc.*) mantenir la marxa, anar fent

▸ *n* **1** (*USA* **check (mark)**) (*marca*) senyal (de vist) **2** (*Zool*) paparra **3** (*de rellotge, etc.*) tic-tac

tick

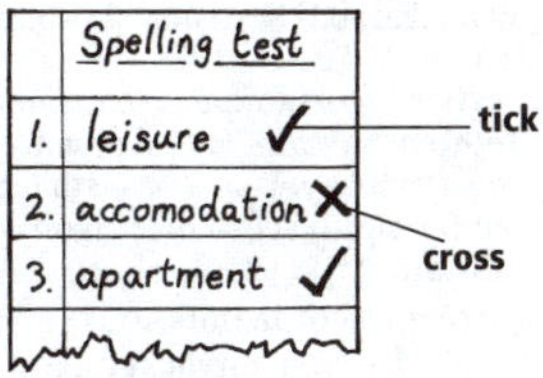

ticker /ˈtɪkə(r)/ *n* **1** (*tb* **news ticker**) missatge amb les últimes notícies que va passant pel monitor d'un ordinador o la pantalla d'un televisor **2** (*col·loq, antic*) cor

ticket /ˈtɪkɪt/ *n* **1** (*transport, loteria*) bitllet **2** (*Teat, Cine*) entrada: *ticket office* taquilla **3** resguard **4** etiqueta **5** (*biblioteca*) fitxa, targeta **6** multa (*de trànsit*)

tickle /ˈtɪkl/ *verb, nom*

▸ *vt, vi* fer pessigolles (a)

▸ *n* pessigolleig, picor

ticklish /ˈtɪklɪʃ/ *adj*: *to be ticklish* tenir pessigolles

tic-tac-toe /ˌtɪk tæk ˈtəʊ/ *n* (*USA*) marro (*joc*)

tidal /ˈtaɪdl/ *adj* de (la) marea

tidal wave *n* terratrèmol submarí

tide /taɪd/ *n* **1** marea: *The tide is coming in/going out.* La marea està pujant/baixant. **2** corrent (*d'opinió*)

tidy /ˈtaɪdi/ *adjectiu, verb*

▸ *adj* (**tidier**, **-iest**) **1** endreçat, ordenat **2** (*aparença*) polit, pulcre

▸ *vt, vi* (*pt, pp* **tidied**) ~ **(sth) (up)** endreçar, ordenar (alguna cosa) PHR V **tidy sth away** posar alguna cosa al seu lloc

tie /taɪ/ *verb, nom*

▸ *vt, vi* (*pt, pp* **tied** *part pres* **tying**) **1** lligar(-se) **2** (*corbata, etc.*) fer un nus a, nuar(-se) **3** ~ **sth to sth** relacionar alguna cosa amb alguna cosa **4** (*Esport*) empatar PHR V **tie sb/yourself down (to sth)** lligar algú, fer que algú es comprometi, comprometre's (a alguna cosa): *Having young children really ties you down.* Tenir criatures

T

petites et lliga molt. ◆ **tie sb/sth up** lligar algú/alguna cosa
▸ *n* **1** corbata **2** tira de filferro o plàstic (*per tancar bosses, etc.*) **3** [*gen pl*] vincle, lligam: *family ties* lligams familiars **4** (*Esport*) empat

tier /tɪə(r)/ *n* grada, filera, pis

tiger /'taɪgə(r)/ *n* tigre

tight /taɪt/ *adjectiu, adverbi*
▸ *adj* (**tighter**, **-est**) **1** just, estret: *These shoes are too tight.* Aquestes sabates em van massa estretes. ◇ *to keep a tight hold/grip on sth* mantenir alguna cosa agafada ben fort **2** tibant **3** (*control*) rigorós
▸ *adv* (**tighter**, **-est**) bé, fortament: *Hold tight!* Agafa't fort! **tighten** **1** *vt, vi* ~ **(sth) (up)** estrènyer alguna cosa, estrènyer-se **2** *vt* ~ **sth (up)** (*control, legislació*) fer alguna cosa més rigorosa **tightly** *adv* bé, fortament, rigorosament

tightrope /'taɪtrəʊp/ *n* corda fluixa

tights /taɪts/ *n* [*pl*] **1** (*USA* **pantyhose**) pantis, mitges **2** (*per a ballet, etc.*) malles ➲ *Vegeu nota a* PAIR

tigress /'taɪgrəs/ *n* tigressa

tile /taɪl/ *nom, verb*
▸ *n* **1** rajola **2** teula
▸ *vt* **1** enrajolar **2** teular

till /tɪl/ *conjunció, preposició, nom*
▸ *conj, prep* fins (a/que)
▸ *n* caixa (enregistradora): *Please pay at the till.* Pagueu a caixa, si us plau.

tilt /tɪlt/ *verb, nom*
▸ *vt, vi* inclinar(-se), decantar(-se)
▸ *n* inclinació, decantament

timber /'tɪmbə(r)/ *n* **1** [*incomptable*] arbres (fusters) **2** [*incomptable*] fusta **3** (peça de) fusta, biga

T

time /taɪm/ *nom, verb*
▸ *n* **1** temps, estona: *You've been a long time!* Has trigat molt! **2** hora: *What time is it?/What's the time?* Quina hora és? ◇ *It's time we were going/time for us to go.* Ja és hora de marxar/que marxem. ◇ *by the time we reached home* quan vam arribar a casa **3** temps, època: *(by) this time next year* l'any que ve per aquestes dates ◇ *at the present time* actualment ◇ *for a time* durant algun temps ◇ *at one time* en certa època **4** vegada, cop, ocasió: *last time* l'últim cop ◇ *every time* cada vegada ◇ *for the first time* per primer cop **5** (*Mús*) compàs
LOC **ahead of/behind time** avançat/retardat ◆ **all the time** tota l'estona ◆ **(and) about time (too)** (*col·loq*) ja era hora ◆ **at all times** a cada moment ◆ **at a time** alhora: *one at a time* d'un en un ◆ **at the time** en aquell moment ◆ **at times** a vegades ◆ **for the time being** de moment ◆ **from time to time** de tant en tant ◆ **have a good time** passar-s'ho molt bé ◆ **have the time of your life** passar-ho d'allò més bé ◆ **in good time** d'hora, amb temps ◆ **in time** amb el temps ◆ **in time (for sth/to do sth)** a temps (per a alguna cosa/fer alguna cosa) ◆ **on time** a l'hora, puntual ➲ *Vegeu nota a* PUNTUAL ◆ **take your time (over sth/to do sth/doing sth)** prendre's el temps necessari (per a alguna cosa/fer alguna cosa) ◆ **time after time**; **time and (time) again** un cop darrere l'altre *Vegeu tb* BIDE, FORTH, HARD, KILL, MARK, MATTER, NICK, ONCE, PRESS, SAME, TELL
▸ *vt* **1** programar, preveure **2** *to time sth well/badly* triar un moment oportú/inoportú per (fer) alguna cosa **3** mesurar el temps de, cronometrar

time-consuming /'taɪm kənsju:mɪŋ; *USA* -su:m-/ *adj* que demana molt de temps

time lag *n* retard

timely /'taɪmli/ *adj* oportú

timer /'taɪmə(r)/ *n* rellotge automàtic, temporitzador

times /taɪmz/ *prep* multiplicat per: *Three times four is twelve.* Quatre per tres fan dotze.

timetable /'taɪmteɪbl/ (*USA* **schedule**) *n* horari

timid /'tɪmɪd/ *adj* tímid

timing /'taɪmɪŋ/ *n* **1** coordinació, moment escollit: *the timing of the election* la data escollida per a les eleccions: *Your timing is perfect!* Has escollit el moment perfecte! **2** cronometratge

tin /tɪn/ *n* **1** estany **2** (*tb esp USA* **can**) llauna ➲ *Vegeu nota a* LLAUNA ➲ *Vegeu il·lustració a* CONTAINER

tinfoil /'tɪnfɔɪl/ *n* paper d'alumini ❶ També es diu **aluminium foil**.

tinge /tɪndʒ/ *verb, nom*
▸ *vt* ~ **sth (with sth)** (*lit i fig*) tenyir alguna cosa (d'alguna cosa)
▸ *n* tint, matís

tingle /'tɪŋgl/ *vi* **1** formiguejar **2** ~ **with sth** estremir-se d'alguna cosa (*emoció*)

tinker /'tɪŋkə(r)/ *vi* ~ **(with sth)** potinejar (amb alguna cosa)

tinned /tɪnd/ *adj* enllaunat, de llauna

tin-opener /'tɪn əʊpnə(r)/ (*tb esp USA* **can-opener**) *n* obrellaunes

tinsel /'tɪnsl/ *n* oripell

tint /tɪnt/ *n* **1** matís, to **2** tint (*per al cabell*) **tinted** *adj* **1** (*cabells*) tenyit **2** (*ulleres, vidre*) fosc

tiny /'taɪni/ *adj* (**tinier**, **-iest**) diminut, minúscul

tip /tɪp/ *nom, verb*
▸ *n* **1** punta **2** ~ **(on/for sth)** consell (sobre/per a alguna cosa) **3** propina **4** abocador
▸ (**-pp-**) **1** *vt, vi* inclinar(-se) **2** *vt* llençar, abocar **3** *vt, vi* donar (una) propina (a) **4** ~ **sb/sth (as/for sth)** pronosticar algú/alguna cosa (com a/per a alguna cosa): *He is already being tipped as a future president.* Ja es parla d'ell com el futur president. PHRV **tip sb off (about sth)** (*col·loq*) avisar algú (d'alguna cosa) ◆ **tip (sth) over/up** bolcar alguna cosa, bolcar-se

tipsy /ˈtɪpsi/ *adj* alegre (*begut*)

tiptoe /ˈtɪptəʊ/ *nom, verb*
▸ *n* LOC **on tiptoe** de puntetes
▸ *vi* caminar de puntetes: *to tiptoe in/out* entrar/sortir de puntetes

tire /ˈtaɪə(r)/ *verb, nom*
▸ *vt, vi* cansar(-se) PHRV **tire of sth/sb** cansar-se d'alguna cosa/d'algú ◆ **tire sb/yourself out** esgotar algú, esgotar-se
▸ *n* (*USA*) = TYRE

tired /ˈtaɪəd/ *adj* **1** cansat **2** ~ **of sb/sth/doing** fart d'algú/d'alguna cosa/de fer alguna cosa ➲ *Vegeu nota a* BORING **3** (*tema, excusa*) gastat, massa sentit LOC **tired out** esgotat **tiredness** *n* cansament

tireless /ˈtaɪələs/ *adj* incansable

tiresome /ˈtaɪsəm/ *adj* **1** (*feina*) empipador **2** (*persona*) pesat

tiring /ˈtaɪərɪŋ/ *adj* cansat: *a long and tiring journey* un viatge llarg i cansat ➲ *Vegeu nota a* BORING

tissue /ˈtɪʃuː/ *n* **1** (*Biol, Bot*) teixit **2** mocador de paper **3** (*tb* **tissue paper**) paper de seda

tit /tɪt/ *n* **1** (*col·loq*) teta **2** mallerenga LOC **tit for tat** ull per ull, dent per dent

title /ˈtaɪtl/ *n* **1** títol: *title page* portada ◇ *title role* paper principal **2** títol nobiliari **3** tractament **4** ~ **(to sth)** (*Dret*) dret (a alguna cosa): *title deed* títol de propietat

titter /ˈtɪtə(r)/ *verb, nom*
▸ *vi* riure dissimuladament
▸ *n* rialleta

to /tə, tu, tuː/ *prep* ❶ Per als usos de **to** en *phrasal verbs*, vegeu les entrades dels verbs corresponents, p. ex. **add up to sth** a ADD. **1** (*direcció*) a, cap a: *to go to the beach* anar a la platja ◇ *the road to Wales* la carretera de Gal·les ◇ *Move to the left.* Mou-te cap a l'esquerra. **2** fins a: *faithful to the end/last* fidel fins al final **3** (*durada*): *It lasts two to three hours.* Dura de dues a tres hores. **4** (*hora*) menys: *ten to ten* les deu menys deu **5** (*amb complement indirecte*) a: *He gave it to Bob.* Ho va donar a en Bob. **6** de: *the key to the door* la clau de la porta **7** (*comparació*) a: *I prefer walking to climbing.* Prefereixo caminar a escalar. **8** (*proporció*) per: *How many kilometres does it do to the litre?* Quants quilòmetres fa per litre? **9** (*propòsit*): *to go to sb's aid* anar a ajudar algú **10** per: *to my surprise* per sorpresa meva **11** (*opinió*) a, per a: *It looks red to me.* A mi em sembla vermell. LOC **to and fro** d'un costat cap a l'altre

La partícula **to** es fa servir per formar l'infinitiu en anglès: *to go* anar ◇ *to eat* menjar ◇ *I came to see you.* He vingut per/a veure't. ◇ *He didn't know what to do.* No sabia què fer. ◇ *It's for you to decide.* Ets tu qui ho ha de decidir.

toad /təʊd/ *n* gripau

toadstool /ˈtəʊdstuːl/ *n* bolet no comestible

toast /təʊst/ *nom, verb*
▸ *n* **1** [*incomptable*] torrades: *a slice/piece of toast* una torrada ◇ *toast and jam* torrades amb melmelada ◇ *Would you like some toast?* Vols torrades? **2** brindis: *to drink a toast to sb* brindar per algú
▸ *vt* **1** torrar **2** brindar per **toaster** *n* torradora

tobacco /təˈbækəʊ/ *n* (*pl* **tobaccos**) tabac **tobacconist** *n* **1** estanquer, -a **2 tobacconist's** estanc ➲ *Vegeu notes a* CARNISSERIA *i* ESTANC

toboggan /təˈbɒgən/ *n* tobogan (*trineu*)

today /təˈdeɪ/ *adv, n* **1** avui **2** avui (en) dia: *Today's mobile phones are very small.* Els mòbils d'avui en dia són molt petits. LOC *Vegeu* WEEK

toddler /ˈtɒdlə(r)/ *n* infant (*que acaba d'aprendre a caminar*)

toe /təʊ/ *nom, verb*
▸ *n* **1** dit (*del peu*): *big toe* dit gros del peu ➲ *Compareu amb* FINGER **2** punta, puntera (*del mitjó, de la sabata*) LOC **keep sb on their toes** mantenir algú alerta
▸ *vt* (*pt, pp* **toed** *part pres* **toeing**) LOC **toe the line** conformar-se

toenail /ˈtəʊneɪl/ *n* ungla del peu

toffee /ˈtɒfi; *USA* ˈtɔːfi/ *n* caramel: *toffee apple* poma encaramel·lada

together /təˈgeðə(r)/ *adv* ❶ Per als usos de **together** en *phrasal verbs*, vegeu les entrades dels verbs corresponents, p. ex. **pull yourself together** a PULL. **1** junts, plegats: *Can we have lunch together?* Podem dinar plegats? ◇ *Get all the ingredients together before you start cooking.* Prepareu tots els ingredients abans de començar a cuinar. ◇ *to glue two pieces together* enganxar dues peces **2** alhora: *Don't all*

T

talk together. No parleu tots alhora. LOC **together with** junt amb, a més de *Vegeu tb* ACT **togetherness** *n* companyonia, germanor

toil /tɔɪl/ *verb, nom*
- *vi* (*formal*) escarrassar-se
- *n* (*formal*) treball dur, esforç

toilet /'tɔɪlət/ *n* **1** vàter: *toilet paper* paper higiènic **2** lavabo

> En anglès britànic s'usa **toilet** o **loo** (*col·loq*) per a fer referència al lavabo de les cases particulars (**lavatory** i **WC** han caigut en desús). **The Gents, the Ladies, the toilets, the cloakroom** o **public conveniences** es fan servir per parlar del lavabo de llocs públics. En anglès americà se sol dir **bathroom** en general, i també **restroom** o **women's room/ men's room** si és en edificis públics.

toilet bag *n* necesser

toiletries /'tɔɪlətriz/ *n* [*pl*] articles de perfumeria

token /'təʊkən/ *nom, adjectiu*
- *n* **1** fitxa **2** val *Vegeu tb* GIFT TOKEN **3** senyal, mostra (*de respecte, gratitud, etc.*)
- *adj* simbòlic (*pagament, mostra, etc.*)

told *pt, pp de* TELL

tolerate /'tɒləreɪt/ *vt* tolerar **tolerance** *n* tolerància **tolerant** *adj* ~ **(of/towards sb/sth)** tolerant (amb algú/alguna cosa)

toll /təʊl/ *n* **1** peatge: *toll road* carretera/autopista de peatge **2** nombre de víctimes LOC **take a heavy toll/take its toll (on sb/sth)** causar grans pèrdues (en alguna cosa), afectar greument algú/alguna cosa

tomato /tə'mɑːtəʊ; *USA* tə'meɪtəʊ/ *n* (*pl* **tomatoes**) tomàquet

tomb /tuːm/ *n* tomba

tombstone /'tuːmstəʊn/ *n* làpida

tomcat /'tɒmkæt/ (*tb* **tom**) *n* gat (mascle) ➲ *Vegeu nota a* GAT

tomorrow /tə'mɒrəʊ/ *adv, n* demà: *tomorrow morning* demà al matí ◇ *See you tomorrow.* Fins demà. LOC *Vegeu* DAY, WEEK

ton /tʌn/ *n* **1** 2.240 lliures o 1.016 kg ❶ Als Estats Units equival a 2.000 lliures o 907 kg ➲ *Compareu amb* TONNE **2 tons (of sth)** [*pl*] (*col·loq*) munts (d'alguna cosa)

tone /təʊn/ *nom, verb*
- *n* **1** to: *Don't speak to me in that tone of voice.* No em parlis amb aquest to de veu. **2** tonalitat **3** (*telèfon*) senyal
- *v* PHR V **tone sth down** suavitzar (el to d')alguna cosa

tongs /tɒŋz/ *n* [*pl*] pinces (*de sucre, gel, carbó*): *a pair of tongs* unes pinces ➲ *Vegeu nota a* PAIR

tongue /tʌŋ/ *n* **1** (*Anat*) llengua: *to put/stick your tongue out* treure la llengua **2** (*formal*) idioma, llengua: *mother tongue* llengua materna LOC **(with) tongue in cheek** irònicament

tongue-twister /'tʌŋ twɪstə(r)/ *n* embarbussament

tonic /'tɒnɪk/ *n* **1** (*tb* **tonic water**) (aigua) tònica **2** tònic

tonight /tə'naɪt/ *adv, n* aquesta nit: *What's on TV tonight?* Què fan a la tele aquesta nit?

tonne /tʌn/ *n* tona (mètrica) ➲ *Compareu amb* TON

tonsil /'tɒnsl/ *n* amígdala **tonsillitis** /ˌtɒnsə'laɪtɪs/ *n* [*incomptable*] angines, amigdalitis

too /tuː/ *adv* **1** massa: *It's too cold outside.* Fa massa fred a fora. **2** també: *I've been to Paris too.* Jo també he estat a París. ➲ *Vegeu nota a* TAMBÉ **3** a sobre, per postres: *Her purse was stolen. And on her birthday too.* Li van robar el moneder, i a sobre era el seu aniversari. **4** molt: *Too true!* És ben veritat! ◇ *I'm not too sure.* No n'estic gaire segura. LOC **too many** massa ◆ **too much** massa

took *pt de* TAKE

tool /tuːl/ *n* eina: *tool box/kit* caixa/joc d'eines ◇ *The computer is an invaluable tool for the family doctor.* L'ordinador és un instrument inestimable per al metge de família.

toolbar /'tuːlbɑː(r)/ *n* (*Informàt*) barra d'eines

tooth /tuːθ/ *n* (*pl* **teeth** /tiːθ/) dent, queixal: *to have a tooth out* fer-se treure un queixal ◇ *false teeth* dentadura postissa LOC *Vegeu* FIGHT, GRIT, SKIN, SWEET

toothache /'tuːθeɪk/ *n* mal de queixal

toothbrush /'tuːθbrʌʃ/ *n* raspall de dents ➲ *Vegeu il·lustració a* BRUSH

toothpaste /'tuːθpeɪst/ *n* pasta de dents

toothpick /'tuːθpɪk/ *n* escuradents

top /tɒp/ *nom, adjectiu, verb*
- *n* **1** el dalt, la part superior: *the top of the page* la capçalera de la pàgina **2** (*de muntanya, fig*) cim **3** (*d'una llista*) cap **4** tap, tapa **5** brusa, samarreta LOC **at the top of your voice** a plena veu ◆ **be on top (of sth)** portar el control (d'alguna cosa) ◆ **off the top of your head** (*col·loq*) sense pensar-ho ◆ **on top** a sobre, al damunt ◆ **on top of sth** a més d'alguna cosa: *And on top of all that...* I a sobre de tot això... ◆ **on top of sth/sb** (*posició*) a sobre/damunt d'alguna cosa/d'algú ◆ **over the top**; **OTT** (*col·loq*) exagerat: *That joke*

T

was a bit over the top. Es van passar una mica amb aquest acudit.
▸ *adj* **1** de dalt, últim, superior: *the top shelf* el prestatge de dalt ◇ *a top-floor flat* un àtic **2** millor, primer, més important: *the top jobs* les millors feines ◇ *a top British scientist* un científic britànic de primera fila ◇ *top quality* qualitat suprema **3** màxim: *at top speed* a la velocitat màxima
▸ *vt* (**-pp-**) **1** superar **2** ésser primer en: *The band topped the charts with their first single.* El grup va encapçalar les llistes d'èxit amb el seu primer single. **3** rematar: *ice cream topped with chocolate sauce* gelat amb xocolata desfeta per sobre LOC **to top it all** per acabar-ho d'adobar PHR V **top sth up** omplir alguna cosa: *to top up your phone* posar saldo al mòbil

top hat (*col·loq* **topper** /'tɒpə(r)/) *n* barret de copa alta

topic /'tɒpɪk/ *n* tema **topical** *adj* d'actualitat

topple /'tɒpl/ **1** *vt* ~ **sth (over)** fer caure alguna cosa **2** *vi* ~ **(over)** caure **3** *vt* (*govern, etc.*) enderrocar

top secret *adj* absolutament secret

torch /tɔːtʃ/ *n* **1** (*USA* **flashlight**) llanterna ➲ *Vegeu il·lustració a* LLUM **2** torxa

tore *pt de* TEAR¹

torment *nom, verb*
▸ *n* /'tɔːment/ (*formal*) turment
▸ *vt* /tɔː'ment/ (*formal*) **1** turmentar **2** empipar

torn *pp de* TEAR¹

tornado /tɔː'neɪdəʊ/ *n* (*pl* **tornadoes** *o* **tornados**) tornado

torpedo /tɔː'piːdəʊ/ *nom, verb*
▸ *n* (*pl* **torpedoes**) torpede
▸ *vt* (*pp* **torpedoed** *part pres* **torpedoing**) torpedinar

tortoise /'tɔːtəs/ *n* tortuga (*de terra*) ➲ *Compareu amb* TURTLE

torture /'tɔːtʃə(r)/ *nom, verb*
▸ *n* [*gen incomptable*] **1** tortura **2** (*col·loq*) turment
▸ *vt* **1** torturar **2** (*fig*) turmentar **torturer** *n* torturador, -a

Tory /'tɔːri/ *adj, n* (*pl* **Tories**) (*GB, col·loq*) conservador, -a: *the Tory Party* el Partit Conservador

toss /tɒs; *USA* tɔːs/ *verb, nom*
▸ **1** *vt* tirar, llançar (*amb poca cura o sense força*) **2** *vt* (*el cap*) alçar (amb desdeny) **3** *vi* agitar-se: *to toss and turn* donar voltes (al llit) **4** *vt* (*amanida, pasta*) remenar **5** *vt* (*truita, etc.*) girar (*en l'aire*) **6** *vt* (*una moneda*) tirar a cara o creu: *to toss sb for sth* jugar-se alguna cosa amb algú a cara o creu **7** *vi*: *to toss (up) for sth* jugar-se alguna cosa a cara o creu
▸ *n* **1** (*d'una moneda*) tirada: *to win/lose the toss* guanyar/perdre en tirar la moneda **2** (*del cap*) alçada

total /'təʊtl/ *verb, adjectiu, nom*
▸ *vt* (**-ll-**, *USA tb* **-l-**) **1** pujar a **2** sumar
▸ *adj, n* total: *It cost 6 million in total.* Va costar 6 milions en total. **totally** /-təli/ *adv* totalment

totter /'tɒtə(r)/ *vi* **1** tentinejar **2** trontollar

touch /tʌtʃ/ *verb, nom*
▸ **1** *vt, vi* tocar(-se) **2** *vt* fregar **3** *vt* (*gen en frases negatives*) tastar: *You've hardly touched your steak.* Amb prou feines has tastat el bistec. **4** *vt* commoure **5** *vt* (*gen en frases negatives*) igualar LOC **touch wood** (*USA* **knock on wood**) toca ferro/fusta PHR V **touch down** aterrar ◆ **touch on/upon sth** parlar d'alguna cosa de passada
▸ *n* **1** (*detall*) toc: *to put the finishing touches to sth* donar el toc final a alguna cosa **2** (*tb* **sense of touch**) tacte: *soft to the touch* suau al tacte **3** [*sing*] (*estil*) toc: *her personal touch* el seu toc personal **4** traça: *He hasn't lost his touch.* No ha perdut la traça. **5** **a touch (of sth)** [*gen sing*] una mica (d'alguna cosa): *I've got a touch of flu.* Tinc una mica de grip. ◇ *a touch more garlic* una mica més d'all ◇ *It's a touch colder today.* Fa una mica més de fred avui. LOC **be in/out of touch (with sth)** estar/no estar al corrent (d'alguna cosa) ◆ **get/keep in touch with sb** posar-se/mantenir-se en contacte amb algú ◆ **in/out of touch (with sb)** en/fora de contacte (amb algú)

touched /tʌtʃt/ *adj* commogut

touching /tʌtʃɪŋ/ *adj* commovedor

touch screen *n* pantalla tàctil

touchy /'tʌtʃi/ *adj* (**touchier**, **-iest**) **1** ~ **(about sth)** (*persona*) susceptible (respecte a alguna cosa) **2** (*situació, tema, etc.*) delicat

tough /tʌf/ *adj* (**tougher**, **-est**) **1** dur: *Don't be too tough on him.* No siguis massa dur amb ell. **2** (*decisió, etc.*) difícil: *to have a tough time* pasar-ho molt malament **3** (*mesura*) sever **4** fort, sòlid **5** (*carn*) dur **6** ~ **(on sb)** (*col·loq*) dur (per a algú): *Tough (luck)!* Mala sort! LOC **(as) tough as nails/old boots** (*col·loq*) (*persona*) fort com un roure **toughen** *vt, vi* ~ **(sth) (up)** endurir alguna cosa, endurir-se **toughness** *n* **1** duresa, resistència **2** fermesa

tour /tʊə(r), tɔː(r)/ *nom, verb*
▸ *n* **1** visita: *guided tour* visita guiada ◇ *tour guide* guia turístic ➲ *Vegeu nota a* VIATGE **2** excursió: *a cycling/walking tour* una ruta a peu/amb bicicleta **3** gira: *to be on tour/go on tour in Greece*

T

estar de gira/fer una gira per Grècia *Vegeu tb* PACKAGE TOUR

▸ **1** *vt* recórrer **2** *vi* viatjar **3** *vt, vi* (*cantants, etc.*) fer una gira (per)

tourism /ˈtʊərɪzəm, ˈtɔːr-/ *n* turisme

tourist /ˈtʊerɪst, tɔːr-/ *n* turista: *tourist attraction* lloc d'interès turístic ◇ *the tourist industry* la indústria turística **touristy** *adj* (*col·loq, pej*) turístic

tournament /ˈtʊənəmənt; *GB tb* ˈtɔːn-/ *n* torneig

tow /təʊ/ *verb, nom*

▸ *vt* remolcar PHR V **tow sth away** emportar-se alguna cosa a remolc, emportar-se alguna cosa la grua

▸ *n* [*sing*] remolc LOC **in tow** (*col·loq*): *He had his family in tow.* Portava tota la família.

towards /təˈwɔːdz; *USA* tɔːrdz/ (*tb esp USA* **toward**) *prep* **1** (*direcció, temps*) cap a: *towards the end of the film* cap al final de la pel·lícula **2** amb, respecte a: *to be friendly towards sb* ésser simpàtic amb algú **3** (*propòsit*) per a: *to put money towards sth* posar diners per a alguna cosa

towel /ˈtaʊəl/ *n* tovallola *Vegeu tb* SANITARY TOWEL, TEA TOWEL

tower /ˈtaʊə(r)/ *nom, verb*

▸ *n* torre

▸ *v* PHR V **tower over/above sb/sth** **1** alçar-se per sobre d'algú/d'alguna cosa **2** (*ésser millor*) destacar per sobre d'algú/d'alguna cosa

tower block *n* bloc de pisos alt

town /taʊn/ *n* **1** ciutat (*de mida mitjana*) ➲ *Vegeu nota a* CIUTAT **2** centre: *to go into town* anar al centre LOC **go to town (on sth)** (*col·loq*) tirar la casa per la finestra (en alguna cosa) ◆ **(out) on the town** (*col·loq*) de marxa

T

town hall *n* ajuntament (*edifici*)

town planner *n* urbanista

town planning *n* urbanisme

toxic /ˈtɒksɪk/ *adj* tòxic: *toxic waste* residus tòxics

toxin /ˈtɒksɪn/ *n* toxina

toy /tɔɪ/ *nom, verb*

▸ *n* joguina: *a toy car* un cotxe de joguina

▸ *v* PHR V **toy with sth** **1** donar voltes a alguna cosa: *to toy with the idea of doing sth* considerar la idea de fer alguna cosa **2** jugar amb alguna cosa

trace /treɪs/ *verb, nom*

▸ *vt* **1** ~ **sb/sth (to sth)** trobar algú/alguna cosa (en alguna cosa) **2** seguir la pista de **3** determinar l'origen de: *It can be traced back to the Middle Ages.* Es remunta a l'edat mitjana. **4** ~ **sth (out)** traçar, esbossar alguna cosa **5** calcar

▸ *n* rastre, traça: *to disappear without trace* desaparèixer sense deixar cap rastre ◇ *She speaks without a trace of an Irish accent.* Parla sense cap deix irlandès.

track /træk/ *nom, verb*

▸ *n* **1** camí, sender **2** [*gen pl*] petjada (*d'animal, etc.*), rodera **3** (*Ferrocarril*) via **4** (*Esport*) pista, circuit **5** cançó, tema (*de disc o casset*) *Vegeu tb* SOUNDTRACK LOC **keep/lose track of sb/sth** seguir/perdre la pista d'algú/d'alguna cosa: *to lose track of time* perdre la noció del temps ◆ **make tracks** (*col·loq*) marxar ◆ **on the right/wrong track** per bon/mal camí *Vegeu tb* BEAT

▸ *vt* seguir la pista/les petjades de PHR V **track sb/sth down** localitzar algú/alguna cosa

tracksuit /ˈtræksuːt/ *n* xandall: *tracksuit bottoms* pantaló de xandall

tractor /ˈtræktə(r)/ *n* tractor

trade /treɪd/ *nom, verb*

▸ *n* **1** comerç **2** indústria: *the tourist trade* la indústria turística **3** ofici: *He's a carpenter by trade.* És fuster d'ofici. ➲ *Vegeu nota a* WORK LOC *Vegeu* PLY, ROAR, TRICK

▸ **1** *vi* comerciar **2** *vt* ~ **sth for sth** canviar alguna cosa per alguna cosa PHR V **trade sth in (for sth)** donar alguna cosa com a part del pagament (d'alguna cosa)

trademark /ˈtreɪdmɑːk/ *n* marca registrada

trader /treɪdə(r)/ *n* comerciant, -a

tradesman /ˈtreɪdzmən/ *n* (*pl* **-men** /-mən/) **1** proveïdor, -a: *tradesmen's entrance* entrada de servei **2** comerciant, -a

trade union (*USA* **labor union**) *n* sindicat

trading /treɪdɪŋ/ *n* comerç

tradition /trəˈdɪʃn/ *n* tradició **traditional** *adj* tradicional

traffic /ˈtræfɪk/ *nom, verb*

▸ *n* trànsit: *traffic warden* guàrdia de trànsit

▸ *vi* (**-ck-**) ~ **(in sth)** traficar (en alguna cosa) **trafficker** *n* traficant

traffic jam *n* embús (*de cotxes*)

traffic light (*tb* **traffic lights** [*pl*]) *n* semàfor

tragedy /ˈtrædʒədi/ *n* (*pl* **tragedies**) tragèdia

tragic /ˈtrædʒɪk/ *adj* tràgic

trail /treɪl/ *nom, verb*

▸ *n* **1** reguera, fil (*de sang, etc.*) **2** columna (*de fum*) **3** rastre (*d'un animal*): *to be on sb's trail* seguir la pista d'algú **4** camí (de muntanya)

▸ **1** *vt, vi* arrossegar: *I trailed my hand in the water.* Vaig deixar lliscar la mà per l'aigua **2** *vi* caminar a poc a poc **3** *vi* perdre: *trailing by two goals to three* perdent per dos gols a tres

trailer /'treɪlə(r)/ *n* **1** remolc **2** (*USA*) rulot, caravana **3** (*Cine*) tràiler

train /treɪn/ *nom, verb*

▸ *n* **1** tren: *by train* amb tren **2** successió, sèrie **LOC a train of thought** un fil de pensament

▸ **1** *vi* estudiar, formar-se: *She trained to be a lawyer.* Va estudiar per a advocada. ◇ *to train as a nurse* estudiar infermeria **2** *vt* formar, preparar **3** *vt* (*animal*) ensinistrar **4** *vt, vi* (*Esport*) entrenar(-se), preparar(-se) **5** *vt* ~ **sth on sb/sth** (*càmera*) enfocar algú/alguna cosa amb alguna cosa **trainee** /ˌtreɪ'niː/ *n* aprenent, -a **trainer** *n* **1** (*USA* **sneaker**) sabatilla d'esport **2** (*d'atletes*) entrenador, -a **3** (*d'animals*) ensinistrador, -a **training** *n* **1** formació, preparació **2** (*Esport*) entrenament **3** (*Mil*) instrucció

trait /treɪt/ *n* tret (*de personalitat*)

traitor /'treɪtə(r)/ *n* traïdor, -a

tram /træm/ (*USA* **streetcar, trolley**) *n* tramvia

tramp /træmp/ *nom, verb*

▸ *n* vagabund, -a

▸ **1** *vi* caminar amb passos feixucs **2** *vt* voltar per

trample /'træmpl/ *vt* ~ **sb/sth (down)**; ~ **on/over sb/sth** trepitjar algú/alguna cosa

trampoline /'træmpəliːn/ *n* llit elàstic

tranquillize (*tb* **-ise**) (*USA* **tranquilize**) /'træŋkwəlaɪz/ *vt* tranquil·litzar (*esp amb sedants*) **tranquillizer** (*tb* **-iser**) (*USA* **tranquilizer**) *n* tranquil·litzant: *She's on tranquillizers.* Es pren tranquil·litzants.

transaction /træn'zækʃn/ *n* operació (*financera*)

transfer *verb, nom*

▸ /træns'fɜː(r)/ (**-rr-**) **1** *vt, vi* traslladar(-se) **2** *vt* (*diners, propietat, poder*) transferir **3** *vt* (*Esport*) traspassar **4** *vi* ~ **(from...) (to...)** fer transbord (de...) (a...)

▸ *n* /'trænsfɜː(r)/ **1** transferència, traspàs, trasllat **2** (*Esport*) traspàs **3** transbord **4** calcomania

transform /træns'fɔːm/ *vt* ~ **sth/sb (from sth) (into sth)** transformar alguna cosa/algú (d'alguna cosa) (a/en alguna cosa) **transformation** *n* transformació

transformer /træns'fɔːmə(r)/ *n* (*Electròn*) transformador

transfusion /træns'fjuːʒn/ (*tb* **blood transfusion**) *n* transfusió (*de sang*)

translate /træns'leɪt/ *vt, vi* ~ **(sth) (from sth) (into sth)** traduir alguna cosa, traduir-se (d'alguna cosa) (a alguna cosa): *to translate sth from French (in)to Dutch* traduir alguna cosa del francès al neerlandès ◇ *It translates as 'slum'.* Es tradueix per "slum". ➲ *Vegeu nota a* INTERPRET **translation** *n* traducció: *translation into/from Catalan* traducció a/del català ◇ *to do a translation* fer una traducció **LOC in translation**: *Ramon Llull in translation* Ramon Llull traduït **translator** *n* traductor, -a

transmit /træns'mɪt/ *vt* (**-tt-**) transmetre **transmitter** *n* (*Electròn*) transmissor

transparent /træns'pærənt/ *adj* **1** transparent **2** (*mentida, etc.*) evident

transplant *verb, nom*

▸ *vt* /træns'plɑːnt; *USA* -'plænt/ (*Bot, Med*) trasplantar

▸ *n* /'trænsplɑːnt; *USA* -plænt/ trasplantament: *heart transplant* trasplantament de cor

transport *nom, verb*

▸ *n* /'trænspɔːt/ [*incomptable*] (*USA tb* **transportation** /ˌtrænspɔː'teɪʃn/) transport(s)

▸ *vt* /træn'spɔːt/ transportar, portar

transvestite /trænz'vestaɪt/ *n* transvestit, -ida

trap /træp/ *nom, verb*

▸ *n* trampa: *to lay/set a trap* posar una trampa

▸ *vt* (**-pp-**) **1** atrapar **2** ~ **sb (into sth/doing sth)** parar una trampa a algú (perquè faci alguna cosa)

trapdoor /'træpdɔː(r)/ *n* trapa

trapeze /trə'piːz; *USA* træ-/ *n* trapezi (*circ*): *trapeze artist* trapezista

trash /træʃ/ *n* [*incomptable*] **1** escombraries: *trash can* galleda de les escombraries ➲ *Vegeu nota a* GARBAGE **2** (*GB, col·loq*) porqueria: *It's trash.* No val res. **3** (*USA, col·loq, pej*) gentussa **trashy** *adj* (*col·loq*) dolent, de mala qualitat

trauma /'trɔːmə; *USA* 'traʊmə/ *n* trauma **traumatic** /trɔː'mætɪk; *USA* traʊ'm-/ *adj* traumàtic

travel /'trævl/ *verb, nom*

▸ (**-ll-**, *USA* **-l-**) **1** *vi* viatjar: *to travel by car/bus* viatjar/anar en cotxe/autobús **2** *vt* recórrer

▸ *n* **1** [*incomptable*] els viatges, viatjar: *travel bag* bossa de viatge **2 travels** [*pl*]: *to be on your travels* ésser de viatge ◇ *Did you see John on your travels?* Vas veure en John en algun dels teus viatges? ➲ *Vegeu nota a* VIATGE

travel agency *n* (*pl* **agencies**) (*tb* **travel agent's**) agència de viatges

travel agent *n* agent de viatges

traveller (*USA* **traveler**) /'trævələ(r)/ *n* viatger, -a

traveller's cheque (*USA* **traveler's check**) *n* xec de viatge

T

tray /treɪ/ *n* safata
treachery /ˈtretʃəri/ *n* (*pl* **treacheries**) **1** traïció, perfídia ➲ *Compareu amb* TREASON **2** falsedat **treacherous** *adj* traïdor, pèrfid
tread /tred/ *verb, nom*
▸ (*pt* **trod** /trɒd/ *pp* **trodden** /ˈtrɒdn/ o **trod**) **1** *vi* ~ **(on/in sth)** trepitjar (alguna cosa) **2** *vt* ~ **sth (in/down)** aixafar alguna cosa (*amb els peus*) LOC **tread carefully** anar amb peus de plom
▸ *n* [*sing*] pas
treason /ˈtriːzn/ *n* alta traïció ❶ **Treason** s'usa específicament per a referir-se a un acte de traïció cap al propi país. *Compareu amb* TREACHERY
treasure /ˈtreʒə(r)/ *nom, verb*
▸ *n* tresor
▸ *vt* apreciar moltíssim, guardar com un tresor: *her most treasured possession* la seva possessió més apreciada
treasurer /ˈtreʒərə(r)/ *n* tresorer, -a
the Treasury /ˈtreʒəri/ *n* [*v sing o pl*] el Ministeri d'Economia i Hisenda
treat /triːt/ *verb, nom*
▸ *vt* **1** tractar: *to treat sth as a joke* prendre's alguna cosa com una broma **2** ~ **sb (to sth)** convidar algú (a alguna cosa): *Let me treat you.* Deixa'm convidar-te. **3** ~ **yourself (to sth)** permetre's el luxe (d'alguna cosa) LOC **treat sb like dirt** (*col·loq*) tractar algú com un drap brut
▸ *n* **1** regal, caprici: *as a special treat* com a recompensa especial ◇ *to give yourself a treat* permetre's un caprici ◇ *I got you a little treat.* T'he comprat una coseta. **2** plaer, gust: *It's a real treat to be here.* Ser aquí és un veritable plaer. **3** *This is my treat.* Jo convido. LOC **a treat** (*GB, col·loq*) d'allò més bé: *His idea worked a treat.* La seva idea va funcionar d'allò més bé.
treatment /ˈtriːtmənt/ *n* **1** tractament **2** tracte
treaty /ˈtriːti/ *n* (*pl* **treaties**) tractat
treble /ˈtrebl/ *nom, verb, adjectiu*
▸ *n* **1** [*incomptable*] (*Mús*) aguts **2** (*Mús*) tiple **3** [*sing*] triple
▸ *vt, vi* triplicar(-se)
▸ *adj* atiplat: *treble clef* clau de sol
tree /triː/ *n* arbre
trek /trek/ *nom, verb*
▸ *n* caminada
▸ *vi* (**-kk-**) caminar (*penosament*) **trekking** *n* senderisme (*esp a la muntanya*): *to go trekking* fer senderisme
tremble /ˈtrembl/ *vi* ~ **(with sth)** tremolar (d'alguna cosa)
trembling /ˈtremblɪŋ/ *adjectiu, nom*
▸ *adj* tremolós
▸ *n* (*tb* **trembling**) tremolor
tremendous /trəˈmendəs/ *adj* **1** enorme: *a tremendous number* un gran nombre **2** formidable **tremendously** *adv* enormement
tremor /ˈtremə(r)/ *n* **1** terratrèmol (de baixa intensitat) **2** tremolor, esgarrifança
trench /trentʃ/ *n* **1** rasa **2** (*Mil*) trinxera
trend /trend/ *n* tendència LOC **set a/the trend** marcar una/la tendència *Vegeu tb* BUCK
trendy /ˈtrendi/ *adj* (**trendier, -iest**) (*col·loq*) a l'última moda, de moda
trespass /ˈtrespəs/ *vi* ~ **(on sth)** entrar sense dret (en alguna cosa): *No trespassing.* Prohibit el pas. **trespasser** *n* intrús, -usa
trial /ˈtraɪəl/ *n* **1** judici, procés **2** prova: *a trial period* un període de prova ◇ *to take sth on trial* emportar-se alguna cosa de prova **3** (*Esport*) preselecció LOC **be/go on trial/stand trial (for sth)** ésser processat (per alguna cosa) ◆ **trial and error**: *She learnt to use a computer by trial and error.* Va aprendre a treballar amb ordinador a força d'equivocar-se.
triangle /ˈtraɪæŋgl/ *n* triangle **triangular** /traɪˈæŋgjələ(r)/ *adj* triangular
triathlon /traɪˈæθlɒn/ *n* triatló
tribe /traɪb/ *n* tribu
tributary /ˌtrɪbjətri; *USA* -teri/ *n* (*pl* **tributaries**) afluent
tribute /ˈtrɪbjuːt/ *n* **1** homenatge **2** **a tribute to sth/sb** [*sing*]: *That is a tribute to his skill.* Això acredita la seva habilitat.
trick /trɪk/ *nom, verb*
▸ *n* **1** engany, broma, trampa: *to play a trick on sb* fer una broma a algú ◇ *a trick question* una pregunta amb trampa ◇ *His memory played tricks on him.* Li fallava la memòria. ◇ *a dirty trick* una mala passada *Vegeu tb* CONFIDENCE TRICK **2** truc: *The trick is to wait.* El truc consisteix a esperar. ◇ *magic/card tricks* trucs de màgia/cartes ◇ *conjuring tricks* jocs de mans ◇ *a trick of the light* un efecte de la llum LOC **do the trick** (*col·loq*) funcionar ◆ **every trick in the book** tot: *I tried every trick in the book.* Ho vaig provar tot. ◆ **the tricks of the trade** els secrets de l'ofici *Vegeu tb* MISS
▸ *vt* ~ **sb (into sth/doing sth)** enganyar algú (perquè faci alguna cosa): *You've been tricked.* T'han entabanat. PHR V **trick sb out of sth** estafar alguna cosa a algú **trickery** *n* [*incomptable*] enganys

trickle /ˈtrɪkl/ *verb, nom*
▸ *vi* regalimar, degotar
▸ *n* **1** fil, regalim: *a trickle of blood* un fil de sang **2 a trickle (of sth)** [*gen sing*] una quantitat petita (d'alguna cosa)
tricky /ˈtrɪki/ *adj* (**trickier**, **-iest**) complicat, difícil
tricycle /ˈtraɪsɪkl/ *n* tricicle
tried *pt, pp de* TRY
tries *plural de* TRY
trifle /ˈtraɪfl/ *nom, verb*
▸ *n* **1** fotesa, bagatel·la **2** postres fetes amb pa de pessic, fruita, crema i nata **3 a trifle** (*formal*) una mica, un pèl: *a trifle short* un pèl curt
▸ *v* PHR V **trifle with sb/sth** jugar amb algú/alguna cosa
trigger /ˈtrɪgə(r)/ *nom, verb*
▸ *n* gallet, disparador
▸ *vt* **1 ~ sth (off)** provocar, desencadenar alguna cosa **2** (*alarma, etc.*) accionar
trillion /ˈtrɪljən/ *adj, n* bilió ➲ *Vegeu nota a* BILLION
trim /trɪm/ *adjectiu, verb, nom*
▸ *adj* **1** esvelt **2** ben cuidat, endreçat
▸ *vt* (**-mm-**) **1** retallar **2 ~ sth (off sth)** treure alguna cosa (d'alguna cosa) **3 ~ sth (with sth)** (*vestit, etc.*) adornar alguna cosa (amb alguna cosa)
▸ *n* **1** tall: *to have a trim* fer-se tallar els cabells una mica **2** adornament **trimming** *n* **1 trimmings** [*pl*] (*plat*) guarnició, acompanyament **2** adornament
trio /ˈtriːəʊ/ *n* (*pl* **trios**) trio
trip /trɪp/ *nom, verb*
▸ *n* viatge, excursió: *to go on a trip* fer un viatge ◇ *a business trip* un viatge de negocis ◇ *a coach trip* una excursió en autocar ➲ *Vegeu nota a* VIATGE *Vegeu tb* DAY TRIP, ROUND TRIP
▸ (**-pp-**) **1** *vi* **~ (over/up)** ensopegar: *She tripped (up) on a stone.* Va ensopegar amb una pedra. **2** *vt* **~ sb (up)** fer la traveta a algú PHR V **trip (sb) up** confondre's, confondre algú
triple /ˈtrɪpl/ *adjectiu, verb*
▸ *adj* triple: *at triple the speed* al triple de velocitat
▸ *vt, vi* triplicar(-se)
triplet /ˈtrɪplət/ *n* trigemin, -èmina
triumph /ˈtraɪʌmf/ *nom, verb*
▸ *n* triomf, èxit: *to return home in triumph* tornar a casa victoriós ◇ *a shout of triumph* un crit de joia
▸ *vi* **~ (over sb/sth)** vèncer (algú/alguna cosa) **triumphal** /traɪˈʌmfl/ *adj* triomfal (*processó*): *triumphal arch* arc de triomf **triumphant** /traɪˈʌmfənt/ *adj* **1** triomfant **2** joiós **triumphantly** *adv* triomfalment, joiosament
trivial /ˈtrɪviəl/ *adj* trivial, insignificant **triviality** /ˌtrɪviˈæləti/ *n* (*pl* **trivialities**) trivialitat
trod *pt de* TREAD
trodden *pp de* TREAD
troll /trɒl/ *n* trol
trolley /ˈtrɒli/ *n* (*pl* **trolleys**) **1** (*USA* **cart**) (*supermercat, aeroport*) carro: *shopping trolley* carro d'anar a plaça/de supermercat **2** (*USA*) tramvia
trombone /ˌtrɒmˈbəʊn/ *n* trombó
troop /truːp/ *nom, verb*
▸ *n* **1 troops** [*pl*] tropes, soldats **2** munió, ramat
▸ *vi* entrar, sortir, etc. a patolls
trophy /ˈtrəʊfi/ *n* (*pl* **trophies**) trofeu
tropic /ˈtrɒpɪk/ *n* **1** tròpic **2 the tropics** [*pl*] el(s) tròpic(s) **tropical** *adj* tropical
trot /trɒt/ *verb, nom*
▸ *vi* (**-tt-**) trotar, anar al trot
▸ *n* [*sing*] trot LOC **on the trot** (*GB, col·loq*) seguits
trouble /ˈtrʌbl/ *nom, verb*
▸ *n* **1** [*incomptable*] problemes: *The trouble is (that)...* El problema és que... ◇ *What's the trouble?* Què passa? **2** problema, embolic: *money troubles* problemes econòmics **3** [*incomptable*] molèstia, esforç: *It's no trouble.* No és molèstia. ◇ *It's not worth the trouble.* No val la pena. **4** [*incomptable*] (*Med*) malaltia: *He's got back trouble.* Pateix de l'esquena. **5** [*incomptable*] disturbis, conflicte LOC **be in trouble** tenir problemes, estar en un embolic: *If I don't get home by ten, I'll be in trouble.* Si no arribo a casa a les deu, hi haurà raons. ◆ **get into trouble** ficar-se en un embolic: *He got into trouble with the police.* Va tenir problemes amb la policia. ◆ **go to a lot of trouble (to do sth); take trouble (to do sth/doing sth)** esforçar-se, escarrassar-se (a fer alguna cosa) *Vegeu tb* ASK, TEETHE
▸ *vt* **1** amoïnar: *What's troubling you?* Què t'amoïna? **2** molestar: *Don't trouble yourself.* No et molestis. **troubled** *adj* **1** (*expressió, veu, persona*) preocupat, amoïnat **2** (*període, relació, etc.*) agitat, conflictiu **3** (*vida*) accidentat **troublesome** /ˈtrʌblsʌm/ *adj* molest
trouble-free /ˌtrʌbl ˈfriː/ *adj* sense problemes
troublemaker /ˈtrʌblmeɪkə(r)/ *n* buscaraons, esvalotador, -a
troubleshooter /ˈtrʌblʃuːtə(r)/ *n* conciliador, -a (*en conflictes laborals*)

T

trough /trɒf; *USA* trɔːf/ *n* **1** abeurador, menjadora **2** (*Meteor*) depressió **3** punt baix (*en economia, negoci*)

trousers /ˈtraʊzəz/ (*USA* **pants**) *n* [*pl*] pantalons: *a pair of trousers* uns pantalons ➲ *Vegeu nota a* PANTALÓ **trouser** *adj*: *trouser leg/pocket* camal/butxaca dels pantalons

trout /traʊt/ *n* (*pl* **trout**) truita (*peix*)

trowel /ˈtraʊəl/ *n* càvec

truant /ˈtruːənt/ *n* alumne, -a que se salta les classes LOC **play truant** (*antic*) fer campana

truce /truːs/ *n* treva

truck /trʌk/ *n* **1** (*esp USA*) camió **2** (*GB*) (*USA* **car**) (*Ferrocarril*) vagó

true /truː/ *adj* (**truer**, **-est**) **1** cert, veritat: *It's too good to be true.* És massa bo per a ésser veritat. **2** veritable, autèntic: *the true value of the house* el valor real de la casa **3** fidel: *to be true to your word/principles* complir la seva paraula/ésser fidel als seus principis **4** (*història*) verídic LOC **come true** esdevenir realitat ◆ **true to life** realista

truly /ˈtruːli/ *adv* veritablement, realment *Vegeu tb* WELL

trump /trʌmp/ *n* (*cartes*) trumfo: *Hearts are trumps.* Manen cors.

trumpet /ˈtrʌmpɪt/ *n* trompeta **trumpeter** *n* trompetista

trundle /ˈtrʌndl/ **1** *vi* rodar **2** *vt* arrossegar **3** *vt* empènyer ❶ En tots tres sentits, **trundle** té connotacions de lentitud i soroll.

trunk /trʌŋk/ *n* **1** (*Anat, Bot*) tronc **2** (*USA*) (*cotxe*) maleter **3** (*elefant*) trompa **4 trunks** [*pl*] *Vegeu* SWIMMING TRUNKS **5** bagul

T

trust /trʌst/ *nom, verb*

▸ *n* **1** ~ **(in sb/sth)** confiança (en algú/alguna cosa) **2** responsabilitat: *As a teacher you are in a position of trust.* Com a professor estàs en una posició de responsabilitat. **3** fideïcomís **4** fundació (*amb fins socials o culturals*)

▸ *vt* **1** confiar en **2** fiar-se de PHRV **trust to sth** confiar en alguna cosa ◆ **trust sb with sth** confiar alguna cosa a algú **trusted** *adj* de confiança **trusting** *adj* confiat

trustee /trʌˈstiː/ *n* **1** fideïcomissari, -ària **2** administrador, -a

trustworthy /ˈtrʌstwɜːði/ *adj* digne de confiança

truth /truːθ/ *n* (*pl* **truths** /truːðz/) veritat LOC *Vegeu* ECONOMICAL, MOMENT **truthful** *adj* sincer: *to be truthful* dir la veritat

try /traɪ/ *verb, nom*

▸ (*pt, pp* **tried**) **1** *vt, vi* intentar, provar de: *I'll try my best.* Intentaré fer-ho tan bé com pugui. ◇ *to try hard to do sth* esforçar-se per fer alguna cosa ❶ En l'ús col·loquial, **try to** es pot substituir per **try and**: *I'll try and finish it.* Intentaré acabar-ho.

> **Try to + infinitiu** significa fer un esforç per fer alguna cosa, és a dir, intentar fer alguna cosa: *You should try to eat more fruit.* Hauries de fer un esforç per menjar més fruita. En canvi, **try doing sth** significa fer alguna cosa per veure si t'ajuda amb alguna cosa (a aprimar-te, a millorar la salut, etc.): *Try eating less chocolate and more fruit.* Prova de menjar menys xocolata i més fruita.

2 *vt* provar, tastar: *Can I try the soup?* Puc tastar la sopa? **3** *vt* ~ **sb (for sth)** (*Dret*) processar, jutjar algú (per alguna cosa) **4** *vt* (*Dret*) veure: *The case was tried before a jury.* El cas va ser vist per un jurat. LOC **try sb's patience** fer perdre la paciència a algú *Vegeu tb* BEST PHRV **try sth on** emprovar-se alguna cosa (*roba, etc.*)

▸ *n* (*pl* **tries**) **1** *I'll give it a try/have a try at it.* Ho intentaré. **2** (*Rugbi*) assaig

trying /ˈtraɪɪŋ/ *adj* difícil

T-shirt (*tb* **tee shirt**) /ˈtiː ʃɜːt/ *n* samarreta

tsunami /tsuːˈnɑːmi/ *n* tsunami

tub /tʌb/ *n* **1** cubell, cossi **2** (*per a flors*) test gran **3** terrina ➲ *Vegeu il·lustració a* CONTAINER **4** banyera

tube /tjuːb; *USA* tuːb/ *n* **1** ~ **(of sth)** tub (d'alguna cosa) ➲ *Vegeu il·lustració a* CONTAINER *Vegeu tb* TEST TUBE **2 the tube** [*sing*] (*GB*) el metro (*de Londres*): *by tube* en metro

tuberculosis /tjuːˌbɜːkjuˈləʊsɪs; *USA* tuːˌb-/ *n* (*abrev* **TB**) [*incomptable*] tuberculosi

tuck /tʌk/ *vt* **1** ~ **sth into, under, etc. sth** ficar alguna cosa dins, sota, etc. alguna cosa **2** ~ **sth in** ficar (cap endins) alguna cosa (*camisa, llençol*) **3** ~ **sth round sb/sth** abrigar algú/alguna cosa amb alguna cosa: *to tuck sth round you* abrigar-se amb alguna cosa PHRV **tuck sth away** **1 be tucked away** (*poble, edifici*) estar amagat **2** guardar alguna cosa (*en lloc segur*) ◆ **tuck in**; **tuck into sth** posar-se a menjar, atacar (alguna cosa) ◆ **tuck sb in/up** acotxar algú (*al llit*)

Tuesday /ˈtjuːzdeɪ, -di; *USA* ˈtuː-/ *n* (*abrev* **Tue.**, **Tues.**) dimarts ➲ *Vegeu exemples a* MONDAY

tuft /tʌft/ *n* **1** (*cabells*) floc **2** (*plomes*) plomall **3** (*herba*) matoll

tug /tʌg/ *verb, nom*
▸ (**-gg-**) **1** *vt, vi* ~ **(at/on) sth** estrebar, estirar amb força alguna cosa: *She tugged at her mother's coat.* Va estirar amb força l'abric de la seva mare. ◇ *He tugged his hat down over his ears.* Es va calar la gorra fins a les orelles. **2** *vt* arrossegar
▸ *n* **1** (*tb* **tugboat** /'tʌgbəʊt/) remolcador **2** estrebada, estirada
tuition /tju'ɪʃn; *USA* tu-/ *n* (*formal*) instrucció, classes: *private tuition* classes particulars ◇ *tuition fees* matrícula
tulip /'tju:lɪp; *USA* 'tu:-/ *n* tulipa
tumble /'tʌmbl/ *verb, nom*
▸ *vi* ~ **(down)** caure, desplomar-se
▸ *n* caiguda
tumble dryer (*tb* **tumble drier**) *n* assecadora
tumbler /'tʌmblə(r)/ *n* got
tummy /'tʌmi/ *n* (*pl* **tummies**) (*col·loq*) panxa: *tummy ache* mal de panxa
tumour (*USA* **tumor**) /'tju:mə(r); *USA* 'tu:-/ *n* tumor
tuna /'tju:nə; *USA* 'tu:nə/ (*pl* **tuna** *o* **tunas**) (*tb* **tuna fish**) *n* tonyina, bonítol
tune /tju:n; *USA* tu:n/ *nom, verb*
▸ *n* **1** melodia **2** aire LOC **be in/out of tune (with sb/sth)** estar/no estar d'acord (amb algú/alguna cosa) ◆ **in/out of tune** afinat/desafinat *Vegeu tb* CHANGE
▸ *vt* **1** (*instrument*) afinar **2** (*motor*) posar a punt PHR V **tune in (to sth)** sintonitzar (alguna cosa) ◆ **tune (sth) up** afinar (alguna cosa) (*instrument*) **tuneful** *adj* melodiós
tunic /'tju:nɪk; *USA* 'tu:-/ *n* túnica
tunnel /'tʌnl/ *nom, verb*
▸ *n* túnel: *the Channel Tunnel* l'Eurotúnel
▸ (**-ll-**; *USA* **-l-**) **1** *vi* ~ **(into/through/under sth)** obrir un túnel (en/a través de/sota d'alguna cosa) **2** *vt, vi* excavar
turban /'tɜ:bən/ *n* turbant
turbulence /'tɜ:bjələns/ *n* [*incomptable*] turbulència **turbulent** *adj* **1** turbulent **2** esvalotat
turf /tɜ:f/ *nom, verb*
▸ *n* [*gen incomptable*] gespa
▸ *vt* posar gespa a PHR V **turf sb out (of sth)** (*GB, col·loq*) fer fora algú (d'alguna cosa)
turkey /'tɜ:ki/ *n* (*pl* **turkeys**) gall dindi
turmoil /'tɜ:mɔɪl/ *n* agitació
turn /tɜ:n/ *verb, nom*
▸ **1** *vi* girar, donar tombs: *to turn left* girar a l'esquerra **2** *vt* fer girar, donar un tomb a **3** *vt, vi* girar(-se): *She turned her back on Simon and walked off.* Es va girar d'esquena a en Simon i se'n va anar. **4** *vt* (*cantonada*) tombar **5** *vt* (*arma, atenció*) apuntar, dirigir **6** *vt* (*pàgina*) passar **7** *vi* posar-se, tornar-se: *to turn white/red* posar-se blanc/vermell **8** *vt, vi* ~ **(sb/sth) (from A) into B** convertir algú/alguna cosa, convertir-se (d'A) a/en B **9** *vt*: *to turn 40* fer els 40 ❶ Per a expressions amb **turn**, vegeu les entrades del nom, adjectiu, etc., p. ex. **turn a blind eye** a BLIND.
PHR V **turn around** girar(-se) ◆ **turn sb/sth around** fer girar algú/alguna cosa
turn away (from sb/sth) apartar-se (d'algú/d'alguna cosa) ◆ **turn sb away** negar-se a ajudar algú ◆ **turn sb away (from sth)** no deixar entrar algú (en alguna cosa)
turn back recular ◆ **turn sb back** fer recular algú
turn sb/sth down rebutjar algú/alguna cosa ◆ **turn sth down** abaixar alguna cosa (*volum*)
turn off (sth) desviar-se, sortir (d'alguna cosa) (*camí*) ◆ **turn sb off 1** deixar fred algú **2** treure les ganes a algú, repel·lir algú ◆ **turn sth off 1** apagar alguna cosa **2** (*aixeta*) tancar alguna cosa
turn sb on (*col·loq*) excitar algú ◆ **turn sth on 1** encendre alguna cosa **2** (*aixeta*) obrir alguna cosa
turn out 1 assistir, presentar-se **2** resultar, sortir ◆ **turn sb out (of/from sth)** treure algú (d'alguna cosa) ◆ **turn sth out** apagar alguna cosa (*llum*)
turn (sth) over girar (alguna cosa), girar-se
turn round = TURN AROUND
turn to sb/sth recórrer a algú/alguna cosa
turn up presentar-se, aparèixer ◆ **turn sth up** apujar alguna cosa (*volum*)
▸ *n* **1** tomb **2** gir, volta: *to take a wrong turn* agafar un camí equivocat **3** corba **4** (*cap*) moviment **5** torn: *It's your turn.* Et toca a tu. **6** (*circumstàncies*) canvi: *to take a turn for the better/worse* començar a millorar/empitjorar LOC **a turn of phrase** un gir ◆ **do sb a good turn** fer un favor a algú ◆ **in turn** successivament, un darrere l'altre ◆ **take turns (at sth)** establir torns (per a alguna cosa)
turning /'tɜ:nɪŋ/ *n* tombant (*d'un camí*)
turning point *n* moment decisiu, punt crític
turnip /'tɜ:nɪp/ *n* nap
turnout /'tɜ:naʊt/ *n* **1** assistència, concurrència **2** (*Pol*) nombre de votants
turnover /'tɜ:nəʊvə(r)/ *n* **1** (*negoci*) facturació **2** [*sing*] (*personal, mercaderies*) moviment
turntable /'tɜ:nteɪbl/ *n* (*tocadiscos*) plat
turpentine /'tɜ:pəntaɪn/ (*col·loq* **turps** /tɜ:ps/) *n* aiguarràs
turquoise /'tɜ:kwɔɪz/ *nom, adjectiu*
▸ *n* turquesa

T

▸ *adj* color turquesa

turret /ˈtʌrət; *USA* ˈtɜːrət/ *n* torrelló, torre

turtle /ˈtɜːtl/ *n* **1** (*USA tb* **sea turtle**) tortuga (*marina*) **2** (*USA, col·loq*) tortuga (*de terra*) ➲ *Compareu amb* TORTOISE

turtleneck /ˈtɜːtlnek/ *n* **1** jersei de coll alt **2** (*USA*) coll alt (*jersei*)

tusk /tʌsk/ *n* ullal (*de senglar, elefant, etc.*)

tutor /ˈtjuːtə(r); *USA* ˈtuː-/ *n* **1** professor, -a particular **2** (*universitat*) professor, -a

A moltes universitats de la Gran Bretanya, cada estudiant té un **tutor** (un professor encarregat de supervisar la seva feina), i assisteix a **tutorials** (classes individuals o en un grup petit amb el **tutor**).

tutorial /tjuːˈtɔːriəl; *USA* tuː-/ *nom, adjectiu*
▸ *n* classe individual o en un grup petit ➲ *Vegeu nota a* TUTOR
▸ *adj* de tutor

tuxedo /tʌkˈsiːdəʊ/ *n* (*pl* **tuxedos**) (*col·loq* **tux** /tʌks/) (*USA*) esmòquing

TV /ˌtiː ˈviː/ *n* tele: *What's on TV?* Què fan a la tele? ➲ *Vegeu nota a* TELEVISION

twang /twæŋ/ *n* **1** veu de nas **2** (*Mús*) toc puntejat

tweezers /ˈtwiːzəz/ *n* [*pl*] pinces (*de depilar*) ➲ *Vegeu nota a* PAIR

twelve /twelv/ *adj, pron, n* dotze ➲ *Vegeu exemples a* FIVE **twelfth** /twelfθ/ **1** *adj, adv, pron* dotzè **2** *n* dotzena part, dotzè ➲ *Vegeu exemples a* FIFTH

twenty /ˈtwenti/ *adj, pron, n* vint ➲ *Vegeu exemples a* FIFTY, FIVE **twentieth** **1** *adj, adv, pron* vintè **2** *n* vintena part, vintè ➲ *Vegeu exemples a* FIFTH

twice /twaɪs/ *adv* dues vegades: *twice as much/many* el doble LOC *Vegeu* ONCE

twiddle /ˈtwɪdl/ *vt, vi* ~ **(with) sth** caragolar alguna cosa d'esma, (fer) girar alguna cosa LOC **twiddle your thumbs** estar de braços plegats

twig /twɪg/ *n* branquilló

twilight /ˈtwaɪlaɪt/ *n* crepuscle

twin /twɪn/ *n* **1** bessó, -ona **2** (*d'un parell*) bessó, parella, doble: *twin(-bedded) room* habitació de dos llits

twinge /twɪndʒ/ *n* punxada (*de dolor*)

twinkle /ˈtwɪŋkl/ *vi* **1** espurnejar, guspirejar **2** (*ulls*) brillar

twirl /twɜːl/ **1** *vt, vi* ~ **(sb/sth) (around/round)** (fer) giravoltar, donar tombs (a) (algú/alguna cosa) **2** *vt* torçar, caragolar

twist /twɪst/ *verb, nom*
▸ **1** *vt, vi* torçar(-se) **2** *vt, vi* caragolar(-se), enroscar(-se) **3** *vi* (*camí, riu*) serpentejar **4** *vt* (*paraules, etc.*) tergiversar
▸ *n* **1** torsió, torçada, girada: *She gave the lid a twist and it came off.* Va girar la tapa i la va treure. **2** (*canvi*) gir **3** (*camí, riu*) tombant, corba **4** (*llimona, paper*) trosset

twit /twɪt/ *n* (*col·loq*) babau, -a

twitch /twɪtʃ/ *verb, nom*
▸ *vt, vi* **1** crispar(-se), moure's (nerviosament) **2** ~ **(at) sth** donar una estirada a alguna cosa
▸ *n* **1** moviment sobtat **2** tic **3** estirada

twitter /ˈtwɪtə(r)/ *vi* refilar

two /tuː/ *adj, pron, n* dos, dues ➲ *Vegeu exemples a* FIVE LOC **put two and two together** lligar caps *Vegeu tb* ONE

two-faced /ˌtuː ˈfeɪst/ *adj* (*col·loq*) fals

two-way /ˌtuː ˈweɪ/ *adj* **1** (*procés*) doble **2** (*comunicació*) recíproc **3** (*carrer*) de doble sentit

tycoon /taɪˈkuːn/ *n* magnat

tying *Vegeu* TIE

type /taɪp/ *nom, verb*
▸ *n* tipus, mena: *all types of jobs* tota mena de feines ◇ *He's not my type (of person).* No és el meu tipus. ◇ *She's not the artistic type.* No té cap afició a l'art.
▸ *vt, vi* teclejar, escriure (a màquina/a l'ordinador) ❶ S'usa sovint amb **out** o **up**: *to type sth up* passar alguna cosa a màquina/escriure alguna cosa a l'ordinador

typewriter /ˈtaɪpraɪtə(r)/ *n* màquina d'escriure

typhoid /ˈtaɪfɔɪd/ *n* (febre) tifoide

typhoon /taɪˈfuːn/ *n* tifó

typical /ˈtɪpɪkl/ *adj* típic, característic **typically** /-kli/ *adv* **1** per regla general **2** típicament

typify /ˈtɪpɪfaɪ/ *vt* (*pt, pp* **-fied**) tipificar, ésser exemple de

typing /ˈtaɪpɪŋ/ *n* mecanografia

typist /ˈtaɪpɪst/ *n* mecanògraf, -a

tyranny /ˈtɪrəni/ *n* (*pl* **tyrannies**) tirania **tyrannical** /tɪˈrænɪkl/ *adj* tirànic

tyrant /ˈtaɪrənt/ *n* tirà, -ana

tyre (*USA* **tire**) /ˈtaɪə(r)/ *n* pneumàtic

T

U u

U, u /juː/ *n* (*pl* **Us, U's, u's**) U, u ➲ *Vegeu nota a* A, A
ubiquitous /juːˈbɪkwɪtəs/ *adj* (*formal*) ubic
UFO (*tb* **ufo**) /ˌjuː ef ˈəʊ, ˈjuːfəʊ/ *abrev de* **unidentified flying object** *n* (*pl* **UFOs**) ovni (*objecte volador no identificat*)
ugh /ɜː, ʊx/ *interj* ecs, uf
ugly /ˈʌgli/ *adj* (**uglier**, **-iest**) **1** lleig **2** sinistre, perillós
ulcer /ˈʌlsə(r)/ *n* úlcera
ultimate /ˈʌltɪmət/ *adj* **1** últim, final **2** més gran **3** principal **ultimately** *adv* **1** al final, finalment **2** fonamentalment
ultimatum /ˌʌltɪˈmeɪtəm/ *n* ultimàtum
ultra- /ˈʌltrə/ *pref* ultra-: *ultra-modern* ultramodern ◇ *ultra-fit* en plena forma
umbrella /ʌmˈbrelə/ *n* paraigua
umpire /ˈʌmpaɪə(r)/ *n* àrbitre, -a ➲ *Vegeu nota a* ÀRBITRE
umpteen /ˌʌmpˈtiːn/ *adj, pron* (*col·loq*) innombrables **umpteenth** *adj* (*col·loq*) enèsim
UN /ˌjuː ˈen/ *abrev de* **United Nations** ONU
unable /ʌnˈeɪbl/ *adj* incapaç, impossibilitat
unacceptable /ˌʌnəkˈseptəbl/ *adj* inacceptable
unaccustomed /ˌʌnəˈkʌstəmd/ *adj* (*formal*) **1 be ~ to sth/to doing sth** no estar acostumat a alguna cosa/a fer alguna cosa **2** desacostumat, insòlit
unaffected /ˌʌnəˈfektɪd/ *adj* **1 ~ (by sth)** no afectat (per alguna cosa) **2** sense afectació
unambiguous /ˌʌnæmˈbɪgjuəs/ *adj* inequívoc
unanimous /juˈnænɪməs/ *adj* unànime
unarmed /ˌʌnˈɑːmd/ *adj* desarmat, sense armes
unattractive /ˌʌnəˈtræktɪv/ *adj* poc atractiu
unavailable /ˌʌnəˈveɪləbl/ *adj* no disponible
unavoidable /ˌʌnəˈvɔɪdəbl/ *adj* inevitable
unaware /ˌʌnəˈweə(r)/ *adj* [*mai davant del nom*] no conscient: *He was unaware that...* Ignorava que...
unbearable /ʌnˈbeərəbl/ *adj* insuportable
unbeatable /ʌnˈbiːtəbl/ *adj* invencible, inigualable
unbeaten /ʌnˈbiːtn/ *adj* (*Esport*) mai no superat, imbatut
unbelievable /ˌʌnbɪˈliːvəbl/ *adj* increïble
unblock /ˌʌnˈblɒk/ *vt* desembussar, desbloquejar
unbroken /ʌnˈbrəʊkən/ *adj* **1** ininterromput **2** intacte **3** (*rècord*) no superat
uncanny /ʌnˈkæni/ *adj* **1** misteriós, estrany **2** extraordinari
uncertain /ʌnˈsɜːtn/ *adj* **1** insegur, dubtós, indecís **2** incert: *It is uncertain whether...* No se sap si... **3** variable **uncertainty** *n* (*pl* **uncertainties**) incertesa, dubte
unchanged /ʌnˈtʃeɪndʒd/ *adj* igual, sense alteració
uncle /ˈʌŋkl/ *n* oncle, tiet: *Uncle Joe* l'oncle Joe
unclear /ˌʌnˈklɪə(r)/ *adj* poc/gens clar
uncomfortable /ʌnˈkʌmftəbl/ *adj* incòmode **uncomfortably** /-əbli/ *adv* incòmodament: *It was uncomfortably hot.* Feia una calor molesta.
uncommon /ʌnˈkɒmən/ *adj* poc comú, insòlit
uncompromising /ʌnˈkɒmprəmaɪzɪŋ/ *adj* inflexible, ferm
unconcerned /ˌʌnkənˈsɜːnd/ *adj* **1 ~ (about/by/with sth)** indiferent (a alguna cosa) **2** despreocupat
unconditional /ˌʌnkənˈdɪʃənl/ *adj* incondicional
unconscious /ʌnˈkɒnʃəs/ *adjectiu, nom*
▸ *adj* **1** inconscient **2 be ~ of sth** no adonar-se d'alguna cosa
▸ *n* **the unconscious** [*sing*] l'inconscient
uncontrollable /ˌʌnkənˈtrəʊləbl/ *adj* incontrolable
unconventional /ˌʌnkənˈvenʃənl/ *adj* poc convencional
unconvincing /ˌʌnkənˈvɪnsɪŋ/ *adj* poc convincent
uncool /ˌʌnˈkuːl/ *adj* (*col·loq*) **1** poc sofisticat: *Smoking is uncool.* Fumar no està de moda. **2** antiquat: *He's so uncool.* No és gens modern.
uncountable /ʌnˈkaʊntəbl/ *adj* (*Gram*) incomptable
uncouth /ʌnˈkuːθ/ *adj* groller
uncover /ʌnˈkʌvə(r)/ *vt* destapar, descobrir
undecided /ˌʌndɪˈsaɪdɪd/ *adj* **1 ~ (about sb/sth)** indecís (sobre algú/alguna cosa) **2** pendent, sense resoldre
undeniable /ˌʌndɪˈnaɪəbl/ *adj* innegable, indiscutible **undeniably** /-əbli/ *adv* indubtablement

under /ˈʌndə(r)/ *prep* **1** sota: *It was under the bed.* Era sota el llit. **2** (*edat*) menor de **3** (*quantitat*) menys de **4** (*Dret*) segons (*una llei, etc.*) **5** *under construction* en construcció

under- /ˈʌndə(r)/ *pref* **1** (*edat*) menor de: *the under-fives/under-18s* els menors de cinc/divuit anys ◇ *the under-21 team* l'equip de menors de vint-i-un anys ◇ *underage drinking* el consum de begudes alcohòliques pels menors d'edat **2** insuficientment: *Women are under-represented in the group.* Les dones tenen una representació massa petita en el grup. ◇ *under-used* infrautilitzat

underclothes /ˈʌndəkləʊðz/ *n* [*pl*] (*formal*) roba interior

undercover /ˌʌndəˈkʌvə(r)/ *adj* **1** (*policia*) de paisà, secret **2** (*operació*) secret, clandestí

underdeveloped /ˌʌndədɪˈveləpt/ *adj* subdesenvolupat **underdevelopment** *n* subdesenvolupament

underdog /ˈʌndədɒg; *USA* -dɔːg/ *n* (*Esport, Sociol*) el/la més feble: *the underdogs of society* els desemparats de la societat

underestimate /ˌʌndərˈestɪmeɪt/ *vt* subestimar, infravalorar

undergo /ˌʌndəˈgəʊ/ *vt* (*3a pers sing* **undergoes** /-ˈgəʊz/ *pt* **underwent** /-ˈwent/ *pp* **undergone** /-ˈgɒn; *USA* -ˈgɔːn/) **1** experimentar, sofrir **2** (*prova*) passar **3** (*tractament, cirurgia*) sotmetre's a

undergraduate /ˌʌndəˈgrædʒuət/ *n* estudiant no llicenciat

underground *adjectiu, adverbi, nom*
- *adj* /ˈʌndəgraʊnd/ **1** subterrani **2** clandestí
- *adv* /ˌʌndəˈgraʊnd/ **1** sota terra **2** en la clandestinitat
- *n* /ˈʌndəgraʊnd/ **1** (*USA* **subway**) metro **2** moviment clandestí

U

undergrowth /ˈʌndəgrəʊθ/ *n* sotabosc

underlie /ˌʌndəˈlaɪ/ *vt* (*pt* **underlay** /-ˈleɪ/ *pp* **underlain** /-ˈleɪn/ *part pres* **underlying**) (*formal*) (*fig*) estar darrere de

underline /ˌʌndəˈlaɪn/ *vt* subratllar

undermine /ˌʌndəˈmaɪn/ *vt* soscavar, debilitar

underneath /ˌʌndəˈniːθ/ *preposició, adverbi, nom*
- *prep* sota (de)
- *adv* per sota
- *n* **the underneath** [*sing*] la part de sota

undernourished /ˌʌndəˈnʌrɪʃt/ *adj* desnodrit

underpants /ˈʌndəpænts/ *n* [*pl*] calçotets: *a pair of underpants* uns calçotets ➲ *Vegeu nota a* PAIR

underpass /ˈʌndəpɑːs; *USA* -pæs/ *n* pas subterrani

underprivileged /ˌʌndəˈprɪvəlɪdʒd/ *adj* desheretat, marginat

undersea /ˈʌndəsi/ *adj* [*només davant del nom*] submarí

undershirt /ˈʌndəʃɜːt/ *n* (*USA*) samarreta (*roba interior*)

underside /ˈʌndəsaɪd/ *n* part de sota, costat inferior

understand /ˌʌndəˈstænd/ (*pt, pp* **understood** /-ˈstʊd/) **1** *vt, vi* entendre: *I don't understand why he came.* No m'explico per què ha vingut. **2** *vt* (*saber manejar*) entendre en **3** *vt* (*formal*) tenir entès **understandable** *adj* comprensible **understandably** /-əbli/ *adv* naturalment

understanding /ˌʌndəˈstændɪŋ/ *nom, adjectiu*
- *n* **1** coneixement **2** acord (informal) **3** enteniment, comprensió **4** ~ **(of sth)** interpretació (d'alguna cosa)
- *adj* comprensiu

understate /ˌʌndəˈsteɪt/ *vt* **1** subestimar **2** treure importància a

understatement /ˈʌndəsteɪtmənt/ *n*: *To say they are disappointed would be an understatement.* Dir que estan desil·lusionats seria dir massa poc.

understood *pt, pp de* UNDERSTAND

undertake /ˌʌndəˈteɪk/ *vt* (*pt* **undertook** /-ˈtʊk/ *pp* **undertaken** /-ˈteɪkən/) (*formal*) **1** emprendre **2** ~ **to do sth** comprometre's a fer alguna cosa **undertaking** *n* **1** (*tasca, projecte*) empresa **2** (*formal*) compromís, obligació

undertaker /ˈʌndəteɪkə(r)/ *n* **1** director, -a de pompes fúnebres **2** **undertaker's** funerària ➲ *Vegeu nota a* CARNISSERIA

undertook *pt de* UNDERTAKE

underwater /ˌʌndəˈwɔːtə(r)/ *adjectiu, adverbi*
- *adj* submarí
- *adv* sota l'aigua

underwear /ˈʌndəweə(r)/ *n* roba interior

underwent *pt de* UNDERGO

the underworld /ˈʌndəwɜːld/ *n* **1** l'hampa **2** l'avern

undesirable /ˌʌndɪˈzaɪərəbl/ *adj, n* indesitjable

undisputed /ˌʌndɪˈspjuːtɪd/ *adj* inqüestionable, indiscutible

undisturbed /ˌʌndɪ'stɜːbd/ *adj* **1** (*cosa*) sense tocar **2** (*persona*) tranquil

undo /ʌn'duː/ *vt* (*3a pers sing* **undoes** /ʌn'dʌz/ *pt* **undid** /ʌn'dɪd/ *pp* **undone** /ʌn'dʌn/) **1** desfer **2** descordar **3** deslligar **4** (*embolcall*) treure **5** anul·lar: *to undo the damage* reparar el dany **undone** *adj* **1** descordat, deslligat: *to come undone* descordar-se/deslligar-se **2** sense acabar

undoubtedly /ʌn'daʊtɪdli/ *adv* indubtablement

undress /ʌn'dres/ *vt, vi* despullar(-se) ❶ És més habitual dir **get undressed**. **undressed** *adj* despullat

undue /ˌʌn'djuː; *USA* -'duː/ *adj* [*només davant del nom*] (*formal*) excessiu **unduly** *adv* (*formal*) excessivament, amb excés

unearth /ʌn'ɜːθ/ *vt* desenterrar, posar de manifest

unease /ʌn'iːz/ *n* malestar

uneasy /ʌn'iːzi/ *adj* **1** ~ **(about sth)** inquiet, intranquil (per alguna cosa): *She felt uneasy about the idea.* La idea la inquietava. **2** (*relació, aliança, pau*) precari **3** (*silenci*) incòmode

uneducated /ʌn'edʒukeɪtɪd/ *adj* inculte, sense educació

unemployed /ˌʌnɪm'plɔɪd/ *adjectiu, nom*
▸ *adj* desocupat, a l'atur
▸ *n* **the unemployed** [*pl*] els aturats

unemployment /ˌʌnɪm'plɔɪmənt/ *n* desocupació, atur

unequal /ʌn'iːkwəl/ *adj* **1** desigual **2** (*formal*): *to feel unequal to sth* no sentir-se a l'altura d'alguna cosa

uneven /ʌn'iːvn/ *adj* **1** desigual **2** (*pols*) irregular **3** (*terra*) desnivellat

uneventful /ˌʌnɪ'ventfl/ *adj* sense incidents, tranquil

unexpected /ˌʌnɪk'spektɪd/ *adj* inesperat, imprevist

unexplained /ˌʌnɪk'spleɪnd/ *adj* inexplicat, inexplicable

unfair /ˌʌn'feə(r)/ *adj* **1** ~ **(to/on sb)** injust (amb algú) **2** (*competència*) deslleial **3** (*comiat de la feina*) improcedent

unfaithful /ʌn'feɪθfl/ *adj* infidel

unfamiliar /ˌʌnfə'mɪliə(r)/ *adj* **1** poc familiar **2** (*persona, cara*) desconegut **3** ~ **with sth** poc familiaritzat amb alguna cosa

unfashionable /ʌn'fæʃnəbl/ *adj* passat de moda

unfasten /ʌn'fɑːsn; *USA* ʌn'fæsn/ *vt* **1** desbotonar, descordar **2** obrir **3** deixar anar

unfavourable (*USA* **unfavorable**) /ʌn'feɪvərəbl/ *adj* **1** poc propici **2** advers, desfavorable

unfinished /ʌn'fɪnɪʃt/ *adj* sense acabar: *unfinished business* assumptes pendents

unfit /ʌn'fɪt/ *adj* **1** ~ **(for sth/to do sth)** inadequat, no apte (per a alguna cosa/per a fer alguna cosa); incapaç (de fer alguna cosa) **2** no gaire en forma

unfold /ʌn'fəʊld/ **1** *vt* desplegar, estendre **2** *vt, vi* (*esdeveniments, etc.*) revelar(-se)

unforeseen /ˌʌnfɔː'siːn/ *adj* imprevist

unforgettable /ˌʌnfə'getəbl/ *adj* inoblidable

unforgivable /ˌʌnfə'gɪvəbl/ *adj* imperdonable

unfortunate /ʌn'fɔːtʃənət/ *adj* **1** desafortunat: *It is unfortunate (that)...* És una pena que... **2** (*accident*) malaurat **3** (*comentari*) inoportú **unfortunately** *adv* per desgràcia, malauradament

unfriendly /ʌn'frendli/ *adj* ~ **(to/towards sb)** antipàtic (amb/envers algú)

ungrateful /ʌn'greɪtfl/ *adj* **1** desagraït **2** ~ **(to sb)** ingrat (amb algú)

unhappy /ʌn'hæpi/ *adj* (**unhappier, -iest**) **1** desgraciat, trist **2** ~ **(about/at/with sth)** preocupat, descontent (per alguna cosa): *I'm unhappy about her travelling on her own.* M'amoïna que viatgi sola. ◇ *They were unhappy with the hotel.* No estaven contents amb l'hotel. **unhappiness** *n* infelicitat

unharmed /ʌn'hɑːmd/ *adj* il·lès

unhealthy /ʌn'helθi/ *adj* **1** malaltís **2** malsà: *an unhealthy diet* una dieta perjudicial per a la salut **3** (*interès*) morbós

unheard-of /ʌn'hɜːd ɒv/ *adj* insòlit

unhelpful /ʌn'helpfl/ *adj* **1** (*resposta, mesures*) poc útil **2** (*persona*) poc servicial

unhurt /ʌn'hɜːt/ *adj* il·lès

uniform /'juːnɪfɔːm/ *nom, adjectiu*
▸ *n* uniforme LOC **in uniform** d'uniforme
▸ *adj* uniforme

unify /'juːnɪfaɪ/ *vt* (*pt, pp* **-fied**) unificar

unimportant /ˌʌnɪm'pɔːtnt/ *adj* sense importància, insignificant

uninhabited /ˌʌnɪn'hæbɪtɪd/ *adj* inhabitat, deshabitat, despoblat

uninhibited /ˌʌnɪn'hɪbɪtɪd/ *adj* desinhibit

unintentionally /ˌʌnɪn'tenʃənəli/ *adv* sense voler

U

uninterested /ʌn'ɪntrəstɪd/ *adj* ~ **(in sb/sth)** indiferent (a algú/alguna cosa); no interessat (en algú/alguna cosa)

union /'ju:niən/ *n* **1** *Vegeu* TRADE UNION **2** unió

the Union Jack *n* la bandera del Regne Unit

La bandera del Regne Unit està formada per elements de les banderes d'Anglaterra, Escòcia i Irlanda del Nord (p. ex. la creu vermella procedeix de la bandera anglesa, i el fons blau de l'escocesa).

unique /ju'ni:k/ *adj* **1** únic **2** (*poc comú*) excepcional, extraordinari **3** ~ **to sb/sth** exclusiu d'algú/d'alguna cosa

unison /'ju:nɪsn/ *n* LOC **in unison (with sb/sth)** a l'unísón (amb algú/alguna cosa)

unit /'ju:nɪt/ *n* **1** unitat **2** (*de mobiliari*) mòdul: *kitchen unit* moble de cuina

unite /ju'naɪt/ **1** *vi* ~ **(in sth/in doing sth)** unir-se, ajuntar-se (en alguna cosa/per fer alguna cosa) **2** *vt* unir

unity /'ju:nəti/ *n* unitat, harmonia

universal /ˌju:nɪ'vɜ:sl/ *adj* universal, general **universally** /-səli/ *adv* universalment, mundialment

universe /'ju:nɪvɜ:s/ *n* univers

university /ˌju:nɪ'vɜ:səti/ *n* (*pl* **universities**) universitat: *to go to university* anar a la universitat ➲ *Vegeu nota a* SCHOOL

unjust /ˌʌn'dʒʌst/ *adj* injust

unkempt /ˌʌn'kempt/ *adj* **1** poc polit, descuidat **2** (*cabells*) despentinat

unkind /ˌʌn'kaɪnd/ *adj* **1** (*persona*) poc amable, cruel **2** (*comentari*) cruel

unknown /ˌʌn'nəʊn/ *adj* ~ **(to sb)** desconegut (per a algú)

unlawful /ʌn'lɔ:fl/ *adj* (*formal*) il·legal, il·lícit

U

unleaded /ˌʌn'ledɪd/ *adj* sense plom

unleash /ʌn'li:ʃ/ *vt* ~ **sth (on/upon sb/sth)** **1** deixar anar, desencadenar alguna cosa (contra algú/alguna cosa) **2** (*animal*) deixar anar alguna cosa (contra algú/alguna cosa)

unless /ən'les/ *conj* llevat que, si no és que

unlike /ˌʌn'laɪk/ *preposició, adjectiu*

▸ *prep* **1** diferent de **2** a diferència de **3** no típic de: *It's unlike him to be late.* És molt estrany que ell arribi tard.

▸ *adj* [*mai davant del nom*] (*formal*) diferent

unlikely /ʌn'laɪkli/ *adj* (**unlikelier, -iest**) **1** poc probable, improbable: *The project seemed unlikely to succeed.* Semblava poc probable que el projecte arribés a tenir èxit. **2** (*conte, excusa, etc.*) inversemblant

unlimited /ʌn'lɪmɪtɪd/ *adj* il·limitat, sense límits

unload /ˌʌn'ləʊd/ *vt, vi* descarregar

unlock /ˌʌn'lɒk/ *vt, vi* obrir(-se) (*amb una clau*)

unlucky /ʌn'lʌki/ *adj* (**unluckier, -iest**) **1** desgraciat, desafortunat: *to be unlucky* tenir mala sort **2** infaust

unmarried /ˌʌn'mærid/ *adj* solter

unmistakable /ˌʌnmɪ'steɪkəbl/ *adj* inconfusible, inequívoc

unmoved /ˌʌn'mu:vd/ *adj* impassible

unnatural /ʌn'nætʃrəl/ *adj* **1** antinatural, anormal **2** contra natura **3** afectat, poc natural

unnecessary /ʌn'nesəsəri; *USA* -seri/ *adj* **1** innecessari **2** (*comentari*) gratuït

unnoticed /ˌʌn'nəʊtɪst/ *adj* desapercebut, inadvertit

unobtrusive /ˌʌnəb'tru:sɪv/ *adj* (*formal*) discret

unofficial /ˌʌnə'fɪʃl/ *adj* no oficial, extraoficial

unorthodox /ʌn'ɔ:θədɒks/ *adj* poc ortodox

unpack /ˌʌn'pæk/ **1** *vt* desempaquetar, desembalar **2** *vi* desfer les maletes **3** *vt* (*maleta*) desfer

unpaid /ˌʌn'peɪd/ *adj* **1** no pagat **2** (*persona, feina*) no retribuït

unpleasant /ʌn'pleznt/ *adj* **1** desagradable **2** (*persona*) antipàtic

unplug /ˌʌn'plʌg/ *vt* (**-gg-**) desendollar, desconnectar

unpopular /ʌn'pɒpjələ(r)/ *adj* impopular: *She's very unpopular at work.* No cau gens bé a la feina.

unprecedented /ˌʌn'presɪdentɪd/ *adj* sense precedents

unpredictable /ˌʌnprɪ'dɪktəbl/ *adj* imprevisible

unqualified /ˌʌn'kwɒlɪfaɪd/ *adj* **1** sense títol, no qualificat **2** ~ **to do sth** no competent per a fer alguna cosa **3** (*èxit*) rotund **4** (*suport*) incondicional

unravel /ʌn'rævl/ *vt, vi* (**-ll-**, *USA* **-l-**) (*lit i fig*) desembullar(-se), desembrollar(-se)

unreal /ˌʌn'rɪəl/ *adj* irreal, il·lusori

unrealistic /ˌʌnrɪə'lɪstɪk/ *adj* poc realista

unreasonable /ʌn'ri:znəbl/ *adj* **1** desenraonat, poc raonable **2** excessiu

unreliable /ˌʌnrɪ'laɪəbl/ *adj* **1** poc fiable **2** (*persona*) poc seriós, informal

unrest /ʌn'rest/ *n* **1** malestar, descontent **2** (*violència*) disturbis

unroll /ʌn'rəʊl/ *vt, vi* desenrotllar(-se)

unruly /ʌn'ru:li/ *adj* **1** esvalotat, indisciplinat **2** (*comportament, cabells*) rebel

unsafe /ʌn'seɪf/ *adj* perillós

unsatisfactory /ˌʌnˌsætɪs'fæktəri/ *adj* insatisfactori, inacceptable

unsavoury (*USA* **unsavory**) /ʌn'seɪvəri/ *adj* desagradable, indesitjable

unscathed /ʌn'skeɪðd/ *adj* **1** il·lès **2** (*fig*) indemne

unscrew /ˌʌn'skru:/ *vt, vi* **1** (*tap, etc.*) desenroscar(-se) **2** (*caragol, etc.*) descaragolar(-se)

unscrupulous /ʌn'skru:pjələs/ *adj* sense escrúpols, poc escrupolós

unseen /ˌʌn'si:n/ *adj* invisible, inadvertit, no vist

unsettle /ˌʌn'setl/ *vt* pertorbar, inquietar **unsettled** *adj* **1** (*situació*) inestable **2** (*canviant*) variable, incert **3** (*persona*) incòmode **4** (*assumpte*) pendent **unsettling** *adj* pertorbador, inquietant

unshaven /ˌʌn'ʃeɪvn/ *adj* sense afaitar

unsightly /ˌʌn'saɪtli/ *adj* antiestètic, lleig

unskilled /ˌʌn'skɪld/ *adj* **1** (*treballador*) no qualificat **2** (*feina*) no especialitzat

unsolved /ˌʌn'sɒlvd/ *adj* sense resoldre

unspoiled /ˌʌn'spɔɪld/ (*tb* **unspoilt** /ˌʌn'spɔɪlt/) *adj* intacte, sense fer malbé

unspoken /ˌʌn'spəʊkən/ *adj* (*formal*) tàcit, no expressat

unstable /ʌn'steɪbl/ *adj* inestable

unsteady /ʌn'stedi/ *adj* **1** insegur, vacil·lant **2** (*mà, veu*) tremolós

unstuck /ˌʌn'stʌk/ *adj* desenganxat LOC **come unstuck 1** desenganxar-se **2** (*GB, col·loq*) fracassar

unsubscribe /ˌʌnsəb'skraɪb/ *vi* donar-se de baixa (*d'una llista d'Internet, etc.*)

unsuccessful /ˌʌnsək'sesfl/ *adj* infructuós, fracassat: *to be unsuccessful in doing sth* no aconseguir fer alguna cosa **unsuccessfully** /-fəli/ *adv* sense èxit

unsuitable /ˌʌn'su:təbl, -'sju:-/ *adj* **1** no apte, inapropiat **2** (*moment*) inoportú

unsure /ˌʌn'ʃʊə(r), -ʃɔ:(r)/ *adj* **1 be ~ (about/of sth)** no estar segur (d'alguna cosa) **2 ~ (of yourself)** insegur (de si mateix)

unsuspecting /ˌʌnsə'spektɪŋ/ *adj* (*formal*) confiat

unsympathetic /ˌʌnˌsɪmpə'θetɪk/ *adj* **1** poc comprensiu **2** antipàtic, poc agradable

untangle /ˌʌn'tæŋgl/ *vt* desembolicar

unthinkable /ʌn'θɪŋkəbl/ *adj* impensable, inconcebible

untidy /ʌn'taɪdi/ *adj* (**untidier, -iest**) **1** desendreçat **2** (*aparença*) poc polit, descuidat **3** (*cabells*) despentinat

untie /ʌn'taɪ/ *vt* (*pt, pp* **untied** *part pres* **untying**) deslligar

until /ən'tɪl/ *conj, prep* fins (a/que): *until recently* fins fa poc ➲ *Vegeu nota a* FINS

untouched /ʌn'tʌtʃt/ *adj* **1 ~ (by sth)** no afectat (per alguna cosa) **2** (*menjar*) sense tastar **3** intacte, sense tocar

untrue /ʌn'tru:/ *adj* fals

unused *adj* **1** /ˌʌn'ju:zd/ per estrenar, sense fer servir **2** /ʌn'ju:st/ **~ to sth** no acostumat a alguna cosa

unusual /ʌn'ju:ʒuəl/ *adj* **1** poc usual, insòlit **2** (*estrany*) rar **3** distintiu **unusually** *adv* insòlitament, extraordinàriament: *unusually talented* d'un talent poc comú

unveil /ˌʌn'veɪl/ *vt* **1** (*estàtua, etc.*) descobrir **2** (*pla, producte, etc.*) revelar

unwanted /ˌʌn'wɒntɪd/ *adj* no desitjat: *to feel unwanted* sentir-se rebutjat ◇ *an unwanted pregnancy* un embaràs no desitjat

unwarranted /ʌn'wɒrəntɪd; *USA* -'wɔ:r-/ *adj* (*formal*) injustificat

unwelcome /ʌn'welkəm/ *adj* inoportú, molest: *You feel unwelcome there.* T'hi sents incòmode.

unwell /ʌn'wel/ *adj*: *to feel unwell* trobar-se malament

unwilling /ʌn'wɪlɪŋ/ *adj* no disposat, reaci **unwillingness** *n* falta de voluntat: *his unwillingness to do it* el fet que no vulgui fer-ho

unwind /ˌʌn'waɪnd/ (*pt, pp* **unwound** /-'waʊnd/) **1** *vt, vi* desenrotllar(-se) **2** *vi* (*col·loq*) relaxar-se

unwise /ˌʌn'waɪz/ *adj* imprudent

unwittingly /ʌn'wɪtɪŋli/ *adv* inconscientment

unwrap /ʌn'ræp/ *vt* (**-pp-**) desembolicar

unzip /ˌʌn'zɪp/ *vt* (**-pp-**) **1** obrir la cremallera de **2** (*Informàt*) descomprimir

up /ʌp/ *adverbi, preposició, nom* ❶ Per als usos d'**up** en *phrasal verbs*, vegeu les entrades dels verbs corresponents, p. ex. **go up** a GO.

▸ *adv* **1** més alt, més amunt: *Pull your socks up.* Tira't els mitjons amunt. **2 ~ (to sb/sth)**: *He*

U

came up (to me). Se'm va acostar. **3** en el seu lloc, col·locat: *Are the curtains up yet?* Ja estan col·locades, les cortines? **4** a trossos: *to tear sth up* fer miques una cosa **5** (*acabat*): *Your time is up*. Se t'ha acabat el temps. **6** llevat: *Is he up yet?* S'ha llevat ja? **7** (*fermament*): *to lock sth up* guardar/tancar alguna cosa amb clau **8** (*col·loq*): *What's up (with you)?* Què (et) passa? LOC **be up to sb** dependre d'algú, ésser decisió d'algú: *It's up to you*. Tu mateix. ◆ **not be up to much** no valer gaire ◆ **up and down** de dalt a baix, amunt i avall: *to jump up and down* fer bots ◇ *'How are things?' 'A bit up and down.'* —Com va tot? —Amb alguns alts i baixos. ◆ **up to sth 1** fins (a) alguna cosa: *up to now* fins ara **2** a l'altura d'alguna cosa, capaç d'alguna cosa: *I don't feel up to it*. No em veig amb cor de fer-ho. **3** (*col·loq*): *What are you up to?* Què estàs fent? ◇ *He's up to no good*. Se n'està pensant alguna.

▸ *prep* amunt: *further up the road* carrer amunt LOC **up and down sth** d'un cantó a l'altre d'alguna cosa

▸ *n* LOC **ups and downs** alts i baixos

up-and-coming /ˌʌp ən ˈkʌmɪŋ/ *adj* [*només davant del nom*] (*col·loq*) prometedor

upbringing /ˈʌpbrɪŋɪŋ/ *n* criança, educació (*en la família*)

update *verb, nom*

▸ *vt* /ˌʌpˈdeɪt/ **1** actualitzar **2** ~ **sb (on sth)** posar algú al dia (d'alguna cosa)

▸ *n* /ˈʌpdeɪt/ **1** actualització **2** ~ **(on sth)** informació actualitzada (sobre alguna cosa): *to give sb an update on sth* posar algú al dia d'alguna cosa

upgrade *verb, nom*

▸ *vt* /ˌʌpˈgreɪd/ **1** actualitzar, millorar **2** (*persona*) ascendir

▸ *n* /ˈʌpgreɪd/ millora, actualització

U

upheaval /ʌpˈhiːvl/ *n* **1** trastorn (*emocional*) **2** canvi important (*en un sistema*) **3** [*incomptable*] (*Pol*) agitació

uphill /ˌʌpˈhɪl/ *adj, adv* costa amunt: *an uphill struggle* una lluita difícil

uphold /ʌpˈhəʊld/ *vt* (*pt, pp* **upheld** /ʌpˈheld/) **1** (*llei, drets*) defensar **2** (*tradició, decisió, etc.*) mantenir

upholstered /ʌpˈhəʊlstəd/ *adj* entapissat **upholstery** *n* [*incomptable*] tapisseria

upkeep /ˈʌpkiːp/ *n* manteniment

uplifting /ˌʌpˈlɪftɪŋ/ *adj* edificant

upload *verb, nom*

▸ *vt* /ˌʌpˈləʊd/ (*Informàt*) penjar

▸ *n* /ˈʌpləʊd/ (*Informàt*) càrrega

upmarket /ˌʌpˈmɑːkɪt/ (*USA* **upscale**) *adj* de categoria, de (primera) qualitat

upon /əˈpɒn/ *prep* (*formal*) a, en, sobre LOC *Vegeu* ONCE

upper /ˈʌpə(r)/ *adj* **1** superior, de dalt: *upper case* majúscules ◇ *the upper limit* el màxim **2** alt: *the upper class* la classe alta LOC **gain, get, have, etc. the upper hand** aconseguir, tenir, etc. avantatge

uppermost /ˈʌpəməʊst/ *adj* (*formal*) més alt (*posició*) LOC **be uppermost in sb's mind** ésser allò que més preocupa algú

upright /ˈʌpraɪt/ *adjectiu, adverbi*

▸ *adj* **1** (*posició*) vertical, dret **2** (*persona*) recte, honrat

▸ *adv* dret, en posició vertical

uprising /ˈʌpraɪzɪŋ/ *n* rebel·lió

uproar /ˈʌprɔː(r)/ *n* [*incomptable*] tumult, confusió

uproot /ˌʌpˈruːt/ *vt* **1** arrencar de soca-rel **2** ~ **yourself/sb** desarrelar-se, desarrelar algú

upscale /ˌʌpˈskeɪl/ *adj* (*USA*) de categoria, de (primera) qualitat

upset *verb, adjectiu, nom*

▸ *vt* /ʌpˈset/ (*pt, pp* **upset**) **1** disgustar, afectar **2** (*pla, etc.*) desbaratar **3** *Shellfish often upset my stomach*. El marisc se'm sol assentar malament. **4** (*recipient*) bolcar, vessar

▸ *adj* /ˌʌpˈset/ ❶ Es pronuncia /ˈʌpset/ davant d'un nom. **1** molest, disgustat: *to get upset about sth* disgustar-se per alguna cosa **2** (*estómac*) regirat

▸ *n* /ˈʌpset/ **1** trastorn, disgust **2** (*Med*) malestar: *I had a stomach upset*. Tenia l'estómac regirat.

upshot /ˈʌpʃɒt/ *n* [*sing*] **the ~ (of sth)** el resultat final (d'alguna cosa)

upside down /ˌʌpsaɪd ˈdaʊn/ *adv, adj* al revés, de cap per avall ➲ *Vegeu il·lustració a* REVÉS LOC **turn sth upside down 1** (*objecte*) posar alguna cosa de cap per avall **2** (*casa, habitació*) regirar

upstairs /ˌʌpˈsteəz/ *adverbi, adjectiu, nom*

▸ *adv* (al pis de) dalt: *She ran upstairs*. Va córrer escales amunt.

▸ *adj* (al/del pis) de dalt

▸ *n* [*sing*] pis de dalt

upstream /ˌʌpˈstriːm/ *adv* riu amunt: *to sail upstream* navegar contra corrent

upsurge /ˈʌpsɜːdʒ/ *n* ~ **(in/of sth)** (*formal*) **1** augment (d'alguna cosa) **2** onada (d'alguna cosa) (*ràbia, interès, etc.*)

up to date *adj* **1** a l'última, a la moda: *the most up-to-date equipment* l'equip més avançat **2** al dia, actualitzat: *up-to-date methods* els mètodes més actuals ➲ *Vegeu nota a* WELL BEHAVED **LOC be/keep up to date** estar/mantenir-se al dia ◆ **bring sth up to date** actualitzar alguna cosa ◆ **keep/bring sb up to date** mantenir/posar algú al dia ➲ *Compareu amb* OUT OF DATE

up-to-the-minute /ˌʌp tə ðə ˈmɪnɪt/ *adj* **1** d'última hora **2** del moment, actual

upturn /ˈʌptɜːn/ *n* ~ **(in sth)** millora, augment (en alguna cosa)

upturned /ˌʌpˈtɜːnd/ *adj* **1** (*nas*) arromangat **2** (*caixa, etc.*) girat cap per avall

upward /ˈʌpwəd/ *adj* cap amunt: *an upward trend* una tendència a l'alça

upwards /ˈʌpwədz/ *adv* (*tb esp USA* **upward**) **1** cap amunt **2** ~ **of sth** (*seguit d'un nombre*) més d'alguna cosa

uranium /juˈreɪniəm/ *n* urani

Uranus /ˈjʊərənəs, jʊˈreɪnəs/ *n* Urà

urban /ˈɜːbən/ *adj* urbà

urge /ɜːdʒ/ *verb, nom*
- *vt* ~ **sb (on) (to do sth)** animar, instar algú (a fer alguna cosa)
- *n* desig, impuls

urgency /ˈɜːdʒənsi/ *n* pressa, urgència

urgent /ˈɜːdʒənt/ *adj* **1** urgent: *to be in urgent need of sth* necessitar una cosa urgentment **2** apressant

urinate /ˈjʊərɪneɪt; *USA* -rən-/ *vi* (*formal*) orinar

urine /ˈjʊərɪn, -raɪn; *USA* -rən/ *n* orina

URL /ˌjuː ɑːr ˈel/ *n* (*abrev de* **uniform resource locator**) URL, localitzador uniforme de recursos

urn /ɜːn/ *n* urna (*funerària*)

us /əs, ʌs/ *pron* **1** (*com a complement*) ens: *She gave us the job.* Ens va donar la feina. ◇ *He ignored us.* No ens va fer cas. **2** (*després de preposició, en comparacions, quan va sol o després del verb* **be**) nosaltres: *behind us* darrere nostre ◇ *both of us* nosaltres dos ◇ *It's us.* Som nosaltres. ➲ *Compareu amb* WE

usage /ˈjuːsɪdʒ, ˈjuːz-/ *n* ús

use *verb, nom*
- *vt* /juːz/ (*pt, pp* **used** /juːzd/) **1** fer servir, utilitzar, usar **2** consumir, gastar **3** (*pej*) aprofitar-se de, utilitzar (*una persona*) **PHR V use sth up** esgotar alguna cosa, usar alguna cosa (*fins que s'acabi*)
- *n* /juːs/ ús: *for your own use* per a ús propi ◇ *a machine with many uses* una màquina amb múltiples usos ◇ *to find a use for sth* trobar alguna utilitat a una cosa **LOC be no use 1** no servir per a res: *It's no use — I just can't do it.* És inútil, no sóc capaç de fer-ho. **2** ésser (un) inútil ◆ **be of use** (*formal*) servir ◆ **have the use of sth** poder fer servir alguna cosa ◆ **in use** en ús ◆ **make use of sth** aprofitar alguna cosa ◆ **what's the use (of doing sth)?** de què serveix (fer alguna cosa)?: *What's the use?* Per a què?

used¹ /juːst/ *adj* ~ **to sth/doing sth** acostumat a alguna cosa/a fer alguna cosa: *She soon got used to living in the country.* Es va acostumar aviat a viure al camp. ◇ *I am used to being alone.* Estic acostumat a estar sol.

used² /juːzd/ *adj* usat, de segona mà

used to /ˈjuːst tə, ˈjuːst tu/ *v modal*

Used to + infinitiu s'utiliza per a descriure hàbits i situacions del passat i que ja no tenen lloc en l'actualitat: *I used to live in London.* Abans vivia a Londres. Les oracions interrogatives o negatives es formen generalment amb **did**: *He didn't use to be fat.* Abans no era gras. ◇ *You used to go to the gym every day, didn't you?* Solies anar al gimnàs cada dia, oi?

useful /ˈjuːsfl/ *adj* útil, profitós **usefulness** *n* utilitat

useless /ˈjuːsləs/ *adj* **1** inútil, inservible **2** ~ **(at sth/doing sth)** (*col·loq*) inepte (per a alguna cosa/per a fer alguna cosa)

user /ˈjuːzə(r)/ *n* usuari, -ària

user-friendly /ˌjuːzə ˈfrendli/ *adj* fàcil d'usar

usher /ˈʌʃə(r)/ *n* acomodador, -a

usherette /ˌʌʃəˈret/ *n* acomodadora

usual /ˈjuːʒuəl/ *adj* acostumat, habitual, normal: *later than usual* més tard que de costum ◇ *the usual excuses* les excuses de sempre **LOC as usual** com sempre/de costum

usually /ˈjuːʒuəli/ *adv* normalment ➲ *Vegeu nota a* ALWAYS

utensil /juːˈtensl/ *n* [*gen pl*] utensili

utility /juːˈtɪləti/ *n* (*pl* **utilities**) **1** [*gen pl*]: *the public/privatized utilities* les empreses públiques/privatitzades de subministrament **2** (*formal*) utilitat

utmost /ˈʌtməʊst/ *adjectiu, nom*
- *adj* [*només davant del nom*] més gran: *with the utmost care* amb la màxima cura
- *n* **LOC do your utmost (to do sth)** fer tot el possible (per fer alguna cosa)

Utopia /juːˈtəʊpiə/ *n* utopia

utter /ˈʌtə(r)/ *verb, adjectiu*
- *vt* (*formal*) pronunciar, proferir
- *adj* total, absolut **utterly** *adv* totalment, absolutament

U-turn /ˈjuː tɜːn/ *n* **1** (*trànsit*) canvi de sentit **2** (*col·loq*) (*Pol, etc.*) canvi radical: *to do a U-turn* fer un tomb de 180 graus

V v

V, v /viː/ *n* (*pl* **Vs, V's, v's**) V, v: *V-shaped* en forma de v ➲ *Vegeu nota a* A, A

vacant /ˈveɪkənt/ *adj* **1** vacant: *situations vacant* ofertes de feina **2** (*mirada, expressió*) perdut, absent **vacancy** *n* (*pl* **vacancies**) **1** vacant **2** habitació lliure **vacantly** *adv* distretament

vacate /vəˈkeɪt; *USA tb* ˈveɪkeɪt/ *vt* (*formal*) **1** (*casa, habitació*) desocupar **2** (*seient, lloc*) deixar lliure

vacation /vəˈkeɪʃn, veɪˈk-/ *n* vacances: *They're on vacation.* Estan de vacances.

> A la Gran Bretanya **vacation** s'usa sobretot per a les vacances de les universitats i dels tribunals de justícia. En la resta dels casos, **holiday** és la paraula més habitual. Als Estats Units **vacation** té un ús més generalitzat i és l'equivalent a **holiday** en anglès britànic.

vacationer *n* (*USA*) estiuejant, turista

vaccinate /ˈvæksɪneɪt/ *vt* vacunar **vaccination** *n* vacunació

vaccine /ˈvæksiːn; *USA* vækˈsiːn/ *n* vacuna

vacuum /ˈvækjuəm/ *nom, verb*
- ▸ *n* buit: *vacuum-packed* envasat al buit LOC **in a vacuum** aïllat (*d'altres persones, esdeveniments*)
- ▸ *vt, vi* passar l'aspiradora (per)

vacuum cleaner *n* aspiradora

vagina /vəˈdʒaɪnə/ *n* vagina

vague /veɪg/ *adj* (**vaguer, -est**) **1** vague **2** (*persona*) indecís **3** (*gest, expressió*) distret **vaguely** *adv* **1** vagament: *It looks vaguely familiar.* Em resulta vagament familiar. **2** lleugerament **3** distretament

vain /veɪn/ *adj* **1** va, inútil **2** vanitós LOC **in vain** en va

valentine /ˈvæləntaɪn/ (*tb* **valentine card**) *n* targeta de Sant Valentí

Valentine's Day *n* dia de Sant Valentí ➲ *Vegeu nota a* DIA DELS ENAMORATS *a* DIA

valiant /ˈvæliənt/ *adj* (*formal*) valent

valid /ˈvælɪd/ *adj* vàlid **validity** /vəˈlɪdəti/ *n* validesa

valley /ˈvæli/ *n* (*pl* **valleys**) vall

valuable /ˈvæljuəbl/ *adjectiu, nom*
- ▸ *adj* valuós
- ▸ *n* **valuables** [*pl*] objectes de valor

valuation /ˌvæljuˈeɪʃn/ *n* taxació

value /ˈvæljuː/ *nom, verb*
- ▸ *n* **1** valor *Vegeu tb* FACE VALUE **2 values** [*pl*] (*moral*) valors LOC **be good value** estar molt bé de preu
- ▸ *vt* **1** ~ **sb/sth (as sth)** valorar, apreciar algú/alguna cosa (com a alguna cosa) **2** ~ **sth (at sth)** valorar alguna cosa (en alguna cosa)

valve /vælv/ *n* vàlvula

vampire /ˈvæmpaɪə(r)/ *n* vampir

van /væn/ *n* furgoneta

vandal /ˈvændl/ *n* vàndal, -a **vandalism** *n* vandalisme **vandalize** (*GB tb* **-ise**) *vt* destrossar (*intencionadament*)

the vanguard /ˈvæŋgɑːd/ *n* [*sing*] l'avantguarda

vanilla /vəˈnɪlə/ *n* vainilla

vanish /ˈvænɪʃ/ *vi* desaparèixer, esfumar-se

vanity /ˈvænəti/ *n* (*pl* **vanities**) vanitat

vantage point /ˈvɑːntɪdʒ pɔɪnt; *USA* ˈvæn-/ *n* posició estratègica

vapour (*USA* **vapor**) /ˈveɪpə(r)/ *n* vapor

variable /ˈveəriəbl/ *adj, n* variable

variance /ˈveəriəns/ *n* discrepància LOC **at variance (with sb/sth)** (*formal*) en desacord (amb algú/alguna cosa)

variant /ˈveəriənt/ *n* variant

variation /ˌveəriˈeɪʃn/ *n* ~ **(in/of/on sth)** variació, variant (en/d'alguna cosa)

varied /ˈveərid/ *adj* variat *Vegeu tb* VARY

variety /vəˈraɪəti/ *n* (*pl* **varieties**) varietat: *a variety of subjects* temes diversos ◇ *variety show* espectacle de varietats

various /ˈveəriəs/ *adj* diversos

varnish /ˈvɑːnɪʃ/ *nom, verb*
- ▸ *n* vernís
- ▸ *vt* envernissar

vary /ˈveəri/ *vt, vi* (*pt, pp* **varied**) variar **varying** *adj* variable: *in varying amounts* en diverses quantitats

vase /vɑːz; *USA* veɪs, veɪz/ *n* gerro, pitxer

vast /vɑːst; *USA* væst/ *adj* vast, enorme: *the vast majority* la immensa majoria **vastly** *adv* considerablement

VAT /ˌviː eɪ ˈtiː, væt/ *n* (*abrev de* **value added tax**) IVA

vat /væt/ *n* tina

vault /vɔːlt/ *nom, verb*
▸ *n* **1** cambra blindada **2** cripta **3** volta **4** salt *Vegeu tb* POLE VAULT
▸ *vt, vi* ~ **(over) sth** saltar (alguna cosa) (*recolzant-se sobre les mans o amb una perxa*)
VCR /ˌviː siː ˈɑː(r)/ *n* (*esp USA*) (aparell de) vídeo
VDU /ˌviː diː ˈjuː/ *n* (*abrev de* **visual display unit**) (*Informàt*) monitor
veal /viːl/ *n* vedella ➲ *Vegeu nota a* CARN
veer /vɪə(r)/ *vi* **1** virar, desviar-se: *to veer off course* desviar-se de direcció **2** (*vent*) canviar (de direcció)
veg /vedʒ/ *nom, verb*
▸ *n* (*pl* **veg**) (*GB, col·loq*) verdura, hortalissa
▸ *v* (**-gg-**) PHR V **veg out** (*col·loq*) no fer res, vegetar
vegan /ˈviːɡən/ *adj, n* vegetarià, -ana que no menja ous ni productes lactis
vegetable /ˈvedʒtəbl/ *n* **1** verdura, hortalissa: *vegetable oil* oli vegetal **2** (*persona*) vegetal
vegetarian /ˌvedʒəˈteəriən/ (*col·loq* **veggie** /ˈvedʒi/) *adj, n* vegetarià, -ana ➲ *Vegeu nota a* VEGETARIÀ
vegetation /ˌvedʒəˈteɪʃn/ *n* vegetació
vehement /ˈviːəmənt/ *adj* (*formal*) vehement, apassionat
vehicle /ˈviːəkl/ *n* **1** vehicle **2** ~ **(for sth)** vehicle, mitjà (d'alguna cosa/per a alguna cosa)
veil /veɪl/ *nom, verb*
▸ *n* **1** vel **2** (*de monja*) toca
▸ *vt* **1** cobrir amb un vel **2** (*formal*) velar, dissimular, encobrir **veiled** *adj* (*amenaça*) velat: *veiled in secrecy* envoltat de secret
vein /veɪn/ *n* **1** vena **2** (*Geol*) veta **3** [*sing*] ~ **(of sth)** vena, tret (d'alguna cosa) **4** [*sing*] to, estil
velocity /vəˈlɒsəti/ *n* (*pl* **velocities**) velocitat

> **Velocity** s'usa especialment en contextos científics o formals mentre que **speed** és d'ús més general.

velvet /ˈvelvɪt/ *n* vellut
vending machine /ˈvendɪŋ məʃiːn/ *n* màquina expenedora
vendor /ˈvendə(r)/ *n* venedor, -a
veneer /vəˈnɪə(r)/ *n* **1** (*fusta, plàstic*) xapa **2** [*sing*] ~ **(of sth)** (*formal*) (*fig*) vernís (d'alguna cosa)
vengeance /ˈvendʒəns/ *n* (*formal*) venjança: *to take vengeance on sb* venjar-se d'algú LOC **with a vengeance** (*col·loq*) de valent
venison /ˈvenɪsn, -zn/ *n* carn de cérvol
venom /ˈvenəm/ *n* **1** verí **2** (*formal*) (*fig*) verí, odi **venomous** *adj* (*lit i fig*) verinós
vent /vent/ *nom, verb*
▸ *n* respirador: *air vent* reixeta de ventilació LOC **give (full) vent to sth** (*formal*) donar sortida a alguna cosa
▸ *vt* ~ **sth (on sb)** (*formal*) abocar alguna cosa (sobre algú)
ventilate /ˈventɪleɪt/ *vt* ventilar **ventilation** *n* ventilació **ventilator** *n* **1** reixeta de ventilació **2** (*Med*) respirador
ventriloquist /venˈtrɪləkwɪst/ *n* ventríloc, -oqua
venture /ˈventʃə(r)/ *nom, verb*
▸ *n* projecte, empresa
▸ **1** *vi* aventurar-se: *They rarely ventured into the city.* Poques vegades s'aventuraven a anar a la ciutat. **2** *vt* (*formal*) (*opinió, etc.*) aventurar
venue /ˈvenjuː/ *n* **1** lloc (*de reunió*) **2** local (*per a música*) **3** camp (*per a un partit, etc.*)
Venus /ˈviːnəs/ *n* Venus
verb /vɜːb/ *n* verb
verbal /ˈvɜːbl/ *adj* verbal
verdict /ˈvɜːdɪkt/ *n* veredicte
verge /vɜːdʒ/ *nom, verb*
▸ *n* marge d'herba (*en un camí, jardí, etc.*) LOC **on the verge of (doing) sth** al caire d'alguna cosa, a punt de fer alguna cosa
▸ *v* PHR V **verge on sth** acostar-se a alguna cosa
verify /ˈverɪfaɪ/ *vt* (*pt, pp* **-fied**) **1** (*dades, fets, etc.*) verificar, comprovar **2** (*sospita, teoria*) confirmar
veritable /ˈverɪtəbl/ *adj* (*formal o hum*) veritable, autèntic
versatile /ˈvɜːsətaɪl; *USA* -tl/ *adj* **1** polifacètic **2** d'ús múltiple
verse /vɜːs/ *n* **1** poesia **2** estrofa
versed /vɜːst/ *adj* ~ **in sth** versat en alguna cosa
version /ˈvɜːʃn; *USA* -ʒn/ *n* versió
versus /ˈvɜːsəs/ *prep* (*abrev* **v, vs**) versus, contra: *It's France v Brazil in the final.* A la final juga França contra Brasil.
vertebra /ˈvɜːtɪbrə/ *n* (*pl* **vertebrae** /-breɪ, -briː/) vèrtebra **vertebrate** /ˈvɜːtɪbrət/ *adj, n* vertebrat
vertical /ˈvɜːtɪkl/ *adj, n* vertical
vertigo /ˈvɜːtɪɡəʊ/ *n* vertigen
verve /vɜːv/ *n* (*formal*) empenta, entusiasme
very /ˈveri/ *adverbi, adjectiu*
▸ *adv* **1** molt: *I'm very sorry.* Ho sento molt. ◇ *not very much* no gaire **2** *the very best* el millor possible ◇ *at the very latest* al més tard ◇ *your very own pony* un poni només per a tu **3** mateix: *the very next day* l'endemà mateix

V

▸ *adj* **1** *at that very moment* en aquell mateix moment ◇ *You're the very man I need.* Ets precisament la persona que necessito. **2** *at the very end/beginning* just al final/començament **3** *the very idea/thought of...* només la idea de... /només de pensar en... **LOC** *Vegeu* EYE, FIRST

vessel /'vesl/ *n* **1** (*formal*) embarcació **2** (*formal*) atuell **3** (*Anat*) vas

vest /vest/ *n* **1** (*USA* **undershirt**) samarreta (*roba interior*) **2** (*USA*) armilla

vested interest *n*: *to have a vested interest in sth* tenir interessos creats en alguna cosa

vestige /'vestɪdʒ/ *n* (*formal*) vestigi

vet /vet/ *nom, verb*

▸ *n* (*USA tb* **veterinarian** /ˌvetərɪ'neəriən/) veterinari, -ària

▸ *vt* (**-tt-**) investigar

veteran /'vetərən/ *n* **1** veterà, -ana **2** (*USA tb* **vet** (*col·loq*) excombatent

veterinary surgeon /'vetnri sɜːdʒən; *USA* 'vetərəneri/ *n* (*GB, formal*) veterinari, -ària

veto /'viːtəʊ/ *nom, verb*

▸ *n* (*pl* **vetoes**) veto

▸ *vt* (*pt, pp* **vetoed** *part pres* **vetoing**) vetar

via /'vaɪə/ *prep* per, via

viable /'vaɪəbl/ *adj* viable

vibrate /vaɪ'breɪt; *USA* 'vaɪbreɪt/ *vt, vi* (fer) vibrar **vibration** *n* vibració

vicar /'vɪkə(r)/ *n* rector anglicà, rectora anglicana ➲ *Vegeu nota a* PRIEST **vicarage** /'vɪkərɪdʒ/ *n* rectoria

vice /vaɪs/ *n* **1** delinqüència (*relacionada amb sexe o drogues*): *the vice squad* la brigada antivici **2** vici **3** (*USA* **vise**) caragol de banc (*d'un fuster*)

vice- /vaɪs/ *pref* vice-: *vice-president* vicepresident

vice versa /ˌvaɪs 'vɜːsə/ *adv* viceversa

V

vicinity /və'sɪnəti/ *n* **LOC in the vicinity (of sth)** a la zona del voltant (d'alguna cosa)

vicious /'vɪʃəs/ *adj* **1** maliciós, cruel **2** (*gos, etc.*) ferotge **3** (*atac, cop*) malintencionat **LOC a vicious circle** un cercle viciós

victim /'vɪktɪm/ *n* víctima **LOC** *Vegeu* FALL **victimize** (*GB tb* **-ise**) *vt* assetjar, tractar injustament: *to be victimized* ésser víctima d'una persecució

victor /'vɪktə(r)/ *n* (*formal*) vencedor, -a **victorious** /vɪk'tɔːriəs/ *adj* **1** ~ **(in sth)** victoriós (en alguna cosa) **2** (*equip*) vencedor **3 be** ~ **(over sb/sth)** triomfar (sobre algú/alguna cosa)

victory /'vɪktəri/ *n* (*pl* **victories**) victòria, triomf

video /'vɪdiəʊ/ *nom, verb*

▸ *n* (*pl* **videos**) **1** (*tb* **videotape** /'vɪdiəʊteɪp/) (cinta de) vídeo **2** vídeo: *video game* videojoc ◇ *video camera* càmera de vídeo **3** videoclip **4** (*tb* **video (cassette) recorder**) (aparell de) vídeo

▸ *vt* (*pt, pp* **videoed** *part pres* **videoing**) enregistrar (*en vídeo*)

view /vjuː/ *nom, verb*

▸ *n* **1** ~ **(about/on sth)** opinió, parer (sobre alguna cosa): *in my view* al meu entendre **2** (*manera d'entendre*) criteri, concepte **3** vista, panorama **4** (*imatge*) visió **5 viewing** sessió: *We had a private view of the film.* Vam veure la pel·lícula en una sessió privada. **LOC in view of sth** en vista d'alguna cosa ◆ **with a view to (doing) sth** (*formal*) amb vista a (fer) alguna cosa *Vegeu tb* POINT

▸ *vt* **1** ~ **sth/sb (as sth)** veure, considerar alguna cosa/algú (com a alguna cosa) **2** mirar, veure **3** (*Informàt*) visualitzar **viewer** *n* **1** teleespectador, -a **2** espectador, -a

viewpoint /'vjuːpɔɪnt/ *n* punt de vista

vigil /'vɪdʒɪl/ *n* vetlla, vigília

vigilant /'vɪdʒɪlənt/ *adj* (*formal*) vigilant, alerta

vigorous /'vɪgərəs/ *adj* vigorós, enèrgic

vile /vaɪl/ *adj* (**viler**, **vilest**) repugnant, fastigós

villa /'vɪlə/ *n* vil·la, xalet, casa de camp

village /'vɪlɪdʒ/ *n* **1** poble **2** llogarret **villager** *n* habitant (*d'un poble*)

villain /'vɪlən/ *n* **1** (*Cine, Teat, Liter*) dolent, -a **2** (*GB, col·loq*) delinqüent

vindicate /'vɪndɪkeɪt/ *vt* (*formal*) **1** justificar **2** rehabilitar

vindictive /vɪn'dɪktɪv/ *adj* venjatiu

vine /vaɪn/ *n* **1** vinya, parra **2** planta enfiladissa

vinegar /'vɪnɪgə(r)/ *n* vinagre

vineyard /'vɪnjəd/ *n* vinya, vinyar

vintage /'vɪntɪdʒ/ *nom, adjectiu*

▸ *n* **1** collita **2** verema

▸ *adj* **1** (*vi*) anyenc **2** clàssic: *vintage TV drama* drama televisiu de la millor qualitat

vinyl /'vaɪnl/ *n* vinil

viola /vi'əʊlə/ *n* (*Mús*) viola

violate /'vaɪəleɪt/ *vt* (*formal*) **1** violar (*llei, normes*)

Violate no s'usa quasi mai en sentit sexual. En aquest sentit es fa servir **rape**.

2 (*intimitat*) envair

violence /ˈvaɪələns/ *n* **1** violència **2** (*emocions*) intensitat, violència
violent /ˈvaɪələnt/ *adj* violent
violet /ˈvaɪələt/ *nom, adjectiu*
▸ *n* **1** violeta (*flor*) **2** color violeta
▸ *adj* (de color) violeta
violin /ˌvaɪəˈlɪn/ *n* violí **violinist** *n* violinista
VIP /ˌviː aɪ ˈpiː/ *n* (*abrev de* **very important person**) VIP
virgin /ˈvɜːdʒɪn/ *adj, n* verge **virginity** /vəˈdʒɪnəti/ *n* virginitat
Virgo /ˈvɜːɡəʊ/ *n* (*pl* **Virgos**) verge (*zodíac*) ➲ *Vegeu exemples a* AQUARIUS
virile /ˈvɪraɪl; *USA* ˈvɪrəl/ *adj* viril
virtual /ˈvɜːtʃuəl/ *adj* virtual: *virtual reality* realitat virtual **virtually** *adv* virtualment, pràcticament
virtue /ˈvɜːtʃuː/ *n* **1** virtut **2** avantatge LOC **by virtue of sth** (*formal*) en virtut d'alguna cosa **virtuous** *adj* virtuós
virtuoso /ˌvɜːtʃuˈəʊsəʊ/ *n* (*pl* **virtuosos**) virtuós, -a
virus /ˈvaɪrəs/ *n* (*pl* **viruses**) (*Biol, Informàt*) virus
visa /ˈviːzə/ *n* visat
vis-à-vis /ˌviːz ɑː ˈviː/ *prep* (*formal*) **1** en relació amb **2** en comparació amb
viscous /ˈvɪskəs/ *adj* viscós
vise (*USA*) = VICE³
visibility /ˌvɪzəˈbɪləti/ *n* visibilitat
visible /ˈvɪzəbl/ *adj* **1** visible **2** patent **visibly** /-əbli/ *adv* visiblement, notablement
vision /ˈvɪʒn/ *n* **1** vista **2** (*previsió, al·lucinació*) visió
visit /ˈvɪzɪt/ *verb, nom*
▸ **1** *vt, vi* visitar, fer una visita (a) **2** *vt* (*país*) anar a **3** *vt* (*persona*) anar a veure
▸ *n* visita: *to pay sb a visit* visitar algú **visiting** *adj* visitant (*equip, professor*): *visiting hours* hores de visita **visitor** *n* **1** visitant, visita **2** turista
visor /ˈvaɪzə(r)/ *n* visera
vista /ˈvɪstə/ *n* (*formal*) **1** vista, panorama **2** (*fig*) perspectiva
visual /ˈvɪʒuəl/ *adj* visual: *visual display unit* monitor **visualize** (*GB tb* **-ise**) *vt* **1** ~ **(yourself)** imaginar(-se), veure('s) **2** preveure
vital /ˈvaɪtl/ *adj* **1** ~ **(for/to sb/sth)** vital, imprescindible (per a algú/alguna cosa): *vital statistics* mides femenines **2** (*òrgan, caràcter*) vital **vitally** /-təli/ *adv*: *vitally important* de vital importància
vitality /vaɪˈtæləti/ *n* vitalitat
vitamin /ˈvɪtəmɪn; *USA* ˈvaɪt-/ *n* vitamina
vivacious /vɪˈveɪʃəs/ *adj* animat, vivaç (*esp una dona*)
vivid /ˈvɪvɪd/ *adj* viu (*colors, imaginació, etc.*) **vividly** *adv* vivament
vixen /ˈvɪksn/ *n* guineu (*femella*) ➲ *Vegeu nota a* GUINEU
V-neck /ˈviː nek/ *n* (jersei de) coll en punta/V **V-necked** *adj* amb coll en punta/V
vocabulary /vəˈkæbjələri; *USA* -leri/ *n* (*pl* **vocabularies**) (*col·loq* **vocab** /ˈvəʊkæb/) vocabulari
vocal /ˈvəʊkl/ *adjectiu, nom*
▸ *adj* **1** vocal: *vocal cords* cordes vocals **2** (*en opinar, protestar*) que es fa sentir: *a group of very vocal supporters* un grup d'aficionats molt sorollosos
▸ *n* [*gen pl*]: *be on the vocals* ésser el cantant/cantar ◇ *backing vocals* cors
vocalist /ˈvəʊkəlɪst/ *n* vocalista
vocation /vəʊˈkeɪʃn/ *n* ~ **(for sth)** vocació (d'alguna cosa) **vocational** *adj* professional: *vocational training* formació professional
vociferous /vəˈsɪfərəs; *USA* vəʊ-/ *adj* (*formal*) vociferant
vogue /vəʊɡ/ *n* ~ **(for sth)** moda (d'alguna cosa) LOC **in vogue** en voga
voice /vɔɪs/ *nom, verb*
▸ *n* veu: *to raise/lower your voice* alçar/abaixar la veu ◇ *to have no voice in the matter* no tenir veu en l'assumpte LOC **make your voice heard** expressar la teva opinió *Vegeu tb* TOP
▸ *vt* expressar
voicemail /ˈvɔɪsmeɪl/ *n* bústia de veu
void /vɔɪd/ *nom, adjectiu*
▸ *n* (*formal*) buit
▸ *adj* **1** ~ **of sth** (*formal*) mancat d'alguna cosa **2** (*Dret*) nul: *to make sth void* anul·lar alguna cosa LOC *Vegeu* NULL
volatile /ˈvɒlətaɪl; *USA* -tl/ *adj* **1** (*sovint pej*) (*persona*) voluble **2** (*situació*) inestable
volcano /vɒlˈkeɪnəʊ/ *n* (*pl* **volcanoes**) volcà
volition /vəˈlɪʃn; *USA* vəʊ-/ *n* (*formal*) LOC **of your, etc. own volition** per pròpia voluntat
volley /ˈvɒli/ *n* (*pl* **volleys**) **1** (*Esport*) volea **2** (*pedres, bales, insults*) pluja
volleyball /ˈvɒlibɔːl/ *n* voleibol
volt /vəʊlt/ *n* volt **voltage** /ˈvəʊltɪdʒ/ *n* voltatge: *high voltage* alta tensió
volume /ˈvɒljuːm; *USA* -jəm/ *n* **1** volum **2** (*llibre*) volum, tom
voluminous /vəˈluːmɪnəs/ *adj* (*formal*) **1** (*roba*) ample **2** (*escrit*) voluminós

V

voluntary /'vɒləntri; *USA* -teri/ *adj* voluntari

volunteer /ˌvɒlən'tɪə(r)/ *nom, verb*
▸ *n* voluntari, -ària
▸ **1** *vi* ~ **(for sth/to do sth)** oferir-se (voluntari) (per a alguna cosa); oferir-se (a fer alguna cosa) **2** *vt* oferir (*informació, suggeriment*)

vomit /'vɒmɪt/ *verb, nom*
▸ *vt, vi* vomitar ⓘ És més habitual dir **be sick**.
▸ *n* vòmit **vomiting** *n* [*incomptable*] vòmits

voracious /və'reɪʃəs/ *adj* (*formal*) voraç, insaciable

vote /vəʊt/ *nom, verb*
▸ *n* **1** ~ **(for/against sb/sth)** vot (a favor/en contra d'algú/d'alguna cosa) **2** votació: *to take a vote on sth/put sth to the vote* sometre alguna cosa a votació **3 the vote** [*sing*] el dret al vot LOC **vote of confidence** vot de confiança ◆ **vote of no confidence** vot de censura ◆ **vote of thanks** paraules d'agraïment
▸ **1** *vt, vi* ~ **(for/against sb/sth)** votar (a favor/en contra d'algú/d'alguna cosa) **2** *vt* (*diners, etc.*) assignar: *The directors voted themselves a pay increase.* La directiva es va aprovar un augment de sou. **3** *vt* ~ **(that...)** proposar (que...) **voter** *n* votant **voting** *n* votació

vouch /vaʊtʃ/ *v* PHR V **vouch for sb/sth** respondre d'algú/d'alguna cosa ◆ **vouch for sth** confirmar alguna cosa

voucher /'vaʊtʃə(r)/ *n* val, cupó

vow /vaʊ/ *nom, verb*
▸ *n* vot, promesa solemne
▸ *vt* jurar

vowel /'vaʊəl/ *n* vocal

voyage /'vɔɪɪdʒ/ *n* viatge

> **Voyage** s'usa generalment per a viatges per mar, per l'espai i en sentit figurat. *Vegeu tb nota a* VIATGE

vulgar /'vʌlgə(r)/ *adj* **1** vulgar **2** (*acudit, etc.*) groller

vulnerable /'vʌlnərəbl/ *adj* vulnerable

vulture /'vʌltʃə(r)/ *n* voltor

W w

W, w /'dʌblju:/ *n* (*pl* **Ws**, **W's**, **w's**) W,w ➲ *Vegeu nota a* A, A

wacky /'wæki/ *adj* (**wackier**, **-iest**) (*col·loq*) sonat

wade /weɪd/ **1** *vi* caminar amb dificultat per l'aigua, fang, etc. **2** *vt, vi* (*rierol*) passar a gual **3** *vi* (*USA*) mullar-se els peus

wafer /'weɪfə(r)/ *n* neula, galeta

waffle /'wɒfl/ *nom, verb*
▸ *n* **1** gofra **2** (*GB, col·loq*) (*en parlar*) xerrameca **3** (*GB, col·loq*) (*en llibres, discursos*) palla
▸ *vi* (*GB, col·loq*) **1** ~ **(on) (about sth)** enrotllar-se (sobre alguna cosa) **2** (*en llibres, discursos*) ficar palla

wag /wæg/ *vt, vi* (**-gg-**) (fer) bellugar: *The dog was wagging its tail.* El gos bellugava la cua.

wage /weɪdʒ/ *nom, verb*
▸ *n* [*gen pl*] sou (*setmanal*) ➲ *Compareu amb* SALARY
▸ *vt* ~ **sth (against/on sb/sth)**: *to wage war on sb* lliurar una batalla contra algú

wagon /'wægən/ *n* **1** (*Ferrocarril*) vagó **2** (*GB tb* **waggon**) carro (amb vela)

wail /weɪl/ *verb, nom*
▸ *vi* **1** gemegar **2** (*sirena*) udolar
▸ *n* **1** gemec **2** (*sirena*) udol

waist /weɪst/ *n* cintura

waistband /'weɪstbænd/ *n* cintura (*d'un vestit*)

waistcoat /'weɪskəʊt; *USA* 'weskət/ (*USA* **vest**) *n* armilla

waistline /'weɪstlaɪn/ *n* cintura

wait /weɪt/ *verb, nom*
▸ **1** *vi* ~ **(for sb/sth)** esperar (algú/alguna cosa): *to wait for the bus* esperar l'autobús ◇ *Wait a minute.* Un moment. ◇ *I can't wait to see him.* Tinc moltes ganes de veure'l. ➲ *Vegeu nota a* ESPERAR **2** *vt* esperar: *You'll have to wait your turn.* Hauràs d'esperar el teu torn. LOC **keep sb waiting** fer esperar algú PHR V **wait behind** quedar-se (*per parlar amb algú*) ◆ **wait on sb** servir algú (*en un restaurant, etc.*) ◆ **wait up (for sb)** esperar despert (algú)
▸ *n* espera: *We had a three-hour wait for the bus.* Ens va tocar d'esperar l'autobús tres hores.

waiter /'weɪtə(r)/ *n* cambrer

waiting room *n* sala d'espera

waitress /'weɪtrəs/ *n* cambrera

waive /weɪv/ *vt* **1** (*pagament, dret*) renunciar (a) **2** (*norma*) passar per alt

wake /weɪk/ *verb, nom*
▸ *vt, vi* (*pt* **woke** /wəʊk/ *pp* **woken** /ˈwəʊkən/) **1 ~ (sb) (up)** despertar algú, despertar-se ℹ *Vegeu nota a* AWAKE *i compareu amb* AWAKEN **2 ~ (sb) up** espavilar algú, espavilar-se PHR V **wake up to sth** adonar-se d'alguna cosa
▸ *n* **1** vetlla (*d'un difunt*) **2** (*Nàut*) deixant LOC **in the wake of sb/sth** després d'algú/d'alguna cosa

walk /wɔːk/ *verb, nom*
▸ **1** *vi* caminar **2** *vt* passejar: *to walk the dog* passejar el gos **3** *vt* **~ sb** acompanyar algú (*a peu*): *I'll walk you home.* T'acompanyaré a casa. **4** *vt* recórrer (a peu) PHR V **walk away/off** anar-se'n ◆ **walk into sth/sb** topar contra alguna cosa/algú ◆ **walk out** (*col·loq*) declarar-se en vaga ◆ **walk out of sth** anar-se'n (d'improvís) d'alguna cosa ◆ **walk out (on sb/sth)** (*col·loq*) deixar, abandonar algú/alguna cosa ◆ **walk (all) over sb** (*col·loq*) tractar algú a puntades de peu
▸ *n* **1** passeig, caminada: *to go for a walk* (anar a) fer un passeig ◇ *It's a ten-minute walk.* És a deu minuts caminant. **2** caminar LOC **a walk of life**: *people of all walks of life* gent de tota mena **walker** *n* **1** passejant **2** excursionista **walking** *n* caminar: *walking shoes* sabates per a caminar

walking stick *n* bastó

Walkman® /ˈwɔːkmən/ *n* (*pl* **Walkmans**) casset de butxaca, Walkman®

walkout /ˈwɔːkaʊt/ *n* vaga (*espontània*)

wall /wɔːl/ *n* **1** mur, paret **2** (*ciutat*) muralla **3** (*Futbol*) barrera LOC *Vegeu* BACK **walled** *adj* **1** emmurallat **2** tapiat

wallet /ˈwɒlɪt/ *n* cartera (*per als diners*)

wallpaper /ˈwɔːlpeɪpə(r)/ *n* paper d'empaperar, paper pintat

walnut /ˈwɔːlnʌt/ *n* **1** nou (*fruit*) **2** noguera (*arbre i fusta*)

walrus /ˈwɔːlrəs/ *n* morsa

waltz /wɔːls; *USA* wɔːlts/ *nom, verb*
▸ *n* vals
▸ *vi* ballar el vals

wand /wɒnd/ *n* vara: *magic wand* vareta màgica

wander /ˈwɒndə(r)/ **1** *vi* vagar

> Sovint **wander** va seguit d'**around**, **about** o altres preposicions o adverbis. En aquests casos, s'ha de traduir amb diferents verbs en català i té connotacions de distretament, sense propòsit: *to wander in* entrar distretament ◇ *She wandered across the road.* Va creuar el carrer distretament.

2 *vi* **~ (away/off)** allunyar-se, extraviar-se **3** *vt* (*carrer, etc.*) vagar per **4** *vi* (*pensaments*) vagar **5** *vi* (*ulls*) passar: *His gaze wandered around the room.* Va passejar la mirada per l'habitació.

wane /weɪn/ *verb, nom*
▸ *vi* (*formal*) minvar, disminuir (*poder, entusiasme*)
▸ *n* (*formal*) LOC **be on the wane** disminuir

wanna /ˈwɒnə/ (*col·loq*) **1** = WANT TO *Vegeu* WANT **2** = WANT A *Vegeu* WANT ℹ Aquesta forma no es considera gramaticalment correcta.

want /wɒnt; *USA tb* wɔːnt/ *verb, nom*
▸ **1** *vt, vi* voler: *I want some cheese.* Vull formatge. ◇ *Do you want to go?* Vols anar-hi?

> L'expressió **would like** també significa 'voler'. És una forma més educada que **want** i s'utilitza sobretot per a oferir alguna cosa o per a invitar algú: *Would you like to come to dinner?* Vols venir a sopar? ◇ *Would you like something to eat?* Vols menjar alguna cosa?

2 *vt* (*col·loq*) necessitar: *It wants fixing.* Cal arreglar-lo. **3** *vt* buscar, demanar: *You're wanted upstairs/on the phone.* Et busquen a dalt./Et demanen al telèfon.
▸ *n* (*formal*) **1** [*gen pl*] necessitat, desig **2 ~ of sth** falta, manca d'alguna cosa: *for want of sth* per falta d'alguna cosa ◇ *not for want of trying* no per no intentar-ho **3** misèria, pobresa **wanting** *adj* **~ (in sth)** (*formal*) mancat (d'alguna cosa)

war /wɔː(r)/ *n* **1** guerra: *at war* en guerra ◇ *war films* cinema bèl·lic **2** conflicte **3 ~ (against/on sb/sth)** lluita (contra algú/alguna cosa)

ward /wɔːd/ *nom, verb*
▸ *n* sala (*d'hospital*)
▸ *v* PHR V **ward sb/sth off** protegir-se d'algú/d'alguna cosa, allunyar algú/alguna cosa

warden /ˈwɔːdn/ *n* guàrdia, guarda: *traffic warden* guàrdia de trànsit

wardrobe /ˈwɔːdrəʊb/ *n* **1** (*USA* **closet**) armari (*per a roba*) **2** vestuari

warehouse /ˈweəhaʊs/ *n* magatzem

warfare /ˈwɔːfeə(r)/ *n* guerra

warhead /ˈwɔːhed/ *n* cap (*d'un míssil*)

warlike /ˈwɔːlaɪk/ *adj* (*formal*) bel·licós

warm /wɔːm/ *adjectiu, verb*
▸ *adj* (**warmer, -est**) **1** (*clima*) càlid: *It's warm.* Fa calor. ➲ *Vegeu nota a* CALENT **2** (*cosa*) calent **3** (*persona*): *to be/get warm* tenir calor/escalfar-se **4** (*roba*) que abriga, que escalfa: *This sweater's really warm.* Aquest jersei abriga molt. **5** (*fig*) afectuós, cordial

W

▸ *vt, vi* ~ **(sb/sth) (up)** escalfar alguna cosa; escalfar-se PHR V **warm up** (*Esport, motor*) escalfar-se ◆ **warm sth up** reescalfar alguna cosa (*menjar*) **warming** *n*: *global warming* l'escalfament global **warmly** *adv* **1** cordialment **2** *warmly dressed* ben abrigat **3** (*donar les gràcies*) efusivament

warm-blooded /ˌwɔːm ˈblʌdɪd/ *adj* (*Biol*) de sang calenta ➲ *Compareu amb* HOT-BLOODED

warmth *n* **1** calor **2** simpatia, cordialitat, entusiasme

warn /wɔːn/ **1** *vt* ~ **sb (about/of sth)** advertir algú (d'alguna cosa); prevenir algú (contra alguna cosa): *They warned us about/of the strike.* Ens van advertir de la vaga. ◇ *He warned me about the neighbours.* Em va prevenir contra els veïns. **2** *vt* ~ **sb that...** avisar algú que...: *I warned them that it would be expensive.* Els vaig avisar que seria car. **3** *vt, vi* ~ **(sb) against doing sth**; ~ **sb (not) to do sth** prevenir algú (contra alguna cosa); advertir a algú que (no) faci alguna cosa: *They warned us against going into the forest.* Ens van advertir que no entréssim al bosc. **warning** *n* avís, advertència

warp /wɔːp/ *vt, vi* guerxar(-se) **warped** *adj* (*ment*) pervertit

warrant /ˈwɒrənt; *USA* ˈwɔːr-/ *nom, verb*

▸ *n* (*Dret*) ordre: *search warrant* ordre de registre

▸ *vt* (*formal*) justificar

warranty /ˈwɒrənti; *USA* ˈwɔːr-/ *n* (*pl* **warranties**) garantia

warren /ˈwɒrən; *USA* ˈwɔːrən/ *n* **1** conillera **2** laberint

warrior /ˈwɒrɪə(r); *USA* ˈwɔːr-/ *n* guerrer, -a

warship /ˈwɔːʃɪp/ *n* vaixell de guerra

wart /wɔːt/ *n* berruga

wartime /ˈwɔːtaɪm/ *n* (temps de) guerra

wary /ˈweəri/ *adj* (*comp* **warier**) caut: *to be wary of sb/sth* desconfiar d'algú/d'alguna cosa

was /wəz, wɒz/ *Vegeu* BE

W

wash /wɒʃ/ *verb, nom*

▸ **1** *vt, vi* rentar(-se): *to wash yourself* rentar-se **2** *vt* arrossegar, endur-se: *to be washed overboard* ésser arrossegat per l'aigua fora borda **3** *vi* ~ **over sth** cobrir alguna cosa: *Water washed over the deck.* L'aigua banyava la coberta. PHR V **wash sb/sth away** arrossegar algú/alguna cosa, endur-se algú/alguna cosa ◆ **wash off** sortir (rentant) ◆ **wash sth off** treure alguna cosa (rentant) ◆ **wash over sb** (*formal*) **1** (*sentiment, sensació, etc.*) envair algú **2** (*no afectar*) relliscar a algú ◆ **wash sth out** rentar alguna cosa ◆ **wash up 1** (*GB*) rentar els plats **2** (*USA*) rentar-se (*les mans i la cara*) ◆ **wash sth up 1** (*GB*) (*plats*) rentar alguna cosa **2** (*mar*) dur alguna cosa a la platja

▸ *n* **1** rentada: *to have a wash* rentar-se **2 the wash** [*sing*] bugada: *I'll do a wash tomorrow.* Demà faré una bugada. ◇ *All my shirts are in the wash.* Totes les meves camises s'estan rentant. **3 the wash** [*sing*] (*Nàut*) el deixant **washable** *adj* que es pot rentar

washbasin /ˈwɒʃbeɪsn/ (*tb esp USA* **sink**) *n* pica, lavabo

washcloth /ˈwɒʃklɒθ; *USA* -klɔːθ/ *n* (*USA*) tovallola petita per a rentar-se

washing /ˈwɒʃɪŋ/ *n* **1** rentada **2** roba bruta **3** bugada

washing machine *n* rentadora

washing powder *n* detergent en pols (*per a la rentadora*)

washing-up /ˌwɒʃɪŋ ˈʌp/ *n* plats (per a rentar): *to do the washing-up* rentar els plats ◇ *washing-up liquid* detergent (per als plats)

washroom /ˈwɒʃruːm, -rʊm/ *n* (*USA*) lavabo

wasn't /ˈwɒznt/ = WAS NOT *Vegeu* BE

wasp /wɒsp/ *n* (*Zool*) vespa

waste /weɪst/ *verb, nom, adjectiu*

▸ *vt* **1** malbaratar, malgastar **2** (*temps, oportunitat*) perdre **3** (*no usar*) desaprofitar LOC **waste your breath** gastar saliva en va PHR V **waste away** decandir-se

▸ *n* **1** pèrdua, residu **2** (*acció*) malbaratament: *What a waste of money!* Quina manera de llençar els diners! **3** [*incomptable*] deixalles, escombraries, residus: *the disposal of nuclear waste* l'eliminació de residus nuclears LOC **a waste of space** (*col·loq*) un inútil: *He's a complete waste of space.* No serveix absolutament per a res. ◆ **go/run to waste** malbaratar-se

▸ *adj* **1** erm (*terreny*) **2** *waste material/products* residus **wasted** *adj* [*només davant del nom*] **1** (*viatge, esforç*) inútil **2** (*argot*) (*per alcohol o drogues*) col·locat, pet: *to get wasted* col·locar-se/agafar una mona **wasteful** *adj* **1** malgastador **2** (*mètode, procés*) antieconòmic

wasteland /ˈweɪstlænd/ *n* terra erma

waste-paper basket (*USA* **wastebasket**) *n* paperera ➲ *Vegeu il·lustració a* BIN

watch /wɒtʃ/ *verb, nom*

▸ **1** *vt, vi* observar, mirar ➲ *Vegeu nota a* MIRAR **2** *vt, vi* (*espiar*) observar, sotjar **3** *vt* (*col·loq*) fixar-se en, vigilar: *Watch your language.* No diguis paraulotes. LOC **watch your step** anar amb compte PHR V **watch for sb/sth** estar a l'aguait d'algú/d'alguna cosa, esperar algú/alguna cosa: *She stood by the window, watching for the postman.* Va esperar atenta a la vora de la finestra que vingués el carter. ◆ **watch out** (*col·loq*) vigilar: *Watch out!* Compte! ◆ **watch out for sb/sth** vigilar amb algú/alguna cosa: *Watch out for that hole.* Vigila amb aquest forat. ◆ **watch over sb/sth** tenir cura d'algú/d'alguna cosa

▸ *n* **1** rellotge (*de polsera*) ➲ *Vegeu il·lustració a* RELLOTGE **2** vigilància: *to keep (a close) watch over sth* vigilar (atentament) alguna cosa **3** (torn de) guàrdia **LOC** *Vegeu* CLOSE ² **watchful** *adj* vigilant, alerta

watchdog /'wɒtʃdɒg; *USA* -dɔːg/ *n* organisme de control

water /'wɔːtə(r)/ *nom, verb*

▸ *n* aigua: *water sports* esports aquàtics ◇ *water park* parc aquàtic ◇ *water bottle* cantimplora **LOC** **under water 1** sota l'aigua **2** inundat *Vegeu tb* FISH

▸ **1** *vt* (*planta*) regar **2** *vi* (*ulls*) plorar **3** *vi* (*boca*): *They make your mouth water.* Fan venir aigua a la boca. **PHR V** **water sth down 1** diluir alguna cosa amb aigua **2** (*crítiques, normativa*) suavitzar alguna cosa

watercolour (*USA* **watercolor**) /'wɔːtəkʌlə(r)/ *n* aquarel·la

watercress /'wɔːtəkres/ *n* [*incomptable*] creixen

waterfall /'wɔːtəfɔːl/ *n* salt d'aigua, cascada

water feature *n* font (*ornamental*)

watering can *n* regadora

water lily *n* (*pl* **lilies**) nenúfar

watermelon /'wɔːtəmelən/ *n* síndria

water pistol *n* pistola d'aigua

waterproof /'wɔːtəpruːf/ *adj, n* impermeable

water-resistant /'wɔːtə rɪzɪstənt/ *adj* submergible, resistent a l'aigua

watershed /'wɔːtəʃed/ *n* moment decisiu/crític

waterski /'wɔːtəskiː/ *vi* (*pt, pp* **waterskied** *part pres* **waterskiing**) fer esquí aquàtic **waterskiing** *n* esquí aquàtic

watertight /'wɔːtətaɪt/ *adj* **1** hermètic, estanc **2** (*argument*) irrebatible

waterway /'wɔːtəweɪ/ *n* via fluvial, canal

watery /'wɔːtəri/ *adj* **1** (*pej*) aigualit **2** (*color*) pàl·lid **3** (*ulls*) plorós

watt /wɒt/ *n* watt

wave /weɪv/ *nom, verb*

▸ *n* **1** ona **2** (*fig*) onada **3** senyal (amb la mà) **4** (*cabells*) onda

▸ **1** *vi* ~ **(at/to sb)** fer senyals amb la mà (a algú) **2** *vt, vi* ~ **(sth) (about/around)** agitar alguna cosa, agitar-se **3** *vi* (*bandera*) onejar **4** *vt, vi* (*cabells, etc.*) ondular(-se) **LOC** **wave goodbye** fer adéu amb la mà **PHR V** **wave sth aside** rebutjar alguna cosa

wavelength /'weɪvleŋθ/ *n* longitud d'ones

waver /'weɪvə(r)/ *vi* **1** flaquejar **2** (*veu*) tremolar **3** vacil·lar

wavy /'weɪvi/ *adj* **1** ondat **2** ondulant

wax /wæks/ *nom, verb*

▸ *n* cera

▸ *vt*: *to wax your legs/have your legs waxed* depilar-se les cames (amb cera)

way /weɪ/ *nom, adverbi*

▸ *n* **1** forma, manera: *Do it your own way!* Fes-ho com vulguis! ◇ *in some ways* d'alguna manera **2** ~ **(from...) (to...)** camí (de...) (a...): *to ask/tell sb the way* preguntar/indicar a algú per on es va a algun lloc ◇ *to find your way around* orientar-se ◇ *way out* sortida **3** distància, estona: *He came all this way to see you?* Ha vingut de tan lluny per veure't? ◇ *a long way (away)* lluny ➲ *Vegeu nota a* FAR **4** direcció: *'Which way?' 'That way.'* —Per on? —Per allà. **5** pas: *Get out of my way!* Fuig d'aquí! **6 Way** (*en noms de carrers*) via **7 ways** [*pl*] costums **LOC** **across/over the way** al davant/a l'altra banda de carrer ◆ **be in the/sb's way** fer nosa (a algú) ◆ **by the way** per cert ◆ **divide, split, etc. sth two, three, etc. ways** dividir alguna cosa en dos, tres, etc. (parts) ◆ **get/have your own way** sortir-se amb la seva ◆ **give way (to sb/sth) 1** cedir (a algú/alguna cosa) **2** cedir el pas (a algú/alguna cosa) ◆ **give way to sth** deixar-se dominar per alguna cosa, entregar-se a alguna cosa ◆ **go out of your way (to do sth)** prendre's la molèstia (de fer alguna cosa) ◆ **lose your way** perdre's ◆ **make way (for sb/sth)** deixar pas (a algú/alguna cosa) ◆ **make your way (to/towards sth)** anar (a/cap a alguna cosa) ◆ **no way!** (*col·loq*) de cap manera! ◆ **one way or another** sigui com sigui ◆ **on the way** de camí: *I'm on the way.* Ja vinc. ◆ **the other way around/round** a l'inrevés ◆ **under way** en marxa ◆ **way of life** estil de vida ◆ **ways and means** mitjans *Vegeu tb* BAR, DOWNHILL, FEEL, FIGHT, FIND, HARD, HARM, LEAD ¹, MEND, PAVE, TALK

▸ *adv* molt: *way ahead* molt avançat **LOC** **way back** fa molt de temps: *way back in the fifties* cap als anys cinquanta

WC /ˌdʌbljuː 'siː/ *n* (*GB*) lavabo ➲ *Vegeu nota a* TOILET

W

we /wi:/ *pron* nosaltres: *Why don't we go?* Per què no hi anem? ❶ El pronom de subjecte no es pot ometre en anglès. *Compareu amb* US

weak /wi:k/ *adj* (**weaker, -est**) **1** feble **2** (*persona*) delicat **3** ~ **(at/in sth)** fluix (en alguna cosa) **4** (*beguda*) fluix **weaken 1** *vt, vi* debilitar(-se) **2** *vi* cedir **weakness** *n* **1** feblesa **2** flac

wealth /welθ/ *n* **1** [*incomptable*] riquesa **2** [*sing*] ~ **of sth** abundància d'alguna cosa **wealthy** *adj* (**wealthier, -iest**) ric

weapon /ˈwepən/ *n* arma

wear /weə(r)/ *verb, nom*

▸ (*pt* **wore** /wɔ:(r)/ *pp* **worn** /wɔ:n/) **1** *vt* (*roba, ulleres, etc.*) portar, dur **2** *vt* (*expressió*) tenir **3** *vt, vi* desgastar(-se) **4** *vt* (*forat, etc.*) fer **5** *vi* ~ **(well)** durar PHR V **wear (sth) away/down/out** desgastar alguna cosa, desgastar-se del tot ◆ **wear sb down** esgotar algú ◆ **wear sth down** minar alguna cosa ◆ **wear off** passar (*novetat, dolor, etc.*) ◆ **wear yourself/sb out** esgotar-se, esgotar algú

> **Wear** o **carry**? **Wear** s'usa per a referir-se a roba, calçat i complements, i també a perfums i ulleres: *Do you have to wear a suit to work?* Has de portar un vestit per anar a treballar? ◇ *What perfume are you wearing?* Quin perfum duus? ◇ *He doesn't wear glasses.* No porta ulleres. Fem servir **carry** quan ens referim a objectes que portem amb nosaltres, especialment a les mans o als braços: *She wasn't wearing her raincoat, she was carrying it over her arm.* No s'havia posat la gavardina, la portava damunt del braç.

▸ *n* **1** roba: *ladies' wear* roba de senyora ◇ *sportswear* roba esportiva **2** ús **3** desgast LOC **wear and tear** desgast per l'ús

weary /ˈwɪəri/ *adj* (**wearier, -iest**) **1** abatut **2** ~ **of sth** (*formal*) fart d'alguna cosa

weasel /ˈwi:zl/ *n* mostela

weather /ˈweðə(r)/ *nom, verb*

▸ *n* temps, clima: *What's the weather like?* Quin temps fa? LOC **under the weather** (*col·loq*) lleugerament malalt

▸ **1** *vt, vi* erosionar, erosionar-se: *a weathered face* una cara colrada **2** *vt* sobreviure a (*crisi*)

weathergirl /ˈweðəgɜ:l/ *n* (*col·loq*) dona del temps

weatherman /ˈweðəmæn/ *n* (*pl* **weathermen** /-men/) (*col·loq*) home del temps

weave /wi:v/ (*pt* **wove** /wəʊv/ *pp* **woven** /ˈwəʊvn/) **1** *vt* ~ **sth (out of/from sth)** teixir alguna cosa (amb alguna cosa) **2** *vt* ~ **sth into sth** (*història, etc.*) incloure alguna cosa en alguna cosa **3** *vi* (*pt, pp* **weaved**) zigzaguejar

web /web/ *n* **1** teranyina **2** xarxa (*de contactes, d'intriga, etc.*) **3** (*mentides*) enfilall **4 the Web** [*sing*] el web: *web page* pàgina web

webbed /webd/ *adj* palmípede

webcam /ˈwebkæm/ *n* càmera web

webcast /ˈwebkɑ:st; *USA* -kæst/ *n* retransmissió en directe a través d'Internet

weblog /ˈweblɒg/ *n* (*Internet*) bloc

webmaster /ˈwebmɑ:stə(r); *USA* -mæs-/ *n* (*Informàt*) administrador, -a de webs

website /ˈwebsaɪt/ *n* lloc web

we'd /wi:d/ **1** = WE HAD *Vegeu* HAVE **2** = WE WOULD *Vegeu* WOULD

wedding /ˈwedɪŋ/ *n* casament: *wedding ring/cake* anell/pastís de casament ➲ *Vegeu nota a* CASAMENT LOC **golden/silver wedding** noces d'or/d'argent

wedge /wedʒ/ *nom, verb*

▸ *n* **1** falca **2** (*formatge, pastís, llimona*) tall

▸ *vt* **1** *to wedge itself/get wedged* encallar-se **2** (*esp persones*) apinyar **3** ~ **sth open/shut** deixar alguna cosa oberta/tancada amb falca

Wednesday /ˈwenzdeɪ, -di/ *n* (*abrev* **Wed.**) dimecres ➲ *Vegeu exemples a* MONDAY

wee /wi:/ *adj* (*col·loq*) **1** (*Escòcia*) petitó **2 a ~ bit, drop, etc.** una mica: *Can I have a wee bit?* Me'n dones una miqueta?

weed /wi:d/ *nom, verb*

▸ *n* **1** mala herba **2** [*incomptable*] algues **3** (*col·loq, pej*) persona escanyolida, persona sense caràcter: *He's a weed.* No té caràcter.

▸ *vt* birbar PHR V **weed sth/sb out** eliminar alguna cosa/algú

weedkiller /ˈwi:dkɪlə(r)/ *n* herbicida

week /wi:k/ *n* setmana: *35-hour week* setmana laboral de 35 hores LOC **a week on/next/this Monday**; **Monday week** dilluns que ve no, l'altre ◆ **a week today/tomorrow** d'aquí a una setmana/de demà en vuit

weekday /ˈwi:kdeɪ/ *n* dia feiner

weekend /ˌwi:kˈend; *USA* ˈwi:kend/ *n* cap de setmana

> A la Gran Bretanya es diu **at the weekend** mentre que als Estats Units es diu **on the weekend**: *Let's meet up at the weekend (GB) / on the weekend (USA)*. Per què no quedem aquest cap de setmana?

weekly /ˈwi:kli/ *adjectiu, adverbi, nom*

▸ *adj* setmanal

▸ *adv* setmanalment

▸ *n* (*pl* **weeklies**) setmanari

weep /wi:p/ *vi* (*pt, pp* **wept** /wept/) (*formal*) plorar: *She wept for joy.* Va plorar d'alegria. ◇ *to weep over sb's death* plorar la mort d'algú **weeping** *n* [*incomptable*] plor(s)

weigh /weɪ/ **1** *vt, vi* pesar **2** *vt* ~ **sth (up)** sospesar alguna cosa **3** *vi* ~ **(against sb/sth)** influir (en contra d'algú/d'alguna cosa) *Vegeu tb* ANCHOR **PHR V** **weigh sb down** aclaparar algú ◆ **weigh sb/sth down**: *to be weighed down with luggage* anar molt carregat d'equipatge

weight /weɪt/ *nom, verb*

▸ *n* pes **LOC** **lose/put on weight** (*persona*) perdre/guanyar pes *Vegeu tb* CARRY, PULL

▸ *vt* **1** afegir pes o pesos a **2** ~ **sth (down) (with sth)** subjectar alguna cosa (amb alguna cosa) **weighting** *n* **1** (*GB*) *London weighting* complement salarial per treballar a Londres **2** importància **weightless** *adj* ingràvid

weightlifting /'weɪtlɪftɪŋ/ *n* halterofília

weight training *n* entrenament amb pesos

weighty /'weɪti/ *adj* (**weightier**, **-iest**) (*formal*) **1** de pes, important **2** feixuc, pesat

weir /wɪə(r)/ *n* resclosa

weird /wɪəd/ *adj* (**weirder**, **-est**) **1** (*col·loq*) estrany **2** (*formal*) sobrenatural, misteriós

welcome /'welkəm/ *verb, adjectiu, nom*

▸ *vt* **1** donar la benvinguda a, acollir, rebre **2** rebre **3** agrair

▸ *adj* **1** agradable **2** benvingut **LOC** **be welcome to sth/to do sth**: *You're welcome to use my car/to stay.* El meu cotxe és a la teva disposició./Et pots quedar tranquil·lament. ◆ **you're welcome** de res

▸ *n* benvinguda, bona acollida **welcoming** *adj* acollidor

weld /weld/ *vt, vi* soldar(-se)

welfare /'welfeə(r)/ *n* **1** benestar **2** assistència: *the Welfare State* l'estat del benestar **3** (*esp USA*) seguretat social

well /wel/ *adverbi, adjectiu, interjecció, nom, verb*

▸ *adv* (*comp* **better** *superl* **best**) **1** bé **2** (*amb participi*) ben: *Well done!* Ben fet! ◇ *a well-dressed woman* una dona ben vestida ◇ *She's always very well dressed.* Sempre va ben vestida. ➲ *Vegeu nota a* WELL BEHAVED **3** (*després de* **can**, **could**, **may** *i* **might**): *I can well believe it.* M'ho crec totalment. ◇ *I can't very well leave.* No puc marxar sense més ni més. ◇ *You may well be right.* Segurament tens raó. **4** (*col·loq*) molt: *I was well annoyed.* Estava molt enfadada. **LOC** **as well** també ➲ *Vegeu nota a* TAMBÉ ◆ **as well as** a més de ◆ **do well 1** progressar **2** (*pacient*) refer-se ◆ **may/might (just) as well do sth**: *We may/might as well go home.* Ben mirat podríem anar a casa. ◆ **well and truly** (*col·loq*) completament *Vegeu tb* JUST, MEAN, PRETTY

▸ *adj* (*comp* **better** *superl* **best**) bé: *to be well* estar bé ◇ *to get well* refer-se

▸ *interj* **1** (*sorpresa*) mira!: *Well, look who's here!* Ves per on! Mira qui hi ha aquí. **2** (*resignació*) bé doncs: *Oh well, that's that then.* Bé, què hi farem? **3** (*interrogació*) i doncs? **4** (*dubte*) doncs: *Well, I don't know...* Doncs, no sé...

▸ *n* pou: *oil well* pou de petroli

▸ *vi* ~ **(up)** brollar

we'll /wi:l/ **1** = WE SHALL *Vegeu* SHALL **2** = WE WILL *Vegeu* WILL

well behaved *adj* ben educat

> Els adjectius formats amb **well** seguit d'una altra paraula normalment s'escriuen amb guionet quan van davant d'un nom: *well-behaved children* nens ben educats i sense quan van darrere un verb: *They are always well behaved.* Es porten molt bé. Passa el mateix amb **out of date** i **up to date**, i altres adjectius com ara **second best**.

well-being /'wel bi:ɪŋ/ *n* benestar

well built *adj* **1** (*persona*) robust **2** (*edifici, màquina*) sòlid ➲ *Vegeu nota a* WELL BEHAVED

well done *adj* (*bistec, etc.*) molt fet, ben cuit ➲ *Vegeu nota a* WELL BEHAVED

well earned *adj* merescut ➲ *Vegeu nota a* WELL BEHAVED

wellington /'welɪŋtən/ (*tb* **wellington boot**) *n* bota d'aigua

well kept *adj* **1** en bon estat, ben conservat **2** (*secret*) ben guardat ➲ *Vegeu nota a* WELL BEHAVED

well known *adj* conegut, famós: *It's a well-known fact that...* Tothom sap que... ➲ *Vegeu nota a* WELL BEHAVED

well meaning *adj* benintencionat ➲ *Vegeu nota a* WELL BEHAVED

well off *adj* ric, benestant ➲ *Vegeu nota a* WELL BEHAVED

well-to-do /ˌwel tə 'du:/ *adj* acomodat, ric

welly /'weli/ *n* (*pl* **wellies**) (*GB, col·loq*) bota d'aigua

Welsh /welʃ/ *adj, n* gal·lès

went *pt de* GO

wept *pt, pp de* WEEP

we're /wɪə(r)/ = WE ARE *Vegeu* BE

were /wə(r), wɜ:(r)/ *pt de* BE

weren't /wɜ:nt/ = WERE NOT *Vegeu* BE

W

werewolf /'weəwʊlf/ *n* (*pl* **werewolves** /'weəwʊlvz/) home llop

west /west/ *nom, adjectiu, adverbi*
▸ *n* (*tb* **West**) (*abrev* **W**) **1** oest: *I live in the west of Scotland.* Visc a l'oest d'Escòcia. **2 the West** (l')Occident, els països occidentals
▸ *adj* (de l')oest, occidental: *west winds* vents de l'oest
▸ *adv* a l'oest: *to travel west* viatjar cap a l'oest *Vegeu tb* WESTWARD(S)

westbound /'westbaʊnd/ *adj* en/amb direcció oest

westerly /'westəli/ *adj* **1** cap a l'oest **2** (*vent*) de l'oest

western /'westən/ *nom, adjectiu*
▸ *n* novel·la o pel·lícula de l'oest
▸ *adj* (*tb* **Western**) (de l')oest, occidental **westerner** *n* occidental

westwards /'westwədz/ (*tb* **westward**) *adv* cap a l'oest

wet /wet/ *adjectiu, verb, nom*
▸ *adj* (**wetter, -est**) **1** mullat: *to get wet* mullar-se **2** humit: *in wet places* a llocs humits **3** (*temps*) plujós: *It was wet all week.* Va ploure tota la setmana. **4** (*pintura, etc.*) fresc: *Wet paint.* Acabat de pintar. **5** (*GB, col·loq, pej*) (*persona*) ensopit
▸ *vt* (*pt, pp* **wet** *o* **wetted**) **1** mullar, humitejar **2** *to wet yourself* fer-se pipí a sobre ◇ *to wet the/your bed* fer-se pipí al llit
▸ *n* **1 the wet** [*sing*] la pluja: *Come in out of the wet.* Vine i aixopluga't. **2** humitat

wetsuit /'wetsu:t/ *n* vestit isotèrmic (*de neoprè*)

we've /wi:v/ = WE HAVE *Vegeu* HAVE

whack /wæk/ *verb, nom*
▸ *vt* (*col·loq*) copejar fortament
▸ *n* batzac, cop fort

whale /weɪl/ *n* balena: *killer whale* orca

wharf /wɔ:f/ *n* (*pl* **wharves** /wɔ:vz/ *o* **wharfs**) moll

what /wɒt/ *pronom, adjectiu, interjecció*
W
▸ *pron* **1** (*interrogatiu*) què, quin: *What did you say?* Què has dit? ◇ *What's her phone number?* Quin és el seu número de telèfon? ◇ *What's your name?* Com et dius?

> **Which** o **what**? **Which** fa referència a un o més membres d'un grup limitat: *Which one's your car, this one or that?* Quin és el teu cotxe, aquest o aquell? **What** s'usa quan el grup no és tan limitat: *What's your favourite book?* Quin és el teu llibre preferit?

2 (*relatiu*) el que, què: *I know what you're thinking.* Sé el que estàs pensant. LOC **what about?** *Vegeu* ABOUT ◆ **what if...?** i (què passa) si...?: *What if it rains?* I si plou?
▸ *adj* **1** (*interrogatiu, exclamatiu*) quin: *What time is it?* Quina hora és? ◇ *What colour is it?* De quin color és? ◇ *What a pity!* Quina llàstima! **2** (*ús relatiu*): *what money I have* (tots) els diners que tinc
▸ *interj* **1 what?** (*col·loq*) què?, com? **2 what!** què!

whatever /wɒt'evə(r)/ *adjectiu, pronom, adverbi*
▸ *adj* qualsevol: *I'll be in whatever time you come.* M'hi trobaràs a qualsevol hora.
▸ *pron* **1** (tot) el que: *Give whatever you can.* Doneu el que pugueu. **2** *whatever happens* passi el que passi **3** què (diantre): *Whatever can it be?* Què diantre deu ser? **4** (*col·loq*) tant és: *'What would you like to do today?' 'Whatever.'* —Què t'agradaria fer avui? —Tant me fa. LOC **or whatever** (*col·loq*) o el/la que sigui: *basketball, swimming or whatever* basquetbol, natació o el que sigui
▸ *adv* (*tb* **whatsoever**) en absolut: *nothing whatever* res de res

wheat /wi:t/ *n* blat

wheel /wi:l/ *nom, verb*
▸ *n* **1** roda **2** volant
▸ **1** *vt* (*bicicleta, etc.*) empènyer **2** *vt* (*persona*) portar (*en cadira de rodes, etc.*) **3** *vi* (*ocell*) voletejar **4** *vi* ~ **(around/round)** donar la volta, girar-se

wheelbarrow /'wi:lbærəʊ/ *n* carretó

wheelchair /'wi:ltʃeə(r)/ *n* cadira de rodes

wheelie bin /'wi:li bɪn/ *n* contenidor (*d'escombraries amb rodes*)

wheeze /wi:z/ *vi* respirar amb dificultat, panteixar

when /wen/ *adverbi, conjunció*
▸ *adv* **1** quan: *When did he die?* Quan va morir? ◇ *I don't know when she arrived.* No sé quan va arribar. **2** que: *There are times when...* Hi ha vegades que...
▸ *conj* quan: *It was raining when I arrived.* Plovia quan vaig arribar. ◇ *I'll call you when I'm ready.* Et trucaré quan estigui preparada.

whenever /wen'evə(r)/ *conjunció, adverbi*
▸ *conj* **1** quan: *Come whenever you like.* Vine quan vulguis. **2** sempre que: *It happened whenever we went on holiday.* Passava cada cop que marxàvem de vacances.
▸ *adv* (*en preguntes*) quan (diantre)

where /weə(r)/ *adv, conj* on: *Where are you going?* On vas? ◇ *I don't know where it is.* No sé on és. ◇ *the town where I was born* el poble on vaig néixer ◇ *Stay where you are.* Queda't on ets.

whereabouts *nom, adverbi*
▸ *n* /ˈweərəbaʊts/ [*v sing o pl*] parador
▸ *adv* /ˌweərəˈbaʊts/ on

whereas /ˌweərˈæz/ *conj* mentre que

whereby /weəˈbaɪ/ *adv* (*formal*) segons el/la qual

whereupon /ˌweərəˈpɒn/ *conj* (*formal*) amb la qual cosa

wherever /ˌweərˈevə(r)/ *conjunció, adverbi*
▸ *conj* onsevulga que: *wherever you like* on vulguis
▸ *adv* on (diantre)

whet /wet/ *vt* (**-tt-**) LOC **whet sb's appetite** fer agafar gana a algú

whether /ˈweðə(r)/ *conj* si: *I'm not sure whether to resign or stay on.* No sé si dimitir o continuar. ◇ *It depends on whether the letter arrives on time.* Depèn de si la carta arriba a temps. LOC **whether or not**: *whether or not it rains/whether it rains or not* tant si plou com si no

which /wɪtʃ/ *pronom, adjectiu*
▸ *pron* **1** (*interrogatiu*) quin: *Which is yours?* Quin és el teu? ➲ *Vegeu nota a* WHAT **2** (*relatiu*) que: *the book which is on the table* el llibre que és damunt la taula ◇ *the article (which) I read yesterday* l'article que vaig llegir ahir ➲ *Vegeu nota a* QUE [1] **3** (*després de preposició*) què, el/la qual: *her work, about which I know nothing...* la seva feina, de la qual no sé res... ◇ *in which case* i en aquest cas ◇ *the bag in which I put it* la bossa en què ho vaig ficar ❶ Aquest ús és formal. El més habitual és posar la preposició al final de la frase: *the bag which I put it in*, o bé ometre la paraula **which**: *the bag I put it in*.
▸ *adj* quin: *Which book did you take?* Quin llibre t'has endut? ◇ *Do you know which one is yours?* Saps quin és el teu? ➲ *Vegeu nota a* WHAT

whichever /wɪtʃˈevə(r)/ *pron, adj* **1** el/la que: *whichever you like* el que vulguis **2** qualsevol: *It's the same, whichever route you take.* Tant és la ruta que agafis.

whiff /wɪf/ *n* ~ **(of sth)** bafarada (d'alguna cosa)

while /waɪl/ *conjunció, nom, verb*
▸ *conj* (*tb formal* **whilst** /waɪlst/) **1** (*temps*) mentre **2** (*contrast*) mentre que: *I love tennis while my sister hates it.* A mi m'encanta el tennis mentre que la meva germana l'odia. **3** encara que: *While I admit that...* Tot i que reconec que... LOC **while you're at it** ja que hi ets, hi vas, etc.
▸ *n* [*sing*] estona, temps: *for a while* durant una estona LOC *Vegeu* ONCE, WORTH
▸ *v* PHRV **while sth away** passar alguna cosa (*temps*): *We whiled away the time playing cards.* Vam matar el temps jugant a cartes.

whim /wɪm/ *n* capritx

whimper /ˈwɪmpə(r)/ *verb, nom*
▸ *vi* ploriquejar
▸ *n* gemec

whine /waɪn/ *verb, nom*
▸ **1** *vi* gemegar **2** *vi, vt* ploriquejar **3** *vi* ~ **about sth** queixar-se d'alguna cosa
▸ *n* gemec

whinge /wɪndʒ/ *vi* ~ **about sth** queixar-se d'alguna cosa

whip /wɪp/ *nom, verb*
▸ *n* **1** fuet **2** (*Pol*) diputat, -ada responsable de la disciplina del seu grup parlamentari
▸ *vt* (**-pp-**) **1** fuetejar **2** ~ **sth (up)** (*Cuina*) batre alguna cosa: *whipped cream* nata muntada PHRV **whip sth up 1** (*entusiasme, protestes, etc.*) provocar, despertar alguna cosa **2** (*menjar*) preparar alguna cosa ràpidament

whir (*esp USA*) = WHIRR

whirl /wɜːl/ *verb, nom*
▸ **1** *vt, vi* (fer) girar **2** *vi* (*fulles*) arremolinar-se **3** *vi* (*cap*) rodar
▸ *n* [*sing*] **1** volta **2** remolí: *a whirl of dust* un remolí de pols **3** batibull (d'activitats): *My head is in a whirl.* Em roda el cap.

whirlpool /ˈwɜːlpuːl/ *n* remolí

whirlwind /ˈwɜːlwɪnd/ *nom, adjectiu*
▸ *n* terbolí
▸ *adj* llampec: *a whirlwind tour* un viatge llampec

whirr (*tb esp USA* **whir**) /wɜː(r)/ *verb, nom*
▸ *vi* zumzejar, fer zum-zum
▸ *n* zum-zum

whisk /wɪsk/ *verb, nom*
▸ *vt* **1** (*Cuina*) batre **2** ~ **sb/sth away, off, etc.** endur-se algú/alguna cosa volant
▸ *n* batedora

whiskers /ˈwɪskəz/ *n* [*pl*] **1** (*d'un animal*) bigotis **2** (*antic*) (*d'un home*) patilles

whisky (*USA o Irl* **whiskey**) /ˈwɪski/ *n* (*pl* **whiskies** *o* **whiskeys**) whisky

whisper /ˈwɪspə(r)/ *verb, nom*
▸ **1** *vi* xiuxiuejar **2** *vt* dir en veu baixa **3** *vi* murmurar
▸ *n* **1** xiuxiueig **2** murmuri

whistle /ˈwɪsl/ *nom, verb*
▸ *n* xiulet
▸ *vt, vi* xiular

white /waɪt/ *adjectiu, nom*
▸ *adj* (**whiter, -est**) **1** blanc: *white coffee* cafè amb llet **2** pàl·lid: *to go white with fear* empal·lidir de por
▸ *n* **1** (*color*) blanc **2** (*persona*) blanc, -a **3** clara (*d'ou*) ➲ *Compareu amb* YOLK

whiteboard /'waɪtbɔːd/ *n* pissarra blanca: *interactive whiteboard* pissarra digital interactiva

white-collar /ˌwaɪt 'kɒlə(r)/ *adj* d'oficina: *white-collar workers* oficinistes ➲ *Compareu amb* BLUE-COLLAR

white-knuckle ride /ˌwaɪt 'nʌkl raɪd/ *n* volta/viatge en una atracció de fira que et deixa esbalaït

whiteness /'waɪtnəs/ *n* blancor

White Paper *n* (*GB*) llibre blanc (*del govern*)

whitewash /'waɪtwɒʃ/ *nom, verb*
▸ *n* lletada de calç
▸ *vt* **1** emblanquinar **2** (*pej*) (*errors, etc.*) encobrir

Whitsun /'wɪtsn/ (*tb* **Whit Sunday** /ˌwɪt 'sʌndeɪ, -di/) *n* (diumenge de) Pentecosta

whizz-kid (*USA tb* **whiz-kid**) /'wɪz kɪd/ *n* (*col·loq*) geni, prodigi

whizzy /'wɪzi/ *adj* (**whizzier, -iest**) (*col·loq*) (*tecnologia, etc.*) innovador: *a whizzy piece of software* l'última novetat en tecnologia de programari

who /huː/ *pron* **1** (*interrogatiu*) qui: *Who are they?* Qui són? ◇ *She wanted to know who had rung.* Va preguntar qui havia trucat. **2** (*relatiu sense preposició*) que: *the man who wanted to meet you* l'home que et volia conèixer ◇ *all those who want to go* tots aquells que hi vulguin anar ◇ *I bumped into a woman (who) I knew.* Vaig topar amb una dona que coneixia. **3** (*relatiu amb preposició*) qui, el/la qual: *the man (who) I had spoken to* l'home amb qui havia parlat ➲ *Vegeu notes a* WHOM *i* QUE[1] *i* QUI

whoever /huː'evə(r)/ *pron* **1** qui: *Whoever gets the job...* Qui aconsegueixi la feina... **2** quisvulla que

whole /həʊl/ *adjectiu, nom*
▸ *adj* **1** sencer: *a whole bottle* una ampolla sencera **2** (*col·loq*) tot: *to forget the whole thing* oblidar-ho tot plegat
▸ *n* tot: *the whole of August* tot l'agost LOC **on the whole** en general, en conjunt

wholefood /'həʊlfuːd/ *n* [*incomptable*] aliments integrals

wholehearted /ˌhəʊl'hɑːtɪd/ *adj* incondicional **wholeheartedly** *adv* de tot cor

wholemeal /'həʊlmiːl/ (*tb* **wholewheat** /'həʊlwiːt/) *adj* integral: *wholemeal bread* pa integral

wholesale /'həʊlseɪl/ *adjectiu, adverbi*
▸ *adj* **1** a l'engròs **2** a gran escala: *wholesale destruction* destrucció massiva
▸ *adv* a l'engròs **wholesaler** *n* majorista

wholesome /'həʊlsəm/ *adj* sa, saludable

wholly /'həʊlli/ *adv* (*formal*) totalment

whom /huːm/ *pron* (*formal*) **1** (*interrogatiu*) qui: *Whom did you meet there?* Qui va conèixer allà? ◇ *To whom did you give the money?* A qui va donar els diners? ❶ Aquest ús és molt formal. És més freqüent dir: *Who did you meet there?* ◇ *Who did you give the money to?* **2** (*relatiu*) qui, el/la qual: *the investors, some of whom bought shares* els inversors, alguns dels quals van comprar accions ◇ *the person to whom this letter was addressed* la persona a qui anava dirigida aquesta carta ❶ Aquest ús és molt formal. És més freqüent dir: *the person this letter was addressed to.* ➲ *Vegeu nota a* QUI

whoops /wʊps/ (*tb* **oops**) *interj* ai (*quan gairebé caus o gairebé et cau alguna cosa*)

whose /huːz/ *adjectiu, pronom*
▸ *adj* **1** (*interrogatiu*) de qui: *Whose house is this?* De qui és aquesta casa? **2** (*relatiu*) del qual: *the people whose house we stayed in* les persones a la casa de les quals vam estar
▸ *pron* de qui: *I wonder whose it is.* Em pregunto de qui és.

why /waɪ/ *adv* per què: *Why was she so late?* Per què va arribar tan tard? ◇ *Can you tell me the reason why you are so unhappy?* Em pots dir per què estàs tan trist? LOC **why not** per què no: *Why not go to the cinema?* Per què no anem al cinema?

wick /wɪk/ *n* ble (*d'una espelma*)

wicked /'wɪkɪd/ *adj* (**wickeder, -est**) **1** dolent **2** maliciós **3** (*argot*) genial **wickedness** *n* maldat

wicker /'wɪkə(r)/ *n* vímet

wicket /'wɪkɪt/ *n* (*criquet*) **1** pals **2** terreny entre els dos pals

wide /waɪd/ *adjectiu, adverbi*
▸ *adj* (**wider, -est**) **1** ample: *How wide is it?* Quant fa d'ample? ◇ *It's two feet wide.* Fa dos peus d'ample. ➲ *Vegeu nota a* BROAD **2** ampli: *a wide range of possibilities* una àmplia gamma de possibilitats **3** extens
▸ *adv* molt: *wide awake* completament despert LOC **wide open** obert de bat a bat *Vegeu tb* FAR **widely** *adv* extensament, molt: *widely used* molt usat **widen** *vt, vi* eixamplar(-se), ampliar(-se)

W

wide-ranging /ˌwaɪd ˈreɪndʒɪŋ/ *adj* (*formal*) de gran abast, molt divers
widescreen /ˈwaɪdskriːn/ *n* pantalla panoràmica
widespread /ˈwaɪdspred/ *adj* general, difós
widow /ˈwɪdəʊ/ *n* vídua **widowed** *adj* vidu
widower /ˈwɪdəʊə(r)/ *n* vidu
width /wɪdθ, wɪtθ/ *n* amplària, amplada
wield /wiːld/ *vt* **1** (*poder*) exercir **2** (*arma, etc.*) empunyar
wife /waɪf/ *n* (*pl* **wives** /waɪvz/) dona, muller
wig /wɪɡ/ *n* perruca
wiggle /ˈwɪɡl/ *vt, vi* (*col·loq*) remenar, bellugar(-se)
wild /waɪld/ *adjectiu, nom*
▸ *adj* (**wilder, -est**) **1** salvatge **2** (*planta*) silvestre **3** (*paisatge*) agrest **4** incontrolat **5** (*enutjat*) furiós **6** ~ **(about sb/sth)** (*col·loq*) (*entusiasmat*) boig (per algú/alguna cosa) **7** (*temps*) tempestuós
▸ *n* **1 the wild** la selva: *in the wild* en estat salvatge **2 the wilds** [*pl*] (les) terres remotes
wilderness /ˈwɪldənəs/ *n* **1** terra sense cultivar, terra verge **2** (*fig*) selva
wildlife /ˈwaɪldlaɪf/ *n* fauna
wildly /ˈwaɪldli/ *adv* **1** bojament, com un boig **2** violentament, furiosament
wilful (*USA tb* **willful**) /ˈwɪlfl/ *adj* (*pej*) **1** (*acte*) voluntari, intencionat **2** (*delicte*) premeditat **3** (*persona*) tossut **wilfully** /-fəli/ *adv* deliberadament
will /wɪl/ *verb, nom*
▸ *v modal* (*contracció* **'ll** *neg* **will not** *o* **won't**)

Will és un verb modal que va seguit d'un infinitiu sense **to**. Les oracions interrogatives i negatives es construeixen sense l'auxiliar **do**.

1 per a formar el futur: *He'll come, won't he?* Vindrà, oi? ◇ *I hope it won't rain.* Espero que no plogui. ◇ *That'll be the postman.* Deu ser el carter. ◇ *You'll do as you're told.* Faràs el que et diguin. ➲ *Vegeu nota a* SHALL **2** (*voluntat, determinació*): *She won't go.* No vol anar-hi. ◇ *Will the car start?* S'engegarà, el cotxe? ➲ *Vegeu nota a* SHALL **3** (*oferta, petició*): *Will you stay for tea?* Vols quedar-te a prendre el te? ◇ *Will you help me?* Pots ajudar-me? ◇ *Won't you sit down?* No vols seure? **4** (*regla general*): *Oil will float on water.* L'oli sura a l'aigua.
▸ *n* **1** voluntat **2** desig **3** testament LOC **at will** lliurement *Vegeu tb* FREE
willing /ˈwɪlɪŋ/ *adj* **1** ~ **(to do sth)** disposat (a fer alguna cosa) **2** complaent, de bon cor **3** (*suport, etc.*) espontani **willingly** *adv* lliurement, de bona gana **willingness** *n* **1** bona voluntat **2** ~ **(to do sth)** voluntat (de fer alguna cosa)
willow /ˈwɪləʊ/ (*tb* **willow tree**) *n* salze: *weeping willow* desmai
willpower /ˈwɪlpaʊə(r)/ *n* força de voluntat
wilt /wɪlt/ *vi* (*planta, flor*) pansir-se
wimp /wɪmp/ *n* (*col·loq, pej*) **1** persona sense caràcter **2** persona escanyolida
win /wɪn/ *verb, nom*
▸ (*pt, pp* **won** /wʌn/ *part pres* **winning**) **1** *vi* guanyar **2** *vt* guanyar, emportar-se **3** *vt* (*victòria*) aconseguir, assolir **4** *vt* (*suport, amics*) guanyar-se PHR V **win sth/sb back** recuperar alguna cosa/algú ◆ **win sb over/around/round (to sth)** convèncer algú (d'alguna cosa)
▸ *n* victòria
wince /wɪns/ *vi* fer una ganyota de dolor/disgust
wind[1] /wɪnd/ *n* **1** vent **2** (*USA* **gas**) [*incomptable*] gasos **3** alè LOC **get wind of sth** (*col·loq*) assabentar-se d'alguna cosa *Vegeu tb* CAUTION
wind[2] /waɪnd/ (*pt, pp* **wound** /waʊnd/) **1** *vi* serpentejar **2** *vt* ~ **sth round, onto, etc. sth** enrotllar alguna cosa al voltant de, en, etc. alguna cosa **3** *vt* ~ **sth (up)** donar corda a alguna cosa PHR V **wind down** (*persona*) relaxar-se ◆ **wind sb up** (*GB, col·loq*) **1** provocar, posar nerviós algú **2** rifar-se d'algú ◆ **wind (sth) up** acabar (alguna cosa), concloure (alguna cosa) ◆ **wind sth up** liquidar alguna cosa (*negoci*) **winding** *adj* amb molts revolts, tortuós
wind chill *n*: *the wind-chill factor* la sensació tèrmica (per efecte del fred i del vent)
windfall /ˈwɪndfɔːl/ *n* **1** fruita caiguda (de l'arbre) **2** guany inesperat
wind farm *n* parc eòlic
windmill /ˈwɪndmɪl/ *n* molí de vent
window /ˈwɪndəʊ/ *n* **1** finestra **2** (*cotxe, oficina*) finestreta **3** (*tb* **windowpane** /ˈwɪndəʊpeɪn/) vidre **4** aparador, vitrina
window box *n* jardinera (*per a una finestra*)
window-shopping /ˈwɪndəʊ ʃɒpɪŋ/ *n*: *to go window-shopping* anar a mirar aparadors
windowsill /ˈwɪndəʊsɪl/) (*tb* **window ledge**) *n* ampit
windscreen /ˈwɪndskriːn/ (*USA* **windshield** /ˈwɪndʃiːld/) *n* parabrisa
windscreen wiper (*USA* **windshield wiper**) *n* eixugaparabrises
windsurfing /ˈwɪndsɜːfɪŋ/ *n* surf de vela **windsurfer** *n* **1** planxa de vela **2** surfista (*de surf de vela*)

W

windy /'wɪndi/ *adj* (**windier, -iest**) **1** ventós: *It's very windy.* Fa molt de vent. **2** (*lloc*) exposat al vent

wine /waɪn/ *n* vi: *wine glass* copa (per a vi) ◇ *red/white wine* vi negre/blanc ◇ *wine tasting* tast (de vi)

winery /'waɪnəri/ *n* (*pl* **wineries**) celler (*d'elaborar vi*)

wing /wɪŋ/ *n* **1** ala: *the right wing of the party* l'ala dreta del partit **2** (*USA* **fender**) (*de vehicle*) parafang **3** (*Esport*) banda **4 the wings** [*pl*] els bastidors

winger /'wɪŋə(r)/ *n* (*Esport*) extrem, ala

wink /wɪŋk/ *verb, nom*

▸ **1** *vi* ~ **(at sb)** fer/picar l'ullet (a algú) **2** *vi* (*formal*) (*llum*) parpellejar, espurnejar

▸ *n* senyal fent l'ullet

winner /'wɪnə(r)/ *n* guanyador, -a

winning /'wɪnɪŋ/ *adj* **1** guanyador **2** premiat **3** captivador, encantador **winnings** *n* [*pl*] guanys

winter /'wɪntə(r)/ *nom, verb*

▸ *n* (*tb* **wintertime**) hivern: *winter sports* esports d'hivern

▸ *vi* hivernar, passar l'hivern **wintry** /'wɪntri/ *adj* hivernal

wipe /waɪp/ *vt* **1** ~ **sth (from/off sth)**; ~ **(away/off/up)** netejar(-se), eixugar(-se) alguna cosa (d'alguna cosa) **2** ~ **sth (from/off sth)** (*eliminar*) suprimir alguna cosa (d'alguna cosa) **3** ~ **sth across, onto, over, etc. sth** passar alguna cosa per alguna cosa PHR V **wipe sth out 1** destruir alguna cosa **2** (*malaltia, crim*) eradicar alguna cosa **3** (*espècie*) extingir alguna cosa **4** (*beneficis*) reduir alguna cosa a no res

wiper /'waɪpə(r)/ *n Vegeu* WINDSCREEN WIPER

wire /'waɪə(r)/ *nom, verb*

▸ *n* **1** filferro *Vegeu* BARBED WIRE **2** (*Electròn*) cable **3 the wire** [*sing*] el filat

▸ *vt* **1** ~ **sth (up)** fer la instal·lació elèctrica d'alguna cosa **2** ~ **sth (up) to sth** connectar alguna cosa a alguna cosa **3** ~ **sb sth**; ~ **sth to sb** (*diners*) enviar alguna cosa a algú **wiring** *n* [*incomptable*] **1** instal·lació elèctrica **2** cables

wireless /'waɪələs/ *adj* sense fil

wisdom /'wɪzdəm/ *n* **1** saviesa **2** seny, prudència: *wisdom tooth* queixal del seny

wise /waɪz/ *adj* (**wiser, -est**) **1** savi **2** assenyat, prudent LOC **be none the wiser; not be any the wiser** continuar sense entendre res

wish /wɪʃ/ *verb, nom*

▸ **1** *vt* (*que no es pot realitzar*): *I wish he'd go away.* Tant de bo se n'anés! ◇ *She wished she had gone.* Li hauria agradat haver-hi anat. ℹ L'ús de **were** amb **I, he** o **she** després de **wish** es considera més correcte que el de **was**: *I wish I were rich!* Tant de bo fos ric! **2** *vt* (*formal*) voler **3** *vi* ~ **for sth** desitjar alguna cosa **4** *vt* ~ **sb sth** desitjar alguna cosa a algú **5** *vi* demanar un desig

▸ *n* **1** ~ **(for sth/to do sth)** desig (d'alguna cosa/de fer alguna cosa): *to make a wish* demanar un desig ◇ *against my wishes* contra els meus desitjos **2 wishes** [*pl*]: *(with) best wishes, Mary* records, Mary: *Best wishes on your birthday.* Els nostres millors desitjos en el teu aniversari. ◇ *Give her my best wishes.* Dóna-li molts records. **wishful** *adj* LOC **wishful thinking**: *It's wishful thinking on my part.* Sé que em faig il·lusions.

wistful /'wɪstfl/ *adj* trist, melancòlic

wit /wɪt/ *n* **1** agudesa **2** persona aguda **3 wits** [*pl*] seny, intel·ligència LOC **be at your wits' end** estar a punt de tornar-te boig ◆ **be frightened/terrified/scared out of your wits** estar mort de por

witch /wɪtʃ/ *n* bruixa

witchcraft /'wɪtʃkrɑːft; *USA* -kræft/ *n* [*incomptable*] bruixeria

witch-hunt /'wɪtʃ hʌnt/ *n* caça de bruixes

with /wɪð, wɪθ/ *prep* ℹ Per als usos de **with** en *phrasals verbs*, vegeu les entrades dels verbs corresponents, p. ex. **bear with sb** a BEAR. **1** amb: *I'll be with you in a minute.* D'aquí a un minut estic amb tu. ◇ *He's with the BBC.* Treballa a la BBC. **2** (*descripcions*) de, amb: *the man with the scar* l'home de la cicatriu ◇ *a house with a garden* una casa amb jardí **3** de: *Fill the glass with water.* Omple el got d'aigua. **4** (*suport i conformitat*) (d'acord) amb **5** (*a causa de*) de: *to tremble with fear* tremolar de por LOC **be with sb** (*col·loq*) seguir el que algú diu: *I'm not with you.* No t'entenc. ◆ **with it** (*col·loq*) **1** al dia **2** de moda **3** *He's not with it today.* Avui no està gaire centrat.

withdraw /wɪð'drɔː, wɪθ'd-/ (*pt* **withdrew** /-'druː/ *pp* **withdrawn** /-'drɔːn/) **1** *vt, vi* retirar(-se) **2** *vt* (*diners*) treure (*del banc*) **3** *vt* (*formal*) (*paraules*) retractar **withdrawal** /-'drɔːəl/ *n* **1** retirada, retractació **2** reintegrament (*de diners*) **3** (*Med*): *withdrawal symptoms* síndrome d'abstinència **withdrawn** *adj* introvertit

wither /'wɪðə(r)/ *vi* ~ **(away/up)** pansir-se, assecar-se **withered** *adj* pansit

withhold /wɪð'həʊld, wɪθ'h-/ *vt* (*pt, pp* **withheld** /-'held/) (*formal*) **1** retenir **2** (*informació*) ocultar **3** (*consentiment*) negar

W

within /wɪˈðɪn/ *preposició, adverbi*
▸ *prep* **1** (*temps*) en el termini de: *within a month of having left* al cap d'un mes d'anar-se'n **2** (*distància*) a menys de **3** a l'abast de: *It's within walking distance.* S'hi pot anar caminant. **4** (*formal*) dins de
▸ *adv* (*formal*) a dins

without /wɪˈðaʊt/ *prep* sense: *without saying goodbye* sense dir adéu ◇ *without him knowing* sense que ell en sabés res ◇ *to do without sth* prescindir d'alguna cosa

withstand /wɪðˈstænd, wɪθˈs-/ *vt* (*pt, pp* **withstood** /-ˈstʊd/) (*formal*) resistir

witness /ˈwɪtnəs/ *nom, verb*
▸ *n* ~ **(to sth)** testimoni (d'alguna cosa)
▸ *vt* **1** presenciar **2** ésser testimoni de

witness box (*USA* **witness stand**) *n* tribuna dels testimonis

witty /ˈwɪti/ *adj* (**wittier, -iest**) d'humor agut, divertit

wives *plural de* WIFE

wizard /ˈwɪzəd/ *n* mag, bruixot

wobble /ˈwɒbl/ **1** *vi* (*cadira, taula*) ballar **2** *vi* trontollar, balancejar-se **3** *vi* (*gelatina*) moure's **4** *vt* moure **wobbly** *adj* (*col·loq*) **1** coix **2** que trontolla **3** *a wobbly tooth* una dent que es mou LOC **throw a wobbly** (*GB, col·loq*) empipar-se: *She threw a wobbly.* Es va posar feta una fúria.

woe /wəʊ/ *n* (*formal*) desgràcia LOC **woe betide sb** pobre d'algú: *Woe betide me if I forget!* Pobre de mi si me n'oblido!

wok /wɒk/ *n* paella xinesa

woke *pt de* WAKE

woken *pp de* WAKE

wolf /wʊlf/ *nom, verb*
▸ *n* (*pl* **wolves** /wʊlvz/) llop
▸ *vt* ~ **sth (down)** cruspir-se alguna cosa

woman /ˈwʊmən/ *n* (*pl* **women** /ˈwɪmɪn/) dona

womb /wuːm/ *n* (*Anat*) matriu

won *pt, pp de* WIN

wonder /ˈwʌndə(r)/ *verb, nom*
▸ **1** *vt, vi* preguntar-se: *I wonder if/whether he's coming.* M'agradaria saber si vindrà. ◇ *It makes you wonder.* Et fa pensar. **2** *vi* ~ **(at sth)** sorprendre's (d'alguna cosa)
▸ *n* **1** estupefacció **2** meravella LOC **it's a wonder (that)...** és un miracle (que...) ◆ **no wonder (that)...** no sorprèn (que...) *Vegeu tb* WORK *v*

wonderful /ˈwʌndəfl/ *adj* meravellós

won't /wəʊnt/ = WILL NOT *Vegeu* WILL

wood /wʊd/ *n* **1** fusta **2** llenya **3** (*tb* **woods** [*pl*]) bosc: *We went to the woods.* Vam anar al bosc. ➲ *Vegeu nota a* FOREST LOC *Vegeu* KNOCK, TOUCH **wooded** *adj* boscat **wooden** *adj* de fusta

woodland /ˈwʊdlənd/ *n* bosc

woodpecker /ˈwʊdpekə(r)/ *n* (*Ornit*) picot

woodwind /ˈwʊdwɪnd/ *n* [*v sing o pl*] instruments de vent (*de fusta*)

woodwork /ˈwʊdwɜːk/ *n* **1** fustam **2** fusteria (*activitat*)

woof /ˈwʊf/ *interj* bub-bub

wool /wʊl/ *n* llana *Vegeu tb* COTTON WOOL **woollen** (*USA* **woolen**) *adj* de llana **woolly** (*USA* **wooly**) *adj* **1** llanut, llanós **2** (*col·loq*) de llana

word /wɜːd/ *nom, verb*
▸ *n* **1** paraula, mot **2 words** [*pl*] lletra (*d'una cançó*) LOC **give sb your word (that...)** donar la paraula a algú (que...) ◆ **have a word (with sb) (about sth)** parlar (amb algú) (d'alguna cosa) ◆ **in other words** en altres paraules, és a dir ◆ **keep/break your word** complir/faltar a la seva paraula ◆ **put in a (good) word for sb** recomanar algú, intercedir per algú ◆ **take sb's word for it (that...)** creure algú (quan diu que...) ◆ **without a word** sense dir paraula ◆ **words to that effect**: *He told me to get out, or words to that effect.* Em va dir que me n'anés, o alguna cosa semblant. *Vegeu tb* BREATHE, EAT, LAST, MINCE, PLAY
▸ *vt* expressar, redactar **wording** *n* termes, text

word processor *n* processador de textos **word processing** *n* tractament de textos

wore *pt de* WEAR

work /wɜːk/ *verb, nom*
▸ **1** *vi* ~ **(away) (at/on sth)** treballar (en alguna cosa): *to work as a lawyer* treballar d'advocat ◇ *to work on the assumption that...* basar-se en la suposició que... ◇ *He's working on his thesis.* Treballa en la tesi. **2** *vi* ~ **(for sth)** esforçar-se (per alguna cosa) **3** *vi* (*Mec*) funcionar **4** *vt* (*màquina, etc.*) fer anar **5** *vi* fer efecte: *It will never work.* No serà factible. **6** *vt* (*terra*) conrear **7** *vt* (*mina, etc.*) explotar **8** *vt* (*persona*) fer treballar LOC **work free/loose** deixar-se anar, afluixar ◆ **work like a charm** tenir un efecte màgic ◆ **work miracles/wonders** fer miracles ◆ **work your fingers to the bone** escarrassar-se PHR V **work out 1** fer exercici **2** resultar, sortir bé **3** resoldre's ◆ **work sth out 1** calcular alguna cosa **2** solucionar alguna cosa **3** planejar, idear alguna cosa ◆ **work sb/yourself up 1** alterar algú, alterar-se: *She had worked herself up into a rage.* S'havia posat feta una fúria. ◇ *What are you so worked up about?* Per què estàs tan empipat? **2** entusiasmar algú, entu-

W

siasmar-se ◆ **work sth up** generar alguna cosa: *to work up an appetite* fer venir gana

▸ *n* **1** [*incomptable*] treball, feina: *to leave work* plegar ◇ *work experience* experiència laboral/professional **2** obra: *Is this your own work?* Ho has fet tu sola? ◇ *a piece of work* una obra/feina **3** (*Liter, Mús, Art*) obra: *the complete works of Milton* les obres completes de Milton **4 works** [*pl*] obres (*a la carretera*): *Danger! Works ahead.* Perill! Obres ❶ La paraula més habitual és **roadworks**. **LOC at work 1** (*influències*) en joc **2** a la feina: *He is still at work on the painting.* Continua treballant en el quadre. ◆ **get (down)/go/set to work (on sth)** posar-se a treballar (en alguna cosa) *Vegeu tb* STROKE

> Les paraules **work** i **job** es diferencien en el fet que **work** és incomptable i **job** és comptable: *I've found work/a new job at the hospital.* He trobat una feina a l'hospital.
> **Employment** és més formal que **work** i **job**, i s'utilitza per a referir-se a la condició dels que tenen feina: *Many women are in part-time employment.* Moltes dones tenen feina a temps parcial. **Occupation** és el terme que s'utilitza als impresos oficials: *Occupation: student* Professió: estudiant. **Profession** s'utilitza per a referir-se a les feines que requereixen una carrera universitària: *the medical profession* la professió mèdica. **Trade** s'usa per a designar els oficis que requereixen una formació especial: *He is a carpenter by trade.* És fuster d'ofici.

workable /'wɜkəbl/ *adj* pràctic, factible

workaholic /ˌwɜːkə'hɒlɪk/ *n* (*col·loq*) addicte, -a al treball

> **Workaholic** és un derivat humorístic que resulta de la combinació de la paraula **work** i el sufix **-holic**, que és la desinència d'**alcoholic**. Hi ha altres paraules noves que s'han inventat amb aquest sufix, com ara **chocoholic** (persona addicta a la xocolata) i **shopaholic** (persona addicta a anar a comprar).

W

workbook /'wɜːkbʊk/ *n* quadern d'exercicis

worker /'wɜːkə(r)/ *n* **1** treballador, -a: *farm/office worker* pagès/oficinista **2** obrer, -a

workforce /'wɜːkfɔːs/ *n* [*v sing o pl*] treballadors, població activa

working /'wɜːkɪŋ/ *adjectiu, nom*

▸ *adj* **1** actiu, treballador **2** de treball **3** laboral, feiner **4** que funciona **5** (*coneixement*) bàsic **LOC** *Vegeu* ORDER

▸ *n* [*gen pl*] ~ **(of sth)** funcionament (d'alguna cosa)

working class (*tb* **working classes** [*pl*]) *n* classe obrera **working-class** *adj* de classe obrera

workload /'wɜːkləʊd/ *n* quantitat de treball

workman /'wɜːkmən/ *n* (*pl* **-men** /-mən/) obrer **workmanship** *n* [*incomptable*] **1** (*de persona*) art **2** (*de producte*) fabricació

workmate /'wɜːkmeɪt/ *n* company, -a de feina

workout /'wɜːkaʊt/ *n* sessió d'exercici físic

workplace /'wɜːkpleɪs/ *n* lloc de treball

work placement /'wɜːk pleɪsmənt/ *n* pràctiques: *The course includes a month's work placement in a company.* El curs inclou un mes de pràctiques en una empresa.

worksheet /'wɜːkʃiːt/ *n* full d'exercicis

workshop /'wɜːkʃɒp/ *n* taller

workstation /'wɜːksteɪʃn/ *n* estació de treball

worktop /'wɜːktɒp/ *n* taulell de cuina

world /wɜːld/ *n* món: *all over the world/the world over* arreu del món ◇ *world-famous* famós arreu del món ◇ *the World Cup* la Copa del Món ◇ *world record* rècord mundial ◇ *world history* història universal **LOC how, what, why, etc. in the world** (*col·loq*) com/què/per què diantre? *Vegeu tb* SMALL, THINK **worldly** *adj* (*formal*) **1** mundà **2** (*béns*) terrenal **3** (*persona*) que té món

worldwide *adjectiu, adverbi*

▸ *adj* /'wɜːldwaɪd/ mundial, universal

▸ *adv* /wɜːld'waɪd/ arreu del món

the World Wide Web (*abrev* **WWW**) (*tb* **the Web**) *n* el web

worm /wɜːm/ *n* cuc ➲ *Vegeu il·lustració a* CUC **LOC** *Vegeu* EARLY

worn *pp de* WEAR

worn out *adj* **1** (*objecte*) desgastat **2** (*persona*) exhaust

worried /'wʌrid/ *adj* **1** ~ **(about sb/sth)** preocupat, amoïnat (per algú/alguna cosa): *She gave me a worried look.* Em va mirar preocupada. **2 be ~ that...** preocupar-li a algú que...: *I'm worried that he might get lost.* Em fa por que es pugui perdre. ◇ *to be worried by sth* preocupar-se per alguna cosa *Vegeu tb* WORRY

worry /'wʌri/ *verb, nom*

▸ (*pt, pp* **worried**) **1** *vi* ~ **(about sb/sth)** preocupar-se, amoïnar-se (per algú/alguna cosa): *Don't worry!* No pateixis! **2** *vt* ~ **sb/yourself** preocupar, inquietar algú, preocupar-se, inquietar-se: *It worries me that he hasn't come home yet.* M'inquieta que encara no hagi arribat.

▸ *n* (*pl* **worries**) **1** [*incomptable*] angúnia **2** problema: *financial worries* problemes econòmics **worrying** *adj* preocupant, inquietant

worse /wɜːs/ *adjectiu, adverbi, nom*
▸ *adj* (*comp de* **bad**) ~ **(than sth)** pitjor (que alguna cosa): *to get worse* empitjorar ◇ *It was worse than I expected.* Va ésser pitjor del que m'esperava. *Vegeu tb* BAD, WORST **LOC to make matters/things worse** i encara pitjor
▸ *adv* (*comp de* **badly**) pitjor: *She speaks German even worse than I do.* Parla l'alemany encara pitjor que jo.
▸ *n* el pitjor: *to take a turn for the worse* empitjorar **worsen** *vt, vi* empitjorar, agreujar(-se)

worship /ˈwɜːʃɪp/ *nom, verb*
▸ *n* **1** (*Relig*) culte **2** adoració, veneració
▸ (**-pp-**; *USA tb* **-p-**) **1** *vt* (*Relig*) retre culte a, adorar **2** *vi* (*Relig*): *We worship at St Mary's Church.* Anem a missa a l'església de St Mary. **3** *vt* (*germà, amic, etc.*) adorar, venerar **worshipper** *n* devot, -a

worst /wɜːst/ *adjectiu, adverbi, nom*
▸ *adj* (*superl de* **bad**) pitjor: *My worst fears were confirmed.* Va passar el que més em temia. *Vegeu tb* BAD, WORSE
▸ *adv* (*superl de* **badly**) pitjor: *the worst hit areas* les zones més afectades
▸ *n* **the worst** el pitjor **LOC at (the) worst**; **if the worst comes to the worst** en el pitjor dels casos

worth /wɜːθ/ *adjectiu, nom*
▸ *adj* **1** amb un valor de, que val: *to be worth a lot of money* valer molts diners **2** ~ **sth/doing sth**: *It's worth reading.* Val la pena llegir-lo. **LOC be worth it** valer la pena ◆ **be worth your while** pagar/valer la pena
▸ *n* **1** (*en diners*) valor: *ten pounds' worth of books* deu lliures en llibres **2** (*en temps*): *two weeks' worth of supplies* subministraments per a dues setmanes **3** valor, vàlua (*d'una persona, acció, etc.*) **LOC** *Vegeu* MONEY **worthless** *adj* **1** sense valor, inútil **2** (*persona*) menyspreable

worthwhile /ˌwɜːθˈwaɪl/ *adj* que val la pena, interessant: *to be worthwhile doing/to do sth* pagar/valer la pena fer alguna cosa

worthy /ˈwɜːði/ *adj* (**worthier**, **-iest**) **1** ~ **(of sb/sth)** (*formal*) digne (d'algú/d'alguna cosa) **2** (*formal*) (*campió, guanyador*) que s'ho mereix **3** (*causa*) noble

would /wʊd, wəd/ (*contracció* **'d** *neg* **would not** *o* **wouldn't** /ˈwʊdnt/) *v modal*

> **Would** és un verb modal que va seguit d'un infinitiu sense **to**. Les oracions interrogatives i negatives es construeixen sense l'auxiliar **do**.

1 (*condicional*): *Would you do it if I paid you?* Ho faries si et pagués? ◇ *He said he would come at five.* Va dir que vindria a les cinc. ◇ *I would love to go there.* M'encantaria anar-hi. **LOC** *Vegeu* RATHER **2 so that/in order that sb/sth** ~ (*propòsit*): *I left a note so (that) they'd call us.* Vaig deixar una nota perquè ens truquessin. **3** (*voluntat*): *He wouldn't shake my hand.* No volia donar-me la mà. **4** (*oferiment, petició*): *Would you like a drink?* Vols alguna cosa de beure? ◇ *Would you come this way?* Vol venir per aquí? **5** (*referit al passat*): *As a child, she would watch TV for hours.* Quan era petita es passava hores mirant la tele.

wouldn't = WOULD NOT *Vegeu* WOULD

wound¹ /wuːnd/ *nom, verb*
▸ *n* ferida
▸ *vt* ferir: *He was wounded in the back during the war.* El van ferir a l'esquena durant la guerra. ◇ *the wounded* els ferits ➲ *Vegeu nota a* FERIDA

wound² /waʊnd/ *pt, pp de* WIND ²

wove *pt de* WEAVE

woven *pp de* WEAVE

wow /waʊ/ *interj* (*col·loq*) ostres!

wrangle /ˈræŋgl/ *nom, verb*
▸ *n* ~ **(over sth)** disputa (sobre alguna cosa)
▸ *vi* discutir

wrap /ræp/ *verb, nom*
▸ *vt* (**-pp-**) **1** ~ **sb/sth (up) (in sth)** embolicar algú/alguna cosa (amb alguna cosa) **2** ~ **sth around/round sth/sb** posar alguna cosa al voltant d'alguna cosa/d'algú **LOC be wrapped up in sb/sth** estar entregat/dedicat a algú/alguna cosa, estar absort en alguna cosa **PHRV wrap (sb/yourself) up** abrigar algú/abrigar-se ◆ **wrap sth up** (*col·loq*) posar punt final a alguna cosa
▸ *n* xal **wrapper** *n* embolcall **wrapping** *n* embolcall

wrapping paper *n* paper d'embolicar

wrath /rɒθ; *USA* ræθ/ *n* (*formal*) ira

wreak /riːk/ *vt* **LOC** *Vegeu* HAVOC

wreath /riːθ/ *n* (*pl* **wreaths** /riːðz/) corona (*de flors, de Nadal*)

wreck /rek/ *nom, verb*
▸ *n* **1** vaixell naufragat, vehicle sinistrat, etc. **2** (*col·loq*) (*persona, casa, relació*) ruïna, desastre **3** (*col·loq*) (*cotxe*) carraca
▸ *vt* destruir, fer malbé **wreckage** /ˈrekɪdʒ/ *n* restes (*d'un accident, etc.*)

wrench /rentʃ/ *verb, nom*
▸ *vt* **1** ~ **sth off (sth)**; ~ **sth from/out of sth** arrencar, treure alguna cosa (d'alguna cosa) (*d'una estrebada*) **2** (*Med*) torçar-se (*turmell, etc.*)

W

▸ *n* **1** (*esp USA*) collador, clau (*eina*) **2** [*sing*] (*fig*) cop dur (*conseqüència d'una separació*) **3** estrebada

wrestle /'resl/ *vi* ~ **(with sb/sth)** lluitar (amb algú/alguna cosa) **wrestler** *n* lluitador, -a **wrestling** *n* lluita lliure

wretch /retʃ/ *n* desgraciat, -ada, miserable

wretched /'retʃɪd/ *adj* **1** infeliç, desgraciat **2** maleït: *I hate this wretched car!* Odio aquest maleït cotxe!

wriggle /'rɪgl/ *vt, vi* **1** ~ **(sth) (about)** bellugar alguna cosa, bellugar-se **2** caragolar(-se): *to wriggle free* aconseguir deixar-se anar

wring /rɪŋ/ *vt* (*pt, pp* **wrung** /rʌŋ/) ~ **sth (out)** **1** retòrcer, esprémer alguna cosa **2** (*roba*) escórrer alguna cosa LOC **wring sb's neck** (*col·loq*) torçar el coll a algú PHR V **wring sth from/out of sb** arrencar alguna cosa a algú

wrinkle /'rɪŋkl/ *nom, verb*

▸ *n* arruga

▸ **1** *vt, vi* arrugar(-se) **2** *vt* (*celles, front, nas*) arrufar

wrist /rɪst/ *n* canell

wristband /'rɪstbænd/ *n* canellera

writ /rɪt/ *n* manament judicial

write /raɪt/ *vt, vi* (*pt* **wrote** /rəʊt/ *pp* **written** /'rɪtn/) escriure

> En anglès britànic escriure a algú es diu 'to write **to** sb': *I'm writing to you to ask for your help.* Li escric per demanar-li ajuda. ◇ *Write to me when you get there.* Escriu-me una carta quan hi arribis. Escriure una carta a algú es pot dir 'to write a letter to sb' o 'to write sb a letter'. En anglès americà escriure a algú es diu 'to write sb': *Write me when you get there.*

PHR V **write back (to sb)** contestar (a algú) (*per escrit*)

write sth down anotar alguna cosa

write off/away (to sb/sth) (for sth) escriure (a algú/alguna cosa) (demanant alguna cosa) ◆ **write sth off** **1** anul·lar alguna cosa, cancel·lar alguna cosa per impossibilitat de cobrar **2** destrossar alguna cosa ◆ **write sb/sth off (as sth)** refusar algú/alguna cosa (com a alguna cosa)

write sth out escriure alguna cosa (en net)

write sth up redactar alguna cosa

write-off /'raɪt ɒf/ *n* **1** (*vehicle*): *The car was a write-off.* Van declarar el cotxe sinistre total. **2** [*sing*] (*col·loq*) desastre

writer /'raɪtə(r)/ *n* escriptor, -a

writhe /raɪð/ *vi* recaragolar-se: *to writhe in agony* recaragolar-se de dolor

writing /'raɪtɪŋ/ *n* **1** escriure, escriptura **2** escrit **3** **writings** [*pl*] obres **4** lletra: *I can't read your writing.* No entenc la teva lletra. **5** estil de redacció LOC **in writing** per escrit

writing paper *n* paper per a cartes

written *adj* per escrit *Vegeu tb* WRITE

wrong /rɒŋ; *USA* rɔːŋ/ *adjectiu, adverbi, nom*

▸ *adj* **1** equivocat, incorrecte, fals: *to be wrong* estar equivocat/equivocar-se **2** *What's wrong (with you)?* Què (et) passa? **3** inoportú, equivocat: *the wrong way up/round* a l'inrevés **4** dolent, injust: *It is wrong to...* No està bé... ◇ *He was wrong to say that.* Va fer mal fet de dir-ho. LOC *Vegeu* SIDE, TRACK

▸ *adv* malament, equivocadament, incorrectament LOC **get sb wrong** (*col·loq*) malinterpretar algú ◆ **get sth wrong** (*col·loq*) equivocar-se en/amb alguna cosa ◆ **go wrong** **1** equivocar-se **2** (*màquina*) espatllar-se **3** sortir/anar malament

▸ *n* **1** mal **2** (*formal*) injustícia LOC **be in the wrong** estar equivocat **wrongful** *adj* injust, il·legal **wrongly** *adv* equivocadament, incorrectament

wrote *pt de* WRITE

wrought iron /ˌrɔːt 'aɪən/ *n* ferro forjat

wrung *pt, pp de* WRING

X x

X, x /eks/ *n* (*pl* **Xs, X's, x's**) X, x ➲ *Vegeu nota a* A, A

xenophobia /ˌzenə'fəʊbiə/ *n* xenofòbia **xenophobic** *adj* xenòfob

Xmas /'krɪsməs, 'eksməs/ *n* (*col·loq*) Nadal

X-ray /'eks reɪ/ *nom, verb*

▸ *n* **1** **X-rays** [*pl*] raigs X **2** radiografia

▸ *vt* radiografiar: *She had her arm X-rayed.* Li van fer una radiografia del braç.

xylophone /'zaɪləfəʊn/ *n* xilòfon

Y y

Y, y /waɪ/ *n* (*pl* **Ys, Y's, y's**) Y, y ➲ *Vegeu nota a* A, A

yacht /jɒt/ *n* iot **yachting** *n* navegació a vela

Yank /jæŋk/ (*tb* **Yankee** /ˈjæŋki/) *n* (*GB, col·loq*) ianqui

yank /jæŋk/ (*col·loq*) **1** *vt, vi* fer una estrebada (a) **2** *vt* ~ **sth off/out** treure alguna cosa d'una estrebada

yard /jɑːd/ *n* **1** (*GB*) pati **2** (*USA*) jardí **3** (*abrev* **yd**) iarda (*0,9144 m*) ➲ *Vegeu pàg 759*

yardstick /ˈjɑːdstɪk/ *n* criteri

yarn /jɑːn/ *n* **1** [*incomptable*] fil **2** (*col·loq*) conte, història

yawn /jɔːn/ *verb, nom*
▸ *vi* badallar
▸ *n* badall **yawning** *adj* (*abisme*) enorme

yeah /jeə/ *interj* (*col·loq*) sí

year /jɪə(r); *GB tb* jɜː(r)/ *n* **1** any: *for years* durant/des de fa molts anys **2** (*Educ*) curs **3** *a two-year-old (child)* una criatura de dos anys ◇ *I am ten (years old).* Tinc deu anys. ❶ Quan diem l'edat en anys, podem ometre **years old**. *Vegeu tb nota a* OLD

yearly /ˈjɪəli; *GB tb* ˈjɜːli/ *adjectiu, adverbi*
▸ *adj* anual
▸ *adv* cada any, anualment

yearn /jɜːn/ *vi* (*formal*) **1** ~ **(for sth/sb)** suspirar (per alguna cosa/algú) **2** ~ **(to do sth)** anhelar (fer alguna cosa) **yearning** *n* (*formal*) **1** ~ **(for sth/sb)** anhel (d'alguna cosa); enyorança (d'algú) **2** ~ **(to do sth)** afany (de fer alguna cosa)

yeast /jiːst/ *n* llevat

yell /jel/ *verb, nom*
▸ *vt, vi* ~ **(sth) (out) (at sb/sth)** cridar (alguna cosa) (a algú/alguna cosa): *She yelled out in pain.* Va cridar de dolor.
▸ *n* xiscle, crit

yellow /ˈjeləʊ/ *adj, n* groc **yellowish** *adj* groguenc

yelp /jelp/ *vi* **1** (*animal*) guinyolar **2** (*persona*) xisclar

yep /jep/ *interj* (*col·loq*) sí

yes /jes/ *interjecció, nom*
▸ *interj* sí
▸ *n* (*pl* **yesses** o **yeses** /ˈjesɪz/) sí

yesterday /ˈjestədei, -dɪ/ *adv, n* ahir: *yesterday morning* ahir al matí **LOC** *Vegeu* DAY

yet /jet/ *adverbi, conjunció*
▸ *adv* **1** (*en frases negatives*) encara: *not yet* encara no ◇ *They haven't phoned yet.* Encara no han trucat. ➲ *Vegeu nota a* STILL **2** [*en frases interrogatives*] ja

> **Yet** o **already**? **Yet** només s'usa en frases interrogatives i sempre va al final de l'oració: *Have you finished yet?* Ho has acabat ja? **Already** s'usa en frases afirmatives i interrogatives, i normalment va davant del verb, excepte amb els verbs auxiliars o modals, que va a darrere: *Have you finished already?* Ja has acabat? ◇ *He already knew her.* Ja la coneixia. Quan **already** indica sorpresa perquè una acció s'ha realitzat abans del que s'esperava es pot posar al final de la frase: *He has found a job already!* Ja ha trobat una feina! ◇ *Is it there already? That was quick!* Ja és allà? Sí que ha anat ràpid! *Vegeu tb exemples a* ALREADY

3 (*després de superlatiu*): *her best novel yet* la seva millor novel·la fins ara **4** (*davant de comparatiu*) fins i tot: *yet more work* encara més feina **LOC** **yet again** una altra vegada *Vegeu tb* AS
▸ *conj* tot i així: *It's incredible yet true.* És increïble però cert.

yew /juː/ (*tb* **yew tree**) *n* teix

yield /jiːld/ *verb, nom*
▸ **1** *vt* produir, donar **2** *vt* (*Fin*) rendir **3** *vi* ~ **(to sth/sb)** rendir-se (a alguna cosa/algú); cedir (davant alguna cosa/algú) ❶ En aquest sentit és més habitual dir **give in**.
▸ *n* **1** producció **2** (*Agric*) collita **3** (*Fin*) rendiment **yielding** *adj* (*formal*) **1** flexible **2** complaent

yoga /ˈjəʊgə/ *n* ioga

yogurt (*tb* **yoghurt**) /ˈjɒgət; *USA* ˈjəʊ-/ *n* iogurt

yoke /jəʊk/ *n* jou

yolk /jəʊk/ *n* rovell (*d'ou*)

you /juː/ *pron* **1** (*com a subjecte i després de preposició*) tu, vós, vostè, vosaltres, vostès: *You said that...* Vas dir que... ◇ *Can I go with you?* Puc anar amb tu? ❶ El pronom de subjecte no es pot ometre en anglès. **2** (*en frases impersonals*) es, un, una, hom: *You can't smoke in here.* No es pot fumar aquí. ❶ En les frases impersonals es pot usar **one** amb el mateix significat que **you**, però és molt més formal. **3** (*com a complement directe*) et, el, la, us, els, les **4** (*com a complement indirecte*) et, li, us, els: *I told you to wait.* Et vaig dir que t'esperessis.

you'd /juːd/ **1** = YOU HAD *Vegeu* HAVE **2** = YOU WOULD *Vegeu* WOULD

you'll /juːl/ = YOU WILL *Vegeu* WILL

young /jʌŋ/ *adjectiu, nom*
▸ *adj* (**younger** /ˈjʌŋgə(r)/, **youngest** /ˈjʌŋgɪst/) jove: *young people* els joves ◇ *He's two years younger than me.* Té dos anys menys que jo.
▸ *n* [*pl*] **1 the young** el jovent **2** (*d'animals*) cries

youngster /ˈjʌŋstə(r)/ *n* jove

your /jɔː(r); *USA* jʊər/ *adj* teu, seu, vostre: *to break your arm* trencar-se el braç ◇ *Your room is ready.* La seva cambra està llesta. ➲ *Vegeu nota a* MY

you're /jʊə(r); *GB tb* jɔː(r)/ = YOU ARE *Vegeu* BE

yours /jɔːz; *USA* jʊərz/ *pron* (el) teu, (la) teva, (els) teus, (les) teves, (el) seu, (la) seva, (els) seus, (les) seves, (el) vostre, (la) vostra, (els/les) vostres: *Is she a friend of yours?* És amiga teva? ◇ *Where is yours?* On és el vostre? LOC **Yours faithfully/sincerely** (*en una carta*) (Us saluda) atentament ➲ *Vegeu nota a* ATENTAMENT

yourself /jɔːˈself; *USA* jʊərˈ-/ *pron* (*pl* **-selves** /-ˈselvz/) **1** [*ús reflexiu*] et, es, us: *Enjoy yourselves!* Passeu-vos-ho bé! **2** (*després de preposició*) tu (mateix, -a), vós (mateix, -a), vostè (mateix, -a), vosaltres (mateixos, -es), vostès (mateixos, -es): *proud of yourself* orgullós de tu mateix **3** [*ús emfàtic*] tu mateix, -a, vós mateix, -a, vostè mateix, -a, vosaltres mateixos, -es, vostès mateixos, -es LOC **(all) by yourself/yourselves** (tot) sol/(tots) sols ◆ **be yourself** ésser natural: *Just be yourself.* Simplement sigues tu mateix.

youth /juːθ/ *n* **1** joventut: *In my youth...* Quan (jo) era jove... ◇ *youth club/hostel* club per a joves/alberg de joventut **2** (*pl* **youths** /juːðz/) (*sovint pej*) jove **youthful** *adj* juvenil, jove

you've /juːv/ = YOU HAVE *Vegeu* HAVE

Yo Yo® (*tb* **yo-yo**) /ˈjəʊ jəʊ/ *n* (*pl* **Yo Yos, yo-yos**) io-io

yuk (*tb* **yuck**) /jʌk/ *interj* ecs!, quin fàstic! **yukky** (*tb* **yucky**) *adj* (*col·loq*) fastigós

yum /jʌm/ (*tb* **yum-yum** /ˌjʌm ˈjʌm/) *interj* (*col·loq*) que bo! (*menjar*) **yummy** *adj* (*col·loq*) boníssim (*menjar*)

Z z

Z, z /zed; *USA* ziː/ *n* (*pl* **Zs, Z's, z's**) Z, z ➲ *Vegeu nota a* A, A

zeal /ziːl/ *n* (*formal*) entusiasme, fervor **zealous** /ˈzeləs/ *adj* (*formal*) entusiasta

zebra /ˈzebrə, ˈziːbrə/ *n* (*pl* **zebra** *o* **zebras**) zebra

zebra crossing *n* pas zebra

zero /ˈzɪərəʊ/ *adj, pron, n* (*pl* **zeros**) zero

zest /zest/ *n* ~ **(for sth)** entusiasme, passió (per alguna cosa)

zigzag /ˈzɪgzæg/ *nom, adjectiu, verb*
▸ *n* ziga-zaga
▸ *adj* en ziga-zaga
▸ *vi* (**-gg-**) zigzaguejar

zinc /zɪŋk/ *n* zinc

zip /zɪp/ *nom, verb*
▸ *n* (*USA* **zipper** /ˈzɪpər/) cremallera
▸ (**-pp-**) **1** *vt* ~ **sth (up)** tancar la cremallera d'alguna cosa **2** *vi* ~ **up** tancar-se amb cremallera **3** *vt* (*Informàt*) comprimir

ZIP code *n* (*USA*) codi postal

zit /zɪt/ *n* (*col·loq*) gra (*a la pell*)

zodiac /ˈzəʊdiæk/ *n* zodíac

zombie /ˈzɒmbi/ *n* (*col·loq*) zombi

zone /zəʊn/ *n* zona

zoo /zuː/ *n* (*pl* **zoos**) zoo

zookeeper /ˈzuːkiːpə(r)/ *n* cuidador, -a d'animals (*en un zoo*)

zoology /zuːˈɒlədʒi/ *n* zoologia **zoologist** *n* zoòleg, -òloga

zoom /zuːm/ *vi* brunzir: *to zoom past* passar brunzint PHR V **zoom in (on sb/sth)** enfocar (algú/alguna cosa) (*amb un zoom*)

zoom lens (*tb* **zoom**) *n* zoom

zucchini /zuˈkiːni/ *n* (*pl* **zucchini** *o* **zucchinis**) (*USA*) carabassó

Expressions numèriques

Nombres

Cardinals		Ordinals	
1	one	**1st**	first
2	two	**2nd**	second
3	three	**3rd**	third
4	four	**4th**	fourth
5	five	**5th**	fifth
6	six	**6th**	sixth
7	seven	**7th**	seventh
8	eight	**8th**	eighth
9	nine	**9th**	ninth
10	ten	**10th**	tenth
11	eleven	**11th**	eleventh
12	twelve	**12th**	twelfth
13	thirteen	**13th**	thirteenth
14	fourteen	**14th**	fourteenth
15	fifteen	**15th**	fifteenth
16	sixteen	**16th**	sixteenth
17	seventeen	**17th**	seventeenth
18	eighteen	**18th**	eighteenth
19	nineteen	**19th**	nineteenth
20	twenty	**20th**	twentieth
21	twenty-one	**21st**	twenty-first
22	twenty-two	**22nd**	twenty-second
30	thirty	**30th**	thirtieth
40	forty	**40th**	fortieth
50	fifty	**50th**	fiftieth
60	sixty	**60th**	sixtieth
70	seventy	**70th**	seventieth
80	eighty	**80th**	eightieth
90	ninety	**90th**	ninetieth
100	a/one hundred	**100th**	hundredth
101	a/one hundred and one	**101st**	hundred and first
200	two hundred	**200th**	two hundredth
1 000	a/one thousand	**1 000th**	thousandth
10 000	ten thousand	**10 000th**	ten thousandth
100 000	a/one hundred thousand	**100 000th**	hundred thousandth
1 000 000	a/one million	**1 000 000th**	millionth

Exemples

528	*five hundred and twenty-eight*
2 976	*two thousand, nine hundred and seventy-six*
50 439	*fifty thousand, four hundred and thirty-nine*
2 250 321	*two million, two hundred and fifty thousand, three hundred and twenty-one*

🛈 En anglès s'utilitza una coma o un espai (i NO un punt) per a marcar el miler, per exemple *25000* o *25,000*.

Pel que fa a nombres com 100, 1000, 1000000, etc., es poden dir de dues maneres, **one hundred** o **a hundred**, **one thousand** o **a thousand**.

0 (zero) es diu **nought**, **zero**, **nothing**, o **o** /əʊ/ segons les expressions.

Expressions matemàtiques

+	plus	3^2	three squared
–	minus	5^3	five cubed
x	times *o* multiplied by	6^{10}	six to the power of ten
÷	divided by		
=	equals		
%	per cent		

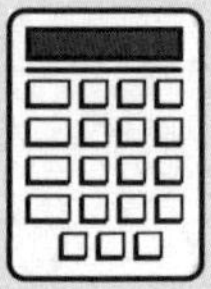

Exemples

6+9 = 15 *Six* ***plus*** *nine equals / is fifteen.*
5×6 = 30 *Five* ***times*** *six equals thirty. / Five* ***multiplied by*** *six is thirty.*
10−5 = 5 *Ten* ***minus*** *five equals five. / Ten* ***take away*** *five is five.*
40÷5 = 8 *Forty* ***divided by*** *five equals eight / is eight.*

Decimals

0.1	(nought) point one	(zero) point one (*USA*)
0.25	(nought) point two five	(zero) point two five (*USA*)
1.75	one point seven five	

🛈 En anglès es fa servir un punt (i NO una coma) per a marcar els decimals.

Trencats

1/2	a half	**1/10**	a/one tenth
1/3	a/one third	**1/10**	a/one sixteenth
1/4	a quarter	**1 1/2**	one and a half
2/5	two fifths	**2 3/8**	two and three eighths
1/8	an/one eighth		

Exemples

one eighth of the cake
two thirds of the population

Quan un trencat segueix un nombre sencer, s'usa la conjunció **and** per a unir-los:

2 1/4 *two* ***and*** *a quarter*

Percentatges

35%	thirty-five per cent	**73%**	seventy-three per cent
60%	sixty per cent		

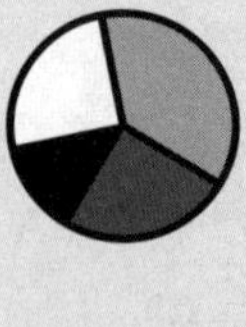

Quan els percentatges s'utilitzen amb substantius incomptables o substantius comptables en singular, el verb va normalment en singular:

25% of the information on this website ***comes*** *from government sources.*
60% of the area ***is*** *flooded.*

Si és un substantiu comptable en plural, el verb va en plural:

80% of students ***agree.***

Si el substantiu és singular però fa referència a un grup de gent, el verb pot anar en singular o en plural:

75% of the class ***has/have*** *passed.*

Pes

	Sistema imperial	Sistema mètric decimal
	1 ounce (oz)	= 28.35 grams (g)
16 ounces	= **1 pound** (lb)	= 0.454 kilogram (kg)
14 pounds	= **1 stone** (st)	= 6.356 kilograms
	1 ton	= 1.016 kilograms

Exemples

The baby weighed 7 lb 4oz (seven pounds four ounces).
For this recipe you need 500g (five hundred grams) of flour.

Capacitat

	Sistema imperial	Sistema mètric decimal
	1 pint	= 0.568 litre (l)
	1 quart	= 1.136 litres (*USA* 0.94 litres)
8 pints	= **1 gallon** (gall)	= 4.546 litres

Exemples

I bought three pints of milk.
The petrol tank holds 40 litres.

Longitud

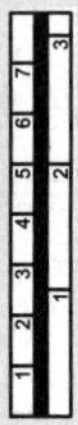

	Sistema imperial	Sistema mètric decimal
	1 inch (in.)	= 25.4 millimetres (mm)
12 inches	= **1 foot** (ft)	= 30.48 centimetres (cm)
3 feet	= **1 yard** (yd)	= 0.914 metre (m)
1 760 yards	**= 1 mile**	= 1.609 kilometres (km)

Exemples

Height: 5 ft 9 in. (five foot nine/five feet nine).
The hotel is 30 yds (thirty yards) from the beach.
The car was doing 50 mph (fifty miles per hour).
The room is 11' × 9'6" (eleven foot by nine foot six /eleven feet by nine feet six).

ℹ Quan no es tracta d'una distància exacta, es poden utilitzar expressions com ara **an inch/several inches** (un pam/uns quants pams).

Superfície

	Sistema imperial	Sistema mètric decimal
	1 square inch (sq in.)	= 6.452 square centimetres
144 square inches	= **1 square foot** (sq ft)	= 929.03 square centimetres
9 square feet	= **1 square yard** (sq yd)	= 0.836 square metre
4,840 square yards	= **1 acre**	= 0.405 hectare
640 acres	= **1 square mile**	= 2.59 square kilometres/259 hectares

Exemples

They have a 200-acre farm.
The fire destroyed 40 square miles of woodland.

Dates

Com s'escriuen	Com es diuen
15/4/07 (*esp USA* **14/5/07**) **15(th) April 2007** **April 15(th) 2007** (*esp USA*)	*April the fifteenth, two thousand and seven* *The fifteenth of April, two thousand and seven* *(USA April fifteenth)*

Exemples

Her birthday is on April 9th (April the ninth/the ninth of April).
The new store opened in 2000 (two thousand).
The baby was born on 18 April 1998 (the eighteenth of April/April the eighteenth nineteen ninety-eight).
We're planning to go there in 2009 (two thousand and nine).
I'll be thirty in 2019 (twenty nineteen)!

Moneda

Regne Unit	Valor de la moneda o bitllet		Nom de la moneda o bitllet
1p	a penny	(one p)	a penny
2p	two pence	(two p)	a two-pence piece
5p	five pence	(five p)	a five-pence piece
10p	ten pence	(ten p)	a ten-pence piece
20p	twenty pence	(twenty p)	a twenty-pence piece
50p	fifty pence	(fifty p)	a fifty-pence piece
£1	a pound		a pound (coin)
£2	two pounds		a two-pound coin
£5	five pounds		a five-pound note
£10	ten pounds		a ten-pound note
£20	twenty pounds		a twenty-pound note
£50	fifty pounds		a fifty-pound note

Exemples

£5.75: five pounds seventy-five *The apples are 65p a pound.*
25p: twenty-five pence *We pay £250 a month in rent.*

🛈 Les expressions que apareixen entre parèntesis són més col·loquials. Noteu que *one p, two p*, etc. es pronuncien /wʌn piː/, /tuː piː/, etc.

EUA	Valor de la moneda o bitllet	Nom de la moneda o bitllet
1¢	a cent	a penny
5¢	five cents	a nickel
10¢	ten cents	a dime
25¢	twenty-five cents	a quarter
$1	a dollar	a dollar bill/coin
$5	five dollars (five bucks)	a five-dollar bill
$10	ten dollars (ten bucks)	a ten-dollar bill
$20	twenty dollars (twenty bucks)	a twenty-dollar bill
$50	fifty dollars (fifty bucks)	a fifty-dollar bill
$100	a hundred dollars (a hundred bucks)	a hundred-dollar bill

🛈 **Buck** és una forma més col·loquial de dir **dollar**: *It cost fifty bucks.*

L'hora

- La manera d'expressar l'hora varia segons el nivell de formalitat, o si es tracta d'anglès britànic o americà:

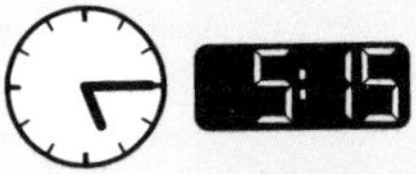

It's: *(a) quarter past five* (GB)
five fifteen
quarter after/past five (USA)

It's: *half past six*
six thirty
half six (col·loq)

It's: *(a) quarter to four* (GB)
three forty-five
(a) quarter to/of four (USA)

It's: *ten (minutes) past eleven* (GB)
eleven ten
ten after/past eleven (USA)

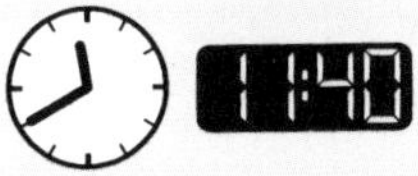

It's: *twenty (minutes) to twelve* (GB)
eleven forty
twenty to/of twelve (USA)

- La paraula ***minutes*** es pot ometre després de 5, 10, 20 i 25. Gairebé sempre s'utilitza després dels altres nombres:

It's five past two.
PERÒ *It's eleven minutes past five.*

- El "rellotge de 24 hores" (**the 24-hour clock**) s'utilitza sobretot en horaris de trens o autobusos, o en avisos.
- Per a distingir entre les hores del matí i les de la tarda o del vespre, utilitzem ***in the morning, in the afternoon*** o ***in the evening***:

6:00 *six o'clock in the morning*
15:30 *half past three in the afternoon*
22:00 *ten o'clock in the evening*

- S'utilitza ***a.m./p.m.*** en un llenguatge més formal:

Office hours are 9 a.m. to 4.30 p.m.

➲ *Vegeu tb nota a* P.M.

Els números de telèfon

- Per dir en veu alta els números de telèfon cal dir cada xifra per separat:

369240 *three six nine two four o* (es pronuncia /əʊ/)
258446 *two five eight double four six*
01865 556767 *o one eight six five double five six seven six seven*

- Quan es tracta d'una empresa amb centraleta, les extensions telefòniques apareixen escrites entre parèntesis:

(x3545) *extension three five four five*

Verbs irregulars

Infinitiu	Passat	Participi
arise	arose	arisen
awake	awoke	awoken
be	was/were	been
bear	bore	borne
beat	beat	beaten
become	became	become
begin	began	begun
bend	bent	bent
bet	bet	bet
bid	bid	bid
bind	bound	bound
bite	bit	bitten
bleed	bled	bled
blow	blew	blown
break	broke	broken
breed	bred	bred
bring	brought	brought
broadcast	broadcast	broadcast
build	built	built
burn	burnt, burned*	burnt, burned*
burst	burst	burst
bust	bust, busted*	bust, busted*
buy	bought	bought
cast	cast	cast
catch	caught	caught
choose	chose	chosen
cling	clung	clung
come	came	come
cost	cost, costed	cost, costed
creep	crept	crept
cut	cut	cut
deal	dealt	dealt
dig	dug	dug
dive	dived, *USA tb* dove	dived
do	did	done
draw	drew	drawn
dream	dreamt, dreamed	dreamt, dreamed
drink	drank	drunk
drive	drove	driven
dwell	dwellt, dwelled	dwelt, dwelled
eat	ate	eaten
fall	fell	fallen
feed	fed	fed
feel	felt	felt
fight	fought	fought
find	found	found
flee	fled	fled
fling	flung	flung
fly	flew	flown
forbid	forbade	forbidden
forecast	forecast, forecasted	forecast, forecasted
forget	forgot	forgotten
forgive	forgave	forgiven
freeze	froze	frozen
get	got	got, *USA* gotten
give	gave	given
go	went	gone
grind	ground	ground
grow	grew	grown
hang	hung, hanged	hung, hanged
have	had	had
hear	heard	heard
hide	hid	hidden
hit	hit	hit
hold	held	held
hurt	hurt	hurt
keep	kept	kept
kneel	knelt, *USA tb* kneeled	knelt, *USA tb* kneeled
know	knew	known
lay	laid	laid
lead[1]	led	led
lean	leaned, leant*	leaned, leant*
leap	leapt, leaped*	leapt, leaped*
learn	learnt, learned*	learnt, learned*
leave	left	left
lend	lent	lent
let	let	let
lie[1]	lay	lain
light	lit, lighted	lit, lighted
lose	lost	lost
make	made	made
mean	meant	meant
meet	met	met
mislay	mislaid	mislaid
mislead	misled	misled
misread	misread	misread
mistake	mistook	mistaken
misunderstand	misunderstood	misunderstood
mow	mowed	mown, mowed
offset	offset	offset
outdo	outdid	outdone
overcome	overcame	overcome
overdo	overdid	overdone
override	overrode	overridden
overtake	overtook	overtaken
overthrow	overthrew	overthrown